中国土特名产年鉴

2000—2001

中国土特名产年鉴编委会

图书在版编目（CIP）数据

中国土特名产年鉴/土特名产年鉴编委会编著. –北京：华龄出版社，2001.4

ISBN 7–80082–938–3

Ⅰ. 中… Ⅱ. 土… Ⅲ. 土特产品–中国–年鉴 Ⅳ. F762.7–54

中国版本图书馆 CIP 数据核字（2001）第 23297 号

书　　名：中国土特名产年鉴

作　　者：中国土特名产年鉴编委会

出版发行：华龄出版社（北京西城区西什库大街甲 10 号，邮编：100034）

印　　刷：中国农业出版社印刷厂

版　　次：2001 年 4 月第 1 版　2001 年 4 月第 1 次印刷

开　　本：850×1168　1/16

印　　张：58.125

字　　数：1600 千字

广告临时许可证号：西京工商广临字 200104004 号

书　　号：ISBN 7–80082–938–3/F·31

定　　价：220.00 元

《中国土特名产年鉴》编辑委员会

王义北（女）　重庆市农业局副局长
张守印　河南省林业厅副厅长
周树群　河南省乡镇企业局副局长
谷振强　河北省农业厅副厅长
田志勇　甘肃省林业厅副厅长
扎　西　西藏自治区林业厅副厅长
唐明鑫　青海省农林厅副厅长
陈为祥　新疆农业厅副厅长
刘荣光　宁夏林业厅副厅长
张鲁风　吉林省林业厅副厅长
阿　登　西藏自治区林业厅副厅长
张礼安（女）　贵州省林业厅副厅长
伍策禄　重庆市涪陵区副区长
姚振海　河北省唐山市委副书记
王世田　吉林省长春市双阳区区长

林殿阁　福建省漳州市政府常务副市长
康君福　福建省龙海市政府市长
陈铭生　福建省福鼎市人民政府市长
龚清概　福建省晋江市政府市长
郑栋梁　福建省石狮市委书记兼政府市长
颜　波　福建省泉州市政府副市长
宁云福　黑龙江省五大连池市政府市长
李锦斌　吉林省通化市政府市长
刘德成　山东省寿光市政府市长
陈长兴　浙江诸暨市政府市长
刘奉昌　浙江省温州市政府副市长
魏仿志　内蒙古自治区临河市政府市长
魏潘尧　广东省梅州市政府市长
吴紫骊　广东省普宁市政府市长
宋振国　山东省莱州市政府市长
江福秀　广西自治区桂平市政府市长

陈永华　　山东省乐陵市政府市长
孟祥志　　山东省昌邑市政府市长
王学海　　山东省平度市政府副市长
钱志忠　　江苏省武进市政府副市长
徐立毅　　浙江省余姚市政府副市长
韩　族　　河北省邯郸市农业局局长兼党组书记
井端阳　　河北省辛集市政府市长

孙晓福（女）　安徽省泾县政府县长
虞红鸣　　浙江省云和县政府县长
刘　凯　　河北省赞皇县政府县长
吴兴安　　安徽省郎溪县政府县长
雷超武　　陕西省白水县政府县长
李随生　　河北省魏县政府县长
曾荣华　　福建省安溪县政府县长
杨彬文　　福建省平和县政府县长
陈炎生　　福建省南靖县委书记
杨益民　　福建省德化县政府县长
张宝文　　吉林省抚松县政府县长
刘鲁生　　山东省沾化县政府县长
刘树枝　　浙江省磐安县政府县长
钱坤方　　浙江省安吉县政府县长
蓝高汉　　广西巴马瑶族自治县政府县长
蒋祝成　　云南省砚山县政府县长
温会礼　　江西省石城县政府县长
刘　飞　　河北省高阳县县委书记
马彦平　　山西省左权县政府县长
庄富梅　　山西省平顺县政府县长
冯九海　　陕西省清涧县政府县长
陈相珍　　山东省莒南县政府县长
宋法亮　　山东省蒙阴县政府县长
李华杨　　广东省梅县县委副书记

程晓帆　　浙江省新昌县政府副县长
杨传金　　福建省永泰县政府副县长

审稿人（以姓氏笔画为序）

马彦平　　马胜昌　　王春元　　王义北　　王立祝
王世田　　王学海　　王忠德　　王国奇　　扎　多
扎　西　　井端阳　　云德奎　　田志勇　　宁云福
叶梅生　　庄富梅　　孙晓福　　孙晨光　　刘启力
刘荣光　　刘德成　　刘奉昌　　刘　凯　　刘鲁生
刘树枝　　刘　飞　刘东明　刘翠兰（女）　许跃国
江中土　　伍策禄　　买买提·阿不都拉　　李文科
李随生　　李华扬　李依兴　李岱一　李云霞（女）
李　超　　李锦斌　　阿　布　　阿　登　　吴建华
吴志清　　吴先金　　吴兴安　　吴元珍　　吴紫骊
陈天民　　陈继海　　陈铭生　　陈荣贵　　陈为祥
陈长兴　　陈永华　　陈炎生　　陈相珍　　陈玉贵
陈论生　　陈万桥　　张守印　　张鲁风　　张礼安
张宝文　　张正纲　　张福寿　　张海武　　张虎成
张建生　　何团经　　何世坤　　谷振强　　宋法亮
宋振国　　杨文宪　　杨益民　杨玉洪　杨银玉（女）
杨传金　　周树群　周秋琦（女）　郑复智　郑栋梁
林百坤　　林盛宝　　林诗銮　　林　鸿　　林殿阁
孟祥志　　俞继志　　赵宗英　　赵向东　　赵学谦
赵淑娟（女）　钟高适　姚振海　姚园栋　　洪鹏景
聂玉藻　　陶性潜　　唐明鑫　　钱志忠　　钱坤方
徐立毅　　徐斌荣　　秦晓明　　秦永成　　龚清概
康君福　　黄东升　　黄舜斌　　程贤禄　　程晓帆
韩　族　　蒋祝成　　蒋建勋　　温会礼　　曾荣华
曾黄河　　虞红鸣　　蓝高汉　　雷超武　　蔡福民
颜　波　潘燕燕（女）　潘冬青　魏仿志　　魏潘尧

撰稿人（以姓氏笔画为序）

丁宝洪　卫　明　马双成　马存业　马胜昌
马德明　王争跃　王海军　王地养　王月芬（女）
王京奇　王世能　王永连　王艳波　王德杰
王乐义　王志京　王以忠　王益旺　王德彪
王乐年　王孟林　王继生　王海龙　王克杰
王志文　王建国　王仕坤　王作谊　王富臣
王铁瑛　王景贤　王小勇　王庆芬　邓乾玉
邓凡基　韦新辉　方锦芳　乌云毕力格　丛乐富
冯永林　冯仰军　石正春　冉树林　叶增饭
孙得博　孙运亮　孙永良　汤玉国　汤　勇
汤景明　江志鹏　任汉炉　任予善　任武杰
刘树倩　刘志荣　师　茁　吕志海　吕祥生
齐九星　许勤丰　许良景　华汉镇　伊永航
阮继甫　李　华　李明晶　李　明　李　莉
李　彬　李茂芳　李玲玉　李金富　李代民
李跃明　李宣锋　陈楚平　陈新森　陈国良
陈　强　陈兆林　陈振团　陈诗从　陈兴桂
陈乐图　陈炳泉　陈德廷　张国伟　张　柱
张洪生　张立新　张　民　张新云　张述临
张西冷　张永梅　张德慕　张维浪　张惠军
张延新　陆厚祥　金　延　杨关勇　杨秀文
杨世南　杨大俐（女）　杨忠毅　杨远焕　杨联文
杨传金　吴梅芳（女）　吴宗斌　吴秋波　吴建华
吴锡宗　吴清辉　吴耀豹　吴长基　吴礼法
余汉桂　杜云领　宋鹤涛　宋振国　苏秋凉
孟庆国　孟振全　林建文　林共荣　林俊萍（女）
林光甫　林仁淮　林荣杰　林仕风　罗焕银
罗永良　周灵国　周育灵　周加顺　竺　丰
郑永良　祖传虎　钟荣熙　钟文枞　胡厚礼
郝志勇　哈力再提（女）　施兆禄　姜必欣　洪振德
俞玉树　俞加亮　俞爱山　赵世华　赵建林

郭长安　郭泊明　郭江明　贾长林　贾英祥
贾建岗　徐　忠　徐福根　秦永成　夏能勇
夏程登　高承国　格桑索朗　崔良海　崔英魁
崔华东　崔建明　黄小耿　黄长友　黄云岭
黄加劲　黄振明　黄育宗　梁安会　康荫东
康火南　曹滋榆　盖树新　温耀仁　温桂琴（女）
彭　玲　程晓帆　程俊斌　董印权　傅建卿
谢秀桐　谢志群　童新旺　鉴　迅　谭国庆
臧哲辉　蔡建明　蔡鲁平　樊二刚　黎翰（女）
潘立峰　薛双贵　戴文俊　戴守勤

总　　编：常振国　李雄藩
主　　编：曹忠武
副 主 编：施进军
责任编辑：高　燕
策　　划：吴　勇

编 辑 说 明

一、《中国土特名产年鉴》是新中国有史以来第一部有关中国土特名产的年鉴类大型资料工具书，是中国各地发展名特优新产品及特色农业资料、信息、经验的总汇。每两年一卷，2000—2001年卷为第一卷，主要反映1999—2000年各地农林牧渔、轻工、中医中药等相关政府部门、企事业单位的工作以及各地的特产及其发展史。

二、本《年鉴》是在中国即将加入世贸组织（WTO）之际编辑出版，其宗旨和目的是全方位、多层次向国内外传递中国各地发展土特名产及特色农业资料和数据的相关信息，为国内各级政府部门决策工作，为国内各地、各单位招商引资，同时也为国外政府、民间投资中国，提供决策参考。

三、本《年鉴》的资料、数据均为中国各地农业、林业、畜牧业、水产业、轻工、中医药等政府部门及企事业单位提供，翔实、准确、权威。

四、2000—2001年卷《中国土特名产年鉴》共设置11个基本栏目。它们是："丝绸、茶叶、中草药、园艺·花卉·盆景、玉石·雕塑·工艺·风筝、农产·食品·粮油、林产·果品、畜产·饲料、水产、明星乡镇村、优秀地区和企事业单位"。

五、中央、地方有关政府部门的领导担任了本《年鉴》的顾问和编委工作，各地有关单位的撰稿人、审稿人在百忙中进行了撰稿和审稿，对此，我们谨表衷心感谢！

六、本《年鉴》为首次编辑出版，在内容记载等方面难免有挂一漏万及其他令人遗憾之处，为此特请广大读者海涵，并衷心欢迎读者们对《中国土特名产年鉴》的编辑、出版工作提出宝贵意见，使其记载的内容更科学、更简练规范，更符合读者和大家的需要。

目 录

丝绸 …………（1）

江苏省 …………（1）
浙江省 …………（5）
江苏省海安县（茧丝绸之乡） …………（7）
山东省昌邑市（丝绸之乡） …………（9）
河南省南召县（柞蚕之乡） …………（12）
陕西省安康地区（蚕丝之乡） …………（13）
山东华冠丝绸有限公司 …………（14）

茶叶 …………（15）

江苏省 …………（15）
江苏省溧阳市 …………（17）
江苏省句容市下蜀茶场 …………（18）
浙江省 …………（19）
浙江省嵊州市（茶叶之乡） …………（22）
浙江新昌思尔康苦丁茶有限公司 …………（24）
浙江省宁海县（望海茶） …………（24）
浙江临海市羊岩茶厂 …………（28）
安徽省 …………（30）
中国土产畜产安徽茶叶进出口公司 …………（30）
安徽省霍山县（霍山黄芽） …………（30）
安徽省郎溪县（绿茶之乡） …………（31）
福建省武夷山市（武夷岩茶、大红袍茶） …（32）
福建省安溪县（乌龙茶之乡） …………（33）
福建省诏安县（八仙茶） …………（36）
福建省永春县（佛手茶） …………（37）
福建省武平县 …………（37）
江西省景德镇市浮梁县（红茶之乡） …………（38）
湖北省英山县（绿茶之乡） …………（39）
陕西省 …………（41）
陕西省午子绿茶有限责任公司（西乡县） …（41）

中草药 …………（44）

中药及中药事业 …………（44）
河北省承德市 …………（46）
山西省沁源县（连翘之乡） …………（47）
辽宁省本溪满族自治县 …………（47）
江苏省滨海县（何首乌之乡） …………（47）
安徽省霍山县（霍山石斛） …………（48）
山东省平邑县（金银花之乡） …………（48）
河南省南召县（辛夷之乡） …………（49）
湖南省安化县（厚朴之乡） …………（51）
湖南省隆回县 …………（52）
湖南省岳阳花板桥中药材专业市场 …………（53）
江西省赣东制药厂 …………（54）
云南省文山县（三七之乡） …………（55）
云南省砚山县（三七之乡） …………（55）
陕西省 …………（57）
陕西省丹凤县（天麻之乡） …………（60）
宁夏回族自治区中宁县（枸杞之乡） …………（61）
宁夏回族自治区农林科学院 …………（62）
新疆精河县托里乡（枸杞之乡） …………（62）
湖北蕲州中药材专业市场 …………（63）
河北省安国市药业发展情况 …………（64）
黑龙江省哈尔滨三棵树中药材专业市场 ……（66）
山东省鄄城县舜王城中药材市场 …………（67）
四川省成都荷花池中药材专业市场 …………（68）
湖南省邵东县廉桥中药材专业市场 …………（69）
江西省樟树市中药材专业市场 …………（70）
广西自治区玉林市中药材专业市场 …………（71）

云南省昆明菊花园中药材专业市场 …………（73）
河南省禹州中药材专业市场 …………（74）

园艺、花卉、盆景 …………（76）

中国花卉业发展概况与对策 …………（76）
河南省洛阳市（牡丹） …………（77）
北京市门头沟区妙峰山镇（玫瑰之乡）…………（78）
河北省 …………（79）
河北省固安县 …………（80）
中国民间凤仙花种质资源中心库（黑龙江省阿城市） …………（81）
江苏省 …………（82）
江苏省如皋市 …………（84）
浙江省 …………（86）
浙江省嵊州市木兰科新品种研究所 …………（90）
浙江省桐乡市（杭白菊之乡） …………（91）
浙江省金华县 …………（93）
浙江省奉化市（花木之乡）…………（93）
福建省漳平市（花木之乡）…………（94）
江西省大余县（金边瑞香）…………（95）
山东省花卉业 …………（96）
山东省菏泽市（牡丹之乡） …………（97）
山东省莱州市大原镇 …………（98）
山东省平阴县玫瑰镇（玫瑰之乡） …………（98）
《西南园艺》杂志 …………（99）

玉石、雕塑、工艺、风筝 …………（100）

中国文房四宝行业状况与发展 …………（100）
北京市工艺美术厂 …………（102）
天津泥人张彩塑工作室 …………（103）
天津“泥人张”彩塑简介 …………（104）
天津市风筝魏工艺品有限公司 …………（104）
河北省唐山市（陶瓷） …………（107）
河北省曲阳县（定瓷） …………（108）
山西省平遥县（漆器） …………（110）
江苏省无锡市惠山泥人厂 …………（110）
江苏省扬州市 …………（111）
江苏省扬州玉器厂 …………（114）
江苏省苏州市镇湖镇（刺绣艺术之乡）…………（115）
浙江省龙泉市 …………（115）
浙江省嵊州市（竹编之乡） …………（118）
中国宣纸集团公司 …………（119）
安徽省歙县老胡开文墨厂 …………（120）
江西省景德镇市（中国瓷都） …………（120）
江西省景德镇市老艺人瓷厂 …………（122）
山东省临沭县（杞柳之乡） …………（122）
山东省枣庄市城区夏庄乡种庄村（张宗元石雕） …………（123）
山东省嘉祥县（石雕艺术之乡） …………（124）
山东省潍坊市（风筝与风筝会） …………（125）
河南省南召县（丝毯之乡） …………（129）
河南省孟津县黄鹿山乡（紫砂之乡） …………（130）
陕西省 …………（131）
陕西耀州窑文物复制厂 …………（131）
陕西耀州窑博物馆 …………（132）

农产、食品、粮油 …………（133）

北京市 …………（133）
中国农业科学院甜菜研究所 …………（134）
北京市郊区高效农业园 …………（135）
北京市延庆县康庄镇（蔬菜之乡） …………（136）
中法合营王朝葡萄酿酒有限公司 …………（137）
天津狗不理包子饮食（集团）公司 …………（138）
河北省 …………（138）
河北省望都县（辣椒） …………（139）
河北省徐水县 …………（140）
河北省鸡泽县（辣椒之乡） …………（143）
河北省张北县（脱毒马铃薯） …………（144）
河北省唐海县 …………（145）
河北省玉田县 …………（146）
山西省 …………（147）
山西省平顺县（花椒之乡） …………（149）
山西省太谷县 …………（150）
山西省应县（紫皮蒜） …………（152）
山西省武乡县（小米之乡） …………（152）
山西省晋中市（陈醋） …………（153）
山西省平遥县（牛肉、山药） …………（154）
山西省代县（辣椒之乡） …………（154）
山西省屯留县（小杂粮之乡） …………（155）
山西省洪洞县马牧乡（莲菜之乡）…………（155）

辽宁省 …… (156)
辽宁农科院稻作所 …… (157)
辽宁省大连市 …… (158)
辽宁省盘锦北方农业技术开发有限公司 …… (159)
辽宁省朝阳市（南瓜、小杂粮） …… (160)
吉林省大安市西大洼乡（白芝麻） …… (162)
黑龙江省 …… (163)
哈尔滨老鼎丰糕点厂 …… (163)
黑龙江省杜尔伯特蒙古族自治县（绿豆之乡） …… (165)
黑龙江省庆安县（绿色食品之乡） …… (165)
黑龙江省五大连池市（矿泉水之乡） …… (166)
黑龙江阿城市（大米之乡，北方名酒之乡，大蒜之乡） …… (167)
黑龙江省宝清县（红小豆、南瓜之乡） …… (168)
黑龙江省桦南白瓜籽集团公司 …… (169)
黑龙江省克东腐乳有限公司 …… (172)
黑龙江省铁力市双丰镇 …… (173)
江苏省 …… (173)
浙江省 …… (175)
浙江省余姚市（榨菜之乡） …… (187)
浙江省奉化市（芋艿头之乡） …… (189)
浙江省金华市（火腿） …… (190)
安徽省庐江县白湖镇 …… (192)
福建省（农牧业） …… (193)
福建省东山县（芦笋） …… (196)
福建省建宁县（白莲之乡） …… (197)
福建省武平县（猪胆肝） …… (198)
福建省永定县 …… (198)
福建省食品工业企业联合贸易中心永春酿造厂 …… (198)
福建省龙海县（金定鸭） …… (199)
福建省安溪县（湖头米粉） …… (201)
山东省 …… (201)
山东省寿光市（蔬菜） …… (202)
山东省寿光市文家乡（韭菜之乡） …… (205)
山东金锣企业集团总公司 …… (206)
山东省金乡县（大蒜之乡） …… (207)
山东省滕州市（马铃薯之乡） …… (208)
山东省鱼台县（莲藕） …… (209)
山东省苍山县（蔬菜） …… (210)
山东省曲阜市（香稻） …… (211)
烟台张裕集团有限公司 …… (212)
傅氏瓜子（山东省青州市） …… (214)
山东省章丘市 …… (214)
山东省章丘市龙山镇 …… (216)
山东省莱芜市莱城区（生姜之乡） …… (217)
山东省兖州市前海乡（辣椒之乡） …… (218)
河南省内黄县井店镇 …… (219)
河南省淅川县香花镇（辣椒之乡） …… (220)
漯河市汇通肉食品有限责任公司 …… (221)
湖北省广水市（吉阳白蒜） …… (221)
湖北恩施宏业魔芋开发有限责任公司 …… (222)
湖北省浠水县粮食局油厂 …… (223)
广州市农业科学研究所广州蔬菜研究中心 …… (223)
广东省曲江县马坝油黏米业有限公司 …… (224)
广东省惠阳市（梅菜之乡） …… (224)
海南省琼海市（胡椒之乡） …… (225)
重庆市涪陵区（榨菜之乡） …… (226)
四川省大竹县 …… (230)
四川省新都县（泡菜之乡） …… (231)
四川省芦山县（魔芋） …… (231)
贵州省 …… (232)
贵州省罗甸县（蔬菜产业） …… (236)
贵州省毕节市（芸豆之乡） …… (239)
贵州省遵义县（小辣椒） …… (240)
贵州省黔西县（黄花之乡） …… (242)
云南省邱北县（辣椒之乡） …… (242)
云南省西畴县（阳荷之乡） …… (243)
拉萨市珠峰保健食品厂 …… (243)
西藏自治区日喀则市（青稞之乡） …… (244)
陕西省 …… (245)
陕西省白河县（黄姜之乡） …… (245)
西安大老郭饮品有限公司 …… (246)
陕西省子长县薯类开发总公司 …… (246)
陕西省富县 …… (247)
宁夏回族自治区青铜峡西夏贡米厂 …… (247)
宁夏回族自治区惠农县 …… (248)
新疆塔原红花有限责任公司 …… (249)
新疆阿瓦提县丰收三场 …… (249)
新疆生产建设兵团农五师 …… (250)
《现代农业》杂志 …… (252)

林产、果品 …… (253)

北京市 …… (253)
北京市国家重点保护野生动物 …… (258)
北京市密云县东邵渠乡（御皇李子） …… (264)

目录

北京市新城子乡（苹果）……（265）
北京市顺义区李桥镇（甜瓜之乡）……（266）
天津市蓟县官庄镇（盘山盖柿之乡）……（267）
河北省……（269）
河北省唐山市……（275）
河北省承德市……（277）
河北省易县（磨盘柿之乡）……（279）
河北省辛集市（鸭梨之乡）……（279）
河北省阜平县（大枣之乡）……（280）
河北省赞皇县……（281）
河北省涿鹿县（仁用杏之乡）……（284）
河北省献县（金丝小枣之乡）……（285）
河北省沧县（金丝小枣之乡）……（286）
河北省沧县崔尔庄镇（金丝小枣）……（288）
河北省赵县（雪花梨之乡）……（288）
河北省顺平县……（289）
河北省迁西县（林果、铁矿业）……（290）
河北乐亭县（鲜桃之乡）……（292）
山西省临县（红枣之乡）……（293）
山西省平遥县（酥梨）……（294）
山西省芮城县……（294）
山西省左权县（核桃）……（296）
山西省洪洞县双昌乡（红枣）……（297）
辽宁省大连市（桃子之乡）……（298）
大连市金州区（大樱桃之乡）……（299）
辽宁省盖州市……（300）
辽宁清原辽清土特产购销公司……（302）
辽宁省丹东市（板栗之乡）……（302）
辽宁省新宾满族自治县……（303）
辽宁省朝阳市（大平顶枣、沙棘）……（303）
辽宁省兴城市……（305）
吉林省……（306）
吉林省红石林业局……（309）
吉林省长白朝鲜族自治县（人参）……（309）
吉林省抚松县（人参之乡）……（311）
黑龙江省……（313）
黑龙江省铁力市双丰镇……（315）
江苏省……（315）
江苏省丰县……（319）
浙江省……（320）
浙江省余姚市（杨梅之乡）……（324）
浙江省金华县（佛手之乡）……（325）
浙江省常山县（胡柚之乡）……（327）
浙江省奉化市……（329）
浙江省安吉县（竹子之乡）……（331）
浙江省嵊州市……（332）
浙江省诸暨市（香榧之乡）……（333）
浙江省台州市路桥区（枇杷之乡）……（335）
浙江省台州市黄岩区（蜜桔之乡）……（337）
安徽省……（338）
安徽省砀山县（梨都）……（339）
福建省（林业）……（340）
福建省漳州市……（342）
福建省建瓯市（竹产业）……（343）
福建省南平市（中国竹乡）……（345）
福建省泰宁县（杭青梨）……（346）
福建省华安县……（347）
福建省诏安县（青梅）……（348）
福建省惠安县（余甘）……（349）
福建省安溪县（油柿）……（349）
福建省永泰县（芙蓉李）……（350）
福建省云霄县（枇杷）……（350）
福建省永春县（芦柑之乡）……（351）
福建省德化县（早熟梨）……（353）
福建省福安市（绿竹）……（354）
福建省永定县（红柿）……（355）
福建省长泰县（柑桔）……（355）
福建省南安市（龙眼之乡）……（356）
福建省上杭县（杭梅）……（358）
福建省古田县（中国食用菌之乡）……（358）
福建省柘荣县（太子参）……（360）
福建省仙游县度尾镇（文旦柚之乡）……（360）
福建省莆田县常太镇（枇杷）……（361）
江西省……（363）
山东省栖霞市（苹果之乡）……（367）
山东省沂源县……（368）
山东省宁阳县（大枣之乡）……（369）
山东省威海市……（370）
山东省沾化县（冬枣之乡）……（371）
山东省阳信县（鸭梨之乡）……（372）
山东省招远市（红富士苹果之乡）……（373）
山东省乐陵市（金丝小枣之乡）……（374）
山东省枣庄市峄城区（石榴之乡）……（375）
山东省枣庄市薛城区（冬枣、石榴）……（375）
《落叶果树》杂志（山东省）……（377）
河南省……（377）
河南省灵宝市（苹果之乡）……（381）
河南省新县（板栗之乡）……（382）
湖北省利川县（水杉、坝漆）……（383）
湖北省竹山县（肚倍）……（387）

湖北省大悟县（乌桕之乡） ……………………（388）
湖北省郧西县（杜仲、油桐） ………………（389）
湖北省罗田县（板栗之乡） ……………………（389）
湖北省秭归县（脐橙之乡） ……………………（391）
湖南省洪江市 ……………………………………（392）
湖南省武冈市 ……………………………………（393）
湖南省炎陵县（新世纪梨） ……………………（394）
湖南省石门县（柑桔） …………………………（395）
湖南省麻阳苗族自治县（冰糖橙之乡） ……（395）
广东省普宁市（水果之乡） ……………………（395）
广东省惠阳市镇隆镇（荔枝之乡） …………（397）
海南省（热带作物特产） ………………………（398）
海南省乐东黎族自治县（香蕉之乡） ………（399）
海南省东方市（香蕉之乡） ……………………（400）
海南省昌江黎族自治县（芒果香蕉之乡） …（401）
海南省文昌市（椰子之乡） ……………………（402）
重庆市 ……………………………………………（403）
四川省 ……………………………………………（404）
成都市龙泉驿区（水蜜桃之乡） ……………（404）
四川省通江县（银耳之乡） ……………………（405）
四川省青神县（椪柑之乡） ……………………（406）
四川省奉节县（脐橙） …………………………（407）
四川省仁寿县文宫区（枇杷之乡） …………（407）
云南省 ……………………………………………（408）
云南省昌宁县（核桃之乡） ……………………（414）
《云南林业科技》杂志 …………………………（415）
陕西省 ……………………………………………（415）
陕西省延川县（红枣） …………………………（419）
陕西省韩城市（花椒之乡） ……………………（420）
陕西省黄龙县（核桃） …………………………（421）
陕西省洛川县（苹果之乡） ……………………（422）
陕西省延长县（酥梨） …………………………（422）
陕西省镇安县（板栗之乡） ……………………（423）
新疆维吾尔自治区 ………………………………（425）
西藏自治区 ………………………………………（429）

畜产、饲料 ……………………（440）

河北省丰润县（奶业） …………………………（440）
河北省蠡县北郭丹镇西丹村（奶牛） ………（441）
河北省蠡县耿庄珍禽鹧鸪养殖总场 …………（442）
内蒙古家畜改良工作站 …………………………（442）
内蒙古包头市奶业公司 …………………………（444）
内蒙古自治区锡林郭勒盟 ………………………（444）
辽宁省西丰县（梅花鹿之乡） …………………（445）
辽宁省辽宁绒山羊原种场 ………………………（447）
中国农学会肉用犬良种繁育基地暨吉林省肉用犬研究所 ……………………………………（448）
吉林省长春市双阳区（梅花鹿之乡） ………（449）
黑龙江省安达市（奶牛之乡） …………………（452）
黑龙江省杜尔伯特蒙古族自治县（北极狐之乡） ………………………………………………（453）
上海市 ……………………………………………（454）
江苏省 ……………………………………………（455）
江苏省海安县 ……………………………………（458）
江苏省如皋市（黄鸡） …………………………（459）
江苏省淮阴县（乳鸽之乡） ……………………（460）
江苏省沛县（肉犬） ……………………………（460）
浙江省 ……………………………………………（461）
福建省德化县（戴云山羊） ……………………（466）
福建省长汀县 ……………………………………（469）
山东省 ……………………………………………（469）
山东省莱芜市（莱芜猪） ………………………（470）
湖北省郧县（郧阳白羽乌鸡） …………………（471）
海南省 ……………………………………………（472）
重庆市荣昌县（荣昌猪之乡） …………………（478）
四川省 ……………………………………………（479）
四川通联珍稀动物养殖有限公司 ……………（480）
四川省乐至县食品公司 …………………………（480）
陕西省鸵鸟良种示范场 …………………………（480）

水产 ……………………（482）

北京市水产总公司 ………………………………（482）
大连水产集团水产制品厂 ………………………（482）
江苏省 ……………………………………………（483）
浙江省诸暨市 ……………………………………（494）
福建省东山县（鲍鱼） …………………………（497）
福建省（闽东大黄鱼） …………………………（497）
山东省 ……………………………………………（498）
山东省长岛县（鲍鱼、扇贝、海带之乡） …（499）
烟台东方海洋开发有限公司 ……………………（500）
山东省荣成市 ……………………………………（502）
湖北省石首市（笔架鱼肚） ……………………（503）
四川省 ……………………………………………（504）

明星乡镇村 ……………………………(506)

河北省保定市小营坊村 ……………………(506)
黑龙江省肇州县托古乡 ……………………(507)
浙江省长兴县夹浦镇父子岭村 ……………(508)
福建省仙游县大济镇 ………………………(508)
山东省平邑县临涧镇 ………………………(509)
山东省临沂市罗庄镇 ………………………(509)
山东省金乡县马庙镇 ………………………(511)
山东省海阳市凤城镇 ………………………(511)
山东省招远市玲珑镇 ………………………(513)
山东省招远市张星镇 ………………………(513)
山东省招远市宋家镇 ………………………(515)
山东省寿光市孙集镇三元朱村 ……………(516)
山东省微山县韩庄镇石庄村（山东省济宁市丰乐集团总公司） ……………………(516)
河南省淅川县九重镇 ………………………(518)
广西南宁市三塘镇 …………………………(518)
陕西省榆林市青云乡 ………………………(519)
陕西省府谷县黄甫镇 ………………………(519)

优秀地区和企事业单位 …(521)

北京市延庆县 ………………………………(521)
河北省唐山市 ………………………………(522)
河北省滦县 …………………………………(525)
河北省滦南县 ………………………………(528)
河北省怀来县 ………………………………(531)
河北保定龙飞集团 …………………………(533)
河北省蠡县 …………………………………(533)
河北省高阳县 ………………………………(536)
山西省临汾地区 ……………………………(538)
山西省平顺县 ………………………………(540)
山西省陵川县 ………………………………(540)
内蒙古自治区临河市 ………………………(542)
内蒙古自治区乌兰察布盟 …………………(546)
内蒙古自治区伊克昭盟 ……………………(547)
辽宁省鞍山市 ………………………………(548)
辽宁省绥中县 ………………………………(550)
锦州市德亨实业有限责任公司 ……………(553)
辽宁省义县 …………………………………(554)
辽宁省金城原种场 …………………………(555)
辽宁省岫岩满族自治县 ……………………(556)
辽宁省凤城市 ………………………………(558)
辽宁省宽甸满族自治县 ……………………(559)
吉林省延边朝鲜族自治州 …………………(561)
辽宁省开原市 ………………………………(571)
吉林省德惠市 ………………………………(572)
吉林省靖宇县 ………………………………(573)
吉林省舒兰市 ………………………………(574)
吉林省通化市 ………………………………(576)
吉林省通化县 ………………………………(578)
吉林省露水河林业局长白山特产实业公司 …(579)
黑龙江省佳木斯市 …………………………(580)
黑龙江省绥化市 ……………………………(581)
黑龙江省依安县 ……………………………(582)
黑龙江省鹤岗市 ……………………………(584)
黑龙江省饶河县 ……………………………(584)
黑龙江省铁力市 ……………………………(585)
黑龙江省海林市 ……………………………(586)
黑龙江省虎林市 ……………………………(588)
黑龙江省大兴安岭地区 ……………………(589)
江苏省南京市 ………………………………(590)
江苏省扬州市 ………………………………(592)
苏州未来农林大世界有限公司 ……………(593)
杭州张小泉集团公司 ………………………(594)
浙江省温州市 ………………………………(595)
浙江省海宁县（皮革皮衣之乡） …………(596)
浙江省磐安县 ………………………………(598)
浙江省青田县 ………………………………(604)
浙江省温岭市 ………………………………(606)
浙江省绍兴市 ………………………………(607)
浙江省鄞县 …………………………………(613)
浙江省上虞市 ………………………………(617)
浙江省慈溪市 ………………………………(618)
浙江省长兴县 ………………………………(621)
浙江省玉环县 ………………………………(622)
浙江省新昌县 ………………………………(626)
安徽省安庆市 ………………………………(630)
安徽省蚌埠市 ………………………………(633)
安徽省宁国市 ………………………………(636)
安徽省岳西县 ………………………………(637)
安徽省阜阳市 ………………………………(639)
安徽省黄山市 ………………………………(641)
福建省泉州市 ………………………………(643)

福建省龙海市 ……………………………… (644)
福建省晋江市 ……………………………… (648)
福建省寿宁县 ……………………………… (652)
福建省漳浦县 ……………………………… (653)
福建省平和县 ……………………………… (655)
福建省福鼎市 ……………………………… (656)
福建省松溪县 ……………………………… (659)
福建省南靖县 ……………………………… (660)
福建省政和县 ……………………………… (661)
福建省周宁县 ……………………………… (662)
福建省闽清县 ……………………………… (663)
江西省大余县 ……………………………… (665)
江西省进贤县 ……………………………… (666)
江西省婺源县 ……………………………… (668)
江西省井冈山市 …………………………… (669)
江西省泰和县 ……………………………… (671)
江西省农村能源环保技术开发中心、江西省节能仪器仪表厂 …………………………… (672)
山东省青岛市 ……………………………… (672)
山东省青岛市崂山区 ……………………… (679)
山东省胶州市 ……………………………… (680)
山东省日照市 ……………………………… (680)
山东省安丘市 ……………………………… (682)
山东省龙口市 ……………………………… (685)
山东省莱阳市 ……………………………… (686)
山东省蒙阴县 ……………………………… (686)
山东省莱州市 ……………………………… (687)
山东省莒南县 ……………………………… (689)
山东省烟台市福山区 ……………………… (691)
山东省东营市河口区 ……………………… (692)
河南省安阳市 ……………………………… (693)
河南省漯河市 ……………………………… (695)
河南省西峡县 ……………………………… (698)
湖北省英山县 ……………………………… (699)
湖北省浠水县中医院 ……………………… (701)
湖南省慈利县 ……………………………… (702)
广西壮族自治区贺州市 …………………… (703)
广西壮族自治区靖西县 …………………… (705)
重庆市 ……………………………………… (706)
四川省 ……………………………………… (707)
四川省苍溪县 ……………………………… (707)
贵州省赫章县 ……………………………… (709)
云南省文山壮族苗族自治州 ……………… (710)
云南省富宁县 ……………………………… (710)
云南省普洱哈尼族彝族自治县 …………… (711)
云南省马关县 ……………………………… (712)
西藏自治区旅游局 ………………………… (713)
西藏自治区藏医院 ………………………… (716)
西藏自治区山南地区加查县 ……………… (716)
西藏自治区堆龙德庆县 …………………… (718)
西藏自治区墨竹工卡县 …………………… (720)
陕西省山阳县 ……………………………… (721)
陕西省勉县 ………………………………… (723)
榆林市铁路运营有限公司 ………………… (725)
甘肃省安西县 ……………………………… (725)
甘肃省民勤县 ……………………………… (726)
宁夏回族自治区 …………………………… (727)
宁夏回族自治区海原县 …………………… (732)
新疆乌鲁木齐红桥商贸有限责任公司 …… (733)
新疆皮山县 ………………………………… (734)
陕西省农垦农工商总公司 ………………… (735)

丝 绸

江苏省

〔行业概况〕 江苏是全国茧丝绸生产和出口创汇主要基地。1999年，全省生产桑蚕鲜茧8万多吨，丝类产量1.4万吨，丝织品产量12.9亿米，炼印染丝织品产量17.6亿米，丝绸产品出口创汇4亿美元。与建国时相比，桑田、蚕茧、生丝和丝织品产量分别增长了10倍、12倍、53倍和208倍。目前江苏蚕茧、生丝、真丝绸的生产总规模在全国各主产省区中仅次于浙江列第二位，桑蚕丝生产总量、丝织品生产总量、真丝及其丝织品总量分别占全国生产总量的20%、33%和30%；丝绸产品出口总额列全国第三位，占到全国丝绸出口总额的12%。

江苏的茧丝绸业具有从蚕种、蚕茧到缫丝、绢纺、丝织、丝绸印染和服装成品的完整生产体系，生产规模、技术装备和出口创汇均在全国处于领先水平。全省现有家蚕原种场2个，一代杂交种场28个，桑田8.5万公顷，蚕农100万户，年生产蚕种能力400多万张；有缫丝、绢纺、丝织、炼印染、真丝针织、丝绸服装、纺机纺器丝绸工业企业等500多家；丝绸产品有白厂丝、绢丝、䌷丝、加工丝，真丝绸、人丝绸、合纤绸、丝织绸、印染绸、刺绣扎染复制品，丝绸服装，真丝针织品，以及丝绸日用品等十多个系列，上千个品种，几千种花色。以“雪松”白厂丝、“飞雁”绢丝、“水榭、茶花、SOHO”等真丝绸为代表的一批传统名优产品，在国际市场上享有很高的声誉。江苏丝绸以其产品门类齐全，品种繁多、质量优异，畅销国内外市场，与世界100多个国家和地区开展贸易往来，在西欧、日本、美国、香港等四大丝绸市场建有常设的贸易机构和稳定的贸易网络。全省形成了专业省公司、市公司、自营出口企业和“三资”企业组成的四路出口创汇大军。

江苏茧丝绸具有区域分布和南北优势互补的特点。蚕茧基本形成以重点县（市）乡（镇）村为主的区域性基地型生产格局。1999年有海安、吴江、东台、如皋和宿豫等年产茧5000吨以上的县（市）5个，产茧量占全省总产茧量的40%；年产茧2500吨以上的县（市）12个，产茧量占全省总产茧量的61%；年产茧1500吨以上的县（市）20个，产茧量占全省总产茧量的84%。有桑田面积5000亩以上乡镇54个，分布于17个县（市），合计桑田面积约占全省的1/3，年产茧量占到全省总产茧量的约40%；桑田面积在1000亩以上的乡镇共有320个，分布于43个县（市），桑田面积占全省总面积的87%，产茧量占到全省总产量的90%以上。丝绸加工业是在苏北、苏中以缫丝工业为主，缫丝能力占到全省总能力的80%，相对集中在南通的海安、如皋、如东，盐城的东台、大丰，宿迁的宿豫，徐州的新沂、邳州、铜山及淮阴和金湖等县市。苏南地区仅保留了部分出口优势企业，主要集中在吴江和溧阳两地。织造能力，苏北地区占全省能力的11%，丝织品产量占全省总量的9%；苏南地区为该省主要坯绸生产地，重点分布在苏州、吴江、无锡、丹阳等地，丝织品生产量为全省总量的90%以上，且自动化程度较高，无梭化率达27.8%。印染后整理加工重点集中在苏州、吴江地区，占全省总能力的97%。丝绸服装生产重点地区为无锡、金坛、苏州和吴江，占全省总能力的86%。全省基本形成苏北缫丝业为主，苏南丝织、印染、服装和制成品为主的丝绸加工生产格局。

江苏的丝绸加工企业多为中小型企业，目前全行业有一半以上的企业实施了改制改组，销售收入在500万元以上的382家企业统计口径，股份及股份合作制的改造企业占22%，私营企业占11.5%，国有企业占全部企业的12.8%。近几年行业内涌现出一批具有一定生命力，且成为行业骨干的优势企业，如丹阳漳绒丝织厂、无锡江南一棉厂、苏州江枫公司、新光、新星丝织厂、吴江新民、新联丝织厂、吴江新生化纤厂、江苏晨风集团等。吴江丝绸集团公司集中部分优势企业，组建股份公司，成为全省系统内第一家上市公司。东台富安茧丝绸集团则是该省农业产业化的明星龙头企业。

〔蚕茧、丝绸产销〕 蚕茧产量略有减少，集中产区的生产规模基本稳定。1999年全省实际投产桑田120万亩左右，比上年减少约10万亩。全年生产一代杂交蚕种274万张，全年发种244.26万张，生产蚕茧8.24万吨，收购鲜茧6.57万吨，分别较上年减少9%、9.2%、7.4%和7.9%。全年鲜蚕收购均价681元/50公斤，较上年下降104元/50公斤。

丝绸工业生产稳中有升，经济效益逐步改善。1999年，列入统计的系统内丝绸工业企业108户，比上年减少10户；系统内丝绸工业全年完成总产值（90元不变价）88.52亿元，同比增长5.8%；完成工业增加值15.23亿元，同比增长5.76%；全省丝类产品产量13566吨，同比下降8.6%；其中白厂丝产量10354吨，同比下降11.3%；丝织品产量129382万米，同比增长18.16%；其中真丝及其丝织品产量7949万米，同比增长20.3%，人造丝及其丝织品产量4100万米，同比减少16%，合纤丝及其丝织品产量117276万米，同比增长20.9%；炼印染丝织品产量176240万米，同比增长1.1%；服装产量2463万件，同比增长22.9%，其中真丝绸服装产量705万件，同比下降38%。全省系统内丝绸工业实现产品销售收入83.2亿元，同比增长47.36%。

丝绸出口下降幅度逐月减少，年末有所回升，不同产品出口有升有降。据海关统计，1999年全省丝绸产品出口3.98亿美元，同比下降5.63%，其中，丝（含线）类商品出口5004万美元，同比增长40.5%；真丝绸出口6295万美元，同比下降22.95%；针织品出口1.32亿美元，同比增长4.65%；真丝服装出口7744万美元，同比下降16%。省丝绸进出口集团股份有限公司出口创汇25790万美元（海关统计数），比上年增长23.6%。

〔政策与管理〕 1999年重点围绕省政府颁布的《江苏省蚕种管理办法》（省政府第151号令），开展了各项宣传贯彻工作。还根据“省政府令”的要求重新恢复和建立了“江苏省桑、蚕品种审定委员会”、“江苏省蚕种质量鉴定委员会”，健全了组织。开展了核发蚕种生产许可证、销售许可证的工作，促进了蚕种生产、质量检验、销售和经营管理的规范化、法制化建设。坚持了“统一管理，产销见面，合同订种”的蚕种管理办法，维护了蚕种生产供应秩序，使全省的蚕种生产、流通秩序有了进一步好转。在蚕茧收购流通方面，继续贯彻了国家和省关于“统一经营管理”的有关规定，各级政府及工商、物价、丝绸部门加大了维护流通秩序的管理，春季收购价格平稳，但秋季因茧丝供需矛盾的影响，出现部分地区的价格失控和违法收购问题。

蚕业生产抓制度和队伍建设，探索技术服务新路子，促进蚕业管理和服务工作迈上了新台阶。全省继续实行了“蚕桑生产管理先进单位”和“蚕茧收烘先进单位”考核评比工作。省主管部门协助技术监督局制定并贯彻江苏省《桑蚕鲜茧分级及检验方法》DB32/320 1999地方标准，围绕标准的贯彻规范和强化了蚕茧收购管理。在对收烘人员全面进行考评定级的基础上，开展了“收烘技师”的培训评定工作，对规范蚕茧收烘队伍，提高蚕茧收烘人员素质起到良好作用。此外，积极宣传推广了东台市组建蚕农合作社、增进蚕农的联系、改善技术服务的经验，对全省蚕桑生产主管部门改善经营管理提供了好路子，产生了积极的影响。蚕药监管和桑病虫测报队伍的建设也得到进一步的加强，6个桑病虫测报中心站与县站、调查点连网的桑病虫测报防治运转体系积极开展了工作，在生产上发挥了作用；蚕药的市场和质量监管得到加强，配套供应、质量监控保证消毒防病的工作有新的进展。

1999年以提高制丝质量为重点，大力加强质量管理，采取了一系列措施。国家质量技术监督局对已核发生产准产证的缫丝企业进行“国家生丝质量检验”；省内召开了缫丝质量工作会议，向企业领导通报生丝质量检验和分析情况，交流企业质量管理工作经验，对缫丝企业提出确保生丝质量的具体要求；举办了“省第六届生丝检验员培训班”，对检验员进行专业知识培训；为改良制丝用水，提高生丝品质，对已核发准产证的缫丝厂制丝用水开展水质普查，针对存在问题，研讨了改良水质、工艺设计等提高生丝品质的措施。

为推进全省丝绸行业贯标认证工作的进程，省内举办了贯彻ISO 9000族标准培训班，组织了1999年省级优秀QC小组和优秀企业的评选工作。经省质量管理协会批准，省丝绸系统有海安丝厂等两家企业被评为“省质量管理小组活动优秀企业”；无锡绸星集团有限责任公司13151－1涤丝织QC小组等四个QC小组被评为省优秀QC小组；江苏新生集团公司、苏州东吴丝织厂荣获“1999年江苏省质量管理奖”。泗阳绢纺厂等三家企业荣获“全国纺织系统企业管理现代化成果奖”，吴江光大新生丝绸集团公司等三家企业荣获“江苏省企业管理现代化优秀成果奖”。

在企业破产兼并、债转股、扭亏脱困工作方面，1999年苏州丝绸集团公司获得国家经贸委下达的3.07亿元的资产重组核销银行呆坏帐计划，苏州东吴丝织厂和无锡绸星集团公司被国家经贸委批准享受债权转股权政策。国家经贸委下达江苏省国有丝绸工业企业1999年减亏增盈5000万元的任务，省主管部门将任务指标分解下达到各市丝绸工业主管部门，对考核企业进行跟踪监督，召开了全省丝绸行业重点亏损企业扭亏脱困工作座谈会，部署了重点亏损企业扭亏脱困工作。不少企业多方争取、充分利用扶持政策，切实加强企业管理，提高经济效益。至年底，全省系统内丝绸工业企业扭亏为盈，实现利润1111万元，比上年减亏增盈13062万元，其中国有丝绸工业企业实现利润1362万元，比上年减亏增盈6015万元，超额完成了国家经贸委下达的减亏增盈任务。

1999年各地在实施企业兼并破产、改组改制、减员增效的同时，认真做好富余职工下岗分流和再就业工作。据对全省 68 个国有丝绸企业统计，1999 年底从业人员 42643 人，下岗富余职工 15358 人，约占全部职工的 27%，已进入各级再就业中心 10322 人。各地企业还千方百计克服困难，筹措资金，保证了下岗职工基本生活费和离退休职工养老金的发放。至年末，下岗职工基本生活费和保险费用“三三制”落实情况；实际到位资金合计 2697.8 万元，占应到位资金 2902 万元的 92.96%。其中政府 1040.6 万元，社会 191.34 万元，企业 1465.8 万元。

〔科技成果〕 1999 年“江苏丝绸行业科技计划”共下达三批，承担省级以上项目 88 项。其中国家攻关项目 2 项，省级攻关项目 2 项，国家三项费用项目 1 项，国家工业性试验项目 1 项，国家技术创新项目 1 项，国家茧丝绸风险基金发展性项目 15 项，省级其他项目 7 项，蚕桑项目 59 项。1999 年该省丝绸行业共获得省部级科技进步奖 5 项，其中：省三等奖 4 项，部四等奖 1 项，蚕桑项目 1 项，工业项目 4 项。这些成果直接应用于生产实践，既提高了生产技术水平又产生了良好的社会经济效益。

1999 年江苏丝绸行业技改工作坚持“品种、质量、效益”的原则，提高投资质量，着眼于跨世纪工业结构的优化升级和经济可持续发展。(1) 年内落实国家第一批重点工业产品结构调整导向性项目计划 3 项，总投资 8900 万元，外汇 4400 万美元。(2) 落实国家第二批产品结构调整项目 3 项，总投资 8943 万元，专贷 6100 万元，外汇 705 万美元。工业产品扩大出口专项规划项目 4 项，总投资 7380 万元，专贷 5500 万元，外汇 418 万美元。这批项目的建设促进了该省丝绸行业的发展。(3) 该省吴江丝绸集团有限公司引进无梭织机和印染设备，开发生产复合弹力仿真丝、仿毛、仿麻印花面料项目已列入国家财政债券技术改造项目第一批计划，总投资 10450 万元，外汇 620 万美元。项目可行性研究报告已报国家经贸委审批。

多数企业比以往更重视新产品的开发，一批新产品脱颖而出，桑蚕丝与棉、麻、毛、化纤等复合丝织的系列产品，防缩抗皱、防水抗污、涂层印花等功能性产品不断面世，促进了消费，扩大了出口。

〔名优品牌及厂家〕 1999 年江苏有 14 个丝绸产品被江苏省名牌产品认定委员会批准认定为 1999 年“江苏名牌产品”。其中，SOHO（苏豪）牌服装和新生牌真丝绸、东吴牌绸缎被认定为“江苏省重点名牌产品”。为了开拓国内市场，省茧丝绸行业部门组织企业参加了三月在杭州举办的第十四届全国丝绸交易会、五月国家茧丝办在北京举办的“北京国际博览会”、十月份在南京举办的“99 年江苏省名品、精品、新品交易会”、在北京举办的“全国少数民族用品博览会”，以及“南京国际服装节”等，提高了江苏丝绸的知名度。1999 年的主要名优品牌有：

晨风牌真丝服装　江苏晨风集团股份有限公司　金坛市晨风路 88 号　0519 – 2323888 尹国新

蚕乡牌真丝针织服装　无锡市丝绸针织服装总厂　无锡市中商路金城桥西堍　0510 – 5406670　李森

茶花牌真丝绸　吴江丝绸股份有限公司新联丝织分厂　吴江市盛泽镇　0512 – 2551492　李森　胡志良

东吴牌绸缎　苏州东吴丝织厂　苏州市人民路 540 号　0512 – 7274691　杨洪星

桑梦牌绸缎　江苏光明丝绸集团有限公司　苏州市西北街 140 号　0512 – 75320676　费新建

新生牌真丝绸　江苏新生集团公司　吴江市盛泽镇　0512 – 3551376　胡应庆

SPCC 牌绢丝　江苏泗绢集团有限公司　泗阳县众兴镇众兴路 9 号　0527 – 5213311　蒋贵明

骆驼牌人丝、华亚、乔其丝绒　常州振华集团有限责任公司　常州市西林路 11 号　0519 – 9880241 章惠良

“SOHO”（苏豪）牌白厂丝、苏豪牌系列服装、“SMISS”蚕丝系列化妆品　江苏省丝绸进出口集团股份有限公司　南京市中山东路 472 号　邮编：210002　电话：025 – 4400200

蚕花牌人丝交织复合产品　吴江新民丝织有限公司　吴江市盛泽镇　0512 – 3552901　柳维特

亚星牌涤纶牵伸丝　苏州振亚（集团）有限责任公司　苏州市仓街虹桥浜 11 号　0512 – 5111601　于云洲

艺龙（图形）牌仿真丝绸　江苏艺龙集团　吴江市盛泽镇　0512 – 3555128　王掌大

省翎牌乔其立绒　张家港市新宇丝绒织品有限公司　张家港市通运路 9 号　0520 – 8686729　蔡克平

绿舒牌真丝针织服装　江苏华宏丝绸股份有限公司　江苏省建湖县颜单镇　0515 – 6511888　宏广祥

〔优秀企事业单位和个人〕　江苏富安茧丝绸股份有限公司　地处苏北东台市富安镇，70 年代前当地属典型的平原农区经济，乡镇工业尚未起步，商品流通极为不便。70 年代在全省蚕茧基地实施区域调整中，该镇充分利用自己土地和劳动力的优势，较大规模地拓植桑园，发展蚕桑生产，成为省内重要的蚕茧生产基地。80 年代以后，通过蚕茧经营体制的改革和先进生产技术的投入，全镇蚕茧产量、质量和效益跃居全省的前列。进入 90 年代，根据市场经济发展的要求，实行种养加紧密结合、贸工农一体化经营，取得了显著的经济和社会效益。富安茧丝绸股份有限公司已拥有近 3 万亩桑园、1.38 万户参股的蚕农合作社、9 座蚕茧收烘站、7 组自动循环烘茧机，以及蚕药、蚕具、缫丝、丝织、绢纺、丝线、丝绸制品和丝绸印染等配套加工企业。年产“富安牌”优质蚕茧 3000 吨、白厂丝 300 吨、绢纺丝 100 吨、坯绸 500 万米、炼印染绸

250万米、丝绸制品150万件、蚕用药物22种、方格蔟具200万片，年产值2亿元，利税2000万元。江苏富安茧丝绸股份有限公司是江苏重点扶持的农业产业化龙头企业，1995－1999年富安创造了蚕茧总产、亩产茧、经济效益和蚕茧质量的五个全国乡镇第一，成为茧丝绸行业的一面旗帜。

卢克松　江苏东台人，大专文化，高级农艺师，全国劳模，江苏省第八、九届人大代表，中国蚕学会理事，全国蚕茧收烘技术专家小组成员，现任江苏富安茧丝绸股份有限公司董事长、总经理兼富安蚕桑站站长。从事蚕桑事业工作30多年，爱岗敬业、勇于奉献、开拓创新，在平凡的岗位上作出了不平凡的贡献。1995年以来30多次受到国家、省、市的表彰和嘉奖。其率先组织实施的乡镇茧丝绸生产"一条龙"改革，创建了栽桑、养蚕、收烘、缫丝、织绸、服装加工以及蚕药蚕具、技术服务相配套的贸工农一体化生产经营模式，被称之为"富安模式"，得到中央领导和蚕丝界的肯定。

〔供求信息〕　江苏省丝绸进出口集团股份有限公司：是内外贸并举的农工贸一体化的茧丝绸产业集团。生产经营蚕茧、白厂丝、绢丝、加工丝、坯绸、印染绸、刺绣复制品、丝绸服装、真丝针织以及绸缎日用品等300多个品种，1000多个花色。与100多个国家和地区发展国际贸易，与上千家外商建有长期稳定的业务关系。在国内投资建立了30多家全资、合资、中外合资、工贸联营企业，在美国、德国、日本、香港等国家和地区设有贸易机构，在省内拥有一批较稳定的高产优质茧丝生产基地。主营的"雪松"、"SOHO"牌白厂丝、"水仙"牌真丝绸面料、"SOHO"牌服装、丝粉、丝肽、丝精和SMISS化妆品系列在国内外丝绸市场享有盛誉。

公司地址：南京市中山东路472号　邮编：210002
电话：025－4400200

E-mail：sohosilk．@publicl Pttjs．cn　网址：http：//www．soholsilk．com

中国农业科学院蚕研所（江苏省蚕研所）：始建于1951年，是中国国家蚕业研究机构，全国蚕业科研中心。设有栽桑、蚕品种、养蚕技术与装备、茧丝、情报、家蚕生物技术和蚕桑产品质量检验等六个研究机构、两个部级实验室（中心），有科技人员105人，其中高级职称38人，中级职称42人。该所以桑、蚕、茧、丝为主要研究对象，重点开展应用基础研究和开发性研究，着重于解决蚕桑生产中的重大科技和关键技术问题，牵头组织全国或地区性的蚕业科技攻关。并担负着国内外学术交流、蚕学博士生、硕士生的培养。中国蚕丝学会和全国农作物品种审定委员会蚕桑专业委员会挂靠在该所。

该所自建立以来共取得科技成果310项，1978年以来获国家发明奖、全国科技大会奖、国家科技进步奖、国家星火奖、农业部及省、院、市等科技成果奖87项。现有的应用蚕业新成果、新产品、新技术有：

1．家蚕新品种：苏镇×春光、春蕾×镇珠、871×872、绿．萍×晴．光，细纤度品种SG×54A，粗纤度品种C华×JD，高强力品种富×54A，普班限性品种秋．西×夏D。

2．桑树新品种：育71－1号、育15－1号、有2号、丰驰桑。

3．蚕用新药剂：蚕用消毒净、消杀净、灭僵灵、克蚕菌胶囊。

4．桑用新型肥料、药剂：绿叶宝、专用复合肥、桑虫清。

5．蚕桑新技术：桑虫、蚕病防治技术、规模省力化技术与装备、家蚕生物技术、蚕桑产品质量检测技术。

单位地址：江苏省镇江市　邮编：212018　电话：0511－5616610　传真：0511－5622507

江苏省蚕种公司：是1954年在国内率先成立的省级蚕种公司，担负全省蚕种的生产计划管理、技术督导、冷藏配发、科研技改等工作。管理的28家蚕种场和11座蚕种冷库，年生产家蚕原种7万张、一代杂交蚕种生产能力400万张。设立的4个蚕种科研选育组和11个新品种农村中试基点，负责全省的蚕种育种材料科研和新品种选育。近几年推出的春用四元杂交种5.4×24.46，春用中日交杂种春蕾×锡方，春（中秋）兼用四元杂交种苏菊×明虎，春用四元杂交种苏镇×春光，春（中秋）兼用多丝量品种871×872等。具有单产高、茧质良好的特点，正逐步推广，成为江苏第四代更新换代蚕品种。

单位地址：江苏省无锡市长庆路126号　邮编：214005　电话：0510－2303935

苏州大学蚕桑学院：　前身是创立于1903年的苏州蚕桑专科学校，是苏州大学历史上最悠久的学院和在国内外有较高知名度的学院之一，1997年列入"211工程"重点建设学科。蚕桑学院设有蚕桑系、经贸系、实习场、蚕丝生物实验中心等4个业务单位；蚕学、家蚕遗传育种、蚕茧收烘、贸易经济、财会、农村金融等6个本专科专业和特种经济动物饲养硕士培养点。在校普通生近500人，各类成教学生1000余名。现有教职工69人，其中教授4人、副教授20人、讲师25人，教师中有博士7人、硕士14人。蚕桑学院注重科研成果的转化和技术服务，利用优越的办学条件推进成人教育。

1．面向全国培养蚕桑专业技术和管理人才：包括举办干部训练班、短期培训、专业证书教育、本、专科函授教育等。

2．新技术、新产品：新型蚕药、桑病虫预测预报技术、蚕品种选育及保护技术、栽桑养蚕新技术、蚕桑综合开发技术、蚕生物学新技术、蚕蛹虫人工栽培技术等。

地址：苏州市浒墅关　邮编：215151　电话：0512－5391606　5391331

E-mail：yozhang@publicl. szjs. cn

浙江省

〔**蚕茧、丝绸产销**〕　1999年，在国家宏观调控和灾害性气候的影响下，浙江省的蚕桑生产呈负增长。全省现有桑园面积77483公顷，比上年减少2.6%；饲养蚕种2558655张，比上年减少6.6%；生产蚕茧93563吨，比上年减少10.2%，是80年代以来第二个减产幅度较大的年份，但桑蚕茧产量连续三年位居全国第一；张种产茧36.2公斤，比上年降低1.5公斤。蚕茧解舒率63.7%，解舒丝长645.0米，茧级7.5级，分别比上年降低4.5个百分点、73.9米和1.9个等级，其质量有所下降，主要表现在春茧解舒率低，秋茧茧层薄。全省蚕茧收购秩序稳定，全年收购蚕茧69232吨，比上年减少9.5%，总投放收茧款9.7亿元，比上年减少1.7亿元，平均收购价格为每50公斤698.3元，比上年低48.6元。蚕桑生产的效益和蚕农实际收益继续下降，全省79.2万户蚕农户均养蚕收益1221元，比上年减收197元。

丝绸工业生产呈平稳并小幅上升态势，白厂丝、绢丝、丝绸服装逐月增产。全省系统内（国有及国有控股，下同）工业企业完成工业总产值（1990年不变价）75.5亿元，比上年增长7.9%；产销率101.7%，比上年上升4.5个百分点。主要产品产量：白厂丝11308吨，比上年增长15.6%；绢丝3299吨，比上年增长12.4%；丝织品22021米，比上年下降2.2%，其中真丝绸5865万米，比上年下降0.7%，合纤绸16830万米，比上年增长3.9%，炼印染绸13371万米，比上年下降5.5%；丝绸服装3311万件，比上年增长16.8%。主要质量指标：白厂丝正品率100%，平均品位3A80，比上年提高0.05级；丝绸成品一等品率94.2%，比上年下降0.5%。从下半年起国际丝绸市场行情有所好转，由于蚕茧减产，蚕茧供求开始趋紧，茧、丝价格从8月份开始上扬，中、晚秋鲜茧实际收购价格每50公斤达到788.5元，至年末干茧价格上涨超过50%，丝价上涨超过20%。丝绸出口逐月上升，全省丝绸系统内外贸公司完成出口5.19亿美元，比上年增长6.2%。但国际丝绸市场产大于销、供大于求的格局还未得到根本性改变，经济效益也不很乐观。

〔**著名蚕茧、丝绸产地和名优品牌选介**〕　嘉湖蚕区是中国著名的“丝绸之府，鱼米之乡”。嘉兴市的秀城区、秀洲区、桐乡市、海宁市、海盐县、嘉善县、平湖市和湖州市的市区、德清县、长兴县、安吉县等2市11县（市、区），1999年蚕茧产量达到71261吨，占全省蚕茧产量的76.2%，是浙江省乃至全国的蚕茧和丝绸重点生产基地。嘉湖蚕区自然条件优越，蚕业历史悠久，距今已有4700余年的历史；蚕桑技术体系配套，生产水平较高，从桑、蚕品种的繁育到栽桑养蚕皆已形成系列化的配套技术，每公顷桑叶产茧1357.5公斤，张种产茧量已达35.7公斤；产区相对集中，形成了区域优势，产茧量列浙江省前六位的桐乡市、湖州市区、海宁市、德清县、嘉兴秀洲区和海盐县，桑园连片且集中分布在嘉湖中部的水网地带；后加工体系完备，技术装备优良，基本形成了从桑、蚕、茧、丝、绸、印、炼、服装出口的完整产业链。经长期的生产实践和开发，浙江省已涌现出不少名优产品。桐乡、海宁所产桑苗和浙江蚕种，素以“品种优良、质量上乘”而载誉全国；嵊州市蚕种场生产的双龙牌蚕种具有良卵率高、孵化率高、蚁体强健、杂交彻底、无毒等优点，被’99中国国际农业博览会认定为名牌产品；1999年经省政府命名的名优品牌有：浙江丝绸集团公司的凯喜雅牌，主要产品为白厂丝、真丝绸缎；浙江省丝绸集团公司的保俶塔牌，主要产品为真丝绸缎；杭州凯地丝绸股份有限公司的凯地牌，主要产品为丝绸印花面料；浙江金三塔丝针织集团公司的金三塔牌，主要产品为真丝针织服装；湖州梅月丝针织集团公司的梅月牌，主要产品为真丝针织服装；浙江万事利丝绸集团公司的万事利牌，主要产品为丝绸服装；浙江金达丝绸集团公司的臣臣牌，主要产品为丝绸服装；浙江金鹰集团股份有限公司的金鹰牌，主要产品为绢丝；’99中国国际农业博览会认定的名牌产品：浙江嘉兴华帛绒毯有限公司生产的华帛牌高级丝毯；浙江绍兴华野绒毯有限公司生产的樱花丝宝牌高级真丝毯。

〔**重大管理举措**〕　1999年，蚕茧继续实行统一收烘和中央指导下的省级政府定价。由于1998年国际茧丝生产供略大于求，1999年国家茧丝绸协调办公室及有关部门，加大对茧丝生产的宏观调控力度，调减全国桑蚕茧和桑蚕丝生产指导性计划，桑蚕茧和桑蚕丝生产计划分别从1998年的480000吨和81150吨下调到400000吨和48000吨，调低蚕茧收购指导性价格，每50公斤桑蚕鲜茧中准级（干壳量9.2克、上车茧率100%）收购价格（含税）为670元，允许上下浮动10%，比上年调低30元。同时，要求各地严格控制蚕茧生产规模，控制发种数量，引导蚕农在保持现有桑园面积的基础上，提高单产和质量。浙江省根据茧丝绸市场行情，按照兼顾农工贸各方利益，衔接毗邻省价格水平的原则，经过省级有关部门、主产区共同调查研究，最后由省政府确定浙江省春茧中准级含税收购价格为每50公斤650元，夏、早秋茧为603元，中、晚秋茧为620元，各期收购等级差价维持不变。

从1997年开始，根据国家产业政策，浙江省采取压缩总量、优化存量、抓大活小、重点突破的战略，通过把湖州市列入国家优化资本结构重大项目，以及企业深化改革、转换机制、资产重组、人员分流、内部管理等多项措施，对丝绸行业进行结构调整和企业改制转轨。经过三年努力，初见成效：一是压缩了缫丝加工能力。至1999年年底，全社会缫丝企业由407家压缩到181家，缫丝机台由5.4万台压缩到3.1万台，自动缫丝机比例已近50%。二是企业转制步伐加快。据浙江省丝绸行业管理办公室不完全统计，系统内企业数量从1994年的112家减少到78家，其中国有企业已破产歇业的29家，联合及兼并的18家，托管、租赁、承包的2家，职工从11万多人减少到7万多人。三是实现扭亏增盈。1999年，系统内盈利企业盈利16822万元，亏损企业亏损15322万元，盈亏相抵利润总额为1500万元，扭转了1994年以来连续四年全行业的亏损局面，提前一年完成国家下达的扭亏任务。

〔科研成果〕　为了推进茧丝绸行业的产业和产品结构的调整，进一步提高技术装备水平、工艺水平和产品质量，浙江省茧丝绸行业进行多方合作和联合攻关，有多项科技成果获省部级奖。

（1）由浙江省农业科学院蚕桑研究所与省外科研机构联合完成的桑树诱变及多倍体育种技术与应用研究，获浙江省人民政府科学技术进步奖二等奖。

（2）由嘉兴绢纺厂、浙江丝绸科学院、上海绢纺厂和重庆绢纺厂联合制订的行业标准《桑蚕绢丝》和《桑蚕绢丝试验方法》，获国家纺织工业局科学技术进步奖四等奖。

（3）由浙江万事利丝绸集团公司研制的《全涂料真丝印花绸》，获浙江省人民政府科学技术进步奖三等奖。

（4）由杭州喜得宝集团公司进行的《真丝绸渐色染色新技术及产品开发》，获国家纺织工业局科学技术进步奖三等奖。

（5）由湖州天昌集团公司研制的《“天昌牌”多功能绸缎》，获国家纺织工业局科学技术进步奖三等奖。

浙江省蚕茧生产主管部门通讯录

单位名称	负责人	电话号码	邮编
浙江省农业厅经济作物管理局	王丕承	0571－6099079	310020
杭州市农业局特产处	朱时建	0571－7015586	310002
淳安县丝绸总公司蚕桑管理总站	余永峰	0571－4812809	311700
临安市农业局农技推广中心蚕桑站	洪根法	0571－3727464	311300
桐庐县农业局农技推广中心蚕桑站	沈林海	0571－4622392	311500
余杭市农业局特产技术推广总站	金启明	0571－6224834	311100
富阳市农业局蚕桑技术服务站	陆兆虎	0571－3325623	311400
嘉兴市农林局蚕桑管理站	吴春泉	0573－2075394	314001
秀洲区农林局蚕桑技术推广站	钱贤明	0573－2082226	314001
嘉善县农林局蚕桑工作站	王克非	0573－4022558	314100
平湖市农林局蚕桑技术推广站	戴善昌	0573－5114074	314200
海盐县丝绸公司蚕业生产技术指导站	徐建生	0573－6123171	314300
海宁市丝绸公司蚕业生产技术指导站	林　柯	0573－7221212	314400
浙江花神丝绸（集团）公司蚕业管理总站	潘新平	0573－8107310	314500
湖州市丝绸（控股）集团公司蚕业管理总站	费建明	0572－2075224	313000
德清县蚕茧丝绸管理委员会蚕桑技术推广服务站	沈坤元	0572－8425157	313216
长兴县茧丝绸总公司蚕桑站	李淦成	0572－6035854	313100
安吉县茧丝绸总公司蚕桑站	杨逸文	0572－5021172	313300
绍兴市农业局经济特产站	陈锦宇	0575－5134635	312000
嵊州市丝绸公司蚕业指导站	周华初	0575－3184322	312400
新昌县工业总公司蚕桑技术推广站	楼　平	0575－6230466	312500
上虞市丝绸公司蚕业技术指导站	孙法荣	0575－2117467	312300
诸暨市丝绸公司蚕桑技术推广站	王可荣	0575－7222734	311800
金华市农业局经济特产站	郭文军	0579－2390549	321017
兰溪市茧丝绸总公司蚕桑站	陈芳明	0579－8822931	321100
武义县农业局经济特产站	蒋美华	0579－7643093	321200
衢州市农业局经济特产站	芮孟安	0570－3087560	324001
开化县林业局经济特产站	沈禹泉	0570－6010517	324300
台州市农业局经济作物总站	何桂娥	0576－5112104	317000
丽水地区农业局经济作物站	林近贤	0578－2132170	323000
缙云县茧丝绸管理办公室蚕业生产总站	翁克勤	0578－3131994	321400

注：表列县（市）年产蚕茧均在500吨以上。

江苏省海安县（茧丝绸之乡）

〔蚕桑生产历史沿革〕 据沙岗青墩遗址考古发现，5000多年前海安已有桑树，养蚕始于南唐之前。

1922－1925年，著名爱国绅士韩紫石倡办海安蚕桑传习所，聘请专家讲学，引进日本良种桑数千株。1949年全县蚕茧总产364担。1951年成立海安县蚕桑中心指导所。1958年利用300里河堤，栽植乔木桑515690株，湖桑125400株，折合桑园3808亩。1959年养蚕15822张，产茧2288担，获南通地区第一名，成为全省19个蚕桑重点县之一。1966年桑园4224亩，产茧4232担，列苏北各县第一名。1968年养蚕29072张，产茧13630担，成为苏北蚕茧总产第一个超万担的县。1981年桑园53448亩，养蚕147071张，产茧82274担，蚕茧总产首次获得全省冠军。1984年蚕茧总产突破10万担，1989年突破20万担。1998年桑园115726亩，养蚕356207张，产茧270916担，分别约占全省总量的1/11，1/8和1/6，蚕茧总产18年蝉联全省之冠，被国家有关部门授予中国茧丝绸之乡。1999年养蚕358736张，预计蚕茧总产与上年持平略增，养蚕和产茧占全省的比例又创新高。

全县34个乡镇，1999年养蚕7000张以上的22个，其中前八名的分别是海安镇41615张、仁桥镇239791张、西场镇21924张、南莫镇19273张、南屏乡18838张、大公镇16882张、青萍乡16532张、营溪乡14284张。

全县先后建成连片桑园丰产方100亩以上的341处，其中200亩以上的61处，500亩以上的12处，推广以育71－1为主的新品种桑16395亩。

县级拥有国内一流的自动控制高密度蚕种催青室和蚕种、蚕药及蚕病检测中心。先后承担完成国家和省、市蚕桑科研课题18项，其中获农业部科技进步三等奖1项，省政府科技成果二等、三等奖各1项，厅级技术推广奖15项。1996－2000年承担的“九五”国家重点科技（攻关）项目“96－616－02优质原料茧生产关键新技术研究”子专题“96－616－02－02原料茧规模化生产新技术研究”中“壮蚕省力化规划化少回育技术研究”课题，已获重大突破，其中春、秋蚕五龄条桑斜面育技术，提高养蚕工效3倍以上，居国内同行业领先水平，为海安实现由蚕桑数量大县向蚕桑科技强县的转变奠定了技术基础。

〔蚕桑生产发展目标〕 海安近期蚕桑生产指导思想：稳定面积，推广良种，省工节本，优质高效。

海安近期蚕桑生产主要指标：全县桑园面积由现在的115726亩恢复稳定在12万亩，巩固提高河南，调整优化河东，恢复发展河北，桑园总量保持稳定。全年亩桑发种由现在的3.1张，逐步提高到3.5张以上，亩产茧由现在的110公斤，逐步提高到140公斤以上，以育71－1为主的良种桑比例由现在的约18%，逐步提高到40%以上；第五代家蚕新品种使用比例由现在的30%，逐步提高到80%以上。1－4龄蚕每日两回育比例由现在的20%，逐步提高到60%以上；5龄蚕条桑斜面育比例由现在的30%，逐步提高到80%以上。方格蔟使用比例由现在的约50%，逐步提高到95%以上；上茧率逐步达到春茧95%以上，秋茧92%以上；解舒率逐步达到春茧65%以上，秋茧60%以上。桑园夏、冬合理夹种比例由现在的20%，逐步提高到50%以上；亩桑合理夹种平均收益由现在的不足100元，逐步提高到500元以上。

〔蚕桑生产配套措施〕 （一）发挥区域自然优势，增强蚕桑整体实力

1. 巩固提高河南沿江高沙土蚕桑区

该区位于老通扬河以南和以西，在全县15个桑园4000亩以上的乡镇中，该区占8个，桑园面积约占全县的48%，是桑园面积最集中，桑田与粮田比重最大的粮桑结构区。但由于该区地理位置、土壤质地、房屋条件和养蚕习惯等方面的因素，蚕茧单产和质量均低于全县平均水平，是海安稳定桑园面积，提高蚕茧产量和质量的主攻目标，也是该县蚕桑生产的主要潜力所在。

该区土地利用结构单一，多种经营门路较少，劳力资源是全县较为丰富的地区。应通过增施有机肥，普及桑园覆草，配施磷钾肥，推广良种桑，强化桑保等，提高桑叶产量和质量；通过组织小蚕炕床共育，加强蚕病综合防治，控制农业治虫对桑树和养蚕环境的污染，重点推广使用方格蔟，改善蔟中环境，全面提高蚕茧产量和质量；通过桑园合理夹种蔬菜，利用桑条发展食用菌等，提高蚕桑生产综合经济效益；通过发挥该区缫丝、织绸加工企业密集的优势，加大技术改造力度，主攻产品质量，提高市场竞争能力，使该区真正成为茧丝绸一条龙、贸工农一体化的茧丝绸重点基地。

2. 调整优化河东沿海盐垦蚕桑区

该区位于通榆、老通榆河以东，全县21个桑园3000亩以上的乡镇中，该区占9个，桑园面积约占全县的38%。其中原西场行政区的桑园面积约占该蚕区的73%。该区地势较高，土壤属潮湿类，农业习惯于精耕细作，畜禽、蔬菜、果树、药材等庭院经济发达，勾网织衣闻名遐迩，海洋捕捞和滩涂特种养殖发展较快，经济收入高于全县平均水平。因此，靠近海边的原李堡行政区，1995年中秋蚕结束后，桑园面积锐减1万多亩，下降50%。靠近海边的老坝港、角斜、沿口、李堡东郊等地，应将挖后零星

分散的桑园，适当集中连片，形成蚕桑专业组或养蚕大户，使庭院经济的管理经验在蚕桑生产上发挥优势。原西场行政区6个乡镇，桑园面积相对稳定。今后该区主要任务是调整优化原西场行政区及其邻近的李堡西郊、丁所、立发等9个乡镇的蚕桑生产，进一步提高蚕茧产量和质量，建成全县第二块蚕茧生产基地。

3. 恢复发展河北里下河蚕桑区

该区位于老通扬河以北、通榆河以西，全县25个桑园2000亩以上的乡镇中，该区只有3个，桑园面积占全县的14%。全区土壤有机质含量2%左右，桑树长势旺盛，优良品种桑比例高，蚕茧单产和质量均高于全县平均水平。但由于该区原是全县唯一的商品粮生产基地，又是棉花和淡水产品主产区，从而制约了蚕桑生产的发展。近年来，由于中美《农业合作协议》的签署，中国将失去所有保护农产品的非关税手段，国外农产品对国内农产品生产形成很大冲击，特别是粮棉油等大宗农产品在国际市场的竞争将进一步加剧。海安县委九届七次全会提出以农民增收为目标，推进农业结构调整的战略，全县力争调减10万亩小麦面积，近2万亩棉花，2000年起也基本不长。因此，农业结构调整的重头戏，在河北里下河地区，该区将抓住机遇，发挥栽桑养蚕得天独厚的区域自然优势，搞好规划，连片栽植，推广良种，在1－2年内恢复调增1.5万亩左右桑园面积，为全县蚕桑生产的稳定和可持续发展，提高蚕茧产量和质量奠定基础。该区重点恢复调增南莫、仇湖、吉庆、古贲、隆政、白甸、墩头、胡集等乡镇的桑园面积，逐步形成重点蚕桑乡镇和蚕桑专业村、组、户，提高规模效益，特别是要注重发挥自身土质和新品种桑优势，保持蚕茧单产和质量的一流水平，提高市场竞争能力。地处圩田区的村、组、户，可利用河塘密布的条件，建立“桑基鱼塘”，堤上栽桑，水内养鱼，河泥肥桑，桑叶养蚕，副产品养鱼或养猪，形成桑－蚕－鱼－猪良性生物循环，建立独具特色的蚕茧优质、高产和优良品种桑繁育基地。

（二）推广桑、蚕优良品种，提高单位面积产量

结合改造低产桑园，主要是老桑更新，推广育71－1、育151、新一之濑、桑农林7号等早生丰产、抗病性强、适合条桑收获的优良品种桑。更新面积每年应不少于5000亩，重点推广育71－1。该品种主要优点：一是发芽早、发芽率高。比湖桑32号发芽早2－3天，发芽率提高20%左右；二是叶肉厚、耐贮藏。叶片大而厚，单叶重比湖桑32号增加25%以上，在单位时间内桑叶失水率低于一般桑品种，耐贮藏。叶肉厚，能抗桑蓟马、桑红蜘蛛的危害。三是叶质优，产叶量高。经养蚕试验调查，万头蚕收茧量、全茧量、茧层量均优于湖桑32号，分别提高5.1%、6.7%和4.8%。每亩桑园在土地条件和肥培管理相同的情况下，比湖桑32号增产桑叶30%左右。栽植形式以早春温床嫁接体一步成园为主，也可以直接定植一年生成品苗，定植密度以亩栽1000－1200株为宜，采用嫁接体一步成园的，移栽时要按标准加倍栽植，第二年冬季定植时再间苗到位。

全面推广江苏省第五代家蚕新品种。在该县饲养成绩比较理想的家蚕新品种有四对，即黄海×苏春、苏菊×明虎、苏镇×春光、春蕾×锡方，力争2000年新品种饲养比例达到50%左右，并逐步达到80%以上。

（三）全面实施蚕桑省力化，突出五龄条桑斜面育

随着农业产业结构调整和经济效益的提高，传统的养蚕方式已不适应现阶段农村经济状况，特别是三麦免耕机条播和水稻抛秧的全面实施，畜禽业的规模高效发展，特色经济项目的兴趣，使养蚕业在各行业中失去了原有的劳动强度不高、比较效益较好的优势。为此必须迅速走出一条省力、高效的蚕桑生产新路子。经过多年的生产实践，蚕桑科技人员已总结提出了一套省工省力、节本高效的蚕桑生产新技术。如早春温床嫁接及嫁接体一步成园，桑园覆草免耕，桑园杂草化除，全年条桑收获；稚蚕人工饲料育，小蚕平面少回育，1－2龄片叶立体育，3－4蚕漏空透气育，全龄蚕台育，壮蚕室外大棚育，5龄条桑平面育和斜面育等。其中5龄蚕条桑斜面育是该县近几年重点研究推广的项目之一。其理由是，5龄蚕饲养花工多且用工集中，约占整个蚕期的85%以上，传统方法即多层片叶平面育，每个劳力一般只能承担1张种，还要起早带晚，每天操作约12个小时，花工多，劳动强度大，这是制约蚕桑规模发展，导致行业衰退的主要因素。为了解决这一难题，根据蚕儿生理发育要求，该县从1994年起试验研究5龄蚕条桑斜面育技术。经过几年的探索和改进，形成了较为配套的操作规范，春秋两大期5龄蚕均实施条桑斜面育，特别是秋蚕5龄期不采片叶，直接剪伐条桑，利用条桑依靠墙壁或竹杆搭成斜面养蚕，简称秋蚕5龄条桑斜面育。该技术在国内同行业中有独创之处，居领先水平，是养蚕史上的一场技术革命，推广应用后可实现真正意义上的“快乐养蚕”。每个劳力一般可以承担4张以上，每天只操作约8个小时，普通农户每期可养蚕10张以上，养蚕工效提高3倍以上，且节省蚕匾（扉）和蚕架投入。其技术关键是秋季条桑采伐。采条时间为9月20－24日以后。留条长度同于常规冬季剪梢。留叶程度剪口向下留叶3－5片，顶部1－2位叶不宜碰落，以免冬芽秋发，但即使有少数枝条留叶被碰落，顶部冬芽萌发后，于常规剪梢时将发芽部分剪去，也不影响翌年春季发芽率和产叶量。四眠起蚕饷食即给条桑，待蚕爬上吃桑后连条带蚕搭成斜面。每天给条桑1－2次。见熟当天下午3－5时添食蜕皮激素，翌日上午开始上蔟。蚕座平整时，方格蔟直接

摆放于斜面蚕座上，蚕儿自动上蔟，或用网收法、振条法收集熟蚕上蔟。全县计划2000年5龄蚕条桑斜面育推广面力争达到70%以上，2001年达到90%以上。

（四）普及使用方格蔟，主攻茧质上水平

面临茧丝绸市场的激烈竞争，该县蚕桑生产能否稳定，生产水平和经济效益能否进一步提高，关键是要提高蚕茧质量。普及使用方格蔟，改善蔟中环境，是全面提高蚕茧质量的突破口。由于地理、自然条件等诸多方面的原因，该县河南高沙土地区，蚕茧质量与重点蚕区所处的位置很不相称，营茧蔟具仍以草龙为主，从而影响了全县方格蔟的使用比例。为此，该县将把提高河南高沙土地区方格蔟的使用率，作为提高全县蚕茧质量的工作重点。近期工作主要目标值为：①2000年春蚕方格蔟使用率达到70%以上，秋茧80%以上；②上茧春茧92%以上，秋茧90%以上；③解舒率春茧62%以上，秋茧58%以上。要实现这一目标，改良蔟具，使用方格蔟是基础；加强蔟中管理，提高上茧率和解舒率是关键；正确执行价格政策，实行优茧优价，蚕茧低价收购是保证。从1999年秋蚕起，在推广方格蔟的基础上，大力推广组合售茧、缫丝计价工作，继续坚持议检计价，狠刹“人情茧”，拉开价格档次。对方格蔟茧充分体现优茧优价，让利于农，以调动农民使用方格蔟的积极性，形成良性循环。同时加强收烘管理，最大限度地保全茧质。

（五）搞好桑园合理夹种，提高综合经济效益

该县部分蚕区利用桑园合理夹种蔬菜，全年亩桑夹种收入已达500元左右，典型户收入超千元。全县近12万亩桑园，合理进行夹种，经济潜力巨大。该县将试验示范，大面积合理夹种特色蔬菜，并借河东地区种植蔬菜的优势，打出新品牌，进入大市场，以此带动全县的桑园合理夹种，提高蚕桑综合经济效益。

1. 桑园冬季合理夹种主要蔬菜品种

(1) 冬包菜：品种为春丰一号，10月下旬至11月下旬播种（苗床育苗，下同），翌年3月底至4月上旬采收。

(2) 冬药芹：品种为本地药芹、京南药芹。9月初播种，10月下旬移苗定植，春节至2、3月份上市。

(3) 春莴苣：9-10份育苗，苗期1个月左右定植，春节至2、3份上市。

(4) 冬花菜：9-10月上中旬播种，10月下旬定植，翌年2、3月份上市。

2. 桑园夏秋季合理夹种茬口安排

(1) 新栽桑园

①培育夏播桑苗，或栽植嫁接体育苗。

②夹种瓜类：冬瓜、南瓜、西瓜或杂交甜瓜等，要严格控制瓜藤长度，每藤结一只瓜即摘芯，以免影响桑树生长。

(2) 成林桑园

①夏黄芽菜：品种为夏阳50天。5月底、6月初直播，7月中旬收获。

②春夏无筋地刀豆：3月下旬至4月上旬地膜覆盖直播，6月份上市。

③夏季耐热平头包菜：品种为夏光。5月份直播，70-75天收获。

山东省昌邑市（丝绸之乡）

〔概况〕 昌邑市位于山东半岛西北部、渤海莱州湾南岸，东与烟台、青岛毗邻，西与潍坊市区接壤，属环渤海经济圈。市域总面积1578.7平方公里，辖23个乡镇（街办），818个行政村，总人口68万。

昌邑古称鄑邑、都昌，秦朝设县，宋初定名，迄今已有2200多年的建制沿革历史。1994年7月18日，经国务院批准，昌邑撤县设市，开始了城市化发展的新纪元。

昌邑是著名的“丝绸之乡”。改革开放20年来，特别是近几年来，昌邑经济持续快速发展，综合经济实力显著增强。工业上，以改革促发展，形成了纺织、丝绸、轻工、机械、食品加工、石油化工、建材、工艺品等十大支柱产业。农业上，加大农业生产结构调整力度，大力实施科教兴农战略，创收、创税、创汇农业和特色农业发展迅速，农业产业化进程不断加快。先后跨入了全国农村综合实力百强县（市）、全省首批小康达标县（市）行列。1999年，全市国民生产总值达到51.85亿元，农民人均纯收入3568元，城乡居民人均储蓄达到5526元。

对外开放领域不断拓展。充分发挥“侨乡”优势，加快招商引资步伐，先后与60多个国家和地区开展了经贸往来，有140多种产品进入国际市场，兴办外商投资企业及项目150多个。外向型经济成为全市经济发展的一支重要新生力量。

城市化进程不断加快。交通、通讯、水电等基础设施日趋完善，科技、教育、文化、卫生、体育等事业成就显著，先后荣获全国投资环境100强县（市）、全国科技工作、体育工作、特殊教育先进县（市）及山东省精神文明建设、社会文化先进县（市）、山东省社会治安综合治理模范县（市）、省级卫生城市等荣誉称号。

今后要以中共十五大和十五届三中、四中全会精神为指针，大力推进以企业改革为中心环节的经济体制改革，对全市经济结构进行战略性调整，积极发展高新技术产业和创收、创税、创汇农业及特色农业，千方百计增加农民收入，进一步扩大开放，加大投资力度，促进国民经济持续快速健康发展。

丝　绸

〔丝绸生产〕　黄河中下游是中国桑蚕业的发祥地，其中又以山东的蚕茧业最为发达，昌邑的蚕茧业有着悠久的发展历史。早在殷商时代，昌邑人民就开始种桑、养蚕、制丝，这些在志、史书上都有过明确记载，如明朝万历年间、清朝乾隆年间、清朝光绪年间编纂的《莱州府志》和《昌邑县志》上都在“物产篇”显著位置上，重点记载了昌邑植桑养蚕、盛产蚕茧、丝绸、绢的历史。由于蚕茧产业的发展而带动了丝绸业的兴起。早在19世纪末，昌邑北部数十里，村村有机房，户户织机声。柳疃镇上绸庄百家，织户云集，自朝至夕，有日上市“三千六百匹神绸”之说。丝绸供应内地市场和世界各地。当时昌邑从事桑蚕、丝绸业的达10万人之多，而且在养蚕、丝绸的织作以及整个茧丝绸业的经营管理过程中，有着为数颇多的专门人才，工艺技术和经管能力也都处于领先地位，并且在国内外的大城市都有较大的市场。由于昌邑丝绸誉满全国，闻名世界，昌邑成为举世闻名的丝绸之乡。1995年，昌邑市被命名为“中国丝绸之乡”。

解放前昌邑丝绸业鼎盛时期，手织木机达1万余架，每天所需生丝原料近1万斤，本地生产的茧丝远远不足织绸所需，只有到外地采购，供柳疃一带制绸之用。从历史上来看，养蚕业、制丝业一直是昌邑农村的一项主要副业，也是农民主要的经济来源。这一期间，昌邑人民虽然也大力开展植桑养蚕，但由于受技术条件所限，收效甚微，每年县内所产茧丝，达不到本县丝绸业用丝量的1%。许多客观原因的影响，蚕茧产业一直没有得到较好的发展。解放后，昌邑茧丝绸业在政府的支持下，有了突破性地发展，尤其进入80年代，充分发挥种桑养蚕的自然条件和发展丝绸工业的基础优势，大力发展桑蚕事业，一年一个新台阶。1986年成立了昌邑丝绸公司，以桑蚕生产为主导产业，把茧丝绸的发展推向产业化。经过十几年的建设和发展，全市桑园总面积达到30000多亩，主要分布在宋庄、流河、岞山、太保庄、双台、东冢、卜庄、仓街等15个乡镇，年产茧量达200万公斤，社会投放茧款总额达到了3500多万元。丝绸公司专设13个蚕茧科技服务站，实施产前、产中、产后社会系列化服务，并创建了全省首家“桑蚕高科技推广示范园”，引进、繁育优良桑蚕新品种，搞好高科技辐射，增加蚕农经济效益。近年来，立足这一传统优势，坚持以国内外市场为导向，以名优产品和出口产品为主体，不断壮大和发展这一优势产业，推动企业上规模、上档次。目前，全市各类织机已达5万余台（套），其中先进的无梭织机2200余台（套），形成了织造、印染、服装一条龙生产体系。

〔优秀企业〕　**山东新昌肉食集团公司**　是一个集饲料加工、种鸡饲养、雏鸡孵化、商品鸡饲养、肉鸡宰杀、生熟肉鸡系列产品精细加工、冷藏和销售于一体的市属国有大型农业产业化龙头企业、自营出口企业。公司拥有职工1900人，资产总值2.6亿元。集团辖1处饲料加工厂、3处种鸡场、12处商品鸡场、4处冷藏加工厂、1处熟食加工厂，其中饲料年加工能力2万吨，种鸡饲养规模14万套，年孵化雏鸡1000万只，商品鸡年饲养规模600万只，年加工肉鸡2000万只，总量达4万吨，出口1万吨。1999年完成产值3亿元，销售收入2.98亿元，出口创汇1200万美元。公司先后被授予山东省粮办工业“三十佳企业”、潍坊市龙头企业“十佳企业”、潍坊市实施农业产业化战略“先进龙头企业”、潍坊市“文明单位”等荣誉称号。

昌邑市牧工商集团总公司　组建于1996年，是一家集畜禽产品、水产品、蔬菜冷藏加工、棉纺织及床上用品出口加工、原盐生产于一体的国有企业集团，是潍坊市农业产业化战略龙头企业。集团下设冷藏厂、畜牧冷藏加工厂、装饰布厂、工艺绣品厂、北海盐业有限公司5处生产企业，1600多名职工，总资产7000多万元。

潍坊鲁宏食品有限公司　系中外合资企业，始建于1986年，公司现有职工813人，占地7.1万平方米，固定资产3400万元，流动资金1250万元，拥有日本引进的脱米、烤花生果、油炸花生仁、冷冻蔬菜、保鲜蔬菜以及粉条加工等六条先进生产流水线，公司以花生制品为依托，近几年又先后成立了2个中外合资企业和一个股份制企业，在日本东京设有办事处，公司拥有自营进出口权。主要生产烤花生果、油炸花生仁、保鲜、冷冻蔬菜及粉条等20多种产品，95%以上出口。其中“油炸花生仁”获省优、部优产品称号，“烤花生果”获国家银质奖，公司也因此先后被国家外经贸部、农业部授予“出口创汇先进单位”。

昌邑市丝织一厂　系大型二类、国家二级企业，拥有职工1025人，丝织主机328台，固定资产6010万元，年生产真丝绸450万米，辅助生产真丝头巾、方巾、床上用品等，年实现利税850万元，出口创汇2000万美元。该厂主要生产真丝及丝棉交织绸系列产品，纱、绉、纺、缎、绫、绢等60多个品种，1000多个花色，主导产品获国家银奖2个，金丝杯大奖1个，部优4个，省优秀新品奖15个。该厂是山东省丝绸出口的重点厂家。

昌邑市丝织二厂　现有职工1500人，固定资产4200万元，拥有国产丝织主机412台，辅机176台，进口剑杆织机及配套设备52台（套），是山东省唯一既保留传统工艺和少数民族特需用绸，又搞现代化丝织生产的大型二类企业。该厂年生产丝绸600余万米，共400多个花色品种，外贸产品以高档华贵、历史传统为特色。民贸产品被国家“三部一委”指定为少数民族用品定点生产企业。产品畅销日本、韩国、美国、法国、意大利、东南亚等20

多个国家以及国内10多个省、市，受到国内外客户的好评。该厂始终注重名牌效应，潍柳牌"乔其纱""彩芝菱""素绉缎"等产品被评为省优质产品，真丝系列产品荣获部"最佳服装款式奖"，潍柳牌产品被评为"最受消费者信赖的山东产品"，1997年获"97中国专利技术及新产品博览会金奖"。

〔投资指南〕 昌邑市位于山东半岛西北部，渤海莱州湾南岸，东与烟台、青岛毗邻，西与风筝之都潍坊市区接壤，属环渤海经济圈。市域总面积1578.7平方公里，总人口68.44万人。昌邑是国务院最早确定的对外开放县（市）之一，具有优越的投资环境、优惠的投资政策、完善的服务功能，欢迎国内外客商来昌邑进行投资建设。

农业 重点是高效节水灌溉新技术及其设备制造，粮棉等农作物优质高产新品种开发和生产技术，高效、低毒无公害农药新品种生产技术，优质瓜果菜种苗的引进、繁育、种植及深加工，海淡水养殖，牛、羊、肉鸡、鸭养殖、加工、熟食加工等项目。

工业 纺织丝绸业，重点是高档织物面料的印染和后整理加工，巾被生产技术和设备，细支高档纱生产，超细纤维衣料革、高档丝绸和丝绸服装的新技术及先进设备的引进等项目。化工业，重点是石油化工、盐及盐化工扩大生产能力，新产品开发等项目。

基础设施 天然气利用，公路、桥梁、港口等公共设施的建设和经营，城市老区改造和经济适用商品住宅建设，市场建设等项目。

人才交流 在农业生物资源培育、海洋化工、机械电子、石油精炼、食品工程、饲料营养及畜病防治、染整工程及弱电防护等领域引进人才。同时，派出以上方面的专业人员到友好城市学习培训。

〔招 商 项 目〕

单位：万元

项目名称	建设性质	主要建设内容及规模	总投资	合作方式	经济效益			
					产量	产值	利润	税金
1. 农业综合开发办公室盐碱涝洼地综合开发	新建	开发"上粮下渔"面积8000亩	2000	合资或合作	粮食2250吨，渔类1385吨	755	300	78
2. 海洋与水产局浅海养殖工程	新建	养殖面积40000亩	4000	合资或合作	8万吨	16000	3600	300
3. 毛巾厂引进剑杆织机32台及配套设备	技改	年新增棉织品折纱1800吨	6500	合资或合作	棉织品折纱1800吨	6000	1200	400
4. 镍网厂扩大镍网生产能力	扩建	年新增镍网10万支	5000	合资或合作	10万支	4800	1642	438
5. 麻纺织厂聚丙烯杀虫编织袋、柔性集装袋生产线	扩建	年产聚丙烯杀虫编织袋、柔性集装袋5132万条	6000	合资或合作	5132万条	12000	1300	720
6. 潍坊市塑料机械厂铝塑复合管、化学交联管生产设备	扩建	年产铝塑复合管、化学交联管生产设备86台(套)	5000	合资或合作	86台(套)	16500	1400	1000
7. 丝绸公司缫丝厂	新建	年产白厂丝200吨	2000	合资或合作	200吨	3200	380	100
8. 丝织一厂引进剑杆织机50台	技改	年新增丝绸200万米	3500	合资或合作	200万米	4000	600	150
9. 丝绸集团公司丝针织品厂	新建	年产丝针织品100万件	4000	合资或合作	100万件	8000	800	150
10. 丝织二厂引进剑杆织机50台	技改	年新增丝绸200万米	3500	合资或合作	200万米	4000	600	150
11. 金丝达有限公司引进印花设备	技改	年新增印花能力8000万米	6000	合资或合作	8000万米	40000	1500	700
12. 青阜集团公司引进印染生产设备	技改	年新增印染生产能力6000万米	5500	合资或合作	6000万米	30000	1200	600
13. 新昌肉食集团公司活性微生物饲料添加剂	新建	年产饲料添加剂10000吨	2000	合资或合作	10000吨	4000	700	150

项目名称	建设性质	主要建设内容及规模	总投资	合作方式	经济效益			
					产量	产值	利润	税金
14. 科纸厂新增 2400 纸机	技改	年产新闻纸 1.5 万吨	2500	合资或合作	1.5 万吨	8000	700	100
15. 纺机集团毛单纱上浆机生产线	技改	生产上浆机 80 台	2500	合资或合作	80 台	8800	1100	200
16. 北孟花生厂扩大花生制品生产能力	技改	年新增花生制品 6000 吨	2000	合资或合作	6000 吨	4000	500	100
17. 东冢橡胶厂扩大橡胶轮胎生产能力	技改	年新增橡胶轮胎 360 万条	6000	合资或合作	360 万条	18000	1500	600
18. 油区办天然气汽车改装厂	新建	年改装汽车 5000 辆	2000	合资或合作	5000 辆	2550	380	200
19. 石化总厂扩大原油加工能力	技改	年新增原油加工能力 10 万吨	10000	合资或合作	成品油 4.5 万吨	20000	1800	500
20. 盐化集团盐田扩建及溴素配套	技改	年新增原盐 12 万吨、溴素 4000 吨	6500	合资或合作	盐 12 万吨、溴素 4000 吨	5000	800	400

〔人才需求信息〕

市新昌集团	日语翻译 1 人	本科
宋庄毛巾被厂	英语翻译 1 人	本科
市顺达集团	油脂工程 2 人 饲料营养 2 人	本科
市建筑设计院	建筑设计 1 人	硕士 研究生
潍坊塑料机械厂	塑料工程 2 人 机电一体化 2 人 市场营销 2 人 企业管理 2 人 机械设计与制造 2 人	硕士 研究生
市盐化集团	盐化工科技开发 1 人	博士

〔有关单位信息〕

单 位	主要负责人	电 话	邮 编
市外经贸委	张凤仪	(0536) 7211421	261300
市经贸委	穆效成	(0536) 7211992	261300
市农办	柳允河	(0536) 7212491	261300
市丝绸公司	孙建军	(0536) 7212184	261300

河南省南召县（柞蚕之乡）

南召县位于河南省西南部，伏牛山南麓，是全国 19 个柞蚕基地县之一和全国唯一的优质柞蚕茧出口基地县，2000 年 6 月被国家有关部门命名为“中国柞蚕之乡”。

〔历史悠久〕 南召柞蚕业兴于汉，宏于明，盛于清，距今已有 2000 年的历史。西汉末年境内有野蚕成茧，东汉光武开始人工放养。明嘉靖年间，“山丝产额甲于各县”，“妇孺会络经，满城梭子声”，出现较大行店、货栈，南召店（旧县城），“日进斗金”。清代南召蚕业进一步兴旺发达，民众以“养蚕为业，植柞为本”。光绪年间，上海“久成”丝行在南召设立分店，南召丝绸远销欧美和俄国；县衙创办蚕桑学堂，培养养蚕和缫丝专业技术人才。1910－1920年为南召近代柞蚕业发展的鼎盛时期，全县蚕农占总户数的65%，年产丝20余万公斤，产柞绸230多万米，上海买办资本家所设立的丝行向外商大量经销南召柞丝绸，称“花旗”货，河南丝绸贸易中心遂移至南召李青店。

〔品质卓越〕　南召县属亚热带季风型大陆性气候，气候温和，雨量充沛，日照时间长，对柞树和柞蚕的生长发育十分有利。境内有柞坡8万公顷，均适宜饲养柞蚕，其中柞蚕饲料的优质树种栓皮栎占70%。特别是柞蚕在四、五龄时日照时间一般在14小时以下，因此，南召县成为以春蚕为主的一化性柞茧产区。优越的自然条件和丰富的柞坡资源，为柞蚕业生产发展提供了得天独厚的自然条件，最高年份产茧75000担。使得柞蚕不仅产量多而且品质冠于全国，在国际市场上有“王牌”之称；柞茧丝的色泽和解舒等方面优于全国各地，被誉为“纤维皇后”；手织柞绸“6411”更以粗犷而不卑野、多彩而不庸俗、富丽而不失庄重和黑白交错、粗旧交错、明暗交错、疙瘩交错而畅销十几个国家和地区。

〔规模发展〕　改革开放以来，南召县委、县政府为进一步膨胀柞蚕业生产规模，大力开展天然林改造和荒山点橡，并采取留桩放拐、点橡补墩、保持水土、肥坡旺柞、禁止柞坡开荒等措施，加大对柞坡的建设和保护，使蚕坡面积逐年增加。先进的育种技术成为柞蚕业发展的促进力量。全县有国营蚕种场4个，乡村蚕种场25个。蚕业科技人员组织科技攻关，培育出“三三”、“三九”、“早一”、“六号”等几个当家品种，并试验出“火龙平温暖种”、“串上交配法”等各项技术，使柞茧的质量和产量大幅度提高。全县有蚕业高级农艺师、农艺师、技术人员60余名，河南省唯一的蚕业科研机构河南省蚕业试验场设在这里，强大的科技队伍成为促进蚕业发展的保障。南召县柞坡的利用面积占河南省的53%，全县16个乡镇338个行政村中有15个乡镇262个行政村的农户从事柞蚕生产，形成了规模生产经营之势。同时，还涌现出3个柞茧万担乡，1个丝绸之乡和1个丝棉之乡。

〔成龙配套〕　近年来，南召县委、县政府把柞蚕业作为全县主导产业之一，以改良柞蚕品种为重点，以提高柞蚕品质为突破口，积极推进蚕业生产向深加工、多层次增值，走种、养、加工系列化，农工贸一体化，产、供、销一条龙的产业发展道路，目前，缫丝、丝绸、绢纺、织毯、丝棉、丝绣已进入集团性经营局面，全县有县办缫丝厂、绢纺厂各1个，丝毯加工骨干企业23个，手工缫丝及丝绵加工户2万多户，丝织机800台，丝毯机梁4万多副，年产柞厂丝30吨，柞土丝65吨，丝绸150万米，丝绵、挽手近百吨，绢纱190吨，丝织品120万米，落绵230吨，丝毯400万平方英尺。在搞好柞蚕丝系列加工的同时，南召人民放眼国内外市场，开始开发柞蚕系列食品和药用保健品，提高柞蚕茧的综合效益。目前，蚕纱提取叶绿素、蚕蛹罐头等系列化生产已成规模，年产蛋白蚕蛹3200吨，高级补肾壮阳的雄蛾15吨，产品销往国内十几个省市。柞树叶类开发成为南召出口创汇的主渠道之一，全县有13个叶类加工企业，年加工出口鲜叶3万箱，干叶1万吨。“吉祥柏叶”、“惠比寿柏”等叶类产品已成为国际社会专用食品包装佳品。另外，年产柞坡轮伐林18万吨，是生产袋料香菇的上等原材料。目前，全县已发展袋料香菇2500万袋。

〔方兴未艾〕　随着中国加入WTO日期的临近，南召的柞蚕业呈现出强劲的发展势头，也有着良好的发展前景。南召县委、县政府更加坚定了发展柞蚕业的决心，制定了《南召县蚕业五年攻坚纲要》，继续巩固和发展缫丝、绢纺、织绸、丝毯等主导产业，提高产量和品位，同时，进一步采取高科技手段，在蚕蛹深加工上做文章，大力开发蚕蛹系列绿色食品，利用蚕蛹提取蛋白、生产氨基酸饮料等，使南召一化鲜蛹以天然纯正的绿色食品品牌占领国内市场，打入国际市场，使柞蚕副产品得到更充分的利用。相信在南召县委、县政府的领导下，在全县人民的共同努力下，南召柞蚕业将会步入新的辉煌。

南召物华天宝，人杰地灵。丰富的资源，宽松的环境，迷人的风光，吸引了八方客人，外商络绎不绝，合资、独资企业如雨后春笋，展示着南召这片投资热土的时代风采。勤劳、聪慧、诚实的60万南召人愿意张开双臂，敞开胸怀，热忱欢迎国内外的朋友到南召来，共同开发丰富的柞蚕资源，共举振兴大业，共享文明之果。

陕西省安康地区（蚕丝之乡）

安康桑蚕茧，为陕西一大特产，素以产量多，质量优，历史悠久而著称于世。

中国是世界上最早发明植桑、养蚕、缫丝、织绸的国家。相传，远在4600年前则已开始养蚕。有“丝国”之称。陕西是“丝绸之路”的起点，而地处秦巴山区中心地带的陕西安康地区，自古至今都是中国和陕西蚕丝的重点产区和出口基地之一，素称“蚕丝之乡”。

新中国成立后，安康山区蚕桑丝织生产得到迅速发展。大力推广良桑，改良土蚕，引进新品种，建立了蚕业学校、蚕种场、蚕桑研究所，同时建立了安康地区第一、第二两座现代化的缫丝厂，后经数次技术改造，使这两个厂家成为中国北方地区规模最大的缫丝厂。安康地区桑园面积已超过4万公顷，年产茧突破万吨大关，约占全省

90%，占全国 7%。

安康地区第一、第二缫丝厂生产的“梅花牌”SV、SA 桑蚕白厂丝，为陕西省一大名特产。它以当地盛产的优质茧为原料，质量优良，条干均匀，丝色洁白，光洁度好，饱合度好，手感柔软，延伸度高，拉力强，切断少，呈现珠光宝色之特征。具有排湿吸汗、耐磨、耐拉、耐碱、绝缘等特性，在国内外享有较高声誉，年出口量 300—400 吨，占全国丝绸出口总值 80%以上。

山东华冠丝绸有限公司

山东华冠丝绸有限公司是 1999 年 5 月由原乳山制丝厂经股份制改造而成的一类大型国有制丝企业。公司注册资本 1800 万元人民币，其中山东省丝绸总公司 918 万元，占总股本 51%，职工持股金 882 万元，占总股本 49%。

山东乳山制丝厂始建于 1966 年，建厂之初员工不足百人，只有 40 台老式立缫机。经 30 多年的发展，现有先进缫丝机 500 台，职工 1800 多人，总资产 9000 多万元，年创利 1000 万元，成为全国丝绸行业的大型骨干企业。

公司的产品畅销西欧和东南亚等十几个国家和地区，一直供不应求，许多客商点名求购。公司年产各种白厂丝 500 吨以上，质量平均等级 3A90 以上。即使近年来，在丝绸市场原料严重不足，产品滞销、价格狂跌的困难情况下，企业的产品产量、质量和经济效益继续保持国内目前最好水平。公司先后被授予“明星企业”、“管理示范企业”、“经济效益排头兵企业”、“双文明建设优秀企业”等称号，并率先在国内同行中通过 ISO9000 国际质量体系认证。

公司重视人力资源开发，使职工队伍素质不断提高。坚持“以人为本，素质第一”的宗旨，不断加大企业精神文明建设力度，加强企业党的建设和职工队伍建设，使企业思想政治工作紧紧与生产经营相结合。公司着眼于人才的培养和选拔，先后与山东经济学院、山东丝绸学校和乳山职教中心等大中专院校联合开办了企业管理大专班、制丝工程中专班，着力培养知识型、复合型的人才。企业 80%以上管理人员已经获得或正在攻取大专以上文凭，60%以上的职工具有中专以上文凭。近百名职工取得了各类专业技术职称，职工操作技术达到部颁标准，一、二级率 93%以上，其中获国家级操作能手称号的职工有 8 名，省级操作能手 46 名。

公司技术进步日新月异。近年来，公司淘汰了所有的老设备，新上了 15 组具有国内先进水平的自动缫丝机，引进了 3 组具有国际先进水平的精密络筒机，安装了 2 组填补国内空白的复合缫丝机，更新了所有辅助设备和配套机械；先后开发研制了筒装白厂丝、特制细旦丝、丝绵丝毛复合丝和 6A 级高档白厂丝；新建了丝绸服装、缫丝机配件和蚕蛹保鲜三个加工分厂；企业的生产结构发生了深刻的变化，产品的品种由单一的白厂丝生产发展到集白厂丝、筒装丝、复合丝、细旦丝、真丝服装、保鲜蚕蛹、机械配件于一体的新格局。1998 年以来，又投资 240 万元安装了 5 组国内最先进的飞宇 2000 型自动缫丝机。主导产品白厂丝曾两次获得省、部优称号，筒装丝获得山东省优秀新产品一等奖，真丝复合丝获部科技进步二等奖，保鲜蚕蛹获中国农业博览会铜质奖。

华冠丝绸公司管理水平居同行业领先地位。公司先后在企业推行价值工程，网络技术目标管理、微机辅助管理和全面质量管理等先进的管理模式并制定相应的措施，实施了争创山东质量管理奖、管理示范工程、管理样板和 ISO9002 体系认证；开展了一年一度的集管理、质量和效益于一体的百日升级达标创一流和以提高职工操作技术水平为重点的梅花奖操作运动会，推行了规范化的现场管理、定员定额管理、优化劳动组合、质量否决权、岗位技能工资和全员劳动合同制，创造了“全过程质量倒逼管理法”，并被山东省经贸委授予“现代化管理成果一等奖”。

所谓“全过程质量倒逼管理”是指以最终产品为出发点，以质量环为原理，以产品工艺流程为线索，对影响各项产品质量、指标的因素进行倒推分解，逐一落实到生产过程的每个环节。这种管理方式是按照用户和市场的特定要求来确定产品质量标准；再以产成品的质量标准要求为起点，按生产过程向半成品及原材料逐次倒推；上道工序必须达到下道工序的质量要求，下道工序具有检查上道工序质量的责任和质量否决权，从而构成了全过程、逆向的质量监督链和全员的质量责任体系。这种管理法将传统的纵向质量管理转变为横向质量管理，将事后检查变为事前预防、事中控制，以科学的管理程序和监督制约机制保证全面质量的落实。

通过强化这些管理，使企业的设备管理获国家二级企业称号，计量管理取得国家二级计量证书、安全管理为部三无企业，质量管理获省质量管理奖并通过 ISO9002 国际质量体系认证，综合管理获省“首批管理示范企业”称号。这些成绩的取得为华冠公司阔步跨入 21 世纪奠定了坚实的基础。

茶 叶

江苏省

一、茶叶种类、产销

①绿茶

包括炒烘青绿茶，名优绿茶。分布在全省各茶区。总产量9500吨。其中：名优绿茶比重占40%。主要为省内及北方销区销售。高档名优茶碧螺春、雨花茶有少量出口外销。

②红茶

红条茶。产量1998年达1100吨，产区为宜兴、无锡、吴县、丹阳等县（市）。销区集中在苏南的丹阳，常州，苏州，宜兴等市、县。

红碎茶。50至80年代一直为江苏主要茶类。80年为历史最高产量达2639吨，接近全省产量的50%，产区分布在宜兴、溧阳、金坛、句容、丹徒、溧水等地。主要通过上海、江苏外贸销至欧美等地。1990年后红碎茶生产逐年下降。1999年全省红碎茶产量降至0.7吨，几近停产。

③花茶

花茶分珠兰花茶，玳玳花茶，茉莉花茶等，其中茉莉花茶为主要产品，最高年产量为1978年的350吨，生产以苏州茶厂、南京茶厂、扬州茶厂为主。部分社队茶场也有少量生产，品质上形成了以香气鲜灵著称的江苏茉莉花茶风格。产品主要销往山东、河北、京津地区，茶叶产销放开以后，江苏因种植成本高，效益降低，1990年后，茉莉茶种植量大幅度减少，1998年，全省花茶产量降至1.5吨左右。

④保健茶

薄玉茶。据日本医学家研究三十年以上老茶园茶叶加工成薄玉茶能治疗糖尿病。70年代中期，金坛市茅六茶场选用300多亩30年以上的老茶园建立薄玉茶生产基地，其它的如宜兴茶厂，江苏省芙蓉茶场，溧水县茶场也有生产，由外贸部门组织出口，国内销售主要以糖尿病患者邮购为主，最高年产量达35吨，内质为绿茶特征，加入适量玉米须浸出物，能提高降糖效果。由于市场开发力度不大，销路未能不断拓展。

罗布麻保健茶。1986年无锡市茶叶研究所和大丰县罗布麻茶厂利用无锡茶叶研究所技术力量及大丰县的罗布麻资源联系创制了罗布麻保健茶。该茶采用绿茶加工工艺，用罗布麻及鲜茶叶直接付制，既有茶叶解渴生津，兴奋解倦功能，又具有降血脂、血压、止咳平喘作用，该产品通过省级鉴定后，由于销售渠道不畅，未能大量生产。

⑤加工产品

茶多酚。中国国营林场开发公司和无锡县硕放镇多服公司联合投资，于1992年在无锡县兴建了无锡绿宝天然添加剂实业公司，吸收转化无锡粮食研究所和中国农科院茶叶研究所研究成果，提取茶叶内含成份茶多酚，生产天然抗氧化剂，原料为低档绿茶或片茶，产品主要用于油脂，多油食品、肉制品的保质保鲜及保健药品的原料，产品大部分出口至日本、南亚、美国和欧盟。

超微粉茶。1996年金坛市方麓茶场接受中国农科院中国茶叶研究所协议转让超微粉茶生产技术。茶树鲜叶脱水处理后，瞬间粉碎成细度达200目的纯天然超微茶叶细粉，产品保持了茶叶的绿色及大部分有效成份，并且具有良好的口感，作为食品添加剂，既可保持绿茶的风味和天然绿色，又可防止食品氧化变质，产品销往上海、天津、杭州、香港等地。生产添加超微粉的绿豆沙月饼和添加生产红豆沙月饼，深受消费者欢迎。其它食品如绿茶冰淇淋，绿茶粉丝等食品也进行了开发试制。

二、著名品牌及其生产单位和产地

碧螺春。江苏的传统历史名茶，始产于清代，以其得天独厚的产地自然环境，精湛的加工技术及独特的香气著称。原产吴县洞庭东西山，太湖环绕，果茶间作，自然生态环境优越，茶树发芽早，清明前即可开采，芽叶细嫩，制500g碧螺春干茶需6方嫩芽之多，品质风格为条索纤细，茸毛披露，卷曲呈螺，银绿隐翠，香气久雅，滋味鲜醇，汤色嫩绿明亮，叶底柔嫩匀净，传统加工方法为手工炒制，九十年代后，采用小型滚筒杀青机、小型揉捻机和炒干机，使加工工效提高三倍以上，使香气，色泽都明显提高。目前碧螺春产区遍及全省茶区，产量在全省名茶中居首位。1998年达750吨左右，产品主要销售全国各大城市，对香港、东南亚也有少量出口。

雨花茶。1958年，江苏省委为纪念雨花台英勇牺牲的革命烈士创制的名茶，由南京中山陵园茶厂试验研制，定型命名，风格特征为外型条索挺直，锋苗挺秀，色泽翠绿，犹似松针，香气高雅，滋味鲜醇，汤绿清明，叶底嫩匀，初期仅南京市10个国营茶场生产，八十年代以后，逐步扩大到南京市郊、高淳、溧水、金坛等县生产，1985年起引进日本精揉机，进行雨花茶全程机械化加工技术攻关，1987年获得成功，产量迅速增加，质量也得到稳定，年产量超过100吨。

无锡毫茶。为了充分发挥无锡市的茶叶资源和风景旅游资源优势，1973年无锡市农林水利局、科委下达了"创建地方名茶"的科研项目，科技人员和技术工人组成研制攻关小组，以无锡茶叶研究所（现无锡市茶叶品种研究所）为实验基地。历经6年于1979年创制成功，同年9月通过市级鉴定，题名为"无锡毫茶"。无锡毫茶采用从福建引进的无性系良种福丁大毫的茶叶作为原料，春、夏、秋三季都可加工。加工的主要工序为摊青、杀青、揉捻、提毫、干燥，成品茶的风格特征为：条形卷曲，肥壮绿翠，白毫扩覆，香高味浓，色绿明亮，叶底肥嫩。产品设1-4级四个级别。1980年，"无锡毫茶"研制项目获江苏省科技进步四等奖和无锡市科技进步二等奖。1984年无锡毫茶获优质食品证书，1985年获全国名茶称号。1986年开始，无锡毫茶在无锡市郊区推广，扩大规模生产，建立了以无锡福丁大毫茶园为主的生产基地，完善了采制工艺技术和产品质量标准。产区扩大至无锡市郊区所有茶场和无锡县（现锡山市）部分茶场。无锡毫茶于1986、1989、1990年分别参加有关部门评比，获全国名茶称号，1988年在首届中国食品博览会上获银奖；1994年在中国茶叶学会举办的首届"中茶杯"名茶获口奖；1988年在首届中国食品博览会上获银奖；1994年在中国茶叶学会举办的首届"中茶杯"名优茶评比中获特等奖，1995年在第二届中国农业博览会上获金奖，1997年无锡毫茶年产量近25吨。

阳羡雪芽。江苏茶叶主产区宜兴历史上曾因生产阳羡茶而负盛名，新中国成立以后，该县茶叶生产得以恢复和迅速发展，并在全县范围内规模生产，1988年制订了阳羡雪芽标准试行草案。登记注册了商标。1989年、1990年被国家有关部门评为全国名茶，1995年获第二届中国农业博览会金奖，首届"中茶杯"一等奖。1997年又获第二届"中茶杯"特等奖，阳羡雪芽已经是宜兴主产名茶。1997年产量近500吨。

金山翠芽。1981年，镇江市的茶叶科技工作者开始研制名茶，选用优良的茶树品种，精细加工，1983年将试制的小样送安徽农学院，请陈椽教授审评、取名，陈教授看样后说"该茶很有特色，全芽制成，色泽翠绿，形似镇江金山的宝塔，就叫'金山翠芽'吧"。因而得名。1984年镇江市科委下达了"研制名茶——金山翠芽"项目，由镇江市多管局陈武生主持，成立了由句容县下蜀茶场，镇江郊区（现润州区）五洲山茶场等单位参加的课题组，制订了详细的实施方案，组织有关技术力量，围绕品质特征，在镇江市林科所、下蜀茶场、五洲山茶场、高资茶场等七个单位反复试验，1985年4月形成了较完整的采制工艺，于5月通过了镇江市科委技术鉴定。金山翠芽品质特征是：扁平挺削，色翠显毫，香高持久，品味浓醇，汤绿明亮，叶底肥匀，嫩绿，原料主要是福丁大毫、福丁大白、福安大白、福云6号等良种茶树的芽叶，炒制主要工序分青锅（手法为抖、带、抓）和恽锅（整形、干燥）两部分，1985年被国家有关部门评为全国名茶。1986年农牧渔业部下达了金山翠芽基地建设计划，次年即在句容下蜀、高庙两个茶场建立无性系良种繁育基地，引进、繁育推广无性系良种福丁大毫，逐步扩大金山翠芽生产基地。1988年以后，金山翠芽又先后获得首届中国食品博览会银奖，国家有关部门全国名茶称号、首届和第二届中国农业博览会金质奖、首届中国国际食品博览会金奖、第三届中国农业博览会认定品牌产品、第二届"中茶杯"名优茶评比特等奖和历届江苏省"陆羽杯"特等奖。1994年开始，镇江市又围绕保持金山翠芽风格、提高品质开展机械化生产的尝试，并取得了成功。1995年由陈武生等人起草，几家主产茶场制订了金山翠芽企业标准，并经镇江市标准局（技术监督局）发布实施，1996年在全市开展了金山翠芽机械加工推广，迅速扩大生产，到1997年，金山翠芽的产地已扩大到镇江市的句容市、润洲区、丹徒县、丹阳市的20多个茶场，生产基地1500多亩，年产量超过3吨。

茅山青锋茶。1982年初，原镇江地区领导要求林副业局开展名茶研制工作，地区林副业局将任务落实到金坛县多管局和国营茅麓茶场，并在地区科委立项。4月，试制工作全面展开，茅麓茶场共进行18批次的试验研究，作鲜叶的机械分析、炒制工艺各流程测试记录、成品茶感官审评和生化测定等。7月1日，镇江地区名茶试制座谈会在茅麓茶场召开，出席会议的有地区林特水产局、外贸局、供销社、地区茶果研究所、句容县多管局、金坛县多管局、金坛县外贸局、茅麓茶场、方麓茶场等有关单位的5名代表，会议确定试制名茶叫"茅山青锋茶"，成立了有赵洪兴、范旨元等5人组成的茅山青锋制度小组，继续开展试制工作，以稳定外形，突出风格，完善炒制工艺。第二轮试验进行7个批次的试制。1983年2月，全省实行市管县镇体制，金坛县划给常州市管辖，市科委接受该项目并给予一定支持。4月，课题组进行了6个批次的试验炒制，并决定了茶叶的炒制工艺和风格特征。炒制工艺分为杀青、恽锅和精制。茅山青锋的品质风格特征为：外形略扁，挺直如剑，锋苗显露，匀齐光滑，色泽绿润，品质香气高爽，汤色绿明，滋味鲜醇，叶底嫩匀明亮，茶样经中国农科院茶叶研究所测定，氨基酸4.02%，茶多酚23.42%，水浸出物39.24%。氨基酸含量已达碧螺春、雨花茶水平。试制成功的茅山青锋茶在四月底江苏省农林厅召开的江苏地方名茶评比会上，感官审评得分97.7分，获第一名。9月24日，常州市有关部门在茅麓茶场组织召开茅山青锋茶技术鉴定会议，审核了课题组递交的有关资料，审评了茶样，确认“该茶堪称名茶”。年底，茅山青锋茶荣获江苏省优质食品称号。

1984年，茅山青锋荣获国家有关部门优质产品称号，炒制技术开始向金坛县国有场圃推广。1985年，再次荣获江苏省优质食品称号，其炒制技术进一步向农村集体茶场推广，产量开始超过金坛旗枪茶。1990年，茅麓茶场生产的茅山青锋茶获得国家质量奖银奖。1992年，茅山青锋茶赴香港参加国际食品博览会，得特别奖。1993年，茅山青锋茶在第一届江苏省名茶评比会上，得“陆羽杯”一等奖，其年产量超过50吨。1995年，再获江苏省名茶评比“陆羽杯”一等奖，金坛市茅山青锋茶年产量突破100吨。1996年，茅麓、方麓等茶场及石马乡等乡村茶场开始引进30型、40型滚筒杀青机用于杀青作业。用多功能机替代手工进行理条整形，机械作业量占炒茶用工的30%左右。1997年，茅山青锋再获江苏省名茶评比“陆羽杯”一等奖，同时还得到中国茶叶学会“中茶杯”一等奖，年产量达200吨。

南山寿眉茶。1984年，溧阳县横涧乡李家园茶场在江苏省茶叶界老专家张志澄（已故）指导下，开始研制新名茶：南山寿眉茶，组成了以场长周春保为组长，技术员江康林参加的名茶研制小组，研究技术路线，确定炒烘结合的工艺流程，并于1986年全面开始试制工作，经杀青、理条、整形、烘焙、拣剔等道工序，制出茶样，进行试销。1986年4月，无锡市茶叶研究所对试制的南山寿眉茶进行理化指标检测：水分5.83%，茶多酚32.36%，氨基酸4.41%，粗纤维5.99%。感官寂评认为试制的南山寿眉茶的品质风格特征：样索微扁略弯，色泽翠绿，白毫披复，形似寿者之眉，内质香气清雅持久，滋味鲜爽醇和，汤色清彻明亮，叶底嫩绿完好。江苏省卫生防疫站对试制茶样进行食品“卫生指标检测”，结果如下：砷0.4毫克/公斤，铅1.25毫克/公斤，铜18.6毫克/公斤，六六六0.0458毫克/公斤，滴滴涕未检出，符合标准。1986年5月，由省农林厅、省茶叶学会、省供销社等方面的专家组成的鉴定委员会通过了南山寿眉茶的产品技术鉴定。

1989年5月，南山寿届茶参加江苏省名茶评比，取得总分第一名的好成绩，在制作工艺上，李家园茶场在市县茶叶技术人员的帮助下，摸索出“足火提香”，提高品质的新工艺。8月，南山寿眉茶参加在西安举行的第二次全国名茶展评会，获得了优质农产品证书和全国名茶的奖杯。

1991年9月，南山寿眉茶获最佳食品称号。1992年开始使用小型自动烘干机进行南山寿眉茶的烘干作业。1993年，南山寿眉茶的杀青工序开始使用30型电热滚筒杀青机，从此，南山寿眉茶机械与手工结合的炒烘新工艺基本形成。运用新工艺制成的茶荣获首届江苏省陆羽杯名茶评比特等奖。1994年，在省陆羽杯名茶评比中，南山寿眉茶获特等奖，另外还参加中国茶叶学会组织的“中茶杯”名茶评比，得特等奖。1995年，在省陆羽杯名茶评比中，又一次取得特等奖。1996年，李家园茶场奖80型大滚筒杀青机用于南山寿眉茶的杀青工序，将整形理条机和精揉引入理条作业。从此，机械加工作业量已占南山寿眉总作业量的75%左右。5月，在省陆羽杯名茶评比中，第五次得到特等奖，参加第二届“中茶杯”名茶评比，再获特等奖。

江苏省溧阳市

溧阳市位于苏、浙、皖三省交界处。全市总面积1546平方公里，其中丘陵面积1005平方公里，占总面积的66%，是江苏省重要的丘陵地区之一。该市地处亚热带的北缘，属过渡性地带，境内自然条件和生态环境，适宜茶树生长。

溧阳人民虽饮茶历史悠久，茶业颇盛，但直至解放初期，溧阳农家还种茶甚少。该市自1953年种茶，经历了1971年以社队为重点的大发展、1980年的巩固提高和1993年的以丘陵山区综合开发和农村产业结构调整为契机的持续稳定发展这三个时期，茶叶的产、供、销起了很大的变化：产量从无到有，品种从少到多，制茶从手工到机械，调拨由进到出，销售由中低档到中高档，并向名、优、特发展。溧阳已成为江苏省第二大产茶县（市），至1999年底，全市共有茶叶生产企业130多家，茶园面积6万亩，其中开采面积4万亩，茶叶年产量稳定在1500吨左右，年产值6000万元左右，茶业正在成为该市丘陵山区不可替代的重要产业。

一、领导重视，茶叶唱戏

溧阳市委、市政府十分重视茶叶生产，始终把茶叶生产作为丘陵山区开发、农民致富的主要项目。为研制和开发名茶，1985年成立了分管副县长为组长，有关部门领导参加的名茶研制领导小组，很快摘掉了溧阳无名茶的帽子，1985年至1991年先后创制了4个地方名茶，其中“南山寿眉”茶还于1989年取得了全国名茶的称号。在

1991年至1999年的9年中，该市还乘撤县建市的东风，至今成功地举办了七届“中国溧阳茶叶节”，大大推动了全市茶叶特别是名特茶的产销，扩大了溧阳茶叶的知名度。

二、坚持科技兴茶

重视茶树良种推广。1992年以来，该市坚持每年从福建调进有性福鼎茶籽，以此提高茶树良种比重，目前全市良种茶园已占总面积的55%以上。该市还通过宣传市茶果良种场、李家园茶场建设无性良种示范园，实现亩产值7000元的高效典型，促进有条件的茶场发展无性良种茶，1994年起，该市共调进无性茶苗400多万株，自繁自育50多万株，建成无性良种园近850亩，全市共保存无性良种园1400亩，占总面积的3%。

扩大机械应用范围。90年代以前，溧阳市茶叶机械应用局限于红碎茶和烘炒青茶的制作，1990年开始，进行修剪、采茶机械化试验，现茶园修剪作业机械化程度较高，达90%左右，1995年后，名茶炒制应用机械取得突破，现全市有近100个茶场共购进各类微型茶机500多台(件)，并摸索出机械加手工辅助甚至全程机械化炒制工艺，约80%的名茶已由机械参与炒制。生产规模较大的茶场，为了改善杀青叶质量，提高机械利用率，还成功地应用60－80型滚动杀青机参与名茶杀青作业。

三、积极推进树牌创优

1985年至1991年，该市先后有“南山寿眉”、“水西翠柏”、“太湖白云”、“沙河桂茗”四个地方名茶通过鉴定，加上省属社渚农场研制的“前峰雪莲”，形成了五朵金花占据名茶阵地的格局。名茶有了品牌，创不出名牌，仍难于立足市场，为此，该市抓住一切机会，组织茶场参加各级各类评选活动，“南山寿眉”、“前峰雪莲”1989年被评为全国名茶，进入90年代，该市先后有83只名特茶荣获中茶杯、农业博览会、上海国际茶文化节、杭州国际茶文化节、江苏省“陆羽杯”等各类奖项。几年中，名特茶产量、产值也有了较大的提高，1999年，全市名特茶产量已达265.3吨，比1991年增加了2.3倍，占总产的28.0%，名特茶产值已占总产值的60%以上。该市茶叶生产企业在树品牌、创名牌的同时，还注意运用法律手段加强自我保护，全市茶叶注册商标90多个，51家企业为自己的茶叶制定了产品企业标准，20多家茶场申报了商品条码。1997年，桂林茶场“桂”字牌商标茶叶取得绿色食品称号，李家园茶场“南山”牌商标被评为常州市知名商标，1999年，天目湖茶叶集团公司的“天目湖”牌系列名茶被'99昆明世博会指定为“唯一无公害”茶，获得永久冠名权；横涧镇被评为“常州市茶叶之乡”。

四、建设市场，以销促产

为推进茶叶产业化，该市非常重视茶叶市场、销售渠道的作用，首先，引导茶场经营者完成以销促产观念的转变，大中型茶场建起自己的营销队伍，直接参与流通。第二，建设茶叶市场，为茶叶产销提供交易场所。1993年1月，投资300多万元，建成了占地18.57亩、营业面积6000多平方米的茶叶交易市场，不仅方便了本市茶场的交易，还吸引了安徽郎溪、广德及宜兴、溧水等地的茶商、茶客，每年茶叶交易额达2000多万元。第三，茶叶业务部门——溧阳市茶果技术指导站，在指导生产，做好服务的同时，组建了“东方茶叶公司”和“天目湖茶叶集团公司”，直接参与流通，解决了部分小型茶场的销售困难。

江苏省句容市下蜀茶场

江苏省句容市下蜀茶场创建于1955年，位于沪宁线桥头镇西1.5公里处，占地2.3平方公里，属北亚热带季风气候区，光照充足，雨量充沛，地理环境优越，适宜茶树生长。全场现有职工350人，茶园77.8公顷。在七、八十年代以生产各类绿茶、花茶、红碎茶为主，年产干茶能力3000担左右。1981年该场逐步进行良种茶园改造，研制开发特种茶。

1983年，由镇江市多管局副局长陈武生（高级农艺师）等人在该场主持研制的特种茶试制成功，后由安徽农学院茶叶系陈椽教授定名为“金山翠芽”。该茶品质优良，色、香、味、形俱佳，风格独特回味甘甜、香高持久、滋味鲜醇，在经中国农业部茶叶质量监督检测中心检测时，卫生指标符合国家标准，水浸出物含量较高，其中含有类黄酮化合物、植物碱、蛋白质、氨基酸、维生素等多种有机化学成分和无机矿物元素，对人体有特殊防治疾病、减肥、健美、养生延年等生理保健之功效，它既是一种欣赏的艺术珍品，又是有益于人体健康的高级纯天然饮料，无激素、无公害，是馈赠亲朋的珍贵礼品，深受广大消费者的喜爱。1985年，“金山翠芽”茶送北京参展获部金杯奖，1986年获首届中国食品博览会银质奖，1989年，全国名茶评比“金山翠芽”继续保持优质名茶称号，1992年10月又荣获首届中国农业博览会金奖，1993年参加九五届意大利维罗纳国际农业博览会展评荣获二等奖。

“金山翠芽”系该场荣誉产品，其制作工艺非常严格，鲜叶采摘在谷雨前后，秋茶在白露之后，以晴好天为主，雨天不采，露水叶不采，气温高不采。这有利于提高鲜叶的鲜爽度，使干茶滋味鲜醇。原料选用无性系良种福鼎大毫茶树或大白茶树的芽尖，要求大小均匀一致，无病虫害，色泽翠绿。采回来的鲜叶先要在洁净的竹席上摊放两个小时左右，当天气温如高于20℃摊放时间应短一些，反之时间要长一点，目的是为了适当减少鲜叶中的含水量，使制作出的干茶香高持久。杀青采用名茶小滚筒杀青机，温度控制要求稳定，投叶量要均匀。杀青好的原料要摊凉大约半小时，等原料冷却以后上整形机整形，条形整理好后上理条机进行理条提香，当干茶捏在手里能成粉末状时就可以出锅了，出锅的干茶要及时摊凉，冷却之后除去因机械损伤而致碎的芽头，成品茶制作完成。

“金山翠芽”是茶中极品，其外形扁平，挺削匀整，色翠略显毫，内质嫩，香高持久，滋味鲜醇，冲泡时取干茶3—5克放入白净玻璃杯中，倒入80℃的开水，等一会可看到在嫩绿明亮的茶汤中一个个芽尖或竖于杯底或悬浮于杯中，形如一个个破土的竹笋，又似小鸟的尖舌，十分美观，香气四溢，酌上一口，清爽甘甜的感觉令人回味无穷。

由于该场的“金山翠芽”在选料上严格按标准，制作工艺精细，质量上乘，许多客户慕名而来。1993年该场领导在听取多方面的见意之后对“金山翠芽”的包装进行了重新设计，内包装选用铝箔小袋，每小袋5克，每10小袋一纸盒，每斤10盒。纸盒选用红底色更显庄重且有气魄。新包装“金山翠芽”一投放市场就赢得了消费者的好评，销售量比以前增加了一倍。

“金山翠芽”是该场的特色产品，经济效益和市场潜力巨大。从1988年“金山翠芽”获得中国食品博览会银质奖后销售量一直很旺，供不应求。该场领导经过多方面考察论证不失时机提出了“抓名茶，出效益”的思想，从1990年起加快了对低产茶园的更新改造，到1992年换植福鼎大毫和大白茶优良品种达180亩，老茶园的重修复壮800亩。这一举措为“金山翠芽”的规模化生产创造了有利条件，也为该场在以后的市场竞争中出头领先打下了坚实的基础，推动该场的经济发展进入快车道。目前该场的“金山翠芽”年产量已达1500斤，年销售额超过110万元。继“金山翠芽”研制成功以后，1986年该场又自选课题着手于高级绿茶“雾岐翠眉”的研制开发。经过几年的反复研制和试销，前景较好。1989年通过镇江市科委鉴定，经有关专家审评，认为“雾岐翠眉”品质优、香高持久、滋味鲜醇、汤色明亮、叶底嫩绿为高级绿茶，当年获镇江市政府科技进步三等奖，在各级主管部门和财政部门关心支持下，该场1997、1998两年里又换植了60亩无性系特优品种“乌牛早”。“乌牛早”春茶可提前10—15天采摘，制造性好，抗逆性强，是制作“雾岐翠眉”最理想的原料。今年春天用“乌牛早”的一芽一叶初展制作的“雾岐翠眉”茶由于品质优，滋味好，一上市就被争相抢购，形势喜人。

“人无我有，人有我优，人优我尖”是该场生产经营方针，茶叶是该场的经济支柱，茶树品种的好坏，决定着产品的品质和竞争力，没有好的产品，企业就没有生命力。因此该场今后将继续进行茶园改造，选择制造性好、抗逆性强的新品种，研制更具特色的名优茶，强化企业管理，树立自身品牌形象，加大产品宣传力度，拓宽销售渠道，只有这样企业才能有所发展，才能在激烈的市场竞争中立于不败。

单位名称：江苏省句容市下蜀茶场

地　　址：沪宁线桥头镇

场　　长：刘福清

邮　　编：212413

电　　话：0511－7761197　7761297

浙江省

〔**茶叶种类、产销**〕　浙江省有64个县（市）产茶，以生产绿茶为主。全省生产的茶叶有一半以上供出口。1999年全国出口绿茶约为8.8万吨，其中浙江出口6.48万吨，占全国出口量的73.6%，占世界绿茶贸易总量11万吨的58.9%。绿茶出口量占全省绿茶生产量的60.2%。是世界最大的绿茶生产、加工集散地。

1999年，由于冬季气温偏暖，茶园开采提早，全年茶叶增产增值。年末实有茶园126.84千公顷，采摘面积111.23千公顷，茶叶总产量11.77万吨，其中生产绿毛茶107653吨，红毛茶4379吨，乌龙毛茶446吨，紧压茶原料105吨，其他茶5133吨，绿毛茶占茶叶总产量的91.45%；茶叶总产值22.38亿元，总产量和总产值分别比上年增加0.45万吨和0.86亿元，均增4.0%。产量居全国第二，产值居全国第一。

茶类结构得到进一步优化，名优茶继续保持良好的发展势头。全年名优茶产量27040吨，产值14.76亿元，占茶叶总产量的22.9%，总产值的66.0%，分别比1998年增加0.33万吨和2.86亿元，增13.9%和24.0%。大宗茶产量略增，价格有所回落。

〔**著名品牌及其生产单位**〕　浙江茶叶有20个产品被'99中国国际农业博览会认定为全国茶叶名牌产品，浙江省成为获得全国茶叶名牌产品最多的省份。

大佛玉龙牌大佛龙井茶　产于新昌。品质特点：外形扁平挺直，匀齐，色泽嫩绿匀润，清香持久，味鲜醇，汤色青绿明亮。该茶获第二届中国科技精品博览会金奖，获首届中国茶博览交易会中华文化名茶金奖，获“名、特、优、新”农产品金奖。

生产单位：浙江新昌名茶集团有限公司，地址：浙江省新昌县城关镇工农路4号，邮编：312500，电话：（0575）6023280，传真：6022158。

壶源牌雪水云绿　产于桐庐新合乡。品质特点：外形嫩绿，挺直扁圆，香气清雅，滋味爽醇，汤色嫩绿明亮。该茶获浙江省一类名茶称号，获第一、二届中国国际农业博览会金奖。

生产单位：浙江杭州桐庐雪水云绿茶叶公司，邮编：311508，电话：(0571) 4257002，4631180。

开化龙顶牌开化龙顶茶　产于开化。品质特点：外形紧直挺秀，银绿披毫，香高持久，滋味鲜醇甘爽、汤色杏绿清澈。该茶1982年获浙江省名茶证书，1985年被评为全国名茶，1992年获首届中国农业博览会金奖。

生产单位：浙江开化县名茶开发公司，地址：浙江省开化县城关环城路41号，邮编：324300，电话：(0570) 6014656，传真：6022265。

古钟牌径山茶　产于余杭径山。品质特点：外形细嫩紧结显毫，色泽绿翠，粟香持久，滋味鲜爽醇和，汤色嫩黄明亮。该茶1991年获杭州国际茶文化节"中国文化名茶"称号，1997年获第三届中国国际农业博览会名牌产品，1998年获优质农产品金奖，1999年获省有关部门颁发的"浙江名牌产品"证书。

生产单位：余杭径山茶业有限公司，地址：临平镇西大街，电话(0571) 6224834，传真：6224448。

贡牌西湖龙井茶　产于杭州西湖一带。品质特点：外形扁平光滑，形似"碗钉"，色绿香郁，滋味甘醇。该茶1990年获西湖博览会金奖，1991年获中国国际茶文化节"中国文化名茶"称号，1998年被省有关部门命名为"浙江省名牌产品"，并获省名特优新农产品金奖。

生产单位：杭州西湖龙井茶叶有限公司，地址：杭州西湖区龙井路108号，邮编310013，电话：(0571) 7962219，传真：7996988。

千岛玉叶牌千岛玉叶茶　产于淳安千湖畔。品质特点：外形扁平似叶，色绿翠显毫，香清高持久，味鲜嫩醇厚。该茶1994年获全国林业名特优产品博览会金奖，1995年获中国国际农业博览会金奖，1998年被省有关部门命名为农业名牌产品。

生产单位：浙江淳安县千岛玉叶名茶协会，电话：(0571) 4817261。

大山牌衢州玉露茶　产于衢县乌溪江。品质特点：绿翠鲜活香气高，滋味醇和，汤色嫩绿明亮，芽叶成朵。

生产单位：衢县大山茶叶有限公司，地址：浙江衢州市斗潭路11－13号，邮编324000，电话：(0570) 3022146，传真：3854066。

安吉白茶牌安吉白茶　产于安吉。品质特点：形似凤羽，色似玉霜，香气馥郁，鲜爽甘醇。该茶1991年被评为一类名茶，1997年获第三届中国国际农业博览会名牌产品，1998年被认定为浙江省农业名牌产品。

生产单位：浙江省安吉县茶叶站，邮编：313300，电话：(0572) 5021355。

紫笋牌紫笋茶　产于长兴顾渚山区。品质特点：外形紧直带扁，色泽翠绿显毫，香气清高，滋味鲜醇，汤色清澈。该茶1982年被评为全国名茶，1998年获优质农产品奖。

生产单位：浙江长兴县紫笋名茶开发公司，地址：浙江省长兴县农业局内，邮编：313100，电话：(0572) 6035546。

宁泉牌望府银毫茶　产于宁海望府楼山区。品质特点：外形肥壮、紧直、披毫，绿润，香高，味鲜醇，汤色嫩绿明亮，叶底芽叶肥嫩。该茶1989年获国家有关部门中国名茶称号，获第二届中国国际农业博览会金奖，第三届中国国际农业博览会认定为名牌产品，1998年被省有关部门评为金奖，1999年获国际有机茶证书。

生产单位：浙江宁海县望府楼名茶开发中心，地址：浙江宁海县城关镇中山中路123号，邮编：315600，电话：(0574) 5573329，传真：5581301。

东海龙舌牌东海龙舌茶　产于鄞县福泉山。品质特点：外形窄长秀美，绿润，有光泽。该茶1998年获浙江优质农产品称号，1999年被评为浙江省一类名茶。

生产单位：浙江鄞县福泉山茶场，地址：浙江省鄞县东钱湖大寺，邮编：315314，电话：(0574) 8401445。

春雨牌武阳春雨茶　产于武义云华、桃溪滩等地。品质特点：外形松针状，挺直显毫，色泽绿嫩稍黄，香高，有花香，滋味鲜浓，汤色黄绿明亮。该茶获第二届中国国际农业博览会金奖，1999年获第三届全国名优茶评比一等奖、中国国际茶叶博览会一等奖、浙江省名茶称号等。

生产单位：浙江武义县名茶公司，地址：浙江省武义县武阳镇镇江山新村1幢1号，邮编：321200，电话：(0579) 7667070，传真：7662173。

仙华山牌浦江春毫茶　产于浦江仙华山。品质特点：外形紧卷披毫，细嫩翠绿，香高持久，滋味鲜爽甘醇，汤色碧绿，叶底嫩绿匀净。该茶1989年获浙江名茶证书，获国家有关部门优质农产品称号，获中国国际茶文化节文化名茶称号。

生产单位：浦江县农业局经济特产站，地址：浙江浦江县浦阳镇人民东路37号，邮编：322200，电话4111027。

绿剑牌绿剑茶　产于诸暨。形如绿色宝剑，色泽嫩绿，香气清高，汤色清澈明亮。该茶被评为浙江省一类名茶。

生产单位：浙江省诸暨市优质农产品开发总公司，地址：浙江省诸暨市城关镇人民南路58号，邮编：311800，电话：(0575) 7112010，7011775。

惠明牌金奖惠明茶　产于景宁敕木山区惠明寺一带。

品质特点：外形细紧显毫，香高持久，滋味醇鲜。1915年获巴拿马万国博览会一等证书和金质奖章，1982年获浙江名茶证书，被国家有关部门列为全国名茶，1998年获浙江省优质农产品金奖。

生产单位：浙江景宁畲族自治县农业开发总公司，地址：浙江省景宁畲族自治县人民中路259号，电话：(0578) 5082936，5082937。

HUADINGYUNWU牌天台山云雾茶　产于天台。品质特点：色绿，形秀，香高，味鲜回甘，耐冲泡。该茶1998年获浙江省优质农产品和'99国际名茶评比银奖称号。

生产单位：天台县特产技术推广站，地址：浙江省天台县城关工人西路109号，邮编：317200，电话：(0576) 3884548。

越乡牌龙井茶　产于嵊州。品质特点：外形扁平挺秀，色泽翠绿，香气馥郁，滋味醇厚，汤色清澈、明亮。

生产单位：浙江嵊州市越乡茶业有限公司，地址：浙江嵊州城关镇剡兴路16号，邮编312400，电话：(0575) 3042237，传真：3042236。

羊岩山牌羊岩勾青茶　产于临海河头。品质特点：外形钩曲显毫，色泽绿润，汤色清澈明亮，叶底肥嫩成朵。该茶1997年评为浙江省一类机制名优茶，1998年获'98中国国际茶文化展览会名茶推荐产品，1998年获浙江省优质农产品金奖。

生产单位：浙江临海市羊岩茶厂，地址：浙江省临海市河头镇羊岩茶场，邮编：317034，电话：(0576) 3325643，传真：5888678。

三界牌平绿珠茶　产于嵊州。品质特点：颗粒圆紧重实，形似珍珠，色泽绿润，香浓味醇。该茶叶商标在1994年被评为浙江省第二届著名商标。

生产单位：浙江省三界茶厂，电话：(0575) 3081547，传真：3081282。

〔"中茶杯"名优茶〕　中国茶叶学会于1999年6月在杭州举办了第三届"中茶杯"全国名优茶评比，浙江省有33只茶叶参评，获奖率达60.6%，其中获特等奖4只，分别为"大山坞牌"安吉白茶（安吉县大山坞茶厂）、玉凤牌安吉白茶（安吉县林业科学研究所）、裕隆牌西湖龙井——雀舌（杭州龙冠实业有限公司）、武阳春雨（武义县名茶公司）；一等奖5只，分别为山水龙剑（丽水市农业局茶叶站）、郁清香茶（武义郁清香茶业有限公司）、天赐玉叶（宁波市北仑天赐茶业有限公司）、娘娘山茶（余杭市余杭镇农办、余杭镇农技站）、望海茶（宁海县茶业协会、宁海县深圳镇望海岗茶场）；二等奖11只，分别为泉溪碧螺（奉化市林业局、奉化市茶场）、安吉玉凤茶（安吉县林业科学研究所）、普陀佛茶（舟山市普陀区特产有限公司）、舜江玉芽（绍兴县稽江镇农业公司）、春雨高山茶（武义县名茶公司）、太白顶芽（东阳市名特茶有限公司）、仙龙香茗（仙居县仙龙茶业有限公司）、天目鹿乡（临安市龙井桥乡人民政府）、余姚瀑布仙茗（余姚市余姚瀑布仙茗协会）、"古钟牌"径山玉露（余杭市径山茶业管理协会）、龙盘玉叶（东阳市宅口乡政府）。

〔浙江名茶评比及复评〕　浙江省农业厅于1999年6月在泰顺县召开全省第十三届名茶评比及浙江名茶复评。评比中有6只茶叶获"浙江名茶"证书，29只茶叶获省一类名茶，26只茶叶获省二类名茶，36只原获"浙江名茶"证书的茶叶复评合格。其中新获"浙江名茶"证书的名茶为富春茗绿（富阳市农业局）、龙泉白天鹅（龙泉市林业局名茶公司）、临安东坑茶（临安市临目乡人民政府）、新昌雪芽（新昌县农业局）、云石三清茶（萧山市云石乡林场、萧山市农业局）、武阳春雨（武义县名茶公司）；复评合格的名茶为千岛玉叶（淳安县千岛玉叶名茶协会）、西湖龙井（西湖龙井茶叶有限公司）、安吉白片（安吉县名茶公司）、临海蟠毫（临海市云峰茶业公司）、开化龙顶（开化县林业局）、仙居碧绿（仙居苗辽林场）、江山绿牡丹（江山市农业局）、雪水云绿（桐庐雪水云绿茶叶公司）、常山银毫（常山县农业局名茶中心）、遂昌银猴（遂昌县农业局）、泉岗辉白（嵊州市泉岗辉白茶叶有限公司）、金奖惠明（景宁县特产局农业开发总公司）、承天雪龙（泰顺县茶叶特产局）、石笕茶（诸暨市茶叶技术推广站）、望海茶（宁海县茶业协会、宁海县深圳镇望海岗茶场）、径山茶（余杭市径山茶业管理协会、余杭市径山茶业有限责任公司）、浦江春毫（浦江县农业特产站）、天台山云雾茶（天台县林特局技术推广站）、长兴紫笋（长兴县农业局）、东白春芽（东阳市东白山茶场）、磐安云峰（磐安县名茶开发公司）、春来早（遂昌县农业局经济作物站）、普陀山佛茶（舟山市普陀山园林管理处）、太白顶芽（东阳市名特茶有限公司）、莫干黄芽（德清县农业局特产站）、福乐云毫（龙泉市林业局名茶公司）、松阳玉峰（松阳县农业局）、兰溪毛峰（兰溪市农业局）、雁荡毛峰（乐清市农业局特产站）、西施银芽（诸暨市茶叶技术推广站）、双龙银针（金华县举岸茶厂）、松阳银猴（松阳县农业局）、天目青顶（临安有机资源开发研究所）、婺州举岩（金华县举岩茶厂）、金钟茶（嵊州市黄泽镇）、仙都笋峰（缙云县农业局）。

〔温馨茶馆〕　'99西湖之春春茶会评出杭州十佳温馨茶馆：青藤茶馆、湖畔居茶楼、你我茶吧、绿园茶艺馆、风荷茶艺馆、大佛茶庄、大茶壶茶楼、南屏茶苑、紫艺阁、太极茶道馆。

〔管理重大举措〕　(1) 加快机制名优茶的发展。一方面继续实施机制名优茶工程建设，在淳安、嵊州、绍兴、开化、安吉等地建立项目示范区，另一方面通过建立名优茶机推广扶持政策和开展机制培训、机制茶评比等措施，带动全省机制名优茶的发展。1999年全省生产机制名优茶11143吨，比上年增加1238吨，增长12.5%。

(2) 增强品牌意识。1999年名优茶生产继续得到各级领导的普遍重视，各地除加大扶持力度外，大部分市、县(市)领导还亲自抓茶叶产销，促进名优茶生产的发展。全省大部分名优茶建有基地，有自己的品牌，制订了相应的标准，积极争创名牌。

(3) 高度重视茶叶农药残留和卫生质量问题。各地加大对茶树病虫害综合防治技术推广的力度，促进有机茶的开发。临安、武义、义乌、宁海等12个县(市、区)的337公顷茶园已获得有机食品颁证，另有263.7公顷茶园正在申请颁证，1999年全省生产有机茶557吨，出口300吨。

(4) 进一步推广实用技术。1999年全省拥有采茶机1991台，机采面积13893公顷，比上年增加27.0%和10.1%，拥有修剪机1011台，机剪面积19767公顷，比上年增加18.8%和32.5%，拥有名优茶加工机械20370台，机制名优茶11143吨，比上年增加19.7%和12.5%；无性良种茶园面积10827公顷，比上年增11.2%；推广中低产茶园改造技术，当年低产茶园改造面积达9780公顷。

〔**科研成果**〕　由浙江省农业厅经济作物管理局主持的《名优茶开发与产业化技术体系研究》获1999年浙江省人民政府科学技术进步奖二等奖，由浙江省农业厅经济作物管理局主持的《茶树专用生物活性有机肥推广应用》获1999年全国农牧渔业丰收奖三等奖。

浙江省嵊州市（茶叶之乡）

〔**概况**〕　嵊州位于浙江省东部，隶属绍兴市，北临杭州，东靠宁波，属长江三角洲经济区，是全国第一批沿海开放县(市)之一。全市总人口73.8万，总面积1784平方公里，辖18个镇、10个乡。1995年8月，经国务院批准，由嵊县改设为嵊州市。

嵊州古称剡县，迄今已有2100多年历史，人文荟萃，山水秀美，素有“东南山水越为最，越地风光剡领先”之称。

改革开放以来，该市坚持以经济建设为中心，坚持以“三个有利于”为标准，坚持多种所有制经济共同发展，坚持“抓二产、促一产、带三产”的工作方针，坚持“两手抓、两手都要硬”的工作措施，经济和社会各项事业得到了持续、快速、健康发展。1999年，全市实现国内生产总值86亿元，工农业总产值300亿元，财政收入30亿元，社会消费品零售总额32.5亿元，出口产品交货总值26.2亿元，农民人均收入4137元，职工人均工资8360元。是浙江省首批小康县(市)之一。

通过几十年特别是近几年的发展，该市有不少产业和产品已具有相当的规模，形成了一定的特色和优势。

*一是产业优势比较明显。*全市现已形成领带服装、真丝针织、电机电声、矿产、医药化工、机械灶具等十大支柱产业，特别是领带、电声、电机、灶具等产业发展迅速，区域块状优势日益显现。领带是该市最有特色、最有影响、最有生机的产业。全市年产领带2亿多条，领带产销量占全国总量的80%，成为闻名遐迩的“领带王国”。1998年11月，该市与中国服装集团公司等单位联合举办中国领带节，成立了中国服装协会服饰专业委员会，秘书处设在嵊州。该市的服装生产已有较好的基础，特别是绢丝服装，近几年得到快速发展，现有绢丝服装企业50多家，产品远销欧美市场，是中国绢丝服装主要出口生产基地之一。该市也是全国最大的电声配件生产基地。以浙江天乐集团为龙头，有扬声器及配件生产企业100多家，年产扬声器1亿多只、扬声器配件8亿多套，占全国总产量的80%。该市电机行业块状优势较为明显。现有电机生产企业1000多家，生产冶金电机、空调冰箱电机等，其中微型电机年产量为2000万台以上，国内市场占有率达20%。灶具制造是该市一大新兴产业，年生产能力已达300多万台，占全国总量的1/4。产品数量和质量已超过广东、广西，目前该市正在向全国最大的以灶具为主的厨房系列产品生产基地和供货中心目标努力。

*二是资源优势得天独厚。*该市物产丰茂，资源较为丰富，主要有两方面资源：一方面是农业资源。该市是“中国茶叶之乡”。茶园总面积11万亩，年产茶叶1万吨，其中名茶2500吨，产量居全国前列。同时也是全国最大的精制茶生产出口基地，年加工能力近3万吨。该市又是“中国竹编之乡”。嵊州竹编被誉为“工艺明珠，东方珍品”，有“中外竹编第一家”之称。该市还是全国500个粮棉大县之一，年产粮食33万吨左右；是浙江省蚕茧重点产区，年产蚕茧5000吨；是全国长毛兔生产示范县和长毛兔良种繁育供应中心之一，长毛兔存栏量达60多万只，年产兔毛3500多吨；是全国瘦肉型商品猪基地县。此外，嵊州蔬菜、干水果、竹笋、花卉品种多、品质优，盛产香榧、板栗、花生、柑桔、桃子、梨、青梅、桃形李等，其中“羲之牌”桃形李是全国农业博览会名牌产品。1998年9月该市生产的门狮牌竹编、越乡龙井茶、三界牌平绿珠茶和双龙牌蚕种，又被评为中国名牌农产品。第二方面是矿产资源。号称矿产“六宝”的硅藻土、花岗岩、黄沙、萤石、矿泉水、麦饭石开发潜力很大。其中：硅藻土储量5亿多吨，占全国总量的65%，是新型建材和精细化工的重要原料，市内以硅藻土为原料的加工企业现有

60多家，主要生产新型墙砖材料、保温材料和填料、助剂等。目前正在抓紧实施投资1.8亿元的硅钙板生产项目；花岗岩储量12亿立方米，目前板材年加工能力达40万平方米，有5个品种被评为全国花岗岩优质品种（全国82个，浙江8个）；该市的黄沙是优质的建材，在长江三角洲地区享有盛誉，储量上亿吨，年开采量在300万吨以上。

三是环境优势日益增强。该市交通便捷，104国道和37、32省道贯穿境内，途经嵊州的上（虞）三（门）一级公路正在建设之中；嵊义线嵊州段改造已经动工扩建。随着沪杭甬高速公路的开通和上三公路的建成，嵊州至杭州、上海只需1个小时和3个小时。此外，一条宁波至金华的一级公路正在规划建设。这样，嵊州将成为沟通杭州、温州、宁波、金华等地的陆上交通重地。该市电力较为充裕，是全国100个农村电气化县（市）之一，除大电网外，小水电装机容量4.5万千瓦，居全省第一；还建有一座装机2.85万千瓦的热电厂。邮电通讯发展迅速，实现了乡乡通程控电话，开通了移动电话、无线寻呼、可视会议电话，跨入了全国邮电百强县（市）行列。该市是全国自力更生治水县，在水利建设上投入了大量资金，相继建成了一批重点水利设施，百公里标准堤正在兴建。特别是高标准城市防洪堤即将建成，逐步成为一条集旅游、防洪、休闲为一体的亮丽的风景线。在城市建设上，该市坚持旧城改造和新区开发同步进行，市政设施及各种配套设施逐步完善，建成区面积已达12.8平方公里。而且基础设施明显改善，投资环境日益优化，一座新兴城市已初具规模。

〔茶叶生产〕 嵊州四面群山环平川，四江碧水汇剡溪。得天独厚的资源条件孕育出优势明显的茶叶产业，所产的茶叶香气馨郁、滋味醇和、经久耐泡。据史料记载，早在汉代，就已开始种茶、采茶和饮茶，到了唐朝，已成为浙东著名的产茶大县，在元、明、清各个朝代，“剡溪茶”历来都是朝廷贡品，“泉岗辉白”茶在清末还被列为全国十大名茶之一。

近几年来，市委市府充分利用发展茶叶生产的自然优势和历史优势，采取建基地、创品牌、拓市场等一系列措施，使全市的茶叶生产得到全面快速发展，已形成了农工贸一体化、产加销一条龙的茶叶产业化经营新格局。全市现有茶园11万亩，其中无性系良种面积1.5万亩。年产茶叶20万担，产值2.15亿元。珠茶出口量达3万吨，创汇4000多万美元，占全国珠茶出口量的一半，成为全国著名的产茶大市。1996年被命名为“中国茶叶之乡”。

第一，搞好基地建设，打好茶叶产业发展基础。近年来，市委市府坚持以市场为导向，充分发挥优势，通过引品种、促开发等措施，建成了一大批高标准的茶叶基地。从1983年起，就从杭州市茶科所引进无性系良种茶新品种。在试种成功的基础上，开发建成了连片5000亩崇仁镇无性系良种茶基地，实现了亩均收入超万元的好效益。其中该镇应桂岩村茶农应陈德种植的1亩无性系良种茶收入高达1.6万元。连片良种茶的开发成功，加大了基地开发力度，到目前为止，全市13万亩茶叶基地中，拥有5000亩以上基地2个，1000亩以上基地21个。从而夯实了茶叶发展的基础。

第二，实施名牌战略，提高茶叶产业发展水平。在推进茶叶产业化进程中，市委市府十分注重茶叶从量的扩张转变到质的提高上来，组织实施了统一品牌、统一标准为主要内容的优质名牌战略。经过努力，全市现有茶叶品种共4大类30余个，为嵊州茶叶进军国内外市场作出了重要贡献。在此基础上，通过广泛听取和公开征集各方意见，全市统一注册了“越乡龙井”品牌，并及时制订了“越乡龙井”茶的产品质量标准。“越乡龙井”茶从1998年6月份开始注册到1999年9月份的一年多时间里，先后获得了优质农产品金奖和’99中国国际农博会名牌产品的称号，进一步提高了该市名茶的市场知名度。

第三，积极开拓市场，拓展茶叶产业发展空间。为确保茶叶产业有旺盛的生机和活力，并实现增产增收。近年来，该市在重点茶叶生产基地和集散地积极兴办了一批设施比较完善，能够贯通城乡，辐射全省乃至全国各地的名茶市场累计已达12家。如嵊州市名茶市场，是全市名茶交易的主要集散地，市场投资1280万元，占地面积4000多平方米。在交易旺季时，每天进入市场的购销人员多达1万人次以上，日成交量高达40吨，成交额达600万元以上，山东、安徽等地客商还在市场专门设立办事处，市场交易十分红火。为使广大茶农成为拓展市场、加快发展茶叶产业的主体，市委、市政府采取政策上倾斜、政治上关心、资金上扶持等措施，培养农民贩销队伍，建立了一支近万人的茶叶贩销大军。年贩销茶叶3000吨以上。同时，为主动适应国际市场需求，全市又以珠茶加工龙头为载体，积极组织实施外向带动战略，提高珠茶出口创汇能力。目前，形成了以浙江省三界茶厂为龙头，连接全市大小51家精制茶厂的全国珠茶加工出口中心，年外销珠茶3万吨以上，出口创汇达4000万美元以上，为嵊州茶叶走出国门，香飘四海打下了坚实基础。

一、茶叶龙头企业

1. 嵊州市越乡茶业有限公司

越乡茶业有限公司是嵊州市茶叶行业的龙头企业，集生产、加工、贸易于一体，并独资建有市名茶市场，技术、资金实力雄厚，是在国内享有较高知名度的农业龙头企业。

“越乡”龙井茶由市人民政府定名，归属于越乡茶业有限公司注册，并独家经营。曾获得'99中国国际农博会名牌农产品称号和省优质农产品金奖。

“越乡”龙井以其品质优异、包装新颖，在国内享有较高的声誉，销售已遍布国内各大中城市，并有一定数量的出口。

2. 浙江省三界茶厂

浙江省三界茶厂是“中国当代茶圣”吴觉农于1935年创建的省内制茶业中唯一的国家二级企业。主要以生产“三界牌”各级珠茶为主，共有60多个花色品种，产品质量优异，畅销30多个国家和地区。

3505特级珠茶在1981年、1985年和1990年三次获国家有关部门银质奖，并获世界优质食品博览会金质奖；9372一级珠茶在90年获国家有关部门银质奖；二级、三级珠茶被评为省、部优质产品；“三界牌”茶叶商标于1994年被评为著名商标；1999年“三界牌”珠茶获得第四届农业博览会名牌产品。

3. 嵊州市泉岗辉白茶叶有限公司

“泉岗辉白”茶叶产于嵊州市下王镇前冈村，历史悠久，早在清朝同治年间就被列为贡品，二十世纪初期被誉为全国十大名茶之一，与西湖龙井茶齐名。该产品已获第一届农博会银奖、浙江省农产品博览会银奖和浙江省一类名茶证书。“泉岗辉白”茶采用一芽二叶初展优质茶芽，用传统工艺精制而成。香高味醇、经久耐泡。深受品茶爱好者的青睐，已成了各界人士走亲访友的高档礼品和日常生活保健用品。

二、茶叶加工企业

1. 浙江省嵊州市越乡茶业有限公司
法人代表：裘旭鹏　邮编：321400
地　　址：嵊州市剡兴路16号
电　　话：(0575) 3042237　3042236

2. 浙江省三界茶厂
法人代表：童建中　邮编：312452
地　　址：嵊州市三界镇
电　　话：(0575) 3081547　3081216

3. 浙江省嵊州市泉岗辉白有限公司
法人代表：俞传青　邮编：312454
地　　址：浙江省嵊州市下王镇前岗村
电　　话：(0575) 3190088　3187474

4. 嵊州市舜皇名茶厂
法人代表：周良军　邮编：312459
地　　址：嵊州市仙岩镇严坑村
电　　话：(0575) 3150626　3152626

5. 嵊州市茶场
法人代表：钱秀文　邮编：312452
地　　址：嵊州市三界镇
电　　话：(0575) 3081140　3081139

6. 嵊州市天然茶业有限公司
法人代表：周锡平　邮编：312469
地　　址：嵊州市绿溪乡
电　　话：(0575) 3722018　3722689

7. 嵊州市叶峰茶业有限公司
法人代表：马兆林　邮编：312400
地　　址：嵊州市城关镇荷花坪
电　　话：(0575) 3188993

浙江新昌思尔康苦丁茶有限公司

产品名称：丹泉牌苦丁茶

产品特点：该茶为大叶冬青苦丁茶，是近百种代用茶植物中品质最优之一。现代医学研究证实苦丁茶内含保健营养，药用物质丰富，达250多种，其黄酮类含量为绿茶的10倍以上，而咖啡碱含量仅为绿茶的1%，对高血压、高血脂、糖尿病、肥胖症、咽喉炎、失眠均有显著的保健作用。

有关奖励：产品获'99国际张仲景传统医学成果博览会银奖，列入《绍兴的中国之最》一书。

供求数量：产野生苦丁茶20吨/年，有机茶及饮料目前尚未投产。

经营方式：合作、代理、经销。

联系办法：
地　　址：浙江省新昌县儒岙镇天姥一路177号
电　　话：0575-6033458　传真：0575-6044423
联 系 人：潘勇雷
http://www.kudingcha.com
E-mail：danquan@kudingcha.com

浙江省宁海县（望海茶）

望海茶为新创名茶，属绿茶类，产于浙江宁海最高峰—海拔931米的深圳镇望海岗村。巍巍高耸的望海岗地处宁海、新昌、天台三县交界处，属天台山脉分支。茶以山名，故名望海茶。

〔**自然环境**〕　*地形地貌*　宁海县背山面海，东南滨海多港，西北、西南山岭重叠，地势起伏不平，地形复杂，是一个沿海多山的丘陵地带。境内山脉系天台山余脉，自西北、西南绵延入境，为东西走向。地势西北西南高，东南低。构成西北部的双峰山脉，西南部的王安山脉、中部的辛岭山脉、东北部的茶山山脉，形成了该县境内的五大山峰，其中海拔最高为深圳的第一尖（945 米）和望海岗（931 米）。全县海拔 500 米以上山峰有 32 座。

河流倚山势走向，东流入海。境内主要溪流有白溪、清溪、大溪、凫溪和中堡溪。其中最大的为白溪，发源于天台华顶山牛子岗，自西向东横贯县境至水车马婆园携大溪入三门湾白峤港。在境内共长 42 公里。

同时，沿海港湾交叉，海岸线较长，全县为 173 公里，涂地因受海潮、山水冲击，加至人工围涂种植，境内自然地貌分割成五大咸淡港，形成了长街、力洋、一市等地的近代海积平原，宁海至桥头胡一带形成了洪冲积河谷平原，海拔在 5～25 米之间。沿溪两岸分布着大小不等的山间洪冲积平原，划为低山丘陵区。根据该县自然景观，划分为三个地貌单元，即为沿海平原、城北洪冲积平原、低山丘陵区。低山丘陵区土层深厚，土质肥沃，乃是种茶的适宜区，望海茶就出产在这一带。

气候条件　该县气候属中纬度亚热带过渡地带，为季风湿润气候区。气候总特征是季风明显，四季分明；温暖湿润，雨量充沛，光能丰富，热量较优，且光、热、水基本同波，配合较好，对农业生产十分有利。

1. 气温：

全县年平均气温 16.2℃，最热 7 月份，月平均最高气温 31.8℃，最冷 1 月份，月平均最低气温 0.7℃，年温差 31.1℃。≥10℃的年平均活动积温在 4069℃～5175℃之间，持续天数为 237 天左右。年平均气温垂直递减率为 0.46℃/100 米，夏秋垂直递减率平均 0.49℃/100 米，春季 0.44℃/100 米，冬季 0.48℃/100 米。

2. 日照：

全县平均太阳辐射量 104.3 千卡/平方厘米，为全省中等略偏低水平。四季辐射量，以夏季最强，其中 7 月、8 月占全年总量的 25.1%；冬季最弱，其中 12 月、1 月占全年总量的 11%。年光合有效辐射量平均为 52.2 千卡/平方厘米。

年均日照 1885.4 小时，日照百分率为 43%。对喜漫射光条件的茶树生长十分有利。

3. 降水：

全县年平均降水量 1655.3 毫米，年平均降水日 169.9 天。境内降水总趋势，从东南向西北方向递增。东南滨海平原年平均降水量 1380～1451mm，降水日 140～153 天；宁北平原和中部地区 1520～1590mm，降水日 150～169 天；西北山区 1600～1790mm，降水日 153～177 天。

降水中心多在西部山区马岙、双峰一带，平均年降水量 1753.7mm，最多达 2282.7mm。东部以茶山为中心年降水量 1622.5mm，像山港和三门湾沿岸相对降水量较少，为 1450～1300mm。降水区差 300mm 以上。

四季雨量分布，春夏较多，尤其是夏季，秋冬较少，春夏雨季降雨量占全年总降水量的 70%，有利于茶树的生长。

4. 无霜期：

全县无霜期年平均 230 天，占全年 63%，结冰期年平均 110 天。

5. 湿度、雾日：

年相对湿度 82%，全年≥80%的日数 200 天左右，低山丘陵区年均空气湿度在 85%以上。由于湿度较高，适宜喜湿的茶树、杉木生长，正是望海茶等名优茶的生产主区。

全年雾日平均 20～30 天左右，西部山区马岙、双峰年降水量最多达 2282.7mm，年平均雾日达 190 天以上。

土壤条件　该县境内分布在低山丘陵的主要是红壤土类，占内陆总面积的 56%。为高温、高湿气候条件下，遭受深度风化的矿质土壤，呈酸性或强酸性反应，其中以黄红壤亚类和侵蚀型红壤亚类为主，分别占红壤土类的 39.4%和 50.8%，成土母质均为各种岩石风化体和残体。前者土体紧实全土层较浅薄，土色以黄或淡棕黄为主，酸性反应，PH 值 5.1～6.0，表土有机质 1.63～2.99%；含氮 0.095～0.127%，含磷 190～510ppm，速效钾 113.5ppm；后者土体石质性强，土层浅薄，质地重石质中壤至重壤，以淡灰色为主，酸性，PH 值 5.7～5.9。土壤有机质 3.84%，含氮 0.78%，含磷 350ppm，速效钾 135.4ppm，通透性较好，保肥能力中等，适种性广，现有茶园大都属红壤土。

其次是黄壤土类，分布在海拔 500 米以上的山区，母质为基岩残积风化物，淋溶作用较强，盐基饱和度低，土体深厚，质地重石质中壤至中石质轻粘土，以黄色或综色为主，酸性反应，PH 值 5.3～5.9；表层有机质积累多，含量超过 4%，山顶草被黄壤达 5～10%以上，土壤疏松，结构良好。含氮 0.202～0.454%，含磷 490～1820ppm，速效钾 113.75ppm 肥力中等，现有茶园近 1/3 是属黄壤土。

综上所述，该县雨量充足，空气湿度大，日照适中，土壤疏松，山区多红壤、黄红壤，600 米以上山地有香灰土、乌沙土分布，土壤自然肥力较高，坡度在 25 度以下，海拔在 50 米以上的丘陵，半山区占 1/3，是茶树适生区。

一、茶叶资源

茶园面积及分布状况

1. 茶园面积：

宁海茶叶自古有名，早在南宋嘉定（1233 年前）时，茶山茶已有名气了。但茶园面积不清。解放前只有些零星茶树，到解放初的 1949 年，仅只有零星茶树 575 亩，解放后茶叶生产才逐步发展，尤其是 60 年代后期和 70 年代发展最快，到 1980 年宁波市第二次茶园面积普查为 32940

亩，基本都是新发展的成片专业茶园，到1995年底统计，全县共有茶园面积35660亩，其中可采茶面积31305亩。

2. 茶园分布状况：

茶园大都分布在第一尖、望海岗、凤凰山、状元峰、蟠龙山、望府楼、铜岭岗、茶山、狮子山四周，海拔900米以下，坡度在25度以下的低山缓坡地上。全县19个乡镇905个行政村，其中17个乡镇，二个国营场，478个行政村产茶，种茶农户4万户，占全县总农户的1/4。

新中国成立前，茶园都是零星丛栽，系粮茶间作或其他作物间作，布于山丘、山脚坡地，亦有在地边散种，以茶树当地坎，防止水土流失的。

新中国成立后，改丛栽茶园为条栽、双条栽植，并向山区丘陵、山坡地修筑水平梯地，发展集中成片的专业茶园和速生密植茶园。其中宁西低山丘陵茶区，以宁海第一尖、望海岗为中心7个乡镇一个场，面积19377亩，占总面积的54.3%；宁中部沿溪丘陵茶区7个乡镇一个场，面积13110亩，占总面积的36.8%；宁东部滨海茶区3个乡镇，面积3173亩，占总面积的8.9%。1974年，该县被列为全国茶叶生产基地县之一。

茶树良种　该县茶树品种，解放前全县茶农采自野山茶的茶籽或挖掘野茶树根栽植的地方群体。解放后，开辟茶园引进省内外茶籽直播，主要以鸠坑群体种为主，约有面积20000亩，80年代开始引进无性良种，并建立了市级良种母本园，15个品种，面积28亩，至今全县已有无性系良种茶园3200亩，25个优良品种，仅占总面积的9%。这些优良品种集中分布在几个名茶主产区。

茶叶生产概况　新中国成立前，本县茶叶产量甚少，1936年为6.5吨，1949年为19吨。新中国成立后，1955年后逐步发展。1958年茶叶产量52吨，1965年为30吨，1975年为356吨，1985年1915吨，1995年达到2620吨。其中名优茶250吨，平炒青2320吨，烘青50吨。

历史上，该县以产内销烘青为主，兼产部分外销茶，自从1982年下半年茶叶出现滞销以后，及国家对内销茶叶实行彻底放开后，茶类结构按市场经济规律调整为以平炒青为主，并且名优茶大有发展趋势，产量不到10%，其产值却超过了总产值的50%。

由于60年代和70年代大发展都是由村集体发展的，所以目前该县茶园约有2/3是由专业户承包，1/3分到户，茶叶经营由承包者和农户自主销售。

二、历史沿革

名茶历史　宁海县产茶历史悠久。茶山茶在历史上曾有名气，为贡品。

宋·续茶谱，庄茹芝撰，引自嘉定十六年赤城志(1233年前）记载：云“宋公祁答如吉茶诗：有佛天雨露，帝苑仙浆之语，盖盛称茶美，而未言其所出之处，今紫凝之外，临海言延峰山，仙居言白马山，黄岩言紫高山，宁海言茶山，皆号最珍。而紫高、茶山昔以为日铸之上者也”。

嘉定赤城志（1208~1225）寺观门之·园艺（茶）载：“宁海禅院十一有二，宝严院在县北九十二里，旧名茶山，宝元中建，相传开山初有一白衣道者植茶，本于山中，故今所产特盛，治平中，僧宗辩携之入都献蔡端明襄，蔡谓其品在日铸之上”。

赤诚续志记载：“……又宁海盖苍山，一名茶山，频东海，绝顶其地产茶”。

清，光绪县志，“盖苍山，县东北三十四里，高五百五十七丈，最高处曰磨注……东北九十里濒东海，极高，盖产茶，又名茶山……”。又云：“宁海产茶区、王爱山庄(即今乡)、桑州庄、麻岙庄、吴岙庄。”

《民国县志》干人俊“山陆起伏，几布全县，而雨量气候亦适于茶叶之种植，惟乡民不喜种植，故产量不多，有200亩，产区北乡、南乡，有绿茶4担。价每担20元至30元之间，县内消费4担。”

随着封建王朝的灭亡，历史名茶也就早已失传，加工方法，成茶形状概无记载。到清末时，乡民已不喜种茶，全县仅有4担茶叶。

新中国成立后，1955年开始，茶叶生产逐渐得到恢复和发展，60年代至70年代发展最盛，产量逐年上升，主产烘青，有少量炒青，1974年又将炒青改制珠茶生产，还是以烘青为主，茶农管生产，产品全部由国家收购，生产、销售形势两旺，一直维持到80年代初，但也没有名优茶的生产。1983年全国出现滞销后，由于茶叶政策的放开，由计划经济逐步向市场经济发展，开展多茶类生产，尤其是名优茶生产的发展，带来了一定的社会效益和经济效益，对于促进该县茶叶生产和保护茶农积极性起到了一定的作用。

望海茶的创制和发展　在省厅恢复和发展历史名茶的指导思想影响下，1980年春，由县林特局主持，在望海岗茶场与工人共同创制名茶试验，共炒制望海茶0.9斤，经省公司评茶专家评审，获得了较高的评价。1981年县科委同意下达“名茶试制”项目，由陈洋珠、俞志军等组成试制小组，经过四年努力，获得了成功。从1982年开始，在全国、省、市名茶评比中望海茶多次获奖，被评为名茶。1991年，“赤岩峰2号”获首届国际茶文化节名茶新秀奖。

名茶试制项目于1984年获宁海县优秀科技成果二等奖；“望府银毫”研制荣获1990年度宁海县科学技术进步一等奖，宁波市科学技术进步四等奖。该县名茶生产规模在此期间也迅速扩大和提高。

三、产品演变

产品演变　宁海历史上是生产烘青茶类（内销茶），

历史名茶——茶山茶曾为贡品，但后来一度失传。新中国成立后仍生产烘青茶类。1958年以茶山林场及其周围等四个单位改制珠茶生产；1967年茶山林场改产杭炒青；由于杭炒青断碎多，无法解决，1974年又改生产珠茶。1979年建立“宁海茶厂”并引进茉莉花、白兰花，开始生产精制茶坯和茉莉花茶；1980年，在省厅恢复发展历史名茶的号召下，在马岙望海岗茶场开始生产名优茶，以后扩展到马岙、大里、茶山、望府楼等茶场，直到现在发展到全县；1983年全国茶叶出现滞销后，于1984年也改制部分红茶生产；以后由于内销茶彻底放开，从计划经济转为市场经济，开展多茶类生产以后，到1994年止，在产量上转为以珠茶为主，彻底更换了宁海以产烘青为主的历史，在茶叶产值上，从1996年开始名优茶产值超过了大宗茶的产值，承担了茶叶生产的主要角色。

望海茶的品质特征　外形条索细紧、挺直，色泽绿翠显毫；香高持久，并具有嫩栗香；滋味鲜醇爽口，汤色嫩绿清澈明亮；叶底嫩绿明亮匀齐，饮后咀留甜香，回味无穷。

望海茶生产17年来，一直以其质量过硬而深受消费者青睐。主要是滋味鲜醇爽口，口感好，耐冲泡，色绿香高持久，而且富含锌、镁微量元素。1993年12月在曼谷获'93年中国优质农产品及科技成果设备展览会银奖；1995年10月在北京参加第二届中国农博会茶评比，以96.08分高分获得国家有关部门最高奖——金质奖。

望府银毫的品质特征　望府银毫形美质佳，外形肥壮、紧直、披毫，色绿翠光润；香高鲜纯；滋味鲜醇爽口回甘；汤色嫩绿清澈明亮；叶底芽叶肥嫩，绿明亮。

望府银毫自1989年7月在西安参加第二届全国名茶评比获名茶证书以来，以其形美、芽壮、挺直、多耸毛、香高味鲜爽的特点，深受消费者欢迎。1993年在曼谷获'93年中国优质产品及科技成果设备展览会银奖；1995年10月在北京参加第二届中国农博会名茶评比，以总分95.80分高分获得金质奖。

花色品种等级　80年代以前，茶叶是供销系统独家经营，进入市场的各种茶类花色等级，标准样及价格，都由省公司统一制订批准，到1985年内销茶彻底放开后，经营上多渠道购销，无统一标准，都是凭经验随行就市，买卖双方人货定价，拍板成交。90年代开始，由宁波市林业局牵头，起草制订了宁波市名优绿茶生产技术规程和名优绿茶二个地方标准，望海茶、望府银毫、汶溪玉绿、宁海第一尖等名茶均按DB3302/T02－92名优绿茶标准，设极品、特一、特二、特三四个级别。望府银毫1997年4月又制订了自己企业标准，仍设极品、特一、特二、特三四个级别。

包装品牌商标　望海茶开始用一般的聚乙烯薄膜袋半斤包装，从1985年开始使用纸盒小包装，内用聚乙烯薄膜袋，1996年开始作了改进，内用铝箔内袋，纸盒包装，每10合再用礼盒包装，铝箔袋封口处打有出厂日期，礼盒又用方底的聚乙烯塑料袋包装。望府银毫开始也用聚乙烯薄膜袋半斤装，1990年用纸盒包装，后用购买来名茶铁听装，贴上自己的品牌、商标，从1996年开始，自己印制了铁罐，罐内用铝箔内袋，礼盒8听装，大包装用瓦楞纸箱60听装，内分上下两层，中间用纸板隔开，外用透明胶带封口，运输、交接验收均较方便。

注册品牌有望府楼名茶开发中心宁泉牌望府银毫，有铁听装、纸盒装和铝箔复合袋三种；望海岗茶场海云寺牌望海茶，有纸盒礼盒组合包装和聚乙烯复合袋两种；宁海县林特技术推广总站的怡绿牌系列名茶，正在受理之中。

四、名茶生产

名茶生产区域　通过农业区划的调查和名茶生产现状，全县可划分五个名茶生产基地：1. 宁西北山区深圳、双峰两个镇（乡）是望海茶和第一尖的主产区。2. 宁中部丘陵城关、茶院、前童三个镇（乡）是望府银毫的主产区。3. 宁中北丘陵桥头胡镇是汶溪玉绿主产区。4. 宁西南低山丘陵，桑州、岔路二镇是双洋春芽主产区。5. 宁北以茶山为中心，大佳何、茶院的宝岩寺、茶山林场是恢复历史名茶茶山茶的主产区。

望海茶采制技术

1. 鲜叶采摘及处理：

望海茶以一芽一叶初展和一芽一叶为主的鲜原料制作而成，一般在清明后一星期开采，到5月10日结束。要求紫色芽、虫食芽、霜冻芽不采，选睛天或露水干后开始采摘，做到轻采轻放，随采随放，保持茶芽新鲜度，绝对不能用指甲掐采，以防茶蒂红变。采下芽叶匀度好，长短大小要一致，不能混入老叶、鱼叶、鳞片、茶蒂等杂物，茶芽成朵完整，不能采碎。采回鲜叶在室内竹垫上摊放3—4小时以上，摊放厚度为5公分，待手捏柔软即可付制。

2. 炒制技术：

望海茶工艺：杀青—摊凉—揉搓做形—初烘—摊凉回潮—足烘—筛分包装。

(1) 杀青：采用电炒锅，锅温控制在130～150℃，每锅投叶量200～250克，用单手抛抖为主，以散发水气，诱发茶香，中期辅以闷杀，后期再以手抓理条，稍加压力使茶条挺直，待叶色转暗绿，无焦边，无红梗红叶，手捏较软熟，青气消失，茶香透露为适度，历时8～10分钟。

(2) 摊凉：杀青叶出锅后，马上在小竹垫上均匀薄摊，使其尽快散发热气、冷却，以保持绿色，不致产生热闷气。

(3) 揉搓做形：在洁净、光滑、无异味的小竹垫上进行。将两锅经过摊凉后的杀青叶，并一次揉搓，用双手握茶旋转，以下跑茶为适度，顺着一个方向旋转，手势要轻，用力要匀，边揉、边抖、边做形，将揉团抖散，均匀摊平，用手掌平敲打，不能用力过猛，再将茶叶收成堆，用双手握茶揉搓、抖散、再做形，重复几次，使茶条细紧挺直，不勾曲，直至能嗅到浓烈的茶香为止，历时一般15分钟左右。

(4) 初烘：温度80~90℃，先将揉搓做形过的叶子匀摊在烘笼上，然后把烘笼放在事先准备好和无烟白炭火盆上（白炭要求先红过，无柴头，无生炭，无烟味），每隔3—5分钟，将烘笼离开炭盆，把茶叶倒在圆匾里，轻轻的将茶叶拌匀，匀摊在烘笼上，再将烘笼轻轻的放在火盆上。烘笼在火盆上时绝对不能去拨弄茶叶，否则茶末掉下去会产生烟味的。烘至七成干，出笼，历时30分钟。

(5) 摊凉回潮：将烘至七成干茶叶置在圆匾上摊凉回潮153分钟后，再上烘笼进行复烘。

(6) 足烘：火温掌握在40~50℃，将通过摊凉回潮过的茶叶匀摊在烘笼上，厚度可比初烘时厚些，用文火慢烘，方法如同初烘，烘至足干，即手捏成粉末即可出笼，历时30~35分钟。

(7) 筛分包装：足烘出笼茶叶，待稍冷却，过16孔筛，筛去茶末，即可包装或密封储存。

望府银毫加工技术，与望海茶加工技术大同小异，最主要的是品种不同，望海茶是少毫品种制成，望府银毫是多毫品种加工成的。宁海第一尖、汶溪玉绿、赤岩茶等名茶加工技术基本同望海茶。

近年产销概况　目前该县望海茶、望府银毫等名茶生产已在全县普开，生产面积达15000亩，名优茶产量达252吨，产值达1390万元。产品主要销往宁波、杭州、上海、江苏、山东、湖北、北京等省市。

五、名茶文化

随着名优茶的发展，茶文化也开始风盛起来。首先是客来敬茶已普及全县，不论是机关、农村，客到先请坐，接着就是敬上一杯香茶，这样，即使是不熟悉的，甚至是从未见过面的，突然间使人感到亲近起来，谈话也不拘束了。

1994年春“润发茶都”开办了第一家“茶馆”，当时来茶馆喝茶比较多，两个人来到茶馆，泡上杯名茶，面对面的谈谈心，或听听轻音乐，或洽谈商务都感到非常好，一是比较清静，二是环境比较幽雅，冬天能暖身，夏天能清凉，是个解除疲乏、消除烦恼和洽谈业务的好去处。接着又办起个“春来茶馆”，茶馆老板特地从外地邀请几个茶艺表演小姐，给茶客们表演茶艺技术，使茶馆办得更热火。1995年“莲福茶馆”又开张了，他还专门选派了五个人，到浙江农大茶学系，请童启庆教授为他们进行茶艺表演培训，在开张之日，利用本地的特色表演给有关领导和茶客们观赏，效果非常好。全县直到现在（县城内）已有十多家茶馆了。随着茶馆的升起，名优茶的发展各大宾馆、饭店、酒家也都兴起了茶文化，客人入席先有小姐敬上一杯香茶或八宝营养茶；也有专门邀请了男的泡茶师，身穿大红背心，正背中间写个白色的“茶”字，手提铜茶壶，壶嘴又长又细，约有一米长，站在桌子对面给客人敬茶，壶嘴离杯很远，茶水如同彩红一般，直注杯中，从不外溢和飞溅一滴，真不愧是好功夫。

浙江临海市羊岩茶厂

浙江省临海市羊岩茶厂（场）位于国家历史文化名城——临海市东北方向30公里，海拔700多公尺的羊岩山区，是农业部茶叶质量监督检验测试中心的定点企业。茶场生态环境得天独厚，无大气、土壤、水质污染，交通便捷，现有职工28人，茶场总面积近3000亩，其中茶园1038亩，茶叶加工厂房3000平方米，机械化生产，年加工能力100多吨。1999年生产羊岩勾青为主体名优茶叶50.1吨，实现产值455.78万元，税利77万元。

羊岩茶场的前身是河溪公社茶场，1974年，为了尽快绿化荒山，公社党委决定在羊岩山创办茶场，并发动13个村劳动力上山垦植，经过四个冬季的艰苦劳作，建成了400亩的梯级茶园，而后逐年新增茶园面积，至1983年，茶园面积达600余亩。经过精心培育管理，茶树长势喜人，使昔日的荒山变成了一片绿油油茶园，陆续投采，继而建造了羊岩茶厂，获得了一定的经济效益，取得了可喜的成绩。但好景不长，特别是进入80年代后，中国的茶叶生产取消派购任务，进而转向市场调节，由于思想上不适应，加之茶叶市场行情起伏多变，且持久疲乏，生产的大宗炒青难以销出，茶场处于崩溃边缘。吃一堑长一智，80年代末，茶场（厂）领导审时度势，认真总结经验教训，开展市场调查，理清茶场发展思路，强化经营管理，开展科技兴茶，坚持以市场为导向，调整、优化茶类结构，实施品牌战略，使茶厂步入稳健发展、蒸蒸日上的大道。

1. 建立一支相对稳定、素质较高的专业队伍。采取请进来，走出去的办法，对场员进行新技术培训，不断提高科学技术水平。如请中国茶叶加工研究所，省、市有关茶叶专家来场上课，面对面指导，走出去学习参观，加上职工肯钻研技术，互相学习，在实践中摸索出了一套茶园优质高产栽培、茶叶精工细作的经验。如2000年新添置的3台滚动杀青机，就是茶场根据羊岩勾青的杀青情况提出改进意见，经绍兴茶机总厂进行改造后安装的。还通过组织职工认真学习国家有关方针政策和质量法规，树立质量强厂意识。目前茶厂（场）有农民技师以上职称10人，其中农民高级技师职称4名，成为茶厂（场）的主要技术骨干。

2. 调整茶树品种结构。良种是生产名优茶叶的物质基础，90年代中期后，茶场以自繁自育为主培育良种茶苗80万株，引进良种7万株，使全场无性系良种茶园占总面积60%以上，通过承包周边生态环境好的茶园和租赁荒山、荒地开辟新茶园，茶场面积从1994年的618亩，扩大到现在的1038亩，为茶场的规模化经营奠定基础。

3. 加强茶园科学管理，提高名、优茶原料素质。在《茶园培管岗位责任制》中，规定在场部指挥下，茶园划片培管，由10名组长负责实施，定茶园面积、管理内容、费用标准和奖惩办法等。为提高鲜叶原料素质，茶场采取三条措施。一是增施茶园有机肥逐年减少化肥的使用量，秋季结合茶园深翻，每公顷施入2250～3000kg饼肥，夏季割山草铺园，每公顷37500kg，以不露土为度。二是坚持每年春茶后中修剪，对抑制茶小绿叶蝉第二代的发生有明显作用，尽量少喷或不喷农药。三是及时分批采摘茶叶。根据生产名、优茶的种类、等级及天气条件，确定鲜叶采摘标准和报酬。坚持茶园划片到组、定行到人、巡回检查指导，鲜叶进厂后，又经过统一严格验收，对不合格的鲜叶进行拣剔，有效管理鲜叶，从而确保鲜叶原料的质量。

4. 实行科学制茶。坚持“四统一”，即坚持统一加工、统一工艺流程、统一“羊岩山”注册商标和统一包装。通过多年反复实践，实现了以机械代替手工炒制，走出一条名、优茶加工机械化的新路子。根据市场行情，茶先后开发出羊岩勾青、蟠毫、玉峰、岩笋、高绿等系列产品，并制订出企业标准，1999年8月充实、完善了羊岩勾青的系列标准。严格按照操作规程生产，并严格审评，道道工序把好质量关，做到精益求精。系列产品规格化，品种齐全，每公斤销价从20元到1800元，基本满足不同消费层次的需求。

5. 实施品牌战略，打响“羊岩山”牌。由于羊岩茶场常年多云雾，气候温暖湿润，土层深厚，适宜于茶树生长，场员又精心管护，茶树长势旺盛，极有利茶叶香气、滋味成分的形成，加上精湛的加工技术，茶叶品质上乘，深受消费者喜欢。为使羊岩勾青支柱产品在市场上占居应有的地位和份额，茶厂注册了“羊岩山”商标。

90年代初，茶厂应用现代科学制茶理论，精心研制的名茶羊岩勾青，具有外形钩曲显毫，色泽绿润，汤色清澈明亮，叶底肥嫩成朵，尤其是香高持久，滋味醇爽，耐冲泡，且无需特殊设施，储藏18个月，品质依然如新，独具羊岩山名茶的特色。为确保名牌的实现，茶厂一是采取一系列行之有效的保障羊岩茶叶质量的措施；二是重视宣传，提高知名度。除了在《临海报》、《台州日报》宣传外，1997年在省城杭州西湖国际茶人村举办了“羊岩山茶会”，用羊岩山天然泉水冲泡羊岩山茶，充分展示了羊岩山茶叶自然品质和丰富的文化内涵，而后在浙江电视台上宣传。2000年5月又参加省教育电视台“迎接新世纪，优秀科技产品展播”月活动。三是积极参加各级评比（奖）活动，并屡屡获奖。目前，羊岩勾青已成为中国名牌产品，获国际金奖，“羊岩山”商标被省有关部门认定为浙江省著名商标。1999年被省有关方面授予“浙江省商业信誉优良企业，羊岩山牌临海蟠毫、羊岩勾青为’99浙江省用户满意商品”，其知名度年年上升，在广大消费者中赢得了赞誉。多年来，令人难以相信的是：在没有专职销售人员的情况下，茶厂的80%以上茶叶是客户舍近求远，上山竞相选购直销出去的，有时还实行定额分配，正如古人云：“酒好不怕巷深，香茶不怕山高”，山上时有海内外来客。

质量出效益、促发展，茶厂在改革开放中前进。而今，羊岩茶厂（场）已成为临海市茶叶产业化经营的先进单位和优质农产品生产基地。1994、1997年分别被临海市、台州市政府授予“农业龙头企业”。茶厂的支柱产品羊岩勾青，1997年获浙江省一类机制名优茶和推荐产品证书；1998年，羊岩勾青、蟠毫获首届中国国际茶博会“中华文化名茶”银奖与金奖；羊岩山牌茶叶还获浙江省首批优质农产品金奖；同时羊岩蟠毫、勾青、岩顶茶叶在全国质量统检中抽检合格；1999年羊岩勾青参加省名茶评比获一类名茶；经国家有关部门检测，质量达国际先进水平；被’99中国国际农博会认定为名牌产品；在第十八届美国国际产品博览会及国际荣誉评奖会上荣获“国际金奖”。同时，朱立华厂长被省政府授予劳动模范光荣称号。

羊岩山牌茶叶不仅在台州有较高的知名度，且走俏于杭、苏、鲁、沪一带，已成为一些单位、顾客指定购买的品牌，还通过有关渠道销往韩国、香港等地，产品供不应求。

新的世纪、新的起点。羊岩山人秉承“精益求精，质量第一”的宗旨，将根据市政府茶叶发展规划，进一步发挥龙头企业的作用，实施农户+龙头企业的茶叶产业化建设，引导农户扩展优质原料基地面积，茶厂加强对茶农的技术培训与指导，使羊岩山区早日实现5000亩茶乡，让广大山区农民走上富裕之路。同时茶厂将采取增施饼肥与山草，优化病虫防治，不使用化学农药等综合措施，更多的生产“无农残放心茶”，为逐步推进生产有机名优茶打下基础，让广大消费者乐购、喜饮羊岩山名优茶。

茶厂愿与各界同仁携手合作，互惠互利，共同发展。

地　　址：浙江省临海市河头镇羊岩茶场

法人代表：朱立华

联 系 人：朱小涯
电 话：0576－5898678 5898958
传 真：0576－5898678
邮 编：317034

安徽省

〔综述〕 安徽省茶桑生产历史悠久，春秋战国时期就有记载，该省的茶叶在唐代即成为国内著名产区。新中国成立前，全省仅有茶园面积36万余亩，产量0.71万吨。该省现有茶园面积181万亩，其中可采茶园154万亩。全省茶叶产量在1987年后，一直稳定在5万吨以上，其中出口2万吨，内销3万余吨。其中祁红、屯绿、黄山毛峰、六安瓜片等已享誉国内外。1994年9月在北京举办的全国林业名特优产品博览会上，该省黄山林茶场的黄山毛峰获得博览会金奖，石台仙宇山林场的仙女贡茶获得银奖。

中国土产畜产安徽茶叶进出口公司

安徽省地处华东沿海腹地，境内风景秀丽、茶区密布，素有中国“茶乡”之称。黄山、九华山、齐云山、天柱山巍峨屹立，长江、淮河、新安江蜿蜒其间。得天独厚的自然景观造就了丰富多彩的安徽名茶。茶叶品质优良、风味独特，是最佳的天然绿色食品。

中国土产畜产安徽茶叶进出口公司是以经营茶叶内外销业务为主，同时兼营其他商品进出口业务的国有外贸专业公司，40多年来，公司业务不断发展壮大，形成了内外贸业务、品质检验、拼配加工、包装、储运等环节的专门机构，拥有一大批各类高中级专门人才，办公设施现代化。公司凭借着科学完善的经营管理体系，雄厚的资金优势和经营实力，以及严格实施ISO9002国际质量保证标准，贯彻“质量为本、信誉至上”的质量方针和“真实诚信、精益求精”的质量目标，积极同境内外各界朋友开展多种形式的贸易与合作，赢得了国内外客户的广泛赞誉，年贸易额2亿多元人民币。

公司经营的出口茶叶主要有：“吉祥鸟”牌安徽绿茶(眉茶、珠茶)；“迎客松”牌祁门红茶、安徽红茶及传统极品名茶（黄山毛峰、九华毛峰、涌溪火青、太平猴魁等）以及各种小包装、袋泡茶、系列减肥茶、保健茶、有机茶等。

经营的内销茶叶主要有：“大业”、“迎客松”牌黄山毛峰、九华毛峰、涌溪火青、太平猴魁、顶谷大方、霍山黄芽、六安瓜片、黄山翠兰、岳西翠兰、黄花云尖、东至云尖、敬亭绿雪、天柱剑毫、黄石溪毛峰、黄山红牡丹、黄山绿牡丹、松箩茶、珠兰花茶、茉莉花茶、保健茶及大宗红、绿茶等。

公司竭诚欢迎中外各界朋友垂询惠顾、洽谈贸易、合作创业、共同发展。

地址：中国安徽合肥金寨路384号金融大厦3－5层
3－5/F FINANCIAL BUILDING 384 JINZHAI ROAD HEFEI，ANHUI，CHINA
传真 FAX：0551－2654664 2654110
电话 TEL：2652592（红茶） 2654758（绿茶） 2653721（特种茶） 2640512（内销茶）
邮编 POSTCODE：230061
http：//www．ahcy．com．cn E-mail@ahtea．in．ah．cn

安徽省霍山县（霍山黄芽）

霍山县是中国最古老的北方茶区，大别山主峰白马尖雄居县内，境内层峦叠嶂、群峰竞秀、竹茂林幽、溪涧交错。所产历史名茶“霍山黄芽”始于初唐，兴于中唐，明代列为贡品，清朝定为皇家御用。唐代李肇《国史补》记：“天下名山，必产灵草。江南地暖故独宜茶，大江以北则称六安。然六安乃其郡名，其实产霍山县大蜀山也。”霍山知县王毗翁诗云：“露蕊纤纤才吐碧，即防叶老采须忙。家家篝火山窗下，每到春来一县香。”1990年“霍山黄芽”获国家有关部门农副产品优质奖，1993年获安徽省科技进步四等奖和全国“七五”星火计划银奖，1999年获第三届“中茶杯”名优茶评比一等奖。现与黄山、黄梅戏并称“安徽三黄”。

“霍山黄芽”主产区位于霍山县海拔400米以上山区，茶园面积3.5万亩，年产干茶300吨，占全县名优茶的50%，占总产10%。黄芽茶茶园长年云烟缭绕、雾霭氤氲、气候温和、雨量充沛；每年谷雨前后二三日开始采摘，经过杀青、毛火、摊放、足火、拣剔复火五道工序全由手工操作，制工考究。得天独厚的自然条件，优质的茶树品种、精湛的采制工艺形成了霍山黄芽独特的品质风格，即茶多酚、氨基酸含量高，叶绿素含量低；外形条直微展、匀条成朵、形似雀舌、嫩绿披毫；汤色黄绿，清澈明亮；清香持久，味浓鲜醇回甘。

90年代以来，为适应市场需求，该县对霍山黄芽原有制作工艺进行了改革，在佛子岭水库上游开辟了纯天然、无污染“霍山黄芽”有机茶基地；组建了霍山县茶叶产业协会，由协会牵头狠抓以“霍山黄芽”为拳头产品的名优茶系列开发和市场开拓，对外实行“统一商标、统一标准、统一包装、统一宣传”，推动霍山茶叶向有机化栽培、标准化采摘、机械化制作、公司化经营、行业化管理方向迈进。目前，霍山县正在积极申报“霍山黄芽”产品加入ISO国际行业标准和“绿色食品”。

为进一步提高“霍山黄芽”知名度，扩大市场销售，霍山县委、县政府自1996年起，每年举行一次“霍山黄芽”精品展销会，每两年举办一次中国黄芽茶文化节。在2000年中国黄芽茶文化节精品拍卖会上，极品“霍山黄芽”以11800元/斤落槌、开创了安徽茶叶拍卖的先例和全国黄芽茶拍卖的最高成交价。近年来，“霍山黄芽”主要销往北京、天津、上海、江苏、山东及安徽合肥、淮南等地，并出口德国、美国。

安徽省郎溪县（绿茶之乡）

〔**概况**〕 郎溪县位于安徽省东南部，与宣州、广德和江苏省高淳、溧阳等县市毗邻，是一个具有千年历史的古老县份。全县总面积1104平方公里，辖8镇9乡，人口32万。

郎溪县景色秀美，物产丰饶，既有江南“鱼米之乡”之美称，又有“天然植物公园”之赞誉。是全国商品粮生产基地，也是农业部确定的茶叶“绿色食品基地”，有粮食、油料、茶叶、水产、林业、蚕桑、蔬菜、瓜果等大宗农副产品，有20万亩优质商品粮生产基地和30多万亩高档用材林基地及板栗、银杏等大面积果林；有南漪湖和两座中型水库等21万亩可养水面，有全省最大的甲鱼苗种生产基地；有萤石、花岗岩、黄砂、高岭土、石灰石、石英石、叶腊石等矿产资源，其中萤石储量200吨以上，居全省之首。

郎溪既是皖东南通往苏南、浙北的重要门户，又是上海经济区连接内地的重要桥梁。宣杭铁路、318国道、214省道穿境而过，水路有芜太运河，交通极为便利。近几年经济发展迅速，1993年被国务院批准为对外开放县。

〔**茶叶生产**〕 在农业规模化建设中，郎溪茶叶开发成效卓著。郎溪县茶叶生产历史悠久，早在唐代，就有了名茶“瑞草魁”的制作，后经唐代大诗人杜牧“山实东吴秀、茶称瑞草魁”的名句唱响，继而誉满天下，成为明、清朝廷的贡品茶。历经千年，特别是改革开放后市场经济的推动，郎溪茶叶生产蓬勃发展，方兴未艾。

郎溪属北亚热带湿润气候区，气候温和，四季分明，雨量充沛，季风明显，土壤肥沃，呈微酸性。境内山明水秀，山岗丘陵起伏，河流湖泊众多，植被保护和农业生态环境良好，具有茶叶生产发展得天独厚的自然环境优势。所产茶叶品质优良，农业部茶叶质量监督检验中心多年来多次抽样检验，郎溪茶叶质量、品质均高于国家标准。

全县现有可采茶园8.1万亩，年产干茶7400吨以上。全县茶叶平均单产为92.5公斤，其中5000多亩成片茶园平均单产达171.8公斤，是全国平均单产的4.85倍。全县境内有国有茶场6家，其中宣郎广茶叶公司十字铺茶场茶园面积2万多亩，干茶年产量2600吨，茶园面积、产量、机械化程度均居全国前列，平均单产达130公斤，处于世界先进水平。县属溪湖茶业公司茶园面积5000多亩，是茶叶栽培、采摘、加工、精制一条龙、内外销售一体化的产业龙头企业。另外有集体、联户办小茶场56个。全县17个乡镇中16个乡镇有茶园，覆盖范围达94%。有3.6万户农户种植茶叶，占全县农户的51%。全县常年从事茶叶生产、加工、销售的专业人员有1.6万人之多，占全县人口的4.8%，其中从事茶园生产管理、茶叶加工制作的有9600多人，茶叶销售人员4000多人，茶叶科技人员2400人，临时从事茶叶生产劳动的人员则更多，每年茶叶采摘旺季，参加茶叶采摘的人数高峰时可达五、六万人。

近年来，为适应市场变化，增强市场竞争力，郎溪县狠抓名优茶开发和茶叶科技研究与应用，取得了丰硕成果。名优茶开发在国内外名茶评比中屡获殊荣，全县获国家部级以上茶叶权威机构颁发的各种奖牌达30多个，极大地提高了郎溪茶叶的知名度。“瑞草魁”获首届中国农业博览会银质奖、中国国际茶博览交易会、中国国际茶文化研究会’99国际名茶金奖；“百杯香芽”获首届农业博览会铜质奖；“桃园春毫”、“月芽”获第二届博览会金质奖；“绿霜”自1985年起连续四次被评为省、部优质名茶，并进入国家名茶行列；“雪针”获1994年中茶杯特等奖；“漪湖雾螺”1994年获中茶杯一等奖，1995年获第三届澳门国际新发明、新技术、新产品展示会金质奖。大宗茶翠芽、毛峰、炒青、花茶以及各种档次的出口茶在市场上享有很高的知名度。同时，在茶叶科研与应用方面，十字铺茶场研制的茶叶保鲜技术和保鲜机械先后获得国家和省科技进步奖。溪湖茶业公司研制的“往复式茶叶理条机”已获国家专利。全县茶叶科技人员在茶叶种植、制作等科研中，有多项重大科技成果填补了国内空白。

郎溪县以华东地区各大中城市为重点，在全国20多个省市建立茶叶的销售网点860多家，仅上海市就达260多家。并通过上海口岸、安徽口岸销往亚、非、欧、美等数十个国家和地区。近年又加强同日本同行的合作，每年都生产近百吨煎茶销往日本。

茶叶经济的发展已成为郎溪经济的重要支柱。每亩茶园为农民提供纯收入1000元以上，全县10个乡镇的农民纯收入有1/3来自茶叶。县委、县政府已把发展茶叶生产作为郎溪开发性农业的突破口，积极发展茶叶经济，兴建茶叶市场，实行以茶会友，以茶兴农，以茶兴县，带动郎溪经济的腾飞。目前，已投入1000多万元兴建的十字茶商城和贸易中心已初具规模并将成为皖东南地区最大的茶叶生产基地和贸易中心。

1996年6月3日，由国务院发展研究中心农村发展研究部、中国农学会特产经济专业委员会、中国特产报社联合举办的"中国特产经济发展战略研讨会暨中国特产之乡建设经验交流会"在郎溪县隆重开幕，会议命名郎溪县为"中国绿茶之乡"。

〔企业〕

宣郎广茶业总公司

董事长、总经理：孙国安

地　　址：安徽省郎溪县十字镇

电　　话：(0563) 7882500　7882238

溪湖茶业公司

董事长、总经理：苏祥华

地　　址：安徽省郎溪县飞里镇

电　　话：(0563) 7820099　7820100

方园茶业责任有限公司

董事长、总经理：张方园

地　　址：安徽省郎溪县十字镇

电　　话：(0563) 7884131　7882049

福建省武夷山市（武夷岩茶、大红袍茶）

武夷山岩茶总公司

武夷山市所产乌龙茶（武夷岩茶）品质优异，具有独特的"岩韵"，深受消费者的青睐，在国内外享有盛誉。产品除销往东南亚各国和港、澳台地区外，还远销美国、英国等地，内销市场也在不断拓展。随着武夷山旅游事业的迅速发展，机场的开通和铁路的建成等外部条件日趋完善，加上武夷茶文化的传播和交流的日益扩大，在1999年12月2日经联合国正式批准，武夷山列入世界自然与文化遗产名录，武夷岩茶发展前景十分看好。

一、武夷岩茶产业的现状

全市茶园面积6400m^2，产量4130t，全市种植茶叶的乡（镇）有9个，占总数的90%，村有76个，占总数的66%。户口2.2万户，占总数的61%。茶叶加工厂51家，销售门市部63家。行业覆盖了加工业、机械工业、包装工业、交通运输业、印刷业、涉茶旅游服务行业等。全市涉茶相关行业从业人员近3万人，茶叶年产值达7000万元，占农业总产值14.14%，创利税1200万元，占全市财政收入的10%，成为该市财政收入的主要经济支柱之一。

1984年国内茶叶市场（除边销茶叶）全面放开后，经营茶叶的企业由过去几家发展到几十家，这对全市茶叶产销以及茶业的全面发展起到积极的推动作用，但也由于这些企业大多数仍然停留在过去的传统加工和小本经营方法上，在茶叶供不应求时所产生的矛盾比较小，而在当前茶叶出现供过于求，市场竞争剧烈的情况下，加上春茶后毛茶收购哄抬价格，销售时市场过于集中，产生的竞销压价，这时所产生的矛盾就突出了，致使企业、厂家、经销商效益下降，茶农的积极性亦受挫伤，这说明分散经营的方式对市场波动的承受能力较差。因此，有意识地引导茶业向产业化方向发展，促进该市茶业再上一个新台阶是非常必要的和现实的。

二、全市茶业产业化

为了加快茶业产业化的步伐，除了发挥市场经济的杠杆作用外，还必须辅以政府行为，予以正确引导。

1. 建设茶叶生产基地，搞好集约化经营。

根据市场需求，组织茶叶区域化、规模化生产，这是基础，要在稳定和完善各生产厂家自负盈亏的前提下，从消费者的需求和市场发展的动态出发，科学地制定茶业生产的短、中、长期规划，正确地引导茶农向集约化经营方向发展，建设好四大名丛和十个优良品种基地，以武夷、星村带动兴田、五夫、上梅辐射洋庄、吴屯、岚谷进行茶类多元化生产，切实做好茶业产业化的基础工作。

2. 以品牌开路，实施名牌战略、抓好"龙头"，带动行业共同发展。

市场经济的实践证明，谁拥有名牌，谁就拥有了竞争的主动权。全国茶叶产品四百多个注册商标，该市唯有鹰嘴岩商标的大红袍这一产品才出现连年脱销。这就是市委、市府从1992年之后下大决心，树起来的一个好品牌。正因如此，大红袍在第五届岩茶节中以20g拍卖成交达到15.68万元的天价。这是武夷山市人民一笔不可估量的无形资产。该市茶业全行业必须加倍努力保护这一品牌，健全产品质量保证体系，巩固企业形象。与此同时，努力抓好"龙头"企业，发挥"龙头"企业的作用，做到外接市场，内联基地，带起产业，富裕茶农。对中型茶叶企业，给予扶持发展，尽快形成规模。同时，必须敞开大门，外引内联，充分发挥旅游资源优势，积极地引进资金、技术、设备，创办外向型企业。

3. 内外销并举，面向国内外市场，提高加工深度，延长产业链。

必须坚持以市场为导向，内外销并举，积极开拓国内外茶叶市场。要在“优质、精品、名牌”上下功夫；要加大宣传力度，进一步提高武夷岩茶的知名度，尽快建成茶叶贸易市场。使生产者更直接、更快地了解市场，促进茶业产业化的良性循环发展。同时，要提高茶叶加工深度、延长产业链，用先进的实用技术来改造传统产业，开发多元系列产品，如茶酒、茶食、茶饮料的开发，以及付茶的充分利用和综合开发。使茶叶产品向食品、医药、日用化工等领域延伸。

三、岩茶质量不断提高

各厂（场）家，树立“以质取胜”的思想，努力改善生产条件，改进制作工艺，以生产更多的香高味醇的精品，市岩茶总公司所属茶叶研究所，先后十一次获得国家金奖（或国家名茶称号），为全国十大名茶之一，并获得1982年以来经国家商业部、农业部评比，已先后四次获得国家级名茶称号。1992年、1995年连续两年获中国农业博览会金奖，1997、1999年连续两年获中国农业博览会名牌产品称号，1998年首届国际茶博览会上获金奖。

大红袍 乃岩茶之王，国之瑰宝，保护和发展大红袍这一名牌，实际上是促进整个岩茶事业的发展和声誉的提高。其一，在加强大红袍母树科学管理的同时，积极推进大红袍的无性繁殖。自从八十年代初茶叶研究所获得大红袍无性繁殖和异地栽种成功后，并经专家鉴定，一致认定茶叶研究所研制的无性繁殖大红袍，保持了母本的优良特性，达到国内先进水平，在武夷山特定的自然环境条件下可以推广。经过十几年的努力，选择基本相同的岩地，加速无性繁殖，并不断提高制作工艺水平，现在大红袍无论数量和质量均有较大的发展和提高。从1985年投放市场以来，保持了一个商标（市岩茶总公司“武夷（鹰嘴岩图案）”商标），一种韵味，赢得中外广大客户的青睐，历久不衰。其二，科学地宣传大红袍。大红袍历史上留存下来的母树，现仅存九龙窠悬崖上六棵，年产茶叶为数极少，乃稀世之珍，可谓无价之宝。可是新中国成立后，经过茶叶科研人员辛勤努力，刻苦攻关，已取得大红袍无性繁殖成功，并批量生产，投放市场，使中外游人既能观赏其形，也能品尝其味，茶叶研究所研制的无性繁殖大红袍，倍受世人珍爱。那种把市场上所看到的大红袍不加辨别，统统说成是假的，是不对的。其三，为了保护无性繁殖的大红袍独特产地、独特品质不受侵犯，防止市场上以假乱真，以劣充优，同时更好地加强九龙窠大红袍母树的科学管理，市人民政府于1995年，以武政综145号文件决定委托市茶叶研究所对大红袍母树进行保护管理，现在无性繁殖的大红袍产品已行销国内外，倍受青睐。并已向国家商标局申请“大红袍证明商标”。

福建省安溪县（乌龙茶之乡）

〔概况〕

地理位置 安溪县位于福建省东南部，东接南安县，西连华安县，南毗同安县，北邻永春县，西南与长泰县接壤，西北与漳平县交界，距泉州市55公里，厦门市85公里。

历史沿革 周时为闽越地，秦时属闽中郡，汉初属会稽郡，后为治县地，三国时属吴之建安郡，晋代为晋安郡，隋唐时为南安县地。唐咸通五年（公元前864年）置小溪场。五代后周显德二年设置清溪县，宋宣和三年改称安溪县，沿袭至今，现隶属泉州市。

人口面积 全县辖24个乡镇、471个村（居）委会，人口105万人，面积3057.28平方公里。

自然特征 安溪地处戴云山脉东南坡，地形以山地丘陵为主，地势由西北向东南倾斜。属亚热带季风气候，年平均气温17℃—20℃之间，年降水量1800毫米左右。境内河流分属晋江流域和九龙江流域，总长达1000公里以上。

资源特点 农副土特产品众多，主要有茶叶、荔枝、柿饼、米粉、香菇、竹藤编织等。矿产资源丰富，主要有铁、煤、石灰石、花岗岩、高岭土、温泉等。全县重点文物保护单位42处，其中清水岩、文庙是省重点文物保护单位。

经济 1999年，农业总产值94.4亿元，其中工业总产值77.9亿元，城镇居民人均可支配收入5463元，农民人均纯收入3185元，全县人民生活逐步向小康迈进，实现小康的乡镇和村，分别占全县乡镇总数的91.7%和村（居）委会总数的98.8%。

全县现有国有工业企业20多家，乡镇企业11000多家，三资企业200多家，产值分别达3.4亿元、107.5亿元和10亿元。主要行业是食品加工、建材、冶炼、陶瓷、工艺、服装、机械、建筑、运输、旅游服务等。

安溪是农业县，粮食生产以水稻、甘薯为主，现有耕地38.9万亩，其中水田面积占88.8%。经济作物有花生、大豆、油菜、甘蔗等。安溪还是中国著名的乌龙茶主产区，现有茶园25万亩，产量1.25万吨，产值3亿多元。

全县财政总收入2.7亿元，财政支出基本控制在预算之内，连续五年实现当年收支平衡。以大泉州经济区、厦门经济特区为依托，已建成三个中心城镇、四个中心城市、六个工贸区。消费品零售总额18.7亿元，年出口商品总值1亿美元。有中国银行、工商银行、建设银行、农业银行等金融机构。

全县已有闭路电视村230个，家庭电视普及率90%以上，有电视台1座，广播电台1座。现有中学59所，职业中学5所，小学451所，幼儿园410个园点，中等专业学校、中等师范学校3所。全县拥有各类专业技术人员11383名，其中，中高级职称2077名，1978年以来共有51项科技成果获国家、省（部）、市（地）奖励，其中国家级奖1项，省、部级奖17项，市级奖33项。

有老年体协、太极拳体协、农民体协等。少年体校1所。1990年以来，获国际比赛银牌1枚，全国比赛金银铜牌23枚，省级金银铜牌158枚。全县有各类卫生机构34个，每万人拥有卫生技术人员9人，每万人拥有病房床位15.7张。

〔茶业生产情况〕

安溪是全国最大的乌龙茶主产区，名茶铁观音、黄金桂的发源地，福建省乌龙茶出口基地县。安溪自古就有“闽南茶都”之称，境内峰峦叠翠，甘泉潺流，云雾缭绕，气候温和，是一个得天独厚的茶区。安溪产茶历史悠久，据《安溪县志》记载，至今已有1000多年。茶树资源丰富，优良品种繁多，有国家级良种6个，省级良种3个，被誉为“茶树良种的宝库”；茶农种茶经验丰富，制茶技艺精湛，素有“茶师摇篮”之称。安溪乌龙茶属半发酵茶，介于红、绿茶之间，茶叶品质优良，独具一格，驰名中外，是全国六大茶类中的佼佼者，也是中国茶叶宝库中的一颗璀璨明珠，尤其是乌龙茶之极品铁观音，以其超凡品质享誉五洲，香飘四海。

改革开放以来，安溪充分利用安溪茶叶生产的优越自然资源、品种资源，以及技术、劳力优势，大力发展茶业生产加工，茶叶生产规模不断扩大，产品质量不断提高，销售市场不断拓宽。1995年4月，被国家有关部门命名为“中国乌龙茶（名茶）之乡”。主要做法是：

1. 着力建设两个茶叶生产基地。 “九五”期间，县委、县政府根据内外销市场的变化，提出了“优质、精品、名牌”茶叶发展战略，通过“改造、淘汰、集中”等各种行之有效的措施，推进10万亩连片优质铁观音基地和6万亩茶叶绿色食品基地建设，推进茶叶生产规模生产、集约经营发展。茶园面积25万亩，并逐步向高海拔、高品质、高效益的地区集中；茶树百分之百是无性系品种，铁观音、黄旦、本山、毛蟹四大名茶占总面积的80%；1999年茶叶产量达到1.41万吨，约占全省乌龙茶总产量的1/3、全国的1/4；茶叶产值达到4.66亿元，占全县农业总产值的1/4、财政收入的1/5。

2. 全面实施“科技兴茶”战略。 组织实施“增产提质栽培技术工程”，发展“两高一优”茶园，目前平均单产达到62.3公斤，位居全省前列。提倡施用有机肥、茶树专用肥，从根本上改善茶叶品质。注重制茶工艺与设备的引进和革新，尤其是茶叶“做青”开始采用人工气候调控和包揉机的引进推广，使茶叶制作逐步进入机械化、半机械化的时代。注重茶叶深度加工和系列产品开发研究，先后研制出速溶乌龙茶、铁观音罐装茶水、观音健胃茶等十多项新产品，调整优化了产品结构，丰富了茶色品种，满足了消费者的需求。由于注重科学技术在茶叶生产中的应用，全县茶叶品质逐年提高，铁观音产品合格率高达92.86%；安溪茶厂“凤山牌”特级铁观音自1982年以来，连续18年保持国家金奖荣誉，黄金桂被评为全国名茶、18个产品先后荣获省优部优称号。

3. 加快发展茶业产业化。 安溪现有国有、三资、集体、个私茶厂700多家。以全国最大乌龙茶精制厂——安溪茶厂为龙头，以中型茶叶企业为伙伴，以茶叶基地和农户为依托，积极培植发展茶叶骨干企业。众多茶叶加工企业依托产地，面向市场，大胆尝试新的茶叶生产经营组织形式，涌现出西坪茶叶加工公司、大坪绿色食品工程有限公司等一批产业化先进典型，逐步形成“市场牵龙头，龙头带动基地，基地连接万家，产加销一条龙，贸工农一体化”的格局。

4. 大力拓展茶叶内外销市场。 该县积极采取了多种营销策略和宣传形式，自1993年以来，先后在泉州、厦门、广州、潮阳、上海、北京、香港等国内大中城市，成功地举办了安溪“四大名茶”茶王赛暨产品展销会，以及名茶品尝会、茶艺、茶歌、茶舞表演，极大地提高了安溪乌龙茶特别是铁观音茶的知名度，扩大了市场销售。目前，该县乌龙茶外销市场已扩大到东南亚、日本、欧美等40多个国家和地区，每年外销6000多吨，为国家创汇1600多万美元。安溪茶厂自1997年获自营进出口权以来，出口工作进展顺利，连年超额完成国家下达的出口任务。同时，内销市场也取得突破性进展，逐步由南方发展到北方，并形成了闽南市场、广东市场、长江流域市场和北方市场等四大内销市场。

〔新世纪战略措施〕

新世纪安溪县确立了“办好一大活动，做大做足两篇文章，实施三大战略，抓好四个增长点，力争实现五个突破，促进经济较快增长”的目标。

办好一大活动—— 中国茶都（安溪）茶文化旅游节暨首届安溪铁观音乌龙茶节。

做大做足两篇文章—— 茶叶、竹藤工艺。一是要继续实施茶业发展三步走战略，稳步推进茶业产业化；二是要实施竹藤工艺发展“百亿工程”，推动竹藤行业向更高层次发展。

实施三大战略—— 区域发展战略、行业发展战略、小城镇发展战略。一是要实施区域发展战略，促进内外半县优势互补、联动发展、二是要实施行业发展战略，促进支柱产业发展上规模、上档次。重点扶持食品、建材、服装鞋帽、竹藤工艺、包装印刷等六大支柱产业的发展；三是要实施小城镇发展战略，加速城乡一体化进程。

抓好四个增长点。　一是要大力加强矿产资源的开发和管理，增加县、乡财政收入；二是要以转换经营机制为重点，大力推进国有企业改革和发展；三是要加快发展第三产业。重点抓好县城全国茶叶批发市场、城关竹藤、服装鞋帽原辅材料街、湖头钢铁水泥专业市场、官桥石板材专业市场和长坑木材市场建设，以及各乡镇“一街一市”（即小商品街和农贸市场）建设，从而促进商品流通，推动商贸、服务、房地产等第三产业发展；四是要积极扩大对外出口。

力争实现五个突破。　一是力争招商引资有新突破；二是力争农业产业化有新突破；三是力争技术创新有新突破；四是力争市场开拓有新突破；五是力争壮大乡村财力有新突破。

〔投资环境、政策和项目〕

硬环境日臻完善。　城区建设方面，城区从0.8平方公里拓展到6.8平方公里；沿溪两岸砌筑12公里的溪堤，城区建设初具规模，配套设施完善，环境优美；城区有自来水厂2家，日供水能力5万吨；全县有丰富的温泉资源，温泉已引入县城，使安溪县城成为全国罕有的温泉城。交通方面，全县公路通车里程2200公里，境内公路四通八达，县城至各乡镇都是柏油路面，村村通公路。有80%行政村实现乡村道路硬化，县城至厦门85公里，至泉州55公里，均为二级公路水泥路面；漳（平）泉（州）肖（厝港）铁路贯穿全县9个乡镇，境内轨长达110多公里。通讯方面，安溪通讯设施完善，全县24个乡镇全部实现通讯程控化，371个行政村、居委会开通程控电话；全县现拥有9.4万门程控电话，无线寻呼、移动电话覆盖全县。供电方面，安溪供电网络完善，电力充足，电源稳定。已建成水电站161座，火电站1座，110KV变电站2座，35KV变电站14座，在建5座；全县实现村村通电。

良好的发展软环境。　根据中央、省、市赋予该县的灵活政策，制定并实施一系列优惠办法和提供一系列优质服务。实行各种税费收取“一张税费卡”、“一个规范窗口”、“一个纳税申报厅”和外来投资手续办理“一条龙服务”等“四个一”制度，制定并实施包括税费、用地、用水、用电、用工等方面的优惠办法。

重点投资项目。　食品加工业：重点发展茶叶深度加工、水果加工、食用菌加工、安溪土特产品规模生产（如淮山、米粉、柿饼、蔬菜、矿泉水等）。建材业：生产高标号水泥、散装水泥、特种水泥、薄型石板材、异型石板材等。陶瓷业：开发实用瓷器、瓷编工艺和建材陶瓷等产品。工艺品制造业：竹藤工艺、人造花工艺、纸品工艺、石雕、木雕工艺等。服装业：发展有一定规模缝纫、鞋帽、珠绣行业、针织业及服装面料、印染、钮扣、拉链等配套工艺。机械制造业：开发茶叶机械系列产品，发展采矿、水泥、石材、铸造机械等。旅游服装业：完善文庙、东岳寺、城隍庙、凤山公园等配套设施，兴建茶艺馆、温泉保健、城东水闸桥、清水岩空中缆车、蓝溪乐园等。

〔优秀茶业生产企业〕

安溪茶厂，创办于1952年，是全国最大的乌龙茶精制厂，是福建省百家重点骨干企业之一。现有干部职工1800多人，其中专业技术人员120多人，占地80亩，厂房2500平方米，固定资产3200万元，机械设备先进，制茶工艺独特，技术力量雄厚，经济管理科学，产品质量上乘，年加工能力达5000多吨，年生产量4000多吨，产品80%出口。“凤山牌”特级铁观音自1982年来连续18年获金质奖，特级黄金桂、一级色种、二级铁观音分别被评为部、省优质产品，“凤山牌”成为福建名牌商标。安溪茶厂在发展中不断开拓创新，1990年创办速溶乌龙茶厂。1993年合资兴建了“安溪天然饮料公司”，开展乌龙茶深加工，先后研制出速溶乌龙茶和罐装铁观音茶水。1996年年底，安溪茶厂被国家有关部门赋予自营出口经营权，使该厂更具活力。

溪源茶厂，创办于1993年，办厂以来，充分发挥铁观音发源地的优势，以“质量第一、信誉第一”为宗旨，注重乌龙茶传统工艺，勇于开拓新产品，年加工量1500吨，产品畅销日本、东南亚等国家及国内市场。1995年荣获“产值超千万，纳税超百万”称号，1996年被评为县“明星乡镇企业”。

〔茶业专家〕

叶锦凤　高级农艺师，年近花甲，现任安溪县茶叶科学研究所副所长，发表了《乌龙茶茶树栽培》等论文20多篇。1993年，受到国务院表彰，享受政府特殊津贴。1963年他毕业于福安农业专科学校，长期从事乌龙茶栽培技术推广和试验工作。近十几年来，他开展了茶树品种比较试验、铁观音高产优质试验和改进乌龙茶切制工艺提高茶叶品质研究试验，分别荣获泉州市科技进步二等级、三等奖和福建省科技进步三等奖。

蔡建明　1958年5月出生，1982年7月毕业于福建农学院园艺系茶叶专业，农学士。现任安溪县茶果局局长，高级农艺师，中国茶叶学会会员，福建省茶叶学会理事，泉州市茶叶学会副理事长，《福建茶叶》编委。多年来，组织实施并参加多项“科技兴茶”、茶叶科技攻关项目，先后获得农业部、省科技进步奖三等奖各一次，市科技进步奖一次，县科技进步奖二等奖一次。10多篇科技论文发表在省级以上的刊物上。1999年被中国特产之乡宣传组织委员会、中国农学会特产经济专业委员会联合授予“特产之乡开发、建设、宣传工作先进工作者”的称号。被列为安溪县第三批优秀拔尖管理人才。

〔茶业主管部门〕

1. 安溪县茶业管理委员会
主任：谢志攀
办公室电话：0595－3227399

2. 安溪县茶果局
局长：蔡建明
办公室电话：0595－3232068

〔茶叶加工企业〕

1. 福建省安溪茶厂
法人代表：林宏恩
地　　址：福建省安溪县官桥镇五里埔
电　　话：0595－3322318　邮编：362441

2. 福建省安溪西坪溪源茶厂
法人代表：王文斌
地　　址：福建省安溪县西坪镇香茗街12号
电　　话：0595－3411156　邮编：362431

3. 福建省安溪兴业茶厂
法人代表：刘宝庆
地　　址：福建省安溪县新华路242号
电　　话：0595－3232157　邮编：362400

4. 福建省安溪祥华茶厂
法人代表：吴传家
地　　址：福建省安溪县凤城镇益民路建华楼
电　　话：0595－3223298　邮编：362400

5. 福建省安溪华福茶厂
法人代表：高金典
地　　址：福建省安溪县凤城镇中山街425号
电　　话：0595－3221112　邮编：362400

6. 福建省安溪馨隆茶厂
法人代表：徐旭日
地　　址：福建省安溪县祥云路537号
电　　话：0595－3237168　邮编：362400

7. 福建省安溪西坪恒发茶厂
法人代表：王来法
地　　址：福建省安溪县西坪镇观音路5号
电　　话：0595－3412158　邮编：362431

8. 福建省安溪宝潭茶业有限公司
法人代表：颜炳夫
地　　址：福建省安溪县宝潭村
电　　话：0595－3411889　邮编：362431

9. 福建省安溪县大坪绿色食品工程有限公司
法人代表：杨宝荣
地　　址：福建省安溪县大坪乡
电　　话：0595－3433008　邮编：362435

10. 福建省安溪县神龙茶叶有限公司
法人代表：林益金
地　　址：福建省安溪县官桥镇神龙大厦
电　　话：0595－3322062　邮编：362441

11. 福建省安溪天龙农业开发有限公司
法人代表：高铭莉
地　　址：福建省安溪县虎邱镇林东村
电　　话：0595－3422659　邮编：362435

12. 福建省安溪西坪茶叶加工公司
法人代表：林炳灿
地　　址：福建省安溪县西坪镇香茗街8号
电　　话：0595－3411128　邮编：362431

〔县长〕　曾荣华，1949年9月出生于福建省惠安县螺阳镇。大学文化，1996年7月起任安溪县人民政府县长。

福建省诏安县（八仙茶）

诏安县地处福建省最南端，素有“福建南大门”之称。因其独特的地理位置，优越的自然条件，既有丰富的农产品，又是商品集散，商贾云集的地方。悠久的产茶历史和高雅、讲究又遍及民间的饮茶习俗，源于闽南和广东潮汕地区的“小罐茶”乌龙茶功夫泡饮方法，在中国茶文化的茶艺舞台上占有一席之地。

史载，诏安有400年的产茶史，主要产区秀篆镇与全国十大名茶“凤凰水仙”原产地的凤凰山，西岩岭毗邻，有着丰富的茶树品种资源；诏安还是近代福建闽北武夷岩茶和安溪铁观音销往广东以至东南亚的陆上必经之道。解放后该县茶叶生产有过两次发展高潮：60年代的开发万宝山，从安溪引进无性系茶树良种，种植数千亩；80年代开始大面积种植该县选育的八仙茶茶园两万多亩。到90年代末与解放初期相比：全县茶园面积扩大20倍；茶叶产量增加60倍，茶叶产值增长200多倍，诏安县成了漳州市第二产茶大县。

1965年诏安县茶叶科技工作者郑兆钦在该县秀篆镇与广东毗邻的凹背畲高山茶园中发现有性茶种繁殖的变异株，将其移种到茶站茶树品种园内，采用单株选种法，按乌龙茶良种标准，经三年筛选出综合性状优异的单株，1968年在汀洋茶场进行短穗扦插育苗，后逐年繁育推广，在同行专家的热情帮助和精心指导下，育成无性系乌龙茶新品种。经历了“文革”前后“以粮为纲，副业砍光”极左思潮的冲击和磨难，育种工作还是按计划进行。1982年漳州市（原龙溪地区）科委组织各县农业、茶厂、茶站等茶叶技术人员对新品种进行鉴评，因该茶种育于八仙山下的汀洋茶场，命名为“八仙茶”；1985年八仙茶选育课题参加全国乌龙茶学术研讨会，与会专家、领导给予充分肯定和赞扬，决定进行省级鉴定。1986年在诏安县召开福建省八仙茶现场鉴定会，通过后，省农作物品种审定委员会审批八仙茶为省级茶树良种，并推荐参加全国首批茶树良种区域试验，八仙茶在湖南、广东两省茶科所进行六年的区试，完成后，1994年报全国茶树品种审定委员会审批为国家级茶树良种（GS1302—1994）。

八仙茶萌芽早，芽头密度较密，持嫩性强，适应性广，单产高，六年对照比梅占种高39%，区试比福鼎大白茶高12.9%，茶多酚、氨基酸、咖啡碱、果胶质等有效物质含量较高。制乌龙茶香气高锐（品种香突出），滋味浓厚耐冲泡，回味甘爽。八仙茶还适制绿茶、红茶。八仙乌龙茶荣获《中国新名茶奖》：部优质茶；福建省名茶；海峡两岸乌龙茶品评会“头等奖”；八仙茶品种编入《中国茶树品种志》，还入选《中国名优茶选集》一书。“八仙茶选育和推广”荣获1989年度福建省科技进步二等奖，1997年获福建省科技成果展览会金奖。

种植八仙茶投产后平均单产干毛茶2700公斤/公顷，产值6万多元/公顷，纯收入4万元/公顷。湖南省茶科所试点4—6龄茶园产值达7.5~1.5万元/公顷，经济效益是相当可观的。诏安县累计育苗2亿多株，供应闽、粤、湘、苏、桂、川的六省72个县（市）种植7500公顷，已成为新的乌龙茶当家品种，全部投产后（即种后第五年起），年产值可达4.5亿元，年可获税利2~2.5亿元，经济效益可持续数十年。

诏安县累计种植八仙茶2.8万亩，1998年产八仙乌龙茶2500吨，产值6000万元，成为本县七大农业支柱产业之一，十五计划发展到三万亩，县领导提出走科技兴茶，一巩固（种植面积）二提高（提高产品质量，提高经济效益）。1997年起诏安八仙茶获得中国绿色食品使用标志，已制定出八仙茶省级地方标准（《成品茶标准》），1999年10月1日起开始实施。目前重点是开发八仙茶绿色食品系列产品，开拓市场，在原有主要以半成品销往广东、福建、北京等地的基础上发展深加工，扩大国内外市场占有份额，使科技成果发挥更大的经济和社会效益。

福建省永春县（佛手茶）

永春县是全国和福建省乌龙茶出口基地县之一，佛手是永春茶叶的当家品种。永春县一贯重视提高茶叶质量，争创名牌。常年开展多种形式的活动，普及推广提高传统工艺与现代技术相结合的茶叶生产技术，经常举办群众性的赛茶王活动。永春佛手以其优异品质，多次获福建省优质产品、名茶称号，1985、1986、1989年被评为部优质产品，1988年获首届中国食品博览会金奖，1995年获第二届中国农业博览会金奖，1997年获中国国际茶会金奖。永春佛手以稳定优异的质量，赢得消费者的信赖，北硿华侨茶厂加工的佛手茶，自1959年起可不经口岸公司加工拼配，单独成箱出口。永春佛手茶除国内销售外，约80%的产品销往东南亚、日本等国家和港澳地区。在第四届永春芦柑节的茶王赛中，佛手茶王以0.5公斤5.1万元的高价，被马来西亚一茶行标得。永春县经常组织参加博览会、展销会等活动，通过报刊、广播、电视、展览馆等媒介宣传介绍永春茶叶。永春茶叶生产将继续贯彻“巩固面积、提高产量、提高品质、降低成本、提高效益”的方针，预计佛手茶总产量2000年可达1200吨，2010年可达1700吨。

福建省武平县

“武平炒绿”生产于武平县北部的桃溪、大禾、湘店、永平四乡镇。处于武夷山脉最南端丘陵山地，介于北纬24°48′—25°30′，东径115°51′—116°23′之间，境内终年云雾缭绕、山峦起伏、溪河纵横、森林茂密。优越的自然生态环境，极适宜茶叶生长栽培。“武平炒绿”创制于80年代，已形成了“外形条索紧结肥硕、银灰油润；肉质香气高长，滋味浓厚、甘爽润喉；汤色碧绿透亮；叶底匀称嫩绿”的独特品质。十几年来，在福建省茶叶质量鉴评会上，成绩显著。1986年获全省炒绿茶第一名；1989年获绿茶类第二名；1991年获“省八大名茶”之一称号；1992、1993年获省优质茶称号；1999年再次得“省名茶”、“省优质茶”称号。生产栽培上，主栽品种以福云六号、福云七号、梅占、福鼎大毫、福安大白、毛蟹等无性繁殖栽培品种为主，占95%以上，现有茶园面积2.4万亩，年产量超1000吨。产品量销港、粤、台地区和周边客家籍地区。

武平县桃溪茗兴茶果有限公司

地址：武平县桃溪镇

电话：0597-4683091（4683014）

福建省松溪九龙茶业有限公司

福建省松溪九龙茶业有限公司是原创建于1960年2月的松溪县国营茶场经改制组建的，以茶叶种植、加工、销售为主的国有农垦企业。企业经40年的风雨战斗历程，已发展成福建省茶叶生产和出口创汇的重要基地，成为省农业产业化百家龙头企业之一。是福建省绿茶、红茶精制加工业中唯一获得进出口权的企业。

企业技术雄厚，加工设备完善，生产工艺先进，检测手段齐全；地处武夷山脉东麓湛卢山下九龙山岗，土地肥沃，雨量充沛，温湿的气候和无工业化学污染的环境，非常适宜茶叶生长；产品多次被评为省优产品，是中国绿色食品发展中心确认的“绿色食品”。产品以其质量稳定、内质好、无公害、低农残备受消费者的喜爱。

企业注册资本1000万元；茶园基地13000亩；正式员工240人，其中获高、中、初专业技术职称人员23人，专业技工86人；有生产建筑面积20000平方米，有六个生产车间，150台（套）各种先进加工机械设备，其中包括两套从日本引进的自动化蒸青绿茶生产线；生产建筑面积近2万平方米，年加工能力达5000吨以上。产品有：

1. 绿茶类：雨花茶、九龙玉叶、九龙松针、九龙翠芽、蒸青煎茶、玄米绿茶、炒青绿茶。

2. 花茶类：银针、银毫、白毫、春毫等各级茉莉花茶。

3. 红茶类：九龙金毛猴、九龙金针、九龙坦洋针、九龙金条毫、政和工夫等以及各级红茶。

产品注册商标为“九龙山”牌。

产品除内销外，主要远销日、韩、美、西欧、巴基斯坦等十多个国家和香港地区，深受广大消费者青睐。

企业经营宗旨是：在生产上坚持优质高产，质量第一、食品卫生第一；在贸易上坚持以诚待客，信誉第一。因而在与中外客商的商贸往来中，不断赢得好评与依赖。该企业坚持以一流的品质、最佳的服务、热情欢迎国内外新老客户光临惠顾、互相合作、共同发展！

企业法人代表：吴仁觅

地　　址：福建省松溪县郑墩镇长盘大路47号

电　　话：（0599）2263108　2263080

传　　真：（0599）2263087　电挂：5420

htpp：//sxj1. fyec. com

邮　　编：353503

福州办事处电话：0591－7611747

传　　真：0591－7608705

福州地址：福州鼓楼区龙山里14号（龙山大厦605室）

江西省景德镇市浮梁县（红茶之乡）

景德镇市全境气温温暖，雨量充沛，山林茂盛，溪水纵横，尤其是春夏季节，更是“晴天早晚普地雾，阴雨成天满山云”，空气中湿度常达饱和，使直射光改变为散射光，利于茶芽萌发和含氮化合物的形成，芳香物质的增多，使茶叶持嫩性强，白毫显露，叶质柔软，茶叶品质好，是全国不可多得的宜茶地域。

茶叶是景德镇市主要的特产和传统的出口商品之一。浮梁县是该市重点产茶区，为江西省重点产茶基地县、全国62个重点产茶县之一和商品茶出口基地之一，具有茶叶的自营出口权。浮梁产茶历史悠久。唐朝，江西为当时八大茶区之一，其产量集中于浮梁，时称茶商为浮梁之商，浮梁已成为全国主要的茶叶产区和重要的茶叶商品交换市场，呈现出“浮梁歙州、万国来求”的茶叶产销盛况，诗人白居易有“商人重利轻别离，前月浮梁买茶去”的诗句。宋朝，制茶技艺不断提高，其中名茶“饶池仙芝”主产于浮梁，世为皇朝贡品。元代贾思勰《齐民要术》一书说：江西浮梁茶最好。清朝茶叶产销进入全盛时期，并创制了乌龙茶和红茶。1887年左右，浮梁首先在西湖设茶号制作红茶，所产红茶色艳、香郁、味醇、形美，在国际市场上统称“祁红”工夫茶，行销欧美各国，名列世界三大高香茶之首，成为茶中的“群芳最”和中国红茶的代表（美. 威. 乌克斯《茶叶全书》）。1915年，浮梁江村严台“天祥茶号”所产工夫红茶获巴拿马国际博览会金奖。

新中国成立后，茶叶生产出现生机，逐步形成完整的生产加工体系，茶叶初制和精制加工基本上实现机械化作业。从50年代至60年代中期，茶叶质量均居全国领先地位。1953年，景德镇茶厂生产的“浮红”一级工夫茶通过国家验收，与祁门红茶同级同价。随后多次获得国家奖、部优、省优。1987年4月，景德镇市被选定为国家出口茶叶重点生产基地之一，重点发展工夫红茶。1997年，浮梁县被国家农业部命名为“中国红茶之乡”。自1989年以来，在“宜红则红、宜绿则绿”，红绿结合的名牌战略指导下，景德镇市大力推进茶叶名牌战略，绿茶生产崭露头角，先后培育出“浮瑶仙芝”、“瑶里崖玉”等一批各具特色的茶叶品牌。“浮瑶仙芝”于1991年参加杭州国际茶文化节展评，被评为中国十大文化名茶之一；“崖玉”绿茶获1994年北京国际饮品博览会金奖，被国家确定为AA级绿色食品。目前，浮梁县有茶园10.5万亩，建立了瑶里、江村等10个乡镇（场）茶叶基地，全县现有大小茶叶初制厂40多个，茶叶精制厂6个，年精加工能力达到10多万担，2000年茶叶产量约6万担，其中名优茶约0.6万担。

在浮梁产优质茶的基础上，景德镇市德宇集团应用高科技生物保鲜技术，研制成功“得雨活茶”，茶叶沉浮水中栩栩如生，保持了茶叶的全部活性，填补了中国茶叶保鲜的空白，获得国家专利。1999年，德宇集团收购茶叶18.8万斤，实际加工、销售活茶7.8万斤，产值1060万元，销售收入752万元。

知名品牌有：获得第四届“江西省著名商标”称号的景德镇得雨活茶有限公司“得雨”牌活茶和浮梁县茶厂“浮瑶仙芝”牌绿茶。

投资合作项目：速溶保健茶生产线

项目单位：浮梁县茶厂

项目内容：新上年产800T速溶保健茶生产线

投资估算：3893万元

经济效益：年产值8128.8万元，利税2711.4万元

投资来源与合作方式：借贷、合资、合作、入股

企业简介：该厂座落浮梁县城，占地面积3.4万平方米，固定资产净值1400万元，设备先进，技术力量雄厚，年加工能力7万担，产品主要以红茶为主，兼制绿名花茶，所制产品多次获得国际金奖。

项目地点：浮梁县城

项目联系人：徐汀江

联系电话：0798—2626559

邮编：333400

湖北省英山县（绿茶之乡）

英山有悠久的种茶历史，是湖北乃至全国重要的产茶区之一。在长期的茶叶生产过程中，英山人民依靠自己的智慧和双手，积累了丰富的经验，推动了茶叶采制技术的不断改进和提高。早在唐代，英山生产的“田黄”、“蕲门”与安徽霍山的“黄芽”同称“淮南三茗”作为贡品运送长安。解放后，英山茶叶发展较快，尤其是改革开放以来，茶价放开，市场活跃，茶叶的生产、加工，经营和消费都进入到一个新的发展阶段。全县各地开发茶叶生产的积极性越来越高，名优茶品种如雨后春笋般发展起来，经济效益十分显著。茶叶这一经济作物，以其特殊的消费特点和较强的商品性成为山区经济发展、农民脱贫致富奔小康的有效途径。到1999年止，全县茶园面积达到11.53万亩，年产量925万公斤，产值2.23亿元，1999年全县茶叶收入占农业总收入的25%，茶叶已成为英山经济的“摇钱树”。

基地形成规模 英山茶叶经过70年代的基地建设，80年代的扶贫开发，90年代的科技攻关，基地规模不断扩大。如今，英山出现了“一去二三里，村村都有茶”的喜人景象。全县11.53万亩茶园中，千亩连片大基地有25处，百亩以上茶叶基地有200多处。杨柳、雷店两镇茶园分别过万亩。三门河乡户平2亩茶。成为名符其实的茶叶专业乡。“红南经济走廊”沿线1999年又发展茶叶9000亩。全县已树立“屏峰模式”示范村10个，100个“屏峰式”茶场建设基本到位，“高质量、高效益”的“屏峰模式”，“大规模、高效益”的“宋榜模式”在全县普遍推广，涌现了一大批规模大、市场活、效益高的茶叶专业村。乌云山村围绕“茶”字做文章，走观光农业、旅游农业、休闲农业、生态农业、效益农业之路，推进了茶叶产业化取得了好效益，实现了户平一部电视机，2户一栋楼房、3户一部摩托车，4户一辆拖拉机，5户一部电话。彭畈乡沙垸河万垸小组28户，有26户种茶，1999年茶叶收入已达到20万元，有20户建起了楼房。茶叶已成为山区人民富民兴县的绿色希望产业。为推进茶叶产业化，英山县委、县政府提出到“十五”末英山茶叶面积要达到15万亩，产量1000万公斤，系列产值5亿元的发展目标和“农业抓产业，产业抓特色，特色抓茶叶”的发展思路。并按照“基地规模化、经营一体化、制作名优化、管理企业化、服务社会化”的原则；实施“个十百千万亿”工程（一个龙头企业、十片高产高效茶园、百个“屏峰式”茶场、千亩无性系良种基地、万名制茶能手，5亿元产值）。全县上下齐心协力，共念茶叶经，齐做茶文章，规划2000年全县发展无性系茶园1万亩，茶叶改造2万亩。入春以来，英山发展茶叶的热潮一浪高过一浪，茶叶产业又推向了一个新阶段。

产品形成系列 过去英山只生产单一的普通绿茶，从80年代开始在国家科技扶贫开发团的指导下，全县人民以科技为先导，集中力量探索研制开发名优茶，90年代县茶叶公司积极与同济医科大学联合研制开发出康绿保健茶，从而拉开了英山茶叶向高质量、深度开发的序幕。如今，全县已形成了“天堂云雾”、“龙井”、“羊角春”、“菊花茶”、“珍眉绿茶”、“工夫红茶”、“茉莉花茶”、“康绿保健茶”、“维宁健身茶”、“苦丁茶”等五大系列40多个品种。通过名优茶制作技术的提高和推广普及，也带动了大路茶的质量普遍提高。天堂云雾茶已成为英山茶叶的精品名牌，1994年5月获'94中国“陆羽杯”金奖，同年8月获省科技进步三等奖，10月又荣获部优秀科技成果奖，1996年获湖北省第三届“陆羽杯”金杯奖，英山县1998年9月被国家有关部门授予中国绿茶（名茶）之乡。英山生产的“珍眉绿茶”以其条索紧结细长、匀称，如古代仕女纤细的眉而声名远扬，产品销往摩洛哥、马里等国家，是英山主要出口创汇品种。工夫红茶以其独特的品质特色成为出口和内销的珍品。全县年产干茶近1000万公斤，名优茶占总产量的55%以上，茶叶均价1999年比上年提高了4.9元，全县有40多个茶叶产品获省级以上奖励，吉子山茶场生产的500克极品茶2000年在中国英山第九届茶叶节上拍卖价1.78万元，在小小山城再次成为爆炸性新闻。

在产品开发方面，英山县下一步的发展思路是：深度加工创精品，坚持多品种开发，系列开发，深度开发。绿

茶、红茶、花茶一齐上，果茶、药茶、保健茶一起抓，春夏秋冬季季出名茶，积极探索茶叶保鲜贮藏，大力开发速溶茶、保健茶和罐装茶饮料、茶晶、茶色素等高科技和市场前景广阔的新产品，开发茶包装，延伸产业化链条，真正发挥英山茶叶的产品优势和产业优势。只要上下一心，依靠科技，相信不久的将来，英山的茶叶产品将会畅销全国，走向世界。

市场形成体系　英山是边远山区县，交通不便，信息不灵，严重制约了农产品的销售。为了解决茶叶销售的问题，英山县委、县政府坚持抓茶叶先抓流通。抓流通先抓市场、依靠市场引导茶叶生产、促进生产。从五个方面健全营销体系，培育茶叶流通市场。

优化环境活市场。为了搞活茶叶产业，1998年6月黄冈市政府将湖北绿蕊茶业股份有限公司列为英山茶叶产业的“龙头”企业，县委、县政府从多方面给予扶持。为了优化茶叶经营环境，县政府1997年专门发布了规范温泉城区茶叶经营秩序的通告。为了规范行业管理，1998年由县工商联牵头成立了英山县茶叶行业商会，优化了茶叶经营环境，活跃了茶叶市场。

高点起步建市场。由县政府总体规划，实行县乡联手，部门联手，内外联手，先后在县城南门建起了“茶叶一条街”，在县城北投资220万元建成“鄂东茶叶市场”，占地面积5100平方米，建筑面积3600平方米，门店105个。雷店、杨柳、金铺、三门河等茶叶主产区相继建立了乡镇茶叶市场且都已初具规模，促进了茶叶市场的发展和形成，达到了建一个茶叶市场，带活一块茶叶市场。搞活一地经济，富裕一方群众的目的。

开拓窗口拓市场。湖北绿蕊茶业股份有限公司作为英山茶叶产业的“龙头”企业，积极发挥“龙头”作用，立足本县市场，积极开拓国内外市场，以武汉、上海、江西、浙江、湖南等地大中城市窗口为依托，生意越做越活。各乡镇在周边邻县广设窗口共新辟窗口市场280多个，搞活了茶叶流通。

千军万马闯市场。全县运销大户、个体茶贩、机关干部约有9000多名销售人员走向茶叶市场，基本上形成了“千家万户抓生产，千军万马活流通”的局面。使英山茶叶覆盖黄冈，走出湖北，面向全国，走向世界。

广告宣传争市场。近年来，英山加大了广告宣传力度，分别在湖北卫视、湖北电台、《湖北日报》、《湖北经济报》、《湖北政报》、《政策》、《统计与对策》等省级以上报刊、电视、电台做茶叶广告，在城乡公共场所树立广告牌，灯箱1000余个，利用客运车辆张贴广告宣传标语2000余幅，扩大了英山茶叶知名度。在弘扬茶文化方面做了大量的工作，1997年县诗词楹联协会编印出版发行了单行本《茶乡之歌》诗集。1998年以来，县文联在《毕升文化报》出版了3期茶叶专版，还开展了两次以茶为题材的吟诗、作画、书法比赛活动。1998年5月由县文艺联合会等六个部门参与，开展了“绿蕊杯”有奖征联活动，收到全国各地诗人及楹联爱好者的应征楹联1200余幅。县黄梅戏剧团还自编自演了以茶为题材的黄梅戏《天堂梦》，唱进了北京城，受到中央、省、市领导和文艺界的好评，为了振兴茶业、县政府1999年作出决定出版《英山县志·茶业志》，经过近一年来的努力，《英山县志·茶业志》于2000年4月由中华书局正式出版，弘扬和繁荣了茶文化。

举办节会活市场。从1992年起，英山已成功举办了九届茶叶节，通过以茶会友，以节促销的方式宣传了英山，扩大了英山茶叶知名度，增进了友谊，活跃了经贸往来。

产业化形成格局　按照农业产业化的要求，龙头企业是农业产业化的“火车头”。80年代英山为了适应茶叶流通的需要，于1985年1月组建英山县茶叶联营公司，十多年来该公司融农、工、商于一身，集产、供、销为一体，实行联营联心，联户联利，全方位、全过程抓好全县茶叶生产、服务和流通，为英山茶叶生产的发展立下了汗马功劳。1990年被有关部门授予“科技支农先进单位”；1994年被国家有关部门确定为“全国旅游产品定点生产企业”。英山县1991年被有关部门确定为全国茶叶产、加、销一体化示范基地县。在市场经济条件下，为了适应茶叶产业化的需要，英山县委县政府始终把壮大龙头企业作为产业化的关键环节来抓，努力把茶叶公司建成块头大、企业活力大、基地规模大、带动农户多的产业化龙头。根据《公司法》规定，按“公司+基地+农户+市场”的模式，吸纳30个村茶场入股，于1997年12月创立了全省第一个农业产业化股份公司。如今一个以湖北绿蕊茶业股份有限公司为龙头，以30个村入股茶场为基础，以基层供销社和茶叶交易市场为依托，以运销大户和个体茶贩为补充，结构完善，功能配套，内活外畅的茶叶市场网络已初步形成。股份公司成立两年多来，1999年实现茶叶销售400万公斤，销售收入8100万元，创利税280万元，精制加工出口茶175万公斤，实现工业产值1767万元，公司不断发展壮大，发挥了外联市场，内联农户，产品开发超常规的作用。以上海、江西、浙江、湖南等地进出口口岸作为联销机构，组成紧密型、半紧密型，松散型的经营实体，使英山茶叶产业化格局基本形成，并开始向专业化生产、社会化服务、企业化管理、一体化经营的格局迈进。

通讯地址：湖北省英山县茶叶公司
邮　　编：438700
电　　话：0713－7013369

陕西省

〔名优特产〕

紫阳天然富硒茶　紫阳茶是中国绿茶之珍品，为陕南久负盛名的一大传统特产。它主产于陕西南部的紫阳县以及紫阳为中心的镇巴、西乡、安康、汉阴、石泉、岚皋等县，以地取名“紫阳茶”。“紫阳毛尖”在50年代，曾因外形、嫩度俱佳和茶味独特，而一度与“西湖龙井”、“洞庭碧螺春”并列为全国名茶，享誉神州。

紫阳天然富硒茶，1989年9月陕西省科委和中国预防医学科学院在北京主持组织全国茶学、营养学、医学、微量元素学等著名学者组成的专家委员会鉴定认为：紫阳富硒茶有4个突出特点：一是营养丰富。茶叶含氨基酸3.08%—5.69%，茶叶酸30.35%，儿茶素207.03mg/g，咖啡碱4.44%。一级烘青茶含没食子儿茶素、没食子酸酯高达122.86mg/g，含维生素E14.15/100g，锌58.0mg/g，二是无污染，无农药残毒；三是含硒量丰富。硒是人体生命必需的微量元素，目前世界上有40多个国家或地区缺硒，中国有22个省市70%的县缺硒。紫阳富硒茶含硒量为0.1032—3.8536ppm，平均含硒量0.6530ppm，为食品富硒标准安全范围最佳水平，居国内外茶叶含硒量之首。四是有防癌抑癌、抗衰老作用，是一种延年益寿的优质保健品。

安康地区茶园面积已发展到2万公顷以上，年产茶2750吨以上，已成为当地林副产品的主要产业之一。

“紫阳天然富硒茶”发展还不算很快的原因，主要是紫阳地处西北内陆，其地偏僻，交通不畅，信息闭塞，加之宣传不够所致，如能提高工艺，加强宣传，单就富含硒和防癌抗癌抗辐射这一点，就可以独占全国名茶之冠的王座，占领国内外市场。

秦巴雾毫　陕西镇巴县为中国古老茶区之一，是有名的“茶叶之乡”。唐代陆羽《茶经》中就提到“巴山、峡州”产茶，并将镇巴所在的“山南茶区”列为全国八大产茶区之首。

“秦巴雾毫”，因产于陕西省镇巴县雌鸡岭，故原名“雌鸡岭茶”，曾与四川省城口县“公鸡岭茶”同作贡品，以一芽一叶、嫩香浓郁，汤色微黄，回味甜厚，驰誉川陕。

“秦巴雾毫”不仅是茶中上品，还因其富含硒，无污染，可清心明目，化脂减肥，降压抑癌，其保健治病功效也是其它茶所不及的。秦巴雾毫两次被授于陕西省优质产品奖，获首届中国食品博览会银牌奖。近年来已销往北京、上海、广州、南京、西安、香港等地。

平利三里垭毛尖　三里垭毛尖，产于陕西省平利县三里垭村，以地名茶。为历史名茶，也是陕西名茶。清代已是向朝廷进贡的佳品。

平利县为陕西三大产茶县之一，位于陕西东南部，处于大巴山北坡，属北亚热带气候，是安康地区仅次于紫阳县的第二产茶县，是全国百个茶叶基地县之一。因这里土壤深厚，疏松湿润，土质系微酸性，内含大量有机质和矿物营养，因此，三里垭所产毛尖独具一格，茶香千里。

三里垭毛尖，其传统制作方法是一芽一叶，通过“三炒三揉”加工而成。干茶蜷如朵，色泽黄绿显毫，开汤清香持久，汤色黄绿清亮，鲜醇爽口，回味苦甘，叶底嫩黄，朵朵均匀。1986年经著名专家评审鉴定，确认“三星垭毛尖”已达到国内优质名茶水平。

1987年被评为陕西省优质名茶。

陕西省午子绿茶有限责任公司（西乡县）

陕西省午子绿茶有限责任公司是省财政厅“坚持开发式扶贫方针，着眼于培植骨干财源”而重点扶持的扶贫项目，也是西乡县委、县政府为大力发展主导产业而批准建立的茶叶产业化开发龙头骨干企业。公司开业仅二年时间，就以独特优异的产品品质、全新的机制、创意的包装、独到的营销策略占领了西安市场，产品知名度、美誉度迅速提高；午子绿茶在西安几度脱销，成为名茶市场上脱颖而出的一匹黑马。

立足资源优势，高起点高效率地完成组建工作。西乡县地处南北气候结合部的秦巴山区，这里群山重叠，沟壑交错，海拔800—1200米之间，土壤富含锌、硒等微量元素，四季雨量充沛，气候温和。独特优异的地理位置和气候土壤条件，形成了午子绿茶纯天然、富锌硒、微量元素含量高、口感清醇这一优良的内在品质特征，西乡县也因“雨洗青山四季春”而成为全国绿茶最佳适宜生产区。西乡茶叶始于秦汉，兴于盛唐，在历史上久负盛名，被列为贡品。因种植规模大、产量高、品质优良，被授予“中国著名茶乡”，是全国茶叶基地县之一。

为充分发挥西乡县茶叶资源优势，加快茶叶产业化发展，省财政厅联县扶贫团和西乡县委、县政府经过广泛的市场调研和多方考察论证，于1997年10月决定成立陕西省午子绿茶有限责任公司，公司为股份制企业，注册资本100万元，由县茶叶总公司、县氮肥厂、公司经理和员工共同出资组成。公司设计能力为年精制加工“午子仙毫”、“午子绿茶”系列产品100吨，年销售收入1000万元，年利润总额300万元。1997年12月份公司开始筹建，在省财政厅和县委、县政府的关怀和重视下，各有关部门积极配合，董事会领导筹建人员辛勤工作。1997年底，公司在县城汉白路西段征地2584平方米，解决了生产办公用地问题；1998年2月份，公司完成了新包装的设计制作并申请了国家专利；2月底，经过对浙江、上海、天津等地进行考察，公司购回具有一流水平的现代化茶叶生产、加工、包装机械21台/套，外观设计专利包装物30万套；3月份，公司完成了职工招聘和培训工作；5月底，全部机械设备在春茶上市前安装、调试完毕；6月初，公司新开发的一批高质量、全新包装、品质优秀的产品生产出厂，午子绿茶首次投放市场并被迅速抢购一空；6月10日公司正式挂牌营业。公司从正式立项到挂牌营业，前后仅6个月时间，实现了一流设备、一流人员素质、一流加工工艺、一流外观包装，使公司成为中国北方茶区设备最先进、规模最大的现代化绿茶专业精制企业。

接轨国际标准，工业化精细化地构建质量体系。公司筹建初期，董事会就制定了“工业化、精细化、绿色化、国际化”的企业发展战略，公司始终坚持高标准、高起点、高定位，努力提高产品质量。为了与国际市场、国际标准接轨，公司于1998年8月特意聘请了国家质量体系西北认证中心的国家级审核员到公司指导、培训，严格按照ISO9001（设计、开发、生产、安装和服务质量保证模式）国际质量体系要求建立了质量保证和质量管理体系，确立了“叶叶拔萃，道道精细，永葆绿色，卓越品质”的质量方针，制定了文件化的质量保证手册、程序文件、执行文件，完善了公司质量标准、技术标准、操作标准，建立了标准化、法制化的质量体系。从茶园的水、土、肥管理，鲜叶采摘到初制、精加工与包装、销售、售后服务，全部按质量体系要求组织生产，严格按标准执行、操作。

为了从根本上保证产品质量，公司将午子绿茶的生产过程细分为30多道工序，制定了详细、严格的工序操作标准和质量检验标准；借鉴工业生产的管理经验，公司在生产现场实施“三序”管理，即“控制本道工序，监督上道工序，服务下道工序”，并由操作员、小组长、检验员组成了三道产品检验关口，以彻底杜绝不合格品的产生。结合绿色食品的生产要求，公司实行文明生产的“5S管理”，即“整理、整顿、清扫、清洁、身美”，以确保生产过程符合食品卫生的要求。现在，公司已做到了人人懂技术，事事有制度，道道工序有标准，全面的质量管理使午子绿茶获得了良好的市场声誉并深受广大消费者的青睐。

依托创意策划，全方位多渠道地进行市场开拓。从成立之日起，公司领导成员，着手进行企业策划、创意、广告宣传和营销策划，本着“创造绿色，保护环境，珍爱生命”的经营理念，适应并引导人们日益增长的绿色消费需求。公司首先在产品开发和创意包装上取得突破，经过市场细分和市场定位，设计策划出具备极高文化品位的新品，并严格按绿色理念塑造产品，阐释内涵；获得两项国家专利保鲜保质防伪的创意外观包装，设计新颖，充分展示了午子绿茶“绿色、天然、营养”的独特品质，体现了公司“弘扬中华绿茶文化，创造人类绿色生活”的经营方针，使午子绿茶展现出万绿丛中一点红的骄人身姿，一面市就产生了预期的哄动效应，产品供不应求。

为全面实施“市场导向、文化传播、整合营销、连锁经营”的营销策略，公司于1998年7月在西安市环城西路南段18号设立了西安分公司，以文化古都为基地扩大销售网络，提高品牌知名度。公司积极谋划广告创意，摄制了高品位的广告带，确立了“喝午子绿茶，品盛唐文化”的广告语，加大宣传力度，弘扬产品文化，组织人员挖掘历史资料，撰写出午子仙毫的传说，茶文化小品，午子绿茶盛唐茶道，通过中央电视台二套节目、陕西电视台、西安电视台、《陕西日报》、《西安晚报》、《汉中日报》以及西安火车站电子屏幕、西安钟鼓楼广场电子屏等进行广告宣传，以绿色茶园为背景，向消费者充分展示了午子绿茶纯绿色、全天然、无污染、富锌硒的内在品质以及色泽翠绿、汤色碧绿、叶底嫩绿、香高味醇、耐冲泡的特点，以提高午子绿茶的知名度。午子绿茶系列产品“解渴降温、提神醒脑、利尿排毒、除腻化积、减肥美容、养颜益寿、降压降脂、防癌抗癌”的八大功效已被更多的消费者接受，公司产品在消费者心目中有了良好的印象，并获得“中国国际茶博会金奖”、“中国名茶”、“中国公认名牌产品”、“陕西省名牌产品”等国内外十多项大奖。

为增强市场竞争能力，公司精心策划，认真组织，积极参加了中国东西部贸易洽谈会、西部交易会、上海全国商品交易会、上海食品博览会、中国国际（北京）茶文化博览会等大型的商贸活动，通过茶艺表演、现场冲泡、免费品尝、代理销售、连锁经营、上互联网宣传等一系列促销措施，掀起了一场又一场“午子绿茶热”，提高了产品品牌知名度，树立了公司品牌形象，大大增强了产品市场竞争能力，扩大了市场占有率。目前公司的销售网络已辐射国内主要省市，日、韩、美、英等国和港台地区客商也纷纷来电来函，建立了代理经销午子仙毫和午子绿茶业务。整合营销初见成效，市场开拓纵横捭阖，为公司的持续发展和龙头作用的发挥奠定了良好的基础。

依靠科技开发，高标准高水平地开展基地建设。　午子绿茶公司特别重视“第一车间”建设，探索推行了“以效益为中心，以品牌为纽带，以产权为基础”的龙头联基地发展模式。公司首先承包租赁了生态状况最好、产品久负盛名的马踪和罗镇的600亩优质科技示范茶园，调配骨干技术人员加强茶园的科学化、标准化、规范化管理；增加科技力量和资金投入，建成了首批优质原料生产基地。

同时，公司与全县16个乡镇的48个茶场和茶农签订了长期合作协议，为合作茶场提供优质茶树良种和技术培训，指导茶场按公司科技示范茶园管理标准进行无污染栽培与管理，并在生产季节派技术人员对鲜叶采摘和初制加工进行现场指导和监督；为确保原料（毛茶）质量，公司对所有的合作茶场建立了档案，采购时，公司只从符合标准的合格茶场严格按标准分等级收购。高标准、高水平的科技开发和基地建设保证了公司优质原料的供应，为优质产品的生产奠定了坚实的基础。

确立企业文化，规范化制度化地加强内部管理。在对外抓市场开拓与基地建设的同时，午子绿茶公司始终坚持“以人为本、以茶会友、以质取胜、以诚待客”的经营宗旨，不断加强内部管理。公司确立了“弘扬中华绿茶文化，倡导喝茶戒烟少酒，树立清正廉明时代风尚”的企业文化和“团结、拼搏、求实、创新”的企业精神。在企业文化和企业精神的感召下，公司凝聚了一批投身于午子绿茶事业的人才，公司现有180名员工，其中西乡总公司150名，西安分公司30名，各类专业技术人才38人，具有初、中级技术职称的18人，高中以上文化程度的占总数的90%。在用人方面公司用人所长，发挥各人的特点，注重调动人的积极因素和潜在能力。在董事会的领导下，全体员工精诚团结，求实创新，为公司的建设和发展发挥着重要作用。

抓管理，公司始终坚持高标准、严要求，并逐步实现各项管理工作的规范化、标准化、制度化和法制化。公司所有的员工都进行了不同形式的专业技术培训，并实行培训合格上岗制，公司制定了各级人员质量责任制、岗位考核目标经济责任制以及现场管理、合同管理、财务管理、生产管理、质量管理等一系列制度和企业技术标准、质量标准、操作标准等管理制度。随着规范化、制度化管理的不断深入，公司各项事业迅速发展，经济效益和企业凝聚力进一步增强。

发挥龙头作用，大规模高效益地带动主导产业。陕西省午子绿茶有限责任公司成立二年来，取得了显著的社会效益和经济效益。1998年销售额26万元，1999年销售额113万元，2000年1—6月份销售额120万元，销售额逐年成倍增长。通过午子绿茶销售范围的不断扩大，提高了西乡午子绿茶在全国名茶市场的知名度，并初步探索出了一条茶叶产业化、工业化、商品化的新路子，为西乡茶叶开拓国内市场和产业化开发奠定了良好的基础，极大地促进了茶叶基地建设和科技化管理。龙头的带动，使茶叶生产成为西乡贫困乡镇农民脱贫致富的首选项目。近两年来，基地规模不断扩大，茶叶产业成为西乡四大主导产业中最具优势和发展潜力的项目。1999年，全县新发展生态茶园2万亩，各地群众以茶兴家热情高涨，共有3万多人因此走上脱贫致富之路。

植根于广博的资源基地，以现代企业的先进模式搏击市场的午子绿茶公司，给西乡县的各类企业带来了广泛而深远的冲击与启迪。午子绿茶公司的迅速崛起用耀眼的实践成果在全县人民乃至整个贫困地区人民面前树立了一个“靠科技、舞龙头、闯市场、兴产业”的典范。今天的陕西省午子绿茶有限责任公司，在省财政厅联（西乡）县扶贫团团长、公司董事长闫战利的带领下，团结拼搏，求实创新，正在为实现使午子绿茶系列产品的“午子”品牌从目前的“铜招牌”变为“镀金招牌”，最终成为“金字招牌”，成为中国茶叶第一品牌的世界品牌的目标继续奋斗。——公司新一代包装正在研制，居于顶尖水平的制茶设备正在调试，速生密植示范茶园和高科技母本园正在建设，《午子绿茶500吨技改项目》正在立项和实施前期准备，午子绿茶系列产品开发资金逐步到位，营销网络日臻健全，销售范围不断扩大。

中草药

中药及中药事业

〔概况〕 中国幅员辽阔，中药资源十分丰富。据全国中药材资源普查统计，有1万多种中药材分布生长在全国30个省、区，进而为中国传统医药的发展奠定了坚实的基础。

由于中药发展历史久远，疗效卓著且较少或没有化学药物的毒副作用，因此深受中国人民的喜爱，它与现代医药相互补充共同承担着防治疾病并保护和增进人民健康的任务。

国家为了加强对中药事业的管理。早在50年代就成立了中国土产公司专门管理中药工作。随着历史的沿革和事业发展的需要，目前国家从中央到地方都建立了管理中药事务的行政管理机构。为继承弘扬民族优秀传统文化，党和政府制定了一系列发展中药事业的方针政策，并在工作实践中不断发展完善。概括起来主要是：(1) 坚持“中西并重”的方针；(2) 坚持中医中药结合，医药并重同步发展；(3) 保持特色，发挥优势，积极利用先进的科学技术，促进中药现代化。1982年把“发展现代医药和我国传统医药”写入宪法，从而为中国中药事业的发展提供了政策和法律的保障。

〔行业特点〕 中药行业是由中药材生产、中药工业（含中药饮片加工、中成药生产、中药机械制造）和中药商业组成，是集农工商一体，产、供、销相结合的产业。中药行业具有它的复杂性和特殊性。中药品种繁多，来源分散，生产经营环节多，涉及部门广。中药材经过普查就有12807种，广泛来源于植物、动物、矿物等。其中绝大部分是天然产物，一季生产供全年使用，一地或少地方生产供全国需求，有当年生也有多年生，有的甚至要十几年才能收获。绝大部分品种野生，受自然条件的制约，生产难以控制。中药从产到销要经过种植、采集、捕猎、收购、储藏、加工炮制、成药生产、供应销售等许多环节，涉及到农、林、牧、副、渔、工商等一、二、三产业许多部门。中药作为一个特殊行业，不但有本行业的一些政策、规定，而且涉及到其它许多行业和部门的有关规定，因此，它是一项政策性很强的工作。

〔中药生产经营管理体制〕 1950年至1954年，私营商业在中药经营中起着主导作用，国营商业中只有土产公司和供销合作社经营部分大宗药材的收购、批发业务。国家对中药生产经营缺乏统一的领导和管理，中药生产恢复缓慢，难以适应医疗卫生事业发展的需要。

1953年，根据中共中央的指示精神，开始纠正轻视中医中药的思想和不适当的规定。1954年，毛泽东针对中药工作明确指出：“中药有几千年的历史，是祖国极宝贵的遗产，如果任其衰落下去，那是我们的罪过。”根据毛泽东指示精神，同年，中共中央批转了中央文委《关于改进中医工作问题的报告》，中财委批转了商业部和全国供销合作总社《关于中药材经营问题的报告》，决定成立中国药材公司，加强中药经营，统一中药的领导和管理。1955年，中国药材公司成立，随后各省、自治区、直辖市及地、市、县药材公司也相继成立，使中药由分散生产经营转向集中统一管理。

药材专业公司成立后，中药的生产经营管理体制曾多次变动隶属关系。1955年，鉴于中药材生产分散于广大农村，供应对象主要也在农村，故由商业部移交全国供销总社领导，更名为中药材总管理局。1956年，为统一领导对私商的改造，又划归商业部领导。1957年，为了便于医药结合，转由卫生部领导。1958年，统一药政和药材经营工作，精简结构与药政局合并为药政管理局。1963年，根据中共中央、国务院批转卫生部、商业部《中西药品、医疗器械经营管理体制的报告》恢复了中国药材公司，建制在商业部，以商业部为主，与卫生部共同领导。1969年，中国药材公司与中国医药公司合并为商业部医药局。1978年6月，经国务院批准，决定成立国家医药管理总局（直属国务院，由卫生部代管）。1979年，中药交由国家医药管理总局管理，恢复中国药材公司建制。1988年6月，国务院决定成立国家中医药管理局，实行中医药统一管理。地方的中药工作仍由医药管理局（总公司）管理。同时，中国药材公司在国家中医药管理局的直接领导下，继续承担部分行业管理职能。1998年，在国务院机构改革中继续保留国家中医药管理局及其中药科研、教育管理职能，中药生产、经营及行业管理划归国家经贸委管理，中药质量监管职能划归国家药品监督管理局。

纵观中国中药管理体制50年来形成变革的历史，表明党和政府对继承发扬祖国优秀传统文化的高度重视，同时在一定程度上也反映出中药管理工作的复杂性、艰巨性。

〔**主要成就**〕 新中国成立以来，特别是改革开放以后，中国中药事业有了很大发展。中药生产流通队伍已初具规模，中药产业构架和经营网络体系基本形成，科技水平不断提高。中药生产经营体制改革取得成效并向纵深发展。中医药与现代医药相互补充，构成了具有中国特色的社会主义卫生事业。50年来，中药工作对于促进中国社会主义现代化建设事业的发展发挥了重要作用。广大中药行业工作人员为中国的经济发展和人民的健康事业做出了重要贡献。

(一) 中药材生产

在国家计划的指导下，改变了中药材盲目生产的局面，通过调整生产布局、建立生产基地、开发利用野生药材资源，中药材生产收购有了很大发展。近些年来，按照社会主义市场经济发展规律，结合中药材生产的特殊性，改革药材生产组织管理体系，使之向产供销、农工贸一体化发展，走药材生产产业化的发展道路，全国现有中药材种植面积1150万亩，其中：林木药材约600万亩，家种药材约550万亩，全国建有中药材生产基地600多个，1998年与1957年相比较，家种药材种植面积扩大约5.5倍，鳖、龟、鹿、丹参、桔梗、天麻等近80种野生药材变家种之后，基本上解决了供不应求的问题。人参、党参、地黄、白芍、麦冬、黄芪等30个品种引种扩大了产区，形成了新的生产能力和生产基地。其形成的商品量占地道药材产区的一半左右。此外，通过资源普查，还发现了许多新的资源。

(二) 中药工业

50年来，中成药生产已由前店后厂手工操作发展成具有一定规模的工业体系。国家通过政策扶持，技术改造，扩大生产规模，调整产品结构，提高企业素质等一系列措施使中药工业不断发展壮大。中药工业企业通过改组、改革、改造和加强管理使运行机制和资源配置得到优化，正在朝着现代企业制度的目标迈进。据1999年统计，全国中成药企业有1052家，其中大中型企业（集团）260家，中成药产量36万吨，产值达385亿元，年利税近70亿元，中成药品种规格近8000种。目前，工业企业职工数27.9万人，其中工程技术人员3.6万人。自新药评审办法实施以后，投产的中成药新品种已达700余种，新剂型发展到40多种。

1979年以来共有115个中成药产品获得国家金、银牌质量奖。80年代初，中国开始引进药品生产质量管理规范（GMP)，并于1997年结合国外标准，制定适合中国国情的药品生产质量管理规范。标准颁布以来，到目前为止，天津中药六厂、北京同仁堂药厂等20家企业通过了中国的药品GMP认证，这标志着中国中药企业在生产质量管理上已达到了一个新的水平。

在积极发展中成药工业的同时，饮片生产也逐步改变了分散的手工加工方式，国家对饮片加工企业进行了大规模的技术改造，产品的产量和质量都有了较大提高。目前全国的饮片加工厂（场）点1500多个，其中初具规模的企业54个，饮片加工年产值近3亿元。饮片工业正朝着质量标准化、工艺规范化、包装规格化、生产机械化的方向发展。

(三) 中药商业

1998年，全国拥有多种形式的商业网点2.3万个，其中各级药材批发公司（站）3400多家，职工36万余人，形成了覆盖全国的中药流通体系。随着中国社会主义市场经济的发展，企业独家经营的局面已被打破，代之以国有中药商业为主，中药材专业市场、个体药商等多种形式的中药经营活动。这些变化，使中药商业日趋活跃繁荣，基本上保证了人民医疗保健对中药的需求，保证了灾情、疫情、军需用药。1997年，中药批发、零售贸易业商品购进总额268.4亿元，商品销售总额337亿元，分别比1957年增长了74倍和80倍。

各民族医药是中华民族医药的组成部分。50年来，在党的民族政策指引下，中国少数民族地区的医药事业也取得了可喜的成就。民族药生产已逐步实现了机械化，发展到10多种剂型。仅藏、蒙、维药就有842个品种。民族医药事业的发展，在保护各族人民健康中发挥了重要作用。

(四) 中药科研教育与对外交流

1. 建立了一批中药研究机构。除卫生部门建有中药研究所外，医药系统已有中药所18个，近年来，国家先后在上海等地建立了4个中药工程技术中心，部分中成药厂也设立了研究室。这些科研机构在本草学，中药栽培及饲养，采制与储藏，药性理论，中药鉴定，中药方剂，中成药新品种和中药化学成分等方面的研究，以及在改进中药鉴定技术等方面。都取得了较大的成绩。仅“八五”期间，中药系统就获得了15项国家发明奖和科技进步奖，310项部局级科技成果奖。

2. 建立了一批大、中专院校。到1998年，全国已有23所中医（药）大学、学院和5所综合大学、药学院设立了中药系或中药专业。国家开始建立了第一所中药专科学院——南京中药学院，进一步发展中药高等教育。中药学校已有55所，其中，卫生系统34所，医药系统21所。已初步形成了中药教育体系。这些学校为中药事业的发展，培养了大量的高、中级技术人才。

3. 中药进出口贸易蓬勃发展。为保证中药配方所需要的南药供应，自1955年起，对进口南药实行统一管理，由国家每年拨出一定数额外汇集中进口，统一分配。50年代，进口南药有70多种，随着国内资源的开发利用，以及引种成功的品种增多，进口品种逐步减少，到90年代仅为30余种。改革开放以后，中药对外贸易发展迅速，由过去的转口贸易走向直接贸易，出口遍及世界130多个国家和地区，年出口总额达6亿多美元。

4. 中药对外经济技术合作、交流日趋广泛。新中国成立初期，中药对外经济技术合作、交流仅限于亚、非、一些国家，如与越南、柬埔寨、苏联等国家开展政府间交流，进行药材资源考察，互换种子、种苗、标本等；随着中国对外开放政策的全面展开，中药对外经济技术合作、交流不断扩大和加强。70年代后期，中国先后与世界卫生组织及世界大众药学会建立关系，出席其召开的学术会议。进入80年代，中药对外合作交流更为广泛，中医中药的发展和成就日益引起国际社会的广泛关注。与此同时中药行业积极借鉴和引进国外的先进技术和科学管理方法，在科学研究、合作种植、设备技术引进、合资生产、联合经营等方面，取得了可喜的成果。90年代，伴随着科学技术的发展、人类生活环境的改变，医源性、药源性疾病的不断增多，天然药物进一步走俏，中药对外交流与合作日趋活跃。由民间向官方发展，由低层次向高层次发展，进而为中药下一个世纪全面走向世界奠定了基础。

河北省承德市

〔野生中药材〕

1、黄芩：唇形科黄芩属。根入药。分布于全市各县区中低山、丘陵山地。分布面积1100万亩，常年产量60万公斤。主要成份含黄芩甙、黄芩素、β—谷甾醇。入药性寒、入肺、三焦经，起清热解毒、抗菌利尿作用。

2、柴胡：伞形科柴胡属。根入药。主产隆化、围场、平泉等县中低山地、丘陵。分布面积460万亩，常年产量53万公斤。主要成份含α——菠菜甾醇、脂肪油、三萜皂甙等。味苦微寒。入药发表退热，疏肝解郁，镇痛、镇静、抗菌、抗病毒。

3、金莲花：毛茛科金莲花属。花入药。主产区围场、丰宁县坝上草原及坝缘草甸、林间空地。分布面积120万亩，常年产量20万公斤。主要成份含生物碱、黄酮类物质。可作茶饮。药用抗菌、消炎、清热泻火、解毒止痛。加工产品有金莲花片、金莲花茶。

4、黄芪：豆科黄芪属。根入药。主产区围场、丰宁县草原沙地、洼地。分布面积310万亩，常年产量2万公斤。主要成份含胆碱、甜菜碱粘液质、微量叶酸、糖、氨基酸、蛋白质、核黄素、淀粉酶、铁、钙、磷等。食用可作药膳、菜肴、滋补健身。根入药补气升阳、固表止汗、托疮生肌、扩张冠脉血管、抑痰菌、降压等。茎叶入药可生津活血、舒筋消肿。

5、苍术：菊科苍术属。根入药，嫩叶可食用。主要分布各县中低山地。分布面积1000万亩，常年产量110万公斤。主要成分含挥发油、苍术酮、V_A、V_D等。入药可理气止痛、燥湿散热。

6、远志：远志科远志属。根皮入药。各县区低山、丘陵山地均有分布，分布面积150万亩，常年产量2.5万公斤。主要成份含远志皂甙0.65-1%、远志醇、脂肪油、树脂、结晶性远志素等。性温味苦，益智安神，散郁化痰。

7、桔梗：桔梗科桔梗属。根入药。分布各县区中低山地。分布面积190万亩，常年产量13万公斤。主要成分含桔梗皂甙元、菠菜甾醇、白桦脂醇、菊糖、桔梗聚糖、桔梗酸等。入药利五脏肠胃、补血气、除寒热风脾。

8、藁苯：伞形科藁苯属。根和根状茎入药。分布各县区中低山地林中或林缘。分布面积21万亩，常年产量73万公斤。主要成分含挥发油1.5%，3-丁基苯酞，蛇床酞内脂等。根茎入药祛风散寒，祛湿止痛、镇痉、阵痛。

9、升麻：毛茛科升麻属。根入药。分布围场、丰宁、隆化、兴隆等县山林间。分布面积23万亩，常年产量30万公斤。鲜嫩时节根茎叶鲜食，称山菜“苦力芽”。入药降温解热、镇痛解毒、抗惊厥、降压抗炎。

10、穿山龙：薯蓣科薯蓣属。根状茎入药。分布丰宁、兴隆、滦平、隆化等县中低山地。分布面积30万亩，常年产量5—10万公斤。主要成分含尿囊素、薯蓣皂甙、葡萄糖及性激素、生物咸、树脂等。入药性甘、味苦、温，可镇咳祛痰、平喘。

11、照山白：杜鹃花目杜鹃花科杜鹃属。叶花入药。主要分布丰宁中低山地。分布面积50万亩，常年产量10万公斤。主要成分含皂甙、鞣质、多元糖、黄铜类、油脂、挥发油等，入药性味酸、辛、温，有小毒。可祛风通络、痛经止痛、化痰止咳，还可制杀虫剂。

12、丹参：唇形科丹参属。根入药。分布兴隆、承德县中南部低山丘陵山地。分布面积18万亩，常年产量5—10万公斤。主要成分含丹参酮甲、乙，丹参醇Ⅰ、Ⅱ及V_E。主要功能抗菌、抗癌、降血压。

13、百合：百合科百合属。块状根入药。分布于各县区低山丘陵山地。分布面积1500万亩，常年产量2—3万公斤。主要成分含蛋白质、淀粉、脂肪及少量生物碱。生食甜脆，药用调肺止咳、宁心安神。

14、赤勺：毛茛科芍药属。根入药。分布于各县中低山地。分布面积800万亩，常年产量38万公斤。主要成分含挥发油、苯甲酸、β—谷甾醇、糖、色素、树脂、鞣质及赤勺甲、乙素。入药活血行滞、通便破积、清泄肝火、镇痉止痛。

15、防风：散形科防风属。根入药。分布于各县低山丘陵山地。分布面积120万亩，常年产量5—10万公斤。主要成分含挥发油0.5%，甘露醇0.3%，酸性物质、苦味甙等。主要功能解表发汗、祛风化湿。

山西省沁源县（连翘之乡）

沁源县地处山西省长治市西北，太岳山东麓，总面积2554平方公里，辖4镇18乡，共259个行政村，1049个自然村，总人口15.6万。

县境地理单元属沁水盆地西部隆起区太岳山系主脉，平均海拔1400米，西部隆起，最高海拔2553米，东南倾斜，最低海拔939米。境内山峦起伏，迭彩翠岭，山地、丘陵占总面积的95.7%。气候温和，空气湿润，林木茂密，牧坡广阔，适宜于植物生长，盛产黄芩、党参、连翘、柴胡等药材。水利资源丰富，沁河、汾河两大水系平均径流量2.6亿立方米，地上、地下水总储量7亿立方米，可利用水量2867万立方米，为山西省相对富水区。

沁源由于气候条件和土质适宜，天然生连翘十分丰富。主要分布在城关镇、法中乡、中峪乡、李元乡、柏子镇、柏木乡等6个乡镇，其余乡镇也零散地分布着，但面积不大，全县蕴藏量约200吨，但由于资源利用不够合理，近年呈减少趋势，年产量最高时达170吨，平常年份约100吨。连翘是樨科植物连翘的干燥果实，秋季果实都熟时采收，除去杂质，蒸熟晒干，习惯称“青翘”，青翘以白露前后摘为佳。果实熟透时采收，晒干、除去杂质，称“老翘”，以立冬前后采摘为佳，沁源天然生连翘曾获山西省农业博览会金奖。

辽宁省本溪满族自治县

本溪满族自治县位于辽宁东部山区，全县总面积3344平方公里，辖15个乡镇，131个行政村，总人口30万人，其中农业人口20万人。地貌特征为“八山一水一分田”，全县森林覆盖率72.6%，山林面积380万亩，耕地面积26.5万亩，5公里以上的河流88条，年平均气温6.2℃。这样的地理位置和自然环境为中药材生产提供了得天独厚的发展条件。

近年来，随着社会主义市场经济体制的建立和完善，广大农民的市场意识不断增强，要求致富的愿望越来越强烈，在这种情况下，县委、县政府把加快农村产业结构调整作为农业和农村经济工作的重点，提出了农村经济发展“潜力在八山，希望在林业，出路在多种经营”。并根据该县实际情况，把中药材生产作为全县农村产业结构调整的重点项目。为了统一思想，加快全县中药材生产的发展，县政府多次组织各乡镇和有关部门人员到河北安国、安徽亳州、上海、浙江、福建等地考察中药材市场销售情况，并到中国药材公司、中国医学科学院药用植物研究所、沈阳药科大学，辽宁省中药研究所等单位了解有关中药材开发利用和未来市场远景等情况。在考察论证的基础上，制定了全县中药材发展规划，提出了本溪县药材生产发展应以辽细辛、人参、辽五味、北龙胆、北防风、地龙骨等品种为主栽品种。

为加快中药材产业发展，县委、县政府先后制定出台了招商引资优惠政策，发展个体私营经济优惠政策，四荒租赁优惠政策，开展了集体林经济体制改革，放活自留山，规范承包山，对集体山林实行管护承包和经营承包，鼓励农民在林下发展多种经营。这些政策为加快中药材发展起到了积极的促进作用。同时，县林业局、县农办等有关部门积极为各乡镇发展中药材生产提供系列化指导和服务，县农办和河北安国、安徽亳州等中药材市场建立了长期的信息联系，定期向广大农民提供中药材市场供求情况，架起了农民和市场的桥梁。县林业局积极组织广大农民进行中药材生产技术培训，帮助农民解决种子、苗木等物资。每年拿出5000立方米低产林改造指标，专门用于发展中药材生产。对于在林冠下发展中药材的单位或个人，一律实行“三优”政策。即优先安排采伐指标，优先进行设计，优先审批。县药材公司根据市场供求情况和农民签定销售合同，确定保底价，帮助农民销售中药材。通过这些产前、产中、产后的系列服务，使广大农民增强了发展中药材的信心，促进了中药材产业发展。到目前，全县中药材生产发展到63000亩，药材产量达到200万公斤，产值7000万元。今后该县在加快中药材发展的同时，重点进行中药材品种结构调整，发挥地域优势提高中药材生产的单位面积产量和经济效益，计划以每年20000亩的速度加快发展，力争在2002年使全县中药材面积达到10万亩，建成辽药生产基地。

江苏省滨海县（何首乌之乡）

一直享有首乌之乡美誉的滨海县，位于北纬33°48′—

34°23′与东经119°37′—120°20′之间，地处黄河和苏北灌溉总渠下游入海处。东临黄海，南与射阳县毗邻，西南与阜宁县接壤，西与涟水县相连，北隔中山河与响水县相望。该县系黄淮冲积平原，一直生长首乌的沿海几个乡镇，由古黄河夹带的黄土高原沙土冲积而成，地下水矿化度高，脱盐时间短，海岸又为侵蚀性地域，海、淡水系接壤，常年气候温和，光热资源充足，昼夜温差大，无霜期长，地表水资源丰富，排灌条件好，非常适宜于何首乌生长，是何首乌种植的理想场所。

滨海县种植首乌历史悠久，早在清代就有将野生何首乌发展成人工连片种植的历史记载，而且近200年来一直沿种不息，历史上生产鼎盛期是1981年，种植面积2.8万亩，生产首乌总量达1400多万公斤，生产加工的首乌粉有100万公斤。时隔不久，因1984年发生了一件轰动全国的“首乌事件”，给首乌种植带来了致命性的打击，之后，首乌种植面积明显回落，至1987年全县首乌种植陷入了历史最低谷，种植面积仅百亩左右，几乎接近绝种的边缘。这一严峻的形势，引起了地方各级领导的高度重视，把首乌种植列为全县农业生产的重要内容，并通过多方争取，首乌生产和开发被列入省“星火计划”和盐城市重点建设项目的首批工程，接着中华全国中医学会在滨海召开了“白首乌学述讨论研究会”，把首乌的开发和研究又推向高潮，首乌生产得到了进一步恢复，现在全县首乌种植面积基本稳定在1.5万亩以上。

近几年来，在江苏省农科院、江苏省中医学院等科研单位的鼎力支持下，该县以盐城金久保健食品有限公司为牵头企业，与6家首乌加工企业，联合研制并开发出滋补、药疗、美容三大系列20多个产品，加工增值效益提高4—10倍，企业的信誉和产品的知名度不断提高，果老牌、总渠牌首乌系列产品，畅销全国20多个省市，并远销日本、韩国和港澳台等10多个国家和地区，深受消费者欢迎，市场前景极为开阔。首乌制品先后获得省优、部优及首届江苏名牌产品称号，同时还获得首届中国食品博览会金奖，国家星火计划成果博览会银奖和江苏市场消费者购物首选品牌称号等。

何首乌作为该县传统的特种经济作物，目前首乌产业化的格局已基本形成，首乌市场不断扩大，乌农的种植效益也越来越高。1998年平均亩产值已达到1085—1266元；1999年平均亩产值1378元较麦玉两熟亩增722元，全县仅此一项就新增产值1083万元，何首乌已成为该县促进地方经济发展和本地农民致富增收的不可缺少的项目。

安徽省霍山县（霍山石斛）

石斛系兰科多年生草本植物，全世界约有1500多种，从功用上分为观赏与药用两大类。霍山石斛主产大别山北麓的霍山县，因含有氨基酸17种以上，其中包括人体必备的8种；具有抑制肝脏细胞中胆固醇的合成，降低血浆中胆固醇含量和抑癌活性，成为药用石斛中的上品，历来被道家称为中华九大仙草之首，素有“千金草”、“软黄金”之称。国务院颁布的《野生药物资源保护管理条例》，已将其列入42种保护管理药材之内。霍山石斛最早记载于梁朝《神农草本经》，称霍斛“味甘平，主伤中，除痹、下气，补五脏虚劳，羸瘦，强目。久服厚肠胃，轻身延年”。史书《增补本草备要》记载：“斛出霍山，养胃、清热，功胜全面”。近代医学家张寿颐称赞霍山石斛“确为无上妙品”。

霍山石斛对生长环境要求极为苛刻，野生分布在海拔300~700米的低中山区，多生长在河沟山谷旁的悬崖上，喜阴凉湿润，是耐阴短日照植物，怕高温干燥、强光和长日照，较耐寒，气温在-10℃时仍无冻害。野生石斛依靠茎基节上不定芽萌发新枝繁衍生息。由于生态环境的变化和种子极小，其胚和胚乳的结构难以使之发育成长为个体。野生石斛极其稀少，加之功效奇特、商品量少，因而霍山石斛格外珍稀名贵，一直供不应求。

为提高霍山石斛产量，造福全人类，霍山县自80年代开始对“霍山石斛”进行人工栽培研究。1981年、“霍山石斛野生改家种实验技术研究”被列为安徽省重点科研项目。80年代中期，该项目获得国家自然科学基金资助，“霍山石斛”工厂化和野外栽培的生理、生化及生态研究，试管苗移栽成活率达90%以上，成功实现人工栽培。1985年，该成果通过安徽省科委鉴定，并获省科技进步二等奖。

目前，霍山县已与中国科技大学联合建立了“中国科大霍山石斛研究所”，拥有种源基地两处、组培室一个，霍山石斛的人工育苗、工厂化栽培年可提供种苗600万株，工厂化生产达5万平方米，产业化开发前景十分广阔。

山东省平邑县（金银花之乡）

一、自然条件

平邑县地处山东省南部，沂蒙山区腹地，位于东经117°25′~117°56′，北纬35°07′~35°43′，属温带季风半干旱大陆性气候，年平均气温11.9℃~14℃，年降水量在750~800mm之间，土地总面积18.7万公顷，土壤类型以棕壤、褐土为主。全县有26个乡镇。1056个行政村，总人口97万，1999年国民生产总值44亿元。

二、金银花发展现状

金银花又名“忍冬花”、“双花”，为多年生藤本植物。平邑县所产的金银花以花蕾肥大、色泽纯正、质优味佳而享誉国内外。近几年来，平邑县委、县政府着眼于市场需求，立足于山区优势，按照生产规模化、管理科学化、品种多元化、开发科技化的要求，大力组织金银花栽植生产，金银花生产有了长足发展。截止2000年，全县金银花种植规模达到了2亿多株，面积30多万亩，栽植品种发展到8个，年产量达到了300万公斤，占全国金银花产量的50%以上，2000年，平邑县被国家有关部门授予“全国金银花之乡”称号。

三、发展金银花的意义及有利条件

金银花为栽培药用树种，其根系十分发达，适应性强，具有保持水土、耐干旱瘠薄等特性，发展金银花对于绿化荒山、荒坡，搞好水土保持，改善生态环境，提高农民生活水平，具有十分重要的意义。近几年来，金银花的保健功能越来越被人们所认识，以金银花为主的加工项目已达30多项，涉及到保健、医药，提取物等多个领域，所生产的以金银花为主要原料的茶叶、保健饮料、啤酒、口服液等产品倍受市场青睐。

平邑栽植金银花历史悠久，距今已有200多年的历史，广大花农和科技工作者都积累了丰富的栽植管理经验，在流峪、郑城等乡镇成立了金银花培育中心，在县城成立了平邑县生物育种中心，并进行了金银花良种选育和多倍体诱导课题的研究，先后培育出了大毛花、鸡爪花、蒙花系列品种。建起了金银花批发市场，培植了一批金银花加工企业，金银花开发、加工走到了全国前列。

四、政策措施

1. 加强基地建设，大力发展金银花。

近几年来，平邑县在发展金银花上强化了基地建设，以点带面，掀起了全县发展金银花的热潮。先后建起了400亩金银花育苗基地，和一处500亩的金银花良种示范园，进行优化栽培试验推广。按照“巩固、发展、提高”和“区域、规模、名牌”的要求进行规划设计，相邻乡镇接线连片发展，扩大栽植规模，除基本农田外，凡宜栽植金银花的地方，尽量发展金银花。同时结合绿化目标责任状、雨季造林、小流域治理、地堰开发、退耕还林、老果园改造等进行了栽植，提高了金银花在林业中的比例，力争把该县建成“山顶松柏戴帽，山下银花缠腰”的林业绿化模式。

2. 加大对金银花发展的扶持力度。制定了《关于进一步发展金银花产业的意见》，实施以乡镇为单位植树造林绿化目标责任制，确定今后几年内造林绿化主要发展栽植金银花，县财政每年从农发基金中列出30万元专款，设立“金银花发展基金”，专项用于发展金银花苗木补助。通过拍卖、承包等方式，鼓励农民承包“四荒”地，发展金银花栽植，一定30年不变。

3. 重视金银花良种选育工作。对现有金银花品种进行广泛类型调查，建立了搜集区和基因库，开展了杂交育种，选出了适合产品加工、地堰栽植及四荒地栽培的不同类型的品种，拓宽了栽植范围、实现了质量与规模同步提高。

4. 狠抓产品加工增值。金银花是该县特色产品，产量、质量均居全国之首，但多年来，由于受技术、市场、资金等条件的制约，金银花产品的加工，特别是深加工一直发展缓慢，且加工品种单一，全县有70%的金银花作为药材原料卖掉，仅有30%实现加工增值。这远不能适应该县金银花发展形式，为改变这一现状，县里重点扶持发展蒙阳药业有限公司等5家加工龙头企业，加快了新产品的研制开发，拓宽金银花应用范围，改变了金银花用途单一的局面。同时不断提高金银花加工技术水平，向深精加工迈进，开展了技术攻关，培植自己的品牌、名牌，积极开拓全国金银花市场，在全国打响“平邑金银花”之品牌。

五、发展规划

到2001年，计划全县金银花栽植总量达到3亿株，其中新发展1亿株，年产金银花达到900万斤，实现一次产品产值1.8亿元；培植年加工能力在50万斤以上的企业10处，年加工能力达到500万斤，实现加工产值2亿元，利税3000万元；发展年销售在50万斤以上的企业或销售大户50户，实现销售收入8000万元。基本形成“市场带龙头，龙头带基地，基地联农户”的产业化格局。

河南省南召县（辛夷之乡）

南召县位于豫西南部伏牛山南麓，属长江流域汉江上游，是河南省25个山区林业重点县之一。全县辖16个乡镇，338个行政村，14.5万户，59.8万人，除皇路店镇1/4的面积为平原区外，其他乡镇、村多分布在高、中、低和浅山丘陵区。县域总面积29.2万公顷，其中林业用地面积19.07万公顷，占县域总面积的65.2%，耕地仅占县域总面积的8.9%，素有“七山一水一分田，一分道路和庄园”之称。

由于南召地处深山区，三面环山，交通相对闭塞，人员流量较少，信息不灵，严重制约了山区经济的发展，工业不兴，商业不活，山区人民在人均不足7分的耕地上，虽然通过农业的精耕细作基本上解决了温饱问题，但是，全县人民的人均生活水平还很低，在全省还处于较低位次，仍是全国的重点贫困县。特殊的地理环境，决定了南召发展经济的根本出路在山。中共十一届三中全会以后，县委、县政府认真分析了县情、民情，总结了历史的经验和教训，查找了经济发展滞后的原因，通过广泛考察和组织专家论证，在市场经济大潮中找准了南召经济发展的方向，做出了“大力发展辛夷，振兴南召经济”的正确决策，并把辛夷生产列为发展山区经济、兴县富民的支柱产业。在中共十一届三中全会精神指引下，历届县委、县政府积极贯彻落实党的改革开放、搞活经济的富民政策，带领全县人民“走山路，唱山歌，念山经”，一任接着一任干，咬定青山不放松，在南召广阔的山场上广植辛夷，做致富文章。

南召是辛夷的原生区和发源地。据县志记载“元明之间，广为栽植”，距今已有700多年的历史。明代《本草纲目》也载称“辛夷生于汉，丹阳之道”，即指丹江以北的南召、鲁山、淅川为中心的汉水流域。2000年3月，南召辛夷以其历史悠久，品质优良，面积量大，产量最高，效益最好被国家有关部门首批命名为“中国名特优经济林辛夷之乡”。全县现有辛夷面积15万亩，占经济林总面积的37.5%，其中盛果树面积5万亩，占辛夷总面积的33%，年产鲜药1.6万吨，总产量占河南的80%，全国的40%，面积、产量均居全国之冠，素有“天下辛夷第一县之称”。南召又属于北亚热带向暖温带的过渡地带，气候温和，四季分明，雨量充沛，光照充足，日照时间长，昼夜温差大。境内中低山区和浅山丘陵区的土壤肥沃，腐植质厚，肥水条件好，自然条件优越，是辛夷的最佳适生区。特有的环境小气候和悠久的发展历史孕育了“南召辛夷”品质优良、色泽鲜艳、花蕾紧凑、鳞毛整齐、芳香浓郁，挥发油含量平均达4—5%，高于国内同类产品1—2倍，《中药鉴定学》称该产品为辛夷之正品。1991年荣获“仲景杯”中药材国际博览会金奖，并以“南召辛夷”之品牌著称于世，享誉中外，产品畅销日本、韩国和东南亚各国和港澳地区。

为使辛夷生产真正成为改变南召贫困面貌、兴县富民的支柱产业，县委、县政府号召全县人民充分利用山地资源，发挥辛夷生产历史悠久的传统优势，大力发展辛夷。并采取了政策激励、科技推动、经济扶持、强化服务等措施，推动了全县辛夷生产的迅猛发展。

——政策激励。县委、县政府先后印发了《关于大力发展辛夷生产的意见》、《关于大力发展绿色企业的决定》、《关于强力发展林果业的若干规定》等一系列政策性文件。明确规定允许农民单户或联户承包开发荒山、荒地、荒滩营造辛夷林，承包期一定60年不变，开发成果允许继承和转让；农民在自留山上栽植的辛夷树永远归个人所有；提倡并鼓励机关干部、企业职工、社会团体以租赁、购买荒山等形式兴办独资或股份合作制林场，发展辛夷生产；对承包开发荒山营造辛夷林的农户，从营造之日起，三年内免交提留款，五年内免征特产税；对从事荒山开发营造辛夷林规模达到500亩以上者，县委、县政府将授予县级“绿化奖章”，并择优申报市、省乃至国家级“绿化奖章”或“五一劳动奖章”。为全县辛夷生产创造了一个宽松的政策环境，有效地调动了全县人民发展辛夷生产的积极性。

——科技推动。县委、县政府积极组织林业科技人员与省内外专家合作，通过品种资源调查，从13个自然类型中筛选出腋花玉兰、猴掌玉兰、桃实望春玉兰等三个优良品种（类型）和5个优良单株，采取良种繁育推广，劣种高接换种等措施，使全县辛夷生产实现了良种化。同时，大力引进省内外先进的林业生产技术，结合本地辛夷生产的典型经验，对全县农民开展辛夷生产的技术培训。每年县里都要组织二至三期提高型培训班，重点培训乡镇领导、村干部和技术骨干，再由林业技术干部巡回乡镇开展普及型培训，技术骨干深入农村辛夷种植户中传授经验，指导辛夷生产技术和管理经验。达到了全县每个村都有5—7名辛夷生产技术人员和技术骨干，所有林农都能熟练掌握辛夷生产管理的常用技术，促使全县辛夷生产逐步走上了科学化、规范化的轨道。

——经济扶持。县委、县政府明确规定，县、乡两级每年都要从农业特产税中拿出10%，农业发展基金、扶贫开发资金和农口各部门掌握的各项涉农资金，都要向开发荒山营造辛夷林上倾斜，金融部门要积极给予山区贫困户发展辛夷者发放低息或无息贷款，林业部门争取的世界银行贷款林业发展项目资金要对辛夷生产大户给予支持。近几年来，全县累计投入辛夷发展资金达3500多万元，有效保证了辛夷发展的需要。

——强化服务。县政府专门成立了经济林办公室，主抓全县的辛夷生产。县林业技术推广中心配备了专管辛夷生产技术的高级工程师2名，工程师3名，负责全县辛夷生产技术的培训和技术服务。并建立了辛夷良种繁育场（基地）三个，面积200亩，专门培育辛夷良种苗木。县林业局还成立了林产品公司，主产区成立了锦程辛夷开发公司，县医药管理局专门组建了辛夷产品购销服务机构。所有这些服务机构在全县辛夷生产的资金协调、物资供应、技术指导、良种繁育、种苗调剂、产品销售中开展全程系统化服务，有效地促进了全县辛夷生产的发展。

目前，全县的辛夷种植区域，已由原来的3个乡镇扩大到全县的16个乡镇，种植面积已由原来的3万亩发展到15万亩，辛夷产量已由原来的0.5万吨提高到1.6万吨，产值达到了1.6亿元，农民人均辛夷收入在300元以上。并且山区农民房前屋后广为栽植，全县大面积造林和城镇、行道绿化已把辛夷列为主要发展树种，规模在500

亩以上的就有30多处。辛夷生产的大力发展，既拉动了县域经济的增长，又使全县的森林覆盖率提高到了55.1%，水土流失问题得到了遏止，抗御水、旱、风、雹灾害的能力逐年提高，多年来，南召未发生过大的水、旱灾情，基本上实现了生态效益、社会效益和经济效益的完美结合。

湖南省安化县（厚朴之乡）

湖南安化厚朴，从康熙年间开始，每年都要向朝廷进贡数担，栽培已有200多年的历史。全县现有厚朴9.5万亩，居湖南之首，在全国历来素有“厚朴之乡”的美称。

一、自然条件

安化县位于湘中地区，地处雪峰山脉北端，土地总面积为4950.254平方公里，占全省总面积的2.34%，为湖南省第三大县，全县山地面积占总面积的81.9%，森林覆盖率为67.79%，也是湖南重点林区县之一。

县境内山峦起伏，群峰叠嶂，有千米以上的山峰57座，最高峰九龙池，海拔高1622米，最低海拔57米，地形地貌多样，呈现多层次，多方位的立体结构。温湿多雨，气光水热同季，适宜厚朴生长发育。同时，安化也盛产山药，又有“湘中药库”之称。

二、资源分布

安化山区现有厚朴9.5万亩，全县29个行政乡镇都有分布，集中分布的主要产区有洞市乡、陈王乡、苍场乡、南金乡、清塘镇、芙蓉林场，辰山药场，以及海拔800米以上的高寒山地。有各类大小朴园2278处。有成林面积2.55万亩，中林面积4.80万亩，幼林面积2.15万亩，并有散生厚朴21万多株。多属原生保护种。每年产根、筒、枝、皮335.4吨，年产值503.12万元。

主产区洞市乡牧羊村，1984年森林资源调查，有厚朴17万多株，全村72户293人，人平4.6亩。1984年产朴皮8.5吨，收入25200元，户平393元，1998年全村厚朴收入42万元，人平1390元。

三、厚朴品种

厚朴是木兰科落叶乔木，为中国特产。安化厚朴有厚朴和凹叶厚朴两种，本地原生种称赤朴。由于县委和县政府的重视，90年代发展迅速，在开发“两高一优”林业，调整产业结构的同时，把厚朴作为一项脱贫致富的工程来抓，安化每年发展厚朴5000亩。因此，从湖南的东安、道县、慈利和贵州引种新种。安化山区经过精心培管，20年生的厚朴，树高可达20米，胸径35公分以上，且树干通直，树皮粗厚，产量可观。

厚朴的树皮、根皮、枝皮、花果和嫩牙及种子均可药用。蔸朴、筒朴、枝朴是常用中药，富含厚朴酚、木兰醇、生物碱、挥发油等药用成份，味辛性温，有化温导滞，行气平喘，化食消疾，驱风镇痛的功效。能治胸腹胀痛、血淤气滞、呕吐泻痢，退热利尿，咳嗽气喘等病症。

厚朴的种子有明目益气的功效。嫩芽、花用作治疗妇科病。种子还可榨油制皂，含油量35%左右，出油率可达25%。

厚朴树干通直，木材淡黄褐色，纹理细密，木质轻软、结构软细，光滑美观，不反张伸缩，不翘不裂，为制作家具、车木、雕刻、乐器等用的优良木材。

厚朴是高山速生树种，树态雅致，叶大荫浓，花大芳香，宜作庭院、环境、风景绿化的观赏树种栽培，且适宜高寒山地生长，也是高山优良绿化树种之一。

四、产量调查

安化厚朴，15年生单株可采剥鲜皮20至30公斤，2.5公斤鲜皮可烘干皮1公斤，20年生的单株，每公斤干皮只需1.5公斤鲜皮，15年生以下则需3至3.5公斤。1999年调查，洞市乡牧羊村五组，15年生厚朴，单株产干皮15.5公斤，市场价每公斤6元，单株产值93元。每亩栽植80株，每亩产值7440元。年平496元。全县尚有厚朴9.5万亩，每年采剥2000亩，产量248万公斤，年产值1488万元。

目前产品已销东南亚地区，国内销往浙江、上海、广州等地。

五、综合开发

厚朴是中国的特产，也是安化的优势，不仅经济价值高，药用价值大，还能以短养长，以药保林，药林混栽，长短结合，因此，应大力发展。

(1) 保护现有资源。应将现有朴园列入长江资江防护林、封山育林、退耕还林工程。既保护又发展，同时在全县高寒山区地段，大力发展，每年继续发展10000亩，到2010年，力争全县达到30万亩，使安化县国家级贫困县早日脱贫致富。

(2) 列入国家农村开发项目。厚朴全身是宝，用途多样，采取边培管、边开发的办法，选择条件优越，集约经营的朴园，建立一批良种母树林、种子园（800米以下）和商品生产基地，选优训化。开展科研，解决生产难题，提高产品质量，有利综合开发，全县可建立良种种子园一万亩，母树林2万亩。

(3) 开展综合研究。林业、医药和科研部门，应进一步对厚朴的生物学特性，品种栽培，产品加工，综合利用进行综合研究，开展治疗、保健、木工等综合产品加工利用，发挥其多种效用。并且开展生产、采剥、加工技术攻关，不断提高经营水平，满足社会和人们健康的需要。利用山区资源优势，造福人类，服务社会。

湖南省隆回县

〔概况〕 隆回县地处湘中稍偏西南的资江上游，位于衡邵盆地向雪峰山脉过渡地带，东经110°38′—110°15′，北纬27°00′—27°40′，东邻新邵县，西连洞口县，南接邵阳县、武冈市，北毗溆浦、新化县。东南宽61.4公里，南北长74.6公里，总面积2866平方公里，耕地总面积49.62千公顷。辖26个乡镇，108.49万人口。

县境西北高，东南低，由西北向东南呈3个阶梯逐渐倾斜递降，形成3个地貌区：西北山原区、北部山地区和南部丘岗区。县境属亚热带湿润季风气候区，气候温和，四季分明，光照充足，雨量充沛。丰富的山地资源和特殊的气候条件，为中药材发展奠定了良好的基础。

隆回人杰地灵，文化灿烂。县北高坪镇马落桥有龙山文化遗址，三国高平县城遗址犹存。隆回是国家有关部门命名的中国"现代民间绘画乡"，滩头年画早在清雍正年间就已风靡神州；美容珍品滩头香粉纸以独一无二的品质为东南亚及欧美女士青睐。

隆回是湘西南的交通枢纽，交通便利。上海至昆明320国道从东向西横穿县境南部；1808、1865两条省道纵贯县境南北，是湘中、湘西南通往黔、滇、桂三省的交通要道；上瑞高速公路途经该县境内，并在周旺镇与县城城郊分别设置互通；花金线、桃塘线、周迎线等县内主要道路纵横交错，四通八达。

隆回是个农业大县，农副产品丰富，且久负盛名，是国家辣椒、大蒜、生姜、柑桔、茶叶、生猪、药材生产基地。"隆回三辣"（宝庆辣椒、红皮大蒜、生姜）驰名中外；为海内外客商钟爱的以"一花三木"（金银花和杜仲、黄柏、厚朴）为主的中药材及龙牙百合、雪峰蜜柑、茶叶等盛销不衰。

〔中药材生产〕 近年来，该县大力调整农业产业结构，充分挖掘山地资源，紧紧依靠科技进步，把发展中药材做为全县脱贫致富的主导产业来抓，聚全县之财，举全县之力，狠抓各项措施落实。到目前为止，全县共有中药材面积30万亩，出产金银花、杜仲、苡米、龙牙百合、玉竹、厚朴、黄柏、太子参、天麻、白芍、白术、川牛膝、半夏、鸡爪莲、前胡、银杏、菊花、白芷、魔芋、黄连、板蓝根、绞股蓝、大黄、射干、辛夷、知母、黄精、云木香、五味子等中药材品种900余种，规模开发的有上百种，年产值4.8亿元。注意不断完善中药材购销网络，先后建立起了小沙江金银花批发市场、金石桥苡米集散中心、桃洪镇龙牙百合一条街，全县中药材产品远销国内24个省、市、区和东南亚国家。

该县主产的中药材基本情况如下：

金银花 别名银花、二花、忍冬花，又名二宝花、双花，为常用中药，始载于《名医别录》，列为上品。其性寒、味甘，能消热解毒、疏散风热，主治温病发热、斑疹、咽喉肿痛、痢疾便血、疮痈肿毒。隆回县金银花主产于北部高寒山区小沙江地区一镇两乡，现已发展到12万亩，产量8000余吨，产值1.26亿元。在小沙江地区基地内的中药材开发实业总公司，拥有1个加工总厂和5个分厂，其他各类加工企业20余个，各种各样的加工作坊上百个。建立了中药材专业批发市场2个，在邵东的廉桥、广西的玉林、广东的普宁、江西的樟树、安徽的亳州等药市都有固定的摊位和客户，有时还直销南方、武汉、玉林等大型制药厂家和广东、香港等土特产大公司。

玉竹 别名萎蕤、尾参、木萎、竹节萎参等，以地下茎入药，具有养阴润燥、生津止渴功能。主治肺胃阴伤、燥热咳嗽、咽干口渴、内热消渴等症，是一种常用中药，是一种无毒、无害、无副作用的高级保健食品。七江乡是隆回玉竹生产示范基地，现有玉竹3万亩，总产量10000吨，产值1.1亿元，产品畅销香港地区和新加坡等东南亚一些国家。

杜仲 是中国著名的特产木本药材，以树皮及叶入药，其叶甘、微辛，有补肝肾、强筋骨、安胎、降血压功能。主治肾虚腰痛、腰膝无力、胎动不安、先兆流产、高血压等症。隆回现种植杜仲2万亩，年产量150吨。

百合 又名山百合 药百合、野百合、喇叭筒、岩百合等。百合食药兼优，以鳞茎供食用或药用，具有润肺止咳、清心安神等功效。主治肺热咳嗽、痰中带血、烦燥失眠、神志不安、鼻出血、闭经等症，也是润肺止咳的副食品。隆回北山、山界乡是"宝庆龙牙百合之乡"，总面积1万亩，年产量达3000吨，产值1.2亿元，目前正在湖南农业大学的指导下研究加工提纯，开发专利包装，前景十分看好。

黄伯 为芸香科落叶乔木，其树皮入药，具有清热燥湿、滋阴降火，泻火解毒的作用。主治黄疸、泻痢、带下、尿闭、梦遗、盗汗、目赤、肿毒等症，为常用中药材。隆回现有1万亩，年产600吨。

厚朴 为木兰科植物厚朴、凹叶厚朴的干燥树皮，为良好的中药材，具有行气化湿、导滞、温中止痛、降逆平喘之功。主治肠胃气滞所致胸腹胀痛、嗳气吞酸、吐泻不食、胸闷咳喘、痞症、梅核气、便秘等。厚朴现有1.5万亩，年产100吨。

川牛膝 别名拐膝，系多年生草本，为常用中药，始载于《神农本草经》，列为上品，其性平、味甘、祛风利湿、通经活血、利水通淋。主用于活血通络、痛经、风湿痹痛、尿血、血淋、妇女闭经、症假（肚子里的结块）、腰膝胃痛。隆回县现有2万亩，产量750吨。

白术　又名冬术、于术，异名杨杞蓟、山芥、天蓟、山姜、山精。本品为常用中药，始载于《神农本草经》，被列为上品，其药效为性湿、味甘、苦，补气健脾、和中止汗、澡湿利水、止泻安胎，入脾、胃经。主治气弱脾虚、固表止汗、妊娠气弱脾虚、胎气不安等症。隆回的七江、高坪、白马山、九龙山、望云山等地均有种植，现有3万亩，产量500吨。

隆回县已成为全国第六大中药材生产基地，金银花是全国最大的产地。该县县委、县政府正着力抓住机遇，乘势而上，采取各种措施大力发展中药材，力争在2005年中药材面积发展到35万亩，2010年达到40万亩的规模，以求先在市场上站稳脚跟，再从质量、深加工上谋求稳步发展，全县人民实现稳定脱贫，走向共同富裕。

湖南省岳阳花板桥中药材专业市场

岳阳花板桥中药材专业市场是一个年轻的、发展中的市场，1996年通过国家首批验收颁证，成为全国17个验收颁证的市场之一。近几年来，该市场坚决贯彻国家关于整顿中药材专业市场的一系列指示精神，从严整治，反复整顿，使市场在整顿中实现规范管理，在整顿中得到有序发展。

一、从严整治，规范市场管理

该市场从创办的1994年开始，就是在“整顿——验收——再整顿”的多次循环中得到巩固和提升，在经过全国性的三次（1994年，1996年，1999年）大整顿后，市场取得了明显的成效，主要表现在四个方面：①假冒伪劣、违禁药材（品）得到了打击，近几年累计查处霉烂变质、假冒伪劣等不合格中药材品种近20个，价值50多万元，缴获价值10多万元的中西成药，特别是在1999年全国性的大整顿中，该市场作为全国整顿中药材专业市场现场会的现场接受了国家药品监督管理局等单位的领导和全体与会代表的检阅，并受到了充分肯定。②药商素质得到了提高，经过多次整治，市场的广大药商普遍受到了很好的药品法律、法规教育，其专业知识也得到了提高。③管理得到了规范，以市场管理责任机制、自我约束机制、社会监督制为代表的规范化管理得到了完善和提高。④市场得到了净化，目前已杜绝了中西成药的经营，不法药商被清退出场，假冒伪劣药品也已杜绝，明码标价已普遍推开。

回顾近几年的工作，在多次反复的整治中，我们主要是做到了“确保三个到位，强化三大机制”。

三个到位，即领导到位、宣传到位、清理整顿到位。

1. 统一认识、确保领导到位。市场整治工作要求高、任务重、困难多、阻力大。在近年的工作中，该市场进一步统一了思想，形成了三个共识：①整治中药材市场是依法治国、依法行政的基本方略在药品行业中的具体体现，是党和政府高度重视人民群众生命安全、努力提高人民健康水平的战略部署；②整治中药材市场是打击假冒伪劣药品（材），促进药市科学运作的重要举措；③整治中药材市场是弘扬中医药及其应用理论、造福全人类的重大举措。正是基于这一认识，该市场成立了职能强大的市场整治领导小组，由市级领导挂帅，市场管委会、市医药、卫生、物价、工商、公安等部门派员组成联合办公室，实行目标管理，责任明确到人，对市场进行长期的清理整顿和规范管理，以确保整治工作持续、有序展开。

2. 大造舆论、确保宣传到位。开展市场整治，政策性强、涉及面广，必须做到长抓不懈，如果宣传工作不到位，就得不到广大经营户的理解和支持，如果宣传工作时抓时不抓，就会使经营户存在整顿紧一阵松一阵的错误认识，整治工作将无法展开。为此，市场管委会经常性地召集全体经营户集中学习国家、省、市有关文件精神，使广大经营客户对党的政策和有关文件精神等有较全面的理解和认识；市场广播室经常广播国家政策法规，及时表扬文明经营模范户的先进事迹，披露违法经营行为，使经营者学有样板。在1999年全省整治医药不正之风宣传周活动中，该市场利用录像、录音、版报到省会长沙、岳阳市区宣传，大造声势，把整治的目标、标准、要求讲得深入人心。同时，市场管委会每两周出刊1期《整顿简报》发放到经营户，宣传窗每一个月更新一次清理整顿与规范经营宣传内容。

3. 重拳出击、确保清理整顿到位。市场480多个经营户分散在5个区，人员构成复杂，思想素质不一，新情况新问题也时有发生。该市场按照“坚决彻底，不留死角，发现一起，查处一起”的原则，采取长期清查与重点打击相结合的办法来保证清理整顿工作的到位。在1999年上半年的集中整治时期，在市纠风办的直接领导下，市场管委会重拳出击，采取自查申报，“地毯式”反复清查、限期转向和重点打击的办法对市场进行全面清理。期间共有自查申报超范围药物4050件，价值达15万元，将26户拒不转向的超范围经营户清除出场。在其后的规范管理中，管委会更加注重勤查严管，2000年年初发现一经营户在经营中药材的同时，搞场内开票、场外经销西成药，经查实后移交药监局和公安局处理。

三大机制，即管理责任机制、自我约束机制、社会监督机制。

1. 坚持责权利相结合、强化管理责任机制。为使中药材市场管理的责任机制更加具体化和更加完善，首先，强化了管委会主任负责制。在管委会主任的领导下分工负责，各司其职，按制度法规办事。其次，强调抓反复、反复抓，针对中药材整顿往往出现"回潮"的现象，多年来该市场坚持做到整顿机构不撤，领导成员不减，整顿队伍不散，反复抓，抓反复，发现一起查处一起。再次，强化依法依规管理制。近年来市场进一步健全了规章制度，日常管理中严把"三关"：一是严把经营户入场的从药资格关，坚持持证上岗；二是严把中药材出、入关和在库养护质量关，凡不符合国家规定标准的药材不准上市，对禁止上市交易的中药材不准入场；三是严把明码标价、文明经营关。此外，实行市场门面房产权与经营权分离制。市场保留经营门店所有权，客户只有租赁经营权，确保管理措施顺利实施。

2. 发挥客户主体作用、强化自我约束机制。客户是市场真正的主人，市场经营和整治都必须通过客户配合来实现，因此，必须建立健全客户的自我约束机制。一是建立个协党支部和个体协会，实行自我教育、自我管理、自我服务。二是加强专业知识和法律法规知识培训与教育，严格执行培训上岗制度。三是与经营户签定依法经营责任状，每个经营户向市场交纳3000元依法经营保证金。四是开展"三无一有"活动，即无超范围经营、无假冒伪劣药材、无霉烂变质药材、有明码标价，实行一月一小评，年终总评，严格进行奖优罚劣。通过采取上述措施，客户素质不断提高，出现了依法从药，守法经营的良好局面。

3. 搞好部门协作、强化社会监督机制。市场管理是一个开放而复杂的系统工程，需要多部门协作、多方面介入和健全的社会化监督机制。这种监督机制有3个层次，其一就是聘请人大代表、政协委员、有关专家及社会进步人士作为市场特约监督员，定期或不定期对市场管理工作进行检查、评议；其二就是医药、卫生、工商等部门组成的市场整顿联合办公室驻场办公，加强监督管理；其三就是设立举报箱、举报电话，实行有奖举报，接受社会监督。

二、乘势而上，加速市场建设

该市场将抓住机遇、把握机遇，并充分利用中国即将加入WTO的良好契机，按照"高起点、大规模、强辐射、产业化"的原则，乘势而上，进一步整顿好市场、管理好市场、进一步建设市场、繁荣市场，为振兴中国中药事业并走向世界作出应有的贡献。具体来说就是搞好三个建设，争创一流市场。

1. 加强硬件建设、扩大市场规模。目前的花板桥市场包括蔬菜批发和中药材两大市场。为了确保中药材专业市场的规范化管理和进一步发展，该市场正在建设新的蔬菜市场，将现有场地全部用于中药材市场建设，使中药材市场用地面积由目前的45亩扩大到145亩，并加速中药材大厦、中药材经营大厅、经营门店、商住楼等配套设施的建设，届时可容纳2000家以上中药材经营户。

2. 加强软件建设、大力招商引进。为了更进一步给经营户创造宽松有序的经营环境，吸引外地中药材经营户来市场经营，该市场从四个方面加强软件建设，大力招商引进：①在税费征管上，实行"一家收费，效益分享"的税费政策；②在治安方面，设立了"岳阳市公安局治安支队花板桥市场大队"，专抓治安工作；③在优惠政策方面，市场制定了"一统、二保、三优、四低、五免、六不"等优惠政策；④在服务方面，市场建立了"中药材信息中心"，市场中药材价格信息和供求信息在《中医药信息月报》、《中药经济与信息》上刊载。

3. 加强基地建设、加速市场发展。基地是市场发展的后盾，市场的繁荣与发展同时带动和促进中药材产业的发展。2000年，岳阳市委、市政府安排了专项经费100万元，由花板桥中药材专业市场参与建设万亩连片中药材种植基地，以此带动和促进全市10万亩中药材基地发展，目前来势很好，争取在3—5年内，使全市中药材基地发展到50亩，发展地产药材，丰富市场供应，将花板桥中药材专业市场建成市场连基地、基地连农户，大进大出、大聚大散的一流市场。

云南省文山县（三七之乡）

被国家命名为中国三七之乡的文山县，地处滇东南，县城是云南省文山壮族苗族自治州州府所在地。特殊的地理气候环境形成了丰富的自然生态资源和美丽的风光，悠久的历史孕育了丰富多彩的民族文化和热情纯朴的民俗民风。全县国土面积2972平方公里，人口40.8万人，居住着汉、壮、苗、彝、回、傣、白、蒙古等民族。1999年全县国内生产总值13.5亿元，工农业总产值9.6亿元，财政总收入1.325亿元，其中地方财政收入1亿元，粮食总产量1.2亿公斤。

三七属五加科人参属草本植物，是中国最早发掘使用的品质稳定的药用植物之一，是中国医药宝库中一颗璀璨的明珠，有“南人参之王”的美誉。由于三七对生态环境的特殊选择，文山县成为中国三七的主产区，年产量100万公斤以上。1999年文山县被国家命名为“中国三七之乡”。现代研究证明，三七主要功能是预防和治疗心血管疾病，对肝病和癌症有较好疗效。三七作为一种药食同源植物，“生用能活血化淤，健胃生津止渴；熟用滋补肝肾，强壮筋骨”。

人类使用三七历史近600年，全国现已发展到药品、保健品、化妆品、药酒、饮料、调料食品等6大类300余种。云南省特安呐制药有限公司是文山县最大的三七加工骨干企业，三七药用高新技术应用处于全国领先水平。

为参与国家西部大开发，云南省委、省政府把三七系列产品开发列为“云南省生物资源开发创新工程”并重点扶持，规划建设集三七系列产品开发、加工和交易等多功能为一体的中国文山三七工业园区。该项目采用高新技术，设施齐全、服务配套、政策优惠。园区占地1078亩，总投资2.3亿元，2002年建成投入使用。

现在，文山县三七及其系列产品不仅销往国内各地，而且出口东南亚国家和美国、英国等欧美国家。

通讯地址：云南省文山县人民政府办公室
邮　　编：663000
电　　话：0876—2140263
传　　真：0876—2140387

云南省砚山县（三七之乡）

〔概况〕　中国三七之乡——砚山，以“山势颇秀，其形如砚”而得名。位于云南省东南部，地处东经103°35′—104°45′，北纬28°19′—23°59′之间，全县总面积3827.57平方公里。

砚山下辖四镇八乡两个国营华侨农场，即江那镇、平远镇、稼依镇、阿猛镇、维摩乡、阿舍乡、干河乡、盘龙乡、阿基乡、八嘎乡、者腊乡、蚌蛾乡，平远、稼依国营华侨农场。有98个村民委员会、1032个村民小组。全县人口总数为418181人，由汉、壮、彝、苗、回、瑶、傣、白、布依、蒙古、仡佬、傈僳、纳西等13个民族组成，其中：汉族占35.94%、壮族30.8%、彝族占19.3%、苗族占11.11%。

砚山县处于红河水系、珠江水系分水岭的六诏山脉上，故而无巨川大河，但小河流、天然湖泊、人工水利工程较多，全境库容量为1.86亿立方米，有效灌溉面积22万亩。砚山属北亚热带高原季风气候，年平均气温16℃；年平均降雨149天，平均降雨量为996.4毫米；年平均无霜期300天，平均霜期65天；最高海拔2263米，最低海拔1080米，大部分地区平均海拔1560米。总体来看，砚山县气候温和，夏无酷暑，冬无严寒，干雨分明，基本上是雨热同季。

砚山县各类资源丰富，主要包括矿产资源、耕地资源、生物资源、区位、旅游资源等，对砚山的进一步开发提供了有利条件。

——矿产资源优势。砚山境内有着丰富的矿产资源。金属矿产主要有锰、铅锌、锑、铁、银、铝土、镁等；非金属矿产主要有沸石、膨润土、煤、大理石、花岗岩等。其中：斗南锰矿是全国八大锰矿之一，沸石矿是西南地区唯一的、储量最大的一个矿床。已经探明的各类矿产静态潜在价值为500亿元。

——耕地资源优势。1982年第二次土壤普查，全县共有耕地94.79万亩，其中田25.07万亩，地69.72万亩，人均耕地2.32亩，农业人口人均耕地2.51亩。全县大部分地方土地平整，坝子众多。平远坝子耕地27.5万亩，为全省八大坝子之一；县城所在地的江那坝子11万亩，居全省坝子35位；全县3000亩以上的坝子共有35个。在砚山境内，从20世纪30年代以来特别是建国以来修建了一批水利工程，可控制水量约为全州的50%强。

——生物资源优势。砚山是全国最早种植名贵药材三七的地方，著名的“开化三七”就生长在砚山境内，60年代，是全国三七生产基地县；1995年，在全国特产之乡评比活动中，被命名为“中国三七之乡”。砚山是烤烟种植的最适宜区。由于气候、海拔等方面所形成的独特环境，适宜于各种经济作物和林木的生长，小辣椒、小粒花生、油桐、花红李及优质米是砚山的特色产品。全县活立木蓄积量2708490立方米，可采伐面积每年52500立方米。

——区位优势。砚山是云南省通往“两广”以及沿海地区的重要公路通道，国道“323”线横贯县境，是云南省距出海口最近的县之一，砚山县城距省会昆明326公里，至麻栗坡天保口岸155公里，至广西防城港760公里。

——旅游资源优势。在砚山境内，有众多的自然风光景点和历史文物古迹。浴仙湖风景区被列为省级第二批风景名胜区。经营短短三年多的开发，主景区各种基础设施日趋完善，新开辟的景点有诸葛山风景区、听湖风景区等。旅游业正在成为砚山县有发展潜力的一个新兴产业。

为加快砚山发展步伐，在几届县委、政府的努力下，砚山县找准了制约经济发展的主要矛盾，进一步充实完善了原有的发展思路。提出了今后几年的经济工作思路是：以市场为导向，开发优势资源，发展绿色产业，打基础、调结构，拓市场，活流通，加快发展五个支柱产业，狠抓两个基础产业，培植四个新产业，建设八个基地，开发两大坝子，大力发展乡镇企业和个体私营经济，抓好小城镇建设，做好国道经济文章，具体是：树立市场决定生产的新观念，扬长避短，以优势资源和交通条件为依托，加快生物资源开发，按照可持续发展战略的要求，加快发展绿色经济，大力发展一、三产业，立足长期发展的思想，以农田水利、小城镇建设、市场和交通、通讯建设为重点，打牢发展基础，加快市场体系建设，努力开拓市场、搞活流通，以矿冶业为龙头，调整优化第二产业；立足长远，发展畜牧、林果两个基础产业；抓住重点，着力培育烤烟、矿冶、三七、建材、辣椒五个支柱产业；培植蔬菜、香菇、蓖麻和亚麻四个新产业；坚持特色，建设好花生、油桐、优质稻、竹子基地和马芽花、油菜基地及以花红李、石榴为主的林果基地；以乌骨鸡和商品猪、牛、羊为主的畜食基地，以池塘精养和稻鱼工程相结合的水产基地；以加强农业基础设施建设为重点，加快平远（含稼依、阿舍）、江那（含盘龙、干河）两大坝子开发的步伐；以开放促开发，加大招商引资力度，以国、省道为依托，作好综合开发的文章、实施乡镇企业、市场建设三位一体的开发战略，努力培育乡镇企业和个体私营经济这个新的经济增长点。

1999年，砚山县经济运行态势良好，国民经济实现持续稳步增长。共完成全县国内生产总值69492万元，比上年增长12.9%。工农业总产值65598万元，其中工业特别是个体工业发展迅速，完成不变价工业总产值40862万元，比上年增长32.8%；农业生产总值2.48亿元，比上年增长14.2%；粮食产量1.39亿公斤，农民人均有粮318公斤，人均纯收入726元；乡镇企业总收入13.31亿元；财政收入4108万元，外贸调供出口总额6200万元；全县年末银行存款余额5.97亿元。

砚山县地处云南省边疆少数民族地区，教育发展起步较晚，但是，砚山人民也清醒地认识到：教育是一个地区经济发展的前提条件，要摆脱贫困，促进砚山经济的发展，就必须从根本上加快、加强教育发展步伐。现全县有各种学校464所，在校生82644人，适龄儿童入学率99.09%，且在成人教育和职业教育上也得到了健康发展。在科技工作方面：始终坚持服务于农村经济发展，在认真开展农科技术、科普知识推广培训的同时，结合农业产业结构调整，大力引进新技术成果进行试验示范，加快科技成果转化，干部群众科技意识进一步增强，农科技术应用水平进一步提高，科技对经济、农业、工业的贡献率分别达36.32%、35.37%、38.12%。尤其是在八嘎乡实施科技扶贫示范项目后，项目区科技对经济及农业的贡献率分别达39.19%、37.89%，被评为省级科技进步三等奖。在文化、体育、卫生方面，大力弘扬传统民族文化，文化队伍不断壮大，城乡文化网络基本形成，人民群众文化生活日益丰富多彩，活跃在农村的上百个业余文艺队，每年演出上千场，加之县城每年轮流举行一次“农民文艺汇演”，更使广大人民群众的文化生活需要得到不同程度的满足。全县隔年一届的“农民运动会”已形成制度，采取多种形式，全面开展全民健身活动。卫生事业工作面向农村、面向基层，在有效控制传染病的同时，积极开展合作医疗和乡村一体化建设，使人民身体素质得到进一步保障和提高。

〔三七生产〕 三七，原名山漆，又名“金不换”，属五加科人参属植物。是起源于距今2.5亿年前的第三纪亚热带的一种珍稀残遗植物，因为对气候、土壤植被等环境的特殊要求，仅生长在云南省文山壮族苗族自治州及其周边地区。

三七在中国民间运用的历史源远流长，早在400多年前的明代，中国伟大的药物学家李时珍就将其收入医药经典《本草纲目》中。清代医学家赵学敏在《本草纲目拾遗》中说：“人参补气第一、三七补血第一、味同而功亦等，故称人参三七，为中药之最珍贵者。”近代科学手段化学分析结果表明，三七和人参主要药用成份是皂甙，而三七的皂甙含量比人参高出4.69个百分点。美籍华人朱其岩医学博士称誉三七为“超人参、人参之王”。历代医学家总结600多年的应用经验，确认三七是有“止血活血化瘀、消肿定痛”功效。现代研究表明：三七的主要活性成分为三七皂甙、三七多糖和三七素等，并含有30多种微量元素，具有止血、活血化瘀、消肿定痛、滋补强壮、抗疲劳、耐缺氧、抗衰老、降血压、血糖、血脂、舒心理气，提高机体免疫功能等作用，甚至是防癌治癌的有效药物。

硕山种植三七历史悠久，种植面积广、质量好、开发力度大，60年代就被国家确定为“三七生产基地县”。

1995年3月又被评为“中国三七之乡”，已经形成“人无我有、人有我优、人优我特”的药用植物资源，因砚山历史上属开化府所辖，故亦称为“开化三七”，是“开化三七”的正宗产地和主产区，以三七品质优、个体大、光滑、皂甙含量高、药用价值最为地道而称著于世。新中国成立以来，特别是改革开放以来，砚山县党委和政府十分重视三七的发展，投入大量资金、技术、人力研究种植三七、三七得以大规模发展，并一度成为县财政的主要来源之一，1989年，全县种植面积达到18300亩。1993年以来，砚山县委、县人民政府将三七列为全县经济社会发展的五大支柱产业之一。根据县情，从实际出发，一方面加强行政管理，于1996年成立了三七领导小组，1997年2月成立了行业主管部门——砚山县特产管理局；另一方面，按照社会主义市场经济的要求，形成了市场牵龙头，龙头带基地，基地联农户的开发格局，严格按照GAP规范种植，走公司+基地+农户的开发资源形式，全方位地宏观调控全县三七产业的发展。

〔**优秀企业**〕　目前，砚山已有颇具规模的三七加工企业两个，即云南金不换（集团）有限公司、云南砚山金凤凰有限责任公司。种植基地公司一个，即云南文山无公害三七基地公司。

云南金不换（集团）有限公司是砚山县三七产业的龙头企业。该公司于1992年3月由云南天然药物制药厂和云南金不换实业开发有限公司合并组成，1998年5月按照制药企业GMP规范要求设计技改完成，设有药业分公司、保健品分公司、新产品开发公司、营销公司等经营开发生产部门；拥有固定资产5300万元、职工200余人；产品有三七口服液、金不换保健茶、七叶神安片、三七冠心宁、三七粉、片、胶囊等30余个，部分产品已经取得国家“准字”、“健字”批准文本；在昆明、重庆、成都、北京、上海、江苏、浙江、广东、新疆等省市设有自己的营销网络，部分产品销往日本、美国、香港、东南亚等国家地区。1999年公司完成生产产值2368万元，实现销售1460万元，利税101万元。

云南文山无公害三七基地有限公司是由中日合资的云日公司、文山三七研究所和砚山医药公司合资组建的新企业，目前该公司拥有固定资产2000万元，主要从事优质无公害三七种植，逐步对三七进行深加工开发。公司现有优质无公害三七试验示范种植1000余亩，带动三七农户种植2000余亩，生产总值达到3000余万元。

〔投资项目、环境和政策〕

优质三七种植基地建设项目

砚山县内已经形成集种植、加工、市场开发、科研为一体的产业开发格局，公司+基地+农户开发资源形式已经形成，现采取联合开发或独资形式开发三七种植基地3万亩，投资者可根据投资能力实地考察选点建设，以资金、物资、新技术等形式扶持三七农户，回收成品自用或提供生产厂家。总投资2.32亿元；经效益分析、收益率20%—30%。

三七产业开发项目

云南金不换（集团）有限公司致力于三七开发、运用，公司拥有严格按照GMP设计的综合制剂大楼、现代化的口服液剂、片剂、胶囊、冲剂四条流水生产线，现采取多种方式合作开发三七液、三七蜜片、三七胶囊、三七冠心宁胶囊、生三七片、七叶神安片、生三七粉等多种三七产业；总投资2780万元；经效益分析，该项目财务内部收益率为31.7%，投资利润率为29.73%，并且具有较强的抗风险能力。

砚山县本着“互惠互利、优势互补、联动发展、共同繁荣”的原则，热忱欢迎和支持国内外投资者以合资、合作、独资等投资方式发展砚山三七产业。投资者可以用现金、股权、设备、产品等有形资产，也可以用科技成果、高新技术、名牌商标、专利权等无形资产作为投入。凡批准在砚山投资的项目和企业，享受国家、省、州和县制定的各种优惠政策。砚山县人民政府将依法保护国内外投资者的合法权益不受侵犯；投资者有抵制各种乱收费、乱摊派、乱罚款和拒绝违反法律法规提供人力、物力、财力的权利。

总之，中国三七之乡——砚山有着得天独厚的自然资源和优势特产，现期待进一步的开发和利用，以推动砚山经济社会快速向前发展。

陕　西　省

〔**名优特产**〕

汉中天麻　汉中天麻，又称陕西天麻，为陕西一大名优特产。它以历史悠久，产量多，质量优，而与四川、贵州、云南、湖北利川和吉林天麻，并列为全国六大著名天麻。

天麻是一种名贵常用中药材，它含有香荚兰醇、维生素A、多种生物碱、天麻甙、粘液质和钙、镁等成分，在药坛上具有举足轻重的地位。主治头晕目眩，肢体麻木、肝风内动，惊痛抽搐，神经衰弱等症。近年来发现能治疗高血压、失眠疲倦、风湿瘫痪、半身不遂等疾病。

陕西汉中、云南昭通及四川巴山丘陵地区，为中国野生天麻三大产区。汉中天麻个头大，表面皱纹紧密，皮细肉厚，质地坚实，断面白色，半透明，无空心，是天麻中的上品。除销于国内，还远销港澳等地。

1977年汉中全区收购天麻1.2万公斤。全国天麻会议在汉中召开，并确定勉县为全国天麻生产基地县之一。1978年汉中天麻野生变家种的技术，获全国科学大会奖。以后天麻的有性繁殖又获成功，获1980年国家科技发明二等奖和陕西省科技成果一等奖。到90年代，汉中天麻产量达到42万公斤以上，几乎占全国总产量的一半。已成为当地群众脱贫致富的一个支柱产业。

秦巴杜仲　杜仲是杜仲科，杜仲属，是多年生落叶乔木，为历史上第三纪冰川时期残留下来的古生树种，全世界只有一种，称为“植物界的孤儿”、“活化石植物”。陕西省为杜仲原产地，杜仲集中分布在秦岭以南、大巴山以北的秦巴山区，为全国杜仲主产区，产量和资源居全国首位。

陕南秦巴山区杜仲资源丰富，不仅产量大，而且质量优，药效高，含胶多，其产量和质量均居全国四大名杜仲（四川、贵州、湖南杜仲）之首。秦巴杜仲在国内外市场上享有盛名，畅销全国各地，出口日本及东南亚各地，为陕西一大特产药材。

杜仲树皮为传统名贵中药材，是重要的出口物资，被誉为“世界上目前质量最高的天然降压药物”，是国内外市场“抢手货”，它在国外的声誉高于人参。

陕南秦巴山区的汉中、安康有杜仲资源约1.5亿株，近3万公顷，产量30万公斤以上，占全省杜仲产量90%以上，占全国30%，是全国杜仲生产的重要基地。也是陕南山区致富的一个重要产业。

秦岭当归　当归是中药里不可缺少的一味常用名贵药材，素有“药王”之称。它能调气养血，“为女人要药”，享有“中国妇科人参”之誉。

主产于陕西秦岭地区的当归称作秦归，秦归（秦岭当归）为当归（西归、川归、云归、岷归）之首。秦岭当归自古驰名中外。为中国和陕西的特产名贵药材。素有“千年药乡”之称的秦岭，生产的当归，品质优良，药效好，具有补血活血，调经止痛，去瘀生新，润燥滑肠之功效，治血虚、月经不调、经痛、风湿脾痛、贫血等症，尤为妇科要药。当归除药用外，还可作佐膳佳品，健身食品，近年来，还研制出“当归美容霜”，具有促进细胞新陈代谢，延缓皮肤衰老之功效。产品出口日本、欧美、东南亚各国和香港地区。

陕北甘草　陕北素来就是“甘草之乡”。甘草为陕北三宝之一。主产于陕北的定边、吴旗、志丹、安塞、洛川、宜川、黄龙等县。这里甘草生产历史悠久，名盖西北，驰名全国，故有“定边甘草甲天下”之誉。长期以来，定边甘草与产自内蒙古草原的“梁外甘草”齐名媲美，光耀中外，为中国传统的甘草佳品。陕北甘草与内蒙古、新疆、宁夏、吉林、黑龙江甘草齐名，并列为全国六大著名甘草。

甘草是中医处方中广泛应用的一味中药。甘草中含甘草酸10%左右，还含有甘露醇、葡萄糖等多种成分，由于甘草糖甜度高于蔗糖50倍，甘草真是名副其实的“甜草”。甘草以根及根状茎入药，性平、味甘，具补气和中、泻火解毒、祛痰润肺、调和诸药和抗癌等药理作用。主治脾胃虚弱，咳嗽痰多，痈疽肿毒，咽喉肿痛，小儿胎毒等症。

甘草除了药用以外，还广泛应用于食品工业、化工、印染工业。甘草还是一种牧草，其茎叶可以当饲料。

近年来，仅陕西定边县，就有2000多平方公里的甘草带，总储量5000多万公斤。年收购甘草已逾百万公斤，其中出口30多万公斤，远销日本，东南亚及欧美各国，占全国甘草出口量20%以上。

太白贝母　太白贝母，又称太贝、贝母、苦菜，为川贝母之一种。因主产于秦岭主峰太白山而得名。它是太白山和紫柏山所产的一种优质贝母，为陕西中药材中的一大著名特产药材。它的功效与川贝母相似，其质量可与川贝齐名，并列为全国十大著名贝母的前茅。有“太白药王”之称。

贝母为名贵中药材，太白贝母以鳞茎入药，味苦、甘，性微寒。具润肺散结、止咳化痰之功效。

太白贝母主要分布在秦岭紫柏山、太白山区；秦岭腹地的汉口、安康、渭南、商洛、宝鸡以及大巴山区，亦有大量分布。

太白贝母是疗效很高的常用中药，除畅销国内市场外，并有大量出口，远销新加坡、马来西亚、日本、美国旧金山、东南亚诸国和港澳地区。

陕南厚朴　厚朴为中国特有经济树种，特产名贵中药材，被国家列为二级保护植物。

陕南厚朴，为陕西特产中药材，自古有名。与浙江厚朴、贵州油厚朴等齐名，并称为全国六大著名厚朴。

厚朴是祖国医学传统的著名药材，以其干燥树皮、根皮和花入药。味辛、苦，性温。具温中、下气、散湿、消痰，退热利尿之功效。治胸腹胀满、消化不良、泄泻痢疾，血淤气滞、中风伤寒等症。目前，在全国制药工业中，采用厚朴配方的中西药多达200余种。可见厚朴的临床应用是非常广泛的。

陕南厚朴主产于紫阳、平利、岚皋、镇坪等县，留存面积约700公顷，占全省厚朴面积80%以上，年产10万公斤，此外镇巴、洋县、城固、镇安、柞水等县也有生产，年蕴藏量2万余公斤。陕南厚朴一直畅销国内市场，还远销东南亚等国家和港澳地区，资源短缺，市场前景看好。

华山茯苓　茯苓，自古被人们视为仙丹神药，曾是敬献给皇帝的“贡品”。

华山茯苓历史悠久，自古驰名。具有个大、均匀、坚实等特点。陕西境内秦岭、巴山各地均有野生或栽培，以陕南的洋县、安康、商州等县市较多。

茯苓自古以来不仅成为中药中的“八大主药”之一，而且也是倍受人们推崇的食疗佳品。其味甘、淡、性平，入心、脾、肺、肾四经。具渗湿利水，益脾和胃、宁心安神的功效，治脾虚、泄泻、心悸失眠、小便不利、水肿胀满、痰饮眩晕、咳嗽呕逆、遗精淋浊、健忘脱发等症。为中医“除湿圣药”。直至现在，80%的中药处方里均配有茯苓，故有“十药九苓”之说。

茯苓是中国传统出口物资，历来畅销世界各地。全国年产茯苓约250万公斤，而实际需要量约300万公斤，其中出口50万公斤，供需矛盾突出。陕西华山秦岭、巴山山区自古就是“华山茯苓”产区，当地药农积累了丰富的培育茯苓的经验和方法，发展华山茯苓名特药材，前途广阔。

华山灵芝　华山灵芝，又称秦岭灵芝，主产生于中国著名五岳之一的陕西华山和秦岭海拔1200—2000米的高山，附生于栎及其它阔叶树的根部或枯朽树干上。华山灵芝，自古驰名。与海南、台湾、福建、广西、吉林等地所产灵芝并列为全国六大名芝。

灵芝是历代医家极力推崇的养心安神、滋补强壮、补血益气、扶正培本、止咳平喘的珍品。华山灵芝被誉为“神仙草”，由于生长在高山和十分稀有，曾是古方秘制，历来为帝王将相、仙家显贵和宫廷独享。近年来，国内外开发有灵芝食品、饮料、药品及化妆品，致使国内外市场灵芝资源紧缺，每公斤干品销售价高达600—800元以上。

陕西华阴县冯选凹，在企业开拓新项目中，瞄准当地名特产华山灵芝，进行探索，进入人迹罕至的华山原始森林，找到神秘的灵芝，采到一株重8.1公斤的特大千年华山灵芝，并试验人工栽培灵芝成功。将原淀粉厂改建成灵芝系列保健品厂，研制生产灵芝保健品，开发出华山灵芝茶、酒、糖浆和华山灵芝精油辣椒、灵芝十合一调料等系列产品，先后荣获国家“七五”星火计划成果博览会金奖、’92墨西哥中国实用技术博览会金奖等，目前华山灵芝产品已销往日本及东南亚等国。

佛坪山茱萸　山茱萸是中国传统中药材，又称枣皮、山萸肉、山萸、药枣等。

山茱萸原产于中国，主要分布于陕西秦岭、河南、浙江、安徽、山西、四川等省。陕西主产于汉中、商洛、太白山等地。国外在美、英、日、朝鲜等国亦有种植，均由中国传入。

佛坪山茱萸，古今驰名。佛坪素有“山茱萸之乡”的称誉，1983年佛坪被列为全国三大山茱萸生产基地县之一。

山茱萸其药用部分为去核后的果肉，称山萸肉。山萸肉具有较多的药用价值，其味酸、涩、性微温，具有补益肝肾、固涩精气、收敛补血之功效。主治腰膝酸痛、眩晕耳鸣、阳萎遗精、肝虚寒热、神经衰弱、月经不调等症。近年来研究发现，山茱萸有抗癌、抗辐射、治疗心血管疾病等功效。美国两家中药研究所临床证实、山茱萸对艾滋病毒的传播和孳生有较强的抑制作用。

佛坪是山茱萸的重要产地，全县有山茱萸树180万株，年产山茱萸约12万公斤以上。陕西山茱萸除生产于佛坪外，洋县、宁陕、丹凤、太白等县有100多万株，年产量达10万公斤。陕西全省山茱萸年产量占全国25%左右。佛坪山茱萸以其品质优良而享有美誉，产品畅销20多个省、市、区，并出口东南亚各国。

秦巴何首乌　何首乌，别名首乌、交藤、夜合、地精、马肝石、铁秤陀、赤首乌、九真藤、赤葛等。何首乌是一味治疗须发早白，延年益寿的滋补强身药。以块根入药、为名贵药材。

陕南秦巴何首乌，为陕西大宗特产中药材，产量大、质量优，是全国何首乌主产区之一。秦巴何首乌主要分布在陕南秦岭、巴山地区，以紫阳、平利、汉阴、岚皋、凤县、勉县、宁强、西乡等县为多。秦巴山区所产何首乌以个大、质重、坚实、粉性足，外色黑褐等特点而驰名。与江苏何首乌、广东何首乌、贵州拳首乌齐名，并列为全国四大著名何首乌。1988年，在陕南汉阴县发现了一个全国罕见的特大何首乌，重达4.75公斤，价值万元。《人民日报》、《陕西日报》和中央广播电台均作了报道。

汉中西洋参　西洋参又称洋参、花旗参、美国人参、五叶人参、广东人参等，是一味珍贵的中药材。西洋参以根入药，其味甘、微苦、性寒。具有益肺养阴，清虚火、降压、解热、生津止渴、虚热烦倦，失血过多等症。为高级滋补品。

西洋参原产美国和加拿大，1978年在陕西汉中的南郑县引种成功，以后扩大到汉台区、留坝、洋县、略阳、勉县、宁强等县（区），年产量达2万公斤以上，相当于全国西洋参产量的10%。成为全国西洋参生产基地之一。

汉中地区海拔800—1100米地带的气候、土壤、植被等条件，多与美国西洋参主产区相似，经多年引种栽培的物候观察，汉中地区是中国引种西洋参比较理想的地区。汉中西洋参其产品质量和成分与进口的西洋参基本相同。有很好的发展前景。

安康薯蓣　薯蓣，学名盾叶薯蓣，俗称黄姜子、火藤根、粉黄姜、野山药等。薯蓣为一味重要的中药材，味苦、性平。有清热解毒、理气止痛、消食利水、活血舒筋、祛风除痰之功效。主治胃气痛、跌打损伤，肿瘤早期未破溃、风湿痹痛、筋骨麻木、咳嗽、恶疮等症。

安康薯蓣用途广泛，主要用于医药，也可食用，提制淀粉。现代工业用于提炼皂素，是重要的化工原料。

安康薯蓣，为陕西一特产中药材。安康野薯蓣资源十分丰富，居全国之冠，有“薯蓣之乡”的称誉。安康地区薯蓣年产量约500万公斤左右。该地区所产薯蓣，不仅产量高，而且质量好，其块茎粗壮、色纯，含淀粉多，皂素高达5.7%，比四川、湖南、甘肃等省所产薯蓣的皂素含量高1%—3%以上。安康地区以薯蓣为原料的皂素生产，其产量占全国的20%，占世界的15%，足见安康薯蓣在国内和世界占有举足轻重的地位。

陕南绞股蓝　被称为神奇植物的绞股蓝，千百年来默默无闻的“藏在深山人未识”，任其自生自灭。70年代，中国科技工作者发现了它的特殊功能，进行研究实验，并予以开发利用，竟与人参齐名，轰动了国内外。

绞股蓝，又名七叶胆、五爪龙　甘茶蔓、七叶参、小苦药、遍地生根等。据国内外专家研究，发现绞股蓝中含有83种绞股蓝皂甙，均属达玛烷醇类结构，为原人参二醇或原人参三醇的异构体。这些异构体是人参中尚未发现的。而且它的总甙量高于人参。科学证明，绞股蓝可以代替人参使用，它具有人参的主要功效，而优于人参。

陕西省安康药用植物开发研究所与11所医学院及科研单位协作进行绞股蓝开发利用研究的成果，已通过国家卫生部鉴定，居国内领先地位。研制出的药品、茶、酒等饮料、食品、烟、美容霜等系列产品，已销往国内各大城市，并已行销泰国、菲律宾、日本等国。

目前，全世界已知绞股蓝植物有13种，中国占11种，其中7种为中国所独有。陕南秦巴山区37个县市有绞股蓝野生分布，且秦巴山区所产绞股蓝质量最优，绞股蓝皂甙含量高。近年安康、平利、洋县、岚皋等县市进行绞股蓝野生人工驯化栽培已获成功，种植面积已达2000公顷，年产干品约6000吨。

陕南五倍子　五倍子，是倍蚜科昆虫角倍蚜或倍蛋蚜寄生于漆树科、漆树属植物盐肤木、青麸杨、红麸杨等树上形成的虫瘿。这种盐肤木类树木，古称倍树。主要有5种倍树，所以生长在倍木上的虫瘿便称为五倍子。

五倍子是中国的特产，又是重要的传统出口商品。中国为世界五倍子的主产国，其产量占90%，无论其产量、种类和质量均居世界之冠，在国际市场上久享盛誉，素有“中国倍子”和“东方倍子”之称。

五倍子有多种用途。自古入药，具敛肺、涩肠、止血、止汗、固精之功效。主治久咳、久泻便血、水肿、盗汗、遗精等多种疾病。目前用五倍子配成的药方和名贵药品达150多种。五倍子因富含单宁酸、没食子酸、水分、倍酸、焦倍酸等化学物质，是医药、化工、国防、冶金、石油、纺织、鞣革、航海、造纸、印刷、食品、轻工等工业的重要原料。

陕南地处秦巴山区中心地带，自古就是中国五倍子的主产区。五倍子分商品肚倍和角倍两类，以肚倍为主，为中国肚倍分布中心。产品具有个大、皮厚、质坚、完整、无破碎、色泽好、单宁含量高等特点，在国际市场上享有盛名。到目前陕南倍林达3万多公顷，年产倍200万公斤以上。产品出口欧美、日本、东南亚等国。

陕西五味子　五味子，俗称山花椒、秤砣子等，以干燥成熟的果实入药，因其甘、酸、辛、苦、咸五味俱全，故名五味子。五味子自古入药，具有补气、补肺、补肾、养阴、养心、养肝、固精、止汗、止泻、生津、安神等功效。五味子是神经系统的强壮剂，是防治心血管系统和呼吸系统疾病的良药。

五味子是陕西盛产的地道传统中药材之一。陕西五味子自古有名，其野生资源在全省各地分布甚广，全省年产量约500万公斤以上。五味子是陕西大宗出口名贵药材之一。不仅畅销全国各地，而且远销欧美、东南亚各国。

秦巴五加　五加为名贵中药，有土人参，木本人参之称，是一种良好的补益强壮药物，以干皮及根皮，叶入药。具有固本扶正，益智安神，壮肾健脾，活血去瘀之功效，主治脾胃气虚，体虚乏力，失眠多梦，食欲不振、跌打损伤等症。能增强肌体对各种不适环境的抵抗力，抗疲劳，耐高山缺氧，是补益强身之佳品。国外体育运动员已广泛服用五加饮料，日本田径运动员称五加为“中华魔药”。

陕南秦巴山区五加资源十分丰富。五加同属植物约35种，中国有26种，秦巴山区约10种，近年来，陕西省对五加的栽培及开发利用的研究也在不断加强，可以预料，不久的将来，五加将可能“走红”世界，成为一种普遍性的保健饮品，为人类的健康造福。

陕西省丹凤县（天麻之乡）

古商国陕西省丹凤县地处秦岭东南麓，属北亚热带向暖温带过渡的季风性半湿润山地气候，平均海拔1235米，以栎类树木为主的森林覆盖率达60%以上，各种生物资源十分丰富，有核桃、柿子、板栗、葡萄、李梅等干鲜果48种，香菇、木耳、姬松茸、橡碗、山竹、龙须草等林特产品36种，天麻、山茱萸、连翘、猪苓、伏苓、金银花、杜倍、五味子等中药材250种，可谓“商地无闲草”，素有“天然药库”之称。其中，“丹凤优质天麻”为主要特产，被誉为“中国优质天麻之乡”。

20世纪70年代开始，丹凤县抛弃单纯采挖野生天麻习惯，推广人工无性栽培天麻技术，全县70%以上的农户种植天麻，天麻栽植已成为当地农民收入的重要生产项目。针对天麻医疗、保健用途广泛。加工开发潜力巨大的实际，丹凤县把天麻生产作为农村产业结构调整的首选项目，1998年，引进推广天麻有性繁殖技术获得成功，从而解决了无性繁殖导致天麻品种退化、产量下降等长期困扰天麻生产的问题，为大规模发展天麻生产开辟了新的途径和广阔的前景。

丹凤优质天麻以野生天然箭麻为种麻，通过人工杂交授粉、培菌，扩繁出一代优质种麻，再通过半坑栽、堆栽等无性栽植的方式，生产商品天麻。这种生产方法，使丹凤优质天麻既保留了野生天麻的特有药性，又具备了有性繁殖的抗品种退化、产量高、品质优等特点。目前，全县已有天麻育种技术中心2个，有性栽培120万窝，年可提供优质种麻100吨，商品麻500吨。

实施西部大开发战略，为丹凤这个地处西部地区的贫困县带来了千载难逢的发展机遇，丹凤县计划用三年时间把“丹凤优质天麻”这一特色品牌产业做强做大。按照这一思路，扩建2个技术开发公司，年生产萌发菌、蜜环菌20万瓶，使其成为集研究、培菌、制种、技术推广于一体的龙头企业。新建籽麻繁育基地26个，全县每乡镇各1个，天麻有性栽植达到300万窝，年产量达到6000吨，并向全国提供天麻有性繁殖技术和一代优质种麻。在此基础上，充分利用本地独特的气候、林木等自然资源，以天麻为主，同时发展木耳、香菇、猴头、灵芝、猪苓、伏苓、姬松茸、虫草等食用和药用菌类系列产品，使丹凤县成为菌类生产品种多、数量大、品质优的全国第一大县。

宁夏回族自治区中宁县（枸杞之乡）

〔**历史及地位**〕　宁夏中宁县是中国枸杞的故乡，中宁枸杞已有数百年的栽培历史。明弘治十四年（1501年）中宁枸杞就被列为贡品上贡朝廷。清乾隆二十年（1755年）《银川小志》记载“枸杞宁安堡（现中宁县）产者极佳，红大肉厚，家家种植。”清乾隆《中卫县志》记载“各省入药之枸杞皆宁（安堡）产也”。解放前，中宁枸杞外销收入占宁夏输出总值的1/2以上。新中国成立后，中宁枸杞被国家确定为统购统销物资，并通过外贸部门出口创汇。1961年中宁县被确定为全国枸杞生产基地县，1994年中宁枸杞获全国林业博览会金奖。1995年中宁县被命名为“中国枸杞之乡”。1999年在’99昆明世界园艺博览会上中宁枸杞又获金奖。2000年中宁县又被命名为“中国特产之乡。”

〔**地理环境及资源**〕　中宁县是枸杞自然分布的中心区域，独特的地理位置和土壤、水质、气候条件孕育了中宁枸杞的特有品质。首先，中宁枸杞栽植在起源于六盘山的清水河与黄河交汇处的冲积土壤上，这种土壤矿物质和有机质丰富，富含锂、硒等微量元素，极适宜枸杞生长。其次是常年受黄河与清水河两水掺灌，更使中宁枸杞充分发挥植物性能富含有机营养物质，成为“甘美异于他处者”。再次，中宁县四面环山，中间有黄河自西向东穿过，长期形成的气候干燥、光热资源充足，昼夜温差大的小气候特点，更利于枸杞生长发育和果实营养物质的积累。中宁县在数百年的枸杞栽植过程中积累了丰富的管理经验和科技，不仅拥有丰富的枸杞种质资源，而且还培育出了全国最优良的枸杞品种。

〔**外部特征及营养成份**〕　中宁枸杞是中国名贵的中药材和营养滋补品。其干果皮薄肉厚，口感纯正甘甜而无苦涩味。果实呈红色或紫红色，果型或呈椭圆形且扁长，或呈长型且扁大不瘦，果脐白色且明显，果身先端有小尖，包装不结块。干果内含物经有关部门化验证实，除富含蛋白质和碳水化合物外，铁、锌、锂、硒、锗等与人体健康相关的微量元素含量居全国同类产品前列。

〔**药用价值及保健功效**〕　枸杞子为滋补扶正之良药，其入药首见于《神农本草经》，其功效主要是通过补肾而生精血，收补精生骨髓。其医药效果作为滋补强壮剂治疗诸虚各症及肝肾慢性病。现代医学研究表明，枸杞子能显著提高人体中血浆睾酮素含量，达到强身健体，延缓衰老、延年益寿的效果。常服枸杞子能显著提高巨噬细胞吞噬能力，增强人体免疫力及卫外能力，还可抑制癌细胞的增长。

〔**生产现状及发展前景**〕　近年来，中宁县委、县政府把枸杞产业确立为振兴县域经济的主导产业和支柱产业，并出台了一系列优惠政策和扶持措施。2000年全县枸杞种植面积3.5万亩，枸杞总产量3200吨。按照总体部署，2005年全县优质名牌枸杞基地建设总面积将达到10万亩，产量达到2万吨，产值实现3亿元。目前全县已形成了以枸杞批发交易市场为依托。以产业大户为龙头，以小户为补充的枸杞营销体系和内引外联的枸杞流通机制，在互联网站设立了中宁枸杞专页。中宁枸杞粗加工企业蓬勃兴起，年加工、分级、包装枸杞在2500吨以上。以枸杞多糖、多肽、籽油、全粉、干红、豆奶、鲜汁等高科技产品生产为主的枸杞深加工企业正在兴起。全县已初步形成了专业化生产、市场化流通、企业化深加工的枸杞产业化发展格局。随着国家西部大开发战略的实施和WTO的加入，中宁枸杞必将以更加名贵的身价走出国门，走向世界，焕发出更加旺盛的生机和活力。

宁夏回族自治区农林科学院

宁夏枸杞是中国重要的特种经济植物资源之一，具备生态、经济、社会三位一体的显著效益和“药食同源”型滋补功能，很早就被誉为“红宝”驰名中外。《本草纲目》将此物列为本经上品，称其能清肺明目，滋肝补肾，延缓衰老，肌体免疫。现代医学验证，食服宁夏枸杞能补血、补气、防癌、抗衰、预防爱滋病、增强人体免疫功能。

宁夏枸杞作为地道特产，是由特定的地理、气候条件下的地域性决定的。千百年来，丰富的自然资源不仅孕育了古老而神奇的西夏文化，而且也孕育出“宁夏枸杞”这一闻名遐尔的特殊物种。其主要产品为红果，粒大、肉厚、皮薄、味甘，外观舒心悦目，内在营养丰富。

宁夏农林科学院对宁夏枸杞学科的研究、示范、推广、开发已有40年历史，1985年又建立了国内唯一的专业研究机构——枸杞研究所，先后获得部、省级科研成果20余项。其中：枸杞新品种“宁杞1号”获自治区科技进步一等奖，被国家有关部门列为国家级重点推广项目（农1—4—0—30）和国家级技术依托单位（编号1270）。“枸杞集约化栽培模式”通过自治区级成果鉴定，被国家有关部门列入“十五”推广计划。院、所充分利用人才和学科优势，在贺兰山下的生荒盐碱地上开发种植，建起了万亩优质名牌枸杞示范基地，按照国家有关部门GAP规范化技术栽培体系的标准，形成了规模化种植、机械化操作、科学化管理、集约化经营的栽培模式，被确定为“国家级中药材基地”。万亩枸杞基地的建成，有效地带动了宁夏枸杞产业的发展，并辐射到内蒙古、甘肃、新疆，使50多万亩沙荒盐碱地得以开发利用。

由于坚持按无公害化技术管理规程操作，使该院的枸杞产品达到了国家绿色食品发展中心提出的“安全、有效、稳定、可控”的要求，获得了中国枸杞行业第一个绿色食品证书（LB—06—97012g3071）。该院还制定了第一个地方特产标准——宁夏枸杞质量标准（宁夏技术监督局文号Q640000/909），2000年又委托香港浸会大学对该院枸杞基地的产品进行了安全分析，结果为农药残留检测不出，重金属含量只有国际规定标准的3.5分之一，阿托品及其它化学有害物质残留也未检出，完全符合国际市场流通的质量要求。

该院枸杞研究所建有经国家有关部门验收的国内独有的枸杞品种资源圃。资源圃内收集了国内外已知的枸杞品种与品系，业已成为中国珍贵的枸杞资源基因库和研究科普基地。近年来，该院又利用丰富的种质资源，研究培育出“三倍体无籽枸杞”、“多倍体嫁接枸杞”和“枸杞营养型食用菜”。

宁夏枸杞的开发利用，已成为西部大开发中的一个热点。为把资源优势转化为经济优势。该院已与上海实业医药科技（集团）公司联合开发高科技枸杞保健系列产品，按预期进入国际市场。

该院具备的科技服务项目：

宁夏枸杞新品种种苗

枸杞专用复合肥

枸杞无公害化病虫害防治专用农药

枸杞优质栽培技术资料

人才培训及技术跟踪服务

枸杞系列产品

联系地址：宁夏回族自治区银川市三一支沟　宁夏农林科学院

邮　　编：750002

传真、电话：0951—5049204

E-mail：nxaafs@pwblic. yc. nx. cn

法人代表：吴国伟

枸杞专家：李润淮

新疆精河县托里乡（枸杞之乡）

全国最大的枸杞产区——精河县托里乡，位于中国新疆准噶尔盆地西南边缘天山北麓精河县境内。托里乡交通便利，东起连云港，西至伊宁市的312国道横穿境内，距第二欧亚大陆桥口岸阿拉山口90公里，离精河火车站40余公里。托里乡是一个以农为主，农牧结合的乡镇，全乡总人口1.6万余人，共有13个民族，辖区国土面积1174平方公里，耕地面积7.1万亩，下设15个行政村，其中农业村11个、牧业村4个。

据测定，枸杞果含有枸杞多糖，有机酸、粗脂肪、粗蛋白等十几种人体需要的营养成份，还有18种氨基酸和对人体有益的微量元素，现代医学表明枸杞具有保肝降压、降血糖、治疗肺结核、神经衰弱等功能，还有增强人体免疫力的特殊作用。托里乡境内多沙丘，昼夜温差大，土壤肥沃，水源丰富，空气清新，特别适宜枸杞的生长。素有“精河枸杞甲天下”的美誉。精河枸杞不但色红、粒大、肉厚、皮薄，其有效化学成份也明显高于其他传统枸杞产区的产品。从1968年托里乡就有从事枸杞种植的农户，经过30余年的种植实践，目前，已培育出优质高产品种4个（菱形、大麻叶、小麻叶、四棱）。现全乡共种植枸杞5万亩，年产量6000—8000吨，占全国总产量的50%以上，到1999年托里乡工农业总产值1.2267亿元，人均收入2710元。枸杞总产值已达7600万元，枸杞收入占农村种植业收入的79.01%，农业特产税占全县农业税收入的35%，其经济收入占全乡农业经济收入的56.28%。枸杞的生产销售在国内外一直呈良性态势发展，枸杞作为托里乡的主导产业，不论在产量、质量、面积与品质上均居全国之首。1998年托里乡被国家有关部门命名为“枸杞之乡”。

连续多年，精河枸杞产品在国内外倍受欢迎，被港台地区及东南亚各国视为营养珍品，年出口量均在2000吨以上，占全国枸杞出口量的60%以上。枸杞已成为托里乡农村经济发展的支柱和农业产业化发展的龙头。

近年来，在上级党委、政府的大力支持下，托里乡党委、政府大力引导和鼓励杞农种植枸杞，率领杞农走优质高效的枸杞产业化道路，主要做法有：一、带领全乡各族人民不断拓宽枸杞市场实施名牌战略，制定出“人有我优”的枸杞发展战略。首先从改良枸杞品质上花大代价，下大功夫，自1999年投资300余万元在该乡开发区建立了总面积达600亩的“托里乡万亩枸杞品种改良育苗基地”，于2000年引进种苗350万株，籽播苗300亩，6个月的生长实践证明“托里乡万亩枸杞育苗基地”培育的新品种不仅继承自身的优点，结合托里乡自然条件其品质大大提高，其出成率达60%以上，栽种第二年亩产干果350公斤左右（当地老枸杞150公斤/亩），与老品种相比每公斤产值可增加50%以上，极大地增强了市场竞争力。新栽的种苗每亩当年可收干果20公斤，育苗基地的培育成功，托里乡计划在未来三年内把全乡现有的4.5万亩老品种枸杞全部更新，从而使托里乡枸杞产业在稳步发展的同时确保品质领先。二、加大科技推广力度，增加科学技术在农业中的含量。1999年托里乡党委、政府与新疆农业大学建立了长期合作关系，共同研究枸杞病虫害防治办法，争取在三年内实现枸杞“绿色食品”证书目标；实施高科技模式栽培技术，建立起300亩的连片枸杞生产基地，统一实施优质、高产抗病的高科技模式栽培技术，使枸杞干果单产达到200-250公斤以上，产品优质率达60%以上；对枸杞病虫害实施统防统治，减少污染，利用生物防治，从而早日获得枸杞产品国家绿色食品证书。三，该乡已向自治区立项枸杞浓缩汁、枸杞晶、枸杞花粉蜜、枸杞白酒等枸杞系列产品项目。如实行产品开发，每年可生产枸杞浓缩汁50吨，枸杞晶50吨，枸杞茶100吨，枸杞花粉蜜100吨，枸杞酒300吨。该乡还正在进行各类枸杞饮料及枸杞保健品的研制开发。四、加大品牌创建力度，实施枸杞质量标准，为树立托里乡枸杞永恒品牌，于1999年7月新疆维吾尔自治区技术监督局1999—07—05批准的代号PB65/589—1999，并正式实施了枸杞质量标准，规范了精河县枸杞包装标识，要求企业包装统一使用“精河枸杞”字样，标准产品标准号、厂名、厂址、生产日期、保质期。1998年该县人民政府已向国家商标局申请《精河枸杞》产品证明商标。五、加大农业产业化步伐，建立完善的市场体系，充分发挥资源优势建立产品批发市场。1999年7月，该乡采取政府给政策，解决“三通一平”，农民自己投资建房的办法投资300多万元建起全国销量最大的枸杞专业批发市场——“精河县托里乡枸杞市场”，市场的建立当年就引来了280多个客户，销售枸杞5030吨，形成了以枸杞为龙头的种植、加工、销售体系。2000年又投资100多万元进行扩建，如今的“精河县托里枸杞市场”总占地面积26700平方米，有枸杞经营户65家，商业服务网点8个。截止11月7日，2000年托里乡枸杞市场共经销枸杞5200吨，收特产税98万元，所得税80万元，枸杞市场的建立扩大了精河枸杞的影响，方便了国内外客商，形成了农工贸一体化，产工销一条龙的生产经营模式，充实完善了托里乡农村农副产品批发市场，如：药材资源充足，仅托里乡每年可产枸杞6000吨左右，居全国之首；另外周边县市年产甘草300吨，大芸300吨，红花100吨，贝母2000吨，麻黄草300吨，杏仁30吨，鹿茸25吨等共有30多种药材，可保证市场足够的货源。市场的建立还极大地带动了托里乡相关产业的发展，各种个体私营经营户增加，如从事小吃店、枸杞叶茶、枸杞酒、枸杞蜂蜜、枸杞保健品的生产加工企业等。解决了大量农村劳动力的就业，市场建成后每日筛选加工枸杞雇工在500人左右，同时便利了工商、税务、检疫部门的监督，杜绝了跑、冒、滴、漏事件的发生，保证了国家税收。

如今的枸杞产业已成为托里乡经济建设快速健康发展的龙头，托里乡枸杞总产由70年代的几十吨发展到现在的6000吨，实现了量的突破，使托里人走上了富裕的道路，实现了质的飞跃，相信枸杞这一红色产业将会为托里乡各族人民创造出更加美好的未来。

湖北蕲州中药材专业市场

蕲春是明代伟大的中医药学家李时珍的故乡，闻名全国的教授县，地处大别山南麓，长江中下游北岸，有“吴头楚尾”、“荆扬交会”之称。蕲州药市始于宋、盛于明，历史悠久，载誉九州，素有“人往圣乡朝医圣，药到蕲州方见奇”之说。1991年，蕲春县委、县政府遵照湖北省委、省政府“要做好李时珍这篇大文章”的要求，经国务院有关部门同意，设立了蕲州中药材市场。1997年7月，蕲州中药材专业市场正式通过国家批准，跨入全国17家中药材专业市场行列，成为湖北省唯一的国家级中药材专业市场。

蕲州中药材专业市场区位优势明显，位于环境优美的雨湖之滨，与驰名中外的李时珍纪念馆隔湖相望，距京九铁路蕲春站仅15公里，即将动工兴建的沪蓉铁路与沪蓉高速公路并驾横穿全境，水陆交通十分便利。市场占地面积102亩，建筑面积18000平方米，主体建筑为椭圆形结构，内为国家标准的运动场，是每年一届的中国湖北李时珍医药节药交会主会场，可同时容纳15000名观众观看；外有主楼4层，营业楼2层；四周是设计新颖，布局合理的复式合面街；市场共有大小营业厅310间，广场硬化面积达8000平方米，便于凉晒中药材，是理想的中药材交易场所。

蕲州中药材专业市场自1991年设立以来，经历了创业、整顿和规范发展阶段，市场从无到有，规模从小到大，特色日益明显。目前，市场固定经营户328户，季节性摊位达500多个，从事中药材经营贩运1300多人。每年一届的李时珍医药节药交会吸引了日本、泰国、新加坡、马来西亚、香港等国家和地区以及全国20多个省、市、自治区药界客商来此参与交易，上市品种1000多个，地道药材占40%，《本草纲目》记载的1892种药物，见诸蕲州中药材专业场近700个，其中杜仲、厚朴、黄柏、丹皮、桔梗、丹参等骨干品种以及被誉为蕲春“四宝”的蕲蛇、蕲龟、蕲艾、蕲竹等名贵药材畅销全国，年交易额近3亿元，年上交税费100多万元，成为蕲春医药产业龙头，列为黄冈市“八个一”工程，带动了药农、药工、药具、药膳、药研、药文化等系列开发。

为加强药市管理，促进市场发展，蕲春县委、县政府制定了一系列优惠政策，对市场实行全方位、封闭式管理，列为县纪委、监察局重点保护单位。成立了市场管理委员会及其管理办公室，全权负责药市的培育、建设和管理，实行一个窗口对外，一站式服务，税费“四统一”，集中办理各种业务，严禁假劣药材上市，严禁“三乱”行为，努力争创全国一流市场。

“本草纲目传四海，医圣故里连五洲”。本着“持续发展，优质服务，轻税薄赋，严格管理”的原则，湖北蕲州中药材专业市场将以全新的姿态，优惠的政策，至诚的服务，热忱欢迎海内外客商携手并肩，共创中医药大业。

湖北蕲州中药材专业市场管理委员会办公室
主　任：陈明生
地　址：湖北省蕲春县蕲州镇
邮　编：435315
电　话：0713－7224024　7504448

河北省安国市药业发展情况

安国古称祁州，地处京、津、石中心地带。全市辖5镇5乡1个办事处，198个行政村，总面积486平方公里，总人口37万。1990年被国务院列为对外开放县。1991年撤县建市。是全国最大的中药材集散地，素以“药都”和“天下第一药市”享誉中外。

安国药业历史悠久，源于北宋，绵延至今。千余年来，天下药商广聚祁州，山海奇珍齐集安国，“南货换北货，东货换西货，四方大交流”。鼎盛时期，药材交易庙会“春五（个月）秋七（个月），经年不断”，全国二十多个省市自治区药商和俄国、印度、朝鲜、日本、越南等国外药商“轮蹄辐辏，纷至沓来”，上市品种“集全国之大全，荟海外之名贵”，整个城区“货山人海，药气熏天”，“商贾云集，熙来攘往，热闹非凡”。随着药材交流的发展，安国药材种植、加工业兴旺发达起来。祁达、祁薏米、祁薄荷、祁菊花、祁白芷、祁木香、祁紫苑、祁大黄等冠以“祁”字的八大祁药因品质优良、疗效显著成为地道药材和宫廷贡品，畅销全国，远销海外。药材加工到明朝万历年间已具相当规模，人们掌握了一般切、锻、炒、炙等加工炮制技术。同时生产丸、散、膏、丹、酒、露、酊等十几种剂型，500多种中成药。历史上加工生产的“百万槟榔”、“蝉翼清夏”、“镑制犀角”、“云片鹿茸”四个品种被冠为“祁四绝”堪称中华之最。规模宏大的中药材市场和精湛绝伦的加工技艺，赢得了“草过安国方成药，药经祁州始生香”的美誉。

药业是安国的“眼珠子”，是全市经济持续发展的“台柱子”，是广大群众增加收入、实现富裕的“钱袋子”，药业的兴衰直接关系到安国改革、发展和稳定的大局。改革开放以来，安国市委、市政府坚持把发展市场做为药业发展的龙头，几次迁移和扩大规模。1984年建成占地470亩，拥有四个交易大棚初具规模的祁州药市。1993年，按照“搞活大流通、培育大市场、发展大药业”的思路，又开发建设了全国最大规模的中药材专业市场——东方药城。

东方药城占地1.5平方公里，建筑面积60万平方米，总投资6亿元。是经国家批准的中药材专业市场，整个药城由4条“井”字形大街构成，100多条街巷道路纵横交接，四通八达，城内分为9个区，拥有商楼1100多座，其中北京、天津、上海、内蒙、西藏等外地医药经销企业80多家，经营品种2300多个，日客流量2万多人，日吞吐中药材300多吨，经营触角遍及全国各地，辐射港澳台、东南亚、欧美20多个国家和地区，并和韩国汉城汉药街结成了友好姊妹市场。东方药城以经营中药材为主，集经销、加工、医疗、科研、信息、购物、旅游、娱乐，规模宏大，功能齐全，1999年交易额45亿元，市场规模和档次居全国同类市场之首。1999年荣获全国百强市场第37名，被命名为国家级文明市场。中心交易大厅是东方药城集中交易场所之一，占地15亩，经营面积12000多平方米，拥有固定商位4000多个，分为个、货、杂药区，饮片企业展销区，精细药材区，市场设施和交易环境在全国同类市场堪称一流，“举步可买天下药”，被中外客商誉为“必到之地”。

为了药城市场的更加繁荣进一步完善市场功能，依靠东方药城中药材资源优势，又启动了安国保健品批发交易中心，该中心座落在药城内，是中国保健食品协会指定的唯一一家以批发为主的保健品交易中心，也是全国最大的保健品批发专业市场，该中心分为保健食品、保健用品、保健化妆品、保健饮品、生殖健康用品、医疗保健器械等7个功能区，以批发为主。

为使东方药城真正成为带动药业快速发展，繁荣城乡经济的龙头，在建设发展过程中，安国市委、市政府始终坚持不断扩充市场规模，规范市场管理，完善市场功能，丰富市场内涵，突出市场特色，优化市场环境，提高其带动能力。首先是构建了质量管理体系、配套服务体系和“一套班子、封闭管理”的组织体系，巩固了市场建设成果，实现了经营管理的统一、规范、有序化。其次是坚持把东方药城开发建设同城市建设结合起来，紧紧围绕城市建设总体规划，发展建设全国一流水平的药材建筑群体，加大投入，强化基础设施建设，投资近千万元实施了富有浓郁药都特色的绿化、美化、亮化与彩化，形成了独特的“药都不夜城”景观。真正实现了以“市”促“城”，以“城”带“市”，以“城”带“乡”，加速了城乡一体化进程，形成了城乡经济共同繁荣的格局。第三是大力提高市场功能，增强辐射带动能力。完善和发展了信息、科技、金融、劳动力市场，进一步提高了中药材经营效益，由此也吸引了更多农民进入药业生产领域。第四是调整市场结构，提高市场专业化程度，扩大营销能力。为适应药业经济大发展要求，大力开展规模经营，对市场销量大、产地集中的中药材产品实行集中经营，建立了人参经营一条街、黄芪经营一条街、枸杞经营一条街等6个专业性经营小区，投资500万元建成了名贵药用商品展厅，扩大了商品营销规模，增强了市场的聚散效能，吸纳了埠内外众多药商从事专项经营。

同时，抓住国家医药流通体制改革机遇，推出了医药流通体制改革新举措。一方面，充分发挥现有4个国有医药流通企业主渠道作用，通过股份制改造，多元融资扩股，组建了安国医药有限责任公司，力争用2—3年时间发展成面向全国，重点辐射东北、华北、西北的大型医药流通企业集团。目前，一期工程建筑面积4000平方米的医药产品展销大厅已在河南大路建成，并投入使用。同时，正在积极争取上级行业主管部门将该市列为省级医药流通体制改革试点县（市）。另一方面，该市还依托市医药加工厂、光明饮片加工厂等骨干企业，投资128万元，按照国家产业政策要求，建设了中药材饮片展销大厅，该大厅已在2000年5月18日投入运营，“大医药、大市场、大流通”的药业特色产业发展新格局初步形成，揭开了安国药业发展的新篇章。

——市场的繁荣与兴旺，拉动了全市经济快速增长。1999年全市药业增加值完成89385万元，占国内生产总值的34%，药业税收达3250万元，占财政总收入的29.1%。“三分天下有其一”药业已成为全市经济中举足轻重的立市产业。

——市场的繁荣与兴旺，带动了药材种植向规模化、基地化方向发展。1992年全市中药材种植面积在5万亩左右，种植品种120多个，年提供药材总量1200万公斤。1993年，东方药城建成使用后，全市农村几乎家家种药材，年均种植面积在10万亩左右，最高年份达到16万亩，种植品种达300多个。全市药材总产2500万公斤，占河北省药材总产量的65%以上，有些品种产量一直居全国之首，如沙参占全国产量的80%以上，黄芪占全国产量的25%，白芷、丹参等占10%以上。特别是近几年来，该市按照统一规划、合理布局、调整结构、连片开发的原则，以传统的八大祁药和适宜该市种植的黄芪、沙参、桔梗等40多个优势品种为主，推行基地化种植，基本形成了郑章、祁州镇、药市办、明官店、大五女和北段村6个各有特色的药材规模种植区，规模种植面积达到8万亩以上，并辐射清苑、博野、望都、定州、深泽、安平等周边市县。药材种植已成为该市农民增加收入的重要途径。

——市场的繁荣与兴旺，促进了医药工业的迅猛发展。1993年以前，全市只有市制药厂一家制药企业。随着东方药城的崛起，形成了品种繁多的原料市场，为制药工业的发展创造了优越条件。依托这一优势，该市大力实施“以工兴市”战略，重点在发展饮片规模企业、制药企业和医药保健品企业三方面取得了较大突破。短短的5年时间，该市已发展具有一定规模的医药工业企业14家，其中中外合资和外商独资的3家。饮片加工形成了美威、中药材加工厂、颗粒饮片有限公司等7家骨干企业。安药集团、药都集团、天下康制药厂和健生制药厂成为该市的四大制药龙头企业，总资产达1.5亿元，生产十多种剂型，500多种中成药。速效牛黄丸、脑复苏、畅鼻通、双黄连片、参参胶囊、金水鲜、扶正荡邪胶囊等26个产品，销往全国20多个省、市、自治区。目前，全市正在实施“创知名企业，培育药业龙头”战略，聚力在完善和组建两大集团，培植四大骨干、建设和发展一批规范的饮片加工企业、创汇企业做大文章。一是进一步完善安药集团，加大优势产品的市场开拓力度，引进、开发科技含量高的新产品，靠名牌兴企，靠名牌壮大；组建以药都制药厂为核心的企业集团，控股市制酒厂、糖酒公司、副食品公司，组建跨行业、跨所有制的企业集团。二是培植天下康、颗粒饮片、健生制药、科隆贝四个骨干企业，带动种植基地、养殖基地向区域化、规模化发展。三是抓好市药材加工厂、光明、中华等一批饮片加工企业，创出安国的“拳头”产品和独特的加工工艺。四是发展翁氏、祁农、美威、新隆四个创汇企业，每个产业产值超千万元，创汇百万美元。

——市场的繁荣与兴旺，拓展了三次产业的发展领域。在一产中，围绕调整大农业生产结构，以杜仲、银杏为主的特种经济林发展迅速。目前栽植28万株，发展片林5000亩，育苗500亩，二三年内可实现“百万药树绿药都”的目标。同时，药用动物特种养殖已成为全市经济新的增长点，组建了药用动物特种养殖开发中心，积极引导，多方扶持，使蝎子、土元、甲鱼、蜈蚣、梅花鹿等药用动物养殖迅速发展。目前已建成养鹿场3个，存栏350余头，养蝎30余万条，发展了一批蛇、土元、蜈蚣等药用动物养殖专业户。药用动物养殖成为该市带动能力强的新兴产业，为农民增收开辟了新的门路。在二产中，一批医药保健品生产企业应运而生，药茶、药酒、药枕等产品问世，深受广大消费者欢迎。“一业兴、百业兴”，随着专业市场的繁荣和发展，带动了与之相关的运输、建筑、建材、装饰、餐饮、文化娱乐、劳务、技术信息服务等第三产业迅速崛起。全国各大药市实现了信息联网，配套发展了信息市场、劳务市场、中介服务等要系市场。通过药业商会、药商协会、药农协会等服务组织，上挂下联，完善建立科技服务市场，吸引了更多的药商、药农投入科技服务领域。特别是以药业信息中心为基础，与科技等部门联合，吸纳其它信息服务组织，使信息服务达到全国中药材市场信息预测服务水平，减少了种植和经营上的盲目性，有力地改变了过去因市场不稳，中药材产品大量积压现象。同时发展劳动力市场，及时满足了企业下岗人员需求，为农民增收开辟了新的渠道。特别是近几年来，随着流动人口的增多，该市从事第三产业的人数也在逐年增加，每年都有近万农民和下岗职工进入市场，从事各种服务工作。为扩大中药材贸易，市委、市政府制定了一系列优惠政策和措施，积极引导药商走联合之路，发展药农与药商之间、药商与医药企业之间长期稳固的合作关系，组建经销集团和经销协会，实现优势互补，巩固内销，扩大外销，参与国内国际大流通。据不完全统计，目前农村进城经商近5万人，市场内各类从业人员达3万人，从事第三产业的人员较1992年前增加5倍，随着人民收入的不断增加，消费水平也不断提高，喝药茶、吃药膳、饮药酒、洗药浴、保健食品用品进入普通百姓家。

——市场的繁荣与兴旺，带动了药业特色产业整体升级。近几年来，该市坚持把繁荣中药材市场作为带动药业特色产业整体升级的战略举措来抓，紧紧围绕“以药兴市，科技兴药”战略，千方百计壮大产业群体，延长产业链条，强化药业科研推广体系、药业人才培养体系、药业科技市场体系，初步建立起了产加销相衔接，科教服一体化的龙型经济格局，形成了集中度高，涉及面广，拉动力较强的规模产业和支柱产业，步入了“市场带产业、产业带基地、基地联农户”的药业产业化发展轨道。被河北省列为产业化经营典型和保定市龙型经济项目。

作为药业经济特色鲜明的县级市，上级领导对安国的发展非常关注，一再要求做带头的市、做贡献的市。该市新一届市委、市政府按照上级党委政府的要求，继续深入贯彻党的十五大及十五届三中全会精神，认真落实中央及省市关于抢抓机遇，加快发展，扩大内需，拉动经济增长的一系列指示精神，按照加大“三个拉动、一项改革”工作力度的要求，进一步明确了“一二三四五”发展思路。即以党的十五大和十五届三中全会精神为指导，盯紧一个目标（富民、强市、升位），实施两大主体战略（药业产业化战略，科教兴市战略），加速三个调整（三次产业结构调整，农业结构调整，区域经济布局调整），力促四个提高（提高药业特色经济产业化率，提高第二产业在国民经济中的比重，提高科技对经济的贡献率，提高财政收入占国民生产总值的比重），实现五个突破（各项改革的突破，发展规模企业的突破，招商引资的突破，城镇形象建设的突破，市场建设及营销方面的突破）。确定了今后经济和社会发展“三步走”的跨世纪战略目标：第一步，到2000年，主要经济指标综合排位在保定市前移三个位次以上；第二步，到2005年，实现宽裕小康，进入保定市四强行列；第三步，到2010年，建成河北经济强县（市），把安国建成经济实力较强、药业特色鲜明、环境整洁优美、社会文明进步的药业名城。

黑龙江省哈尔滨三棵树中药材专业市场

哈尔滨三棵树中药材专业市场，于1996年12月31日正式通过国家“三局二部”的验收，成为国家批准的十七家中药材批发市场之一，是黑龙江省唯一的一处国家级市场，也是东北三省一区唯一合法的中药材专业市场。中药材批发市场已成为中国北药的集散地。该市场原位于太平区北棵小区，以三棵头道街为轴线，分东西两个批发区，仅能容纳百余户客商。因其规模小，经营环境差，远远达不到国家的要求，缺乏发展后劲。为了落实省委提出的“北药开发”的战略，市、区政府、省医药管理局审时度势，决定将中药材大市场由北棵小区迁址黑龙江省中药联营总公司处，南直路485号重新建设，使其规模化、规范化、达到国家的要求，与其他十六家中药材批发市场并驾齐驱，称雄于中药界。

新建的三棵树中药材大市场位于哈市太平区南直路485号，临近哈尔滨火车站东站、松花江航运码头和长途公路客运站，铁路、陆路、水路运输十分方便。新建市场2万余平方米，总投资3800万元，其中交易大厅12000平方米，科研、检验综合大楼8000平方米。交易大厅为开放式四层建筑，地下一层，地上三层，设有一千余个摊位。可容纳千余客户，市场设施齐全，功能完备，集经营、办公、餐饮、仓储、运输于一体。交通便利，地理位置优越。毗邻黑龙江省中药联营总公司，可凭借其渠道多、辐射广的老商业优势，凭借总公司旗下的二十多个子公司的实力和松花江药业的生产、经营能力，拓展中药材业务。市场拥有铁路专用线，可连通全国，设有检测中心，可保证中药材的高质量、高品位，杜绝伪劣药材的流通，采用承租摊位的承租方式，一户一间，如招商满客两年即可收回全部投资，经济效益可观，发展前景宽广，将成为该省该市以及太平区新的经济增长点。

中药材大市场经营人参、鹿茸、龙胆草、五味子、防风、黄芪、黄芩等数百种地产中药材，是地道的常用北药集散之地，同时又能交融南方药材的流通，并成为南北药材的交流中心。市场符合省委、省政府北药开发战略的要求，为北药辐射全国、走向世界奠定了坚定的基础。中药材大市场奉行用户至上、服务至上、信誉至上的经营理念，奉行务实、高效、诚信的经营原则，为客户奉献高技术的支持和全方位的服务。

山东省鄄城县舜王城中药材市场

山东鄄城舜王城中药材专业市场是1996年9月被国家二部三局验收批准开办的全国十七家中药材专业市场之一，是山东省的药材集散地。几年来，鄄城县委、县政府严格按照国务院的文件精神，加大市场整顿力度，规范市场经营秩序，加快市场建设的步伐，使舜王城中药材专业市场走向了健康发展的路子。

一、市场概况

山东鄄城舜王城中药材市场地处美丽富饶的鲁西南，位于风光旖旎的古黄河南岸，南邻牡丹之乡菏泽市，东接旅游圣地水泊梁山。据《濮州志》记载“舜生于姚墟，姓姚氏、耕历山、渔雷泽、陶河滨……”历山，雷泽均在鄄城境内，舜王城即为舜的出生地，市场因此而得名。该市场自发兴起于六十年代初期，迄今已有四十年的发展历史。1996年被国家二部三局验收批准开办以来，县乡两级政府加大了对市场建设的力度。截止目前，在市场基础设施建设方面，已实现累计投资近千万元，先后修通了柏油路，建成了占地6万平方米的交易场地，建造了售货大棚，门店房屋等主体设施。市场内有固定门店460个，逢集日可上市地产中草药摊位1300余个，日上市各类药材200余吨，成交额150多万元。

市场的兴旺，带动了当地及周边地区的中药材生产。目前，该县已形成了七大药材生产基地，药林种植面积常年保持在10万亩左右，生产品种近百个，一些优良品种如丹参、丹皮、白芍、白芷、黄芪、山药、生地、金银花、天花粉、土贝母、板蓝根等地产中草药享誉国内，成为名牌产品。市场的兴旺带动了生产的发展，生产的发展促进了市场的繁荣，二者之间互为拉动，形成了良好的发展格局。全县围绕中药材市场从事药材经营，加工、生产、贩运的从业人员5万多人，占总人口的百分之七以上。而且，市场的繁荣还带动了饮食、服务、交通运输和信息等产业的发展，使广大闲散劳动力找到了发家致富的门路，有了用武之地，中药材营销和生产已成为全县的一项主导产业，舜王城中药材市场成了这项产业的龙头。纵观整个市场的发展历程，验证了“建一处市场、兴一个产业、活一片经济、富一方群众”这四句话。

二、加强市场整顿与管理，保证市场健康发展

1. 健全机构，强化领导。舜王城中药材专业市场的发展得到省地县各级领导的重视。1998年县委、县政府成立了中药材专业市场管理处，从有关部门抽调人员配备了领导班子。同时，分别在药材市场设立了专业市场工商所、公安派出所、药品监督检验所等机构，从而使市场监督管理和服务的力量更加强大，职能更加具体到位。

2. 全面进行了市场整顿。1999年，该县按照中纪委三次全会、国务院工作会议、全国药品市场整顿现场会以及两部两局《关于严禁开办或变相开办各种药品集贸市场的紧急通知》等会议和文件精神，抽调人员，组成专门班子，对市场进行了专项整顿。通过不断专项治理整顿，规范了市场经营行为，净化了交易环境，完善了一系列的市场规章制度和配套设施。加强对上市药材的质量和品种的管理，严把药材入市关。在专项整顿期间，查处了一批违章经营户，销毁了一批假冒伪劣药材，惩治了少数破坏市场交易秩序的各类霸头，震慑了一批违法违章户，收到了较好的治理成果。针对上市药材质量和品种经常反复，治理一次，好上一段，整顿过后，卷土重来的现象，他们在坚持常抓不懈的同时，不失时机地开展突击整顿，始终把违章行为消灭在萌芽状态。如今，市场上杜绝了假冒伪劣和违禁药材无一例经营中成药和西药的现象。

3. 努力处理好发展经济与遵纪守法关系。在工作中，他们深深体会到，守法经营是市场赖以生存的基础，决不以违反国家法律、法规为代价，来换取市场一时的繁荣，对违法违章者的态度是宁缺百户，不容一人。否则，市场终究会被取缔。所以，长期以来，从不向经营假冒伪劣、违禁药品、违反法律、法规的经营行为妥协。而是坚持不懈地认真贯彻落实《药品管理法》等法律、法规，坚持按照《整顿中药材市场的标准》来规范市场经营行为。在市场日常监督管理方面，长期保持了市场开办规范、上市药品陈列规范、经营行为规范，市场卫生宣传、安全、消防规范和市场管理规范，并坚持推行经营药材人员持证上岗。摊位亮照经营和明码标价，实行信誉卡或发票制度。严格要求经营人员穿着统一制式的卫生隔离服帽、佩戴统一制做的《经营证》胸章，使用了统一制做的样品陈列箱和药品包装袋。市场内还成立了经营户自治组织，以10户为单位划分了行业小组，评选出组长，还在商户中广泛开展了争创文明工商户和文明行业小组等活动，使整个市场形成了文明健康向上的良好风气。

三、加快扩建步伐，扩大市场规模

县委、县政府已将该市场的扩建列为今后一个时期要办的十件大事之一，并向全县人民做出承诺，争取在1—2年内完成新市场的建设。市场扩建规划方案已经出台，市场主体建筑设计图纸已绘制完成。工作中采取了无偿提供土地，减免税费征收，坚持谁投资、谁受益的原则。目前已有百余户投资人员动土建设经营楼房。预计占地近百亩的楼群式的新市场2000年底全面建设完成。以后还将鼓励各界人士在市场投资兴建宾馆、饭店、商场、游乐场、停车场等服务配套设施。2000年底还将新铺设舜王城至临商公路新线。拓宽鄄城——舜王城——菏泽老公路，使舜王城成为南北公路线和东西新线的交汇点。努力地把舜王城建设成为以药材交易为主，集食宿、购物、观光旅游等多功能于一体的现代化大药市。

舜王城中药材专业市场是鄄城县药材产业的龙头，是新的经济增长点，而且在全省有着独占的地位，有着很大的发展潜力和广阔的发展空间。鄄城县中药材市场管理处决心在上级的指导帮助下，对市场常抓不懈，巩固整顿成果，严把药材入市关，加大市场巡查力度，决不让违法违章行为有立足之地。采取违禁药品举报制度，设立举报电话、举报箱，实行举报有奖的方式，动员全体商户都来监督违法、违规行为。彻底杜绝假药劣药、禁止上市品种的中成药西药在市场上存在。充分调动市场管理人员的工作积极性和开拓精神，进一步提高管理水平，探索新的药材市场管理模式和途径。为吸引更多的外地客商来设点经营，在以往制定优惠政策的基础上，还将尽最大努力为外来客商搞好服务，保证客商高兴而来，满意而归。在税费征收方面给予更多的优惠；在治安方面实行重点保护；在信息服务方面实行优先提供；在生活和经营方面提供最大的帮助。同时，还将最大限度地优化市场经营环境，为所有药材经销户开辟绿色通道，撑起强大的保护伞。

热情好客的鄄城人民真诚欢迎国内外各界客商前来观光旅游，购销药材，兴办实业。

地　　址：山东鄄城舜王城北关·县中药材市场管理处
电　　话：2424511　2451068
手　　机：13953006448　13953004410
联 系 人：崔汝冰　李兆显

四川省成都荷花池中药材专业市场

成都市荷花池中药材市场，由荷花池市场中药材交易区和五块石药材市场合并而成，是国家卫生部、国家医药管理局、国家工商行政管理局定点批办的中药材专业市场。

四川中药材资源极为丰富，是全国中药材主要产区之一。川产药材具有品种多、分布广、蕴藏量大，南北兼备的特点，在常用的600多味中药中，川产药材占370多种。因此，自古就有“天下有九福，药福数西蜀”的说法。成都是中国历史文化名城，有灿烂的中医药文化史。据历史记载，唐代成都就有药市，而且非常繁荣。从此，世代相继，经久不衰。特别是党的十一届三中全会以后，随着市场经济的发展，大量的川产药材汇集成都，销往全国，销往港澳台地区和东南亚国家，成都荷花池中药材专业市场成为全国少有的大型中药材专业市场。

成都荷花池中药材专业市场地处成都火车北站附近，通过蓉北商贸大道与川陕、川藏公路紧密相连，交通十分方便。市场位于蓉北商贸大道一段42号五块石商贸大市场内，占地近100亩，建筑面积33100平方米，共有营业房间、摊位2500余个。市场经营的中药材品种达1800余种，其中川药1300余种，年成交量可达20万吨左右。市场交易大厅气势恢宏，宽敞明亮；道路宽畅，设施齐备；有电话、电报等通讯设施和消防、清洁卫生设备；市场设有3000平方米的停车场，2000平方米的仓库和300平方米的零件寄存库；场内设有短途运输、专业搬运、铁路托运办事处、银行、储蓄办事处为经营户办理货运存取、汇兑款项业务，方便了购销双方的业务往来；场外住宿、餐饮等生活设施配套；工商、公安、税务、药检所、动植物检疫站在市场设有管理部门，实施对市场的工商、治安、税务管理和药品检验、动植物检疫。市场的场地、设备、设施与药材经营的规模相适应。

成都荷花池中药材专业市场设立有市场管理机构，配备了熟悉管理工作的专业技术人员，制订了严格管理的一套规章制度和管理办法，具有药材质量检测的基本条件。

市场由统一组建的市场管理委员会行使管理职能，其所属的管理办公室承担日常的管理工作。管理委员会的主要职责是：执行国家有关法律法规和政策，按照中药材专业市场的要求制定各项管理制度，组织培训药材经营人员，健全药品质量管理体系，严格市场经营管理，规划和建设市场，规范经营秩序。市场管理委员会的成员有明确的分工，把质量管理、经营管理、安全、卫生、治安等各项任务落实到人，做到分工明确，各负其责，相互支持，协同配合，保证市场的各项管理工作有序地运转。

市场共配备管理人员220名，其中包括具有主管中药师技术职称的专业技术人员。管理人员熟悉管理工作，有一定的质量管理、经营管理、市场管理、治安管理等方面的经验，基本能适应市场的有关管理要求。

成都荷花池中药材专业市场不仅设立了适应管理工作要求的管理机构，还制定了严格的市场管理办法以加强对市场的管理。市场建立了各类管理人员的岗位责任制、药材入场报验制度、质量检验制度、质量管理员巡场制度、药材出场检查制度、信誉卡制度以及防火、防盗、卫生、治安等管理制度，保证了市场环境整洁、交易秩序井然、销售药材的质量，以及入场经营和购药人员及财物安全。为了提高药材经营人员的基本素质，对入场经营中药材的个体经营人员，分期分批进行了药品、工商、野生动物保护等法律法规和中药材专业知识的培训。市场建立了个体劳动者协会，既保护个体劳动者的合法权益，又配合市场管理委员会加强对个体经营者的教育和管理。经营户按交易区域编为大组、小组，以加强自我管理、依法经营和不经销假劣药品的自我监督。医药管理部门、卫生行政和工商管理部门，按职责分工分别行使行业管理、药品监督管理、市场监督管理职权，加强对中药材专业市场的管理。

市场设有药检室，配备了两名技术人员（包括一名主管中药师）和天平、药材粉碎机、显微镜等设备，负责对场内销售中药材的质量检查和简单的质量检验。成都市药品检验所在场内设有驻场药检室，派有三名药检专业技术人员，负责指导市场药检室的工作和执行国家药品监督检查、监督抽检任务，根据卫生行政部门的授权查处假劣药品。

成都荷花池中药材专业市场在整顿药材经营秩序、严格质量管理、规范经营品种、严厉打击制售假劣药品违法行为、促进成都经济发展等方面做了大量工作，取得了显著的成绩。但是，根据经济的发展和市场的实际，市场还有许多工作要做，他们将抓住西部大开发的历史机遇，按照《整顿中药材专业市场标准》的要求，继续强化药材的质量管理，进一步健全市场的自我约束机制；坚决禁止超范围经营，严防回潮和反复；对市场的规模、功能、经营设施、信息服务、质量管理等进行统筹规划，着力研究严格管理上档次、突出特色上水平、保证质量增效益、改善服务求发展的办法和措施，有计划、有步骤地建设和发展市场。为逐步把成都荷花池中药材专业市场建设成规模化、规范化和现代化的市场而努力！

地　　址：四川成都蓉北商贸大道一段42号
电　　话：(028) 3116028　3112817
传　　真：(028) 3114767　3112584

湖南省邵东县廉桥中药材专业市场

邵东县地处湘中腹地，山清水秀，景色迷人。党的十一届三中全会以后，县委、县政府充分发挥本地经商办企业的传统优势，先后兴建了十大专业市场。在邵东繁荣兴旺的市场群中，廉桥药材市场以其历史悠久、药材齐全而蜚声神州大地，享有“南国药都”的美称。

廉桥，清代称楮塘铺，为通往省垣必经之地。解放前以市民唐世茂为首捐款在当地修建一座石拱桥，老百姓赞颂其奉公而有廉风，故将石拱桥取名廉桥。隋唐以来，这里的老百姓就以种植和经营药材为业。据传，三国时，华佗为关羽治伤的药就采于廉桥，明朝医学家李时珍搜集《本草纲目》药物标本时，也曾到这里住过半月之久。据光绪《邵阳县乡土志》载：楮塘铺盛产玉竹参、茯苓、荆介、枳壳、柴胡、丹皮、白芍等。明清时代，宝庆东大路入廉桥横过，东西两头连成一条小街，开有几十家店铺。1928年六月，潭宝公路建立了邵阳县历史上第一家汽车站，来此建房开店者日增，数年后发展成为一个拥有百余家店铺的集镇，商贾云集。二十世纪初，“楚天春”、“三益庄”、“松龄堂”等一批老字号药店以其药好价廉而在历代名闻遐迩。解放前夕，当地市民为发挥本地优势，开设药材庄行十余家，临时从事药材收购者数以千计，有的以此为生。解放后，1960年，娄邵铁路从镇中穿过，亦设车站，促进了当地经济发展。

廉桥药材市场坐落于邵阳市的东大门——廉桥镇，现拥有国有、集体、个体药材店栈800多家，从业人员5000余人，经营场地13340平方米，经营品1000多种。近几年来，药市年成交额10亿多元，年上缴国家税费800多万元。1995年经国家二部三局首批验收合格，是全国十大药材市场之一。

廉桥药材市场东邻省会长沙，西毗市府邵阳，南靠衡阳，北挨娄底，交通极为便利。娄邵铁路、320国道平行穿镇而过，火廉公路连接省道1814直通107国道，邵东机场距市场不足30公里。

廉桥属典型的丘陵地形，这里土地肥沃，雨量充沛，适宜于中药材的生长。老百姓自古以来即习惯于种植药材，品种达200余种，其中丹皮、玉竹、百合、桔梗，味正气浓，产质均居全国之首。党的十一届三中全会以来，邵东县委政府因势利导，大力开发中药材生产，培育市场，使廉桥中药材市场成为一个产、销结合的大型中药材专业市场。与此同时，具有药业传统和经商意识的廉桥人如鱼得水，他们从小买小卖发展到大批量经营，从自产自销发展到廉桥镇出现，使廉桥药材专业市场初具规模。本地人开办药店的与日俱增，连外县、外省药商也源源不断地来此安家落户。现外地药材公司、药厂在廉桥设立的销售店、栈达80多家，市县药材公司投资600万元修建了建筑面积达9000多平方米的药都大厦。到廉桥来购药的外地客商每天达5000人以上，平均日成交药材达150多吨。国家卫生部在湖南召开“全国查处制售假劣医药品工作现场会”期间，300多名代表到廉桥对廉桥药材市场进行验收，通过查看，他们对廉桥药材市场的整顿工作给予了高度评价。

围绕中药材市场的发展，廉桥镇党委、政府狠抓了城镇基础设施的建设。近年来，他们采取政府投资、银行贷款、群众集资相结合的方法，共筹集资金1200多万元，建起了一座日产2000吨的自来水厂，一座功率为100W、覆盖半径25公里的电视转播台，还在市场背后建起了湖南第一乡镇公园——药都公园。现廉桥镇6条街道的路面全部铺设了水泥，新建600间三层以上的铺面，使廉桥镇的城镇建设初具规模。为方便外地客商。廉桥镇在市场中心兴建了3座宾馆，设有豪华、普通床位1200多个。该镇开通了程控电话，又建起了能收看二十多套节目的有线电视站。面对药材市场繁荣兴旺的景象，县委、县政府及廉桥镇党委、政府并不满足于现状。廉桥药管会添置药检设备，引导药商改麻袋摆药为木箱装药。进一步加大了招商力度。

邵东是湖南省民营经济改革与发展试验区，民营经济、个体私营经济发展迅速，投资经商环境宽松，市场繁荣、百业兴旺。廉桥药材市场更以传统经营的独特优势，得天时、地利、人和，一派繁荣景象。工商、医药、卫生药检、公安等部门驻场监督管理，制度完善，质量可靠，秩序井然。廉桥中药材专业市场，今后将朝着更加繁荣、更加现代化的方向前进。

江西省樟树市中药材专业市场

樟树地处赣中腹地，座落在“千里黄金水道”的赣江之滨，是闻名全国的“药都”、“酒乡”、“商埠”、“盐化城”。樟树自古为“四会要冲”、“八省通衢”之地，水、陆、空交通十分便捷。浙赣铁路纵贯东西，京九铁路衔接南北，域内9条铁路支线把各大工矿企业紧紧连为一体；清宜、清高、105国道、昌樟高速公路相互衔接，上海至云南瑞丽的公路在此对接，形成交通网络；境内水运发达，常年通航，可直达长江，赣江樟树港为江西省三大港口之一；樟树机场可起降任何大型机种，距昌北机场车程也仅需1个小时。

樟树自然条件优越，光照充足，雨量充沛，资源丰富。地下资源数十种。其中岩盐储量103.7亿吨，是长江以南最大的岩盐储藏区。物产资源丰富，是“全国商品粮基地县（市）”、“全国畜牧业百强县（市）”。旅游资源独具特色，自然景观、人文景观众多，吴城商代遗址的发现否定了长江以南乃“荒蛮之地”之说，打破了郭沫若的“商文化不过长江”的论断。筑卫城遗址更是旷世罕见，是京九沿线现存最完整、历史最久远的一座新石器时代晚期的土城。京九线樟树东站旁的阁皂山为药都发祥地，炼丹炉、丹井依稀可辨，古刹万寿宫长年烟火缭绕，朝拜者不绝。药材资源甚丰，发展潜力无限。占全市面积38.2%的山地适宜众多中药材生长和种植，开樟树药业先河之地——“阁皂山”的种药历史在千年以上。全市有药材资源800余种，药用价值较高的200多种，其中“商州枳壳”、黄栀子、吴茱萸已列入《中国药典》，以樟树地产为品质最佳，远销欧洲及东南亚各国。随着中药材市场的兴旺，带动了农业产业结构的进一步调整，药材种植发展迅猛，规模日益壮大，1995年即由国科科委列为星火支柱产业项目，2000年列为国家“十五”科技重点攻关项目。目前，全市种植中药材7万亩，占全市耕地面积12.3%。建立种植基地33个，其中1000亩以上连片基地5个，500亩以上连片基地12个，100亩以上连片基地16个；地道中药材枳壳基地3个，黄栀子基地9个，杜仲基地3个，吴茱萸、蔓京子、百合、银杏、元胡、丹参、香茹草、车前子等草本藤木药材基地各1个。同时，建立了100亩地道药材种苗基地，拟在2—3年内，将中药材种植面积扩大到10万亩，年产值增到3亿元。

樟树具有一千七百多年的药业文化史。三国时摆有药摊，唐代设有药墟，宋代形成药市，明清为南川广药材总汇的“药码头”，樟树中药炮制，炒、浸、炙、烘、晒、切、藏均十分考究，独树一帜。因而招来川、广、湘、黔、苏、浙、闽、皖药商遇途环至，成为南北药材集散和炮制中心，享有“药不到樟树不齐，药不过樟树不灵”盛誉。新中国成立后，樟树成功地举办了30多次全国中药材交流大会，盛况居全国同类药交会之首。域内樟树制药厂、清江制药厂同为国家大二型企业，是国内中成药重点厂家，年产值占全省中成药产值的17.3%。

樟树中药材专业市场位于樟树城区西侧，沿105国道

500米布局，向纵深规划发展。市场占地257亩，预留用地500亩。市场建设布局根据经营中药材要求规划设计，在市场入口处设置了一个面积为5652平方米的半圆形广场，围绕广场将建筑展开，铺面房由三层的联排式及围合式单元店面组成组团，中央布置交易大厅。整个市场视野开阔，造型中西合璧，既能感受到繁华、开放的市场氛围，又能体会到樟树药业文化的源远流长与博大精深。市场总建设面积185000平方米，其中：店面58000平方米，仓储70000平方米，交易大厅6000平方米，其它设施49000平方米，绿地率达18%。市场内配套物业管理、信息、仓储、金融、邮电等服务设施。市场周边配套停车、货运、住宿、餐饮、娱乐等服务。市场拥有一支精干、高效的专职管理队伍，统一物业、收费管理，建立健全了责任管理体系、质量保证体系、信息服务体系、安全消防体系。场内环境优越，功能齐全、设施完善，是药界同仁投资经商的理想场所。

地　　址：樟树中药材管理局

电　　话：0795—7341801　7345680

联 系 人：周正如　邓燕平

广西自治区玉林市中药材专业市场

广西玉林市中药材专业市场是中国西南地区传统的中药材集散地市场，是广西惟一、中国南方最大的中药专业市场。中药材购销辐射全国，转口远销港澳并与东南亚地区药材市场连结购销网络。

1996年全国整顿中药材专业市场，经国家卫生部、国家医药局、国家中医药局、国家工商局批准，该市场为可继续开办的全国17家中药材专业市场之一，是广西惟一、中国南方最大的中药材专业市场。市场位于玉林火车站以东800米，市场占地面积28亩，建筑面积17500m²，共有门店812间，经营户809户，从业人员5000多人，年成交额10.5亿元，每年为国家创税1000多万元。玉林市中药材专业市场1992年以来连续评获“全国文明市场”；1992年获广西区计量局授予“计量先进单位”；1994年获广西区消费者协会授予“无假冒伪劣商品经销单位”；一九九八年四月，广西区文明委把玉林市中药材专业市场定为“行业精神文明建设示范点”。管理该市场的玉林市工商局中药材市场分局城站工商所被推荐为“九五”期间“全国先进工商所”。经济日报、广西电视台、广东电视台、中央电视台、中南五省记者采访团、中国农业发展研究会、马来西亚中医学会、新加坡中药研究会、香港大公报（送联合国版）等新闻单位，曾先后报道城站工商所的先进事迹和管理经验。党和国家领导人乔石、程思远、费孝通、谷牧、袁木等先后到玉林市中药材专业市场视察并题词。在取得成绩的基础上，他们按照“两会”（1999年8月国务院关于纠正医药购销不正之风电视电话会、国家药品监督管理局在湖南省召开的全国整顿医药市场现场会）精神，认真推行“三式三制”（一站式服务制，流动式巡查制，监督式督查制）监管市场新模式，高举创建文明市场窗口这面旗帜，深入开展了“文明市场巩固提高延伸辐射”活动，高起点、高标准、严要求，扎扎实实创建文明市场。他们的主要做法是：

一、抓教育，提高管理者、经营者素质

抓好教育，提高市场人员的整体素质，是创建文明市场的关键所在。为此，他们首先抓了管理者的自身素质：(1) 组织全体干部职工深入学习邓小平理论，学习江泽民总书记“三个代表”的论述，学习党的路线、方针、政策，学习上级部门的有关文件，学习工商行政管理专业知识。同时，鼓励广大青年干部职工利用业余时间整顿活动，进行“三讲”（讲政治、讲学习、讲正气）教育，“三观”（人生观、大局观、群众观）教育，从严治局，按“三个代表”的要求狠抓干部职工的工作纪律和仪表形象。通过采取管理教育和经济处罚双管齐下的办法，收到了良好效果，提高了干部职工的政治理论水平、思想水平、业务水平，提高了遵纪守法，文明执法自觉性。牢固树立起“公仆”意识，树立全心全意为人民服务的思想观念，在认真抓好监督管理的同时积极开展市场优质服务，提高工作效益。其次，在市场广大个体工商户中开展法制教育、职业道德教育、爱岗敬业教育。组织他们学习法律法规，学习药材经营知识。开展市场经济是法制经济，市场文明与自己利益息息相关，爱岗敬业才能发展自己，制假售假行为是社会公害的讨论。开展“文明经营示范户”、“光彩之星”、“青年文明号”评选活动，让大家学有榜样，赶有目标，奋发向上，争先创优。1999年广西区先进个体户3名，获玉林市先进个体户36户，获“光彩之星”13户，获“青年文明号”2户。不断提高经营者的思想道德水平、业务经营水平，提高守法经营、文明经商的自觉性，积极参与到文明市场创建活动中来，养成“关心社会、乐于奉献”的高尚品德。近年来，玉林市中药材专业市场个体户为“希望工程”、“抗洪救灾”、“教育事业”、“公路建设”、“献爱心”等公益事业捐款38.61万元。

二、抓制度，提高规范化管理水平

完善的规章制度是各项工作得以顺利开展的重要保证。该分局自去年以来，以抓制度入手，进一步规范管理者、经营者的行为，使之符合创建文明市场的标准。

一是根据《集贸市场管理规范》和《全国文明市场标

准》、《自治区级文明市场标准》的有关规定，结合中药材专业市场的实际情况，重新修订了切实可行的《市场守则》、《市场卫生管理规定》、《市场治安管理规定》、《市场文明经营公约》、《市场环境卫生公约》、《中药材质量管理规定》、《消防安全管理规定》等21项管理制度。并把这些规章制度公布上墙，同时印发到管理者，经营者人手一册，让经营者深入学习，自觉遵守执行。在深入广泛宣传的基础上狠抓落实，把中药材专业市场分为九个区域，实行分区管理，对市场管理人员实行“三定五包一奖罚”措施，三定：定人员、定职责、定岗位；“五包”，包宣传、包管理、包卫生、包秩序、包调解经济纠纷和查处违章行为；“一奖罚”：奖优罚劣。把责任权利与每个管理人员工作效果挂钩，充分调动管理人员的积极性，做到人有岗、岗有责，形成道道有人管、事事有人抓，使市场时刻保持亮照（证）经营制度化、货物摆卖规范化、市场卫生经常化、市场治安正常化，有力地维护了市场的良好秩序，保持文明市场应有的本色。

二是根据分局的实际情况，重新修订了《考勤制度》、《着装管理规定》、《廉洁自律规定》、《文明用语》、《规范用语》、《文明要求》、《干部减诫制度》、各股（室）的《工作职责》，各类工作人员的《工作职责》等，并深入贯彻，狠抓落实，按“三式三制”的模式，设置外勤组、内勤组、督查组，定期或不定期到工作中去监督检查，检查管理人员的工作情况，对违反规章制度者依规依纪予以惩处。还专门聘请了19位思想政治好，作风正派，有一定专长的经营户作为分局的廉政监督员，对工商人员的执法行为进行有效的、到位的监督。进一步提高干部职工的工作积极性，提高遵纪守法，秉公执法，文明管理自觉性。

三、抓监督，净化市场经营环境

中药材是一种特殊商品，质量的好坏直接关系到人民群众的身体健康与生命安全。他们本着“发展中药材市场，保障人民健康”的原则，加强对中药材经营的监督管理。

一是常规监督。由玉林市药品质量监督检验所进驻市场，对门店摆卖、仓库储存的中药材进行定期不定期的抽样检查，工商部门积极配合，做好相关工作。

二是群众监督。在中药材专业市场的19条行道中，聘请了19名思想表现好，有一定中药材专业知识的经营户为药材质量业余监督员，时时进行监督。

三是自我监督。对经营者进行《中药学》、《中药鉴定学》、《药品管理法规》等专业知识培训，并出具信誉卡，写明门店号、负责人、电话号码、药名、单价、重量，如有质量问题，据此为凭证进行跟踪追查。

五是外部监督。设立举报箱、举报电话、工商监督岗，工商人员随时受理经营者、消费者投诉，及时调查处理，给投诉者一个满意的答复。

六是设立执法巡查队。由分管市场监督管理工作的副局长任队长，从职能股抽员组成，依据法律法规的规定，对管辖区域内的各类商品交易市场，商业门店和商业集中区等场所以巡回检查方式进行不间断、全方位、综合性的监督管理，即时查处各类违法经营活动，调解交易纠纷，规范市场交易行为，维护正常的市场经济秩序。

由于措施有力，管理到位，市场既规范了经营者的交易行为，又有效地制止了假冒伪劣药材进入市场，净化了经营环境。1998年6月11日，国家卫生部中国中药材专家金世元，中国中药材副研究员刘宝玲到玉林市中药材市场进行暗访，在市场中没找到一例国家禁止在集贸市场出售的70种中药材和假冒伪劣中药材，金世元专家感叹地说：“没想到你们这个市场这么繁荣，没想到你们这个市场管理得这么规范，没想到你们这个市场没有假冒伪劣药材和国家禁止在集贸市场买卖的中药材出售。”玉林市中药材专业市场自1988年开业至今，尚未发生过由该市场出售的中药材因质量问题引起危害人命安全的事故。

四、抓服务，增强市场凝聚力

玉林市中药材专业市场是集散地市场，集散地市场的培育发展巩固提高的困难要比产地市场大。特别是在国际经济形势滑坡，国内市场疲软形势下，尤为明显。目前，玉林市中药材专业市场比较繁荣。这主要是他们在增强市场凝聚力方面下了一定功夫，在抓好市场管理规范化的同时，侧重抓好市场设施的完善和服务工作，全方位为经营户提高优质服务，使经营者以市场为家，感受家的温暖，安心经营。

第一，完善市场设施，美化场容场貌。

近年来，该市场在市工商局的大力支持下，共投入资金100多万元，进一步修缮了市场的遮雨蓬、供电设施、供水设施、消防设施，对市场周边的栏杆、铁窗、楼梯扶手进行全新的喷漆，对市场大门口和办公大楼进行重新装修，使中药材市场面貌焕然一新。为经营者创造一个安全、舒适的经营场所。

第二，坚决贯彻执行了玉林市委、市政府提出的“一顶帽子主管市场，一个本子收费，一个公告牌监督”的决定，杜绝了过去多个部门进入市场乱收费、乱罚款、乱摊派的现象，减轻了个体工商户的经济负担。他们从大局出发，严格按标准规定去收费，做到不多收、不漏收、不巧立名目乱收，同时公开收费项目及其收费标准。以及贯彻执行市委、市政府以“三个有利于”为标准，实行“四放宽、五不限”发展个体私营经济的政策。

第三，提供信息服务。设立了玉林市中药材专业市场信息部，由4人组成，专门负责通过各种渠道收集和传递各种信息，目前已与全国24个省（市、区）32个大中城市建立了经济信息联系网络，每月按两期编印《玉林药市信息》，准确、及时、可靠地向经营户、客商提供全国主要中药材专业市场的供求信息，价格行情。1999年5月，购置了电脑、传真机，与中国药品监督管理局信息中心联网，并入国际互联网，实现了信息电脑化、程序化。

第四，运输服务。在该市场，由200多人组成了运输、搬卸队，实行登记造册，编组管理，挂牌服务。此外，健全了市场其他配套服务设施，如通讯、住宿、饮食、仓储保管、银行等10多个服务项目，既方便了经营户和客商，繁荣了市场，又带动了周边第三产业的发展，为2万多人提供了就业机会。

地　址：广西玉林市玉林镇中秀路27号

名　称：广西玉林市中药材专业市场

负 责 人：陈义超

联系电话：0775－3830802

E-mail：a2088@163．net

云南省昆明菊花园中药材专业市场

云南，地处西南边陲的红土高原。方圆39.4万平方公里。西南与缅甸、老挝、越南接壤。辖十七个地、州、市，人口4千万。少数民族众多，占全省总人口三分之一以上。除汉族以外，有51个民族，浓郁瑰丽的民族风情和人文景观，焕发出魅人的异彩。

云南，山奇水秀。高山峡谷交错，盆地湖泊星布，草原丘陵镶嵌，山川河流纵横。山地占百分之九十四。地势从海拔76.4米的南端河口市至海拔6740米的北端梅里雪山，寒、温、亚热、热带立体气候络贯其间，有“一山分四季、十里不同天”的景象。独特地理地貌及立体气候，天生造就了丰富的自然资源。古往今来，云南享有“植物王国”、“动物王国”、“药物宝库”的美誉。在全国3万种高等植物中，云南占了一半；野生动物种类居全国之冠。“百药之乡”的云南，中草药品种达6157种之多，为全国之首；还有品种数居全国第一的民族药1250种。地道名贵药材三七、彩云归、云黄连、云茯苓、肉桂、明天麻、砂仁、虫草等品种享誉海内外，是全国中药材主要道地药材产区之一。在云南大力发展“绿色产业”旅游业的同时，药用资源的开发与旅游业的开发具有互补性，药用资源开发具有可观的前景。

云南的首府昆明，四季如春，风光旖旎，游人如织。位于昆明市东的昆明菊花园中药材专业市场始建于1991年，于1996年通过国家一部三局（卫生部、国家医药管理局、国家中医药管理局、国家工商行政管理局）严格地全面考查审批，经验收合格后，跻身进入全国十七家保留中药材专业市场之列，成为云南省唯一进入该行列的中药材专业市场。昆明菊花园中药材专业市场凭借地域优势及省生物工程的扩展，在云南省经济发展中将进一步发挥举足轻重的作用。

昆明菊花园中药材专业市场位于昆明市两城区东郊路113—117号，紧靠320国道边，距进出云南省最大的铁路货运站——凉亭站仅1200米；向南经新民航路到昆明机场约1500米。方便快捷的交通运输方式覆盖全国，经1996年整体扩建，目前占地面积9702平方米，总建筑面积15900平方米；独立单间铺面284间，均采用防盗卷帘门，防滑地砖铺地。通讯线缆入户，保安昼夜24小时巡查。市场通道宽阔畅通，提供住宿、餐饮、娱乐一条龙服务，作为云南中药材经销渠道的龙头企业与全国十大药市建立广泛密切的计算机信息网络系统。

市场自创建至今始终沿着专业化、规范化的方向努力，稳健发展，始终贯彻“保证人民群众用药安全有效为己任”的经营宗旨。市场管委会不断完善管理责任服务体系，落实在管理人员的日常工作中，配合驻地工商、卫生药检、税务监督管理机制。营造公平、守法、诚实、信用的竞争环境，引入以人为中心的管理思想，作好纠纷调解、督促、引导工作。定期举行相关行业法律、法规培训，学习人员达千余人次，并且成立了“药商协会”。

市场致力于健全中药材质量保证服务体系，严格杜绝制售假劣药材，是市场药材管理检测中心的核心任务和日常工作，每日例检与上级药品管理部门不定期抽检相结合的质量检测制度，共同维护了药材市场整体药材品质和市场信誉。

市场目前经营户来自四川、安徽、湖北、甘肃、东北等十余个省区，经营者达600余人，参与经营人数达1200余人。经营的中药材品种达3000余种，以地产药材为主，兼有东南亚各国进口药材，地产滇药占50%，日成交量数十吨，成交金额数十万元，年成交额达4亿元，年税金450万元，完税率达100%，“三证一照”齐全。目前云南全省所需药材原料90%以上直接或间接由“市场”提供。

在云南大力发展“绿色产业”的同时，市场积极引导药商发展旅游产品开发、高附加值产品开发、药用动植物的种养殖，目前已有多家药商进行了成系列的旅游产品开发、保健酱菜的开发生产，以及在西山、安宁、曲靖等地建立了银杏、桔梗、板蓝根等药用植物种植基地。市场自身也制订了相应的发展计划，依靠中心城市的区位优势，与穷周边远地区相结合，合理利用穷周边远地区的特殊动植物药材资源，发掘传统医药秘方，进行高科技含量保健产品开发，带动穷周边远地区经济发展，宏扬中华传统中医药。

市场管理委员会以其现代化企业的组织结构，创立

“服务药商，弘扬中药材绿色产业”的经营理念，强化市场竞争意识，凭质量求生存，向管理要效益，响应“开发西部”的号召，抓住“18生物资源开发工程”的发展契机，加强云南特色药材的推广力度，走上规模、上档次的集约化、创新化经营的路子，开辟立足云南、面向全国、辐射东南亚的立体经营格局，使这绿色朝阳企业充满生机与活力，为人民群众的健康事业贡献一份力量。

联系电话：（0871）3315450　3344415
联系地址：云南省昆明市东郊路117号
联 系 人：王志堂
邮　　编：650041
传真、电话：（0871）3315373
电子邮件：kmmtcmm@public.km.yn.cn

河南省禹州中药材专业市场

河南省禹州市，因舜帝时大禹治水有功，则受封于此，故有“华夏第一都”之美称，战国时改为阳翟，金元为钧州，明清后遂称禹州。

禹州市地处豫平原过渡地带，区域面积1472平方公里，耕地118万亩，人口120万，辖8镇、14个乡、4个办事处。西北两面群山环抱，岗峦起伏，东南则百里平原，一望无际。独特的地理环境，不仅给禹州人民带来了丰富的原煤、铝矾土、瓷土等地下资源，而且也带来了取之不尽、用之不竭的地上宝藏。尤其中药材的种植、采集和加工历史悠久，地道药材禹南星、禹白芷、禹附子、禹粮石、密二花、全虫等以质地优良闻名遐迩。加之禹州北通汴洛，南达荆襄，交通发达。自春秋战国以来，一直是豫西的主要物资集散地。神医扁鹊、医圣张仲景、药王孙思邈都曾来禹行医采药、著书立说。孙思邈晚年病逝禹州后，当地百姓还为他捐资修建了药王祠，以做永久纪念。禹州被人们认为中国亘古中医药发祥地之一。在中原大地上，人们历来流传着“药不到禹州不灵，医不见药王不妙”的传说。

早在明朝初期，禹州已成为药商云集、行栈林立、货堆如山、药业兴隆的闹市。明太祖朱元璋曾诏令全国药商来此集结经营，使禹州形成了同当时的河北安国、安徽亳州、江西樟树齐名的全国四大中药材集散地之一。清朝康熙年间，已发展成为每年春、秋、冬三季定期的药材庙会；乾隆年间达到鼎盛。每逢会期，国内以至海外药商“内而全国22省、外越西洋、南洋、东及高丽、北际库仑，皆舟车转而到，衍溢附近六七八里，城内居民十之七八以此为生”。大街小巷招牌林立，无街不药行，处处闻药香，上市药材1100多种，全市经营中药材的行、棚、店、庄、铺、栈450多家，从事药材经营的辅助性行业，如检药、打包、荆编、糊盒、生产药械以及从事搬运的脚行也相应崛起，京广杂货、饮食服务、钱庄银号应运而生。并形成了以药材为中心的山货行、中药行、切药行和丸散业四大市场。

随着禹州药材集散地的不断发展，外地药商也纷纷来此开设药行，进行竞争，进而产生了行业和区域性质的行帮组织。其中主要有药行帮、药棚帮、党参帮、茯苓帮以及怀庆帮、老河口帮、汉帮、四川帮、宁波帮、江西帮、陕西帮、祁州帮等。他们为了显示自己的经济实力，不惜耗费重金兴建会馆。在城区的西北隅，至今还保留着呈品字型的陕西会馆、怀帮会馆和十三帮会馆等古建筑群，巍峨壮观，相映生辉。

禹州对中药材的分装、加工、炮制精益求精而久负盛名。如西北的当归，用竹篓混装而来，禹州药材行要选出甘肃岷山背阴坡所产的“十斤王”为上品，秦岭产的马尾归“没身子”为下品；厚朴要选湖北恩施和四川所产以土中根皮为上，干皮为次；昆仑棉芪要截头去尾，两头见刀。饮片加工，坚持按药材类型分为菲薄片、薄片、顶刀片、斜片、盘香片、蝴蝶片和厚片、嘴、段、丝块等12种形态。在包装上，按品种的贵重程度，分别用油纸、木箱、猪血封口。

至清末民初，由于战乱，禹州药市时有兴衰，逐渐萧条。到建国初期，部分药商外迁散布于全国各地。虽然禹州作为历史上全国中药材集散中心已是往事，但是固有的流通渠道一直没有完全废除，同时作为药都几百年的经验积累，在中药材经营鉴别、加工等方面留下了深厚的基础。

党的十一届三中全会以来，禹州市人民政府认真贯彻“改革开放”的方针，把中药材列入农副产品敞开购销，禹州又开始恢复它在全国中药材流通中的作用。1983年，市政协委员联名提出了“恢复禹州中药材交流大会和建立药材市场”的提案，提交市委、市政府批准实施后，中断30多年的禹州药市再度萌发生机。1984年泰盛隆、会源长等药行使用老字号首先开业，近两年时间，恢复新开药行二百余家，从业人员达2000人。中断40年之久的全国性中药材交流大会，也于1985年恢复，每年农历二月二举办一次，届时来自全国各省、市、自治区的国营、集体、个体工商户汇集禹州，荟萃各地名贵药材和各种剂型的中西成药，品种纷繁，无所不有，成交额达数亿元。1987年禹州市人民政府为解决网点分散，经营场地不足的问题，以优惠的投资条件，发动省内外药商集资，在城区东南部的郑（州）平（顶山）、许（昌）洛（阳）公路交叉处侧面，规划建设中药材专业市场。现禹州药市1989年9月试运行，1990年10月1日正式开业，名列全国十大药市前茅。药市总占地面积103亩，总建筑面积约15万平方米，累计建设投资7500万元，有四条纵横交错30米宽的大街，拥有三至七层经商楼187座，门店1000余间。药市现有药商500余家，从业人员包括农村剩余劳动力利用农闲跑单帮的有5000余人，上市药材品种2000余种，年成交额三亿元左右。随着市场的繁荣发展，到目前为止，已发展药材种植面积8万亩。

同时为便于管理，市里专门成立了"中药材市场管理委员会"，实行综合管理，统一收费、部门分成的原则，彻底解决多家、多层次收费和乱检查、乱干涉现象，并以服务为重点保障市场的繁荣和规范管理，为药户创造良好的经营环境。禹州药市自1984年恢复以来，逐渐形成了以下五大特点：一是门店固定常年经营，商户稳定；二是分级分档质量可靠，交易公平；三是品种较为齐全，注重地方中药材生产（野生药材资源1087种，适合大面积种植的300种，地道药材十余种，年药材种植面积五万亩）；四是具有经营药业的传统习惯，技术力量雄厚（现有老药工500余人，中药师以上职称200人）；五是地处中原，交通便利，南北交汇。

为进一步繁荣药材市场，振兴药业，促进禹州经济的腾飞，禹州市委、市政府经过缜密论证调查研究，决定在原药材市场基础上扩建一个占地300亩，全封闭管理的中药材专业市场，即禹州"中华药城"。该市场由中心交易大厅、经商楼房、服务小区、公共设施等四部分组成，总建筑面积25万平方米，总投资约1.5亿元。其中：中心交易大厅占地15亩，可容纳摊位5000个，投资约2000万元；三层以上的经商楼1600余间，建筑面积20.16万平方米，投资约6000万元；服务小区建筑面积2000平方米，投资约800万元；公用设施及其它设施投资约620万元。药市建成启用后，全市场所交易额可达15亿元左右，将成为融金融、通讯、学校等各种服务设施为一体的大型现代化医药专业市场。目前，该项目已进入实际操作阶段，2000年底建成投入使用。"中华药城"建成后，其规模与建筑风格在全国名列首位。

中医药事业以其所具有的特殊魅力和丰富的资源，随着世界"中医药热"的到来，在国内外愈来愈受到人们的重视，中医药事业的发展具有广阔的前景。但禹州药业的发展离不开广大药业同仁的支持与帮助。禹州市人民政府和全市一百二十万人民真诚地欢迎各界朋友到禹州中华药城考察和指导，并以优惠的政策、优越的投资环境、优质的服务、科学高效的管理，为国内外药业同仁服务。

地　　址：河南省禹州市药材中街62号
河南省禹州市中药材专业市场管理委员会办公室
电　　话：0374－8173030

园艺、花卉、盆景

中国花卉业发展概况与对策

一、发展概况

改革开放以来，中国花卉生产由花园、庭院、苗圃、花圃逐渐进入大田生产，从自养自赏进入到商品化生产，商品花卉生产、销售、消费发展迅速，花卉产业已经成为调整农业结构、增加农民收入、促进城乡两个文明建设的新的经济增长点，中国花卉业发展大致可以分为两个阶段：1979—1987年为恢复阶段，1988—2000年为快速发展阶段。“八五”、“九五”期间，花卉业被更多的人所认识和重视，不少地方结合发展“三高”农业，把花卉业作为调整农业结构、发展农村经济的重要内容和途径来抓，成效显著。主要有以下几个特点：

1. 花卉种植面积、产值、创汇成倍增长。据统计，1980年中国花卉面积不足1万公顷，1998年达到8.6万公顷，1999年达12.3万公顷。1986年生产鲜切花仅为600万支，1991年达到2亿多支，1998年达到211亿支，1999年达到27亿支。1991年盆花只有1.5亿盆，1998年达到11亿盆，1999年达到20.9亿盆。1999年中国花卉销售额和创汇额分别达到540多亿元和2.6亿美元。

2. 花卉布局区域化。中国花卉种植面积虽然较小，但目前分布则较为集中，传统花区立足优势，扩大规模；新区发展注重集中成片，初步形成了一批各具特色的花卉产区。江苏、四川、河北、云南、广东、福建、浙江、山东、河南等省已成为中国花卉的主产省，种植面积都在5万亩以上。昆明已形成主要鲜切花生产基地；珠江三角洲形成了盆花和观叶植物生产基地；海南、深圳成为主要热带鲜花和观叶植物生产基地；东北和西北地区主要成为球根花卉生产和繁育基地；浙江地区形成盆花和优良园林绿化苗木生产基地；上海成为香石竹种苗和鲜花生产基地。上海、北京两市不仅花卉消费增长迅速，花卉生产也形成较大规模。

3. 花卉产品多样化。花卉产品已由盆景和小盆花发展到鲜切花、盆花、观赏植物、草坪和传统盆景等五大类，初步满足了不同消费者对花卉产品的需求。近年来，鲜切花和盆花生产有了突破性的发展。商品盆景异军突起，年产量达数百万盆，其中部分产品已打入国际市场；盆栽花卉种类增多，观叶植物走上了主导地位。

4. 花卉产业系列化。市场发展迅速，花市、花店应运而生。据统计，1999年全国花卉批发市场已发展到2066家，花卉企业达20000多家，从业人员约120万人；花卉的科研开始起步；花器、花具、花药以及保鲜、包装等相关行业也得到发展。

5. 花卉格局多元化。花卉业的兴起与发展已不再局限于某一个部门、某一个地区和某一个行业，而是形成了以农业为主体，林业、城建、园林、水利、铁道等多部门竞相发展的格局。经营也由国有企业转变为国有、个体私营和合资企业共同参与的多元化形式。花卉的合资和外资企业也在迅速增加。

二、发展花卉业的重要意义

1. 发展花卉业可以促进农业结构调整，推进城乡一体化进程。要实现中央提出的两个根本性转变，农业要向科技要效益，向管理要效益，向优化结构要效益。农业结构的调整有很多路子可走，但以市场为导向，高科技、高产出、高效益、优质化是必由之路。花卉生产、销售、消费具有鲜明的特点，占地少、科技含量高、市场竞争强、效益高等等，都说明在农业结构调整中花卉业是一条重要途径。同时，发展花卉业，对于增加城乡就业渠道、促进城乡经济一体化具有积极作用。

2. 发展花卉业可以增加农民收入。目前，中国农村经济工作有两大目标，一是保证农产品的有效供给，二是增加农民收入。目前，农村市场全面进入买方市场，市场竞争激烈，农民增收难度加大。因此，必须扩展增收渠道，发展多种经营。花卉业是高投入、高产出的产业，国际国内又有很大的潜在市场，只要加强管理，开拓好市场，种花、卖花大有作为。

3. 发展花卉业可以促进精神文明建设。江泽民总书记指出：“花卉既是农业，也是艺术”，花卉是构筑现代环境不可缺少的特殊生命物质之一。种花、养花、赏花不仅可以修身养性、陶冶情操，提高人民生活质量、文化品味、思想素养，而且以花寄情、以花传情等等可以激发人们积极向上的精神。因此，花卉业兼具物质文明与精神文明双重意义的特殊产业，随着人民生活水平和质量的提高，花卉的需求会越来越大。

三、中国花卉业存在的主要问题

尽管近几年花卉业发展速度较快，成绩引人注目，但与其它国家相比，中国花卉业还存在许多问题，如不尽快解决，将严重影响花卉业的健康发展。

1. 信息不灵。花卉产区在农村，销区在城市，目前产与销之间主要通过一些经营性的公司以及花商来联接，生产者和消费者之间信息难以沟通。历史上花卉由于生产规模小，没有列入国家统计科目。有关数字也不规范、不准确。

2. 水平较低。单产和质量与世界水平有较大差距。以鲜切花为例，中国每平米产花量一般只有5080支，仅相当于国外的一半，就是引进的温室产花量也低于国外水平。在质量上，中国生产的鲜切花一般只相当于国际上的三级花。盆花种类少，产品不规范，造型差。

3. 科研滞后。科研滞后生产已成为中国花卉业向高水平发展的制约因素。中国从事花卉科研的单位并不少，但力量分散，成果也比较少，特别是新品种选育方面更是一个薄弱环节。

4. 供应失衡。产品周年均衡供应能力较差。一般来讲，在自然生产条件下，大部分花卉品种的花期集中在春秋季节，而人们对花卉的消费需求则相对比较均衡。春节是需花量最大的节日，但此时产花量最少。

5. 盲目重复。近几年，由于发展花卉效益较好，激发了农民以及社会各界发展花卉的积极性，但由于对市场缺乏了解，盲目发展和低水平重复比较突出。

四、发展花卉业的对策

1. 加强规划、计划，建立规范。国家花卉行政主管部门要根据中国的区域特点，搞好区域规划，形成区域化、专业化、规模化生产。国家和各级主管部门要建立花卉产品的生产技术规程、质量标准和检验规程，提高中国花卉质量。为了保证管理部门、企业和花农了解生产和市场情况，国家应建立健全花卉统计制度，并列入农业统计中，以利于国家对花卉的投资及企业和花农制定种植计划，减少盲目发展、无序竞争。

2. 完善技术推广服务体系。国家农业行政主管部门首先要充分利用中国现有农业技术推广体系，定职、定人，完善组织；其次要通过各种形式开展培训工作，使科研成果迅速传播给花卉企业、花农，提高花卉科技含量；第三，建立约束和激励机制，提高广大技术推广人员的服务意识。第四，建立完善的信息服务系统。目前，可以通过中国花卉信息网把全国花卉管理、生产、科研、企业联结起来，形成信息通道。

3. 加大科研与科技投入。国家应从提高农民收入，稳定农村经济发展的角度出发，在提高大田作物的生产水平的同时，对经济效益较好的花卉业上有所倾斜，使花卉科技水平进一步得到提高。

4. 完善市场营销体系，与世界花卉市场接轨。国家农业行政主管部门要加强市场建设与管理，统一规划，尤其是要学习发达国家的经验，逐步建立完善的销售体系，使高质量的花卉顺利地进入国际、国内市场。在市场体系营销建设中，要充分发挥花卉协会和花卉产业联合会等中介组织的作用，进行技术推广和服务，并在可能的条件下通过中介机构的组织，使企业之间加强联合，形成龙头企业和龙头市场。结合中国的国情，可以在各大城市建设大型批发市场，有条件可以尝试建设拍卖市场，通过对市场的规范化管理，提高花卉产业素质和水平。

5. 加强基地建设，形成规模化、专业化生产格局。国家可以拿出一定的资金，建立育种、良种繁育、良种生产、科研示范、市场示范等基地，在基地上运用高科技，集中力量进行协作攻关，提高花卉质量，提高生产和销售水平，以此来带动整个国家的花卉产业发展。

河南省洛阳市（牡丹）

牡丹是中国的传统名花，富丽端庄，艳冠群芳，素有“花中之王”之美誉。洛阳地处暖温带向北亚热带过渡地带，四季分明，温湿皆宜，栽培牡丹的自然条件得天独厚。隋时，洛阳开始种植牡丹；唐时，牡丹已大面积栽培；宋时，洛阳名园林立，牡丹栽培更是盛极一时，牡丹被称为“洛阳花”，遂得“洛阳牡丹甲天下”之定论。洛阳牡丹雍容华贵，清风傲骨，被誉为“国色天香”。千百年来，洛阳人民钟爱牡丹之情，种植、观赏牡丹之俗始终不渝。每年清明前后，牡丹绽放，流光溢彩，倾城赏花，留连忘返。“唯有牡丹真国色、花开时节动京城”，“花开花落二十日，一城之人皆若狂”，是洛阳人崇爱牡丹、观赏牡丹的生动写照。自唐以来，吟咏、描摹洛阳牡丹的诗篇、书画数不胜数；有关洛阳牡丹的优美传说，更是脍炙人口，千载流传。

新中国成立后，随着社会主义现代化建设的不断发展，牡丹越来越广泛地受到国人爱恋，将其尊崇为国花。周恩来总理曾说：“牡丹是中国的国花，她富丽堂皇，代表了中华民族泱泱大国的风范。”1994年，在全国性的评选国花活动中，牡丹被评为中国国花的唯一候选花。洛阳牡丹更因花硕无朋，艳冠群芳，而常被一些重大国事活动作为主要装点鲜花。在1997、1999年香港、澳门政权交接仪式的主会场上，均由专程从洛阳选送的牡丹进行装饰摆放。改革开放以来，洛阳市委、市政府把实施“牡丹战略”作为加快洛阳对外开放、经济发展和历史文化名城建设的重要举措，大力开展牡丹栽培技术研究和商品化种植。目前，洛阳牡丹已拥有姚黄、魏紫、豆绿、二乔、墨魁等610个品种，牡丹种植基地68处，观赏牡丹种植面积5000余亩，牡丹花期控制技术处于国内领先水平，牡丹产业化程度不断提高。每年都有数十万盆洛阳牡丹占领广州花市，并出口日本、法国、美国、德国、芬兰等20多个国家和地区。

1982年9月，牡丹被定为洛阳市市花。市政府决定，每年的4月15日至25日举办洛阳牡丹花会。1991年，河南省委、省政府把洛阳牡丹花会定名为河南省洛阳牡丹花会，成为全省对外开放的重要窗口。同时也成为与哈尔滨冰灯会、潍坊国际风筝会、自贡龙舟会齐名的全国“四大名会”之一。

从1983年起，河南省洛阳牡丹花会已成功举办了18届。18年来，按照“文化搭台，经贸唱戏”的办会宗旨，沿着市场化道路，年年求实探索，届届推陈出新，使牡丹花会从单纯文化娱乐节会发展成为融赏花观灯、旅游观光、经济贸易、对外交流和文化体育活动为一体的大型综合性经济文化盛会，吸引了无数中外宾客。18届牡丹花会，来洛的中外宾客达3760万人次，各项经贸洽谈和技术协作项目累计成交额达189.6亿元，其中利用外资7.8亿美元。

北京市门头沟区妙峰山镇（玫瑰之乡）

〔概况〕 妙峰山镇位于北京市门头沟区东北部，距市区35公里。辖区面积110平方公里，有自然村17个，总人口10960人。从事玫瑰花生产的有3个村，其中以妙峰山涧沟村为主，早在1975年就被北京市市委定为玫瑰专业村。

金顶妙峰山地处镇域北端，海拔1291米，是距京城最近的千米以上高山，又是北京市著名的自然风景区，历史上的宗教、民俗文化圣地。妙峰山盛产玫瑰花已有500多年历史，品种为本地长期选育出的重瓣紫红玫瑰，属中国玫瑰的优良品种。特点是：花瓣多层、花形大、颜色艳丽、香味浓郁、出油率高，油脂品位高，属甜香型，用途广泛。

妙峰山海拔较高，气候温凉，阳光充足，昼夜温差大，土层深厚而肥沃，富含多种矿物质，PH值为6.92，呈中性等，为玫瑰花生长提供了优越的自然条件。再有，这里种植玫瑰花历史悠久，花农世代相传，积累了丰富的种植经验，所以这里出产的玫瑰花久负盛名，成为京津地区重点食品企业必不可少的添加原料。

根据北京大学化学系、中国计量科学研究院张晓林等五位教授的论文分析，可以说明妙峰山玫瑰花精油品位是出类拔萃的。《北京大学学报》（自然科学版）1985年四期报导的有关专业论文中写到：“对我国有生产意义的玫瑰花重要品种妙峰山玫瑰花的头香成份做了初步分析。鉴定了53种化合物，有22种是过去在玫瑰精油中很少见到，这对改进玫瑰型的香料香精的研究将有一定的作用。”

〔生产现状与发展〕 全镇原有玫瑰面积1000亩，由于地处高山，干旱缺水，年产量不稳。因此近些年加强了管理，使产量相对稳定在3万公斤左右，历史最高产量为5万公斤。现在直接销售鲜花和粗加工产品，年收入110万元。

妙峰山地区可开发栽植玫瑰花山地面积为12000亩。在1997年，请北京林业大学玫瑰专家程金水教授作指导，制定了妙峰山“万亩玫瑰开发规划”，并得到了市、区政府的大力扶持。由1998年春开始，三年中新开发栽植4000亩，现累计已达5000亩。为了稳定生产，已在涧沟村打成两眼深水井，计划发展1000亩节水灌溉园，现已建成200亩管灌玫瑰园。按规划，还要继续开发，最终实现一万亩规模。

开发目的：

1. 扩大特产规模，走产品深加工之路，形成产、加、销为一体的资源性产业。

2. 为妙峰山旅游业的持续发展增添新景观。

3. 将为本地区发展带来较好的生态环境效益和社会效益。

新开发的4000亩玫瑰园相对集中连片，整地质量好，达到了水土保持标准。统一为水平阶式梯田，已形成壮观的高山玫瑰园场面。三年后可陆续开花，产量可年年递增，待完成万亩规划并生产后，年总产鲜花可达100万公斤以上。

〔综合开发与加工销售〕 妙峰山玫瑰一身是宝，目前主要应用如下领域：

1. 日化

从玫瑰花中提取的玫瑰油是以香水为代表的高档化妆品的重要原料。在提取精油过程中的一些副产品可用于洗涤剂、消毒剂和其它日用化工产品。目前镇政府已请进化工专家在研究提取精油新技术、新工艺，已取得初步成果。

2. 食用原料、添加剂

利用玫瑰独特的香甜气味，可用于制茶；酿制玫瑰露、玫瑰酒；淹制玫瑰酱、制作高档糕点，还可用于香型饮料。

现在镇政府已和天津酒厂达成联合协议，准备在本镇建立玫瑰酒厂，生产国内销售的高档玫瑰露，市政府已批准立项。

3. 医药

玫瑰的根、茎、花均可入药，有理气活血、杀菌收敛作用，主要用于研制治疗心血管疾病和肝脏疾病用药。

近几年，全国已有几家大型制药厂前来妙峰山包销玫瑰花，只因产量少，不能满足要求。其中武汉第六制药厂反馈信息：妙峰山玫瑰花制作治疗肝脏疾病用药效果最好，他们的“神农保肝液”主要成份就是玫瑰花。

目前国内玫瑰花产区都是以出口干花蕾为主，为发达国家提供原料。

4. 观赏和改变生态环境

玫瑰花是深受人们喜爱的观赏花卉，素有“花中皇后”之称，不仅可大量用于鲜花礼品，还可广泛用于林园、社区、景区美化、绿化。镇政府已在妙峰山建立玫瑰品种观光园，引进全国各地玫瑰品种23个。在开发建设中的万亩玫瑰已开始接待游人，待万亩玫瑰花开发完成后，该镇将举办北京大型玫瑰节旅游活动，为京郊旅游业添光增彩。

总之，该镇要立足本地资源优势，利用好依托首都科技信息发达，依近北京大市场的双重优势，开拓京郊玫瑰观光、休闲旅游市场，形成妙峰山宗教民俗旅游与玫瑰旅游两大特色，推动旅游业和地方经济的进一步发展，力争21世纪初把该镇玫瑰园区建成观光、旅游、生产、加工为一体的高科技、高效益的特色农业园区。

河北省

〔概况〕 河北省花卉生产历史悠久。有史记载固安县的南王起营村自清朝起就向朝廷进贡月季，柏乡县汉代就有牡丹栽培；保定、邢台等市县的花卉生产历史也可追溯到几百年以前。特别是改革开放以来，随着国民经济的快速发展和人民生活水平的不断提高，古老的花卉业又展现出新的生机。为了适应形势，促进花卉业的发展，1996年底河北省的花卉行业主管部门进行了转换，由原来的省农业厅转换到林业部门。在省委、省政府的正确领导下，河北省花卉业呈现出较快的发展势头，其主要标志：一是生产规模迅速扩大。目前，全省花卉种植面积已达10万多亩，年产值8亿多元。分别比1996年增长2倍以上。二是多种门类齐全，鲜切花、盆花、园林观赏苗木和草坪等协调发展。三是基地建设成效显著。兴建了一批具有一定规模的花卉生产基地和集中连片的花卉生产地。其中，被国家林业局和中国花卉协会命名了四个国家示范基地和三个中国花卉之乡。四是花卉市场建设初具规模。目前，全省花卉市场和花店已发展到696家，相当于1996年末的7倍，有三家花卉市场被命名为全国重点市场。覆盖全省的统一、开放、竞争有序的花卉流通网络正在逐步形成。五是科技含量逐步提高。近年来，先后从国内外引进新铁炮百合、西洋杜鹃、球根秋海棠等几十类上百个品种，有些品种经过几年的探索和开发，已居国内领先水平。六是对外开放取得实效。通过积极参加国内外重大花事活动和各种参观培训，学到了经验，宣传了河北。在'99昆明世博会期间，由林业厅组织的室内展取得了6金、16银、22铜的优异成绩，奖牌总数居全国第四位。其中，花卉获奖牌22块，占全部获奖总数的50%。

今后花卉业发展的基本思路是：以市场为导向，以良种优法为突破口，以科技进步和对外开放为战略举措，发挥区位优势，突出地方特色，坚持以经济效益为中心，扩大规模、提高质量、提高市场占有率，强化名牌意识、强化改革力度、强化经营管理、强化产业化经营。

主要目标是：到2005年，全省花卉种植面积达到20万亩，年产鲜切花2.5亿支，盆花、盆景1.5亿盆，观赏苗木5亿株，年产值达18亿元。到2010年，全省花卉种植面积达到25万亩，年产值达25亿元。

一、花卉之乡、示范基地、重点市场名单

中国花木之乡	河北省固安县牛陀镇
中国花木之乡	河北省馆陶县寿山寺乡
中国花木之乡	河北省曲周县安寨镇
中国仙客来之乡	河北省石家庄市郊区振兴乡
全国花卉示范基地	石家庄郊区西三教花木基地
全国花卉示范基地	高邑县花木基地
全国花卉示范基地	琢州市林业局花木基地
全国重点花卉市场	石家庄郊区西三教花木市场
全国重点花卉市场	高邑县北方花木交易中心
全国重点花卉市场	馆陶县冀南花木市场

二、致富典型

1. 石家庄市郊区全区共发展集体、个体花木场56个，总面积达2880亩，产值6800万元，销售收入3500万元，纯收入1400万元。该区西三教花木基地是一家村办集体企业，通过几年的建设和发展，初步形成了集花木生产、营销于一体的大型场圃，现基地栽培面积达580亩，交易市场2万多平方米，花木存量200万盆（株），花木市价总值达2100万元，年实现销售收入1000多万元，纯收入达450万元。

2. 廊坊市固安县牛驼镇南王起营村有多年种花的传统。1994年该村成立了京南花卉第一村总公司，建立起一支80多人的营销队伍，组建了12支绿化工程队，实现了产供销一条龙。全村800多人口，1060亩耕地，全部种植园林绿化苗木，还从邻村租种3000亩地，目前该村绿化苗木种植面积达4000多亩，生产上百个品种，远销全国

24个省市自治区的320多个大中城市。年产值达4000万元，纯收入达1800多万元，仅靠苗木收入人均达3万元以上，走上了富裕之路。

3. 三河市林业局将花卉苗圃基地建设作为促进林业产业化进程加快林业经济发展的一项战略任务来抓，取得了明显成效。全市现有花卉苗圃面积8106亩，花卉苗圃经营户60多家，年出圃苗木280万株，实现产值6000余万元。其中该局下属花木公司拥有资产1000万元，生产面积300多亩，职工82人，年出圃各类花卉苗木30万株，承揽园林工程200—500万元，年创利税100万元。1999年被国家林业局和中国花协评为全国花卉生产示范基地。

4. 高邑县北方花卉交易中心，总投资1500万元，占地300亩，固定设施投资800万元，建成高标准展销大棚2座，占地1200平方米温室20座，是集花木生产、批零营销为一体的全天候综合生产基地和交易市场，现有各类花卉和园林绿化苗木300余种，日常存量400万株，年交易额1500万元，利税330万元。

5. 三河市燕郊园林绿化工程公司，主要以生产花灌木和承揽园林工程为主，现有花灌木种植面积1700亩，年产值1000万元，纯收入600万元。

6. 河北林业花卉基地——绿芳村园艺公司，现有鲜切花生产面积100余亩，年产鲜切花80万枝，种苗20万株，种球10万粒。年产值近100万元，销售收入120万元。

河北省固安县

〔**概况**〕 固安县地处京津之间，幅员面积698.7平方公里，有耕地65万亩，宜林沙荒地10万亩。辖5镇4乡、421个自然村，总人口39万人，其中农业人口36万人，是个以农业为主的县份。1999年国内生产总值完成25.5亿元，一产增加值9.68亿元，财政收入7363万元，农民人均纯收入3133元。近几年来，通过认真分析近临京津的区位优势，县北部宜林沙荒地较多，中部耕作条件较好，南部地热蕴藏丰富的资源优势，着力建设服务京津的五大基地（粮食、蔬菜、花卉、果品、畜牧），带动农业结构调整，目前，全县65万亩耕地，10万亩沙荒地。“253515”（25万亩粮食，35万亩瓜菜，15万亩果品花卉）的经营格局已经形成，农业内部结构趋于合理，粮食基地全县25万亩粮食达到吨粮田水平，优质小麦面积达到3万亩，主要品种有9507、9428等。瓜菜基地，按照“户均一亩棚，人均一亩菜”的奋斗目标，坚持“露地瓜菜与保护地栽培一起抓，大中小棚齐发展”的指导思想，全县瓜菜面积发展到了35万亩，其中日光温室大棚9.1万亩，1999年底，瓜菜总产量达到92万吨，引进的名优品种有珍珠西红柿，以色列甜椒、德国甜椒、彩色西葫、大棚桃等，推广了大棚滴灌温室沼气综合利用等先进技术。花木基地通过龙头企业带动，逐步由露地花木向温室高档名贵花卉发展。全县花卉面积达到1万亩，品种1300多个。温室生产面积1500亩，果品基地，在稳定面积的前提下，通过调整布局，改善品质，提高果品的产量和效益。总产量达到7.1万吨，畜牧基地以发展肉牛、生猪为重点，重点推广了夏洛来、西门塔尔、皮埃蒙特、皮特兰瘦肉型猪等名优品种，肉牛饲养量达到了18.25万头，生猪饲养量达到了53.63万头，通过壮大五大基地规模，粮食、瓜菜、畜牧、花木、果品五个主导产业逐步确立，同时，建成了刘园、方城两个亿元市场，一个亿元龙头企业，农业产业化经营率达到32.9%。其中，蔬菜产业被省政府确定为首批22条龙型经济之一，花卉产业被列入省“百龙腾飞”计划，由于基地建设水平逐年提高，先后被国务院，省政府确定为国家第二批商品粮基地县，粮食大县，瘦肉型猪基地县，国家级秸秆养牛示范县，河北省万亩日光温室建设示范县，环京津蔬菜基地县。

〔**花卉生产**〕 1. 明确思路，确立花卉主导产业

随着农业结构调整的不断深入，县委、县政府经过调查研究，决定把发展花卉产业作为促进农业经济发展的战略措施来抓，该县生产花卉具有三个优势，一是区位优势，该县毗邻京津之间，北京、天津等城市的花卉消费趋于大众化、经常化，长江以北地区，较大规模花卉生产基地较少，花卉供需矛盾突出，这就为该县发展花卉生产提供了广阔的市场。二是交通优势。京九铁路，106国道穿越县境，交通快捷、便利。为花卉的运输创造了条件，三是资源优势，该县南部有108平方公里的地热资源，主要分布在牛驼、马庄一带，总储量13亿立方米，属一类富热田，井口水温高达86℃。丰富的地热资源，解决了冬季花卉生产所需温度的难题，确保了花卉能够周年生产。为此，县委、县政府抓住机遇，发挥自身优势，把花卉生产作为富民强县的主导产业来抓。通过几年的不懈努力，花卉生产水平逐步提高，龙头带基地，基地连农户的产业化格局正在形成。

2. 典型引路，带动花卉产业化

该县牛驼镇南王起营村被人们誉为京南花卉第一村，全村120户，530口人，该村历史上具有种花养花的传统，实行联产承包责任制以后，县委、县政府认真贯彻党在农村的各项方针、政策，鼓励农民积极发展多种经营，为南王起营村花卉生产创造了良好的环境，花卉生产得到了快速发展。目前，该村1060亩耕地，全部种植花卉，且外租土地3000亩，花卉总面积达到了6000亩，品种已达200余种，远销全国22个省、市、自治区。近二年来，正

在向周期长、效益高的花木和城市美化苗木发展，雪松、红叶小波、石榴树、云杉、法桐、合欢等城市美化苗木已形成规模生产，大大提高了经济效益，同时在全国大中城市建立了30多处信息网点，时刻掌握全国的供求信息和价格情况，以指导花卉生产、销售。依靠花卉生产，南王起营致富达到了小康，全村人均纯收入超过万元，安装电话84部，成了远近闻名的富裕村。为促进全县花卉产业化发展，该县充分发挥典型带动的作用，通过电视宣传、广播、组织群众参观、技术讲座等多种方式，对全县广大干部群众进行引导，带动了周边20多个村的一大批专业户从事花卉生产。

3. 龙头牵动，促进花卉产业化

为把千家万户分散经营的花卉生产有效的组织起来，架设起农产进入市场的桥梁，该县充分利用南部丰富的地热资源，积极培育龙头企业，目前，比较典型的龙头企业有四个：一是固安大成花卉有限公司。该公司占地100亩，于1997年正式投产，建有26栋日光温室大棚，利用地热资源种植高档名贵花卉，生产切花、盆花、石竹等，盆花有仙客来、凤梨、杜鹃、海棠、仙人球、凤仙等60多个品种，年产各种切花120万株，盆花50万盆，产值560万元。1999年，又投资80万元建造了1000多平方米的花卉展销大厅，集生产、销售为一体，成为天成花卉公司对外开放的窗口。为推动全县花卉发展，该公司还利用优越的地热资源，生产高档玫瑰种苗，向花农提供种苗、技术，并收购成品苗，以带动农民增收致富。二是固安波园花卉开发有限公司。该公司是广州市波园花卉公司与固安春意园百亩切花厂联合创建的，占地50亩，总投资1000万元，主要生产设备有进口荷兰的现代化玻璃温室一栋，占地10000平方米，该温室通过电脑控制，具备自动调节温湿度、自动浇水、喷雾、滴灌、自动遮荫、自动喷药，除治病虫害等功能。为扩大生产规模，棚中实行立体种植、生产凤梨、杜鹃、蔓绿绒类等南方荫生花卉85万盆，产值达到2700万元，1999年又进行了二期工程建设，修建了1000平方米的蓄水池，建造了两栋日光温室，用于南方花卉的中转保存，该公司被廊坊市委、市政府确定为全市农业产业化经营示范园。三是马庄镇太阳宫园艺场。马庄镇利用地热资源，大搞内引外联，与北京太阳宫园艺场签订了租赁经营合同，北京太阳宫园艺场主要是利用马庄镇地热资源培植鲜切花。建有温室大棚55个，安装了滴灌设备，引进荷兰玫瑰、马蹄莲等十几个切花新品种，占地215亩，建有温室大棚137个，效益超过百万元。四是马庄镇花卉种苗示范基地，由国家经贸委苗木花卉种子公司在马庄镇辛房子村独资的花卉种苗基地，总投资3000万元，占地140亩，主要是利用辛房子村地热井生产花卉林木种苗。同时，由该公司无偿提供花卉籽种，在该县繁殖后将籽种返销给苗木花卉种子公司，力争经过一、两年努力将其建成北方较大的花卉、苗木及花卉籽种生产基地。

〔今后的思路〕 总的看，该县花卉产业在基地规模，花卉品种、产品档次等方面，还是刚刚起步，今后该县将按照发展花卉产业的总体思路，大力扶持龙头企业，加强基地建设，充分发挥其带动作用，引进推广先进的管理技术和名优品种。当前要着力抓好花卉市场建设，以牛驼镇南王起营为依托，建设华北地区规模较大的花卉集散地，逐步使花卉产业成为该县富民强县的优势产业，以更好的促进农业经济的快速发展。

中国民间凤仙花种质资源中心库（黑龙江省阿城市）

〔历史简介〕 该种质资源中心库原称“小凤仙花铺”、“阿城市凤仙花卉养植部”。其拥有的中国民间凤仙花品种之多、品种之奇，在国内乃到世界尚属首家。该中心库位于黑龙江省阿城市。其经营者数代人自清朝以来共百余年里，最初是在瓜田垅间及庭院栽种凤仙花，到了1966年，“文革”动乱，花卉被当作“封资修”遭铲除。为了保苗留种，现经营者的祖父以鲜血和生命为代价保护、留传了如“香桃”、“金镶玉嵌”等凤仙花若干个品种。以后春季播种于深山老林，夏秋去收种。到了1972年才又敢暗中在菜园里种几株传种。左邻右舍及外省市的亲朋好友见花漂亮，纷纷索种。在无偿赠种传播的20余年里，累计付出种子数十公斤，超百万粒，使祖传凤仙花在南疆北隅静悄悄地开放。1997年，经工商局注册，成立了“小凤仙花铺”，1998年易名“阿城市凤仙花卉养植部”，2000年更名为“中国民间凤仙花种质资源中心库”。两次更名易号，说明企业两年上了两个台阶，现已初具规模。

〔经验和成就〕 为了寻求珍奇品种，虽然走遍长城内外、大江南北，或出重金收购，但所引进的品种表现性状不佳，均被淘汰，仍然坚持以往的定向杂交育种试验，取得了品种的多株型、多姿色，使花色品种由原始的3种演变出7色系20余种，而且仍在不断地涌现新奇品种，仅2000年育成的新品种就有“紫玉”等4种。这是经三代人漫长岁月的反反复复、呕心沥血、共同努力的结果。

〔成绩和荣誉〕 经《中国花卉盆景》杂志1999年1—2期载文、彩照介绍及2000年第1期文章和整版彩照的特别推荐；经2000年各花卉类杂志第1期的彩版广告推介以及昆明世界花卉园艺博览会《世界园艺之窗》的彩版展示，资源中心库凤仙花引起国内外凤仙花爱好者的极大兴趣及专家学者的关注与鉴评。部分品种经试种者栽培后反响强烈：祖传香花凤仙是盆花瑰宝，植物熊猫，是中国稀有，世界园林中绝无仅有的精粹奇葩。感谢中国民间凤仙花种质资源中心库数代人的艰苦努力，为挽救中国民间濒临灭绝的珍奇品种凤仙花物种资源和新品种的杂交育成做着默默无闻的工作和牺牲，这是对中国乃至世界园艺界的重大贡献。许多试种者在信电中赞美："多少年没看到这么美的凤仙花了！""非常漂亮！""祖传凤仙，艳丽非凡，真是名不虚传！"这主要是其盆栽小巧丰满，地栽繁花如锦，株高与冠经为1比1，具开花早（从播种到始花仅40余天）、花期特长（始花后连续开花、不经霜不枯）、丰花（一株可同时绽花数十朵）、大花特重瓣（单朵花径最大8至10厘米，单朵花瓣最多有50至100余瓣）的珍品特征。在7色系20余个品种中，更有一株可开花4至10种不同花色、花形，而一朵花中又有开花2至4种颜色，一个花枝同时绽放多个花色的花朵及不同枝杈长着各不相同的花色花朵之神品（如彩图中的"五福临门"、"金镶玉嵌"、"白绢绣花"等，附后）。此类品种与其它品种一样，遗传基因基本稳定，乃天造地设之功，绝非嫁接之类的人工假造之力所能及。

中国两院院士、北京林业大学教授陈俊愉在2000年7月20日给育种者写的亲笔信中写道："收到的凤仙种子已开花，其中1号'白边康乃馨'表现特好。"

〔**发展规划**〕　企业已经完成了资本金的原始积累，为今后的滚动发展奠定了坚实的基础。今后的发展思路是：坚持杂交育种的科学实践，为中国乃至世界培育出更多新奇特品种的凤仙花，使祖传诸品种凤仙花这一宝贵遗产发扬光大。学习清朝乾隆年间的本草学家赵学敏（其不辞劳苦，栽培、专著各品种凤仙花达183种之多），为减少中国境内现存的凤仙花品种的自行泯灭、保护繁衍凤仙花的珍稀品种的种质资源而做出更大的努力，为祖国的观赏园艺界的物种繁荣做出更突出的贡献。具体措施是：

（一）加强基地建设。购置一处配套设施齐全的凤仙花专类育种基地，以加强企业后劲。

（二）专类专管。从播种育苗、栽培管理，到采种销售，严格实行品种分类，以提高品种质量。

（三）扩大企业宣传力度，从报刊媒体向国际互联网延伸。配置电脑等设备。

（四）在繁育常规种子的同时，设想在国内外寻求一家可信赖的合作伙伴（能培育出自己的杂交亲本和杂种一代种子的部门或公司），用取得品种专利权的品种或尚未公开面世的保密品种（如："霞光万道"、"仙女散花"等）开发出更加美好的凤仙花，使合作双方都取得乐于接收的经济效益。尤其渴望得到有关部门的鼎力支持与保护。

（五）著书立说。在祖传凤仙花的品种数量达到一定的峰值时，结合古人、专家学者与祖辈的经验和近年来的育种实践和品种繁育记录，在适宜的时候编著出版一部图文并茂的《新凤仙谱》。

中国民间凤仙花种质资源中心库
联系地址：黑龙江省阿城市延川邮政所
邮　　编：150300
联 系 人：李玲玉
电　　话：0451-3741244

江苏省

〔**著名园林**〕　1. 拙政园

位于苏州城区东北隅，占地约72亩，以水景著称。水乡之情，山林之趣，兼而有之，具有简朴开朗、淡雅天真的自然风格。拙政园始建于明代正德四年（1509），当时辞官回乡的御史王献原将自己的园林题作"拙政"。园中有远香堂、枇杷园、绿漪亭、半亭（宜两亭）等有名的景点，为全国四大名园之一。

2. 留园

创建于明，初名涵碧山庄，重建于清，为全国四大名园之一，以建筑结构精巧见长。分中、东、西、北四景区。中部以山水见长，东部布局紧凑，可比为《红楼梦》中的大观园。冠云、瑞云、岫云为著名的留园三峰，其中冠云峰相传为宋朝花石纲遗物。西部和北部是山区和田园风格，四区以曲廊相连，一步一景，连绵1000多米。

3. 无锡鼋头渚

为太湖第一佳境。主要景观有鼋头春渚，充山隐秀、鹿顶迎晖、万浪卷雪、三山映碧、湖嶂意等。鼋头渚园林，以天然风景为主，人工修饰为辅。园林布局依山傍水，别具一格，是观赏太湖风光比较理想的地方，园内还有江南兰苑，全国的兰花精品都汇集此园。

4. 南京莫愁湖

以典雅幽静、湖水碧澄具有江南园林特色而名扬遐迩。莫愁湖是因莫愁女在此居住过而得名的。公园内，有郁金香、湖心亭、六角亭、荷香水榭、海棠园、露天剧场等。荷花厅内，一池碧水，簇拥着一尊2.1米高的汉白玉雕塑的莫愁女像。

5. 镇江金山

位于镇江市西北角。环绕山体有建筑宏伟的金山寺，把山与寺融为一体，为金山增色不少。历史上一向有"焦山裹寺、金山寺裹山"之说。金山寺为东晋时所建，寺院主要建筑物有楞枷台、观音阁、留云亭和慈寿塔等。山上有古法海洞和白龙洞，古代神话《白蛇传》中的"水漫金山寺"讲的就是发生在此地的故事。

6. 扬州瘦西湖

位于扬州城区西北，其自然风光带和古典园林群南起北城河，北抵蜀岗脚下，现有游览面积52.8公顷，其中陆面43.09公顷，水面9.71公顷。瘦西湖湖面狭长，碧如玉带，逶迤曲折，清瘦秀丽。十里湖光中，大虹桥、长堤春柳、徐园、小金山、吹台、五亭桥、白塔、二十四桥等主要园林景点逶迤相接，宛若一幅山水长卷。景色幽丽、宜晴宜雨，较之杭州西湖别有一种风致。这种由许多座园林组成的连续园林群不仅在全国绝无仅有，在世界上也十分罕见。因而被列为国家级重点风景名胜区。

7. 个园

为扬州最有特色的古典园林。个园之“个”字，乃“竹”字之半，且状似竹叶，故以此名园。园内修竹万竿，幽兰飘香。园门两旁翠竹挺拔，石笋参差，春意盎然，构成一幅以粉墙为纸，竹石为绘的天然春景园，竹旁点放的石笋，仿佛雨后破土而出的春笋，使人联想到生机勃勃的春天景象。个园又是以石斗奇的著名园林，园内假山利用不同石种，分峰堆叠，体现四时景色，表达出“春山淡冶而如美、夏山卷翠而如滴、秋山明净而如妆、冬山惨淡而如睡”的诗情画意，故号称“四季假山”，给人以“游园一周，如度一年”之感。

〔花卉种植〕 1999年是江苏省花卉继续保持良好发展势头的一年，全省总种植面积从1998年的16.5万亩发展到21万亩，其中：观赏苗木15万亩，产量2.7亿株；切花切叶4000亩，产量5000万支；盆栽植物21780亩，产量5000万盆（盆花3087万盆、观叶植物1865万盆、商品盆景50万盆）；食用与药用花卉类3000亩；草坪27525亩，共产草坪16975千平方米；种子（苗、球）类2820亩，年产种子15360千克，种苗130万株、种球2460万粒。全年实现花卉销售收入达10.5亿元。

主要种植的花卉苗木种类有：

①观赏苗木类：黄杨、龙柏、雪松、蜀柏、香樟、广玉兰、冬青、红枫、梅、桃、桂花、红花檵木、女贞等；

②鲜切花类：鹤望兰、百合、非洲菊、菊花、月季、唐菖蒲、香石竹、满天星等；

③盆花类：菊花、杜鹃、茶花、月季、一串红、万寿菊、矮牵牛、三色堇、鸡冠花等；

④观叶植物类：万年青、苏铁、龟背竹、棕竹、富贵竹、发财树、巴西铁、红宝石等；

⑤盆景类：罗汉松、五针松、水杉、银杏、黄杨、六月雪、金钱松、贞柏、龟甲冬青等；

⑥草坪类：高羊茅、马蹄金、马尼拉、天堂草、狗牙根等。

〔名花名草〕 江苏省是全国花卉重点产区之一，花卉种植历史悠久，花卉种类繁多，植物资源丰富，有许多的传统名花，如扬州的琼花、芍药；江都曹王的五宝杜鹃；常州月季；南通菊花；南京梅花；靖江兰花；苏南地区的香花系列如白兰、茉莉、米兰、含笑、桂花等；还有南京的雪松、龙柏，苏州的香樟、广玉兰都久负盛名。近几年来，随着花卉业的不断发展，涌现出一批名优花卉品种，如苏州的鹤望兰，宜兴的比利时杜鹃，句容的草坪在全国已有一定知名度。

〔'99花卉节〕 1. 苏州虎丘艺术花卉节

苏州虎丘艺术花卉节于每年的3月—6月如期举行。花卉节以牡丹、芍药、郁金香、洋水仙、杜鹃、百合为主展花卉，配以风信子、银莲花、彩色马蹄莲等球根花卉30个品种，展出总数量达23万盆之多。布展面积12000m²，以“世纪末的浪漫春情”为选景主题，采用交响乐的构思，将花卉节的布景划分为五个乐章，用诗化的想象和艺术的表现手法，将春天与希望、浪漫与现实景点和鲜花交汇成“世纪末的交响曲”，营造如歌如画的醉人氛围。为活跃花会气氛，扩大花会影响，提升花会品位，期间还穿插点缀了插花比赛、摄影比赛、征文比赛等丰富多彩的活动，使花卉节有声有色。

2. '99欧洲花卉展

阳春三月，南京中山植物园举办的'99欧洲花卉展汇集了从欧洲各著名植物园引进的花卉优新品种，如：丰艳典雅的风信子，亮丽娟秀的洋水仙，娇妍绚烂、优雅端庄的郁金香等一批世界著名球根花卉40多种20万余株（盆），并配以数万盆色彩缤纷的时令花卉，组成了一组浓郁而迷人的欧洲风情和春色明媚的动人景观，使植物园物种更加丰富，景观更加优美，成为花的世界，花的海洋，为市民休闲和游览的绝佳去处。'99欧洲花卉展集科学与游览性为一体，内容详实，形式多样，同时举办的多种相关游园活动，寓教于乐，给人以美的享受，也为广大市民欣赏大自然的神奇美妙开阔眼界，提高艺术鉴赏水平提供良机。

3. '99南京花卉苗木交易会

9月26日—10月6日，由江苏省花协，南京市园林局，市绿化委员会联合主办的'99南京花卉苗木交易会在南京花卉市场举行。交易会历时10天，有来自上海、湖南、广东、安徽、浙江及法国、美国等地客商110余家参加，展品涉及花卉、苗木、园林机械、温室设备、干花、花肥（土）等达280余种，交易会期间气氛热烈，共有来自全国各地的4万人参加此次活动，10天成交总额达300万元，收到了很好的社会效益和经济效益。

4. 江办省第十一届盆景艺术展

由江苏省花木协会盆景专业委员会主办，如皋绿园和扬州竹西公园承办的江苏省第十一届盆景艺术展于1999年9月26日—10月5日分别在扬州、如皋举行。展览分设两个会场同时举行，其参展人员踊跃，参展作品数量达300多盆，盆景质量也较往届高，共评出金奖11个，银奖32个，铜奖39个。通过举办盆景艺术展览，互相交流，提高盆景制作技艺，进一步推动该省盆景事业的发展。

〔**科研项目**〕 1. 组织实施花卉新品种更新工程项目，重点引进了叶（色）相观赏苗木、盆栽花卉、球根花卉、温室花卉等方面的花卉新品种种类50余个，并逐步开展了驯化、筛选和扩繁推广工作。

2. 开展了盆栽花卉轻基质栽培；球根花卉种球采收与后熟分化处理技术；日光温室切花高效栽培与环境控制技术和全绿性无土草毯周年生产技术的试验与推广。

〔**管理措施、政策法规**〕 花卉业是一门高投入、高产出、高风险的新兴产业，江苏省各地政府部门在大力发展农村经济的同时，也认识到发展花卉业的重要性，采取了相应的政策与措施，保护和扶持花卉业的发展。

在管理方面：主要是强化基地建设，实现区域化、专业化、规模化生产，立足高标准，依靠高科技、实现高效益；着力培育龙头企业，向外开拓，搞活市场流通，提高产业化经营水平。

在政策法规方面：由于各地对发展花卉业的重视程度不一，因此出台的优惠政策也因地制宜。目前全省只有沭阳县出台优惠政策，其它市县正在酝酿争取之中。

沭阳县：从土地承包，费用征收，资金扶持等方面实行倾斜和优惠，对花卉面积5亩以上大户免征定购粮，减免部分义务工和劳动积累工，对承包百亩以上耕地的花卉种植大户和单位，由银行按实征收农林特产税的2-3倍和实收增值税的等额发放一年期贷款，由乡财政贴息。

江苏省如皋市

如皋位于长江三角洲，气候温和，雨量充沛，光照充足，无霜期较长。境内水系畅通，地理位置优越，水、陆、空交通便捷，是中国花木、盆景的主产地之一。该市养花置景的传统起源于北宋、成熟于明清。现存市人民公园的古桧柏“蛟龙穿云”盆景，相传为北宋著名教育家胡瑗（字安定）“柏园”中遗存的珍品。早在明朝末年，城西乡顾庄村刘字园曾以栽培花木闻名于世，并形成独具风格的“一弯半”、“两弯半”、“三弯半”盆景。加快发展该市花木生产，推进花木产业化经营是促进如皋园艺业和农村经济持续稳定健康发展的重要举措，是实现广大农民致富奔小康的有效途径。为充分合理利用、开发花木资源，优化布局和品种结构，提高花木生产的整体水平和能力，进一步增强市场竞争力，结合如皋花木生产的实际情况。在调查研究的基础上，初步制定如皋市花木产业化经营发展规划。

一、全市花木生产的现状

改革开放以来，特别是90年代以后，通过推进结构调整，如皋花木生产得到快速发展，为发展农村经济作出了积极贡献。纵观当前花木生产发展态势，主要呈现出四大特点：一是产业基础和特色优势基本形成。目前全市花木生产面积已发展到2000亩，其中草坪1000余亩，栽培品种近1000个，形成了年产8000多万株绿化苗木、300万盆盆景的生产能力。全市有花木专业户1.1万多户，从业人员2万多人，户均花木销售额超过万元，人均收入达到2000元以上。城西、大明、邓元3个乡镇以及顾庄、许庄、纪庄、王巷等10个村已发展成为花木专业乡村。原城西乡、大明乡花木面积均已达到7000亩，城西乡顾庄村已达到900亩；二是品种结构趋于合理，科技含量提高较快。几年来，根据市场需求，通过不断调整花木品种结构，积极引进市场适销对路的新品种，花木生产逐渐向品种区域化、生产规模化发展，基本形成了一个基地一个品种，一个村一个特色，规模效应、特色效应初步体现，花木生产的科技含量不断提高，增强了花木在市场上的竞争力。城西乡石桥村的桂花、顾庄村的罗汉松盆景、邓元苗圃的绿化苗木、大明乡东长庄、西长庄的草坪等一大批区域性生产基地的框架基本形成。大明乡的“如皋市草坪技术研究所”、如皋绿园的鲜切花基地、相当一部分农户苗圃的设施栽培，加快了花木盆景新技术、新成果的推广应用。近年来，全市还引进了龟背冬青、红花檵木、金叶女贞等新品种，建立了良种小苗繁育基地，使品种结构、生产布局更趋于合理，科技含量不断提高。三是龙头企业、花木市场、农民经纪人带动的效益显著，产业化经营格局初见端倪。如皋绿园、大明花木集团、邓元苗圃等企业在近几年的花木生产中，充分发挥了龙头带动作用，促进了花木生产的快速发展。在江苏花木城、十里花市的带动下，1999年全市花木营销额1.35亿元，其中江苏花木城、十里花市达1.2亿元，去冬今春实现花本成交额9000多万元。各地涌现出的500多名花木经纪人也为全市花木生产作出了积极贡献。如城西乡陆文清、大明乡薛文祥等，他们常年奔波于大江南北，祖国各地，将如皋花木盆景推向市场，取得了显著效益，全市初步形成了企业加农户、市场加农户、农民经纪人加农户的产业化经营格局。

但是，应该清醒地看到，该市目前花木生产还存在着不少薄弱环节和一些亟需解决的问题，主要表现在：一是品牌意识不强，优势不够明显。已经形成的如皋花木品牌优势没有得到很好地充分利用，园林设计资质较低，影响了花木市场的进一步开拓。二是集团化的花木运行机制尚未建立，经营管理不够规范。全市行业指导、调控能力较弱，形成不了合力；一些龙头企业虽然发挥了一定的龙头带动作用，但与农户、基地之间的协作关系不很紧密，带动力不强。三是品种结构不尽合理。一些市场前景广阔、适宜本地发展的品种发展缓慢，创新、包装意识不强。这些问题的存在，影响了花木产业化经营的进一步推进，成为制约如皋花木生产快速发展的障碍。

二、花木产业化发展构想

（一）指导思想

花木发展将按照产业化经营的要求，瞄准世界园艺业发展水平，继续调整优化布局，大力培植主导树种、品种，积极扩大生产规模，充分发挥龙头企业、花木市场和花木经纪人的带动带用，加大国内外市场开拓力度，以建设高科技示范基地为突破口，树立花卉苗木的形象工程，推动花木生产上规模、上档次，加快农村经济的发展。

（二）任务目标

1. 种植规模

根据传统优势、技术优势、市场优势，如皋花木发展以如城镇（原城西乡、邓元乡已于2000年4月并入如城镇）、大明乡为主，逐步向全市辐射，实现花木生产的跨越式发展，最终达到5万亩左右的规模。

(1) 2000年目标：在现有的基础上，如城镇扩大3800亩，大明乡1000亩，其它乡镇3000亩。2000年达到2.5万亩，全市花木成交额1.5亿元，出口创汇60万美元，重点乡镇人均花木收入1300元。

(2) 2005年目标：如城镇继续扩大4000亩，大明乡1000亩，其它乡镇5000亩。2005年达到3.2万亩，花木产值2.2亿元，出口创汇100万美元，重点乡镇人均花木收入1800元。

(3) 2010年目标：如城镇再扩大7000亩，总面积22000亩；大明乡1000亩，总面积8000亩；其它乡镇7000亩，总面积20000亩。2010年实现规模5万亩，产值3亿元，出口创汇150万美元，专业乡镇人均花木收入达到2400元。

2. 市场建设目标

该市现有两个花木专业市场，即江苏花木城、十里花市（含华东花木销售广场），1999年营销额1.35亿元。为了适应不断扩大生产规模的需要，一方面要不断强化现有市场的服务功能，完善服务设施，规范经营模式，提高经营水平；另一方面，依托204国道，将十里花市向南延伸，加快市场建设，增强市场的拉动效应。

3. 科技目标

从长远考虑，全市花木必须在新技术、新品种的应用推广上取得突破。一是加快设施栽培和特色苗木盆景基地的建设，到2010年全市设施栽培新技术推广面达到30%，科技贡献份额达到60%。尽快形成拳头产品，改变品种结构不合理的局面；二是充分发挥花木盆景协会生产的作用，及时将新技术传授给广大农民；三是加强与高等院校、科研院所进行花木盆景生产的研究与合作，创品牌、名牌。四是迅速提高资质，招聘科技人才，提高对外市场开拓的知名度。

（三）发展战略

根据花木生产的特点和如皋实际情况，进一步加快发展，花木生产从战略上将着重抓好5个并重。

1. 外延扩展与全面提高并重

该市现有的花木主要集中在如城、大明等部分乡镇，根据目标要求，外延扩展主要是形成“主导品种技术先进、区域特色优势明显”的“六条线、三大片”。六条线是新、老204国道线、如黄公路线、邓元乡公路线、大明乡茶庵村——邓里村线、西长庄村——贺坝村线、如石公路线。三大片是以城西绿园、花木城为主体的城西片，包括解放苗圃、红卫苗圃以及顾庄、许庄、纪庄等花木专业村，以花灌木、盆景、鲜切花为主；以大明花木集团公司为主体的大明片，包括草坪研究所以及王巷、大明、贺坝等花木专业村，以乔木、草坪为主；以邓元苗圃为主体的如海、如泰河堤片，包括邓元公路沿线的示范基地及葛庄、邵庄、孔庄三个村，以绿化苗木为主。在外延扩展的同时，还要注重全面提高，走好全市花木产业化经营的整盘棋。在“六条线、三大片”的带动下，花木生产要向区域品种特色、规模规范生产、设施栽培等方面发展，不断提高如皋花木生产的整体水平。

2. 重点建设与一般发展并重

花木生产与其它行业比较，有其自身特点：种植品种繁多，规格不尽统一，供求数量难以掌握，价格波动起伏不定，市场预见度较低。因此，该市在发展过程中既要做到长短结合，合理搭配，又要做到重点建设与一般发展并重，既要满足当前市场需求，又要立足于长远，发展市场潜力较大的品种。第一，在重点建设特色小区的同时，狠抓一般地区的发展，确定的生产区域或特色较为明显的地区要以村为单位，统一布局，以农户家庭为基础，分散生产，以一种或几种产品为特色，重点突破，走一户带多户、多户带全村、一村带多村、多村成基地的路子，加快区域特色小区的形成。积极引导新发展的地区和农户，瞄准市场特色，加快缩小与先进地区的差距，达到共同发展的目的；第二，在选择适销对路品种生产的同时，注意引进发展市场潜力较大的品种。现阶段市场行情好、效益较高的品种比较多，花灌木类有紫薇、桂花等10多种，行道树类有银杏、法桐等近10种，草坪有4—5种。要通过改进生产方式，推广新技术等措施，缩短生产周期，增加上市量，努力实现效益最大化。同时注意发展市场潜力较大的草花、盆花，丰富市场供应，确保花木产业化经营长久不衰。

3. 发展高科技示范基地与一般技术推广应用并重

科学技术的应用和科研成果的转化能极大地推动生产的发展。该市花木生产要立足长远，建设一批高科技示范基地，引进推广组织培养、无土栽培、激素调控、保鲜等先进生产技术和生产设备，加强培育新品种，有条件的要建成工厂化育苗中心，为农户和基地提供优良种苗，真正发挥市场导向、种苗供应、技术推广的作用。对广大农民在长期实践中积累起来的传统经验和技术，如盆景造型蟠扎技术等要有选择地继承，达到新老结合，互补应用的目的，从而进一步提高全市花木生产水平。

4. 龙头企业加快发展与带动千家万户并重

龙头企业在产业化经营中起着桥梁和纽带作用。在推进全市花木产业化经营过程中，要按照规模大、带动力强、科技含量高、外向型的要求注重培育龙头企业，引导龙头企业一头连接生产基地和千家万户，一头连接国内外市场，充分发挥龙头企业的“火车头”作用，推动花木生产的发展。要积极组建大龙头，形成集团优势，改变目前花木销售“内销无资质，外销无客户”的不利条件。

5. 开拓国内外市场与建设本地花木市场并重

市场开拓是扩大生产规模、拓宽销售领域的关键。花木生产要有新的发展，只有在开拓内外市场上下功夫。一是抓好本地市场建设，完善服务设施，增强服务功能，迅速形成良好的市场运行机制，切实加强对市场的有效监控和管理，积极吸引市内外客户进场交易，提高市场的吞吐能力和交易能力，为加快市场发育和稳定生产基地提供良好的条件。二是放手发展花木经纪人队伍。要积极引导，加强培训，提高组织化程度，充分发挥他们在市场和农户之间的桥梁作用，促进他们与市场和客户加强联系，在活跃流通、发展生产的过程中作出积极贡献。

三、实现花木产业化经营构想的主要措施

(一) 加大行政推动力度

一是充分发挥组织作用。招商引资，参与交流，争创名牌，提高知名度，是促进全市花盆景生产发展的重要举措。通过参展参赛、艺术交流、信息交流和业务交流等活动，充分利用国际、国内各种交流会、交易会、博览会等进行贸易洽谈、信息发布，不失时机地推销自己。二是充分发挥舆论宣传作用。全方位、多形式地运用广播、报纸、电视等舆论宣传工具，及时报道全市花木发展的特色、优势，积极争取在《中国花木盆景》、《中国花卉报》等国家刊物杂志上开辟专栏，定期报道花木产业化发展动态，扩大宣传范围，提高宣传效果。三是充分发挥引导作用。第一抓典型引导，以点带面，普遍号召，增强广大农户共同发展的意识。第二加强科技引导。依靠科技进步，改造传统工艺，不断适应市场需求。同时加强与高等院校、科研院所的科技合作，提高花木生产的科技含量和出口创汇能力，通过不断技改创新，加快优良品种的引进和先进栽培技术的研究和推广。重点发展园林绿化苗木和商品盆景，实现规范化、标准化、无土化生产。建立健全园林绿化苗木繁育体系，积极开展苗木标准化生产，提高产品质量。

(二) 制定优惠政策，推动花木生产向产业化经营发展

一是在土地流转、转让承包经营等方面给予优惠，充分考虑农民与经营者的利益，在新发展区域，三年内免征农业特产税。二是进一步规范土地流转程序，制定统一标准，鼓励花木大户通过土地经营权的有偿流转等形式，搞活经营权。三是对新开张的花木盆景经营户，免、缓交工商税收、管理费等，最大限度地为他们提供优惠宽松的发展条件。

(三) 多元投入，共谋发展

要加大对花木产业化建设的投入力度，调动多方面的积极性，努力建立投资主体多元化、资金来源多渠道的新型投入机制。一是引导花木大户和花木经纪人加大投入，加快重点市场建设，参与科技园区建设。二是以“十里花市”、“花木交易市场”等一批改建、扩建项目为契机，加大招商引资的力度，走共同开发的路子。三是鼓励龙头企业、花木经纪人等建立集观光旅游、试验示范为主体的花木生产高科技示范园区，市农业发展基金、农业银行按项目建设要求给予大力扶持，市计经委应作为开发项目上报，争取上级支持。

(四) 成立各类专业协会，发挥服务与调控功能

一是建立花木生产技术服务协会，协调组织生产和科技推广等。二是成立花木经纪人协会，发挥产品销售、市场调研待方面作用。将市场——经纪人——农户三者有机地联系在一起，以销售指导生产，以生产促进销售，增强辐射效应。

(五) 加强领导，层层落实责任制

如皋花木产业化经营发展规划实施的主体是原城西乡、邓元乡和大明乡，因此，乡镇党委、政府应根据全市发展规划，制定相应的分年度实施计划，组织专门班子，将任务目标分解到村、到人、到项目，建立考核责任制度，层层进行考核。市农业部门负责指导服务、督促检查，市级相关部门要密切配合，切实帮助解决花木产业化经营实施过程中的各种矛盾和问题，共同为如皋花木盆景的发展作出积极贡献。

浙江省

〔**花卉种类及产销**〕 浙江花卉产品种类繁多，按物

种分类有1230种，159科，417属；按其最终用途和生产特点，可分为切花切叶、盆栽植物、观赏苗木、食用与药用花卉、种苗种球用花卉等种类。1999年，全省花卉种植面积14625.88公顷，比上年增加11%，产品远销日本、东南亚、英国、法国等地。销售额达112571.5万元。其中切花切叶类种植面积309.37公顷，年销售量7712.69万枝，销售额11787.56万元；盆栽植物类种植面积1606.37化顷，销售量1539.97万盆，销售额11604.33万元；观赏苗木类种植面积8677.76公顷，比上年增加62%，销售量45288万株，销售额79997.61万元；食用与药用类种植面积2821.3公顷，销售额541.95万元；种苗、种球用花卉的种植面积676.96公顷，销售额6470万元。

〔著名园林〕 浙江著名园林众多，尤以坐落在杭州市西湖区的几处园林为最。

太子湾公园　位于杭州西湖西南角，相传此地曾是南宋庄文、景献两位太子的攒园，故有太子湾之称。该园始建于1988年，公园总面积80.03公顷。建园时，因山就势，巧妙地挖池筑坡使其地形高低起伏，错落有致，追求“自然拙朴”的个性特点。园中以西湖引水工程的一条明渠作为主线，积水成潭，截流成瀑，环水成洲，跨水筑桥。形成了诸如琵琶洲、翡翠园、逍遥坡、玉鹭池、颐乐苑、太极坪等空间开合收放相宜，清新可人的景点。春天，太子湾满园盛开绚丽多彩的郁金香，数十万株鲜花使这里成了花的世界。

柳浪闻莺　位于杭州西湖东南的清波门，为西湖十景之一。昔时，此地曾是南宋皇帝的御花园，从1959年开始，经过多年大规模的改拓建，现已成为一座占地17公顷的大型公园。全园分为“闻莺园”、“聚景园”、“友谊园”等4个景区。园内荟集了西湖垂柳、河柳、半垂柳、大叶柳等众多的柳树名品，与柳树配植的花卉皆色彩艳丽，卓越多姿，且多系名花如碧桃、樱花、海棠、玉兰、紫薇等，并建有占地0.27公顷，高13米的观赏鸟饲养笼。使整座公园装点得柳浪摇曳，繁花似锦，莺啼鸟啭。

曲院风荷　位于杭州西湖西北角，素以湖景、荷景著称，为西湖十景之一。从1980年开始，对景区进行大规模拓建，现已成为一座占地28公顷，以荷文化为主题的大型园林。全园分为岳湖、竹素园、风荷、曲院、滨湖密林等5个景区。园内亭、台、楼、榭布局典雅，荷花池面积占2.5公顷，种有红莲、白莲、重点莲、洒金莲、并蒂莲等珍稀名贵品种，成了赏荷的胜地。

三潭印月　位于杭州西湖中部偏南，与湖心亭、阮公墩鼎足而立合称“湖中三岛”，犹如古代传说中的蓬莱三岛，故又称小瀛州。小瀛州北宋时已成为湖上赏月佳处。明万历年间，取疏滩西湖的葑泥在岛的四周绕滩筑堤，形成湖中之湖。清雍正年间，在堤岛之间，南北贯以曲桥，东西连以土堤，构成了“湖中有岛，岛中有湖”的园林特色。总面积约7公顷，水面占60%。小瀛洲上有“开网亭”、“亭亭亭”、“九狮石”、“闲放台”、“迎翠轩”、“我心相印亭”等园林建筑点缀其间。绿树掩映、花木扶疏。湖岸垂柳拂波，水面亭榭倒影。园林富于空间层次变化，造成“湖中湖”、“岛中岛”、“园中园”的境界。岛南湖中建有三座石塔，相传为苏东坡在杭为官，疏浚西湖时所创设。每逢中秋，皓月当空，塔中点灯，灯光映照水面，如同月影浮动，有“天上月一轮，湖中影成三”的奇妙景观，是中国水上景园的典范，古代园林艺术的精品。

〔名花名草及产地〕 浙江花卉生产已初步形成地方特色鲜明的区域布局，诸如杭州的桂花和月季，宁波的五针松和翠柏，金华的山茶和佛手，舟山的水仙，绍兴的兰花，嘉善的西鹃，温州的真柏，萧山的龙柏等，都享有一定的声誉。

兰花　是浙江传统名花，一向被视为花中珍品，栽培历史悠久，种类繁多，每个季节都有应时品种开放，最常见的有春兰、蕙兰、秋兰、寒兰四大类。春兰主要分布在杭州、绍兴一带，蕙兰主要分布在嘉兴、湖州一带，秋兰和寒兰主要分布在台州、丽水等地。1999年，还发现有多种杂交冬兰品种。

桂花　别名木樨、九里香、岩桂，是浙江传统名花，也是杭州市市花，栽植历史已有2500多年，在全省分布较广。桂花的树姿优美挺秀，枝叶繁茂终年翠绿，盛花期多在秋高气爽的中秋前后，常给佳节增添异彩。它芬芳无比，以香闻名天下，被誉为“天香”。桂花又是食品工业的主要芳香剂之一，可提取桂花精膏，可酿酒、熏蒸桂花茶，可制作糕点茶食和饮料。它的花、叶、根、皮均可入药。所以桂花不仅是优良观赏花木，也是一种很有实用价值的芳香树木。

山茶花　别名山茶、茶花、晚山茶、曼陀罗树等，是中国传统名花之一，在宋朝高祖时（1000多年以前）已普遍栽培。浙江是山茶花的原产地，大多分布在金华、温州、杭州一带。由于山茶于冬春之际开花，花期特长，花姿多变，花色艳丽，有很高的观赏价值。山茶花已成为园林绿化中不可缺少的树种。浙江省茶花品种100多个，其中较为名贵的有绿珠球、花牡丹、皇冠、花鹤翎、狩衣、鹤顶红、赛洛阳、白十样景、丹芝、大朱砂等品种。山茶花已广为国外园艺家和人民的重视，在国际市场上有一定的地位。

佛手　是浙江传统名花，栽培历史已有900多年。主产地在金华县罗店、赤松、西吴一带。佛手为芸香科常绿小乔木，果实橙黄，状如人手，千姿百态，甚为美观，故有“佛手”之称。佛手散发出醉人的芳香，令人心旷神怡，是馈赠友人、传递友谊的佳品，佛手花、果又可供药用，具有理气止呕、和胃健脾、化痰等功效。

杜鹃花　别名映山红、山石榴、红踯躅、山鹃等。杜鹃是一种生长缓慢而喜阴湿的常绿灌木，也是惹人喜爱的观赏植物。其花，每年春天盛开，嫣红粉白，千姿百态。唐代伟大诗人白居易曾有“恐合栽金阙，思将献玉皇，好差青鸟使，封作百花王”的诗句，若问谁敢和“国色天香”的花王牡丹相争高下呢？恐怕只有杜鹃花了。杜鹃花适于地栽、也适于盆栽，开花时呈现出花团锦簇的景象。浙江杜鹃花种类较多，其中特异的品种有天女舞、王冠、锦袍、四海波、红麒麟、鹤裳、派手姿、横笛、荒狮子、十二乙重、小朱砂、洋小白、小桃红、雨打桃花、秋水绿波，以及银红牡丹、长华、华光、端阳等，主要分布在宁波市北仑区的北仑和柴桥，奉化市的三十六湾，以及杭州、金华、绍兴、温州等地。

菊花　是浙江栽培历史悠久的传统名花之一。菊花有很多变种和变型。其品种达数千种之多，主要分布在杭州、嘉兴等地，有夏菊、秋菊与寒菊、以秋菊为主，品种也最丰富。栽培的形式有盆菊、标本菊、大立菊、悬崖菊、高接菊、札菊、花坛菊等。它不仅色彩艳丽，而且具有不畏风寒、傲霜怒放的特点。除观赏菊外，菊花中还有药用、茶用、酿用、食用等多种经济价值的实用菊。驰名中外的浙江“杭白菊”就是兼有茶用和药用的重要实用菊之一。

水仙　在万花俱寂的季节里，被誉为“凌波仙子”的水仙花，只凭一勺水到处生根开花，含芳吐艳，开花报春。水仙素来驰名中外，在国际市场上享有盛誉。浙江省东南沿海岛屿，尤其在舟山等地都有成片野生水仙花，资源丰富，通过近年来的发掘利用，已发展成为浙江特色花卉之一。其种类有重瓣及单瓣之分。重瓣花的叶与单瓣无明显区别，但花葶大，脉纹粗。水仙适宜地栽、盆栽或水养，不论庭园、花坛、花丛或岩隙水边，都可以用它布置。它不仅具有很高的观赏价值，而且有较高的经济价值。

〔花卉节〕　浙江省办或市、县办的花卉节，是继承南宋时的“花市”、“花会”发展而形成的。其功能有三：一是花卉展览，二是进行花卉交易，三是弘扬花文化，促进经济发展。

西湖国际桂花节　始于1988年，’99西湖国际桂花节是第11届，在杭州满陇桂雨公园举行。期间有民间赏桂、品茶、诗画展、文艺表演等一系列桂花文化活动。

桐乡市菊花节　首届菊花节于1999年11月在桐乡市举行。其间，有中外客商、游客和数十万群众参与，融汇经贸洽谈、文化交流、文艺表演、热线旅游、信息发布等多项活动，弘扬了菊花传统文化，挖掘了“杭白菊”的潜在价值，拓展了旅游事业，促进地方经济的发展。

绍兴兰花节　第15届绍兴兰花节于1999年2月在绍兴府山公园越王殿举行。期间汇展众多兰花名品、精品，开展了品兰、赏兰、诗画展、兰文化交流等花事活动。

世界名花展　（第七届郁金香花展）每年3月至5月在杭州太子湾公园举行。第七届郁金香花展汇集郁金香、风信子、洋水仙等花卉，并配套F_1代时花32万盆。

〔管理重大举措〕　浙江省在开展优质高效农业示范基地评选活动中，把从事花卉专业，具有较好前景的生产基地和产品加工流通企业列入评选的范围。凡具备以下条件者，均可参与评选：一是花卉种植面积在13.3公顷以上，二是先进技术应用广，三是经营水平高，四是经济效益好，五是示范作用强。省农业厅作出评选程序和奖励措施的规定。经评定的基地，由省农业厅授予浙江省优质高效农业示范基地称号，并发给证书，确定技术专家挂构联系，并视条件和可能，在项目、资金等方面予以适当倾斜。评定结果有效期三年。全省广泛深入地开展这项活动后，有效地促进农业产业结构调整及效益农业的发展。

〔专家学者及其作品〕　陈绍云，女，1935年12月出生，高级工程师。现任浙江省花卉协会常务理事，副秘书长。主要贡献：

(1) 任《浙江花卉指南》（1999年10月出版）副主编，并担任主要章节撰稿和稿件审核。

(2) 主编《世界名贵茶花》一书，于中华人民共和国成立50周年之际作为书标出版、发行。

(3) 应聘任杭州市中艺园林工程公司顾问，负责花卉生产。他打破技术常规，以提早或延迟繁殖时期的分期繁殖措施和大枝扦插繁殖等新技术，控制和改变开花期，使一种花卉多期开花、供花，并通过增加繁育系数和花卉复种指数，大大提高了花卉产量。

夏宜平，男，1964年9月出生，副教授，博士学位，现任浙江大学农业与生物技术学院园艺系风景园林教研室主任，第三届全国农作物品种审定委员会委员，中国园艺学会观赏园艺专业委员会委员，浙江省风景园林学会插花艺术研究会常务理事。

夏宜平自1990年以来从事《园林花卉学》和《观赏园艺系》的教学和相关的科研工作。

1999年度发表的论文和著作有：（1）1999，PP/11/04/C－39Physiological Mechanisms of the Bulblel Development in Tulip and the Status & Prospects of Bulbous Flower in China.《第二十五届国际园艺大会论文摘要集》，布鲁塞尔。(2)《郁金香鳞茎更新的碳营养机制与内源激素调节研究》、《中国花卉科技二十年》（中国农业出版社）。(3)《唐菖蒲、百合、随金香、鸢尾等球根花卉及其它65种切花的栽培技术》、《浙江花卉指南》（浙江大学出版社）。(4)《常见切花栽培技术》、《浙江农事手册》（浙江科技出版社）。

〔企事业单位供求信息〕 浙江发展园林实业公司 是一家以花卉、园林为主的综合性全民国有企业。该公司拥有国家农业部定点的种苗繁育基地和绿化苗木基地41.3公顷，以及建成花卉园艺一条街，实行产供销一体化经营，主营项目有花卉种苗（球）、绿化苗木新品种的引进、选育、示范，鲜切花和中高档盆花的生产，园林绿化工程设计施工，室内外绿化装饰，以及花卉出租摆设等。

该公司引进美国独资企业“胖龙公司”的1.2万平方米和国产2000平方米的连栋温室，以计算机控制全天候自动灌水施肥和温度调节，有较强能力开发花卉种苗的新品种、新技术。

负 责 人：朱顺富
邮　　编：310020
地　　址：杭州市凤起东路29号
电　　话：0571－6959522
传　　真：0571－5222610　6044369

滕头园林绿化工程公司 是奉化市萧王庙镇滕头村的村办企业，是宁波地区最具实力的园林绿化综合施工企业之一。公司拥有足够的花木种苗繁育基地，已建花圃27.9公顷；园林绿化工程技术力量较强，在职工人员总数中，有1/3具有不同职级的技术职称，其中高级、中级工程技术人员13名，经营范围较广，包括景区、景点、单位、道路的绿化，以及花卉苗木、盆景的产销。

负 责 人：傅企平
邮　　编：315503
地　　址：奉化市萧王庙镇滕头村
电　　话：0574－8932218　8932286
传　　真：0574－8926838

三十六湾园艺实业公司 是奉化市溪口镇三十六湾村的村办企业。该公司综合生产、经营花卉面积133.3公顷，品种近200个，主要有两大系列产品。一是盆景系列，有压针松、大阪松、锦松、罗汉松等30多个品种及庭园盆景用素材；二是绿化观赏苗木系列，有红枫、红樱花、茶花、杜鹃、柏类等100多个品种。产品销往全国29个省、市、自治区。

负 责 人：竺清松
邮　　编：315502
地　　址：奉化市溪口镇三十六湾村
电　　话：0574－8889061　8853785。

杭州花圃 建于1956年，现拥有土地25公顷，是集花卉观赏、生产经营、科学研究、休闲游览于一体的胜地。主营项目有各类盆景、盆花、草花良种、绿化观赏树木及观叶植物，尤以盆景、兰花闻名遐迩，并承接绿化设计施工、花卉装饰、园林养护等业务。

负 责 人：张源励
邮　　编：310007
地　　址：杭州市西山路14号
电　　话：0571－7963078　7997424
传　　真：0571－7062839

杭州祥符园林绿化建设公司 是一家从事园林绿化工程和花木盆景生产经营的集体企业。该公司拥有充足的生产基地和经营资金。现有花木繁育面积73.3公顷，品种多达200多个，流动资金3500多万元。主营园林绿化工程、花卉、盆景，兼营园林建筑。

负 责 人：周金湘
邮　　编：310011
地　　址：杭州市莫干山路1131号
电　　话：0571－8093789　8192028
传　　真：0571－8093789

浙江省金华市花乡园艺开发有限公司 经营当地一带传统名优花卉，公司拥有花卉生产基地33.3公顷，主产茶花、佛手、茉莉、玳玳、含笑、树桩等名优品种200余种，产品畅销全国各地。

负 责 人：何根林
邮　　编：321021
地　　址：金华市罗店镇后溪河花卉专业村
电　　话：0579－2592487　2383932

温州市绿化有限公司 拥有花卉苗圃基地9.3公顷。生产经营产品有绿化苗木中的大苏铁、雪松、茶花、茶梅、银杏、白兰花等100余种；观叶植物中的多头铁树、发财树、巴西木等100余种。还有玫瑰、康乃馨等多种应时鲜切花供应市场。

负 责 人：张金松
邮　　编：325014
地　　址：温州瓯海梧埏镇滋湖北村
电　　话：0577－6367610

萧山新兴园艺公司 至今已有20余年的创业史。现拥有花木苗圃4公顷，繁育名优品种260多个，主营项目有销售花卉、绿化工程的施工、养护、盆景出租摆设等综合性服务。

负 责 人：董雪庆
邮　　编：311217
地　　址：萧山市新街9号坝闸北路西
电　　话：0571－2611596　9165260
传　　真：0571－2611596

〔花卉主管部门通讯录〕

浙江省名花名草重点产区市、县（区）主管部门通讯录

单位名称	领导人姓名	邮编	地址	电话	传真
浙江省农业厅	赵宗英	310020	杭州市凤起东路29号	0571－6039612	
浙江省优质农产品开发服务中心	朱顺富	310020	杭州市凤起东路29号	0571－6959522	6044369
杭州市农业局	邵银泽	310002	杭州市上城区南山路262号	0571－7030879	7022470
杭州市西湖区农业局	骆锦林	310013		0571－7971674	7975041
萧山农业局	邱吾仁	311100		0571－2625030	2625095
宁波市农业局	邬仪扬	315012		0574－7136633	7133106
宁波市北仑区农业局	史亚根	315800		0574－6881032	6881843
奉化市农业局	沈永康	315500		0574－8522652	8523181
嘉兴市农业局	汤惠民	314000		0573－2085616	2087050
嘉善县农林局	马佩莲	314100		0573－4022515	4030084
桐乡市农林局	凌　枫	314500		0573－8102586	8102594
绍兴市农业局	方培根	312000		0575－5136536	5120810
绍兴县农业局	李放鸣	312000		0575－8063224	8067573
金华市农业局	孔宝泉	321000		0579－2390328	2390049
金华县农业局	韩金刚	312000		0579－2319689	2311069
舟山市农林局	傅和平	316000		0580－2025395	2039476
舟山市普陀区农林局	张爱根	316000		0580－2024061	2022808
温州市农业局	陈光元	325000		0577－8223647	8229672

浙江省嵊州市木兰科新品种研究所

嵊州市木兰新品种研究所成立于1984年，是目前中国木兰科新品种种植资源基地，已被国家有关部门批准为“玉兰之乡”、浙江十大花木示范基地、中国木兰之乡。该所位于嵊州市城关镇下马村。木兰专家王飞罡是国家首批8个玉兰新品种育种权人，由国家植物新品办申请已加入国际植物新品种保护联盟，享有排他的独占权，独家生产与独家销售。

嵊州市位于浙东中部、曹娥江上游，是中国第一批沿海经济开放县（市）和全省首批小康县（市）之一，是全国造林绿化百佳县和全国经济林建设先进县，全市总面积267万亩，其中水田面积37万亩。嵊州市属中亚热带季风气候区，四季分明，雨量充沛，土壤肥沃、湿润，PH值5.7，极宜木兰科苗木生长发育。据考证，该市培育木兰科苗木历史悠久，早在解放前就有小规模生产。尤其是近20年来，嵊州市不断引进、培育、收集了大量新品种。现在该市木兰科苗木品种多达50个，占国内现在栽培品种100多个的50%，特别是木兰属玉兰系列品种已达30多个，生产规模较大，全市现有种植面积达1500公顷，年产苗木4500万株，年总产值达1.8亿元，年销售额达1.3亿元。木兰新品种研究所在新品种研究和开发方面不断推陈出新，享誉大江南北，苗木不但销往全国23个省、市、自治区，还远销到美国、日本、加拿大、比利时、新加坡等国，提高了该所苗木在国内外市场上的知名度。全市有5.2万人次从事该类花卉的生产、销售工作，人均收入达2500元，经济、社会效益十分显著，木兰专家王飞罡的理想是：“一花独放不是春、万紫千红春满园”。他18年汗水的结晶，18年劳苦的奔波，对受律幼保护的玉兰新品种以无私奉献给当地百姓，肥了群众，瘦了自己，永远象“玉兰精神，奋发向上”，创造了园艺界举世瞩目的新名牌品种。

在1997年国际木兰植物学术研讨会上受到与会20多个国家以及专家的一致好评，并吸收王飞罡为国际木兰协会会员，以致公认为目前世界独创的新品种。不但带动了全市，而且也带动了绍兴、金华、新昌上虞等邻近县

(市)的木兰科玉兰系列苗木的迅速发展。

研究所经过18年的发展，所内技术力量雄厚，有高级工程师3人，工程师9人。所长王飞罡一直致力于玉兰新品种的研究和开发，获得了丰硕成果，使玉兰家族不断充实壮大。多年来，该所已逐步建立起近千亩研究基地，适宜盆栽的玉兰基地50亩，成为集木兰科植物科研、生产、销售于一体的专业化研究、规格化生产的机构。通过积极努力，不辞辛苦的宣传和推广力争使玉兰新品种成为大众化，使人人得到美的享受达到普及化和商品化。其产品为中国城市绿化美化和园林造景提供了更多的选择，是今后城市街道行道树的首选优良树种，研究所已先后培育出花形美、香味浓、适应性广(酸碱性土壤，南北方均可种植)、抗寒抗旱抗污染的玉兰系列新品种十多只。王飞罡于1983年初，研究完成对80多种植物对有害气体抗性的自选课题："花卉植物应接合有害气体的抗性，提高对环境保护的作用"。得到当时国家有关部门的好评。品种名称如下：常春二乔玉兰、菊花形玉兰、吉祥玉兰、红运玉兰、飞黄玉兰、长花玉兰、红元宝玉兰、景新玉兰、丹馨玉兰、重瓣白玉兰。其中8个玉兰品种获得了国家有关部门授予的植物新品种权，保护期限20年。这是中国迄今为止获得木本花卉新品种权数量最多的一家单位。被授权的8个新品种分别为飞黄玉兰、多瓣白玉兰、红元宝玉兰、丹馨玉兰、景新玉兰、红运玉兰、常春二乔玉兰和长花玉兰。这8个玉兰新品种不仅生长健壮，而且适应性极广，在北纬32度以南可露地越冬，对二氧化硫、氟化氢等气体抗性强，首钢、宝钢、济钢等早年种植至今生长良好。吸尘率高等抗性。花有鲜红、粉红、纯白、金黄等多种颜色，其中飞黄玉兰尤为引人注目，其花色金黄等多种颜色，其中飞黄玉兰尤为引人注目，其花色金黄鲜艳，堪称罕见的优良玉兰新品种，红运玉兰、长花玉兰，从一年一次开花提高到一年春、夏、秋三次开花，特别是夏秋间少花季节，乔木开花更罕见，大有红花绿叶助诗兴之意境。具有极高的植物学价值和园林观赏价值。并获得批准加盟世界"UPOV"，有6个品种在国家级花卉展览会上获得众多嘉奖，"红运玉兰"在1989年全国第二届、1993年全国第三届花卉博览会上获得科技进步奖与银质奖；"菊花形玉兰"在1989年全国第二届花卉博览会上，在1992年全国海峡两岸盆景名花研讨会上获科技进步奖；"吉祥玉兰"也于1992年全国海峡两岸盆景名花研讨会上获科技进步奖；"丹馨玉兰"在1995年首届全国农优产品博览会上获得银质奖；"飞黄玉兰"于1997年全国第四届花卉博览会上获一等奖。1997年6月选写"绿色地球计划"和"志在玉兰遍天下"的文章获爱迪生发明中心荣誉勋章。

王飞罡，1989年获县劳动模范，1988年9月获省科委等六单位评选科技二等奖；1990年获全国第二批绿化奖，1991年获全国先进个人奖章。1998年获全国花木行业金龙杯奖。

木兰专家王飞罡所长对中国独有的单种单属的——珙桐(鸽子花，她形如和平鸽、鸽子象征和平)独有情钟，赴神农架、湘西、云南、四川等处实地考察，拍摄无数形态不一的照片，和引种苗木。

木兰专家王飞罡所长的格言是："绿化地球、美化人间"。以发扬民族精神，振兴民族经济，发展民族工业，创造民族品牌为目标。经18年专业研究——独创了全国59个"中国花木之乡"中的中国木兰之乡。

嵊州市木兰新品种研究所在王飞罡所长的带领下，以科研促生产，以生产供销售，用销售养科研，逐步走上了一条良性循环的路子，并受到社会各界的广泛关注。

浙江省桐乡市(杭白菊之乡)

江南水乡桐乡市，位于浙江省北部杭嘉湖平原腹地，东距上海131公里，北离苏州74公里，西邻杭州65公里，居沪、杭、苏金三角之中。境内地势平坦，河网密布，气候四季分明，自然环境优美，素有"鱼米之乡、丝绸之府、百花地面、文化之邦"的美誉。全市总面积723平方公里，人口65.2万人。1985年经国务院批准，桐乡列入全国首批开放县(市)，是浙江省十个经济发达县(市)和首批小康县(市)之一，连续三次跻身全国百强县(市)。

中国"四大名菊"之一的杭白菊是桐乡传统特色农产品，迄今已有300多年的栽培历史，种植面积和产量均居全国县(市)之首，与晒红烟、小湖羊皮一道享有桐乡农业"三宝"之美誉。1999年5月，桐乡市被命名为"中国杭白菊之乡"。杭白菊以其素净洁白、淡雅馨香的风味和药食同源的独特功效闻名遐迩，曾作为国家二类农副产品列入生产、流通计划管理，采用半中药材管理模式经营，有着重要的经济价值和广阔的开发利用前景。桐乡杭白菊经过长期的发展，已经初步具备基地生产、规模加工、专业营销的基础条件，成为桐乡最具乡土特色的产业。

一、杭白菊的生产、加工、销售情况

1. 杭白菊生产情况

杭白菊系多年生草本植物，色泽形态主要是黄、白两种，桐乡杭白菊的主要栽培品种有大白菊、小白菊、大黄菊、小黄菊，栽培面积大白菊占60%，小白菊占35%，大(小)黄菊占5%。杭白菊从扦插到盛花一般生长期在196—200天，正常生长较为适宜的环境条件比较高，要求年平均气温在15℃以上，无霜期230天以上，年降水量1000毫米左右，空气相对湿度为70—80%，土壤酸碱度

以PH值6.5-7为宜。杭白菊是典型的短日照作物，每个阶段对日照的需要量不同，而且菊地不能连作。杭白菊在桐乡已经形成了从苗田管理，扦插、压条、摘心到肥水管理，病虫害防治等一整套成熟的管理技术。

杭白菊的生产发展阶段有着明显的时代特征，1984年以前，桐乡作为全国杭白菊生产基地，每年统一下达种植计划，实行统一收购，客观上限制了农户的种植。1984年以后，联产承包责任制的推行和生产计划、价格的放开充分调动了农民种菊积极性，种植面积不断扩大，逐步扩展到全市大多数乡镇，从70年代种植面积的14000亩左右，80年代18000亩左右，发展到90年代的40000亩左右，到1998年为止，除了洲泉、崇福、青石、大麻、永秀5个乡镇外，其余19个乡镇都种植杭白菊，主产区主要分布在梧桐、灵安、石门、炉头、同福、百桃、乌镇、高桥、虎啸、河山等乡镇，主产区种植面积占据了94%，并逐步向周边地区延伸、发展。1998年全市杭白菊种植面积42123亩，平均单产133公斤，总产量5494吨，与1980年相比，面积增长4.5倍，单产增长2.8倍，产量增长20.4倍，而1999年种植面积更是达到了45210亩，单产135公斤，总产6106吨。桐乡杭白菊的生产方式已从原来的集体生产计划种植转向家庭自主种植，并积极探索由自发种植转向适应农业产业要求的组织化、专业化生产路子，先后在梧桐、南日、石门、同福、灵安、炉头等主产区建立了6个专业合作社，入社农户254户，杭白菊组织化生产模式初步显现。

2. 杭白菊加工情况

桐乡杭白菊产品的初加工，分散在家家户户，主产区农户一般都熟练掌握初加工工艺技巧，长期以来，菊农一直普遍沿袭传统的蒸晒技艺，自从1985年全市第一家精制杭白菊厂创办以来，杭白菊专业加工企业发展迅速，尤其是1994年以后，个私杭白菊加工企业迅猛增长，据不完全统计，目前大大小小以杭白菊为主要产品的注册企业至少在55家以上，主要分布在同福、梧桐、灵安、虎啸等乡镇，其中注册资金在50万元以上的有10家，其主要产品中各种规格的散菊、散花占55%，压块盒装30%，袋茶15%；包装方式有盒装、罐装、纸袋装、礼品装；加工设备主要是压花机、普通包装机、真空包装机、微波杀菌气流风干设备等，经营品牌有50余种，其中凤鸣、凤壶、国际途、春发、桐菊、缘缘等品牌知名度较高。

3. 杭白菊销售情况

1984年以前，杭白菊由供销社统一收购，收购定价由国家统一规定，每公斤甲级花稳定在2.16元，长期不变，国内需求量稳定，国外需求量也稳定在1000吨左右。随着杭白菊生产、流通的放开，杭白菊营销从统购统销转向各行各业、千家万户经营。从国际市场看，外销量占30%，主要销往东南亚、香港、澳门等地，近年来，外销量稳定在1500吨左右，主要作为中药材出口。1994年前，国家对杭白菊实行出口许可证配额制度，实行一头出口，外销一直是通过外贸公司，如省土畜产进出口公司、上海医药保健品进出口公司、省医药保健品进出口公司等渠道，目前产品出口主要还是依托这些商路，从国内市场看，近年来，杭白菊经销企业发展迅猛，据工商局资料显示，截止1999年5月止，全市已有涉及杭白菊经销注册企业522家（包括生产企业），其中154家以个私企业注册，杭白菊作为饮品，原来市场局限于广东等南方地区，现已扩大到北京、上海、成都、西安、武汉、新疆等大中城市，每年5000吨左右的干菊花基本都销售一空。

二、杭白菊特色产业的比较优势和发展前景

首先，杭白菊是高品位的特色资源。从农产品资源角度看，杭白菊和蚕桑、烟叶、湖羊一样都是极富经济价值的资源，而且是再生资源。从资源开发利用角度看，杭白菊资源尚停留在初级原料生产的层次上，资源优势、经济优势尚未充分发掘，潜力巨大。从品质特性比较分析，中国四大名菊中，黄山贡菊花形小、药味浓；滁州滁菊花形好、药用价值高，但以硫磺熏蒸为主；亳州亳菊量小、主用药材；而杭白菊既可食用，又可制药，具有药食同源的品质。杭白菊作为传统消费主要是饮用、药用两个领域，如果饮品上进一步拓展，替代茶叶市场1%，杭白菊的需求量将增加2033吨，如果饮用饮药方式上作进一步拓展，大众饮料市场、保健产品添加等领域的需求量将大大增加，如太阳神公司、可口可乐公司都有一定量的杭白菊添加产品需求，出口产品市场正在向欧美拓展，最近，美国康龙集团指定要桐乡杭白菊。这一趋势将预示着杭白菊资源优势将逐步显现。

其次，杭白菊在桐乡已形成了块状经济特征。全市年产5500吨干菊，占全国主产区产量的62%，年产值7000万元左右，这是量的优势；栽培历史悠久，产地集中，家家户户掌握熟练的传统栽培和蒸制工艺，产菊季节形成了无围墙的大工场，这是技术优势；522家生产经营企业在加工和营销方面，充分发挥了民间的创造性活力。据调查，仅石门镇就有1000多名从事菊花购销者，同福乡有50多户加工营销户，320国道崇福至桐乡沿线就有50多个杭白菊销售摊点，这是经济主体优势；桐乡杭白菊以品质优良，一直深受东南亚客户的青睐，出口量一直比较稳定，这是传统出口产品基础优势；杭白菊也是主产区农民收入的主要来源，主产区农民收入25%来源于杭白菊收入，比较效益优势明显。

再次，杭白菊深加工综合开发利用前景广阔。传统医学把菊花归结为疏风、清热、明目、解毒功效。现代医学证明，杭白菊的花、茎、叶、根有多种保健药用价值的化学成份，花、茎、叶均含挥发油，花朵中挥花油含量0.13%，其中含有菊花环酮、龙脑、乙酸龙脑等有效成份，并含菊甙、腺嘌呤、胆碱、水苏碱和多种维生素、氨基酸及刺槐素等。研究表明，菊花有抗病原体作用，对革兰氏阳性菌、人型结核杆菌有抑制作用；菊花提取物能增强毛细血管抵抗力，抑制毛细管的通透性而有抗炎作用，能杀灭大肠杆菌、链球菌和金黄色葡萄球菌，降低血液中脂肪和胆固醇含量，扩张冠状动脉，改善心肌营养，具有清除活性自由基，抑制肿瘤，延缓衰老及增强人体免疫力等功效，是病毒性感冒、高血压、高血脂、白内障、青光眼、冠心病较理想的保健食品。因此，下一步，将对杭白菊系列产品进行延伸和扩展，专家分析提出了七个方面的综合开发思路：一是开发无公害杭白菊精品；二是开发特色风味的杭白菊茶饮料和保健酒；三是开发药膳系列食品；四是开发制作食品添加剂和保健品原料；五是开发抗心、脑血管疾病的药品；六是开发利用菊花精油用于化妆品和日用品；七是根、茎、叶等废弃物提取饲料添加剂和生物农药，可作食用菌培养基。杭白菊经过深度开发和加工利用，全身都是宝，杭白菊综合开发是一项充满前景的绿色产业。

浙江省金华县

金华县地处浙江中部，境内以丘陵山地为主。“三江”两侧为河谷平原，有“七山一水两分田”之称，尤其是北山南麓，具有独特的小气候条件，冬暖夏凉，温度适中；独特的土壤土质，土壤疏松透气，呈中性；独特的水源水质，水源的矿物质含量丰富，十分适合佛手生长发育。

金化佛手素有“果中之珍品，世上奇卉”的美称，是浙江金华县的传统地方名特产，具有独特的观赏、药用及人文价值。

金华佛手始栽于北宋嘉佑年间，但是受其对生态环境和栽培技艺的独特要求，它的栽培区域仅局限在著名国家级双龙洞风景区所在的金华北山南麓一带，而且总产稀少，价值高昂，一直难以进入寻常百姓的消费市场。最近几年来，由于金华县委县政府对特色资源发掘工作的重视，金华佛手才有了较快的发展，千家万户欣赏金华佛手才有了可能的机会。1998年，金华县被授予“中国佛手之乡”称号。金华佛手正宗产品——“赤松”牌金佛手，近两年来先后荣获浙江省首届优农产品金奖、省级名牌产品，’99中国国际农业博览会名牌产品，还被中外客商誉为“中华金果”。

2000年年初，由天津“佳能”电脑金华经营部商家钱武威投资兴办一家生产、开发、经营佛手为主的农业企业——赤松佛手开发公司。公司位于具有适宜佛手生产特定小气候和水土条件的金华北山南麓山口冯村域。聘请了对佛手有丰富研究经验、学识的专家教授和有多年种植经验的老农搞科研，承包荒山300亩，共投资400万元，种植培育了110万株佛手苗。赤松佛手开发公司起步迟、规模大、起点高、见效快的经验引起多方关注。前不久，有关部门曾来视察，初步意向认定将该公司创办成全国旅游农庄之一；最近公司又订了新的规划，拟继续增加投资，将基地扩展到2000亩，实现年产佛果150——500吨，年产盆景15万盆的目标，建成集种植和旅游为一体的现代化农庄。目前，又与上海医科大学达成佛手药用活性研究的协议，力求对社会作出更多奉献。

金华佛手为芸香科常绿小乔木或灌木，多以盆栽为主，果形玲珑奇巧，形如观音手指，或握或张，千姿百态。成熟之后，色泽金黄，令人爱不释手；香气馥郁，沁人心脾。其盆景为上乘观赏花卉。古代，佛手是达官贵人家的珍品。文学巨著《红楼梦》描写探春房中摆设，将佛手与鲁颜公墨迹同列，北宋大文豪苏东坡在杭州做官时曾慕名来金华观赏，并题写了“沁人心脾清流环抱，香分佛果曲径通幽”名联。在现代生活中，金华佛手更是吉祥之圣物。供家居房室案头陈设，美化环境，陶冶心情；供办公会客、宾馆园林陈列点缀，增添生趣，融洽气氛。由于其具有独特造型、沁人香气和耐经久耐放的优势，更为人际交往的典雅礼品，“佛手相握，友谊长存”，寓意深切。

金华佛手的根、茎、叶、花、果均可入药，具有独特的治病防病、养身益寿之妙用。据《本草纲目》等典籍记载：佛手入肝、脾、胃三经，有理气化氮，止哎消胀，舒肝健脾等药效，可治胃病、呕吐、噎嗝、气管炎、哮喘、高血压、妇女白带异常等病症。现已进入食品、饮料、制药、美容等方面的深加工，开发前景十分广阔。

金华县近年来在县委、县政府的大力引导和推动下，佛手种植规模迅速扩大，已成为继金华火腿之后，又一个具有鲜明地方特色，在国内外享有广泛知名度的特色产品。目前，金华县正在加强佛手盆景市场、加工市场、外贸市场的综合开发，随着佛手生产、销售、加工、科研、观光各个环节的进一步优化组合，佛手产业将提高到一个新的档次，为社会作出新的贡献。

浙江省奉化市（花木之乡）

〔**概况**〕　奉化市地处长江三角洲南翼，东海之滨，是宁波的副中心城市。全市陆地总面积1249平方公里，海域面积96平方公里，海岸线长65公里，地貌构成为“六山一水三分田”。有人口49.1万，辖12个镇7个乡。

1999年，全市实现国内生产总值50.61亿元。

奉化交通便捷，市区离宁波栎社国际机场15公里，到宁波火车站30公里，距北仑港深水码头50公里，同三线高速公路、甬金线高速公路和两条省道穿越奉化而过。甬温、甬金铁路正在规划中。

奉化山川钟秀，名胜古迹众多。溪口风景区是国家重点风景名胜区；社会主义新农村的样板滕头村是联合国命名的"全球500佳"之一。

奉化经济发展水平较高。工业以服装、机械、电子、食品、化工等行业为支柱，拥有一大批科技含量高，规模实力强的骨干企业。尤其是奉化服装，工艺精良，款式新颖，名牌众多，"罗蒙"西服是全国十大名牌西服之一，奉化也是国家发展研究中心等单位命名的"中国服装之乡"。电子行业近年来异军突起，波导公司生产的手机、寻呼机具有较高的科技水平和较大的影响力。

奉化物阜民丰。素有"鱼米之乡"美称的奉化，依山傍水，农业生产条件得天独厚，地方特产众多。"琼浆玉露"水蜜桃，"罗汉圣果"芋艿头、"唐代贡品"奉蚶、"东海名产"大黄鱼，以及花木、草莓、大白菜、茶叶、青梅、蛋鸭等难得的珍品，均具有相当的知名度。改革开放以来，奉化在农业发展中确立"内调结构创名牌，外拓市场促销售"战略，坚持以市场为导向，以科技为先导，以资源开发为依托，以产业化经营为主线，使传统产业焕发了勃勃生机，形成了众多特色产业。1999年，全市农业总产值达到12.59亿元。

1996年以来，仅农业方面，国家有关部门已经授予奉化"中国水蜜桃之乡"、"中国芋艿头之乡"、"中国草莓之乡"、"中国青梅之乡"、"中国花木之乡"五个特产之乡称号。

〔花木〕 奉化乃历史文化名城，花木早在800多年前已有种植。1866年，三十六湾村开始花木专业生产，到20世纪50年代，奉化市已形成若干专业生产基地。1984年，三十六湾村依靠发展花木致富，当年人均收入达到8121元，为当年全国首富村。进入90年代后，奉化的花木发展日趋成熟，全市现有花木面积5万亩，500多个品种，大宗产品有五针松、红枫、茶花、桂花、香樟、龟甲冬青、广玉兰、白玉兰、罗汉松、紫薇、紫荆等。奉化的五针松是远近闻名的特色品种，具有针叶短簇青翠，枝干苍劲挺秀，熔松类气、骨、色、神于一炉，具气派高雅潇洒的特色，树龄长达数百年，适宜于盆景造型，十分名贵。现栽培面积3000余亩，120万株左右。其它主要花木品种栽培面积均在2000亩以上。奉化花木已成为华东各大城市绿化用树木的主要供给基地，2000年6月，奉化市被国家林业局、中国花卉协会命名为"中国花木之乡"。

有着深厚文化底蕴的奉化花木业，除了产生一大批专业生产园艺场圃外，经过近20多年的发展，已经形成了一大批园林工程设计、施工企业。奉化新塔园艺工程有限公司、奉化市滕头园林绿化工程、奉化市园林规划建设有限公司、奉化市杨氏绿化园艺有限公司等都是在业内具有相当影响和实力的龙头企业。通过这些企业的努力，奉化的花木业正在向产业化、专业化方面迈进。

为了充分发挥奉化花木业的优势，结合奉化的旅游、生态优势，加快花木的产业化进程，奉化市已规划建设中国生态农业示范区，在奉化市溪口至江口的沿路、沿江、沿山一线建设一条花木走廊。目前首期项目、长12公里的公路沿线40米范围内的色块带建设已经启动，有20多家花木生产大户和园林绿化工程公司落户。这个项目完成以后，奉化市进入溪口国家级风景区的主要通道内，将有一条绚丽的迎宾大道首先呈现在广大游客面前。

奉化市花木协会
理 事 长：董永安
秘 书 长：方忠品
电　　话：0574-8982964

福建省漳平市（花木之乡）

漳平位于闽西南，属亚热带海洋性季风气候，光照充足，雨量充沛，夏长冬短，气候温和，年平均气温16.9—20.7℃之间，海拔165—748米之间，土质为水稻土和红壤，微酸性，疏松肥沃，保水保肥力强，有机质丰富，具备花卉栽培的适宜环境。漳平栽培花卉已有700多年历史，早在南宋年代，著名"花乡"永福所产的花卉就已蜚声江南，清朝年间曾远销东南亚；20世纪80年代中期，茶花、兰花、瑞香等名花异卉远销韩国、日本、东南亚及台湾、香港地区，"永福花卉"品牌在国内外享有较高声誉。漳平市先后被省政府列为重点栽培茶花、瑞香基地，并成为全国十大花卉生产基地之一。据专家考证，全市目前有花卉品种100多类1100多个品种，县野生花卉资源十分丰富。

漳平市的党政班子历来十分重视花卉产业的发展和培育，特别是1998年新一届班子到位后，对进一步发展花卉产业作了大量的调查研究，吸取了前几年花卉业发展几起几落的经验教训，以市场为导向，以效益为中心，把花卉业列为全市发展农业产业化的三大主导产业之一，重点加以扶持和培育，充分利用地理和气候优势，瞄准市场大力发展花卉产业，并相应召开了产业发展现场会，设立农业产业化创业基金，制订产业发展规划，出台优惠政策，完善工作机制。特别是1999年9月成功举办了"中国漳平首届花卉节"，以花为媒，广结花缘，从而掀起了全市新一轮花卉业发展热潮，产业的发展空间和领域得到了进一步延伸，花卉业的发展正由高海拔区域向全市范围内拓展，从永福镇的“一枝独秀”，变成全市的“满园春色”，花卉产业化发展的构架已初步形成。目前，全市花卉种植现有面积8000亩，产值约2.5亿元，其中西洋杜鹃5500亩，已成为全国最大的杜鹃花生产基地，形成了以西洋杜鹃花为主，兰花、茶花、瑞香、铁树、发财树等为辅的花卉生产格局；花卉生产科技含量得到很大提高，花期调控、无土栽培，交接换种等技术广泛应用于花卉生产，使花卉质量低等级向标准化发展，并成功引进了高山杜鹃、新几内亚凤仙、凤犁、红球等50多个花卉新品种；从事花卉营销人员达6000人，南下广州，北上北京，在全国各大中城市设立花卉营销窗口，并建立了因特网站和网页，注册了商标，市场占有率不断扩大，除西藏外都可见到漳平花卉，特别是该市生产的西洋杜鹃以其质好价优和人工可控花期技术一举打败了进口杜鹃，抢占了北京60%的市场，参加昆明世博会获金奖。2000年5月份，国家有关部门正式命名漳平市为“中国花木之乡”、漳平市永福镇为“中国杜鹃花之乡”。

花卉产业作为一种种植用地广、用工少、经济效益高、符合人们的生活需求变化的新兴产业，对优化农业产业内部结构，增加农民收入，改善投资环境，进而带动第一产业及相关产业的发展具有重要意义。漳平市花卉产业的发展已有较好基础，产业化格局初具雏形，今后将进一步发挥优势，加快发展进程，做大做活“花”文章，把种植优势、品牌优势变为产业优势、市场优势，使花卉产业真正成为今后漳平经济发展的重要新增点。当前要做好以下“五个抓”的工作：

*一是抓宣传，提认识，加大花卉产业开发力度。*品牌是市场的通行证。“两牌”（中国花木之乡、中国杜鹃之乡）的获得无疑为漳平市花卉进一步抢占国内外市场打开了方便之门，要以此为契机，加大宣传力度，造大声势，营造浓厚的“花乡”氛围，增强群众发展、种植花卉的热情，改变过去单纯靠政府推动的方式。同时也提高漳平花卉的知名度，为赢得市场打好基础。

*二是抓组织，强领导，为花卉产业发展提供保证。*产业的健康发展，强有力的组织领导是关键。发挥政府在服务和培育产业良性发展中应有的职能作用。成立市花卉产业化工作领导小组，加强对花卉发展的统一领导、协调。筹建花卉协会、花卉营销中心、花卉信息中心、花卉科研中心等组织机构，发挥好龙头企业和能人的带动作用，建立营销网络，交流营销信息，扩大营销队伍，规范营销行为，为全市花卉产业的发展壮大提供产供销全方位的引导和服务。制订出台《关于加快花卉产业发展的若干规定》等优惠政策，从引进花卉品种和栽培技术、引进管理和技术人才、财政信贷扶持、税费减免、用地及其他方面等作出明确规定，落实配套措施，引导和扶持花卉产业健康快速发展。

*三是抓规划，促格局，加强花卉产业的宏观指导。*要根据资源分布情况，按“高起点、上档次、有特色”的要求，及时编制《漳平市花卉产业发展总体规划》，科学合理地调整产业布局，因势利导地指导和帮助农民发展花卉种植，减少生产的盲目性，促进花卉产业健康、协调、快速发展。

*四是抓基地，扶龙头，扩大花卉产业规模。*要发挥区域资源优势，重点建设永福“十里花街”和城郊“十里花廊”两大基地，充分利用公路两侧及九龙江畔矮山坡地，统一规划，统一实施。在每个乡镇建立千亩花卉示范片，每个村建立百亩花卉示范基地，做到市有样板乡，乡有样板村，村有样板户，以典型样板推动全市花卉生产发展。要采取政策倾斜、政府扶持的办法，大力支持花卉业“火车头”，推行“公司+基地+农户”的经营模式，充分发挥“龙头”的桥梁和纽带作用，掌握市场信息，上联市场，下联千家万户，组织基地、农户进行生产，使之形成利益共享、风险共担的新机制。

*五是抓科技、重推广、提高花卉产品的科技含量。*科技是第一生产力，发展花卉产业必须把工作着力点放在依靠科技进步上，努力提高花卉品种的质量和档次，才能在千变万化的市场中立于不败之地，赢得发展主动权。为此，要在提高花卉产业的科技含量上狠下功夫。一是建立科研攻关基地。成立漳平市花卉科研中心，筹建花卉组织培养中心，开展花卉科研攻关，提高科技含量。二是大力推广花卉优良品种和先进技术。学习外地花卉种植的先进经验，示范、推广温棚种植、自动喷灌、恒温调节等先进技术。三是深化涉农科技单位的体制改革。积极鼓励林业、农业科技人员面向生产第一线，以承包、领办或技术入股的形式，发挥知识优势和人才优势，主动参与经济实体的经营，推广新的技术和品种，提高花卉产品的科技含量。

江西省大余县（金边瑞香）

金边瑞香是中国集姿、色、香、韵于一身的传统名贵花卉。江西省大余县栽种瑞香有800多年的历史。20世纪80年代，南昌市、赣州市把金边瑞香定为市花。1996年起，中共大余县委、大余县人民政府因势利导，按照“区域布局、基地生产、规模经营”的要求，着力培植花卉产业，现已建成为具有一定规模的花卉产业大县。至1999年，全县花卉种植面积达302.99公顷，其中金边瑞香200

公顷，红玫瑰80公顷，比利时杜鹃3.33公顷，假槟榔3.33公顷，鱼尾葵13.33公顷，马尼拉草3公顷。年产金边瑞香1500万盆，总产值1.5亿元以上，成为超过粮食产值的新兴特色产业。

金边瑞香有“早春香花之王”的美称，倍受人们的喜爱。1995春节在广州花市上列为十大名花之一，1996年3月大余县被授予“中国瑞香之乡”称号，1997、1998年香港国际花卉展销会上被评为最佳展品奖和盆花一等奖，1999年昆明世界园艺博览会上获银奖。

大余县在推进花卉产业的快速发展中，始终十分重视和认真抓了以下四个服务：一是政策服务。该县确定在梅关镇新安村323国道旁兴建一个占地20公顷的金边瑞香生产基地。对到该基地种植的农户，简化证照办理手续，减免有关规费。在发展初期，花卉特产税的征收实行“一免二减三到位”的政策，即第一年免征，第二年减半征收，第三年全额征收。同时，允许并鼓励全县的机关、企事业单位干部职工兴办花卉基地，或参股，或联办。因而形成了县、乡（镇）、村三级办花卉基地，“公司加农户”、“基地带农户”、“大户联农户”股份合作制的花卉产业新格局。二是资金服务。县财政每年安排20万元，建立花卉发展基金；对到县花卉基地的农户每亩提供5000元低息贷款作为生产启动资金；向外招商引资，多方筹措资金，以扶持全县花卉业的发展。三是技术服务。县花卉办公室、县绿化委员会办公室、县金边瑞香花卉公司每年都举办多期花卉栽培技术培训班，请省内外有关专家、教授为花农讲解花卉栽培新技术、野生花卉的驯化及病虫害防治技术，加强对广大花农的现场指导，编印有关技术资料免费发放到花农手中。该县还建立了5个精品苗圃，繁殖无病毒优质苗木1380万株。大余县金边瑞香规模化生产及其配套技术的推广项目获1999年江西省农业科技人员突出贡献二等奖。四是信息服务。县花卉办、县绿化办、县花卉公司、县花卉协会等部门都会定期或不定期的举办一些信息交流活动，组织花农到福建、广东等地学习参观；通过多种渠道为花农及时提供技术、销售信息；县里先后在广州、深圳、珠海、南京、杭州、南昌等地建立花卉销售站，帮助花农拓宽销售市场。从而提高了全县花卉的种植水平和经营效益。

江西省大余县绿化委员会办公室；供应金边瑞香、虎舌红等花卉及其苗木。

联 系 人：许　斌
地　　址：大余县城
电　　话：0797－8726156
邮　　编：341500

山东省花卉业

“九五”期间，山东省花卉业取得了可喜的成就，花卉种植面积稳步发展，产业结构得到有效调整，流通领域进一步改善，花卉产业的整体水平有了明显的提高。

（一）主要成就

1. 花卉业的综合实力有了较大的提高。

据不完全统计，1999年底，全省花卉生产面积达10万亩，其中生产盆景360万盆，鲜切花6500万支，盆花5000万盆，绿化苗木3.0亿株，草坪800万平方米，种球、种苗6000万个（株），面积50亩以上的花卉生产基地达260个。1999年实现产值16亿元（各花木产值4.8亿元，流通销售11.2亿元），出现了蒸蒸日上的发展势头。山东省名贵花卉牡丹、芍药1999年生产面积达2万亩，是90年代初的3倍；月季1999年生产面积达3500亩，是90年代初的1.8倍，其它如鲜切花、种球（种苗）、草坪等也有了较大规模的发展，基本能满足全省的需求，并开始销往全国各地，鲜切花已出口至日、韩等国家。

2. 花卉市场进一步拓展，流通设施得到改善。

截止1999年底，全省花市已达368家，且在省内布局合理，大部分花市硬件设施较好，能够做到四季控温控湿，并配备专用运输车，服务周到。各种类型的花店已达750家，尤以济南、青岛两地较多且服务质量上乘。还在全国各地开设了固定性的批发点，如潍坊的切花在北京的亮马河花卉批发市场有常年的批发摊位。一些花卉生产地区利用区域优势，举办了多种形式的花会、花节，如菏泽的国际牡丹花会、平阴的玫瑰花节、寿光的蔬菜花卉博览会等，都是以花为媒、经贸唱戏，为发展中国外向型经济提供了良好条件，也为本省的花卉产品走向国际市场奠定了基础。

3. 花卉科研工作取得成效。

“九五”期间，花卉科研工作多层次多方面开展，如菏泽牡丹的新品种引进研究、目标花期控制研究、基因库的建立、案头牡丹及盆景牡丹的栽培技术及推广；莱州月季的切花品种的引进研究、基因库的建立；世博会金牌产品的系列化开发研究；各类球根花卉新品种的引进研究与繁育；各类鲜切花的生产技术及保鲜技术的研究；各类优良草坪种源的引进与研究等都取得了一定的成果，为山东省花卉商品化发展提供了快速可行的技术保障。

4. 花卉产品结构得到有效调整。

经过多年的努力，花卉种类基本形成了苗木、盆花、盆景、观叶植物、鲜切花、种球（种苗）、草坪协调发展的格局，并且通过品种搭配和催延花期等技术处理，基本实现了四季有花、周年供应的局面。另外，随着花卉生产的迅猛发展，花卉开始转向深加工、精加工、系列化生产。全省以花为原料生产的饮料、调料、药品、食品、保健品、化妆品以及化工原料等20余种。平阴玫瑰油、玫瑰酱、平邑金银花茶、菏泽牡丹花酒等产品畅销国内，有的已进入国际市场。与花卉生产有关的基质、花肥、花药、插花、干花、仿生花、根雕、奇石、观赏鱼、园艺工具、保护地设施等应运而生，花卉产业化格局基本形成。

5. 花卉业的发展逐渐从劳动密集型转为集约型。

全省逐渐形成了重点花卉生产区域和龙头花卉生产企业，如菏泽的牡丹生产，枣庄的石榴开发，莱州的月季生产，潍城、寿光的鲜切花生产，济南、青岛的草坪生产，泰安的种球繁育等在全国都有较高的知名度；省花木良种繁育推广中心、符山林木良种市场、赵楼牡丹园、东方花卉集团、万芳花卉集团、梁山馨园园艺有限公司等形成了各具特色的化卉产品，在国内市场上很有竞争力。

（二）基本经验

1. 宣传力度的加大，宣传内容的广泛，引起了各级政府对花卉产业的重视，有些地区已将花卉产业列入国民经济计划中去，安排了适度的发展资金，给予了较大优惠的发展政策。领导重视，是花卉业大发展的一个重要前提。

2. 重视市场调研和国内外交流。通过调查和交往获取的第一手资料应用于生产、指导于生产，使产品能够适应市场，获取了最大的经济效益。

3. 由省花协组织参加的全国四届花博会和'99昆明世界园艺博览会上取得的优异成绩，尤其是在第四届全国花博会获得全国第一、在'99昆明世博会中获得世界第一后，大大激发了全省各有关单位、有关部门、有关行业对花卉业的关注，继而形成了较大规模的专业化生产。

4. 花卉风险意识的宣传，使从业者进一步认识到花卉业高效益、高风险的双重性，使之在进入花卉业后，加大了花卉生产设施投入，能够满足各类花卉的基本生长条件。

5. 专业化、规模化、标准化生产使产品在质量、数量、价格上更能适应市场。

6. 重视科技的投入，尤其是对种苗（种球）及生产设施的投入，既提高了花卉的质量，又提高了单位面积的产量。

7. 外商的介入，带来了较为先进的生产、管理、经营模式。

"十五"计划目标是：全省花卉种植面积达到17.5万亩，年产盆景400万盆，鲜切花1.2亿支，盆花8000万盆，绿化苗木3.6亿株，草坪1500万平方米，种球（种苗）1.0亿个（株），花卉生产经营企业达到1500家，花卉生产基地达到280个。全省花卉业产值达到35亿元，力争进入全国花卉强省行列。

山东省菏泽市（牡丹之乡）

4月30日，中国'99昆明世界园艺博览会爆出的第一个赛讯不胫而走：在刚刚产生的111枚牡丹单项奖中，菏泽牡丹以绝对压倒优势夺冠，囊括了81枚。其中三枚大奖，菏泽"曹州牡丹园"和"乔子红"牡丹各夺1枚；12枚金奖，菏泽牡丹"墨花魁"、"曹州红"等摘取10枚；36枚银奖，菏泽牡丹"明红"、"兰田玉"等拿回26枚；60枚铜奖，菏泽牡丹"花二乔"、"黄花魁"等获43枚。专家评委一致评价："菏泽牡丹花大、色繁、开得饱满，不愧为国色天香"。

菏泽牡丹世博会夺冠并非偶然，"菏泽牡丹甲天下"也由来已久。

菏泽古称曹州、曹南，菏泽栽培的牡丹亦称曹州牡丹和曹南牡丹。菏泽牡丹历史悠久。《曹南牡丹谱》载："至明，而曹南牡丹甲于海内"。光绪十一年本《菏泽县志》称："牡丹芍药各百余种，土人植之，动辄数十百亩，利厚于五谷。每当仲春花发，出城迤东，连阡接陌，艳若蒸霞"。清蒲松龄在《聊斋志异》中把曹州牡丹珍品"葛巾紫"、"玉版白"话为仙女，写了脍炙人口的名篇《葛巾》。

新中国成立后，在党和政府关怀下，菏泽牡丹逐渐恢复并发展到3000多亩，300多个品种。中共十一届三中全会以后，富有历史传统的曹州牡丹进入了一个全新的发展阶段。特别是1994年全国性有组织有领导的评选国花活动，把具有时代精神和民族文化特色，象征繁荣昌盛，吉祥富贵的花中之王牡丹推选为国花，随之菏泽牡丹身价倍增，更加得以蓬勃发展。现种植面积达30000亩、品种近800个。

花大、型美、色艳，是菏泽牡丹的显著特点。古人曾用"花大盈尺"形容其大；"千片赤英霞烂烂，百枝绛点烟煌煌"描述其形貌瑰丽。菏泽牡丹分单瓣、复瓣、千瓣三类。花型分为单瓣型、菊花型、蔷薇型、托挂型、金环型、台阁型、荷花型、皇冠型和绣球型等九种。花色分黄、红、兰、白、黑、绿、紫、粉、复九色。各色又都有数10个或上百个品种，可谓千姿百态，各俱风韵。

菏泽是中国最大的观赏牡丹输出基地。早在清道光年间，菏泽牡丹就曾作为贡品运送进京。解放后更是不断引种，点缀于故宫、北海、天坛、颐和园、中山公园、景山公园等重点风景游览区。北京一些机关、工厂、院校的牡丹均从菏泽引种，据不完全统计，北京仅解放后就引植菏泽牡丹多达12万株，200多个品种。上海、天津、洛阳、西安等20多个大中城市和港澳地区以及日本、加拿大、英国、法国、美国、澳大利亚、俄罗斯等几十个国家，也均大批引种菏泽牡丹。菏泽牡丹的年销量也从前些年的近10万株增长到100多万株。

牡丹催花是菏泽花农的传统绝技。“土人拥载之，南浮闽粤，北走京师。至则厚值一归，故每岁辄一往”。就是对古时菏泽花农外出催花的生动写照。解放后，菏泽牡丹催花技术更加纯熟、精湛，不仅试验成功了经济、简便的大田催花技术，还摸索出了秋季催花技术，终使“花开随人意，四季吐芬芳”的美好愿望成为现实。随着1994年牡丹被中国人民评选为国花，菏泽催花牡丹也连年火爆，销量成倍增长。1997年以来，菏泽年年不下30万株冬季催花牡丹争奇国内30多个大中城市，香飘国外部分国家和地区，为新春佳节增添了绚丽光彩和喜庆气氛，为人们送上了吉祥富贵。

菏泽牡丹的科学研究硕果累累，早在第一届全国花卉博会上，菏泽牡丹新品种选育、牡丹大田催花技术研究、牡丹新品种等三项科研成果就获得了国家科技进步奖，占全国牡丹科研获奖数量之首，占全省获奖数量之首。1997年元月11日，菏泽牡丹科研成果第四次通过国家鉴定。仅这一次，就有牡丹新品种培育，案头牡丹无土栽培，牡丹耐湿势品种的筛选，凤丹实生苗嫁接观赏牡丹在商品化生产上的应用，牡丹盆景研究，芍药切花品种的筛选，牡丹新品种选育等七项成果通过鉴定，是通过牡丹科研成果最多的一次。其中，五项达到国内领先水平，标志着菏泽牡丹科研又取得突破性进展。从而提高了牡丹的观赏价值，拓宽了牡丹的种植范围和应用范围，一定程度上解决了珍贵品种快速繁育问题，开辟了牡丹进入千家万户的新途径，创造了与国际花卉业接轨的条件。

菏泽牡丹还在国内外重大花展中连连获奖，盛誉海内外。在一、二、三、四届全国花卉博览会上菏泽牡丹夺得金、银、铜奖，一二三等奖，科技进步奖，优质展品奖计26个；在三次香港国际花展中菏泽牡丹引起轰动，夺得冠军奖一个，一等奖三个。在法国波尔多市国际花卉博览会和美国匹兹堡国际发明博览会上，分别夺得竞赛总分银质奖和牡丹芍药干鲜花银质奖。在第四届全国花博会上，菏泽牡丹独领风骚，一举夺得惟一的一个“景点特别奖”和六个单项奖。

菏泽牡丹在市场经济条件下，还成功地担当起了“招商引资、振兴经济”的重要媒介作用。自1992年以来，菏泽坚持“以花为媒，广交朋友，文化搭台，经贸唱戏”的宗旨，连续成功地举办了八届国际牡丹花会，取得了良好的经济效益和社会效益。八届花会共签订利用外资合同178项，合同外资额3.22亿美元，资金到位50%以上。经贸成交额170多亿元。中共菏泽市委书记贾学英、菏泽市人民政府市长王浩一致表示：今后，要进一步加大工作力度，更好地实施牡丹战略，切实搞好牡丹开发，提高牡丹产业化程度，在造福菏泽的同时，也造福全世界，让“甲天下”的菏泽牡丹真正遍及“天下”，为美化人类、造福人类做出应有的贡献。

山东省莱州市大原镇

莱州市大原镇位于莱州市北郊，辖26个行政村，2.5万人，3.8万亩耕地，是“莱州月季”发源地之一，莱州市花卉产业镇。大原镇花卉生产历史悠久，特别是月季栽培，距今已有600多年的历史。改革开放以来，花卉产业得到了较快发展，全镇花卉栽培面积达2000多亩，品种数量达到200多种，有10多个村庄、300多个专业户从事花卉生产，初步培植起大原永红花卉集团公司、莱欣花艺有限公司、市花木公司、青莱花卉公司、五色草研究所等一批花卉骨干企业，基本形成了以月季、仙客来和鲜切花、绿化苗木为主导产品，生产、加工、销售体系较为健全的花卉生产格局。2000年新建的“莱州月季苑”占地600亩，集旅游、展示、生产、销售、科研为一体，规划了1999年在昆明世博会上夺得27枚月季花专项奖牌的月季品种绿化带、大棚区、月季展示区、展示厅等六个区，通过优惠政策引路，已有20多家商户人园承租土地，种植花卉苗木。

山东省平阴县玫瑰镇（玫瑰之乡）

平阴县玫瑰镇隶属山东省济南市，位于鲁中南山区西端低山丘陵区，土地总面积为68平方公里，其中耕地29355亩，玫瑰花栽培面积为11000亩，占农业种植面积的37%，全镇辖27个行政村，总户数5601户，总人口18553人，劳动力9100人，其中从事玫瑰花种植的6500人。1999年全镇农业总产值9776万元，其中玫瑰花5500万元，占农业总产值的56%。

平阴县玫瑰镇是国内外闻名的“玫瑰之乡”。玫瑰镇玫瑰花的栽植具有悠久的历史，唐代就有僧人慈净在翠屏山种植玫瑰花，距今已有1000多年的历史，明、清两代就已遍植于翠屏山周围及玉带河流域。20世纪60年代，世界著名玫瑰花产区保加利亚的玫瑰专家斯达依可夫教授，先后两次来平阴考察玫瑰花，给予极高的评价。1960年，国家有关部门在平阴县召开了“全国玫瑰花生产现场会”，1982年在山东文登县召开的“全国玫瑰花生产座谈会”上确认：平阴玫瑰香甜如意、芳香四溢，具有香气纯正、清香、甜香、浓香等特点，是中国传统玫瑰的代表；1983年，在北京召开的“全国玫瑰花科研会议”上，进一步确定：平阴玫瑰为全国推广的优良品种。玫瑰镇种植的玫瑰花与世界其他国家和地区的品种比较，具有花大色艳，香气浓郁的特点，含油量高，在国际市场上具有很强的竞争能力。

玫瑰镇的土壤，系能够透水的粒状粘土山东黄壤和棕壤，属低山丘陵台地，起伏不大，坡度多较为缓和，排水良好，PH值7—8.5，属暖温带大陆性半湿润季风型气候，光照充足，四季分明，盛产的玫瑰花，色、香、味均居全国前列。

得天独厚的自然条件，形成了平阴玫瑰这一独具特色的优质种群，千余年来，经过自然选择和人工培育，形成了三个主要品种：一是单瓣红玫瑰，香气最浓，能结种子；二是含苞玫瑰，花蕾不能完全开放；三是重瓣红玫瑰，该品种花大色艳，香气浓郁，瓣厚而多，含油量高，单花径可达8公分，单花重可达6克以上。另外还有产地野生红十姊妹，引进培育的近代月季等蔷薇做砧木，进行玫瑰花的嫁接，嫁接玫瑰花系比传统玫瑰根系发达，产量高且品种特性完全一样。近几十来年，科研人员又先后杂交培育出二十多个新品种，如：

紫枝玫瑰，又称四季玫瑰，一年多次开花，即能加工利用具有可观的经济效益，又具有极高的旅游观赏价值，适合城镇园林、庭院、风景区等地的美化绿化。

平阴一号、平阴四号玫瑰，植株紧凑，单花直径大，产量高，适合大田生产栽培。

该镇玫瑰花、玫瑰花蕾、玫瑰精油三大产品，被广泛应用于中药材、饮食业、香料工业和园林绿化等各个领域。

平阴玫瑰适应性强，梯田堰埂，沟渠路旁，房前屋后都可栽植。按密植园每亩220株计算，亩产鲜花蕾500公斤以上，依据1999年收购价格10—12元/公斤计算，亩产值5000元以上。全镇栽培面积为11000亩，仅此一项年总产值5500万元，花农年人均收入8461元。

该镇产区内有研究所和示范园各一处，专门研究培育平阴玫瑰花，并建有专门的品种圃，为大面积生产提供优质种苗和新技术。

玫瑰花的生产栽培，由镇林业站进行技术服务和统一管理，主要是农药肥料供应，病虫害防治，整枝修剪等栽培技术的研究和推广，并把这一资源列入重点管护的范围。全镇形成了镇村户三级科技服务网络，并成立了群众性的玫瑰花研究协会。新品种，新技术服务示范园，亩产鲜花蕾1200斤，亩产值7000元左右。

全镇有两处玫瑰花加工厂，年加工能力3000吨，主要是烘干花蕾、加工玫瑰酱，八珍玫瑰茶，提炼玫瑰精油等。有群众性的花蕾烘干户25户，年烘干花蕾能力1000吨。镇办企业有固定配套的收购销售网点和专业营销队伍，常年从业人员150人。群众性的营销人数逐年增加。国内其它产地的玫瑰花也纷纷来该镇转售，玫瑰花蕾及深加工产品除国内销售外，大部分通过江浙和香港销往日本及东南亚和西方发达国家。

该镇1996年被中国特产之乡命名组委会命名为“中国玫瑰之乡”。

《西南园艺》杂志

《西南园艺》 创刊于1973年，1998年6月以前刊名为《四川果树》。迄今为止总共发行82期27万余册。

现由西南8家单位主办，主辟栏目有蔬菜、果树、园林花卉、茶叶、专题讲座、品种与科技信息、广告等，为客户提供南北果、菜、花、茶的种植适用技术及新品种介绍、广告信息服务，是客户致富的好帮手。季刊，全国公开发行，邮发代号78－102。每期订阅价4元，全年16元。可在当地邮政局（所）订阅，也可汇款到编辑部订阅，平邮免收邮寄费，挂号每册加收2元。编辑部地址：重庆江津市长城路　重庆市果树研究所内

邮　　编：402260

联 系 人：李　容、丁志祥

电　　话：023－47542815

传　　真：023－47522186　47521427

玉石、雕塑、工艺、风筝

中国文房四宝行业现状与发展

千年工艺源远流长

中国文房四宝是中国轻工业中具有悠久历史的传统产品，也是世界文化史上的重要创造发明，纸、墨、笔、砚是中国古代人民的伟大创举，具有两千年以上的悠久历史，被誉为中华民族优秀的文化传统和艺术瑰宝。文房四宝与书画艺术相互依托，密不可分，又是创作书画艺术的必备工具与载体，中国书法与绘画离开了文房四宝则无法表达其妙味与艺术魅力。

历来被人们称道的文房四宝的代表性产品是：宣纸、湖笔、徽墨、端砚，还有多种文房辅助用品用具，如：国画颜料、书画印泥、石章石料、装裱用品、篆刻刀具、文房用具共10大类2000多个品种。其中传统名牌产品遍及全国各地。全行业自1979年开始评优，截止到1992年底共评出优质产品43个，其中国家金奖4个，银奖1个，部优产品33个，地方名、优产品5个。

纸是中国古代“四大发明”之一。产于安徽省泾县的红星牌宣纸曾获国家金质奖。此外还有红旗牌、汪六吉牌、金星牌等著名宣纸均曾获国家部级优质产品奖。

除宣纸外，手工书画纸著称的有：广西都安县生产的龙凤牌书画纸，河北迁安县产的令支牌高丽纸，浙江省龙游县产的寿牌书画纸，温州打字蜡纸厂生产的水车牌皮画纸，杭州立新书画纸厂生产的杭丽牌书画纸，四川浃江县生产的云鹤牌、仙景牌国画纸，山东临朐县生产的龙泉牌书画纸，福建产的连史纸、毛边纸等。这些种类繁多的书画用纸生产历史久远，各具特色。

墨主要产于北京、上海、安徽、四川、广东等地。安徽省的歙县、屯溪、绩溪、旌德，古时地处徽州，故产品统称徽墨。北京一得阁墨汁厂生产的一得阁牌、中华牌墨汁，上海墨厂生产的曹素功墨，歙县李廷珪牌、屯溪胡开文牌、旌德胡昆氏墨，均为墨中精品。

毛笔是中国独特的书写工具，主要产地是：浙江、江苏、安徽、上海、北京、沈阳、山东、湖南、湖北等。著名的毛笔有：北京产的李福寿牌狼毫笔，上海老周虎臣笔厂产的虎牌、如意牌毛笔，浙江湖州市善琏湖笔厂产的双羊牌湖笔、湖州市王一品斋笔庄产的天官牌湖笔，杭州邵芝岩笔庄产的“芝兰图”牌毛笔，安徽省泾县宣笔厂生产的三兔牌宣笔，苏州金鼎制笔厂生产的金鼎牌湖笔，浙江湖州市工艺美术公司自制的神龙牌湖笔，山东省莱州市产的泰山牌狼毫笔、兆志牌毛笔，沈阳市产的胡魁章牌狼毫笔，江苏省江都市国画笔厂产的龙川牌国画笔，四川乐山市毛笔厂生产的山字牌宋笔等。

砚，俗称砚台。中国汉代用砚已十分流行。中国古代就有四大名砚。随着时代的进步与科技的发展，制砚技术的提高与砚台矿的不断发现开采，在地大物博、矿产资源丰富的中国，当代名砚已远远不仅限于四种，对于中国当代名砚我们应该重新赋予它新的内涵。目前，已发现的砚种多达98种。其中著名的砚种有广东肇庆产的端溪牌端砚，安徽歙县产的歙州牌歙砚，甘肃省产的洮砚，山西省降县、五台山产的澄泥砚，吉林省通化市与长白山地区产的松花砚，河南省济源市产的盘古牌天坛砚、方城县产的方城石砚，江西婺源县产的龙尾砚，四川攀枝花近年来开发的砚中新秀苴却牌、晶雅牌、艺铭牌苴却砚。山东省临朐县产的红丝砚、临沂、兖州地区产的琅琊石砚、徐公砚，江苏省扬州漆器厂产的漆花牌漆砂砚等。

文房用品用具中有各种质料的笔筒、笔洗、水盂、调色盘、笔架、笔挂、笔帘、墨盒、镇尺、臂搁、水滴、砚盒等。用品类中有国画颜料、印泥、印章、画毡、刻刀、笔帽、挂钩、装裱工具、绫绢等。上海潜泉牌印泥、福建漳州牌八宝印泥，浙江湖州双林镇汉贡牌绫绢，景德镇青花瓷文具、北京艺海铜文具、江苏扬州漆器厂生产的漆花牌漆文具，苏州协美工艺文具厂生产的金亭牌红木小件，上海马利牌国画颜料、苏州古塔牌传统国画颜料、北京中央美术学院附中国画颜料厂生产的宝石牌纯天然矿物国画颜料、四川永字牌刻刀均是名牌产品。

文房四宝发展迅猛

解放前夕，中国的经济、文化胜败兴衰起伏不定，历尽沧桑，文房四宝的命运也与国家、民族的遭遇一样，大批艺人离乡背井，改行换当，生产作坊濒临绝迹。新中国成立后，国家在恢复、发展经济的同时，对祖国的传统文化实行了挖掘、保护、继承、发展的方针，文房四宝行业开始得到复苏。大多数身怀绝技的老艺人又重操旧业，行业迅速发展起来。尤其是改革开放以来，文房四宝如雨后春笋，蓬勃发展，出现历史上的鼎盛时期。中国是文房四宝最大的生产国，据1996年底不完全统计，目前全行业年总产值约12.3亿元，比解放初期增加了4.1倍。主要产品年产量为：宣纸1300吨、书画纸8500吨、毛笔1.1亿支、墨3910吨、砚24万方，利税总额2.2亿元，出口创汇6580万美元，从业人数近10万人，全国文房四宝生产企业约千余家，经营企业近千家。截止到1997年9月底，中国文房四宝协会共有团体会员170家，其中：全民企业48个、集体企业81个、乡镇集体31个、民营企业6个、合资企业2个、独资企业2个；个人会员60名；名誉会员5名；顾问43名；国际通讯个人会员1名。随着人民生活水平的不断提高，寻求精神文明已成为时尚，爱好书画艺术，练习书法与绘画的人越来越多。中老年人把书法、绘画作为陶冶情操延年益智的高雅活动，青少年则把书法、绘画作为提高自身文化修养和审美情趣的途径之一。目前中国大约有500万以上的人员从事书画活动，其中专职书画家近10万余人。海外文房四宝行业概况，以日本为例：日本是文房四宝消耗量很大的国家之一，只有一亿多人口的日本国年消耗宣纸600吨，书画纸千吨以上。而日本文房四宝的生产企业却屈指可数，全国只有砚厂8家，和纸厂9家，毛笔厂4家，和墨厂2家，从事书画活动的人在100万以上，90%的需求量靠从中国、南韩、东南亚等国进口，无疑日本是文房四宝的最大市场。

行业面临新的问题

随着改革开放的逐步深入，目前行业内又出现新的问题，企业面临新的选择，倡优治劣刻不容缓，势在必行。

自1993年新税制改革方案的出台，文房四宝行业需要的原材料如：生产宣纸用的主要原料青檀树皮与燎草，生产毛笔用的羊毫、黄狼尾、竹制笔杆等大都从农民手里购买，而农民又没有增值税发票开出，从而使企业税金加大，利润减少，影响了企业的经济效益，使得绝大多数企业缺乏自我改造、自我发展能力；退休职工与医药费逐年增多，企业负担加重；近几年来，由于中国出口渠道的混乱，也搅乱了日本的文房四宝市场，假货水货到处可见，1996年赴日考察团员在日本均发现了假冒他们企业生产的产品，公然打着他们的牌子在日本市场进行销售。中国一些企业为了达到出口的目的，不惜赔本、竞相压价，严重地破坏了中国文房四宝在日本市场的信誉。这种“煮豆燃豆萁”、互相贬低、互相竞争的局面必须制止；资源管理混乱，流失严重，尤其是砚行业普遍存在着生产经营布点失控的现象。以端砚为例，由原来的4家集体企业发展到250余家，从而出现了开采、生产、经营、价格、出口五乱的局面；部分个体企业制造产品偷工减料、以次充好，偷税漏税现象严重，造成了新的不平等竞争，影响了老企业的积极性。原材料涨价幅度过快，使产品成本逐年提高；由于文房四宝产品的制作受特定传统工艺的限制，利用现代化技术无法达到理想的效果，职工只能在艰苦的条件下作业，越来越多的年轻人已不愿从事文房四宝行业，跳槽、调离现象已十分普遍，行业面临后继乏人的局面。

在1997年行业调查中了解到：有部分企业由于观念跟不上形势，因循守旧、缺乏创新精神，经营、管理又不得法，致使企业生产、经营困难、亏损严重，处于半停产或停产状态，有的企业已转产或被兼并。

针对以上问题，动员全行业职工发扬自强不息、艰苦奋斗、自力更生的精神，贯彻落实十五大精神，坚持两个文明一起抓，克服等、靠、要思想，尽快转变观念，解放思想，努力提高经营、管理水平，以适应日益竞争激烈的市场经济局面。靠全体职工继承和发扬传统技艺，推陈出新，以质量求生存、靠信誉求发展，充分发挥聪明与才智，用勤劳的双手去铺出致富之路。对于出口渠道混乱的状况，协会将与国家有关部门制订相应措施，尽快予以理顺。由于文房四宝的多数产品在中国生产历史悠久，均在百年以上，技艺精湛，并世代相传，有完整的工艺流程，采用天然原材料制作，具有鲜明的民族风格和地方特色，在国内外享有盛誉，并采用特种技艺制作。根据1997年5月20日颁布的中华人民共和国国务院217号令《传统工艺美术保护条例》精神，文房四宝产品均应得到国家政策性的保护。毛泽东曾经讲过：继承古代文化的积极成果重要作用有两条，一是“发展民族新文化”，二是“提高民族自信心”。在现代化建设中，正确认识传统文化的地位与作用，继承弘扬民族优秀传统文化与技艺尤为重要，这是历史赋予当代人的使命与职责。文房四宝是祖国优秀的文化遗产，社会各界与各级政府有关部门，都来关心这个行业、支持这个行业，保护民族传统工业，尽快制定贯彻落实《条例》的具体实施办法，给予减免税的优惠政策。对于长期从事文房四宝传统技艺，做出较大贡献的老艺人、企业家，国家应给予相应的职称评定、鼓励并进行表彰，授予中国工艺美术大师的称号，建议授予中国文房四宝大师更为适当、更符合实际。通过这些促进行业发展，使这个具有中国特色的民族传统产品与古老的行业焕发青春、重放异彩。

转变观念开拓创新

按照中国轻工总会于珍会长提出的：“依靠科技进步、促进轻工业发展”的指示精神，文房四宝企业既要继承传统，又要不断创新，增加产品的科技含量，在确保产品质量与性能不变的基础上，恰当利用现代化手段，对企业生产技术、设备进行改造。例如：广西书画纸厂在不影响产品质量的前提下，对原有传统式的火墙晒纸工序进行改造与创新，改进利用蒸汽烘干，解决了书画纸尘埃度偏高的问题。最近又自行设计制造了电热墙烘干书画纸，这样既干净又省力，又能定时定温，解决了过去因温度难以控制将纸烤焦的缺点，使产品质量进一步提高，并减少了污染。

树立新观念，继续深化改革，为搞活企业注入生机。安徽省中国宣纸集团公司在1996年推行了现代化企业制度，成功地对企业进行了股份制改造，发行股票1700万股，募集资金近1亿元，为企业技术改造创造了条件。1996年底实现工业总产值9084万元，年产宣纸5000吨，销售收入5257.02万元，利税总额2102.7万元，净创利润1404万元，出口创汇310.5万美元，取得显著效益。安徽省泾县小岭宣纸厂坚持走自己的路，创自己的业，在开发新品种上下功夫，研制出花色品种十几个，其中仅用宣纸印制名人画册1000册就获得利润250万元。宣纸不仅用于书法与绘画，还可以印制挂历、邮票等等，在美国已利用中国宣纸经过深加工制成壁纸进行室内装饰，达到返朴归真的自然效果。北京制笔厂、上海老周虎臣笔厂，根据当地独生子女多的特点，开展笔中寄情活动，为独生子女精制高档胎发笔，做永久纪念，取得可观效益。在'97香港回归祖国之际，中华民族洗雪了百年国耻，华夏儿女无不为之欢欣鼓舞。中国文房四宝大显身手，以其独特的方式、艺术与魅力，作为“国宝”赠送香港特别行政区政府，有的将作为珍品流传于后世，为中国优秀的传统文化艺术又增添了一份光彩。其中有：吉林省通化市工艺美术厂雕制的松花砚、甘肃省雕制的洮河砚，均以省政府名义赠送。广东省肇庆市端溪名砚厂由黎铿大师构思、设计并参与创作的《七星迎珠》端砚（长60cm×宽40cm）以肇庆市政协名义赠送。安徽省黄山市三百砚斋周小林、郑寒设计制作的歙砚《归航》巨砚（长74cm×宽49cm×厚8cm），河南省济源市工艺美术厂雕制的盘古牌《大团圆天坛砚》、洛阳市新安县农民游敏以黄河澄泥为材料设计制作的大型《黄河澄泥砚》长120cm、重150公斤。安徽省歙县老胡开文墨厂为庆回归选用上好原材料精制徽墨1997锭，中国宣纸集团公司、泾县小岭宣纸厂庆回归选用上等原材料，精加工分别特制一批每张都水印有“'97香港回归”字样的宣纸精品。泾县宣笔厂也为庆回归赶制三兔牌纪念毛笔等等，以上每件精品的创作与生产均具有独特的构思，巧妙的设计，选料考究精美，制作巧夺天工，形成自然美与艺术美的和谐与统一。充分表达了中华儿女盼望香港早日回归的深情厚意，并借此机会为中华民族留下了一件件具有历史意义、实用、艺术珍藏价值的珍品与传世佳作。现在是科学技术突飞猛进的时代，文房四宝行业也应赶上时代的步伐，树立新观念，开辟新思路，促使具有更多艺术水平、技术水平的精品不断涌现，生产出更多更好适合于市场需求的新产品。目前在中国由黑龙江省黄季霜先生研制的一种利用北方高寒山区特有的茅翎草为笔毫材料制作的“草笔”最近问世，该笔兼有狼毫、羊毫之特点，宜书宜画，在书画界引起关注，为中国文房四宝又增添了一支新秀。在日本已研制出喷笔、洒笔，用于高墙喷洒书法与绘画。新产品的不断出现与开发，为行业开辟了新思路。只要企业借助各种活动、广开思路、不断创新，文房四宝产品大有可为。

今后文房四宝行业要狠抓产品质量，继续发挥文房四宝行业标准化中心质量监督检测中心的作用，做好行业标准化与质量检测与监督工作。对个体企业要进行正确引导与管理，对达到一定规模，产品质量稳定，守信誉的民营企业吸收入会，以便进一步加强行业管理。大力开展争创名牌、宣传名牌、经营名牌活动，从而达到保护名牌产品，打击假冒伪劣产品的目的，使假冒伪劣产品在市场经济竞争中无立足之地。要组织本行业职工进行人才培训，进一步提高文房四宝行业职工的整体素质。

当前文房四宝行业的主要矛盾，仍然是产销矛盾，产品有了销路，企业才有出路，职工才有活路。由于市场销售不畅而限制了生产的发展，造成目前市场局面的原因主要有两方面：一是生产方面的原因，二是销售渠道不畅的原因。产品的造型、结构长久不变，甚至连包装都不敢稍加改进，多年的老面孔已不适合作为礼品、收藏品和旅游商品的需要。有的企业对质量要求不高，有的名牌产品的质量也不十分稳定。有些产品价值与价格相背离，不分等级，不分档次，使消费者在选购商品时，真假难分，好次难辨，影响了文房四宝产品在国内外市场上的信誉。

企业在今后的工作中要根据市场需求，不断增加新品种。要小批量多品种，尽量去适应书画艺术的多方需求。特别是书画纸行业，除保持传统产品外，要生产出更多的新品种，参考国外的先进品种和款式，发展深加工，扩大高附加值产品的生产，改进包装，使产品向高档次、精加工方向发展，以适应旅游、礼品、收藏等方面的需求。文房四宝协会将组织对新产品的推荐与评定，以及对名牌产品的认证工作，1997年底还与中央电视台美术星空专题部合拍大型电视系列片《中国文房四宝》，达到推荐与宣传文房四宝名牌产品和指导消费的目的。每年上半年定期举办全国性“文房四宝产品展览订货会”，组织名牌企业出国考察，以宣传名优产品，拓宽国内外市场，使中国文房四宝走出国门，走向世界。

北京市工艺美术厂

北京市工艺美术厂是中国最大的生产工艺美术品的综

合性重点厂家，成立于1958年，至今已有40多年的历史。在改革开放中它成为集生产、参观、旅游、购物于一体的对外开放单位，荣获国家二级企业称号。厂长裘振红致力于开拓市场、开发新品种。该厂自成立以来，接待了来自世界各国的参观者。他们对该厂给予了高度的评价。大型象牙雕刻“成昆铁路”作为国家礼品赠送给联合国，展现在联合国大厦。

该厂主要生产经营各种景泰蓝工艺品、金银饰品、花丝摆件、牙景结合人物；采用珐琅新工艺制做的各类珀晶壁饰、屏风；景玉结合工艺珍品；内画鼻烟壶；水晶工艺品；旅游纪念品；各类礼品、奖品。产品质量精良，造型各异，色彩典雅，风格独特，驰名中外。

40多年来，该厂拥有一支以中国工艺美术大师张同禄为首的实力雄厚的设计队伍。其中各级工艺美术大师、工艺师、高级技师数十名。该厂每年开发上百种新品种、新花色。该厂“蝶花牌”景泰蓝工艺品是闻名遐迩的北京名牌产品，多年来畅销不衰，曾多次荣获中国工艺美术百花奖中的优秀新产品一等奖、创作设计一等奖、北京市国际博览会金奖、银奖等。

该厂既有传统的工艺美术产品也有现代风格工艺美术品，适合大型商厦、宾馆饭店、旅游景点及大公司等公众场所和家庭居室美化装饰，也是个人、团体进行国际交往和庆贺大型商厦、高档宾馆开业、大型庆典活动的上乘馈赠佳品，同时具有较高的艺术收藏价值。

该厂承接、订做各类工艺品、装饰品、礼品、奖品、旅游纪念品及佛像佛俱等宗教用品。该厂竭诚为各界客户服务，保证质量，信守合同，敬请各界光临。

厂　　长：裘振红
联系电话：62013547　62040716
传　　真：62023867
厂　　址：西城区新街口外新康街5号
邮　　编：100088

天津泥人张彩塑工作室

天津泥人张彩塑工作室坐落于天津市河西区马场道202号，建筑面积1200平方米，始建于1959年，是一个专业研究泥人张彩塑艺术和从事泥人张彩塑生产的单位，拥有专业技术人员42人，其中高级工艺美术师9人、工艺美术师19人、助理工艺美术师14人，设五个创作室和一个展厅，并在天津古文化街设有经营部。

天津泥人张彩塑是清朝道光年间发展起来的一种民间艺术，自第一代张明山创始，历经四代，至今已近160多年历史。其作品曾被清朝宫廷作为珍品收藏，也曾数次参加国际性展览，先后有20多件作品在世界各地展览会上获奖状或奖牌。张明山创作的反映编织女工生活的彩塑获得了国际巴拿马赛会一等金奖。1983年日本芦屋市恩巴“中国近代美术馆”为泥人张彩塑建立了陈列专馆，展品共58件。这些民间艺术之瑰宝，在国内外得到了极高的赞誉。

新中国成立后，国家对泥人张彩塑艺术，采取了保护、扶持和发展的政策，投入大量的财力、物力和人力，并于1959年创建了天津泥人张彩塑工作室。请回了第三代传人张景禧、第四代传人张铭。使泥人张彩塑艺术的继承与发展有了组织上的保证。工作室成立40多年来，始终坚持“百花齐放、推陈出新、古为今用、洋为中用”的方针，立足传统，不断创新和发展。在取材方面范围相当广泛：有以古典文学、神话故事和民间传说为内容的，有反映现实生活的，有展示风土人情的，还有纯粹人物肖像写真等等。这些艺术作品，或抒情、或言志、或再现历史风貌、或表现人的精神世界，共同的特色是注重肖像模拟，着意于细节刻画。在突出性格化的同时，也不放松对神韵和意境的追求。如近年来创作的《李逵撕诏》、《李逵探母》、《春江化月夜》、《丝路花雨》、《印度舞》、《山鬼》、《貂婵拜月》等作品，都以独特的视角和洗练的技艺，再现生活中的原型原貌。每个人物都形神兼备，栩栩如生。体现着民间艺术的俗化和古典艺术的雅化相结合的特点。

天津泥人张彩塑工作室在对彩塑艺术进行研究和创作的同时，还狠抓了对接班人的培养，先后多次招收有志于彩塑艺术的青年艺徒，一方面由张铭亲授技艺，一方面鼓励他们到实际生活中观察和体验人民大众的思想感情，捕捉和提炼现实生活中感人的一瞬之间。同时，引导青年创作人员在艺术实践中开阔视野和思路，广泛吸收、借鉴其它姐妹艺术中有益的成份。许多创作人员自觉与工农群众同吃同住同劳动，而后创作出不少深受群众喜爱的作品。如杨志忠创作的《颗粒归仓》、《卖身契》、逯彤创作的《山里人》、《争光》，穆瑞森创作的《集市归来》、《奶奶先吃》，马玉兰创作的《新生》、《小摔跤手》，傅长圣创作的《山里红》、《山娃》、《大红枣》，张宏英创作的《蚌仙》、《丝路花雨》，于化祥创作的《利刃》，鲁玉英创作的《麻姑献寿》，刘恩洪创作的《虎溪三笑》，都在国际与国内获奖得到好评。这些新一代彩塑工作者，经过老师的严格训练和个人刻苦努力，都已经茁壮成长起来，成为泥人张彩塑的中坚力量。

天津泥人张彩塑以崭新的面貌勃兴起来，不仅国内人民群众爱不释手，而且还走出国门，登上了世界艺术殿堂。许多国家和地区的文化部门，都邀请天津泥人张彩塑工作室到国外参加作品展览，文化品经销商也来人来函，与彩塑工作室洽谈个人收藏、经销等事宜。到目前，泥人张的彩塑作品已经远销世界20多个国家，受到当地群众和艺术界人士的高度赞扬。有些作品还被国家博物馆收藏。天津泥人张彩塑工作室为了适应文化市场要求，在开发新品种方面做了有效的努力。他们迈开双脚，从仿古复制的一元化朝着更为广阔的多元化发展。从某种意义上说，现在的泥人张彩塑较之传统的泥人张彩塑，已经有了长足的进步和明显的变化。近年来随着市场的需要，经过反复研究和大胆试验，终于开发出蜡像、胶像等新品种，并成功的为天津历史博物馆、平津战役纪念馆等地制作出不同规格的腊像、胶像400余尊，为南京梅园新村纪念馆仿制了周恩来、董必武等革命前辈的塑像，为江苏茅山新四军纪念馆及河南、西安、内蒙古、北京等地有关部门和单位，制作了多尊蜡像和胶像。1999年初又为荷兰哈仁植物园制作中华民国时期的民风民俗、市井人物等蜡像140尊。为驻港部队添马舰军史馆制做《三军仪仗队》、《黄土岭战役》、《港胞迎驻军》等胶像30余尊。天津泥人张彩塑不仅为国家创造了财富，而且为祖国赢得了荣誉，在丰富人民群众的文化生活、促进精神文明建设等方面发挥了重要作用。

天津泥人张彩塑艺术是中国的民间艺术瑰宝。中央电视台、天津电视台、香港和台湾地区的电视台，以及美国、日本、韩国的电视台，都曾对天津泥人张彩塑从历史到现在做过专题报道。国内外的报刊也刊登过大量评价文章，使天津的泥人张彩塑声名远播世界五大洲。

竭诚欢迎国内外各界朋友来泥人张彩塑工作室参观交流。

天津“泥人张”彩塑简介

天津“泥人张”彩塑是清朝道光年间发展起来的一种民间艺术，自第一代张明山创始，历经四代流传，至今已近160年历史。其作品曾被清朝宫廷作为珍品收藏，也曾数次参加国际性展览，先后有20多件作品在世界各地展览会上获奖状或奖牌。张明山创作的反映编织女工生活的彩塑获得了国际巴拿马赛会一等金奖。1983年日本芦屋市恩巴“中国近代美术馆”为“泥人张”彩塑建立了陈列专馆，展品共58件。这一民间艺术之瑰宝，在国内外得到了极高的赞誉。中央电视台、天津电视台、香港电视台、台湾电视台以及美国、荷兰、日本、韩国等电视台都进行了专题播放。

“泥人张”彩塑艺术是手工捏塑各种人物形象，一般高为35公分，被称为“案头彩塑”。在取材方面范围相当广泛：有以古典文学、神话故事和民间传说为内容的，有反映现实生活的，有展示风土人情的，还有纯粹人物肖像写真等等。这些艺术作品，或抒情、或言志、或再现历史风貌、或表现人的精神世界，共同的特色是注重肖像模拟，着意于细节刻画。在突出性格化的同时，也不放松对神韵和意境的追求，使每个人物都形神兼备，栩栩如生，体现了民间艺术的俗化和古典艺术的雅化相结合的特点，成为了中国民间艺术的一枝奇葩。

天津“泥人张”彩塑工作室是在政府的扶持下，在第三代传人张景禧和第四代传人张铭主持下，于1959年成立的国家事业单位，多年来，他们呕心沥血，传授技艺，勤恳工作，培养了一批又一批的弟子，取得了可喜的成果。现今，“泥人张”彩塑工作室已拥有高级工艺美术师、工艺美术师等50余人的雄厚的技术力量。为适应改革开放的大好形势，积极向外拓展，其产品已远销世界20多个国家，为中外文化交流做出了一定贡献。

当前，工作室除了制作精美的案头彩塑外，还承揽各种造型和等人大小的玻璃钢像、蜡像、硅胶像，以及庙宇中的各类神像。

地　址：天津河西区马场道202号
电　话：23374088　23355163　23374092　23374085
传　真：(022) 23355370
邮　编：300074

天津市风筝魏工艺品有限公司

风筝古称鸢鸟，源于中国，是早在3000余年前的殷商时期出现的民间工艺品。鸢亦苍鹰（金雕）的一种，善借上升气流，平展双翼悬空翱翔，是风筝的设计原型。相传，上古时代的中国人梦想遨游天空。于是，以薄树皮、兽皮、鸟类的翅羽，竹条等材料制作了可用于户外放飞的工艺品。因其飞行状态与鸢鸟相似，故名。

据史料记载，春秋时期（公元前722年—前481年）鲁之巧人“公输般（鲁班）造木鸢，三年成而飞之”。亦木制风筝的记述。楚汉相争时（公元前200年），汉大将军韩信将项羽军围于垓下（今江苏徐州）。为瓦解楚军，特制皮鸢一具；“下置三善笛人，吹思乡之曲。楚军闻之，尽皆散去”。此亦皮面风筝用于军事的记述。汉和帝（公元89年）时蔡伦发明造纸术后，风筝面料改为纸制。中国北方称之为纸鸢、南方称之为纸鹞。

五代时（公元907年—960年），宫人（太监），李邺于宫中作纸鸢，引线乘风为戏。复于鸢首，以竹为笛，使风吹人竹，声如筝鸣，故名风筝。此即风筝命名的由来。

宋、元、明三代（公元960年—1644年），风筝走出宫庭，普及民间。中国明代著名书画家徐渭咏风筝，诗云“柳条搓线絮搓棉，搓够千寻放纸鸢，消得春风多少力，带将儿辈上青天”。可见春秋两季郊外竞放风筝当时已形成了一大民间习俗。

明末清初，中国著名文学家曹雪芹在其“南鹞北鸢考工志”中，对风筝的扎、糊、绘、放四艺进行了极为详尽的描述。他在文学巨著《红楼梦》中留下了“好风凭借力，送我上青云”的不朽诗句。

清末民初（1860年—1920年）随着盐槽两运和对外通商，京津两地风筝艺坛出现了人才辈出、流派纷呈的局面。然而最有影响并能左右风筝艺术潮流的首推天津“风筝魏”。

风筝魏，即天津魏记风筝创始人魏元泰，中国美术家协会会员、著名民间工艺美术大师。生于清同治十年农历六月初八，即公元1872年。卒于1961年5月14日。1892年他在北门内蒋记天福斋学徒四年出师后，在天津古楼东创立了以其父魏长清名字命名的“魏记长清斋扎彩铺”。开始独家制售魏记风筝。他全面继承了曹雪芹总结的扎、糊、绘、放四艺，并在实践中把竹器的加工制作、木工的打眼扣榫、锡焊工的铜箍连接、鸟类的飞行平衡、风力的机械传动、中国古建筑彩绘、动植物的仿生、数学的黄金分割等多种技艺融为一体，并巧妙地移植到风筝制作上。从而形成了造型多变、彩绘逼真、飞行平稳、特技精湛和便于携带五大独特的艺术风格。因此被当时社会尊称为“风筝魏”。由于他把原产于中国的毛竹、矾绢、宣纸、矿物颜料等天然材料加工成倍受人们喜爱的民间艺术精品。因此上至慈禧太后、光绪皇帝和北洋大总统黎元洪，下至平民百姓曾都慕名、派员和亲临店铺购买过他的风筝。于是他制作的风筝也被社会誉为“风筝魏风筝”。

1912年已到不惑之年时，魏元泰的11件作品入选在天津举办的直隶出品展览会并获国家级金牌奖后，经当时北洋政府农商部选送赴美国旧金山，参加在那里举办的巴拿马太平洋地区万国博览会（后世称巴拿马赛会）并一举夺得世界级金牌奖，风筝魏从此驰名中外。巴拿马赛会是为庆祝巴拿马运河的开凿成功，由21个环太平洋国家共同举办的世界性、全方位的展览会。

由于他先后获得国家和世界两枚金牌，风筝魏风筝从此走向世界，所以当时的中外商界也称他制作的风筝为“中国魏记金奖风筝”。1956年他当选为天津市政协委员、南开区人民代表，1958年7月他出席了北京怀仁堂召开的首届全国工艺美术艺人代表大会并选入大会主席团。1958年中共八大期间他曾将精致的蝴蝶等风筝献给了毛泽东主席。

魏元泰在“师法前人、不断创新”的艺术实践中将国画、古建筑彩绘及民间绘画艺术兼收并蓄。创造了风筝画面上的工笔重彩退晕、冷暖对比色调，点绘、撕毛、勾勒等技法。同时在高空色彩搭配，整体造型设计，竹材弹力测试，放飞故障调整，音响、变字、变位特技的应用等方面都为后世留下了创作规范、标准样式及传统工艺秘诀。他的一些传世之作，除在晚清宫庭、美国旧金山博物馆、法国卢浮宫、中国美术馆、天津历史博物馆馆藏外，大多数收藏在京津两地旧时官绅后裔家中，看过魏元泰遗作的美国德克萨斯大学罗海德教授说：“魏记风筝艺术不仅是中国的，也是全人类的”。为表彰他对中国风筝艺术事业的卓越贡献，1984年他被国家轻工业部追认为中国近代工艺美术名人。成为中国风筝界的一代宗师。

风筝魏第二代传人魏慎行（1903年—1981年）

他在半个多世纪的艺术生涯中，全面继承、发展和大力传播了魏元泰创立的魏记风筝艺术；并在放飞理论与实践、新产品的研制和开发，风筝艺术队伍的形成等方面卓有建树。为风筝魏事业历百年而不衰以及魏记风筝在国际艺坛上形成独树一帜的主要流派起到了很好的奠基作用和承上启下的作用。从30年代到50年代历次国内大型放飞比赛中屡次囊括前三名。他陆续培养了大批艺术传人，风筝魏艺术从此走出作坊，向国内外辐射。他曾于1941年获中国乡土游戏大赛优胜银盾。

风筝魏第三代传人魏永珍

魏永珍1943年生于天津市著名的风筝世家。自幼随祖父和父亲学艺，在天津市工艺美术厂从事风筝制作至今已有45年，无党派民主人士和社会知名人士。现为中国民间艺术家、天津市风筝魏工艺品有限公司董事长、总经理、总工艺师，当今风筝魏风筝制作主持人。

为了全面继承和发扬驰名中外的魏记风筝艺术，走出一条符合中国传统工艺美术特色的发展道路，以重振昔日雄风。她用了一代人的时间先后完成了如下工作：

一、总结前人经验，探索发展道路

从70年代初期以来，用了25年时间搜集整理和挖掘了大量的国内外风筝资料和前辈的样稿、作品。通过总结自己数十年的艺术实践、并参照相关理论进一步充实提高，写出了数十万字的文稿，以著书立说，传给后世。为全面继承和发扬祖业，奠定了坚实的理论基础。80年代后期，她一边组织风筝的传统生产，一边努力探索按照国际市场要求，进行大批量生产的具体途径。以便在保持传统特色和保证质量的前提下逐步走出作坊、厂房实现专业化、社会化、产业化生产。

借鉴以往办大工艺美术厂的种种弊端，她大胆地采用了瑞士手表生产的成功模式，着手进行了生产布局和专业化分工等方面的调整。把占地面积大、劳动强度大、占用劳力多的扎制工序扩散到郊县农村进行。而把中、高档风筝的彩绘、总装、试飞等工序留在市内家庭作坊进行。从而节约了大量的厂房建设资金。通过长期规范，逐步形成了设计、选料、扎架、彩绘、糊面、总装、放飞七大科学的工艺流程。

二、艺术上继承传统、锐意创新

在数十年的艺术实践中，魏永珍体会到，要想永葆艺术青春，产品不断领先，就要在继承传统、保持特色的前提下，大胆突破传统的思维定式、东方文化习俗和理念的束缚，充分考虑世界上其他国家人民的审美要求和价值取向，兼收并蓄，大胆创新。

在继承传统方面，魏永珍80年代的作品曾以设色典雅、线条流畅、画面苍劲挺秀、远近观看皆美而著称。其代表作如一米仿真蜻蜓，翅脉清晰透明；三米苍鹰凶猛而矫健。1994年7月美国飞机发明家莱特兄弟的第四代凯瑞为寻觅风筝魏后代，专程从密歇根赶来与她进行艺术交流。当他看到了魏永珍亲手制作的一只精致苍鹰风筝后，激动地说："我在20年前曾得到一只风筝魏风筝并一直珍藏至今。今天看到了你的作品，像真鹰，像标本，代表着世界一流水平，希望你要像你祖父一样，再夺世界金牌"。

90年代魏永珍的作品以中西合璧、形神兼备、富有东方传统艺术和天津地域文化特色、时代感强而著称。其代表作为美国白头海雕风筝、猫头鹰风筝、金球连友谊及庆回归宫庭组合风筝等。

美国白头海雕风筝以美国国鸟白头海雕为原型，中西兼容、形似神似，充满异国情调，深受美国各阶层家庭的喜爱。

猫头鹰风筝是应美国一地区的动物保护组织的要求设计制作的。当时正值1995年中国春节期间，很多人劝她不要做。她力排众议，毅然接受了任务。猫头鹰在中国人的心目中是不受欢迎的不速之客，而在美国人的眼中是倍受喜爱的益鸟，可见中美民间的文化传统差异巨大。因此创作的基点要放眼世界，不应以中国人的好恶论取舍。于是她以动物世界录像为依据，迅速排产。样品完成后形象逼真，逗人喜爱。中间商取货时会心地笑了。不久中间商反馈说："那个组织成员收到样品后连声赞许说，中国艺术家真伟大。"

"金球连友谊"组合风筝是为迎接第43届世乒赛在天津举办，以其祖父在第26届世乒赛时创作的"银球传友谊"组合风筝为蓝本创作的。"庆回归"组合风筝是为迎接"九七"香港回归、举国同庆而创作的。1999年底为迎接澳门回归和新千年，她又主持制作了"九九回归"和"世纪钟声"二支大型拍子风筝。上述四支精品力作经中央电视台、天津日报、天津电视台等新闻媒体隆重推出后，为中国的迎庆活动增添了独特的氛围，受到了社会各界的广泛赞誉。

三、培训和稳定队伍、自成流派

从1985年开始，她边组织生产，边传授技艺。先后在开发区飞龙特艺有限公司、静海县沿庄乡、天津市农机推广中心等单位培训了又一代艺术传人。与此同时，她在70年代学成从艺的技术尖子中进行了以干代训、培养提高。1994年以后，对改行从事风筝制作的下岗美工人员，进行了专业再培训，逐步形成了自己的艺术队伍。保住队伍，自成流派，既是魏元泰的遗愿，也是魏永珍的毕生追求。目前，由于风筝魏四代人的不断培训及技术辐射，在天津市区及郊县、毗邻市县，已经形成了近千名的魏派风筝传人，其中掌握世界一流技术的传人约50余名。这支多年形成的技术队伍是国家的宝贵财富。

为了使他们不因生活所困而放弃自己的艺术专长，无论是风筝销售旺季和淡季，她都千方百计地均衡排产，以确保他们有一个稳定的收入。每当他们生活上因子女入学、结婚、亲属就医等出现暂时困难时，她都尽其所有予以帮助，甚至拿出爱人和孩子的工资。由于经济上的维系和感情上的融通，他们都解除了后顾之忧，专心致志地为艺术献身。

四、举办展览，加强中外交流

从1991年起，她通过与有关部门、国外经销商合作或应邀出访等，多次举办以个人作品为主的风筝魏风筝精品展。其中影响较大的有1994年12月至1995年2月在天津市艺术博物馆进行的"迎世乒、风筝魏风筝精品展"。1994年10月她的百花齐放风筝参加了在北京举办的中国首届民间艺术一绝大展并入选。1995年7月她的五件作品参加了中国群众文化协会举办的全国艺术之乡、艺术精品大赛，其中白头鹰风筝荣获二等奖。近年来，随着风筝魏风筝重新走向世界。她的一些作品，分别在蒙特利尔、芝加哥、慕尼黑、温哥华等地举办了十余次小型展览。风筝魏风筝飞翔在圣·劳伦斯河畔，装点芝加哥大教堂，走入慕尼黑的艺术展厅，出现在温哥华的华埠广场和春季艺术博览会。得到了前来参观的国外风筝爱好者和海外华侨的一致认可。一位美国参观者在观后留言中写到"风筝魏风筝是我看到的当今世界上最好的风筝。"

从1986年以来魏永珍创办的经济技术实体，累计先后接待各个国家和地区的政界、商贸界、新闻界、艺术界、民间团体、旅游团队的友好访问及进行中外文化艺术交流达六千人次。他们之间有日本前首相中曾根的秘书内山胜；美国哥伦比亚传播公司高级记者詹姆斯；前世界风筝协会主席戴维·切克列；加拿大魁北克省慈善协会秘书诺玛；澳大利亚九频道记者组等。接待境外报界、电台、电视台专访十余次。其中美国著名华裔节目主持人甄文达制作的"学做风筝魏风筝"节目以及香港亚洲电视台、澳大利亚电视台制作的"访风筝魏第三代传人魏永珍"节目在世界30多个国家、地区播放。加拿大最大的华语报纸明报和星岛日报在温哥华对她的专访曾在加拿大全国及美国加州广为发行。风筝魏风筝在"宣传中国、展示天津"

中发挥了较好的信使和纽带作用，可谓“风筝魏名扬海内外，中国鸢飞翔五大洲”。国内的中央电视台东方时空、旅游等节目以及天津、河北、山东等电视台、有线电视台，新华社、工人日报、中国科技市场报、天津日报、今晚报、潍坊日报、中央人民广播电台、天津和北京人民广播电台等重要传媒共200余次报导了她的艺术成就和突出业绩。

五、不断规范、品种齐全

经过了一个多世纪的发展，特别是魏永珍等人的不断挖掘、创新和引进，魏记风筝的品种、规格从60年代的200余种发展到1200余种。造型从骨架结构上分为软翅、硬翅、弓子、拍子、串式、担式、立体、特技八大类。从制作精度分为特、高、中、低四档次。从立体尺寸上分为巨、大、中、小、微五等（从0.05米到4米以上）。从仿形上分为龙、花、鸟、鱼、虫、兽、人物、器物、文字九种。从图案设计上又分为写实、写意、图案和综合式四种。从地域上分为中国风筝和引进风筝。从顶线设置分为单顶线、双顶线、三顶线及多顶线风筝。为了适应国内外市场对产品的生产批量及品种多样化的需求，急需对上述风筝进行标准化、系列化规范。经过魏永珍的潜心研究和科学规范，逐步形成了宫庭组合风筝、壁挂装饰风筝、礼品风筝、普通风筝、微型风筝和引进风筝六大商品系列。由于品种齐全、质量上乘、价格合理，采用天然原材料制作，具有浓郁的东方传统艺术和天津地域文化特色且兼容异国情调，业已成为天津地方工艺美术三绝之一。目前，中、高档风筝已经形成规模生产能力。低档和引进风筝可以从事封样及来料、来样生产。可以承接任何批量的定单，承制任何难度的定货。

六、兴办实体、发展事业

回顾“风筝魏”自1892年创建以来的历史经验，魏永珍深深地感到，要想使风筝魏事业再现昔日辉煌，必须走依托企业发展事业的道路。为此，从1986年起，她在各级政府及有关部门的大力支持下，通过多方筹集资金兴办企业。先后创办了飞龙特种工艺品有限公司、津海第一风筝厂、天津市河西区魏记风筝厂、天津市风筝魏工艺品公司、天津市风筝魏工艺品有限公司。目前有限公司已发展到各类从业人员40余人，各种有形资产达人民币150余万元。产品90%远销北美、西欧、东亚、南太平洋等30多个国家和地区。公司现已成为天津市传统工艺美术龙头企业和中国传统风筝的重要生产基地。从1892年魏元泰创立“魏记长清斋扎彩铺”至今，“风筝魏”三个字已经不再是当年魏元泰的尊称了，而已成为继承其事业并终身致力于此的后代们的专门称谓。魏记风筝艺术也因其具有历史悠久、技艺精湛、世代相传、自成流派、驰名中外、有完整科学的工艺流程、鲜明的民族风格和地域特色、采用天然原料制作而品位较高等传统优势，成为中华民族和全人类优秀的历史文化遗产。并且具有较高的无形资产价值。风筝魏风筝也因其具有投资风险小、见效快、轻加工、无污染、投资回报高、创汇能力强、市场知名度高、国际影响大而成为百年传统名牌产品。通过四代人的共同努力所形成的风筝魏无形资产包括“风筝魏”三个字所含盖的百年商誉、魏元泰所获得的两枚金牌、制作专有技术、魏元泰遗作和传统工艺秘诀以及魏永珍经国家注册的两个商标、制作版权等。据有关评估机构的初步评估，总价值约为300—400万美元。随着中国加入世贸组织，工艺美术行业迎来了千载难逢的发展机遇。魏永珍打算通过充分发挥风筝魏这100年老字号的“名牌”效益，扩大宣传，不拘任何形式，引进外资，共同开发。通过国际互联网络和海外销售网点，实现跨国经营，增收创汇。力争为国家和天津市作出名符其实的贡献。

天津市风筝魏工艺品有限公司

TIANJIN CITY KITE WEIS ARTS LIMITED CO

地　址：天津市南开区红旗南路247号

Address：247 Red Flag South Road Nan Kai District Tianjin，China

电　话：（Tel）022—23699033　022—23681321（宅电）

传　真：（Fax）0086-22-23681321

河北省唐山市（陶瓷）

唐山是中国陶瓷产品的主要集中产区之一，陶瓷生产始于明朝永乐年间（公元1403—1424年），历史悠久，质量上乘，品种多，在国内乃至国际上均有一定的知名度，一些产品在国际上久负盛名。唐山陶瓷以手工业生产方式缓慢发展500余年，直到20世纪后半叶，才在社会主义制度推动下，汇入现代工业洪流，展现出勃勃生机。特别是改革开放以来，唐山陶瓷更是进入了全面振兴时期，目前已形成了日用瓷、卫生瓷、建筑瓷、工业特种陶瓷、工艺美术瓷等门类齐全的陶瓷产业体系。1999年，全市有国有及销售收入500万元以上的陶瓷企业35个，资产总计46亿元；完成工业总产值19.2亿元，工业增加值6.8亿元；生产日用瓷2.82亿件，约占全国产量的四十分之一，河北省产量的二分之一，其中出口1.6亿件，占全省出口量的60%以上；生产卫生瓷10.84万吨，釉面砖681万平方米，墙地砖878万平方米；实现销售收入14.4亿元，利税2亿元，出口创汇近6000万美元。

唐山陶瓷集团是中国日用陶瓷和建筑卫生陶瓷行业的骨干企业、国家特大型企业，迄今已有80年的历史。该集团工艺技术居全国同行业先进水平，是全国512家重点企业、河北省大型支柱型企业集团，被国家轻工业局定为全国高档瓷生产基地。1998年唐山陶瓷集团股票在深交所上网发行。该集团现拥有固定资产38.2亿元，员工总数3.2万人，年产日用瓷1.8亿件，卫生瓷320万件，产量位居全国同类企业第一；年产建筑瓷910万平方米，特种陶瓷2100万件；产品已达300多种，优质产品产值率在93%以上，中高档日用、卫生瓷比例达到50.6%，中高档釉面砖比例达到49%，红玫瑰牌骨质瓷、金环牌日用细瓷、凤凰山牌日用细瓷、卫陶牌卫生洁具、泰吉特牌高档砖等产品已发展成为河北省重点名牌产品。如今，该集团的建筑卫生瓷享誉中国的大江南北，普通日用细瓷、雅炻器走俏欧美市场，典雅大方的白玉瓷和雍容华贵的骨质瓷成为三星级以上近2000家宾馆饭店的首选用瓷。各种产品销往全国各省、市、自治区，并出口到世界100多个国家和地区，年出口创汇5000万美元，占全市工业品出口创汇总额的30%。在香港回归中国的时刻，该集团生产的红玫瑰骨质瓷经国务院港澳办推荐和董建华夫人亲自选定，力挫群芳，荣幸地成为香港特首官邸用瓷，受到香港各界人士的交口称赞。

唐山惠达陶瓷集团是1982年起步的乡镇陶瓷小厂，主要生产卫生陶瓷产品。1992年，邓小平南巡讲话发表后，该集团强化了对外开放谋求大发展的意识，先后与阿联酋、香港等外资企业联合投资2100万元，相继建成两条生产中高档卫生瓷的燃油隧道窑，并安装了成型立式浇注生产线，工装水平率先达到国内一流。1995年至1998年，惠达已具备强大的自我发展能力，又投资5400万元，将原有的3条燃煤隧道窑改造成大断面燃油隧道窑，采用了最新烧成技术，达到了国际先进水平。经过17年的拼搏，惠达已发展成为拥有资产3亿多元、职工3000多人、年产量占全国卫生陶瓷行业十分之一的大型企业集团。1999年，惠达卫生瓷年生产能力达到400万件，生产规模居全国同类厂家第一，并打进世界10强。当年完成工业总产值2.6亿元，实现利税1亿元，在全国同行业中创造了卫生瓷产量、产品销售率、资金回收率、市场占有率及产值利税率五项第一。目前惠达的产品合格率按国际标准达到98%以上，一级品率达到88%以上，高于国内同行业最高水平的10%。惠达牌卫生瓷被国家建设部指定为全国卫生瓷行业唯一获准使用“小康”商标的产品，推荐为争创世界名牌的种子选手。

河北省曲阳县（定瓷）

定瓷——定州窑陶瓷，产地在今河北曲阳，古直隶定州（因古时曲阳属定州管辖）。定瓷烧制始于唐（公元618—907年）、兴于北宋（公元960—1127年）、失于元（1227—1368年），是中国北方大地上繁衍几代而影响深远的一个窑系。同当时汝、钧、官、哥窑一起，号称中国宋代五大名窑。

定窑遗址，规模宏大，世所奇观。它东起北镇（龙泉镇）通天河畔，西止燕川山下，方圆20华里，总面积达150多万平方米。俗称“一溜十八坡”。民间相传：当年“大窑三千六，小窑如牛毛”。虽然，定瓷兴衰是随历代政治经济的沉浮而变异，但作为中华民族文化的精萃，给人们留下了宝贵的物质财富和文化启迪。

定瓷胎质坚密，细腻，釉色透明，柔润媲玉。《归潜志》有联语：“定州瓷花瓷瓯，颜色天下白。”之外有红、黑、紫、绿诸色。白定名贵，色定尤名贵。宋代邵伯温《闻见录》曾有宋仁宗斥张贵妃接受臣僚王拱宸馈送定州红瓷的佳话。可知，宋时定瓷已为上层社会所倍至珍视。

定、汝、官、哥、钧五大名窑中，唯定窑以装饰见长。其刻花奔逸、潇洒、可谓刀行似流云，花成如满月。刀挥来去，均形成一种既定规范。而印花则制作精细，拍印考究，遂造就一种华贵雅典之气韵。间辅以剔花、堆花、贴花等尤别开生面各得其趣。品类有盘、碗、瓶、尊、炉、枕、人物等。设计开唐、宋陶瓷形制之先河，或劲健挺拔或秀美娟丽，无不咸称圣手，妙道自然。

定窑生产鼎盛时期当推北宋政和、宣和间，定窑经过唐、五代两朝探索和完善，已初步形成一整套成功的工艺流程和管理体系。从北京故宫博物院及一些其他馆藏实物分析，足可得到如是证明。当然，定窑生产史上最大的成功应该是它发明了覆烧工艺，这种把器物倒过来烧的大胆尝识和成功，足以说明定窑从历史以来就不甘固定成法，而敢于创造。这种工艺的改革，使定窑生产效率递增10－20倍，为继之蜂涌而起的定官窑、定民窑全面开花打下了坚实的基础。

定瓷名播遐迩，势压群芳。史载：江西景德镇、山西平定、四川彭县、辽宁上京、福建德化、北京龙泉务诸窑皆蜂起仿效，故形成宠大之定窑系。定瓷的隆兴，不仅改革和引发着中国陶瓷工业，更以磅礴之势启迪和震撼着邻邦。北宋徐竞《宣和奉使高丽图经》卷三十二戴：高丽“碗、碟、花瓶、汤盏，皆窃仿定器制造”。中国定瓷对日本的影响，也有目共睹，日本诗人虎关师练（1278－1346）在《济北集》有诗为证：“定州白瓷陶冶珍，纵横小理自然新。扫清仙客闲天地，贮得四时一味春。”

定窑的发展，促进了一方经济繁荣，商品流通出现空前景象。定州作为义武节度使驻地，商贾云集，买卖隆兴。定瓷由此走向边陲，走向邻邦，走向四面八方。据《曲阳县志》及现存王子院碑记载，五代以来，朝廷即在此设税官专事收瓷器税。可知，昔日定窑为存厚国库作了应有贡献。

定瓷白而光润，器薄如纸，叩击如磬，故有白如玉、薄如纸，声如磬之称。“白如玉”定瓷胎质和釉质白而光润，如玉洁丽柔和。一般白瓷包括现代白瓷，釉色皆于坯体溶为一色，虽有润、光、柔之优，却无流美灵动之感。若称之为玉，实难相符。而定瓷之白，决不是纯白，有的白里透青，有的白中泛黄，隐隐若若，色韵暗起，玉质应生，妙不可言。

“薄如纸”，一般指盘、碗类。均以薄为格调，几乎不满不为定。一块八寸盘，称之不过四两，其它瓷乃至现代瓷（除薄胎外）实在无法与之比拟。

“声如磬”，瓷击有声，声色不同，厚胎声域粗短，薄胎声色清长。说定瓷声如磬，首先追溯到它的质料。烧结温度较高给“磬声”奠定了必要之先决，在高温下，定瓷胎骨的瓷化达到了至佳程度，故由土石声一跃而发出金石声。

历史上的金宋之战，不仅使中原人民蒙受了莫大的灾难，也使兴旺发达的定瓷业惨遭劫祸。定瓷被迫颓废，工匠随时局南流。故世留“北定南迁”之说。话是如此讲，试想离开了本地原料，更何谈地道风格的定瓷。故《文房肆考》说：定瓷“北贵于南”。

1934年，中国近代陶瓷先驱叶麟趾先生在《古今中外陶瓷汇编》中首次提出定窑遗址在曲阳剪子村（即涧磁村）的正确论断，从而指明了定窑遗址的所在和生产方向。

七十年代以来，在周恩来总理亲自关怀下，失传近千年的定瓷振响了重新恢复的鼓角。河北省曲阳定瓷有限公司全体同仁历尽艰辛，通过千百次研究试验，终于在定瓷生产及工艺技术方面踏出了可喜蹊径。原料工艺师承古法，造型花饰力拓薪传，仿求累真，创求独特，以精取胜，以优为本。

20余年来，面对市场经济的挑战，定窑儿女始终不渝的坚持尊重先贤、开拓未来宗旨。尤其邓小平南巡讲话后，他们的思想更加开放，步履更加坚定。其业绩多次受到党和国家有关领导和部门的特别关注。1984年元月，在香港召开的盛大的“河北艺术瓷展览”会上，定瓷以特有的产品风姿，赢得了各国客商的盛赞。为此，香港三十余家报刊杂志纷纷以专题报道。《文汇报》赞誉：“定窑仿古瓷不仅使陶瓷深有研究的人士可以从中一窥古窑瓷品风貌，并使大众亦对优美瓷器的古朴风格赞赏不已……”《消费杂志》评价：“定窑是历史悠久的官窑，在宋朝进贡御用，今天，新瓷质素比昔日有过之而无不及，“香港早晨”、“欢乐今宵”等电视台更是频频播出，对定瓷给予了高度评价。

1987年11月，“中国名窑名人作品展览”再次在香港展出，代表定窑名人陈文增、蔺占献、和焕之作品参加了展览，以其纯真质地、别致手法、生动造型再次风靡香港，引起世界各国客商珍视。

1994年，定窑坯釉获“首届中国瓷文化展”优秀成果奖。仿宋孩儿枕荣获仿古、科学、艺术一等奖。1998年获民营科技企业十年成果奖。1999年其“色釉研究及产品”获国家知识产权局金奖。

在定瓷研究的道路上风风雨雨，坎坎坷坷，拼搏了20个年头的陈文增及他的公司，在基础理论及生产实践中获得了前所未有的成功。使失传千年之久定瓷瑰宝以全新面貌和格局再现当今。为古定瓷向现代定瓷的移植及走向民用、走向世界打开了通道，受到党和国家及有关部门的高度评价和关注。先后有《人民日报》、《人民日报》(海外版)、《经济日报》等权威报刊先声报道。称陈文增为当代中国定瓷生产研究领域中的传奇人物。陈文增的最新论文《定瓷科技发展管窥》在国内外研究领域引起了较大反响，中央工艺美术学院陶瓷系教授周淑兰称“定瓷生产效益又将历史性地推向新的高度”。因此，《时代瞭望》全文披露陈文增的最新研究理论。1999年该论文被评为世界学术贡献奖——金奖。

陈文增，1954年生于中国河北省曲阳县，大学文化。现为河北省曲阳定瓷有限公司总经理，高级工艺美术师。河北大学、河北师范大学兼职教授。中国古陶瓷研究会会员，中国工艺美术学会理事，中国工艺美术协会理事。中国工艺美术家，工艺美术大师。

1984—1987年，定瓷刻花盘、碗、文具等系列作品，先后参加香港“中国名窑名人作品展”，“河北艺术陶瓷展”。1994年刻字大腹瓶参加北京“中国工艺美术名家作品展”，刻花梅瓶获“首届中国瓷文化展”名人精品特等奖。1996年日用美术定窑陶瓷新产品获“中国新技术、新产品博览会”金奖，同年获河北省科技进步奖。1997年定白釉刻花小口瓶收入《中国现代美术全集》(陶瓷卷)，荷花福刻花白瓷瓶收入《中国名人特制陶瓷精品集》。1998年“定窑色釉艺术产品”获第七届全国专利技术博览会金奖。1999年定白釉刻花盘获“中国工艺美术创作世纪大展”金奖，瓷、诗、书三联艺术小口瓶获“中国国家级工艺美术大师精品展”银奖。“四海呈祥”大型定瓷雕龙瓶被定为国宝级珍品，由人民大会堂展示并收藏。事迹先后有《人民日报》(海外版)、《光明日报》、《中华儿女》、《科技与效益》、《国际商报》、《河北日报》等全国30余家报刊杂志予以专题报道。著有《定瓷工艺精要》、《定瓷艺术研究》等30余万字学术论著。部分作品作为大学艺术讲义，并载入《中国陶瓷》等专业性刊物。

传略收入《中国工艺美术家辞典》、《中华诗人辞典》、

《中国书画家辞典》、《中外名人辞典》等10余部大型辞书。

通讯地址：河北省曲阳县定瓷有限公司

邮　　编：073100

电　　话：0312－4213235

山西省平遥县（漆器）

〔概况〕　平遥县位于山西省中部，全县土地面积为1260平方公里，现辖5镇19乡，349个行政村，6个居民委员会，总人口47.8万。平遥县曾是同鼎清代商界、左右全国金融近一个世纪的晋商元代的主要发祥地之一，由于古城最为完整地保存了明清以来的城墙、街道、寺庙、店铺、民居等历史遗产，被誉为世界上为数不多的人类文明瑰宝。1986年12月8日，平遥被国务院命名为国家历史文化名城，1997年12月8日，平遥古城被联合国科教文组织正式确定为“世界文化遗产”，列入《世界遗产名录》。

〔平遥推光漆器（注册商标“金龟”牌）〕　起源于商周，发展于唐代，鼎盛于明清，历史悠久，做工考究，色彩绚丽，古朴典雅，从选料到成品约30余道工序。成品造型华丽，纹采流畅，漆面光洁，映影似镜，防潮防热耐腐蚀性能尤异。多年来一直是轻工部优质产品，是北京口岸的免检产品，已有300余年的出口历史，产品远销西欧、北美和日本、新加坡、马来西亚等33个国家和地区，蜚声海内外。

江苏省无锡市惠山泥人厂

惠山泥人，是无锡三大著名特产之一，有着悠久的历史，明末张岱的《陶庵梦记》卷七（愚公谷）里曾有一段记述“无锡去县北五里为铭（锡）山，进桥，店在岸，店精雅，卖泉酒……泥人等货”。这是目前最早有文字记载的查考，由此可见惠山泥人至今已有四百年的历史了。

惠山泥人的原料——黑泥，取自于惠山北坡山脚下离地面约1公尺以下，据传真正的惠山泥仅有18亩半的面积，泥质细腻柔软，搓而不纹，弯而不断，干而不裂，可塑性极佳的特点，非常适合“捏塑”之用，惠山泥人凭借这独特的自然资源，孕育出了巧夺天工，灿烂的民间艺术文化。相传，最初的惠山泥人属家庭副业，艺人们大多出自看管祠堂和种田的劳动阶层。他们在农闲时利用惠山泥捏制一些小玩意，俗称“耍货”，这些泥粗货大都用模型刻制，制作方便，造型饱满，线条流畅，色彩鲜艳，情趣盎然，每逢庙会，香讯、考讯、茧讯等季节，艺人们或摆摊或手托盘子，到处叫卖，卖买十分兴隆，倍受各界人士的喜爱。

惠山泥人代表作品“大阿福”，是根据民间传说创作的，他是一个被神化的民间中健壮孩子的可爱形象，主要是取其镇邪，降福之意。相传在远古时代，无锡惠山周围丛林密布，古木参天，山林中出现了一只怪兽，称“青饕”，经常出没山林，伤害百姓，尤其专爱吞食小孩，祸横村舍，百姓不得安业，供案求神保佑。于是，天上命“沙孩儿”下凡除害，扮做一对金童玉女，嬉闹游乐，引“青饕”出林，奋力搏斗，终将怪兽降服，惠山的百姓为敬重“沙孩儿”的恩德，取惠山黑泥塑像供奉，尊称为“大阿福”，如今“大阿福”她那笑容可掬憨厚敦实的形象征兆着国泰民安，是欢迎祥和、友谊的象征。

堪称中国一绝的手捏戏文，始于18世纪70年代，创作大都取材于京、昆、锡剧。民俗风情，神话传说，其制作全凭艺人用手捏塑，搓、柔、挑、捏、印、拍、剪、包、压、贴、镶、划、扳、插、推、揩、糊、装，统称“手捏十八技法”，拍拍捏捏，瞬臾之间神形生动的艺术之作便展现在眼前。

据《清稗类钞》卷四十五“工艺录泥人条记载”，高宗南渡驾至无锡惠山，山下王春林者，卖泥人铺也，工作精妙，技繁万端，至此命作泥孩数盘，饰以锦片，金叶之类，进御时，大称赏，赐锦甚丰。其物至光绪时，尚存颐和园佛香阁中，庚子之乱，为西人携去。另有慈禧太后五十寿庆时（公元1885年），无锡地方官特意到惠山定购了一套精致的“八仙上寿”大型手捏品进贡朝贺，惠山泥人再次传入宫廷。清宣统二年（公元1910年）南洋劝业会审查得奖名册有着无锡泥人获银牌奖的记载，该会研究报告书（民国二十五年版）中说：“陈列手工业中有泥人，多数制其贫贱富贵之像精神状态，形音丰姿，面面俱到旁观近视，宛若生人……”从中可窥探出惠山手捏泥人高深的艺术造诣。据1935年出版的《无锡概览》所载，当时惠山泥人作坊，店铺46家，从业人员200余人，其生产形式是家庭作坊自成一体的个体经营，有泥制品、手捏泥人、石膏品三大类，每年入秋以后，有数百条船，顺河至惠山浜龙头河，到惠山采购泥人再沿河运销各地，高档泥人，则随着前来无锡经营蚕丝米面的各地商贾，作为礼品带往远方。

惠山泥人土生土长于民间，几经沧桑，顽强地成长，尤其新中国成立后受到党和政府的关怀，传统艺术得到保护、提高、发展。当时华东文化局专门抽调干部从事整理，发掘、研究惠山泥人，成立了“惠山泥人辅导工作组”，做了大量的考证、收集指导工作，留下了相当宝贵的历史资料。

1950年12月和1951年4月，先后成立了“无锡市手工业工会泥人石膏品业基层委员会”和“无锡市工商联泥人石膏品同业公会”，以组织机构协调、管理、指导惠山泥人行业，制订了生产，审批管理办法。1952年6月，由著名艺人高标联合30多户店坊成立了“无锡市泥人石膏品第一分产联销处”，各户之间取长补短，统一对外销售，大大地增强了销售实力。当时惠山泥人行销全国各地自东向西至青海、乌鲁木齐，南至昆明、海南岛。北至齐齐哈尔，成功地把惠山泥人遍布神州。

1954年7月1日，由上级政府指导成立的“无锡市泥人石膏品工业工艺供销生产合作社”，首批社员100人，这是泥人行业第一个集体经济实体，从此，惠山艺人们走上了社会主义道路，社员们以极其高涨的热情投身于集体事业，到1956年社员人数达到800多人，生产品种琳琅满目，有较大的生产规模，实力雄厚。1957年惠山泥人开始出口苏联，东欧、日本和东南亚地区，走向世界，声震海外。

1958年7月30日，在第二届第三次社员大会上，社员们要求并一致通过在合作社的基础上成立“惠山泥人厂”，同年8月10日，正式成立“无锡市惠山泥人厂”，此大集体，隶属无锡市手工业管理局领导。在这前一年，省手工业联社拨款在宝善桥堍新建1412m²厂房，竣工后开始接待中外贵宾来厂参观，成为无锡市最早的旅游开放单位之一，在建厂的当年，按国务院指令，派出专业队伍参加首都十大建筑的工程，重点参与军事博物馆的艺术装饰制作和沙盘模型的制作，惠山泥人的精堪技艺，为庄严的共和国大厦锦上添花，使艺人们感到无比的自豪。

目前，惠山泥人遍布全国各地，还出口到60多个国家和地区，手捏泥人艺人曾多次被邀请到日本、美国、澳大利亚和香港、台湾等地进行现场艺术表演，惠山泥人被誉为最富有东方色彩的民间艺术。

如今的惠山泥人厂，占地18000m²，建筑面积14000m²，职工350余名，有高级工艺师、工艺师等技术人才30余人。生产品种结构不断调整完善，不仅有泥制品手捏制品、石膏制品，还承接大型艺术雕塑和专用艺术造型，使用材料也不断更新。如复合类、树脂类、塑料类等等。

该厂是国家旅游定点单位，设有专门提供参观的三层展示楼，每年接待几万中外来宾参观购物，在这里可以看到艺人们的精湛表演，欣赏到上百年留传至今的泥人收藏珍品，还可为宾客在一时以内当场塑像，栩栩如生，在这里宾客还可以施展一下艺术才华，亲手制作泥人和执笔“画龙点睛”，领略到惠山泥人的真谛。

竖立于厂门的大型雕塑“阿福嬉青饕”，热情奔放，欢迎各位朋友的光临，随着中国建设的日新月异，必将会给惠山泥人带来更加辉煌的前程。

江苏省扬州市

〔漆器〕 漆器是中华民族文化艺术瑰宝之一，已有几千年的历史，在中华文物中，最为世人重视与称赞。

扬州漆器生产源于战国时期，已有2300多年的历史。

早在秦汉时期，扬州彩绘和镶嵌工艺制作就有很高的水平。从扬州近郊甘泉山和天山广陵王等汉墓中出土大量的饮食用具、日常用品、文房用品、佩械用品以及丧葬用品等漆器文物，采用木、竹、铜、皮和夹柠等坯胎，装饰工艺运用彩绘、针刻、贴金、金银片镶嵌、宝玉石镶嵌等漆器，埋藏在地下两千多年，这些漆器文物造型别致、纹锦丰富，同今日扬州漆器交相辉映，证实扬州漆器在汉代已处于兴盛时期。

隋唐以来，中国大量漆器流传日本等东方国家，对日本髹漆艺术产生了很大影响。扬州唐代鉴真大和尚东渡日本，带其漆艺高手弟子，并携带漆器盒、盘和宝象等工艺品。1982年日本漆器考察团来扬州交流，称扬州是日本漆器的胜地、祖先等。盛唐扬州漆器继承发展了汉代漆器，并创制了剔红（雕漆）装饰工艺，唐代扬州是全国的商业都市，水陆交通和手工艺生产发达，漆器远销海内外。

宋代扬州漆器，继承汉唐传统工艺而有了新的发展，雕漆技艺极度提高，并发展了螺钿漆器和漆砂砚。

元代，螺钿漆器进入了兴盛期，元后期开始运用软螺钿，将螺钿磨成薄片，制作软螺钿漆器，为明代制作点螺工艺打下基础。

扬州漆器在明清时代，成为历史上的鼎盛时期，扬州成为全国漆器生产制作中心。明代扬州著名的剔红（雕漆）、百宝镶嵌、螺钿镶嵌等工艺已很兴旺，八宝灰、波罗漆、戗金、堆漆、剔彩、刻漆、漆砂砚等工艺技法相继而起，全面发展了各类漆器装饰工艺。明末清初著名的艺人江千里（字秋水）制作平磨螺钿工艺有较高的水平，特别是以点螺精湛工艺著称于世，当时民间流传名言“杯盘处处江秋水，卷轴家家查二瞻”，江千里留下数千件漆器作品，当今北京故宫博物院馆藏国家一级文物点螺漆器就有很多件。明末著名漆艺师周翥在装饰工艺上作出创造性的贡献，称之周制之法，其手法以金银、宝石、珍贝、象牙、牛骨以及各玉料等材料有机的结合运用，形成综合镶嵌工艺，制作了大到漆器屏风、桌椅，小到书箱、茶具和文房用品。

清代康乾时期出现的一批著名漆艺师卢映之、王国琛、卢葵生、夏漆工等把雕漆和百宝镶嵌结合起来，形成了扬州独特的雕漆嵌玉名贵品种。卢映之与扬州八怪金冬心（金农）有交往，恢复宋代失传的漆砂砚，金农设计图稿，卢映之生产制作。

明清时代，扬州漆器作坊林立，品种齐全，用漆器工艺命名的街头巷尾就有几个，"漆货巷""罗钿巷"、"大描金巷"、"小描金巷"等相对集中在这些巷子的漆器作坊较多。

清代后期，整个社会经济衰败，手工业受到摧残，扬州漆器生产出现较长时间的萧条，不少品种逐渐沦没，如点螺、漆砂砚等技艺相继失传。

清末民初，扬州漆器生产又偶然上升，扬州漆器不少作坊也迁到上海生产，扬州漆器对外销量有了扩大，平均每旬至半月就有一船漆器外运，年销2—3万件，当时最大的是梁福盛作坊，有两百多名工人，梁家生产的漆器，1910年在南京召开的南洋劝业会上获得一等金牌奖，1915年在美国旧金山召开的太平洋万国巴拿马博览会上获得一等银牌奖。

抗日战争中，国民党统治腐败，扬州漆器相继倒闭，成批艺人去上海，也有不少艺人流离失所，扬州剩下六个作坊，每家不到5人，他们在风雨飘摇中苦度光阴。

〔扬州漆器厂〕 新中国成立后，党和政府重视扬州传统漆器。1955年农历二月初二扬州漆器生产合作小组成立。当年年底前上升为合作社，并吸收了部分工人和徒工，共生产了68套屏风，其它器皿1374件套，创造了1.79万元的产值，1956年有了较大的发展，完成了7.18万产值，比1955年上升近5倍。

1958年11月扬州漆器生产合作社与邗江玉器生产社合并，上升为国营扬州漆器玉石工艺厂，刺绣和剪纸也并入厂内。单漆器生产年产值近20万，比创建的当年提高11倍多。

1964年，扬州漆器玉石工艺厂分成为扬州漆器厂、扬州玉器厂，从此扬州漆器有了更大的发展，人员发展到近四百人，装饰工艺有六大类，花式品种有三百多个，产品外销大幅度的增长。"文化大革命"开始后，受极左思潮的影响和冲击，生产销售极度下降。

1973年后扬州漆器有了恢复发展。1975年后，为恢复失传200多年的点螺装饰工艺漆器，组织厂里高级技艺人员到北京故宫博物院与专家、研究员等反复鉴别研究馆藏的国家一级文物点螺漆器，回厂后进行三年多的反复研究试制，于1978年研制成功，创作《锦绣万年春》台屏等近20件点螺漆器，参加当年在北京举办的全国工艺美术展览会，受到中央领导和各界人士的高度赞赏。1981年又研制恢复失传近两百年的"漆砂砚"工艺。

1978年组建的扬州漆器二厂于1982年与扬州漆器厂合并成立扬州漆器总厂，人员发展到1260名，是全国规模最大的生产厂家，各类装饰工艺齐全，国家有关部门把扬州漆器厂作为全国漆器的样板厂、龙头厂，将漆器质量检测中心和漆器信息中心设在扬州，国家投资了几十万元的检测仪器设备，承担全国漆器质量理化检测任务，当年，全国漆器行业质量和艺术在扬州进行评比，利用这些仪器对参评的作品作了准确的科学检测，扬州漆器厂的质量和艺术在评比中获总分第一，1983年从厂内又划分出扬州漆器二厂。

扬州漆器厂建厂45年来，历任主要党政领导带领广大职工艰苦创业，历经曲折，不断前进，使工厂得以不断地发展壮大，形成今天的规模。

1997年，以周永平厂长为首的领导班子，为适应国内体制改革的形势，结合厂情，统一思想制订改制方案，经厂职代会讨论通过，报上级批准，于当年底成立扬州漆器有限公司，由厂控股，职工参股，以销售为龙头，将原厂部的销售、生产、技术、质量、储运等职能转移到公司，原厂部16个科室156名后勤干部精减到42人的两大办公室，即厂长办公室、党群办公室，处理正常厂里日常工作，同时在厂内成立扬州珍宝漆器研究所和扬州漆器装饰有限公司。经改制后，全厂为发展漆器事业、承担了出精品、出新品、出人才、出效益和漆器为百姓装饰的任务，两司一所均由厂长担任董事长和所长，并实行总经理负责制。对车间实行大承包，确保质量和交货期，车间生产降本增效，职工分配等由车间自行管理、统筹安排，全面发展。从1998年到2000年上半年，两年半期间，扭转了过去多年亏损的状况。而且两年多来，为开发新产品、开发市场，开展创作设计大奖赛，除创作多件精品外，每年都开发了160件套以上新产品，打开了国内礼品，旅游纪念品，装饰品等市场，新品销售占总销售的40%以上，使扬州漆器更有生机。

扬州漆器厂是全国漆器生产重点厂家，是全国旅游产品生产定点企业，拥有自营进出口权。现有职工近千人，各类专业职称共128人，其中：高级职称11人，中级职称33人，初级职称84人，专业技术职称占职工总数的13%，技术工人占职工总数75%。拥有占地面积3.3万平方米，建筑面积3.4万平方米，固定资产3000多万元，厂内有扬州漆器有限公司、扬州珍宝漆器研究所、扬州漆器装饰有限公司和市属扬州民间艺术馆，厂下属8个专业生产车间，是机构设置基本合理、适应市场经济需求生产布局配套齐全的综合性的漆器厂，有雄厚的技术力量，不断创作出珍品、精品和面向市场的各类新产品，厂内有近4000平方米的参观接待、产品陈列、旅游购物等环境优美的场所，将扬州漆器历年来珍藏在国家重要场所的珍品、国家礼品复制品、精品和对适合国内外宾客需要的家具、室内装饰、礼品、旅游纪念品、民间工艺品等数千件艺术品，陈列在各个展销厅，并设立了工艺精彩表演室，为接待国家领导人、国宾，各类国内外团队和各界人士来厂参观购物提供了优越的条件。

扬州漆器现有装饰工艺“雕漆”、“雕漆嵌玉”、“点螺”、“刻漆”、“骨石镶嵌”、“平磨螺钿”、“彩绘”、“雕填”、“磨漆画”、“木雕镶嵌”等十大类，生产各种屏风、地屏、橱柜、桌椅、几凳、瓶盘、台屏、茶具、餐具、烟具、文房用品，各类礼品，旅游纪念品，漆艺装饰壁画以及成套漆器家具等2000多个花式品种，产品具有欣赏性和适用性，远销世界60多个国家和地区，并在国内旅游城市和地区的宾馆、酒店、涉外商场、各大商店经销旅游纪念品、礼品、壁画装饰、家具、酒店用具等漆艺品，也为国内外新建、改建的重要接待、会议、餐饮、娱乐、办公等室内承担大型装饰壁画和高档陈列品的制作，以及家居装饰品的制作，扬州漆器已成为内外销、全方位的大市场，深受国内外各界人士的欢迎。

扬州漆器厂“漆花”和“七彩”牌漆器工艺品，久负盛名，多次荣获国际、国内金、银质奖，漆艺精品历年来多次被党和国家领导人选为国礼赠送给外国元首以及作为国家珍品收藏，曾为国家重要场所特制了高档陈列品。

建厂45年来，为国家出口创汇4000多万美元，为旅游内销打开了全国市场，为国家创利税6000多万元。

〔著名产品〕

一、为国家重要场所特制的陈列品：

①1959年，为北京人民大会堂特制的雕漆嵌玉《和平颂》、《喜鹊登梅》一对大挂屏，由著名画家陈之佛、姜壁设计，著名老艺人梁国海、王国治、丁长康等制作，选用翡翠、珊瑚、玛瑙、碧玉等高档玉料精制成花鸟浮雕图案，镶嵌在雕漆锦纹上，曾陈列在人民大会堂20余年，现今陈列在该厂精品室作为稀世珍品收藏。

②1972年，制作的刻漆“郑成功收复台湾”地屏，曾陈列在北京人民大会堂台湾厅十多年。

③1994年，为北京中南海紫光阁特制的雕漆“江山入画图”地屏。

④1996年，为中南海特制的雕漆嵌玉松鹤刻漆贴真金云鹤大地屏和平磨螺钿山水入画大挂屏。

⑤1997年，为香港回归而特制的刻漆“华夏魂”大壁画。

⑥1999年，为澳门回归而特制的刻漆“澳门胜景”地屏以及雕漆嵌玉、刻漆、磨漆画等近50片挂屏。

二、被国家收藏的珍品，陈列在中国工艺美术馆，并颁发了珍品证书：

①点螺《锦绣万年春》台屏，1985年被国家收藏。

②点螺古楠木雕《大涤草堂》漆砂砚，1987年被国家收藏。

③骨石镶嵌《唐宫戏乐图》地屏，1990年被国家收藏。

三、国家领导人出访等而选用赠送给外国元首的礼品：

雕漆嵌玉花鸟六扇屏风、平磨螺钿南京长江大桥横挂屏、点螺《锦绣万年春》台屏、雕漆嵌玉《松龄鹤寿》三折地屏、雕漆嵌玉六扇花鸟屏风、雕漆嵌玉《四季花鸟》六扇屏风、点螺古楠木雕《醉翁亭》漆砂砚、雕漆嵌玉《玉堂春色》六扇屏风、雕漆嵌玉《丹凤朝阳》三折屏风、雕漆嵌玉蒜头瓶、红雕漆凤尾瓶、红雕漆观音瓶、点螺《凤戏牡丹》大圆盘台屏、点螺二十四桥礼品盒、平磨螺钿首饰盒、点螺《二分明月是扬州》台屏、雕漆嵌玉《凤吹牡丹》凤尾瓶、点螺楠木雕文房四宝等。

〔产品说明〕

《漆砂砚》　《漆砂砚》原是清代扬州著名漆器艺人卢映之、卢葵生祖孙二人所创制的优秀小件产品。曾失传，今已恢复。

《漆砂砚》采用优质砂等材料与中国大漆调配，髹涂于预制好的木胎砚表面部分，数经精心研磨而成。砚盖、帮、底均处理以各种精美、雅致的漆器工艺装饰，成为轻巧、美观的漆器艺术欣赏品和文化实用品。

在性能方面：它持有端、歙二砚姿质滋润、坚而不顽、细而不滑、发墨而不伤毫的原来特色，而又具有漆器造型生动多变，质地轻灵坚固，装饰雅致多彩，雕、嵌、刻、绘，悉随人意的优点；《漆砂砚》尤备似澄泥，入水不沉、宿墨不冻、不吸水、不脱砂、发墨快、墨汁细、不易破损、携带便利的优越性。

《砚》乃文房四宝之魁，广泛流行使用于日本、东南亚和港澳地区以及世界各地华裔寄踪之处，国内文坛画苑。《漆砂砚》的重新崛起，势将受到广泛欢迎。

点螺古楠木雕文房用品　这套高档点螺文房用品由该厂高级工艺美术师许从慎、朱德隆设计，数名高级技师历经近半年的精心制作才完成。笔筒、笔洗、水盂、笔架、印章盒、印泥盒、手枕、笔杆等均用铜板和高档木材为胎，采用了扬州独有的点螺装饰工艺，选用了夜光螺等名贵材料，精致成薄如蝉翼、小似针尖、细若秋毫的螺片，点植在光亮如镜的漆面上，使梅花系列图案乌泽透亮、五彩斑斓、随光变幻。文房用品中的主件点螺楠木雕漆砂砚，除砚盖应用点螺“牧牛”图案外，砚身采用古汉代金丝楠木雕刻，砚池采用优质细金刚砂等与中国大漆调配后，多次髹涂研磨而成，其性能持有端、歙二砚姿质滋润，磨墨细腻的特点外，漆砂砚还有坚而不顽、细而不滑、发墨快、不伤毫、宿墨不冻、不吸水、携带便利等优越性，既是漆器艺术欣赏品、收藏品，又是高档的适用品、一套精致高雅的馈赠礼品。

点螺楠木雕《大涤草堂》漆砂砚　点螺楠木雕“大涤

草堂”漆砂砚由著名高级设计师许从慎设计、高级工艺师赴如柏和数名高级技艺人员精心制作而成。它融楠木雕与点螺两大著名漆工艺于一体，使之珠联璧合，相得益彰，出自传统而有所创新。其工艺之精致，手法之奇巧，堪称一绝。

该砚取西汉古金丝楠木为胎，木质细腻，纹理精美，色泽古雅。砚身体积为：36cm×31cm×4cm（木胎），41cm×37cm×8cm（盒体），具有永不开裂，永不变型的优良特点，确是一件十分珍贵与难得的佳品。

该作品取材于清初画家石涛（大涤子）晚年于扬州所构草堂之故事而创作。砚身以盘根错节，虬枝苍劲的古树为主体，树后数从篁竹，草堂立于池塘之边。制作工艺施以浮雕、圆雕、透雕，技法娴熟、灵巧、刀法玲珑剔透。其艺术构思之巧，技艺之高超，令人叫绝，回味无穷。以用老树虬树自然环抱，构成一汪清泉作砚池，使造型艺术与实用功能融为一体，更是设计者独具匠心的神业之笔。

砚池采用中国生漆，金刚砂等天然材料精心制成。其特点是滋润坚固、耐磨发墨、搽不伤豪、宿墨不干、人冬不冻，可与端歙名砚相媲美。

砚盒采用优质珍珠贝、夜光螺等名贵材料按画面要求加工成薄如蝉翼，小似针尖，细若游丝的螺片，点嵌在光亮如镜的黑漆画面上，构成一幅随光变幻，瑰丽明美的画面，与砚身古朴典雅的艺术风格形成鲜明的对照，给人以美的享受。

江苏省扬州玉器厂

玉器在中国特种工艺中是一颗璀璨的明星，它选择天然的玉石材料琢制而成，是高档的欣赏品和装饰品，具有较高的经济、艺术、收藏价值。

文化历史名城扬州是中国玉器重要产地之一，琢玉工艺源远流长。古籍《书经·禹贡篇》便有“雍州贡琳琅”、“扬州贡瑶琨”的记述。在4000年前的夏代，扬州当时地域宽广，为“天下九州”中之一州，在扬州地区的海安县出土新石器时代的一座墓葬中，就有4000年以前的玉器，证明在夏代时的扬州一带已有了玉器制作工艺。

至汉代，随着经济和政治的变化，扬州琢玉工艺步入了一个发展期。玉器在造型、琢磨、镶嵌诸方面都有了重大的发展，从出土的玉器来看，有一般的小件装饰品，也有中件欣赏品，玉器造型有玉镯、玉环、珮、璜、玉璧、玉蝶、辟邪、玉耳环等，工艺上出现了图纹雕刻，图案纹饰简洁生动。

发展到唐朝，由于隋朝开通了千里运河，扬州处于长江运河的交叉点，是国内南北交通的咽喉要道，而成为当时中国对外贸易的主要港埠之一，其经济繁荣，百业兴旺，扬州琢玉也随着当时手工业兴盛而进入了繁荣时期。贵族豪门用玉装饰楼阁建筑，炫耀门庭，所谓“雕栏玉户”；在民间以小件玉器作为佩、饰用品亦渐成风气。其品种出现了刀、飞天、带板、白玉盏和金镶白玉镯等。浮雕技巧得到发挥，琢玉风格琢磨精细，气韵生动。

在宋代，玉器工艺已向陈设品方面发展，花鸟、炉瓶等品种日渐丰富，也有玉杯、玉碗、镇纸、水盂等实用器皿。在工艺上不仅掌握了镂空雕技法，而且掌握了链条的制作技巧，其造型和雕刻技艺也有了长足的进展，为后来形成秀丽精巧，玲珑剔透的艺术风格打下了深厚的基础。

元朝在中国历史上虽只占有一个短暂的时期，但手工艺仍然有着较好的发展。当时的艺人们已经在雄浑天然的子玉上动脑筋了，这种玉器保留和利用玉石天然优美的外形，综合适用立雕，浮雕和镂空雕的技法，表现出深刻的内涵。

明清两代，扬州琢玉工艺步入鼎盛时期。明代的扬州玉器，品种繁多，工艺精致，其玲珑秀丽之风格明显胜于前朝，扬州博物馆收藏的明代中期制作的《六角莲花玉壶》、《蟠螭白玉杯》等作品，造型精美，琢工精细。至明代后期，山子雕作为独特的玉器品种，已经格调一新，工艺技巧较前大为精进，给后来扬州制作大型玉山作了准备。到清代，扬州琢玉工艺可以说是诸品皆备，艺术水平空前提高，尤其在乾隆年间进入了全盛时期。扬州琢玉名重京师，大量承办清宫陈设玉器的造作，并成为宫庭大型玉器制作的中心。珍藏于北京故宫博物院重达千、万斤的近十件大型玉器，多半出于扬州琢玉艺人之手。如故宫历代馆展出的《会昌九老图》、《关山行旅图》和珍宝馆展出的《大禹治水图》等玉山，充分说明清代扬州琢玉技巧和艺术水平之高。在技艺上着重于精雕细琢，玲珑剔透，体现出扬州玉器浓郁的民族风格和鲜明的地方特色。

现代，以扬州玉器厂为代表的扬州玉器，以其秀丽典雅，玲珑剔透的特色驰名中外，形成“南方之秀”的风格。扬州琢玉艺师们，勤谨实践，锐意创新，无数精妙绝伦的国家珍品和艺术精品层出不穷，孔雀石《金龙戏宝瓮》正是现代玉器精品的代表作之一。

孔雀石《金龙戏宝瓮》是用一块罕见的大孔雀石雕刻而成，重430公斤，长105公分，宽60公分，厚28公分。龙缸周围琢有数十条龙，它们在行云流水间忽隐忽现，似飞似舞，腾云驾雾，追逐嬉戏，若静若动，有呼之欲出的感觉。龙缸造型浑朴，雕刻精湛，展示了中国玉雕完美的艺术境界，是当代中国工艺美术一件不可多得的珍品，千载难逢。

江苏省苏州市镇湖镇（刺绣艺术之乡）

〔**概况**〕 镇湖，原称西华，位于苏州市西郊，是太湖中的一个半岛。全镇下辖13个行政村、一个渔业队、一个市镇居委会，占地面积20.1平方公里，总人口2.06万人。

镇湖地处苏、锡、常太湖流域的黄金地段，东靠沪宁铁路、古大运河，南至光福机场，北达硕放机场只在数公里之内，黑色公路已与312国道，沪宁高速公路相接，5000门设施的程控电话、传真已与外界紧密相连，交通、通讯便捷。境内河道纵横，山丘连绵，13公里的沿太湖岸线及上千亩湖滩沙地，万倾湖面碧波荡漾，山青水秀，是夏无酷暑、冬无严寒的亚热带气候，全镇镇村工业企业近百家，形成以轻纺为主，拥有建材、化工、冶金、机电、医保、针织、服装及绣品等八大类产品300多个品种。农业稳步增长，多种经营全面发展。由于镇湖地处半岛，气候温暖湿润、雨水充沛、水资源丰富、日照充足、土地肥沃，传统以种植水稻、三麦、油菜，沿湖渔民捕鱼捉虾，素有“鱼米之乡”的美称。农田水利除有永久性防洪太湖大堤外，永久性渠道及电力灌排设施完善，为农业持续高产打下了坚实的基础。近年来，镇党委、政府为了进一步增加农民收入，提高农业产出效益，加大了农业结构调整力度，加快农业产业化步伐。现已有千家养猪场、肉鸽养殖场、年供货20000只（头）的江苏省太湖实验动物开发中心，引进开发了“巨藤葡萄”、“锦绣黄桃”、大棚蔬菜等种养基地，粮经种植比例调整到6:4。镇湖除盛产太湖“三宝”外，还积极发展人工养殖蟹、鳖、虾、鳗、桂鱼等特种水产，年产达1500吨。镇湖的贡山茶叶产于太湖之中的大贡山岛，由于气候、水质无污染，土壤优良等因素，加之加工精细，可与碧螺春媲美，并注册了“大贡山”牌茶叶商标，产品供不应求。社会事业建设稳步推进，在搞好镇城规划的同时，改造扩建老街，建设镇湖新区，镇域面积已扩展到1.5平方公里，平面呈“田”字型。镇区老街依然保持“小桥流水人家”的浓厚水乡特色。扩建新建部分，道路宽敞平坦，设施齐全、环境洁净。建有日供水2000吨的自来水厂，全镇实现了自来水、有线电视光缆联网、钢性化水泥路等三个“村村通”。第三产业发展较快，八万只穴位容量的西华塔陵园、设施配套齐全的上海公安交警疗养基地。“三枪”针织疗养院、太湖度假花园以及苏州市中小学生素质教育实践基地、中小学教师培训基地相继投入运行；始建于南宋年间、全国绝无仅有的西京万佛石塔等织成了沿太湖旅游的一道亮丽的风景线。

〔**刺绣**〕 刺绣是镇湖千余年的传统工艺，是苏绣的发源地和主要产区。早在公元三、四世纪的战国时期，镇湖一带已产生刺绣工艺。至明代，刺绣已成为镇湖一带农家的一项重要副业，当时已是“闺阁家家架绣绷，妇姑人人习针巧”的兴旺景象。后来，由于帝国主义的侵入，长期战乱导致苏绣一度衰落。解放后，在党的工艺美术“保护、发展、提高”方针指引下，镇湖“家家有绣绷、户户有绣娘”的兴旺景象再度出现，特别是改革开放以来，苏绣这一传统工艺不断推陈出新，更是以精妙绝伦的绣工、活泼多变的针法、丰富多彩的形象著称于世。全镇有工艺厂（场）100多家，绣女8000余人，自十四、五岁的少女至七、八十岁的老妇都能伏绷走针、描龙绘凤、巧夺天工，全镇年生产绣品200余万幅，销售额超过一亿元。绣女们在扩大生产总量的同时，更致力于质量的提高。成立“镇湖刺绣协会”、“刺绣技术研究会”，开展刺绣技术辅导、学术讲座、作品评展等活动，涌现出一大批刺绣艺术人才。目前，全镇拥有高级工艺师30余名，助理工艺师50余名及上千名具有专业技术职称的绣妇，镇湖绣女的技艺水平得到了进一步的提高。镇湖绣品参加过上百次国际性展览，多次荣获大奖。1991年，西华工艺社创作的《三猫图》荣获北京首届国际博览会金奖。近年来，又有《周恩来总理》等四件作品获北京艺术博览会金奖；镇湖刺绣技艺先后在北京、日本、澳大利亚、德国、捷克等举办的绣品展示会上进行现场操作表演，得到了党和国家领导人及外国友人的高度赞扬与充分肯定。镇湖绣品已畅销英、美、法、日、新加坡、韩国等几十个国家和台湾、香港、澳门等地区，成为镇湖出口创汇的拳头产品。出自镇湖绣女绣制的周恩来、邓小平、江泽民等伟人像及众多国家和地区的元首肖像，无不精细别致，形神兼备，很多产品作为国家珍贵礼品馈赠外国元首。

近年来，当地党委、政府把刺绣业作为发展镇湖经济一项重要支柱产业加大扶持力度，投资兴建“绣品街”、开通“中国苏绣艺术”网站，目前已有400多家刺绣商店进驻，中日合资“创艺绣品有限公司”等外商独资、合资企业落户绣品街。建筑面积700平方米的“中国苏绣艺术馆”，综合展示了镇湖刺绣艺术的昨天、今天和明天，镇湖刺绣艺术得到了进一步发扬光大。1998年10月被江苏省文化厅命名为“刺绣艺术之乡”，2000年5月6日又被国家有关部门授予“中国民间（刺绣）艺术之乡”称号。

浙江省龙泉市

〔**概况**〕 浙江省龙泉市，位于浙江省西南部浙闽赣边界。地理坐标为北纬27°42′—28°20′，东经118°42′—119°

25′。东接云和、景宁县，南连庆元县，北临遂昌、松阳县，西与福建省浦城县交界，是温州、台州、丽水进入闽赣两省的通道，自古为浙、闽、赣毗邻地区的商业重镇，素有“驿马要道，商旅咽喉”之称。龙泉以青瓷之邦、宝剑之都、香菇之乡享誉海内外，以其悠久的历史，深厚的文化底蕴，优越的自然条件，丰富的物产资源，赢得世人的赞誉，被誉为“处州十县好龙泉”。辖区南北长70.8公里，东西宽70.25公里，面积3059平方公里。全市辖九镇八乡，442个行政村，总人口27.14万。龙泉于唐乾元二年（公元759年）置县，1990年12月26日，经国务院批准撤县设市，市政府驻龙渊镇。

龙泉文化底蕴深厚，是省级历史文化名城。龙泉因青瓷和宝剑而在海内外享有盛誉。龙泉青瓷是中国制瓷史上时间最长，影响最大的窑系之一，从三国两晋至今延续了1700多年。龙泉窑创制的梅子青、粉青釉工艺和釉色都达到了青瓷史上的顶峰，被誉为“瓷海明珠”，有“九秋风露龙窑开，夺得千峰翠色来”的美誉，龙泉“哥窑”为历史上的五大名窑之一。历史上龙泉青瓷曾以主角的身份参与开拓了漫长的海上“陶瓷之路”。现代龙泉青瓷，在继承传统的基础上进行了大胆的创新，使青瓷产品在装饰、造型、工艺、釉色等方面都有了新的突破，达到了极高的艺术水平。龙泉宝剑为春秋战国时期欧冶子始创，以“坚韧锋利，刚柔并寓，寒光逼人，纹饰巧致”而蜚声海内外，是剑中之魁。龙泉文物古迹众多，在瓯江沿岸分布着新石器时期古文化遗址——牛门岗，全国重点文保单位——大窑古窑址，省重点文保单位——安仁永和桥，欧冶子始创龙泉宝剑遗址——剑池湖，以及修建于后晋大福九年的清修寺等。

龙泉具有丰富的自然资源。市内蕴藏有茂密的森林，木本植物种类繁多，约有800余种，森林覆盖率达78.4%，林木蓄积量达1018万立方米，居浙江省首位，素有“浙江林海”之称。龙泉属中亚热带季风区，日照充足，气候温和、雨量充沛、溪流纵横，是瓯江、闽江、乌溪江三江源头，水能蕴藏量相当丰富，可开发水利资源，装机容量21.24万千瓦。市内已探明矿产资源有铅、锌、叶腊石等20余种。龙泉山青水秀，风光旖旎。境东南有龙泉山（凤阳山）国家级自然保护区。海拔1929米的江浙第一高峰黄茅尖就坐落在这里。区内保持了较好的原始林相，保存有大量珍稀动植物资源，被誉为“华东地区古老植物摇篮”。凤阳山还以其云海、飞瀑、奇花、异木而引人入胜，境东因修紧水滩电站而形成的“仙宫湖”，水光涟漪，烟波浩淼。以百米瀑布和千年古树为特色的岩樟生态沟、古村落及天平山、披云山、昴山等自然景观都具较高的旅游开发价值。

中华人民共和国成立以来，特别是改革开放以来，龙泉经济、社会和人民生活发生了翻天覆地的变化。

一、二、三产业协调发展，经济基础初具规模。工业经济，初步形成了青瓷、宝剑、竹木加工、矿产建材、林产化工、医药、机械五金、文体用品等主导产业，是中国木制太阳伞和网球外贸出口加工基地之一。农业经济，龙泉市是中国南方重点林业县、全国山区综合开发示范县、全国商品粮基地县，全国生态示范区试点县和生态公益林建设试点县，近年来，随着农业产业结构的调整，全市确立了粮食、竹木、食药用菌、蔬菜、茶果、水产、畜牧、小水电等农业八大产业。培育了“龙宝牌香菇”、“龙泉灵芝”、“龙泉厚朴”、“凤阳春茶”、“八都茄子”、“龙泉龙角笋干”、“瘦三元猪”等一批名优农副产品。龙泉是香菇生产发源地，香菇生产规模达1亿袋。龙泉盛产灵芝，1996年初被命名为“中华灵芝第一乡”，常年灵芝产量达150吨。与此同时，以市场建设和旅游业为重点的第三产业迅速发展。2000年4月18日，杭州宋城集团与龙泉市人民政府签约，投资3.8亿，开发龙泉山国家原始森林公园旅游项目。

基础设施有了较大改善。全市通车里程达943公里，是1949年的8.34倍。邮电通讯事业迅猛发展，实现了乡乡通程控，并建立了完善的移动通讯，数据通讯，邮政特快专递实行微机处理，至香港的EMS实现次日投递。龙泉是全国电气初级化县，是浙江省乃至华东地区电力较为丰富的市县之一。龙泉市金融体系完备，保险事业发达。金融机构网点遍布城乡各地，结算便捷，服务优良。

城乡居民生活水平显著提高，已开始逐步奔向小康。1999年城镇居民可支配收入7734元，人均住房面积17.82平方，农民人均纯收入2497元，人均住房面积29.35平方。

龙泉市委、市政府根据本地实际，提出围绕“12510”工程，实施“二次创业”的发展战略，计划用20年时间，到2018年基本实现农业和农村现代化。根据“二次创业”发展战略的要求，市委、市政府制定了促进经济发展的一系列优惠政策，采取了诸多鼓励外商投资的优惠措施，外商投资环境进一步改善。龙泉热忱欢迎海内外朋友前来投资开发，共享收益，共同发展。

〔龙泉宝剑〕 龙泉宝剑以“坚韧锋利、刚柔并寓、寒光逼人、纹饰巧致”而闻名于世，为剑中之魁。

剑，大约创制于殷末周初之际，距今3000多年。春秋后期，吴越争霸，由于两国均处水乡，剑成为军中常规武器，两国的铸剑技术远超过中原各国成为古代的宝剑之乡。古人言：“吴粤之地，迁乎其地弗能为良，地气使然。”龙泉当时属越地，盛产铜、铁，以铸剑名师欧冶子为始祖的龙泉宝剑乃铁剑之魁。东汉袁康的《越绝书·外传记宝剑》记载了欧冶子、干将凿茨山泄其溪，取铁英为楚惠王铸龙渊、泰阿、工布三剑之事，这是龙泉宝剑的起源。北宋翰林学士杨亿称："缙云西鄙曰龙泉"实欧冶子铸剑之地。南宋嘉定三年（1210），何澹撰《龙泉县志》载"近境有剑池湖，世传欧冶子于此铸剑，其一号龙渊，以此乡名"。元至正十七年（1358）十月，宋濂《龙渊义塾碑》称："龙渊即龙泉，避唐讳，更以今名，相传其地乃欧冶子铸剑处，有水号剑溪焉。"明万历《栝苍汇记·地理》记龙泉："山南为秦溪，剑池湖在其阴，周围数十亩，湖水清洌，时有瑞莲挺出。旁有七星井，为欧冶子铸剑之所"。现尚存古井一口，旁有欧冶子将军庙及剑池亭。

汉代以后，剑逐渐从兵器中脱颖而出，特别是唐朝以后，帝王将相佩剑之风盛行，龙泉宝剑成为帝王将相、文人学士佩饰之器。唐朝著名诗人李白就有"宁知草间人，腰下有龙泉"之句，说明盛唐时期的军人、和尚、武者普遍崇尚龙泉宝剑。欧冶子制剑之业在龙泉递代相袭。至今香港的"万剑山庄"还保存着元、明各代的龙泉宝剑。

清朝初期，道教兴起。自古来道士均以"七星剑"为作法仪典的法器，甚至以"七星剑"作镇门之宝，其时佛道并雄，又均崇尚武艺，因而佛道两教大大地促进了中华武术的蓬勃发展，龙泉宝剑也得以迅速发展，名匠迭出，久传不衰。龙泉县城沿溪北岸一条街，剑铺相连，叮当之声昼夜不绝。著名剑铺有千字号、万字号、壬字号（沈广隆）、金字号（吴继德）、永字号（潘显明）、禾字号（徐春德）、周国贵等7家，其中，千字号（郑志成）、万字号（周子望）、沈广隆（沈庭璋），被称为龙泉宝剑3大名家。名家剑铺除炼剑有专门技师外，还聘请装璜师镂刻剑身图案。制作剑身、剑鞘，使宝剑从剑质到外观相得益彰。出名的装璜师先后有张老头、季高、姜宝华等。

辛亥革命以后，随着舞剑为国术界的重视，1914年秋，县知事杨毓奇主持举行有7家剑铺参加的宝剑质量比赛。沈广隆号名匠沈庭璋炼制的宝剑（硬剑）夺魁。1915年2月20日至12月14日在美国旧金山举行的巴拿马万国博览会上，"沈广隆壬字号"所铸的龙泉宝剑又被列为获奖工艺品，蜚声于世。

1930年秋，在南京举行全国国术比赛大会时，沈广隆号沈焕文应邀携三十把剑参加；因龙泉宝剑有四大特点：第一，纯钢锻炼"软能吹断头发，硬能斩截铁钉"，锋利无比；第二，能屈能伸，富有弹性；第三，原色自然，寒光逼人；第四，剑面嵌铜，图案古朴，既实用又美观。所以颇获全国剑术师和剑术爱好者的好评，被评为"最优秀剑"。龙泉宝剑因此独步东南，名声大震，产品行销全国。

抗战胜利后至解放前夕，经济萧条，宝剑产销大减，至1947年，龙泉所有剑铺停业，龙泉宝剑生产山穷水尽。

新中国成立以后，党和政府十分重视恢复传统工艺品生产，龙泉宝剑生产开始蒸蒸日上。尤其是改革开放以来，龙泉宝剑厂家如雨后春笋不断涌现，到目前止，龙泉已有宝剑厂家200多家。

欧冶子技艺代代相传，名师巧匠层出不穷，龙泉的宝剑艺人，在继承传统手工工艺的基础上，利用现代科学技术，大胆开拓创新，将宝剑的品种、质量推向了一个新的高峰。

龙泉宝剑，这颗历史文化的璀璨明珠，在经受二千多年漫长岁月的洗礼之后，更加耀眼夺目。

〔龙泉青瓷〕 龙泉青瓷是中国制瓷历史最长，影响最深远的一个瓷窑体系之一。始创于三国两晋，到清末延续了近1700年。

南朝，龙泉劳动人民利用当地优越的自然条件和丰富的瓷土矿藏资源，吸取越窑、婺窑、瓯窑的制瓷经验开始烧制青瓷。此时的龙泉窑业规模不大，操作简单，制作粗糙，产品主要在当地销售，唐至五代时期，龙泉的金村、琉田等地制瓷业已初具规模，但质量仍较低下。

五代末至北宋，龙泉制瓷业已有较大发展，分布于大窑、金村、大白岸、安福、溪口等地。以烧制民间用瓷为主，产品除日用碗、盘、壶、钵等外，尚有作为冥器用的多管瓶，但也有部分上等瓷器被征为贡品，太平天国七年(982年)，宋太宗派殿前承旨赵仁济监理越州窑务兼任龙泉窑务，足见朝廷对龙泉青瓷的高度重视。

南宋，全国政治、经济中心南移，南宋统治者为解决财政困难，鼓励外贸，青瓷为外贸重要产品。加之北方名窑遭战争破坏，越窑、婺窑、瓯窑相继衰落，人们日常生活所需大量瓷器仅靠龙泉等地供给，龙泉窑进入鼎盛阶段。沿龙泉溪两岸新的制瓷作坊大量涌现；瓷品质量有了突破性的提高，窑场达260多处，遍布县境南区和东区沿溪一带。窑场最多最密，产品质量最优为大窑、金村与查田溪口一带，后人曾有著述"瓯江两岸，瓷窑林立，烟火相望，江上船舶如织"，极写当时盛况。

宋代青瓷有"哥窑"、"弟窑"之分，"哥窑"的黑胎开片，紫口铁足，巧夺天工，被列为全国五大名窑（官、哥、汝、定、钧）之一，弟窑中的梅子青、粉青青润如玉，亦为绝代佳品，被誉为"瓷海明珠"。其时，龙泉青瓷开始大量销往国外，从中国东南沿海各港口起，循海道一直到印度洋沿岸的波斯湾、阿拉伯海、红海和东非沿海，无处没有龙泉青瓷的踪迹，龙泉青瓷以主角的身份参与开拓了漫长的"陶瓷之路"。在世界各地换回了巨额财富，赢得了莫大荣誉。时至今日，仍有众多的龙泉青瓷珍品被各国博物院（馆）收藏。

元代，国家统一，国内经济文化和贸易都有发展，龙泉青瓷的国内销售范围北达内蒙古、西抵新疆、南至西沙群岛。其时政府又重视外贸，青瓷产品大量销往欧亚各国，青瓷生产规模继续扩大，产品品种增多，器型增多。

龙泉瓷窑发展到330多处，大窑村仍为龙泉窑系中工艺造诣最高之地。但由于元统治者推行民族歧视政策，导致阶级矛盾和民族矛盾加剧；战乱频繁，百姓流离失所，极大地影响了青瓷生产。

明代前期，龙泉青瓷仍烧制部分宫廷用瓷，质精价高。郑和七下西洋，海外贸易促进了青瓷生产，后期，由于明王朝实行海禁，青瓷外销锐减，加上课税不减，致使瓷窑纷纷关闭。

清初，窑场所剩无几。至民国初期，盛极几个朝代的龙泉青瓷之花从此凋落。但青瓷的气脉，在龙泉大地上始终未断。一些有识之士和民间艺人仍在孜孜矻矻地倡举和密传技艺。

新中国成立之后，党和政府十分重视对龙泉青瓷的保护和研究。1957年，周恩来总理作出恢复龙泉青瓷等五大名窑生产的重要指示，1959年，浙江省委、省政府成立了“龙泉青瓷恢复委员会”，遵照“百花齐放，推陈出新”和“古为今用”的方针，由省轻工业厅邀请中央、省、市有关部门专家、科技人员共同协作，对龙泉青瓷进行了全面系统的考古发掘，历史研究，科学测试和恢复试制工作。历数百年衰微濒于失传的龙泉青瓷得以恢复，而且很快走上发展创新之路，产品重新打人国际市场，龙泉青瓷开始重放光彩。

进入20世纪90年代，龙泉青瓷步入了良性快速发展时期。龙泉青瓷生产规模迅速扩大。据1999年底统计，全市现有大小青瓷厂家（包括个体青瓷作坊）近150家，从业人员超过2000人，产品有1000多种，年产青瓷1000多万件，产值达8000余万元，销售近7000万元，上缴税收比1998年翻了一番。预计2000年产值将超亿元，青瓷行业将又一次成为该市的支柱产业之一。并实现了机制创新，为龙泉青瓷行业再度振兴奠定了基础。同时，龙泉青瓷在继承传统的基础上进行了大胆的创新。青瓷产品在装饰、造型、工艺、釉色等方面取得了新的突破，达到了较高的水平，并涌现出毛正聪、徐朝兴、夏侯文等一批青瓷工艺名家。

1998年10月13日，邮电部发行中国陶瓷——龙泉窑邮票一套（四枚），即“北宋五管瓶”、“南宋凤耳瓶”、“元代刻花执壶”、“明代葫芦瓶”四件，飞鸿到处，瓷韵飘香。

浙江省嵊州市（竹编之乡）

〔**概况**〕　嵊州市地处浙江东部偏中，曹娥江上游，四面群山环平川，四江碧水汇剡溪，盆地小气候明显，农业资源丰富，对发展各类农产品有得天独厚的有利条件。先后被列为“全国商品粮基地县”、“国家农业综合开发县”、“全国长毛兔生产基地县”。嵊州是全国最大的精制茶生产出口基地之一，名茶产量居全国前列，被命名为“中国茶叶之乡”。并先后获得“中国竹编之乡”、“中国果蔬之乡”、“中国木兰之乡”的称号。

〔**竹编生产**〕　嵊州竹编历史悠久，素以造型优美、编织精巧、实用与欣赏兼备而驰名中外，有“中外竹编第一家”之誉，1996年被国家有关部门命名为“中国竹编之乡”。

早在2000多年前，嵊州人民就开始利用各种竹子，巧妙地编织各种简朴实用的竹箩、竹篮。明清两代，江南一带考生赴京时挑的考篮和食篮，往往是做工十分讲究的工艺竹编品，后来形成竹编——一项重要的民间工艺。1950年嵊州市创建了工艺竹编厂，艺人们对传统的竹编工艺取其精华、舍其糟粕、不断创新，使嵊州竹编别开生面、编织技艺日益精湛、工艺花色不断增加。嵊州竹编首创并形成了“动物”、“漂白”、“花筋”、“蓝胎漆”和“防蛀防霉”五大工艺特色。用竹丝蔑片能编织各种神形酷肖、情趣盎然的动物，这些动物深受国内外客户的喜爱，为工艺竹编开拓了崭新的面貌，其中竹编“山鹰”飞进了美国白宫；“苏武牧羊”作为珍品被收藏于中国工艺美术馆；《奔马》在中国林业特产博览会受到的高度评价；《沧海还珠》竹编作为浙江人民庆祝澳门回归祖国的一份厚礼，赠送给澳门同胞。为提高实用价值，艺人们把竹编动物与篮、盘、罐结合起来，创作了《鹅蓝》、《鸭盘》、《鸡罐》等数百个品种的动物型器皿，其产值开创了广交会竹编一次性成交的最高纪录。精美的作品、独特的工艺，嵊州竹编已成为国内竹编工艺中的一朵奇葩，其产品曾获得中国工艺品百花奖、金杯奖、北京国际博览会金奖、中国出口产品评比金牌奖，全国林业名、特、优、新产品博览会金奖。产品远销日本、美国等80多个国家和地区，国内设有100多个内销点。

〔**竹编精品**〕　人物精品《岳飞》　竹编精品“岳飞”，造型生动，编工精巧，气势磅礴，作品长110厘米，高116厘米，在编制这种产品中，创制者们充分发挥了竹编工艺的特长，以精致细密的手法、交错变化运用经篾和纬篾，把人物编得严密完整、浑然一体。

该人物精品是近年来一件出类拔萃的竹编佳作。在香港展出时，被港澳各界人士誉为珍品。曾多次参加在东欧、北美等地举行的国际博览会、展销会。

大型立屏《昭陵六骏》　“昭陵六骏”是目前中国最大的竹编工艺品之一。1984年在英国伦敦举行的世界理想家博览会上引起轰动。

竹编立屏“昭陵六骏”长8.22米，高2.35米，厚0.68米，创作历时一年，投工一万余，艺人们把菊花串丝、龟背、弹花等150余种传统编制技法，经过创新后，融汇在这件大型作品中，整座立屏集古今中外竹编工艺的全部技法精华，被专家们称为稀世珍宝。

竹编《山鹰》　竹编“山鹰”都是用竹丝、竹片制作起来的，竹编艺人们匠心独运，别开生面，用编织、插片、弹篾等竹编技艺，使“山鹰”神形酷肖，栩栩如生。

竹编《奔马》　1994年9月全国林产品博览会上，嵊州市工艺竹编厂生产的《奔马》，被称赞“有中国民族特色”，“很有气势，很像徐悲鸿画的《奔马》。”

澳门回归赠品《沧海还珠》　作品《沧海还珠》由蟠龙、圆盘和六角脚座三部分组成，总高200厘米，宽130厘米，其中蟠龙高100厘米，圆盘28厘米，六角脚座72厘米。竹编艺人用竹丝篾片为这件作品倾注了深刻的寓意：两条蟠龙既代表中国的母亲河——长江与黄河，又代表龙的传人——华夏炎黄子孙，是伟大祖国的象征。宝珠，则象征南海明珠澳门，这颗脱离母体的宝珠，在祥云水浪的沧海中涌出，重新回到伟大的母亲——祖国的怀抱，东方巨龙喜迎回归。

〔竹编企业〕　嵊州市工艺竹编厂　创办于1950年，嵊州竹编首创并形成了动物、漂白、花筋、蓝胎漆、防蛀防霉五大工艺特色，编织方法粗细并茂、千姿百态，产品有篮、瓶、罐、盘、盒、动物、人物、建筑、家具、灯具、玩具和屏风12大类，6000多个花色品种；所有产品经过无毒防蛀防霉处理，经久耐用，获得国家有关部门多种奖励。

该厂下属的嵊州市金宝达化工有限公司，是浙江省工艺品进出口公司的工艺油漆基地，专业生产出口工艺品所需的各类工艺油漆。新开发的“各色硝基无毒玩具漆”列为国家级重点新产品，广泛应用于出口玩具。

浙江越佳竹制品有限公司是该厂与日本合资经营企业，拥有先进的进口设备和全套新型扫帚生产流水线，年生产扫帚能力360万把，产品自营出口到日本、意大利、韩国、新加坡等国家。

嵊州竹编的工艺技巧、品种质量、生产能力、厂房设施，在世界同行业中属于第一流，遵守信誉，交货及时，深受国内外客商的好评。欢迎世界各地贸易人士洽谈业务，来样复制，订货选购。

董事长　厂　长：刘长泉

电　　话：(0575) 3182451

传　　真：(0575) 3184380

中国宣纸集团公司

中国宣纸集团公司（从属名称，安徽省泾县宣纸厂）坐落在闻名中外的宣纸之乡——安徽泾县，是科、工、贸一体化的国有大型自营进出口集团公司，创建于1951年，是中国规模最大的宣纸生产企业、国家大型企业、国家二级企业、全国轻工重点骨干企业和全国精神文明建设先进单位，也是安徽省出口创汇重点企业和安徽省文明单位。自1990年起跻身全国行业最佳经济效益50强行列，从1986年起连续14年保持安徽省最佳经济效益夺魁单位称号。

红星牌宣纸是中国宣纸集团公司（从属名称：安徽省泾县宣纸厂）按QB/T3515—99行业标准组织生产的。该产品是传统工艺产品，其自身的艺术性和富有民族特色的中国书画艺术共冶一炉、流芳于世。具有质地绵韧、光洁如玉、不蛀不腐、墨韵万变等特点，享有“千年寿纸”的美誉，它是书法、绘画的珍品，也是印制经典著作、高级档案、中外文件的高级用纸。

红星牌宣纸是中国宣纸中唯一于1979年、1984年、1989年三次蝉联国家金质奖的产品，1981年获出口免检权，1994年被国家有关部门认定为中国名牌产品和被安徽省技术监督局认定为质量免检产品，红星牌宣纸商标于1999年初被国家工商局、商标局认定为中国驰名商标。1994年中国宣纸集团公司被国家技术监督局评为全国质量最佳企业。

红星牌宣纸按原料可分为棉料、净皮、特种净皮三小类；按厚薄可分为单宣、夹宣、二层宣、三层宣等，按规格可分为四尺、五尺、六尺、八尺、丈二、丈六以及各种特种规格等；按纸纹又可分为单丝路、双丝路、龟纹、罗纹等，加工宣共有玉版、蝉衣、云母、冰雪、煮锤、洒金等60多种，宣纸制品有册页、印谱、信笺和仿古对联等，产品畅销海内外，深受客户喜爱。

公元2000年，千年一轮，为纪念人类跨入新世纪，公司应海内外知名书画家的请求和建议，向宣纸制造规格的极限发起挑战，隆重推出超大规格宣纸——“千禧宣”（二丈宣）和“檀香宣”（丈八宣），这是宣纸发展史上的一个里程碑，也是书画艺术界的一件盛事。

在新的历史条件下，中国宣纸集团公司将以全新的面貌，崭新的姿态和稳健的发展步伐，竭诚与海内外客户建立长期、友好的合作关系，携手共谋繁荣大业。

董事长（法人代表）：曹皖生

总经理：刘保平

地　　址：安徽省泾县红星路45号

电　　话：(0563) 5096008　5022652

传　　真：(0563) 5021006　5096353

邮　　编：242500

安徽省歙县老胡开文墨厂

〔概况〕　老胡开文墨厂坐落在中国黄山脚下的国家历史文化名城歙县城内。创建于1782年，至今已有200多年历史，是全国有名的中华老字号。其徽墨产品誉满中外，1915年曾荣获巴拿马万国博览会金质奖，1989年荣获国家有关部门金质奖，被国家有关部门定为“全国轻工业重点骨干企业”、“全国旅游商品定点生产企业”，是全国规模最大、技术力量最雄厚的制墨专业生产厂，享有自营出口和产品免检权，被评为出口创汇先进企业和安徽省先进企业。

1999年该厂兼并安徽省歙县工艺厂（安徽歙砚厂），徽墨、歙砚珠联璧合，四雕工艺品大放异彩，使企业在同行业和国际市场上更具竞争力。

〔产品的分类和特点〕　1. 徽墨　中国文房四宝之一，又是传统的民族工艺品，素有“招来轻，磨来清，嗅来馨，坚如玉，研无声，一点如漆，万载存真”的美誉。墨品齐全，有超漆烟、松烟、全烟、净烟、青墨、彩墨、仿古、集锦、旅游纪念墨等九大类1000多个品种。产品采用动、植物油炼烟，拌以皮胶、天然麝香、梅片、金箔等珍贵材料制成，具有色泽黑润、香味浓郁、书画自如，舔笔不胶，历久不褪等特点。

2. 歙砚　中国四大名砚之一。是历代书画家赞赏和珍爱的文房佳品。有长方、正方、宽腰、长腰、棱型、异型等规格的定型产品和觥型的非规格产品及特定型产品。采用眉纹、金星、金晕、银星、粗细罗纹、鱼子等石品雕刻而成。产品式样古朴，线条工整，刀法刚劲，纹饰洁雅，品种齐全，装璜精致。歙砚具有石质坚润，纹理缜密，贮水不涸，发墨如油的特点。

3. 书画墨汁　系列产品有李廷陆牌高级油烟书画墨汁、铁斋翁牌松烟书画墨汁和其他书画墨汁。其使用效果同油烟墨锭、松烟墨锭和碳黑墨锭的作用相媲美，宜书宜画。

4. 文房四宝合　集文房四宝和书画配套用具为一体。其合以白果、红椿等佳木为材，精制而成。显得古色古香，典雅大方，使用方便，为文房四宝锦上添花，是馈赠亲朋好友和书画爱好者极佳礼品。

〔产品的供求方式〕　本着讲究信用，互惠互利的原则，竭诚为用户服务。其供求方式多种多样：1. 光临惠顾选样订货；2. 现款购货，代办托运；3. 来电来函联系购货；4. 邮购服务。

厂　　址：安徽省歙县城东路19号
邮　　编：245200
电　　话：0559—6535356
传　　真：0559—6536362
联 系 人：方胜利

江西省景德镇市（中国瓷都）

〔概况〕　“中华向号瓷之国，瓷业高峰是此都”，这是郭沫若用诗的语言对瓷都景德镇的高度赞颂。

景德镇市是江西省直辖市，为国务院首批公布的24个历史文化名城之一，现辖乐平市、浮梁县、珠山区、昌江区，面积5248平方公里，人口144万。

景德镇得名于瓷。景德镇东汉时称新平，“新平冶陶，始于汉世”，可见景德镇已有2000多年的冶陶史；到唐代已是“昌南镇瓷名天下”；公元1004年，宋真宗景德元年因造御瓷得真宗赏识，始称景德镇；元代，景德镇成为“天下窑器所聚”的全国制瓷中心；明代，“至精至美瓷器，莫不出于景德镇”，景德镇也因此赢得了“瓷都”的美名；清代康熙、雍正、乾隆三朝是景德镇瓷业生产的鼎盛时期，“品质之精，造型之多，彩釉之丰富，无不登峰造极”。“明如镜、声如磬、薄如纸、白如玉”的景德镇瓷器不仅享誉中华大地，而且早在唐宋时期就蜚声海外，CHINA（谐音昌南），既意中国，又指瓷器，而景德镇几乎成为瓷器的代名词。景德镇也因其悠久的制瓷历史，精湛的制瓷工艺，辉煌的瓷业成就，以及无数价值连城的陶瓷艺术珍品而闻名于世，被称为“世界的瓷都”。

新中国成立以来，特别是改革开放以来，景德镇的瓷业得到了长足的发展。现已建成包括地质勘探、矿山采掘、原料精制、包装装璜、内外销售以及陶瓷机械、瓷用化工、耐火材料、石膏模具和陶瓷教育、科研在内的完整的陶瓷工业体系。陶瓷产品有20个大类、200多个系列、2000多种器型、7000多种花面的各类陶瓷，远销世界100多个国家和地区。与此同时，景德镇机械、电子、化工、医药、建材、食品等新兴工业迅速发展，已发展成为以陶瓷为标志，拥有汽车、机械、电子、医药、化工、建材、食品等支柱工业的中等工业城市。

〔陶瓷生产〕　从产销结构来看，1999年，景德镇市陶瓷工业总产值12亿元，其中日用瓷6.19亿元，陈设艺术瓷4.37亿元，建筑卫生瓷0.45亿元，电子陶瓷0.41亿元，工业陶瓷（含电瓷）0.58亿元，基本建立了以日用陶瓷为主（含陈设艺术瓷），建筑卫生陶瓷和工业陶瓷为辅，电子陶瓷和高新技术陶瓷兼顾的产业发展局面，“大陶瓷”格局已初步建立。目前景德镇市年产日用瓷6.1亿件。国内市场以华东、华南、西南为主，在香港、北京、上海、深圳、广州、南京、厦门等30多个城市建立了销售网点；

国际市场以东南亚、中东和欧美地区为主，在美国、日本、印尼、智利、澳大利亚建立了销售分公司，其中对欧美地区的陶瓷出口已由1995年的329万美元增长到621万美元，单件换汇率由1995年的0.27美分增加到0.38美分，出口额逐步增长，1999年全市陶瓷出口总额约为3004万美元。高技术陶瓷的代表——电子陶瓷在全国同行业中规模和效益名列前位，其中高额压电陶瓷在国内市场占有率为40%，介质陶瓷中的一些产品市场占有率达到了90%。

从产品结构来看，日用瓷已陆续开发出骨质瓷、镁质瓷、耐热瓷、强化瓷、中温瓷、釉中彩瓷、色釉炻器等新瓷种，并批量生产，深受市场欢迎，日用瓷生产已逐步走向"日用陶瓷艺术化，艺术陶瓷日用化"。1998年至1999年，耐热电子炊具、电饭煲内胆等12个陶瓷产品、设备被列入省级重点新产品计划。陈设艺术瓷在继承和发扬传统陶瓷的基础上，不断创新；新品种、新器型、新花面不断涌现，尤其是特艺瓷、雕塑瓷、仿古瓷更新速度惊人，先后组建了中国工艺美术大师刘远长等一批名师领衔的20多个名人作坊，显示出景德镇艺术瓷的领先地位和独特优势。建筑陶瓷、工业陶瓷、电子陶瓷、特种陶瓷都引进了国际先进技术和设备，建成5条现代化生产线，具有年产1000万平方米的新型瓷质墙地砖、1万吨工业陶瓷和5亿件电子陶瓷的生产能力，拥有成熟的电子陶瓷、氧化锌陶瓷、蜂窝陶瓷、压电陶瓷、微波介质陶瓷、湿敏陶瓷、热敏铁氧体等生产技术和生产能力，其中，电子陶瓷、氧化锌陶瓷、蜂窝陶瓷等在全国有较高的知名度和市场占有率。

从工艺水平发展来看，通过"七五"、"八五"和"九五"技术改造，陶瓷生产向现代化方向迈进。陶瓷原料生产初步实现了标准化、系列化。目前有高、中、低档泥料，高、中、低温泥料生产，并采用了喷雾干燥、球磨新工艺。在产品制造方面，通过引进国外先进工艺和设备，采取了静压、高压注浆、阳模成型和自动化施釉等新工艺。烧成方面采用了二次烧成新工艺，初步实现了燃料洁净化，产品质量得到稳定提高。装饰材料方面，花面设计实现了微机制板。目前有丝印、平印以及丝印和平印相结合的生产工艺，产品有大膜花纸和小膜花纸、釉上花纸、釉中花纸、釉下花纸等，液体颜料有黄、白金水和电光水等。"九五"科技攻关项目——釉中彩颜料、花纸，1999年完成了鉴定验收。辅助材料实现了专业化生产。目前有高档窑具厂和陶瓷专用石膏厂，能生产熔融石英匣钵和碳化硅系列棚板，能生产α石膏粉、β石膏粉、γ石膏粉系列，保证了陶瓷产品质量的提高。高效节能窑炉已使专业化生产，液化气、煤气等优质燃料及先进窑炉得到进一步推广，使陶瓷产品的烧成质量得到提高，损耗得到下降。"八五"期间，景德镇市重点抓了14个陶瓷技改项目，累计投资54716万元，"九五"期间，景德镇市上报了3个陶瓷技改项目，其中，宇宙瓷厂的釉中彩中温出口成套瓷生产线项目已列入国家重点技改"双高一优"项目，总投资5780万元。

从所有制结构来看，截止1999年底，景德镇市共有陶瓷工业企业2400家，其中公有制企业94家，非公有制企业2306家。非公有制陶瓷企业从业人员已达3.81万人，完成工业总产值占全市陶瓷工业产值的48.43%，其中个体、私营陶瓷企业完成工业总产值4.92亿元，同比增长45.88%，所占比重占全市陶瓷工业产值的40.97%，比改革前的1993年提高36倍，实现产品销售收入3.28亿元，同比增长41.02%。国有陶瓷一统天下的局面被打破，民营陶瓷与公有制陶瓷争奇斗艳，共同撑起景瓷一片天。

随着国有陶瓷企业改革的深入和民营陶瓷的兴起，景德镇市陶瓷行业加强了行业管理，建立了行业管理协会，制定了《景德镇市陶瓷行业管理办法》、《"景德镇"牌证明商标管理办法》、《景德镇陶瓷艺术名人作品证书管理办法》、《陶瓷专有产品证书管理办法暨实施细则》等几个试行办法，同时，《景德镇市日用瓷器常规品种行业自律价》也一并出台，以"景德镇"商标、"龙珠阁"商标管理为契机，切实加强行业协会的管理，进一步理顺关系，赋予行业协会一定的行业管理职能，把陶瓷协会建设成为独立的、公正的、真正成为联系政府和企业之间桥梁纽带的陶瓷行业管理组织，规范陶瓷市场竞争秩序，制止无序竞争，努力营造景瓷公开、公平、公正的竞争发展环境。

知名品牌有：列入江西省100个名牌产品的景德镇瓷厂的红叶牌高档日用瓷、999厂的金三角牌电子陶瓷滤波器等。1999年，景德镇市陶瓷协会向国家工商局申报"景德镇"牌瓷器商标成功注册；2000年，"景德镇"牌瓷器商标和江西省玉风瓷厂申报的"玉风"牌瓷器商标被认定为第四届江西省著名商标。

获奖情况：改革开放以来，景德镇日用陶瓷行业共荣获国际博览会金奖25项、银奖6项、铜奖3项；国优金奖8项、银奖4项；中国工艺美术品百花奖金杯奖3项，银杯奖5项；轻工部优质产品奖77项；北京首届轻工博览会金奖20项、银奖6项、铜奖1项；江西省优质产品奖119项。

投资合作项目：

一、金水、花纸、颜料生产

项目单位：景德镇市瓷用原料化工厂

企业简介：该企业现有职工835人，其中专业技术人员118人，占地面积70275平方米，建筑面积56527.59平方米，主要生产经营金水、颜料、彩印包装、花纸等陶瓷装饰原料。

项目内容：合作生产金水、花纸、颜料

预计投资金额：项目总投资517万美元，中方以土地厂房、设备作价出资225万美元，外方出资292万美元，预计投资回收期5—6年。

合作方式：合资

项目联系人：艾海泉

建设地址：景德镇市东郊新厂陶阳路

电　话：0798—8443015

传　真：0798—8442439

邮　编：333000

二、景德镇万能达瓷厂租赁或产权转让

项目单位：万能达瓷厂

企业简介：该企业地处景德镇市朝阳路，属集体所有制企业。占地面积4.06万平方米，建筑面积1.92万平方米。具有日供水量120立方米，电力400千瓦容量，日供煤气3000立方米的良好设施，总资产1423万元。主要产品为陶瓷耐热煲。

租赁或产权（股权）转让的主要原因：寻找新的更好的发展之路。

产（股）权转让方式：租赁或全部或部分有偿转让

项目联系人：戚根起

电　话：0798—8442589

邮　编：333000

江西省景德镇市老艺人瓷厂

秦晓明，一位年逾不惑的青年陶瓷美术家，自13岁从父学艺以来，在陶瓷艺术的崎岖道路上辛勤耕耘，取得了令同龄人羡慕的成绩。18岁时，他的粉彩《山水》瓷盘就获得了景德镇陶瓷赴京展览三等奖。1996年，他的青花釉里红《金色故乡》获江西省第二届工艺美术大奖赛三等奖。近年来，国家省市有关报刊杂志、市电视台陆续介绍其人其作，尤其是他的部分作品及个人从艺录先后入选《世界美术家传》、《中华人民共和国英模大辞典》等有影响的专著。

秦晓明的成功首先在于他脚踏实地地继承传统。继承与创新的关系是本与末，前与后的关系。秦晓明深谙此理，他从艺的大部分时间都花在磨炼功底、从师学艺上，他的传统工笔技法可谓是炉火纯青，对此，从他的诸多作品中可领会一二。他的获奖粉彩《春景山水》皮灯、《山水》瓷盘，其线条之细腻、造型之精巧、技法之纯熟让人有“入画”之感，充分体现了作者传统功底的扎实。秦晓明创作的陶艺多以唐诗宋词为题材，其以画释诗，移诗入画，表现幽远古雅的意境，也是他继承前人创作风格的真实写照。

如果说继承是秦晓明锲而不舍的艺术积淀，那么创新就是秦晓明孜孜以求的艺术理想。他创作的200件异形瓶《桃园》，根据器型曲线变化，有用高远法为主，深远、平远次之的构图方式，在画面上既突出了山峦的重叠高峻，又保留了山谷、平地的深远，放眼望去，有高之无顶、远之无边的感受。天上的飞鸟、水中的小舟点缀于天地间，动静呼应，让人浮想联翩。特别是山谷前的一座楼阁，因用界画的技法，线条刚劲，重檐飞脊与远山那虚隐柔美的线条相互映衬，形成独特的视觉冲击。秦晓明创作的《秋思》更是构思奇异，不落俗套。

秦晓明陶瓷绘画的另一个鲜明特色在于笔法细腻，尤其善于表现景物的层次感、立体感。《吟春》是其代表作，作品采用了新彩与粉彩相结合的装饰方法，以柳树林为衬景装饰于瓷板的左右及上方，柳树通过黄与绿的变化而形成层次。在绿色向空白的过渡处，作者运笔极其巧妙，通过将绿色逐渐淡化、虚化，直至消失的处理，使柳树之间的空白奇妙地幻化成若隐若现的云雾和轻轻柔柔的河水，画面产生了江南春天云烟氤氲的气息。画面的核心部分是一只小船、船尾正在摇橹的艄公和船头正在仰首吟诗的诗人。画面上的二个人物高不过厘米，却轮廓清晰，神态生动逼真，尤其是诗人，红袍黑发，粲然分明，朝阳照射其身，红袍上的黄色光影亦清晰可见。

多年的探索和刻苦磨炼中，秦晓明对陶瓷绘画装饰形成了自己的独特见解。他认为，一件成功的作品，不但要处理好山水、人物、花鸟等画面要素的大小、高低、远近、藏露、疏密等矛盾关系，尤其要注意围绕主题分清画面主次，该细则细，该粗则粗，形成虚实有致、详略得当的画面整体。他的近作《千里共婵娟》，其面画可分成三部分，即东坡倚石、明月浮云及秋叶飞鸟。显然，第一二部分是画面的中心，东坡若有所思的神态、奇石的立体感、淡云掩月的朦胧气息，得到了细致入微的表现，而秋叶、飞鸟则采用写意的手法，粗放的线条和釉下色块款款透出秋的神韵。

秦晓明的艺术实践得到了丰厚的回报，他的作品不但在各种传媒上频频“亮相”，而且还应邀到美国、日本、新加坡、香港等地展出，受到了业内人士的好评。在景德镇瓷艺新生代中他具有代表性。

山东省临沭县（杞柳之乡）

〔**概况**〕　临沭县地处鲁东南，与欧亚大陆桥东桥头堡连云港市接壤，总面积1038.1平方公里，辖20个乡镇，553个行政村，60万人口，耕地面积80万亩。临沭县交通十分便利，327国道和029省道交叉通过县城，百公里内有连云、日照、岚山三大海港，陇海、兖石两大铁路，白塔埠、临沂两个机场。

临沭县是革命老根据地之一，中共山东分局、山东省战二会、八路军115师师部和滨海地委、行署曾长期驻扎在这里。临沭又是常林钻石的故乡，中国发现并保存的最大的天然金刚石“常林钻石”（重158.78克拉）就出土在临沭县华桥乡常林村，改革开放以来，特别是近几年来，临沭经济建设和各项社会事业蓬勃发展，取得了巨大成就。农业建立了十大生产基地，工业形成了门类众多的体系；1999年全县实现国内生产总值27.6亿元，财政总收入1.65亿元，先后被列为部级农村电气化县、全国小型水利改制试点县、全省改革开放试点县，全省板栗、瘦肉型猪、肉羊生产基地县，全省桑蚕、黄烟生产重点县。花生生产居全国百强县第14位，脱水蔬菜出口占全国的1/5；先后被授予全国科技工作先进县、全国双拥模范县、全省精神文明先进县、全省社会治安综合治理先进县等称号。

〔杞柳生产〕 临沭县素有“杞柳之乡”之称，植柳和加工柳制品已有600多年的历史，至今流传着“闯东北，下江南，不如在家编花篮”的说法。沭河两岸土壤肥沃，气候适宜，十分适合杞柳生长。近年来，临沭县委、县政府立足杞柳生产加工的传统优势和沭河沿岸的自然优势，面向国际市场，把发展杞柳生产作为振兴临沭经济的重要内容来抓，列入了各级党委、政府的重要议事日程，促进了杞柳产业的快速健康发展。一是区域化种植上规模，县里对杞柳生产专门明确了一位县级领导、一个工作班子、一套奖惩办法，并因势利导，因地制宜，把沭河沿岸白旄、青云等4个乡镇划为杞柳种植示范乡镇，连片规模发展。各有关乡镇统一规划、统一种植规格、统一水利配套、统一技术标准，并从土地调整和资金、物资供应上给予扶持，调动了广大农民种植杞柳的积极性，使全县杞柳种植面积迅速连片扩大，仅1999年以来，全县就发展杞柳近3万亩。二是龙头带动上档次。为搞好产销衔接，促进杞柳生产健康发展，县乡各级专门制定了保护和发展柳制品加工销售企业的优惠政策，鼓励国有、集体、个体多种经济成分从事柳制品加工销售业，并成立了条柳行业协会规范企业运作，形成了柳制品加工销售百花齐放，百家争鸣的局面。佳景、沂蒙、永胜、祥兴、全记等一大批合资、独资龙头企业应运而生，且大都与外商建立了稳固的供货关系。全县建立了一支强大的加工销售队伍，形成了一个完善的销售服务网络。三是科技推动上水平。成立了杞柳生产研究所，先后引进了6个杞柳新品种，进行了50余个项目实验，自己培育推广了青黄1号、青柳1号、绒柳等新品种，并强化了县、乡、村三级技术指导和培训工作，广泛开展了杞柳高产优质科技竞赛和柳编技术比赛等活动，培养了一大批种柳、编柳技术能手，不断改变杞柳传统种植方式和编织工艺，提高了条柳及其制品的产量和质量，杞柳平均亩产干条达600公斤，高产地块达800公斤，且柳条色泽、韧性、粗细均匀度等独具特色；全县生产的柳制工艺品花色品种达50多个系列1.3万余个；自己设计的杞柳工艺品在国家、省、市多次获奖。四是开拓市场促发展。近年来，在以高标准新建3处杞柳交易市场的同时，积极组织杞柳加工、销售企业参加广交会、青交会、华交会等一系列对外经贸洽谈会，不断拓宽柳制品销售渠道，将产品大批量地直接打入国际市场。全县有99%的柳制品出口国外，大大提高了柳制品出口创汇水平和杞柳开发效益，促进了杞柳生产不断发展。

临沭县杞柳已成为一条亮丽的风景线，杞柳种植加工区内户户种柳、家家编柳，到处是柳的世界，到处是柳的海洋；杞柳种植、加工、销售已形成产业化格局，获得了巨大的经济效益和社会效益。目前，全县杞柳种植面积已达10余万亩；加工销售企业达120余家，其中有自营出口权的企业7家，农村编织户4万余户，从业人员达10万余人，是全国最大的杞柳种植基地和条柳制品加工基地；杞柳制品畅销日本、美国、韩国、德国、沙特等100多个国家和地区，1999年条柳制品交货值达4.8亿元，群众亲切地称种植杞柳是开办了“绿色银行”，柳编加工是建立了“不冒烟的工厂”，临沭县去年被列为全国杞柳发展重点扶持县，2000年3月被国家有关部门正式命名为“中国特优经济林杞柳之乡”。

优越的区位优势和坚实的政治经济基础，为临沭腾飞创造了良好的条件，中国即将加入世贸组织和西部大开发为临沭杞柳产业进一步发展提供了新的历史性机遇。世纪之交，临沭县委、县政府在农业和农村经济的战略性结构调整中，更加突出了杞柳产业化的位置，进一步制定了优惠宽松的扶持政策，确立了优质高效的系列化服务内容，计划进一步扩大杞柳种植、加工、销售规模，提高产业化运行质量，适应国际市场对条柳编制品不断增长的需求，更好地带动地方经济和各项社会事业的发展。山川秀美的中国杞柳之乡，勤劳智慧的临沭人民，正以昂扬的姿态构绘杞柳发展的新蓝图，以极大的热情欢迎世界各地客商和国内社会各界到临沭共同发展杞柳事业。

山东省枣庄市城区夏庄乡种庄村（张宗元石雕）

张宗元，男，现年79岁，小学文化，家住山东省枣庄市薛城区夏庄乡种庄村。

张宗元只读过3个月的私塾，为了生计18岁在马公村舅父家学习木工。解放后在陶庄电线厂做模型工。晚年回家务农。

1990年以后4年期间，从事业余根雕创作，并在薛城首届民间艺术作品展中获奖。

1994年开始石雕艺术作品创作，1996年晋京参展，被联合国教科文组织和中国民间艺术协会授于中国民间工艺美术大师称号。

在农村，张宗元属于那种心灵手巧的人，他的石雕先从济公、观音、姜太公和弥勒佛刻起，发展到长颈鹿、老虎、狮子、猴子、青蛙、蟾蜍、牛蛙、相龟、鳄鱼、娃娃鱼等多种动物，他的作品多因石而定，因色咏物，每件作品都是不可复制的艺术品。

石雕先得找石头。找石头是艰苦而枯燥的，张宗元知道裸露的石头没有筋骨，他要的是躲在地皮里的。这样寻找石头的黄金季节只能是雨季。山洪发过后，张宗元总是第一个上山的人。

张宗元的事迹吸引了众多的新闻媒体来进行采访报道，1996年6月11日《农村大众》以“不可复制的艺术”为题，图文并茂进行整版报道。1996年6月21日《大众日报》以“奇人、奇石、奇艺”为题在第八版予以半版报道。1996年12月2日枣庄日报周末版予以半版报道。薛城电视台、枣庄电视台、山东电视台以及中央电视台夕阳红节目都进行了专题报道。

目前，张宗元还在不停的雕刻着，不停地追求着艺术的更高境界。自他的作品《鳄鱼》在北京首届民间工艺作品博览会获得金奖后，又有十几件作品在他的手中诞生了，自然这些作品比原来的更精细、更精美了。

山东省嘉祥县（石雕艺术之乡）

山东嘉祥，是孔子著名弟子曾参和冉求的故里。古为大野地，汉为任城、巨野二县地，金皇统七年始置县，现属山东济宁市辖。嘉祥地处梁山泊腹地，古老的京杭大运河从此流过，面朝微山湖，背依梁山，东临历史文化名城曲阜，西连菏泽牡丹园。全县总面积960平方公里，辖6镇12乡，总人口76万。境内有大小山头126座，石灰岩储量近百亿吨，其中优质天然青石是用于雕刻各种工艺品和装饰品的优质原料，开采量可达20亿立方米。众多的石雕艺人遍及全县，石雕生产已成为发展嘉祥经济的支柱产业，1998年被国家有关部门命名为“中国石雕艺术之乡”。

早在东汉时期，勤劳智慧的嘉祥人民，就利用自己得天独厚的山石资源，从事和发展着石雕产业，以高超的艺术创造力，建造出寺庙、墓茔、祠堂、楼阁等高层次建筑的石雕艺术和雕刻独体，并逐步形成了圆雕、浮雕、平雕等一系列雕刻手法和粗犷奔放、形神兼备的艺术风格。位于嘉祥县城南15公里的武氏祠是东汉末年武氏家族的祠堂，1961年6月4日国务院公布为第一批全国重点文物保护单位。武氏墓群石刻集2000多年前中国石雕艺术之大成，闻名遐迩。现存有石阙、石狮各一对，汉碑三块和四十四块汉画像石，这些汉画像石内容广泛，包括政治、经济文化、军事和社会伦理道德等各个方面，是汉代社会生活的缩影。今日依然威风八面的汉代石狮，是中国目前发现最早的一对石狮，于1964年被国家定为一级重点保护文物。疃里镇出土的大隋开皇三年的隋碑；曾子庙大殿支柱上的平雕图案；青山寺的碑刻及龙头；卧佛寺的卧佛及刘宽墓的石人石马等，都分别代表了不同朝代嘉祥石雕的艺术水平，证明了嘉祥石雕源远流长、技术精湛。且形成了古朴、浑厚、稚拙美丽的艺术特色，深为人民群众喜爱。

悠久的石雕艺术、丰富的山石资源，是嘉祥县石雕业快速发展的基础。改革开放以来，嘉祥县历届党政领导都把开发山石资源、发展石雕产业当作振兴嘉祥经济的重头戏，常抓不懈。到1999年底，全县已拥有石雕城1处，生产厂点235家，石雕专业村34个，直接从业人员3.2万人；产品销往美国、日本、韩国及东南亚十几个国家和地区，并在国内18个省市设有销售点，年产值2.8亿元，创利税0.5亿元，成为嘉祥县的经济支柱产业。各级领导的大力支持，加上全县石雕艺人的共同努力，促使嘉祥石雕生产艺术水平快速提高。在继承传统产品和传统工艺的基础上，现已形成仿古雕刻和现代雕刻两大类、十大系列、3000多个品种。其中既有龙亭龙柱、琼楼玉阁，又有飞禽走兽、人物花草；既有仿古器皿，又有文房四宝；既有普通百姓家用的门卡、门枕、石狮，又有可置旅游景点、娱乐场所的雕塑雕像。可谓花色繁多，品种齐全，在国内外享有“巧夺天工”、“石破惊天”的盛誉，产生了极大的社会效益和经济效益。

嘉祥石雕，从古到今，从小到大，从在传统技艺上的沿袭承传，到现在新时期有了质的飞跃，每一步都留下了闪光的足迹。目前，嘉祥的石雕产业正在蓬勃发展，嘉祥的石雕艺术正在日臻完美。为使嘉祥成为名副其实的“石雕艺术之乡”，县委、县政府又相继成立了嘉祥县山石资源开发总公司、嘉祥县石雕艺术家协会、武氏祠研究所、石雕艺术学校，并出台了一系列优惠政策和措施，大力提倡县、乡、村、户单办、联办、股份制、个体私营、合资开发等多种形式发展石雕业，为嘉祥石雕再创辉煌打下更加坚实的基础。

山东省潍坊市（风筝与风筝会）

〔潍坊风筝〕 世界风筝最多的地方在中国，中国风筝最多的地方是潍坊。

潍坊人与风筝有着久远的历史渊源。据《潍县志稿》记载，早在明代潍坊放风筝就很兴盛。后经营者把制作木版年画的工艺移植到风筝上，更加突出了潍坊风筝的地方特色。在长期的风筝生产制作过程中，潍坊风筝形成了具有地方特色和统一风格的扎制、描绘工艺。到20世纪30年代，产生了潍坊风筝十大家即唐洪亮兄弟、郭兰村、裴心泉、胡敬珠、牟丹、韩连溪、康万香、杨同科、张延禄、孙永春等风筝世家。那是旧中国潍坊风筝的鼎盛时期。当时民间风筝赛会很多，县政当局根据民众要求，决定每两年举办一次风筝赛会。1933年清明节，首届赛会在县衙大堂开幕，来自全县的80只风筝参赛。时逢潍县大集，观看放风筝的人把大街小巷挤得水泄不通，可谓盛况空前。以后又举行过两次赛会，再以后随着日寇入侵，国土沦陷，风筝翅膀也被折断了。直到新中国建立以后潍坊风筝重新飞上蓝天。早在20世纪50年代，仅杨家埠的风筝便行销全国20多个省市，潍坊风筝也以其特有的妩媚打入国际市场。1958年2月，200只“鹞鹰”飞到英吉利、新加坡。1960年春，老艺人胡景珠的一条“龙头蜈蚣”翻腾在墨西哥城的上空，引起轰动。1980年后，在日本名古屋、法国巴黎、加拿大蒙特利尔、联邦德国莱比锡的国际博览会上，潍坊的风筝无不受到特别的赞赏。1984年4月，首届潍坊国际风筝会举行，到2000年已举行过17届。

潍坊人放风筝爱风筝，风筝会的举办既促进了风筝文化的发展，也带动了各项社会事业的进步。这些年来，面向全国的风筝征歌、征诗活动，出版的风筝著述，拍摄的风筝影视片，围绕风筝举办的书画展、灯会、焰火晚会，开幕式的民俗歌舞表演，千里民俗旅游线的开通，等等，使世界风筝都潍坊更加生机勃发、风光红火、绚丽辉煌、多姿多彩。

〔潍坊国际风筝会〕 潍坊市是一座历史文化名城，她位于中国山东半岛中部肥沃的昌潍平原。这里历史悠久，民风淳朴，有着灿烂的民间文化。风筝是潍坊民间艺术中的一朵奇葩。1984年以来，潍坊市一年一度举办潍坊国际风筝会，吸引海内外宾客前来观光旅游、洽谈贸易。“风筝牵线，文化搭台，经贸唱戏”，提高了潍坊的知名度，促进了对外开放和社会事业的繁荣与发展。潍坊风筝也漂洋过海，应邀赴世界50多个国家和地区参加交流活动，传播潍坊民间艺术的乡土气息。潍坊国际风筝会被海外旅游者推举为中国三大特色旅游项目之一，成为让世界了解潍坊、潍坊走向世界的纽带和桥梁。

第一届 1983年，潍坊风筝赴上海参加风筝交流活动，引起海外风筝爱好者的极大兴趣。1984年4月1日，在美国友人大卫·巧克列的热心帮助和山东省旅游局的大力支持下，首届潍坊国际风筝会在潍坊隆重拉开帷幕。大会期间，来自美国、日本、荷兰、澳大利亚、英国、新加坡、德国、香港等11个国家和地区的18个团队共86人，与潍坊市的两个风筝放飞队，进行了风筝放飞表演。放飞和展出的风筝有74个品种。潍坊风筝在风筝交流活动中独领风骚，以丰厚的文化内涵、鲜明的地方特色和浓郁的乡土气息，引起海内外风筝爱好者和新闻媒体的普遍赞誉。日本著名书法家舒适挥毫抒怀“风筝艺术潍坊第一”。从此，潍坊风筝发展进入了新的时期。

会议期间和会后一段时间内，美国、日本、英国、加拿大、澳大利亚、法国、香港等20多个国家和地区的近百家新闻媒体，国内45家新闻单位，对这次盛会作了专题报道，中央新闻电影制片厂拍摄了《风筝之乡》、山东电影制片厂拍摄了《潍坊国际风筝会》等新闻纪录片。第一届潍坊国际风筝会举办成功，为促进潍坊人民与各国人民的友好往来，全面振兴潍坊经济，打下了良好的基础。

第二届 第二届潍坊国际风筝会吸取了首届风筝会的成功经验，由潍坊市同山东省旅游局联合举办。这届风筝会规模大、内容新、经营项目多；让外国来宾“赛风筝、观风光、尝风味、察风情”，达到了“以旅游为突破口，广交朋友，宣传潍坊，推动潍坊对外开放”的目的。

参加这届风筝会的有12个国家和地区的15个风筝代表团和慕名而来的35个旅游观光团，还有出席中日友好书法联展的日本日向市代表团，20个国家和地区的新闻记者和全国各地77家新闻单位的138名记者。在山东省工作的外国专家、留学生400余人和全国各地应邀而来的专家学者、知名人士千余人参加了盛会。

开幕式突出“银线连四海，风筝传友谊”的主题。一千余人表演了富有民间地方色彩的龙灯、狮子、旱船、高跷等节目；一千多名儿童表演了大型舞蹈《风筝舞》；山东省航空运动学校跳伞运动员还为大会表演了“天女散花”、“普天同庆”、“蓝天彩霞”等精彩节目。大会期间，潍坊市委、市政府组织了“振兴潍坊中外记者招待会”，回答了中外记者提出的问题。风筝比赛中，潍坊的“鲤鱼跳龙门”风筝在评选中名列第一，“子母龙”和“梁山一百单八将”风筝，分别获得了总分第二和名列第三的好成绩。

会间还举办了风筝展销会、工艺品展览会、五金交电订货会、潍坊市－日向市中日书法展览和潍坊工业产品一条街展销活动。全市共引进外资项目 37 项，外资额 4100 万美元，订货成交额 150 多万美元；出口风筝一万余只。中外来宾游览了民俗博物馆、山旺古生物化石陈列馆、云门山、十笏园，体验了潍坊民俗，品尝了潍坊名吃“全羊宴”、“朝天锅”。

自3月20日至4月3日，国内外报刊、电视台、电台报道风筝会的新闻、通讯 370 余篇，山东人民出版社还出版了《潍坊风筝》一书。潍坊的知名度逐步提高，被批准为甲类开放城市；全国第一届风筝邀请赛获准在潍坊举行。会间，潍坊市人民代表大会通过决议：把每年 4 月 1 日定为潍坊“风筝节”。

第三届 1986 年 4 月 1 日。有关国家及省市领导人出席了历时十天的本届风筝会。这届风筝会和风筝邀请赛的主要特点是：规模大。入会中外来宾 2 万多人，潍坊城区平均每 15 个主人就要接待一位客人。有 19 个国家和地区的 400 多名外宾组成的 12 个风筝放飞队和除台湾、西藏外的全国各省市自治区风筝代表队参加了风筝会和风筝比赛。在风筝比赛中，潍坊队获得十枚金牌，赢得了团体总分第一名，捧走首届全国风筝邀请赛的最高奖－鸢都杯。天津、辽宁、山东、广东和江苏队分获第二至第六名。本届风筝会特点突出：一是突出体育性。把风筝扎制、放飞由单纯的娱乐活动发展为正式的体育比赛项目，并制定了临时风筝比赛规则。二是把单纯的旅游活动办成开放型贸易活动。美、日、瑞士等 7 个国家和地区的 24 家厂商 40 多名外宾进行了 20 多个项目的洽谈；与国内来潍的工商、科技界人士签订经贸合同 250 多项；会间举办了 6 个产品展厅，展出全市工业产品 1262 个品种，提供货源 5 亿多元，成交额 2.1 亿多元，获利 2100 万元。三是展示潍坊风筝会的民族特色。把民间传说和神话故事用风筝表现出来，如：“龙头蜈蚣、嫦娥奔月、八仙庆寿、哪吒闹海”等不同特色的风筝栩栩如生；开幕式大型歌舞《春满风筝城》把扇舞、绸舞、风筝舞与民间龙灯、狮子、高跷、旱船、毛驴等十几种民间舞蹈融为一体，充分体现了潍坊古老的文化和悠久的历史。此外大会还举办了独具民族特色的大型焰火、花灯晚会，受到中外宾客的热烈欢迎。

会间，各类新闻媒体共拍摄电影、电视片 12 部；新华社、人民日报、中央人民广播电台、电视台等国家级新闻单位发稿 100 多篇，许多报纸、杂志发了专刊或专版。境外报刊宣传潍坊的文章、图片达 480 多件。《澳门日报》连续六天用半个版面的篇幅，介绍潍坊的全面情况。

第四届 1987 年 4 月 1 日，中外来宾两万多人参加了这次盛会。其中，有来自 21 个国家和地区的 652 名外宾。7 个国家和地区的 16 个风筝放飞队及国内 23 个省、市、自治区的 24 个风筝代表队参加了风筝比赛。中央、省市有关部门的负责同志参加了大会。

大会高举“促进开放、连结友谊”的旗帜。实行开放型和经营型相结合。组织举办了 1987 年世界杯风筝“十绝”比赛和“浪潮杯”第二届全国风筝邀请赛。国家体委在潍坊第一届全国风筝邀请赛临时比赛规程的基础上，制定并首次实施了中国第一部较完整的风筝竞赛规则，使这项新兴的体育比赛项目有章可循。

会间举办了工业产品交易会。分设 166 个交易点，成交额 2.65 亿元，获利 5200 万元；在中国民间工艺品潍坊博览会上，潍坊的地毯抽纱、刺绣、草编、嵌银、布玩具、核雕等民间传统工艺品深受中外客商青睐；科技咨询转让会，全国有 78 家科研单位 1126 项技术成果参加转让，与潍坊 230 家生产单位签订技术协作或转让合同、协议、意向 179 份，难题揭标 71 项；潍坊与澳门合资的国际三星级鸢飞大酒店开业；潍坊千里民俗旅游全线开通，全程 1400 公里，途经潍坊 7 个县市区，有 24 个景点，3 个民俗村，4 个博物馆，标志着潍坊市对外开放又迈出新的一步。

会间还举办了花灯展览、焰火晚会、书画展览等活动。人民音乐出版社出版了“风筝之歌”歌曲专辑。国家邮电部专门为大会发行了以潍坊风筝为题材的我国第二套“风筝”特种邮票。

第五届 中外来宾 3 万人及 30 万群众参加了旅游观光和交易活动。中央和省市有关领导参加了大会。本届风筝会突出龙年、突出搞活经济、突出对外开放，成功组织了开幕式、民俗旅游活动。这届风筝会首次在晚间 17 时至 20 时利用灯光进行大型团体歌舞《腾龙志》表演，取得了振奋人心的演出效果。

24 个国家和地区的 119 个团组的 764 位外宾，参加了本届风筝会。大会主席团确定潍坊市为“世界风筝都”。风筝会的经贸活动更加活跃，举办了工业产品、生产资料、日用消费品、工艺美术四个交易会和科技、金融两个市场，以及国际小商品、小五金、设备技术等各种形式的展销会，总成交额达 10.596 亿元，超过前四届风筝会经济活动的总成交额。美国、法国、西德等 7 个国家的 27 个厂家 50 多名外商，洽谈经济技术合作项目 30 项，签订合同 9 项，成交额 1690 万美元。

第六届 1989 年 4 月 1 日至 10 日，第六届潍坊国际风筝会暨中国风筝精英大奖赛在潍坊同时举行。来自世界 16 个国家和地区的 19 个风筝代表队及全国 18 个省市代表队参加了国际国内风筝比赛。中央和省市有关领导参加了大会。

经过广泛的国内外通联和筹备工作，第一次各国风筝组织代表大会如期于 4 月 1 日在潍举行。来自美、日、英、意等16个国家和地区的风筝组织共84名代表出席了会议，会议决定成立国际风筝联合会，并把总部设在潍坊。风筝会期间，首次举办了风筝会游览大山会，带动了对外经贸洽谈会、风筝旅游系列产品交易会、工业产品交易会、物资业务洽谈会、经济技术协作洽谈会等重大活动。总成交额6.37亿美元。美、韩、澳、日等国家100多名客商参加了经贸洽谈活动，投资额1099万美元。

第七届　1990年4月1日至10日，第七届潍坊国际风筝会暨第四届全国风筝邀请赛在潍坊如期举行。来自世界15个国家和地区的21个风筝代表队及全国26个省市自治区、计划单列市、沿海开放城市和行业体协的46个代表队分别参加了国际国内风筝比赛，中外来宾达3万多人。中央和省市有关领导参加了大会。全市有55万多人参加了观光旅游和商贸活动。

大会在潍北渤海滩成功举办了大型开幕式，国际、国内风筝比赛和评选1990年世界风筝“十绝”活动，期间还举办了大型花灯焰火晚会，千里民俗旅游及各种形式的文化娱乐活动。风筝会期间的游览大山会、工业产品成果展览交易会、对外经济技术洽谈会、风筝旅游系列产品展销会等30多项经贸活动成绩显著。全市共签订合同、协议、意向书427项，工商贸易金额超过10亿元。

第八届　第八届潍坊国际风筝会暨第一届全国风筝比赛于1991年4月1日至10日在潍坊举行。来自世界16个国家和地区的19个风筝代表队参加国际风筝比赛；全国30个省市的风筝代表队参加第一届全国风筝比赛。中央和省市有关领导出席了大会。

本届风筝会举办的主要活动有开幕式、大型时装文艺晚会和闭幕式三大项目；“蓝天杯”国际风筝友谊赛、第一届全国风筝比赛、“蓝天杯”风筝自由赛、“保利杯”全国风筝钓鱼邀请赛四项比赛；工业产品交易会、中小企业“三新”产品转让会、游览大山会、风筝会专利产品和专利食品博览会五大经济贸易活动。还有风筝都中国京剧演员大奖赛、风筝都大型音乐歌舞晚会、风筝都戏剧小品文艺晚会、苏联爱沙尼亚塔林歌舞晚会、中国电影明星文艺晚会和吴化学摄影艺术展、徐金堤山水画展、潍坊市雕塑艺术展、潍城区灯会展等。

大型时装文艺晚会《万紫千红总是春》在广场艺术的基础上，集歌舞、时装、杂技、武术、健美、交谊舞等众多的艺术形式于一台，将舞台艺术与大型团体表演艺术融为一体，在传统模式的基础上又有了新的突破。特别是本届国际风筝会期间，成功举办了全国第一届风筝比赛，标志着放风筝被正式列入中国体育比赛项目。

第九届　经中共潍坊市委、市政府建议市人大会议讨论通过，第九届潍坊国际风筝会改于1992年4月20日至25日在潍坊举行。同时，大会正式启用了新开辟的浮烟山风筝放飞场。中央和省市有关领导参加了大会。举行了“蓝天杯”风筝自由赛、水园灯会、工业产品展览等活动。来自29个国家和地区旅游观光的外宾和港澳台同胞963人，中外风筝放飞队119个、队员1200余人参加了风筝放飞比赛。其中，巨型风筝“九龙壁”蔚为壮观，博得了中外来宾的喝采。大会期间，中外新闻记者400余人参加了风筝会的采访报道。

本届风筝会经贸活动成交总额15.68亿元。

第十届　来自29个国家和地区的1300名外宾参加了本届风筝会。

这届风筝会成功地组织了开幕式、焰火晚会、国际风筝放飞表演，鸢都－自贡大型艺术灯会、第三届全国风筝比赛等重大活动和五大类、18项大型文化体育活动。其中，国际、国内比赛和当地群众放飞的风筝达1.1万只，这些风筝普遍体积大，起飞性能好，构思巧妙，工艺精湛。如潍坊钢厂扎制的“千手观音”立体风筝，总裱糊面积468平方米，总重300公斤，堪称世界之最。

会间，签订利用外资合同60多个，合同外资额2.96亿元，出口成交额725.6万美元。

第十一届　中央和省市有关领导同来自34个国家和地区的外宾、港澳台同胞及广大群众参加了本届风筝会。37个国外风筝放飞队，23个国内风筝放飞队及市内外6万多人参加了风筝放飞表演。

本届风筝会开幕式融剧场艺术、广场艺术和电视艺术为一体，收到良好的视觉效果。同时，第四届全国京剧群英会、煤海之光大型灯会、潍坊企业形象文体大观、94潍坊崔健摇滚乐专场晚会、“今夜星光灿烂”等大型文艺晚会好戏连台、异彩纷呈。全市市区实施不夜城工程。

风筝会期间，组织了工业产品、农副产品、经济技术洽谈会和游览大会等18个经济贸易活动。国内外经贸活动成交额20亿元。

第十二届　历时8天的第十二届潍坊国际风筝会吸引外宾及港澳台同胞2230人。“天翔杯”国际风筝大赛有16个国家和地区的40个风筝放飞队参加了风筝放飞比赛。中央和省市有关领导应邀到会指导。

风筝会组织了三场大型演出活动。一是青春健美歌舞晚会《难忘今霄》；二是民族艺术焰火晚会《火树银花不夜天》；三是开幕式综合文艺晚会《热土春潮》。风筝会开幕式及综合文艺晚会，受到中外宾客的高度赞誉。

会间，还隆重推出了“九五狂欢”大型文艺晚会、第五届中国京剧群英会、“鸢都乐”大型文艺晚会、全国电视小品大赛等七类十三台好戏，烘托了风筝会的喜庆气氛。

本届风筝会将第二届鲁台经贸洽谈会纳入整个风筝会的活动，带动了经济贸易活动的开展。大会经贸活动总成交额22亿元人民币。

第十三届 历时5天的第十三届潍坊国际风筝会于1996年4月20日拉开帷幕，来自19个国家和地区的宾客参加了大会。中央、省市有关领导应邀出席大会。日本、澳大利亚、韩国等6个友好城市的代表团共计104人参加了风筝会。

“天翔杯”国际风筝大赛，有149个中外风筝代表队参加了比赛。中外风筝爱好者近2万人参加了风筝表演活动。

开幕式融入场式、民间艺术表演、大型团体歌舞、万人衬景台、高中低焰火燃放为一体，参加演出的人员达8000人，场面宏大，气氛热烈，得到了中外来宾的高度赞扬。大会同时举办了10台文艺晚会，举办了中华民族传统庆典艺术节等活动。市区不夜城工程更加增添了节日的气氛。

大会举办了7大经贸活动项目，共签订利用台资、外资项目210个，合同协议利用台资、外资额6.2亿美元。内贸成交总额3亿多元。

第十四届 第十四届潍坊国际风筝会举办了潍坊国际风筝大赛、第七届全国风筝比赛和第二届全国青少年风筝邀请赛。参加国际风筝大赛的有39个国家和地区的49个代表队，参赛队员302人；参加全国风筝比赛的有各省、市、自治区的37个风筝代表队259人。

大会举办了由5800人表演的大型开幕式，13台全国艺术名家出演的文艺晚会以及民俗风情观光旅游活动。会间举办的第四届鲁台经贸洽谈会获得良好效果，来自台湾的720名客商参加风筝会和鲁台会。同时，大会举办各类商品交易会、产品展销会、科技成果展销会52场，内贸成交总额8.65亿元。转让科技成果2152项。

期间，潍坊市政府与澳大利亚东吉普斯兰市正式建立友好城市关系。潍坊市与以色列合作建设的商业示范农场是中以两国政府在华建立的第一个高科技商业示范农场。

中央和省市有关领导参加了风筝会。中央电视台及9家省市电视台参加了潍坊国际风筝会举办的“今日潍坊”电视采访活动，共拍摄电视专题片32部，分别在全国9家电视台轮流播出，收到良好效果。

第十五届 第十五届潍坊国际风筝会于1998年4月20日开幕。同时举办第五届鲁台经贸洽谈会和潍坊建市50周年庆祝大会。主要活动一是三大赛事，即国际风筝大赛、“飞利浦彩电杯”全国风筝邀请赛、“天翔杯”潍坊风筝大赛。同时举办潍坊中小学生万人放飞活动，气势雄壮，规模宏大。二是四大文体旅游项目，包括开幕式、中国潍坊国际书画大展、全国热气球邀请赛和千里民俗旅游观光。三是五大经济贸易活动，主要是第五届鲁台经贸洽谈会、国际招商会、游览大山会、春季交易会、行业洽谈会，这五会有机结合，分别进行，讲求实效。

第十六届 于1999年4月18日至21日在潍坊举行，历时4天。中央和省市有关领导出席了大会，美国、德国等28个国家和地区的风筝代表队参加了风筝比赛。本届风筝会以落实中央十五大精神为指针，以政府主办、社会参与为根本基础，遵循“风筝牵线、文体搭台、经贸唱戏”的宗旨，采取风筝与文化、体育、旅游、经贸相结合的办法，努力实现“倾力民心工程，以会养会、服务百姓”的办会方向，圆满地举办了开幕式、潍坊风筝选拔大赛、国际风筝大赛、万人放飞表演、文体娱乐和经贸六项活动。

本风筝会的主要特点是：一、理清思路、锐意改革，体现一个“新”字。(1) 开幕式令人耳目一新。本届风筝会开幕式采取文艺与体育相结合的方式，表演形式以国家明星足球队与山东元老足球队足球表演赛为主，取代历届惯用的大型团体歌舞表演，创造性地将歌舞、鼓乐、足球运动及烟花等表演形式融为一体，取得了很好的场地表演效果。(2) 南舟北移实现历史性突破。这是山东省首次进行的龙舟比赛，也是龙舟竞渡2000年来，首次实现的中国北方大跨越。(3) 风筝扎制放飞水平明显提高。涌现出一批具有创意新、扎制精、起飞好的优秀风筝，如：龙头蜈蚣风筝由过去的单线放飞，发展成双线或四线操纵的复线龙风筝，可以在空中做特技表演，串类风筝发展成能水平放飞，可操纵变换动作的巨型风筝，还出现了软体类与民族文化类有机结合的创新风筝。

二、体察民情、节俭办会，体现一个“心”字。(1) 开幕式门票不再派购。开幕式门票由以往的300元降至90元，首次根除了开幕式门票派购的方式，让门票回归社会、回归百姓，体现自身价值。(2) 群众参与盛会的热情空前高涨。开幕式的观众上座率是连续16届以来最高的一次，整个体育场座无虚席。龙舟赛场和浮烟山放飞场引来四面八方的人群，几天时间，观众近20万人次。(3) 节俭办会带来新气象。总经费由往届的150万左右下降并控制在80万以下。总用人量由往届的8000多人减至800人。做服装道具时，采取公开竞价招标，接待各方贵客，实行了比价订房订餐的办法，既节约了资金，又高规格地接待了各方贵客。

三、主动招商、培育市场，体现了一个“信”字。(1) 更新观念，主动出击拓展招商渠道。1998年11月份开始，风筝会办公室即与北京大策公司联合策划招商，共发出招商项目宣传材料2780份，并一改往届等客上门的老做法，面向市场，主动联络，在招商观念上、方式上有了较大的转变。这次风筝会的赞助企业既有市外的，又有省外、国外的。济南将军集团赞助30万元。(2) 诚信为本、注重回报，为赞助单位提供系列化服务。本届风筝会，注重与赞助单位协商，充分利用开幕式、放飞场等重要广告位置和时段，采用广播、标牌、表演等多种形式为赞助单位宣传，抱着言信相符的原则为企业作嫁衣、搞服务，既赢得了企业的信赖，又为下届风筝会的市场运作打下了基础。

第十七届 2000年4月举行。办会宗旨：风筝牵线、文体搭台、经贸唱戏。办会方式：政府主办、社会参与、市场运作。

大会主要活动：1. 风筝会开幕式大型文艺表演——迎着新世纪飞翔；2. 国际风筝大赛；3. 万人风筝放飞表演；4. 丰富多彩的文化体育旅游活动；5. 中外企业产品宣传月活动。主要经贸项目：1. 工业产品交易会；2. 风筝会游览大山会；3. 大型百货商品交易会；4. 大型花卉、种子展示会；5. 中国寿光蔬菜博览会；6. 昌乐宝石旅游展销会；7. 临朐奇石展销会；8. 外商投资说明会。

签约情况：全市共签订利用外资合同、协议项目75个，合同协议外资额10767万美元。其中，签订合同项目41个，合同外资额3516万美元；协议项目34个，协议外资额7251万美元。签订利用市区外境内资合同协议项目9个，合同协议市外内资额8520万元，其中合同项目6个，合同额7560万元；协议项目3个，协议额2060万元。签订对外贸易合同24个，出口成交额5276万美元。签订对外承包劳务合同4个，合同额392.2万美元，合同外派劳务487人次。

〔国际风筝联合会潍坊风筝研究所〕 国际风筝联合会潍坊风筝研究所是潍坊地区唯一由市政府直接管理最大的一家以风筝研制开发、风筝文化传播、风筝制品展示、商品风筝扎制销售为主的单位。单位成立以来，致力于发展经典民俗文化，全体员工吃苦耐劳，团结敬业，不断扩展业务，逐步形成了“以信誉开拓市场，以实力巩固业务”的文化信条。

研究所自开展风筝文化传播业务以来，在传统工艺的基础上大力追求改革创新，精益求精，创作了一批独具特色的风筝作品，公司聘请了著名的风筝艺人，培养了一批敢于创新的青年技术人员，使研究所在风筝技艺上永不止步。同时，拥有了一支由当代风筝明星，一批风筝技术人员组成的专业放飞表演队伍，扎制的风筝多次在国际国内的风筝大赛上获奖。

研究所长期不断地在各地推出了各种风筝展会和活动，极大的推动了风筝文化的发展。研究所于1998年正式推出大型风筝巡展，先后在上海、苏州、深圳、杭州等地展出。所到之处引起极大轰动，观者络绎不绝，为当地的旅游活动产生了积极的影响，也为双方创造了可观的经济效益。

“银线连四海，风筝传友谊”，风筝文化把您和潍坊风筝研究所连结起来，真诚的欢迎全国各地的朋友来研究所共同磋商，探索风筝的开发，交流风筝的经验，推动中国风筝事业的兴旺发达。

河南省南召县（丝毯之乡）

河南省南召县丝织地毯有着悠久的历史，素有“丝毯之乡”之称。丝毯以茧丝作为原料，用手工编织而成，因其最初用于铺设地面、悬挂于墙壁作为装饰品，又被称作“地毯”或“壁毯”。丝织地毯是中国传统的高档手工艺制品，也是目前南召县规模较大，收益较高的大宗拳头产品。

20世纪70年代初，南召县相继在县城建立了城关地毯一厂、地毯二厂、城郊地毯一厂、三厂等龙头地毯企业。1978年，全县地毯产品开始自产自销，由上海产品进出口公司和工艺美术进出口公司分别对北京、青岛、天津等口岸包销，产品远销美、德、日、英等20多个国家和地区。1984年由4名青年女工以1年零4个月时间，织出一块260道（216平方尺），价值4.32万元的仿波斯特大型丝毯，填补了世界特大地毯的空白，被誉为“地毯王”、“世界奇宝”，《河南日报》、《中国乡镇企业报》、河南省电台等媒体进行了“特大地毯”的新闻报道后，北京、天津、青岛等口岸争相抢购，在上海国际博览会上展示后，被西德汉堡国际博览厅收为独一无二的展品。

南召丝毯以桑绢丝为主要原料，用手工编织，织工精细，经纬均匀，产品具有弹力好，抗静电，防虫蛀，易洗涤，耐磨性强，隔音吸尘，耐水防潮的特性，一向以精湛的工艺、独特的风格著称于世，深受世界各地客商的青睐。近几年来，随着经济的发展，消费观念的变化，抓住居室装饰向高雅、明快、简洁、和谐配套方向发展的特点，编织出的丝织毯、绢丝毯、胶背毯三大系列，毯面有平面、割绒、提花等300多个花色品种，规格形状上有长方形、椭圆形、方形、圆形、多边形，密度上融120道、150道、200道、300道、500道、600道为一体，构图严谨，图案清晰，色彩协调，光洁平整，手感光滑，立体感强，风格隽秀，线描劲健，设色绚丽，线条粗犷，细腻如微，工效特快，新颖别致，独具一格，既是综合艺术品，又是室内高级装饰品，雅俗共赏，别有洞天。其中，12×18特大型“丝毯王”被国际博览厅收为展品，凸边双洁立体薄毯，全丝合股薄型高级挂毯，300道丝毯、异型丝毛交织壁毯等29个品种荣获部、省金奖、银奖、优质产品奖、工艺百花奖，有6种丝毯填补了国内空白。

20世纪九十年代，南召丝毯业生产突飞猛进，在县委、政府的引导下，形成集体带动，个体齐动，千家万户搞加工的发展格局，全县国有、集体、合资、个体经营者达1.37万个，丝毯企业星罗棋布，涌现出了留山镇贺庄村、太山庙乡罗汉村等29个地毯专业村。南召丝毯生产跨省、跨地区、跨县经营，成为颇具特色的地毯县。国内客商纷至沓来，千家购料忙，万户机杼响，加工点辐射全国8个省200多个县市，号称"十万大军织地毯"，丝毯业劳务输入数达万人，地毯产量占全国同类产品的60%，占河南省同类产品的80%。

1995年底，全县有乡镇、村、个体私营企业2.36万个，从业人员9.3万人，县内有机梁4.2万副，设备6405台（套），其中有一定规模的骨干企业35个，同全国76个外贸口岸公司建立有供货关系，并拥有出口自营企业1家，三资企业3家，全县地毯业拥有固定资产1.35亿元，年生产能力40万平方米，年产值9.2亿元，连续5年出口创汇交货额居全省首位。

南召地毯业经过30多年的发展，成为南召县经济发展的第一大支柱产业，对全县农民脱贫致富和县域经济发展形成巨大的推动作用，为正确引导、支持和扶持该支柱产业的健康有序发展，历届县委、政府领导都为支柱产业的发展壮大倾注了心血，组建集团，成立协会，狠抓质量，做了大量的工作。为了统一思想，县委、政府制定出《南召县丝毯五年攻坚实施意见》和《对丝毯业实施规范管理的意见》，把丝毯生产列为六大主导产业之一，倾力发展，并着力开发高道数、新图案、多规格地毯，创出名牌，成为县八大特色产品的重点之一。在管理形式上，采取"政企分离，双轨运行"的方法，按照有关法律法规，搞好企业和社会的丝毯秩序治理，同时成立了南召九龙地毯有限责任公司，实行"产权明晰，政企分开，责任明确，管理科学"的现代企业制度，规范丝毯生产、经营秩序。在具体操作上，一是加强统一规划管理。对全县丝毯业进行统一规划、指导监督、管理、协调、服务，整顿地毯市场秩序，严禁丝毯、图纸无序经营，治理原材料市场，建成一个封闭的丹霞丝毯交易市场。二是强调统一标准，由质量技术监督部门牵头，有关部门和企业参加，制订出了南召县丝毯生产系列标准，并监督执行，进一步提高南召丝毯产品质量，增强了市场竞争能力。

地毯业的不断发展壮大，不但造就了一批农民企业家队伍，而且为社会培养了大量的有用人才。同时，也为解决农村剩余劳动力，加快农民脱贫致富找到了一条快速有效的途径。

进入2000年，南召的地毯业按照发展与提高并重的方针，以市场为导向，拓宽发展空间，扩大基地规模，从植桑养蚕，收购加工，合成生产到参与国际大流通，形成一体化经营。同时，积极采取现代技术，进一步树立名牌意识，加快产品更新换代，提高市场占有率，提高经济效益的经营思路，真正把发展与提高结合起来，在发展中提高，在提高中发展，创出南召"丹霞"名牌真丝地毯，并把"丹霞"真丝毯全面推向21世纪的国际市场。

河南省孟津县黄鹿山乡（紫砂之乡）

河南省孟津县黄鹿山乡位于国家重点水利枢纽工程——小浪底主库区南岸。全乡8个行政村，8385人。海拔486米。境内层峦叠嶂，红石满山。

1997年，乡党委、政府经过研究，实地察看，又邀请有关专家到黄鹿山乡进行勘测论证。经鉴定，这些红石定名为紫砂石，是一种宝贵的矿产资源。

黄鹿山乡的紫砂资源丰富，具有分布广、易开采、色泽好、品质优等特点。经江苏省技术监督产品（陶瓷、耐火材料）质量检验站检测。SiO_2、Fe_2O_3、Al_2O_3、CaO等八项主要成份的含量均达到了紫砂成品泥塑标准，可与宜兴的紫砂相媲美，是生产紫砂陶、壶、花盆、瓷砖、琉璃瓦等产品的上乘原料。

紫砂石资源开发项目有着广阔的潜在市场和开发前景。紫砂制品不仅有较高的使用价值，而且还具有较高的观赏价值和收藏价值，在国内外享有盛名，经久不衰。随着人类文明步伐的加快，人们对紫砂制品的需求量日益加大。据市场调查分析论证，该项目具有投资风险小、销路好，见效快的特点。一条生产紫砂壶、花盆、琉璃瓦系列产品的生产线仅需投资300余万元，一年即可实现销售收入850万元，获利200万元，经济效益十分可观。

为搞好资源开发，黄鹿山乡党委、政府高瞻远瞩，因势利导，决定把紫砂石开发作为"富民强乡"的一大支柱产业，视为新的经济增长点。几年来，通过到广东、浙江等地考察，并邀请紫砂陶都宜兴紫砂工艺专家实地考察指导，现已完成了黄鹿山紫砂资源质量检测及技术分析，黄鹿山陶瓷厂可行性报告及建厂规划、产品定型、品牌定向等工作。1999年5月，由江苏宜兴工艺二厂在黄鹿山乡取样烧制的"黄鹿山第一壶"，其工艺精美细腻，古朴典雅，可与同类产品相媲美。

目前，黄鹿山紫砂石开发龙头企业正在积极筹建之中。

陕西省

〔名优特产〕

岚皋藤编　陕西岚皋县的藤编，选用当地野生土藤、青藤、青丝葛藤条，经精细加工编织的藤器工艺品，是陕南一大土特产。

岚皋藤器以竹、木为骨架，以野生土藤为原料，手工编织，前后经21道工序制成。产品以藤椅为主，有藤箱、躺椅、屏风、茶几、花篮、果盘、童车、书架、藤床、沙发、花架等120多个品种，产品工艺精细，造型美观，古朴典雅，结构紧凑，坚固耐用，价格低廉，久负盛名，蜚声中外。

岚皋地处陕西南部巴山山麓，青藤资源丰富，年采收量约3万多公斤。藤条长质轻、质地坚韧，粗细均匀、不裂、不脆，孕育着一朵绚丽多姿的工艺之花——岚皋藤编。

榆林柳编　榆林柳编，是陕西榆林地区靖边、定边、横山、神木、榆林等7县出产的大宗手工工艺品。原料考究、工艺精细、式样美观，具有浓郁的地方特色和民族风格，为陕北工艺百花园中的一朵奇葩。

榆林柳编的原料，是选用当地主产的沙柳、杞柳、红柳和树柳的枝条。这类柳条，质地细腻柔韧，条杆细长，经脱皮后，光滑洁白，适于编织各种日用盛器。榆林柳编历史久远，已有300多年的历史。

榆林柳编约有近500个品种，主要有各种提篮、纸篓、动物筐、水果盘、面包盘、花盆套、吊篮、礼品盒等，其产品远销西欧、北美、澳大利亚、意大利、德国、加拿大、法国、日本、瑞士、香港等30多个国家和地区，占榆林地区外贸出口总值的30%。

汉中棕箱　汉中棕箱是陕西传统名优特产品，产于陕西南部的汉中地区。系以杉木、松木、樟木等优质木材作里衬，外用精选棕片包裹，最外层用头发丝或染色的棕丝细绳编织而成。

棕箱坚实耐用、古朴大方、古香古色，富于天然之美。具有防潮、防鼠咬、防虫蛀等特点，适于贮存衣物、皮毛、丝绸麻布及书籍文献，不发霉、不生虫、不掉毛、不回潮、不变质、不褪色。汉中棕箱始于清代，盛于民国和新中国成立初期，为汉中传统民间工艺品。

到目前，汉中棕箱已从手工生产发展为半机械化生产。产品质量也大为提高。现在汉中棕箱这一传统产品，不仅畅销国内各省市，还出口美国、日本、中东、西欧、港澳等国家和地区。在世界各国“回归大自然”和“返朴归真”的热潮中，汉中棕箱这一天然特产工艺品，表现出很好的发展前景。

陕西耀州窑文物复制厂

耀州窑是中国历史名窑，创烧于唐，盛于宋，在中国陶瓷史上影响深远。耀州瓷在宋代就以“视其色温温如也，叩其声铿铿如也”而“肆涉重洋，岁贡朝廷”，在海内外享有盛誉。

千年的历史，给古窑名瓷蒙上了一层厚重的烟尘。到近代，耀州瓷的制作工艺几近失传。解放后，党和国家对耀州窑这一民族文化优秀遗产非常关注，组织了大规模的考古发掘，给恢复耀瓷生产工艺以极大支持，恢复工作于70年代初获得成功，以后又陆续建成了耀州窑遗址保护大厅，全国最大的古陶瓷专题博物馆——耀州窑博物馆及铜川耀州窑文物复制厂。遗址、博物馆、复制厂三位一体的文化格局初步形成，耀州窑以其崭新的面貌，吸引了海内外的广泛关注。

铜川耀州窑文物复制厂位于古“十里窑场”中心的耀州窑博物馆内，是耀州窑博物馆参观展线的一个重要组成部分，是集耀瓷科研，复仿制生产销售及旅游接待于一体的综合单位，现为全国旅游商品定点生产企业，陕西省唯一的陶瓷文物复仿制定点厂家。自建厂以来以弘扬民族优秀文化为己任，对耀瓷事业的发展起到了巨大的推动作用。在“于继承中求发展，在发展中去继承”的大思路指导下，生产的文物复仿制品，深受国内外朋友的欢迎。畅销全国各大都市，远至英、美、日、法、德等国，成为居家装饰陈列、亲朋宾客馈赠的佳品。

为了充分展示耀瓷的特色，铜川耀州窑文物复制厂采用了纯手工制作的工艺。“竹刀刻划千年韵，石轮转动万古情”是它的真实写照。手拉坯的师傅，是从事陶瓷工艺40余年的老师傅，一团泥巴，经他的手，在旋转的轮盘上如变魔术一般地成为碗、盘、瓶、罐等造型，虽未经修饰，但那一种浑然大器，一气呵成的质朴粗犷意境却让人为之心动；刻花的技工，大抵是些年轻人，修制好的坯品，在他们手上，不用琢磨，即时就可绘出要刻的图案，或花鸟，或虫鱼，或人物，那娴熟的用笔，老到的意境，不能不让人叹服其文化底蕴的深厚，简单的竹刀，在他们的手中灵活自如，刻出的图案，栩栩如生。前来参观的游客，常常被这手拉坯，手工刻花的精湛技术所吸引而留连忘返，在惊叹耀瓷昔日辉煌的同时，感受耀瓷今日的高速发展。

“于继承中求发展，在发展中去继承”是铜川耀州窑文物复制厂的重要指导思想，在继承优秀传统的同时，很重视将现代科技引入到古瓷复仿制生产中来。1997年，在厂领导的带领下，技术人员经过多次的分析论证，大胆地将现代较为先进的液化气梭式窑炉引入耀瓷生产，彻底改变了耀瓷烧成靠经验成品率低下的历史现状，烧成合格率由原来的60%上升到95%以上，烧成时间也由原来的72小时缩短到8小时，降低了工人的劳动强度，改善了工作环境，同时，也适应了环保工作的需要。窑炉的改造是耀瓷在新时期发展的一个重要的里程碑。

追求耀瓷神韵，结合现代审美情趣是铜川耀州窑文物复制厂在耀瓷生产工艺中的特色。近年来，成功地复制了大量的文物复制品如倒装壶、双凤壶、婴戏葡萄纹瓶、牡丹圆瓶、执壶、刻花碗、三足盖罐等珍贵品种，釉色淳厚、形神兼备，几可以假乱真，深受专家学者的好评；在文物复仿制的同时，兼顾现代人的艺术审美情趣，研制开发了良心壶、龙凤倒装壶、公道杯、龙形笔架、爆花双凤瓶、雕花双龙瓶及释迦牟尼座像等新品种，为耀瓷注入了新的活力，特别是良心壶、公道杯、龙凤倒装壶以其精巧的造型、独特的结构原理、深厚的文化蕴涵赢得了广阔的市场，获得了国家专利；研制开发了融金石、书画及现代装饰于一体的黑釉剔花系列产品，以质朴粗犷、黑白对比分明的典型风格，曾获得国际旅游购物节天马奖、犀牛奖等，使得瓷苑中又添新光彩。

厂　　址：陕西铜川黄堡镇新宜路25号（博物馆内）
传　　真：（0919）7189292
电　　话：（0919）7189292
传　　呼：126—2665807
手　　机：13909191756
联 系 人：赵秀侠　段艳莉　张卫民

陕西耀州窑博物馆

耀州窑博物馆位于陕西省铜川市黄堡镇，这里是闻名中外的全国重点文物保护单位耀州窑遗址所在地。

耀州窑唐代创烧，五代发展，北宋鼎盛，金代续烧，终于元末明初，连续烧造陶瓷的历史长达800余年，“十里窑场”留下极其珍贵的陶瓷文化遗产。遗址发掘逾万平方米，出土文物300多万件、片，清理作坊、窑炉200余座。发掘规模之大，出土文物数量之多，遗址遗迹保留之完整，文化内涵之丰富，为世界瓷窑遗址所鲜见，是一座巨大的陶瓷文化宝库。

耀州窑博物馆是目前国内规模最大，集遗址遗迹展示、文物标本陈列、模拟古代制瓷工艺演示，三位一体的古陶瓷遗址专题博物馆。占地60000平方米，陈列面积8000平方米，现藏文物50多万件、片。遗址遗迹展示由“唐代三彩作坊、窑炉”、“宋代制瓷作坊、窑炉”和“金代制瓷作坊群”三个保护厅组成，直观形象地展示了该窑的生产规模和工艺流程。主馆基本陈列分三部分、七个展室。“耀州窑史陈列”展出文物千余件，反映了该窑辉煌的烧造历史；“示范参与室”观众可动手参与陶瓷制作；“参考研究室”展出各类陶瓷标本千余片，供专业人员和院校师生实习及有关专家学者比照研究。

耀州窑博物馆期望能成为您追索历史、寻求知识的课堂，体验美德、陶冶情趣的圣殿、连接历史与未来的桥梁。

电　　话：0919—7160063　7189413
传　　真：0919—7188608
邮　　编：727001

农产、食品、粮油

北京市

一、粮油部分

北京市种植水稻历史悠久，是富有区域特色的粮油名优产品。早在元大都时期，水利学家郭守敬开通通惠河，为两岸农民种植水稻创造了有利条件。自那时起，京郊海淀一带就有水稻种植。直到清雍正年间，该市稻田已分布在海淀、六郎庄、功德寺、北坞等地；乾隆年间又在颐和园东墙外开辟稻田千余亩；慈禧当权时，曾下令扩大颐和园外的稻田，将垣外半里自北坞、蓝靛厂、巴沟一带划入御用范围。据《永宪录》记载，康熙年间"其供御膳，曰御稻米，出京师西山"，促成了"京西稻米香，炊味天知晌"的千古佳话。除此之外，该市房山区的"石窝稻"和顺义区的"清水稻"以及怀柔县的"渤海所稻"、平谷县的"龙泉务稻"也小有名气。

1."京西稻"——产于海淀玉泉山附近，自古以来闻名于世。玉泉水水质清澈透明，以其浇灌稻田，米粒饱满，光润透明，蒸饭有粘性，气香扑鼻。解放后由于其米质优良，50年代由国家统一收购、统一上调、专仓保管。进入80年代以后，由于改进栽培技术，改用中熟品种，抢早播种，躲过冷害，从而保证了稻谷的安全成熟。1983年京西稻谷面积达到9万多亩，占粮田面积的85.8%，亩产达到445公斤，使京西水稻开始步入寻常百姓家。

2."石窝稻"——产于房山区南尚乐乡石窝、高庄一带，已有300多年栽培历史。"石窝稻"用高庄泉水灌溉，米质好。《燕山丛录》记载"房山县有石窝稻，白色粒，味极佳美，以为饭，虽盛夏经数宿不馊"；《潞水客谈》也说"西山大石窝所收米最称佳美"，后多称石窝稻为"玉塘稻"或"玉堂稻"。

3."清水稻"——产于顺义区小营乡东府一带。据史料记载，其米有四大特点：米粒如英，晶莹透明。成饭后呈清兰色，新鲜喜人，饭性偏粘，而饭粒松软。冷饭后即使再蒸一次，犹如新成之饭，饭香如故。有"一家蒸饭十家香"的美誉。

50年代初，北京地区水稻以"大白芒"、"黑马尾"、"紫金箍"等农家品种为主。株型高大，大穗长芒，着粒较稀，粒重偏低，蛋白质含量为10—11%。50年代陆续从天津、东北地区和日本引进优良品种，换代频率较高。其中，70年代初从日本引进的"越富"这一优质品种在生产上得到了长期应用，成为80年代京郊种植面积最大的春稻品种。该品种属于晚熟种，4月上旬播种，5月下旬插秧，10月上中旬成熟，生长整齐清秀，成穗率高。穗长33厘米，每穗100粒左右，无芒。后期灌浆快，空瘪率低。千粒重26克，糙米率81.5%，亩产可达500公斤以上。腹白很少，无心白，米质特好。

除水稻外，该市积极调整种植结构，加快农民致富步伐。在粮食内部，优化品种。积极示范、推广鲜食特用玉米，中糯1号玉米表现突出，倍受市场欢迎。该品种为中国农科院作物所1991年育成，植株呈半紧凑型，株高230厘米，穗位高90厘米。果穗结实好，无秃尖。籽粒白色，千粒重270克。糯性好，支链淀粉达到100%，果皮薄，商品性好，单果穗鲜重250—300克，亩产鲜果穗1000公斤左右。抗大小斑病、纹枯病和青枯病，抗倒性好。一般在授粉后25天左右适时采收，及时出售和食用。

二、蔬菜部分

北京市地处华北平原西北端，北纬39°28′—41°05′，东经115°25′—117°35′，属于温带大陆性季风气候区，一年四季分明，年平均气温11.7℃，年平均降水量640毫米，雨天大多集中在夏季，全年无霜期180～200天，受气候特点的影响，以北方蔬采品种的种植为主，生产的季节性表现明显。

北京市蔬菜全年播种面积145万亩，建有温室、大棚等各类保护地设施面积20万亩。生产主要分布在14个区县，其中主产区通州、顺义、大兴、平谷、延庆5县及部分农场的生产面积占全市的70%。在蔬菜生产布局上，形成近、远郊配套的三个层次的生产基地格局：第一层次是10万亩近郊冬春细菜生产基地，主要包括朝阳、海淀、丰台等区县；第二层次是45万亩远郊平原大路菜生产基地，包括通州、顺义、大兴、平谷、昌平等区县；第三层次是15万亩远郊山区八、九月份淡季菜生产基地，主要包括延庆、怀柔、密云等区县。

北京市蔬菜科研力量雄厚、推广体系健全，种植的蔬菜品种众多，常年种植的蔬菜有15大类300多个种类，其中常规品种100多个，特菜品种近200个。全年蔬菜总产量390万吨左右，其中大白菜、圆白菜、西红柿、萝卜等大路菜的年生产能力都在30万吨以上，绿菜花、甜豌豆、芥兰、菜心、荷兰豆、葱头、蒜苗、青蒜等特菜品种的生产能力也在3万吨以上。目前，除部分特菜品种外，多数蔬菜都可以做到周年蔬菜、周年供应。

在销售方式上，生产的蔬菜60%通过各类批发市场进行销售，40%左右直销。在蔬菜流向方面，60%销往城区，30%地销，10%外销。北京市蔬菜出口发展迅速，现有专用于外销的出口蔬菜基地7万多亩，1999年出口总量22万吨，出口到20个国家和地区，出口的蔬菜品种30余个，部分蔬菜品种如甜豌豆、葱头等也向日本出口。

下一步蔬菜发展中，将以调整蔬菜品种结构，提高蔬菜产品质量为中心工作，大力发展名特优蔬菜，推广无公害生产技术。随着生产结构的调整，特菜和优质精品蔬菜生产面积逐年扩大，年生产面积达到20万亩。目前，该市正在进行北京市食用农产品安全生产体系的建设，按照预定目标，2002年该市的蔬菜将全部实现无公害化的安全生产，达到安全农产品的上市标准。

三、科教部分

1999年全市各级农业科研、教学、推广机构共开展农业技术培训30余万人次，到1999年底全市获得绿色证书的农民已达11.7万人，占全市务农劳动力的16.7%。有关部门在做好一般种植（养殖）技术研究的同时，对土特名产以及无公害食品、绿色食品相关技术也加强了研究，并结合项目开展了大量的教育培训工作。

(1) 在粮食新品种选育方面取得了突破性进展。光温敏型雄性不育小麦新品种的选育获得阶段性成果，为杂交小麦制种奠定了坚实的基础；“京早13”夏玉米早熟品种使夏播玉米的生育期达到95天，亩产达千斤左右；“京9428”优质强力面粉小麦品种面筋含量及强度完全可以和国外同类品种相媲美，并将成为替代国外进口强力面粉的主要品种。

(2) 无公害蔬菜生产技术规程、标准和速测技术的研究与应用项目启动。该项目分三个步骤：一是通过对大白菜等7种本市主栽蔬菜品种进行平衡施肥、病虫害综合防治、农药安全施用来研究制定无公害蔬菜生产技术规程；二是研究制订无公害蔬菜产品质量标准；三是研制开发无公害蔬菜有害物质残留的快速检测技术与仪器。2001年项目完成后，无公害蔬菜将占全市蔬菜上市量的10%以上，市民可以吃上安全洁净的“放心菜”。1999年已经确定了蔬菜生产基地环境质量监测点、技术试验（或示范）点；采集了大量样品，取得了大量试验数据；在蔬菜病虫无公害综合防治技术、蔬菜无公害配套栽培农艺技术、蔬菜商品质量标准以及蔬菜产品农药残留快速检测技术的研究方面取得了初步成果。

(3) 结球生菜品种国内繁育技术研究获得成功。该项目由北京市农业技术推广站完成，项目对结球生菜的生长发育习性及国内采种技术方法进行了深入研究，明确了结球生菜阶段发育不需要严格的低温条件；摸清了结球生菜生殖生长的一些重要条件；并明确了河西走廊内陆灌溉区等冷凉干燥地区为中国结球生菜商品化采种的适宜区域；在该区域内进行采种试验，对播种期、定植密度、人工辅助抽苔和肥水管理等栽培技术措施进行探索改进与创新；总结形成了一套完整的结球生菜繁种技术及方法，该技术可使结球生菜品种的制种产量达到亩产30公斤以上，产量及质量和进口种子相当。该项目解决了结球生菜大面积生产采种的难点，打破了结球生菜商品用种完全依赖进口的局面，显著降低了种子成本，取得了明显的社会效益和经济效益。该项目技术总体上达到国内先进水平，其中在研究的系统性和采种技术的配套性以及采种规模上居国内领先地位。

(4) 北京锦绣大地农业股份有限公司从1999年开展了“彩色马蹄莲试管微型种球工厂化生产关键技术研究”，项目拟对彩色马蹄莲组织培养微型种球繁育技术、激素与环境因素对彩色马蹄莲种球形成、生长的调控、彩色马蹄莲微型种球的移植、休眠和打破休眠技术进行研究，并建立一套成熟的生产工艺，使彩色马蹄莲组培苗的生产能力达到2000万株，试管微型种球生产能力达到200万个以上；降低了生产成本，产量提高20%，移植成活率达到80%以上；提出彩色马蹄莲工厂化生产工艺及生产标准。

(5) 北京市奶牛中心开展了“应用集成技术培育高产奶牛群的研究”，在黑白花奶牛良种选育技术、奶牛饲养新技术、高产母牛兽医保健配套新技术的研究方面做了大量的工作，已接近或达到200头高产奶牛单产12000公斤、乳脂量408公斤、乳蛋白率3.1%的指标。

中国农业科学院甜菜研究所

中国农业科学院甜菜研究所始建于1959年，是农业部直属专业研究机构。位于哈尔滨市呼兰县城，距哈尔滨市区30公里，所区占地面积81公顷，其中试验区用地54公顷。

甜菜研究所是以甜菜为研究对象的全国性专业研究所，是国内最大的糖料作物研究机构。主要从事甜菜育种、品种资源、生物技术、栽培生理、植物保护的试验研究和甜菜科技信息研究，承担国家重点甜菜科研任务、甜菜质量监督检验测试任务和糖料改良任务；以应用研究为主，有重点地开展应用基础研究，开展开发研究、解决全国甜菜生产中重大技术问题；组织全国甜菜科技协作及国内外甜菜学术交流，编辑出版《中国糖料》、《国外甜菜科技信息》等刊物。从1999年开始，还承担《中国农业科学院黑龙江科技推广示范基地》任务。

全所设有育种、栽培、基础、植保四个研究室，四个职能部门，两个中心，一个实验农场。全所现有在职职工198名，其中科技人员98名，具有正高级职称人员4名，副高级职称人员18名，中级职称人员42名。

建所以来，取得百余项科研成果，其中获省（部）级以上奖励的成果31项。甜研三号、甜研四号品种获全国科学大会奖，甜研301品种获国家发明二等奖；甜研302品种获国家科技进步三等奖；甜研303、甜研304品种获国家科技进步三等奖。目前该所育成的品种推广面积占全国甜菜种植面积60%，成为多数产区的主栽品种。

全所主要科学研究实验室有甜菜多倍体实验室、甜菜杂种优势预测实验室、生物技术实验室、甜菜品质分析实验室、甜菜种子检测实验室、甜菜生理实验室、土壤农化实验室、甜菜病理实验室等。农业部甜菜质量监督检验测试中心设在该所，国家糖料改良中心正在该所筹建中。所内还有直接为科研服务的大型种子库、甜菜母根窖等设施。全所有维尼玛自动检糖仪等万元以上的科研仪器45台（套）。

建所以来，与日本、美国、英国、德国、法国、瑞典、波兰、乌克兰、荷兰、伊朗、约旦、意大利、丹麦、土耳其、希腊等国进行了互访考察和学术交流，开展合作研究；参加了世界Beta属种质资源协作网及国际甜菜研究所等国际甜菜协作组织的活动。1994年在北京举办了首届国际甜菜学术会议，有9个国家70多位甜菜界专家与会进行学术交流。

科技服务工作，选派技术人员在黑龙江、辽宁、内蒙古等地建立基点，推广甜菜良种和高产栽培技术。科技开发工作重点生产原种和生产种供给甜菜采种站和糖厂；开发研制甜菜苗床肥、甜菜专用药剂直接在生产上应用，取得明显的效益。近年来全所年技术性纯收入超过一百万元。1993年获农业部、财政部、国家科委颁发的科技成果转化三等奖及黑龙江省振兴经济奖。

建所四十年来，经过几代人的艰苦奋斗，全所科研条件和生活条件不断改善，基础设施配套日臻完善，有规范的实验楼、住宅楼和文体活动场所。所区绿树成荫，环境优美，安全文明。

甜菜研究所在哈尔滨市委和院党组的领导关怀下，经过全所职工的努力，精神文明建设取得很大成绩，先后荣获哈尔滨市文明单位标兵、中国农业科学院文明单位称号。

法人代表：陈连江
单位地址：黑龙江省呼兰县东直路345号
电　　话：0451—7312095
传　　真：0451—7312548
邮　　编：150501
E-mail：beet @ publie. hr. hl. cn

北京市郊区高效农业园

近几年，郊区高效农业园发展很快，尤其是2000年市政府出台了《关于“高效农业园工程”的实施意见》，有力地促进了全市高效农业园区的建设，一批具有一定规模和较高科技含量的农业园区不断涌现出来。高效农业园区在促进农业产业结构调整、促进农业科技成果的转化、提高农民收入等方面的带动、示范作用越来越明显，已成为郊区经济发展的一个重要增长点。

一、京郊高效农业园区的基本情况

经初步统计，截止到2000年上半年，全市共建设各类高效农业园区416个，其中各郊区县405个，农口局总公司11个。郊区405个高效农业园区的分布情况是：昌平区67个；房山区49个；大兴县49个；平谷县43个；延庆县39个；通州区35个；顺义区32个；密云县31个；海淀区20个；怀柔县16个；朝阳区11个；丰台区5个；门头沟区5个；石景山区3个；这405个园区占地规模20.8万亩，资产规模达到46.9亿元。

二、京郊高效农业园区发展的一些特点

2000年京郊高效农业园区的发展，主要呈现出以下几个特点：

一是机制创新，类型多样。

郊区405个高效农业园区都是以企业经营形式为主，部分企业已具备现代企业制度的雏形，如海淀区锦绣大地公司、顺义绿健公司等。园区按所有制划分，国有及国有控股16个，占3%，如顺义三高示范园区；集体经营132个，占32%，如通州区新世纪园艺农场；民有私营258个，占64%，如朝阳区凌云公司、顺义金鑫等。按经营类型分，家庭农场型88个，占22%，如平谷兴唐生态农业园；社会力量兴办型97个，占24%，如昌平区绿天使农业园、盛世富民食品公司等；科技组织创建43个，占10%，如房山区交道刘平庄高效农业园，顺义三利果树所；科技园区转制47个，占12%，如大兴县大东公司；企业转制34个，占8%，如怀柔怀绿源蔬菜实验园；其它96个，占24%。

二是起点高，规模大。

目前，京郊405个高效农业园区总资产规模已达46.9

亿元，其中投资规模达5000万元以上的园区有16个，占4%；500—5000万元之间的企业共有157个，占39%；500万元以下232个，占57%。朝阳莱太花卉园区资产达1.2亿元，海淀区锦绣大地高效农业园区资产达4.3亿元，顺义区绿健公司、三高示范园区分别达到1.2亿、1.5亿元，房山区岳各庄高效园区达到1.1亿元。

高效农业示范园区普遍以高新技术为依托，有的园区是高薪聘请大专院校、科研单位的学者、科研人员；有的园区是科研人员以技术入股，参与经营；有的园区是科研人员直接创办。园区发展定位于发展名特优新产品，产品科技含量高，市场竞争能力强。

三是经济效益高，带动能力强。

高效农业园区与一般的农业生产方式相比，经济效益明显较高。经测算，目前高效农业园区平均投资利润率为20%左右，最高的达到50%以上，如：顺义区北王路园艺场草坪、苗木销售利润率达66%，后苏桥种猪场为50%；房山官道杳苞菇农业园利润率为55%。高效园农业园区，不仅经营机制灵活，同时在经营的产品结构，科技含量上都处于同行业领先水平。

高效农业园区大都是以农业产业化的方式运作，产加销一体化经营。高效农业园区有效地调动了农户靠科技致富的积极性。高效农业园区中的一些先进农业科学技术的应用，实效性十分明显，改变了郊区农民传统的农业生产、经营观念，其带动作用非常显著，经估算，郊区416个高效农业园区可带动郊区近4万户农民，通过先进实用技术的应用，走上致富之路。

高效农业园区同时也带动了观光、旅游等相关产业的发展，促进了农村和农业产业结构的调整。京郊高效农业园区的发展不仅吸引了大批的农民参观学习，同时也吸引了大批的城市居民观光、游览和采摘活动，京郊一些著名的高效园区其相关的观光农业收入已占很大的份额，其社会效益越来越明显。

高效农业园区在吸纳农村劳动力方面作用也十分明显。郊区416个高效农业园区平均需用各类农业工人30—50人，科技人员10人左右。

总得来看，京郊高效农业园区的发展势头很好，成效可观。但高效农业园区在发展中也存在一些问题，主要是部分高效农业园区的发展还很不规范；高效示范园区发展缺乏总体规划，各区县发展也不平衡；园区急需的农业科技人才匮乏，启动资金不足等问题。这些问题需要在实践中认真研究，并及时加以解决，从而保证高效农业示范园工程的顺利实施。

北京市延庆县康庄镇（蔬菜之乡）

短短4年间，延庆县康庄镇由一个粮食生产大镇，一跃成为京郊乃至全国闻名的出口蔬菜大镇。1999年，康庄镇蔬菜占地面积由1996年的4000多亩增加到9000亩，蔬菜播种面积由1996年的11000亩增加到22000亩，种菜农户由1300户增加到4800户。蔬菜产量由1996年3600万公斤增加到6052万公斤，蔬菜产值和农民蔬菜纯收入分别由2800万元和1003元，增加到3996万元和2222元。从整体看，蔬菜的面积、产量、产值和人均收入都增加了1倍以上。

康庄镇是个拥有农业人口1.8万人，土地3.2万亩的农业大镇。康庄镇蔬菜发展经历了三个历史阶段。第一阶段，自给自足阶段，1987年之前属于这个阶段；第二阶段，供应北京阶段，这一阶段主要包括1988年至1995年这8年；第三阶段，1996年至现在，蔬菜出口阶段，出口蔬菜主要销往日本、韩国、东南亚和港澳台地区。该镇能在短时间内实现由国内市场向国外市场的转变，主要是镇政府扎扎实实的做了以下工作。

积极主动了解市场行情。近几年来，每逢冬季农闲时节，康庄镇在总结当年蔬菜种植销售经验教训的同时，都要通过各种关系多方了解来年蔬菜的行情和走向，就连国内外政治、经济和气候的变化都在他们的考虑之内。

建立泰利康净菜加工中心。1998年，康庄镇政府投资387万元，建成了泰利康净菜加工厂。1999年，泰利康公司直接运作出口蔬菜2555吨，创汇733万元，其中直接出口1446吨。

与此同时，他们还以泰利康为核心成立产销服务组织。这个组织由三部分人员组成。一是有一定种菜经验和较强市场意识的菜农1000名，种菜2320亩，充当广大菜农的示范引路人；二是有一定经商经验的农民，作为验质收菜的经纪人10名；三是和康庄镇建立长期友好协作关系的菜商10名。

为了搞活蔬菜市场，泰利康先后与南航、国航建立了联系，保证了空中蔬菜运输；与中国粮油进出口公司及天津海运建立联系，确保海上出口路线畅通无阻；与北京天河、兆祥汽运建立联系，确保陆路运输一路绿灯。陆海空三线齐发，极大地增加了康庄镇蔬菜出口的渠道和速度。

1999年，在华北甜豆、荷兰豆销售不景气的情况下，蔬菜协会在泰利康的统一指导下，同心协力，及时解决了菜农卖菜难的矛盾，同时也保证了生产、加工、销售三方的利益。

过去，康庄农民以种植粮食为主，收入很有限。种植出口蔬菜后，农民的收入明显增加。1999年康庄镇种菜典型户人均蔬菜收入都在4000元以上，最高的达到人均8000元。种植出口蔬菜，也锻炼了菜农的市场风险承受能力。2000年，由于气候异常，市场变化出人意料地发生了逆转，康庄镇的菜农收入明显低于上年，有的还出现了亏损。面对这种情况，经过市场摔打的菜农们，显得心平气和，他们说有赔就有赚，上年我们已经赚了大笔的钱，今年和上年加起来还是赚的，比种粮食收入强多了，明年还要种更多的蔬菜。

中法合营王朝葡萄酿酒有限公司

中法合营王朝葡萄酿酒有限公司诞生于1980年，是中国最早成立的中外合资企业之一，天津市第一家中外合资企业，主要生产王朝牌高档系列葡萄酒。合作经营以来，企业取得了巨大成功，产品的品种从单一的半干白葡萄酒发展成三大系列30多种产品。王朝公司目前成为亚洲地区规模较大的高档葡萄酒生产厂家。合营各方的投资额从137.6万元增加到18008.3万元，1999年实现利税总额2.6亿元。

王朝公司始终重视产品质量，使王朝酒享誉国内外。目前，王朝牌系列葡萄酒全部产品均为部优、市优。曾先后8次获国家级金奖，14次获国际金奖。1992年由于产品五年蝉联国际金奖，而被布鲁塞尔第30届国际评酒会授予“国际最高质量奖”称号。国家有关部门首批将王朝酒确定为无污染、无公害、无病毒、营养丰富的绿色食品。1989年王朝公司被批准为国家二级企业，1996年通过了ISO9002质量体系认证。目前，王朝酒在国内干酒市场占有率近50%。此外，产品还远销包括美国、英国、加拿大、日本、法国等国和香港、澳门地区在内的共20多个国家和地区，王朝酒逐渐跨入世界葡萄酒行列。

统计资料显示，1998年全国市场销售量（葡萄酒类）王朝葡萄酒名列第一；王朝公司现已成为中国葡萄酒巨头，王朝品牌已进入中国著名品牌之列，它将受到越来越多消费者的厚爱和关注。

王朝酒开辟了中国葡萄酿酒的新纪元，在国际上为中国的葡萄酒事业争得了荣誉，屡夺桂冠，连获金奖，在国内市场中更是畅销不衰。

王朝公司20年的实践证明没有市场导向、产品开发策略就没有今天的兴旺发达。开发出适应市场需求的新产品，使自己生产的产品在其生命周期中处于有利的位置；产品开发要有超前意识，不仅要看到市场今天的需要，而且更要看到市场明天的需求。市场引导产品开发，反过来产品开发又去引导市场。通过市场细分确定不同层次的目标市场，开发有特色、高质量、高品位的产品。

王朝公司在实施市场导向开发策略中，搞好市场调研，收集反馈信息，综合分析市场需要，确定产品开发重点。公司把市场调研当作一项重要任务，多次组织国内市场调研和国际市场的考察，随着人民生活水平的不断提高，食品结构发生了很大变化，饮酒已由单纯过瘾型向享受型、公关型、高雅型和保健型转变。王朝公司产品开发也随着这种变化而变化。

王朝公司把眼睛紧紧盯住国内、国际两个大市场，对市场进行认真考察、了解分析研究，把握住发展趋势，有针对性地进行产品开发。这是一个企业生存发展的根本。只有这样才能保证产品决策的正确性和科学性。

王朝酒之所以受到国内外消费者如此厚爱，主要是因为王朝酒有超群的质量。靠质量占领市场，靠质量赢得信誉，靠质量求生存、求发展。王朝人始终坚持的指导思想就是：没有质量就没有一切，质量是企业的生命，把提高全员的质量意识放在企业的突出位置上。

王朝公司强化竞争意识，实施辐射策略，以点带面，公司根据产品档次高，质量高的特点，首先集中精力实行先攻“制高点”的策略，下大力量去开拓国内的大城市、高级宾馆和国际市场，王朝首先以高质量、高档次、高服务在人民大会堂和钓鱼台国宾馆一炮打响，从此，王朝酒的名气大振，国外客商，宾馆饭店等纷纷前来定货，通过王朝人的努力，王朝酒占据了国内干酒市场50%的份额。“由外向内，由高向低”的销售策略，使企业走上了一条超常规、跳跃式的发展道路。

20年来，王朝公司始终把设备的先进性作为重点来抓，把眼睛盯在世界先进工艺设备上，从意大利引进先进的自动冷稳定系统，引进具有国际先进水平的内冷式自动控温发酵系统和立式硅藻土过滤机，具有先进水平的真空转鼓式酒泥过滤机，并从ALLIANCE公司引进最先进的化验设备——全自动多通道分析仪，这些先进的设备在酿酒生产中发挥了巨大的作用，提高了王朝酒的质量，使色、香、味都有了很大的进步，成为世界名酒。

抓好原料的基地建设，从根本上保证产品质量。没有好葡萄，就酿不出好酒。王朝公司始终把原料质量作为产品质量的第一道工序来抓，在实现葡萄生产区域化、良种化、酒种化方面狠下功夫。

为实现葡萄生产区域化，公司聘请国内外知名专家，组成勘测小组，对葡萄产区的生态环境、气候条件、土质水质、温差雨量、葡萄成份等情况进行实地考察，在蓟县山区、汉沽、河北遵化、山东蓬莱等地，筛选了30多处三万多亩葡萄园，作为王朝酒原料供应地。

为实现葡萄生产的酒种化，王朝公司根据不同产区的葡萄成份、不同特点，实行对号入座，专料专用的方法。确定汉沽区生产的葡萄为白葡萄酒专用料，蓟县山区生产的葡萄为红葡萄酒专用料，天津及其它地区的葡萄为白兰地酒专用料，逐步实现葡萄生产的酒种化。

王朝公司按照国际规范组织葡萄种植和葡萄酒生产，世界权威组织于1992年正式批准王朝公司加入国际葡萄酒局，为王朝跨入世界著名葡萄酒企业之林创造了条件。

王朝酒采用世界各种葡萄品种，运用国际最先进的酿造葡萄酒的工艺技术和设备，经过精选原料、软压取汁、果汁净化、控温发酵、除菌过滤、隔氧操作、恒温瓶贮、典雅包装等八个环节，精工酿制而成。

王朝葡萄酒经过压榨发酵，为保持葡萄酒的晶莹剔透，光泽澄清，必须将酒液中的悬浮物、蛋白质等物质除掉。葡萄酒酿制的净化分为机械澄清、自然澄清和化学澄清三种，硅藻土是一种天然矿物质，通过过滤净化处理后的葡萄酒清澈透明，晶莹剔透，不含任何杂质，同时也可改善葡萄酒的口感，使酒质更加柔和。

随着国民经济的发展，人民生活水平的不断提高，具有一定保健作用的全汁干型葡萄酒越来越受到人们的青睐。王朝公司生产的王朝牌全汁型葡萄酒成为消费者公认的首选品牌。

王朝公司作为葡萄酒行业的龙头企业，王朝人永远是信心十足，正积极建立一批稳定的葡萄种植基地，引进和培育优良葡萄品种，为葡萄酒工业的健康持续发展打好基础。专家呼吁，面对当前的葡萄酒热，应保持清醒的头脑，不要一哄而上。要重视葡萄基地的建设，大力提高葡萄原料的质量，充分发挥现有优势，合理安排葡萄酒的产品结构，使红葡萄酒和白葡萄酒有一个合理的比例，逐步完善标准，法规体系。建立有效的管理制度，扶优限劣，创造公平的竞争环境。

目前，国内葡萄酒产量仅占饮料酒产量的1%。根据中国的实际情况，估计近10年内中国葡萄酒每年将以平均1%的速度递增，力争葡萄酒所占比例上升到饮料酒的3%以上。根据中国葡萄酒的发展规划，到2010年中国的葡萄酒产量将达到80多万吨。

王朝公司对葡萄酒行业的前景充满信心。2000年王朝酒产量达到三万吨，实现基地规范化、商品标准化、管理现代化、市场国际化、人才智能化的远景目标。

天津狗不理包子饮食（集团）公司

狗不理始创于1858年。河北武清县有一农家，四十得子，为求平安，取乳名“狗子”，期望像小狗一样好养活。狗子14岁来津学艺，在一家蒸食铺做小伙计。狗子心灵手巧，又勤奋好学，练就了一手好活。他不甘寄人篱下，自已摆起了包子摊。其包子以水馅半发面，口感柔软，鲜香不腻，形似菊花，色、香、形独具特色，引得十里百里的人都来吃包子，生意十分兴隆，狗子忙得顾不上和顾客说话，这样一来，吃包子的人都说“狗子卖包子不理人”，日久天长都叫他“狗不理”。

历经140年跨越两个世纪的狗不理，目前，已由当年单纯卖包子的小店铺，发展成为在国内拥有40家直营和特许连锁店及速冻食品厂的天津狗不理包子饮食集团。初步形成具有大规模综合性酒楼、一般酒家、排档式餐厅、快餐、速冻食品等多种经营业态的规模化集团公司。网点分布国内的24个省、市、自治区。国外在东京、汉城、纽约、新加坡都设有分店。

狗不理总店是集团的核心层企业。主营狗不理包子和以鲁菜为主的各种菜肴，技术力量雄厚。现有国家级包子师、厨师、宴会设计师27名，等级技术人员121名，经营狗不理系列包子及特色宴席。

天津狗不理总店是国家二级企业，国家特级酒店，全国十佳酒家，是享誉国内外的中华老字号。董事长兼总经理赵嘉祥是国家级高级烹调师，国家特一级烹调师，中国烹饪大师，全国青工烹饪大赛评委，全国饮食业优质产品评委，全国烹饪大赛评委，中国烹饪世界大赛评委，中国烹饪协会理事，天津市烹饪协会副会长，天津商学院名誉副教授，中共天津市第七次代表大会代表。先后荣获全国劳动模范，全国旅游系统劳动模范，国贸部优秀企业家，全国“五一”劳动奖章获得者，全国百名技术能手，天津市特等劳动模范，天津市优秀共产党员等光荣称号，连续11年荣获天津市“七五”、“八五”、“九五”立功奖章。

天津狗不理总店，按照赵嘉祥总经理的管理思路叫做“抓住魂、培育根、抓人促事练好内功”。多年来狗不理总店坚持社会主义市场经营观念，坚持不断创新充分发挥百余年名品牌老字号的绝对优势，与人们的现代消费意识相结合，在新、特、鲜、快上作文章。公司充分认识到：穿名牌有时代性，用名牌有阶段性，只有吃名牌才有持久性。要保持名品牌的持久性，就要具备新的经营理念，经营中公司提出：传统菜点要现代化，现代菜点要古典化，民间菜点要餐馆化，餐馆菜点要大众化，大众菜点要标准化，家常菜点要艺术化，外地菜点要本地化，本店菜点要规范化的经营方针，收到良好的效果。

狗不理总店在继承发扬传统的基础上，又突破百余年只经营狗不理包子和炒菜的旧模式，博众家所长，并聘请广东面点师傅传授技艺，经过培训，又增添了狗不理系列糕点。在经营中成为餐桌上和顾客携带礼品中的一大特色。

河北省

〔杂粮〕

（一）谷子

谷子是河北省主要粮食作物之一，常年播种面积36

万公顷以上，年产量在85万吨左右。种植范围较广，全省各市均有种植，全省播种面积5万亩以上的县（市）共有36个。主要集中在邢台、邯郸、衡水、保定、沧州、张家口、承德等地。

主栽品种：冀谷12、13、14、15、豫谷1、2、3、5号等。

由河北省农业技术推广总站高级农艺师张寿平主持完成的“夏谷优种及高产配套栽培技术”项目，1998年获河北省科技进步三等奖。

（二）甘薯

河北省甘薯常年播种面积400万亩左右，年产量100万吨以上，全省甘薯面积5万亩以上的县有23个，主要集中在保定、秦皇岛、石家庄、邢台等地。其中：面积10万亩以上的生产大县有卢龙、迁安、广宗、赞皇、曲阳、清苑等县（市），尤以卢龙县面积最大，全县甘薯面积31.9万亩，总产达1.3亿公斤（折粮），这些甘薯大县均已形成各自的加工体系，加工的粉条、粉丝、薯脯、点心等小食品畅销省内外。

主栽品种：冀薯4号、北京553、徐薯18、烟薯14、868、52—7等。

（三）红小豆

河北省是全国红小豆的主产区，以本省为主产区生产的“天津红小豆”在国际市场上久负盛誉。全省常年播种面积在40万亩左右，年总产量3000万公斤左右，廊坊市的安次、霸州、永清、文安、固安、保定市的雄县等县（市）为集中产地。

主栽品种：天津红小豆、冀红2、4、5号等。

河北省文安县绿色有机食品开发有限公司，经销红小豆、绿豆等，其产品经农业部测定达到AA级，年出口量200—600吨，远销日本、英国、德国等。

（四）莜麦

河北省莜麦主要分布在张家口、承德坝上地区，常年播种面积200万亩左右，是当地群众的主要粮食作物，秸秆是牲畜的优质饲料。近几年随着深加工的不断发展，加工的莜麦方便面、燕麦片、锅巴等产品畅销省内外。

主栽品种：坝上农科所培育的品1、品2、5、6、14、16等。

由河北省农业技术推广总站高级农艺师王月芬主持完成的冷凉山区莜麦配套技术推广项目，1998年获河北省山区创业二等奖。

（五）绿豆

河北省常年种植绿豆50万亩，总产量4万吨以上，除坝上地区外全省均有种植，面积较大的有张家口市阳原、宣化、刑台市的巨鹿及沧州市的任丘、河间；廊坊市的霸州、安次等县（市），其中：张家口市的阳原、宣化的鹦哥绿豆畅销日本和东南亚。

主栽品种：中绿1、2号、白花绿豆、鹦哥绿豆等。

（六）高粱

河北省高粱主要在沧州市的青县、黄骅及唐山市的乐亭等县（市），常年种植面积120万亩左右，年产1.75亿公斤。

主栽品种：抗4、抗5、辽杂10号等。

由沧州市种子公司高级农艺师赵保升主持完成的“高粱优种良法综合增产技术”项目，1995年获全国农牧渔业丰收三等奖。

河北省望都县（辣椒）

〔概况〕 望都县位于太行山东麓山前平原，东经115°01′16″至115°18′13″、北纬38°30′46″至38°48′30″之间，总面积370平方公里（55.5万亩），其中耕地34.0万亩，地势平坦，自西北向东南倾斜，海拔高度30.56米，土壤肥沃，土质良好，古有“珠泉万斛之乡”之称，属大陆性季风气候，年平均气温11.8℃，无霜期189天。全县辖1镇7乡147个行政村，总人口26.23万，其中农业人口23.2万。望都县地理位置优越，地处京津石三角地带，北距首都北京不足200公里，南到省会石家庄100公里，交通四通八达，京广铁路、107国道、京深高速公路纵贯全县，主要乡村道路路面硬化，且互联成网。

〔望都辣椒品种特性和营养特性〕 望都羊角椒为农家品种，有大羊角、小羊角之称，统称羊角椒，形似羊角，粗如手指，长3–4寸，色紫红发亮，籽粒金黄，肉质肥厚辣味浓，芳香可口，富有油性，去柄不落籽。植株低，枝多而开张，以采干椒为主。

望都辣椒营养价值高，含有丰富的蛋白质、有机酸、维生素、色素和人体必需的钙、铁、磷等多种矿物质。望都辣椒每百克含蛋白质9.8克，脂肪3.7克，粗纤维27.2克。还含有维生素A、维生素B_1、B_2及维生素C等。其中VC含量是西红柿的9倍，为其它蔬菜所不及。辣椒中的辣素是一种挥发性的物质，有特殊辛辣味，能刺激胃液分泌，增进食欲，长期食用，有软化血管，治疗贫血和防癌之功效。

〔望都辣椒的历史及现状〕

（一）生产及分布

明朝永乐年间辣椒传入中国，后随山西洪洞移民传入望都，始称秦椒。最先在望都县九龙河沿岸村庄种植，历经明、清、民国到新中国成立初，该县杨家村一带为传统产地，亩产150—200公斤。据民国志载“本邑所产辣椒，形似羊角，红细而长，色味俱佳，其品质、产量均较它处为优，可称特产”。

新中国成立后政府重视辣椒生产，种植面积年年增加。60年代实行奖励政策，种植面积由50年代的4000亩扩大到5000亩，产地也由杨家村乡向周围乡村扩展。中共十一届三中全会以后，该县政府加强了在辣椒生产上的资金、技术等方面的投入，并给予重点扶持，辣椒种植面积迅速增加。县内各村均有种植，尤以杨家村乡、许庄乡、中韩庄乡为最多。1983年达到41000亩，总产5000吨。1984年后，由于销售渠道不畅等原因，至1989年辣椒种植成波形发展。进入20世纪90年代，县委、县政府把辣椒生产作为发展高效农业的重要内容来抓，辣椒种植面积逐年回升，1999年全县辣椒面积达到3.3万亩，总产达6165吨。

（二）加工及销售

明、清至民国前期辣椒销售仅为椒干，曾销往国内及朝鲜、日本等国。经营店铺有日新、天兴等货栈，后增利源、利利等货栈。年出口20—40吨。

1947年城内居民王朝臣首次加工成辣椒油、色香味俱佳，颇受欢迎，名驰京津。

新中国成立后辣椒销售由县社统一经营，仍以椒干为主，也有少量辣椒面，后又增加青腌辣椒，销售以国内为主，1965年开始出口。

1980年辣椒销售增加，产品不断增加，除传统的辣椒干、面、块外，又增加辣椒系列酱、香辣椒等新品种。

1989年县内有辣椒加工厂点14家，年加工能力2910吨，销往国内17个省市自治区，外销以辣椒干为主，出口20多个国家。

1999年全县有辣椒深加工企业90多家，辣椒加工产值6000多万元。“望都羊角椒干”除国内销售外，还远销欧、美、日、韩及东南亚各国，1999年辣椒出口交货额达300万美元。

望都“羊角牌”辣椒制品1997年获首届河北省农业博览会“优质农产品”证书，望都辣椒1999年11月被认定为省农业名优产品。望都辣椒被确定为全省“百龙腾飞”项目之一。

〔望都辣椒的发展前景〕 辣椒是该县的传统特色产业，已有近500年的历史，在国内外享有很高声誉，是县域经济发展极具潜力的一笔巨大无形资产，全县人民已形成共识。因此县委、县政府充分分析国内外市场形势，结合该县实际，做出了全力振兴辣椒产业的重大决策。2000年，该县紧紧围绕振兴辣都这条主线，实施开放开发大战略，发挥优势，深挖潜力，举全县之力，扬辣椒之名，建辣椒之城，发辣椒之财，带动全局大发展。一是切实加强组织领导，成立了辣椒产业化建设指挥部，下设综合协调办公室、市场建设组、加工项目组、基地科研开发组和宣传招商组，各负其责，协调联动。二是各级各部门通过多种途径，广泛宣传，在全县形成“人人想发辣椒之财，家家想借辣椒致富”的氛围。要充分挖掘“尧母故里，辣椒之乡”的氛围，唱好辣椒戏，打好辣椒牌，培养辣都名人，开发辣都文化。三是加强市场建设，制定了优惠政策，争取尽快启动“中国辣椒城”建设，形成望都的集散优势；以市场为龙头把更多的个体商户组织起来，把更多的外地客商吸引过来；大力发展中介服务组织，使更多的人从事辣椒营销，迅速扩大辣椒营销规模，形成真正的中国辣都。四是加强基地建设，扩大种植规模，坚持望都辣椒提纯复壮和多品种种植两条腿走路，建立辣椒品种对比试验及科研示范园和良种繁育基地，辣椒种植面积争取达到6万亩。五是大力发展辣椒加工业，出精品、创名牌，提高辣椒产品的市场占有率；以企业为主体以名牌产品招商引资、多渠道扩大企业规模。六是加强与大中专院校和农科院联系，加快辣椒科技开发，努力把望都建成辣椒信息、技术和辣椒制品的集散中心，使辣椒业真正成为望都的支柱产业。

河北省徐水县

〔概况〕 徐水县地处太行山东麓，地处北京、天津、石家庄三角地带，古城保定市北郊，地理位置优越。京广铁路、京深高速公路贯穿县境，京广公路与津保公路在县城交汇，交通十分便利。

徐水县总面积736.65平方公里，其中耕地面积729400亩，总人口56万，辖7镇7乡，309个行政村，人口密度731人/平方公里。

境内地势西北高，东南低，最高点县城西北象山，海拔447米。最低点县城东南李家迪城村，海拔8米。自然坡度1‰左右。区域地质属华北断坳四级构造单元。土壤分为潮褐土、潮土、碳酸盐褐土、褐土性土、褐土、褐土化潮土6个亚类，大部分土壤PH值为7.5—8.7之间，呈中性偏碱，适宜多种农作物生长，但土壤耕作层养分含量高低悬殊，需进一步改良。

该县属大陆性季风气候，四季分明。1959—1990年年平均气温11.9℃，常年最冷月（1月）平均气温零下4.9℃，最热月（7月）平均气温26.4℃，极端最低气温零下26.7℃，最高气温42.1℃。年无霜期平均184天；年降水量平均546.9毫米，多集中在6、7、8月；年日照时数平均2744.9小时，日照百分率平均为64%；年平均风速每秒2.4米，8级以上大风均12.8次，多在春季，约占60%以上。

西部约1/10是山前丘陵，区域宽阔，面积91.2平方公里，适宜黑枣、酸枣、柿、核、桃等果树及用材树种生长。矿产尤为丰富，主要有板岩、高岭土、石灰石、八厘石、硅石等，其中板岩、石灰石储量大，有较大经济价值。县地下水资源总量约2.13亿立方米，水质清澈甘甜，呈中性，适于灌溉和饮用。水径流向自西北向东南。东部平原土壤肥沃，盛产小麦、玉米、花生、大豆等，瓜果蔬菜种类齐全。

徐水县历史悠久，早在新石器时代，境内即有人类繁衍生息。战国，建武遂和桑邱邑。西汉，置北新成县，此后，朝代更迭，县名几经易称。北宋宣和（公元1125年）7年，立安肃县，时与遂城县并存。明洪武八年（公元1375年），遂城县并入安肃县。公元1913，安肃县易名徐水县。置县2000余年来，勤劳、勇敢、朴实、智慧的人民创造出灿烂的物质文明和精神文明，尽管这块土地屡罹战火，但顽强的人民于风雨中相濡以沫，建设家园，特别是在中国共产党的领导下，开创了历史的新纪元，中国共产党十一届三中全会后，又出现了前所未有的昌盛局面，谱写出徐水华丽的经济乐章，同时，社会主义精神文明屡开新花，新事新人层出不穷。

县经济概况：外向型经济尤为活跃，农、林、牧、副全面发展，初步形成了优质、高产、高效的城郊型经济格局，形成商品粮、棉油、柿子林、蔬菜、肉牛、蛋鸡、肉鸡、瘦肉型猪八大种养基地和八大龙型经济体系。先后被国家列为全国商品粮基地县、全国商品粮大县、全国瘦肉猪基地县、全国节水增产重点县、全国农业综合教育改革试验县、全国对外开放县、疫情监测示范县、全国科技工作先进县。

徐水工业基础雄厚，门类齐全，名、优、新、特产品享誉海内外，形成了具有地方特色的工业格局。以制酒业为龙头，仪器仪表、机械电子、轻纺化工、玻璃钢制品、造纸印刷、生物工程等骨干行业向专业化、区域化、系列化方向发展，产业、产品结构逐步趋向合理，速度效益同步增长。1996年，县委、县政府紧紧围绕“两个转变”，强化“两个基础”，实施“三大战略”，狠抓“四大工程”，经济快速、健康、稳定发展。全年完成国内生产总值244322万元，乡镇企业完成总产值602393万元。总收入557744万元，税金6496万元。乡以上工业企业完成增加值30139万元，实现利税7719万元。

农业一改历史旧貌。徐水主体经济为农业，小麦、玉米、棉花种植历史悠久，农副产品丰富，尤以大白菜驰名遐迩，清朝选为“贡菜”。解放前，由于日本帝国主义的野蛮侵略和封建土地所有制的束缚，加之耕作落后和连年灾害，农作物产量低而不稳。解放后，经土地改革、农业合作化和大规模的农田水利建设，粮食产量逐年增加。中共十一届三中全会后，实行农业生产承包责任制，进而深入开展农村经济体制改革，给农业注入了新的活力。1990年，粮食总产2433860吨，比1949年增长3.57倍，比1965年增长1.76倍；农业机械总动力280599千瓦，比1965年增长13.35倍；农业总产值19020万元，比1965年增长3.25倍。随着农村产业结构调整，第三产业蓬勃发展，农村工副业收入占农村总收入的61.5%。

商业贸易繁荣兴旺。解放前，商业市场属农村自然经济，抗日战争时期，由于日军的疯狂掠夺，物资奇缺，商业萧条，物价暴涨，解放后，商业贸易得到迅速恢复和发展，逐步建立起以国营商业为主体的社会主义统一市场，经济日趋活跃，物价稳定，市场繁荣，购销两旺。1978年，中共十一届三中全会后，随着经济改革的不断深入，个体商店、零售摊点迅速增加，形成多渠道购销、多种经济形式并存的商业格局。1990年，社会商品零售总额达18612万元，比1949年增长23.8倍，比1965年增长8.7倍。全县商业、饮食服务网点发展到6456个，从事商业、饮食、服务业人员10900人，比1949年增长9.8倍。城乡集团贸易日益活跃，新建固定和季节性市场13个，面积44万平方米，日成交额100余万元。随着工农业生产的发展，出口贸易逐年增多，1990年对外出口商品达6大类上百个品种，年经营额3000万元，创外汇300万美元。

文化艺术事业，解放前发展缓慢，解放后取得崭新成就，传统文化得到挖掘、整理和创新。50年代，北北里村狮子会连续4年赴京参加国庆节游行，随中央歌舞团出访苏联、波兰、罗马尼亚等欧洲6国，两次赴朝鲜慰问中国人民志愿军；迁民庄吹歌会，1958年赴京参加国庆游行，被中国音乐家协会吸收为集体会员。新闻广播事业从无到有，从小到大，揭开了新的历史篇章。到1990年，全县文化馆、图书馆、剧团、影剧院、放映队发展到40个。建成广播电台、电视差转台各1座，乡镇广播放大站23个，广播专线150多公里。

教育事业，解放前文盲占人口总量的80%，解放后随着教学条件的逐渐改善和教师队伍的发展壮大，入校学生逐年增加，至1990年，各级各类学校335所（高中3所，职中1所，初中32所，小学299所），在校学生97380名，比1949年增长4.6倍，教职工3342名，比1949年增长6.4倍。1990年，具有初中以上文化程度居民达144810人，每千人拥有大学以上文化程度的3.3人。

科技事业从无到有，科研机构逐步建立健全。至1990年，全县已初步形成多学科、多层次，各行业紧密配合，城乡发展融为一体的科学管理、科技情报、科技开发体系。全县专业科研机构与乡办、厂办科研机构发展到48所，专业学术团体发展到5个，取得科研成果188项，其中填补国家空白8项，省内空白12项。

体育事业，解放前群众体育活动贫乏。解放后，新建体育场地，增加体育设施。至1990年，县城建有田径运动场、游泳池、足球场、篮球场、综合训练房。为国家和省地输送优秀运动员27名。全县有运动健将1名，二级运动员22名，三级运动员80名，有15名运动员获省以上比赛冠军28项。全县有国家一级裁判员9名，二级裁判员35名，三级裁判员68名。

医疗卫生事业，解放前缺医少药，疫病频发，人民群众的身体健康和生命安全难以保障。解放后，用于人民卫生保健事业的资金逐年增加，各级卫生医疗机构发展较大，形成了县、乡、村三级卫生医疗网，设备日趋现代化，医疗水平明显提高。至1990年，全县乡以上卫生医疗机构发展到40个，拥有床位760张，卫生技术人员1020人，比1949年增长84倍。地方病、传染病得到有效防治，人口死亡率由1949年的13.7‰下降到1990年的5.6‰，全县人口平均寿命64.94岁，而解放前人均寿命只有41岁。

〔**土特名产及特色产业**〕 1.制酒业是徐水县特色行业之一。徐水酿酒业有千余年历史。清道光年间（公元1821—1850年），境内烧锅达30余家，新中国成立后，历届县政府对发展制酒业非常重视，实行“引导、支持、服务”的方针，酿酒业迅猛发展。1973年，刘伶酿酒厂生产的“刘伶醉”被誉为北方“小茅台”。1990年全县制酒厂发展到42家，年产白酒近万吨，在国际国内评比中获22项大奖，8种白酒销往国际市场，创利税1449万元，有“北国酒乡”之称。截止1999年底，全县制酒业实现产值108340万元，完成销售收入108006万元，实现年利税13049万元。

为使徐水县制酒业有更大的发展，主抓四项工作：一是加强宣传，弘扬徐水酒文化。通过大力宣传古烧锅遗址，弘扬徐水酒文化；二是培植龙头，壮大规模。实行分层管理，年产值500万元以上的企业列入县级管理重点，定期调度、定期协调、政策倾斜。实施政银企对接活动，为企业协调解决资金2100万元，其中技改扩建项目投入达500万元。通过该项措施，全县涌现出产值超千万元龙头企业7个，企业集团5个；三是治理整顿，规范行为。重点从提高产品质量、打击伪劣假冒酒入手，加强酒业的质量监督力度，对质量不过关，假冒伪劣者，从严制裁；四是提高认识，培育精品。强化精品意识，靠精品占领市场，带动酒业的快速发展。同时强化质量和效益意识，着力点放在调整优化经济结构，提高运行质量和经济效益方面；五是优化环境，激励发展。做到“三到位”，即政策到位、保护到位、服务到位。

2.西红柿产业。大棚西红柿在徐水县已有近20年的历史，从当初的零星种植，到今天已形成规模和气候。棚室西红柿经济效益较显著，投入周期短，见效快。每亩西红柿纯收入可达10000元左右，大棚一年投入多年使用，对土壤条件和技术要求不十分高，适合广大农户种植。以徐水县种植西红柿最早的白塔铺村为例，全村3600人，800户，95%以上的农户都种西红柿，在农业结构调整工作中成为典范，仅此一项，全村年收入500万元。截止1999年底，全县设施蔬菜面积发展到了6.2万亩，其中设施西红柿5.6万亩。西红柿专业村发展到50个，带动农户2万户，做为全县蔬菜产业龙头的白塔铺蔬菜批发市场购销两旺，年成交额4亿元，已成为华北最大的西红柿专业批发市场。徐水县西红柿远销东北三省、北京、天津、石家庄等地，并通过边贸出口到了俄罗斯。

管理措施。一是抓示范，推进西红柿产业集约化经营。徐水县委、县政府制定了《“十园百村千户”农业示范工程的实施意见》，以快速壮大西红柿生产规模。从1998年开始，先后投资300多万元，建起了占地130亩的徐水绿苑育苗中心，定为县级示范园区。目前建成高标准日光温室24栋，引进以色列、荷兰、美国及国内优良西红柿品种20余个，年向保定及全县提供秧苗400多万株，并与广大种植户签定了种植合同。二是抓市场，提高西红柿市场占有率。白塔铺蔬菜批发市场总投资100多万元，占地41亩。该市场在旺季日成交量350万公斤，日成交额700万元，日客流量近万人。县委、县政府积极组织人员，大力开拓市场，组织菜农走出去，参加各类农产品交易会、产销衔接洽谈会，广交朋友，扩大徐水西红柿的知名度。并多次组团到俄罗斯、西欧等国外市场考察。上年以西红柿为主的各类蔬菜出口300吨，创汇26万美元。三是抓服务，营造西红柿产业发展良好环境。全面落实中央、省、市有关农业结构调整的优惠政策，县政府多次召集金融部门召开协调会协调贷款，为西红柿发展注入了活力。开辟蔬菜运销绿色通道，解决运输中的“梗阻”问题。搞好技术服务。聘请京津保等大专院校和科研单位的专家讲课，开展“万人培训工程”。

〔**21世纪战略措施**〕 迈向21世纪，再创新辉煌。全县将坚持以大农业为基础，以大文化为内涵，以大调整为重点，以大特色为导向，以大开放为手段，树立“大资源”观念，走资源资本化之路。坚持以经济建设为中心，围绕234发展战略，突出农业结构战略性调整，扩大开放上项目，推进资源资本化，加强城镇建设，优化经济发展环境五条主线，团结奋进，开拓务实，促进县域经济和社会事业更快发展。

〔**投资环境、政策和项目**〕 1.经营期10年以上的“三资”企业，从开始获利年度起，第1—2年免征企业所得税，第3—5年减半征收。

2.生产性“三资”企业，经营期10年以上的，从开始获利年度起，经1—5年免征地方所得税，第6—10年减半征收；非生产性“三资”企业，经营期10年以上的，从开始获利年度起，第1—2年免征地方所得税，第3—5年减半征收。

3. 外商投资兴办产品出口型企业，免、减、返征企业所得税期满后，凡当年出口产值占当年企业产品产值70%以上的，依照税法规定的税率减半征收企业所得税。

4. 鼓励外商大比例投资（60%以上）新办生产性项目，自投产之日起，两年内按外商投资比例返还增值税的地方自留部分予外商投资者。

5. 对外商投资企业实行优惠地价，减收土地出让金30—50%（评估价）；经营期前5年按合同减收土地使用金50%，以后按合同减收20%。

6. 对大规模投资者特殊对待，在不违反政策、法规的条件下，最大限度地给予优惠，一事一议，一个项目一套政策。

〔优秀特产业企业〕 巨力集团　巨力集团的前身是河北迎春插绳机厂、河北飞马吊索具厂，始建于1985年，经过15年风霜雪雨的积累，现已发展成在徐水设有总部和三个制造工厂，在全国大城市设有60个分公司、办事处，拥有固定资产近1亿元，职工700多人，是中国唯一以生产吊索具为主，集科、工、贸为一体，融产、供、销于一身的集团化企业。

巨力集团的主要产品有二大设备、六大索具系列：1. 钢丝绳插套机设备、钢丝绳压套机设备。2. 钢丝绳索具、链条索具、合纤吊带软索具、特种异形索具、通用成套索具、专用吊卡具。集团公司以河北吊索具研究设计院为依托，及时参与工程，现场服务，进行专业吊装设计。集团产品在长江三峡工程、黄河小浪底工程、大亚湾核电站、岭澳核电站、秦山核电站等国内重点工程中得到广泛应用。集团已经通过ISO9002国际质量体系认证，取得CE认证、船检认证，从而拿到了通向国际市场的通行证。目前，巨力集团的产品已经出口法国、沙特、澳大利亚、新西兰、日本、韩国、新加坡、马来西亚等一些国家和地区。

1999年12月3日，巨力集团就闲置资产胜达公司举行了租赁仪式；1月29日，新东厂的开工是巨力人向资源资本化迈进的第一步，也是迎接中国加入WTO的基础工作。天时、地利、人和为巨力集团创造了发展的机遇，发展是硬道理，不发展没有道理。十几年来，巨力在风雨飘摇的社会大潮中走过，几经沧桑，几度辉煌，全体员工团结一心，艰苦奋斗，迎来了今日的辉煌。

河北省鸡泽县（辣椒之乡）

鸡泽是著名的“中国辣椒之乡”，鸡泽辣椒品质独特，驰名中外。

鸡泽县地处北纬36°44′40″—36°57′45″，东经114°42′20″—114°58′00″，属河北省南部的邯郸市所辖。西北距省会石家庄市162公里，西南距邯郸市65公里，总面积337平方公里，辖3镇4乡，169个行政村，24.6万人，39万亩耕地。辣椒是鸡泽县的主导产业和特色产业。

鸡泽辣椒生产历史悠久，据《鸡泽县志》记载，隋朝时就有种植，时称“秦椒”，做为农民自种自食的调味佳品，年年传种，代代发展。至明、清时期，已享誉燕赵，地方官吏送到皇宫，倍受青睐，从此成为御膳房不可缺少的主要调味品之一。

鸡泽辣椒色泽鲜红、光滑、细长，尖上带钩，形似羊角，故名“羊角椒”。具有皮薄、肉厚、油多、籽香、辛辣适中等特点，其含辣椒素和维生素C比较多。河北省微生物研究所最新检测结果表明：鸡泽辣椒100克椒干含维生素C185毫克，含钙12毫克，磷40毫克，铁0.8毫克，胡萝卜素0.7毫克。表明常食辣椒及其制品，不仅能促进消化液的分泌，增强肠胃蠕动，增加食欲，有利于食物的消化和吸收，而且能促进人体细胞间质中胶原的形成，对预防感冒、动脉硬化、夜盲病和坏血病具有显著效果。《本草纲目》谓有：辣椒具有散寒除温、解郁结、消积食、通三焦、温脾胃、补右肾门、杀菌止泻之功能。《食物与治病》记有：辣椒可食用亦可入药。最新科研资料表述，“辣椒油可防治冻疮，风湿性关节炎，疟疾，秃发，有促进毛发再生以及抗癌之疗效，美容之功能。”

鸡泽辣椒1983年、1985年分别被国家有关部门评为“优质产品”，1996年该县被国家特产之乡命名组委会命名为“中国辣椒之乡”，1998年辣椒产业被省委、省政府确定为“省级龙型经济”，被市委、市政府确定为“邯郸市九大支柱产业之一”。1999年全县辣椒种植面积10万亩，总产1.5亿公斤，辣椒产业产值达5亿元，占全县国民生产总值的21%。

鸡泽县现有辣椒加工企业128家，固定资产5000多万元，现有年加工精制品酱500万公斤，半成品酱8000万公斤，椒干、椒粉2000万公斤的生产能力。产品达十大系列200多个品种，其中龙头企业——华夏香辛料公司生产的“天下一品”牌辣椒系列产品，1999年被河北省评为著名商标，鸡泽县酱品公司生产的“雪丹”牌辣椒系列产品荣获国家两项金奖。现在，鸡泽县已成为华北最大的辣椒生产加工集散基地和销售基地。产品覆盖天津、上海、湖南、湖北、福建、广东、四川、香港等20多个省、市、地区，远销日本、韩国、新加坡等20多个国家。

近几年来，鸡泽县正在大力实施“辣椒富民强县”战略，基本形成了龙头带基地，基地联农户，产加销一条龙，贸工农一体化的辣椒产业化发展格局。一是县政府组建了辣椒产业化办公室，具体负责全县辣椒产业化工作的管理、指导、协调和服务等。二是制定了“鸡泽辣椒产业发展规划”，明确了发展目标和工作任务，力争使鸡泽辣椒面积稳定在15万亩左右，辐射周边种植面积达到30万亩。三是继续大力推行“订单农业”，积极组织企业与椒农签订保护价定购合同，以充分调动农民种植辣椒的积极性，进一步推动鸡泽辣椒这一特色产业的健康发展，真正实现农业增效，农民增收，县域经济实力增强之目的。四是搞好鸡泽辣椒提纯复壮，进一步加强鸡泽县辣椒研究所的力量，不断增加科技资金投入，充分发挥鸡泽辣椒的原有特点和优势，扩建优种繁育基地3000亩，使该县辣椒优种普及率达到100%。五是筹建辣椒社会化服务中心，同时，进一步完善县、乡、村三级农业技术推广网络，为辣椒产业化的发展提供全方位系列化服务。六是大力发展无公害辣椒生产，及时总结无公害辣椒示范基地建设的经验，进一步完善无公害辣椒配套栽培措施，如选用本地提纯复壮的高产、抗病羊角椒优良品种，采用配方施肥技术，以施有机肥为主，配合使用无公害生物制剂，运用现代科学技术综合防治辣椒病虫害等，努力把鸡泽建成全国最大的无公害辣椒生产加工基地，以进一步提高鸡泽辣椒的品质和档次。七是进一步搞好辣椒产品的深加工、精开发。依托大专院校、科研单位，瞄准国内国际市场，开发辣椒高科技含量的深加工产品，如辣椒红色素、辣椒碱等新产品，使鸡泽辣椒不仅成为人们日常生活不可缺少的调味佳品，而且成为化妆、医疗行业的重要原料之一。八是建好辣椒经营大市场，在现有辣椒交易市场的基础上，进一步扩大规模，增加投资，筹建适应鸡泽辣椒营销的综合市场。同时，在全国大中城市建好办事处，拓宽销售领域，并实现微机联网，形成外销网络，进一步扩大鸡泽辣椒的知名度，力争通过2—3年的努力，实现鸡泽辣椒种植规模化，品种优良化，管理科学化，经营规范化，把鸡泽建成全国最大的无公害辣椒种植、加工基地和一年四季供鲜椒的集散贸易市场。

河北省张北县（脱毒马铃薯）

张北县地处河北省北部边缘、内蒙古高原南端的坝上地区，总耕地面积195.5万亩，总户数12万户，总人口35.2万人，其中农业户10.3万户，农业人口32万人。

马铃薯俗称山药、土豆，在张北县种植历史悠久，并以“坝上三件宝”之首而享有盛名。近年来，张北县委、县政府依托资源区域优势，面向市场需求，积极增强壮大马铃薯特色产业，使脱毒马铃薯发展成为富民强县的特色产业之一和农民增收致富的有力支撑点，并已成为中国重要的种薯、商品薯基地和中国农科院种薯示范基地。

气候自然条件独特：一是坝上地区属沙壤土质，有机质含量高；二是气候冷凉，昼夜温差大，光照充足，年平均气温2.6℃，昼夜温差为9.4—14.6℃，年日照2908小时。极为适宜马铃薯生长发育和干物质积累，生产的马铃薯不但块茎大，而且表皮光滑，病害少，品质好，独特的自然条件成为优质种薯和商品薯基地。

繁育推广体系健全。该县先后投资200多万元逐步扩建、完善了设备、技术手段先进，年生产原原种脱毒苗近百万棵的脱毒马铃薯组培室，封闭式网棚原原种基地面积发展到150亩，年生产原原种15万公斤，全县繁种专业户现已发展到5000户，形成了县、乡、村、户“三级一户”的良种繁育推广体系。

品种多样，品质优良。该县为实现马铃薯品种更新，近年来，通过中国农科院等科研单位，先后引进新优品种20多个，在积极引种示范的同时，压缩大日期品种，稳定中日期品种，发展小日期品种。大日期以“坝薯8号、10号”、“荷14”等新品种为主；中日期以“坝薯9号”、“元花”、“克新1号”、“大西洋”等新品种为主；小日期以“金冠”、“费乌瑞它”、“中薯2号、3号”等新品种为主。同时，淘汰劣质品种，发展优质品种，不断优化薯种结构，提高品质，从而实现了大、中、小日期品种相配套，种薯、商品薯、加工薯相结合，多种类、多品种的薯种结构，适应和满足了市场消费多样化的需求。

基地建设形成规模。该县围绕市场并针对客户需求，突出抓了脱毒马铃薯对口生产基地建设。经过几年的努力，现已形成了多个适应全国不同地区消费特点的特色品种基地。针对喜欢黄皮黄肉品种的客户，建立了以“金冠”、“费乌瑞它”为主的生产基地5万亩；针对喜欢白皮白肉品种的客户，建立了以“克新1号”为主的生产基地5万亩；针对喜欢高产高淀粉品种的客户，建立了以“坝薯8号、10号”为主的生产基地10万亩；针对大中城市市民食用需求，建立了以“无花”为主的商品薯基地15万亩；还针对加工企业的需求，建立以夏波蒂、大西洋品种等为主的加工薯基地5万亩。由于坚持品种求新、品质求优、质量求好、规模求大，并以良好的信誉不断延伸、扩大市场，使张北县生产的脱毒马铃薯不仅销往国内广东、贵州等15个省市，还走出国门，远销美国、俄罗斯、朝鲜等国市场。

1999年，全县仅外销脱毒种薯达1200万公斤，销售收入960万元。马铃薯产业化总经营额8089万元，仅此一项农民人均增收141元。

为促进马铃薯特色产业的发展，张北县还下大力狠抓市场体系建设，积极培育市场，拓宽流通渠道，扶持壮大以农民为主体的经纪人队伍，全县现已建成以蔬菜批发销售大市场为龙头的马铃薯销售专业市场5个，从事马铃薯销售的农民经纪人达到3000人。并积极争取立项，多方筹集资金，新建马铃薯贮藏保鲜设施和精粉加工企业项目，以推动产、加、销一体化。

如今，张北县脱毒马铃薯种植面积扩大到40万亩，并已注册“中都”牌商标，面对中国加入世贸组织后，马铃薯产业面临新的发展机遇和严峻挑战，为加快马铃薯产业发展，要按照依托资源区域优势，实施品牌战略，加快龙头企业建设，带动马铃薯产业化发展的基本思路，把着力点放在不断优化品种结构，提高品质质量，建好生产基地，完善市场体系，积极开拓市场和实现贮藏保鲜增值，依靠精深加工拉动马铃薯特色产业发展，使张北脱毒马铃薯产业与国内外市场接轨，加快产、加、销一体化进程。

联系单位：河北省张北县农业局

联系电话（传真）：0313—5222273

河北省唐海县

几年来，唐海县坚持实施优势兴县战略，大力发展特色产业，使该县域经济保持了较强的增势和活力。1998年，全县水稻种植、水产养殖等特色产业，产业化经营总额达到5.2亿元，提供财政收入及农垦企业利润占全县总额的73.9%，提供农户人均纯收入占全县农户人均纯收入的64%。特色产业之所以能在县域经济发展中发挥较强的推动作用，从唐海的实践看，主要是把握了以下几个基本环节：

（一）依优势创特色，是发展特色产业的重要基础。特色产业，在很大程度上是一个产业内部各类生产要素优势的聚合，是一个地区比较优势的充分发挥。没有优势，就没有特色。一个经济发展区域内，如果在自然资源、技术、劳动力、区位等各类生产要素之中没有相对的优势依托，则很难形成有生命力的特色产业。因此，寻找优势、依托优势、增创优势，是发展县域特色产业的基础和前提。从唐海的实践看，主要是从三个方面进行了探索：**一是依托传统优势，精心致力于河北绿色水稻之乡的建设。**唐海是国内著名的“小站稻”的重要产区，经过40年的开发，全县水稻种植面积达到36万亩，占全县农作物种植面积的95.3%，年产稻谷4亿多斤，年上缴征购大米5000万斤，占全市的1/2，全省的1/3。他们依托这一传统优势，按照“区域化布局、专业化生产、一体化经营、社会化服务”的思路，在国家绿色食品开发中心指导下，将全县30多万亩无公害水稻划分为五大绿色食品种植区，强化了三个环节：（1）围绕“品牌”上精品。着眼“三大品牌”（新小站稻精洁米、滋补珍品——黑米、美食佳品——香米），开发绿色食品优质稻15万亩，黑香糯等精品稻2.1万亩。（2）聚集技术创高效。探索了稻田养蟹与绿色食品开发相结合的生态种养模式，推广稻田养蟹6万亩，实现了绿色食品品质的可控性（品级可达AA级），达到了“三效”（经济效益、生态效益和社会效益）统一，被世界可持续发展协会副会长罗杰·布洛伯姆誉为“世界生态农业发展的杰出典范”。（3）规范管理保优质。实行了“四统一分”管理，保证单打单收，从而形成省内最大的规范化绿色食品种植区域之一。**二是聚集技术优势，力保水产大县的优势地位。**全县有海淡水养殖面积12万亩，水产业年提供产值占农业产值比重达到50%左右。他们以列入全国八大科技兴海示范区为契机，将科技作为振兴水产业的切入点，狠抓了三个环节：（1）淡水养殖，按照“调整品种上质量，扩大精养增效益”的思路，推进粗放经营向集约经营转变，先后引进推广了澎泽鲫、金银鲫、加州鲈、长江蟹、大口胭脂鱼、甲鱼等名优品种进行养殖，精养面积发展到2.24万亩，鱼蟹混养面积达到了2.76万亩，淡水产品总产达到3.9万吨。（2）海水养殖，打破东方对虾一统天下局面，推广日本车虾近3万亩，推行东方对虾和日本车虾双茬养殖2万亩；建起省内最大的河豚鱼养殖示范基地，面积达3061亩。（3）探索了工厂化养殖，建成3600平方米的工厂化养殖基地，预计可创产值700万元，效益400万元，相当于露天自然养殖面积3万亩。在今后两三年内，工厂化养殖面积争取达到1万平方米以上，年创利达到1000万元以上。**三是挖掘潜在优势，着力扶植特种畜禽养殖这一“阳光产业”。**该县是一个农业县，动植物饲料相对丰富，场队有大量的剩余劳动力。他们依托这一潜在优势，着力培植发展特种畜禽养殖。重点是以高效畜牧园区建设为载体，走“集中繁育，分户养殖，示范带动，连片发展”、“小群体、大规模”的发展之路。目前已建畜牧园区25个，专业队10个，发展养殖大户3000多户，年出栏肉鸽2万只，兰狐2000只，肉鸡600万只，生猪11万头，肉类总产可达1.97万吨。

（二）靠龙头闯市场，是发展特色产业的关键。龙头带动是特色产业发展的支柱，是特色产业“链条”中的关键环节。只有通过龙头组织的有效带动，才能把农业生产迅速向二三产业延伸，才能推进千家万户的分散经营与千变万化的大市场的有机衔接，才能把资源优势切实转变成市场优势、效益优势。从各地实践看，产业化经营中的龙头及其构成可以多种多样，既可以是以加工企业为龙头的龙头企业，也可以是以优势产品为龙头的龙头产品，还可以是以专业批发市场为龙头的龙头市场。该县在发展特色产业的实践中，重点围绕特色基地建设，探索了四种龙头经济组织的构建模式：一是**“集团公司+农户”模式**。这种模式主要是以一个优势企业为轴心，以数个紧密型、半紧密型企业为补充，将区域内相关产业和相关企业以利益纽带联系起来，发挥群体优势，统一品牌，统一标志，统一技术规范，统一产品包装，统一销售价格，形成跨区域的“产业集群”。这种模式以唐山天源绿色食品（集团）公司为代表。目前，集团公司有核心层加工企业1个，紧密型加工企业7个，基地扩展到15万亩，涉及11个农场，与1.7万个农户结成了利益共同体，年销售收入达9950万元，被列为全省首批22条龙型经济之一。二是**“综合公司+农户”模式**。以被列入市“九五”产业化重点龙头企业的唐山京东肉鸡养殖公司为轴心，延伸相关产业链，形成集全自动雏鸡孵化、肉蛋鸡示范饲养、优质饲料加工、熟食加工、冷冻加工销售、农牧生态种养为一体的现代化综合养殖龙头企业，并以“三送一保”（送技术、送雏鸡、送饲料，保护价格收购）为基础，与2800多个畜牧养殖户结成利益共同体。基地范围已辐射丰南、滦南等周边县市和内蒙、天津等省外地区。三是**“繁育中心+农户”模式**。以列入全国淡水良（原）种场站的“天成”淡水苗种繁育中心为轴心，发展“引、繁、试、推、销”为一体的淡水产业龙头。目前，该中心已能繁育高、中、低档，食用、观赏等门类齐全的各类鱼苗，基本实现“活鱼冬储，南种北育，错季销售”，两三年内，中心繁育能力可达到10亿尾，形成立足全市、辐射周边的产业龙头。四是**“示范园区+农户”模式**。以八里滩养殖场为轴心，发挥其国家科技兴海示范区及市现代农业生产示范园区的作用，搞好“三新”（新品种、新模式、新技术）辐射，走“引、繁、养、贮、销”的路子，带动全县海水养殖业健康发展。

（三）以服务为依托，是发展特色产业的保证。在特色产业发展过程中，创造宽松适宜的环境，提供周到完善的服务，是实现特色产业健康发展的重要保证。在实践中，他们着重在以下环节上下功夫：一是**行政推**。按照特色产业要求，成立了县农业产业化领导小组，采取了“一个产业、一个规划、一个班子、一套措施”的方法抓组织实施。县、场、队三级职能由生产指导型转为经营服务型，把特色产业的发展列入了重要议事日程。县委要求各单位围绕主导产业，上项目，壮龙头，强服务，从而在全县形成优势兴县的强大声势。二是**典型带**。实施了“四田”带动，即县有试验田、场有示范田、队有样板田、户有达标田；开展了“六项竞赛”（绿色食品、稻田立体种养、稻菜双茬、水稻高产、盘育抛秧、特种养殖），每年拿出10万多元，奖励农业生产能手，并大力宣传，发挥典型带动作用。三是**科技促**。建立了四个县科技示范园区，采取“稳（稳定科技队伍）、推（推向经济建设主战场）、压（给科技人员压担子、交任务、定课题）、引（面向京津引进急需人才）、激（政策激励）”五字方针，鼓励科技人员进入生产领域。目前，全县共有300多名科技人员在农业生产第一线开展工作。每年试验、示范、推广各类农业新技术40多项，大农业试验推广新品种60多种，优良品种普及率已达90%以上，科技因素在农业增值因素中的比重已达52%以上。四是**资金扶**。从1995年开始，每年由县财政从各农场征缴343万元作为产业化发展基金，累计征缴1206万元，重点投向了市场前景好、带动能力强的龙头企业和特色产业的基地建设。到1998年底，用于产业化的资金投入已达1132万元。

河北省玉田县

一、基本情况

历史概况

玉田县历史悠久，古称无终子国。秦始皇统一中国后，“废分封、立郡县”，始立无终县。武则天通天元年（公元696年），依东晋干宝的志怪小说《搜神记》中“阳伯雍无终山种玉”的故事更名玉田县，沿用至今。

玉田县地处河北省东部，燕山余脉南麓，京津唐三角地带的腹地。县城西距北京117公里，西南距天津140公里，东南距唐山55公里，位于北纬39°31′～39°51′，东经117°30′～117°56′之间。总面积1165平方公里，总人口642581人。

自然地理

玉田县属南温带亚湿润大区河北区，其主要特征是：季风显著。冬季盛行西或西北风，夏季盛行东或东南风，春秋两季为过渡期。降水量的年际与月间变化较大，且多集中在夏季（6～8月）。春、秋两季时日短，夏季次之，冬季最长。冬季较冷，夏季不太热，春季回暖快，秋季降温急。由于季风影响较大，冬干夏温，无霜期年均193天。

境内地貌呈明显的分带状，北部丘陵、中部平原、南部洼地，分别占全县总面积的11.24%、45.26%和43.5%，它们支配了农业随着高程分布的地域结构。土壤的酸碱度多居中性，光热资源较丰富，雨热同期，有益于农作物生长。只是土壤养分偏低。

洼地面积大，高度3米以下的洼地占总面积的43.5%。又蓟运、还乡两河环抱县境南部，沥水无出路。降水集中在七、八两月，大雨来临，汤水积流，河水湍急，极易决口。春秋干旱，夏季易涝，“十年九灾，十灾九涝”为最显著的特征。

境内无金属资源，只有煤炭、石灰岩、白云岩、矽藻土等，储量小且分散。饮用矿泉水资源丰富，主要分布在亮甲店——玉田——三里屯——林南仓——东吉庄这条溢水线上。

在地质构造上玉田县位于燕山褶皱带。北部丘陵连绵，土壤呈阶梯状分布。丘陵地质基础较为古老（属震旦系地层），岩石主要为石灰岩、白云岩、硅质石灰岩等。一般丘陵土层很薄，植被稀疏，虽绝对高度较低，但坡度较陡，坡脚分明，山麓狭窄。中部平原区属燕山口古洪积扇和还乡河古冲积扇、洪积扇腰尾部，第四系地层覆盖在震旦系之上，地势平坦，耕地集中，海拔3—15米，宜种粮、棉等农作物。南部和西南部洼地，属蓟运河冲积、沉积低平原。区内扇间洼地广布，且被还乡河、双城河、兰泉河、金水河等河道分割成10个较大的封闭洼地。全区海拔在3米以下，其中2米以下的面积58万亩左右，1米以下的面积4万亩。由于境内地势自北向南倾斜，境内河流都汇入蓟运河向南入海。

主要特产

孤树金丝小枣　中心产地在孤树镇孤树村及其周围。枣皮朱红鲜艳，果形中等，肉厚核小，含糖分高，干枣拉伸可出金黄色韧丝。入药有补脾、养肝、健胃之功效。它含大量可溶性糖，多种营养物质和维生素，是滋补佳品。

芦苇　盛产于南部低洼地带，主要分布在潮洛窝乡、石臼窝镇、林西镇、杨家板桥镇、林南仓镇等地。玉田芦苇分湖苇、坑苇、河苇3种，主要用于加工苇席、苇帘、编穴子等，销往京、津、唐、东北等地，部分精帘出口。

玉田大白菜　具有产量高、耐储藏、不抽苔等特点，并以叶甜、嫩脆、不乱汤闻名全国。1999年播种面积达5.2万亩，总产量为25万吨，主要销往京、津、唐及东北、西北等地。

经济支柱产业

农业　瘦肉型猪产业，按照“控种源、抓扩繁、建基地、拓市场”的思路，投资3200多万元，重点抓好县原种猪场、二级母猪繁殖场和商品猪场的建设。到1999年底，县原种猪场存栏规模达到500头，四个县定二级母猪繁殖场存栏加基础母猪1930头，年向社会提供二元杂交一代母猪5734头；建成了三个万头商品猪场，初步形成了以陈家铺等乡镇为中心的瘦肉型猪生产基地，全县瘦肉型商品猪存栏达到6万头。建立了瘦肉型猪产业集团，拓宽了销售渠道，全年外销生猪18万头。蔬菜产业，按照“上规模、引名优、促销售、建机制”的思路，进一步加强了基地建设，形成了玉田镇、虹桥、林头屯和潮洛窝四个特色蔬菜生产基地，总面积达10.8万亩，先后引进推广了25种瓜菜新品种，加大了设施菜发展力度，全县蔬菜播种面积达到38.8万亩，其中设施菜发展到5.83万亩，实现产值5.6亿元（不变价）。加快了大安镇等5个蔬菜专业批发市场的建设步伐。

工业　化工、轻工、电子、印刷机械制造、建材、纺织等行业一直是该县的支柱产业，主要有邦力公司、欧联啤酒、晶源电子等七个企业，主导产品有：尿素、啤酒、石英晶体谐振器、泡沫镍、系列模切机、矿渣硅酸盐水泥等。2000年1—6月份，这七个骨干企业完成工业总产值50675万元，占入统46家国有及国有控股和年销售收入500万元以上企业（以下简称重点工业企业）工业总产值的67%，同比增长23.7%；完成工业增加值13886万元，占重点工业企业增加值的50%，同比增长21.3%；完成利税3844.2万元，占重点工业企业利税总额的73%，同比下降54%。

名胜古迹

县内已发现古文化遗址11处，古墓葬7处，古建筑5处，古碑刻4处，化石点3处，库存文物1300件。其中有代表性的有：

净觉寺　位于蛮子营村东，建于清代，占地19000平方米。主体建筑为3殿（山门、正殿、后殿）、3楼（钟楼、鼓楼、碑楼），做工精细，具有地方特色。经1979—1985年维护，保存基本完整。并在配殿、厢房设有出土文物、书画、民间工艺美术陈列室4个。1986年开放，接待旅游参观者。1982年被定为河北省文物保护单位。

彩亭桥　位于彩亭桥镇街心兰泉河上，1988年被定为市级文物保护单位。该桥为3孔拱券石桥。东西走向，长19米，宽6米，高6.1米，总面积114平方米，金代学士杨彩亭建，镇名亦由此而来。后经清代补修，保存基本完整。

孟家泉旧石器时代遗址　1985年被发现，遗址表面呈瓢状，东西长、南北窄，总面积8000平方米。文化层深约1—4米，出土文物有纳玛古菱齿象、野牛、野马等25个属种古脊椎动物化石。另有智人顶骨1块，右侧上颌骨1块，前臼齿4颗和大量打制石器。1986、1987年经中科院考古专家勘测，属旧石器时代遗址，距今约17500年。于1988年被定为市级文物保护单位。

山西省

进入“九五”以来，在省委、省政府的正确领导下，山西省农业部门在组织发展农业和农村经济的过程中，积极调整工作思路，以提高农业综合生产能力，提高农业综合效益，提高农业工作者和管理者综合素质为重点，精心培育粮、畜、果、菜、草五大优势产业；强化农业先进实用技术的开发、引进和试验、示范、推广工作，引导扶持现代化农业示范园区建设，提高农业科学技术的覆盖面，把科教兴农不断推向深入；以保护农业生产和农民利益为出发点，以供优打假和强化农业执法队伍素质建设为重点，从立法、普法、执法等环节上不断深化依法治农；以保护基本农田的数量和质量，发展生态农业和草地畜牧业为重点，推进农业的可持续发展；立足抗灾夺丰收，大力实施“双千工程”、“旱作农业工程”、“种子工程”、“沃土工程”，提高农业综合生产能力和抗灾能力，努力减轻不利的气候、生态条件对农业生产稳定发展的影响，特别是经受住了1997年和1999年两年严重自然灾害的考验，为防灾、减灾、抗灾积累了宝贵的经验。通过积极探索和尝试，基本上形成了一套组织指导农业生产和农村工作的思路和措施，促进了农业增产、农民增收和农村稳定。在1996—1999年的四年中，全省粮食总产有两个年度超过100亿公斤，并创造了108.2亿公斤的历史最高水平。四年平均达到97亿公斤，比“八五”期间平均87.97亿公斤增长10.3%；畜牧业连续保持了8%左右的增长速度，果、菜产业不断发展壮大，成为农民增收的支柱。

伴随着农业生产和农村经济的发展，从1996年起，山西省农业就已经开始发生着阶段性的变化，随着时间的推移，这种变化越来越深刻，特征越来越明显，主要表现在：

一是农产品供求关系发生了根本性变化，需求约束表现强劲。由于农业生产条件得到了很大改善，农业综合生产能力有了显著提高，农产品供给已由长期短缺变为总量基本平衡，丰年有余。1998年，全省粮食总产108.15亿公斤，当年全省粮食库存69.8亿公斤，相当于全年粮食总产量的65%。1999年尽管因灾减产严重，出现了部分灾区严重缺粮的局面。但就全省而言，多年积累的粮食销售不畅的问题依然存在，畜产品、水果、蔬菜也出现“卖难”问题。这种变化，标志着农产品长期短缺的时代已经基本结束，农业的发展由受单一的资源约束转为受资源、需求和环境三重约束。农业发展的主要矛盾由过去的增加农产品总量，转向在保护生态环境的前提下稳定总量，实现农产品的优质高效，增加农民收入。

二是农业的经营方式发生了重大变化。解决农业自身的问题，由原来的生产领域向产前产后的流通、加工领域延伸，打破了以往农业是“第一车间”，千家万户分散经营，“后续车间”部门垄断的局面，以产业化为主线的经营方式正在形成，延长了农业产业链条。龙头企业的出现造就了新的法人主体，填补了过去政府与农户连接之间的空白，资源的配置形式从过去的依靠行政手段转向依靠市场机制去调节，农业的管理方式由过去只管生产向生产流通一体化的管理体制转变。

三是科技与资本对农业的发展产生了深层次的影响。近几年，随着工农之间的关系走向工农互补发展，资本和技术要素的投入加速向农业流转，而劳动力要素加速向非农产业转移。1998年与1980年比，山西省玉米和小麦两种大宗作物生产中，作为科技和资本的物化，物质投入分别上升16倍和9倍，而劳动投入分别下降56%和39%，科技的贡献率分别提高近20个百分点。投入要素的这一变化，表明了农业发展对资本和技术的依赖程度不断增强，农业增长的方式正在由粗放型增长向集约型增长转变。

四是农业与整个国民经济乃至世界经济的关联度日益增强。随着对外开放和城乡一体化进程的加快，农业与整个国民经济的关系更为密切。据测算，农业增加值每增长1个百分点，可使商品零售价格指数下降0.46个百分点；农民收入每增长1个百分点，可使国民生产总值增加0.51个百分点。农业在国民经济中的基础性、支撑性作用更加突出，与二、三产业互相推动、共同发展的关系日趋密切。与此同时，随着中国加入世贸组织进程的加快，中国农业与整个世界经济的关联度日益增强。

农业和农村经济发展的阶段性变化，既是农村改革开放的必然结果，也是长期奋斗迎来的历史性跨越。同时，也要清醒地看到，新阶段也有新问题。既有与全国农业和农村经济发展相同的问题，也有山西省农业发展中一些个性的问题。一是不少农产品总量供大于求。就粮食来说，粮食销售不畅，种粮效益下降。二是农产品的品种、质量不完全适销对路，主要是低质品种多，优质品种少，普通品种多，专用品种少。三是由于供求关系变化，农产品卖难，价格持续下跌，加上二、三产业、劳务收入等方面的影响，农民收入增长缓慢。1999年由于严重自然灾害的影响，农民人均纯收入只有1772元，比上年减4.6%，继1985年之后，再次出现负增长。四是农业发展中原本存在的自然条件差、灾害发生多、抗灾能力低的问题仍然没有从根本上得到解决。特别是1999年全省遭受了百年不遇的大旱，农作物病虫害和畜禽疫病也偏重发生，农业生产特别是粮食生产出现剧烈波动，给农业发展带来十分不利的影响。五是农业产后加工落后，没有培育发展起具有龙头带动作用的农产品加工企业，农业产业化经营的水平很低。

从部门工作来看，在农业和农村经济发展进入新阶段后，也有不适应的地方，有些还表现得比较突出。一是在供求增长不同步，农产品阶段性、结构性过剩的矛盾十分突出的情况下，如何开拓农产品市场，如何搞好产销衔接，优化供给结构，经验不足，办法不多。二是在农业调控目标由注重增加农产品产量转向注重增加农民收入和提高农产品质量后，如何搞好对农民的信息服务，如何运用好有限的调控手段，如何引导农民开辟增收新途径，思路不宽，工作跟不上。三是在如何扩大农业对外开放的程度；积极引进国外的资金、技术、管理经验方面，思想不够解放，工作力度不大。

如何看待农业和农村经济发展新阶段面临的新问题和工作中的“不适应”呢？首先，要认识到这是农村经济发展进程中出现的问题，是农业和农村经济进入新阶段后客观规律的表现，与过去农产品短缺时期的问题有本质的区别。第二，这是一个严峻的挑战。农产品卖难、价格下跌、农民增收缓慢的问题，事关全局，必须尽快解决，而又难度极大。第三，这也是一个难得的机遇。农产品销售不畅，质量不高，农业生产效益低下，以及由此造成的农民收入增长减缓，这些问题归根结底是农业和农村经济结构不合理，农业生产没有很好地与多样化的市场需求相衔接。当前，有了农产品供给充裕的有利条件，就可以努力提高农产品的质量，加快发展畜牧业和加工业，更大规模地进行生态环境建设，从根本上调整优化农业和农村经济结构。作为政府部门，既要尊重农业和农村经济发展的客观规律，又要发挥主观能动作用，要坚持用发展的办法解决这些问题，把工作的着力点放在调整结构、提高效益上，推动农业和农村经济在现有基础上更好地发展。

2000年是千禧之年，是世纪之交承上启下的一年，是完成“九五”计划的最后一年，也是农业和农村经济进入新阶段的关键一年，做好农业工作具有十分重要的意义。2000年农业工作的主要任务是，突出结构调整这个重点，狠抓农村基本政策落实，保护和调动农民的积极性；加强基础设施建设和生态环境建设，改善生产条件，稳定提高农业综合生产能力；深化科教兴农，全面提高农业和农村经济整体运行的质量和效益，促进农民增收，实现农业工作的整体创新和综合发展。预期目标是：粮食生产得到恢复性增长，总产稳定在95—100亿公斤；肉、蛋、奶总产分别达到67万吨、41万吨和34万吨；农民人均纯收入达到2000元；解决50万贫困人口的温饱问题，努力实现农村贫困人口基本解决温饱的目标。

山西省平顺县（花椒之乡）

平顺县位于山西省东南部，全县辖4镇16乡，263个行政村，1370个自然庄，16万人口。平顺县设置于明嘉靖八年，也就是公元1529年，古属潞州。平顺县在太行山南端，国土总面积1550平方公里（合227.75万亩），其中：耕地19.4万亩，荒山荒坡187万亩；全县平均海拔1100米，属温带大陆性季风气候，一年四季分明，冬季寒冷少雪，春季干燥多风，夏季较短、雨热同季，夏秋之交，雨量集中，秋季温和凉爽；全县小气候多样，昼夜温差较大，年平均气温6—12℃，平均无霜期150天，年平均降水量608毫米。

一方水土一方物产，独特的自然气候，使平顺县生产的花椒十分有名，特别是大红袍花椒个大、皮厚、籽小、油性大、色泽鲜、味道好，早在唐朝就是皇宫贡品。1994年荣获林业部名优特新产品博览会惟一花椒金奖，1997年又被国家有关部门授予“中国大红袍花椒之乡”称号。

为把“大红袍花椒”这一名优产品转变为规模资源优势，进而转变为经济优势，中共十一届三中全会以来，特别是近十几年来，平顺县委、县政府把大红袍花椒作为一项优势产业来抓，通过建基地、举龙头、创品牌、连农户，初步形成了一个产业体系。建基地，就是县委、县政府通过规划在浊漳河沿岸四乡一镇及中五井乡、不兰岩乡建成了一条百里花椒林带，并建成了一批以阳高、不兰岩为代表的花椒之乡，以留村为代表的花椒之村，近几年全县花椒年产量达到了200万公斤，为产业化开发打下了基础。举龙头，就是县委、县政府委托县农委于1997年组建了“平顺县大红袍花椒有限公司”，公司是一个集科、工、贸为一体的现代化股份公司，公司年设计生产能力为转化大红袍花椒65万公斤，总投资为1100万元；当年公司完成投资198万元，建成了一期工程，年加工能力达到了25万公斤，初步成为平顺县大红袍花椒加工转化的龙头企业品牌，就是县大红袍公司与中国农科院食品研究所联合研制出精装大红袍花椒、大红袍花椒粉、大红袍花椒盐、大红袍饺子馅、大红袍面汁、大红袍炖肉香料等16个“平兴牌”大红袍系列产品，产品投放市场十分热销，畅销于山西、四川、天津、青岛、北京等十多个城市，平兴牌大红袍花椒在全国第三届农业博览会上被评为名牌产品。连农户，就是县大红袍公司以加工分厂为载体，以利益共享为纽带，与生产大红袍花椒的乡、村、户建立了一种较为稳固的供求关系，既为农户增加了收入，也保证了公司加工原料。目前平顺县大红袍花椒的开发、转化，初具规模，已成为一个很有发展潜力的绿色产业。

为了使大红袍花椒的开发形成规模，产生出规模效益，平顺县委、县政府决定上马大红袍公司二期工程建设，工程总投资637.445万元，工程完成后，大红袍公司年可生产精装大红袍花椒40万公斤，大红袍花椒系列调味品25万公斤，年上交国家与地方税收427.8万元，企业税后利润可达360万元，投资回收期为4.6年。由于平顺县是革命老区、是国家级贫困县，县财政十分困难，一般预算收入一年仅有1200万元，建设资金十分紧缺，大红袍公司二期工程总投资630多万元，该县仅能自筹100多万元，尚有很大资金缺口，诚望有识之士注入资金、加盟开发、共图发展。

为了给投资者创造一个好的投资环境，近年来平顺县竭力抓了以水、电、路、通讯为主的基础设施建设，出台了一系列招商引资的优惠政策，大红袍公司作为该县重点企业还实行了封闭保护，热切盼望各企事业单位、各有识之士以独资、合资、合股等多种有效形式投入资金，携起手来共同开发大红袍这一名优特产，大红袍之乡将热情欢迎投资者的到来。

山西省太谷县

太谷县位于山西省晋中盆地东北部，土地总面积1033.6平方公里，人口28.4万。勤劳的太谷人民在源远流长的生产活动中，经过长期定向培育，发展起一大批适应当地气候、土壤和地理特点的农作物以及林木、畜牧产品，同时，他们还根据当地物产丰富的特点，在很早以前就开展了加工、食品、酿造、烧制、冶炼和机械等行业生产，产出了许多驰名中外的产品。六十年代初，著名歌唱家郭兰英演唱的名曲《夸土产》，就有对太谷当时土特名产品的赞扬。太谷县的土特名产品，早已誉满全国。

一、太谷西瓜

太谷有悠久的种植西瓜的历史。据《太谷县志》记载，明代，全县就已普遍种植。中共十一届三中全会以来，太谷西瓜有了很大发展，每年种植面积都在2万亩以上，并且推广应用了铺沙地膜覆盖新技术和西瓜换根技术，产量大增。亩产量最高可达8000斤，少则也达5000斤以上，全县总产量达到1.5千万斤。太谷西瓜上市最早在端午节，最迟中秋节，最旺的季节在6、7月份。太谷的西瓜除地脉优势外，最主要的还是年年更换新品种和采用新技术。目前，这里品种繁多，主要有北京早花、郑州1号、郑州3号、7457、P2、中育1号、中育6号、西农8号等。种植西瓜已成为太谷农民经济收入的主要来源之一。

太谷西瓜不仅含水量大，含糖量高，而且甘甜爽口，味美清利，是防暑降温、防病治病的夏令佳品。

西瓜的营养价值极为丰富。瓜瓤中有人体所需的各种维生素、葡萄糖、果糖、蔗糠、蛋白质、胡萝卜素、苹果酸、钙、铁和纤维素等。对因“苦夏”吃不下饭身体消瘦的人，吃西瓜可以补充体内养份的不足。西瓜的药用价值也十分明显，它能止渴、解暑、消烦、利咽、清热、利尿、止痢，适用于中暑、发烧、烦渴、小便黄赤、酒醉等症，在发烧、烦渴、多汗、烦燥时，饮用新鲜西瓜汁可使病人顿觉轻松，所以，太谷人民有“热天两块瓜、药物不用抓”的说法。近年来的科研证明，西瓜所含的糖、盐类和酶，还有治疗肾炎和降血压的药用。这是因为适量的糖能利尿，适量的钾盐能消除肾脏的炎症，酶还能把不溶性蛋白质转为可溶性蛋白质，增加肾炎病人的营养。在民间，西瓜治病的方法很多。如：西瓜皮煎汤服用，治疗肾脏方面的疾病，用西瓜皮研末后加少许冰片粉治疗风火牙痛等，另外西瓜皮还是美容的佳品。

太谷西瓜除供本县人民需要外，还畅销本省各地及河北、河南、北京、天津、保定、石家庄、内蒙等地。每年6月23日还举行一年一度的西瓜交流大会，本地人民和外地客人云集于城内争相购买。

二、太谷壶瓶枣

传说在春秋战国时期，太谷就有栽培枣的记载，战国时代连横家苏秦，一日到燕国游说，对文侯说：“燕国南有碣石雁门三饶，北有枣栗三利，民虽不细作，而足于枣矣，此所谓天府者也”。可见燕国北部枣很多，人民即使不耕种，也很富足。

太谷县枣树经过多年更新嫁接逐渐改种为壶瓶枣，成为山西省十大名枣之一，居全省红枣类之冠。这种枣树的优点是树冠大、产量高、寿命长，平均每株产量百斤以上；成熟果实平均重19.2克；最大的可达50克，素有“八个一尺，十个一斤”的美称。成熟后果皮暗红，果形上大下小，中间稍细，形状像壶亦像瓶，故称之为壶瓶枣。

壶瓶枣皮薄、肉厚、味甜、核小，是生食的良种，制成干枣和酒枣更佳，壶瓶枣分布于海拔800米以下，沿同蒲铁路南侧和太谷南山的北麓。全县枣林总面积达5万亩，产量达0.75亿斤。

枣是人们喜爱的干果品之一，几乎全身都是宝。它含有较多的糖、蛋白质、多种维生素和单宁、硝酸盐、销石酸等物质。据分析，太谷壶瓶枣鲜枣，每百克果肉含糖30—50克；蛋白质3.3克；钙41毫克；磷23毫克；铁0.5毫克。其含量在水果中名列前茅，比苹果、梨、桃高90—120倍以上。

枣的作用很多，既能调剂主食，代替粮食，又能加工各种副食品。用酒泡枣，称为醉枣，可以终年不坏；用枣作糕、熬茶，既解渴，又能充饥。自古以来，枣又是最常食用药材。据《本草纲目》记载：“干枣润心肺，止嗽，补五脏，治虚损，除肠胃癖气”。因此“每日三颗枣，生血养颜身体好”成为当地人喜爱壶瓶枣的“口头禅”。枣树木材坚硬，纹理细致，是制造船舶、家俱、木工工具和刻章的上等好材料。枣树的花期较长，因而又是很好的蜜源。

农谚说：“桃三杏四梨五年，枣树当年就还钱”。枣树一般栽植两三年或嫁接一两年就能见果。如果管理得法，百年以上的“老寿星”照样果实累累，发展枣树既能迅速见利，又能多年受益。

三、太谷饼

太谷饼是一种面制炉烤的实心饼子，直径4寸，厚为半径，周心薄厚均匀，表皮是深黄色，粘有脱皮的芝麻，食用时，给人以酥而不硬，软而不皮，香甜不腻，利口不粘牙的享受。太谷饼还具有存放“四不变”的特色，即存放一个月以上色不变、味不变、质不变、软硬程度不变。

在历史上，太谷饼的行销地域已经大大超过了一般烤炉的面饼和糕点的范围。大部分产品经过装箱邮寄、商品携带、车马运输等手段销往北京、天津、西安、兰州、太原、张家口等地。近几年来，为了满足人民需要，太谷饼的生产既继承了传统生产工艺流程的独特配置方法，又汲取了当代中西糕点生产的精华；既保持了该产品传统的原汁原味的特有风格，又为该产品注入了活力和生机；实现了机械化生产，产量有了很大提高。其主要配料有面粉、食油、米粞、绵白糖，选用纯天然植物制品由指定的厂家专门生产，面粉选定晋南产优质小麦由国营粮食加工厂特别磨制；食用油选取晋西北五寨县北关油厂的精炼亚麻油；绵白糖选用广西石花牌甘蔗白糖；米粞由北汪乡南汪村民间老艺人杜家兴泡制的大麦芽糖精制而成。生产过程全部采用无菌、封闭式操作，生产车间配置有新一代高频广谱臭氧消毒机，可杀灭病毒、细菌、能除异味，降解有毒有害物质，防霉、保鲜，而又不破坏太谷饼的营养成份和原有风味，同时还可以提高食品的卫生质量和安全系数，保持太谷饼纯正的独特风味，延长了保质、保鲜期。因此，人们把太谷饼带向祖国的四面八方，作为稀有的礼物，馈赠亲友。

四、远字牌名药

山西广誉远中药有限公司（山西中药厂）是中国历史上悠久的重点中药制造厂之一，位于历史上被称作药都的太谷县城。其前身为广升药店，创建于嘉靖20年（公元1541年），1955年，公私合营，定为“广誉远制药厂”。1973年改称“山西中药厂”，1997年，改组为“山西广誉远中药有限公司”。

山西广誉远中药有限公司生产的剂型有“丸剂、散剂、片剂、颗粒剂、酒剂、胶囊剂、合剂、煎膏剂”八大类。品种包括内、儿、妇、外科等146个。国内独家生产的“远”字牌传统名牌产品龟龄集、定坤丹分别于1984年、1985年荣获国家质量金质奖，1991年龟龄集荣登北京长城国际金奖宝座；定坤丹1995年被推荐为联合国第四届世界妇女大会惟一指定妇科中药。系列新产品龟龄集酒、牛黄清心丸、甘露消渴胶囊、三鞭振雄丹等分别获得国家医药管理局优质产品奖和国家优秀新产品金龙奖、山西省优秀新产品称号。优质产品产值占企业总产值的80%以上，产品行销全国各地及日本、泰国、马来西亚、英国、美国、新加坡、印尼、德国、比利时、瑞士、丹麦、阿曼等八十余个国家和地区。“远”字牌商标荣获马德里第十八届世界第一商标奖。

1. 远字牌龟龄集

曹操的名诗《龟虽寿》，以神龟喻长寿，传说这种动物能活数千年。山西广誉远中药有限公司生产的“龟龄集”，就是告诉人们服用这种药可以益寿延年。

远字牌“龟龄集”系中国最早的“复方开炼剂”，素有补王之称，为传统成药中的一大珍品。

“龟龄集”之所以疗效显著，是因为它用料珍奇、处方严谨、泡制独特、工艺精湛，主要原料有人参、鹿茸、海马、雀脑、枸杞、苁蓉、菟丝子等20多种珍贵药材，“龟龄集”在国内外声誉鹊起，得到越来越多的人们信任。历史上多次参加国内外展览会，1915年参加了“巴拿马”赛会和国内的“国货展览会”；1920年参加了“西湖博览会”，多次获得奖状和奖章，产品远销22个国家和地区。现在，国内外人民还期待着“龟龄集”质量进一步提高，更好地发挥祛除病魔，益寿延年的重要作用。

2. 远字牌定坤丹

远字牌定坤丹是一种妇科综合制剂，它同龟龄集一样是从皇宫里传出来的圣药，为中国宝贵的医药遗产之一。经数百年的临床实践，疗效显著，驰名中外，深受广大妇女的欢迎。

定坤丹的主要原料为人参、鹿茸、当归、红花、三七、于术、枸杞、番附、鹿角霜、阿胶、元胡、五灵脂、熟地、黄苓等，还要一对雌雄蚕蛾做配药。山西广誉远中药有限公司在采购这些名贵中药时，十分重视货真，如必须是西班牙的红花、南朝鲜的人参、东北的鹿茸，这样才能提高成药的质量。

由于定坤丹疗效显著，驰名中外，畅销全国各省市，并外销英、法、泰、印尼、日本、新加坡等地。各地纷纷来信，誉为灵丹妙药，希望扩大生产，满足需求。山西广誉远中药股份有限公司为满足中外用户的要求，不断增加产量，提高质量，除了选料、泡制一丝不苟地执行传统规章外，又重新改造了车间，在炼蜜成坨和装封等工序上实行了无菌操作工艺流程，增加空调设备，改进制药工具，把传统加工和现代科学结合起来，进一步提高了这一宫庭圣药的质量，闪现出了更加耀眼的光华。

3. 远字牌龟龄集酒

远字牌龟龄集酒是根据具有400余年历史的高级滋补名药“龟龄集”的处方，采用中国名酿汾酒，用现代科学方法溜制而成。它具有龟龄集的功能，同时也保留了汾酒独特的浓郁醇香，既可滋补，又有疗效，是一种独具一格的理想药酒。

龟龄集酒不但能促进新陈代谢和血管运动、调节神经、内分泌增加性腺、消除心肌疲劳，同时对增强食欲也有理想的效果。常饮此酒，可使精力充沛，青春常驻，延年益寿，是男女均可饮用的高级补酒。

山西省应县（紫皮蒜）

〔概况〕 应县位于山西省北部、大同盆地南端，全县总面积1708平方公里，全县总人口27万，辖3镇16乡，321个行政村。全县共有耕地82万亩，属北温带大陆性气候，四季分明，年降雨量380毫米左右。全县交通十分便利，公路密度达39.7公里/百平方公里。距北同蒲铁路仅30公里，距大同民航机场仅16公里。应县有举世闻名的国家级重点文物——应县木塔，还有净土寺等省级重点文物以及黄花梁、跑马梁、石柱沟等自然风景区。

〔应县紫皮蒜〕 “应县紫皮蒜，天生四六瓣；味醇香甘辣，隔夜味不变。”在山西晋北人们广泛流传这首顺口溜，赞美应县紫皮大蒜。应县紫皮蒜产于翠微山脚下一带。它的特点是：个头大，结构密，皮呈紫色；四六瓣，易剥皮，蒜瓣光滑；体洁白，粘力强，瓣棱圆突；捣成蒜泥，味香甘辣，隔夜食用，色味不变。一般白皮蒜保存到来年春分前后蒜瓣发软，结构变松，而应县紫皮蒜可保存九个月仍紧密发硬鲜嫩。如果应县紫皮蒜被轮碾压，蒜瓣会像离弦的箭一样飞出，而不会像一般蒜头被碾得粉碎。正因为应县紫皮大蒜质优味美在国内外享有盛誉，品质远远超过美国名品大蒜。荣获国家和省有关部门“名优特产”奖，每到秋季上市，人们便争相购买，或编成大挂放在阴凉处备用，或作为绝佳特产赠送亲友。

应县紫皮蒜除作炖鱼、炖肉的调料以除腥气外，在生吃或拌菜加些蒜泥，还能调味杀菌，促进食欲；当地群众将它加工制成咸、甜、香、酸等各种风味的糖蒜、醋蒜等渍物，远销太原、北京等地。如在酱油、米醋中放紫皮蒜，可防止腐败发霉。

据记载，大蒜在中国被用作药物有着悠久的历史，三国时名医华佗，就曾经用大蒜给人治好了疾病。明代李时珍在《本草纲目》中写道：“胡蒜，其气重烈，能通五脏，达诸窍，去寒湿，辟邪恶，消痛肿，化症积肉食此其功也。”宋代《太平惠民和剂局方》卷五中的青娥丸就是用大蒜配伍杜仲、补骨脂等来治疗肾虚腰痛的。同时，大蒜含有大蒜素，对细菌有很强的抑制和杀灭作用，是一种植物抑菌素，经常食用能治疗和预防痢疾、百日咳、感冒、鼻出血、牙痛等病症。当地群众用紫皮大蒜去皮捣碎，加蓖麻油拌匀可治头癣。群众反映，经常吃些大蒜，对肺结核、水肿等疾病有很好的疗效。

应县种紫皮大蒜历史悠久，明代纂修的县志就有记载：每年清明节令之前，温柔的春光姗姗来迟，迷了路的寒风还在打转的时候，大蒜种子就已注入土了。改革开放年代，应县紫皮大蒜生产发展迅速，现在有10个乡镇大面积种植紫皮蒜。到1999年种植面积已达1万亩，总产量达600万公斤，除国内销售外，还远销日本、东南亚等国，年出口1000吨，成为出口的主要产品。跨入新世纪，县政府立足大蒜特产资源优势，调整农业种植结构，扩种大蒜面积，狠抓大蒜基地建设，争取在三年内大蒜面积扩大到2万亩，力争出口5000吨。

山西省武乡县（小米之乡）

武乡县位于山西省东南部，总面积1610平方公里，耕地面积47.7万亩，粮田面积38万亩；总人口21万，农业人口18.5万；地形呈西北至东南走向的长带形，土地广阔，群山环绕，东、西两山高寒土薄，林草茂盛，属林牧之魁；中部低而平缓，水富土肥，是重要的小杂粮生产基地。境内四季分明，冬长夏短，季风强盛，属暖温带大陆性气候；年平均气温3—10℃、无霜期150天左右、降水量550毫米左右。

武乡县是个农业大县，种植业历史悠久（约有4000多年），为一年一熟杂粮区，据乾隆55年《武乡县志》卷二“贡赋篇”记载，武乡农作物分布全境。主要种植谷、麦、豆、黍、玉米、麻子等，其中谷子适宜本地自然条件，分布最广，种植历史最长。解放前主要有黄谷、青谷、白谷和软谷等五、六个品种；解放后，先后引进了长农1至19号，大同2号、白谷4号、承农2号、新春4号、旱选1号、晋谷11号、晋谷21号、黑选1号等20多个品种，种植区域扩展到全县21个乡镇，种植面积基本稳定到了粮田面积的1/3，产量也逐年提高，亩产大都在500—600斤。近年来，在农业产业结构调整中，武乡县委、县政府因地制宜，发挥优势，提出了实施产业化经营，建设“名米大县”的奋斗目标，小米生产获进一步发展。

晋谷21号谷子是山西省农科院经济作物研究所研究培育的一种谷子新品种。1993年开始在该县上司科研项目推广基地试验种植2000亩，总产达120万斤，平均亩产600斤，用该品种谷子加工而成的“汾州香”小米，无论色泽、品质，还是口味，均优于该县同期种植的其它品种，当年选送参加山西省首届农业博览会一举获得金奖。初次种植便收到如此好的效果，说明该县的自然条件很适宜这种谷物生长且具有很高的开发潜力，于是，县委、县政府迅速在全县进行了大面积推广。据统计，1994年种植面积便猛增到5万亩；1998、1999年突破了10万亩，占全县粮田总面积的1/4多，占谷子种植总面积的90%，基本取代了其它品种，总产量突破了5000万斤，占全县粮食总产量的20%。

武乡县自然条件独特，环境污染很小，自古就有宫庭贡米之乡的美称。用该县种植的晋谷21号谷子为原料生产的“汾州香”、“天禾顺”等小米是经过两级分离、两次抛光、四机出米精制而成的，具有米形统一、金黄润实、干净免淘等特征，是高品质、高营养的健康食品。该小米含有18种氨基酸，蛋白质含量平均为10.7%；不饱和脂肪酸、亚油酸、亚麻酸含量平均为85.75%，其中所含维生素Va、Vbl、Ve等及铁的含量均高于大米及其它农作物，而富含的食用粗纤维更被称为当今第五大营养元素。经常食用还能起到健胃除湿、补血降压的食疗食补作用。以黑选1号谷子为原料加工制作的“黑禾顺”黑小米营养丰富，蛋白质、脂肪等营养物质含量和铁、锌等微量元素含量均高于普通小米2—3倍，经常食用可起到补血强身、乌发养颜的食疗作用。这些产品投放市场以来，已遍布神州，跨出国门，倍受消费者青睐。特别是“汾州香”小米，继1993年获省农博会金奖后，1995年至1997年又连续三年获得全国农业博览会金奖和全国小米评比第一名，1999年再次获得北京农业世博会金奖。

为了使“小米之乡”尽快变成“名米大县”，使小米产业真正成为全县农民脱贫致富的主导产业，县委、县政府制定了“突出绿色，巩固基地，壮大龙头，创建名牌”的发展思路。突出绿色，巩固基地，就是以中西部的上司、贾豁、城关、涌泉等交通方便、土地肥沃、无任何工业污染的7个乡镇为中心，建立晋谷21号、黑选1号绿色小米生产基地，采用传统种植经验和先进科学技术相结合的办法，生产不上化肥、不用农药、无污染、高品质的绿色小米。同时，要加快正在进行的绿色小米认证工作的进度，力争于2000年9月底前领到国家级的绿色产品证书。为了保护农民生产绿色小米的积极性和保证龙头企业所需谷子的品质、质量及数量，县政府要求金粟海米厂、上司名米有限公司两个加工企业和农民签订种植合同，用法律手段来促进“公司+农户”经营方式的健康运行。壮大龙头，创建名牌，就是以太行名米开发有限责任公司和武乡金粟海有限公司两个小米加工企业为龙头，采取引资、入股等多种方法筹集资金，更新设备，扩大规模，开发高新小米系列产品，提高品位，创建名牌。

山西省晋中市（陈醋）

晋中市地处山西中部，是晋商文化的发祥地。这里土地肥沃、农副产品非常丰富，是山西老陈醋的正宗发祥地之一，生产陈醋有200多年的历史，素有山西陈醋在晋中的美称。改革开放以来，晋中市各级领导特别重视这一传统产业的开发，给予多方面的政策扶持，使全市的陈醋业有了长足的发展，目前达到1000吨以上规模的醋厂四座。全市陈醋总产量达到5万吨，年产值1.2亿元，占到全市农副产品加工业产值的16.9%。

一、保持传统工艺，提高科技含量。 晋中市的陈醋业在保持传统工艺的基础上，采用现代设备和新工艺，使陈醋产量和质量有了很大提高。榆次怀仁醋厂狠抓技术革新，在全国醋行业首创多菌种低温发酵工艺，在原料不变、风味不变的前提下，产量提高了30%，成本降低了40%，使该产品在市场上有了明显的竞争能力。同时，各醋厂为了适应市场的要求，确保质量的提高，都加大投入，增添新设备。四厂全部安装了国内领先水平的罐装、过滤、沉淀酿醋新设备，使产品全部达到部颁标准。生产的陈醋味醇、酸绵适中、久存不变质，不仅具有调味作用，而且有较强的食疗作用，据专家认定：长期食用山西晋中老陈醋，具有抗衰老、抗疲劳、降压、减肥、消炎化痰、预防疾病等多种功效。

二、扩张产业群体，形成规模优势。 以龙头带基地，迅速扩张群体，使产品形成规模。利用品牌战略，占领全国市场，从而带动区域经济的发展壮大。这是该市怀仁醋厂掘起的一条宝贵经验。榆次怀仁四眼井酿造有限公司原是一家建厂早、规模较大的集体企业，他们生产的“四眼井”牌陈醋享誉全国。近年来，他们进行了机制转换，使企业更具活力，他们采用公司加农户，以厂带户、厂户联营的办法，使本村的300户，邻村的150户酿醋专业户成为公司产业链上的环。他们利用自己先进的设备再加工后，统一品牌、统一销往全国各地，这样大大增加了产品的名牌效应和规模效应。怀仁村也因此成了远近闻名的富裕村，仅醋一项，该村年收入6500多万元，占到全村总收入的65.6%以上。全村酿造人均纯收入就达到4324元。

三、培育特色品牌，参与市场竞争。 积极参于市场竞争，进一步拓宽市场销路。在产品丰富的今天，营销的好坏已成为企业生死存亡的关键。为了占有更多的市场份额，厂家派出了大批的营销人员，把产品销往全国各地，同时在国内的大中城市都设立了晋中陈醋的批发部和直销点。榆次在108国道两旁开辟了批发直销市场。目前产品除销往全国各地外，还销往日本、美国、澳大利亚等10多个国家，使晋中陈醋走出国门，参与世界竞争。

为了满足不同地区、不同层次的消费需求，酿醋企业不惜重金不断开发新产品和提高产品的包装水平，同有关的大专院校科研单位有密切联系，使新的成果迅速转化为产品。目前为止，该市的醋品种已达到八大系列近100个品种。主要品种有老陈醋、熏醋、礼品醋、辣味醋、美味醋等优质产品，据初步统计，该市的陈醋多次获各级优质产品奖。榆次、介休醋厂厂长被国家评为全国星火计划带头人、中国经营之光优秀企业家。

在全市农业和农村经济结构大调整中，该市把具有传统特色的陈醋酿造业作为调整的重点之一，把规模最大的怀仁四眼井醋厂列为全市10大龙头企业进行扶持，使这个传统产业在市场竞争中不断发展壮大。

山西省平遥县（牛肉、山药）

〔概况〕　平遥县位于山西省中部，全县土地面积为1260平方公里，现辖5镇19乡，349个行政村，6个居民委员会，总人口47.8万。平遥县曾是同鼎清代商界、左右全国金融近一个世纪的晋商文化的主要发祥地之一，由于古城最为完整地保存了明清以来的城墙、街道、寺庙、店铺、民居等历史遗产，被誉为世界上为数不多的人类文明瑰宝。1986年12月8日，平遥被国务院命名为国家历史文化名城，1997年12月8日，平遥古城被联合国教科文组织正式确定为“世界文化遗产”，列入《世界遗产名录》。

〔平遥牛肉〕　早在明清时期就誉满神州，其特点为肥而不腻，瘦而不柴，肉质鲜嫩，醇香可口，扶胃健脾，营养丰富。平遥牛肉制作工艺独特，屠宰时平刀大拉，出血要净，腌渍使用当地产的硝盐，用年代久远的煮肉老汤兑入新水略加调料，大火煮沸后，文火慢炖，形成“牛肉锅盖”，直至熟透。捞出锅前，猛火沸滚中将肉捞出沥干。在历史发展中，伴随着山西民歌《夸土产》首句“平遥的牛肉太谷的饼……”传唱，平遥牛肉在继承发扬传统工艺的同时，以平遥牛肉集团有限公司为代表，不断引进新技术，融入新工艺，使平遥牛肉品种不断丰富，品牌不断推新，包装不断完善，质量不断提高。平遥牛肉多次获得各类奖项，尤其是“冠云”牌牛肉，1956年，在北京全国食品博览会上被评为全国名产；1991年，获“七五”全国星火计划博览会银奖；1997年在第三届中国农业博览会上被评为“最受欢迎产品”；1999年在’99中国国际农业博览会上被认定为“名牌产品”。现今“冠云”牌平遥牛肉已正式通过IS09002国际质量认证。1998年、1999年两年，平遥县还成功地组织了以营销平遥牛肉为主的古城营销团活动，探索出了一条宣传平遥古城、促销平遥牛肉的成功的路子。平遥牛肉及其系列产品将以更多的花色品种和更上乘的质量占领市场，在中华大地独领风骚，在世界市场崭露头角，推动平遥成为名副其实的中国牛肉之乡。

〔平遥长山药〕（又名怀山药）　是一种药食兼用植物，种植历史悠久，质地优良，肉质白嫩，营养丰富，以其条长、茎粗、皮薄、质细而闻名，富含蛋白质、维生素、矿物质和粘多糖，具有补脾养肾、生津益肺、壮阳涩精之功效，素有“中国小人参”之美称。主要品种有长山药毛条、长山药冻条、长山药药片等，多年来远销香港、日本、东南亚等地。1999年6月，平遥县小城食品厂引进最新配方，选用专用设备，采用先进工艺，以长山药为主料，辅之以鲜牛奶粉、白砂糖等配料，独家开发出了“威壮”牌长山药粉，并申报了国家发明专利，目前已打入上海、郑州、长沙、太原、大连、东莞等市场，产品设计年产量为1000吨，销售额可达2000万元，为稳定当地长山药种植规模，增加长山药种植效益起到很大作用。长山药奶粉在农业部乳品质量监督检测中心检验，各项指标完全合格，在’99中国国际农业博览会上，被认定为“名牌产品”。

山西省代县（辣椒之乡）

代县古称代州。与河北望都、河南永城、山东耀县共称为中国四大辣椒产地。因代县种植辣椒历史悠久，历来把代县产的辣椒为“代州辣”。山西、内蒙及西北一些省份素有“想吃辣椒到代州”的说法。全县现辖6镇11乡，391个村民委员会。人口总数20.04万人，乡村人口16.03万人，农村劳动力6.6万人；总土地面积254.4万亩，其中耕地面积43.47万亩（含水地20余万亩）。新中国成立以来，代县辣椒生产发展较快，不仅享誉国内，而且出口世界各国，成为国家的定点出口产地。

代县辣椒是代县久负盛名的传统名产，属于干椒类。以色红如胭脂，个大如羊角，皮肉鲜嫩，味辣油性大等特点扬名四海。其营养成份丰富，具有较高食用价值，每百克辣椒含胡萝卜素1.56毫克，硫胺素0.04毫克，核黄素0.3毫克，抗坏血酸1.05毫克，钙7毫克，铁0.5毫克，磷38毫克；代县辣椒同时也具有较高药用价值，作为一味传统中药，其入药比其它地方产的辣椒药性强。少量服用，可促进胃液分泌，增进食欲，外用对皮肤有刺激作用，可治疗冻伤、风湿疼、腰肌疼痛、关节疼、脱发等；内服可治疗胃弱、消化不良、肠胃充气、胃疼等。同时还有活血明目作用。

代县辣椒所以成为名产，是由代县独特的气候、群众的辛勤培育和悠久的栽培历史决定的。据史载，辣椒原产于美洲，后从海道传入中国南方，明末即传入代州峨口，在代县具有近四百年的栽培历史。代县具有产好椒的自然气候条件，县境南北分别由太行山系的马鬃山、恒山支脉的勾注山作屏障，滹沱河由东向西，横贯县境，两岸土肥水足，这样的自然风貌，造成代县独特的自然小生态环境：气候温和，年平均温度10摄氏度左右，1月份平均气温零下8摄氏度，7月份最热。月平均温度24摄氏度，雨水较充足，年降水量420—470毫米。无霜期最长达150天左右。气候水平方向差异较小，而垂直方向变化较显著，昼夜温差大，抑制呼吸，有利于营养积累。这种气候特点与辣椒的喜温怕高温，喜水怕雨涝，喜肥怕氮多的生物学特性相吻合，促进辣椒向优化方向发展。

经过数百年的实践，代县人民已摸索出一套代州辣椒的栽培方式：一是认真选地、整地。选择土质肥沃，排水条件好、土壤透气通风好的地栽培辣椒。二是适时早播、精心管理。针对代州辣椒生长期较长（140天左右）的特征，适时早播免遭霜害，同时采取精耕细作措施，加强不同苗期技术管理。三是按时收获，促进后熟。方法是熟后整株拔起，不抖根上的土，顺垄铺设，铺子要薄，过七八天翻晒一次，促进后熟。辣椒中水份降到10%—20%最好。

代县辣椒一直是当地主要发展的经济作物之一，每年种植面积1万亩，最高时达3万亩，总产750多万公斤，除部分加工成辣椒干外，大部份磨成辣椒粉出售。自1975年以来，先后出口的有带把（柄）椒、无把椒、辣椒粉、腌辣椒等品种，每年出口干辣椒5000吨左右，受到美国、日本、西欧等国的商人好评。依托代县有利的气候条件、丰富的土地资源和完善的栽培方式，把发展代县辣椒生产、加工作为调整代县农村产业结构的一个龙头项目来抓，具有较为广阔的市场前景。

山西省屯留县（小杂粮之乡）

屯留县地处太行山南麓，上党盆地西北部，是山西省长治市辖县之一。最早的记载起于周朝。那时，屯留的东部谓之留吁，西部是徐吾氏地。春秋时，留吁并入晋国，称为“纯留”。后将“纯”改为“屯”，西汉时设县至今。

全县20个乡（镇），294个行政村，共24万人口，总面积1142平方公里，耕地面积55.4万亩。这里有山有川有水，西半县为丘陵山区；东半县为平川，山、丘、川约各占1/3。

整个辖区由于工业少，相对废气污水少，空气清新，景色宜人，环境优美。大宗农产品主要有玉米、小麦和谷薯、豆等小杂粮，不但产量高、品种多，而且无污染，质量好，尤以大豆、豇豆、绿豆、红小豆和小米等品种闻名全省。特别是陈姚二岭（陈家岭、姚家岭）所产小米，以其颗粒圆润、色泽金黄、口感绵甜而被群众称为“珍珠黄”，历史上曾作为贡品进献朝廷。

1996年，在市场经济的驱动下，屯留县以发展市场农业为切入点，充分发掘小杂粮自身特有的营养成份含量多、食用保健性能好、安全卫生价值高以及市场潜在优势，启动了小杂粮开发工程，并将其作为绿色有机食品进行产业化生产加工。1999年，县委、政府在西部丘陵山区13个乡镇规划出近3万亩耕地，作为绿色有机种植业基地，并严格按照绿色有机食品标准进行操作。10月份，国家有机食品发展中心对其中4个重点乡镇3400亩耕地进行了严格审查，评审通过后，颁发了有机食品农业转换证，使屯留跻身于全国20个有机农业基地县之一。经过四、五年的运作，小杂粮生产得到了前所未有的快速发展，到目前已形成基地生产、公司经营的产业化格局，全县基地面积已发展到近7万亩，加上每年麦田复播的小杂粮14万亩，总面积达21万亩，并拥有黑绿豆、明绿豆、英国红芸豆、日丰13号等15个优良品种，年生产、加工、销售能力分别达到了3000万公斤、1500万公斤和2000多万公斤，成为农村经济中的一个新的增长点。

在启动小杂粮工程，规模开发小杂粮生产上，主要是在大力宣传开发小杂粮生产重要意义的同时，采取了四条措施：一是组建“龙头”企业，实施龙头带基地战略，把“绿色食品开发中心”、“七星醋业公司”、“有机食品开发公司”等经营实体组合起来，实行内部联合形成集团公司，展开收、储、加工、销售业务。二是建立生产基地，以点带面，辐射带动。形式上由乡镇组织，县绿色有机食品小杂粮开发中心负责协调、技术指导、优种调配、产品收购，农户具体实施生产活动，从而使公司与农户之间建立了一种紧密的利益共同体关系，调动了广大群众开发生产小杂粮的积极性。三是制定标准、注册商标，实行规范化加工、销售活动。生产上严格按照绿色有机食品标准操作，加工上聘请技术标准监督部门的专家及管理人员，制定企业产品标准，注册了“盘秀山”牌商标，设计制作了内外包装，使产品具备了内部品质优良，外部美观大方的市场销售条件。四是建立有效的市场营销机制，采取上电视作广告、参加博览会搞展销、聘请经纪人推销、设立网点代批销等经营策略，使产品在市场立住了脚，受到了广大消费者的青睐。

随着市场经济的不断深入和小杂粮市场的不断拓展，全县种植业结构调整的力度将进一步加大。到2005年，全县小杂粮基地面积将扩大到10万亩，以小杂粮为原料的系列食品加工品种将达到20个以上，小杂粮产业将迅速发展成为全县的富民产业、支柱产业。

山西省洪洞县马牧乡（莲菜之乡）

改革开放以来，随着市场经济的发展，洪洞传统名产——马牧莲菜已誉满四方。

马牧乡地处县城以西，汾河西岸大运公路纵贯南北，七一干渠穿乡而过。全乡拥有13个行政村，8000户人家，3.3万口人，3.1万亩耕地。这里地肥水美，物华天宝，交通四通八达，人民勤劳勇敢，是全县的农业大乡，且古往今来素以盛产莲菜而著称。

莲，又叫藕、荷、水芙蓉，异名甚多，据考证中国至少在7000年前已有莲了。其根、茎、叶皆可入药和食用，营养丰实，用途广泛，并且易栽培、产量高、效益好、市场潜力大。马牧莲菜以其个大、色白、清脆、口感好而独具特色。近年来，随着汾河的彻底根治和滩涂面积的扩大，全乡的莲菜种植业也飞速发展，目前以马一、马二两村为中心逐步扩大，面积已逾2000亩，总产量可达600万斤，远销太原、大同等地，产值600—800万元，成了当地农民致富的一项主导产业。为了满足群众的愿望和市场的需求，在全县农业调整布局中，马牧又被县政府列为莲菜生产重点乡。将进一步加大资金投入，加大科技含量，拓宽市场，制订优惠政策，调动农民的积极性，加工再生产提高附加值，使这一传统名产得到恢复、发展，重振雄风。

辽宁省

辽宁省位于中国的东北地区南部，东经118°53′至125°46′，北纬38°43′至43°26′之间，东以鸭绿江为界与朝鲜相望，东北与吉林毗连，西北、西南分别与内蒙古和河北相邻，南临渤海、黄海，大陆海岸线长2920公里，占全国的11.5%，全省土地总面积14.59万平方公里，占全国总面积的1.5%。

辽宁省地势自东、西、北三个面向中部和南部倾斜，东西两侧为丘陵山地，中部为自东北向西南倾斜的长方形辽河平原。辽东山地丘陵区是长白山余脉，向西南延伸，南部入黄、渤海之间，构成辽东半岛的骨架，北部有辽宁最高的山峰花脖子山，位于桓仁县与宽甸县交界处，海拔1336米。南部半岛丘陵区，千山山脉是它的脊梁，海拔一般在500米以下，中高端低，主峰千山，全称“千朵莲花山”。辽西山地丘陵是内蒙古高原和辽河平原的过渡地带，由西北向东南呈阶梯状由1000米山地逐级下降到50米以下的“辽西走廊”滨海平原。分布努鲁儿虎山、松岭和医巫吕山等几列东北—西南走向的山脉。介于辽东、辽西山地丘陵之间，主要由辽河及其支流冲积而成，属松辽平原的南部。地势自北向南倾斜的辽河平原，地势平坦，土壤肥沃，水源充足，是辽宁省主要农业区和商品粮基地。

辽宁属温带大陆性气候，日照丰富，积温较高。阳光辐射年总量有118.6—144.5千卡/平方厘米。年日照时数为2200—2950小时。一月平均气温－4.5℃至－17℃；七月平均气温22℃至27℃；年平均气温在5℃至11℃之间。一般无霜期125—220天。年平均降水量450—1150毫米。辽西山地呈半干旱特色，年降水量只有400毫米左右。

全省土地面积中山地占59.8%，平地占33.4%，水面及其它占6.8%，有“六山一水三分田”之称。境内东部森林茂密，已成为辽宁主要水源基地和绿色屏障；中部为辽河平原，是辽宁农作物种植区和重要商品粮基地；南部的辽东半岛，为伸向渤海和黄海之间的一片沃土，具有物产丰富的广阔腹地；渤海沿岸的狭长地带辽西走廊，依山面海，是连结关内外的重要通道。

辽宁现有耕地面积341万公顷，占土地面积的24.9%，林地560万公顷，占38%。牧草地39万公顷，占2.6%。水面及滩涂116万公顷，占7.9%。海岸线长2920公里，滩涂面积19.7万公顷，近水海面操作面积6.6万平方公里，可供渔业利用的淡水水面11万公顷。

辽宁垦植程度较高，种植的主要作物有水稻、玉米、高粱、谷子、小麦、大豆、花生、烟草、棉花、甜菜、蔬菜等；水果资源十分丰富，是温带水果重要产区之一。果树有苹果、梨、桃、葡萄等四大类2160个品种，主要分布在辽东半岛和辽西两大水果带，水果产量居全国第三位，其中苹果驰名中外，大连的黄金桃闻名全国；柞蚕生产历史悠久，全省拥有9.3万公顷柞蚕场，柞蚕产量占全国的70%以上，占世界的60%以上，精美华贵的柞蚕丝绸产品在国家出口物资中，占有极重要的地位；人参、鹿茸、石柱参、辽细辛、辽五味等中药材驰名全国。全省蔬菜种植面积达40万公顷，其中保护地生产面积10万公顷，是中国的“保护地之乡”，生产蔬菜60余个品种，实现了周年供应；玉米杂交种子商品生产位于全国第一位，占全国总量的1/3。10年来，向全国26个省、市、自治区的530个县提供玉米杂交种17.5亿公斤，增产粮食200多亿公斤。蔬菜种子的外繁量占全国的70%；花卉资源十分丰富，维管束植物种类繁多，花卉生产开始成为该省农业的新兴产业。

据1994年统计，该省的乡镇企业已发展到64.5万家，职工425万人，占全省农村劳动力的45%。其中年产值超过50亿元的县（市、区）11个，过200亿元的3个；超3亿元的乡161个，其中超10亿元的46个；超5000万元的村634个；超亿元的企业87个，超1000万元的企业1928个。创立乡镇“三资”企业1321家，有130多种产品远销20多个国家和地区。近年来，乡镇三产企业发展也较快，到1994年已发展到40.6万户，从业人员92万，并出现了西柳、南台等大型专业市场。

建国以来，全省水利建设已完成土石方近百亿立方米，修建各类水利工程11万余处。建成的大型水库有大伙房、碧流河、佛寺、关门山、观音阁及富尔江引水工程等；全省有大、中、小型水库总计908座，建成大型灌区108处、小型灌区3000处，成万亩灌区168处，机电井10万眼，全省有效灌溉面积136万公顷，占总耕地的40%；完成了全国水土流失重点治理区柳河流域的治理。全省建成小水电站116座，总装机容量10万千瓦。

农业机械装备水平有较大提高，到1994年全省农机总动力达950万千瓦，农用拖拉机16.7万台，农用汽车3万辆，农用运输车3.7万辆，机引具15.2万台。1994年全省农业机械总工作量达到5.4亿公顷，全省机耕地面积达257万公顷，机械化程度达74.8%。全省已建立乡镇农机服务站1255个，占乡镇总数的99.6%，职工2.5万人，村农机队（组）4327个。

据1998年统计，该省已有省级农业产业化示范项目106个，主导产业40个，商品粮生产基地40个，水果生产基地30个，生猪生产基地30个，黄牛生产基地24个，细毛羊、绒山羊生产基地9个，淡水鱼基地20个，海水养殖基地15个，农副产品加工、贮销企业5500多家。

粮食产量1949年406万吨，1978年1117.2万吨，1998年1828.9万吨；肉类产量1949年5.78万吨，1980年45.3万吨，1998年200万吨；水果产量1949年7.6万吨，1978年93.8万吨，1998年298.6万吨；蔬菜产量1949年126.8万吨，1978年652万吨，1998年1558.1万吨；禽蛋产量1949年2.28万吨，1978年11.4万吨，1998年131.6万吨；奶类产量1949年0.03万吨，1980年6.5万吨，1998年18.4万吨；水产品产量1949年6.8万吨，1978年46.9万吨，1998年310万吨。

农村社会总产值1978年97.3亿元，1988年562.6亿元，1997年4900.6亿元；农民人均纯收入1949年53元，1978年185.2元；1998年2580元；乡镇企业总产值1978年21.9亿元，1988年368.6亿元，1998年5762亿元。

辽宁农科院稻作所

辽宁省农科院稻作研究所是省级北方粳稻研究专业所。其前身为中科院辽宁分院稻麦研究所，1961年更名为辽宁分院作物研究所水稻研究室，1965年正式成立辽宁分院稻作研究所，1973年重建为辽宁省农科院稻作研究所，1992年辽宁省农科院稻作研究所兼北方杂交粳稻工程技术中心新址落成，地址位于辽宁省沈阳市苏家屯区，占地20公顷，其中试验田面积16公顷。现有职工90人，其中高级研究人员16人，中级研究人员22人，博士2人，硕士13人，总体知识层次较高，技术力量雄厚。内设机构有常规育种、三系育种、两系育种、栽培技术、生物技术、科技开发室等6个专业研究室及办公室、计财科、科技科、总务科等4个行政科室，机构设置合理，运行状况良好。

多年来，稻作研究所以水稻优质、高产、多抗育种为核心，以高效、节能、高产栽培技术为重点，以理想株型、优势利用、优化性状组配为指导，遵循“两扩大”、“两提高”的原则，结合北方地区的气候特点及生态条件，采用亲本改良、血缘渐近、基因工程等技术方法，进行北方优质粳稻的重组育种、优势育种及相关轻简高效栽培技术的研究，积累了扎实的理论基础和丰富的实践经验，在北方粳型稻作研究上具领先地位。“八五”以来共承担各级各类科研课题50余项，鉴定成果42项，获奖成果31项。其中国家、省部级以上奖励26项。通过审定新品种18个，新组合5个，成果应用面积累计达到4000万亩，取得社会效益20亿元。成果覆盖辽宁稻区的80%以上。辽粳326、辽粳454、辽粳294等辽粳系列品种名扬省内外，代表了北方粳稻育种的高水平。屉优系列、辽优系列等一批杂交粳稻新组合也已展现出喜人的应用前景。在“科教兴农”战略中为社会做出了突出贡献。

随着科技体制改革的不断深入，科研单位从纯粹的科研型逐步向科技开发型转变，为适应这一新的要求，辽宁农科院稻作所充分利用自己的成果优势，于1996年兴办了自己的科技企业——辽宁稻作高新技术产品开发中心。它是集稻作科研与成果开发为一体的经济实体，以“绿桑牌”辽粳系列品种、品系、杂交粳稻组合为主导，配套“辽星牌”优质米、“辽龙牌”壮秧剂、“金国牌”硅氮磷复合肥、农药等产品，并注重提高产品的科技含量，建立完善的开发创收管理体系，加大对科技开发的投入力度，加速对懂科研、会经营、善管理的复合型人才的培养，形成了人才——成果——效益——人才的良性循环。目前科技开发已形成相当规模，建成种子库房1018平方米，拥有精选机等固定资产300万元，年产值可达1000余万元，为今后实施成果产业化奠定了良好的基础。1998年，辽宁农科院稻作研究所被省有关部门评为辽宁省农业科研重点研究所。

多年来，辽宁农科院稻作所始终保持对外交流的良好传统。在国际上，一直与日本、韩国、菲律宾国际水稻所等国际同行保持着良好的合作关系，这些国际间交流与合作对促进稻作研究自身的发展起着重要的作用。

因其成绩卓著，贡献突出，实力雄厚，1996年末，辽宁农科院稻作所被定为国家水稻改良中心沈阳分中心，国家将投资350万元，地方以1:1.5匹配，用以开展中心工作。其主要目标是：为本生产区提供优良的育种材料，育种方法和新品种、新组合。在粳型稻作研究上立足辽宁，服务北方，面向全国，沟通世界，逐渐发展成为北方粳稻的育种中心，新材料、新质源、新技术储备中心，技术交流和开发协调中心。为辽宁省乃至北方的农业发展服务。

"九五"将结束，辽宁农科院稻作所做为国家水稻育种攻关单位、国家有关部门北方杂交粳稻科研生产协作牵头单位、国家"863"计划承担单位及北方杂交粳稻区域试验的主持单位，将继续贯彻中共中央的科技体制改革方针，遵循市场经济规律，立足辽宁，服务北方，促进科研发展，加速成果转化，加速种子产业的集团化建设，在国家支持与自我发展互补的良性运转中，力争在"十五"末，建设出一流的科研条件，培养出一流的科技队伍，培育出一流的科研成果，创造出一流的经济效益。

辽宁农科院稻作所所长邵国军及全体员工愿竭诚与国内外同行交流合作。

地　　址：辽宁省沈阳市苏家屯区枫杨路129号
邮　　编：110101
电　　话：024—89812459
传　　真：024—89842459

辽宁省大连市

〔萝卜之乡〕

大连位于辽东半岛的南端，是中国沿海开放城市中的一个重要港口城市，是东北的对外窗口，是一个拥有港口、工业、外贸、科技、旅游等优势的经济中心城市，是一个在国际上地位越来越高的城市。

一、基本情况

大连市建于1899年，处东经120°58′—123°31′，北纬38°43′—40°10′。全市总面积13429平方公里。地貌类型多样，属千山山脉南延，以低山、丘陵、漫岗为主，大体情况是六山一水三分田。海岸线1287.5公里。河流属黄、渤海水系，多独流入海。全区属季风型大陆性气候，具有海洋性气候特点。年平均气温8.4—10.5℃之间，最高为零上34℃，最低为零下23℃，年平均降水量550—800毫米。无霜期180—210天。年日照时数2500—2800小时。其地理位置和气候条件都非常适宜萝卜的生长。

萝卜在植物学分类上称为中国萝卜。也有叫莱菔、芦菔、破地锥的，为十字花科萝卜属的一、二年植物。萝卜为城乡人们冬春生活的主要蔬菜，因而栽培面积大，中国北方地区萝卜的栽培面积约占秋菜面积的20%至25%。大连市萝卜栽培面积比例也较大，与大白菜栽培面积相近，年栽培面积大都在10—12万亩。总产量约3.4—3.6万公斤，总产值约5000—5500万元，其中加工量约800万公斤。

二、近年来的工作成就

萝卜是一种较好的蔬菜之一，它既可炒菜做汤，又可生食，具有解热止渴、宽肠开胃之功效，还可以加工成脱水菜，腌制成酱菜和泡菜，萝卜种子是一种常用的中药材，叶子更是家禽家畜的青饲料，可谓浑身是宝。为了充分发挥该市的区位特点和气候优势，适当发展萝卜生产，针对该市萝卜生产的悠久历史，蔬菜生产主管部门和科研、推广单位重点抓了以下几个方面的工作，取得了明显的成效。

（一）加大品种纯化力度，快速发展良种基地

该市早在1955年成立辽宁省蔬菜试验站（大连市农业科学研究院前身）时，就注重了大萝卜和水萝卜地方种的纯化工作，确立了大萝卜主栽品种翘头青和水萝卜主栽品种小五英，一直到现在仍保持这两个萝卜品种的特点特性，并不断扩大面积，增加供种量，使这两个品种萝卜在全国的栽培面积越来越大，影响越来越深远。目前，该市农业科学研究院除继续抓好萝卜种的纯化工作外，还致力于抓好新品种的选育和选育适合于反季节栽培专用种，以适应不断发展的物质文化需要。同时，大连市种子公司还在该市的瓦房店、普兰店等市建立了大规模的良种生产基地，最高年份该市繁种面积达600余亩，产种总量6.0—7.0万公斤，主要推广到辽宁、山东、河北、陕西、甘肃、宁夏等省，栽培总面积达8.0—9.0万亩。501水萝卜种子生产田一般年份大约在400亩左右，产种量3.0万多公斤，水萝卜的推广面积较广，南到云南、北到黑龙江、西到西藏、东到江苏都有种植，栽培面积大约3.0—4.0万亩。

（二）制定地方生产标准，提高产品质量

为了提高萝卜的产品质量，该市制定了翘头青大萝卜和小五英水萝卜生产质量标准，经市质量监督部门批准实施，具体为：

翘头青大萝卜生产质量标准（辽大Q1350—84）

1. 来源：大连地区地方品种

2. 特征：叶簇半直立型，叶缘深裂，小顶叶少，叶色浓绿，肉质根长圆筒型，根小且尾部稍弯，入土部分最多占根长的20%，绿皮绿瓤，皮薄甜脆，不糠心，根重1.5—2.0公斤。不抽苔，品质好。

3. 特性：生育期90天，抗病性强，更抗病毒病，适应性广，是一个高产稳产品种。亩产3000—5000公斤。

4. 栽培要点：7月20—25日播种，10月20—25日收获。播种密度一般行距50厘米，株距20—30厘米，播种量每亩0.75公斤。

5. 繁种技术：采用大母本采种或半成株采种两种方法。

小五英水萝卜生产质量标准（辽大Q1351—84）

1. 来源：小五英水萝卜原是一农家品种，1951年由大连农业试验场整理蔬菜地方品种后命名。

2. 特征：肉质根圆柱形长12—14厘米，横径3.2—3.7厘米，皮红肉白色，肉质甜而脆，叶簇半直立，叶为无裂板叶，叶片绿色呈长倒卵圆形。

3. 特性：系早熟种不耐贮藏，生育期40—50天，抗寒性强，不易抽苔，不易糠心，一般亩产2000—2500公斤。

4. 栽培要点：露地栽培于3月下旬到4月初播种，1.1米畦种6行，株距10.0厘米，收获期5月上、中旬。

5. 繁种技术：株选老母本或春播采种法采种。

三、取得的成绩和荣誉

（一）栽培面积已成规模

翘头青大萝卜已成为该市地方优良品种，栽培面积占全市大萝卜的90%以上。1999年栽培面积83870亩，总产量19045万公斤。501水萝卜（小五英）为该市春种萝卜的主栽品种，1999年栽培面积12460亩，总产量1857万公斤。每年有近50%的水萝卜产品外运到吉林、黑龙江及省内的沈阳、丹东等地市场。

（二）生产技术不断提高

由于萝卜生产技术水平的不断提高，不仅面积逐年扩大，产量也逐年提高，而且产品质量一年比一年好。从八十年代后期开始，农民拉长播种期，延长萝卜的市场供应期，收到较好的经济效益。水萝卜也提早在大棚小棚内播种，使水萝卜收获期提前到春节。1987年该市参加辽宁省农业厅组织的蔬菜高产竞赛活动，取得了很好的成绩，参赛的翘头青大萝卜小面积项目以其产量高、质量好等多项指标在全省名列前茅。

（三）坚持抓好品种纯化工作

该市科研单位和种子部门，始终坚持萝卜种子的提纯复壮和优化工作，大连市农业科学研究院多年来一直坚持水萝卜的杂交制种和优良品种的纯化工作，用大连小五英水萝卜为亲本，通过杂交繁育出的501水萝卜，其栽培面积很大，深受广大菜农和消费者的欢迎。大连市种子公司坚持每年对翘头青大萝卜进行株选纯化工作。保证了翘头青大萝卜的优良种性，使其不断扩大栽培面积。

四、发展设想

以国内外市场为导向，以经济效益为中心，进一步纯化翘头青大萝卜和501水萝卜的特性，逐步繁育出能够适应国内外市场需求的、栽培地区更广、对气候条件要求不严的优良品种，扩大栽培面积，提高反季节栽培比例，达到优质、高产、高效的目的。

辽宁省盘锦北方农业技术开发有限公司

盘锦北方农业技术开发有限公司坐落在辽宁省盘锦市的鱼米之乡——大洼县城。

公司以培育推广高产优质水、旱稻良种为己任，旨在不断提高中国北方水、旱稻产量，同时促进水、旱稻育种事业的自身发展。公司科研成果卓著，社会效益巨大。公司总经理许雷，是全国著名水稻育种专家、全国人大代表、研究员、博士。兼任美国经济发展集团公司客座研究员、中国北方水稻良种推广协作网网长、中国农垦北方稻作协会秘书长、中国稻米编委会委员、辽宁省农村经济发展促进会常务理事、辽宁省盘锦市政协常委等职。他从事水、旱稻育种研究33年，“七五”至“八五”期间，主持国家水稻重点课题3项，省、部级水、旱稻重点课题5项。“九五”期间，继续主持国家及省、部级水、旱稻重点课题。他经过多年辛勤努力，总结并创造出具有较高价值的快速育种法——“人工选择规律及性状相关选择法”。应用这一方法，先后主持选育出生产应用的辽盐系列水稻新品种（系）24个，雨田系列水稻新品种（系）8个，旱稻新品种（系）25个，特种稻新品种（系）6个。其中有10个水稻新品种经省级鉴定、审定，有4个水稻新品种经国家审定。成果中，有1项获国际最高金奖；2项获优质米水稻品种国际名牌产品奖；2项获国家重大科技发明三等奖；1项获国家金奖，3项获国家银奖；6项获省、部级科技进步二等奖；12项获市（厅）级科技进步二等以上奖。他选育的辽盐系列水稻新品种已被国家列为“九五”重中之重推广项目。“七五”至“九五”期间，辽盐系列、雨田系列水稻新品种已在辽宁、华北及西北等稻区累计推广1亿多亩，增产稻谷60多亿公斤。增收90多亿元。

公司总经理许雷已发表论文30余篇，系论著《水稻栽培》、《水稻生产技术问答》、《农作物医生手册》、《北方农垦稻作》主要编写者之一。为《中国北方粳稻品种志》、《农垦北方稻作新技术》第一副主编。由于他工作积极、政绩突出，成果显著，自1989年以来，连续11年被盘锦市评为先进政协委员。多次被评为省、市优秀科技工作者及优秀盟员。先后获得国家级专家，全国农业科技推广先进个人，中国当代科技之星，全国农垦系统科研先进个人，辽宁省劳动模范，辽宁省民主党派为经济建设做出突出贡献先进个人，辽宁省优秀企业家，辽宁省优秀专家等称号。1991年享受国务院政府特殊津贴。

公司许雷培育的辽盐系列，雨田系列粳型水稻新品种主要特点是：（1）米质优：经国家农业部米质化验分析，米质各项指标达到或超过国家部颁优质粳米标准，具有外观品质好，适口性佳，商品价值高等特点。（2）高产稳产：试验产量均比同熟期的对照品种增产8—20%；生产应用一般增产550—750公斤，最高亩产1150公斤（新疆），可比当地同熟期品种增产10—20%。（3）抗性强：

对水稻各种病害均为中抗以上，具有耐盐碱、耐旱、耐肥、抗倒、耐寒及活杆成熟不早衰等特性。(4) 生育期在辽宁为152—160天。适于在辽宁、华北及西北等稻区种植。

公司主要品种有：特优米高产品种辽盐9号、辽盐12、辽盐241、雨田10、雨田11、雨田17；优质高产多抗品种雨田1号、雨田2号、辽盐6号、辽盐16、辽盐28—51、辽盐283；耐盐高产品种辽盐2号、雨田3号、雨田6号；超高产优质糯稻品种辽盐糯、辽盐糯5号、辽盐糯10号；优质高产香稻品种辽香糯1号、辽香糯2号、辽黑稻1号、辽黑稻2号；高产多抗旱稻品种辽旱1号等15个。

目前，由于国家实行粮食优质优价政策，广大人民群众对优质米的需求也越来越迫切。因此，推广优质米水稻良种及生产优质大米势在必行，也是现时良好的发展机遇。这对发展"两高一优"农业，加快水稻产业化的步伐，满足国内外市场对优质大米的需求，增加稻区农民收入，提高人民生活水平，都有着十分重要的意义。因此，该公司计划在"十五"期间实施"雷"字牌《优质米水稻种子及稻米精品工程》是完全必要和可行的。

实施"雷"字牌《优质米水稻种子及稻米精品工程》的指导思想是，以国内外市场为导向，以科技为先导，以优质、高产、多抗三位一体为目标，以基地为依托，以经济效益为中心，按照市场牵龙头，龙头带基地，基地连农户的方式，积极推进"育、繁、推、加、销"一体化进程，使水稻生产再登上一个新的台阶，为完成2001年至2005年计划做出新贡献。

公司经营的水稻、旱稻、特种稻品种，原种和一级良种，纯度高、净度好、价格合理。编织袋定量包装，印有"雷"字牌商标，严防假冒。公司全体职工愿与国内外各级农业干部、农业科技工作者及广大农民朋友结成真朋好友！请认准"雷"字牌商标。

单　　位：盘锦北方农业技术开发有限公司
地　　址：辽宁省盘锦市大洼县
电　　话：0427—6868074（办）6863074（传真）
邮　　编：124200

辽宁省朝阳市（南瓜、小杂粮）

〔南瓜〕　朝阳，塞北大地上的一颗璀璨明珠，历史悠久，文化灿烂，资源丰富，地域广阔。特别是由于独特的地理位置和气候条件，农业名、优、特、新产品众多，并以其独特品味而享誉海内外，受到好评。

朝阳栽种南瓜历史悠久，所产南瓜品质上乘。近年来，朝阳市委、市政府为了搞好农业经济结构调整，把南瓜做为朝阳市农业脱贫致富奔小康的拳头项目来抓，收到了显著的效果。从1997年开始，南瓜的种植、加工、销售形成了产、供、销一条龙的主导产业。该项目龙头企业喀左县农产品出口贸易公司励精图治、内引外联，历经三年发展，终于使南瓜产业在全市蓬勃发展起来；真正形成了"公司+基地"的产业化经济模式，带动了全市农业经济的进一步发展。

朝阳市于1997年开始开发南瓜产业，由喀左县农产品进出口贸易公司作为龙头企业主抓这一项目，当年种植南瓜1500亩获得成功，综合亩效益达1140元，比同等地力条件下大田作物纯增收370元。1998年生产基地扩大到1.7万亩，总产白瓜籽1100吨，实现产值1050万元，综合亩效益960元，总社会效益达1630万元。1999年，全市落实南瓜种植面积2.5万亩，辐射2.1万农户。同时，龙头企业以定单合同为突破口，对基地生产全面实行合同化管理，保证生产物资供应，保证价格，保证收购；为了确保南瓜生产丰收，龙头企业还以科技服务为切入点，强化指导力度，为农户提供全程系列化科技服务，解决农户的后顾之忧。

在南瓜生产得到发展的同时，龙头企业喀左县农产品贸易公司也得到了不断的充实壮大，现已拥有正式职工30名，公司下设行政办公室、南瓜研究所、基地生产办、驻大连、上海商贸办事处，注册资产300万元，公司总占地面积7000平方米，厂房面积1600平方米，总资产595万元，固定资产净值500万元。公司总负债80万元，资产负债率13.61%，2000年经辽宁省信誉评级委员会评审，被评为AAA级信誉等级企业。公司同时还拥有自营出口权，可同时经营农副产品种植加工、购销、外贸出口等项业务。

公司为了搞好南瓜生产系列化产品生产，于1999年还申请注册了"南泥湾"牌南瓜系列产品的品牌，并开发生产了南瓜粉等系列化保健品，产品一投放市场就呈供不应求之势。

公司在多年的商贸工作中，已同国内外几十家客商建立了良好的外贸关系，形成了较强的产品出口能力。1999年，仅中东地区一家外商就签订了3000吨南瓜籽出口意向合同。

2000年初，中国特产经济开发办公室的领导和专家亲自来到朝阳市，对朝阳的南瓜生产加工情况进行了严格的检查，在考评了喀左县农产品进出口贸易公司的南瓜生产加工情况和全市的南瓜生产种植情况后，批准其为"全国南瓜种植（系列加工）喀左基地"。使朝阳市的南瓜种植系列生产加工项目直接纳入到国家特产经济开发办公室的领导范畴。

2000年，全市的南瓜生产基地规模已扩大到3万亩，预计产南瓜籽1800吨，加工瓜壳系列产品6万吨，创产值2470万元，可实现利税160万元。

喀左县农产品贸易公司总经理韩国江，精通经贸和南瓜种植生产加工业务，对工作精益求精，白手起家，为公司的发展做出了重要的贡献。

在抓好南瓜系列生产加工和基地工作中，朝阳市委、市政府深谋远虑，瞄准国际、国内两个市场，从高起点入手，加快农业产业结构调整步伐，针对该市农业特产业实际情况，优化结构，培植主导产业。将南瓜生产连续两年纳入到全市的农业产业化重点项目之中，项目由市委书记张传庆、市政府副秘书长、市农委主任赵瑞和喀左县委书记韩军亲自包扶，为项目在全市的推广发展奠定了坚实的基础。在包扶项目中，几位领导多次深入到项目单位和基地检查工作，帮助解决资金、物资、技术等问题，并对项目的发展作出指示，有力地堆动了项目的发展。

为了进一步扩大南瓜籽龙头企业和生产基地规模，朝阳市制定了南瓜生产系列加工五年发展规划，到2004年，南瓜生产基地由现在的3万亩发展到5万亩，同时实施南瓜产业的纵深开发，由喀左县农产品贸易公司开发生产南瓜花、南瓜果酱、南瓜饮料等系列保健品，形成主体全面的南瓜产业化。可生产南瓜籽1500吨，南瓜粉500吨，其它南瓜保健品1000吨，可获产值5000万元，利润400万元，税金380万元。到时，南瓜产业一定会成为该市农业特产业发展的支柱产业。

〔小杂粮〕 朝阳，地处辽西走廊，是关内通往关外的交通要道。属沿海向内蒙古高原过渡的阶梯近海分界地带，是温带亚干旱大陆性季风气候，主要气候特征是：光热资源丰富，日照充足，雨热同季，昼夜温差大，年平均太阳总辐射量在508—605千焦耳/cm^2，全年日照时数2800—2900小时，年平均气温为8.1℃—8.9℃，年降水量为416—580mm，≥10℃有效积温为2800℃—3600℃。

由于朝阳的地理概貌为“七山一水二分田”，在山坡地，十分适宜种植红小豆、绿小豆、黑豆、荞麦、黍子和优质谷子等“杂粮、杂豆”作物，所以历史上，朝阳就有盛产“两杂”和优质谷子的历史。特别是近年来，“两杂”作物和优质谷子作为具有保健功能的绿色食品，在国内外市场上十分畅销，深受广大消费者欢迎和喜爱，产量也呈逐年上升之势。1999年全市种植“两杂”作物30万亩，总产量1.7万吨，其中，杂粮22万亩，总产量1.4万吨，杂豆10万亩，总产量0.3万吨，商品产值3878万元。用朝阳生产的优质谷子加工而成的优质小米，粒大圆满，色泽晶莹剔透，状似珍珠，营养丰富，蛋白质含量高于大米、玉米、高粱，脂肪含量高于大米和面，饱和脂肪酸、亚油酸、蛋氨酸及维生素、微量元素含量非常丰富。与绿豆一起煮制稀粥，具有防暑、败火之奇特功效，更有补气、健胃、安眠的独特疗效。在清朝曾被指定为御用贡米。1999年朝阳市小米种植面积80万亩，亩产约100公斤，总产量7万吨，总产值1.6亿元。现在朝阳市已有“清廷贡米、帅晶、珍珠贡米”等品牌的经过加工的小米，配以朝阳的绿豆上市，在市场上十分畅销。

朝阳市为了发展好小杂粮，近几年来，根据市委、市政府农业适应性调整、战略性调整的工作方针，把发展小杂粮作为产业化重点项目来抓，采取了以下几项措施：

一是规范品种。过去发展小杂粮品种杂乱，农户种植时随处购买种子，生产之后，只是为了自己食用或馈赠亲友。为此，市里组织有关部门和科研单位从众多的品牌里筛选出适合本地种植的品种进行推广种植，如生产小米的品牌有“龙丰谷、黄珍珠”等。经过几年的种植，以上品种在该市已形成大面积种植的优势。

二是实行绿色食品标准生产。从1988年开始，该市对小米、绿豆等小杂粮从大气环境、土壤、肥料、药物施用上均采取绿色食品生产标准进行生产，严禁使用化肥、化学农药，大气质量标准要达到一级。小米还在1999年通过了辽宁省绿色食品办公室的绿色食品认证。

三是加大产业化推进力度。为了搞好“两杂”的推进力度，市政府将发展“两杂”作物，纳入到市里的农业产业化重点项目之中，连续两年分别将开发绿豆生产和小米生产深加工列入到市级20个农业产业化重点项目之中，指派有关部门专门包扶项目。引进先进的加工设备，建设高标准生产线。朝阳所属的北票市食品厂用朝阳生产的绿豆生产的绿豆糕，口感好，营养丰富，外型美观，耐贮存，是盛夏老人、儿童避暑降温的极佳食品。朝阳生产的“帅晶、清廷贡米、珍珠贡米”牌优质小米每箱精包装10斤小米，另附加1斤绿豆。该产品已成为市场上畅销产品。同时还生产了粥用、饭用等10个“两杂”系列产品。

四是组建营销队伍，创立名牌产品。朝阳虽然是小杂粮之乡，但由于多种原因，小杂粮在国内外市场上一直处于“养在深闺人未识”的状态，因此，市委、市政府加大了营销力度，组织专门人员外销产品，将产品打入北京、上海、大连等国内外市场。同时，申请注册商标品牌，稳固地占领市场。

在今后搞好小杂粮种植过程中，朝阳市委、市政府的工作思路：一是加大资金投入力度；二是采取与科研院校院所联合，聘请专家，进一步加大“两杂”更新换代力度；三是进一步抓好产业化生产。制定规划，进一步开发具有地方特色的新产品。形成完整的绿色农业产业化链条，通过龙头企业建设，带动“两杂”基地建设；四是进一步建好市场体系，树立品牌意识，创立在国内外知名的小杂粮品牌。申报绿色食品品牌。还要加强信息网络建设，利用因特网等进行产品宣传、销售，使该市的“两杂”产品不断地上规模、上档次、上质量、上效益，真正成为我市农业的支柱产业，大力发展小杂粮、小杂豆，做好用“两杂”带动朝阳农业脱贫致富奔小康这篇大文章，使朝阳成为国内外知名的“两杂”生产基地。

〔马铃薯〕 朝阳市位于辽宁西部海洋性气候向大陆性气候过渡的区域内，海拔高、气候爽，昼夜温差大，日照充足，病虫害轻，生态条件、气候特点、水利资源、土地资源都较适合马铃薯的生产和大面积栽培开发。特别是所辖的建平县更是具有得天独厚的自然条件和长期栽种马铃薯的历史，到1999年底全县栽种马铃薯13.9万亩，产马铃薯2500万斤，已成为该县的主导产业。2000年马铃薯的栽种面积突破26.6万亩，其产品远销全国各地。2000年3月经中国发展促进会派专家审查被命名为：“中国建平马铃薯生产基地”。

几年来，建平县委、县政府认真贯彻朝阳市委提出的“两调整、四优化”调整农业种植结构的方针，以科技为先导，积极推广地膜马铃薯栽培，大垅双行栽培和良种繁育技术，达到了国内领先水平。获得了显著的经济效益，按1999年产地价格每公斤马铃薯0.60元计算，亩产2000公斤，亩收入达1200元，其投入产出比达1:4，其亩效益是大豆的2倍，小麦的3.4倍。

建平生产的马铃薯品质好、皮薄、着色金黄，外观美观、淀粉含量大，食用口感好，易储存，深受广大消费者的欢迎。产品供不应求，随着马铃薯生产基地的不断扩大，马铃薯深加工也初具规模，目前，全县已有数百个加工马铃薯淀粉和粉丝加工厂，年加工转化马铃薯已达3万吨。另外，投资5000万元的全国最大的马铃薯加工企业宁夏宏伟集团食品有限公司已在建平建成并投入生产，年加工马铃薯5万吨，年生产淀粉0.8万吨，马铃薯产业化生产规模已初步形成。

为了做好马铃薯产业化发展的这篇文章，建平县委、县政府以市场为导向，以科技为先导，根据本地的实际情况制定了建平马铃薯生产发展规划。

首先，加强种薯基地建设。要从根本上解决由于马铃薯种薯容易混杂退化，导致马铃薯单位面积产量低的问题，建设马铃薯种薯繁育基地，通过建设脱毒培养室、化验室、病毒鉴定培育温室，购置仪器设备生产脱毒原种，达到生产无病健康优质马铃薯种薯。提高马铃薯的抗病性。

其次，建设鲜食生产基地，进行反季种植，靠“早”字提高效益。通过选择早熟优良品种，采用大垅双行整薯覆膜栽培，在六月中旬上市，下茬栽种大白菜，扩大马铃薯种植面积提高马铃薯复种指数，增加经济效益。

第三，接长产业链，搞好马铃薯深加工。现有的数百家小作坊，由于设备老化，生产能力低，急需改造。要将老设备全部改进，实现机械化加工生产。

第四，创立名牌产品，拓宽销售渠道。为增加市场竞争能力，要按绿色食品生产标准，对马铃薯生产进行管理。申请注册品牌商标。成立马铃薯协会和市场营销队伍，逐步完善服务网络。积极推广小包装、精包装。生产深加工更新换代产品。

“中国建平马铃薯生产基地”的建设，推动了马铃薯产业化的发展。相信经过努力，建平基地生产的马铃薯一定会冲出国门，走向世界。

吉林省大安市西大洼乡（白芝麻）

在美丽富饶的松嫩平原上，镶嵌着一颗璀璨的明珠，它就是吉林省大安市。古老的嫩江自北向南穿流而过，全年通航期180天，大安港素有“黄金水道”之称。通让铁路线、长白铁路线和长白公路线于大安交会，牢牢地确立了它在吉林省西部交通枢纽的重要地位。

西大洼乡地处大安市区西南，距市区仅5公里，有柏油路与市区相通。全乡幅员面积15061公顷，其中，耕地面积3120公顷，水域面积9211公顷，总人口1.23万，总劳动力5303人。

良好的生态环境，便利的交通条件，优越的地理位置，丰富的劳动力资源，为该乡经济和社会各项事业的发展提供了得天独厚的条件。

西大洼乡是以种植业为主的农业大乡，肥沃的黑钙土适宜多种农作物尤其是白芝麻的生长。长期以来，白芝麻一直是该乡独具特色的农产品，不仅历史悠久，而且品质上乘，深受省内外客户的欢迎。为适应农业和农村经济结构调整的需要，从1998年开始，该乡扩大了白芝麻的种植面积，现在，全乡年产白芝麻5000余吨。为了满足广大消费者的需求，部分产品现已定量包装（500克/袋），并申请了绿色产品标识，市场前景十分广阔。经过近几年的精心培育，白芝麻已经成为当地经济发展的支柱产品，并在很大程度上辐射带动了周边乡镇芝麻种植业的发展，愈来愈呈现出良好的产业化态势。

芝麻亦称“脂麻”、“胡麻”、“油麻”，一年生草本植物，原产于非洲，中国南北各地均有少量栽培，是主要的油料作物之一。西大洼生产的白芝麻具有含油量高，营养丰富，无污染的特点，被誉为“关东大地上的一朵奇葩”。经过有关部门检测，该乡生产的白芝麻的含油率高达40%以上，而且富含人体所必需的氨基酸、蛋白质及钙、磷、铁等多种微量元素，是目前国内乃至国际市场上不可多得的保健食品。它具有补肝肾、润燥之功效，经常食用，可强身健脑，益寿延年。

基于白芝麻的上述特点，它的用途十分广泛。种子可以用来提取高级食用油，附产品可以加工成芝麻酱，都是当前市场上非常走俏的商品；种子还可用于制做各种主食、糖果、糕点等，是食品工业不可或缺的重要原料，芝麻的茎、叶、花均可用于提取芳香油，具有相当高的经济价值，芝麻真可谓全身是宝。

为了进一步发展壮大芝麻产业，促进产业升级和产品升级，该乡正在努力寻求一条依托特产资源优势，逐步形成产业优势和产品优势，富乡裕民，发展效益农业之路。诚招各地经销商和生产厂家洽谈新品种开发，产品购销和芝麻深加工等合作项目，愿本着互惠互利，长期合作的宗旨和逢山开路，遇水搭桥，一路绿灯的原则，与各届有识之士携手共创芝麻产业的辉煌。

通讯地址：吉林省大安市西大洼乡政府
邮政编码：131313
联系电话：0436—5310001　0436—5226423
13904365423
传　　真：0436—5310001
联 系 人：张国维

黑龙江省

〔综合〕　黑龙江省地处祖国边陲，地势平坦，土壤肥沃，是世界著名的三大黑土地之一。全省现在耕地面积13800万亩，人均占有耕地3.6亩，总面积和人均占有量均居全国第一位。且土地集中连片，适于大规模集约化经营。适宜种植玉米、小麦、大豆、水稻等粮食作物以及马铃薯、甜菜、亚麻、烤烟等经济作物，其中大豆、甜菜、亚麻、马铃薯的种植面积和产量居全国首位，粮食商品率达60%以上。牧业生产条件优越，宜牧草原约6500万亩，是中国三大草原之一。主要饲养奶牛、改良黄牛、猪、羊等，是中国重要的奶制品生产基地。江河、湖沼、库塘、沟渠等各种水面3495万亩，宜渔水面300万亩。

改革开放以来，特别是进入90年代以来，黑龙江省农业和农村经济进入了一个新的发展时期。粮食生产取得重大突破。1999年粮食生产总产量增加到620亿斤，再创历史最好水平。种植业结构调整步伐加快。优质高效面积增加，高产低质品种减少，粮经饲三元种植结构由上年的83.2:16.5:0.4调整到79.8:19.2:1，是近几年种植业结构调整幅度最大的一年。2000年，全省各类农作物优质品种面积已发展到9800万亩，占总播种面积的70%；高蛋白、高脂肪专用品种大豆和高淀粉、硬粒型玉米品种面积分别达到1800万亩和1600万亩。亚麻、烤烟、双低油菜、红小豆、彩色青椒等已成为农民竞相追逐的热点，面积成番论倍增长，优质化率大幅度提高。特色农业和绿色食品产业全面发展。以杂粮、杂豆、特菜、北药和山产品为重点的特色农业初具规模，有的形成了较明显的区域特色和市场竞争特色。全省特色作物种植面积已达2000万亩，绿色食品监控面积750万亩。与龙头企业紧密相连的特产生产基地已具雏型，其中，奶牛、生猪、大豆、马铃薯、绿色食品等基地显现了黑龙江独特的区域优势。以农副产品加工为主的龙头企业已发展到600多家，形成了有一定带动能力的企业群体，有些企业已跻身于国内同行业前列。畜牧业发展进入了一个新阶段。畜牧业产值达到152.4亿元，占农林牧渔业总产值的32.9%，三分天下有其一。奶牛生产居全国前列，肉毛兼用羊特克赛尔、美丽奴、夏洛来以产肉率高、经济效益好而闻名全国。水产养殖业呈现快速发展的势头。全省水产品产量达到32万吨，比上年增长11.4%，已成为黑龙江农业和农村经济的支柱产业之一。

哈尔滨老鼎丰糕点厂

一、单位简史

早在二百年前（1757年），乾隆皇帝二下江南，在古城绍兴巡访时，品尝一家果匠铺的点心，觉得风味独特，欣悦提笔，钦赐“老鼎丰”三个大字。自那以后，老鼎丰点心便成了贡品，并以南味正宗名点传遍大江南北。从此，老鼎丰字号的果匠铺如雨后春笋，出现在中华大地上，据说在全国各地有数百家，仅哈尔滨就有七家。

现在哈尔滨老鼎丰，1911年开业，当时位于哈尔滨道外正阳三道街（今靖宇大街216号），至今已有89年的历史。当时称“老鼎丰南味货栈”，一面卖南味干鲜食品，一面自制自销南味点心，可谓生意兴隆。后来，东北沦陷，民族危亡，加之伪满当局限制民族工业发展，致使老鼎丰倒闭。解放后，工业复苏，老鼎丰点心又重新叫响。直到新中国成立以后，特别是改革开放以来，老鼎丰才得以迅猛发展。

1972年，在徐玉铎厂长主持下，老鼎丰移地建厂，人员增加，设备配套，产量增长，质量创优，花样翻新，在不断创新品种花样中求发展，从而形成产品系列化，香型系列化，营养、滋补系列化，做到年年有新发展、新突破和新成就。每年上缴利税百万元，多次获得殊荣，被国家有关部门命名为“中华老字号”，成为全国惟一的一家有200多年历史的老鼎丰糕点名厂。

二、工厂基本情况

工厂现今占地面积4000多平方米，厂房面积2939平方米，各种设备29台套，现有职工90多人（不包括离退休人员)，日产量3000公斤，年上缴利税超百万元（1998年为113.4万元，1999年上缴利税123.8万元)。

老鼎丰月饼被评定为国优、部优称号很多。特别是徐玉铎亲自制作的老鼎丰月饼，久负盛名，誉满九洲。川酥月饼、蜜制百果月饼等品牌，被评为国优。蛋糕、油酥小水果点心、一口酥、开口笑等八种品牌，被评为部优，另有儿童奶油果脯、蛋糕、长白糕、萨其玛等六种品牌评为省优，同时，老鼎丰的全部糕点，上千个花样品种，均获黑龙江省和哈尔滨市的名牌，其中月饼66套，217个品种花样评为哈尔滨十大名牌。

老鼎丰的月饼名品，不断获得国家银奖、金奖。1994年全国100家月饼精品评比中，老鼎丰月饼获得精品第一名。专家们对其精品月饼称赞不已。老鼎丰月饼已经形成自己的质、型、色、味、香的独特风味。其选料精良、配方科学、工艺独特、皮馅均匀、造型多样、品种繁多、色泽鲜艳、花纹清晰、香甜酥松、清淡爽口、回味绵长、柔软细腻、富有弹性。徐玉铎不断创新，使月饼糕点生产品种不断更新换代，深受黑龙江人民欢迎。

许多消费者称赞说：“东西南北中，月饼还是老鼎丰”。有的全国性报纸专访文章高度评价：“老鼎丰月饼是精品中的精品，也是中华传统糕点精华之体现”。

徐玉铎1932年生于山东招远县。1942年逃荒到哈尔滨，1946年在老鼎丰糕点厂学徒，做工人，当指导员，1958年任国家级糕点技师，1972年任厂长至今。52年来，他对糕点工业做出了很大的贡献。徐玉铎发扬传统，坚持创新，无私无畏，历尽艰辛，保留下来天下“独此一家”的老鼎丰；徐玉铎继承和创造了上千个花样品种糕点，为哈尔滨糕点行业争了光；徐玉铎一直保持和发扬艰苦创业的精神。他坚持原则，奉公守法，勤俭办厂，既不断扩大再生产，又不断提高职工生活水平。改革开放以来，老鼎丰成为哈尔滨糕点行业中的“常效”企业。近十年间，到1999年末上交国家利税981万元，为国家积累固定资产相当于七个老鼎丰。同时职工收入人均为同行业中的第一位。徐玉铎在技艺上继承和发扬老鼎丰糕点的传统风味，而且还集全国各地糕点之精华，研制出适合北方人口味的“甜中有咸，咸中有甜”的哈尔滨式糕点，受到广大消费者的欢迎。他做的糕点有的入口即酥，食而不腻，有的软而不黏，甜度适口，老少皆宜。徐玉铎是哈尔滨老鼎丰的第三代传人。他精心培育的徒弟众多，可谓花枝满林，他经常到全省乃至全国各地交流技艺。1987年他还受国家有关部门委派，远渡重洋到日本扎幌市做短期大学讲学，传播悠久的中华食品文化。徐玉铎获得许多荣誉。1958年至今，连续42年被评为省、市劳模，连续30年被选为市、区人民代表，被黑龙江省评定批准为高级工程师，国家有关部门命名为“月饼大王”，并是国务院科技津贴获得者。他还是中国优质食品评定委员会名特糕点组组长，中国中式糕点优质食品评定组组长。他是社会上公认的糕点行业名人。

三、各方面发展成就

这些年来，“老鼎丰”的名字，已经成为哈尔滨市、黑龙江省乃至全国糕点行业老字号中一颗璀璨的明星。

第一，“老鼎丰”的糕点生产量有了大幅度的增长。刚建厂时，老鼎丰平均日产才几十斤，最多时也不过50公斤；30年代，日产不足100公斤；70年代，“老鼎丰”日产300公斤；而现在，日产已达到3000公斤，1999年生产销售206万公斤（1030吨)，人均产量在同行业中名列前茅。

第二，新产品，新品种大幅度增加。过去“老鼎丰”品种单一，60年代才140多个品种花样。经过徐厂长多年亲自研制和创新，产品品种，产品规格，形状，产品系列化都得到增加发展，如月饼传统生产品种花样，过去只有十几个，1999年发展到200多个品种花样；过去味道单一，现在开发8大系列、11个香型。月饼过去都是一个样，现在月饼形状开发，有圆型、长方型、梅花型、方角型、扇型、水果型、五边型、菱型等50多个型状。糕点过去生产品种花样只有140个，经过十多年的研制“创新”，1985年达200个品种花样，1991年为460个品种花样，到1999年开发到上千个品种花样，其中月饼八大系列66套217个品种花样，糕点七大类11种香型。工厂采取循环生产上市，产品品种结构向低糖、低脂肪、高营养、多品种方向发展，现在高档占60%，中档占40%。老鼎丰糕点、月饼有国优二个，省优、部优16个，1994年糕点、月饼被黑龙江省17单位全部评定为“省名牌产品”。1994年，月饼被哈尔滨消费者评为“哈尔滨名牌”月饼，1994年被评为“全国精品”100种中的第一名。“老鼎丰牌”糕点月饼被评为黑龙江省著名商标，著名品牌，驰名国内外。

第三，为国家创造了良好的经济效益。过去，“老鼎丰”生产量少，工艺落后，人均利税低；现在，年产量、利税都有新发展，现今企业无贷款、无内债、更无外债，而且年上缴利税超百万元，1998年上缴113.4万元，1999年上缴123.8万元，成为同行业的利税大户。

第四，职工的收入不断提高。从1985年到1999年的十多年间，职工的人均年收入由1370元提高到1999年的8900元。全厂职工没有困难户，离退休职工都不拖欠工资，老鼎丰确保了安定团结的局面。

第五，职工文化技术水平的不断提高。现在职工中有高级职称1人，中级职称12人；中级水平占全厂65%；五级工以上者占全厂的80%，全厂技术水平有了空前提高，从整体上提高了企业竞争力。

第六，企业获得了巨大的发展。老鼎丰厂过去有厂房160多平方米，现在已扩大到2939平方米；设备由11台(套)增加到29台(套)，固定资产由过去的几万元达到现在195万元，大幅度增加，使企业有了后劲。

第七，党和政府高度重视“老鼎丰”。到1999年先后授予17个光荣称号。

老鼎丰糕点厂经济状态如此之好，归根结底就是科技含量高，有一个过硬的班子，有一支技术职工队伍，有一个好的带头人。

四、今后的发展方向

如何使“老鼎丰”各项经济指标在目前的水平上再翻一番，根据工厂的发展规划，争取在2005年，企业再有一个长足的发展，各项经济指标在现在的基础上，再有一个较大的发展。这就要大胆开拓，创造性地工作，在糕点市场上有所作为，并力争在原来的基础上再开发新品种，以新、奇、特的风味和高质量，争取市场。在发展方向上努力提高专业化水平，走“小而专”、“小而精”、“小而特”、“小而优”的路子，工厂愿与各界朋友投资与技术合作，跨入新世纪，创造美好的未来，获得更大的经济效益。

联系地址：哈尔滨市老鼎丰糕点厂
电　　话：0451—8385113
电　　挂：1424　邮编：150020
传　　真：(0451) 8302541
联 系 人：法人代表、厂长：徐玉铎，副厂长：郭景华

黑龙江省杜尔伯特蒙古族自治县（绿豆之乡）

〔概况〕　位于东北平原，嫩江之滨的杜尔伯特蒙古族自治县，是黑龙江省惟一的少数民族自治县，总幅员6176平方公里，辖11个乡镇、12个农林牧渔场、125个行政村，居住着蒙古、汉、满、回、达斡尔等17个民族，总人口24.7万人。该县历史悠久。公元15世纪，元太祖成吉思汗之弟哈布图哈萨尔第十六世孙爱纳嘎率部游牧于此，以其分牧次序“四”而自称“杜尔伯特”部。清顺治年间，清廷在蒙古地主实行盟旗制，1684年将杜尔伯特部建为杜尔伯特旗，隶属哲里木盟。新中国成立后，经国务院批准，1956年撤销杜尔伯特旗建立杜尔伯特蒙古族自治县，曾先后隶属嫩江地区、齐齐哈尔市和大庆市。资源丰饶。这里属温带大陆性季风气候，平均海拔高度135—145米，年平均降水量400毫米，年平均气温3.6—4.4℃。年平均日照2852小时，无霜期168天。地貌结构为“五草二水一苇二分田”，草原辽阔，地势平坦，水域宽广，物产丰富，素有“天然宝库”之美称。大自然赋予了杜尔伯特纯净无瑕的天地，这里的自然资源从未受到过任何污染，被誉为“绿色的净土”。草、鱼、苇、药资源堪称黑龙江省“四大特色”。草原广阔，全县拥有天然草场496.6万亩，占总幅员的50.7%，每年产草130多万吨，宜牧草场可饲养大牲畜30万头（匹）；水域宽广，嫩江流经西境146.7公里，乌裕尔河、双阳河呈无尾状散流境内，形成大小湖泊201个，水面达205万亩，占总幅员的22.10%，养鱼水面140万亩。由于水质好，天然饵料丰富，盛产鲤、草、鲢、鳙、团头鲂、“三花五罗”等经济鱼类12科51种，水产品产量已连续11年超万吨；苇塘面大，拥有苇塘面积87万亩，占黑龙江省苇地面积27%。紫花苇、白花苇常年产量达15万吨，苇席、苇苫帘、苇箔等苇制品畅销国内各地；野生药材繁多，盛产防风、甘草、柴胡、远志、黄芩、桔梗、龙胆草、毛知母等野生药材129种，总贮量达1亿公斤。特产丰富，近几年来，根据土质、气候等条件，大力发展五大特色产业，即：特色种植业、特色畜牧业、特色水产业、特色加工业、特色旅游业，使县域经济得到了快速发展。

〔绿豆之乡〕　有着“中国绿豆之乡”称号的杜蒙县白音诺勒乡年产优质绿豆7000吨，所产“绿珍珠”牌有机绿豆，籽粒饱满，色泽纯正，是一种纯天然、无污染的高品质食品。它在生产、加工、贮藏和运输全过程中未受任何污染，符合国家食品卫生和食品行业质量标准。1988年，该产品取得了欧盟国际生态中心（ECOCERT）产品认证，并颁发了有机食品证书。

黑龙江省庆安县（绿色食品之乡）

庆安县位于黑龙江省中部，小兴安岭西南麓，是小兴安岭与松嫩平原交汇处，公路铁路四通八达，通讯便捷，城市基础设施完备。全县总人口36万，幅员面积5396平方公里，其中耕地面积153万亩，土质肥沃。境内三面环山，森林覆被率56.5%，九河汇流，河流发源于小兴安岭，水质清澈，素有“七山一水二分田”之称。从1993年开始，先后十次经中国绿色食品质量监督检验测试中心对该县的土壤、大气、水质检测化验表明，7项土壤指标，4项大气指标，加工用水和灌溉用水等项指标，均符合国家绿色食品生产标准，发展绿色食品生产具有得天独厚的生态环境条件。在1999年，先后被中国绿色食品发展中心批准为国家A级绿色食品水稻生产基地；被国家环保局批准为全国生态示范区示范县；在全国各县特色之乡活动中，被媒体誉为“中国绿色食品之乡”；并获得黑龙江省绿色食品生产先进县称号。

自1993年以来，庆安县委、县政府几届班子紧紧依托资源优势，把开发绿色食品作为发展质量效益型农业的切入点，作为牵动县域经济加快发展的新的增长点，大力实施绿色食品经济战略，坚持走市场牵龙头，龙头带基地，基地连农户，产加销、贸工农一体化的产业化的路子，建基地，强龙头，搞好三个“延伸”（从绿色食品大米向其它粮食和果菜产品延伸，从种植业向养殖业延伸，从粗初加工向精深加工延伸），加速绿色食品的深度开发、系列开发，收到了明显成效。

在基地建设上，坚持“布局区域化，生产专业化，经营规模化，管理科学化”的原则，合理规划，规范经营，利益引导，合同化生产，充分调动农民发展绿色食品的积极性，基地规模不断扩大。现已初步建成了以久胜镇、平安镇、丰收乡等水田乡镇为主的绿色食品水稻生产基地；以久胜镇、民乐镇等为主的绿色食品玉米、高粱生产基地；以庆安镇、元宝乡等为主的绿色食品瓜菜生产基地，全县共建成种植业、养殖业等基地47处。目前全县绿色食品产地监测面积已达到19万亩，2000年末可达到24.1万亩，其中绿色食品水稻发展到12万亩，大豆3万亩，蔬菜0.1万亩。

在龙头企业建设上，按照产业化的要求，上加工业建龙头，改组改造强龙头，组建集团壮龙头。先后对县粉米厂、庆泉酿酒集团等企业进行技术改造；新建了庆安哈慈天然食品有限公司等绿色食品加工企业，全县初步形成了以庆泉酿酒集团为主的绿色食品玉米、高粱深加工龙头；以庆安哈慈天然食品有限公司、县粉米厂为主的水稻加工龙头；以县植物油厂为主的大豆加工龙头，以庆安宏发农产品开发有限公司为主的蔬菜和山野菜加工龙头。全县年加工绿色食品水稻7万吨，玉米、高粱4.2万吨，大豆4万吨，年创产值2.42亿元，利税5300万元。

在产品开发上，针对消费者对绿色食品的需求，先后开发出绿洲牌精洁米，庆泉牌大高粱酒，七河源牌大米，健民牌玉米、高粱等2大类6个产品，并获国家绿色食品发展中心认证。2000年末，全县获绿色食品标志使用权的产品可达到3大类15个产品。

在市场开发上，本着立足国内，拓展国外的原则，在全国大中城市设立销售网点，七河源牌大米在北京、上海等超市每市斤售价高达7元，庆泉牌大高粱酒也已成功登陆上海超市，产品呈现出供不应求的局面。目前，该县的绿色食品不仅在国内市场占有一定份额，享有盛誉，而且远销俄罗斯、日本、韩国、新加坡、吉尔吉斯斯坦、保加利亚、匈牙利等国际市场，年创汇达1280万元。

在生态环境建设上，突出实施了“发展蓝天事业，构筑温暖工程”为主的大气环境净化工程；以植树造林治沟治坡、减少水土流失、保护植被为重点的小流域治理工程等多项环境治理工程。几年来，城镇内拔掉单位及住宅楼、办公楼取暖用烟囱69个，关闭“15小”企业3家，治理7条大岗，9条河流，4千余条水蚀沟，造林10万亩，使全县生态环境得到了显著改善，促进了社会、经济和自然环境的协调发展，实现了社会、经济和生态的和谐统一，为绿色食品生产提供了可靠保障。

经过几年来全县上下的不懈努力，该县绿色食品生产已初具规模，保护环境、积极投身绿色食品生产开发的良好社会氛围已经形成，绿色食品已发展成为该县的一大主导产业，成为农民致富、财政增收的主要途径之一，取得了显著的经济效益、社会效益和生态效益，实现了县域经济的可持续发展。1999年，全县绿色食品年直接增加产值1260万元，带动相关产业增加产值1108万元；全县农民增收2，860万元，人均增收100元以上；财政增收740万元，安置转移剩余劳动力1450人。

黑龙江省五大连池市（矿泉水之乡）

五大连池是1982年被国务院确定的对外开放的44个重点风景名胜区之一，素有“火山地质博物馆”和“天然火山公园”之称，1991年被评为全国旅游胜地“四十佳”，目前是国家级旅游线。五大连池作为集旅游观光、疗养度假、科学考察和资源开发等功能为一体的综合型风景名胜区，也是中国最大的低温矿疗养胜地，五大连池矿泉水则是世界三大冷泉之一，因成于火山，品质非凡，疗效神奇，世界稀少，故被人们誉为“神水”、“圣水”、“国水”，五大连池矿泉水可浴、可医、可饮，是矿泉水家庭所罕见。因矿泉水储量丰富，种类繁多，品质超群，口味独特，具有极高的生活饮用和医疗保健价值，1996年被国家有关部门评为“中国矿泉水之乡”，五大连池矿泉水也成为带动地方经济的新的增长点。

一、矿泉水资源现状

五大连池矿泉水特点如下：

1. 五大连池矿泉水是珍贵的火山矿泉。该矿泉出露于五大连池火山群中。其渗入水在地下贮留时间长，原生水年龄大于70年，次生矿泉水生成时间大于30年。它是深层地下水的天然露头，储量丰富，水质稳定，是天然、纯净的。

2. 它是不多见的碳酸冷泉。全年水温稳定在2—4℃，低温对碳酸型矿水十分有利，可使水中含有较多的游离二氧化碳。

3. 五大连池矿泉水是重碳酸镁钙型矿泉水，除镁钙外，钾的含量也较高。国外营养卫生界越来越重视重碳酸钙镁型矿泉水。法国维希塞莱斯厂矿泉水具有极高的重碳酸盐，以助消化闻名，但维希名泉含钠、氯、砷很高，相对含钾低，而五大连池矿泉水是属于重碳酸镁钙型矿泉水，并且富含钾、还含有微量元素、二氧化硅、砷含量适中，符合饮用水标准，是很珍贵的。

4. 含有人体必须或可能必须的14种微量元素：铁、锰、钡、锌、钴、钼、氟、碘、铜、铬、硒、矾、镍、砷等。并且这些元素含量适中，与人体血液中各种离子比例基本一致。

5. 含有的毒元素、放射性元素都没有超过国家饮用水标准，没有受到有机物的污染。

6. 五大连池矿泉水是著名的铁质矿水，在水体中主要是以二价铁离子状态存在，含量高达40mg/L，对缺铁性贫血有明显的疗效。铁是人体中不可缺少的元素，它与卟啉和蛋白质结合形成血红蛋白和肌红蛋白，具有运输和贮藏的作用，专家认为成年人每日对铁的摄入量为12毫克左右。铁大部分存在于血液中，铁缺乏时会出现贫血，而五大连池矿泉水富含二价铁离子，这是该矿泉水的一个显著特点。

五大连池境内现已发现有五条矿泉水带，其中二条已作过详细勘查。即：药泉山矿泉水带和东焦得布山矿泉水带，现正在开发利用的只有药泉山矿泉水带。

1. 药泉山矿泉水带。水质为铁硅质重碳酸镁钙型矿泉水。原生矿泉水储量为11.8万立方米，可直接转化为次生矿泉水70万立方米。该矿泉水带共有多处地表矿泉出露，包括南饮泉、北饮泉、翻花泉、南洗泉。原生矿泉水矿化度很高，达5克/升，二氧化碳14051毫克/升，再生能力为19立方米/昼夜；次生矿泉水（即正在开发利用的矿泉水），再生能力为112立方米/昼夜（40880立方米/年），矿化度为1克/升以上。在允许开采量的情况下可开采几十年。

在药泉山南侧，矿泉带西侧出露有二龙眼矿泉水，水质为偏硅酸型低温矿泉水，偏硅酸含量为30mg/L，在国家限定的偏硅酸矿泉水范围内经测定水质非常好，矿化度在0.7克/升，清凉可口，无任何污染，溢出量为6652.8立方米/昼夜。

2. 东焦得布山矿泉水带。水质为铁硅质量碳酸矿水，矿化度为5克/升，矿泉水埋藏面积为60平方公里，钻孔单口昼夜溢出原生矿泉水量为157立方米，水质好、无污染是五大连池矿泉水加工业的第二水源地。

3. 尾山矿泉水带。为碳酸型矿泉水，储存量大、无污染、水质好，详细情况有待于进一步地质勘查。

4. 火烧山矿泉水带。为重碳酸型矿泉水，附近无工业或居民点、无污染、水质好，详细情况有待于进一步地质调查。

5. 宝龙泉矿泉水带。此矿泉带有偏硅酸型矿泉水，偏硅酸含量在国家限定的范围内，水质好、无污染，昼夜涌出量达1.2万立方米以上。

二、开发情况

到90年代，五大连池矿泉水开发初具规模，共有矿泉水厂23家，总设计生产能力145万吨。五大连池矿泉水也获得了诸多殊荣，创造了五大系列20多个品种，产品销售半径基本辐射省内市场，部分远销到上海、广州、北京等大城市，少量打入了韩国、日本、俄罗斯等国际市场。

三、下步展望

矿泉水资源是世界级品质，应该加强资源保护、实现永续利用，坚定实施大集团开发战略的信心不动摇；并通过大集团开发实现国际矿泉饮料城的构想，逐步把规模扩大，把产品搞优，把知名度提高，把市场拓宽，一业带动百业；并依据思想大解放，社会大开放，经济大联合的总体方针，采取多种经营机制，加大招商引资力度，加快矿泉水开发步伐。一是努力改善投资环境。在投资政策、管理环境、生活环境、政治环境方面给投资者提供优惠和方便。二是加强矿泉水资源的保护工作。制定矿泉水防止污染和环境保护规划，坚持经常的水质监测工作，保护矿泉水不受任何污染。三是克服本位主义的思想。努力招商引资搞好开发。四是在引进或与大企业联合开发时，搞拼凑式的集团形成以资本为纽带，以合同为契约，运用市场机制，调整结构，优化配置，集约经营、规模发展的“跨”字头，“大”字号企业集团。

黑龙江阿城市（大米之乡，北方名酒之乡，大蒜之乡）

阿城市位于黑龙江省会哈尔滨市东南23公里处的阿什河畔，东部山区峰峦起伏，西部平原一望无际。全市幅员面积2900平方公里，耕地122万亩，辖11个镇8个乡，212个行政村，4个街道办事处。总人口66万，其中市区人口22万。1999年实现国内生产总值55亿元，财政收入3.6亿元。成为黑龙江省县级市之冠。

阿城是金代故都，是一座有丰厚文化底蕴的历史名城，公元1115年女真人首领完颜阿骨打在这里建立了声威显赫的大金帝国。历经四帝，史称金上京会宁府。这里遗存着珍贵的历史文物。

阿城处在哈尔滨最佳旅游区境内，物华天宝，山川秀丽，这里旅游、人文、自然景观颇多，是哈尔滨、阿城、亚布力、镜泊湖、兴凯湖黄金旅游热线上的重要景区。整修后的完颜阿骨打墓，皇城的城垣及金上京历史博物馆。亚沟镇砬子沟水库附近的莫崖石刻，松峰山镇300年前道教发祥地三清宫遗址。平山镇内库容4.6亿立方米的西泉眼水库。卧佛山，玉泉镇内的狩猎场，威虎山公园，红星乡境内的红星水库，都是旅游、观光、渡假的好地方。

2000年6月18日举办的首届金源文化节，在国内外产生了深远的影响，扩大了阿城的知名度，引进了外资，宣传了阿城土特名优产品。特别是玉泉酒业集团的名酒“玉泉方瓶”、阿城白酒厂的“龙江春”等精品名酒、玉泉酿酒总厂的“凯莱啤酒”和玉泉泉雪啤酒厂的“泉雪啤酒”；阿城绿色食品厂生产的绿色食品大米、阿什河乡白成村的紫皮大蒜，黄土岗村的笤帚，亚沟镇的黏豆包，平山镇的干豆腐，以及无公害蔬菜，各类山林副产品都受到了国内外客商的青睐。

阿城有得天独厚的交通运输条件，距哈尔滨国际机场50公里，哈绥铁路横贯东西，市内铁路专用线22条，哈阿高速公路，301国道，哈同（同江）、哈五（五常）等数条四通八达的交通网。阿城是黑龙江省进入国内、国际直拨网的城市之一，可与国内大中城市和世界100多个国家进行直拨通话和话路传真业务，市话装机容量10万门，移动电话，无线寻呼实现了全国漫游。

阿城地理位置优越，处在张广才岭与松花江平原的缓冲地带，土质肥沃，雨量充沛，盛产水稻、大豆、玉米、蔬菜、药材、野生动植物、食用菌等。在发展特色农业上步入了“小农户、大基地、小品种，大产业、小商品、大市场，小投入、大产出，发展特色经济”的轨道。阿城市的城乡建设日新月异，一座园林式、开放型现代化的哈尔滨市卫星城正在以崭新的姿态迎接新世纪。

调整产业结构，发展特色经济。阿城市委、市政府带领全市人民摆脱了计划经济的束缚，更新观念，以家庭经营为基础，以科技为动力，以市场为导向，以增加农民收入为目的，因地制宜的调整产业结构，带领农民走上了一条围绕产业开发形成小品种大产业，围绕资源开发形成小农户大基地，围绕市场开发形成了小商品大市场，围绕科技开发形成了小投入大产出，依靠“特色”富民兴农之路。目前“特色”经济收入占全市农业总收入的63%，在1999年粮食减产欠收的情况下，农民人均收入增加了200余元。名、特、优特色经济成效显著，阿城市在1996年被命名为“中国大米之乡”；1998年被命名为“中国北方名酒之乡”和“中国北方大蒜之乡”，1999年亚沟镇被命名为“中国黏豆包第一镇”，1998、1999年阿城市又获得“中国特产之乡”开发建设先进单位的殊荣。

遵循经济规律，坚持五项原则，优化结构调整。坚持因地制宜、分类指导的原则。阿城市委、市政府对所属的210个行政村按人均收入高、中、低3种类型进行结构梯次调整。坚持尊重农民首创精神的原则。在结构调整上不搞行政命令，不搞瞎指挥，不搞“官逼民富”好心办坏事，不搞形式主义，不坑农、不误农。坚持依靠科技进步的原则。把科学技术、市场信息送到农民手中，依靠科技进步搞产业调整，提高农业的比较效益，强化科技增值。坚持可持续发展的原则。结构调整不搞急功近利，不吃祖宗饭断子孙路，正确处理开发与环保的关系，合理利用自然资源，走可持续发展农业之路。坚持产业化经营的原则。鼓励、支持乡镇企业，通过招商引资建龙头企业，培育形成市场、龙头、基地、机制的有效体系，优化农村经济结构。

发挥指导作用，实施五个拉动，增加农民收入。实施典型拉动，目前阿城市已建立有一定拉动作用的龙头企业28个，有30个村依靠区位优势，成为农副产品的集散地。并依据资源优势和有序开发永续利用的原则形成63家较有规模的建材基地。实施订单农业拉动。有6个乡镇的30%农户实行订单农业生产。实施组织创新拉动。一批新型的经济组织应运而生。形成了村级公司、中介组织，经纪人队伍67个，实施科技拉动。增加科技含量，开发特色产业。以普乐液公司为龙头，开发普乐液烟草植物添加剂；以阿城绿色食品厂为龙头，开发绿色食品深加工产业；引进种植美国提子葡萄系列品种；引进云南野生香猪品种，建立红豆杉防癌珍稀树种基地。不仅成为拉动阿城市经济的新增长点，也为增加农民收入奠定了坚实基础。实施引联拉动。通过开展“招商引资车”活动，不仅为农民增收致富提供资金、技术、人才等服务，而且促进了农业和农村经济结构调整。2000年1月至6月份，全市19个乡镇共引进项目108个。协议额6.5亿元，已到位1.5亿元，为农业经济结构调整开辟了新途径。

新的世纪即将到来，阿城市委、市政府带领全市人民站在市场经济的至高点，把农业产业化结构调整置于国际经济运行的大环境中去审视，围绕农业增效、农民增收这条主线，做好大农业战略性调整这篇大文章。按照市场经济需求培育市场体系。围绕农业产业经营，发挥最终产品的龙头作用，延长产业链。实施名牌战略。为农民增收积累无形资产。全面提升农业和农村经济素质和效益。加速实现“龙江创一流，全国争上游，富民强市”的奋斗目标。

黑龙江省宝清县(红小豆、南瓜之乡)

宝清县位于黑龙江省东北部，三江平原腹地，完达山北麓，行政区域总面积1.01万平方公里，境内有3个国营农场，4个森工总局。县属4镇13乡，206个行政村，8个国营林场，4个国营农牧渔场，总人口41万，农业人口28.3万。宝清县地域辽阔，山青水秀，资源丰富，人杰地灵。地貌状况为“四山一水四分田，半分芦苇半草原”。全县拥有耕地面积620万亩，是以红小豆、南瓜为主的杂粮生产大县，是黑龙江省红小豆、南瓜的主要产区。1999年被省列为绿色杂粮生产基地，2000年8月被中国食品协会命名为“中国红小豆、南瓜生产之乡”。

“宝青红”红小豆：“宝青红”红小豆具有抗病能力强、耐瘠薄、分枝多、结荚密、颗粒大、色泽好、皮薄味香、豆沙含量高等特点，各项指标均居全国前列。早在1985年，宝清县就被列为国家红小豆生产出口基地，因产品创汇成绩突出，多次受到国家和省外贸部门的表彰和奖励，全国供销联社在宝清县召开了全国红小豆出口创汇生产基地现场会。1996年，“宝青红”红小豆通过了省品种审定委员会的审定。1999年完成了“宝青红”红小豆的商标注册工作，并在国家有关部门申办了农作物新品种保护，“宝青红”已成为全国具有较强竞争力的三大红小豆品牌之一，也是黑龙江省红小豆惟一优质品牌。特别是从1997年开始依托北京中环有机（天然）食品有限公司，连续二年经过欧盟有机食品审查组织审查，获得了有机食品证书（OCTA和COCERT），并把宝清县确定为有机红小豆生产基地。从此，“宝青红”红小豆名声大震，市场供不应求，产品远销日本、韩国等地。近年来，“宝青红”种植面积逐年递增，2000年，全县种植面积已达30万亩，总产可达3万吨。目前，宝清县已经形成了红小豆的专业批发市场，成为黑龙江省重要的红小豆购销集散地。

南瓜：“宝清大白板”是宝清人经过多年培育出来的优质南瓜品种，它具有产量高、品质好、板大、色白、味香等优点，深受国内外客商的青睐，其产品远销日本，韩国、欧洲等国家和港台地区。1980年以后，“宝清大白板”不断发展壮大，成为宝清县重要的经济作物品种之一。农民得到了丰厚的实惠，为国家出口创汇做出了贡献。宝清县曾多次受到国家和省外贸部门的表彰和奖励，1996年全国供销联社在宝清县召开了南瓜生产现场会，同时把宝清县列为国家出口南瓜籽生产基地，并把宝清的南瓜籽定名为“宝清大白板”。近几年来，宝清南瓜种植面积一直都保持在10万亩以上，2000年种植面积已达到15万亩，南瓜籽产量可达到1.5万吨，产值可实现1.2亿元。同时，宝清县南瓜龙头加工企业渴康集团，利用南瓜肉生产天然绿色“渴康牌”饮料，是糠尿病患者的最佳饮料。年产量在3000吨左右，可创产值3000多万元。

宝清县不仅资源丰富，而且山青水秀，地美天蓝，是截止目前全国少有的生态环境县份，1999年被省和国家列为生态农业建设示范县。境内有七星河国家级湿地保护区和雁窝岛自然保护区，是开发绿色食品不可多得的天然地域。宝清县属寒带大陆性季风气候，是典型的农业气候区，年平均气温3.5℃，积温在2500—2750°之间，无霜期130—145天，年平均降雨量为580mm，雨热同季和昼夜温差大等气候特征为红小豆、南瓜的生产提供了优越的自然条件。宝清县是半山区和丘陵地带，山坡漫岗地占全县耕地面积的40%，非常适宜红小豆、南瓜等杂粮作物的生育和成长。宝清县水资源极其丰富，境内大小河流16条，水库16座，泡泽52个，水泉36个，机井4，629眼，可灌溉面积50万亩，特别是国家大中型龙头桥水库的兴建，将大大增强防洪抗旱能力。

随着市场的变化，宝清县政府制定出台了宝清县红小豆、南瓜、杂粮生产发展计划。2000年7月与中国农业大学、东北农业大学联手合作，成立了宝清县红小豆研究所、南瓜研究所。3万平方米的红小豆、南瓜、杂粮批发市场正在建设之中。力争三年内，建成稳定的红小豆、南瓜、杂粮生产基地，红小豆、南瓜种植面积分别达到50万亩和40万亩，产量达到5万吨、4万吨，产值实现5亿元以上，占种植业产值的42%，努力把宝清县建成东北最大的红小豆、南瓜、杂粮生产大县，使红小豆、南瓜、杂粮成为宝清县农业及农村经济的主导产业。积极申办产品出口权，成为红小豆、南瓜籽的出口基地县。

黑龙江省桦南白瓜籽集团公司

黑龙江省桦南白瓜籽集团公司地处桦南县桦南镇。桦南县位于黑龙江省东部，三江平原西部，北距佳木斯市70公里，牡佳铁路及201国道横贯桦南县境内，交通、通讯十分便利。

集团公司于1994年组建，是集生产、科研、经营、繁育、加工、开发为一体的大型企业集团。占地8万平方米，建筑面积2万平方米，现有职工228名，其中大中专学历的占有78%，各种技术人员58名，固定资产3700万元，流动资金4000万元。它由14家直属企业52家成员单位组成，其中黑龙江省白瓜籽研究所，是目前国内惟一的白瓜籽专业研究所，所内设有育种站、植保站、栽培站、开发站。黑龙江省白瓜籽原种场是国内惟一的白瓜籽原种场，有完善的南瓜三级良种繁育体系，年繁育原种500亩，繁育良种15000亩，向全国80多个白瓜籽商品生产基地提供80万亩地生产用良种；神龙食品公司的炒货厂，年炒白瓜籽5000吨；白瓜籽出口加工厂每天可挑选40吨左右，现在桦南已成为全国最大的白瓜籽集散地，每到冬、春两季国内外客商云集桦南洽谈白瓜籽生意，每年有近全国白瓜籽商品量的1/4在桦南成交。还有白瓜籽乳饮料厂，利用南瓜副产品生产的饲料厂，每年经营白瓜籽商品1.5万吨左右，其中70%供出口，创造了较高的经济效益和社会效益。从1994年开始至今，集团公司先后被黑龙江省政府评为100家、49家和12家产业化的龙头企业之一。桦南县已成为全国南瓜高产优质栽培技术示范推广基地，南瓜生产科研基地、白瓜籽出口加工基地，南瓜原种良种繁育基地、南瓜系列产品开发基地和最大的白瓜籽集散地。

集团公司总经理范春利用先进技术培育的无杈特大型南瓜新品种，以其无杈、籽大、籽多、皮薄、仁厚、雪白、产量高、品质好而著称，这个新品种填补了国内外南瓜品种的空白。已在全国12区146个市县种植，累计种植面积2000万亩，创产值130亿元，为农民增收12亿元，仅桦南就累计种植160万亩，创产值20亿元，为农民增收3亿元。鉴于集团公司和范春对国家和人民的贡献，集团公司曾先后获国家级奖9次，省级奖6次，范春先后荣获国务院特殊津贴、黑龙江省省长特别奖、国家星火奖、全国五一劳动奖章，最近被省评为"黑龙江省十大杰出优秀实业家"。无杈特大型南瓜新品种生产的白瓜籽商品现已成为国际市场上"特级品"和"抢手货"，目前集团公司已和东南亚的新加坡、泰国等国，中东的黎巴嫩、叙利亚等国，南亚的印度、巴基斯坦等国，北美的加拿大、美国等国，南美的巴西、阿根廷等国，大洋洲的新西兰、斐济等国，非洲的南非、马达加斯加等国，欧洲的法国、德国等42个国家和地区490家客商及国内310家企业有贸易往来，集团公司已在美国的北卡罗来纳州、叙利亚的大马士革和台湾地区建立了白瓜籽批发市场，计划还要在美国的旧金山、加拿大渥太华、巴西的里约热内卢、新西兰的惠灵顿、南非的开普敦、黎巴嫩的贝鲁特、新加坡等地建立批发市场。国内目前已在大连、烟台、兰州建立了白瓜籽批发市场，计划在宁波、深圳、重庆、上海、芜湖、莱芜等城市建立批发市场。

公司经过多年努力，已发展壮大，目前在国内外同行业中已具有了很多方面优势，其中：

(1) 品种优势：范春选育的无杈特大型南瓜新品种，以其杈少、籽大、籽多等优良性状而在国内外著称，它生产的产品成为国际市场上的特级品和抢手货，公司有完善的南瓜三级良种繁育体系，每年可供100万亩南瓜播种用良种。

(2) 资源优势：公司最近几年建立南瓜生产基地80多个，分布在省内外64个市县、24个农场、18个林业局，种植面积都在80多万亩。仅桦南每年就种植面积在20万亩左右，白瓜籽产量13000多吨、产南瓜肉30万吨。

(3) 资产优势：公司现有固定资产3700多万元，占地8万 m^2，建筑面积2万 m^2；无形资产：有优良的南瓜新品种，广阔的国内外市场，有正在批准"桦南大白板"证明商标，各种荣誉。桦南被命名为"中国南瓜之乡"和"中国白瓜籽之乡"。1999年公司成功的召开首届"中国南瓜节"。

(4) 资金优势：公司是黑龙江省农行系统"金龙工程"的成员单位，又有各级金融部门的大力支持，公司现有流动资金在4000万元以上，以及国内外客商的预付款。

(5) 市场优势：公司经过多年的经营，现在已和世界42个国家和地区490多家客商及国内310多家企业单位有贸易往来，并已在美国北卡罗来纳州建立了白瓜籽批发公司，在叙利亚建立了白瓜籽联销公司，和台商合资建立白瓜籽销售公司，还在全国11个城市建立了白瓜籽批发市场。

(6) 规模优势：目前公司所属的企业绝大多数在国内外同行业中规模都是较大的，如白瓜籽研究所、白瓜籽原种场、白瓜籽交易市场、白瓜籽销售公司、南瓜开发公司、黑龙江金南瓜食品有限公司、神龙食品公司炒货厂、饲料厂、速溶南瓜粉厂、南瓜籽乳饮料厂、白瓜籽筛选厂、白瓜籽挑选厂。

(7) 人才优势：公司现有职工228名，其中技术和业务人员58名，大中专文化以上占78%，这些人才包括：南瓜生产、科研、繁育、开发、加工、经营、信息等方面。

(8) 技术优势：公司是集生产、科研、开发、繁育、经营、加工为一体的企业集团，涉及到南瓜生产、开发等方面技术，在国内外同行业中比较先进并成为南瓜生产、开发的新技术示范基地。

(9) 设备优势：研究所、原种场、交易市场、金南瓜食品有限公司、神龙食品公司等企业的设备大部分是全国一流的，有的是独一无二的。

(10) 开发优势：南瓜全身是宝，有广泛的开发利用价值，公司的最终目的要把南瓜吃干榨尽。目前已开发出：妙龙系列五香白瓜籽、呱呱叫系列白瓜籽乳饮料，利用秕瓜籽和茎叶生产饲料、南瓜干、速溶南瓜粉、南瓜全粉、南瓜花、南瓜花粉、利用南瓜肉生产九大系列几十个品种的南瓜功能性食品，并已申报国家专利。

(11) 产业化优势：公司发展南瓜生产，采取公司加基地、基地带农户的产业化模式，具体做法是：签订合同，提供良种，保值回收，种植保险，全种服务，超值收购，直线销售，科技扶贫，统一加工，二次分配，综合开发、供应物资、开发受益等行之有效做法，从1994年开始一直被省政府评为全省的产业化龙头企业，这一做法已在很多地区推广应用。

(12) 科研优势：公司有国内外惟一的白瓜籽研究所，内设育种站、植保站、技术站、开发站。已研究出多项科研成果，为使南瓜成为黑龙江省特色经济、支柱产业，振兴龙江经济做出了巨大的贡献。

(13) 环境优势：公司所处的自然和地域环境比较理

想，自然环境非常适合南瓜生长发育：夏季日照时间长、光照强、昼夜温差大、土地肥沃、雨量充沛、生产的白瓜籽大、皮薄、仁厚，生产的南瓜肉，微量元素种类多、含量高、营养物质丰富、干物质多。地域环境方面：交通方便、通讯便捷，省、市、县政府对南瓜生产非常重视，制定了许多优惠政策。

集团公司能在较短的时间里发展壮大，取得这样好的成效，主要是得益于党的好政策，得益于各级组织正确领导和关怀，得益于金融部门大力支持，得益于引、靠、挂、联全国多家科研院校，特别得益于该公司的公司加基地、基地带农户的产业化经营，其具体做法是：

1. 提供良种：为种植南瓜的瓜农和生产基地提供良种，现在公司已培育出3个南瓜新品种，并且正在利用南瓜杂交优势育种。目前公司推广的南瓜新品种，具有权极少、极弱、籽大、籽多、皮薄、仁厚、雪白、产量高、品质好，适合密植，成本低的特点，该南瓜新品种填补了国内外南瓜品种的空白。

2. 签订合同：凡购买公司良种的瓜农或生产基地，公司与他们签订产销合同。几年来，通过签合同形式，联接产销关系，公司所需的白瓜籽产品质量和数量得到保证。2000年在全国有84个生产基地26万多户瓜农，种植82万多亩南瓜，共签订合同468份。

3. 保值收购：凡和公司签合同的瓜农或生产基地，产品实行保值收购，解除瓜农怕卖不出去或价格低的后顾之忧，避开了农业生产中的市场风险。

4. 种植保险：从1994年开始，公司对种植户实行联合保险，险种为水灾、雹灾和疫病3种，采取投保自愿原则，每亩保险金400元。公司每年还拿出100万元保险金参与保险。解除了瓜农怕因种南瓜受到不可抗拒自然灾害遭到绝产或损失的后顾之忧，避开了农业生产中的自然风险。

5. 全程服务：公司组织强大的技术服务队，实行产前、产中、产后服务：产前提供生产物资，技术培训；产中进行技术指导、技术咨询；产后提供各种生产物资、登门收购等。

6. 科技扶贫：最近几年，公司对桦南县的一些贫困村采取组织技术力量重点科技扶持的方法，帮助他们发展南瓜生产，使其尽快脱贫，如二道沟乡振兴村、闫家镇小吴家村。近几年，南瓜种植面积，在1500亩左右，全部地膜覆盖、大垅种植、压蔓、人工授粉、合理密植、早去根瓜、只留一瓜、适时采收、提早加工晾晒等措施，不但产量提高15—20%，而且由于质量好，单价比合同内提高10—30%。人均平均增收220元。

7. 超值收购：由于公司提供的优良品种加之高产优质的栽培技术，瓜农的产品70—80%都是优质产品，自1994年以来，公司回收合同内的白瓜籽产品均价都在5.00元至5.50元，比每斤4.00元保护价提高1.00元左右，每斤比合同外提高1.50元以上。

8. 二次分配：公司从自己的利润中拿出一部分资金，对合同内的瓜农进行二次分配，自1994年以来公司平均每斤拿出0.1—0.4元，分配给合同内的瓜农。这样公司与基地、瓜农在效益分配上坚持以利益为纽带，密切龙头企业与基地、瓜农的关系，使龙头企业与基地瓜农形成风险共担，利益共享的共同体。

9. 开拓市场：为加大销售力度，增强市场占有率，在商品销售上，公司以市场占有率为导向，不断开拓销售渠道，一是以批发市场为载体，形成国内白瓜籽销售的集散地；二是以销售网络为依托，拓展国内市场；三是以国际市场为窗口，闯入国际商贸循环圈。1999年在省、市、县领导的重视下，建立了全国最大、设施齐全的黑龙江省白瓜籽交易市场，市场内有信息、税务、工商、金融、公安、运输、仓贮、食宿等服务设施，桦南已成为全国最大白瓜籽集散地。

10. 产品直销：为了减少经营环节，使公司与瓜农获得更大经济效益，公司已在大连、上海等11个城市建立了白瓜籽批发市场，又在叙利亚的大马士革建立联销公司，在美国北卡罗来纳州建立独家经营公司，和台商合资建立了白瓜籽销售公司。集团公司已和世界42个国家和地区490家客商及国内310家企业有贸易往来。

11. 统一加工：为保证产品质量，做到货真价实，公司把质量和信誉视为生命，为此公司设有规模大，实力较强的筛选厂和挑选厂。瓜农在交售白瓜籽产品时，可一条龙作业，筛出杂质，分出规格，挑出脏板，伤板和翘板，把合格的产品包装内销或出口，从而做到生产者、公司和客商三方都满意。

12. 开发受益：南瓜全身都是宝，开发利用价值极高，为了做到变废为宝，物尽其用，减少环境污染，增加经济效益，现在已开发出9大系列48个南瓜功能性食品，并已申报国家专利。目前已建成一条年产1万吨的南瓜果茶、南瓜果酱、南瓜果汁、南瓜果沙生产线，南瓜果茶在哈医大做完临床试验，降糖效果明显。1999年加工五香白瓜籽300吨，南瓜乳饮料500吨，收购南瓜干1500吨，南瓜花20吨，南瓜花粉100公斤，生产南瓜粉100吨，饲料100吨，为瓜农增加收入700多万元。

集团公司规划到2010年，南瓜生产基地种植面积稳定在120万亩，收购商品白瓜籽七万吨、出口五万吨，南瓜系列功能性食品产量100万吨，年总产值110亿元，年创利税12亿元，年为农民创收15亿元，为农民增收5亿元。使南瓜这个产业真正成为振兴黑龙江经济的支柱产业。

黑龙江省克东腐乳有限公司

克东腐乳有限公司创建于1994年8月，其前身为克东腐乳厂，始建于1958年，是中国生产腐乳的专业骨干企业之一。其主导产品“二克山”牌腐乳始源于1915年，以其独一无二的工艺，举世无双的品味而被消费者誉为“神州美食”、“食林奇珍”。公司占地面积45000平方米，建筑面积20000平方米。现有员工600人，其中工程技术人员38人，拥有资产3100万元。公司下设六部、一公司、五个车间，一个中心化验室、一个技术室、两个半成品化验室。公司年综合生产能力5000吨，产品达7个系列50个品种，年创利税350万元，是克东县财政支柱企业之一。如今的克东腐乳有限公司已携带着这一中华老字号产品跻身全国同行业四强，雄居东三省行业排头。产品已畅销全国27省（市、自治区），并批量出口美国、韩国、日本、东南亚国家及港澳地区。

强化企业管理，是提高科学管理水平，建立现代企业制度的内在要求，也是企业加快发展、提高竞争能力的重要途径。因此，公司于2000年3月1日正式大力推行、贯彻ISO9002国际质量标准。并制定了“凭独有工艺，酿腐乳精品；用科学管理，筑食品长城”的质量方针，经过近5个月的施行，已于2000年8月9日通过东北质量认证中心的验审，8月17日接到东北质量认证中心技术委员会的正式通知，公司已通过ISO9002国际质量体系认证。这已是克东腐乳有限公司在85周年厂庆即将到来之际，被国内有关部门确认为“中华老字号”和克东县即将被中国特产之乡推荐委员会命名为“中国腐乳之乡”之后，获得的又一个殊荣。实可谓“四喜”临门。这也是克东腐乳走向国际市场的通行证，更是功在当代，利在千秋的基业。

近几年来，克东腐乳有限公司面临的最大任务就是如何膨胀市场规模，扩大市场占有份额。为此，公司于1999年把企业的经营重心由过去的重生产转向了重市场营销，组建了销售公司，招聘了销售人员，并对销售公司进行了划片包干，采取远交近攻的营销策略来拓宽市场份额。一是以网络为依托，以直销为中心。到目前，营销网络已辐射全国27个省市，5个国家地区；二是以展销为窗口，以促销为手段。2000年，公司先后参加了成都糖酒会、西安洽谈会、深圳展销会、哈洽会及观鹤节等经贸展销会，直接与200多个商家建立了合作关系，使克东腐乳的形象与知名度得到了很大的提高；三是全方位覆盖，分梯次推进。在成熟区，采取直销推进；在新区，采取代理制。同时，公司还加大了销售服务的力度，做到产品未到，广告先行，产品一到，宣销并重。并且还建立了送货制度。从而，使销售服务拓展到售前、售中和售后的全过程，形成了强大的综合竞争优势。使克东腐乳更具活力、更具有影响力、更能使消费者接受。为克东腐乳遍布全国，走向国际市场奠定了坚实的基础。

1999年年末，克东腐乳有限公司新一届领导班子从长远出发，组建了智囊团。从哈尔滨、齐齐哈尔几所大学请来了省内知名专家学者共同为企业策划思路，并把专家意见汇集成《99年智囊团意见汇编》。用公司领导的话说，并不是克东腐乳有限公司发展不下去了，而是要把目光放远，引进新的观念、技术、经验、资本，把当前利益和长期发展结合起来。如今，已按专家意见初步完成了企业理念与市场的接轨。即已从计划经济下的（科研开发和销售服务）两头小，（生产制造）中间大的橄榄型管理模式顺利转型为（科研开发和销售服务）两头大，（生产制造）中间精细的“哑铃型”快速精干高效的生产运行机制。

创新是企业加速发展和提高竞争力的永恒主题，而科技创新的基本出发点和最终归宿是市场。因此，近几年来，公司一直坚持依托市场搞技术改造，并以科研机构为依托，立足于用先进的科学技术来改造传统工艺的弊端，逐步提高自化比例、产品的科技含量。为生产出高营养的绿色腐乳，公司已在乡村建立了第一车间——绿色大豆种植基地。同时在公司内正在搞为满足生产加工绿色腐乳的配套改造，即将引进一套由自动清洗、自动消毒和自动传输构成的生产线，将使产品从内在质量上、包装上、密封上都提高一个档次。在产品开发上，经过市场调研后，组织技术人员已相继开发出克东酱油、克东陈醋和克东笨酱等调味系列新产品，并加快了包装向“高、精、小”方向发展的步伐。从而，使克东腐乳形成了7个系列50个品种。这样，不仅使克东腐乳提高了科技含量，增加了附加值，而且也增加了防假冒的抗御能力，更增强了产品的竞争力。

目前，克东腐乳有限公司正大打品牌、营销、资本运营、调整产品结构、科技创新五大战略，以永远争行业第一的气魄，力争股票在短期内上市。在腐乳开发方面，将研制低盐、辣味、菊花等高营养、优质的绿色腐乳；在其它调味系列方面，将继续开发咸菜、料酒等新产品，使克东腐乳有限公司在新的世纪里再创新的辉煌。

克东腐乳不仅仅是北方人的骄傲。伴随着改革开放的春风，已香飘九州，覆盖全国，集多项殊荣于一身。自1979年以来先后多次荣获省优、部优等产品称号。1988及1990年两次获国家级银奖；1991年在国家有关部门全国发酵产品感观评比会获同行业榜首殊荣；1992、1996年被黑龙江省授予名牌产品称号；1994年至今被黑龙江省有关部门授予免检产品；1995年在全国第二届农业博览会上荣获“金奖”；1996年至今先后被授予省知名品牌和著名商标等荣誉称号；企业先后多次被省、市评为“先进企业”、“企业管理先进单位”、“利税大户”、“市级精神文明单位标兵”、黑龙江省“中小企业之星”等荣誉称号。

黑龙江省铁力市双丰镇

双丰绿源富硒米，是引进日本优质水稻品种——莎莎泥和珍珠B、948、9031、9788。这种水稻是利用小兴安岭腹地呼兰河上游无任何污染的纯天然河水，在具有水稻最佳生长条件的黑土地上、科学施用农家肥种植的纯绿色食品，特别是引进了喷施硒肥，在水稻扬花期进行富“硒”处理，使有机“硒”通过水稻叶面吸收，培育出的水稻，经过精细加工，生产出富硒精制大米。经黑龙江省大骨节病研究所测试中心检测，米中硒含量达到每公斤199微克(普通大米仅为10至20微克)。其特点是米质纯、晶莹如玉、粒粒有光泽、营养丰富、精度符合GB1354—86标准，在水稻齐穗期进行富硒处理，经过精深加工达到了无任何杂质及有害物质，味道香甜，粘润可口，在防癌、抗癌中，发挥重要作用，是一种延年益寿的保健佳品。

黑龙江省是缺“硒”尤为严重的省份，就全国而言，约2/3的地区缺“硒”。中国营养学会将硒的每人日供给量标定为50—200微克，富硒米有利于人体吸收，是优质的补硒食品。由于减少了化肥对土地的污染，而且使作物富硒，所以食用绿源富硒米，是人体补硒的有效途径。

双丰镇2000年绿色食品水稻种植10万亩，产量5万吨，占全市水稻种植总面积的40%。可满足广大消费者需求。该镇从1995年开始绿色食品生产加工，已获得国家富硒米绿色食品证书。

江苏省

〔旱粮生产〕 1999年全省粮市疲软、粮价滑坡、种粮效益不高。旱粮生产紧密围绕结构调整和农业产业化两大农村工作的主题，以农业增效、农民增收为目标，加大了科技投入和抗灾工作的力度，使各项关键技术措施得到了较好落实，但由于在关键时期遭受到频繁发生的旱涝灾害，给旱粮作物的生长和管理带来了极其严重的影响。为此，各旱粮主产区及时采取有针对性的抗灾应变措施，切实加强领导，狠抓受灾作物的田间管理，变被动为主动，将灾害损失降低到最低程度，使旱粮生产在大灾之年仍然夺得了较好收成，单产仅次于1998年，为历史上第二个丰收年。

据统计，1999年全省旱粮面积1273.21万亩，单产336.63公斤，总产42.86亿公斤，与1998年相比，分别减3.57%、3.74%、7.17%，呈三减趋势。其中，玉米面积681.47万亩，单产389.6公斤，总产26.55亿公斤，与1998年相比，分别减4.05%、3.33%、7.24%；薯类面积235.33万亩、单产412.50公斤、总产9.708亿公斤，与1998年相比，分别减3.56%、2.71%、6.27%；秋豆面积346.09万亩、单产182.8公斤、总产6.326亿公斤，与1998年相比，分别增4.48%、减6.26%、减2.18%；其他秋杂粮面积10.32万亩、单产267公斤，总产0.276亿公斤，与1998年相比，分别减70.4%，增28.4%减61.9%。上述数据表明，旱粮面积、单产均有减少，导致旱粮总产有一定程度下降。

（一）主要工作

1. 加大结构调整力度

近年来，江苏省粮食生产连年丰收，农民种粮增产不增收，甚至减收，经济效益严重滑坡，特别是旱粮，本来就不属于国家统购统销粮食，受到冲击更大。为了满足市场多种需求，提高旱粮种植效益，增加农民收入，1999年各地加大了旱粮生产的结构调整力度。一是扩大间套插种。在旱粮作物田内间套插种蔬菜瓜果等经济效益好的品种，既提高复种指数，又增加产值。全省推广间套插种多熟制面积由1998年的118.23万亩增加到247.25万亩，增加129.52万亩；二是筛选示范甜糯玉米、鲜食甘薯、四色豆、荞麦、芋头、何首乌、青毛豆、鲜食花生等名特优品种，南京、南通、泰兴、滨海、赣榆、泗洪等地分别建立了生产基地，并初具加工规模，市场营销情况看好；三是推广普及高产良种。玉米原有主导品种为掖单2号，掖单13号，分别由1998年的120万亩，258万亩减少到70万亩、189万亩，分别调减41.7%、26.7%，而推广高产良种苏玉9号、西玉3号、苏玉糯1号则分别由1998年的92万亩、39万亩、5万亩增加到138万亩、81万亩、16万亩，分别增加0.5倍、1.1倍、2.2倍，由此表明江苏省玉米高产良种推广步伐正在加快。

泰州市农业结构调整的十大示范工程中有三大工程是旱粮，分别是姜堰粮经饲万亩示范工程，泰兴粮油生产蔬菜化示范工程和泰兴玉米高产高效间套示范工程。为此，泰兴市专门成立了领导班子，农业局组织三个工作组到三个村蹲点，抓好关键措施的落实，使项目区生产显著好于往年，有力地推动了大面积生产。

2. 加大丰收计划实施力度

1999年农业部玉米丰收计划在东台、如皋两地实施。

为了园满完成丰收计划项目下达的合同增产任务，增加两地农民收益，在全省充分发挥高产示范作用，省和两地通力协作，从组织领导、新技术推广、培训、试验示范、目标考核以及物技结合等方面入手，组织实施并全力防灾抗灾，取得了良好效果。两地实施区31万亩玉米普及良种苏玉9号，且亩产达419.4公斤，较前三年亩产增20公斤、在大灾之年产量增幅达5%以上，全面完成了丰收计划两年任务中的第一年指标，创造了全省普遍减产的增产典型，为推动玉米生产发展作出了贡献。

3. 加大防灾抗灾力度

1999年全省旱粮产区发生了较为严重的旱涝灾害，特别是6月初至7月中旬长时间梅雨以及7月下旬至8月份长时间干旱对春玉米穗分化、扬花授粉、结实和夏播玉米、甘薯、大豆中期生长带来严重影响。对此各地十分重视，在灾情发生后及时发动群众全力抗灾。宿迁市委市政府7、8月份多次组织抗灾督促组，分赴各县区组织抗灾工作，制定抗灾减灾措施，市农业、水利、水产、农机等部门组织骨干分赴抗灾第一线，调查了解灾情及指导区、县抗灾工作，帮助解决灾区在灾害中急需解决的各种问题，各级党委、政府和农业部门面对严重的灾情，始终把抗灾减灾工作放在首位，采取充分利用水源、轮灌等方法，全力组织抗旱，减少损失。连云港市7月初至8月底，降雨量较常年少175.7毫米，干旱严重，各级政府和农业部门，充分发动群众，全力抗旱，使全市旱粮灌溉面积达36.5万亩，占旱粮总面积的36%，迅速缓解了灾情。8月中旬，受台风影响，该市北部有5000亩玉米倒伏，各级农业部门紧急行动，组织农户及时扶理植株，培土雍根，适当喷施叶面肥，防止早衰，减少了灾害损失。

（二）技术措施

1. 高效立体种植取得显著成效。玉米是高秆作物，与其它矮秆耐阴作物间作套种，能充分利用时间、空间、土地、光能等自然资源，增产增收效果好。从目前江苏种植发展方向看，扩大纯作旱粮可能性不大，较好的方法是旱作物之间互相间作套种，在不增加面积的前提下，提高单产，增加总产。1999年发展较快的间作套种方式有四种：

①麦—玉米—山芋。这种类型亩产麦子130公斤左右、玉米400公斤上下、甘薯300公斤，年亩产粮食800公斤以上，亩产值800元以上。种植方式如3.8尺的畦宽，中间种1尺宽的大（小）麦、麦两边空幅各栽一行玉米，亩栽足4200—4500株。麦收后在玉米行内套种1行甘薯、亩栽4500株。

②麦—大豆+玉米。该模式一般亩产小麦250公斤，大豆100公斤、玉米150公斤，合计亩产500公斤，亩产值650元。种植方式为秋播种小麦，次年麦收后种大豆，畦宽5尺，每隔2畦在沟的两边各播一行玉米，小行距1.2尺，株距0.8尺，亩留苗1500株。

③麦—山芋+玉米，可亩产麦子250公斤，甘薯300公斤，玉米150公斤、合计亩产700公斤，亩产值675元。主要栽培方式，前茬小麦收获后种甘薯，每隔4垅在墒沟两侧各播一行玉米，每亩1500株。

④麦—玉米—玉米，可亩产小麦280公斤左右、第一季玉米450公斤上下、第二季玉米300公斤，年亩产轻松超过吨粮。主要栽培方式，秋播种5行小麦，留空幅60—80cm，种植带宽160—180cm，翌年4月上中旬在小麦空幅内套种两行玉米，玉米行距40—50cm，株距20cm，7月中、下旬在玉米大行内套种两行秋玉米，行距40cm，密度保持4000—4500株左右。同时注意春播玉米喷施维他灵、降低高度、增加产量，减轻对秋玉米的影响。套种秋玉米采用乳苗移栽，缩短与春玉米的共生期，并解决因旱、涝天气造成播种出苗难的问题。

2. 玉米群体质量栽培技术推广面积大，普及速度快。玉米群体质量栽培技术通过几年的推广应用，逐步被广大基层农技术人员所接收，要进一步提高玉米产量水平除了要改善条件，增加投入外，用玉米群体质量栽培理论指导生产非常必要。过去提出的叶龄模式，阐明了不同生育阶段的叶龄指标与器官建成的相应关系，但没有完全解决玉米高产群体的源、库平衡协调发展、充分利用光能、提高积累量、并尽可能多地分配给籽粒的问题。玉米群体质量栽培技术研究了玉米群体吐丝期前后干物质积累量、总粒数、生长整齐度、叶面积及有效叶面积、高效叶面积、粒叶比、茎粗和茎鞘重、气生根量与高产形成的关系，根据这一规律，配套相应的调控技术，使玉米产量有较大幅度提高。1999年已推广普及到371.7万亩，占全省玉米面积的54.5%，据试验和大面积对比结果，平均增产率达15%左右。

3. "一换两增"技术取得新的进展。"一换两增"是江苏省近几年来在玉米生产上重点推广的技术措施。各地结构调整做了大量的工作，取得了显著成效，为玉米生产发挥了重要作用。"一换"即更换品种。各地不断做工作，下决心以新换旧，淘汰老品种，换用新品种，对今年玉米大增产，起了较大的作用。新沂市坚决淘汰种植多年、种性退化严重、抗性较差的掖单2号，78%的玉米面积换上"苏玉9号"。通过品种调换，大幅度提高了产量，增加了种植效益，为进一步夺高产创造良好的条件。其他市、县地方也在调换适合本地的新品种，取得了很大进展，如苏玉9号近两年推广速度较快，1999年推广面积接近138万亩，如果不是种源限制，推广面积还要大些。其它还有掖单13号推广189万亩、掖单12号推广74万亩等，玉米良种比例较大，为江苏省玉米增产发挥积极作用。"两增"

优秀地区和企事业单位

辽宁省大连市

果农在为温室中的大樱桃树授粉

大连市选育的丰黄桃

果实累累的红灯樱桃

具有一定规模的大樱桃精品园

山东省菏泽市——牡丹之乡

市委书记 贾学英

菏泽市市长 王浩

中华东路街景

菏泽牡丹久负盛名，古载："至明，而曹南（今菏泽市）牡丹甲于海内"。现菏泽牡丹种植面积达30000多亩，800多个品种，是中国最大的牡丹生产输出基地。在国内外花展中菏泽牡丹披金挂银，连连夺冠，特别是在'99昆明世界园艺博览会上，菏泽牡丹遥居榜首，获得了111个牡丹单项奖中的1枚，再次验证了"菏泽牡丹甲天下"的不争事实。

隆重热烈的菏泽国际牡丹花会开幕式

菏泽不仅是牡丹之乡，还是戏曲之乡、书画之乡和武术之乡，是鲁西南政治、经济、文化中心，还是国家和省重要粮棉、黄牛、青山羊皮生产基地和平原绿化先进市。这里煤碳、石油、天然气、地热、矿泉水资源极为丰富，基础设施较为完善。京九铁路与新亚欧大陆桥十字交汇于菏泽；海关、商检、卫检、动植物检疫、集装箱站、铁路公路口岸等涉外服务机构齐全。通过连续九年举办国际牡丹花会，实行大开放，全市三资企业发展到122家，累计利用外资1.986亿美元。菏泽市正向着花城水邑式的新兴商贸中心城市迈进。

一望无际的菏泽牡丹花海

花大、型美、色艳的菏泽牡丹

山东省招远市－－红富士苹果之乡

招远市素有“金城天府”美称。总面积1433平方公里，总人口57.73万人。改革开放以来，招远市经济迅速发展，综合经济实力不断增强，连续三届进入全国百强县行列。农村经济支柱产业有苹果、畜牧、名优特稀林果、蔬菜、水产等。其中红富士苹果驰名全国，是“中国红富士苹果之乡”。招远同时是“龙口粉丝”的发源地，被誉为“银丝之乡”，年产量达10万吨，出口量占全国的80%以上。

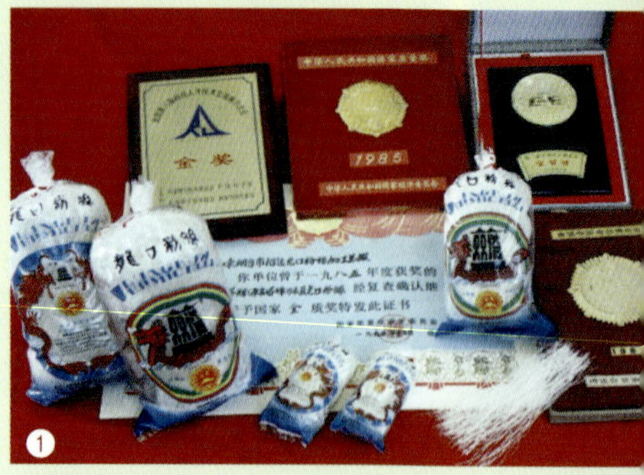

① 龙口粉丝及奖牌
② 板栗
③ 北方春果第一枝－－大樱桃
④ 晾晒粉丝
⑤ 金奖苹果（红富士）
⑥ 石榴

所获奖牌

辛集市副市长井端阳(左)、辛集市林业局长
冉国顺(右)深入梨园调研

河北省辛集市——鸭梨之乡

辛集市地处华北平原南部，面积951平方公里，人口62万。

辛集是全国最大的鸭梨主产区，有着悠久的栽培历史，曾贡于宫庭，享有“甘若蜜，脆若凌”之美誉。改革开放以来，县委、县政府充分利用鸭梨生产的自然优势，扩大种植面积，建设鸭梨生产基地，加大科技投入，使鸭梨面积迅速增加，产量品质逐年提高。1996年3月被命名为“中国鸭梨之乡”，1997年选送的“天华”牌鸭梨分获河北省首届农业博览会和中国第三届农业博览会名牌产品称号。

为拓展鸭梨内外销市场，县委、县政府采取了多种营销策略和宣传形式，自1997年起举办“鸭梨展销会”，派招商团外出招商，在主要新闻媒体开展宣传活动，从而提高了辛集鸭梨的知名度，扩大了市场销售。目前，年外销最高达12000吨，成为全国鸭梨出口最多的县市。

优质鸭梨

山东省胶州市（大白菜）

胶州大白菜是胶州市的特产之一，俗称“胶白”。“胶白”原产于胶州市三里河村，盛产于胶城一带，栽培历史悠久。由于胶州所独有的土质和水源，具有任何地区大白菜所不具有的“帮嫩薄、汤乳白、味甜鲜、纤维少、营养高”的特点。远在唐代即享盛誉，传入日本、朝鲜，称为“唐菜”。1875年在日本东京博览会展出。

据中医药典介绍，食“胶白”具有降低胆固醇、软化血管、防止动脉硬化之功效，对心脑血管、贫血等疾病有一定疗效。美国、德国、日本、苏联等国家先后派专家来胶考察，并出版了专著《中国宝贝——山东胶州白菜》。初级品和加工品销往香港市场和日本、韩国、新加坡等国家。

山东省栖霞市

Oriental Juice Co.,Ltd.
源通果汁有限公司
CFMA
中华名果
单位：栖霞市果品集团公司
品牌：宇冠牌
品名：红富士苹果
中国果品流通协会
一九九七年十一月

福 建 省

福建省农业资源丰富，名优产品众多，自古就有“果乡茶市”的著称。改革开放以来，福建省委省政府“大念山海经”，在发挥资源优势、优化农业结构方面，起步早，基础好，全省水果、茶叶、蔬菜和食用菌等经济作物发展迅猛，总量位居全国前列，并出现了一批特色产品和优势产业，有一部分产品已打入国际市场。

中央领导同志曾多次关注福建农业，充分肯定福建为我国的现代化建设积累了经验。

吴建华厅长下田间指导水稻生产

“天游峰”柑桔

建瓯锥栗

南 平 市

南平素有“南方林海”、“中国竹乡”之称。全市森林覆盖率68.4%，林木蓄积量约占福建的1/3，占全国的1/10。1999年全市竹业总产值达19亿元。“万木林”“广生”、“和键”牌水煮笋和“百丈岩”牌竹荪已获准使用绿色食品标志，“绿板王”、“三港”牌系列竹制品及“赋竹居”竹刻等荣获99中国文化节国际竹业博览会金奖。南平资源丰富，名特优产品琳琅满目，水力、矿产资源居福建省首位，著名的旅游胜地、扎实的产业基础、强劲的开放势头，使南平更具魅力，是我国山区中不可多得的一块宝地。

闽北笋竹

世界一流的喷水织机

昌邑市丝织二厂真丝方巾

昌邑市华裕丝绸有限责任公司产品

昌邑——“中国丝绸之乡”，现有桑园3万亩，年产蚕茧400公斤

山东省昌邑市

市长孟祥志

山东省昌邑市市长孟祥志，1955年1月出生于山东省寿光市纪台镇王府村，1972年参加工作。先后在寿光市任市委组织部科长、乡镇长、党委书记、市委常委、组织部长、市委副书记等职；1998年1月调昌邑市，先后任市委副书记、市长，1997年7月与他人合作，编辑出版了《论国营企业党建工作》一书，发行全国。

下营港

陕西省商州市

商州市位于陕西省东南部，秦岭南麓，是商洛地区政治、经济、文化中心，总面积2672平方公里，农业人口46.08万人，属暖温带南缘季风性半湿润山地型气候。境内山青水秀，资源丰富。主要经济林种以核桃、柿子、板栗为主，其中商州核桃在全国享有盛名。

商州核桃品质优良，营养丰富，天然生长无污染。核桃果实以个大、皮薄、仁饱、味佳而著称。1978年产量达240万公斤，居全国十强县之列。商州核桃已成为人民脱贫致富的主导产业。1997年被陕西省政府列入科技开发重点项目。截止2000年，全市共有核桃树266.73万株，折合13.34万亩，其中挂果树180万株，年均产量200余万公斤，年均出口150多万公斤，目前引进推广优良品种29个，其中国家级16个、省级13个，建立良种采穗圃300余亩，年育苗300亩、出圃苗木250万株、培育嫁接良种苗木100万株。

市长张改萍（左一）、常务副市长王恩社（右一）、市核桃领导小组组长、市纪委书记肖荣林（中）在核桃建园现场研究指导核桃工作

商川市核桃产业办主任、市林特局副局长李木林（右一）在良种核桃园内检查工作

福建省福鼎市

前岐四季柚瓣若银，肉似白玉，无籽多汁，酸甜适度。

“四季柚”丰收后的喜悦

闻名遐迩的福鼎槟榔芋

福鼎四季柚盛产于福鼎市前岐镇，有悠久的栽培历史。四季柚以四季常绿、四季开花、四季结果而得名。1989、1992年全国柚类果品鉴定会上获部优称号，被列为国宴的专用果品。

贯岭镇的槟榔芋，以其芋体硕大，风味独特、香气浓郁、松酥可口而著称，曾荣获国家经贸部优质产品荣誉证书。

福鼎大白茶是中国十大名茶之一。以此制成的“银钩”“白毛猴”、“白牡丹”、“雪芽”等名茶都是白茶中的主产品。

贯岭镇党委书记张祖强到田头向农民了解槟榔芋生长情况

槟榔芋田一角

福建省晋江市

福眼干品

白绒乌骨鸡

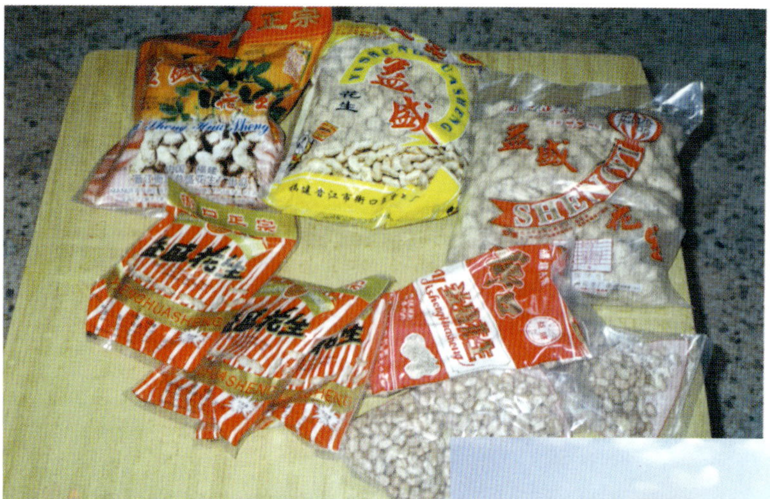

衙口花生

晋江马

闽南黄牛

福建省南安市

——中国龙眼之乡

市委书记 李建国

市长陈宗庆(左)接受中国特产报社社长
刘真赠授的“中国龙眼之乡”匾牌

南安特产－－龙眼

山东省乐陵市

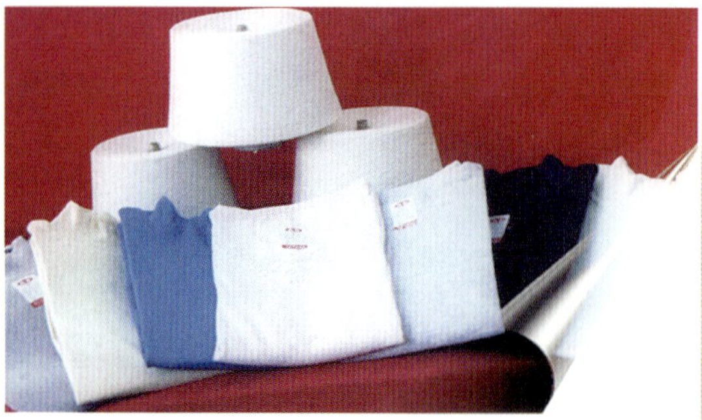

高档纺织系列产品

刹车片及塑钢系列产品

驰名中外的乐陵金丝小枣及其制品

中国“金丝小枣之乡”—— 山东省乐陵市，位于冀鲁交界处，素有“齐燕要塞”、“冀鲁枢纽”之称，是山东对外开放的北大门和主要的进京门户。

乐陵市农特资源丰富，是国家商品粮基地、红枣出口基地、山羊板皮出口基地、瘦肉型猪良种繁育基地、秸杆养牛示范市和国家经济林示范市，尤以盛产“金丝小枣”而饮誉中外。枣制品加工业发展迅猛，十大系列120多个品种的枣制品，远销欧美等50多个国家和港台地区；该市以小枣集中产区为中心，开辟了30亩枣园游览区。2000年3月被国家有关部门命名为“中国名特优经济林金丝小枣之乡”。在2000年9月的全国红枣交易会上，乐陵枣及枣制品共获12个金奖、24个银奖、9个优质奖。

乐陵市工业发展突飞猛进，现已基本形成了汽车配件、高档纺织、小五金、调味品、枣制品、木制品、精细化工七大产业基地。为进一步优化经济发展环境，近年来，乐陵市不断加大基础设施建设，先后投资10亿元，进行了城区改貌工程。并制定出台了一系列招商引资、聚集内力的优惠政策。

乐陵以其真诚和热情，欢迎四海宾朋来乐陵投资兴业，共谋发展。

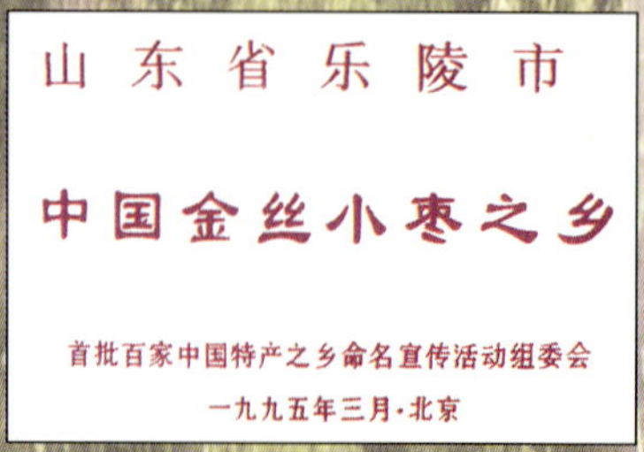

山东省乐陵市被国家命名为“中国金丝小枣之乡”

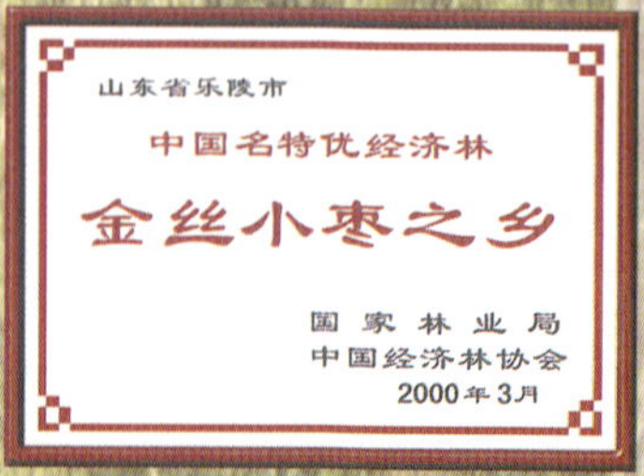

山东省乐陵市被国家林业局、中国经济林协会命名为“中国名特优经济林金丝小枣之乡”

百万亩枣林

广东省惠阳市

—梅菜、荔枝之乡

该市矮陂镇现有梅菜种植面积1.4万亩，总产达2.2万吨。矮陂梅菜是岭南土特名产，已有400多年历史。1995年惠阳市获全国首批百家特产之乡——“中国梅菜之乡”称号。该市镇隆镇盛产荔枝，被命名为“中国荔枝之乡”。

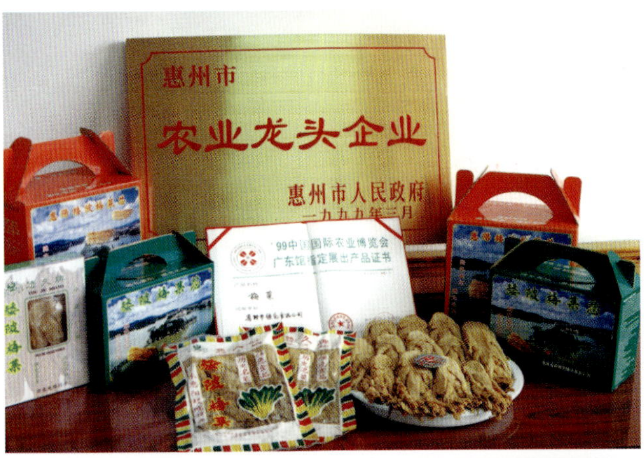

惠阳市委副书记　魏志业

惠阳矮陂镇梅菜大田一角

惠阳市绿色食品公司生产的“悠久牌”梅菜系列产品

惠阳市绿兴开发公司生产的“梅菇牌”梅菜系列产品

镇隆荔枝——桂味

镇隆镇荔枝——硕果累累

浙江省诸暨市——中国香榧之乡

①

②

③

1.珍珠养殖
2.珍　　珠
3.市场交易

浙 江 省 嵊 州 市

嵊州特产桃形李

竹编精品《岳飞》

红元宝玉兰

嵊州特产茶叶

的嵊州

浙江省桐乡市——杭白菊之乡

中国“四大名菊”之一的杭白菊产于江南水乡桐乡市，是桐乡传统特色农产品，迄今已有300多年的历史，有桐乡农业“三宝”之一的美誉。桐乡杭白菊以其素净洁白、淡雅清香的风味和药食同源的独特功效闻名遐迩，曾作为国家二类农副产品列入生产、流通计划管理，有着重要的经济价值和广阔的开发利用前景。目前，杭白菊以春发、凤鸣、桐菊为首的品牌50余种，得到了社会各届人士的关注与认可。创建于1985年的桐乡市春发杭白菊制品厂，依托得天独厚的自然环境和生产条件，逐渐形成了产、供、贸一体化的杭白菊生产基地，被桐乡市政府评为农业龙头企业和涉外参观单位，1999年企业品牌——“春发牌”被列为“中国名牌产品”。桐乡市热忱欢迎社会各届到此投资开发，共同创造杭白菊的美好未来。

1.菊农种菊

2.菊农采菊

3.包装车间

4.“春发”牌系列产品

浙江省奉化市

——中国水蜜桃之乡

千姿百态—盆景

东海名产—大黄鱼

唐代贡品—奉蚶

门类众多—罐头食品

罗汉圣果—芋艿头

银凤度假村

河南省灵宝市

市委书记孙宗会（左一）在果品销售市场调研

市长王跃华（左一）在焦村镇果园调研

国家颁发的优质苹果奖杯

灵宝市位于河南省西部，豫、陕、晋三省交界以盛产苹果而闻名国内外，素有“苹果之乡”的美称。全市果树栽培面积60万亩，其中苹果50万亩年产果品6亿公斤，产值6亿多元，果品收入占农业总产值的60%以上。苹果栽植面积和产量均居河南省首位，位居全国县级第二位，是国家确定的优质苹果商品基地和外贸基地。

灵宝苹果以其色泽艳，风味浓，耐贮运，适加工而著称。在全国、全省历届果品鉴评会上，红富士、青香蕉、金冠、新红星、秦冠、国光等品种多次荣获部优、省优产品称号，在1995年全国第二届农业博览会上灵宝苹果获六金五银11块奖牌1998年在全国名特优展示会上，灵宝苹果被评为全国优质果品，获“中华名果”称号。

灵宝苹果的发展，使一批关联企业相继兴起全市有果品加工厂50多个，各类纸箱加工厂28个果品经营网点300个，机械冷库50多座，土窑洞贮藏库4000多孔。1993年建成一座现代化中外合资果汁饮料加工厂，年加工鲜果10万吨，年生产浓缩果汁10000吨，产品远销日本、美国、荷兰、韩国等。

灵宝果品生产初步实现了产、供、销一体化走上了“公司＋农户”的路子。服务体系逐渐完善外部环境越来越好，产量持续增长，质量不断提高

果满枝头

广西壮族自治区靖西县

福建省安溪县

（湖头米粉）

安溪湖头米粉

安溪县湖头镇在凤城东北部，是福建省十大古镇之一，素有湖头小泉州之称。湖头米粉是该镇闻名海内外的特产，有100多年的历史，年产3000多吨；50年代自厦门口岸出口东南亚，现畅销东南亚及港、澳、台地区。

安溪湖头米粉小包装

福建省安溪县

安溪县是世界名茶“铁观音”的故乡。自古就有“闽南茶都”之称。安溪名茶荟萃，质量上乘，历年来共获国际奖6项，国家奖1项，部优、省优奖19项，行业奖6项，“凤山牌”特设铁观音1982年荣获国优金奖，至今连年保优。湖头米粉是安溪闻名海内外的特产，产品畅销省内、东南亚国家、港澳台地区。安溪又是油柿的重要产地，其传统名产“厚垵柿饼”1958年就荣登全国农展会献礼台，并畅销国内外市场，尤其受东南亚华侨的欢迎。

溪茶农于1930年前后创造的树“短穗扦插育苗法”，在中茶业史上写下了光辉的一页。978年荣获全国科学大会发明。

安溪县茶果局研制开发的油柿果酒——“柿露酒”、“柿露小香槟”和“柿露粉含片”

优质“厚垵柿饼”

熟化的油柿——红柿

中国香蕉之乡

——海南省东方市

硕硕累累

希望的田野：万亩香蕉基地

东方市地处海南岛西部稍偏南，地域面积2256平方公里，辖17个乡镇，总人口35万。2000年全市种植巴西品种香蕉10万亩，产量可达40万吨，是全国著名的“香蕉之乡”。

香蕉生产企业销售热线：

祥麟果菜基地
地址：东方市大田乡
邮编：572600
联系电话:(0890)5870001　013907666315
联系人：张祥麟

富岛化工农业有限公司
地址：东方市大田乡
邮编：572600
联系电话：013907667121
联系人：温明亮

大广坝农业有限公司
地址：东方市大田乡
邮编：572600
联系电话:(0890) 5584899　013907667181
联系人：刘宏智

海南东方政升农业综合开发有限公司
地址：东方市罗带镇
邮编：572600
联系电话:(0890)5710006　013907579100
联系人：赵九江　文学伟

海南省武警消防总队农场
地址：东方市东河镇
邮编：572600
联系电话:(0890) 5710068　013907536165
联系人：骆蔚彬

秀色满园

东方香蕉具有皮薄丰满、甜度高、芳香可口等特点

包装待运

芒果之乡——海南省东方市

芒果素有“热带水果之王”的美称，东方市是全国著名的芒果之乡，现全市共种植芒果11.5万亩，年产量达2万吨，主要品种有吕宋、象牙、青皮、台农、秋芒等20多个品种。

台农一号

绿意浓浓

吕宋芒

象牙芒

河北省沧县——金丝小枣之乡

沧县是中国金丝小枣的故乡，已有3000多年的栽培历史。金丝小枣皮薄、肉厚、核小、味美、营养丰富，驰名中外。1996年，沧县被命名为“中国金丝小枣之乡”，2000年4月，又被命名为“中国名特优经济林金丝小枣之乡”。

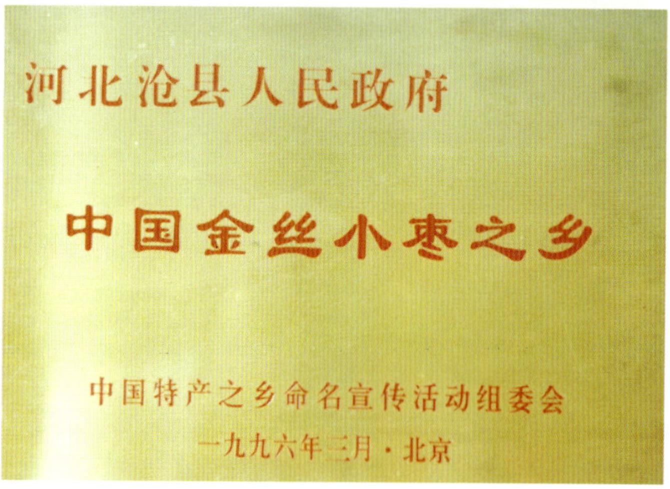

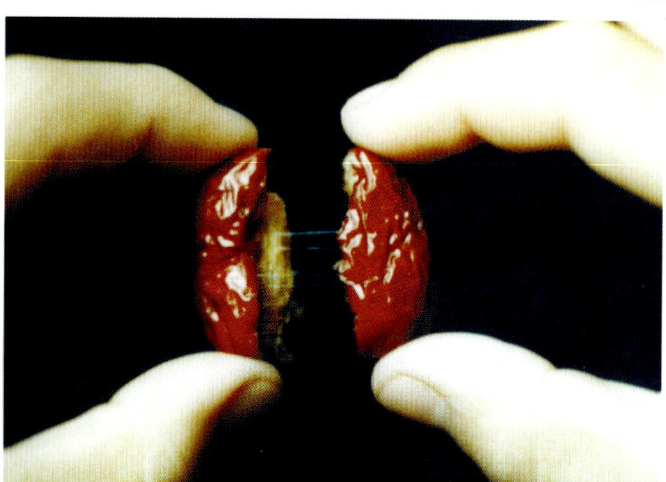

1. 河北省沧县县长 赵超英
2. 所获奖牌
3. 枣农晒枣
4. 金丝小枣皮薄、肉厚核小，清脆香甜，果皮浓红，果肉细腻，因掰开后能拉出金丝而得名
5. 满挂果实的树枝

四川省奉节县

脐橙基地一瞥

叶绿橙黄，硕果累累

商品化处理现场

夔门天下雄 。脐橙此为魁

脐橙基地一瞥

奉节脐橙多次荣获国家金奖

利用野生酸枣嫁接大枣两年结果情况

河北省赞皇县

赞皇县副县长 张万银（右）
赞皇县林业局长 王志京（左）

赞皇大枣有“七个一尺，十个一斤”之称

河北省鸡泽县

中国辣椒之乡

华夏香辛料有限公司

辣椒制品

河北省徐水县

徐水县地处太行山东麓，北京、天津、石家庄三角地带，古城保定市北郊。制酒业作为该县特色行业已有千年历史，“刘伶醉”酒被誉为北方“小茅台”，各类白酒在国际国内评比中获22项大奖，有“北国酒乡”之称；大棚西红柿开展种植已近20年，1999年底，设施西红柿达到5.6万亩，白塔铺蔬菜批发市场年成交额4亿元，已成为华北最大的西红柿专业批发市场。

蔡秋贵副县长

徐水县白塔铺蔬菜果品批发市场一角

西红柿园

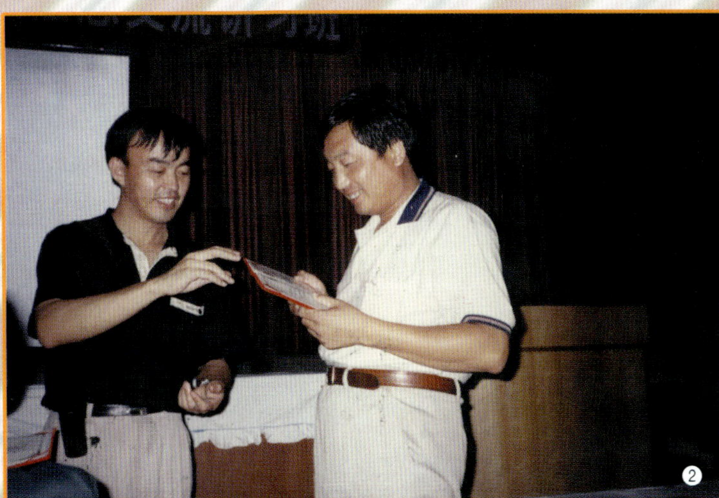

山西省屯留县

屯留县是山西省长治市辖县之一。该县由于工业少，相对污染少，生产的小杂粮产量高、品种多、质量好。1999年10月份，国家有机食品发展中心对该县小杂粮种植基地中的4个重点乡镇3400亩耕地进行了严格审查，评审通过，使屯留跻身于全国20个有机农业基地县之一。经过四五年的运作，小杂粮的生产到目前已形成基地生产、公司经营的产业化格局。随着市场经济的不断深入和小杂粮的不断拓展，小杂粮产业将迅速发展成为全县的富民产业支柱。

1. 县农委主任卫明（中）、有机食品办公室主任王建生（左）在北京有机食品展览会屯留产品展台上
2. 国家有机食品中心向屯留县成员颁发证书
3. 国家有机食品中心领导、专家来屯留参观考察有机食品基地

云南寻甸回族彝族自治县

——板栗之乡

寻甸回族彝族自治县隶属云南省昆明市，全县国土总面积3598平方公里，总人口48万人，居住着回、汉、彝、苗四种民族。

寻甸板栗栽培、利用有悠久的历史，早在400年前，寻甸就有关于“栗”的记载，明朝《嘉靖寻甸府志·食货》果属部分，也有详细记载。寻甸板栗曾多次获得部优质奖和全国出口基地建设成果荣誉证书。产品远销港、澳地区及东南亚，深受国内外市场欢迎。

寻甸板栗由于传统的栽培方法，以及独特的气候、土壤特征，形成了优良的地方品种，有金红栗、金黄栗、黑栗、早栗、勺把栗、香栗等20个品种，以早实、丰产、抗逆性强、生长健壮著称。寻甸板栗果实饱满、均匀、色泽鲜艳、光亮、易剥壳、易保鲜、耐储藏、易加工，香、甜、脆、糯，味美可口，可加工成罐头食品、板栗粉等系列产品。目前寻甸已建成板栗基地20万亩，年产量达2000吨，开发利用前景广阔。

河北省阜平县——大枣之乡

阜平大枣属婆枣类型，以个大、肉厚、皮薄、核小、营养丰富而闻名，是全国700多个枣品种中干食最为优良的品种之一。

阜平县红金贡酿酒有限公司生产的以阜平大枣为主要原料的红金贡大枣白酒

阜平县天然饮料食品厂生产的金丝无核蜜枣

阜平大枣

陕西省镇安县

镇安县地处秦岭南麓东段，属国务院确
的贫困县。镇安县素有“山上长着摇钱树，地
埋着聚宝盆”的美称。境内拥有生物、矿产、
力、旅游四大自然资源优势，其开发价值在10
万元以上。森林覆盖率62%，其中蕴藏着板栗
核桃、食用菌、象之茶、生漆等不胜枚举的林
珍品和二花、天麻、五味子、杜仲等中药材，
质优量大畅销国内外。

改革开放20年来，历届县委、县政府在
委、省政府及地委、行署的正确领导下，坚持
切以实际出发，立足依山致富，大力发展板栗
蚕桑、猪羊三大主导产业，大力开发矿产、水力
生物三大资源。勤劳质朴的镇安人，在西部大
发之际，欢迎全国各地及海内外各界人士来镇
开发资源，共谋大业。

① 镇安县“镇东”公路万亩板栗林带的一角
② 栗粮间种的板栗良种丰产园
③ 即将成熟的板栗苞
④ 刚收获的板栗果实

1

1. 个大皮薄的山阳核桃
2. 山阳鲜薯芋
3. 沃土中的丹参
4. 丰产核桃园
5. 久负盛名的山阳板栗
6. 陕西省优质产品“丰阳牌”薯芋皂素

2

3

4

5

6

陕西省山阳县

山阳县是国务院重点扶持的贫困县之一。自然资源丰富，景色迷人，全县可开发利用的山地面积480多万亩，野生药材500多种，水能蕴藏量19.5万千瓦。已探明的矿产资源49种，探明矿床12处，已经开采的有铜、锑、铅、锌、大理石等，其中钒矿储藏量达290 万吨，是远东地区最大、品位最高的矿带，境内旅游资源开发前景广阔。山阳物产富饶，独具特色，粮食作物有小麦、水稻和豆类，经济作物有芝麻、花生、魔芋等，林副特产有油桐、核桃、板栗、茶叶等，中药材有丹参、连翘、天麻、杜仲等。

山阳县科教文卫全面发展，全县有各类科技专业技术人员4376 人，有普通中小学964所，农民文化技术学校38所。

开发和发展山阳，是山阳人民的迫切愿望，也是多年来密切关注、热情支持山阳发展的各界朋友的宿愿。山阳人民欢迎各界人士和客商来山阳旅游观光，投资办厂，同谋发展大业，共创美好未来。

浙江省玉环县

玉环，东海之滨的一颗璀璨明珠，378平方公里的陆域面积，在浙江黄金海岸线上熠熠生辉。

玉环，历史悠久，早在新石器时期就有人类繁衍生息，创造文明。清雍正六年置玉环厅，隶温州府。1912年改称玉环县，现属台州市。

38万玉环儿女勇立改革开放潮头，实施股份化战略，奏响了玉环经济持续高速发展的旋律。连续两届迈入中国农村综合实力百强县之列，荣获浙江省首批“小康县”、“全国农民收入先进县”称号。1998年全县国内生产总值60.2亿元，财政总收入3.18亿元，农民人均收入5006元。地方工业蓬勃发展、“中国文旦之乡”、“海鲜王国”之美誉，牵引着经济社会的全面进步。玉环已与60多个国家和地区建立了友好的经贸关系。

玉环人民高扬“自强不息，勇当源头，争创一流”的精神，领良港优势，交四海宾朋，携手共创科工贸发达的新型港口城市的辉煌明天。

① 采摘玉环柚

② 玉环柚在全国柚类品质鉴评中荣膺“八连冠”，被誉为中华第一柚。

③ “世界名柚园”——苔山塘文旦基地

④ 浙江省最大的海水网箱养殖基地——漩门湾养殖场

浙江省新昌县

——中国名茶之乡

新昌县历史悠久，自古是四方往来通商要道，物产资源丰富，素有“小水电之乡”、“长毛兔之乡”、“胶丸之乡”、“中国名茶之乡”等美称。“烟、茶、丝、木”四大传统特产闻名于世，是全国生产出口珠茶、白术、优质蚕茧、香料烟和兔毛的基地县。目前，已基本形成了名茶、兔业、板栗、茧丝绸、小京生花生、特种养殖和野生资源开发等优势产业体系，涌现出了一批农业优质名牌产品，被列为“九五”山区综合开发示范县之一。

副县长程晓帆(中)在茶园

茶园

挑选“小京生”花生

赛兔会

八角鲜果

云南省富宁县

富宁是云南省最早种植八角的县，栽种八角历史悠久，是全国闻名遐迩的主产区。是国家命名的“中国八角之乡”。开发富宁八角经济林木，是振兴富宁经济，实现富宁经济腾飞的重要途径。

八角全身都是宝。除果实外，其叶可蒸提茴油，远销国内外，其木纹理直、构细、质轻软、芳香、抗虫蚀。八角树喜生长于低热河谷地带潮湿土壤及阳光雨量充沛的向阳坡地。富宁地区地处是低山河谷地带，大部分地区海拔均在1000米左右，富宁地处北回归线地带，有足够的雨量和适宜八角生长的土壤，是发展八角的好地方。

富宁八角林

山东省嘉祥县

——中国石雕艺术之乡

麒麟

石狮

山东嘉祥，地处梁山泊腹地，境内的优质天然青石是用于雕刻各种工艺品的优质原料。嘉祥人民利用得天独厚的山石资源，以高超的艺术创造力，从事和发展着石雕业，使其成为当地的经济支柱产业。嘉祥石雕现已形成仿古雕刻和现代雕刻两大类、十大系列、3000多个品种。其中既有龙亭龙柱、琼楼玉阁，又有飞禽走兽、人物花草；既有仿古器皿，又有文房四宝；既有普通百姓家用的门卡、门枕、石狮，又有可置旅游景点、娱乐场所的雕塑雕像。实是花色繁多，品种齐全，在国内外享有“巧夺天工”、“石破惊天”的盛誉。

西长治市千龙亭高 27 米，上刻 9999 条
被誉为华北第一亭

山东临沂华表

福建省南靖县

南靖县是闻名遐迩的漳州芦柑生产区之一。又是国务院批准的漳州市外向型农业示范区之一。改革开放以来，南靖以市场为导向合理配置资源，大力发展高优农业，走出一条农业奔小康的路子。在巩固粮蔗生产和传统水果基础上，大力扩种龙眼、荔枝、橄榄、芒果等名特优水果。同时，重视闽台农业合作和农业引进工作，多渠道引进国外优良品种、先进栽培管理技术、新型加工手段和产品销售渠道，促进农业升级换代。几年来，南靖县先后从台湾引进麻竹栽培技术、白背毛木耳、单性罗非鱼等新技术和新品种，带动了全县高优农业的蓬勃发展。目前，南靖人均水果拥有量、麻竹种植面积、白背毛木耳栽培量、甘蔗产量、优质芒果种植面积、兰花栽培量等六个农业项目名列全省前茅。

“南方人参”巴戟天

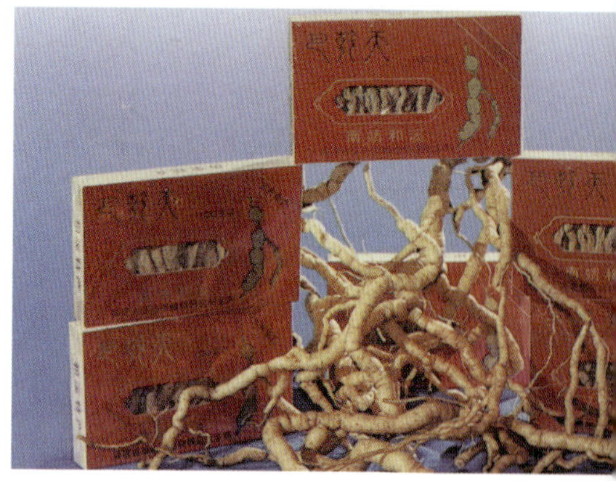

兰花基地一瞥

益和食品有限公司麻竹基地

山西省左权县

左权县位于山西省晋中市东南部。核桃生产在左权已有一千多年的历史。1992年县委、县政府提出把左权建成“核桃大县”，将发展以核桃为主的经济林作为左权兴林富民奔小康的突破口和农村工作的着力点。到1994年，核桃产量升至325万公斤，被列为全省十强之一。截止1999年底，核桃总面积达12.9万亩，左权核桃被列为全省干果经济林基地示范县建设项目。建设核桃大县，发展核桃生产已成为引导左权农民脱贫致富、带动县域经济发展的龙头。

① 左权县县长马彦平（左）向晋中市委书记刘俊谦（右）汇报核桃生产、销售情况

② 左权县新发展的优质核桃

③ 左权核桃分别荣获北京国际果品及技术设备展览会金奖和中国国际农业博览会“山西名牌产品”称号

④ 左权核桃年产量在400万公斤左右，这是县外贸公司核桃筛选车间一角

⑤ 左权县当年培育的百亩早实丰产倭化优质核桃苗基地长势喜人

浙江省安吉县

改革开放以来，安吉县委、县政府带领全县人民不断解放思想，围绕“竹”字做文章，走出了一条以资源为基础，以市场为导向，以科技为依托，竹业全面发展的新路子。不仅在原竹培育上巩固了在全国的领先地位，而且在产业开发上形成了竹子日用品、竹工艺品、竹建筑装饰产品、竹文体用品、笋竹食品、竹中间体、竹医药保健产品等七大系列700多个品种。全县笋竹加工企业1500多家。1999年，全县竹业产值20亿元，竹业税收3000余万元，竹产业提供约1.5万个就业岗位，竹业经济成为该县山区农民增收的主要来源，真正成为安吉的支柱产业。

深闺奇苑——安吉白茶

安吉也是具有悠久历史的名茶之乡，全县拥有茶园面积6.7万亩。盛产竹乡毛峰、九亩甜茶等茶中佳品，其中尤以安吉白茶为最。连续荣获第三届全国名优茶评比特等奖、第四届中国农业博览会名牌产品、国际名茶博览交易会金奖产品。

利用竹叶开发研制的竹保健品系列

全国科技兴竹示范点——毛竹丰产林

竹制品系列

碧波万顷的安吉竹海

陕西省富县

富县位于陕北黄土高原沟壑区和黄土丘陵沟壑区的过渡地带，土地肥沃，水源丰富，交通方便，自然植被良好，光热资源丰富，是黄土高原烤烟最佳适宜区之一，也是陕北地区较早的烤烟生产基地县和烤烟区域种植县，烤烟生产规模大，科技含量高，烟叶品质佳，被誉为全省“烤烟之乡”。烤烟已成为地方财政的主要支柱和群众致富奔小康的骨干项目。全县烤烟产值300多万元。所产烟叶远销越南等东南亚国家，实现了出口创汇。聪明勤劳的富县人民，热忱欢迎海内外客商来富县共同开发烤烟产业，振兴富县经济。

县长张小民(右)查看烤烟生长情况

福建省德化县

德化县地处闽中屋脊—戴云山麓，气候温和，雨量充沛，是发展农业生产的好地方，还具有“林、瓷、电、矿”四大资源优势。

德化瓷器在中外瓷坛上占有重要地位，历史上曾与江西景德镇、湖南醴陵并称为中国三大瓷都。

德化梨

德化戴云山羊

福 建 省 永 泰 县

证书

经省政府同意

授予 永泰县人民政府 永泰芙蓉李·李干 福建省名牌农产品（2000年—2004年）。

福建省名牌农产品认定委员会

20[illegible]年6月

①

②

③

④

⑤

永泰具有悠久的芙蓉李栽培历史，素有“李果之乡”的美誉。近年来，永泰县委县政府审时度势，结合县情大力调整农业产业结构，调整的科学、合理、有效，“调”出了特色。“有乡必有李，无李不成乡”，芙蓉李不论面积和产量均居全国之最。李干是永泰的特色产品，以李干为原料加工制成的水仙牌“化合加应子”荣获全国轻工业优质产品和国家优质产品银质奖，历年来，共获省优、部优名牌16项，是福建名牌出口蜜饯，外销五大洲50多个国家和地区。

① 名牌产品证书
② 福建名牌产品——永泰芙蓉李干
③ 福建名牌产品——永泰芙蓉李（8.5成成熟状况）
④ 福建名牌产品——永泰芙蓉李（9成成熟状况）
⑤ 蜜饯李干加工晒场

上杭千亩烤烟基地

杭梅

福建省上杭县

上杭县是全国乌梅出口基地县，杭梅是全国最好的梅。上杭烤烟以叶大质厚、味香闻名全国，是福建省唯一的烤烟出口基地县。

上杭萝卜干是“闽西八大干”之一，600年的生产历史闻名海内外。

杭梅深加工

杭梅树花

上杭萝卜干

福建省惠安县

石雕之乡

惠安素以“中国石雕之乡”著称，石雕技艺堪称“中华一绝”，是中国石雕产品出口的主要生产基地，也是惠安县国民经济的重要支柱与县财政收入、国家税收的重要增长源。

改革开放以来，特别是“八五”期间，惠安石雕业进入了一个新的发展时期，传统石雕产业及雕刻工艺实现了突破性的发展。1999年，全县共有石材企业1254家，安排就业26100人，实现产值近40亿元，年创汇34亿元，惠安石业在全省乃至全国同行业中的总量、规模、出口额均名列前茅。

余柑是惠安县的主产地，全国名特优产品—蓝田余柑的原产地，种植历史悠久，品种资源丰富，以品质优、产量高闻名遐迩。

县委书记 万瑞忠

县长 唐毓盛

长角辣椒

国标一号锡锭

广西壮族自治区南丹县

南丹县地处桂西北，被划定为特困县的南丹，人口27万
少数民族占82%；20年来，两个文明建设硕果累累：2000年
农民人均收入2300元，贫困人口由85%（1984年）下降到2%
国民生产总值21亿元，人均国民生产总值、人均财政收入
年位居广西各县（市）前列，多次被评为地区、自治区双文
先进县，成为西部一颗闪耀的明珠；物产丰富、得天独厚，
久负盛名的“品牌之乡”。

南丹是历史知名的有色金属之乡，盛产锡、锑、铝、
铜、钨、锰、金、银、铟、镉、锗、钼等20余种有色金属，
属储量超1000万吨，因储量大、种类多、品位高而闻名世界
被誉为矿物学家的天堂。

南丹特产长角辣椒以个长、皮薄、肉厚、味香、高产、
优而闻名，年产量800万公斤，畅销区内外和东南亚。南丹
角辣椒名扬天下。

南丹瑶鸡为瑶胞全部在山上放养的土鸡，个大肉质优良
味道鲜美，年产300万羽，畅销区内城市及广州、港、澳。
丹瑶鸡誉满神州。

农业十大品牌宣传、申报组组长：韦举源

地址：广西壮族自治区南丹县城关镇民生街108号
邮编：547200
电话：0778-7232505、0778-7238131
传真：0778-7232505

瑶鸡

福建省漳平市

——中国杜鹃花之乡

漳平市是闽西的东大门，厦、漳、泉“金三角”圈沿和福建省铁路沿线第二工业带前列。

漳平市“中国花木之乡”、“中国杜鹃花之乡”，在昆明世博会杜鹃花获金奖，在“花乡鹃王”第二届海峡两岸花卉博览会上获得优胜，并连续两年进入中南海和人民大会堂。

图片说明：

1. 瑞香园
2. 杜鹃花
3. 瑞香花
4. 杜鹃花
5. 杜鹃花

新疆皮山县

皮山县是新疆古老的绿洲之一，位于塔克拉玛干大沙漠南缘，喀喇昆仑山北麓，居古代“丝绸之路”南道之要津，地形呈纺锤形，南北长423公里，东西宽67−144.5公里，总面积4.12万平方公里，全县总人口19.42万，是一个典型的以维吾尔族为主体的多民族聚居县。近年来，皮山县在“依靠大农业脱贫，依靠大农业产业化致富”的方针指引下，重点发展特色产业，全面推进农村经济。皮山的薄皮核桃、甜杏和皮亚曼大甜石榴，闻名全国。

县委书记韦新辉（中）陪同地委领导视察开发区

皮山甜李子

皮亚曼品牌石榴

皮山甜杏

葡萄

陕西省丹凤县

县长王传魁(中)、食用菌办主任孙有金(左)、
技术员朱帮富（右）在第二示范区

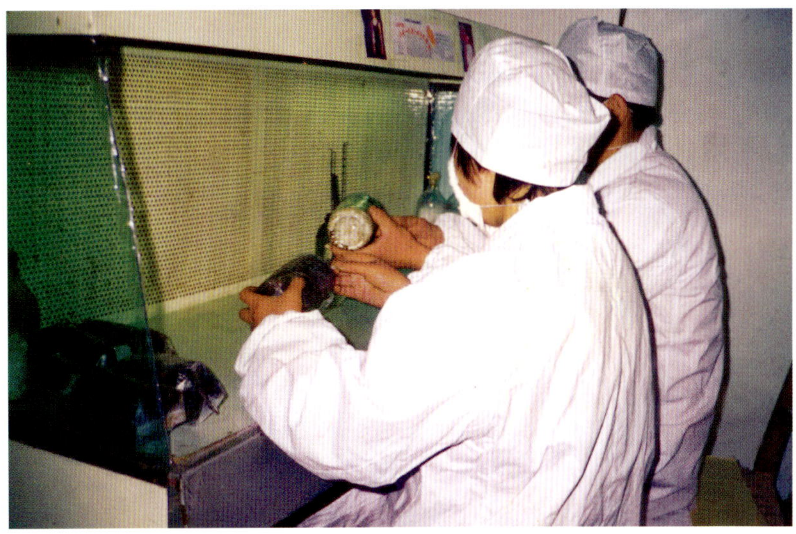

接种(萌发菌)

商品天麻（干）

商品天麻（鲜）

福建省云霄县

县委书记 朱福清

县长 黄舜斌

枇杷是云宵县传统特色水果，据考证已有150余年栽培历史。云宵枇杷有两种果形：一是圆形白肉，称圆白种；二是长形皮肉橙红，称长红种，果大高产。云宵枇杷以上市早著称，2月上、中旬开始成熟，清明前后大上市，谷雨后采收结束。现有面积6000余亩，总产1500吨，全县各乡、镇均有分布。

云霄枇杷

包装盒及加工品

山东省沂源县

县委书记 陈留泉

县长　王世庆

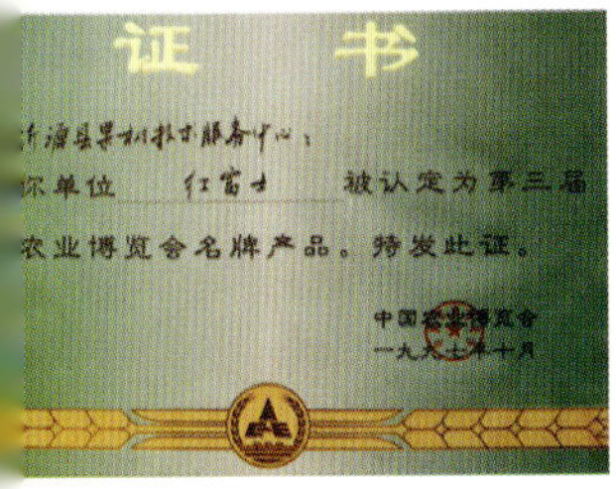

山西省芮城县

山西省芮城县位于山西省西南端秦、晋、豫三省交界处，全县土地面积1176平方公里。

全县现有花椒经济林10.5万亩，进入盛果期的达4.3万亩，苹果总面积40万亩，苹果产量位居全省生产十强县之首。1994年，芮城被评为“全国干果经济林生产先进县”，1995年，该县中夭乡被全国绿化委员会评为全省“十佳经济林之乡”，1999年又获得“中国名特优花椒经济林之乡”光荣称号。芮城苹果几年来先后荣获“七五全国星火计划科技博览会”金质奖、“第二届农产品博览会”金质奖、“永乐牌”红富士苹果在'98全国(东莞)名特优果品展示会上被命名为“中华名果”。

县委、县政府以这次全国农业产业结构大调整为契机，大力实施集团战略，扩大加工规模，强化载体，建好市场，在农民致富奔小康中发挥主导作用。

1. 幼树花椒林
2. 金奖红富士苹果
3. 所获奖牌
4. 县委书记 潘新端
5. 县长 姚震海

重庆市垫江县（垫江白柚）

垫江县地处浅丘，位于重庆市中北部。幅员1518平方公里，人口88万，物产丰富、土特名产多。

垫江白柚又名黄沙白柚，1830年从黄沙乡黄沙村实生柚中选育而生，以果大汁多，细嫩化渣，蜂蜜味美弛名。单果重1250—2250g，橙黄色，可食率57.3%，果汁率40.7%，可溶性固形物12%，每100毫升含糖10.5g，酸0.95g，维C66.3mg，具有清热润肺，凉血降压，止咳止渴化痰，助消化解酒之功效，高血压、心血管疾病和肥胖病者食之最佳，享有保健食品、天然水果罐头之美称。1989年获部优质果品称号，1995年获第二届中国农业博览会金奖。

垫江白柚是垫江县农村经济支柱产业，被重庆市列为名柚长廊，现已种植10万亩，年产5万吨以上。1996年注册为“白柚王”牌商标。

中共垫江县委
垫江县人民政府
联系电话：(023)74512405 74512821 74522995

中共垫江县委书记黄仕焱（右）
The county Party committee secretary Huang Shi Yan(right)
垫江县人民政府县长雷政富（左）
The county magistrate of Dianjiang government Lei Zheng Fu (left)

云南省邱北县——辣椒之乡

邱北县种植辣椒有350多年的历史，辣椒品种为“云南小椒”，品质上乘，享誉海内外；1983年获国家出口产品荣誉证书；1999年，邱北县被命名为“中国辣椒之乡”。

辣椒调味系列产品

精制油辣椒

获奖产品

专家和领导评审辣椒项目

出口日本的辣椒圈

典型的邱北小椒

福建省诏安县

诏安红星青梅

诏安县红星青梅市场一角

诏安县八仙乌龙茶具有传统的地方特色，该县八仙乌龙茶品质优异，香味可与铁观音比美，先后荣获福建省科技进步二等奖和科技成果展览会金奖、农业部优质茶、海峡两岸乌龙茶品评会头等奖。并入选《中国新名茶》、《中外茶树品种志》、《中国名优茶选集》。诏安的红星青梅以果大、肉厚、皮薄、核小而驰名中外。以青梅加工的系列产品在国际市场上享有“凉果之王”、“天然保健食品”的美称。

斗山果茶场八仙茶园一角

浙江省金华县

——佛手之乡

1999年10月，金华县委书记钱世茂（左二）陪同浙江省委书记张德江（中）到金华县佛手产地视察

金华佛手始栽于北宋嘉佑年间，为浙江金华著名国家级双龙洞风景区所在的北山南麓特定生态环境和栽培技艺孕育的地方特色珍稀产品，素有“果中之珍品，世上之奇卉”的美誉。该产品为芸香料常绿小乔木，多以盆栽为主，果形玲珑奇巧，或握或张，千姿百态，成熟之后，色泽金黄，香气馥郁，沁人心肺，其盆景为上乘观赏花卉，其根、茎、叶、花、果均可入药，具理气化痰，止咳消胀、舒肝健脾等疗效。1998年，产地金华县被授予“中国佛手之乡”称号，其正宗产品“赤松”牌金华佛手荣获浙江省优质农产品金奖。1999年，又被浙江省和'99中国国际农博会认定为省、部级名牌产品。

县长 杜安才

单位名称：浙江省金华县农业综合开发办公室

单位地址：浙江省金华市人民西路广电中心北侧农业综合开发大楼

电话：(0579) 2354838

传真：(0579) 2354858

邮编：321001

现佛手已批量进入药品、食品、饮料的深加工。图为金华佛手酒厂生产的佛手酒系列产品

佛手盆景，千姿百态，香气扑鼻，供家居摆设，办公会客，园林陈列，增添生趣

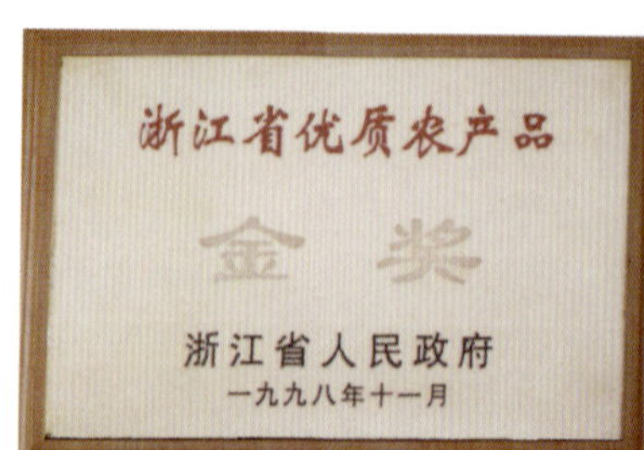

“赤松”牌金华佛手获“金奖”“名牌”产品的牌匾

福建省平和县

平和琯溪蜜柚是驰名中外的柚类珍品，是中国最大的柚类商品基地县。近年来，平和县委县政府结合县情，大力调整农业产业结构，使平和县由一个贫困县跻身为全国水果百强县之一，“中国琯溪蜜柚之乡”和“中国香蕉之乡”。琯溪蜜柚、坂仔香蕉、白芽奇兰茶成为这个县的三大支柱产业。平和县依仗这三大支柱产业，不但抛掉福建省贫困县的帽子，还于1996、1997年连续两年跻身福建省“经济发展十佳县市”行列，1997年成为福建省“经济发展十佳县市”第一名。特产税总量福建第一。为福建省率先实现小康做出了重大的贡献。

平和坂仔香蕉

县委书记许荣勇(右)和县长杨彬文(左)在察看琯溪蜜柚

平和县香蕉基地

平和县阳山茶厂白芽奇兰茶基地

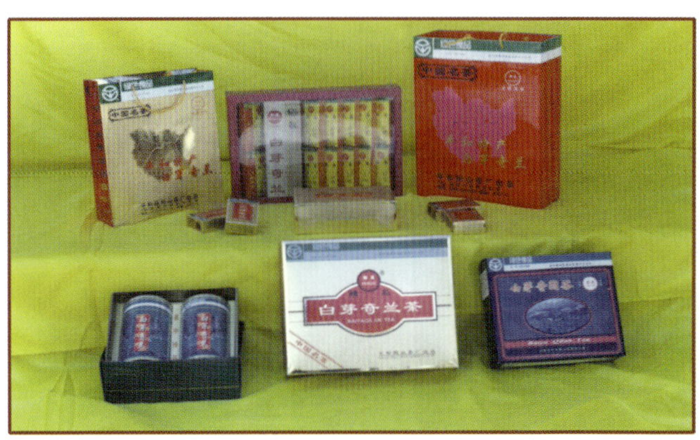

“白芽奇兰茶”系列产品

河南省南召县——辛夷之乡

南召县位于伏牛山南麓，地理坐标为东径112°00'-112°45',北纬33°11'-33°40',属于北亚热带向暖温带的过渡地带，气候温和，四季分明，雨量充沛，光照充足，日照时间长，昼夜温差大。境内土壤肥沃，自然条件优越，是辛夷的最佳适生区。南召又是辛夷的原生区和发源地，生产栽植历史悠久，南召县志记载“元明之间，广为栽植”，距今已有700多年的历史，明代《本草纲目》也载称“辛夷生于汉、丹阳之道”，即指丹江以北的南召、鲁山、淅川为中心的汉水流域。特有的环境小气候和悠久的发展历史孕育了“南召辛夷”品质优良、色泽鲜艳、花蕾紧凑、蕾形端正、鳞毛整齐、芳香浓郁，挥发油含量高达4-5%，居全国同类产品之首。入药可祛风、通窍、收敛、降低血压、镇痛消炎、抗病毒，对治疗慢性鼻炎、鼻窦炎、鼻塞、头痛感冒及其他各种疾病都具有独特的疗效。也是提取香精制作香料的主要原料，广泛应用于医疗卫生和轻化食品等工业，是中国重要的传统出口商品之一。《中药鉴定学》称其为辛夷之正品，1991年荣获“仲景杯”国际中药材博览会金奖，并以“南召辛夷”之品牌著称于世，享誉中外，产品畅销韩国、日本及东南亚各国和港澳地区。

中共十一届三中全会以来，南召人民在中共南召县委、南召县人民政府的领导下，依靠党的富民政策，发挥辛夷生产的传统优势，充分利用广阔的山场资源，大力发展辛夷生产。目前，全县辛夷发展面积已达到15万亩550多万株，年产辛夷1.6万吨，产值1.6亿元。2000年3月“南召辛夷”以其品质优良、面积最大、产量最高、效益最好，被国家有关部门首批命名为“中国名特优经济林辛夷之乡”。

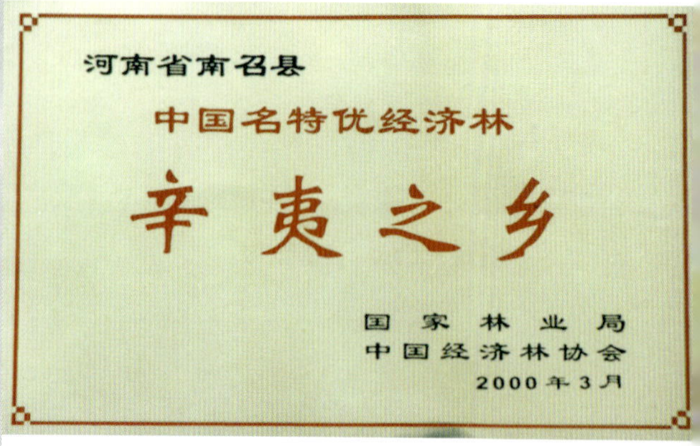

1、南召县被国家林业局命名为“中国名特优经济林辛夷之乡”

2、南召县人民政府县长郑德扬（右）、常务副县长魏恩卿（左）在辛夷生产基地视察工作

3、南召县人民政府副县长谢海洋（右）、县林业局局长倪文忠（左）在辛夷生产基地研究高产、高效开发工作

4、南召辛夷优良品种“猴掌玉兰”10年生单株产量可达35公斤以上

中國名茶

望海茶

浙江省宁海县

宁海自古产茶，嘉定《赤城志》(1208−1225年) 寺观门之园艺载："宁海禅院十一有二，宝严院在县北九十二里，旧名茶山，宝元中建，相传开山初有一白衣道者植茶，本于山中，故今所产特盛，治平中，僧宗辩携之人都献蔡端明襄，蔡谓其品在日铸之上"。可见当时的"茶山茶"已成为宋朝贡品，宁海茶叶的品质佳美有其悠久的历史渊源。

八十年代初，在县林业特产局等林特部门的努力下，宁海名茶老树开花，新创名茶"望海茶"成为宁波市唯一的省级名茶，从而带动了整个宁波市名茶的发展。

望海茶产于天台山余脉，国家级森林公园，著名的度假胜地，宁海南溪温泉之巅，千米高山望海岗，此地终年云雾缭绕，无任何污染，土壤肥沃，形成了得天独厚的宜茶环境。晴好之日，登高极目，可见东海樯桅点点，隐隐绰绰，海天相连，风光无限......望海岗由此得名，茶以山名，故名望海茶。

望海茶产于千米高山，终年受云雾之滋润，集天地之精华，外形细嫩挺秀，翠绿显毫，香气清香持久，滋味鲜爽回甘，汤色清澈绿明，叶底芽叶成朵，嫩绿明亮。深蕴高山云雾茶之独特风格，成为人们回归自然的理想绿色饮品。

八四年被评为浙江省级名茶，九三年在曼谷获中国优质农产品展览会银奖，九五年获第二界中国农业博览会金奖，九八年被浙江省授予优质农产品银奖。

根据宁波市委、市政府提出的搞好茶叶产业化工作要求，宁海县名茶发展将实施"树一个品牌、舞一个龙头、建一批基地、带一行产业"的发展战略，全面推进名茶生产的产业化进程，确定以"望海峰牌望海茶"为宁海名茶的统一品牌，成立一个便于协调宁海名茶产销的龙头组织——宁海县茶叶协会，建立一批以望海岗茶场为基础，通过扩点，新增一批茶山、深圳等高山产区为生产基地的龙头基地，基地连农户的产业化经营体系；制定一套包括苗木、栽培、加工、商品等方面内容的《望海茶系列技术标准》，以规范、约束望海茶生产，以及加强技术服务等措施为质量保障体系，逐步将全县名茶统一到"望海茶"这一品牌上来，以规模效应增强市场竞争力，从而实现宁海优质名茶走出宁波、走向全国、影响世界。

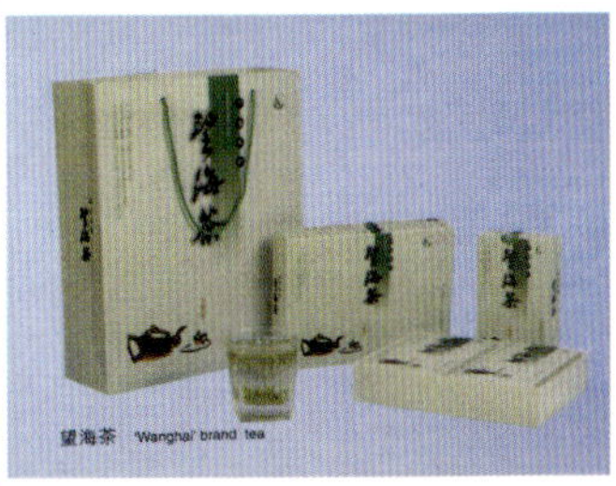

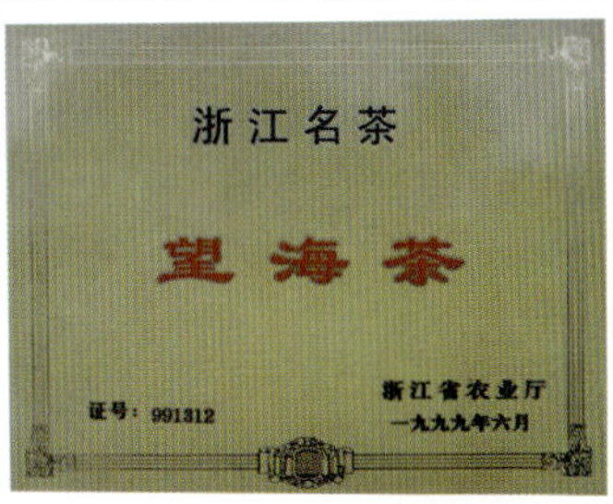

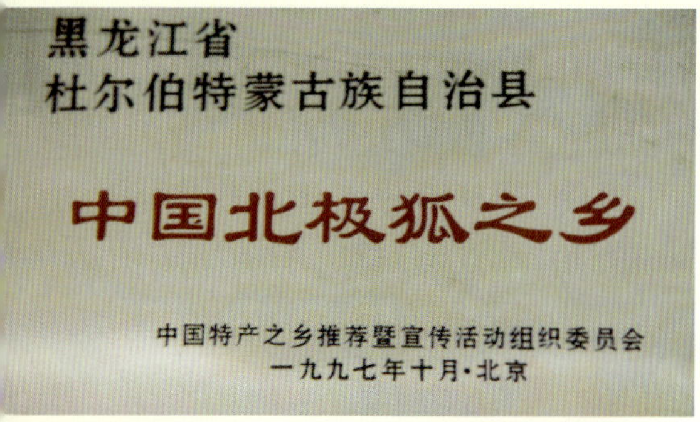

黑龙江省杜尔伯特蒙古族自治县

县长 李金富

北极狐和狐皮

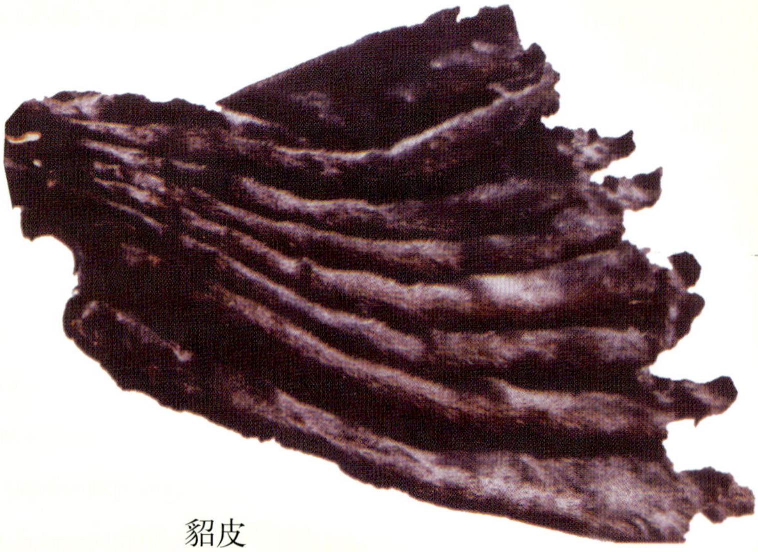

貂皮

湖南省隆回县

全国金奖产品—隆回白马毛尖

“宝庆三辣”加工产品—八珍系列精品酱

被国家领导人赞誉的“宝庆三辣”—辣椒、生姜、大蒜

怒放的金银花及清香扑鼻的金银花保健茶

农副产品—红心地瓜干

山东烟台福山区

烟台冰轮冷藏箱有限公司总装线

福山区素有“银福山”之称。现辖10镇1个高新技术产业园区，有590平方公里的地域面积，29.3万人口，17.3公里海岸线。盛产优质苹果、大樱桃等名优水果，银杏、板栗等干杂果，海参、鲍鱼、对虾等海产品。地理位置优越，近山临海，资源丰富，交通四通八达，发展经济条件得天独厚，是理想的投资兴业之地。

烟台市福山区新技术产业园区一

大樱桃

大棚草莓

万亩葡萄园

即增密增肥。增加玉米种植密度和肥料用量的重要性已被愈来愈多的群众所认识。1999年全省玉米平均密度达到4323株，亩用纯氮17.11公斤，五氧化二磷6.19公斤，氧化钾5.07公斤，均比前几年有显著增加。这些措施为抗灾夺丰收发挥了很大作用。

4. 维他灵系列产品应用掀起高潮。维他灵系列产品应用已有数年，其增产效果得到一致肯定。1999年旱粮应用面积比较大，达70万亩，增产效果极其显著，其中玉米更为突出。据反映1998年玉米上使用维他灵有五大好处：一降高，株高可降低30cm左右，穗位高降低12cm以上；二增根，气生根增加2—3层，条数增加15—20条；三抗倒，喷施维他灵的未发生倒伏，而未喷的倒伏率达两成；四增加粒重，喷维他灵的千粒重289.2克，较对照增加22.8克，增幅8.3%；五增产，喷施的实收单产425.3公斤，较对照358.7公斤，增66.6公斤，增幅18.6%。

5. 脱毒甘薯增产效果十分显著。脱毒甘薯增产效果已被农村广大干群所认识，有的已切身体会到其增产增效作用。1999年已在宿迁、连云港、徐州等地重点推广面积达36万亩。滨海县农业局专门设立对比试验，试验面积2亩，采用大垄单行，垄距100cm，垄高25cm，株距16.67cm，密度4000株，6月15日栽插，10月19日收获，以未脱毒甘薯作对照。6月21日每亩追尿素15公斤，7月30日每亩再施尿素10公斤，磷肥40公斤，生物钾肥1公斤，9月5日每亩用100ml生物钾进行根外追肥。产量结果：脱毒薯亩产3801公斤（鲜重），比对照2508公斤，增1292公斤，增幅为51.5%；出干率为44%，比对照增4%。并且脱毒薯还具有茎叶生长茂盛、生长势旺、抗病能力强、单株结薯多、薯块大、整齐、表皮光滑、色泽鲜艳、增产幅度大、出干率高等优点。明年该县准备全面推广。

6. 玉米乳苗移栽发展较快。玉米乳苗移栽1999年全省已推广52万亩，群众一致反映这是一项省工、节本、增产的新技术。试验表明，玉米乳苗地膜移栽较地膜直播玉米，有以下优点：早发早熟，一般早熟5—7天；根系发达，叶多茎粗，增0.6叶，茎粗增0.2cm；省工节本，比地膜直播亩节省0.5个工；增产增收，可增产8—10%。在江苏省加大农作物结构调整力度，大力发展高效立体种植，增加复种，提高效益的大气候下，这项新技术具有特别广泛的发展前景。

浙江省

一、粮食作物、油料作物、蔬菜、经济作物产销

粮食作物　1999年浙江省粮食播种面积275.20万公顷，平均每公顷产量5055公斤，总产量1392.96万吨，分别比上年减4.76万公顷、75公斤和42.24万吨，总产量减幅为2.9%。其中早、晚稻种植面积为69.38万公顷和124.66万公顷，分别比上年缩减5.66万公顷和1.09万公顷，平均每公顷产量分别为4950公斤和6330公斤，分别比上年减240公斤和180公斤；稻谷总产量减少75.3万吨，比上年减6.2%。

油料作物　1999年全省油料作物播种面积289.44千公顷，比上年增长2.7%；平均每公顷产量1875公斤，比上年增长48.7%；总产量54.09万吨，比上年增长52.2%。其中油菜籽种植面积272.33千公顷，平均每公顷产量1844公斤，总产量50.22万吨，分别比上年增加5.72千公顷、639公斤和18.09万吨，平均每公顷产量和总产量均达历史最高水平；花生种植面积13.17千公顷，平均每公顷产量2568公斤，总产量3.38万吨，分别比上年增加1.46千公顷、6公斤和0.38万吨；芝麻种植面积3.95千公顷，平均每公顷产量1228公斤，总产量0.49万吨，分别比上年增加0.37千公顷、58公斤和0.07万吨。

蔬菜、食用菌　1999年蔬菜生产在调整种植结构、发展效益农业中取得新进展，全省瓜菜菇总产量1333.32万吨，总产值146.02亿元，均创历史最高水平。其中，瓜菜播种面积48.015万公顷，总产量1270.67万吨，总产值121.61亿元，分别比上年增长13.45%、9.78%和9.3%，但上半年全省蔬菜生产由于受市场总体物价下跌和暖冬气候的影响，产品销路不畅，农民收入减少。下半年，杭、嘉、湖地区受灾，蔬菜价格回升，农民种植秋冬菜经济效益增加。据省统计局统计，1999年全省蔬菜消费指数为上年的100.6。食用菌总产量62.65万吨（鲜），总产值24.41亿元，分别比上年增20.18%和5.44%。其中蘑菇59622吨、平菇19996吨、香菇488025吨、黑木耳20005吨、金针菇32703吨、猴头菇1250吨、其他菌类4947吨。蔬菜总产值约占全省种植业的32.31%。

棉花、络麻、甘蔗　浙江省棉花种植主要分布在东南沿海海涂植棉带和浙江西部黄土丘陵植棉块，主要产棉县（市）有慈溪、余姚、宁海、上虞、萧山、平湖、海盐、三门、温岭及金华、兰溪、江山、龙游等。1999年全省棉花播种面积37.852千公顷、平均每公顷产量1068公斤，总产量40422吨，分别比上年减24.985千公顷、增35公斤和24468吨，总产量比上年减37.71%。全省拥有纺棉能力135.5万纱锭，运行状况良好，棉纺企业用棉比例从1997年的40.1%上升到44%，棉纺需棉主要从山东、新疆、河南、河北、江西等地调入。全省络麻播种面积998公顷，平均每公顷产量5600公斤，总产量2752吨，分别比上年减1350公顷、1073公斤和10079吨，总产量比上年减64.33%；全省甘蔗种植面积12029公顷，平均每公顷

产量59073公斤，总产量710594吨，分别比上年增1321公顷、1240公斤和91315吨，总产量增14.75%。其中糖蔗种植面积1736公顷，平均每公顷产量65734公斤，总产量114245吨，分别比上年减107公顷、169公斤和7345吨，总产量减6.04%。

种子产销 1999年各级种子公司建立农作物种子生产基地14240公顷，生产种子近0.5亿公斤；乡村建立种子生产基地2287公顷，生产种子0.112亿公斤。年初各级种子公司库存种子0.232亿公斤，当年又从省外调入0.026亿公斤，全年可供商品种子约为0.87亿公斤（其中有少量销省外），估计农民和农场自留用种约1.5亿公斤。种子公司销售的0.366亿公斤种子，主要是粮油作物种子，加上计划内的乡镇供种、统一供种约0.43亿公斤。截至1999年底，全省种子公司系统共注册“浙丰”、“利丰”、“仙丰”、“绿生”、“节节高”等种子商标22个，精选加工种子0.35亿公斤，另外包衣种子222万公斤。种子销售开始注重包装、品牌，并附品种介绍等。全省87家种子公司，除15家种子公司亏损外，其余均有盈利，大多处于微利状态。

二、优质品种

食用优质早籼米品种 经浙江省人民政府认定的食用优质早籼米品种主要有嘉育948、嘉早935（由嘉兴市农科院育成）、舟903（由舟山市农科所育成）、浙92—48（由浙江省农科院育成）、中丝2号、中优早5号（由中国水稻研究所育成）等8个。这些品种具有生育期适中、米质优、产量高的特点，适用于口粮食用或作配制米原料。1999年推广面积33.33万公顷。其中嘉育948 1.25万公顷，嘉早935 5.33万公顷，舟903 7.44万公顷，浙92—48 2.78万公顷，中丝2号4.69万公顷。每公顷产量一般为6000～6750公斤，主要分布在嘉兴、湖州和浙中、浙南地区。

专用优质早籼米品种 1999年，各地推广的品种主要有中组一号（由中国水稻研究所育成）、金早22、金97—47（由金华市农科所育成）等，全省种植面积1.33～2.0万公顷，主要分布在金、衢盆地。这些品种具有高出糙率、高蛋白含量、高产等特点，一般蛋白质含量10%以上，平均每公顷产量6750公斤以上，适用于作配合饲料原料，或制味精、粉丝等加工专用。

优质杂交水稻组合 主要有协优46（由中国水稻研究所和浙江省开发杂交稻组合联合体共同配组育成）、汕优10号（由台州地区农科所和中国水稻研究所共同配组育成）、协成9308（由中国水稻研究所配组而成）、协优9516（由浙江省农科院配组育成），其中协优46、汕优10号适宜作连作晚稻栽培，平均每公顷产量6750公斤左右。1999年种植面积分别为20.4万公顷和8.47万公顷，主要分布在浙中、浙南地区。协优9308、协优9516适宜作单季晚稻栽培，平均每公顷产量7950公斤左右。1999年种植面积分别为1.2万公顷和2万公顷。主要分布在金华、温州、台州地区。

优质晚粳秀水63 由嘉兴市农科院育成。叶片狭小、株型挺直、清秀，秧龄弹性好，分蘖力较强，穗粒兼顾，作单季稻栽培全生育期155天左右，作连作晚稻栽培134～136天。较抗稻瘟病，米质较优。平均每公顷产量作单季稻8250公斤以上，连作晚稻6000～7500公斤。1999年种植面积10.33万公顷，主要分布在杭嘉湖地区。

大麦秀麦3号 由嘉兴市农科院育成。属矮秆多穗型，弱春性两棱皮大麦。分蘖力特强，茎秆细韧，根系发达，矮秆抗倒，每公顷有效穗750～795万，每穗实粒25～26粒，千粒重39～40克，丰产性好，白粉病、网斑病轻；抗条纹叶枯病，耐赤霉病和稍耐黄花叶病。全生育期168天左右，为早熟种。1992年和1993年参加嘉兴市区试，平均公顷产量分别为5897公斤和4347公斤。1996年经浙江省农作物品种审定委员会审定通过。1999年，全省种植面积2.93万公顷，湖州、嘉兴等地种植较多。

优质油菜高油605、浙油758 高油605由浙江农业大学选育而成。属甘蓝型半冬性油菜，植株紧凑，千粒重3.3克，芥酸含量28.8%左右，硫甙含量88.5μmol/g左右。1997年省生产试验平均每公顷产量1662公斤，1995、1996两年测定，平均含油量43.09%。全生育期226.5天。1998年经浙江省农作物品种审定委员会审定通过。适宜浙江油菜产区种植。1999年全省种植6.0万公顷。主产于宁波、衢州、绍兴等地。

浙油758，由浙江省农科院育成，植株高大，千粒重3.8克，经国家农业部油料及制品质量监督检验测试中心检测，芥酸为痕量，硫甙含量30.09μmol/g。在1995、1996两年华东三省一市区域试验中，产量居参试品种首位，是华东区6轮区试中惟一超过全国主栽品种中油821的优质油菜新品种。1999年全省种植面积2.13万公顷，获浙江省优质农产品金奖。

蚕豆白花大粒 系浙江省种子公司1983年从日本引进，后经多年系统选育而成。豆粒特大，百粒重200～225克，种皮色淡而薄易开裂，嫩豆品质优，皮软肉酥，适宜作鲜食及加工速冻鲜豆。干豆每公顷产量2250公斤左右。1993年经浙江省农作物品种审定委员会审定通过。1999年主要在台州地区种植，面积近1333公顷。

彩色棉试验示范 浙江棉纺织品结构经过调整，色纱、精纺纱增加，出口、内需和产业结构调整三向整合，推动用棉增加。全省色纱出口量已占全国1/3。彩色棉纤维具有丰富的天然色泽，其纺织品经长期洗涤和风吹日晒不变色，棉纱、棉布不需要用漂白粉和化学染料，不含残留化学毒素，自然彩色棉成品韧度强，耐磨耐穿，质地柔软，穿着舒适。又可大量节约染料和加工费，有利于色纱生产。1999年，浙江省在兰溪、江山等地试验示范5.7公顷，每公顷产皮棉750公斤，原棉价格比常规白棉花高出一倍以上。发展彩色棉有较大前途。

花生小京生　又名小洋生，是浙江新昌县、嵊州市传统的农家优良品种。该品种具有果形小而美观，果红饱满、色泽金黄、炒食香甜可口，驰名海内外。平均每公顷产量3000～3750公斤。1999年种植面积1733.3公顷。

西瓜浙蜜3号、平87－14　浙蜜3号由杭州市果树研究所和浙江农业大学共同选育而成。中熟偏早，果实高圆或圆形，果皮深绿，隐显深色条纹，果肉红色，肉质脆嫩，风味好，中心糖度10%，边缘8%左右，糖分梯度小、品质优。抗逆性强，座果率高，稳产，单瓜重5～6公斤，皮厚1.2cm，每公顷产量3.0万～3.75万公斤，1996年，浙江省农作物品种审定委员会认定，适宜在全省各地种植。1999年全省种植面积3333.3公顷。

平87—14，系平湖市西瓜豆类研究所育成。属早中熟品种。果实高圆形，果皮为深花条纹，瓤色大红、中心糖度11%左右，品质中上。单瓜重4～6公斤，果肉爽脆，皮韧中等，每公顷产量3.75万公斤左右。1997年浙江省农作物品种审定委员会认定，适宜在浙北地区种植。1999年全省种植面积6666.7公顷。

早熟5号大白菜　是浙江省农科院园艺所配制的杂交一代新组合，株高31cm，开展度40×45cm，叶色深绿，厚而无毛，叶球高25cm，横径15.5cm，球形指数1.6。矮桩、叠包、白色、球形紧实，叶球重1.3公斤，净菜率75%，未结球时外观好，质嫩，食味好。可作小白菜栽培，较耐高温，在平均气温20～25℃下能正常结球，对病毒病、霜霉病抗性较强，结球时易感软腐病。生长期55天左右。每公顷产量30060公斤左右。浙江省农作物品种审定委员会于1989年审定通过，适宜在全省各地种植，亦可作小白菜栽培，1999年全省种植面积2.0万公顷左右。

之豇28－2　由浙江省农科院园艺所选育而成。蔓生，株高250～300cm，单株结荚15～20条，荚粗1～1.5cm，荚长60～80cm，单荚重20～30克，每公顷产量29250～40500公斤。鲜荚粗纤维、可溶性总糖和维生素C含量分别为1.02%、3.9mg/100g和23mg/100g。果荚嫩绿，不易老化，炒食风味好。具有花旺、荚多、采收高峰期早而集中的特点，耐病毒能力较强，生育期70～100天，可春播或秋播。1984年，浙江省农作物品种审定委员会认定。

浙大长萝卜　系原浙江大学农学院从农家品种中系统选育而成。植株高大，肉质根圆柱形，长50～60cm，横径9cm左右，重1500～2000克，皮肉均白，表皮光滑，侧根少。生育期80天左右，耐肥、抗病毒病能力强，但抗软腐病能力差，质松味淡，水分多，辣味少，生食炒食均可，又宜作饲料，每公顷产量7.5万公斤以上。1989年，浙江省农作物品种审定委员会认定。

矮脚毛豆　系浙江省种子公司和萧山市种子公司从日本引进选育而成的适宜鲜食的大豆品种。植株小、生长紧凑。株高40～50cm，分枝性强，侧枝4～6个，主侧枝均结荚，白花，单株结荚25～35个，荚浅绿色，密生白色茸毛，荚长5cm、宽1.2cm，一般每荚2粒，鲜荚百荚重216克，百粒重54克，子粒圆形，种皮浅黄，百粒重28克。煮易酥，味香糯。生育期80天左右，鲜荚每公顷产量近9000公斤。1996年，浙江省农作物审定委员会认定，适宜作鲜食菜用毛豆在城郊地区种植。1999年全省种植面积4000多公顷。

绿肥宁波紫云英　为鄞县姜山种和奉化大桥种统称。植株茎叶繁茂，分枝多，株高（长）100～110cm。茎叶含氮量较高，干草含氮量3.04%～3.07%，鲜草含氮量0.34%～0.39%。属晚熟型，鲜草生育期198天，留种生育期245天，每公顷产鲜草4.5万～5.25万公斤；留种每公顷产量600～750公斤。1993年，浙江省农作物品种审定委员会认定。1999年全省种植面积14.33万公顷。

三、名特产品

〔浙江水煮笋〕　浙江竹笋主产安吉、临安、桐庐、余杭、衢县、龙游等地。全省共有竹林面积62.0万公顷，其中可作蔬菜食用的笋用林约有11.33万公顷，主要为毛竹、上竹、哺鸡竹、麻竹、绿竹等。竹笋滋味鲜美、营养丰富，不仅含有纤维素和糖类等碳水化合物，还含有维生素、矿物质和蛋白质，尤其含有人体所必需的氨基酸，为优良保健蔬菜。可以鲜笋直接出口，也可通过盐渍后烘干或预煮后烘干制成笋干出口，还可加工成水煮笋、油焖笋罐头及速冻笋片出口，主要出口产品为水煮笋（毛笋、冬笋、细笋等），年出口约5万吨，创汇6000万美元。产品销往日本、香港等地。

天目笋干　主产临安、安吉县的天目山区，由鲜嫩的石竹笋精制而成，早在400年前已闻名于世。加工时将鲜笋剥壳，留好笋衣，以30%盐水煮熟，然后爆烘干燥，按质量分焙息、肥挺、秃挺、直尖等品级。焙息系笋的嫩尖精制而成，为天目笋干珍品，外销倍受欢迎；粗壮而柔软者称肥挺；次于肥挺者，经搓锤成扁圆形称秃挺；较细和长度不超过40厘米者称直尖。笋干可烧肉，作汤料，亦可直接食用，其味鲜美，年产量2000多吨，除国内销售外，远销日本、港澳及东南亚地区。

缙云、仙居黄花菜　又名金针菜，主产缙云、仙居两县，栽种历史分别已有600多年和300余年。金针菜干品为淡黄色和金黄色条状，有光泽，具香气，肉质丰厚、营养丰富，食用、药用价值均高，含丰富的硫胺素、尼克酸、核黄素、胡萝卜素、抗坏血素及蛋白质、脂肪、碳水化合物、钙、铁、磷和多种维生素。有安神健胃、解热镇痛、利尿消肿等效用。产品主要销往东南亚和港澳地区。

萧山萝卜干　主产萧山及余杭、永嘉、海宁、桐乡、安吉、浦江、常山等地。萧山萝卜干制作已有800余年历史。萧山市坎山农家优良品种“一刀切”萝卜，采用传统的风干脱水法加工腌制的萝卜干，以色泽黄亮、条形均匀、肉质厚实、香味浓郁、咸淡适宜、脆嫩爽口而著称。海宁、桐乡产的萝卜干也有一定知名度。近年来，萧山萝卜干在继续保持传统的产品生产外，又发展了萝卜条聚乙烯薄膜真空小包装，使产品更加丰富多样。萝卜干、萝卜丝除内销外，出口日本、新加坡、马来西亚和港澳地区。

奉化芋艿头　浙江芋艿产地较广，但以奉化芋艿头最为著名，已有700多年种植历史，尤以萧王庙镇、溪口镇所产为佳，产品果大，单重1~1.2公斤，皮薄、光滑、味鲜美，易烧酥，营养丰富，含蛋白质、脂肪、糖、钙、磷、铁、胡萝卜素、维生素B_1、B_2、维生素C、粘液、皂素等，既可作菜，亦可代粮，也可药用，具益脾胃、调中气之功效。除可作菜和点心外，还可加工成速冻芋艿，销往台湾、港澳及日本、欧美等地。1999年种植面积1667公顷，总产量6万吨。

榨菜　是以茎用芥菜膨大的茎经过腌制、压榨加工而成，是浙江省著名特产。全省有50多个县、市栽培榨菜，海宁斜桥于30年代起种植芥菜和制作榨菜，现主产桐乡、海宁、余姚、慈溪、萧山等县、市。近年种植面积2万公顷，产鲜榨菜50万吨左右，加工成榨菜约16万吨。成品榨菜有块形坛装和切丝铝箔小包装两种。榨菜具有鲜香嫩脆的独特风味，富含维生素、蛋白质、糖类和矿物质。产品远销日本、东南亚国家和港澳地区。

宁波咸菜、绍兴霉干菜　均为叶用芥菜加工产品。主要分布在温州、台州、丽水、宁波、绍兴、杭州一带。宁波咸菜采用本地产叶用芥菜雪里蕻作原料，晾瘪后进缸用盐腌制即成。咸菜色泽黄亮、鲜美、爽口，深受国内外消费者喜爱，销往港澳地区及东南亚诸国。

绍兴霉干菜用大叶芥、花叶芥和雪里蕻等叶用芥菜为原料加工而成，已有数百年历史，在国内外久负盛名，有冬干菜和春干菜两种。绍兴霉干菜酱褐色、质嫩、咸淡适度、味鲜醇香、经久耐藏。如加竹笋煮后晒干，即成干菜笋。畅销国内外市场，特别是日本、香港等地。

南浔五香大头菜　系根用芥菜为原料加工而成，是浙江传统名菜之一，主产湖州市南浔镇北里乡，栽培、加工已有200余年历史。南浔五香大头菜呈酱紫色或微黄，形似扇，香味浓郁，质鲜脆嫩，咸甜适口，风味独特，可常年贮备，四季食用，生熟皆宜。产品含大量糖分、淀粉、维生素C、钙等营养物质，经常食用可滋润皮肤，预防腹泻，增进食欲。除销售国内各大城市外，还出口东南亚及港澳地区。

绍兴乳黄瓜　以小黄瓜为原料，洗净后用盐多道腌制，再用清水漂淡后压榨脱水，以酱油、白糖和味精等混合配料浸渍数天后即成。绍兴乳黄瓜已有300多年栽培、加工历史。产品脆嫩爽口、香甜鲜美、营养丰富，具有独特风味，深受国内外消费者欢迎，出口主要销往日本、东南亚以及港、台地区。

杭嘉湖莲藕　主产杭嘉湖郊区一带，其中以湖州双塘雪藕、余杭三家村藕粉最负盛名。湖州雪藕唐代已种植，清代作为贡品，享有“关外人参湖州藕”的美誉，年产量占全省1/4。莲藕含丰富的维生素C、B和钙、磷、铁等矿物质，可生食炒食，也可加工速冻藕和藕粉等；藕粉是产妇和病后虚弱者进食的滋补佳品，也是清血滋养食物。莲藕还可加工成醋藕，出口日本。速冻藕亦销往日本及港澳地区。

西湖莼菜　亦名水葵，属睡莲科多年生宿根性水生蔬菜，是杭州传统名特产品。主产西湖区周浦乡，1999年养殖面积54.8公顷，产量1127.8吨，产值534.96万元。萧山市湘湖一带也有栽培。以嫩茎和嫩叶供食用，外附透明胶质，做汤入口滑润，别具风味。据测定，每100克鲜莼菜含蛋白质745毫克、总糖290毫克，铁质4.7毫克/千克，还有葡聚糖、葡糖甘露聚糖等成分，不仅营养丰富，还具有清热解毒和防癌功效。产品主要销往日本及港澳地区。

咸藠头　即薤。系百合科葱属宿根草本植物，食用其鳞茎。浙江省台州、舟山、金华、衢州市及瑞安一带栽培较多。其鳞茎经盐渍制成藠头，色白脆嫩，清香可口，风味独特，食之开胃理气。舟山市定海大猫岛种植历史已达100多年。

花椰菜　俗称花菜或菜花，全省各地广为种植，80年代成为温州名牌菜，形成大片的商品基地和留种基地，特别是瑞安马屿花菜，球大、洁白、紧实、产量高、品质好、风味鲜美、粗纤维少，营养价值高，富含维生素C、B_1、B_2、A、蛋白质及钙、磷、铁等矿物质。远近闻名，远销北京、上海、江苏、安徽、河南、山东等省市及省内各地，还速冻出口日本、香港等地。

芜菁　俗称盘菜，鲜食、加工均佳，是温州特有菜种，栽培历史在150年以上，有大缨、小缨两个品种，质量均优。盘菜原产瑞安梓岙，50年代扩大至丽岙、白门、凤山、南山一带。梓岙盘菜属温州名特优菜，远销外地，国外温属侨胞争相竞购，台湾温属同胞更列为新年名菜。常年栽培面积2000公顷左右。

龙游小辣椒　浙江著名传统特产，始产于清咸丰初年，至今已有140多年历史。选用龙游特有的“寸钉椒”为原料，配以多种保健辅料精制而成，色泽紫褐，清香微辣、咸中带甜、鲜脆可口。含蛋白质、维生素丙、胡萝卜素等营养成分，有开胃、健脾、解腻和增进食欲之功效，以其独特风味驰名中外。

青刀豆　即四季豆，别名菜豆、芸豆等，省内各地均有栽培，杭州白花四季豆已有50年栽培历史。四季豆含有丰富蛋白质，胡萝卜素和维生素C，以鲜食为主，还可速冻、脱水和制成刀豆罐头。速冻青刀豆主要销往日本等国，罐装主要出口香港和欧美等地。

大蒜　余姚白蒜已有200年栽培历名，以个大、色白、辣味、上市早而闻名。大蒜以幼苗（叶）、蒜苔、蒜头供鲜食，可速冻出口，也可加工成脱水大蒜、腌制糖醋蒜头出口。大蒜营养价值高，具有药效，可除风湿、健脾胃、活肾气、解瘟疫等。萧山市酱品厂的糖醋蒜头出口日本、东南亚及欧美国家。

香菇　又名冬菇、香蕈。龙泉、庆元、景宁是人工栽培香菇发祥地，已有800多年历史。庆元县近几年发展很快，该县香菇市场为全国最大香菇市场。香菇有花菇、厚菇、薄菇、菇丁4种，以花菇质量最佳，体肥、香浓、菌盖有菊花瓣状裂纹，素有“山珍”之誉。香菇营养价值高，含蛋白质、脂肪、钙、铁、维生素D、B_1、B_2及尼克酸等成分，还含17种氨基酸，滋味鲜美，荤素皆宜，具有降低胆固醇，增进血液循环，增强神经系统功能。近年来，随着生产加工技术的提高，尤其是代料栽培的发展，栽培面积扩大。丽水、江山、遂昌、泰顺、文成、磐安等市、县也相继发展，1999年全省香菇产量48.8万吨（鲜），除鲜销外，加工成干香菇和香菇罐头供内销，还销往西欧、东南亚和香港地区。

蘑菇　又名洋蘑菇、白蘑菇。产区分布40多个县、市，以富阳、苍南、平湖、嘉善等地较多。主要品种有白蘑、青蘑、黑蘑、杂蘑四大类，以色泽洁白，菇形圆整，肉厚粗壮，菌盖内卷不开伞，菌柄充实无白心为一等。质嫩、爽滑、味鲜、营养丰富。1999年全省产鲜蘑菇59622吨。以鲜销为主，亦可加工成脱水蘑菇、盐水蘑菇和蘑菇罐头出口，销往日本、新加坡、中东、欧美及香港。

金针菇　又名朴菇、金钱菇等，主产常山、江山、开化、长兴、黄岩、椒江、仙居等县、市。鲜菇粘滑、营养丰富，含18种氨基酸，其中人体必需的8种氨基酸含量高于其他菇类，具有增智作用的赖氨酸和精氨酸含量丰富，能促进儿童身体和智力发育，享有“增智菇”之誉。1999年全省产鲜菇32703吨。除鲜销外，也可加工成罐头及脱水干品，畅销国内外市场，外销新加坡、香港等地。

猴头菇　亦称刺猥菌、花菜菌，子实体圆而厚，白色，布满针状菌刺，形似猴头，故名。肉嫩味香，爽口鲜美，占有“山珍猴头，海味燕窝”之说，与熊掌、海参并列为四大名菜。常山县微生物厂于1979年人工栽培成功，进而大面积推广，90年代中期产量居世界之首，被誉为“浙江一宝”。1999年产鲜菇1250吨，除鲜销外，还可加工成罐头、干菇及猴头菌片等，销售全国各地，并出口美国、日本、新加坡、马来西亚和香港地区。

嘉兴南湖菱　无角，又称圆菱、和尚菱、馄饨菱等，产于嘉兴南湖、砻糠荡、相家荡及嘉善县杨庙等地，植菱历史悠久，独具特色，皮薄色青、肉白水多、清香脆甜、爽口，最宜鲜食；老熟经风干，菱壳由青变黑褐色，菱肉格外甜美，经年不坏，俗称风菱，在国内外享有盛誉。

百合　产于湖州市郊，以太湖沿岸的太湖乡最为著名，故又称“太湖百合”，在明代末年就有“百合之乡”称号。优良品种“卷丹”，具个大、鳞茎肥厚的特点，誉为“百合之王”。百合营养丰富，含有蛋白质、脂肪、淀粉、维生素和矿物质，性温和，清香微苦，为清凉、滋补品，盛夏食用有清热、消暑作用，并有润肺止咳、清热养阴、补中益气、安神利尿等功效。长食可滋补强身，对气管炎、肺炎有缓解作用。1999年栽培面积533.3公顷，产量约8000余吨，除鲜食外，可加工成百合干和百合粉，鲜销上海为主，加工品出口港澳、新加坡及东南亚国家和地区。

四、品牌产品

京立牌小京生花生　系新昌传统特产，香中带甜、油而不腻、松脆爽口、品质特佳。1985年定为中国优质商品。1998年荣获浙江省优质农产品金奖，'98首届中国国际茶博会指定茶食，1999年评为名牌产品。

生产单位：浙江新昌县小京生开发有限公司，地址：浙江省新昌县城关镇鼓山中路56号，邮编：312500，电话：（0575）6041511，传真：6022234，联系人：王永嘉。

菊花牌低盐保健榨菜　具有无皮、鲜、嫩、脆、香、风味独特、保质期长等特点，曾获'93“申奥杯”中华饮食精品展金奖。并被中航浙江航空公司指定为“旅客专用”食品，又被中国国家体操队指定为“首选蔬菜食品”，在1998年浙江省农展会上被评为优质产品银奖。

生产单位：浙江省桐乡市南日蔬菜食品一公司，地址：浙江省桐乡市南日镇河南30号，邮编：314506，电话：（0573）8411460，联系人：谢丙明。

铜钱桥牌榨菜　先后获1994年中国食品及食品包装博览会金奖、1995年辽宁省消费者公认名牌、1996年被黑龙江技术监督局质量跟踪后认定为免检产品、1997年获中国食品饮料保健品博览会金奖、1998年被评为市场优质农产品。

生产单位：浙江省余姚市禽蛋菜类制品厂，地址：浙江省余姚市泗门镇东蒲，电话：（0574）2154188，传真：（0574）2154088，联系人：陈亦贺。

鹤山牌富阳绿芦笋　笋茎丰肥、条形挺、包头紧密、色泽清绿，是一种营养丰富、香脆鲜嫩的高档保健蔬菜，且保鲜期较长，享誉国内外，1998年获优质农产品金奖。

生产单位：浙江省富阳市农业局，地址：浙江省富阳市富阳镇桂花西路118号，电话：（0571）3325643，联系人：蒋康林。

钱江牌萝卜条系列产品　选用优质萝卜料，有甜、咸、辣、酸等风味，色泽黄亮、香气浓郁、咸淡适口、鲜嫩爽脆。产品久贮不易变质，放置后香气更加浓郁，先后获国家和省有关部门优质产品及名牌产品等殊荣，年销量达1万余吨。

生产单位：浙江萧山钱江蔬菜食品总厂，地址：浙江萧山市南阳镇桑家桥东，邮编：311225，电话：（0571）2188230，传真：2188230，联系人：杨永庆。

富贵牌系列榨菜　选用优质榨菜为原料，经现代科学方法加工而成。具有色泽翠绿、鲜嫩爽口、调味适中、保留绿色食品原质原味的特色，包装新颖，别具一格，深受南北各地消费者欢迎，已成为国内农贸产品市场上的畅销产品，并出口新加坡、香港等国家和地区，是榨菜业界佼佼者。

生产单位：浙江余姚市富贵酱菜公司，地址：浙江余姚泗门镇光明大桥，邮编：315473，电话：（0574）2161098，传真：2161098，联系人：宣志良。

石梁牌系列高山蔬菜　品种有甜椒、茄子、黄瓜、瓠瓜、番茄、芹菜、大葱、菜豆、日本南瓜、萝卜等10多种，营养丰富，品质优，风味好。1998年获浙江省优质农产品金质奖、浙江省农业名牌产品，在'99中国国际农博会上被认定为名牌产品。

生产单位：浙江天台县蔬菜经济作物服务公司，地址：浙江省天台县城关工人西路111号，邮编：317200，电话：（0576）3880842，联系人：陈兵潮。

舜江牌乳黄瓜　曾获首届中国食品博览会银奖、国家有关部门和省优质产品奖、浙江省首届食品博览会金奖，1998年又获浙江省名特优新农产品展销会金奖，产品远销澳洲及广州、上海等地。

生产单位：浙江绍兴义和酿造有限公司，地址：浙江上虞市章镇大桥路4号，邮编：312363，电话：（0575）2096130，联系人：徐明先。

塔牌水磨年糕　以优质晚粳米精制而成。产品玉色透亮，韧而光滑，久煮不糊，炒而不粘，享誉海内外，远销东南亚、澳大利亚及欧美等地。1998年被评为浙江省推荐产品，获首届省优质农产品金奖，1999年列为宁波市旅游推荐商品。

生产单位：浙江宁波市慈城食品厂，地址：浙江省宁波市慈城妙山，电话：（0574）7597870，传真：（0574）7597870，联系人：胡金芳。

江圣牌江山白菇　又称白色金针菇。江山市是全国最大的白菇生产基地。该品种种性稳定，产量高，质量好，曾荣获'99中国国际农业博览会名牌产品，还含有碱性蛋白质，可预防高血压和治疗肝脏及肠道溃疡病，是理想的保健食品。

生产单位：浙江江山市食用菌办公室，地址：浙江省江山市区环城西路134－2号，邮编：324100，电话：（0570）4021273。办公室主任电话：（0570）4024577　江勇。

开顺牌开化黑木耳　采用海拔500米以上天然阔叶林木为基料精心培育而成，外形美观、品味纯正，营养丰富，含有11种人体必需的氨基酸及多种矿物质和维生素，具有"延年益寿黑山珍"之美称。

生产单位：浙江开化县食用菌开发总公司，地址：浙江省开化县城关镇桃溪路28号，电话：（0570）6014207、6011946，联系人：余维良。

百山祖牌香菇　肉厚味鲜、营养丰富，获国家有关部门"优质产品"奖、中国食用菌协会"全国名优产品"奖、省"名优产品"奖。

生产单位：浙江省庆元县通达集团总公司，电话：（0578）6122292，传真：6122340，联系人：姚卢庆。

山山牌香菇　肉质松脆、味道鲜美、营养丰富。1995年被国家有关部门评为优质产品，并荣获第二届全国农业博览会金奖。年产干菇8000多吨，产品畅销全国，远销日本、美国等20多个国家和地区。

生产单位：浙江景宁畲族自治县人民政府，电话：（0578）5082228，联系人：蓝春土。

千农园牌甜玉米罐头　是引进国外的优良品种，经千岛湖生态农区精心栽培，科学加工而成，品味独特，营养丰富，百分之百纯天然，是新一代生态食品。1998年获浙江省优质农产品银奖、国家有关部门优质农产品称号。

生产单位：浙江千岛湖绿色农业有限公司，地址：浙江省淳安千岛湖镇新安江北路27号，邮编：311700，电话：（0571）4822564，联系人：王世恒。

断桥牌西湖莼菜　1989年获浙江省科技进步三等奖、科技进步星火奖，1995年获国际食品加工博览会金奖；1998年获省名特优新农产品金奖。产品远销日本、东南亚，在国内外享有较高的知名度。

生产单位：杭州西湖莼菜食品有限公司，地址：浙江省杭州周浦乡红桥村，邮编：310024，电话：（0571）7601778，传真：7601898，联系人：王宝王。

罗汉牌奉化芋艿头　是奉化市传统名特优农产品，具有个大皮薄、肉质无筋、香粉糯滑的品质特性，含有18种氨基酸及多种营养成分，是一种无公害保健食品。1992年在中国首届农业博览会上被评为优良品种。1996年奉化市被国家有关部门命名为“中国芋艿头之乡”。1998年获浙江省级优质农产品金奖。1999年种植面积1666.7公顷，总产量6万吨。

生产单位：浙江奉化市农业总公司，地址：浙江省奉化市政府内，邮编：315500，电话：（0574）8526094，联系人：唐武军。

亨哈牌野生蕨菜　该产品系列是温州市农业名牌，省优质农产品。公司开发的产品有“天湖脆菜”、“玉笋尖”、“老爷子辣椒”、“红薯酥”、“玉瓜龙藤”、“酒醉好汉笋”、“糖醋萝卜”、“四季豆干”、“橡子干”等产品。

生产单位：浙江文成亨哈山珍食品有限公司，地址：浙江省文成县泗溪路7幢7—8号，邮编：325300，电话：（0577）7868310、7861802，联系人：梁先生。

郭氏牌天目笋干系列产品　郭氏牌天目笋干，荣获'97中国食品饮料保健品博览会金奖、浙江省消费者购物首选品牌、'98浙江省质量服务双优品牌、质量信得过产品、浙江省质量服务信得过单位等殊荣，目前已经拥有三大系列15个产品。

生产单位：杭州临安天目山绿色食品有限公司，地址：临安市藻溪，电话：（0571）3891198，联系人：郭昭辉。

西马克牌山珍玉笋　该产品以纯天然优质鸡笋为原料，经独特的生产工艺精制而成。被上海东方航空食品有限公司认定为专供机上食品，被江苏省质协用户委员会、国内有关媒体评定为“金奖”产品。

生产单位：杭州西马克食品有限公司，地址：杭州临安杨岭，电话：（0571）3798092，传真：3798592，联系人：俞传梅。

义乌红糖牌义乌红糖　产品色泽金黄、质地纯正，松软甘甜，比白砂糖保留更多营养成分，品质上乘，是居家营养、调味之佳品。“义乌红糖”证明商标由义乌市经济特产站统一使用管理。1998年义乌红糖被评为浙江省优质农产品，金华市优质农产品金奖。

生产单位：义乌市农工商总公司糖业经营部，地址：浙江省义乌市南门街206号，电话：（0579）5311850，传真：5311830，联系人：叶良松。

王正丰牌龙游小辣椒　生产单位：浙江龙游正丰食品有限公司，地址：浙江省龙游县新三路，邮编：324400，电话：（0570）7023569，联系人：黄伟平。

引发牌雪菜　生产单位：宁波引发绿色食品有限责任公司，地址：浙江鄞县邱隘镇葡萄园路88号，邮编：315101，电话：（0574）8413733。传真：8413733，联系人：胡海定。

云牌系列蔬菜产品　生产单位：宁波雨云蔬菜厂，地址：宁波镇海区骆驼桥镇镇海农业开发区，邮编：315202，电话：（0574）6582788，联系人：张国明。

美福牌“老好吃”酱腌菜系列　生产单位：浙江省余姚市老好吃菜类制品厂，地址：浙江余姚市泗门镇湖北，邮编：315472，电话：（0574）3160411，传真：2160411，联系人：沈光轩。

千窑牌大米　选择优质稻谷为原料，采用喷刷工艺精加工，成品含碎率低，无糠粉，米饭松软可口。

生产单位：浙江省嘉善县干窑粮管所，地址：浙江省嘉善县干窑镇，邮编：314107，电话：（0573）4611241，联系人：冷福康。

斜桥牌榨菜　生产单位：海宁翠丰食品有限责任公司，地址：浙江省海宁市斜桥镇建设路6号，邮编：314406，电话：（0573）7711208、7711206，传真：7711418，联系人：封益生。

山农牌多味香菇　生产单位：浙江景宁三益食品有限公司，地址：浙江景宁县城新华路91号，邮编：323500，电话：（0578）5085694，传真：5083694，联系人：叶义林。

丰牌薯中王遂昌烤薯　生产单位：浙江省遂昌县农特产品开发公司，地址：浙江遂昌县妙高镇公园路87号，邮编：313300，电话：（0578）8124854，传真：8121552，联系人：郑子洪。

五、管理举措

调整种植结构　粮食作物种植结构有所调整，主要是水稻（特别是早稻）和大小麦等种植面积减少，粮蔬兼用型的旱杂粮发展迅速，种植效益提高。据统计，玉米、大豆、马铃薯、甘薯、蚕（豌）豆的种植面积分别比上年增加0.3、0.73、0.37、0.5和0.55万公顷，每公顷产量除玉米略有下降外，其余都增产180公斤以上，累计增加总产量14.51万吨。特别是鲜食玉米、鲜食大豆和蔬用马铃薯种植面积均比上年有较大幅度增加。棉田逐步向高效立体栽培方向发展，棉田间套主要形成两种基本模式：一是秋冬间套模式，即春花间作冬菜套种棉花，间套的蔬菜有榨菜、大白菜、包心菜、花椰菜、大头菜、洋葱、大蒜等，经济效益可比麦棉两熟间套提高两倍以上；二是春夏间套模式，即春花套种棉花间作夏季瓜菜类等，主要有番茄、辣椒、小黄瓜、矮脚四季豆、花生、芝麻、春玉米等。1999年全省棉田基本实行秋冬间套和春夏间套面积占棉田总面积41%，间套作物更趋合理和符合市场需求。

快速发展高山蔬菜和设施栽培　高山蔬菜和设施栽培蔬菜是浙江省蔬菜生产的两大主要特色，生产和市场都有较大潜力，蔬菜生产的发展重点。1999年，全省高山蔬菜种植面积达到10060公顷，比上年新增1980公顷，递增24.5%，出现了天台、临安等一批高山蔬菜种植面积超666.6公顷的县。天台甜椒和黄瓜、临安番茄和刀豆、文成茄子、云和包心菜、缙云高山茭白等都形成了高山蔬菜的品种特色。

1999年全省设施栽培蔬菜面积达到3.1万公顷，比上年增加47.39%。其中大棚面积12940公顷，比上年增长36.01%，嘉善县突破2000公顷，成为全省种植面积最大的大棚蔬菜基地。建德、诸暨、路桥、黄岩、嵊州、奉化、富阳、余姚、慈溪等市（区）都加快了发展步伐。嘉善的番茄和甜瓜，建德、诸暨、奉化、慈溪的草莓、黄岩的茭白、嵊州的瓠瓜、路桥的茄子和番茄都成为知名度较高的大棚蔬菜产品。一批蔬菜设施生产技术得到进一步推广应用。二氧化碳气肥和防虫网覆盖栽培技术已在各地示范应用。微灌应用面积达到1733.3公顷，EVA大棚薄膜覆盖66.7公顷。一批建有连幢塑料大棚的现代蔬菜设施示范园区在杭州、温州、绍兴等地建成投产。这些新技术的推广应用，使浙江省蔬菜设施栽培的整体技术水平有了新的提高。

重视发展"放心菜"　为了解决蔬菜农药污染问题，让广大人民群众能吃到洁净、安全的"放心菜"，杭州、宁波、温州、嘉兴、湖州、金华等城市普遍加强对"放心菜"生产的领导和管理。杭州市把"放心菜"列入1999年政府为民办实事的十件工作之一，发布关于实施"放心菜"工作的布告，严格禁止在蔬菜产区销售和使用禁用农药，对菜农加强技术培训和宣传，设立"放心菜"销售专柜，加强市场监督检查等综合治理工作，使蔬菜农药检测合格率明显提高。在一些经营规模较大的超市中，蔬菜已占据一席之地，蔬菜的营业额不断上升。

实施种子工程　1998年开始，浙江省开展种子工程"五有一无"示范县建设。1999年，考核验收海宁、瑞安两个种子工程示范市。全省种子"三率"大幅提高，标牌统供率为53%，加工精选率为88%，包衣率为10%，分别比上年增8、12和5个百分点。包衣种推广面积达到24万公顷。在提高"三率"的同时，抓好良种的引进和示范推广，共引进试种品种400多个，是历年来品种引进最多的年份之一；示范推广优质早籼31万公顷，杂交早稻4.67万公顷，杂交粳稻1.33万公顷，两系稻0.33万公顷；繁殖杂交稻不育系133公顷，杂交稻制种0.41万公顷，生产常规稻麦原种25万吨。实施种子工程以来，加快了种子产业化的步伐，种子公司系统与科研育种单位以多种形式加强协作，积极探索育、繁、推一体化运作的路子。省种子公司与有关单位合资、合作，先后成立中种集团浙江种衣剂有限公司、浙江省杂交水稻种业有限公司、浙江省特用玉米开发联合体等联合开发机构和组织。

启动省级瓜果菜种子种苗工程　省级瓜果菜种子种苗工程是浙江省人民政府要求建设的省级五大种子种苗工程之一，于1999年下半年开始建设。工程建设以实现瓜菜种子种苗产业化为目标，先期在杭州市留下小和山建设12000平方米的瓜菜种子种苗示范基地，进行瓜果菜新品种的引进、试种、示范和繁育。并将运用现代生物技术进行无性繁殖，生产脱毒苗。

六、获奖情况

1999年荣获浙江省人民政府科学技术进步奖、星火奖项目

奖　别	项目名称	主要完成单位
科学技术进步二等奖	水稻体变育种及新品种选育	中国水稻研究所
科学技术进步三等奖	晚粳糯稻品种绍糯119选育与推广	绍兴市农业科学研究所 协作单位：诸暨市种子公司
科学技术进步三等奖	优质早籼新品种92-48	浙江省农科院作物所 协作单位：浙江省农科院、植保所、浙江省种子公司、绍兴市、义乌市、绍兴县、金华市、台州市种子公司
科学技术进步三等奖	抗除草剂转基因直播稻的研究	中国水稻研究所
科学技术进步三等奖	矮秆、高产大麦新品种秀麦3号育成和推广	嘉兴市农业科学院 协作单位：嘉兴市、浙江省种子公司、浙江省种子管理站、湖州市种子公司
科学技术进步三等奖	巨大胚等三种新性状米的遗传分析及育种利用	中国水稻研究所 协作单位：中国科学院遗传研究所
科学技术进步优秀奖	种子工程相关技术研究	杭州市种子公司 协作单位：富阳市、桐庐县、余杭市、萧山市种子公司

奖　别	项目名称	主要完成单位
科学技术进步优秀奖	红壤春大豆高产配套栽培技术研究与应用	衢州市农科所、浙江省农科院作物所 协作单位：衢县种子公司、衢州市、常山县、金华市、江山市农业局
科学技术进步优秀奖	海涂棉花矮、密、早、调综合增产技术研究	浙江省农业厅农作物管理局、浙江萧山棉麻研究所 协作单位：慈溪市农林局、萧山市农业局、上虞市农技推广总站、宁海县农技推广站、三门县、余姚市农业局
科学技术进步优秀奖	棉花新品种引种、筛选与推广	浙江省种子公司 协作单位：海盐县、上虞、慈溪市、三门县、兰溪、余姚市种子公司
星火二等奖	江山白菇（F_{21}）基地建设及配套技术	江山市农业科学研究所
星火二等奖	中豌6号引进和栽培技术研究及推广	浙江省种子公司 协作单位：义乌市农业局、杭州、宁波、龙游、兰溪、江山市种子公司
星火三等奖	“双季稻——香菇”吨粮万元工程基地建设	武义县科学技术委员会 协作单位：武义县农业局、武义县柳城镇政府、丽水地区食用菌办公室

七、各级主管部门通讯录

浙江省、市（地）粮油、蔬菜、棉麻系统

单位名称	负责人姓名	邮编	地址	电话
浙江省农业厅农作物管理局	孙　健	310020	杭州市凤起东路29号	6545004
杭州市农业局粮食生产处	严建立	310020	杭州市南山路262号	（0571）7082175
杭州市农业局园艺处	陈今杰	310020	杭州市南山路262号	7024924
宁波市农业局种植业站	张松柏	315010	宁波市海曙区吴家塘88号	（0574）7133050
温州市农业局农业站	叶定池	325000	温州市九山北路兽医桥	（0577）8218453
温州市蔬菜技术推广站	叶利勇	325014	瓯海区慈湖南村	6763592
嘉兴市粮油技术工作站	沈小华	314001	嘉兴市环城北路1947号	（0573）2084413
嘉兴市农业局经作站	徐丽莎	314001	嘉兴市环城北路1947号	2074192
湖州市粮油技术推广总站	华百里	313000	湖州市吉山中路50号	（0572）2074385
绍兴市农业技术推广总站	王锡金	312000	绍兴市新河弄70号	（0575）5133348
绍兴市农业局种子技术推广站	吴爱芳	312000	绍兴市新河弄70号	51362552
金华市农业技术推广站	丁祥海	321000	金华北站路13号	（0579）2351943
金华市农业局蔬菜站	程炳林	321000	金华双溪西路151号	2390621
衢州市农作物技术推广站	卢王印	324002	衢州荷花三路农业大楼四楼	（0570）3084483

单位名称	负责人姓名	邮编	地址	电话
衢州市农业局蔬菜办	陈金剑	324002	衢州市荷花三路农业大楼	3084496
台州市农业技术推广总站	张光华	317000	临海市巾山中路 95－15 号	（0576）5115944
丽水地区农业局粮油作物站	何建清	323000	丽水市灯塔街 71 号	（0578）2133171
丽水地区农业局特产站	叶美琴	323000	丽水市灯塔街 71 号	（0580）2132170
舟山市农技推广中心站	陆文武	316000	定海区徐家桥 9 号	（0580）2022392
舟山市农林局经特站	钱玉亭	316000	定海区潘洋山路 16 号	2041825

浙江省种子公司系统

单位名称	负责人姓名	邮编	地址	电话	主要产品
浙江省种子公司	王浩良	310020	杭州市秋涛北路 119 号	0571－6945949 6095678 传真 6044879	“浙丰”牌杂交稻、旱杂粮、油菜、瓜菜等各类农作物种子、生物型种衣剂、种子药剂、包装材料等
杭州市种子公司	孙利祥	310004	杭州市华家池 78 号	6042850 6038128	“利丰”牌水稻、蔬菜等各类农作物种子
余杭市种子公司	左晓旭	311100	临平镇邱山大街 200 号	6222484	各类农作物种子
萧山市种子公司	李泳梅	311203	萧山市城厢镇市心南路 272 号	2626541	各类农作物种子
富阳市种子公司	杜如伟	311400	富阳市富阳镇桂花西路 29 号	3323503	各类农作物种子
桐庐县种子公司	姚骁敏	311500	桐庐镇塔坞路 10 号	4622839	各类农作物种子
临安市种子公司	胡家鸿	311300	临安市锦城镇江桥路 361 号	3722473	各类农作物种子
建德市种子公司	邵美红	311600	建德新安江镇健康南路 21 号	4722068	杂交水稻种子
淳安县种子公司	王世恒	311700	淳安县千岛湖镇新安北路 27 号	4813515	双杂种子
嘉兴市种子公司	张建良	314000	嘉兴市环城北路 1947 号	0573－2074220	常规稻麦种子
嘉兴市秀州区种子公司	陈仁祥	314001	嘉兴市明月路 38 号	2082748	常规稻麦种子
嘉善县种子公司	李根华	314100	嘉善县魏塘镇解放东路 8 号	4024197	常规稻麦种子
平湖市种子公司	邵甫根	314200	平湖市城南东路 123 号	5111840	常规稻麦、油菜西瓜种子
桐乡市种子公司	冯建明	314500	梧桐镇复兴路 133 号	8101138	常规稻平等种子
海盐县种子公司	邹强金	314300	武原镇广场西路 36 号	6023879	常规稻、棉花种子
海宁市种子公司	朱康龙	314400	硖石镇梅雷锋路 229 号	7233646	常规稻、油菜等种子
湖州市种子公司	杨献中	313000	湖州市文苑南区路 6 号	0572－2074386	常规稻麦、油菜种子

单位名称	负责人姓名	邮编	地址	电话	主要产品
德清县种子公司	蔡炳祥	313200	德清县城关镇东郊路 17 号	8423460	水稻、大小麦种子
长兴县种子公司	于金元	313100	雉城镇台基路 12 号	6022418	稻麦、油菜种子
安吉县种子公司	李培红	313300	递铺镇经五路	5028241	稻麦、蔬菜种子
宁波市种子公司	王晓燕	315012	宁波市宝善路 220 号	0574－7135393	粳杂、草籽种等各类农作物种子
北仑区种子公司	贺皓缪	315806	北仑区大碶镇芦山路 8 号	6101002	各类农作物种子
江北区种子公司	汪祖敏	315020	江北压赛堰	7354873	各类农作物种子
镇海区种子公司	洪永良	315200	镇海区东站路 454 弄 7 号	6269561	各类农作物种子
鄞县种子公司	许建祥	315040	江东甬港北路 52 号	7333059	草籽种等各类农作物种子
慈溪市种子公司	赵纪连	315300	慈溪市环城南路 320 号	38109075	蔬菜等各类农作物种子
余姚市种子公司	朱伯明	315400	余姚镇阳明西路 325 号	2813919	各类农作物种子
奉化市种子公司	张彭达	315500	奉化市南山路 101 号	8523676	草籽种等各类农作物种子
象山县种子公司	董家权	315700	丹城镇城东路 5 号	5724550	各类农作物种子
宁海县种子公司	钱兴苗	315600	城关镇桃源中路 83 号	5561272	各类农作物种子
绍兴市种子公司	方俞明	312000	绍兴市新河弄 70 号	0575－5136252	各类农作物种子
绍兴县种子公司	徐东海	312000	绍兴市上寨西路 24 号	8029504	大麦等各类农作物种子
诸暨市种子公司	李国兴	311800	城关镇人民北路	7214045	各类农作物种子
上虞市种子公司	顾志云	312300	上虞市百官镇凤山路 72 号	2012250	棉花、大豆等各类农作物种子
嵊州市种子公司	王中法	312400	城关镇北直街 216 号	3183741	杂交稻、葱类等各类农作物种子
新昌县种子公司	吕和法	312500	城关镇人民西路 156 号	6022140	水稻、小杂粮等各类农作物种子
金华市种子公司	钱秋平	321000	金华市胜利街 445 号	0579－2110297	杂交水稻及亲本等各类农作物种子
金华县种子公司	徐开盛	321001	金华市解放西路 333 号	2342034	杂交水稻等各类农作物种子
兰溪市种子公司	何忠云	321100	兰溪市劳动西路种子楼	8884334	杂交水稻等各类农作物种子
义乌市种子公司	王亦民	322000	义乌稠城镇城中北路 34 号	5541299	各类农作物种子
永康市种子公司	陶云虎	323100	永康古丽镇南苑路 56 号	7112901	各类农作物种子
东阳市种子公司	楼卫东	322100	吴宁镇北正街 8 幢 1 号	6632314	杂交水稻、玉米等各类农作物种子
浦江县种子公司	张解民	322200	浦阳镇西山路	4100325	各类农作物种子

农产、食品、粮油

单位名称	负责人姓名	邮 编	地 址	电 话	主要产品
武义县种子公司	董 明	321200	武阳镇城东路24号	7662277	杂交早稻等各类农作物种子
磐安县种子公司	李 闪	322300	安文镇海螺街32号	4662065	杂交稻种子
衢州市种子公司	张炳林	324002	衢州市荷花新区	0570－3081163	杂交稻及亲本、种子
衢州市柯城区种子公司	张炳连	324000	衢州市浮石路45号	3025752	各类农作物种子
衢县种子公司	程云来	324000	衢州市花园岗	3012487	各类农作物种子
龙游县种子公司	徐光海	324400	龙游镇巨龙路97号	7021804	各类农作物种子
江山市种子公司	毛晓峰	324100	江山市江城北路6号	4025365	杂交稻、玉米、油菜等种子
开化县种子公司	叶兴锋	324300	城关镇渠西87号	6014513	各类农作物种子
常山县种子公司	张东风	324200	天马镇大街27号	5027814	杂交稻等各类农作物种子
温州市种子公司	戴成满	325005	温州市雪山路54弄46号	0575－8521020	水稻、蔬菜等各类农作物种子
鹿城区种子公司	叶龙和	325007	温金路113号	8785598	各类农作物种子
鹿城区龙湾区种子公司	王人豪	325011	状元镇中华路121号二楼	6352934	各类农作物种子
瓯海区种子公司	周寿弟	325027	温州市吴桥工业区吴桥路23号	8621698	各类农作物种子
瑞安市种子公司	涂小平	325206	瑞安市安阳C区	5529371	杂交稻等各类农作物种子
平阳县种子公司	陈亲凯	325400	昆阳镇大岩下路27号	3721718	各类农作物种子
乐清市种子公司	郑加诚	325600	乐成镇南大街133号	2523227	各类农作物种子
苍南县种子公司	梁亦清	325800	灵溪镇河北西路63号	4762650	各类农作物种子
文成县种子公司	胡文铰	325300	县城伯温路	7861478	各类农作物种子
泰顺县种子公司	梅全志	325500	城关镇溪坪路1号	7582984	各类农作物种子
永嘉县种子公司	张仁华	325102	瓯北镇楠江东路112号	7333221	各类农作物种子
洞头县种子公司	曾国忠	325700	北岙镇县前路12号	3482335	各类农作物种子
台州市种子公司	赵柏松	317000	临海市巾山中路69号	0576－5301306	各类农作物种子
椒江区种子公司	尹学兴	317700	椒江区桥闸路26	8222443	各类农作物种子
黄岩区种子公司	郎献华	318020	黄岩城关黄长路201号	4112850	各类农作物种子
路桥区种子公司	彭建新	317406	路桥城区老马路2号	2447790	各类农作物种子
临海市种子公司	林采舜	317000	临海巾山中路93－3	5303792	各类农作物种子

单位名称	负责人姓名	邮　编	地　　址	电　　话	主要产品
温岭市种子公司	项顺尧	317500	太平镇东辉路22号	6111542	各类农作物种子
天台县种子公司	尚正才	317200	城关工人路西段111号	3882055	各类农作物种子
仙居县种子公司	施探薇	317300	仙居县城北西路462号	7772416	"仙丰"牌各类农作物种子
三门县种子公司	娄齐宝	317100	海游镇健康路	3332650	水稻、棉花等各类农作物种子
玉环县种子公司	黄日贵	317600	城关镇石井村	7222886	各类农作物种子
丽水地区种子公司	吴荣厚	323000	丽水市北角桥弄33号	0578－2133121	杂交稻、杂粮等各类农作物种子
丽水市种子公司	周立强	323000	城关镇城东路33号	3134315	各类农作物种子
缙云县种子公司	沈积华	321400	五云镇溪滨南路90号	3123823	各类农作物种子
龙泉市种子公司	姜苏民	323700	龙渊镇环城东路65号	7123785	各类农作物种子
青田县种子公司	龚星平	323900	鹤城镇临江西路70号	6827049	各类农作物种子
景宁县种子公司	夏建平	323500	鹤溪镇新华路48号	5082423	各类农作物种子
云和县种子公司	方中富	323600	中山街350号	5121473	各类农作物种子
松阳县种子公司	李伟平	323400	县城望松岭11号	8063969	杂交稻、赤豆等各类农作物种子
庆元县种子公司	吴传根	323800	松源镇石龙街25号	6121732	杂交稻种子
遂昌县种子公司	唐昌华	323300	妙高镇水阁路2号	8122516	各类农作物种子
舟山市种子公司	陆文武	316000	定海蟠洋山路5号	0580－2023681	各类农作物种子、马铃薯
普陀区种子公司	杨琪恒	316100	普陀区沈家门镇东海中路	3012448	各类农作物种子
岱山县种子公司	王黛燕	316200	高亭镇蓬莱公园东侧	4472605	各类农作物种子

浙江省余姚市（榨菜之乡）

〔**概况**〕　余姚市位于浙江省东部，宁绍平原中心，北濒杭州湾，南屏四明山，西连绍兴市，东接宁波港，距宁波市40公里，距杭州市120公里。交通便捷，沪杭甬高速、萧甬铁路、329国道、杭甬运河横穿境内，距宁波栎社机场45公里，距深水良港北仑港仅60公里。

全市区域面积1527平方公里，总人口83万，下辖22个乡镇，814个行政村。

余姚市属亚热带季风气候，年平均气温16.2℃，≥10℃年积温5130℃，光照时数为2100小时，年降雨量1300毫米，无霜期220天。南部是山岭绵亘、平台错落、林木茂盛的丘陵山地——四明山脉，中部是土壤肥沃、水网密布、热量丰富的渔米之乡——姚江平原，北部是近代浅海沉积的杭州湾滨海平原。境内河流属姚江流域，总面积101.4平方公里。

余姚农副土特产品众多，主要有杨梅、茶叶、榨菜、毛竹（笋）、兰花、蜜梨、淡水产品、辣椒、茭白、雷竹（笋）、葡萄、笋干菜、番鸭、鳗苗、白鹅、有色米、工艺竹编、佛像、石雕等。主要矿产有氟石、高岭土、泥炭、花岗石等。

余姚是浙江省历史名城。中国20世纪十大考古成就之一的河姆渡遗址座落境内，再现7000年前的稻作农业、干栏式建筑、划浆行舟和崇鸟敬日等文化瑰宝，把中华民族的文明史提前了2000年。

改革开放以来，余姚一直跻身于全国经济综合实力百强县之列，1999年实现工农业总产值469.2亿元，其中工业总产值443.4亿元，城镇居民人均可支配收入7980元，农民人均纯收入4659元，全市人民生活正由小康向富裕迈进。

全市现有工业企业16000多家，其中年销售收入500万元以上的企业389家。余姚工业门类齐全，有“塑料王国”、“模具之乡”之称。目前已经形成了仪表、电子、塑料、化工、轻纺、机械、冶金等支柱产业，一批高新技术产业以及制笔、按键、灯具、汽车配件、水暖设备、电动工具、打火机等行业块状经济迅速崛起，涌现了“帅康”、“玉立”抽油烟机、富达“吸尘器”、“舜大”全价饲料等中国名牌产品。

余姚是一个农、林、牧、副、渔各业齐全的综合性农业区域，全市有耕地58.7万亩，山林91.7万亩，养殖水面6万亩，海岸线23公里，业已建成粮食、竹笋、茶叶、果品、蔬菜、花卉、畜禽、水产八大农业商品基地，其中万亩以上的特色农产品基地近20个，开始培育出“鹤顶牌”杨梅、余姚榨菜、河姆渡茭白、“瀑布仙茗”茶叶、舜水蜜梨、余姚番鸭等一批具有较高社会知名度和较强市场竞争力的名优农产品。全市已有种子种苗，种工、流通等各类农业龙头企业67家，组建农业社会服务组织近300家，农产品购销员2万余名，传统农业开始向现代农业迈进。

1999年，全市外贸出口交货值达78.5亿元，到1999年底，实际利用外资累计达22187.38万美元，外资企业537家，在美国、德国、法国、澳大利亚等地兴办境外企业10家。余姚市经济技术开发区内的浙江远东工业城是省级经济技术开发区，已成为外商投资的热土，来自日本、澳大利亚等国家和台湾的50多家企业在工业城落户。

1999年，全市财政总收入7.11亿元，财政收支连续多年基本平衡。全市已基本形成以中心城市——中心镇——一般建制镇团组式发展的城镇体系，建立起以农批市场为龙头，市镇二级常年性和专业性农产品交易市场70余家。1999年，全市消费品零售总额4.7亿元，年出口商品总值2.885亿美元。有人民银行、中国银行、工商银行、建设银行、农业银行、交通银行、农发银行、浦发银行、农村合作信用社、城市信用社等金融机构。

全市广播电视覆盖率达到98%，市级电视台1座开设3个频道，广播电台1座2个频道，乡镇建立22个有线广播电视站。市内现有中学45所，职业中学23所，小学226所，幼儿园418个园点，中等专业学校1所。全市有医院、卫生院26家，每万人拥有病房床位19张，万人拥有卫生技术人员25人。全市有艺术表现团体2个，市级图书馆1家，文化馆站23家。全市拥有各类专业技术人员26148名，其中高级职称446名，1978年以来共有662项科技成果获国家、省（部）、市（地）奖励，其中国家级奖5项，省、部级奖59项，市级奖145项，本市级453项。

〔榨菜生产〕 余姚榨菜生产起源于1962年，从姚北棉区开始，大致经历了4个发展阶段。60年代开始试种，70年代逐步推广，80年代广为普及，90年代迅猛发展，已成为农业的主导产业之一。种植连片集中，加工初具规模，名牌不断涌现，市场覆盖全国。全市种植榨菜面积已达11万亩以上，总产量达到45万吨以上，榨菜加工企业120余家。榨菜总产值超过了8个亿，榨菜产量占全国榨菜总产量的40%，“铜钱桥”、“富贵”榨菜在全国国际农业博览会上荣获名牌产品称号。“国泰”榨菜被授予“宁波市名牌产品”。余姚市被国家有关部门命名为“中国榨菜之乡”。主要做法是：

1. 实施榨菜生产“质量振兴工程”。根据加快农业产业结构调整，加速推进农业产业化进程的要求，对榨菜生产实施了“质量振兴工程”。一是成立了市榨菜生产领导小组及办公室，组建了联合执法队和市榨菜协会；二是制订出台了《余姚市榨菜企业基本生产条件》和《余姚市榨菜生产系列标准》以及《关于在榨菜加工业中实施扶优扶强政策的实施意见》；三是对现有榨菜加工企业依法进行清理整顿，综合整治。通过这些措施的实施，使广大干部群众的思想认识，企业的技改力度以及产品的质量档次都有了较大的提高。

2. 实行扶优扶强政策，壮大企业实力。通过抓大带小，扶优扶强，提高企业实力，增强其竞争能力，对产品档次高、市场竞争力强，企业规模大，主要经济指标名列前茅的骨干龙头企业进行重点扶持，在税收、用地、用资、信贷等方面给予倾斜，引导企业加大技改力度，达到厂房布局合理，环境整洁美观，加工设备先进，卫生设施齐全的现代食品加工企业的要求，已涌现出了一批年产值达3000万元，甚至超5000万元的榨菜加工企业，这些骨干龙头企业对提高该市榨菜的整体档次和知名度以及市场占有率起到了重要作用。

3. 扩大对外宣传，努力拓展市场。发挥该市的区位优势和资源优势，确立主攻方向，开发高科技含量和高附加值产品，致力于产品的升级换代。通过各种途径和不同形式加大余姚榨菜的宣传力度，提高余姚榨菜的知名度，积极鼓励企业参加各种名牌的创建活动。注重研究营销策略，在坚持行之有效的营销办法的同时，利用网上销售、连锁销售等新的现代营销手段，努力拓展市场。目前该市生产的榨菜市场覆盖全国各地，市场占有率达到45%左右，并远销国外。

4. 实施良种工程，提高原料品质。在稳定扩大11余万亩生产基地的同时，加快品种提纯复壮和良种基地建设，改变种子繁育与榨菜生产的状况，提高原料质量，实现引种育种，制种繁育、加工包装、推广销售一体化经营，逐步形成良种生产，种子供应、产品收购加工和销售一条龙服务。

按照“严格管理抓质量，集体经营抓市场”的总体要求，力争经过3年努力，达到如下目标：

种植面积达到15万亩，在稳定原有面积的基础上，实施北菜南移，重视稻区的榨菜种植面积扩大到4万亩。

创建一批名牌产品，通过科技创新和狠抓质量管理，创出3—5种省名牌产品，1—2种全国驰名品牌，名牌产品率达到90%，产品质量抽检合格率稳定在85%以上。

形成一批规模实力企业，5家企业年加工产值超过5000万元，其中2家产值超亿元，全市榨菜加工产值达到10亿元，在全国市场的占有率达到55%。

建立一整套完善的质量管理监督制度，形成政府宏观调控，行政监督和企业自我管理、自我发展、自我服务、自我约束相结合的机制。

一、榨菜主管部门

1. 余姚市榨菜生产领导小组办公室

主任：章苗康　办公室电话：0574—2702607

2. 余姚市农业局

局长：计鹏飞　办公室电话：0574—2812192

二、主要榨菜加工企业

余姚市禽蛋菜类制品厂，是全市最大的榨菜加工企业，拥有国固定资产1100万元，1999年产值达到7800万元，生产的“铜钱桥”榨菜获中国国际农业博览会名牌产品。

法人代表：陈权辉　电话：0574—2151188

余姚市富贵酱菜公司，固定资产960万元，1999年产值320万元，“富贵”榨菜获’99中国国际农业博览会名牌产品。

法人代表：余志良　电话：0574—2161098

余姚市国泰实业有限公司，固定资产581万元，1999年产值6150万元，“国泰”榨菜获宁波市名牌产品。

法人代表：陈国泰　电话：0574—2036898

余姚市备得福菜业有限公司，固定资产219万元，1999年产值5000万元。

法人代表：阮银福　电话：0574—2030368

余姚梦莹菜业有限公司，固定资产280万元，1999年产值2100万元。

法人代表：应成林　电话：0574—2016558

余姚市老好吃菜类制品厂，固定资产200万元，1999年产值2100万元。

法人代表：沈光轩　电话：0574—2160411

宁波齐味菜业有限公司

法人代表：宋月桥　电话：0574—2030480

余姚市明阳榨菜厂

法人代表：王小华　电话：0574—2080611

余姚市光明菜类制品厂

法人代表：钱柏勋　电话：0574—2080625

浙江省奉化市（芋艿头之乡）

〔概况〕　奉化市地处长江三角洲南翼，东海之滨，是宁波的副中心城市。全市陆地总面积1249平方公里，海域面积96平方公里，海岸线长65公里，地貌构成为“六山一水三分田”。有人口49.1万，辖12个镇7个乡。1999年，全市实现国内生产总值50.61亿元。

奉化交通便捷，市区离宁波栎社国际机场15公里，到宁波火车站30公里，距北仑港深水码头50公里，同三线高速公路、甬金线高速公路和两条省道穿越奉化而过。甬温、甬金铁路正在规划中。

奉化山川锦秀，名胜古迹众多。溪口风景区是国家重点风景名胜区；社会主义新农村的样板滕头村是联合国命名的“全球500佳”之一。

奉化经济发展水平较高。工业以服装、机械、电子、食品、化工等行业为支柱，拥有一大批科技含量高，规模实力强的骨干企业。尤其是奉化服装，工艺精良，款式新颖，名牌众多，“罗蒙”西服是全国十大名牌西服之一，奉化也是国家有关部门命名的“中国服装之乡”。电子行业近年来异军突起，波导公司生产的手机、寻呼机具有较高的科技水平和较大的影响力。

奉化物阜民丰。素有“鱼米之乡”美称的奉化，依山傍水，农业生产条件得天独厚，地方特产众多。“琼浆玉露”水蜜桃，“罗汉圣果”芋艿头、“唐代贡品”奉蚶、“东海名产”大黄鱼，以及花木、草莓、大白鹅、芥叶、青梅、蛋鸭等难得的珍品，均具有相当的知名度。改革开放以来。奉化在农业发展中确立“内调结构创名牌，外拓市场促销售”战略，坚持以市场为导向，以科技为先导，以资源开发为依托，以产业化经营为主线，使传统产业焕发了勃勃生机，形成了众多特色产业。1999年，全市农业总产值达到12.59亿元。

1996年以来，仅农业方面，国家有关部门已经授予奉化“中国水蜜桃之乡”、“中国芋艿头之乡”、“中国草莓之乡”、“中国青梅之乡”、“中国花木之乡”五个特产之乡称号。

〔**芋艿头之乡**〕　芋艿原产于热带，在奉化栽培可追溯到宋代，至今有700余年历史。奉化芋艿头是奉化传统的特色产品之一。南宋监察御使、大学博士陈著（奉化人）在他的《收芋偶成》一诗中写道："数窠岷紫破穷搜，珍重留为老齿馐。粒饭如拳饶地力，糁羹得手最风流。"

奉化独特的气候、土质条件赋予了奉化芋艿头独特的优良品质。奉化芋艿头个大皮薄，肉粉无筋，糯滑可口，既是蔬菜，又是粮食，可烘蒸、生烤、热炒、白切、做糊、烧汤、煮冻。若烘蒸，其香扑鼻；若煮汤烧羹，又滑似银耳，糯如汤圆。最新研究表明，它不但食味佳，而且是一种营养丰富的保健食品。奉化芋艿头以其特有的口质走俏市场，得到了诸多有识之士的赏识，赢得了许多荣誉。本世纪30年代，在江浙一带有"跑过三关六码头，吃过奉化芋艿头"之谚，喻人见多识广。

新中国成立后，奉化芋艿头有了新的发展。50年代曾多次送全国、浙江省农业展览会上展出，获得好评。改革开放以来，奉化市委、市政府积极发掘传统特色资源，使传统特产焕发了生机，奉化芋艿头栽培面积达到4万余亩。同时，随着先进栽培技术的不断推广应用，奉化芋艿头品质也不断提高。曾获得江泽民、姜春云等领导人的高度赞扬。1992年，在中国首届农业博览会上，被评为优质农产品，获银奖。1996年，奉化市被国内有关部门命名为"中国芋艿头之乡"。

近年来，奉化市成立了市级芋艿协会、芋艿研究服务所，滕头集团公司成立了"绿色食品开发有限公司"，推出了装箱芋艿，提高了产品档次，拓展了市场，同时，加强了对芋艿头深加工技术、芋艿保健食品开发、芋艿反季节栽培技术的研究。目前，奉化芋艿头已经在宁波、上海、杭州、乃至港澳台等地占领了市场，享有较高的声誉。

〔**有关单位名录**〕

奉化市农业局
局长：沈永康　电话：0574—8522652　8523181
奉化市芋艿头协会
理事长：唐武军　秘书长：唐建海
电话：0574—8526094　8923569

浙江省金华市（火腿）

〔**概况**〕　火腿，金华著名特产。民间产制始于唐，盛于明清。最早民间腌制为熏腿，明万历时已列朝廷贡品。《金华县志》载"万历6年（1578）派办物料……火肉派自礼部。"万历丙午年（1606）《兰溪县志》同样载有"肥猪、肥鹅、肥鸡、火肉皆每岁额办之数派办。"以明代为历史背景的古典小说《金瓶梅》也有礼单、宴饮中使用"金华火腿"、"金华酒"的记述。清代《金华府志》及各县志均有火腿记载。清乾隆30年（1765）赵学敏所辑《本草纲目拾遗》兽部"兰熏"一节中载云"兰熏，俗名火腿，出金华者佳。金华六属皆有，惟出东阳、浦江者更佳。"

金华火腿以质量优异而闻名于世，与本市盛产生猪，猪种皮薄脚细，饲养精良、周期短、肉质细嫩，取料讲究，加工得法有关。后由民间分散生产、作坊生产，发展到现在的规模生产，保留了传统工艺，精益求精，形成金华火腿形似琵琶，风味独特，具有色、香、味、形"四绝"而驰名遐迩。

金华诸县皆产火腿，历史上统称"金华火腿"。20世纪50年代原金华专区一度辖及18县市，产区范围扩大。1972年和1982年，仙居嵊县先后由金华派技师把作，纳入金华火腿产区，现有生产金华火腿的县20多个，其他温、丽、杭、甬、台、舟山所属产制火腿则称"浙江火腿。"

光绪31年（1905），在德国莱比锡举办的国际博览会上，由杭州方裕火腿行送展"彐舫蒋腿"，首次获得金奖。民国4年（1915），农商部举办国货展览会，东阳瑞生火腿栈之金华火腿获奖。同年，巴拿马国际博览会，金华火腿获得金牌奖。民国18年（1929）6月6日至10月11日，在杭州举办西湖博览会有29个省市和南洋各地厂商参展。浙省22家火腿厂商获奖，共计金华火腿得特等奖11个，优等奖3个，一等奖4个。

解放后，1956年省人民政府授予金华火腿厂金华火腿以优良产品奖。1981年全国首次火腿质量评比，特级金华火腿获国家金奖，是全国火腿行业惟一金牌，也是本市获得的第一块国优产品金牌。1985、1990年蝉联国优金质奖。东阳"蒋腿"1982、1984年均获部优质产品奖。浦江"竹叶熏腿"1984年评为省优产品，1986年获省新优产品金鹰奖。义乌"双凤牌凤腿"，1984年获省优产品奖。1988年义乌蝉联，与兰溪"兰江牌凤腿"同为省优产品，除了使用"金华火腿"商标腿得奖以外，1992年"宗泽火腿"在全国市长年会暨商品交易会，省首届食品博览会均获金奖，评为全国优质产品。

〔**生产经营**〕　金华火腿产量，据《中国实业志》和《浙江商务》记载，公元1931－1934年，本市年产65万—83万只。1942年全市沦陷，产腿不足5万只。1949年产11.96万只（据1950年浙江省泰生贸易公司估计为8.6万只）

1950至1951生产年度全市腿栈加工23.9万只。1953

年35.27万只。三年困难期，火腿厂撤并，大都停产，1961年全市仅产1.11万只，为新中国成立后最低产量。1962年开始恢复，1982年开始发展食品工业。1980—1984年，年产腿超过50万只，但仍未达到战前最高产量。

1984年初，地区行政公署在东阳召开县长会议，商讨大力发展生猪和火腿生产，使金华火腿生产发生重大转折。1985年16家国营厂产腿52.97万只，定点的62家乡镇厂产腿37.53万只，合共90.5万只，非定点厂尚不在内。

1986年，由于头年产量猛增，各厂竞相脱手。时值内外市场开放，福建、广东多家外贸竞相出口，齐集港澳，引起外商观望、杀价，且带入部份“水货”，冒充金华火腿，声誉受损，外销受阻。与此同时，内销竞相倒卖，多次转手，价格上升一倍多。再加上新厂技术跟不上，质量差，省外销地疲软，库存出不去，利息负担日增，多方挤轧，厂商大多亏损，伤及生产。1986年自动收缩，全市产量29.95万只，比1985年减少2/3以上，是为第一次大起大落。

1988年出口恢复统制，实行配额管理，外销转入正常。与此同时，国内集团消费对火腿需求增加，而产量已经下降至50余万只。是年火腿供不应求，推动价格再创高峰。1989年火腿产量108.76万只，其中使用金华火腿商标腿68.1万只。是年开始整顿市场、整顿公司、抽紧银根、价格回落。1990年金华火腿产量降为37.11万只，减产近一半，是为第二次大起大落。1991年产腿58.45万只，其中用金华火腿商标的47.29万只，1992年腿价仍持高位。1999年全体火腿总产量达300多万只。

运销，本市火腿，历来十之八九运销外埠，杭州为主要集散地。上海为主销市场。新中国成立前运销式大体三个层次。一为产地腿栈（肥庄）产运销合一，以加工运销自产腿为主，称之“庄腿”。兼收农户散腿经整修后运销。此类腿栈（庄）称之为“山客”，为第一层次。新腿上市，“山客”齐集杭州，与腿行交易、腿行转他地为第二层次。1929年，杭州有专业腿行12家，专兼腿业商店80家。前者全做代客买卖。后者有批发商、零售商或批零兼营，属第三层次。

解放后，运销业务渐由国营商业取代，杭州集散市场消失。实行计划调拨后，金华火腿销售范围扩大到全国20多个省市，出口列入外调之中。1985年市场开放，停止指令性计划调拨，系统内外自行运销，出口按指导性计划，执行合同。

出口，据清代的《浙江省海外贸易》记载，17世纪末，金华火腿经广州出口南洋、英国和港澳。1840年鸦片战争后，宁波、杭州先后辟为列强通商口岸，金华火腿从上海、杭州输往欧美和日本。从1887年起，美商以中国火腿不讲卫生，与欧美各国相继拒购，以致外洋市场受阻20余年。直至民国初年，上海口岸与外商商定，由英国兽医检验（1926年改由菲律宾派兽医），出具证明，出口始行恢复。1913年至1928年间，经上海口岸平均每年出口527吨（包括苏北腿在内）。由杭州、宁波出口年平均193吨，均为金华火腿。

解放后，火腿均由上海出口，1953年至1972年，20年中全省提供出口5405吨。1988年后允许地方自营出口，1978年—1987年全市平均出口570.77吨。1988—1990年年均905.1吨。

〔**生产技术**〕 历史上火腿单家独户生产，技术互不相传，质量悬殊。1956年食品公司统一经营，开始规模性工厂化生产。为适应需要，1957年秋，在公私合营金华市火腿厂创办金华火腿中学，有学生32名，半工半读，至1959年停办。1962年起，各厂自招青工，以师带徒培训。1979年金华地区食品公司组织编写教材，为省内外学员举办三期培训班。后东阳、永康各自办班培训。1982年金华商业职工中等专业学校开设腌腊加工专业，经两届全省招生，共计毕业生75名。1984年8月，地区食品公司和地区食品工业办公室委托金华商校为52个乡镇厂培训火腿工人81名。1985年至1999年又先后培训且评定火腿加工高级工200余人，火腿技师123人，火腿高级技师19人。

技术改进，1956年火腿加工开始工厂化生产后，着手改造厂房、晒场设施。与此同时，在继承传统工艺的基础上，经过总结交流，从原料采集、修整、腌制、洗洒、发酵到成品检验分级，形成一整套《火腿加工操作规程》，1962年10月省食品公司颁发执行。1972年10月，省食品公司下达修改的《火腿、凤腿、咸肉加工操作规程（试行稿）》。20世纪80年代、90年代重新进行修改印发执行。

成品质量，旧时无一定标准，上市后多凭腿行互相比较定优劣，对生产过程无指导意义。1952年土产公司收购需要，以成品单体分斤、香味、外形（包括色泽、肥瘦程度、膘峰长短、腿脚粗细等）划分6级。1954年后食品公司经修改完善，交工厂自行分级。到1983年11月，经省标准计量局批准为全省企业标准，颁发执行。

科学试验，围绕如何做到传统火腿常年生产问题作过两次试验。1978年商业部下达“金华火腿加工新技术研究”科研项目。获得省商业厅科技进步二等奖。

1984年1月，地区商业局提出以经过冷冻鲜腿可否腌制传统火腿问题，由金华商校利用腌腊专业教学实验厂试验。经过两批216只冻腿试验，成品签定，质量与常规腿无甚差异。这种方法解决了季节性腿源问题。

火腿心科研项目：1984年10月，地区行署批准，省科委拨款80万元，由浦江食品公司实施。1987年底通过省级鉴定。同年该项目获省科技进步三等奖。其他小项目，如火腿切片保鲜，火腿切片机等，均已投入使用。

技术传播，相传元代火腿技术传至意大利，后传至法国、加拿大，至今这些地方还保持中国火腿一些传统特色，甚至同样用竹签鉴别香味。清咸丰年间，金华火腿技术由兰溪人传至江苏如皋、靖江、黄桥等地。1979年，金华地区食品公司组织一批火腿工人去四川绵阳地区办厂，产制"剑阁火腿"、"龙火腿"，被评为部优和四川省优质产品。

〔**火腿系列品种**〕　金华火腿本身因用料，制作方法，用途不同，因此金华火腿派生品种甚多，择其主要记述如下：

蒋腿　原产于东阳上蒋村，简称"蒋腿"，为金华火腿之珍品。清咸丰8年（1859），该村蒋梦昌继承祖业，精于制腿，取料讲究，过大过小之腿不用，成品每只均在3公斤上下，只只皮薄脚细蹄白，腿心丰满，膘峰长，腿头短。民国25年，蒋腿产460件，约2000余只，均销杭州，一般不易买到。抗战期间渐少，1949年停产。1956年东阳县食品公司在上蒋设厂恢复生产。1961年迁并到东阳火腿厂和李宅分厂，继续按传统工艺生产，由于选料严格，一般年产三、四千只。1982年、1984年均属部优产品。

竹叶薰腿　浦江特产。原产于该县二十四都，二十五都（今浦江石宅、杭坪虞宅一带）。据民国25年《浙江商务》一卷四期所载，竹叶薰腿主产地为曹源，其地山高，竹林茂密，常年气温低，因之用盐较淡，在低温中发酵，产品香甜。1957年在曹源口建场加工，因质量不合格而停止。60年代初迁并于普丰食品站火腿加工场而未产。1970年恢复生产，竹叶薰腿，1984年评为省优产品；1986年获浙江省新优名特产品金鹰奖。

茶腿　原出浦江，取将苗壮之猪后腿腌制，肉质细嫩，制法与一般腿相同，唯用盐较轻。《本草纲目拾遗》辑有陈运夫《药鉴》云："浦江淡腿，小于盐腿，味颇淡，可以点茶，名茶腿。陈者止血痢开胃如神。"抗战期间，金华、兰溪出售门庄上等陈腿，统作茶腿。解放后停用茶腿名称，也未再制。

贡腿　原为明清时朝廷派办之上等金华火腿，因称"贡腿"，并非另有品种。抗战后，贡腿之名消失。

金腿　金华火腿取料严格，过大过肥或腿心扁平者不用。1984年为加快发展火腿，于加工季节对这部分不合格鲜腿一并腌制，洗晒时挑出，另打"金腿"印记。此种腿加工方法和肉质与一般火腿无甚区别，但不合金华火腿规格标准。80年代曾偶生产。1985年后停止生产。

凤腿、月腿　均以猪前腿加工。凤腿又名"前甲"。制法如火腿。不去肋骨，腿尖呈长方形，故又称"方肉"，"方腿"。月腿去肋骨，制法如凤腿，腿尖修成半月形，因称"月腿"，又名"元蹄"、"跑蹄"。成品味同凤腿、瘦肉率高于凤腿。加工中去骨、削膘、修元损耗大，偶有生产。花色腿有酱腿、糖腿、火腿心和戊腿等。

酱腿　先腌后酱，取其酱香，但冲淡火腿香味，点缀性生产，市场少见。

糖腿　解放后一度试产，用盐极少，宜肾脏、心脏功能障碍者食用。常人口感不佳。糖腿吸潮，久存易发酸，未作定型。

火腿心　取后腿瘦肉最丰部位"腰峰"腌制，制法如火腿。1970年浦江县普丰火腿厂始生产。1984年浦江城关火腿厂生产的火腿心，采用真空包装，外包装精美。送北京新产品介绍会试销，备受称赞。1986年9月，作新产品开发，扩大生产。10月开始运销新加坡，后因销路不稳定，1988年后生产缩小。

戊腿　以狗腿腌制而成。厂商嫌其名不美，因取地支中狗属戊而名"戊腿"。狗腿瘦肉多而味美，腌制后香味浓烈。成品重约1—2公斤。狗肉性热，用作虚寒补品，价格高昂。解放前金华、兰溪厂商少量腌制，点缀柜窗。1975年后养狗稀少，基本无产。

火腿制品

火腿系列罐头　1992年金华市营养食品厂产制，分为纯火腿和火腿菜肴两类，十余个品种。组合包装精致，宜作馈赠，食用方便。

火腿汁　1985年金华市第二饮服公司与制药厂试制。利用火腿碎料、皮骨、边料经高温蒸煮、浓缩、去脂精制而成。产品为胶质液体调料，具有火腿原汁原味而不涩不腻、携带食用方便等优点。入热汤即溶，宜作汤菜或拌和面食。后未获推广。1992年金华市营养食品厂重新产制，改为火腿原汁罐头。已批量上市。

安徽省庐江县白湖镇

〔**概况**〕　安徽省庐江县白湖镇地处县城东部，黄陂湖畔、白湖之滨。境内由军二公路、裴桂公路贯穿，距县城仅有10公里，距省会合肥也只有80公里；水路可由西河、兆河直通巢湖、长江，水陆交通十分便利。

白湖镇总面积78平方公里，镇内总人口39987人，辖16个行政村，1个街道，耕地面积33064亩，山场5200亩，水产养殖面积16000亩；年提供商品粮1.2万吨，油料514吨，水产品800吨，中国特色蔬菜"金坝"芹芽15000吨，是名副其实的鱼米之乡。1999年全镇实现社会总产值23557万元，农民人均收入2003元，入库税金 140 万元。

白湖镇地处江淮南部，东经 117 度 33 分，北纬 31 度 30 分，属亚热带季风气候，四季分明、雨量充足，光照充裕，光热、水资源比较丰富，无霜期 238 天，年平均降水 1157.6 毫米，白湖镇土壤为潴育型水稻土，均由下蜀黄土发育而成，由圩、冲、畈、榜、岗地组成，地表水丰富，地下水适中，土壤熟化程度高，耕层较厚，质地适中，土壤中性或微酸性，有效养分丰富，保水保肥性能好、适宜种植多种农作物，尤其适合该镇特色蔬菜“金坝”芹芽的生长。

白湖镇境内有 11 万变电所一所，电力充足，能保证正常供电；有省下属单位白湖监狱管理分局，流动人口多，商品交易量大；白湖镇有塘串河街道和裴岗街道两个街道，集镇建设初具规模，个体工商业比较发达，现有工商户 1000 多家，从业人员 3000 多人。镇内骨干企业白湖镇水产养殖有限公司所属白湖养殖场有养殖湖面 12000 多亩，白湖建筑安装有限公司属建筑三级企业。乡镇企业 1999 年实现营业收入 100000 万元。芜湖长江大桥业已通车，直通芜湖的军二公路正在拓宽兴建，交通运输会更加便捷。镇内有高中一所、乡镇初级中学三所，教学条件好，教学质量较高；镇级卫生院一所，医疗设备比较先进，医疗水平较高；程控电话装机近 2000 门，闭路电视业已开通，全镇教育、卫生、通讯等各项社会事业蒸蒸日上。

白湖镇委书记徐经友，镇长夏流传。

〔芹芽生产〕 芹芽是由白湖镇金坝村农民用芹菜经特殊工艺培育而成的特色蔬菜，它洁白如玉、鲜嫩清香，美味可口，内含多种维生素，并具有清热解毒，降压消肿，防癌健身等功效。庐江县金坝芹芽开发有限公司成立于 1998 年 8 月，公司是集科技开发、经营推广、服务于一体的有限责任公司，集体性质。现有经营场地 1400m^2，仓库 240m^2，农艺师 2 名，助理农艺师 4 名，经济师 2 名，会计师 2 名，公司员工共计 40 人。主要从事芹芽产前、产中科技开发和物资配套服务，产后销售服务。公司宗旨：以质量求生存，以科技求进步，以信誉求发展！“金坝”牌芹芽目前已发展到 15000 亩，年产量 1500 万公斤，远销省内外，深受消费者青睐。金坝芹芽已在国家工商局、专利局注册了“金坝”牌芹芽商标、获取了发明专利，在国家有关部门获绿色食品标志；荣获安徽省名牌农产品、巢湖市农业特色产品称号和庐江县科技成果奖。

法人代表：吴其中

公司地址：庐江县白湖镇裴岗街道

联系电话：0565—7580061　7580004

〔金坝芹芽综合开发〕 庐江县金坝芹芽开发有限公司项目建设内容：1. 基地扩建、改造；2. 芹芽保鲜；3. 芹芽精包装；4. 芹芽批发市场。项目总投资、投资回收期、投资利润率：1584 万元人民币，其中固定资产投资 1384 万元，流动资金 200 万元。投资回收期 2.4 年，投资利润率 31.2%。投资方式：1. 资金；2. 技术；3. 设备。合作方式：1. 合资；2. 合作；3. 独资。联系办法：联系单位：安徽省庐江县金坝芹芽开发有限公司；地址：中国安徽省庐江县白湖镇；邮编：231552；法人代表：吴其中；电话：0565—7580061　7580003　7580004。

福建省（农牧业）

福建地处中国的东南沿海，农业资源丰富，农牧业生产历史悠久，名特优新产品众多。这个自古就有“果乡茶市”美称的地方，盛产龙眼、荔枝、香蕉、枇杷、菠萝、芦柑、橄榄、柚子、柰等亚热带水果和各类茶叶，产品远销海内外。到目前，全省的果、茶园面积分别达到 853 万亩和 190 万亩，果茶产量达到 343 万吨和 12 万吨，果茶的优质率已经达到 40%。其中龙眼产量居全国第一位，荔枝、香蕉居第二位，菠萝、枇杷第三位，柑桔第五位。茶叶品种齐全，铁观音、武夷岩茶等堪称茶中极品，茉莉花茶、白毫银针、“三大”功夫红茶等名优茶享誉中外，是福建传统的大宗出口创汇农产品，食用菌是福建的一大特色产品，年产量 90 万吨（鲜重），约占全国的三分之一，世界的九分之一，年出口创汇 2 亿多美元，而且近年来花菇、白背毛木耳、姬松茸等新品种的生产规模迅速扩大，经济效益大幅提高。福建的畜牧产品也以特色著称，河田鸡、白绒乌骨鸡、金定鸭、山麻鸭、连城白鸭、闽南黄牛等名优品种，以及沙阳板鸭、神蜂精等名优产品在全国均有较高的知名度。

福建农牧业名特优新产品的快速发展，得益于改革开放，得益于福建省委、省政府的正确决策。80 年代初，省委、省政府审时度势，作出了发挥区域优势、“大念山海经”的重大战略决策，在全省掀起了一个农业综合开发的热潮，农业生产领域迅速向山海延伸，规模迅速扩大。90 年代初，为适应形势的变化，该省把工作重点逐步转到质量和效益上，突出依靠科技进步，大力发展高优农业，加快了农业增长方式的转变，农牧产品的优质率、商品率和市场占有率大幅提高。近年来，全省着力加快了农业产业化进程，推动农牧业名特优新产品发展进入了一个新的阶段。目前，一批富有区域特色的龙头企业、生产基地、主导产业已经形成，琯溪蜜柚、永春芦柑、常太枇杷、坂仔香蕉、安溪乌龙茶、长汀和田鸡等名优产品已经走上了产业化经营的轨道。

闽台农业合作是该省农业工作的独特优势，也为名特优新产品的发展注入了新的活力。到目前，全省已引进台湾良种1500多个，占全省农业良种引进的60%以上，其中台湾长茄、白背毛木耳等50多个良种推广面积达万亩以上，并取得了明显的经济效益。同时，闽台农业技术的交流与合作不断扩大，漳州香蕉、永春芦柑综合技术改进合作项目已经取得了初步成效；台商来闽投资农业企业已达1100多家，投资金额13亿美元，不少台资农业企业在促进该省名特优新产品的加工、营销等方面发挥了重要作用。

名特优新产品的开发和发展带来了巨大的经济效益，有效地增加了农民收入，带动了一方经济的发展，为福建率先基本实现小康作出了重大贡献。当前，随着形势的变化，福建农业又处于一个重要的转折时期。新一轮的结构调整，为农业名特优新产品的加速发展带来了难得的机遇。只要全面贯彻落实十五届三中全会精神，围绕省委省政府提出的农业和农村工作主线，深化改革，扩大开放，扎实工作，勇于开拓，福建名特优新产品的发展必将迈上新台阶，福建农业必将再创新辉煌。

部分名优农产品及其加工品介绍

龙眼 福建是全国的龙眼主产地，栽培历史悠久，年产量达12万吨，居全国第一。主要品种有东壁、福眼、乌龙岭、立冬本等，成熟期7月下旬至10月下旬。福建产龙眼素以肉质脆嫩、味道芳香著称，荣获1993年中国农业博览会金奖。以福眼为原料制出的水仙花牌龙眼糖水罐头，曾荣获国际巴黎旅游美食“金质奖”。龙眼鲜果烘焙成的龙眼干，自古以来被视为贵重的滋补品，俗称“桂圆干”，以福建省莆田、仙游所产的“兴化桂圆干”为上品，畅销国内外市场，有“兴化桂圆甲天下”之美誉。

荔枝 荔枝是福建一大名果，主要分布在闽南一带，1998年全省种植面积59万亩，产量9万吨。主要品种有兰竹、乌叶、陈紫等。兰竹荔枝在龙海市九湖镇栽培历史已达500多年，连片种植规模大，场面壮观，有“荔枝海”之称。以乌叶荔枝为原料制成的罐头，在欧洲享有较高声誉，制成的“双灯荔枝酒”被称为“中国的香槟酒”。陈紫荔枝原产于莆田，栽培历史达千年以上，肉脆、汁多、叶清甜芳香，为鲜食上品，有“果中皇后”之称。

天宝香蕉 原产于漳州天宝镇，栽培历史逾千年，在海内外具有较高的知名度。目前种植面积35万亩，年产量50万吨，并在漳州天宝镇、南靖县靖城镇、平和县坂仔镇配套建立了较大型的批发市场，成为中国重要的香蕉集散地。天宝香蕉具有皮薄、味甜、香气浓、无芯及耐贮运的特点，1993年获中国农业博览会铜奖。

菠萝 也称凤梨，主要分布在闽南一带的龙海、漳浦、诏安、南靖、同安等地，栽培历史达300多年。目前，栽培面积约8万亩，产量5.5万吨，列居全国第三。全省主栽的优质品种为沙捞越、台湾有刺种和菲律宾种。沙捞越菠萝是制罐良种，其罐头色、香、味俱佳，畅销国内外市场。台湾有刺种和菲律宾种菠萝果肉细嫩，香气浓郁，品质上乘，适于鲜食，畅销全国各地。

闽南芦柑 闽南有着独特的自然气候条件，所产芦柑果实色泽橙黄鲜艳，果肉多汁，脆嫩，香甜，化渣，内含物含量高，风味浓郁，品质特别优良，并且耐贮性强，供应期达4～5个月。全省现有芦柑约100万亩，年产60万吨，95%以上为山地芦柑，其品质为中国其他产区所不及，在历届全国优质水果评比和全国农业博览会芦柑评比中多次夺魁，在国内及东南亚地区享有盛誉。1997年永春县被授予“中国芦柑之乡”称号，国家领导人李鹏曾为永春县题词“大力发展永春经济，芦柑远销四海”。

平和琯溪蜜柚 琯溪蜜柚原产于平和县小溪镇，是驰名中外的良种，也是中国第二大柚类栽培良种。目前，平和县琯溪蜜柚种植面积达20万亩，总产量25万吨，年产值3亿元，成为全国县级面积最大的琯溪蜜柚生产基地。平和琯溪蜜柚皮薄，光滑，色橙黄，无籽，可食率大于55%；果肉质地脆嫩，汁多，化渣，酸甜适口，风味极佳，营养丰富。产品除内销外，还出口到东南亚国家和港澳地区。平和琯溪蜜柚1989年获农业部优质农产品称号，连续三次荣获全国柚类品评总分第一名，1996年获福建省优质水果金奖。1996年平和县被农业部授予“中国琯溪蜜柚之乡”称号。

莆田枇杷 福建为中国枇杷的主要产区，目前栽培面积21万亩，产量4.5万吨，产量在全国列居第二。其中莆田市种植面积最大，占全省60%以上，为福建最著名的枇杷产区。莆田所产的早钟6号、解放钟枇杷，果大味甜，风味独特，具有润肺、止咳、健胃、利尿、清热、抗癌的功效，经济价值高，最宜鲜食和外销。该市常太镇于1996年被农业部授予“南亚热带作物名优基地——解放钟枇杷生产基地”，现已注册“常太”牌商标，号称“中国枇杷第一乡”。

橄榄 橄榄是福建的特色果品，品种主要有惠圆橄榄、檀香橄榄、霞溪本橄榄等。全省均有栽培，主要分布在闽江下游沿岸，种植面积18万亩，产量2万吨。橄榄鲜果香脆可口，细嚼生津，香甜爽口，余味无穷；又可加工制成各种蜜饯和饮料，如十香橄榄、拷扁橄、橄榄汁等。橄榄的医药价值很高，有生津止渴、健胃开脾、化痰止咳、去脂减肥、治喉痛、消酒毒等功效，深受消费者欢迎。

芙蓉李 芙蓉李原产于永泰县，全省各地均有栽种，种植面积10万亩，产量约2.5万吨。芙蓉李果实大，肉厚质脆，酸甜可口，品质优良。果实既可鲜食又可加工成李干和蜜饯，以永泰芙蓉李干为原料制成的水仙牌“化核嘉应子”，荣获全国轻工业优质产品和国家优质产品银质奖，是该省名牌出口蜜饯，外销五大洲的50多个国家和地区。

安溪铁观音 铁观音茶是福建特产，原产于该省的安溪县，现主要分布在闽南一带。铁观音茶经十多道工序精制而成，成品茶兼有红茶之甘醇，绿茶之清香，并具有天然兰花香。外形卷曲圆结，色泽油亮带砂绿，红点明显，素称“三红七绿”；汤色金黄，浓艳清澈，滋味醇厚，回甘悠长，香锐而浓，有“七泡有余香”之誉，且具独特优美的“观音韵”以区别于其他品种的乌龙茶。铁观音是乌龙茶之极品，尤以安溪所产最负盛名。该县凤山牌特级铁观音品质优异，获国家金质奖；新芽牌铁观音曾在法国巴黎举行的国际名茶评比中，被评为“世界十大名茶”之一。在国际市场上，铁观音茶被视为茶中奇货，客商争相订购，产品供不应求。

武夷岩茶 武夷岩茶是闽北乌龙茶的代表，以主产于风景秀丽的武夷山而得名。主要品种包括大红袍、肉桂、水仙等。武夷岩茶冲泡后汤色清澈橙黄，香气幽雅，清高沉长，入口醇厚回甘，咽后齿颊留香，有“味轻醍醐，香薄兰芷”之感，具有独特的只可意会、难以言传的“岩韵”。武夷岩茶中的大红袍，产于武夷山风景区内天心岩九龙窠的高岩峭壁之上，被誉为乌龙茶的“茶中之圣”；武夷肉桂茶是武夷岩茶中的上品，1989年被评为国家级名茶。武夷岩茶远销东南亚各国、港澳地区和日本市场，深受消费者喜爱。

食用菌 福建的食用菌种类繁多，资源丰富，栽培历史悠久，是中国的主产区，也是该省农村经济的主导产业。栽培较多的有蘑菇、香菇、银耳、毛木耳、凤尾菇、草菇、金针菇、灵芝等，年产量、产值、出口创汇均居全国第一，其中蘑菇占全国1/2以上，香菇占全国2/3左右，银耳占全国2/3以上。目前全省已形成了区域化生产格局，木生食用菌主要分布在森林资源比较丰富的龙岩、三明、南平、宁德四地（市）以及沿海地（市）的山区县，粪草类食用菌则主要分布在福州、莆田、泉州、漳州等沿海平原地区。漳州市罐头厂生产的水仙花牌蘑菇罐头，色泽好，味道香，鲜嫩爽口，营养丰富，产品远销欧美等10多个国家和地区。该产品于1988年获得国家轻工业部和福建省的优质产品奖，产量和出口量在全国同类产品中位居第一。

红心地瓜干 该产品采用优质地瓜加工而成，系连城县的传统特色产品，为“闽西八大干”之一。产品色泽桔红鲜艳，松脆香甜，富含维生素A、B和胡萝卜素，有“金薯片”之称。现该产品主要依托农业产业化龙头企业连城县红心地瓜干（集团）有限公司生产，有薯脯、薯条、薯片等10个系列32种类型，畅销国内200多个大中城市，并出口日本、新加坡等国。产品曾获得中国首届星火计划博览会优秀项目奖、福建省优质产品奖和福建省名特优产品最畅销奖，1999年获昆明世博会特色产品金奖。

连城白鸭 连城白鸭又名绿嘴白鸭，主产于福建省连城县。目前仅连城县就有种鸭50万只左右。连城白鸭以乌嘴、黑脚、羽白为特征，年产蛋220－240枚，平均成年体重1.25－1.5公斤，每枚种蛋55克。经厦门大学生物系和省农科院中心实验室、福建省分析测试中心测定，富含17种氨基酸和10种微量元素，胆固醇特低，具有清热解毒、滋阴降火、祛痰开窍、宁心安神、开胃健脾的功效。民间常用于麻疹、肝炎、肺结核、不明原因的低热、高烧、烦燥失眠等病的辅助食物疗法。该鸭不油腻、汤味独特、肉质鲜美，且饲养期越长、药效越高，是该省畜牧行业的一个优质品种。

三明市荣兴牌肉脯干 明溪县光明副食品有限公司生产的荣兴牌肉脯干，风味独特，居“闽西八大干”之首，属地方老字号产品，载誉500年历史，产品远销港台和东南亚等地。1994－1995年获省消费者信得过产品金奖；1994年评为全省农村名特优新最畅销产品。

石马牌系列肉制品 该系列产品包括肉松、油酥肉松、猪肉脯等优质猪肉制品，是龙海市肉制品厂选用上等鲜精肉，调以各种上乘配料，用传统工艺精制而成。产品以独特的色、香、味深得国内外用户赞赏，畅销港、澳、东南亚、日本、法国等地。1986年石马牌猪肉脯、肉松获省优质产品奖；1987－1988年肉松、油酥肉松、肉脯、香肠全部荣获省食品工业名特优新“武夷奖”；1990年肉脯、肉松获《中国妇女儿童用品四十年》博览会铜牌奖和省优质产品奖；1993－1994年省消费委员会推荐为信得过产品。

鼎日有牌油酥肉松 鼎日有牌油酥肉松为福州地方传统名产，历史悠久，是享有很高声誉的猪肉加工制品，以其独特的风味驰名海内外。1989年和1990年两次获中国食品博览会银奖。

武平猪胆肝 “猪胆肝”属该省武平县的特产，是“闽西八大干”之一。古石牌猪胆肝是武平食品公司肉制品厂生产。荣获1986年福建省“地方特殊风味菜点奖”和1988年省食品工业名优特新“武夷奖”；1989年被评为省首届消费者信得过产品。

沙阳板鸭 李纲牌、沙阳牌沙阳板鸭是沙县鸭业股份总公司直属肉联厂生产。1992年获上海市优质农副产品展销会“最佳新产品奖”、福建省第三届农业综合开发产品展销会“畅销产品奖”，1993年获上海市中外生活用品食品博览会“最受消费者欢迎产品奖”，1994年获福建省农村名优特新产品展销会“最畅销产品奖”。

一路发牌保鲜松花蛋 该产品系福建省福安市皮蛋厂采用最新科学配方和无铅加工技术精制而成，具有色泽光洁，松花纹秀，清凉爽口的特殊风味。该产品95%出口美国、德国、韩国、日本和东南亚。曾于1988年获省食品名优特新武夷奖；1989年被评为“福建省首届消费者信得过产品”；1992年荣获首届中国农业博览会银奖。

福建省东山县（芦笋）

改革开放以来，东山在县委、县政府的重视下，1979年从美国引种芦笋。由于土壤和气候适宜，具有较高的产量和经济效益。通过几年的试种示范，取得了成功的种植经验。为此，大胆调整农业产业结构，强化服务体系，大力推广芦笋生产。至1989年，全县芦笋发展面积达3.7万亩，成为全国最大的芦笋基地县。特别是省政府确定东山县为省创汇农业试验区后，芦笋得到迅速发展。芦笋产、供、加、销服务体系进一步配套完善。现在，全县常年芦笋生产3.5万亩，产量3万吨，仅次于美国、秘鲁、西班牙之后，产值超亿元，出口创汇3000万美元，在世界上具有重要地位。全县兴办芦笋加工厂25家，年加工能力2万吨，芦笋商品率达95%以上。芦笋产业化发展，带动了全县第二、三产业的发展，农村经济持续稳定发展，在全省率先步入小康县行列。

一、东山县芦笋产业现状

东山县芦笋生产发展早，规模迅速扩大，现已实现产、加、销一条龙，形成“公司+农户”的产业化初级形式。主要体现在：

（一）依靠科技进步，建立高优芦笋生产基地

芦笋生产基地的建设是芦笋产业化、现代化的基础和根本。为此，如何充分发挥本地资源优势，提高产量，降低成本，促进规模发展，产生规模效应，是芦笋生产基地建设需要不断探索的问题。多年来，该县农科教结合，引进国外芦笋优良品种和高新技术。建立育苗基地，培育优质芦笋苗，开展高产栽培示范推广，加强田间管理和病虫综合防治，不断提高芦笋的高科技含量，发展优质、高产高效的芦笋生产，提高经济效益，不断推进芦笋生产基地向高层次发展。

第一、把好种苗关。该县以西屿岛农业良种引进隔离场和十几个良种育苗基地为依托，发挥对台对外“窗口”作用，先后引进美国、荷兰、日本等国家和台湾地区芦笋良种15种，进行试种和品种鉴定，经过筛选，统一育苗，提供壮苗。先后推广了美国UC157、UC800、台南选3号、荷兰种4号等适宜该县种植、抗病力强，丰产性能好的良种，促进品种的更新换代，不断提高芦笋单产。

第二、不断注入新技术。每年都邀请、聘请国内外专家学者和技术人员，前来举办芦笋专题讲座及现场技术指导。先后开展了“台湾芦笋产业及其研究”、“芦笋茎枯病之研究及防治”、“芦笋害虫综合防治技术”、“台湾蔬菜的先进技术”等十几个专题讲座。引进“性费尔蒙”害虫诱杀技术、台湾高效病害防治农药“好生灵”等，大面积推广运用，降低成本，提高经济效益。

第三、农科教大合唱，开展系列服务。东山县芦笋单产之高和品质之优居于世界领先地位，主要得益于土洋结合，既请洋博士，也培养造就了一批“土”专家。县、乡、村、专业户建立了一个完整的科技服务网络。县芦笋学会、县乡农技推广站、植物医院、农广校、职业中学一起上，充分利用有线电视，广播、墙报等媒体，大搞技术宣传指导，印发各类芦笋小册子1万份。常年印发技术材料4万份，加强每个季节的病虫防治，配方施肥，田间管理技术指导。每年举办芦笋专题培训班20期以上，培训5000人以上，不断提高笋农的素质。建立示范片，以典型带路。在每个乡镇都建立千亩高产栽培示范片和百亩中心示范片。以效益吸引，使广大笋农看得见，摸得着，自觉采用高新技术。

（二）大搞招商引资，培育龙头企业，芦笋加工增值。

培育以加工、深度加工为重点的加工型龙头企业，是实现芦笋产业化的关键。东山县芦笋发展初期，工业基础薄弱，没有能力进行深加工。只有原始产品输出，只卖鲜笋供应外地加工厂，产品不能加工增值。为此，县委、县政府非常重视发展加工产业，鼓励“内资外资一起上”大力兴办加工厂。特别是20世纪90年代以来，改善软投资环境，大力开展招商引资，吸引外资参与芦笋加工，从税收上给予优惠，银行实行贷款倾斜。围绕招商引资工作，利用1992年的“东山闽台农业经济技术合作交流恳谈会”，“建县八十周年庆典”，以及每年的'98厦门贸洽会等活动，大力宣传东山的芦笋生产，提高知名度，使众多台商外商慕名而来投资办企业，掀起一阵阵投资热潮。现在，全县一共兴办外商独资合资合作芦笋工厂企业厂家几十家，本地私营企业5家，集体企业8家，大大增强自身加工能力，组成具有一定水平、一定规模的加工、保鲜企业群体，生产出冻笋、笋汁、笋干、笋罐等系列产品，增加芦笋的附加值，增加农民收入，

从而带动芦笋基地发展壮大。

（三）建立社会化服务体系，保障芦笋产业持续发展。

建立配套服务体系是实现芦笋产业化的重要保障。自1988年开始，县政府就成立了工商、税务、财政、财委、银行、供销、农业等部门主要领导组成的县芦笋生产领导小组。协调各有关部门的关系，从芦笋产前的种苗、化肥、农药、农用机械等生产资料的供给，排灌基础设施配套，产中的技术指导，产后的收购、加工、销售等各个环节开展系列服务。不断加大资金投入力度，县财政每年都安排几十万元的芦笋生产技术改造资金，用于改进种植和加工技术研究推广，每年安排支持芦笋生产周转金四、五百万元。银行、农村合作基金会、信用社等金融机构，每年优先安排芦笋生产、加工倾斜性贷款、贴息贷款3000万元以上。县政府根据不同时期芦笋发展状况，制定年度工作重点。如针对近年来芦笋种植年限长，品种老化、生态环境恶化、病虫害加剧，土壤地力下降等问题，在全县实施芦笋低产园改造，实施芦笋“155”工程，即改造低产园1万亩，建立高产栽培示范片5000亩，老笋园更新与开发新植5000亩。有力地支持芦笋产业发展，取得显著效果，与往年同期比，产量提高20%，增加收入30%，出现产销两旺的好势头。

二、加快东山县芦笋产业现代化进程存在的问题及对策。

东山县的芦笋产业化虽已初具雏型，也存在比较突出的问题。

第一，流通渠道环节多，不顺畅。

第二，千家万户分散经营和瞬息万变的大市场的矛盾突出。针对上述问题采取下列对策：

(1) 建立产加销一体化，贸技工农一条龙的企业集团。

(2) 健全芦笋产业化保障机制。

(3) 继续加快品种、新技术的推广普及。

福建省建宁县（白莲之乡）

建莲又称“西门莲”，属睡莲科多年生水生草本植物，系红花莲和白花莲的天然杂交种。建莲原产于福建省建宁县。它的栽培历史悠久，据县志记载：该县种莲始于梁代龙德年间（公元921年），至今已有1000多年历史。名著《红楼梦》第五十二回中，就提到“建莲红枣汤”，也被称之为“贡莲”。

建莲在中国子莲品种中名列前茅。该品种不但产量高、丰产性能好，而且粒大圆满、洁白清香、细腻可口。尤其是建宁西门莲塘所产莲子，具有经煮易烂、久煮不散、进嘴即散、汤色清、韵郁馥香的奇异特性，驰名中外。

建莲营养价值十分丰富。据福建省农科院中心化验室测定：建莲含粗蛋白20.77%，其中氨基酸16.49%，以谷氨酸4.26%为最高，粗脂肪1.007%，粗纤维2.23%，灰分3.87%，淀粉45.87%，总糖6.81%，水分10.7%，1994年被列为全国优质名优特农产品，在1995年“首届中国特产之乡命名大会”上，建宁县被列为“中国白莲之乡”。

据《本草纲目》记载，莲子具有补中养神，益气力，除百疾，久服者，轻身耐老，不饥延年，止渴去热，治腰酸及泄精，强筋骨，补虚损，利目等功效。

建宁县地处闽西北内陆山区，位于北纬26°31′—27°01′，东经116°35′—116°59′，总面积1742平方公里，东临太宁县，西北与江西省黎川、南丰和广昌三县交界；南接宁化、明溪二县，人口14.35万人（其中农业人口12.54万人）。全县耕地面积23万亩，其中水田22万亩。

建宁县属“中亚热带海洋性季风气候”，常年平均气温16.8℃，全年无霜期230—270天，年均降雨量1800—2100毫米，年日照时数1744小时。全县水田土壤以潴育型水稻土为主，稻田有机质含量丰富。从该县温光等自然条件看，对莲子的生长极为有利。从平原到高山，从海拔295米到780米均有种植。而且莲田肥沃，水层稳定，结合养鱼可获莲鱼双丰收。近年来，又试验成功莲田套稻和烟后莲等栽培模式，不但增加了收入，又缓和了莲粮，莲烟争地的矛盾，因此，发展“建莲”生产，对于满足市场需要，争取出口创汇，加快该县脱贫致富奔小康的进程都有重要的意义。

建莲是该县出口创汇主要产品，85%靠外销，以销通心白莲为主，现已开发出鲜莲子汁、莲子婴儿米糊、速冻鲜莲、莲子片、莲藕粉等系列产品。产品主要销往日本、东南亚国家、欧美国家和香港、台湾地区。

70年代以前，农民自发地零星栽植，以几十亩到几百亩，年产量从几吨至30多吨。80年代初期，开始调整农业产业结构，莲子栽培面积迅速扩大，到了80年代中期（1985—1986年）全县栽培面积达到5—6万亩，总产量达1800—2100吨，此时由于莲价低，严重影响莲农的积极性。因此，80年代末基本稳定在3—4万亩，每年总产量1000—1400吨。

20世纪90年代以来，全县栽培面积每年基本稳定在4—5万亩，年产量1600—2000吨。该品种不但推广到福建省的其他县、市，还推广到江西省、湖南省、湖北省等部分县、市。预计每年种植总面积达10万亩左右。

栽培技术要点：

1. 莲田选择：莲田应选择向阳、避风、四周无遮荫物；土壤疏松、肥沃、保水、保肥力强；水源充足，水质好，水位稳定和排灌自如的稻田，冷锈田和烂泥田不宜选用。

2. 合理密植：合理密植可充分利用光能和地力，促进群体与个体协调生长，从而提高莲子的单产水平。该县传统定植密度为每亩400支种藕（株行距2×2米），采用这个密度，莲群盛花期（6月下旬至7月上旬）正值建宁雨季，因而莲子的结实率和产量较低，为了把莲群的盛花期推迟到当地雨季之后（7月中旬至下旬），将定植密度减至每亩200—220支（株行距2×4米）。

3. 科学管水。根据建莲不同生育期的特点进行管理。莲田前期应灌浅水，有利提高土温，使藕鞭早生快发。莲田中期（6月下旬至8月）应灌微流水，水位保持30—40厘米，以提高莲子的结实率。

4. 挖除老种藕。老种藕腐烂时的分解产物对莲有害，所以，在主芽莲鞭长出6—7片立叶时必须把已开始腐烂的老种藕全部挖掉。

5. 合理追肥。追肥应根据莲群叶片和花果的长势长相，以及莲田的土肥情况灵活掌握。施追肥的原则是："次多量少"和"轻施苗肥，适时施好始花肥，重施花果肥，适量补施后劲肥"，一般全年亩施100公斤莲专肥，分4—5次追肥。

6. 及时防治病虫害

目前，建莲主要病害有：莲的腐败病、褐斑病。腐败病主要发生在5月中下旬。症状：病株早期叶色较淡，中缘干枯褐色，叶柄顶端多呈弯曲状，褐色干枯，最后全株死亡。防治方法：（1）发病严重的莲田，实行2—3年轮作，是防治本病最有效的方法；（2）整田时亩施生石灰100公斤于耕作层内进行土壤消毒；（3）发病田块的水源不能串灌到非发病田；（4）发病时喷施波尔多液（硫酸铜1斤、石灰0.5斤，加水100斤）。褐斑病主要发生在6月中下旬，它是该县危害性最大的病害。症状：先由老叶呈现红色斑块，逐渐新叶扩展，造成叶肉干枯，叶脉青绿，最后由叶缘向叶肉干枯，似"火烧状"。防治方法，当田内开始出现病叶时，及时拔除，减少病源。

虫害主要有蚜虫，斜纹夜蛾，斑蜂缘蝽。蚜虫危害花蕾，用乐果1000倍液喷杀；斜纹夜蛾危害叶片，防治时必须做到及时、彻底。方法：（1）三龄前用人工捕捉；（2）用敌百虫800倍喷杀，斑蜂缘蝽危害莲子，在莲子青子时期刺入并吸取汁液，使籽粒成黑色斑块。防治方法：用敌百虫于下午4—5时喷杀，防效率达95%以上。

福建省武平县（猪胆肝）

武平猪胆肝，是福建闽西"八大干"之一，是传统性的地方产品。相传清朝初期，其声誉就广为流传，至今已有300多年的历史。据《中国名食集萃》载："猪胆肝色、香、味、形别具一格，吃起来既香又甜，甘香浓郁，而略带苦味，不但是佐餐下酒的美味佳肴，而且具有生津健胃、清凉解毒之功效，不仅作为宴请宾朋的名肴，还是馈赠亲友的佳品。"

猪胆肝制作考究，主要选用优质猪肝、猪胆，佐以白糖、优质白酒，配以肉桂、公丁、砂仁等中药材，经腌制、脱水、整形、检验等主要工序精制而成。

猪胆肝营养丰富，经福建省食品检测站检测含有人体八种必需氨基酸，蛋白质含量不低于40%。产品采用标准代号：Q/WSJ001。

本产品荣获：1986年福建省"地方特殊风味菜点奖"；1988年福建省食品工业名、优、新、特"武夷奖"；1989年福建省首届"消费者信得过产品"称号；1996年被龙岩地区消委会评为"消费者信得过产品"；2000年荣获福建省农业精品展销会金奖。

福建省武平县食品公司肉制品厂出品

厂址：武平县平川镇中山老路55号

电话：0597—4822489　邮编：364300

福建省永定县

永定"六月红"芋　永定"六月红"芋是闽西特色早熟优良芋品种，一般在每年6月上中旬即可采收上市，俗称"六月红"早熟芋子。该芋子硕大、皮薄、形近圆或椭圆，肉质细嫩而粘滑，滋味清香，营养丰富。种植面积已达1.5万亩，年产量达2万吨。该产品除鲜芋上市外，还可加工成淀粉等其他系列产品。

联系地址：永定县农副产品营销服务中心

联系电话：0597—5830468　5821978

永定菜干　永定"土楼"牌菜干系闽西八大干之一，具有400多年的生产历史。该产品选用优质芥菜为主要原料，经传统工艺和科学方法精制而成，色泽褐黑、香味独特、酸甜适口，具有诱发食欲、帮助消化、减肥之功效。既是纯天然绿色食品，又是居家宴请之高级菜肴。

联系地址：永定县金砂食品厂

联系电话：0597—5771398

联 系 人：谢启明

福建省食品工业企业联合贸易中心永春酿造厂

永春老醋是福建传统名牌产品之一，历史悠久，驰名中外，北宋初期永春民间盛酿老醋，作为礼品，馈赠宾客。

永春老醋又名乌醋，以优质糯米、红曲、芝麻等原料，经精制陈酿三年以上而成。它具有色泽棕黑，风味独特，其性温热，强酸而不涩，酸中有微甘，醇香又爽口，回味能生津，久藏不腐的特点，存放愈久风味更佳。它不仅是日常生活必备的调味品，能增进食欲，开脾健胃，而且有治病的妙用，祛风逐湿、胆道蛔虫、菌痢感冒、对预防流感、动脉硬化、高血压病等均有疗效。

一、防治高血压、动脉硬化降低胆固醇：用老醋、鲜花生仁1:1浸壹周，早、晚睡前常食数粒，能清醒头脑降低胆固醇，并预防动脉硬化和高血压。

二、祛风逐湿：用老醋炖猪肘可祛风逐湿。1斤猪肘可放3~5两老醋多些亦可。应用陶、瓷锅炖为妥，可放点食盐，但不能掺水。

三、治腮腺炎及无名肿毒：用中药七层塔（或青黛）研磨老醋外涂，可治疗腮腺炎和无名肿毒。

四、防治流脑及流感：用老醋熏蒸法可预防流感和流脑等。

五、防治胆道蛔虫、痢疾、肠道传染病：老醋饮用法可治疗胆道蛔虫、菌痢、肠道传染病。

六、老醋烹炖鲜鱼（不可掺水）可消除鱼的腥味，还能使鱼骨溶解，增加营养。烧菜时放点老醋可保护维生素B、C。夏天吃面条时放点醋和蒜头更显得适口。

七、开脾健胃增进食欲：儿童脾胃虚弱厌食可用老醋半斤至1斤炖羊肚或猪、牛瘦肉，不能掺水，常食能增进食欲，开脾健胃，增强健康。

八、消气去嗳，促进消化：当您吃了油腻的东西，感到胃不好受的时候，吃点老醋可帮助解除，促进消化。

九、老醋含酸强，具有杀菌作用，能溶解食物中的钙和铁，帮助人体吸收，儿童经常吃些老醋是大有益处的。

十、治疗烧伤或烫伤。立刻用药棉蘸老醋贴患处，保持湿润可治疗小烧伤或小烫伤（小面积一二度烧伤）均不会发泡发脓。

十一、治疗香港脚（足癣）：老醋贰市斤配八味中药（明矾60克、荆芥6克、防风6克、大枫子仁9克、皂角9克、地骨6克、五加皮6克、红花6克）浸24小时后用药液浸脚，每天早、晚各浸半小时，每帖药液使用三天可浸6次，严重者三帖药可根治。

福建省食品工业企业联合贸易中心永春酿造厂创建于1954年，系国有工业企业，发酵专业厂，是全国“四大名醋”——永春老醋的生产厂，是全国轻工系统食品调味料技术协作组的常务理事单位，是福建省轻工系统食品调味料技术协作组的组长厂。现有职工110人，其中科技人员5人，年产值297万元，年产食醋622吨，实现利税31.85万元。永春老醋自1957年就开始出口东南亚、欧、美、澳洲等40多个国家和香港地区，历史悠久，在国内外市场享有盛誉。永春老醋于1980年被福建省政府授予优质产品称号；1985年被评为部优质产品，同年列为全国四大名醋之一；1986年和1988年获全国首届和第三届食品博览会金奖；1994年获全国食品行业名牌产品。由于产品质量稳定，在国内外深受广大消费者的赞赏。目前该厂拥有国内外食醋生产的先进设备，技术力量雄厚，检测手段完善，产品在国内外很有竞争力和发展前景。

福建省龙海县（金定鸭）

一、产地与分布

金定鸭的中心产区是福建省龙海县紫泥镇金定村，主要分布于福建省东南沿海的厦门市郊区，龙海、同安、南安、晋江、惠安、漳州、漳浦、云霄和诏安等县市。历史上以“漂蛋”的方式销往东南亚各国。国内诸省都曾前来引种，1998年据不完全统计，福建省金定鸭饲养量达150万只。

二、品种形成

产区属亚热带气候区，气候温热，年平均气温为21℃，年平均降水量1952.6毫米。中心产区位于九龙江入海处的龙海县浒茂三角洲北角，这一带海水的水质咸淡交融，盐度低，底质松软平坦，浮游生物及海滩贝壳类、甲壳类、弹涂鱼、三棱草等底栖滩涂动植物繁殖旺盛。三角洲式的冲积平原土壤肥沃，河流沟渠网织，盛产水稻等谷类，为养鸭提供了丰富的饲料来源和理想的天然牧场。

据考证，金定乡距今已有250余年养鸭历史，该鸭相传由闽西龙岩地区引入，长期在海滩生态环境的自然选择和当地群众为大量生产“半番”鸭雏及蛋品，不断地进行人工选择，促使母鸭体型增大，产蛋量日益提高，逐渐形成了特别适应于滩涂放牧条件的蛋鸭良种。1958年以来，厦门大学生物系对该鸭进行了多年的选育工作，使金定鸭的体型、羽色、蛋壳色逐渐趋于一致，产蛋性能相应提高，成为中国高产优良蛋鸭品种。为了保护金定鸭这一优秀蛋鸭品种资源，进一步提高其生产性能，农业部及省农业厅于1979年拨出专款，在福建省石狮市建立集科研、推广为一体的金定鸭原种场，并于1992年被农业部定为国家级重点种畜禽场，20多年来经过进一步提纯复壮、系统选育，金定鸭的生产性能进一步提高。现已向全国各省、市、自治区提供金定鸭优质种蛋种苗

300多万羽。

三、体型外貌

1. 外貌特征：公鸭胸宽背阔，体躯较长，喙黄绿色，虹彩褐色。胫、蹼橘红色。喙甲，爪黑色。头部和颈上部羽毛具翠绿色光泽，无明显的白色颈圈；前胸红褐色；背部灰褐色；腹部羽毛灰白色，具细芦花斑纹；翼羽深褐色，有镜羽，尾羽性卷羽4根黑褐色。

母鸭身体细长，匀称紧凑，站立和行走时躯干与地面成45°角以上。头较小，颈秀长。喙呈古铜色、虹彩褐色。胫、蹼橘红色，通体纯麻褐色；背面体羽的羽缘褐黄色，羽片中央呈长椭圆形褐斑，羽斑由身体前部向后部逐渐增大，颜色加深；腹部体羽的色泽变浅；颈部的羽毛纤细，没有黑褐色块斑；头顶部、眼前部的羽毛其黑褐色块斑扩大，颜色显明；翼羽黄褐，有镜羽。

尾脂腺发达，占体重的0.20%，为鸭梳理羽毛提供了充足的油脂。

2. 体重和体尺：

据1981年测定，成年金定鸭体尺、体重如表：

单位：克、厘米

性别	体重	体斜长	半潜水长	胸深	龙骨长	骨盆宽	颈长	胫长	胸宽	喙长
公	1730	21.54	50.84	7.62	12.91	9.93	24.2	5.68	5.34	6.10
母	1760	21.11	50.63	6.16	10.96	7.49	20.7	5.50	5.84	2.86

四、生产性能

1. 产肉性能

据1981年测定，金定鸭的生长速度见下表：

单位：克

性　　别	初　生　重	30日龄	60日龄	90日龄
公	47.6	560.0	1038.0	1464.5
母	47.4	550.0	1037.0	1465.5

屠宰率成年母鸭的半净膛为79%，全净膛为72%。以金定鸭与番鸭公鸭杂交生产的二元半番鸭，9周龄体重可达1.68千克，金定鸭、樱桃谷和瘤头鸭的三元杂交半番9周龄体重可达2.27千克，比二元半番提高饲料报酬23%。

2. 产蛋性能

金定鸭产蛋期长，产蛋率高，高产鸭在换羽期和冬季可持续产蛋。一般年产蛋量为270—300枚，平均蛋重71.5克，蛋壳青绿色，壳质坚固。蛋形指数1.42—1.45。

3. 繁殖性能

母鸭开产日龄为100—120天，公鸭性成熟日龄为100天左右，公母比例1∶20，种蛋受精率在89%—93%，受精蛋的孵化率平均为88%—90%。没有就巢性。在正常的饲养管理条件下，成活率为99%。

五、评价和展望

金定鸭经过系统选育后，群体的体型、羽色、蛋壳色（绿壳）和生产性能已趋整齐一致，具有适应性强，开产早、产蛋持久、蛋大、产蛋数多等优点。今后应开展家系选育，建立配套系，进一步稳定和提高金定鸭的产蛋性能。

在二元杂交（番鸭×金定鸭）及三元杂交的〔番鸭×（樱桃谷×金定鸭）〕中以其体型较大，产蛋量高，是公认的最佳杂交母本。

目前，该场正加紧建立金定鸭良种繁育体系工程，拟在2007年建立完整的金定鸭配套系。届时，将可为世界各地提供优质的金定鸭种蛋、种苗，金定鸭这一优秀的地方良种将产生更大的经济效益和社会效益。

国营石狮市金定鸭原种场

通讯地址：福建省石狮市蚶江镇莲埭村

邮政编码：362700

联系电话：0595—8680662　8713579

手　机：013505081062

联 系 人：黄种彬（场长）

福建省安溪县（湖头米粉）

安溪县湖头镇在凤城东北部，是福建省十大古镇之一，辖区面积101平方公里，人口8万人，素有湖头小泉州之美称，南宋孝宗称湖头，民国时期设镇称来感区清溪镇，1980年恢复镇建制。湖头米粉是该镇闻名海内外的特产，生产历史100多年，50年代自厦门口岸出口东南亚，现年产湖头米粉3000多吨，专业户、加工厂200家，产品畅销闽地地区、东南亚国家、港、澳、台地区。

一、湖头米粉是福建省安溪县的名优特产，是以优质纯大米为原料生产的米排粉——水煮粉，又称桐口米粉。其传统工艺独特，闻名遐迩；主要工艺特点：以优质大米为原料，配用五阆山（海拔1256米）下天然矿泉水，经浸泡、磨制、微发酵、挤压成型、干燥等工序；工艺精湛，品质上乘，晶莹半透明，煮炒不粘糊、并条、结块、熟粉细腻柔韧、膨松，吸油量少；口感佳，入口天然米香味、爽滑感、无异味、无酸味、不粘牙、不夹生。其质量指标可达到出口米粉（水粉）质量要求，在国内同类产品中质量最佳。是馈赠亲友、居家、野炊餐饮业常年必备佳品。

炒粉条

配料：每500克湖头米粉，75～100克花生油，清水。据爱好选择：香菇、虾仁、鱿鱼丝、猪肉罐头、味精、盐、酱油等调味品。

炒法：用75克花生油放入锅中，烧至八成热，放切碎青葱头少许，炸至金黄色，再放入适口调料，预先浸透的香菇、虾仁鱿鱼丝等适量，稍炒1～2分钟；后注入600毫升清水，烧至沸腾放入米粉500克，猛火煮至熟透，约10分钟左右，加适量盐、味精，至汤干即可（中间汤沸时还可加适量蔬菜），最后加适量肉罐、酱油、辣料等调味品，文火稍炒，抖匀，即成清香嫩滑可口的炒米粉。

煮粉汤

配料：500克米粉、生油30克，水1000～1500克，各种适口佐料，如瘦肉丝100克，虾仁、蚵蛎干等100克，绿叶蔬菜、味精、盐等。

煮法：在干净锅中放入花生油，加葱末稍炸至赤黄，放入佐料稍炒，再加入1000～1500克清水（视爱好浓稀而定），加热至沸腾，尔后加入米粉再煮沸，放入蔬菜，再调味，煮5分钟左右即可出锅食用。

二、近年来湖头米粉发展趋势

90年代中期，为适应城市人口不同消费阶层需要，湖头米粉已从原大捆简装，改为小排粉小包装，已有不同类型加工包装厂家10家，其中较高档的有安溪县凤峰农副产品加工有限公司生产的“凤峰牌”湖头米粉；有金禾米粉厂研制的蒸粉米排粉“湖头牌”速熟米粉，方便食用。

三、规划和发展思路

在“十五”期间，该镇将建成10家规模米粉加工厂，主要开发水粉型调味速熟营养米粉系列品种，及蒸粉型速熟米粉，产品包装日趋小量、美观，品质以调味与营养相结合，发展一些适应诸如日本、东南亚地区生活水平较高地区的小包装产品，同时，又能适应国内大城市超级市场、旅游、运输行业等市场需要。

安溪县县长曾荣华　1949年9月出生于福建省惠安县螺阳镇。大学文化，1996年7月起任安溪县人民政府县长。

山东省

〔综述〕　1999年，在广大农村干部群众的共同努力下，山东省农业和农村经济克服多种不利因素影响，继续保持了好的发展势头。

——保供增收目标基本实现。预计粮食总产4269万吨，比上年略增；花生总产312.6万吨，同比减少6.9%；瓜菜7400多万吨，同比增长10%以上；水果总产900万吨，同比增长7.1%；棉花总产38.9万吨，同比减少6.7%。预计全省农民人均纯收入可达2575元，比上年增加122元，增长4.8%。

——农业结构调整迈出新步伐。适应农产品买方市场初步形成的新情况、新要求，各地进一步加大农业结构调整力度，通过政策引导、典型带动和行政推动等多种方式，促进农业由数量扩张型向质量优化型转变，农产品的品种结构和品质结构得到优化，农业效益得到提高。在’99中国国际农业博览会上，山东省有241个农产品被认定为名牌产品，占全国的近1/5。有40多个产品又获准使用绿色食品标志，全省已达120多个。全省粮经作物比例已调整到6:4，平均耕亩产值达到1200元。

——农业科技含量明显提高。强化农业科技创新，大力实施“948”引进计划、重点攻关计划、丰收计划和良种产业化工程，为农业生产提供了一批突破性科研成果。强化农民培训教育，在全国率先实施跨世纪青年农民培训工程，有效地提高了广大农民的科技素质。

——农村经济经营管理工作得到加强。全省已完成土地延包工作的村7.8万多个，占总村数的92%。“农民负担定项限额、一定三年不变”的政策得到较好落实，全省农民承担的“三提五统”总数66.78亿元，义务工和劳动积累工预算总量6.6亿个，均比上年有所减少。积极稳妥地开展了农村合作基金会的清理整顿。狠抓了农村财务“双代管”的民主管理、财务公开制度建设。这些工作措施的强化和落实，为促进农村稳定发挥了重要作用。

——生态农业建设有了新发展。全省已建立国家、省、市（地）三级生态农业试点县32个、农村能源综合示范县8个。“沃土工程”和“一减双保工程”取得良好效果。

——农业社会化服务闯出了新路子。各级农业部门和农技推广机构，主动适应发展高产优质高效农业和市场农业的需要，面向广大农村和农民群众，积极开展科技服务、信息服务、政策法规服务和加工流通服务。全省已建成各类农业示范园（区）1400多个，有30个县开通农业科技110服务热线，覆盖全省各县（市、区）的农业信息网络“金农工程”已经建成。农业综合执法试点和打假护农活动也取得好的效果。

存在的主要问题：一是农产品品种、品质结构不适应市场变化，农产品区域性、季节性品种过剩比较突出，农产品价格仍在低价位运行，对农民收入影响较大。二是有些农村政策落实不够好，农民隐性负担仍然较重，影响了农民的积极性。三是农技推广体系不稳，有些地方“三定”不落实，影响了农业新技术的推广应用。

2000年是全面实现国民经济和社会发展“九五”计划的最后一年。农业和农村经济工作的任务很重，总的想法是，认真贯彻中央农村工作会议和全国农业工作会议精神，以农民增收为中心，以农村稳定为保障，以结构调整为重点，加大措施落实力度，全面提高农业和农村经济整体素质。预测性目标是：农业增加值增长4%，粮食总产量4150万吨，棉花25万吨，农民人均纯收入增长4%。

〔产业化经营〕 全省产业化经营特别是加工流通企业，在省委、省政府的领导下，由于各级党委的重视，各部门的支持，农业部门的积极工作，取得了较大成绩。首先表现在大力培植龙头企业和企业群体，增强辐射带动能力。不论在东部、中部、西部，都把培植龙头企业作为非常重要的工作来抓。龙头企业既是农产品加工销售中心，又是市场信息中心，还是科技服务中心。龙头企业在本省有好多类型，有完全买断关系的龙头企业，也有与农民利益连结紧密型的龙头企业，对农民进行补贴等，两者都需要发展，尤其要发展与农民利益关联度高的龙头企业；二是适应加工流通需要，调整优化农业产业结构。全省2000年春季结构的调整力度大，普通小麦面积减少了300万亩，优质小麦增加400万亩，达到1200万亩，蔬菜面积扩大200万亩，人工牧草达到100万亩以上，食用菌100多万吨，花卉产业发展也较快；三是大力推进科教兴农，全面提高农产品加工质量档次。各地在这方面都做了大量工作，青岛去年专门拿出2000万元用于良种引进，今年又拿出3000万元加大了这方面的投入力度。农业科技队伍在经费少、人员分流任务重的情况下发挥了很好的服务作用；四是加强市场体系建设，全方位搞活农产品流通。

在产业化经营过程中，还存在着一些问题，需要正视、研究、解决。

一是农产品品质结构不适应优质化、多元化市场需求；

二是加工转化能力差；

三是流通渠道不畅，竞争无序；

四是宏观调控乏力。

山东省寿光市（蔬菜）

〔概况〕 寿光市位于山东省小清河入海处。北濒渤海，南抵青州市，东与潍坊市寒亭区毗连，西与东营市广饶县接壤。地域横约纵侈，形近长方，“弥望皆平田息壤，无悬崖倒壑之观”，总面积2200平方公里。辖33个乡镇、976个自然村，居民25万户，人口98.6万余。民风朴实旷达，重义守信，克勤尚俭，吃苦耐劳。

寿光开发甚早，历史悠久。境内已发现古文化遗址143处。其中，龙山文化古城堡遗址、周代纪国故城遗址和古聚落呙宋台遗址具有重要考古价值。汉景帝中元二年（公元前148年）置寿光县隶属北海郡。

寿光市自然条件良好，气候适宜，资源丰富。地处温带半湿润季风区，年均气温12.4℃，降雨量591.9毫米，日照2607.4小时，无霜期180天。南部土地肥沃，宜于发展粮食、蔬菜、棉花、果品等种植业。北部有56公里的海岸线和广阔的滩涂、碱洼，宜于发展捕捞、养殖和畜牧。纵贯市境的弥河积存着丰富的河沙，近海地下卤水净储量30亿立方米，石油、天然气的蕴藏量也相当可观。

改革开放以来，寿光市坚持以经济建设为中心，两个文明协调发展，实现了经济的快速增长和社会的全面进步，连续三届跻身于中国农村综合实力百强县（市）行列。1993年设立寿光市。1994年成为全省首批小康市，1995年以来先后被命名为“全国科技实力百强市”、“全省精神文明建设工作先进市”以及全国文化、体育工作先进市，1995年4月被命名为“中国蔬菜之乡”。1999年全市人民以“聚精会神抓经济，万众一心建强市”为主旋律，发扬“创业至上，事争一流”的寿光精神，全力推进现代化建设事业发展，实现国内生产总值91亿元，其中第一、二、三产业增加值分别达到25.7亿元，36.8亿元、28.5亿元。农业和农村经济全面发展，粮食获得丰收，总产68.9万吨，平均亩产975公斤，棉花面积4.8万亩，总产2816吨，水果总产19.8万吨，蔬菜生产优势进一步拉大，面积达61.0万亩，总产258.7万吨，绿色蔬菜发展迅速，有20类100个品种获得国家绿色食品发展中心颁布的“绿色证书”。林果业品种结构调整步伐加快，畜牧业集约化经营水平不断提高，渔业生产稳中有升，产品总量稳定增长。工业运行质量和效益比较理想。强化工业在强市建设中的主导地位，坚持“抓大放小”和“三改一加强”同步推进，努力从整体上搞活企业，实现了速度和经济效益的较大增长。销售收入过500万元的工业企业完成增加值23.7亿元；实现销售收入75亿元、利税10.2亿元，增加值、利税、利润三项主要指标均列潍坊市各县市区之首。第三产业保持了良好发展势头，完成社会消费品零售总额27亿元。对外开放取得了新的进展，全市三资企业176家，累计实际利用外资2.1亿美元。自营进出口企业达到19家。财政金融形势健康发展。财税工作，通过调整优化财源结构，落实帮困措施，强化税收征管，搞好增收节支，加强预算管理，完成财政总收入6.56亿元，其中地方财政收入3.92亿元。金融工作，努力防范和化解金融风险，加强金融监管，提高信贷质量，保持了正常的运行秩序。年末金融机构各项存款余额达到69.4亿元。人民生活水平进一步提高。农民人均纯收入3850元，职工平均工资7841元。

城市建设，重点项目及基础设施建设进展顺利。全社会固定资产投资完成19亿元。突出加强了城市建设与管理，集中财力改造和建成了仓圣公园、弥河风景区、人民广场、两环路、“世纪之门”等一批形象工程，使城市建设上了一个新的档次和水平。以治乱和净化、绿化、美化为重点的城市管理工作成绩显著，获得了“齐鲁杯优秀城市”和“全国城市环境综合整治优秀城市”称号，顺利通过了全国卫生城市的初查验收。投资千万元以上的19个工业重点建设项目，有晨鸣集团4万吨裁纸项目，联盟化工集团30万吨尿素扩产改造、巨能电力集团金玉米二期工程、化源凯马冲压中心等相继竣工投产。全市新建、改建柏油路111.4公里，新增电话21125部，电话装机总容量达到14.2万线，电话普及率达到每百人10部，高出全省平均水平2个百分点。完成了羊口港扩建一建工程。环境保护工作得到进一步加强。全部完成了省、市下达的污染企业限期治理任务，寿光生态示范区建设被列为国家试验项目，一期工程启用以来运行正常，并已开始受益。城市污水处理率和生活垃圾无害化处理率均达到100%。

各项社会事业全面发展。认真组织实施“科教兴寿”战略，对社会经济发展有较大影响的17个科技项目列入国家、省和潍坊市开发计划。“十万亩高效经济农业规模经营示范”等一批国家省级重点和攻关项目取得了突破性进展。全市取得各类科技成果21项，申请专利93项，实施43项，企业专利申请和专利实施面越来越大，科技进步对经济增长的贡献率达到58.6%。教育事业实现了应试教育向素质教育的重大转变，被评为全省素质教育先进市。高考本科上线人数继续保持了潍坊市领先地位。基础教育、职业教育、成人教育也有了新的发展。积极组织实施“精品工程”和“五个一工程”，文化宣传工作的质量和效益明显提高。医疗卫生机构建设进一步加强，乡镇医院的二次改貌基本结束，农村医疗卫生一体化管理工作得到了山东省和潍坊市的充分肯定。

〔**蔬菜生产**〕　寿光蔬菜的发展有着悠久的历史。汉朝时，寿光韭黄就是皇宫贡品；北魏时期，寿光人贾思勰编著的世界上现存的第一部农学专著《齐民要术》，对蔬菜生产有详细的记载。改革开放以来，寿光把蔬菜生产作为富民强市主导产业，围绕国家实施的菜篮子工程，发挥传统技术与当地资源优势，建市场、抓调整、壮龙头、促发展，全市蔬菜种植面积达到61.0万亩，总产25亿公斤，收入25亿元，仅此一项农民人均纯收入达2200多元。被国家有关部门命名为“中国蔬菜之乡”、“蔬菜生产先进市”和“国家综合商品基地市”。20年来，寿光蔬菜发展大致经过四个阶段：第一是改革促动阶段。1978年前，寿光蔬菜种植面积不过8万亩，产量不足1亿公斤，品种主要是大白菜、大萝卜、大葱，效益比较低；改革开放以后，联产承包责任制的实行，比较利益的驱动和农产品价格的放开，调动了农民种菜积极性。第二是市场拉动阶段。1983—1988年，随着蔬菜产量的增加，小生产与大市场的矛盾越来越突出，寿光从解决卖菜难入手，抓流通，建市场，带动了蔬菜生产。第三是科技驱动阶段。大致是1989—1992年，这一阶段的重要标志是冬暖式蔬菜大棚研制成功，引发了蔬菜生产上的一次革命，结束了中国北方冬季无鲜菜的历史。大棚数量由当时的17个发展到10万个，实现了蔬菜多品种、高效益的战略转移。第四是产业化带动阶段。从1993年开始，寿光按照农业产业化的要求组织蔬菜生产，引导农民实行区域化布局、专业化经营、社会化服务、规模化生产，全市冬暖式大棚发展到25万个，蔬菜收入达到25亿元。为促进蔬菜生产的发展，主要抓了以下几方面的工作：

（一）调整优化农业结构，大力发展蔬菜生产。根据本市农业资源的分布特点，从90年代初期开始，实施了“强化寿南，开发寿北，提高中间，进军海洋”的区域经济发展战略，对农业内部结构进行了较大幅度的调整。中南部，突出发展大棚蔬菜，1998年全市瓜菜大棚达到28万个，形成了万亩辣椒、万亩西红柿、万亩甜瓜、万亩韭菜、万亩芹菜等十几个成方连片的瓜菜生产基地。形成了粮食、蔬菜、果品、水产、畜牧、棉花等六大主导产业，全市粮经比例达到5:5。近年来，花卉生产又逐渐成为寿光市新的经济增长点，面积发展到5000亩，亩平均收入达到3万元。

（二）健全完善市场体系，加快蔬菜市场化进程。从80年代中期开始，寿光始终把加强市场体系建设、组织引导农民进入市场作为农业发展的关键措施来抓。1984年在城区建设了蔬菜批发市场，至今已先后9次扩建，面积由50亩扩大到600亩，累计投资2亿多元。年交易量近20多亿公斤，交易额20多亿元，常年上市的蔬菜有120多个品种，形成了辐射30多个省市的蔬菜集散中心。为了提高市场功能，加快与国际接轨，1998年，该市又以蔬菜批发市场为核心，联合相关农产品加工企业，组建了寿光蔬菜产业集团，实行企业化运作，形成了集蔬菜交易、出口、配送、种苗及科研、检测、加工、包装、信息、服务于一体的产业龙头。目前，全市共建设农副产品批发市场36处、集贸市场180多处；发展购销公司、经纪公司、运销专业村专业户等中介组织1.7万个，流通大军10万人；在北京、上海等150多个大中城市建立了直供直销市场，寿光至北京的“绿色通道”，每天进京运菜车辆200多部、运菜100多万公斤，全国20多个省市的蔬菜前来交易，外地蔬菜交易量占了1/3。现在，俄罗斯、日本、韩国等国及香港地区都有“寿光蔬菜专卖店”，以面向日、韩为主的海上“蓝色通道”初步形成。全市形成了以市区批发市场为中心、以集贸市场为支点、以中介组织和运销队伍为纽带的大流通格局。在蔬菜产业的带动下，农机、化肥、种子、农膜、农药、竹竿竹器等生产资料批发市场，科技、劳务、金融等市场也有了较快发展。

（三）坚持科教兴菜，拉长竞争优势。一是健全完善市、乡、村三级科技推广服务体系，坚持常年开展科技培训和服务。几年来，全市共组建了3处科技开发中心，5处科研所，负责农业新技术、新品种的研制、开发和推广。在全市积极推行实施了“绿色证书”制度，到1998年底，全市共有8.9万农民获得了“绿色证书”，2.4万农民取得了“农民技术员”证书。通过开展农村科技培训、农业技术比试等活动，全市90%以上的农村劳动力掌握了2—3门实用技术。现在，全市有5000多人常年在外担任技术员，其中70多人被当地聘为科技副县长或科技副镇长，有近百名农民到美国、俄罗斯等国家兴办农场，种植蔬菜。二是大力引进、开发、推广新品种、新技术。围绕增加品种、改善品质、提高品位，先后引进了酵素菌堆肥、大棚滴灌、自动卷帘、生物病虫害防治、立体栽培等20多项国内外先进管理技术，开发推广了大棚菜越夏栽培、立体种植等30多项种植新技术，引进推广了大棚洋香瓜、脱毒马铃薯、樱桃西红柿、金皮西葫芦、太空椒等20多个国家的400多个新品种。另外，建起了蔬菜农药残毒监测室，有20类100个品种的蔬菜获得国家绿色食品监测中心颁发的“绿色证书”，全市大棚蔬菜平均亩效益由原来的6000元增加到1万元以上，并出现了一批亩收入5万元、10万元的高效田。五台镇大棚黄瓜最高单产达到6万多斤，创全国最高记录。三是与大专院校和科研单位联合，加速科技成果转化。几年来，寿光市积极实施“借脑工程”，先后与全国27所大学、46家省以上科研单位建立了合作关系，引进科技成果110多项，收到了良好效果。1999年又聘请中国农科院等单位的13位院士、教授作科技顾问，双方商定了19个攻关课题。市里拿出2000万元，提供实验基地和经费，以确保寿光蔬菜产业的发展。

（四）以农业现代化建设为主线，把蔬菜生产不断推向新水平。1997年，寿光市先后被省和潍坊市确定为农业现代化试点市。寿光市从实际出发，结合全省“九五”计划和2010年远景目标规划，制定了寿光农业现代化建设的规划方案，确定了5大类20项指标体系，其中人均国民生产总值达到2万元，农民人均纯收入8000元，城市化水平达到70%。争取到2005年，初步实现农业现代化。在农业现代化建设中，把蔬菜作为最大的支柱产业和重中之重，抓示范带整体，实施重点突破，整体推进。重点启动建设“五大示范工程”：一是寿光蔬菜万亩高科技示范园。采取股份制方式，投资5000万元，重点搞好蔬菜工厂化育苗和无土立体栽培，引进10个国家的200个品种。建设设施配套、工艺先进、品种齐全、具有国际水平的示范园，带动全市蔬菜产业上档升级。二是稻田镇国家级农业现代化示范区，投资2000万元，开发面积2万亩，搞好科技应用、人才引进、基础设施改造及节水灌溉，力争建成国内领先的农业现代化综合示范基地。三是寿北高效林业示范园，投资5000万元，开发上林下藕、藕鱼蟹套养、农业生态旅游示范区。四是国家级生态示范区，占地3.6万亩，投资1.6亿元，此项目被列为国家环保项目。五是沿潍高路两侧国际农业展示区。全长20公里，主要包括“山东—北荷兰农业示范区”和寿光市与瑞士、以色列、美国、法国、台湾有关公司的合作项目，目标是建成中国农业科技含量最高，效益最好的“农业硅谷”。

寿光蔬菜的大发展，不仅促进了农村经济的全面繁荣，而且带来了巨大的社会效益和经济效益。一是农民的商品意识和科技意识有了明显增强。蔬菜生产的发展，把长期处于自给自足自然经济下的农民带入了市场经济的新天地，使他们解放了思想，开阔了视野。二是实现了农业生产的良性循环。蔬菜生产的发展，不仅为农民扩大再生产积累了资金，而且有力地推动了农村经济的流动发展，带动了农村产业结构的优化升级。目前，一、二、三产业在全市生产总值中的比重由1992年的35:41:23调整到30:38:32，三是促进了市乡工业发展。蔬菜生产一方面为加工业提供了原料，另一方增加了农民收入和城市储蓄，为工业发展提供了资金保证。四是加快了城乡一体化进程。以蔬菜为主导的农业规模化、集约化经营，促使城市和农村的资金、技术、人才等生产要素双向流动，促进了城乡之间的融合，加快了城乡一体化进程。个体工商户达到4.6万户，私营企业1084家，从业人员11万人；14个乡镇、680个村实现了村村通柏油路；形成了一批工贸带动型、路域经济型、市场拉动型等各具特色的小城镇，其中羊口镇被列为全国小城镇建设试点镇，6个乡镇成为省级“新型乡镇”。全市城市化水平达到42%。

〔**寿光蔬菜产业集团有限公司**〕　前身是寿光蔬菜批发市场，始建于1984年，10多年来累计投入2.1亿元，发展成占地600亩，以全封闭钢支架交易大厅为主体，可全天候交易的现代化市场，并设有交易、展示、洽谈、冷储、电视监控、微机信息联网、宾馆服务、市场管理、中介经营等配套机构和设施。市场常年上市蔬菜品种120多个，年交易量15亿公斤，交易额20多亿元。蔬菜销往全国30个省、市、自治区的近200个大中城市，并远销日本、俄罗斯、韩国等10多个国家和地区。江苏的莲藕、云南的洋葱、海南的芸豆、辣椒、黄瓜、内蒙古的土豆等10多个省市的蔬菜汇集于此交易，这里已成为全国蔬菜集散中心、价格形成中心和信息交流中心。市场服务优良，淡季不淡，南菜北果，四季常鲜。

1995年建立“寿光至北京绿色通道”，寿光成为北京最大的蔬菜供应基地。此后寿光又相继开通“寿光至哈尔滨绿色通道”及海上“蓝色通道”和现代化、信息化的“网上通道”。1998年，寿光市以批发市场为核心组建了山东寿光蔬菜产业集团有限公司，总注册资本1.15亿元，经营范围涉及蔬菜批发市场管理、蔬菜生产流通、种苗繁育、加工出口、技术研究、国际交流与合作等整个蔬菜产业领域。集团自组建以来，坚持走规范管理、规模经营、产业化和绿色无公害蔬菜发展之路，促进了企业自身实力的发展壮大，并带动了全市60万亩蔬菜生产基地及相关产业的快速发展。

集团有自营进出口权，具体业务由寿光市菜果进出口有限责任公司负责。蔬菜产品已出口到十几个国家和地区，与许多国际蔬菜、果品贸易组织进行了出口贸易。集团是全国性的蔬菜批发市场，全国十大农副产品市场之一，首批定点鲜活农产品中心批发市场，文明集贸市场，农业产业化龙头企业。

〔**寿光蔬菜高科技示范园**〕　建于1999年，位于寿光市城东，东临世纪之门，西靠弥河之畔，占地10000亩，下设一个公司，一个科研所和四个部，员工100人，其中大中专毕业生及各类专业技术人员40人，拥有固定资产4000万元。示范园分设科研开发、工厂化育苗、组织培养、无土栽培、示范种植、保鲜加工、市场销售及技术培训8个小区。利用美国、德国、英国、荷兰、以色列、台湾等多个国家和地区的先进技术，建成了具有世界一流水平的智能温室两个，面积6100平方米；引进英国、德国一流设备和技术建成穴播车间和催芽室；与北京大学合作建成组织培养室，同时还建成了容量500吨的保鲜贮存车间和4000亩钢支架、无立柱、微控滴溉式日光温室，现已成为集科研开发、种苗繁育、技术培训、试验示范、推广种植于一体，生产、加工、销售一条龙的多功能蔬菜高科技示范园。

公司先后引进了美国、日本、韩国、荷兰、丹麦、以色列、台湾等20多个国家和地区的140多个蔬菜新品种，育苗200万株，试验示范2000亩，推广种植10万亩，带动了全市蔬菜向名、优、稀、特、无公害的方向发展，加快了全市农业产业调整步伐。1999年仅推广生产的七彩椒一项就创造了经济效益2000万元。

随着农业可持续发展和绿色食品农业的开发，无公害蔬菜发展前景看好，市场广阔，名优菜生产附加值更高。示范园计划利用3—5年的时间加大科技投入，吸纳科研院所以科技入股，以科技为龙头，以研究、开发、引进推广新品种、新技术为目标，尽快使蔬菜生产由常规种苗生产向组织培养和遗传基因转移的方向发展，加快名优菜生产步伐。现已聘请了上海交大，长春农牧大学的两位国际知名教授作技术顾问。

山东省寿光市文家乡（韭菜之乡）

文家乡共有24个村，2.2万人，耕地总面积2.7万亩，蔬菜种植面积2万亩，其中种植韭菜1.2万亩，素有“万亩韭菜乡”之美誉，年产韭菜7000万斤，收入近亿元。2000年4月，荣获了“中国韭菜第一乡”的称号。1999年全乡农村经济总收入4.9亿元，农民人均纯收入3991元。韭菜生产已成为全乡的主导产业和群众收入的重要来源。

一、抓调整，壮大规模优势

文家乡种植韭菜历史悠久，久负盛名。所产韭黄在清朝乾隆年间就已作为贡品进京。以前由于受传统观念、管理方式、品种结构等因素的制约，韭菜生产一直处于零星种植，分散管理的粗放状态，没有形成大的规模优势，经济效益和社会效益不明显。为挖掘这一传统优势，形成特色产业，增加农民收入，近年来，乡党委政府在经过深入考察论证和市场调研的基础上，作出了立足乡情，依靠科技，加强服务，发挥优势，努力建设万亩韭菜生产基地的重大决策。首先从解决干部群众的思想观念入手，在全乡上下进行了大张旗鼓的宣传，发动和深入细致的思想动员，充分利用广播喇叭、宣传车、黑板报、宣传栏等多种形式，统一了思想，提高了认识。二是科学规划。该乡按照农业产业化的要求，根据当前各村不同的种植习惯和作物布局，在广泛征求干部群众意见的基础上，规划了以潍博路以南11个基础条件较好的村为区域的韭菜生产基地，进行了三次大幅度的农业结构调整，实行集中连片开发，规模化种植、专业化生产，涌现了先锋营、岳东、岳西、冯家等韭菜生产专业村。三是扶持引导。该乡积极协调有关部门、单位在土地调整、水电配套等方面制定出台了一系列的优惠政策扶持发展。同时，发动党员干部带头种植，引导种植。通过宣传发动、政策鼓励，迅速掀起了发展韭菜生产的高潮，全乡韭菜种植面积迅速突破了万亩，形成了专业化、规模化、区域化的韭菜生产基地。

二、抓科技、拉长产业优势

针对韭菜品种结构单一，产出效益低下，市场竞争力差的问题，近年来，该乡在发展韭菜生产上，坚持双管齐下，同步推进，在不断壮大规模优势的同时，不断引进推广韭菜新技术、新品种，大力实施科技兴韭战略，努力拉长产业优势。一是加快科技推广，由种植韭菜经验丰富的农民技术员刘志信、李万民牵头，科技带头户参加，成立了“韭菜协会”，乡里派出技术干部作指导，并与多家大中专农业院校等科研机构合作进行新技术的试验、推广应用，建立了韭菜试验示范园，加快了科技在韭菜生产上的推广应用，探索出了一套适合该地生产的科学的韭菜种植新技术，即架风障、出阳畦、小拱棚畦面加盖、塑料薄膜为主的保证地盖韭栽培技术，实行“立秋肥水齐促，寒露停水控水，立冬提前覆盖”的科学化管理。并积极搞好韭菜新品种的试种和推广，经过几年的精心培育和筛选，逐步在当地形成了以耐寒、茎粗、叶宽的“独根红”韭菜品种为主导，“雪韭”、“苔韭”、“汉中韭”等品种搭配种植的科学合理的种植结构，冬春产韭黄、韭青，夏秋产韭苔，全年生产，一年四季供应上市。二是大力发展无公害韭菜。针对近年来在韭菜管理上存在的用药不统一，造成韭菜残留农药量高，影响韭菜声誉的问题，该乡在全乡积极推广应用低毒、高效、低残留的韭蛆净等杀虫剂及生物防治技术，较好地解决了这一制约韭菜大发展的难题，使韭菜生产向着无公害绿色食品方向发展。三是畅通销售渠道，为提高“万亩韭菜方”的知名度，全面打开销售局面，该乡在利用广播、电视、报纸等新闻媒体大力宣传的同时，将韭菜生产的科技成果制成网页，进行“网上宣传”，真正将“万亩韭菜”这一品牌打了出去。通过寿光蔬菜批发市场把韭菜销往全国各地，经过深加工后的韭菜还飘洋过海，远销日本、南韩等国家。美国、日本、奥地利等国家和中国各地的几十个参观团前来参观学习。

三、抓发展，进一步培植上档升级

2000年该乡继续将韭菜生产作为农业内部结构调整的重头戏来抓。一方面继续扩大种植规模。新发展韭菜200亩，为确保圆满完成任务，根据各村的粮经比例和韭菜面积数，将任务进行了分解落实，并分别同片、村两级逐一签订了责任状，制定了严格的奖惩措施。另一方面搞好韭菜的开发增值。韭菜味道鲜美，清香可口。其叶、茎、苔、花、嫩籽、根均可成菜，成熟韭籽可入药。韭菜的加工前景广阔。韭菜、韭黄、韭苔质嫩味香，韭花和嫩韭籽可做成韭花酱，是上等佐料。韭菜富含多种营养成份，含钙、磷、钾和抗坏血酸，有利于骨胳生长和造血；含胡萝卜素、纤维素，能帮助消化、降低血脂。韭籽性味甘温，含生物碱皂甙较多，有补肾益阳、补中行气的作用。为搞好韭菜的开发利用，该乡将制定优惠的政策吸引国内外各界人士提供信息，牵线搭桥，密切合作，进一步加快韭菜加工、出口创汇步伐，实现韭菜的增值，增加农民收入，尽快建成全国最大的韭菜生产、加工、出口基地。

山东金锣企业集团总公司

〔综述〕 山东金锣企业集团总公司是以肉类食品生产为主的大型企业集团，总部位于山东省临沂市半程镇，占地面积30万平方米。

集团拥有总资产9.2亿元，其中固定资产4亿元，共有员工9800名，其中专业技术人员513名。

金锣集团下辖半程社会福利肉类加工厂、临沂金锣食品公司、大豆分离蛋白公司、纸箱公司、瘦肉型良种猪繁育场、低温肉制品公司等18家企业（其中在内蒙古、黑龙江、吉林、四川、湖南、山东、安徽等七省设有九家生产分厂）。集团在香港、俄罗斯、美国等地设有贸易公司，在全国各地设有42家销售办事处，铺设了良好的销售网络。集团总部建有全国知名食品专家领导的食品研究中心、大豆蛋白研究所、良种猪繁育研究所三家科研机构，从事同行业的超前研究。

金锣集团年屠宰加工生猪400万头，肉鸡1100万只；年产火腿肠20万吨、肉脯和猪肉灌肠各3000吨、大豆分离蛋白1万吨，年产纸箱3600万平方米，年出栏仔猪和育肥猪10万头，生产复合饲料6万吨。

集团开发生产的“金锣”牌系列产品（火腿肠、猪肉脯、猪肉灌肠、肉鸡分割产品、保鲜肉、低温肉制品、速冻水饺、熟肉制品、大豆蛋白、精制油）计九大系列204个品种，全国知名、畅销180多个大中城市。部分产品出口港澳、东南亚及东欧地区。自1995年以来，“金锣”牌火腿肠、猪肉脯、猪肉灌肠先后被中国食品工业协会评为“全国食品行业名牌产品”，其中火腿肠系列产品被中国保护消费者基金会推荐为“消费者信得过好产品”。荣获“95名优中国特产精品金奖（第一名）”、“首届中国国际食品博览会金奖”。1996年，金锣集团被中国食品工业协会隆重授予“中国明星企业”称号。

目前，在中国同行业中，金锣集团实现了生猪屠宰加工能力、大豆分离蛋白产销量第一，火腿肠产销量、猪肉灌肠产销量名列前茅。1998年，集团实现销售收入28亿元、利税1.5亿元；1999年实现销售收入32亿元，利税2亿元。

1999年，金锣集团以科技为先导，投资1.3亿元，新上大豆分离蛋白二期工程，年产量达1万吨，占全国大豆蛋白年产量的50%；集团针对21世纪的消费需求超前开发的“保鲜肉技术与产品”，一期工程投资3000万元，年产保鲜肉2万吨，金锣集团是全国第一家集约化、规模化生产保鲜肉的大型企业。“金锣保鲜肉”在全封闭低温无菌车间生产加工而成，在低温“冷藏链”中贮运、销售，科学卫生、营养味美，集团针对城市肉食消费的需求，投资1000余万元的新上低温肉制品项目，年可生产各类低温肉制品1万吨。

金锣集团的发展取得了良好的经济效益，作为产业“龙头”，更取得了显著的社会效益。集团先后被授予“沂蒙功勋企业”、“利润大户”等称号，被列为计划单列企业、农业产业化龙头企业、星火密集区域支柱产业。

新世纪金锣集团的发展目标：立足畜牧业资源优势和城乡居民消费需求，不断完善和优化现有产品、产业结构，加大科技投入力度，全面推行现代企业管理，增强技术创新能力和市场竞争能力，力争将企业发展成为全国同行业中规模最大、技术最先进、综合加工能力最强、产品质量最好的大型肉类食品加工企业集团。

山东省金乡县（大蒜之乡）

金乡县位于山东省西南平原腹地，风光旖旎的微山湖畔，北倚黄河泰山，东傍孔孟故里。全县辖10镇6乡，面积885平方公里，耕地87万亩，人口60万。改革开放以来，全乡县委、县政府带领全县人民，解放思想，勇于实践，抓住经济体制转轨的历史机遇，以经济建设为中心，实施“农贸带动”战略，形成了全国最大的大蒜生产基地，带动了二、三产业的快速发展，极大地促进了经济和社会事业的全面发展，走出了一条成功的“以农富民”之路。1999年全县国内生产总值达到33亿元，财政收入完成1.68亿元，农民人均纯收入达2600元。

享誉世界的金乡大蒜具有2000多年的种植历史，东汉初年就有种植大蒜的记载。金乡具有大蒜生长发育最适合的水土条件和气候环境，该县立足资源优势，坚持区域化布局、模式化栽培、社会化生产、市场化经营的发展思路，大力培育发展金乡白皮大蒜这个传统优势产品，使之迅速成为县域经济的特色支柱产业。1996年金乡成立了全国第一家大蒜研究所——金乡大蒜研究所，聘请中国科学院、中国科技大学、北京农业大学等著名的大蒜研究专家，进行联合技术攻关，全面推广了地膜覆盖、化学除草、配方施肥、脱毒快繁、提纯复壮等先进种植模式，使大蒜生产实现了由粗放型向集约型的转变，金乡大蒜以其独特的优秀品质，确立了在全国乃至全世界的重要地位和影响。与国内其他大蒜相比，金乡大蒜具有皮白个大、汁鲜味浓、辣味纯正、香脆可口、易保鲜、耐储藏等明显优点，创下了一系列的全国之最，即种植面积全国最大，常年达50万亩；总产量全国最高，达60多万吨；出口量全国最大，占全国出口总量的70%；单产全国最高，平均亩产1200公斤，最高亩产2500公斤；据有关专家测定，金乡大蒜含人体所必需的蛋白质、尼克酸、脂肪、钙、镁、磷、铁、钾、钠等营养元素20多种，所含防癌和抑制肿瘤作用的元素高出一般大蒜几倍甚至十几倍，被专家称为最好的天然抗生素食品和保健食品，其营养价值和药用价值全国最好；出口合格率全国最高，达90%；获得的国家级荣誉最多，1992年在首届中国农业博览会上，金乡大蒜荣获中国白皮蒜类惟一的最高奖——银质奖，1996年1月被国家评定为中国名牌产品，1996年3月金乡县被命名为“中国大蒜之乡”，1996年10月又获得A级绿色食品证书。“世界大蒜看中国，中国大蒜看金乡”已成为国内外各界人士的广泛共识。目前，金乡大蒜已畅销全国30多个省市，并远销美国、日本、俄罗斯、巴西、澳大利亚、新加坡、韩国、东南亚等几十个国家和地区。

大蒜产业在金乡经济中具有举足轻重的主导地位。大蒜收入占全县年财政收入的40%，达7000万元；占农民人均纯收入的70%，达1700多元。该县围绕“一个基地、两个中心”的目标，大力实施名牌战略，巩固建设生产基地，努力搞活流通，在精深加工、提高品质上狠下功夫，拉长产业链条，实现多元增值。截止目前，金乡已建成恒温库600多座，总容量达20万吨；以金科药业为龙头的大蒜深加工企业200多家，年加工能力近15万吨，可生产大蒜深加工产品脱水蒜片、蒜油、蒜素、蒜茸等20多个品种；投资2亿元新建和完善了42处农副产品专业批发市场，其中缗西商埠年交易额3亿多元，1998年被国家有关部门命名为“菜篮子”工程定点鲜活农副产品批发市场。全县有5家企业拥有自营进出口权，在广州、深圳、青岛等全国20多个大中城市设立了大蒜直销点，在美国、日本、韩国、阿联酋等国家和地区建立了12个办事处和信息点。加入了国际互联网、国内市场信息网和国家农业部“菜篮子”工程农副产品信息网。全县农民依靠市场自主组建的农副产品销售公司达3000多家。专业合作社89家，销售协会678个，拥有8万余人的农副产品购销大军。在农副产品市场发展的基础上，生产资料和劳务、资金、土地、技术、信息及产权交易等生产要素市场应运而生，带动了包装、建筑、运输、饮食、服务等相关产业的快速发展。近年，金乡县委、县政府又作出由“大蒜农业”向“大蒜工业”迅速转变的战略决策，依靠“金乡大蒜”的知名品牌，开发大蒜系列产品，提高大蒜产业的综合效益，由“以农富民”向“以工强县”目标迈进。

金乡不仅盛产大蒜，而且拥有20万亩无公害蔬菜基地。目前，年产蔬菜5亿公斤，有圆葱、芹菜、黄瓜、辣椒等30多个品种常年应市。引进种植美国、日本系列圆葱10万亩，1996年被命名为“中国圆葱之乡”。金乡人民培育的“金谷”牌小米色泽金黄，性粘汤浓，悬而不浮，油而不腻，是明清两代贡品，位居中华“四大名米”之首，被载入《辞海》。国庆十周年时，敬爱的周总理曾用此米招待嘉宾，享誉海内外，1996年被命名为“中国金谷之乡”。

发展是硬道理。新千年伊始，为推动县域经济的快速发展，金乡县委、县政府加快实施“大开放、大招商、大发展”战略，进一步加大招商引资力度，努力改善投资软硬环境，为外来投资者提供最优惠的政策、最优良的秩序、最优质的服务，创造良好的生产经营和生活环境。金乡民风淳朴，物华天宝，自然资源丰富，经济发展潜力巨大，合作开发前景广阔。金乡人民愿以蒜为媒，竭诚欢迎海内外投资者和社会各界朋友前来投资经营，共创辉煌！

山东省滕州市（马铃薯之乡）

马铃薯在滕州市具有悠久的栽培历史，是该市传统种植的经济作物。近年来，市委、市政府从加快该市农村经济发展，增加农民收入的目的出发，不断调整优化农业结构，因势利导，大面积“压粮扩薯”，大力培植发展马铃薯产业。通过几年的不懈努力，马铃薯已经成为该市农村经济发展的主导产业。2000年5月，滕州市被命名为“中国马铃薯”之乡。

一是种植面积迅速增长。90年代以前，该市马铃薯年种植面积在5万亩左右。进入90年代中期，马铃薯种植在市场农业的发展中得到了较快发展。自1996年以来，全市每年播种面积均在20万亩左右。2000年春播面积达到21万亩，预计全年种植面积可达25万亩以上。连续几年，该市马铃薯的种植面积和总产一直占全省的1/5强，是山东省最大的县级产区和全国最大的二季作产区。

二是区域化、专业化程度越来越高。该市的马铃薯种植分布在21个乡镇，集中产地在以界河为中心的滕北和滕西区域，仅相邻的界河、龙阳、姜屯三个镇的种植面积就达到12万亩，形成了较大规模的优质马铃薯生产基地和山东省马铃薯脱毒种薯繁育基地。界河镇已初步发展成为马铃薯生产专业镇，龙阳镇有60%的村成为马铃薯生产专业村，全市马铃薯生产专业村已达到126个。

三是生产技术水平不断提高。在种植模式上，该市的马铃薯生产原以露地栽培为主，在长期的生产实践中逐步探索出了高产高效的路子。目前，普遍推行了薯粮、薯棉、薯菜、薯果等多种间套栽培方式，每年可种植两季，平均亩产量可达2500公斤以上，有效地提高了资源利用率和农业综合效益。近年来，顺应市场需求，马铃薯保护地栽培有了较快发展，在国内率先形成了地膜、双膜、三膜和冬暖大棚等多种栽培方式。今年，全市21万亩早春马铃薯，保护地栽培达到18.5万亩，其中双膜、三膜拱棚栽培15万亩，大大提前了上市时间。同时，多种栽培方式的并存，也拉长了上市期，春季马铃薯收获上市可从4月中旬持续到6月中下旬，秋季马铃薯上市期在10月中下旬至11月中下旬，避免了集中上市，促进了销售，提高了价格，增加了效益。在品种上，近年来，该市大力引进推广良种，于1996年建成了“滕州市植物组织培养中心”，并以此为龙头，以山东省农科院为依托，以界河镇为重点，建立了5500余亩的“山东省脱毒马铃薯良种繁育基地”，可年产原原种1.5万公斤，原种15.5万公斤，生产用种1400万公斤，不仅保证了该市所需，而且也大力支援了外地马铃薯生产。

四是从业人数不断增加。据统计，全市从事马铃薯种植的人数达到35万人，参与马铃薯运销人员达到10万人以上。目前，该市正积极筹备建设大型蔬菜批发市场和马铃薯的深加工企业，将会吸引更多的人员从事马铃薯的生产、加工、销售。同时，马铃薯生产也带动了运输、包装、食品等相关产业的发展。

五是产品知名度高，市场前景广阔。滕州马铃薯以种植规模大、上市早、品质优而闻名全国。突出表现在两个方面：一是滕州市属季风型大陆性气候，气候温和湿润，四季分明，光照充足。土质多数为沙壤土。适宜各种蔬菜的生长。该市马铃薯主要种植品种为鲁引一号和津引薯8号，全部采用脱毒种薯，薯块长椭圆形，芽眼浅，黄皮黄肉，再加上独特的水土气候环境，皮薄肉脆，风味好，品质佳，商品薯率高，具有较高的营养成分和食用价值。具备其他品种不可比拟的商品性状，深受消费者喜爱。二是在该市保护地马铃薯上市的4～6月份，正是全国马铃薯市场供应淡季，该市正是利用这一条件打了时间差和季节差，以绝对优势占据全国市场。近年来，每到马铃薯上市季节，外地客商纷至沓来，运输车辆络绎不绝。1999年有45万吨的马铃薯销往辽宁、内蒙古、西安、上海、广州等地30多个大中城市和出口韩国、日本、香港等国家和地区，产品畅销不衰，深受各地消费者欢迎。

作为“中国马铃薯之乡”，该市将以此为新的起点，再接再励，加快发展，力争通过两年努力，使该市的马铃薯产业实现三大突破。

一是种植规模实现新突破。到2002年，全市马铃薯种植面积突破50万亩大关，界河、龙阳两镇建成马铃薯专业镇，全市马铃薯专业村达到320个。

二是马铃薯产业化发展实现新突破。在继续抓好产业基地建设和批发市场建设的同时，着重抓好马铃薯产品的深度加工开发，实现加工增值，形成贸工农一体化、产加销一条龙的产业化格局。欢迎各界朋友到滕州兴办农副产品加工企业，该市一定提供最宽松的环境和最优惠的政策，携手共创美好未来。

三是开拓市场实现新突破。面对国内、国际两大市场，该市正在筹划实施名牌战略。通过注册商标、培植品牌，把滕州马铃薯的牌子叫响，提高国际市场的占有率，为迎接入世做好充分的准备。

山东省鱼台县（莲藕）

鱼台县位于山东省的西南部，东靠中国长江北最大的淡水湖——南四湖，南与江苏省接壤。现辖5镇9乡，392个行政村，933个自然村，总人口43万，农业人口38万，总面积636.9平方公里，耕地59万亩，湖地面积4万亩，水面11.8万亩，境内有大小河流17条，水资源总量2687.04万立方，年平均降雨量720毫米左右。

鱼台历史上曾称为“古棠”、“方与”，因县境内有鲁隐公观鱼台（位于今武台乡境内）一处，公元762年（唐宝应元年）始改“方与”为“鱼台”。

莲藕在鱼台已有3000多年的栽培历史。鱼台莲藕的荷花多呈白色，称之为“白莲藕”，藕节间短，呈圆筒形，脆嫩好吃，香甜可口，是美味佳肴，古时藕与莲子为上等贡品。藕有多种吃法，在凉拌、干炒、糖醋藕、油炸（藕夹、藕合）藕、炖藕、面煎藕等，也可以加工成藕粉、蜜饯、糖藕、藕汁等，莲籽是名贵补品，可熬汤、做八宝粥、糖莲子。

藕全身都是宝，药用价值较高。莲蕊又称为“莲须”，有固肾、补肾壮阳之功，莲子有收敛镇静作用，花托、花瓣能活血化淤，叶柄和花能消暑利气、宽胸通乳。

植藕的经济效益高，经济价值大。一般一亩藕相当于3亩～5亩水稻的产值。藕种、投肥、用工等费用一般800元～1000元，亩产鲜藕2500公斤～2800公斤，亩收入4000元以上，亩纯收入3000元左右，是实现农民增产增收的有效途径之一。

鱼台属黄河冲积平原，土地肥沃，气候适宜，水资源条件好，农民有种藕的传统技术和历史习惯，但过去藕生产一直在坑塘、湖里栽植，零打碎敲，没有形成规模。近几年来，鱼台县委、县政府认识到这一优势，确定了发挥优势、加快发展、服务城市、富裕农民的指导思想，把发展藕作为发展农村经济的支柱产业来抓，大面积广泛种植。目前，全县已发展万亩白莲藕生产基地两处，反季节弓棚藕基地两处，植藕总面积达5万亩，年产鲜藕2.5亿斤，全县农民仅靠藕收入年均达到600多元。在工作中主要抓了以下几点：

1.行政推动。县里成立了专门抓藕生产的领导班子，分管农业的县长任组长，农口部门主要负责人任成员，规划发展藕的乡镇也都建立了相应班子。县里在推行农村经济结构调整方面推行了干部考核“末位淘汰制”，把藕作为其中的一大产业，列入考核内容，调动了乡镇干部引导群众发展藕的积极性。

2.典型带动，从农民群众“眼见为实，耳听为虚”的心态出发，运用典型示范、利益驱动的办法，引导群众抓好藕的生产。王鲁镇刘庄村的梁效忠，改变过去水田区一麦一稻传统低效种植模式，实行藕菜轮作，亩年纯收入达5000元，相当于麦稻种植效益的5～6倍。县委、县政府抓住这一典型，广为宣传，并组织干部群众实地参观考察，在全县产生了轰动效应，群众争相发展。

3.龙头牵动。在抓好藕生产规模扩大的同时，着力在藕产销环节上下功夫，培植“农”字号龙头企业，发挥龙头企业的带动作用。重点开发保鲜藕、莲子、莲心等产品，这些藕产品非常畅销，远销新疆、上海、南京等地。积极发展订单农业，投资600多万元，在鱼城镇、王鲁镇新建了两处藕产品批发市场。不断发展壮大运输队伍，全县从事藕产品运销户达300多户，从事运销人员1000多人。大力开拓外埠市场，在上海、济南、南京、天津等大中城市设立办事处、代销点，联系一大批固定客户，广开市场销路。

4.科技促动。积极引进优良品种，研究、开发、推广藕的实用栽培技术，努力提高藕产业发展的科技含量。目前已引进藕种7个，研究推广种植模式5种，实行藕菜轮作，藕田养鱼，保护地栽培藕等，保护地栽培藕技术是该县从实践中摸索出来的新的栽培技术，常规藕的种植一般5月初定植，9～10月份采收。日光温室藕每年2月份定植，6月中下旬采收，中小拱棚藕4月初定植，7月上旬采收。6、7月份吃藕非常新鲜。藕产品十分畅销，价格一般每斤3.5元左右。这一技术正在全县大面积推广，

2000年已达到1000多亩。该县狠抓科技网络建设，组成专业技术服务队，定期到田间地头无偿地为群众提供技术服务，对新技术及时地举办培训班，传授给群众，解除了群众发展藕的后顾之忧。

今后，该县确定把藕作为该县实施农村经济结构战略性调整的主导产业来抓，继续扩大种植规模，延伸加工链条，开发新产品，打响“鱼台白莲藕”品牌，计划2001年再发展露地栽植藕5万亩，保护地栽培1万亩，全县藕的总面积达到11万亩。

山东省苍山县（蔬菜）

苍山县位于山东省最南部，是沂蒙山区的南大门、鲁苏边界县。全县总面积1800平方公里，耕地面积127万亩，辖28个乡（镇）、1178个行政村、114万人。地处北纬34°37′～35°06′、东经117°14′～118°18′之间，平原、丘陵面积各占50%，属暖温带季风区半湿润大陆性气候，四季分明、无霜期长，日照充裕，雨量适中，水质好且水资源丰富，自然灾害少。中外专家论证，这一优越的自然条件，适合各类农作物栽培，非常有利于各类品种蔬菜生产，发展保护地设施蔬菜生产更是得天独厚。

改革开放以来，特别是近几年来，县委、县政府紧紧围绕农业增产、农民增收、农村稳定的目标，坚持以市场为导向，以科技为先导，着力调整农业种植结构，突出发展蔬菜生产，大力培育市场体系，重点培植加工龙头企业，加快了蔬菜产业化的进程，蔬菜产业已成为全县独具特色的主导产业和农民增收的重要支柱产业。被誉为“山东南菜园”、“山东洋菜园”，多次受到中央和省、市领导同志的称赞。1999年仅蔬菜一项人均纯收入达到1100元。为农民增收、财政增长做出了较大贡献，也为山东省连续十多年成为全国蔬菜产销第一大省和全国“菜篮子工程”建设做出了积极的努力，被省政府授予“菜篮子工程建设先进县”。苍山大蒜及系列产品入选'99昆明世博会并获4项银奖，1999年5月份，被中国特产委正式命名为“中国大蒜之乡”。

苍山蔬菜栽培历史悠久，生产规模优势明显。誉满中外的苍山大蒜已有1900多年的种植历史，1985年被国家列为优质大蒜生产基地，播种面积多年稳定在20万亩左右。保护地栽培的小拱棚从70年代末开始，深冬日光温室于80年代中期又在全省率先开发和发展，创造出在黄淮海地区深冬不加温日光温室蔬菜生产大面积成功的先例。80年代末在全国率先引进品种生产、加工出口创汇蔬菜，同时开发了冬春大拱棚蔬菜生产，在全县引发了一场“白色革命”。现已形成了由大蒜、大姜、大棚菜、夏秋露地菜、出口创汇蔬菜和食用菌六大品类构成的蔬菜生产格局。1999年全县蔬菜播种面积70万亩，品种百余个，总产46亿斤，产值17亿元。

该县蔬菜的市场流通独具特色，农民运销队伍庞大。80年代中期开始重视县内市场建设和培育，现全县有各具特色的蔬菜瓜类批发市场13个，占地面积35万平方米，日集散能力千万公斤，适应了全国和周边县、市蔬菜集散的需要。其中，鲁南蔬菜批发市场，狠抓基础设施配套建设，重服务、严管理、讲信誉、上档次，1999年成交量10.8亿斤，成交额10亿元，跨入全国文明市场、全国鲜活农副产品定点中心批发市场、全国50强市场、山东省十大农副产品市场行列。艾曲蔬菜批发市场积极探索蔬菜产销一体化的路子，自我完善、滚动发展，规模不断扩大，带动周围九个村进行社区合作，成立了艾兴农工贸总公司，建立了农贸合一的新型经营机制，年成交额达5亿元。80年代中期伴随市场培育发展起来的农民运销队伍已达10万人之众，组成多种形式的运销组织4000多家，拥有各种类型机动车辆2万多台。1999年初，全县蔬菜运销联合会的成立及其在主销区大城市办事处的设立，进一步提高了这支队伍的组织化程度和运销能力。经过多年努力开拓，苍山蔬菜的销区范围不断扩大，现已比较牢固的占据了上海、江苏、安徽、浙江、湖南、湖北、广东等南方市场和东北、华北地区的部分市场。上海早已成为苍山蔬菜销售的主要市场，年运销量达10亿斤，约占上海市场需求量的1/3。苍山蔬菜面积连年扩大，产量逐年增加，销售年年顺畅，主要得益于县内较完整的市场体系，庞大的农民运销队伍和广阔的销区市场。

储藏加工企业具有相当规模，龙头企业带动作用明显。自80年代初率先在全省发展蔬菜恒温保鲜加工至今，现已有各类加工企业258家，恒温库202座，一次性恒温保鲜能力为20万吨，其中仅益星公司一家的冷藏能力就达2万吨，被称为“亚洲第一冷库”。全县年综合加工能力30万吨，开发了保鲜、速冻、脱水、腌渍、油炸等六大系列上百个品种，产品除销往全国各地外，还出口日本、韩国、东南亚、西欧各国和香港、台湾地区。年创汇稳定在3000万美元左右，成为山东四大蔬菜加工出口创汇区之一。

苍山蔬菜虽具备了较大生产规模，步入了产业化轨道，但是随着进入21世纪经济全球化趋势的发展和中国加入WTO进程的加快，各类农产品的市场竞争愈加激烈，苍山蔬菜也必然面对日趋明显的国内外市场竞争。市场竞争的核心是产品质量，产品质量主要取决于科技含量。

1998年，县委、县政府从苍山的实际出发，设立了蔬菜发展管理局，作出了实现苍山蔬菜二次创业的战略决策。这个决策的基本要求是加快蔬菜产业化进程，再创苍山蔬菜优势，用三年左右时间建成百万亩蔬菜强县，促进农民增收、财政增长，以菜富民富乡富县。为了保证这一决策的实施和目标的实现，县委、县政府首先聘请了由何启伟所长挂帅的省农科院、山东农业大学、省菜篮子工程办公室的8位知名专家担任蔬菜产业化科技顾问，与科研机构、大专院校攀亲结缘，广泛开展面对农民的技术培训，20多项实用技术得到推广应用，加大了蔬菜生产的科技含量；设立了蔬菜发展基金，多方筹集资金扶持蔬菜生产，带动农民加大了投入；建立有县、乡、村三级服务体系，农民得到了较好的技术、信息、生产资料保障服务；制定了调整蔬菜品种结构的指导性方案，对引导农民以市场为导向调整品种和种植模式结构起了重要作用，“六大品类”及其各品类内部品种、规模的比例进一步合理，“时间差”掌握的更加准确，更加适应了市场需求；鼓励农民创办多种形式的合作经济组织，一批股份合作性质的蔬菜产销合作社、联合体、协会显示了较强的生命力；继续精心培育市场、培育农民运销队伍、培育龙头企业，创办蔬菜生产示范服务基地，发展“订单”蔬菜生产，市场牵龙头、龙头带基地、基地连农户的产业化格局进入了新阶段，呈现了二次创业的良好势头，为全县农村稳定和各项事业的发展发挥了较明显的作用。

2000年，该县被列入省财政重点支持的“双增工程”试点县，县委、县政府提出坚持科技第一、市场第一、效益第一，培育支柱产业的指导思想实施“双增工程”，把蔬菜产业，特别是蔬菜生产作为实施“双增工程”的主攻方向，这为实现苍山蔬菜二次创业的目标提供了有力支持和可靠保证。

山东省曲阜市（香稻）

曲阜香稻是中国的名贵特产，种植历史悠久。据史志记载：“春秋必书黍稻稷豆诸种不过四之一，薏苡尤少，稻有粳糯水旱，以出逵泉左右为上谷”。后经唐、宋、明、清逐渐发展，盛行于清朝乾隆年间。乾隆三十四年（公元1774年）修订的县志中记载“城南门外沂河两岸有水田，宜种稻，作饭气香，故称香稻”。民国二十三年（公元1934年）续修县志记载：“城南沂河北岸有水田百余亩，产香稻为县内特产”。香稻解放前后种植面积千余亩，历史最高单产达290公斤，其米细质佳，营养丰富，煮饭香味浓，醇厚可口，有“一家煮米，十家闻香”之誉。封建时代当地统治者以此米为贡品奉献皇帝，至今盛名中外。1984年，曲阜香稻被国家有关部门命名为全国首批名特优农产品之一。

曲阜香稻是中国具有代表性的清香型水稻品种之一，受自然条件制约，生产发展几经波折，发展缓慢，产量低而不稳。十年浩劫期间几乎绝种，幸有当地群众珍藏保护，这一资源才得以保存。1978年始，当地政府和科技部门不断加强投资和开发，才使这一名贵品种得以利用和发展。1978年种植面积3亩，1979年扩种面积50亩，单产200—300公斤。但受自然条件制约，近几年种植面积在100亩左右，单产在250公斤左右。

曲阜香稻之所以奇香无比，除品种特性外，主要取决于当地特定的自然条件。一是鲁国古城南一带土地肥沃、土质松软，常年水作。二是历史上常年泉水自流，水清洁甘甜，蕴藏丰富，常年川流不息。现多为井灌，据长期试验，外地一般水稻品种种植香稻区，无香味；而香稻种引种外地亦无香的反映，故曲阜香稻是古老农家品种与特定自然资源结合的产物，实属曲阜这块沃土奉献给世人的稀有珍宝。

曲阜香稻属晚熟粳稻，生育期春栽180天左右，夏栽160天左右。一生分秧苗期、分蘖期、孕穗期、抽穗期、开花期、灌浆期和成熟期七个生育时期，有营养生长、营养生殖生长并进和生殖生长三个生育阶段。香稻的产量构成取决于亩穗数、穗粒数、千粒重。目前种植的香稻亩穗数主要决定于插秧密度和分蘖成穗率，穗粒数决定于孕穗期的管理条件，千粒重决定于后期管理措施和气象因素。

曲阜香稻的特征特性不同于普通水稻，其株高170厘米以上，叶片茂盛，叶片长30～50厘米，宽1.2～1.8厘米，茎叶夹角大于45°，直片下披呈半圆形，地上茎节5～6节，节间长12～25厘米，茎粗、壁薄、易折；穗长20厘米左右，枝梗长，着粒稀，穗粒数60～90粒，秕粒率15～25%，半芒、颖壳呈棕褐色，千粒重20～26克，出米率60～65%，米粒长偏圆形，清绿透明。植株根系发达，分蘖力强。对肥水（氮肥过多易徒长，后期倒伏），对光、温要求严格。不抗稻瘟病，易遭受虫害。

曲阜香稻的栽培管理主要受品种特性和自然因素限制。解放前的栽培多为田洼处植稻，管理粗放，解放后随着科学技术进步，香稻的栽培技术水平和科技含量不断提高。目前曲阜香稻的栽培主要有三个环节：①适期育足壮秧。“秧好半年稻，壮秧产量高”。曲阜香稻培育壮苗重点抓三条：一是整好秧田，施足底肥，干耕、干整平，做好秧畦等，然后水耥平，使秧田达到土松、泥烂、平、光。二是提高播种质量，掌握适宜播种期、播种量，种子处理要注意晒种、选种、浸种、消毒、催芽、凉芽五个程序，均匀撒种，落谷稀，籽粒入泥。三是秧田管理以水控苗，以肥促苗。干湿更替，看天看地看苗在一叶一心期施断奶肥，巧施接力肥。②抢时早插秧。在春改夏稻后，麦收后要及时施肥、耕翻、整地、打埂划方，灌水泡田，抢时插秧，保证插秧质量。插秧密度一般1.5～2万墩/亩，基本苗6~8万株/亩。③大田管理重点抓三：一是前期促蘖增穗。从返青到分蘖拔节期，早施重施分蘖肥，勤浇浅灌水，及时中耕除草，疏松土壤，促根增蘖。二是巧管拔节孕穗期。管理上以水为主巧追肥，促控结合，适期搁田，及时防治病虫害。三是后期管理争粒重，抽穗之后是争取粒重的关键时期，要酌情补施攻粒肥、合理灌水防早衰、促早熟，确保丰产丰收。

为使曲阜香稻这一瑰宝得以保护和发扬光大。根据国家农业部"农业行业标准制订、修订项目"文件要求。曲阜市着手开始"曲阜香稻产品及其栽培技术标准修订"工作，利用2—3年时间，研究制订曲阜香稻的品质、产品加工，包装工艺流程标准，修订栽培技术指标，包括提纯复壮品种，旱育秧技术综合利用，合理密植，麦稻两熟制改革，配方平衡施肥，化学控制防倒技术，节水灌溉，机械化收获等技术指标的修订。

为保障香稻生产指标化的规范进行，计划采取五项措施：一是加强领导和技术指导。成立香稻生产领导小组、技术小组、设立曲阜香稻开发公司。二是加强曲阜香稻米的加工和销售工作，实行产品质量系统监测，在主要商品区设立曲阜香大米展示厅。三是加强曲阜香稻的栽培技术指标研究，研制规范化技术标准。四是加强曲阜香稻的生产技术服务，努力在提高产品质量，保障产品品质上下功夫，保证名特优的优势地位，以优取胜。五是加大曲阜香稻生产的科技投入，确保曲阜香稻生产、加工等方面科技含量的不断提高。让曲阜香稻这一古老的名特产为曲阜旅游和现代农业经济发展做出新贡献。

烟台张裕集团有限公司

烟台张裕集团有限公司是中国创办最早的葡萄酿酒企业，现为中国乃至亚洲最大的葡萄酒生产经营厂家，国家大型企业，现有职工4000余人，辖属一个控股公司，三个参股合资企业，三个全资子公司和四个分公司及一个租赁企业，总资产为11亿多元人民币，净资产7亿元人民币，资产负债率34%。主要产品有白兰地、葡萄酒、香槟酒、保健酒、粮食白酒、矿泉水、中成药、玻璃制瓶、软木塞与热缩帽等八大系列近百个品种，年产酒能力8万余吨，产品畅销全国，远销20多个国家和地区。

近年来，随着产品创新战略的实施，新产品争奇斗妍，产品市场占有率稳居全国同行业首位，经济效益连年大幅度增长。1991年至1998年，销售收入和实现利税，每年平均以11103万元和2277万余元的幅度增长。1999年，销售收入近14亿元，实现利税2.5亿多元，分别比上年增长25%和24%，企业规模和效益，在国内同行业中名列前茅，跨入中国500家和全国轻工200家最佳经济效益工业企业行列，并先后荣获"全国轻工优秀企业"和山东省"企业文化建设先进单位"等称号。

强化意识是产品创新之魂

企业的生命在于创新，尤其是在国内外商品竞争激烈的今天更是如此。在产品创新的过程中，首先要强化创新意识，把产品创新变为每个职工的自觉行动。实践使公司决策者认识到：不断创造适合市场需要的产品，是企业不断发展壮大的根本。

张裕集团公司首先把提高创新意识作为产品创新的重要内容来抓。公司自创业到现在，已有108年的历史。100多年来，张裕历经沧桑，到现在已发展成为拥有4000余名职工，年产酒能力8万吨的国家大型企业，并一步步走向辉煌，到底靠的是什么？针对这些问题，公司引导广大干部职工回顾张裕的创业史。张裕是1892年由南洋爱国华侨张弼士投资300万银两兴办的中国第一座工业化葡萄酿酒企业。为了酿出能与洋酒匹敌的葡萄酒，张弼士多方寻访，三易其人，最终聘得出身酿酒世家的奥地利酒师，又以巨资从国外引进120多种优质葡萄品种，建起两个大葡萄园，并从欧洲等地购进大批橡木酒桶和酿酒设备，建造了闻名中外的地下大酒窖。自公司创办之日起，张裕人就把酿造出媲美欧洲名牌的葡萄酒奉为根本宗旨。虽举步艰难，矢志不渝。当西方列强忙碌于第一次世界大战时，张裕人终于如愿以偿。1914年，在南洋劝业会和上海招商局于南京举办的商品陈列会上，张裕白兰地、琼瑶浆（味美思）和红葡萄酒等产品被授予最优等奖章。1915年，为庆祝巴拿马运河开通，美国三藩市（旧金山）举办了轰动一时的巴拿马太平洋万国博览会。张裕的白兰地、红葡萄、雷司令、琼瑶浆（味美思）一举荣获甲等大金奖和最优等奖状，中国的葡萄酒第一次在世界洋酒行列中品评得奖，得到了举世公认。早在1912年，民主革命先驱孙中山先生亲临张裕参观，品尝了张裕葡萄美酒后，为公司题赠"品重醴泉"四个大字，对张裕艰苦创业精神和优异的产品质量给予了高度评价。但是，第一次世界大战后，国内战乱不断，加上旧中国无法克服的各种内忧外患，张裕每况愈下，濒临绝境，解放前夕，张裕公司仅剩下5名职工，年产27吨酒，解放后，在党和人民政府的亲切关怀和大力支持下，张裕真正走上了健康发展的道路。1952年，第一届全国评酒会评出中国八大名酒，张裕金奖白兰地、味美思和红葡萄酒三个产品荣列其中。以后历次全国评酒会，张裕一直保持了这项荣誉。但是，多少年来，张裕四大名牌没有及时更新换代、发扬提高，甚至连换一换酒瓶都阻力重重。尤其值得深思的是，1987年由全市各县市区的葡萄酒厂家拼凑到张裕为主的"集团"里，靠张裕的牌子吃饭，因而使张裕被拖得摇摇欲坠，到

1989年，明亏潜亏近1000万元。

现实使张裕人深刻认识到，张裕之所以饱经沧桑，历久不衰，敢于在世界上争雄，坚持“爱国、敬业、优质、争雄”的张裕精神，矢志不渝的按照国际标准坚持产品创新是根本。为使产品创新工作开展的卓有成效，近年来，公司从国内外市场需要出发，在加强产品质量管理的同时，积极引进ISO9000系列国际质量管理和质量认证标准，按国际市场流行风格，采取与国外有影响的大企业集团合资等形式，引进高新技术，加强技术改造，组织科技人员大搞技术攻关活动，不断开发高质量、高技术含量、高附加值的新产品，有效加快了产品创新的步伐。

善抓机遇是产品创新之本

张裕的决策者们常说，当年的张裕曾创下了中国近代民族工业发展史上少见的民族名牌，为国家为民族争了光。如今，张裕则要以产品创新为动力，创出现代民族工业名牌群，与洋酒试比高，为国家为民族再树新形象，使张裕这枝典型民族工业之花开得更鲜更美。抱着产品创新的雄心，从1990年起张裕加速了开发适合市场需要的新产品的步伐。并奋起直追，按现代国际名牌葡萄酒的质量标准，加大科研和技改力度。从1991年开始，先后多次组织专业人员去法国、意大利、美国和加拿大等国家考察、交流学习。1993年4月，公司又制定实施了产品结构高档化五年发展规划，设立了30多个科研开发课题，组织科研人员联合攻关。1995年初，公司又进一步制定、实施了1995—1997年名牌发展规划，围绕产品创新和外包装质量上档次，加大科技投人，实施联合攻关，依托已创名牌，不断开发新产品，促进产品更新换代，先后成功的研制开发出具有独特风格、适合大众消费的XO级、VSOP级、VO级、低度XO可雅白兰地，以及张裕干红、干白和1500毫升大香槟等10多个中高档新产品，并很快形成了生产能力，有的投放市场不久，便跨人了名牌行列。目前，张裕仅四大系列产品中，已有26种获省级以上荣誉称号。有37种获市技术监督局颁发的产品质量合格认证，葡萄酒荣获山东省技术监督局颁发的质量免检产品证书。

产品创新战略的实施，名牌产品群的逐步壮大，使百年张裕不断走向新的辉煌。但公司决策者们认为，越是在顺利的时候，越要头脑清醒。一个企业要求生存、求发展，必须勇于走上市场，善于在市场上看到人家的优势，在市场上找出自己的差距。人家的优势就是自己的不足，而缩短自己的差距必须善抓机遇，大搞产品创新。为此，公司董事长、总经理和党委书记，专门拿出一周时间，亲自带领四个酒业公司的经理和分管销售的副经理，以及有关处室负责人，先后赴上海、广州、厦门和深圳等重点市场，走访客户，考察市场，寻找差距。考察市场回来后，公司立即用三天的时间，召开有公司领导和酒业公司经理、总支书记及有关处室负责人参加的专题会议，在对照市场找差距的基础上，制定并推出一系列新举措。一、加速科技进步。张裕历来重视技术进步和对科技的投入，在新技术、新工艺、新产品开发方面投入了大量的人力和财力。早在1965年，张裕公司就设立了中心试验室。1978年中心试验室易名为科研所，下设葡萄栽培室、白兰地室、葡萄酒室、香槟室、酵母室、分析室、化验室、中试车间。1996年，为加大科研力度，扩大科研规模，公司决定建立高层次的企业技术核心，将企业原有的一个科研所发展到五个科研所。除葡萄研究所外，其余四个研究所均下设产品研究室，包装装潢研究室和化验室。集团公司还投资400万元，新建900平方米的小样品中试生产车间，以代替原有仅80平方米的中试车间。从而，使新的技术开发机构由单一的产品开发，发展到技术管理、产品开发、标准计量、分析测试、营销信息等方面，专业科研人员由原来的十几人增加到54人，其中高级职称6人，中级职称23人。科技经费的投入不断加大，仅1995—1997年，就投入5250万元。先后从国外引进了气相光谱分析仪和实验室酒石快速检测设备等具有国际先进水平的仪器，有力保证了科技开发的顺利进行。1996年完成科研成果32项，1997年完成81项，1998年完成82项，1999年又完成30多项。其中可雅白兰地、SOD三鞭酒、干型味美思等新产品均通过了省级鉴定。为加大科研力量，1999年张裕又将西北农大葡萄酒学院的葡萄酒博士李记明聘到了门下，担任技术中心副主任。该同志到张裕仅半年时间，就开发出了一种具有酸甜适口、柔和圆润、清爽纯净、各味融合交织，适合于不习惯饮用干酒、且酒量小的人饮用的低度清爽葡萄酒，填补了国家空白。最近，按国际流行风格新开发的霞多丽、品丽珠、佳索、西拉、梅鹿辄、赤霞珠等11种单品种酒和3种果汁，已通过了有关专家的品评。时下公司正规划从国外聘请著名葡萄酒专家做企业的高级技术顾问，进行产品创新和技术指导。高附加值、高技术含量新产品的大量开发，有效提高了企业市场应变能力和市场竞争力。二、加快葡萄基地建设。烟台是中西著名酿酒葡萄产区。得天独厚的自然环境与气候特点，使这里出产的葡萄籽粒饱满，含糖量适中，着色度好，成为酿造各种高档葡萄酒的上乘原料，多年来，烟台已发展成为全国面积最大的优质酿酒葡萄生产基地。为有效满足张裕葡萄酒的需要，公司不断加大科技、科研力度，不断培育新的酿酒葡萄品种。高级农艺师冯贻标倾注多年心血，成功培育出了“烟73”、“烟74”优良色素葡萄品种，其果汁色泽比普通红葡萄增深十倍，填补了国内空白。1995年初，公司又从名牌发展战略和产品创新入手，不断扩大酿酒葡萄生产规模。采取资金扶持、提供种苗、技术指导、保证收购等办法，同农民签订葡萄基地合同，保证葡萄原料供应。1999年初，张裕又将山东省酿酒葡萄研究所的专家程国利聘到了公司，负责葡萄栽培与管理技术。确保张裕葡萄酒生产持续、快速发展的需要。三、加大技改力度。“八五”期间，张裕完成了总投资9600万元年产4万吨酒的国家级技术改造项目。“九五”期间，公司又先后投入两亿元的资金，对白兰地、葡萄酒和香槟酒进行了高起点的技术改造，新建了两万吨高档葡萄酒发酵中心。最近，又规划继续引进先进设备，对张裕中亚药业公司进一步进行高起点的技术改造，增大张裕至宝三鞭酒，特制灵芝酒等保健酒和中亚牌三鞭丸系列等产品质量档次与生产规模，提高产品国内外市场占有率。

产品创新战略的实施，极大的增强了张裕的市场竞争力，如今张裕唱主角的“当家”产品，已不再是那曾在1915年“巴拿马太平洋万国博览会”上获金奖，直到80年代仍是企业主导产品的金奖白兰地等传统名牌，而是几乎全部换成了90年代以来开发成功的新产品。1999年10月，中国在著名葡萄酒之乡法国巴黎举办的“99巴黎中国文化周”，张裕解百纳高级干红葡萄酒成为惟一宴请专用葡萄酒。一时间，高品质的张裕葡萄酒在法国引起轰动。而9月在上海举行的世界500强会议，张裕干红葡萄酒也是会议宴请的国产葡萄酒惟一指定用酒，受到来自世界各地的产业巨头们的称赞，张裕名牌葡萄酒在重大活动中尽显风流。

为进一步加快产品创新步伐，张裕已采取措施，积极引进国外智力，有选择的同国外同行业知名大企业探讨技术合作，公司与葡萄牙合资生产干葡萄酒软木塞和热缩帽等项目，生产设备即将进厂，正式开工近在眼前。

傅氏瓜子（山东省青州市）

傅氏瓜子是中国著名炒货专家傅连勇综合众多民间配方，结合中国民族饮食文化，经多年精心研制而成。其风味独树一帜。以“甜中带咸，咸中有香，香脆可口，回味悠长”的完美风格驰名中外。在全国众多品牌的炒货产品中堪称一流，傅氏瓜子畅销全国及东南亚各国。

公司最新研制开发生产的傅氏牌开口松子、琥珀核桃仁、咸干长生果、雪花青豆、可口煎豆、茴香豆、纸皮核桃、红枣系列、果脯系列等产品倍受消费者喜爱。

傅氏瓜子荣获’99中国国际农业博览会名牌产品称号，荣获2000年山东省著名商标称号！

地　址：中国山东省青州市东坝民营工业园
电　话：0536—3531789
传　真：0536—3531030
邮　编：262517
http：//www．tushifoodstuff．com
E-mail：qzfssp@public．wfptt．sd．cn

山东省章丘市

2000年，工作的指导思想是：全面落实党的十五届三中、四中全会精神，以农业增效、农民增收、农村稳定为目标，强化创新意识，面向市场，依靠科技，调整优化农业结构，积极推进农业产业化，加快农业现代化进程。工作目标是粮食总产量计划53万吨，农民人均纯收入计划3500元，比上年增长5.1%。

根据全国及省市农村工作会议精神，2000年农业要进行战略性调整，而种植业结构调整是重要组成部分，种植业结构调整分为结构调整与品种调整。章丘市在农业结构调整中，具有明显的优势，从地理位置上讲分为南部山区、中部平原、北部沿黄，从资源优势讲，土地资源丰富，温度适宜，雨量较充沛，适应范围广，几乎所有的经济作物、粮食作物都可在该市种植。结合实际，提出如下种植业调整意见：

一、优质粮食作物开发

1. 优质小麦开发。全市小麦的播种面积在70万亩以上，是该市的主要粮食作物之一。要在适当压缩种植面积的同时，注重品质的提高。配合国家粮食优质优价政策，大力发展优质专用小麦。去年，该市在相公、水寨、辛寨、龙山等乡镇顺利推广了10万亩。2000年全市要推广25万亩，力争达到30万亩，2001年中北部水浇地基本普及，占全市小麦播种面积的70%以上。优质专用小麦的品种以济南17、济南18、烟农15等为主。

2. 优质专用玉米开发。包括三高玉米和粮饲专用玉米两项开发。三高玉米指高赖氨酸、高油和高蛋白质，比普通玉米高80—100%。1999年，该市在相公试种300亩，质量和产量都达到优质专用玉米的要求。2000年，根据实际情况，初步推广面积3万亩，以后逐年增加。三高玉米的品种以中单9409、农大108为主。

粮饲专用玉米是根据该市多数秸秆留作饲料这一实际而推广的。粮饲专用玉米秸秆粗纤维含量低，营养价值高，适合做青贮饲料。前几年中北部乡镇已经推广。2000年计划推广10万亩，品种以泉星7号、981965为主。

3. 优质水稻开发。该市有适宜水稻生长的气候和温度条件，但受品种和产量限制，推广面积只有3000亩左右。2000年，重点抓了这项工作，克服困难，投入一定资金，从日本引进优质水稻原种2个，旱作糯稻品种1个，国内优质稻种2个，计划在中北部易涝地段和沿黄地区大力推广。现在5个品种已经安排了基地，并有专业技术人员负责试种工作。视试种效果而安排推广计划。

二、名优特稀产品开发

1. 章丘大葱开发。章丘大葱是该市的拳头农产品，全国闻名。在'99中国国际农业博览会上，获名牌产品称号。去年全市种植8.2万亩，产量27.92万吨。2000年借助名牌产品之机，结合全市种葱状元的评选，进一步加大开发力度，使大葱产量、产值由农业大项变为农业强项，将章丘大葱这个产业做大、做好。一是扩大种植规模。近两年大葱市场形势良好，借价格上涨之机，结构调整之势，采取技术指导、信息服务等手段，引导农民扩大规模，枣园、绣惠、宁家埠等要发展成为大葱镇，部分村庄要发展成为大葱专业村。全市种植面积达到10万亩。二是增加科技含量。大力发展保健型的富硒大葱和锌硒大葱。1999年，由市大葱研究所开发的富硒大葱投放市场后，价格比普通大葱高一倍，且供不应求。2000年在去年的基础上，再发展锌硒大葱，形成保健大葱系列产品，种植面积要扩大到2万亩。三是提高栽培技术，改革耕作制度。改变现在大葱只能在秋季和冬季上市的现状，春季和夏季也要以芽葱、火葱、羊角葱（傍葱）的形式上市，使一年四季都有新鲜大葱。要转变观念，使葱户认识到什么时间经济效益最高，什么时候大葱上市。四是大葱的深加工。要发展精包装和真空包装，延长贮存时间。大葱研究所可计划上开袋即食包装，增加出口份额。

在发展章丘大葱时，要密切注意市场，避免因价格因素而造成种植面积的大起大落。

2. 明水香米开发。明水香米为历代贡品，全国闻名。目前全市的种植面积在3000亩左右。2000年要发展到1万亩。一是重点做好品种改良。明水香米的品种主要以小红芒为主，兼有大红芒、辐香一号等，产量和质量香度等不尽合理。种子公司等部门已经采用辐射育种法改良现有品种，2000年开始大面积推广。二是完善栽培技术。要采用绿色、无公害栽培，增加科技含量。三是基地在保持现有的面积基础上，逐步向北部发展，沿黄地区乡镇要发展到5000亩以上。

3. 龙山小米开发。龙山小米是全国四大名米之一，获"'99中国国际农业博览会"名牌产品称号。全市适合谷子种植的褐土耕地面积在60万亩左右，占全市耕地面积的50%以上，发展潜力巨大。目前，全市小米的种植面积在3万亩，产量在0.7万吨左右。2000年要在龙山镇、闫家峪乡、官庄乡、文祖镇、曹范镇等加大推广力度，力争达到5万亩的规模。该市的科研部门经过几年育种，已经培育成功了优质品种——龙山小米新品系8132，产量、质量和适口度都有不同程度的提高，要大力推广。要采用无公害栽培，特别是在南部乡镇，以施农家肥为主，少施化肥，不施农药，以适应人们消费由数量型向质量型、营养型的转变。在营销方面逐步构建新型的龙山小米产销一体化组织，针对大中城市高档消费的需要和超市的要求，实行小袋型包装、真空包装，提高经济效益。

4. 小杂粮开发。该市南部乡镇自然环境条件较好，污染程度轻，适合发展无公害农产品。根据山地多，不连片情况，适宜进行小杂粮开发。但是，南部乡镇的绿豆、红小豆、豌豆等小杂粮存在分散种植规模偏小的特点。"小而散"不适应现代农业的种植。要在"稳定、引导、扩大"的原则上向"大而精"发展，在垛庄、文祖、曹范等乡镇发展红小豆、绿豆、豌豆等基地5万亩，成方连片，形成规模。同时，要深加工，开发形成系列产品，注重包装质量，走现代化的路子，实现农贸市场向超级市场转移。

三、措施

为确保上述任务的完成，必须在产前、产中、产后提供技术指导和信息引导等多种服务手段，采取设施农业、无公害栽培等切实措施，将农业结构调整落到实处。

1. 设施农业。2000年全市22个乡镇都要有一处农业科技示范园，进行新作物、新品种、新技术、新试剂的试验、示范和推广。原有示范园要提高规模和水平，新建的要保证科技含量，市里重点抓好绣惠、明水、圣井、相公、枣园、水寨、党家、官庄、刁镇、白云、高官寨等乡镇示范园。市农业局建一处集科研、示范、推广和培训于一体的试验基地，任务到站，责任到人，指定专人负责，办成农业精品工程，做为全市设施农业的样板。

2. 无公害栽培。要充分利用章丘大葱、明水香米、龙山小米等产品的名牌效应，借助济南市大力发展"无公害"农产品的有力时机，制定农产品的质量标准和生产技术操作规程，采取无公害栽培，大力发展一批无公害、绿色农产品，增加全市农产品的科技含量，提高效益。

3. 农产品的深加工、精加工。农产品加工水平低一直是一个突出问题。农业产值和加工值之比南方在1:1.5至1:2之间，国外1:2至1:3，章丘市低于1:1。因此，必须对现有的农产品进行深加工、精加工，2000年重点抓好章丘大葱、龙山小米的深加工。龙山小米要在加工储运技术上提高档次和水平，以免淘米、茶汤为突破口；章丘大葱可分割为葱白、葱叶，加快推广保鲜及无菌包装，绿色、无公害包装，开袋即食包装等；明水香米要借名牌效应，加强名牌和名牌之间的组合，同时配以无公害绿豆、红小豆、豌豆等，开发小包装、精包装，为进入大型超市和连锁店创造条件，提高附加值，增加出口和内销。进一步推进农业产业化进程，加强龙头企业的建设，形成市场面对龙头企业，龙头企业带动基地，基地连着农户的模式。

4. 竞争激励机制。要调动广大农业科技人员积极性，充分发挥人才优势，明确任务，增强其责任感、使命感和危机感。各业务站要包项目，科技人员要包技术，形成站站有项目，人人有课题的氛围。年终进行考核，成绩突出的科技人员要进行精神物质奖励；完不成任务的科技人员不得评为优秀和先进，有职称的要降聘和解聘，扣发全部或部分年终奖金。实行责权利结合，以此来调动广大科技人员的积极性。

山东省章丘市龙山镇

一、二○○○年农业结构调整的重大意义

首先，结构调整是不断向农业的广度和深度进军的过程。所谓广度，就是在不放松粮食生产的前提下，积极发展多种经营，发展乡镇企业，发展农村第三产业，实施发展小城镇战略。所谓深度，就是大力发展优质高产高效农业，发展农产品加工转化，延长农业产业链。第二，结构调整是实施科教兴农的过程。结构调整的效果如何，关键要看能否提高农产品的科技含量，农业的增长是否真正转移到依靠科技进步和提高劳动者素质的轨道上来。第三，结构调整是农业从粗放经营向集约经营转变的过程。通过调整结构，增加农业的资本、技术投入，必将大大提高单位面积产量和收益，提高农业资源利用率和投入产出率。第四，结构调整是农村经济新体制建立和完善的过程。搞好农业结构调整，需要实现各种生产要素的优化配置，这就必须充分发挥市场机制的作用，在坚持家庭承包经营的基础上，完善农产品的市场体系、农业社会化服务体系和国家对农业的支持保护体系，进行经济体制的改革和创新。

二、二○○○年农业结构调整的总体目标和重点

二○○○年，龙山镇将以实行二期农业开发项目为契机，依托农田道路、林网、水利等现代化农业生产条件，实施空前的农业结构战略性调整。其总体目标是：种植业中的经济作物播种面积占全镇农作物播种面积的比重达到30%；种植业耕亩平均增加值达到500元；在大农业内部，畜牧业产值所占比重达50%；林果业产值所占比重达到8%；个体私营业户达到1800户，个体私营企业达到115家；种植业劳动力占农村劳动力比重下降到35%；农产品商品率达到70%；农业科技贡献率达到60%；农民人均纯收入达到3581元。

围绕上述目标，着力抓好如下三大重点：

（一）大力调整优化种植结构。一是在去秋种植1万亩优质小麦（济南17号等）的基础上，2000年力争扩种到3万亩，使全镇优质小麦普及率达100%。二是在济青公路沿线发展龙山小米1万亩，并充分发挥这一传统特产和在'99中国国际农业博览会上被评为国际名牌产品的声誉优势，改善品质，改进包装，努力将名牌效应转变为产业效应。三是在潘王路沿线发展章丘大葱1万亩，并充分挖掘其增产增效潜力；四是在去年成功试种40亩大姜的基础上，通过赊销姜种、包销大姜和无偿提供技术服务等途径，努力扩大种植面积。五是在环镇路沿线发展以土豆为重点的保护栽培和立体种植面积5000亩以上。六是在去年试种成功100亩中华寿桃的基础上，2000年发展到300亩。七是通过组织参观、示范引导和技术服务等措施，发展双孢菇生产，现已落实50余户，20000多平方米，准备工作已经就绪，下一步将进入实质性进展阶段。八是加强与山东省林业厅的合作，加快东平陵故城内100亩名贵苗木繁育基地建设步伐。

（二）在畜牧业上搞突破。一是在去年畜牧小区达到30处的基础上，今年力争发展到50处，并逐渐形成规模化和产业化。其中，鑫龙公司养羊小区规模，2000年达到3000只，并逐年扩大。二是以品种改良为突破口，大力发展牛、羊、兔等食草畜禽产业。三是在强化常规防疫的基础上，重点做好牛、羊、猪的疫苗防治。四是加强与济南市农工商集团的协作，加快总投资260万元的奶牛基地建设步伐，培育农村新的经济增长点。

（三）大力发展个体私营经济。继续实施各项优惠政策和激励措施，加强引导，增加扶持、协调服务，努力壮大个体私营经济的规模和实力，使个体私营业户达到1800多家，个体私营企业达115家以上。其重点：一是积极完成三新电子有限公司“用电管理终端系统”等几项科技项目的开发。二是加快玉龙塑料厂新上两条PVC塑料板材生产线的开发，提高经济效益。三是完成瑞辉仪表有限公司的设备安装，使之投产达效。四是以章丘大电厂开工为契机，把总投资500余万元的济南鑫龙公司办成集饮食、娱乐、食品加工为一体的多功能、综合性经济实体。五是做好投资200万元的济南空调设备厂项目的引进、建设，培植新税源。六是积极创建中国龙山黑陶城。七是挖掘龙山贡米开发公司经营潜力，进一步扩大规模，提高效益。八是进一步增加龙山豆腐加工销售业户，力争年内达到400户。

三、农业结构调整工作的组织领导

农业结构调整关系全局，涉及面广，工作量大，加强组织领导尤为重要。为此，龙山镇成立专门班子，由镇党委书记董家华总负责，镇长李波主持全面工作，种植业、畜牧业和个体私营经济分别由分管领导组织有关部门的同志具体实施，各村也要成立相应的班子，按照镇党委、政府的总体部署，引导、发动和带领群众，更新观念，面向市场，扎扎实实地做好农业结构调整的文章。

在加强领导的同时，龙山镇将根据全市的部署，及时

与有关部门联系，为种植结构调整力度较大的农户提供农贷服务。具体说来，每发展一个蔬菜大棚，可贷款4000元，大姜、双孢菇等生产面积较大的农户，也可进行适量贷款，以引导和鼓励农民群众加大种植结构调整力度，促进该镇农业结构调整工作的顺利进行。

山东省莱芜市莱城区（生姜之乡）

莱芜市莱城区辖25个乡镇（办事处），906个行政村（居委会），总面积1920平方公里，其中耕地面积78万亩，人口97万，生姜种植面积12万亩。1999年全区农民人均纯收入3067元，其中生姜人均纯收入512元。

莱城区地处鲁中腹地，东临淄博，西连泰安，南靠沂蒙山区，北依省城济南。土地丰饶，土肥水足，是省内有名的“农业盛区”。盛产生姜、大蒜、鸡腿葱，统称莱芜“三辣”，是著名的地方特产。生姜已成为主要的纳税作物，葱、蒜也有几百年的种植历史。莱城区的生姜姜块肥大，皮薄丝少、辣浓味美、色泽鲜艳，耐贮藏，富含胡萝卜素、硫胺素、核黄素、抗坏血酸等多种成份。它不仅可以调味，而且可以生食、炒食、腌渍、糖渍和加工姜汁、姜酒、姜油等，同时还有很高的药用价值。1960年2月12日，在周恩来总理的指示下，国家农业部、商业部在莱芜召开全国姜、蒜、葱生产规划会议，将莱芜生姜列为名贵产品，这对莱芜生姜的种植起了很大的推动作用；1961年6月15日，山东省财委宣布莱芜为省属生姜、大蒜、大葱商品基地县；1987年，国家农业部批准在莱芜以高庄为中心，建立莱芜生姜生产基地；1996年12月生姜生产被国家科委列为国家级星火区域性支柱产业项目；1997年8月莱城区被中国特产之乡推荐暨宣传活动组织委员会命名为“中国生姜之乡”。

为了切实把这一传统优势变为商品优势和经济优势，1993年建区后，区委、区政府在充分调查研究的基础上，按照产业化的发展要求，提出了“叫响名牌，特产富农”的发展思路，将以莱芜生姜为主的“三辣”作为支柱产业，作为一项伟大的富民工程抓在手上，大刀阔斧搞调整，大力发展生姜为主的“三辣”生产，提高农业经济效益，增加农民收入，努力将该区建成全国最大的生姜生产和购销集销基地。在具体工作中：

一、抓调整，建基地。 该区坚持以比较利益算帐法、反弹琵琶法、自我保护法、质量取胜法、以外促内法和典型示范法作指导，在全区组织实施了“1135”工程，即发展10万亩生姜、10万亩大蒜、3万亩鸡腿葱、5万亩精细菜。通过几年的努力，全区种植业结构调整取得明显成效，以生姜为主“三辣”生产的规模化、区域化程度不断提高，科学化、多样化种植日趋普及，专业化、一体化格局初步形成，建成了以高庄、杨庄、羊里、寨里、大王庄、上游为主的生姜生产基地。1999年，全区生姜种植总面积发展到8万亩，平均单产2566公斤。2000年，种植面积超过12万亩，比上年增加4万亩，仅此一项，农民人均纯收入可达694元。许多农民讲：“你炒股我经商，不如农民一亩姜”。

二、抓科技，增后劲。 “科学技术是第一生产力”，区委、区政府始终把科技进步贯穿于生姜产业发展的全过程，与山东农业大学等大专院校、科研单位建立了长期合作关系，聘请国内著名生姜专家、山东农业大学徐坤教授为科技副区长，25个乡镇（办事处）全部配备了科技副乡镇长（副主任），90%以上的村配备了科技副主任。区里专门成立了生姜办公室，负责全区的生姜种植及加工技术推广、品种更新、技术培训以及产品销售系列化服务。全区12万亩生姜地膜覆盖率达100%，良种和脱毒技术、秋延迟技术逐步推广。科技推广促进了全区生姜生产的快速发展。亩产量较建区前的1992年增加了30%以上，高产攻关田亩产达5000公斤，最高达7178.9公斤。

三、抓加工，增效益。 区、乡两级集中资金、人才、技术，大力发展生姜加工业，重点发展了聚鑫食品有限公司、鲁进食品有限公司、金玉达食品有限公司、羊里通海食品公司、益宝果脯厂等龙头加工企业，其他加工企业750多家。先后开发出了染色姜芽、姜片、姜粉、姜油、姜脯、姜汁、姜干等多种产品，在国内外市场上畅销不衰。

四、抓流通，促销售。 市场农业，市场是决定因素。只有不断拓宽生姜产业的市场发展空间，提高市场占有率，才能让姜农得到更多的实惠。该区在抓好生产和加工的同时，不断强化流通队伍建设，大力开拓市场。区里先后制订了一系列优惠政策，在资金技术、信息等方面提供服务。1996年8月，区政府与北京市政府协商，专门为进京购销户办理了125张进京蔬菜绿色特别通行证，开辟了一条直通北京的绿色通道。区政府每年都对购销农副产品100万斤以上的大户进行大张旗鼓的表彰，让他们政治上光荣，经济上实惠，有力地促进了本区农副产品购销业的发展，常年从业人员达10万多人，年销售量在100万斤以上的农副产品购销组织104个，产品销往除西藏以外的全国各个省（市、自治区）。其中，北京大钟寺、左安门等农副产品批发市场生姜销售量的80%以上为莱城区的产品。出口到日本、韩国、东南亚及欧美市场。特别是在日本市场，该区的生姜及其加工产品很受欢迎。

五、抓宣传、塑品牌。 市场竞争就是品牌竞争。为切实将该区的生姜由地方传统名产培育成市场名牌，1993年10月，为莱城区的生姜注册了“鹏泉”牌商标。适应全球农副产品绿色化和要持续发展的新潮流，该区积极推行生姜绿色生产技术。经过严格检验，1999年，该区的生姜又被中国绿色食品发展中心命名为A级绿色食品。为进一步扩大该区生姜的知名度，这几年该区通过召开新闻发布会、现场观摩等形式进行了集中宣传。1999年11月，该区在北京成功举办了“中国生姜之乡”新闻恳谈会。

经过1993年建区以来的大发展，围绕生姜的种植、加工、销售，全区初步形成了一条具备一定规模的产业链，生姜已经成为该区的特色产业和增收富民强区的支柱产业。为进一步做大、做强生姜产业，1999年，该区委托中国人民大学金融与证券研究所就莱城区生姜产业发展进行了综合研究。按照现代企业制度，走以资本为纽带，以品牌经营为依托，以资本运作为核心的道路，制定了三年内至少建成十家销售收入过亿元、利税过千万的生姜加工企业，全区生姜种植面积达到30万亩的综合发展方案。届时，全区生姜总产量可达90万吨，年产值58.9亿元，出口创汇2亿美元，增加地方财政收入3亿元，实现利税9亿元。

联系地址：山东省莱芜市凤城西大街148号
联 系 人：李禄生　董瑞吉
联系电话：0634—6114187　61130969（传真）
邮政编码：271100

山东省兖州市前海乡（辣椒之乡）

前海辣椒有数百年的栽培历史，这里无论是气候还是土质都很适宜，明朝初就有种植辣椒的记载。如今的前海乡把丰富的传统种植技巧与现代科技知识融为一体，把规模生产与储存加工紧密结合，把当地市场与国内外市场充分联结，把辣椒发展成集生产、储藏、加工、销售、科研于一体的支柱产业、特色产业。前海乡4.5万亩耕地，有3万亩的辣椒种植面积，70%的群众从事辣椒种植、加工和运输业务，1999年，仅辣椒一项农民人均收入就达1800元。前海乡从自身实际出发，发挥地区资源优势，在辣椒种植、加工、销售等方面走出了一条新路子，主要做到了“四抓”。

抓基地规模。　按照产业化的发展思路，本着“上档次、扩规模、增效益”的原则，针对农民种植辣椒、土豆、西瓜等大路蔬菜的传统习惯，乡党委、政府因势利导，立足传统种植优势，把辣椒作为全乡的主导产业、特色产业来发展，不断扩大辣椒基地规模。同时，提倡和推广春秋两季种植及辣椒和其它经济作物间作套种的方法，在该乡的辐射和带动下，兖州市已成为全国有名的优质辣椒生产基地。1999年，前海乡被济宁市委、市政府命名为农业结构调整先进乡镇。

抓加工企业。　按照“抓龙头、促加工、推进农业一体化经营”的发展思路，利用当地辣椒资源优势，大力发展辣椒加工业，实现生产、加工、销售一条龙。以佳泰调味品有限公司为龙头，利用高新技术研制辣椒制品深加工。产品采用纯天然原料、纯物理加工流水线，经科学处理配制而成，生产工艺及营养结构符合国家规定的绿色食品标准，产品畅销全国30多个省、市，并远销美国、日本、南韩等十几个国家和地区。

抓市场销售。　按照“以市场为导向，以效益为中心”的发展思路，乡党委、政府千方百计打通辣椒通向国内外的绿色通道。一是搞好市场建设。动员社会各界力量先后投资300多万元建成并完善了高标准化、现代化的辣椒专业批发市场，全长1.8公里，宽92米，营业用房6000平方米，总营业面积10000平方米，年交易额达3000多万元。二是发展培育个体贩运大户。乡里对从事辣椒运输、贩运的个体工商户、外来客商，在办证、注册、交纳税费、子女上学等方面出台了具体的优惠政策，促进了辣椒贩运业的发展。目前，全乡从事辣椒运输的个体贩运户已发展到200家，而且有上海、南京、胶州等许多外地客商到前海安家落户，大大促进了该乡辣椒及产品的流通。

抓协会组织。　按照“依靠科技、强化服务、示范为主，服务于民”的原则，乡里先后成立了“辣椒种植协会”、“辣椒研究所”、“辣椒服务总公司”，辣椒协会目前已发展会员1000多人，规章制度健全，运行机制良好，为椒农直接提供产前、产中、产后服务，对全乡以及兖州市6万亩辣椒的生产与发展起到了积极的推动作用。辣椒研究所积极引进、培育、示范、推广新品种，加快新品种更新换代步伐，最大限度地挖掘品种增长潜力。经过努力培植出了辣、微辣、香、甜以及耐适型等五个种类，早、中、晚熟配套，共12个品种的辣椒新系列。这些新品种系列除了个大、肉脆、产量高以外，还适于全国各地种植。辣椒服务总公司，通过微机联网，主要负责为椒农们提供辣椒的综合管理、技术开发、科技推广和市场信息服务，使椒农在生产上有了支持，销售上有了保障。公司还利用现场辅导、观摩学习、发放明白纸等多种形式，把科技送到椒农手中，全乡基本实现了“村有科技示范户、户有科技致富人”。

前海乡物华天宝，人杰地灵，资源丰富，交通便利，日荷高速公路横穿全乡，西临嘉祥机场，东靠黄海沿岸，可上天下海，是有识有为之士共创大业，大展宏图的广阔天地，全乡广大干群诚邀四方宾朋来“辣椒之乡”考察指导，投资经营，共创前海之大业，共建前海之文明，共促前海之繁荣。

河南省内黄县井店镇

〔概况〕　河南省内黄县井店镇地处豫北平原，全镇3.8万人，4.5万亩耕地。在市场经济大潮中，该镇积极调整优化种植结构，大力发展温棚瓜菜生产，走出了一条经济实用，投入少，效益高的保护地栽培新路子。目前，全镇温棚达5 000多栋，育苗温室1 700多栋，达4 000多亩。该镇的温棚瓜菜种植模式被誉为“井店模式”，在豫北地区被广泛推广，产生了巨大的经济效益和社会效益。

“井店模式”是井店人民在省市农科院等科研单位指导下，学习借鉴山东寿光、河南扶沟等地种植经验创建的一种日光温室育苗，塑料大棚栽植的种植模式。这种模式，一是能充分利用日光搞好反季节生产，温棚瓜菜比露地瓜菜早上市30～45天；二是有效避免病虫害的发生，减少农药施用量，生产优质无公害瓜菜；三是塑料大棚相对投资较低，管理技术简单易懂，劳动力要求较少；四是能提高土地利用率，温棚瓜菜一年三收到四收，单位效益较高，因而这种模式受到农民群众的普遍欢迎，群众生产积极性高涨。

井店镇杜河道村全村人口1 500人，现有温棚1 080栋，户户收入超万元，村民杜流海，经营3栋温棚，年收入2万元以上，杨河道村农民杨清行1999年投资1.2万元，兴建两座塑料大棚，种植西瓜，当年收回全部投资，目前，全镇年产温棚蔬菜1万多吨，年产伊莉沙白香瓜，京欣一号、金钟冠龙西瓜5 000多吨，远销北京、天津、银川、武汉等大中城市。全镇农民人均纯收入达2 200元，其中温棚瓜菜的收入达65%以上。2000年以来，井店镇把温棚瓜菜作为经济发展的重中之重，从人员、资金、技术、信息等方面进行大力扶持，年底温棚瓜菜将达1万多栋。

〔塑料大棚建造及生产〕

（一）大棚骨架（按1亩计，下同）

立杆300根，1.4元/根，计420元；竹杆90根，5.0元/根，计450元；竹片180根，1.3元/根，计234元；铁丝50公斤，3.0元/公斤，计150元；薄膜95公斤，8.5元/公斤，计807元；压膜线7.5公斤，12元/公斤，计90元；合计2 151元。

大棚三膜一次性投资2 706元大棚骨架可连续使用6年，各层薄膜可滚动使用，每年淘汰更换一层膜，平均每年折旧750元左右。

（二）井店镇大棚一年三熟制种植模式

1. 蒜苗—黄瓜—秋豆角

2. 蒜苗—香瓜—早白菜

3. 蒜苗—番茄—秋黄瓜

4. 蒜苗—西瓜—西瓜

5. 蒜苗—西瓜—羊角椒

即：冬季可种蒜苗或香菜、菠菜；冬季收后种早春瓜菜；黄瓜、西瓜、香瓜、番茄；第三茬秋菜可以种秋豆角、早熟大白菜、秋黄瓜。

（三）茬口安排和种植季节

1. 蒜苗—黄瓜—秋豆角一年三熟制。蒜苗：白露前后下种或秋分——寒露种菠菜，香菜与蒜苗同一个季节播种。三种蔬菜都在春节前后上市。冬菜收获前，利用育苗温室育苗。大寒至立春下种，苗龄30～40天，3月上旬在大棚内定植，黄瓜拉秧前15天左右（芒种）——（夏至）套种秋豆角。

2. 蒜苗—香瓜—早熟大白菜一年三熟制，蒜苗收获，立春前5～10天，利用育苗温室育苗，苗龄35天左右，3月上旬大棚定植4月20号上市，6月底拉秧（或延迟7月下旬拉秧）；6月下旬套种或播种早熟大白菜，时间争取农历八月十五前上市，效益颇佳。

3. 蒜苗（菠菜）—番茄—秋黄瓜一年三熟制，在冬菜收获前，利用育苗温室元旦前后育苗，苗龄50～60天，大棚定植，小满拉秧后及时种植秋黄瓜，头伏上市。

4. 蒜苗—西瓜—西瓜一年三熟制，第一茬西瓜12月底1月初育苗，3月上旬定植，5月上旬收第一茬，6月中下旬收第二茬。

5. 蒜苗—西瓜—洋角椒一年三熟制，西瓜12月底1月中下旬育苗，3月份定植，6月底拉秧，7月中下旬育羊角椒，10月底收获。

〔经济收入与投资〕

1. 蒜苗—黄瓜—秋豆角一年三熟制。蒜苗亩产一般在2 500公斤左右，价格在0.8～1元/公斤，亩收入2 000～2 500元。当季投资约1 000元左右，（农家肥5方、鸡粪5方、二胺75公斤、硫酸钾25公斤、微肥2.5公斤、追尿素50公斤、蒜种600公斤），纯收入1 000元以上；春黄瓜亩产5 000公斤左右，平均价每公斤1元，收入5 000元左右，当季投资1 000元左右（肥鸡粪5方、复合肥75公斤、追尿素75公斤、病虫害防治与叶面肥开支450元），纯收入3 000～4 000元；秋豆角亩收入800～1 000元，田间投资150元，纯收入700元左右。

2. 蒜苗—香瓜—早熟大白菜一年三熟制。蒜苗收入投资同上；香瓜亩产2 000公斤左右，平均价每公斤1.5元，亩收入3 500元左右，投资1 000元以上（鸡粪5方、复合肥50公斤、钾肥25公斤、尿素25公斤、农药100元、种子300元），纯收入2 500元上下；早熟大白菜亩收入 1 500 元，田间开支 500 元，纯收入 1 000 元。

3. 蒜苗—番茄—秋黄瓜一年三熟制。蒜苗收入投资同上；春番茄亩产 5 000 公斤左右，每公斤 0.4 元，亩收入 2 000 元，田间投资 520 元（底肥鸡粪 4 方、复合肥 50 公斤、尿素 1 000 公斤、农药 100 元），亩纯收入 1 500 元以上；秋黄瓜田间投资 400 元，纯收入一般在 1 000 元左右。

4. 蒜苗—西瓜—西瓜一年三熟制。第一茬西瓜亩产 4 000～5 000 公斤，收入 5 000 元左右。第二茬西瓜收入 4 000元左右。

5. 蒜苗—西瓜—羊角椒—西瓜第一茬收入 5 000 元左右，羊角椒亩产 5 000 公斤，收入一般在 5 000 元左右。

河南省淅川县香花镇（辣椒之乡）

香花镇位于豫西南边陲，淅川县城东南约 60 公里，西濒亚洲最大的人工淡水湖——丹江口水库，并与河南省四大名寺之一的香严寺隔水相望；南交湖北省老河口市、丹江口市；东接邓州市；北连内乡县。全镇辖 29 个行政村，312 个村民小组，4.8 万人，沿丹江口水库呈带状分布，南北为浅山区，中部为丘陵，全长 60 公里，总面积 362.39 平方公里，其中丹江口水库水域面积 196 平方公里，耕地 10 万亩。

香花镇是一个移民内陆乡镇，1958 年因修丹江口水库，这里被划为移民区，人们陆续迁居这里，1967 年成立香花人民公社，1984 年 1 月改为香花乡人民政府，1994 年 10 月撤乡建镇。香花历史悠久，文化灿烂。这里是楚文化的发源地、境内龙城（已淹没于丹江口水库中）是楚国都城丹阳所在地。

1978 年，香花镇依据本镇多岗坡薄地的特点，从日本引进了“枥木三鹰椒”，试种 50 亩，并一举获得成功，亩收入高达 800 元，于是该镇便大力推广种植，1989 年发展到 2 万亩并成为该镇的主导特色产业。此后，镇财政收入和农民收入平均每年以 30 万元和 100 元的速度猛增。目前，该镇的小辣椒主导特色产业已经形成产业化，基地、市场、加工三个关键环节都得到蓬勃发展。农民收入的 70%和财政收入的 80%来自于这个产业。1999 年全镇小辣椒种植面积达到 8 万亩，粮经比由 8 年前的 8:2 调整到现在的 3:7，小辣椒年产量达 1 000 多万公斤，产值超亿元，并辐射带动周边三省 16 县（市）区发展辣椒种植 150 多万亩，形成了以香花为中心的大型小辣椒生产基地。经过多年的培育和发展，目前香花镇已经培育出了品质远远超过枥木三鹰椒原种的香花牌小辣椒，其具有角小、肉厚、色鲜、辣味浓、油分高等五大特点，倍受市场青睐。香花小辣椒现已享誉全国，1992 年荣获国际农业博览会金质奖，1994 年荣获部优质农产品奖，被南阳市确定为全市的支柱产业之一，统一组织对外宣传和贸易。1992 年，该镇投资 3 000 多万元建成了占地 300 亩，可容纳 240 家商户，集收购、交易、加工为一体的辣椒专业批发市场，1994 年 10 月被国家有关部门认定为“中国第一辣椒城”。辣椒城建成后，更加吸引了海内外客商纷纷云集香花，辣椒交易高峰，城内日客流量达 2 万余人，年交易量达 10 万多吨，交易额超过 8 亿元，年出口辣椒干角占全国出口总量的 40%，产品不仅畅销国内 20 多个省市，还远销到日本、美国、新加坡、东南亚、中国香港等 12 个国家和地区。目前，全镇已发展大小辣椒深加工企业 15 家，年加工辣椒干角近万吨，生产的“餐餐想”、“顿顿笑”、“久久香”等酱、粉、片、油 18 个品种在国内市场上供不应求。

一业兴百业旺，小辣椒特色支柱产业的发展，促进了香花镇镇域经济的腾飞和社会各项事业的快速发展。

综合经济实力大大增强。1999 年，全镇工农业总产值达到 3.8 亿元，农业产值 2.24 亿元；乡镇企业产值实现 3.02 亿元，其中工业产值 1.56 亿元；财政收入 600 万元，农民人均纯收入 2 100 元。综合经济实力在全县 16 个乡镇中位居第三。

后续产业发展势头强劲。除强力培育壮大小辣椒支柱产业外，香花镇依据资源优势，还重点培育发展了旅游、大枣、水产养殖三大后续产业，且都已取得成效。旅游开发势头良好，先后吸引了 10 多家客商到丹江沿岸洽谈、考察开发事宜，现已有香港特区、海南等 3 家客商正在丹江沿岸进行开发，海南“兴南国”旅行社投资 1 800 万元的南阳丹江旅游区接待中心已于 1999 年“八一”节正式开业；香港《中华工商报》有限公司计划投资 5 000 万元的中国楚文化丹江游览区也正在建设之中。日接待游客 2 000余人，年创收入近百万元。优质大枣生产规模基本形成。目前已在南北二山 7 个山区村完成酸枣嫁接 8 000 亩，在中部丘陵地带完成枣辣间作 1.2 万亩。2001 年准备再发展 2 万亩，争取 2 年内达到 5 万亩。水产养殖初具规模。目前在沿丹江库区村已发展网箱养鱼 1 000 箱和坑塘养鱼 5 000 亩，年产鲜鱼可达 25 万公斤，产值可达 300 万元，不久的将来，香花将成为辣椒、旅游、大枣、水产四大产业鼎立、竞相争艳的大发展局面。

集镇规模逐渐扩大。目前香花镇集镇面积已经由 1992 年的 0.5 平方公里发展到现在的 4.67 平方公里，围绕辣椒城，先后辟建了肉食蔬菜专业批发市场、商贸一条街、农机大世界、文化一条街、建材专业市场、服装专业市场、工业小区等一批专业市场，使集镇框架呈四纵四横格局。1995 年被南阳市确定为综合改革、发展、试点乡镇；

1996年被河南省有关部门命名为“中州名镇”；1999年被南阳市命名为“二星级小城镇”和“明星城镇”；1999年被河南省授予省级“文明集镇”称号。

文化、教育、卫生等社会各项事业飞速发展。全镇区有线电视和广播入户率分别达到90%和95%以上；集镇娱乐、休闲、健身等文化设施达百余家，农村民间艺术团体近500家；全镇中小学校共有32所，适龄儿童入学率达到100%，九年义务教育普及率达到90%以上；卫生医疗条件得到大大改善，修建了住院病房大楼和门诊楼，服务配套设施得到进一步完善，被命名为“一级甲等医院”。

社会大局稳定，计划生育稳步发展。社会治安综合治理工作连续5年被市、县命名为“模范单位”，几年来没有发生一起特大社会治安案件，社会政治环境良好，人民安居乐业；计划生育工作连续三年被市、县评为“先进单位”，计划生育率连年达到98%以上，出生统计符合率达到99%，出生率一直控制在14%以内。

今后，香花镇将在继续壮大培育小辣椒特色支柱产业的同时，着力培育旅游、大枣、水产三大后续产业，实现镇域经济再次腾飞和社会各项事业的更进一步发展。热诚欢迎国内外客商到香花经商贸易，投资开发。

联系地址：河南省淅川县香花镇党政综合办公室

邮　　编：474465

电　　话：0377—4525335　4525199

传　　真：0377—4525032

联 系 人：赵红伟

漯河市汇通肉食品有限责任公司

漯河市汇通肉食品有限公司是一家集肉食品加工、冷藏、销售为一体的具有独立法人资格的进出口生产企业，现有职工420人。公司以冻乳猪、冻猪分割肉、牛肉、猪肉食品、低温制品为主导产业，并经营房地产开发、食品专卖、包装材料制造等。

公司于1998年5月通过俄罗斯动检注册，1998年6月经河南省进出口商品检验检疫局批准为出口注册厂库；1999年1月28日一次顺利通过ISO9002国际质量体系认证。1999年8月经国家有关部门批准为自营进出口企业。

公司生产的冻猪分割肉、冻乳猪主要销往俄罗斯、中国香港、澳门等国家和地区。1998、1999连续两年被评为市“出口创汇先进企业”。1999年7月，经中国工商银行河南资信评估有限公司专家委员会评定，信用等级为AAA级。

汇通肉食品有限责任公司地处中原，猪、牛资源十分丰富，且品种优良，是理想的供货基地。董事长兼总经理郭号召携全体员工竭诚欢迎国内外客商前来投资、洽谈，共商贸易！

项目招商：

1. 项目名称：日屠宰分割生猪5 000头及配套5 000吨冷库技改项目。
2. 预计投资：5 000万元。
3. 主要产品：冻猪分割肉。
4. 年　产　量：3亿吨。
5. 投资回收期：4年。
6. 投资利润率：31.6%。
7. 对方投资方式：资金投入。

联系电话：0395—2126236

传　　真：0395—2156888

地　　址：河南省漯河市漯舞路106号

邮　　编：462000

E-mail:lhht@public.lhptt.ha.cn

联 系 人:王新建

湖北省广水市（吉阳白蒜）

一、栽培历史

吉阳白蒜是广水市的名特产品，栽培历史悠久，距今468年前的明嘉靖县志记载就有种植。吉阳白蒜以其个大、皮薄、肉嫩、色白、瓣匀、味甜辣、大蒜素含量高、横切面呈菊花状等特点，誉满国内外市场。吉阳白蒜不仅在国内市场有着极大的竞争力，而且还畅销日本、马来西亚、泰国、新加坡、中国香港等。70年代，日本田中首相访问中国时曾向周恩来总理提到过，并要求增加向日本的出口量。

吉阳白蒜及其加工产品具有消毒杀菌、抗动脉硬化、治癌之功效。对多种细菌有强烈的杀伤力，可用来预防和治疗呼吸、消化系统的多种疾病。对肺炎、结核、高血压、动脉硬化、肠癌等有较好的疗效。同时，它还可以治疗肥胖症，预防血栓性疾病等。

正因为吉阳白蒜特色优势，在参加“99中国国际农业博览会”时引起了国内外客商的青睐，并被“99中国国际农业博览会”组委会授予名牌产品称号。

二、生产现状

吉阳白蒜在该市广泛种植，常年植蒜面积在10万亩以上，年产蒜砣7万吨、蒜薹8万吨。吉阳白蒜的种植及系列产品的加工与应用是该市广大农民脱贫致富的主要途径之一。近年来，市委、市政府高度重视吉阳白蒜的生产与加工，具体措施有：

1. 成立了广水市大蒜科学研究所。该研究所随时掌握着国内外大蒜生产、加工领域的最新科研动态，结合吉阳白蒜的实际种植情况，从品种改良，优质高产、高效栽培技术研究到产品的加工转化增值方面，探索提高种植吉阳白蒜经济效益和社会效益的有效途径，为该市的大蒜产业化提供科技服务。

2. 建立了优质吉阳白蒜种植基地。以李店、太平、十里、城郊、骆店、陈巷、关庙、杨寨、蔡河9个乡镇为生产基地。1999年发展吉阳白蒜12万亩，2000年达到15万亩，2005年将达到20万亩。

3. 组建了广水市吉阳特产集团。该集团主要任务就是为吉阳白蒜的产业化工作——以市场为导向、以效益为中心，围绕区域性主导产业，按照“市场牵龙头、龙头带基地、基地连农户”的模式，优化配置生产要素，形成种养加产供销、贸工农一体的生产经营体系。为加快实现该市的农业现代化进程服务。

为了提高吉阳白蒜的产量和质量，增加吉阳白蒜在国内外的知名度和市场占有率，加大吉阳白蒜出口创汇率，提高种植吉阳白蒜经济效益和社会效益。他们申报的“优质吉阳白蒜大面积高产栽培技术研究”被湖北省科委列为重点科技研究项目。该项目成功实施后，将使吉阳白蒜的薹、砣产量每亩分别增加100至150公斤，蒜薹提前上市5~10天，薹、砣出口比例在原有基础上增加5~10个百分点。

三、加工情况

1987年该县建立了一座年加工5 000吨大蒜、生产4个系列产品的加工厂，经济效益和社会效益十分显著；近年来，随着对吉阳白蒜研究的日益深入，它在医药上治疗肠胃疾病疗效显著，对预防动脉硬化、癌症、肺炎、痢疾、结核、脑膜炎、高血压等效果较好；在食品加工上用途更加广泛，大蒜粉、大蒜片、大蒜汁用于火腿、香肠、面包等食品；在化工等方面用于高级化妆品配料；在畜牧方面是畜、禽、鱼、饲料的优质添加剂；还是保健食品、保健饮料的优良配料等，这些都为大蒜系列产品的深度开发开辟了广阔的市场。为此，该县正在扩大加工规模，在原大蒜加工厂的基础上组建了广水市吉阳集团吉阳白蒜加工有限责任公司。该县申报的“吉阳白蒜系列产品加工”项目被湖北省计委列为重点项目，现已开工建设。该项目的主要原料是吉阳蒜砣。计划建成四条生产线：一是蒜汁、蒜晶、蒜醋汁生产线。年加工蒜砣5 000吨，生产综合产品1 000吨；二是蒜油生产线。年加工蒜砣3 000吨，产蒜油30吨；三是腌渍生产线。年加工蒜砣1 000吨，成品800吨；四是大蒜饮料生产线。年加工蒜砣1 000吨，成品500吨。四条生产线每年可生产加工蒜砣1万吨。经过核算，四条生产线全部投产后，可实现销售收入6 880万元，纯利1 021万元。

湖北恩施宏业魔芋开发有限责任公司

湖北省恩施宏业魔芋开发有限责任公司成立于1999年7月，注册资金170万元人民币，是一家专业从事魔芋深度开发的私营股份制企业，集魔芋产品的科研、生产和营销为一体。作为中国首家魔芋超微粉生产厂家，公司现拥有6条普通精粉生产线和2条高纯度葡甘聚糖生产线，年生产纯化、微化粉1 500吨。为繁育优良的白魔芋品种，宏业公司投巨资建成占地5 000多亩的宏业庄园。公司作为全市乃至全省的魔芋产业龙头企业，正成为中国魔芋加工行业中迅速崛起的一颗明星，在社会各界引起广泛关注，并于1999年被州政府评为“全州十强”乡镇企业。

公司自从挂牌之日起，就以“依新发展、凭高制胜、创民族牌、铸民族魂”为企业理念，依据“以人为本”和“科技为先”的指导思想汇集了大量在同行业中具有先进水平的科研、管理人才，塑造了一支锐意进取、高效严明的员工队伍。公司董事长向发业，根据自己多年积累的经验，不断进行科学实验，终于研究出魔芋深加工“15304095”纯化新工艺，为魔芋产业的发展注入强劲的生命力，在中国魔芋行业引起强烈反响，宏业公司因此具有了较高的知名度和美誉度；向发业也被同行推选为中国魔芋协会理事、恩施魔芋协会会长。

宏业公司坚持运用高新技术开发魔芋系列产品，经过全体员工的共同努力，公司的主导产品葡甘聚糖成功的克服了国内普通精粉多色素、多生物碱、多淀粉等杂质以及多纤维分支不易膨化等“四多”弱点，在葡甘聚糖含量、黏度、粒度等主要质量指标及其他卫生指标上位居同行业前列，并达到国际先进水平。有中国硒都之称的恩施市，生产的魔芋具有纯天然、无污染、富含人体必须的微量元素——硒等特点；加工生产的系列精粉具有优良的速溶水性、增稠性、凝胶性等理化性状，并有降血糖、降血脂、减肥、防癌等保健功能，在食品、医药、化工等领域发挥着巨大的作用。目前，公司已成功开发出“龙希”牌膳食纤维源胶囊，经临床试验表明，该产品对润肠、通便、减肥以及降血糖、血脂有显著作用。

魔芋作为恩施山区重要的植物资源，是一种极具开发潜力的经济作物。1998年湖北省人民政府发布了关于大力推进魔芋产业化的决定，号召鄂西山区大力开发利用魔芋资源，迅速推进魔芋产业化进程，变资源优势为经济优势，确保“八七”扶贫攻坚计划目标按期实现。为此，湖北省各级政府大力扶持魔芋深度加工项目，在市委、市政府主要领导直接指导下，宏业公司在龙凤镇创办了宏业农庄，建立起了白魔芋繁育基地。公司以振兴民族经济为已任，切实发挥企业联系农户与市场的桥梁作用，为恩施市义务培训专业技术人员1 500人次，并于1999年10月底派出240余人到各乡魔芋生产基地巡回指导。这些举措使恩施市魔芋产业科技含量有了实质性的提高。

中国正值西部大开发，又将加入世贸组织，良好的政策环境与自然区位优势为中国西部魔芋资源的开发提供了绝好的发展机遇；湖北作为魔芋的主产区之一，为社会各界有识之士投资恩施提供了强有力的资源和政策保障。西部开发必须紧跟国际市场脉搏，以高起点、高科技含量，全方位进行资源纵深开发，尽可能大的发挥资源效能。产品开发上必须面对国际市场，与国际市场接轨。本着这一发展思路，宏业公司积极拓展国际市场，目前，宏业公司的产品已销往日本、韩国及国内十几个省市、自治区。

为抓住稍纵即逝的市场机遇，宏业公司不断拓展市场空间，在广泛周密调研的基础上，瞄准了俄罗斯及欧美的广阔市场；公司进一步加大科研力度，以魔芋大众保健食品开发生产为主要突破口，逐步向纵深发展，全方位开发，最终渗透、拓展到环保、医药、化工、纺织、造纸等广阔领域。宏业公司以建成高新技术企业，以高新技术产品迎接WTO，挑战国际市场，进而带动地方经济发展为目标，将恩施魔芋产业化进一步推向深入。

现代医学证明，魔芋葡甘低聚糖具有显著促进人体和动物肠道内双歧杆菌为代表的有益细菌的增殖等多种生理功能，研究和开发魔芋葡甘低聚糖对提高人类健康水平具有重要意义，必将拥有广阔的消费市场。宏业公司针对这一优势与有关高校专家签定了合作协议，共同开发具有重要生理活性功能的魔芋葡甘低聚糖。目前，这一课题已进入正式实验研究阶段。届时，一个以魔芋葡甘低聚糖为核心的产品类群将从宏业公司走向国际市场，参与国际竞争。

湖北省浠水县粮食局油厂

浠水县粮食局油厂位于县城西侧的浠水河畔，始建于1979年，是生产食用植物油专业厂家，也是该县农业产业化发展的龙头企业。现有固定资产原值800万元，现值2 100万元，拥有一条日产量50吨浸出油生产线和15吨油脂精炼生产线。厂区占地面积4万平方米，其中生产厂房1.8万平方米，仓储能力2 000万公斤。现有职工270人，其中专业技术人员30人。年创产值3 000万元，利税200万元。主要产品有色拉油、高级烹调油、二级菜油、棉油、豆油、麻油、小磨香油等，产品主要销往鄂东地区及武汉、南昌、九江等大中城市。

近几年，油厂抓住县委、县政府发展“双低”油菜生产的契机，大力推行“订单农业”，“双低”油菜籽合同收购数量占收购总量的80%，2000年收购“双低”油菜籽2 000多万斤。同时，为打好浠水的“双低”品牌战略，形成“双低”拳头产品，油厂注重提高产品的科技含量，与华中农业大学合作开发的“双低”油菜籽优质烹调油产品，深受顾客青睐，参展“武汉全国粮油商品贸洽会”和“广西南宁新产品博览会”，受到专家称赞和肯定。2000年，又与中国农业科学院油料研究所进行科研合作，投资近100万元，对油脂精炼设备进行技术改造，生产的“双低”菜籽色拉油经中国农业科学院油料研究所和农业部油脂检测中心检测鉴定，各项技术指标都达到国家标准。开发生产的“双低”油菜籽色拉油、烹调油等系列产品，含有人体必需的多种氨基酸，有药用价值，利于人体吸收，是老少皆宜的“绿色保健食品”，市场前景广阔。

近几年，油厂不断深化企业改革，积极转换经营机制，在经营管理上实行“三能三制”。干部能上能下，厂长向社会公开招聘，中层干部由厂长聘任，实行干部聘任制；职工能进能出，采取竞争上岗，实行用工合同制；分配上能多能少，工资联量联质联效，实行分配效益制。改革给油厂的生产、经营、管理注入了活力，并屡获殊荣。1993年在全省同行业质量评比中产品质量名列第三名；1995年被省粮食局授予先进单位，并获得全市“百强企业”称号；1997年“双低”烹调油被评为省粮食系统优质产品，并荣获“浠水县八强企业”称号；1999年被县政府授予“五强企业”称号。

广州市农业科学研究所广州蔬菜研究中心

广州市农业科学研究所成立于1960年，是广州市成立最早的市属农业研究机构。广州市蔬菜科学研究所是于1980年在原广州市农业科学研究所蔬菜研究室的基础上成立的专业性科研所，于1985年与农科所分开并成立广州蔬菜研究中心。1999年12月，两所根据改革和发展的需要，按照优势互补、同类专业合并的原则，进行资产和人员重组，成为综合性农业科研所，定名为广州市农业科学研究所，同时挂广州蔬菜研究中心牌子，作为广州市属科研所试点单位之一。试点期间，保留广州市蔬菜科学研究所的名称。

该所现有干部职工194人，其中干部112人，工人82人，干部中，专业技术人员95名，其中具高级技术职称的有13名，具中级职称的有45名。全所设18个机构，分为管理、科研和经济开发三个系列，分别下设4个管理职能科、8个研究室和6个开发部。主要从事蔬菜、水稻、旱作物和其他经济作物的新品种选育与引进、丰产栽培综合技术、生物技术的研究；农化及植物生理生化分析和农产品及农业环境监测；作物新品种、新技术的示范推广和培训、咨询服务；以自身科技实力和科研成果为依托，着力加大良种种子种苗和优质农产品的开发力度，把科研成果迅速转化为生产力，在取得良好的社会效益的同时，创造较大的经济效益，以增强自身经济实力，促进科技事业的发展。

在上级的大力支持下，该所的科研条件不断改善，目前已拥有较先进的科研仪器设备和生产设施，如各种分析测试和生物技术仪器设备，种质资源低温库和种子贮存冷库，田间各种大棚及保护性栽培设施等。该所于1996年建成国家农业部下达的“广州蔬菜优良品种引种基地”，1999年建成“国家级农作物品种区域试验站”，1999年建成“广州市农业标准化监测中心蔬菜产品质量检测站”，中心实验室于1999年取得广东省技术监督局的计量认证。

该所现有固定资产3 000多万元，占地583亩，其中科研生产用地290亩，有完善的排灌道路系统，有较为先进的科研、生产设备设施，拥有各类大小温室（棚）138座，总面积26 070平方米、遮阳网高棚总覆盖面积33 432平方米，种质资源低温库和种子贮存、农产品保鲜等不同用途的冷库4座，总容积为639立方米。中心实验室拥有总值超过500万元，具有20世纪90年代先进水平的分析测试仪器设备，能承接所内外土壤、水质等农业环境因素的分析监测和植物生理生化分析及农产品品质检测。已在广州市郊区建成农作物品种繁育示范基地200亩。

该所科技实力和技术贮备较为雄厚，经济实力较强。拥有蔬菜、水稻、特用玉米等作物的种质资源近3 000份，育成品种70多个，其中有水稻：矮齐占、荆香糯、穗优占、穗科占等；蔬菜：四九菜心—19号、穗新1、2号苦瓜、冠星节瓜、夏绿丝瓜、12号莱豆、年丰番茄、辣优4号辣椒、紫荣长茄等；甜玉米：穗甜1、2、3号等。年开设市、省、部级科研课题20多项，已获科研成果50多项，获省、市科技成果奖励的科研成果共86项次。成果累计推广面积900多万亩，新增社会效益10亿多元。目前每年生产蔬菜、超甜玉米等优质种子18万公斤以上，可推广种植面积80多万亩；优质水稻良种和技术推广面积100多万亩；优质良种香蕉组培苗的年生产能力达400万株以上。该所的优良品种已在华南地区广泛种植，并逐步推广到全国。

随着科技体制改革的不断深化，该所将沿着科技产业化、管理企业化方向发展，努力建设成为农业科技创新源头的市属农业科研所。热诚欢迎社会各界人士、国内外同行前来进行科技交流、洽谈业务，携手合作，开创未来。

地　　址：广州市新港东路151号
邮　　编：510308
联系电话：(020) 84217542　84215921
传　　真：(020) 84217542

广东省曲江县马坝油黏米业有限公司

马坝油黏米历史悠久，源远流长，乃朝廷之贡品。因其米质上乘，色泽晶莹，饭味香滑可口而驰名中外。

据考证，十万年前，“马坝人”就在狮子崖岩石间隙辛勤耕种，流传至今。

“白马”牌马坝油黏米是经全自动化加工，电脑选色，科学配方，年产量1.5万吨的优质大米。已连续荣获第二、三届全国农业博览会金奖和名牌产品奖，成为全国名优大米之一。产品备有2.5千克、5千克、10千克、15千克、25千克、50千克等各种包装，供君选购。

“白马”牌马坝油黏米米饭香滑，软硬适中，是家中所需，筵席必备，送礼首选之佳品。煮饭免淘米，水量以“一份米一份水”为好，亦可随意增减，倘若一试，定可让您品尝到上乘“白马”靓米饭的特色。

曲江县马坝油黏米业有限公司始建于1996年10月，公司位于县城府前中路，公司性质属股份制。公司现有人员120人，其中高级工程师1人，农艺师12人，销售人员62人。拥有固定资产4 100多万元，具备年产2万吨的加工厂，每年种植优质谷基地10万亩，收购油黏谷2.5万吨，销售油黏米1.4万吨，年销售收入1.1亿元，税利1 200多万元。公司实行“公司+基地+农户”产、供、销一条龙的服务，带动2万多户农民致富，户年均增收1 000多元。

地　　址：广东省曲江县马坝镇府前中路七号
网　　址：http: //agri-sg. gnet. gtcn
电子邮箱：hqiyi@21cn. cdm
电　　话：(0751) 6680838　6680268
传　　真：(0751) 6675738

广东省惠阳市（梅菜之乡）

广东惠阳矮陂梅菜是岭南土特名产，历史悠久，享誉中外。据《惠阳志》记载，明朝后叶已开始生产制作梅菜，至今有400多年历史。全镇现有梅菜种植面积1.4万亩，总产可达2.2万吨。梅菜收入占农业总产值的45%，成为该镇的支柱产业。1995年惠阳市获全国首批百家特产之乡——“中国梅菜之乡”称号。

惠阳矮陂梅菜品种繁多，主要有惠阳市绿兴开发公司生产的“梅菇牌”和惠阳市绿色食品公司生产的“悠久牌”系列产品，其色泽棕黄、芳香浓郁、营养丰富、口感嫩脆、风味独特。据测定：蛋白质、糖分含量均在5.6%以上，并含有多种维生素、17种氨基酸及锌、镁等7种人体所需的微量元素，具有消滞健胃、降脂、降压等保健功效，“梅菇牌”获美国食品管理局认可，被定为“天然健康食品”。1995年荣获中国农业博览会银奖，1996年获美国FDA认证。1999年“悠久牌”列为惠州市（地级市）龙头企业并被中国国际农业博览会指定为参展产品。

近年来，该镇走梅菜生产产业化道路，依托名牌效应，推出系列精美包装的甜、咸、麻辣和即食梅菜，以及原汁小袋装梅菜等新产品，提高市场竞争力，竭诚为广大消费者服务。

海南省琼海市（胡椒之乡）

〔概况〕 琼海市位于海南岛东部，地处北纬18°58′至19°28′，东经110°07′至110°40′，土地总面积1 692平方公里，总人口44万，其中农业人口32万，农村劳动力14.5万。年均降雨量2 070毫米，年平均温度23.9℃，终年无霜冻，属亚热带海洋性气候。境内土壤主要以酸红壤为主，具备发展热带经济作物的各项条件。

据统计，截止1999年底，琼海市胡椒总种植面积达到9.9万亩，占当年全省总面积的37.6%，占全国种植面积的32.1%；产胡椒干果6 452吨，占全省当年总产量的38.4%，全国的31.8%。总产值3亿元，占当年农业总产值28.6亿元的11%。仅胡椒一项，全市劳力人均纯收入1 034元，占当年农民纯收入的1/3。琼海市产的胡椒产品98%为白胡椒，少量为黑胡椒，也有部分企业将胡椒粒加工成胡椒粉销售，胡椒产品不仅畅销全国各地，还大批量出口亚、欧、美20多个国家和地区，胡椒已成为琼海农村重要支柱产业，琼海是全国名副其实的“胡椒之乡”。

胡椒原产于印度西南部的热带雨林，后逐渐转入马来群岛、斯里兰卡、印度尼西亚，现已遍及亚、非、拉20多个国家和地区，人工栽培已有2000多年的历史。1947年，爱国华侨王裕文从马来西亚带回几株胡椒种苗，定植在自己的家乡琼海市温泉镇加超村。这是中国引种的第一批胡椒种苗，至今仍有1株存活，且枝叶繁茂，每年果实累累。1951年爱国华侨郑书宏从马来西亚引进了大叶种胡椒，在家乡琼海市塔洋镇试种，从此胡椒开始在琼海大地繁衍，并不断扩大种植。

从爱国华侨王裕文先生引进的第一株椒苗起至今已有半个世纪，在这漫长时间中，胡椒以其自身价值逐步发展成为一项重要产业。十一届三中全会以前，胡椒种植全部分属生产队、生产大队、人民公社集体所有，种植主要采用低投入、低水平管理方式进行，发展也较为缓慢。胡椒属多年生攀援藤本植物，这一时期种植的胡椒主要采用木柱定植，株高一般不超过1.8米，也有少部分椒园不用立柱栽培（当时称这种椒为“结果椒”）。在低管理水平条件下，胡椒产量较低，效益较低，发展缓慢。到1979年底，全市胡椒种植面积为1.9万亩，相当于1999年的19%。随着人民公社的改制，农村实行家庭联产承包责任制，广大农民发展生产的积极性空前高涨，加上这一时期琼海市人民政府及时制订颁发了一系列土地承包管理政策，鼓励农民垮地区承包土地发展生产，促使这一时期胡椒种植得到较大幅度的发展。胡椒由集体种植为主转为以家庭种植为主，一般农户定植300~500株不等，石柱、水泥柱定植获得普遍推广，植株体型也比原来高大，管理手段也逐步规范科学。进入90年代，一些企业、大专业户开始转向投资经营百亩甚至几百亩规模的椒园，管理科技水平日臻完善，喷、滴灌技术，应用微量元素钼酸铵、植物生长素、高美施有机液肥，土壤和叶片养分分析，指导施肥等先进技术得到推广，采用高立柱培养高产树型，在这一时期得到大面积推广。

〔发展胡椒生产〕 发展胡椒生产是农民走上脱贫致富的一条重要途径，而胡椒具有“怕冷、怕旱、怕渍”的特性，对栽培条件要求十分苛刻。多年来，琼海市人民政府一直把发展胡椒生产定位在“科教兴椒”上。

（一）不断加大对椒农培训力度。

市政府每年都投入大量的人力、物力、资金对全市椒农进行培训。每年培训人数都不下于2万人次。不仅组织本市专业技术人员下乡镇办班培训，还根据各个时期不同需要从中国热带农业科学研究院、中国热带农业大学、海南大学等大专院校科研部门聘请有关专家前来讲课，开办讲座，接受咨询，帮助椒农解决生产中遇到的各种问题。从1995年起，琼海市人民政府又通过实施“绿色证书”工程，对椒农进行岗位资格培训，先后印刷胡椒专业教材1万多份发给学员。到1999年底，全市已有602名椒农通过考试、考核，领取了“绿色证书”。许多“绿色证书”学员已成为乡村胡椒种植行业的“领头雁”。如1999年文市乡胡椒新科状元吴秀元、洪礼中、李番臣、吴直雄4人种植的胡椒平均单产比当地农民高出1倍以上。

（二）组织胡椒专业协会，广泛开展群众性科技活动。

为加强椒农之间横向技术交流，早在1986年，琼海市就成立了胡椒专业协会，时任县委书记的农业专家袁其祥亲任名誉会长，23名理事中10名为县热作局专业技术人员，13名为农民技术员。各乡镇还分别成立了分会，通过胡椒协会，组织椒农定期或不定期开展各种活动，交流经验，研讨问题。从 1999 年开始，市政府又确定每年的 8—9 月在全市开展“胡椒生产月”活动。在这期间，市各部门通力协调配合，如妇女通过开展“双学双比”活动，市共青团开展“青年科技标兵”活动，扶贫办开展对口扶贫活动等和“胡椒月”活动结合起来，开办讲座，接受咨询，开展竞赛，印发材料，普及胡椒科学知识。据统计，1999 年的“胡椒月”活动全市培训农民 105 期，11 252人次，仅当年全市新植胡椒就达到 38 152 亩，创下了历史新高。

（三）推广新的科学技术，把胡椒种植提高到新的水平。

琼海市热作服务中心的科技人员在长期的实践、探索、借鉴国内外先进的科学理论过程中，总结制订了一套较为完整的胡椒栽培管理规程，并通过培训、技术示范在全市广泛推广。近几年来，他们先后引进推广了土壤、叶片养分分析指导配方施肥，低产椒园改造，高立柱高产椒园培育，如何缩小胡椒大小年差距等新技术，有效地大面积提高全市胡椒单产。该市 70 年代胡椒平均亩产为 20 公斤/亩，80 年代为 60 公斤/亩，90 年代末为 137 公斤/亩。部分高产的甚至达到 500 公斤/亩，相当于 70 年代的 25 倍。琼海市已先后有多项推广成果获得国家、省级颁奖，其中“胡椒高产综合技术”获 1991 年全国星火计划四等奖，1990 年海南省科技进步一等奖；“高美施有机液肥在胡椒生产上的应用推广”获农业部 1998 年农牧渔业丰收计划三等奖。

“九五”计划期间，琼海胡椒迅速发展，总种植面积和产量比“八五”计划末期增长了 72.3% 和 14.4%。根据市制定的“十五”规划目标要求，“十五”期间全市胡椒要发展到 18 万亩，实现全市农村人口人均 0.5 亩胡椒，总产胡椒干果 2.3 万吨，按这一产量计算，到时全市农村人均将有 1 400 元的胡椒收入，籍此巩固琼海市做为中国最大的胡椒生产基地地位。

琼海市历年胡椒面积图(亩)

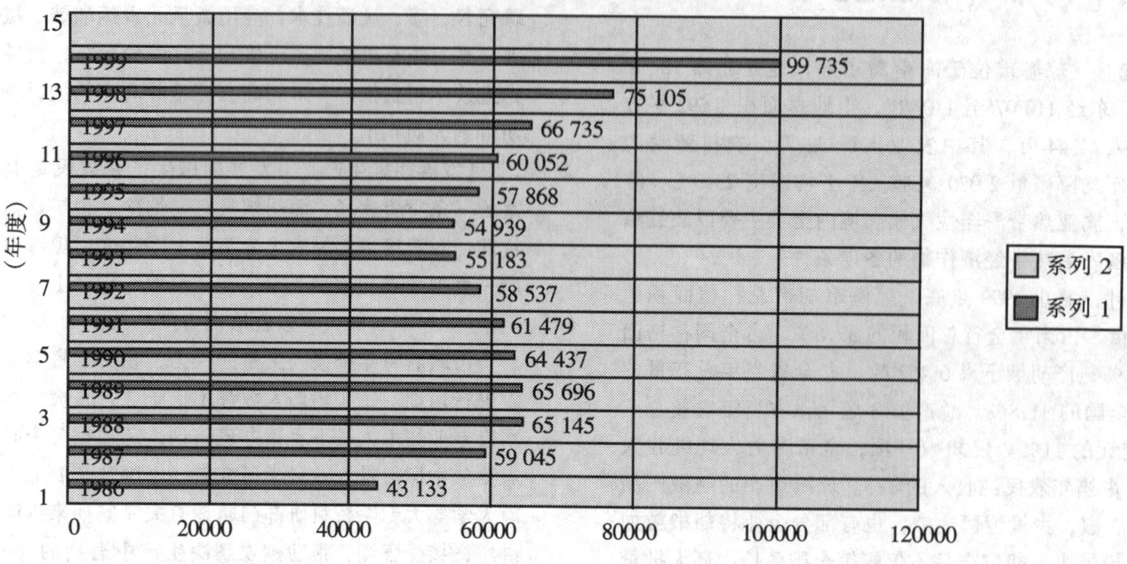

重庆市涪陵区（榨菜之乡）

〔概况〕

涪陵位于长江与乌江交汇处，新时器时代已有人类繁衍生息。涪陵因乌江古称涪水，巴国陵墓多葬于此而得名。涪陵公元前 277 年置枳县，隋置涪陵县。唐、宋、元、明、清置涪州。中华人民共和国建立后，1950 年 1 月置川东行署涪陵专区，1968 年改称涪陵地区，1995 年 11 月改为涪陵市（地级），1998 年 6 月改设重庆市涪陵区（地级）。

涪陵区域面积 2 946 平方公里，辖 2 个开发区，44 个乡、镇、办事处。1999 年末总人口 110.13 万人，其中城镇人口 23.08 万人。

涪陵属中亚热带湿润季风气候，地貌以丘陵、低山为主，海拔高落差大，在 138 ~ 1980 米之间，立体气候明显，常年平均气温 18.1℃，平均降水量为 1 072 毫米，无霜期 317 天，日照 1 248 小时，具有雨热同步，温湿适度，水热充足的特点。

涪陵区内物产十分丰富。有植物资源 4 000 余种，其中中药材 946 种；森林面积 90 多万亩，覆盖率为 21%；栽培作物品种多，主要有水稻、玉米、小麦、青菜头、油菜、烤烟、苎麻、红心萝卜等30多个品种，尤以青菜头最为著名，是生产涪陵榨菜的良好原料，红心萝卜极具特色，为提取天然色素的上佳原料。有动物资源250余种，其中饲养畜禽种类较全，“涪陵水牛”是国内著名的地方良种。目前，区内已探明的矿产资源26种，尤为煤炭、天然气、石灰石、铁、铝土矿储量大，品位高，易开采。

1999年，涪陵区国内生产总值63.34亿元。其中第一产业增加值8.93亿元；第二产业增加值31.72亿元；第三产业增加值22.69亿元。全社会劳动生产率为10 455元。地方财政收入4.35亿元。以榨菜、饮料为主的食品工业，以中成药为主的医药工业，以化肥为主的天然气化工业，以苎麻、丝绸为主的纺织工业，以汽车、摩托车配件为主的机械工业已成鼎立之势。1999年全区工业效益综合指数为133.95%，在重庆市名列第一。其中14家重点企业经济效益综合指数达162%，有6家企业成为重庆市工业50强。太极集团、涪陵建陶、三爱海陵三家企业股票已成功上市，是全国知名的企业集团。

1999年，涪陵区有区级独立的科研机构5个，大中型企业技术开发机构22个，各类专业技术人员31 019人。“八五”以来，涪陵共获省（市）级科技成果奖100余项，国家科技成果奖1项，创直接经济效益3亿多元；受理专利申请77项，专利授权27项；组团参加25次全国性技术交易会，技术交易金额累计达3亿多元。“九五”以来，涪陵组织实施国家、省（市）级项目50项，并开展了“科教兴涪百项工程”、“信息产业试点区”、“科技示范区”三大科技工程，累计投入超过10亿元，有力地促进了经济发展。到1999年，全区科技进步对经济增长的贡献率已达40%。

目前，涪陵区有文化事业机构13个，从业人员236人。有中短波广播发射台和转播台1座，广播人口覆盖率为95%；有电视发射台和转播台1座，电视人口覆盖率为93%。基本实现了村村通广播、电视的目标。涪陵区文化底蕴厚重。尤以“巴文化”、“易文化”、“榨菜文化”神秘诱人，开发潜力大。

〔涪陵榨菜的发展成就及经验〕

1. 为何发展涪陵榨菜

一是青菜头（榨菜原料）生产具有周期短，见效快，投资少，收益高等优点。青菜头本田生长期仅120天，是大春作物的良好前作，同时能有效利用冬闲田土。二是青菜头除可供加工和鲜食外，嫩菜叶可作腌菜，老菜叶可作饲料和肥料，腌制青菜头的盐水是生产榨菜酱油的优良原料，同时，栽植青菜头的土壤，质地疏松，有机质含量高，不瘦地，有利于大春农作物增产增收。三是有利于调整农业种植结构，提高农业效益，增加农民收入。青菜头亩产在2吨左右，收入300～500元，远远高于其他小春粮食作物。

2. 涪陵榨菜的发展成就

榨菜作为涪陵区著名特产，其常年种植面积、产量占全国的一半左右。1999年，涪陵区青菜头种植面积为24.8万亩，产量为35.8万吨，种植收入1.65亿元，占农业总产值的17.6%；加工成品榨菜15万吨，实现销售收入5亿元，占全区国内生产总值8%；实现利税4 000余万元。榨菜产品主要分为三大包装系列：一是传统坛装榨菜；二是小包装精制方便榨菜；三是听、瓶、盒装高档榨菜。目前，涪陵区共有200家专业榨菜生产企业，其产品远销全国20多个省、市、自治区大中城市，出口的国家已由过去的东南亚各国发展到俄罗斯、欧美各国。涪陵榨菜自参加国际国内评优活动以来，共荣获国际金奖4次，获国内省部级以上金、银、优质奖100余个次。1995年3月，涪陵被全国首批百家中国特产之乡组委会命名为“中国榨菜之乡”。

涪陵榨菜发展至今，已在涪陵区经济中占有举足轻重的地位和作用。一是涪陵15余万户50余万菜农增收致富的骨干品种。1999年，菜农仅青菜头种植收入就达1.65亿元，人均330元。二是地方税收的重要来源。每年榨菜税收均在3 500万元左右，部分主产乡镇税收的60%～70%来自榨菜。三是对安置城乡待业人员提供了条件。榨菜生产属劳动密集型产业，常年从业人员在5.5万人左右(包括季节工、临时工)，能有效缓解就业压力，也是库区移民安置的有效途径。四是带动了相关行业的发展。机械、制陶、包装、运输、辅料加工等相关行业每年仅为榨菜产业服务，就可创产值1.5亿元，利税1 500万元。五是涪陵知名度的提高和地方经济的发展离不开榨菜。

3. 主要经验

涪陵榨菜之所以能保持快速、健康发展，主要得益于在工作中牢牢把握了以下几点：

一是坚持以市场为导向。始终把榨菜种植、加工、销售置于市场之中，通过市场的引导和调节，来有效克服生产的盲目性和随意性，防止供求失衡，菜贱伤农，促进榨菜生产稳定发展。

二是坚持以质量为本。质量是产品的生命。近年来，涪陵区持续进行大规模、大声势的榨菜质量整顿，目的就是为了促进榨菜产品质量的稳定提高，防止起伏不定，树立了涪陵榨菜的良好市场形象，增强了产品的市场竞争力。

三是坚持以科技为先导。依靠科技进步，着力综合开发，调整产品结构，提高产品科技含量和附加值，促进企业上档次，增效益，是近年来涪陵榨菜行业效益整体提高和健康发展的有力保证。

四是坚持以实施产业化经营为根本。实践证明：实施榨菜产业化开发经营是促进涪陵榨菜实现第二次飞跃，再创辉煌的必然选择和根本保证，又是促进地方经济发展，富民强区的有效途径，更是完成扶贫、移民、致富任务的关键性措施。

〔新世纪涪陵区的战略措施〕

新世纪涪陵发展的指导思想是：高举邓小平理论伟大旗帜，紧紧抓住三峡移民和西部大开发机遇，围绕经济体制和经济增长方式的根本转变，以解放思想为先导，以扩大开放为主题，以深化改革为动力，以“科教兴涪”为重大战略措施，以调整结构，内涵扩大再生产为主要实现途径，以提高经济运行质量为主要衡量尺度，以加强和改善党的领导为根本保证，着力推进工业化、城市化和农业产业化进程，促进经济持续、快速、健康发展和社会全面进步。

涪陵未来将重点发展以生产中成药、化肥为重点的化学工业，以生产榨菜、饮料和优质卷烟为代表的食品工业，以生产汽车、摩托车零部件为主的机械工业，以生产苎麻纺织产品、丝绸深加工为主的纺织工业，以水泥、新型墙体材料、装饰材料为主的建材工业，以生产电解铝、铝材深加工为主的有色工业。大力培育和发展榨菜、蚕茧、蔬菜、畜禽、中成药五大骨干基地，建成长江两岸农业产业化示范带和山区特色农业示范项目，拓展以旅游为重点的第三产业，进一步优化结构，形成各具特色的区域经济。

〔投资项目、环境政策〕

一、投资领域

区外客商可以资本、资产、专利技术、知名品牌来本区合资、合作、参股、控股、嫁接、兼并企业（占项目总投资20%以上）和独资兴办企业，不受行业、经营范围、年限的限制，国家法律、法规明文禁止的除外。

二、财税优惠政策

1. 兴办生产型企业，年应纳税额在40万元以上的，减按15%的税率征收企业所得税。其中经营10年以上的，从生产经营之日起免征企业所得税3年，免征地方所得税3年，减半征收4年；经营期在10年以下的，从生产经营之日起，免征地方所得税3年，减半征收3年；对出口产品企业在减免税期满后其出口产品的总值占当年生产总值50%以上的，当年度减按10%的税率征收企业所得税。

2. 兴办流通服务、信息等企业，年应纳税额在30万元以上的，从生产经营之日起免征企业所得税3年，其中经营期在10年以上的减免期满后再减半征收3年。

3. 投资交通、能源、港口、码头、城镇等基础设施建设，经营期在15年以上的企业和投资于农业、林业综合开发以及农副产品深加工、出口农副产品的企业，及投资于科研和高新技术产业、优势行业的企业，从生产经营之日起，免征企业所得税6年，减半征收4年。

4. 利用荒坡、荒地搞农业产业化和农业科技开发项目，从取得收入的当年起免征农业税5年，减半征收3年，在荒山、荒坡、水面开发应税农副特产品，从取得收入后的当年起，免征农业特产税3年，减半征收3年。对从事农、林、牧、渔业开发，安置农村移民人数占职工人数的50%以上的，免交10年农业特产税。

5. 出资收购、兼并、合资、合作移民搬迁企业，并承担移民搬迁任务的，享受安置移民和搬迁企业的优惠政策。

6. 外来投资者到该区认定的经济薄弱的乡、村兴办的企业，享受前述款项期满后，企业生产经营仍有困难的，经企业申请，财税机关批准，还可继续减半征收所得税3年。

7. 投资生产型企业、农业综合开发、兼并改造国有工业企业的外来企业，增值税地方留成的25%部分从生产经营之日起5年内返还给企业。

三、土地使用政策

1. 凡在该区兴办企业继续按照用地优先、审批从速的原则办理征地用地，对外来投资用地一次性缴纳出让金的，执行标定地价减收30%～50%的土地出让金。其中投资农业产业化、高新技术产业化、支柱产业和嫁接改造国有企业的生产型项目、知名品牌、基础设施建设的一律减半收取出让金。

2. 外来投资企业在获取土地使用权后，其场地使用费和土地使用费一律减半征收。其中投资农业产业化、高新技术、出口型产品等企业经营期在10年以上的从领取土地使用证之日起免缴4年土地使用费。

3. 对上述投资企业租用国有土地的，可以由土地使用权单位出租，政府收取的场地使用费，按投资比例返还外来投资者；也可以由政府收回土地按优惠价出租给外来投资客商。

4. 外来投资企业兼并、嫁接改造破产企业、困难企业，在办理房屋所有权登记时除收取证照工本费外，其他费用免收。

四、金融信贷政策

1. 外商及区外投资者到该区兴办支援库区建设的项目，均可按规定申报“联营贷款”。其中属移民搬迁企业，移民部门除优先安排移民搬迁经费外，还可向金融部门优先报批国家专门用于三峡库区搬迁企业基建和技术改造资金专项贷款。同时经人民银行批准还可向社会发行1～3年期的人民币企业债券。

2. 外商投资企业可在该区有经营外汇业务的银行或其他金融机构开立外汇账户。

外商投资企业经批准可以根据经营需要向境外筹措资金，所筹措的外债资金可结汇成人民币，外商投资企业外方分得的合法利润经批准兑换成外汇，可自由汇往境外，也可在境内投资。

境外来该区的投资者，所需外汇金融服务和外汇金融流通等，该区各银行按国内出口生产企业对待，优先给予信贷支持。

3. 外商投资企业经批准可以外汇汇票、本票、支票、债券等向金融机构质押，获得人民币贷款。

五、劳动用工政策

1. 外来新办企业依法自主确定招聘职工的对象、条件、方式、数量，自主选择职业介绍机构，劳动部门优先办理社会保险、合同签证等手续（外商企业免收招工服务费）。外来投资收购、兼并、嫁接改造区内企业或与区内企业合资、合作，优先安置原企业人员，原企业人员拒不服从安置的，可解除劳动关系。招用下岗、失业职工可享受国家、重庆市及该区的有关再就业优惠政策。

2. 行政事业人员（干部）自愿到外来投资企业工作的，除享受本企业待遇外，还可享受行政事业机构改革分流人员优惠政策待遇。

3. 国际跨国公司和国内集团公司来该区新办的企业，在该区范围内招聘中级以上的专业技术人员，不能满足要求的可以到区外招聘，确需转移户籍关系的，免收城市增容费。

4. 外来投资企业聘用专业技术管理人员的任职资格，按该区职改办有关规定办理。

六、配套服务政策

1. 外来投资企业在享受优惠政策期间或期满后用其所获利润投入该区新办企业或项目，其新办的企业或项目享受本文规定的优惠政策。

2. 凡外来投资企业自带项目名牌产品购买该区企业，在企业资产评估基础上，收购价可在10%～20%幅度内予以优惠，如安置在册职工一半以上，可将优惠幅度扩大到30%。

3. 外来投资企业不受集团购买力控制，水、电、气纳入供应计划并实行与区内企业同一收费标准，有权拒交不符合国务院规定及未经重庆市、涪陵区政府批准的各项行政事业性收费。

4. 凡外商、外来投资项目符合《外商投资产业目录》鼓励类和限制一类的，所需进口设备和原料，可以报批进口关税减免。

5. 外来投资企业的设立，可以实行投资者先办理工商登记注册手续，后办理有关许可证审批手续和有关项目审批手续；对投资规模大且资金到位好的外来投资企业，通过投资参股其他企业，达到企业集团条件的，可以登记为企业集团；对以工业产权、非专利技术、高新成果出资的，在注册资本中的比例适当放宽；开办外商投资企业登记注册，按国家规定的标准减半收取登记费（500强企业，减按25%收取登记费）。

6. 对外来投资项目和驻涪办事机构的审批，实行特事特办，简便有效的方式进行，并按政府所定职责权限及分工，分别由计委、经贸委、经协办等部门牵头及时办理。

7. 外来投资者投资涪陵桥南经济技术开发区和李渡私营经济示范区建设的，除享受本优惠政策外，同时享受区政府批准的其他特殊政策。

七、奖励政策

1. 按照“谁受益，谁奖励”的原则，由区政府和各乡（镇）、街道办事处按外来投资企业当年税收入库总额的5%设立招商引资奖励基金，用于奖励在引进资金方面作出贡献的社会各界、单位和个人。

2. 凡引进区外客商来涪投入资金1 000万元以上的，可按外来到位资金的2‰奖励引进人员。

八、优惠政策执行

1. 凡外来投资企业享受优惠政策由区政府对外开放办公室收集，并汇同财政、税务、审计部门审核后，再报区政府批准，各职能部门执行。

2. 本优惠政策未涉及的内容，一律按重府发［1998］43号文件和［1997］15号文件精神执行，特殊情况涪陵区政府按特事特办原则，实行一事一议或专项专议。

3. 本优惠政策自1998年10月1日起执行，执行中的具体问题由涪陵区政府对外开放办公室负责解释。

〔优秀农业企事业单位〕

重庆市涪陵区农业科学研究所　该所建于1959年1月，是涪陵区惟一融农作物种质资源、育种、栽培、植物保护、土壤农化、农副产品贮藏加工等研究与开发于一体的专业性农业科研机构。该所现有科技人员60人，其中研究员2人，高级农艺师7人，农艺师20人，享受国务院特殊津贴专家4人，涪陵区科技拔尖人才2人。1978年以来，该所承担国家、部、省和地方重大农业科技攻关项目80余项次，获得国家及地方各级科技成果奖65项，其中推广应用43项，取得了16亿元的社会经济效益。该所科技人员公开发表学术论文300余篇，撰写并出版论著5部，部分论文论著被国内外专家、学者引用和在教学、科研、生产中得以应用。尤其是该所在长期科研工作中形成的以茎瘤芥（青菜头）为主的芥菜综合配套系统研究和丘陵地区稻麦病虫害防治研究两大突出优势，在重庆市乃至全国独树一帜，影响广泛。

重庆市涪陵榨菜（集团）有限公司　是集榨菜生产、经营、科研于一体的国家大二型企业，是重庆市12家重点农业产业化龙头企业之一。公司下属25个直属企业，拥有固定资产2.6亿元，员工3 000余人。该公司主要生产整形、低盐、泡菜等52个品种的“乌江牌”涪陵榨菜，常年产量在3万吨左右，产值1.5亿元，利税2 000余万元，其产品质量已通过美国FDA质量认证，产品畅销全国各大中城市市场，并有部分产品出口到日本、新加坡等东南亚国家及欧美各国。自1981年“乌江牌”方便榨菜问世以来，先后荣获国际金奖3次，省部级金、银奖12次。其产品商标“乌江牌”还荣获重庆市“著名商标”称号。

〔涪陵榨菜专家、学者及其作品〕

陈材林　男，63岁，四川中江县人，1962年毕业于西南农业大学农学专业，现任重庆市涪陵区农科所技术顾问，研究员，全国农业劳动模范，芥菜类蔬菜专家。30年从事作物品种资源、育种、栽培研究，尤其在芥菜分类、起源及种植资源研究方面，有较深造诣，成果达到国内先进水平，是全市公认的芥菜类蔬菜学科的带头人。1978年以来，主持完成科研项目16项，其中获奖10项。主持完成涪陵榨菜优质丰产及加工新技术的开发，1992年获四川省星火科技二等奖；四川榨菜包装改革的研究及生产技术的应用，1988年获省星火科技二等奖；主研榨菜适应“全形加工”的栽培技术研究，1979年获省三等奖。主持完成国家“七五”重点科技攻关项目中国芥菜分类、起源研究和品种资源主要性状鉴定，通过国家有关部门成果鉴定：“在国内外具有领先地位和较高的学术价值”；此项目的阶段成果芥菜新变种的发现和新分类系统的建立，通过国家有关部门鉴定在国内居领先地位，在国外也属首次发表。另出版著作2部，89.7万字。1992年被批准为享受政府特殊津贴专家。

李新予　男，70岁，高级农艺师，全国“五一”劳动奖章获得者，重庆市涪陵区农科所原所长。30多年来，在榨菜病原种群分析、病害流行规律、预测预报、品种抗性鉴定和选育以及病害综合防治等方面饶有建树，是中国对榨菜病毒病研究最多，成果最丰专家。其主研四川“榨菜”病毒病原种群及其分布研究（1995年获四川省科技进步三等奖）、茎用芥菜病毒病流行程度测报及综合防治（1979年获四川省重大科技成果三等奖）、榨菜病毒病大面积综合防治示范（1988年获四川省农牧厅家牧技术进步二等奖）等，为涪陵榨菜病毒病防治作出了重大贡献。

何裕文　男，65岁，重庆市涪陵区人，高级工程师，榨菜专家。36年来从事榨菜科研工作，1980年以来，先后获得科技成果奖6项。其科研成果推广应用后，获得了显著的社会效益，主研涪陵乌江牌低盐方便榨菜研制与推广项目，1989年获四川省科技进步三等奖。主研榨菜“六改”栽培技术项目，推广100万余亩，净增产值4 000万元，新增效益1860万元。1999年以来，改进精制加工榨菜的脱盐和脱水工艺，提高产品质量，使产品回收率由80%提高到95%。负责完成的榨菜国家标准、提高涪陵榨菜质量的情报研究项目，分别获部科技进步和四川省重大科技成果四等奖。出版《精制榨菜工艺》一书，发表科技论文《榨菜工艺标准操作规范》、《榨菜》等8篇，被部和省、地供销部门收作培训教材。1993年批准为享受政府特殊津贴专家。

四川省大竹县

〔名优特产〕

苎麻　被称为“中国草”的苎麻，是大竹县支柱产业之一。大竹自商周时种麻，迄今已有3000多年历史。道光《大竹县志》记载“麻稻为首”和唐朝诗人杜甫《夔州十绝句》“蜀麻吴盐自古通，万斛之舟行若风”，反映大竹的苎麻生产、流通盛况。

新中国成立以来，尤其是中共十一届三中全会后，大竹县把苎麻生产作为地方支柱产业来抓，使苎麻生产得到迅猛发展，苎麻产量、面积跃居全国产麻县之首，常年苎麻产量占全省40%左右，全国10%左右，成为全国苎麻生产基地县。80年代中后期，苎麻生产进入鼎盛时期，苎麻种植最高年份(1987年)面积达22万亩，产量2万吨，产值2.05亿元，全县人均收入236元，主产麻区人均收入上千元；麻农总收入最高年份(1986年)达到1.3亿元，真正成为大竹农民增收致富奔小康的“摇钱树”。进入90年代后，全国苎麻市场疲软，县委、县政府引导麻农重推苎麻品种，淘劣扩优，苎麻单纤维支数达到1800－2300支，苎麻面积保持在15万亩左右，面积、产量仍位列全国之冠。

在抓苎麻生产的同时，大竹县充分运用苎麻资源优势，大力发展了苎麻纺织工业，苎麻加工企业迅速崛起，成为四川省苎麻纺织基地。全县苎麻加工企业现有23家，固定资产3亿多元，就业职工上万人，拥有长纺2.3万锭、短纺1.2万锭、织布机700台，年耗原麻可达2万吨。主要麻纺产品有精干麻、麻条、落麻、麻纱和麻棉混纺布等，先后有38个产品被评为部、省优质产品，其产品因系纯天然织物，具有档次高、挺括、透气性能好等特点而倍受外商欢迎，远销日本、韩国及欧美市场。经过多年的发展，全县基本形成原麻种植生产、购销贩运，麻产品加工、销售一体化格局，已初具苎麻产业化经营形式。

目前，大竹县正抓住中国加入WTO进程加快，纺织行业复苏的机遇，一手抓优质苎麻基地建设，一手抓麻纺产品深度开发，把大竹建设成为全国优质苎麻商品基地县和苎麻纺织品集散中心。

东柳醪糟　醪糟，又名甜酒。是用优质糯米蒸熟降温后，加曲药混匀发酵而成。风味独特，醇香清甜，有补气活血，滋阴补肾，生津止渴的功效和食用简便的特点。其中，距大竹县城3公里的东柳醪糟以其味道鲜美，造艺精良成为醪糟之佳品，特中之优酿。早在清代光绪年间，就名扬遐迩，享誉川内外，凡路经大竹者，无不亲临品尝，以祭口齿，清润胃肠。

50年代中期，东柳几家私营醪糟店联合组成东柳醪糟合作小组，扩大生产销售，仍不能满足消费者的需要；1979年，东柳供销合作社兴办醪糟厂，以后又与粮食部门联合经营，不断提高生产工艺，生产15万市斤糯米醪糟供应市场。1983年该产品获四川省供销合作社系统优质产品殊荣。1984年经达县地区标准计量管理局、地区供销合作社批准制定发布了“东柳醪糟企业标准”。同时，载入《中国土特名产辞典》扬名国内外。

随着东柳醪糟知名度的提高，市场份额的扩大，全县先后建起了大竹食品罐头厂、四川东柳醪糟有限责任公司，继承和改进传统配方，采取现代化生产工艺，生产易拉罐、玻瓶装醪糟罐头，年生产能力达6000吨，以包装精美、携带方便，倍受消费者青睐。尤其是四川东柳醪糟有限责任公司在原有“东汉牌”原汁型醪糟产品的基础上，开发了保健型醪糟、饮料型醪糟、“东汉牌”娘娘酿、女儿春和“东汉牌”元宵粉，形成了4个品种20多种规格的系列产品，年产4400多吨的生产能力，产品远销北京、上海、青海、山西、江苏、天津、广东、内蒙古、新疆等国内20多个省、市、自治区，产品先后荣获部优质产品称号、科技进步一等奖、四川省巴蜀食品节金奖、国家绿色食品发展中心特准使用绿色食品标志。1998年被省评为群众喜爱商品，四川省旅游商品定点生产企业，1999年被授予四川省名牌产品。

观音豆腐干　观音豆腐干，又名“仁”字豆腐干。主产大竹观音乡，有百多年历史。因装压豆腐箱版上刻有36个“仁”字，制成的每大张（一市尺见方、重二两五钱）豆腐干上的36个小块中均显一个“仁”字，故称“仁”字豆腐干。视之，皮面光洁润滑细腻，呈金黄色；闻之，甘香味浓，芳香四溢，引人食欲；食之，甘甜可口，越嚼越香，回味悠长。同时，具有绵实特点，每张折成三折，可承受约25公斤重的拉力。由于质量长久不衰，声名远扬，产品除畅销邻近各县外，还远销重庆、成都、广州等地。随着社会需求量的不断扩大，1982年，大竹县城关区粮站粮油加工厂建起了“观音阁”牌豆腐干机械化专业生产线，年产量60万袋。由于采取真空包装，延长了贮藏时间，且便于携带，成为馈赠亲友之佳品，受到省内外广大消费者的青睐。

四川省新都县（泡菜之乡）

新都县位于川西平原腹地，距成都市16公里，幅员面积482平方公里，境内气候温和，自流灌溉，土壤肥沃，农业发展具有得天独厚的自然环境，是著名的中国特产——泡菜之乡。

新都县农业局紧紧围绕农业发展、农业增收，坚持实施高效农业、开放农业、都市农业发展战略，大力推进农业产业化发展，形成了种子产业化、优质稻产业化、新都柚产业化、禽蛋产业化和优质蔬菜产业化五大格局，为全县农村经济的发展作出了重要贡献。

蔬菜是新都县农村经济的支柱产业，常年保持在26万亩，总产量38000万公斤以上。以成都新繁食品有限公司为多元化经营的大型股份企业，拥有3个现代化生产基地，1个专业蔬菜种植基地，年综合生产能力15000余吨，产值达亿元。其主导产品“新繁泡菜”将民间工艺与现代管理相结合，已由家庭作坊形成规模生产，产品畅销31个大中城市和港、台、澳，并远销美国、澳大利亚、日本及东南亚等。

新都县农业局
地址：金光路88号
法定代表人：吕发林（党组书记、局长）
邮编：610500
电话：028-3048214
传真：028-3048295

四川省芦山县（魔芋）

一、芦山县境内魔芋适生条件极佳

芦山属四川盆周山区老革命根据地县，地跨北纬30°01′—30°49′，东经102°51′—103°11′。亚热带季风气候区，幅员面积1364平方公里，海拔621~5364米，其中农耕地面积161718亩，果园面积及近期退耕还林地3万亩，宜耕荒地1万亩，土壤肥沃，土层深厚，富含钾，大部分土壤属微酸中性，PH值4.5~7.5，县境内平均温度15.2℃，年降雨量1311.2毫米，风向多变，年平均风速0.9米/秒，年无霜期295天，相对湿度83%，年日照949小时，是全国内陆最湿润、太阳总辐射量最少的地区之一，广阔的山地中有丰富的魔芋种植资源。

魔芋属天南星科，多年生草本半荫性植物。魔芋喜温、怕热，喜湿润、怕水浸，其生物学特性要求：温度年平均 14~20℃，夏季温度在 38℃以下；无霜期 240 天以上；发芽期最低温度 14℃。魔芋生长期最适温度为 20~26℃；光照强度较弱，时数较短，地上部发育期最适光强度为日光的 1/3，根部发育期为日光的 1/2，避免日光直接晒射；空气湿度大，年降雨量 1000~1800 毫米，土壤含水量 80~90%，土层深厚肥沃，通气排水性良好，酸碱度 PH 值 5.0~8.0，海拔 2500 米以下山地均适宜种植。

对 照 表

	平均温度℃	夏季温度℃	发芽期最低温度℃	最适温度℃	年降雨量(mm)	无霜期天	土壤含水%	海拔m	PH 值
生物学特征	14~20	38 以下	14	20~26	1000~1800	240 以上	80~90	2500 以下	5.0~8.0
芦山县	15.2	35.5(极高)	16(周期)	22	1311.2	296	83	621~5364	4.5~7.5

根据魔芋生物学特性要求，得天独厚的自然地理气候优势是该县发展魔芋产业的最佳条件。

二、芦山魔芋种植现状

1. 芦山县有独特的适合魔芋生长的地理环境，有地方政府、农民、企业三方积极协调配合，魔芋产业化滚雪球似的加速发展。从 1997 年 2600 亩，1998 年 6260 亩，发展到 1999 年上万亩，现已初步形成了初级化魔芋商品基地，逐步向规模化、产业化发展，在稳粮增收的前提下，全县芋农实行粮芋套种，科学解决粮、经争地的矛盾，在基本不影响小麦、玉米收成的情况下，每亩可增收魔芋 2000 公斤。仅以 1999 年芦山县太平镇春光村为例，全村实行粮芋套种，在粮食不受影响的情况下，全村增收魔芋 1360 吨，人均增收仅魔芋一项 1180 元。为此全县农民种植魔芋的积极性空前高涨，使 2000 年全县种植面积上近两万亩，实现历史性的突破。县委、政府把魔芋产业化开发列为芦山“致富工程”的龙头项目，制定实施规划，沿芦山河、西川河两岸河谷平坝、丘陵地带为发展中心，计划从 1999 年到 2005 年，全县种植规模从 1 万亩发展到 6.2 万亩。

2. 为了解决魔芋深加工的问题，县委、政府 1999 年底开始投资 500 万元，建立魔芋精粉加工厂一座，年产魔芋精粉 1000 吨。解决芋农的魔芋销售问题，使魔芋产业化能健康发展壮大。

3. 现已组建魔芋开发的科研机构，加强与科研院校、四川省魔芋协会通力合作，并与川农大建立校县合作魔芋研究课题，聘请专家教授讲课培训科技人员。组织科技人员对农户科学种植技术的培训、宣传，结合新技术指导、推广间种、套种、林果园、葡萄园、瓜果园立体式种植，地膜种植和病虫害防治，科学施肥管理技术。通过资金、技术、物质等服务，推进品种的改良，生产技术的进步，有效提高土地利用率，并成功推广了粮芋套种，达到稳粮增收。

贵州省

一、粮食作物、油料作物、蔬菜、经济作物等产销情况

品　种	产量（万吨）	省内用量（%）	省外销量（%）
粮食	1100	95	部分品种交换、调剂性外销
油料	59	50	50
其中：油菜籽	53	50	50
蔬菜	1000	80	20
其中：早菜	300	50	50
干辣椒	20	40	60
水果	28	90	10（调剂性外销）
茶叶	1.8	70	30
甘蔗	55	100	0

（早菜、干辣椒产量为 1998 年调查分析数，其余作物产量为 1998 年统计数。）

二、主要农产品的著名产地

农产品名称	著名产地（县、市、区）	代表性产品
油菜籽及其制品	遵义县、湄潭县、金沙县、绥阳县、开阳县、镇远县、瓮安县、余庆县、思南县、安顺市、凤冈县	“康星”、“舞阳神”高级烹调植物油
花生	铜仁地区、遵义市	
芸豆	毕节地区	毕云花芸豆
黑糯米	惠水县	惠水黑糯米
薏仁米	兴仁县、安龙县	
芭蕉芋及其制品	兴义市、兴仁县	兴义芭蕉芋粉条
马铃薯	威宁县、水城县、独山县	
早菜	罗甸县、关岭县、望谟县、册亨县、麻江县、兴义市	罗甸早熟蔬菜等
干辣椒	遵义县、绥阳县、花溪区、黔西县	遵义朝天小辣椒
食用菌	织金县、黔西县、印江县、贞丰县、遵义县	竹荪、蘑菇、灵芝、鸡场菌
黄花菜	黔西县	铁石黄花
野生菜	遵义县	薇菜、蕨菜
花椒	贞丰县	顶坛花椒
甘蔗	贞丰县、望谟县、关岭县、习水县	
茶叶	都匀市、湄潭县、遵义县、晴隆县、余庆县、瓮安县、松桃县、安龙县、安顺市、罗甸县、印江县	都匀毛尖
杨梅	乌当区	
椪柑	从江县	从江椪柑
蜜柚	荔波县、从江县	樟江蜜柚
西瓜	榕江县、金沙县	榕江西瓜、沙土西瓜
苹果	威宁县	
荔枝	赤水市	
樱桃	赫章县、镇宁县、关岭县	
核桃	盘县	核桃乳
板栗	玉屏县	
桑蚕茧及制品	遵义县、湄潭县、凤冈县、黄平县	
荞麦及物品	威宁县、沿河县	荞酥、荞酒
刺梨及制品	贵阳市、遵义市	刺梨酒

三、贵州特产之乡名单

黑糯米之乡	惠水县	西瓜之乡	榕江县
芸豆之乡	毕节地区	薇菜之乡	遵义县
薏仁米之乡	黔西南州	竹荪之乡	织金县
马铃薯之乡	威宁县	蘑菇之乡	黔西县
荞麦之乡	威宁县	灵芝之乡	印江县
芭蕉芋之乡	兴义市	刺梨之乡	贵阳市
早菜之乡	罗甸县	油菜籽之乡	遵义市
辣椒之乡	遵义县	花生之乡	铜仁地区
黄花之乡	黔西县		

四、全省各级农业行政主管部门通讯录

单位名称		邮政编码	电　话	地　址
省	贵州省农业厅	550001	0851－5823421	贵阳市延安中路62号
名地、州、市	贵阳市农业局	550001	0851－6824220	贵阳市云岩区
	遵义市农业局	563000	0852－8222181	遵义市红花岗区
	六盘水市农业局	553000	0858－8222736	六盘水市钟山区
	黔东南州农业局	556000	0855－8222412	黔东南州凯里市
	黔西南州农业局	562400	0859－3222311	黔西南州兴义市
	黔南州农业局	558000	0854－8223473	黔南州都匀市
	毕节地区农业局	551700	0857－8222204	毕节地区毕节市
	铜仁地区农业局	554300	0856－5222451	铜仁地区铜仁市
	安顺地区农业局	561000	0853－3223525	安顺地区安顺市
贵阳市	云岩区农林水局	550001	0851－6865349	贵阳市云岩区
	南明区农林水局	550002	0851－5848043	贵阳市南明区
	乌当区农业局	550018	0851－6846154	贵阳市乌当区
	花溪区农业局	550025	0851－3951622	贵阳市花溪区
	白云区农业局	550014	0851－4831122	贵阳市白云区
	开阳县农业局	550300	0851－7221026	开阳县城关镇
	息峰县农业局	551100	0851－7725465	息峰县永靖镇
	修文县农业局	550200	0851－2322163	修文县城关镇
	清镇市农业局	551400	0851－2522433	清镇市城关镇
遵义市	红花岗区农牧局	563000	0852－8222359	遵义市红花岗区
	遵义县农业局	563100	0852－7222373	遵义县南白镇
	绥阳县农业局	563300	0852－6221026	绥阳县洋川镇
	凤冈县农业局	564200	0852－5223452	凤冈县龙泉镇
	湄潭县农业局	564100	0852－4221184	湄潭县湄江镇
	道真县农业局	563500	0852－5821973	道真县玉溪镇
	正安县农业局	563400	0852－6421040	正安县凤仪镇
	余庆县农业局	564400	0852－4621261	余庆县白泥镇
	赤水市农业局	564700	0852－2821634	赤水市市中办事处
	习水县农业局	564600	0852－2520280	习水县东皇镇
	务川县农业局	564300	0852－5621331	务川县都濡镇
	仁怀市农业局	564500	0852－2223395	仁怀市中枢镇
	桐梓县农业局	563200	0852－6622434	桐梓县娄山关镇

单位名称		邮政编码	电　　话	地　　址
黔南州	都匀市农业局	558000	0854－8222156	都匀市广惠路
	三都县农业局	558100	0854－3921153	三都县三合镇
	独山县农业局	558200	0854－3222620	独山县城关镇
	平塘县农牧局	558300	0854－7221462	平塘县平湖镇
	荔波县农业局	558400	0854－3610606	荔波县玉屏镇
	罗甸县农业局	550100	0854－7611637	罗甸县龙坪镇
	瓮安县农业局	550400	0854－2621253	瓮安县雍阳镇
	福泉市农牧局	550500	0854－2222375	福泉县城关镇
	惠水县农业局	550600	0854－6221048	惠水县和平镇
	长顺县农业局	550700	0854－6822321	长顺县长寨镇
	龙里县农牧局	551200	0854－5631952	龙里县龙山镇
	贵定县农牧局	551300	0854－5221713	贵定县城关镇
安顺地区	安顺市农业局	561000	0853－3222610	安顺市
	平坝县农业局	561100	0853－4224495	平坝县城关镇
	镇宁县农业局	561200	0853－6222775	镇宁县城关镇
	关岭县农业局	561300	0853－7223549	关岭县关索镇
	普定县农业局	562100	0853－8222415	普定县城关镇
	紫云县农业局	550800	0853－5233303	紫云县松山镇
黔东南州	凯里市农业局	556000	0855－8222630	凯里市
	黄平县农业局	556100	0855－2432227	黄平县新州镇
	施秉县农业局	556200	0855－4221292	施秉县城关镇
	台江县农业局	556300	0855－5322013	台江县台拱镇
	剑河县农业局	556400	0855－5221420	剑河县柳川镇
	三穗县农业局	556500	0855－4522726	三穗县八弓镇
	天柱县农业局	556600	0855－7522533	天柱县城关镇
	锦屏县农业局	556700	0855－7221335	锦屏县三江镇
	雷山县农业局	557100	0855－3331268	雷山县丹江镇
	榕江县农业局	557200	0855－6622156	榕江县古州镇
	黎平县农业局	557300	0855－6221253	黎平县德凤镇
	从江县农业局	557400	0855－6411799	从江县丙妹镇
	丹寨县农业局	557500	0855－3611502	丹寨县龙泉镇
	麻江县农业局	557600	0855－2622249	麻江县杏山镇
	镇远县农业局	557700	0855－5722057	镇远县舞阳镇
	岑巩县农业局	557800	0855－3512413	岑巩县思旸镇

单位名称		邮政编码	电　话	地　址
铜仁地区	铜仁市农业局	554300	0856－5223164	铜仁市
	江口县农业局	554400	0856－6621142	江口县双江镇
	玉屏县农业局	554000	0856－3221852	玉屏县平溪镇
	松桃县农业局	554100	0856－2830229	松桃县城关镇
	万山特区农业局	554200	0856－3521093	万山特区万山镇
	印江县农业局	555200	0856－6222464	印江县印江镇
	石阡县农业局	555100	0856－7622828	石阡县汤山镇
	思南县农业局	565100	0856－7222577	思南县思塘镇
	德江县农业局	565200	0856－8520187	德江县姜司镇
	沿河县农业局	565300	0856－8222003	沿河县红旗镇
毕节地区	毕节市农业局	551700	0857－8223255	毕节市
	金沙县农业局	551800	0857－7221416	金沙县城关镇
	黔西县农业局	551500	0857－4222993	黔西县城关镇
	大方县农业局	551600	0857－5221652	大方县大方镇
	织金县农业局	552100	0857－7622302	织金县城关镇
	威宁县农业局	553100	0857－6222215	威宁县草海镇
	赫章县农业局	553200	0857－3222145	赫章县双河镇
	纳雍县农业局	553300	0857－3521995	纳雍县雍熙镇
六盘山市	钟山区农业局	553000	0858－8225007	水城县钟山区
	水城县农业局	553000	0858－8222664	水城县钟山区
	六枝特区农业局	553400	0858－5322318	六枝特区中心区
	盘县特区农业局	561600	0858－3221550	盘县特区红果开发区
黔西南州	兴义市农业局	562400	0859－3222753	兴义市向阳路
	兴仁县农业局	562300	0859－6212236	兴仁县城关镇
	贞丰县农业局	562200	0859－6610542	贞丰县珉谷镇
	普安县农业局	561500	0859－7232055	普安县盘水镇
	晴隆县农业局	561400	0859－7610429	晴隆县莲城镇
	册亨县农业局	552200	0859－4211733	册亨县者楼镇
	望谟县农业局	552300	0859－4610589	望谟县复兴镇
	安龙县农业局	552400	0859－5210052	安龙县城关镇

贵州省罗甸县（蔬菜产业）

罗甸县位于贵州省南端，地处东经106°23′—107°03′，北纬25°04′—25°45′之间，属黔南布依族苗族自治州。南北长72公里，东西宽63公里，幅员面积3009.6平方公里。

全县辖7镇19乡，271个行政村，3个居民委员会，1769个本民小组。1997年统计：总人口28.91万人，总户数6.02万户，其中农业人口28万人，农业户数5.75万户；有耕地28万亩，农业人均占有耕地1亩。

罗甸县属南亚热带湿润季风气候，春早、夏长、秋迟、冬暖；夏秋两季炎热多雨，四季不甚分明，多年平均降雨量1200毫米，年平均日照时数为1350—1520小时，年均气温19.6℃，无霜期335天，素有贵州的“西双版纳”和贵州的“天然温室”之美称，非常适宜发展水果、蔬菜等亚热带经济作物。

80年代以来，该县依托得天独厚的气候优势，大力发展以早熟蔬菜为主的种植业商品生产基地，推进了农业农村经济的发展，加快了群众致富步伐，为全县扶贫攻坚战略的实施奠定了坚实的基础。

一、蔬菜产业发展业绩

罗甸是一个典型的传统的农业县，改革开放以前，人均纯收入130多元，绝大多数地区老百姓粮食不能自足，1980年以后，经过历届县委、政府的努力，建立了以早菜为龙头的蔬菜基地，牵动多业发展的蔬菜产业正在农业产业化路线的指引下蓬勃发展，并成为支撑农业经济的重要产业，仅蔬菜一项年产值占全县种植业总产值的1/4，占菜区农民农、林、牧、副、渔收入的70%以上。通过20年上上下下、方方面面的通力合作，取得了以下可喜的成绩和获得了成功的经验。

（一）五个发展、四个提高、三个增加

五个发展——一是蔬菜商品生产基地规模有了突破性的发展。面积从0.2万亩发展到10万亩，产品远销四川、重庆、湖南、湖北、江西、西藏等省市的100多个大中小城市。

二是蔬菜品种结构有突破性发展。蔬菜品种由几个增加到160多个，进一步提高了产品的市场份额和覆盖率。

三是土地综合利用有突破性发展。稻田多熟制栽培由20000亩发展到50000亩，耕地由单一的粮食生产向粮—菜生产模式发展。

四是反季节生产和保护地栽培有突破性进展。秋菜由2000亩发展到20000亩，冬（果）菜从无到有形成20000亩生产规模，并发展成为与早春蔬菜并种的重要项目，各类保护地栽培面积达到3万亩。

五是服务体系建设有突破性发展。逐步形成生产规模化、布局区域化、产品标准化、市场专业化、服务一体化的格局。

四个提高——一是干部群众发展蔬菜产业的积极性不断提高；二是科技兴菜水平不断提高；三是蔬菜质量不断提高；四是蔬菜经济效益、社会效益和生态效益不断提高。

三个增加——一是投入增加，20年来，通过各种渠道投入的资金达到1500万元；二是农民收入增加，农民人均纯收入从130元增加到1168元，菜区种菜户的蔬菜收入达到户均4000元左右。财政收入由100多万元增加到4000万元。三是蔬菜产品的商品量增加。蔬菜的商品量由发展初期的几十万公斤增加到8000万公斤左右，特别是名、特、优、新品种比重增加。

（二）形成了三大体系，产生了四个效应，探索出了五条经验。

1. 三大体系是科技服务体系、技术服务体系、市场服务体系。

科技服务体系——通过这支松散型的科技队伍紧密的合作，一方面实现人、财、物、教、推的最佳结合，另一方面形成一个省（农科院）、州（农业局）、县（蔬菜办）、乡（农技站）、村（辅导员）、组（示范户）较为协调的科技体系，在科学技术的普及及良种的推广等方面起到了积极的促进作用。

技术服务体系——20年来该县先后建立以县城和重要集镇为中心的咨询服务点和信息联络点近100个。发展蔬菜协会会员100多人，发展生产信息员和科技示范户2000多个，培训生产能手54312人次，形成了以县城为中心、乡镇为纽带、村组为桥梁，上下贯通，服务配套的技术服务体系。

市场服务体系——进入80年代中期，罗甸县委、政府从抓硬件着手，配套各种软件设施，首先建成了以县城为中心的24000平方米的综合交易市场和部分集镇交易市场，开通了光缆程控电话，改造了惠罗公路，修通了大部分乡村公路，成立了由县委、政府主要领导挂帅，工商、公安、财政、交通、武警、邮电、城管、农业、蔬菜等（总人数达100多人）部门组成了高效协调，功能齐备的蔬菜市场综合治理办公室。基本上形成了县内外、省内外信息反馈，组织紧密的市场网络，使罗甸蔬菜进入国内大循环，极大地推动着罗甸蔬菜基地的稳定健康协调发展。

2. 产生的四个效应是：扶贫效应，科技效应，品牌效应，牵动效应。

扶贫效应——1980年前全县人均收入130多元。进入80年代以来县委、政府制定和出台了一系列蔬菜发展的方针、政策和红头文件，把蔬菜作为农民脱贫致富工程，坚持以市场为导向，生产为基础，科技为手段，效益为目的，紧紧围绕县城经济发展，扶贫攻坚目标，狠抓产前、产中、产后服务。

促使早熟蔬菜生产规模从1980年示范种植92亩，发展到60500亩，蔬菜产量从5万公斤增到6800多万公斤（因干旱减产40%）。产值从3万元增到8000多万元，菜区农民的收入从263元增到3000多元。过去穷得出名的五星村，如今323户种植早熟蔬菜年收入200多万元，户均近8000元，蔬菜平均亩产值2000元以上，90%盖上了水泥平房，1995年被省政府命名为小康村，也是远近闻名的富裕村。

距县城70多公里与广西隔河相望的红水河镇，过去是科技兴农的死角，是消灭卫生田土的前沿阵地，自1986年试种早菜成功之后，早菜生产发展迅速，生产规模从试种的32亩发展到2000亩，实现产值200—300万元，成为该镇农村经济的重要支柱，该乡于98年撤乡建镇。

全县1986年以前，有20万贫困人口，仅靠种蔬菜脱贫的就有10多万人，为该县扶贫工作做出了一定贡献。

科技效应——罗甸是一个非常传统的农业县，农业生产方式落后，农民只知道放火烧山种庄稼，种田不施用肥料，推广农家肥、化肥时，农技干部是一家一户讲，一块一块田走，一斤一斤去送，然而在蔬菜种植科技推广取得成功之后，农民学科学，用科学、依靠科学致富蔚然成风，有力地推动了全县的科技工作健康发展，杂稻推广从送种上门到户户种植位居全州第一，推广面积达到10多万亩，占可推广面积的95%，杂交玉米有望推广到7.5万亩，旱育浅植6万亩，地膜栽培从不用到大面积应用，20年累计推广达40万亩，良种推广达90%以上，蔬菜、柑桔、油桐等基地实现了良种化。

品牌效应——自从蔬菜开发建设具规模之后，其知名度大大提高，蔬菜上市季节来自四川、重庆、湖南、陕西、西藏等省外客商不下1000人云集罗甸，随之而涌入的种子商、农药商、化肥商成千上万，省内外的科研、种子、推广单位慕名前来谈业务，合作、合资进行蔬菜产业的深度开发，特别是1995年被评为“全国菜篮子产品生产先进县”以来，蔬菜产销两旺，供不应求，又给罗甸其他各行业上的发展创造了一个良好的外部环境，为罗甸经济注入了新的活力。

牵动效应——蔬菜生产不但加快了该县脱贫致富步伐，而且带动了该县二、三产业的发展。工商税收750.9万元，分别占全县的52.2%和78.9%，货运车辆150辆占全县的72.1%，大、中型客车18辆，占全县的41.31%，另外有马车700辆，三轮车300—400辆，平板车上百辆。二、三产业的发展，增强了该县的经济实力。

蔬菜产业还促进了该县非耕地资源的开发和各类农、林、牧商品生产基地的发展。20多年来，该县在发展商品蔬菜的同时，大力开发非耕地农业资源，仅1992—1997年开发利用非耕地资源达到433214亩。现已初步建成35万亩油桐生产基地，3.5万亩水果基地，此外还有养殖业和药、茶生产基地等。

3. 探索出的五条基本经验是：

(一) 加强领导，统一规划。由分管的书记、县长挂帅，层层落实，并作出远景及近期目标规划。

(二) 面向市场依托资源，抢夺机遇是农业产业化发展的关键。

(三) 依靠科技进步，实行综合开发，综合利用才有发展的后劲。

(四) 发挥优势，突出特色，创造名牌才有活力。

(五) 树立长远受益观念，增强竞争意识，商品观念才能乘胜前进。

二、蔬菜产业发展方向

发展思路是以市场为导向、以科技为手段、以生产为基础、以效益为目的，实现产、加、销、贸、工、农一体化为目的。具体做法是：在规模、加工、销售上加大开发力度，用五年时间，全面完善蔬菜商品的产供销，贸工农产业化体制。稳定面积，调整结构，提高单产，改善品质，拓宽市场。按照这个思路和做法，工作重点是：强化五个保证、实施四个工程、落实三个配套、做好两个监督、完善一个体系，推进罗甸蔬菜产业向纵深发展。

——强化五个保证

一是政策保证。保证责任田地30年不变，荒山荒坡50年不变的土地政策，另一方面积极深入持久地贯彻党在农村经济发展的方针和政策，鼓励发展，鼓励致富。

二是组织保证。至关重要的是通过制定一系列的干部任用制度和政策法规，稳定乡（镇）行政干部队伍，稳定农业技术干部队伍。

三是资金保证。要推动农业产业全面发展，资金投入必须而且应该得到保证，一方面是增加生产投入，另一方面必须加大科技投入，增强试验示范工作责任心和使命感，研究推广更多的适应产业化发展的新品种、新技术。

四是技术保证。稳定和建立县、乡、村、组、户五级农科网络，依靠大专院校、科研、院所，面向社会、面向农业、面向农民的农业科学技术服务是农业部门的必由之路。

五是服务保证。一方面要作好技术辅导、技术培训、技术咨询。另一方面是作好信息服务、产品购销服务、交通运输服务。

——实施四个工程

(1) 种子工程。种子工程作为优质农产品发展的基础工程，因此必须以良种推广为基础，引进新品种为重点，实现基地良种化为目标，加速种子的自育、自推、自繁体系建设。

(2) 植保工程。以探索危害农作物重大病虫害的发生规律和防治措施为基础，研究农药的最优组配形式及最佳农药，最佳施药时间为重点，大力推广无公害农药、生物农药为目标。

(3) 肥料工程。以研究科学施肥为基础，逐步实施测土配方，减少无机化肥施用量，特别是氮肥的使用和严格控制使用时间，达到改善品质的目的。

(4) 激素工程。以研究筛选适于粮食作物、经济作物、药茶为主的激素种类为基础，规范科学使用植物激素和微量元素，提高农产品的总体效益。

——落实三个配套

(1) 技物配套。技术和物资配套用于生产，按农业产业化服务要求，做到五个统一，即：土肥统测统配，种苗统育统供，病虫统防统治，生产资料统购统供，农产品统收统销，建立农业技术配套，物资供应，产品销售，市场管理服务。

2. 服务配套。生产的规划要政府决策，物资供应要农业技术部门组织，市场管理要工商依法行政，治安要公安部门参与，发挥群体优势，管好农业产业事务。

3. 管理配套。一是宏观管理，二是市场管理，宏观管理要克服盲目的指令性和指导性，用市场来引导生产，用市场来引导发展，形成区域性，把行政、技术、市场、生产有机地结合起来。形成一整套完整的、配套的管理体系，为大市场、大流通开好头起好步。

——做好两个监督

(1) 生产监督：从生产环节抓产品质量，重点是抓好产前、产中的技术指导、技术服务，特别对农产品外观和内在品质有直接作用的技术进行分级把关，层层落实，农药销售限制品种，防治病虫害，限制喷药时间和数量，化学肥料特别对氮肥的使用要予以严格控制，产品要按有关质量分级标准进行分级进场，发挥农业技术部门的作用，利用村委、支部及其协会的管理职能，认真做好生产监督。

(2) 质量监督。除抓好生产环节的监督以外，还要对种子质量进行系统管理，并在产地市场及产易所设立“检测站”或实行挂牌上市，持证入场，分级销售，不符合医学、卫生标准的蔬菜一律不允许进入市场。

——完善一个体系

按照产供销一条龙、贸工农一体化的要求，加强社会化服务体系建设。农业产业化的三个环节“产、供、销”，农业部门以前仅仅限于在“产”上服务，要实施农业产业化战略，实现“产、供、销”一条龙，农业部门必须通过办好市场来了解市场，并通过市场为导向来指导生产，做好服务，只有这样，才能将农产品的生产、加工、销售连接为一个整体，提高综合效益，把千家万户的小生产与千变万化的大市场连接起来。

罗甸县经济基础薄弱，农业产业化发展通过了一个艰辛漫长的起步过程，农业产业化的发展，在今后的发展中，还会有许多新的问题，但是该县有信心，在现有的基础上迅速走出一条有罗甸特色的农业产业化之路来！

贵州省毕节市（芸豆之乡）

〔概况〕 贵州省毕节市是贵州省毕节地区所在地，位于川滇黔三省交界处，是黔西北的大门。全市面积3414.9平方公里，辖27个镇、8个乡（其中民族乡6个）、6个办事处。聚居着22个民族，人口接近120万，少数民族占9.34%。

毕节地形西高东低，平均海拔1511米，属北亚热带湿润季风气候，具有冬无严寒，夏无酷暑的特点。年平均降雨量954毫米，日照率约31%，无霜期250天左右。境内属喀斯特地貌，峰峦叠嶂，溪流纵横。市区群山环抱，一水中流，天然景观与人文景观交相辉映，使山城显得秀美多姿。

毕节资源丰富，地下资源主要有硫、铁、煤、锌、大理石、硅砂、铜、草炭、粘土、高岭土等20余种矿藏。地面因气候温和，雨量充沛，除主产玉米、小麦、稻谷等粮食外，还盛产烤烟、油菜、芸豆、柑桔、花生、茶叶、大蒜和名扬中外的中药材天麻、杜仲、半夏之类。许多土特产品因其独特的质量和品位，走俏于海内外市场。

毕节交通方便，市场繁荣，邮电通讯发达，教育、科学、文化、卫生等事业发展很快，轻纺、制革、食品、卷烟、煤炭、冶炼、建材、化工、机械、电力、医药等百业兴旺，一大批名优产品在激烈的市场竞争中走向全国和世界。

毕节是黔西北一块美丽富饶的宝地，开发潜力较大。新中国成立以来，毕节市各族人民在中国共产党的领导下，发扬艰苦奋斗的创业精神，克服重重困难，大胆探索，勇于进取，奋力拼搏，经济有了较大发展，社会有了明显进步，实现了政治稳定、经济发展、社会进步的大好局面。中共十一届三中全会以后，毕节市各级政府和领导认真贯彻和落实党的各项方针、政策，解放思想，提高认识，开拓进取，勤奋求实，带领全市人民建设经济、发展事业，使全市经济得到迅速发展。到1999年底，国内生产总值达30.57亿元，增长速度较快，粮食总产量达3.87亿公斤，农民人均纯收入达1463元，财政收入1.8亿元。人民生活水平有了明显提高，各项事业都在蓬勃发展。

1986年6月，经国务院批准，毕节地区建立“开发扶贫、生态建设”试验区，毕节市成了试验区的中心。政府在制定一系列有利于发展生产的灵活政策的同时，抓住有利时机，开展了生态建设和农业综合开发工程，实施效果显著：生态环境有了改善，人口得到了有效控制，经济有了较大发展。于1993年12月经国务院批准撤县建市。1999年，毕节市又被列为贵州省委、省政府首批建设的经济强市。为了抓住建设经济强市和国家实施西部大开发的历史机遇，加速毕节的开发和建设，政府制定了一系列引进人才、资金、技术的优惠政策。

税务优惠政策——按照国家税法规定，凡地方税种，对投资者均可实行；税务机关依法计征，财政按合同返还。其具体办法是，在本市固定资产投资额1000万元以上的，年创税100万元以上的生产型项目，市财政给予投资者固定资产贷款50%贴息三年，由市财政一年兑现一次；从建成投产之日起，地税部分三年内征收后由同级财政下拨，用于扶持企业的扩大再生产；第4年至第5年下拨50%，财政的扶持由受益的同级财政一年兑现一次。投资兴办高新技术、新产品、新材料、新设备、新工艺和“三废”利用、生态环境建设及保护的生产型项目，利用土地资源兴办种养殖场的，经营期在15年以上，且投资总额在50万元以上的，二年内地税征收后由同级财政全额下拨扶持，第3年至第5年征收后由同级财政下拨扶持50%，还可在以后5年内继续优惠缴纳地税部分的20%。在本市利用“四荒”实施开发型项目，从受益之年起，3年内农林特产税由财政予以下拨扶持，第4年到第5年下拨扶持50%。投资者在本市投资创办劳动密集型产业，投资规模100万元以上，吸纳当地劳动力100人以上的，由同级财政在3年内将其缴纳的地方税部分下拨给企业，用于发展生产。

土地优惠政策——外来客商承租和成片开发该市土地，土地使用价格实行综合地价，土地出让金优惠25%，土地使用权有偿出让期最长为70年；依法取得土地使用权的土地可以转让、出租、抵押。原购买和新购买“荒山、荒地、荒水、荒坡”使用权的，使用年限最长可为50年，期满可续约；利用荒山、荒地植树造林的，林权归己，可以继代继承、转让、出售。

奖励优惠政策——外来客商来本市投资开发，其在年度内上交市所得财力达200万元以上的，给予企业（经营户）法人代表5%的奖励；上交50至100万元、100至150万元、150至200万元的，由同级财政分别给予企业法人代表（经营户）0.5%、1%、2%的奖励。引进无偿资金，经审定核准，资金全额到位，且资金实际使用年限在1年以上，引资金额在10—50万元、50—100万元、100万元以上的，分别给予引资额5%、7%、10%的奖励。引进低息贷款，无论金额多少，按同期银行利率标准，根据使用期逐年奖励差额部分。引进独资、合资项目资金、经审核，资金全额到位并按计划组织实施1年后，引进金额在100万元以上的，给予1%的奖励。

办事服务程序——项目审批及有关手续办理，由市政府办公室负责会同有关部门审批，项目可行的3天内必须向投资者答复；项目不适宜的2天内回复。凡经批准的，从行文之日起，有关部门在7天内为投资者办齐市内各种手续，如涉及到省、地的手续，由市政府办公室负责办理。

〔**芸豆生产**〕　芸豆是毕节市的名优特产之一，因此，毕节市享有“中国芸豆之乡”的美誉。毕节市的自然资源和气候条件非常适宜芸豆栽培生产，全市有芸豆栽培面积40万亩，有间作、混作、套作和单作，年产5000至8000吨，产值1000多万元，品种有小红花、小紫花、中红花、中紫花、小红芸豆，中红芸豆等12个。

毕节芸豆具有肉厚、味香、色美、纤维少、口质好的特点，含有多种维生素、钙、铁、磷及蛋白质等营养成份，并含血球凝集素。据分析，毕节芸豆食用芸豆荚含有6%的蛋白质、10%的纤维、1%—3%的糖；干种子中含有22.5%的蛋白质，59.6%的碳水化合物，耐贮藏运输，可加工成罐头。毕节芸豆在医药上有温中补肾、散寒、止呕吐的作用，能治虚寒、腰痛、肠胃不和，对腹胀、痰喘也有疗效。

毕节芸豆倚其色美味香，营养成份丰富，药物价值高等优点，深受海内外人士喜爱，产品远销东南亚国家和东欧各国，市场前景广阔。

毕节市独特的自然资源，廉价的劳动力，投资的优惠政策，是毕节芸豆开发的有利条件。毕节市竭诚欢迎海内外各界朋友前来投资开发，共促发展，共谋繁荣。

联系地址：毕节市人民政府
邮　　编：551700
电　　话：0857—8223072
传　　真：0857—8223098
联 系 人：李郁铭

贵州省遵义县（小辣椒）

1. 辣椒种植史及功用

遵义小辣椒已有500多年的种植历史。相传15世纪中叶的大量移民，勤劳的农民带来了辣椒种籽，凭借充足的日照、适宜的温差和优良的水质、土壤，经过世代的精心培植，辣椒在这里扎下根，并形成了自己的特色，明末清初，随着资本主义的萌芽和商品经济的发展，农民对辣椒的种植开始以自给转向商品化生产。到清末，辣椒有了较高的声誉和广泛的影响，据《遵义府志》载，“遵义辣椒品质产量均较他处为优”。进行大规模的商品化生产，是在新中国成立以后。1957年，遵义县成为全省年产辣椒上万担的惟一县份，建立了出口小辣椒的生产基地。从70年代中期开始，全县大抓多种经营，积极帮助产区农民选育良种，推广先进栽培技术，成为中国传统的出口免检农副土特产品之一。

遵义小辣椒营养丰富，鲜椒中每百克维生素C的含量高达198毫克，在中国众多的辣椒品种中位居前列。胡萝卜素的含量仅次于胡萝卜，其药用价值据姚可成《食物草本》记载，具有“消宿食、解结气、开胃口、辟邪恶、杀腥气诸毒”的功能。西南大部分地区温湿多雨，因此人们特别爱吃辣椒，自古有“四川人不怕辣，湖南人辣不怕，贵州人怕不辣”，辣椒已成为一日三餐不可或缺的佐料。

2. 遵义小辣椒名、优、特

遵义县属于中亚热带湿润季风气候，平均气温 14.6 度，大于 10 度的有效积温 4800 度，无霜期 283 天，年降雨量 1043.4mm，雨量充沛，昼夜温差大，土壤肥沃，耕层深厚，为朝天辣椒生产最适宜区。

遵义小辣椒油润红亮、色泽鲜艳、果型美观、肉厚质细、辣素适中、风味浓香。以“虾子朝天小辣椒”品种在虾子等处所产的小辣椒品质最佳，其境内适宜辣椒生长，而且辣椒在土中挂果的时间长，施用的农家肥多，辣椒光合作用时间长，养分转化充分，椒体色泽深红，肉质肥厚，辣香味更为浓烈。

遵义县生产的虾子朝天小辣椒经贵州省理化测试中心分析测试具有粗脂肪含量高（16.6%），纤维素含量低（25.43%），碳水化合含量高（33.57%），水分含量少（3.24%），辣素（0.52%），蛋白质（16.36%），总糖（11.42%）含量适中等显著特点。于 1999 年 10 月 10 日被评为“贵州省名优辣椒”。

3. 遵义县辣椒产业建设

遵义县较早推进产业化经营，县委、县政府于 1996 年 8 月作出《关于农业产业化建设的决定》，1997—1998 年组织编制《农业产业化 1998～2002 年规划》，1999 年 3 月作出《关于加快农业和农村经济发展的意见》，确立了产业化经营的路子，提出 1999～2002 年重点培育辣椒、油菜、烤烟、畜牧水产等优势产业。1999 年调整了农业产业化领导小组成员，成立了以县委张大六副书记任组长的辣椒领导小组，并设置辣椒产业办公室，辣椒研究所，负责辣椒品种选育，规范化栽培技术、病虫害综合防治及专用肥等项目研究。

遵义县委、县政府十分重视辣椒产业的发展，加大科技投入，深入开展技术培训，着力加强品种选育和栽培技术试验研究，推广“选用优良品种、保护地育苗、规范化种植、平衡配方施肥、病虫害综合防治”等适用先进，为全县“虾子朝天小辣椒”优质、高产、高效打下了坚实基础。

基地面积迅速扩大，辣椒生产基地主要集中在东部虾子等镇，1997 年 6.3 万亩，创特产税 180 万元；1998 年 10.2 万亩，干椒 1326 万公斤，产值突破亿元大关，创税 250 万元；1999 年 20 万亩、干椒 3000 万公斤，产值 2.4 亿元，创税 450 万元，占农业特产税的 79.4%；2000 年 26 万亩、干椒 3900 万公斤，产值 2.18 亿元，辣椒已成为农民增收的主要经济支柱之一。

辣椒加工已经起步。先后建成了年生产能力 1000 吨的虾子“九月红”辣椒食品厂；800 吨的龙坑“神灯”辣制品厂，1999 年生产辣制品 890 吨投放市场，产值 450 万元，利润 49.8 万元，创税 15.2 万元。涌现出了一批种椒专业镇——虾子镇种椒占耕地的 45%，全县专业村 85 个，人均种椒收入 1000 元，种植大户 450 户，户均收入 1 万元。

辣椒已成为遵义县的后续支柱产业和重要的经济增长点，抓住机遇，发挥优势，在质和量上再上台阶，是富民强县的突破口。现在，县委、政府已确定在全县产区推广种植“虾子朝天小辣椒”常年面积 30 万亩，年产干椒 5400 万公斤，外供 4500 万公斤。

4. 虾子辣椒市场

虾子辣椒市场位于贵州省遵义县虾子镇，距贵阳〈高速路〉160 公里、重庆 320 公里，年吞吐量 5000 万公斤，年交易额在同类批发市场中位居西南之首。1999 年成交量 8000 万公斤，交易额 4.8 亿元，创税费 70 多万元，2000 年成交量已突破 9200 万公斤，交易额 5.2 亿元。2001 年遵义县及周边县种植辣椒将近 70 万亩，估计产量可达 11000 万公斤。

虾子辣椒市场是遵义市及周边县、邻近省辣椒的主要集散地，跨区域吸引椒农、批发商和大宗用户，辣椒商品辐射国内大中城市和东南亚等国。吸引湄潭、绥阳、正安、仁怀、凤冈、务川、余庆，毕节地区的金沙、大方、毕节县，黔南州的瓮安等县辣椒上千万公斤到该市场交易。销往重庆、成都、广州、长沙、西安等城市和缅甸、印度、尼泊尔、马来西亚、菲律宾、日本等国。在虾子镇常年从事辣椒经营的有 5000 余人，外地商家已有 589 户到虾子建房经营辣椒，流动经营的辣椒商 1000 余人，经营资金在 100 万元以上的 15 户，50—100 万元的 50 户，10—50 万元的 300 户，专业运椒公司两家，10 吨大货车近二百辆，有 5000 余人从事辣椒装卸、剪把等作业，食宿等综合配套服务业 200 多家。

具备固定交易场所和物流基础设施，有较先进的现代流通技术管理手段，为椒农、批发商和大宗用户提供仓储、运输、结算、加工等综合配套服务。虾子辣椒市场占地 7300 平方米、主体建筑 4600 平方米，专用库房 140 余间，1999 年新建为长廊式开放型市场，总长 1500 米，宽 60 米，修建“仓储 + 住房”370 套，总投资 3400 万元，分三期完成，年吞吐量 6 万吨，已列入农业部“农产品定点批发市场”。

5. 遵义县辣椒产业办公室

贵州省遵义县辣椒产业办公室由县委、县政府特批成立于 1999 年元月，专门从事辣椒产业建设工作的业务机构，工作人员 8 人，其中高级职称 1 人、中级职称 3 人、初级职称 1 人。下辖虾子辣椒市场（农业部定点市场）、遵义县辣椒研究所、遵义县辣椒产业科技服务中心。

业务范围：辣椒生产技术指导，辣椒种子选育、生产及销售，科技培训，市场服务及开拓、协调加工等。

成立两年来，狠抓辣椒基地建设并为30万亩辣椒种植总结出“五项攻关”栽培技术；组织申报“贵州省名优辣椒”并获通过；抓虾子辣椒市场硬件及服务体系建设并申报列入“农业部定点市场”获得批准；加大科技投入所选育遵椒一、二、三号品种通过省级审定；加强信息建设将虾子辣椒市场信息纳入农业部“农产品信息网”定期发布。

电　话：0852－7222248

E－mail：cihilli@tublic. zy. gz. cn

传　真：0852－7222160

邮　编：563100

6. 遵义县松林供销社薇菜生产加工基地

薇菜属蕨科植物，每年清明前后采摘基苔加工而成。因生长于山野中，无化肥、农药污染，是一种对人体健康十分有益的高级绿色保健食品。

薇菜营养十分丰富，含有蛋白质、胡萝卜素、钙、磷、铁、VC等10多种元素，有防癌、抑癌、润肺理气、补虚舒络、清热解毒功效。对吐血、赤痢便血、子宫功能性出血、遗精等有辅助治疗作用。

遵义县松林供销社于1983年起开发薇菜，已初具规模，年成交薇菜干30多吨，1995年日本国木久先生三次到松林实地考察，对遵义薇菜的品质以及松林供销社的加工技术给予很高评价。1997年，省批准建立贵州省遵义县松林供销社薇菜生产加工基地，总投资686.5万元，年生产加工规模250—300吨薇菜干；首期工程已投入200万元资金。

遵义县松林供销社生产加工的薇菜具有香气沁人，脍炙爽口的独特风味和食用简便的特点，在国际市场上深受欢迎，被誉为“野菜之王”。是各类宴席和招待嘉宾良友的美味佳肴，也是馈赠亲朋好友的珍贵礼品。

联系电话：0852－7541032、7541129

联 系 人：陈洪强

电报挂号：2646

邮　编：563121

贵州省黔西县（黄花之乡）

黔西县位于贵州省中部偏西北，是毕节“开发扶贫、生态建设”试验区的前沿窗口和贵阳经济中心的辐射带动区域。全县总面积2554.1平方公里，总人口76.58万人。县内交通条件优越，321国道和贵毕高等级公路贯穿全境，县城东距省会贵阳128公里，西距地区行署驻地毕节117公里，北距历史名城遵义167公里。年平均气温在13.2—14.5℃之间，年降水量1005.2毫米。境内土壤气候条件适宜，自古以来就有黄花菜的生长，人工大面积种植已有20多年历史，现已具备一定的生产管理经验和加工技术。目前已建成万亩黄花基地。基地所产鲜花、肉厚、果大、营养丰富，加工生产的干品黄花色泽鲜黄，产品供不应求，市场前景极好。黔西依托独有的地理区位优势和自然条件，抢抓西部大开发机遇，把黔西建成全省果蔬基地，把黄花生产作为农村产业结构调整的重要内容，推行产业化经营。现已出台招商引资优惠政策，欢迎国内外有识之士前来投资黄花生产经营，共谋黔西发展。

云南省邱北县（辣椒之乡）

邱北县位于云南省东南部，是个多民族聚居的农业贫困县。全县辖1镇13乡，总人口42.5万人，其中农业人口40.4万人，占95%。县境内最高海拔2501.8米，最低782米，年平均温度16.4℃，年降雨量900—1300毫米，全县国土面积4997平方公里，有耕地69万亩，其中：水田10万亩，旱地59万亩，盛产水稻、玉米、辣椒、烤烟等作物。

邱北县种植辣椒有350多年的悠久历史，辣椒品种为“云南小椒”，个小、个体均匀、色泽鲜艳、油脂和维生素含量高，辣香味浓，维生素C含量高达89—185毫克/100克干椒，品质上乘，知名度高，享誉海内外，早在1983年就荣获国家有关部门颁发的优质出口产品荣誉证书，1999年又被命名为“中国辣椒之乡”。

邱北辣椒产业发展规模大，全县辣椒种植面积15万亩，年产干椒2万余吨，农民种植辣椒收入上亿元，是邱北县农民和财政增收的支柱产业。邱北辣椒以干椒销售为主，优级干椒主要出口美国、日本、斯里兰卡、马来西亚、新加坡、韩国、加拿大等国，其中：精加工产品辣椒圈（日本人叫轮切唐辛子）主要出口日本。统级干椒和辣椒系列产品（如油辣椒、糟辣椒、辣椒酱、辣椒面等）主要销往省内外市场。全县建有“辣椒交易中心”1个，系列产品加工企业10余家，产品加工、交易初具规模，可进行现货、期货和网上交易。

邱北辣椒产业有稳定的种植基地，农民种植辣椒经验丰富，科技含量逐步提高，县委、县政府历来高度重视辣椒特产经济的发展，形成了以市场需求为导向，以优势资源为基础，以科技进步为手段，“公司＋基地＋农户”的发展格局。

邱北县各族人民热忱好客，以纯朴的民风民俗，以优美的“普者黑”山水田园风光，诚邀天下客商来邱北开发辣椒产业和观光旅游。

云南省西畴县（阳荷之乡）

山野蔬菜珍品——阳荷，主产于云南省文山壮族苗族自治州“中国阳荷之乡”——田畴县，属于野生姜棵草本植物阳荷根茎所生，可食用，纯天然紫红色，营养成份丰富，药理保健功能奇特。据李时珍《本草纲目》所载，阳荷不但可以作为蔬菜食用，而且具有活血调经，镇咳祛痰，消肿解毒，消积健胃等药用功效，是兼药理保健功能为一体的纯天然膳食纤维食品。其所含纤维素是一种不产生热能的多糖，是生命所需的营养物质，经常食用，有利于保持消化道通畅，维持排便功能的正常，对便秘、糖尿病等有着特殊功效。

阳荷食用方法较多，成熟时采摘洗净后切片或丝状，掺与鲜椒素炒或与肉片、肉丝拌炒均可，其色鲜、质脆、味香。也可将其煮熟、烧熟撕细凉拌，也可做成泡菜。总之，煮、烧、炒、炖、凉拌、腌制均可，其味无穷。是当地群众和餐饮酒店餐桌上的上等特色佳肴，是一种具有较高开发价值的绿色保健食品。

为开发利用阳荷这一特色产品，西畴县对外经济贸易公司投资500多万元建成了以加工阳荷系列产品为主的神星蔬菜制品厂。目前，有正式员工20人，具有专业技术人员12人，该厂设有厂长办、办公室、财务室、营销部、生产部和生产车间等机构。年生产能力500吨成品，可贮存500吨半成品。经过几年的努力，该厂已生产出以阳荷为主的神星系列蔬菜制品，阳荷产品有麻辣味、糖醋味、鱼香味、鲜味等主导产品，系列产品有藠头、蒜脯、竹笋、香椿、蕨菜等。产品销往全国各地及日本、港台、东南亚等国家和地区，深受各地消费者的青睐。在历届昆交会上展销时都倍受欢迎。阳荷在1994年广州举办的中国新产品、新技术博览会上获银奖，在1998年文山州“一庆双节”时被评为金奖产品。

目前，文山州人民政府也把西畴阳荷列为“十五”特色经济发展规划重点项目，力争到“十五”期末，把西畴建成阳荷产业生产基地，实现速生、高效、丰产阳荷种植规模10000亩，抓好系列产品的开发，努力开拓市场，实现年产鲜阳荷0.45万吨，群众收入630万元，年产阳荷及蔬菜系列产品0.2万吨，企业实现销售收入3000万元，实现利税450万元。

为促进阳荷产业的发展壮大，西畴县委、县人民政府欢迎国内外有识之士采取各种形式参与共开发，共求发展，并努力为其提供良好的投资合作环境。

联系单位：西畴县计经委　西畴县对外经济贸易公司
地　　址：中国云南省文山州西畴县西洒镇湖广路
联 系 人：杨文荣　李荣祥
邮　　编：663500
电　　话：(0876) 7627177　7626655
传　　真：(0876) 7622114

拉萨市珠峰保健食品厂

拉萨市珠峰保健食品厂是市经贸委下属的一家国有新型企业。是一座现代化牦牛肉系列产品的加工基地，是世界上海拔最高的牦牛肉系列产品生产厂家。也是市政府重点拳头企业。该企业前身是西藏林芝地区福利食品厂，始创于1993年，1997年上半年正式成立拉萨市珠峰保健食品厂，下半年正式投入生产。现有固定资产2400万元，占地面积1.8万平方米。拥有在册职工90人，其中藏族34人，汉族56人。文化素质结构：大专以上文化程度8人，中专5人，初中以上77人。年生产能力可达5000万元，可创利润500万元。

该厂采用国内外先进生产设备，以精选优质牦牛肉，牦牛鞭为原料，配以西藏独特名贵中药材——红景天、松茸等天然植物香料。经过严格工艺，按国家绿色食品生产要求精制而成“珠峰”牌牦牛肉干系列（五香牛肉干、麻辣牛肉干、咖喱味牛肉干、果味牛肉干、180克礼盒）；牦牛肉杂酱系列（香菇、香麻辣、榨菜）；牦牛神鞭系列（2根/盒、18克/盒、28克/盒、48克/盒）等17种产品。该产品弥补了西藏食品工业的空白，经有关科学鉴定，证明其含有丰富的蛋白质、氨基酸、维生素等营养成份，是一种不含任何污染的营养绿色保健食品。并取得了企业技术专利权，曾多次获得国内外金奖。①1994年获得林芝地区科技进步奖；②1994年获得广西科技新产品技术金奖；③1994年获得中国新产品技术广州交易会金奖，成都交易会金奖；④1994年获得乌兰巴托国际商贸产品博览会金奖；⑤1997年获得国家有关部门优质名牌产品奖；⑥1997年获得西藏自治区科技进步二等奖；⑦1997年获“中国公认名牌产品”称号；⑧1998年评为“四川群众喜爱商品”；⑨1999年被中国少数民族运动会拉萨分赛场指定为标志产品；⑩1999年被评为西藏名优特新产品。该厂产品赢得了广大消费者的好评和青睐，不仅在国内30多个大中城市畅销，还远销国外几个国家和地区。

近两年，在各级政府及有关部门的关心和支持下，经西藏拉萨市珠峰保健食品厂全体员工的共同努力，在开发牦牛资源上取得了一定经济效益，“珠峰”品牌已家喻户晓，市场占有率愈来愈高。

在改革中求发展，工厂自身进行了机构人员调整、重组、建立健全了合理的经营管理体系和各项规章制度；相应建立健全了财务制度、加强财务管理、严格执行“两则”“两制”。做到债权债务清楚、财务行为规范、搞好成本核算、降低非生产费用。特别是2000年，全区召开了经贸体改工作会议，全市国有企业进行了改制、改组。在这种形势下，该厂积极寻求合作伙伴，加快国有企业改革步伐。企业内部进一步完善了劳动合同制，建立了考核竞争上岗制度，减员增效措施，使工厂降低了生产费用及成本费用的开支，职工人数由150多人减少到现在的90人，为企业减轻了负担，也充分调动了职工的工作积极性。

为了充分利用西藏高原农牧物资优势，搞好企业，特别是适应全国开发大西部这一难得的历史性机遇和挑战，该厂决定扩大生产规模和开发新产品项目：1. 牦牛肉干系列。2. 牦牛肉罐头、杂酱系列。3. 牦牛神鞭系列（牦牛神鞭、牦牛神鞭酒）。4. 牦牛肉保鲜系列。5. 核桃仁系列产品。6. 青稞、麦片系列产品。根据该厂产品在国内外各地市场和销售情况来看：“珠峰”牌牦牛肉系列产品知名度较高，如能引进外资，扩大生产规模，开发新产品，年产值可达两个亿，可创利润3000万元，上缴国家税利1500万元，在三年内能收回全部投资。

牦牛肉系列产品及相关产品的开发前景是广阔的，但前期工程是巨大的。单纯一个企业是无能为力的，只有扩大再生产，引进先进设备、资金和技术人才，招商引资，走集团化或股份制道路。为此该厂诚邀区内外有志之士和大型企业来厂引进考察，与该厂合资、合作经营或承包、租赁、兼并、购买等不同形式进行经营。变资源优势为经济优势，互利互惠，使西藏的“珠峰”牌牦牛肉系列产品走出屋脊，飞向世界。

单位名称：西藏拉萨市珠峰保健食品厂
单位地址：西藏拉萨市纳金路13号
邮　　编：850000
电　　话：0891－6331483
传　　真：0891－6331483
法人代表：赵俊朋

西藏自治区日喀则市（青稞之乡）

位于雅鲁藏布江中游与年楚河交汇的、地委行署所在地、历代班禅驻锡地、国务院批准的历史文化名城、驻地海拔3840米、年无霜期118天、降雨量390毫米、全区最大农业县的日喀则市，是西藏生产青稞历史悠久的县级市。

全市辖有10个乡2个办事处，165个行政村和10个居委会，11413户数，91050人，其中农牧民60148人，其余为干部职工和居民，不包括城市外来经商和流动人口。市境面积3873平方公里，其中种植业年播作物18.2万亩，作物种类为春青稞、冬小麦、春小麦、春油菜和土豆、乔麦及蔬菜等，其中春青稞面积101270亩，占55.64%，1999年粮食总产12604.81万斤，平均亩产783.14斤，人均占有1752斤，其中青稞总产6958.92万斤，平均亩产687.16斤，部分地块或农户可达1000～1300斤/亩，人均占有728.46斤。从1990年以来，日喀则市粮食总产已经排为全区榜首，是最大的商品粮县市之一，年均为国家贡献和向市场销售商品粮达2000万斤，其中青稞占800万斤，市场价格每斤0.80～1.00元。1999年全市农业总产值9022.03万元，占工农业总产值82.6%，种植业产值6896.71万元，占农业总值94%。农牧民人均纯收入1915.33元，其中种植业收入占40%。

日喀则市是西藏的青稞之乡，根据农史记载，早在公元二、三世纪，年楚河流域就有栽培青稞的活动。独特的地理、环境、气候和水土，为青稞的起源、演进、栽培提供了有利条件和发展空间。以该市联乡为代表的青稞品种“联嘎姆”（可以加工为白色、优质、香味浓厚的高级糌粑），通过特殊的环境、水土、无污染栽培和精细加工，早已成为扎什伦布寺高级僧尼和历代班禅的专用供品，誉享全藏。然而，由旱、涝、雹、霜、病、虫、草的影响，特别是落后的旧社会制度和较为原始生产条件的严重制约，迄至1950年，青稞亩产仅有3～4克（每克为28斤），历代农牧民缺衣少食，生活十分贫苦。1950年至1999年，在党和人民政府的英明领导下，在各方面关心支持下，通过西藏和平解放和民主改革，实行各种优惠政策、重视发展农业生产、推广科教兴农技术等，粮食产供状况，尤其是青稞已经实现了粗、杂、饱，开始向精、细、好方面转变。目前，青稞良种，常规栽培技术、土地排溉设施、植物保护、传统青稞酿造、糌粑加工、青稞秸杆微贮喂畜等条件和技术已经具备。

全方位、深层次、系列化研究、培育和开发日喀则市青稞优势资源，是市委、市府和全市人民的多年愿望，也是广大农牧民增收奔小康、实现经济快速发展，走产加销、内外贸、高效农业的重要途径。在国家实施西部大开发、科教兴国、可持续发展战略机遇中，为使青稞成为该市一大产业，诚恳欢迎区内外有关单位、专家、企业家，在提供优质品种、特色加工、高新栽培技术、现代管理、拓宽营销市场方面，请予帮助咨询、指导、合作开发或者独立上项，具体要求，所需政策，日喀则市人民政府由衷欢迎面谈或信件洽谈。

联系电话：0892－8824577　8822619　8822611
邮政编码：857000

陕西省

〔名优特产〕

陕南魔芋　陕南魔芋，个大、产量高、质细、含淀粉多，可与贵州魔芋、四川魔芋齐名，并称全国“三大优质魔芋”，1999年陕南种植面积达10万亩以上，年产2亿公斤左右。

从20世纪80年代以来，陕西魔芋资源开发利用，越来越受到了群众重视，科研机构也在魔芋丰产栽培引种，产品加工利用等方面开展了研究，到目前魔芋一般亩产可达2500公斤以上，最高可达5000公斤左右，产值可达2000～4000万元。一些魔芋加工产品，如岚皋县“明珠牌”魔芋精粉，已打入日本、港澳、欧美等国际市场。发展魔芋，已成为陕南一些县市脱贫致富的一个重要产业。

当前陕西魔芋开发主要矛盾是技术还比较落后，加工跟不上，产品多是初级原料，尚未形成商品优势，加之，各地盲目办厂，造成原料市场忽而紧缺忽而过剩，影响农民种植积极性。

陕西关中花椒　关中花椒，又称秦椒。关中花椒主要分布于陕西韩城、凤县、长安、宝鸡、富平等地、县、市。

关中花椒品种有大红袍、小红袍、黄金椒等，尤以韩城、凤县所产大红袍品质最佳，为花椒之上品，体肥个大，颗粒饱满，鲜红润泽，辛香麻辣，有双耳，风味超群，耐贮藏，闻名中外。

关中花椒是一种重要的食品调味原料，烹调佳肴必备的调料，有提味、增鲜、去腥、去膻之功效。果皮含特殊的芳香油，种子出油率22%—25%，可食用或工业用。

花椒可入药，性辛、热。归经入脾、胃、肺、肾经。具有散寒、除湿、理气、止痛、消毒、杀菌之功效。自古以来就是一种很好的中药材。果皮入药，称“椒红”，多用做驱风、健胃药，有温中、止痛、驱虫功效。种子入药，称“椒目”，其功能行水下气，主治水肿、痰水咳嗽。

花椒是陕西传统的出口名特产品，仅秦岭南坡以北，已有2万多公顷花椒，全省年产2000～3000万公斤，销于全国各地，出口日本和港澳地区。

陕西省白河县（黄姜之乡）

白河县地处巴山北麓、汉江南岸，是陕西的东大门。北东南三面分别与湖北省郧西县、郧县、竹山县接壤，西与陕西省旬阳县相连，古有“秦头楚尾”之称。全县总面积1450平方公里，总人口20.72万人。辖7镇12乡，307个村、2078个村民小组。

新中国成立五十年来，白河历届县委、县政府为改变山区落后面貌，带领全县人民团结拼搏、艰苦奋斗，开发和建设取得了令人瞩目的成绩：从七十年代起，坚持二十余年大搞农田基础建设，在陕南率先实现人均一亩基本农田。修田造地的壮举，曾感动共和国最高决策层。1991年全国贫困山区扶贫开发经验交流会在白河召开，李鹏总理发来了贺信，国务委员陈俊生莅临会议。全民动手，大办基础教育，被誉为全省“山区教育的一面旗帜”。以公路为重点的“三通”基础设施建设，领先于全区。中国共产党的十五大以后，白河县委、县政府根据新的形势和任务，在积极调整经济结构、培育主导产业、兴办支柱工业、推广农业适用技术、建设区域特色经济上取得了新的突破，进入了快速发展的新阶段。1999年，国内生产总值达到3.66亿元，连续两年实现两位数速度增长；财政收入达到2114万元，较1997年相比翻了一番；人均纯收入达到1190元。在改造山区贫困面貌的艰辛历程中，白河人以其勤劳智慧铸就了治山创业的“白河精神”，涌现出优秀基层干部万立春等一批先进典型。

白河县气候湿润、山川秀美、资源丰富、物产众多。其中尤以盾叶薯芋驰名海内外，被誉为“薯芋之乡”。

盾叶薯芋，又名黄姜、俗名火藤根，为多年生草质藤本植物，是不可替代的甾体激素药原植物，中国和墨西哥为主产国。据南京博物馆相关资料记载，中国黄姜以秦巴山地的陕西省白河县为最佳适生区，黄姜皂素含量高达2—4%，为世界之冠。黄姜皂素可合成生产肾上腺皮质激素、性激素、蛋白同化激素三大类六级甾体激素类药物60余种。由于其广泛的用途，全球对黄姜皂素的需求量以每年不低于10%的速度增长。

白河药用野生黄姜已有两千余年的历史。八十年代以后，野生黄姜的产量已远远不能满足市场需求。根据市场导向，白河于八十年代中期开始人工栽培黄姜试验。通过近十年的艰苦实践，人工栽培获得成功。两年生亩产达1500公斤以上，经西北植物研究所化验，白河人工栽培两年生黄姜皂素含量可达3%左右，仍是全国黄姜皂素含量最高的地区。

黄姜作为农村第一主导产业，该县的发展思路是：按照农业产业化建设的内在要求，以市场为导向，以效益为中心，依托资源优势，深化产业开发，强化基地建设，培植骨干产业，实行区域化布局，专业化生产，一体化经营，社会化服务，企业化管理，通过市场牵龙头，龙头带基地，基地连农户的形式，以黄姜产业带动一、二、三产业联动发展，逐步建立采用科学技术、现代经营管理的农业综合体系，走现代集约高效农业发展路子，形成大产业、大农业、大流通、大市场的格局，提高全县农村经济的运行质量。围绕着这个思路，白河县率先在兴黄姜产业上实现了新的突破：一是狠抓黄姜基地建设。该县的总体目标是，到2000年底完成10万亩优质黄姜基地建设，保持全省第一。按照“区域开发，相对集中”的原则，与特色经济的区域化布局相结合，通过物质、资金、技术投入，建设上规模、上档次、高标准，1998年，种植3万亩，1999年新发展6万亩，累计留存面积达8万亩。2000年，白河县继续集中财力、物力、人力，按照科学规范种植、规模连片发展、精细有效管理的要求，建成10万亩黄姜基地。二是抓好市场开拓。白河在抓黄姜基地建设的同时，抽调精兵强将多方捕捉信息，搞好黄姜的市场开拓。1999年，白河黄姜生产情况在中央电视台播出后，便迅速激起毗邻省地和国内40余个县市的“黄姜热”。白河除保持与西北植物研究所长期友好协作关系外，在武汉、南京等地也广开信息窗口，组建专门项目班子，一方面联系外销市场，签订销售合同；一方面引进资金、技术、人才，进行黄姜品种更新和产业深加工。三是实施龙头战略。产业化说到底是一种集团优势，它以利益均沾、风险共担的形式，将企业和广大农户结成经济共同体，形成贸、工、农一体化，产、供、销一条龙的集团经营。目前，白河县已建成三个黄姜水解物厂，100吨黄姜皂素厂、黄姜专用配肥厂、编织袋厂也正在筹建之中。一个山上建基地，山下办工厂，山外拓市场的产业化格局正在“秦头楚尾”形成。

西安大老郭饮品有限公司

西安大老郭饮品有限公司前身是西安永康稠酒厂，1986年成立。从1988年产品投入市场后，以其正宗的黄桂稠酒口味赢得了消费者一致好评。大老郭饮品有限公司是一个稠酒专业生产厂家。公司位于西安南郊高新经济技术开发区丈八东路19号，占地四亩，根据省、市政府规划，公司处在南三环路边，地理位置极佳，公路交通方便。建筑面积800余平方米，日产量4吨。公司生产的黄桂稠酒以古老的发酵方式加之科学的配方生产适合各种层次消费者的口味。大老郭品牌的稠酒系列产品逐渐被人们所赏识，市场的占有率在同行业中以40%的速度逐年增长。永康稠酒系列产品曾荣获1992年首届国际椰子节、首届全国食品饮料精品海南博览会金奖。1993年在西安举办的全国十一届城市用户委员会联合产品质量跟踪展销会上荣获用户满意奖。1994年获省市消费者推荐大奖。历年来该公司生产的稠酒在省市区质量检验和市场抽查中全部符合企业生产标准，各项指标均达到国家标准。由于公司生产的黄桂稠酒质量好、品味正，得到消费者的认可，在市场上站稳了脚步，销售量占市场的40%以上。2000年“3.15”明明白白消费日，西安大老郭黄桂稠酒系列产品上了由陕西省技术监督局办的3.15专刊金页，成为向市场宣传推荐稠酒的厂家。经过公司不断研制、调配、改进生产工艺，使稠酒走出陕西，走出国门，为稠酒这一古文化酒类开创了广阔的天地。随着市场经济的飞速发展，为满足更多消费者的需求，公司已在国家商标局注册该公司商标，严防假冒伪劣产品欺骗消费者，1997年该厂由原来的西安永康稠酒厂更名为西安大老郭饮品有限公司。公司正逐步走上了规范经营、科学管理的轨道。

主要原料与营养价值

黄桂稠酒的主要生产原料是精糯米，不增加任何添加剂，由于黄桂稠酒具有保健功效，舒筋活血，健脾开胃，滋阴补阳，润肺治便秘，养颜美容，也适合糖尿病、肥胖症、心血管病、龋齿病患者饮用，所以常饮黄桂稠酒具有一定的营养价值和保健作用。当今国人的饮食结构正朝着营养型的方向发展，世界的饮料发展趋势又是以低酒精度，纯天然发酵保健饮品发展，黄桂稠酒正是这一行列的姣姣者。作为历史酒文化的黄桂稠酒正逐渐成为颇受欢迎的地方名特产之一。

陕西省子长县薯类开发总公司

子长县薯类产业开发工作在县委、县政府的正确领导和重视支持下，逐步发展成为振兴子长农村经济和农民脱贫致富的主导产业，1995年被国家命名为“中国洋芋之乡”。正常年景，全县种植马铃薯40万亩，总产40万吨，其中良种1万吨。全县现有大小洋芋加工点3510个，年加工转化洋芋15—20万吨，生产淀粉、粉条、粉丝、粉皮1.8—2.5万吨，年外销鲜薯10万吨。

薯类开发总公司成立于1990年，下设薯类研究所、薯类产品经销公司、薯业商场、三力食品厂、淀粉厂、粉皮厂、粉条包装厂，融生产、加工、销售为一体。目前在考察论证的基础上，积极组织开发马铃薯颗粒全粉及复合薯片等高新技术产品，在薯类产业开发方面前景广阔，热忱欢迎国内外客商前来投资，洽谈贸易，合作开发。

总 经 理：强维荣
联 系 人：任建军
电　　话：(0911) 7113447
邮　　编：717300
地　　址：陕西省子长县迎宾路河东街

陕西省富县

富县位于陕北黄土高原沟壑区和黄土丘陵沟壑区的过渡地带，属暖温带、半湿润易干旱大陆性季风气候。县域总面积4182平方公里，总人口13.7万人，其中农业人口11.5万人。地域广阔，川塬坦荡，土地肥沃，水源较为丰富，交通方便，自然植被良好，气候差异明显，昼夜温差大，光热资源丰富，年均无霜期140天左右，年均降水量500—600mm，年均气温9.3℃，是黄土高原烤烟最佳适宜区之一，也是陕北地区较早的烟叶生产基地县和烤烟区划种植县，由于该县烤烟种植历史悠久，生产规模大，科技含量高，烟叶品质佳，地方风味浓郁，被誉为全省“烤烟之乡”。

党的十一届三中全会后，随着农村改革的不断深入和党的富民政策的全面落实，烤烟已成为该县举足轻重的经济作物，在农业生产中占主导地位，成为地方财政的重要支柱和群众致富奔小康不可或缺的骨干项目。富县烤烟的发展历程大致可分为五个阶段：(1)分散零星无序种植阶段（1937年－1962年）；（2）引进试种自发种植阶段(1971年－1980年)；(3)扩大面积、初具规模阶段（1981年－1990年)；(4)稳定面积、主攻质量阶段（1991年－1995年)；(5)狠抓基础、稳中求进阶段（1996年至今)。发展至今已成为种植烤烟4万余亩，年产烟叶10万多担，年产值3000多万元的全省烟叶生产大县。近三十年来，累计种植烤烟76.75万亩，总产烟叶190.7万担，总产值24258万元，实现烟叶特产税8400万元。特别是近十年来，烤烟质量效益成效显著，取得了长足的发展。“八五”以来，富县曾先后5次荣获全国烟叶生产收购先进县，7次获全省烟叶生产收购先进县，1993年率先实现全省烟叶基地县一级达标。

富县烤烟以NC89为骨干品种，试验推广品种为新NC89、中烟98。数十年来，由于始终坚持科学栽培，不断加大科技推广力度、增加物化投入，改进育苗、栽培、烘烤技术，不断提高烟叶生产质量，使得所产烟叶品质优良，香气浓郁，质地纯正，气味醇和，劲头适中，燃烧性好。据青州烟草研究所化验显示，该县烟叶尼古丁含量2.5%，还原糖16%，氯离子含量0.5%，糖碱化之比为6:1，多年来一直深受省内外好评。所产烟叶远销越南等东南亚国家，实现了出口创汇。

县烟草专卖局（公司）实行产、购、销一条龙服务，强化烟草专卖专营管理。为满足城乡人民群众的生活所需，先后在全县分设10个卷烟批发部，占地面积2141平方米，供应511个卷烟零售户，卷烟销售逐年递增，年销售卷烟6500大箱，基本满足了广大消费者的需求，繁荣了城乡市场。

富县人民将在县委、县政府的带领下，按照“调整布局，计划种植，加大投入，提高单产，主攻质量，增加效益”的烤烟生产指导思想，认真实施科教兴烟战略，狠抓两烟生产经营，走科技——质量——效益型发展之路，全面实施烤烟生产的战略性转移，合理调整种植布局，适当集中，择优安排，全县烤烟生产将按照由原区向大川道、由乡乡村村户户向大乡大村大户、由适生区向优生区、由三、四类田向一、二类优质田、由干旱地向水浇地的“五个转移”的布局原则，适当压缩种植面积，选用适生优良品种，狠抓质量效益攻关，加强技术队伍和技术体系的建设，积极推广先进适用生产技术，增加物化投入，推行“一增、二改、三配套”的平衡施肥法，主攻烟叶质量，增强商品的市场竞争能力，为促进经济和社会发展，提高人民生活水平而努力奋斗。

宁夏回族自治区青铜峡西夏贡米厂

“西夏贡米”出产于素有“塞上江南”之称的宁夏青铜峡市。青铜峡种植水稻具有“悠久历史”。早在清朝乾隆四十五年（1780）修成的《宁夏府志·物产》中就已详载：“物产最著者，夏朔之稻，灵之盐，宁安之枸杞，香山之羊皮……”，文中之“朔”是今日青铜峡。由此可见，2000年前水稻就已盛产于青铜峡，并倍受宠爱。早年普遍种植白皮大稻，采取撒播办法，称之“浪稻”，所产大米，如珠似玉，晶莹剔透。明嘉靖年间就是供奉封建帝王的贡品；清康熙皇帝访宁夏时指名做宴席主食。由于唐朝末元朝初宁夏辖于西夏国，故名“西夏贡米”。

青铜峡地处银川平原的中部，十大干渠、九大干沟穿境而过，排灌条件十分优越，富饶的黄河水，水质优异，矿化度0.4克/升，含有大量腐植有机物，其中含氮0.13%、硝态氮0.0035%、速效磷0.0015%、速效钾0.006%，既保证了水稻在水层中正常生长对肥料的需求，又形成了温、湿度适宜于水稻生育的田间气候。常年灌溉使这里土壤大部分变成了肥沃的土地。土质呈中，轻壤土，肥力极高，含有机质达1.28%以上，速效氮100PPm，速效磷25PPm，因而青铜峡的产水稻蛋白质含量极高且籽大粒饱。优越的水土条件宜于水稻生长，特异的气候条件更是造就“西夏贡米”独特风格的重要因素。青铜峡属西北单季稻作区，种植粳稻每年5月上旬插秧，9月下旬到10月上旬收割，生长期长达145天左右，生长期间，晴多阴少，太阳日均辐射量145千卡/每平方厘米左右，日均光照7—8小时，日均大于10℃积温3275小时，适合于水稻进行光合呼吸作用，完全满足了蛋白质、脂肪、淀粉合成和生长发育等生理作用所需的能量，昼夜近15℃的温差，使白天强烈光合作用合成的糖类、淀粉在阴凉的夜晚迅速积累起来；损失甚微，加之漫长的生长期，稻米颗粒中营养成分积累的极为丰富，胶体结构结合十分紧密。

经测定：青铜峡大米中含蛋白质8.2%，脂肪2.5%，糖类75%左右，还含有多种维生素、氨基酸和微量元素。得天独厚的自然条件培育了“西夏贡米”质地纯正，洁白晶莹，油润柔软，香甜爽口的独特风格。

新中国成立后，广大农业科技工作者进行全面研究，引进了先进的育秧、插秧技术，摸索出旱育秧，适时合理密植，控制氮肥用量，协调氮磷比例，加强早、中、后期田间管理等科学的栽培方法，在原品种的基础上改良、培育了适应本地自然条件的良种。自50年代至70年代以来，逐步推广种植了京引39号、杂交和秋光等优良品种，产出的稻米籽粒呈卵圆形，粒面沟纹浅易于精加工，净米残皮少，洁白透明，粘度高，充分保留了传统贡米的特色，食之，仍为上品。

现在，水稻是青铜峡的主要农作物，种植面积12万亩，产水稻5万吨，主要品种为宁粳16，分布在境内的叶盛、中滩、瞿靖、小坝、大坝、峡口、立新、蒋顶、邵刚等乡镇。尤其当年贡米产地——叶盛镇地三村为最佳。

由于80年代后期，人们意识有所改变，只提高产量，不讲米的质量，宁夏大米多为近几年大量库存积压水稻加工而成，在销售市场展示不出宁夏大米的优势。

为此，1998年1月宁夏回族自治区提出：利用3—5年时间“重振宁夏大米雄风”。1998年生产“西夏贡米”的宁夏青铜峡西夏贡米厂正式投产。“西夏贡米”采用日本佐竹公司具有90年代世界先进水平的日产100吨精米生产线，由清杂—去石—砻谷—谷糙分离——糙米精选—粗加工—加湿碾米—加湿抛光—分级—色选—配米—精品包装等工艺。现已形成四种系列，十几种规格，大、中、小不同精量包装的各类产品，满足了客户的不同需求。

“西夏贡米”外观使人清心悦目，食味令人心旷神怡，蒸饭时，四处香味浓郁，沁人心脾，米饭盛入碗中细腻、油亮，犹如珍珠，饭粒间似散若连。食入口中即刻散开，给人一种粘而不腻，滑润爽口之感，嘴嚼既柔软又富有一定弹性，齿感好。“西夏贡米”具有独特蒸煮方法，蒸饭前须将米浸泡30分钟，而后进行蒸煮，这样蒸出的饭才能显露出贡米的独特风格，若以黄芪、枸杞、大枣与之同熬稀饭具有很好的药性作用，久食可医治贫血、气血不足等病症。

目前，西夏贡米厂已成为宁夏大米的龙头企业，年生产西夏贡米25000吨，产品已远销北京、上海、陕西、山西、甘肃、青海、新疆、内蒙古、福建等地。1999年荣获中国国际农业博览会名牌产品，标志着“西夏贡米”再创辉煌，为青铜峡市发展精品农业唱响品牌战略赢得声誉。3—5年后总产量将达到120000吨，充分发挥名牌产品优势，紧抓西部大开发的机遇，不断开发研制新工艺、新产品、生产加工加锌、加钙等营养强化米，适应市场需要，为中国21世纪绿色食品市场开辟广阔的发展空间。

宁夏回族自治区惠农县

〔**脱水菜之乡**〕 被誉为明珠的惠农县，地处宁夏回族自治区最北端，东临滔滔黄河水，西依巍巍贺兰山，南与宁夏平罗县接壤，北与内蒙古自治区乌海市相连。1941年置县，1960年石嘴山市建市后撤县改为市辖郊区，1987年6月恢复县制。全县辖6乡3镇46个行政村，区域人口10万人，有汉、加、满等13个民族，农业人口占总人口的79.68%，回族占19.2%。地域面积963平方公里。全县依山傍水，资源丰富，有得天独厚的引黄自流灌溉条件和自然环境。土地面积为88.87万亩，实种耕地26万亩。盛产小麦、玉米、油料、瓜果、枸杞等农作物，是国家商品粮基地县之一。多年来，惠农县依托城郊型农业县优势和土地资源优势，把蔬菜产业作为全县的主导产业和主攻方向，大力发展大路菜、温室菜、脱水菜。90年代以来，脱水菜产业异军突起，成为全县经济发展和农民增收的一大支柱产业。龙头企业迅速崛起，生产规模不断壮大，群体优势日益突出。全县已组建起以惠农县福利脱水菜公司为龙头的脱水菜集团公司，分公司已由1989年的3家发展到目前的30家，年加工脱水菜能力3000吨以上，年产值近7000万元，年创利税350万元。主要产品品种有青椒、红椒、蕃茄、韭菜、芹菜、青刀豆、菠菜、白菜、胡萝卜、甘兰、韭葱等十多种，有粒、片、段、粉等各种规格。由于产品具有色鲜、味美、易贮运、无污染等特点，备受国内外消费者青睐。产品90%以上远销美国、德国、日本等国家和香港地区。基地稳步扩大，产量大幅提高，品种不断优化。在龙头企业的带动下，全县已形成了3万亩的脱水菜生产基地，户均种植脱水蔬菜1.5亩以上，全县仅脱水菜一项年创产值近3000万元，农民来自脱水菜种植的人均纯收入近300元。随着“订单农业”的推行，农户与企业的联系更加紧密，基本建立起了农民有效益保证、企业有原料保证的“双保”机制，为脱水菜产业的发展增添了开拓市场的竞争力，贸工农一体化、产加销一条龙的产业化格局已经形成。科技服务体系健全，技术指导力度加大。全县已建立起由县、乡、村及蔬菜种植协会组成的科技服务网，形成了县有蔬菜站，乡有农技站、村有技术员的强大服务体系，为脱水蔬菜的种植技术指导、病虫害防治、品种引进更新提供了有力的科技支撑。面对西部大开发的历史性机遇，塞北明珠惠农县进一步加大了农业结构调整力度，围绕脱水菜产业大做文章、做大文章，谱写着新世纪脱水菜之乡新篇章。

〔枸杞之乡〕　宁夏枸杞因粒大、皮厚、色鲜、营养丰富，在国内外享有盛誉。为了充分发挥宁夏枸杞品质、品种、技术、市场四大优势，挖掘光、热、水、土资源的潜力，大力发展“二高一优”农业和特色经济，惠农县立足实际，1997年提出了大力实施“万亩枸杞基地”发展战略，1998年至今共发展枸杞2万余亩，其中仅2000年一年新植11859亩，一跃成为宁夏枸杞大县，名牌枸杞之乡。目前，全县已建成千亩连片优质枸杞科技示范园区2处，50亩以上的枸杞种植大户发展到60户，农民户均种植枸杞1.5亩。枸杞干果年产量达到150万公斤以上，年产值2500万元以上。农民来自枸杞产业的人均纯收入达到300元左右。枸杞加工业发展迅速。目前，全县已基本建成加工企业2家，正在建设的一家。宁夏黄河保健食品有限公司新建的年产1000吨枸杞全粉加工项目已基本建成，年内可以投入生产。产品枸杞全粉科技含量高，市场潜力大，被专家誉为国内首创、填补了国内外空白的绿色医药及保健品。该产品保留了枸杞的原色、原味和抗癌所需的黄酮成份，具有枸杞多糖蛋白，抗坏血酸、维生素E、B1等，广泛用于食品添加、制药、饲料制品等行业。宁夏银信宝枸杞制品有限公司依托中国农科院的科技优势正在新建的年产360吨枸杞多糖速溶片项目属高科技项目，产品枸杞多糖具有提高人体免疫功能，对维护人体细胞正常发育，提高DNA修复力和促进衰老细胞向年轻化方向逆转都起着良好的作用，极易被人体吸收，市场前景十分广阔。为了加速枸杞基地建设，扩大优质名牌枸杞规模，实现经济效益、社会效益和生态效益的协调发展，惠农县规划2001年新植枸杞1万亩，到2005年，使枸杞基地规模由3万亩发展到5万亩，在宁夏形成“南有中宁、北有惠农”的枸杞产业格局。名牌枸杞新乡惠农县定将在新世纪枸杞产业的发展上迈出新步伐。

新疆塔原红花有限责任公司

新疆塔原红花有限责任公司是以始建于1983年的红花籽油科研加工企业——新疆额敏红花油厂为基础，引进先进的设备及工艺而组建的集科、工、农、贸一体化的新型现代化股份制企业。公司座落于中国西北边陲被国内有关部门命名为“中国红花之乡”的新疆额敏城区。公司占地面积2.8万平方米，拥有固定资产1956万元，职工人数160人，各类专业技术人员26人。以红花籽油为主的各类植物油生产已有17年的历史和实际经验。公司现拥有一条属国内领先水平，年生产能力一万吨的植物油初加工、精炼油生产线。产品销往全国各大中城市及出口东南亚、美国和西欧市场。主要以红花籽为原料进行深加工，生产“塔原牌”红花籽色拉油、高级烹调油、二级油、调合油等，也可生产菜籽、葵花籽、胡麻籽等食用油系列产品。特别是该公司生产的“塔原牌”纯天然红花籽高级保健食用油，是选用额敏县盛产的优质红花籽为原料，利用当今先进的工艺和设备，经科学加工精炼而成，保持了原有营养成份，其维生素含量高达1600mg/kg，耐贮存，不易酸败，多不饱和脂肪酸含量90%以上，其中亚油酸含量高达83%左右，(红花籽油独特之处)居世界第一，消化吸收率为99%，不含胆固醇，不含任何添加剂和防腐剂，完全符合“绿色食品”标准，是集营养、食用、保健于一体的高级食用油。该产品以其独特的品位和优良的品质被列为第三届国际红花会议指定产品，先后荣获“全国发明与专利博览会金杯奖”，“第十一届全国发明展览会优秀新产品金杯奖”、“新疆消费者协会推荐商品”、“新疆农业名牌产品”及“国际精品”等奖项。公司2000年6月被国内有关部门评为“新世纪中国企业形象AAA级”企业，是新疆塔城地区以红花为主的红色产业龙头企业，自治区重点扶持及发展的红花产业支柱企业。

产品年供求数量：产品年供求数量5000吨，主要采取现款现贷、抵押经销的方式。

新疆塔原红花有限责任公司

公司地址：新疆额敏文化路69号

法人代表：杜立杰

电　　话：0901-3348808　3344808

传　　真：0901-3348904

邮　　编：834600

新疆阿瓦提县丰收三场

阿瓦提县丰收三场位于新疆维吾尔自治区西南部，天山南麓，塔克拉玛干沙漠北缘，为阿克苏河、叶尔羌河和和田河冲击三角洲下游的冲积平原。东经80°15′00″——80°33′45″；北纬40°18′55″——40°26′20″；海拔1035—1043米；东西长18.5公里，南北宽4—10公里不等，全场规划土地面积28万亩，15个生产连队，3个自然村，现有耕地6.5万亩，人口5284人。是一个以棉花生产加工为主，农林牧副综合发展的地方国有农场，是全国长绒棉生产基地。

自中共十一届三中全会以来，在上级部门的大力支持和全场干部职工的共同努力下，农场党委借改革开放的东风，落实承包责任制，内引外联，以借得到、用得当、还得起的方针，引进资金，建设优质棉基地。于1988年引进日本“黑资还流”贷款进行土地开发，1991年与内地联合搞补偿贸易。取得了很好的经济效益。

丰收三场境内地势平坦，水、土、光、热资源丰富，属典型的温带大陆性干旱气候，四季分明，温差大。十分适合棉花及瓜果生长，从70年代以来，农场依靠本地丰富的光热资源，优越的地理条件，大力发展棉花种植业，走出了一条独具特色的农业发展道路，特别是80年代掀起的科学植棉热，地膜覆盖技术的应用与推广，使农场的棉花生产得到了蓬勃的发展。进入90年代以来，农场依靠党的富民政策，利用其自身的自然优势，狠抓科学种田，不断改进生产条件，使农场棉花生产取得了连年丰收。

大力发展棉花生产的同时，农场十分注重对棉花品种和品牌的培养。特别是1999年“丰海牌”长绒棉的注册成功使农场的棉花生产向“两高一优”的方向迈出了坚实的步伐。该品牌2000年被自治区评为同行业十大名牌之一，得到了国内众多厂商的一致认可。

1998年，丰收三场被国家和自治区有关部门、阿瓦提县人民政府确定为棉花生产“优质、高产、高效”示范基地。

农场植棉力量较强，科技力量充沛，生产指挥机构健全，并同全国多家科研机构有业务往来，并同自治区农科院、中国棉花研究所等单位开展合作项目，取得了阶段性成果。多年来，农场棉花“四化一控”已形成制度，已建立起年生产加工10000吨的棉花加工设备，逐步建立起了自己的良性体系，做到了育种、生产、收购、加工、销售一体化的经营体制。

进入2000年，农场党委下大力气，加快棉花加工厂技改力度，先后投资221万元，扩建棉花加工厂收购场地23000平方米，安装60吨位电子磅1台，2吨电子磅6台，改装30吨位机械磅为电子磅一台。同时安装了电子语音报重系统和电视监控系统。新建200平方米的棉检室一座，从而保证了棉花收购的进度和质量。同时体现了在棉花收购过程中的公正性和精确性。

“丰海牌”长绒棉品牌为丰收三场在国家工商行政管理局注册商标，经新疆维吾尔自治区品质测定结果：三年区试平均细度7692M/G，成熟度1.87，单强3.95，主体长度37.3mm。生产棉样经国家有关部门测试结果：2.5%跨长25.5mm；比强29.9GF/TEX，马克隆值3.8，反射率77.2，黄度7.2。经国内众多厂家试纺后一致认为：该品牌其优点等级长度好于137，纤维整齐度好，匀度1132，尤其纺出的纱条干好，棉结少，看纱样似蚕丝，丝光极强，被广大纺织商家普遍看好。

从1999年开始，农场根据国内、国际市场现状，未雨绸缪，及时调整结构，成立棉花销售公司，分赴山东、江苏、上海等纺织大省市建立办事处，让原棉生产者同纺织商直接见面，减少中间周围环节，建立起持久的合作伙伴关系，促进了双方的共同发展。在整个原棉市场普遍回落的情况下，该场棉花被订购一空，2000年共订出长绒棉9300吨，并同内地厂商签订长久的供棉协议，保证了未来几年内农场生产棉花的销售渠道，出现了前所未有的大好形势。为农场的经济建设和文化建设注入了新的活力，极大的鼓舞和调动了农场职工棉花生产的积极性，为农场建设成为中国最大的长绒棉生产基地打下了坚实的基础。

为了调整农场产业结构，增强抵御市场经济风险能力，农场决定投资建设15000亩“红地球”葡萄商品基地，该工程是继农场棉花之后的又一支柱产业，它的启动将对改变农场的生态环境，增加农民经济收入，加大就业机会，优化产业结构等方面发挥出不可低估的作用。此外，农场的畜牧业经过多年努力，也有了很大的发展。

丰收三场交通便利，通讯畅通，电力充足，距314国道86公里，离阿克苏机场110公里，南疆铁路的开通更为丰收三场的发展插上腾飞的翅膀，在“十五”期间，农场党委决定在进一步加快小城镇建设步伐；优质棉花品种的培育和品牌的创立；国内最大长绒棉生产基地建设；南疆最大最先进的绿色无公害果品生产基地（开发和建设15000亩红地球葡萄基地；5000亩冬枣基地；1.8万亩经济林节水灌溉基地等项目）；农业区生态环境的改善等方面加大投入，强化学校、卫生等服务部门的服务职能。

新疆生产建设兵团农五师

驻守在西北边陲、准葛尔盆地西南边缘的新疆生产建设兵团农五师，始建于1953年5月。现有11个农牧团场，30多个工交建商贸企业，总人口10.01万人，总面积为3133平方公里，拥有可耕面积120万亩，全师已开垦农田47.55千公顷，农作物播种面积45.83千公顷，林园地面积1170公顷，山区天然草场164.8万亩，养殖水域面积为209公顷。主要农作物有小麦、棉花、玉米、甜菜、油葵；畜牧业主要有牛、羊、猪等，经过40年的发展，农五师已成为了一个农、林、牧、副、渔全面发展，工、交、建、商、贸综合经营的经济联合体。

〔**发展历史**〕　翻开农五师屯垦戍边的发展历史，可谓渊源流长。她的前身为六军十六师，是一支有着悠久革命传统和光荣历史的部队，曾参加过平型关战役、百团大战、延安保卫战以及解放西安、解放郑州等重大战役。在漫长的战争岁月中，这支部队南征北战，辗转千里，为新中国的成立和新疆各族人民的解放建立了彪炳日月的功勋，在中国革命史上写下了光辉的一页。

1953年，广大指战员响应中共中央屯垦戍边、发展生产的号召，积极投入到生产建设之中，建立了哈密垦区。在短短几年时间里，广大官兵们继承和发扬了自力更生、艰苦奋斗、白手起家的南泥湾精神，百折不挠，艰苦创业，在广阔的荒原上建起了8个农牧团场和一批工交建商企业。

1960年，农五师向西挺进，开发博乐垦区。历经40个春秋，使博乐垦区发展成为工、农、商、学、兵“五位一体”的经济联合体。全师建起了11块阡陌相连、林田成网的绿洲，改造土地70多万亩，形成了具有一定规模的粮油生产基地。到1966年，全师农业总产值达到1350万元，形成了博乐垦区发展史上的第一个繁荣昌盛时期。

中共十一届三中全会以来，农五师党委认真贯彻改革开放的一系列方针政策，带领垦区广大干部职工励精图治，全面推行以大包干为主的承包责任制，调整种植业结构，实行科学种田，开展了“科技兴师”、“科技兴团”、“科技兴连”等一系列活动，使粮棉油产量大幅度增长，农业连续十多年获得丰收。从1954年到1998年，全师国民生产总值由222万元增长到69364万元，平均年递增速度为9%；工农业总产值由1954年的5万元增长到1998年的8299万元；职工工资也由1958年的333.8元增长到1998年的24268.1元。特别是“八五”期间，农五师的经济发展和各项建设事业都出现了良好的运行态势，经济实力逐年增强。1990年全师农业总产值首次突破了19324万元大关，1998年达到了78874万元，与1960年屯垦戍边初期相比，增加了几百倍。1998年全师粮食总产量达到了6.49万吨，皮棉总产量为4.04万吨，占博州总产量的50.7%，形成了垦区发展史上最辉煌的时期。

〔推进改革，增产增效〕 近40年来，农五师各级党委带领广大职工从实际出发，不断改进经营管理，扩大经营范围，使各行各业都得以迅速发展。自1994年来，在全师推行的“解放思想、更新观念、放宽政策”的新举措，激发了广大职工的承包热情，调动了全师职工科学种田、勤劳致富的生产积极性，特别是“两费自理”承包经营责任制的大胆推行，使广大职工积极性空前高涨。目前“两费自理”已成为兵团土地改革的主要形式，并得到了全兵团的广泛应用。1998年全师在土地承包上又进行了大胆的探索，在完善各种承包形式，积极推行两费自理、租赁承包、土地相对长期固定和联产承包双层经营等方面又迈出了新的步伐。两费自理的劳动人数和土地面积分别占总数的89.9%和81%，出现了连队领导集体承包、经营能手租赁、抵押整连承包的新形式。一时间承包大户、家庭农场如雨后春笋般冒发出来。全师先后涌现出承包大户、家庭农场达400余户，为推进垦区的发展起到了不可估量的作用。

〔农林牧稳步发展，成效显著〕 随着农业生产的快速发展和垦荒面积的逐步扩大，植树造林、防风固沙工程也越来越被全师干部职工所重视。近40年来，兵团人所到之处皆披上绿装、焕发生机。现在全师植树造林面积达到了7136公顷，并已实现对绿色长廊“三北”防护林工程的建设，全师于1990年形成了条田林网化，并率先跨入了兵团先进行列，11个农牧团场基本上形成了“一户人、一口井、一群羊、一片林”的新格局，特别是农田防护林带的建成，对于改良气候、净化空气、抗御风沙袭击等方面起到了显著的作用。现在全师林业发展已形成了生产制度化，管理规范化，全师11个团场均成立了林业管理工作站。

近40年来，农五师牧业发展从无到有，从小到大。随着垦区规模的不断扩大，养殖业也得到了大力发展。采取了“以农养牧、以农养畜、以牧促农、农牧结合”的举措，使牧业生产得到了稳步发展。从1983年推行责任制以后，牧业发展逐步呈现出良好势头。到1998年，全师牧畜出栏总数达到了24.29万头（只），肉类总产4144吨。全师在大力发展牧业生产的同时，还狠抓了畜种改良和畜种细毛羊基地建设，羊只改良率达到了98.5%。

〔加强经济建设，工业生产初具规模〕 随着改革开放的进一步深入和亚欧大陆桥的贯通，农五师的经济建设飞速发展，工农生产初具规模，交通运输四通八达，建筑行业日新月异，商贸边贸日趋繁荣，各项事业欣欣向荣。1998年，全师实现工业总产值2.75亿元，与1983年相比增长了5.3倍，特别是近120家团办工业企业中，已有84家进行了改制，16家实行了股份制和股份合作制，25家实现了租赁。1998年，有9个团场实现了厂厂赢利，有力地推动了团场所有制结构的调整。特别是水泥、发电、食用油、轧花等主要产品产量有了较大增长，一些产品质量不断提高，畅销区内外，并享有较高的声誉。现在，全师工业企业有机械、电力、建材、造纸、印刷、化工、制革、酿造等几十个项目，形成了以商业、物资、供销、外贸为主体的流通网络，拓宽了经营范围，促进了各业生产的较快发展。

近年来，农五师的水利电力建设发展飞速，全师电力总装机容量为2.859万千瓦，并于1994年提前一年跨入全国电气化达标垦区行列。1998年全师发电量达到了14325万度，并在原有电力通信设备的基础上，筹资662万元，修建了垦区电力调动中心，安装了现代化自动调配系统，组建了电力集团总公司，实现了集中发电、集中供电的科学管理经营模式。

〔精神文明建设不断进步〕 工农业生产的稳步发展，

带动了精神文明建设的不断进步。近年来，农五师各级党委进一步重视和发展精神文明建设，全师在文教、卫生和社会治安等方面均取得了较好成绩。目前，全师有143个师一级文明单位，有10个团场建成了职工文化中心，广播电视覆盖面不断扩大；小康连试点单位达到了61个，占连队总数的46.8%，并有12个单位分别获得自治区和兵团级文明单位，全师“十星级文明户”达到了6277户，占总户数的35.5%。科技发展成效也十分显著，先后有194个项目分别获得国家、自治区、兵团和师级科技进步奖；文化、教育事业蓬勃发展，办学条件逐年得到改善，教学质量不断提高，普通教育的入学率、巩固率、毕业率、普及率都达到或超过了自治区普及基础教育的验收标准，党校、技工学校、农广校、电大和教师进修学校的成人教育和职业技术教育为垦区的开发建设培养了大批的有用人才；医疗卫生事业也得到了巩固和发展，医务人员的医德医风和技术水平有了明显提高，全师卫生改水工程和初级卫生保健工作得到了加强，职工群众的健康水平不断提高，发病率大大下降；计划生育工作成绩斐然，计划生育率达到了99.81%，人口出生率和自然增长率分别为14.2%和10.72%，均低于自治区和全国的增长率。

农五师继承和发扬了人民军队的光荣传统，从稳定大局出发，不断加强各民族间的大团结，大力开展普法教育工作，通过强制手段加强社会治安和综合治理工作，促进了社会稳定，保障了各族人民安居乐业，为博尔塔拉的繁荣和进步做出了自己的贡献。

〔新世纪发展构想〕 中央确定的西部大开发战略，给农五师发展自身优势，弥补自身缺陷，提供了一个前所未有的大好机遇。农五师人必将以邓小平建设有中国特色的社会主义理论和中共十五届四中全会精神为指导，推动全师各项社会事业不断取得新的进步。围绕社会主义市场经济体制的建立，进一步解放思想，深化各项改革，加快全师经济发展步伐；加强农业基础地位，提高农业生产的综合经济效益，抓好艾比湖防风固沙、风口固场，退耕还林，农业水土综合整治，边境用地形象工程建设，小城镇建设和节水农业开发等项目的实施，以市场为导向，以效益为中心，加快全师工业步伐，提高工业的整体水平；大力发展以乡镇企业为主体的二三产业和庭院经济，逐步建立起立足区内，走向全国，参与国际，形式多样，网络健全，兵地交融，内外结合的垦区市场体系；加快科技、教育、卫生事业的发展，建立健全科技运行新机制，加快科技成果的推广和应用，努力提高人民健康水平；坚持社会主义精神文明建设，紧紧围绕“改革、发展、稳定”的主题，开展文明创建活动，抓好小康连队建设，推动全师精神文明建设的全面进步，以崭新的姿态和优异的成绩迎接新世纪的到来。

《现代农业》杂志

《现代农业》是国内创刊最早的农业科普期刊之一，宣传党的方针政策，传播农业科学知识，为农业、农民服务是其一贯的办刊宗旨。该刊主要报道国内外的农业新技术、新成果，介绍实用技术，刊载专家学者对疑难问题的解答，传递市场信息。

该刊主要栏目有“政策与法规”、“农村热点”、“园艺”、“作物栽培”、“良种荟萃”、“植保与土肥”、“养殖天地”、“农副产品贮藏与加工”、“农村一事一议”、“农家生活”、“市场与信息”。

《现代农业》国内外公开发行，邮发代号：16-38，2001年改为月刊，16开，40页，每册定价3.00元，全年36.00元。全国各地邮局均可订阅，也可直接向编辑部汇款邮购。

通讯地址：呼和浩特市新城西街5号

内蒙古农业杂志社《现代农业》编辑部

联系电话：(0471) 6964315

邮政编码：010010

社长兼总编邓锡珍，女，汉族，生于1946年。1970年毕业于北京农业大学农业经济系，现为副编审。从事编辑出版工作多年，领导编辑出版《致富之友》、《现代农业》两本农业刊物。《致富之友》曾获华北五省区优秀期刊、全国农口学会优秀期刊、内蒙古自治区“我最喜爱的期刊”奖；《现代农业》三次获内蒙古自治区优秀科技期刊奖。编著《农牧业经济科学管理》一书，获内蒙古自治区社会科学论文优秀奖，并在各报刊上发表多篇文章。

林产、果品

北京市

平谷县

燕红　别名东北义园9号、绿化9号，树姿半开张，树势旺盛，花粉较多，果实近圆形，稍扁，平均单果重250克，最大单果重750克，果面底色黄白带绿色，全面深红色，果肉乳白色微有红色，近核处红色，肉质致密，味甜，有香味，可溶性固形物含量13.6%，采收期在8月下旬至9月上旬。现有结果面积1万亩。

丰白　别名天王桃。树势旺，无花粉，果实圆形，平均单果重350克，最大单果重900克，果皮底色黄白着红色，外观美丽，成熟期8月下旬至9月初。现有结果面积5000亩。

重阳红　是河北省昌黎县农林局选育出的新品种，1991年定名，树姿半开张，花为雌能花，无花粉，果实近圆形，果顶平，果皮稍厚，鲜红艳丽，茸毛少，不易剥离，离核，果肉白色，细脆多汁，无纤维，适口性好，可溶性固形物13.9%，品质上等，耐贮运，成熟期9月中下旬至10月上旬（昌黎）。现有结果面积2000亩。

绿化8号　树姿半开张，有花粉，果实近圆，果面乳白色有红条纹，果肉乳黄带绿，硬溶质，味酸甜，可溶性固形物11.0%，离核，成熟期8月下旬。现有结果面积5000亩。

京艳　北京24号，1977年定名，树势强，树姿半开张，花粉多，果实近圆形，平均单果重250克，最大果重650克，果皮底色黄白至绿色，全面可着红至深红色点状晕，果肉白色，近核处红色，肉质细密，味甜而有香味，可溶性固形物11.8%，粘核，采收期在8月底至9月初。现有结果面积2万亩。

八月脆　北京33号，树势旺盛，树姿半开张，无花粉，果实近圆形，平均单果重300克，最大果重750克，果皮底色黄白，阳面具鲜红色或浓红色晕，不易剥离，果肉白色，近核处红色，肉质细而脆，汁液少，纤维少，风味淡，粘核，可溶性固形物含量为10%，采收期8月下旬。现有结果面积1万亩。

瑞蟠4号　原代号85—1—12，北京林果所1994年育成，树势中，树姿半开张，花粉多，果形扁平，果皮底色黄白或淡绿，果面暗红色晕，果肉浅绿，硬溶质，味甜，可溶性固形物10.0—15.0%，粘核。平均单果重221克，最大果重350克，果实发育期134天，北京地区成熟期8月底。现有结果面积2000亩。

金童6号　树姿较开张，有花粉，果实大，平均单果重150克，最大单果重500克；果实近圆形，外观暗红，果肉黄色，不溶质，味酸甜，粘核，可溶性固形物10.5%，成熟期8月中下旬，丰产。现有结果面积2000亩。

联系地址：平谷县政府果品办公室

联系电话：010—69961404

联 系 人：邢彦峰

大兴县

“金把黄”鸭梨　“金把黄”鸭梨历史悠久，早在明朝以前，这里就有“金把黄”鸭梨。据《宛署杂记》一书记载，1593年（明朝万历24年），这里生产的鸭梨曾作为贡品进献皇宫。

目前，本地的庞各庄、榆垡、安定、长子营等镇，仍生长100年以上的“金把黄”鸭梨，最大树龄可达300年以上，可谓历史悠久。

“金把黄”鸭梨主要分布在浑河（永定河）两岸，因这里土层深厚，沙质土，非常适宜梨树生长，因此庞各庄、榆垡、长子营、安定等地区均栽有“金把黄”鸭梨，后来又辐射扩展到北臧村、礼贤等镇。由解放初期的不足1万亩，到90年代初已发展到6万亩，并形成了以“金把黄”鸭梨为主，兼有优良授粉品种，酥梨、雪花梨、锦丰、京白梨等品种的梨生产基地，年总产量4000万公斤。

“金把黄”鸭梨以其皮薄、肉酥脆、细嫩多汁、含糖量高、酸甜适口而著称。科学研究证明鸭梨确有药用功效，具有养阴生津、润肺止咳、养胃阴、治急性肝炎、止呕止血、清火祛热、清心安神等功效。

由此可见“金把黄”鸭梨确有值得开发的价值。近几年，在市政府大力支持下，大兴县政府多方筹集资金1200

多万元，利用本地区沙荒地资源，开发种植“金把黄”鸭梨面积在2万余亩，并配套水利、电力增容、建立批发市场、建贮藏库及包装箱厂等项目建设。

目前，“金把黄”鸭梨已成为大兴县农业的重要产业化建设项目，并且大力推广梨果实套袋、疏花疏果、增施有机肥料等栽培措施来提高其果品质量，大力推广无公害果品栽培技术，把优质的无公害“金把黄”鸭梨提供给广大消费者。

丰水梨　丰水梨原产日本，是优良的鲜食及加工品种，其显著特点，外观圆形、褐色、果肉细嫩、多汁、含糖高达15%，果形大，一般单果重300克，最大可达1000克。

大兴县于1999年开始引进、推广，目前种植及高接面积已达5000余亩，2000年部分果园已开始结果，3.5万公斤丰水梨被7元一公斤抢购一空，产品供不应求。

2000年大兴县委、县政府把兴果富民当做大事来抓，实施兴果富民工程。县财政拿出专项资金450万元，用于重点兴果富民工程项目的实施，其中梨高接换优项目每亩补贴600元，用于支付接穗、嫁接用工、肥水管理及节水管道的安装等费用。这个补贴数额，仅相当于亩投资总量的1/5，虽不是很多，但却激活了果农高接换优丰水梨的积极性，为推广丰水梨工作奠定坚实的基础。

为使高接换优工作达到高起点、高标准、带好头的要求，在地块落实上该县进行了反复筛选，由县林业局聘请县级技术顾问及山东有关专家技术指导，这就使高接换优工作站在了一个较高的起点上。

2000年该县梨树高接换优工作引进一套全新的嫁接技术。这项技术主要特点是采用先进的单芽切接和切腹接多头嫁接技术，并组织嫁接专业队，双方签订嫁接协议，确保了质量。为使丰水梨的引进、推广工作达到预期的效果，县林业局组织有关镇果园的果农针对嫁接、肥水、嫁接枝的绑缚、拉枝、病虫害防治、搭建棚架等技术环节召开果树管理现场会20余次，使丰水高接园达到较高的水平。

日本丰水梨栽培的显著特点是平面生产，该县目前已对高接丰水梨果园安装钢质网架1000亩，亩投资1500元，其余果园陆续安装。在管理上应用人工授粉、疏花疏果、果实套袋、生物农药防治、叶面分析、配方施肥等一系列高接技术，生产出高质量的无公害精品丰水梨，打入深圳、广州、香港、东南亚及北京各大超市。2001年丰水梨面积可达1万亩，产量可达200万公斤，2002年面积2万亩，产量500万公斤。

目前，该县经国家有关部门批准已注册“格福”牌丰水梨，并印制精品包装箱，以满足国内外广大消费者的需求。

顺义区

京伊梨枣

产销单位：北京天宏梨枣产销服务中心

地址：北京市顺义区赵全营镇

负责人：苏东海　电话：60432972

产品特点：果大，美观，单果重25克，最大可达80克以上，果皮棕红，有光泽，果肉松脆，稍粗，汁液中多，味甘甜，品质上等，9月中下旬成熟。为优良的中熟鲜食品种。顺义区赵全营镇自1998年初至今已发展梨枣1.5万亩，分布在全镇25个村。北京天宏梨枣产销服务中心重点做好梨枣的贮藏、保鲜、深加工及鲜枣、枣制品的销售服务，并完成梨枣生产试验、示范、品种引进、苗木繁育、生产技术推广等工作，目前生产能力达100吨。

牛栏山黄冠梨

产销单位：北京牛栏山黄冠果蔬销售有限公司

地址：顺义区牛栏山镇

负责人：肖振鱼　电话：13910891413

产品特点：平均果重250克，椭圆形，成熟后为黄色，果实表皮光洁无锈，果点小而密，外观类似金冠苹果，果皮厚度中等，果肉白色，肉质细，松脆，汁液多，风味酸甜适口，果心小，石细胞及残渣均少，品质上等。8月中旬成熟。现有栽培面积2000亩，年生产能力1000吨。

龙凤山红富士

产销单位；北京市顺义区张镇果林公司

地址：顺义区张镇

负责人：张金保　电话：61491501

产品特点：果大，平均达250克以上，近圆形，果实全面着浓红色，颜色鲜艳。果肉淡黄色，肉质细、脆、致密，风味微甜，果汁多，极耐贮存。现有栽培面积1500亩，年生产能力1500吨。

顺丽鑫大樱桃

产销单位：北京顺丽鑫林果种植有限公司

地址：北京顺义区高丽营镇

负责人：李继京　电话：69455694

产品特点：大果形，单果重10克左右，颜色鲜红，表皮光洁，果实风味酸甜，可溶性固形物可达17—18%，半离核，耐贮运，6月中旬成熟。现有栽培面积500亩，分别为设施栽培（4月下旬成熟）和露地栽培两种，目前年生产能力约100吨。

宝岛牌新世纪梨

产销单位：北京梨山果品有限公司

地址：北京顺义区要桥镇苏庄村

负责人：张汉东　电话：69486012

产品特点：单果重250—300克，果实圆形，果皮成熟时黄色，果点小，光洁无锈。果肉白色，质细而脆，汁甚多，味极甜，石细胞少，品质极上，8月下～9月上旬成熟，耐贮运。现已栽植面积8000亩，年生产能力500—1000吨。

新特红提

产销单位：北京新特果业发展中心

地址：北京市顺义区大孙各庄南聂庄

负责人：董成祥　电话：61432006

产品特点：平均单穗重1000克左右。成熟后果皮鲜红，果粒大，果肉硬而脆，可切片食用，风味香甜，品质极上。现已栽植总面积3000亩，含部分设施栽培，目前生产能力500吨。

门头沟区

门头沟区，地处京西，山区面积占98.5%，自然资源丰富，发展前景广阔。近几年来，该区发扬“自强、求实、团结、奋进”的精神，按照“实施三大战略，紧抓四区建设，强化一项工程”的总体要求，努力发展特色林木区建设。现该区干鲜果品基地达9万亩，十大千亩名特优果品基地已相继建成，像该区盛产的“永青”牌、“斋堂”牌红富士苹果，“军山”牌京白梨，“妙樱”牌樱桃和京西核桃等具有特色的果品深受消费者欢迎，且市场广阔，现该区正沿着精品、观光、设施的方向发展，果品业的生产已逐渐成为农民致富的支柱产业。

京白梨　京白梨是该区名、特、优果品之一，已有200多年的栽培历史。

京白梨原产于门头沟区军庄镇东山村的青龙沟，是一自然实生树，定植后6—7年开始结果，十年后进入盛果期，植株寿命长，可达百年以上。梨果扁圆形，单果重80—120克，能摞七个；果皮细而薄，呈金黄色；果肉乳白色，质酥脆，从树上落下能摔成几瓣；果实熟后变软，汁多、味香、酸甜可口，含糖量10.81%，最高能达到15.5%，含酸量0.34%，糖酸比值为31.55。由于品质极佳，清朝期间曾做为朝廷贡品，在2000年的99昆明世界园艺博览会果品评比中荣获银奖。京白梨由于品质好，被大量推广到各地，在该区主要分布在军庄镇，妙峰山乡和潭柘寺镇也有栽植，满清末年至民国初年为栽培最盛时期，历史最高产量曾达200万公斤。国民党统治时期造成百年大树大量死亡，又因苛捐杂税繁重，果农无力恢复生产。新中国成立后，经政府大力支持，京白梨的生产得到恢复，尤其是近几年，在区委、区政府的大力支持下，全区恢复京白梨基地1200亩，达到2000亩，产量14万公斤，果品收入达到80余万元。

玫瑰花　该区玫瑰花主要分布在妙峰山乡涧沟村，上苇甸乡的禅房村也有少量栽植，其品种为重瓣紫玫瑰，至今已有500多年的栽培历史。紫玫瑰花因其花期长、形大、层多、瓣厚、色深、味浓、含油量高而远近闻名，“金顶紫玫瑰”更被誉为“华北一绝”。

玫瑰花素有“花中皇后”之美誉，不仅可以观赏，还可用做食用原料、添加剂，用在食品、饮料、酿酒等行业。鲜花中提取的玫瑰油有“液态黄金”之称，是用以制作香水的天然原料，据测定紫玫瑰花平均含油量为万分之三，最高可达万分之四，可算得上是玫瑰花中的极品，在国内外市场深受欢迎。另外，在水土保持、生态旅游方面发挥着特殊作用，每年花开时节，更为京西风光添色不少，引来众多观光客前来赏花，从而也推动旅游事业的发展。

近几年来，在区委、区政府的支持下，加强了对玫瑰花基地的建设，现在全区有玫瑰园3700亩，其中1000亩有经济效益，年产玫瑰花8000公斤，产值96000元。

核桃　核桃是该区特产，栽培历史悠久，据史料记载，早在1200年前的东汉末年已有核桃栽培，现在百年生以上大树在全区范围内几乎村村都有，最高年产量达到250万公斤，曾大量出口西欧各国。

随着农业产业化的发展和种植结构的调整，该区加大了恢复名、特、优果品的发展，突出了核桃基地的建设。几年来，核桃试验站投入大量人力、物力、财力，先后从河北、山东、辽宁、中国林科院等省市单位引进核桃良种穗条1万余根，有礼品1、礼品2、辽2、辽3、辽4、辽7、塞丰、中林1、中林5、中林6、北京861、阿七、西林2、鲁光、晋优1、美国黑核桃等共计25个品种。在所引进的品种中，有国家优选品种14个，地方优良品种10个，国外品种1个，对引进品种进行了物候期、适应性、生长及结果习性等进行了系统观察，并初步筛选确定了适宜在该区发展的礼品1、礼品2等10个品种。

良种核桃皮薄，一般在0.6—1.5毫米，用手一捏即开；进入结果期早，一般嫁接后第二年见果，4年即可具有一定产量；出仁率高，在50—70%，比普通核桃的30—40%高20—30%；经济效益比普通核桃提高5倍以上，市场价格在每公斤30—40元，而且目前市场上还很少见。在2000年的99昆明世界园艺博览会果品评比中礼品1号核桃荣获银奖。今后该区的核桃基地建设将以良种核桃为主，重振该区核桃的辉煌。

红富士苹果　富士苹果原产日本，1966年以后从日本引入该区试栽，自1986年以来开始大量栽培，如今已在京兰公路两侧相继建成以红富士为主栽品种的九龙头农场、太子墓果园、东龙门果园等苹果基地13000亩，年产优质苹果250万公斤。红富士苹果果实近圆形，平均单果重210克左右，果面浓红色，果肉淡黄色，肉质细脆、致密、硬度大、味甜、品质极上，长期贮藏颜色不减，风味尤佳。特别是太子墓果园，因立地条件适宜，管理精细，生产出的果品特受欢迎。

香椿　香椿在该区被广泛栽植，无论是城镇还是乡村，群众都有在房前屋后栽植香椿的习惯，待春暖发芽后，取其嫩茎叶食用，调剂口味。

该区的香椿主要分布在雁翅镇田庄办事处，因地理、气候条件适宜，有史以来就以生产鲜嫩、色红、味浓的香椿芽而远近闻名。近几年来，随着人民生活水平的提高，市场趋向看好，香椿基地的建设、管理步入正轨，栽培方式改以前的房前屋后、林粮间作为成片栽植、基地化发展。如今已建成香椿基地7000亩，年产香椿芽8.25万公斤，年收入近60万元，香椿基地的建设发展已成为果农致富的一条新路。

新红星　新红星原产美国，1966年中科院北京植物园首先从波兰引入北京，它是红元帅许多“短枝型”芽变品种的代表。新红星短枝性状稳定，树体矮小，易成花，座果率高，结果早，便于管理，较丰产。果实平均单果重200克，圆锥形，高桩，果顶五棱突出，外形美观，果面浓红色，风味香甜，并有一定的抗逆能力，是一个优良的中熟品种。

金冠　原产美国，中国于30年代从美国引入，北京远、近郊区均有大量栽培。金冠适应性强，在山地、平地、各类土壤上均生长良好，但抗旱性和抗寒性较差。金冠果实圆锥形，果重180克，大小整齐，色泽金黄，肉质细脆，风味甜酸，有浓郁的香蕉香气，座果率高，早产，丰产，稳产，耐贮藏。

嘎拉　嘎拉原产新西兰，1979年引入中国。嘎拉果实圆锥形或圆形，平均单果重165克，果实底色金黄，有着鲜红色条纹和桃红色晕，色泽艳丽，肉质细脆，汁液多，风味甜酸适口，香味浓郁，品质上等，该品种树势中庸，树姿开张，结果较早，座果率高，丰产，是一个品质优良的中熟品种。

龙王帽　原产北京市门头沟区，树姿开张，树体高大，适应性强，耐寒、耐旱、耐瘠薄，嫁接后两三年开始结果，“大小年”不明显，果实长椭圆形，平均果重20—25克，果面黄色，肉薄，纤维多，汁少，离核，仁扁平肥大饱满，出仁率30%，单仁重0.9克，在仁用杏中杏仁最大，品质优良且丰产。

大樱桃　妙峰山乡樱桃沟村有着悠久的樱桃种植历史，主栽品种有红灯、大紫、那翁等，基地总面积600多亩。适宜的土壤、独特的气候和精心的管理，使该地盛产的樱桃个大、色艳、口味极佳。

密云县

“云岫”牌苹果　“云岫”牌苹果产于北京市密云县新城子乡。该地区海拔高，昼夜温差大，自然条件优越，极适于红富士苹果栽培。“云岫”牌苹果主要生产地区，海拔在300—600米的山前地带，年均温度10℃，10月份昼夜温差13—15℃，有利于果实着色和糖分积累。

“云岫”牌苹果果实颜色全面鲜红，单果重200—300g，果肉细脆，可溶性固形物含量15%，是绿色无公害果品。面积7000亩，常年生产能力300万公斤。

黄土坎鸭梨　黄土坎鸭梨产于密云水库北岸的无公害生态镇——不老屯镇。该镇盛产麦饭石和优质矿泉水，因而所产鸭梨细腻脆嫩、汁多皮薄、石细胞极少、酸甜适口，咬后隔夜不变色，耐贮运。清光绪年间为皇宫贡品，70年代曾多次销往香港。

该梨单果重200~250克，可溶性固形物含量14~16%，现有面积1.25万亩，年生产能力600万公斤。

燕香板栗　燕香板栗产于燕山山麓北京市密云县不老屯、高岭、石城、冯家峪等乡镇。该地区土壤属变质岩风化土，含铁量高，因而这地区的板栗皮鲜亮（红褐色）、含糖量高、糯性强、涩皮易剥离、耐贮运、品质佳。该板栗可鲜食、煮食、也可做栗子粉，特别适宜炒食。品种以燕红、燕昌、燕丰等为主。多出口日本、韩国、东南亚等地。

目前有面积20万亩，400多万株，常年生产能力400万公斤。

玉皇李　玉皇李产于北京市密云县东邵渠乡，该乡栽培李子历史悠久，曾是清王朝的贡品，80年代销往香港。玉皇李皮薄、肉厚、汁多、味甜且清香可口，品质极佳，可溶性固形物含量11%，单果重40克左右，7月中旬上市。现已注册了“石峨”牌商标，面积1万亩，常年生产能力90万公斤。

红果　北京市密云县东邵渠乡的红果个大、色鲜红，味酸甜可口，是做糖葫芦、果丹皮、山楂片的绿色无公害佳品，长期供应北京市场。目前，面积3600亩，10万株，常年生产能力130万公斤。

红肖梨　红肖梨产于北京市密云县大城子乡。该梨皮薄、色艳、汁多、肉厚、味酸甜，可贮至翌年五一。贮后石细胞减少，食用品质更佳。面积1万亩，30万株，年生产能力700万公斤。

怀柔县

杏仁　杏仁为怀柔著名特产，以其核大、仁正、皮薄、形整、质佳，而享誉全国，1994年曾荣获全国林业名特优新产品博览会银奖。杏仁含油50—60%、蛋白质23%、糖10%；还含有维生素和磷、钙、钾等矿物质，不但是很好的保健食品，还是食品加工、制药、化妆品、工业的重要原料。

怀柔历史上就有栽培杏仁的传统，清代就已大量栽培，到1999年底全县栽培面积达6万亩，除庙城、北房、杨宋三个平原镇外，其余12个乡镇均有栽培，主产区为宝山寺乡、汤河口镇等北部山区乡镇，年产量200多万公斤，占全市总产的一半以上。栽培品种主要有北山大扁和串铃扁。

北山大扁：分布在长城以北6个乡镇，又叫荷苞扁、大黄扁。平均单果重17.5—21.4g，离核，核呈心脏形，较扁，中等大；仁甜，呈浅褐黄色，质纹发深，仁也与心脏相似，大而薄，出仁率27%；每千克约1400粒，含粗脂肪56%。

串铃扁：又叫小核扁、小方扁。果实扁圆形，单果重10.5—12.7g，离核，单核重1.8g，出仁率28—30%，单仁重0.55—0.59g，仁香甜，品质佳。

大枣　主产地：怀柔县北部山区汤河口镇、长哨营乡。位于怀柔县北部深山区的汤河口镇和长哨营乡，昼夜温差较大，非常适合大枣生长，所产大枣既可鲜食又可制干。平均单果重30g左右，果皮薄、果肉厚、肉质松脆、味甘甜、品质上佳，含糖量32%左右，维生素C292.25mg/100g，可食率98%，营养价值为百果之冠，常食可助消化、健脾养颜，是天然滋补佳品，纯天色绿色食品。

目前，汤河口镇和长哨营乡栽培大枣270万株，年产80万公斤，盛果期产枣量可达500万公斤。

板栗　怀柔县地处燕山山脉南麓，是全国重点板栗生产基地县之一。全县现有板栗面积15万亩，主产区为九渡河、渤海两镇，主栽品种以燕红、燕丰为主，近年来大力推广该县自育良品种怀黄、怀九。这两个品种具有品质优良、结果早、丰产（短截后仍可结果），非常适合密植集约栽培。原有老品种密植园平均亩产50—80公斤，而这两个品种嫁接三年后平均亩产可达100—150公斤，盛果期平均亩产可达200—250公斤。目前这两个品种正以每年1万亩的速度在该县推广开来。随着科技的发展，该县板栗栽培也逐渐朝着规模化、集约化、科学化、精品化方向发展，如密植栽培、低产密植园改接换优、板栗疏雄剂应用、叶面喷肥、覆草节水栽培等技术的广泛应用，使该县板栗产量和质量逐年提高。年产优质板栗500万公斤，占北京市板栗总产量的60%，出口量350万公斤，创汇500多万美元。

怀柔板栗果皮红褐色，种仁淡黄，细腻、甘甜。单果重7.5—8克，果实维生素和胡萝卜素含量高出大米、面粉30余倍；含糖淀粉50%以上，蛋白质5.7—10.7%；脂肪2—7%；氨基酸4.5%左右，是低脂肪高蛋白的健康食品。以其果形玲珑剔透、色泽美观，肉质细腻，果味甜，营养丰富，糯性强，易剥内皮等特点享誉海内外，1994年被评为全国林业名特优新产品博览会银奖，有“板栗之冠”、“天然果脯”之美称。适合糖炒、制粉、制罐、速冻等深加工和新产品开发，具有广阔的市场和开发前景。

房山区

“京峪”　张坊镇大峪沟村注册，注册时间为1993年，树种为柿树，品种为磨盘柿。面积为1万亩，2000年总产150万公斤，折合150万元。主要销往辽宁、吉林等地。主要特点是皮薄、清汤、含糖量17—19%。观光采摘5万公斤，共计10万元。

“京荣”　张坊镇西白岱村注册，注册时间为1994年，树种为猕猴桃，面积达570亩，2000年产量为1万公斤。特点是含糖量高、果个较大等。观光采摘1万公斤，共计10万元。

“京葫”　葫芦堡乡注册，注册时间为2000年8月8日，树种有葡萄、梨、桃、苹果，总面积9000亩，其中葡萄1000亩、梨3000亩、桃5500亩、苹果500亩。2000年总产量700万公斤，比上年增加200万公斤，折合1120万元。主要特点是含糖量高。

昌平区

工藤富士苹果　全区苹果面积4.8万亩，主栽品种为工藤富士，占58%，面积约2万亩。主要分布在山前暖带区域内，集中在崔村、南邵、十三陵、南口等镇，著名果园有大辛峰、真顺、何营等，工藤富士苹果一般年总产量1800多万千克，果实着色好，以片红与条红混合形着色，果实可溶性固形物含量高，无袋栽培果达15—16%，平均单果重250—300克。1997年，大辛峰果园注册了“新风牌”苹果商标，曾两度获得北京市金奖，1998年获中国果品流通协会授予的“中华名果”称号。

新高梨　该品种系该区于1990年由日本引入，经栽培试验成功后，在该区新开发的一个梨的晚熟优良品种。其主要特点是果实大，平均单果重500克以上，最大果重达900克，果长圆形整齐，北京地区成熟期在10月上旬，可溶性固形物15%左右，果肉细嫩多汁，石细胞极少，风味浓。

十三陵牌燕山红栗　别名北庄1号、燕红。于1974年在昌平区长陵镇北庄村由实生树中选出，1979年定名，因原产在燕山山脉，坚果颜色呈红棕色，故定名为燕山红栗；目前主要分布在北京各主要栗产区。本品种有早期结果习性，嫁接后第二年即能结果，3—4年后大量结果，结果母枝连续结果能力强，北京地区果实成熟期在9月中、下旬，坚果平均粒重8.9克，果面茸毛很少，多分布在果顶、果肩部位；果皮深红棕色，美观，富有光泽。

山黄杏　原产昌平区十三陵镇果庄村，是当地的偶然实生苗，已有100多年的栽培历史。在昌平、延庆、房山、通州、怀柔和海淀等区、县都有栽培。本品种适应性强，抗寒、抗旱，果实个大，平均单果重34.5克，最大达65克。果实近圆形，缝合线深，两面对称，祟皮底色橙黄色，阳面鲜红色，肉质稍脆，果汁少，味甜酸，品质上等，北京地区6月中旬成熟。

西峰山小枣　别名西峰山小家枣、京西小枣。原产于昌平区西峰山，主要分布在昌平流村、高山一带。本品种树势较旺，丰产，适应性强，其果实卵圆形，平均单果重3.8克，最大单果重5.5克，果面橙红色，平整光滑，果点呈黄色，小而不明显，果肉质脆，汁液较多，风味甜，品质上等，果实9月下至10月上旬成熟。

通州区

葡萄　通州区张家湾镇现有葡萄种植面积12000亩，其中保护地面积1000亩。1998年张家湾葡萄协会为张家湾葡萄正式注册了“京京Z”牌商标，“京京”代表“北京”“京郊”，“Z”为张家湾拼音的第一个字母，代表产地张家湾。目前“京京Z”牌葡萄年产量达1000多万公斤，产品覆盖北京市场并销往外埠，年销售额3000多万元。“京京Z”葡萄已扬名首都果品市场。

采育万亩葡萄基地

采育万亩葡萄基地是市政府1997年果树产业化建设重点扶持项目，采育地区种植葡萄历史悠久，品质优良，经过专家测定，本地区的水、土、气候非常适宜葡萄生长且含糖量高，酸甜适中，有明显的优势和本地区特色。该地区地理位置优越、交通方便。采育镇直通京津唐高速公路，104国道穿镇而过。

加强基地建设，建设高标准示范园

1997年采育万亩葡萄基地建设的同时，在葡萄基地建设1000亩高标准示范园，总投资300余万元。引进国内外名优品种20余个，如赤霞珠、品丽珠、蛇龙珠、红地球、87—1、奥山红宝石、红意大利、红宝石无核、甲斐露等名优品种，大力引进、推广葡萄管理高新技术。1.工厂化育苗技术；2.田间定植覆膜技术；3.反光膜应用技术；4.果实套袋及无公害肥料使用技术；5.现代化节水渗灌技术；6.葡萄保鲜技术应用等，发挥科技兴果、科技富民作用；7.建设10里葡萄观光长廊。

在市场经济迅猛发展的今天，销售是关键。北京顺兴葡萄酒公司位于大兴县亦庄镇，1980年建厂，现有职工210人，技术力量雄厚。年生产各类葡萄酒9000吨，主要产品有丰收牌桂花陈酒、干白、干红、桃红葡萄酒等十几个品种，其主要产品在市场上供不应求。随着人们保健意识的提高和消费观念的转变，对葡萄酒的需求量越来越大。

为寻求多方发展，采育葡萄基地与顺兴酒厂签订10年以上的葡萄酒购销合同，确立最低保底收购价为1.8元/公斤。这样就为老百姓解决了后顾之忧，吃了定心丸，激活了果农发展葡萄的热情。近几年全县共新发展酿酒及鲜食葡萄品种近万亩，加快了产业化生产进程。采育镇京采牌葡萄的名声越来越大，产品远销到山东青岛酒厂、王朝葡萄酒厂。鲜食葡萄供应北京各大市场及南方上海、深圳等地，供不应求。目前基地葡萄总产量已达400万公斤，最高产量可达1000万公斤。

北京市国家重点保护野生动物

在北京分布的陆地野生动物种类中，列为国家Ⅰ级重点保护野生动物的有：金钱豹、黑鹳、大鸨、金雕、褐马鸡、麋鹿、白鹳、白头鹤、白肩雕、白尾海雕10种；列为国家Ⅱ级重点保护野生动物的有：斑羚、豺；灰鹤、白枕鹤、大天鹅、赤颈䴙䴘、鸳鸯、勺鸡；鹗、苍鹰、秃鹫、松雀鹰；猎隼、红隼、燕隼；红角鸮、雕鸮等50余种。以下分述在北京市有分布的国家Ⅰ级、Ⅱ级重点保护野生动物各10种。

1. 豹（金钱豹、银钱豹、老豹子）

学名　Panthera pardus

分类地位　食肉目，猫科，豹属。

形态特征　豹为大型猫科动物之一，形似虎，小于虎。体长100—150厘米，尾长75—100厘米，体重45—55公斤，最大体重可达130公斤。体被橙黄色毛，背部及体侧布以黑色斑点及圆形黑圈，似铜钱，故名金钱豹。头部与四肢散布黑色斑点，颈部、腹面及四肢内侧为白色，斑点少或无。四肢短健，前足具5指，后足具四趾，指、趾端具能收缩的爪。

生活习性　栖息于茂密的山林、丘陵、荒漠草原等多种自然环境，肉食性，以其他动物为食。夜行性，白天潜伏在岩石附近或树丛中歇息，身上花纹起保护作用，便于在树荫和杂草中藏身。黎明、傍晚出来单独活动，有时隐身树上，观察猎物，窥视来水边饮水的动物，以便出猎偷袭。豹的动作敏捷，秉性凶猛，常使猎物来不及反抗而被擒，有时也拼命追赶动物，劳而无获。豹性虽凶残，但也怕人，一般不向人发起主动进攻。

每年冬末春初发情交配，孕期90—105天，每胎产仔2—4个。幼子一年后可独立生活。2—2.5岁可性成熟，寿命15—20年。

分布与保护　豹为中国广布种动物，山东、辽宁、宁夏、新疆等地均有分布。国外见于亚洲、非洲等地；北京的门头沟、延庆、怀柔、密云、平谷、房山大部分山区过去都有其踪迹。由于生态环境的破坏，人类活动的影响，现数量大大减少，本市野外数量估计有10—20只，处于濒危状态，被列为国家Ⅰ级重点保护野生动物。

2. 黑鹳（锅鹳、乌鹳、黑巨鸡）

学名　Ciconia nigra

分类地位　鹳形目，鹳科，鹳属。

形态特征　黑鹳为大型涉禽，体长85—110厘米，体重2.5—2.8公斤，喙粗长，呈朱红色，雄鸟体羽除下胸及腹部为白色外，其余均为黑褐色，并具有紫绿色金属光泽。腿长，腿脚与喙同色。雌鸟与雄鸟羽色相似，但色泽上有差异。

生活习性　黑鹳常栖息于山区河流附近的树林、岩石峭壁上和沼泽地。单独或成对，成家庭生活。其性情机警，视听觉灵敏，稍有动静，便凌空飞起逃避，人类很难靠近。飞翔时，头颈前伸，两腿脚向后并拢成一直线，超过尾部，头可左右摆动观察地面，两翼扇动缓慢，振翅3—5次便平伸不动的成滑翔姿势。主要以鱼类、虾类、蛤、螺为食，也吃蛇、软体动物和昆虫。

每年4—6月份为繁殖期，营巢于树上或悬崖峭壁处，用枯树枝搭成浅碟状巢，内铺干草、鸟羽、兽毛、植物纤维等软物，有时也沿用旧巢。每窝产卵3—5枚，乳白色，上布以浅橙黄色斑块，重约60—80克。雌雄轮流孵卵，孵化期35—38天。双亲育雏，经60—70天，幼鸟离巢可独立生活取食。

分布与保护　分布中国的东北、华北、新疆、陕西、云南等大部分地区；国外分布于亚洲、非洲、欧洲等地；北京为夏候鸟，见于门头沟区永定河畔、房山拒马河畔、密云石城、怀柔水库、延庆白河堡水库等地。黑鹳数量稀少，在本市有筑巢繁殖的先例，为世界濒危鸟类之一，在我国被列为国家Ⅰ级重点保护野生动物。

3. 白鹳（东方白鹳、老鹳）

学名　Ciconia ciconia

分类地位　鹳形目，鹳科，鹳属。

形态特征　白鹳属于大型涉禽，体长100—120厘米，体重3—4公斤。喙直而粗健，侧扁，呈黑色；眼周围无羽毛，呈朱红色；虹蟆为粉红色；颈长；体羽大多为白色，两翼为黑色。腿长，脚、趾为朱红色。

生活习性　喜栖息于僻静的河谷、沼泽地区。结群生活，常到河、湖的浅水域觅食或站立于水边待饵。其视觉敏锐，性情机警，离人很远即飞逃。休息时一腿站立，颈缩成“S”形，头稍后仰。主要以鱼、蛙、蚌、蜥蜴、昆虫为食，有时也吃些鼠类动物。飞翔时头向前伸，脚向后伸成一直线，振翼徐缓。每年的4—6月为繁殖期，雌雄鹳用上下喙的敲打声相会在一起。营巢于树上或地面，或电线杆上、农舍顶上。巢用枯树枝搭成，内铺柴草或每年修补旧巢。一般每窝产卵3—5枚，卵白色，重约150克。从产第一枚卵后，亲鸟就开始轮流孵卵，每天轮换6次左右。孵化期为30—34天。雌雄鸟在繁殖期恋巢性强，雄鸟更为警觉，对周围环境的变化非常敏感。雌雄鸟共同育雏，吐出嗉囊中半消化的食物供幼鸟抢食。经过50—60天，幼鸟便可以离巢生活。10月后迁到我国南方、印度北部、伊拉克、非洲南部等地越冬。

分布与保护　分布于中国的大部分地区（陕西、甘肃、宁夏、青海、上海、海南等未见报道）；国外分布于欧洲东南，亚洲西部及非洲等地；北京地区为罕见旅鸟，曾见于北京的顺义牛栏山、潮白河南段，房山琉璃河、通县、密云以及拒马河畔等地。白鹳为世界珍稀鸟类之一，列为国家Ⅰ级重点保护野生动物。

4. 白头鹤

学名　Grus monacha

分类地位　鹤形目，鹤科，鹤属。

形态特征　白头鹤体长85—100厘米，体重4—6公斤。雌雄鸟羽色相似，体羽大部分为石板灰色。喙直而长，成黄绿色，头顶皮肤裸露呈红色，额部和眼的前方密生黑色刚毛，两颏、喉部及颈的上部为白色，故名白头鹤。两翼发达，为黑色，次级和三级飞羽延长弯曲呈弓状，羽枝松散似毛发。脚、趾呈灰色。

生活习性　白头鹤生活于河口、湖泊、沼泽、水库等湿地环境。以小家庭方式生活，各家庭之间保持一定的距离。其性情温和而又警觉，觅食、休息均设有“岗哨”，一旦发现情况便发出信号，通知群体逃离。晚上结群夜宿。主要食物为鱼、虾、软体动物、昆虫和杂草等。

每年的4—6月进入繁殖期，雌雄鸟通过叫声相互结合在一起。营巢于灌丛中，每窝产卵2枚。雌雄鸟轮流孵卵，孵化期为28—30天。同窝的雏鸟相互格斗，弱者常夭折，通常有一只存活。9—10月迁飞到中国长江中下游、日本、朝鲜、印度等地越冬；翌年的3—4月飞到西伯利亚和中国的东北繁殖。小鹤长到3—5岁性成熟，寿命45—50年。

分布与保护　分布于中国的东北、河北、内蒙古、甘肃、江苏、安徽、山东、江西、台湾等地；国外分布于西伯利亚、日本、朝鲜、印度等地；北京为罕见旅鸟。白头鹤繁殖较难，数量稀少，为国家Ⅰ级重点保护野生动物。

5. 大鸨（地鹔、野雁）

学名　Otis tarda

分类地位　鹤形目，鸨科，鸨属。

形态特征　大鸨为陆生鸟类，有“亚洲小鸵鸟”之称。体长75—100厘米，体重约8—10公斤，颈长，腿长，与鹤类近似，故又被称为“陆地生活的鹤”。雌性个体较小，与雄性相似，但喉部无“胡须”，后颈基部无栗色斑纹。雄性喉部具有“胡须”，后颈基部大部为棕栗色，上体多为淡棕色，并杂以黑斑和细纹，飞羽黑褐色，羽缘淡棕色，下体灰白色，尾短，尾端成白色。足具三趾，后趾退化。

生活习性　大鸨生活在近水的潮湿草滩或丘陵、山岗草坡，喜结群生活。强健的三趾足适于奔驰，速度疾快。不善飞翔，仅能低空飞，飞速较慢。其性机敏，常边觅食边观察四周动静。大鸨鸣声器官退化，不能鸣叫。食物主要为嫩绿植物，繁殖期也吃昆虫，特别是喜食野草中的蝗虫。每年春末夏初繁殖，巢简陋，营巢草原林地、高岗处或草地的凹处，巢内铺干草，鸟残羽等巢材。每窝产卵2—4枚，卵壳淡青色或土黄色，缀以褐色斑点，双亲轮流孵卵，孵卵期25—28天，为早成雏，雏鸟出壳后能行走，可追随亲鸟四处觅食。

分布与保护　分布于中国东北、华北、陕西、甘肃、宁夏及新疆、江苏、安徽、福建等地；国外见于欧洲大陆、非洲北部，亚洲的土耳其、阿富汗、日本等地。北京为旅鸟，数量稀少，被列为国家Ⅰ级重点保护动物。延庆官厅水库、密云、怀柔、大兴曾有遇见。

6. 金雕（红头雕、洁白雕）

学名　Aquila chrysaeteos

分类地位　隼形目，鹰科，雕属。

形态特征　金雕为大型猛禽。头枕后部和后颈羽毛尖锐，成柳叶状，金黄色，故得名金雕。体长90—100厘米，体重5—6公斤，雌性个体较大。喙坚强，尖端锐利。上喙向下弯曲成钩状，黑褐色。上体羽暗栗褐色，略带紫色光泽，羽基部成白色，双翼下各具一白色斑块。下体羽黑褐色，胸部具有淡色纵纹。尾上覆羽上部成灰褐色，有暗斑纹，并带有黑褐色次端斑。后肢强健，足具四趾，前3后1，近等长。雌性与雄性羽色相似，但上体羽紫色光泽较淡。

生活习性　金雕生活于海拔700—4000米的高山林区或高山草原。单独或成对活动。其性情凶猛，飞行速度疾快，常盘旋于高空，窥视地面猎物。主要捕食野兔，有时也捕食鼠类、蛇类和雉鸡类等动物。每年的2—3月进入繁殖期，将巢筑在悬崖绝壁上的凹陷处或高大乔木上，用树枝搭就，内铺一些干草、鸟残羽毛、善毛等巢材。巢可以连年使用，每年早春添加新材。每窝产卵2枚，卵清白色，具大小不等的深褐色斑。孵化期40—50天，雏鸟羽毛白色，进属端约1/4为黑褐色，故名洁白雕。双亲轮流外出打猎，半月后的雏鸟可以自己啄食食物，75—80天幼鸟便可以独立生活。

分布与保护　分布于中国的大部分山区；国外分布于欧洲、亚洲、北美洲、非洲等地；北京地区为留鸟，曾见于门头沟、房山、延庆、怀柔、密云等山区。金雕数量稀少，被列为国家Ⅰ级重点保护动物。

7. 白肩雕

学名　Aquila heliaca

分类地位　隼形目，鹰科，雕属。

形态特征　本种为大型猛禽，体长80—90厘米，体重3—4公斤，雌性较大。喙角质坚强为黑褐色，上喙向下弯曲呈钩状。眼虹膜淡红色，眼先、耳羽、前额和头顶前部均呈黑褐色，头颈部有棕褐色的矛状羽毛。上体羽毛自背部、腰部和尾上覆羽均为黑褐色，并带有紫色光泽。肩羽白色，形成明显的白色肩斑，故名白肩雕。下体自颏、喉、胸、腹部、两肋和小腿被羽均为黑褐色。尾上覆羽灰褐色，具有不规则的黑褐色横斑，近尾端有宽的褐色横斑，羽缘呈乌灰白色，尾下覆羽淡黄褐色。

生活习性　生活在山区和丘陵地带，一般在海拔1500米以下的山区河流、林缘草地附近独来独往。主要以鼠、兔、野禽、蛙、蛇、蜥蜴等为食。每年的3—5月为繁殖期，繁殖地在我国的新疆。巢建立在高大的树顶或悬崖峭壁上，用树枝搭成盘状巢，内铺干草、兽毛等软物。每窝产卵2—3枚，卵白色，布有黑褐色的斑点。孵化任务主要由雌鸟完成，雄鸟外出捕食。孵化期40—45天。雏鸟被白色绒毛羽，为晚成鸟。幼鸟55—60天后离巢活动，猎捕和飞翔技巧由成亲鸟调教。白肩雕冬季迁飞到我国长江中下游、亚洲南部、非洲、及东南亚等地越冬。

分布与保护　分布于中国的新疆、长江中下游；国外见于欧洲南部、非洲、亚洲等地；北京地区为罕见旅鸟，曾见于西山、门头沟雁翅等地。列为我国Ⅰ级重点保护野生动物。

8. 白尾海雕

学名　Haliaeetus albicilla

分类地位　隼形目，鹰科，海雕属。

形态特征　白尾海雕为大型猛禽，体长85—95厘米，体重3—5公斤。雌雄鸟体色相似。喙厚而粗壮，呈黄褐色，头颈和耳羽呈淡黄褐色，并具有暗褐色羽干纵纹。虹膜黄色；眼先丛生黑色刚毛。上体羽毛土褐色，羽缘较浅，并杂有浓黑褐色的芝麻斑，因此也叫芝麻雕。下体颏、喉部淡黄褐色，胸部淡褐色羽呈矛状，缀暗褐色羽干纵纹。尾羽白色，故得名。脚、趾呈黄色，钩爪为黑色。

生活习性　生活于开阔的草原、沼泽地、江河及海滨附近；有时也翱翔于海拔1500米山地环境觅食。喜单独活动，常在山区和草原的大树上隐身于密叶处观察小型猎物的活动；有时滑翔于水面上，俯视水中猎物，一旦发现大鱼，便俯冲下来，用利爪掠之，然后飞到树上或岩石上撕食。主要以鼠、兔、鱼为食。每年的2—4月为繁殖期，营巢于大树或悬崖峭壁上，也有修补旧巢的习性；筑巢主要由雌鸟承担。一般每窝产卵2枚，卵白色，上有黑褐色的斑点。雌鸟孵化，孵化期38天左右。雄鸟承担捕猎任务。育雏期70天左右，幼鸟离巢向亲鸟学习捕食和飞行本领。

分布与保护　分布于中国的东北、长江中下游地区；国外分布于欧洲、亚洲、非洲；北京地区为旅鸟，曾见于房山琉璃河、平谷金海湖；白肩雕以啮齿类小动物为食，对维护生态平衡起积极作用。数量稀少，被列为国家Ⅰ级重点保护野生动物。

9. 褐马鸡（褐鸡、角鸡、耳鸡）

学名　*Crossoptilon mantchuricum*

分类地位　鸡形目，雉科，马鸡属。

形态特征　褐马鸡为雉科大型鸟类，体长80—100厘米左右，尾长40—60厘米，体重2—3公斤。雌雄体色相似，通体以深褐色为主，头部耳后生有两簇白色耳毛伸向头后，酷似长了两只角，故名角鸡。头部两颊裸露无羽，呈赤红色。头、颈部羽毛为浅黑色。腰部、尾上覆羽、尾羽呈白色，尾羽端部黑色，带有金属光泽。由于尾羽的小羽枝披散下垂，2对中央尾羽特别强大，高高翘起，使褐马鸡显得十分美丽。足有4趾，3趾向前，1趾向后。雄鸡跗蹠部有距。

生活习性　褐马鸡生活于海拔1200—2000米的深山中，繁殖期成对生活；越冬结群生活；白天在山坡、灌丛中觅食植物的嫩根、茎或种子、昆虫，夜晚到树上夜宿。每年4—6月为繁殖期，常营巢在岩石缝隙或灌丛中的低处，造简单巢，有的巢还隐蔽在特殊的“柴棚”中，很难被发现。每窝卵8—12枚，由雌鸡单独孵卵，雄鸡在周围站岗警戒。孵化期26—28天。

分布与保护　褐马鸡为中国特产鸟类，也是世界濒危鸟类之一。分布于河北小五台山附近、山西庞泉沟、芦芽山。1990年在北京门头沟区的东灵山附近发现了褐马鸡，其后开展了褐马鸡资源专项调查，对褐马鸡的繁殖、越冬情况进行了研究，在冬季可以见到20只以上的越冬鸡群。我国褐马鸡数量稀少，被列为国家Ⅰ级重点保护野生动物。

10. 麋鹿（四不像）

学名　*Elaphurus davidianus*

分类地位　偶蹄目，鹿科，麋鹿属。

形态特征　麋鹿体长160—200厘米，尾长60—70厘米，是鹿科动物中尾巴最长的种类，体重150—170公斤。其头似马而非马，角似鹿而非鹿，身似牛而非牛，身似驴而非驴，故名：“四不像”。雄性麋鹿有角，角无眉杈，在角近基部分前后两枝。夏毛为棕红色，冬为灰褐色。

生活习性　麋鹿喜栖息疏林的草原、灌丛、沼泽等地。结群生活，群内等级分明，占优势地位的个体优先吃食。食物主要为各种适口性好的青草和水生植物。夏季喜在水中和泥沼中驱暑。10月至翌年1月脱茸。耐严寒，冬季可在露天越冬。在北京6—8月发情，孕期9个月，每胎1仔。幼子身上布以白色花斑，3岁左右性成熟；寿命约为20—25年。

分布与保护　麋鹿为中国特产动物，历史上曾在中国广泛分布。据考证，在古代北至辽宁，南到江西，西至湖南，东抵江苏沿海，可谓到处都见其踪影。到清代中期，北京南海子皇家猎苑还有仅存的120头左右。1865年在北京的法国大卫神甫发现了南海子饲养的这一稀奇动物——麋鹿，并千方百计弄到2张皮子寄回巴黎验证，得知为一新奇种类，并命名麋鹿（pere davis deer）。欧洲动物园通过官方获得了10余只麋鹿。1895年北京地区的特大洪水和1900年八国联军入侵北京，洪水和战乱使麋鹿销声匿迹。而此后，生活在欧洲的麋鹿却兴旺起来，多达千余只。历史捻转，1985年和1987年，麋鹿的后代分两批共38只，从欧洲返回故乡，被放养在它们祖先曾经生活过的地方，即现在的北京麋鹿生态实验中心。目前，在北京的这一珍稀物种——麋鹿的数量又恢复起来，达200只左右。除北京外，江苏大丰麋鹿自然保护区也有400余只放养。国内的动物园也有饲养，全国总体数量仍然稀少，被列为国家Ⅰ级重点保护野生动物。

11. 斑羚（青羊、山羊）

学名　*Naemorhedus goral*

分类地位　偶蹄目，牛科，斑羚属。

形态特征　斑羚体形与山羊相似，不同的是下颌无胡须。体长80—130厘米，尾长17—20厘米，肩高55—75厘米，体重28—35公斤。雌雄均有角，角形精巧，短而细，尖端税利，向后略微弯曲，双角距离较近，基部有8—9个明显的环棱。耳短而直立，内侧成白色。颈长，喉部有一大白色斑块。体毛灰褐色，背中央具黑色长鬣毛，四肢较短，前后肢均具灰黑色窄形偶蹄。尾短，被黑色长毛。

生活习性　斑羚多栖息于裸岩和山地林区，常单独活动，善于在裸岩上攀跃，遇到危险时可纵身跳下悬崖，以逃避敌害。常常在清晨和黄昏活动、觅食；食物主要是青草，也食灌木的嫩叶以及野果。食物缺乏时也吃苔藓等其他适口性较好的植物。冬季发情交配，怀孕5—6个月，翌年的4—5月产子，每胎1—2仔。哺乳期约2个月。幼兽长到2岁左右性成熟，寿命15—17年。

分布与保护　斑羚在中国的东北、华北、华南、西南等地均有分布。国外见于巴基斯坦、印度、不丹、锡金、尼泊尔、孟加拉、缅甸、朝鲜等国家；北京地区见于门头沟、密云、怀柔、昌平、平谷、延庆等区县。现数量较少。被列为国家Ⅱ级重点保护野生动物。

12. 豺（红狼、豺狗）

学名　Cuon alpinus

分类地位　食肉目，犬科，豺属。

形态特征　豺体型似狼，但比狼小，略大于狐。体长85—100厘米，尾长40—48厘米，肩高40—45厘米，体重15—20公斤。通体毛色棕红，背部毛尖黑色，腹部棕色或淡棕色。头部吻比狼短，额部没狼高，耳短圆。四肢外侧颜色与背部相同，内侧颜色较淡。尾长且蓬松。

生活习性　豺生活于山区，森林及丘陵地带。为夜行性动物，常3—4只或20只左右一起活动，性凶猛，对猎物穷追不舍，直到擒获猎物。白天在低洼或岩洞中栖息。豺为肉食性动物，以狍、山羊、草兔等食草动物为食，有时也靠群体力量攻击豹等大型食肉动物。

秋季发情交配，冬季产子，妊娠期60天左右。每胎2—6仔，幼子长到1—1.5岁性成熟；寿命12—16年。

分布与保护　豺分布于中国大部分地区；国外分布于西伯利亚、东南亚、蒙古等地；北京密云、延庆、门头沟等地有分布。因数量较少，被列为国家Ⅱ级保护野生动物。

13. 勺鸡（柳叶鸡、角鸡）

学名　Puorasia macrolopha

分类地位　鸡形目，雉科，勺鸡属。

形态特征　勺鸡大小似家鸡。体长50—59厘米，体重1—1.5公斤。雄鸡喙黑褐色，头部具暗绿色金属光泽，有棕褐色和黑色长冠羽。颈部两侧各具一白色斑块。上体羽灰色，具有黑色柳叶状纵纹，故又名“柳叶鸡”。下体羽中央至腹部呈深栗色。尾长，呈楔状尾。脚为暗红褐色。

雌鸡体羽大部分呈棕褐色，头部无暗绿色光泽，冠羽短，下体无栗色羽，尾羽比雄鸡短。

生活习性　勺鸡栖息于海拔1200—1700米的针阔叶混交林中。雌雄鸡一起活动，常常到多岩石的坡地灌丛中觅食。其性情胆小，警惕性高。多在早晨和傍晚觅食，夜间在树上过夜。食物主要是植物的茎、叶、果实、种子，也食昆虫。

每年5—7月为繁殖期。营巢于草地的浅土坑内，铺以树叶、枯枝。每窝产卵4—9枚，卵为浅黄色，杂以暗褐色或紫褐色粗斑，重约30克左右。雌鸟孵卵，孵化期28—30天。

分布与保护　勺鸡分布于中国的辽宁、华北、陕西、甘肃、安徽等地；国外见于阿富汗、尼泊尔等地；北京地区为留鸟，见于门头沟区等山区县。勺鸡为国家Ⅱ级重点保护野生动物。

14. 雕鸮（猫头鹰、恨狐）

学名　Bubo bubo

分类地位　鸮形目，鸱鸮科，雕鸮属。

形态特征　雕鸮为鸱鸮科的大型猛禽，体长55—70厘米，体重1.5—4公斤。头部较大，喙强健，呈黑褐色，上喙呈向下弯曲的利钩状。两耳羽突长约5—6厘米，前面为棕色，后面呈黑色，两眼大而圆，正视前方，虹膜为金黄色，眼先具有白色羽纹，眼上方具黑色斑纹，眼周生有向外放射的细羽，构成了淡棕黄色的面盘，其面形似猫，故有“猫头鹰”称谓。上体羽淡色，颏、喉部和皱领羽为白色；胸部缀粗而显著的黑褐色羽干轴纵纹。尾羽稍呈圆形，尾上覆羽为淡棕色，密布黑褐色羽干轴纵纹，中央尾羽暗褐色，具不规则的棕色黄斑，外侧尾羽棕黄色，具不规则的暗褐色横纹，“腿部”被羽，趾端具弯曲而锐利的爪。

生活习性　雕鸮栖息于山地疏林，冬季移至平原树林中。喜单独活动，是典型的夜行性猛禽。体羽像棉花一样柔软，飞翔起来没有声音，傍晚和黎明最为活跃。食物主要是鼠类，也捕食刺猬、草兔等动物。雕鸮的耐饥饿能力很强，可十几天不食。

每年3—6月进入繁殖期，通过叫声雌雄鸟相会在一起。雕鸮在树洞或悬崖峭壁上的凹陷处营巢。每年1窝，每窝产卵2—5枚，卵重50—60克，灰白色，光滑无斑。雌鸟承担孵化任务，雄鸟在巢区守护。孵化期30—35天，双亲共同育雏，一个月后幼鸟便可以离巢生活。

分布与保护　雕鸮分布于中国的大部分地区；国外分布欧洲、亚洲及非洲北部；北京地区为留鸟。雕鸮为农林益鸟，现数量较少，被列为国家Ⅱ级重点保护野生动物。本市属于“猫头鹰”类的鸟类还有：红角鸮、领角鸮、纵纹腹小鸮、灰林鸮、长耳鸮等，均为国家Ⅱ级重点保护野生动物。

15. 苍鹰（黄鹰、鸡鹰）

学名　Accipiter gentills

分类地位　隼形目，鹰科，鹰属。

形态特征　苍鹰为中等猛禽，是北京常见的鹰科动物。体长50—60厘米，体重1.0—1.2公斤，雌性较大。头顶、枕部、头侧为黑色，喙呈黑色，上喙尖向下钩曲，切缘处具弧状垂，眼上有一白色眉纹，并杂以黑色羽干纹，耳羽黑色。上体羽呈深苍灰色，下体羽为乌白色，喉部具黑褐色纤细的纵纹，胸、腹、两胁和覆腿羽均具黑褐色横斑。尾长，呈灰色，具宽阔的黑褐色横斑，尾羽尖端呈乌白色。跗蹠部被大型鳞片，趾呈黄绿色，趾端具锐利而钩曲的黑爪。

生活习性　苍鹰为林栖猛禽，活动于山地针叶林、阔叶林和针阔混交林。多单独活动，其视觉非常敏锐，常隐藏于树木的枝叶间或翱翔于高空，窥伺地面猎物，一旦机会适宜，便急速俯冲抓捕，它尖锐的利爪刺入猎物，使猎物毫无反抗能力而就擒。主要捕食的动物有草兔、鼠、雉鸡等。

每年5—6月为繁殖期，营巢高大乔木上，离地面8—15米的高处，用枯枝筑成皿状巢。每窝产卵3—4枚，椭圆形，青色，上面分布淡赤褐色和青灰色斑纹，重约40—42克。主要由雌性孵卵，孵化期为35—38天。一个月后小鹰离巢生活。

分布与保护　苍鹰分布于中国各地；国外见于欧亚大陆及北美；北京地区为旅鸟。由于苍鹰能大量捕食鼠类，因此对农林业具有积极作用。现数量逐渐减少，被列为国家Ⅱ级重点保护野生动物。

16. 鹗（鱼鹰）

学名　Pandion haliaetus

分类地位　隼形目，鹗科，鹗属。

形态特征　鹗为中型猛禽，体长40—60厘米，体重1—2公斤。喙尖锐，上喙向下弯曲呈钩状，为黑色，蜡膜为铅灰色，雄鸟前额、头顶、头侧、枕部为乌白色，前额、头顶杂以暗褐色纵纹，枕部羽毛向后稍延长呈矛状，贯眼纹黑褐色，并一直延伸到颈侧，颏、喉具纤细的暗褐色羽干纵纹。上体被暗褐色羽毛，并略带紫色光泽，各羽基部带白色，羽缘淡棕色，初级飞羽内基部白色，并杂以暗褐色斑驳，下体为白色。尾端乌白色。跗蹠部、趾黄绿色，钩爪尖锐，趾下具棘刺般的鳞片，外侧趾可以向后反转，形成对趾型，适于抓住粘滑的鱼体，因此，鹗有猛禽“捕鱼能手”之称。

雌鸟与雄鸟体色相似，但稍大，体色较淡，上体羽毛紫色光泽。

生活习性　鹗生活于河、湖、江、海、沼泽地的水域附近。多单独活动，常翱翔于水面上空，发现鱼时便折起双翼，直扑向猎物；主要以鱼为食，也吃其他小动物。

4—6月为繁殖期，在树上筑巢，用树枝、干草搭成高大的皿状巢，也有修补旧巢的习性。每窝产卵2—4枚，双亲轮流孵卵，孵化期32—40天。雏鸟40天后能飞出巢生活。

鹗在北京为旅鸟，每年9—10月向南迁飞越冬，翌年3—4月回到北方栖息繁衍。

分布与保护　鹗分布于中国各地；遍布世界各国。北京地区为旅鸟，琉璃河、怀柔水库等水域环境均可见该种鸟的活动。数量较少，被列为国家Ⅱ级重点保护野生动物。

17. 鸳鸯（官鸭）

学名　Aix galericulata

分类地位　雁形目，鸭科，鸳鸯属。

形态特征　鸳鸯是鸭科动物中最美丽的一种水禽。体长40—60厘米，体重0.4—0.6公斤。雌雄异色，雄鸟羽色艳丽，喙呈暗红色，头部具美丽的冠羽，额部和头顶中央呈金属翠绿色，枕部为铜绿色，后颈是暗紫绿色的长羽，头两侧具白色眉纹，且延至颈部，构成了冠羽的中侧部分。上体羽暗褐色，缀以闪光的铜绿色，翅上具一对栗黄色的直立帆状羽。下体羽在颏、喉部为栗色，上胸和胸侧呈金属铜紫色光泽，下胸和两侧为绒黑色，具两条白色带斑，腹部和尾下覆羽乳白色，脚具蹼，为黄褐色。雌鸟体羽灰褐色，无漂亮的冠羽和栗黄色的帆羽。

生活习性　鸳鸯生活在山区溪流、湖泊、水库等有芦苇丛生的水域。善于游泳和潜水，常成对生活，有时也与绿头鸭、罗纹鸭一起集成4—10只的小群在水中游荡。性情机敏，受惊即飞，边飞边叫，声音短促而响亮。多晨昏飞到水田、岸边觅食。为杂食性，繁殖季节多以鱼、蛙、昆虫等动物性食物为食，兼食部分植物性食物；其他时间以植物性食物为主。

5—6月为繁殖期，在树洞中营巢。巢内铺以干草，树叶、残羽等。每窝产卵7—12枚，卵为白色，圆而光滑。雌鸟孵卵，孵化期为20—30天，幼鸟为早成鸟，出壳后便能跟随亲鸟浮游、觅食，过小家族生活。9—10月迁于我国南方，翌年3—4月飞回北方繁殖后代。1998年6月，在我市城区南沙滩原文化部院内的一株老槐树上有一窝鸳鸯繁殖，并有13只幼鸟成功落地。

分布与保护　鸳鸯分布于中国的大部分水域环境；国外见于西伯利亚、日本、朝鲜等地。北京地区为罕见旅鸟。见于官厅水库、佛子岭水库。目前，鸳鸯数量较少，被列为国家Ⅱ级重点保护野生动物。

18. 灰鹤

学名　Grus grus

分类地位　鹤形目，鹤科，鹤属。

形态特征　灰鹤为大型涉禽之一，体长110—120厘米，体重4—6公斤，最大可达10公斤。雌雄羽色相似，体羽为灰色，故名灰鹤。头顶裸露部分呈红色，被稀疏的黑色短羽，两颊、颈侧灰白色，在后颈联合成倒“人”字形。初、次级飞羽为灰色，羽端分离成毛发状。脚为灰黑色。

生活习性　灰鹤生活于河滩、沼泽及近水的平原、农田等环境。常结成5—8只的小群活动、觅食。性情胆小，怕人，因此，人类很难接近。觅食时常有一只鹤站岗放哨，发现敌情，通知群体飞逃。休息时常一脚站立，头转向背后，将嘴插入背羽。主要食物为杂草子、谷物、小鱼、蛙、昆虫及软体动物等。

5—7月为繁殖期，在我国的东北、新疆等地繁殖。营地面巢，由草、枯枝构成简陋的巢。每窝产卵1—3枚。孵化期28—30天，幼雏出壳后便跟随双亲活动，60—70天便可独立生活。10—11月迁飞南方越冬。

分布与保护　灰鹤分布于中国大部分地区；国外分布欧洲、亚洲、非洲等地。北京地区为旅鸟，曾见于顺义牛栏山、延庆官厅水库等地。数量较少，列为国家Ⅱ级重点保护野生动物。

19. 秃鹫（坐山雕、狗头雕）

学名　*Aegypius monachus*

分类地位　隼形目，鹰科，秃鹫属。

形态特征　秃鹫为大型猛禽，是我国秃鹫属中最大的一种。体长100—120厘米，体重6—9公斤，雌性较大。喙长而强大，尖端向下钩曲，为黑褐色，蜡膜灰蓝色。体羽乌褐色，头、颈皮肤裸露，呈铅灰蓝白色，头顶被稀疏淡褐色细绒羽，颈基部具有淡褐色或乌白色皱领羽。翅长而宽大，翅上覆羽和飞羽呈暗褐色，前胸被黑色绒羽，两侧各具有一束蓬松的矛状长羽。尾羽呈暗褐色。跗蹠部粗壮，被羽，趾短，爪黑。

生活习性　秃鹫生活在海拔2000—5000米左右的山区，有时也到低山、草原或平原活动。以动物尸体、腐肉和小动物为食，还经常与乌鸦等动物争食。

2—9月为繁殖期，营巢于高大的乔木上或悬崖峭壁的凹陷处，用树枝筑成，内铺小树枝、羽毛和兽毛等物，一巢可用多年。3—5月产卵，每窝1—2枚，卵乌白色，有深红棕色条纹和斑点。双亲轮流孵卵，孵化期为52—57天。育雏90—150天。

分布与保护　秃鹫分布于中国大部分地区；国外见于欧洲、南非、印度、蒙古等地。北京地区为罕见留鸟，曾见于大兴、顺义、密云、门头沟等地。秃鹫喜食腐肉，素有大自然的“清道夫”美称，对促进自然环境的物质环境，保护生态环境有积极作用。现数量较少，列为国家Ⅱ级重点保护野生动物。

20. 大天鹅（黄嘴天鹅、天鹅）

学名　*Cygnus cygnus*

分类地位　雁形目，鸭科，天鹅属。

形态特征　大天鹅为大型游禽。体长120—150厘米，体重5—10公斤，雌性较小。雌雄同色，全身羽毛洁白。喙呈黑色，嘴基部的黄斑向前延伸至鼻孔之下。颈很长，头颈之长超过躯长。蹼发达，足、蹼均为黑色。

生活习性　大天鹅栖息于河流、湖泊、水库等开阔水域。常成对在水中嬉戏，觅食。大天鹅在水中的姿态优美，诗情画意。主要以水生植物的种子、茎、叶、杂草种子为食，也吃水生昆虫及软体动物等。

5—6月繁殖，雌雄大天鹅为终生伴侣。营巢于地面或浅滩的芦苇丛中。巢较大，用草、芦苇筑成，内铺苔藓、残羽等软物。每窝产卵4—7枚，乳白色。雌鸟承担孵化任务，雄鸟在周围担任警戒。孵化期35—42天，双亲共同照料幼鸟。9—10月结群排成“人”字或“一”字形飞向南方、欧洲、非洲等地。次年的3—4月，大天鹅又飞回新疆、东北等地繁衍后代。4岁性成熟，寿命20—30年。

分布与保护　分布于中国的大部分水域环境；国外分布亚洲、欧洲、非洲等地。北京地区为旅鸟，见于良乡、琉璃河、密云水库、官厅水库、怀柔水库、斋堂水库、圆明园福海、潮白河等地。列为国家Ⅱ级重点保护野生动物。

除大天鹅外，北京地区还曾见有同类的小天鹅、疣鼻天鹅。均为国家Ⅱ级重点保护野生动物。

北京市密云县东邵渠乡（御皇李子）

东邵渠乡，地处密云水库附近，全乡14个行政村，4000多户，16000多口人，耕地面积3.1万亩，山场面积11.7万亩。是密云县唯一的农业大乡。“一盆净水”滋润着东邵渠的大山和土地，给农民的生产和生活带来勃勃生机。

东邵渠人杰地灵，物产丰富。晶莹剔透的御皇李子、红皮沙瓤的大红果、黄澄澄的磨盘大盖柿，都是京郊有名的土特产品。特别是御皇李子，不仅晶莹剔透，而且味道香甜、不粘核。是京郊水果中的拳头产品。清朝乾隆年间，就成为朝廷之贡品。

随着城乡人民生活水平的不断提高，御皇李子在市场上供不应求，原来山坡、地堰零星的散李子树，远不能满足市场。为了方便首都富裕农民，东邵渠乡党委、乡政府从解放思想入手，1994年初，先后几次召开党委扩大会，支部书记会和群众代表会，研究扩大御皇李子种植面积问题，全乡上下统一了认识。乡党委、乡政府决定将山场和土地进行合理规划，大力发展御皇李子生产，建设具有一定规模的李子基地，计划利用三年时间，沿公路两侧，从界牌到高各庄建起总面积10000亩、长10华里的万亩李子带。为了鼓励农民发展李子生产，东邵渠乡党委、乡政府本着以农民自身投资为主体，谁造谁有的原则，出台了一系列的优惠政策。东邵渠乡党委、乡政府的宏观设想，得到了市科委、市县林业局的认可和支持。并被列为密云县几大“万字号工程”之一。1994年春，全乡掀起了“万亩李子基地”建设的热潮。春秋两季，全乡就栽植基础苗木3000多亩，1995年又栽植了5000亩，加上原有的2000亩，达到了万亩规模。在质量上，乡林业站严格把关：统一地块，统一确定株行距离，统一挖坑，统一苗木。

为了保证1996年的春季李子嫁接，1995年冬季，聘请主抓林业的副县长、林果技术工程师王昇光、周进为技术管理顾问，向农民传授李子嫁接、病虫害防治等科技管理技术。为给农民学科技创造良好环境，乡政府在资金紧的情况下，投资20000多元，购置桌椅、图书，分别在界牌、石峨、史长峪、太保庄等李子生产重点村建起了成人教育学校，按季节，定期对农民进行科技培训和市场经济知识教育，有效提高了果农的科技管理技能和市场动察能力。

过去，东邵渠乡御皇李子品种比较单一，只有红、黄两个传统品种，都集中在7月份下树上市。在县科委的协助下，他们在巩固两大传统品种的同时，积极引进新品种，美国一号、黑宝石、红宝石等十几个新品种到这里安家落户，分早、中、晚三个层次。早李子，6月中旬进入成熟期；中李子，7月中旬进入成熟期；晚李子，10月中旬进入成熟期。新品种的引进，使过去的一窝蜂上市变梯子型上市，填补了6月、8月、9月、10月市场上没有李子的空白。新引进的黑宝石、红宝石，10月底下树后，可以储存，到冬季上市。

密云水利局，对东邵渠乡"万亩李子基地"建设给予了大力支持，派工程师搞节水灌溉设计，并筹措资金帮东邵渠乡"万亩李子基地"搞节水灌溉工程。经过3年来的努力，东邵渠乡万亩李子有2000亩实现了管灌，有4000亩实现了V型槽节水灌溉。

由于重视科技投入，引进新的管理模式，李子的单产和质量位居同类产品的前列。2000年大旱之年，全乡李子总产仍达到1000万公斤，产值1200多万元。进入东邵渠地界，万亩李海，一路绿浪，延绵十几里。万亩御皇李子不仅为东邵渠构筑一条绿色的风景线，同时给农民带来了不小的财富。

东邵渠乡御皇李子发祥地石峨村，被京东人称为"御皇李子之乡"，是同类产品中第一个在国家工商局注册的产品，获得"绿色食品"标志。种植总面积4500亩，年产量600多万公斤，产值760多万元。以石峨发祥地为龙头的御皇李子生产，已基本实现区域化布局、基地化生产、科学化管理，集约化经营的目标，成为主导产业。

在市县专家、教授、科技人员的指导下，广大果农科技管理水平逐年提高，彻底淘汰了旧的管理方式，基本达到了"优质、高产、高效"的目标。东邵渠乡党委、乡政府在不断强化基地管理的同时，积极把握机遇，发挥优势，在石峨建起了占地20亩的批发市场，以市场为集散地，为各地来的果商创造条件，提供优质服务。

2000年，东邵渠的御皇李子在供应首都市场的同时，还销往天津、承德、哈尔滨、上海等省市以及深圳特区。

在世纪交替之际，东邵渠乡党委、乡政府根据市场上仍供不应求的现状，在2000年的农业结构调整中，提出新一轮创业思路，决定高起点、高林地建设"绿色农民城"。再拿出1万亩发展李子生产，建成华北地区最具有规模的"李子生产基地"，力争用5年时间，把东邵渠建成环境优美、经济发展强劲的新乡村。让密云水库这"盆"净水更清，周围的环境变得更美，让御皇李子的清香溢满神州各地。

东邵渠乡党委书记郭生强
电　　话：61061036
邮　　编：101501

北京市新城子乡（苹果）

新城子地处雾灵山脚下，全乡总面积157.02平方公里，境内海拔300～1735m，平均海拔699m，北纬40°35′，属暖温带大陆干旱季风型气候，在平均温度10.5℃，无霜期175天左右，平均年降水量760mm，年日照时数2800小时。海拔500m以下的地区极宜苹果生长，果实含糖量高，着色好。近年来，该乡果品生产发展迅猛，全乡60%的农户从事果品生产，果品生产已成为全乡人民脱贫致富的主导产业。1995年全乡苹果面积7000亩，苹果产量190万公斤，2000年已实现万亩规模，年产量达到300万公斤。

一、万亩红富士基地建设

自1996年始，该乡利用三年时间，完成了万亩红富士基地建设，在建设中，该乡严格执行《富士苹果综合标准》，新栽的4000亩果园全部采用新品种、新树形，同时还引进并采用了SH系矮化砧技术。

1. 引进新品种，改良品种结构

新城子地区原来的苹果品种以国光、红星、长富2和秋富1为主，近几年引进了烟富1～6号，莎莎等新品种进行高接增优，同时，新建果园一律采用新品种，新砧术，新树形，从而改良了原有品种结构。

2. 科学定植，提高建园质量

首先，严格整地，施足底肥。栽植前按所需密底，按0.8×0.8×0.8m按坑植树，规格为深0.6m，宽0.8m，底土和表土分开，亩施底肥10000kg，与表土混合后回填，填至距地面20cm踩实。其次，在株行距确定为2～3×4～5m的同时科学栽植。春季3月下旬～4月上旬栽植，栽植前3～4天，定植穴内灌足水，使活土沉实，苗木采用一级苗，栽植前在清水中浸泡24小时，然后灌泥浆，并采用生根粉蘸根处理，立即栽植。栽植后及时浇水，覆土盖地膜保墒，在地膜上再覆一层土，以保护地膜，实践证明，此法栽植，成活率高达98%以上。

3. 加强科学管理，改良土壤。

在科学施肥，改良土壤方面主要有三个步骤：第一步，是于中熟果采收后，晚熟果采收前，每亩施基肥3000

~5000kg，并结合果园深翻进行。第二步，是控制氮肥，推广使用有机肥，一年生果树施0.25kg苹果专用复合肥，以后每年增加0.25kg，结果树每结果100kg施复合肥10kg，第三步是采用叶面施肥技术，在生长季喷3~5次腐植酸高效喷淋肥，通过科学施肥，果树叶片明显增重，单果重增加且果实含糖量高。

4. 加强花果管理，提高果品质量

从花序分离期开始，每隔25cm留一个花序，每个花序留一朵中心花，其余的全部疏除。花后两周起，全园喷一次杀虫剂和杀菌剂，之后，选择自由下垂的中心果套袋，在采收前25~30天进行摘袋。

通过上述各项技术的实施，全乡苹果生产的经济效益逐年提高。1998年实现产量300万公斤比1995年增加110万公斤，增加产值330万元。

二、加强培训，提高果品技术水平

几年来，该乡加大培训力度，多次聘请王升光等专家讲课，结合生产，林业站技术园到现场进行示范指导，推广15项优质丰产措施。1996~1998年共兴办各类培训班20期，有274名果农通过考核获得绿色证书，提高了生产者的技术水平，全乡果品生产上了一个新台阶。

三、领导重视，大力支持

1996年，该乡万亩优质苹果基地建设被列为市级星火技术项目后，县委县政府对此予以了高度重视，时任副县长的高级工程师王升光亲自主抓此项工作，并成立了以主管乡长为组长的领导小组，同时，乡党委政府制定了一系列优惠政策，鼓励农民从事果品生产。

四、实施品牌战略，建立销售网络

为使全乡优质苹果增加市场竞争力，该乡注册了“云岫”牌商标，并由林业站投资10万元，进行果品包装的设计，同时，该乡成立了“云岫果品中心”及“巴各庄苹果销售合作社”等销售组织，为农民进市场开辟了渠道。

五、各级主管部门通讯录

1. 新城子乡政府　81022358
2. 新城子乡云岫果品中心　81022422

北京市顺义区李桥镇（甜瓜之乡）

北京市顺义区李桥镇位于京城东北，距城区20公里，东依京东第一大河——潮白河，南与通州区，三河接壤，西临国际机场。全镇面积75平方公里，耕地6.4万亩，人口3.1万人，31个自然村。

近几年来，全镇经济发展迅速，产业结构分布合理，形成了以特瓜、特菜、特果为主的支柱产业，特瓜30余品种，特菜70余品种，面积2万亩，特果新世纪梨种植近万亩，使李桥镇成为名副其实的“甜瓜之乡”“特菜之乡”，每年向首都市场提供瓜菜近亿公斤，拥有84家镇村企业。环宇电器、薄涛制衣、仙玛时装、天坛家俱、首安防火等十几家名牌产品知名企业入住该镇。

李桥镇地区地势平坦，属温带大陆性气候，长年积温40~45℃，无霜期195天，年平均降水624.9毫米。全镇耕地面积6.4万亩，到2000年底，粮田占1.9万亩，经济作物占4.5万亩，粮经比例为3:7。经济作物中特瓜特菜面积1.5万亩，特瓜种植面积就达5000亩，沙壤型土壤，土地松软肥沃为特瓜生产提供了得天独厚的条件。

李桥镇是京郊瓜菜生产大镇，尤以生产特种甜瓜闻名。特种甜瓜的种植使李桥镇的经济呈现了新的蓬勃生机，规模不断扩大，种植水平不断提高。1985年国内首家首次引种了日本的伊丽莎白甜瓜，经过十几年的发展，日本的网纹；台湾的状元、新世纪；北京的京玉、新白兰等30多个国内外名特优新品种在李桥安家落户，全部销往北京、天津、黑龙江、吉林等20多个省市和地区，经国家绿色食品发展中心认证许可，取得了绿色食品证书，并注册了“沿特”商标。1999年全地区国内生产总值3.2亿元，其中第一产业实现总值1.133亿元，其中特瓜特菜占8000万元，占农业总值的70%。全地区1999年人均劳动所得4874元。目前，全镇已有特瓜特菜专业户3000户，特果专业户600户，特瓜特菜特果生产已成为李桥大农业的主要支柱产业，形成了地区特色和优势。

一、科学的决策，实事求是的解决产品定位，将农业向高层次、高效益转化。

李桥镇是以农业种植为主，这个地区地处潮白河故道，有充足的地下水资源，沙壤型土壤，土质蔬松肥沃，具有得天独厚的自然条件，有多年种菜历史，由于当时这个地区种菜基本以“大路菜”为主，与其他地区生产的瓜菜在品位档次上没有多大差别，把大量生产要素投入到较低档次的农产品，造成了资源浪费，市场竞争能力差，农民收入长期徘徊不前，增长缓慢。在这种情况下，李桥镇原种子场从1985年开始与北京农科院蔬菜研究中心的鲁仁庆教授、芦永新教授、日本的西甜瓜专家森田欣一共同合作，在国内首家引种了日本的伊丽莎白甜瓜，填补了国内一项空白，并成功掌握了种植技术。1986年种子场仅种5.6亩甜瓜，就获收入12万元。高额的利润，一下子吸引住了农民。甜瓜种植由原来的几亩发展到现在的5000亩，由原来的五、六个土木结构温室发展到现在3000多个温室和大棚，通过培训和高科技园区的龙头带动，掌握甜瓜种植技术的人员现已达1000多人。经过几年的发展和市场调查，镇党委清醒地认识到，要想在市场上争取较高的价位，必须在产品的品位、档次上下功夫，利用北京地区科技、人才和区位优势，生产科技含量高、附加值高的名优特新农产品，经过十几年的发展已初步形成了李桥地区区域特色和规模效益，并极大地带动了该地区经济发展，加快了农民致富步伐。

二、依靠科技进步，围绕市场调整种植结构

李桥镇地区充分发挥自然优势，紧紧依靠科技增效益，以市场为导向，以落实土地延包政策，调动农民投资促发展，主要做法如下：

1. 落实延长土地承包期，调动农民投资的积极性，使农民成为“生产”和“经营”的两个主体。实践证明，实现农业的增长方式，必须增加农业的投入，土地承包政策的落实，极大地调动了农民投资的热情，为了鼓励农民投入，各村与瓜农签订了15年、30年土地承包合同。由于政策落实，全镇农民在瓜菜保护地的温室大棚等固定资产投资达到5000万元，农民真正成为了投资主体。

2. 制定政策，扶持优势产业发展，给农民投入创造一个良好的投资环境

全镇的规划是沿两河（潮白河、月芽河），两路（后苏路、李沿路）是新世纪梨生产带，中部是以北京市沿河高科技园区为中心，向周边村辐射发展特瓜特菜生产区。几年来，镇村两级负责给农民修好路、打好井、搞好配电设施，在发展特瓜生产中，镇村基础设施投资达3000多万元，给瓜农投入创造了一个好的投资环境。

3. 依靠科技进步，发展特瓜生产

李桥地区在优化农业内部结构中，为了使特瓜特菜成为主导产业，他们始终坚持了实施科教兴农的发展战略，加速科技成果的推广和转化，从1986年开始，边种植甜瓜，边制作甜瓜种子。提纯的种子销往辽宁、黑龙江、河北、河南、云南、山东、上海等国内十多个省市自治区，种植的30多个品种的甜瓜共同特点是：口感纯正、糖分高、营养丰富、香味浓郁。销往北京各大饭店、宾馆和超市。在十几年的发展过程中，李桥镇推广应用良种选育、规范化栽培，节水农业等系列农业生产和技术，实现了大面积的增产增效。据专家测评，特瓜的科技含量在50%以上。

4. 开拓市场，搞活流通，营造服务体系，促进甜瓜的生产和发展

当甜瓜生产形成一定规模以后，随着品种和产量的增加，开拓市场，搞活流通，产后销售服务必然成为发展甜瓜生产的主要矛盾。瓜农担心的是瓜多了卖不出去，或者价格，影响收入。为了保证瓜农的利益，李桥镇党委较好地解决了产销矛盾。

第一，为瓜农提供市场信息服务，鼓励农民创市场。一方面他们在山东寿光、河北、东北三省市聘请了信息联络员，及时掌握甜瓜生产区品种种植结构信息，再调整种植品种，打品种上市场的时间差。另一方面，向瓜农提供各市场的销售信息。利用电脑联网，搜集各大市场甜瓜销售情况，信息反馈到农民，减少了瓜农在种植品种上和销售上的盲目性，确保瓜农的经济效益。

第二，扶持互助协作组织的发展。在镇党委的大力支持下，京郊首家农民专业合作经济组织——沿河瓜菜产销协会于1997年5月在李桥镇北河村成立，发展会员105户，协会拥有生产设施和71台农机具在内的固定资产已达247万元。1999年3月又成立了瓜菜产销合作社。这一新型合作经济组织的成立，对市场的规范，对价格的保护，对生产成本的降低，对科学技术的普及推广等方面起到了积极的促进作用，显示出强大的生命力和竞争力。

第三，政府牵头组织甜瓜采摘活动，建立地头批发市场。从1997年开始，该地区在甜瓜销售进入高峰期，政府牵头投入资金、人力组织了四届甜瓜观光采摘月活动，每年瓜菜销售在40万斤左右。采摘活动不仅促进了瓜菜销售，扩大了地区瓜菜知名度，而且产品价格高于市场价的20%以上。同时建立地头批发市场。这项活动迎合人们回归自然、追求新、奇、特的心理需求，以本镇良好的现代农业为背景，以“共庆丰收喜悦，尽赏田园风景”为宗旨，以营造甜瓜生产基地和市场，推进农业产业化发展为目标，通过观光采摘的形式，使农民获得更高的收益。

现在的李桥镇，田园滴翠，瓜菜飘香，四季常青，农民收入连年递增，以瓜兴农，取得了显著的社会效益和经济效益，李桥镇已成为北京特种甜瓜的生产基地，成为特瓜之乡。

天津市蓟县官庄镇（盘山盖柿之乡）

天津市蓟县官庄镇地处全国十五大名胜景区之一盘山脚下，全镇共有34个行政村，31000口人，果树面积23915亩，其中柿树占地面积8347亩，柿树16万株，年产量1000万斤。1995年，官庄镇被国家首批命名为中国盘山盖柿之乡，同年，被中国绿色食品发展中心定为绿色食品生产基地。

官庄镇盘山盖柿有着悠久的栽培历史，据史书记载，早在公元403年，唐太宗李世民就提倡栽植柿树作为观赏植物，到了清朝，乾隆皇帝游盘山时还发出“早知有盘山，何必下江南”的感慨，同时也十分喜欢丰腴甜美的盘山柿子，并把盘山盖柿定为向宫中进贡的贡品。其特点主要是个大、皮薄、汁饱满且透明，含糖量高，富含各种维生素和矿物质，香甜脆润且具有很高的药用价值，主要是盘山地区的花岗岩、麦饭石土壤和纯净的矿泉水水质赋予了盘山盖柿独特的优良品质。现每年远销东北三省的柿子

达6000万斤，目前正与外商洽谈打入国际市场。

自1997年实施山区综合开发以来，该镇大力实施名牌战略，围绕建好盘山盖柿基地作文章。三年多来，该镇从项目规划、论证、申报、实施、管理等各个环节入手，不断完善政策机制，严格标准，加大投入，规范程序，强化措施，发挥优势，有力提高了名牌战略的准确率、成功率和经济效益，使基地建设收到良好成效。截止目前已完成盖柿基地建设面积7973亩，栽植柿树19.8万株，完成新建园2315亩，老柿树改造3314亩，老柿树爆破蓄水13000株，修高标准砂石路50华里，完成两座水库增容10万立方米，建蓄水池6个，蓄水量240立方米，架设高低压线路6000米，铺设地上地下管道11000米，总投入达386万元。通过山区开发，强化盖柿基地建设，仅柿子一项就增加产量200万斤，收入150万元。该镇的主要做法是：

一、强化责任，科学规划

建好盘山盖柿基地是该镇在山区开发中实施的一项名牌战略，能否真正把基础条件好、群众受益大、经济效益高、市场前景广阔的盖柿基地建设好，直接关系到全镇山区开发的成败，也是摆在党委政府面前的重要问题。因此，镇党委、镇政府把这一基地建设项目，摆在山区开发的战略高度来认识，列入重要经济工作的议事日程，从党政一把手做起，承包重点示范工程，设立了盖柿基地建设的专门机构，从资金投入、技术把关、项目管理、设施配套等方面分别确定责任人，签定责任状，本着谁主管谁负责的原则，把责任和效益捆在一起，考核基地建设业绩，把板子直接打在责任人身上。镇党委、政府班子成员全部承担基地建设责任，并将项目落实到人头，定期逐项进行督查。在基地项目管理过程中，该镇首先从项目源头抓起，从规划入手，把项目管理纳入规范化轨道。在项目发展方向上，该镇坚持“山、水、林、田、路”综合治理的方针，并做到“三个并重”，即，发展新柿园与改造老柿园并重，经济效益与生态效益并重，富镇与富民并重。由于该镇做到了规划先行，思路清晰，责任明确，从而使基地建设实现了开发一片成型一片，见效一片。

二、加大投入，精心组织

选准项目是前提，实施项目是关键。为此，该镇在盖柿基地项目的实施过程中狠抓三项工作：一抓工程资金到位。首先，镇政府设立了基地项目的专项资金，先后筹资30多万元，用于基地开发。全镇涉及10个项目村，先后筹集资金156万元，保证了工程项目的顺利实施。二抓工程项目示范引导。为了保证工程示范标准，该镇先后组织镇村两级干部两下山东，三进北京，学习外地开发经验，着重解决个别村会干不想干，想干不会干的问题，然后确定本镇样板示范工程，对每个村的工程项目一一进行分类，根据不同特点，实行不同的实施方法。三抓工程质量标准。在工程实施过程中，该镇牢牢把握质量这个关键，做到“规模、质量、效益”三统一，按规划统一放线、统一点埯、统一施工、统一标准，并责成专职技术人员逐个检查验收。苗木栽植由技术人员严格把关，成活率达97%以上。

三、完善政策机制，激发开发热情

政策是农民的定心丸，山区开发的政策是否完善，直接影响着农民的积极性。因此，该镇首先把完善政策机制放在首位，在完善家庭联产承包责任制的基础上，按照明确所有权、稳定承包权、放活使用权、强化管理权的原则，大力推行荒山使用权的拍卖、租赁，延长承包期限，允许继承、转让，实行规模开发和规模经营，坚持综合开发，全面发展，形成龙头带基地，基地连农户的运行机制。政策机制的完善极大地调动了农民建设基地的热情。踊跃投工投劳，累计出动义务工65000多个，动土石50多万立方，挂月庄村80多岁的一名老党员，身患膀胱癌，手术后身上带着尿袋参加建设基地大会战，把自己最后仅有的一点余热洒向了建设工地。

四、发挥优势，争创名牌

该镇官庄镇山青水秀，优良的土壤、水质和气候条件，使盘山盖柿享誉盛名，其个大、皮薄、汁清、无核、甜度高，昔日曾被封为宫廷贡品。得天独厚的地理优势，为实施名牌战略奠定了基础。中国有句老话叫作“成事在人”，再好的自然优势，如果得不到合理的开发利用，也不会产生良好的经济效益和社会效益。为此该镇在发挥优势的过程中，抓住了三个环节：一是立足优势求发展。小平同志说过，“发展是硬道理”。因此，该镇结合自身实际，确定盖柿基地走一条产业化的道路，从工程立项开始，就寻找有效载体来架起基地与市场的桥梁，从而有序地组织栽植、包装、贮藏、加工、运输、销售在内的完整的产业链，实现一体化经营。二是立足优势创名牌。官庄镇是绿色食品基地，盘山盖柿是国家指定的绿色食品。但是该镇认识到满足现状就会被市场经济所淘汰。因此，该镇充分发挥名特优品种资源丰富和劳动力素质较高的优势，一方面大力开发传统名特产品，另一方面不断提高科技含量，依靠名牌抢占市场。三是立足优势创高效。为了使资源优势转化为商品优势，该镇已于1997年秋季成功地举办了盘山柿子采摘节，吸引了大批游客前来采摘观光，扩大了盘山柿子的对外影响，当年全镇所产1000多万斤柿子畅销东北和津京唐地区。

1998至1999年度精品工程建设中，新开发盘山盖柿面积3689亩，新栽盖柿10.8万株，其中新柿园1045亩，栽植柿树5.1万株，更新老果园300亩，完善配套基础设施建设。虽然该镇取得一些成绩，但按照县委、县政府的要求还有一定差距，特别是与兄弟乡镇比工作力度还不够大，但是该镇有决心、有信心打好山区开发这一仗，全面掀起山区开发的高潮，以政策鼓民心，以科技助民心，以服务益民心，并发扬艰苦奋斗连续作战的精神，走好品牌战略这条道路，大力发展盘山盖柿精品工程，以增加农民收入，增强全镇经济实力。

河北省

一、名特优产品

河北省地处华北腹地、京津周围，地貌复杂、气候多样、土地肥沃、光照充足，适合多种林果栽培和生长，千百年来，勤劳智慧的河北人民创造和培育了许多林果名特优产品，如京东板栗、鸭梨、雪花梨、大枣、小枣、蜜桃、杏扁、葡萄等，素有“北方大果园”之称，中共十一届三中全会以来，特别是“八五”期间，河北省果树生产发展较快。到1999年底，全省果树面积已达1942万亩，年产干鲜果品65.3亿公斤，分别占全国果树总面积和果品总产量的15.1%和12%，居全国第二位。其中，梨333万亩、25.1亿公斤，红枣284万亩、3.6亿公斤，板栗201万亩、4300万公斤，柿子70.2万亩、2.4亿公斤，杏扁156万亩、433万公斤，均居全国第一位；葡萄59万亩、4.45亿公斤，居全国第二位；核桃38.6万亩，产量0.3亿公斤；苹果512万亩、18.7亿公斤，居全国第四位。全省果品总产值77.5亿元（90年不变价），占农业总产值的10.2%，占林业总产值的83.6%，果品贮藏能力已达18亿公斤，占果品总产量的近30%，其中机械制冷恒温贮藏占总贮藏量的45%；果品加工能力已达5亿公斤，占果品总产量的7.7%。

赵州雪花梨　雪花梨生产在河北省已有近千年的历史。最早生长在河北省部分山区，后由赵州果农引植到平原地区。到清朝末年，赵县（即古赵州）城东部沿滹沱河故道一带，就已经有雪花梨树400多公顷。此后在藁城、辛集、晋州、宁晋等县市均有大面积栽培，因其成熟后肉质洁白无暇，似霜如雪，故被人称为赵州雪花梨，亦称赵县雪花梨。目前，河北省雪梨种植面积达90万亩，年产12.5亿斤。

赵州雪花梨，以其硕大丰实的个头、金黄鲜艳的色泽、甘甜清香的风味、营养价值高、有一定的医疗保健作用而享有盛名。它不仅为国内消费者所喜爱，而且畅销国际市场，年出口量400万公斤，远销东南亚和俄罗斯等十几个国家和地区。

雪花梨一般单果重300克左右，最大者可达1750克，果实含糖量15%，有蛋白质、脂肪、果酸、多种维生素、矿物质和碳水化合物等成份，营养价值很高。同时，也是治疗疾病的常用药物食品之一。祖国医学认为，梨味甘微酸、性凉，有生津止渴、润肺清燥、止咳化痰、开胃消食、解热除郁、养血生肌、增进食欲之功效。雪花梨还是制作水果罐头和其它加工品的上乘原料。以雪花梨为原料酿制的雪花梨酒，清澈醇厚，沁人心脾；以其制成的梨干、梨脯、蜜饯、梨汁等加工品，深受国内外消费者的欢迎。1985年在河北省及全国果品鉴评会上，赵县雪花梨被评为优质产品，1990年被十一届亚运会组委会批准为亚运会指定产品。“赵州桥牌”雪花梨是河北省名牌产品，’99北京国际农博会名牌产品。

河北鸭梨　河北鸭梨盛产于冀中南地区，以晋州、辛集、赵县、泊头、定州、曲阳、阜城、深县、魏县等县市产量最多，公元三世纪初卢毓在《冀州论》一书中记述：“常山（今石家庄一带）好梨，地产不为无珍”，距今已有2000多年的栽培历史；过去河北鸭梨外贸出口主要在天津口岸，故对外出口曾称“天津鸭梨”。现全省栽培面积160多万亩，产量25亿斤。

河北鸭梨果形俊秀，色泽鲜雅，皮薄肉细，脆嫩多汁，香甜爽口。鸭梨含糖量一般在10~13%，并含有果酸、蛋白质、脂肪、多种维生素、矿物质和碳水化合物，鸭梨也是一种极好的药品。据中国药典《本草纲目》中记载，鸭梨具有“清心肺、利肠、止咳消痰、清喉降火、醒酒解毒”之功效。河北鸭梨除生食外，还可以加工成梨汁、梨干、梨酒、梨酱、梨脯等人们广泛食用的饮料和食品。产品注册商标有：天华牌、玉娇牌、燕赵牌、翠玉牌等。

鸭广梨　鸭广梨原产于河北省廊坊市安次区。该产品果实汁多、味甜、香气浓郁，具有独特风味。每100克鸭广梨含果汁85克，可溶性糖14.3克，蛋白质0.13克、脂肪0.09克、维生素C 6毫克、钙5毫克、磷6毫克、铁0.3毫克、胡萝卜素、硫胺素、核黄素各0.01毫克，尼克酸0.2毫克。鸭广梨不仅含有丰富的营养物质，而且具有润肺、止咳之功效，是很好的保健食品。目前，鸭广梨在河北省栽种面积达到5.9万亩，总产量达到3000万公斤。

八棱海棠　八棱海棠主要产于河北省怀来、涿鹿等县，已有1000多年的栽培历史。果实红色鲜艳，有明显棱起、扁圆形，果肉白色，含糖量17—19%，酸甜适口，平均单果重15克，最大可达20克，果实极耐贮，在普通窖内可贮藏到第二年的5月，畅销京津和东北各地，是生食和加工的好品种。加工制品有果汁、果酱、果脯等，多具特色，畅销国内外。

深州蜜桃　深州蜜桃主要产于河北省深州和辛集市，已有近2000年的栽培历史。据《深州风土志》记载，“北国之桃，深州最佳，谓之蜜桃”。深州蜜桃果型秀美，个头硕大，营养丰富。平均单果重 200 克，最大可达 600 克以上。可溶性固形物含量 15~20%，每百克鲜果肉含蛋白质 0.8 克，脂肪 0.1 克，并含有丰富的钙、磷、铁等微量元素和多种维生素。省内深州蜜桃主产区种植面积 2 万亩，总产量 2000 万公斤。“深州”牌蜜桃为河北省名牌产品，获'99 年北京国际农博会名牌产品称号。

串枝红杏　串枝红杏原产于巨鹿县老果林村（贾庄乡孔家寨），距今已有 300 多年的栽培历史，1956 年前，仅在巨鹿的部分村庄种植，1957 年河北农业大学到巨鹿考察杏树资源时。根据其枝短而多，果实成串和色红的特征，命名为“串枝红杏”，确定为优良品种，进行定向培育。目前，全县串枝红杏种植面积 5.16 万亩，年产 4600 万公斤，串枝红杏果实个大，平均果重 52.5 克，最大 94.1 克，果肉细密、汁多味美、酸甜可口，营养丰富。1986 年北京市林果研究所测定，串枝红杏含可溶性固形物 16%，糖 5.6%，酸 1.56%，维生素 C10.3mg/100g。胡萝卜素 32mg/100g 以及蛋白质，核黄素、钙、磷等物质，1993 年经北京市中医药高科技开发中心检测分析和鉴定，该杏口味独特，芬香宜人，含有多种氨基酸和维生素，具有温肺健脾、阴阳双补，延缓衰老等功能。

串枝红杏是鲜食、加工兼优品种，可制成杏汁、杏茶、杏脯、杏干、杏酒、杏酱、杏话梅、杏罐头、杏仁粉、杏仁露、五香杏仁等多种食品。

杏梅　阜城杏梅是河北古老果树品种，据阜城县县志记载，已有 500 多年的栽培历史。全县现有杏梅面积 1.5 万亩，结果树面积 8000 亩，年产果品 250 万公斤。杏梅果实像杏似李，个大核小，平均单果重 75 克左右，最大 108 克，水丰汁浓，酸甜适口，底色橙黄，阳面有红晕，果皮厚韧，耐贮运，总糖含量 5.73%，还原糖 2.6%，总酸 1.8%，每百克果肉维生素 C0.87g，果仁中含大量苦杏仁甙高达 2.9%，是杏的三倍，具有很高的药用价值。生食或加工均可。

杏梅适应性强，耐寒、耐旱、耐瘠薄；早果、丰产，栽植后一般两年开花，3 年初果，4 年丰产，亩产可达 1500 公斤以上，病虫害轻，便于管理。除鲜食外，还可加工制成果脯、果汁、果酒、罐头等。

玫瑰香葡萄　玫瑰香葡萄系欧亚种，原产英国。英国人斯诺于 1860 年用黑汉与白玫瑰杂交育成，于 1920 年前后由北京故宫引入昌黎县凤凰山的王家山，而后遍及凤凰山一带。目前已遍及全县，成为昌黎生食葡萄的优势品种。

玫瑰香葡萄在昌黎地区 8 月中、下旬成熟，果穗圆锥形，穗重 350 克，大者可达 1500 克。平均单粒重 5 克，呈椭圆形，充分成熟时呈紫黑色，果肉黄绿色、透明、稍脆、多汁（出汁率 76%以上）、有浓郁的玫瑰香味，含可溶性糖量 16~20%。品质极上，是优良的生食品种，可加工一般酒类产品等。

白牛奶葡萄　宣化以盛产葡萄驰名中外，自古享有“葡萄城”之称。这里的葡萄品种很多，各具特色，白牛奶葡萄为其中的佼佼者，此种葡萄，外观呈椭圆形，像牛奶的乳头，且色白，故称“白牛奶”葡萄。据《史记》记述、葡萄最初在汉朝皇宫别馆里栽种，元太宗“令于西京宣德（即宣化）栽种，并花费金银万两，雇人到宣德培育”。宣化地势由北向南倾斜、多粘沙土质，昼夜温差大，日照时间长，适合葡萄生长，加上当地劳动人民世世代代精心培育，终使白牛奶葡萄成为名扬天下的特产，现成为河北省白牛奶葡萄基地。年产量为 1200 多万公斤。果穗长圆锥形，平均穗重 450 克，果粒长椭圆形，粒大皮薄，肉厚汁多而甜，果粒平均重 8.3 克，可溶性固形物 20%左右，其味道鲜美，甜酸适度，品质纯正，粒大肉脆，有特殊的清香，白牛奶葡萄用刀切成片、汁含在果肉内而不流出，故有“刀切牛奶不流汁”的说法。宣化的白牛奶葡萄除含有大量葡萄糖外，还含有蛋白质、多种维生素和磷、钾、钙等矿物质；有很高的营养价值，是老少皆宜的营养佳品。此外还有一定的药用价值，果实可做治疗贫血的辅助剂，藤及根可以入药，有镇静、止呕、止痛之功能。白牛奶葡萄还是酿酒、制葡萄汁、葡萄干的上好原料。“春光牌”和“暖泉牌”白牛奶葡萄为河北省名牌产品。

龙眼葡萄　龙眼葡萄，因果粒似龙眼而得名，别名秋紫，又名红葡萄、紫葡萄，在中国有较为悠久的栽培历史，是河北省张家口洋河、桑干河葡萄产区的优良品种、栽培面积 7.5 万亩，年产 8000 万公斤。

果实 9 月中下旬成熟，果穗双岐肩圆锥形，大而紧凑，平均穗重 700 克，最大可达 3000 克，果烂似球形，平均粒重 6.1 克，被中国伟大文学家郭沫若誉为“北国明珠”。果肉白绿色多汁、滋味鲜美，酸甜适口，古人曾用“甘而不饴，酸而不酢”之句来赞美它。果肉含可溶性糖 17~23%，含酸 0.6~0.8%。此外还含有果胶、醇、无机物质、微量元素和多种维生素。该品种耐贮运，一般贮至翌年 3~4 月份，是鲜食、酿造、加工等兼用的优良品种，为酿制干白葡萄酒、大香槟酒的优质原料。

雾灵红山楂　雾灵红山楂是河北省兴隆县于 1988 年选出，1990 年通过省级鉴定，被专家认定为国内秋山楂中综合品质性状最优的品种，并定名为雾灵红品种。该品种树势强健，树姿直立半开张，抗寒耐旱，适应性强，丰产，10 月上旬成熟。果实圆形，个大，百果重 1190 克，果形端正，整齐均匀，外观艳丽，可食率 82.6%，酸甜适口，有香味，是加工高档制品的好原料，全省栽培面积 2 万亩、年产量 150 万公斤。单果重 11.7 克，最大单果重 13.4 克，果皮深橙色。

赞皇金丝大枣　赞皇金丝大枣主产于河北省太行山区的赞皇县，是当地主栽品种，为河北省著名的土特产品，品质居大枣之冠，是国内唯一的三倍体品种，赞皇大枣个大，鲜枣一般70个一公斤，大的40个一公斤，现栽培面积20余万亩，年产量5800万公斤。果实色泽深红，鲜艳，肉质细腻而脆、核小、皮薄、肉厚，可溶性固形物含量达20~30%，干枣可达62~70%。肉质肥厚，莹纯洁净，味道甘甜，鲜美可口；干枣掰开后，蜜丝绵连不断。据化验，每百克果肉含维生素C400~500毫克，还含有大量的蛋白质、脂肪、无机盐，丰富的胡萝卜素、硫胺素、核黄素、尼克酸、维A以及Ca、P、Fe等矿物质。枣树浑身是宝，果、枝、叶、根等均可人药。果实中含黄酮类、环磷酸腺苷，对软化血管及防癌较好效果。大枣除鲜食外，还可干制和加工成贡枣、玉枣、蜜枣、乌枣、酥枣、酒枣、枣泥、枣醋、枣面等。

“大秋红”牌赞皇大枣是河北省名牌产品及’99北京国际农博会名牌产品。

安次贡枣　安次贡枣产于河北省廊坊市安次区。早在清朝年间，乾隆皇帝下江南路过，品尝此枣后，赞不绝口，随即又让文武官员品尝。同声誉为稀有佳品。乾隆帝传旨封为“贡枣”。从此，这里每年都要向宫廷纳贡。安次贡枣具有皮薄、肉厚、核小的特点，甘甜爽口，色味俱佳，并含有丰富的营养成份。据检测，仅Vc、Vp的含量就比苹果高70—80倍。同时，对高血压、冠心管、气管炎等多种病症都有很高的食用疗效，具有延年益寿，滋阴补肾之功能。

阜平大枣　阜平大枣主产于河北省阜平、曲阳、唐县和行唐县。因阜平产量最高而得名。阜平大枣历史十分悠久。《史记》曾载：“从上谷（今保定一带）至辽东，有鱼盐枣栗之利，可坐而待收。”苏秦游说燕文侯时曾说燕国“枣栗之实足食于民”。可见早在战国年代，阜平一带就盛产大枣了。阜平大枣品种主要有婆枣、葫芦枣、小麻枣、园林枣等，素以个大、皮薄、肉厚、核小、含糖量高、味道鲜美可口而驰名中外。在1986年和1990年全省红枣鉴评会上，阜平大枣荣获省优果品。1988年阜平县被林业部列入“六五”期间第一批名特优经济林基地县，1997年被评为河北省名牌产品。阜平大枣以个大、肉厚、皮薄、核小、营养丰富而闻名，是全国700多个枣品种中质地较为优良的品种之一，平均单果重10—20g，最大的单果重75g，故有“八个一尺，十个一斤”之说，并具有很高的营养价值和药用价值，干枣含糖63.7%，蛋白质2.56%，脂肪0.4%，含有P、Ca、Fe等20多种矿质元素和17种氨基酸，其中包括人体必需的8种氨基酸。每百克鲜枣含Vc380—600mg，有“天然维生素丸”之称。是滋补佳品，具有生津、润肺，除燥、养血、滋肝、熄风、健脾和胃、抗衰老等功效，对高血压、冠心病、败血病均有一定疗效，大枣既可生熟食，也可酿酒、加工成香精、蜜枣，酒枣，枣脯、枣饮料、枣茶、枣泥、枣饼等。

金丝小枣　金丝小枣是河北的著名特产，主产于沧州等地，因干枣掰开可拉出金黄色糖丝而得名。主产区栽培面积达142万亩，年产8000多万公斤。

金丝小枣因风味独特，勘称中国红枣中的珍品。相传，公元1737年秋，乾隆皇帝到沧州一带巡猎，途经献县，见路边风摇枣树，果实累累，顿时喜上眉梢，上前摘枣一枚，掰开时金丝闪耀，吃在口中甘甜如蜜，喜言道：沧州自古草泽之地，然金丝小枣风味殊佳，如是者鲜矣！

金丝小枣以它的皮薄核小，含糖量高，营养丰富，肉质肥厚细腻，风味清香甘甜、鲜食脆而甘美而驰名中外，它皮薄、肉厚、外观鲜艳、光亮、美观，鲜食肉质细脆、汁多味甜核细小，单果重6—8克，鲜枣含糖量34—39%，干枣含糖量74—80%，每百克果肉发热量309大卡，每百克枣果含Vc400—600毫克、Vp338毫克及其一定含量的蛋白质、脂肪、钙、磷、铁等人体不可缺少的矿物质营养元素。除具有丰富的营养价值外，还具有益心润肺、和脾健胃、益气生津、补血养颜等多种保健作用和医疗功效，中国民间早就流传这样的谚语：“五谷加小枣，胜似灵芝草”“日食三枣，长寿不老”。

金丝小枣除生食以外，用以制作各种传统甜、粘食品，如枣花糕、枣粽子、枣粘糕、枣切糕、龙卷糕、长寿糕等，还可加工制成蜜枣、糖枣、醉枣、马枣、脆枣、枣茶、枣汁、枣冻、枣酒、枣醋、枣香精、枣罐头等。“龙睛牌”金丝小枣是河北省名牌产品。

无核金丝小枣　无核金丝小枣又名空心、虚心金丝小枣，属金丝小枣品系，核退化为本质薄膜，可随果肉同食而得名，可谓枣中之珍品。无核金丝小枣是河北沧州的著名特产，果实圆柱形，两侧较扁，中部稍细，单果重3.5—4.0克，皮薄肉厚，质地细腻，含糖量高，营养丰富，甘甜清香，鲜小枣每100克果肉含维生素C500毫克以上，干小枣含糖量高达70%—80%，同时含有丰富的蛋白质、脂肪、磷、铁、钙等多种营养物质，除具有较高的营养价值外，还有益心润肺、和脾健胃、益气生津、补血养颜之功效。是传统的滋补佳品，也是馈赠亲友的珍稀礼品。

马连小枣　河北省中南部平原枣强县，是中国古代红枣产地之一，史料记载有“枣强有棘津城”之称，因枣木强盛故曰“枣强”。栽培历史悠久，距今已有两千多年，全县有枣树近5000亩，枣粮间作5000多亩，零星栽植25万多株，年产量150多万公斤，马莲小枣占30%。是主要栽培品种之一，果实呈圆柱形，大小整齐，成熟一致，平均单果重8.35克，鲜果肉白绿色，肉质致密酥脆，汁液中等，甜酸可口，风味极上，鲜果含糖量38.9%，干果含糖量68.7%，可拉出金丝，维生素C180mg/100g，含酸0.36%，是人体营养和药用不可缺少的佳品。

冬枣 冬枣又叫果子枣，果实圆似苹果，又称苹果枣。主要分布在河北省黄骅市、沧县、献县、海兴等县市，已有300多年的栽培历史。冬枣是晚熟鲜食名特珍稀果品之一，以其营养丰富，皮薄肉酥、外形美观、俏销市场，并含有多种矿物质，总酸含量0.36%，每百克果肉维生素C含量303毫克，现栽培面积6万亩，年产鲜枣10万公斤。冬枣果个大，平均单果重14克，最大单果重30克，肉细、质脆、皮薄、核小，含糖量34%，品质极佳。于10月中旬成熟，是鲜食的优良品种。

大杏扁 大杏扁原产于涿鹿县南山区，经有关专家测定大杏扁是山杏和普通杏自然杂交、广大劳动人民在长期的生产实践中逐步选育出的优良甜杏仁品系。大杏扁在涿鹿县有着悠久的栽培历史，《保安州志》有“南山主产榛杏，其味甜可食”的记载。在北魏时期，“杏仁粥”已被人们广泛食用，《汉书》、《齐民要术》中，也有“煮木（杏）为酪，煮杏酪粥”的记载。涿鹿大杏扁具有仁大质优、味甜清香和较高的药用价值，据测定，在每百克杏仁鲜果中含糖8.5g，蛋白质24.9g，钙140mg，磷352mg，铁5.1mg，是一种高热量、高蛋白、低脂肪的保健营养食品，大杏扁味辛、甘，性温，具有润肠、止咳、补气功效，是良好的药膳食品。全省现有栽培面积140余万亩，年产杏扁400多万公斤，居全国首位。年出口120万公斤，创汇140多美元，主要出口英、日、德、香港等国家和地区。主要优良品种有：龙王帽、一窝峰、串铃扁等。“龙王帽牌”大杏扁为河北名牌产品，“华蔚牌”大杏扁1999年为国际农博会名牌产品。

无核黑枣 黑枣又名君迁子、软枣、牛奶柿。原产中国黄河流域，已有近3000年的历史，河北省赞皇、涉县也有成片栽培。黑枣可做柿树的砧木。依其繁殖方法（嫁接与否）分为两类，即无核黑枣和实生黑枣。当地群众依其果实的形状、大小、品质及种子的多少分为七类，以牛奶黑枣品质最佳。牛奶黑枣又叫接枣、无核黑枣，是当地的主栽品种，栽培历史悠久，至今还有200多年生的老树。该品种果实长圆形，果个中等。肉厚味甜、种子很少或无籽，品质极上，果汁少，适于生食，耐贮运。11月下旬成熟采收后放在阴凉处阴干，出售或加工成枣面。次枣可加工成黑枣酒、黑枣醋等。

磨盘柿 磨盘柿又名盖柿、排子柿，主产于满城、顺平、易县、平山、井陉、涉县、遵化等地，栽培面积共计30万亩，年产1.3亿公斤。据《易州志》记载，明朝林廷玉所作易州怀古诗中有“枣柿已红霜未降，榆槐犹绿霜秋寒”诗句，可见远在400多年前磨盘柿在当地已有广泛栽培。

磨盘柿果实个大，平均单果重250克，最大可达500克以上，果实扁圆形，中部有缢痕，形似磨盘。果实果皮橙黄色，有光泽，果肉淡黄色，质松，纤维少，味甜汁多，无核，含可溶性固形物21.4%，品质上等，最适生食。柿果还有医疗作用，可治胃病，止血，解酒毒，对降低血压也有一定疗效，还可起到润肺止咳、治疗喉痛、咽干及口疮等作用。

涉县花椒 涉县是中国花椒主要产区之一，年产200多万公斤左右，产量居全国县级第一位。据传说，涉县花椒已有500多年的历史。原来是野生木本植物，当地人民在生产、生活实践中逐步认识到它的性能和用途，有目的的进行人工栽培，变野生为家生，现已成为该县的主要经济作物之一。

花椒是日常生活中常备的调味品。人们在烹、炒、炖、炒菜肴时，放入少许花椒，则格外提味增香。它还可以用于储藏和医疗。在储备粮食和衣物时放入少许有杀虫、防腐的作用，在医疗上有助长食欲，消食顺气，健脾胃的功效。

涉县花椒的主要品种有黄沙椒、白沙椒、小红袍、大红袍等，其所产花椒色泽鲜艳，颗粒均匀，麻度大，含油多，椒香浓郁，深受广大消费者的欢迎，畅销长江以北的大部分省市。

京东板栗 京东板栗是河北省的名贵特产。它以色泽鲜亮、含糖量高、营养丰富、甘甜芳香、糯性极强、涩皮易剥而著称于世。是国内外市场竞相争购的商品，也是中国传统的大宗出口拳头产品，久负盛名。

京东板栗的主产区分布在北京以东的广阔燕山山区，以河北省的迁西县、遵化县、兴隆县为最多。国内称之为燕山板栗，海外市场称之“京东板栗”或“中国甘栗”。京东诸县板栗栽培面积达170多万亩，正常年份产量达30000万公斤左右，居全国第一位。京东板栗营养价值很高。栗果的食法很多，可生食，甜而脆口，煮食，粉而香甜；也可磨成果粉制作各种精美糕点。还可以做菜和制成栗子罐头、栗子羹等。在中国北方，最受欢迎的一种吃法要算糖炒栗子了。糖炒栗子有如花似蜜的芳香气味，栗肉香甜盈口，风味独特。它含有大量可溶性糖，易被人体吸收，又是哺育婴儿的良好食品，此外，栗子还有治疗疾病、滋补身体的功能。《本草纲目》中称“栗味甘性温，人脾、胃、肾经。”常食栗子可益气、养胃、健脾、补肾、耐饥，生食还有治疗腰脚不遂、筋骨断碎的功用。据说，栗叶可治喉疗火毒，栗壳可治反胃等。

苦杏仁 也称山杏仁，主产于承德地区围场、隆化、平泉、承德县。面积295万亩，正常年份年产量达800万公斤，据测定山杏仁蛋白质含量27.1%，脂肪52.6%，碳

水化合物10.8%，钙111mg/100g，磷385mg/100g，铁79mg/100g，还含有胡萝卜素、硫胺素、尼克酸、维生素E及苦杏仁甙等。药用止咳润肤，经脱苦后可鲜食、香味俱佳。主要加工品有杏仁露、杏仁粉、杏仁小菜等。

蕨菜　蕨菜是河北承德地区特产，素称山菜之王，享誉国内外，仅围场县就有上百个鲜蕨菜加工点，年生产商品蕨菜500吨。蕨菜，又名如意菜，是蕨类野菜。它生长较快，最高可达一米。蕨菜采收期只有20天左右，一般从萌动出土三至五天，即可采收，这一期间的蕨菜，叶小花淡，基梗之肉质细嫩、软脆、营养价值高。蕨菜经采收加工后，更具有色绿、鲜嫩、细软、味美的特点。

药膳山野菜　药膳山野菜是河北省小五台山自然保护区利用当地资源优势，开发生产的营养丰富、减肥增食、延年益寿的系列野菜罐头食品。该产品以优质矿泉水配制，保鲜度高，除保持蛋白质、纤维素、维生素、微量元素和氨基酸的相应含量外，其药理作用十分明显。主要产品有暴马丁香，升麻等20多个品种。

暴马丁香：有清肺热、祛痰、缓解、医治慢性支气管炎的作用。

升麻：有活血散瘀、清热解毒，对牙龈肿痛、口舌生疮疗效较为明显。

蒲公英：有清肝火、清热解毒之功效。

天目琼花：消肿、止痛、止咳，治关节疼痛。

山苦菜：清热解毒、泻火消炎、祛瘀止痛。

青蒿：退虚热、凉血、解暑。

山野套菜　隆化县北方天食开发公司以山野菜资源为原料加工的保鲜菜、宫廷、山庄八珍等干鲜套菜。有瓶装、保鲜袋装、盒装等，有盐渍、脱盐、多味贡菜、蕨菜、马齿菜、五香杏仁、蘑菇等8个品种。生产能力700吨，生产各种套菜7万多件。

山野菜含有人体需要的十几种微量元素和维生素，味道鲜美，营养丰富，风味独特，并有一定的药用价值。1993年获河北省青年科技博览会金奖，该产品畅销全国和东南亚各国。

口蘑　口蘑产于河北省北部张家口坝上地区。其品种有白蘑、青腿子、马莲杆、杏香等。其中，白蘑菇色、香、味最佳。张家口生产加工口蘑已有300多年的历史。据民间传说，在明代天启、崇祯年间，这里就有数十家加工“口蘑”的作坊。这些作坊加工的各种“口蘑”色泽分明，白蘑如雪，黑蘑如炭，形如伞盖，个大肉肥，规格齐全。地方官吏每年选最佳者纳贡入皇宫，以其制作的美味佳肴，是皇御菜单中不可缺少者。

口蘑的食用方法很多，清炖、红烧、吊汤均可。其味清香、鲜美可口。荤素烹炒，风味更佳，历来为席上珍馐。如与鱼、肉一起炖烧，可使满锅增香，令人垂涎。

口蘑是直接食用的真菌的子实体，其营养价值高于一般干鲜菜。据科研部门化验，每100克口蘑，含蛋白质20.3克，脂肪15克，粗纤维2.7克，碳水化合物49克，锌、磷、钙、铁等矿物质1.061毫克，还含有人体需要的氨基酸、糖类及大量的维生素B、C，常食之能降低血压，抑制胆固醇上升。同时，对某些疾病有较好的疗效，并有一定的防癌抗癌作用，故在国际市场上被誉为健康食品。

鸡爪蘑　鸡爪蘑，天然分布于寒温带，海拔1500米左右的森林、草原地带，成圈分布，秋季生长，野生，无培养。其色泽洁白，野生味浓、营养丰富、品质优良，深受人们的喜爱。

河北省塞罕坝机械林场千层板野生资源开发公司地处海拔1500米以上的坝上高原，冬夏两季年平均温度-1℃，冬季漫长，半年积雪，为森林和草原交接地带。该地是鸡爪蘑的故乡。年产干蘑可达千吨以上。为合理开发利用坝上蘑菇资源，该公司将野生鸡爪蘑列为重点开发项目，已开发生产了干蘑及罐头两种。

油松花粉　油松花粉是河北省承德北方油松花粉开发公司经过采集、加工、精制的林区产品，油松在中国北方13个省、市、自治区都有分布，但不如“塞上者佳好也”（《本草纲目》）。

油松花粉富含16种氨基酸、13种人体必需的矿物质元素、多种维生素，具有润心肺、益气、除风止血、降血脂、壮阳、养颜益志、延缓衰老、增强人体免疫功能，对消化系统紊乱、心血管疾病、高血脂具有很高疗效。是食品、化妆品、药品的高级生产原料。

鹿茸酒　由承德县南甲山鹿茸制品厂生产的鹿茸酒，系采用优质白酒与南甲山林场所产原枝梅花鹿茸、鲜茸血等精制而成，对于治疗阳痿、滑精、肾虚耳鸣、畏寒无力、腰膝酸软及调解神经、改善睡眠、消除疲劳及增进食欲有明显特效，经常服用，延年益寿。是一种大补虚损、强身健体的高级补品。

鹿茸　鹿茸是名贵的中药材，是珍贵的医疗保健药物。围场县境内的河北省塞罕坝机械林场，孟滦林管局燕格柏林场和承德县北大山林场，林广树多，水草丰美，常年发展人工养鹿事业。主要是人工饲养梅花鹿和马鹿，年产鹿茸约1000公斤。

鹿茸入药有雄性激素作用，可增进性腺机能，增强机体代谢，消除疲劳，对造血功能也有促进作用。并可促进溃疡和创口的再生、加速愈合。临床上用于小儿发育不良，及成人阳痿、早泄、妇女白带、不孕、贫血、风湿性心脏病、神经衰弱、病后体衰、崩漏等妇科虚证及跌打损伤等。

鹿胎膏　鹿胎膏是河北省塞罕坝机械林场利用当地的养鹿资源，生产的名贵妇科良药。此药是从妊娠中后期的母鹿腹中取得的水胎（胎儿、胎盘、羊水）和初生胎儿，通过加工配制而成。主要用于妇科的经血不调，养血安胎。并适用于气血虚弱，行经腹痛，习惯性流产等症。

天然小白桦 该产品系采用天然白桦树液为基质，经科学方法配制而成的天然营养健身饮料。产品含17种氨基酸，11种脂肪酸，16种矿物质、钾、钙、钠、镁元素含量较高，特别富含稀有元素、锌元素含量高达3.48mg/g，有“天然植物矿泉水”之美誉，被评为部优新产品“绿色食品”，1992年，被国家有关部门推荐为第十五次世界名厨协会指定产品，成为35个会员国总统府、王宫的专用饮料。1993年获第三十二届布鲁塞尔国际食品博览会特别金奖。本产品由河北省丰宁小白桦集团公司生产。

果核皮活性碳 以杏核皮、核桃皮为原料生产，主要产品有XT-GW13、XT-GW15、XT-GW16、XT-GW19型颗粒活性碳，XT-GW18型空气净化碳、XT-GW20型净水活性碳，XT-GW861型粉状活性碳等。承德市果核活性碳生产企业13家，年产量计3000吨，主要用于食品、轻化、冶金、纺织工业。

杏仁露 杏仁露是以天然杏仁为原料精制而成的纯天然植物蛋白饮料，具有丰富营养，不但中蛋白质含量高，还含有18种氨基酸，其中有七种人体不能合成的必须的氨基酸以及钾、钙、镁、锌、铁、硒、碘等微量元素，具有强心、保肝、润肺、养颜、降血脂、预防高血压和冠心病，促进儿童生长发育等独特功效，杏仁露洁白细腻、香味独特、冷饮清暑，热饮去寒，老幼同用，四季皆宜。

河北省杏仁露生产企业主要有露露集团公司、乐野集团公司、兴隆莽源食品有限公司、锥峰饮料公司等，年产量12万吨。主要品牌有“露露”“乐野”“四海”“锥峰”“莽源”。

二、特产之乡

鸭梨之乡——泊头市 泊头市素有中国鸭梨第一乡之美称，全市现有鸭梨栽培面积25.1万亩，年产量4.78亿斤，年产值达2.7亿元，占农业总产值的30%。

泊头鸭梨具有果形秀美、色泽鲜艳、皮薄肉细、脆嫩多汁、香甜爽口的特点。其含糖量约10—13%，并含有果酸、蛋白质、脂肪、多种维生素、矿物质和碳水化合物，有很高营养价值和一定的药用价值，中国药典《本草从新》中说，鸭梨“性甘寒微酸”具有“清心肺、利肠、止咳消痰、清喉降火、醒酒解毒”之功效。

鸭梨除生食外，还可以加工成梨汁、梨干、梨酒、梨酱、梨脯等。

磨盘柿之乡——易县 易县古称易州，历史悠久，山川秀美，人杰地灵，物产丰富，易州有“三宝”，磨盘柿是“三宝”第一宝。全县磨盘柿栽培面积约11.6万亩，产量可达0.84亿斤。易县磨盘柿果实个大，平均单果重250g，最大的可达500g以上，果实扁圆型，中部有缢痕，形似磨盘。果肉以质松、纤维少、味甜、汁多、无核，含可溶性固形物21.4%而名扬中外，早在明、清两代就是皇室“贡品”，常食柿果具有降压、软化血管、润肺止咳、治疗口疮、咽干、喉痛等功效。

仁用杏之乡——涿鹿县 大杏扁原产于涿鹿县南山区，经有关专家测定大杏扁是山杏和普通杏自然杂交、广大劳动人民在长期的生产实践中逐步选育出的优良甜杏仁品系。大杏扁在涿鹿县有着悠久的栽培历史，《保安州志》有“南山主产榛杏，其味甜可食”的记载，在北魏时期，“杏仁粥”已被人们广泛食用，《汉书》、《齐民要术》中，也有“煮木（杏）为酪，煮杏酪粥”的记载。涿鹿大杏扁现栽培面积50.2万亩，年产量430多万公斤，仁大质优、味甜清香和较高的药用价值，据测定，在每百克杏仁鲜果中含糖8.5g，蛋白质24.9g，钙140mg，磷352mg，铁5.1mg，是一种高热量、高蛋白、低脂肪的保健营养食品，大杏扁味辛、甘，性温，具有润肠、止咳、补气功效，是良好的药膳食品。

金丝小枣之乡——沧县 沧县位于冀中平原，金丝小枣是该县的主要经济林树种，全县共有枣树1700万株，种植面积36.9万亩，其中结果树22万亩。年产4950万公斤，产值2.4亿元，占全县农业总收入的29%，集中产区枣果收入占农业总收入的80%以上。

金丝小枣因干枣掰开可拉出金色糖丝而得名，其风味独特，为中国红枣中的珍品，其果皮浓红皮薄、肉厚、核小、含糖量高、营养丰富、鲜食清脆甘甜、干制果皮深红、光亮、品质极上，据测定，百克鲜果肉中含糖24克、Vc560毫克、可溶性固形物38%，蛋白质1.2克、脂肪0.2克、粗纤维1.6克，另含丰富的钙、磷、铁等矿物质和维生素P，具有益心润肺、和脾健胃、益气生津、补血养颜等多种保健作用，在民间有“一日吃仨枣，终年不见老”和“五谷加小枣，胜如灵芝草”的说法。金丝小枣除鲜食和干制外，还可制成蜜枣、枣汁、枣酒多种加工品。

板栗之乡——迁西县 迁西县位于燕山山脉、长城脚下，是全国规模最大的板栗生产基地。现有板栗栽培面积51.6万亩，其中结果树31万亩。正常年份板栗产量达900多万公斤，为河北省板栗产量的1/5。年创产值12000万元人民币。

迁西板栗又称“京东板栗”是河北省著名特产，是河北省名牌产品，1999年获中国国际农博会名牌产品称号，它以色泽鲜艳、含糖量高、香甜可口、糯性极强、营养丰富、品质极佳而著称与世。在国内外市场享有盛誉，产品远销日本及东南亚地区，年出口量1000多万公斤，年创外汇2000多万美元。近年来，按照产业化经营的客观要求，迁西县组建了板栗集团，生产、服务、加工、销售于一体产业化体系正在逐步形成和壮大。

金丝小枣之乡——献县　献县地处河北省沧州西部、滏阳河、釜阳新河和滹沱河交汇处。土壤多为潮土类型，年平均气温12.3摄氏度，无霜期189天、全年日照时数2851小时，太阳辐射总量132.25大卡/平方厘米，高于零度的积温4830度，年降水量560毫米且集中于6—8月，为发展金丝小枣提供了最为适应的土壤、光、热、水条件，到目前为止，全县金丝小枣栽培面积达45万亩，年产干枣5428.6多万公斤，年产值2.4亿元。

献县金丝小枣以其优良的品质著称于全国，它皮薄、肉厚、外观鲜艳、光亮、美观，鲜食肉质细脆、汁多味甜核细小，单果重6—8克，鲜枣含糖量34—39%，干枣含糖量74—80%，完熟的枣果掰开果肉可拉出缕缕金黄色的糖丝，故称“金丝小枣”。据测定，每百克果肉发热量309大卡，每百克枣果含Vc400—600毫克、Vp3385毫克及其一定含量的蛋白质、脂肪、钙、磷、铁等人体不可缺少的矿物质营养元素。具有益心润肺、和脾健胃、益气生津、补血养颜等多种保健作用。近年来，为了进一步提高产品附加值、繁荣市场，除确保市场所需的鲜食、干制枣果外，小枣深加工业进一步崛起，目前已发展到蜜枣、糖枣、醉枣、枣茶、枣香槟、枣汁、枣滋补晶、玉枣等20多个品种。

大枣之乡——阜平县　阜平大枣，栽培历史悠久，至今已有1500多年的历史，全县现有枣树42.5万亩，其中结果树18万亩，正常年份产鲜枣4000万公斤，年产值1亿多元，是全国主要产枣大县之一，阜平大枣以个大、肉厚、皮薄、核小、营养丰富而闻名，是全国700多个枣品种中质地较为优良的品种之一，平均单果重10—20g，最大的单果重75g，故有“八个一尺，十个一斤”之说，并具有很高的营养价值和药用价值，干枣含糖63.7%，蛋白质2.56%，脂肪0.4%，含有P、Ca、Fe等20多种矿质元素、17种氨基酸，其中包括人体必需的8种氨基酸。每百克鲜枣内含Vc380—600mg，有“天然维生素丸”之称。常吃红枣有养血强身、健脾和胃、抗衰老等功效。大枣深加工产品有枣脯、枣饮料、枣茶、枣酒等八大系列30多个品种。阜平大枣曾获全国首届名特优新产品博览会银奖、99昆明世博会金奖，是河北省名牌产品。

葡萄之乡——怀来县　怀来县位于冀西北，地处永定河上游长城脚下，东临北京、西接晋蒙，四周群山环抱，桑、洋河与官厅水库镶嵌其中，独特的“怀来盆地”和区域小气候使之成为葡萄栽培的最佳地带，被称之为“中国的波尔多”。怀来栽培葡萄历史悠久，至今已有1200多年的历史，以盛产白牛奶、龙眼葡萄而著称。在发展传统品种的基础上，近年来，又引进了巨峰系列，黑奥林、美国大粒无核品种、红地球、美人指等鲜食品种和梅鹿辄、蛇龙珠等酿酒品种89个。目前，全县葡萄种植面积10.5万亩，其中盛果期面积达5.5万亩，年产量5.7万吨，年产值10000万元，占全县农业总产值的32%，该县生产的白牛奶曾获1994年林业部举办的全国林业名特优新产品博览会银奖、1995年第二届全国农业博览会金质奖、1999年昆明世界园艺博览会银质奖。暖泉牌、春光牌白牛奶葡萄为河北省名牌产品。鲜食葡萄远销广州、深圳、上海、哈尔滨、长春等20多个省市。

葡萄种植业带动了葡萄酒产业的迅猛发展，该县先后建成长城葡萄酒有限公司、河北沙城万帝葡萄酒有限公司、河北家和葡萄酒有限公司等三家葡萄酒生产企业及5家葡萄原酒加工厂，原酒生产能力达1.7万吨，葡萄酒生产能力达到2万多吨，可创产值约4亿多元。其中，长城葡萄酒有限公司已形成绝干、半干、半甜、甜、加香、起泡、蒸馏配制等8个系列50多个品种，国家名牌产品长城干白、干红酒先后80多次在国际、国内获奖，被欧美专家誉为“东方美酒”，产品远销美、日、法等20多个国家和地区，畅销全国29个省、市、自治区。

河北省唐山市

1999年，在市委、市政府的正确领导下，唐山市林业系统广大干部、职工解放思想、开拓进取、扎实工作，各项考核目标全部完成或超额完成任务。全年共完成造林面积20.9万亩，新育苗面积1.64万亩，全民义务植树916.6万株，分别占年度计划的116%、109%和101.8%。新发展果树面积9.02万亩，果品总产量达到97.38万吨，分别占年度计划的112.7%和111.9%。林业科技成果转化率达到60%，科技进步贡献率达到42%，新发展林果优种率达到100%，森林案件结案率达到98.5%，全年未发生一起森林火灾，林木病虫害防治实现了“一降三提高”。完成了鲜桃、葡萄、板栗、苹果、核桃等5个特色农产品基地建设。生态林、商品林“双五”工程建设实现了计划目标。争取国家和省支持的重点项目4个，利用资金1359万元，比上年增加1.5倍。

——生态环境建设再创佳绩。造林绿化取得了好成绩，呈现出三个新特点：一是规模大。“百千万”工程完成163个，面积6万亩。滦南、滦县防护林工程实行“六个统一”建设模式，集中连片，有声势、有规模。二是质量高。整地标准提高，苗木标准升级，优良品种广泛使用，造林新技术普遍推广，完成精品工程50个。三是机制活。通过总结推广滦南县林业产权制度改革的经验，有效地解决了造林难、栽后管护难、资金筹措难的三大难题。各县（市）出现了广大群众争相承包、租赁、购买林地、林权的热潮。

——果树花卉生产蓬勃发展。受旱灾影响，干果有所减产，但鲜果产量明显提高，果品总产仍高于往年，果品提质增效居全省先进行列。名牌果品数量全省第一。经济效益居全省第一。唐山市在昆明世博会参展获得了二银四铜六块奖牌。制定了《唐山市1999—2003年花卉发展规划》，各县（市）、区、场普遍对花卉生产引起了重视，遵化、开平、路南等县（市）、区都新建了花卉生产基地，全市花卉总面积达到1800亩，年产鲜切花700万支，盆花100万盆，年创产值近千万元。

——林业结构调整出现新进展。研究制定了《唐山市林业结构调整实施方案》。加大了名优品种引进力度。先后引进优良品种33个。各县区与大专院校、科研单位联姻引进大批名优品种，繁育推广，更新改造，取得了良好的经济效益。狠抓了设施栽培。通过抓典型、树样板，政策引导，资金扶持等措施，温室栽培得到广泛推广普及。市林果和花卉示范园完成三年规划，带动乐亭县新发展果树温室500座。全市到年底果树温室达到5000多座，温室果品总产量达到1102万公斤，总收入达到1.6亿元。六大林果基地建设进一步扩大；四大花卉生产区初具规模。乐亭“鲜桃之乡”、迁西“板栗之乡”、丰润“葡萄之乡”建设已显现出规模优势。

——森林资源保护成果显著。林木采伐和林地征占得到有效控制。实际采伐林木3.9万立方米，控制在省达计划的40%以内；按照有关法规、政策，退耕还林、补办征占林地手续、征收植被恢复费等项工作力度明显加大。林政资源管理工作在全省处于领先位置，迁西县被评为全国林政资源管理先进县。野生动物保护日臻规范。严厉打击乱捕滥猎野生动物的不法行为，全年放飞各种鸟类1000多只。严肃查处毁林案件，共受理各类森林案件104起，已查处103起；查处违法人员108人，其中逮捕2人；收缴罚款12.7万元。病虫害防治取得阶段性成果。主要病虫害发生率为13.5%，比省达指标低0.5个百分点；美国白蛾、松毛虫等重点虫害防治率为74.5%，是省达指标的113.2%；森林病虫害监测覆盖率为94%，为省达指标的102%；完成苗木产地检疫面积1.4万亩，施检率为93%，森防工作评为全省先进。森林防火工作再创佳绩。在实现连续三年无森林火灾市之后，1999年又被省森林防火指挥部评为先进并受物质奖励。

——林业宣传再上新台阶。以开展“生态林业宣传年”活动为主线，大张旗鼓地宣传林业的生态效益。在纪念碑广场等地举办了3次大型宣传活动。同时，充分发挥新闻媒体的舆论宣传作用，多次发表电视讲话、开展专题报道，刊播公益广告，并开辟“绿色风景线”专题节目。此外，注意宣传了林业生态、经济、社会三大效益的统一，把抓好林业与小康建设和文明村镇、文明城市建设有机结合，重点宣传推广了乐亭林果富县富民和迁西大搞围山转，改善生态环境，发展特色经济以及玉田大抓生态林建设，林茂粮丰等好做法好经验。加大了信息反馈力度，跨入全市先进行列。通过大宣传，进一步提高了各级领导对林业发展的重视程度和全社会对林业的关切程度。

——科技兴林成果显著。科技推广示范体系进一步完善。各种林果专业协会达到700个，技术推广人员达到843名；建立示范点112个，其中有两个省级示范乡镇；科技示范户达到6700户。科技成果转化工作坚持超前技术搞试验，常规技术抓普及，转化率明显增加，纯增经济效益1.4亿元。广泛实施了良种工程。突出抓了以毛白杨无性系、三倍体毛白杨、东陵油松为主的生态林树种和以燕山早丰、燕山魁栗为主的优良干果，以红富士、短枝新红星、黑地球、红甘露等为主的优良水果的繁育推广。加强了科技普及和技术培训。市局制定了《唐山市林业局科技下乡安排意见》、《唐山市科技兴林实施意见》，组织了科技宣讲团；市局被评为“三下乡”先进单位；乐亭县通过举办不同类型培训班、电视培训和电话咨询等方式，直接培训果农30万人次；遵化市林业局设立“农技求助”电话，做到有“求”必到，并印制发放1万多张明白纸，各站、所技术人员还定期到农村巡访。

——精神文明建设取得新成绩。通过深入开展“大学习、大调研、大讨论”活动，增强了广大干部职工的发展意识、改革意识、服务意识和廉洁自律意识，强化了宗旨观念；通过集中培训，组织理论和业务学习，进一步提高了干部职工的政治业务素质；通过生活会、党员活动、个别谈心等形式，坚持经常的抓思想政治工作，开展爱岗敬业教育，激发了广大干部职工工作热情，精神面貌发生很大变化，党风廉政建设、精神文明建设取得了好成绩。

1999年，唐山市林业战线各项工作都迈出了新的步伐。但对照上级要求，和先进地区比较，仍然存在着一些不容忽视的问题。如宣传工作力度不够，跟不上林业发展形势的要求，生态环境意识还没有深入人心，对造林绿化认识还不到位；植树造林标准不高，部分地区造林成活率、保存率偏低；高新技术推广工作还有差距；林业产业化水平不高，龙头企业、基地建设、市场发育等方面亟待加强。林业执法仍需加大力度。这些问题的存在，影响了林业的整体水平，今后的工作中必须认真解决。

2000年林业工作主要目标确定为：完成造林合格面积20万亩，新育苗1.5万亩。果品总产量达到98万吨，实现林果总产值22.55亿元。森林案件查处率达到95%，重大案件查处率达到80%以上。森林火灾面积在0.3‰以下。林木病虫害防治实现“一降三提高”。科技成果转化率达到60%以上，科技贡献率达到40%以上，新建林果基地良种使用率达到100%。

河北省承德市

〔山野资源及其加工产品〕

承德市地处蒙古高原与华北平原的过渡地带，既有坝上高原，又有冀北山地，地理位置东经115°40′—119°15′，北纬40°11′—42°40′之间，海拔在200—2300米间。气候呈寒温带大陆性、季风型、燕山山地气候，年平均气温-1.4℃—9℃，南北温差相差10℃。具有四季分明、雨热同季的特点。承德现有林面积2480万亩，活立木总蓄积量3480万立方米，森林覆盖率41.8%。由于其独特的海拔垂直分布、气候和林木资源分布条件，因而山野资源十分丰富，现已查明野生植物类有126科519种，这些山野资源为林区农民每年提供一定的经济收入，并逐年得到深加工被综合利用。

一、干鲜果类

1. 苦杏仁：蔷薇科植物。各县区均有分布，主产地围场、丰宁、隆化、平泉、承德县。现有面积295万亩，常年产量800万公斤。据测定杏仁含蛋白质27.1%、脂肪52.6%、碳水化合物10.8%、钙111mg/100g、磷385mg/100g、铁79mg/100g，此外还含有胡萝卜素、硫胺素、尼古酸、维生素E及苦杏仁甙等。产品营养丰富，药用止咳润肤。经脱苦鲜食色、香味俱佳。目前主要加工产品有杏仁露、杏仁粉、杏仁小菜。主要杏仁露生产企业有露露集团公司、乐野集团公司、莽源食品有限公司、锥峰饮料公司等，年产量12万吨。主要品牌有露露、乐野、四海、锥峰。杏仁油可食用、作精密仪器润滑防腐剂及轻化工业原料。杏核皮可加工高质量活性炭。

2. 安梨（酸梨）：蔷薇科梨属。主产区兴隆、宽城、承德县。现有面积2万亩，常年产量1300万公斤。果实含蛋白质0.1%，脂肪0.1%，碳水化合物12%，同时含钙、磷、铁等微量元素及胡萝卜素、尼克酸、维生素E等。果实耐贮藏、质脆多汁、味酸甜可口。主要加工产品有安梨原汁、饮料、果脯、果干、果酒等。主要加工企业有莽源食品有限公司、天泉果汁有限公司。

3. 花椒：芸香科花椒属。主产区宽城、兴隆两县。分布面积0.15万亩，常年产量25.05万公斤。产品主要成份含挥发性芳香油4—9%，种子含油25—30%，并含有不饱和有机酸、柠檬烯、醇类等。产品含油量高、色泽鲜、香味浓。主要加工产品为调料，叶果可入药。

4. 沙棘果：胡颓子科沙棘属。主产区丰宁、围场、隆化三县。分布面积45万亩，常年产量100万公斤。产品主要成份含Vc825—1060mg/100g，含糖9.7—12.3%，有机酸3.12—4.67%，胡萝卜素3—4mg/100g及V_E、V_B、铁、钾等微量元素。果实桔黄密集，营养丰富，具有很高的药用和食用价值，有“维生素宝库”美称。主要加工产品有沙棘汁、中华沙棘酒、沙棘油，主要生产企业九龙醉集团公司。

5. 山葡萄：葡萄科葡萄属。主产区兴隆、平泉、宽城、隆化、丰宁县，分布面积3万亩，常年产量25万公斤。产品主要成份：含水73.45%，粗蛋白8.19%，糖8.3%，果酸2.9%，单宁0.71%，粗纤维6.74%，Vc8mg/100g，17种氨基酸及磷、钾、铁、钙等微量元素和V_{B1}、V_{B2}等。果实成熟紫色，果汁含色素量高、营养丰富，风味独特。主要加工产品有山葡萄汁和山葡萄酒类，主要生产企业承德避暑山庄集团公司、宽城县酿酒厂。

6. 猕猴桃：猕猴桃科、属。主产区兴隆、宽城、承德县、隆化、丰宁等县。分布面积2万亩，常年产量25万公斤。产品主要成份含水84.7%，糖7%，酸1.14%，粗蛋白6.35%，果胶1.82%，单宁0.22%，粗纤维1.62%，Vc120mg/100g，15种氨基酸及铁、镁、钠、钾、铜、钙等微量元素和V_{B1}、V_{B2}。果实绿褐色、营养丰富，有特殊芳香味。主要加工产品有猕猴桃酒、益寿三珍酒等。主要生产企业兴隆县食品厂。

7. 酸枣：鼠李科枣属。主产区隆化、丰宁、滦平、承德、平泉、宽城、兴隆县。分布面积59.8万亩，常年产量95万公斤。主要成份含糖8%，水25.8%，果酸2.65%，单宁1.01%，粗蛋白7.48%，粗纤维13.65%，Vc200mg/100g，铁、锰、铜、锌、钾、钠、钙、镁、硼及V_{B1}、V_{B2}等微量元素。果实甜酸适口，色正味浓、仁饱满、可入药。主要加工产品有酸枣汁、酸枣蜜酒、酸枣露、中成药等。主要生产企业宽城县燕山饮料厂。

8. 三颗针（细叶小柏蘗）：小柏科小柏属。全市均有分布，分布面积24万亩，常年产量20万公斤。果实主要成份含有V_{B1}、V_{B2}、V_{B6}、V_A、V_C、V_K、V_E及叶酸、烟酸、柠檬酸，根主要含季铵类生物碱，以小柏碱为主。果色鲜艳、营养丰富、根皮厚、色黄、药用成份含量高。主要加工产品有三颗针酒，可入药。

9. 榛子：桦木科榛属。主要种类有平榛、毛榛两种，各县区均有分布。主产区围场、丰宁、隆化、承德、平泉、宽城等县。分布面积110万亩，常年产量30—40万公斤。主要成份含油50.6—54.4%，蛋白质16.2—23.6%，淀粉6.6%，碳水化合物16.5%，并含有钙、磷等多种微量元素。榛核个大皮薄、仁色淡黄、味香甘美、营养丰富，果核可炒食、榨油、制粉等。

10. 山核桃（核桃秋）：胡桃科核桃秋属。主要分布在兴隆、平泉、承德、隆化、滦平县及丰宁东南部。分布面积1万亩，常年产量约20万公斤。主要成份含水3%，粗脂肪61.88%，粗蛋白37.06%，糖10%，单宁1.62%，粗纤维3.89%，Vc4mg/100g，V_{B1}、V_{B2}、及铁、钙、磷、钾等微量元素。果仁可食用或入药，药用顺气补血、温肠补肾、止咳润肤、化痰温肺。核皮可做活性炭原料。

11. 刺梨：虎耳草科茶藨子属。主要产地丰宁、隆化林区的山地。分布面积2000亩，常年产量1.5—2.5万公斤。果实主要成份含V_C2500mg/100g，V_D2800mg/100g，V_E2.4—3.6mg/100g，胡萝卜素及16种氨基酸。果实对高血压、动脉硬化、贫血有较好的保健效果，是健身防癌佳品。待开发。

12. 五味子：木兰科北五味子属。主要分布在兴隆、承德、隆化、丰宁等县的中低山地，分布面积70万亩，常年产量1.8万公斤。果实主要含挥发油、苹果酸、枸橼酸、酒石酸、V_C及铁、锰、磷、钙等微量元素。果实味浓郁、入药敛肺气、止咳喘、固肾精，可制作营养酒。

13. 花楸果：蔷薇科花楸属。主要分布在宽城县都山林区。分布面积1000亩，常年产量5万公斤。果实主要成份含蛋白质5.48%，脂肪6.67%，挥发性芳香油及18种氨基酸。可作食品添加剂或提取色素，入药味甘、苦、平，镇咳祛痰、利水、健脾。果实以往外贸曾收购出口日本，产品待开发。

二、山野蔬菜类

1. 蕨菜：凤尾蕨科蕨属。主产区围场、丰宁、隆化，承德、平泉深山区亦有少量分布。分布面积55万亩，常年产量200万公斤。主要成份含水86%、蛋白质1.6%、脂肪0.4%、碳水化合物10%、粗纤维1.3%，V_C、钙、磷、铁、胡萝卜素等。茎叶嫩绿，有“如意菜”、“山菜之王”之称，风味独特、营养丰富。入药有清热化痰、利水安神、祛风湿之疗效。目前主要加工产品有盐渍蕨菜、真空包装鲜蕨菜、脱水干菜等。主要生产企业有丰宁县联社森林蔬菜食品加工厂，外贸实业开发公司山野菜加工厂，围场县农丰农副产品开发中心，天然食品有限公司、华利天然食品有限公司及隆化天食食品有限公司等。

2. 黄花：百合科萱草属。主要分布在丰宁、围场两县坝上及接坝区。分布面积250万亩，常年产量7万公斤。主要成份含V_{B2}、钙磷铁、胡萝卜素、蛋白质、脂肪等。食用花及花蕾有金针美称，色、香、味俱佳。主要加工产品为盐渍、真空包装鲜品及干品。入药健胃利尿、通乳、消炎。该产品生产大多与蕨菜加工同步进行。

3. 酸膜（河北大黄）：蓼科大黄属。主要分布在围场、丰宁县坝上草滩漫坡。分布面积50万亩，常年产量200万公斤。主要成份含水90.3%，蛋白质2.1%，脂肪0.14%，碳水化合物4.36%，粗纤维1.3%，钙、铁、钾等微量元素及维生素和氨基酸。食用产品罐头，药用温肾、消积、散瘘、防癌。

三、野生菇类

1. 坝上白蘑：担子菌纲伞菌目口蘑科。生产区围场、丰宁县坝上草原和林间空地。分布面积400万亩，常年产量10万公斤。主要成份含蛋白质、脂肪、氨基酸、多种维生素等。产品肉肥厚、质细嫩、有浓郁芳香、色洁白、味鲜美，营养丰富。加工产品有盐渍和干品。

2. 榛蘑：层菌纲伞菌目口蘑科榛蘑属。各县中低山榛林中都有分布。分布面积42万亩，常年产量40万公斤。主要成份含粗蛋白10.19%，脂肪5.6%及多种维生素、氨基酸等。产品营养丰富、口味鲜美，药用可消炎止痛，对肝炎、胆囊炎、冠心病、癌症有预防治疗作用。加工产品有盐渍和干品。

3. 肉蘑：层菌纲蘑菇目口蘑科。主要分布于承德、平泉、隆化等县中低山松林中，与松蘑伴生。分布面积100万亩，常年产量55万公斤。主要成份含粗蛋白9.56%，脂肪5.16%，及多种维生素、氨基酸。

4. 松蘑：担子菌纲伞菌目牛肝菌科。主要分布各县区低山中幼松林中，分布面积150万亩，常年产量180万公斤。主要成份含粗蛋白13.06%，脂肪5.05%，17种氨基酸，多种维生素及微量元素。主要加工产品盐渍罐头、松茸干片等。

四、林木副产品利用

1. 油松花粉：全市现有油松林330万亩，每年可采集油松花粉近百吨，目前年加工产品20吨。产品主要成份含有16种氨基酸13.8%，含13种人体必需的矿质元素，多种不饱和脂肪酸，黄酮类物质含量231mg/100g，并含有V_C、V_{B1}、V_{B2}、V_{B5}、V_{B6}、V_A、V_E、β——胡萝卜素及丰富的SOD酶，有驻颜、益智、抗衰、益寿、保心护脑的功效。经加工主要用于保健食品、药品及化妆品的生产原料，生产厂家为承德北方油松花粉开发公司。

2. 小白桦饮料：主产丰宁、围场县。现有资源面积114万亩，年可采桦液55万吨。天然小白桦是以纯天然白桦树液为基质，经科学方法配制而成的营养健身饮料。产品含有17种氨基酸，11种脂肪酸和十多种矿物质，锌元素含量高达3.48mg/g，有天然植物矿泉水之美誉，产品被轻工部评为优秀产品。生产企业河北丰宁小白桦集团公司。

3. 果核皮活性碳：产品以杏核皮、核桃皮为原料，全市已有活性炭生产厂家13家，以承德兴华活性炭集团公司产量最大，常年产量2500——3000吨。产品主要有XT—GW15型颗粒活性炭、XT—GW13型颗粒活性炭、XT—GW16型颗粒活性炭、XT—GW18型颗粒空气净化炭、XT—GW19型颗粒活性炭、XT—GW20型净水活性炭、

XT—GW861型粉状活性碳等。主要用于食品工业、轻化工业、冶金工业、纺织工业，起空气净化、水质净化、脱色、提纯等作用。

河北省易县（磨盘柿之乡）

易县地处北纬39°2′42″—39°35′49″，东经114°50′52″—115°37′40″，年降雨量564.5毫米，无霜期160—180天，年平均气温11.9℃。石灰岩与片麻岩各占一半。特殊的地理水源条件适宜磨盘柿的生长。易县磨盘柿栽培历史悠久，柿果个大、美观、皮薄、含糖量高，并富含多种微量元素和维生素。具有润肺、止咳、降血压之功效。是明清封建王朝的贡品，闻名中外。1997年被评为河北省优质产品。易县是生产磨盘柿的中心，面积大，产量高，1998年被中国农学会命名为中国磨盘柿之乡。

历届县委、县政府非常重视磨盘柿的科学管理，林业局技术干部，十几年来如一日，常年配合乡镇、村抓柿树科学管理，每年秋季和春季在山区丘陵都大面积发展新基地。至今该县柿树基地建设规模已由改革开放前的3万亩增至10万亩，产量由改革开放前的2500万斤增至8500万斤，预计2000年易县可产柿果0.9亿斤。在上面积增产量的同时，自1995年开始狠抓了柿果质量管理，平均单果量现已达到245克，优质果品率已达85%，2000年优质果品率达90%，商品率达80%，总收入4000万元。磨盘柿已成为易县的拳头产品，为给燕赵牌磨盘柿寻找更大的市场，县委政府已连续两年在“九月九”重阳节之际举办了金秋柿子节，易县“燕赵牌”磨盘柿近两年来已远销香港、澳门，并出口俄罗斯等国家，深信在省、市政府的正确领导之下，易县燕赵牌盘柿将在中国加入世贸组织之际，冲出国门，走向世界。

河北省辛集市（鸭梨之乡）

一、概况

辛集市地处华北平原南部，河北省省会石家庄市东65公里处，东经115°07′—115°28′，北纬37°38′—38°08′之间。北与深泽县、安平县接壤，南与冀州市相连，东与深州市为邻，西与晋州市交界。

夏商时属冀州地，周时属并州地，春秋时属晋地，战国时属赵地，秦时属距鹿郡。自汉高祖六年（公元前201年）始置县，先后名贯、安定、乐信、西梁、安民、安国、晏城、鹿城、陆泽等，唐天宝十五年（756年）夏历三月十八日改鹿城县为束鹿县。1986年3月5日，经国务院批准，撤销束鹿县，设立辛集市。现隶属石家庄市。

全市辖15个乡镇，341个村，人口62万人，南北最长55.6公里，东西最宽28公里，面积951平方公里。

辛集属平原地形，地势由西北略向东南倾斜，海拔25—37米，坡降0.4‰。为暖温带大陆性季风气候，年平均气温12.5℃，降水量488毫米，无霜期190天，四季分明，寒暑适中。

农副土特产品众多，主要有鸭梨、苹果、桃、枣、枸杞、猕猴桃、银杏叶、香椿芽、扒鸡、酥糖等。

1999年，国内生产总值74.4亿元，城镇居民人均可支配收入5775元，农民人均纯收入3485元。

全市现有国有企业25家，乡镇及私营企业10240多个，产值分别为9.8亿元、108.5亿元。主要行业是皮革、机械、化工、烟花爆竹、水泥、玻璃、服装、建筑、橡胶等。

辛集是农业市，粮食生产以小麦、玉米、谷子为主，现有耕地106万亩，经济作物有花生、大豆、棉花等，辛集是中国久负盛名的鸭梨主产区，现有鸭梨15万亩，产量18万吨，产值2亿元。

全市财政收入2.6亿元，财政支出控制在预算盘子以内。金融机构有中国银行、工商银行、建设银行、农业银行、农业开发银行、信用联社。储蓄存款余额36.6亿元。

全市有电视台一座，160米高的电视发射塔雄伟壮观；23套清晰逼真的有线电视节目进入城乡居民家庭；中波发射广播电台一座，人口覆盖率达100%。现有高中6所，职业高中1所，初中33所，小学348所，成人学校15所。全市拥有各类科技人员11550名，其中，中高级职称2378名，1986年建市以来，共取得地市级以上科技成果182项，其中14项达到国际先进水平，16项为国内首创，78项达到国内先进水平。

有乒乓球、篮球等单项协会14个，体校一所，业余体校2所，少儿体校1所。全市有各类卫生机构40个，每万人拥有卫生技术人员23人，病床22.4张。

二、鸭梨生产

辛集是全国最大的鸭梨主产区，有着悠久的栽培历史，秦汉已成园林，形成商品行销外阜，果农赖以生存。曾贡于宫廷，享有“甘若蜜、脆若凌”之美誉。

改革开放以来，辛集充分利用鸭梨生产的自然优势和技术优势，大力发展鸭梨生产，鸭梨面积得到了迅速增加，产量品质逐年提高，销售市场不断拓宽。1996年3月被命名为“中国鸭梨之乡”。

1. 着力建设鸭梨生产基地。进入90年代，市委、市政府组织广大农民开展了“种什么，怎么种”的大讨论，引导广大农民发展种植“名、特、新、优”品种，调动了农民种植鸭梨的积极性，通过林业主管部门合理规划，使鸭梨生产规模不断扩大，建成了15万亩鸭梨生产基地，平均每个乡镇万亩左右。“九五”期间，市委、市政府根据内外销市场的变化，提出了“鸭梨生产由面积产量型向优质高效型转变”的战略思想，使鸭梨生产得以健康持续发展。

2.全面实施“科技带动”战略。组织实施“提质增效技术工程”，逐步推广了鸭梨果实套袋、平衡施肥、病虫害综合防治、管道灌溉喷药、精细修剪等综合配套技术，使鸭梨果实品质不断提高。继1989年获部“优质农产品”称号后，1994年获林业博览会金奖，1995年获农业博览会金奖，1997年选送的“天华”鸭梨分别获评为河北省首届农业博览会和中国第三届农业博览会名牌产品。1999年5月，河北省果品提质增效经验交流会在辛集召开。在推广提质增效配套技术同时，科技人员共取得科技成果27项，其中省部级6项，在全省县市林业局中位列第一。

3.加快发展鸭梨产业化。1997年6月，成立了“辛集市优质鸭梨产业协会”。该协会由技术部门做后盾，以经营实体为依托，以生产单位为基础，走科工贸一体化路子，培育了“河北天华实业有限公司”、“辛集天和实业有限公司”等龙头企业，实现了“公司+科技+农户”的产业化经营机制。

4.大力拓展鸭梨内外销市场。辛集采取了多种营销策略和宣传形势，1990年至1992年举办了三届“鸭梨节”，自1997年起举办“鸭梨展销会”。并派招商团开赴南方主销区广州、福建等地进行招商，在广州、深圳、漳州等地主要新闻媒体开展系列宣传活动。从而提高了辛集鸭梨的知名度，扩大了市场销售。目前，辛集鸭梨外销市场已扩大到东南亚、欧洲等20多个国家和地区，年外销量达12000吨，成为全国鸭梨出口量最多的县市。该市的“天华”牌鸭梨1997年首发美国成功，成为中国第一个向美国出口鸭梨的县市。

三、新世纪战略措施

新世纪辛集市制定了“大力推进农业结构战略性调整的意见”。明确提出了果品业要以梨果出口为主攻方向，建设果品强市。重点抓好一大市场、六个基地。

一大市场是沿307国道建设全国最大的冀中南梨果批发市场。

六个基地是：一是建设全国最大的优质梨繁育基地，二是建设全国规模最大、质量最优、效益最好的梨果生产基地；三是优质红富士苹果生产基地；四是优质枸杞生产基地；五是优质鲜桃生产基地；六是优种小杂果生产基地。

四、投资环境

城区建设方面，城区由1平方公里扩大到12.95平方公里，城区建设初具规模，配套设施完善，环境优美。城区有自来水厂2家，日供水6万吨。交通方面，全市公路总里程671.68公里，境内公路四通八达，实现了村村通柏油路，石黄高速公路、307国道、石德铁路横贯东西；省道安新线纵穿南北。通讯方面，辛集通讯设施完善，341个村全部实现通讯程控化，全县拥有2.91万门程控电话；无线寻呼，移动电话覆盖全市。供电方面，供电网络完善，电力充足，电源稳定，境内拥有220千伏变电站1座，110千伏变电站3座，35千伏变电站10座，实现了村村户户通电。

五、鸭梨主管部门和优秀经销、加工单位

辛集市林业局
局　　长：冉国顺
办公室电话：0311—3221006

河北辛集林果综合服务中心
法人代表：冉国顺
地　　址：辛集市新开街25号
电　　话：0311—3225232
主要生产经销：鸭梨及国内外各种优种梨苗

河北天华实业有限公司
法人代表：张增昌
地　　址：辛集市新垒头镇
电　　话：0311—3271011
主要经销：名牌“天华”鸭梨及其它水果

辛集天和实业有限公司
法人代表：胡小涛
地　　址：辛集市朱家庄村
电　　话：0311—3226958
主要经销：名牌“天和”鸭梨及其它水果

河北天龙果汁有限公司
法人代表：李同慈
地　　址：辛集市西华路
电　　话：0311—3225630
主要生产：“爱人”牌果汁

河北集盛天然果菜汁制造有限公司
法人代表：邓运西
地　　址：辛集市位伯镇
电　　话：0311—3310197
主要生产：“泽绿”牌果汁

市长唐梦月，男，汉族，1944年11月出生于河北沧县。大学文化，1994年4月起任辛集市人民政府市长。

河北省阜平县（大枣之乡）

阜平大枣属婆枣类型，素以个大、肉厚、皮薄、核

小、营养丰富而闻名，是全国700多个枣品种中干食最为优良的品种之一。

阜平大枣成熟后为深红色，有光泽，平均单果重12g，最大单果重75g，故有8个一尺，十个一斤之说。尤其是近几年新选出的阜新1号、阜新2号及阜平苹果枣，平均单果重都在20g以上，最大单果重75g，并且单果重在30g以上的枣果可占到30%以上。阜平大枣果肉细腻，核肉比极小，干枣一般为1:17—18，可食率高达97—98%。其营养成份含量居一般大枣之上，据北京食品检验所和河北农大等单位化验：干枣含糖63.7%，蛋白质3.12%，脂肪1.2%，粗纤维2.56%，还含有N、P、K、Ca等20多种矿质元素，其中N、P、K、Ca、Mg含量分达0.5%、0.09%、0.91%、0.05%和0.04%，Fe、Mn、Cu、Zn的含量每kg分达31.74mg、4.34mg、5.88mg和7.04mg。阜平大枣富含17种氨基酸，其中包括人体所必需的8种氨基酸，同时还含有环磷酸腺苷、环磷酸鸟苷、儿茶酚等抗癌医药价值极高的多种物质。阜平大枣维生素含量高，每100g干枣含V_C50.2mg、V_A14.3IU、V_E4.39IU、V_{B1}0.08mg、V_{B2}0.27mg，特别是鲜枣V_C含量极高，每100g鲜枣V_C含量高达600mg，具有天然维生素丸之美称。因此，阜平大枣不仅营养价值高、口感好，而且有极强的医药保健作用。常食阜平大枣有养血、强身、健脾、和胃、补气、助十二经及治疗高血压、心脏病、抗衰老、预防癌症等功效。

阜平大枣次次评比获省优，并且1994年获全届林业名特稀优新产品博览会银奖，1997年燕赵牌阜平大枣获评为河北省名牌产品，1999年获昆明世界园艺博览会金奖，2000年又获乐陵全国红枣交易会金奖。

阜平大枣以其栽培面积大，产量高而在全国占有重要地位，80年代号称“中国大枣第一乡”，1995年被编入《九十年代中国名特稀优新产品大典》，2000年又被评为“中国名特优经济林大枣特产之乡”。阜平现有枣树1500多万株，其中挂果枣树600万株，主要分布于县城东南部的8个乡镇，130多个行政村，涉及3万多户，13万口人，常年产鲜枣3000—4000万公斤，最高年产可达5000多万公斤，2000年预计鲜枣总产可再超历史最好水平。

阜平大枣质地优良，销路好。主要销往河北、山西、北京、天津、江苏、浙江、湖南、湖北各省，并少量出口日本、澳大利亚、东南亚各国和香港地区，全县年红枣收入达5000万元左右。

阜平大枣加工业发展迅速，现有加工厂点400多家，可加工枣脯、枣面、枣茶、枣酒、枣酱、枣罐头、枣饮料、枣香精等8大系列30多个品种。其主要加工品种有无核蜜枣、南丝蜜枣、乌枣、大枣可乐、野酸枣汁、珍奇枣茶、蜂蜜枣珍、红金贡系列酒，大枣干红酒、大枣茸杞补酒等。年枣果加工品达6000多吨，红枣产业产值达1亿多元，初步形成了贸、工、农一体化，产、加、销一条龙的阜平大枣产业化雏形，并成为阜平经济的第一大支柱产业和拳头产品。

由于红枣的历史地位和作用，使阜平历届县委、县政府都极为重视红枣生产，1986年把枣树定为“县树”，1988年成立了专抓红枣生产的机构——阜平县红枣开发服务中心（现红枣管理局），2000年又成立了红枣研究所，致力于红枣生产的科研开发和技术指导，制定了阜平大枣发展规划，出台了一系列开发大枣生产及其加工新产品的优惠政策，从而使全县每年以300亩育苗，2万亩红枣基地和1—2个加工新产品的速度递增，同时并使红枣产业的科技进步实现了突破性进展，十多年来通过同河北农大等20多所大专院校科研单位挂钩，进行了十多个省部级红枣生产课题的开发研究和十多个红枣加工新产品的开发研制工作。在红枣优质丰产栽培技术方面：获新科研成果奖6项，获科技奖7项。其中获国家星火二等奖1项，获省部级科技进步一等奖1项，三等奖3项，获市、厅级科技进步一等奖1项，三等奖1项。从而总结出了一整套先进科学的枣树栽培管理配套技术。在红枣加工方面：研制出红枣加工新产品12个，获国家专利2项，获国家和世界新产品金奖及优质奖6项，其中大枣中式咖啡和紫晶枣获国家专利，并且紫晶枣被定为国家A级绿色食品，大枣红金贡酒荣获第五届世界酒类商品博览会金奖和中国酒饮产品新秀精品奖及河北文化名酒等荣誉。新开发的大枣干红酒和盖宇牌野酸枣汁在2000年乐陵全国红枣交易会上分别荣获金奖和银奖。领导的重视和红枣产业的科技进步，加快了红枣产业的开发步伐，推动了全县经济的快速发展。

河北省赞皇县

一、种植及产销情况

（一）赞皇金丝大枣种植及产销情况：

赞皇金丝大枣生产于河北省赞皇县，是该县的重要资源优势和经济优势。栽培历史悠久，据有关资料证实，赞皇金丝大枣是在元代之前，由赞皇劳动人民经过“常选好味者留之，候枣叶始生而移之”，“选种好者，于二月间种之”的长期选优栽植而形成的，到明代，《赞皇县志》开始有了记载：“果品之类、核桃、羊枣、梨、柿、杏、桃，最多为枣。”在漫长的发展过程中，赞皇人民创造和积累了丰富的栽培及管理经验，赞皇金丝大枣也有了较大发展。50年代中期，经河北农业大学曲泽州教授对赞皇金丝大枣实地考察、研究、分析和论证，正式命名为“赞皇金丝大枣”。历届县委、县政府对发展枣树生产都十分重视，特别近年来，县委、县政府把发展大枣做为强县富民的支柱产业来抓，带领全县人民积极实施“十万亩大枣”工程，将枣园建设与脱贫致富有机结合起来，到1999年底，全县大枣栽植面积已达25万亩，红枣产量突破5000万斤，且产量年递增近4万斤，年增加农民收入4000万元，成为该县经济和农民收入的重要增长点。每年枣果除群众自用外，大部分经加工后销往浙江、安徽、江苏、广东、广西等全国各地，还远销马来西亚、新加坡等许多国家和地区，少部分晾晒红枣。赞皇金丝大枣及其产品销售态势良好，市场广阔，供不应求。

赞皇金丝大枣分布范围广阔，据观察，赞皇金丝大枣在东经76°—124°，北纬23°—42°之间的平原、山地、沙地、高原均可栽培。在垂直分布上，由于纬度不同而不同，在华北、西北地区，分布高度可在600—1200米，个别地区可达1500米，在主产地赞皇县，垂直分布在海拔62.8—800米之间。由于赞皇大枣品质上乘，适应性好，抗逆性强，经济效益高，已成为各地造林绿化的重要树种，每年到赞皇参观考察引种的客户络绎不绝。目前，赞皇大枣已引种到新疆、甘肃、宁夏、山西、河南、内蒙古、陕西、湖北、湖南、四川、山东、吉林、辽宁、北京、天津、上海等全国20多个省、市、自治区，并且在当地产量、品质表现良好，受到了各地群众的欢迎。部分苗木还远销国外，因此在外国也有分布。

（二）赞皇“礼品1号”核桃种植及产销情况

赞皇“礼品1号”核桃由河北农大园艺系于1987年首次引入赞皇县，几年来，赞皇县已形成了集引种、繁育、选优、推广为一体的核桃良种发展格局，年可生产优质核桃苗木20万株，目前全县赞皇“礼品1号”核桃种植面积已达2000亩，正逐步大范围推广。核桃主要加工产品为各色名路核桃仁，全县已建成以外贸农副产品进出口公司为龙头，12家跨行业核桃仁经营厂家的核桃仁加工集团，年加工量4400万斤，成为全国最大的核桃仁集散地，年出口核桃仁占全国的1/3。

二、著名品牌及产地

（一）赞皇金丝大枣

赞皇金丝大枣是中国目前发现的枣品种中唯一的自然三倍体，是进化型的一个群体品种，品质极佳。在国内外久负盛名。其果个大整齐，鲜枣每千克40—70个，单果最大长6.7cm，重68克，有“七个一尺，十个一斤”之誉。干枣每千克60—100个，最大每千克40个。赞皇大枣核小、皮薄、肉厚，可食率95%。果皮呈紫红色，有光泽，果肉细而脆，生食味道甘甜，鲜美如酪，含糖率30—40%，含酸率0.25%，营养丰富，含有人体所必需的多种氨基酸，维生素C383.63mg—579mg/100g，维生素P含量高达3000mg/100g。含有多种矿质元素，并富含磷钙铁等多种有益无机元素，还含有环磷酸酰苷及黄酮类物质，可增强人体免疫功能和抗癌能力。百克鲜枣发热量为103千卡，百克干枣发热量为309千卡。干枣掰开能拉出尺把长的金丝纤连不断，故称之为“金丝大枣”。由于品质上乘，赞皇金丝大枣多次作为贡品奉于皇室。赞皇金丝大枣1956年全国长沙枣评会上被评为中国“大枣之冠”，1986年在河北省枣评中总分名列第一，并颁发“优质果品”证书，1994年获首届全国林业名特优新产品博览会金奖。1997年获评为第三届全国农业博览会名牌产品和首届河北省农业博览会名牌产品，1999年获’99昆明世博会金奖，并被’99中国国际农博会认定为名牌产品。

赞皇金丝大枣是兼用型果品，既可鲜食、干制，也可加工。枣果发热量高，与米面近似，可以枣代粮，故有“木本粮食”、“铁杆庄稼”之称。枣果医药价值很高，《本草纲目》记载：大枣气味甘平，无毒。主“心腹邪气”，安中。养脾气，平胃气，通九窍，助十二经，补少气，少津液，身中不足，大经四肢重，和百药，久服“轻身延年”。干枣有“润心肺，止咳，补五脏治虚损，除肠胃癖气”。长期食用，还对高血压、动脉硬化等病症有一定疗效，对癌症也有一定食疗作用。除食用外，赞皇金丝大枣可加工多种产品，主要加工蜜枣、乌枣、醉枣、玉枣、枣酒、枣酱、大枣滋补晶、野枣珍、姜枣精等三大系列20多个品种，特别是用赞皇金丝大枣加工的蜜枣，枣果吸糖量大，品质极优，主要有普通蜜枣和广式蜜枣两大类别。

（二）赞皇“礼品1号”核桃

赞皇“礼品1号核桃”坚果较大而整齐，每千克90粒左右。果近圆形，壳面光滑、色浅，十分美观。其缝合线窄而平，结合不紧密，壳薄仅0.5mm，指捏即开。果实的内褶壁和横隔膜退化，取全仁非常容易。核仁饱满，色浅、口感香甜，风味极佳。出仁率达70%，仁含油率72%，含蛋白质22%，并含有丰富的维生素A、B、C及钙、磷、铁等矿质元素。

医疗上，带皮核桃可助消化；去皮核桃仁有润肺、顺气补血、润肝补肾的功能，可治疗咳嗽、气喘、腰痛、便秘、十二指肠溃疡等病，是一种很好的医疗补品。核桃油中的脂肪酸极易氧化分解，易消化吸收，是老年人高血压及胆固醇患者适宜的食用油。是经长期选育形成的，赞皇礼品1号核桃在99昆明世界园艺博览会上荣获金奖。

（三）产地介绍

河北省赞皇县是赞皇金丝大枣的故乡，该县地处太行山东麓中段，位于河北省石家庄市西南50公里，是个全山区县，国家重点扶持的贫困县。全县11个乡镇，212个行政村，22万人口。总面积181.5万亩，耕地面积28万亩，宜林山场115万亩，地貌格局总体是“八山一滩一分田”，是太行山绿化重点县。

赞皇发展的优势在山，希望在林。近年来，该县县委、县政府紧紧抓住全国太行山绿化工程启动这一历史机遇，以发展赞皇金丝大枣为切入点，唱山歌，念市场经，做山的文章，打名特稀优产品仗，规模发展，综合治理，建设秀美山川，到1999年底，全县有林地面积达到54万亩，森林覆盖率达34.8%，年产干鲜果品3700万公斤。全县初步形成区域化布局、基地化生产、社会化服务、企业化管理和产加销一条龙、贸工农一体化的经营格局，大枣产业化已具雏形，全县建成486家蜜枣加工企业，形成六个年交易额300万元的大的青枣专业市场，全县仅林果业一项人均纯收入470元，占农民人均纯收入30%以上，1998年赞皇县被全国绿化委员会命名为“全国绿化百佳县”，赞皇县跻身于全国林业先进县市行列。

三、科研情况

近年来，在对赞皇金丝大枣的科技开发上，赞皇县林业技术人员在借鉴总结群众实践经验的同时，积极探索，潜心研究，并主动与河北农大、河北林科院等多家科研单位联合攻关和合作开发，取得丰硕成果。共完成科研项目14项，其中大枣优质丰产栽培技术项目获河北省科技进步一等奖，大枣苗木繁育项目获省科技进步三等奖，枣树病虫害防治项目获市科技进步二等奖等，推广新技术27项，还和河北农大合作选育出赞$_3$-1、赞$_3$-2、赞$_3$-3三个赞皇金丝大枣优良品系。还加大技术推广力度，健全了县、乡、村三级技术服务网络，全县有40多名林业专业技术人员，其中工程师15名，1000多名农民技术人员，他们懂技术、会管理，已成为林业技术推广的骨干力量，为赞皇金丝大枣的快速发展奠定了良好基础。随着技术进步和大枣优质丰产综合配套技术的逐步推广应用，全县大枣产量品质不断提高，好果率由1992年的53%提高到95%，枣果产量由1992年的1470万斤提高到5000万斤，1999年首届全国干果生产与科研进展学术研究会在该县召开并参观，与会专家、学者对该县枣园建设给予了很高评价。

在对赞皇“礼品1号”核桃的科技开发上，赞皇林业技术人员在全国核桃专家刘万生，河北农大教授郗荣庭和省林业厅的指导帮助下，成功攻克核桃嫁接难题，优质核桃良种繁育技术推广项目获省林业厅科学技术进步推广二等奖。

四、管理举措

一是连续成功举办七届元宵节百万炮开发太行活动，以大动作促大发展。共放山炮1000多万枚，建成高标准果园12万亩。在全县形成了全党抓林业，全民搞绿化的浓厚气氛。二是完善落实林业政策，拍卖“四荒”37万亩，涉及3.4万户，已治理27万亩，拍卖使农户吃了长效定心丸。三是严把规划测量、整地、良种壮苗、起苗运苗、栽植、管护六道关，建设精品工程。四是注重科技，加大管护力度，全县年育苗面积15000亩，其中大枣育苗面积已达10000亩，核桃育苗4000亩，并涌现出三阵、许亭等18个育苗专业村，不仅满足本县用苗，还为全国造林绿化做出了贡献。大力推广“爆破整地——栽果树——树下间作——埂上种植紫穗槐”的科学治理新模式，同时抓好科技示范点，建立大枣科技示范村22个，科技示范户100个，以点带面，辐射全县。五是实施名牌战略，赞皇金丝大枣已成为国内外名牌产品，并经国家工商局批准注册为“大秋红”商标，为赞皇大枣参与市场竞争打下了基础。六是以大枣加工为切入点，狠抓加工销售，实施产业化发展战略，解除枣农后顾之忧，实现枣树增产，农民增收，目前，全县大枣加工能力占总产量60%，年加工增值3000多万元，成为全县农村经济的重要增长点。

五、优秀党政部门和优秀企事业单位

赞皇县林业局负责全县林业生产的管理服务工作。现有干部职工150名，其中技术干部58名，中级职称技术干部15名，还和河北农大、河北省林业厅、河北省林科院等科研单位建立技术合作，技术力量较雄厚。局机关设有办公室、生产科、技术站、植保站、林政科、派出所等6个科室，下辖赞皇县苗圃场、赞皇县林产品公司等5个单位，近年来，林业局先后被评为全国三年无森林火灾先进单位，全省林业宣传先进单位，全省林业系统政工工作先进单位，“八五”期间全省林业先进集体，河北省“绿林杯”竞赛先进单位，全省林业行业形象建设先进单位，全市“三讲”文明机关，'99昆明世博会中国农业博览会优秀组织奖等荣誉。

赞皇县苗圃场位于河北省赞皇县城东10公里处，是县林业局下属事业单位。全场总面积650亩，可育苗地150亩，土地肥沃，育苗条件得天独厚。全场干部职工30名，其中林业技术人员18名，占60%，该场是河北农大枣研中心良繁基地，也是全省重点林木良种繁育基地之一，1993年以来，该场抓住太行山绿化启动机遇，以赞皇大枣和优质核桃为重点，依托科技，立足市场，大力发展名特稀优品种，加强基础设施建设，引进优良品种115个，建立温室大棚13个，新建现代化科研办公楼一座，年出圃苗木能力达到300万株，所育苗木不仅满足本县绿化所用，还远销全国20多个省市，还部分出口国外，年实现利润60多万元，全场固定资产260万元，1997年在全省种苗工程招标竞争中名列前茅，1999年被命名为全省优秀示范苗圃，是中国北方最大的林木良繁基地之一。

六、劳动模范

王志京，现年47岁，赞皇县林业局局长、党组书记。1975年石家庄农校毕业后一直从事林业工作，兢兢业业，克己奉公，特别是1993年以来，他团结林业局一班人，以全县人民脱贫致富为出发点和落脚点，开拓务实，拼搏进取，使全县林业工作一年一个新台阶，几年来，全县新增林地面积28万亩，果品产量达到3700万公斤，较1992年增长99%，林果产值突破1.1亿元，人均林果纯收入达到470元，占全县人均纯收入的30%，分别比1992年增长120%、230%，林果业已成为全县农村和农民增收的支柱产业，使全县林业工作步入全国先进县行列，1998年赞皇县被全国绿化委员会命名为"全国造林绿化百佳县"，他先后被评为全国林业行业思想政治工作先进个人，省林业系统劳动模范，石家庄市劳动模范，1998年被全国绿化委员会授予全国绿化奖章，荣获中国林科院社会林业工程项目优秀论文二等奖，市政府记二等功奖励，石家庄市1998年度元宵节百万炮活动先进个人，被县委、县政府授予1998年度工作实绩突出的乡局级领导干部，赞皇县优秀人民公仆荣誉称号，1999年被市委授予优秀共产党员荣誉，被市政府授予99昆明世博会、99中国国际农博会贡献突出奖，连续两年被市经济技术开发领导小组评为山区经济技术开发先进个人。王志京深受全县各级干部和群众的爱戴，被人民群众称为"贴心人"，致富路上的"带头人"。

七、赞皇县林业局通讯录

单位名称：赞皇县林业局

局　　长：王志京

邮　　编：051230

地　　址：河北省赞皇县太行西路96号

电　　话：0311—4221574　4220473

传　　真：0311—4220473

八、企事业单位信息

(一) 赞皇县苗圃场：场长褚法朝（兼县林业局副局长）

邮编：051230　地址：河北省赞皇县城关镇延康村北

电话：0311—4160397　4224760

该场年可出圃合格苗木300万株，其中优质赞皇金丝大枣苗木200万株，冬枣、雪枣、龙枣、梨枣、大白铃、灵宝大枣、鸡蛋枣等18个品种30万株，辽系、礼品、中林、丰辉等38个优良品种核桃苗木20万株。毛白杨、侧柏等防护用材林树种苗木50万株。

(二) 赞皇县林产品公司

经理：于进忠（兼县林业局副局长）

邮编：051230

地址：河北省赞皇县城南三里桥

电话：0311—4221621

该公司立足本县赞皇大枣资源优势，引进广式蜜枣生产工艺，1999年新建千吨广式蜜枣生产线，年可生产优质广式蜜枣1000吨，是全县大枣产业化的龙头企业。

九、合资合作项目

(一) 赞皇大枣保鲜项目

承担单位：赞皇县林产品公司

项目规模：200吨

项目总投资：320万元

合资合作：计划自筹资金120万元，需合资合作资金200万元及大枣保鲜专家。

(二) 大枣深加工项目（医疗保健生产项目）

项目投资：260万元

合资合作：计划自筹资金160万元，需合资合作资金100万元及有关专家。

河北省涿鹿县（仁用杏之乡）

涿鹿县地处冀西北山地，张家口市东南部，毗邻京津，是中华文明发祥地之一，5000年前，我们的始祖黄帝、炎帝、蚩尤曾在这里征战、合符、融合。

一、优越的自然环境条件

涿鹿县属河北省张家口市，位于北纬39°48′—42°27′，东经114°56′—115°30′。辖1区8镇9乡，373个行政村。总面积2802平方公里，人口32.8万人，县内南部为深山区属太行山北端余脉，大山绵延纵横，中部为丘陵区，沟壑纵横、地貌破碎、类似黄土高原；北部为山间盆地河川区，桑干河、洋河贯穿其间，素有"塞外江南"之美誉。

涿鹿县年均温8.8℃，一月份平均气温8.3℃，七月份平均气温23.7℃，极端最高温38.8℃，极端最低温-22.2℃，无霜期100—148天，10℃以上有效积温1900—3500℃，年平均降水量384.7mm，降雨多集中在6—8月份，年平均日照时数2875小时，光照充足，雨热同期，昼夜温差大，适于多种果树的生长。

二、杏扁在林业生产中的地位

涿鹿县是河北省乃至全国的林果重点县，1994年被评为全国水果百强县。至1999年底，全县林业用地面积近230万亩。有林地135万亩，森林覆盖率32%，林果总产值2.5亿元。经济林面积68万亩，其中杏扁面积40万亩，葡萄8万亩，苹果13万亩、梨2万亩，其它杂果5万亩。杏扁面积占经济林面积的58.82%。进入结果期面积已近25万亩，年产杏仁150万公斤。年创产值8000万元，占林果业总产值的32%。目前涿鹿县正成为全国最大的杏扁生产基地，杏扁销售集散地和全国杏扁苗木生产基地县。

三、杏扁发展的经验总结

涿鹿县杏扁生产的历史悠久，明清时期就有文字记载，县内南部山区是全国杏扁的原产地，十一届三中全会以后，杏扁生产由自发状态向有规划有组织的大规模发展，随着部级杏扁基地建设的实施及一系列林业工程项目的实施，掀起了新的发展热潮，每年以1.2万亩的速度递增。逐步形成了全国最大的杏扁生产基地，为杏扁产业进一步走上产业化奠定了基础。

回顾涿鹿县杏扁发展的过程，主要有以下几个特点：

1.价值规律是调节杏扁生产的杠杆。市场对杏扁的需求及市场中杏扁价格的稳定是其良性发展的助推剂，经济效益高成为杏扁发展的动力。

2.生产责任制是杏扁发展的政策保障。政策的深入人心，调动了群众的生产积极性，加上县委、县政府正确的引导，使农民解除疑虑自发的开展了声势浩大的杏扁生产，走上了“杏富路”。

3.科技示范是杏扁发展的指路灯。生产过程中，技术人员将科技示范放在重点来抓，通过典型示范由点到面、八方辐射、层层普及，使这项大规模的经济活动得以健康有序地向前推进。

4.各方配合是杏扁健康发展的关键。涿鹿县杏扁生产的发展，得到了各级领导的重视，特别是国家和省、市有关部门将该县列入“经济林高产优质示范基地县”，使该县杏扁生产走上科学化、规范化之路。

四、杏扁生产中所取得的成果

在技术方面，十年来立课题10余项，攻克了“杏仁峰”、“杏虎”、“气象条件与座果”等突出的生产难题。目前“杏扁冻花原理研究”、“早期密植丰产技术”、“杏扁选优”工作都在进行之中。这为生产提供了可靠的技术保证。1998年第六次全国李杏会议在该县召开，与会130多位专家代表对涿鹿县杏扁生产给予高度评价。

在基地建设中，重点抓好示范样板点项目。保岱镇、栾庄乡、谢家堡乡成为科技示范样板。1993至1995年，顺利完成“部级杏扁基地建设项目”9500亩，通过省部级验收，达到设计标准的要求。近年来，在首都周围地区“京津”绿化工程、“保护母亲河绿色希望工程”、“贫困地区进行贷款项目”、“太行山绿化工程”、“扶贫攻坚富民工程”中杏扁都是优选的先锋经济林树种。同时，在2000年规划的“官厅湖周围地区生态环境保护工程”中，杏扁仍然是优选树种。

在大搞基地建设的同时，该县积极培育市场，走产业发展的道路，发挥杏仁产品集散地的优势，不断宣传该县的产品，在全国林业名特优新产品博览会上，该县龙王帽杏仁获得银奖，2000年该县被国家有关部门授予“中国名特优经济林仁用杏之乡”的荣誉称号。这些成绩、荣誉的取得将鞭策我们继续努力，将杏扁产业进一步发展成全国之最。

五、今后的规划和设想

今后，在基地建设中，每年将以1.2万亩的速度继续加大生产规模，同时积极搞好苗木基地建设工程，充分发挥现有的种质资源优势在满足自筹苗木需要的同时，为全国提供优质苗木。计划每年培育苗木1000亩以上，年产优质苗木500万株以上。在杏扁产业链中，在抓好杏肉，杏壳初级加工企业的同时，认真组织实施杏扁产品深加工，搞好“杏仁油的提取”、“杏肉冲剂加工”、“杏仁高蛋白饮料”项目的考察筹备工作，积极筹措吸引外资促成项目的实施，使杏扁产业链中加工链发挥作用，使杏扁产品保证增值，创造出更高的经济效益，成为富民强县的支柱产业。

河北省献县（金丝小枣之乡）

献县位于河北省中南部，沧州西部，总面积1173平方公里，耕地面积106万亩，总人口53.5万人，辖18个乡镇，1个国营农场。北距京津220公里和180公里，南距省会石家庄160公里，是国家有关部门命名的“中国名优特经济林金丝小枣之乡”。该县具有悠久的红枣栽培历史，近年来通过品种改良和规模种植，红枣已成为该县的支柱产业。目前，全县枣粮间作面积达17万亩，红枣深加工企业300多家，行业年产值达2.5亿元，年出口创汇300多万美元，占全国小枣出口量的70%。并凭借其优异的品质在99昆明世界园艺博览会上荣获金奖。

一、“三调”切入，推动红枣种植业

规模化种植是农业产业化的发展基础。为加快红枣种植业向规模化和优质化发展，该县突出抓了三个方面。（一）调整布局。在稳步扩大东部传统枣区的基础上，大力实施“东枣西移”战略。在西部确定了30个村进行重点推广，使重点村农民红枣人均收入达500元以上，起到良好的典型示范作用，并出台了幼树免征农业特产税、“谁种谁有，地随人走”、所有权允许子孙继承等一系列优惠政策，极大地调动了广大农民种植枣树的积极性，经过多年的不懈努力，已向西部扩展金丝小枣15万亩。同时，在沧石、京大路两侧各辐射500米，种植枣树110万株，形成两条沿路“绿色长廊”。目前，全县红枣丰产达效面积已达25万亩，年产红枣1.2亿斤，成为全国最大的红枣生产基地之一。（二）调优结构。针对红枣丰产达效周期较长、见效慢的特点，转变传统种植模式，着力推广枣粮、枣菜、枣棉等间作种植，既可减少农民的前期投资，又可在丰产后实现“树上银行、树下粮仓”的双丰收。并采取财政划拨补贴与枣农集资相结合的办法集资1200万元，对全县4.5万亩低产枣园进行了改造，其中，新植嫁接冬枣22000亩，使全县红枣品种结构得到进一步优化。（三）调高质量。为提高果品质量，县林业局、科技局组织红枣技术人员在东部红枣集中产区，采取一乡包三村、每村包十户的办法，深入农村推广红枣种植技术。2000年以来，共举办各种培训班85期，培训咨询人数达50000多人，印发技术资料20期共计15000份，使全县85%以上的枣农掌握了红枣管理的全套技术。并制定出台了《金丝小枣标准管理实施方案》，在尚庄、郭庄、淮镇等5个乡镇建立10000亩的金丝小枣标准化管理示范基地，对枣树配方施肥、剪枝、喷药、浇水等环节进行了科学化、标准化、模式化管理，使红枣的产量、品质分别提高了20%和30%，起到良好示范带动作用。目前，全县红枣优质率达到90%以上，无虫率达到98%以上，被省命名为优质名牌产品。

二、“三动”并举，壮大红枣加工业

产品加工增值是规模化种植后延长产业链的必然要求。为此，县委、县政府结合县情从三个方面入手，促进红枣加工增值。（一）政策促动。对新上红枣加工企业。实行缓征土地使用费3年优惠50%电力增容贴费、优先提供信贷资金等优惠政策，并针对红枣加工业基础薄弱的实际，确定了“先予后取，先放开后规范”的指导思想，鼓励农民积极开发红枣加工产品，兴办红枣加工企业，形成群策群力争上红枣项目的良好氛围。（二）龙头带动。对香乐食品有限公司、郭庄枣汁厂等11家红枣深加工龙头企业，进行重点扶持，挂牌保护，促其加快改扩建和技术改造步伐，增强自主开发能力，先后开发了原枣系列、蜜枣系列、营养型系列共3大系列20多个品种，1999年实现产值达5000万元，实现利税800多万元，有力地带动了全县红枣加工业的迅猛发展。（三）科技推动。为提高红枣加工产品的科技含量，由林业、科技等部门联合成立红枣加工攻关小组，重点对红枣防裂、保鲜、枣汁提取等技术难题进行攻关。同时，定期举办红枣产品创新评优活动，获奖企业将被列为县重点扶持保护企业，充分调动了企业自主开发的积极性。此外，通过引导企业与北京农大、河北农科院等科研所联姻，共同进行科技攻关，先后研制成功30余个新产品，其中，与中科院联合开发的“雪子牌”枣汁获得国家“七五”星火计划银奖，大大提高了产品的市场竞争力。

三、“三路”出击，构筑红枣销售新格局

市场是产品优势转化为商品优势和经济优势的关键。县委、县政府紧紧围绕建市兴县这一中心，着力构筑本地、埠外、国际三大市场，搞活流通环节。（一）兴建本地市场。在红枣集中产区尚庄镇，投资300万元，建成北方规模最大的红枣批发市场。同时，利用地边、村边、路边就地成市，就地销售，形成80余个无运距市场。1999年通过本地市场共销售红枣4000万斤，成交额达1亿元。（二）扩大外埠市场。在巩固东南沿海老客户的基础上，由林业部门牵头，组织30多名企业业务骨干开拓北方市场，现已与沈阳、哈尔滨等地20多个副食批发市场建立了业务联系，年销售红枣达500万斤。同时，充分发挥毗邻京津的区位优势，在京津建立6个红枣销售联系点，及时为枣农反馈供求信息，引导枣农开拓京津市场。（三）拓展国际市场。“本着让利润不让市场，不赚钱也不断线”的原则，有力地抵御东南亚金融危机带来的负面影响，进一步巩固了马来西亚、新加坡等红枣销售主战场。每年向该地区出口红枣产品800万斤，创汇200万美元。同时，通过组团出国招商、参加各种展销会等形式开拓非洲、东欧市场，并在2000年广交会上首次将红枣打入埃及和台湾市场，初步形成了多元化的出口格局。

今后红枣产业的发展思路

一是强化市场意识。逐步健全完善遍布产地的红枣市场和集散全国的专业批发市场，进一步扩大国内市场的占有份额。同时，积极引进培育一批懂得对外贸易、精通外语，能与国外客商面对面洽谈业务的专业人才，不断提高红枣产业的出口创汇能力。二是“绿化”红枣生产。为适应国际食品生产绿色环保化的形势，进一步提高红枣生产行业标准，积极推广红枣的绿色无公害生产，逐步向国际食品卫生标准靠拢，为入世后开拓欧美等发达地区市场夯实基础。三是优化种植结构。利用2000—2003年的4年时间，种植、嫁接冬枣10万亩（新植3万亩，嫁接7万亩），占红枣总面积的20%，成为全国最大的冬枣生产基地县。

河北省沧县（金丝小枣之乡）

沧县是中国金丝小枣的故乡，已有3000多年的栽培历史。金丝小枣皮薄、肉厚、核小，品优味美，营养丰富，驰名中外。1996年，沧县被中国特产之乡评委会命名为“中国金丝小枣之乡”，2000年4月，又被有关部门首批命名为“中国名特优经济林金丝小枣之乡”。目前，沧县拥有金丝小枣面积达45万亩，占全县耕地面积的35%，其中盛果期枣树30万亩，年产量达15亿斤，占整个沧州小枣产区总产量的50%以上，大型小枣专业批发市场1个，小枣加工厂企业摊点800余家，其中龙头企业8家。全县小枣年产值达4.5亿元，占全县农业总产值的23%，仅小枣一项全县农民人均纯收入达到735元。

几年来，沧县县委、县政府狠抓了金丝小枣这一主导产业的发展。一是抓基地，上规模。县委、县政府确定了两线（沧保路、沧石路两侧500米林带）、四洼（鲁安庄、大白马、马连坦、望海寺四个1000亩大洼）为全县枣粮间作重点规划区，要求行向、行距、株距、品种“四统一”。并出台了《关于加快发展枣粮间作的决定》、《关于积极鼓励发展枣粮间作、小枣东移的优惠政策》、《关于对农业支柱产业实行产业化经营“五个一”责任制的意见》。各乡镇也制定了相应的鼓励政策，极大地调动了乡村干部抓种枣树的积极性。同时，实行县级干部包乡、乡干部包村、村干部包方责任制，严格兑现奖惩。几年来，全县多渠道筹集小枣发展资金近亿元，在枣区打深井800余眼，浅井2000多眼，铺设地下输水管道85万米，为金丝小枣的发展创造了良好的水利条件。二是抓服务，上科技。县里成立了金丝小枣技术攻关协会和技术服务中心，主产区下设13个技术服务站，18个虫情测报点。同时，乡镇建有枣树研究会等技术服务组织，指导枣农定期施肥、打药，提供技术服务，并从农业大专院校和省市科研单位聘请专业技术人员进行授课，县电视台多次开播枣树种植管理专业技术讲座，加大了科技普及力度。县政府先后投资150多万元，建立完善了占地600亩的全国首家金丝小枣良种苗圃繁育基地，举办枣树名优新特品种的选育和管理技术实用知识培训班600多期，培训基层技术人员8万人次，普及推广快速育苗、改良嫁接、科学定植及收集保存、繁育栽培等10多项种植新技术，并推行小枣标化管理2.5万亩，使金丝小枣的产量和品质得到不断提高。其中综合丰产技术的推广使盛果期枣树株产量由过去的12公斤提高到16公斤，一级果率由过去的不足70%提高到95%。仅1999年，沧县依靠科学技术，使金丝小枣增加收益6000万元。三是抓加工，育龙头。全县先后投资8000多万元，扩建新建加工蜜枣、乌枣、脆枣等传统加工企业800余家。初步形成了以崔尔庄红枣交易市场为龙头，以巨龙、绿宝、峰林等小枣加工企业为骨干，辐射800多个摊点的产业链条，年加工红枣突破1.2万吨，创产值近亿元，形成了蜜枣、乌枣、饮料、枣汁、枣酱、枣蓉、真空小包装等系列产品，产品销往广东、福建、浙江、上海等20多个大中城市。并出口东南亚、韩国、香港等国家和地区。为增强企业竞争力，沧县努力开发自己的拳头产品，创立自己的名牌，先后注册了“西河”、“玉泉”、“高川”、“巨龙”、“绿凯”、“枣香村”等小枣产品商标。同时，沧县积极与科研机构联合，开发多层次、高品质的新产品，巨龙枣业有限公司开发的话梅枣、阿胶枣及沧州金丝小枣保鲜小包装产品于1997年获得了法国巴黎国际名优新产品技术博览会金奖，腾龙食品有限公司开发的“高澄度浓缩枣汁”、“灵芝枣汁”1998年在“河北省第九届科技交易会暨第六届发明展览会”上分别荣获金奖。目前，全县已形成金丝小枣加工产品8大系列、50多个品种，年加工增值7000多万元。四是建市场，抓销售。沧县充分利用位于沧州市枣区中心的地理优势和丰富的资源优势，投资1500万元。扩建中国沧州红枣批发市场，规划分市场交易区、饮食服务区、仓储加工区、观光旅游区四区。现该市场已投资800万元，完成一、二期工程建设，占地102亩，建门市300间，交易大棚7000平方米，可容纳摊位1500个，年成交额达3.5亿元，吸引了陕西、山西、河南、山东、广东、广西、浙江、江苏、东北三省等地枣商来此交易，年长住枣商达1000余人。在建好、用好当地市场的同时，沧县注重加强了市场信息研究和网络建设，积极参加各种商品洽谈会、博览会，努力扩大沧县金丝小枣的影响面和销售范围，先后在上海、广州、哈尔滨等30多个大中城市设立了金丝小枣销售办事机构，使之成为掌握市场行情，反馈市场信息的窗口。

沧县计划到2010年使全县小枣种植面积达到60万亩，实现人均一亩小枣树，使其真正成为富民产业，沧县欢迎国内外客商来开发小枣资源，使金丝小枣逐步走向全世界。

附：沧县金丝小枣获奖和命名情况（资料）

1978年，河北省确定沧县为“金丝小枣基地县”。

1985年，沧县大长身金丝小枣荣获优质产品奖。《中国土特产大全》誉之为“名枣之冠”。

1986年，沧县长身金丝小枣在河北省红枣鉴定会上被评为省优质果品。（《河北日报》1986年10月26日报道）

1994年10月，获全国林业名、特、优、新产品博览会金奖（组委会颁发）。

1995年，沧县国内稀有名贵红枣优良品种收集选育技术参展项目，被评为河北省第九届技术交易会暨第六届发明展览会金奖。

1996年2月，枣树优良品种资源收集保存和繁殖技术的研究项目，荣获林业部科学技术进步三等奖（有证书）。

1996年，沧县被中国特产之乡命名组织委员会授予“中国金丝小枣之乡”称号（有牌匾）。

1997年，沧县金丝小枣良繁场的龙枣荣获首届河北省农业博览会优秀作品三等奖（有证书）。

1997年10月，沧县绿宝食品有限公司出品的金丝小枣、蜜枣、滩枣被批准为河北省农业优质产品。

1998年4月28日，沧县小枣良繁基地两个金丝小枣优良新品系和一个无核金丝小枣新品系分别被林木良种审定委员会审定命名为“金丝丰”、“金丝蜜”和“无核红”。

1999年，昆明世博会沧县金丝小枣、冬枣、异型枣获博览会金奖。

2000年4月，沧县被国家有关部门命名为“中国名特优经济林之乡”。（2000年4月21日，《中国绿色报》专版第三版）

河北省沧县崔尔庄镇（金丝小枣）

一、枣树的栽培历史

枣树是中国的特产果树，栽培历史悠久，文献记载，可上溯到3000年前。《诗经》有诗云，"八月剥枣，十月获稻"；足见其栽培历史之久远。

二、丰富的营养及医疗作用

沧州金丝小枣是中国传统名产，享誉海内外，其优良品质位居枣品种之前列。金丝小枣营养丰富，口感好。鲜果含糖量19%～44%左右，干果含糖量50%～87%左右，每100克果肉发热量309千卡，与大米、精白面粉相近。果实还含有蛋白质、脂肪及各种矿物质元素，如钙、磷、铁等。接近成熟的鲜枣维生素C（抗坏血酸）含量极其丰富，每百克果肉含量达380～662毫克，相当于苹果的70～132倍，比号称维生素之王的中华猕猴桃含量还高。维生素P（又叫芦了），每百克果肉含量达3385毫克，居各种果品之首。此外，干枣还有"润心肺、止咳、利五脏、治虚损、除肠胃癖气"（李时珍《本草纲目》）等医疗作用。

三、沧州金丝小枣及崔尔庄特色

沧州以盛产金丝小枣著名。然而，沧州金丝小枣也不尽相同，以崔尔庄镇为中心，外加附近几个乡镇（仅此几个乡镇）的小枣，是沧州金丝小枣的精品，其色味堪称一绝。正因为崔尔庄所独有的特色，加上优越的地理位置，便利的交通条件，崔尔庄镇已成为沧州金丝小枣的集散中心。

四、优越的地理位置与小枣市场

崔尔庄镇，位于沧州市西30公里处，总人口49693人；结果树49500亩，小枣产量高达10000吨左右。这里地势平坦，交通便利，即将竣工的石黄高速公路，刚完工的307国道以及廊泊公路都穿过崔尔庄。近年来，在镇党委、镇政府的领导下，该镇又投资兴建了一系列与生产、生活相配套的公益设施；道路宽敞、给水、供电、食宿等公益设施齐全。崔尔庄镇占据了天时、地利、人和，在此良好基础上，目前，河北省最大的小枣交易市场应运而生。

崔尔庄小枣交易市场，占地102亩，门市300多间，封闭式、钢架铁瓦交易大棚7000多平方米，可容纳1500个摊位。一期工程总投资840多万元，已形成以崔尔庄镇为中心，四周辐射到河间市、泊头市、青县、南皮、献县等五县市的大规模、全年度红枣交易市场。长年吸引着广东、广西、福建、浙江、东北三省、新疆、陕西等地客商来此交易，年交易额约2.8亿元。配有7个货运站为客商提供服务与方便。产品也由单一经营向以金丝小枣为主，外加阿胶枣、鸡心枣、蜜枣、枣汁、枣酱等多种经营方式发展，产品畅销全国各地，远销东南亚各国。美、日、韩等国市场也在迅猛发展。崔尔庄镇已为中、外客商营造了一个十分良好的投资、经商环境。热情的崔尔庄镇人民衷心希望与中外客商在此共结良缘。

河北省赵县（雪花梨之乡）

一、概况

赵县地处河北省中南部，位于省会石家庄市东南40公里处，西距京深高速公路10公里，308国道自境内穿过，域内公路纵横交错，四通八达，交通十分便利。电力及通讯设施良好。全县总面积678平方公里，耕地面积76万亩，人口53万，是河北省传统的农业生产大县，尤以生产驰名中外的赵州雪花梨而闻名，是著名的"中国雪花梨之乡"。

目前，该县果树总面积已发展到25万亩，年产梨果3.8亿公斤，拥有机制恒温库1429座，贮藏量达到2亿公斤，年创产业产值14亿元，年上缴财政税金3000多万元。

二、果树资源分布

该县梨果种植范围广泛，共涉及17个乡镇，241个自然村，中、西部星罗棋布，东、南部集中连片，蔚然成林。主栽品种为雪花梨和鸭梨，树龄均在15年以上，树龄最长达150年之久，仍然枝繁叶茂，果实累累。主要产区位于东部滹沱河故道的范庄、谢庄等6乡镇和位于南部沙河岸的高村和沙河店两个乡镇，其果树面积占全县总面积的2/3以上。

三、雪花梨品种特点

赵州雪花梨是赵县特产，因其果肉洁白如玉，似霜如雪而得名，史载有：赵州御梨"大如拳，甜如蜜，脆如菱"之说。其果实以个大、体圆、皮薄、肉厚、色佳、汁多、味香甜与赵州桥齐名天下。单果重一般400克左右，最大1900克，含糖量12—14%，最高可达16.5%，雪花梨营养丰富，含有各种有机酸、蛋白质、矿物质和多种维生素等，除鲜食外，也可以加工罐头、梨汁、梨脯、梨酒、梨膏等各具风味的保健食品，可入药医病，有生津、润燥、清热清毒，化痰止咳等医疗功效。

赵州雪花梨一般9月中旬成熟，耐贮运，贮藏适温为−1℃～1℃，一般可贮藏至来年5月初。品质上乘，继1985年、1989年两次荣获"部优产品"金杯奖之后，又于1993年获泰国曼谷"93中国优质农产品及科技成果设备博览会”金奖，1996年赵县被中国特产之乡命名组委会命名为“中国雪花梨之乡”，1997年又获“97全国金秋水果电视综艺评比”最高殊荣——葫芦岛杯奖，1998年该县为雪花梨注册了“赵州”牌、“赵州桥”牌商标，并被评为河北省“名牌产品”、全国“中华名果”，1999年又被“世博会”评为银奖产品。远销全国各大中城市及许多周边国家和地区，久负盛名，经久不衰。

四、自然条件

1.气候条件：赵县位于北纬37°46′—38°，东经114°44′—114°之间，海拔41.8米，属华北平原太行山麓冲积扇的一部分。地势由西北向东南倾斜，气候属东部季风区暖温带半湿润区。年平均气温12.3℃，1月份平均气温-4.4℃，7月份平均气温26.4℃，近10年最低气温为-22.3℃，最高气温41.7℃，年平均日照2751.2小时，年积温4768.6℃，年降水量502.5毫米，全年盛行东南风，初霜期在10月21日，终霜期4月17日，无霜期187天，生长季节日照长，热量充足，雨量适中，为梨果生产提供了良好的自然条件。

2.土壤条件：赵县城东梨区为滹沱河故道。土壤为沙壤土或粉沙土。一般表土30—40厘米以下有3—5厘米的粘土层，50厘米以下为细沙土。表土疏松，透气性良好，虽无团粒结构，但具有一定的保肥保水能力，城南梨区表土为沙壤土或粉沙土，50厘米以下为粗沙，保水保肥能力差。全县果园的土壤营养状况因管理水平不同而有差别。

河北省顺平县

顺平县位于太行山东麓，保定市西部，全县辖3镇7乡，237个村，29.3万人，总面积708平方公里，其中山区占2/3，属浅山丘陵地带。顺平县为革命老区，由于多方面原因。经济发展缓慢，1986年被确定为全国重点扶贫县。

多年来，该县按照“山上建基地，山下建市场，山外找销路，科技创高效”的总体思路，不断调整、优化农业结构，把发展水果产业与山区综合开发相结合，与农民脱贫致富相结合，取得显著成效。1999年，全县水果面积达到28.5万亩，形成了红富士苹果、桃、柿、杏李杂果四大基地，水果产量达到1.1亿公斤，总产值1.71亿元，占农业总产值的19.5%，全县人均水果纯收入567元，占全县农民人均纯收入的27.6%，山区占70%以上。红富士苹果面积达5.2万亩，产量达2500万公斤，果品以个大、外观鲜丽、含糖量高著称，获1995年中国第二届农业博览会铜奖。同时，顺平县被林业部确定为“全国科技兴林示范县”，并获’99昆明世博会银奖。全县靠林果生产人均收入达到2000元以上的村有16个，1000元以上的67个，出现了3个专业乡，78个专业村和15000多个靠林果致富的专业重点户，林果业已成为顺平山区的支柱产业，农民脱贫致富的绿色银行。

一、科学规划，强化措施，建设果品基地

通过分析论证，县委、县政府制定了“两短养一长，多业富一村”（两短指畜牧业、乡镇企业；一长为林果业）等一系列经济发展方针，把栽树种果、建立果品基地做为山区脱贫致富奔小康的一项战略措施，常抓不懈。一是科学规划，在充分调查研究的基础上，根据市场前景，提出了长短效益结合，近期以桃和杏李杂果为主，中后期以红富士苹果和柿子为主，果粮间作，立体种植，经济、生态、社会三大效益并举的水果发展思路。1986年制定了全县建设22万亩的柿子、红富士苹果、桃、杏李杂果为主的四大果品基地的总体规划，1996年又确定了到2000年达到30万亩的总体目标。二是制定政策。在基地建设中，针对群众中存在怕政策变而不敢栽的忧虑，县委、县政府制定了相应政策，明确规定“山区沿山区建成水果基地，谁栽谁有，谁受益，长期不变，有继承权和转让权”，给了群众一颗“定心丸”。三是狠抓落实。坚持成方连片，规模发展，进行一条沟、一面坡的开发治理，实行了四个统一，即统一规划、统一树种、统一栽植、统一管理，分户经营，使基地不断向规模化、区域化、标准化发展。

二、依靠科学技术，优化结构，提高质量

当前中国即将入世、果品市场供大于求，为使该县水果在市场竞争中保持优势，该县把依托科技，优化结构，提高质量作为重中之重，加大了工作力度。坚持“栽树育人同步走”，发挥“全国科技兴林示范县”的优势，加强了科技服务、科技培训、科技示范三大体系建设，把科技工作贯穿于整个水果生产之中。一是在全县范围内建立了科技推广体系。县建立了水果技术推广站，乡有农综站，山区7个乡都配备了2~3个大中专毕业生技术员，237个村都配备了科技副主任，培育了4000个水果科技示范户，形成了比较完善的科技推广网络。同时，积极引导支持民间科技组织。成立了红富士苹果开发协会、桃树协会、果树研究所、顺平县优质果品产业协会等服务组织，形成了一支庞大的农民技术骨干队伍。二是狠抓科技培训。以河北农大等大专院校科研单位为技术依托，建立了长期技术协作联系，培训技术骨干。同时，走出去，请近来，引进、消化、吸收国内外先进技术。1990年开始，该县共引进日本花甲协会专家26人次，向日本派研修生17名，还派出12人去日本进行了红富士苹果、农协等方面的考察研究，吸取外国先进经验。

并创办了《林果指南》、《科技之声》等技术刊物，

1999年培训果农6万人次。三是狠抓科技示范。县建立了良种苗木繁育示范基地，重点抓好新品种、新技术的引进示范推广，培育了台鱼大久保桃、苏家疃红富士苹果、才良温室油桃等不同类型的示范村和示范园，形成了村有示范户、乡有示范村、县有示范区等形式的示范体系，收到良好效果。

目前，生产的“顺富”牌红富士苹果平均单果种250g以上，含糖量超过15%，果形端正，果面洁净，套袋果达到全红，达到了国际标准。

三、狠抓果品市场建设，促进产业化经营

近些年来，该县在抓生产的同时，下大力抓了果品市场体系建设，以销促产，实现了质量和效益双提高，推进了产业化的发展。

首先，在巩固城乡集贸市场的基础上，开辟马路市场。收获季节在水果产区的公路两侧侧搭建临时果品销售棚，吸引客商。在顺平县境内主要道口，广设市场导向标牌，一切方便客户。第二，多方筹资，兴建专业批发市场。1989年以来，由县、乡、村集资300多万元，根据水果的分布区域，在全县建立果品专业市场22个，固定摊位150多个，在全国各大市场建立信息联络点18个，及时提供需求状况和行情，反馈果农，指导生产和销售。第三，抓好与市场相配套的服务设施建设。市场设有旅馆、餐厅、停车场、电话，方便客户。实行“信誉第一，顾客至上”的经营原则，林业、财政、工商、公安等部门到市场联合办公，严肃处理少数坑人骗人、欺行霸市的害群之马，创造一个良好的市场环境。抓好交通运输，坚持“市场建到哪里，公路就通到哪里”，近几年来修路42条，长达220.5公里，为水果销售创造了一个有利的外部环境。第四，采取多种形式，加强宣传，拓宽销售渠道。通过电台、报纸、电视台、杂志等新闻媒介刊登广告，提高果品知名度。多次组织重点乡村及有关部门到北京、天津、东北、西北、广州、深圳等大中城市进行考察，了解市场动态、行情、销售方法，加强同外地业务联系。组建了“顺平县优质果品产业协会”和“顺富果品集团总公司”，具体组织、联系、协调果品的销售工作，实行产、供、销一条龙服务。鲜桃销售季节，县委、政府开发了“百名干部开拓市场”、“百名干警进市场维持秩序”活动，倡导周边县市开辟了果品运销“绿色通道”，实行了果品“运销卡”制度，促进鲜桃销售。第五，创名牌，争市场，增效益，在狠抓产品质量的同时，向国家工商局申请注册了“顺富”牌商标，严格管理，保质量，创名牌。在保定设立了“顺富”果品精品专卖店，依靠精品打入高消费市场。

由于措施得力，该县水果销售一直看好，在近几年水果市场不景气的情况下，畅销全国各地，并远销新加坡等国家和香港地区。顺平水果产业按照产业化的思路，走出了一条具有自己特色的发展道路。

河北省迁西县（林果、铁矿业）

改革开放以来，迁西县立足县情，发挥优势，面向市场，大打资源开发之仗，把以板栗为主的林果和铁矿两大特色主导产业作为发展县域经济的突破口，拉动了全县经济的持续健康快速发展，加快了富民强县步伐。1999年，林果和铁矿业实现产值3亿元和8.2亿元，分别占工农业总产值的18%和54%；完成税收1亿元，占全县财政收入的66%；全县农民人均纯收入达到3300元，其中36%来自两大产业。迁西县先后被国家有关部门命名为山区综合开发示范县、全国经济林建设先进县和中国板栗之乡；全县铁精粉产量连续7年居全国县级第二，1992年和1997年全国地方铁矿工作会议两次在迁西召开。

一、认准优势明思路

迁西县地处燕山东麓余脉，是唐山市唯一的纯山区县。全县山场面积158万亩，占国土总面积的七成以上。山上盛产驰名中外的京东板栗和冀东名产安梨。板栗以其质量上乘、营养丰富而著称于世，畅销日本及东南亚市场80年不衰；安梨在《本草纲目》中就记载了其清心润肺、祛痰镇咳、提神醒酒的功效。地下蕴藏铁、金、锰、钾等36种矿产资源，尤其以铁矿储量最为丰富，已探明远景储量为2.4亿吨，可采储量为1.4亿吨，是冀东铁矿带的中心区域。迁西县虽然有丰富的资源优势，但在改革开放以前，由于长期受“以粮为纲”思想禁锢，人们却守着“金山”要饭吃，经济发展缓慢，农民人均纯收入长期在200元上下徘徊。进入80年代以后，以寻求科学有效的经济发展模式，县委、县政府认真审视县情，客观全面分析迁西经济发展的优劣势后认识到，迁西的优势在山，潜力在山，希望也在山。只有发挥资源优势，发展特色产业，栽活山上树，开好山中矿，才能实现强县富民的目标。为此，县委、县政府在科学论证的基础上，果断制定出“以县乡工业为主体，以林果畜牧为两翼，以铁矿开发为突破口，多业并举，振兴迁西”的经济发展思路。思路确定之后，连续几届县委、政府都一以贯之地做好资源开发文章，并在实践中不断加以充实完善提高。经过全县上下的共同努力，十几年来已累计投资2亿元，投工4200万个，开挖围山转36.8万亩，栽植干鲜果树1800万株，森林覆盖率达53.4%；建成铁矿采矿场400多个、铁选厂140家，形成采、选、烧、炼、轧系列化生产。铁精粉产量连续7年超过100万吨，1999年达到150万吨，两大特色产业成为全县经济的“台柱子”。本届县委、政府成立以来，按照“两个转变”和经济结构调整的要求，在继续做好资源开发文章的同时，努力提高开发层次、水平和效益。面对农业发展新阶段和中国即将加入世贸组织的新形势，为更好地迎接新挑战，参与国际竞争，提出了建设林果强县的战略决策，力争用5年左右的时间，使全县有林地面积发展到150万亩，以板栗、安梨为主的经济林面积达到90万亩、4000万株，干鲜果品总产量达到6000万公斤，森林覆盖率达到60%；林果业总产值比1999年翻一番，林果业收入占农民直接纯收入的40%以上，实现“再造一个山上迁西”的目标。对于铁矿业，则提出了“进行技术创新、体制创新和管理创新，不断提高竞争能力，扩大市场份额，提高经济效益”的发展思路。

二、力量倾斜抓落实

1.强化领导，落实责任。历届县委、县政府对发展两大产业非常重视，成立由县委、县政府主要领导挂帅的领导小组，抽调精干力量组成专门班子，对重点工作限定时间，排出工期，加强调度，兑现奖惩。乡镇、村和县直有关单位也都成立相应组织，分工负责，协调联动，形成合力。实行县、乡领导包山头、包项目责任制，按照“为官一任、致富一方”的要求，各级干部对所包山头、项目经常进行督导检查，强化协调，搞好服务。十几年来，县、乡领导承包山头110座，开挖围山转3万亩，栽植各种树木100万株，为群众树立了样板。

2.科学论证，制定规划。县委、县政府充分尊重群众的首创精神，经中国农科院及其他部门的有关专家考察论证，把群众自发形成的开发荒山模式，冠以科学名称“围山转”，多次召开理论研讨会，从理论与实践的结合上进行总结完善提高。在此基础上，按照“适地适树、整体优化、综合效益”原则，对林果业发展进行整体规划。全县17个乡镇也都作出了相应切实可行的具体规划，并全力抓好落实。根据不同发展阶段要求，先后制定了《加快荒山绿化的决定》、《大力发展林果生产的决定》、《关于建设林果强县的意见》等指导性、政策性文件；责成县有关部门研究制订了填补国家空白的《地方围山转标准》，并据此进行工程验收，有力地推动了林果业的健康发展。在铁矿业发展上，多次聘请中国冶金设计院等部门的高层专家学者来迁西考察论证，制定出全县总体发展规划。成立专门职能机构，制定开发规划，具体负责探矿、项目论证、设计和行业管理等工作。

3.强化协调，解决问题。对两大产业发展中遇到的诸如资金、项目、人才等重点难点问题，县委、县政府充分行使领导协调职能，集中精力予以解决。1997年，国家调整并增加山区综合开发示范县名额，县委、县政府主要领导抓住机遇，亲自带队，十几次跑省进京，终于将迁西列入全国山区综合开发示范县，5年内可争取上级资金1亿元。津西铁厂是铁矿深加工的龙头企业，事关全县铁矿业的发展和全县总体经济实力的壮大。县委、县政府对其高度重视，经常集体研究企业发展问题，在县委书记亲自包津西的同时，领导力量实行倾斜，县委一名副书记主抓津西的具体项目，企业经济效益连年攀升，先后荣获全国500家最佳经济效益工业企业、河北百强工业企业等荣誉称号。津西的发展壮大有力地推动了全县的铁矿开发向纵深发展。针对近几年铁矿业发展中比较突出的重复建设、资源浪费等问题，县政府于2000年上半年集中力量进行治理整顿，促进依法、有序开采和生产经营，取得了明显成效。

三、政策优惠吃偏饭

在林果和铁矿两大产业发展的实践中，迁西县根据实际情况，制定了一系列能够调动群众积极性、达到群采群开目的的优惠政策，不断优化开发机制。在林果生产方面明确规定：①对于成片大面积荒山，由集体统一组织治理、分户承包经营，经营期一律为30—50年。目前，全县有80%以上的围山转实行承包经营。②对于小面积、零星且集体无法统一组织治理的，集中承包或拍卖给营林大户规模经营。③对于治理和管理难度较大的荒山和围山转，公开拍卖使用权，拍卖期限为30年。全县共拍卖荒山、围山转使用权20万亩，已大部分实现绿化。近年来，在贯彻落实地树承包期30年不变政策的基础上，迁西县又进一步建立健全政策机制，加大退耕还果力度，鼓励造林植果。凡由集体统一规划退耕造林植果的山脚坡沟地、中低产田，除国家统一征用外，不列入调整范围，经营权年限可延长到60年，农民消除了顾虑，敢于大胆投入，加强管理。2000年以来，全县完成山脚坡沟地退耕还果3.5万亩，栽植以板栗、安梨为主的果树280万株。在铁矿业发展的初始阶段，县委、县政府因地制宜地确定了“群众采、定点收、国家炼、统一卖”的“先上马、后备鞍”的办矿模式和开发政策，调动了群采的积极性，有效解决了资金投入不足的问题。冀东地区群采铁矿的第一炮就是由迁西县牌楼沟村打响的。随着铁矿业的不断发展壮大和资金实力的增强，又制定了“以探促采、以采保选、采选配套”的政策，铁矿业进入了规模发展的良性轨道，全县120家铁选企业有了主体矿山，铁精粉产量和经济效益连年递增。近年来，为解决企业活力不足问题，迁西县积极探索公有制的多种实现形式，制定出对县乡企业进行产权制度改革的政策，全县96%的铁矿企业完成了股份制、股份合作制、租赁、拍卖、先售后股等产权制度改革，累计盘活存量资产1.6亿元，吸纳增量资金8000万元，铁矿业焕发了新的生机和活力。在深度开发铁矿资源的同时，迁西县委、县政府清醒地认识到，铁矿资源是有限的、不可再生的，发展经济必须走可持续发展之路，既要强黑（铁）壮绿（林），又要以黑养绿、以黑促绿，才能实现长久富裕。二十年来，全县累计从铁矿开发利润中拿出2000多万元反哺林果业，用于建设取之不尽、用之不竭的“绿色银行”。

四、延长链条舞龙头

迁西县委、县政府在实践中体会到，全县经济虽然在林果和铁矿开发中实现了跳跃式发展，但是，资源开发在很大程度上是浅层次、粗放型的，许多产品还停留在卖原料和半成品的层次上，铁矿产品以铁精粉为主，林果业的板栗和安梨以原品为主，效益和附加值低。迁西经济要实现更快更好发展，单纯依赖资源的初级、浅层开发是远远不够的，必须大力发展龙头企业，搞好深加工，增强转化增值和带动能力。基于此，迁西确定了加快龙头企业建设，以资源深开发促经济快发展的新战略。依托丰富的铁矿资源优势，1986年，与天津市共同投资4000万元建立了津西铁厂。经过十几年的滚动发展，津西铁厂已从原来的2座百米炼铁高炉发展到拥有4座120立方米炼铁高炉、1座380立方米炼铁高炉、2台发电机组的国有大型一档企业，并组建为企业集团，固定资产6亿元，年产钢80万吨、生铁80万吨。累计实现利税3.6亿元，2000年利税达2亿元，成为全县财政收入的重要支柱。现在公司已改制成为规范的股份有限公司，企业的竞争力进一步增强。津西集团可使全县40%的铁精粉转化增值，带动了交通运输等第三产业的发展。为扭转长期以来板栗销售恶性竞争、掺杂使假、受制于人等被动局面。1998年成立了以县外贸公司为核心企业的板栗加工、销售企业集团，对品牌保护、规范经营、开拓市场、维护栗农利益等起到了较好的作用。板栗集团组建以来，较好地发挥了龙头作用，使全县板栗经营走上了开放、有序竞争的路子，年加工出口板栗1000吨，创产值2亿元，出口创汇1000万美元。目前，该集团已被列入全省重点扶持的农业化龙头企业。为强化政府对板栗这一特色产品的宏观调控力度，2000年又成立了板栗管理办公室，负责板栗的产品供销的协调指导，便于迁西板栗形成闯市场、占市场的合力。为使全县1000万公斤的安梨实现转化增值，在原县食品厂的基础上组建了向旺集团，并开发出纯天然保健饮品安梨汁。经过几年的发展，目前集团已形成万吨生产能力，年可实现销售收入1200万元，安梨汁被命名为绿色食品。此外，该集团的矿泉水、葡萄汁、桃汁等新产品已陆续上市。津西、板栗、向旺三大集团的建设，使迁西两大产业的龙头真正舞动起来，较好地发挥了带动作用。

五、双向开放拓市场

特色产业是以市场竞争力为支撑的，产品是以市场占有份额来衡量优劣的，如果不注重开拓市场，特色产品再好也卖不出去，特色产业的发展就不可能一帆风顺。在这方面，迁西县着力抓好四个环节。①抓宣传。采取多种形式，宣传迁西的农业特色产品，提高知名度和市场竞争力。板栗、安梨汁产品广告在中央电视台一、二、四、八套节目滚动播出3个月后，产品声誉大大提高，有20多个省市来人来函洽谈业务。向旺集团出资500万元赞助汽车拉力赛和进行区域性的重点宣传后，产品的市场覆盖率不断扩大。目前，已稳定占领内蒙古、黑龙江、辽宁等十多个省、市、地区的市场。②抓品牌。将农业特色产品进行商标注册，打击假冒伪劣和侵权行为。“紫玉”板栗、“栗仙”栗蘑、“滦河”鲤鱼等产品均有较高知名度。③抓营销。前些年，受亚洲金融危机影响，板栗出口曾一度受阻，迁西县从保护农民利益出发，大力开拓国内市场，在沈阳、大连、广州、香港等40多个大中城市设立糖炒板栗经营店300多个，年销售糖炒板栗2000吨，销售额5000万元，农民得到较大实惠。津西集团按照国家产业政策，在加快结构调整，促进产业升级的同时，努力实现产品外向化，与日本伊藤忠株式会社达成钢坯销售协议，第一批出口钢材8000吨，创汇140万美元。④抓队伍。放手发展中介组织和农民经纪人队伍，积极组织农民闯市场，鼓励千家万户搞果品贮藏、运输、销售经济实体或到外地兴办果品销售加工项目。全县果品贮藏、保鲜能力达到5000吨，2000多名运销大户和农民经纪人活跃在全国各地。投资1亿多元加快市场体系建设，力争使迁西成为中国北方有影响的干鲜果品生产、贮藏、运输、集散地。

河北乐亭县（鲜桃之乡）

乐亭县地处河北省东北部，唐山市东南部，东南滨临渤海，毗邻京津唐秦四市，属暖温带滨海半湿润大陆性季风气候。位于北纬39°05′46″至39°34′38″、东经118°49′48″至119°18′37″之间，年平均气温10.1℃，极端最高气温37.9℃，极端最低气温－21℃，累计年均降水量613.2毫米，累计年均日照时数2579小时。初霜日期平均为10月5日，终霜日期平均为4月21日，无霜期为177天。土壤以潮土为主，有机质含量平均为1.35%，PH值7～8.5，地下水位1～3米，土质肥沃，保水保肥，灌溉排水条件好，有利于果树有机质积累，为发展鲜桃生产提供了优越的条件。

全县总面积1308平方公里，耕地面积98万亩，人口49.4万，其中农业人口43.7万。近年来，县委、县政府立足资金优势，根据市场需求，按照“调结构、建基地、上标准、创名牌、出精品、提效益”的总体思路，把发展鲜桃生产作为发展特色产业、调整农业结构的关键措施来抓，通过政策推动、科技带动、利益驱动，使鲜桃生产得到了长足发展，形成了区域明显、独具特色的鲜桃生产发展新格局。截止到1999年底，全县鲜桃面积达到10万亩，桃果总产达到20万吨，实现产值3.2亿元。境域内从三月到十一月均有鲜桃成熟上市，形成了同年生产、同年供应的新格局。乐亭鲜桃于1997年经国家工商局批准，注册了“乐丰”牌商标，“乐丰”牌久保桃、油桃被评为河北省名牌产品，重阳桃、21世纪桃1999年获昆明世博会铜奖，油桃、晚久保桃、中华寿桃、重阳红桃、扬屯大桃、绿化九桃、早风桃等7种桃果被评为河北省名优产品。无论是栽培面积、鲜桃产量，还是质量、效益在河北省都是位居第一，被国家林业局确定为“全国经济林示范县”，被国家农业部命名为“中国鲜桃之乡”。

目前，乐亭鲜桃栽植面积达到10万亩。主要分布在胡坨镇、姜各庄镇、汤家河镇，在这三个镇造成了3个鲜桃万亩方，方内鲜桃面积达到4万余亩，并以三镇为中心，幅射到毛庄乡、中卜乡、汀流河镇、乐亭镇，形成了百里鲜桃带，面积达近6万亩，主要栽培早、中、晚熟品种达三十多个，早、中、晚熟品种的比例大体在3:4:3。其主栽品种有：早熟品种为早风王春白、早艳、早雨花露等，中熟品种为北京33、早久保、绿化7、油桃系列、绿化九等，晚熟品种为晚久保、扬屯大桃、重阳红、红秋蜜、中华寿桃、21世纪红等。栽培模式主要有三种：一是日光节能温度栽培桃树，面积1000亩左右，栽培品种主要是瑞光2、3、5号，华光、曙光、艳光、早红珠、早红桃等，成熟期从3月中旬至5月中旬；二是塑料大棚栽培桃树，主要是秋延后栽培中华寿桃，成熟期在11月中下旬；三是露地栽培桃树，面积9万多亩。成熟期从6月份至10月份。在栽培模式上，该县采取了错季生产，打市场时间差，填补市场淡季。

为达到农民增收，提高经济效益的目的，他们狠抓了果品销售，一是投资近亿元，建成了占地300亩，集销售、信息、仓储、运输、加工、服务于一体的国家级市场——冀东果菜批发市场，年销果菜80万吨，销售额达5亿元。二是在全县建成了大中小型恒温库16个，日加工处理能力在2000吨以上；三是建立了由3000多人组成的经纪人队伍，经过培训持证上岗，在全国40多个大中城市建立了300多个批发销售网点，年销售鲜桃占桃总量的70%以上；通过采取上述措施，使乐亭鲜桃销往京津唐、东北、深圳、上海、广州、海南等，并远销俄罗斯、新加坡等国外市场，使乐亭鲜桃在国内外享有盛誉。几年来，鲜桃产销率一直保持在100%。

由于销路通畅，使果农增加了经济效益，1999年产值超过3亿元。特别是温室桃，每个温室占地1亩左右，亩均收入都在3万元以上。

在鲜桃生产中，他们注意抓典型，发挥典型的示范带动作用。

一是抓典型镇乡，从1998年以来，抓了胡坨、姜各庄、汤家河三个镇的鲜桃万亩方，到1999年底三个万亩方内桃树面积达到3.6万亩，仅姜各庄“万亩方”，每年年增桃树面积7000亩，达到1.5万亩，1999年结果面积8400亩，平均亩收入4000~5000元，总收入达3400多万元。胡坨镇优质桃面积最大，产量最高。全镇5.4万亩土地，果树面积达2.4万亩，产量4.6万吨，年产值5164.7万元，占农业总产值的60%。鲜桃成熟季节，每天到该村拉运鲜桃的大卡车达50余辆，成为远近闻名的果树专业乡镇。

二是抓示范村，1998年7月，他们在乐亭镇的棘坨林规划建立了果树示范园区，全村新建日光温室60座，全部栽植了油桃，2000年亩产油桃12万公斤，按上年售价10元/公斤计算，产值可达120万元，仅此一项全村342口人，人均收入3500多元。通过该村的示范作用，使全县农民看到了温室桃树的优势，有力地带动了全县温室的发展，2000年全县发展到3000亩。

三是抓示范户。姜各庄镇的示范户卢有义，5亩桃树产桃1.5万公斤，总收入3万元，被誉为“鲜桃大王”，1999年温家宝副总理来该县视察时，称赞了他。

山西省临县（红枣之乡）

临县地处晋西黄土高原吕梁山西侧，隔黄河与陕西省佳县、吴堡县相望，全县共有38个乡镇、1027个行政村，总面积2979平方公里，其中耕地面积163万亩，总人口55万。

临县属黄河中游干旱半干旱地区，土地瘠薄、气候干燥、十年九旱、农作物广种薄收，但独特的地理气候，十分有利于红枣树的生长、发育，近年来，临县依托县情，确立了红枣产业在县城经济发展中的主导地位，认真落实土地、林业政策、引导干部、群众多层次、多形式开发，多渠道筹集资金，大力发展以红枣为主的经济林，全县红枣林面积稳步上升，现成林面积已达63万亩，挂果35万亩，年产量6000万公斤，被国家林业局命名为全国红枣之乡。

临县红枣栽培可以上溯到西汉年间，具有2000多年的历史。据县志记载，早在西汉时期，临县就有人栽培枣树，“索达干枣园子一带，枣居多数，而开阳较为驰名”。多少年来，全县已经形成了一定的管理种植经验，特别是近年来，加大了红枣的高科技管理力度，扩大了红枣林覆盖面积，并在红枣的良种繁育、丰产栽培、综合管理等方面积累了许多经验，广大枣农普遍掌握了扩穴施肥、炮震松土、整形修剪、花期管理、病虫害防治、高接换优、防雹增雨等七项综合丰产技术，有效地提高了红枣的产量和品质。

临县红枣现有100余个品种，其中以本地木枣为主，分牙枣、团枣、黑卜枣、玉丽枣等60余种。近年来，又引进骏枣、赞皇大枣、梨枣、冬枣等40余种。

临县红枣个大核小，皮薄肉厚、质细味甘，富含蛋白质、脂肪、有机酸，经中国科学院生化物理研究所鉴定，临县红枣含有18种氨基酸、10种维生素和14种微量元素，特别是富含具有抗癌保健作用的CANP成份和硒元素。

临县的红枣加工以天渊枣业有限公司这个全省最大的红枣加工企业为龙头，联结晋西、元阳枣业公司等个体、私营加工企业200余个。全县红枣的年加工转化能力达到1000万公斤，目前可加工生产的红枣系列产品有“妙旭”牌枣汁、枣茶、“三宝”果汁、杞芪枣、鲜酒枣、枣酱、中华大红枣、贡枣、玉枣和天渊枣圣等20余种、枣茶、枣汁先后荣获’94成都全国星火科技成果精品展示会金奖、山西省首届农业博览会金奖、首届中国金榜技术与产品博览会金奖；临县大枣、黄河滩枣分别获’96北京国际果品技术设备展览会金奖、银奖，元阳红枣公司生产的红枣系列产品获国家有关部门奖和埃及社会发展基金会“金字塔”奖。

临县的红枣销售以县红枣批发市场和供销社为依托，以红枣贩户和红枣经纪人为载体，已经形成联结9个驻外办事机构和100余个固定外销点，拥有5000余人外销队伍，产品主要销往东北三省和北京、南京、上海、广州、深圳等大中城市，并打入日本、韩国、新加坡、泰国及香港、台湾等国家和地区。全县除推销本县红枣及其产品外，每年至少吞吐转化秦晋两省祁县、太谷、兴县、柳林、清涧、吴堡、佳县、神木、府谷等10余个县的红枣及其产品1000万公斤，是吕梁地区乃至“三北”地区的红枣集散，转化中心。

大豆是临县的又一主导产业，目前全县种植面积达35万亩，总产量达1600万公斤，临县大豆除富含蛋白质、脂肪、碳水化合物、维生素及多种矿物质外，含油率也较高。

近年来，临县与意大利塞克国际贸易公司合作，引进瑞士布勒公司最新技术设备创办了中外合资山西华义大豆食品有限公司，年设计生产能力4000吨左右，公司以临县盛产的优质大豆为原料，运用纯物理方法、加工生产“晋奇”牌系列全脂高蛋白大豆精粉和系列速溶饮品，具有纯天然、高营养、易吸收等特点，经国家绿色食品发展中心监测，符合绿色食品标准，该产品获’95第二届中国杨陵农业科技博览会后稷金像奖，’96中国（太原）第三届食品博览会金奖，’96西班牙巴塞罗那国际产品质量展金奖，产品投放市场以来，深受广大消费者的青睐，远销北京、天津、上海等全国10多个省市及马来西亚、香港、台湾、南朝鲜等国家和地区。

山西省平遥县（酥梨）

〔**概况**〕平遥县位于山西省中部，全县土地面积为1260平方公里，现辖5镇19乡，349个行政村，6个居民委员会，总人口47.8万。平遥县曾是向鼎清代商界、左右全国金融近一个世纪的晋商文化的主要发祥地之一，由于古城最为完整地保存了明清以来的城墙、街道、寺庙、店铺、民居等历史遗产，被誉为世界上为数不多的人类文明瑰宝。1986年12月8日，平遥被国务院命名为国家历史文化名城，1997年12月8日，平遥古城被联合国科教文组织正式确定为“世界文化遗产”，列入《世界遗产名录》。

〔**平遥套袋酥梨（商品名“贡梨”）**〕具有较长的生产历史，由于平遥县地处黄土丘陵区，土层较深，土质肥沃，水、土、光、热资源充足，为优质酥梨的生产提供了很好的条件。1995年以来，以襄垣乡郝温村为起源，引进套袋技术，使酥梨质量进一步提高，单果重300—350克，果面色泽鲜黄，果型整齐，无污染，无公害，耐贮运，符合国标优等品指标。1999年，全县酥梨产量达到3600万公斤，其中套袋产品占到1/3，成为丘陵区农民的重要经济收入来源。1996年，产品被评为山西省首届优质水果展评会银奖和’96国际果品技术设备展览会优质产品奖，1999年，在’99中国国际农业博览会上被认定为“名牌产品”。

山西省芮城县

〔**概况**〕芮城县地处晋、秦、豫三省交界的黄河北岸，是中华民族较早的发源地之一，殷商称“芮国”，西周称“魏国”，后秦为河东郡，汉初设河北县，北周明帝二年（558）始设芮城县沿用至今，全县土地面积1176平方公里，耕地面积78万亩，辖7镇9乡310个行政村，人口36万，其中农业人口33万，是国务院批准的首批对外开放县，也是国家金奖苹果和小麦生产基地县及大红袍花椒经济林基地县。

芮城县地处中纬度地区，属暖温带大陆性半湿润气候，是生产优质苹果的最佳区域。境内山、川、沟、坦、滩五形俱全，是一个典型的山区农业县，发展花椒经济林具有得天独厚的优越条件。

〔**苹果**〕芮城是个传统的农业县，1993年以前小麦、棉花种植面积占到66万多亩，但县财政困难，农民收入很低，一直处于温饱阶段。历届县委、县政府领导班子都做了不少努力以扭转这个局面。1993年初，县委、县政府在深入调查，纵横比较，全面分析，反复论证的基础上，作出了“实施苹果经济战略，调整农村产业结构”的决策，决定在保证粮棉生产的前提下，拿出50%的耕地，建设40万亩优质苹果基地。全县10万劳力，经过一个冬春的大战，在芮城大地形成了苹果这一占全县经济主导地位、起龙头作用的绿色产业。

全县统一思想“苹果作为一种产业，不仅仅局限于栽树、摘果、食用或出售这样简单的范畴，而必须形成与商品经济、市场经济相联系的、以社会化生产和现代经营为特征的、带有一定专业特点的较大生产领域”。从而把其从带有自然经济色彩的生产领域改造成与市场经济相衔接的社会化大生产。

县委、县政府从管理、包装、贮藏、加工、销售以及科技、水利、交通、运输等方面统筹考虑，配套进行。在操作中按照产业化的要求进行动作。县委、县政府在《关于在全县实施苹果经济战略的意见》中明确提出了抓好基地、科技、流通、贮藏包装、交通运输、加工六大建设，并制定了七项配套政策以保证六大建设的实施。在基础建设上，出台了《芮城县人民政府关于稳定果园权属的若干规定》，让果农吃定心丸；在科技网络建设上，制定了《芮城县人民政府关于对果园实行技术承包的暂行规定》和《农民技术员职称评定的暂行条例》，使果园管理趋向规范化、科学化，在流通网络建设上，提出在县内建设百亩以上，全区一流的果品批发市场，在全国各地建立批零网点，作为对外宣传、销售和信息交流的窗口；在贮藏包装网络建设上，提出建设1万个果窖，贮藏量达到总产量40%，举办年产12000万条保鲜袋、3000万个包装箱，3亿个包装网的包装物生产企业，以保证苹果外销包装物品的需求；在交通网络建设上，提出围绕果园修道路，保证每个果园能通车；在加工网络建设上，提出办好果品、果汁、饮料生产企业，年消化苹果达1亿斤以上。按照这一模式，芮城苹果产业化运作了八年，有效地驱动了各项产业联动发展，取得了巨大的经济和社会效益。

1999年底，全县苹果总面积稳定在40万亩，果农达7万余户，近30万人，苹果总产量5亿公斤，位居全省苹果生产十强县之首，农民从苹果产业上人均增收600多元；全县现有果品技术人员3000余人，其中农民技师216人；全县从事农副产品加工的企业已发展到68家，年加工能力4万多吨，年产值达3.6亿元，利税突破3410万元；全县现有土窑洞果窖10000余个，恒温果库30多处，年贮果量达2亿多公斤；全县新开、整修、拓宽、硬化道路1000多公里，实现了村村通油路，现有大型运输车辆1500辆；先后在北京、天津、云南、广州、昆明等23个省市建立了销售网点120多个，专门从事苹果销售的经纪人3000多人，仅芮城驻广州办事处开辟的“芮城苹果一条街”，年吞吐量高达1亿斤。芮城苹果几年来先后荣获“七五全国星火计划科技博览会”金质奖、“第二届中国农产品博览会”金质奖、“98首届全国泰安农村专业技术成果展示暨交流会”金质奖、“永乐牌”红富士苹果在98全国（东莞）名特优果品展示会上被命名为“中华名果”称号、在第三届中国农博会和99中国国际博览会上被认定为“名牌产品”、在山西省首届农博会和山西省第三届水果展评会上各荣获金质奖，芮城苹果名扬华夏，并且行销俄罗斯、越南、缅甸、泰国、新加坡等国及港、澳、台地区。

〔**花椒**〕根据芮城县地理状况，县政府决定在中条山前沿洪积扇区和沿黄河坡门二阶台地建设两条花椒经济林带，在中夭乡、阳城镇、杜庄乡建设三大花椒基地，使花椒生产真正走上规模化、基地化。仅中夭乡就栽植花椒树7.5万亩，人均300株，总量达500万株，年产干椒200万斤。一踏入中夭乡，花椒蹓、花椒园、花椒埝、花椒坡、花椒沟，满山遍野都是花椒树，花椒生产不仅给中夭人民寻到了一条致富路，而且也给中夭乡人民找到了一条加快绿化步伐，改善生态环境的捷径。

芮城县委、县政府制定了一系列措施以保证花椒生产的产业化。

1. 凡在荒沟、荒坡、荒山栽植的花椒树，30年不变更，发给林地使用证和林权证。

2. 凡在地埝上栽植的花椒树，埝边一律留足2米营养带，今后调整土地动地不动树，树权和营养带土地使用权永远归树主。

3. 凡在四荒上发展的花椒树，5年内免征农林特产税。

优惠的政策，极大地调动了广大群众栽植花椒树的积极性，变一季造林为长年栽植，一有透雨，群众自发造林。尽管芮城县气候“十年九旱”，沿山四荒水源缺乏，但花椒造林成活率始终都在90%以上。

随着芮城县花椒生产的发展，县上成立了“花椒协会”，县、乡两级林业站纷纷制定综合管理方案，举办技术培训班，使广大农户花椒树管理走上了规范化、科学化轨道，施肥、浇水、种耕、病虫害防治、整形修剪等，每项生产措施都有科学的操作规程，遇到普遍发生的病虫害时，县林业局森防站还组织基地群众联防联治，收到了很好效果。

把花椒生产优势变为经济优势，营销工作是关键。芮城县首先在花椒生产基地的中禾、阳城、杜庄三个乡镇组织了花椒销售专业队，到全国各地推销。二是对到芮城的花椒客商热情款待，提供方便，保证产品纯正，价格合理，车辆畅通，因而该县所生产的“大红袍”花椒基本上是年年丰产，年年供不应求，出现了争先恐后提前预定的局面。

到目前为止，全县共有花椒经济林10.5万亩，其中进入盛果期树达4.3万亩，1999年产干椒537.5万公斤，产值达8600万元。经过全县人民的不懈努力，芮城不仅取得了较大的经济效益，还收到了良好的社会效益。1994年，芮城县被评为“全国干果经济林生产先进县”，1995年3月，中禾乡被全国绿化委员会评为全省“十佳经济林之乡”荣誉称号；1999年又获得“中国名特优花椒经济林之乡”光荣称号。

面对眼前的成绩，芮城人没有陶醉，而是站在时代的高度，制定了更宏伟的目标。

苹果生产抓好三个重点，实现“4888”目标。三个重点：一是苹果科技攻坚，建设苹果示范园。从1998年开始实施“抓300（示范园）带3000，1999年抓3000带30000，2000年抓3万带全县”的科技强园战略，通过5年努力，使商品果占到总产量的90%以上，无虫害优质苹果占到商品果的85%以上；二是实施集团战略，扩大加工规模。以芮城中鲁果汁股份有限公司为龙头，实施跨区域强强联合，再新上两条生产线，形成日加工苹果300吨，年产浓缩果汁6500吨的生产能力；三是强化载体，建好市场。全县所有集镇和苹果专业村，都要建立专业批零市场，同时在县城建设一座占地面积30亩，投资500万元的全县最大的苹果商场。

通过上述努力，使全县苹果种植面积稳定在40万亩，总产量达8亿公斤，农民增8亿元，财政增收8000万元。

到2010年，芮城县计划在沿山洪积扇区和沿河坡门二阶台地及荒沟、荒坡再发展花椒与苹果经济林14.5万亩，使全县花椒总面积达到25万亩，芮城县花椒经济林的大发展，不仅会进一步振兴全县经济，给人民带来更可观的经济效益，而且将为逐步改善生态环境起到极大的促进作用。

山西省左权县（核桃）

〔**概况**〕左权县原名辽县，位于山西省晋中市东南部，太行山主峰西侧，距省城太原150公里。抗日战争时期，1942年5月25日，八路军副总参谋长左权将军在麻田十字岭壮烈牺牲，为永志纪念，将辽县易名为左权县。

全县现有15个乡镇，379个行政村，16万人，总面积304万亩，其中耕地24万亩，宜林面积158万亩，宜牧草坡95万亩。属温带湿润土石山区，中低山区植被良好，平均海拔在1000米左右，年平均降水量560毫米，平均气温7.4℃，有效积温2887℃，无霜期138天左右，气候温和，雨量适中，完全达到了核桃生长的生物学要求。加之，境内群山耸立，沟谷纵横，海拔绝对高差1511米，绝对有效昼夜温差18.4℃，丰富的小气候，充足的温差，使果品灌浆充足，糖、脂、蛋白质积累量高，使左权核桃形成了皮薄、仁白、味香、干淳等优点，深受商家及消费者亲睐，产品声誉极佳。

〔**核桃生产**〕据史志记载，核桃生产在左权已有1000多年的历史。明、清两代均有商贩字号将核桃运往天津口岸，保存率比较高，现受益的挂果树50%为当时栽培。60年代，一个时期，把个人栽植的核桃树归为集体所有，削弱了群众自觉栽植的积极性，核桃生产出现徘徊不前的局面。80年代之后，农村家庭联产承包责任制的推行，调动了群众栽植、管护的积极性。各级政府开始重新认识到核桃在农村经济发展中的重要地位。相应制定出台了一系列有效的政策措施，如“树随地走”、“谁栽谁有谁受益”以及拍卖、租赁、承包等形式逐步普及推广。核桃价格也趋向合理，核桃生产步入稳定、健康、快速发展的轨道。

特别是1992年县委、县政府提出把左权建成“核桃大县”以来，将发展核桃为主的经济林作为左权兴林富民奔小康的突破口和农村工作的着力点，更新改造老树，综合管理大树，高接换优小树，培育良种苗木。依托“两线、十带、三十项重点工程”的林业发展思路，坚持“发展基地化、品质优良化、栽培标准化、管理规范化”的原则。在核桃主产区的东南部乡镇，耕地内大面积发展早实丰产核桃园，“四荒”、二坡地内根据气候条件、土壤肥力适宜发展早实丰产核桃园，在耕地少的地区发展地埂核桃树，到本世纪末核桃栽植面积力争达到16万亩。几年来，全县共铺开核桃园工程90余处，核桃林带4条，新发展核桃4.2万亩，其中建设早实核桃园1.34万亩，建设良种核桃采穗圃9个（240亩），发展良种苗木繁育基地18个（680亩），高接换优核桃树3.5万株，实施五项综合管理累计达400万株次。1994年核桃产量升至325万公斤，被列全省十强之一。1996年，“左权县绵核桃”在北京参展，获北京国际果品及设备展览会金奖。1997年，山西省干果评奖会上，“辽香二号”、“辽香一号”两个核桃品质分获“五大名优核桃”、“优种产品”两项大奖。1999年左权核桃列入全省干果经济林基地示范县建设项目。

截止1999年底，该县核桃总面积达12.9万亩，占经济林总面积的66.2%，正常年产量达380万公斤，年收入2800万元，为农民提供人均纯收入200多元。从核桃资源结构看，树龄结构：全县共有大小核桃树120万株，其中，传统老树 14 万株，适龄挂果树 27 万株，幼树 79 万株，未挂果树占 70%；品种结构：以棉核桃、白水核桃、露仁核桃等为主的传统晚实品种 85 万株，占 70%。1992 年以来，新引进的辽核 1 号、中林 3 号、晋龙 1 号、薄壳香等新优品种已达 16 个，约 35 万株，以核桃园为主，共计 1.34 万亩；产量情况：1992 年以来，通过综合管理，核桃平均产量已稳定在 350 万公斤以上，最高产量曾达 420 万公斤，株均单产由 1992 年初的 7.5 公斤增至 1999 年的 10.2 公斤，列全省前列。

在全县产业结构调整中，核桃被列为主导产业，建设核桃大县，发展核桃生产已成为引导左权农民脱贫致富，带动县域经济发展的龙头。

根据该县的自然条件和核桃在各乡村的分布生长状况，核桃发展应坚持老产区重点安排，新产区适当发展为原则，实施“点、网、带”的配套开发。因此，今后要在以东南部为重点的 11 个乡镇，大力开展优质早实丰产核桃的种植和现有核桃树的综合管理与高接换优工作。

由于该县耕地资源分布不均，耕地相对少的乡镇，在耕地内以林粮间作为主，大力发展地埂核桃。而在弃耕地，土壤和水分条件适宜的沟谷阶地以及耕地相对富足的乡镇，提倡集中建园。从 2000 年至 2005 年 6 年内规划发展优质早实丰产核桃 8 万亩，共栽植 156 万株，使核桃总株数与 1999 年相比翻一番。优质核桃苗基地建设以大型骨干苗圃为主，个体小型苗圃为辅，总育苗 200 万株，育苗总面积 600 亩，充分保证本县栽植用苗。对现有的成龄和幼龄核桃树加强综合管理。首先对树龄在 20 年以上的核桃树全部进行科学管理，主要内容有刨树盘、施肥、喷药、修剪、去雄等五项管理，提高核桃质量。其次对树龄在 20 年以下的核桃树逐步进行高接换优，提高核桃品质。使现有核桃产量翻一番，达到 800 万公斤。人均纯收入达到 450 元，比 1999 年翻一番，五年内争取使我县核桃深加工龙头企业立投产，带动左权核桃快速发展。

山西省洪洞县双昌乡（红枣）

双昌乡地处山西省洪洞县西北丘陵区，距县城 25 公里，辖 11 个行政村，15 个自然村，总人口 12171 人，2815 户，总面积 45 平方公里，耕地面积 2300 公顷，宜林地 1800 公顷，是一个农、林、牧为主导产业的农业乡镇。

随着农村改革的不断深入，受市场经济的冲击，农村的产业结构发生了很大的变化。结合双昌乡所处的地理位置正在黄河中游，土地广阔，土层深厚，日照充足，气候温和，有适合枣树生长的得天独厚的自然条件，自 1987 年起，该乡全乡上下就把发展红枣作为发展双昌经济的一项主导产业来抓。经过历届党委、政府的不断努力，加之县委、政府及林业主管部门的大力支持，全乡干部群众齐抓共管走规模经营、区域栽植之路，实行点片结合、整体推进，全方位大跨度的发展红枣，使双昌乡的红枣栽植取得了突破性的发展。到目前为止，全乡共有枣树 65.4 万株，遍及全乡 11 个村，达 2.9 万亩，其中地埂红枣 300 公顷，55.9 万株；荒山坡地 230 公顷，4.8 万株；四旁零星枣树 4.7 万株，实现人均枣树 50 株。

多年来，乡村两级严抓管护，依法查处毁林案件，村村建立枣树档案，落实管护合同，确定了林权归属及收益分配。乡政府又依照县政府发布的枣树管理通告，于 1995 年 11 月出台了“双昌乡关于加强维护枣树林区的通告”，大力宣传“栽枣护枣光荣，毁坏枣树可耻”，使全乡群众树立“红枣遍双昌，致富奔小康”的强烈栽树意识，形成“人人爱护枣树”的社会气氛，由以前干部逼着栽枣树转变为现在抢着栽，形成了全民栽枣全民管理的好局面，大大促进了全乡红枣的健康发展。

通过十几年的发展，双昌的红枣生产已初具规模，并通过技术培训，实地指导，培养了一大批懂技术会管理的专业人才，使全乡的枣树管理整形修剪、病虫害防治有了保障。全乡现有初果、盛果期枣树 37.2 万株，年产鲜枣 100 万斤左右，其中盛果期树达 15.7 万株。但是由于枣苗来源较杂，品种不一，直接影响红枣的质量和经济效益。为适应市场需求，加大科技含量，该乡先后聘请省果树所专家、山西农大教授及县林业局的高级工程师来该乡举办枣树培训班，共计培训技术人员 300 余人，并引进优质枣树接穗，对我乡枣树进行改良，实现了三片三品的新格局，即：

南部梨枣林带。梨枣是枣树中稀有名贵鲜食品种。其特点是早熟，丰产，果实特大，皮薄肉厚，清香甜脆，风味独特，经济价值高。适宜密植，是栽种枣树的最佳品种。

北部骏枣林带。骏枣是山西省四大名枣之一，在各地栽培历史悠久。它树势高大，主干明显，枝条粗壮，果实深红色，柱形成长倒卵形，特大，果重达 20—25 克，皮薄肉厚，适于生食制干、加工，是很好的生食制干兼用品种。因此该乡在北部的师村、孔庄、韩侯三村大面积发展。

西部赞皇大枣林。此品种是全国十大名枣之一，有金丝大枣之称。它树体中大，树势较旺；属老枝结果型，果实长圆大而整齐，单果重 15—17 克，肉质致密，含糖量高，适于制干和加工。最大的优点是抗旱耐涝，耐瘠薄，适应性强，且早熟，丰产耐贮运，不易裂果，特别适应在该乡西部的上村、下村、樊村、车垣及荒坡栽植。

三片三品形成了双昌红枣生产的大框架、新格局。随着产业结构的不断调整，红枣生产的科技含量越来越高。多年实践证明，酸枣接大枣生长快，适应性强，质优丰产。该乡先后在南李、孔庄、车垣、上村、利用酸枣优势，建成了六个酸枣接大枣园，现都已初具规模，经济效益显著。

新千年尹始，随着中央加大农村产业结构步伐的加快；新一届乡党委、政府及时调整种植结构，扩大了蔬菜、药材、红枣的种植规模。就红枣产业来说，为使红枣生产专业化，变过去遍地开花为栽植枣园。并决定三年建成百亩枣园30个，2000年春、秋两季建十个枣园。这样有利于管理，提高产品质量和科技含量。要想占领市场，就得多出名优红枣产品，做到人无我有，人有我精，这样才能有明显的经济效益，才能成为双昌经济发展的中流砥柱。双昌乡的红枣产业如日中天，前景广阔。

辽宁省大连市（桃子之乡）

一、基本情况

大连位于辽东半岛的南端，三面环海，一面着陆；北与营口、丹东市接壤，南与山东半岛隔海相望；大连属暖温带湿润半湿润大陆性季风气候区，累年平均气温8.4～10.5℃，无霜期为180～210天，降水570～790mm，日照时数2510～2837小时。大连交通四通八达，有诸多的港口和密布的铁路、公路以及航空运输线。得天独厚的自然、资源和区位优势，使大连早已成为中国北方落叶果树最佳栽培区域之一，盛产苹果、桃子、梨、葡萄、大樱桃和李子、杏等多种水果。大连的水果不仅栽培历史悠久，还以形、色、味俱佳，个大耐贮而名扬海内外，一直畅销全国并出口到国外。水果生产早已成为大连市农业的一大优势和特色产业，农村经济的支柱产业。

桃子是大连栽培的主要树种之一，素有“桃子之乡”的美誉。1998年全市栽培的桃子达460万株，产量8.2万吨。栽培的品种鲜食主要以个大、色艳、甜酸适口的红甜桃、黄桃、丰白桃和油桃为主；加工主要以由该市自已培育的深受国内外广大消费者欢迎的黄露、丰黄桃为主。

二、近年来的工作成就

为了充分发挥该市适宜桃子栽培的优势，使桃树生产满足市场的需求，向着优质高效的方向健康发展，针对该市桃树生产历史悠久，老品种、老残果园比重大和生产效益低的实际。近年来该市重点抓了以下两个方面的工作，并取得了明显的成效。

（一）加大结构调整力度，优化树种品种构成。

首先进行合理规划区域布局。该市按照“以市场为导向、以科技为依托、以效益为中心”的指导思想，根据全市各地的自然、经济状况和苹果比重过大的实际，及时下发了《大连市果树树种品种结构调整意见》。明确提出今后一段时期要稳定苹果面积，尽量不栽或少栽苹果，增加桃特别是晚熟桃比重，加大反季节桃发展速度，确定瓦房店市西部、庄河和普兰店市东南部以及金州以南乡镇要建成以鲜食为主的高档优质桃生产基地。在合理规划的基础上，本着“人无我有、人有我优、人优我特、非优不栽”的原则，大力发展名优新品种桃树。近几年来全市新引进的名优新品种桃近百个，栽植的桃树全为名优新品种。与此同时，自1997年起该市还在全市范围内实施了“老品种、老残桃园改造工程”，经三年的不懈努力全市的“两老”桃园已全部改造完毕。这些都有效地优化了大连市的桃树品种结构。

（二）兴建精品桃园，增加桃园管理的科技含量。

综合管理水平低是果品在激烈的市场竞争中败下阵来的一个重要原因，所以必须向管理要产量、要质量、要市场、要效益。首先从建园抓起，自1997年开始就把“外向程度、科技含量、管理水平、单位产量和经济效益”都高的精品桃园建设做为全市果树的重点工作来抓。现已建成市级精品桃园7处，面积7918亩。这些精品桃园不但周边环境、基础设施、产品质量好，而且还有较大规模、较高档次和领先水平。普兰店市城子坦镇兴建的精品桃园，面积达4000亩，品种全为市场畅销的名优新品种，园内修建了柏油路面，采用微喷灌溉，道路两旁种植鲜花、草坪，形成了集生产与观光为一体的精品果园。省、市领导参观视查后都给予了高度评价，为全市的果树生产上档次、上水平树立了样板。

在搞好以果园土肥水为中心的综合管理基础上，还大力推广各种先进的适用配套技术，努力增加果树管理的科技含量。通过实施《丰收计划》，全市每年实行以夏剪、拉枝开角和喷施生长调节剂等为主要内容的丰产优质综合配套技术达400余万株；新栽植幼树全都实行了地下覆膜、地上套袋带帽技术。

三、取得的成绩和荣誉

（一）栽培的株数产量成倍增加。

1949年全市有桃树29.7万株，产量0.03万吨；到1978年全市桃树发展到37.5万株，产桃0.22万吨，分别是1949年的1.3倍和7.3倍，随着家庭联产承包责任制的实行和水果价格的放开以及农村产业结构的调整，全市的桃树生产又有了突飞猛进的发展，至1999年底全市桃树达530万株，产桃近5万吨（遭受严重旱灾），分别是1978年的14倍和23倍。

（二）栽培管理的水平不断提高。

由于管理水平的提高，该市栽培的布雷顶峰油桃于1996年被选评为辽宁省优质水果。栽培技术要求比较高的桃树温室反季节栽培，1995年前该市几乎还是空白，但至1999年，全市栽培面积达7885亩。而且该市参加的由省农业厅主持的《薄膜温室油桃品种选择及栽培技术研究》项目获辽宁省科技进步一等奖。

（三）新品种选育硕果累累。

该市选育的罐藏黄桃黄露、丰黄，不仅填补国内空白，而且其主要农艺性状和加工技术指标均达到国际同类产品的先进水平，该项成果1977年获省重大科技成果奖，1978年获全国科学大会奖，1985年获国家发明二等奖，目前已在全国20省市大量推广栽植，栽培面积达21万亩；选育的鲜食黄桃露香、橙香，1978年获辽宁省重大科技成果奖，1981年获省科技成果二等奖；选育的罐藏黄桃桂黄、菊黄，1991年获大连市科技进步一等奖，1992年获省科技进步三等奖；选育的鲜食白桃早凤、红甘露和黄桃香金蟠经省评定为优良新品种。

四、发展规划

指导思想：以市场为导向，以效益为中心，依靠科技进步和提高广大果农素质，加快结构调整步伐和产业化进程，达到优质、高产、高效目标。

发展指标：到2005年全市名优新品种桃树要达到1000万株，产优质桃15万吨，到2010年全市桃树要达到1600万株，产桃25万吨。

大连市金州区（大樱桃之乡）

金州甜樱桃，俗称大樱桃，在中国有100多年的栽培历史。其花洁白芬芳，果鲜艳诱人，味美，素有“春果第一枝”的美称，是水果中的珍品，深受国内外人们的欢迎。

大樱桃含有丰富的物质，其含铁量在水果中居首位，比苹果、梨、柑桔高20多倍。它除作鲜食外，还可加工成罐头、蜜饯、果脯、果酱、果汁、果酒等制品。

大樱桃是重要的中药，其果实、根、枝、叶、核皆可入药，能治多种疾病。

大樱桃是高效农业畅销产品，也是出口创汇的高档果品。一般亩产1000公斤，收入在12000元以上，管理措施得当，亩产可达2000公斤，收入可达24000—30000元。发展大樱桃生产是农民脱贫致富的有效途径。

大樱桃对自然条件要求较特殊，一般适栽于年平均气温9—10℃，早春气温变化不剧烈，夏季凉爽干燥、光照充足，冬无严寒的地区。大樱桃是喜水果树，适于年降雨量600毫米的地区生长，但对水分状况很敏感，既不抗旱也不抗涝；大樱桃又是喜光性较强的果树，在全年日照时数2500小时，日照百分率60%的地区生长良好；大樱桃适合在土层深厚，通气良好的砂壤土或轻壤土上生长，其适宜的土壤PH值为6.0—7.5。

由于大樱桃对自然条件要求的特殊性，使其栽培的地域狭窄，重点集中在北方的辽东半岛、山东半岛、秦皇岛一带，面积小，产量少，因此市场潜力大，开发前景广阔。

大连市金州区是辽东半岛的一颗明珠，濒临黄渤两海，是内地通往大连的咽喉。随着大连建设“国际化城市”步伐的加快，金州区已成为大连发展的延伸地，并被确定为大连未来的新市区。金州区辖1乡11镇，面积1100平方公里，人口52万。大连连接东北腹地的公路、铁路、输电线路均交汇于金州。金州毗邻大连经济技术开发区、大连保税区、金石滩国家旅游度假区和大连金港新区，距大连国际机场20公里，大连港30公里，大窑湾港15公里，正在建设的辽南最大的铁路编组站设在金州境内。地理位置优越，交通便捷。地处北半球暖温带区域，属温带湿润——半湿润季风性气候，年均气温10.5℃，气温最高是八月份，月均气温为24℃，气温最低是一月份，月均气温为-4.8℃，日照时数（气温10℃以上）2536.4小时，年降雨量600—800毫米。金州气候十分适宜北方落叶果树的生长，尤其适宜大樱桃生长对环境条件要求，可谓得天独厚。

金州素有“水果之乡”的美誉。其不仅水果生产历史悠久，而且品种繁多，品质超群。早在20世纪30年代，金州“三十里堡苹果”就以味美、色艳名闻遐迩。但，果中珍品大樱桃更是金州人的骄傲。金州大樱桃多次进京展销，均受好评，1990年荣获国家有关部门名特优农产品项目建设先进单位称号。

改革开放以来，金州区利用得天独厚的自然条件，充分发挥地处最理想的大樱桃栽培地带的区域优势，以市场为导向，以效益为核心，以发展名优品种为突破口，科学合理的调整品种结构，采取以优取胜，重在名优的战略，坚持发展与管理并重，开发与改造同行，贮藏与加工相结合的方针，增加科技含量和资金投入，促使全区大樱桃生产呈现持续、协调、快速、健康发展的好势头。1999年末，全区大樱桃面积已达1.5万亩，100万株，产量1200余吨，产值达2000余万元。其面积、株数、产量、产值分别占全区水果总面积、总株数、总产量、总产值的10%、16.7%、4%、25%。大樱桃生产已成为全区水果生产的支柱和优势产业。

金州区的大樱桃栽培历史有70余年。全区12个乡镇、1个农场、7个街道均有大樱桃栽植。产地集中于长大铁路沿线和沈大高速公路、哈大公路、鹤大公路两侧的地区。全区有大樱桃品种50多个，主栽品种有大连市农科院培育的红灯、红蜜、红艳、佳红、巨红以及由日本和美国、加拿大引进的高砂、最上锦、佐滕锦、南阳、正光锦、美灯、美早、砂蜜豆、雷尼尔等。金州生产的大樱桃，品质好、口味佳、耐贮运，具有很强的市场竞争力。

随着改革开放的深入，市场经济的发展，大樱桃生产可观的经济效益和广阔的市场前景，使金州区将大樱桃生产做为地方一个优势产业来抓，加强领导，增加科技含量和资金投入，大樱桃生产取得了可喜的成绩。

一是积极引进名优新品种，不断扩大栽培面积，效果越来越明显。近几年来，该区通过多种渠道之后从国内外引进了34个名优新品种，进行试栽、示范和推广。这些名优新品种表现出良好的适应性、抗逆性、早果性、丰产性，在市场上深受顾客欢迎，具有很强的市场竞争力。在此基础上该区积极扩大栽培面积，使名优新品种的栽培面积达到8800余亩，占栽培面积的58.7%。部分果园已进入结果期，经济效益十分可观，表现出旺盛的生命力。

二是科研、新技术应用取得可喜成果。为了提高全区大樱桃生产的科技含量，金州区积极开展大樱桃领域的科学研究和新技术应用，并取得了可喜成果和重大突破。金州区农业良种示范场进行的“甜樱桃早产早丰产效栽培技术”的试验研究获得成功，通过了专家的鉴定验收，并达到国内领先水平。此项技术，三年完成树体整形，四年进入结果期，五、六年亩产超万元。此项研究获得大连市“星火计划”一等奖。由金州区人民政府和中科院植物所联合攻关研究“大樱桃贮藏保鲜技术”获得重大突破。通过一定的处理，进入气调库贮藏的果实，可贮藏保鲜3个月，而使果实的风味基本不变，并具有商品价值。此项研究成果，填补中国在大樱桃贮藏保鲜领域的空白，达到国内首创，国际先进水平，解决了大樱桃贮藏保鲜难的问题，延长了大樱桃果实的货架期和年供应周期，为大樱桃生产发展打下了坚实的基础。金州区果树中心实施的“大樱桃设施栽培技术”也获得成功，此项技术，使1亩52株温室大樱桃连续两年收入达10余万元，为大樱桃设施栽培提供了宝贵的经验。金州区农业良种示范场进行的“大樱桃茎尖组织培养繁育无毒苗木及移栽技术”试验研究成功，为大樱桃无毒苗木繁育开辟了新的领域。此项技术，获得大连市科技进步二等奖。

三是大樱桃精品园的建设，提高了金州区大樱桃的生产水平和档次。近年来，为了改善大樱桃生产基本条件，提高生产水平，增强产品竞争力和增加经济效益，该区对大樱桃生产实施了精品战略，强调精品果园要优质化种苗，科学化管理，机械化作业，规模化生产，精品化建设，布局合理，配套设施齐全。经过几年的努力，全区已有10处，2800亩大樱桃园达到精品园的标准，其中金州区农业良种示范场连丰分场的300亩露地大樱桃园和155亩大樱桃保护地，于1997年和1999年在全市农业精品工程评比中，取得了第一名的好成绩。这些精品园品种新，科技含水量高，基础设施配套，水利设施齐全，果树枝叶繁茂，树体生长健壮，已达到三年见果，四、五年丰产的效果。精品果园的建设，提高了大樱桃生产水平和档次，成为全区大樱桃生产的排头兵。

四是政策引导，资金扶持，促使大樱桃园规模不断扩大。为了加强金州区大樱桃生产这一优势产业的发展，区政府制定了优惠政策，对达到一定规模和要求的园块，进行资金扶持，鼓励集体、私营企业、个体发展建设规模型大、专业化强、集约化高的大樱桃商品基地，促使全区大樱桃园的规模不断扩大。截止2000年上半年，全区有达到1000亩以上的樱桃园1处，500亩以上的2处，300亩以上5处，100亩以上的20余处。大樱桃园规模的不断扩大，为金州区大樱桃的规模生产打下了坚实的基础。

五是发展贮藏加工企业，实施果品深加工增值。随着果品销售市场竞争日趋激烈和人们消费水平的提高和变化，单一的采后销售不仅没有获得更高的经济效益，而且越来越不适应市场和人们的需求。为此，金州区积极发展贮藏、加工企业，实施果品深加工增值。目前，金州区有加工企业几家，预计年生产能力接近7万吨，有5家加工企业从事樱桃罐头的加工，年加工染色樱桃罐头500余吨。其中北海魁氏罐头食品有限公司，1999年加工染色樱桃罐头221吨，全部出口日本；2000年又加工250吨，亦全部出口日本。该公司是中国出口大樱桃罐头到日本最大的一家。

金州区将大樱桃生产做为优势产业来抓，是因为它投资少，见效快，效益高，栽培地域狭窄，市场前景广阔。因此，该区在大樱桃发展上，正在下大力气，加速发展，形成规模，使之成为金州区的拳头产品，打向市场。该区计划在“十五”期间，将大樱桃发展到3万亩，200万株，使金州的大樱桃走向全国，走向世界，为大樱桃之乡——金州，争光添彩。

辽宁省盖州市

盖州市水果生产有百年历史，素有“苹果之乡”的称誉。自改革开放以来，特别是进入90年代，实施市委、市政府提出的“以果兴农、以果兴市”战略后，水果生产面积不断扩大，产量逐年增加，截止2000年水果面积已达55万亩，总株数3000万株，总产量40万吨，产值6.6亿元，占农业总产值25亿元的26.4%。水果生产已成为盖州市的主导产业，在发展盖州国民经济中占有举足轻重的地位。在发展水果生产过程中，该市先后提出了“以市场为导向，以效益为中心，以科技为先导，优化品种结构，实现区域化布局、专业化生产"，"大力发展水果保护地生产"，"培植壮大果品贮藏和深加工龙头企业，增强消化和带动能力，全面推进果业产业化"等发展思路。根据这些思路，近年来，该市在"六个转变"上下功夫，年年有新举措，年年有新突破，取得了显著成效。在1996年辽宁省第四届优质果评选活动中，盖州市获得了3金1银1铜和8个优质奖居全省第二名；在1998年辽宁省第五届优质果评选活动中盖州市获得了6金4银7铜和37个优质奖，一举囊括了全省金牌总数、奖牌总数、总分数三个第一；1999年盖州市被国家有关部门认定为全国的优质水果生产基地，安平乡被认定为全国优质李子生产基地。

在'99昆明世界园艺博览会上该市选送的红王将苹果被评为银奖。

该市的主要做法是：

一、调整果品生产结构，由单一品种向多品种合理搭配方向转变

一是调整树种结构。在确保苹果为当家树种的基础上，适度发展市场走俏的葡萄、桃、李、梨等果品，目前已发展葡萄7万亩、桃3万亩、李子2.5万亩，其它水果3万亩，改变了树种单一的格局。二是调整品种结构。采取老园改造的方法，逐年淘汰老园老品种，大力发展优良品种，并注重早、中、晚熟品种的比例搭配，目前以红富士为代表的优良品种已达到1000万株，占苹果总株数的60%。三是实现区域化布局。依据地理位置、生态环境和当地资源优势，结合树种品种结构调整，该市采取政府干预和果农自愿相结合的方式，以乡镇为单位进行了资源重新配伍，目前在全市初步形成了四大专业生产基地，以二台、什字街两乡镇为主的苹果生产基地，以归州、九寨、熊岳三乡镇为主的桃生产基地；以陈屯、九垅地、红旗三乡镇为主的葡萄生产基地；以安平、芦屯（盖县大李子）、杨运（澳大利亚黑李子）为主的李子生产基地。

二、提高果品质量，由数量型向数量与质量方向转变

近年来在抓果树生产上，该市始终贯彻以提高果品质量为中心，采取多种措施来提高果品质量。

一是坚持开展果园建设竞赛活动，并把完成情况作为考核乡镇班子的一项重要内容。1999年该市又新建设了十个各类水果的高科技示范园区，以点带面，推动全市果品质量不断提高。二是落实果树承包政策。一定三十年不变，调动果农增加投入的积极性。通过增施农家肥，采取果园覆草、压青等措施培肥地力，改善果园土壤环境，促进果品质量的提高。三是积极开展优质果评选竞赛，调动了各乡镇和果农生产优质果的积极性。

三、实施科技兴果，由粗放型向集约化经营方向转变

科技是第一生产力，向科技要产量、要质量、要效益。加强科技工作，市有果树技术推广研究中心、乡有农科站、村有专职果树技术主任，完善了市、乡、村三级推广体系网络。并对技术人员采取走出去请进来的办法更新知识结构，提高服务技能。二是抓科技培训。每年举办市、乡、村各类培训班100余次，培训人员2万人次。目前该市科技在水果增长中的份额已达45%。四是发展水果保护地生产。水果保护地生产是盖州果农最先发明创造，近年来该市把水果保护地生产列入果业中长期发展规划，采取典型引路、领导示范、基地辐射等方法重点推广。截止目前，水果保护地生产已扩展到12个乡镇，占乡镇总数的三分之一，面积达2.2万亩，产量3万吨，产值3亿元。

四、发展贮藏、深加工和加强销售，由单纯抓生产，向抓生产与抓加工、销售并重方向转变

近几年，该市把提高贮藏加工和销售能力作为果业发展重中之重来抓。一是大力发展水果贮藏能力，为经营单位建设投资少、见效快、便于管理的微型节能保鲜库、果品加工厂。采取招商引资横向联合等筹资1.5亿元资金，在土地、税收等方面给予优惠政策，扶持其发展。截止1999年全市已建库1000座，其中恒温库500座、土库500座，贮藏能力达3.5万吨，加工企业有4家，年加工能力6.5万吨。二是积极抓好水果销售。狠抓市场建设。建成综合批发市场30个，形成大中小结合、城镇与农村衔接的市场新格局。加大果品宣传，利用广播、电视、广告、农展等宣传媒体宣传。广设贸易窗口。掌握传递供求信息。大力促销。

五、加强服务，由单一服务向产前、产中、产后综合服务方向转变

全市36个乡镇农科站在搞好技术服务同时兴办了产品销售等服务，仅罗屯、万福两站年经销额达200万元。全市建苹果、葡萄等各类技术协会40个，会员5000人，果农协会2个，会员2000人，这些组织都进行产、加、销一条龙服务。目前，全市已形成各类社会服务组织近200个，农协连农户、龙头企业连农户、基地连农户达10万户，占全市总农户的52%。

六、加强领导，由单一主管部门负责向各部门协同合作方向转变

领导实现转变中主要抓了五个方面工作。一是成立果业领导小组，由有关部门主要领导组成，主管市长任组长，下设办公室，建立了领导机构，二是拟订了果业中长期发展规划，大力推行《盖州市果树管理办法》和《盖州市果树技术操作规程》，明确了奋斗目标和工作方法；三是把果业发展放在全市总体发展中运筹，兴办大产业，提高果业地位；四是积极协调部门关系，促使其通力合作，主动配合，共同解决发展中遇到的重大问题和困难，为果业发展创造良好的社会环境。

辽宁清原辽清土特产购销公司

辽清土特产购销公司位于辽宁省抚顺市清原县，集产供销为一体，专业从事辽东地区各种山珍及土特产品的收购、深加工和批发业务。清原县位于辽宁东部，长白山余脉，青山环抱，秀水萦绕，景色优美，气候宜人。清原山多林密，野生资源种类繁多。优良的地理和气候条件为各种野生动植物的繁衍生长创造了理想的环境。在县政府的正确领导和重视下，土特产逐步发展成为农民脱贫致富的主导产业。公司把农民从山上采摘下来的野生菌及山野菜进行净化加工，使之符合国内外客户提出的规格要求，进行出口贸易。公司在拓展国内市场的基础上不放弃国际市场，并积极努力去开发。多年以来，公司每年出口欧洲、美国、韩国、日本等国家和地区的产品数量达到上百吨以上。

公司每年经营的品种有：田鸡油、榆耳、东北松籽仁、羊肚菌、人参、月见草油、盐渍刺嫩芽、盐渍笔头菜、盐渍蕨菜、盐渍鸡油菌、盐渍美味牛肝菌、盐渍粉趟蘑、盐渍榛蘑、盐渍山芹菜、盐沛滑子蘑、山芝麻籽、苏子籽、油条籽、苕条籽、蕨菜干、薇菜干、东北药材、速冻产品等。

辽清公司有20余年的行业经验，实力雄厚。产品品种齐全，质量上乘。公司一贯本着信誉至上，广交朋友，造福一方百姓的宗旨，热忱欢迎国内外客商前来投资，洽谈贸易，合作开发。

辽宁清原辽清土特产购销公司

总 经 理：廖 松

联 系 人：张 俐

电　　话：（0413）3025948　13504231616　13904933300

地　　址：辽宁省抚顺市清原县

网　　址：www. liaoqing. com

E-mail：qyzl @ mail. fsptt. ln. cn

辽宁省丹东市（板栗之乡）

丹东地处辽东半岛，东临鸭绿江，与朝鲜隔江相望，南临黄海，是辽宁省重点林区之一。辖三县（市）三区，总人口245万，农业人口151万。全地区总面积2205万亩。其中林业用地面积1476万亩，森林覆被率达到61.6%。境内气候适宜，雨量充沛，发展板栗经济林有着得天独厚的优势。全市现有板栗总面积105万亩，4200万株。1999年全市板栗总产达到2600万公斤，产值2亿元。宽甸、凤城、东港三县（市）区是板栗集中产区，宽甸县被列为全国板栗基地县；凤城市被列为全国经济林示范县，东港市被列为全省板栗基地县。现在，丹东农村每个乡、镇都有板栗栽培，其中面积超过万亩的乡（镇）25个；5000亩以上的乡（镇）15个；1000亩以上的乡（镇）21个。

多年来，该市本着“山上建基地、山外抓市场、山下搞加工、科技创高效”的方针，在加快板栗基地化建设的同时，大力开展板栗产品的精深加工。全市现有板栗加工企业11家，年加工板栗5000吨左右。所加工的系列产品畅销东南亚国际市场。平均年出口2000—3000吨，创汇400—500万美元。目前，全市板栗生产已迈入市场经济轨道，向生产、加工、销售一条龙产业化体系发展。在全市13000多个板栗承包户中，年收入超5000元的有2100多户；收入超万元的有1400户；有不少板栗大户年收入超过10万元。板栗已成为振兴丹东农村经济，山区农民致富奔小康的支柱产业。

在市委、市政府的重视下，市、县（市）区林业局以及板栗生产重点乡镇都建立了板栗工作站，全市形成了比较完善的管理和技术服务体系。市林业局下属的板栗工作站和板栗研究所，负责指导全市板栗生产和技术推广工作。在板栗基地建设上，该市遵照“科学管理、集约经营”的原则，注重引进培育新品种，引进新技术，大力推广良种嫁接、修剪、施肥、喷施稀土、防治病虫害等技术措施，并通过抓典型示范和推广科技丰产工程，不断提高板栗园经营管理水平。在品种上不断更新换代。近年来引进和选育的金华、丹泽、岳王、土60、长安10号、9113等果个大、抗逆性强的优良品种，已逐步替代了第一代选育的辽丹58号、辽丹61号、7815号等品种。全市板栗良种嫁接面积已达30万亩，由于大力推广新品种、新技术，大幅度提高了板栗单位面积产量。为提高栗园标准化、规范化管理水平，“八五”以来，该市在全市推广了《板栗丰产园》标准化建设。全市每年抓1000个板栗园（面积5万亩），亩产由原来的50公斤增加到110公斤。通过标准化建设，使全市板栗生产逐步走上了良种化、规范化、商品化轨道。

板栗作为丹东农村一大优势产业，发展潜力很大。下一步，该市在板栗生产上围绕两大重点：一是加大基地科技投入，通过培育新品种，良种嫁接，千方百计提高产品质量、增加单位面积产量。二是下大气力，继续抓好板栗产品精深加工，提高附加值，增加经济效益。特别是要面向国外市场，扩大板栗系列产品出口，使板栗成为推动丹东山区经济增长的支柱产业，为山区林业综合开发和农村经济发展作出贡献。

辽宁省新宾满族自治县

新宾满族自治县地处辽宁省东部山区，位于长白山余脉的延伸部分，是一个比较典型的“八山半水一分田，半分道路和庄园”的纯山区县。全县国土总面积4284.8平方公里，辖15个乡镇，总人口30.8万。

新宾物华天宝，历史悠久，人杰地灵。1616年努尔哈赤在新宾永陵赫图阿拉建立后金国，奠定了清朝基业。因此，新宾成为满族的故乡，清朝的发祥地。

新宾由于地处山区，四季分明，资源独特，物产丰富，素有“辽宁立体资源宝库”之称。全县森林覆被率达70%，木材蓄积量达2100万立方米，是辽宁省林业重点县；全县土地总面积664万亩，可开发的小流域6000多条，总面积350多万亩；有天然草场170万亩，林下草场107万亩；有大小河流1750多条，河道总长6310公里，水资源总量14.5亿立方米，是抚顺大伙房水库和本溪观音阁水库重要水源涵养地；有煤炭、金、银、铜、铁等金属非金属矿藏40余种，且储量大，品位高。

丰富的土地、森林和水利资源，适宜的气候，为以林蛙为主的野生动物养殖业和以陆地香菇为主的食用菌业的发展创造了得天独厚的条件。1995年新宾被确定为全国特产之乡的中国林蛙之乡，1995年和1997年两次被评为全国香菇生产先进县。

进入90年代以来，新宾满族自治县县委、县人民政府立足资源，抓住机遇，加大了山区综合开发力度，采取政策扶持、资金扶持、项目扶持等项措施，培育林业、药业、食用菌业、野生动物养殖业和旅游业五大主导产业，形成了以山区特色资源优势产业为支柱的农业产业化新格局。开发人参、林蛙、陆地香菇、木制品等九大系列产品。在产业结构调整中，突出了特色产业的开发，充分利用当地资源优势，发展区域经济，取得了显著成效。特别是山区特色产业林蛙和食用菌业得到了深度开发和长足发展，构筑起市场连龙头企业，龙头企业连基地，基地连农户的产业发展格局。

中国林蛙为新宾特产。据《辽海丛书》记载，“蛤什”满族祖先用其祭祖，后成为清庭贡品，并被誉为八珍之首。新宾依托资源优势，以市场为导向，把林蛙养殖、加工、销售为一体的产业作为全县主导产业之一来抓，促进了林蛙产业的发展。目前，全县已开发养蛙小流域1750条，有标准化蛙池6000个，有养殖户8800户，年产商品蛙4000万只。开发研制的蛤蟆油口服液、丽人胶囊、活性蛙油、冰蛤王等系列产品，在“九六远航杯”辽宁省农业地产品著名商标评选中，“新宾林蛙”被评为辽宁省十大著名商标。1996年被国家有关部门授予“星火计划”优秀项目。1999年，全县林蛙产值实现6000万元，农民人均林蛙收入264元，占全县农民人均收入的10%。林蛙产业已成为新宾经济发展的一大支柱产业。

陆地栽培香菇为新宾首创，是回归自然的立体栽培模式，靠大自然清洁水分、空气调节生长。被称之为中国香菇栽培史上的第四次革命。新宾陆地香菇以其个大、色正、菇厚、肉多、栖短、形美、干物质多等特点，且味道鲜美，深受消费者欢迎。新宾陆地香菇以其优良品质获得了95庆元国际香菇及产品研讨会双项金奖。1999年，全县发展陆地香菇5700亩，产值实现7000万元，农民人均香菇增收269元。已成为山区人民脱贫致富奔小康的首选项目，成为全县经济发展的支柱产业。

为塑造新宾地产名优产品形象，提高新宾知名度，加快经济发展，县委、县政府高度重视宣传和营销工作，先后与上海、北京、大连等城市的医药企业联合，销售和开发林蛙系列产品，丽人胶囊已打入上海、北京、大连市场，并受到普遍欢迎；与浙江、福建、北京、天津等地的香菇出口企业联合，销售香菇产品。香菇产品已远销到日本、韩国、新加坡等东南亚国家和地区。

21世纪是绿色食品的时代，新宾将紧紧依托丰富的自然资源，充分利用良好的生态环境，培育和开发地方特色产业和产品。按照专业化生产、企业化管理、社会化服务的要求，扩大林蛙和香菇生产基地和龙头加工企业规模。林蛙生产要实现年产商品蛙3500万只，标准化蛙池要新建2000个，达到8000个，年实现产值1亿元，农民净收入6000万元；香菇生产要达到1万亩，产值实现1亿元，农民净收入要达到6500万元。不断提高香菇品质质量，开发香菇系列产品，改变现在出售原材料的现状，生产香菇酱油、香菇大酱、香菇食品、小食品等，提高经济效益。使林蛙和香菇产业真正成为支撑全县经济的支柱产业。

辽宁省朝阳市（大平顶枣、沙棘）

〔大平顶枣〕

辽宁省朝阳市是大平顶枣的原产地，据《中国果树志、枣卷》记载：“大平顶枣产于辽宁朝阳”。大平顶枣在朝阳已有3000多年的栽培历史，在全国栽培的历史最悠久。

大平顶枣品质极佳，是鲜食品种的极上品。它的特点是：枣肉细脆而不水，酸中有甜，色如玛瑙，耐贮藏，便于运输，易加工。它的营养成份最丰富。经测定，含蛋白质2.8%，是其它品种枣的2倍。果酸1.23%。每百克含抗坏血酸600mg，核黄素0.04mg，硫胺素0.06mg，尼古酸0.6mg，胡萝卜素0.01mg，钙41mg，磷23mg，铁0.5mg，VO600mg，V丙600mg，发热量309千卡，此外还含有大量的VA、B、B2、E、D、P、E，17—18种氨基酸，尤其还含有抗癌物质环磷酸腺甘、儿茶酚。大平顶枣对肝炎、高血压病有十分明显的防治效果，可以健脾、胃、大脑，尤其具有十分明显的抗癌效果。当地民谚说“每天吃三平顶枣，胜吃灵芝草，保你一辈子不老”。

朝阳的大平顶枣之所以品优质佳，其原因一是在品种上长期选育，以发展鲜食品质为主，二是由于朝阳独特的地理气候环境所致。

朝阳地处辽宁西部，北纬40°55′至41°54′，东经118°55′至121°51′。处于中国华北植物带的最北端。朝阳气候属温带大陆性季风气候，日照时间长，昼夜温差大，6—7月份的平均气温23℃，是大平顶枣花期的最适温度，8—9月份的平均气温为20度，是果期最佳温度。年降水量450毫米左右，而且6—7月份降雨量在100毫米左右，9月份的降雨量在46毫米左右，这使花期的雨量适中，湿润而不多，利于开花，果期的雨量少、不裂果、不落果、不烂果。朝阳的土壤为中性土壤，偏砂性。这些都为大平顶枣的生长提供了得天独厚的条件。中国所产的大枣的品质在地理上由南向北品质逐渐提高，而朝阳处于分布区的最北端，所以大平顶枣的品质极优。

朝阳现有大平顶枣4000万株，年产大枣4000万斤，年产值8000万元，是长城以北的大枣产量第一市。

朝阳市从1994年开始把发展大平顶枣作为一项主导产业，采取栽植和山枣改接大枣的形式每年发展600万株。大枣保鲜、深加项目也已大规模投产。在发展大平顶枣项目中主要采取了以下几条措施：

一、树立典型，宣传推广

朝阳的大平顶枣虽然有3000年的栽培历史，但以前一直是自然发展，年产量不足300万斤，1994年朝阳抓了4个乡6个村150户典型大户，经过3年的发展，有87户实现了规模经营，靠大枣的年收入超过2万元，最多的户年收入超过30万元，该县根德乡曹梆子村三道梁子组，靠大枣年人均收入达到1500元。1996年该县在波罗赤镇又集中连片地建成了一个300亩的东北第一大枣园。这些典型的成功，辐射影响了周边的一些村屯农户，县政府又通过报纸、电台进行广泛宣传，县人大代表会经过调查把此项工作列为政府的主导项目来发展，制定了有关政策，使该县大枣产业发展走上了规范、快速发展轨道，进而带动了全市的大枣生产。

二、抓住重点，加大投入

重点是抓专业乡、村，重点大枣园建设。该县提出每个乡都要有一个标准园。目前全市已建成15个专业乡镇，1996年以来，全市每年以2000万元的资金总量进行投入，重点乡镇的年投入在300万元以上，到目前全市累计投入资金1亿元。

三、完善产业化经营模式

大平顶枣是鲜食品种，为了实现一年四季鲜枣上市，朝阳市组织科技人员对大枣保鲜储藏，大棚保护地四季生产进行试验，目前均获得成功，同时引进大枣深加工技术，全市建起了4个大枣保鲜库，一处大枣制品加工中心，使全市大枣年增值达到了500多万元。同时强化品牌意识，目前朝阳大枣已正式在工商部门注册“平顶王”牌商标，对大枣进行精包装，使其进超市。本着先市后场先自然后规范的原则，建设起了3个大枣批发市场。

由于朝阳大平顶枣产量高、产业体系完备，品质优、发展潜力大，朝阳市的重点产枣县，朝阳县已被中国特产之乡推荐宣传组委会命名为“中国大平顶枣之乡”称号。

四、未来的发展思路

朝阳市计划用6年时间，每年发展600万株，到2006年大株总株数达到6000万株，实现产值6个亿，特产税6000万元，同时，引进资金扩大深加工项目，使产品增值，农民增收。

［沙棘］

朝阳市地处辽冀蒙三省区交汇处，其地理坐标为东经118°55′—121°16′、北纬40°55′—41°54′。东北邻阜新、锦州，西北接赤峰、哲盟，东南毗葫芦岛，西南靠承德。

朝阳地处北温带亚干旱区，地表结构为七山一水二分田。四季分明，雨热同季，日照充足，昼夜温差明显。

朝阳市辖北票、凌源两市，朝阳、建平、喀左三县，双塔、龙城二区，总面积1.96万平方公里。

沙棘，又名“酸柳、醋柳”，是一种对生态环境适应性很强的乔灌植物。它不仅有防风固沙保持水土，改良土壤的巨大生态效益，而且它还浑身是宝。经医学研究表明：沙棘富含维生素、脂肪、黄酮类等生物活性成份，在自然界中再也找不到一种如此完美的天然果品，是大自然赐给人类的绿色瑰宝，被世人称为“神奇之果”，用沙棘生产的系列产品是当今世界上公认的集饮食、医疗于一身的最好的绿色名牌产品之一。

朝阳市资源比较丰富。有林面积1075万亩，森林覆盖率32.6%。特别是沙棘资源比较丰富。是世界上最大的人工沙棘林基地，总面积150万亩，占全国的11%，世界的9.1%。年产沙棘果5万吨。

朝阳市于1958年从甘肃引种沙棘，1961年引种成功后，做为水土保持先锋树种，开始零星分散在沟边、路边、岸边造林，效果很好。特别是开展“三北”防护林建设以来，沙棘便成了“三北”林、小流域治理、二七七二项目造林、治沙工程的主要树种和伴生树种，进入大面积栽植阶段，每年造林面积均保持在3—4万亩之间。1985年，开展了以果为主的沙棘园建设，1997年又引进了大果无刺沙棘，建高产园。大果沙棘园已发展到1350亩。

为了搞好沙棘资源的开发利用，朝阳市把沙棘资源的建设列入全市农村经济发展长远规划的重要内容。在发展和培育、保护现有资源的基础上，制定了合理开发利用沙棘资源，促进林业产业化进程，壮大农村经济实力的发展战略。

首先，大力培育沙棘资源，为产业化发展打下坚实基础。一是从全市林业实际出发，把沙棘列为该市石质、半石质山地以及沟壑、河滩地造林的主要树种，纳入“治荒”造林总体规划，以每年3—4万亩的速度递增；二是从优化资源出发，调整资源结构，提高资源质量。营造沙棘混交林，减少病虫灾害，开展以果为主的沙棘高产园建设，实行集约化经营；引进优良品种，建立繁育基地。

第二，建立科学的经营机制和保护措施。近几年来，该市把沙棘资源的管理、管护工作纳入重要议事日程。一是在重点县成立了沙棘资源管理办公室，专门负责沙棘资源的培育、管理，以及开发利用工作，把资源管护工作变成政府行为，实行规范化管理；二是制订下发了《沙棘资源管理办法》等一系列资源管理、管护、开发利用方面的法规、文件；三是把全市沙棘资源的重点地块、重点流域等列入生态公益林重点保护区，实行重点保护。

第三，科学合理地开发利用沙棘资源。朝阳市开发利用沙棘资源起步于1985年，十多年来，经过各级政府和广大科研人员不断地研究探索，沙棘产品不断更新换代。生产企业不断由小到大，由一家发展到五家。拥有一大批科研、技术骨干力量，年加工沙棘果3000吨以上。已生产出沙棘汽水、果酒、果茶、壮骨保、血宝、健宝、SOD沙棘复合液、沙棘果油、种子油、麦安冲剂、黄酮、沙棘果油胶丸等系列产品。产品远销国内各省（市）区治区。年产值2000万元，年利润1000万元，实现利税300万元。

随着沙棘资源面积不断增加和开发利用步伐加快，沙棘的生态、社会、经济效益越来越明显，已成为振兴朝阳经济，加快农民脱贫致富奔小康的支柱产业。

开发沙棘，任重道远。朝阳市准备在现有资源基础上，一是进一步加快造林力度，扩大基地规模。二是加大科技投人，更新原有老品种。继续深入开发沙棘新产品。三是搞好沙棘资源的综合利用。相信经过努力，朝阳市一定会成为全国乃至世界最大的沙棘种植和生产开发的基地。

辽宁省兴城市

兴城市位于辽西走廊、葫芦岛南部，位于北纬40°16′～40°49′，东经120°16′～120°48′之间，境内总面积2200平方公里。该市交通便利，沈山铁路、高速公路、海上运输已构成交通网。另外该市是国务院批准的北方沿海风景旅游区，国内驰名的疗养避暑之地，每年接待国内外游客数百万人次。

兴城市气候条件优越，属于温带亚湿润季风气候区，年平均气温8.7℃，无霜期173天，年平均降雨量603mm，其中60—80%集中在7—9月份，年平均日照时数2792小时。自然条件优越，宜果面积广阔。经专家多次考察论证认为，温度、光照、水及土壤等因完全适合发展落叶果树，尤其适于发展名、特、优苹果和梨品种。省政府于1985年批准该市为果品生产基地，又于1986年被国家有关部门确定为优质果生产基地，1996年被辽宁省确定为名、特、优、新高标准园示范区。经过15年的努力工作，目前兴城市已成为辽西地区果品生产区之一。

该市有30个乡、镇、办事处，果业都占有一定位置。其中有15个乡镇果业已成为本地区的主导产业，其收入占农业总收入的40%以上。

全市现有各种果树1302万株，果园面积2.8万公顷，1999年水果总产量8万吨，产值1亿元，占农业总收入的15%，其中京白梨产量2000吨，产值1000万元，占果业收入的10%。

近几年来，随着市场经济的迅猛发展，果树的品种结构也随之发生了巨大变化。“以市场为导向，以效益为目的，大力发展名、特、优新品种”已成为发展果业的指导原则。逐步淘汰了那些品质低劣，效益不高的古老传统品种，使新品种的比例不断提高，从而优新了品种结构，为果业的发展带来了前途和希望。

到目前为止，全市以红富士、乔纳金、新红星苹果和京白梨、锦丰梨等品牌为代表的新品种达500余万株，占全市果树总株数的45%。

由于先进技术的不断引进和推广，使果园管理总体水平不断提高，果品质量和产量大幅度增长，获得了较高的经济效益，涌现出一批示范园和标准园，开展了十余项试验和研究项目，获得较理想成果，推动了果业向高科技领域发展。如锦西果树带建设技术开发和果树品种更新改造课题被评为省级科研成果奖，获市级科技进步一等奖，还有三个课题获市级科技进步二等奖。在历年由省、市组织举办的优质果选评活动中该单位选送的京白梨、红富士苹果、新红星苹果等多次在国家级评选活动中获奖。1997年及1999年新红星苹果及红富士苹果分别评为国家优质产品。

京白梨是秋子梨系统中的最优良品种，果实扁圆形，果粳连接果内处常微突起，果皮黄绿色，熟后呈黄色，果面光滑有膜质，果点小而少，果梗细长，平均长5cm，多弯向一方，萼片宿存，平展开张，果肉黄白色，肉质细软，汁特多，味甜，果心中大，采收时即可食用，经存放10余天后熟，果肉变柔软，汁增多，香气醇厚，含可溶性固形物13—17%。

该品种生长势中等，4—5年开始结果，以短果枝结果为主，成龄树产量较高，年年丰产，喜砂壤土，不耐瘠薄，抗寒力和抗风力较强，易染黑星病，在兴城地区9月上中旬成熟。

京白梨是该市栽植时间较长、面积较大的梨树品种之一。在全市普通表现丰产、稳产，果实品质极佳，商品价值极高。发展前景极好，近几年为保护及推动这一产业优势，适应市场需求，该市采取积极有效措施，坚持以资源优势为依托，以国、内外市场为导向，以科技管理为手段，以经济效益为中心，采取典型引路、资金扶持、科技先导、完善配套、优质服务等一系列措施，发展了一大批京白梨生产专业乡镇、专业村和专业户，生产出的京白梨多次获市级优质果品奖，二次获省级优质果金牌，在1999年农业博览会上获金牌。

兴城市农业发展局是主管全市农业和农村经济发展的政府职能部门。负责全市农业、农机，果蚕、水产、畜牧等各业的行政管理、技术开发和推广，协调指导各乡镇涉农业务工作、农经管理及扶贫救灾等。全局共有行政编制30人，事业编制25人，全市共有果树技术干部27人，其中有高级职称的3人，中级15人，初级9人。

根据该市实际情况，计划到2005年在京沈高速公路、高速铁路两侧及山区坡地发展京白梨1万亩，使果业基本形成产品区域化、经营规模化、生产基地化的新格局，在果业生产方面，该市通过采取招商引资，提供优惠政策，本着互惠互利的原则，积极开发果业生产。目前已有五家在该市投资建园。

吉林省

〔名优特产〕

红松　红松又称果松，朝鲜松。在分类学上为松科、松属。是中国珍贵的用林、经济树种。其在中国的地理分布主要是东北林区，大致与长白山、小兴安岭山系所延伸的范围相一致。北纬40°15′（长白山西南坡）~50°20′（小兴安岭北坡），东经126°（辽宁清源）~135°30′（完达山东坡）之间。吉林省为红松的中心分布区，以长白山锥体为中心向外分布于安国、抚松、长白、和龙、靖宇、敦化、记清、白山等县（市）的森林企业局经营区内。其外围蛟河、柳河、辉南、桦甸、集安等地虽有分布，但面积较少，林分组成中红松一般仅占2—3成。

红松的用途非常广泛。材质轻软、细致，纹理直，易加工、易干燥，不挠不裂，耐久、抗腐，是供建筑、造船、桥梁、家具、电杆、枕木等的优质材料。

红松籽是红松的种子，含有17种氨基酸，20种常量、微量元素，油脂占70%、蛋白质占12%、淀粉2.4%。红松籽的食用与药用价值，唐代的《酉阳杂俎》就有记述，把红松籽称为延年益寿的“长生果”，公元1578年李时珍著《本草纲目》中记载：“赤松籽，含柏实，养心血，润肾燥，益智安神，性平而不寒不燥，味甘而补，辛而能润，其气清香，能透心肾，益脾胃，宜平滋养之剂用之，可齿落更生行之奔马……。”由此可见，红松籽自古就被认为是食药兼备的营养佳品。

红松籽不仅含有丰富的油脂、蛋白质，是营养价值很高的干果，又是生长在未受任何工业污染和化肥、农药等农业污染的山区，出自最佳自然生态环境的绿色食品。因此，受到越来越多的人喜欢，在国内、外市场上都非常走俏。1991年吉林省全省松籽产量已经达到1300万公斤，收购商在林区产地的收购市价为每公斤10元人民币，外贸部门出口松籽仁每吨价格为11.5万元。为满足出口市场的强劲需求，林业企业已将用于生产木材的用材林，改造成用于生产松籽的红松果林。

蒙古栎　又名柞树、蒙栎、青红柞。属壳斗科，栎属。在地理分布上属北半球温带树种，以其为优势组成的蒙古栎林是栎林中比较耐寒的类型，是温带和暖温带典型的森林群落。吉林省长白山林区的蒙古栎林，垂直分布一般在海拔300~800米范围内，但上限可达1000米或更高些，水平分布遍及吉林省中、东部林区，从浅低谷地，山前台地到险峰峻岭，从村屯附近，交通沿线到偏远山区皆有分布。林分面积约占全省天然林总面积的20%。

蒙古栎木材坚硬、耐磨，多用于车辆，造船、坑木、枕木、建筑等，近些年来，柞木地板深受人们喜爱，畅销国内外；种仁含淀粉50~60%，可酿酒及做饲料；果实中含油2~5%，可作为生产肥皂的原料；树皮和壳斗含鞣质，可提制烤胶。老皮含鞣质6.2~9.3%，嫩皮含11~16%，有时高达26%，叶可饲养柞蚕，这在吉林省辽源、四平、通化等地都开展的较好。柞树的皮、叶及壳斗还可入药，其中皮、叶有清热解毒、利湿、化痰的功能，主治急性肠炎、痢疾、黄疸、小儿消化不良、急、慢性支气管炎等，壳斗入药为收敛剂、治血痢不止、脱肛、痔疮出血等症。

樟子松　樟子松在分类学上的松科、松属。自然分布在中国大兴安岭林区和呼伦贝尔草原。吉林省没有自然分布，但人工引种造林最早。本世纪30年代末，在长春市净月潭林场，进行过小面积的引种试验。新中国成立后，从1953年开始，进行了大面积育苗造林，获得成功，后迅速推广到全省。现全省有樟子松人工林面积约7000hm^2。占全省人工林面积的0.7%。

樟子松材质良好，可供建筑、机械、船板、刨花板等用材；木纤维可作造低原料；树皮含单产6.87%，可供提取烤胶；树形美观，叶常绿可作观赏树、风景树。

中国林蛙　俗称哈蟆。主要野生分布于长白山区，在吉林省集中分布于东部山区的桦甸、蛟河、舒兰、浑江、长白、敦化、集安、抚松、靖宇、汪清、辉南、珲春、安图、和龙、通化、柳河、盘石、江源等19个县（市）。垂直分布在海拔450～1500米之间。

林蛙的活动极有规律，整个生活周期可分为繁殖期、陆地生活期和冬眠期三个阶段。林蛙的繁殖期是每年的4～5月间，卵生，体外受精，具有“抱对”现象。从产卵孵化到变态需在水中生活45～50天左右。

陆地生活期：成蛙在春季生殖后，经过短暂的生殖休眠，在5月初开始进入夏季森林生活时期。林蛙夏季必须栖息于森林之中，完成陆栖生活。林蛙生活的林型为阔叶林和针阔混交林，以其繁殖和冬眠的水域为中心，在相对固定的范围内活动，活动范围一般在500～1000米内，不超过1500米。林蛙的陆地生活期可分为三个阶段。（1）上山期，成蛙经过生殖休眠后，5月初开始上山，历时约20～30天，5月中下旬结束。当年孵化出的幼蛙在6月中下旬开始上山。（2）森林生活期5月中旬到9月末，是林蛙生活中最活跃的时期。林蛙常单个分布栖息在森林各处，摄取食物。捕食时间为上午10时前及下午3时后，夜间不活动，捕食的食物为森林害虫，种类多达6纲13目60余种，为降低林木病虫害起着重要作用，6、7、8三个月林蛙生长迅速，是一年的主要生长发育期。（3）下山期从9月份开始，随着气温降低，林蛙开始从山坡上向山脚下移动，当9月中旬气温在15℃以下时，林蛙借秋雨日夜兼程，大量下山移动到山下沟谷及河流两岸的森林草丛、农田附近。气温降至10℃左右时，开始入水冬眠。这种冬眠前的迁移活动多在晚间进行，但在雨天，即使是白天亦大批的往冬眠地迁移。一般雄蛙在前雌蛙居后。迁移是林蛙的生物学特性之一。冬眠期：林蛙的冬眠期是从9月下旬开始，到第二年4月初或4月中旬结束，共约6个月左右。冬眠时间，林蛙不食不动，其新陈代谢降到最低限度，乃至进入麻痹状态，靠肝脏及脂肪体中贮藏的养分维持生命。

林蛙的冬眠期可分为入水期、散居冬眠期、群居冬眠期和冬眠活动期。水下冬眠是其主要方式。

中国林蛙是一种经济价值很高的两栖类药用动物。雌性输卵管的干制品即是驰名中外的滋补品——林蛙油，在国内外享有盛誉，且价格昂贵。

1. 药用价值

吉林省长白山区的中国林蛙，个体肥大，产油多，每只雌蛙平均含油5.948克（鲜重），占体重的17.7%。林蛙油为不规则块状，大小不一，凹凸不平，表面呈黄白色，脂肪样光泽，偶有带灰白色薄膜状干皮，遇水膨胀，气味特异，味甘腥。吸水性强，体积增大17倍左右，吸水后的林蛙油呈胶冻状，半透明，有弹性和粘性。

（1）化学成份；林蛙油的主要成分是蛋白质，占总重量的一半以上，其次是无氮浸出物，将近1/4左右。肪脂占4.26%，还有矿物质，维生素A、B、C、18种氨基酸和雌二醇、胆固醇等激素，每克林蛙油可放出600千卡热能（见表1）

表1　林蛙油成份表　每百克含量　%

项目	水份	粗蛋白	粗脂肪	粗纤维	灰份	无机物	热能（kj/kg）
含量	11.29	55.93	4.26	0	4.68	23.21	20.9

（2）药理作用：林蛙油的药理作用在许多中药文献中都有记载。有促进卵泡早熟及卵泡增殖的作用，对性周期有明显的影响，可延长兴奋期，有良好的强精作用，对促进动物生长发育有良好作用，具有补虚、增精、退热之功，可治精血不足，体虚气弱、肺虚咳嗽、神经衰弱、记忆衰退、产后无乳、乳汗不足以及肺结核、肝炎等消耗性疾病，特别对老年人，久治失调的康复作用更佳。

2. 食用价值

林蛙油含有大量蛋白质，作为营养物质而被吸收和利用。食用林蛙油对提高体质，增进健康有明显的效果。且无任何副作用，因此林蛙油作为一种增强体质的保健食品被普遍食用。

取油后的林蛙残体、肌肉和冬眠期卵巢不仅味道鲜美，而且营养丰富。蛋白质含量高于牛羊肉（16～21%）和鸡蛋（14%）而脂肪含量比牛羊肉低。因此，蛙肉是一种高蛋白低脂肪的人类优良食品新来源。

3. 提供动物性饲料

随着畜禽和珍贵经济动物养殖业的迅猛发展，对动物蛋白的需求越来越显得迫切，人们开始利用取油后的林蛙残体作为家禽饲料添加剂，是开辟动物性蛋白质饲料的新途径，具有很大的发展前途。

4. 捕食害虫保护森林

林蛙是以各种昆虫为食物的动物，在它所食的昆虫中，绝大多数都是危害农林业的害虫，还包括传播疾病的动物和寄生蠕虫的中间寄主。更有意义的林蛙在完成生殖开始陆地生活的时候，正是昆虫大量出现的季节，昆虫的休眠期也正是林蛙的冬眠期。因此，它对控制昆虫的大量发生发展进而维持生态平衡起着不可低估的作用。

由于林蛙具有很高的经济价值，林蛙及其产品在国内外市场非常畅销，市场的需求推动人们大量捕杀野生林蛙，加之森林被采伐，使野生林蛙数量减少，产量下降。为了保护和开发利用林蛙资源，在省政府、省科委、省林业厅等有关部门的大力支持下，从1980年开始人工养殖。目前，一个以养蛙专业户为主体的养蛙生产热潮正向广大林区蓬勃发展，林蛙养殖已成为吉林省发展山区经济的一个支柱产业。据1998年野生动物普查结果表明，吉林省现有养殖户5615户，封沟4534条，年产商品蛙43075.54万只，产值4.3亿元。（价格按1元/只）。目前，吉林省的林蛙绝大多数是以原料的形式销往沿海地区。在深加工方面，虽然开发出了一些产品，如林蛙油冲剂、胶囊、滴丸、口服液等，但由于多种原因，尚未形成规模，经济效益不佳，有进一步研究开发。

梅花鹿　在分类上属哺乳纲偶蹄目鹿科草食动物。主要分布在东亚的日本、朝鲜半岛及中国，分化成十几个亚种，分布曾很广泛。由于过去人类的无度猎取、生态环境变迁、栖息地丧失等因素，野生梅花鹿种群数量极度下降，某些亚种已经灭绝，其他亚种种群数量亦极少，成为世界性危濒危动物，被中国列为一级重点保护动物。

由于梅花鹿浑身是宝，其经济价值著称于世。食用价值：鹿肉是野味上品，肉质细腻，营养丰富，蛋白含量高、脂肪含量低，其胆固醇含量较优质牛肉低33.8%；心、肝等脏器及筋、尾等都是上等美味。因而许多国家都大量养殖以满足人们美食需求。药用价值：鹿茸、鹿角是极其珍贵的中药材及滋补品。鹿茸中富含蛋白质、胶质、骨质、磷酸钙、锰、鲜及雌酮等，具有生精补髓、强筋壮骨、养血益阳之功效，主治虚损、目暗眩晕、遗精、肾虚阳痿、腰膝痿弱、蹦漏带下等症。新近研究成果证明，鹿茸不仅有振奋肌体、增强心脏活力、消除心肌疲劳、促进红细胞及血红蛋白等生成、促进肾脏利尿功能，而且有抗细胞衰老、抗癌功效。鹿角除具有上述功能外，还有消肿排脓、治疗乳痛、疮疡肿毒等症。鹿鞭有补肾壮阳作用，治疗阳痿早泄、腰膝痿软等症；鹿胎具活血益精作用，治血虚精亏、蹦漏带下、宫寒不孕等；鹿筋、鹿骨有强筋壮骨、祛风止痛作用，治疗风湿脾痛等症；鹿尾能壮肾益精、健胃补血；鹿血有很好的降血压、治贫血的功效。其他用途：梅花鹿皮质低柔软，经鞣制后可制成各种衣物，亦用于擦拭各种精密光学仪器；鹿角等亦可作为高级工艺品珍藏。梅花鹿同时又是一种温驯、美丽的观赏动物，丰富人们的文化生活。因此，梅花鹿是一种珍贵的经济动物，鹿茸、鹿茸制品及其它副产品是我国传统的出口创汇商品，年出口鹿茸量均在30吨左右，年创汇约0.16亿美元。

在中国梅花鹿作为经济动物养殖已有300余年历史，又以吉林省为养殖发祥地。过去这些鹿主要为一些著名的大药店饲养以获其药用价值。至新中国成立初期，全国养殖总数近千头，其中600余头在吉林省境内。50年代初，吉林省开始建立国营鹿场，经过近40年的发展，鹿场已遍布全国，养殖总数已超过20万头。东北林业大学野生动物资源学院、吉林农业大学等相继开设了养鹿学专业课，培养了大批专门人才；先后培育出“中国双阳梅花鹿”等优良品种；大批梅花鹿养殖及产品开发科研成果应用于生产实践，促进了养鹿业的健康发展。随着养殖技术的不断提高，国家制定了《梅花鹿养殖技术标准》及《管理办法》等，使养殖规模化、管理标准化，更有数十种鹿茸等医疗、保健品的开发，增加了养殖的附加值，养殖效益大大提高。已成为野生动物养殖业发展最稳定、成熟的产业。

梅花鹿养殖已是一项技术上成熟、生产上稳定、效益较高的产业。它易于管理，饲养成本较低，抗病能力强，产出及产品市场相对稳定。无论在寒冷的北方还是在酷热的南方均易实施，是一项稳妥的致富途径。目前世界鹿及鹿茸产品的产量还远远不能满足市场需要，国际上鹿产品长期供不应求，随着亚洲经济的复苏，这种状况将更加严重；国内随着人民生活水平的不断提高，自我保健意识及美食观不断增强，对鹿肉、鹿茸产品等的需要将迅速增加，供求矛盾将越来越突出。因此，梅花鹿养殖及产品加工业前景十分广阔。

韩晓东　吉林省林科院森保所所长、野生动物管理专业副研究员，长春市新技术开发区浦东中1号，邮编：130031，联系电话：（0431）4651850－8214，BP：98127－662878

人造板生产　人造板包括刨花板（普通刨花板、定向刨花板、水泥刨花板、石膏刨花板、均质刨花板）、胶合板（三层胶合板、多层胶合板、细木工板）、纤维板（湿法硬质纤维板、中密度纤维板、高密度纤维板）、三板生产一直是林业发展的支柱产业之一，为吉林省林业发展做出很大贡献，发展速度较快，特别是进入80年代以来，刨花板、中密度纤维板、细木工板发展十分迅速，已成为吉林省人造板生产的主流。据不完全统计，吉林省目前刨花板总产量为23.5万m^3/年，胶合板总产量36.5万m^3/年，中密度纤维板14.5万m^3/年，湿法纤维板4万m^3/年。这些企业主要分布在东部林区及长春市。并且呈继续发展势头，目前在露水河林业局、三岔子林业局正在建设两个年产5万m^3的均质刨花板，红石林业局正在建设年产6万m^3中密度纤维板，汪清林业局正在建设年产1.5万m^3中密度纤维板，这些项目有望在近两年内投产，将对吉林省林产工业发展起到积极的推动作用。人造板主要用于家具、建筑、装潢、车辆、船舶、包装等领域，人造板是吉林省林产工业的主导产品。

吉林省红石林业局

吉林省红石林业局是国家“八五”期间重点投资建设的大型森工企业，为吉林森林工业集团紧密层企业。是吉林省境内经营面积最大、林木蓄积最多的森工企业。

红石林业局筹建于1973年，总投资26034.1万元。企业现拥有固定资产原值6.65亿元，净值3.98亿元，累计生产商品材500万立方米，完成工业总产值13.45亿元，上缴利税和育林资金3.6亿元，为国家和吉林省林业做出了较大的贡献。

两年来，在省林业厅和集团总公司的正确领导下，围绕两个文明建设的总体目标，全面开展了“企业管理基础年”、“企业管理效益年”活动，使企业的各项工作取得了可喜的成果，各项指标均创历史最好水平。两年共实现工业总产值3.3亿元，实现利润5300万元，职工人均收入6880元/人年，1999年两个文明建设有18项受到上级部门的表彰和奖励，先后被全国总工会授予全国“五一”劳动奖状、全国模范职工之家，被省委省政府评为“三好企业”、“模范集体”、“精神文明建设先进单位”、“先进基层党组织”。

深化“三项制度”改革，按照“精简、统一、效能”的原则，机构和人员进行了大规模精简，精简后机关机构从21个减少到9个，机关人员从127人减少到95人，真正实现了大部室、多功能、高效率的目标。在分配制度上，对经营者实行“年薪制”和“三高”的激励机制。对局中层和基层管理人员实行岗位技能工资制，对生产工人实行计件工资和承包工资，对试行股份合作制的单位实行“按生产要素分配”与“按劳分配”相结合的分配形式，真正体现了“干什么活挣什么钱，干多少活挣多少钱”原则。深化了产权制度改革，对能转包的设备全部实行有偿转包。现已转包设备325台（套），共收回有偿转包金840万元。对公有临街房屋进行出租、出售，总计盘活房产11211平方米，收回资金530万元。对电视台、文化站、俱乐部整体推向市场，实行有偿服务；对百货大楼、多种经营公司、福利印刷厂、农贸市场试行模拟股份制经营，运行效果良好。

管理工作不断加强。加强了资产承营管理，年初各项承营指标确定，不予调整，本着“先定标、后定人，宁换人，不换标”的原则，确保各项指标的完成。在成本管理上实行倒算，使每年的木材生产成本大幅度递减，“四费”支出每年压缩10%，实行费用包干。在资金管理上做到一本帐、一个户、一支笔，各项业务往来一律通过内部银行办理，严把资金使用关，万元以上的由财务处长、总会计师、局长三重审批。加大了清欠工作力度，对以前出现的欠款依法清欠、责任清欠、离岗清欠、有奖清欠，使欠款数额逐渐减少。近三年未发生新的欠款。在生产管理上严把质量关和运输关，实行木材模拟售价承包，增强了效益造材意识，使优质材比重逐年提高。在营销管理上，每年都根据市场行情和季节变化及时调整售价，并视用户为上帝，努力提高销售服务质量，实行联合定点办公和承诺制服务，确保产品质量和装车载量。每年还召开木材及林副产品洽谈会，每次都有10多个省市、100个单位的客户到会，会议期间可收予付款2000万元，定货近3万立方米，确保了全年销售目标的实现。狠抓资源管理，开展专项斗争，严厉打击毁林开荒、破坏森林资源的行为，两年共查处林业行政案件4000多起，收回林地4000公顷，加强营林生产管理，实行重奖重罚和技术人员对检制度，推行“造林抚育大包干”，使营林质量明显提高。

党建和精神文明建设取得丰硕成果，被省委评为“精神文明建设先进单位”。为使企业可持续发展，制定了《2000—2010年远景发展战略》提出了“木材生产、林产工业、资源综合开发”三足鼎立的发展战略。红石林业局在以石国新为首的领导班子带领下，全局万名职工以新的姿态，锐意改革，真抓实干，拼搏进取，向着新世纪的目标大踏步前进。

吉林省长白朝鲜族自治县（人参）

长白朝鲜族自治县位于吉林省东南部，鸭绿江上游，幅员面积2497平方公里，总人口8.6万人，因背负世界著名的长白山天池而闻名，是全国唯一的朝鲜族自治县。境内群山起伏，森林茂密，森林覆盖率达80%以上，素有“长白林海”之称。气候属亚温带大陆型季风气候，冬寒夏暖，四季分明，全年平均气温2℃，无霜期110天左右，年降水量720毫米，多集中在夏、秋、冬三个季节，温湿气候特别明显。茂密的森林，优越的植被，独特的气候条件为人参生长繁育创造了得天独厚的自然环境，自古以来长白县就是中国人参的重要基地，同时也是人工栽培人参最早的地区之一。

一、人参发展简史

长白山是人参重要起源地，距今天已有6000万年的历史。药用历史达4000多年，清代初期随着采挖业的强盛，野生人参日趋减少，人工栽培已有500多年历史。国民党统治和东北沦陷时期，长白县新房子镇一带密林中有30多家参园。新中国成立后，国家强调发展乡镇企业，提出公社、大队、小队一起上的号召，全县人参有了进一步发展，面积达到20万平方米，产量3万公斤。但由于生产周期长，投资大，科技滞后，管理体制不合理的诸多因素制约，全县只有半数企业有效益，左右不了全县的经济。

中共十一届三中全会以来，放宽了农村经济政策，改变了单纯的“以粮为纲”的政策，实行“农、林、牧、副、渔”全面发展的方针。长白县委、县政府立足资源优势，把人参产业做为全县农村经济的骨干项目，在经营方式上，实行国营、集体、个体一起上的办法，在分配形式上，打破工资界限，收益与产量、质量和效益挂钩，在生产发展上全面实施科教兴参战略，有力地促进了全县人参生产的发展。

二、人参生产现状

长白县是吉林省人参主产区之一，现有大型国营参场4个，机关企事业参场17个，乡镇、村办参场55个，个体经营户1千余户，留存总面积400平方米，年产鲜参250万公斤，生产规模和生产总量位居吉林省人参生产大县前列；全县人参平均单产3.1公斤/平方米，优质参率占80%以上，单位面积产出水平和质量水平保持全省首位；年创产值1.3亿元，收入近亿元，占全县农业总产值的35%，地方税收的30%，成为全县农村经济的支柱产业。

三、主要工作经验及成就

长白县人参产业取得成功的主要经验有：一是全面实施科教兴参战略，提高单产和质量。始终坚持“科学技术是第一生产力”的主导思想，坚持把人参生产的科学技术研究与推广普及工作摆在突出位置来抓。县里成立了人参研究所，设有专门的研究基地，配备了专职研究人员，各乡镇、国营参场，都设有试验研究基地，生产中遇到的重点和难点技术问题落实到基地中进行试验研究，不仅扩大了科研普及面，而且有效地解决经费不足问题。同时，采取学术团体与政府组织相衔接的办法，成立了全县人参技术骨干组成的人参专家领导小组，组织制定人参发展战略和重点，进行技术交流，确定试验课题进行共同试验研究，对成功的技术与经验适时提交县委、县政府，使之上升为行政行为，在全县内加以贯彻落实，从而形成一套“技术＋权威”的组织指挥体系，有力地促进了人参科研事业的发展。多年来，长白县共有十几项人参栽培技术获得技术成果。其中，人参铁拱棚综合栽培技术获国家“星火奖”，人参优质高产栽培技术获吉林省科技进步一等奖。人参栽培技术水平始终保持全省首位，历次全省人参优质高产低农残生产技术竞赛中，获得“优胜牌”，人参优质高产栽培技术先进县。在产品开发方面，“宝泉山牌”精制长白人参与“响宇牌”西岗人参两个名牌产品先后通过部级鉴定，获评为部优、省优产品，在国际人参学术研讨与产品博览会上荣获金奖，中国首届优质保健品金奖。产品经有关部门的检测，产品主要指标均高于高丽人参和日本人参，在国内外人参市场上具有极高声誉，很受客户欢迎，产品远销日本、东南亚各国和台湾、香港地区。二是不断调整优化产业结构，增强产出功能。人参生产周期长、投入大、技术性强，市场多变，为保持人参可持续稳步发展，增强产出功能，县委、县政府制定了“稳定发展面积，加快发展一贯制人参，积极发展长超人参、稳步发展西洋参”的人参发展战略，突出了一贯制人参发展位置，不仅缩短了人参生长周期，增加了作货面积，而且减少了生产成本，提高了土地利用率，有效地增加了参、林综合经济效益。为适应保护生态环境的需要，一方面大力发展人参产业，另一方面林参间作、西洋参园参轮作等措施，保护好生态环境，解决参、林争地的矛盾。通过产业结构调整优化，全县每年还增加人参面积60万平方米，增加产量25万公斤，增加收入800万元，增强了人参产业的整体产出水平。三是强化管理、深化改革，增强企业活力。县委、县政府每年与各乡镇签定人参主要指标责任制，对企业实行目标管理。企业内部实行承包经营，管理人员和参工工资与产量、质量、效益挂钩，极大地调动了生产者的积极性。在政策上，参业用地优先向国营和乡镇集体企业倾斜，进行定点扶持，对个体参户只批拔零散、不集中连片的林地或“五荒”资源。对单产达不到县政府规定指标的企业一律停止划拨参业用地，从而保证了国营和集体参业企业的主导地位，提高了规模经营水平和市场竞争能力，促进了新技术措施的推广应用。在产权上，采取乡有民营、林有民营、场有民营等改革措施，稳定了人参发展规模。在产品销售上。县委、县政府根据市场行情，适时提出人参销售指导价格及销售措施，并发挥国营、定点乡镇人参企业声誉好，卖价高的优势，组建松散型销售集团，增加人参销售收入。

四、今后人参发展的思路

按照省委、省政府对人参产业发展的总体要求，结合长白县实际，今后人参生产发展的总体思路是：以生态建设为基础，以产业化发展为方向，依靠科技进步，不断调整优化生产结构，提高土地利用率，提高单产和质量，增加经济效益，开发人参系列产品，提高人参产品附加值，加快人参生产集约化、产业化发展步伐。按照这一基本思路，到2005年全县人参生产面积达到500万平方米，其中一贯制人参发展面积60万平方米，人参与西洋参轮作面积50万平方米，人参连作面积100万平方米，林下栽参面积20万亩，林下培育野山参5万亩；人参产值达到2亿元。

为完成上述目标，采取以下措施。一是改变种植方式，提高土地利用率，播种籽地全部按照一贯制人参栽培技术要求，进行等距点播。全面推广人参与西洋参轮作一茬人参。继续做好人参连作与农田栽参的研究与推广工作，尽早形成规模。二是不断发展人参新途径，开展林下栽参，培育野山参，保护好生态环境，为人参产业可持续发展创造良好环境。三是进一步提高长白县人参优势高产栽培技术水平，从整体上提高全县人参产量和质量。四是开发名牌产品，提高人参生产附加值。利用现有名牌，扩大人参应用领域，开发人参系列产品，加大产品宣传力度，提高产品知明度，开拓国内外市场，加强产品销售，走基地建设，系列开发，循环增值的路子，实现人参产业化生产。

吉林省抚松县（人参之乡）

抚松县县长　孙晨光

〔概况〕

抚松县位于吉林省东南边陲，白山市北部，长白山西北麓，头道松花江上游。据出土文物考证，有关史料记载，抚松地域早在石器时代就有人类生息。抚松县于清末宣统2年（1910年1月16日）建县。1945年12月18日建立了人民民主政权，成立了抚松县人民政府。

县域南北长125公里，东西宽87公里，幅员面积6530平方公里。全县辖18个乡镇，162个行政村。民族有汉族、朝鲜族、满族、回族、蒙古族、侗族、壮族、锡伯族8个民族，总计31万人口。

抚松县地处东经127°01′至128°03′，北纬41°42′至42°45′，平均海拔600—800米。属东北区山地寒温带湿润气候区，大陆性季风气候特点十分明显。冬季漫长而寒冷，降水量少，夏季短促而温热，雨量集中；春秋两季冷空气活动十分活跃。年平均气温为1.6℃—4.3℃，有效积温为1900℃—2600℃，全年日照数2352.5小时，无霜期90—130天，年平均降水量760—830毫米。境内大多是台地，土壤以白浆土和灰棕土壤为主。林下腐殖土厚达10—15公分，含氮量在0.5%左右，PH值为5.5—6.5。

境内自然资源丰富。有森林面积502357公顷，占全县幅员面积的82%，森林覆盖率为76.4%。水系发达，水资源丰富，头道松花江、二道松花江等66条10公里以上的河流贯穿全县，河道总长1728公里。全县有野生经济植物125科，1138种，有野生动物47科，126种。有29种矿产。特殊的地理位置、资源、气候，为人参西洋参、中小药材、食用菌栽培，林蛙养殖，珍稀动物繁育，山野菜保护开发，提供了得天独厚的条件。真可谓地灵人杰，物华天宝。

〔人参生产〕

一、抚松县参业生产的优势和地位

据《抚松县人参志》考证，抚松县栽培人参始于1567年，距今已有430多年的历史。1995年4月被国家有关部门命名为“中国人参之乡”。

1999年，人参每平方米平均单产达到3.2公斤，西洋参每平方米平均单产达到2.1公斤，水参总产量达到386万公斤（其中人参369万公斤，西洋参17万公斤）；年末留存面积532万平方米（其中人参466万平方米，西洋参66万平方米）。参业产值实现21235万元，占全县农业总产值55980万元的37.9%；参业人均收入1200元，占全县农村人均收入3026元的39.7%。全县参业收入超1万元的有4410户，超5万元的760户，分别占全县农村总户数的20%和3%。

抚松县参业面积分别占吉林省、全国参业面积的30%和20%。全县成品参产量1000吨，分别占吉林省、全国成品参产量的35.7%和28.6%。显而易见，参业是抚松县农村经济的支柱产业，在全国都具有重要地位，“中国人参之乡”名副其实。

全县有4个国有参场，79个集体参场，15000多个人参种植、加工专业户，形成了参业产业化坚定的基地基础。

抚松县参业虽然经历了1989年至1994年6年的低谷时期，但是保持了产业优势，有效控制面积，人参存量趋稳，深加工有较快发展，产品结构趋于优化；市场体制发育较快，市场辐射面大大拓宽；参业的生产经营逐步好转，参业产业在市场经济中巩固和发展。

在即将跨入新世纪的关键历史时期抚松县提出了发展县域经济的战略措施：“充分运用国家关于推动改革和发展的一系列政策，突出抓好企业改革和发展，调整和优化经济结构，积极发展非公有制经济和混合型经济；大力推行科技进步和技术创新，紧紧依托长白山区资源优势，实行资源深度开发，提高产品科技含量和附加值，搞强搞优支柱和优势产业，实现工业化经济增长方式的新转变；加快发展以精优参业、林下综合开发、小城镇建设等为重点的农业和农村经济，大力培育新的经济增长点；加强对外联系和对上衔接，积极吸引域外资金，加速扩张经济总量；奋力实现经济快速增长，提高质量和效益，财政增收，群众致富，增强综合经济实力，县域经济强力突破，推动经济和社会各项事业协调发展的目标。”这些措施的运作，必然促进人参之乡巩固、发展、壮大。

二、坚持科技进步，发展参乡经济

抚松县特产经济的发展，科技支撑起到重要作用。科技人才济济，在从业人员中，有高级职称的17人，中级职称的149人，初级职称的731人，农民技术员842人，共计1739人。

科技人员编写的《人参栽培新技术》、《人参栽培技术问答》、《人参食用药用与美容护肤》、《抚松县人参综合技术标准》、《抚松县人参志》等著作促进了科技推广与创新，加速了传统参业向现代参业转变的进程。

科研成果显著。“7510”西洋参引种项目获省科技进步二等奖。“7910”野山参人工栽培项目获省科技进步二等奖。人参红皮病综合治理项目获省科技进步四等奖。人参品种选育及良种繁育项目获省科技进步二等奖。人参黑斑病发生规律及综合防治项目获中国科学院科技进步二等奖。人参疫病发生规律及其综合防治项目获中国科学院科技进步二等奖。

抚松县与吉林农大、东北师大、长春科大、中国农科院特产研究所等高等院校、科研单位建立协作关系。由专家教授组成抚松县经济顾问团，使科研成果与生产对接，促进县域经济跨跃式发展。

1999年抚松县委、县政府站在建设长白山资源生态效益型特产经济的高度，提出发展“精优参业”的战略决策。确定发展精优参业基本思路：“面向国内外市场，提高参业经济效益，控制参业面积，加速栽培制度改革，发展现代参业，生产市场适销对路产品，走高科技、高产出、高增值之路。”

按照基本思路，制定了《抚松县精优参业发展规划》和《抚松县精优参业规范化栽培实施细则》。参业生产加强田间管理，做到合理施肥，科学调光、调水、培育良种，病虫害防治严禁施用有残毒农药。达到五精五优：精细整地精选种栽、精细栽培、精细管理、精细加工；优化结构、优质水参、优质产品、优质品牌、优质价格。

抚松人参属马芽芦型人参，具有支大、条长、形美的特点，单产高，各种有效成份含量高，农残含量低于国际标准、无污染，是加工各种成品参和人参制品的首选原料。

长白山红参经专家鉴定，人参二醇型皂甙Rdi含量为0.107%，Rbi含量为0.377%，总皂甙含量为3.17%，谷氨酸和精氨酸含量分别为1.000%和3.357%，总氨基酸含量为8.873%，果胶质含量为10.59%，挥发油含量为0.0233%。麦芽醇收率为0.03%。同时含有具有显著有益生理活性的各种元素。而有毒害作用元素的含量较低，砷含量为0.014mg/g，氯含量为0.067mg/g。

抚松生产的西洋参经专家鉴定，其化学成份总皂甙的组成与进口原产地西洋参一致，人参皂甙Rg1、Rb1与进口原产地西洋参亦相似。

抚松县研制开发人参名、优、新产品硕果累累。继“抚宝牌”长白山红参在1987年比利时获36届世界发明博览会尤里卡金奖以来，全县红参、白参、生晒参、活性参、保鲜参、王蜜参片、人参冲剂、人参中成药等8个系列69种产品中被评为省、部优秀新产品的10项，获金奖、银奖的12项。抚松人参及其制品，畅销全国各地并远销日本、韩国、新加坡、马来西亚、泰国、菲律宾、香港、台湾等30多个国家和地区。“东林牌”无农残人参系列产品直销日本市场，供不应求。

抚松县不但科技进步与科技创新取得显著成绩，而且伴随参乡经济的繁荣也产生了灿烂的人参文化。先后出版了《抚松人参故事选》、《长白山人参故事》、《长白山动植物世界》、《天池小说集》等30多本书籍。中央电视台、中国特产报社等单位在抚松拍摄了《吉林人参、长白瑰宝》、《人参文化》、《人参之乡中国抚松》等电视专题片。1993年在抚松建立了人参博物馆。县委、县政府把每年的9月1日定为中国抚松长白山人参节，自1987年以来已成功地举办了12届人参节，促进了参乡外向型经济的发展。

三、坚持可持续发展、巩固参业经济

参业是一个资源性很强的产业。在目前主要依赖森林采伐后的新林土种参的情况下，没有了林地资源就等于失去了参业产业。随着林业政策的调整，森林皆伐面积将越来越少，这势必影响抚松县的参业支柱产业地位。

县委、县政府把坚持参业可持续发展摆到重要的议事日程，采取有力措施，进行产业结构调整，解决参地资源危机问题。

参后还林建立包保责任制，针阔混交，提高成活率，加强幼林抚育，确保林参轮作的连续性。

发展林下参业，缓解林参矛盾。在林下发展野山参21000亩，播籽后在生态条件下自然生长。在林下栽种人参、西洋参1000多亩。林下发展野山参投入与产出比为1:100；林下发展人参投入与产出比为1:5。即有很好的社会效益、生态效益，又有可观的经济效益。

积极进行老参地连作种参种试，已在参后地种参10000平方米，每平方米平均单产达到2.5公斤。在农田地种参6000平方米，每平方米平均单产达到2.2公斤。

利用栽子地积极挖潜。实施西洋参与西洋参轮作，人参与西洋参轮作，不但节约了参地，而且大大降低了生产成本。

四、坚持参业企业改革，发展市场经济

农垦企业继续深化改革，苦练内功，强化管理，狠抓扭亏增盈。走强强联合之路，加速参业产业化进程。以抚松东方参业股份有限公司和抚松参业股份有限公司为龙头，以国有、集体和个体参场为基地，以万良长白山人参市场为载体，形成产、加、销一体化的利益共同体，带动参业产业化的调整，提高农民收入和农村经济整体利益。

抚松县特产局 代县政府管理6户农垦企业，负责全县人参及多种经营生产。地址：吉林省抚松县抚松镇。邮编：134500。局长：徐德仁。办公室电话：（0439）6212443。手机：13804498700。

抚松县国有一参场 1946年建厂，有职工1 545人，1997年6月经省体改委批准为股份制企业，更名为抚松东方参业股份有限公司，股金额1 500万元。现有人参面积50万平方米，西洋参面积2万平方米，水参产量16万公斤，产成品参45.7吨。人参制品有：无农残人参系列、保鲜参、抚松烫参、天然活性参、人参片、人参皂甙等。场址：吉林省抚松县东岗镇。邮编：134511。总经理：阎德友。办公室电话：（0439）6313609。手机：13804499848。

抚松县国有二参场 1957年建厂，有职工962人。现有人参面积20万平方米，西洋参面积8万平方米，水参产量10万公斤，产成品参28.5吨。人参制品有：人参蜜、人参果冲剂、丁香茶、西洋参蜜等。厂址：吉林省抚松县兴参镇。邮编：134523。厂长：刘廷刚。办公室电话：（0439）6862888。手机：13804499108。

抚松县国有四参场 1985年建厂，有职工417人，1997年6月经省体改委批准为股份制企业，更名为抚松参业股份有限公司，股金额1 000万元。现有人参面积36万平方米，西洋参面积21万平方米，水参产量16万公斤，产成品参47.8吨。人参制品有：人参精、人参饮、五加参蛤蚧精、北芪精、西洋参口服液等4个剂型19个品种。厂址：吉林省抚松县抚松镇。邮编：134500。总经理：杨金江。办公室电话：（0439）6211288。手机：13904499071。

抚松县万良长白山人参市场 建于1989年，占地1.5万平方米，由封闭式交易大厅和综合性服务大楼两部分组成。以人参交易为主，融中小药材、土、特畜产品为一体的大型综合农贸交易市场。上市旺季，日客流量达1万多人次，销售人参40吨，成交额70多万元，年成交额2.5亿元。被国家有关部门确定为全国11大药市之一。市场地址：吉林省抚松县厅良镇。邮编：134521。经理：张洪喜。办公室电话：（0439）6818518。手机：13704499206。

为了全面实施参乡发展战略，加快实现人参大县、强县的宏伟目标，抚松县转变封闭、落后的观念，敞开山门，全方位开放，深化改革，招商引资，开边兴贸，积极发展外向型经济。已由边疆小镇向国际市场接轨的新型开放城镇转变，正以全新的面貌享誉海内外。

黑龙江省

〔**概况**〕黑龙江省总面积为45.48万平方公里，占全国大陆面积的4.7%，居全国第6位，总人口3 700万。地貌特征“六山、一水、三分田”。大小兴安岭、张广才岭、老爷岭和完达山山脉绵延起伏。有黑龙江（中俄界河）、松花江、乌苏里江（中俄界河）、绥芬河等4大水系，流域面积在50平方公里以上的河流有1 918条，5 000平方公里以上的河流有27条。主要湖泊有镜泊湖和五大连池，还有处于中俄边境的兴凯湖等。松嫩平原、三江平原是祖国最大的平原东北平原的一部分。在这些复杂的地域中分布着大约2 100余种植物，其中具有经济价值的达1 000余种。这些植物资源按用途可分为食用植物、药用植物等17大类。在木材植物中有全国十分珍贵的红松、落叶松、樟子松、水曲柳、黄菠萝、胡桃楸等，拥有全国最大的林区。全省林地面积2 333.98万公顷，占本省土地总面积的51.3%，其中有林地占全省林地总面积的89.1%。莽莽林海，繁衍着种类繁多的珍禽异兽。全省有兽类87种，鸟类384种，两栖类11种，爬行类14种，鱼类105种。其中：属国家一级保护的兽类有东北虎、豹、紫貂、貂熊、梅花鹿5种，鸟类有丹顶鹤、白鹳、大鸨、中华沙秋鸭等12种；属国家二级保护的兽类有马鹿、猞猁、黑熊、雪兔等11种，鸟类有天鹅、花尾榛鸡、鸳鸯等56种。其中有的野生动物驰名中外，如濒临灭绝的东北虎现仅有10只左右。

新中国成立后，特别是改革开放以来，全省依托资源优势，以可持续发展为重点，保护和利用相统一，不断调整林业产业产品结构，大力发展养、种、采、加、掘各业，坚持工、商、运、建、服齐发展，培植多元经济，发展名特优产品，到1999年末，全省饲养场（户）达600多个，饲养的经济动物如马鹿、花鹿达4万余只，黑熊、棕熊1 000多只、鳄鱼300多条，东北虎110余只，鸵鸟1000多只；濒危野生动物人工繁殖场58处，珍稀濒危植物栽植场22个，食用菌、山野菜、熊胆粉等系列产品荣获国内名牌称号；已建野生动物、湿地森林公园、鱼类、昆虫、历史遗迹等各种类型自然保护区102处，其中国家级9处，省级22处，市（县）级71处，自然保护区总面积267万公顷，占全省土地总面积的5.88%。在林产工业上形成了锯材、家具、地板等7大类33个系列200多个品种体系。

〔**野生动物资源管理**〕黑龙江地区对野生动物资源的管理始于17世纪末。1682年就已建立围猎制度，1914年民国政府公布《狩猎法》，东北沦陷时期，伪满政府公布《鸟兽保护法》，1952年松江省政府颁布《松江省职业性猎户（猎民）狩猎管理暂行办法》、黑龙江省人民委员会发布《保护野生动物资源与开展狩猎生产的布告》，1964年发布《黑龙江省狩猎管理暂行办法》。特别是1978年中共十一届三中全会以来，先后制定出台了《关于保护鸟类资源的布告》、《黑龙江省野生动物保护条例》、《黑龙江省野生动物运输管理办法》、《黑龙江省野生动物经营许可证管理办法》等一系列政策性的法律规定，并加以实施。1986年，为保护、拯救世界濒危动物之一的东北虎（虎的东北亚种），黑龙江省在横道河子建立了全国惟一的猫科动物饲养繁育中心，对东北虎等猫科动物进行驯养繁殖。1996年，又在美丽的松花江畔建了一处东北虎林园，对东北虎进行野化驯养，最终实现“放虎归山”。

〔产品和企业〕

阿城滑子蘑罐头厂　阿城市林业局亚林罐头厂始建于1988年，是阿城市林业局与黑龙江省粮油食品进出口公司联营的企业。生产的主导产品是对日本出口的清水滑子蘑罐头及内销的水果、蔬菜类罐头，年出口量达150吨，内销260吨。年产值500万元，创汇30万美元，利税35万元。其中，清水滑子蘑罐头荣获首届中国农业博览会“银奖”，到1999年底，该厂已有固定资产280万元，职工51人。成为国家有关部门批准的对外出口食用菌罐头的食品加工企业。是哈尔滨阿城市区域经济的龙头企业。

近年来，该厂不断调整产业结构，利用资源优势、技术优势和产品优势，坚持贸工农、产加销一体化。该厂生产滑子蘑罐头所需原料基地已从阿城市发展到尚志、呼兰、延寿等县市，形成蘑菇屯20多个，年种植滑菇8.7万平方米，为农户增收320万元。1999年，该厂在保证原有产品的产量和质量的同时，进行了竹笋、贡菜和山野菜产品的系列开发，制成各种软包装罐头，投入市场后深受消费者欢迎。

“二龙山”木制装饰套门　该产品是根据国外有关资料，结合国家基建施工的特点，由宾县宾州家具厂自行开发研制的新产品。经有关专家鉴定，确认是国内首创，于1995年获国家级新产品称号。该产品的主要特点是改变了木制门框与墙体的结合方法，门与门框结为一体，在基建施工的后期进行安装的一种新兴室内用门，产品具有稳定性强，装饰效果好，适于土建施工和现场安装等特点。已在东北各大中城市以及北京等地打开了市场，该厂已先后在北京、沈阳、大庆等地设置了办事处，保证了产品的售后服务。到1999年底，该厂已拥有固定资产400万元，职工130人，其中，专业技术人员42人，从西德、意大利、荷兰等国外引进的木工设备11台（套），年产值达800万元。

山河熊类实验场　该厂始建于1985年，总建筑面积2600平方米。拥有各类饲养圈舍、手术取胆汁加工车间、熊胆系列产品生产车间等设施，固定资产达260万元。到1999年底，黑熊、棕熊存栏数为60头。该厂是集饲养、繁殖、取胆利用、科学研究和旅游观赏为一体的大规模综合熊类养殖场。建场以来，注重科学研究，与省内外众多教学科研单位协作，进行了熊类饲养、繁殖、病防、取胆利用等多方面课题研究，并取得了显著成果。累计自繁自育幼熊65头，成活率达80%以上，在人工饲养条件下熊类繁殖技术始终处于同行业的领先地位。拳头产品熊胆粉、熊胆补酒、熊胆汁营养口服液以口质优、保健效果佳而闻名。1992年，腾龙牌熊胆粉获全国科技成果金奖；1994年，熊胆补酒、熊胆汁营养口服液分别获得林业名特优新产品博览会金奖、银奖，获全国农业博览会银奖。国内各大医药集团公司主动经营该产品，并且这些产品远销美国、新加坡、韩国等。

方正县林蛙　方正县位于黑龙江省中南部，三面环山，一面临江，总面积2969平方公里。全县森林面积21万公顷，其中有4万多公顷的有林地，山沟水系多，腐殖落叶层厚，是理想的林蛙栖息繁殖地。1995年该县把林蛙养殖作为林区职工兴林富民的项目进行抓点示范，一举获得成功。到1999年底，全县6个林场13个乡镇从事林蛙养殖业，共建养殖场176个。其中林业系统建108个，占全县养殖总数的61.4%。全县林蛙放养面积28360公顷，已有林蛙种群2亿只，累计投入资金800万元，预计到2001年全县商品雌蛙数量可达2000多万只，年创产值1亿元。该县的林蛙产业已初具规模，1996年被国家有关部门授予“中国林蛙之乡”称号。

全光露天袋栽地摆木耳　该产品品质好，色泽黑、肉厚、朵大、口感好，与传统木耳栽培技术比较，产量提高20%，而且工艺简单、便于管理。据测算，每种一万袋，可以少用60个工。实行全光栽培，每袋木耳成本0.5元左右，可产木耳40克。这项栽培木耳的新技术是由鹤岗市林业局十八号林场于90年代初期试验成功的。该技术有效地抑制杂菌感染，突破了木耳生长的温度界线，投入少，产出高。到1999年，十八号林场全场144户有120户采用此技术栽培木耳，种植规模从1996年的50万袋发展到1999年的250万袋，年产木耳9.3万公斤，创产值375万元，纯利润250万元，产品全部自产自销。

东北虎林园　该园于1996年1月24日开园，是国内第四家自然野生动物园，也是世界首家东北虎野生林园。位于哈尔滨市太阳岛东侧松北新区内，占地面积百万平方米。开园时有东北虎30余只，到1999年末，已发展到110余只。林园除对东北虎进行驯养繁殖外，还可进行旅游观赏。

扎龙自然保护区　该保护区始建于1979年，位于黑龙江省松嫩平原、乌裕尔河下游齐齐哈尔东南部，总面积达2100平方公里，区内设管理局，4个科室，1个鹤类研究所，一个鹤类饲养场及1个服务社。保护区沼泽面积大，野生动植物资源丰富多样，有高等植物468种，兽类22种，鸟类269种，两栖类6种，爬行类2种，鱼类46种，昆虫279种。还有种类繁多、数量庞大的浮游生动物和底栖动物。主要保护对象是沼泽、芦苇以及丹顶鹤、白枕鹤、蓑羽鹤、白头鹤、白鹤、灰鹤等，素有“鹤乡”之称。已成为繁殖引种鹤的基地。该保护区建立以来，先后人工孵化丹顶鹤近300只，其中150多只调往全国各个大中城市动物园，或者作为国礼赠予友好国家。该保护区已率先列入国际重要湿地名录。

黑龙江省铁力市双丰镇

双丰木材批发市场始建于1993年，几年来，在双丰镇党委、政府的正确领导下，在上级有关部门的大力支持和帮助下，现已成为东北地区最大的木材集散地。目前，该市场占地面积45公顷，内设两处大型停车场、一条铁路专用线，交通运输十分方便。年加工木材60万立方米，1999年实现总产值2.96亿元，利润2.800万元。1994年被省有关部门授予省级工业小区。1995—1998年被伊春市评为优秀企业。1998年被省有关部门评为精神文明企业。

该市场共划分粗加工区、深加工区、修理区和服务区四个区，共有业主326户。

主要产品有：各种规格的锯材、高档实木家具、地板块、墙板、指接板、拼接板、卫生筷、装璜条等。

产品特点：采用小兴安岭优质木材为原料精制而成，具有回潮率低、耐腐蚀、不虫蛀、不宜变型等特点，静曲强度等技术指标达到国家标准。

有关奖励：林都牌实木系列家具荣获'98东北三省百家畅销品牌、'98黑龙江省十大地方名牌、'98小兴安岭森林节家具系列精品奖。

双森牌实木墙板、地板块荣获'99黑龙江省十大地方品牌，全国百家特别推荐品牌、1999年东北三省百家实业《百家名流》大奖赛金奖。

供求数量：可提供锯材40万立方米，年生产地板块墙板1800立方米，高档实木家具2万套，实木门1万扇。

供求方式：经济合同

联系地址：黑龙江省铁力市双丰镇工业小区

电话：2783452　传真：2783100

联系人：张国清　赵洪彦

单位：黑龙江双丰木材批发市场

项目名称：黑龙江双丰木材批发市场改项目

项目内容：拟新建家具经营场房10栋，总建筑面积6750平方米，家具展销厅一栋，建筑面积2052（包括办公室）及配套。

预计投资额：1364.95万元

需对方投入方式：技术、设备

主要产品及产量：高、中档实木家具。

项目合作方式：外方独资经营

投资利润率：26.12%

项目属技改项目

联系电话：2783174　传真：2783100

地　　址：铁力市双丰镇工业小区

邮　　编：152511

联 系 人：张国清　赵洪彦

江苏省

〔稀有动植物〕　稀有动物：①麋鹿。国家Ⅰ级保护动物，江苏省于1986年引进麋鹿39头（雄13、雌26），并建立大丰麋鹿自然保护区。现在麋鹿种群已发展到408头，是世界最大的麋鹿种群，保护区面积由初建时15000亩扩至现在40000亩，是世界最大的麋鹿保护区。②蛇类。江苏隆力奇集团是全国规模最大、技术力量最先进的蛇类资源研究与深度开发基地，资产由十几年前的50万元已增长到3亿多元。继“隆力奇纯蛇粉”后，集团又研制出了富含蛇油、蛇胆、蛇毒活性酶等生物精体素的隆力奇化妆品系列。如今以保健品、化妆品、皮革制品、家具、新产品开发研究等产业为主，占地面积近20万平方米的“隆力奇工业园区”已初具规模，每年创造6亿多元产值。在新的世纪，隆力奇集团准备组建“隆力奇蛇类动物博览馆”，收集、保存国内外蛇类动物标本，以供科研之用，实现蛇类资源的可持续利用。稀有植物：①宝华玉兰，国家Ⅱ级保护植物，由著名植物学家郑万均教授在句容宝华山首次发现。在句容宝华山自然保护区（1981年建）调查发现野生宝华玉兰成年植株34株，目前人工栽培约100株。②银缕梅，国家Ⅰ级保护植物，1998年“国家重点保护野生植物资源调查”统计有91株成年植株，主要分布在江苏省宜兴丘陵山地。1935年植物学家沈隽教授首次在宜兴铜官山发现。目前江苏省最大野生种群分布在宜兴林场大陇。

〔木材、竹类〕江苏省是人造板产业大省，人造板产量位居全国前列，全省人造板年生产能力约130万M^3，人造板企业数目较多，如果包括作坊式的小企业，据不完全统计，全省约有5、6千家，但上一定生产规模的，全省只有30多家。其中，年产量超过10万 M^3 的企业有8家，规模最大的产量达30万 M^3。

江苏省各地均有竹林分布，以宜溧山区和宁镇山区为分布中心，竹种资源丰富，全省共有9属56种及种下分类单位。截止1994年底，全省竹林总面积为3.74万公顷，占全省林业用地面积的7.5%。按竹种分，其中元竹1.94万公顷，刚雅竹0.31万公顷，淡杂竹1.48万公顷。按经营目的分，材用竹林2.75万公顷，笋、材两用竹林0.686万公顷，笋用竹林0.31万公顷。全省竹林总量32520万株，年采伐量为2272.80万株，竹笋产量5912吨，制笋干1936吨。

〔**果品**〕1999年江苏省各地抓住产业结构调整机遇，积极发展名特优果品，果树面积、产量、产值大幅度增长，至1999年底，果树面积达265万亩，比1998年增加6%，其中水果204万亩，1999年冬至2000年春，新拓植果树20多万亩。1999年度通过更新改造调减苹果老品种老果树10万多亩，重点发展梨，面积扩展约15万亩；积极开发油桃、李、杏等应时小水果，面积比上年增加30%以上。

果品总产量160万吨，比1998年增加6.7%，主要是苹果、梨产量增加，一方面是成龄树丰产稳产，另一方面是幼树适龄投产，结果面积扩大。

果品总产值27亿元，比1998年增加8%，1999年江苏果品市场总体来说比较稳定，早熟苹果、梨市场走俏，价格比1998年增加10%以上，中熟苹果（主要是金帅、红星等）价格大跌，跌幅在20—40%，个别产地0.4—0.5元/公斤，晚熟苹果（主要是富士）价格与1999年相比，稳中略有下降；中、晚熟梨（主要是白酥、黄花等）价格下降10—20%；桃、油桃、葡萄价格均比1998年上浮，新品种优质精品果市场价格坚挺，居高不下，句容“老方”牌巨峰葡萄售价12—16元/公斤，镇江郊区“瑶池”牌早红宝石、金山早红油桃8—10元/公斤，徐州美国八号、嘎啦早熟苹果5—6元/公斤，七月酥、黄冠、丰水、幸水梨4—8元/公斤，经济效益显著。

1999年果树生产情况

单位：万亩、万吨、亿元

总面积	总产量	总产值	水果面积	苹果		梨		桃		葡萄		梅		柿		山楂		枣		银杏		板栗		石榴		草莓		柑桔		杨梅		其它	
				面积	产量	面积	产量	面积	产量	面积	产量	面积	产量	面积	产量	面积	产量	面积	产量	面积	产量	面积	产量	面积	产量	面积	产量	面积	产量	面积	产量	面积	产量
265	160	27.0	204	83.8	67.9	44.5	36.1	28.5	20.3	6.4	7.3	3.7	0.7	6.8	8.3	2.5	0.8	3.2	0.2	25.5	0.7	35.5	1.0	5.2	0.6	4.7	4.9	4.6	5.8	2.8	0.3	7.3	5.1

〔**名优特产**〕1999年江苏省开展了优质杯优胜水果评鉴，有92个样品被评为省优质果品，其中30个样品被评为金奖，为江苏名优果品增加新成员。

“阳山”牌无锡水蜜桃

主产地在无锡，名优传统果品，以锡山的阳山镇为主体，主栽品种有湖景蜜露、白凤、白花、新白花等。栽植范围逐步扩大，目前已扩展到宁镇宜溧地区。

“瑶池”牌油桃

近几年新开发的果品，以镇江市象山果树所为源地，建有良种繁育基地，主栽品种有金山早红、早红宝石、曙光等，1999年，邳州、东海、句容等地发展较快，形成一定规模。

“大沙河”牌富士苹果

主产地区在徐州市丰县，栽植面积约30万亩，分布在大沙河果园、宋楼镇、华山镇等地，沛县、铜山县等地区也形成一定规模。主栽品种有秋富1、长富2、长富6、礼泉等，在历届全国富士苹果评选中，成绩名列前茅。

精品葡萄

主产地在沪宁沿线的苏州、无锡、镇江、南京，以巨峰为主体，次为藤稔，栽培管理精细，产品质量上佳，无锡市郊区注册为“双虹”牌葡萄，句容定名为“老方”牌葡萄。

枇杷

是苏州太湖洞庭山的特产，分为白沙和红沙两大类，以白沙为主，主栽品种有冠玉、白玉、青种等；红沙有霸红、江红等。太湖周边和长江沿线都将枇杷作为重点果树开发，省太湖常绿果树技术推广中心已注册“吴玉”牌枇杷商标。

早熟梨

江苏重点发展早熟梨，以盐城市大丰、南通市海安、启东及扬州市高邮果园发展较早，铜山、睢宁、徐州果园等地也在积极开发之中，主栽品种有中国自己育成的七月酥、黄冠、早美酥，有从日本引进的爱甘水、幸水、丰水、新高等，大丰市生产的“麋鹿”牌优质早熟梨深受消费者青睐。

早熟苹果

主产地在淮北地区，以徐州市果园、邳州占城果园、丰县大沙河果园、涟水高沟镇栽培较早，已形成一定规模，主栽品种有美国八号、嘎啦、藤牧1号、珊夏等。

“大沙河”牌白酥梨

白酥梨栽培面积约占全省梨树的40%，是江苏目前梨树的主栽品种，丰县“大沙河”牌白酥型在全国1994

年优质水果评比中，成绩名列前茅，是传统的名优果品。

洞庭蜜桔

太湖洞庭山是中国最北面的柑桔产地，栽培历史悠久，曾有早红、了红、朱桔等地方名种，80年代，大规模发展温州蜜柑，逐步替代了地方品种，目前江苏柑桔主要集中在太湖周边地区，发展早熟品种兴津、宫川，极早熟品种乔本、官本等。

杨梅

太湖洞庭东西山的杨梅已有四、五百年历史，主栽品种有大叶细蒂、小叶细蒂、乌梅、东魁等，现在太湖周边都有栽植，特别是丘陵山区的开发，集经济、生态效益和美化绿化于一体。

泗洪大枣

是江苏省独特的名特果品，果个大，大者达65克，一般35克左右，抗枣疯病，发源地在泗洪，江浦、铜山发展较快，徐州贾汪区、东海等地也有栽培。

银杏

在中国的银杏生产中，江苏泰兴无论是栽培技术、集约化程度、还是产量、质量都占据重要地位，泰兴县宋代就有银杏栽培，距今有600多年的历史，大树多，年产量保持在2000吨左右。后起之秀邳州1999年银杏栽培面积达12万亩之多，为发展银杏生产，1986年还成立了邳州市银杏研究所，专门从事银杏品种选育、栽培技术推广，目前，全省范围内都在发展银杏，主栽品种有佛指、马玲、亚甜、宇香等。

板栗

是江苏的传统出口果品，以宜兴板栗较为有名，80年代中后期开始，板栗发展较快，至1999年底，栽培面积达5万亩的县有宜兴、溧阳、盱眙、新沂等，主栽品种有九家种、焦扎、尖顶油栗、青扎、十月红等。

一、企事业单位

南京林业大学

南京林业大学开设竹林培育课程，培养竹类研究和竹材加工利用的研究生（包括硕士和博士生）。南京林业大学竹类研究所专门从事竹类植物生物学特性，包括系统分类学、比较解剖学、分子生物学、生理生长、生态学、病虫害防治、引种驯化和竹林栽培技术等方面的研究；南京林业大学竹材工程中心专门从事竹材的物理力学性质研究、加工利用、开发加工新工艺和新产品等。

溧阳市第二机械厂

溧阳市第二机械厂经对市场的多年调查，成功地开发研制出适合中国国情、国内独一无二的多功能ZQL－101型竹地板成套设备（荣获99中国竹文化节国际竹业博览会金奖），可加工竹地板和3－4mm的装饰贴面板及2－3层多层竹地板、竹木复合板、竹壁裙板等，年产量可达20－30万平方米，年需元竹约6－30万根，年产值高达500－2500万元。

连云港市东海果汁厂

东海果汁厂属国有企业，位于有水晶之乡美称的东海县城，是利用世界银行贷款的果树开发项目，1992年建成投产的江苏省第一家果汁厂，具备三条生产线，浓缩果汁生产线，每小时生产果蔬汁2.5—5吨；速冻生产线，每小时可加工速冻产品1—1.2吨；天然饮料生产线，用果汁配兑，还备有三千吨冷库，主要设备包括整条果汁生产线和板栗去壳装置等均从法国引进，生产加工产品达A级以上标准。1999年生产浓缩苹果汁1000吨，葡萄汁约300吨，草莓汁200多吨，速冻草莓1000多吨，板栗200多吨，生产苹果、草莓饮料1000多吨。

南京农业大学园艺系

1999年申报良种更新工程项目，果树新品种引进项目立项，省财政投资20万元，引进无花果、果梅、苹果、梨等新品种20个，建立了引种园，在项目协作单位高邮市果园、盐城市果树站、启东市农业局大兴果园建立了良种基地和生产示范园。

江苏省农科院园艺所

1999年申报良种工程项目，桃、李、杏优异种质引进项目立项，省财政投资25万元，引进了桃、油桃、蟠桃、李、杏优异种质57份，在园艺所试验果园建立了引种和良种繁育基地，在项目协作单位丰县建立了生产示范园。

江苏省植物研究所

1999年申报良种更新工程项目，蓝浆果等特色果品新品种引进项目立项，省财政投资10万元，从美国引进了蓝浆果4个新品种，并在苏州吴县木渎建立了引种试验基地。

扬州大学农学院园艺系

1999年从日本引进了10多个梨树新品种，并结合我省梨树生产实际，开展了日本梨棚架栽培技术试验示范，在高邮市果园、启东市大兴果园建立了梨棚架栽培生产示范园。

邳州天下银杏第一园

始建于1993年，位于铁富、港上两镇行政区内，总面积4.6万亩，其中银杏综合工程3.8万亩，银杏密植园0.5万亩，科学试验园0.3万亩。园内现已建成高科技示范园4万亩。园区东西两侧已经开发成银杏工业基地，年创产值1.8亿元，并形成银杏专业经营、批发市场一座，年贸易成交额4000万元以上，园区的农工贸一条龙框架基本形成。

邳州市银杏科学研究所

成立于1986年。该所设计并实施的《邳州市银杏栽培技术及综合利用》项目科研成果获1997年度国家林业局科技进步二等奖。先后正式出版林果生产志著4本，1999年被授予科技兴农先进集体称号。

二、专家学者

张齐生　张齐生教授，男，60岁，教授，中国工程院院士。在过去的10多年中，先后研究开发了10多种新产品，获国家科技进步二等奖、林业部科技进步一等奖等多项科研成果。

丁雨龙　男，42岁，教授，南京林业大学竹类研究所所长，主要从事竹类植物生物学特性、竹子引种驯化和竹林培育研究，曾获国际科学基金奖。

褚生华　男，1940年10月出生，现任泰兴市林业生产技术指导站站长兼泰兴市绿化委员会办公室主任、中国银杏研究会秘书长，教授级高级工程师，曾于1983年、1991年两次获省劳模称号。主持的“银杏早果丰产优质及综合利用技术”获国家科技成果奖，主持的“银杏超小卷叶蛾发生规律及防治技术的研究应用”、“银杏人工授粉最佳期预测预报技术的改进和应用”分别获省农林厅科技进步二、三等奖，先后发表论文10多篇，主编《银杏栽培技术》。

陈鹏　男，1950年9月生，扬州大学教授，农学院银杏综合研究开发中心主任、农学院副院长，兼任中国银杏研究会会长，江苏省园艺学会理事。先后主持部、省级等银杏重点或攻关课题，“银杏早果丰产优质及综合利用研究”、“银杏品种选优研究”获部、省科技进步奖，另开发研制了银杏纯天然固体饮料，主持了省科委科研项目“银杏丰产栽培及病虫害防治技术试验示范”等。共发表科技论文40多篇。

曹福亮　男，1958年生，南京林业大学博士生导师，副校长。主持了多项部、省重点科研项目。正待出版的专著《银杏培育机理及综合开发利用》收集了多年的科研成果，含科技论文25篇，内容涉及果、叶用园的良种选育、叶用园的矮化高产培育机理、叶用园的竞争机理、叶用园的施肥试验、银杏抗性机理、银杏花粉及开发利用、种质资源园的建立技术及银杏栽培及药用成份发展展望等。当前正在开展“农田林网用银杏优良无性系选育”和“全国野生或半野生银杏种质资源园营建技术”研究。

杨鋆　女，65岁，研究员，1956年毕业于北京农业大学园艺系。曾任江苏省植物研究所副所长、党委副书记，中国环境科学学会植物园保护分会秘书长等职。现任江苏省老促会理事、江苏省扶贫基金会理事、中国林学会经济林分会理事等。1957年起，从事全国栗树资源调查、生物学及遗传育种研究。70年代以来着重进行板栗良种选育、早期丰产技术及板栗种质资源研究。选育出九家种等6个板栗品种，提出了板栗早期丰产现代化栽培配套技术。在秦巴山区发现了野板栗的新分布。在理论上提出了我国板栗群体性状变异的生态地理梯度变化规律，以及我国板栗多样性分布的初步推断。发表论文50篇。主编著作4本，其中《板栗》（第二版）获全国首届“兴农杯”优秀农村科技图书二等奖。先后获省部级科技进步奖6项。

三、管理举措

①抓结构调整

1999年3月，江苏省农林厅在连云港市东海县召开了全省果树工作会议，总结了1998年经验，分析了当前形势，明确了发展思路，部署了今后的工作，抢抓机遇，加快结构调整步伐，加强一流果树业建设。江苏果树业结构调整的方向是提高大宗水果，积极发展小水果，拉开成熟期，突出早熟和晚熟，优化鲜食品种，开发加工品种，在完善提高淮北果品基地和太湖名优果品基地的同时，重点发展丘陵山地、沿江、沿海滩地和城市近郊应时鲜果基地。

②抓创名争优

从1995年开始，开展全省果树示范园竞赛活动，制定了竞赛办法，各市业务主管部门申报，农林厅组织专家现场检查验收，综合评审，1999年又有丰县和集乡梨园、高邮市果园梨园等6家果园被评为省级模范果园，五年来有24家果园被评为省级模范果园，有力地促进了全省果树生产水平的提高。

1999年，举办了第二届优胜杯优质果评鉴，从6月至11月五次共评出苹果、梨、桃等优质果品92个，其中30个果品获金奖，通过新闻媒体公布，并要求各名优果产地注册商标，创建名牌，还组织选送苹果、葡萄、油桃等样品参加'99昆明世界园艺博览会展评，丰县“大沙河”牌红富士苹果、无锡“阳山”牌水蜜桃等取得了博览会的冠名权。

③抓科技兴果

引进并举，全面实施良种工程。1998年至1999年全省果树品种更新工程共中标5个项目，承担单位8家，省级财政拨款78万元，先后从国内外引进214份果树新品种材料；1999年至2000年度全省果树品种更新工程共中标5个项目，承担单位11家，省级财政拨款221万元。

通过品种更新工程项目的实施，丰富了果树品种资源，同时筛选出一批符合江苏自然生态条件和市场前景的新品种，建立了一批果树新品种试验示范基地，完善了徐州市果树站、高邮市果园、镇江市象山果树所等7家省级良种繁育中心的建设，加快了新品种种苗培育速度，1999年全省共计繁育良种苗木300多万株。

开展了全省性果树芽变和实生选种，1999年对镇江象山早红宝石优系油桃，丰县富士苹果早熟优系、高邮白酥梨优系等进行了实地考察和果实鉴评，其中镇江早红宝石优系油桃、高邮白酥梨优系通过了省级品种审定，定名为金山早红和大果白酥梨。

推广果树实用新技术，主要是果园平衡配套施肥、矮化或无毒栽培、疏花疏果及果实套袋等技术，1999年全省推广果树有机无机生物专用肥1000多吨，果实套袋1亿只左右，促进了果实果品的提高。

④抓更新改造

全省国有果园有改制改造双重任务，一方面抓管理体制的改革，建立产权清晰、责职分明、权利挂钩的现代企业制度；另一方面抓果园低产老果树的更新改造，优化果品结构，从1995年开始，对国有果园进行更新改造试点，1997年省财政厅、省农林厅联合对国有果园进行了全面调查，在摸清情况的基础上，省财政每年拨出200—300万元专项基金，用于国有果园的更新改造，1998年开始要求市县1比1配套。三年来，更新改造国有果园老果树3万多亩，1997年之前更新改造的果园已发挥效益，给国有果园带来了新的生机。同时，以国有果园更新改造为样板，带动全省近20万亩集体低产老果园的更新改造。

江苏省丰县

丰县地处江苏省最西北端，位于黄河故道中游，属黄泛冲击平原，地势高亢平坦，总面积1449.7平方公里，其中耕地面积76.65千公顷，总人口104.3万人，位于东经116°26′—116°51′，北纬34°38′—34°55′，属暖温带季风气候，年日照2462小时，是江苏省日照高值区，常年平均气温13.8℃，降雨量782mm左右，无霜期210天，四季分明，雨热同季，属北方落叶果树适宜栽植区的南缘，是红富士、白酥梨较理想的栽培地区之一。丰县果树大面积栽培始于1958年，经过40多年的努力和几次大的发展阶段，目前全县果树面积达50万亩，其中红富士苹果28万亩，白酥梨10万亩，早中熟苹果8万亩，其它杂果4万亩，是全国五大连片果园之一，江苏省最大的优质果生产基地，被誉为“苏北果都”，年产各类水果50万吨，1997年列入全国果品产量十强县。

红富士、白酥梨是丰县果树的两大拳头品种，“大沙河”牌红富士以其色泽艳丽、爽脆多汁，酸甜适口，极耐贮藏等优点，连续在1985、1989、1994年三届全国优质水果评比蝉联部优，1999年又荣获“'99昆明世界园艺博览会指定无公害苹果”，'99北京国际农业博览会“名牌产品”，第三届名特优果品展销会“中华名果”称号，江苏省首届名牌农产品，国家有关部门跟踪检测“无公害果品”。“大沙河”牌白酥梨以其个大、皮薄、汁多、肉细、含糖量高、表面光洁等特点荣获第二届国际农业博览会同类产品第一名。该县除红富士和白酥梨外，还大量发展了藤牧一号、皇家嘎拉、美国八号、幸水、弘前富士、凉香、水晶梨、京亚、京秀等一些名、特、优、稀水果。

科技是第一生产力，近20年来，该县围绕果品生产，采取了一系列措施，一是成立果树实用技术研究所，对该县果品生产中的实际问题进行深入研究，提出适合该县自然条件的优质果生产及无公害高新技术，其中“江苏省红富士苹果引种试验示范推广”荣获国家星火计划二等奖，“红富士苹果优质丰产栽培技术”获省技术推广二等奖，“丰县红富士基地建设”获1993年徐州重大科技成果奖，“红富士幼龄果园早果丰产栽培技术”获农业部科技进步三等奖。同时，为学习红富士原产地日本的先进栽培技术，与日本石川县建立了广泛的技术合作关系，从1985年以来，石川县每年都派技术专家来该县进行技术指导，该县也每年派员赴日本研修果树栽培技术，这些都是建设丰县优质无公害生产基地的技术保证。二是强化服务体系建设。经过20多年的艰苦努力，该县已建成较为完善的果树技术服务网络。形成县以多管局服务为龙头，镇以14个林果站服务为依托，村以技术人员统一服务为基础，园以果农自我服务为补充的四级服务推广体系，同时为加快高新技术推广力度、县、乡技术人员都建立了自己的技术推广示范点，并作为技术推广的窗口。

随着果品市场竞争的日趋激烈，产业化经营的不断深入，果品的贮藏加工能力越来越显得重要，多年来，该县积极引导广大果农建造半地下自然通风窖的同时，又先后投入巨资建造果品冷库21座，在果品加工上建立了徐州罐头厂、徐州贝特兰天然饮料有限公司、徐州思耐特果茶厂、中研无花果加工厂等一批龙头加工企业，现在该县果品贮藏能力已达8.6万吨，果品加工能力3万吨，贮藏加工能力已达果品总量的30%以上，同时积极引导加工企业与果农建立利益共同体，先后建成高档葡萄酒原料生产基地2000亩，无花果生产基地6000亩，果品发展牵动了其它行业的发展，农药厂、复合肥厂、果袋厂、网套厂等相继建成投产，带动了丰县经济的迅速发展。

销售作为果品生产的最重要环节之一，多年来，该县围绕果品销售，采取了一系列措施，出台了一系列政策。一是从1990年开始，把11月8日定为中国丰县红富士苹果节，作为丰县人民最隆重的节日。每年红富士苹果节都邀请全国各大新闻媒体及国内外果树专家学者来丰县考察、参观和研讨。同时，该县利用红富士苹果节召开之际赴全国30余个大中城市召开新闻发布会、果品贸易洽谈会，以提高丰县知名度。近几年来该县每年都投资几十万元在中央电视台黄金段推出果品系列广告。而且在《人民日报》、《农民日报》、《新华日报》等推出介绍丰县果品专版，在中央七台推出《果都——江苏丰县行》专题节目。

这些工作大大提高了该县果品的知名度，对销售工作起到了巨大推动作用。二是在县内一方面积极筹措资金，兴建了一批起点高、规模大、辐射力强的果品专业批发市场，主要有大沙河－套楼－华山及丰黄路市场带，丰徐公路沿线果品市场，大沙河果品贸易市场，书苑水果一条街等，果品市场的成立，实现了建一处市场、兴一门事业、活一片经济，富了一方群众。另一方面，该县以江苏省红富士集团公司为核心，以各镇林果站为依托，起用商业能人，建立激励机制，组建了经纪人队伍，全县共有1.5万名经纪人活跃在全国各大市场，成立果品经贸公司、果品包装公司、果品产销协会、果品产销信息中心等。

丰县果品产销协会

联系人：卜凡敬 0516－4222910

丰县果品产销信息中心

联系人：董文 0516－4233655

丰县园艺学会

联系人：渠慎春 0516－4222910

浙江省

〔水果生产〕　浙江省水果栽培历史悠久，品种资源丰富，主栽水果有柑桔、杨梅、桃、梨、葡萄、枇杷等。1999年，全省水果栽培面积244674公顷，产量2791878吨，分别比上年增长1.7%和35.3%，除枣产量下降外，其他水果全面增产，增产幅度为3.7%至65.3%（详见下表）。

浙江省1999年水果栽培面积与产量

项目	面积（公顷）	比上年±%	产量（吨）	比上年±%
水果合计	244674	1.7	2791878	35.3
其中：柑桔	132902	－0.7	2120078	41.6
杨梅	33708	4.2	156121	30.9
桃	15520	3.5	136969	8.2
梨	12758	16.2	114341	33.4
葡萄	4575	2.4	97346	5.8
枇杷	7982	－0.6	47210	23.4
李	5583	0.4	27279	20.3
柿	6237	－1.1	24351	3.7
梅	5683	13.0	15628	65.3
枣	2453	－7.9	4541	－5.8

1999年果类产值达到37.9亿元，占种植业产值的8.8%，在种植业中居粮食、蔬菜之后，列第三位；浙江的柑桔、杨梅、枇杷产量均居全国第一位。

一、著名品牌及其产地

一品红牌椪柑　产地衢县。该产品形美色艳、肉脆化渣、汁多味浓、清香爽口。先后被第三届全国农业博览会、中国果品流通协会授予农业名牌产品，1998年被认定为省农业名牌产品，在'99中国国际农业博览会上被认定为全国名牌产品。

生产销售单位：浙江衢县一品红椪柑有限公司，地址：浙江省衢州市浮石路14号，邮编：324000，电话：(0570) 3043001。

天子牌常山胡柚及胡柚沙囊　产地常山。常山胡柚果皮金黄，酸甜适口，无核汁多，耐贮藏。获第二届全国农业博览会金奖，第三届全国农业博览会农业名牌产品，1998年被认定为省农业名牌产品，在'99中国国际农业博览会上被认定为全国名牌产品。胡柚沙囊曾获浙江十大畅销营养饮料，该产品采用纯天然的制造工艺，保持了胡柚沙囊细胞的完好无损，原汁原味，满口柚香，具有酸甜微苦清心的特殊口感。

生产单位：浙江常山胡柚集团公司，地址：浙江省常山县城西白龙洞，邮编：324200，电话：(0570) 5029518。

楚门文旦牌玉环柚　产地玉环。玉环柚素有"天然罐头"之美称，果大形美，香味浓郁，肉嫩化渣，甜酸适口，无核汁多，耐贮藏。产品连续八次在全国柚类鉴评中夺冠，获第二届全国农业博览会金奖，被第三届全国农业博览会认定为名牌产品，1998年被认定为省农业名牌产品，在'99中国国际农业博览会上被认定为全国名牌产品。

经销单位：浙江省玉环县名特优果品服务中心，邮编：317600，电话：(0576) 7213046。

早香牌永嘉早香柚　产地永嘉。该产品是全国柚类特早熟品种，果实大小适中，香气浓郁，肉质脆嫩，甜酸适口，无核汁多，品质优良。获第二届全国农业博览会金

奖，被第三届全国农业博览会认定为名牌产品，1998年获省优质农产品金奖，在'99中国国际农业博览会上被认定为全国名牌产品。

生产单位：永嘉县农业局，地址：永嘉县上塘镇屿后巷198号，邮编：325100，电话：(0577) 7222474。

马站牌苍南四季柚 产地苍南。该产品果实大小适中，甜酸适口，无核汁多，品质优良。1985年以来连续被国家有关部门评为优质水果，获第二届全国农业博览会金奖，在'99中国国际农业博览会上被认定为全国名牌产品。

生产单位：浙江省苍南县四季柚开发总公司，地址：浙江苍南马站镇南新街125号，邮编：325808，电话：(0577) 4661221。

九峰牌本地早 产地黄岩。该产品果实扁圆形，单果重70—80克，果皮薄，果肉柔软多汁，味甜酸少，化渣性好。获第二届全国农业博览会金奖，被第三届全国农业博览会认定为名牌产品，1998年获省优质农产品金奖，在'99中国国际农业博览会上被认定为全国名牌产品。

生产单位：浙江省台州市黄岩区林特局特产开发公司，邮编：318020，电话：(0576) 4222682。

九峰牌东魁杨梅 产地黄岩。该产品果实特大，单果重25克以上，是中国目前果形最大的杨梅品种，果实紫红色，鲜食和浸酒皆佳，6月下旬至7月上旬成熟。1998年获省优质农产品金奖，在'99中国国际农业博览会上被认定为全国名牌产品。

生产单位：浙江省台州市黄岩区林特局特产开发公司，邮编：318020，电话：(0576) 4222682。

临海蜜桔（宫川） 产地临海。该产品果实圆形，外观橙红艳丽，皮薄汁丰，食不留渣，风味甜美。1998年获省优质农产品金奖，在'99中国国际农业博览会上被认定为全国名牌产品。

生产单位：浙江省临海柑桔技术开发公司，地址：浙江省临海市中山中路50号，邮编：317000，电话：(0576) 5301109。

山水牌椪柑 产地丽水。该产品果实色泽鲜艳，肉质脆嫩，汁多味甜，品质佳，耐贮藏。连续三次获省优质柑桔一等奖，1998年获省优质农产品金奖，在'99中国国际农业博览会上被认定为全国名牌产品。

生产单位：浙江省丽水市山水果业有限公司，地址：浙江省丽水市城关镇双渠弄4号，邮编：323000，电话：(0578) 2134301。

大象山牌宫内伊予柑 产地象山。该产品果实美观，色泽橙红艳丽，皮薄易剥，果肉细嫩，汁多味甜。曾获省优质柑桔一等奖，1998年获省优质农产品银奖，第二届全国农业博览会铜奖，在'99中国国际农业博览会上被认定为全国名牌产品。

生产单位：浙江省象山县林业特产技术推广总站，地址：浙江省象山县丹城镇米薰路15号，邮编：315700，电话：(0574) 5716147。

仙绿牌仙居蜜梨 产地仙居。该产品果实扁圆，单果重150克，果皮黄褐色，果肉乳白色，肉质细嫩，汁多味甜，无渣，品质佳。1998年获浙江省优质农产品银奖，在'99中国国际农业博览会上被认定为全国名牌产品。

生产单位：浙江仙居县林业特产开发服务中心，地址：浙江仙居城关镇城北西路188号，邮编：317300，电话：(0576) 7773602。

润昌牌典花梨 产地慈溪。该产品果实中等偏大，果皮黄褐色，皮薄，肉质细嫩，汁多味甜，较耐贮运。1998年获省优质农产品金奖，在'99中国国际农业博览会上被认定为全国名牌产品。

生产单位：浙江慈溪周巷镇农业服务总公司，地址：浙江省慈溪市周巷大通中路178号，邮编：315342，电话：(0574) 3301819。

超山牌话梅 产地余杭超山。该产品采用超山青梅精制而成，甜酸适中，气味芳香，生津止渴，清凉解暑，爽口提神，帮助消化，增进食欲。1994年获全国食品行业优质产品称号和全国食品行业名牌产品称号。

生产单位：浙江省余杭市超山蜜饯管理协会、杭州超山果品厂，地址：浙江省余杭市临平镇，邮编：311100，电话：(0571) 6245043。

〔管理举措〕 近年来，随着水果产量的迅速增加，果品已从卖方市场进入买方市场，"卖果难"问题日益突出，农民增收不明显。因此，浙江提出调整布局，调整结构，提高质量，提高效益，作为水果生产的主要任务。

一是调整区域布局，水果生产逐步向区域化生产方向发展。台州、衢州、宁波、金华四市水果产量合计为205.5万吨，占全省水果总产量的73.6%，其中衢州、台州的柑桔产量占全省的53.8%，宁波、台州的杨梅产量占全省的66%，宁波、绍兴、金华的桃产量占全省的54.9%，宁波的梨产量占全省的54.4%，金华、宁波、绍兴的葡萄产量占全省的73.4%，台州的枇杷产量占全省的64.9%。

二是在品种结构上，逐步进行调整。全省柑桔栽培面积占水果栽培面积的比例从1998年的55.6%调整到1999年的54.3%，下调1.3个百分点，而其他名特优小水果的栽培面积的比例则相应增加1.3个百分点，特别是梨、杨梅增幅较大；在柑桔内部，则大幅度调减中熟温州蜜柑的栽培数量，使温州蜜柑栽培面积占柑桔栽培面积的比重由58.9%下调到58.3%，其中中熟温州密柑占的比重由46.5%下调到44.3%，同时积极发展早熟温州蜜柑、柚子、杂柑、脐橙等适销对路的品种。

三是大力推广优质生产技术，从注重丰产栽培逐步向优质生产技术转变。通过实施优质名牌工程，推广高接换种、三疏一改（疏树、疏枝、疏果、改进施肥）、优化防治病虫、完熟采摘、机械化选果等一系列优质生产技术，使标准化生产进程加快，果品质量明显提高。全省推广以柑桔大枝修剪为主，辅之以生物覆盖、化学控梢、病虫指标化防治、完熟采摘等技术的优质栽培技术4万公顷，研制了4种小型柑桔选果机，推广了85台，机选柑桔6万余吨。

二、水果主产区主管部门通讯录：

浙江省水果主产区主管部门通讯录

单位名称	领导人姓名	邮编	电话
浙江省农业厅经济作物管理局	王丕承	310020	0571－6099079
杭州市农业局园艺处	陈今杰	310002	0571－7024922
余杭市农业局特产总站	何富泉	311100	0571－6225663
萧山市农业局林特科	俞妙凤	311201	0571－2623907
临安市农业局茶果站	吴维群	311300	0571－3721293
富阳市农业局水果站	董顺生	311400	0571－3325653
桐庐县农技推广站园艺站	童正仙	311500	0571－4623525
建德市柑桔研究所	童英富	311600	0571－4722380
淳安县农业局果树站	方伟文	311700	0571－4812595
湖州市农业局经特站	周金其	313000	0572－2034342
长兴县农业局经特站	吴建华	313100	0572－6035546
德清县农业局经特站	戚国荣	313200	0572－8067648
安吉县农业局经特站	程玉龙	313300	0572－5021723
宁波市林业局林特生产处	郑金土	315010	0574－7186196
江北区农业局林业工作总站	竺建定	315020	0574－7356775
北仑区林业局林特总站	陈维挺	315800	0574－6882859
鄞县林业局生产科	贺　坤	315040	0574－7720889
镇海区农业局生产科	陈志红	315200	0574－6254044
蓝溪市农业局综合科	徐永江	315300	0574－3802149
余姚市林业局林特总站	汪国云	315400	0574－2705138
奉化市林业局生产科	沈淦卿	315500	0574－8522614
宁海县林业局林特总站	秦　岭	315600	0574－5583022
象山县林业局林特总站	钱皆兵	315700	0574－5716147
绍兴市农业局特产站	陈锦宇	312000	0575－5134635
绍兴县林业局水果科	李忆龙	312000	0575－5147974
诸暨市农业局果树站	吕建华	311800	0575－7012756
土虞市农经委农技总站	朱彩富	312300	0575－2013841
嵊州市林业局水果科	吕禄营	312400	0575－3101277
新昌县农业局特产站	梁英龙	312500	0575－6022931
台州市农业局经作总站	何桂娥	317000	0576－5112104
黄岩区林特局果树技术推广总站	龚洁强	318020	0576－4222682
路桥区农林局林特总站	王明月	317406	0576－2439119
椒江区农林局林特总站	李学斌	317700	0576－8892308
临海市林特局技术推广总站	邵宝富	317000	0576－5301109
门县林特局特产站	郑后斌	317100	0576－3333374

单位名称	领导人姓名	邮编	电话
大台县林特局特产站	张绍俊	317200	0576-3884548
仙居县林业局林特总站	王康强	317300	0576-7773602
温岭市农林局特产站	徐小菊	317500	0576-6114091
玉环县林特局特产站	蔡进一	317600	0576-7222774
温州市农业局特产站	林美士	325000	0577-8225334
瓯海区林业局特产站	黄建珍	325005	0577-8243273
永嘉县农业局特产站	陈少华	325100	0577-7222796
瑞安市农业局产业股	陈通云	325200	0577-5613859
立成县农业局特产站	叶桂平	325300	0577-7861731
平阳县农业局特产站	彭成钢	325400	0577-3724060
泰顺县茶特局水果科	吴晓花	325500	0577-7582832
乐清市农业局特产站	潘京相	325600	0577-2522604
苍南县农业局特产站	郑可发	325800	0577-4762100
丽水地区农业局经作站	林近贤	323000	0578-2152110
丽水市农业局水果站	郑士华	323000	0578-2133867
缙云县农业局特产股	李雄俊	321400	0578-3122477
遂昌县林业局营林公司	华敦谅	323300	0578-8123109
松阳县农业局特产股	徐发余	323400	0578-8062362
景宁县农业开发总公司	潘景贤	323500	0578-5082936
云和县农业局特产股	钱仁德	323600	0578-5121761
龙泉市林业局林业总站	周岳良	323700	0578-7123748
庆元县林业局林业股	胡连海	323800	0578-6121415
古田县农业局特产股	丁传恭	323900	0578-6822706
金华市农业局特产站	蒋飞荣	321000	0579-2390549
金华县农业局特产站	张治军	321000	0579-2341742
兰溪市农业局特产站	陈新炉	321100	0579-8822508
武义县农业局特产站	王建华	321200	0579-7643093
木康市农业局特产站	胡星财	321300	0579-7173496
义乌市农业局特产站	方炳南	322000	0579-5311839
东阳市农业局特产站	王家更	322100	0579-6622541
浦江县农业局特产站	方聚雪	322200	0579-4121073
舟山市农林局林业工作站	李鸿斌	316000	0580-2036989
定海区农林局综合开发科	傅四光	316000	0580-2042606
普陀区农林水局林特站	应松康	316100	0580-3012536
衢州市农业局特产站	芮孟安	324000	0570-3087560
柯城区农水局经济特产站	李国康	324000	0570-3023839
衢县农业局果树技术推广站	林运芳	324000	0570-3021343
江山市干鲜果开发办公室	余良富	324100	0570-4020316
靠山县农业局特产站	季士明	324200	0570-5021475
开化县林业局经济特产站	芮章龙	324300	0570-6014761
龙游县农业局果树站	曹炎成	324400	0570-7023404

浙江省余姚市（杨梅之乡）

〔概况〕 徐姚自古称为“东南名邑”、“文献名邦”，河姆渡遗址闻名世界，是一座历史文化名城。地处浙江省东部沿海，钱塘江和杭州湾南岸，宁绍平原中心。总面积1526平方公里，总人口为83万。余姚是浙东的交通要道，沪杭甬高速公路、铁路、329国道、杭甬运河等水陆干线直达上海、杭州、宁波等城市。属亚热带季风湿润性气候，温暖多雨，四季分明，年平均温度为16.2℃，年平均降水量为1300毫米，全年无霜期长达250天。余姚物产丰富，是一个以粮、棉、油、菜种植为主，林、果、茶、渔全面发展的综合农业区。市境中部主产粮食，1998年总产量36万吨，为浙江省重点商品粮基地之一。北部主产棉花、榨菜，其中1998年棉花总产量6329吨，居浙江省前列。南部四明山区，盛产茶叶、竹笋，其中1998年茶叶总产量5206吨，为全国茶叶主产区。

全市农村经济实力深厚，1998年已率先进入全国农村综合实力百强县（市）行列，总收入333.7亿元，比1987年增长230倍，余姚镇、泗门镇、低塘镇跻身浙江省农村综合实力百强乡镇和宁波市二十强镇。1999年，全市农民人均纯收入4659元，比1978年增长34倍，年均增长19.1%。全市工业经济快速增长，1999年全市工业产值接近443.4亿元，比上年增长16.5%，已形成多种经济成份并存，共同发展的格局。到1999年底，全市共有工业企业16274家，其中：国有企业19家，股份合作制企业649家，股份制企业13家，私营企业610家，外商投资公司203家。全市已基本形成以电子、电气、有色金属、机械、纺织等行业格局。到1999年底，全市先后组建了舜宇、化纤、云环、帅康等大中型骨干为龙头的工业企业集团20余家。企业依靠科技进步，工业产品进一步趋向“高、新、外”，不少工业产品进入高科技领域，达到世界先进水平，并打入国际市场。帅康、玉立抽油烟机、富达吸尘器、双象粘胶纤维、长城卷尺等10多只产品跨入宁波市级以上名牌产品行列，有77家企业获得ISO9000系列标准认证。全市高新技术产品产值达10亿元，比上年增长51.5%。境内余姚中国塑料城已成为全国最大的塑料交易中心，年成交金额59.5亿元。商品销售已辐射到西藏以外的全国各省、市自治区。对外贸易稳定增长，全年外贸出口交货值达78.5亿元，自营出口额达1.9亿美元，同比分别增长18.8%和18.2%。

科技已成为余姚经济发展的助推器。科教兴市战略得到进一步落实，1996年余姚市已获得全国科技工作先进市称号。从1985年至1999年期间，全市获得科技进步奖、星火奖和推广项目奖达613项，其中国家级5项，省部级55项，宁波市级139项，获得专利授权626件。九年义务教育全面普及，成人教育深入开发，被评为全国“两基”教育达标市，被列为小学教师继续教育和素质教育实验县（市）之一。

余姚文化建设总体水平已进入健康、有序的发展轨道，荣获全国文化模范市称号。有文化艺术表演团体2个，群众业余演出团（队）131个，文化馆、站遍布城乡。拥有市级以上文物保护单位32个，被中宣部命名为全国百个爱国主义教育示范基地之一的河姆渡遗址博物馆一、二期建设竣工开放，年接待中外观众达6万人次。

〔杨梅生产〕 杨梅原产中国，是中国特产，国内主要产地集中江、浙二省，而又以余姚杨梅栽培历史最长，种植面积最多，质量最佳，享有“余姚杨梅冠天下”之誉。据余姚境内河姆遗址考证，早在7000年以前，已有杨梅原种存在，人工栽培历史亦有2000余年。宋代大诗人苏东坡赞誉世属越地的余姚杨梅“闽广荔枝、西凉葡萄，未若吴越杨梅”。可查阅到的最早余姚县志明朝《嘉清志》记述，“杨梅，产烛溪湖山者其种曰荔枝，曰湖南，其味冠绝诸果。荔枝为上，湖南次之，早酸为下（注：荔枝、湖南、早酸均为杨梅品种）。”

三中全会以后，余姚杨梅更是发扬光大。“七五”期间，余姚的杨梅生产被国家有关部门列为首批全国名特优商品基地县（市），加大力度予以开发。余姚市人大把杨梅定为市果，每年6月26日为余姚杨梅节。余姚市政府还专门设置了余姚市杨梅研究所。1995年，评上首批百家中国特产之乡。1998年，余姚杨梅列入全市农业发展的支柱产业之一。在杨梅节期间，每年有大批国内外宾客游览杨梅山，参观河姆渡文化遗址和众多的名胜古迹，签订大批经济合同和经济意向合同。以“杨梅为媒，文化搭台，经济唱戏”的格局已基本形成，有力地促进了余姚经济和文化建设，扩大和增加了余姚对外影响和吸引力。

经过7000年的自然演变和果农们的精心筛选，余姚杨梅已有乌种、红种、粉红种、白种品种群系。主栽品种为“荸荠种”，原产于余姚三七市镇张湖溪村，是目前国内专家肯定首推的鲜食加工兼用的杨梅良种。该品种树势强健，适应性极强，早结丰产，受到浙江、江苏、福建、贵州、云南、湖南、广西、江西、安徽等省广大果农的欢迎，全市每年提供优质种苗200万株，供各地需要。该品种的果实品质极佳，色泽紫红艳丽，果肉柔软多汁，果实均重10克，甜酸适口，富含各类矿质和氨基酸，并具有生津止咳，帮助消化，利尿益肾，去暑解闷等药种功能。其加工品“糖水杨梅罐头”曾连续荣获部产品优质奖、银奖，畅销于欧洲、东南亚、港澳等国家和地区，为宁波罐头食品厂出口创汇商品之一。1998年鹤顶牌余姚杨梅鲜果产品荣获浙江省第一届农业博览会优质农产品金奖。

余姚杨梅现栽培面积7.2万亩，较1980年的1.2万亩增加了3.4倍，涉及17个乡镇，形成以姚江流域两岸为主的杨梅分布带。目前，已有结果面积4.5万亩，常年产量2.0万吨左右，产值逾4000万元，已实现面积、产量同步递增。杨梅已成为余姚山区农户致富的好门路，涌现出一大批靠杨梅致富奔小康的先进典型。丈亭镇杨家岙村年产杨梅500吨以上，年收入逾100万元，户均收入4800元，人均收入1380多元，走上富裕道路。余姚杨梅整个鲜果销售、服务网络逐步健全，市场逐渐扩大，基本形成以宁波、杭州为中心，辐射上海、北京、广东、江苏、东北等地的销售网点，部分鲜果甚至已打入新加坡等国家和香港地区，参与杨梅销售贩运人员达到2000余人。现已在城区、丈镇、三七市镇等地专业交易市场初步建成，总交易面积2万余平方米，年交易总量5000余吨。

科技是推动余姚杨梅生产快速发展的动力，余姚杨梅科研工作已以得丰硕成果。余姚市林业局与浙江省农科院园艺所等单位开展的杨梅早结果、早丰产配套技术的研究，有效地解决了生产上长期存在的结果偏迟，技术不配套的难题，对保障余姚杨梅健康发展起到积极作用。该研究成果获得1989年度浙江省科技进步三等奖。余姚市杨梅研究所与省内外有关单位开展的中国杨梅种质资源的发掘及其利用研究成果，荣获1996年度农业部科技进步三等奖。其中从余姚荸荠种中选出的两个优良品种早荠蜜梅、晚荠蜜梅已得到大面积推广。余姚市森林病虫害防治与浙江省宁波市林业局的1987年始对杨梅柏牡蛎蚧生物学特性及防治技术的研究，成果填补国内杨梅病虫害防治上的一项空白，荣获1990年度林业部科技进步三等奖。到目前止，余姚杨梅科研成果已获得部、省、宁波市级各类科技进步奖、农业丰收奖10余项，在省级以上期刊发表论文15篇，涉及种质资源发掘、栽培、保鲜、加工等多个方面。同时，余姚市场梅研究所起草的《余姚杨梅》系列标准已于1999年9月正式实施，成为第一部省级地方杨梅标准。从此，余姚杨梅走上了标准化生产的健康发展轨道。

余姚杨梅将紧紧围绕两个转变，立足实际，突出杨梅作为“因地制宜搞好山区综合开发，调整产业结构”的排头兵作用。首先，力争通过三年努力，经过股份制、股份合作制、承包制等多种形式，在现有7万亩商品基地基础上，每年新发展基地1万亩，使全市基地总量达到10万亩，产值达到1亿元。其次，严格实施浙江省地方标准《余姚杨梅》系列标准，通过成立市级余姚杨梅协会协作组等形式，开展全市性“评优创名牌、创星级”果园等多种竞赛活动，建成标准化基地3万亩，重点扶持和发展省级“鹤顶”余姚杨梅品种，争创全国性余姚杨梅名牌拳头产品。再次，积极发展余姚杨梅贮藏保鲜、加工业，拉长产业链。通过多种途径加大对采后处理和保鲜设施资金投入力度，吸引和鼓励外资来余姚发展深加工业。最后，余姚每年组织市内外新闻媒介和涉外部门积极开展对外余姚杨梅和杨梅文化宣传介绍，发布杨梅信息。杨梅节期间广邀国内外宾客来姚参观、考察，扩大余姚杨梅知名度。

在改革开放的今天，在各级领导的关怀下，在各级部门的重视下，余姚杨梅产业在健康、快速发展，全国杨梅产业大市初展雄姿；余姚正在走向全国，走向世界。

浙江省金华县（佛手之乡）

〔概况〕 金华佛手始栽于北宋嘉佑年间，为浙江金华著名国家级双龙洞风景区所在的北山南麓特定生态环境和栽培技艺孕育的地方特色珍稀产品。主产地位于金华县赤松卧羊山一带。该产品素有“果中之珍品，世上之奇卉”的美誉。近年来，由于金华县委、县政府对特色资源发掘工作的重视，金华佛手有了较快地发展。1998年该县被国家有关部门授予“中国佛手之乡”称号，其正宗产品——“赤松”牌金华佛手荣获省优质农产品金奖。1999年，又被省和’99中国国际农博会认定为名牌产品。现全县种植面积已扩大到1800亩，产出鲜果20万公斤，矮化盆景30万盆，计划至2001年发展到5000亩，至2005年全部投产后，计划产量100万公斤，矮化盆景100万盆，实现产值5000万元。

金华佛手为芸香科常绿小乔木，多以盆栽为主，果形玲珑奇巧，形如观音手指，或握或张，千姿百态。成熟之后，色泽金黄，令人爱不释手；香气馥郁，沁人心脾。其盆景为上乘观赏花卉。古代，佛手是达官贵人家的珍品。在现代生活中，金华佛手更是微型景冠。供家居房室案头陈设，美化环境，陶冶心情；供办公会客、宾馆园林陈列点缀，增添生趣，融洽气氛。由于其具有独特造型、沁人香气和经久耐放的优势，更为人际交往的典雅礼品。佛手果实的成份含有梨莓素（$C_{11}H_{10}Q_4$）、布柑甙（$C_{34}H_{44}Q_{21}$）、橙皮甙（$C_{28}H_{34}O_{15}$）等，其根、茎、叶、花、果均可入药，具有独特的治病防病、养身益寿之妙用。据《本草纲目》等典籍记载：佛手入肝、脾、胃三经，有理气化氮，止呕消胀、舒肝健脾等药效，可治胃病、呕吐、噎嗝、气管炎、哮喘、高血压、妇女白带异常等病症。现已进入食品、饮料、制药、美容等方面的深加工。

金华县地处浙江中部，境内以丘陵山地为主，“三江”两侧为河谷平原，有“七山一水两分田”之称，土型以红黄壤、水稻土为主，PH值在4.5~6.5之间的占83.1%，有机质含量约2%，速效磷3.2PPM，速效钾55.8PPM。全年平均气温为 17.3℃，无霜期 257 天，最热月（7 月）平均气温为 29.4℃，最低月（1 月）平均气温为 5℃。≥10℃的活动积湿 5504℃，全年平均日照数 2062.6 小时，年辐射总量每平方厘米 112.2 千卡，年平均降雨量 1406.3 毫米，年平均相对湿度为 77%，年最多风向为东北或东北偏东风。尤其是北山南麓，具有独特的小气候条件，冬暖夏凉，温度适中；独特的土壤土质，土壤疏松透气，呈中性；独特的水源水质，水源的矿物质含量丰富，十分适合佛手生长发育。金华佛手按金华县地方标准（DB330721/T002—1999）制订的果实质量分等规格和果实大小分级规格的标准如下表。

表 1　金华佛手果实质量分等规格

项　目	特　　等	一　　等	二　　等
果　形	具该品种特征：匀称、丰满、优美	奇特、灵巧，有象征意义，果实不对称	既不符合特等规格，又不符合一等规格
果面色泽	柑黄锃亮，鲜艳，无斑迹	同左	
生理障碍	不得有萎蔫、日烧及其他生理障碍	同左	
病虫害	无	无	
损伤	无刺伤、划伤、压伤、擦伤等机械损伤	无刺伤、划伤、压伤、无严重擦伤等机械损伤	

表 2　金佛手果实大小分级规格

标准 / 等级 / 类别		特　级	一　级	二　级	三　级
指佛手	果长（cm）	≥12	11.9—10	9.9—7	<7
	果径（cm）	≥8	7.9—6	5.9—4	<4
	重量（g）	≥300	299—150	149—50	<50
拳佛手	果长（cm）	≥9	8.9—8	7.9—7	<7
	果径（cm）	≥7	6.9—6	5.9—4	<4
	重量（g）	≥200	199—100	99—50	<50
掌佛手	果长（cm）	≥14	13.9—12		
	果径（cm）	≥10	9.9—8	∕	∕
	重量（g）	≥400	399—250		

〔金华县山口佛手专业村〕　金华县赤松乡山口村，地处北山南麓卧羊山一带，仙鹤山和原茂山之口，是境内佛手主产地。山口佛手自 1979 年村民冯增升引种后，发展至今，全村已有 350 户种植，现种有佛手 400 余亩，约 22 万盆，1997 年产果近 8 万公斤，加上佛手盆景，纯收入共达 300 余万元，其中年均万元以上的果农近百户，年均 5 万元以上的有 10 多户。1998 年，佛手年产量约 9～10 万公斤。

山口佛手闻名各地，首先源于山口村得天独厚的地理环境，独特的小气候条件、疏松而污染少的土壤以及透澈清凉的山水，非常适宜佛手的生长。加之果农在生产实践中的长期探索，在高位嫁接、提纯复壮、栽培技艺、肥水管理、综合防治等方面下了功夫，不断提高科技含量，孕育提高了佛手的观赏品位和药用品位，使果形玲珑奇巧、色泽金黄、香气浓郁，发挥了色、香、形俱佳的优势，因而国内外客商来购佛手，首先问津山口，市场形势特好，产品除销往北京、上海、杭州、福建、广州等地外，还远销美国、新加坡等国和香港地区，尤为港、台、侨胞所钟爱，比作手足之情。

金华县被命名为“中国佛手之乡”后，这个村信心百倍，计划在充分发挥原名牌优势的基础上，一手抓扩大基地规模，一手抓科技攻关，力争在无土栽培、矮化栽培、袖珍（微型）佛手选育和盆景造型等新课题方面有新的突破。

〔金华县赤松佛手开发公司〕　赤松佛手开发公司，是天津“佳能”电脑金华经营部商家钱武威于 1998 年年初投资兴办的一家生产、开发、经营佛手为主的农业企业。

公司位于具有适宜佛手生产特定小气候和水土条件的金华北山南麓山口冯村域，卧羊山一带，距基地 1 公里处是“赤松宫”，1.5公里处是“二仙桥”，清康熙、乾隆二帝曾留下手谕古迹，农业资源和旅游资源十分丰富。公司经理钱武威实地调查考察后，认为佛手不但具有较高的观赏价值，还具有很好的药用价值和文化内涵，是一项极有前途的产业，决定向所在村承包荒山300亩，共投资400万元，种植培育了11万株佛手苗，其中：盆栽1万株，地栽5万株，盆景5万盆；聘请了对佛手有丰富研究经验、学识的专家教授和有多年种植经验的老农搞科研；兴建了小型电灌站、养猪场和生产用房等配套设施，还在市区开办了营业房。

浙江省常山县（胡柚之乡）

常山县位于浙江省西部山区，钱塘江上游，境内素有“八山半水分半田”之称。全县面积1099平方公里，现有人口31.38万，其中农村人口约占80%，耕地面积17.09万亩，人均占有0.54亩，人口多、土地少，经济发展相对缓慢，但改革开放以来，发展步子较快，农村经济中，粮食、柑桔、畜牧业三大支柱产业日趋明显，尤其是常山胡柚规模逐年扩大，品质不断提高，市场销路旺盛，在全国各大城市众多的水果品种竞争中已有良好的声誉。

一、胡柚产业现状

常山县柑桔栽培十分悠久，现有柑桔面积达15.5万亩，年产量13.5万吨，其中胡柚占9.5万亩，产量7万吨，分别占66%和52%。产值1亿元，占农业总产值的20%以上。

常山胡柚系柚子与其他柑桔自然杂交品种，为常山县所特有，至今已有100多年的栽培历史。其果实似柚似橙，一般单果重300克，可食率69%，可溶性固形物11%以上，胡柚甜酸适度，果形适中，性凉微苦，风味独特，具有耐寒、耐瘠、耐贮藏、优质丰产等显著特点，每百克果汁含Vc37.9～46.6mg、Vb0.22mg、氨基酸4796.8ppm，以及胡萝卜素、SOD、Fe、Ca、Zn、P、K等多种微量元素，另外，胡柚还具有止咳化痰、解酒、舒胃、利尿、降低血糖、血脂等药用功能，其食用和保健价值，深受广大消费者喜爱，1986、1989年胡柚连续被评为全国优质农产品；1991年被国家有关部门授予“绿色食品”称号；1995、1997年在第二、三届农业博览会上分别荣获金奖和名牌产品认定；1996年常山县被命名为“中国常山胡柚之乡”；1998年10月“常山胡柚”证明商标被国家商标局批准使用。

二、产业化发展措施与经验

为发挥常山胡柚这一资源优势，早在80年代初，常山县委、县政府就把胡柚综合开发列入发展农村经济的一项支柱产业来抓，十多年来，在省、市、各级、各部门的大力关心和支持下，通过全县人民的共同努力，常山胡柚的生产由无到有、由小变大，从粗放生产到集约经营，已经形成相当的规模，成为该县农村经济中的支柱产业，成为农民收入的重要来源，取得了巨大的经济、社会与生态效益。

多年来，常山县始终坚持以市场经济为导向，围绕如何加快胡柚发展，认真做好粗放型的传统农业向集约化的现代农业转变这篇文章，积极引导千家万户搞开发、入市场，在胡柚产业化经营方面进行了努力的探索，从常山胡柚近十多年来的发展过程及取得的经验看，主要体现在如下几个方面：

1. 寻找致富路子，六任书记咬住胡柚不放松。

常山胡柚这一深山“野果”真正成为常山农业的拳头产品，完全取决于浙江省委省政府的正确领导，省农业厅、财政厅等部门的大力支持和帮助，取决于县委、县政府的正确领导和数届班子长期不懈地共同努力。1982年以来，常山县六任书记、数届班子紧紧咬住胡柚不放松，当初县委主要领导为寻找常山如何脱贫致富的路子，通过长期的调查研究，在省农业厅领导专家的帮助下，最后确定把胡柚开发作为山区农民脱贫致富的长期工作目标来抓。第一位书记离任后，二任书记开始正式启动上一届领导的正确意见，他们制订了常山胡柚开发规划，建立胡柚良种基地，带领农民劈山挖沟，发展胡柚，后两任县委书记，更是爬山头抓质量、跑码头抓销路，常山所有的胡柚开发基地都洒过他们的汗水，上海、北京、广州等大城市的水果批发市场，都留下他们的足迹。1994年7月以后，新上任的县委书记又为胡柚“锦上添花”，在全国率先注册了“天子”牌常山胡柚普通商标和“常山胡柚”证明商标，组建了常山胡柚集团公司。1997年以来，现任县委书记雷长林带领党政一班人，进一步摸清常山胡柚的现状，确定胡柚产业化的新思路，制订了实施胡柚名牌战略，积极动员柚农改良品种，淘汰劣质，引导农民从数量型向质量效益型转变，同时抓胡柚集团企业改制，抓胡柚系列产品开发。如今胡柚集团改制已成效明显，胡柚深度加工和相关产品开发也取得了新的进展。

书记接力抓胡柚，上下齐心促发展，数届政府积极跑上跑下，争取资金，省政府曾两次专项拨款扶持常山胡柚开发，地方财政逐年加大对胡柚开发的投入，据不完全统计，全县胡柚基地开发投入资金1.28亿元，其中省、市、县财政无偿扶助1200多万元（每亩100～200元左右），有偿周转金2400万元，引导农民群众自筹资金8600万元，投工投功1296万个。政策激励、财政支持，使胡柚每年以近万亩速度增长。短短几年内，胡柚面积已由1982年的514亩增长到目前的9.5万亩，总产量由1982年的215

吨增长到目前的7万多吨，产值1亿元，占全县农业总产值的20%以上。仅此一项，全县农村人均可增加350元，给常山农民开拓了致富之路。

2. 依靠科技，合理规划，规模开发，形成了布局区域化、生产基地化的发展格局。

常山胡柚是一个天然杂交的群体品种，性状尚不稳定，其实生变异和芽变集中地表现在果实品质上，造成胡柚果实品质好差不一、良莠混杂。从1982年开始，在农业厅、农大、农科院等专家的技术指导下，该县农业科技人员采取实生选种的方法和程序，以选择果实品质优良为目标，经过十多年的不断努力，从全县5600多株实生投产树中，通过预选、初选、复选等多次选优淘劣，最终选出82—4等四个最优单株，并在选种的同时，建立优株母本园1000多亩、优株苗木繁育基地200亩，确定本县农口、国营“三场一所”（胡柚良种繁育场、良种场、林场及油茶研究所）为常山胡柚的定点育苗单位，直接提供良种苗木350余万株，为常山胡柚实现基地开发良种化提供了保证。同时根据胡柚栽培的生长特点，县委、县政府组织多学科、各部门的技术人员对全县38万亩荒山荒坡进行科学调查与反复论证，确定了首批11个乡镇和174个行政村作为胡柚重点发展地区，并相应制定了“七五”、“八五”、“九五”等三个胡柚中长期发展规划和年度建设开发计划。在开发中，实行“五个统一”，即：“统一规划基地、统一连片开发、统一供苗定植、统一验收标准、统一管理模式”，注重发展村级集体经济、鼓励乡镇、部门、联户、大户投资共同开发，改变以往单家独户零星开发面积过少，经营分散的状况。到目前，全县有230个村，近40个部门、乡镇参与胡柚基地的开发。连片面积在30亩以上基地就有4.8万亩，占胡柚总面积的52%，其中百亩以上基地121个，千亩基地就有3个，10亩以上胡柚种植与经营大户就有600多户。

3. 实施名牌战略，培植龙头企业，实现胡柚贸工农一体化。

品牌是进入市场的通行证，是市场竞争强有力的武器，在激烈竞争的果品市场中，要使胡柚这只野果，站稳脚跟，立于不败之地，就必须要有自己的品牌。1996年，该县率先向国家工商局申请注册“常山胡柚”证明商标和“天子”牌胡柚普通商标，开创了全国农副产品申请注册商标的先例；其次，是从提高果品质量入手，制定了《常山胡柚系列》省级地方标准，对外销胡柚实行现场质量监督；再次是加强胡柚商品化处理，先后引进自动选果机5台，1998年还从澳大利亚引进全自动电脑胡柚选果机，对胡柚果实进行清洗、消毒、杀菌、保鲜、上蜡、电脑分选、包装等全方位处理，改变过去胡柚“大包装，大路货”的形象，使胡柚不仅具有优良的内在品质，而且具有精美的外部包装，提高了产品的档次。

为提高胡柚生产的整体效益，常山县委、县政府于1995年重新组建了常山胡柚集团公司，1998年经改制为浙江“天子”果业有限公司。1996年该企业被省政府授予“先进农业龙头企业”，是省政府确立的首批30家“百龙工程”之一。据统计：1998年“天子”果业有限公司销售胡柚2680吨，年销售总额达1017万元，目前已建立以杭州、上海、北京、长春等地为中心的市场销售网络，拥有进口和国产生产线各一条，其先进程度处于国内同类产品前列。1998年在县政府及农口有关部门的大力支持下，胡柚生产大户张天宝创办了常山“天宝”胡柚有限公司，现有胡柚基地3000亩，当年销售胡柚2000多吨，年销售额1000万元，已建立以兰州、昆明、武汉、贵阳、深圳等城市为中心的销售网络，拥有国内先进商品化处理生产线一条，聘请五位胡柚专家为常年技术顾问，集生产、科研、加工、销售一条龙。目前，常山县还围绕“创名牌，拓市场，建基地，重科技，攻加工，促效益”方针，对内联合4万亩胡柚基地和3家胡柚加工企业，对外创建品牌，大力宣传，开拓市场，以“龙头公司+紧密型基地+农户”的形式，为农户与市场之间架起一座桥梁，为带动全县柚农进入市场创造了良好的条件。

在培育市场上该县每年从胡柚销售中筹集一定资金，统一用于胡柚的对外宣传，由县委、县政府领导亲自带队奔赴大中城市、各销售市场，参加展览评比、社会活动、新闻媒体宣传等多种形式来提高胡柚的知名度，通过在上海、北京等城市建网络，与知名商业企业合作，来巩固和扩大市场。特别是1998年在中央电视台通过扶贫广告宣传了常山胡柚，达到了较好的轰动效应。以“天子”为代表的常山胡柚名牌战略的实施，取得了十分可喜的成效。天子系列产品年销售额达到1000多万元，精品胡柚每公斤价达20多元。同时，名牌战略的实施，也使广大柚农得到了实惠，据统计，1997～1998年，与其它一般水果相比，胡柚价格始终稳中有升，成了不掉价的水果，仅此一项，全县柚农就可增加纯收入2000万元。

同时，该县还十分注重胡柚的深度加工和系列产品开发，目前，针对胡柚食用、药用和保健功效，已研制生产胡柚砂囊、果汁、果脯、香精、酒之侣等系列加工产品，年生产能力2万吨，其中“天子”集团就拥有砂囊果汁饮料8000吨生产线一条。

4. 实施“优质工程”，提高胡柚品质质量。

胡柚要打响品牌，提高市场占有率，内在品质是基础，为加快胡柚品质的提高，实现胡柚生产由“数量型”向“质量效益型”的转变这一目标，县委、县政府组织农业等有关部门，成立“胡柚优质工程”领导小组和办公室，把提高胡柚质量作为全社会参与头等大事来抓。其主要内容：一是规范胡柚栽培管理技术，按农业标准要求，建立胡柚示范基地2万亩，这些基地的建成，将为市场提供有质量保证的商品果来源；二是全面贯彻常山胡柚省级地方标准，提高胡柚采后商品化处理水平，使全县胡柚优质果比例达到85%以上；三是对全县1.5万亩低产劣质胡柚园分三年进行技术改造，以提高胡柚整体质量水平；四是定期开展质量竞赛评比活动，进一步提高广大柚农的质量意识、市场意识、品牌意识、竞争意识。1998年成功地举办了胡柚节活动，评选出一批优质胡柚基地和胡柚优质果生产大户，由县委、县政府给予大力表彰和奖励。特别是2000年以来，县委、县政府先后组织两次全县性大规模的工作组，广泛发动群众开展柑桔、胡柚“三疏二改”和增施饼肥活动，据统计：全县“三疏二改”面积37698亩，其中疏枝31165亩、疏树6535亩、增施饼肥1675吨，施饼肥面积达2.6万亩，建立县、乡、村三级示范方388个，示范园面积达1.1万亩。通过“胡柚优质工程”的全面实施，把科技研究、技术推广、培训、管理与质量、品牌、市场有机地结合起来，从而加快了胡柚产业化发展进程。

三、胡柚二次创业目标

当然随着市场经济的发展变化，胡柚产业化所走之路还只刚刚开始，前进中还面临着许多新的问题，该县现在已有量的优势，今后应做好质量和效益这篇文章，下一步如何走？常山县委、县政府新一届领导班子已提出胡柚“二次创业”的宏伟目标，其工作重点是把胡柚产业结构调优、产业链调长、品质效益调高、市场调宽调大，以实现农业现代化为目标，以发展效益农业为中心，以科技进步为动力，以市场需求为导向，把胡柚以全新姿态带入21世纪。下一步工作主要有：

1. 实施“胡柚优质工程”，推广标准化技术，提高胡柚品质质量。

质量是一切产品发展的基础，在提高品质上，下一步工作是：

①贯彻实施胡柚标准化栽培技术。目前该县拥有《常山胡柚系列》省级地方标准和《常山胡柚模式技术》配套标准。通过标准的实施，进一步规范技术，以提高胡柚科技含量；

②建立胡柚标准化示范园区2万亩，建立精品果基地5000亩，发展效益农业；

③实施低产低质胡柚园的改造，采取“三疏二改”（疏树、疏枝、疏果、改土、改水）技术进行品种改良和技术改进；

④增加科技投入，对影响胡柚品质的枯水问题、套袋技术等6项专题进行攻关研究；

⑤开展胡柚优质基地、优质果质量竞赛活动，带动广大柚农自觉走质量发展之路。

⑥加强采后商品化处理技术，充分发挥胡柚选果机的作用。

2. 壮大胡柚龙头企业和品牌实力。

以“天子”牌为代表的常山胡柚已成为浙江省名牌产品，已成为一只“叫得响”的品牌，但这只品牌如与中国驰名品牌的“海尔”、“长虹”等全国名牌相比，在规模、创利能力、品牌价值上差距甚大，只能说只是一个优势产品，要把品牌打响变成名牌，真正成为举足轻重的“胡柚老大”，其重点是企业要加强自身建设，今后工作一是建立紧密型生产基地，为公司提供质量可靠的优质果；二是在产后商品化处理下大文章，做好胡柚的贮藏、保鲜、分级、包装；三是打响系列加工产品品牌，具体大砂囊、果汁以及胡柚药用保健方面要不断研制开发新产品、新包装设计，提高加工产品档次，鲜果竞争市场风险较大，只有加工跟上，才能促进名牌的形成，增强市场竞争力。另外，还要发挥“天宝”、“天乐”等胡柚的品牌作用，齐心协力，确保胡柚产业长兴不衰。

3. 加大宣传和质量管理力度，培育胡柚新市场。

在原有基础上，继续发挥政府领头羊作用，通过广告、报刊、展览展销、评比活动、举办文化节等形式，对外进行宣传。特别在举办胡柚节上要加强横向联系，多与商家挂钩。2000年就计划与中国果品协会协办99年度胡柚节，根据“实用、实产”的宗旨，进一步扩大胡柚知名度。在培育市场，该县将充分发挥“常山胡柚”证明商标作用，对外销胡柚实行产地质量检测与监督，统一质量与标准，目前已成立常山胡柚证明商标管委会，并统一规范包装物、统一质量标志，净化市场，走以“质”取胜之路。

4. 进一步健全社会化服务体系，强化服务功能。

目前该县从胡柚的科研、技术推广、苗木繁育、基地开发、加工销售以及农资供应上形成了一系列服务网络，但今后应重点加强技术服务和市场销售两个重要环节，一方面要充分发挥“天子”胡柚领头羊作用，另一方面要发挥其他具有一定规模的如“天宝”胡柚贸易公司等销售组织的作用，更重要的是鼓励引导桔农自发组织服务性实体，加入柑桔专业合作社、柑桔产销协会等组织，进行自我服务，这方面销售量应是主体。总的，要做到“三不愁”，即不愁没技术、不愁没销路、不愁没效益。

浙江省奉化市

〔**概况**〕 奉化市地处长江三角洲南翼，东海之滨，是宁波的副中心城市。全市陆地总面积1249平方公里，海域面积96平方公里，海岸线长65公里，地貌构成为“六山一水三分田”。有人口49.1万，辖12个镇7个乡。1999年，全市实现国内生产总值50.61亿元。

奉化交通便捷，市区离宁波栎社国际机场15公里，到宁波火车站30公里，距北仑港深水码头50公里，同三线高速公路、甬金线高速公路和两条省道穿越奉化而过。甬温、甬金铁路正在规划中。

奉化山川钟秀，名胜古迹众多。溪口风景区是国家重点风景名胜区；社会主义新农村的样板滕头村是联合国命名的“全球500佳”之一。

奉化经济发展水平较高。工业以服装、机械、电子、食品、化工等行业为支柱，拥有一大批科技含量高，规模实力强的骨干企业。尤其是奉化服装，工艺精良，款式新颖，名牌众多，“罗蒙”西服是全国十大名牌西服之一，奉化也是国家发展研究中心等单位命名的“中国服装之乡”。电子行业近年来异军突起，波导公司生产的手机、寻呼机具有较高的科技水平和较大的影响力。

奉化物阜民丰。素有“鱼米之乡”美称的奉化，依山傍水，农业生产条件得天独厚，地方特产众多。“琼浆玉露”水蜜桃，“罗汉圣果”芋艿头、“唐代贡品”奉蚶、“东海名产”大黄鱼，以及花木、草莓、大白鹅，茶花在农业发展中确立“内调结构创名牌，外拓市场促销售”战略，坚持以市场为导向，以科技为先导，以资源开发为依托，以产业化经营为主线，使传统产业焕发了勃勃生机，形成了众多特色产业。1999年，全市农业总产值达到12.59亿元。

1996年以来，仅农业方面，国家有关部门已经授予奉化“中国水蜜桃之乡”、“中国芋艿头之乡”、“中国草莓之乡”、“中国青梅之乡”、“中国花木之乡”五个特产之乡称号。

〔水蜜桃之乡〕 奉化水蜜桃历史悠久，品质优异，历来被誉为“琼浆玉露”、“瑶池珍品”、“仙桃寿果”。奉化栽桃至今已有700多年历史。南宋奉化人陈著在《徐凫蛟瀑》一诗中，曾有“满山药味增新色，夹岸桃花胜旧年”之叹，明代景泰年间奉化诗人汪伦的《丹霞洞》一诗中，也有“溪上栽桃满洞花，洞门石壁掩丹霞”的描绘。奉化具有得天独厚的气候和土壤条件，气候温和，光照充足，土壤疏松且显微酸性，排水性能良好，适宜水蜜桃栽培，是全国水蜜桃栽培的重点产区。奉化玉露水蜜桃以其果型美观、色泽鲜艳、皮薄易剥、肉质细软、入口易溶、汁多味甜、香气浓郁而脍炙人口，1984年农业出版社出版的《落叶果树分类学》一书，称奉化水蜜桃是“我国水蜜桃中最有名的品种”，国内桃子专家也一致评价“奉化水蜜桃品质为全国之最，堪称中国第一桃”。1990年6月27日市人大常委会决定每年8月2日为“奉化水蜜桃节”，市果为水蜜桃。1996年奉化市被国家有关部门命名为“中国水蜜桃之乡”。

近年来，该市把科技兴桃作为振兴奉化桃子的战略措施来抓，开展了玉露水蜜桃优质单株选种和水蜜桃种质资源调查，选育出“西圃1号”、“西圃4号”、“上山大玉露”、“长岭早玉露”等优良单株，在取得提纯复状的基础上，培育出具有独特性状、鲜食和观赏兼用的珍稀桃种“花玉露”和晚熟大果型水蜜桃种“武岭玉露”，使该市水蜜桃生产锦上添花。目前，该市已形成早中晚熟不同成熟期的优良品种配套体系，实现了早熟品种的更新换代，改变了中熟桃品种单一状况，增加了晚熟桃品种，水蜜桃成熟期从5月下旬开始至9月中旬结束，鲜桃上市供应长达4个多月。

作为“中国水蜜桃之乡”，市委、市政府注重发挥特色，把奉化水蜜桃作为农业的一大主导产业来抓，奉化水蜜桃进入了前所未有的发展时期，逐步形成了区域化布局、规模化生产、产业化经营格局，涌现出溪口、大桥、萧王庙、莼湖等4个规模生产乡镇和新建、状元岙、沙堤、何家、西圃、长汀、陈夹岙等7个水蜜桃面积超千亩的规模村，全市水蜜桃面积达到5万多亩，预计2000年总产可达3万吨以上。在扩大种植规模的同时，着力提高了水蜜桃品质，市水蜜桃研究所先后引入良种3个系列56个品种，加强了对水蜜桃栽培和贮运保鲜技术研究，向国家工商局注册了奉化水蜜桃“锦屏山”牌商标，1999年“锦屏山”水蜜桃被认定为农业名牌产品。奉化市还有数千农民从事水蜜桃的购销。1999年6月，该市建立了水蜜桃协会，进一步扩大了水蜜桃的产业链，提高了桃子生产的组织化程度。历年来，该市还多次举办水蜜桃节、水蜜桃发展与促销研讨会、优质水蜜桃品评会等，各级新闻媒体均给予宣传报道，扩大了知名度。1999年开始，该市还推出水蜜桃系列旅游活动，组织“奉化水蜜桃品尝采摘游”，春赏百里桃花，夏品千顷桃香，为水蜜桃产业链的延伸，提供更为广阔的发展空间。目前，水蜜桃已从原来以供应周边地区为主，开始扩大供应到上海、广州、深圳、厦门、香港等城市，奉化水蜜桃真正香飘四海。

〔草莓之乡〕 草莓是新兴的优质水果，奉化市从80年代开始引种。1992年，尚田镇青年农民应永成自发引入早熟、优质高产的草莓品种进行大棚栽培，亩产值达到2.2万元，亩净收入达到1.7万元。大棚草莓的种植成功，得到了政府的高度重视。从此，奉化草莓走上了“政府引导，科技兴莓”的路子，全市草莓种植得到了快速发展，全市种植草莓面积3万余亩，并且涌现了冷西、下王、木周岭等多个草莓专业村。

奉化草莓的发展坚持了生产与科研、生产与市场的紧密结合，一是追求果品高标准，进行标准化生产。在“不求最大（面积），只求最好（品质）”的战略指导下，探索形成了一套独特的优质高产栽培技术。大棚草莓栽培模式创下了“万元钱、千斤粮”的好效益。实施了《草莓栽培技术规程》和《奉化大棚丰香草莓》果品标准，成立了草莓协会和草莓研究所，并与浙江省农科院、浙江大学农学院、浙江省良种引进中心签订了草莓协作协议，聘请了三名专家教授为草莓技术顾问，从而形成了奉化草莓果大色红、香气浓郁、甜酸适口、营养丰富及无污染的品质特性。大棚草莓单果重达 100 克以上，糖度在 8—12 度之间，酸度≤0.8%；每百克鲜果中，含维生素 C120 毫克，蛋白质 70 毫克及维生素 A、B、D、E 和钙、磷、铁等矿物质、草莓胺等保健食品，1999 年奉化草莓被宁波市旅游协会列为“宁波市旅游推荐果品”。二是促流通，创品牌。奉化市草莓作为发展精品效益农业的六大主导农产品之一，1999 年 1 月，举办了“奉化优质草莓品尝暨发展研讨会”。中央电视七台、新华社等 18 家新闻单位均作了专题报道，使奉化草莓声名远播，“一个草莓贵过一个鸡蛋”的佳话在新闻界流传甚广。草莓的主产地之一尚田镇同时被浙江省农学会等有关部门命名为“浙江草莓之乡”，奉化草莓远销杭州、上海、温州、舟山、宁波等大中城市，成为节日馈赠的佳品。目前全市有 1000 余人从事流通，有 1000 余人从事加工。1999 年底，奉化市被中国特产之乡推荐评比组织宣传活动委员会评为“中国草莓之乡”。

〔青梅之乡〕 梅树姿态优美，花色艳丽，历代文人墨客莫不观梅自娱，吟诗作画，与松竹并称岁寒三友，是一种具有美化环境的庭院观赏植物。果梅为公认的保健食品，日本及东南亚国家和地区有“日食一梅”的习惯。青梅加工制成的各种蜜饯，美味可口，素有蜜饯之王的美称，深受广大消费者欢迎。

奉化市是传统的青梅产地之一，早在明代奉化已成规模种植，有“村边无树不梅花”之说。明嘉靖《奉化市志》载：“熟者以火熏之为乌梅，以盐杀之为霜梅，以糖和之为冰梅”。百年老梅树在奉化随处可见。80 年代以来，奉化青梅发展迅速，形成基地规模化。引进、选育了国内外一批青梅优质良种，至目前，全市已有青梅面积 3 万余亩，优质品种覆盖率达到 80%以上。继 1999 年青梅主产地莼湖镇被省政府农村工作办公室列为“浙江省青梅之乡”后，2000 年 5 月，奉化市又被评中国特产之乡命名暨宣传活动组织委员会命名为“中国青梅之乡”。

近几年来，奉化市进一步发挥产业优势，作为青梅主产地之一的莼湖镇，建立了青梅协会和青梅研究服务所，进一步形成了“市场牵龙头、龙头带基地、基地连农户”的产业格局。全市现有青梅加工企业 35 家，其中省级农业龙头企业 1 家，奉化市级农业龙头企业 1 家，外贸加工企业 4 家，有 4 家企业取得了自营进出口权，年可加工梅果 7000 余吨，创产值 5000 万元，外贸出口额 2000 万元。青梅“名牌战略”初见成效，奉化市味中味食品有限公司的“味中味”系列梅制品，70%销往国外市场。1999 年，奉化市美食果品有限公司开发的青梅系列蜜饯，产品进入宁波、杭州、上海等大中城市后，畅销一空。青梅产业又为奉化农业的发展谱写了新篇章。

〔有关单位名录〕

奉化市林业局

局长：韩仁建　电话：0574－8527414　8522314

奉化市水蜜桃协会

理事长：沈淦卿　秘书长：吴大军

电话：0574－8522614　8853930

奉化市尚田镇草莓科技协会

理事长：杜校军　秘书长：吕鹏飞

电话：0574－8637935　8638221

奉化市莼湖镇青梅协会

理事长：谢海明　秘书长：杨国义　蒋贤潮

电话：0574－8742003　8740778　8743016

浙江省安吉县（竹子之乡）

安吉县位于浙江省西北部，处上海经济区腹地。全境幅员面积 1886 平方公里，人口 45 万，辖 19 个乡镇。建县于东汉灵帝中平二年（公元 185 年），至今已有 1800 余年历史，汉灵帝赐名“安吉”，取“安且吉兮”之意，据《东岳行宫碑记》载：“安吉地富丝枲，人用饶益。豪商杰贾，万里辐辏，曾为东南大邑。”县城递铺镇，距上海 223 公里，杭州 72 公里，湖州 68 公里，县内水运航程 48 公里，船只可达湖州、上海、苏州等地。交通便捷，是沿海向内地延伸的前站。

安吉是一个“七山、一水、二田”的山区县，森林覆盖率 69.4%，植被覆盖率 73%，生态环境优越，资源丰富。境内龙王山自然保护区，海拔 1587 米，是黄浦江的源头。亚洲最大的天荒坪抽水蓄能电站，座落在海拔 900 米的天篁湖畔。浙北第一库——赋石水库，湖光秀美，集蓄洪、灌溉、养殖、观光、休闲于一体。安吉竹种园占地 40 多公顷，收集了国内外 300 多个竹子品种，是世界知名、中国最大、品种最齐全的竹种园。园内占地 3000 多平方米，目标定位国内第一、国际一流，集竹产业、竹文化于一体的中国竹子博物馆已筹建完毕。“川原五十里，修竹半其间”，举世无双的万顷竹海孕育出竹文化、竹风情，赋予安吉独特的迷人魅力。

安吉钟灵毓秀，得天独厚，素有“竹乡”之称，是正式命名的“中国竹乡”和“中国竹子之乡”。拥有竹林面积98万亩，毛竹蓄积量和年商品竹采伐量分别为1.32亿株和2000万支，均居全国首位。安吉产茶历史悠久，茶园面积6.7万亩，是浙江省主要茶区之一。地方名茶有“安吉白茶”、“九亩甜茶”、“冷坑香茶”等10多个品种，尤以“安吉白茶”为茗中珍品。围绕竹业强县和林业大县的目标，安吉县大力推进农业结构调整，加快农业产业化进程，积极培育毛竹丰产林，建成多个冬笋开发基地，其中天荒坪东坞里村毛竹现代园区已成为全国范围以村为单位经营水平最高的毛竹现代园区。全县年竹资源产值达3.5亿元。安吉县不仅在原竹培育上巩固了在全国的领先地位，而且在产业开发上已形成了竹子日用品、竹工艺品、竹建筑装饰产品、竹文体用品、笋竹食品、竹中间体、竹医药保健产品等七大系列700多个品种。全县竹制品企业1500余家，其中春晖竹木有限公司、坚安竹制品有限公司等企业生产的竹木产品出口创汇势头强劲。1999年全县实现竹业总产值20亿元。

认识统一，措施得力。“农民出息，全赖山竹”，历届党委政府都十分明了竹子在安吉县的地位和作用。在全县广泛开展“解放思想大讨论”，把加快竹类资源开发作为重要的政治任务和经济中心工作来抓，提出建设“竹业强县，旅游大县”的目标，根据不同时期，制定了保护竹资源和促进流通的政策、措施。稳定延长竹林生产的家庭联产承包责任制；制定了竹类资源分类开发规划；通过建示范、树典型，县领导带头建立丰产示范林，分片联络重点加工企业的办法，提高群众开发竹类资源的积极性；抓政策和资金落实，搞好服务，出台加快竹类资源开发的实施意见，形成以竹农为主体，县、乡、村各级多元投入为辅的资金筹集渠道，全县每年在竹资源培育上投入超1000万元。外向战略、形成产业。积极鼓励、引进外商到安吉投资笋竹加工业，提高笋竹加工业的科技含量和管理水平；引进外商、外资发展竹制品加工创汇业，带动全县竹制品内资企业和竹木机械制造业的发展；制定、完善引进外商、外资的优惠政策和措施；改善竹区通讯、交通等基础设施，近5年共投入5亿多元用于基础设施建设，投资环境明显改善。目前，全县笋竹加工三资企业25家，从业人员3500人。依靠技术，提升质量。健全科技推广网络，以集生产、科研、旅游于一体的安吉竹种园、中国竹子博物馆为核心，县级成立竹子研究所、竹业站，乡镇建林业分站，村设科技推广员和联络员；强化与科研院所联系，引进高新技术及新成果；注重成果推广应用，“毛竹林丰产技术”、“材用毛竹林疏笋技术”、“笋竹两用毛竹林丰产技术”、“低产竹林改造技术”、“早园竹覆盖早发技术”等适用成果覆盖率达60%以上，至目前，安吉在竹类研究上获得国家级成果将2项，部、省级成果16项，厅、市级成果24项，成果推广率达80%；建立高产高效科技示范基地，全县已建立竹林科技示范村6个，省县领导建立示范林9处，面积1.8万亩。安吉先后被评为“全国造林绿化百佳县”，首批“全国科技兴林示范县”、“全国科技工作先进县”、“全国林业生态建设先进县”、“省竹产业建设先进县”等。注重交流，加快发展。本着“走出去，请进来”的思路，安吉竹业自60年代以来先后接待30多个国家地区的官员和学者，20多个省、市、自治区的代表5万余人次参观、考察、科研。自60年代在安吉召开全国第一次竹子学术会议，到1997年国际竹藤组织召开“竹业走向21世纪”国际学术研讨会以来，在安吉召开或作为主要参观考察地的全国及国际性竹子会议近十次。每年接待国内外来宾和客商上万人次。同时安吉的2000多个竹产品营销户在全国近百个城市设立500多处销售网点，促进了安吉竹业的持续、快速发展。

1999年，安吉林业又取得长足进步，县林业部门被国家林业局评为全国林政管理先进单位，天荒坪镇马吉村被全国绿化委员会评为“全国造林绿化千佳村”、县城递铺镇被省绿委、团委、建设厅、林业厅评为“省级绿色小城镇”等。即将到来的21世纪是中国竹产业呈现辉煌的世纪，作为中国十大竹子之乡和全国丰产竹林培育示范基地之一的安吉县将进一步调整竹业发展思路，加大资源培育力度，实施分类经营，争创一流竹类经营水平，发展生态竹业，拓展加工领域、优化竹业和产品结构，不断提高竹业的经济、生态和社会效益，努力建成全国竹子集约经营的典范及以竹子为特色的上海、杭州等大中城市的生态型后花园，使整个竹产业继续保持全国领先水平，建成竹业强县。竹林面积2002年达到100万亩，2010年达到110万亩，其中毛竹林增至80万亩；竹资源产值2002年达到4.6亿元，到2010年达到5亿元；竹支柱产品加工业总产值2002年达到28亿元，2010年达到30亿元；计划“十五”末林业总产值实现35亿元，竹业34亿元，到2015年林业总产值45亿元，竹业达40亿元。

浙江省嵊州市

〔概况〕 嵊州市地处浙江东部偏中，曹娥江上游，四面群山环平川，四江碧水汇剡溪，盆地小气候明显，农业资源丰富，发展各类农产品具有得天独厚的有利条件。先后被列为全国商品粮基地县，国家农业综合开发县，全国长毛兔生产基地县。嵊州是全国最大的精制茶生产出口基地之一，名茶产量居全国前列，被国家有关部门命名为“中国茶叶之乡”。并先后获得“中国竹编之乡”、“中国果蔬之乡”、“中国栏之乡”的称号。

〔果树生产〕 果树是该市的农业主导产业之一，也是该市农村经济收入的重要来源。目前总面积12万亩，产量近5万吨。现已形成山区以干果为主，平原丘陵地区以水果为主的总体布局；柑桔、干果、桃形李、水蜜桃、黄花梨、大青梅等果树品种已初具规模，全市果品及加工总产值在2亿元以上。1999年被国家有关部门评为“中国果蔬之乡”。

一、抓特色品种，创名牌产品。根据该市实际，选择了嵊县桃形李这一具有地方特色的品种进行重点开发，现已形成10000亩商品基地，被国家有关部门列为“九五”期间经济林开发项目，其产品荣获第二届全国农博会金奖、第三届农博会名牌产品称号（“羲之”牌）、浙江省优质农产品金奖。

二、注重科技，提高经济效益。组织广大科技人员印发果树科技资料，下乡进行理论培训，现场进行辅导，并在每一个基地，树立科技示范户。通过示范户带动千家万户学科技、用科技，提高广大农户的栽培管理技术水平，出现了许多高产丰产典型，如梨亩产5000公斤，水蜜桃2000公斤，李2000公斤。通过科技的提高，全市果树业经济效益大幅度提高。

三、抓流通加工，促销售。在抓好基地建设的同时，注意抓好流通体系建设，针对该市实际，积极培育好果品产地市场。全市已建成水蜜桃、大青梅、柑桔、桃形李等市地市场10多个，建有果品加工厂6家，年加工能力达2万吨，同时，全市各地有从事果品贩销人员1万多人，年销售各种果品2万吨以上，并涌现了一批贩销大户，最多户达500万公斤。

（一）干水果主要品种分布情况

单位：万亩

合计	12		
柑桔	2.5	葡萄	0.3
桃子	3.0	杨梅	0.2
梅	1.8	板栗	1.5
李	1.2	香榧	0.5
梨	0.5	其它	0.5

（二）主要加工企业

嵊州市天发食品有限公司

法人代表：裘纪章　邮编：312400

地　　址：嵊州市城关镇新东桥55号

电　　话：0575－3031199

浙江省诸暨市（香榧之乡）

〔概况〕　诸暨市地处浙江省中部，北濒杭州市，东依会稽山，毗邻绍兴、东阳、义乌、浦江、桐庐、富阳、萧山等县市，距省会杭州市90公里，距古城绍兴50公里。

诸暨是绝代佳人西施的故里，历史悠久。夏朝中期，夏帝少康庶子无余建立越国，诸暨属越。境内埤中、大部、勾乘曾为越国古都。秦王政二十五年置县，属会稽郡。其后，建置历代未废。1945年5月6日，诸暨解放。初属绍兴专区，1952年为省属县，后曾隶属于金华、宁波、绍兴等专区。1983年起，属绍兴市。1989年9月撤县设市。

全市下辖29个镇、6个级，1302个行政村，49个居委会，总人口106.13万人。区域面积2318平方公里。

诸暨有众多的名胜古迹和秀丽的自然风景。南郊苎萝山，是西施出生地；城东紫薇山麓的小天竺被列入《中国名胜词典》；城西的五泄景区是国家级森林公园，因一水折成五瀑布而得名，以瀑奇、寺古、峰险、谷幽、林秀而闻名于世。

诸暨地形以丘陵为主，为三面环山向北开口的通道式盆地，浦阳江由南而北贯穿全境，素有“七山一水二分田”之称。属亚热带季风区，四季分明，气候宜人，年平均气温16.2℃，降水量1346.7毫米，常年无霜期236天。

诸暨资源充足，物产富饶。境内蕴藏金、银、铜、铅、锌及大理石、石灰石、莹石等30余种矿产资源，其中黄金储量居浙江省第二位。传统名、特、优产品美不胜收，是著名的“珍珠之乡”、“香榧之乡”，草莓、板栗、银杏、杨梅、茶叶等驰名海内外。

诸暨是浙江省经济十强县市之一，已连续三届进入全国农村综合实力百强县市行列，是中国明星县市、浙江省首批小康县市。1999年，全市实现国内生产总值150亿元，其中第一产业19亿元，第二产业89.5亿元，第三产业41.5亿元；财政收入4.56亿元；城镇居民人均可支配收入8949元，农民人均纯收入4923元；全社会固定资产投资38.5亿元。

〔香榧生产〕　诸暨是中国特有的珍稀干果——香榧的主产区。据记载，诸暨香榧在唐代就享有盛誉，至今已有1300余年的人工栽培历史，全市香榧面积1.2万亩，主要分布在位于稽山脉的赵家镇、斯宅乡和西岩乡等镇（乡），年产商品榧约占全国总产量的80%。诸暨市先后被国家有关部门命名为“中国香榧之乡”、“中国特优经济林香榧之乡”。

一、香榧生产销售情况

香榧，属裸子植物红豆杉科榧树属植物，系第三纪孑遗植物，是植物中不可多得的集食用、油用、药用、材用、香料、环保、观赏于一身的多用途树种。香榧适生于具有温暖、湿润、通风向阳的亚热带气候的海拔在200至600米的山区，以土壤深厚、肥沃、疏松、微酸性的砂质土壤种植香榧最为适宜。香榧结果习性较为特别，从当年4月开花结果，进入历时一年的缓慢生长期，至翌年5月果实开始迅速膨大，到9月中旬成熟，历时18个月。因此4至9月间，在结果的香榧母树上能同时看到大、小“二代果”，加上家庭贮藏的上年香榧，俗称“香榧三代果”，所以民间常用作结婚时的喜果。

“枫桥香榧”，又名细榧，系栽培品种，通过嫁接繁育。其种子长尖状倒卵形，顶端肥大而基部略尖，长约2.7厘米，宽1.3厘米，外壳硬，上有2个对称的“榧眼”；壳薄、仁满、含油分多。炒制后酥、脆，具有独特的榧香，为榧中上品。细榧种后7至8年后开始挂果，20年左右进入盛产期，亩产香榧100公斤以上。香榧收益高，经济寿命长（赵家镇钟家岭村一株500年生的古香榧树，1999年产香榧150公斤，收入超万元），被榧农称为“摇钱树”，流传着“香榧熟、衣食足”的民间谚语。

据统计，诸暨香榧从1950至1989年40年间的平均年产量为145吨，其中1979年为350吨。近几年研究应用先进科技解决落果技术难题后，产量提高到500吨左右。香榧80年代曾远销日本、香港、东南亚等国家和地区，由于国内消费的急剧增加，近年主要销往上海、杭州、宁波、绍兴、广州、苏州、天津、北京等城市。目前的香榧产量还远远满足不了国内外的销售市场，供需矛盾十分突出，发展前景广阔。

为扩大“枫桥香榧”的影响，做好香榧产、供、销文章，该市于1998年10月和1999年10月在“枫桥香榧”的主产地赵家镇成功地举办了两届“诸暨市枫桥香榧节”，邀请了省内外知名人士和有关领导参加香榧节，浙江电视、绍兴日报等多家媒体报道了“香榧节”的盛况。

二、发展香榧生产的主要做法

1. 健全科研管理机构，实施科技兴榧战略

科技是第一生产力，尤其对香榧这个古老又珍稀的特色产业，科技应用就显得更为重要。长期以来，省、市领导对诸暨的香榧生产非常重视，于1978年批准成立了全国唯一的以香榧为研究对象的专业研究所——“诸暨县（市）林业科学研究所”，1984年调整后又成为全省保留的10个林科所之一。市里还先后成立了“诸暨市香框生产科技领导小组”和“诸暨市香榧生产科研工作小组”，负责承担全市日常的香榧生产、科研任务。有关镇乡及村层层成立香榧科技推广小组，使市、镇（乡）、村三级生产、科研、推广管理机构健全，形成了较完善的推广网络。同时市里还聘请有文化、肯钻研、有实践经验的农民香榧技术人员担任香榧辅导员，使香榧的科研成果和新技术能迅速得到推广普及。

健全的科研、管理机构和高素质的科研队伍，推动了香榧科技的发展。多年来，诸暨的林技人员积极进行香榧科研，解决香榧生产上存在的突出问题，先后研究取得了“香榧人工授粉”、“苗木快速繁育”、“香榧保果增产技术研究”等一大批科研成果。同时，为促使科研成果的转化，大力开展科普宣传、技术培训，使广大榧农及时了解和掌握香榧新科技，解决香榧生产上“雄树少、不结果”，“过度落花落果”、“生长慢、结果迟”等一系列难题，使香榧提早了结果时间，提高了香榧的产量和质量，有力地促进了香榧生产的发展。多项研究成果获得省部级科技进步奖，并列入《中国“九五”科学研究成果选》，科研成果水平处国内领先地位。

2. 实行经济扶持，促进基地发展

由于香榧造林成本较高，对经济欠发达的山区镇乡发展香榧带来较多的困难。为此，市里出台了香榧基地造林的经济扶持政策，鼓励农民营造香榧林。造林补助从80年代的每亩50元提高到目前的每亩150元，从而大大激发了农民发展香榧的积极性，每年新发展面积，由原来的100至200亩，提高到目前的近2000亩。

3. 制订技术规程，规范香榧生产

为规范香榧生产，诸暨市林业局与诸暨市技术监督局联合制订了《香榧优良品种——细榧》、《枫桥香榧（细榧）技术条件》等有关香榧生产的一系列地方技术标准，加强了对香榧基地建设和香榧产品加工、销售方面的管理，从而保证了香榧基地和产品的质量，使香榧生产朝规范有序的方向发展。

4. 加大宣传力度，加快发展步伐

为使更多的人了解诸暨“枫桥香榧”这一名优特产，1987年诸暨县政府与上海科教电影制片厂联合拍摄了《香榧》科教片，在全国各地放映，中央电视台也将此节目于1997年3月在“农村致富经”栏目里播放介绍；“诸暨市香榧博物馆”于1997年春节在风景名胜区西施殿开馆展出；参加“中国特产之乡”、“中国名特优经济林之乡”的“香榧之乡”评选；举办“香榧节”；“枫桥香榧”产品参加各级农业名牌产品和著名商标的申报评比；参加国内外优质农产品展销；在电视台、电台、报刊杂志上进行宣传报道等，通过多种形式，宣传诸暨香榧，打响“枫桥香榧”品牌，扩大我市的影响，收到了很好的宣传效果。

三、香榧基地和加工大户

香榧示范基地 诸暨市林业局于1980年在西岩乡娄曹村建立了500亩的“诸暨市香榧示范基地”，通过研究应用香榧速生丰产栽培技术，1987年榧树开始挂果，1999年产香榧7600公斤，产值50余万元，全村人均香榧单项收入830元，香榧成了娄曹村村民的主要经济来源和脱贫致富的希望所在。示范基地的建立，使广大村民的种榧积极性高涨，目前全村已营造香榧林1050亩，同时也带动

了全市的香榧造林，吸引了省内外喜爱香榧的投资种植者来基地参观考察，每年达1000余人，取得了较好的示范效果。

香榧加工企业　枫桥香榧有限公司创办于1983年，1995年使用“枫桥牌”香榧商标，是该市香榧的知名品牌，年加工销售量占全市总产量的30%以上。产品以其色、香、味俱佳的优质产品，1993年在泰国获“中国优质农产品国际金奖”，1994年获“全国林业名特优新产品博览会金奖”，1998年被认定为省“农业产品名牌”，获省“优质农产品金奖”，1999年被认定99中国国际农业博览会名牌产品。(法人代表：韩旺茂　单位地址：诸暨市赵家镇庆华西路9号　电话：0575－7461714　7461506)

四、香榧专家

童品璋，男，1956年5月出生，毕业于浙江林学院林学专业，现任诸暨市林业技术推广总站高级工程师。中国林学会会员，绍兴市第四届人大代表。20年来，研究和推广香榧先进技术，基本解决了香榧过度落花落果等难题，取得了一批有较高水平的科研成果，先后获得过绍兴市科技进步一等奖、省政府三等奖。10多篇科技论文在省级以上刊物发表。1992年被评为省先进林业科技工作者，1998年获诸暨市十佳科技工作者，2000年5月被定为绍兴市第四批专业技术拔尖人才（学术技术带头人）和诸暨市第四批专业技术拔尖人才（学术技术带头人）。

五、香榧协会、主管部门、产区镇乡

枫桥香榧协会
会　长：骆冠军
邮　编：311819
电　话：0575－7216770

主管部门
诸暨市林业局
局　长：曹　骥
邮　编：311800
电　话：0575－7013596
传　真：0575－7010690

香榧产区镇乡

1. 诸暨市赵家镇人民政府
镇　长：魏凤琪
邮　编：311819
电　话：0575－7461156
传　真：7461960

2. 诸暨市斯宅乡人民政府
乡　长：朱仁苗
邮　编：311818
电　话：0575－7961118
传　真：7961220

3. 诸暨市西岩乡人民政府
乡　长：张国锄
邮　编：311833
电　话：0575－7959352
传　真：7959350

浙江省台州市路桥区（枇杷之乡）

一、概况

路桥区位于浙江省中部沿海，东濒东海，南接温岭市，西邻黄岩区，北连椒江区，介于北纬28°27′～28°38′和东经121°13′～121°40′之间。

春秋时属瓯越，战国末属楚，秦时属会稽郡，西汉时属回浦县，东汉时属章安县，隋时属临海县，唐初属台州，后置永宁县，唐武后天授九年改为黄岩县，五代宋时属黄岩县，元时属台州路，明清时属台州府，民国时属黄岩县，新中国成立后为黄岩县（市）路桥镇，1994年8月，台州撤地设市，路桥建区。

全区辖12个乡镇（街道）、328个村（居）委会，人口40.2万人，面积274平方公里。

地形以平原为主，是温黄平原的中心部分，平均海拔3米左右。沿海海岸曲折，大陆海岸线长26公里，有天然深水良港——剑门港，有黄礁、白果山、道士冠等15个岛屿，滩涂面积21.33平方公里。西北部是低山丘陵区，盛产亚热带水果。境内河道纵横，水网密布，均属金清水系。属亚热带季风气候，年平均气温16.9℃—17.3℃，年平均降水量1480—1530毫米。

农副土特产品众多，主要有枇杷、柑桔、杨梅、蔬菜、瓜果、甘蔗、食用菌等。全区有27处文物保护单位，其中青瓷残器被国家文物局定为“越窑青瓷标准器”。

1999年，全区实现国内生产总值78亿元，人均GDP达19530元，农民人均纯收入4689元。继1995年跨人全省首批小康县（市、区）行列后，1998年又成为全省首个新农村县（市、区）。

全区实现工业总产值226亿元，工业增加值40亿元，其中500万元以上企业完成工业总产值47亿元。初步形成了摩托车及配件、空调器及制冷配件、模具及塑料制品、农业机械等四大特色行业为主导的产业结构，并涌现出吉利、双菱、玉峰、珠光、三友等一批具有较大竞争力的大中型企业集团。

粮食生产以水稻为主，现有耕地面积19万亩，其中水田17.3万亩。经济作物有蔬菜、瓜果、甘蔗、食用菌等。路桥还是中国著名的枇杷主产区，现有枇杷园7200多亩。渔业生产有9个渔业专业村，拥有钢质渔轮210

艘，捕捞年产量达6.60万吨，海涂养殖面积达4.43万亩，产量1.96万吨，主要品种有对虾、青蟹、缢蛏、黄鱼、泥蚶、青蛤、泥螺、紫菜等。目前，路桥区已形成“五大区块、七大基地”的区域特色农业新格局。五大区块即：西部沿山农业旅游观光和优质水果区、沿海现代农业发展区、东部瓜菜区、中部优质高效粮食区和城效现代设施农业区；七大基地即：蔬菜瓜果基地、水果基地、食用菌基地、水产精养基地、畜牧业基地、优质米基地和花卉苗木基地。

全年三产增加值达27亿元。市场已成为三产的龙头，共有各类市场96个，形成了以中国日用品商城为龙头，以小商品批发市场、浙江东南副食品市场为主体的生活消费品市场群体和以浙江物资调剂市场、路桥钢材市场为主体的生产资料专业市场群体。成功地承办了'99中国日用商品交易会暨经济技术洽谈会，实现商品成交额21.3亿元，共签订技术转让合同115项，技术转让金额7000多万元。

全年财政总收入4.4亿元。全社会消费品零售总额达21.8亿元，出口商品总值8亿元。有中国银行、工商银行、建设银行、农业银行等金融机构，全区各金融机构各项存款余额72.4亿元，贷款余额37.8亿元。

全区已实现村村通有线电视。现有学校103所，其中高中5所，初中20所，小学75所，职业学校2所，特教学校1所。教职工总数2846人，在校生54934人，评为全省“两基”工作先进县（市、区）。1999年还跻身于全国科技工作县（市、区）行列。

有区体育舞蹈协会、区乒乓球协会和区足球协会，设立了区体育训练中心，实验中小学田径训练点和实验小学乒乓球训练点。全区有各类卫生机构29个，每万人拥有卫生技术人员25.8人，每万人拥有病床位18.3张。

二、枇杷生产

路桥区桐屿镇位于路桥西北部，盛产枇杷。

据史载，该镇在明朝万历年间就有枇杷栽培。改革开放以来，通过集中种植，承包经营，枇杷产业开始起步；到90年代后现代的科学技术，规范的管理体制使桐屿枇杷走上了辉煌的道路。桐屿人在不断探索、不断实践中，终于找到了一条合乎自身特点的发展道路，即走枇杷产业化之路。现有枇杷种植面积7200亩，户均经营0.77亩，人均0.24亩，全镇29个村中有25个经营种植枇杷，经营户数占全镇的67%。1997年，该镇枇杷总产达4078吨，经济总收入达1631万元，占农业收入的35%，成为该镇第一支柱产业。现主栽有洛阳青、白沙、夹脚、倒挂等品种。1996年，桐屿镇被国家有关部门评为“中国枇杷之乡”。2000年，省有关部门授予桐屿镇为“枇杷之乡”，并列入浙江省首届林业特产之乡名单。

1. 建立“千亩枇杷示范园区”

千亩枇杷示范园区设在该镇的小稠村，建设面积1100亩。1997年该项目启动，投资380万元，主要用于技术改造和基础设施建设。园区紧紧围绕以提高果品质量为中心实行栽培和管理，统一园艺，统一植保，统一采摘。根据不同的树势采取不同的园区措施，对衰弱树疏去树上全部的花，强壮树分年更新降低树冠高度。通过高位嫁接，改换低劣品种100亩。主要务农人员必须通过系统技术培训，获得“绿色证书”才能上岗。枇杷园内功能区由5米宽道路相连，水利设施形成沟渠网络。示范园区以洛阳青大红袍品种为主，该品种果面光滑，色泽鲜艳，成熟度100%，单果重可达30克，可溶性固形物达11%，比常规品种提高1%以上。为适应市场经济条件下的消费观念，该镇于1998年2月先后从外地引进白玉和白沙品种，开发光明迟熟品种。

枇杷满身是宝。果实可加工成枇杷汁、果冻、果脯等；果皮的水解液可作为枇杷饮料的原料；种子可提取抗癌物——苦杏仁苷；花可制茶；叶可制成枇杷膏。该镇从实践中体会到，农业只靠生产原料，农业经济是难以摆脱困境的；农村只靠出售初级产品，农民是难以致富的。于是该镇成立枇杷研究所和小稠枇杷合作社，综合开发复合型枇杷经济，并纳入了路桥区政府'98重点项目。现在一批加工龙头企业已初步建立，有望带动整个产业的起飞。

该镇枇杷果实40%是鲜销，其中30%长途贩运到外地。为使鲜果销路畅通，通过流通体制改革，建立了5条销售渠道：即广泛而稳定的长途贩运户；在上海、南京、武汉等地增加销售网点，设立专柜打响桐屿品牌；通过外贸出口；吸引外地客商到本地交易；合作社促销；销售渠道的多样化有效地防止了商品流通中一哄而起、一哄而散的现象，保障了枇杷产业的健康发展。

2. 实施旅游观光战略

枇杷园以及凉溪山周围林木葱茏，山清水秀，鸟语花香，是旅游休闲的好去处。自1997年开始，桐屿镇政府会同有关部门每年都在枇杷园举办以生态农业观光为主题的旅游节活动。观光园内镶嵌了茶室、洗翠潭、赏心亭、悦目亭等供游人休闲的场所，园内参与性娱乐项目丰富多彩，传统戏曲表演、民俗风情展示、柯璜书画展、有奖猜谜、动物高空表演、卡拉OK大奖赛、山中寻宝等，令游人流连忘返，既可享受自然秀美的风光，也可亲自采摘品尝鲜果，还可加入演员的队伍，展示自己的天赋。桐屿枇杷旅游节已作为台州市第一个生态农业观光项目，并列入台州市十大旅游节庆活动。

目前，该区域作为台州市组合式山水城市的中心——绿心的主要所在地，规划开发60平方公里的旅游度假休闲中心。镇政府按照市场经济规律采取“政府出题目，社会做文章”的办法，积极配合有关部门做好调研，制订分区详规，抓住一切机遇，大力开展招商引资，开发“绿心”旅游资源。

浙江省台州市黄岩区（蜜桔之乡）

台州市黄岩区地处浙江东南沿海，东滨椒江、东海，西连括苍山脉，南接路桥、温岭，北邻临海。位于北纬28.4°，东径121.16°。全区土地总面积988平方公里（148万亩），全区共有9个镇7个乡542村，总人口57.5万人，其中城镇8.3万人，1998年农村总收入1691361万元，国内生产总值59.92亿元，农村人均收入4744元，净收入2753元，其中农业总产值107223万元，种植业63252万元，果类收入30506万元，柑桔收入20842万元。（当年价）

黄岩气候温和，雨量充沛，属中亚热带季风潮湿气候类型，月平均气温17.1℃，其中一月份平均气温6℃，极端最低平均值-4.3℃，≥10℃有效积温5300—5500℃，年降雨量1500—1600mm，无霜期260多天，日照时数2000小时左右，是柑桔生长适宜区，为中国著名的蜜桔之乡。

全区西部为山地丘陵，东中部为河谷水网平原，平均海拔高程8.7m。最高（大寺基）峰海拔1252m，形成西高东低的地形。全区交通发达，乡乡通公路，104国道、甬台温高速公路贯穿其中，民航机场已开通了北京、广州、上海、杭州、深圳等航线。永宁江水系贯穿全区，直通海门港，永宁江水闸建造后，截断咸水，长潭水库正常贮水量可达60多万立方米，是灌溉发电的中心。

黄岩柑桔始于三国，盛于唐宋。栽培历史有1700多年。全区范围内，除海拔400m以上的高山无法种植外，有98%的村和97%的农户有柑桔种植。主栽品种有本地早曼桔、椪桔、温州蜜柑（早熟、中熟）、早桔等5个。此外，还有甜橙类（脐橙、广柑等）、杂柑类（伊予柑、439）及乳桔、朱红、满头红等优良品种，1998年柑桔面积8.7万亩，商品率大于95%，优质果率大于85%。目前黄岩蜜桔的身价仍然较高，尤其是本地早、宫川温州蜜桔与宫内伊予柑荣获部优、省优及农博会金奖后身价更高。

近二年该区在优化结构、主攻质量、深化加工、搞活流通、提高市场占有率等方面做了如下5项工作：

加快高接换种，优化品种结构 在区委、区政府的领导下，通过调研和召集有关专家论证，认为高接换种是调整品种结构的有效途径。1998年此项工作列入各乡镇党委、政府的重要议事日程，作为经济工作的重头戏，区政府发了文件，号召各级政府将高接换种工作作为抓实事对待，级级落实任务，并采取有效措施，农技部门积极主动做好技术指导，编写技术科普材料4种，印发了1000多份，抓好典型示范，各乡镇1—2个，同时做好技术咨询服务工作，1998年完成高接换种6004亩。

抓优质栽培，促名牌果工程建设 根据市场要求，黄岩柑桔要从数量型转向质量型，才能立足于市场竞争，才能促进黄岩柑桔的发展，优质栽培势在必行。二年来，技术推广部门抓优质栽培为栽体，促名牌果工程建设，优质栽培的技术主要是省力化规栽培“五改”技术加疏果技术、适期采收与商品化处理等技术，全区推广面积10万多亩次，优质果率从原来的70%增到85%以上，2000年又再开发优质果商品化技术，列入国家星火计划，正努力在进行。

大搞现代柑桔示范园区建设 根据《浙江省农业和农村现代化建设纲要》精神，建设园区要达到布局区域化、作业机械化、农艺规范化、经营规模化、服务社会化、管理科学化、农民知识化的目标。该区从实际出发，1998年开始，5年内计划建成11个现代柑桔示范园区，到2000年止，建成3个，其中市级园区1个，区级2个。有力地推动了全区柑桔生产。

加快柑桔产加销一体化建设步伐 除了推广调整品种结构，推广先进栽培技术，提高桔果品质和档镒以外，还着重推广采后贮藏保鲜，设施栽培，延长供应季节等工作。据不完全统计，1997年—1998年，黄岩柑桔经采后贮藏保鲜后销售。已达总产1/2，延长供应期60—180天，个别的更长如439品种。为进行商品化处理，1996年从韩国引进了一台柑桔选果机，经1996年—1998年试验、推广，已被广大桔农与消费者形成一个共识，柑桔商品化处理是产销一体，提高桔果品位的重要一项措施，目前计划再购入柑桔选果机。

除桔果鲜销以外，还鼓励罐头集团扩大桔果加工，1997、1998两年，年加工糖水桔片罐头，从1万吨上升到3—5万吨，需要鲜果约6万吨。

拓宽流通渠道，促进柑桔销售 区政府决定，合并原黄岩第一、第二柑桔市场，重建了一家华东地区规模最大的新黄岩柑桔果品交易市场，1997年开始交易，交易大厅6400平方米，500多个摊位，24小时昼夜开放，为经营户无偿提供仓库等服务项目。同时，还与全国各大果品市场贯通信息网络，通过电子荧屏及时向广大顾客显示各地水果价格和交易动态，可吸引大批贩运户进场交易。

此外，还成立了果品产销协会与农产品购销协会，拥有会员170人与110人，及时为会员提供产前、产中与产后服务，同时也为桔农解决卖桔难问题，提供贩销信息，每年区政府、工商部门分别召开1—2次、4—5次贩运户会议，帮助桔农做好桔果贩运工作，1997年区政府出台六条优惠政策，延用至今。

通过几年的工作，目前黄岩拥有优质果柑桔基地 8.7 万亩，拥有自己的品牌商标——九峰牌、天品牌、长潭湖牌、友德牌、香妹牌等等，拥有自己的经营渠道以果品批发交易市场为核心，以桔果产销协会与农产品贩运大户协会为基础，1000 多个贩运户为主力军进行桔果经销服务，拥有自己的加工企业，国营、股份制企业和个体加工业形成黄罐集团成为柑桔生产的坚强后盾。使黄岩柑桔朝着生产、流通、加工“三位一体”形成产业，走向产供销一条龙，农工贸一体化。

安徽省

〔概况〕　安徽省地跨江淮，由于长江、淮河横贯其中，从北至南天然地将全省分为淮北平原、江淮东部的丘陵地区、西部大别山区及皖南山区。全省气候温和、湿润，具有明显的季节性特征，淮河以北属暖温带半湿润气候，淮河以南属季风副热带湿润气候，气温和降水量自北向南递增。年均温 14—16℃，年降雨量 800—2000mm。气候的多样性决定了多种经济林木适于生长，南方的柑桔、香榧，北方的苹果在该省都有大面积栽培。经济林树种达百余种之多，而且生产历史悠久、名特优产品丰富。

安徽省自实施“五．八”绿化规划以来，经济林获得了长足发展，特别是自开展林业二次创业，明确提出以经济林为突破口，更是加快了经济林的发展。现全省经济林面积已达 1470 万亩（含茶、桑、果、竹），一大批有地方特色的名、特、优、新经济林种植面积迅速增大；如涡阳的苹果、怀远石榴，太和香椿、宁国、广德的笋用竹，金寨的板栗、贵池、宣城、繁昌的枣子，凤阳、长丰、巢湖的柿子，岳西的猕猴桃，青阳的桃形李等。经济林产品产量近 90 万吨，产值近 60 亿元，该省已成为全国果品生产大省之一。特别是该省的名特优等经济林产品的产量有了较大增福，如板栗产量达 35000 吨，增幅比 1949 年 1250 吨增长了 28 倍，现仅金寨一个县一年板栗生产就达成 12000 吨，其它如银杏、山核桃、香菇、木耳、棕片等产量也都比解放前增长了十多倍。涌现了一批经济林产值超亿元的经济林生产先进县，如该省金寨、宁国、歙县、砀山在 1995 年被国家有关部门命名为全国经济林生产先进县，最近该省的砀山酥梨，宁国山核桃，金寨板栗又被国家有关部门命名为“中国名特优经济林之乡”。

〔名特优经济林产品〕

板栗　板栗在该省栽培历史悠久，如《本草纲目》转载《图经本草》（1062 年）的一段记载：“栗处处有之，而衮州、宣州者最胜”，可见 900 多年前，该省的板栗就闻名于世。现板栗也是该省主栽经济林品种，有板栗面积 270 万亩（含四旁零星折算），年产量也从 50 年代初的 1000 多吨，80 年代初的 3000 吨，一跃上升到目前的 3.5 万吨，其中仅金寨板栗面积就已达 50 万亩，舒城、宁国、广德、太湖、岳西县板栗面积也在 15 万亩以上。而且品种优良，如栽培较多的“大红袍”板栗，粒大色红，畅销于沪宁杭，每到板栗丰收季节，仅金寨的板栗大市场就有 10 多个省商贩来此购买。

山核桃　山核桃在该省的栽培利用已有悠久的历史。据《绩溪县志》（公元 1502 年）记载：山胡核实小而核薄。《宁国县志》（公元 1527 年）也记载：“山核桃小而园，肉似核，核能榨油，壳可助火”。可见该省山核桃的栽培历史至少在 500 年以上。该省天目山系和黄山余脉的宁国、绩溪、歙县等因其特殊的山区小气候特征，特别适合山核桃的生长，其地产的山核桃其出仁率高，含油率高，并富含钙、铁、胡萝卜素，硫胺素等多种营养物质，香脆可口，产品供不应求，也是该省山核桃主要生产地，现全省山核桃面积有 28 万亩，其中宁国有山核桃 21 万亩，年产山核桃近 8000 吨，产值达 1.45 亿元。

砀山酥梨　砀山酥梨久负盛名，早在 400 多年前就已成规模，成为享誉全国的特色产品。砀山酥梨因其果实硕大，平均果重达 250—300 克，皮薄多汁，果心较小，果肉洁白如玉，酥脆爽口，浓甜如蜜，风味纯正，含丰富的糖和人体必须的多种氨基酸，维生素、矿物质，并有保健之功效，常食之有益身心健康，所以砀山酥梨自明朝万历年起到清朝的数百年间，一直被列为贡奉朝廷的珍品佳果。解放后，砀山酥梨获得了长足发展，并获得了多项金奖，现有酥梨面积 29 万亩，年产酥梨 34.3 万吨，梨产值达 5.1 亿元人民币。

枣　枣在该省西北各地均有栽培，栽培历史悠久，据记载，徽州植枣已有 1000 年历史，而且该省的枣品种资源特别丰富，很多是有名的地方名特优产品，如歙县的歪头枣，甜蜜可口，品质极佳，大园枣果大脆甜，品质也很好，还有繁昌的长枣，贵池的焦枣等都是很被人民群众喜爱，市场十分畅销。素有“枣乡”之称的宣城水东地区，300 年前就以生产个大、核小、皮薄、肉厚、脆甜的青枣而闻名，仅水东一个镇就有枣园近万亩，年产鲜枣约 350 万公斤。现全省有枣树面积 7 万多亩，常年鲜枣产量 8000 吨。

宣木瓜　宣州年产的木瓜，称为“宣木瓜”，是名贵的中药材。中药中的“皖木瓜”（皖木瓜中以宣木瓜为上乘）与“甘枸杞”、“藏红花”、“川杜仲”是中国中药的四大名产。木瓜，早在数千年前，就有栽培，《诗经·卫风》中有《木瓜》篇中曰：“投我以木瓜，报之以琼琚，匪报也，永以为好也”。可见春秋前即以木瓜作祸患，互为赠送。宣木瓜香气浓郁，品质最佳，远在唐代就被列为“贡品”。明代李时珍在《本草纲目》中也说：“木瓜处处皆有之，而宣城者为佳”。该省近几年来，每年产鲜木瓜约为30万公斤，加工成品2万多公斤。

香榧　香榧是该省著名特产干果之一，其中休宁金榧、黄山区的神仙榧，远在数百年就因被套列为“贡品”，香榧酥脆可口，芳香味美，营养丰富，据分析其果实含蛋白质10%，碳水化合物28%，脂肪4%，果实含油达41%，也为高级食用油。香榧作为干果食用外，并可人药，有止咳、顺气、消痣、驱蛔等功效。

该省香榧主要产于黟县、太平产量最多，其次产量为绩溪、休宁等。近几年在太平等地开始大力发展香榧，但还都未挂果，现全省每年的产量在15万公斤左右。再过几年预期产量将有较大幅度的提高。

太和椿芽　太和椿芽为香椿树的嫩幼芽叶，香椿该省各地均有栽培，所产的春芽以淮北太和县的为最佳，故名“太和椿芽”。据《太和县志》记载：“初春芽发，早采者贵，晚则质差味淡，尤以谷雨节前最佳”。太和椿芽，富含蛋白质和人体所必需的磷、钙、铁等矿物质，维生素C的含量1公斤椿芽高1550毫克，是一种高营养的蔬菜。特别中太和的“黑油椿”，品质极好，腌制后，叶和梗的色一致，都呈褐色。腌制的椿芽，经开水烫后叶和梗能恢复如新中原状。太和香椿脆嫩可口，不含渣滓，香味醇浓，别具一格，产品畅销全国，腌制的椿芽，远销国外多个国家和地区，享有盛名。现在太和及其周边县，沿途均能看到大面积香椿的栽培，现椿芽产量每近大约30多万公斤。

银杏　银杏在该省已有数千年的历史，据不完全统计，现千年以上的大银杏树在该省还保持有十多颗，百年以上的银杏树有几百颗，在全省各地均有分布，该省是银杏最适宜栽培地区之一。特别是近几年，银杏在该省获得了前所未有的大发展。现有“四旁”新植银杏4450万株，成片银杏造林17万亩。特别是该省的宿州市、明光市等地银杏资源丰富，且很集中，果和干叶产量都较以前有成倍的提高。

竹林及竹产品　该省是全国产竹重点省份之一，竹林栽培历史悠久，分布广泛，面积大，种类多。据统计，全省竹子共有13属57种，尤以刚竹属占显著地位，主要的竹种为毛竹、淡竹等。特别是近几年，竹业已成为林业发展的重点。现在竹林面积已达370万亩。竹林的发展也由过去的零星分散，走向基地经营。例如广德、宁国两县（市）的竹林面积已分别达到60万亩、40万亩。其它如霍山、泾县、黄山区、潜山、休宁等县竹林面积也都超过了10万亩，这些县中竹林面积超2万亩的乡（镇）就达20多个，可以说是乡乡有竹林，村村有竹影。

该省的竹加工利用，也有着悠久历史，如产于泾县的“宣笔”，因严格选用优良竹材，精工细作而成，在唐、宋时代就很出名，唐代诗人白居易在其《紫毫笔诗》中写道：“每岁宣城进笔时，紫毫之价如金贵”。舒席产于该省舒城县。迄今已有500多年的历史。据《舒城县志》记载：明英宗皇帝朱祁镇曾封其为“顶山奇竹，龙舒贡席”。现在竹林的发展更是促进了竹加工业的发展，如宁国市年加工毛竹160万根，元竹0.7万吨，加工竹笋1.2万吨，笋干2000多吨，竹加工产品涉及到花竹工艺系列，竹文化、生活用品系列，竹药用品系列，食用笋系列等8大系列，180多个品种，加工的元竹制品竹熊手占领日本市场的80%。还有该省全国十大“中国竹子之乡”之一的广德县产的“逍遥牌”竹椅是专利产品，深受人民群众喜爱，市场十分畅销。该省的竹产品在1999年湖南召开的世界竹产品博览会上就获得了多项金奖。

安徽省砀山县（梨都）

〔概况〕　砀山县位于安徽省最北端，地处苏、鲁、豫、皖四省七县交界处，京九、京沪铁路，105、206国道擦肩而过，陇海铁路、310国道贯穿全境，百里黄河故道横卧其间。她东距历史名城徐州70公里，西接古都商丘60公里，芒砀山雄峙于前，黄河襟带于后，古为汴京齿唇，徐淮门户，素有九州通衢、天下要冲之称。是安徽省连接欧亚大陆桥的唯一通道。全县辖19个乡镇，386个行政村，总面积1193平方公里，总人口88万，可耕地90万亩，水果面积75余万亩，占全县耕地面积的77%，砀山因盛产驰名中外的砀山酥梨而被誉为“梨都”。

砀山是历史古邑，因有芒、砀二山而得名，却以盛产酥梨而扬世，年产酥梨6亿公斤，现有贮果窖3万多座，年贮鲜果1.5亿公斤。砀山酥梨皮薄多汁、酥脆甘甜，果实硕大，黄亮型美。更兼有消渴生津、化痰润肺、止咳平喘、清心解毒等药用功效，被历代医家称之为“果中甘露子、药中圣醍醐”，明、清时即被列为贡品，至今更是誉满天下。1985年以来，砀山酥梨连年荣获国家农业博览会金奖，1993年获泰国国际博览会“龙马金奖”，1995年通过中国绿色食品发展中心鉴定，获绿色食品标志。产品远销美、澳、东南亚和全国各大中城市。

砀山现今境内无山，平畴沃野，四季分明，物产丰富，自然条件极为优越。地下有丰富的煤、石油和天然气，盛产水果、蔬菜、小麦、棉花、玉米、大豆；拥有纺织、酿酒、建材、食品、化工、卷烟、机械加工等多项工业门类。改革开放的今天，梨都砀山正处在扶摇腾飞的发展新时期。

砀山历史悠久，位置显著，夏分九州，砀属豫州之域；西周初期属宋，为砀邑，秦设36郡，砀郡为其一，隋开皇18年改为砀山县。砀山自古人杰地灵。这里有唐朝大诗人李白泛舟觞咏的宴嬉台，有轮负巍煌的清真寺，有“三省庄”、“三省井”，有芒砀二山中的汉墓群、斩蛇碑、陈胜墓，更有每年的梨花观赏活动中新开辟的梨花观赏新景点——“乌龙披雪”、“鳌头观海”、“瑶池烟霞”、“武陵胜境”、“贡梨园”、“故黄映雪”、“古渡晓月”等，吸引了众多的海内外宾朋，年年梨都觅古揽胜，旅游观光。每年阳春三月，春和景明时节，砀山大地万物复苏，故黄涨绿，数十万亩梨花吐蕊绽蕾，竞相盛开，届时，放眼环顾，全县雷堆云涌，银波琼浪，沃野千顷，一片花海，景象蔚为壮观。白的梨花欺雪，绿的麦苗凝翠，红的桃花胜霞，黄的油菜若金，绚丽的大自然景色独步天下。登高鸟瞰，满目云海花潮，一派雪的世界。这里有全国书协主席沈鹏题名的鳌头观海，有夹岸繁花竞逐的故黄碧水，有万亩桃林如火如霞的武陵仙境，真是片片红霞沉雪海，泱泱彩云映古黄，诗情画意，其乐无涯。到八月中秋，遍地金珠坠地，砀山又是果的世界。50万亩酥梨硕果累累，20万亩苹果压弯枝头，田间地头又成了果山果海，到处人欢车鸣，芳香铺地。置身其间，徜徉园圃，品尝酥梨似蜜之甘甜，令人乐不思归，留连忘返。

梨都砀山是全国生态示范区，全国平原绿化先进县，全国名优经济林酥梨之乡，她环境优美，资源丰富，交通便捷，通讯设备先进，各种服务设施齐全，在改革开放，涌身于市场经济的今天，砀山县的政治、经济、社会、文化取得了长足的发展。在新一届党委、政府的正确领导下，全县上下抢抓机遇、锐意改革，全面实施“高效农业、民营突破、商贸搞活、水果富县”的发展战略，大力弘扬“团结奋进、务实创新、负重拼搏、振兴砀山”的砀山精神，使梨都砀山焕发出勃勃生机。砀山是块充满希望的土地，热情好客的88万梨都儿女，热诚欢迎中外宾朋来梨都观光、考察、贸易、投资；热诚欢迎国内外有识之士到梨都砀山来共商发展大计。

〔**砀山酥梨**〕　绿色食品砀山酥梨以果大核小，黄亮型美、皮薄多汁、酥脆甘甜而驰名中外，其梨果营养丰富，含多种人体必需的氨基酸、维生素、矿物质，含糖量平均在13%左右，常食之，对消费者身心健康很有裨益。

砀山酥梨生、熟食俱佳，老少皆宜。“生食可清六腑之热，熟食可滋五脏之阴”，更兼有较高的药用价值，数百年来受到各阶层人士的青睐。《本草纲目》经三十卷有详实的记载，临床也证明：砀山酥梨有止渴、生津、祛热消暑、化痰润肺、止咳平喘、滋阴降火、凉心解毒等功效，被历代中医称之为“果中甘露子，药中圣醍醐”。1985年全国优质名特产品评比会议上，砀山酥梨被评为全国名特水果；1992年获全国绿色食品博览会最高奖；1993年获泰国国际博览会“龙马金奖”；1995年、1997年连续获全国农业博览会金牌奖，中国绿色食品发展中心鉴定并颁发了绿色食品标志。产品远销美、澳、东南亚和全国各大中城市。

砀山是历史古邑，砀山酥梨亦有2500年的栽培史，明万历修编的《徐州府志》已有“砀山产梨”的记载。可见四百年前砀山酥梨已形成规模。但大面积的发展还在解放以后。尤其是中共十一届三中全会以来，砀山县委、县政府围绕着酥梨生产大做文章，水果面积猛增到今天的75万亩，占全县耕地面积的77%。其中酥梨面积50万亩，连片面积之大堪称世界之最。酥梨年产量60万吨左右，鲜果贮藏量15万吨。

砀山县因芒、砀二山而得名，却因盛产酥梨而扬世，昔日不毛之地的黄泛区，如今成了世人瞩目的果海绿洲，1994年被冠以“梨都”称号。在花海如潮的春天和硕果累累的金秋，砀山86万人民热忱欢迎海内外宾朋来“梨都”观光、考察、贸易、投资，砀山酥梨将会使您的生活更加甜蜜。

福建省（林业）

福建省地处亚热带，依山面海，气候温和，雨量充沛，是中国重点林区之一。全省土地总面积18225万亩，其中林业用地面积13401万亩，是一个“八山一水一分田”的省份。全省森林覆盖率60.52%，居全国第一位。历史上，福建的木材、松香、毛竹、笋干、龙眼、荔枝、橄榄、栲胶、茶油、板栗、余柑、香菇等林产品驰名中外，为国家经济建设和人民生活提供大量的木材和林、副产品。至1999年底，全省各类速生丰产用材林基地已达1505万亩，经济林达1552万亩，竹林1230万亩，年生产商品木材600万立方米，人造板100万立方米，松香7万吨，毛竹8529万根，鲜笋110万吨。

改革开放以来，福建立足省情，大念“山字经”，充分发挥各地的区域优势，大力发展区域特色的林业名特优新产品，林业经济实现量的增长和质的飞跃。通过建设五大基地，大力发展林业产业，速生丰产林、名特优经济林和优质林产品大量涌现，上杭的青梅、板栗，安溪、屏南的无核柿，福安、永泰的芙蓉李，莆田、福清的枇杷，南安的龙眼、漳浦的荔枝、平和的琯溪蜜柚、福鼎的四季柚、南靖的麻竹，福安、尤溪的绿竹等区域特色的经济林得到规模发展。福人牌中密度纤维板，平川脂松香，企鹅牌水泥模板用胶合板，永林牌、蓝豹牌金刚板等优质产品不断推陈出新。

针对市场经济的不断发展而带来的产品结构性过剩问题，福建省适时调整了经济林的生产布局和种植结构，充分利用国家林业局安排该省的农业综合开发项目，采取改造、嫁接等手段改造传统品种，建立示范片，十多年来，已在全省25个县（市、区）建立荔枝、龙眼、芦柑、枇杷、橄榄、柚子、锥栗（板栗）、油茶、李、柰、梅、绿竹、麻竹等优质、丰产、稳产示范基地18万亩，取得了良好的经济、社会和生态效益。

为进一步推动名特优新经济林实现产业化发展，树立品牌，提高知名度，该省积极开展名特优新产品的评优和宣传活动，建瓯的锥栗、南安的福眼、永泰的芙蓉李及李干获得省人民政府授予的名牌农产品，建宁黄花梨、建瓯锥栗、平和琯溪密柚、莆田枇杷获得国家林业局授予的“全国名特优经济林之乡”称号，漳浦、华安、永春、平和被国家林业局确定为全国经济林示范县。建瓯、顺昌确定为全国十大“中国竹子之乡”之一。漳平市、漳浦县及福州市仓山区建新镇被国家林业局、中国花协命名为“中国花木之乡”，龙海九湖镇为“中国水仙花之乡”，漳平永福镇为“中国杜鹃花之乡”，漳浦沙西镇为“中国榕树盆景之乡”。

木材　福建省是中国重要的木材产区和商品材生产基地，年产量600万立方米，人工林主要树种有杉木、马尾松等。木材的加工产品主要有：

1. 胶合板　年产量61万立方米，较大厂家有三明胶合板厂、邵武胶合板厂和南平大展集团公司等，主要原料以马尾松为主，马尾松胶合板主要用于生产水泥模板。三明胶合板厂的企鹅牌水泥模板、邵武胶合板厂的华叶牌水泥模板、南平大展集团公司的大雁牌水泥模板，其各项物理性能指标均居国内同类产品前列，曾多次获省优、部优产品称号。近几年细木工板、装饰胶合板等产品的生产规模也逐年增大。

2. 中密度纤维板　中密度纤维板是以林区采伐后的剩余枝桠材为主要原料生产的高档人造板，它强度高，结构均匀细密，纵横一致，容易加工，广泛用于中高档家具、家用电器或音响的壳体、居室内装修等。全省年产量21万立方米，福州人造板厂的“福人牌”是全国名牌产品，曾多次获省优、部优和产品质量奖。中纤板经过二次贴面加工，可生产高档的家具和装饰用板，深受消费者欢迎。

3. 刨花板　年产量15万立方米，按产品品种分有普通刨花板、定向结构刨花板，微粒结构刨花板；按原料分有木质刨花板和竹碎料板。较大厂家有三明胶合板厂的3万立方米刨花板生产线，邵武刨花板厂3万立方米连续平压刨花板生产线以及鸿伟人造板有限公司两条年产1万立方米刨花板生产线，产品质量优良。

4. 松香及其林化产品　松香和松节油是松树的松脂经蒸馏加工制成的化工产品，是重要的化工原料。福建省是全国三大松香产区之一，松香产量居全国第三位，是该省重要的出口物资，年产量9万吨。武平县林化厂生产的“平川牌”松香和合成樟脑为优质产品，获省名牌产品称号。南平劳特有限公司、沙县林化厂生产的松香深加工合成树脂产品精良，供不应求。

锥栗　壳斗科栗属树种，是南方重要的木本粮食和著名的干果。全省1999年种植面积已达49万亩，居全国第一，年产量近700吨。主要品种有黄榛、乌壳长芒、油榛、白露子、温洋红等。主产建瓯、政和、建阳、泰宁等县，其中以建瓯市栽培面积最大。锥栗由于种仁淀粉中的支链淀粉含量高，含糖量居世界食用栗之冠，因此其栗果的糯性强、口感佳，且涩皮易剥离。目前加工产品主要有糖水栗子罐头、糖炒栗、栗子饮料等。建瓯市锥栗已获得首批福建省名牌农产品的称号，并获得国家林业局授予的“中国名特优经济林锥栗之乡”。

毛竹　全省现有毛竹林1089万亩，居全国第一位。笋、竹制品是该省重要的出口创汇产品，年创汇额在1亿美元以上。毛竹主要制品有：竹编工艺品、竹凉席、竹筷、竹地板、竹胶合板、竹木复合集装箱底板、竹制家具、竹炭、土纸等，沙县青竹集团的天河牌竹凉席，建瓯冠迪竹木复合集装箱底板，武夷山绿洲南安金陵竹制品有限公司“立珠”牌竹制品，永春县永华竹工艺厂生产的竹制品，建瓯特艺竹木有限公司生产的竹炭系列产品获得'99中国竹文化节国际竹业博览会产品金奖。土纸是福建省传统手工工艺，其历史悠久，以嫩毛竹为主要原料，质地细致，拉力强，产品远销日本、韩国和东南亚。笋主要产品有：笋干、腌笋、清水笋罐头、各种调味笋等，'99中国竹文化节国际竹业博览会上，建瓯“万木林牌”、永安“绿源牌”笋系列产品获得金奖。

麻竹　是中国南亚热带特有的优质笋、材两用竹种，产量高、笋质好，深受当地群众的欢迎。自90年代引进台湾种植技术以来，麻竹林迅速发展，从房前屋后四旁种植向山地成片开发，目前种植面积已达30万亩，其中以南靖县面积最大，约14万亩。麻笋制成清水笋罐头畅销国外，近几年每年的外销量近10万吨，仅漳州市就有加工能力7万吨。南靖永丰罐头厂“永丰牌”和永春欣绿食品厂生产的“欣绿牌”的麻笋系列产品获'99中国竹文化节国际竹业博览会产品金奖。此外，麻笋还可加工成笋干、酸笋丝（专供日本）、以及各种调味笋，竹材还可生产香芯、造纸等。

绿竹　是福建省特有的优质笋、材两用竹种，笋细腻嫩白，风味极佳，是笋中的上品。主产地福安、尤溪等。近几年群众种植绿竹的积极性十分高涨，面积迅速增加，在闽东、闽南和闽中的大部分县（市、区）广泛栽培，并从房前屋后、溪河两岸向山地成片发展。全省种植面积已达20多万亩，笋以鲜食为主。亦可制成罐头、笋干以及各种调味笋等。

水仙花　福建省“省花”，素有“凌波仙子”雅称，生产集中于漳州九湖镇。目前，水仙花种植面积超过7000亩，产量达到2000万粒，占全国水仙花产量的90%，年出口300—500万粒，水仙花的雕刻造型被誉为花卉盆景的一朵奇葩，现已有几十种水仙造型技艺，它一向以素雅著称，且芳香飘逸，花期又正值中国人民的传统佳期节，深受人们的喜爱。2000年被国家林业局、中国花卉协会命名“中国水仙花之乡”。

建兰　为福建的兰花，名列世界名兰之冠，它是名贵的传统花卉。被誉为“中国兰花之乡”的南靖县，现栽培面积2000多亩，培育高档兰花2000多万株，出口韩国、日本等国，有十多家台、港花卉企业到南靖办花场。建兰主要分为彩心兰和素心兰两大类。建兰因其香气馥郁幽雅，花容妍丽，从而博得人们的赞赏。

杜鹃　杜鹃花是著名的观赏植物，有“花中西施”之美称，生产地集中于漳平永福镇。目前，该镇比利时杜鹃种植面积已超过3000亩，年产值1.2亿元，拥有近千人的营销队伍，产品销往广州、北京、成都等主要城市。永福镇于2000年被国家林业局、中国花卉协会命名为“中国杜鹃花之乡”。

榕树盆景　榕树为福建省的“省树”，常绿乔木，树姿优雅，易整形成各种形状的盆景。漳浦县沙西镇是福建省最大的榕树盆景生产基地，目前全镇有榕树栽培面积13000多亩，年产值1.6亿元，出口创汇430万美元，榕树盆景已成为沙西镇的一大支柱产业，曾被工程院士陈俊愉、胡运骅等12位全国最知名的盆景专家誉为“漳州榕景，中国盆景之希望”，2000年被国家林业局、中国花卉协会命名为“中国榕树盆景之乡”。

福建省漳州市

漳州是福建南部沿海的一个地级市，辖一市二区八县，总人口441万人，其中农业人口368万人，占83.7%；土地面积1.26万平方公里，海域面积1.8万平方公里，海岸线长631公里。漳州的地理特点是有山、有海、有江、有平原。全市共有山地1230万亩，可供捕养的浅海滩涂和内陆水域180万亩，耕地246万亩。

漳州属南亚热带海洋性季风气候区，年平均降雨量1500毫米左右，气温21℃，日照2000多小时，相对湿度80%；年无霜期330天以上，土壤绝大部份为红砂壤土，PH值6左右，农业宜种性很广，几乎是种什么长什么，有人形容说扁担插进去都会长芽，属同纬度中气候最好。是发展农业的黄金宝地。农业物产极为丰富，农业在整个国民经济中占有举足轻重的地位，1999年全市农业总产值185.1亿元，占全市工农业总产值40%。此外，占全市工业产值73%的轻工业，其所需原料74%来自农业；全市出口创汇产品，属农产品及其加工制品的占63%。

漳州的地理位置：面对台湾，夹于汕头、厦门两个经济特区之间。改革开放以来，漳州充分利用对台和资源、气候优势，以实施农业综合开发（山、海、田开发）外向型农业为突破口，促进了农业的大发展。热带、亚热带水果产量增产32倍，达168.9万吨，人均近400公斤，蔬菜产量增长22倍，达150万吨，人均352公斤。热带、亚热带花卉是近几年蓬勃兴起的另一大产业，产值达5亿多元。主要代表品种有：“南国花王”——水仙花，全国十大名花之一；南靖国兰、棕榈科植物和榕桩盆景。漳州榕桩盆景不仅有庞大的基地和丕材，更有高水平的顶尖产品，在九九年首届海峡两岸（福建、漳州）花博会上获中国工程院院士陈俊瑜等全国十三位知名的花卉盆景专家的一致好评；昆明世博会漳州也有两盆榕桩盆景荣获金奖。

漳州亚热带水果中，以芦柑、荔枝、香蕉、龙眼、柚子等“五大名果”为最。芦柑、琯溪蜜柚、改良橙被评为国优。“天宝香蕉”、坪山柚、文旦柚也久负盛名。

1. 荔枝：现有种植面积50万亩，产量14万吨，主要品种为兰竹、乌叶（占80%），其中以漳浦乌石“乌叶荔枝”品质最好，最有名。此外还有“三月红”、“早红”、“白糖罂”、“妃子笑”、“糯米糍”、“桂味”、“东刹一号”、“绿荷包”、“蜜丁香”及程溪“八反季节荔枝”等。

2. 龙眼：现有种植面积46万亩，产量7.2万吨，主要品种有：“福眼”（占60%以上），此外，还有“八一早”，本地优良种“唐明杰”、“水南一号”、“石硖”，本地优良单株“桥头”、“郭坑”、“泰兴本”、“罗味子”、“松风本”、“立冬本”等。

3. 柑桔：现有面积31万亩，产量17万吨，主要品种是芦柑（占90%以上），此外还有少量甜橙、蕉柑、台湾茂谷柑等。其中以九湖“八卦”芦柑和长泰芦柑最富盛名。

4. 柚类：现有面积28万亩，产量26万吨，主要品种为“琯溪蜜柚”（占80%），此外还有本地新品种“龙柚1号”、“文旦柚”、“坪山柚”等，其中品质最好是新品种“龙柚1号”，华安的“文旦柚”、“坪山柚”被誉为世界四大名柚之一。

5. 香蕉：现有面积48万亩，产量65万吨。主要品种有“天宝香蕉”、“坂仔香蕉”、“台湾蕉”和美蕉等，其中以“天宝香蕉”最有名气，享誉国内外。

此外，比较成规模的还有：枇杷2万亩、橄榄8万亩、柿子8万亩、桃4万亩、李子14万亩、杨梅4万轩、青梅8万亩等。

近几年从台湾引进和新发展的品种有：西蕃莲、葡萄、台湾黑珍珠莲雾、珍珠芭乐、新世纪芭乐、火龙果、金苹枣、人生果等等。

纵观漳州南亚热带农业土特产品的发展，主要有以下三个特点：

一是规模化成片开发。目前，全市已连续规模开发形成具有区域特色的四条水果开发带：即沿国道324线两侧的荔枝、龙眼带66万亩；沿九龙江西岸的香蕉带30万亩；沿内陆丘陵坡地的柑桔、柚子带50万亩；沿高海拔山地的橄榄、青梅等杂果带56万亩。

二是发挥对台引进合作优势，进入九十年代以来，特别是中央“二部一办”批准漳州为海峡两岸农业合作实验区以来，积极推进对台2828工程，从台湾引进的良种、技术和企业，已成为推动漳州高优农业发展的辐射源。据不完全统计，近十年来，该市已先后从台湾引进高优农业项目500多个；推广和应用了大量台湾农业栽培新技术，推进了种植业的革命，如水果套袋、香蕉单杆支撑、有机农业等等；此外，还引进台湾热带、亚热带作物新品种430多种，已推广50多种，其中已取得比较大成效的有：

1. 蘑菇：推广栽培面积1400万m^2，产量13万吨，占全省四分之一强，2000年又新发展夏季反季节蘑菇，获得成功，发展潜力巨大。

2. 白背毛木耳：推广台湾墙体式栽培，已推广种植近2000万袋，产量1.1万吨。

3. 冬季加工出口蔬菜：引进台湾枝豆、甜豆和毛豆品种，年推广种植30万亩，初步形成以龙海市为中心，辐射周边漳浦县、长泰县部份乡镇的冬季加工出口蔬菜集中产区。

4. 麻竹笋：推广台湾大穴斜插技术，配套引进台湾麻竹笋加工企业和技术，种植推广面积达33万亩，制成笋制品加工产品麻辣笋、香闷笋等5大类13个系列品种，远销日本、香港、新加坡等东南亚地区，年产值7亿多元。

三是坚持可持续发展战略。漳州农业在综合开发中，把80%以上的水果种在山上，山地开发坚持宜林则林、宜果则果、宜竹则竹，统一规划连片集约开发，并结合水土小流域和荒山荒坡治理同步进行，形成具有漳州特色的“山顶上造林、山腰里种果、山脚下栽竹”的生态林绿化致富工程，生态环境不仅没有因开发而遭破坏，相反都得到很大改善，目前全市已有水果、饮料、食用菌、茶叶、蔬菜等10大类，53个品种被中国绿色食品中心批准使用“绿色食品”标志，占全省55%，全国4.8%，成为国家绿色食品单列市。其中，平和县的“白芽奇兰茶”，诏安县的“八仙茶”在开发绿色食品的过程中，同时注重色、香、味等品质的提高，双双成为中国解放后新培育出来的乌龙茶优秀名牌品种。极品最高价每市斤达18万元，超过安溪乌龙茶极品“铁观音”。

福建省建瓯市（竹产业）

一、基本情况：

建瓯市位于福建省北部，全市土地总面积631.34万亩，其中林业用地面积529.97万亩，占土地总面积84%，耕地面积50.03万亩，建瓯属“八山一水一分田”的山区县。全市设10个镇、4个乡、4个街道办事处，217个村民委员会。总户数14.4万户，50.8万人，其中农业人口40.9万人，占总人口的80.5%。1999年全市工农业总产值47.3亿元，其中农业总产值15.6亿元。1999年财政收入1.8亿元，居民人均可支配收入5451元，农民人均纯收入3098元。

全市有林地面积496万亩，森林蓄积量1928万立方米，其中毛竹林面积116.86万亩，立竹总数1.8亿株，小径竹面积2.9万亩。森林覆盖率79.5%，绿化程度94.7%。1999年全市年产木材31.02万立方米，毛竹832万根，生产鲜笋27万吨，加工水煮笋罐头1.6万吨，软包装2000吨，竹业总产值7.98亿元，其中山上产值5.36亿元，山下加工产值2.62亿元。

建瓯市是中国南方重点林区县之一，1996年3月被林业部命名为全国首批“中国竹子之乡”，同年被林业部列为全国九个“丰产竹林示范基地县”之一，1998年又被国家林业部列为全国三个“高效竹林培育先导示范基地县”之一，同时承担了省级1万亩毛竹林示范基地，十万亩优高示范片和205国道建瓯段绿竹长廊工程的建设任务。

二、竹产业开发情况

建瓯竹业开发始于1989年，他们确立的竹林培育方向是笋竹两用林为主要目标，平原和“三线”发展中小径竹。根据分类指导、突出重点、分布实施、提高效益的原则，全市竹业开发于1990－1994年开展了以科技兴竹为主要措施，以加强低产林改造为重点的竹业开发第一战役；1995－1998年开展了以调整竹林结构为主要措施，以培育丰产优质高效竹林为重点的竹业开发第二战役；1999－2005年开展以扶持兴办笋竹加工企业为主要措施，以开发笋竹新产品，树品牌、创名牌和搞活流通为重点的竹业开发第三战役。

2000年3月底，全市召开了规格高、规模大的全市竹业工作会议，市委、市政府提出要把竹业经济作为全市最具区域优势、最有地方特色、最能发挥资源潜力的支柱产业来抓，并制定了一系列的扶持政策和措施，大力发展竹业经济。

三、奋斗目标

全市要形成以笋竹加工为重点，资源培育和竹文化旅游齐发展的格局，充分发挥竹业区域经济优势。到2005年，全市竹业总产值由1999年的7.98亿元增加到24亿元，使竹业经济成为建瓯国民经济发展的主导产业，财政、林业、乡镇增收的支柱产业，农民奔小康的致富产业。

具体目标：资源培育方面要紧紧抓住全市116万亩毛竹林做文章，根据因地制宜，分类指导的经营方针，2000年全市规划建设优质高效毛竹林10万亩，亩均产值800元以上；建设笋竹两用竹林70万亩，亩均产值600元以上；加大科技兴竹力度，改造低产竹林为丰产竹林30万亩，亩产值400元以上。三种类型竹林的山上总产值达6.7亿元，从2001年开始要求竹林山上产值每年递增10%以上。2000年笋竹加工产值达3.3亿元，竹业总产值10亿元。至2005年，力争竹业总产值达24亿元，其中竹林产值9亿元，笋竹加工产值15亿元。

笋竹加工方面以拓展鲜笋加工产品为重点，国有、集体、民营一起上，积极扶持龙头企业，鼓励生产终端绿色食品。三年内，重点扶持两个鲜笋加工规模万吨以上、产值达亿元的龙头企业。要求竹林面积在10万亩以上的迪口、玉山、小桥、南雅、房道等乡镇笋加工规模年产8000吨以上；竹林面积在5-10万亩的吉阳、徐墩、小松等乡镇笋加工规模要求年产5000吨以上；竹林面积在5万亩以下的乡镇笋加工规模要求年产达2000吨。要求一年打基础，二年求发展，三年上规模，到2003年，全市笋加工规模达7万吨以上，再加上笋干生产，力争80%的鲜笋在市内加工增值。

竹林加工方面要发挥现有企业挖潜革新能力，提高产品产量和质量，同时积极引资办厂，开发新产品、新项目、创品牌、树名牌，力争在竹地板、竹家具、竹工艺、竹炭系列保健品和竹生活用品等方面有更大的发展。同时，积极开发竹文化旅游业。

四、主要措施

1. 在竹资源培育方面：一是强化护笋养竹，优化竹龄结构。每年的3月25日至4月10日为全市禁笋期，确保大年每亩留养9CM以上新壮竹40株以上，小年15株以上，通过两个大年调整，进一步优化竹林结构；二是强化新竹标号工作，建立每年消长档案。2000年六月开始，对新生毛竹要逐片、逐株进行标号，逐片逐户建立消长档案，对拒不执行号竹的竹农其承包经营的竹山，林业部门不予设计采伐和发放采伐许可证。三是强化清理老、小、病竹，提高竹林整齐度和均匀度，改善卫生状况。现有八年以上的老竹、胸径5CM以下的小竹和病竹强制采伐，分批清理，做到疏密适宜，结构合理。

2. 优化软环境，扶持龙头企业，鼓励部门，企业，干部职工采取个人引资、集资、合资等多种形式兴办笋竹加工企业，对引进投资3000万元以上，笋加工规模万吨，总产值上亿元的投资者，市政府优先给予安排建厂土地，除付给土地补偿费外，土地、建委、环保、水电、消防等部门按最低标准收取手续费，并提供优质高效服务。对引资者给予重奖，按市政府招商引资和工业富市的有关奖励文件兑现。

3. 对投资兴建笋食品速冻厂，发展小包装，生产即食笋的投资项目，优先列入农业综合开发项目，在做好投资者有关资产评估和办好抵押手续后，优先安排使用农业综合开发有偿资金。

4. 现有水煮笋加工企业和竹材加工企业要求满负荷开机生产，全力以赴抓好笋竹加工，并积极开发新产品和开拓市场。按照“优惠加工、倾斜龙头、扶强扶优”的原则，对于笋竹加工单位，以上年上交税费为基数，凡是超过基数部份（计征价）的税费，其年销售收入在1000万元以下的企业减征三分之一，1000万元以上的企业减征二分之一。新增或扩建的笋竹加工企业，其减征税费的办法按市委、市政府《关于实施“工业富市”战略加快工业发展的决定》（瓯委［2000］10号）执行。

5. 财政、林业、供销、外经等部门在政策、资金、技术、信息等方面给予支持。金融部门加大对发展笋竹加工企业的扶持力度，有重点地给予放贷。计委、环保、土地、建委、税务、工商、交通、公安、消防、物委、电力、卫生和宣传等部门在项目立项、信息咨询、宣传报导等方面积极扶持，搞好优质服务，为兴办加工企业排忧解难。全市上下要形成支柱产业突出，投资环境优化，部门服务上乘、投资企业满意的局面，形成竹产业加工热潮和竹业开发高潮。

6. 南武路沿线和松溪两岸的乡镇、街道，发动千家万户积极发展优良小径竹，充分利用零星散地，房前屋后、荒闲荒地广种雷竹、黄甜竹、红壳竹等，使国道、省道和平原乡镇交通沿线形成竹的“绿色长廊”。财政、林业、农委、乡镇都要求从征收的竹业经费和农业综合开发资金中加强点上经济扶持，面上广泛推广，使小径竹也能做大文章，种小竹也可以强村富民。

7. 按照省林业厅在全市开展竹政管理改革试点的意见，改革毛竹采伐和运输管理办法，实行采伐总量控制，简化设计手续，源头征收林业金费和特产税，凭竹票采伐毛竹和毛竹放开经营等改革措施。决定在南雅、迪口、玉山、小桥、房道、徐墩、小松、吉阳、龙村等九个乡镇试点，毛竹采伐设计和采伐证发放委托林业站办理，实行一村一证，一次设计多次发证。毛竹运输委托林业站办证点办理，除省林业厅批准的迪口、玉山、南雅、川石办证点外，增设小松、徐墩林业站办证点，待试点成功后即全面铺开。经过林业部门批准和领取营业执照的企业和个体加工户、经营户都可以进山收购营销竹材、加工竹产品，可直接到就近林业站办证点办理竹材及其产品的外运手续。

8. 为推动竹业开发卓有成效地开展，决定每年开展竹业开发擂台赛，一年评比两次，上半年检查护笋养竹成效和新竹标号，下半年检查竹山管理和笋竹加工效益，年终总评，设立竹业、开发成果一、二、三等奖。

9. 建立各级领导示范片，发挥典型带头作用。全市规划建立领导示范片1.1万亩，市委书记、市长与林委、财政局分别在房道、小桥各建立示范片300亩，其他副处以上在职领导在各自挂点乡镇（街道）分别与乡镇长（主任）、书记建立示范片100亩（50亩），分管领导和林业站长建立示范片100亩，各级领导所建立的示范片都提出培育目标、落实技术措施和效益指标。为了确保领导示范片不流于形式，每片示范片都建立责任人制度，真抓实干，交纳押金，年终验收，并将示范成果在《建瓯报》公布。

10. 加强行政效能督查，确保政令畅通。竹产业开发是一项山上、山下和各级领导、各个经济部门都必须共同参与，同心同德形成合力才能顺利完成的综合工程，都要有把“蛋糕”做大、做好的长远观点。对市委、市政府制订出台的各项优惠政策，减赋轻费的措施和奖励办法，都必须站在全局的利益出发，认真贯彻执行，要提高效能，惩治腐败，有事快办，防止推诿，确保令行禁止，政令畅通。市委办、市府办把竹业开发工作列入督查项目，不定期开展行政效能督查，农委、林委给予积极配合，共同推动竹业开发稳步发展。

福建省南平市（中国竹乡）

一、闽北地情地貌

南平是福建的北大门，俗称“闽北”，西与江西接壤，北与浙江毗邻。现辖四市五县一区，总人口300万人。面积2.63万平方公里，是福建省面积最大的地（市）。南平作为中国南方开发最早的地区之一，自古人杰地灵，素有“闽邦邹鲁”、“道南理窟”之誉，是一块饱含文化底蕴，独具山水魅力，充满发展生机的土地。其主要特点：

——独特的区位优势。南平地处闽浙赣三省交界，南接东南沿海开放地区，北连上海、长江经济繁荣带。境内有两条国道、八条省道、三条铁路，还有武夷山机场以及正在筹划中的京福高速公路，已形成6个出省通道，加上南平、武夷山各设一个海关，实现了沿海口岸功能内移。随着香港、澳门回归，两岸关系发展倍受关注，南平作为福建密切与周边地区经济往来和两岸经贸合作的重要通道，其战略地位和作用将更加让人瞩目。

——丰富的自然资源。南平素有“南方林海”、“中国竹乡”之称。全市山地面积215万公顷，森林覆盖率68.4%，林木蓄积量约占福建的1/3，竹林30.2万公顷，占全国的1/10。水力、矿产资源居全省首位，是中国山区中不可多得的一块宝地。

——著名的旅游胜地。南平山青水秀，景色怡人，境内武夷山融国家级风景名胜区、自然保护区和旅游度假区为一体，1998年荣获首批中国优秀旅游城市，1999年又被联合国教科文组织列入世界遗产名录（自然与文化）。现在，以武夷山为中心，连结全市150多个景点的“大武夷”旅游格局基本形成，南平更具魅力。

——扎实的产业基础。南平作为“八闽粮仓”，全市有七个国家级、八个省级商品粮基地县。粮食、瓜菜、食用菌、烟叶、畜禽、水产、木材、笋竹、水果、茶叶等10大农业主导产业，已初具规模效益。南平作为福建重要的工业基地，拥有造纸、针纺、化工、机械、建材等优势行业和PU革基布、南孚电池、太阳电缆等国内外名牌产品，很有竞争实力和发展空间。

——强劲的开放势头。以改善“路、电、讯”等基础设施为主的三大工程的建设，使长期以来制约闽北发展的“瓶颈”局面已被打破。特别是投资软环境建设得到进一步优化，建立健全外商投资服务中心、外商投资企业投诉协调中心、进出口货物报验中心、外商投资企业人才培训中心，并设立投资环境市长热线电话，检查通报制度和投资环境特邀监察员，实施全方位服务，让外商进得来、谈得成、办得快、效益高、留得住，使南平成为外商投资企业的理想之地。

建国五十年来，闽北人民团结奋斗，艰苦创业，经历了从贫穷到基本实现小康的历史性跨越。特别是党的十一届三中全会以后，全市经济社会发生了翻天覆地的变化，取得了有目共睹的巨大成就。1999年，全市国内生产总值达到214.93亿元，比1949年增长71.65倍，平均每年递增8.9%；工农业总产值301.03亿元，比1949年增长219.1倍，年均递增11.4%；财政收入15.51亿元，比1949年增长159.9倍；城镇居民人均可支配收入5898元，比1984年增长10.6倍，农民人均纯收入2662元，比1983年增长7.3倍。全市有7个县（市、区）、85.2%的乡镇和89.4%的村，以及88.5%以上的农户基本达到小康，省定贫困县——政和县如期实现脱贫甩帽目标，农村“三大历史性任务”全面完成。

二、闽北物产丰富

农副产品琳琅满目，粮食以稻谷为主，马铃薯、甘菇、玉米、大豆、粟、旱稻等多种粮作物，粮食总产、提供商品粮和粮食净调出，均居全省首位；经济作物有油菜籽、花生、芝麻等油料，烤烟、果蔗、莲子、果用瓜、薏米、药材等，烤烟、油菜籽、莲子、果蔗、薏米、果用瓜等为大宗和名优经作产品；蔬菜成为农业主导产业，品种繁多，四季皆有，主要有大白菜、夏阳白菜、包菜、菜瓜类、西红柿、青椒、茄子、芋子、淮山、青豆类、萝卜、苦瓜等，名优品种有荷莲豆、紫花菜、珍珠苦瓜、早芋、淮山等，以及保护性栽培、反季节栽培瓜菜；食用菌为八大农业主导产业之一，以香菇、蘑菇、木耳为主，灵芝、竹荪、草菇、金针菇、猴头菇、姬松茸、灰树花等多种菌类，有花菇、红菇、真姬菇、榆黄磨、金耳、茶薪菇、鸡腿菇等珍稀食用菌；茶叶为农业主要创汇产品，有乌龙菜、绿茶、红茶、白茶、茉莉花茶5大类，名茶茗品有大红袍、四大名丛、武夷肉桂、正岩水仙、闽北水仙、政和花茶、九龙翠芽、小种红茶、白毫银针、蒸青绿茶等；干鲜果主要有柑桔、锥栗、板栗、柰、梨、柚、杨梅、葡萄等，为福建省柑桔、栗类、油柰、杨梅、青梅的主产区；畜牧业以生猪、家禽为支柱，发展肉牛、乳牛、肉羊、肉兔和鹅等草食畜禽，畜产品主要有瘦肉型猪、改良肉牛、南江黄羊、乌骨鸡、半番鸭、全番鸭、闽北白鹅和乳制品、禽蛋等；水产以养为主捕捞为辅，草鱼、鲤鱼、链鱼、鲫鱼为传统“四大家鱼”，名优鱼类主要有鳜鱼、大口鲶、叉尾、优质卿、加洲鲈、淡水白鲳、彩虹鲷等，特种水产品有甲鱼、鳗鱼、鳜鱼、珍珠、沼虾、毛蟹、刺胸蛙、螺旋藻等。

三、闽北主要特产生产情况

锥栗——果实富含淀粉，糖份高达67.88~77.07%，蛋白质4.1%~12%，脂肪0.7%~1.49%，碳水化合物含量高于小麦，蛋白质和脂肪含量高于大米，还含有抗坏血酸和胡萝卜素。锥栗木质坚实、耐水湿，可作忱木、建材、家具等，树枝可用于加工栲胶，修枝的枝桠是栽培食用菌的上等原材。闽北栽培锥栗的主要优良品种有：白露仔、乌壳长芒、黄榛、油榛、材榛、穗榛、猴嘴榛。闽北锥栗栽培历史悠久，已有百余年之久。近年来，各级林业部门加大山地综合开发力度，大力发展锥栗产业，实施新造与老树复壮并举，常规措施与高新技术配套，以建瓯为主产区，经龙村向北扩展至建阳樟墩、水吉、小湖及浦城濠村，再经建瓯水源、川石向东延伸至政和、松溪，初步形成“V”字形的锥栗产业带。全市种植锥栗面积达48万亩，其中，建瓯35万亩，政和7万亩，浦城2万亩，建阳1.5万亩。已有25万亩投产，1999年产量达6000吨。

笋竹——闽北气候属中亚热带季风气候，雨量充沛，土壤肥沃，自然条件十分有利于竹子生长，所辖十县（市、区）均为毛竹生长的最适宜区。全市现有竹类15个属，110多种，竹林面积524万亩，位居全省之首。全市毛竹林面积518万亩，立竹量7.2亿株，年产竹笋40万吨，年产商品竹4000万根。毛竹林面积占全国毛竹林面积的十分之一，占福建省毛竹林面积的五分之二。所辖建瓯市、顺昌县入选全国首批10个“中国竹之乡”行列。丰富的笋竹资源为加工业提供了充足的原料，笋竹加工企业如雨后春笋般的涌现出来，全市现有笋竹加工企业623个，其中竹笋加工企业169个，竹材加工企业454个。竹笋加工制品年产量达6万吨，产品有清水笋罐头，软包装清水笋、小包装即食笋或即煮笋等。竹材加工制品达8大类1000多个品种。1999年全市竹业总产值达19.0亿元。“万木林”牌水煮笋、“广生”牌水煮笋、“和健”牌清水笋和美味笋丝及“百丈岩”牌竹荪已经中国绿色食品发展中心检测并获准使用绿色食品标志。“万木林”牌绿色食品笋系列、“广生”牌笋食品系列、“绿板王”竹木复合集装箱底板、“双箭”牌竹制品、“三港”牌系列竹制品及“赋竹居”竹刻等产品荣获’99中国竹文化节国际竹业博览会金奖。

福建省泰宁县（杭青梨）

一、自然概况

福建省泰宁县地处福建西北部，位于北纬26°14′-27°01′，东经116°54′-117°21′。属中亚热带季风型农业气候，县境内各地年平均气温为17.2-17.9℃，极端最低气温-10.5℃，≥10℃年活动积温5133-5432℃，无霜期264天，年降雨量1755mm左右，平均相对湿度84%，年日照时数1738.7小时。总的气候特点温暖湿润，雨水充沛，四季分明，日照充足，土壤发育以红壤为主，是南方落叶果树适宜栽培区。

二、生产现状

泰宁于70年代开始从浙江引种试种杭青梨，表现良好，经过逐年扩大，现已种植5000余亩，占全县梨树面积的25%，年产杭青梨2000-3000吨，该品种1993年2月经省农作物品种审定委员会第二届第五次会议通过认定。

三、品种简介

树势强健，树冠开张、丰产、稳产；果实卵圆形或长圆形，果皮绿色，外观美丽，肉白、心小，石细胞少，肉质脆，汁多，味甜，香气浓，单果重250克，可溶性固性物12-13%，搭配授粉品种以黄花、金水2号等品种为佳。

四、栽培要点

1. 建立标准果园

修筑梯田等高，开挖定植大穴，分层压埋有机肥，培肥土壤；定植苗高1m、径粗1cm以上、芽体饱满的健壮苗；选择如黄花、金水2号等易于相互授粉的品种；套种豆科绿肥，扩穴分层压埋绿肥鲜草，改良土壤性状，增加土壤有机质和氮素。

2. 加强肥水管理

幼树期施肥以速效氨肥为主，坚持“薄肥勤施，少量多次”；结果期施肥注意掌握重施基肥（秋冬肥），重施芽质变肥，在5月中下旬施，促进形成花芽，有利幼果膨大，适当施花前期，同时结合病虫防治进行根外追肥，补充树体营养。

3. 合理整形修剪

树形采用变则主干疏散分层形，即主枝5-6个，分二层错落着生在变则中心领导干产，干高45-55cm，上下层主枝间距80-100cm。梨苗定干后，对选留主枝部位刻伤，促发长枝，并及时拉枝开角，培养主侧枝；幼树期对各级骨干枝的延长枝长放，剪留70-80cm以上，而轮生过密竞争枝及早除萌，直立或斜生旺枝进行拉枝或基部环割。结果期（5年生后）对各级骨干枝的延长枝逐年截短1/4-1/3，除去过密枝、重叠枝，重截交叉枝；对多年缓放结果枝组过度下垂的，重截到健壮分叉处抬高枝头，而内膛结果枝分生过密太多的疏弱留强，去远留近。

4. 综合防治病虫

冬季彻底清园，萌芽前喷3-5波美度石硫合剂加500倍五氯酚钠，防治树体上越冬多种病菌和虫源；萌芽后至果实成熟前，根据主要病虫发生规律，适期用药，每隔7-15天喷一次杀菌杀虫混合药剂。重点防治梨木虱、梨蚜虫、食心虫、梨锈病、梨黑星病、轮纹病、炭疽病等病虫；采果后重点防治梨网蝽、刺蛾类等，防止虫害造成早落叶。

福建省华安县

华安县地处福建省漳州市北部，扼九龙江北溪中下游，属南亚热带向中亚热带过渡地段，气候温暖湿润，雨量充沛；境内交通方便，鹰厦铁路、省道内福线及九龙江北溪从北往南贯穿全县。全县辖十个乡镇六个农林场，土地总面积1320平方公里，人口15.8万人。华安县是世界四大名柚之一坪山柚的原产地和主产区，素有“柚子之乡”的誉称，坪山柚栽培已有600多年的历史，是在宋代就广为栽培，明清被列为朝中贡品；漳史记“柚子，入贡者漳产也……”。“华丰产者呼华丰抛”（华丰为现华安县城所在地）。

坪山柚树势中强，树冠开放呈圆头形，枝条略披张，植株生长旺盛；叶片椭圆形，浓绿，大而厚，翼叶大，倒心脏形；果实大，单果重1-1.5kg，倒卵形，果蒂部略小而凹入，常歪斜一边，果顶平圆；果皮中厚呈黄色，油胞较粗糙，中果皮和囊衣粉红色，每果瓤瓣15-16瓣，肾状形：汁胞排列紧密呈浅红色，质地脆嫩，酸甜适口、化渣、果汁中等。每果种子40-60粒，可自花不育单性结实，退化成瘪籽，可食率60%左右，可溶性固形物12%，据测定每100ml果汁中含糖10-12g，酸0.4-0.6g，维生素C44.7mg，品质上剩，果实成熟又逢国庆、重阳佳节，故有“团圆果”之称，深受广大消费者所喜爱，1992年原农业部长刘中一特为坪山柚题词“天下名柚——华安坪山柚”，在1997年10月全国首届早熟柚质量评比中，坪山柚喜获金杯奖。

坪山柚适应性强，适宜于丘陵、山地缓坡地、洲地、水田种植、丰产稳产性能好，种后3年即可投产，4-5年生树亩产500-700公斤，成年树亩产2000-3000公斤，单株产量高达200-300公斤。

建国前，该县的丰山、沙建、新圩、华丰等地就盛产坪山柚，产品远销外地及港澳地区，1949年全县坪山柚面积1000亩，产量700吨。建国后全县坪山柚面积和产量逐年增加。1978年华安县被国家计委列为“柚子生产基地县”、“柚子出口创汇基地县”；1995年又被国务院命名为全国首批特产之乡‘中国坪山柚之乡’。近十年来，华安县委、县政府十分重视发展坪山柚的生产，快速推动坪山柚生产的产业化进程，截止1999年底，全县坪山柚栽培面积已达3万亩，产量2万吨，具体作法是：

一、加强领导、各级办点

县里成立了分管副县长任组长的坪山柚生产领导小组，各乡镇也相继成立了领导小组，负责协调解决生产中遇到的问题。坚持领导挂点，县五套班子成员都实行挂点包片，农业局积极配合各乡镇建立坪山柚示范片，以点带面推动全县坪山柚生产。

二、政策扶持，促进发展

为加快坪山柚生产产业化进程，在开发时坚持统一规划，连片开发，分片承包，山权归种植者所有，并可以有偿转让，对于连片开发50亩以上的大户，经统一验收，符合要求的由农业局无偿补助苗木，并由县财政每亩补助30元，同时，鼓励机关企事业单位及干部职工参与坪山柚开发，创办多种形式股份制果场。

三、科技兴柚，确保名牌

1. 成立研究所，开展科研试验

及时成立柚子生产研究所，县里每年从财政拨付一定资金扶持研究所开展工作，近几年，进行树体环割修剪，有机肥和液面肥施用效果，柚果套袋，果实裂瓣克服办法等研究试验，取得一系列的科研成果，指导全县果农科技种果。特别是果实裂瓣的研究取得实质性进展，其克服办法：增施有机肥，少施化肥（特别是5－8月果实迅速膨大期不宜大量施用化肥）果实膨大期不宜喷“920”或其它生长激素。

2. 加强科技培训，科普宣传

县委、县政府要求各乡镇每年都要召开两次坪山柚生产管理工作现场会，要求分管领导、农业技术员、村干部、果农参加，由农业技术员进行现场指导栽培管理。同时要求各乡镇农技站根据各个物候期编写管理技术，分发到村干部和种植大户手中，提高全县果农坪山柚栽培管理水平。

县有线电视台每年转播2期由有丰富实践经验的农艺师主讲的坪山柚高产优质管理技术；《今日华安》农业园地每季度刊登一篇有关坪山柚栽培技术的文章。从而有效地指导全县果农进行坪山柚生产。

3. 建设县、乡（镇）、村科技网络

以县为中心，以乡镇政府为依托，村一级为推广站利用“农业信息”、“气象服务”、有线电视、广播、建立科技网络。有效地对果农进行坪山柚高产优质栽培科技宣传，市场信息发布，并进行病虫害预测预报。

4. 选育良种，确保质量

坪山柚领导小组于1996年在全县坪山柚果园进行全面调查，共确定具有高产、稳产、品质好的优良单株300个，于1997年10月份，聘请省、市专家共12人组成专家评鉴领导小组，对确定的优良单株进行综合评鉴，共确定适宜今后大面积发展的坪山柚优良单株4个，1997年建立坪山柚良种繁育苗圃20亩，建立坪山柚优良单株母本园100亩，1998、1999年共繁育坪山柚优质苗木20万株，供应全县扩种1万亩，保证新扩种坪山柚品种纯正。

5. 制定质量标准，确保名牌声誉

1988年该县坪山柚已注册“北溪”牌商标；1999年该县坪山柚又获得中国绿色食品发展中心认定的绿色食品标志注册权。2000年初制定坪山柚福建省地方标准，并于6月26日开始贯彻实施，该标准规定了坪山柚产品的质量要求，是收购、调配、销售坪山柚的质量依据，它规范了华安坪山柚市场，将有力维护华安坪山柚在国内外信誉，进一步提高坪山柚的知名度。

四、开拓流通，促进销售

该县充分利用各种订货会、展销会、电视台及多种媒体推销坪山柚，1998年还在中央电视台第2套做专题广告，取得明显的广告效应，大大提高坪山柚的知名度，还在广州、上海、北京、南昌等大城市设立直销点，拓展了市场，促进坪山柚的流通，产生了明显的经济效益。

华安县委、县政府审时度势，结合全县进行的农业结构战略性调整，决定大力发展坪山柚这一特色水果，在九龙江两岸及辐射地带，海拔高度在400米以下，坡度25度以下的缓坡地，规划扩种2万亩坪山柚，建成5万亩坪山柚生产基地，使九龙江两岸柚果飘香，“中国坪山柚之乡”将更加光彩夺目。

福建省诏安县（青梅）

诏安县地处福建省最南端，介于厦门、汕头两个特区之间，素称“福建南大门”、“漳南第一关”。诏安县是沿海经济开放县，也是福建对东南亚国家和地区开放的前沿。全县辖15个乡镇和一个边界旅游区，总人口近56万。

诏安县地处南亚热带气候区，光、热、水资源丰富，地理自然条件得天独厚。位于东经116.55°—117.22°，北纬23.35°—24.10°。适合发展各种热带亚热带水果生产。全县现有果树面积38万亩，其中青梅12万亩，总产达3万多吨。

青梅在诏安具有悠久的栽培历史，果农具有丰富的栽培经验。青梅的发展尤以红星乡为最突出，从五、六十年代的零星种植，80年代的率先发展，到90年代上万亩的大规模连片发展。1996年红星乡青梅基地成为“漳州市国家级外向型农业示范区农业产业化‘815’工程青梅示范小区”。全县面积、产量从1990年的0.41万亩，236吨到2000年的12万亩，3万吨，产品市场及加工企业从过去零星销售、加工到现在已形成具有相当规模的市场。十几家外资、合资加工厂以加工干湿梅为主，其产品干湿梅95%以上出口日本国市场以及欧美市场。如今青梅已成为诏安县经济发展的重要产业之一。

诏安县，尤其是红星乡，以其独特的地理环境，气候资源，土壤条件，盛产的青梅以其果大，肉厚、皮薄、核小，酸度适中适宜加工而驰名中外。青梅富含柠檬酸、单宁酸、苹果酸以及人体所需的多种氨基酸，有利于人体蛋白质构成与代谢功能的正常进行，可防止人体癌症与心血管病的产生，具有一定药用价值和保健功能。诏安青梅经过长期的栽培、筛选，栽培的品种以优良的白粉梅（早熟、质优）和青竹梅（迟熟、高产）为主，具早投产，经济寿命长，易于管理，成本低，经济效益高，尤其是在出口创汇方面。其产品适宜加工成系列产品，如干湿梅、咸水梅、话梅、青梅酒、青梅饮料、青梅酱等。在国际市场上享有“凉果之王”、“天然保健食品”的美称。

诏安青梅发展主要以红星乡为主，与相邻的太平镇、建设乡形成十万亩连片的青梅生产基地，该基地在全省乃至全国来讲也是比较最大的，而且青梅品质也比较最好。因此，红星青梅备受日本及台湾客商青睐。青梅也成为诏安农民致富奔小康，财政增收和创汇的主导产业之一。

随着中国加入“WTO”脚步的日益临近，在县委、县政府的领导下，以创建“中国青梅之乡”为突破口，突出发展青梅。在产业结构调整中，大力发展青梅生产，成立县青梅研究所，注重科学管理，实施产品的无公害栽培技术，实施青梅名牌战略，营造声势扩大影响。计划在“十五”期间，即到2005年全县青梅总面积达20万亩，总产十万吨以上，总产值5亿元以上。使诏安成为“中国青梅之乡”，目标达到：青梅产量全国第一，品质第一，加工量第一，出口量、科研、市场占有率第一。

福建省惠安县（余甘）

余甘，又名杨甘、油甘，属大戟科植物。古代称为“阉摩勒”，南安市有一种品牌“安摩乐”以野生的余甘为主要原料。

余甘原产印度、斯里兰卡、中国。据考证1800多年前中国已有余甘，惠安县栽培已有500多年历史，相传明朝正德皇帝（1506—1521年）下江南时曾品尝过田船的粉甘，故有今日的“皇帝甘”之说。

余甘果实营养丰富，含有丰富的维生素C及其它药用成份，如硒等，润肺化痰、生津止渴、降低血压、增进食欲。可治疗喉炎和乙型肝炎，常生食余甘，可起到防癌抗癌作用，对人体健康大有益处。余甘除鲜食外，可以加工成果脯，果汁、冲剂、含片、蜜钱等。近年来在该县兴起的余甘茶，畅销沪、杭等地市场。

该县的主要优良余甘品种有：粉甘、兰丰1号、扁甘、六月白、秋白、玻璃甘等品种。此外，还有人仔面、算盘子、枣甘、狮头种等品质也不错。

福建省安溪县（油柿）

安溪县地处福建省闽南金三角，东接泉州、南接厦门，交通便捷，通信发达。面积3057平方公里，人口105万，属南、中亚热带气候区，年平均气温18~21℃，年均降雨量1800~2000mm，具有发展各种亚热带水果的优越自然条件。

油柿是中国特产名优水果，福建省安溪县又是中国油柿的重要产地，1996年被评定为南亚热带作物名优基地“安溪油柿生产基地”。全县现有各种名优水果近20万亩，总产量2.2万吨。其中油柿10万亩，年产量1万吨，并逐年大幅度增加，预计2000年后3至5年，安溪油柿水果年产量将达2.5万吨以上。安溪油柿历史悠久，据《安溪县志》记载：明嘉靖年间（公元1522年至1566年）就有柿树栽培，至今已有四、五百年历史。

安溪柿品种资源丰富，除油柿外，还有橙色柿、牛心柿、正月柿、方柿、水柿等。油柿属柿树科柿属，树势强健，树冠高大，植株自然生长高达7~8m，冠幅5~6m，树姿开张，叶片大而浓绿，抗逆性强，适宜在黄、红土壤栽培。亩种植15~20株，栽培3至5年后可投产，8至10年进入盛产期。油柿生命期长，树龄可达数十年、百年以上。成年树单株产量100~200公斤，最高可达1000公斤以上。

油柿3月下旬始花，4月中旬盛花，4月下旬花谢。果实10月中下旬成熟，果实大，一般粒重150~250克，油柿水果营养丰富（见表），可鲜食、可深加工系列产品。鲜吃肉质柔软、细腻、纤维少、汁多、味甜、风味佳。加工成“柿饼”形大柔软，干而不硬，软而不烂，柿霜粉多而洁白，入口冰甜爽口，具有润肺、补气、止咳之功效。柿饼营养丰富，据测定，安溪油柿饼含蛋白质1.2%，脂肪0.2%，碳水化合物71.2%，并富含18种氨基酸，还含有钙、铁、钠、钾、镁等有益人体健康的微量元素。是一种高级果品，上乘的饮茶佐料。安溪传统名产“厚安柿饼”已有数百年历史，1958年全国农展会上了献礼台，产品畅销国内外市场，深受东南亚华侨的欢迎。

近年来该县针对逐年大幅度增产的油柿鲜果，为搞好产后加工，解决果农后顾之忧，1998年成立了“安溪油柿系列产品研试开发工作小组”，县政府投入了科研经费，组织科技人员对油柿深度加工、系列产品开发进行攻关。油柿可开发：食品系列、医药保健系列、工业原料系列三大系列产品，该县先期对油柿加工食品系列进行研究。经两年多的努力，取得了突破性的科研成果，打破了安溪油柿数百年来只是单一制作“油柿饼”的传统框框和传统思维，开辟新渠道，从高技术角度研制出了多品种，高品位的油柿食品系列产品。研制出了：柿罐头、果酱、果膏、柿果脯、柿软糖、柿果八宝粥、柿脆片、柿白酒、柿饼粉，油柿果酒“柿露酒”、“柿露小香槟”、“柿霜粉含片”等系列产品。其中研制的油柿果酒——“柿露酒”、“柿露小香槟”、“柿霜粉含片”技术指标稳定，质量可靠，已可推向企业，转化为企业化产品。

油柿果酒——“柿露酒”采用科学先进的生产技术工艺，以油柿果汁全汁发酵精酿而成。产品经国家轻工业局福建食品质量监督检测站检测：营养丰富，含有蛋白质、维生素、钾、钙、镁、铁、锌、磷等人体所需矿物质、微量元素。并富含16种氨基酸（见下表）。口感鲜爽，酒香优雅悦人，是一种独具风味的新型果酒。

油柿果酒——“柿露酒”营养成份

检测项目	实测值（mg/100g）	检测项目	实测值（mg/L）	检测项目	实测值（mg/L）
蛋白南，%	0.09	天冬氨酸	2.55	蛋氨酸	2.36
维生素 C	0.8	苏氨酸	1.24	异亮氨酸	1.16
钾（以 K 计）	132	丝氨酸	1.88	亮氨酸	0.79
钙（以 Ca 计）	2.1	谷氨酸	10.19	酪氨酸	1.40
镁（以 Mg 计）	4.8	甘氨酸	3.28	苯丙氨酸	15.46
铁（以 Fe 计）	0.5	丙氨酸	3.78	赖氨酸	2.11
锌（以 Zn 计）	0.3	胶氨酸	7.07	组氨酸	2.55
磷（以 P 计）	9.0	缬氨酸	11.01	精氨酸	5.4

“柿露小香槟”以油柿果汁为主要原料，经科学发酵酿制而成，口味纯正，清新爽口，甜酸适宜，是一种风味独特的新型饮料。

“柿霜粉含片”选用富含甘露醇的“柿霜粉”为主要原料，经科学的生产工艺制作，含多种氨基酸、维生素、矿物质等有益人体健康的微量元素，食用方便，冰凉爽口，具有润肺、生津、清热、消喉炎功效。油柿鲜果经提取有效成份加工系列产品后，余下果渣可制作饲料，至此油柿水果可全部利用，充分发挥其经济价值。

安溪油柿系列产品研试开发工作及其成果正在逐渐引起外界的注意和认可，逐渐显示了其研究价值。油柿果酒——“柿露酒”及其它系列产品，1999 年元月参加了福建省政府举办的福建省农业新产品展销会。参加了泉州市、武夷山市的展销会，分别荣获了泉州科技成果展览交易会的优秀奖和武夷山市首届年货展销会名优新产品奖。

在开发出新产品，取得基础研究的成果上，该县推出了“安溪油柿深度加工系列产品开发可行性重点招商项目”，计划首期投资 2000 万元，年加工油柿系列产品 2500 吨，创产值 3000 万元，税利 1300 万元。并向社会各界多方招商引资，争取尽快把科研产品推向企业，转化为企业化产品，转化为生产力，以促进安溪农业经济的进一步发展。

安溪县县长曾荣华　1949 年 9 月出生于福建省惠安县螺阳镇。大学文化，1996 年 7 月起任安溪县人民政府县长。

福建省永泰县（芙蓉李）

永泰，位于福建省中部，气候温和，雨量充沛，是典型的亚热带季风气候区。地理地貌可概括为“九山带水一分田”，山场广阔，面积达 272 万亩。森林覆盖率达 77%，地面水环境质量达国家Ⅱ类标准；环境空气质量达国家Ⅱ级标准。这个青山绿水、空气清新的得天独厚的生态环境，使永泰不仅列为“绿色旅游通道”，而且大樟溪流域广阔的砂壤土，极适合芙蓉李生长繁衍，被确定为中国南方李品种试验基地。据永泰县志记载，明嘉靖三十七年（公元 1558 年）就有“李树生桃”的记录，至今已有 400 多年的历史。普遍种植在清朝年间，盛植于清宣统。解放后，特别是中共十一届三中全会之后，永泰芙蓉李得到了大面积的发展，如今永泰李果种植面积达 12 万亩，年产量达 3 万吨以上，种植面积和产量均为全国之最。

李干是永泰特产，系选择成熟的芙蓉李鲜果，采用传统工艺精工制作而成。其外观浑圆，肉厚，纹路细密，似有图案，口感酸甜咸适口，不含添加剂，保留原果风味，具有生津开胃，醒酒解渴，增进食欲等功能，有一定医疗作用，早在解放前，每年就有 300—500 吨的李干通过马尾运往新加坡等东南亚国家和香港地区。永泰的芙蓉李、李干被认定为福建省 20 项名牌农产品之一。

利用优质永泰李干加工的蜜饯系列产品，在国内及东南亚一带久负盛名。多种李干、蜜饯产品荣获省部级优质产品称号。李干、蜜饯加工销售已经成为永泰农业产业化的“重中之重”，加工企业蓬勃发展，至今已达 160 多家(精加工)。1999 年全县加工李干 1 万吨，蜜饯 0.5 万吨以上，产值达 2 亿元。李果生产及加工为永泰经济和社会发展作出了巨大贡献。永泰特产——芙蓉李、李干、蜜饯不但要更快地走出永泰、走出福建，而且要走向全国、走向世界，闪亮地参与国际市场竞争，从而赢得更广阔的市场空间。

如今，全县李果生产基本上形成了“市场引导龙头企业，基地连接农户”的规模化、产业化的格局。小李子正在托起山城永泰的一个充满希望的大产业。

福建省云霄县（枇杷）

云霄县地处福建东南沿海，傍山滨海，面临台湾海峡，近邻港澳，介于厦门、汕头两特区中间，北邻九龙江“三角洲”漳州经济技术开发区，南连闽粤边贸大市场，东毗东山岛旅游港口经济开发区，国道324线贯穿全县，在建的漳汕高速公路即将通车。云霄县位于东经117°7′—117°23′，北纬23°45′—24°14′，年平均温度21.2℃，极端最低温度0.2℃，7月份平均温度28.2℃，极端高温38.1℃，≥10℃的活动积温7458℃，年日照2093.8小时，年降雨量1742mm，相对湿度79%，冬无严寒、夏无酷暑，属南亚热带海洋性季风气候，是南亚热带典型代表地区，最适合于枇杷的生长发育。云霄县域总面积1166KM^2，耕地面积18.39万亩，山地面积103万亩，海岸线长87KM，辖6镇3乡2场，198个行政村，总人口39.45万人，是1988年国务院批准的闽南“金三角”沿海对外开放县。县综合实力排全省第18位，1996年，1997年连续两年蝉联“福建经济发展十佳县”称号。

枇杷属亚热带常绿果树，果实美观，呈椭圆型，淡黄色、皮薄肉嫩、汁多，单果重在30—60克，可溶性固型物11—13%，甜酸适口，风味极佳，具有极高的营养价值，花、叶、果均可入药，具有清凉解毒，润肺止咳、健胃清热等药效。果实除鲜食外，还可制罐、酿酒、制果酱、果汁，是云霄食品加工业的主要原料来源，同时也是云霄县经济的主要支柱。云霄枇杷分布8个乡镇场。

枇杷的苗木来源采用嫁接、高压苗种植，批杷根系浅，中秋节前后抽出花穗，冬季开花，春季产果，故称“冬花春果”。投产快，一般2—3年可试产，5年以后均可进入盛产期。适宜种在微酸性的红壤土山坡地，浅根系，喜欢“客土”、“培土”。由于物种特性，从花、果、叶、嫩枝表皮均生长有密密的茸毛，故病虫害少，易于种植，深受果农及消费者喜爱。

枇杷是云霄县主栽水果之一。以早取胜，栽培历史悠久，早在唐宋时代，开漳圣王陈元光屯兵火田垦荒自给时就种上枇杷。至今已有1000多年的栽培历史。经年复一年繁育、筛选、引进，全县现有种植优良品种面积2.5万亩，其中“早钟6号”1.5万亩，“长红3号”0.6万亩，本地良种枇杷0.4万亩，其他品系枇杷1.5万亩。目前该县枇杷种植正朝着基地化、产业化、商品化、规模化发展，并取得显著的经济效益。云霄枇杷历来以早熟、稳产、优质著称。冬花春果，特别是“早钟6号”枇杷，具有成熟期早，比一般品种早20天左右，果大（单果重40—60克）、外观美、品质优、味甜、肉质细嫩、化渣、早年丰产性较好。一般春节过后果品就陆续上市，著称“水果头”。3月上旬进入盛果期，果品供应期长，可达5个月之久，此时正值水果供应的淡季，果品畅销国内市场，远销东南亚，供不应求，售价高。2000年，该品种一级果每公斤售价28元左右，经济效益极佳。

为尽早树立云霄枇杷品牌，县委、县政府决定在今后2—3年内再发展优质早熟枇杷6万亩，实现全县种植枇杷10万亩的目标，本县农业部门正着力于推广枇杷疏花、疏果、及果实套袋等技术，最大限度地提高优果率，推广标准化生产云霄枇杷已注册了“乌山牌”、“臣果牌”商标，正在申请绿色食品标志使用权。可以预计这将大大提高云霄枇杷品牌的知名度以及云霄农业的整体效益。

福建省永春县（芦柑之乡）

永春县位于福建省东南部。土地总面积1468平方公里，山地占70%；总人口53.6万，农业人口占89.6%。地处亚热带季风气候区，热量充足、雨量充沛、山地资源丰富、劳力多，具有发展柑桔生产的优越条件。

1999年全县柑桔14.4万亩，年产19.5万吨；95%以上为山地芦柑；柑桔总产居福建省首位，芦柑栽培规模居全国各县前茅。1999年柑桔总产值3.02亿元，占全县农林牧渔总产值22%。农民直接从柑桔生产及芦柑带动的相关产业获得纯收入2—3亿元；1998年县财政柑桔特产税收入1200多万元；芦柑年出口2.81万吨（未包括异地商检出口），创汇1405万美元。1999年度至2000年元月中旬全县已出口芦柑2万多吨，比上年同期增长50%，柑桔出口量多年居全国各县首位。芦柑生产遍及全县所有乡镇和行政村，60%以上农户种植柑桔，芦柑生产的发展带动了运输业、包装业、农产品加工、服务业等相关产业的发展，繁荣了永春经济，成为永春县农村经济的支柱产业。

一、发挥优势建基地

永春县年平均气温20.4℃，≥10℃年积温7217℃，一月均温11.9℃，极端低温多年平均-0.56℃，年日照1908小时，降雨1708毫米，是芦柑栽培最适宜区。虽然早在明、清年间已有柑桔零星栽培，但至1952年全县柑桔仅30亩。根据自然条件特别适宜栽培芦柑的优势，长期以来县政府从政策、资金、技术等方面大力扶持发展芦柑生产。50年代落实党的侨务政策，鼓励支持华侨投资山地开发，山地芦柑栽培试验取得成功；60—70年代大力推广芦柑种植，1977年全县柑桔8444亩，年产3956吨，就跃居福建省首位，为其后芦柑生产的快速发展打下了良好的基础。改革开放以来，该县把芦柑生产作为支柱产业加以重视，落实党的农村政策，80年代初全县划出15万亩近山低山作为农民自留山，同时将20万亩荒山承包给农民开发种植，实行“谁种谁有，长期不变，允许继承转让”的政策，鼓励农民种植芦柑。特别是80年代中期引进世界银行贷款2100多万元，扶持农民发展芦柑2万多亩，有力地促进了芦柑生产的发展。80年代末期以来根据中国柑桔生产形势的变化，县政府把扶持芦柑生产的重点转移到组织实施名牌战略开拓市场，依靠科技进步提高芦柑生产科技水平上来，为果农营造芦柑生产、销售的良好环境，提高永春芦柑的竞争力，促进了永春芦柑持续调整发展。全县柑桔产量1981—1985年平均年递增20.04%，1986—1990年平均24.66%，1991—1995年平均30.53%；1996—1999年平均10.41%；柑桔总产从1980年0.5万吨，1985年1.2万吨，1990年3.6万吨，1995年13.1万吨，增至1999年19.5万吨，成为全国栽培规模最大的著名芦柑产区。

二、培育永春芦柑商品优势

1. 品种和规模优势

芦柑是闽南传统的柑桔良种，也是中国最优良的宽皮桔类品种，在国内外市场具强竞争力，是中国柑桔栽培中的优势品种。该县根据自然条件的优势早在60年代就确立芦柑为主栽品种。1980年统计芦柑占全县柑桔的70%；80年代以来更是集中发展芦柑生产，目前芦柑占全县柑桔95%以上；成为全国芦柑栽培最多，良种化和专业化程度最高的县份，在柑桔生产竞争中具有品种和规模优势。

2. 品质优势

永春县热量充足、雨量充沛，是芦柑栽培适宜区。芦柑果实迅速膨大的9—11月为旱季，有利果实品质的提高。同时充分利用山地资源，不与粮食争力，严格控制山地芦柑种植海拔高度。目前90%以上芦柑种植在海拔600米以下的山地上，既可满足芦柑栽培对积温的要求，又可利用山地果园日照好，日夜温差大，土层深厚，根系发达的有利条件培育优质芦柑。大力推广水土保持，深耕改土，增施有机肥料、培育自然开心树形、疏伐郁蔽果园、适时采收贮藏等优质栽培技术，永春芦柑品质特别优良。1989年以来连续四次在全国、全省芦柑评比中获第一名，被确认为中国农业博览会名牌产品，在市场竞争中具有品质优良的商品优势。

3. 防腐保鲜延长供应期

永春山地芦柑果实生长后期水分较少，果实内含物较高，又处于南亚热带与中亚热带过渡气候带上，果实特别耐于贮藏。80年代初期就全面推广应用塑料薄膜单果包装贮藏方法，贮至次年3—4月尚可保持良好品质，供应期达4—5个月，目前90%以上芦柑经贮藏后销售，在国内外市场竞争中处于极为有利的地位。

4. 重视果实商品化处理

永春芦柑采后马上分级并进行防腐保鲜药剂处理、塑料薄膜单果包装贮藏，推行包装箱统一监制、果实适时采收、控制贮藏期限、严格分级销售等措施，以保证果实良好的外观和内质，提高市场竞争。

5. 提高两高一优栽培水平

80年代末期以来在发展芦柑生产的过程中，该县把重点从增加果园面积产量转移到提高单产、品质和效益上来。全县柑桔面积从1990年10.1万亩，增至1999年14.4万亩，增长42.6%；而柑桔总产1999年19.5万吨是1990年3.6万吨的5.4倍。柑桔投产园平均亩产从1990年644公斤增至1999年14.13万亩投产园平均亩产1377公斤，提高了一倍多；其中湖洋镇2.62万亩投产园平均亩产达1896公斤；柑桔产量水平较高，同时重视品质的提升，促进了销售，增加了收益。

三、实施名牌战略开拓市场

1. 争创名牌

80年代末期以来，面对市场经济的新形势，该县在着力培育芦柑商品优势的基础上，把实施名牌战略作为促进芦柑产业发展的重要措施。借全国全省芦柑评比之机展示永春芦柑的优良品质。永春芦柑1989年参加全国优质水果评比获部“优质农产品”称号、芦柑第一名；1994年获福建省优质柑桔评比芦柑第一名；1995年获第二届中国农业博览会金奖；1997年1月获福建省第二届优质柑桔评比芦柑第一名；获全国全省芦柑评比四连冠。1997年10月永春芦柑被认定为第三届中国农业博览会名牌产品，1999年9月被认定为'99中国国际农业博览会名牌产品，1999年12月被中国果品流通协会授予“中华名果”称号，1997年8月有关部门授予永春县“中国芦柑之乡”称号。

为扩大宣传，1991—1993年和1995年成功地举办了四届中国永春芦柑节，国内外数十家新闻单位对芦柑节盛况和永春芦柑进行了大量宣传报道，在国内外产生较大影响，提高了永春芦柑的知名度。

2. 开拓市场

永春县鼓励民间购销组织占领市场，引导果农闯市场。目前有数以万计的果农直接参与流通，培植了许多柑桔购销大户和“龙头公司”，他们在产地设立柑桔购销接洽处，为果农提供纸箱、包装材料、汽车火车联运等各项服务，在全国20多个省市100多个大中城市建立稳定的销售网点，以各种方式把千家万户果农与市场联系在一起，成为永春芦柑销售的主力军。同时政府部门通过争创名牌，扩大宣传，在上海和哈尔滨等主要销售城市举办永春芦柑展销会，在产地举办芦柑订货会，促进芦柑销售。永春芦柑已成为全国芦柑市场覆盖面大，占有率高，得到消费者充分认可的名牌芦柑产品。

3. 实施外向牵动，发展创汇农业

永春县早在60年代就有芦柑出口，但至80年代末期一般年份仅出口300—500吨，1988年最高时1470吨。面对国内柑桔市场日益饱和，竞争激烈的状况，该县把开拓国际市场，实施外向牵动，发展创汇农业作为促进芦柑产业发展的重要措施。充分发挥永春县地处东南沿海，为闽南著名侨乡，海外三胞达100多万的优势，大力开拓国际市场。确定以柑桔种植少、经济基础较好、华侨多的东南亚和俄罗斯等为目标市场。举办四届中国永春芦柑节，邀请了1300多名海外客商和侨亲参加盛会，1993年成立了“世界永春社团联谊会”，鼓励海内外客商和侨亲经销永春芦柑。特别是1993年泉州市商检局在永春县设立了商检办事处，在近年东南亚遭受金融风波冲击的情况下，永春芦柑出口量依然快速增长。1998年芦柑出口量28092吨是1990年493吨的57倍，90年代以来芦柑出口量平均每两年就增加一倍多，柑桔出口量多年居全国各县首位。1998年永春芦柑98.7%出口东南亚，出口量可占全省柑桔出口量的45—50%。据测算永春县符合出口标准的一级芦柑约占总产25%，总量约4.5万吨，约有2/3用于出口。1999年度芦柑出口至2000年元月中旬已达2万多吨，比上年同期增长50%以上。

永春芦柑出口统计表

年份	1980	1985	1990	1991	1992	1993	1994	1995	1996	1997	1998	1999
出口量（吨）	355	308	493	957	1015	4822	6348	9891	14153	17903	28092	37264
出口总值（万美元）						250	290	515	694	860	1405	1460

四、完善社会化服务体系促进芦柑产业化发展

随着芦柑生产的发展，该县大力扶持相关服务产业的发展，全县成立了数十家联运公司，福州、厦门、三明等火车站均在永春县设立办事处，全县拥有载重汽车4000多部，成为福建省最大的农民车队。共有芦柑包装箱厂20多家，塑料薄膜保鲜袋加工厂百余家，农技、农资服务体系完善。同时出现了许多农民柑桔采收贮藏、果园植保修剪、打包装运等专业服务劳务队伍。政府有关部门在永春县设立了芦柑出口商品检验、植物检疫、特产税征收等系列服务机构。1996年10月永春县成立了柑桔同业公会，配合政府部门为果农生产、销售提供信息等服务。政府部门采取永春芦柑包装箱统一监制，强化严格分级销售等措施加强行业管理。永春芦柑生产实现了产前、产中、产后服务的社会化，促进了芦柑生产的发展。

五、发展芦柑加工业

永春县早在80年代就引进技术、设备，生产芦柑果汁。目前有永春逢源食品饮料有限公司、华达科技开发有限公司、恒升芦柑酒有限公司和泰康酿造厂等芦柑加工企业，生产芦柑天然原果汁、芦柑果酒、芦柑高钙纤维含片和含气饮片等加工产品。永春逢源食品饮料有限公司生产的芦柑果汁饮料1997年10月被认定为第三届中国农业博览会名牌产品，并被福建省人民政府授予福建名牌产品称号。目前全县芦柑加工产品可达上亿元产值，通过加工增值，提高了经济效益。

六、开展海峡两岸农业合作，提高芦柑生产科技水平

为提高永春芦柑生产科技水平，改进传统栽培技术，实现提升品质、降低成本、增加收益、提高竞争力的目标，经中国农业交流协会与台湾财团法人农村发展基金会共同商定，于1997—1999年海峡两岸合作组织实施永春芦柑生产技术综合改进计划。学习借鉴台湾芦柑栽培经验，结合永春芦柑生产实际，改进传统生产技术，大力推广疏伐改造郁蔽果园、培育自然开心树形、果园自然草生栽培、疏花疏果、综合防治病虫害、合理施肥等综合改进技术，在海峡两岸有关部门和柑桔专家的共同努力下，改进项目取得显著成效。1999年11月中国农业交流协会和省农业厅邀请中柑所等单位的专家对项目进行现场考评验收，示范园在保持产量相对稳定的基础上，一级果率提高30个百分点，生产成本降低30%，经济效益提高30%以上；考评认为芦柑综合改进技术是先进的、可行的、成熟的。该县通过开展海峡两岸农业技术合作，推广应用芦柑生产综合改进技术，极大地提高了永春芦柑生产的科技水平，促进了芦柑生产的持续发展。

福建省德化县（早熟梨）

德化县地处福建中部山区，山地资源丰富，境内的戴云山、九仙山海拔都在1600米以上，是海洋性气候和大陆性气候的交汇点，形成了该县南北不同的气候带，早春回暖早，日夜温差大，而且土地肥沃，小气候类型多样，是中国大陆梨适栽区的最南端，早熟梨在该县成熟期的表现比闽西、北早7—10天。1999年7月中旬参加全省早熟梨鉴评会，以成熟期最早、品质最优获得全省第一名。该县1996年开始规模发展德化梨，现有面积1.2万亩；1998年陆续投产，由于发展起点高，投产早、产量逐年上升、病虫害少、品质优；1999年平均产地价3.20元/公斤，市场前景广阔。加上中国梨的生产在国际上有明显的优势，加入WTO后，其优势将更明显，2000年该县梨嫁接花穗、果实套袋试验已取得成功，商标注册已经确认，完成彩盒包装设计模型，这些举措加速了与国际先进水平接轨，无疑将给该县水果发展带来更多的商机和活力，是发展农村经济，增加农民收入的好项目。德化梨1999年7月12日在龙岩市召开的福建省早熟优质梨品种鉴评会上获第一名。

该县得天独厚的地理条件，发展早熟梨优势显著，成熟期比其它地区早，可以提早上市，弥补水果市场空档；日夜温差大，果实含糖量高、风味佳、品质好、卖价高、效益明显。目前已建成高产梨园1万亩，并采用嫁接花穗新技术，配合果实套袋300亩。以后每年以1.4万亩的速度递增，2005年建成8万亩，德化南部的梨园全部采用嫁接花穗新技术（嫁接花穗比自然生长的果实成熟期可提前10—15天），北部地区以自然结果为主；全部梨园推广拉枝新技术，这样定植后第三年就可以正常投产，解决了梨树投产期迟的问题（原来常规管理模式定植后需5年才能投产），同时加强以增施有机肥为主要内容的土、肥、水管理和科学防治病虫害，推广果实套袋、果园草生栽培等系列科学措施，实施德化梨生产标准化体系，生产优质绿色水果，采取分级、彩盒包装，利用交通便捷的优势，进入国内外市场。

效益分析：

1. 经济效益：

梨树丰产性能好，通过科学管理，定植后第三年株产可达10公斤以上，以后几年产量可成倍增加，预计到2005年总产量可达23.63万吨（其中：2000年0.231万吨，2001年0.73万吨，2002年1.89万吨，2003年4.2万吨，2004年5.49万吨，2005年11.32万吨），总产值为23.63万吨×0.32万元/吨=7.56亿元。前期的投入产出比为1:7.5。

2. 社会效益：

8万亩德化梨基地建成后，可解决1万人就业，由于上市期恰是市场空档，可以丰富市民对水果消费的需求，还可以减少水土流失，保持水土，改善生态等作用。

福建省福安市（绿竹）

绿竹，是中国南方笋竹两用的优良丛生竹种之一，具有根系发达、生长迅速、投资省、见效快等特点，在江岸河边、山脚路边、水库周边、房前屋后均可种植，不但有很好的经济效益，还有护岸护堤、护路护坡、保持水土、涵养水源、美化环境等功能。绿竹的幼体绿竹笋，清脆可口、营养丰富，是一种纯天然无公害的绿色保健食品，盛产于夏秋两季（6—10月），笋期长达150天，又能缓解蔬菜淡季市场上供菜难的问题。

绿竹，是福安的一大特色资源。据县志记载福安栽培绿竹已有160多年历史，全市现有面积4.9万亩，其中已投产的有2.5万亩，年产绿竹笋7200吨，竹材5.7万吨，年总产值达6000万元，是目前中国县市一级最大的生产基地。

种植绿竹投资省、见效快，每亩造林投资400—500元，经营得好第三年就能收回成本，第五年亩产值可达1300元以上，经营水平高的每亩可达3000—4000元。该市的溪柄镇，通过“赛江绿化”和“三五七”绿化工程造林，现已形成万亩绿竹基地，成为绿竹大镇，年产值可达1500万元，该镇的黄兰村717亩绿竹，年绿竹笋收入达120万元，户均收入5000元，多的户收入可达2—3万元，绿笋万元户有十多户。农民薛玉声种绿竹13亩，1996年收入2.8万元，亩均收入2154元，绿竹笋收入占该村农业总收入的50—60%。白沙村471亩绿竹，年收入达52万元，人均收入860元；城阳乡占洋村凌禄生，栽绿竹220丛，年收入达1.2万元，平均亩收入3000多元。每到绿笋盛产季节，104国道边的黄兰村成为全市绿笋收批交易市场，各地商人云集而至，每天交易量达50多吨，销往浙江、上海、福州等省内外各地。福安食品罐头厂为绿笋深加工增值已打开前景，研究出的“绿笋梭鳖”罐头和“清水白玉笋”罐头已上市，深受顾客欢迎。

绿竹不但有很高的经济效益，而且还有很好的生态效益。一株绿竹种植4—5年后可形成一片竹丛，防护面积可达10平方米以上。如黄兰桥下的沙坂，原来没有种绿竹，每次洪水一到，护岸经常崩塌，农田受淹，种植绿竹后缓解了洪水的冲击力，从而保护了护岸。福安赛江沿岸1.2万亩绿竹可保护农田11万亩。绿竹是集经济、生态、社会三大效益于一体的好竹种，是农民致富奔小康的好项目。

为了更好地发展绿竹，1996年市委、市政府把发展绿竹列入我市农业经济发展的八大主导产业之一，提出建设“百里绿竹长廊”工程，目前总体规划设计方案已进入实施阶段。工程区跨越“一线一江四溪”，即以104国道福安段全长83公里的公路两侧为主，并以此带动赛江，辐射穆阳溪、茜洋溪、潘溪、西溪等4条溪流两岸。工程建设规模10万亩，在现有4.9万亩的基础上再发展5.1万亩，分6年时间进行。工程建成后，预计到2005年投产面积5万亩，产笋量1万吨，产值1亿元；2010年产笋量2.2万吨，可实现产值2亿元，使之真正成为该市农村经济发展的主导产业。

该市已把绿竹产业开发摆在山地农业综合开发工作的首要位置，成立了竹业生产开发指挥部，由分管的市委副书记、政府副市长、人大副主任担任指挥亲自抓，由农办、林业、水土等部门专人负责实施，要求每年在11月底前拿出年度实施计划，各乡镇在1月底前完成整地挖穴，3—4月完成栽植，在整地、挖穴、种植各生产阶段，市委、市府召开现场流动检查评比会。各级党委政府层层落实，书记镇长亲自抓，专职机构人员具体抓，乡财政也挤出资金支持群众购竹苗。

市政府在抓绿竹生产开发的同时也注重抓绿笋市场开发，制定优惠扶持政策，帮助农民建立营销队伍，扩大绿竹营销网络，让绿笋走出福安打入省内外及国际市场。依托市食品罐头厂，进一步搞好绿竹深加工，把已生产出来的“清水白玉笋”和“绿笋梭鳖”罐头打入国际市场，依托市水产品发展有限公司、市福林林产品发展有限公司，开发保鲜绿笋和优质绿笋干，打入国内外市场，实现加工增值。

福安绿竹资源之优势将在“百里绿竹长廊工程”中发展壮大，以显著的经济、生态、社会效益迎接新世纪的到来。风吹翠竹千倾浪，拟作人民致富歌，这是福安绿竹明天的生动写照。

福建省永定县（红柿）

永定是著名的客家土楼之乡。盛产红柿，历史悠久，面积近 10 万亩，年产量 3 万吨以上。该产品以其外型美观、色泽鲜艳、果实细腻、汁多味甜、清凉爽口、营养丰富等特点赢得广大消费者青睐。尤其是经加工后的“大红喜”柿饼，具有色泽金黄略带柿霜，肉质软绵，香甜适口之特点，含多种维生素、氨基酸等人体必需的营养成份。年产柿饼 1500 吨以上，产品畅销东南亚各国，闽、粤、赣、浙、沪等省市及港、澳、台地区。

联系地址：永定县农副产品营销服务中心

联系电话：0597－5830468　5821978

福建省长泰县（柑桔）

长泰县是全国柑桔生产基地县之一。长泰生产的漳州芦柑（椪柑）品质极佳，以果大、汁多、色香、味甜闻名遐迩，现有柑桔总面积 3266 公顷，年产量 4—5 万吨。

〔概况〕　长泰建县于公元 955 年，追至公元 980 年归属漳州，位于福建东南部的九龙江下游，北纬 24°32′—24°55′，东经 117°37′—118°5′。全境南北长约 36.5 公里，东西宽约 36 公里，总面积 912.67 平方公里。其中丘陵山地 6.75 公顷，占 74.65%，耕地 1.24 万公顷，占 15.5%。境内地势北高南低，气候温和，雨量充沛，冬无严寒，夏无酷暑，年平均气温 21℃，绝对低温－1.7℃，无霜期 328 天，≥10℃ 的年积温 7422.7℃，年平均日照 2037 小时，年降雨量 1580 毫米，相对温度 80%，属南亚热带温润气候区，适宜柑桔等果树的生长。县城东、北、西部山峦起伏，谷盆错落，水源丰富，森林茂密，龙津溪由北向南从县境中部贯穿而过，汇入九江北溪。良好的生态环境为发展柑桔等亚热带水果提供了优越的条件。

长泰柑桔栽培历史悠久，唐代垂拱年间，《归闲二十韵》中云：“蜜取花间液，柑藏树上珍”。16 世纪末，《榕城随笔》盛称“闽南产柑桔，其种不一，而颗皆硕大，芦柑为最，红桔次之”。清朝光绪丙戊刊本的《闽产录异》记载：“近入贡者绵产文旦，文旦者，小旦文姓所种，在长泰县溪东，不过四五十树……移植他处则味减”。可见，长泰种植芦柑和文旦柚早享盛誉。

近半世纪以来，长泰的柑桔生产几经兴衰。30 年代初，全县年产柑桔、柚子、龙眼等水果千吨以上。战争年代，果品生产濒临绝境，全县柑桔面积仅 53.3 公顷，产量 75 吨。50 年代，特别是近 20 年来，长泰柑桔业迅速发展。1989 年柑桔总面积达 1700 公顷，总产逾万吨。1997 年柑桔总面积 3200 公顷，总产达 5 万吨。长泰生产的漳州芦柑畅销港澳及东南亚，每年出口量约在 5000 吨以上。

〔**名优品种**〕　长泰柑桔品种资源丰富，现有栽培的柑桔有 2 属 5 大类 30 个品种、品系，其中宽皮桔类有 10 个、甜橙类 11 个、柚类 4 个，主要栽培品种有芦柑（椪柑）、蕉柑、柳橙、改良橙、文旦柚、坪山柚、琯溪蜜柚等。

漳州芦柑（椪柑）　长泰发展漳州芦柑迅速，迄今已达 2240 公顷，年产 3.5 万吨。该县生产的芦柑果重 150—250 克，扁圆形，果顶微凹，具放射状沟纹，柱痕较大，有的呈小脐；果皮橙黄色，有光泽，厚 2.5 毫米，易剥离；瓤瓣肥大，长肾形，9—12 瓣，中心柱空虚，汁胞橙红色，大而多汁；每 100 毫升果汁含全糖 11—12.8 克，可滴定酸 0.5—0.7 克，维生素 E38.5—14.3%；果肉脆嫩爽口，香气浓，风味佳，品质极佳；种子 10 粒左右，适于鲜食，亦可加工。其树冠直立紧凑，树势强健，一般以红桔为砧木，适宜丘陵山地或冲积平原栽培。1 月中旬开始花芽分化，11 月中旬至 12 月上旬成熟。三年生树初产期 666.7m^2 产 500—1000 公斤（株产 10—20 公斤），成年树 666.7m^2 产 2000—3000 公斤（株产 40—60 公斤），最高单产（666.7m^2）达 8557 公斤。长泰生产的芦柑曾于 1985 年、1989 年连续两届评为部优质果品，并以商标冠牌于 1989 年向国家商标局注册；1995 年获中国绿色食品标志使用证书；1995 年岩溪镇获中国“芦柑之乡”称号；1997 年又获福建省第二届优质水果金奖。

岩溪晚芦　岩溪晚芦是长泰县 80 年代初新选的，也是福建第一个晚熟的芽变芦柑品种，其特点是成熟期比普通芦柑推迟 60 天成熟，果实性状仍然保持漳州芦柑固有的优良性状，且具树势健壮，适应性强，丰产性好等优

点。曾在1994年获福建省农作物品种审定合格证书，1996年获全国农作物品种审定合格证书，现有栽培面积400多公顷，并在福建、云南、广西、广东等省、区大面积示范推广。该品种在我县的芦柑出口中占有一定的位置，对我县芦柑的产期结构调整起积极的推动作用。

蕉柑（桶柑） 长泰县主栽良种之一。现有栽培面积800公顷，年产量1.25万吨。果实12月下旬至1月上旬成熟，果实圆球形，单果重100—150克。种子少，具有早熟、丰产特性，但耐瘠，耐旱性较差，要求积温高，管理精细，成年树666.7m²产2000—3000公斤。

柳橙（印子柑） 现有面积160公顷，年产0.25万吨，成熟期11月中旬至下旬。果实近圆形，单果重110—150克。果面自蒂部起具放射沟纹或不明显，果顶留下的花柱痕明显似圈。果汁清甜、浓香。可溶性固形物13—14%，品质佳，耐贮运。树势强健，适应性强，适于丘陵山地栽培，较稳产。成年树666.7m²产2000公斤左右。

〔**栽培特点**〕 因地制宜，合理建园，是长泰栽培柑桔的基本经验。在龙津溪两岸及山间谷盆柑桔区，采取深沟高畦，筑墩浅植，克服地下水位的影响。对丘陵山地，实行水平梯田建园，做到四大（台、火、肥、苗）、三保（水、土、肥）、二配套（交通、水利）、一结合（林、果、牧）。

在传统经验的基础上，不断改进柑桔栽培技术，80年代总结出一套适合山地桔园管理措施，即改革投肥重点，科学使用肥料，改传统的一年一次冬施有机肥为秋、冬两次施，而化肥施用掌握“春足、夏轻，秋加重，冬适量”的原则。改冬季培土为夏、秋季培土。改冬剪为夏、冬两季修剪。从而促进全县柑桔产量和质量的提高。

90年代，由于社会对芦柑生产的要求越来越高，一是高品质，二是低成本，三是少污染。为些，该县对柑桔的栽培技术又进一步改进。通过柑桔营养诊断技术指导果农科学施肥，做到因树施量，缺啥补啥，克服过去盲目过多施用化肥的现象，既降低了成本，又减少了硝酸银的污染，这在施肥技术上又前进一步。提高果实品质，除在土壤管理上增施有机肥外，更重要的是减少树体的负载量及增强树体养分制造功能，即通过对过密树的间伐和对荫蔽树冠的开心形疏删修剪，既减少了无效枝梢的营养消耗，又增强有效技梢的光合作用，促进了果实生长。对幼年树采取“撑、拉结合，控上促下，疏强留缓，适疏春梢，抹除夏梢”等技术，促进速生早结、丰产、优质。此外，为进一步提高果实质量，在定果期以后又进行疏果，疏除畸形果、病虫果和小果，从而大大提高果品质量。

〔**发展思路**〕 长泰属南亚热带气候，适宜各种热带、亚热带水果的生长。近年来，长泰的荔枝、龙眼、香蕉发展迅速，相比之下芦柑起步较早，产量占水果总产近一半，由于价格的竞争，效益的竞争，目前芦柑的面积基本保持原有的水平。今后发展的思路是稳定面积，降低成本，提高品质，开拓市场，提高效益，促进发展。重在调整品种结构，加大岩溪晚芦的发展力度。积极发展加工业，通过产品的深加工及副产品的综合利用，来促进芦柑业的发展。同时要加强流通队伍的建设，开拓市场，以流通促进发展。使芦柑这一名优水果，为长泰的经济建设作出应有的贡献。

福建省南安市（龙眼之乡）

〔**概况**〕 “中国龙眼之乡”——南安市，是民族英雄郑成功的故乡，地处晋江上游东西溪腹地，依山傍海，素有“海滨邹鲁”之称。全市总面积2036平方公里（其中耕地30592公顷，林地109333公顷，草场4393公顷，滩涂2427公顷，可利用水面3334公顷），总人口148万人（其中农村人口136.7万人），现辖21个镇、2个乡、3个街道办事处、1个开发区，414个行政村（居委会）。1999年全市国内生产总值168.5亿元，财政总收入6.5亿元，农民人均纯收入达4159元。全市经济综合实力持续位居全国“百强”县（市）和福建省“十强”县（市）前列，社会各项事业蓬勃发展，先后荣获“全国科技工作先进县（市）”、“全国文化先进县（市）”、“全国体育先进县（市）”、“中国建材之乡”、“中国龙眼之乡”和“福建省双拥模范城”、“福建省级卫生城市”等称号。

改革开放以来，南安市扎实做好农业与农村工作，围绕“增粮增收保供给，脱贫致富奔小康”的这一农村主线，以及市委既定的“综合开发上规模，农业生产上水平，产业经营上档次，农村经济上台阶”的发展方向。积极搞好农业产业结构的调整，加大“山、海、田”农业综合开发力度，形成了粮食、畜牧、水果、水产、草席、花卉、蔬菜、食用菌等八大产业基地，其中龙眼基地25万亩，居全国和福建省前列，以龙眼经济建设为重点的农业可持续发展战略不断得到巩固。

〔**龙眼生产**〕 龙眼在南安栽培的历史已有1500多年。早在晋代和南北朝时就有零星栽培。三至四世纪《吴都赋》载曰：“龙眼，橄榄，探榴御霜”，指的是南安龙眼。北宋黄庭坚《涪翁叶说》：“龙眼唯闽中及南粤有之”；明朝陈道、黄仲昭《八闽通志》云：“荔枝才过，龙眼即熟，泉州府诸县皆有”。新中国成立后，特别是1984年5月，为了使南安龙眼规模化发展，国家农业部、福建省农业厅、南安市政府三级共同投资创办了国营南安市龙眼示范场，对南安龙眼的基地化建设起到了示范和促进作用。20多年来，南安人民以实施建设国家龙眼基地项目为契机，充分发挥资源优势，掀起“百村大竞赛”、“千亩连成片”、“万亩基地镇”的大规模、大面积种植龙眼的热潮，市、镇（乡）、村各级制定优惠政策，从资金、技术、物资、种苗等方面给予大力扶持，提高群众种果积极性，众多果农彻底转变自由、自发开发、分散小规模经营状况，树立以市场、资源条件为主导，统筹规划，连片开发，择优发展的观念，发展独具特色的龙眼产业。目前，龙眼生产遍及全市27个乡镇（街道办事处）380个行政村，栽培面积达万亩以上的乡镇有11个，千亩以上的村、场32个，500—1000亩的村、场有88个，100—500亩的村、场186个。1999年，全市龙眼产量达2.05万吨，居福建省首位，龙眼产业成为南安水果业的支柱和南安农村经济的绿色财源库。

在龙眼生产的产业经营过程中，随着结果树的增多，产量将不断增加，品种改良、品质提高成为龙眼产业的主攻方向。近年来，南安市依靠科技进步，提高龙眼生产的科技水平。一是引进新品种，改良龙眼品种。政府每年都拨专款对新品种引进和实施高接换种的果园进行财政补贴，龙眼的品种结构得到有效调整，使优质品种覆盖率达到92.3%。二是加强果园改造，提高品质。针对生产中果农盲目追求产量轻视修剪和保花保果技术应用等情况，南安市农业部门大力推广结果母枝修剪，生物覆盖，叶面施肥等优质丰产栽培技术，组织实施果园改造工程，从根本上改造果品内在质量。三是开展技术攻关，提高效益。为避开龙眼倾销高峰，南安市以早、中、晚熟龙眼的栽培作为市场调节的基础，积极开展贮藏保鲜和烘干焙干技术的研究，即延长鲜果的货架期又避免增产不增收的矛盾。四是变散为合，集约经营。一方面以现代果园建设为目标，通过合理布局和政策引导，全面开展52个千亩现代果园和12个市级科技示范果园建设；另一方面，在坚持联产承包责任制的基础上，通过承包、转让、租赁等形式，促进生产要素的集聚，如建立七支科技服务队开展技术承包，与高校、科研院所合作联合技术攻关等，使龙眼生产逐步朝规模化、集约化方向发展。

随着中国和泰国、越南等国龙眼的大发展、大流通，南安市委、市政府深刻地认识到，南安龙眼一旦遇上丰产年份，“卖难”问题即会出现，加大营销力度，提高“南安龙眼”的市场影响力，重视品牌建设是保障龙眼畅销的重要途径。1999年以来，南安市确立了创建龙眼品牌，增强产业活力的发展思路，积极开展品牌建设。一是通过组织参加质量评比创名牌。选送龙眼主栽品种“南安福眼”参加福建省优质农产品评比审定活动，经福建省名牌农产品审定委员会评审，“南安福眼”于2000年6月荣获福建省名牌农产品称号，创立了名牌；二是通过分级包装树品牌。按照市场消费需求变化，龙眼鲜果结束了过去用竹筐、藤筐等粗糙包装和混装卖的历史，开始注重精美包装，如精细盒装、带叶礼品盒装等；干果包装改为绿色铝塑真空包装，旅游食品包装以及单纯肉质分级包装等，浓郁的闽南风情和促销用语，实现了龙眼果品向商品的转化升值；三是通过注册商标护品牌。为维护南安龙眼的品牌声誉，南安市鼓励和引导龙眼加工龙头企业开展龙眼产品注册商标工作。目前，已获得注册的有“绿喜”牌桂圆干和“佳日”牌龙眼肉干商标；四是围绕绿色食品创品牌。绿色食品是南安龙眼走上国际市场的“绿卡”，2000年，南安市政府将此项工作列为推进龙眼经济发展的重要步骤，组织有关企业开展申报工作。经福建省绿色食品办的环境检测，南安龙眼产地环境已达到绿色食品生产标准，省绿色食品办将逐级上报审批，可望年底前获得通过。

在产业经营活动中，南安市委、市政府重视发展“龙头”实体，开拓市场，延伸产业链。“龙头”实体联系着千家万户的生产基地和变幻莫测的大市场。近年来，该市把发展“龙头”经济实体作为产业关键环节来抓，坚持谁有能力牵头扶持谁，谁是龙头实体壮大谁的原则，采取系列优惠政策，大力扶持培育龙头企业、龙头大户和龙头市场，初步形成市场拉动、企业带动、个体驱动的产销格局。市场拉动：在龙眼产区洪濑镇规划建设一个大型龙眼专业批发市场，使之成为南安特色农产品的主要集散地；在国内大中型城市沈阳、上海、南京、西安等地设立25个“南安特色水果驻外经销点”，作为南安龙眼外销窗口，构筑营销市场网点；在本地因特网站开辟龙眼销售“成功热线”和在中国特产报社“特产网站”及福建省农业信息中心网站开辟信息业务，加强南安龙眼网上信息宣传。在南安市区或其它地方举办“南安龙眼品尝会”，“优质龙眼现场拍卖会”等，努力营造和发展市场商机，架接台、港商，开辟国际市场。企业带动：政府拨出专项资金扶持企业新增发展72条龙眼烘干生产线和1千多个焙干灶；重点扶持南安农业产业化公司、成功果蔬食品有限公司、南金林场果品加工厂以及崎峰罐头厂等龙头企业，壮大经济实力，促进南安龙眼的加工转化，实现了加工能力占鲜果总量的50%以上的水平。个体驱动：即引导农民跳出果园奔市场，采取一系列优惠政策，积极培育和发展农产品运销大户，全面开拓市场，帮助贩运户落实经营中存在的特产税、检疫证、准运证等实际问题，开辟绿色通道，扶助贩运户进入流通。此外，该市还成立了龙眼专业协会，延伸服务触角，拓宽服务渠道，对龙眼产前、产中、产后开展系列服务，使个体驱动、企业带动和市场拉动有机结合起来，辐射整个产业，推进龙眼生产产业化进一步发展。

中国即将加入WTO，水果业的生产面临挑战，但南安龙眼却迎来了机遇。推进龙眼产业经营是适应农业生产阶段性变化的现实途径，今后，南安市将改变传统的龙眼生产机制，以提高效益为中心，依靠科技进步，大力开展以市场为导向的龙眼结构调整，突出抓好保鲜、贮藏、加工、营销等产后环节，全面拓展龙眼流通领域，面向国际市场，舞活“中国龙眼之乡”龙头，推进龙眼产业的优化升级，再造南安地方经济新辉煌。

福建省上杭县（杭梅）

上杭县种植杭梅始于明代，至今已有600多年栽培历史，用梅果加工制成的乌梅干，品质待优、粒大、肉厚、含酸度高，是名贵药材。用乌梅加糖煮成乌梅汤，明代就成为宫廷御用饮料，是生津止渴、醒酒清暑的理想佳品、因其药用、保健独特功能，远销日本、马来西亚、泰国、美国等地，1988年上杭被国家计委定为乌梅出口创汇基地。

1990年上杭县把杭梅作为名优特产品，大力发动群众大规模连片种植。现在，全县已有梅林面积4.8万亩，已形成临城、湖洋、通贤、蓝溪等多个产梅基地，投产面积2.3万亩，年产青梅3000多吨。

近年来，通过对低产梅园综合改造及杭梅良种造良与引进，株产亩产明显提高。先后引进白粉梅、青斤梅、杂叶梅、黑叶梅、南高梅、柳枝梅等品种，高技嫁接良种3000多亩，梅园每亩初产100多公斤，老果园改造后亩产提高到200多公斤。青梅优质品率达60%以上。

随着梅果产量大幅度增加，杭梅制品加工企业发展迅速，经加工的话梅、梅酱、果脯、杭梅饮料、杭梅蜜饯等新产品，深受消费者欢迎，1995年上杭县提出“以市场为导向，资源为依托，效益为中心”，形成以市场牵龙头，龙头带基地，基地连农户，产供销、农工贸为一体的经营新格局。现已建成沁芳食品有限公司、三高青梅发展公司、临城果菜加工厂、五味食品厂等加工企业，年收购加工青梅5000吨。沁芳食品有限公司新开发的干湿梅、紫苏梅等系列产品倍受日本及东南亚国家消费者的欢迎，多次被评为省部级“金奖产品”。该公司现已形成年加工青梅2000吨的能力，2000年与外商签订了1000吨干湿梅出口合同，年产值可达2000万美元，创汇200万美元。

福建上杭烤烟。烤烟是上杭重要支柱产业之一。明末清初上杭县稔田、蓝溪乡村始种晒烟，并制成条丝烟远销粤、湘、川等地，有“烟魁”、“头庄”之美称，1951年从外引进烤烟，种植面积逐年扩展，从1952年1800亩，产量91吨，至1993年达13万亩，产量达1.2万吨的高峰。此后随着市场变化，着重提高品质，适当调减种植面积。但是，烤烟一直是上杭脱贫致富的项目，也是县乡财政收入的重要来源。

1984年上杭县成立了烟草公司，加强了对烤烟生产的指导、管理，推行种植区域化、技术标准化、品种良种化。通过举办技术培训，引进外国良种，推广名衣种子育苗、地膜栽培、烤房改造等多项措施，烤烟品质显著提高。上杭县继1979年被列为省地烤烟基地后，1986年被国家烟草公司定为全国31个烤烟出口基地县之一。

由于气候、土壤等条件适宜，注重提高烟叶质量，县内所产烤烟得到中外专家的高度评价和外商的青睐。1988年，首次出口烟叶180.27吨，远销到英、美、德、印尼、比利时、新加坡、香港等十多个国家和地区，截至今年出口量累计达2800多吨，为国家创造了可观的外汇收入。

近年来，由于狠抓了科技兴烟及技术指导，上杭烤烟无论产量与品质都有很大的提高，经济效益也日益显现。据统计，从1984年到1999年，全县累计收购烤烟52000吨，烟农收入5亿元，特产税5900多万元，企业创利税4817万元。

福建省古田县（中国食用菌之乡）

古田县位于福建省东北部，辖8镇7乡，总面积2385平方公里，总人口才43万。具有悠久的食用菌生产历史，是驰名中外的“中国食用菌之乡”。据记载，早在隋大业年间（公元609年），境内就在人从事香菇人工栽培。中共十一届三中全会以来，古田县的食用菌业迅速发展，随着银耳代料栽培，香菇室外袋栽、竹荪室外人工栽培三大技术突破，以及国内外市场的进一步开拓，全县食用菌先后出现了五次飞跃性的发展和三次发展浪潮，目前已成为全国食用菌开发品种最全、生产规模最大、菌类产量最高、科技实力最强的食用菌生产大县。古田县香菇、竹荪、银耳荣获一、二届中国农业博览会金奖。“古田银耳”被认定为’99中国国际农业博览会名牌产品。1995年、1997年两度被中国食用菌协会评为“全国食用菌生产先进县”，1996年被国家有关单位授予“中国食用菌之乡”的光荣称号。“古田银耳”2000年被福建省人民政府授予首批省级名牌产品称号。食用菌业已成为古田县农村支柱产业和农民脱贫致富奔小康的主要途径。

古田县作为全国食用菌生产的第一大县，已具备独特优势。

——菌类开发齐全。全县拥有以银耳、香菇（含花菇）为主，竹荪、蘑菇、草菇、猴头菇、灵芝、侧耳、金针菇、毛木耳、黑木耳、凤尾菇、姬松耳、真姬菇、茶薪菇、阿魏菇、杏饱菇、鲍鱼菇、灰树花、榆黄蘑、大球盖菌等为辅的20多个食（药）用菌生产种类。各种食用菌加工成干品、保鲜菇、盐清菇、菇片、姑粒、快餐食品、饮料等系列，产品结构日趋合理。

——生产规模宏大。全县有2/3的农户从事种菇业，拥有10万菇农，1000个菇老板，近十年来年总产均超过10万吨（鲜品，下同）1999年达20万吨，总产值5.0亿元，占全县农业总产值的1/3，食用菌收入占农民人均收的1/3。食用菌年出口创汇5000多万元。

——群众技术基础雄厚。全县有23家食用菌科研机构，1个食用菌质量检测中心。并形成乡镇科委、食用菌办、农技站、食用菌协会、重点技术示范户等多层次科研和科技推广网络。利用网络进行重点项目科技攻关、技术普及，组织开展技术培训、技术开发、技术咨询等服务。把新技术、新成果传播到千家万户。近20年来，相继取得科研成果126项，其中经中央、省部级鉴定的食用菌机械项目6个，地级鉴定栽培技术2项，食用菌技术获国家科技奖1项，省级科技奖2项，向29个省市区派遣技术员2万人次，提供技术咨询10万人次。累计帮助兄弟地区创食用菌产值50多亿元。

——销售网络健全。古田县现有年产值千万元以上的食用菌产品营销公司、大户近20家，从事食用菌购销活动的人员逾万人，购销网络遍布全国各地，产品大量出口日本、东南亚、澳洲、美洲、欧洲等国家和香港地区。食用菌产品商品率均保持在98%以上。总之，古田县为全国食用菌产业的迅速发展，并成为世界食用菌生产第一大国作出了一定贡献。古田县将进一步发挥优势，加快产业化进程，朝食用菌业现代化迈进。

油柰 属蔷薇科（Rosaceae），李属（Prunus）。是福建省名特优水果之一。果实形美质佳，富含营养。果形似桃，略扁，果肩宽阔，果钝尖，缝龛玫明显具沟痕，果梗粗短，梗洼宽而深，果艾青绿色，充分成熟时呈绿黄色；果粉薄，灰白色，果肉淡黄色，肉质嫩，汁多味甜。1999年8月经农业部果品及苗木质量监督检验测试中心鉴测，可溶性固形物含量为14.8%，总糖9.22%，还原糖6.86%，可滴定酸0.91%，固酸比为16.3：1，Vc含量为5.05mg/100g，平均单果重163.2g，可食率98.5%。果核小，半离核，果项部常与果肉分离形成果腔，果实主要用作鲜食，还可制罐头、果酒、果脯、蜜饯。树冠半直立，树干灰棕色，皮目粗大，叶呈倒卵披针形；叶顶渐尖，叶基狭楔形，叶缘细锯齿状。3月上中旬开花，谢花后抽梢，果实大暑至立秋前成熟，寒露至霜降开始落叶。

油柰抗逆性强，病虫害少，生长快，结果早，适应性广，对土壤没有特殊要求，易获丰产。一般植后三年开始结果，5-6年进入盛果期，6年生树平均亩产可达2000Kg，最高亩产3000Kg，最高单株产量达256Kg。

古田油柰原产于古田县鹤塘镇西洋村，栽培历史悠久。据考证，始于清乾隆年间，距今已有250多年。清朝末，油柰曾销往港澳、马来西亚、新加坡等地，由于“文革”期间“以粮为纲”，大片油柰园被毁，仅剩零星种植。中共十一届三中全会以后，油柰得到迅速发展，1989年被列为福建省“星火计划”发展项目，1990年被定为全国63种名果之一，被誉为“八闽佳果”，1994年经福建省农作物品种审定委员会审定通过。1999年古田县湖滨油柰经农业部审定为“绿色食品”。1991-1992年两年古田油柰在该县以每年2万多亩的速度迅猛发展。80年代末至90年代初全县培育油柰苗2000多万株销往省内外。遍布华东、华中、华南各省。为提高古油柰的科技含量和经济效益，该县一是连续进行低产低品质油奈园的改造；二是开展油柰品种选优研究。1991-1993年由省农业厅、福建农大组织开展全省油柰品种选优研究。通过连续三年的筛选，从全省15个优良单株中评选出一个最优单株——古田1号；三是建立优良单株母本园。县农业局、科委投资20万元，以1992年全省油柰选优研究中评出的10个优良单株为材料，培育优良油柰苗，分别在县农科所和湖滨茶场建立两个母本园；四是开展油柰保鲜加工。目前油柰加工厂17家，年加工能力5000吨。在省农大的协作攻关下，1992年《油柰丰产栽培及保鲜技术开发》项目获省政府星火二等奖，全县现有油柰保鲜贮存能力已达2500吨。通过不懈的努力，古田油柰已建成具有规模效益的商品生产基地，1999年全县种植面积达5.6万亩，总产量3.5万吨，总产值1.4亿元。鲜果在广州、深圳、上海等各大城市被列为上等果品，市场十分活跃。已成为该县农业的一大支柱产业。

随着科学的进步，水果业的不断发展，水果市场的竞争日益激烈，当又面临加入WTO的挑战，油柰业也和其他各行业一样将面临严峻的挑战，今后的发展思路是紧紧围绕“调优、调高、调新”的路子，通过四个转变来加快油柰生产的发展。一是实现从一般品种到优良品种的转变，在大力推广“古田1号”良种的同时，继续进行优良品种的选育。二是实现从产量增长到质量提高的转变，力争以最快的速度通过实施福建省地方标准，加快标准化生产的步伐，在油柰质量上有所突破。三是实现生产为主到销售带动的转变，在加快产业化建设的同时，积极开展品牌建设，树立品牌观念，积极组织营销人员搞活市场流通，确保油柰的顺畅销售。四是实现从单一的技术指导到信息引导的转变，以市场为导向，全县上下尤其是农业系统内部要全方位开展信息服务，为广大果农提供快捷、准确的市场信息，在巩固南方市场的同时，积极开拓上海、南京、北京、重庆、武汉等北方市场，力争打开国际市场，建立全方位的市场网络。

福建省柘荣县（太子参）

太子参属石竹科多年生草本植物异叶假繁楼的块根，别名童参、孩儿参。太子参始发现于金陵太祖朱温之墓，朱温后裔清朝祭陵时发现坟上盛长珍奇之草，便取其块根煎之试服，结果元气大增，精神饱满，后经太医鉴定，其性味功效近似人参，遂供太子饮用，太子参由此而得名。

柘荣县地处福建省东北部，气候特殊，地理特别，全县海拔在400-1000米之间，属中亚热带海洋性季风气候，四季温凉湿润，年平均气温15.5℃，年均降雨量在1600-2200毫米，昼夜温差大。是福建省“太子参单品种区划”中的“最佳生产适宜区”。

柘荣太子参系常用中药，其味甘、微苦、性平、入脾肺二经。具益气健脾、生津润肺之功效。用于病弱体虚、气短盗汗、食欲不振、心悸失眠、津亏口渴、阴虚肺燥、干咳胸闷等症。近年来太子参还被用于治疗肝炎、糖尿病、冠心病、心绞痛，断发性再生障碍性贫血，白细胸减少病甲亢、淋巴结核等病。太子参“有近似人参的益气生津、补益肺脾作用，但力量较弱，是补气药中的一味清补之品”，具有“益气但不升提，生津而不助湿，补虚又不峻猛”的特点，特别适合做为少儿、老年人、久病恢复病人的滋补佳品。日常生活中，用太子参炖煮鸡、鸭等，具有良好的保健作用。拓荣太子参色泽晶黄，肉质肥厚，有效成份高。据农业部参茸产品质量监督检验测试中心分析测定，柘荣太子参含有17种氨基酸，其中人体必须的8种氨基酸都有，占氨基酸总量的40%，还含有铁、锌、硒等7种微量元素。

太子参是柘荣县传统名优特产品，栽培历史悠久，清朝开始有零星种植，20世纪七十年代初以来，柘荣太子参以上乘的品质和特殊药理保健功效不断为医药界和消费者所认识。由于该县地理、气候等自然条件极适合太子参的种植。1970年较大面积栽培示范成功，柘荣太子参步入健康发展之路。八十年代末以来，针对一部分农民收入缓慢的情况，县委、县政府在全县范围内开展有计划、大规模的扶贫开发活动，致力发展太子参生产，把太子参作为脱贫致富的重点项目，在各有关部门的密切配合下，经过不断选育，科学栽培，柘荣太子参生产得以迅速发展。近几年种植面积在2万亩以上，产量2000多吨。产品运销全国各地和港、澳、台等地区。1992年“柘荣太子参”获首届中国农业博览会金奖，并成功举办了“中国（闽东）柘荣太子参交易会”。经过全县上下的努力扶持和培植，该县太子参产业已基本形成产、加、销环环相扣的产业雏形。具体表现在：

一、太子参发展已具规模。建立全国最大太子参专业市场。全县有4万多农民从事太子参的产、供、销、加工活动，占总农户的近三分之二。初步形成了产、供、销、加一条龙的产业化模式。柘荣县也由此成为全国最大的太子参生产产地，仅太子参，农民人均纯收入每年达800多元，太子参户均收入5000多元，最多可达4-5万元，柘荣太子参由此也成为该县区域经济的主导产业。

二、龙头企业拉动市场的拓展。98年一些药材营销户联合组建了“群英太子参有限公司”。公司利用雄厚的资金和柘荣太子参在产量上的优势，大大增强了柘荣太子参在国内药材上市场上的竞争力。加强了与中成药生产厂家的联系，进一步顺畅了流通渠道。99年企业销售太子参约占全国销量的80%，在龙头企业的带动下，市场得以有力的拓展。另外国外市场也得到初步开拓，特别是东南亚等国和香港市场销量增大。

三、科技兴参成效显著。98年先后攻克了太子参叶斑病防治、太子参种系提纯复壮等技术。仅太子参叶斑病防治成功，太子参单产从原来的每亩120多斤提高到现在的200多斤，在取得一系列科研成果的同时，也培养了大批业务骨干，全县现有科技人员200人，其中农民技术员100多人，这些都为该县太子参产业化建设提供了有效的技术保证。92年以来，该县闽东富荣药业有限公司集福建著名中医、营养专家、儿科专家和高级制药工程师，研究开发了以太子参为主的“太子宝”系列产品，包括口服液、糖片、冲剂、饮料等。目前还有不少产品正在研究开发中。

四、促进了农村脱贫致富奔小康进程。99年种植收入4372万元，税收1053万元，占农业总产值的13%，仅此一项全县农民户均收入2560多元，是农户收入的重要来源。在过去扶贫的贫困户中，依靠太子参脱贫的占62%，以太子参为主的农村主导产业，成为该县脱贫致富奔小康的重要载体。太子参产业的发展还带动了其它药材的种植和商业，供销，交通以及其它第三产业的发展，农村剩余劳动力基本得到了有效的转移，太子参产业客观上构成了该县农村经济的重要支柱。

随着柘荣太子参药理保健功效不断为人们所认识，柘荣县委、县政府为增强产品的市场竞争力，向国家商标局申请注册使用柘荣太子参证明商标，并得到了论证审定，这在一定程度上推动了柘荣太子参的产业化进程。

福建省仙游县度尾镇（文旦柚之乡）

度尾文旦柚盛产于福建省仙游县度尾镇。该镇地处闽中丘陵地带，靠近戴云山脉，四面环山中成盆地。该地区海拔高度90—600米，属亚热带海洋季风气候。境内日照充足、雨量充沛、水源丰富、土壤肥沃。年无霜期345天以上、平均温度21.6摄氏度，日照2000小时左右、降雨量1600—2200毫米，山地土壤为砖红性红壤、沙质黄壤土，有机质含量丰富。形成了优质水果特别是文旦柚生产的独特自然气候条件，是发展绿色食物的最适宜的地方。镇域面积113平方公里，耕地面积3.6万亩，山地面积10万亩，其中宜果山地6.3万亩。度尾镇被誉为“文旦蜜柚之乡”，曾经是福建省山区乡镇经济发展模式的典型代表。

度尾文旦柚生产历史悠久，距今已近200年。清朝末度尾文旦柚被作为贡品。

度尾文旦柚内含物质丰富，具有较高营养和一定药用功效。经福建省农业大学测试中心定量检测和天津轻工学院成份分析，度尾文旦柚有益的氨基酸达18种，矿物质达11种以上。经福建中医研究院检测表明，度尾文旦柚含有柚甙、新橙皮甙、胡萝卜素、维生素B_1、B_2、C、菸酸、钙、磷、铁、挥发油、糖类和胰岛素等成份，具有抗炎、止咳、抗凝和降糖等作用，对胃痛腹胀、消化不良、中耳炎、乳腺炎及血凝都有一定功效，是药膳两宜的美品佳果。1982年在省、市柚子品质鉴定会上，被评为地方优质名果；1999年度尾文旦柚品质通过国家有关部门测试，被认定为优质果品，并获第三届全国柚类评比优质奖。

度尾文旦柚以独特的品质，走俏国内外市场。近年来在全国果品市场比较疲软的情况下，度尾文旦柚仍然供不应求，价格稳定，1999年在成都农产品展销会上每粒销售价格高达5—6元。目前度尾文旦柚已远销北京、上海、广州、福州、成都、武汉等大中城市以及东南亚国家和地区。

为了满足市场的需求，改革开放以来，特别是近几年来，度尾镇党委、政府采取有利措施。加大政府投入，加强外引内联，发挥示范带动作用，鼓励国有、集体、个人、联合体和外商开发山地资源进行规模种植文旦柚，1998年进行了万亩文旦柚基地建设，并成为仙游县十大重点经济建设项目之一。1999年“度尾万亩文旦柚基地建设”被国家科技部列为“星火计划”项目。目前度尾文旦柚种植规模达3万亩，产量达1万吨，计划到2005年种植规模5万亩，产量达4万吨。在大力推行规模种植的同时，紧紧依靠科技力量，强化种植的科学管理，不断提高纯度；严格采摘时间，确保名果质量；加强生产、贮藏、包装、运输和卫生安全管理，积极创造绿色食品；树立品牌意识，加大品牌保护，1999年完成了度尾文旦柚商标注册，2000年已向国家有关部门申报名牌产品和国家绿色食品使用标志。

度尾文旦柚生产已成为度尾镇农村经济结构调整的重头戏，是当地的一大支柱产业和农民增收的一个主要途径，度尾人民将以“兴一粒蜜柚，富一方经济”的发展思路，加大对文旦柚生产和开发，积极推进文旦柚产业化生产进程，使度尾文旦柚以更优的品质、更精美的包装奉献给广大消费者！

福建省莆田县常太镇（枇杷）

常太镇位于福建省莆田县西北部山区，总面积201平方公里，辖28个村，人口40762人，人均山地面积5.8亩，人均耕地只有0.34亩，是革命老区乡镇。由于受东圳水库的制约，常太镇的交通、文化、经济、信息等十分落后，1986年，人均纯收入只有198元，被列为省定贫困乡。近几年来，镇党委、政府充分利用当地资源优势，大胆调整农业产业结构，逐步改变传统农业的管理和经营方式，打破以粮为主的传统农业布局，大力挖掘山地资源，大面积种植“常太枇杷”；改变粗放型管理的农业耕作方法，实施科教兴农战略，培育了一大批的农民技术人才，创立“常太枇杷”品牌；建立健全社会化服务体系，以市场为导向，走出了一条以枇杷为主导产业的经济发展新路子，逐步形成贸工农一体化、产供销一条龙的农业产业化新格局。1999年全镇农村社会总产值实现3.25亿元，农民人均纯收入3620元，分别是1995年的3.6倍和3.3倍。该镇着重从三个方面推进农业产业化进程。

一、扩大规模，形成基地，打牢产业化基础

常太镇从80年代中期开始种植果树，由于管理不善，效益不佳，到1995年，全镇果园面积只有3.6万亩。1996年，镇党委、政府提出了“靠山吃山开发山，科技兴果奔小康”的发展思路，成立了农业产业化建设领导小组，由镇党委书记任组长，镇长任常务副组长，各村也相应成立了领导机构，制定五条措施促进山地开发：

1. 书记挂帅，干部带头。要求各村支部书记既挂帅又出征，每位村主干开发山地一亩以上，把山地开发作为村级换届选举考核班子的主要依据和镇干部年度公务员考核的主要依据，并与奖金挂钩。对完不成任务的镇干部，在干部上岗优化组合时，让其待岗，直到山地开发完成后，再考虑安排其工作。

2. 用好政策，盘活山地。根据省林业厅《关于进一步稳定落实自留山政策实施办法》的规定，该镇制定了《关于进一步完善落实农业承包责任制、加快山地综合开发的实施意见》，对山地进行全面规划，要求三年内完成山地开发种果面积4万亩，对不能在期限内开恳的山地收回另行发包。在所有权不变的基础上，允许山地使用权合理流动和依法有偿转让。

3. 多方引资，促进开发。镇政府向县农村信用联社争取信贷额度1000万元，由镇村300多位党员干部为农户担保，用于山地开发。积极鼓励本镇外出人员回村承包开发山地。同时，引进外资、联合体、民营企业家前来投资开发。1996年底，有5个村引进外资承包开发山地2000亩，有500多位在外人员回村或投资承包山地。

4. 实行奖补，扶贫帮困。1996年，为了确保规划区内13300亩山地开发任务的完成，镇政府划出80万元，对规划区内按时完成任务，经验收符合果园开发标准，并栽种果苗的每亩补助50元，对完成任务的镇、村干部给予奖励。没有完成任务的村主干、驻村干部要向镇党委、政府书写书面检查材料，取消奖金。对困难户在资金上给予适当扶持。

5. 完善合同，保护利益。该镇从保护开发者的利益出发，对新开的果园，以镇人民政府根据有关的政策给予签订山地承包合同，从而让他们吃下拥有自己果园的长效“定心丸”。

由于采取一系列鼓励群众开山造果的优惠政策和扶持措施，近几年该镇新增果园面积每年都在1万亩以上。目前全镇果园面积达到8万多亩，人均2亩多，枇杷面积占90%以上，1999年枇杷产量达1.1万吨，创产值1.1亿元，被农业部授予“南亚热带作物名优基地”，被誉为“中国枇杷第一乡”。

二、科技兴果，创立品牌，拓展产业化路子

针对群众素质文化低，农业生产粗放管理，科技含量不高，经济效益差等实际情况，该镇着重从三个方面抓科技兴果工作。一是建立健全网络。镇党委于1996年成立了科教兴果领导小组，在全市率先成立了镇果树技术管理站，全面抓科技兴果工作，每村配备果树技术员、农业技术员各28名，健全镇、村两级科委、科协组织机构。建立试验培训基地5个，科技示范村6个，科技示范户800个，示范面积9800亩，组建了民间果树技术协会26个和枇杷协会28个。二是培训技术人才。该镇每月5日召开科技兴果例会，邀请省、市、县果树专家授课。6日至11日定为全镇科技活动周，组织农技人员深入现场示范推广实用技术，及时解决果农在果树生产中存在的问题。近几年共开展农民实用技术培训达1万多人次。分期分批选送果技员、农技员和果农265人上农函大、农广校中专班、大专班学习，有152人已拿到结业证书，有62人被评为初、中级农民技术员。镇果树技术管理站每月编写印刷2期《果树简报》2000份，发到村干部和科技示范户（场）手中。各村还利用广播、科普画廊、宣传角等及时把先进实用技术信息传递给果农。三是建立生态果园。为了建立生态、丰产果园，培育出名牌产品，走农业可持续发展的路子，该镇对全镇宜果山地进行总体规划、综合开发。根据海拔差特点，有规划地种植“早、中、晚”熟的枇杷品种，镇果技站为果农推荐提供优质苗木。要求果农挖大穴、填大肥、栽大苗，建立保水、保肥、保土的“三保”果园。该镇还建立了6个五配套的示范果园，即果园道路、水利设施、储肥场地、防护林带、管理用房等配套齐全。大力推广果园套种豆科植物、浅根性牧草等技术，提高覆盖率，减少水、土、肥的流失。还要求做到果园与牧场相结合，形成了立体农业。通过实施科技兴果战略，枇杷优质果率从过去的30%提高到现在的85%，科技贡献率达50%，增值3200万元，被省政府授予“福建现代农业示范园区”。

三、搞好服务，以销促产，增加产业化效益

常太镇始终把果品销售同果树管理摆在同等重要的位置上，积极创造有利条件，强化产业服务，以销促产，为果农拓宽水果销售渠道，引导、鼓励农民进入流通领域，增加产业化效益。该镇于1997年10月份组建了莆田县常太农工贸有限公司，内联千家万户，外联国内外市场，开展果树产前、产中、产后服务。一是抓优质苗木选育。镇划出100亩山地，建立“福建省优质枇杷良种繁育基地”，不断引进、选育、示范、推广优良新品种，主要有“解放钟”、“早钟6号”和香钟，供果农选择。二是抓农资应用咨询。设立镇农技咨询站，深入各村巡回指导，推广新农药、化肥的应用技术。邀请福建农业大学的专家教授深入果园，开展土壤地质普查，果树营养诊断和病虫害测报，指导果农科学施肥、用药。三是抓营销队伍建设。采取外引内联的办法组成营销大军。外引就是采取优惠政策把外地果贩商引进来，利用他们的资金、信息，为自己的水果销售服务；内联就是把自己的果农联合成为果贩商，挂靠到镇农工贸有限公司，出去销售果品。1999年共引来全国各地果贩商100多家，组成了自己的营销队伍160多家。四是抓市场信息服务。根据往年的枇杷销售情况，发挥该镇在外经商8000多人的优势，了解市场信息，鼓励果贩商开辟新网点。镇农工贸有限公司及时做好信息导向服务，避免水果过分集中，相互杀价。近两年，该镇着重引导枇杷销售市场向东北和西北省份移动。五是抓优良环境建设。枇杷采摘前，召开销售座谈会。邀请全国各地的果贩商和各村枇杷销售大户，召开枇杷销售座谈会，总结经验。枇杷上市季节，镇干部和派出所、工商所干部下村日夜巡逻，为果农、果贩提供各种服务，加强优质枇杷产品的把关，未成熟的枇杷禁止上市销售，严厉打击欺行霸市行为，在全镇营造一个宽松的枇杷营销氛围。1999年10月1日，该镇新建一座库容600吨的果蔬气调保鲜库，为果品的保鲜贮藏和出口创汇提供良好条件。六是抓商品广告宣传。树立现代农业的观念，对常太枇杷进行商标注册，已获得“绿色食品”标志使用权，把常太枇杷商品信息输入国际互联网。不断提高果品的包装档次，分级分档包装，保证信誉。1999年4月25日成功的举办了“首届福建莆田（常太）枇杷节”，今年又在北京举办第二届枇杷节，今后将每年举办一次枇杷节，加大“常太枇杷”宣传力度。通过抓社会化服务，特别是抓市场营销，大大增加了群众的收入。1999年在产品物贱价跌的情况下，“常太枇杷”每公斤价钱仍卖到10元以上，据估计全镇增收达3000万元以上。

常太镇党委、政府就是这样在市场经济条件下，在信息竞争的年代里，跳出传统农业的圈子，挖掘山地资源，学习科学技术，抓住流通环节，走农业产业化路子，引导群众致富奔小康。

江西省

〔**概况**〕　江西的森林资源丰富，林产品种类繁多，是全国的重点林业省份。全省有林地面积8897.8千公顷，活立木总蓄积量27695.69万立方米，毛竹108556万株，森林覆盖率为55.24%；有脊椎动物845种5亚种，其中兽类105种，鸟类420种，爬行类77种，两栖类40种，鱼类203种5亚种，约占全国种类总数的20%。其中有国家一级重点保护动物华南虎、梅花鹿、白鹤、黄腹角雉、蟒等世界闻名的珍稀野生动物19种。1999年，全省林业系统干部职工和林区广大人民群众团结奋斗，排难而进，在实施“跨世纪绿色工程”，大力植树造林，封山育林，加强森林保护工作的同时，坚持森林限额采伐原则，进行木竹生产，发展人造板和林化工业，狠抓油茶低产林改造，促进油桐、板栗、食用菌和竹笋加工等各种林副土特产品生产，取得了可喜的成绩。1999年全省共完成木材产量254.99万立方米，毛竹3008.67万根，篙竹293.85万根；生产胶合板14.39万立方米（其中竹胶合板4.82万立方米），纤维板15.97万立方米（其中中蜜度纤维板9.08万立方米），刨花板9.25万立方米，松香13919吨，松节油1879吨，樟脑429吨，活性炭3218吨；油茶籽产量187094吨，油桐籽15344吨，乌桕籽526吨，生漆8吨，五倍籽543吨，棕片5241吨，松脂40718吨，竹笋干19317吨，食用菌5000吨，核桃31吨，板栗17769吨，紫胶（原胶）23吨，其它干鲜果产量4005吨。有力地支援了改革开放和经济建设，较好地满足了广大人民群众生产、生活的需要。

〔**木材产销**〕　木材是江西森林的主要产品，材种多、材质好，一向倍受消费者的青睐。1999年，全省生产商品木材254.99万立方米，其中直接用原木33.53万立方米，等内加工针叶原木105.13万立方米，等内加工阔叶原木27.3万立方米，杉原条84.7万立方米，薪材4.33万立方米。按生产单位分，国有森工企业生产量占全省总产量的27.05%，国营林场、事业单位生产量（包括抚育间伐材）占全省总产量的11.15%，其他企事业单位采伐自营林地数量占全省总产量的5.69%，乡（镇）、村集体单位和林农生产量占全省总产量的56.11%。

在木材生产中，江西久负盛名的优质木材，如陈山红心杉木、龙泉杉木、黄田江木等仍保持着一定的生产水平，深受用户喜爱。1999年，共采伐生产陈山红心杉木11.9万立方米、龙泉杉木6.2万立方米、黄田江木2.75万立方米。

近几年来，由于受国民经济结构战略性调整和基本建设项目减少等因素的影响，木材市场多处于沉闷疲软状态。1999年下半年开始出现了价格回升，木材市场趋旺的景象，有些紧缺材种成为畅销商品。马尾松优质大径原木供不应求，价格攀升；楮栲阔叶树木材由于资源紧，价格居高不下，用户坐镇要货。安福、新干、乐安、广昌、宜丰、靖安、武宁等产区县不同规格的木材销售价格是：杉原木每立方米520～740元；杉条木每立方米530～720元；松原木每立方米430～670元；三类杂木（椴木、木荷、槭木、冷杉等）每立方米470～560元。在赣南林区，二类杂木（椴木、木荷、槭木、冷杉等）每立方米470～560元。在赣南林区，二类九木（柞木、青冈、檫木、柏木、麻栎等）每立方米都在850元以上，甚至达到900元。江西的商品木材除本省销售外，主要销往江苏、浙江、上海、安徽、福建、广东、湖北、湖南、河南等省市。

国有森工企业是经营木材的主要部门，它具有网点多，布局合理，技术力量强，经营管理设施齐全等优势。但由于森工企业“一家进山收购木材”等政策没有得到认真贯彻落实，其经营量大大减少。1999年，全省国有森工企业仅经销木材88.24万立方米，其中杉木61.92万立方米、松木14.48万立方米、杂木5.95万立方米、等外及小规格材5.33万立方米、锯材0.56万立方米，销售收入共33086万元。

〔**竹材生产**〕　江西是全国主要竹材产区。全省有竹林面积627.3千公顷，立竹株数108556万株，各类杂竹9785万株。竹林面积在6.67千公顷以上的县（市）有30个，其竹林面积占全省竹林总面积的77%。各地为了使丰富的毛竹林资源变为经济优势，大力加强了毛竹林的抚育和改造工作。每年夏季开展毛竹林砍杂、垦复、施肥；推广先进技术，进行低产毛竹林改造；加大毛竹笋材兼用林丰产培育力度，取得了明显成效。11月29日至30日，江西省人民政府在崇义县召开了全省竹产业现场会，具体部署了今后五年（2000～2004年）加快发展全省竹产业建设工作，大幅度提高竹业的综合经济效益。1999年，全省生产竹材共3302.52万根，其中毛竹3008.67万根、篙竹

293.85万根。宜丰、靖安、新干、乐安、武宁等产竹县销售原竹价格为：8米以上×9寸的每根8~9元，8米以上×10寸的每根10~12元。全省国有森工企业在1999年中经营销售竹材534.61万根，销售收入3074万元。

林区一些县（市）、森工企业和国营林场等部门不但砍伐生产原竹供应市场需要，而且十分重视竹材的精深度加工，走竹业产业化之路。毛竹林面积和总株数居全省第一位和全国第三位的宜丰县，按照“山上建基地、山下搞加工、山外拓市场、科技创高效”之路，大力培植毛竹产业，取得显著成绩。该县建立了县、乡、村三级毛竹丰产林、笋竹两用林、教学科研示范基地60余个，面积6666.67公顷，成立了以县竹材人造板公司，高档竹地板厂、罐头厂为龙头的竹加工企业89家，形成了年创产值1.96亿元，利税2800万元以上的宜丰县业开发集团，产品以竹地板、竹胶板、竹编板、凉席、竹筷、竹工艺品、笋罐头为主品种有800多个，远销日本、东南亚、香港等国家和地区，在国际、国内市场上保持着良好的销售态势，深受用户欢迎。1999年，全县竹业总产值占全县工农业总产值的12.2%，税金占全县财政收入的23.6%，农民纯收入中来自竹产业的占30%，出口创汇520万美元。铜鼓是全省林业大县，该县竹业实现产业化经营，先后组建江欧、江佳2个竹业集团公司，生产经营红红火火，产值超亿元。1999年，全县加工转化毛竹300万根以上，创产值2亿多元，农民来自竹业开发的收入达700余元。全省竹材重点产区的奉新县先后兴办竹材加工企业共77家，年加工竹材能力200万根，主要产品有：竹装饰板、竹编工艺品、保健凉席、竹拉丝、竹筷、笋罐头等近百个品种系列，产品远销欧美、日本、韩国、东南亚等国家。1999年，该县砍伐毛竹295.42万根，其中毛竹加工消耗170.62万根，年竹业产值达1.5亿元。

〔宜春市油茶林低改工程见成效〕 素有“油茶之乡”美誉的江西省宜春市，是全国、全省油茶重点产区。全市共有油茶林面积53.67千公顷，遍布26个乡镇，占全市林地面积的40.4%，农村人均拥有油茶山0.08公顷。该市自1990年以来，油茶林低改工程列为国家农业综合开发的重点项目之一。规划分3期进行改造：第一期工程开展林地清理、垦复深挖、蓄水保土、修枝整形、合理施肥、间密补稀等工作；第二期以建设高产优质高效油茶基地为中心，集中精力抓品种改良，搞好良种采穗圃和苗木基地建设；第三期工程在抓好品种改良的基础上，重点实施油茶老林更新改造，探索油茶产加销一条龙的产业化路子。计划低改工程总面积为6666.67公顷，分7年实施。期间，市人民政府根据林业部《油茶低改项目技术管理办法》制订了具体的实施细则颁布实行。本着“改造一片，见效一片”的原则，发动和依靠广大农民群众艰苦奋斗，年年坚持进行油茶低改工程建设。至1997年，已如期完成第一、第二期工程建设任务，共6400公顷。通过改造，油茶产量大增，经济效益显著。1997年，全市低改的油茶林，平均每公顷产茶油由40.5公斤提高到144公斤，年总产量66.2万公斤，产值1324.8万元。1999年，全市油茶籽总产量1321.4万公斤，折合茶油262.3万公斤，每公顷平均产茶油49.5公斤，属平年，比上年增长23.7%；全市茶油和茶粕两项总产值为5350.9万元，仅此一项农村人均可增收76.4元。

与此同时，为发挥油茶的综合经济效益，宜春市还在项目区开展茶果、林农间作，发展多种经营生产。年间种收入840万元。从1992年开始，投资5000万元兴建全省最大的油茶综合加工利用基地——江西海天实业总公司，至1996年建成投产，具备年加工生产高烹油1万吨、茶皂素0.35万吨、复合酵素蛋白1.5万吨的能力。该公司主导产品“海天”牌山茶油，连续3年被评为“江西省用户满意产品”、“98年江西市场信得过产品”及“江西食品市场免检产品”，并在第三届中国国际食品博览会上被认定为“名牌产品”。1996~1998年，该公司实现工业总产值4117万元，销售收入3871.17万元，利税69.67万元。

宜春市还成立了市油茶局，专门负责该市油茶生产管理、油茶科研、油茶技术推广和油茶良种培育、推广等工作。其下属业务单位有4个油茶科研场、所，油茶科研基地面积666.67公顷。经过多年的努力，该市场有全国各地油茶良种无性系165个，其中亩产50公斤以上的有25个；有良种采穗圃面积33.33公顷、油茶良种芽苗砧嫁接苗培育基地10.67公顷，可年培育油茶良种嫁接苗640万株，供应农民选种。

〔崇义华森集团公司人造板系列产品畅销〕 江西崇义华森集团有限公司组建于1995年，是由原县木材厂、竹胶合板厂、中密度纤维板厂及生产原料的11个国有林场以入股的形式建起来的。公司成立后，领导班子带领职工走林业产业化道路，以市场为导向，大搞技术改造，狠抓内部管理，经营规模和经济效益不断提高。现在，该集团公司生产规模为：中密度纤维板规格有2440×1220×6~30毫米，年产量可达3.2万立方米；刨花板规格有2440×1220×12~25毫米，年生产能力2万立方米；竹胶合板规格有2440×1220×8~25毫米，年生产能力3万立方。1999年，该公司人造板生产又取得产销两旺的好成绩。全年共生产各种人造板55397立方米（其中中密度纤维板29229立方米、刨花板22233立方米、胶合板738立方米、竹胶合板3699立方米、细木工板498立方米），比上年增长13.63%；销售各种人造板56518立方米，比上年增长23.9%，产销率为102%；实现销售收入6497万元，利润

32.4万元，缴交利税702万元，比上年增长23.76%、112.6%和27%。该公司生产的“华森王”牌人造板系列产品95%以上销往广东、江苏、浙江、北京、上海等省(市)。

〔**安福县林化公司产销两旺**〕　江西安福县林化责任有限公司的前身为安福县谷源山林场所属林产化工厂，创建于1977年。20年来，该厂松香生产不断发展，产品质量显著提高。1993年该厂“白鹤峰”牌松香被评为“江西省优质产品”，1994年以后，被中国农业银行评为“AAA信用企业”，其松香、松节油在吉安地区质检评比中多次获得第一名。该厂为合理利用森林资源，向国家和谷源林场缴交利税作出了一定贡献。但是，到1997年，由于经营管理不善，加之松香市场疲软，价格下跌，使企业陷入困境。当年出现亏损70万元，负债166万元，7个月发不出职工工资。1998年3月，安福县林业局作出决定，对该厂领导班子进行调整。新领导班子上任后，发动和依靠职工群众，大胆进行改革，转换企业机制，强化内部管理，很快使企业走出低谷，出现产销两旺，效益大增的局面。1998年，生产松香、松节油共1660吨，产销率为100%，一举扭亏为盈，实现利润121万元。1999年生产松香2100吨、松节油453吨，产销率为78.1%，销售总收入705万元，交税金148万元，实现利润96万元，职工年收入达7200元。

转换经营机制。新领导班子上任后着手抓的第一件事就是进行企业改制，把安福县林产化工厂改组成立安福县林化责任有限公司，经营形式实行股份制，全员入股，共吸纳股东534名，筹措股金278.5万元，从而形成了以国有资产为主的股份制企业，大大调动了职工的生产积极性。

精简富余人员。改制前，全公司有职工147人，其中生产工人102人，行政管理人员45人。严重存在人浮于事，管理混乱，“反正干多干少都一样，有饭一起吃，没吃一起饿”的现象。针对这种情况，公司领导班子果断地采取“消肿”与竞争上岗并举，撤并机关科室；按需设岗，定岗定人，竞聘上岗，把机关技术骨干充实到生产第一线，把富余职工下岗分流到农、林生产岗位。通过减员分流后，全公司上岗职工仅75人，比原来精简96%，其中行政管理人员只有12人，比原来精简了1.75倍。

强化内部管理。根据公司的实际情况，首先，加强了产、供、销各个环节的成本管理，实行定额承包，把指标量化到岗位、到人，严格实行考核和奖惩制度。该公司的产品质量良好，特级、一级松香达95%以上。松香产品回收率由83%提高到92%，比国家正常回收率88%的标准高出4个百分点。松香生产成本每吨比上年下降1350元。其次，进行工资制度改革，实行工效挂钩，以调动职工的生产积极性。奖勤罚懒，多劳多得，工资档次拉大。1999年，职工最高工资达10500元，低的仅有4600元。

〔**食用菌生产红火**〕　香菇是江西主要的林副土特产品之一。由于它质地脆嫩，口味鲜美，营养丰富，久被誉为“山珍”。近几年来，一些山区县更加重视食用菌生产，加大开发利用力度，出现了红红火火的新局面。1997年，全省生产香菇（干货）437吨，1998年产量上升到3131吨，1999年达到5000吨以上。

作为支柱产业来培植。资溪、黎川、浮梁、永丰、靖安、奉新等县先后作出决策，把食用菌生产作为该县一个支柱产业来扶持和发展，取得了明显的经济效益。1999年初，中共黎川县委、黎川县人民政府经过深入调查研究和反复论证，作出了把“三菇”（草菇、茶（薪）菇、花菇）作为产业结构调整主攻方向的决策，并采取了一系列有力措施推进食用菌生产的快速发展，使昔日以种粮造林为主的山区县一跃成为食用菌产业大县。目前，该县栽培三菇10万袋以上的大户和基地已达60多个，每村有专业户100户以上，60%的农户被吸引到这个新兴产业中来。1999年全县食用菌生产共6110万袋，年出“三菇”干货2500吨，产值1.7亿元，全县农民人均创收200多元。浮梁县属山区县，过去山区经济靠砍伐木材支撑，随着国家禁止砍伐天然林政策的出台，山药乡镇经济发展面临新的问题。为此，中共浮梁县委一班人作出决定，把食用菌生产作为振兴县域经济的支柱产业、作为山区农民致富的主导产业来抓。从1999年起，在全县实施“百村万户亿袋”工程，即：力争用3年左右时间，发展100个以上的专业村、10000户以上的专业户，使规模达到1亿袋以上，产值超过粮食总产值，农民人均纯收入增加600元，地方财政增长1500万元。

靠科学技术发展。各地林业科技推广、科研部门及时提供技术服务，举办食用菌培训班，赠送技术资料，大力扶持食用菌专业户、示范基地，推广普及高产优质高效食用菌生产技术；采取“请进来”、“派出去”等办法引进人才、技术，建立培训示范基地，以典型引路，及时帮助菇农解决生产遇到的各种难题，推动食用菌生产不断向前发展。1997年起，中共资溪县委、资溪县人民政府就引导农民改段木种菇为袋装香菇种植，先后从浙江、福建等地引进种菇人才100余人，举办种菇培训班230期，培训人数达1.1万人次，大大促进了全县食用菌生产。1999年，该县种植香菇810万袋，发展种植户1600余户，食用菌业总产值达4080万元，实现利税1053万元，农民增收970万余元。香菇生产历史悠久的靖安县，为了提高食用菌的经济效益，从外地引进技术，利用当地海拔高的有利条件，试验栽培反季节香菇获得成功。这种反季节香菇，每年八九月份开始出菇，每亩可产鲜菇5000公斤，将这些鲜香菇空运到上海、广州等地销售，经济效益大为提高。1999年，该县种植食用菌500万袋，总产达2200吨，总收入1.2亿元，山区30%的农民靠种植磨菇脱贫致富。

大力开拓市场。食用菌产出后，做好销售工作成为关键一环。各产区十分重视选调、培训营销人员，建立销售网络，拓宽市场，做好产后服务工作，使食用菌产品货畅其流，卖到好价钱。黎川县在推进食用菌发展中，及时建立健全产前、产中、产后服务机制，组织营销人员从事食用菌贩运、销售业务。该县有一批人在闽、沪、粤等地开辟了18个外销网点，从事包装、运输、销售。全县19个乡镇场也构建起辐射周边、跟进闽粤的区域市场。黎川县由于注重食用菌生产质量，菇价因而一路上升，由1999年9月的每公斤160元涨到12月份240元。福州、厦门、广东的客商订单纷至沓来，有的则派人坐镇黎川收购鲜菇和干菇。奉新县的食用菌生产经过多年的探索，走出了一条“紧贴市场，规模发展”的路子。他们以市场为导向，注重产品的品质，引进与发展市场适销的优良品种。如海鲜菇、鸡腿菇、茶薪菇、太盖菇、巴西蘑菇等，其中巴西蘑菇大面积引种成功，填补了江西省空白。该县1999年生产食用菌812.7万袋，创产值1800余万元。永丰县以县通力罐头食品有限公司为龙头，敞开收购菇农的蘑菇，将鲜菇加工成盐水菇和罐头系列食品，较好地解决了“卖菇难”问题。该县的食用菌产品远销美国、日本、台湾、香港、澳门等国家和地区。

〔广丰县黄尖山林场桃业一派生机〕　江西省广丰县黄尖山林场创建于1966年3月。该场从1985年起，贯彻“以林为本、合理开发、综合经营、全面发展”的方针，开始栽种桃、梨等果树，发展果业生产。至1999年，全场有高产优质桃园20公顷，桃业生产呈现一派生机。其中已挂果产桃面积13.33公顷，每公顷产鲜桃1.5~1.8万公斤，每公顷产值3~3.6万元，全年总产鲜桃200~240吨，年产值40~50万元。

林权归场，分户经营。该场从1986年开始试行，将全场果园按每个职工0.2~0.27公顷的标准，分给职工个人经营，实行“职工家庭林场”的经营管理模式，大大调动了广大职工的劳动积极性。1999年，职工人均年收入已逾万元。

推广良种，科技引导。该场领导人十分重视桃业生产的科技投入，每年都拿出一定资金用于林果良种的引种和栽培技术试验工作。他们先后引进桃类良种62个，从中优选出雪雨露等6个高产优质桃品种，在全场推广栽植，收到良好效果。

抓住产后服务，开拓销售市场。随着桃园面积的日益扩大和鲜桃产量的不断提高，桃果销售问题成为该场经营桃业产业的一大难题。该场领导班子及时选调营销人员开展运输、销售业务，外出寻找市场，建立销售网络，帮助职工做好产品推销工作。该场的鲜桃除在本地畅销外，还分别销往广州、厦门、上海等城市，从未出现“果贱卖难”现象。1999年，该场外销鲜桃20余万公斤，收入达50余万元。

〔官山实验猕猴养殖基地初具规模〕　江西官山实验猕猴养殖研究基地创建于1986年，是江西省官山自然保护区的一个融科研、生产及珍稀野生动物救护为一体的经济实体，也是江西省惟一一家猕猴规模化人工饲养繁殖基地。经过10多年的摸索、试验和建设工作，该基地已初具规模，积累了丰富的饲养管理经验，可为各地提供优质的实验用商品猴。至1999年，有存栏猕猴200头，年繁殖80头，年提供出售量60多头。累计为国内科研试验及社会公益事业部门提供优质的仔代实验猕猴200多头，创收80万余元。该基地是中国实验猕猴养殖开发联合会的成员单位。

〔企事业单位供求信息〕　江西省木材公司：经营各种材种和规格的木材、锯材、毛竹、篙竹及其制成品、半成品，人造板系列产品，林产化工产品；经理：林曙光；地址：南昌市阳明路一号；电话：0791－8624864、8626034（传真）；邮编：330006。

江西绿宝竹木业有限责任公司：经营木材、毛竹、林化产品、木竹制品贸易及加工、化工产品，装卸劳务，汽车运输；董事长兼总经理：余小发；地址：南昌市昌北凤凰洲；电话：0791－3856021、3851585（传真）；邮编：330038。

江西省林产化工公司：经营林产化工产品，天然香料、香精，装璜材料，木材、竹材，化工原料；负责人：解卫东；地址：南昌市阳明路一号；电话：0791－8625873（传真）；邮编：330006。

江西崇义华森集团有限公司：经营中密度纤维板、刨花板、竹胶合板、细木工板等；总经理：肖同义；地址：崇义县横水镇牛角河39号；电话：0797－7620688、7620690（传真）；邮编：341300。

江西省宜春市油茶局：经营“海天”牌山茶油，有油茶良种无性系苗木出售；局长：陈洁；地址：宜春市区；电话：0795－3222840；邮编：336000。

江西省吉安地区武功山林场：经营木材、毛竹、木竹制品、林木种苗、花卉、茶叶、纤维板、松香、松节油、各类水果等；场长：彭金福；地址：安福县洋溪镇；电话：0796－7318031、7318447（传真）；邮编：343211。

江西省广丰县黄尖山林场：可供鲜桃、良种桃苗、梨苗，需求优质桃品种；负责人：徐炳星；地址：广丰县林科所内；电话：0793－2658592；邮编：334600。

江西官山实验猕猴养殖研究基地：供应实验用商品猕

优秀地区和企事业单位

河南省洛阳

烟绒紫
粉面荷
洛阳红

金帝

重庆市涪陵区——榨菜之乡

❶ 中共重庆市涪陵区委常委、涪陵区人民政府常务副区长　伍策禄
❷ 涪陵榨菜水脱架地
❸ 现代化的方便榨菜生产车间
❹ 涪陵榨菜原料生产基地
❺ 涪陵榨菜（青菜头）穿剥上架
❻ 传统坛装工艺榨菜

吉林省延边朝鲜族自治州

吉林省长白鹿业股份有限公司董事长兼总经理吴德战（左二）与技术人员深入车间检查质量

延边朝鲜族自治州处在中国、俄罗斯、朝鲜三国交处，随着中国改革开放及经济的发展，延边已成为经济发的热点，被国际经济开发组织誉为世界经济发展的"三角"。

延边座落在长白山腹地，山地面积占总面积的80%上，自然地貌基本上是"八山一水半草半分田"。这里山皆绿，有水皆清。特殊的自然地理环境孕育着大量独的物种资源。被国家誉为全国三大自然宝库之一。据计，长白山蕴藏着珍贵动植物资源约三千种。其中珍奇种－－人参、貂皮、鹿茸、熊胆、麝香、松茸、林蛙、籽、黑木耳、蕨菜、刺嫩芽、椴树蜜、不老草、灵芝、山红景天等有上百种。

延边农垦特产经济就是依附长白山特产资源发展来的，主要经济指标连续9年名列吉林省农垦榜首；特经济产值占延边州农业总产值的1/3，已成为农村经济展的重要支柱产业。

喜摘苹果梨

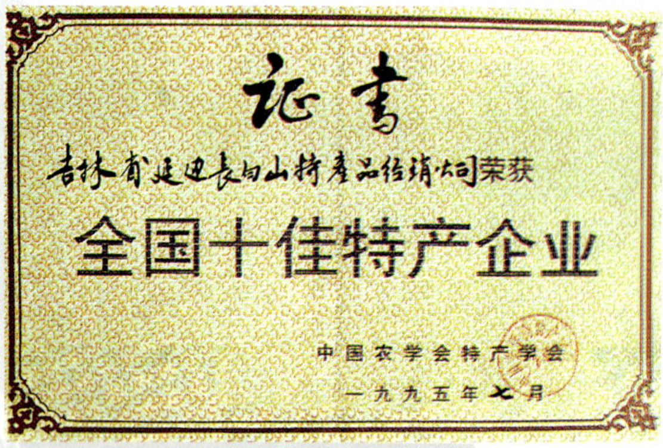

证书

吉林省延边长白山特产品经销公司荣获

全国十佳特产企业

中国农学会特产学会

一九九五年七月

延边参茸总公司的参茸系列产品

吉林延边宝利蜂业有限责任公司的礼品蜂蜜

山东青岛崂山区

茶叶生产基地

崂山名茶

新疆生产建设兵团农五师

农五师政委 蒋建勋

农五师始建于1953年
月，现有11个农牧团场，
多个工交建商贸企业，总
口10.01万人，总面积31
平方公里；可耕地面积1
万亩，农作物播种面积45.
千公顷，林园地面积1170
顷，山区天然草场164.8
亩，养殖水域面积209公顷

养殖的优质细毛羊

大力推广宽膜植棉技术

生产的优质苹

生产的优质棉花

浙 江 省 余 姚 市

——中国榨菜之乡
　　中国杨梅之乡

余姚地处浙江省东部，宁绍原中心，是全国综合实力百强市和浙江省经济十强县市。余农业历史悠久，距今 7000 年，先民就在这里种植水稻、驯牲畜，创造了被誉为世界瑰宝“河姆渡文化”。

余姚是一个农、林、牧、副、各业齐全的综合性农业区域，已建成粮食、竹笋、茶叶、果、蔬菜、花卉、畜禽、水产八农业商品基地，培育出“鹤顶”杨梅、余姚榨菜、河姆渡茭、“瀑布仙茗”茶叶、舜水蜜梨一批具有较高知名度的名优农品，先后被国家有关部门命名“中国杨梅之乡”和“中国榨之乡”。

余姚杨梅名闻天下

有色稻长势喜人

河姆渡有色米

美味方便的小包装榨菜

丰收的榨菜，长势喜人

河北省唐山市

稻田养蟹

唐山市委书记　白润璋

蟹

虾

图片说明：

❶—❼为瓷制品

市区一隅

中国瓷都

唐山市人民政府市长　张和

唐山市是我国东部沿海地区凭借优越的区位和丰富的资源优势而迅速崛起的能源原材料工业城市。唐山市以其丰富的铁矿石、炼焦煤、水泥、建材、钢材和农副产品等初级产品供应京津市场，承担了以能源原材料生产为主的重工业生产基地的作用，为环渤海地区和整个国家的经济建设做了重大贡献。

唐山市素有“京东宝地”之称，北部山区盛产板栗，核桃，苹果等干鲜果品；中部平原盛产玉米、小麦、水稻、花生等农副产品；南部沿海，既是渤海湾的重要渔场，又是原盐、石油的重要产区。唐山是近代工业的发祥地，这里诞生了中国第一座现代化煤井，第一条标准轨铁路、第一台蒸汽机车、第一袋水泥、第一件卫生瓷，被誉为“中国近代工业的摇篮”。

虾蛄

鱼

滦县花生

乐亭仙桃

唐海大米

湖 南 省 武 冈 市

满山遍野结硕果

书记、市长赞脐橙（左：市委书记向才昂，右：市长廖

世之名鹅——武冈铜

月季花

莱选1号桃

山东省莱州市

莱州市位于胶东半岛西北部文明中外的云峰山下，总面积1816平方公里，海岸线长108公里，总人口87万。近几年来，莱州市积极适应农民增收两大目标，充分发挥传统优势和资源优势，大力调整优化结构，努力培植主导产业，有利地促进了农村经济持续、快速、健康发展。作为“全国综合经济实力百强县（市）”，莱州同时又是“中国良种之乡”、“中国月季之乡”、“中国海湾扇贝之乡”。

梭子蟹

海湾扇贝

玉米良种掖单13

中华名椒－－韩城大红袍

韩城市芝川油脂加工厂生产的保健食用仁油

韩城市丰翔花椒有限公司生产的系列产品

陕 西 省 韩 城 市

韩城市位于陕西关中东北隅，地处秦晋交界，是伟大史学家、文学家司马迁的故乡。是以煤炭、电力为主的新兴能源重化工业城市。1985年被国家命名为全国历史文化名城和对外开放城市。

韩城花椒已有600年的栽培历史，以其特有的“穗大粒多，色泽鲜艳，香味浓郁，麻味适中”的特点而久负“中华名椒”之誉，深受广大消费者厚爱。产品畅销全国13个省市区和日本、韩国、菲律宾等国家。

1980年以来，市委市政府立足市情，把发展花椒优势产业作为兴韩富民的战略任务来抓，制定了《韩城双千万株花椒基地建设规划》，提出了“户包荒山，连片栽植”、“树随地走”、“50年不变”等优惠政策。经过十余年的不懈努力，目前全市已形成纵贯韩塬大地的百里3000万株2000万斤的花椒基地规模，基本实现了荒山、荒坡、荒沟以及田坎地埂花椒化。1990年以来，花椒产量平均每年以30%的速度递增，2000年全市花椒产量占全国花椒产的1/6，收入达1.6亿元。花椒产业已成为韩城经的支柱产业，更是农民致富奔小康的主要来源，韩已成为全国规模最大、效益最好的花椒生产基地(市)。根据韩城大红袍花椒的特点可搞多元化深工，由于资金有限，难以批量生产。为此，韩城市椒管理局寻找合作伙伴共同开发，共享其利，有意请与韩城市花椒管理局联系。

联系电话：0913－5200618
传　　真：0913－5213719
联 系 人：王百茂　　刘敏刚

韩城市花椒生产基地一瞥

福建省龙海市

千姿百态的水仙花盆景

龙海－－水仙花之乡，它象一颗绚丽璀璨的明珠，镶嵌在闽南金三角美丽富饶的漳州平原上。近几年，龙海市委、市政府大力调整农业产业结构，发展高优农业，加快农业增长方式的转变，产品的优质率、商品率和市场占有率大幅度提高，使山海河田各呈异彩。青山碧野间：荔枝、龙眼、香蕉、杨梅、柑桔等珍果和数百种奇花异卉四季飘香，良畴沃土中：稻米、甘蔗、黄麻、花生等作物捧金献银。辽阔的滩涂海域，蕴藏着丰富的水产资源。勤劳、质朴的龙海人民，告别了昨日田园牧歌式的农猎生活，在现代经济全面发展的高速路上勇往直前。

图片说明：
1. 兰竹荔枝 2. 程溪菠萝 3. 浮宫杨梅
4. 八卦芦柑 5. 蘑菇罐头
6. 龙海市紫泥镇金定村是金定鸭的原产地

福建省石狮市

国家重点种禽场——石狮市金定鸭良种场

金定鸭的中心产区福建省龙海市紫泥镇金定村

种蛋

云南省西畴县——阳荷之乡

阳荷树

阳荷果

宁夏回族自治区惠农县

被誉为塞上明珠的惠农县，地处宁夏回族自治区最北端，东临滔滔黄河水，西依巍巍贺兰山，南与宁夏平罗县接壤，北与内蒙古自治区乌海市相连。区域人口10万，地域面积963平方公里。全县资源丰富，有得天独厚的引黄自流灌溉条件和自然环境，是国家商品粮基地县之一。 多年来，该县把蔬菜产业作为全县的主导产业和主攻方向，大力发展大路菜、温室菜、脱水菜。90年代以来，脱水菜产业异军突起，成为全县经济发展和农民增收的一大支柱产业。同时惠农县立足实际，提出了大力实施“万亩枸杞基地”发展战略，一跃成为宁夏枸杞大县。

1

2

4

3

1.脱水菜系列品种

2.脱水菜集团公司拣选车间

3.县枸杞示范园区

4.优质枸杞

福建省漳浦县

漳浦县地处福建南部沿海，面对台湾，区位十分优越。这里气候宜人、资源丰富、四季如春、终年花果飘香，素有“金漳浦“之美称。近年来，漳浦县委、县政府充分发挥区域优势，积极引导农民调整农业产业结构，拓展闽台农业合作与交流，农业蓬勃发展。漳浦县相继被国家评为“中国荔枝之乡”、“中国龙眼之乡”、“中国芦笋之乡”、“中国花木之乡”和“中国榕树盆景之乡”。乌石荔枝、白石芦笋、霞美牡蛎、古雷鲍鱼、六鳌紫菜等16种农产品获得国家绿色食品使用权。马口花卉大世界、百里花卉走廊、海峡两岸花卉博览会，吸引了众多的海内外客商。漳浦县是一颗镶嵌在海峡两岸的璀璨明珠。

图片说明：

1.乌叶荔枝
2.白石芦笋
3.龙眼
4.沙西榕树盆景
5.漳浦黄牛

加查水蜜桃

西藏自治区加查县

加查县县长 陈海云

加查梨

加查苹果

加查县县长陈海云，藏族，1962年9月生，四川新津县人。大专文化程度。1978年11月参加工作。现任加查县县委副书记、加查县人民政府县长。1978年11月后历任桑日县绒乡小学教员，桑日县委办打字员，桑日县委组织部科员、副部长、部长，曲松县委副书记。2000年9月至今任现职。

加查冬虫夏草

山东省莒南县

莒南县地处鲁东南丘陵地区，风光秀丽，环境优
。莒南县委、县政府充分发挥资源优势和地理优势，
理调整农业产业结构，促进了区域经济的快速、持
、健康发展，工业生产基本形成了轻工、纺织、化
、机械、食品、工艺美术、建材等门类比较齐全的
业体系；民营经济已形成地毯加工、磨料磨具、建
建材、纺织、石雕石刻、条柳编、抽纱绗缝、铸件
工等八大支柱行业。全县农业更是取得了突飞猛
的发展，花生、板栗、茶叶、草莓等十大农产品生
基地以及同泰、绿润、玉皇、春园等九大农产品加
龙头企业共同形成农村经济产业化格局。莒南县
继被列为全国商品粮大县、花生生产出口基地县、
果高产优质示范基地县、节水增产重点县、农村能
综合建设重点县，并跨入全国油料、果品、肉类百
县行列，被国家有关部委评为“全国花生之乡”、
全国板栗之乡”、和“全国石雕艺术之乡”。

1. 县长陈相珍（右一）与山东农大专家在花生新品种山农818实验田里调研
2. 莒南石刻
3. 通过ISO9002国际质量标准认证的花生加工车间
4. 莒南板栗
5. 莒南同泰花生食品公司生产的花生系列产品

古镇生产的“大鹏”牌系列模具

贵州省黔西县——黄花之乡

种植黄花已成为黔西农村广大群众的致富之路．图为群众采摘鲜花。

黄花玉米套种，粮花兼作

贵州省委副书记黄瑶（前排右一）在黔西县铁石乡视察万亩黄花基地建设。

满山遍野的黄花－－一派丰收景象

万亩黄花基地已形成产、供、销一体化营的格局。图为基地工人在加工鲜花。

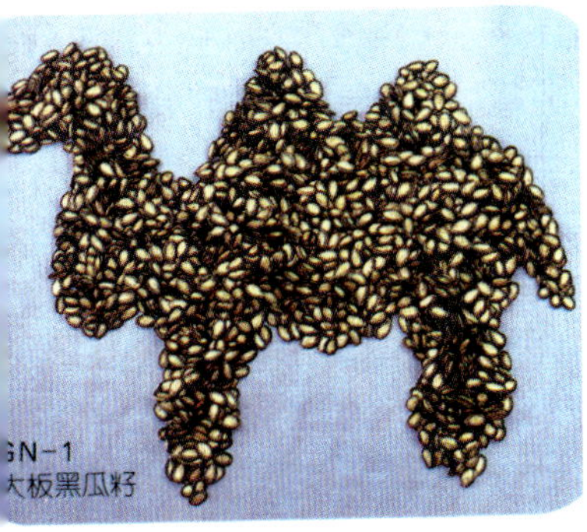

甘肃省民勤县

民勤县地处甘肃省河西走廊东北部，南依武威，西毗镍都金昌，东北和西北面与内蒙古自治区阿拉善左、右旗相接，总面积1.6万平方公里，总人口30万，是镶嵌在古丝绸之路要道上的一颗绿色宝石。

民勤县有雄厚的经济基础，地域辽阔，土活泽绕，素有“塞上奥区”之誉。改革开放以来，民勤人民以经济建设为中心，艰苦创业，励精图治，经济和社会事业蓬勃发展，综合实力不断增强，人民生活水平显著提高。农业连续10多年获得丰收，已初步建成粮油、棉花、瓜籽、甜瓜、蔬菜、畜禽、红枣、葡萄等八大商品基地，并配套完善与之相应的批发市场和龙头加工企业，形成农工贸一体化的农业产业化经营机制。民勤县主要特产有黑瓜籽、黄河蜜瓜、苹果梨、小茴香、红枣。走向开放的民勤县已敞开大门，热忱欢迎海内外各界朋友来此实地考察、洽谈贸易、投资兴业、旅游观光，共创沙乡伟业，再造民勤辉煌。

GN-1大板黑瓜籽

红枣

近年造林绿化所获奖章奖牌

县城东彩门

河南省西峡县

近几年，西峡县委、县政府从县情出发，围绕建设“菌果大县、工业大县、山区富县”的奋斗目标，依靠丰富的资源优势和地理区位优势努力营造后发优势，坚持菌、果、药三大主导产业同步发展，膨胀基地规模，强化龙头带动，狠抓市场营销，加大科技投入，强力推动了特色农业五年攻坚，初步形成了菌、果、药三大主导产业体系。

龙乡牌香菇被评为’99中国国际农业博览会名牌产品；猕猴桃以纯天然、无污染、清香汁多、质优味醇而享誉中外，1999年被国家有关部门命名为“中国名优特经济林猕猴桃之乡”；山茱萸曾荣获’91仲景杯国际博览会金奖；获’99北京中国国际农业博览会名牌产品称号。

1. 西峡香菇
2. 华美1号、2号猕猴桃
3. 猕猴桃鲜果系列产品
4. 龙乡牌香菇被认定为’99中国国际农业博览会名牌产品
5. 华美1号、华美2号猕猴桃荣获中国’99昆明世界园艺博览会金奖
6. 西峡山萸肉

山东省蒙阴县

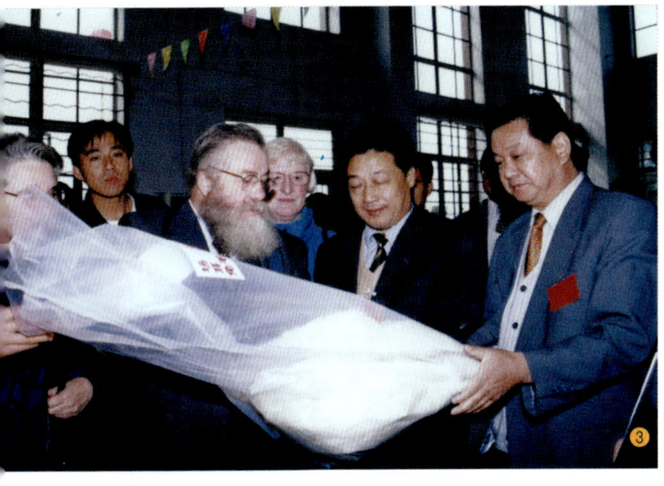

蒙阴县位于山东省东南部，地处革命老区沂蒙山区腹地，交通非常便利。改革开放以来，蒙阴县经济和社会事业得到了较快发展。特别是近年来，蒙阴县立足于山区资源优势，加快农业结构调整步伐，大力发展名优特稀品种，形成了一批具有浓厚地方特色的土特产品，促进了农村经济的发展。蒙阴县为全国最大的无公害果品生产基地县之一，县委、县政府始终把果品生产作为农业和农村经济的一个重点来抓，大力推广果园管理新技术，积极引进名优特新品种，果品生产得到了较快发展，苹果、桃、大雪枣、板栗等优质果品多次获金奖，是出口创汇产品，逐渐成为当地农业和农村经济的支柱产业。蒙阴县还立足山区实际，充分发挥饲草资源丰富的优势，大力发展以长毛兔为主的节粮型畜牧业，使全县养兔业始终保持了持续稳定发展的势头，长毛兔存养量、毛产量均居全国之首，被全国家兔育种委员会授予“中国长毛兔之乡”。

① 沂蒙长毛兔

② 蒙阴特产“大雪枣”

③ 县委书记郭元臣、县长宋法亮在全国兔业研讨（展示）暨山东省首届赛兔会期间陪同世界兔协秘书长莱波斯观看兔毛贮存情况

④ 蒙阴“无公害”苹果喜获丰收

⑤ 县委书记郭元臣、县长宋法亮在山东省首届赛兔会期间观看“沂蒙”巨型长毛兔剪毛比赛

三七系列产品

云南省文山县—中国三七之乡

云南省文山县是云南省文山壮族自治州州府所在地，是中国三七之乡，也是中国及世界医药瑰宝三七的主要生产基地。三七年产量占全世界总量的95%。

三七属五加科人参属草本植物，是中国最早发掘使用的名贵药用植物之一，文山地区民间将三七作血症创伤、滋补强身之药，代代相传至今，被誉为“金不换”。

三七是一种品质稳定的植物药，使用历史已近600年，自古认为有活血化瘀，消肿定痛的奇效，能

文山州委常委、文山县委书记 付加兴

文山县县长 曾文龙

文山三七市场

治疗一切与血液有关的疾病。现代研究发现，三七的主要功能是预防和治疗心脑血管疾病，对肝病也有较好的疗效。

开化三七交易市场是全国最大的三七交易专业市场。全世界三七正常年产量130万公斤，在该市场的成交量达到100万公斤以上。

据不完全统计，全国以三七为原料的加工企业近400家，其中文山县有20家。云南文山特安呐制药有限公司是文山县最大的三七加工骨干企业，高新技术应用处于全国三七加工企业的领先水平。

为迎接国家西部大开发，云南省委、省政府把三七系列产品开发列为“云南省生物资源开发创新工程”重点培育。文山州委、州人民政府把三七产品开发列为富民强州的支柱产业建设和培育，规划建设中国文山三七工业园区。该项目采用高新技术并通过将多种生产要素集中到园区进行优化重组，建成设施齐全、服务配套、政策优惠的集三七系列产品开发、加工和交易等多功能为一体的三七产业开发区。热忱欢迎中外投资者合作开发三七，共谋发展，造福人类！

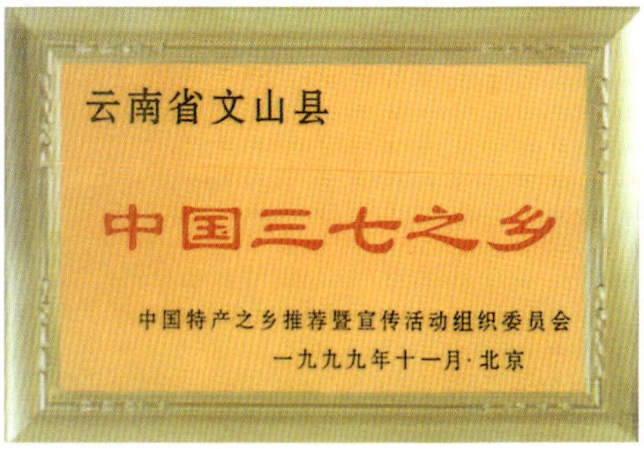

壮族姑娘

特安呐制药公司产品生产车间一角

今日文山

山西省平顺县

平顺县位于山西省的东南部。全县农副土特产品主要有花椒、核桃、党参、柿子等。

近几年来，县委、县政府结合实际情况，充分发挥本地资源优势，大力发展以党参为主的中小药材的种植，现全县已超过1万亩；发展大红袍花椒、核桃的种植，到目前大红袍花椒达到15万亩，核桃11万亩。该县1998年被国家有关部门命名为“中国大红袍花椒之乡”。

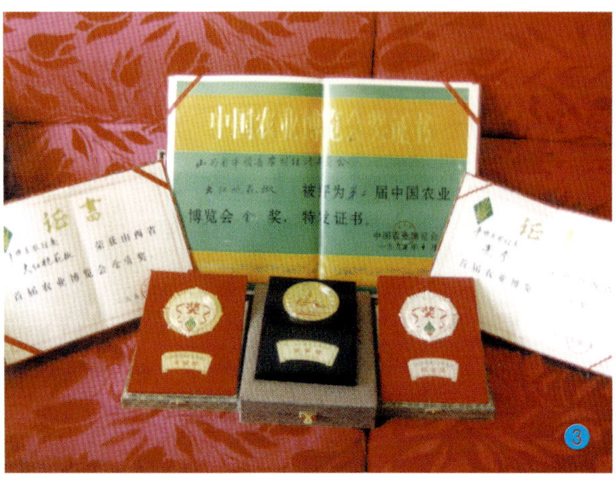

① 大红袍花椒凉晒场
② 大红袍花椒栽满山
③ 大红袍花椒荣获农业博览会金奖
④ 虎头蛇尾菊花蕊的正宗上等党参

新疆自治区精河县

丰收的枸杞挂满了枝头

正在加工的精河枸杞

新疆精河县托里枸杞批发市场

陕西省勉县

勉县茶业发展有限公司经理高俊清与市茶技站站长张锡友在检查生态茶园

定军茗眉荣获杨陵农博会后稷金像奖

定军名眉专营店一角

陕西省黄龙县

近年来，黄龙县委、县政府充分利用得天独厚适宜优质核桃生长的自然条件，把建设规模效益型的优质核桃外销商品基地作为兴县富民的“龙头”产业来抓，取得了显著成效。黄龙县是全国核桃最佳优生区之一。该县启动了以洛(川)韩(城)公路为主线的“百公里优质核桃长廊工程”来推动全县核桃产业开发。目前，在长廊工程已建立高标准优质核桃园2万余亩，优质核桃商品基地初步形成。

这些措施有力地拉动了区域经济地快速增长，为振兴陕西经济起到了示范作用，其成功经验在国内具有广泛的推广价值。

黄龙县核桃产业开发现场会

优质核桃示范园

三年生优质核桃挂果

领导与专家研究核桃发展

甘肃省安西县

中共安西县委书记　李金寿

西瓜

蜜瓜

温室白兰瓜

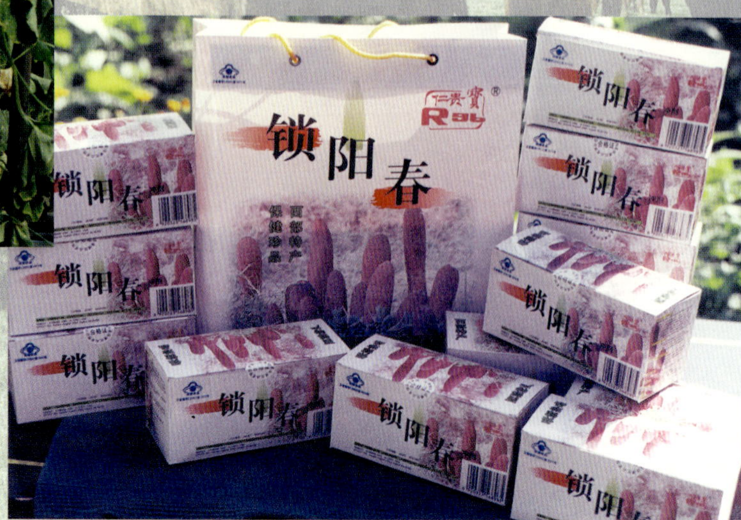

锁阳春系列产品

福建省华安县

寿星

龙戏珠

华安玉是全国九大名石之一，属石玩中之珍品，园林盆景艺术家创作“无声的诗、立体的画”的好素材。其自然造型光怪陆离、雄奇多姿，可作石玩珍品收藏，或作奇石盆景摆设；可供公园、庭院、别墅作假山、石桌、石椅之用，给家庭增雅趣，为园林添秀色，令人心旷神怡，流连忘返。

坪山柚原产于华安县新圩镇黄枣村坪山上，故名。因其果实于中秋上市，素有“团圆果”之称。又因其果形美质地佳，风味独特而被列为世界四大名柚之一，产品畅销国内外。

华安县已有六百多年的坪山柚栽培历史，据《福建通志》和《漳史记》记载，早在明清时代坪山柚就被列为朝廷贡品。华安县先后被国家列为柚子生产基地县，柚子出口创汇基地县；华安坪山柚三次被评为全国柚类优质奖；1995 年又被国家命名为全国首批特产之乡“中国坪山柚之乡”，1996 年和1997 年两次被评为全国早熟柚类金杯奖。

近年来，华安县委、县政府积极推进农业向商品化、专业化、现代化转变，把坪山柚作为主导产业和名牌产品来抓，快速推动坪山柚生产的规模化、产业化进程，使“中国坪山柚之乡”更加异彩夺目。

华安坪山柚

福建省闽清县

高级彩釉砖整装待运

檀香橄榄

闽清糟菜

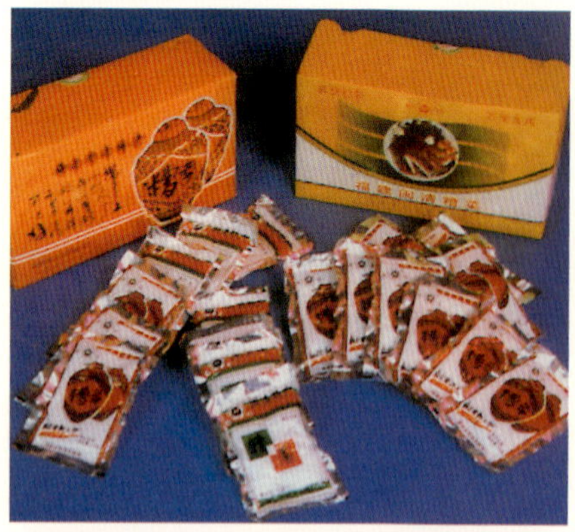

茶口粉干

宁夏回族自治区海原县

海原县野生资源主要有发菜、蕨菜、甘草、杏仁、秦艽、麻黄、柴胡等。年可采集加工发菜50—70吨，出口东南亚一带。驰名中外的海原南华山蕨菜无污染、品质好，出口韩国、日本，年产量2500吨。甘草主要分布在海原中北部，甘草酸含量8%，除天然甘草外，现人工种植上万亩，甘草年产量约500吨。海原还盛产洋芋、“三豆”（豌豆、扁豆、蚕豆）、肉类、皮毛、瓜果、油料等。年产水果570万公斤，毛绒50万公斤，肉类200万公斤。

蕨菜

手工仿制地毯

“高崖”哈蜜瓜

湖南省麻阳苗族自治县

——冰糖橙之乡

成熟的冰糖橙挂满了枝头

冰糖橙是麻阳独有的甜橙类地方良种，是柑橘中的精品。已在国家商标局申报并受理注册“麻阳”牌证明商标。

的三利集团三利毛纺厂车间一角

高阳县城一角

每年一届的纺织文化艺术节，为广大商户提供了广阔天地

河北省高阳县

高阳，隶属于河北省保定市。近几年，在县委、县政府的正确领导和积极扶持下，纺织业呈高速发展态势。目前，全县共有织机2.4万台，年产三巾24亿条，占全国总量的1/3左右；全县纺织产品有毛线、毛呢、地毯纱、三巾等四大类300多个花色品种，产品销往全国各地并出口欧洲、东南亚、俄罗斯、日本、韩国、南非等30多个国家和地区。

同时，高阳县委、县政府把培育和发展专业市场，作为牵动县城经济和特色产业腾飞的一项重要工作。其中全国最大的汽车农机配件市场——庞口市场，占地面积33万平方米，经营汽车、农机、机动三轮车、收割机、旋耕机、农排机六大类配件6000余个品种及部分整机。1995年，庞口市场被有关部门认定为“中华之最”和“全国文明市场”。

全国最大的汽车农机配件市场－－庞口市场一角

河北省怀来县

河北省怀来县四周群山环抱，形成的独特的“怀来盆地”和区域小气候，十分适宜优质佐餐葡萄酒和香槟葡萄酒原料的生产，被人们誉之为“中国的波尔多”。葡萄栽培的历史已近800年，目前种植面积已达9.2万亩，葡萄产业所创收入已占到主产区农民人均纯收入的80%以上。县委、县政府大力扶持龙头企业发展壮大，配合长城公司“双加”工程的实施，开发专红酒葡萄种植基地，增强了县内各家龙头企业抵御市场风险的能力。并努力将怀来建成全国葡萄第一县，将县城沙城发展成为国内著名的葡萄酒城。

怀来县在农业高速发展的同时，工业也齐头并进。怀来县工业玻璃厂经过八年努力，现生产能力达1万吨，成为河北省日用玻璃行业“经济效益十佳企业”之首。其产品先后获得河北省“工业产品一等奖”、2000年“第十二届世界生产力大会推荐名牌产品”、“沿海与中西部首届百家名牌产品”。以此同时，怀来县委、县政府还把太阳能产业作为县域经济发展的主导产业之一，到2010年太阳能热水器产量将达到年产300万平方米，占国内市场总量的1/10，县城沙城逐渐成为北方的太阳能城。

① 怀来县委书记 李建举
② 怀来县人民政府县长 李建华
③ 充满活力的县域工业
④ “夹河葡萄发酵站”发酵车间
⑤ 北国名珠－－龙眼葡萄
⑥ 河北夹河葡萄酒有限公司生产的绝干型干白、干红葡萄酒

陕 西 省 白 河 县

—— 黄姜之乡

县委书记吕健（左一）、县长胡润泽（右一）在与农民算种植黄姜经济效益帐

一株两年生黄姜重达1公斤

黄姜开挖现场

规模种植的黄姜生产基地

福建省古田县

1、林鸿县长（中）到农村调研
2、驰名中外的特产——油柰
3、优质水蜜桃

4、国家金奖白木耳
5、国家柚类金奖湖滨蜜柚
6、竹荪
7、香菇

福 建 省 东 山 县

芦笋是东山县农村经济的主要支柱，也是东山农业创汇的主要产品，近年来已建立芦笋、对虾、网箱养鱼、贝类养殖四大生产基地。东山县尤其面对闽南渔场中心，发展外海和远洋捕捞具有广阔的前景。

❶ 芦笋系列产品
❷ 芦笋加工车间
❸ 东山县鲍鱼

重庆市綦江县

（农民版画）

❶

❷

❸

❹

綦江县位于重庆市南部，与贵州接邻。綦江是一个山青水秀的多民族农业县，特殊的地理位置和独特的人文环境，使得这个人杰地灵的山区县孕育出了一朵享誉中外的艺术奇葩——綦江农民版画。

綦江农民版画崛起于八十年代初，在市县美术干部的辅导下，一批农民版画作者开始拿起刻刀，进行版画创作，作品的题材多是日常的平凡生活，具有浓郁的生活气息。而表现手法是在简单传授绘画技法的基础上，大量吸收了当地民族民间广为流传的布贴、剪纸、木板年画、石雕木刻、蜡染、蓝印花布等的表现手法，使其作品表现出古朴稚拙、夸张浪漫的艺术效果。綦江农民版画先后到北京、上海、武汉、成都等十多个大城市举办展览，并应邀赴美国、英国、意大利、加拿大、日本等十多个

❶《新婚》李成芝 1989年71.5x44.7cm
❷《农家乐》桂焕勇 1986年36.5x60.7cm
❸《绣》毛士贵 1991年45.5x59cm
❹《牧童》袁后学 1989年46.5x60.3cm
❺《晨曲》李宗顺 1992年40.6x78.5cm
❻《赶集》王善明 1989年44.5x80cm
❼《编》李芳德 1985年40.2x55.9cm
❽《车水忙》李志军 1983年55.6x31.5cm
❾《苗山月夜》熊秋 1983年33.5x45cm
❿《百岁酒》戴正中 1985年50x41cm

❺

国家展出，有50多件作品在国内外展出获奖，1985年被四川省文化厅、四川省美协、重庆市人民政府授予“农民版画之乡”称号；1988年被国家文化部命名为“中国现代民间绘画画乡”。綦江农民版画为“老重庆”树立了第一个国家级的民间艺术品牌。

綦江农民版画在近二十年的发展与奋斗中，在发展与保持民间风格的理性思考中，在綦江县委县府的高度重视下，在千禧之年里，綦江农民版画仍以崭新的姿态展示在人们面前。先后参加或举办了“中国铜梁龙灯艺术节”；“中国重庆版画艺术节”；“重庆第三届綦江农民版画新作展”等五个展览，均取得了较好的社会效益和经济效益。中宣部、国家文化部的领导、市委市府的领导、艺术界的国家级和市级专家参观了展览，为展览开幕式剪彩、题词，并对綦江农民版画给予了高度的评价。展出期间，观众不绝，收藏者、购买者踊跃，为綦江农民版画走向市场奠定了良好的基础。

綦江县文化馆
綦江县农民版画研究会

⑩

⑨

⑧

⑥

⑦

福建省寿宁县

福建省寿宁县

中国花菇之乡

一九九五年十月 潘逢

1、花菇交易市场

2、中国花菇

3、寿宁县茶园

山东省莱芜市莱城区——生姜之乡

莱城区辖25个乡镇（办事处），906个行政村（居委会），总面积1920平方公里，其中耕地面积78万亩，人口97万，生姜种植面积12万亩。

莱城区的生姜姜块肥大、皮薄丝少、辣浓味美、色泽鲜艳，富有胡萝卜素、硫胺素、核黄素、抗坏血酸等各种成分。

1997年8月，莱城区被有关部门命名为“中国生姜之乡”。

1. 生姜姜块
2. 董瑞吉区长（左二）到北京大钟寺农副产品批发市场看望莱城区的生姜购销大户
3. 生姜喜获丰收

福建省永春县

——芦柑之乡

县委书记 张贻伦

县长 潘燕燕

永春是我国重要的芦柑生产基地县。永春芦柑以其独特的风味在历届全国优质水果评比和全国农业博览会芦柑评比中多次夺魁。1998 年以来，在全国、全省芦柑评比中获得四连冠。1997 年被农业部授予“中国芦柑之乡”称号。1999 年被中国果品协会授予“中华名果”称号。

永春老醋是全国“四大名醋”之一，自 1957 年就开始出口东南亚、欧美等 40 多个国家和地区。1988 年和 1996 年获全国首届和第三届食品博览会金奖，并多次获省优、部优名牌产品称号。

佛手茶是永春茶叶的当家品种，多次获省优、部优金奖，产品扬名海内外。

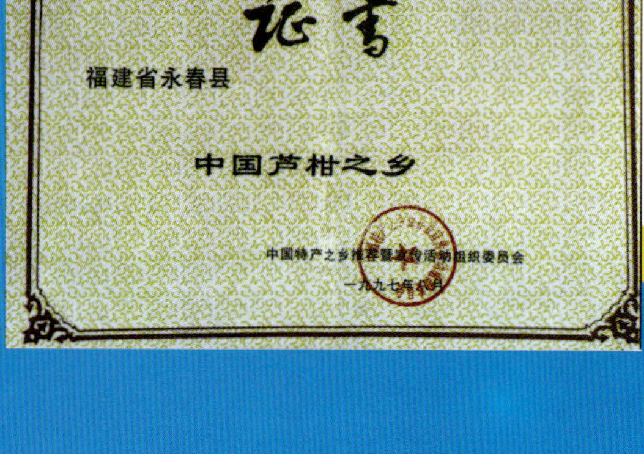

福建省柘荣县

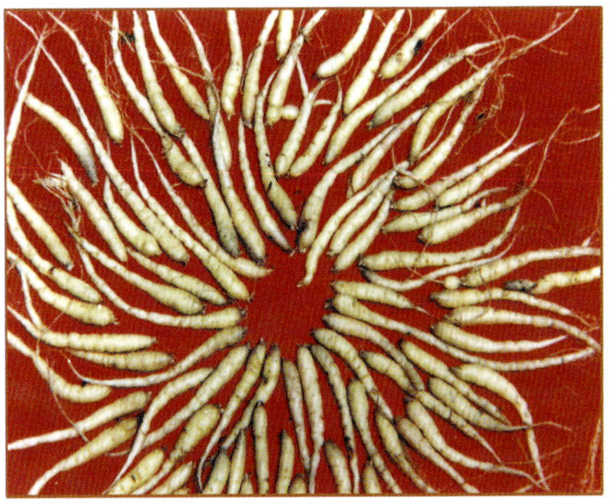

柘荣太子参

柘荣县地处福建省东北部，气候特殊，地理特别，全县海拔在400—1000米之间，属中亚热带海洋性季风气候，四季温凉湿润，年平均气温15.5℃，年均降雨量在1600—2200毫米。昼夜温差大，是福建省“太子参单品种区划”中的“最佳生产平衡适宜区”。

太子参是柘荣县传统的名特优产品和重要的支柱产业。近年来，柘荣县委、县政府大力发展太子参产业，加快农业增长方式的转变，产品的优质率、商品率和市场占有率大幅度提高。1992年“柘荣太子参”获首届中国农业博览会金奖，并成功地举办了“中国（闽东）柘荣太子参交易会”。经过全县上下的积极扶持和培植，初步形成了产供销一条龙的产业化模式，柘荣县也由此成为全国最大的太子参生产基地。

黑龙江省饶河县

这里是欧盟有机食品组织认定的有机食品生产基地。

这里是全国生态示范区建设试点地区。

这里是国家一类客货口岸。

这里是东北黑蜂国家级自然保护区。

这里是全国珍贵毛皮动物良种繁育基地。

这里是国家级现代化农业示范区，挠力河10万亩水田开发区——东方第一田。

这里是黑龙江省优质专用小麦基地。广袤的饶河大地是投资的沃土，饶河人民竭诚欢迎国内外客商来这里投资兴业。

熊胆酒、熊胆粉

湿地环境

乌苏里貉

山东省长岛县

——中国鲍鱼、扇贝、海带之乡

长岛，历称庙岛群岛，由32个岛屿组成，岛陆总面积56平方公里，海岸线长146公里，辖2镇8乡，4.5万人，是全国12个海岛县之一。这里海域辽阔，风光秀丽，水产资源和旅游资源十分丰富，是国家级重点风景名胜区、自然保护区和森林公园，也是全国重要的海珍品生产出口基地，被命名为“中国鲍鱼、扇贝、海带之乡”。

20年来，长岛县立足海岛资源优势，全面实施“耕海牧鱼，建设宝岛”发展战略，积极开发海洋产业，走出了一条“以养兴渔、以渔兴岛”、“旅游兴岛”、“科技兴岛”的致富之路。海岛经济得到迅猛发展，社会事业全面进步。

1. 为使海珍品打入国际市场，县领导成员深入渔村调研，指导生产
2. 鲍鱼
3. 扇贝
4. 出口海带深加工
5. 县城一角

河南省新县——板栗之乡

新县位于河南省南部大别山腹地，地跨长江、淮河两大流域。自80年代中期以来，新县历届领导始终坚持“兴田足食、兴山富民、兴工强县“的经济开发思路，根据山场面积大，光照时间长，降雨充沛，适宜板栗生长的特点，坚持板栗野生资源嫁接与建立优质丰产基地相结合，大力推广“公司＋基地＋农户”的经营模式，努力加快板栗产业化进程，到1999年全县板栗面积达32.5万亩，年产板栗17600吨，系列产值达2.5亿元。

主要有：紫栗王、中秋栗、油栗及河南豫罗红、河北迁西板栗、山东红栗等品种。

广东省德庆县

妃牌贡柑

松脂

鸳鸯桂味荔枝

巴戟天

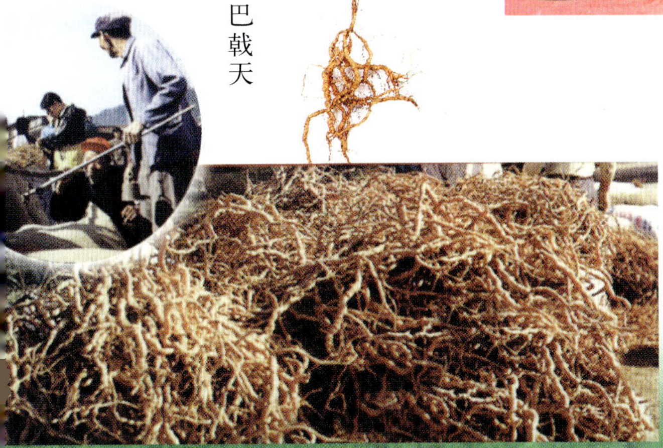

正宗何首乌

蚕桑

云南省砚山县

中共砚山县委书记 徐爱民

中共砚山县委副书记、县长 蒋祝成

砚山县种植三七历史悠久，种植面积广、质量好、开发力度大，60年代就被国家确定为“三七生产基地县”。1995年3月又被评为“中国三七之乡”，已经形成“人无我有、人有我优、人优我特”的药用植物资源，因砚山历史上属开化府所辖，故亦称为“开化三七”，是“开化三七”的正宗产地和主产区，以三七品质优、个体大、光滑、皂甙含量高、药用价值最为地道而称著于世。新中国成立以来，特别是改革开放以来，砚山县党委和政府十分重视三七的发展，投入大量资金、技术、人力研究种植三七，三七得以大规模发展，并一度成为县财政的主要来源之一，1989年，全县种植面积达到18300亩。1993年以来，砚山县委、县政府将三七列为全县经济社会发展的五大支柱产业之一。根据县情，从实际出发，一方面加强行政管理，于1996年成立了三七领导小组，1997年2月成立了行业主管部门——砚山县特产管理局；另一方面，按照社会主义市场经济的要求，形成了市场牵头，龙头带基地，基地联农户的开发格局，严格按照GAP规范种植，走公司＋基地＋农户的开发资源之路，全方位地宏观调控全县三七产业的发展。

砚山县本着“互惠互利、优势互补、联动发展、共同繁荣”的原则，热忱欢迎和支持国内外投资者以合资、合作、独资等方式发展砚山三七产业。投资者可以用现金、股权、设备、产品等有形资产，也可以用科技成果、高新技术、名牌商标、专利权等无形资产作为投入。凡批准在砚山投资的项目和企业，享受国家、省、州和县制定的各种优惠政策。砚山县人民政府将依法保护国内外投资者的合法权益不受侵犯；投资者有抵制各种乱收费、乱摊派、乱罚款和拒绝违反法律法规提供人力、物力、财力的权利。

河北省顺平县

顺平县县委书记张莹，男，汉族，祖籍河北涿州市，研究生学历。1955年1月生，1982年毕业于河北大学，获哲学学士学位。1982年后历任涿县向阳公社党委组织委员、涿县团委书记、保定地委组织部副科长、定县（后改为定州市）县（市）委副书记、定兴县委副书记（兼北河乡党委书记两年）、顺平县委副书记、县长，1997年1月至今任顺平县委书记。

浙江省台州市路桥区

——中国枇杷之乡

地址：浙江省台州市路桥区卖芝桥西路35号
邮编：318050
电话:(0576)—2462207

枇 杷

山东省海阳市凤城镇

凤城镇位于海阳市南端。全镇面积76平方公里，南濒黄海，海岸线长48.78公里。处于青岛、威海、烟台三个开放城市的中心地带。

农业领域内蔬菜、畜牧、水产三大产业区域性布局已具雏形。羊毛衫针织加工业是凤城镇的主导产业。凤城毛衫园区作为烟台市“十大私营经济园区”之一，成为华东、华北地区重要的毛衫加工出口的集散地。

1. 中共海阳市凤城镇委员会书记 王海仁
2. 凤城毛衫经济园区一角
3. 入选全国私营企业500强的海阳华联制衣有限公司
4. 被誉为“黄金海岸”的海阳万米海滩浴场

山东省招远市张星镇

素有“银丝之乡”之称的张星镇，地处胶东半岛，位于招远市西北部，东依蓬莱仙阁，西临莱州湾，南靠青岛，北壤龙口湾。全镇土地面积56.4平方公里，辖43个行政村，总人口3.2万人。生产粉丝已有300多年的历史。全镇现有10大粉丝集团，34个生产厂家，粉丝年产量7万吨，占全国龙口粉丝总量的70%，年产值5.5亿元，70%的产品出口，远销东南亚、日本、美国、加拿大、欧洲等56个国家和地区，年出口创汇5000万美元。张星镇的另一支柱产业便是机械加工，有20多家机械加工企业，产品有齿轮、农机配件、曲轴等5大系列200多个品种。

1. 齿轮厂自动化生产车间
2. 小城镇建设一角
3. 晾晒粉丝
4. 粉丝生产车间

天津市风筝魏工艺品公司

魏永珍制作的四米苍鹰风筝

魏永珍制作的三米金鱼风筝

1914年世界级巴拿马太平洋地区万国博览会金牌

获世界金牌十一件展品之一的葫芦万代风筝，魏永珍之祖父魏元泰1961年作；其1941年原作现存美国旧金山万国博览馆

魏永珍应美国客户之约设计制作的美国国鸟——白头海雕风筝

2000年5月14日澳大利亚电视台来家采访时，主持人与魏永珍及爱人合影

风筝魏第三代传人魏永珍在制作风筝

福建省仙游县度尾镇

从左到右：人大主席：郑伟庆
党委书记：林仁淮
镇　　长：方国森

福州度尾镇文旦柚品尝会

文旦柚是福建省仙游县度尾镇特有的名贵果品。果实品质优良，其气味芬香，肉嫩汁醇，甜酸适度，籽粒细小，口感好，风味独特。文旦柚种植有160多年的历史，经天津轻工学院成份分析，其果实中含有的糖类、维生素、矿物质、氨基酸比其它柚类高；经权威医疗部门鉴定，食用文旦柚果实有降血脂、降血压、治疗哮喘病、糖尿病的功效。在清朝时度尾文旦柚已作为贡品进贡朝廷。1982年先后在省、市柚子品质鉴定会上被评为地方优质名果，被国家有关部门确认为柚类佳品，列入国家科委星火项目。1984年以来，度尾镇建立文旦柚科技示范场。在各级党委、政府的高度重视下，文旦柚生产已日臻规模，1998年全镇种植面积已达10000亩，度尾万亩文旦柚基地建设已列入1998年仙游县十大重点经济项目之一。

福建省莆田县常太镇

红3号

莆田县栽培枇杷历史悠久，与龙眼、荔枝并称为莆田的“三大名果”。莆田常太枇杷以其品位高、品质优的特点闻名，单果重在60克以上的占80%以上，最重的达172克，为单果之最。被农业部和福建省确定为“中国枇杷第一乡”称号。1999年4月成功地举办了“首届福建莆田常太枇杷节”，2000年又在北京举办第二届枇杷节。使莆田常太枇杷的芳名传遍海内外。

正面照为莆田县农业局局长 俞玉树

镇党委书记 杨绍良

镇长 张德慕

山东省招远市宋家镇

所获奖品

国际一流的石材加工设备

石材产品

宋家镇位于“金城天府”招远市北15公里，全镇辖48个行政村，总面积100平方公里，总人口3.8万。

改革开放以来，宋家镇的各项事业突飞猛进，蓬勃发展，工业生产初步形成了以石材、粉丝为主导，黄金、机械、造纸、食品为支柱，其他行业协调发展的良好布局。共拥有工业企业100多家，主要产品40多种，其中383石材、龙口粉丝、锄草机、排气管等产品多次获奖。农业生产突出了地方特色，比如：1998年建成的万亩自压灌溉工程被列为节水示范工程，蛋鸡饲养总量达到120万只，成为胶东蛋鸡生产第一镇，果品总产量达到1200万公斤。到1999年底，全镇工农业总收入达到12.6亿元，人均纯收入4100元。目前的宋家镇经济繁荣，社会稳定，人民安居乐业，先后多次受到中央省地市各级党委政府的表彰，成为烟台及招远市对外开放及经济发展的重要乡镇。

宋家镇

委书记 卢智九

山东省莱州市大原镇

莱州市梁郭镇卢家村人，1957年5月生，汉族，大专文化程度，现任莱州市大原镇党委书记。

1976年任掖县笔刷厂会计、统计，1978年任梁郭公社交通员，1980年任掖县苗家公社党委组织干事，1984年后，任莱州市莱州镇党委秘书、党委委员、副镇长，1995年任莱州市大原镇党委副书记，1997年任莱州市金城镇党委副书记、镇长，2000年至今任莱州市大原镇党委书记。

红衣主教

奇 霞

彩 云

粉 豹

莱州市大原镇北流村

山东省费县新庄镇

新庄镇属沂蒙山区，位于费县南部，距费县县城22公里，距临沂市区44公里，区域位置优越，省级岚(山)济(宁)、蒙(阴)台(儿庄)两条道路在此交汇贯通，交通优势十分突出。

全镇总面积123平方公里，辖81个行政村，总人口4.8万，境内多为丘陵山地，其中耕地3585公顷，林地4600公顷。由于地处山区，有种植药材的传统，被誉为“药材之乡”。自1999年以来，镇党委、政府把大力发展药材种植作为调整农业内部结构的重要内容，目前已形成大田、地堰、庭院三大块种植模式。2000年全镇大田种植药材5000亩，其中春季

栝 篓

金银花

种植黄芩、丹参、桔梗3000亩，秋季种植白芷、葫芦巴、白芍、牡丹2000亩；全镇充分利用地堰种植金银花，年产量达20万公斤，是沂蒙金银花主产地之一；发展庭院栝篓种植专业村50个，栽植栝篓12万棵，年产鲜栝篓180万公斤。

目前新庄镇围绕优势产业，大做特色文章，以壮大高效农业。全镇计划利用2—3年时间发展大田药材1万亩，建成费县南部最大药材种植基地，带动全镇高效农业走进新天地。

地址：山东省费县新庄镇政府
电话：(0539)5671011
传真：(0539)5671012
邮编：273414

江苏省宿迁市农业高科技示范园

江苏省宿迁市农业高科技示范园始建于1997年8月，位于宿迁城北侧，占地270亩，其中主园110亩，辅园160亩，是国家"863"高科技工程技术试验基地，全国重点病虫害区域测报站，江苏省首批科普教育基地，江苏省省级农业科技示范区，江苏省农业综合开发科技实验区。

宿迁市始建于1996年8月，建市以来，该市以"农业增效，农民增收"为中心，大力实施强农富民战略，坚持以科技为先导，按照"三高"农业、可持续发展农业、设施农业和观赏农业的建设要求，以中科院遗传所为技术依托，狠抓农业科技示范"窗口"建设，初步建成了集"四园、四中心"为一体的农业高科技示范园。四园，即蔬菜园、花卉园、苗木园、特种果品园。现已建日光能温室450平方米，连栋大棚温室4080平方米，示范太空、辐射诱变和国外蔬菜、瓜果等新品种20余种，建成花卉羁木繁育基地120亩，年生产、繁育各种花卉、苗木10万盆(棵)，建成特种果品示范基地80亩，引进美国巴梨、油桃特种果品1.2万余株；四中心，即种子加工检测中心、组织培养中心、农业科技服务中心和农科教培训中心。现已建成种子检测中心及组织培养中心大楼2800多平方米，种子低温贮备库800平方米，组织培养室200平方米，农业科技服务中心500平方米，农业科技培训中心一期工程1000平方米，并实现暗灌、暗排和喷灌设施相配套，水、电、路"三通"设施自成体系。其中组织培养中心，已生产脱毒马铃薯苗100万株，微型薯40万粒，预计2002年可建成30万亩脱毒马铃薯生产基地。目前，江苏省宿迁市农业高科技示范园，已成为省级农业科技的示范窗口，为全省农业结构调整、科技创新及新技术推广发挥了积极的推动作用，产生了较好的社会、生态和经济效益。

集生态农业、观赏农业和高效农业为一体的江苏省宿迁市农业高技术示范园

河北省保定市——小营坊村

小营坊村党总支书记，东方实业公司总经理　李长河

东方实业公司副总经理　姚东升

10多年来，小营坊村从一个以农业为主，集体固定资产不足20万元，人均收入不足200元的市郊倒数第一的穷村，一跃发展成为今天经济全面快速发展，乡镇工业门类齐全，第三产业繁荣，重科兴教，文、卫、体各项社会事业蓬勃发展的"保定市十强村"之一。截止到1998年，拥有1000多人口的小营访村实现了社会总产值达1.5亿元，人均创产值13万元，成为"河北省首富村"，并连续11年保持着省级"文明村"的荣誉称号。

保定市东方实业公司隶属于保定市北市区小营坊村，是一个集科、工、贸、商于一体的跨行业的大型企业集团，经过十多年努力，已由单一的小型化工工业发展成为一个规模庞大的多元化的现代实业公司。

小营坊村小会议室

东方实业公司资产共1.5亿元，总公司建筑面积约120万平方米，位于卫生路、红旗路、合作路的三角腹地，距高速公路口约3公里，京广铁路、京深高速公路、津保高速公路及107国道纵横交错，交通十分便利。

东方实业公司是小营坊村的经济龙头，公司一贯坚持产业化、多元化、股份化、集约化的发展方向，建立了规范的管理机制，实行微机管理。现拥有各类企业35家，其中年产值过百万元的达8家。

新疆阿瓦提县丰收三场

场党委书记 谢维喜

场长 乔爱军

丰收三场位于新疆西南部，天山南麓，辖15个生产连队，3个自然村。现有耕地6.5万亩，人口5284人。是一个以棉花生产加工为主，农林牧副综合发展的地方国有农场，也是全国长绒棉生产基地。

电话：0997-5220990 5229080 5229000
邮编：843200

1.美国红提葡萄
2.生长中的棉田
3.丰收
4.待运的棉包

山东省寿光市孙集镇三元朱村

三元朱村党支部书记　王乐义

寿光市政协常委、寿光蔬菜协会理事长、高级农艺师、寿光市鲁光绿色食品有限公司董事长。

多年来，他积极投身于农业科技工作，首创了寿光冬暖式蔬菜大棚，为广大农民开创了一条致富路，连续20年被评为县、市、省优秀共产党员。1990年被评为潍坊市劳动模范、省劳动模范、全国劳动模范；1992年获中国改革勋章；1994年被评为潍坊市拔尖人才并获山东省星火奖；1995年被国家六部委评为全国农业科技推广先进工作者；1996年被评为山东省拔尖人才，山东省首届农民科技明星并荣获寿光人民勋章；1998年被评为首批山东省农村科技大王；2000年评为全国十位农村优秀人才之一。他是中共十五大代表。

三元朱村位于寿光县城西南20华里，这里是一片古老而又文明的土地。该村现有205户，797口人。大棚蔬菜492亩，大田菜155亩，优质果园460亩。1999年实现经济总收入2401万元，人均收入7420元，全村储蓄余额1000多万元。

1989年，冬暖式大棚蔬菜就在这里试验成功，创造了亩收入3万元的经济效益，受到中央及地方各级领导的充分肯定，全市、全省、全国各地的农民纷纷来到三元朱村参观学习请教技术。

为便于推广、发挥其更大的社会效益，1990年至今，党支部书记王乐义亲自培训了200多名技术员，10年时间被派到全国17个省、市、自治区传授大棚蔬菜种植技术，掀起了一场绿色革命，其中有27人被当地聘为科技副乡长、镇长。该村的大棚蔬菜也由单一品种向多品种多样化发展。品种有几十个，而且日、美、韩、以色列等国家的品种也已试验成功。大棚洋香瓜、大棚葡萄、早油桃、杏以及农业部从乌克兰引进每粒15−18克的大粒樱桃，也在大棚内试验成功，并在该村大面积推广。农业部在该地建立育苗、生产于一体的千亩开发基地，被列入国家农业综合开发项目。1992年无公害蔬菜也在这里经过检测达到指标。现在的三元朱村在王乐义的带领下，从机械化作业、微机管理、减轻劳动强度方面上水平、上档次。1997年与香港汇众公司联合成立鲁光绿色食品有限公司，实施公司联基地、基地带农户战略，使该村生产的无公害蔬菜打入了国外市场。

猴；联系人：余泽平；地址：宜丰县城西郊；电话：0795－2760565；邮编：336300。

山东省栖霞市（苹果之乡）

栖霞市地处渤海湾南岸，胶东半岛腹地，总面积2017平方公里，辖19个乡镇，968个自然村，拥有68万人口。境内以山地丘陵为主，四季分明，气候宜人。1995年底经国务院批准撤县设市。

栖霞市果品产量9.5亿公斤，1998年被命名为"中国水果第一市"。

一、以科技进步为动力，实现果品生产的高档化

进入80年代中后期，面对全国果品生产迅猛发展带来的巨大冲击，栖霞把果品发展战略转移到提高质量、推进产业化经营上，狠抓果品品种结构调整，大力推进果业科技进步，不断完善产业化体系，推动果品生产新嘎啦、新乔纳金等品种，全市改良果园面积达20万亩，优质红富士面积达到40万亩。在果业科技方面，大面积推广单果套袋、节水微喷、改善风光条件、铺反光膜、喷洒果型剂等高新技术，特别是苹果套袋、节水微喷改善风光条件三项技术的推广应用，对促进栖霞果品质量与国际市场接轨发挥了重要作用。

针对栖霞水源严重匮乏的现状，1998年以来在全市实施了60万亩高档苹果节水工程，规划利用十年时间，使全市果园基本实现节水微喷。目前各类苹果节水工程已经发展到10万亩。栖霞早期果园大多是密植栽培，尽管实现了早期丰产，但随着果品市场形势的变化，对果品质量提出了更高的要求，为此，栖霞把密植园改造改善风光条件作为果品生产发展的一项战略措施，在全市面上展开技术改造，目前已完成12万亩。由于始终坚持在果品生产中的主导地位，不断把先进适应的果品新技术、新成果应用到生产的各个环节，使果品质量和市场覆盖率得到迅速提高，优质果率达90%以上，除了销售全国各大中城市和部分乡村外，还出口到俄罗斯、新加坡、泰国等十多个国家和地区。近几年，先后被国家有关部门列为全国优质果品生产基地、果品产加销一体化基地示范市、全国苹果标准化示范市，被中国特产之乡命名组委会授予"中国苹果之乡"，被山东省列为苹果产业"三0"工程基地县(市)、果树良种开发基地市和果品产加销基地示范市之一。目前，栖霞市果品在全国、省名优果品评比中已经获得奖牌160枚，参赛品种、质量和获奖总数一直处于全国和全省前列。

二、以产业配套为重点，实现果品龙头企业的强拉动

近几年，栖霞以果品为基础，围绕果品的多层次转化和相关产业的发展，在产业化经营方面进行了深入探索。一是着力发展冷藏业。随着全国果品产销形势的变化，苹果下树后集中涌向市场的传统销售方式，已经远远不能适应形势发展的需要。为此，栖霞把发展果品冷藏业作为果品产业化建设的一个关键环节来抓，明确提出了"投资主体不限、投资规模不限、所有制形式不限"的建设原则，通过提供良好的投资环境、优惠的政策条件，广泛吸收社会上的资金新建或改建果品冷库。在原有14个保鲜冷库、果品贮藏能力4万吨的基础上，1999年以来，全市新建果品冷风库40多座，果品贮藏能力达到12万吨。这些果品冷库的建成，对拉长果品销售时间，调节市场供求，提高经济效益，发挥了重大作用。二是培育发展加工业。全市建成以源通果汁有限公司为龙头的水果罐头、果汁等加工企业25处，年果品加工能力达到20万吨。其中源通果汁有限公司投资1亿多元，从瑞士引进具有90年代国际先进的设备和技术，建成两条浓缩果汁生产线，成为目前国内装备水平最先进的浓缩产品生产厂家。每个生产季节可加工苹果16万吨，生产浓缩果汁2万吨，产品全部销往美国、日本，占全国出口美国市场总量的67%。残次果货源覆盖到整个胶东半岛，辐射到辽宁、河北等周边省份，每年可为果农增加收入近亿元。苹果酒的系列加工也列入了全市果品发展规划，目前已完成了样品试制，年内可进行小批量生产。三是配套发展包装业。几年来，全市共建成苹果纸箱、网套、拖盘等包装材料厂30多处，配备了国内先进的苹果分级、洗果、打蜡生产线，引进了高档苹果包装网套、果品托盘生产设备，使果品包装档次大大提高。

三、以开拓国内外市场为目标，实现果品市场的广辐射

市场是实现果品效益的载体，保持市场竞争力是发展果品产业化的关键。围绕开拓市场，栖霞扎扎实实做了三方面工作。一是大力开拓销地市场。坚持国有、集体、个体一齐上，发动社会各方面共同参与市场开发，目前全市果品经销单位达250多家，人员达5万多人，这些营销大军在北京、上海、广州、天津等30多个大中城市设立了直销点，建立批发网点100多个；市果品集团公司加入了上海、北京等大城市的果品联营集团公司，实行果品联网销售，进一步拓宽销售渠道，把销售触角伸向全国各地。二是积极培育产地市场。在蛇窝泊镇驻地规划建设了一处大型果品批发市场。该项目投资总额3660万元，规划占地面积900亩，投资建成长150米、宽36米的钢架式高标准交易大棚3个，按照前店后场形式，建设了长4000米、宽45米的果品销售长廊，两侧配有6米宽的果品交易大棚。销售旺季每天进场交易的客商达3000多人，吸引了上海、广东、哈尔滨、贵州、昆明等20多个大中城市的客商前来收购苹果，参与市场交易的果农遍及周边县市区，并辐射到青岛等地，车流量达1万多辆次；年交易量2亿多公斤，交易额4亿多元。蛇窝泊果品批发市场1999年被列为重点市场。在桃村镇驻地规划建设一处果品批发中心，占地面积5万平方米，年吞吐量3000多吨。三是大力强化果品宣传。多年来栖霞从各个环节着手，充分利用广播电视、电台、报刊杂志等新闻媒体，提高栖霞果品知名度。每年从农发基金中拿出一部分资金进行果品宣传。

四、经健全运行机制为基础，实现果品产业服务的系列化

在联产承包经营体制下，把一家一户分散经营与市场、龙头紧密联系起来，形成利益共同体，是果品产业化建设的根本。在产业化的运行机制上，栖霞着重抓了两个环节。一是建立健全科技服务体系。市里成立了果树技术研究推广中心，负责全市果业生产的业务指导、科技推广和研究工作，乡镇都成立了果树推广站，并配备了分管果业的专职副乡镇长，村一级成立了由村委主任负责的一至三名村民参加的果树技术服务组织，形成了市乡村三级科技服务网络，全市果业技术人员达到2500多人。几年来全市承担了果品科研项目65个，有40多个项目获得科技成果奖，全市新技术、新成果普及率达到80%以上，覆盖面积达95%以上。二是积极探索建立各类卓有成效的服务组织形式。经过几年来的实践，初步形成了三种经营方式：公司+农户，就是公司或企业通过合同契约关系与广大农户结成产加销一体化经营实体，利益共享，风险共担。市果品集团公司以100多个股东村为基地，通过与基地签订农药、化肥、技术服务和销售合同，与果农形成利益共同体，每年为果农销售果品4000多万公斤。合作组织+农户，主要是通过合作社的形式组织果农从事生产和销售，提供系列化服务，全市果品产销合作社已达到46处。个体大户+农户，主要是一部分个体私营大户，采取合同契约方式，与果农在销售和服务等方面结成一体，联合起来创市场，有效解决一家一户小生产与大市场的矛盾。

在今后的果品生产中，栖霞市将以果品产业化建设为主线，不断提高产业化运行水平。规划到2002年，全市果园面积发展到70万亩，优质果品率达到95%以上，发展果园微喷工程10万亩，出口果品达到10万吨，果品加工能力达到30万吨，力争把栖霞建成中国北方的果品集散中心。

山东省沂源县

〔概况〕 沂源县地处鲁中腹地，沂蒙山区西北部，是五个地级市、七个县市区的结合部，有“山东屋脊”之称。总面积1636平方公里，有7个镇、9个乡，633个行政村，人口55万，其中农业人口48万人。

〔苹果之乡〕 沂源县具有发展苹果得天独厚的自然条件。沂源属季风区大陆性气候，气候温和，四季分明，昼夜温差大，光照时间长。历年平均气温11.9℃，4—10月昼夜温差11℃以上，平均无霜期189天，年日照时数2660.6小时，光能属全省之首。县内土壤多为沙质土，通透性好，含有丰富的果树生长所需的各种微量元素，非常适合果树生长。

沂源县的苹果生产自1953年开始，已有近50年的历史，主要分布在中庄、韩旺、张家坡、东里、燕崖、悦庄、南麻七乡（镇），其它乡镇均有一定量的分布。近年来，沂源县委、县政府坚持以市场为导向，坚持靠科技促发展，积极引进新品种，推广新技术，特别是双层套袋为主的高档果品开发配套技术，极大地提高了沂源苹果的质量，苹果个头大、色泽艳丽、风味醇厚、含糖量高、耐贮运，受到专家和客户的好评。目前，全县已发展苹果1.6万公顷，其中红富士类7667公顷，占新栽果树的63.9%，优质中熟红将军苹果已有一定规模，嘎啦、藤木一也有分布，苹果总产16万吨，其中红富士产量达12万吨，套袋果产量15万吨。位居全国水果百强县第73位，被国家有关部门认定为“无公害”苹果生产基地。沂源红富士、金帅两个品种获国家有关部门“优质果品”称号。在中国第二届农业博览会上“沂蒙山牌”红富士苹果被认定为名牌产品，1997年“沂蒙山牌”苹果被中国绿色食品发展中心批准使用“A级绿色食品”标志。

沂源果品销售范围较广，主要销地是广东、福建、江苏、浙江、上海、江西、湖北、安徽、湖南等省市，1996年已有部分果品出口创汇，1999年出口2000吨。伴随着果品发展规模的扩大，沂源果品贮藏能力近年来也有了较快的发展。贮藏保鲜能力已达6万吨，其中冷库16处，冷藏能力0.75万吨；改良式自然通风库2000座，贮藏能力5万吨。

优越的自然环境，良好的品种，科学的管理，使沂源的苹果产量、质量有了进一步的提高。可以肯定，只要按市场需求抓好高档苹果开发，沂源的苹果生产前景将更加辉煌。

〔葡萄之乡〕 沂源土壤中性偏酸，是葡萄的最适栽培区，含有丰富的葡萄生长发育所需要的微量元素，发展葡萄具有得天独厚的自然条件。

沂源县自1983年开始引进种植葡萄，随着市场需求的扩大和经济效益的拉动，经过十几年的努力，全县已发展葡萄9.3万亩，基本形成了冬暖棚、春棚葡萄淡季补缺，早中晚熟搭配、贮藏保鲜配套的鲜食葡萄全年供应。

全县现有冬、春棚葡萄1200亩，以京秀、8611、红双味等为主的早熟品种8400亩，以巨峰、选锋、红富士等为主的中熟品种60000亩，以红地球、泽香等为主的晚熟品种24000亩，年产葡萄11600万公斤，产值2.4亿元。1999年，沂源县委、县政府根据市场需求，及时调整品种结构，集中建设以红提葡萄为主的10万亩优质葡萄生产基地，目前，已发展红提2万亩。

优越的自然、地理条件，先进的科学管理，使沂源葡萄具有个大、穗整、色艳，味美的独特品质，深受北京、上海、广州、深圳、武汉等大中城市消费者的青睐。每到葡萄成熟季节，各地客商纷纷前来，形成了产销两旺的好势头。伴随着生产规模的扩大，沂源葡萄贮藏能力也有了较快的发展，全县已建成大中小型葡萄专用贮藏库80余座，年贮藏能力3500万公斤，占年产量的30%左右。

〔**花椒之乡**〕 沂源县具有适宜花椒生长的自然条件，地处北温带，属暖温带季风区域大陆性气候，土质含钙量较高，气候、土壤、温度等都非常适宜花椒的生长，是中国著名的花椒生产地，所产的花椒品质好、质量优，产量居全国区县之首。

沂源县种植花椒具有悠久的历史。新中国成立以前，就有零星种植。自1962年起，开始大面积种植，到1963年，发展到2000亩，1965年全县花椒产量达到1公斤。1967年，沂源县委、县政府号召全县大搞“三园一化”，其中一园就是大力发展花椒园。到1975年，全县的花椒面积达4.4万亩，产量52万公斤。中共十一届三中全会以后，沂源县的花椒种植又有了新的发展，管理水平也有了很大提高。种植面积连年增加，产量也翻了几番。截止目前，全县的花椒面积已达到7万亩，主要品种以川椒为主，年平均产量达到150万公斤，年最高产量达200万公斤，平均年产值1650万元，最高产值达2200万元。2000年度被省有关部门授予“花椒之乡”的荣誉称号。

目前，沂源县尚有10万亩适宜花椒生长的钙质土山地，可栽植花椒120万株，年增产量240公斤，新增产值2500万元，发展前景十分广阔。

山东省宁阳县（大枣之乡）

山东省泰安市宁阳县地处鲁西南平原和鲁中山区交接地带，北距东岳泰山70公里，南临孔子故里25公里，全县东西长60公里，南北宽24公里，总面积1125平方公里，辖7乡13镇、626个行政村；1999年末总人口80.16万人，耕地89.7万亩，国内生产总值34.01亿元，农民人均纯收入2589元。

宁阳县是以大枣为主导产业的农业县，宁阳大枣有近千年栽培历史，资源丰富，品质优良，主要品种有：圆铃、酸铃、长红、六月三等，统称为宁阳大枣。该枣以果实硕大、果肉肥厚、细腻扯丝、营养丰富、风味浓郁而驰名中外。据山东农科院化验测定，每百克干枣含维生素C14.2毫克、维生素P3000毫克、钙61毫克、磷55毫克、铁1.6毫克，维生素A、B含量也很高，干枣含糖为85.5%、蛋白质3.2%、脂肪0.4%，每百克鲜枣含维生素C662.77毫克。该枣药用价值高，能健全人体毛细血管，防止血溢病，对高血压有显著疗效，还具有养胃健脾、益肝壮肾、延年益寿之功能，被称之为“天然维生素丸”。1982年被列为“保健枣”，1986年宁阳县被国家有关部门列为全国大枣开发基地县，1996年在上海“山东名优商品展销会”上宁阳“圆铃枣”被当地消费者评为山东上海名牌产品，1998年宁阳“圆铃枣”、“长红枣”分别被全国林副名、优、特、稀产品展销交易会组委会评为全国推荐品牌。2000年3月该县被国家有关部门授予“中国名特优经济林大枣之乡”。

大枣是宁阳林业的一大优势，是该县的拳头产品，到目前，全县枣粮间作面积已达18万亩，大枣密植丰产园1万亩，枣树770万株，年产量4520万公斤，年加工大枣系列产品1600万公斤。大枣加工企业及个体加工大户共计300多处，已开发泰山牙枣、山东硬式蜜枣、无核软式蜜枣、夹心蜜枣、圣门酒枣、枣河牌北洋枣酒等大枣系列加工品13个种类，产品畅销全国20个省、市、自治区，并远销日本、韩国、朝鲜、新加坡等国家及台湾、香港等地。此外，该县近年开发的省级“神童山”森林公园就座落在大枣的主产区——葛石镇，万亩枣林吸引着广大游客，成为避暑消夏、游览观光的旅游胜地。

近年来，宁阳县立足实际、发挥优势，认真做好做活大枣这篇文章，使大枣生产成为享誉中外的一大特色产业。为搞好大枣生产与开发，一是成立了生产与研究机构。县委、县政府成立了大枣产业化生产协调小组，负责制订全县的大枣生产开发规划和规划目标的落实，组织技术人员成立了大枣科学研究所，进行大枣开发研究；在大枣重点产区，各乡镇、村也都相应地成立了由主要负责同志参加的领导班子，专抓大枣生产，使大枣产业化开发列入了各级党委和政府的重要议事日程。二是落实政策，完善枣树生产责任制。延长枣树承包期，对枣粮间作地块和成片枣园承包期一律延长到30年不变，发放使用证到户；对适宜栽枣的地块，坚持统一规划、统一苗木、统一栽植，招标承包，承包期一律在30年以上；鼓励群众繁殖苗木，凡农民自己的枣粮间作地萌生的根蘖苗，一律归承包户所有。三是加大科技推广力度。第一，强化技术管理手段，加强对枣农的技术培训和指导，切实搞好大枣生产技术的推广应用，运用科技提高产量和质量。第二，积极引进良种，做好大枣品种改良工作。从1990年以来，陆续从主栽品种“圆铃”、“长红”枣中选出了11个优良单株，从外地引进了圆铃新1号、新2号、大瓜枣、大白铃等30多个优良品种，对一些品质低劣效益差的枣树利用以上良种进行改接。第三，改变传统栽植模式，大力推广枣树密植栽培。第四，搞好大枣科技人才培训，不断提高枣农的技术水平。根据大枣不同的管理季节，县、乡、村层层举办培训班，聘请专家教授来宁阳讲课，传授实用技术知识，提高了枣农的技术水平。第五，积极与科研部门联合，大搞科技开发。采取走出去、请进来的办法与山东农业大学、山东省果科所等科研单位联合，对大枣幼树密植丰产、整形修剪、老树复壮更新、老品种改接换头、花期管理、根外追肥以及枣树病虫害的防治等进行科学研究，提高了大枣生产的科技含量。四是培植市场和龙头，带动大枣产业化发展。狠抓大枣加工与市场开发，采取合资、合作、股份等形式，全县现有大枣加工企业及个体加工大户300多处。通过开发新产品，实施名牌战略，使该县的大枣及其系列产品国内国外都打开了市场，目前，全县大枣生产已形成了市场牵龙头，龙头带基地，基地连农户的产、加、销一体化，贸、工、农一条龙的产业化格局。

下一步，宁阳县将继续把大枣生产作为一大特色产业来抓，围绕“枣”字作文章，以特色产品，兴特色经济，计划在现有大枣面积19万亩的基础上，每年再发展2—3万亩，并做到连片集中，形成规模，到2005年，全县建成30万亩以上的大枣生产基地。同时，搞好大枣产品的科技开发及大枣产品的深加工和精包装，努力创造名牌产品，提高宁阳大枣的知名度，让宁阳大枣销遍全国，享誉中外。

联系电话：(0538) 5621882

山东省威海市

〔**综述**〕 威海市地处山东半岛东部，全市土地总面积54.36万公顷，其中山地占土地总面积的15.77%，丘陵占52.38%，平原占27.56%。威海市位于北半球中纬度地带，属暖温带半湿润季风气候，年平均温度12.1℃，日平均温度稳定超过0℃的农耕期290天左右。全年平均无霜期195—218天。全年平均日照2549.5小时，平均日照率58%。年平均降水量814毫米。气温温暖、光照充足、四季分明、无霜期长、雨热同季的气候特征，对林果业生产十分有利。

威海是沿海开放城市。1992年，威海综合经济实力进入全国城市50强，投资硬环境40优。1996年，中国社会科学院城市发展研究中心专家组对威海评价的结果是：威海市在188个地级以上城市中发展水平、投资环境均居较先进行列。经济实力的不断增强，为林业的发展提供了坚强的后盾。

自从威海市建立以来，特别是近几年来，在市委、市政府的正确领导下，通过全市广大干部群众的不懈努力，威海市的林业建设取得了很大成绩。到1998年底，全市有林地面积达到260万亩，农田林网化面积达到112万亩，活立木蓄积量达到219万立方米，森林覆盖率达到35.2%。林业产业不断壮大，经济林面积达到101万亩，年产果品9.3亿公斤，林副产品加工、销售龙头企业达到50多家。全市共有森林公园10处，市级自然保护区、风景区2处，总面积46万亩，占国土总面积的5.7%。林政管理、林业公安、森林植物检疫与保护队伍逐步健全，林木管护走上了法制化轨道。目前，威海市已经初步形成了三大森林体系，即以海岸防风固沙林带、农田林网、村镇绿化为主的沿海防护林体系；以山丘林地、梯田地堰绿化为主的山丘水土保持林、经济林体系；以刘公岛、伟德山、铁槎山等自然景观为主适宜发展森林旅游的风景林体系。威海市在率先实现省“八五”绿化达标的基础上，又先后被授予“全国造林绿化十佳城市”、“全国绿化先进单位”、“全国沿海防护林体系建设先进单位”和“国家园林城市”等荣誉称号，绿化水平和林业工作总体上处于国内先进行列。

1998年，威海市林业工作在市委、市政府的正确领导下，认真贯彻落实中共十五大和十五届三中全会精神，以建立比较完备的林业生态体系和比较发达的林业产业体系为目标，围绕实现林业两个根本性转变，采取切实措施，加大工作力度，各项工作都取得了较好成绩。全年共完成造林5.5万亩，占省厅下达计划的183%。新育苗3589亩，占计划的119%。新建、完善农田林网4万亩，占计划的133%。四旁植树228万株，占计划的114%。

1998年的工作，主要有以下几个特点：

——各级高度重视林业工作。市委、市政府在1998年召开的全市农业综合开发现场会上，对林业工作做了具体的安排部署。市委孙守璞书记在市第十一次党代会报告中，对林业工作做了重要阐述，并提出了明确要求。市人大、市政协等有关领导分别对全市林业工作进行了视察。市人大常委会第五次会议听取审议了全市《森林法》的贯彻实施情况，对如何贯彻落实新《森林法》，依法做好我市林业工作提出了具体要求。植树节期间，市委、市人大等五大班子领导亲自参加植树，率先垂范，促进了全民义务植树运动的顺利开展。据统计，全市参加义务植树达到110万人次，义务植树520万株。各级党、政领导同志真抓实干，带头兴办领导绿化点、林业育苗点和经济林示范园，发挥了很好的东范带动作用。

——*林业产业化步伐加快*。全市按照市场牵龙头，龙头带基地，基地连农户，林工贸一体化的发展思路，积极调整林业结构，加快发展林业产业。各级把培植龙头企业作为推进林业产业化的关键来抓，新建、扩建了一批林产品加工和林业流通服务企业。新发展干杂果4.6万亩，使全市干杂果基地面积达到18.8万亩。花卉种植面积达到1500亩。全市涌现出一大批林果、花卉生产销售专业户、专业村和重点镇，带动了林业产业化的发展。国有场圃坚持走“以林为本，多种经营，综合开发，全面发展”的路子，进一步扩大了种植业、养殖业和森林旅游等多种经营项目，投入有所增加，经营状况有所改善，场圃经济稳中有进。

——*森林资源保护工作进一步加强*。各级深入开展了学习、宣传新《森林法》活动。严格实行了征占用林地使用许可证制度，严把林木采伐审批关。在林业“严打”专项斗争和“跨世纪保卫绿色行动”中，进一步加大了林业案件的查处力度。年内，共查处、破获各类林业案件300多起。认真实行了森林防火“四长”负责制，加大了防火基础设施建设，建立健全了防火队伍，全年没有发生大的森林火灾。全市投入森林病虫害防治资金300多万元，购置防治机械40多台，进一步强化了森林病虫害监测、防治、检疫力度，全面完成了省厅下达的森林病虫害防治目标管理指标。为加强野生动物保护管理工作，各级广泛举行了“爱鸟周”、“野生动物保护宣传月”和庆祝《野生动物保护法》颁布十周年活动。此外，封山育林工作力度加大，全市封山育林面积达到140万亩。

——*林业改革迈出新的步伐*。完成了国有场圃的类型划分工作，全市十五处国有场圃全部被划分为生态公益型场圃。大力兴办了集体、合作林场，积极引导创办了各种形式的森保服务公司和林业合作社。进一步完善了四荒拍卖、租赁、承包制度，并总结出了五种山区开发的形式，即：集体统一开发，分户承包经营的形式；股份合作的形式；个体承包经营的形式；企业投资开发的形式；外商开发的形式。各级不断提高林业的科技含量，大力推广了一批林业先进技术。在有关部门和社会各界的大力支持下，威海市林学会、野生动物保护协会和花卉协会也于年内成立。

——*林业队伍自身建设不断加强*。各级以提高林业队伍整体素质为目标，不断加强自身建设。进一步强化了思想政治和业务理论学习，在林业系统大力弘扬了“开拓创新、真抓实干、艰苦奋斗、无私奉献”的行业精神和“勤、廉、严、实”的工作作风。全市举办了林业普法培训班。组织146名林业执法人员参加了市法制局举办的行政执法人员资格考试。18名林业公安人员参加了全国公安干警基本素质考试，均取得了优异成绩。林业执法人员的执法水平得到了进一步提高。各级林业部门纷纷组织人员到国内及全省林业先进单位进行参观学习，开阔了思路，解放了思想。

威海市林业发展的总体目标是：从现在开始到2010年，全市所有宜林地全部得到绿化，林种、树种结构合理，森林覆盖率达到45%以上，基本实现林业现代化。全市初步实现山川秀美、林茂粮丰、三季有花、四季常青、花果飘香、环境优美，建立起以区域绿化为主体，路网、水系绿化为框架，城乡绿化美化相配套，点、线、面相结合的比较完备的林业生态体系，使森林呈现为布局合理、结构稳定、功能齐全、整体效益最佳的状态。森林公园和自然保护区占国土总面积的比重达到12%。林产品储运加工业、森林旅游业、花卉业等产业逐步扩大和完善，建立起比较发达的林业产业体系。

山东省沾化县（冬枣之乡）

一、基本县情

沾化县地处山东北部、濒临渤海。全县总土地面积2215平方公里，现辖16个乡镇（场、办事处）和一个开发处，总人口38万人。因盛产“稀世珍果”冬枣，被国家有关部门命名为中国冬枣之乡。

沾化县历史悠久，人杰地灵。远在春秋时期，即有人在此煮海为生，至唐代初期渐成村落。公元688年（唐垂拱四年）置招安镇，1042年（宋庆历二年）升镇为县，1195年（金明昌六年）更名为沾化县，沿用至今。

沾化县地理位置优越，自然资源丰富。沾化县座落在连接京津地区和江浙及胶东半岛的交通咽喉要道上，与辽东半岛隔海相望。在本省既是胜利油田的腹地，又是黄河三角洲开发和“海上山东”建设两大跨世纪工程的主战场。所处的渤海湾经济开发区已被国家列入“九五”计划和2010年远景目标纲要，成为本世纪末、下世纪初全国重点发展区域。优越的地理位置和自然条件，形成了沾化县得天独厚的资源优势。全县耕地面积110多万亩，人均3亩；有67万亩滨海天然草场和10万亩人工草场；有沿海滩涂84万亩，-5米浅海200多万亩；境内河流17条，流域面积1500平方公里，引黄蓄水工程宏大，各类大中型水库蓄水量已达8700万立方米。目前已形成以种植业、畜牧养殖业、水产捕捞业和以冬枣生产为主的林果业四大主导产业。

沾化县投资环境良好。县内公路四通八达，有两个1000吨级和一个3000吨级泊位港口，水陆交通十分便利。全县农村实现了“五通”，即村村通电、通自来水、通柏油路、通电话、通有线电视。第三产业发达，服务机构与设施健全，可为来沾宾客提供全方位多层次的服务。县城被命名为省级卫生县城。相继成立了“经济环境保护委员会”和“招商引资指导委员会”，制定了一系列招商引资优惠政策。良好的投资环境吸引了众多的县外客商来沾投资兴业。德国安若拉公司、浙江横店集团、中牧大华安集团等国内外大公司相继来沾安营扎寨。

二、稀世珍果——沾化冬枣

沾化冬枣是沾化县独有的珍稀宝贵资源，因其10月中、下旬成熟而得名。迄今为止国外无栽培历史，国内也仅该县独成规模。沾化冬枣个体大，单果重平均20克，最大者重达52克。果皮赭红光亮，皮薄肉脆，细嫩多汁，甘甜清香，可食率高达93.81%。经北京市营养源研究所分析化验，沾化冬枣富含人体所需的19种氨基酸和多种维生素，其中维生素C的含量是苹果的70倍、梨的100倍、金丝小枣的20倍，还含有钾、钠、铁、铜等多种微量元素，营养价值居“百果之冠”，被誉为“活维生素丸”。1989年10月，沾化冬枣获山东省“星火计划”成果展交会金奖；1995年3月，沾化冬枣荣获首届环渤海科技成果博览会金奖；1997年11月，沾化冬枣获山东省经济林名特优果品监评金奖；1998年9月，沾化冬枣被评为全国林副名优新特产品展销交易会推荐品牌，1999年10月，在烟台果蔬加工与产业化国际研讨会暨展览会上，沾化冬枣为众多的国内外专家、客商所关注，轰动整个博览会；1999年10月16日，中共沾化县委、沾化县政府，在北京人民大会堂举行了中国冬枣之乡——沾化冬枣信息发布会，有关方面150余人出席发布会，会后各新闻单位对信息发布会均作了报道。至此，沾化冬枣这一稀世珍果，名声大噪，蜚声海内外。

三、飞速发展的冬枣产业

经过10年的发展，小冬枣已长成大产业。到1999年底，全县冬枣密植园达12万亩，庭院栽植3万株，年产冬枣100万公斤以上，实现销售收入3000多万元，冬枣苗木实现销售收入800万元。

为确保沾化冬枣产业的健康快速发展，沾化县委、县政府制订出台并实施了一系列的政策措施。一是政策驱动。冬枣林地承包期50年不变，实行谁投资、谁所有、谁受益，农民对承包林地有继承权和处分权。林地政策的落实，消除了农民的种种顾虑，有效地调动了农民种植冬枣树的积极性。二是科技推动。先后与中国科学院植物研究所、清华大学、山东省农科院等科研单位签订了技术合作协议，聘请全国著名组培专家为顾问，创办了冬枣研究所，着力提高冬枣的科技含量。几年来，沾化县先后攻克了冬枣苗木脱毒快繁和冬枣保鲜两大难题，在冬枣生产和冬枣品种方面进行了系统研究，出台了沾化冬枣生产标准和冬枣品种、品级分类标准，顺利通过了省技术监督局专家组对“沾化县冬枣标准化示范区”的检查验收，实现了沾化冬枣从苗木繁育、栽培管理到果品采摘、分类、分级、贮藏、运输等环节的规范化、标准化管理。三是龙头带动。先后投资500万元，建起了年产150万株脱毒冬枣成苗的高新技术苗木繁育场，投资2500万元建起了贮藏量为3000吨的调气保鲜库，消除了枣农的后顾之忧。四是市场拉动。积极参加各种大型国际经贸活动，开拓国内国际市场，获得巨大成功。目前产品内销国内各大中城市，外销欧、美等几十个国家和地区，冲出了国门，走向了世界。

四、沾化冬枣产业前景广阔

沾化冬枣生产仅有十几年的历史，真正形成产业也是近两年的事，属真正意义上的朝阳产业，前景无限广阔。沾化冬枣1999年产量仅100万公斤，即使到2005年，沾化冬枣的产量也不过4000万公斤，市场潜力仍将很大。

同时，随着中国经济的快速增长和中国加入WTO的临近，沾化冬枣的市场容量将进一步加大。因此，沾化冬枣将长期处于供不应求状态。

山东省阳信县（鸭梨之乡）

阳信鸭梨栽培面积26万亩，占栽植梨树树种的99.4%。其中盛果期果园21万亩，占鸭梨总面积的80.6%。阳信鸭梨生产规模大，种质资源丰富，居省内之最，在全国名列前茅。阳信县1991年被批准为鸭梨出口生产基地，1996年被命名为“中国鸭梨之乡”。

阳信鸭梨外形美观、色泽金黄、具有果汁浓郁、核小无渣、脆嫩多汁、酸甜适度、耐贮运等特点，并富有多种维生素及营养成份。阳信鸭梨以其品优质佳，自1985年以来，在国家和省历次展评中，独树一帜，频频夺魁。1985年在全国水果评比中总分第一名，荣获国家优质农产品金杯奖；1986年以来连续被省评为优质水果；1992年获首届农业博览会金质奖、泰国·曼谷1993年中国优质农产品及科技成果设备展览会金奖；1994年获全国林业名特优新产品博览会金奖；1994年“彩玉牌”阳信鸭梨荣获中国绿色食品发展中心绿色食品称号；1997年被第三届全国农业博览会指定为名牌产品；1998年被全国林副名优新稀产品展销交易会评为推荐品牌（产品）。

阳信鸭梨经过长期的栽培，科技工作者和广大梨农积累了丰富的管理经验，打破了“桃三杏四梨五年”的定论，“三年结果、五年丰产、八年亩产万斤”的阳信鸭梨“变化性密植栽培”技术获得成功，并已在全县推广应用。实施了早成形、早结果、分枝负担、克服大小年高产稳产优质栽培技术。阳信鸭梨盛果期梨园亩产4000公斤以上，年总产量达20万吨以上，优质果率达90%以上。

目前阳信建成恒温库20座，贮藏保鲜能力50000吨，增强了阳信鸭梨驾驭市场的能力，年产销率达100%。

阳信鸭梨已发展成为农村经济的支柱产业，是阳信国民经济的重要组成部分，县乡财政收入的主要来源之一。阳信鸭梨年产值31000万元，占农业总产值的32.3%；农民鸭梨生产人均纯收入845元，占农民人均纯收入2350元的36%；县乡鸭梨生产税收额1709万元，占财政收入8131万元的21%，重点乡镇达60%以上。

阳信鸭梨生产不仅繁荣了农村经济，而且带动了阳信二、三产业的迅速崛起。全国独一无二的阳信鸭梨醋有限责任公司和阳信鸭梨饮品有限责任公司年加工消化鸭梨30000吨，年生产“梨花村牌”鸭梨醋10000吨，产值1300万元，创利税80万元；阳信鸭梨系列浓缩汁系列保健饮品年产1400吨，产值2000万元，利税150万元。同时带动了运输、包装装潢、餐饮等服务业，安排就业人员近万人，年创利税1亿元。

鸭梨的栽培大大提高了阳信的林木覆盖率，不仅美化了人们的生活环境，而且在生态农业建设中发挥了重要作用，增强了抗御自然灾害的能力。

综上所述，阳信鸭梨生产具有显著的经济效益、社会效益和生态效益。

阳信鸭梨生产隶属阳信县林业局管理，乡镇设有林业站、办事处，村设有科技网点，1992年成立了阳信鸭梨研究所副科级单位（隶属县林业局管理），1998年县农委、林业等部门成立了阳信鸭梨技术协会，乡镇相应成立了阳信鸭梨技术协会分会，全县上下形成了以县林业局为主体，乡镇林业站为纽带的阳信鸭梨管理体制，科技推广网络由四级结构组成纵到底、横到边。

阳信鸭梨经营以县果品公司为龙头，在国内大中城市设立办事处，并且县委县府投资100多万元兴建了鸭梨批发市场，日吞吐能力100吨；制定优惠政策积极鼓励单位、农民、个体直接参加鸭梨销售，创造条件引进外地客商；努力开拓国际市场，阳信鸭梨销往新加坡、马来西亚等十多个国家和地区，出口量达6000吨，创汇13000万美元。全县形成了多元化销售体制，流通网络遍布全国各地。

全县鸭梨产加销从业人员达1500人，其中具有技术员以上职称的科技人员1200人，占从业人员的80%。

为进一步促进阳信鸭梨的技术管理水平，阳信县出版印刷了《阳信鸭梨栽培》一书，《阳信鸭梨生产管理技术规程》经山东省技术监督局公布实施，编写了《阳信鸭梨栽培管理年历》。阳信鸭梨生产管理走上了制度化、标准化、科学化的轨道。

为进一步促进阳信鸭梨生产的发展，加大新技术成果、新品种的引进推广力度。目前，已引进丰水梨、幸水梨、王子廿世纪等名特优新品种18个，全县形成了以鸭梨为主、早中晚熟品种搭配、高中低档品种结合的新格局。新技术成果推广了鸭梨病虫害综合防治、配方施肥、人工授粉、疏花疏果、果实套袋等。新技术成果的引进与推广应用，增加了生产中的科技含量，鸭梨园综合管理水平不断提高，“十万亩阳信鸭梨丰收计划”获农牧渔业部三等奖，“万亩阳信鸭梨技术开发”获山东省星火计划科技成果奖。“鸭梨大面积开发试验和推广”、“阳信鸭梨优质套袋技术开发”获省科委三等奖；“阳信鸭梨气调贮藏保鲜技术研究”、“阳信鸭梨绿色食品技术研究及早期丰产技术开发”获地区科委一等奖，在阳信鸭梨生产中科技贡献率达90%以上，科技成果推广应用转化率达85%以上。

山东省招远市（红富士苹果之乡）

招远市位于胶东半岛西北部，地处东经120°08′至120°38′，北纬37°05′至37°33′之间，总面积1433.18平方公里，属温带大陆气候，年降雨量600mm左右，全市平均气温13.4℃，无霜期200多天。境内丘陵起伏，山青水秀，光照充足，四季分明；冬暖夏凉，气候宜人；交通发达，物产丰富，素有“金城天府，富士之乡”之美誉。

招远于公元1131年设县，取“招怀携远”之意，定名为招远。1988年被国务院确定为对外开放县，1991年12月经民政部批准撤县设立招远市，辖1乡、14镇、3个街道办事处、一个外向型工业加工区、724个村，全市总户数18.91万户，总人口57.87万人。改革开放以来，招远人民在中国共产党的领导下，励精图治，奋发图强，艰苦创业，使全市经济迅猛发展。到1998年，国内生产总值达到78.13亿元，人均国内生产总值达到了13500元，综合经济实力排全国第41位，山东省第4位。

一、注重品种更新换代，实现红富士苹果良种化

招远市于1967年从日本引进富士苹果，1980年首次引进着色系富士，即所称的红富士。之后，招远市建立了自己的苗木繁育基地，繁育的苗木一方面用于发展新果园，一方面对部分老劣品种进行了嫁接改造。至1995年，招远市红富士苹果园面积达到了35万亩，被中国特产之乡组委会命名为“中国红富士苹果之乡”。为了适应市场需求，增强市场竞争力，1996年又以烟富1—6号、2001等红富士优良品系，通过嫁接改造，取代了劣质富士，实现了红富士苹果良种化，为生产优质高档果品奠定了品种基础。1999年全市生产优质红富士苹果4亿公斤，年产值6.4亿元，农民人均1270元，红富士苹果已成为招远市农

民致富奔小康的“摇钱树”。

二、健全服务网络，保证新技术的顺利推广

为加强对果业生产的指导，招远市于1990年下半年把股级果树站升格为正科级果业总站，编制由7人增加到29人，为全额拨款事业单位。各乡镇也成立了2—3人的果业技术推广站，每个管理区安排一名技术推广站长，每村设一名果业技术员。乡镇每半月召开一次果农大会，根据果树生长需要提出管理意见，传达果业信息。市果业总站定期举办培训班、召开现场会，传授新技术、新经验、新成果，着重推广了壁峰授粉、果实套袋、摘叶转果、铺反光膜等高档优质果品生产的配套技术措施。2000年全市实施了优质苹果工程，应用优质果袋突破10亿个，推广摘叶转果、树下铺反光膜等新技术20万亩，可生产高档果3亿公斤，增加产值1.5亿元。

三、大力发展龙头企业，增加红富士苹果出口创汇能力

招远市在大力建设果品批发市场、培育销售队伍的同时，积极发展果品贮藏加工龙头企业。1999年全市新建冷风库32座，贮藏能力达到45000吨，年贮量达到6.5万吨；新上果汁加工企业两处，年加工果品3万吨。这些龙头企业积极与外商合作，拓宽了销售渠道，增加了出口创汇能力。1999年全市出口红富士苹果1500万公斤，创汇6000万美元。

四、积极开展科研攻关，提高科技含量，争创名牌产品

招远市果业技术人员积极开展科技攻关活动，取得了显著成绩。《快速繁育苹果良种新技术》获山东省科技进步二等奖；《矮化幼龄红富士苹果优质丰产技术研究》1994年获烟台市科技进步二等奖；《绿色食品红富士苹果栽培技术开发研究》1995年获山东省科技进步一等奖；《反光膜促进富士苹果外观着色和内在质量使用技术研究》1997年获山东省科技进步三等奖。这些科技活动，对提高红富士苹果质量起到了关键性作用。招远市红富士苹果个大、色红、形正、口感好，在国家、省组织的各项水果评比活动中，多次获金奖。1995年，在中国第二届农业博览会上，招远红富士苹果获金奖13个；1996年，在山东省优质果品评选活动中，获金奖44个，其中“国冠”牌红富士苹果获全省第一名；1997年，在中国第三届农业博览会上，“招元”、“富冠”、“鲁冠”、“国冠”牌红富士，被认定为名牌果品；1996年，招远市被山东省政府授予“水果生产先进县市”称号。

果业是招远农业的主导产业之一，果品收入占人均生产性收入的35%。为顺应新形势，当前，招远市正采取强有力措施，调动各方面积极性，全面推广应用绿色无公害客观存在果品生产技术，推动招远果业再上台阶。

山东省乐陵市（金丝小枣之乡）

乐陵市位于鲁西北平原，东毗庆云县，西邻宁津县，南与商河县以德惠新河为界，北与河北省盐山、南皮两县隔漳卫新河相望。1988年9月1日，经国务院批准，撤县立市。全市总面积1237.2万平方公里。下辖8镇、4乡、4个街道办事处，人口63.7万。

关于乐陵小枣的最早文字记载为北魏时期贾思勰所著的《齐民要术》：“青州有乐氏枣，丰肌细核，膏多肥美，为天下第一。”明、清两代是乐陵小枣发展的盛期。山东省委、德州地委帮助研究制订了新的规划和措施，使小枣生产得到迅速发展。1995年，市委、市政府制定了“实施红枣工程，建设百万亩枣园，建成全国最大的小枣商品生产基地”的富民战略。

1994年，乐陵金丝小枣荣获全国林业名特优新农产品博览会金奖。1995年，乐陵被首批百家中国特产之乡命名宣传活动组委会命名为“中国金丝小枣之乡”。1998年，被命名为全国名优稀特经济林（金丝小枣）基地示范县。1999年乐陵金丝小枣荣获“99中国国际农业博览会名牌产品”称号。2000年3月，被国家有关部门命名为“金丝小枣之乡”。

近几年，市委、市政府在小枣生产上主要采取了以下措施：

1. 抓基地，建设百万亩枣林。1995年，市委、市政府制定了《枣树生产发展规划》及《实施方案》，提出了“奋战三年，全市100万亩耕地全面实现枣粮间作化”的奋斗目标，开展了一系列工作：广泛宣传，在全市形成了浓厚的枣树生产氛围；落实政策，调动了广大农民发展枣树生产的积极性；科学种植，保证了枣树种植质量及成活率；示范带动，建立了10万亩分管省长经济林示范园、5万亩德州市分管市长经济林示范园、万亩以上的乐陵市市长及分管市长经济示范园和小枣品种资源库。近几年来新发展枣树2000万株，改良劣质枣树580万株，嫁接冬枣128万株、无核金丝小枣200万株，到1999年底，枣树总株数达到了2500万株，干枣总产80万吨，全市百万亩耕地全面实现了枣粮间作化。

2. 抓加工，搞好龙头企业建设。按照“大规模、高起点、外向型、强带动”的思路，坚持主体多元化，实行国有、集体、个体、联合体一齐上，重点培植扶持规模较大、辐射带动较强的枣制品加工企业，几年来，先后投资1.4亿元，扶持兴建了枣城饲料有限公司、华丰枣制品有限公司等一批枣制品加工企业，建立了省级企业集团——红枣集团。到1999年底，乐陵市小枣加工企业已达到112

家，小枣加工量占总产量的42%，产值达6亿元。枣制品名牌战略亦卓有成效，先后开发生产了阿胶蜜枣、枣酒、枣茶、红枣莲子羹、红枣口服液等一系列新产品。现在与中科院、北京食品研究所等20多个科研单位联合研制枣酒饮料、保健品、食品、工业添加剂等四大系列30多个品种的开发生产。

3.抓流通，大力开拓、完善市场。以一年一度的“中国乐陵金丝小枣节暨经贸洽谈会”为契机，多渠道开辟市场，扩大宣传，促进小枣产品销售；几年来，先后投资1.5亿元，新建、扩建小枣专业市场15个；培育市场主体，先后成立了枣树协会、专业合作社、联合公司等各类中介组织180多个，从事小枣营销人员达8000余人；到1999年底，小枣及枣制品已畅销美国、俄罗斯、日本、新加坡等30多个国家和地区，年出口量2600万公斤，创汇3000万美元。

4.抓服务，优化发展环境。建立健全产前、产中、产后服务体系，搞好对红枣产业化主体的系列化服务，制定优惠政策，加大扶持力度。建立了“三圃一园”，即复选圃、鉴定圃、采穗圃和百枣园，选育出乐金1、2、3号，乐无核1、2、3号6个优良品系；完善了市、乡、村上下贯通，功能齐全的三级服务网络；市里设立了1000万元的枣树发展专项基金，并每年安排1500万元以上的专项贷款，用于扶持小枣生产及加工。

5.抓领导，实现上下一盘棋。以实施红枣生产目标责任制为主线，按照“一个产业、一个规划、一套政策、一套班子”的“四个一”管理模式，层层建立小枣产业化领导机构。

主要突出作好三篇文章，实现四个突破。

“三篇文章”是：继续巩固、完善百万亩红枣基地，做好品种改良的文章。加大宣传力度，做好市场开拓的文章。

“四个突破”是：依靠科技，在小枣品质上实现新突破；开拓市场，在出口创汇上实现新突破；规范运作，加大开发力度，在建立以百万亩枣林为主体的旅游观光农业上实现新突破。

山东省枣庄市峄城区（石榴之乡）

峄城区的特产石榴，是得天独厚的大自然的恩赐，更是勤劳、智慧的峄城人民巧手培育的商品宠儿，它集特有的自然资源、独特的历史传统、精良的栽培技术于一身，有物产、有风光、有名望，是中国石榴的名乡，也是地方经济的王牌和招商引资的风水宝地。

峄城石榴以其渊源流长的发展历史（约2000年），独具一格的地方特色，享誉古今中外，其果实味甜酸，性温涩，富含多种营养，不仅可供鲜食，亦可加工成高级清凉饮料；深受人民喜爱，果实和果皮中含有多种生物碱和维生素，对治疗腹泻、漏精、冠心病、高血压等有辅助作用，具有极高的医学价值。

峄城石榴现有43个品种，“大青皮甜”是其代表品种，具有个大、汁多、味甜、质优、丰产、耐贮运等特点，一般二年开花、三年结果，果重500—600克，最重达1520克，含糖量17%。

峄城区现有石榴园片16万亩，结果树2.4万亩，年产量3000万公斤，产值9000万元，全区人均收入300元，占全区人均收入的11.5%，石榴重点产区，人均年石榴收入1350元，占总数的51.9%。占全区农业总产值的17.8%。加工石榴汁1300万斤，产值3900万元。

峄城石榴名扬天下，知名度较高，被列为全国名、稀、优果品，具有九州奇树，天下之名果之称。峄城“石榴园”被誉为“齐鲁一绝”。1987年石榴花被定为枣庄市市花，当年在北京国际展览中心，农副产品展销会上荣获最高奖。1990年参加亚运会全国农产品展销，获畅销产品奖；1991年在香港国际展评中获三等奖，1992年，峄城石榴园被开辟为中国友好观光年“花之路”旅游线主要旅游区之一，1994年在全国林工产品展销会上获银奖。

1996年1月，峄城区被中国农学会中国优质产品开发服务协会、中国特产报社命名为：“中国石榴之乡”。同年在山东省农副产品展销会上获金奖，1997年获山东省经济林产品展金奖。1998年在全国林工产品展销中获三项推荐产品奖，在昆明世界园艺博览会上峄城石榴盆景获一金一银二项奖。

山东省枣庄市薛城区（冬枣、石榴）

一、“薛城冬枣”之乡——南石镇

南石镇位于薛城区（原名临城）的东部，处于枣庄市新城区的中心，西连枣庄市高新技术开发区，距京福高速公路5华里，东接枣滕矿区，南靠峄城万亩石榴园，距碧波万顷的微山湖十多公里，境内有郯微路、店韩路、光明路和薛枣铁路纵横穿越，地理位置优越，道路四通八达，是远近闻名的“冬枣之乡”。全镇总面积45.71平方公里，总人口2.49万人，1998年10月经山东省政府批准“撤乡设镇”。

近年来，镇党委、政府以强镇富民为目标，坚持以经济建设为中心，农业抓调整，攻特色，先后兴建了以小龟山为中心的万亩冬枣基地，以大吕巷为中心的大棚西瓜基地和以高楼为中心的大棚花卉基地。冬枣、石榴、西瓜等农产品远销苏州、上海、哈尔滨市场。工业以煤炭、化工、水泥、流通、建筑五大产业为主导，培植了南石煤矿、宏达公司、春雷化工厂等一批利税过百万元的镇办企业。1999年全镇实现工农业总产值7.1亿元，国民生产总值1.6亿元，财政总收入1000万元，农民人均纯收入3050元，先后被省、市授予“明星乡镇”和“小康乡镇”等荣誉称号。

枣庄市具有悠久的枣树栽培史，历史上就因盛产大枣而得名。“薛城冬枣”是南石镇于1989年发现的优质地方枣品种，因其果大、质优、特晚熟，为区别于其它冬枣品种，被山东省果树研究所专家命名为“薛城冬枣”。中国枣树专家郭裕新在《中国果树志》枣卷中论述：薛城冬枣是所有冬枣中最晚熟、果个最大，濒于绝迹和稀有的鲜食枣品种。其主要特性和开发价值有：一是结果早、易丰产。定植当年普遍结果，三年平均株产7.68公斤，四年株产26.72公斤，亩产1350多公斤；二是果大质优。外形像小苹果，平均单果重25g，最大果重52g（其它冬枣单果重14g左右）。脆甜略酸，适于鲜食，含可溶性固形物35%以上，总糖20.86%，维生素407MG/100G。三是特晚熟。10月下旬至11月上旬，霜降后成熟，比其它冬枣品种晚熟20天左右，是冬令果品市场的佳品。四是适应性强。抗逆性强，开花座果稳定，耐干旱瘠薄，适于山坡等旱薄地栽植。

薛城冬枣发现以来，先后被《农民日报》、《经济日报》、《农村开发报》、《落叶果树》等20余家科技刊物和新闻单位报道，受到各级的高度重视，1991年被枣庄市科委列为科研课题，1993年被国家和山东省科委列为星火计划项目，1991年薛城区在举行了“冬枣及其开发新闻发部会”，1996年“薛城冬枣”获山东省优质果品金质奖，1997年在北京举行的“第三届中国农业博览会”上，南石镇选送的注册“雪丹”牌冬枣被抢购一空。在省、市、区科技和财政部门的支持、帮助下，南石镇联合上级科研单位，组成课题组，对冬枣进行了系统试验、研究与开发，获得了从嫁接、育苗、丰产栽培到贮藏保鲜的综合技术成果。其中《薛城冬枣栽培技术研究与开发》和《冬枣选优》两个课题分别获得枣庄市科技进步二等奖，《冬枣开发》1997年获山东省星火三等奖。

近年来，南石镇党委、政府抓住冬枣特色项目不放松，发挥山地面积大，酸枣资源丰富的优势，探索出了定植建园和野生酸枣嫁接相结合，利用企业资金优势与科技部门技术优势相结合的冬枣规模开发新路子。先后投资600多万元，创办了集育苗、管理、贮藏、销售和技术服务为一体的冬枣开发基地，成立了冬枣研究所，建立了200亩良种圃，300吨冬枣恒温库和3000亩丰产栽培示范园，先后繁育冬枣苗木210多万株，开发冬枣面积1万多亩，结果面积达到5000多亩，年产量300余万公斤，年创经济效益2000多万元，带动一大批群众走上了致富之路。同时冬枣苗木扩散推广到北京、河北、河南、山西等全国10省、市的50多个县、区，冬枣果品销售到上海、北京等大中城市，在周围地区打响“薛城冬枣”这一农业品牌。

下步将坚持以冬枣的产业化发展为方向，走市场牵龙头，龙头带基地，基地连农户，一体化经营，一条龙服务的规模发展路子，继续在优选研究、保鲜增植、规模开发和市场销售上下功夫，加强同中国果树研究所、山农大等科研单位的联系，使冬枣年存储量达到500吨，开发面积达到3万亩，切实把冬枣资源优势转变为市场优势和经济优势，建成全国知名的薛城冬枣基地。

二、张庄石榴

山东省枣庄市薛城区南常乡境内的圣土山之阳，有个闻名遐迩的张庄村，因盛产石榴被誉为“石榴山庄”。这里的石榴以个大、色艳、味美著称，被明清两朝列为贡品，多次参加国家或省际间举办的农特产展览和果品交易会，专家称张庄石榴为“山东一绝”、“果中之王”，张庄村也于1994年被国家绿化委员会命名为“千佳村”而闻名全国。

“石榴山庄”幅射周边5个村，面积达8000亩，年产量在300万斤，收入1500万元以上。

张庄石榴久负盛名。据传早在西汉时，从宫廷当花卉引来栽培，经过世世代代的选育，由观尝花卉而成为食用果品。目前，全国成规模的石榴有五大片，陕西临潼、安徽怀运、云南大理、新疆伊犁、山东枣庄，都在万亩，乃至十多万亩之多，但产量很小，据专家提供的数据表明，全国人均只占有7棵石榴籽。五大片石榴中枣庄——张庄石榴比较最佳。这里群山环抱，玉华泉、一口泉、箭子泉、柳泉、四泉喷涌形成天然小盆地，风化岩冲积而成的“红壤土”，含有多种有机物，土肥水美润物生，特殊的土壤条件和温暖少风的气候，给喜暖怕冻，对土地营养极具挑剔的石榴生长，营造了良好的自然环境。这里的石榴个体硕大，果色鲜艳，味道甜美，最大的达1500克，最小的500克，一般都在800克以上，经过多年优选，“大红袍”和“大青皮”成为人们主栽优质品种。“大红袍”挂在树上似盏盏红灯，玲珑剔透，甜味极浓，适合多数人的口味，“大青皮”皮色青淡，古朴典雅，以甜为主，酸甜适中，食用不但增加营养，对健胃、益肝、降血压、通脉络也有明显效果，可谓物华天宝，果中珍品。

在人们的传统观念中，石榴籽“百子团抱”象征吉祥，仲秋节全家团圆，和月饼一样，也是必不可少的圆月食品，张庄石榴数百年来，就远销京津沪杭，8月节更成为人们走亲访友馈赠之佳品。

在改革开放的20年中，张庄人为把资源优势转化为独特的经济优势，坚持保护与开发并举，一手抓品种优化，一手抓规模扩大，着力唱响自己的特色好戏。

张庄不但石榴出名，也是旅游观光的好去处，这里四季有景，榴园风光无限，阳春三月红芽满枝，披露含珠；五、六月间，千亩火红，万株吐翠，金秋时节，榴果累累，流丹溢彩；寒冬腊月，蟠龙虬枝，形态各异，山坡沟壑，榴树密密扎扎，层层叠叠，山道弯弯，流水潺潺，自然景观，别具一格。古老的村庄，留下了几多古迹和美好的传说，令游人叹为观止。"双龙洞"石府洞天，"千寿槐、卧龙槐"历尽苍桑800载，仍枝繁叶茂，被称为"石榴皇后的九股十八杈"，虽寿300寿载，仍久盛不衰、硕果累累、怪石磷峋的圣土险峰白云缭绕，雷雨季节，又有"圣山出云，不用问神"之说……。

在经济发展的大潮中，张庄人正瞄准市场，在大力发展石榴生产的同时，对苗木、盆景、榴茶、饮料等副产品正在挖掘开发之中，他们以榴为媒，依托京福高速公路，京沪高速铁路和穿村而过的省级"店韩"公路，借助于宜人的自然景观和蕴厚的人文景观，欢迎中外客商来此投资开发，洽谈贸易。

《落叶果树》杂志（山东省）

《落叶果树》杂志创刊于1969年，是山东省果树研究所与山东农业大学园艺系联合主办的果树专业技术期刊，国内外公开发行。主要刊载落叶果树（包括果用瓜类）在引选育种、栽培技术、病虫防治、贮藏加工等方面的新动向、新成果、新方法和经验交流，设有试验研究、调查研究、综合评议、种质资源、保护地栽培、贮藏加工、生产服务、观赏园艺、国外果树等十余个栏目。双月刊，逢单月1号出版，定价4.00元，全年24.00元。全国各地邮政局（所）均可订阅（邮发代号24—98)。漏订者可直接汇款到该社，需挂号者每期另加2.00元。

欢迎访问该刊网页，欢迎赐稿，欢迎订阅和刊登广告!

地　　址：山东省泰安市龙潭路64号
编辑出版：落叶果树杂志社
名誉主编：王功初　主　编：张　毅
邮　　编：271000
电　　话：(0538) 8334077　8204076
传　　真：(0538) 8204077
电子信箱：Lygs @ sdip. ac. cn
网　　址：http: //www. luoyeguoshu. com. cn

河南省

〔概况〕　1999年，河南省委、省政府十分重视河南林业土特名产的发展，把它作为调整全省农业结构，发展农村经济的有效措施，摆上了重要位置。各地也都把林业土特名产的发展作为发展区域经济、促进农民增收的突破口，加大了政策和资金的扶持力度，采取有力措施，积极引导，在发展林业名特优稀产品和珍稀动物的驯养、繁殖方面，取得了显著成效。据不完全统计，全省共发展名优经济林面积3.7万公顷，改造低产林（园）3.5万公顷，经济林产品总产量达到33.5亿千克；共建成200多个动物养殖场。其中：山萸肉1.1万公顷，产量33.79万千克；杜仲1.7万公顷，产量33.79万千克；河阴石榴0.1万公顷，产量565.3万千克；红富士苹果11.5万公顷，产量48269.5万千克；桃0.7万公顷，产量1702.35万千克；柿子0.4万公顷，产量6053.6万千克；葡萄0.3万公顷，产量8559万千克；板栗2.3万公顷，产量170万千克；油桐1万公顷，产量192万千克；花椒0.5万公顷，产量340万千克；山楂0.3万公顷，产量1243万千克。林业土特名产的发展，进一步加大了林业在农村经济的比重，花卉生产、中药材加工、森林旅游和林产工业恢复性增长加快，增幅超过10%。据1997年调查，全省粮食作物平均亩产值只有385.9元，而茶蚕果和花卉亩产值分别达到4688元和8000元。信阳市新县1999年全县农民人均林果业的收入达到800元，占农民收入的39%；南乐县1999年以苹果、红杏为主的果品产值达1.4亿元，全县农民来自林果业的纯收入达300多元，占农民人均纯收入的15%；洛宁县农民人均林果业收入达到500元以上，全县有14万人靠发展林果业实现了脱贫致富。

采取的主要措施是：

一、切实加强资源培育，提高科技含量。9月份召开了全省林业科技推广大会，明确了全省林业科技推广工作的指导思想和奋斗目标。组织实施了漯河、开封等8个林业高科技示范区建设，全省林业生产良种使用率达到57%，比上年提高5个百分点；科技成果转化率达到41%，比上年提高7个百分点；16项林业科研成果获国家和省部级科技进步奖。据测算，全省林业科技进步对林业经济增长的贡献率达到33.5%，比上年提高了4.51个百分点。

二、推广新技术，新品种，加大林业结构调整力度。各地以市场为导向，以防治水土流失、改善生态环境为前提，以提高经济效益和生态效益为中心，以增加农民收入为目的，优先发展市场前景好、经济效益高的树种，重点改善品种，在稳定苹果面积的基础上，适当发展梨、板栗、核桃、大枣等名特优高效经济林，大力发展金银花、辛荑、杜仲等中药材和腊梅等花卉生产。以此为依托，积极搞好中药材、经济林产品深加工，拉长林业产业链条，提高林产品附加值，系统内林产工业产值达到18亿元。

三、开展林业严打专项斗争，有效地保护全省森林资源。鉴于近年来一些地方受市场利益驱动的影响，全省乱砍滥伐林木、乱占滥用林地、乱捕滥猎野生动物等违法案件呈上升趋势，省委政法委、省检察院、高级法院、公安厅、林业厅五部门联合在全省组织开展了打击破坏森林资源违法犯罪活动的专项斗争。全省各级林业公安机关共查处各类毁林案件4400多起，打击处理违法犯罪分子5876人，追缴木材1.6万立方米，查获野生动物26.5万只(头)，挽回经济损失451.6万元，有效地保护了森林资源和林区社会治安稳定，特别是通过查处济源三起金钱豹案、三门峡白天鹅案、郑许高速公路老虎案，引起了全社会对野生动物保护工作的高度关注。

四、建立健全林业法律法规，加大以法治林的工作力度。省人大审议出台了《河南省林地保护管理条例》，明确了林业主管部门对林地管理的执法主体地位，使林地管理工作有法可依、标志着河南的林业立法工作取得了新的突破。全省征占用林地审批工作有了新的起色，先后审核了故县水库、漯周高速公路、新荷铁路等12起重点建设项目征占用林地手续。在木材采伐、运输和经营加工中，继续实行凭证制度，使全省森林资源消耗保持了下降趋势。通过这些工作，为林业土特名产品的健康发展，营造了较好的外部大环境。

一、土特名产

鄢陵蜡梅　鄢陵蜡梅，又名黄梅、香梅，因其花黄如蜡，手触有蜡质感，又称蜡梅，是蜡梅科属的上品。

鄢陵花卉历史悠久，始于唐宋，盛于明清，远在明代就以“花都”著称。江陵人曹汴路过鄢陵曾发出“一入鄢陵望眼迷”的慨叹。但在众多花卉品种中，尤以蜡梅为最。据《经志》记载，“鄢陵花草名称甚多……，腊梅一种，唯鄢陵著名四方”。明代韩程愈《叙花》记载“蜡梅一种，唯鄢陵著名，四方诸君子，购求无虚日，士人以此为累……”。因此，曾享有“鄢陵蜡梅冠天下”之盛誉。现代园艺学家喜彭学苏也在《蜡梅概述》中说：“蜡梅……以河南鄢陵最为著名”。据《中州大观》一书记载，鄢陵蜡梅被河南省列为29种名贵土特产品之一，是中原地区著名的观赏花卉。1981年秋季广交会上展出的鄢陵蜡梅盆景“赤龙独舞”受到与会者一致赞赏。在1989年3月，由中国花协、中国梅花蜡梅协会在北京联合举办的中国梅花蜡梅展览中，鄢陵蜡梅荣获五项金奖和四项银奖。1988年2月，美国林肯纪念馆，为美化馆景，特引进鄢陵蜡梅24株，点缀馆容。

蜡梅生长慢，嫁接成活率低。最近鄢陵又创造了夏季腹接新技术，同时又创新了四季育苗、四季嫁接的新方法。鄢陵锦花公司采用高科技的植物组织培养的蜡梅脱毒苗已经问世。现在鄢陵蜡梅已多达几十个品种，年育蜡梅60万株，蜡梅盆景1.5万盆。

鄢陵桧柏　桧柏为常绿乔木，针叶，耐阴、耐寒、耐温，适应性强。鄢陵栽培历史悠久，鄢陵培育的桧柏苗木，枝繁叶密，株型紧凑，树冠美观，深受中国西北地区的欢迎，他们称之谓“河南桧”或“鄢陵桧”。

桧柏可孤植、行植、丛植于庭院供观赏。又可整形为绿篱。鄢陵花农用它制作桩景、盆景和造型、整修为各种建筑、龙鸟、兽等，形态逼真，栩栩如生。这在中国花木盆景制作和造型艺术上独具一格，自成体系。这种造型自清代开始，至今已有500多年历史。北京林学院1959年派师生到鄢陵实习，专门整理了这种艺术知识，写于《鄢陵园林植物栽培》一书中。1999年昆明世博会上，鄢陵县桧柏造型曾获四个铜牌奖。

现在，鄢陵县每年培育桧柏苗木达亿株以上，品种20多个，各种造型10万余个，年销售5000万株以上，其中桧柏造型2.6万余个。

新郑红枣　新郑枣区是中国北方著名红枣区之一，该区以新郑市孟庄为中心，周围包括中牟县和郑州郊区的部分乡镇，现有面积1.4万公顷，256万余株，年产鲜枣5000万千克左右。新郑红枣栽培历史悠久，8000年前的新郑裴李岗文化遗址就发现有枣核。《韩非子》一书也有该地区“桃枣荫于街”的记述。新郑红枣品质优良，主栽品种灰枣，占枣区资源的80%，果肉致密，核小肉多，干枣多食部分含糖77.35%，内核分离，摇动有声，群众称为“响核枣”，是区别于其它红枣的主要特征。还有鸡心枣，因形似鸡心而得名，占枣区资源的10%，质脆味甜，VC含量400mg/100g，干制最佳，品质极上，尤其海运不返潮，不霉变，都是传统的出口名枣。该区红枣面积大，集中连片，新郑市孟庄镇就有枣园0.4万公顷，其中500年生老枣树单株年产30—50千克。1996年新郑市政府建立了“大枣基地保护区”和“红枣大观园”。郑州的有些旅行社利用暑假举办“枣乡二日游”活动，让城市的中小学生到枣乡去，置身于枣树的海洋之中，刨花生，摘鲜枣，吃烙饼，体味农家情趣，体味沙区群众与风沙灾害抗争的智慧与艰辛，很有教育意义。

随着农村产业结构调整，该枣区的大枣加工业蓬勃发展，目前拥有年产值百万元以上的大枣加工企业22家，年加工量达3000万千克，先后开发出烟用红枣精、黑美、香心焦枣等12大系列和多种产品，建设了红枣产品专业市场，年净增效益上亿元，提高了新郑大枣在国内外市场的竞争力，提高了大枣的影响力、辐射力，已经被国家有关部门确定为“中国红枣基地县”。目前，国内新发展的枣树，其枣苗80%出自新郑，也吸引了全国大枣产量的60%经由新郑销往国内外。

密银花　密银花由于原产于新密市而得名，是1984年国家医药总局明确的35种名贵中药材之一，是本地著名的土特产品，流传有许多有关银药的民间传说和故事。明代李时珍《本草纲目》有“金银花出自密县五指岭山下”的记载。该区银花满山遍野，家家种植，是当地山民重要的经济收入来源。“民国八年，密银药出口换外汇银八万两”(《密县志》)。由于特殊的地理气候条件，密银花品质极好，用精选的银花泡枣，根根直立，整齐排列，清香味浓，堪称一绝。其药效显著，《名医别录》中列为上品，《神农本草经》中认为其“久服轻身”，名医陶景宏说其“治寒热身肿，入服轻身延年益寿”。明朝李时珍《本草纲目》记载“泡花常饮，可补虚疗风”，“金银花医一切肿毒，能攻毒托里，散气活血，其功能独胜”，“对治痈疽发背皆有其奇”。现代医学研究，其花蕾含木犀草素1%，肌醇1%，皂甙、鞣质、绿原酸4.8—6.3%，芳香类挥发油环已六醇1%等有效成份，能清热解毒，抗菌消炎，散疼止痢，与其它中药配伍，制成针、片、丸、散、酊、酒而广泛应用。

密银花栽培历史悠久，新密市是全国著名的产地，有资料证明，从明朝就开始了人工栽植。除自然分布外，多栽植于田边、地堰、荒山坡。新中国成立初期年产量有10万多千克。现有400万株（墩）左右，年产量15万千克。当地加工产品主要有银花茶、银花晶、银花露等。

荥阳柿子　荥阳柿子的栽植观赏规模和产量按县级比较在全国居于首位。有悠久的栽植历史。明《农政全书》记载：“今三晋泽沁之间多柿，细民干之，以当粮也。”清朝《乾隆·荥阳县志》称：“今荥阳蚩蚩之众，为资生食计，种柿者十之九。”1959年，中国林科院进行的柿树栽培调查报告称：当地品种家喻户晓，老少皆知，任到何处，三尺孩童亦能辨认其名。村宅、路旁、农田、沟谷皆有分布，堪称“柿树之乡”。主栽品种为水柿和灰柿，还有磨盘柿、牛心柿等20多个品种，1975—1985年以又从日本引进了10个甜柿品种，现有40余万株，年产鲜柿1500万千克左右，其所产柿饼、炕饼、霜糖饼均为著名土特产品。

柿子成熟采收后，经镟柿子车削皮、曝晒、翻转，使表面形成薄皮，果肉逐渐变软，再经过凉、吹、闷、堆，里边津液渗出表皮，凝成霜糖，即为柿饼，霜出全约需50天时间。柿饼因为选用品种不同，分为水饼和灰饼。水饼由水柿制成。1957年全国柿子鉴评会认为：“荥阳水柿柔软细腻，品质上，为制饼佳种。”水柿扁园，个大，核少或无核，质软，糖多，果肉棕红透亮，来年天热易回霜。灰饼由灰柿制成，灰饼个小，椭圆状，质硬，肉色深褐，耐久，不虫蛀，适于远销，也是炕饼的好原料。1959年以后，累计出口100余万千克。

河阴石榴　河阴石榴产于现今荥阳市北邙、广武一带，旧属河阴县。元代王祯《农书》即有“河阴石榴”的记载。《河阴县志卷八》记述：“土产安石榴自古著名”、“河阴石榴名三十八子盖一房三十八子也”，“渣殊软子稀而大且甘土人以仙石榴名之”。

河阴石榴以独特风格而驰名，籽大，色红，味甜，落地不沾尘土，籽软无渣，食之甜汁欲滴，且具有健胃、帮助消化的功能和治败血病、防癌及补助功能。1984年，河南省石榴资源调查协作组推荐的8个优良品种，河阴石榴有4个，铜皮石榴含糖12.84%，软渣石榴出汁率91.2%，大红甜石榴百粒重42.4克，均为各品种之冠。

河阴石榴1951年产量5万千克，1982年产量10万千克，现在产量100余万千克，畅销郑州、北京等地，1987—1989年河南省农牧厅组织进行“石榴栽培技术研究”获奖后，生产很快发展。巩义市南河渡引进河阴石榴，实行集约化栽培1000余亩，在本地也小有名气，并在1999年注册了“南河渡牌”石榴商标。荥阳市北邙、广武在世纪之交新栽植4000亩，选用良种，打井配套，科学管理，将使这一古老的名产重现昔日光彩。

济源黄甘李　济源黄甘李，历史上久负盛名，1995年利用世行贷款发展黄甘李面积达4500亩，产量300万千克。近两年，由于受花期低温影响，产量较低。黄甘李除部分鲜销外，多为就地加工李干，供应广东等地。

大天鹅　俗名天鹅、鹄。鸟纲雁形目鸭科。河南各地水滨均可见，为河南冬候鸟。全身洁白，体态优雅，是中国珍禽之一，被列为国家Ⅱ级重点保护鸟类。体形较大，长约130cm，翅长达59cm。雄鹅稍大于雌鹅，全身羽毛均洁白，仅头稍沾棕黄色。喙黑色，上喙基部两侧的黄斑向前伸至鼻孔下；虹膜暗褐色。颈修长，游水时常向上伸直。足黑色，位于躯体较后部，跗部短而粗壮，前3趾间有发达蹼膜，后趾亦具蹼膜。尾短稍圆。常与小天鹅混合成群，栖息于湖泊、水库及沼泽地。性机警。迁飞时速快且高。杂食性。常在北方沼泽地、草丛中营巢，冬季有1645只。

红嘴相思鸟　俗名相思鸟。鸟纲雀形目，画眉亚科。分布于大别山一带，为河南的留鸟和重点保护野生动物。小型鸣禽，体长约15cm。眼暗褐色，喙红色，头顶、额部暗绿色，眼先和眼周淡黄色，耳羽浅灰色而前部略带银白。背部暗绿色，喉及胸部黄色，腹部淡白，两胁浅黄色。足和趾黄褐或黄绿色。尾叉形，黑色，大部分羽基呈暗灰绿色。雌鸟羽色较雄鸟暗。

常栖居于山区，随季节性变化，稍有垂直迁移，常成群活动于树林中。性杂食，以昆虫为主，兼食植物种子、果实等。繁殖期为每年4~6月间，此间雌雄常形影不离，营巢于草丛或矮树上，每窝产卵3~5枚，卵呈浅蓝绿色，杂以淡紫等色斑点。善鸣，羽色鲜艳。是著名笼鸟，也是农林益鸟，全省夏季有115259只，冬季有396只。

黑核桃　为核桃科桃核属乔木，原产北美洲，木材结构紧密，力学强度高，纹理美观，是一种果材兼优，多用途的珍贵阔叶树种。1984年中国林科院与洛宁县林业局合作从美国引入洛宁进行引种试验，1994年由中国林科院组织通过了引种鉴定。目前已引进美国东部黑核桃优良无性系数40多个，优良家系100多个，培育良种苗木50多万株，已在中国的云南、贵州、新疆、黑龙江、陕西、湖北等22个省区引种。在洛宁，一年生苗高2米以上，6年生树高8—11米，胸径12—16厘米。适生于年降雨量600—1700毫米，PH值4.6—8.2的各种土壤上。

大鲵　国家二级重点保护动物，分布于大别、伏牛、桐柏山区。栖息于海拔高度500—1800米的永久性湿地。河段多有丰富的石灰质岩层，河谷窄，河床多为石底，巨石遍布。共约29763条左右。每年7—9月份产卵繁殖。卵呈圆球形，卵经过33—40天孵化出幼体。孵化期依水温而有变化。

白冠长尾雉　国家二级重点保护动物。本省主要分布于豫南大别山区和桐柏山区，伏牛山区也有零星分布，而且大别山分布区与桐柏山分布区已不相连接。栖息于山区悬崖陡壁生长松柏的山谷间，林下宽广的针阔混交林中，河边、农场近农田的茂密林中。全省有白冠长尾雉约5730只，分布面积约106457平方公里。3月中旬进入繁殖期，通常1雄配1雌或2—3雌。4月中旬营巢，窝卵数7—10枚，呈卵圆形。21—23天出雏。

红腹锦鸡　国家二级重点保护动物。本省主要分布于伏牛山区，栖息于多岩山地，在针、阔叶常绿叶混交林和落叶、常绿阔叶混交林，矮树丛和竹林间。非繁殖季节共约8801只，繁殖季节共约28285只。3月下旬进入繁殖期，通常1雄与2—4雌相配。4月中、下旬营巢，窝卵数5—9枚，呈椭圆形。23—25天出雏。

猕猴　国家二级重点保护动物。本省主要分布于豫北太行山区。根据调查，本省有猕猴1244只。栖息于山林中，性好群居，常成群生活在一起。每年8月至次年1月为主要繁殖季节。

二、企事业单位

鄢陵北方花卉集团　该集团是经许昌市政府批准，1999年由鄢陵县委组织部、鄢陵县人劳局、鄢陵县林业局筹建，集林业、花卉苗木的生产、科研、销售推广为一体的国有企业，董事长、总经理李世忠。本公司下属6个子公司，拥有土地千余亩，培育名特优花木种苗2000多万株，并承揽各种园林设计及绿化工程。鄢陵县北方花卉集团重点承担“国家无性系苗木快繁项目”，是国家林业局唯一定点的“美国黑核桃育苗”生产基地。

鄢陵锦花花木有限公司　该公司是用高科技建立起来的林业、花卉苗木现代化生产“工厂”，具有江北最大的植物组织培养楼，建筑面积1000多平方米，各种温室4100多平方米，年组培苗木能力可达2000万株以上。现在组培有田大枣1、2号、芦桧、樱花、红提、蜡梅、四倍体刺槐等脱毒苗木。

锦花公司先后承担“国家农业综合开发林业花卉项目”、“十五国家重大农业科技攻关项目”、“国家林木优良无性系快繁基地项目”等四项国家级任务。同时还是“河南省高新农业技术实验示范园区”、“河南省高新林业技术实验示范园区”。1999年被国家有关部门命名为全国花卉生产示范基地。

鄢陵县林科所　鄢陵县林科所前身是林业部五七干校所在地，1973年建立县林科所，它是鄢陵县从事林业科学研究的唯一专业机构，是林业技术的应用推广和新品种引进的示范场所。全所占地34.6公顷，有工程师、高级工程师等技术人员12人。从建所开始，中国林科院一直把它作为一个科研示点，长期派出工作服务组驻所蹲点。驻所最长的达十一年。该所先后取得国家科技成果奖一项、省级科技成果奖8项、地市级科技成果奖3项。1977、79、80年分别评为许昌市先进单位，1978年被评为省科技工作先进集体，还多次被县评为先进单位。现在该所正在进行杂果、花卉新品种的引进、繁育和推广，先后从几个省引进杏、桃、银杏、梨、李、樱桃、核桃、柿等优良品种40多个，建立了品种示范园和苗圃。

滑县活性炭厂　1998年安阳市重点国家使用企业，1997年获农业部质量管理达标企业，1998年获省科委科技企业，1998年初被省农行评为AA等级企业，1999年获安阳市高新技术产业重点项目，现为中国国际贸易促进委员会安阳市支会委员，中国国际商会安阳商会会员。主要获奖情况为：花生壳制活性炭项目1990年获省科技成果二等奖。vc高纯活性炭项目1993年获省科技进步三等奖，vc针前炭、糖炭、黄金炭1996年获省科技精品中原名牌，vc针剂、降水糖用1995年获中国科技博览会金奖，净水VC获第五届北京国际博览会推荐产品。

董寨省级鸟类自然保护区　位于豫鄂两省交界处的大别山北坡，罗山县西部，东径114°8′—114°30′，北纬31°28′—32°9′。1982年6月，经河南省人民政府批准为省级鸟类自然保护区，总面积1万公顷。保护区分布有鸟类235种，已列入国家重点保护动物41种，如白鹳、金雕、大天鹅、白冠长尾雉、大鸨、金钱豹、大灵猫、水獭等，国家重点保护植物19种，如香果树、银杏、青檀等。

河南省野生动物救护中心 位于郑州市东北效邙山区花园口镇与毛庄乡结合部，西与省政府黄河迎宾馆为邻。面积18公顷（270亩）。

河南省野生动物救护中心是1995年经原林业部、河南省编委批准成立的全国十大救护中心之一。主要任务是承担全省陆生野生动物资源的调查任务，负责抢救、医治患病或受伤的重点保护野生动物，收容、救护、饲养非正常来源的珍稀濒危野生动物等。

河南省野生动物救护中心的经营方针是积极救护、科学繁殖、合理利用、服务社会；计划建设一个融野生动物救护、饲养、繁殖、科研、宣传、观赏游览为一体的综合性、多功能救护中心。

南湾国家森林公园 1991年6月经原林业部批准成立的，位于河南省南部，属亚热带向暖温带过渡地带，地理位置东经113°45′—114°09′，北纬30°48′—32°14′。公园以“幽、野、静、奇、秀”著称，融自然景观和人文景观为一体，具有旅游、休养、渡假、科研、教学等多种功能。公园的山林环绕着10800公顷的湖面，整个公园山青水秀、林茂岛密、山水相映、风景如画，大小61个岛屿，形态各异，错落有致地散落在清碧的湖中，犹如翠珠沥盘美不胜收。湖中岛屿尤为突出的是鸟岛和大圣岛。鸟岛面积34公顷，岛上林木葱郁，环境幽静，每年3月10日，以鹭科鸟类为主的白鹭、夜鹭、苍鹭、牛背鹭、鸬鹚等30余种夏侯鸟10余万只来筑巢、育雏、栖息繁衍，蔚为壮观，大圣岛（猴岛）面积近2公顷，岛上居住着一群太行猕猴，相互斗趣可与游人共乐。另外还引进了国家一级保护动物——扬子鳄、麋鹿。开发了消夏岛、蛇岛、杜鹃岛等景点。

河南省灵宝市（苹果之乡）

灵宝市位于河南省西部，豫、秦、晋三省交界处，南依秦岭，北濒黄河，地貌形态大体是“七山二塬一分川”。国土总面积3011平方公里，其中耕地面积97万亩。辖10镇7乡，交通便利，区位优势明显，进出境十分方便。地上地下资源丰富，具有果品、矿藏、林业、牧业、旅游五大资源优势，被誉为苹果之乡、黄金之城、硫铁王国、道教之源。

灵宝具有苹果生产得天独厚的自然条件，这里土层深厚，土质肥沃，海拔较高，四季分明，雨量适中，光照充足，昼夜温差较大，非常适于苹果生产。现有苹果面积50万亩，年产果品6亿公斤，苹果栽植面积和产量均居河南省首位，位居全国县级第二位。1975年就被确定为优质苹果生产基地和外销基地。

灵宝苹果以个大质脆，浓香馥郁，色泽鲜艳，清甜可口，营养丰富，耐贮耐运而闻名全国。红富士、新红星、金冠、秦冠、国光、青香焦等品种在全国历届果品鉴评会上多次夺魁。1988年，红富士苹果在全国11个省、市协作区评比中获第一名。1995年，在中国第二届农业博览会上红富士、新红星、金冠获得6金5银佳绩。1998年在全国名特优展示会上灵宝苹果被评为优质果品，获“中华名果”称号。1999年在中国国际农博会上获“名牌产品”称号。

苹果生产从1923年引进灵宝以来，历经了70多年的风风雨雨，得到了长足的发展。特别是中共十一届三中全会以后，市委、市政府根据灵宝实际，把发展果品生产确定为农业结构调整的重点和发展农村经济的突破口，做出建设五个果树带，建成50万亩果品基地的决定，制订了《果树商品基地建设总体设计方案》、《灵宝果树发展规划》，坚持历届班子接力赛，一张蓝图绘到底，使果品生产迅速形成规模，果树面积由1983年的15.5万亩发展到50万亩，产量由3000万公斤增加到6亿公斤，产值由1200万元增加到6亿多元，农民人均果品收入达1100元，果品收入占农业总产值的60%以上，果品生产已成为全市的一大支柱产业。

随着果品产业的蓬勃发展，科技为灵宝苹果增加产量、提高质量插上了腾飞的翅膀。如今，在灵宝市乡乡都有专业技术干部，村村都有果树技术人员，愈来愈多的农家子弟进入大专院校学习果品生产新技术、新经验，愈办愈红的果树短期培训班召引四乡八邻果农蜂涌而至，科技之光为灵宝苹果播种着希望。目前，全市拥有农民技师13000多人，从果树管理到技术开发形成了一整套科研、示范推广体系。无毒苗木、矮密栽培、高接换头、果实套袋、摘叶转果、铺反光膜、纺锤树形修剪等先进技术广泛应用，特别是25000亩苹果示范工程建设，更使灵宝的苹果生产走上了优质、高效的发展道路。

为了让灵宝苹果走向世界，从1987年起，灵宝市在每年九月中旬举办一次规模宏大的金城果会。从1997年起，又连续三年于每年十月举办灵宝苹果购销业务洽谈会，使灵宝苹果声名远播。1992年，灵宝苹果又注册了“灵光”牌商标，统一品牌、统一产地为灵宝苹果占领市场奠定了基础。目前的三门峡市灵宝果品市场、阳店苹果市场、焦村中原果品贸易城、301国道销售长廊，使灵宝苹果形成了一个对外销售窗口。苹果销售旺季灵宝市有1万多果农从事运输业务，同时，在广州、海口、深圳、汕头等全国30个省、市，92个市场设立直销门店305个，建立经销网点300个，又于2000年9月在广东省江门市成立了灵宝苹果直销一条街，营业面积达1700平方米，使全市60%以上苹果直销全国各地。灵宝苹果生产初步实现了产、供、销一体化，走上了“公司+农户”的路子。服务体系日臻完善，内部、外部环境越来越好，苹果质量不断提高，产量持续增长，2000年将突破8亿公斤。

灵宝苹果的发展，带动了一批相关产业相继兴起。全市建有果品加工厂50多个，各类纸箱加工厂28个，发展苹果贮藏土窑洞4000多孔，建起设备先进的机械化冷库50余座，储藏能力达2亿多公斤，实现了季产年销。1993年，从意大利和德国引进先进设备建成了现代化中外合资果汁饮料厂，年加工鲜果10万吨，生产浓缩果汁1万吨，产品远销韩国、日本、荷兰、美国等地。

灵宝苹果产业的健康发展，使农民群众生活不断提高，全市社会经济全面进步。苹果让灵宝农民走上了富裕之路，1999年全市农民人均纯收入2229元。其中果品收入占50%以上，全市每年约有5万多农户收入超万元，一部分果农已提前进入小康水平。

河南省新县（板栗之乡）

新县位于河南省南部的大别山腹地，地跨长江、淮河两大流域。全县土地总面积241.8万亩，其中耕地19.8万亩，占8.2%，山地188万亩，占77.7%。辖17个乡镇，1个国营林场，197个村，32.4万人，其中农业人口29万人。自然特点是：八山一水一分田，人均七分耕地七亩山。由于受战争创伤等诸多因素的影响，到扶贫前的1983年，全县主要经济指标“三不过一”，即全县国内生产总值不到一个亿（7700万元），县财政收入不到100万元（98万元），农民人均纯收入不到100元（仅86元），82%的农民生活在贫困线以上，是国家级贫困县。自80年代中期新县紧紧围绕“兴田足食、兴山富民、兴工强县”的经济开发思路，根据山场面积大，光照时间长，降雨充沛，适宜板栗生长的特点，坚持板栗野生资源嫁接与建立优质丰产基地相结合，始终把发展板栗、建立板栗支柱产业作为发展山区经济的着力点和启动点来抓，组织和带领全县人民咬定青山不放松，在山上建基地，在山下办工厂，在山外拓市场，大力推行“公司+基地+农户”的经营形式，努力加快板栗的产业化进程。初步形成了市场牵龙头、龙头带基地、基地连农户的产业化开发新格局。把“穷山恶水”变成了“金山秀水”。大部分山区群众靠板栗脱了贫，发了家，致了富。山区经济发展也实现了由过去的靠山吃山、坐吃山空、为山所困、因山致穷、守着金山讨饭吃到靠山、治山、养山、富山、吃山良性循环的重大转变。短短十几年间，新县经济发展速度之快，人民生活变化之大，是许多人始料不及的。到1999年全县板栗面积发展到32.5万亩，四旁植树360万株，折7.5万亩，年产板栗17600吨，板栗系列产值达到2.5亿元，其中种植业产值1.2亿元，占农业总产值的36.5%，农林特产税920万元，占县财政收入的17.2%，农民板栗纯收入653元，占农民纯收入的28.6%。地处深山区的卡房乡，全乡9361人，1999年，板栗产量达到3100吨，产值1800多万元，人均板栗收入1800多元。

一、坚持选引并重，不断优化品种结构

新县位于暖温带向亚热带过渡地带，年平均气温15.2℃，年降雨1373.4mm，有效积温4880℃，60%的山场海拔在700m以下，80%的地块有野生板栗分布。发展板栗具有得天独厚的自然条件，过去板栗产量低而不稳，为了改变这种现状，该县坚持选引并重不断优化品种结构，目前全县板栗品种优良率达60%以上。

（一）主要栽培品种

紫栗王：每公斤55—60粒，9月上中旬成熟，单产高，果实含水量高，适宜生食、做菜肴和制罐。1980年优选，母树分布广，80年代开始大面积推广，3年挂果，7年亩产150公斤，管理粗放有大小年现象，总面积8.2万亩。

中秋栗：每公斤60—80粒，9月中旬成熟，抗病，适生性强，果实脆甜，品质中上。丰产稳产，耐贮藏，适宜糖炒、烘食。母树主要分布在千斤、陡山河，90年代开始大面积发展，高产可达150公斤，平均单产100公斤左右，总面积5.7万亩。

油栗：代表品种有新县10号，新县11号：1980年开始优选，1984年通过省级初步鉴定，每公斤110粒左右，9月中下旬成熟，味甜，果型玲珑，色泽美观，肉质细腻，耐藏，抗病虫害，高产稳产。1988年开始成片发展，定植后，每二年嫁接，三年挂果，七年丰产，亩产可达100公斤，最高亩产可达320公斤，面积3.7万亩。

（二）主要引进品种

河南豫罗红：1990年引种，面积2万亩，年产35万公斤。

河北迁西板栗：1984年引种，面积0.3万亩，年产20万公斤。

邢台大板栗：1984年引种，面积0.1万亩，年产10万公斤。

山东红栗：1984、1992年引种，面积约1万亩，年产15万公斤。

二、加强科技网络建设，建立高效的板栗科技服务体系

加强科技开发，强化林业科技服务，强化县乡林业工作站的技术服务主渠道职能，定期开展技术培训，通报科技成果和森林病虫害的预测预报等工作，有重点地扶持建立优良品种采穗圃和重点骨干苗圃基地，迅速扩大新县油

栗板栗品种，推行工程技术人员兴建科技示范点目标责任制，各乡镇、各部门积极提供资金、时间等条件，针对林业生产中出现的问题及时加以研究，设立科技服务奖励基金，提高科技工作的主动性、超前性，努力提高整体科技营林水平，按照扩大规模、加快发展、赶超先进、争创一流的目标，进一步优化主导品种，实现由扩展板栗规模向抓板栗的良种栽培、修剪技术的推广、栗园土肥水管理、提高品质、提高单产的转变，十几年来，全县共建县级林业科学技术研究所1个，推广站1个，板栗协会1个，良种繁育基地3个，试验林场35个，良种采穗圃8个，发展优质示范园12万亩。农广校17个，全县有农民技术员5800人，其中中级以上职称235人，高级9人，形成了以林科所为龙头，乡村林场为依托的板栗产业化技术服务体系。

三、实施产业化发展战略，增大产品加工、贮藏、保鲜综合能力。

十几年来，为了建立稳定的板栗产销体系，全县累计投入1000多万元，建成年销售300万公斤以上板栗市场2个，100万公斤市场5个，千吨以上冷库3个，500吨以上冷库4个，年加工板栗500吨企业4个，100吨以上10个，年产销率达100%。

(一) 主要板栗批发市场

鄂豫皖板栗综合批发市场：地处鄂豫皖三省交界处的沙窝镇，距106国道150米，京九铁路浒湾站21公里，南距武汉160公里，东离南京380公里，年批发板栗各类产品5000吨，成交额达1亿元。

新集农林产品批发市场：距京九铁路新县站1公里，位于省道寨檀公路中段，距武汉140公里，年批发板栗3500吨，成交额0.8亿元。

苏河板栗边贸市场：地处湖北省宣化县、河南省罗山县、光山县的交界处，年销售板栗2000多吨，从业人员1000多人，年成交额0.5亿元。

(二) 主要板栗加工保鲜企业

1. 奥世天然食品有限公司：1993年11月建成，有板栗加工生产线3条，千吨冷库1座，年加工板栗3000吨，主要内销产品有：板栗罐头、板栗饮料，出口产品有：清水栗肉、糖水栗肉。1998年创产值6000万元，出口110万美元，创税利210万元。

2. 外贸林副产品进出口公司：现有固定资产3870万元，下辖艾洼冷库、物资冷库，供销糖炒板栗加工厂，上海、北京、广州、南京四个营销部，年内销板栗3400吨，外销板栗200吨，年成交额0.8亿元。

同时加强加工产品专业和兼职销售队伍建设，广设代销、直销窗口，广开销售领域，实现产品与外埠市场的直接、计划、财政、金融、林业等部门加强对各主导产业产品加工企业规划布局的监控，避免低水平、小规模的重复建设，使之真正成为主导产业的龙头企业。

四、转变观念，深化改革，完善机制，形成社会合力。

为了加快板栗产业化建设步伐，增加资金投入，县委、县政府制定出台了《关于深化林地使用权改革，加快山区综合开发进程的决定》、《新县林地使用权实施办法》等文件规定，不断研究保护林农合法权益和提高栗农积极性的开发。该县采取股份合作、租赁、拍卖等形式，促进了各生产要素向山上转移，促进了全县板栗的发展和经营。一是大胆的实践，在继续坚持完善党在农村的一系列方针政策的同时，在开发机制和资金投入管理中，把重点放在以农户承包为基础，租赁、拍卖、股份等多种开发模式并举的治理机制的完善上；二是以林业“三定”为基础，允许原经营者把林地使用权折价、入股、出租，由新的经营主受让经营等办法。三是通过群众劳动积累工的合理流转和乡统筹使用劳动积累工的优势，乡村办“造林公司”在整地或造林竣工后及时将工程拍卖、租赁给出资者转化为经济实体、股份合作、租赁、拍卖等形式，促进了各生产要素向山上转移，促进了全县板栗发展和经营管护的提高。

湖北省利川县（水杉、坝漆）

水杉　(Metasequoia glyptostroboides Hu Et Cheng)，是世界上著名的杉科孑遗植物。1941年冬，在四川万县磨刀溪（现为湖北省利川市谋道镇）被中国植物学家发现，1943年采到模式标本，1948年正式定名公布于世。水杉的发现与命名震惊世界植物学界。被植物学界称为“活化石”、“天下第一树”。利川由此而闻名全世界。

原生水杉分布仅局限于中国湖北、重庆、湖南三省（市）交界处的利川、石柱、龙山三县（市）局部山区，共保留水杉原生古树5755株，其中利川市境内5746株，重庆石柱县境内6株，湖南龙山县境内3株。生长在利川市的原生水杉古树，集中分布在利川市以忠路镇小河管理区为中心的一个很局限的狭长地带。位于北纬30°16′－30°24′，东经108°58′－109°02′。即该市齐岳山以东，福宝山以南，忠路镇以北，马前管理区以西。南北长约30公里，东西宽约20公里，总面积600平方公里范围内。涉及1乡3镇1场，16个管理区，35个行政村。其中胸径200厘米以上的水杉原生古树有4株，胸径100－200厘米的有31株，胸径50－100厘米的有5711株。

据考证，水杉属植物发源于北极附近，最早见于距今11000万年前晚白垩纪，当时约有10种广布于北半球，尤多见于北纬35°至北极圈之间广阔地带，它的最北分布区离北极只有 8°。自中生代白垩纪（距今 13500 万年前—11000 万年前）以来 1 亿年内，是水杉属植物的大发展时期。这一时期水杉属植物生长繁茂，种类甚多。到新生代第三纪时，水杉属植物则因气候寒冷而自北向南移，在距今约 5800 万年前的始新世时，水杉属植物出现在太平洋沿岸地区，从北纬 63°到中国抚顺形成条状分布，在北美的北界为北纬 54°，以后继续向南移动。到第四纪，地球上冰川降临，有些植物逐渐南移，得到了生存，而水杉属植物来不及南移，被巨大的冰川所灭绝。北美的水杉属植物在距今约 1300 万年前便灭绝了，而西伯利亚和日本的水杉属植物则于距今约 200 万年前的第四纪更新世前也被灭绝。

水杉属植物的最早化石，发现于格陵兰的距今已有 1 亿年的中生代白垩纪地层。在北美、欧洲、日本、意大利以及中国东北都曾先后发现，种类达 10 余种。水杉属植物化石，一度被认为是现今仅生存在美国西部海岸的“红杉”。直到 1941 年日本古植物学家三木茂教授才将第三纪地层中获得的水杉属植物化石从红杉属植物化石中分别出来，将其定为化石植物新属，但他宣称此种植物早已在地球上绝迹。

1941 年冬，原中央大学教授干铎由鄂西去重庆，路过磨刀溪时，发现一株被当地群众称之为水杉的大古树，他初步认为这是一个新种，当时树已落叶未采标本，翌年虽托四川万县农校教务主任杨隆兴代采水杉标本，后亦因故被遗失。1943 年，当时的中央林业试验所王战去鄂西神农架考察森林路过万县时经杨介绍，王战转道磨刀溪时采到水杉的枝叶果实标本。王将标本托原中央大学森林系吴中伦转交同系教授郑万钧鉴定，郑研究了标本，认为既不是水松，也不是北美的红杉，确认是一个新属。1946 年郑万钧教授托原中央大学森林系薛纪如到谋道溪采集水杉标本，并将其寄交北京静生生物调查所胡先骕教授查阅文献。经查到 1941 年日本植物学杂志，日本古生物教授山木茂发表过日本的化石植物新属 Metasequoia MiKi，始确认活水杉应属 Metasequoia 属的一种。1948 年胡先骕、郑万钧联名在《静生生物调查所汇报》（新编）第 1 卷 2 期上发表了《水杉新科及生存之水杉新种》一文，确定了水杉在植物进化系统上的位置。这一发现，轰动全球，引起世界植物学者和古植物学者的极大兴趣。1948 年，中美植物学家深入利川，又在小河一带发现了大量的水杉古树。

古水杉在世界其它国家和地区都已绝迹，为什么能在利川小河一带保存至今呢？根据地质考古研究，利川小河一带地质为中生代侏罗纪时期形成的紫色砂岩，地质古老，地史上的侏罗纪以来很少变化，未受燕山运动的影响；其次，第四纪冰川时，中国发生的是局部的山地冰川，加之这里地形有利，北高南低，西北有齐岳山横阻，东北有福宝山为屏障，阻挡了北来的冰川；再次，这里气候温和，雨量充沛，年平均气温 12.8℃，绝对最低气温 -15.5℃，绝对最高气温 35.4℃，年日照时数 1307 小时，稳定通过 10℃的活动积温 3867℃，年平均降水量 1381 毫米，平均相对湿度 82.9%，无霜期 235 天。这种得天独厚的自然环境条件，使得水杉这一古老的稀有珍贵树种得以幸存下来。

据利川县志记载，清末年间，利川森林茂密，古树参天，遮天盖日。当时与小河相邻的忠路、老屋基、汪营、马前等地，水杉大树很多。以水杉命名的地名，不仅小河有上水杉坝，下水杉坝，马前（现利川市马前管理区）等地也有水杉坝、水杉源等地名。据原利川县林科所张丰云工程师调查，在汪营镇后坝管理区交椅台村的古庙旁，直至 1950 年还保存着比现一、二号古水杉更大的水杉大古树。该树树高 50 米，胸径 3.8 米，枝下高 12 米，冠幅 13.1 米，据当地老人反映，要十二人牵手才能围拢。可以想象该树之高大，气势之雄伟。1948 年美国加利福尼亚大学古植物教授钱耐来利川考察时，对该树进行了实地测量，还拍有照片，一并发表在 1950 年美国一家杂志上。可惜 1951 年上半年被雷电劈成四块而死亡。

如今在小河水杉坝一带，不仅水杉古树甚多，而且保存着水杉原始森林遗迹。在这一带水田底部，横七竖八卧埋的水杉干材阴沉木，遍地皆是。前几年冬季进行农田基本建设时，从田中挖出的水杉阴沉木，每年不少于 20 立方米。在小河乡向阳村三组（下水杉坝）一个名叫肥田的地方，面积约 1 亩，就有 10 个根径 2 米以上的树蔸，其中最大的一个树蔸根径达 6.3 米。这些阴沉木呈紫色或紫灰色，花纹美观，不翘不裂，被当地群众用来制作家具等。

现存的水杉原生母树，98%集中分布在利川忠路镇小河、桂花、兴国、狮子坝、杉木、溪林管理区，沿小河街，向西北行进约 1 公里路程，是原生古水杉的最集中分布地——小河上水杉坝。沿着笔直的大道往东北行进，约 10 公里地段，河沟两侧的冲积土和山麓附近，到处都三、五成群或十数株成群地生长着高大的水杉母树。由小河街往北到向阳村，是下水杉坝，在这里，水杉古树大都生长在山槽狭弯的小沟边。沟里流水淙淙，沟边古树参天，又别是一番景象。利川小河水杉坝一带，水杉母树高大、健壮，树龄大都在百年以上，结实旺盛，毫无衰老之势。水杉常与杉木、漆树、核桃、厚朴、板栗、斑竹等混生。这里群山环抱，山青水秀，景色十分宜人。

目前世界上保存的第一号大水杉，位于利川市谋道镇谋道管理区东南凤凰山下。这是最先被植物学界发现的水杉“活化石”植物——可与美国西部“世界爷”争雄的“天下第一杉”。据实地测量，树高 35 米，胸径 2.4 米，枝下高6米，冠幅22米。1992年，邓小平视察南方时，于1月22日上午参观游览了深圳仙湖植物园。在观赏珍稀植物时，邓小平对仙湖植物园负责人陈覃清说：“还有一种古代树种，叫水杉，现在全国都有了，有一棵很大的，在三峡附近。”邓小平说的“一棵很大的”的水杉，指的就是这棵树，世界上现存的第二号大水杉，位于利川市小河路碑坝。该树树龄430年，树高39米，胸径2.3米，枝下高5米，冠幅12米，单株材积约12立方米。它虽然为400余年大古树，但目前仍然挺拔健旺，年年结实累累。可见水杉寿命之长，生命力之旺盛。

水杉“活化石”发现不久，即迎来了许多学者前来考察、研究，除中国植物学专家外，还有美国、日本、土耳其等国的学者前来水杉故乡考察过。1990年10月，由中国科学院武汉植物研究所所长、武汉大学生物系教授孙祥钟和美国加利福尼亚大学贝克莱分校植物标本室主任布鲁斯博士共同领导的中美联合植物考察队一行11人，来水杉故乡利川考察。考察队深入小河水杉坝一带，探讨古水杉为什么能够在这里历经冰川而幸存，研究水杉故乡的生态环境、地势、气候、土壤、植被等。1988年1月，日本古生物学家山木茂之妻，已82岁高龄，不远万里来到利川谋道溪，目睹着枝叶繁茂、顶天立地的“水杉王”，非常激动，情不自禁地惊呼：“中国伟大！”

国际学术界和新闻界对水杉也极其关注。据有关资料记载，自1941年至1970年，各国发表有关水杉的论文和报道有700余篇。其中国内引人注目的论文和报道，除1948年郑万钧、胡先骕二教授发表的《水杉新科及生存之水杉新种》外，1947年原中央大学薛纪如在《科学世界》上发表了《中国唯一之巨树》，报道他采访水杉“活化石”——谋道溪古水杉情况。1949年3月，郑万钧、曲仲湘二教授在《科学》上发表了《湖北省利川县水杉坝的森林现况》，对小河水杉坝的历史、地理环境、小气候之形成、水杉坝的森林状况作了详细的论述。近年来，国内外许多专家和学者，进一步开展了广泛的水杉研究工作，并取得了丰硕的成果。武汉大学生物系、南京林业大学、华中农业大学、湖北省林科所等单位，都相继开展了对水杉的研究。水杉故乡利川的林业科技工作者，着重围绕水杉良种基地建设也开展了一系列科研活动。

水杉“活化石”自发现以来，被广泛引种到国内广大地区及世界各国。国内自1946年开始，首批种子被分送到北京、南京、广州、成都、庐山等地植物研究所试种。目前引种地区几乎遍及中华大地，尤以长江中下游平原湖区生长最佳，被作为这一带水网林主要造林树种。国外引种自1947年开始，首批种子引入美国，1948年开始在欧洲植物园试种，1950年引入日本。此外，引种的还有原苏联、英国、德国、保加利亚、捷克斯洛伐克、荷兰、法国、波兰、芬兰、肯尼亚、印度尼西亚、尼泊尔、朝鲜等。目前已达70多个国家和地区。南至南美阿根廷南纬约41°的德巴里洛切，北至北纬约60°的挪威、芬兰。一个树种被如此广泛地引种，在世界上是罕见的。

水杉也是传播友谊的使者。新中国成立后，中国政府曾多次把水杉作为友谊的象征，惠赠给友好国家。1950年赠给北朝鲜，金日成将军亲自用花钵培育。1951年赠送给原苏联。1978年邓小平访问尼泊尔时，在首相比斯塔陪同下，曾亲手将赠送的两株水杉苗定植在皇家植物园。

水杉得以幸存，除地质、气候方面的有利条件外，还与利川人民对它的爱护分不开。小河水杉坝一带的许多古水杉，都是当地群众将野生水杉幼苗移栽于屋旁精心培育而保存下来的。谋道古水杉，过去甚至被人们视为“神木”，并曾在树下建起土地庙，称为“水杉庙”。当地老乡逢年过节在树周围点香烧纸、燃放鞭炮，以求得“神木”的保佑。新中国成立后，水杉故乡人民政府和林业主管部门十分重视水杉古树的保护工作。1973年，原利川县人民政府在水杉原生古树分布比较集中的小河，设立“利川县水杉管理站”（现为利川市水杉母树管理站）。为一种植物建立管理和保护机构，这在世界上是不多见的。当地政府曾先后两次发布了《关于保护稀有珍贵树种》的布告，通过加强法规宣传，教育广大群众自觉保护原生古树。建站25年以来，共惩处破坏水杉原生古树不法分子137人次，其中依法拘留了11人，判刑10人。林业主管部门和水杉母树管理站三次组织技术人员对水杉母树进行清查、登记、编号、挂牌、建档。同时，采取筑保护坎，安装避雷针、防治病虫害等措施，成功的保护了水杉原生古树。建站以来，共修筑保护坎45处，筑坎3400米，直接保护了423株古树，给谋道1号原生古树（模式标本树），小河路碑坝2号原生古树安装了避雷针，并用钢筋水泥桩在其周围建起了护栏。1999年，谋道镇人民政府立项申请以1号原生水杉古树为中心新建水杉公园，已通过有关部门的评审，近期将实施。管理站在加强对水杉原生古树保护的同时，配合多家科研单位对水杉的生活习性、育苗、造林技术、生存环境、遗传特性、水杉色卷蛾防治等进行了研究。1973年湖北省林科所和地、县林业科研人员，对利川水杉原生母树进行了全面优选，共选出14株优树。利川县林科所从1974年开始采用水杉优树无性系进行嫁接。在中国林木种子公司，湖北省林木种子公司的支持下，利川已建成水杉初级无性系种子园318亩，子代测定林30亩。目前园内母树已经挂果。对满足国内外对水杉种苗的需求，将起到重要作用。

水杉不仅为利川人民带来了巨大的社会效益，同时，也带来了较大的经济效益，自1979年改革开放以来，管理站共采集水杉种子1.8万公斤，向国家交售良种0.8万公斤，引导当地农民培育水杉实生苗44500万株。培育扦插苗16000万株，为故乡农民增收3500万元，现在小河已成为全国水杉种苗的集散地。

为了更好的保护现有水杉古树及其生存环境，利川市人民政府正在积极争取建立水杉自然保护区。

水杉是中国的瑰宝，中国的骄傲，也是中国人民精神的象征。利川83万人民将继续发扬水杉精神，建设好自己的家园，并以极大的热情，喜迎国内外慕名而来的学者和游客。水杉这一传播友谊的使者，将继续为发展国际间的学术交流，促进利川社会经济全面发展，作出新的贡献。

利川市地处长江上游，三峡库区腹地，鄂西南边陲，隶属湖北恩施自治州，是湖北12个重点扶贫县（市）之一，同时也是土家、苗族等少数民族集居之地和国家西部开发地区。境内“318”国道东西横穿全境，随着国家西部大开发战略实施，正在勘测中的枝万铁路和沪溶高速公路也东西贯穿全境。全市辖7个乡、7个镇、3个街道办事处、2个开发区，国土总面积4609平方公里，总人口82.2万人。以毛坝为中心东南沟谷的乡（镇）盛产生漆，以其“汁浓，味香，色泽光亮，含水率低，漆酚含量高，抓木力强”而名冠全球，因此，常把利川美誉为“坝漆之乡”。

漆树 （Toxicodendron Vernieiflum Stokes F. A. Barkl）属漆树科漆属，原产中国，多分布于北纬21°－42°，东经90°－127°，海拔600－1000米之间，属落叶阔叶乔木或小乔木，树形不一。极宜生长在光照充足的湿润环境，以红沙壤和青扁沙壤的土壤生长的漆树漆质最佳。漆树主要分布在多雨山区，要求全年降雨量在1000毫米以上，相对湿度80%左右。喜光向阳，全年日照时数在1200小时以上，土壤以土质疏松，深厚肥沃，排水良好，兼砂带泥，PH值酸性或弱碱性为宜。

漆树是山区的主要经济林木，既产天然树脂（生漆）、木本油料，还可产漆腊、漆油和木材，其根、叶、果实在医药上还有解毒、散血、止血、消肿等疗效，可谓全身是宝，经济价值极高。其中以生漆的用途最为广泛，早在公元前11世纪的春秋战国时期，就用以涂兵器和战车，并征收漆林税。现在，生漆掺入适量的植物油脂，经过调制而成熟漆或加工成改性涂料，广泛用于工业生产、基本建设、国防军工等行业，主要适应用于机械、船舶、军工、化工、电器、纺织、印染、石油、矿山、建筑、雕刻、木器家具。

“坝漆”历史悠久，早在史书三千多年前就有记载，于唐玄宗先天二年（公元713年）传入日本。1896年汉口黄陂街生漆总供应部的刘益生与江西高安县漆商邝二川到利川毛坝考察，给利川毛坝漆质量给予很高评价。之后，1899年，日本东京帝国大学教授吉田彦夫，栽培学家初漱川健增和日本帝国美术学院漆工部主任六角注多郎等到中国利川毛坝考察，并赞誉毛坝生漆道：“白雾转红云，酸香味特奇，世界称美好，品质超全球”。1952年周恩来总理亲笔题写“坝漆名冠全球”的锦旗奖给利川，“坝漆”由此而得名，“坝漆之乡——利川”闻名遐迩，享誉全球。1982年全国生漆鉴定会，“坝漆”被评为“漆中优良品种”。

坝漆历来是市场抢购商品之一。解放前，日本的日岛、水田、再滕以及美国一家共四家洋行，在汉口黄陂街设立生漆收购供应总部，在恩施设立“坝漆”收购部，同时派人直接进入利川，坐地收购，当时利川有坝漆收购点13个，漆商达1200多人。解放后，随着中国对外贸易迅速发展，“坝漆”出口日本、苏联、美国、西德、法国等50多个国家。在50至60年代，利川坝漆总面积达14万亩，正常年产量达2000担，商业部门收购亦在1600担左右，位居全国第二位。然而，在70年代和80年代，由于发展“坝漆”速度缓慢以及漆树的老化，1987年经利川市林业局调查，全市仅保存“坝漆”林35749亩，零星漆树26.49万株，产量仅35吨。1998年产量又恢复到66吨。

“坝漆”品种多达10余种，但主要有四种：

1. 阳岗大木，又名白皮阳岗大木。树高8－12米，胸径40－50厘米，树冠伞形，主干不明显，分枝早，保持2－3个，主干割漆。树皮白瓦灰色、较厚，但柔软，有浅纵裂，有少量的红色斑纹，树枝梢顶端无毛，芽子肥大，带有灰褐色的茸毛，芽尖呈圆形；发叶较其它品种略迟，叶片绿色，椭圆形，叶背无茸毛，大而肥厚，落叶期在10月中旬，花白色，结籽少或结籽；常用分根育苗法繁殖；树龄30－40年，可割漆20－25年。具有割漆早（7年开刀），寿命长，产漆多，漆质浓，分厘高，干燥快，燥性好等特点。

2. 核桃叶大木，树高12－14米，胸径60－80厘米，树形伞形，主干通直粗壮，4－5年分枝，分枝粗大。树皮厚，柔软，黑色，有少量纵裂；树枝梢顶端有毛，芽子细小，似笔尖，发叶时间较迟，开始嫩芽是紫红色，三叶以后，叶片逐渐为暗褐色，叶形圆而肥大，似核桃叶，叶柄大，有深槽，叶脉呈网状；10年后开花结籽，种籽黄白色，可用于繁殖。树龄40－50年，可割漆25－30年。具有树粗好割漆、寿命长、产漆多、漆质好、分厘高、色艳燥性好、抗病能力强等特点。

3. 阳岗小木，树高5－7米，树粗30－40厘米，树冠圆锥形，主干较直，分枝迟，5－6年分枝，枝下高2米左右。树皮灰白色，光滑，较细薄，无裂纹；树枝梢顶端具有灰白色茸毛，芽尖细小，呈笔尖形；树叶柄较大，长25厘米，有深槽，呈紫红色，叶片肥厚，顶端稍尖，背面有灰白色茸毛，叶多密茂，落叶较早；花白色，能结籽。树龄20-25年，可割漆10-15年。主要特点是：生长快，受益早（7年开割），漆量多，分厘高，油脂厚，漆质轻飘，色泽艳丽。

4.软皮小木，树高5-7米，胸径30-40厘米，主干较直，分枝较高。树皮灰白色，特别柔软、光滑，叶柄不易凋落，发叶时间早。其它形状、特征、特性和漆液质量，均与阳岗小木相同。

漆是漆树的生理分泌物，其化学成份主要有漆酚、漆酶、水分、树胶质、含氮物和其它有机物等。漆酚是生漆的主要成份之一，含量为50-80%，它是饱和漆酚、单烯漆酚、二烯漆酚、三烯漆酚四种成份组成的混合物。漆酶存在于生漆含氮物内，含氮量为6-11%，溶于漆酚，微溶于水，不溶于乙醇、苯等有机溶剂。纯漆酶溶液呈蓝色，是一种多元酚及多氨基苯。水分也是主要成分之一，它在漆中含量多少，与生漆的品种、环境、割漆时间、技术等有关。如开刀漆含水量高，中刀漆含水量低。一般来讲，生漆含水量在10-30%左右。树胶质是带有极淡的黄白色透明物，不溶于有机溶剂而溶于水，是一种很好的悬浮剂与稳定剂，使生漆各成份稳定分散于乳胶体。生漆中含氮物一般把漆酶也包括在内，除漆酶外，其它物质无生物活性，不溶于酒精、乙醚，也不溶于水。生漆除了以上主要成分外，还有少量的有机物（如油分约占1%）和少量的甘露糖醇、葡萄糖、低级脂肪酸等。

经化学分析，“坝漆”漆酚含量在75%以上，高的可达82%，比普通生漆要高出15-20%。故国家规定坝漆分数起点为7分5厘，其生物学特性是：①漆质高。坝漆漆质浓，漆酚含量高，分厘在7分5厘以上，比普通漆要高1分5厘至2分。②色鲜艳。桶装漆面黑、腰黄、底白，三色分明。漆液不稀不稠，浑厚细腻，摇动初为白色，与空气接触后，迅速变成虎斑色，色泽分明艳丽。③弹性好。坝漆含油高，米心多，漆质粗状，活动力强，搅动后会上下自动翻滚，有冲力，米心恢复快，提起搅棒悬垂液丝条细而长，下垂中断，有弹性，断头回缩成钩形。④香味浓。眼观清爽，鼻闻芳香，日本人称：“酸香味奇特”。⑤干燥快。生漆是漆料之王，而坝漆是王中之王。涂抹漆液，底板厚，遮力好，弹性强，干燥快，硬度大，漆膜深黑发亮，久用不脱。歌谣称“坝漆清如油，照见美人头，摇起虎斑色，提起钓鱼钩”。

生漆质量要通过眼观、鼻闻、嘴尝、煎盘测定方法，一般从“色、艳、味、坯、燥”五要素入手。具体标准是：一看生漆颜色（赤、黄、白），上、中、下三层三色是否分明；二看生漆丝路（条）是否细而长和具有弹力；三看验漆底板是否浓厚，光亮，遮盖力好；四看生漆油分是否浓腻和含油轻重；五看生漆漆液搅动后“米心”恢复的快慢；六看生漆骨浆是否自动下沉；七看生漆掩皮是否色深、发亮、细纹、皮薄；八看生漆燥性是否具有转色快、干燥快的性能；九闻生漆是否有酸香或芳香味及其轻重程度。

漆树是山区主要经济林品种，同时又具有保持水土，净化空气，美化环境的重要功能，因此是山区退耕还林、经济结构调整的重要品种之一。其栽培方法极简单，育苗主要有分根育苗繁殖法、播种育苗繁殖法和嫁接育苗法，一般栽培密度为株距2-3米，行距3-4米，每亩株数56-89株为宜，做到及时除草、施肥，并适时病虫防治，6-8年即可采割生漆。

割漆方法很有讲究：要注意经路，不能乱开口子。其口子以两种形式为好：一是漆刀形——半边月；二是柳叶尖——似画眉眼。使用漆刀时要有上下刀之分，先割上刀，后割下刀，根据漆树大小，把漆口摆均匀，刀要锐利，割皮要均匀，下刀手要稳、要快，做到口齐无渣。漆农总结概括为：“割口宽二寸，割皮不过分，不斜下平整，两角要澄清，上角不清不下漆，下角不清不下茧，安放茧子要适当，不深不浅放平稳。”为了保护生漆资源，在割漆时必须做到“六不准”——即不准割狠心漆，不准割切林漆，不准割拖刀口，不准割蛇缠树，不准割重叠口，不准刨蔸绞尖。

割漆的时间各地有所不同。该市一般是“芒种上山，夏至割漆，寒露收刀”，连续120天。每个漆农每年只能割漆树400-500株，每早约割250-320个茧子，五天巡回一次，每株从开刀到收刀共割十六刀，分上八刀和下八刀。上八刀宜早，先阳坡，后阴坡，因天气炎热，气温高，上午10点钟前割完，下午1点收漆为好；下八刀宜迟，因气温下降，割漆可晚，下午4点收漆为宜。

利川是国家重点生态环境建设地区，亦是国家西部大开发地区之一，随着天然林保护工程和退耕还林工程的实施，“坝漆”作为利川农村经济结构调整的重要品种之一，市委、市政府高度重视对“坝漆”的发展，已列入利川“十五”发展规划及2015年远景目标规划，到2005年，利川将新建立“坝漆”基地7万亩，总规模恢复到13万亩，产量达到300吨，产值达到1500万元。只要通过全市人民的共同努力，“坝漆”必将成为利川经济的重要来源，为利川经济、社会可持续发展起到重要的作用。

湖北省竹山县（肚倍）

素有“肚倍之乡”之称的竹山县，具有全国最大的肚倍生产基地，是集科研、生产、加工于一体的肚倍特产县。

该县地处鄂西北，秦巴山脉汉水流域，位于东经109°33′-110°26′，北纬31°31′-32°27′之间，东邻房县，西接竹溪和陕西旬阳，南接神农架林区和重庆巫溪，北靠郧县和陕西白河，全境南北长123.5km，东西宽81.8km，国土总面积3587平方公里，全县总人口45万人，其中，农业人口40万人，316国道横贯东西，汉江最大支流——堵河由南向北缓缓而流，留恋迷人的驴头峡风光和爽人惬意的九华山森林公园，是世人休闲的好去处。

竹山县资源十分丰富，特别是传统的肚倍资源，更是历史悠久，渊源流长。据地方志记载，早在一百多年前，竹山就有人工栽植肚倍的历史，因其单宁含量高达74.7%，在同类产品中品质位居第一，产量处于全国之首。

为充分发挥肚倍资源优势，扩大其发展块头，形成集约经营，竹山县不等不靠，积极向国家争取肚倍基地建设项目，并邀请了国家林业部、中国林化学会理事会、中国林科院资源昆虫研究所、南京林产化工研究所、湖北省林业厅、南京药学院等单位组织的专家教授，对竹山的肚倍生产发展进行了科学考察论证。经过论证，专家们一致认为：竹山开发肚倍资源有自然、社会等优势，是可行的。为此，竹山县在省有关部门的大力支持下，在县委、县政府的正确领导和全县人民的共同努力下，使肚倍面积由原来的1.5万亩，发展到现在的20万亩，从自然生长型转为人工集约经营型，形成了庞大的生产基地，全县人民依靠肚倍生产累计增加收入达8000余万元，数万倍农走上了致富之路。

竹山县的肚倍基地工程建设，是1986年经湖北省计委、省林业厅、省财政厅批准立项后兴建的，整个工程累计投工2400万个，自筹资金700万元，在全县25个乡镇中，有18个乡镇被列入重点发展单位，并且家家户户都有自觉营造倍林的习惯，均有自己的片林，这不仅是农民的一项重要经济来源，也是一道绿化风景线。通过基地化建设，全县肚倍年产量由1984年的39吨，逐步上升到1995年的700余吨，到目前为止，累计总产量约3000余吨。

该县兴建了国内最先进的以肚倍为原料的专业化工厂——竹山县林化厂（后改名为竹山县珍源有限责任公司）。在中国林科院南京林产化工研究所的大力支持和帮助下，1986年8月年产300吨单宁酸生产线正式建成投产，从投产到1996年底，已形成年产500吨工业单宁酸，400吨没食子酸，200吨3、4、5——三甲氧基苯甲酸，100吨3、4、5——三甲氧基苯甲醛，50吨TMP和200吨合成醛六条生产线，拥有固定资产3150万元，累计创产值2.4亿元，实现利税1650万元，创汇900余万元。肚倍加工系列产品先后获国家、省部级13项大奖，产品以国际一流的质量畅销美、英、日、法、比利时、印度、香港等十多个国家和地区。

竹山肚倍资源的开发和利用取得了丰硕成果，今后将在稳定基地面积，重点培育和改造低效林的基础上，进一步搞好科研攻关，提高肚倍单产，推进产业化进程。全方位、多层次地开发适合国内外市场需求的新产品，实现内外贸相结合，增强社会风险意识，抓好龙头企业的大发展。

湖北省大悟县（乌柏之乡）

乌柏是中国特有的木本油料树种，主要分布在长江流域及其江南各省（区）。柏脂内含β——位油酸的对称三酸甘油脂，是亚热带地区特有的类可可脂资源，柏脂还可提炼棕榈酸、油酸、精甘油，既是重要的化工原料，又可作食品工业专用油脂，还可替代柴油作原料，其经济效益显著，被誉为“绿色珍珠”和“理想油源”，开发利用前景十分广阔。其形似白杨，春叶翠绿，秋叶红艳，冬籽洁白，是国际公认的重要观赏树。因此，发展乌柏生产对国民经济建设和满足人民生活需要具有重要意义。

地处鄂东北的大悟县是全国著名的革命老区和将军县之一，素有“乌柏之乡”之美誉。该县位于北亚热带季风气候区，属低山丘陵地带，年平均气温15.6℃，无霜期232天，年降雨量1200mm，夏热多雨，冬寒干燥，四季分明，是乌柏的重要原产区之一。该县乌柏栽培经营历史悠久，人工栽培面积大，以柏农间作和田埂地边的坎边栽培模式为主，主要栽培品种有猪油粑、灯笼罩、葡萄柏、鸡爪柏、铜锤柏。该县现有乌柏受益树286万株，折合面积约12.5万亩。十余年来，乌柏常年产籽稳定在5000吨以上，居全国县级单位产量之首位，乌柏籽及其深加工系列产品年创产值2000余万元，是该县的重要支柱产业。

大悟县乌柏生产在七十年代以前，以自生自灭的野生状态为主。七十年代初，由于柏脂国际需求量扩大，柏籽价格上升，开始出现大量人工栽培的可喜局面；七十年代末至九十年代初，随着乌柏栽培技术的深入研究，特别是深度加工利用技术研究上的突破，该县相继筹建了乌柏油脂加工厂、油漆厂、类可可脂厂及巧克力厂，乌柏生产开发形成了高潮，全县上下积极选育、引进和推广栽培优良品种，面积和产量均成倍增长，取得了较好的经济效益和社会效益。为此，1987年3月18日，该县人大常委会第十届第十五次会议决定乌柏为县树，1990年10月在该县召开了第七次全国乌柏科技协作会议，乌柏生产和开发利用再次形成高潮；九十年代中期以来，由于乌柏资源综合开发利用技术研究没有新的突破，老企业技改资金投入不足，效益下降，步入困境，使乌柏生产经营停滞不前。

在二十一世纪到来之际，大悟县委县政府再次把发展乌柏生产提上重要议事日程，明确了发展思路，制定了发展规划：一是依托广阔的山场资源，每年新发展乌柏1万亩，主要发展葡萄柏、铜锤柏、猪油粑等优良品种，采用嫁接苗造林；二是利用高接换优技术，每年改造5000亩以上低产林；三是继续加强与有关科研所和大专院校的联系，积极寻求技术支持，加大乌柏资源的综合开发利用力度，广泛筹集资金，新上“大悟县乌柏系列开发”项目，设计年加工皮油4600吨，年总产量4600吨，其中生产油酸1200吨，棕榈酸3000吨，精甘油400吨，年产值4900万元，此项目已列入县级“十五”规划的优先发展项目；四是“十五”期末，全县乌柏产量力争过万吨，综合产值超亿元，巩固乌柏的支柱产业地位，永保“乌柏之乡”的美誉，为推动全国乌柏生产提供经验。

湖北省郧西县（杜仲、油桐）

杜仲是名贵的中药材，在中国有着悠久的发展历史。杜仲其性温、入药无毒，具有强筋骨，补肝肾、益腰膝、除酸痛、安胎、治阴下痒湿、小便余沥之功能。杜仲的药理作用突出表现为“三抗两降一增强”，即抗衰老、抗疲劳、抗癌；降血压、降血脂；增强人体免疫能力。

由杜仲皮、叶提炼的杜仲胶是一种新型天然高分子材料，是橡胶与塑料的过渡体，它具有热塑性、高度绝缘性、耐水性、耐摩擦性、高度粘着性、通透性、记忆性，对酸碱及强烈药物高度稳定。同时，杜仲还可加工成杜仲酒、杜仲粉、杜仲饮料等，随着科学技术水平的提高，杜仲会逐渐被人们所认识，开发的前景会越来越大。

郧西县地处杜仲自然分布区，河夹、茅坪、六斗、黑虎、景阳、店子、关防、湖北口均有分布。近年来，县委、县政府率领全县人民大办绿色基地，大力营造杜仲林，使全县杜仲面积已达到10万亩，成为湖北省最大的杜仲基地县，为全国四大杜仲基地之一。目前已有5万亩的杜仲林已进入开剥期，且品质优良。年可产杜仲皮1100T、杜仲叶8000T，如果销售皮、叶初级产品，年可实现产值为3800万元。

为充分利用杜仲的优势资源，该县于1996年组建了“郧西劲牛杜仲开发有限公司”，专门从事杜仲的系列开发，现已成功地生产了杜仲粉、劲牛牌杜仲酒和杜仲饮料，产品获得1999年度“湖北市场消费者最可信品牌”、“99中国国际农业博览会湖北名牌产品”、2000年市消委授予“消费者满意产品”，荣登《湖北林业名特优产品名录》榜首，企业已被录入《湖北农业企业五百强》。

为加大杜仲产品系列开发力度，该县已将其纳入“十五”全县农业产业化的支柱产业，计划通过招商引资、贷款及入股等多种形式筹措资金2700万元，新建杜仲基地10万亩，改造升级10万亩，新建杜仲系列产品加工生产线。通过基地管护，可年产杜仲皮1万吨，杜仲叶3.2万吨；通过产品开发，年产杜仲粉80吨，杜仲酒1000吨，杜仲饮料2000吨，杜仲胶30吨，实现年产值6600万元，利税3320万元。

油桐具有较高的经济价值，是最佳干性油，具有干燥快，比重轻，光泽度高，附着力强，耐酸碱，防腐防锈以及绝缘性能好等优良特性，故在工艺上有着广泛用途，又是油漆业、印刷业、国防机械业、电器业以及医药化工等行业的重要基质原料。当今世界，许多发达国家在桐油精加工方面已有突破性进展，尤其是电子业上，已形成了非桐油莫属的共识，没有任何物质可以替代。

油桐在该县的发展史上，经历几起几落，早在1965年，郧西油桐被国务院授予“油桐之乡”称号，当初与全国水平相比，郧西油桐面积、总产居主导地位，亩产平平，亩产桐油在6公斤左右。时隔三十几载，面积、产量稳中有降，由1985年31万亩降至1999年的17.3万亩，下降率为44.4%，亩均桐油9.1公斤。该县油桐主要分布于安家、土门、景阳、关防、店子等乡镇，主要品种为三年桐、千年桐。由于当时该县桐油外贸出口居全国主导地位，80年代初，成立了油桐科研机构，经过努力已研制并大量培育了新品种——景阳桐，其特点为结实早、稳产、高产、遗传性状稳定。这种景阳桐深受广大消费者青睐，从而很快在全县推广，但因桐油加工技术跟不上，加之不法商人在经销过程中大量掺假，致使该县桐油名誉扫地，一落千丈，无人问津，油桐面积亦随之锐减。1999年产桐籽2185吨，加工桐油656吨，实现产值787.2万元。

郧西县现已将油桐开发列为林业支柱产业。“十五”期间：一是新建油桐基地8万亩；二是对现有油桐基地进行改造升级，使总面积达到25.3万亩；三是建造一个桐油精品及二级开发加工厂。

通过努力，使油桐亩产桐油达20公斤，全县年产桐油达506万公斤，年实现产值6072万元。

湖北省罗田县（板栗之乡）

罗田县位于湖北省东北部、大别山主峰南麓，自梁代置县至今，已有1400多年的历史。全县总面积321.6万亩，人口58.9万人，辖12乡、8镇、4个国营林场，是一个山区农业县。

罗田山青水秀，全县森林覆盖率达65.5%，横卧中原的大别山主峰耸立于境内，县境北部的大别山国家森林公园是理想的旅游避暑胜地；罗田物产丰饶：蚕茧产量居湖北省之冠、板栗产量全国第一、九资河茯苓驰名中外、七道河甜柿堪称华夏之最。

罗田是中国板栗的主要原产地，所产板栗以果大质优、色泽艳丽、口感香脆、营养丰富享誉海内外，在国内外市场上被通称为“罗田板栗”。2000年4月，国家有关部门命名罗田为“中国名特优经济林板栗之乡”。

罗田板栗栽培历史悠久。据县志记载，明朝嘉靖年间，罗田人就开始用嫁接的方法繁殖生产板栗。解放后，板栗生产一直是全县农业经济的骨干项目，出口创汇的拳头产品。如今，县境内由南至北，百年老板栗树仍不鲜见。

罗田板栗品种资源丰富。全县原生板栗品种多达17个，其中5个品种被湖北省良种委员会评定为优良品种。在罗田板栗品种中，有以成熟早见长的六月暴，8月下旬成熟；有以果大见长的品种大果中迟栗，单果重达30克以上；有以丰产、稳产、抗病虫见长的羊毛栗、中迟栗；有以稳产、耐贮藏见长的品种红光油栗；还有风味独特的栗中珍品——“桂花香”板栗，其栗仁有自然的桂花香味，1992年在北京举办的全国妇女儿童精品博览会上荣获金奖。美国澳本大学洛顿教授在罗田考察后发出由衷的感叹“这真是一个板栗基因库，一个天然的板栗王国”。

一、罗田板栗产业化进程

80年代中期以来，罗田人在历届县委县政府的领导下，立足县城资源条件，大做板栗文章，选择并走出了一条板栗脱贫、板栗致富、板栗兴县的产业化发展之路。到目前，全县板栗栽培总面积发展到60万亩，实现了人平一亩栗；板栗年产量达到2005.5吨，居全国之冠；板栗系列年总产值3.5亿元，占全县农业产值的31.4%；板栗年创财政收入2500万元，占财政总收入的21.7%；农村人平板栗收入472元，占人均纯收入的24.3%，板栗已成为全县经济最具活力的增长点和山区农村人口脱贫致富的最主要途径。

十余年的艰苦努力，罗田板栗已实现了由分散农户自发生产到商品化产业化生产经营的转变，形成了产供销、贸工农一体化的产业化发展体系。

一是基地已经形成规模。罗田全县基地总面积达到60万亩，建成了三个面积过10万亩连片板栗带，一条延干线公路长达63公里的板栗长廊；全县已建成1000亩以上的连片板栗基地25个，500亩以上的板栗基地262个。初步形成了20个乡镇处处有基地，412个村村村有栗场，13万农户户户有栗园的生产格局。

二是板栗加工业迅速发展。全县年加工板栗能力已达到8000吨，冷贮藏能力2500吨；加工产品在清水和糖水板栗罐头两个主导产品的基础上，新近研究开发出了食品、饮料、食用菌、化工四大系列10余个品种。

三是市场体系日趋完善。全县建成了13个板栗专业市场；在广州、深圳、上海、南京、武汉等南方大都市广泛设立了板栗购销办事处，作为窗口市场；形成了近万人的板栗经营队伍；市场政策体系、服务体系已经确立并日趋完善。罗田板栗及其制品广销上海、广东、江苏、浙江、湖南等20多个省市，出口东南亚、欧美十几个国家和地区。

在全国农业向产业化方向快速迈进的过程中，罗田立足于自身的板栗资源优势、品种优势和生产基础，按照产业化发展的要求，大搞板栗基地建设，开展系列加工，活跃市场流通，成功地走出了一条支柱产业发展之路，取得了不少成功的经验。在板栗产业建设工作中，罗田县委县政府重点抓了六个方面：

第一、抓领导。产业要发展，领导是关键。为加强对板栗产业建设的领导，自1996年以来，罗田县在分管大农业副书记、副县长抓板栗的基础上，还在县委分工中，分工一名县委常委专管板栗产业，全县从上至下，形成了一级抓一级，层层抓到底的领导体系。并全面实行目标落实、任务落实、责任落实、奖惩落实“四落实”的产业建设领导责任制。

第二、抓投入。为增加对板栗产业的资金投入，以投入促发展，罗田广泛筹集资金，并尽最大努力管好用好资金。一是积极向上争取扶持；二是出台优惠政策，鼓励企业与个人承包、入股联营办基地，吸纳社会资金投入；三是鼓励部门投入办基地；四是在基地建设中，建立劳动积累工制度，以劳代资；五是建立专项板栗发展基金，由分管县长一支笔管理；六是把林业育林基金、板栗发展基金、扶贫开发基金捆起来使用，确保用好用活有限的产业建设资金。

第三、抓服务。县委、县政府要求各级党委政府和各部门要站在服务全县经济建设中心的高度，服务于板栗产业建设。县政府设立了县板栗生产办公室，并以乡镇有关部门为主体，建立了遍布全县的服务网络，增强服务功能，提高服务质量，全方位开展技术培训、生产指导和市场信息服务，全县形成了一条龙系列化全程服务、全程管理的格局。

第四、抓科技。在发展板栗的过程中，罗田人深深地体会到，产业布局再合理，没有科技投入和科技支撑，很难达到优化产业结构，提高产出效益的目的。在产业建设过程中，罗田人牢记“科技是第一生产力”的哲言，走生产、科研、科技推广相结合的道路。一是完善科技服务体系，增强服务功能。按照“完善县级、充实乡级、健全村级”的方针，建立健全了遍布全县的科技服务网络；二是围绕生产抓科研。为了解决板栗生产技术难题，罗田先后在科研院所的支持下，组织技术力量完成了11项板栗科研课题，研究探索出了一系列板栗栽培新技术。罗田首创了板栗施硼喷硼增产技术，创造了板栗矮化密植新的种植模式，创造了板栗亩产961斤的高产记录，这些成果都达到了国际先进、国内领先水平。在罗田板栗系列科技成果中，有降低板栗空苞率等四项成果获湖北省科技进步二等奖，板栗矮密早丰丰产栽培技术研究等两项获湖北省科技进步三等奖；三是服务生产抓推广，近年来，全县广泛采用电视讲座、广播讲座、办培训班、编印技术资料，举办技术咨询、知识竞赛、送科技下乡活动向栗农传播科学技术；通过大办示范基地，树立示范户、示范村、示范板栗场，在县成人中专、电大、乡镇成人学校开设板栗技术课程引导栗农学习实用技术。为满足生产需要，先后组织编写了《板栗栽培技术》、《板栗科技》、《板栗科技月历》、《农业知识问答》、《科技兴栗》、《板栗周年管理历》、《农业知识竞赛500题》等板栗科普书籍资料，组织拍摄了一部10集的《板栗生产技术》科教片。这些工作立足生产，面向农民，大大提高了栗农的科技水平，为全县板栗丰产稳产打下了基础。

第五，抓生产上规模。为进一步夯实板栗产业基础，罗田把大办基地上规模作为板栗向产业化推进的突破口来抓，把单家独户自发、分散的生产经营活动，引导到有意识、有规模的专业化商品生产上来。在基地建设工作中，坚持以大基地建设为重点，以家庭小栗园建设为补充，有意识地把分散的小基地连接成片，相继建成了祝家山、泗泊河等一批万亩大基地，板栗基地分布上基本形成了“三一长廊”的总体布局。1985年至今的十四年来，全县板栗基地面积，平均每年以4万亩左右的速度增加，产量以每年200万斤左右的速度增长。

第六、抓产业一体化。罗田在大建基地的同时，大力兴办板栗加工业和建设板栗市场。在发展加工中，紧抓两项工作重点：一是培植发展龙头企业；二是大搞产品开发，罗田前期开发的清水、糖水板栗罐头已经成为加工拳头产品，近年来，进一步加大了产品开发力度，产品开发向精深加工的方向发展，开发领域也由板栗食品加工扩展到栗苞壳等副产品的加工利用，新近研究开发出了食品、饮料、食用菌、化工四大系列10余个品种，已经或正在形成生产能力。

市场是农业产业化的起点和归宿。产业化的程度越高，对市场的要求也越高。罗田在市场培育工作中，坚持既重视抓硬件建设，也不放松软件建设。硬件建设上，全县建成了13个板栗专业市场，使罗田成为南方最大的板栗集散地和贸易中心；在广州、深圳、上海、南京、武汉等南方大都市广泛设立窗口市场；引导农民参与经营，形成了千名栗农挺进上海滩的农民经营队伍。在软件建设上，一是制订优惠政策，培育宽松灵活的政策环境；二是加大管理力度，整顿市场秩序，优化部门服务，建设文明市场；三是实施精品名牌战略，以精品名牌闯市场。继创立“珍宝”、“富罗”、“剪春罗”板栗加工产品品牌之后，1998年又创立了“罗甜”牌鲜板栗品牌。以品牌产品上市的罗田鲜板栗成了市场上的抢手货。

随着板栗加工的发展和市场体系的日趋完善，罗田县人民有意识地把板栗生产、加工、销售各个环节紧密结合起来，逐步形成了产加销、贸工农一体化的产业化发展体系，内联广大栗农，外联国际国内两大市场，使栗农与企业形成利益共同体，企业带农户，工农共繁荣；为农民提供了市场保证，减少了市场风险；同时，围绕资源深度开发，产品多次增值，提高了产业各环节的收入与效益；同时推动了乡镇企业的发展，促使农村劳动力向非农产业转移，带动了全县经济的发展。

二、罗田板栗产业发展展望

罗田板栗产业化生产经营格局已经形成，产业发展势头强劲，为促使产业发展走向深入，罗田从实际出发，调整了板栗产业发展思路；坚持以市场为导向，以科技为先导，走高起点、高投入、高科技、高效益的路子，加快发展步伐，以提高产业效益为总目标，把板栗产业建设成为引导罗田山区经济强县建设的龙头产业。

在基地建设上，稳步扩大面积，重点依靠科技，立足提高单产，实现提档升级；在加工开发上，解放思想，更新观念，鼓励多途径、多形式创办加工企业，大胆引进资金、技术，更新加工产品，提高加工档次，增加加工比重；在市场建设上，强化市场观念，改良市场环境，巩固南方市场、占领北方市场、开拓欧美市场。到2005年，全县板栗总面积发展到65万亩，挂果面积增加到45万亩，板栗产量增加到1亿斤，产业年总产值达7亿元，5年实现产值翻一番，实现板栗产业持续、稳定、高速发展。

湖北省秭归县（脐橙之乡）

湖北省秭归县地处长江三峡西陵峡两岸，全县国土总面积2427平方公里，辖7乡7镇，457个村，总人口40万人，其中农业人口34.2万人，11.2万户。1999年全县国民经济总值15.28亿元，工农业总产值7.56亿元，农村经济总收入5.6亿元，财政收入9824万元，农村人均纯收入1625元。秭归历史源远流长，有7000年的文字记载史，是世界四大文化名人之一、伟大爱国诗人屈原的故里，也是举世瞩目的长江三峡工程坝上库首第一县，是国家经济对外开放县。

秭归，气候温和，雨量适宜，土壤适中，是柑桔生产的理想场所，自古就有柑桔之乡的美誉。早在2000多年以前，秭归柑桔因屈原著名诗篇《桔颂》而名扬天下。新中国成立以来，尤其是改革开放20年以来，县委、县政府解放思想，更新观念，紧紧围绕建设柑桔大县、振兴县域经济的目标，狠抓柑桔产业化建设，柑桔产业得到快速长足发展。全县13个乡镇、229个村、6万多农户种植柑桔，柑桔总面积达12万亩，年产量达8万吨，其中优质脐橙面积8.5万亩，年产量6万吨，脐橙、锦橙、桃叶橙、夏橙并称为“峡橙四季”，行销全国20多个省市区，出口到东南亚、俄罗斯、韩国等国家和地区，深受广大消费者欢迎。秭归已经建成以脐橙为主要特色的全国外贸脐橙基地、内贸脐橙基地县。1995年，在全国“首批百家中国特产之乡”评选命名活动中，秭归被命名为惟一的“中国脐橙之乡”。

品种优良化是脐橙产业发展的重要保证。近年来，全县通过引进、选育、推广、改造等多种途径，不断加速良种推广普及工作，先后引进纽荷尔、脱毒罗脐等良种母本树共50多种1000多株，建立优质脐橙母本园300多亩，建立无病毒采穗圃100亩。

规模化种植是脐橙生产的重要特征之一。全县脐橙生产紧紧抓住三峡工程建设、移民开发、扶贫开发、长江上中游水果项目开发、水土保持、生态环境建设等项目建设投入机遇，坚持高标准、高质量、高科技、高效益“四高”要求，遵循市场经济规律，以脐橙基地建设为重点，以脐橙产业村建设为突破口，脐橙生产基本形成了规模化种植、集约化经营。全县共建成脐橙专业村100个，规模种植达6万亩以上，种植面积在1万亩以上的大乡大镇有郭家坝、香溪、水田坝、沙镇溪等，种植面积在1000亩以上的有邓家坡、彭家坡、烟灯堡、上和平等20多个村，年产量过万斤的专业大户全县已达2500多户。

科技兴橙是脐橙生产的重要源泉。秭归脐橙生产特别注重科技。自80年代以来，全县狠抓科技种橙，大办科技示范样板，先后承担“星火计划”、2万亩柑桔丰收计划项目、3万脐橙高产优质高效栽培技术推广丰收计划项目、万亩脐橙优质综合技术研究、纽荷尔脐橙生物学特性研究、纽荷尔脐橙示范村工程等十多项科研课题，在华中农业大学的指导下，制定了《脐橙丰产优质栽培模式》，全面推广了良种壮苗、深翻改土、配方施肥、保花保果、疏花疏果、合理修剪、节水灌溉、病虫防治、适时采收、打腊保鲜等综合配套技术。同时，与美国、日本柑桔专家保持密切联系，定期聘请外国专家授课，传授新技术，引进新品种，提高科技水平。

全民营销观念是脐橙制胜的法宝。县委、县政府高度重视脐橙销售工作，提出了全民营销思路，先后在中央电视台、部分大中城市有线电视台利用广告宣传秭归脐橙，在武汉、广州、上海、北京50等多座大中城市建有专业批发市场。开辟了全国管理最严、收费最低（不收费）的三峡专用公路绿色通道。按照产前、产中、产后系列化服务的要求，县内各级各部门服务、服从、参与销售工作，确保了脐橙快速、安全出境。

秭归脐橙以罗伯逊、纽荷尔、朋那等品种为主，因产于气候独特的三峡河谷地带，其果大无核，皮薄色鲜，肉脆汁多，香郁味甜，含有丰富的蛋白质、脂肪、无机盐、粗纤维、钙、铁、锌等多种营养成分，是色香味形俱佳的鲜食果王，是营养丰富的纯天然保健饮料。秭归脐橙尤以罗伯逊脐橙35号和纽荷尔长红脐橙品质最优，先后两次被评为部优产品，并获1995年第二届全国农业博览会金奖。1999年，秭归“桔颂”牌脐橙经国家工商局注册商标，长红纽荷尔脐橙获中国绿色食品发展中心颁发的绿色食品证书。

秭归脐橙发展的目标是建设“全国争第一，世界有名气”的中国脐橙名乡，力争通过实施科技兴柑、精品名牌、市场开拓和可持续发展四大战略，抢占品牌、科技、市场三大高地，到2005年，柑桔种植面积发展到20万亩，产量30万吨，实现销售收入8亿元，其中优质脐橙种植总面积15万亩，产量20万吨，建设优质脐橙母本园基地1000亩，组建脐橙专业批发市场10个，组建产供销龙头经营企业集团10个，把秭归脐橙真正建成富县富民的支柱产业。

湖南省洪江市

一、冰糖橙

冰糖甜橙是洪江市最著名的地方良种和主栽品种，以其浓甜、清香、脆嫩、化渣等独具特色的优良品质而驰名。

来源及特性　冰糖甜橙来源于洪江市（原黔阳县）龙田乡长碛村村民段天朗的实生甜橙树。1963年经当地农民技术员段惟俊报优后，市农业局高级农艺师肖育训负责选育。当地农民俗称“冰糖苞”，因而取名为“黔阳冰糖橙”。1977年在全国柑桔选育种鉴评会上评为第一名；1978年获全国科学大会奖；1985年获全国优质农产品奖。

冰糖甜橙树势较强，树冠开张，多呈自然圆头形，枝梢细长，具明显下垂性，春梢、秋梢刺少而短小，每刺长短不一。叶色浓绿，叶背叶脉凸起。果近球圆形，单果重120—150克，果皮薄、光滑、色橙红、质地脆。果肉橙黄至橙红色、汁瓤脆嫩化渣少核或无核。可溶性固形物

13—16%，含糖 11—12 克/100 毫升，含酸 0.5—0.7 克/100毫升，糖酸比 15—19.1。味浓甜略酸，具清香风味，品质上等，为最佳鲜食甜橙品种。11 月下旬成熟，耐贮藏。

分布和规模 冰糖甜橙在洪江市25个乡镇皆有分布，栽培面积曾达 3000 公顷。并且在怀化市、湖南省及全国大部分柑桔栽培省份都有引种栽培。怀化市的麻阳县、芷江县和湖南省的永兴县已形成较大规模，但在湖南省优质水果评比会上只有洪江市（连续三次）和永兴（仅一次）获得金奖。外省市引种栽培的有广东、江西、江苏、浙江、福建、四川、湖北、云南、重庆、贵州。近年来，随着柑桔品种朝着高品质栽培方向发展，按照适地适栽原则，该市冰糖甜橙布局调整为两大块：海拔 300 米左右，中部以沙湾乡为重点，连接硖洲的沅水两岸红色砂砾岩土壤为质地区约 666.7 公顷；西部以红岩、沅河为重点，连接周边乡镇的紫色页岩土壤为质和红砂岩土壤为质地区1333.3 公顷。全市年产量 2—3 万吨。

产品及其销售 冰糖甜橙是极典型的鲜食糖橙品种，产品主要是鲜果，由于其良好的耐贮性，及单果包贮藏技术的普及，鲜果应市期长达半年以上。冰糖甜橙在该市曾创造了 3000 元/吨的产地销售价格纪录，并且长期以来表现了稳定的市场竞争力，即使在 1999 年全国柑桔全面滞销的情况下，它仍保持了 1200 元/吨的产地鲜销畅销平均价位。产品主要销往上海、北京、浙江、广西、贵州、湖北及本省。三北市场也偶有调运。

发展方向和成就 冰糖柑近年朝着安全、营养、无公害、高品质方向发展。洪江市经济作物站、植保站先后在全市范围内开展连续三年的高品质栽培研究和无农药污染栽培，其产品在 1997 年、1998 年、1999 年连续三年获湖南省优质水果金奖，并被列入《湖南省优质农产品名录集锦》。

在生产中，一是进行了大规模的布局调整；二是优中选优，选出了一系列优株，开展了提纯复壮工作；三是加强了市场意识，开展了搞好果实商品化处理，创名牌、品牌工作；四是规范栽培，着手制定冰糖甜橙系列标准。

洪江市生产冰糖甜橙的企业：

1. 沙湾乡瓮田村园艺场，面积 400 亩。
2. 沙湾乡政府园艺场，面积 300 亩。
3. 沙湾乡留狮岩村园艺场，面积 350 亩。
4. 红岩乡园艺场，面积 200 亩。
5. 岩垅乡企业办，基地面积 1000 亩。

二、金秋梨

金秋梨是洪江市继“黔阳冰糖橙”后，在全国具有重要影响的又一水果良种，以其果大、晶莹秀亮的金黄色外观，肉质白、脆、嫩、细、汁多味甜的内质而赢得了“南方梨王”的美称。

来源及特性 金秋梨来源于洪江市（原黔阳县）大崇乡岩脚村段天汉家梨树的自然变异株，80 年代末经段天汉报优后，湖南省安江农校果树专业高级讲师黄渊基负责选育。1994 年 10 月获国家科委星火计划精品金奖。1999 年 10 月获湖南省农博会优质农产品金奖。

金秋梨树势强，树姿雄健，枝条直立。易发芽分化，早果、丰产。果实多为扁圆形，单果重 350 克左右，最大单果重 800 克，果皮薄，黄褐色，套袋呈金黄色且晶莹透亮，果肉纯白不变色，石细胞少。可溶性固形物高达 13—15%，成熟期为 8 月下旬至 9 月上旬。该品种兼具白梨系品质优，石细胞少和砂梨系果汁丰高、味甜的优点，特别是耐藏性在砂梨中独树一帜（冷藏条件下，贮期半年果肉仍脆嫩不发绵）。为砂梨系统中综合经济性状最佳的品种。

分布和规模 金秋梨的选育成功极大的增添了洪江市山地开发的后劲。目前，金秋梨在该市海拔 300 米至 750 米地区均有分布，总面积已达 1600 公顷，其中以大崇乡面积较大，为 200 公顷，龙田乡 120 公顷，雪峰镇 150 公顷。此外，金秋梨在该市气候稍寒、不宜柑桔生产的东部山地发展迅速，数年后会成为主产地。该市金秋梨 2000 年总产量达 1.8 万吨。金秋梨经各地引种试栽，现已推广至黔、川、桂、鄂、赣、渝、滇等省市。

产品及销售 金秋梨以鲜果供应市场，由于耐贮性好，产品应市期较长，因而销售渠道较畅，多年来价格在 3600 元/吨以上。销售市场主要在本省，试销香港深受好评。如能着力开拓市场，创立品牌，改善仓贮条件，生产前景极为乐观。

发展成就 金秋梨的开发成功，给相对贫困的高海拔地区提供了良好的种质资源，成为山区农民脱贫致富的一条重要途径。同时，随着金秋梨栽培研究的进步，现已打破了传统的粗放管理和经营，目前采用以套袋为轴心的综合优质高产栽培体系，其核心是乔砧密植、矮冠整形，花果管理疏保结合，套袋无公害栽培，果园生草栽培，病虫综合防治等。该市金秋梨栽培已纳入湖南省农业丰收计划，现已进入总结上报阶段。目前，该市生产金秋梨的企业有大崇乡企业办、电管站金秋梨基地、龙田乡松林村金秋梨园、雪峰镇金秋梨园、群丰乡金秋梨园等，个体果园有龙田乡松林村的向元进果园、大崇乡兰家村的杨远寿果园等。在商品化处理和贮藏保鲜方面也有新的进展。大崇乡企业办投资 12 万元修建了冷库，贮藏库容 30 吨，给金秋梨的发展前景增添了一道亮丽的色彩。

湖南省武冈市

无病毒脐橙 武冈无病毒脐橙系原国际柑桔理事会副

理事长、国家长江柑桔带顾问委员会主任、全国著名园艺学家章文才教授从美国引进后，经过一系列“茎尖脱毒”程序培育而成的。其主要风味特点是：香、甜、嫩、脆、无核、化渣；成熟期为11月下旬至12月上旬，果品橙红色，耐贮运，挂果无大小年之分，平均单果重280克，最大单果重1100克，果树常出现10多个一串，7、8个一球的挂果性状。正常管理水平下，新建果园一般三年开始挂果，五年进入盛产期；改造老品种桔园、高接无病毒脐橙，当年可恢复原树冠幅，翌年即能进入盛产期，亩产可上2000公斤，每亩可创产值6000元，高水平管理下，亩产可达4000公斤以上，每亩收入10000元以上。

武冈无病毒脐橙果品风味独特，营养丰富，1999年、2000年在湖南省首届、第二届名优特新农副产品博览会上连续两年荣获金奖。

武冈铜鹅　武冈铜鹅是全国著名的地方优良鹅种，产销全国20多个省市及港澳地区，至今已有500多年饲养历史。素有“世之名鹅”誉称。武冈铜鹅的特点是生长速度快，耐粗饲，粗放，耐寒，抗病力强，易饲养且饲养成本低，不与农业争粮争地争劳力，属节粮型草食性家禽，民间有“青草换肥鹅”之说。肉鹅蛋白质含量高，脂肪沉积少。羽毛、羽绒是制高级羽绒制品的上等原料。

1999年武冈市发展铜鹅165万羽，其中出笼肉鹅100万羽，平均每户出笼5羽。全市有种鹅繁殖基地12个，重点村280个，种鹅繁殖专业户330户，商品肉鹅生产专业户840户，铜鹅外销贩运户220多户，城乡肉鹅产品加工户250多户，年销量为80万羽。武冈鹅场是全省最大的种鹅蛋人工卵化场之一，年人工卵化量33万多枚。

湖南省炎陵县（新世纪梨）

炎陵是湖南省的优质时鲜水果产区。炎陵尾张蜜柑1998年被评为全国优质果品，炎陵新世纪梨（商品名又称雪晶梨）1998年、1999年两度被评为省优质水果金质奖。现有水果总面积3867公顷，总产量0.9万吨；其中新世纪梨553公顷，幼年结果面积200公顷，产量600—700吨。

〔**自然概况**〕　炎陵县地处湖南省东南边陲、罗霄山脉中段、井冈山西麓，北纬26°03′—26°39′，东径113°34′—114°07′。属中亚热带湿润季风气候，县城年平均气温17.3℃，年降雨1494.7mm，年日照1517小时。新世纪梨产区年平均气温12—15℃，年降雨2014—2292mm，年日照1017—1150小时，是高档新世纪梨生长的适宜区。炎陵新世纪梨集中分布在下村、大院、石洲、龙溪等海拔800m以上的山区乡镇，产区内昼夜温差大，植被良好，土质疏松，土层深厚，有机质含量高达2.1—4%，良好的生态条件有利于生产优质水果。

〔**品质特点**〕　炎陵新世纪梨系1987年从浙江省引进，常规栽培表现为早果丰产，品质优，适应性强。1993年炎陵县引进台湾套袋梨生产新技术，1994年建示范园11公顷，1995年生产出首批套袋高档梨，当年新世纪梨列为全县农业产业化项目。1996—2000年为新世纪梨基地快速发展期，共发展面积553公顷，全县计划发展667公顷，年产高档优质梨1万吨，产值1.0亿元。

炎陵新世纪梨经套袋栽培后果大形美，一般单果重200—320g，最大果重498g，果实近圆形，果皮乳黄光润，果点小而浅，果皮薄，果肉白色，细嫩多汁，浓甜芳香。经检验，可溶性固形物12.1%，维生素C4.34mg/100g，总糖9.27%，总酸0.16%，磷12.86mg/100g，钙0.94mg/100g，铁0.18mg/100g，梨果外观品质和内质极佳。果实8月中、下旬成熟，套袋后可适当延期采收，又可提高耐藏能力。

〔**栽培特点**〕　新世纪梨套袋栽培与常规栽培相比较有以下特点：

1. 棚架整形。为提高梨品质和便于套袋等农事管理，炎陵新世纪梨推广棚架设施栽培，棚架有简易棚和永久棚，目前大面积采用的是简易棚。其结构为：园内每4株梨树的对角线交叉点上栽一竹木柱作立柱，顶端由竹杆连接作横杆，主枝、副主枝、枝组均用竹杆按一定角度纤引到横杆上，棚架高1.8—2.0m。永久棚需用水泥柱和钢丝作架材，一次性投资大，不宜大面积推广。建棚时间为定植后2—3年。树形常用三主枝开心形，一干三主枝，主干高60—80cm，副主枝6—9个。

2. 疏花疏果。新世纪梨为短枝型梨品种，易成花，座果率高，结果早。定植后1—3年，为确保幼树正常生长，对幼树的花和果应全部疏除，控制结果树齿，第4年根据树体大小适量留果。为生产优质大果，进入结果期后特别要注意控制结果量，一般留果指标为：第4年每株留果25—30个，第5年每株50—70个，以后每株每年增加50个，到第9年进入盛果期，每年每株结果300—350个，株产60—75公斤，亩产1.5—2.0吨。1—3年生树以疏花为主；结果树以疏果为主，在套小袋和套大袋前分二次疏果。

3. 果实套袋。炎陵新世纪梨实行二次套袋，即谢花后10天左右套透明小袋，谢花后30—35天换套双层遮光袋。套袋时间和果袋质量对果实色泽、锈斑等外观品质影响极大。目前生产中主要使用台湾产梨果专用双层纸袋，其它种类果袋质量和套袋效果较差。

〔**包装与销售**〕　炎陵新世纪梨较耐贮藏，室温条件下可存放20—25天，冷藏条件下可贮藏3—4个月。因新世纪梨果皮薄，易擦伤变色，故对包装要求较严格，不能用条筐、木箱等容器包装。生产中常用纸箱，纸箱内用泡沫托盘盛果，单果用发泡网袋包果，果与果之间均用细软泡沫纸隔开，每箱二层。或用透明吹塑果盒包装。炎陵县自行设计了精美的商品梨、礼品梨、出口梨等系列包装。县政府组建了炎陵县新世纪梨开发公司，实行“公司+农户”一条龙服务，新世纪梨鲜果主销广州、株洲、长沙、上海等国内大中城市，每公斤销价高达38—48元。2000年炎陵新世纪梨出口到新加坡，深受国内外消费者青睐。

湖南省石门县（柑桔）

石门县位于湖南省西北部，毗邻驰名中外的张家界旅游风景区，“湖南屋脊”壶瓶山横亘县境北部，其温、光、水、土等自然条件极有利于柑桔生产，早在600多年前就生产柑桔，近30年来，世界银行投入巨资在此兴建桔园，并引进日本无核蜜桔、杂交柑桔、美国脐橙、无核椪柑等新优良种，其中能在9月中旬至10月中旬成熟上市的早熟蜜桔占70%，果实味道甜美、色泽金黄、品质上乘，是石门县柑桔产业的一大优势。到目前为止，柑桔面积已达到26万亩，年产量18万吨以上，年柑桔收入1.5亿元，加上由此而带来的运输、包装、餐饮、农资等相关服务业收入，共计产值可达2亿元以上。全县19个乡镇中有16个乡镇主产柑桔，80%的农户种有柑桔，60万农业人口中有30万人直接或间接受益于柑桔，种桔5亩以上的农户达2000多个，年柑桔收入万元以上的有4000多户。全县形成了二都—盘石、新关—三圣、渡水—所街、水田—雁池4条“百里柑桔走廊”，以秀坪、龙凤、蒙泉、二都、新关、皂市、白云、三圣、雁池、所街为中心的10大“万亩桔海”。近几年来，又全面推广使用自动化生产线对采后柑桔果实进行涂蜡、分选、包装等商品化处理，提高果品档次，延长货架期，质量能达出口标准，形成了“湘冠”、“金果”两大品牌，其影响力与日俱增。总之，石门柑桔也成为全县最大的支柱产业，其规模与效益位居全省第一。

石门县交通便捷，枝柳、石长铁路纵横交汇县城，有客运列车直通北京、广州、柳州、杭州、上海等大中城市，还有207、319国道近在咫尺。距离张家界国际机场、常德机场和长江主航道几十公里左右，极有利于产品的集散。每到金秋10月，全国各地客商5000多人次汇集石门调运柑桔，每年发运柑桔2000多车皮，1万多汽车，邻近县甚至邻近省所产柑桔也运到石门批发，形成了巨大的柑桔产地批发市场和集散中心。

石门柑桔产业方兴未艾，县委、县政府正以国内外市场为导向，以科技为手段，集中人力物力和财力，开展柑桔“第二次创业”，加速柑桔产业化建设，实现“柑桔大县”向“柑桔强县”跨越。

湖南省麻阳苗族自治县（冰糖橙之乡）

麻阳苗族自治县地处湘西武陵山区边缘低山丘陵区，总面积1568平方公里，辖24个乡镇，312个村，10个居委会，总人口35.16万人，其中农业人口30.5万人，法定总耕地25.4万亩，其中水田21.1万亩；山地152.17万亩，水田17.87万亩，是一个“七山一水一分田、一分道路加庄园”的农业县。县内土地丰富，温光和雨水充沛，特别适于发展柑橘生产。县内交通方便，通讯发达，枝柳铁路、209国道和1844省道从县城通过，正在兴建中的渝怀铁路贯穿县境。

1984年以来，这个县利用世行贷款，大搞山地开发，发展以冰糖橙为主的柑橘生产，到目前，全县有以冰糖橙为主的柑橘面积达12万亩，桂果面积9万亩，产量6万吨。柑橘已成为全县经济的一大支柱产业。

冰糖橙是60年代从甜橙芽变中选育甜橙类地方良种。70年代开始在全县试种推广。现已成为全县柑橘的主要品种。冰糖橙单果重120g—200g，果皮橙黄或橙红色，皮薄无核或极少核，可溶性固形物含量12—17%，含糖量高，含酸极低，维生素和矿物质含量极为丰富，鲜食易化渣，风味纯甜，品质上等，常食有去热化痰、止咳润肺功能，是柑橘中的精品。目前，全县有冰糖橙5.1万亩，年产量3.5万吨，面积和产量均占全县总数的一半以上。2000年，麻阳以冰糖橙为主的柑橘产品已申报并经国家商标局受理注册“麻阳”牌证明商标。

广东省普宁市（水果之乡）

〔概况〕 普宁市位于广东省东南部、潮汕平原西缘、北回归线从市境北部通过，属南亚热带季风气候。国道324线、省道1930线、普惠高速公路、揭神线、长池线于市区交汇。市区流沙距广州400公里、深圳市300公里、汕头市60公里。境内主要河流有榕江、练江和龙江。普宁于明嘉靖四十二年（1563年）置县，1993年4月6日撤县设市，市政府驻地流沙。全市区域面积1620平方公里，总人口193万，辖22个镇、3个乡和3个国营农场。1999年，全市实现国内生产总值136.87亿元，比1998年（下同）增长13%；工农业总产值240.36亿元，比增17.5%；财政收入3.74亿元，比增13.6%。

著名侨乡。全市旅居海外侨胞和港澳台同胞120多万人，海外赤子情牵故里，关心、支持家乡经济建设，累计在家乡投资办厂1119家，投资5.4亿美元；捐资兴办公益福利事业近7亿港元。

轻工发达。1999年，全市工业产值227亿元，占工农业总产值94.4%。主要行业有服装、食品、编织、机电、医药、电子、工艺、通信、玩具、塑料等。全市有重点工业企业12家，广东启业工贸总公司、广东康美药业股份有限公司被国家定为大型乡镇企业，汕头航空工艺厂等4家企业被列为“广东省乡镇企业百强企业”，流沙等6个镇被评为“广东省乡镇企业百强镇”，果陇等5个村被评为“广东省乡镇企业百强村”。

商贸活跃。全市拥有各类市场72个，总面积55.38万平方米，主要有纺织品、服装、中药材、茶叶等十个专业市场。中国普宁中药材专业市场是全国定点中药材市场之一，服装市场、纺织品市场是“全国百强集贸市场”和“全国文明市场”。全市年集市贸易成交额达143亿元。

设施日臻完善。全市公路通车里程930公里，其中普惠高速公路普宁段26.55公里、国道44.7公里、省道94.5公里，基本实现道路水泥化、村村通汽车。全市电网覆盖率100%，1999年全市供电量4.45亿千瓦时，已被国家有关部门评为“农村电气化县（市）”。至1999年底，全市程控电话容量21万门，电话用户16万户，移动电话6.2万门，BP机9万多只；开通了数据通讯、因特网、视聆通、设立“信息港”等业务，市话放号和整体通信能力名列全国百强县（市）第七位和第六位，被评为“广东省电话村镇达标建设先进县（市）”。建成自来水厂3座，总制水能力日产达19.5万吨。市区建成区面积21.55平方公里，市区绿化、美化、亮化、净化程度提高，被授予“广东省先进卫生城市”称号。

文化之乡。全市有各类学校664所，在校学生37.32万人，潮汕学院开始向全国招生。广播电视网络完善，被评为“全国广播电视先进（县）市”，基本实现广播电视“村村通”目标。民间传统艺术历史悠久，多姿多彩，尤其是气势磅礴的英歌舞闻名海内外，获“广东省民族民间艺术之乡”美称。

普宁市享有山区、老区、侨乡等优惠政策和相当于地级市的经济管理权限。为进一步吸引外商投资，引进先进技术和管理经验，促进全面经济发展，市政府先后制订实施了《普宁市外商投资优惠办法》、《普宁市鼓励工业发展若干意见》、《普宁市关于外来投资企业奖励办法》等一系列优惠政策和扶持措施。

普宁经济和社会发展思路是：全面贯彻中共十五大和十五届三中全会精神，按照“加强管理、提高素质、扎实工作、稳中求进”的工作方针，坚持市场导向，改革推动，依靠科技，提高效益，实施农业产业化战略，加强提高农业基础地位；实施兴工立市战略，发展一批支撑本地市场的骨干企业和开拓国内外市场的名牌产品；实施商贸活市战略、巩固、完善、提高、发展以专业市场为主体的市场体系，促进国民经济持续、快速、健康发展，把普宁建成商贸繁荣、轻工发达、设施配套、社会文明的初具现代化水平的新兴城市。

〔**特产果业**〕 普宁是“水果之乡”。全市水果总面积3.45万公顷，名产有青梅、蕉柑、青榄、油甘等，年产量14万吨，名列“全国100个水果总产量最高县（市）”第32位。其中，青梅、蕉柑、青榄的种植面积分别为9296.8公顷、4035.6公顷和6539.4公顷，均居全国县级前列。1995年—1996年，普宁先后被国家有关部门评为“中国青梅之乡”、“中国蕉柑之乡”和“中国青榄之乡”。1999年，被中国农学会授予“特产之乡开发建设先进单位”。目前，普宁已成为青梅、蕉柑、青榄的集散地和加工中心，年创值8亿多元，出口创汇2000多万美元，特产经济在国民经济中起举足轻重的作用。

生产迅猛发展。普宁市位于北回归线以南，属亚热带季风性湿润气候，阳光充足，雨水充沛，年平均降水量2129毫米，年平均气温21.3℃，无霜期352天，冬、春季雨少日照长。耕地面积2.57万公顷，山地面积9.33万公顷，其中黄海高程150米以下宜果面积5.9万公顷。宜果山地土壤肥沃，土层深厚，有机质高，为发展青梅、蕉柑、青榄提供理想条件。普宁市种植青梅已有700多年的历史，主要产于普宁西南部南阳山系的高埔、船埔、大坪、梅林及铁山系的大坝等地，有“软枝大粒梅”、“白粉梅”、“青竹梅”、“大青梅”等23个优稀品种。普宁是“潮州蕉柑”发祥地，已有300多年栽培历史，主要产于普宁洪阳、南溪、赤岗、广太等镇，有蕉柑品种80多个，其中优稀名贵品种有“85—2”、“白一号”、“现三号”等10多个。普宁青榄已有2000多年栽培历史，主要产于普宁中部里湖、梅塘、石牌、池尾、云落等镇，拥有“冬节圆”、“三棱榄”、“大红心”、“赤种”等10多个优稀名品种。

近几年来，普宁市积极实施特产战略，发展特产经济，不断强化农业基础，确立青梅、蕉柑、青榄在特产经济中的重要地位。实施加大投入、政策扶持等措施，逐步营造良好的生产发展环境，形成区域化、规模化、科学化、良种化、商品化等产业化格局。为大力促进特产经济发展，市政府出台了《普宁市发展“三高”农业奖励办法》等措施，把政策、资金和技术扶持落到实处。对创办上规模的水果种植基地予以奖励，激发了广大果农的生产积极性，全市共新种青梅、蕉柑、青榄等水果733公顷。在资金上给予资助。市设立"农业发展基金"，每年拨出200多万元投入南溪、洪阳、赤岗、广大、高埔、大坝、梅塘等主产区的发展生产。各产区镇、村二级还从财政、集体拿出部分资金扶持果农发展生产。在技术上给予支援，全市每年举办特产技术讲座10—14期，培训乡镇、村干部和专业户6000多人次；印发《果树管理技术》等多种信息、技术资料，有效地指导果农生产建立健全服务网络，以市果菜局和市供销社集团为中心。先后在南溪、洪阳、高埔、船埔、梅塘镇等8个主产区建立服务网点，经常派出农艺师深入产区提供无偿服务，对新办果园给予产前、产中、产后的咨询指导，全市已形成科学化、区域化、基地化、良种化生产格局。加快科研步伐，组织各级科研人员进行技术攻关，《蕉柑"南三号"的选育和推广》、《软枝大粒梅早结丰产实用技术》和《青榄矮化丰产栽培技术》等13项科技成果获省、市科技进步奖；推广青榄矮化早结和丰产栽培技术，青梅修栽、蕉柑回缩修剪和重剪更新等新技术15项。科技的投入，提高了特产经济的效益，全市运用科技成果种植水果年可增产1.5万吨，增值1500万元。为获得良好的生态效益和经济效益，普宁市按照"区域化、基地化、良种化"的现代农业发展思路，致力创办青梅、蕉柑、青榄三大果业功能区域。目前已建成100公里青梅带1条，青梅在66.7公顷以上生产基地15个，蕉柑在666.7公顷以上生产基地4个，青榄在33.3公顷以上生产基地30个。为加快特产果业发展步伐，1995—1999年，普宁市根据广东省人民政府关于开展"一乡一品"活动的通知精神，选择高埔、大坪、大坝三个镇作为先行点，共投入资金324万元，新种植优质青梅1786公顷，使青梅生产有了新的飞跃。

加工增值增效。在促进生产的同时，还注重实现特产果业增值增效，加快致富奔康步伐。市委、市政府努力营造果品深加工的环境和条件，实现果品多层次增值。目前，全市有果蔬加工企业256家，其中，12个山区乡镇兴办果蔬加工企业170家，外向型企业64家。规模较大的有里湖凉果城、大立、锦顺、同享等11家加工企业。年加工青梅、蕉柑、青榄等水果15万吨。市兰花集团公司是省农业龙头企业，拥有一个农场、5个水果加工厂，年加工青梅2500吨。全市青梅、蕉柑、青榄的加工制品已形成凉果、果酒、饮料、盐渍、薰制等五大类100多个品种，创造出一批部优、省优名牌产品。如"酥梅"制品，以其风味独特、品质上乘、肉质酥脆且具有原果风味等特点，被评为部级新产品，列入国家"星火计划"。广东同享食品有限公司研制的"九制话梅"、"九制情人梅"、"九制香草榄"被评为"中国名牌食品"。

特产流通活跃。普宁市立足特产果业优势和区位优势，搞活特产果业流通，开拓国内国外市场，致力培育专业市场，使果业产业化稳步、健康发展。至1999年，已先后在洪阳、广太、大坝、高埔等10个主产区建立水果专业市场，使毗邻县市以及福建、浙江、广西等地的青梅、蕉柑、青榄纷纷进入市场交易，形成交易中心，年成交量12万吨以上，购销两旺，成为远近闻名的水果集散地。普宁还充分发挥拥有33家进出口公司的优势，积极扩大自营出口。市供销社集团把收购蕉柑出口作为稳定农村、增加果农收入的重要工作来抓，1999年，出口蕉柑1500吨，创汇450万美元。市兰花集团公司积极出口半干梅、水梅等产品，总出口量1080吨，货值300万美元。目前，普宁青梅、蕉柑、青榄等果品源源销往日本、东南亚、欧美、港、澳、台等10多个国家和地区。

特产业主管部门及经营单位：

普宁市果蔬局
局　　长：江育敏
地　　址：普宁市流沙镇南平里76幢
电　　话：(0663) 2224309
传　　真：(0663) 2253321
邮　　编：515300

普宁市供销社集团公司
总 经 理：陈　越
地　　址：普宁市流沙大道汽车站西侧
电　　话：(0663) 2245495　2248704
传　　真：(0663) 2224500
邮　　编：515300

普宁市果菜副食品公司
经　　理：谢楚文
地　　址：普宁市流沙镇立新路28号
电　　话：(0663) 2230758
传　　真：(0663) 2222578
邮　编：515300

普宁市兰花集团公司
经　　理：余汉辉、
地　　址：普宁市充沙大道外经贸大楼七楼
电　　话：(0663) 2916403
传　　真：(0663) 2916009
邮　　编：515300

广东省惠阳市镇隆镇（荔枝之乡）

惠阳市镇隆镇位于广东省惠阳市西南部，下辖13个村委和1个居委，总面积115平方公里，总人口近6万人。平原丘陵交错，河渠溪流纵横，全年气候温和，光照雨量充沛，是荔枝生长的天然温床，全镇现有荔枝种植面积32000亩，种植历史悠久，素以“荔枝之乡”著称，饮誉四方。

镇隆荔枝90%是优质的“糯米糍”、“桂味”等品种。其色泽鲜红、肉厚核小、味道鲜美、甜而不腻、口感极好，剥壳后果汁不外溅，果肉干爽鲜白，并含人体所需的多种微量元素，深受广大消费者欢迎，正如宋代诗人苏东坡到惠州品尝荔枝后所云：“日啖荔枝三百颗，不辞长作岭南人”。镇隆荔枝已成为荔枝中的名牌产品，是岭南百果之王。

1998年8月，镇隆荔枝通过了有关部门检测，各项指标均达部颁标准，并参加了在北京举办的中国国际农业博览会，引起了不少中外客商的关注。2000年，镇委、镇政府已申请注册荔枝商标，推出镇隆荔枝的“品牌”，并以质优价廉推向市场，竭诚为广大消费者提供正宗优质的惠阳镇隆荔枝。

海南省（热带作物特产）

一、椰子

椰子为木本油料饮料作物，同时又是一种热带风景的美化树，广泛分布于世界上热带地区。椰子树全身都可利用，故被誉为“宝树”。鲜椰果的水可作为旅游业的天然饮品；鲜椰肉含有丰富的营养，可生食。椰肉可榨油、制椰奶或制椰丝、椰蓉、椰蛋白等；椰油在日用化工上用来制高级香皂、牙膏、洗涤剂等，也可用在食品、纺织、皮革、农药等工业上；椰壳可制高级活性炭；椰衣纤维可制作高级垫体材料；椰树茎部可作建筑材料；椰花可酿酒或制醋；椰根可入药，可谓全身都是宝。

海南省种植椰子已有2000多年的历史，是中国椰子种植最早的省份，也是中国惟一能进行商品性生产的地区。椰树是海南的象征与骄傲。

1999年，海南省椰子种植面积3.82万公顷，收获面积为1.8万公顷，年产椰果1.71亿个。椰子主要分布在海南岛东南沿海的文昌市、琼海市、万宁市、陵水县，其面积占全省的85%以上，其中又以文昌市的面积为最大，达1.31万公顷，占全省椰子总面积的34.3%，被誉为“椰子之乡”。

海南省现有椰子品种主要是海南高种、矮种和杂交种三类品种。其中高种椰子是海南目前的主要栽培品种。

建省以来，海南椰子加工业发展迅速，现有的椰子加工企业有160多家。椰子加工产品主要有：天然椰子汁、速溶椰粉、浓缩椰浆、椰油、活性炭、椰垫、椰子糖、椰壳工艺品等。“椰子之乡”文昌市椰子加工企业最多，共有130多家。

二、胡椒

胡椒是世界古老而著名的香料。也是人们喜爱的一种调味品。在食品工业中广泛用作腌渍品的防腐性香料。在医学上用作健胃剂、解热剂、利尿剂及支气管粘膜刺激剂，可治疗消化不良、寒痰、咳嗽、肠炎、支气管炎、感冒和风湿病等。

胡椒为多年生热带香辛作物，已有2000年的栽培历史。胡椒是一种高效热带作物，经济寿命高达20多年。目前世界胡椒产量20万吨。中国是世界主产椒园，而海南是中国胡椒的主产地，产量占全国的85%，其品质好，倍受国内外客商的青睐。利用海南的自然条件优势，发展胡椒生产前景良好。

1999年，海南省胡椒种植面积1.75万公顷，收获面积0.93万公顷，年产量（干籽）1.68万吨。胡椒主要分布在海南岛东南部的琼海市、文昌市和万宁市。三市县的胡椒种植面积占全省胡椒面积的75%，产量占77%，是该省的胡椒主产区。其中以琼海市的胡椒种植面积为最大，产量为最高。

近些年来，胡椒由于国外主产国减产和在国内外需求强劲的拉动下，其价格依然看好，目前每公斤售价在38元左右。农民种椒积极性高涨，各胡椒产区普遍加大了资金和科技投入，研究和总结出一整套病虫害防治和高产栽培技术，在生产应用中获得了丰硕的成果，胡椒已成为海南省东部地区农村经济新的增长点。

胡椒种植业的扩展带动了胡椒加工业的发展。目前胡椒的加工产品为白胡椒籽、白胡椒粉（碎）、黑胡椒籽、黑胡椒粉（碎）、胡椒油树脂、胡椒碱。海南以生产白胡椒为主。

近几年，该省胡椒的销售，以内销为主，出口量不大。全国胡椒年出口量仅1000多吨，海南省1999年的出口量为723吨。

三、芒果

芒果是热带名果，果肉甜滑芳香，风味独具一格，营养价值高，属高档水果，被誉为“热带水果之王”，是世界五大名果之一。中国能种植芒果的地方不多，仅限于海南、云南、广西、广东、四川等省（区）的部分地区，其中海南南部、西南部是最适宜种植区，也是主要产区，芒果品质优于热区各省。

1999年，海南省芒果种植面积3.82万公顷，收获面积1.89万公顷，年产鲜果10万吨。海南省芒果主要分布在岛西部和西南部的昌江县、东方市、乐东县和三亚市，以及岛西部的儋州市。其中以昌江县的芒果面积为最大。栽培的品种主要为椰香、青皮、白象芽、台农一号、秋芒、吕宋、艾文、紫花、海顿等。其中，以台农一号、艾文、金煌、Zill（红芒6号）、吕宋等品种为优。

芒果是海南省农村经济的一大产业。在海南省的热带水果发展中，芒果业发展得最快，种植面积也最大，是海南的大宗水果之一。芒果生产基地化、区域化、产业化初步形成。

海南省芒果主要以鲜果销售为主。早熟优质芒果销路较好，价格高，如台农一号、艾文等品种的芒果产地每公斤售价10—12元、吕宋、象牙、青皮、椰香等品种的芒果5—6元/公斤，品质差的晚熟品种芒果价格则偏低。

以芒果为原料的加工产品主要为芒果汁。

四、槟榔

槟榔是一种常用的中药材，是中国四大南药之一。药用范围广，经济价值高。据药理研究，槟榔含多种生物碱，其中以槟榔碱为主，为驱虫的有效成份，是临床常用的驱绦虫良药。槟榔除药用外，加工后的果皮，是轻纺工业的原料，可加工制做成优质纤维隔板、绝缘材料或填充物，也可以编织地毯、制刷等。果皮加工后的伏毛，是出口的热门货。椰干是中国东南部分地区群众的嗜好品，是逢年过节迎宾敬客的佳果。槟榔还是优美的热带风景树种。

槟榔在海南种植已有1400年的历史，是典型的热带树种之一，是热带风光的象征。中国槟榔的主产区在海南。

1999年，海南省槟榔种植面积2.63万公顷，收获面积1.13万公顷，年产量3.2万吨。海南省槟榔主要分布在岛东南的陵水县、万宁市、琼海市和岛中部山区的屯昌县、琼中县和保亭县。其主要栽培品种有长蒂种和短蒂种两种。

槟榔是海南传统出口商品。其初级加工产品为槟榔干，海南以销售槟榔干为主。销售以内销为主，大多销往湖南省湘潭、长沙等地区。

五、腰果

腰果是世界四大著名干果之一，产品用途广。主产品腰果仁为高档食用干果；副产品果壳可加工腰果壳油，是制光油和耐高温绝缘涂料的上等原料；副产品果梨含有果糖、果酸、蛋白质、维生素C和铁、钙等微量元素，可加工果汁饮料、凉果、蜜饯等。

海南省西南部光热条件优越，是中国惟一能发展腰果生产的地方，50年代已开始发展腰果生产。1999年，海南省腰果种植面积0.69万公顷，收获面积0.65万公顷，年产量（干壳果）2000吨。海南省腰果主要分布在岛西南的乐东县、东方市和昌江县以及岛东南的陵水县。其中乐东县是腰果的主要种植区，该县的腰果种植面积占全省的60%。

腰果的主产品为腰果仁，加工产品为腰果果汁、果酒。

国内市场对腰果有较大容量。目前海南生产的腰果供不应求，大部分腰果仍然依赖进口。

海南省乐东黎族自治县（香蕉之乡）

乐东黎族自治县位于海南省西南部，靠山临海，全县总面积2747平方公里，人口47万人，全县辖11镇5乡，9个国营农、林、盐场，是海南省农业大县之一，是全国最大的腰果基地和南繁育种基地，也是全省有名的冬季瓜菜生产基地、热带名优水果生产基地和新兴的海水养殖基地。乐东境处三亚旅城和八所工业区之间，有铁路、高速公路、国防公路贯通，靠近三亚、八所二港和三亚凤凰国际机场，海运、陆运、空运都很方便，电网、通讯网络覆盖全县。

乐东县自然条件优越，资源丰富，素有“天然温室”、“热作宝地”、“绿色宝库”的称誉，具有种植香蕉的特有优势：气候条件优越。年平均温度山区为23℃，沿海25℃，年降雨量1400—1800毫米，光照充足，雨量充沛，长夏无冬，农作物一年可三熟。土地资源丰富。全县土地面积412.13万亩，现已利用的农业用地225万亩，尚有大量土地可供开发利用。水利资源。境内有八条水系，大小河溪纵横，现建有大小水库103座，其中长茅水库为海南省第二大农用水库。

据有关方面专家考证和实践证明，乐东具有生产高品质香蕉的土地和气候等条件。1998年，乐东新一届县委、县政府紧紧抓住乐东是植蕉最佳地区这一资源优势，大力调整产业结构，改变以往农业生产主要以水稻、蕃薯、花生等传统农作物为主的生产模式，转而实施“香蕉工程”，积极引导和组织农民大力发展香蕉生产，把大量的蕃薯、花生、甘蔗等生产用地改种香蕉，把部分水旱田改种香蕉，把香蕉生产当作农民增收、财政增收的富民兴县工程来抓。县委、县政府制定了《香蕉种植五年规划》，注重科技扶持，促进香蕉生产逐步从粗改型生产向专业化、规模化、商品化发展。1998年，全县种植香蕉4万多亩，总产量达68000吨，总产值1.5亿元；1999年，全县种植香蕉7万亩，总产量达175000吨，总产值3亿元；2000年，全县种植香蕉9.83万，预计总产量达30万吨，总产值约6亿元。目前，乐东县1000亩以上的香蕉生产基地有9个，100亩以上的香蕉生产基地有200多个。小香蕉长成了大产业，香蕉生产已成为乐东县的支柱产业和新的经济增长点。一些农民依靠种植香蕉富裕起来，如1998年，黄流镇赤龙村种植香蕉收入1155万元，占该村农业收入的45%，户均香蕉收入2.2万元，人均收入5092元，收入最高的一户达62万元。随着香蕉产业的发展，出现了黄流镇赤龙村、冲坡镇荷口村、九所镇坡仔村等13个香蕉生产专业村及一大批香蕉种植专业户，冲坡镇更被誉为海南第一香蕉大镇，该镇计划明年种植香蕉超过3万亩，将超过全国第一香蕉大镇——广东高州市长坡镇2000年的香蕉种植面积。沿海乡镇种植香蕉致富的成功经验带动了山区少数民族乡镇种植香蕉的积极性，形成了全县大种香蕉的热潮。该县全省重点贫困少数民族乡镇——千家镇，2000年种植香蕉6000亩，预计总产量达10200吨，总产值2040万元。如今，在乐东县境内，无论是沿海地区还是山区，到处都是一片蕉翠，到处都是广袤的蕉园，成为全省乃至全国有名的香蕉产地。乐东香蕉以其果形靓、皮色好、味道佳、果肉疏的特点著称，远销北京、乌鲁木齐、天津、武汉、长沙等10多个大中城市和日本、俄罗斯等国和香港地区，深受消费者的欢迎。乐东香蕉初具品牌效益，并可与国外进口香蕉相抗衡。乐东的香蕉之所以名扬岛内外，称甲天下，主要是依靠科技提高香蕉的品质、产量，通过推广良种良苗、加强科技服务、加强技术培训提高蕉农素质等办法，提高香蕉生产的科技含量。为了使乐东香蕉产销两旺、丰产丰收，县委、县政府使用各种香蕉运销队伍，建立个体、私营、联合体的注通网络。目前，乐东县从事农产品流通的个体、私营工商户640户，各类流通中介组织400多个，农民运销联合体150多个，形成了一个庞大的运销队伍。

乐东政通人和，社会安定，文化发达。投资环境优越。近年来，乐东县制定了一系列招商引资的优惠政策和招商引资项目，采取切实有效措施，抓好各项服务环节，强化社会治安综合治理，保证良好投资环境和保护投资者的权益。乐东，是投资者的乐土，是创业者的福地，乐东人民将永远以饱满的热忱，竭诚欢迎海内外客商前来乐东投资开发种植收购香蕉，共创乐东美好的明天。

联系地址：海南省乐东黎族自治县人民政府办公室
邮　　编：572500
电　　话：(0899) 5523355
传　　真：(0899) 5523224
联 系 人：吴明信

海南省东方市（香蕉之乡）

一、果品生产

东方市地处海南岛西部稍偏南，濒临北部湾，与越南隔海相望。全市地域面积2256平方公里，辖17个乡镇，总人口35万人。

香蕉　东方自然资源丰富，这里山青水秀，土质肥沃，气候宜人，生态良好，是开发绿色农业的天然宝地。近年来，东方市利用地处亚热带、日照时间长，雨水充沛的优势，发挥龙头企业的带动作用，以市场为导向，大作香蕉产业的文章，香蕉产业从规模种植。现代包装、分段运输、网络销售环环相扣，形成产、供、销一条龙服务，加速了香蕉产业的迅速发展。2000年全市种植巴西品种香蕉10万亩，预计总产量可达40万吨，成为全国著名的“香蕉之乡”。

芒果　东方芒果色泽光亮，外形美观，甜度适中，口感好，是极佳的绿色保健水果。现全市芒果种植面积11.5万亩，有青皮、吕宋、象牙、台农、秋芒等20多个品种。

二、相关企业

富岛绿色农业有限公司
地址：东方市大田乡
邮编：572627
电话：(0890) 5870150　13907667121
联系人：温明亮

大广坝农业有限公司
地址：东方市大田乡
邮编：572627
电话：(0890) 5584899　5870126
传真：(0890) 5583446
联系人：刘宏智

海南东方政升农业综合开发有限公司
(海南第一投资集团所属机构)
地址：海口南洋大厦15层
电话：(0898) 8513960
　　　(0890) 5710006
联系人：赵九江

海南消防总队农场
地址：东方市东河镇
邮编：572600
电话：(0890) 5710068
联系人：王家忠　骆蔚彬

祥麟果菜基地
地址：东方市大田乡
邮编：572627
电话：(0890) 5870001　5870003
联系人：张祥麟

海南东方立奇大实业开发有限总公司
地址：东方市八所镇友谊路
邮编：572700
电话：(0890) 5527025
联系人：张春华

东方市探贡芒果场

地址：东方市抱板镇
邮编：572600
电话：(0890) 5522215
联系人：冯朝铁

海南省昌江黎族自治县（芒果香蕉之乡）

昌江黎族自治县位于海南省西北部，全县总面积1596平方公里，人口23万，其中黎族人口占1/3。昌江县有239万亩土地，地处热带北边缘，属典型的热带季风气候区，全年长夏短冬，基本无霜害，台风期不长，光照充足，气候温和，常年平均气候23℃；地热平坦，地质肥沃。全县宜农面积110万亩，尚未开发利用的宜于发展种植业的土地60多万亩，是发展热带高效优势高产农业的黄金宝地，是海南乃至全国不可多得的最适宜种植芒果、香蕉的一片“热土”。

昌江县芒果生产的历史悠久。在昌江史籍中，唐宋年间就有栽培芒果的记载。如今在昌江县山区，山村黎寨到处有祖先遗留下来的土生土长的芒果树。数百年的芒果老树，至今仍挂果累累。黎族同胞把芒果树当作摇钱树，一代一代地传下来。

近几年来，县委、县政府立足本地资源优势，实施了“兴芒果产业，建芒果大县，创芒果品牌”的芒果生产发展战略和品牌战略，制定优惠政策，实行资金倾斜，加大科技含量，推行多种生产模式，昌江芒果生产发展迅猛。1999年芒果面积达10.6万亩，挂果面积4万亩，产量2万吨；2000年芒果挂果面积4.6万亩，产量达2.5万吨。芒果生产成为昌江的绿色产业，优质芒果已成为昌江的象征。

昌江芒果已形成绿色产业。昌江实施“创芒品牌”的战略，加快了绿色产业的形成。1000亩以上的芒果基地已有21个，种植规模多样化，有“公司加农民”、“机关加农民”、“农民加农民”等多种模式。近几年来，到昌江落户开发生产和经营芒果销售的公司有39家，各种开发经营联合体有200多个。多形式多层次的开发模式，大大提高农民的种植水平和市场意识，农民基本掌握芒果剪枝、芽接、摧花、保果和换冠改良技术。许多开发者经营者创办了芒果高产基地、芒果品尝观光基地、生态农业示范基地、家庭生态农业基地。

1995年6月，昌江县在海南省会海口市举办“昌江芒果品尝会”，四方客商，各界人士称誉昌江芒果，昌江芒果在琼州大地家喻户晓。

1996年6月，昌江县成功地举办了“首届海南昌江芒果节”，海内外客商、贵宾数千人欢聚昌江。昌江县以节会友，以果传情，昌江芒果名扬海内外。

1997年8月，在全国（海南）芒果营销洽谈名牌战略研讨会上，芒果种植专家、芒果营销专家、农业生产官员高度评价昌江芒果，昌江芒果又一次出尽风光。

1998年5月9日，国家农业部南亚热带作物开发中心和海南省农业厅联合在昌江举办全国专家优质芒果品评会。昌江县被评定为“全国最大的优质芒果生产基地县”，台农1号、金煌、椰香等8种芒果被评为“优质芒果”。

1998年5月15日，昌江在北京人民大会堂举行“芒果之乡”新闻发布会。

1999年5月28日，昌江县又成功地举办“第二届海南昌江芒果节”。1000多名贵宾参观芒果园，采摘芒果，游览芒果街，品尝芒果，客商纷纷签订芒果供销合同。昌江芒果再度名振天下。

2000年5月底，县委书记简纯林率团进京，在人民大会堂举行“海南昌江热带农业新闻发布会”，在王府井、西单、崇文门举行“免费品尝，优惠促销昌江热带水果”活动。4000多名果品经销企业代表、京城各大市场果菜批发商、热带农业和水果开发研究专家、北京各大新闻传媒记者参加新闻发布会。随即北京地区多家果品、瓜菜经销商和昌江县签订合同、协议22份，协议销售果菜4.3万吨，金额4亿多元。

昌江芒果外观鲜美，果皮光滑，着色均匀，肉质纯厚细腻，纤维少，口感好，营养丰富，受到人们的青睐。举办两届芒果节，到北京举行两次品尝会、促销会，树立了昌江芒果品牌，推动了昌江芒果产业发展，拓展了芒果销售市场。昌江县实施芒果品牌战略以来，县委、县政府聘请华南热带农业大学和中国农业大学数名专家、教授当顾问。在专家教授的指导下，经过调查，试种筛选，嫁接改良，择优汰劣，引进新品种，形成相对合理具有昌江特色的芒果品种，注册了“昌香牌”芒果商标。

昌江县为了改良劣质芒果品牌，实现芒果品种优良化，提高果品的商品率和市场占有率，提高经济效益和社会效益，2000年用台农1号、金煌、爱文等市场走销的名优芒果的枝条，对市场滞销的劣质芒果进行换冠改良。2000年已完成2万亩芒果的换冠改良任务，全县芒果优良品种率达80%。在2000年11月3日至5日举行的2000年全国（海口）冬季农副产品交易会上，来自北京、天津、上海、杭州等32个大中城市的客商和昌江县签定了成交量7万吨，金额1.79亿元的芒果供销合同书。

1999年12月，海南省农垦总局副局长简纯林到昌江县担任县委书记。他经过调查研究，找出影响昌江经济快速发展的突出问题：农业结构不合理，高效优质、市场走俏的农产品没有形成产业。2000年年初，简纯林代表县委、县政府提出：进一步提高对农业结构调整重要性和必要性、紧迫性的认识。调整和优化农业产业结构、产品结构，是加快昌江经济发展的必然选择。因此，调整农业产业和产品结构是2000年和今后一个时期经济工作的重点。县委、县政府要求各乡镇党委、政府，全县广大干部群众一定要有清醒的认识，增强责任感、紧迫感、机遇感，解放思想，更新观念，把调整产业结构贯穿到经济工作的全过程；要按照十五大提出的“抓住机遇而不是丧失机遇，开拓进取而不是因循守旧”的要求，推动农业产业结构的大调整，促进经济的大发展。

昌江县着眼于发挥资源优势，培植新的经济增长点，增加财政收入和农民收入，在继续打好“中国芒果之乡”这一品牌的同时，在今年和今后两三年内，建立10大生产基地，一是10万亩香蕉基地；二是10万亩瓜菜基地；三是2万亩菠萝蜜基地；四是2万亩柚子基地；五是5万亩菠萝基地；六是1万亩杨桃基地；七是5万亩甘蔗改良基地；八是2万亩芒果改良换冠基地；九是1万亩海水养殖基地；十是畜牧业养殖基地。

2000年上半年农业结构调整以建立5万亩香蕉基地为主。从2000年年初起，县委县政府采取了下列措施：一、县委、县政府和乡镇的领导把主要精力投入到5万亩香蕉基地中，狠抓项目落实，切实做到人员、思想、责任、工作到位，县机关干部组成下乡工作队，帮助乡镇“抓落实，促发展”，同农民同吃同住、同劳动，帮助农民解决思想观念和生产问题。二、坚持引导和服务相结合。对农民进行政策优惠、市场需求的引导，又提供周到的信息和技术服务，还帮助乡镇、农户规划香蕉种植用地。三、及时筹措资金、种苗、肥料。引导农民集中闲散资金，采用股份合作的形式筹集生产用资金。县供销社和种子公司负责做好肥料和种苗供应。全县香蕉生产从选地、备耕、种植、管理等环节，工作扎实。香蕉种有面积，管有质量。2000年上半年完成5万亩香蕉种植任务。在11月3日至5日举行的全国（海口）冬季农副产品交易会上，来自北京、天津、上海、武汉等大中城市的32名果菜经销商和昌江县签订了15万吨、金额2.4亿元的香蕉供销合同。

海南省文昌市（椰子之乡）

〔概况〕 文昌市位于海南岛东北部，距省会海口72公里，西与琼山市、安定县交界，西南与琼海市交界，东、南、北三面濒海，海岸线长206.7公里，总面积2403平方公里，总人口53万人，海外乡亲有120多万，辖25个乡镇，265个村委会，3236个自然村，境内有5个国营农场，市里交通发达、通信畅通、电力富足，是海南省东北部的开发重地。文昌市属于热带海洋气候，阳光充足，雨量充沛。平均年日照2137小时，平均气温23.9℃，平均雨量1726毫米。文昌山青水秀，人杰地灵，人才辈出，民风淳朴，土地资源、热作资源、海洋资源、旅游资源和矿产资源十分丰富。文昌市椰林如海，素有“海南椰子冠全国，文昌椰子半海南”之美称，被誉为“椰子之乡”。而东郊镇的椰子又占文昌的一半，闻名遐迩的旅游胜地——东郊椰林风景名胜区就座落在该镇。

〔椰子生产〕 文昌栽培椰子已有2000年以上的历史，遍布全市25个乡镇。根据历史记载，文昌市清澜港彼岸的东郊镇是海南岛椰子栽培最早的地区。在很久以前，这个镇的椰农就有一个传统习惯，在女儿出嫁时，要选两株苗壮的红果椰苗，随嫁妆送到男家，种在房屋边，称为“载红”，其意思是祝福夫妻俩像椰子树那样，长命百岁，子孙满堂。这样一代一代传下来，使滨海地带的椰子树越种越多，变成村村椰林相连，汇成绿色的海洋。所以，早在19世纪前，椰子已遍布每个村落，可以说“见椰树就有村庄”，椰树成为村庄的标志。椰子作为集约栽培的形式，仅始于本世纪30年代，当时文昌县（现为文昌市）白延区沙港村的华侨，在烟堆的海丰坡和龙楼乡滨海地带，利用海肥资源优势，开辟椰子园，数千株连成一片，颇具规模，由于海丰坡椰园实行间作，至今仍结果累累。特别是中共十一届三中全会以后，由于落实了党在农村的经济政策，使热作农业得到迅速的发展，形成了国家、集体、联合体和个体等多种形式，全面开发热作资源的大发展新格局，椰子种植面积以年均37.1%的速度在增长，并开始少量引种国外优良品种。

据1999年统计资料表明，文昌椰子种植面积196644亩，比1982年增长2.03倍。椰子的品种也比以前更优良，个别华侨还从国外引进了新的品种。如旅新加坡华侨陈世镛先生从泰国引进了营养价值和经济价值都很高的泰国香水椰子在文昌市的宝芳乡种植9000多株，面积1000多亩。特别是近两年来，为了响应省委、省政府建立生态省战略，把椰子种植为作为文昌发展热带作物的龙头产业，市委、市政府真正把椰林工程工作列入议事日程。现“30万亩椰林工程”正在分步实施。在实施过程中，市政府采取各种灵活的合作方式：一是运用“政府+公司+农民”的方针，即政府协助公司经营，农民出地、出劳力参与生产经营；二是农民自己育苗，自己种植，市政府在政策、贷款、技术等方面给予支持。各种合作方式的灵活动作，加快了椰林工程和生态市建设的步伐。

文昌由于椰子种植历史悠久，所以人们都积极围绕“椰”字做文章。但是在20世纪50—60年代以前，“椰子全身是宝”的作用还没有得到充分的发挥。椰子资源真正得到充分利用是在20世纪70年代以后，特别是中共十一届三中全会以后，党的富民政策在农村得到了落实，农村建立起家庭联产承包责任制，劳动生产率大大提高，出现了大量剩余劳动力，促使他们不断开拓新的领域，上山下水，发展非耕地经营，进城务工经商。文昌市东郊镇，由于人多，耕地少，但却有丰富的椰子资源，剩余劳动力利用丰富的椰子资源，找到了生财之道，办起了椰子加工厂，全镇有九成劳力离土不离乡，从事椰子加工生产。再加上华侨回国探亲也逐步频繁，带回一定的资金和西方一些先进经验，办起了以椰子资源为原料的加工厂，同时也带动了当地一批农民办起了椰子加工厂，经过几十年的发展取得了可喜的成绩。目前，椰子资源加工业已成为文昌市重要的产业之一，全市利用椰子资源进行系列加工的企业现有300多家，主要分布在东郊、迈号、会文等乡镇。产品品种有椰丝、椰垫、椰雕、椰茸、椰奶、椰子粉、椰子汁、椰子糖、椰油、活性炭等60多种，年加工椰子7000多万个，产值2.5亿元，解决农村富余劳动力就业约1000多人，提供税收1000多万元。主要产品销往国内大中小城市，还有部分产品出口东南亚等国家和地区，其中，日本是进口文昌椰子糖果最多的国家。

重庆市

〔名优特产〕

锦橙　重庆市果树研究所（前身：四川省农科院果树研究所，以下同）1938年从江津实生甜橙中选出，其选育与推广研究获1985年国家科技进步二等奖。丰产、优质、少核等优良性状稳定，平均果重153g以上，可食率69.5%～79.6%，100ml果汁含糖7.04～10.83g，酸0.68～1.46g。果实圆形至椭圆形，果皮橙至橙红色，果肉细嫩化渣，汁多，有微香或浓香。12月上中旬成熟，平均种子数3粒左右。耐贮性强，加工制作性能良好。经多次提纯选优，70年代四川省柑桔选种协作组又选出开陈72－1、铜水72－1、江津78－1、北碚47、兴山101、蓬安100号等优良品种（系）、于1985年、1989年、1995年获部优质果品奖，全国农产品博览会金、银奖。该品种最适于中亚热带地区种植，是中国目前栽培最多，最广的中熟甜橙良种。

金花梨　重庆市果树研究所等1959年从金川雪梨中选出。其选育研究获1988年农业部科技进步一等奖。丰产、优质、抗逆性强、适应性广，平均果重3.9g，最大660g，果心小，可食率91.4%，100ml果汁含糖8.9g，酸0.12g，品质上等，果皮黄绿，贮后蜡黄光亮。该品种最适于冷凉干燥、日照充足的地区栽培，高温多湿、日照充足的地区可选海拔450m以上、地势开阔向阳的小生态区种植。在中亚热带区8月下旬至9月初成熟，含可溶性固形物14%，果点明显，略有锈斑。

梨橙　重庆市果树研究所等1976年选出。其选育研究获1992年四川省农科院科技一等奖。原名出锦梨2号甜橙、梨形2号甜橙，2000年1月经重庆市农作物品种委员会审定定为现名。过去认为是锦橙芽变，现经鉴定分析，初步认为是一与甜橙亲缘关系较近的天然杂种。果大、少核、优质等优良性状稳定，种子单胚，为珍贵的甜橙良种和育种资源。平均果重200g，可食率74.6%，100ml果汁含糖9.17g，酸0.81g。果实梨形或倒卵圆形，果形指数1.07，果皮橙红色，果肉化渣，汁多，汁胞瘦长，较脆，微有香气，平均正常种子数1.8粒。12月中旬成熟。适应性较广。目前西南地区以外尚少有栽培。

桔橙7号（洛娃）　重庆市果树研究所1987年从西班牙引入。其引进、鉴定与推广研究获1998年重庆市农业局科技进步二等奖。因其果实综合性状介于桔类和橙类之间，例如果皮、果肉颜色深于橙而浅于桔，果皮较易剥离但比桔皮紧，汁胞较脆，耐贮性优于红桔等，故可作为红桔的换代品种之一。平均果重130g，可食率71.7%～74.9%，100ml果汁含糖7.96g，酸0.66g。果实高扁圆形，果形指数0.84，果汁中等，酸甜适度或甜。平均种子数3粒，但若与多籽品种混栽会导致种子数显著增加。11月中下旬成熟。除西南地区外，部分省区有少数引种试栽。

以上4个品种可大量供应接穗、种苗，现场提货，并提供相应技术保障。

先锋橙优系红6－6　重庆市果树研究所1985年从先锋橙芽变中选出。经多年观察鉴定与品比试验，确认其果大、质优、少核（商品无核）、丰产等优良性状稳定，全面性状优于先锋橙。平均果重160g以上，可食率72.9%，100ml果汁含糖8.25g，酸0.89g。果实短椭或椭圆形，果形指数1.01，果皮深橙至橙红色，皮薄，果肉细嫩化渣，汁多，酸甜适度，味浓，微有香气。平均种子数少于4粒。11月底至12月上旬成熟，着色期较先锋橙约早7天，适应性较广，目前西南地区以外尚少有栽培。

早冰橙　重庆市果树研究所1981年从冰糖柑中选出。其选育研究获1992年四川省农科院科技进步三等奖。早熟、丰产、优质、少核等优良性状稳定。平均果重115g以上，可食率75.5%，100ml果汁含糖7.68g，酸0.87g。果实近圆形，果皮深橙至橙红色，皮薄，果肉较化渣，汁多，味甜，有清香。平均种子数少于10粒（不及冰糖柑的一半）。11月上旬成熟，可提前至10月下旬采摘上市。适应性广，重庆、四川、江西、福建等省有栽培。

晚丰橙　重庆市果树研究所1984年从晚熟甜橙五月红芽变中选出。于1996年在四川省完成成果登记。与普通晚熟甜橙相比，其突出性状为丰产、少核。平均果重150g，可食率73%。100ml果汁含糖8.07g，酸1.07g。果实圆形伞短椭圆形，平均种子数2.2粒。4月中下旬成熟。在粗放管理条件下，单产比伏令夏橙和五月红高1~4倍。目前重庆以外地区尚少有栽培。

以上2个品种欢迎引种试栽，可提供接穗、种苗。

联系地址：重庆市江津长城路　重庆市果树研究所科管科

邮　　编：402260

电话、传真：023-47522186

四川省

〔名优特产〕

1. 杜仲。旺苍县。已有面积50万亩，年产值5000万元，产品有杜仲茶，杜仲饮料、杜仲药品。

1991年旺苍县杜仲“立地栽培、速丰成林、再生剥皮、根繁育苗”综合配套科技成果经过省级鉴定，1993年旺苍县被定为“杜仲生产基地县”，其“10万亩杜仲商品生产基地”被列为国家星火科技项目，2000年被评为中国名特优经济林之乡。

2. 花椒。茂县。茂县花椒栽培历史已有千年，主要品种有六月椒（大红袍）、七月椒（迟花椒）、岩椒、小红袍（米椒）、枸椒等10多种，目前全县大力发展六月椒（大红袍），大红袍花椒荣获1997年中国新技术、新产品交易博览会金奖。

现全县花椒面积达11万亩，产量达120万公斤，年产值3600万元，占农业总产值的25%。

成都市龙泉驿区（水蜜桃之乡）

中国水蜜桃之乡——成都市龙泉驿区位于东经104°8′4″—104°26′58″，北纬30°26′56″—30°44′59″之间，地处川西平原东部，龙泉山脉中段，是成都市八区之一，国家级成都经济技术开发区所在地。全区幅员面积558平方公里，耕地面积29.47万亩，现辖3乡16镇、171个行政村、1585个村民小组。总人口47.92万人，其中农业人口34.64万人。

龙泉驿区属亚热带湿润气候区，年平均气温16.10℃，极端最高气温35.7℃，极端最低气温-4.4℃；大于10℃的年积温4580~5430℃，年均降雨量862.7毫米，平均年日照1022.4小时，全年无霜期287天。全区以紫色土壤为主，微酸性，适宜于多种伏季水果生长。

1987年以来，该区解放思想，大胆开拓，冲破“以粮为纲”的束缚，一切从龙泉实际出发，大力发展“优质、高产、高效”的城郊型、生态型、观光型特色农业；狠抓土地立体开发，充分挖掘农业生产潜力；狠抓结构调整，努力提高农产品商品率；狠抓“科技兴农”，不断注入农业发展的内动力，使每一寸土地发挥最大的效益，使每一位农民增收致富，创造现代农业名牌。这一实践被各级领导赞誉为“龙泉特色农业”。该区先后被国家、省、市确定为开发农业示范区、农业高新技术产业试验区、资源综合开发型农业示范区、伏季水果基地、名特优经济林基地、科技兴农成果应用示范试点区和农业科技推广示范园区；被评为“中国水蜜桃之乡”、“全国优秀经济林县（区）”、“全国科技先进区”、“优秀花果山风景名胜区”。

到1999年，全区农业结构由1986年的67.1:2.0:28.6:2.3调整到65.8:0.5:31.6:2.1；第一、二、三产业由65:20:15转变为9:65:26；粮经作物播面比由7.5:2.5转变为2.5:7.5。实现农业总产值达14.99亿元，比1986年增长8.2倍；农民人均纯收入达到2881元，年均递增180元以上。

以优质水蜜桃、枇杷、梨、葡萄为主的优质水果面积达到20万亩、1700多万株、总产量1.73亿公斤，比1986年增长10倍，名列四川水果十强县之首，其中水蜜桃种植就达150多个品种、5.0万亩、800余万株，年产量达5970万公斤，并形成了龙泉山西坡连绵30公里，横跨12个乡镇，面积达4万余亩的国内罕见的优质水蜜桃种植带。

在1995年第三届全国农业博览会上，龙泉驿区选送的白凤桃荣获银奖；在1996年度四川省优质水果评优上，该区选送的早香玉、京春、60-4-1、白凤、大久保、京艳等优质水蜜桃获省优果品称号；在1999年四川省优质果评优会上，该区选送的60-4-1（桃）获四川名优果称号；在1999年中国昆明世界园艺博览会上，龙泉晚白桃获蔬菜瓜果类银奖。

龙泉驿区以水蜜桃为主的开发农业的成功发展，有力地带动全区工业开发、市场开发、旅游开发和乡镇企业的突破性发展，促进了全区经济的持续快速增长。“以花为媒，广交朋友”一年一度的“中国成都桃花节”，已成为龙泉人民的传统节日，成为龙泉扩大对外开放的桥梁和树立龙泉新形象的窗口。

历史悠久的水蜜桃生产，幅员广阔的水蜜桃基地，为龙泉经济腾飞夯实了坚实的基础，为美化家园，实现致富奔宽裕型小康作出了巨大贡献。

成都市龙泉驿区农业局是区人民政府农业行政和技术

推广的职能部门，负责全区种植业生产和农业技术推广以及农村集体经济的经营管理工作。全局现有干部职工173人，其中：分配到乡镇学生31人，退休职工28人。现有机关科室5个，即局办公室、计财科、人事科、科教科、政策法规科（待区编委批），局属事业单位12个，即区农技站、土肥站、植保植检站、蔬菜站、果技推广站、果树研究所、种子公司、种子管理站、农业技术推广中心、农广校、农经站、果品经营站等，下辖乡镇农技站和农经站各19个（受区农业局和乡镇人民政府双重领导）。

全局现有科技人员67人（不含乡镇），其中：农技推广研究员1名，高级农艺师10名、农艺师（含农经师）24人，初级职称32人。

龙泉驿区农业局先后被区委、区政府评为区级优秀文明单位、市级爱国卫生先进单位、园林绿化先进单位、安全文明单位、计划生育先进单位、“四好领导班子”等光荣称号。

四川省通江县（银耳之乡）

〔**概况**〕 通江县地处四川东北部，居北纬31°39′—32°33′、东经106°59′—107°46′之间，与四川省万源、平昌、巴中、南江和陕西省南郑、西乡、镇巴县接壤。县人民政府驻地诺江镇。通江素有“一府”（川陕革命根据地首府）“三乡（银耳之乡、红军之乡、溶洞之乡）的美誉。

通江古属巴国，秦隶巴郡，西魏置诺水县，唐天宝元年更名为通江县。1932年12月，中国工农红军第四方面军创建了以通江为中心的全国第二大苏区——川陕革命根据地，留下革命遗址（迹）2600多处。“王坪烈士陵园”、“红四方面军总指挥部旧址”列入全国文物保护单位。

1999年末，县辖14个区（镇）、72个乡（镇）、7个办事处，524个村，总人口70万人。全县幅员面积4116.58平方公里，耕地57万亩。

全县地形复杂，地貌多样，属中、低山区，海拔高度为350—2098米。属中亚热带湿润季风气候区，气候温和，雨量充沛，光照适宜，四季分明，年平均气温16.6℃，年平均降雨量1127.3mm，无霜期281天。

境内有森林面积255万亩，森林覆盖率38.1%。动植物资源丰富，有植物乔灌木308种，属国家级保护树种水杉、银杏等20种，有野生动物331种，属国家级保护的珍贵稀有动物21种。良好的自然环境，有利于土特名产的生长，尤以通江银耳驰名中外。境内蕴藏着丰富的天然气、中药材资源，还有以红军文化为特征（溶洞、峡谷、空山天盆）的旅游资源。

1999年，全县国内生产总值11.8亿元，其中第一产业完成增加值6.6亿元，第二产业完成增加值1.7亿元，第三产业完成增加值3.5亿元。

全县文化、广播、电视事业迅猛发展，有线电视人口覆盖率达90%；教育体制改革深化，各类教育事业共同发展；科技对工农业的贡献率分别达到32%、38%；群众体育和学校体育蓬勃发展；卫生防疫、妇幼保健、群众性爱国卫生运动工作进一步发展，传染病、地方病防治成效显著，人民健康水平显著提高。

〔**通江银耳**〕 通江银耳发祥于县城西北陈河乡雾露溪畔的九湾十八包，初系自然生长，产量极为有限。据《续修通江县志稿》记载，1881—1882年，人工栽培通江银耳获得成功，进入20世纪80年代，随着现代科技在银耳生产中的运用，产量逐年上升。

通江银耳具有肉厚胶质重、色泽纯正易炖化、天然生长无污染等特点。刚问世不久，即被列为朝廷贡品。现代药理研究证实，通江银耳含有人体所需的多种营养成份，仅蛋白质中所含氨基酸就达19种，其中人体必需而又不能体内合成的8种它就含有7种。尽管目前银耳在全国各地大量栽培，但通江银耳因其独特的品质在众多的银耳中一枝独秀，是银耳中的珍品，享誉中外。1991年3月县人代会通过决议，每年9月9日为通江银耳节。1995年国家有关部门命名通江为“中国银耳之乡”。

近年来，县委、县政府加强组织领导，建立健全银耳生产管理体系。县上成立了由县政府主要领导任组长的通江银耳开发领导小组；制定了《关于加快通江银耳发展的决定》，颁布了《通江银耳菌种管理暂行办法》；成立了通江银耳产业发展局，组建了县银耳科研所，成立了通江银耳协会；按照现代企业制度，组建了通江银耳集团有限责任公司，使通江银耳的生产经营形成了一个规模有序的管理体系。

坚持资源开发和资源培植相结合。通江银耳一直以栎树为正宗寄生体，耳林资源的培植在银耳产业发展中显得尤为重要。1995年，县政府组织实施100万亩经济建设攻坚战，把栎林的改造和培育作为经济林建设的重中之重。目前，结合国家实施西部大开发战略，把栎树培植作为34万亩退耕还林工程的主要项目，到2010年，全县将建成高产成片耳林84万亩。为通江银耳的大发展奠定坚实的基础。

坚持发展生产和加强科研相结合。先后与四川农科院、西南农大、上海农科院、福建三明真菌研究所等单位合作，开展以提高银耳品质和单产为主要内容的课题研究，通过细胞融合、辐射育种等科学手段，建立良好繁育体系，探索并推广了四季高产速生栽培，栎树木屑新法栽培银耳技术。坚持走区域化布局、专业化生产、集约化经营、企业化管理的产业化发展之路。在全县20多个银耳生产乡镇中建立了近50个银耳生产基地，把通江银耳（集团）有限责任公司发展作龙头企业，带动银耳产业发展。

坚持原料生产和精深加工相结合。一方面抓原料生产，满足市场对初级产品的需求。一方面抓产品精深加工，提高通江银耳的综合经济效益。先后研制开发出了通江银耳羹、银耳八宝茶、银耳大曲、银耳醇、银耳糖、银耳化妆品等系列产品，使30—40%的通江银耳实现了精深加工。

一、企事业单位供求信息

“中国银耳之乡”国际互联网公用信息网站。

网　　址：Http：/www．tj99．com

Http：/www．tongjiang．gov．cn

通江县银耳科研所。是通江银耳科研事业单位，提供银耳母种、原种和技术服务。地址：通江县诺江镇北街，负责人：张学功，电话：0827－7221671

通江银耳（集团）有限责任公司。股份制企业，总资本4200万元，主营银耳、木耳、香菇的购销、加工和菌种生产，主要产品有“雪花牌”通江银耳、“天赐牌”通江银耳羹、“诺水牌”银耳三级种。在上海、重庆、西安、厦门、武汉、广州开设了通江银耳直销点，产品销往韩国、东南亚等国和香港地区。

地　　址：通江县诺江镇诺江中路

董事长：严　坤

总经理：蹇　波

电　　话：0827－7231628

通江县山霸王野生食品有限公司。集体企业，主要经营银耳、黑木耳、香菇及野生食用菌，主要产品有通江银耳八宝茶。

地　　址：通江县涪阳镇中街

总经理：牟光义

电　　话：0827－7620176

二、发展战略

通江实施西部大开发战略前10年的基本定位是：建特色支柱产业，筑生态环境屏障，创脱贫致富典型，实现温饱向小康的跨越。力争用10年时间，将通江建成经济社会发达、基础设施完善、生态环境优美、人民生活富庶的新通江。

战略措施一是建立以草食牲畜为重点的特色畜牧业，力争2010年，全县牛出栏达到10万头，其中优质肉牛年出栏5万头，将通江建成全省农区最大的优质肉牛基地。二是建立以通江银耳为代表的特色食用菌产业。在抓好资源保护的基础上，更新技术，提高品质，扩大规模，搞好精深加工，努力实现产业化经营，力争2005年前，形成以通江银耳为代表的全省最大的食用菌基地。三是建立以木本药材为重点的中药产业。该县80年代即被列为全省中药材生产基地县。四川省已经决定将巴中和攀西作为全省中药材生产的两个重点地区，该县将抓住这一机遇，推动全县的中药材上档次、上规模，把中药材建成全县的支柱产业。四是建立以天然气开发为重点的能源工业，通江气田是四川盆地的第二个大型构造带，天然气商业储量为1100亿m^3。该县将协助中国新星石油公司搞好勘探开发，实施好天然气民用工程。五是建立以红军文化和生态为特色的旅游业。该县旅游资源优势独特，尤其是溶洞、峡谷、红军文化在川陕地区独具特色，该县将重点建设诺水溶洞、临江峡谷、空山盆地、县城红军文化四大景区，努力把该县建成以面向大西北开放的生态旅游大县。

四川省青神县（椪柑之乡）

青神县，位于四川省西南部，属成都平原与川西丘陵接壤的过渡带，地处龙泉山脉尾段，扼岷江干流中流，距省会成都110公里，成（都）乐（山）高速公路穿境而过。东与仁寿县、井研县接壤，南与乐山市中区毗邻，西与夹江县相连，北与眉山县交界。境内地势北高南低，以浅丘为主，兼有部分平坝及少量深丘。全县幅员面积386.8平方公里，辖18个乡镇，人口20.7万人，其中农业人口17.5万人，耕地面积16.38万亩，农业人均耕地面积0.93亩。全县交通发达，县、乡、村道全部为水泥路路面，纵横交织成网。距眉山火车站25公里，超二级公路连结县城与成乐高速公路，公路、铁路运输十分方便快捷。

青神历史悠久，因蚕丛氏“青衣而教民农桑民皆神之”得名，建政迄今已有1400多年。这里物产丰富，“汉阳丝”以其丝色新亮，光度均匀远近驰名，解放以前就曾远销美国市场，产于平羌三峡的珍贵名鱼“江团”，颜色白里透红，自古为席上珍品：“青神竹编”以其格调高雅，工艺精湛，畅销30多个国家和地区，乃名符其实的“中国竹编艺术之乡”；青神作为四川省椪柑生产基地，“青神椪柑”更以其色、形、味俱佳畅销不衰，以其“中国椪柑之乡”的美誉蜚声中外。

青神县属亚热带湿润气候，气候温和、雨量充沛、冬迟春早、无霜期长，土壤肥沃，多为黄壤，非常适宜椪柑生产。青神这方水土在养育了青神人民的同时，也蕴育出了让青神人骄傲的青神椪柑。由于青神特有的自然环境条件，使青神椪柑形成了独特的品质特点：酥香脆甜、果大、皮薄汁多，核少，易化渣不燥火，风味独特、老少皆宜，素有“桔中之王”美称。单果重230克，纵横径7.2×8.5cm，果形指数0.85，总糖11.14g/100ml，固形物占

12.5%，果酸量占0.72g左右，维生素C33.06mg/100ml，富含多种人体必需的微量元素，营养价值极高，其果实为金黄色，外观很好。早在1994年青神椪柑就被原乐山市评为市优水果，并被省、市列为优质椪柑生产基地县，先后多次参评四川省果品展销会和四川省水果鉴定会，被誉为川西坝子的“一枝独秀”。1999年被中国特产协会授予“中国椪柑之乡”的称号。青神椪柑因其独特的口味和优良的品质，商品性极高，具有很好的经济效益和广阔的市场前景。产品远销成都、云南、北京、泰国、新加坡等地，成为食中美味，桌上之珍品、馈赠之佳品。

椪柑70年代初引进青神栽培，已有31年的栽培历史，在青神人民的精心培育下，椪柑产业取得了巨大的发展。椪柑品种由原来一个发展到现在的10多个品种，形成了早熟以太田椪柑为主，中熟以台湾椪柑，晚熟以岩溪晚芦为主的三个品质。品种结构更加合理，品质更优。椪柑栽培面积由引进初期的几亩发展到现在的8万亩，其面积已占全县耕地面积的50%，占全省椪柑种植面积的71%，具有相当规模，椪柑年产量达10万吨以上，占全省椪柑产量的75%。

青神县农业局位于青神县城南街91号，内设11个科室，辖17个乡农技站和17个乡农经站，共有在职职工干部139人，具有中专以上学历的117人，其中大专以上文化程度44人，技术人员共有129人，其中：中级职称20人，高级职称3人。知识结构合理，技术力量雄厚，为指导和发展全县椪柑生产提供了强有力的技术支持。

四川省奉节县（脐橙）

奉节县位于三峡库区腹心，地处长江三峡西首，库区蓄水后，将出现“高峡出平湖”的壮丽景观。境内有雄甲天下的夔门、长江三峡第一峡瞿塘峡、享誉中外的白帝城、绝世奇观天坑地缝等。具有独特的小区气候，雾日少，日照长，相对湿度低，昼夜温差大，是世界八大脐橙适宜生态区之一。全县已建脐橙基地近20万亩，年产量已达15万吨，年商品化处理能力5万吨以上。远销东南亚市场。

该县培育的奉园72－1脐橙，在1977年、1979年两次全国良种鉴评会上，均名列第一；1985年被评为全国优质水果；1989年全国优质水果复评会上再次获得总分第一名；1994年获部“绿色食品”称号；1995年在第二届中国农业博览会上独得四枚金牌并获金牛奖杯。1999年在中国国际农业博览会上，草堂牌奉园72－1、91脐橙和新奉士牌98脐橙获名牌产品殊荣。

四川省仁寿县文宫区（枇杷之乡）

“中国枇杷之乡”在四川省仁寿县文宫区。因枇杷栽植集中、发展规模大、品质上乘，1998年被有关部门推荐、评定为“中国枇杷之乡”。

文宫区在仁寿建制的历史上，从来都具有举足轻重的位置：是仁寿出境上成都的关隘，有仁寿“北大门”之称；因龙泉山脉从东到西穿境而过，成为仁寿与双流的分水岭。境内物产丰富，是仁寿的“米鱼之乡”和交通、商贸的中转站、集散地。

“中国枇杷之乡”区位优势突出。地处四川盆地中部，距国际大都市成都仅69公里，处在成都平原经济圈内，毗邻国际旅游圣地乐山大佛和省级风景名胜区黑龙滩。辖9乡2镇，115个行政村（居委会），922个经济社，人口15万。

“中国枇杷之乡”交通条件便利。国道213线纵贯过境，处于成乐、成渝高速公路的接合点，临近西南航空公司双流机场，境内形成了国、省、县、乡道为主骨架的四通八达的交通网，晴雨照常通车。

“中国枇杷之乡”物产资源丰富。幅员278平方公里，耕地14万亩。境内沟壑纵横、干湿明显。四季分明，盛产水稻、玉米、小麦、大豆、花生。近几年来，文宫区狠抓农业结构调整，1992年被列为四川省农业产业化试点区（镇）。目前已形成较具规模的四大产业化基地。一是以枇杷为主的优质水果基地5万亩，年水果产量近1500万公斤。其中优质枇杷2.5万亩，年产量500万公斤，全部按国际化标准组织生产。二是以波杂羊为主的山羊基地，现存栏8万只，年出栏5万只，并开发了系列羊肉餐饮工艺，羊肉汤省内驰名。三是以蒜苔为主的优质洁净蔬菜基地1.5万亩。四是以DLY优质生猪和优质肉鸡为主的畜禽生产基地，总量突破200万头（只）。

“中国枇杷之乡”基础设施完善。1996年被列为四川省小城镇建设试点镇。城镇建成面积1.2平方公里，有主要街道8条，总长3公里，常住人口1.5万人。境内供水、供电、供气、医疗、教育、通讯设施齐全，已形成居住、商贸、工业、休闲四个功能分区。

“中国枇杷之乡”投资环境宽松。制定和完善了一整套招商引资优惠政策，主要包括户籍优先，上学优待，税费优惠，土地优价，资金优调，手续优简，治安优保，困难优排。

“中国枇杷之乡”发展势头看好。计划用2—3年的时间，将枇杷总量发展到4万亩，水果总量达6万亩。突出科技，狠抓管理，强化品质，生产性能与世界农业接轨的优质果产品，利用公路、铁路、航空相衔接的交通体系，缩短生产到销售的时间，并研究水果保鲜技术，做到一年四季鲜果不断，源源不断地抢占国际、国内市场。并依托农业产业化，促进小城镇建设，使规模翻番，功能更全，布局更当，辐射更力。努力把文宫区建成“房前有树，屋后有果，庭内有花”的新型观光农业强区。

联系地址：四川省仁寿县文宫区公所
邮　　编：612560
电　　话：（0833）6771101　（0833）6771102　（0833）6771258
传　　真：（0833）62322333333333。771768
联 系 人：彭森茂　郑夕斌

云南省

〔云南省野生动物资源及分布〕　云南省地处中国西南边陲，山川秀丽，气候宜人，有复杂多样的地形地貌，得天独厚的自然环境。全省 38 万平方公里土地，山地面积占 94%，素有“动物王国”之美称。云南野生动物资源丰富，有脊椎动物 1737 种，占全国的 58.2%，其中有兽类 300 种，占全国的 51.1%；鸟类 793 种，占全国的 63.7%；两栖类 102 种，占全国的 46.4%；爬行类 143 种，占全国的 37.6%。在国家公布的 335 种重点保护野生动物中，云南省有 199 种，占 59.4%；其中：亚洲象、野牛、鼷鹿、白颊长臂猿、白掌长臂猿、绿孔雀等 22 种仅分布于云南。

1. 云南省国家级保护动物。属国家一级保护动物 46 种，如兽类有倭蜂猴、蜂猴、熊猴、豚尾猴、灰叶猴、戴帽叶猴、滇金丝猴、黑长臂猿、白眉长臂猿、白颊长臂猿、白掌长臂猿、马来熊、熊狸、虎、金钱豹、云豹、雪豹、亚洲象、鼷鹿、豚鹿、野牛、扭角羚、赤斑羚等。主要动物简介：滇金丝猴，栖息于海拔 2500 米以上的主寒云冷杉原始森林中，群居、树栖型，有垂迁移习性，冬季迁到海拔较低处活动，夏季则上到海拔较高处活动，植物食性，以云冷杉叶、莎萝、松果、栗树果为食，主要分布于本省西北部迪庆高原和丽江的部分地区；戴帽叶猴，栖息于热带、亚热带雨林中，群居、树栖，杂食性，分布于本省西南部的高黎贡山一带；黑长臂猿、白眉长臂猿、白颊长臂猿、白掌长臂猿均分布在本省西南部，黑长臂猿主要在无量山自然保护区内；亚洲象，生活在热带丛林，10—30 头为一个群体。主食生笋、竹嫩叶、甘蔗、野芭蕉和棕叶芦等，每胎产 1 仔，8 到 12 岁性成熟，平均寿命 50－65 岁，分布于本省与缅甸、老挝相邻的边缘地带，沧源县的南滚河是野象较集中的地方。鸟类有黑鹳、黑颈鹤、丹顶鹤、赤颈鹤、金雕、拟兀鹫、胡兀鹫、斑尾榛鸡、雉鹑、红胸角雉、灰腹角雉、白尾梢虹雉、绿尾虹雉、黑颈长尾雉、白冠长尾雉、孔雀雉、绿孔雀等 17 种，黑颈鹤分布在昭通市大山包乡沼泽地带，会泽县也有分布；绿孔雀，栖息于海拔 2000 米以下的开阔稀树草丛或有灌木丛、竹丛的开阔地带，多见一雄伴随三、五只雌鸟活动，主要分布在本省西双版纳、思茅等地。爬行类有巨晰、蟒、鼋 3 种。鱼类有中华鲟、达氏鲟、白鲟 3 种。

云南省属国家二级保护动物 154 种。其中兽类有 25 种，短尾猴分布在本省德宏、保山、临沧、怒江等地区；水鹿分布在红河、楚雄、西双版纳、思茅等地；岩羊分布在迪庆、怒江、保山、丽江等地。鸟类 116 种，藏马鸡、藏雪鸡均分布在迪庆高原；白腹锦鸡、红腹锦鸡分布在思茅、红河、楚雄、大理、保山等大部地区；双角犀鸟分布在西双版纳热带雨林，冠斑犀鸟分布在本省南部屏边县大围山自然保护区境内；兰耳翠鸟、鹳嘴翠鸟唯本省仅有，分布在滇西北地区，在沼泽地带、河边活动；本省常见的有高山雕、凤头鹰、小雕、苍鹰、白头鹞、灰背隼、草原雕、原鸡；两栖类 3 种；爬行类 4 种；鱼类 3 种；昆虫类 3 种，昆虫类有双尾褐凤蝶、三尾褐蝶，分布在大理、丽江等地横断山脉区域内，春暖花开时，较常见。

2. 云南省级保护动物 33 种。兽类有狼、大斑灵猫、小齿灵猫、横斑狸、云猫、毛冠鹿、爪哇野牛等 7 种。狼分布在本省境内北部和西部地区，随着森林面积逐步减少，很难寻到其踪影，数量已较少；毛冠鹿分布在金平县分水岭自然保护区内；爪哇野牛分布在西双版纳热带雨林。鸟类有灰雁、斑头座。爬行类有伊江巨晰、眼镜王蛇、眼镜蛇，尖吻蝮、眼镜王蛇、眼镜蛇均分布在西双版纳热带雨林。两栖类 1 种，仅滇蝾螈；鱼类 19 种，其中大理弓鱼生长分布在大理洱海；抚仙小鲤生长分布在澄江县抚仙湖内；银白鱼分布在永胜县程海，由于开发螺旋藻，此种鱼类逐渐稀少。

〔云南省野生动物保护〕　1991 年，云南省成立了野生动植物多样性保护管理委员会，全省有 16 个地州市和野生动物分布重点县市也相应成立了相应机构。同年 11 月省政府规定，在全省范围内实行了三年封山禁猎、使滇金丝猴、长臂猿、野象、野牛、绿孔雀、犀鸟等一大批珍贵稀有野生动物得到进一步保护和发展，赤麂、野猪、野兔、雉鸡等常见野生动物数量逐年增多。

云南省先后制定和颁布《云南省陆生野生动物保护条例》、《云南省珍稀、濒危保护动物名录》，加快法制进度，加大执法力度。在过去 10 多年来多次开展综合治理，保护野生动物活动中，累计查处破坏野生动物资源案件上千件。1994 年西双版纳发生猎杀野象的特大案件后，迅速破案，19 名不法分子全部落入法网，打击了犯罪分子的嚣张气焰，维护了法律的尊严。

据1950年～1995年不完全统计，云南省为全国各地提供熊种源8000多头，猴种源近5万多只，各类动物上万头（只）。由于各级政府高度重视，以及各有关部门的积极支持和配合，野生动物保护工作取得显著成绩。

〔云南省野生动物拯救及驯养繁殖〕 云南地处中国的西南边疆，长达4000多公里的边境线，分别与缅甸、老挝、越南接壤，有国家一类口岸7个，二类口岸10个，有一定规模的边民互市集镇87个，形成了边境野生动物管理的特殊性和复杂性。为加强管理，在1992年国务院有关部门组成工作组到云南省德宏州检查工作并提出的建议基础上，拟定方案，经国家林业部批准建立云南野生动物收容拯救站（中心），《云南省陆生野生动物保护条例》也作了相应规定。近几年来，全省各地共建立收容拯救站（中心）10家，开展了野生动物收容、拯救、调配、放生及驯养繁殖工作。截止1997年的不完全统计，收容拯救金钱豹、绿孔雀、熊、蛤蚧、猕猴等国家重点保护动物1.6万头（只），其它动物10万余条（只），并对伤残及体弱动物实施及时救护。共放生国家重点保护动物3000余只（条）、其它动物万余条（只）。同时还进行了绿孔雀、原鸡、小熊猫、猕猴等野生动物的驯养繁殖工作。产生了较好的生态及社会效益，不断促进边境野生动物管理及收容拯救机构的建设和发展。

云南省野生动物驯养繁殖单位和个人有100余家，饲养动物约50种，驯养繁殖尚处于起步发展时期，有一定规模的养殖场有民办科技园，鸵鸟养殖厂，省科委灵长类中心及屏边养熊场等十余家。据不完全统计，全省驯养繁殖的野生动物数量为：猕猴4500只、熊2100头、梅花鹿1595只、鸵鸟1400只，以及其它动物。随着云南省18生物工程的开发利用及大林业产业的建立，野生动物驯养繁殖产业潜力巨大，在加强保护，摸清资源的前提下，遵循国家保护、发展、利用的方针，研究和制定全省野生动物驯养繁殖的产业发展规划，积极支持和鼓励驯养繁殖，加强管理，增加科技内涵，加速培育人工种群，合理利用资源，实现资源的可持续发展。

〔云南省野生植物资源及分布〕 云南省因纬度和海拔高度不同，分布有寒温性、温性、暖性、暖热性、热性、半湿润、半干旱等多种生物气候，适应各种植物生长。全省山脉蜿蜒纵横，盆地星罗棋布，地形错综复杂，有高山、中山、低山、高原、盆地、丘陵等多样的地貌形态。植物种类非常丰富，有高等植物17000多种，木本植物4000多种，乔木树种800多种，是全国植物种类最多的省份，有“植物王国”之美称。在省内，属国家一级保护珍稀树种的有15种；国家二级保护珍稀树种44种；省级保护珍贵树种21种。1959年建立的昆明树木园，占地42公顷，引种保存植物620种，其中珍稀濒危树种栽培区2.2公顷，引种种植珍稀濒危树种66种；1960年建立的普文热带树木园，占地14公顷，栽培树种320余种；1975年在西畴县香坪山建立的木兰科树种引种区，占地22公顷，引种木兰科树种116种，其中包括68种珍稀濒危树种。1993年省人民政府公布云南省古树名木名录，共有1604株，分属77种178属338种，并要求采取措施，做好管理保护工作，使它们万古长青。

〔云南省香料植物〕 云南香料植物各类在全国名列前茅，计有69科，约400种。在香料植物中，一是辛香调味品种齐全，二是香花类资源，三是可以提炼香精的植物。按叶油、香叶油、树苔和橡苔、黄樟油、香茅油、依兰香、薰衣草等都是云南具有一定规模的植物香料产品，从素馨花中提取的精油，香味独特，是配制高级香类香精的珍贵原料。

〔云南省观赏植物〕 云南拥有2100多种观赏植物，花卉植物在1500种以上，不少是珍奇种类和特产植物，堪称为珍树、奇花、异草的花卉王国。仅杜鹃花就有约300个品种，茶花也有上百种品种。山茶花、杜鹃花、报春花、龙胆花、百合花、木兰花、兰花、绿绒蒿被誉为云南八大名花，在国内外都有名气。在本省境内分布较广，可引种栽培，具有很好的经济保护价值，逐步开发可形成绿色支柱产业。

〔云南省主要珍稀濒危保护树种简介〕 1995年9月省人大常委会通过了《云南省珍贵树种保护条例》，和先颁布的《云南省重点保护植物名录》、《云南省珍稀濒危植物管理办法》同步实施，从而进一步加强了对野生珍稀植物的管理保护，标志着云南对野生植物的保护工作走上了法制化的轨道。主要树种简介如下：

1. 秃杉。秃杉属国家一级珍稀保护树种，常绿针叶大乔木，树高可达70米以上，胸径2.5～3米。分布于省内高黎贡山、怒江流域的贡山、福贡、腾冲、龙陵和澜沧江流域的兰坪、云龙等县，一般生长于海拔1700～2600米的低山山地，喜温暖或温凉，夏秋多雨潮湿、冬季轻干的地带。

2. 望天树。望天树属国家一级珍稀保护树种，是1975年在本省西双版纳州勐腊自然保护区中发现的新种。高大乔木，已发现最高者达81米，胸径1米以上。主要分布在勐腊县北部北沙河及景漂一带的望天树林，处于高温多湿的热带沟谷雨林中。

3. 铁力木。铁力木属国家一级保护珍稀树种，木材边材浅红褐色，心材暗红色，具有强烈光泽。分布于西双版纳州和孟连、瑞丽、陇川、梁河、耿马、沧源等县海拔500～1000米的丘陵缓坡地带。

4. 大树杜鹃。大树杜鹃属国家一级珍稀保护树种，阔叶常绿大乔木，云南特有种，被誉为“世界杜鹃王”。仅分布于本省高黎贡山自然保护区西坡，腾冲县界头乡大塘村附近海拔2700～3300米的森林中。

5. 见血封喉。见血封喉属国家二级珍贵保护树种，高大乔木，具板根，是西双版纳干性季节性雨林主要标志树种之一。集中分布于景洪市和勐腊县。在河口、屏边、金平等县热带雨林中也有零星分布。

6. 版纳青梅。版纳青梅为1983年发现的龙脑香料新种，属国家二级珍贵保护树种。高大乔木，优良用材，材质坚硬，心材黑褐色，用途广泛。仅分布于西双版纳勐腊自然保护区北部补蚌、南沙河等地海拔800米的密林中，为热带山地雨林标志树种之一。

7. 榉木。榉木属国家二级珍贵保护树种。是高档家具木材。主要分布在滇南文山、砚山、西畴、麻栗坡、马关、丘北、弥勒、罗平、蒙自、屏边等县，生长于海拔1500～1900米的右灰灰岩裸露山地，呈单株或群株生长。

8. 云南红豆杉。云南红豆杉为落叶乔木，属省级保护珍贵保护树种，云南特有。木材坚硬，结构细致，有光泽、属红木类珍贵用材树种。云南红豆杉喜温暖湿润气候，分布于思茅地区、西双版纳州及耿马、广南等地。

9. 云南榧树。云南榧树属省级珍贵保护树种，高大乔木。木材纹理通直，结构细致均匀，材质坚硬，耐腐力强，易加工。主要分布在滇西北丽江、维西、贡山、云龙、中甸、兰坪等县，生长于海拔2000～3400米的湿润山地和沟谷针阔叶混交林中，呈单株散生。

10. 毽树。毽树为1976年新发现的龙脑香料树种，省级珍贵保护树种，高大乔木，优良用材。仅分布于屏边县大围山自然保护区清水河一带海拔550米的沟谷中，为山地雨林代表树种之一。

11. 乔松。乔松为针叶乔木，属省级珍贵保护树种。木材淡黄褐色，纹理直，结构细，材质轻，易加工，耐久用。分布在本省独龙江河谷和高黎贡山海拔1600—2600米地带，呈小片纯林或散生于针阔混交林中。

〔云南省林产化工〕 云南省森林工业的一个重要部分。云南省林产化学工业产品主要有松香、松节油、栲胶、紫胶、木竹纸浆、木炭、活性炭、松焦油、酒精、糠醛、酵母、樟脑、冷杉胶、芳香油、栓皮制品等。这些产品广泛用于轻工、化工、医药、冶金、石油、煤炭、铁道、交通、机械、纺织、水产等部门。松香等许多林化产品也是重要的出口物资。云南省林化资源丰富，松林采脂资源远景贮量120万吨，占全国第1位。现有松香加工厂28户，松香最高年产3.3万吨，1995年产松香2.71万吨，占全国第4位；栲胶资源植物210多种，含量7%以上的98种，远景贮存量达750吨，现在栲胶加工企业4户，最高年产量6190吨，1995年产量1787吨，占全国第3位；紫胶宜胶面积73万公顷，野生寄主树7000多万株，最高年产3100多吨原胶，现有紫胶加工企业6户，最高年产2017吨，1995年产量960吨，占全国第1位。另有五倍子、白蜡、油桐、漆、乌桕籽、杜仲，主产于昭通、文山、丽江等地区；芳香油资源主要有：木姜子、香樟、肉桂、香茅、地檀香、野薄荷、排草、姜黄、兰桉等，远景贮量200万吨，主要分布在文山、德宏、西双版纳、昭通、思茅等地州，加工能力小，急待开发利用；纤维植物全省有水麻、龙须草、千层皮、野火绳、构皮树、山麻黄等，远景贮量60万吨；全省造纸业多归口轻工部门，1993年年产机制纸及纸板19万吨，其中木浆纸仅4万吨左右。云南省林化工产品“帆船”牌、“孔雀”牌松香、松节油以及“绿疆”牌虫胶片荣获部优产品称号。发展林化工业，不仅可以发展国民经济、增加山区人民收入，而且可以提高森林资源综合利用率，繁荣林区经济，是云南省山区人民脱贫致富的一重要门路。

〔云南省林特副产〕 云南省林业产品中地方（地区）特有的著名产品，包括森林木材和干鲜果品、木本油料、树脂、树胶、香料、染料、药材及其培植、加工的地方著名产品。云南省地理环境复杂，气候具有寒、湿、热三带气候特点，从而森林植物种类繁多、经济资源丰富。目前已利用的经济林产品达千多种（类），其中具有热带、亚热带、寒带地方特色和云南特有的木材产品有铁力木、楠木（类）、榉木、木合、柚木、红豆杉、杉木（类）、椿木（类）、松木（类）、按木（类）、云杉、冷杉、栎木（类）、樟木、西南桦等；干鲜果品类产品有芒果、龙眼、荔枝、柑桔、桃子、苹果、山楂、滇橄榄、梨子、板栗、核桃等；木本油料类产品有茶油、桐油、茴油、桂油、樟油、按油、柏油、山苍子油等；树脂、单宁、虫胶、生漆等类产品有松脂、松香、松节油、栲胶、紫胶、五倍子、单宁酸、白蜡、色素等；山珍食品类产品有松茸、香菇、黑木耳、银耳、冬笋、玉兰片、竹荪等；药用、饮料、各味调料类产品有八角、桂皮、杜仲、砂仁、天麻、三七、茯苓、绞胶蓝、灵香草、冬虫夏草、黄莲、五倍子等。产品以原产地、集中产地或集中销售地而闻名的，则冠以地方名，如文山州等地的杉木、八角、草果、灵香草；迪庆州等地的云杉、冷杉、冬虫夏草、松茸；思茅地区、玉溪地区的普洱茶、芒果、柑桔；德宏州的柚木；西双版纳州的柚木、绞股蓝；昭通地区的生漆、天麻、五倍子、乌桕籽；怒江州的黄莲素、红豆杉等。

〔云南省地方林业法制建设〕 云南省地方林业法制建设围绕护林防火、制止乱砍滥伐，保护森林资源，禁止毁林开垦，保护国家、集体、个人发展林业的合法权益等方面制订了一系列地方性法规、法令及政策性文件。现行林业法规、法令有《云南省施行森林法及其实施细则的若干规定》；《关于破坏森林资源的刑事案件立案标准和处理原则的暂行规定》；《云南省林业厅关于转发我国第一批珍稀濒危保护植物名录的通知》；《云南省林业厅关于转发林业部〈林业行政处罚文书格式〉的通知》；《关于颁布森林防火条例的通知》；《关于发布〈云南省森林和野生动物类型自然保护区管理细则〉的通知》；《关于发布〈云南省建设占用征用林地、砍伐林木补偿标准暂行规定〉的通知》；《关于认真执行国务院审核批准的年森林采伐限额的通知》；《关于加强保护、发展森林资源、实行各级行政首长任期目标责任制的通知》；《关于办理盗伐、滥伐林木案件应用法律的几个问题的解释》；《关于制止乱砍滥伐，切实保护森林资源的决定》；《云南省森林植物检疫实施办法》；《云南省森林防火实施办法》；《云南省边境口岸进出境动植物检疫办法》；《云南省珍贵树种保护条例》；《云南省珍稀濒危植物管理办法》；《云南省重点保护植物名录》；《云南省珍稀、濒危保护动物名录》；《云南省陆生、野生动物保护条例》、《云南省林地管理办法》、《云南省重点陆生野生动物造成人身财产损害补偿办法》、《云南省绿化造林办法》等23个。《云南省珍贵树种保护条例》是中国保护珍稀濒危树种的第一部地方性法规，自1995年12月1日起施行以来，在省内外以至国内外都引起了很大的反响。

〔云南省林政管理〕　云南省森林资源林政管理工作认真贯彻执行《森林法》、《森林法实施细则》、《云南省施行森林法及其实施细则的若干规定》，先后出台了林业地方性配套法规，建立了管理机构，全省17个地、州(市)、120个县设置了资源林政工作机构，省、地、县三级共有资源林政管理人员674人，全省374个木材检查站执行木材运输监督检查人员1063人，以上共有1737人从事林政工作，加上全省1542个乡（镇）林业站从事林政管理人员，全省着林政执法服装人员达5420人。资源林政管理工作建立了行之有效的管理制度，如森林采伐限额制度；木材凭证采伐、凭证运输、凭证经营、加工制度；对经营、加工木材单位实行年检年审换证制度；森林资源定期清查制度等，使本省森林资源林政管理工作做到了有法可依、有章可循，全省资源林政管理人员勤奋工作、恪尽职守，使资源林政工作落到了实处。

〔云南省森林防火〕　云南省是一个森林火灾多发省份。森林火灾大多数是由于人为用火不慎引起，火源主要分两类，一类是生产用火；另一类是生活用火。生产性火源有烧垦、烧荒、烧灰积肥、烧地埂草、烧炼牧场、炼山造林、副业生产用火等；生活用火有狩猎、吸烟、烧饭、上坟烧纸以及小孩玩火等。还有少数是国外森林火灾蔓延。从地理位置看，森林火灾多发生在人口密度低、以耕种旱地为主、交通不便的地区；从森林类型看，多发生在针叶林区，同时多发生于风高物燥的冬春季节，一旦发生森林火灾，则常常形成面积大、扑救困难的局面。1986年3月28、29日，安宁青龙寺和玉溪刺桐关分别发生两起惊震全国的森林大火，因扑救山火牺牲82人、受伤97人，受害森林面积0.15万公顷，直接经济损失400多万元。1987年以来，云南省从总结教训入手，各级政府都把森林防火提到议事日程，建立了省长、州长、专员、市长、县长、乡长森林防火目标责任制，实行统一领导，统一组织，统一指挥。遵循“预防为主，积极消灭”的方针，做到5个落实（即：思想、组织、制度、管理、资金落实），抓好10条措施。为保证防火经费，实行每亩林地投入5分钱，由省、地、县三级筹集资金，还从所收取的林政管理费中列支50%，用于护林防火，为加强领导，从省到各地州市县都设立了护林防火指挥部及办公室，省里一位副省长兼任省护林指挥部指挥长。各级办公室工作人员共826人。全省组建专业扑火队226支，共6124人；群众扑火队11168支，共40余万人。全省各地开辟防火隔离带1.23万公里，修建了望台142座，配备防火指挥车、摩托车575辆；风力灭火机1340台。省、地、县三级已形成无线电通讯网络。“八五”期间，全省的护林防火工作取得好成绩，全省70%以上的县、市、乡、镇、国营林场和森工局都实现无森林火灾。

1995年12月省政府召开全省森林防火工作会议，出台了新政策：将原定每亩5分钱的森林防火专项基金提高到1角，由省、地、县三级财政按“三三”制比例筹集；育林基金提留不低于10%用于森林防火；森林公园、名胜古迹林等旅游单位，从收入中提取一定比例的护林防火经费；把生物防火隔离带的建设纳入造林绿化总体规划；每县建一支30～50人的专业或季节性专业扑火队，逐步实现扑火队伍专业化。同时，大力开展林火预防和扑救科技攻关，使森林防火工作提高到一个新水平。

〔云南省林业公安〕　为保护好森林资源，强化林区治安，中共十一届三中全会以后，省委、省政府逐步加大了依法治林的力度。省政府于1980年4月23日正式批准成立了第一批林业公安机构——64个林业公安派出所，并同意在省林业厅设立林业公安处。至1995年底，全省已组建林业公安机构396个，其中包括省林业公安处及地、州、市、县林业公安科（分局、公安局）及261人林区及林场、保护区、木材水运公安派出所，干警总编制已达2420人。根据中央有关部门规定，各级林业公安机构均已列入地方各级公安机关序列，干警全部按《人民警察法》规定授衔。16年来，各级林业公安系统在广大林区广泛开展法规宣传教育，各级组织林区治安联防，严厉打击了林区内外的各种违法犯罪活动，维护林区治安稳定；共查处各类森林案件101589件，依法处理各类违法犯罪人员148788人次。其中依法逮捕3523人次，行政拘留

4375人次，给予其它治安或林政处罚140890人次，收缴违法所得木材199555立方米，为国家挽回直接经济损失6502.1893万元。林业公安已经成为林业系统中人员机构初具规模、战斗力不断提高的重要执法队伍，在依法保护森林和野生动物资源、维护林区治安、保卫林业建设的顺利发展，保障国家、集体和群众的山林权益不受侵犯的斗争中，发挥着越来越重要的作用。

〔**云南省森林武警**〕 1993年12月，中国人民武装警察部队林业部直隶机降支队，奉命调入云南成立云南省森林警察支队。1996年10月，经国务院批准，云南森警支队升格扩建为总队，下辖昆明、保山、丽江、大理、西双版纳、思茅等6个支队。

云南森警部队组建4年来，全体官兵牢记职责，较好地完成了以森林防火灭火为中心的各项护林任务，充分发挥了森警部队在森林防火灭火和保护森林资源中的“突击队”和“主力军”作用，先后出动兵力10456人次，扑灭森林火警火灾176起，其中利用直升飞机索降扑火78起。在林政执勤方面，先后出动兵力2万多人次，制止哄抢盗伐木材事件23起，缴获非法木材12000立方米（包括相当数量的红豆杉、榧木等珍贵木材），取缔非法木材加工点68个，为国家挽回经济损失2000多万元。在野生动物保护方面，西双版纳大队自1995年成立以来，积极参加自然保护区武装巡逻，协助自然保护区管理局、林业公安抓捕猎杀珍稀野生动物的犯罪分子22人，缴获军用步枪2支、子弹77发、猎枪46支，大大加强了亚洲象、野牛等珍稀野生动物的保护工作，有力地震慑了偷猎珍稀动物的犯罪分子，为维护西双版纳热带雨林自然保护区的协调健康发展起到了积极作用。几年来，因成绩突出，原支队及2个大队被武警总部记集体三等功一次，总队及大队先后被省地县各级政府授予“森林防火先进单位”称号，2名个人荣立二等功，112名个人荣立三等功，120多人受到嘉奖。先后有两个大队被授予“省级精神文明建设先进单位”称号，100多人受到表彰。

〔**云南省森林病虫害防治**〕 云南省森林病虫害主要有松毛虫、小蠹虫、松叶蜂、高山小毛虫、松针毒蛾、松梢螟、松尺蠖、卷叶蛾、木蠹象、华山松球蚜、松针蚧、介壳虫、松落针病、红汁枯梢病、金花虫、鼠害、地老虎、白蚁等。从1953～1995年的43年间，全省发生森林病虫害的面积总计527.91万公顷，平均每年受害面积12.28万公顷。1984年省森林病虫害防治检疫站正式建立，地州市也先后建立了森林病虫害防治机构。目前县级以上各级林业主管部门所辖的防治检疫站有140个，专职森防检疫人员490人，其中高级工程师8人、工程师110人、助理工程师169人、技术员105人，另外还聘兼职检疫人员807人，兼职测报人员1513人，形成测报、检疫、防治三个网络。防治面积逐年增加，1953～1995年全省防治总面积132.41万公顷。占发生总面积527.91万公顷的68.2%，其中1995年防治面积12.83万公顷，占当年发生面积15.25万公顷的84.13%。林木种苗产地检疫率达到90.65%，商品木材调运检疫率达到91%，病虫害监测覆盖率为87.7%，年年超额完成了林业部颁发的防治管理指标。防治技术逐步趋向多样化，1995年化学防治比例占49.5%，生物防治占32.7%，人工和物理机械防治占17.8%。

〔**云南省森林公园**〕 云南省自1987年在畹町市建立了第一个国家级森林公园后，以1995年底，又先后建立了昆明金殿、弥渡东山、腾冲来凤山、威信天星、思茅莱阳河、巍山巍宝山、河口花鱼洞、曲靖珠江源等17个国家级森林公园和文山罗汉山、西畴鸡冠山、双柏南安、水富铜锣坝、华宁象鼻温泉等5个省级森林公园。经营总面积达8.55万公顷，恢复和兴建景点120多个，建筑总面积达4.5万平方米。累计投入资金4000多万元，目前，已挂版营业的有11个森林公园。1995年接待中外游客总收入600多万元。为使森林公园建设和管理科学化、规范化，1993年，云南省林业厅颁发了《云南省森林公园调查规划技术要求（试行）》，对森林公园的调查规划指标作出了具体规定。到1995年底，全省已有10个森林公园完成了总体规划设计。

全省森林公园建设异军突起的同时，一批国家级、省级自然保护区“旅游小区”的建设也开始起步。目前已有中甸碧塔海，德钦梅里雪山，丽江玉龙雪山白水山庄、云杉坪，宁蒗泸沽湖，西双版纳三岔河、望天树、绿石林、翠屏峰等自然保护区“旅游小区”开始对外开展森林旅游服务，成为云南省新的旅游胜地。随着森林旅游业的发展，各级森林旅游组织机构相应建立，一些具备森林旅游条件的地、县（市），还组建了当地森林旅游公司和森林旅行社，并着手培养了一批当地的导游队伍。1996年3月5日成立了“云南省森林生态旅游协会”。丽江、中甸、西双版纳、大理、德宏等地分别成立了森林旅游开发总公司或森林旅行社，增加对森林旅游资源开发建设的资金投入，用于建设新的旅游景点，改善接待条件，对推动全省森林旅游业的发展，起到了积极的作用。目前，基层森林旅游部门已开发景点127处，新建服务设施建筑面积51850平方米，床位1200多张，旅游车辆51辆，基础设施车道410公里，游人步道250公里。

森林公园与国有林场实行两块牌子，一套班子，自主经营，自负盈亏的管理办法。林场以自我发展，集保护森林与发挥森林环境多种效益一体，融办场与发展旅游于一身，“以场兴游，以园养林”为建园目的。但是，由于多种原因，公园建设发展极不平衡。目前，除金殿、东山、莱阳河、巍宝山、畹町、来凤山、龙泉、钟泉山和象鼻温泉、南安、罗汉山等公园已初具规模，并开始对外服务外，其它尚属起步阶段。

〔**云南省林科院科研、推广成果**〕　云南省林业科学院建院40年来，特别是改革开放以来认真执行党的科技方针，紧密结合云南经济建设和林业生产实际选题定项，取得了一大批先进实用的科研推广成果，成绩显著。从1960年—1999年共承担了科研课题338项。从1978年开始评定科技成果到1999年的20年间，共获各类科技成果奖195项。其中7项成果荣获国家级奖励，101项成果荣获省部级奖励。67项成果获地厅级奖励，20项获该院科技成果奖励。在上述获奖成果中，改革开放以来10年的科技成果奖132项，为改革开放前20年成果奖的69.4%。在整个获奖成果中，有的成果填补了同类研究的空白，有的成果解决了云南省林业发展的难题，有的成果达国内外研究领先水平。主要科研成果有：

——“云南松胶合板材、纸浆材种源选择”成果，解决了生产上急需的用种问题，扭转了长期以来云南松造林成活率低、弯扭木和地盘松的株率增加、生长缓慢、质量差的严重状态，推动了云南“两材”基地建设的发展；

——“云南松纵坑切梢小蠹虫预测预报研究”成果，“聚集信息素测报是当今世界害虫预测预报最新技术”。此项技术系统的中、短期测报技术研究，在国内属首项报道，填补了中国松纵坑切梢小蠹测报技术研究的空白，达国内领先水平，在全国范围内均有很好的推广运用前景；

——“早实、丰产、优质新品系核桃杂交育种研究”成果，是应用中国南北两大核桃种群进行种间远缘杂交组合培育新品种，在国内外尚属首创，在良种选育及嫁接技术上均取得重大突破，所培育出的新品种核桃，具有早实、丰产、优质、矮化，适应性强的特点，在中国西南地区核桃生产发展中起到了重大的推动作用，居国内外研究领先水平。

在整个获奖成果中，由该院主持研究成功的“梅李雕花取核机”，获国家发明专利证书，“板栗脱皮机”获国家实用新型专利证书。两项发明成果在中国目前尚属首创。

云南省林业科学院的科技成果推广工作，“八五”以来，该院以建立示范林带动面上推广造林；以培训技术骨干带动广大林农掌握林业科学技术；以示范为中心全方位推动技术进步以及举办各类专项技术培训班等形式，向全省17个地市县推广林业科技成果和先进实用技术。经过1991～1999年的艰辛奋斗，完成示范林6.7万公顷，带动面上推广造林6.5万公顷；为全省培训人员22852人次；推广了国家级、省部级、行业重点及美国福特基金会的横向合作和自选项目等23项。目前已完成验收的13个推广项目中，有5项获省级星火奖，3项获省级科技进步奖。主要林业科技推广成果有：

——原国家科委下达的推广项目“直干桉良种及丰产栽培技术示范，”1993～1996年在完成营造示范林1128公顷的同时，带动全省面上造林7809.7公顷，项目推广工作达到了国内先进水平。

——原林业部下达的推广项目“红豆杉原料林营造技术开发”，1994～1997年在实施培育优良无性系扦插苗181.67万株和辐射育苗100万株的基础上，推广营造红豆杉原料示范林522.43公顷，在昆明、丽江等地建立采穗园6.78公顷，为该珍稀药用树种的保护繁育利用迈出了重要一步。

——云南省下达的推广项目“昆明呈贡大风垭口大面积荒山绿色”，1991～1995年通过推广墨西哥柏、圣诞树、旱冬瓜、藏柏等树种及配套技术，在造林困难地段营造成功示范林360公顷的带动下，又在困难地段面山造林近7000公顷。在1994年全国环保会对这一荒山绿化工程给予了充分肯定。

——省部级下达的科技推广项目“世界银行贷款国家造林项目”是国内最大的林业项目，1991～1995年，该院组装配套了6项技术成果在此项目中推广。5年间推广面积达55600公顷，占全省世行造林面积的86.5%；世行贷款国家造林项目共完成造林面积64270公顷，为执行协议任务面积的146.1%，保存率在90%以上。该项目推动了贫困山区脱贫致富的进程和生态环境的改善，同时也促进全省森林覆盖率的增长。

——原林业部立项的推广项目“核桃高效嫁接技术”，是云南省林业科学院的研究成果。1995年林业部将该技术列为全国100个重点推广项目之一，达国内同类研究领先水平。该技术推广后，核桃嫁接成活率由原来40%左右提高到85.74%，最高达98%。改变了云南省长期以来核桃良种化及品牌化生产低下的问题。到1997年已在全省嫁接培育良种核桃苗5000多万株，嫁接面积占全省经济林面积1500万亩的38.7%。1998年又在全省嫁接培育良种苗1506万株，除满足本省需求外，还销售到四川、贵州、湖南、广西等省，“早实、丰产、优质新品系核桃杂交育种研究”新成果的推广，使核桃生产技术又进入了一次新的革命。

——以云南省林业科学院为技术依托，与云南省昆百大集团、云南天润食品公司联合开发的“云南松花粉”系列产品，已进入保健、护肤品的国内外市场，该项目已获准列入云南“18”生物资源开发工程。

〔**云南省商品林基地建设**〕　云南省商品林基地建设始于1976年，经历了两个发展阶段。第一阶段是1976～1994年，全省先后确定12个地州市的48个县市为商品林业基地县，建设用材林基地和木本粮油基地。其中：用材林基地主要营造杉木、秃杉、华山松和桉树；木本粮油基地主要营造核桃、板栗和油茶；到1992年，连续安排省级投资5年以上的基地县有28个，累计完成投资15086万元，上报保存面积40万公顷，其中：用材林基地保存34.67万公顷，新增蓄积量2600万立方米，活立木价值约48亿元；木本粮油基地保存5.33万公顷，年产核桃1200万公斤，商品林业基地建设收到了明显的经济、生态和社会效益。同期实施的第一期世界银行贷款造林项目，在9个县（局）营造以桉树为主的材叶兼用林2.67万公顷。以工代赈商品林业项目于1991年启动建设，到1999年底已完成造林34.4万公顷，促进和带动了全省商品林的快速发展。第二阶段开始于1995年，先后启动实施干果基地、第二期世界银行贷款造林速生丰产用材林基地和扶贫绿色工程等工程造林项目。其中：干果基地建设分为两期，第一期于1995年启动建设，1997年造林结束，涉及16个地州市的25个县（市），共营造以核桃、板栗为主的干果经济林4.56万公顷；第二期于1998年启动建设，项目安排在15个地州市的33个县（市），到1999年底已造林2.97万公顷。第二期世界银行贷款造林项目于1995年启动实施，1998年造林结束，完成造林6万公顷；1996年启动建设的速生丰产用材林基地，涉及14个地州市的34个县（市），到1999年底已造成13.04万公顷；扶贫绿色工程于1997年启动建设，涉及16个地州市的113个县（市），项目布局以506个扶贫攻坚乡为主，到1999年底已造商品林18.53万公顷。至此，在1976～1999年的24年中，全省累计营造商品林114.4万公顷，1995年以来，云南省的商品林基地建设进入了快速发展时期，各地都积累了一定的栽培和管理经验，初步实现了工程造林项目的规范化管理。

云南商品林基地建设特点：

1. 商品林在人工造林中的比重不断增加，林种、树种结构显著改善。1995年全省营造商品林14.59万公顷，占当年人工造林总面积的44.95%；1996年营造15.86万公顷，占当年人工造林总面积的60.7%；1999年营造19.05万公顷，占当年人工造林总面积的61.06%。商品林建设已成为人工造林的主体。在造林树种上，用材林突破了传统的三松一杉（云南松、思茅松、华山松、杉木）的格局，大力发展速生优质用材林树种，如西南桦、油木、云南石梓、滇楸等；经济林造林树种正向多元化方向发展，过去以核桃、板栗、橡胶、茶叶、蚕桑、水果居多，近年来，银杏、柠蒙、八角、花椒、杜仲、皂荚等树种的造林面积不断增多，经济林造林树种向名特优新方向发展，全省经济林面积接近有林地面积的10%，全省林种、树种结构得到进一步改善。

2. 商品林已成为或将要成为部分县市经济收入的一大支柱。云南核桃分布广，栽培历史悠久。全省现有核桃总面积近26.67万公顷，年总产量超过6万吨，年产值3.5亿元以上，漾濞、昌宁、凤庆等12个县每年核桃收入都在1000万元以上，成为当地经济收入的一大支柱；漾濞、景东、大姚等县市先后建立了1000～5000吨的核桃乳生产线10余条；罗平、富源、腾冲等县把银杏作为支柱产业加以建设，全省已种植银杏0.67万公顷；富宁县的八角面积达0.87万公顷，年产值2700多万元；屏边、麻栗坡、保山等县市种植的杉木、桉树已成为当地群众和地方税收的新兴财源。

3. 重点工程成为商品林发展的主体和龙头。1991年以来，一大批重点工程造林相继启动实施，给商品林的发展增添了生机，注入了活力。第一、二期世界银行贷款造林项目、以工代赈林业项目、干果基地、速生丰产用材林基地和扶贫绿色工程，年均营造商品林6.67万公顷，这些项目造林标准高、要求严、涉及面广、参与群众多，造林面积大，为全省商品林建设起到了较好的示范和带动作用。

4. 商品林建设基本实现规范化管理。在加强领导、做好宣传和实行领导任期目标责任制等管理措施的同时，林业主管部门不断强化管理，总结推出“计划、落实、检查、调整”的管理模式，改变过去商品林建设重计划、轻落实、轻检查、轻调整的弊端，使造林面积核实率、合格率、任务完成率和保存率等造林质量稳步提高，造林作业设计率、检查验收率、建档率、抚育率、管护率等软件建设逐年得到加强，全省商品林建设和经营管理逐步趋于规范，正朝着规范化、规模化、科学化和商品化方向发展。

云南省昌宁县（核桃之乡）

昌宁地处云南省西部、保山地区东南部，是一个山区面积占97.1%的山区农业贫困县。全县下辖14个乡（镇），123个村（处），1957个合作社。1999年末，全县总人口33.09万人，工农业总产值11.4亿元，农业总产值7.4亿元，农民人均纯收入1288元；粮食总产13.8万吨，人均占有粮食418公斤，财政总收入7030万元。全县地处偏僻，交通闭塞，信息不灵，生产力发展水平低下，工业和乡镇企业发展滞后，1999年末尚有0.8万户3.6万人未脱贫，是全国592个、全省73个贫困县之一。但是，昌宁具有得天独厚的核桃生产条件，核桃生产历史悠久，产品质量好，是云南省重要的核桃生产基地。

一、昌宁核桃生产的历史、现状和发展规划

昌宁具有300多年的核桃生产历史，是云南省重要的核桃生产基地，其面积和产量曾位于云南省第二位，特别是产品质量优良，所产漾濞核桃和昌宁细香核桃均为全国

优良品种。1991年，昌宁细香核桃被国家评为“全国出口创汇优质产品”，授予荣誉证书。省人民政府于1964年、1977年、1995年三次将该县列为核桃生产基地县进行扶持，原林业部于1988年把该县列为全国名、特、优林产品基地县，2000年被国家有关部门授予“全国名特优经济核桃之乡”。

多年来，历届县委、政府对核桃生产都非常重视，从制定扶持政策，搞好宣传发动和技术培训入手，采取多种形式，大力发展核桃生产，使该县的核桃基地建设取得了可喜的成绩。1985年，经省林业厅领导和专家鉴定，认为该县在1984年已基本达到当时的核桃基地验收标准。到1990年，全县泡核桃面积已由1971年的2.18万亩发展到4.5万亩，1994年达5.7万亩。从1995年起，累计完成核桃造林160104亩，到1999年末，全县泡核桃面积已达217104亩，其中挂果面积57000亩，产量达213.9万公斤，产值达1500多万元，核桃收入已成为部分山区群众经济收入的主要来源。

二、昌宁抓核桃产业建设的基本经验和做法

（一）制定规划，加强领导，确保基地建设的健康发展

按照国家实施西部大开发战略要求和省委、省政府提出建设“绿色经济强省”、“中华生物谷”的要求，县委、政府把林业列为该县经济发展和山区人民脱贫致富的骨干产业，把林果业确定为“九五”、“十五”期间新的经济增长点。明确提出到2002年将泡核桃发展到32万亩，到2010年使泡核桃产量达3200万公斤。这个总体规划，把全县核桃基地建设的蓝图摆在了全县人民面前，装进县、乡各级领导的心中，并且通过广泛宣传让群众家喻户晓。为保证规划目标的实现，切实抓好干果基地建设工作，县、乡（镇）党委、政府都成立了干果基地建设领导小组，由县乡（镇）领导任组长，具体协调和领导基地建设工作，在组织措施上确保了基地建设的顺利进行。

（二）采取得力措施，狠抓苗木这个关键，为完成核桃造林打下基础。

在1995年8月，省政府将该县列为干果经济林示范基地时，全县没有一块象样的苗圃，嫁接苗总数不足5000株，核桃基地建设处于严重缺苗的局面。为抓好苗木这个制约全县核桃基地建设的“瓶颈”因素，该县采取了以下几条措施，狠抓核桃育苗工作，一是于1995年8月底9月初召开林场、林业站负责人会议，下达核桃育苗任务，培训育苗技术。在全县开展解放思想、转变观念大讨论后，为加快发展步伐，又于11月24日召开紧急会议，由县委、政府领导下达育苗任务，由林业局与各林业站签订育苗责任状；二是在核桃育苗嫁接的关键季节由林业局党委书记具体负责，抽派骨干技术人员，深入基层巡回举办技术培训班，全县共办59场935人次；三是由林业局经济林木站指定专人负责，建立了中心苗圃，为全县育苗作示范，推动全县育苗工作的开展；四是积极推广接穗蜡封、芽苗砧嫁接和苗圃移栽地膜覆盖等先进技术，提高嫁接活率。通过努力，近年该县共培育泡核桃嫁接苗200多万株，为完成核桃造林奠定了牢靠的基础。

《云南林业科技》杂志

《云南林业科技》创办于1972年，是创办较早的云南省唯一的林业科学技术期刊，由云南省林业科学院和云南省林学会主办，国内外公开发行。国内统一刊号CN53－1109/S，国际标准连续出版物号ISSN1007－3353。该刊为季刊，每期定价6.00元（含邮费），全年24.00元，是全国和云南省优秀科技期刊，属全国中文林业类核心期刊，现已进入《中国期刊网》、《中国光盘网》及《万方数据库》，宣传力度较大，宣传效果较好。欢迎订阅，欢迎投稿。

《云南林业科技》是学术性、实用性兼备的综合性科技期刊。主要刊登林业各专业的科学试验研究论文、调查报告，林业新技术、新工艺以及推广应用等方面的科技文章。含造林、林木育种、森林经营、经济林果、森林保护、森林生态、森林经理、森林工业、林业经济、林产化工、林业应用基础等专业内容。还刊登林业综述与述评、科技信息等方面的科技论文。

《云南林业科技》通过期刊这一媒体，反映云南林业的科学技术水平，促进省内外林业科学技术交流，在推动科技进步，发展经济上起到不可替代的作用，该刊已成为云南省林业科技交流的园地，在传播、交流林业科学技术，培育人才上做出了成绩，得到省内外林业工作者的好评。

联系地址：云南省昆明市黑龙潭云南省林业科学院《云南林业科技》编辑部

联 系 人：范国才　韩明耀

邮政编码：650204

电　　话：（0871）5211394

电子信箱：yafinfo@publickm. yn. cn

陕西省

〔名优特产〕

金州牛王漆　金州牛王漆，为陕西省安康地区生漆产品的总称。其地古称金州，故又有金漆之名。20世纪初，

安康漆商饶逊安民，用牛头作商标，贩运安康地区平利县牛王沟乡一带所产生漆，称作“牛王漆”，后以质优纯正获誉，成为驰名国内外的名牌商品。

金州牛王漆，为全国五大名漆之首。其特点：漆质浓稠，色泽光亮，转色较快，漆膜坚硬，附着力强，气味芳香，回缩力强，冲击强度大，干燥性能好，为生漆中的珍品。

中国是生漆主产国，年产量12500吨，占世界总产量的80%，居世界首位。占世界总贸易量40%。陕西省是中国主要生漆产区，漆树资源十分丰富，南起大巴山，北至黄土高原，西自秦陇峡谷，东到黄河沿岸，漆树遍布60多个县市。全省共有漆树资源约1.6亿余株，占全国漆树资源的20%以上。是全国产漆最多的地区，素有“漆乡”之称。

金州牛王漆经济价值极高，是陕西省著名的大宗出口特产品。平均年出口创汇110多万美元。全省生漆产量约125万公斤，占全国总漆量的一半左右。供销部门年收购生漆约100公斤左右，占全国收购总量的40%以上；出口量居全国首位，约占全国生漆出口量33%。

陕南桐油　陕南桐油是陕西省著名特产，产于陕西南部的安康、商洛、汉中三地区。陕南所产优质桐油，具有清亮透明、色泽淡黄、干燥快、比重轻、酸分低、纯度高等特性，与四川“秀油”湖南“洪油”齐名，享誉全球。

桐油是一种优良的干性油，具有干燥快、比重轻、有光泽、附着力强、不传电、不透气、抗冷热、耐潮湿、抗酸碱、防腐、防锈等特性，被誉为工业产品和日用品的“美容膏”和“护肤油”。广泛用于制造飞机、军舰、车船，在工业中用于油漆、橡胶、电木、油布、油纸、人造皮革、防腐剂、塑料、电器等。据统计，世界上有1000多种工业项目需用桐油或以桐油为原料。此外，桐油还可入药，治疮毒、烫伤及小儿胎毒，解砒毒，并有驱虫之功效。

陕西山区是全国油桐的重点生产基地之一，陕西省目前有油桐林约10万公顷，年产桐油800万公斤。素有“油桐之乡”的称誉。陕南桐油一直是陕西的出口产品。每年出口500万公斤，外销日本、俄罗斯、澳大利亚、新西兰、欧美等国。

秦岭栓皮　栓皮栎主产中国，中心产区在安徽大别山、陕西秦岭、河南伏牛山、桐柏山和鄂西、川东一带。其栓皮质量以秦岭南北所产最佳，秦岭素有“栓皮之乡”的称誉，以其栓皮厚、质地轻，有弹性，质量优而享誉全国。

软木是栓皮经过不同加工所得产品的总称。软木具有比重小、浮力大、弹性好、不透水、不透气、不导电、绝热、隔音、消震、耐压、耐磨、耐碱、不与化学药品起反应等优良特性，适宜加工成软木纸、木脉、栓粒板、软木粉、瓶塞、软木砖、软木板等制品。广泛应用于电器纸绝缘、救生用具、冷藏保湿、机械防震、化学抗腐、隔音材料、体育用具、化工油漆、军工等方面。

秦岭栓皮，主产于陕西秦岭山区的宁陕、镇坪、佛坪、洋县等十几个县，年产约5000吨左右。近年来随着高科技发展，软木制品市场日益广阔。陕西的软木地砖等制品已远销澳大利亚、新西兰及东南亚各国。日益受到顾客青睐。

秦岭栓皮资源亟待抢救。近年来，外省厂家由于原料缺乏，争相来陕抢购栓皮，哄抬市价，刺激当地林区农民“杀鸡取卵”，过量采剥。秦岭山区每年外流栓皮5000—8000吨。同时省内一些地区也不顾条件，盲目建厂，仅陕南2—3年内建有规模不同的软木厂家20多个，年耗栓皮约8000吨左右。加之有些地方大量砍伐栓皮栎生产木耳等，致使有限的栓皮急骤减少，陕南的山阳、丹凤、商南、西乡等县栓皮资源已经枯竭。

石泉栲胶　石泉栲胶，为中国老牌著名产品，因产于被誉为“中国栲胶工业之母”的陕西省石泉栲胶厂，故名。因其历史悠久，产量质量尤佳，享誉国内外。为陕西一大名特产。

石泉栲胶，为凝缩类栲胶。栲胶，又称单宁、植物鞣料浸膏。栲胶用途很广，主要作为制革工业鞣皮剂，石油钻探泥浆分散剂，堵漏剂，锅炉水质处理、除垢、防垢剂，以及矿冶工业选矿抑浮剂，稀有金属冶炼沉淀剂，合成氨脱硫剂，印染工业的固色剂，增重防水剂等。还用于制药、国防、食品、渔业、水泥、轻纺、染料、卷烟、造纸、摄影、人造板、金属防腐、防锈、废水处理等方面。

陕西省石泉栲胶厂，地处陕南秦巴山区，为中国栲胶工业史上最早生产栲胶的厂家。以生产橡碗，槲树皮等为主要原料生产橡碗栲胶、槲树皮栲胶、红根皮栲胶、杨梅栲胶、磺化单宁、工业单宁酸、木素磺酸钠等7种主要产品。该厂利用资源优势，选料精良，工艺严格，设备先进，技术力量雄厚，产品质量稳定。质量超过国家一级栲胶标准，其中橡碗栲胶、槲树皮栲胶，质量达到国内先进水平。国内独家产品槲树皮栲胶，经有关权威科研部门鉴定，质量达到国家先进水平，出口销往埃及和西南亚一些国家。

石泉栲胶厂年产栲胶4000余吨，占全国栲胶年产量10%左右。产品质量稳定，畅销全国十几个省市和胜利、中原、辽河等油田，深受用户欢迎。

秦巴三尖杉　三尖杉，俗名石榧、土香榧、藏榧、药榧、粗榧等，目前世界上只有一属，共9种和5个变种，除日本有其中之一处，其余均在中国，可以说是中华特产，所以，国外又称为“中国三尖杉”或“中国粗榧”。

三尖杉具有重要的经济价值，特别是近年来发现它的抗癌作用之后，身价百倍。三尖杉不仅果实可药用，就是树干和枝叶、树皮等也含有抗血癌的两种生物，真可谓“一身是药”，被人们誉为“抗血癌的树”。

三尖杉在陕西主产于秦岭南坡和巴山地区的旬阳、平利、镇平、汉阴、石泉、宁陕、镇巴、洋县、佛坪、留坝、略阳、汉台、勉县等县（区），生长于海拔1300米左右的山林边缘和路旁、山坡、河岸，秦巴山区是三尖杉的重要产区之一，秦巴三尖杉为陕西一大特产树种。

秦巴山笋 陕西秦巴山区，地处北亚热带和暖温带，山多岭众，河溪纵横，气候温润，雨量充沛，云雾缭绕，适宜于竹类的生长，竹林苍莽，这里素有“陕西竹库”之称。

秦巴山笋，又称野竹笋，为陕南秦巴山区生长的天然竹笋。主要为野生的木竹、箭竹、大箭竹、冷箭竹、水竹、毛竹、斑竹、拐棍竹等的嫩笋，统称山笋。山笋自古以来就是陕南秦巴山区传统的土特名产之一。

秦巴山区的竹类，不仅品种多，而且资源丰富。据调查，仅巴山腹地的镇巴县，就有天然木竹林约3.7万公顷，其中县城西北的大巴山，有一块成片的天然木竹林、约1.3万公顷，其面积和蓄积量，居全国同种之首。竹类资源丰富，笋源自然充足。这里的山笋，壳薄肉厚，色白鲜嫩，细致清脆，纤维质少，营养丰富，无污染，为笋中上品，众笋之冠。陕南秦巴山笋是一种高蛋白、低脂肪、低淀粉的天然食品，素享“山珍”之美誉。与全国27种常见竹笋相比，营养最为丰富。秦巴山笋已成为当地群众致富的一个重要产业。

陕南黑木耳 陕南秦巴山区，地处北亚热带向暖温带的过渡地带。这里山场辽阔，林木茂密，气候湿润，雨量充沛。耳林资源丰富，适宜于黑木耳生长，素为驰名中外的“木耳之乡”。

陕南黑木耳，以朵大肉厚，质纯脆嫩，色泽乌亮，水发性好，菊花形为主，味道鲜美，品质优良，在国内外市场享有盛誉。

陕南木耳主产于陕南的宁强、城固、留坝、略阳、镇巴、安康、宁陕、平利、石泉、丹凤、商南、山阳等县、市。陕南汉中、安康、商洛3地（市）黑木耳年产量约3000余吨，占全国木耳产量10%以上。

陕南黑木耳是陕西省传统大宗出口商品之一，在国内外市场上享有盛誉。国际市场对黑木耳的需要量逐年增加。陕南的黑木耳已销往港、澳地区和日本、东南亚各国，并逐渐扩大到西欧、北美。出口量占全国20%以上。黑木耳每出口一吨可换回外汇2万多美元。

陕南银耳 陕南银耳有朵大、体轻、色白、松空、肉厚、有光泽、胶质重、形态美、膨胀率高、耳基小、易炖化等特点，系陕南传统名优特产，是全国“五大著名银耳”之一，早已享誉全国，并走向世界。销往东南亚、日本和欧美等市场，为名贵山珍。

银耳，是一种药、食兼用的真菌，是山珍海味中的“八珍”之一，为名贵佳肴。且有强精补肾、润肺生津、止咳降炎、补气活血、补脑提神、消炎去痛等多种药用功效，是高级的滋补保健品。

陕南秦巴山区是中国银耳五大产区之一，主产于该地区的镇巴、城固、平利、白河、镇坪、宁陕、略阳、镇安、柞水等县，目前，陕南银耳已成为山区经济开发和群众脱贫致富的重要产业之一。

留坝香菇 留坝香菇是陕南香菇的统称，为陕西省一大特产。产地主要是陕南秦巴山区各县，与云贵高原、五岭山区并列为中国三大香菇集中分布地带之一。留坝香菇尤以汉中市留坝县香菇产量最多，质量最优，被国家科委列为“星火计划”开发项目，与福建古田县并列为中国两大香菇生产基地县。留坝香菇菌伞厚实，只片较大，朵形完整，大小均匀，香气浓郁，富含香菇精、桂醇、月桂醛等特殊物质，品质最佳，主销上海、北京、广州、西安、深圳、香港等地，目前，年产香菇500多万公斤。

香菇既是一种营养丰富、高蛋白、低脂肪的保健食品，还有重要的药用价值，有健胃益气，降低血压减少胆固醇、清除血毒、化痰利水等功效，近年来科学家还发现香菇有治癌、抗癌作用，在国际上被誉为“健康食品”。

秦巴山区为全国香菇生产基地之一。这里地处北亚热带到南暖温带的过渡地带，气候温和，雨量充沛，温度大，有满足香菇生长的温湿条件，又有丰富的原料，有发展香菇生产的良好条件。由于留坝香菇具有较高的营养价值和食疗药用价值，市场售价高，为国际、国内市场上畅销的土特产品。

陕西银杏 陕西是全国六大银杏产区之一，素有“银杏之乡”的美称。在陕南和关中，千年古银杏树随处可见。在陕南秦巴山区现有银杏3万余株，年产白果30余万公斤，年产叶200多万吨，近年来，银杏已被列为陕西一个重要的林特产业，正在不断规模化扩大生产。

银杏是陕西的重要出口特产，是国内外市场的紧俏商品，市场供不应求。

渭北苹果 陕西渭北黄土高原，属全世界最佳苹果优生区。这里出产的苹果，素以色、香、味俱佳著称，品质优良、果形优美，个大均匀、果面洁净、色泽艳丽、肉质脆密，含糖量高，硬度适中，耐贮藏等优点而居全国同类苹果之冠，誉满四方，驰名中外。

渭北苹果，主要分布在延安、铜川、淳化、礼泉、白水等市、县一带，果园分布，绵延千里。现在渭北苹果已超过45万公顷，产量超过300万吨，均居全国第二位，人均居全国第一位。

陕西渭北苹果，现已畅销全国24个省市，外销泰国、新加坡及港、澳地区，市场竞争力强，已成为陕西对外贸易的拳头产品之一。

苹果是世界“四大水果”之一，号称“温带水果之冠”，中国是世界苹果重点产区之一。中国苹果的希望在陕西，陕西苹果的希望在渭北黄土高原。现在渭北已列为陕西和全国苹果生产基地；现在正在朝着建成世界级的优质苹果基地迈进。

临潼石榴 临潼石榴是陕西一大特产，它集全国石榴之优，素以色泽艳丽，果大皮薄，汁多味甜，核软鲜美，籽肥渣少，品质优良等特点而著称，位居全国五大名榴之冠，被列为果中珍品，历来是封建皇帝的贡品，享誉九州，驰名海外。

石榴不仅是一种美好的观赏花木，被定为西安市花，又是珍贵实用的果树。石榴营养价值高，含糖量高达11—14%，蛋白质、脂肪各占0.6%，维生素C含量是苹果和梨的2—3倍，尤以磷的含量最为突出，每百克达145毫克，在水果中名列前茅。还含有多种矿物质。临潼石榴又是农家常用的中药，皮、花、叶都可入药，有治疗肠胃病、高血压和冠心病等多种功效。石榴根、果皮和叶，含有大量单宁，是鞣皮工业和印染工业的重要原料之一。

石榴盛产于临潼，与特殊的地理和气候大有关系。临潼背靠骊山，面临渭河和广阔的关中平原，又有温泉，气候温和，雨量适中，开花期无大雾，且土质松软，透气性好，极适合石榴生长。临潼石榴主要分布于骊山北麓华清池两侧和秦始皇陵一带。面积两万多亩，成为全国最大的石榴基地，年产石榴500多万公斤。畅销国内各省市和港澳地区及东南亚各国，年出口量10万公斤。

临潼石榴在1977年引植到北京毛主席纪念堂后，北京天坛、故宫、中南海、颐和园等均有栽植，近年来从临潼引植苗木建园的省份有山东、山西、河南、江苏、安徽、江西、辽宁等省地。近几年来为促进旅游事业发展，满足中外人士品赏石榴的要求，西安市政府已决定，从1991年起，每年9月份在产地举办形式多样的“临潼石榴节”，美丽俊俏的“石榴仙子”手捧鲜红的石榴，迎接中外游人。

陕北大红枣 陕北大红枣是驰名中外的陕西传统名优特产之一。其特点是果大核小，皮薄肉厚，质脆丝长，汁多味甜，甘美醇香，含糖量高，色泽鲜红，水分较少，贮藏期长，品质优良。在《中国果树志》审定会上，陕北大红枣享有很高的评价。

陕北大红枣营养相当丰富。鲜枣含糖量为35%左右，干枣含糖量为70%以上，因而发热量大，鲜枣每百克为103千卡，干枣为309千卡，与米、面相近，被誉为“木本粮食”、“铁杆庄稼”。此外，枣果还含有蛋白质1.2—3.5%，脂肪0.4%。每百克干枣肉中含钙1毫克、磷55毫克、铁1.6毫克，维生素C12毫克。鲜果中维生素C含量居百果之首，达380—360毫克，比鸭梨高134倍，比苹果高70—80倍，比柑桔高14倍，并且人体吸收率也高，可达86.3%，还含维生素A70毫克，维生素P0.6毫克，故鲜枣有“活维生素丸”之称。陕北有“一斗枣，二斗粮，里面还加二斤糖”的俗语。

红枣还是具有独特功效的良药，是滋补健身的佳品。红枣具有养血补肝，补脾养胃等功效。近年发现红枣中含有治疗高血压的有效成分，还有抗菌防癌等作用。

陕北大红枣主产于陕北黄河、洛河沿岸的延川、清涧、绥德、延长、神木、吴堡、佳县等地。目前，陕北大红枣栽植面积已达6.3万公顷，年产枣5.7万吨，已成为陕西的大宗土特名产，除畅销国内市场外，还大量出口，销往朝鲜、港澳等地，在国际市场上有一定地位。

秦岭猕猴桃 陕西秦巴山区是中国猕猴桃的主要产区，资源丰富，品质甚佳，果大肉嫩，汁多味甜，果香浓郁。特别是秦岭所产猕猴桃，果呈黄棕色，果肉嫩黄，果心乳白，细嫩多汁，酸中带甜，满口溢香。

猕猴桃营养价值很高，还具有健身美容之奇效。尤其富含维生素C，据测定，每百克鲜果的维生素C含量可达120—421毫克，比柑桔高5—10倍，比番茄高80倍，比梨高32—39倍。故有“维生素果”和“维C之王”之称。还含糖8%—12%，可溶性固体物12%—18%，总酸1.5%，蛋白质1.6%，单宁0.95%，并含维生素B、P和10多种氨基酸以及磷、钙、钾、铁等多种营养元素。除鲜食外，还可加工成汁、酱、脯、干、晶、冻、粉、酒、罐头等。

猕猴桃还有很高的药用价值。对高血压、冠心病、动脉血和硬化、心血管病、消化不良、肝炎等均有防治之效。由于它含有大量维生素B、C、P可抑制癌物质亚硝酸铵的产生，对胃、肠道癌肿和乳腺癌具有一定的疗效，1978年，猕猴桃已正式列入《中国药典》。

秦岭猕猴桃主产于陕西秦巴山区海拔700—1200米的范围内，最高不超过1500米，以洋县、平利、周至、柞水、商县、长安、留坝、石泉、宁陕、紫阳、汉阴、商南等10多个县最多，其品种有硬毛、软毛、绿肉、红心、中华、软枣、狗枣等10多种。可供食用的和加工的有中华猕猴桃、软枣猕猴桃、狗枣猕猴桃等，以中华猕猴桃最佳。经单株优选出“祥峪4号”、“秦美”等10多个品种。秦美猕猴桃在1988年全国猕猴桃基地产品鉴评会上，被评为全国4个适宜发展推广优良品种之一。到目前，陕西猕猴桃栽植达1.4万公顷，产量达8.7万吨。面积和产量均居全国第一位，产品已大量销往上海、广州、北京等国内各大城市，并已销往国际市场。

商洛核桃　商洛核桃产于陕西东南部境内的秦岭山区，以商洛地区的洛南、商县、山阳、柞水等7县产量最多。全区共有核桃2000多万株，年产量达3200多万公斤，是中国产核桃最多的地方，品种也最多，素为久负盛名的“核桃之乡”。常年核桃收入约1000万元。占全地区林产品总产值的1/3以上。核桃出口值占全区外贸总值的65%以上，肩负全省60%以上的核桃出口重任，占全国核桃仁出口总量的20%左右。

商洛核桃，早在1000多年前的汉代就为当地老百姓种植。唐代已是“果之甚者，莫如核桃”。可见其历史之久远了。

商洛核桃果实营养丰富。核桃仁含脂肪最高达80%，为大豆的3.4倍，花生的1.6倍，油菜籽的1.6—3.4倍。油质纯净浓香，不含胆固醇，在国际市场中被充誉为“健美食品”。含蛋白质17%—27%，碳水化合物10.7%，粗纤维5.8%，灰分1.5%，及钙、磷、镁、锰、铁、铬、碘等物质和胡萝卜素、维生素B、E、尼克酸等。每200克核桃仁可产生1338千卡热量，比五谷杂粮所产生的热量大一倍多，比蔬菜大十倍，比猪、牛、羊、鸡、鸭、鱼等肉类所产生热量大4倍。因此，它是营养价值很高的干果，老少皆宜的营养保健食品。

核桃还具有很高的药用价值，核桃仁具有开胃、补气养血、润燥化痰、健脑等功效。核桃树皮、叶、外果皮富含单宁，可提炼栲胶，用于鞣革、制墨水、染鱼网等；核桃壳可制活性炭，有防毒作用。核桃木材质地坚韧，结构致密，纹理美观，不翘不裂，是军工、航空、船舶、雕刻、建筑和高级家具的极好用材。

商洛核桃虽历史悠久，但直到新中国建立后，才得到真正的发展。现在商洛已成为全国有名的核桃出口生产基地，年出口2000多万公斤以上。除供应国内各地外，还远销日本、法国及意大利等国，颇有声誉。

镇安大板栗　西安糖炒栗子，是闻名中外的传统炒货食品，其所用原料栗子为陕西著名特产——镇安大板栗。

板栗在陕南秦巴山区各县均产，但尤以镇安大板栗最为有名。镇安大板栗主产于陕西秦岭山区的镇安、柞水、长安、丹凤、山阳、宁陕等县。以镇安县产量最多、质量最佳，故名。全县板栗栽植0.3万余公顷。年产板栗80多万公斤。商洛地区板栗栽植已达3万余公顷。镇安大板栗1960年被林业部定名为全国优良品种。由于它的品质优良，不仅是国内市场上的紧俏商品，也是全省传统的大宗出口土特产品。世界市场上板栗被誉为“中国甘栗”，日本人称为“东方珍珠”。

镇安大板栗有丰富的营养。栗仁中含淀粉60%—72.4%，蛋白质5.7%—10.7%，脂肪2%—7.4%，糖分10%—20%，粗纤维2.9%，灰分2.4%，还含有人体必需的钙、铁及多种维生素、脂肪酶等。它所含维生素C，比柿子高1倍，为花生的18倍。栗子可做成各种美味菜肴，是老幼皆爱的佳肴。

镇安大板栗可以医治多种疾病。药用滋补功能类似人参、当归，且价廉易得，故备受历代医家推崇。栗仁有养胃、健脾、补肾、强筋、活血等功效。且栗树皮、果壳、叶、根皆可入药。

栗树纹理直、材质坚硬，有光泽，结构粗，抗冲击，抗腐蚀，耐潮湿，宜作枕木，矿柱，车辆，建筑，造船及家具用材和薪炭材等。

镇安县是全国年产栗50万公斤的23个基地县之一。镇安大板栗现已远销日本、澳大利亚等国。

陕西省延川县（红枣）

延川县位于陕西省北部、延安市东北部黄河西岸。全县辖17个乡镇，346个行政村，16.9万人，其中农业人口14.5万人；总土地面积1984平方公里，耕地面积104.5万亩；属黄土高原丘陵沟壑区。气候属温带大陆性季风气候，年平均气温10.6℃，年日照时数2558小时，无霜期184天。县境内光热资源丰富，日照时数长，昼夜温差大，极有利于果品着色和干物质积累，发展红枣具有得天独厚条件，历史上就以盛产红枣久负盛名。据清道光11年《延川县志》记载，红枣在延川“各地都有，不如东乡，沿黄一带，百里成林，肉厚核小，品质优良，资以为食，成装贩运”。1982年，延川县因盛产红枣驰名，1998年被收录《中国特产名乡大典》。

近年来，延川县把红枣作为富民强县的特色支柱产业，依靠科技，大力开发，取得了明显成效。一是区域规模已经形成。近几年平均每年以1万亩的速度递增，到1999年底，红枣面积达到12万亩，建成了延水关、眼岔寺、土岗三个基地乡镇。三乡镇从南到北，枣林片带相连，形成一条南北长60公里，东西宽5公里的红枣林带，面积达到8.7万亩。二是优良品种主导地位已经确立。全县共有红枣品种49个，其中骨干品种14个，主要有骏枣、梨枣、狗头枣、脆枣、牛奶脆枣、木团枣、木条枣等，良种面积70%以上。三是经济效益显著。1999年，红枣产量3000吨，实现产值1200万元。仅红枣一项全县人均收入千元以上的村40个，户均收入达万元的230户，5000元以上的有1000余户。四是产加销一体化开发初具规模。建成红枣系列产品骨干加工企业3个，小型加工厂（点）15个，研制开发出4大类14个红枣系列产品，1999年生产量1200吨，实现增值2400万元。主要产品有枣酱、枣泥、枣汁、马芽枣、蜜枣、贡枣、熏枣等，其中金丝蜜、枣酱产品曾获“全国星火计划成果银奖”、“香港国际食品博览会银奖”等，远销马来西亚、新加坡等国。

延川县在开发红枣产业上的主要措施和基本做法：一是加强对红枣产业开发的领导。1992年，县委、县政府将红枣列为农村主导产业，作出了大力发展红枣产业的决定，并相继成立了红枣开发领导小组、枣业局、红枣技术推广站和开发公司，明确任务，落实责任，从资金、技术、物资等方面为红枣开发提供全方位服务。二是政策上保护调动。从明晰产权入手，在政策上倾斜，发展上鼓励。按照耕地30年不变政策，原耕地内集体枣树实行两权分离，所有权村有，使用权户营，收益归己，长期不变；在非耕地栽植的枣树，谁栽谁有谁受益，允许继承和转让；鼓励在拍卖的“四荒”地栽枣务果，拍卖期可延长到70年—100年，发给林权证；鼓励机关干部、下岗职工、私营企业到农村搞红枣产业开发，在资金、贷款上优先安排，承包政策上给予优惠，经营使用上给予保护。三是实行规模化、区域化发展。县上把上规模、建基地作为发展红枣的突破口，加大退耕上枣力度，根据不同品种适生区，栽植由黄河沿岸向县城全境辐射扩展。四是注重科技推广应用。品种选育上，从山东、河南、河北等地引进32个品种，结合当地品种，选育出14个骨干当家品种，大力推广。栽植上，改小坑栽为大坑通壕栽，整棵栽为截杆栽，无膜栽为有膜栽，秋季栽为春季栽，大大提高了成活率。并引进推广反季节生产技术，兴建红枣反季节生产大棚100棚，棚产量可达1000—1500公斤。育苗上，与延安大学生物系合作，进行组培育苗，年产优质无毒枣苗100万株，有效地解决了红枣发展苗木短缺的“瓶颈”问题。管理和服务上，利用聘请专家、组织红枣业务技术骨干进村入户讲课、办培训班、现场操作示范指导等形式向枣农传授红枣生产技术，每年举办培训班50期以上，培训枣农5000人，使红枣主产区80%的枣农基本上掌握了红枣生产的关键技术措施，提高了红枣生产和管理水平。五是按产加销一体化开发体系组织红枣开发。在注重基地建设的同时，先后组建了以干条枣加工开发为重点的永洲保健食品厂，以青团枣加工开发为重点的黄河红枣有限责任公司，以红枣保鲜贮藏为主的兴川枣业开发公司，同时建成了红枣纸箱厂。在县境内和一些大中城市建成批发市场和固定销售网点20多个。

“十五”期间，延川县开发红枣的总体思路是：

全县抓枣，科技兴枣，依靠红枣，兴县富民。规划到2005年，红枣面积达到30万亩，人均2亩，总产1.5亿公斤，加工转化5000万公斤，实现产值6亿元。

陕西省韩城市（花椒之乡）

韩城市位于陕西关中东北隅，地处秦晋交界，交通便捷，物产丰富，人杰地灵，是伟大史学家、文学家司马迁的故乡。韩城是以煤炭、电力为主的新兴能源重化工业城市。全市总面积1621平方公里，市辖10镇2办9乡275村，总人口37万。1985年被国家命名为全国历史文化名城和对外开放城市。

花椒是韩城的历史名优特产，距今已有600年的栽培历史。早在1625年明朝万历年间，“韩城县志”就有“西北山椒，迤逦溪间，各原野屯塹俱树之，种不一，尤以狮头花椒极盛，远发江淮”的记载。近年来，经过广大椒农和科技人员的不断选择培育，逐步形成了具有地方特色的“韩城大红袍”花椒优良品种，素以其特有的“穗大粒多，色泽鲜艳，香味浓郁，麻味适中”的特点而久负“中华名椒”之盛誉，深受广大消费者厚爱。产品畅销全国13个省市区和日本、韩国、菲律宾等国家。

“七山一水二分田”的地理地貌特征，为韩城花椒生产发展奠定了得天独厚的自然条件。1980年以来，市委市政府立足市情，把发展花椒优势产业作为兴韩富民的战略任务来抓，市上按照把花椒种植向荒山荒地延伸，向瘠薄山地延伸，向路旁埝畔延伸的“三延伸”工作方针，制定了《韩城双千万株花椒基地建设规划》，提出了“户包荒山，连片栽植”、“树随地走”、“50年不变”等优惠政策。经过十余年的不懈努力，目前全市已形成南北长达65公里，东西宽20公里，累计栽椒3000多万株，年产量达1000万公斤的基地规模，基本实现了荒山、荒坡、荒沟以及田坎地埂花椒化。全市26.7万农业人口，人均栽椒112株，其中栽植200万株以上的乡镇7个，栽植100—200万株的乡镇4个，10万株以上的行政村51个，千株以上8000余户。1990年以来，花椒产量平均每年以30%的速度递增，2000年全市花椒产量占全国花椒产量的1/6，收入达1.6亿元，全市农民人均花椒收入近600元，占人均纯收入的1/3。椒区人均收入1000元以上，占农民人均纯收入的70%。全市有5000余户农民花椒收入过万元。全市农林特产税仅花椒一项可收入360多万元，占总数的90%。花椒产业已成为韩城经济的支柱产业，更是农民致富奔小康的主要来源，韩城已成为全国规模最大、效益最好的花椒生产基地县（市）。

在抓好基地建设的同时，按照“山上建基地，山下搞加工，山外找市场”的发展思路，不断加大对花椒、花椒籽深加工开发力度，先后创办了丰翔花椒公司、芝川花椒籽精炼油厂、华娇油漆厂、韩城合众香料有限公司等10

多个初深加工龙头企业，开发出了一系列适销对路的优质产品，其中芝川椒籽仁油在杨陵博览会上两项产品获后稷金像奖，王子牌椒籽油漆出口俄罗斯和中亚五国，花椒精、花椒味素等产品填补了国内空白，年产值达3000多万元，取得了良好的经济效益。韩城大红袍花椒及其系列产品也多次荣获国家、省级荣誉奖项，使花椒生产向产业化迈出了可喜的一步。

韩城市花椒产业的发展可以说是一年一个台阶，取得了辉煌的成绩。1992年花椒基地建设通过了省地验收，并荣获省农业多种经营重点项目“花椒增收”奖，1994年全国林业名优产品博览会上获“优良产品奖”；1998年获中国农学会“高产优质高效农产品”认证书；1999年获“中国花椒之乡”荣誉称号。

面对西部大开发的历史机遇，韩城市委、市政府根据市场经济发展的需要，按照产业结构调整的战略部署，专门成立了花椒管理局，这一举措为进一步加快花椒专业化发展奠定了强有力的组织保证。为了切实维护韩城大红袍“中华名椒”的地位和声誉，韩城市以市场为导向，以科技为先导，以产业化为目标，按照“生产上规模、管理上水平、产品上档次、效益上台阶”的发展思路，不断加大韩城大红袍花椒的宣传力度，优化营销环境，实施名牌战略，1999年向国家专利局申请注册了“韩城大红袍”证明商标，同时，投资600多万元，动工兴建了占地40多亩的花椒贸易专业市场，逐步实现规模化布局，专业化生产、社会化服务与产加销一条龙，贸工农一体化的产业开发格局，为韩城的花椒生产发展迈上新台阶奠定了基础。

陕西省黄龙县（核桃）

一、基本情况

黄龙县地处延安市东南缘，总面积2752平方公里，总人口4.6万人。现有耕地38万亩，草场150万亩，林草覆盖率高达76.8%。年平均气温8.6℃，年平均降雨量602毫米，无霜期173天，全年日照时数2370小时，极端最低气温-23.7℃，最高温度36.7℃。境内四季分明，气候温和，天然林资源丰富。生态环境良好，特别适宜核桃的生长发育，是全国核桃最佳优生区。

二、发展现状

近年来，县委、县政府充分利用得天独厚的适宜优质核桃生长的自然条件，着眼于土地资源优势，把握机遇，瞄准市场，把建设规模效益型的优质核桃外销商品基地作为兴县富民的“龙头”产业来抓，并取得了显著成效。

1. 规模化的优质核桃商品基地初步形成。1992年，特别是1997年以来，核桃在该县得到了长足发展。截止2000年春，全县核桃已累计发展到13万亩，其中成品苗建园1.2万亩，实生苗建园11.8万亩；高接改优3.6万株；挂果面积5万亩，常年产量1500吨，产值750万元，核桃在该县农民人均纯收入中的比例占到17%。1997年，为加大优质核桃产业开发力度，启动了以洛（川）韩（城）公路为主线的“百公里优质核桃长廊工程”，以绿色长廊辐射和推动全县优质核桃产业开发。目前，在长廊工程已建立高标准优质核桃园2万余亩，优质核桃商品基地初步形成。

2. 技术服务体系建设日臻完善。为了适应优质核桃产业开发的需要，县上成立了“黄龙县优质核桃产业开发指挥部”，核桃开发局、干果公司、县乡（镇）干果技术推广服务站等管理服务机构。完成了31个核桃早实品种和6个晚实品种的引种试验和推广工作。核桃高接改优、芽接等配套技术取得重大成功与突破。建成核桃良种采穗圃11处500余亩，年提供接穗10万根，良种成品苗15万株。以“公司+农户”的育苗新机制已经形成，建成县中心苗圃1处100余亩。同时，积极加强与省内外科研机构和专家教授联系，先后有北京、山东、山西、河北及省内专家学者扬卫昌、梅立新、赵永孝等35人（次）来县讲学辅导，传授技术；常年聘请“西北核桃王”高绍棠教授为该县优质核桃产业开发总顾问。目前，培训农民技术员5000人（次），农民技术骨干800余人，有203人领取了农民技术资格证书，初步形成了“县有中心，乡有站，村有协会，户有员”的四级推广服务网络。

3. 多元化的开发格局已经建立。为调动境内外开发者的积极性，制定出台了《黄龙县大力发展优质核桃产业的若干政策规定》等优惠政策，坚持“四轮驱动”即成品苗建园，实生苗建园，直播改良和高接改优，积极鼓励境内外有识之士前来开发。目前有1000多户农民和80余家单位都建立了高标准优质核桃示范园，外来开发大户5个，受让土地5万余亩，从而形成境内境外、干部职工、农民群众投资的多元化开发格局。

4. 规划科学，目标明确。为了实现该县优质核桃向产业化、规模化方向发展，在1992年制定《黄龙县1992—2000年干果发展规划》，经县人大审议通过，以地方立法形式予以颁布实施。根据近几年优质核桃发展的需要，制定了《黄龙县1998—2002年优质核桃发展规划》，计划到2002年建成12万亩优质核桃商品基地。在规划的实施过程中，紧紧抓住西部大开发和山川秀美工程建设的历史机遇，围绕“绿”字型特色经济，进一步提出奋斗目标为：到2005年，全县核桃面积发展到20万亩，良种率提高到80%以上，力争建成全国最大的优质核桃生产和外销商品基地，初步形成生产专业化、经营一体化、规模效益扩大化，产加销、贸工农协调发展的“龙”型经济模式，核桃产品占领国际市场，实现出口创汇。

三、开发前景

按照该县20万亩优质核桃发展规划目标，到2005年全县核桃将有10万亩进入盛果期。按亩栽33株，单株产量10公斤计，亩产量330公斤，10万亩年产量3.3万吨，每公斤按市场价10元计，年产值就达3.3亿元，按6%农林特产税征收，实现税收1980万元，是一项典型的长期高效农业。核桃基地建成必将带动加工、服务、运输等相关产业的发展，实现核桃产品再增值，仅此一项产业就能够改变该县财政困难状况，人民群众就可在本世纪初由小康走向富裕。同时，核桃基地建成对防风固沙，涵养水源、改善生态环境有重要的社会生态效益，对实现黄龙山川秀美、民富县强的宏伟目标，有着举足轻重的作用。

陕西省洛川县（苹果之乡）

洛川县位于陕西省延安市南部，地处渭北黄土高原沟壑区，土地总面积1804.8平方公里，其中耕地面积52万亩，共辖6镇13乡365个行政村，人口19.2万，其中农业人口16.5万。素有“苹果之乡”的誉称，属国家确定的全国外销苹果生产基地和陕西省甲级苹果生产基地县。

洛川自然资源得天独厚，这里土层深厚，海拔较高，日照充足，降水适中，雨热同季，昼夜温差大，无霜期长，是国内外专家公认的世界最佳苹果优生区之一。

洛川地域辽阔，生态环境十分优越，矿藏资源贫乏，无任何工业污染，全县森林覆盖率为39.9%，近年又发展果园种草5万亩，建立无公害绿色苹果基地15万亩，发展苹果产业具有着巨大的潜力和广阔的前景。

改革开放以来，该县立足县情实际，依托资源优势，择优开发苹果主导产业，经过十几年的努力，龙头产业迅速崛起，形成了区域特色显著的苹果经济发展格局。目前，全县苹果总面积达30万亩，农民人均1.8亩，预计2000年产总量可达4亿斤，总收入3.2亿元，人均面积、产量、苹果纯收入均名列全市第一，属陕西省三大苹果大县之一。

洛川苹果型端庄，色泽鲜艳，浓香汁脆、酸甜可口，闻名遐迩，以其优良的内外在品质，在历届（次）全国苹果鉴评中屡获殊荣。1974年，在全国“三部一社”举办的外销苹果鉴评中，洛川红星苹果质压群芳，在五项指标中有四项和总分均超过美国“蛇果”；1990年洛川苹果被第11届亚运会指定为专用水果；1991年洛川苹果荣获国家“七五”科技星火博览会银奖；1995年在第二届中国农业博览会上，洛川苹果荣获奖牌21枚，其中金牌13枚。1998年—1999年洛川红富士、新红星苹果又获国家有关部门名牌产品奖8枚。

近年来，洛川适应市场经济形势，不断优化苹果产业内部结构，积极实施优果工程，大力推行市场和名牌带动战略，使洛川苹果的质量和品牌进一步提升，自1990年以来洛川苹果累计18次荣部、省名优产品奖121枚。正是这种良好的声誉带来了良好的“洛川苹果价格”，多年来，洛川苹果价格一直高出其他产果区30%左右，且销售市场看好。行销全国20多个省市、港澳及东南亚市场。

以开放促开发，以开发促发展，黄土地在不断升值。洛川已成为国内许多有远见的商家，财团关注的一片热土、先后有50多个单位投资4000多万元在洛川投资建果园、办企业。饱览高原胜景，领略果乡风情。热忱欢迎国内外一切有识之士来洛川投资兴业，共享洛川苹果甘甜！

陕西省延长县（酥梨）

延长县地处延安东部，延河下游，全县辖7乡7镇，288个行政村，27500户，117600人。地处黄河之滨，延河两岸的延长县以生产“佛光梨”而闻名国内外。延长县的精选优质酥梨曾多次荣获省、地优质产品奖。1996年获得中国杨陵博览会后稷金像奖；1998年被国家有关部门测定为优质产品；1999年获中国西安农博会优质产品奖。

一、资源状况

自然资源十分有利于优质梨生产。延长县的气温、光照、降水均为优质梨生长的最适宜范围，特别是梨水份的需求最重要期（7—9月），也正是延长县降水比较集中的月份，同时延长县海拔高、紫外线强、气温日较差大，对提高酥梨含糖量极为有利。

充足的土地资源为酥梨开发提供了丰富的物质基础。根据详查资料表明，全县有耕地120万亩，人均占有7.2亩。在保证粮食生产的前提下，可以大面积退耕栽植梨。人均土地面积大是酥梨开发大的资源优势。而且土壤以黄绵土为主，土层厚，结构疏松，耕性良好，有利于酥梨的生长发育。

劳动力资源充足。全县现有农村劳动力4.22万个，其中从事第二、三产业的仅有0.51万个，占劳动力总数的12.1%，其余的3.71万个劳动力全部从事第一产业、劳动力资源丰富是延长县发展酥梨生产的第二大资源优势。

二、发展现状

延长县是一个典型的农业县，也是全国为数不多的特困县之一。实行家庭联产承包责任制以后，农民温饱问题基本得以解决。但是，之后由于诸多原因，粮食生产效益比较低和农民种粮积极性不高的矛盾日益突出，农业生产一度出现徘徊局面。针对这种情况，县委、县政府及时进行研究，提出调整农业结构设想，重点发展以梨果为主的产业开发项目。1989年在科学论证的基础上，把发展优质酥梨作为沿黄特困乡镇的区域产业，首先在安河、罗子山、南河沟三乡建立示范园，随后辐射全县14个乡镇。目前，酥梨已经成为一些农民群众脱贫致富的一项支柱项目。截止2000年底，全县酥梨累计栽植面积10.1万亩，其中挂果面积3.7万亩，果品总产量为3.5万吨。

通过多年的生产实践，延长县酥梨发展势头良好，树体生长健壮，枝条萌发力强，具有较强的抗旱寒能力，延长酥梨色正皮薄，个大汁多，肉嫩味甜，核小渣少，果型匀称，大小一致并且无污染。不仅是招待客人的首选，更是消渴解火，润肺止咳的保健佳品。延长酥梨以无公害、高质量、好信誉赢得了各地客户和广大消费者的信赖，畅销于北京、上海、广州、福建、深圳、内蒙古、山西等地，商品率达到80%以上。

酥梨开发，还使广种簿收的旧习惯正在逐步得到改变。延长县是一个典型的以农为主的传统农业县，长期以来单纯发展以粮为主的农业生产，粮食单产不足百斤，为此县政府下决心抓好退耕还林大上酥梨，计划到2010年全县梨果面积发展到20万亩。

三、主要特点

1. 有一个目标明确的指导思想

多年实践证明，要发展农村经济。单靠粮食生产是不可能，必须确立骨干产业进行开发。延长县在调查研究的基础上，形成一个共识：即把大规模发展梨果生产作为农村经济工作重点之一来抓，提出了梨果产业化开发的指导思想是：以市场需求为导向，以名优产品为基础，强化科技服务体系建设和适用技术的普及应用，提高梨果产品质量，积极开拓市场，加大经销力度，努力实现梨果产业经济指标翻番，带动全县农村经济快速腾飞。并围绕这一基本思路，在全县范围内广泛地宣传，使广大群众认识到，只有搞好梨果开发，才能振兴贫困山区的经济，增强了广大群众林果开发的紧迫感和使命感，逐步形成了九牛爬坡，个个出力，人人想酥梨，人人抓酥梨，人人干酥梨的局面。

2. 有一个切合实际的发展规划

1998年初，县政府组建了由主管县长挂帅，业务干部参加的专门规划班子，深入基层，调查论证，逐乡镇逐村，逐地块制定了文图并茂，内容详实的发展规划，即《延长县酥梨基地县建设规划》，并提出了发展奋斗目标；用三年时间完成酥梨建园10万亩，累计达到12万亩，人均实现1亩酥。坚持“以小为主，以土为主，以农户为主”的原则，新建一批果品贮藏库，争取用三年时间达到户均一个果库。同时为了保证规划的连续性，酥梨发展规划经过了县人代会讨论通过，形成“班子换事不变，一任接着一任干、届届只念一本经、促进酥梨大发展”的局面。

3. 有一套比较完善的服务体系

为了确保梨果业开发的顺利进行，全县已经健全了县乡两级科技网络，县有果树局、果业协会，乡有果树站，并配备了科技副乡镇长。村有果业协会。这些组织主要承担酥梨开发中的技术培训、市场信息、果品营销和保鲜贮藏等方面的服务。其次，全县有近100名具有技术员以上职称的科技干部和164名获得农民技术员资格的果农。这些技术员已完全掌握生产贮藏环节中各项适用技术，已经成为延长县发展酥梨的主力军。

4. 有一支精干有力的指挥体系

(1) 实行了一把手亲自抓、一班人共同抓和一票否决的领导责任制，落实领导任期政绩考核制和年度工作考评制，把梨果开发工作做为干部使用和工作奖惩的主要条件。(2) 由县政府牵头，吸收县级有关部门参加，成立酥梨开发领导机构，并在果树局设立办公室，负责协调生产、参与和指导流通，进行全方位开发。各乡镇也成立相应的开发机构，全面负责本乡镇的梨果开发工作。(3) 实行县级领导包乡镇、部门干部包村制度，全县抽调1.4个县级领导包挂14个乡镇，参与指导梨果开发；抽调100名副科以上干部包挂100个村的梨果开发，一定三年不变，严格兑现奖惩。(4) 实行乡镇五年目标管理责任制。各乡镇负责完成人均1.5亩梨果建园任务，采取一年两检查，五年总验收，对完成当年任务的乡镇给予重奖；完不成任务的乡镇书记、乡镇长要进行严肃处理。(5) 实行了“双向”技术联产承包，即由政府负责劳力组织，资金协调、种苗供应、土地产权落实；科技人员组成项目工作组，专门负责各项技术措施的指导和应用，并实行重奖重罚，及时兑现，充分调动科技人员的主观能动性，加快全县梨果开发的步伐。

陕西省镇安县（板栗之乡）

〔**概况**〕 陕西省镇安县地处秦岭南麓东段，位于北纬33°08′至33°57′，东径108°34′35″至109°36′51″，总面积3477平方公里，属北亚热带半湿润气候区，年均日照时数1947小时，平均气温12.3℃，年降水量800—1100毫米，平均无霜期218天。境内山峦起伏，沟壑纵横，是一个“九山半水半分田”的土石山区县。镇安自公元696年设县至今有1300多年的历史。全县辖29个乡镇，423个行政村，总人口29万人，其中农业人口占44.5%，耕地总面积43万亩，属国务院确定的贫困县。

镇安县地大物博，地上地下资源十分丰富，有着“山上长着摇钱树，地下埋着聚宝盆”的美誉。拥有生物、矿产、水力、旅游四大自然资源优势。其潜在的开发价值在1000亿元以上。全县有林地面积269万亩，森林覆盖率62%。在广袤的林地中，不但蓄积了388万立方米木材，而且蕴藏着不胜枚举的林特珍品，其中板栗、核桃、食用菌、象元茶、生漆等大宗林特产品和二花、天麻、五味子、杜仲等中药材，以质优量大畅销国内外。矿产有金、铜、铅锌、大理石、汉白玉等矿藏30多种。水力资源蕴藏量22.6万千瓦，可开发利用12.3万千瓦。镇安山青水秀，景色宜人，自身就是一个天然“森林公园”，有极具开发潜力的四省名山塔云山、木王莽林、月河瀑布等众多自然人文景观，目前，镇安已成为西安市转向周边200公里范围内的旅游渡假区。

改革开放20年来，历届县委、县政府在省委、省政府及地委、行署的正确领导下，不断深化县情认识，坚持一切从实际出发，立足依山致富，注重基础，奋力扶持攻坚，大力发展板栗、蚕桑、猪羊三大主导产业，大力开发矿产、水力、生物三大资源，大力加强公路、通讯、电力三大基础设施建设，不断深化改革，扩大开放，使该县贫困落后面貌发生了很大变化，经济社会有了很大发展，人民生产生活有了很大改善和提高。到1999年底，实现了人均1.36亩基本农田，人均1.7亩经济园林，户均0.6亩水浇地，97.8%的村通了公路，100%的乡通了班车，95%的村通了电和广播电视。全县实现国内生产总值4.6亿元，比1980年增长4.34倍；工农业总产值6.26亿元，比1980年增长4.26倍；财政总收入达到4164万元，比1980年增长22.4倍，其中地方财政收入3261万元；农民人均纯收入1260元，比1980年增长16.7倍。经过省政府验收，全县整体越过了温饱线。

〔**板栗生产**〕　镇安大板栗早在周代已有生长，距今已有2000多年的栽培历史。《镇安县志》载：栗树是镇安的特产树种，为中国栗北方品种中优良品种之一，以个大色润，甜脆适口，果粒饱满，营养丰富，品质独特著称。清《陕西通志》载：“镇安大板栗……，秦为贡品”。镇安板栗自古在人们生活中占重要地位，被誉为“本木粮食”、“贤孝上品”。

板栗具有很高的营养价值，唐朝药王孙思邈称之为“肾之果，其性甘温，滋阴补肾，主治肾虚腰痛，其根皮治风温性腰腿痛”。唐、宋、清代板栗被列为宫廷御膳食品。镇安板栗产于汉水末梢，秦岭之南特殊环境，含淀粉57.4%，植物蛋白8.59%，脂肪2.69%，葡萄糖18.59%，具有较高的营养保健价值，是栗中极品。

镇安大板栗1956年被国家有关部门鉴定为优良品种，1970年被编入《中国果树栽培学》教科书。1978年陕西省果树研究所将镇安大板栗载入《陕西果树志》。经过几十年来历届领导的重视和群众生产积极性的不断提高，板栗生产规模不断扩大，产量效益逐年提高。1986年被列入星火计划项目，1990年被陕西确定为名特优商品基地，1994、1995、1996年连续三年荣获杨陵农业科技博览会后稷金像奖，1996年荣获中国西安名特新优果品品评会干果金奖，1997年被列于中国特产名乡大典。1998年被确定为全国板栗标准化生产示范县。2000年被国家有关部门命名为首批“中国名特优经济林板栗之乡”。到目前，全县已建成17个板栗基地乡镇，建成镇安至木王、镇安至东川、镇安至山阳三处万亩以上板栗带。全县板栗总面积由80年代的8.65万亩发展到42.3万亩，共1600余万株，年产量达到6000余吨，年收入4850万元，占农业总产值的17.1%，板栗人均收入166.1元，占人均纯收入的14.9%，全县有46个村靠板栗实现脱贫致富，有户均产板栗1000公斤以上，收入超5000元的大户107户。板栗生产已成为镇安农村经济发展的主导产业和农民脱贫致富的骨干财源。该县的主要做法是：

——多元化开发。镇安县坚持“谁开发，谁受益，谁所有”的原则，鼓励引进外商外资和培育大户开发山地。这些优惠政策极大地调动了各方面开发山地的积极性。近几年来，全县有2.7万户农户种植板栗，发展产量超千斤的开发大户1320户，新建集体板栗林场74处，县内225个单位投资213.5万元，购买荒山2.4万亩，进行板栗开发。9家县外客商投资158万元，购买1.5万亩荒山种植板栗。

——标准化建园。自1995年以来，全县已初步建立了镇东路、磨木路两条高标准万亩板栗林带。县上成立了板栗研究所，从县到乡镇，有120名技术干部常年深入一线做技术指导，17个板栗基地乡镇成立了板栗协会，形成了上下贯通的科技服务网络。全县每年举办以板栗育苗、栽植、嫁接、科管为主的技术培训班100多期，培训栗农5500多人。全县先后试验推广了板栗苗嫁接、矮化密植、板栗喷棚等20多项实用技术，还与省内外9家大专院校、科研单位建立了长期的协作关系，板栗生产曾获国家“星火计划”二等奖，并被国家有关部门确定为“全国板栗标准化生产示范县”。

——系列化服务。为给板栗生产提供全程系列化服务，县上成立了板栗承包集团，县委书记袁毅、县长杨长亚亲自负责集团承包工作，组建了板栗开发办公室和17个板栗产业工作队，包抓17个基地乡镇和100个板栗专业村，并逐级签订开发责任合同。全县有118名乡镇以上领导参与办点138处，其中县级领导办板栗开发点11处，面积达3.2万亩。为适应板栗产业化发展的要求，县上还筹资840万元，于1995年建起一座贮量600吨的板栗气调保鲜库和一条年产500吨的栗子罐装加工生产线。县红栗果业有限公司还在北京、上海等11个大中城市建立了销售网点。为引导栗农自觉进入市场，扩大镇安板栗的知名度，建立板栗销售“绿色通道”，镇安县1999年成功地举办了首届板栗节，并为镇安板栗注册了“绿王”牌商标。日本品川式业所、竹凤堂株式会社与镇安合作开发板栗系列食品项目正在加紧实施中，这标志着镇安板栗向产业化开发迈出了可喜的步伐。

随着西部大开发和山川秀美工程建设的全面展开，该县有42万亩陡坡地急待退耕还林，有近10万亩坡耕地适宜于发展板栗，该县计划到2003年板栗总面积发展到50万亩，总株数达2500万株，总产量达3000万公斤，深加工1000万公斤，实现总收入1亿元，使板栗生产真正成为该县兴县富民的支柱产业。

新疆维吾尔自治区

〔概况〕

自治区干旱的气候，独特的光、热、水、土资源，为林果业的发展提供了极佳的自然条件和发展潜力。面对西部大开发和当前农村经济结构调整的新形势，不失时机地寻求切实可行的发展对策和措施，变资源优势为经济优势，使林果业尽快成为我区农村经济发展的支柱产业就显的尤为重要。

一、目前林果业在农村经济发展中的地位和作用

自治区的林果业在自治区党委和人民政府的正确领导下，经过各族人民的广大科技工作者的共同努力，目前全区林果面积已发展到306万亩（不含兵团），年产果品120万吨，产值21亿元。林果业的发展不仅为改善农业生态环境发挥了积极作用，而且在一定程度上丰富了农产品市场，促进了农村经济的繁荣和发展。林果业在自治区部分地区已确立了自身的地位，在农民脱贫致富奔小康中发挥着应有的作用，并显示出巨大的发展潜力。以下典型事例可充分说明这一点。

吐鲁番地区相对资源贫乏，但在林果发展上无论是资源还是其它方面都具有一定的优势。该地区在农村经济发展中，对农业产业结构连续3年进行重大调整，重点发展以葡萄为主的林果产业，目前，全地区葡萄面积已由1978年的2万亩，发展到现在的20多万亩，年产鲜葡萄33万多吨（其中：葡萄干7万吨），产值6亿元，占全地区农业总产值的68%，在农村人均收入中60%以上源于葡萄。尤其是2000年全国范围内农副产品市场疲软，自治区广大农牧民增产不增收，收入有较大幅度下降的情形下，由于吐鲁番地区早在几年以前就进行了较为合理的农、果、畜农村产业结构调整，丰富了农村经济发展的增长点，2000年，农民人均收入仍可维持或略低于1999年的收入水平，这于其它地区形成了鲜明的对照。

库尔勒市大力发展香梨产业，目前全市香梨面积已发展到12万亩，香梨年产量3600吨，产值1亿元，占全市农业总产值的16.6%，占当年农牧民人均收入的36.3%，年出口创汇945.5万美元。

和田县积极发展以核桃为主的林果产业，现林果面积已达19.37万亩，年产果品5.65万吨，产值1.09亿元，林果总产值已占到县财政收入的12.4%，占农民人均收入的50%。

精河县多年来不断加大枸杞产业的建设力度，目前，枸杞面积已由80年代末的1.5万亩，发展到现在的7万亩，年产量由2130吨提高到6480吨，创产值8424万元，占财政收入的24%，年出口创汇406万美元。在农民人均2686元的收入中，仅枸杞就占到33.5%。全县3.3万农户中，已有1.8万户靠种植枸杞走上了富裕之路，因而精河县枸杞产业也已连续7年创造了“四个全国第一”，即：种植面积第一、年总产量第一、质量第一、出口创汇第一。同时，随着精河县枸杞产业的不断发展，一大批衍生企业应运而生，精选、包装、加工等相关企业已发展到30多家，据不完全统计，保健品加工一项，年转化产值达2000多万元，枸杞产业已初步走上了一条产、加、销，林、工、贸一体化的产业化路子。

二、发展林果业的主要经验和作法

总结自治区林果业发展的经验和做法主要有以下几点：

（一）加强领导，完善政策。搞好林果业建设领导是关键，政策是动力。多年来，自治区一些林果业发展重点地区，如喀什、和田、阿克苏、巴音郭楞、伊犁等地州，把林果业作为发展区域经济的重要内容，列入党政领导的议事日程，切实加强领导，建立健全组织领导机构，通过制定一系列优惠政策，加快发展步伐。如哈密地区和哈密市两级党政把哈密大枣基地建设作为振兴农村经济的一项支柱产业，分别成立了两经领导小组，狠抓了年度生产任务的落实，大枣建设出现了前所未有的喜人局面，到目前为止，全区大枣面积已由当初的0.4万亩发展到6万亩，大枣生产已初步形成了规模化、区域化和专业化的新格局；伊犁地区的伊宁县和霍城县作为国家林业部批准建立的苹果基地建设县，在加强基地建设组织领导的同时，及时出台了一些相关的优惠政策，鼓励全社会积极参与林果业的开发建设，霍城县制定了荒山、荒坡拍买，长期承包，“谁造、谁有、谁受益”，土地使用权50年不变的优惠政策，并免征开发者前五年的土地承包费、特产税等五项费用，使开发者解除了后顾之忧，调动了全社会建设林果基地的积极性，目前，两县苹果基地面积已发展到7万亩和4.7万亩，基地建设效益已逐渐显现。

（二）制定具体措施，强化林果业建设管理。各地在林果业建设中，把管理工作摆在重要位置，按划设计，按设计施工，投入了大量的人力、物力，提高了建设效益。自治区林业厅为规范基地开发建设，制定了“新疆经济林基地建设标准和管理办法”；泽普县在红枣建设和管理上要求“八个统一”，即统一制定规划、统一安排土地、统一造林模式、统一良种壮苗、统一适时栽植、统一浇水施肥、统一防治病虫和统一采收销售；英吉沙县近年来针对巴旦杏产量低而不稳、效益差等问题，在管理上一是采取了地膜覆盖，节水保墒。二是对定植后的林木进行定期施肥、修剪和病虫害防治。三是技术人员在生产各个环节进行技术把关，实行技术承包。通过采取上述管理措施，目前，该县进入初果期的巴旦杏单株产量已由过去的0.5公斤提高到2—3公斤。

（三）依靠科技进步，提高林果业建设的科技含量。林果业建设是一项技术性强、标准要求高的建设项目。为了把我区林果业建成高产、优质、高效的产业，各地都采取了一系列的有效措施，以提高产业建设的科技含量和建设效益。主要表现在：1. 加强技术培训，提高广大群众的科学素质和意识。各地从“实际、实用、实效”出发，采取现场操作、室内培训等办法，仅近10年来就已培训农民技术骨干8.8万人次，编写印发各类技术手册3万册。2. 培育、筛选优良品种，提高林果业建设质量。据统计，仅自治区16个商品基地建设11年来，自治区已选育出优良品种22个，为基地建设提供了大量的良种壮苗。3. 加大科研力度，积极推广应用新技术、新成果。自60年代初以来，自治区先后组织自治区、地区、县有关技术人员就巴旦杏、红枣、核桃等树种，在品种选育、栽培技术等方面进行攻关研究，现已取得科研成果30多项，建设技术推广基地1.2万亩。这些科研成果的推广应用，正在自治区林果业发展中产生着积极作用。

（四）积极调整产业结构，突出名特优林果业发展的地位。近年来，各地在林果业发展中，按照社会主义市场经济原则，积极调整农村产业结构，大力发展市场潜力大、占有率高的名特优林果品种。如和田县针对人多地少，人均耕地只有1.5亩这一问题，从挖掘土地生产潜力入手，拿出部分一、二类耕地积极探索农林混作栽培模式，仅近几年就已发展核桃混作面积3万多亩；叶城县在农村产业结构调整中，将全县75万亩耕地进行袋子合理优化，制定了粮、棉、果“三三”制的发展规划，提出了“粮棉核桃一起上，喜收核桃奔小康”的发展思路，加速了以核桃为主的林果产业发展，目前10万亩核桃基地已初步建成，预计见效后，每年可为该县增加产值1亿多元。

（五）抓产品流通，促加工转化，推进产业化进程。在林果业建设中，产品流通，加工转化，一直是自治区的薄弱环节，滞约着林果产业化的发展。近年来，随着社会主义市场经济的发展，一些地区和县市已充分认识产业化发展的重要性。如巴州库尔勒市经过十几年的建设，香梨面积已发展到12万亩。为了尽快建立比较完善的香梨经济体制，1997年成立了以州外贸公司、果品公司及多家园艺场组建的香梨集团有限公司。2000年，又以沙依东园艺场为发起人，成立了香梨股份公司，进而成为国内第三家，新疆第一家即将上市的果业公司。

作为自治区枸杞主要种植区的精河县，在林果发展中，一手抓资源培育，一手抓销售及加工转化，为此，县上成立了枸杞协会，组成了200多人的营销队伍，在广东、上海等地成立了办事处，与南方制药等多家知名企业建立了长期合作伙伴关系。通过这些网络，该县每年有90%的枸杞都销往内地和世界各地。为了增加产品的附加值，该县还与多家企业合作，围绕枸杞加工转化大做文章，建起了精选、包装、加工企业30多家，据初步统计，每年转化产值达2000多万元，枸杞种植业已初步走上了一条产、加、销，林、工、贸一体化的产业化发展路子。

三、目前自治区林果业发展面临的形势、任务和存在的问题

从目前自治区林果业总体发展情况分析，林果业虽然在农村经济发展中具有一定的优势，但这种优势还远未发挥出来，在发展中还存在着一些不容忽视的问题，主要表现在：一是栽植品种混杂，质量较低。多年来在新品种引进上步伐缓慢，一些优良的乡土品种未能很好地进行筛选，现有品种退化严重；二是林果业发展科技含量普遍较低，科技人才缺乏，现有先进的林果业发展技术未能得到很好的推广应用，从而造成林果产品质量较低，商品率不高；三是林果业发展投入严重不足，阻碍了林果产业的迅猛发展；四是如果与全国林果发展相比较，目前，306万亩的林果面积和120万吨的年果品产量，只占到全国果品市场的2.4%，其中，苹果、梨、葡萄、红枣分别占到1.6%、2.3%、24.5%和0.5%。即使在自治区经济发展中，林果业也只占到农村经济总收入的6.3%。由此可见，无论是在全国还是在全疆，林果业所占的份额都较小，与市场经济发展的需要及“瓜果之乡”相应的优势和潜力极不相符。

要开创自治区林果业发展的新局面，就必须抓住机遇，认真贯彻落实中央有关领导的重要指示和自治区的有关决定，因地制宜，科学布局，明确目标，真抓实干。为此，近期自治区已编制完成了《新疆1999—2010年名特优经济林商品基地重点县建设规划》。提出到2010年林果面积由现在的306万亩发展到1000万亩，实现农村人均1亩园，使林果收入占到农民收入的30%左右。这一奋斗目标的实现，将会有利于推动林果业尽快成为支柱产业的进程，有利于开拓广大农民特别是南疆各族人民脱贫致富的增收途径，必将对自治区农村经济发展产生积极的影响。

四、今后林果业发展应采取的措施及对策

（一）加强宏观指导，建立必要的领导、协调机构。应成立由自治区党委和人民政府牵头，由林业、农业、水利、计划、财政、金融、工商、税务等部门组成的自治区林果业发展协调领导小组，协调、制定我区林果业发展的大政方针，将林果业发展作为大西北开发的一项重要战略抓，纳入自治区国民经济发展规划，像抓粮棉一样抓林果业，加强宏观指导，抓好规划的落实和实施工作。

（二）加大林果资源的培育力度，大力发展具有自治区特色的名特优林果业。因地制宜，依照经济发展规律，以市场为导向，以企业为龙头，以资源和科技为依托，以发展名特优大宗果品为方向，采取一县和几县一品，大力推广公司+基地+农户、连片建园和农林间作相结合的发展模式，建立集约化、规模化、产业化的林果商品基地，重点发展具有自治区优势、发展潜力大的葡萄、香梨、枸杞、巴旦杏、石榴和核桃等干鲜果品，实施林果富民工程。

（三）以政策为杠杆，充分调动全社会发展林果业的积极性。首先，在经营机制和投入机制上，要积极鼓励个人、集体和国营进行林果业的开发，大力提倡各种所有制、股份合作制形式组成的联合体投资林果业，吸引全社会力量建基地、办企业、创市场；其次，在农业和林业产业结构调整上，大力推行“四荒拍买”，重新部署种植业结构，将高产田集中用于粮棉种植，而将中低产田中20%的耕地集中用于林果业栽培，妥善解决林果业用地，加大林果在农村种植业中的面积和比例；在投入上，政府要积极引导，打破所有制界线，将用于农村经济发展的各项资金等按一定的比例进行切块，把林业三项贷款的重点放在林果业发展上，将各项资金捆在一起，突出重点，集中投入，形成合力；在税收上，应调整现行针对林果业的农林特产税征收办法，把林果树种按干果、鲜果及结实周期不同进行分类，干果类征收起点为定植后8年（其中：核桃为10年），鲜果为为五年（其中：葡萄为四年）。

（四）加大科研和推广力度，提高林果业发展科技含量。自治区应拔出专款用于林果业的科学研究，实施林果业科技创新工程。同时，要制定优惠政策，积极组织技术人员深入生产第一线调研，鼓励农林科技人员参与科技开发和承包经营，及时解决疑难技术问题，提供简便快捷的科技服务，大力推广嫁接修剪、疏花疏果，节水灌溉、配方施肥、生产调节剂、果实套袋、管道喷药、病虫害生物防治等实用技术，把林果业的科研重点转移到推广应用上，使科研和推广有机结合，充分发挥科学技术第一生产力的作用；广泛开展科技之冬活动；加强对果农的理论技术培训，提高其生产经营技能；建立健全林果种苗繁育体系和技术服务体系，依托现有林木种苗繁育基地，建立较完备的林果良种繁育推广体系，严格苗木质量标准和运输制度，引进开发一批，推广一批，储备一批，形成林果品种培育和种植的良性循环；以名特优大宗果品为发展方向，对名特优经济林产品、特别是名牌、精品，尽快制定产品质量认证制度、品牌制度、商标保护制度、卫生检验标准及产品分级和分类标准。制定基地建设管理办法，把引进科学技术、资金管理、项目组成、人员管理、资源利用与保护等内容纳入本办法，以便规范林果业的生产经营管理。

（五）建市场、抓流通、搞加工、促产业。目前，自治区应集中精力把重点放在葡萄、核桃、枸杞、香梨等已初具规模的林果产品产业化建设上，实施林果品牌发展战略，进行林果产品和分类、分级、精选、保鲜、贮藏和包装。在和田、叶城、库尔勒、吐鲁番、精河等地建立果品批发交易市场。培植林果产品运销组织和运销大户。同时，引导和扶持一批有条件的企业转产从事林果生产和产品加工、贮藏、保鲜和运销业，建立一批起点高、科技含量高、竞争力强的林果产品加工企业，开发营养保健型、无污染的系列林果绿色食品，增加林果产品的附加值，尽快将自治区林果业建成“产、加、销、贸、工、农”一体化的新兴产业。

〔名优特产品〕

新疆核桃 分野生和栽培两个群系。新疆栽培的核桃起源于新疆天山的野生核桃，据记载已有1500年的栽培历史，在新疆的塔里木盆地的环状绿洲、吐鲁番盆地炎热干旱地区和哈密盆地温热干热地区均分布，其产区主要集中在塔里木盆地的环状绿洲。目前，新疆核桃栽培面积已达2万公顷，年产核桃坚果9000吨，年产值7200万元。

核桃是一种重要的木本粮油和用材树种。新疆栽培核桃分早实类群和优质品种类型，具有丰产性强、壳薄、个大、美观、出仁率高等突出特点。据测定，新疆核桃仁含油率63—80%，粗蛋白11.2—17.3%，是优良干果和重要的中药材；新疆核桃以其优良品质，在国内外市场上很受欢迎。同时，核桃木材材质细腻，纹理美观，较坚韧，又是军工和高级家具用材。根深叶茂寿命长，是绿化山区、庭院和道路的好树种。

新疆水土光热资源丰富，发展核桃条件优越，具备发展潜力，市场广阔。新疆核桃就其现有的规模和产量，供需矛盾突出，还远远不能满足人民生活水平提高的需要。大规模发展核桃是产区农村产业结构调整、走农业产业化道路，促进农村经济发展和农民增收的客观要求。因此，自治区决定开展南疆百万亩干果基地建设，为突出重点以带面，自治区于近期编制的《新疆1999—2010年26个名特优经济林商品基地重点县建设规划》，其中规划和田、叶城、墨玉和温宿四个重点县发展核桃2.7万余公顷。按现行价估算，该建设规划完成后，产值将达4亿多元，必将为产区农民脱贫致富奔小康做出贡献。

哈密大枣　原产于哈密市五堡一带，主要分布在哈密市灌溉农区，截止1998年底，哈密地区大枣种植面积只有2133m^2，鲜枣产量约700—800吨，远远满足不了市场的需求，近年来，自治区和哈密地区已把哈密大枣作为一项特色产业摆上了重要议事日程，规划到2003年，在哈密地区发展大枣6666.7m^2，目前大枣商品基地建设每年以1000—1333.3m^{2}速度发展，预计到2005年，项目区年产大枣3.1万吨，年销售收入将达到1.26亿元，届时大枣产业将成为哈密地区重要的财源：

哈密大枣个大、肉厚、单果重量平均17克，最高可达32.1克，出肉率高达95.9%，是在特殊的气候条件下形成的特色产品。属中国大果型大枣，是中国诸多枣树品种中的姣姣者，被称为"天下一绝"。其产品在国内外市场十分走俏，经济价值和营养价值极高。经过分析，哈密大枣中有机成份较高，其中，有维生素、糖、淀粉，含有78种人体必须的氨基酸。另外，哈密大枣矿质元素含量较高，其中特别是稀有矿物质钯、锌、铬含量达到0.643ppm，这在中国枣的有关材料中尚未测定和发现，这些矿质元素，对成人保健、儿童发育、提高智力颇为重要。

巴旦杏　新疆现有分布的巴旦杏分野生和栽培两个种类。新疆栽培巴旦杏是从波斯国（现在的伊朗）引进的，已有1300年的栽培历史，主要分布在喀什地区的英吉沙、莎车、疏附、疏勒、叶城、泽普等县和喀什市，另外和田地区、阿克苏地区、阿图什、库尔勒等地也有栽培，截止到1998年底，共有2333公顷，巴旦杏年产量445吨，年产值927.9万元。

目前，新疆巴旦杏面积少，价格高，不仅在新疆内部市场销售供不应求，而且内地也不断有客户到新疆来收购巴旦杏，在国内有很广阔的市场前景。为此自治区林业厅在近斯编制的《新疆1999—2010年26名特优经济林商品基地县建设规定》中，把巴旦杏作为重点规划之一，规划在条件优越的英吉沙和莎车县发展1.87万公顷，预计规划完成见效后，产值将达2亿元，为当地农民脱贫致富奔小康和农村经济发展做出贡献。

巴旦杏是一种珍贵的木本油料干果树，其优良无性系种仁含脂肪55—61%，蛋白质28%，淀粉、糖10—11%，还含少量的杏仁素酶、杏仁甙、多种维生素及钙、镁、钠、钾等18种微量元素，巴旦杏对高血压、神经衰弱、气管炎、小儿佝偻等病都有一定的疗效，其营养和医用价值都很高，巴旦杏木质坚硬，光泽美，为淡红色，可制高级细木家具及镟床手工木器。

枸杞　精河枸杞是由宁夏引种，已有30多年的栽培历史。由于特殊的地理气候条件，精河枸杞的品质明显优于原产地。精河枸杞产量高，颗粒大，果实长1.6—2.6cm，径0.8—1.2cm，先端钝和尖，果身具棱，千粒重300—400克，单株鲜果产量高达8—10公斤，最高达14公斤。

改革开放后，极为有利的政策环境，为枸杞生产的迅猛发展创造了条件。使精河枸杞种植面积由1978年的560公顷猛增至1998年的4133公顷（其中：精河县4000公顷，乌苏市133公顷）。1998年精河县年产枸杞干果4100吨，年创产值7500万元，精河枸杞在国内创种植面积、产量、质量和出口量四个第一，被国家农业部命名为"枸杞之乡"。

枸杞是贵重的中药材，又是良好的滋补品。近几年来，国内枸杞消费快速增长，年均增长幅度10%—15%，枸杞、枸杞食品、枸杞饮料和枸杞医疗保健品纷纷问世，据科技保健界人士预测，在目前五光十色的保健滋补品中，枸杞是未来15到20年最具开发价值的产品之一。因此，自治区林业厅近期制定出的《新疆1999—2010年26个名特优经济林商品基地重点县建设规划》中，精河县和乌苏市规划发展枸杞7333公顷。这一规划完成见效后，年产枸杞6375吨，年创产值8925万元，这意味着以枸杞保健品为主导的新疆枸杞产业将有一个辉煌的未来。

葡萄　新疆葡萄已有1500多年的栽培历史，目前新疆栽培历史较长的已创出名牌的有两个品种：

(1) 无核白葡萄

主要分布在吐鲁番地区和哈密市，南疆库尔勒市、阿克苏、和田、喀仁也有小量栽培，截止1998年底无核白的栽植面积18万亩左右，年产量18.5万吨，年产值1.8亿元，无核白葡萄皮薄肉脆，无核，含糖量高，品质好，且早熟，汁少，酸甜，制干率达30%—40%，是自治区主要制干品种，也适于制罐和鲜食或者酿酒，该品种树势强，结实率高，果实成熟一致，不脱粒，抗病力强。1997年至1998年度国际市场葡萄干需求量为77万吨，而供货量只有60.9万吨，尚有16.1万吨的缺口，日本、德国及其它一些欧美商人希望能从中国进口葡萄干，以缓和国际市场的供求矛盾。随着新疆与国内外交流的日益频繁，旅游人口的增加，市场前景广阔。为发挥本地资源优势和满足市场需求，自治区林业厅近期完成了《新疆1999—2010年26个名、特、优经济林商品基地县规划》。规划中无核白10万亩，此规划完成见效后，年产葡萄干2万吨。必将为产区葡萄产业化发展做出新的贡献。

(2) 木那格葡萄

主要分布在阿图什市。哈密市、吐鲁番、阿克苏、库尔勒市也有栽培，截止1998年底，木那格葡萄总面积1.3万亩，产量1.1万吨，年产值4000万元，木那格葡萄果皮较薄，肉硬脆，甜酸适口的特点成为继吐鲁番无核白等名品之后倍受青睐的新品种，充分成熟后，品质上无裂果，果柄固着力强，耐贮运，已成为今后新疆发展鲜食葡萄的重要品种，1997年第三届全国农业博览会上，自治区20吨木那格葡萄以每千克20元的价格仅一天时间就销售一空。目前，新疆的种植属零星种植，未形成规模化效应。为了加快木那格葡萄的产业化发展，目前，自治区林业主管部门把木那格葡萄列入自治区26个经济林重点县规划面积中，木那格葡萄的面积达12万亩，此规划完成见效后，年产葡萄12万吨，年产值达3.6亿元，将成为产区农民的又一新经济增长点。

香梨　属蔷薇科落叶乔木，耐寒抗旱。

库尔勒香梨原产于新疆巴音郭楞蒙古自治州首府库尔勒市孔雀河两岸。由于特殊的地理位置和得天独厚的光热资源，产于库尔勒的香梨具有皮薄肉脆、汁多渣少和香甜可口等特点。素有'果中之王'之美称，曾多次获得全国林业和农业博览会金、银质奖，国家首批和第二批绿色食品标志和证书。

随着国内、国际果品市场对香梨需求的不断增加，近年来，新疆香梨栽培面积不断扩大，已由原产区库尔勒市发展到轮台县、尉犁县和阿克苏地区。仅巴州香梨面积已达1.5万公顷，年产量6万吨，产值2.5亿元。并已远销澳门、台湾、新加坡、马来西亚，泰国等国家和地区，在国内外水果市场上享有声誉，已成为新疆水果出口创汇的拳头产品。

目前，从国内市场分析，全国梨类产品产量为400万吨，而香梨仅占总产量的2%；在人均占有量上全国为3千克，而香梨仅为0.08千克，远远低于国内人均占有量，可见国内市场发展潜力巨大。在国际市场上香梨以其独有的品味和特性，已具有一定的知名度，已成为中国水果产品走向世界的著名品牌，出口前景广阔。

为了加快香梨产业的发展，目前，自治区林业主管部门已将香梨列入了《新疆1999—2010年26个名特优经济林商品基地重点县建设规划》，规划面积达3.73万公顷。预计香梨基地全部建成后，进入稳产期，年产值可达13.2亿元，将会成为当地农村经济发展中又一新的经济增长点。

石榴　据记载，新疆石榴是由伊朗传入的，已有近2000年的栽培历史，目前产区主要集中在塔里木盆地的南部环状绿洲带，即新疆喀什、和田两地区，其中叶城县、皮山县和策勒县是全国著名的三大石榴产区之一。新疆石榴现有栽培面积3120公顷，年平均产量5031吨。新疆石榴主要是农家栽培品种，适应温带干旱区种植。优势中等，丛生，株高3米左右，冠径3—9米。冬季需要覆土越冬，次年四月开封。果实扁圆形，平均果重350—450克，最大可达875克。籽粒重占果实总重的30%以上。果皮光滑，紫红色，子室6—8个，籽粒大，可溶性固形物质17.5%，果汁玫瑰红色，出汁率在31%—38%，9月底成熟，果实可入药，生血养颜。可鲜食、加工两用。

新疆地区水土光热资源丰富，发展石榴条件优越，具有发展潜力。新疆石榴着色好，果实色泽鲜艳，外形美观，汁多味甜，营养丰富。新疆和田地区皮山县皮亚勒玛乡的石榴1997年在北京农展馆展出评比中，在全国各地参评石榴中一举夺魁。

由于新疆石榴发展潜力大，目前已将这一品种作为重点进行规划，仅皮山县规划5年以后将发展该品种3333公顷，预计可新增产值5000多万元。

杏　新疆杏栽培历史悠久，由于特殊的地理环境，无论制干或鲜食味道甜美，各族人民普遍喜食，目前，全疆杏栽培面积已发展到3.3万公顷，产量159278吨，产值44917万元。

在新疆杏的栽培以乡土树种为主，分早、中、晚熟，主要品种有克孜尔达那斯、克孜尔菩曼提、胡安娜、阿克西米西等，果肉多汁，酸甜可口，适宜制干和鲜食。杏还是一种营养价值较高的水果，含有多种有机成份和人体必需的维生素及无机盐类。杏加工可制成杏干、杏脯、杏汁等。这些加工品深受海内外人士的欢迎，市场潜力巨大。

为了加快新疆杏产业的发展，新疆制定了《新疆2001—2010年26个名特优经济林商品基地重点县规划》，提出在今后10年内要在轮台、于田、阿克陶和库车四县发展制干优质杏面积19642公顷，见效稳产期产量可达57825吨，定型年总产值可达40477万元。

西藏自治区

〔林业及野生动植物资源概况〕　西藏拥有极为丰富的森林和野生动植物资源。据1991年一类清查统计，有林地面积717万公顷，活立木蓄积20.84亿立方米。分别居全国第五位和第一位（实际控制线内森林面积439.8万公顷，活立木蓄积13.63亿立方米），主要树种为云、冷杉、松类、铁杉等。西藏有高等植物6400余种，仅国家保护的珍贵植物就有40余种。其中有：冬虫夏草、贝母、三七等药用植物1000余种，糖类和淀粉类植物70余种，工艺原料植物300余种，油脂油料植物100余种，芳香油、香料植物180余种。

目前全区有野生动物2300余种，有脊椎动物789种，其中属国家和自治区一、二级重点保护动物141种。迄今为止，已建国家和自治区级森林和野生动物类型的自然保护区13个，面积32.5万平方公里，占全区总面积的26.5%。地县级保护区22个。

西藏有宜林荒山、荒地面积1300万公顷（主要分布在“一江两河”地区），荒漠化面积2047万公顷。

〔茶叶〕 茶叶是藏族人民生活中必不可少的饮品。茶树在西藏的栽培历史也是从和平解放后才开始的。1956年在察隅昌卡通开始试种成功。

1960、1963、1967年又陆续引进了一批茶籽，分别在下察隅的沙马、易贡、错那的麻玛沟、林芝东久试种，获得成功。1971年在林芝、墨脱、米林、工布江达、曲水、尼木、吉隆、聂拉木、亚东、错那、察隅、波密、芒康等28个县内种植。其中，察隅、波密的易贡、索能、林芝东久、泊龙、墨脱的大部分地方，错那的麻玛沟，以及樟木口岸的立新乡等地均获得了成功。

1973年至1975年，中国科学院综合考察委员会林业组与西藏自治区林业调查队，共同考察了易贡、东久、墨脱茶树的生产栽培情况。认为波密县易贡农场，海拔为2250米，气候温暖湿润，是茶树的适宜生长区域之一。确立了易贡农场以生产茶叶为主的经营方向。

截止目前，全区茶园面积已发展到3000亩，年产粗细茶12万公斤。其中，易贡茶场生产的珠峰茶，其水浸出物含量达44%，茶多酚高达30.9%，在全国评比中多次获奖，并被国家绿色食品评审委员会评为“绿色食品”，易贡茶已打入内地市场，并销往日本等10个国家和地区。

〔名花选介〕 西藏自治区地处高原、地形复杂，具有从热带到寒带植被类型，从而形成了高差悬殊而又各有特色的植被垂直带谱，由于独特的气候地理条件，植物资源极其丰富，种类繁多，特别是野生花卉资源丰富。据调查，主要有剑兰类、虎头兰、大花绣球、黄牡丹、玫瑰、石竹、天竹葵、杜鹃花、大丽花、格桑花（九月菊）、卓玛花等。目前西藏野生花卉有1000多个品种。其中，虎头兰、大百合花、绣球（八仙花科）等20多个品种闻名国内外。野生花卉具有花大、色艳、味香等优良特性。藏族人民用它们来装饰居室和庭院。

〔果品〕 各类果树种植及水果和果品产销。经济林是该区林业的重要组成部分，主要包括干果和鲜果两大类，虽规模不大，但具有比较长的栽培历史。据史料记载，早在唐宋时期，就开始了核桃和梨（低海拔地区）的栽培。17世纪中叶，五世达赖罗桑加仓第二次统一西藏，并建立了政教合一的新体制后，西藏与祖国内地的交流增多，来往的官员、军人、商贩频繁，在交往中，将内地的水果、干果之类的果品带入西藏，并将种子种植在庭院、寺庙中，然后又继续用种子繁植或根蘖繁植，使全区的经济林木有了一定的栽培规模。但在当时，在等级制度极其严格的农奴社会，这类在内地普遍生产的果品在西藏被列为珍品，仅限于贵族庭院和寺庙里栽培，供高级官员和僧侣等极少数人享用。20年代，英帝国主义入侵西藏时，在亚东驿站种植了几十株苹果树，供侵略者及其爪牙们享用，广大的劳动人民则不得品尝。

西藏和平解放以后，党和政府十分关心经济林木生产的发展。1956年，陈毅元帅进藏参加庆祝自治区筹备委员会成立时，给西藏人民带来了第一批苹果、梨等经济林苗木，并在自治区农科所亲自种植了一株“红元帅”苹果。从此，西藏的经济林木生产进入了发展阶段。党的十一届三中全会以来，全区的经济林木生产出现了迅猛的发展势头，栽培面积不断扩大，果品产量不断提高，形成了初具规模的商品生产基地。

据不完全统计，目前全区38个县（市、区）有经济林的栽培，0.5亩以上成片栽培的经济林园405个，栽培面积6万余亩，各类林木120余万株，年产各类干鲜果品800余万公斤，年产值5000多万元，约占全区林业总产值的16%。与民改前相比，栽培面积增加了9倍，产量增加了5倍。全区栽培的经济林木约80余种，其中常见的有一定规模的11种，主要有苹果、梨、核桃、桃等。特别值得指出的是，经过广大科技人员的不懈努力，柑桔、茶叶和油桐不仅引种成功，而且有了较大幅度的发展。目前，柑桔年产量达20余万公斤，年产粗细茶12余万公斤，年产桐籽7.5万公斤，年产桐油2万公斤。

〔著名品牌及其产地〕

1. 朗县花椒

林芝地区朗县位于藏东南干热河谷地带，所产的花椒颗粒大而匀，果皮鲜红、香气浓郁、麻味重，是雪域高原东南部的一种名优土特产。

2. 加查核桃

加查县地处雅鲁藏布江东段，核桃分别在沿江两岸光照充足的20个乡、63个村，海拔3100—3300米之间较集中，于四月下旬至五月上旬开花，九月中旬成熟。

当地群众对每一种核桃都有独特的名字：按核桃仁质量高低，“麻达嘎”意为含油量高；“吉达嘎”意为皮薄、易碎；“多达嘎”指皮厚坚硬。按质量高低、外部形态又分为三个等级：

其一、“歇达”（也称沙达、麻达、贡嘎）核果具有含油量高、味香、脆甜的特点。果实卵圆形或长圆形，可取全仁。此类型分布最广。

其二、“曲达”核果皮厚，表皮较麻刻，有涩味，内隔膜较发达，可取半仁。

其三、“多达”个小、皮厚，缝合线平或呈耳形，多有麻刻，果顶平或长，内隔膜极发达，取仁困难，成熟晚。

据调查，加查核桃有薄皮核桃（加查、冷达等乡村均有分布），夹核桃（曲江二村只有一株，从七月起果实即落，这是一种早熟、薄皮品种）等。

〔木竹产销〕 西藏森林工业有着悠久的历史，至今保存有完好的石木结构为主的宫殿寺庙建筑，充分说明早在吐蕃以前西藏便有木材采伐加工业。西藏现代林业的兴起则是在和平解放以后，并以现代森林工业的建立为标志，自1951年中国人民解放军进藏时西藏的森林工业便开始萌芽，特别是自民主改革以来，为了满足全区经济建设和人民生活对木材、薪材的需求，各级人民政府投入了巨额资金，对西藏林区进行开发利用。并于1955年在林芝地区建立第一家国营森工企业——更张林场，此后相继建立了扎木、岗嘎、鲁朗等国营森工企业和近30家县办林场。西藏的木材实行指令性计划指标控制，每年的生产计划由自治区计划经济委员会下达，企业只能按照下达的指令性计划从事木材生产。西藏的森工企业均为采伐、生产、销售为一体的企业，并且长期以来产品一直比较单一，基本上为粗加工产品即原木和锯材。近几年随着社会经济的发展，木地板、家具、集成材等精深加工企业也在西藏悄然兴起。采伐方式也主要有两种即带状或块状皆伐、择伐，前者主要出现于国营森工企业，后者主要出现于县办林场。国营林场在指定的伐区内实行规模性采伐。县、乡镇林场则以组织林区群众进行零星采伐为主。木材销售自1975年后开始有少量木材销往区外，1986年以后青海省和甘肃省有少数经营木材的个体户来藏经营木材，此后逐年增多。在销售方式上，1956年—1985年为统配统销，1985年—1987年由西藏自治区木材公司对林芝地区的木材实行统购统销。1985年以后开始下放部分木材销售权并实行自销部分浮动比例价，实行统配与自销相结合。1993年以后西藏自治区放开木材价格实行了市场价。当年全区森工企业总产值1.3亿元，创利税7000万元，分别占全区工业总产值的24.3%和工业利税的40%，是历史上森工经济效益最好的一年。目前全区林业行业固定资产净值1亿多元，具有年生产22万立方米商品材能力和加工能力的林业产业规模。据统计，40多年来全区共计生产木材504.27万立方米（含出省材），其中原木454.817万立方米，加工锯材242.35万立方米，生产各式家具近200万混合件，上交利税达1.9亿多元，有力支援了区内外的经济建设。竹类在该区由于产销量不大，基本上为群众自用材，因此无统计数。

〔企事业单位选介〕

（1）西藏优富木业有限公司

西藏优富木业有限公司成立于1996年，是西藏自治区林业厅直属企业，是集林产品开发、加工、生产为一体的现代化大型综合企业，年加工木材40000立方米。

公司董事长：肖和

企业主要产品：实木家具、实木地板块

厂址：拉萨市金珠西路132号

邮编：850032

电话：0891—6829889

（2）西藏林盛助帮木业有限公司

西藏林盛助帮木业有限公司成立于1996年，是西藏自治区林业厅直属企业，是该区惟一一家生产优质无节良材的大型现代化专业木材加工企业，可每年提供优质无节良材10000立方米。

公司董事长：尹跃

企业主要产品：优质无节良材

厂址：西藏林芝地区米林县

邮编：860000

电话：0891—6836813

（3）西藏高原生态旅游公司

西藏高原生态旅游公司成立于1996年，是西藏自治区林业厅直属企业，是该区惟一一家从事高原独特生态旅游的服务行业。下设旅行社、餐饮部。

公司董事长：乌兰图亚（女）

企业主要经营范围：旅游业、餐饮业

公司地址：西藏拉萨林廓北路25号

邮编：850000

电话：0891—6813354

（4）西藏更岗联合总厂

西藏更岗联合总厂是由西藏自治区第一家国营森工企业更张林场和岗嘎林场于1997年合并而成的有限责任企业，总资产5301万元。是集采伐、加工、销售为一体的综合性企业，可年产原木30000立方米，水泥1万吨。

总场厂长：群培

企业主要产品：原木、锯材、水泥

厂址：西藏林芝地区八一镇

邮编：860000

电话：0894—5883387

（5）东久林场

东久林场前身为鲁朗林场，始建于1973年。1997年由援建林场兼并鲁朗林场而成。资产总额3653万元，具有年生产加工25000立方米原木的能力，是集采伐、加工、销售为一体的国营森工企业。

林场厂长：张开真

企业主要产品：原木、锯材、实木门板、指接材

厂址：西藏林芝地区八一镇

邮编：860000

电话：0894－5892504

(6) 西藏林芝林工商联合总公司

西藏林芝林工商联合总公司成立于1989年，被列为西藏自治区六十六家骨干企业和自治区股份制改造试点企业之一。目前已形成木材、木地板生产营销为主，以水果、蔬菜生产为辅的产业格局，拥有资产总额1981万元。

公司负责人：刘海鹰

企业主要产品：原木、锯材、实木地板块、水果、蔬菜

厂址：西藏林芝地区八一镇

邮编：860000

电话：0894—5822429

(7) 西藏昌都地区林场

西藏昌都地区林场始建于1966年，属自治区六十六家骨干企业之一。是集木材采伐、加工、销售和宾馆、餐饮业及炸药生产为一体的综合型国营森工企业，拥有固定资产1718万元。具有年生产加工原木3000立方米、锯材2万立方米和炸药的能力。

林场厂长：土登扎西

企业主要产品：原木、锯材、炸药

厂址：西藏昌都地区昌都县

邮编：854000

电话：0895—4822923

(8) 西藏亚东林场

西藏亚东林场始建于1976年，是集采伐、加工、销售和餐饮业、养殖业并举的森工企业。

林场厂长：尼玛

企业主要产品：原木、锯材

厂址：西藏日喀则地区亚东县

邮编：857600

电话：0892—8822119

〔林业科技〕

自治区试验林场　西藏自治区试验林场是西藏林业厅的直属事业单位，成立于1975年10月，当时场址在拉萨市东郊的蔡公堂乡，1977年迁到拉萨市曲水县聂当乡。1980年成立西藏自治区农牧科学院时，充实了技术力量，改建为西藏自治区林业科学研究所，隶属于自治区农牧科学院。1989年，科研部分与自治区林调队合并组建西藏自治区林业勘察研究所，生产部分更名为自治区林木试验场，隶属于西藏自治区农牧林业委员会林业局，属事业性质的生产单位。1995年11月，恢复组建西藏自治区林业厅，又将自治区林木试验场更名为自治区试验林场，隶属于自治区林业厅，属事业性质的生产科研单位。

该场位于拉萨市西郊的曲水县聂当乡，距拉萨28公里。全场建在拉萨河谷的一级阶地上，总面积为540.36亩，其中生产用地240.09亩，非生产用地299.27亩。生产用地中，育苗面积122.71亩。全场共有在职干部职工28人，其中科技人员11人，工人17人。科技人员中，高级职称1人，初级职称4人，技术员6人。

西藏自治区试验林场是一个以生产和科研技术推广为主的事业单位，生产上以生产杨树苗木和种条为主。近年来，加大了经济林和城市园林绿化苗木的繁育力度。目前，全场各类苗木存量达100余万株，年出圃各类苗木达50余万株，种条20余万株。

林业科研工作是林场工作的重要组成部分，自成立以来，主要科技成果有："北京杨的引种及其配套栽培技术研究"，"果树育苗技术研究"，"果树整形修剪技术"，"苹果幼树越冬管理技术"，"梨品种区域试验"，"苹果品种区域试验"，"西藏苹果丰产栽培参数的调查研究"，"苹果白粉病、褐斑病的发生规律和防治方法的调查研究"，"优胜杨繁殖技术研究"，"银白杨繁殖技术研究等"，为全区林业发展提供了重要科学依据。

自治区林业科学研究所　1981年7月在曲水县聂当乡原自治区试验林场的基础上成立了西藏第一个林业科研机构所——西藏自治区林业研究所，隶属于自治区农牧科学院，编制达72人。

自治区林业研究所成立后，在原试验林场的基础上，扩大育苗面积80亩，年出圃各种苗木10—20万株，并给其它地（市）苗圃提供种条；从北京、陕西西安等市引进北京杨、日本杨、欧美杨、沙兰杨等120多种无性种条选育；其中北京杨已推广到全区；开展沙滩造林（西郊营造3000亩）、拉贡公路绿化，"一江两河"地区人工林病虫害调查，对一些地县苗圃进行技术咨询、指导，帮助建起了曲水县苗圃，派出工作组赴林芝地区调查并进行苹果棉蚜防治等。

1998年，西藏自治区林业研究所撤销，与自治区林业调查队合并为自治区林业勘察研究所，在原址又恢复自治区试验林场。

自治区林业调查机构的演变　1965年初，自治区农牧厅下设林业管理局，并成立了西藏自治区林业调查队，隶属于林业管理局。当时仅有职工5人，其中，行政干部和技术人员各2人，工人1人。

1967年，从云南林学院分配进藏一批大学毕业生充实到林业调查队，使全队发展到16人，其中技术人员11人。

1975年10月成立了西藏自治区林业局（厅级）直属

事业单位自治区林业调查队（区级）。

1988年，西藏自治区林业研究所与西藏自治区林业调查队合并为西藏自治区林业勘察研究所（县级）。

1998年，自治区林业勘察研究所更名为西藏自治区林业勘察设计研究院。现有职工52人，高级职称1人，中级职称11人。

西藏林学会　西藏自治区林学会于1979年成立，现有会员150多人。该学会成立以来，选举产生了六届理事会。组织开展科技咨询等活动。向自治区人民政府上报了《关于加强我区森林资源管理的建议》和《今年我区森林火灾频繁、加强防火工作不可懈怠》的咨询报告，举办果树修剪、防火、电台、育苗技术、造林、治沙、果树病虫防治等培训班10期；编辑出版《西藏林业》杂志，在宜林地区进行经济林木、良种培育推广；开展荒漠化土地综合防治；积极参加科普宣传活动，发展科普知识文章近2500篇；组织会员对西藏森林、经济林病虫害进行调查、防治、采集昆虫标本2000余号、病理标本230余号，动植物标本2700余号；学会成立以来，共发表科技论文1200多篇。为西藏林业发展做出了一定的贡献。1993—1995年曾获得自治区先进学会称号，1993年获全国省级学会之星称号。

西藏野生动物保护协会　西藏自治区野生动物保护协会于1991年6月15日成立，现有会员306人。该协会与原自治区农牧林业委员会在西藏广播电台的“西藏农牧之声”节目举办了《野生动物保护法讲座》，在西藏日报登载了“西藏自治区实施《中华人民共和国野生动物保护法》”讲座，开展了西藏熊麝类经济动物资源现状及利用的研究；印刷了《西藏野生动物保护协会成立大会文件汇编》和“西藏自治区实施《中华人民共和国野生动物保护法》办法”单行本和布告（藏汉两种文字），发至全区城镇乡村，使广大群众知法懂法。出版了《西藏珍稀野生动物野外观察手册》、《西藏珍稀野生动物及其保护》等书刊。积极开展学术交流和国际交流。进行野生动物保护区规划建设。为推动西藏野生动物保护事业发展做出了贡献。1993、1994年被自治区科协评为自治区先进学会。

林业考察　本世纪初叶，少数外国探险家为了窃取西藏的资源情报，为西藏的森林曾有过一鳞半爪的报道。1903—1904年，英国一植物学家涉足过西藏南部的森林；1921年美国人霍华·巴瑞上校在珠穆朗玛峰南侧的卡玛山谷进行过局部踏查。

西藏和平解放后，国家和自治区对西藏的林业发展和林业科研非常重视。1951—1952年，中央文化教育委员会组织西藏工作队随军进藏，其中的农业科学组曾对雅鲁藏布江流域、昌都和亚东等地区的林业进行过踏查，并对西藏高原的自然环境与农林牧业的关系发表过一些文章。1953年中央林业部在西南、西北森林航空观察时，曾涉及到昌都附近以及澜沧江和怒江河谷间的森林。1956年国家林业部调查设计处和西藏自治区筹备委员会农牧处，共同对波密、工布江达、林芝、亚东一带的森林资源进行过踏查，由于考察地区过于局限，并缺乏实测资料，因此，提出的有关西藏森林的面积和蓄积量均远远低于实际水平。1959年西藏筹委农牧处又派人踏查了更张林场的森林资源。

六十年代初期，中国科学院西藏综合科学考察队对西藏中部和南部一些地区进行了考察。其中，林业组对西藏中部和南部一些地区的立地条件、造林类型等问题进行研究，并在1964年发表了《西藏南部考察报告》。其后，中国科学院综合科学考察队在《西藏中部的植被》一书中，对这一地区的森林分布和结构也有简单的论述。

1966—1968年期间，中国科学院组织西藏综合科学考察队，对西藏珠穆朗玛峰地区进行了综合考察，并在其出版的自然地理分册中，对珠穆朗玛峰地区进行了自然分带和植被垂直分布等进行了报道。这些著作在探讨气候、植被与土壤相互关系的基础上对复杂的自然分带现象进行了理论上的探讨，提出了自然分带模式，肯定了喜玛拉雅山南翼属于热带山地的性质。所有这些工作都为进一步研究西藏的森林植物，提供了第一手可供参考的资料。

1973—1976年，中国科学院再次组织规模庞大的青藏高原综合科学考察队，下属林业组以中国科学院自然资源综合考察委员会为主持单位，由云南林学院、西藏自治区林业调查队、内蒙古农牧学院，以及大兴安岭地区林业勘察设计大队的人员共同参加。在考察过程中，西藏自治区各县的林业部门也派人参加了部分工作。这次考察的内容比较广泛，包括森林植被组成、森林的分布规律、森林的群落结构及其更新演替特点、主要树种和经济林木的生态特性、宜林地立地条件类型、茶叶和果树的发展现状与展望、主要树种木材的物理力学性质，以及西藏主要森林病虫害等方面。考察范围涉及昌都、拉萨、日喀则、山南等地的主要林区，以及雅鲁藏布江、年楚河和拉萨河流域的宜林荒地。共采集森林植物标本4200号，采伐标准木420株，解析木110株、植物学和测树学样地调查2800块，分别为不同地区的云杉、冷杉、高山松等树种编制了立木材积表，并于1985年编写出版了《西藏森林》一书。

1980年自治区林业调查队对“一江两河”宜林地区主要速生树种进行了调查，基本摸清了这一地区主要乡土树种的生长规律，为改变沿江农牧区缺材少柴状况提供了依据，同年底初步完成了“西藏核桃品种”调查，为西藏发展核桃生产积累了一定资料。

林业科技成果　西藏民主改革以来，随着林业建设事业的不断发展，林业科技事业也从无到有，队伍逐步壮大，并取得了很大成绩。截止目前为止，全区从事林业的科技人员有100多人，其中高级职称的有5人，中级职称的有40多人，并取得了不少的科技成果。从1978年以来，西藏林业科研成果获得国家和自治区科技成果表彰及科技进步奖励共24项，其中国家级科技进步二等奖1项，三等奖1项，自治区级一等奖4项，二等奖4项，其它奖及表彰14项。

一、获奖项目

（一）1978年

1978年，西藏科学大会上表彰了60项多年来取得的重大科研成果，这次表彰没有设立奖励等级。并根据当时情况以表彰完成项目的单位为主。其中林业科技表彰项目有：

项目名称	主要完成单位	主要完成人
关于解决幼龄果树越冬抽杆问题的研究	自治区农科所园艺组	
采用先进技术多快好省地查清西藏森林资源	自治区林业局调查队	

（二）1980年

1980年，西藏自治区科委聘请有关专家，对全区申报自治区级科技成果奖的成果科研项目进行评审，首次设立了奖励等级（未设一等奖）。其中林业科研获四等奖项目有2项。

项目名称	主要完成单位	主要完成人
西藏一江两河宜林地区主要速生树种的调查研究	自治区林调队	姚培智　多布吉等
北京杨在拉萨的适生表现	拉萨市林业局	赵啸伯

（三）1989年

西藏自治区成立了自治区科技进步奖评审委员会，使西藏科技奖励工作初步走上了规范化、法制化和正规化的轨道。评委于1989年首次评定自治区级科技进步奖获奖项目96项，其中林业科技获一等奖1项、二等奖1项、三等奖1项、四等奖4项。

项目名称	等次	主要完成单位	主要完成人
西藏波密林区高蓄积量云杉的结构与生长、生物量研究	一等奖	西藏高原生态研究所	徐凤翔
西藏经济植物	二等奖	自治区生物研究所	倪志诚　李乾振　周榜弟　景振蜀
南迦巴瓦峰地区维管束植物区系	三等奖	自治区生物所 中科院植物所	倪志诚　程树志
芒康县柑桔、苹果、梨引种试验	四等奖	芒康县林业局	郑克民　郭远富
雅鲁藏布江畔沙滩造林技术	四等奖	山南地区农牧局	李纯禄　方武辰　韩　光　张太然　李惠联　张今生
西藏自治区保护区划	四等奖	自治区林调队	刘务林　王艳军　杨建祥　桑　杰　何立志
苹果白粉病发生规律及防治研究	四等奖	自治区农科所 林芝地区米林农场	林大武　李建兰　崔广程　王宗华　江　白　王中奎　何光华　强白格桑

（四）1991年

1991年西藏自治区科学技术进步奖评审委员会进行了全区第二次评奖工作，其中林业科技获一等奖1项、四等奖1项。

项目名称	等次	主要完成单位	主要完成者
西藏珍稀野生动物考察	一等奖	西藏自治区林业勘察研究所、林业部西北濒危动物研究所、林业部东北濒危动物研究所、西藏大学、西藏林业研究所	尹秉高 刘务林 林仁初 刘少初 何立志 顾滨源 范志勇 王艳军 桑 杰 李贵辉
西藏巨柏的生长养分生产力及合理的研究	四等奖	林芝地区林工商联合公司	于庆和 刘永春 代东萍 毕守法

（五）1993年

西藏自治区人民政府1993年3月3日批准，调整了自治区科技进步奖励评审委员会。评委于1991年6月28日至7月6日对全区申报的科研成果进行了第三次评奖工作。其中林业科技获一等奖1项、二等奖1项、三等奖2项。

项目名称	等次	主要完成单位	主要完成者
西藏羌塘高原珍稀哺乳动物研究	一等奖	西藏自治区高原生物研究所、美国纽约动物学会国际野生动物保护部、西藏自治区林业局、西藏大学、中央电视台国际部《动物世界》节目组	顾滨源 乔治·夏勒 仓决卓玛 刘少初 张耀宇 邱明江 乔 敏 凯·夏勒 郭列军 祁 云
西藏“一江两河”中部流域地区土地沙漠化的成因、发展趋势及整治对策的研究	二等奖	中国科学院兰州沙漠研究所 西藏自治区林业局	董光荣 董玉祥 刘玉璋 张伟民 李 森 靳鹤龄 金 炯 沈渭寿
西藏高山松资源及松脂含量成份与利用研究	三等奖	自治区高原生态研究所	徐凤翔 范自强 张正香 徐阿生
沙滩地沙杨混交林造林试验	三等奖	西藏尼木县农牧局	孙伟华 刘宗德

（六）1994年

西藏自治区科学技术进步奖评审委员于1994年进行了全区第四次评审工作，经初审、行业审、评委会终审，从申报奖励的81项科技成果中，共评选出51项西藏自治区科技进步奖获奖项目。其中，林业科技获一等奖1项、二等奖2项、三等奖1项。

项目名称	等次	主要完成单位	主要完成者
西藏森林资源连清体系建立的研究	一等奖	西藏自治区林业局、林业部中南调查规划设计院、湖南省农林工业勘察设计研究院	粟显才 宋立鑫 黎俊华 杨建祥 刘龙飞 陈雪清 杨金合 王永奎 王艳军 李 晖
山南地区雅鲁藏布江防护林营林技术体系研究	二等奖	山南地区林业局	李纯绿 曾维礼 仁增群丹 索朗旺堆 孙汝林 古桑德庆 张世学 杨根华

项目名称	等次	主要完成单位	主要完成者
西藏黑颈鹤越冬数量统计及生态学研究	二等奖	西藏自治区高原生物研究所、美国国际鹤类基金会、西藏大学、中国科学院动物研究、美国密苏里大学、美国阿拉斯加野生动物保护局、中国中央电视台国际部	顾滨源 玛丽·安娜 毕晓波 仓决卓玛 宋延龄 刘少初 南希·德维什 张耀宗 哈克尼斯
西藏雉鹑等三种珍稀雉类的研究	三等奖	西藏大学、西藏自治区高原生物研究所、西藏自治区林业局	刘少初 顾滨源 次仁
常绿树育苗和移植的试验与研究	四等奖	拉萨市园林局	曾维礼 郭广亮 李来成

（七）西藏国家级奖励林业科研成果

1987年以来，西藏自治区获国家级奖励的林业科技成果有两项：

等级年份	项目名称	主要完成单位	主要完成人
二等奖（1992年）	西藏珍稀野生动物考察	自治区林勘所、林业部西北濒危动物研究所、东北濒危动物研究所、西藏大学、西藏林业研究所	尹秉高 刘务林 顾滨源 朴仁珠 刘少初 王艳军 何立志 范志勇 桑 杰 李贵辉
三等奖（1994年）	山南地区雅鲁藏布江防护林营林技术体系研究	山南地区林业局	李纯禄 曾维礼 仁增群丹 索朗旺堆 孙汝林 古桑德庆 张世学 杨根华

二、主要获奖项目成果简介

（一）西藏珍稀野生动物考察

该成果对西藏各地不同环境、不同种类，野生动物的情况根据其生物学特性，采用多种数量调查方法和数学模型进行了全区性的涉及全部濒危种类的数量调查，进一步查清了西藏珍稀和主要资源动物的种类、分布，提出了建立5年自然保护区的方案及合理开发利用的建议。对增强国民珍贵野生动物资源的保护意识，保护农牧林生产，维护生态平衡，制定野生动物保护法提供了科学依据。

（二）西藏波密林区高蓄积量云杉的结构与生物量的研究

该成果研究了世界罕见的高产量云杉林，从而揭示了这种林的结构特点、生长规律以及生物量的结构特征。为进一步探索中国西南高山林区云冷杉的科学经营与合理利用提供了理论依据，在广大林区木材采伐、迹地更新及森工企业推广应用。

（三）西藏羌塘高原珍稀哺乳动物的研究

该成果的研究者于1990—1992年期间先后四次对羌塘高原珍稀哺乳动物进行了野外考察，取得了宝贵的第一手研究资料。野外考察共统计野生哺乳动物30022只，其中属于国家一级重点保护的哺乳动物羚羊22856只，野牦牛1690头、藏野驴3773头，共计28319头（只），占观察动物总数的94.33%。研究发现了藏羚羊的繁殖迁徙路线，研究了冬季藏羚羊的聚集地及交配场所，还对藏羚羊、野牦牛的性别比、成幼比、区系统化、适应性等进行了分析研究，对羌塘高原大型有蹄类及棕熊和狼的食性及野生动物的保护现状进行了评价，对已建立的羌塘高原珍稀野生动物自然保护区划提出了重要的修改意见，为在羌塘高原建立世界性的、具有独特生态系统的自然保护区提供了很重要的依据。

（四）西藏森林资源连清体系建立的研究

该成果采用卫星遥感技术、航空遥感技术、地面实测物样技术三者有机结合的研究方法，在三十个林区县内系统布设17552个样点并进行卫星图象目视解释判读，实测固定样群717个，固定样地1808个，样本42306株。共建各种地类与森林类型卫星像片目视解释标志1885块，图班调绘判读面积27.67万平方公里。本项目森林面积调查精度达96.9%。蓄积精度达91%，均超过林业部部颁森林资源考察技术规程的精度要求。成功地建立了西藏自治区森林资源连续清查体系，为中国森林资源宏观监测体系填补了空白，为各级政府及林业主管部门提供了可靠的种地类面积、森林类型蓄积数据表格，为森林资源的宏观决策合理利用珍贵的高原森林资源及指导林业生产提供了科学依据。

（五）山南地区雅鲁藏布江防护林营林技术体系研究

山南地区雅鲁藏布江防护林是西藏工程造林的示范样板。自1988年以来共营造防护林5万亩、植树600万株，从贡嘎县至桑日县150公里的雅江滩成功的营造了一条绿色林带。该项目研究了高海拔西藏高原大江大河防护林营林技术，为项目研究了高海拔西藏高原大江大河防护林营林技术，为雅鲁藏布江河谷治理，防风固沙、保持水土，建设生态体系提供了现实依据，对西藏"一江两河"流域造林绿化、防治荒漠化起到了示范作用。

林业教育 自治区成立以来，随着该区林业事业的不断发展，林业教育得到迅速发展和提高，形成了林业基础教育、林业职业技术教育、林业成人教育和林业高等教育的林业教育体系，从而为快速推动该区林业事业发展而提供了有力的专业技术保证。迄今为止，全区共有两所综合型林业大中专院校。

（一）西藏农牧学院林学系

一、基本情况

西藏农牧学院是西藏自治区惟一一所集农、牧、林、水、电于一体的理工高等学校，其前身为西藏民族学院林芝分院，已有28年的办学历史。

西藏农牧学院林学系正式成立于1977年5月7日，其前身为西藏民族学院林芝分院果林系，设有果林专业。1978年随着全国高考恢复，该院被国务院命名为西藏农牧学院，林学系正式开始招生，专业及专业方向是单一的林学。1980—1984年因师资不足等原因而停止招生。20年来，在学院领导和上级林业部门以及内地各有关院校的重视和支持援助下完成了各项教学工作。特别是1994年中央第三次西藏工作座谈会后，得到了国家林业局（原林业部）的重视和关心，部属院校的对口支援，林学系进入了新的发展时期。

二十多年来，师资队伍逐年扩大，目前有教职工42人；专业教师35人，其中高职2人、中职10人、初职22人。开设专业：林学、果林、木材科学与工程、园林、多种经营、林业规划设计及管理。设有森林利用与保护、林业规划设计与管理、园艺、生物4个教研室。教学实验：造林、森保、树木、生物植物、生理生化、测树、果品加工、植物组织培养、资源信息管理，大型真菌10个实习基地；果园、苗圃、园艺圃、花圃4个总面积为180余亩的实习基地。先后承担省部级重点科研项目10余项。截止1998年7月，共为该区林业、果林等部门培养输送各类专业的大、中专毕业生502人，其中林业331人，果林专业152人，森保专业19人；本科生61人，大专生327人，中专生114人；短期培训林学、果树等专业技术人员400余人。目前在校学生9个班，3个专业、2个专业方向、3个学历层次，共计241人。

二、为区、地、市林业主管部门短期培训成人教育

1987年至1998年以来受自治区和各地市林业主管部门委托，共培训208人。

1987年受原自治区林业局委托农牧学院举办林业局长培训班20余人。1985—1988年受自治区林业厅委托承办林学专业三年制中专18人。1988年12月西藏农牧学院在亚东县举办果树培训班20余人。1989年8月受自治区林业厅委托举办全区果树栽培技术培训班30余人。1991年8月为林芝县林业局举办果栽培训班20余人。1995—1996年受自治区人行委托举办那曲嘉黎县忠义乡果树栽培农民培训班70余人。1995年—1997年受原自治区林业局委托承办森保专业二年制中专19人。1997年8月为米林县丹娘乡扶贫果树技术培训20余人。1995年—1998年为林芝地区驻军短期培训果树栽培技术人员30余人。

三、教研、科技、科研

1. 教研。近几年来，先后发表了《教学与实践》、《西藏林业教育改革初探》、《加强实践教学、增强综合能力》、《果树栽培教学改革设想》、《加强实践环节，提高造林学课程教学质量》等多篇教学论文。从1997年开始从《果树栽培》、《森林资源调查规划及管理》、《现代果园经营管理》等实践课程教学方案研究入手，全面开展对林学专业和林学专业实践教学模式的研究和探讨，目前已纳入学生毕业实践环节中。

2. 科技。1997年由董国正教授主持进行了人参和西洋参引种栽培试验已获成功。1995—1996年，为那曲地区提供优质果苗5000余株，举办两期培训班，培训农民70余人。1996年为泰港集团在米林进行了果园规划设计。1997年为米林县工业园和米林县松香厂进行了规划设计，1998年承担了林芝地区第二中学绿化及规划设计，为林芝军分区56021部队、林芝地区农行建行等单位进行果树、绿化树木的修剪技术服务，并为拉萨市教职工中心进行绿化规划设计，为自治区公路管理局进行高原公路绿化试验工程规划设计，以及拉萨市七县一区的森林清查和发展规划设计等。

3. 科研。自1992年以来，先后开展了省部级课题研究："人参引种栽培"、"苹果新品种引种"、"西藏红豆杉资源收集繁殖开发技术（省部级）"、"西藏红豆杉等抗癌植物有效成份分析"、"银白杨等西藏高山树种组培繁殖技术研究"（省部级）、"西藏中西部春草地蓄水及西藏藏东

南季节性沼泽地排水技术研究”（省部级）、“西藏香料植物开发利用技术”、“西藏高山森林水文效应的研究”（国家级）等。其中人参、西洋参引种栽培技术获自治区科技进步三等奖，烤烟引种栽培技术已在林芝地区推广栽培，西藏高原果树良种引种研究，苹果新品种引种已通过验收和鉴定。苹果新品种引种目前已上报参加自治区科技进步奖的评选。部分课题即将结题和验收，目前林学系教师参加部级和自治区科研课题的人数有10余名，其他教师也充分利用毕业生实习课题从事科研工作。

〔西藏农牧学校林学专业〕 1974年2月，由西藏军区生产建设师开始筹建西藏军区生建师农牧学校（县级建制）。1976年7月经自治区革命委员会批准，将农牧学校划归自治区农牧局领导，并改称为自治区农牧学校。1978年划归农机局领导并改为区农牧机械学校。1980年归农牧厅领导。1982年3月经自治区人民政府批准，将区农机校改为农牧校，并于1983年内设林业班。现有林学专业教师8名，其中藏族教师3人，汉族教师5人；男教师3人，女教师5人；讲师4人，助理讲师4人；本科5人，大专3人。教师平均年龄为31岁，平均教龄为15年。

截止到1998年总共开办了11个班级，共招收学生440名。已向社会输送了280名林业技术人才，现在校生4个班级，160名学生。

为使该区林业事业迅速发展，在办学方法上采取长线和短线相结合，普通中专和干部培训相结合，努力开办短训班，已开办了3次短训班，受训人员达150名。参加培训人员均为区级以上林业战线上的骨干人员。

为了满足教学的需要和加大学生的实践技能，更好地服务于社会，建立了种类较齐全的植物标本室和经济林木及其它树种的苗圃基地。校内设有25亩地供林学专业实践用的基础。

〔专业短期与定向培训〕 自西藏民主改革40年来，培养了一批优秀的林业工作者，尤其重视对少数民族干部的培训。根据该区的实际情况和林业生产的需要，采取多种形式和多种渠道进行培训，使干部队伍和林业技术干部队伍不断壮大，整体素质有了较大提高。

〔专家学者〕

徐凤翔 女，汉族，中共党员，1940年生，江苏人。曾任西藏农牧学院教授、西藏高原生态研究所所长、中国生态学会理事。创建了西藏高原生态研究所，开展教学与科研，踏遍西藏西起狮泉河、东至金沙江的大部分地区，三进墨脱实地考察，掌握了大量第一手资料。主要论文论著及教材有《中国西藏波密林区高蓄积量云杉林的结构、生长与生物量之研究》、《中国西藏墨脱主要森林类型的垂直分布》、《森林生态系统与人类》、《中国西藏山川植被》等，达160万字。先后获自治区科技进步奖、国家农业部和教委联合颁发的“科技支农扶贫奖”、国家科委先进科技工作者称号。1991年被评为自治区级优秀专家，1992年经国务院批准享受政府特殊津贴。

刘务林 男，汉族，中共党员，1953年生，山西省兴县人。曾任西藏自治区林业勘察研究所高级工程师，现为自治区野生动物保护协会副秘书长、林学会副理事长、自治区林业厅野生动物保护处副处长。十几年来，足迹踏遍西藏74个县，完成了各项调查研究任务，发表了有一定学术价值的论文26篇，撰写了《西藏自治区自然保护区》、《西藏珍稀野生动物考察报告》、《西藏珍稀动物及自然保护》等4部专著。1989年和1991年获自治区科技进步奖，1992年获国家科技进步二等奖，1993年获自治区优秀学术论文奖，1992年经国务院批准享受政府特殊津贴。

尹秉高 男，汉族，中共党员，1940年12月生，云南省玉溪市人。1965年毕业于昆明农林学院林学系，同年10月进藏工作。历任西藏自治区林业调查队副队长、自治区林业研究所所长、自治区林业局局长、自治区林业勘察研究所所长（兼）。现任自治区林业厅党组成员、计财处长、西藏林学会理事长、西藏野生动物保护协会秘书长、中国林学会理事、高级工程师。

三十多年来，主持和参加了多项林业考察和科研工作，一些项目获省部级科技进步奖。其中，主持完成的《西藏珍稀野生动物考察》项目，获1991年西藏自治区科技进步一等奖，1992年国家科技进步二等奖；参加完成的《中国林业区划》项目，获1989年国家科技进步二等奖。发表论文10余篇。主编了《西藏珍稀野生动物与保护》和《西藏林业经济》（副主编）；参加编写了《西藏风物志》、《西藏科技志》、《中国林业年鉴》、《中国林业区划》等。1983年被国家民委、劳动人事部、国家科协授予“少数民族地区先进科技工作者”称号、1987年率先提出了西藏工程造林模式在全区推广，1992年获全国绿化奖章，同年被国务院批准为享受政府津贴专家，1995年获国家科委授予《西藏“一江两河”地区林业发展战略完成者》证书，1996年获全国绿化先进工作者（劳模）称号。完成了《西藏森林资源连清体系建立的研究》，该成果荣获1994年西藏自治区科学技术进步一等奖，先后组织领导和技术负责完成了《藏东南林区开发总体设计》、“西藏林芝地区波密、米林、林芝县森林资源二类调查”、“全区森林资源更新调查”、“米林县八嘎沟、兰依沟伐区调查设计”。撰写了《中国自然资源丛书》西藏分册“森林及动物资源”等。1997年2月经国务院批准享受政府特殊津贴。

倪志诚 男，汉族，中共党员，1936年生，江苏省沭阳市人。1964年毕业于南京大学，曾在中国科学院植物研究所工作，1973年参加中科院组织的青藏高原野外考察，

1979年调西藏自治区筹建高原生物研究所工作。曾任西藏高原生物研究所所长、研究员，1987年被人事部授予有突出贡献中青年专家称号，1993年经国务院批准享受政府特殊津贴。

徐强　男，汉族，中共党员，北京市人，1966年毕业于北京林业大学，1993年经国务院批准享受政府特殊津贴。

董国正　男，汉族，1937年生，中共党员，云南保山市人，1960年毕业于云南林学院，现为西藏农牧学院林学系教授。1992年经国务院批准享受政府特殊津贴。

〔著名园林〕——（罗布林卡）　罗布林卡意为“宝贝园林”，始建于十八世纪四十年代。七世达赖时（清朝乾隆年间），在此新建了格桑颇章。之后，八世达赖摄正王德木仁布钦在上述地旁又新建了湖心宫。至十九世纪末十三世达赖时扩建了原水池及专用水渠，引拉萨河水灌至湖心宫，储蓄水源以备天旱时浇灌树木花草之用。

罗布林卡占地近四十万平方米，这里树木茂密，草地兴旺，花草齐全，绿树成荫，绿地面积占总面积的89%。树种以裸子植物和被子植物组成，有58科，113属，157个品种，近三十万株。以大面积成片造林和个别品种点缀的形式进行栽培，主要花草以当地乡土花卉和内地以及邻近国家（尼泊尔、印度）引种驯化品种为主。如较为著名的花卉有虎耳草科绣球属的八仙花，目前也是保留较完整的品种之一，该花花色变化大，初开时为浅黄，盛期为粉红，败前为白色，花期较长，花大，最大直径可达28cm。该花容易繁殖，是当地较为珍贵的品种。

产销情况主要自产自用。年产各种花卉近万盆，主要用于节庆时院内开放区的摆花、装饰之用，部分品种投入市场。

——（宗角禄康）　宗角禄康是拉萨著名的园林建筑，是公元十七世纪五世达赖喇嘛阿旺洛桑嘉措时期重建布达拉宫时掘土形成的人工湖（洼地）。六世达赖喇嘛仓决嘉措在湖中兴建了龙王宫。

1996年北京市人民政府投资1500万元人民币进行了大规模整修扩建，现岛上及潭水四周林木茂盛，一派葱绿，游人络绎不绝，是中外宾客和拉萨人民休闲娱乐的重要场所。

——贡觉林卡　贡觉林卡位于日喀则市东2公里处，座落在年楚河畔，是由七世班禅旦白尼玛于1825年仿照拉萨罗布林卡建造而成，距今已有170多年的历史。该林卡南北长4200米，东西宽120余米，占地面积达533900平方米。林卡内绿化覆盖率达95%以上，其中乔木占60%之多，主要以千姿百态的旋柳为主。该树种栽植数年后，开始按顺时针方向扭曲，形态各异，有的铺地盘旋，有的右拐左倒，枝叶茂盛，分枝繁多，生长寿命长，独具韵味，给这座古老的园林，增添了独特的自然风采，使众多旅游者赞不绝口，留恋忘返。据查，目前园林内共有百年以上树木3000多株，千年以上的有百余株。

贡觉林卡做为日喀则市区的自然景点之一，受到了中外游客的青睐，是当地干部群众过“林卡节”的好去处。

畜产、饲料

河北省丰润县（奶业）

多年来，丰润县一直坚持把奶业产业化作为强县富民的重点工程，不断壮大龙头，培育基地，优化服务，极大地提高了奶业产业化发展水平，有力促进了农业结构调整和农民增收。目前，全县已有乳品加工企业3家，日处理鲜奶能力达到260吨，年销售收入2亿元，利税1800多万元；全县奶牛存栏2.5万头，奶农每年可获奶资纯收入1.8亿元，人均纯收入300元。

一、按照产业化要求，借名牌、壮龙头。龙头昂，产业兴。丰润始终把发展壮大龙头企业作为牵动奶业发展的首要问题来抓。这个县奶业起步于80年代初期，开始仅限于到城区提桶小卖，一直无太大的发展。1984年，县里根据这一养殖传统和市场需求，经过多方论证，筹资100多万元建设了丰润县乳品厂，日处理鲜奶20吨。龙头企业的建成，有力带动了全县奶业的迅速发展，奶牛存栏每年成倍增长，几年间便发展到3000多头。为不断适应日益发展的奶牛业，县乳品厂先后多次扩产，日处理鲜奶能力最高达到60多吨，此后又筹建了日处理鲜奶20吨的县第二乳品厂，从而确保了全县鲜奶的及时处理。

但到90年代中后期，奶业市场竞争日益激烈，由于受企业技术能力和水平的限制，丰润乳品厂生产的工业用奶粉一度滞销。龙头弱，则基地不稳，企业不仅拖欠奶款，而且造成鲜奶价格下降，最低谷时由0.7元/斤降到0.4元/斤，全县出现了卖牛杀牛现象。严峻的现实，使该县决策者清醒认识到，只有把龙头企业做大做强，才能使整个产业健康发展。为此，他们通过积极努力，把正在筹建之中的燕山乳品厂与广东今日集团合资，共同组建了以生产液态奶为主的乐百氏（丰润）食品有限公司，使企业的装备水平、加工能力上了新台阶。1998年，企业投产后，乐百氏以高价位参与奶源竞争，迫使周边乳品企业纷纷提高收购价格，最高达到0.9元/斤，一举扭转了奶贱伤农的现象。为促进乐百氏这一龙头快发展，他们制定了一系列优惠政策，为其创造了良好的发展环境，2000年，乐百氏投资8000多万元，增加了液态奶、奶粉产量，新上了AD钙奶生产线，日处理鲜奶能力达200吨，前不久，该企业又被世界500强企业之一——法国达能公司收购，使丰润奶牛养殖业与国际市场紧紧联系在一起，实现了质的飞跃。现在丰润以乐百氏为主的奶业龙头企业已有三家，日处理鲜奶能力260多吨。对此，他们并没有满足。实践使他们认识到，“多牵一个龙头，就多扩一份市场”，目前，他们正与大型乳品加工企业——北京三元公司洽谈，将丰润作为其奶业基地。届时，丰润将形成“群龙闹海、群雄逐鹿”的竞争格局，极大推动奶业发展。

二、按照市场需求，不断提升基地建设水平。建立坚实的奶牛养殖基地，既取决于养殖规模，更取决于鲜奶品质。为此，丰润县坚持总量扩张和提高品质并举，不断适应龙头企业需求，推进奶业基地上规模、上水平，实现产业升级。

一方面，总量扩张上规模。为加快全县奶牛业发展，该县出台了《关于奶业产业化经营的实施意见》、《关于支持奶牛养殖的若干规定》等文件，规定对新购入5头以上的大户提供贷款支持，每头不低于2000元，实行半数抵押，分户担保，政府贴息，在现有利率基础上优惠10%，县里拿出100万元，对贷款养牛的场户按一年期利率的50%进行财政补贴；同时，建立奶牛发展基金，提高奶业生产的自我保护、自我积累、自我应变的能力。据不完全统计，全县已累计向奶牛户发放贷款达1900多万元。2000年县委、县政府在全县组织开展了以加快奶牛养殖发展的“五百千”工程，即：养殖奶牛5头以上的户达到500个、百头以上的村达到50个，千头以上的乡镇达到10个，实现全县奶牛年增万头。到目前全县千头乡镇已达9个，百头村达到46个，存栏5头以上的户457个，奶牛总量已由去年的1.8万头，发展到现在的2.5万头，月均增千头。到年底奶牛存栏突破3万头，成为河北省最大的奶牛养殖基地。

另一方面，集约养殖上品质。随着全国知名品牌“乐百氏”的引进，企业产品档次的提高，对鲜奶质量也提出更高的要求。为此，近年来，他们把奶业基地建设的重心从追求量的增长向质的提高上转变，引导农民改变过去散养习惯和“有奶不愁卖”的思想，变粗放饲养逐步向集约饲养转变。在推进集约养殖上，既充分尊重农民意愿，又积极引导。现在形成了六种集约规模养殖模式：一是建养殖示范场。县里通过多方筹资建成了全省第一家奶牛高科技示范场，可存栏基础母牛1000头，成为全县及周边县区奶牛科学饲养的技术辐射中心。二是由集体或个人投资按“四统一分”的模式建规模养殖场，“引牛入场”。象郑八庄村和四户村由集体投资，按照“统一场地、统一饲料、统一防疫、统一管理、分户饲养”的模式，建起了规模奶牛的养殖场，租赁给各养牛户有偿使用。三是按照小规模、大群体的方式建立养殖小区。为解决一家一户散养问题，沙流河村、党家庄村在村外规划建设了“百户千头”养殖小区，实行集中饲养。四是个体大户规模养殖。这种形式主要由个人投资建场。韩城河西村孙志会一个人投资建起存栏达120头的奶牛养殖场。王家楼村三户农民投资100万元建起股份制的百头牛场。五是分散养殖、集中挤奶。王官营焦家庄村建了集中挤奶大厅，解决了一家一户分散挤奶不卫生等问题。目前全县已建高科技示范场1个，百头以上规模养殖场区30个，百头个体大户13个。规模场户的发展，解决了过去一家一户分散饲养造成的鲜奶品质低、疫病防治难和不良喂养习惯等问题，奶业生产的各项主要经济技术指标位居全省第一。目前，全县日出260吨鲜奶中高品质鲜奶已达160多吨，乐百氏公司也由当初日收合格奶二、三吨发展到日收六、七十吨。为进一步提高鲜奶品质，塑造“喝丰润奶放心”的区域名牌，他们还进一步加强与先进地区、科研机构的联系，在胚胎移植、引进优质精粒、推广实用技术等方面进行合作，通过高科技手段全面改良奶牛品种，提高奶牛养殖的各个环节的科技含量，使丰润由奶牛大县向科技养牛强县迈进。

三、按照市场经济原则，积极探索利益连接机制。事实说明，龙头企业和基地农户只有按照市场经济规律，通过建立紧密的利益连接，才能形成具有强大生命力的产业链，把千家万户的小生产和千变万化的大市场紧紧地连接起来。在具体工作中，他们主要探索了两种形式。一是“公司＋农户”模式即企业通过与规模养殖场及其辐射的奶户签订收购合同，明确双方的义务权利，靠经济合同约束双方经济行为。这样企业把奶牛养殖直接视为企业的第一车间，减少了鲜奶上市的中间环节，既增加了农民收入，又避免了掺杂使假等现象发生，维护了企业利益。目前乐百氏公司已建这样奶站22个。二是由经纪人进行鲜奶购销。对一些散养户，由经纪人收奶点定时收购。这样农民对准经纪人，经纪人对准龙头企业，既方便了分散的养殖户交奶，又减轻了规模较小的加工企业收奶的难度。目前全县有131个经纪人收奶站点。通过“公司＋农户”和经纪人收奶两种形式并存，使各层次养殖户的不同品质的鲜奶都有生产不同档次产品的加工企业收购。龙头企业与生产基地像龙头与龙尾一样，首尾呼应，相互促动，确保全县奶业产业化不断向前发展。

河北省蠡县北郭丹镇西丹村（奶牛）

蠡县北郭丹镇西丹村沿高蠡公路，郭丹洼地段，信息灵通，交通便利，公路四通八达，距京、津、保、石几个城市较近，现有人口1058人，面积1780亩，1995年进入“小康达标村”。

随着国家调整农业产业结构的步伐，西丹村党支部、村委会把全面提高农业和农村经济素质和效益，促进农业增产、农民增收、农村稳定，摆在中心任务上。西丹村畜牧业在大农业中占有较高的比例，通过考察自然环境和当前村民奶牛养殖的势头，以及奶牛所获的经济效益，因地制宜，决定重点抓住奶牛的养殖化，并逐步实现区域化、规范化、专业化、主导化、市场化、企业化、社会化，突出行业优势，带动其他行业的发展。在各级领导的关心支持下，排除种种困难，到年末他们一家分两家，一户带两户，奶牛发展到30余头。由苦到甜，由不懂到懂，由不会到会，群众们由不理解到理解，由不接受到积极投入。1999年一跃发展到百余头，掀起了一个养殖奶牛的热潮，村民的积极性十分高涨，2000年第一季度又购进奶牛50余头，目前已达到156头。

奶牛的养殖投资小，市场广，技术易懂，饲料资源充足，既适合规模养殖也适合家庭养殖，是一项能使村民共同致富的养殖行业。市场是企业生存的土壤，没有市场企业就会枯死。

1. 围着市场转

随着社会经济的发展，人民生活水平不断提高，消费观念也在发生着根本变化，餐桌标准由量变到质变，以前要求吃饱，现在是要求吃好，奶制品已走上了餐桌，进入家庭，陪伴着人们的日常生活，奶的需求量在大幅度增加，由城市已走进农村，由市民已走向农民，由少人食用已普及到大多数人餐饮，别说将来，就目前而言，奶的需求已是一个很大的缺口。这个大市场货源不足，是养殖业的发展力，奶制品的畅销是养殖业的生命力。

奶确实体现出了它的社会食用价值，可没有真正体现出它的货币价值，鲜奶的价格还不如矿泉水的价格高，这是很不正常的市场现象，据专家预测奶的价格一定会稳中有升，与国际市场接轨后将会大幅度上升。

2. 跟着市场变

根据奶制品的消费市场，抓住奶牛养殖的发展，也就促进了农业种植结构的调整和企业产品结构的调整。产品跟着市场变，农业也要寻找市场，种植也改传统的单一粮棉作物，种奶牛食用草，既促进了养殖业的发展，又提高了种植的经济效益。近几年来，奶牛养殖业的兴起带动着各厂家积极地进行产业结构调整，两厂家分别筹备上百头规模的养殖厂，一厂家正筹建奶牛服务中心，设奶站（已与保定农垦集团签订了合同）、兽医站，饲料厂等一条龙服务项目。

通过市场考察及专家论证，以及养户掌握的第一手资料，此项目是可靠的，市场前景是广阔的。

为了规范化管理，按基地标准建成农业、工业、贸易一条龙，养殖、加工、销售一条线，做到防治不出门、挤奶不用人、饲料送到家、交奶不出村的服务环境，保定农垦集团准备投资18万元在基地建一所现代化的挤奶厅，村党支部、村委会研究决定拿出1000亩土地，作为基地开发用地，其中200亩建标准牛舍及配套设施，800亩种植奶牛所需的饲料，既解决了奶牛的饲料，又使土地创效增收。

扶持空白户，调整思路，加快步伐，把握时机，向养殖业投入，计划2000年年底奶牛增加到300头，2001年增加到600头，2002年建成千头奶牛养殖基地，计划筹建20座标准牛舍。人均一头牛，单这一项，人均可创收5000元以上。

河北省蠡县耿庄珍禽鹧鸪养殖总场

河北省蠡县耿庄向东鹧鸪食品有限公司是一家集鹧鸪养殖、良种繁育、产品加工、销售及鹧鸪专用药品、饲料等配套产品服务于一体的正规化、专业化企业。公司占地面积共2100多平方米，地理位置优越，交通便利。

几年来，公司通过大量的实践经验和专家技术人员的反复研究、科学管理，现已培育出具有体质健壮、抗病能力强、产蛋率、孵化率高等特点的高产种鸪，确保了种源的优质纯正。鹧鸪肉的保健滋补价值不仅见于中国诸多医典名著，而且经国家有关部门先进仪器检测，证明了其营养价值远远高于其它禽类。公司目前已研制开发出系列鹧鸪食品，保持了口感好、原汁原味等特点，为现代人馈赠亲朋的上等礼品。

公司共有专家、技术管理人员13名，致力于鹧鸪产品研制开发。建有大型标准化养殖基地、食品加工基地、化验室、专家诊断室，成功筹办了“全国首届鹧鸪产销信息交流会”，并被评为“龙头企业”和“鹧鸪产品出口基地”。

为了扩大经营以满足生产需要，公司在各地继续诚招联营分场，由该场统一提供种源、技术培训、回收产品，并签定合同，保证信誉。公司常年出售不同月龄的鹧鸪。欢迎各界有识之士来公司参观、洽谈、合作，董事长李向东携全体员工恭候您的光临。

地　　址：河北省蠡县曲堤乡耿庄

电　　话：0312-6071759　6071779

接　　待：6070859（传真）

联 系 人：李向东　丛凤林

内蒙古家畜改良工作站

〔概况〕　沐浴着改革开放的春风，伴随着经济发展的步伐，内蒙古家畜改良工作站走过了43年的奋斗历程，迎来了畜牧业商品经济蓬勃发展的今天。内蒙古家畜改良工作站自1957年成立以来，技术队伍不断壮大，服务功能逐步增强，科技推广开发硕果累累，全区良改种大小牲畜发展到4393.09万头只，良改畜比重达69.79%，正式育成24个家畜新品种。内蒙古家畜改良工作站已发展成为集科研、生产、推广、开发、种畜禽质量监测于一体的家畜改良社会化服务中心。依托高新技术成立的内蒙古高达生物工程研究开发公司，标志着全区家畜改良事业揭开了崭新篇章，畜牧科技人员向高新技术产业化迈出了雄健步伐。

内蒙古家畜改良工作站现有专业技术人员78人，其中高级畜牧兽医师19人，畜牧师20人，博士研究生3人，硕士研究生5人，一部分青年科技人员已成为生物工程领域的学科带头人和跨世纪的人才。内蒙古家畜改良工作站仪器设备先进，拥有冻精生产和胚胎生产移植成套大型高精密仪器等现代化实验生产设施。站内现饲养着从加拿大引进的世界一流的纯种优秀西门塔尔、夏洛来、海福特、安格斯、利木赞、德国黄、皮尔蒙特、荷斯坦等八个品种的肉用和乳用种公牛60头，种母牛70头。年生产冻精100万支（粒），冻精质量全部达到国家标准，行销全国12个省、市、区，牛羊胚胎移植技术研究水平和开发规模国内领先，达到国际水准。胚胎移植技术不仅在区内应用，而且推广到全国9个省、市、区。正在实施的“应用胚胎生物工程技术建立良种肉牛繁育体系和生产体系”等国家“九五”重大科技攻关项目取得显著成果。一个全国性肉牛繁育中心已在该站初步建立，并面向全国开展优质服务。

在迈向新世纪的历史时刻，竭诚希望社会各界、国内外朋友一如既往地关心、支持、参与家畜改良事业的发展，携手共绘内蒙古畜牧业跨世纪宏伟蓝图。

〔名优品种〕　2000年8月16日内蒙古自治区人民政府在呼和浩特市举办了首届内蒙古名优特农畜产品与绿色食品交易会，内蒙古家畜改良工作站和通辽市家畜繁育指导站的肉牛冷冻精液产品和下列14个家畜品种被评为名优产品。

1. 三河牛　产于呼盟额尔古纳右旗的三河地区及滨洲铁路沿线。1986年9月自治区有关部门验收命名为“内蒙古三河牛”新品种。全区共有8.5万头，其中90%以上在呼盟。

三河牛是自治区优良乳肉兼用型品种。成年公牛平均体高156.8厘米，体重1050公斤；成年母牛平均体高131.8厘米，体重547.9公斤；屠宰率50—55%，净肉率40—45%；年均产奶3145公斤，乳脂率4.1—4.4%。

2. 科尔沁牛　产于哲盟科左后、科左中、扎鲁特、开鲁和通辽等旗县。1990年8月自治区有关部门验收命名为“科尔沁牛”新品种，数量约5.5万头。

科尔沁牛属乳肉兼用型品种，成年公牛平均体高147厘米，体重808.6公斤。成年母牛平均体高129厘米，体重425公斤。在半舍饲条件下208天平均产奶量210.8公斤，乳脂率4.17%，十八月令阉牛屠宰率为53.3%，净肉率41.9%。

3. 内蒙古细毛羊　主要分布在锡盟正兰、太仆寺、多伦、镶黄、阿巴嘎、锡林浩特和西乌珠穆沁等七个旗县市。1976年12月自治区有关部门验收命名为“内蒙古毛肉兼用细毛羊”新品种。1985年后导入澳洲美利奴血液。目前数量已发展到150余万只。

内蒙古细毛羊成年公羊平均产污毛14.19公斤，毛长10.4厘米，成年母羊平均产污毛6.36公斤（净毛3.1公斤），毛长9厘米，羊毛细度60—64支，剪毛后成年公羊平均体重89公斤，母羊45.5公斤，屠宰率48.4%，母羊产羔率110—125%，净毛率47.76%。

4. 敖汉细毛羊　产于赤峰南部的敖汉、翁牛特、松山区、喀喇沁及宁城等五个旗县。中心产区为敖汉旗。1982年6月自治区有关部门验收命名为“敖汉毛肉兼用细毛羊”新品种，1985年后导入澳美羊血液，数量已达90多万只。

敖汉细毛羊成年公羊污毛量19.26公斤。母羊产污毛8.0公斤（净毛量3.03公斤），净毛率44.7%，羊毛长度成年公羊12.1厘米，成年母羊9.03厘米，羊毛细度以64支为主。剪毛后成年公羊体重101.8公斤，成年母羊48.4公斤，屠宰率46%，产羔率132.7%。

5. 鄂尔多斯细毛羊　产于伊盟乌审旗及其邻近的鄂托克前旗、伊金霍洛旗、抗锦旗和鄂托克旗。1985年5月自治区有关部门验收命名为“鄂尔多斯细毛羊”新品种，1986年后导入澳美羊血液，数量有130多万只。

鄂尔多斯细毛羊成年公羊毛长11.0厘米，产污毛10.9公斤，成年母羊毛长9.63厘米，产污毛5.74公斤（净毛量3.0公斤）。净毛率50.9%。细度以64支为主，剪毛后成年公羊体重64公斤，成年母羊40.7公斤；产羔率105—110%。

6. 中国美利奴羊（科尔沁型）　产于哲盟嘎达苏种畜场。采用级进杂交培育而成。1985年6月自治区有关部门验收命名。同年12月国家有关部门命名为“中国美利奴羊”科尔沁型新品种，数量约为1.33万只。

该品种成年公羊毛长11.8厘米，污毛量为18.9公斤，剪毛后体重102.3公斤；成年母羊体重42.0公斤，细度60—64支为主；净毛率54.87%，产羔率110.8%。其特点是产毛量和净毛率高，羊毛品质好，已接近澳美羊水平。

7. 乌珠穆沁羊　产于锡盟东西乌珠穆旗相毗邻的锡林浩特市和阿巴嘎旗部分地区。1986年10月自治区有关部门验收命名为“乌珠穆沁羊”新品种，数量达150多万只。

乌珠穆沁羊具有体大肉多、屠宰率高，肉质鲜美、无膻味，终年放牧，抓膘积脂快，早期生长发育快，抗逆性能强，遗传性稳定等六大特点。成年公羊体重84.9公斤，成年母羊68.5公斤，成年羯羊屠宰率55.9%，繁殖率100.45%。

8. 内蒙古白绒山羊　产于伊盟鄂托克旗、鄂托克前旗、杭锦旗、准格尔旗、达拉特旗、巴盟乌拉特中旗、后旗、前旗和磴口县；阿盟阿拉善左旗、右旗和额济纳旗。1988年4月自治区有关部门验收命名为“内蒙古绒山羊”新品种，数量约260万只。

内蒙古白绒山羊属绒肉兼用型品种，其主要优点是羊绒细、纤维长、光泽好、强度大、白度高、绒毛手感柔软；综合品质优良，在国际上居领先地位。成年公羊平均产绒量483.18克，剪毛后体重37.5公斤，绒厚5.11厘米，成年母羊平均产绒量369.95克，剪毛后体重27.21公斤，绒厚4.66厘米，净绒率62.8%，羊绒细度14.73微米，成年羯羊屠宰率46.2%，产羔率103—110%。

9. 苏尼特羊　产于锡盟苏尼特右旗、苏尼特左旗和四子王旗，包头市达茂旗以及巴盟的乌拉特中旗。1997年8月自治区有关部门验收命名为“苏尼特羊（亦称戈壁羊）”，数量达191.4万只，符合品种要求的达116.09万只，其中基础母羊59.54万只。

苏尼特羊是自治区西部荒漠半荒漠草原特定生态条件下的一个古老而优良的蒙古羊主要类群。苏尼特羊体格大、产肉性能好，瘦肉率高，肉质鲜嫩、多汁美味、无膻味、羊肉品质上乘，生长发育快。耐寒、耐粗放、适应性强，遗传性能稳定的小脂尾型肉用品种。

苏尼特羊成年公羊平均体重78.83公斤，成年母羊58.92公斤，育成公羊59.13公斤，育成母羊49.48公斤。成年羯羊屠宰率达55.19%，1.5岁羯羊屠宰率50.09%，瘦肉率为70%以上。净肉率：成年羯羊45.25%，1.5岁羯羊41.12%，8月龄羔羊39.2%，产毛量成年公羊1.7公斤，成年母羊1.35公斤，产羔率为113%。

10. 乌珠穆沁白绒山羊　分布在东西乌珠穆沁旗及邻近的锡林浩特市和阿巴嘎旗，1994年6月自治区有关部门验收命名为“乌珠穆沁白绒山羊”新品种，数量达65.8万只。

乌珠穆沁白绒山羊体格大，产绒量高，羊绒品质好，适应性、抗逆性强，遗传性能稳定，是一个绒肉兼用型品种，成年公羊平均产绒量578.4克，抓绒后平均体重为50.3公斤，成年母羊平均产绒量为461.0克，抓绒后平均体重41.4公斤，羊绒细度15.62微米，净绒率61.8%，成年羯羊屠宰率为54.15，产羔率为114.8%。

11. 罕山白绒山羊　分布在赤峰市和哲里木盟北部，包括扎鲁特旗、库伦库和霍林郭勒市，1995年9月自治区有关部门命名为“罕山白绒山羊”新品种，品种数量为94万只。

罕山白绒山羊成年公羊产绒量平均708克，绒厚5.54厘米，成年母羊平均产绒量为487克，绒厚度为4.73厘米，抓绒后平均体重，成年公羊47.25公斤，成年母羊32.38公斤，净绒率为73.71%，羊绒细度14.72微米，成年羯羊屠宰率46.46%，产绒率109—119%。

12. 三河马　产于呼盟额尔古纳旗和滨洲铁路沿线。1986年9月自治区有关部门验收命名为“内蒙古三河马”新品种，数量约1.7万匹。

三河马是自治区优良的乘挽兼用型品种，外貌清秀、体质结实、动作灵敏、性能温顺、力速兼备、持久力强、耐寒耐粗饲、遗传性稳定，抗病力强。平均体高成年公马152.7厘米，母马144.1厘米，据测验速力1000米为1′7″4，挽曳作业比蒙古马提高25%以上。

13. 锡林郭勒马　产于锡盟东南部，以白音希勒牧场和五一种畜场为中心。1987年7月自治区有关部门验收命名为“锡林郭勒马”新品种，数量约1.4万匹。

锡林郭勒马是乘挽兼用型品种，体格结实，力速兼备。平均体高公马149.4厘米，母马142.8厘米，1000米速度为1′14″7，最大免力400公斤。在群牧管理、四季放牧干旱草原条件下适应性很强，恋膘性好，发病率低，遗传性能稳定。

14. 阿拉善双峰驼　主要分布于阿盟的阿左、阿右和额济纳旗、巴盟的乌拉特后、乌拉特中旗和伊盟的杭锦、鄂托克旗等地。通过本品种选育提高的方法培育而成。自治区有关部门1990年10月验收命名为“阿拉善双峰驼”新品种，品种育成时数量有18.7万峰。

该品种特征明显，体质结实，结构协调，遗传性能稳定，抗逆性强，绒毛品质优良，素以“王府驼毛”驰名中外。成年公驼平均体高168.1厘米，体重395.8公斤，产毛量6.97公斤。骟驼屠宰率为41.8%，是一个以绒为主兼顾肉役用的新品种。

法人代表、站长：那达木德

电　　话：0471-4963294

传　　真：0471-4963294

邮　　编：010010

内蒙古包头市奶业公司

包头市奶业公司（原名包头市黄河乳牛场），始建于1957年，是以奶业为主，种植、养殖、加工业一体化经营的农垦中型企业，也是内蒙古西部区最大的奶源基地。

公司位于黄河之北，总面积36平方公里，现有林路水机配套耕地3万亩，人工草场4600亩。饲养荷斯坦奶牛4000头，年产鲜奶2万吨。饲草料基地稳定，年产青干草1100吨，青饲料2万吨、精饲料1万吨。乳品加工“小丽花”牌消毒鲜牛奶占包头市场8成以上，酸乳饮料、奶粉、奶茶粉远销国内各省市。“小丽花”消毒牛奶、酸奶、果味奶等五个产品1998年被中国绿色食品发展中心认定为绿色食品，连续多年被包头消费者协会评为质量信得过产品，2000年被评为内蒙古自治区名牌产品。

在西部大开发的鼓舞下，公司坚持种养加一体化、科工贸一条龙的农业产业化道路，引进了中国工程院院士、内蒙古大学旭日干校长的IVF胚胎移植技术，开展了奶牛、肉牛、胚移工厂化生产，引进日处理鲜奶60吨的全套丹麦无菌奶生产线正在建设，预计2001年10月投产，组建了包头懋菲蒙奶业股份有限公司正积极筹备上市。力争在近期内建成现代化的绿色奶品骨干企业。

公司地址：内蒙古包头市九原区麻池镇南

邮　　编：014013

电　　话：（0472）-5980046

电　　话：（0472）-5980046

内蒙古自治区锡林郭勒盟

〔概况〕　锡林郭勒盟位于内蒙古自治区的中部，地处北纬41°35′—46°40′，东经111°8′—120°07′。是世界四大著名天然优良草原之一。海拔800—1800米，属中温带干旱、半干旱大陆性气候，年平均气温1—4℃，无霜期100—130天，降水量150—400毫米。

全盟总面积20.3万平方公里，其中可利用草场面积为18万平方公里。锡林郭勒草原沃野千里，物产丰饶，牧草茂盛，草原生态类型保持完整，野生植物种类繁多，有着悠久的畜牧业生产经营传统。截止2000年6月30日，草食家畜存栏1797万头（只），占全区牧畜总头数的1/4，饲养规模居全国地区级首位。是国家重要的商品畜牧业基地和自治区主要的畜牧业生产基地。境内有中国唯一被联合国教科文组织纳入人与生物圈保护网络的国家级草原自然保护区。

锡林郭勒盟历史悠久，早在新石器时代就有了人类活动的踪迹，得天独厚的草原生态环境和长期的生产实践，培育了品质优良、闻名国内外的牲畜良种，比较有代表性的有：乌珠穆沁羊、乌珠穆沁白山羊、苏尼特羊等。

〔**优良畜种**〕

乌珠穆沁羊　乌珠穆沁羊是在乌珠穆沁草原特定的生态条件下，长期自然选择与人工选择培育而形成的肉用脂尾粗毛羊，是蒙古羊的一个地方优良品种。主要产区为内蒙古锡林郭勒盟东乌珠穆沁旗、西乌珠穆沁旗、锡林浩特市。现有300多万只，年出栏优质肉羊200多万只。

茫茫无际的绿色原野，天然优质的牧草使乌珠穆沁羊肉品位独占鳌头，据专家考证，乌珠穆沁羊肉具有肉质鲜嫩，味道鲜美，无膻味，肉层厚实，蛋白质含量高，富有人体所需的氨基酸和脂肪酸，容易消化等特点，是优良的纯天然绿色食品。乌珠穆沁羊肉产品现已开发几大系列20几个品种。销往黑龙江、吉林、辽宁、北京、天津、河北等十几个省市，市场畅销，从1983年开始，一批批活羊远渡重洋，深受海湾国家的欢迎，成为国外友人餐桌上的上等佳肴。

乌珠穆沁羊具有体大，尾大，肉脂多，羔羊生长发育快，放牧抓膘能力强等特点，是中国宝贵的肉羊资源之一。6月龄羊平均体重为：公羔48.6kg、母羔40.97kg；育成羊平均体重：公53.28kg、母49.93kg；成年羊平均体重：公81.34kg、母61.28kg；羔羊在自然放牧条件下，日增重200g以上；屠宰率：6月龄羔49.8%，成年羊56.3%。目前，年出栏优质肉羊达200多万只。

乌珠穆沁羊的毛皮是制裘、制革的上等原料。以当年羔羊的毛皮质佳，其毛皮毛股柔软，具有螺旋形环状卷曲。初生和幼龄羔羊的毛皮，是珍贵裘皮。

乌珠穆沁白山羊　乌珠穆沁白山羊是乌珠穆沁草原特定的生态条件下，经过长期的自然选择和人工精心培育而形成的绒肉兼用型优良山羊品种，是蒙古山羊的一个地方良种。分布于内蒙古锡林郭勒盟东乌珠穆沁旗、西乌珠穆沁旗、锡林浩特市和阿巴嘎旗北部，主产区在东乌旗和西乌旗。现有78万只，年出栏30余万只。

乌珠穆沁白山羊属绒肉兼用型优良畜种，具有体格高大，体质结实，全身纯白，绒毛丰厚，产绒量高，绒质优良等特点。绒平均细度15.62微米，绒层厚度4.8厘米，绒纤维平均强度5.82克，绒纤维伸度44.43%；成年公羊平均产绒量578.4克，最高785克，成年母羊平均产绒量461克，最高760克。乌珠穆沁白山羊产区，年产优质山羊绒500多吨，畅销国内外市场。该品种山羊产肉性能良好，肉质鲜美，营养丰富，成年公羊体重平均68.4kg，成年母羊平均体重57.2kg，屠宰率54.11%，六月龄公羔平均体重29.0kg。

乌珠穆沁白山羊在恶劣严酷的气候和终年自然放牧无灾不补饲的条件下，仍然能保持较高的生产性能，这就充分表现了该品种的抗逆性强、生产能力高、经济效益大等突出特点。

苏尼特羊　苏尼特羊是在气候干燥寒冷，牧草稀疏低矮的荒漠草原特殊生态环境中，经过长期的自然选择和人工选择而形成的一种肉质优良的短脂尾肉用粗毛羊，是蒙古羊的一个地方优良品种。中心产区是苏尼特左旗和苏尼特右旗。现有70多万只，年出栏40多万只优质肉羊。

由于该羊经常采食苏尼特草原上特有的菊科牧草和葱类植物，因此肉质鲜嫩、肥而不腻，红而不瘦，肥瘦相间，口味醇香，是制作“涮羊肉”的最佳原料。经科学测定，苏尼特羊肉的蛋白质平均含量为19%，脂肪平均含量为3%，瘦肉率高达70%，并富含人体所需的各种氨基酸和微量元素，其营养价值高于其它一些绵羊品种，是羊肉中的上乘佳品和珍贵的天然保健绿色食品。追忆历史，它曾以皇宫膳食佳品而倍受推崇，延续至今，在北京等地，各大餐厅、饭店一直以“苏尼特羊肉”的特色风味而著称。特别是成为北京东来顺餐厅的唯一指定羊肉。目前，苏尼特羊肉已被开发出几大系列十几个品种，产品远销东北、京津及中东地区，深受广大消费者的青睐。

苏尼特羊平均体重：6月龄公羔39.8kg、母羔37.2kg；成年公羊80kg以上，母羊60kg以上。屠宰率：6月龄48.96%，1.5周岁51.1%，成年羊56.19%。4—6月龄羔羊日增重达300g。

苏尼特羊具有耐寒、抗旱、抗灾能力强，生长发育快，成活率高，遗传稳定，耐粗饲，适应性极强等优点。该羊毛皮、板皮厚而匀称，质地结实，是加工裘皮和制革的上乘原料。

锡林郭勒盟行政公署办公室
联 系 人：游晓阳
联系电话：8225518　13604798027

辽宁省西丰县（梅花鹿之乡）

西丰县位于辽宁省东北部，地理位置在北纬42°22′—43°08′，东经124°16′—125°07′，县城距省城沈阳183公里，距铁岭市110公里，县境大体呈三角形，为“七山半水二分田，半分道路和庄园”的地貌结构。全县现有人口34.1万人，其中农业人口28万人。全县总面积为2，686.98平方公里，耕地面积97万亩。县内有汉、满、回、朝鲜等19个民族，其中满族人口16万，占全县人口的46.9%。全县年平均气温5℃左右，年积温2983℃，日照2717小时，年降水量740mm，无霜期132天，是四季分明的中温带气候。境内交通发达，国道303线（集锡公路）和省级公路沈平线穿越西丰境内。有开丰（开原—西丰）、四梅（四平—梅河口）2条铁路贯穿境内。

西丰是以林为主的县份，明万历四十七年（公元1619年，即后金天命四年），清太祖努尔哈赤灭叶赫后，将此地封为围场，光绪二十二年（公元1896年）驰禁招垦。1902年设县，因河水西流、物产丰富而得名“西丰”。相传康熙帝曾狩猎于此，射中一只鹿，鹿带箭而逃，康熙帝脱口而出：“此乃逃鹿也!”遂得名“逃鹿”，后人亦以“鹿城”相称。围禁300多年的皇家围场，给野生动植物的繁衍生息提供了有利条件。

西丰县是东北梅花鹿的故乡，是东北亚良种梅花鹿基地之一，县委、县政府十分重视鹿业产业，把鹿业产业作为西丰县经济发展的主导产业和强县壮乡富民的特色产业，有力地推动了鹿业的大发展。全县有鹿业科学研究所、鹿业协会、技术服务中心、兽医站等多家鹿业科研、服务部门，在科学饲养、良种选育、新产品新技术的开发与推广、人员培训、防疫灭病等方面发挥了积极的作用，使鹿业生产得到快速发展。西丰县养鹿历史悠久，长期养鹿培养了一大批技术人才。目前，全县有畜牧兽医和特产专业技术人员201人，其中高级31人，中级66人，初级104人；全国特产学会常务理事1人，理事7人。自1947年成立了人工养鹿场发展到今天，已有26家国营鹿场，69家乡村集体鹿场，389家个体鹿场，鹿的饲养量达到2.4万只，存栏可达2.2万只，占全省饲养量的60%以上，占全国6.7%。鹿茸产量占全国5.5%。西丰梅花鹿鹿茸主干粗壮，眉枝较短，支头肥大。通过化学成分进行测定分析，西丰梅花鹿的粗蛋白质含量为68.57%。必需氨基酸含量为23.06%、能量达到3，867cal/g。比其它品种的梅花鹿都高。西丰县是全国梅花鹿良种基地，育才种鹿场被指定为“中国西丰梅花鹿繁育中心”，目前，该“中心”正在攻克“梅花鹿人工授精”技术。

西丰的鹿业生产和鹿产品在国内国际市场上有很大的影响力，特别在韩国、东南亚一些国家和香港地区知名度较高。梅花鹿的鹿茸、鹿鞭、鹿胎、鹿骨、鹿筋都是名贵的中药材，可加工成高级药品和高级保健品。鹿肉是高蛋白、低脂肪、营养丰富、风味鲜美的高级肉类食品，可以加工鹿肉罐头、肉松、肉干等。鹿皮是高级皮革，经过加工可以制成高级服装，上等鹿茸多出口到港、澳、台地区和东南亚等一些国家，特别是韩国的需求量是世界需求量的60%。等级低的鹿茸就地初加工，销往全国制药、饮品、化妆品等行业。西丰县于1990年建立一个“西丰鹿城参茸药材市场”，东北地区、新疆的鹿茸大部分集中到西丰市场之后，再远销国内外，形成了东北最大的参茸集散地，全县有工商注册的各类经营性参茸公司150余家，参与经营鹿产品的各类人员数千人，年经销鹿茸30吨左右，占全国经销量的25%，鹿茸及鹿副产品年经营额超亿元，成为东北地区最大的鹿茸集散地，并在全国享有盛誉。西丰梅花鹿品种选育已通过省级鉴定，八项指标居国际领先水平。其中上锯公鹿成品茸平均单产1.259公斤；鲜茸单产3.205公斤；畸型茸率在7.6%；一级茸70.9%；母鹿繁殖成活率80%，而且具有耐粗饲料、适应性强、抗病力强等特点。中国加入WTO后，鹿产品市场将进一步扩大，可以利用西丰县农垦集团公司进出口权，把鹿产品直接销住欧、美一些国家。

“西丰梅花鹿”品种选育成果，获1996年铁岭市科技进步一等奖；“西丰梅花鹿”品种，荣获1996年中国农学会特产学会授予的中国梅花鹿最佳品种奖；“西丰梅花鹿”鹿茸，荣获1996年长春国际鹿产品博览会金奖；“西丰梅花鹿”品种选育成果，1997年被国家科委列为“九五”期间“国家科技成果重点推广项目”。

该县计划在2001—2005五年内建成省级鹿业开发基地县，重点是抓好“五大体系”建设。一是良种繁育体系建设。建成全国一流的梅花鹿人工授精改良站和鹿配合饲料加工厂。以农垦系统的育才种鹿场、谦益鹿场、凉泉鹿场、和隆鹿场、振兴鹿场和科学研究所示范鹿场为繁育优良种鹿。良种群达6000只，其中：特级鹿1500只，年提供种公鹿300只，种母鹿300只，幼鹿400只，优良种公鹿冷冻细管精液8万管，梅花鹿人工授精2000只，生产鹿全价配合饲料2500吨。二是饲养规模体系建设。继续扩大饲养规模，重点扶持个体养鹿户。到2005年底全县个体养鹿户达2000户，国有和集体100户。鹿饲养量达5万只。三是鹿产品开发体系建设。以西丰中药厂为基础进行改造，利用本县的鹿茸和鹿副产品，就地精、深加工，在原有鹿产品加工厂的基础上再发展10个加工厂，主要是加工原茸片类、酒类及鹿副产品等。四是市场营销体系建设。在现有150余家经销公司的基础上再发展50家，并利用招商引资建设鹿副产品专业市场，实行归市统一销售，同时利用县农垦集团总公司的进出口权，积极开拓欧美市场。五是社会服务体系建设。在完善鹿业协会建设的基础上，以乡镇兽医站为依托，在全县20个乡镇建立分会，并在8个重点乡镇建立人工改良分站。

西丰人杰地灵，特产丰富，环境优美，民风纯朴，欢迎国内外各界有识之士来西丰投资办厂（场），洽谈生意，观光作客，更期盼在异地的西丰游子为家乡的发展贡献聪明才智，共同建设、发展和繁荣西丰。

辽宁省辽宁绒山羊原种场

辽宁省辽宁绒山羊原种场是专门从事培育辽宁绒山羊原种的国家的重点种畜场，是中国唯一的辽宁绒山羊原种繁育基地，所培育的辽宁绒山羊原种，以产绒量高，绒毛品质优良，遗传性能稳定，改良各地土种山羊效果显著而享誉世界。有“中华国宝”之称。该品种所产羊绒，因其绒纤维长、细度好、抗拉力强，是动物纤维中最上乘的纺织工业原料，有“软白金”之称，被专家誉为纺织工业中的“纤维宝石”。

1965年全国品种资源普查，在辽宁步云山周围山区发现了“辽宁绒山羊”这一地方优良品种。此后，由农业部和辽宁省财政共同投资于1980年建立了辽宁省辽宁绒山羊原种场。集中了该地区最优秀的类群进行闭锁繁育。经过20年来的努力，迄今为止，已经育成了世界上最优秀的绒山羊品种之一的“辽宁绒山羊”。

辽宁绒山羊公、母羊均有角、有髯，公羊角发达，向两侧平直伸展，母羊角伸向后上方，额顶有自然弯曲并带丝光的绺毛。体躯结构匀称，体质结实。颈部宽厚，颈肩结合良好，背平直，后躯发达，呈倒三角形状。四肢较短，蹄质结实，短瘦尾，尾尖上翘。被毛为全白色，外层为粗毛，具有丝光光泽，内层为绒毛。

据辽宁省辽宁绒山羊原种场1999年测试统计，在冬季的放牧为主的比较粗放的饲养管理条件下，成年公羊平均产绒1324.6克，最高个体产绒1860克，平均体重75千克，绒长9.5厘米；成年母羊平均产绒620克，最高个体产绒1390克。辽宁绒山羊平均绒细14.5微米，核心群母羊产羔率132.5%，断奶羔羊成活率达92.5%。

中国17个省（区）的引种反馈资料表明，用辽宁绒山羊改良各地土种山羊，其杂交后代产绒量平均提高2—3倍，体重增加15%，在各地均表现极强的适应性，深受广大农牧民的欢迎。

辽宁省辽宁绒山羊原种场隶属于辽宁省畜牧局，场址设在盖州市大庙沟乡。有生产科、财经科、办公室、营销科和盖州办事处五个职能部门，辖大庙沟、许卜子两个养羊大队八个羊队。为了加强技术服务工作，还先后建立了绒毛测定站、冷冻精液站、兽医室、微机资料室和饲料加工厂。

全场有职工88名，专业科技人员12人。其中高级畜牧师2人，畜牧师4人，兽医师1人，经济师1人，具有初级职称的4人。全场拥有房舍4000平方米，羊舍7000平方米，山场2万亩。固定资产总值达420万元。有可繁殖母羊1800余只，其中特级羊占75%以上；种公羊54只，全部为特级。目前，每年可向社会提供优质种羊2000余只，冷冻精液2万头份。

多年来，该场通过大力推广科学养羊技术，来努力增加绒山羊生产的科技含量。

在饲养方面，该场采取了牧草旺盛期以放牧为主，枯草期以补饲为主的饲养方式，同时，还大力推广应用秸杆微贮技术，解决了枯草期羊只所需的粗饲料来源。

通过应用塑膜暖棚羊舍技术，在冬季可以大幅度地提高棚舍内温度，降低羊只的维持需要，保证了冬季正常产羔，既具有成本低的优点，又可以达到冬暖夏凉的目的。

在繁殖方面，对成年母羊实施了每年两次配种的做法，同时推广了育成母羊早配技术，这样不但可以获得较高的经济效益，还可以缩短世代间隔，加快遗传进度。此外，还推广应用322羔素应用技术，同期发情技术等，使产羔率提高15—20个百分点。

在兽医卫生防疫方面，该场通过定期的预防注射、检疫、卫生消毒等有效技术措施，严格控制各类传染病的发生，布病净化率达100%，并定期进行体内外驱虫，保证了羊只的健康。

在种羊营销方面，积极办好售后服务专刊，努力做好技术咨询，信息服务等工作，积极探索新的销售方式，进一步拓宽经营服务领域，通过多种渠道加大宣传力度，出现了1999年度供不应求，2000年上半年已通过预订的方式出售秋季出栏种羊的大好形势。

在管理方面，建立了完善的绒山羊育种、生产、营销和财务管理、人事管理等多方面内容的内部管理网络，进一步规范了工作秩序，工作效率不断提高，对内创造一个整洁有序、舒适优美的工作环境，对外树立了一个良好的国家重点种羊场的形象。

该场在育种、生产工作的同时，还承担了大量的科研任务，1985年完成了“辽宁绒山羊选育”工作并获部级科技进步二等奖；1987年获省“辽宁绒山羊标准”一等奖，1992年获首届中国农业博览会金质奖，1997年先后获省“辽宁绒山羊优质高产新品系选育”二等奖，“辽宁绒山羊系列开发”科技进步三等奖；1998年获省“辽宁绒山羊优质高产新品系推广”二等奖和“白绒山羊优质高产新品系选育”部级科技进步三等奖；1999年获“99中国国际农业博览会”名牌产品称号。

辽宁省辽宁绒山羊原种场坚持以“深化改革是立场之本，科学养羊是强场之路”的办场方针，拥有一个高素质的领导班子和一支优秀的科技管理队伍，不断增加养羊育种的科技含量，用最现代化的设施和科研手段培育这一古老而优良的地方品种。

面对巨大的市场需种要求，辽宁省辽宁绒山羊原种场急需在保证育种科研工作的同时，不断扩大生产规模，加强选育工作，进一步提高本品种绒毛品质和产绒量，固定优秀基因，争取和保持“世界白绒山羊第一”的地位，为中国绒山羊事业的发展做出更大的贡献。

中国农学会肉用犬良种繁育基地暨吉林省肉用犬研究所

中国农学会肉用犬良种繁育基地暨吉林省肉用犬研究所，设在吉林省双辽市，成立于1995年，技术力量雄厚，现有中、高级科技人员18人，拥有国内第一流的肉用犬养殖专家6人，培育的肉用型青龙犬，填补了国内、外肉用犬品种的空白。几年来，已推广全国20多个省、市、区。饲养肉用青龙犬已在全国形成了一个新型的方兴未艾的产业。青龙肉用犬于1999年3月在国家商标局注册，7月被吉林省评为“吉林名牌”产品；9月在’99中国国际农业博览会上被评为“名牌产品”。

〔成果〕 青龙肉用犬推广一开始就显示了强大的生命力的重要原因，就在于它肉质好，市场潜力大，具有较高的经济效益和社会效益，谁养狗谁赚钱，谁吃肉谁说好。

基地饲养量逐年扩大，现存栏种犬千只以上。每年向全国各地推广销售大量种犬，年经营额达千万元，几年来创利润数千万元。已自然形成全国肉用青龙犬繁育与推广中心。

青龙肉用犬饲养业在国内已被人们所承认和接受，覆盖面迅速扩大，北从黑龙江南岸，南到南海之滨的广东，东起山东的烟台，西至新疆乌鲁木齐都有青龙犬的身影，推广数量已逾万只。投资超过百万元的场、家有北京、河北、广东、辽宁、吉林、陕西、内蒙古等七个场、家；超过50万元的场、家有黑龙江、山东、内蒙古、河南等100多个。青龙犬存栏数量达千只以上的有七家，超过百只的有百余家，为菜篮子工程提供了大量的优质犬肉。近年来，许多下岗职工走上了养殖青龙犬的道路，为他们再就业创造了选择产业的机会。

规模养犬在国内刚刚兴起，养犬户对科学养犬知之甚少，研究所几年来对规模养犬进行了积极的探索，经过研究和实践，取得可喜的科研成果。

肉用犬的科研，在国内、外尚是一片空白，几年来，研究所总结出了国内唯一的规模养犬的技术操作规程，如：犬舍建设、饲养技术操作、防疫、疾病治疗程序、全价饲料配方等，为养犬提供可行的基础理论和实践操作方法，尤其是防疫程序的设计，为控制疫病的发生，最大限度的减少死亡，起到了保护神的作用。

在控制和治疗犬的传染病科研课题上取得了重大进展。犬瘟热是养犬业的大敌。为攻克此病，加大了科研力度，历时四年，在全国各地开展攻坚科研，终于找到了一条成功之路。采取防治结合、中西药结合，治疗与护理结合的原则，基本上控制了此病的发生和蔓延。细小病毒病，对养犬，尤其是对仔犬威胁很大，为控制此病造成的损失，经长期反复研究，采取延长哺乳期，提早进行免疫接种和控制消化道感染的方法，基本控制了此病对仔犬的危害。

中草药是中国医药学上的一颗瑰宝，但在养犬业过去还是空白。为挖掘中草药在养犬业上的作用，研究所自行研制了“皮康液”、“止血散”、“健胃泻火散”等中药，在全国养犬场、家进行了临床效果实验观察有效率达100%，治愈率均在95%以上，深受养犬场、家和养犬户的好评。

〔特点〕 青龙肉用犬的科研得到各级有关部门和领导的重视，青龙犬投放市场以来，深受农业、食品业等各界人士的青睐，得到养犬场、家和养犬爱好者的好评，以它独有的特点占领肉用犬的鳌头。

肉用青龙犬主要特点是：

1. 体型较大，按着育种标准，成龄犬体重在25至50公斤之间，有的可达50公斤以上，肉用犬体重超过或低于育种指标均影响其肉质和综合性状。因此，青龙犬体重限定在25至50公斤之间，其肉质和经济效益均处于最佳值。

2. 生长速度快。肉用犬生长速度的快慢，直接影响着肉的质量和经济效益，因此不能用催肥的办法充肥。肉用青龙犬的育种是在正常的饲养管理条件下，不给予任何的催肥技术。第一代肉用青龙犬最佳经济效益曲线时间为六个月，即出生后180天，平均日增重150克左右，个体重达25公斤至30公斤；第二代肉用青龙犬比第一代肉用青龙犬日增重增加25克至28克；第三代肉用青龙犬比第二代肉用青龙犬日增重增加20克左右。

3. 适应性强。青龙犬亲本原是生长在中国西部和北部的两个优良地方品种，在长期自然条件较差的环境中生长，造就了在恶劣的自然条件下生长繁殖本能。该犬进入内地后，生长在较优越的环境条件中，均表现出良好的发育状态和较强的繁殖能力，尤其是青龙犬的后代具有极强的适应性，具有较强的耐粗饲、抗严寒、耐高温的能力。

4. 抗逆性强。青龙犬为杂交品种，具有很强的抗病能力，表现在易感染性差，发病率低，死亡率低的特点。因此，几年来，推广20多个省、市、区，200多个养殖场、家，没有一个因患传染病而造成倒圈失败的。

5. 肉质好。青龙犬的亲本是选择国内两个肉质最佳的地方品种进行杂交而成的。因此，氨基酸的含量丰富，属优质蛋白型，青龙犬臂腿肉经吉林省联合测试中心化验的数据显示，脂质含量，人体所必须的多种氨基酸含量（包括赖氨酸）和胶原蛋白的含量，均超过猪、牛、羊、鸡、兔肉的含量。出肉率、净肉率和瘦肉率均高于土种犬。

6. 外形美观，性情温顺，出肉率高。肉用青龙犬形如狮，饰毛较长，尾巴上卷，极其可爱，性情温顺，不好斗，不好叫，喜欢玩要，易接近人，与人显得十分亲近，适合于规模饲养。肉用青龙犬的体态特点是臂部特别丰满，有利于肌肉的积累。因此，出肉率比其他可食犬均高。更显著的特点是瘦肉比其他可食犬也高。

〔前景〕 随着人民生活水平不断提高，膳食结构的不断调整，对人体具有很强滋补作用的狗肉，已成为当前餐桌上的佼佼者，形成供不应求的买方市场，具有广阔的发展前景。

人们自古以来就有吃狗肉的习惯，至今盛行，已形成了吃狗肉热。

青龙肉用犬由于营养丰富，氨基酸含量超过其他畜类产品，人体利用率高，食之味道鲜美，是人类理想的肉类食品。又有很大的药用功能，从古至今，倍受人们的欢迎，《本草纲目》记载：吃狗肉能安五脏、轻身、益气、宜胃、暖腰膝、壮气力，补五痨七伤，补血脉、实下焦等，因此，狗肉的营养价值为六畜之首。长期吃狗肉能健身、美容、延年益寿，这些独特的作用，在朝鲜族、客家族等少数民族已得到很好的验证。是老、弱、病人增加肌体活力的最佳食品，尤其是“九天”喝狗肉汤可以生暖；“伏天”喝狗肉汤可以降暑，所以青龙犬肉即是营养丰富的美味佳肴，又是健身、美容的保健佳品，更有补五痨七伤的药物功能。

市场对狗肉的需求量逐年增加，日趋活跃。吃狗肉由原来的几个少数民族，现在增加到大多数民族共同吃狗肉，由原来的少数地区，少数城市，增加到全部地区，全部城市吃狗肉、到处可见狗肉城、狗肉一条街、狗肉火锅。

但是，目前供人们食用的肉犬数量在减少。广大农村是狗肉的主要来源。过去基本上家家养狗，近年来，由于狗贩子的出现和灭鼠药的大量使用，造成农村狗存栏量极聚下降，市场供货缺口越来越大，价格一涨再涨，1995年至今，全国活犬每公斤上涨二至五元，有的地区上涨更高。纵观全国肉类市场，犬肉价格是猪、牛、羊肉的一倍以上，有的地方高出二至三倍，而且上涨势头不减。由于肉用犬的养殖技术不高不难，是许多下岗职工再就业的首选项目，每人少则可养二、三十只种犬，多则可养五、六十只。每只母犬产仔育肥后，销售可获利二、三千元，年收入可达几万元，可观的经济效益，强烈地吸引着人们从事养犬业。

青龙肉用犬身上的其它产品也具有很大的开发价值，如狗脑被为“脑黄金”，狗肾、狗鞭、狗骨、狗蹄均调制成上等良药，狗皮可制成上好御寒服装。

肉用青龙犬的国际市场前景看好，由于青龙犬在饲养管理过程中，按着科学管理程序，定期检疫、消毒、免疫、驱虫。因此，青龙犬产品内、外销可以顺利通检，不久即可占领国际市场。

吉林省长春市双阳区（梅花鹿之乡）

〔自然状况〕 吉林省长春市双阳区位于吉林中部、长春市区东南部，东经125°26′—126°00′、北纬43°16′—43°56′。地处吉林省东部山地到中部平原的过渡地带，属低山丘陵区。中温带半湿润气候，年平均气温6.3℃，年降水量547毫米，年日照2549.3小时，无霜期136—157天。全区总人370 807人，其中农业人口284 555人，朝、回、满、蒙古等少数民族占全区总人口的8%。双阳区农业资源丰富，全区耕地面积70 142公顷，土质肥沃，农作物以玉米、水稻和大豆为主，正常年景粮食产量在5.5亿公斤左右，是国家重要的商品粮基地之一。矿产资源储量大、品位高、品种多，迄今已发现各类矿产34种，其中煤炭工业储量3 000万吨，石灰石保有储量2.1亿吨，矿泉水产地7处，经国家级鉴定，极具开发利用价值。双阳养鹿历史悠久，鹿特产资源得天独厚，是全国最大的养鹿基地，1994年被首届中国特产之乡组委会命名为“中国梅花鹿之乡”。

〔经济社会事业发展概况〕 改革开放以来，特别是近几年，双阳经济建设和社会事业取得了长足发展。1999年全区国内生产总值达到267 943万元，财政总收入实现12 525万元。区乡工业迅速崛起，以吉林亚泰水泥集团公司、吉林粤海银瀑啤酒有限公司、长春采油厂、吉双集团、超阳彩印纸品有限公司、宏林禽业公司等为标志的一批大中型企业不断发展壮大，初步形成了以建材、矿产开发、机械加工和农副产品加工为主体的，具有双阳特色的工业体系。其中，中外合资粤海银瀑啤酒有限公司目前已成为国标大型企业，全国啤酒行业四十强之一。1999年全区工业总产值实现23亿元。农业经济正由传统农业向效益农业、都市型农业转变。正在建设的绿色农业食品基地、原料粮食加工基地、长春副食品供应基地和高效农业示范基地，展现了双阳新型农业的宏伟前景。1999年，全区农业总产值实现143 023万元，粮食总产量51万吨。第三产业已经迅速成为全区新的经济增长点。以德阳购物中心、海天贸易广场为代表的各类市场逐步壮大，商贸流通领域不断拓宽，个体私营企业迅速发展。1999年，第三产业增加值达到13亿元，全区财政收入的40%来自第三产业。基础设施建设步幅加大，综合承载能力逐步增强，城市化水平进一步提高。

在经济迅猛发展的同时，双阳区社会事业发展整体推进，精神文明建设取得新成果。贯彻实施科教兴区战略，1999年引进推广科技成果24项，全区科技进步贡献率达到38.7%。教育"双基"成果巩固提高，全区各类学校198所，在校学生61129人，教职工5590人，普及九年义务教育通过国家验收。医疗卫生事业全面发展，全区现有公办医疗机构20所，医护人员1446人。文化、体育工作进入全国先进行列，社会治安状况良好，文明卫生城评比居长春市各县（市）、区榜首，精神文明建设进入全省先进行列。

〔鹿业开发基本情况〕 双阳养鹿历史悠久，已有数百年的人工养殖历史。经过几十年的培育，双阳型梅花鹿已经成为鹿科动物人工培育的唯一定型品种，在国际上也是唯一以产地命名的鹿科品种。双阳型梅花鹿具有较高的经济价值，可以开发出许多高附加值的鹿药产品、滋补保健品、药膳食品、化妆品、鹿皮革制品等。其中一些鹿副产品和药制品、保健品的医疗保健价值显著。经过多年养鹿实践，双阳人在种鹿培育、繁殖、防疫、管理等方面积累了大量的实践经验，特别是在人工授精、鹿病防治等方面都处于国内领先地位。

双阳区发展鹿业具有得天独厚的资源优势和技术优势。几年来，双阳区依托鹿产业优势，把鹿业开发作为全区经济大发展、快发展的主导产业来抓，不但促进了鹿产业的深层次发展，而且形成了以一业带多业的区域经济发展格局。截止1999年，全区鹿存栏达到57000只，占全国的18.4%，年产鹿茸38万两，鹿茸优质品率达85%以上，年输出双阳型梅花鹿4000多只，年创产值11500万元，出口创汇400万美元。鹿存栏数、鹿茸总产、鹿茸单产、鹿茸优质品率以及出口创汇等五项指标均居全国县市之首。双阳型梅花鹿基因工程开发取得了突破性进展。已经成功建立了鹿茸细胞cDNA文库，其专利价值约40亿美元。研制出了双阳梅花鹿基因保健品、化妆品和多肽类药品，填补了国内外空白，具有国际领先水平。其中双阳梅花鹿鹿茸多肽类新药FGF，不仅有很高的科学价值，也有着巨大的社会效益和经济效益，预计年可创产值1.92亿元。开发生产的"悦宝"牌鹿茸血酒、鲜鹿肉等8大类16个品种的系列滋补保健食品，已基本打开市场，年生产能力达1160吨，年可创产值2.1亿元。初步形成了双阳型梅花鹿及鹿副产品国内连锁销售网络，其中以双阳区鹿乡镇为中心的双阳鹿产品批发零售市场，年交易额稳定在1亿元左右，成为全国鹿及鹿副产品的重要集散地，鹿产品价格对全国鹿业都有一定影响。双阳区通过鹿业开发，带动了粮食加工、信息咨询、商贸服务、旅游运输业的快速发展，使全区经济呈现出强劲的发展势头。

双阳作为全国最大的养鹿基地，鹿业发展得到了国家、省、市有关部门的大力支持和重视。1994年，双阳在众多的养鹿县份中脱颖而出，被首届中国特产之乡组委会命名为"中国梅花鹿之乡"；1996年，被国家有关部门确定为贸工农一体化发展试点单位；《吉林省"九五"计划和2010年远景目标纲要》提出的重点发展十条龙型经济产业中，双阳鹿业被确定为全省鹿产业的龙头和开发基地。

一、发展战略

经济和社会事业

1.战略目标：按照建设现代化国际性城市的总体要求，坚持以邓小平理论为指导，以经济建设为中心，以改革开放为动力，以"三个有利于"为标准，发挥优势，体现特色，加快工业化进程，提高城市化水平，促进经济社会与环境协调发展。从现在起到2010年，把双阳初步建设成为经济实力强、文明程度高、生态环境好的现代化国际性长春新城区，并成为长春市的高科技工业区、高质量的旅游居住区和以绿色食品为产的蔬菜副食品供应基地。

2.战略重点：

一是以建设高科技工业区为主攻方向，集中力量发展工业。二是以旅游和市场建设为重点，加快发展第三产业。三是加快产业化步伐，围绕建设蔬菜副食品供应基地，在调整中稳步发展农业。四是立足于塑造独特的城市风貌，搞好城市改造和建设。

3.战略措施：

进一步解放思想，在全区上下形成发展双阳、建设新区的环境和氛围；加大招商引资力度，牵动全区经济快速发展；大力发展民营经济，完善所有制结构；全面深化经济体制改革，加快建立社会主义市场经济体制；坚持科教兴区，把经济发展转移到依靠科技进步的轨道上来；加快人才开发，培养和造就适应现代化新城区建设要求的人才队伍；制定和完善配套措施，创造的宽松的政策环境；加强生态环境保护，实现生态环境的良性循环；坚持物质文明与精神文明相统一，提高全社会的文明程度；加强党的领导，确保战略目标实现。

鹿业开发

1.总体规划：

坚持"全面规划、尖端起步、滚动开发、市场带动"。在有条件的乡镇（街道）规划建设鹿业开发区，发展多渠道、多形式的规模化饲养；以省内外相关科研单位为技术依托，研制开发高科技鹿副产品；以鹿产品加工企业为龙头，高起点开展精深加工；以市场为导向，强化营销手段，拓展销售渠道。逐步建立区内生产、省内加工、全国销售的产加销一体化发展格局，实现以销促产的良性循环。

2. 具体目标：

到2005年，实现全区鹿加工能力10万只；到2010年，鹿加工能力达到20万只，实现综全开发产值480 000万元，利税59 000万元，产值利税率达12.4%，资金利税率达33.7%。使双阳鹿业资源优势转变为经济优势，成为支柱产业，促进全区经济增长，加快富区裕民进程。

3. 主要措施：

一是大力扩繁双阳型梅花鹿。把重点放在双阳梅花鹿的规模饲养上，计划通过建设养鹿基地、繁育中心和推广先进饲养技术，培育出数量多、品质好、单产高的双阳型梅花鹿群，为深度开发提供充足的鹿原材料。二是改善鹿业发展环境。突出鹿业开发在全区经济发展中的重要地位，结合改善经济发展软环境工作，鼓励各部门为鹿业开发献计出力，为鹿业企业排忧解难。三是积极扶持鹿业生产加工企业发展，对在双阳投资建立的鹿产品生产加工企业和开发研究机构，提供特殊优惠政策。

二、投资项目、环境和政策

投资项目

1. 鹿产品加工项目

项目占地面积12000平方米，建筑面积6000平方米。计划总投资3 302.9万元，建设投资2 832.5万元，其中中方30%，外方70%。年产鹿肉松、全鹿羹、八珍鹿肉、多鞭丸、鹿茸茶等600吨。预计年销售收入5300万元，利润1076万元，税金461万元，投资利润率31%，回收期五年，目前已完成可行性研究报告，产品经国家批准，中方可提供场地、水、电公用设施。

2. 年产6万吨鹿饲料加工项目

项目占地面积3万平方米，建筑面积5 700平方米。计划总投资4 513万元，注册资本2 708万元，其中中方30%，外方70%。年产全价鹿饲料6万吨，原材料来自双阳本地。预计年销售收入9 000万元，利润976.13万元，税金540万元，投资利润率21%，回收期4.7年。目前已立项并完成可行性研究报告，产品经国家批准，中方可提供场地、水、电公用设施。

3. 双阳鹿产品药用加工项目

项目占地面积6万平方米，建筑面积12 000平方米。计划总投资5 193.1万元，注册资本3 652万元，其中中方30%，外方70%。年产11 700万支（粒）鹿产品中成药，主要产品有胶囊、口服液、针剂三个系列骨伤愈等十几个品种。预计年销售收入11 305.9万元，利润5 976.1万元，税金1 243.6万元，投资利润率115%，回收期3.04年。目前已经长春市经贸委立项，完成可行性研究报告及评估、施工图设计，场地已征用。中方可提供场地、水、电公用设施。国家批准的产品品种。

4. 梅花鹿种鹿场建设项目

项目占地面积37 000平方米，建筑面积33 498平方米。计划总投资3 075.37万元，注册资本3 075.37万元，其中中方30%，外方70%。拟建立年存栏3 000只的标准化鹿场一座，每年可输出1 000头良种鹿。预计年销售收入1 026.58万元，利润583.85万元，税金51.33万元，投资利润率19%，回收期5.2年。目前已立项并完成可行性研究报告，产品经国家批准，中方可提供场地、水、电公用设施。

5. 存栏2 000只高产马鹿繁育场建设项目

项目占地面积64 000平方米，建筑面积15 852平方米。计划总投资3 640.2万元，注册资本3 640.2万元，其中中方30%，外方70%。年存栏2 000只高产马鹿，年输出种鹿繁育母鹿1 000只。预计年销售收入2 432.26万元，利润1 238万元，税金530万元，投资利润率33%，回收期3.7年。目前已立项并完成可行性研究报告，产品经国家批准，中方可提供场地、水、电公用设施。

以上项目联系单位：吉林省双阳鹿业开发总公司

联 系 人：赵万金

通讯地址：长春市双阳区西双阳大街29号

邮政编码：130600

电　　话：0431—4223082

传　　真：0431—4222686

投资环境

1. 投资软环境：政策环境宽松。对重点企业实行挂牌保护，到企业收费实行“两证一卡”制度，执行最低收费标准。服务环境优越。全区29个涉企部门全部实行公开承诺服务，设立一站式办公程序，规定项目审批办理时限，最大限度简化手续，提高办事效率。投资环境规范有序。区里成立了改善经济发展软环境领导小组，设立专门办公室负责全区改善经济发展软环境工作的组织、协调、指导和监督检查，重点解决行业和执法部门工作人员“吃、拿、卡、要、报”等违法违纪问题。

2. 投资硬环境：全区交通便捷，省道干线长春至大蒲柴河公路贯穿全境，双阳至长春高等级公路即将峻工并投入使用。区内公路总里程达4900公里，1999年公路货运量353万吨。水电资源丰富，地表水可用量8 102万立方米，城区日供水8500吨，年供电能力可达12万千伏安，完全可以满足区内生产、生活用水用电的需要。城区绝大多数企事业单位和居民使用天然气，城市大气质量达到国家一级标准。万门数字程控电话已开通，电话用户24 188户，电话普及率达到9.5部/百人。供热、供气等方面设备比较先进，可为投资者提供良好的服务。

主要优惠政策

1. 城外投资企业按国家规定增值税可以缓收，收后分归部分由财政返还。

2. 域外投资企业除按国家规定减免企业所得税、地方各税外，期满后仍可以按财政返还的办法继续减免，延长年限按投资者愿望由双方商定。

3. 域外投资企业租赁、兼并、购买亏损企业的，返还五年所得税。

4. 域外投资企业开发风景区、旅游、娱乐项目，返还二年50%的营业税、三年所得税。

5. 投资者可以征用、出让、租赁等形式，获得土地使用权、土地出让金每平方米最高不超过40元人民币，获得土地使用权后，可依法转让、出租、抵押，也可作为参股或入股、联营的条件。

6. 投资者领办或创办出口创汇企业的，经认定后，10年内免收场地使用费，还可延长至15年。

7. 域外投资者兴办企业，在购房、落户、子女入学等方面予以照顾。

8. 对投资企业优先提供建设和生产所需水、电、气、运输条件和通讯设施，按区内最低标准收费，免收城市建设配套费。

9. 对引进高新技术、名牌产品的，经认定投产后，可根据先进程度及经营效益情况，分别予以重奖。

10. 中外客商申办投资企业，区内审批机关联合现场办公，简化手续，一般不超过三天。客商要求批复和解决的申报文函，受理机关十日内复。

三、优秀农业企事业单位

双阳鹿业开发总公司

双阳鹿业开发总公司始建于1994年，是集双阳梅花鹿鹿饲养、鹿副产品研究开发、生产销售为一体的大型鹿业企业。公司在国内设3个办事处，国外设2个分支机构，下属6个国有鹿场、2个制药厂、2个鹿产品经销公司、鹿鸣山庄及梅花鹿科技研究服务中心等12户企业，总资产2.6亿元。拥有职工1 013名，其中具有中高级技术职称人员43人。该公司作为吉林省梅花鹿良种繁育基地，被国家有关部门确定为具有独立的对外进出口经营权和全国贸工农一体化试点单位。成功培育出中国唯一人工梅花鹿定型品种——双阳型梅花鹿，荣获国家科技进步一等奖。开发生产的新型深加工产品——鹿胎胶囊获国际医药保健品博览会金奖。

鹿业开发公司以“质量第一、价格合理、信守合同、服务周到”为宗旨，不断改善经营管理，积极开拓对外贸易。公司本着诚实守信、互利互惠、共同发展的原则，寻求合作伙伴，谒诚欢迎国内外鹿产品开发、经销商，来双阳共同发展鹿业。

四、特产业专家

韩坤　现年59岁，高级畜牧师，现任长春市双阳区鹿科学技术研究服务中心主任。1963年毕业于吉林农业大学特产系，同年分配到吉林省长春市双阳区第三鹿场工作，历任养鹿技术员、生产副厂长、厂长等职务。“七五”期间主持从事农业部重点科研项目——双阳梅花鹿育种工作，于1982年通过部级鉴定，并荣获农业部科技进步二等奖，1992年获国家科技进步一等奖。韩坤本人于1990被国家人事部授予“中青年有突出贡献专家”荣誉称号。

五、销售信息

双阳鹿业开发总公司生产的产品有针剂、丸剂、口服液、胶囊四大类，36个品种。主要包括抗肿瘤新药“利尔凡”，鹿产品中成药“骨伤愈”，滋补药品鹿胎胶囊、鹿尾鞭酒等，原料产品鹿茸、鹿鞭、鹿血、鹿尾、鹿托盘等。其它如鹿骨、鹿脑、鹿血、鹿皮制品等一批高新产品正在研制开发之中，预计短期内可大批量投产。

以上产品由双阳区鹿业开发总公司经销。

通讯地址：长春市双阳区西双阳大街29号

邮政编码：130600

联 系 人：赵万金（总经理）

联系电话：0431—4223082

传　　真：0431－4222686

黑龙江省安达市（奶牛之乡）

安达市地处黑龙江省西南部，松嫩平原腹地，与全国石油名城大庆毗邻接攘。全市幅员面积3586平方公里，行政区划分为10镇9乡，4个农牧场和6个城市街道办事处。全市有14个民族，总人口50万，其中城市人口21万。安达市与美国德克萨斯州、加拿大阿尔伯达省和日本北海道同属世界著名的奶牛带和玉米带。全市草原272万亩，草质优良，年产优质牧草2亿多公斤；耕地157万亩，年种植玉米80万亩，产秸杆5亿公斤，1999粮食总产8.2亿斤，为奶牛业发展提供了得天独厚的自然资源条件。

自1903年中东铁路通车，俄国人将奶牛带人境内到现在，安达奶牛发展史已近百年，素有“牛城”之称。截止2000年上半年，全市奶牛存栏9.7万头，肉牛存栏6.9万头。现有乳品加工企业8户，日加工处理鲜奶能力560吨；现代化冷冻加工企业1户，日屠宰大牲畜360多头。奶牛存栏、鲜奶总产、牛产品加工能力、人均占有畜产品产量连续10年蝉联全国县级之首。1978年安达被国家有关部门确定为全国商品牛生产基地县，1979年被黑龙江省确定为牧业县，1980年被国务院确定为全国七个牧工商试点县之一，1997年8月被国家有关部门命名为“中国奶牛之乡”。

多年来，特别是近年来，安达市按照黑龙江省委、省政府关于建设畜牧业大省，尽快把畜牧业建成农村经济“半壁江山”的总体要求，坚持从市情出发，突出发挥地方特色，始终把发展牛产业、壮大牛经济作为振兴市域经济的主导产业，作为优化农村经济结构的关键牢牢抓在手上，按照“龙头、基地、市场”三位一体的产业化经营思路，采取有力措施，不断推进牛经济产业化战略升级，促进了市域经济的健康发展。1999年畜牧业实现产值3.9亿元，占农业总产值的43.2%；全市农村人均牧业收入1080元，占农村人均收入的42.6%；两牛产业创产值8.72亿元，上缴税金4860.8万元，分别占全市国内生产总值、财政收入的26.6%和28%。

注重基地建设，夯实产业基础。 安达坚持以科技为支撑，以提质增效为目的，全力推进两牛基地向规模化、专业化、集约化方向发展。在规模化经营上，坚持带区场街四个轮子一起转，市乡村屯户五个层次一起上，集纳社会生产要素向两牛生产上倾斜。目前，全市沿安青、安大、安萨、安兰四条公路规划建设了黑龙江省规模较大、标准较高的四条两牛养殖带，带上的区、街、场、户养殖点次发展到150个，两牛存栏达2万头。在科学生产上，大力推广普及奶牛提高群体单产、肉牛快速育肥等综合配套技术，普及率达90%以上。目前全市奶牛平均单产为4.5吨，肉牛快速育肥等综合配套技术普及率达90%以上。为缓解草畜矛盾，降低养牛成本，大力推广秸秆养牛技术，走以秸秆代草、舍饲经营之路。在提高两牛品质上，对奶牛生产全部应用特一级冻精改良现有牛群，培育符合中国荷斯坦标准的品种牛1.5万头，占奶牛总数的15.2%。对肉牛生产在原有黑白花公牛资源的基础上，积极引进西门塔尔、利木赞、夏洛来等优质肉牛品种，进行自繁扩群，提高了肉牛的生产水平。

扶强扶壮龙头企业，培育高效加工群体。 一是大搞产权改造，增强龙头企业实力。针对畜产品加工企业大部分始建于计划经济时期、国有企业多、机制不活等实际，对全市较大的8户牛产品加工企业，全面开展了以产权改造为重点的企业改革，区别不同情况，采取债权变股权、零价出售、兼并、租赁等方式，鼓励有实力的个体私营大户参与国企改革，最大限度盘活存量资产，用新机制激发企业内在动力。如对原安达市乳品厂，通过分步改革现已发展成为对基地牵动能力较强、能够生产40多种乳品的现代化企业集团，1999年该企业新上了2万吨保鲜奶项目，产品投入市场后供不应求。二是加快技术创新，推进牛产业资源深度开发。安达充分利用丰富的牛资源优势，深度开发乳、肉、牛血、脏器加工产品，引导龙头企业积极挂靠“四大”，抢上高新技术项目，不断延长牛产品链条，实现牛资源的多次转化增值，向加工的精深化、系列化、最优化要效益。几年来，全市两牛龙头企业投资2亿多元，新上技术项目12项，新增产值2.3亿元，利税2000万元。迪龙生物制药公司与吉林大学生命科学研究所、中国医学科学院结成了科研生产联合体后，产品不断推陈出新，建厂5年来共开发胸腺肽等15种生化药品，目前正在研制抗癌3号、克灵栓等新产品。三是实施名牌战略，提高产品市场占有率。安达组织乳品加工企业不断适应市场变化，努力提高产品质量，利用“中国奶牛之乡”的知名度，通过广告宣传，参加经贸洽谈会、网上营销等各种灵活有效的促销手段，叫响具有地方特色的品牌，积极拓展新的市场空间。仅1999年，红星集团、金利达公司、迪龙制药等牛产品深加工企业投入广告费用就比上年增长30%，并采用代理、连锁等营销方式不断扩大加工企业商品的市场占有份额。

加大扶持力度，推动牛经济健康发展。 一是健全利益衔接机制。首先是推广合同契约制。组织红星集团、金利达等龙头企业与农户签订鲜奶和肉牛购销合同，定质、定价、定时，明确双方的责、权、利，建立了企业与农户稳定的供销关系。其次是引导奶户入股龙头企业，利用企业改革的契机，通过债权变股权，使农户由原来的供奶户变成企业股东，龙头与基地形成了一体发展、同兴共荣的联结关系。再次是鼓励龙头企业建基地。1999年红星集团先后兴建8个现代化榨乳站点，既防止了收奶大户的从中盘剥，又杜绝了农户掺杂使假，保证了鲜奶质量。二是强化服务手段。首先是采取财政支持等措施鼓励龙头企业加快发展，壮大自身实力。安达市先后从财政中拿出1000多万元，扶持红星集团新上了2万吨保鲜奶项目；通过财政扶持，为金利达公司筹措银行贷款800多万元，保证了欧式灌肠项目顺利上马投产。其次是加大扶持基地力度。对建肉牛场的配套精良饲料厂实行免收或减收各种费用。1999年全市先后投放世行养牛项目、草原改良项目、青贮种植加工等项目资金近千万元。

黑龙江省杜尔伯特蒙古族自治县（北极狐之乡）

〔**概况**〕 位于东北平原，嫩江之滨的杜尔伯特蒙古族自治县，是黑龙江省唯一的少数民族自治县，总幅员6176平方公里，辖11个乡镇、12个农林牧渔场、125个行政村，居住着蒙古、汉、满、回、达斡尔等17个民族，总人口24.7万人。该县历史悠久。公元15世纪，元太祖成吉思汗之弟哈布图哈萨尔第十六世孙爱纳嘎率部游牧于此，以其分牧次序“四”而自称“杜尔伯特”部。清顺治年间，清廷在蒙古地区实行盟旗制，1684年将杜尔伯特部建为杜尔伯特旗，隶属哲里木盟。新中国成立后，经国务院批准，1956年撤销杜尔伯特旗建立杜尔伯特蒙古族自治县，曾先后隶属嫩江地区、齐齐哈尔市和大庆市。资源丰饶。这里属温带大陆性季风气候，平均海拔高度135—145米，年平均降水量400毫米，年平均气温3.6—4.4℃。年平均日照2852小时，无霜期168天。地貌结构为“五草二水一苇二分田”，草原辽阔，地势平坦，水域宽广，物产丰富，素有“天然宝库”之美称。大自然赋予了杜尔伯特以纯净无瑕的天地，这里的自然资源从未受到过任何污染，被誉为“绿色的净土”。草、鱼、苇、药资源堪称黑龙江省“四大特色”。草原广阔，全县拥有天然草场496.6万亩，占总幅员的50.7%，每年产羊草130多万吨，宜牧草场可饲养大牲畜30万头（匹）；水域宽广，嫩江流经西境146.7公里，乌裕尔河、双阳呈无尾状散流境内，形成大小湖泊210个，水面达205万亩，占总幅员的22.10%，养鱼水面140万亩。由于水质好，天然饵料丰富，盛产鲤、草、鲢、鳙、团头鲂、“三花五罗”等经济鱼类12科51种，水产品产量已连续11年超万吨；苇塘面大，拥有苇塘面积87万亩，占黑龙江省苇地面积27%。紫花苇、白花苇常年产量达15万吨，苇席、苇苫帘、苇箔等苇制品畅销国内各地；野生药材繁多，盛产防风、甘草、柴胡、远志、黄芩、桔梗、龙胆草、毛知母等野生药材129种，总贮量达1亿公斤。特产丰富，近几年来，根据土质、气候等条件，大力发展五大特色产业，即：特色种植业、特色畜牧业、特色水产业、特色加工业、特色旅游业、使县域经济得到了快速发展。

〔**北极狐养殖**〕　杜尔伯特蒙古族自治县是全国目前最大的野生动物养殖基地之一。其中，尤以北极狐养殖数量之多，质量之好而誉满全国。目前，野生动物饲养共有3类5个品种。全县养殖户已达15005户，有狐貉皮张种兽购销专业户近300户。1999年全县野生动物饲养业创经济效益6950万元，创利税100万元，仅此一项全县人均增收280元。该县被国家有关部门誉为“中国北极狐之乡”。

上海市

改革开放以来，特别是菜篮子工程建设10多年来，上海的农业和农村经济结构发生了历史性的重要变化，畜牧业结合行业自身特点，走出了一条开拓、创新、壮大的道路，为丰富城乡居民“菜篮子”发挥了重要作用。上海郊区畜牧业已连续9年稳定增长，1999年，生猪累计出栏470万头，其中三元杂交瘦肉型猪372.17万头，占74%；家禽出栏1.58亿只，优质禽占70%。鲜蛋产量1.62亿公斤，其中鸡蛋产量6955.92万公斤，鸭蛋产量9282.87万公斤，特色蛋、营养蛋占30%以上；鲜奶总产量25.95万吨，同比增长5.7%；名特优新产品生产发展较快，肉鸽、肉兔、野鸭、珍禽产量上升较快。1999年畜牧业产值达到86.35亿元。

上海郊区发展畜牧业的主要经验有：

（一）增加科技含量，提高了畜牧水产业的生产水平

一是加大科技攻关和技术推广力度。近10年来，农业部、市财政、市农委、市科委等下达的丰收计划、科技兴牧重点攻关项目和产业化项目达100多个，重点开展了品种杂交改良和饲养技术、饲料添加剂、疫病防治技术研究，获国家农牧渔业丰收奖和市科技进步奖约45项，有些成果达到国内领先水平。

二是重视畜牧水产良种的培育和推广应用，选育和推广了一批优良品种。1996年开始，本市启动了优质畜禽良种繁育工程，郊区规模化养猪场基本实现了瘦肉猪生产；郊区良种蛋鸡、肉鸡覆盖率达到100%，良种肉鸭复盖率达到92.6%，罗曼蛋鸡幅射到全国25个省、市、自治区，占全国商品代蛋鸡总量的35%以上；良种奶牛复盖率达60%以上。

三是广泛运用新工艺、新技术。这几年，市郊普遍推广使用了生猪高床产仔育仔和仔猪早期断奶等养殖新技术，使生产水平明显提高。目前，郊区生猪出栏率由170%提高到200%以上，仔猪成活率达到95%以上。蛋鸡年产蛋量达到15公斤以上，控制量蛋鸡场料蛋比达到2.6:1，死淘率控制在14%以内。成乳牛平均单产达到7316公斤，最高达到8000公斤。肉鸡50—53天体重达2.5千克以上，料肉比2.3:1。生产水平的提高增加了养殖业效益，促进了生产稳定发展。

（二）增加产业化程度，提高了市场竞争能力

上海畜牧产业化起步较早。据不完全统计，全市畜牧业产加销一体化经营企业达170多家，各县（区）正在逐步形成具有区域特色的主导产业。大江集团股份公司、奉贤申兰集团、上海大盛食品公司、上海光明乳业公司、南汇汇绿蛋品公司和上海祥欣畜禽有限公司等龙头企业在服务城市、富裕农民方面起着越来越大的作用。比如南汇县汇绿蛋品公司，先后开发即食蛋、盒装蛋、再制蛋等三大系列7个品种，产品直销超市，取得了较好的经济效益。

（三）强化管理的力度，促进了市场规范有序

副食品市场放开后，如何让市民吃上新鲜、优质、安全的放心肉这一重大课题，引起了市、县（区）政府的高度重视。1997年，徐匡迪市长签发了市政府46号令：《上

海市家畜屠宰管理规定》，全市生猪屠宰场由1996年的200多个缩减到目前的52个，实行严格的定点屠宰管理。同时，新组建了上海市兽医卫生监督管理所，加强对生猪屠宰、加工、肉品流通等环节的监督执法，对外省市来沪活猪和肉品实行“准运证”制度，已取得初步成果。

（四）加快结构调整，增加了行业发展后劲

近几年，上海畜牧业紧紧围绕市场需求，鼓励生产者拓宽饲养范围，实现养殖结构多样化，重点引导饲料转化率高或市场潜力大的畜禽品生产。如优质黄羽鸡、瘦肉型猪、特种畜禽等。通过产业结构调整与优化，不断提高畜禽产品的品质和质量，增加了行业发展的后劲。

（五）加大政策扶持，稳定了生产基础

为了稳定畜牧业生产，市政府分别建立了生猪、鲜鸡蛋风险基金、牛奶价格调节基金，制定了水电优惠价格收费政策，县（区）政府也建立了副食品风险基金。

江苏省

〔概况〕 1999年全省畜牧生产总体保持稳定发展的态势，畜牧生产效益有所提高，畜产品市场供应充裕。1999年，全省肉类总产302.6万吨，禽蛋168.2万吨，牛奶15.97万吨，分别比上年增长2.5%、7.1%和31.5%；预计1999年全省畜牧业产值达到260亿元（1990年不变价），畜牧业产值在农业总产值中的比重达到24.5%，全省农民现金收入来自畜牧业的比重将达到27%。畜牧业已发展成为农村经济的支柱产业，为发展农村经济、增加农民收入作出积极贡献。

根据省委、省政府提出的以畜牧业产业化经营为突破口，全力推进农业产业化经营的总体要求，通过1996到1998年三年的建设，畜牧业“三大工程”建设取得阶段性进展。在组织实施三大工程的基础上，1999年重点推进四个突破。即：突破良种，以良种更新工程为切入点，促进畜牧经济从数量型向质量型转变；突破流通，以培育农村经纪人为切入点，促进新的市场流通主体的建立；突破加工，以创建名牌产品为切入点，促进畜产品由原始产品向加工产品转变；突破消费，以推进“早餐革命”为切入点，促进餐桌经济的发展。1999年，全省畜牧兽医工作围绕“四个突破”分层次、有重点地逐步展开。

〔畜禽品种改良〕 一是畜禽品种改良工作得到各级政府的高度重视和支持。1999年，省农林厅先后召开了全省三元杂交猪推广工作会议、推广“苏太猪”和人工授精技术现场观摩会，省政府办公厅转发了省农林厅《关于加快全省三元杂交猪生产的意见》。1999年省级财政增加安排800万元专项经费，重点扶持了40个三元杂交瘦肉猪良种繁育体系建设项目。同时，认真组织实施农业品种更新工程中的畜牧类项目，全省投入611万元，扶持了22个畜牧良种引进项目。1999年全省共从国外引进种猪1100头，种牛15头，肉用种羊350头，种兔2000只，种禽64375只。各级政府加强对生猪品种改良工作的领导，科学规划，加大扶持力度。淮阴市拿出110万元，对2.5万头母猪品种改良给予补贴；泰兴市政府出台发展三元猪生产意见，制订扶持政策；新沂市挤出30多万元用于扶持猪种改良工作；盐城市政府与各县政府签订了加快发展三元猪生产的责任状；宿迁市政府投资260万元兴建波尔山羊繁育项目。二是积极推广畜禽品种改良技术。生猪，围绕提高三元猪的比例，积极推广三元杂交优选模式和“苏太猪”新品种，确定了“两个两条腿走路”的三元猪生产技术路线；积极推广猪授精新器械和授精新技术，加强对农民输精的技术培训和技术指导；实施农财两部“科技兴农”、国家科委“9714012A”重点推广计划，加快推广猪的优良品种和三元杂交商品猪生产技术。三元杂交商品猪的比例从1998年的28%提高到1999年的35%。山羊，围绕提高商品山羊的产肉性能，实施“948”项目和丰收计划项目，推广波尔山羊杂交改良本地山羊。为了不断加大波尔山羊的纯繁、选育和山羊人工授精技术推广力度，由省技术监督局发布《波尔山羊品种标准》和《波尔山羊细管冻精质量标准》，开展了波尔山羊杂交改良地方山羊的配套技术研究。全省共有纯种波尔山羊近1000头，波杂山羊50万头，全省有4个波尔山羊原种场、6个扩繁场，已有43个县（市）开展了波尔山羊改良工作，总量和推广速度居全国之首，波尔山羊杂交羊的比重达到5%。家禽，围绕重点发展黄羽肉鸡、鹅、鸭生产，完成了高邮鸭丰收计划项目，加快了新太湖鹅的选育进程，初步确定如皋黄鸡选育方案，同时积极推广应用苗禽共育和湿帘降温技术。家禽出栏中黄羽肉鸡、鸭、鹅的比重达到43%。三是进一步加强畜禽良种繁育体系建设。制定了省级种畜禽场评定标准，确定在全省建设重点种畜禽场，作为良种规划实施的重点依托场，全省现已建立了5个部级、30个省级重点种畜禽场，区域布局基本合理，饲养的种畜禽品种基本齐全，成为畜禽良繁体系建设的排头兵。重点种畜禽场中种猪场16个、种鸡场6个、种鸭场3个、种羊场4个、种兔场3个、种公牛站1个、种牛场1个，目前共栏存种畜15265头（只）、种禽96800只。畜禽良种繁育体系进一步完善。生猪良繁体系，全省建立起以重点种猪场为龙头，家畜改良站为网络，养猪大户为基地的育、繁、推体系。17个部省级种猪场，成为生猪良繁体系的核心，承担着我省6大猪种的纯繁、选育和外种猪的扩繁、供种任务。牛羊良繁体系，以徐州市家畜良种站为龙头，徐州、淮阴、宿迁、连云港四个市冻精中转站为依托，以12个县和180个乡镇改良点为网点，构建了黄牛杂交改良体系。为改良地方山羊，建立了徐州市波尔羊繁育中心、宿迁市畜禽良种繁育中心两个波尔羊繁育基地，为全省改良地方山羊提供种羊和冻精。同时，根据全省羊的品种资源区域分布，重点建设了海门市海门山羊原种场和睢宁县种羊场，承担了地方优良山羊品种的保种选育任务。家禽良种繁育体系，全省有3个蛋鸡祖代场、3个肉鸡祖代场。常年饲养祖代蛋鸡4万套，祖代肉鸡4.6万套，年生产肉用父母代种鸡175万套，蛋用父母代种鸡240万套，年繁殖商品肉鸡苗1.4亿只左右。商品蛋鸡1.5亿只以上，基本满足全省家禽生产的需要。此外，种畜禽管理正逐步纳入法制管理的轨道，种畜禽建场按程序审批；人工授精技术及猪的统一供精工作进一步强化。四是畜禽品种选育工作取得新进展。由苏州市太湖猪育种中心培育的"苏太猪"通过了国家品种审定，并已在全省组织推广；江苏省农科院等单位承担的苏钟猪通过中试，进入省级品种鉴定阶段；此外，新姜曲海猪、新淮猪选育进展顺利，新太湖鹅的选育进入中试阶段。为加速地方优质猪种选育进程，成立了省"地方瘦肉型种猪选育协作组"。

〔**畜牧业产业化经营**〕　一是区域化、规模化生产有了长足的发展。全省已累计建设了35个商品瘦肉基地县、25个国家级和省级秸秆养畜示范县（区）、2个肉兔基地。商品瘦肉猪基地出栏猪占全省出栏总量的64.6%；秸秆养畜示范县（区）牛、羊肉类和奶类产量分别占全省的85.2%，54.5%和30%；肉兔基地出栏肉兔占全省的45.8%。此外，海安、盐都、射阳、东台、铜山等8个禽蛋生产大县，栏存家禽和禽蛋产量分别占全省的31.9%和35%；海门、启东、如东等县已发展成为该省良种肉鸡主产区，年出栏良种肉鸡占全省的30%；南京、江阴等地的白羽肉鸭，里下河地区的高邮鸭都成为特色主产区。全省规模养殖稳步发展，目前规模饲养肉猪（出栏20头以上）占23.72%，肉鸡、商品蛋鸡规模饲养量分别达到85%和42%。二是龙头带动作用加强。各地围绕畜产品的转化和增值创办了一大批加工企业，形成了一批具有鲜明地方特色的加工产品，创立了一批具有一定影响的品牌。南京雨润肉食品公司、南京奶业集团公司、南京桂花鸭集团公司、高邮鸭集团等已经成为全省农业产业化经营的重点龙头企业。龙头加工企业与基地和农民的产销连结程度更为紧密，辐射带动作用得到加强。徐州市政府将食品加工业确定为该市重点扶持发展的支柱产业；淮阴、盐城等市在搞活畜产品市场流通、加快农业结构调整步伐的基础上，开始运筹发展畜产品加工业。三是市场流通新格局正在形成。农民直销大户、农村经纪人和农村合作经济组织的兴起与蓬勃发展，促进了畜产品流通，促进了生产的发展，正逐步成为市场流通新的主体。全省十大畜牧业农村经纪人流通示范区建设初见成效，锡山市新安镇100%的鹌鹑，吴江市八坼镇100%蛋品，海安县80%的蛋类，阜宁县40%的生猪，如东县70%的苗猪，东台市100%的乳猪，淮阴县100%的肉鸽均是由农民直销大户和农村经纪人组织销售的。目前，盐城市常年有30万经纪人活跃于城乡之间，全市80%的鲜蛋、60%的肉类、40%的水产品都是通过各类经纪人源源不断地销往国内外各大市场；徐州市有从事活禽和禽蛋远销人员10万人以上，其运销量占全市总产量的50%以上。如皋市吴窑的中国山羊交易城、东台许河的兔毛市场、如东的苗猪交易市场、东海的山左口大牲畜交易市场等一大批专业市场成为畜产品流通的重要阵地。

〔**秸秆资源开发利用与种草养畜**〕　通过实施以基地建设带动区域化生产、以加工流通推动产业化进程、以技术服务促动商品化开发的"三动"战略，加速推进秸秆养畜基地产业化经营步伐，从而实现由资源优势、生产优势向商品优势、经济优势的根本转变，努力开创秸秆畜牧业新局面。认真抓好在建国家级和省级示范县的实施，加强督促，定期检查。全省已建和在建的国家级秸秆养畜示范县（区）达到15个，省级示范县达到13个。1999两年全省共青贮饲料168万吨、氨化（微贮）秸秆97万吨，按5.6公斤青贮饲料或3公斤氨化或微贮秸秆相当于1公斤玉米营养价值计算，共节省饲料粮54.25万吨。积极利用种植业结构调整的有利时机，积极推广种草养畜技术，加大饲料牧草的开发力度。在对主要饲料作物和优良牧草品种的区域适应性、生物产量、开发利用和经济效益调查、研究和论证的基础上，省农林厅提出了全省优良饲料作物和牧草种植区域规划，为全省新一轮农业结构调整提供指导性意见。同时，举办了种草养畜技术培训班，印发了《种草养畜问答》宣传资料，开展了牧草种子的调剂供应工作。据统计，1999年秋播全省共新增50亩以上的连片优质牧草种植面积10万亩，起到了较好的示范推广作用。

〔**重大疫病防制**〕　围绕"外堵内防"的防制总方针，全面落实以免疫为主的"防、检、消、杀"综合性防制措施。外堵，就是果断采取一切行之有效的措施，严防外来疫源传入本省。经省政府批准，全省设立了31个临时牲畜交通运输检查站，要求国家干部上岗或带班，上岗人员持证上岗，不许收费。检查站的所有上岗执法人员严格按照要求，文明执法，严格执法，设站以来共检查过往牲畜298.6537万头（只），查获并处理大量进入流通环节的病死牲畜，劝退外省进入本省市场不合检疫要求的牲畜13.3521万头（只），有效地堵截外省疫源传入本省。加强种畜场、规模场的防范工作，建立健全防疫、消毒制度，不到疫区调进种畜，不接待场外人员进场参观。对少数牲畜贩运户违反有关规定，擅自从疫区调进牲畜的案例，兽医卫生监督部门进行了严肃处理，有效地震慑了各种违章、不法行为。内防，就是坚决落实以免疫为主的“防、检、消、杀”综合性防制措施，将疫情控制在最小范围内。经统计，本年度全省共免疫生猪 2103.9 万头（次），免疫牛 115.6 万头（次）。

〔“查违章、正行风、树形象”活动〕 在 1997 年推行“放心肉”承诺制，1998 年开展动物检疫员技能操作大比武活动的基础上，针对检疫监督中存在的检疫不规范、监督管理不到位等有损农牧部门执法形象的行为，1999 年在全省开展“查违章、正行风、树形象”活动。活动分三个阶段：第一阶段，5—7 月份，要求以县为单位组织检疫，监督员加强法制学习，寻找差距，每人出具书面总结并提出整改意见，开展自查自纠；省里派员巡回对各地检疫、监督员进行《动物防疫法》等法律法规培训、辅导。第二阶段，8—9 月份，以市为单位实施监督抽查，规范执法行为。第三阶段，11—12 月份，省里组织检查组分赴各市随机抽查，并以暗访为主，及时曝光、处理各种违章行为，树立行业形象。1999 年，全省全年使用产地、屠宰检疫证分别达 1202 万张和 1473 万张，比上年分别提高 85%和 96%；实施活畜禽检疫 14771.26 万头（只），检出病害畜禽 5.85 万头（只），检疫肉类产品 90.84 万吨，检出病害肉 261.56 吨。在 1999 年全省兽医防检疫大检查中，随机抽查了 39 个县的检疫情况，检疫员持证上岗率达 100%，屠宰场凭证进场率为 94.3%，赁让出场达 100%，充分展示了农牧部门勇于负责、严肃执法、文明执法的良好精神风貌。同时，结合开展“查违章、正行风、树形象”活动，加强对检疫员的考评鉴定工作，1999 年全省共培训检疫员 2268 人，完成考核鉴定 2264 人。

〔兽药药政管理与兽药产业发展〕 组织开展兽药市场整顿，进一步加大兽药打假力度，不断净化兽药市场。1999 年 4—6 月份对全省兽药市场开展清理整顿活动，取缔无证经营和超范围经营，堵绝假劣兽药进货渠道。全省共抽检各类兽药产品 225 批，累计检查各类兽药经营单位 1687 家，查处各类违章企业 533 个，取缔无证经营户 196 家；查处假劣兽药 553 个品种，货值 151 万元，罚款共计 75 万元。重点开展了兽药生产许可证和经营许可证换发工作，全面整顿和提高了全省兽药生产企业的生产、检验条件和质量管理水平，全年共审核、检查验收并换发《兽药生产许可证》209 个，注销《兽药生产许可证》的 10 个，注销产品批准文号 200 个；兽药经营许可证换证验收首次采取评分制的考核要求，重点对人员、经营设施、质量管理等开展全面考核。举办了全省兽药生产企业厂长（经理）培训班，进一步提高企业管理水平。省兽药监察所加强兽药质量检验，当好质量卫士，同时，积极开展兽药残留检测工作，如期完成农业部下达的兽药残留检测任务，拓宽服务领域。切实加强激素产品的管理，开展对 β－肾上腺素类产品非法使用的专项检查，加强对兽用激素生产企业的监督，积极开展兽药残留检测工作，为迎接欧盟专家检查做好各项准备工作。10 月，欧盟专家来该省进行了检查。继续组织开展兽药质量优秀企业认定活动，提高了全省兽药产品质量，扩大江苏兽药企业的知名度；1999 年审评了 40 个新兽药及兽药新制剂，加快新品开发力度；全省兽药行业全面实施“1159”工程，培育发展生产、经营企业集团，努力提高兽药质量水平。1999 年全省共有各类兽药生产企业 226 家，其中畜禽药厂 99 家、蚕药厂 20 家、鱼药厂 16 家、添加剂（预混料）厂 91 家；各类非公有、集体企业已增加到 95 家，占总数的 50%，其中，民营及股份制企业 83 家，三资企业 12 家。据不完全统计，1999 年共完成销售额达 13 亿以上，比上年 10.8 亿元增长 20.4%，比 1997 年历史最高水平 12 亿元增加 1 亿元；利税及纯利分别为 1.4 亿元和 6500 万元，分别比上年增长一倍以上。全省年销售额达 1000 万元以上的企业 36 家，比 98 年增加 10 家，其年销售总额达 9.23 亿元，占全省的 70%。

〔稳定生猪生产〕 1999 年元月以来，肉猪、苗猪价格一路下滑，4、5、6 月份跌至近年来的最低点。针对全省生猪价格持续下跌，养猪普遍亏损，效益明显下降，生猪生产处于量多价低的严峻形势，为缓解和遏制生猪价格下跌势头，切实保护农民养猪积极性，省农林厅有关部门召开生猪主产区产销形势座谈会，组织人员对生猪生产形势进行调查、分析，在此基础上形成稳定生猪生产的对策措施，向省政府进行专题汇报，省农林厅下发了《关于切实稳定当前生猪生产的通知》，提出在生猪生产量多价低的严峻时期，要通过“放流通、保大户、调母猪”等调控措施的落实，平抑市场波动，稳定生猪生产。同时，省农牧部门及时向各主要新闻单位通报信息，通过新闻媒介加强对生猪生产信息引导，为各级领导决策提供科学的、超前的参考意见和切实可行的对策措施，帮助和引导农民树立市场观念，提高竞争意识，增强抵御市场风险的能力。

〔推进“早餐革命”〕 1998 年，省农林厅提出了“早餐吃什么，牛奶加鸡蛋——推进中国人的早餐革命”的倡议，这个倡议在南京地区、江苏城乡及华东地区产生了很好的反响，并引起了国家有关部门和许多地区的广泛关注。1999 年 4 月 1 日，农业部有关部门与省农林厅在北京召开推进“早餐革命”高层研讨会。京城的一批营养专家、学者以及有关部门的领导参加了研讨会，对“早餐革命”予以充分肯定，认为这个观点非常响亮，也非常有感染力。新华社、《人民日报》、中央电视台、《光明日报》、《经济日报》、《科技日报》、《农民日报》和《北京日报》等北京 20 多家新闻单位参加会议，并进行了专题采访。

此外，省计经委、省农林厅、省奶协、各乳品加工企业等联合开展了一系列公益宣传和企业营销活动，这些活动的开展，对改变群众的消费观念，拓展乳品市场发挥了积极的作用，奶业成为全省畜牧业的亮点之一。1999年底全省奶牛年末栏存量达到4.17万头，牛奶总产量达到15.97万吨，分别比上年增长23.46%和31.5%；全省乳品行业实现了普遍增产、增效的良好局面，并涌现了“卫岗”、“绿健”、“红梅”等一批著名品牌；1999年，南京奶业集团液态奶的销售比去年同期增加30%以上，徐州乳品公司增加60%，淮阴、盐城等原先消费基础较差的地区，增幅在50%以上，牛奶制品开始由大城市向中、小城市渗透。

江苏省海安县

海安县位于黄海之滨，通、盐、泰三市交界，面积1108平方公里，人口不足百万。十一届三中全会以来，作为沿海率先对外开放的县市，党在农村的各项方针、政策得到了全面贯彻，走出了一条具有农区特色的“种养加出”之路，畜牧业得到了长足发展。1999年，全县实现畜牧业产值110217万元（90年不变价，下同），比三中全会前的77年的4366万元，增长25.24倍，年递增达到15.81%，畜牧业产值占农业总产值的比重由77年的20%增加到99年的53.15%，连续五年稳居全省榜首。农民总收入中45%左右来自畜牧业。20多年来，稳步发展的畜牧业已成为全县国民经济的支柱产业，成为振兴农村经济的重要基石，成为农民收入的主要来源。

20多年的改革与发展，海安畜牧业产生了巨大变化。主要表现在：

1. **内部结构调优。** 1978年，全县畜牧经济总量中，生猪占有绝对比重，当年饲养生猪92.62万头，家禽饲养量仅127.07万羽，生猪产值占畜牧业的产值达到75%。到1999年，家禽饲养量则达到4193.15万羽，为1978年的33倍，产值达到78106万元，占畜牧业的产值达到70.87%，占农业总产值的比重达到37.7%。

2. **品种结构优化。** 20年前，全县畜禽几乎没有一个优良品种，畜牧业投入高、产出少、收益差。从1983年开始，围绕提高商品猪瘦肉率全面推广杂交改良及配套技术，发展高产、优质、高效畜牧业，使该县的生猪品种改良工作迈上了一个新台阶，到1999年的17年间，全县出栏的904.05万头商品猪中，95%以上是经过杂交改良的，其瘦肉率达到了48%以上，累计增产瘦肉4000万公斤以上。在家禽生产上，从1984年引进罗斯到1989年引进罗曼，通过15年卓有成效的推广，良种蛋鸡在该县的普及率超过90%，而肉鸡的良种普及率则达到100%。

3. **科技贡献增加。** 20年前的畜牧业是原始的粗放型生产，科技含量极低。改革开放以来，由于注重科技投入，畜牧业的科技含量逐年得到提高，科技贡献率得到大幅度增加。1983—1999年的17年中县畜牧技术推广部门累计推广实用技术35项，完成各级、各类科技成果31项，先后获得过农业部农牧渔业丰收奖一等奖一次、三等奖两次，省政府农业技术推广一等奖一次，省、市、县三级科技成果（进步）奖27项。根据权威部门测算，我县畜牧科技成果应用率已达75%，科技贡献率达到65%，远远高于全省平均水平。

4. **饲养管理科学。** 主要表现在生猪的“四改一添”和家禽的笼养、高架平养及网上育雏技术。根据统计，生猪饲养采用“四改一添”法的达到98%以上，而家禽特别是蛋鸡的笼养及高架平养已达92%以上，工厂化育雏及生猪的分阶段独立饲养法已占全县存栏家禽和生猪的43%和60%。

5. **疫病防制程序化。** 随着1984年开始的家禽饲养高潮和引进品种的增加，疫病防制工作显得异常重要。县畜牧兽医部门及时了解疫情动态，先后三次修订了家禽免疫程度，调整完善了生猪免疫操作规程，坚持做到常年防疫，月月补针，使全县生猪常年防疫密度达到95%以上。1990年通过了省厅的“两瘟”控制县标准验收。

6. **规范饲养异军突起。** 20年来，畜牧业规模经营发展迅速，畜禽饲养大户不断拥现，万羽鸡场、千头猪场应运而生。到1999年，全县存栏万羽以上的养殖大户有44户，存栏5000羽以上的大户有223户，存栏1000羽以上的大户有4439户，规模饲养量已占全县饲养总量的76%。生猪生产正在向规模饲养和集约化方向发展。20年前的百头猪场微乎其微，20年后的今天，千头以上猪场已有12家，百头猪场126家，50多头的专业大户近1000户，且规模饲养设施先进，管理科学，效益显著，抵抗市场风险的能力也大大增强。

20年来，海安县的畜牧业持续、快速、健康发展，得益于以下四个方面：

1. **有效的领导管理体系是畜牧生产持续发展的关键。**

十一届三中全会以后，县委、县政府经过认真调研，决定把发展畜牧业作为振兴海安经济，引导农民奔小康的重要着子。县里成立了领导班子，从书记、县长到各级领导，人人关心畜牧业的发展。1984年县财政一次性就拿出160万元资金用于畜牧业的贷款贴息，极大地调动了农民发展畜牧业的积极性，当年畜牧业产值就比上年增长了16.07%，家禽饲养量比上年增长58.32%。1984年后的各届政府均对畜牧业的发展独有情钟，先后出台了一系列优惠政策，如畜牧用地免收税费，用电实行农用电价，贷款实行贴息等。从1984年至1999年，县财政用于畜牧业上的投入仅贴息一项就近1000万元。同时，县、乡、村各级领导都分工负责，明确责任，深入村组，为农户排忧解难。在海安只要想发展畜禽养殖，就没有办不成的事。这正是县、乡强有力的领导管理体系为发展畜牧业创造的良好环境所在。

2. 健全的良种繁育体系是畜牧生产持续发展的基础。

畜牧业要发展，没有完善的良种繁育体系是难以做到的。1985年，县政府根据畜牧部门的建议，投资25万元建起了蛋用祖代鸡场，现存栏罗曼祖代种鸡20000套，这也是至今全省农牧系统唯一的一个祖代场。同时根据生产发展需要，有计划地在全县乡镇设立了父母代鸡场，到1986年初，全县已基本建成了县养祖代，乡养父母代，农户养商品代的良种繁育体系，这个体系经多年实践并逐步完善提高，对该县家禽生产的稳定发展发挥了重要的作用。尽管近年来禽蛋市场波动较大，由于有得天独厚的良繁体系，我县家禽生产始终得以稳定发展。

3. 发达的流通网络体系是畜牧生产持续发展的支撑。

改革开放之初，该县就有“百万雄鸡下江南”的美称，那时家禽饲养量才200多万羽。20年来，家禽生产迅猛发展，1999年的饲养量比开放之初增长了20多倍，年生产禽蛋14万吨，平均每天生产近400吨，加上每年生猪外调20多万头，这么多畜产品就是靠发达的流通服务网络源源不断地输送到全国各地。在这方面，县、乡政府及有关部门着力培育农民经纪人，充分发挥农村合作经济组织的作用，给他们创造宽松环境，提供政策优惠，鼓励他们在大、中城市发展市场，开拓市场。现在全县从事畜产品流通的农民经纪人有1.1万人，在大、中城市常设的市场固定销售点有100多个，直接为畜产品从事运输业务的车辆有120多辆，从业人数1.5万多人。

4. 稳固的技术服务体系是畜牧生产持续发展的保障。

海安畜牧业的发展与稳固的畜牧兽医服务体系是分不开的。改革开放之初，许多农户想发展畜禽养殖，就是因为没有技术而不敢上马，加之乡镇业务技术人员偏少，指导力量不足，经受了一些挫折。因此，在县、乡政府的大力支持下，畜牧兽医技术服务体系从1983年陆续建立健全，首先是撤消了村级赤脚兽医，经考试、考核录用了一批学历、水平、素质较高的同志充实到乡镇兽医站。二是选派乡镇年轻同志到有关专业学校进修，到1999年共选派近300人赴大中专院校学习。三是县畜牧主管部门每年对乡镇业务人员进行培训，累计培训2600多人次。四是分配一部分大、中专院校学生充实基层。五是在全县各乡镇陆续举办专题培训班，每年不少于10期，从1983年到1999年累计在乡镇办培训班186期，培训28000多人次。六是印发各类技术资料免费发放，10年中仅县畜牧兽医站就动用印刷费56.7万元。

在管理体制上，一直坚持了“条块结合，以条为主”的管理体制，在历次的机构改革中，始终保持不变，而且越来越得到了巩固和加强。目前，全县现有乡镇畜牧兽医专业技术人员800多人，他们常年工作在农村第一线，担负着新技术、新品种的推广普及、疫病防制等产前、产中、产后的系列配套服务，为全县畜牧生产的持续发展发挥了保障作用。

短短20年，在海安这片热土上以蛋鸡生产为主导的畜牧业，已形成了鲜明的特色产业，为海安的经济振兴，为农民致富，为农村翻天覆地的变化作出了巨大贡献。但是，海安人并不满足。随着中国“入世”步伐的加快，该县将认真贯彻中央关于农村和农业工作的意见，加快畜牧业内部结构调整，加快生产优质、高产、高效的畜产品，并在畜产品的深加工、提高附加值、提高畜牧业科技含量和加快畜牧业产业化进程求得新突破，实现畜牧大县向畜牧强县的跨越，以崭新的姿态跨入21世纪，再创畜牧业的辉煌。

江苏省如皋市（黄鸡）

如皋黄鸡，又称三黄鸡、草鸡，因喙黄、羽黄、脚黄而得名。是如皋市长期选育而成的地方优良品种。1976年，如皋市建立了如皋黄鸡原种鸡场，开始对如皋黄鸡进行本品种选育，1982年经省农林厅鉴定为蛋肉兼同中型鸡，被列入省级品种志。1996年，列入全省丰收计划得到大力开发和利用。1998年，列入江苏省农林新品种更新工程项目，并通过省级鉴定。1999年被评为江苏省农业名品，参加了中国农博会展览。

如皋黄鸡体型适中，行动敏捷，善于觅食，耐粗饲，适应性强，成鸡采食量小。母鸡体重1.25公斤，年产蛋160—180枚；公鸡体重2公斤左右，以肉质鲜嫩而著称，童仔鸡肉质白嫩，母鸡炖汤味道鲜美，营养丰富，巧符一席食用，故有“一席鸡”之称。

1990年，该市开始进行肉用黄鸡的研究与开发，通过杂交利用，有效地改善了如皋黄鸡早期生长缓慢的缺点，同时保留了如皋黄鸡肉质及体型的优良特点。目前全市已形成了以苏皋联合畜禽繁殖场、江如养殖场为代表的如皋黄鸡保种基地，何庄、建设、九华、郭元、邓元等乡镇为重点的种鸡生产基地，常年饲养如皋黄鸡种鸡10万只，年孵禽总量突破1200万羽，形成了以常青、奚窑、长江、郭元、袁桥、桃元、白蒲等镇为主的如皋黄鸡生产基地，1999年饲养量在800万羽。2000年，饲养量将达到1200万羽。

江苏省淮阴县（乳鸽之乡）

淮阴县城北10公里，205国道与淮泗路的交汇处，有一座高大的银色雕塑耸立在蓝天白云之下，那是一对展翅飞翔的鸽子，底座上的“神州鸽市”四个大字苍劲有力，熠熠闪光。这座雕塑是淮阴县千万只菜鸽的缩影，更是作为一个全国养鸽大县的写真。

淮阴县是菜鸽之乡。 在历史上，该县老百姓就有饲养菜鸽的传统，1996年初，在大调整快开发、加速农业产业化进程的号角声中，县委经过调查发现，养鸽已经使一部分农民走上了致富之路。肉鸽不仅肉嫩味鲜，更有别的食品难以匹敌的保健功能，《本草纲目》早有“一鸽胜九鸡”的记载，市场潜力大，特别是苏州、上海一带，更对淮阴菜鸽情有独钟。为了把这一传统优势变为产业优势，县里成立了菜鸽养殖工程指挥部，编发各种养鸽技术资料16万字，免费送到全县7万多农户。县多管局局长朱士前与科技人员总结出科学的养鸽“打防疫针，喝消毒水，配保健沙，吃配合料”16字诀，早已在全县5万多养鸽户中大普及。在政策上实行倾斜，如给100对种鸽大户提供贴息贷款，免除部分差勤务，对成绩突出的养鸽专业村干部优先提拔使用等。这些政策和激励措施，极大地调动了各方面养鸽积极性。春潮涌动，规模养鸽的热潮在淮阴县的广阔大地上蓬勃兴起，“早养鸽子早致富，多养鸽子快致富”在干群中已经形成共识。近几年来，全县饲养、贩运肉鸽总量都突破2000万只大关，建万只种鸽场6个，千只种鸽场22个，全县16万农户，有近5万户农户都养鸽，仅此一项，全县人均纯收入可达200元以上。

淮阴县是鸽市之冠。 菜鸽饲养规模迅速扩大，县里为了加大菜鸽流通量，加快流通速度，全县分布在县内外大大小小的菜鸽营销协会就有28个，从业人员将近4000人，分布在南方各大中城市，仅在上海就垄断了五个区的196个农贸市场的菜鸽摊位。山东、河南、河北、安徽等地的菜鸽南下，大多要通过该县市场中转，走该县的营销渠道进入各大菜场，全县6个中转站每天平均吞吐量达2万只以上。

淮阴县鸽宴闻名遐迩。 远方的客人都知道，到淮阴县不吃鸽宴，等于白到淮阴一趟。鸽菜有各种各样的名目，炒、炖、烤花样繁多。在“99中国·淮阴乳鸽美食节”大赛中尽显风采。深受顾客欢迎的特色菜就有兰花鸽脯、滑炒芙蓉乳鸽片、山蛇鞭花炖乳鸽、清炖胡芦鸽、万寿乳鸽、罗曼烤乳鸽、皇冠药膳仔鸽、明火鸽腿、菠饺乳鸽、芝麻乳鸽、爪峰乳鸽球、龙舟鸽米、冬虫夏草炖乳鸽、龙凤会、一品乳鸽松、八宝乳鸽、乳鸽薄饼、蟹黄鸽圆等30多套。

淮阴县乳鸽食品深受顾客青睐。 “苏粤乳鸽”、“淮阴乳鸽”，荣获’97中国国际食品博览会国际名优奖，去年12月份，安徽芜湖超市3000多种自选商品中，苏粤乳鸽销量第一，产品远销东南沿海以及东北等地，成为高档筵席和馈赠礼品中的首选之物。

鸽子不仅是和平的象征，更是财富的象征，钟情于肉鸽产业的80万淮阴县人民相信，随着一群群鸽子飞向灿烂的蓝天，淮阴县将奏响新一曲更加辉煌的希望之歌。

江苏省沛县（肉犬）

沛县地处苏鲁豫皖结合部，南依徐州市，东临微山湖，北与山东鱼台接壤。沛县狗肉在中国美食林中“声名显赫”。缘于相传汉高祖刘邦手下的大将樊哙幼时以屠狗为业，练就了煮制狗肉的一手“绝活”，首创的“鼋汁狗肉”，色、香、味名扬国内外，至今2000多年仍久盛不衰。沛县的狗肉出名，还在于用特殊的制作工艺和传统的煮制配方形成了色、香、味俱佳。从屠狗放血、漂洗方法、撕而不切到入锅配料、火候都与众不同，更主要的是“老汤”。煮狗肉的“汤”是连续接用的，而且越陈越香，沛县狗肉的“色”鲜嫩透红，在肉丝纹路上走满桃红色，观之乐目；“香”，“狗肉出锅香满城”，闻之令人垂涎，食欲大振。“味”，鲜美馋人，爽口滑而不腻。

“狗”名亦曰“犬”，在动物分类学上属哺乳纲食肉目，犬科，犬属，是中国农村“马、牛、羊、鸡、犬、豕”六畜之一。狗肉香美，早在3000多年前周天子时代就已成为御席“八珍”之一。

“狗肉出自狗身上”。多年来，沛县县委、县政府一直把养犬业作为全县经济发展的支柱产业、特色产业，以优惠的政策扶持典型发展的方法，鼓励农民走规模化养殖的道路，全县大型良种肉犬繁育场已发展到50多家，全年饲养量近100万条。这个县对良种肉用犬的繁育方法主要是：从国外及新疆、内蒙古引进体型大、生长快、抗病力强的圣伯纳、纽芬兰、大丹犬、高加索、可卡犬、灵缇、马士提夫、拳师犬、斗牛犬，藏獒、日本狼青、罗威那等公犬与本地母犬通过多次杂交、改良，筛选培育出一种生长快、体型大、抗病力强、性温顺、易饲养、肉质好的改良新犬种，喂以科学的配方饲料和定期防疫，采用宽敞的圈舍，群体圈养的方法。过去，这个县的广大干群一直认为狗性野，难以搞规模圈养，加上狗身上带有狂犬病源，更不适宜搞人工群体养殖。崔寨乡青年农民韩飞，为了探索肉犬人工圈养的方法，经过几年的苦心钻研和试验实践，在1992年取得了突破性进展，打破了肉狗不能圈养的传统习惯，当年春季投资20多万元，上马建起了“曙光良种肉犬繁育基地”，经过几年的艰苦努力，良种肉犬基地的场地扩大到3.5万平方米。建造犬舍600多间，种犬已有1850多条。在韩飞的带领下，沛县养犬业迅猛发展，仅在徐沛公路沿线，就有30多家肉犬繁育基地，全县养犬大户达到1000户以上。韩飞始终把养犬业作为引导农民致富的一项重要门路，坚持“兴养犬产业，富千万百姓”的办场宗旨，扶持乡邻靠养犬脱贫致富，走“基地+农户”、“分场+农户”的路子，让广大农民在无任何市场风险的前提下养犬致富，每年都与养犬农户签订“三提供一回收”的合同，为养犬农户提供幼犬、饲料和防疫服务，育肥后包回收。每年与韩飞签订养犬合同的农户多达500多户，创造了“小规模、大群体”的肉犬养殖新模式。目前韩飞的良种肉犬繁育基地和他在全国各地的15个分场，资产总额已达1500万元，有种犬5000多条，年繁育肉犬15万条以上。

肉犬养殖业的大发展带动了狗肉加工业的兴起，由用小锅煮制，到半机械化加工；由煮狗卖肉到生产系列产品，目前，沛县有一定规模的现代化狗肉加工厂已达20余家，产品有鼋汁狗肉、狗肉香肠、狗肉火腿、五香狗肚等系列食品，仅近几年就荣获了省优、部优、国际金奖等殊荣10余个。全年加工量在5000吨，产值3亿元，产品不仅畅销于国内，而且远销日本、韩国、东南亚及台湾等地。

肉狗全身是宝，俗语说：“狗肉滚三滚，神仙站不稳”。这形象地说明了狗肉具有味道鲜美、营养价值高的特点。狗肉脂肪含量低，蛋白质含量高，钙、磷等矿物质含量丰富，其中蛋白质12.25%，纤维3.45%，碳水化合物49.5%，铝1.5%。名医李时珍在《本草纲目》中说“狗肉安五脏、轻身、益气、宜肾、补胃、暖腰膝、壮气力、补五痨七伤、补血脉……填精髓”等。现代医学临床实验表明，食用狗肉对人体的内分泌、神经、消化、循环及生理等系统很有好处，可以增强人的体魄，提高消化、抗病能力，促进血液循环，改善性功能。《普济方》称“大病大虚者，食之最宜”，民间流传“今冬狗肉补，明春打老虎”的说法。狗肉还具有很高的药用价值，它既有祛湿降风、活血止痛的功效，也可治风湿性关节炎、风湿痛、腰腿无力及四肢麻木等症；狗皮既能加工成祛湿防寒的皮袄、裤、背心等，也可合成狗皮膏；狗鞭能治贤虚腰痛，女子带下崩漏；狗毛可制成画笔、化妆笔；脏器可制药；狗油能治烫伤及跌打损伤；“狗宝”功效更为神奇，可治愈多种癌症等病症。

养殖肉狗投资小、见效快，可实行室养、笼养、拴养等方法养殖，房前屋后的空闲地、闲置的旧户、旧仓库、鸡舍、猪舍等可以圈围的地方均可养殖肉狗。“狗”经过人们长期的家养与驯化已形成食性杂、食性广的特点，残汤剩饭、动物内脏、熟红薯、土豆、米糠、玉米粉、麸皮、菜籽饼、花生饼、豆饼和动物下脚料都是狗的食物来源。

目前，沛县繁育成功的杂交改良肉狗性情温顺、增重快，个体大，产肉多，肉质好，具有对生存环境适应能力强，耐粗饲，耐寒抗热，病害少，生长迅速等特点。为了不断提高肉狗的品质品位，沛县还专门成立了“犬业协会”、“犬业研究会”、“肉狗繁育管理站”等科研、管理组织，有7名高级畜牧师专门对沛县肉狗的改良、繁育搞科研，县政府每年都拨出科研经费，组织科技攻关小组，已形成的良种肉犬品种有：苏北青、苏北黄、苏北红、苏北黑四大系列和20多个狗种品牌。同时为了进一步提纯种狗，对皮毛有杂色的肉狗正进一步攻关。同时，也注重了对名犬、观赏犬、军用犬的繁育研制，拓宽犬类养殖业的范围。

通讯地址：沛县县委农工部
邮　　编：221600

浙江省

〔畜禽及饲料生产〕　1999年，浙江省畜禽生产稳中有升，畜禽产品全面增长。生猪年终存栏1024.36万头，比上年减1.56%，但肉猪出栏达到1289.86万头，增长1.42%，出栏率为124%；家禽年终存栏16502.03万羽，比上年增长18.0%；肉类产量达到109.09万吨，比上年增长4.9%；禽蛋产量34.72万吨，比上年增长9.5%；其它奶类、蜂蜜均有所增长。

由于市场价格持续走低，全省按当年价格计算的畜牧业总产值为157亿元，比上年减5.3%，但按可比价算则增长5.1%。

1999年，全省供港活猪23万头。

全省配合饲料加工约320万吨。

1999年浙江畜牧生产情况

项目	单位	1999年	1998年	增减%
一、肉类总产量	万吨	109.09	103.96	4.93
其中：猪肉	万吨	82.55	81.38	1.47
牛肉	万吨	0.93	0.93	——
羊肉	万吨	2.39	2.17	10.14
禽肉	万吨	22.96	19.24	19.33
兔肉	万吨	0.26	0.24	8.33
奶产量	万吨	34.72	31.70	9.52
禽蛋产量	万吨	34.72	31.70	9.52
二、猪存栏	万头	1024.36	1040.56	-1.56
其中：母猪	万头	75.67	83.01	-8.84
出栏猪	万头	1289.86	1271.77	1.42
三、年存栏	万头	40.64	43.52	-6.61
其中：奶牛	万头	2.98	2.57	15.95
四、羊存栏	万头	218.95	207.58	5.47
五、家禽存栏	万只	10259.89	8939.66	14.77
出栏	万只	16502.03	13980.69	18.03
六、兔存栏	万只	360.45	311.49	15.72
七、蜜蜂存栏	万箱	94.18	89.03	5.78

一、著名畜禽产品

金华猪　又称金华两头乌猪，是浙江省著名地方品种，主产于金华市的东阳、义乌、金华、兰溪等地。金华猪主要特点是：皮薄骨细，早熟易肥，繁殖性能高，产仔多，肉质细嫩、味美、皮薄、肌间脂肪含量高。在全省生猪主产区，主要作为商品生产中的杂交一代的母本，其经济杂交组合的有：长金（长白♂×金华♀）、大金（大白♂×金华♀）、杜金（杜洛克♂×金华猪♀）；三元杂交组合有：杜长金（杜洛克♂×长金♀）、汉长金（汉普夏♂×长金♀），1981年国家标准局正式批准颁布《金华猪国家标准》，是中国种猪资源宝库中独有的优良肉质特色的佼佼者。

金华猪种繁育任务主要由金华种猪场承担。地址：浙江省金华市湖南塘，电话：（0579）2463004，传真：2466573）。

嘉兴黑猪　主产于浙江北部的嘉兴市的嘉兴郊区、平湖、嘉善等县（市、区），广布嘉兴、湖州、宁波、舟山等地以及安徽、辽宁等省饲养繁殖。是浙江省商品猪生产中的杂交一代母本，其主要经济杂交组合有长嘉（长白♂×嘉兴猪♀）、大嘉（大白猪♂×嘉兴黑猪♀）、杜嘉（杜洛克♂×嘉兴黑猪♀），以嘉兴黑猪为母本，与杜洛克杂交，经数代选育后，培育出的新嘉兴猪，已通过省级鉴定。嘉兴黑猪的主要特点：个体体形相对较大、繁殖性能强，肌肉经嫩致密，富含肌间脂肪，品质好。

三元牌衢县三元猪　全省饲养量100多万头，瘦肉率高，生长速度快，防病抗应激强，肉质优良。1998年获浙江省农业博览会金奖，'99中国国际农业博览会认定为名牌产品。

生产单位：浙江省衢县畜牧业发展责任公司，地址：浙江省衢州市北门外浮石路，电话：（0570）3032905。

大观山牌长白猪　瘦肉率高，生长速度快，适应性强。1994年被评为"中华精品"，'97和'99中国国际农业博览会均认定为名牌产品。

生产单位：浙江省杭州市种猪试验场。该场系国家农业部定点的国家级重点种畜禽场，浙江省畜禽种苗工程种猪原种基地。电话：（0571）8541834、8541859。

金华火腿　是以金华猪或及其杂交一代的商品猪的后腿为原料，经特殊加工后的商品猪腿。为中国著名传统特产之一。金华火腿皮色黄亮，肉红似火，香烈而清醇、酥松脆嫩、咸淡适口、味鲜，便于贮藏和携带。是一种较理想又珍贵的营养滋补食品之一，曾获得国内外博览会金奖。

宗泽牌火腿及制品　产品选用金华"两头乌"为原料，肉质红润，香气浓郁，味美清香，回味悠久，形态美观，以色、香、味、形“四绝”驰名中外，1994年获国际优质商品博览会金奖，'95中国国际农业博览会认定为名牌产品。

生产单位：浙江省金华火腿研究所，地址：浙江省金华市人民西路517号A2-3，电话：（0579）2357907，传真：2374041。

老汤牌火腿 产品选用金华火腿最精华部位“火腿心”为原料加工而成，其质量获ISO9002国际质量体系认证。1995年获国际食品及加工技术博览会金奖，1996年被评为中国国货名牌食品，1998年被评为浙江省优质农产品金奖，'99中国国际农业博览会认定为名牌产品。

生产单位：浙江省东阳市花园火腿食品厂，地址：浙江省东阳市花园第二工业区，电话：（0579）6280506，传真：6280506。

皇中皇火腿心 产品经去皮、骨、腿、爪，取火腿最佳部位后，再制作包装而成。保持了传统产品金华火腿的独特风味，是煮食和制作高档汤菜的优质佐料。自1995年连续四年被评为中国食品工业协会推荐的名牌产品，1998年获浙江省优质农产品金奖，'99中国国际农业博览会认定为名牌产品。

生产单位：浙江省金华皇中皇食品公司，地址：浙江省金华市人民西路517号，电话：（0579）2375718，传真：2339078。

仙居鸡 是中国优良地方鸡，蛋肉兼用型品种，具有体型小、产蛋多，饲料报酬高、早熟等特点。主产地仙居县。1999年，随着市场对肉鸡品质需求的提高，仙居鸡已从原来的单家独户分散饲养，发展到以“仙居鸡开发公司”为龙头的适度规模饲养和开发。饲养开发成功适合大众消费的“三黄鸡”，1999年饲养量仅仙居县达到210万羽，远销浙江、福建、上海等地。

主要品牌为仙黄牌仙居三黄鸡。该产品有商品苗鸡和真空包装成品鸡。1998年获浙江优质农产品金奖。'99中国国际农业博览会认定为名牌产品。

生产单位：浙江省仙居种鸡场，地址：浙江省仙居县埠头镇，邮编：325611，电话：（0576）2272138、2272198。

白羽乌骨鸡 产于江山市。该鸡全身被洁白羽毛，具有乌喙、乌舌、乌皮为基本外貌特征，成年鸡体重1.4-2.2千克，具有药用功效，清虚热、补气血，主治妇女经血不调，崩漏带下、虚汗内热，产后体亏等。

浙东白鹅 主要分布于宁波、舟山一带，是传统的出口畜产品之一。浙东白鹅体形分为长方形和长尖形两类，全身羽毛洁白，额部半球形肉瘤高突，喙偏平，颈细长，腿粗壮。浙东白鹅生长快，肉质好，耐粗饲，肉鹅屠宰加工后经冷冻远销各地。

江山白鹅牌江山白鹅 白鹅羽毛洁白，肌肉纤维细嫩，属高蛋白低脂肪的绿色保健食品，1998年获浙江省优质农产品金奖和'99中国国际农业博览会名牌产品。已开发有红顶白香鹅和天歌咸香鹅等系列产品。

生产单位：浙江省江山市畜牧兽医站，地址：浙江省江山市江城北路30号，邮编324100，电话（0570）4022386，传真：4022345。

文虎牌文虎酱鸭 产品以味道鲜美，色香俱佳，肥而不腻，稣而不烂的特色深受消费者欢迎，赢得“浙江第一鸭”的美誉。先后被评为浙江省和全国食品行业优质产品及省首届消费者满意商标和著名商标，获全国最佳风味食品奖、全国食品精英奖，第三届中国国际博览会金奖。'99中国国际博览会上认定为名牌产品。

生产单位：嘉兴市秀城区文虎酱鸭总厂。

西湖牌野鸭 是由浙江省“百龙工程”和杭州市重点菜篮子工程实施单位，浙江省农业龙头企业杭州西湖畜禽养殖总场有限公司饲养。西湖牌野鸭风味特点：具有浓郁的野味风味，瘦肉多，肉嫩而鲜。与野生野鸭比较，克服了肉质比较粗老和膻味比较浓重的缺点。据测定，富含氨基酸及微量元素，其中赖氨酸、亮氨酸和异亮氨酸、天门冬氨酸等含量比一般家禽高30%，有良好的进补作用。1999年，西湖牌野鸭销售量大幅增长，在上海每天供应活野鸭3000—5000羽，占上海野鸭年交易量的40%左右，白野鸭进入多家超市或连锁店，产品还远销新疆、吉林、辽宁等地。

巨高牌长毛兔 由浙江省一级种兔场——宁波市镇海种兔场培育的巨高牌长毛兔品质特优，成年兔平均体重5千克以上，最大体重达8.6千克，年产毛1.5—2.0千克，最高达4.6千克，1991年，获首届“创世杯”擂台赛金杯奖。1998年向国家工商局申请注册了“世高牌”商标，1999年获浙江省有关部门优质农产品金奖，先后被评为浙江省和中国农业名牌产品。已向全国20多个省、市、区的2.5万多个场户提供了28万多只种兔。

地址：浙江省宁波市镇海区城关镇镇骆路52号，电话/传真：0574-6261450。

佳乐牌纯牛奶 产品采用新鲜纯牛奶为原料，采用荷兰引进的二次超高温灭菌生产工艺加工而成。是浙江省名牌产品、浙江省免检产品、全国消费者信得过产品。'99中国国际农业博览会认定为名牌产品。

生产单位：金华市佳乐乳业有限公司，地址：浙江省金华市环城西路251号，电话：（0579）2341215，传真：2341214。

江山牌皇浆锭 产品选用优质鲜蜂皇浆为原料，采用低温冷冻干燥工艺制作而成，既保持鲜蜂皇浆的全部营养成份，又成功地克服了蜂皇浆保鲜难易变质，口感酸涩及服用不便等问题。'99中国国际农业博览会认定为名牌产

品。

生产单位浙江省江山市健康食品有限公司，地址：浙江省江山市长台蒿溪北路21号，邮编：324106，电话（0570）4990016，传真：4990499。

二、教学、科研单位及科研成果

教学、科研单位：

浙江大学动物科学学院　是由原浙江农业大学动物科学学院、蚕学系和饲料研究所合并组建而成，现有教职员工132人，其中教授18人，副教授36人，中级职称43人。教学研究人员中，18人具有博士学位，50人具有硕士学位。学院现有3个系：动物科技系、动物医学系和蚕蜂科学系；还设有饲料科学研究所、动物预防医学研究所等研究机构；另设有实验牧场、动物医院和蚕桑试验场作为学生实习基地。该院现有博士点2个，博士后流动站1个，硕士点6个；省重点实验室（国家农业部开放实验室）1个，省重点学科2个，省重点扶植学科1个。该院是浙江省重点畜牧业科技人才培育基地并为浙江乃至全国培养了大批蜂业、蚕业、动物营养动物预防医学、临床医学、水产、动物遗传育种等应用学科和基础学科的专业人才。承担了国家科技部、国家科学基金和省科委等项目100余项。

浙江大学饲料科学研究所　成立于1989年，经过十年创业，走上了集科研—成果转化—教学于一体的著名研究所，现有建设用房11000多M^2，固定资产总值达3500多万元，拥有教授、副教授4名，硕士12名，形成了以中青年为骨干的科研、教学、推广梯队。建所以来共承担42项科研项目，其中国家、省重点攻关项目28项，基金7项，开发25个畜禽、水产饲料及添加剂新产品，并推广到全国24个省市的200多家饲料厂和养殖场。

浙江省农业科学院畜牧兽医研究所　位于杭州市石桥路。是浙江省重要畜牧兽医科研机构，主要从事畜禽优良品种选育和繁殖、规模化饲养技术、胚胎工程技术研究，饲料饲草资源开发利用、动物营养及全价饲料添加剂研究，畜禽传染病和寄生虫诊断、防治技术研究。该所有在职职工104人，具有高级以上技术职称科技人员25人，下设猪育种、饲料营养、草食家畜、家禽、兽医等5个研究室和1个部省级重点实验室——畜禽遗传育种实验室。一个2万头规模的种猪试验场和种羊场、种兔场。

几年来该所主持及参加完成各类研究科题有180多项，获部省级以上成果奖的62项。主要科研成果有“非常规动物蛋白饲料开发与优化利用技术研究”、“瘦肉型猪配套技术新品系（$S_Ⅰ$、$D_Ⅲ$）”、“高产鸭配套系——江南Ⅰ号、Ⅱ号”、“鸭传染性浆膜炎防治技术”、“应用查牛羊捻转血矛线虫和肝片吸虫病技术”等。

1999年科技成果：

（1）浙江省农业科学院畜牧兽医研究所的“鸭传染性浆膜炎防治技术”获浙江省人民政府科学技术进步奖二等奖。

（2）浙江省农业科学院畜牧兽医研究所为主完成的“高产蛋鸭配套系—青壳1号、白壳1号的选育”和浙江省畜牧管理总站为主完成的“蜜蜂白垩病防治技术研究”获浙江省人民政府科学技术进步奖三等奖。

（3）嵊州市畜产总公司完成的“长毛兔繁殖新体系的研究与建立”获浙江省人民政府科学技术进步奖优秀奖。

（4）杭州西湖畜禽繁殖总场为主完成的“西湖野鸭饲养技术推广及产品加工技术开发”和德清县新市镇农业技术综合服务站为主完成的“獭兔繁育及饲养推广示范”获浙江省人民政府星火奖二等奖。

〔管理举措〕　浙江省人民政府为稳定畜牧业生产，及时发出《关于做好1999年生猪产销工作的通知》和《关于加快发展畜牧业的通知》，要求各级政府切实加强领导，通过调整生产结构，培育市场，加强疫病防治，实施畜禽种苗工程，推广应用新技术。从而有效地推广了耗量少、转化率高的畜禽品种，发展三元杂交瘦肉型猪和食草动物，建立健全节粮高效的畜牧业生产体系，扩大畜禽饲养规模。生猪、禽蛋的规模养殖产量分别占总产量的40%和70%左右。

三、畜牧生产主管部门和社会团体

浙江省农业厅畜牧管理局　负责全省的畜禽技术推广、种畜禽管理、动物防疫检疫、动物疫病的监察、兽药和饲料的行政管理及产品质量监督检验等工作，下设办公室、计划财务科、医政科、畜牧工作站、畜禽防检站、畜牧发展中心、浙江省种猪测定站、浙江省兽药监察所、浙江省饲料质量监督检验站（饲料监察所）以及直属单位——浙江省牧工商联合公司。

浙江省畜牧生产主管部门通讯录

单　位	地　址	电　话
浙江省农业厅畜牧管理局	杭州市凤起东路29号	0571－6041245
杭州市农业局	杭州市上城区南山路262号	0571－7074598
宁波市畜牧兽医站	宁波市环城西路	0574－7468127
温州市畜牧兽医站	温州市九三路兽医桥	0577－8224203

单　位	地　址	电　话
嘉兴市畜牧兽医站	嘉兴市环城北路1947号	0573－2075708
湖州市畜牧兽医站	湖州市吉山路50号	0572－2074418
绍兴市畜牧兽医站	绍兴市府山西路211号	0575－5152768
台州市畜牧兽医站	椒江区高业街经中路68号4楼	0576－8522561
舟山市畜牧兽医站	般山市定海区育苗路20号	0580－2022168
金华市畜手兽医站	金华市胜利北街气象巷17号	0579－2111864
衢州市畜手兽医站	衢州市柯城路	0570－3081480
丽水地区畜牧兽医站	丽水市城西路66号	0578－2131392

浙江省家禽业协会　成立于1992年，有团体会员60余个，个人会员80余名，是浙江省家禽行业生产、销售、科研等从业者的唯一的社会团体组织，其主要任务是维护生产者、销售者的合法权益，反映生产者的愿望，协助政府制订行业发展规划，开展行业内部技术、信息、经验交流，规范行业内部行为，在家禽业生产者与政府之间起到了重要的桥梁和纽带作用。

地　址：杭州市凤起东路29号。

电　话：0571－6953707；

传　真：0571－6041245。

浙江省奶牛协会　成立于1990年，是直接为奶牛业生产服务的社会团体，下设秘书处、育种组、疫病防治组、乳品加工组，共有团体会员单位85个，具有技术服务、技术咨询、信息管理等职能。近十年来，组织各类研讨会10余次，举办技术培训班20余期，在奶牛业生产者与政府之间，起到了重要的桥梁与纽带作用。

地　址：杭州市凤起东路29号。

电　话：0571－6953707。

四、主要畜牧企业

浙江省牧工商联合公司　是浙江省规模最大的兽药、饲料添加剂销售企业，有职工30余人，具有中专以上学历的技术人员20名，经销产品400余个，年销售额8000多万元，产品销往全省各地和部分省区。公司注重产品质量意识。历年经销的产品，经省兽药监察所抽样检测全部符合国家规定。

地　址：杭州市凤起东路29号

电　话：0571－6490338，6409268，6490228

传　真：0571－6490338。

浙江拜克生物股份有限公司　为浙江省首家发行股票上市的兽药（农药）生产企业，以生产阿维菌素、伊维菌素、马杜霉素、迪克珠利等兽用原料药及其制剂的著名企业，其阿维菌素原料及制剂“虫螨光”获全国第三届科技人才交流大会科技成果金奖。1999年公司实现销售收入1.16亿元，销售利润4180万元，在良好的市场条件下，拜克公司将充分利用已形成的产品优势、市场优势、技术优势和人才优势，以科技为基础，资产为纽带，把公司建成具有一流的庞大的生产能力、强大的竞争能力和有生物特色的兽药、农药生产基地。

地　址：浙江省德清县钟管镇，

电　话：0572－8401209，

传　真：0572－8401988。

杭州市种猪试验场　创建于1958年，是杭州市属综合性国营农业事业场、国家级重点种畜禽场、浙江省文明单位。

该场以培育推广著名的瘦肉型种猪——大观山牌长白猪而驰名海内，并兼有柠檬酸厂、乙炔气厂、控制电器厂、鳖种场、蛋鸡场、果树研究所、喷灌设备安装公司等15个经济实体，呈多元化发展趋势，目前正结合改制建立起公司制的现代企业管理制度。

全场占地866.7公顷，职工1020人，1999年末总资产14226.4万元，负债率54.8%，近三年平均利税462.8万元。主要产品“大观山”牌长白猪被第三届全国农业博览会和浙江省认定为“名牌产品”，各项技术指标居国内领先水平，部分指标达到国际先进水平，自1974年以来已销售种猪12万头以上。

现任总场场长赵大川是浙江省优秀农业企业家，高级工程师，浙江省人民代表。

场　址：杭州市郊长命桥，

邮　编：311115，

电　话：（0571）8534125，

传　真：8534858，

E－mail：hzzc@public．yh．hz．zj．cn。

金华种猪场　是国家农业部定点的国家级重点种猪场。创建于1953年，占地面积80公顷，猪舍22000平方米。1999年存栏金华猪、大约克、杜洛克、长白等生产母猪2000余头。该场选育的金华猪种猪销往全国各地，并多次赠送或出口日本、法国。还与加拿大国际开发署共同主持“中加瘦肉型猪合作项目”，共投入3100万元建成加

系大约克种猪核心群和一级扩大繁殖基地。1999年，该场向市场供应各类种猪近4000头，商品猪17000余头。

地　址：浙江省金华湖海塘，

电　话：0579-2464623，

传　真：0579-2466573。

新昌国邦兽药厂　以生产兽药原料及饲料添加剂生产经营为主的新昌国邦兽药厂，下设国邦兽药就用研究所、国邦销售总公司、财务部、生产部、公共保障部、六个生产车间、五个分公司、制剂分厂及一个综合性养殖场，主要产品有喹诺酮类，氟哌酸系列、环丙沙星等系列、恩诺沙星等系列、抗球虫药及治疗和促生长的北里霉素等系列、维生素类等，是浙江省较大生产规模的兽药及饲料添加剂生产企业之一。1999年实现产值1.83亿元，销售收入1.65亿元。

浙江欣欣饲料股份有限公司　创建于1984年，经过15年的艰苦创业，成为全国饲料工业百强企业之一，年饲料生产能力达36万吨，连续3年产销量居全省同行业首位。公司以多样化、规模化、集团化方向发展为指导思想。下属一家省二级种猪场和年出栏2万头的商品猪场，一条年生产2000万条包装编织袋生产线，在吉林省建有一座日处理500吨玉米的烘干塔。目前，正在兴建万吨级特种水产饲料生产线和年处理50000吨大豆的食用油脂生产线。

公司主导产品“欣欣牌”畜禽及特种水产饲料为浙江省名牌产品。1997年“欣欣牌”商标被评为省“著名商标”，同年还获得ISO9002国际质量体系认证。

地　址：嘉兴市秀洲区新丰镇，

电　话：0573-3022118-8888、8865，

传　真：0573-3022084。

绍兴县农垦饲料厂　绍兴县农垦饲料厂，座落在杭州湾畔的绍兴县海涂经济开发区。自1993年创办，目前总资产达2800万元，拥有年产10万吨饲料生产线、2万吨级的精制米生产线、2万吨膨化饲料生产线及2000吨饲料添加剂生产线。1999年度全厂共生产销售饲料50000吨，实现产值8200万元，销售7350万元，创利润308万元。

该厂主要生产各档畜禽饲料、膨化饲料、水产饲料、特种水产饲料、各档饲料的添加剂和精制免洗米，共有80多个产品。产品注册商标为“中大”牌和“胜大”牌，产品质量连续七年经省、市统检，抽检合格。同时企业也获得省级先进工业企业、绍兴县企业管理四星级企业、绍兴县质量管理先进企业、国家综合开发龙头企业、全省最佳经济效益企业，连续四年被评为全省行业最大工业企业。1998年“中大”牌商标被评为绍兴市著名商标，已通过ISO9002国际质量体系认证。

法定代表人：孙建华；

经营范围：饲料、添加剂、粮食；

经营方式：生产、加工、批发；

电话：0575-5120810（传真）。

五、企事业供求信息

阿散酸、洛克沙生　浙江黄岩康达动物保健品有限公司，是浙江省农业厅批准定点的兽药及饲料添加剂生产企业。主要产品有：阿散酸（对氨基苯胂酸）、球痢灵、洛克沙生、大蒜素、甜菜碱等，其中阿散酸被评为1995度国家新产品，并在第二届中国农业博览会上获得银奖。洛克沙生被评为1996年度国家级新产品。环痢灵获1998年度浙江市场名优兽药产品。硝基苯胂于1996年6月通过美国FDA验收。

总经理：徐仁达

地　址：浙江黄岩城关镇王西路193号

电　话：0576-4273527　4373573

传　真：0576-4273587

E-mail：yhryhg@ppp．tzptt．zj．cn；http：//www．chinaveterdrugs．com

http//www．chinafeedadditives．com

太湖3号猪用复合添加剂（系列）　浙江东立实业总公司（德清县兽药厂）生产的莫干山牌“太湖3号猪用复合添加剂（系列）”是浙江省最早开发的复合添加剂，各项经济技术指标已达到国内先进水平。1991年被列为国家级新产品，1992、1993年被列人省、国家星火计划，先后获国家级金奖、省科技进步奖二等奖，1995、1996、1997年又分别被评为“全国十大名牌饲料”、“农业部推荐产品”和“中国公认名牌产品”，1999年生产“太湖3号猪用复合添加剂”（系列）7000余吨，销售额6500余万元，产品遍及全国22个省、市、区。

地　址：浙江省德清县城关镇十里塘

电　话：0572-8424824　8427718

传　真：0572-8424045

http//www．dongli．com，E-mail：inf@dongli．com

福建省德化县（戴云山羊）

戴云山羊属中小型肉用山羊，在本县饲养历史悠久。据1982年统计，全县存栏数为10245头，其中可繁母羊3251头。虽饲养数量不多，但在全县各地饲养十分普通，适应性较强，是本县草食动物发展的方向。

戴云山羊的产地戴云山脉位于闽东南部，山脉主峰就在德化县境中部、最高峰海拔1856米，多数为600~1000米左右的高山丘陵山地。戴云山属中亚热带潮湿气候区，山岭起伏，地势高低不平，坡度为20~45度左右。气候

特点为：夏长不酷热，冬短少严寒，气候温和，四季分明。既无候均气温≥30℃的酷暑，又无候均气温≤0℃的严寒。全县年均气温在12～19℃之间，极端高温32～36℃，极端低温0～12.8℃，无霜期265天。雨量充沛，年降雨量1500～2000毫米，相对温度80～88%。该县海洋性、大陆性气候兼具，夏季常有台风，冬季有低温寒流及洪涝、干旱、冰雹、雷击等灾害性气候。全境溪流密布，水质符合卫生标准。农作物以水稻、甘薯为主，农副产品的藤叶是山羊的补充饲料。依上述地理环境、气候特征及山羊习性，在本县发展戴云山羊是大有可为的。

“戴云山羊的生活习性及其饲养技术：

（一）外貌特征：戴云山羊头狭长，略呈三角形，两耳直立中等大，两角分别向后两侧弯曲，公羊角粗大，母羊较细长。毛色有黑色和棕褐色二种。周岁以上公羊、母羊均长胡子，少数颌下有两个肉垂。体躯结实，四肢健壮，身体前低后高，臂部倾斜，尾短上翘，背线平直，乳房发达，乳头一对。

据1983年11月调查结果：4头二岁以上的成年公羊平均体重34.8±6.71公斤，体高52.9±2.4厘米，体斜长59±3.7厘米，管围8.5±0.6厘米。由于本地群众认为未阉割的公羊较为热补，习惯上公羊禁阉，如果公羊早期进行阉刈，体型还会增大，体重还会增加。测量63头二岁以上的成年母羊平均体重26.9±4.6公斤，体高49.7±3.8厘米，体斜长54.9±4.3厘米，管围7.7±0.6厘米。调查8头周岁公羊平均体重19±1公斤，6头周岁母羊平均体重18.5±2.7公斤，和成年父母羊相比，分别为它们的54.6%及68.8%。说明山区山羊生长较为缓慢（见表1）。

（二）生活习性：戴云山羊虽喜燥恶湿，但仍能适应本地相对湿度为80～88%的环境，抗病力较强，活泼好动喜登高，可在30～60°的山崖上自由采食，行走自如，还能将前肢攀在岩石或树干上，后肢直立去采食高处的野草或树叶，且遇雨不惊，照食不误，喜食幼嫩低草，嫩枝，灌木叶，勇敢顽强，易于训练，合群性好，只要有一只带路羊为向导，就可带队前进，喜欢群居，个体离群就鸣叫不安，同时爱洁恶污，遇有其他动物吃过的草宁可饿死也不肯采食。

（三）饲养管理：该县草山草坡较多，面积广泛，草场资源极其丰富，生长着各种各样的牧草，为山羊放牧提供了优良的食物。山羊采食牧草范围广，种类多。俗话说：“羊吃百样草”，其食不止。一块草地、草山草坡、疏木林地、山沟、田垄等生长的各种优劣牧草，山羊均可利用，同时，还可采食牛不能利用的低草和粗蒿草类，嫩枝，灌木叶、树皮等饲料。因此，戴云山羊可以终年放牧，对于饲养数量不多的养羊户，也可缚绳圈喂，在冬天，早春严寒季节，也不需补喂精料。只要适当补给干稻草、干地瓜藤叶等粗料即可满足其生长、繁殖的营养需要，饲养简单粗放。

由于山羊是反刍动物，可利用瘤胃微生物将非蛋含氨物（如尿素）转化为羊体生长、繁殖所需的蛋白质，所以，对于缺乏蛋白质的放牧草场，为经济起见，可适当补喂尿素以代替部分蛋白质的不足。不过值得注意的是：尿素混入饮水中喂给。另外，补饲尿素的饲粮必须有一定数量的碳水化合物，饲粮中蛋白质应占干物质的10～12%，才能取得一定的效果。

戴云山羊大都父母混养，自由交配，群体可达30～50头，所以管理较为方便。但在放牧过程中应注意以下几个方面：

1. 山羊喜燥恶湿，除了羊舍要求干燥、向阳、通风以外，还应选择高燥的牧区放牧。

2. 山羊爱好清洁，对于其他动物采食或践踏过的草场不宜放牧。

3. 山羊厌食露水草，早晨不能过早放牧，宜于太阳升起，露水消失之后放牧。

4. 山羊喜食矮草、嫩草，最好选择草质较好、矮草丰盛的地方作牧地。

5. 山羊喜食多种多样的草，不喜欢连续采食一种牧草，所以对于牧草单一的草场、放牧地应经常更换。

6. 山羊有吃盐的习惯，牧区应设盐槽让其自由舔食。

7. 夏天炎热气候，宜给充足的饮水，但刚采食回来的羊。应稍停片刻方可给饮，以防急饮误入气管。

8. 山羊合群性很强，在出牧、收牧及补饲、饮水时，应防止拥挤，尤其孕羊更应避免因拥挤而致流产。

9. 山羊抗病力强，在本县饲养几无疾患：一般有经验的饲养户，加强管理，合理放牧，都可顺利发展。但山羊病初不易为人觉察，一旦出现症状就已经很严重了，所以，饲养过程中，应随时留心山羊动态，一有异常，就应及早治疗。

10. 为防疾病传播，山羊放牧之前应依当地实际情况进行驱虫及防疫注射。

（四）生产性能：戴云山羊是中小型肉用山羊，群众习惯饲养一年左右，在中秋节后至春节前宰杀当补品。羊肉性热，肉质鲜红，细嫩味香，是良好的滋补肉品。据屠宰测定：3头公羊平均屠宰率48.5±2.15%，净肉率39.6%，3头母羊平均屠宰率43.7±1.7%，净肉率33.6%。（见表2）

（五）繁殖性能：戴云山羊公羊性成熟较早，4月龄就有性行为，6～7月龄开始配种利用。母羊性成熟较迟，一般6月龄才第一次发情，发情周期一般为18～21天，持续期2～3天，8月龄初配。

母羊一般周岁就可生小羔，故有年头生子，年尾生孙之说，妊娠期为145～155天，平均150天。一般二年生三胎，亦可年产二胎。每胎产1～2羔，以2羔多见，三羔次之，偶有4羔，羔羊初生重2公斤左右，母羊一年四季均可配种产羔，但以春、秋二季较多。母羊可利用7～9年，终生可产羔羊10～13胎。

由于父母混养，自然交配，缺乏选种选配，同时产生早配现象，因此，羊群体型变小。为了提高羊群素质，必须加强选种选配，适时更新种公羊。

表1 德化县戴云山羊体重、体尺调查表 单位：公斤、厘米

测定头数	性别	年龄	体重	体高	体斜长	胸围	胸深	胸宽	管围	体长
4	公	二年以上	34.8±6.7	52.9±2.4	59.0±3.7	81.0±2.0	28.3±1.5	18.0±2.6	8.5±0.6	79.0±3.6
63	母	二年以上	26.9±4.6	49.7±3.8	54.9±4.3	69.6±6.4	25.8±2.2	16.3±2.5	7.7±0.6	85.9±8.9
8	公	周岁	19.0±1.0	48.3±2.9	51.1±4.6	61.9±3.4	22.9±1.9	13.9±2.2	7.6±1.1	81.0±6.6
6	母	周岁	18.5±2.7	43.6±4.9	48.1±3.1	59.5±7.3	22.2±2.7	12.7±2.6	6.9±0.8	73.7±8.6

表2 戴云山羊屠宰测定记录表

1984年1月6日 单位：公斤、厘米

	性别	公	公	公	母	母	母
	年龄	15月令	9月令	12月令	9月令	18月令	24月令
	宰前活重	24.00	23.75	24.85	16.00	26.50	31.00
	头重	1.55	1.55	1.80	1.05	1.35	1.85
	蹄重	0.45	0.50	0.60	0.30	0.42	0.50
	心重	0.13	0.11	0.105	0.10	0.10	0.15
	肝重	0.44	0.375	0.41	0.50	0.60	0.50
	肺重	0.35	0.25	0.275	0.20	0.35	0.32
	脾重	0.15	0.05	0.045	0.05	0.07	0.20
胃	胃及胃内容物重	3.40	4.25	4.00	2.90	5.50	4.56
	胃净重	0.85	0.90	0.865	0.65	1.25	2.40
大肠	大肠及大肠内容物重	0.75	0.775	0.95	0.75	1.20	1.25
	大肠净重	0.33	0.275	0.40	0.60	0.55	0.60
	大肠长度	500	528	680	550	420	545
小肠	小肠及小肠内容物重	1.05	0.60	0.61	0.70	1.05	1.15
	小肠净重	0.26	0.275	0.275	0.35	0.65	0.50
	小肠长度	1520	1644	1594	1170	1530	1250
	花油重	0.47	0.225	0.26	0.40	1.75	0.65
	胴体重	11.5	11.75	12.40	7.30	11.30	13.30
	第六胸椎背脂厚	0.20			0.30	0.20	0.30
	眼肌面积	3.5×1.1	3.0×1.5	3.5×1.5	3×2	4×3	4×3
	净肉重	9.9				8.9	
	骨重	1.6				2.4	
	屠宰率（%）	46	49.5	49.9	45.6	42.6	42.9
	净肉率（%）	39.6				33.6	

福建省长汀县

长汀又名汀州，地处福建省西部，为闽赣两省的边陲要冲。全县土地面积3099平方公里，总人口48万，为福建第五大县。长汀是国家历史文化名城，海内外著名的“客家首府”。长汀名优特产品丰富。名列“世界五大名鸡”第二位的河田鸡，“闽西八大干”之一的汀州豆腐干誉满闽西，畅销国内外的汀州玉扣纸等，都是长汀著名的传统名、优、特产品。

河田鸡。据记载：“河田鸡”原名大种鸡，肉质细嫩、味道鲜美、皮薄脂肪多、蛋白质含量高、营养价值丰富而饮誉中外，它繁殖于长汀河田镇游坊村、韩坊等自然村，故名“河田鸡”，相传河田鸡生产已有300多年历史。河田鸡的形貌与其他鸡种不同，特点：“三黄三黑三叉”（即外貌特征）：嘴黄、脚黄、毛色黄；肉翅尖各有3—5片扁长米黑毛，尾端有7—9片黑绿色偏毛弯翅在后，鸡冠顶端呈三叉形，鲜红明亮。1964年，长汀河田鸡被定为中国出口活鸡和名贵鸡品种。同年秋，在广州出口商品交易会名鸡评比中，被列为世界名鸡第二名（美国白洛克、中国河田鸡、美国洛岛红、美国苏赛斯、意大利白来航）。从河田鸡产业开发看，河田鸡为该县特定区域的特色名种，具有很高的出口和加工价值。

长汀豆腐干。长汀豆腐干，有悠久的历史。据史籍记载：明朝大将朱亮明带兵驻防汀州府时，吃了长汀豆腐干后，大加赞赏，到清朝已成为皇室宫廷和达官显贵的珍品佳肴。近年来，远销香港、泰国、新加坡、印尼等国家和地区。

长汀豆腐干呈半透明状咖啡色，具有一定韧性。不仅含有很高的蛋白质，而且咸、甜、香、慢慢细嚼，回味无穷，是馈赠亲友的佳品。

汀州玉扣纸。汀州玉扣纸是长汀传统土特产品。至今已有200多年的经营历史，不仅在省内外久负盛名，而且在国际市场也享有盛誉。产品远销日本、泰国、印度、新加坡等国家。

玉扣纸洁白光润、质地柔韧、张力均匀、拉力强、磨擦不起毛茸、色泽经久不变，不易被虫蛀，吸水性强，适宜书画、裱褙、包装、印刷等。

长汀山峦起伏，竹林如海，每年都长出大量幼竹，是生产玉扣纸的天然原料。目前年产玉扣纸3000多吨。

山东省

山东畜牧业历史悠久，地方畜禽品种众多，性能优良，拥有鲁西黄牛、小尾寒羊、里岔黑猪、渤海黑牛、莱芜猪、青山羊等一批著名地方良种，其中里岔黑猪和小尾寒羊被列为“国宝”，鲁西黄牛、渤海黑牛都属国家名牛。山东是中国粮食和经济作物的重要产区，充足的饲料、秸秆资源为畜牧业发展提供了可靠的保障。

自80年代实行的改革开放政策给山东畜牧业的发展注入了旺盛的生机与活力，山东畜牧业正沿着持续快速健康发展的轨道大步向前。1999年，全省肉类总产量679万吨，禽蛋439万吨，奶类80.4万吨，大牲畜存栏1319.6万头，其中牛1165.8万头；大牲畜出栏514万头，其中牛465万头；生猪存栏2901万头，出栏4235.8万头；羊存栏3838.6万只，出栏3797万只；家禽存栏6.78亿只，其中蛋鸡4.29亿万只，肉鸡2.50亿只；家禽出栏13.18亿只，其中肉鸡9.58亿只；兔存栏6141万只，出栏9250万只。

——产业化经营得到很快发展。全省各类加工龙头企业5000多家，年产值达400多亿元，涌现了一大批规模大、效益好、辐射带动能力强的生产、加工、运销龙头企业，如诸城外贸集团、得利斯集团、临沂金锣集团、阳谷凤祥集团等。建立和完善了畜禽及其产品专业批发市场300多个，年交易额过亿元的达10多处，规模养殖成为山东畜牧业的主要生产方式，全省规模饲养场、户发展到90多万个，规模饲养畜禽的比重达50%以上，生产的畜产品占总量的70%，有30%左右的县市基本形成市场牵龙头、龙头带基地、基地连农户的畜牧业产业化生产经营格局。潍坊的肉鸡、临沂的生猪、胶东的奶业、鲁西的牛羊、黄河三角洲地区的草业已成为当地畜牧业的主导产业，区域化生产格局日趋明显。

——科技水平不断提高。通过实施良种产业化工程，大力推广畜牧业先进实用技术，畜禽良种覆盖率大幅度提高，肉鸡、兔、蛋鸡、生猪、肉牛、肉羊良种覆盖率分别达到100%、90%、90%、85%、30%、40%，生猪的“三元”杂交比重占到40%以上，出栏猪瘦肉率达到53%，科技进步在畜牧增产中的贡献率达到50%以上。

——饲料、兽药工业快速兴起。山东饲料工业经过十余年的发展，到1999年，全省饲料企业近2000家，工业饲料总产量达720万吨，产值近200亿元。工业饲料产量列全国第三位。兽药及饲料药物添加剂企业发展到260多家，产值13亿多元。饲料工业的发展为畜牧业乃至整个国民经济的发展都发挥了十分重要的作用。

——畜牧业对外开放有了长足发展。全省畜牧三资企业发展到500多个，累计引进外资8亿多美元。山东畜产品在日本、韩国、俄罗斯、东南亚市场上的占有率稳步提高，并逐步打入欧洲市场。活动物、动物产品及其皮毛加工制成品年出口创汇额达12.1亿美元，约占全省出口创汇额的1/10，其中鸡肉、兔肉年出口量近20万吨。畜牧业已成为山东对外开放最具活力的产业之一。

从今后畜牧业的发展来看，无论是生产潜力和市场需求潜力都很大。山东共有草地2400多万亩，种植业每年可提供玉米1600多万吨，农作物秸秆5000多万吨，还有大量的花生饼、豆饼、棉籽饼等副产品可用于发展畜牧业。同时，畜产品人均占有和消费水平还比较低，随着中国国民经济的快速发展和人民生活水平的不断提高，市场需求潜力还相当大。在农业和农村经济进入新的发展阶段后，更要加快畜牧业的发展。

今后一段时期山东畜牧业发展总的指导思想是：面向市场，依靠科技，大力调整优化产业结构，积极推进产业化经营，实现"四增一提高"，即：农民增收、出口增汇、财政增税、行业增效，提高畜牧业现代化水平。

山东省委、省政府对畜牧业的发展寄予厚望，提出了到2010年畜牧业产值占农业总产值的比重达到45%以上的奋斗目标，重点发展的领域包括肉牛、肉羊、奶牛、生猪、家禽等品种的饲养和各种畜产品的深加工以及兽药、饲料的生产，相信依托山东优越的地理位置、完善的发展环境、优惠的招商引资政策、丰富的自然资源和潜在的巨大消费市场，山东的畜牧业必将创造更加灿烂的辉煌，勤劳智慧、诚信善良、热情好客的山东人民正张开双臂，欢迎国内外同行、朋友来山东开展广泛的畜牧业经济技术交流与合作，携手前进，共图繁荣！

山东省莱芜市（莱芜猪）

一、猪种形成与保护

莱芜猪是中国华北型优良地方猪种，分布于山东省莱芜市等地，形成历史悠久。大汶口文化遗址说明莱芜猪的形成已有5000多年的历史。是劳动人民经过长期的自然选择和人工选择饲养培育而成的一个优良地方猪种。

莱芜猪有极强的适应性和良好的特性，是中国地方猪种的宝贵基因库。为了充分保纯利用这一优良地方猪种，几十年来各级政府和业务部门非常重视该猪的保纯、繁育和开发工作，投入了大量的人力和物力，先后组织进行了三次大规模的种质普查，1976年筹建起了莱芜猪原种场，组建了莱芜猪育种猪群，并对莱芜猪进行了全方位的科学研究、性能测定和利用开发。1984年，"莱芜猪自群选育及杂交利用研究"列入山东省重大攻关项目。通过16年选育，生产性能有了较大提高，莱芜猪产仔数和肉质品质达到了国际先进水平。1990年山东省科委又把"莱芜猪高繁特性利用研究"课题，列入省重点科技计划项目。经过三年的工作，对莱芜猪高繁特性进行了系统的研究，从细胞遗传学探讨了莱芜猪的高繁殖机理，为有效的利用提供了理论依据，技术成果达到了国内领先水平。为了进一步对莱芜猪进行保存利用，提高莱芜猪及其杂交猪的生产水平，1996年省科委又把"莱芜猪高繁品系培育及配套技术研究"和"莱芜猪合成系的培育及瘦肉猪生产配套技术研究与开发"列入山东省科技计划项目和农业良种产业化"三O"工程项目，并取得了可喜的成果，2000年可望通过鉴定验收。利用现代分子生物学技术，对莱芜猪进行高新技术改造，使莱芜猪自身达到很高的生产水平，山东省科委把"莱芜猪导入生长激素基因研究"列入了1999年度高新技术科技计划项目，项目的完成将使莱芜猪生产水平有一个新的提高。

莱芜猪通过以上工作，有效地保纯了这一优良基因库，生产性能得到了提高，并繁育推广了一个较大的社会群体。通过有效利用，表现出了很高的生产水平，并发挥了巨大的社会经济效益。

二、特征特性

1. 体型外貌：莱芜猪体型中等，被毛全黑，毛密鬃长，有绒毛。耳大下垂，嘴长直，额部较宽有6—8条例"八"字纵纹。单脊背，腹大，后躯欠丰富，铺蹄卧系。有效乳头7—8对，排列整齐，乳房发育良好。

2. 生长发育：莱芜猪后备公母猪6月龄体重44.51公斤和52.19公斤，体长为93厘米和97厘米；8月龄体重61.16公斤和74.1公斤，体长为103.5厘米和108厘米。莱芜猪成年体重101.19公斤，体长123.24厘米，体高64.15厘米，胸围110.81厘米。

3. 繁殖性能：莱芜猪的初情期平均为112.83日龄，初配为153.31日龄、体重49.32kg。情期受胎率83.41%，发情周期20.15天，妊娠期112.76天，发情持续期107小时。初产平均产仔10.79头，活仔9.75头，断奶头数8.54头，窝重100.35公斤；径产平均产仔14.76头，活仔12.35头，断奶头数11.06头，窝重146.46公斤。群内平均产仔16头以上的个体占30%，产活仔15头以上的个体占30%。最高产仔达32头，产活仔28头。

4. 肥育性能：莱芜猪自身生产水平较低。100公斤出栏，饲养月龄可达10个月。平均日增重420克，料重比4.2:1，胴体瘦肉率46%。

5. 肉品品质：莱芜猪肉细嫩香纯，肉质良好，肌肉大理石纹明显，3.62分，肌肉粗脂肪含量高达19.45，粗蛋白15.98%，渗水率0.56%，PH值6.6，熟肉率71.64%。

三、杂交利用及瘦肉猪生产水平

莱芜猪就自身生长速度、饲料报酬和瘦肉率较低，但繁殖性能高，是中国继太湖猪以后的又一个高繁殖群体；肉质好，并且杂交优势明显。以莱芜猪做母本，国外猪种做父本，生产的优秀杂交组合"汉大莱"、"汉杜大莱"、

"杜皮大莱"等，日增重在720克以上，料重比3.1:1以下，瘦肉率在61%以上，达到了中国目前商品猪生产的先进水平。以莱芜猪做母本，大约克夏做父本产生的大莱二元杂交母本，具有更高的繁殖性能，产仔数16.2头，活仔14.4头，双月断奶育成13.6头，窝重242.9kg。十几年来，该市充分利用这一优良地方资源，发挥大莱二元杂交母猪和"三元"、"四元"杂交商品猪的生产优势，进行了商品瘦肉猪生产的技术配套和产业化开发。建立起了良种繁育，父本配种生产体系，推广完善了配合饲料、疫病防治、饲养管理等相应的配套技术服务措施，使莱芜市的商品瘦肉猪生产蓬勃发展，生产水平不断提高，形成了有存栏二元杂交繁殖母猪6万头，生产瘦肉型仔猪120万头，出栏肥猪100万头的生产能力。养猪总收入达6.5亿元，成为当地农村经济的主导产业。

四、开发前景

近20年来，莱芜猪的保种与选育取得了较大的进展，现有莱芜猪原种场两处，又投资200万元新建的莱芜育种繁育中心也即将落成。繁育生产的良种母猪和商品瘦肉型猪已远销到江苏、广东、福建、吉林、辽宁、内蒙古等地。莱芜猪经过七个世代的保纯选育及杂交利用，拓宽了开发利用地方猪种的有效途径，并为华北型黑猪保存了一个中型猪的基因库，在未来的养猪业中，对提高繁殖性状和猪肉品质有着十分重要的利用价值。在未来人们追求猪肉品质的情况下，莱芜猪将有更重要的地位和开发利用前景。

山东省莱芜市畜牧局
地　址：鲁中西大街58号
电　话：0634-6113876　6115252
邮　编：271100

湖北省郧县（郧阳白羽乌鸡）

郧县位于湖北省西北部，鄂、豫、陕三省交界处，地处汉江中上游，历史文化渊远流长。夏属古麇，汉置锡县，晋立郧乡，元改郧县。素有"鄂之屏障，豫之门户，陕之咽喉，蜀之外局"之称。全县版图面积3863平方公里，辖26个乡镇，2个国营农林场，总人口64万，其中农业人口50.2万。境内丛峰峦嶂、平坝、丘陵和山地错落其间，南北气候兼有，土特产品品种繁多。珍稀罕见的"绿宝（松）石"和"黄白玉大理石"在国内外享有极高声誉。郧阳白羽乌鸡为特产之首，被列为该县经济发展的重要支柱产业之一，是该县财政增收、农民脱贫致富的重要途径。

郧阳白羽乌鸡于1979年全国畜禽地方良种普查时发现，集中产于郧县大龙山下高庙乡，零星分布在周围安阳、白桑、黄柿等乡（镇），方圆50公里的范围。当地群众饲养乌鸡历史悠久。长期以来，群众通过比较原始的方法选育，自繁自养，世代相传，保存至今。1979年由郧县畜牧兽医站建场集中饲养、开展观察、选育工作。1982年经县以上各级专家及科研单位鉴定，确定为湖北省惟一具有较高营养和药用价值的地方珍贵鸡种。开发价值居湖北省二十三个地方畜禽品种之首。因此1985年被列入"湖北家畜家禽品种志"一书，正式命名为"郧阳白羽乌鸡"。

郧阳白羽乌鸡体型小、体重轻，有适应性好，群居性强，食性广，好喂养等特点。成年公鸡体重1300-1600克，母鸡体重1000-1250克，每只鸡年均产蛋量为144个。具有单冠、绿耳、白毛、片羽、翘尾、光胫、四趾、乌皮、乌骨、乌肉等外貌特征。郧阳乌鸡与国内驰名的江西丝毛乌鸡相比，具有个体大、产蛋多、蛋体重、氨基酸含量高等优点，其品质优于江西丝毛乌鸡。1981年8月，将在同条件下饲养的郧阳白羽乌鸡和江西丝毛乌鸡送请中国农科院畜牧研究所进行肌肉氨基酸分析，结果表明，白羽乌鸡胸肌中的17种氨基酸总含量达86.45%，比江西丝毛乌鸡高1个百分点，且肉嫩、味鲜，是一种营养价格比较全面的肉食品。又经过近二十年的选育提纯，2000年5月郧阳白羽乌鸡送经国家农业部食品质量监测中心检测，郧阳白羽乌鸡所含蛋白质、钙、铁、锌、硫胺素均远远高于普通土鸡和丝毛乌鸡，其中9种人体必需的氨基酸高于江西丝毛乌鸡19.6-64.8%。

乌鸡自古享有"药鸡"之称，民间视为补身珍品，流传"清补胜甲鱼，养伤贵白鸽"美誉。根据《本草纲目》记载："乌鸡甘平无毒，益助阳气、起阴补肾，主治虚劳亏损，治消渴、中恶、胸腹痛、益产妇、治女人崩中带下，一切虚损诸病，大人小儿下痢噤口，煮饮汁，亦可捣和药丸"。可见，白羽乌鸡具有较高的营养价值和药用价值。

为把郧阳白羽乌鸡这一独特资源优势转化为商品优势，早在1995年郧县县委、县政府就决定把它作为全县一个支柱产业开发。采取公司+基地+农户的方式在全县大力发展。1979年又被国家列为全国17个山区经济产业化示范项目之一重点给予扶持。近年来，全县各级党委、政府和县直有关部门在政策上优惠，资金上扶持、技术上指导、生产上服务，促进了白羽乌鸡生产的快速发展。特别是1999年在白羽乌鸡养殖规模、效益、龙头企业建设等方面有了较大突破，乌鸡产业经营模式基本形成。

白羽乌鸡生产基地初具规模。自九五年发展乌鸡以来，白羽乌鸡由高庙乡的一个专业村发展到全县20多个乡镇，其中已形成专业生产乡镇12个、201个村，1218个村民小组，51299个农户。白羽乌鸡饲养量由1995年4万只迅速发展到300多万只，全县以小群大规模的方式发展。重点培植大户养殖，1999年全县饲养100只以上的大户达到250多户。

白羽乌鸡产业化龙头企业建设步伐加快。白羽乌鸡是郧县乃至湖北省的一个特色产业，国家一次性投入无偿资金600万元，省计委对此项目非常重视，1998年由省计委的辰隆经济开发公司投资参股成立了"湖北白羽乌鸡产业股份有限公司"。开发出了速冻白条乌鸡、分割乌鸡系列、童仔乌鸡、配药乌鸡系列、郧阳乌鸡汤、郧阳乌鸡蛋等郧阳白羽乌鸡系列产品，注册了商品条码、设计了产品包装，注册了"白羽"商标。1999年6月，郧阳白羽乌鸡通过国家绿色食品发展中心认证，获得绿色食品证书。以湖北省中医药研究院徐木林研究员和国内著名营养学家、同济医大宋清华教授等十三名专家为核心的新产品开发智囊团，研制开发的旨在增强人体免疫力和调节生理具有国际先进水平的郧阳白羽乌鸡保健功能食品已具雏形，标志该县白羽乌鸡产品深加工开发利用进入一个新阶段。

服务体系基本形成。该县投资32万元，为白桑、高庙等12个乡镇配备了十二台电脑孵化器，已具备了年产300万只（农村自然条件）的孵化能力。各乡镇兽医站开展了孵化供种、供料、供药、技术指导、疾病防治等系列化服务。每年公司与乡镇签订乌鸡收购合同、议定最低保护价。1999年白羽乌鸡养殖基地扩展到12个乡（镇）、249个村、1586个组、66552户，饲养总量达到300万只，全年出笼250万只，出售乌鸡收入2750万元，户平增收413元。养殖大户1300户，其中1万只以上大户3户，户平年乌鸡纯收入超过2万元；5000只以上大户18户，户平年乌鸡纯收入超过1万元；1000只以上大户112户，户平年增收6200元。随着项目开发市场拉动，白羽乌鸡市场销售价格每公斤上升5元，仅价格因素饲养白羽乌鸡农户平增收入750元，户平增收160元。

海南省

〔概况〕

海南省畜牧业土特名产资源丰富，较著名的畜禽品种有：文昌鸡、东山羊、临高猪、屯昌猪、五指山猪、加积鸭、海南黄牛、兴隆水牛、四季鹅、海南坡鹿等等，其中：临高猪、文昌鸡等优质地方良种驰名中外，每年均有一定数量的出口，东山羊在国内有一定的市场。在传统生产工艺方面，最具有代表性的为琼山市壅羊生产技术，有100多年的悠久历史，产品知名度大。近几年，海南省畜牧业发展迅速，不断引进各种优良品种如：长白猪、杜洛克猪、大白猪、迪卡猪、以色列隐性白鸡、东江玉兔、美国王鸽等，在现代加工业方面，羊胎素、肉鸽粉系列等已形成产业化生产。

联系电话：0898－5343913

联 系 人：邢贻强 冯 飞

地　　址：海口市海府路59号省政府大楼11楼海南省农业厅畜牧处

邮　　编：570204

〔名优特产〕

文昌鸡　文昌鸡是海南省唯一的地方优良肉鸡品种，居海南省十大特产之首，它具有耐粗饲、体形适中，抗病力强的特点，它以肉质适甜嫩、皮薄骨酥、味道鲜美而闻名，是海南省四大名菜之一，深受消费者欢迎，在国内乃至东亚一带享有盛誉。

一、文昌鸡的分布和规模

据有关资料记载，文昌鸡起源于海南红色原鸡，是一个品种，文昌鸡是文昌人民在文昌市的自然环境下，经过数百年的驯化、选育而成的。以文昌潭牛镇富宅村和公坡镇水北村一带饲养的本地鸡种为代表。主要是因为当地有很多榕树，放牧鸡常采食其榕树籽，加上通过用本地盛产的花生饼和米糠进行育肥，而形成其独特的肉质肉味，加上近年来采用先进的饲养技术和科学的饲养方法，加大科技投入进行提纯复壮，使文昌鸡的纯度、品质和知名度不断提高。目前已形成了饲养文昌鸡的热潮，规模不断扩大，其主要分布在海南省文昌市，1999年全市文昌鸡的饲养量为2000万只，年产值近8亿元，在边邻的琼山、琼海和定安等市县也有部分饲养。

文昌鸡作为地方优良品种，经过广大农民的长期饲养和选育，也形成了本身所特有的基本性状和特征，其外貌特征基本上是三黄一白（即黄脚、黄嘴、黄皮和耳白），头小脚短，年产蛋量为100～120枚，蛋重45克左右，蛋壳呈米黄色或赤色，成年育肥母鸡体重为1.25～1.5Kg，成年公鸡体重为1.75～2Kg。由于文昌鸡讲究其肉质肉味，饲养上多以园林放牧饲养为主，母鸡一般放牧饲养120日后再笼养育肥40天出售，公鸡一般放牧饲养3个月出售，育肥阉鸡要饲养8个月才能出售。

二、文昌鸡资源形成的产业，产品及其产销

近年来，文昌坚持以市场为导向，科技为依托，提高经济效益，增加农民收入为中心，坚持把农业工作放在经济工作的首位，大力发展文昌鸡产业化建设，实行区域化布局、专业化生产、社会化服务、企业化管理，采取多种形式与农户联合、走贸工牧一体化的路子，使文昌鸡饲养业成为农民脱贫致富和该市经济振兴的支柱产业，全市养鸡专业户近千户，孵化场25家，销售队伍也不断扩大，文昌种鸡养殖有限公司和青和文昌鸡集团公司已发展成为产供销一体化的龙头企业，分布在全省及国内大中城市的文昌鸡饭店就有500多家。以文昌鸡制作而成的“文昌白切鸡”、“文昌盐火局鸡”、“文昌烧鸡”、“文昌椰奶火局鸡”、“鸡罐头”、“文昌鸡饭”、“文昌椰奶鸡饭”等做为文昌传统美食文化，传遍“两广”和东南亚各国。

文昌鸡饲养业的发展，也有效地促进了制药、饲料工业、运输工业、旅游业和农业的发展，特别是鸡粪的回收和利用为种植业提供了不可缺少的有机肥料。

三、发展文昌鸡产业的新成就、新特点和新经验。

近年来，文昌在采取“公司+农户”、科技部门带农户的作法大力发展文昌鸡生产的同时，还注重对文昌鸡的育种和饲养技术的研究，在全省率先建成了集文昌鸡育种——种鸡饲养——种苗供应——跟踪服务——笼养育肥——肥鸡销售于一体的规模化、产业化龙头企业。该市总结和推广的“园林养鸡技术”获省丰收计划一等奖和国家丰收计划二等奖，“文昌鸡育肥技术”和“文昌鸡的提纯选育与推广”获文昌市科技进步一等奖。并且该市在全省养鸡行业中，率先使用商标销售自己的产品，我们选育出的“榕仔牌”文昌鸡被海南省消费者协会评为“信得过”产品称号。

四、主要招商引资项目简介

为了进一步促进文昌鸡饲养业的发展，该市打算在文昌鸡的销售和加工方面寻求合作伙伴，拟建文昌鸡加工厂一个，项目简介如下：

(一) 项目名称：文昌鸡加工厂

(二) 建设条件：文昌鸡是海南省唯一的地方优良肉鸡品种，居海南省十大特产之首，它以肉质嫩滑，皮薄骨酥，味道鲜美而闻名，以文昌鸡制作的“椰奶炖鸡”、“白切鸡”，“烧鸡”、“鸡罐头”等倍受消费者的欢迎，在国内外享有盛誉。随着饲养业的发展和文昌市3000万只文昌鸡饲养工程的实施，文昌鸡饲养发展迅速，据统计1999年度全市饲养文昌鸡达2000万只，货源非常充足，为了解决文昌鸡长途运输、空运出口和加工增值的问题，很有必要建立一个文昌鸡加工厂，该工厂计划建在文昌市文城镇，其水、电、路都非常方便，距美兰国际机场只有50公里，距国家级对外开放口岸——清澜港也只有12公里，并且海文高速公路即将开通，能够进一步促进我市畜禽及其产品的流通。

(三) 建设规模及内容：建设规模计划该厂占地20亩，厂房2000m^2，年加工文昌鸡400万只，建设内容包括厂房、冰冻仓库、宿舍和各种配套的机器设备。

(四) 投资金额：该项目总投资800万元。其中：固定投资400万元，生产流动资金400万元。资金拟引入外资或合资经营筹集。

(五) 经济效益：年加工文昌鸡400万元，按加工每只文昌鸡获利1元计算，全年可获得利润400万元，投资利润率为50%，两年可收回全部投资成本。

(六) 合作方式：独资或合资均可。合作经营，中方投资40%（包括土地及部分流动资金），外商投资60%（包括厂房、设备等固定投资和部分流动资金），按投资比例分享利润，共担风险。

(七) 承担单位：海南省文昌市畜牧兽医技术服务中心。

(八) 联系人：谢盛雄（法定代表人）

(九) 联系电话：0898－3225107（办） 3223262（宅）

(十) 邮政编码：571300

临高猪 临高猪是海南省著名的耐热、肉脂兼用型猪种。具有体躯较长、背腰较直、活动敏捷、觅食力强，耐热、耐粗饲、耐长途运输、抗病力强、繁殖率高、屠宰率高、肉质结实、味道鲜美等优点。

1. 来源与分布：临高猪主要产于临高县，并以多文、加来一带的猪为典型。分布于澄迈、儋州等市县。临高猪的来源：一般认为临高猪系海南山地猪经过海南人民长期选育、杂交的后代。

2. 体型外貌：体色、由头到颈、背、腰、臀及尾根均由黑皮黑毛连成一片，约占躯体的2/3，腹部至四肢皮毛均为白色，在黑白相交处有约4—7厘米的黑皮白毛形成一条灰带。头与躯体的比例显得较小，嘴筒多为扁阔略长，也有长而尖的，额有三角型白星或流量白点，有倒八字形的皱纹，耳较小而竖直，眼小，颊部肌肉紧凑，从背腰的宽度观察，有较宽的（称为双猪）和较窄的（称为单猪）之分，乳头12—16枚，以14枚者居多，母猪腹大不拖地、肉猪腹大呈球形，四肢较高，后肢比前肢高，肢势直立，腿部肌肉欠丰满。

3. 繁殖性能：小公猪20—30日龄体重5公斤左右开始有性行为，三月龄约15—17。5公斤左右便开始利用，小母猪在三至四个月龄体重15公斤左右第一次发情，一般在七至八月龄才给予配种。发情持续期为3—5天。母猪产仔能力：平均每胎产仔12头。

4. 知名度：临高乳猪以其肉滑、皮薄、肥而不腻而闻名海内外，年出口量超120吨以上，特别是临高烧乳猪、临高白斩乳猪在中国南方地区是高档佳肴。目前，该省各级政府正积极招商引资，扩大临高猪的保种和育种场。

联系电话：0890－8284363

联 系 人：林运新

联系地址：海南省临高县畜牧兽医服务中心

邮政编号：571800

东山羊 东山羊是海南的名特产，原产地万宁市东山岭。饲养历史悠久，在《辞海》上曾有所记载，早在唐、宋时代已驰名。

东山羊誉为万宁市的拳头产品，价格比一般山羊高出一倍。目前，东山羊已销往东南亚一带，特别是在香港、广州等地成为仰慕的草食肉食商品。东山羊缺口很大，年需求量近12万只，近年来东山羊远远不满足于市场需求。1999年统计：饲养量3万只，出栏1.8万只，产肉量315吨。

一、东山羊产地和体型特征

东山羊主要分布在万宁市东山岭及毗邻的后山岭、大长岭等地。东山羊体型中等，躯体均称，腹部较小而紧凑。毛色以黑色为主，有少些淡黄色。眼有神及反应灵敏，颈细长，背腰平直。四肢结实，前肢腕关节前毛明显脱落。乳房发育良好，乳头呈圆锥形。

二、东山羊生产性能

东山羊母性成熟期为5—7月龄，成年的母羊体重为31—42.5公斤。初配年龄为7—8月龄。公羊五月龄性成熟。成年公羊平均体重为42.6公斤，最重达45.9公斤。母羊年产二胎，每胎二羔，每胎一羔较少，羔羊成活率高。可达90%以上。

三、东山羊特性

1. 合群性强；东山羊合群性强，因而可以组织成群放牧，在游牧过程中离群羊一经牧工呼唤口令，能迅速奔跑回群，因此，易于放牧管理。

2. 采食力强；东山羊嘴尖、齿利、唇薄。主要以加黑刺、猪肚刺、东山桔、五月茶、蜈蚣滕及灯芯草等灌木饲食为主。

3. 适应性强；东山羊适应生存范围较其他家畜广，从万宁的东、南部到北部都有分布。生活力和抗病力也较强，既可在牧草生长良好的丘陵地区放牧，也可在平原农区舍养。

4. 性格活泼好动，行动敏捷，喜欢登高，善于游走，攀登跳石，在其它家畜难以到达的悬崖陡坡上，东山羊可以行动自如地采食。

5. 东山羊以个体农户自由饲养，一般农户存栏几只或一群几十只。饲养方式为游牧。

四、东山羊的特点

东山羊的特点具有滋阴补肾，固精、强身之功能。皮薄肉嫩，含蛋白质高，脂肪少，无膻味，香嫩可口，为肉用山羊之冠，万宁"三宝"（东山羊、和乐蟹、大洲燕窝）之首。

东山羊是海南的名特产，驰名海内外，经济价值高，商品缺口大，开发前景好。近年来受到上级业务部门和政府部门的高度重视，1999年海南省畜科所、万宁农行、万宁市畜牧总站组建海南省万宁市东山集团总公司，该公司正在畴划运作。计划在5年内建起东山羊品种繁育场和商品羊基地。以促进东山羊进入商品经济市场。

联系单位：海南省万宁市畜牧总站

联系电话：0898－2223409

联 系 人：卓志标

加积鸭　加积鸭原为番鸭（Cairina－moschata）是琼海市著名的肉用鸭。源产于中南美洲热带地区，经该市华侨从南洋引进饲养，距今已约有150多年历史。经过该市群众长期的精心饲养和选育，已形成了生长迅速，抗病力强，耐粗饲，易育肥，胸肌丰厚，肉嫩骨脆的著名肉用鸭。据统计，1999年度该市饲养加积鸭793894只，出栏肉鸭615842只。

加积鸭主要分布该市的加积、温泉、万泉、泮水、塔洋、中原、阳江、文市等乡镇，尤以加积镇城区的农户饲养的质量最好，故有加积鸭之美称。加积鸭生长快，肉鸭饲养育肥三个月即可上市，体重可达2.5—3.5kg。种鸭性成熟较迟，母鸭一般27—30周龄开始产蛋，体重2.5kg，公鸭30周龄适时配种。体重3.5kg。公母配种比例为1:6—8。母鸭产蛋少，就巢性强，一般年产蛋四期，每期产蛋量在12—18枚之间，母鸭自然孵化，孵化期为32天，孵化出雏率80%左右，雏重40—50kg。

加积鸭由于繁殖性能低，而不能很好地发挥其生产潜能和经济效益，更不能发挥加积鸭应有的品牌效应，致使加积鸭的市场培育和拓展受到了一定的限制。特别是受传统的生产方式影响，农户饲养加积鸭都采取自繁自养，三五成群的古老生产方式，没有经过系统选配选育，使加积鸭生产性能及繁殖能力普遍低于原有生产水平，群体变异大，混杂现象普遍，加上饲养技术落后，管理不科学，很大程度上制约了加积鸭的规模化产业化生产，限制了加积鸭市场的培育和推广。

当今，随着社会的发展，人们生活水平的提高，肉质好，味美的加积鸭市场供不应求，近几年加积鸭雏鸭和肉鸭的市场价格持高不下。特别是中国即将加入WTO，相信加积鸭的技术研究和群体生产的资金投入，拓展加积鸭品牌市场和经济效益。

目前，该市正积极筹资，准备创办一个饲养种鸭1万套的加积鸭种鸭场，计划生产雏鸭60万只，产值180万元，利润80万元。投入资金200万元人民币，二年半收回全部成本。诚招国内外有意合作者。

联系单位：琼海市畜牧办

联系电话：0898－2822513

联 系 人：李训坤

壅羊　琼山市壅羊（舍养黑山羊），饲养历史悠久，可查史记载：1841年立《琼州府志》记有"壅羊是以小羊为栏栅畜之，足不腹地，采草木以司之，肥而多脂，味极美。"是琼山市西部羊山地区历代农民总结农林牧全面发展的产物。为人们提供以草食为主生产无公害、特有风味的肉食。为种植业提供优质有机肥，促进农林牧业循环发展。1999年统计：饲养量119,393只，出栏66,910只，产肉量为69.1吨。屠宰胴体重为10.25公斤。

琼山蕹羊主要分布于琼山市西部羊山地区的美安、石山、永兴、东山、新坡、美仁坡、遵谭、十字路、龙桥、龙塘、府城等十一个乡镇。蕹羊母羊性成熟期为4月龄，体重一般为12—14公斤，初配年龄为8月龄。公羊在四月龄时性成熟，体重在12.5—15公斤，初配年龄为8月龄。成年公羊体重为20—22公斤，母羊为18—20公斤。母羊发情周期平均为21天（18—24天）经产母羊第一发情期为产后22—26天。妊娠时间一般为145—150天。年产羔两胎或两年产三胎，胎产羔1—3羔，一般情况，经产母羊以胎产双羔为多，初生重1—1.2公斤，年产羔两胎或两年产三胎，胎产羔1—3羔，断乳体重达8—10公斤。适时出栏为8月，3月龄乳羊出售经济效益最佳。琼山蕹羊以分散在各个农户中饲养，一般农户存栏3—10只之间。

蕹羊具有滋阴补贤之功能，肉质细嫩，皮薄肉厚、骨酥软，脂肪分布均匀，胶原蛋白丰富，食无膻味，羊胎素含量极高。可供火锅、红烧、白切肉等食用。火锅烹调其汤白如牛乳，味极美。红烧、白切均属上乘之肉食。因而成为驰名省内外的名优特产。

由于黑山羊喜高燥、怕湿热。在建设蕹羊栏舍时应选择地势稍高，不积水的地方建舍，座向宜座北向南，栖息架宜东西走向，以便防寒保温，达夏凉冬暖。保证适度的光线。舍内设有饲槽、饮水槽、补食盐槽等。建筑材料应因地制宜，原则为达防雨、防风、防晒、通风透气，有利于清洁卫生。

饲养方式：根据羊山地区木林草的生长情况，通过人工游走方式采摘菠萝蜜叶、苦栋树叶、红酸果刺幼枝叶、藤刺、甘皮树、蟹蛟眼、九结刺（常山）等灌木的幼枝叶、竹节草等为羊的饲草。上、下午各给料一次。饲草占羊体重的15—20%。料、水食盐为供羊自由采食、饮用、添食。农家饲养3—5只母羊，一般配种时，公羊来源于农村中专养公羊户供种，饲养10只以上母羊户均有饲养公羊混于母羊群中。

由于传统的养羊的饲草供应是以在野外游走方式来采摘的，而无一定处所，以致其饲草的来源受到了很大的限制，在饲养时出现时饱时饥的现象，饲草种类单纯，导致生产周期长，出栏率低，在生产中沿袭古老生产方式，不进行选种选育，近亲交配严重，造成体型小，产肉量低。从1998年开始，贯彻科技兴牧方针，引进良种，进行品种改良，推广秸秆氨化技术、种植优质豆科牧草、引种农业部、科技部立项推广的鲁梅克斯牧草，以扩大饲草来源。因地制宜，利用海南盛产的木茨、木麻黄叶做为羊的补料。目前推广稻草氨化占饲草的40%，184柱花草占饲草40%，日补木茨干200—250克，木麻黄叶粉15克，育肥羔羊日增重达72.39克的水平。现又推广经农业部鉴定、国家科委验收，整体处于“国际领先水平”的尿酶抑制剂。以促进蕹羊生产走进规模化、集约化。促进经济效益成倍增长。

招商引资项目：

项目名称：蕹羊养殖基地。建设条件依据：本市西部羊山地区存有大量的荒山、可野外放羊、产品销售市场极好。建设规模：年出栏商品羊1.2万只，产值204.5万元。建设地点羊山地区：157万元。投资方式：合资。承办单位：琼山市畜牧兽医技术推广服务中心

联 系 人：林书海

电　　话：0898－5872326

文昌猪　文昌猪是海南省有名的三大猪种之一，也是地方优良猪品种，属于华南小耳黑背猪类，据传文昌猪系清朝中世纪（公元1600—1700年）由福建粤东地区大量移民而传入海南省东部地区，它经文昌人民数百年的选育，繁衍而成，主要产区为文昌市，还分布于海南省的琼海、琼山、定安、万宁、陵水等市县。

本品种猪具有耐粗饲、早熟、易肥、骨细、皮薄、肉味香甜，抗病力强等优点，其母猪骨细身体结实，四肢有力，行动灵活，适宜放牧，母性好，温柔乳汁多，比较适合广大农村放牧饲养。以文昌猪为母本进行杂交的后代，如以长白或盘克公猪同文昌母猪杂交，其杂交后代彻底改变了长膘慢、耗料多、屠宰率低，脂肪多，瘦肉少等缺点，是文昌市较为理想的母猪品系，目前全省大部分农村都有推广饲养，其产品在本省市场上的销售十分畅通。

近年来，为了发展瘦肉型猪的生产，促进文昌猪饲养产业的升级，该市推广文昌猪的三元杂交，收到了较好的效果，就是以长×文昌母猪与杜洛克公猪杂交得出的三元猪，其具有生长快、肉料比小、瘦肉率高等优点，其杂交优势主要表现在几方面：一是文昌猪品种群体大，杂交制种工作环节少，投资少，种猪价格相对低廉；二是二元母猪仍保留有地方母猪的特性，在产仔数和断奶窝重等指标上甚至优于文昌母猪；三是所生产的商品猪日粮蛋白质需求水平比良种猪至少低于2个百分点，生产成本可降低5%左右；四是其三元商品猪的日增率、肉料比、瘦肉率都有大幅度改善；五是保持了文昌猪原有的肉质香甜的特点，适合消费口味，成为市场上的竞销热点。

本品种猪的主要招商引资开发项目是拟以文昌母猪为基础大力发展三元杂交猪，建立万头瘦肉型三元猪场，项目简介如下。

项目名称：万头瘦肉型三元猪场。

投资金额：计划投资500万元人民币。

建设规模：占地100亩，饲养母猪500头，年出栏1万头瘦肉型三元猪。

经济效益：本项目建成后每年可获纯利润100万元，五年便可全部收回成本。

合作方式：拟引资合作兴建，按投资比例利润分红。

承办单位：海南省文昌市畜牧兽医技术服务中心。

联 系 人：谢盛雄（法定代表人）

联系电话：0898－3225107（办）

邮政编码：571300

五指山微型猪 五指山微型猪，属华南小耳黑背猪，成年母猪体长约60—70cm，高约25cm；体型小，腹部、四蹄的皮肤和毛色均为白色，背、臀部均为黑色，头小，前额正中有倒置三角形白色皮毛，嘴筒长而尖，体型酷似老鼠，故又有“老鼠猪”之称。五指山微型猪历来以放养为主，行动敏捷，觅食能力强，耐粗饲、早熟、抗病力强。成年母猪（8个月龄）体重22.5kg，母猪年产两胎，每胎5—6头，断奶仔猪重约2.7kg。根据国内外有关专家对五指山微型猪的考察、研究，认为它具有三个可用优势：一是该品种猪长期近亲繁殖，基因高度纯合，可作为提取抗粘基因源；二是个体适中，遗传性稳定、抗逆性、免疫力强，可作试验动物和优势杂交猪种；三是该品种猪瘦肉率高达47.4%，肉质细嫩，味香可口，异地饲养肉质风味不变，是优质肉品的理想资源，可作为优质肉品推广利用。

主要分布于海南五指山周边山地，包括三亚、通什、琼中、保亭、陵水、乐东等市县。因其体型矮小，生长缓慢，在经济较开化的地区已较少饲养。只有在交通闭塞、经济发展慢的地方才可找到。80年代以来，在良种猪的冲击下，该品种猪存栏量逐年减少，据1993年三亚市动物防疫检疫站的调查，在该市比较有边远偏僻的育才乡那会管区什盆村仅有11户人饲养25头。目前，据有关人士可观估计，全省自然饲养量不足5000头，几乎濒临氓灭。

三亚市动物防疫检疫站根据五指山微型猪特有的物种资源和经济价值，于1993年多方对它进行勘查，于1994年着手拯救保护，1998年建立五指山微型猪保护基地。基地面积54亩，位于三亚市荔枝沟镇南丁水库旁，目前保护饲养五指山微型猪430头，初步建立起五指山微型猪“核心群”。

五指山微型猪皮薄肉嫩、瘦肉率高，肉质风味近似海南野猪，烤乳猪味道更是诱人，凡品尝过的有关人士都倍加推崇。据调查，目前五指山微型猪的市场价格是普通猪的2—2.5倍。经济价值十分显著。依附五指山微型猪特产资源，可形成畜牧饲养，发展特道品种猪养殖产业。产品主要为乳猪加工。三亚市有一家五指山香猪酒店，宾客云集，生意十分红火，但因货源紧张，常常供不应求。可见，若使之推广至国内乃至国外，前景十分广阔。

随着中国国民经济稳步发展，人民的生活水平日益提高，人们对动物肉品的需求不再单一，而是向着“新、奇、特”方向发展。五指山微型猪这种酷似野猪的肉质风味正迎合人们的需求，市场需求前景十分广阔。三亚市自1999年春节定位为生态旅游示范城后，城市基础设施日益完善，旅游接待水平及市民素质不断提高，创建了许多旅游品牌。三亚市在国内、国际上的知名度越来越响，每年到三亚旅游的游客不下200万人次。乳猪是酒店接待游客的常见菜。所以，可以利用五指山微型猪独特优势，培育五指山乳猪品牌菜，使之成为具有三亚特道菜谱，和三亚市的名字一样响亮。

目前，五指山微型猪的种质资源保护工作已取得阶段性成果。在保护基地养育五指山微型猪430多头。三亚市动物防疫检疫站为此向海南省科技厅申报了《五指山微型猪种质资源保护和研究利用》项目，省科技厅也为此拨入20万元作为本项目的前期运作资金。本项目基地设在三亚市荔枝沟镇南丁水库旁，面积54亩，三面环山。气候、温度等环境特别适宜该品种猪生长。

项目建设期限5年，计划分两期完成。第一期（3年）第一年投资基础设施建设，第二、三年计划培育纯种五指山微型猪“核心群”2000头。第二期（2年）计划发展商品乳猪生产，产生经济效益。项目成功后，计划继续向科学研究利用方面发展。主要内容有：1. 培育体型适中、被毛短细的“动物实验用猪”种群，提供动物实验用猪；2. 培育“高纯合基因试验猪”种群。提供抗粘连基因提取源。把它树立成为一个品牌向全国科研机构推广。

联系单位：海南省三亚市动物防疫检疫站

联系电话：0899－8274637

联 系 人：陈仙德

海南黄牛 海南黄牛，其品种主要是雷琼高峰黄牛。它起源于汉朝正德年间，由一肇庆客商从大陆引进海南，后经多年的繁衍选育，才形成耐热、耐粗饲、抗病力强、挽役力大、体质好、性情温驯、繁殖力强的海岛型地方优良品种。目前，该品种牛主要分布在海南省西北部的澄迈、儋州、昌江、东方、乐东以及中部的琼中、白沙、保亭等市县。成为该省农业生产出口创汇的主要产品之一。

澄迈县是海南雷琼高峰黄牛的主产区。该县位于该省西北部，地处南渡江中游，地势南高北低，大片土地属丘陵与台地，北部为沿海平原，南渡江两岸为冲积平原，西南部为丘陵地带。全县海拔最高点为512米，地处热带，高温多雨，气候温和，雨量充沛，水草丰盛，发展养牛业有得天独厚的自然条件，加上县委、县政府的重视与支持，从而有效地促进该县养牛业的发展。至1999年末，全县共饲养耕牛12.3万头。被国家有关部门批准为全国商品牛生产基地县，全国秸秆氨化养牛示范县，全国畜牧兽医科技示范县。

自1979年开始，该县就立足于本地品种资源，积极引进外来优良品种牛冻精粒，对本地牛进行改良，先后引进的品种有：摩拉（印度）、西门塔尔（瑞士）、辛地红（法国）、海福特（英国）、尼里（巴基斯坦）、南迪文（澳大利亚）、秦川（陕西）、利木赞（法国）等，经过改良生产的杂交牛，均表现出初生重大、生长发育快、耐热、耐粗饲、抗病力强等优势。尤其是对改良本地黄牛，效果较为显著，不仅体型大，个体产肉量多，而且肉质鲜嫩，品质优良，杂交育肥肉牛可出口港、澳及东南亚地区，成为海南省肉牛出口创汇基地县。此外，该县生产的名牌产品——澄迈牛肉干，也是利用改良生产的优质牛肉经过传统与科学相结合精制而成，其历史悠久，制作精巧，色味鲜美，质地香脆，而饮誉海内外，其产品市场销路广阔。

为了加快地本黄牛改良步伐，进一步提高海南黄牛经济效益，一方面，该县既要保留海南黄牛良种核心产区的纯种基因，即保留海南黄牛耐热、耐粗饲、性情温驯、抗病力与繁殖力强的特性，又要有计划淘汰劣种基因，即有目的引进一些体型高大、生长发育快，饲料报酬率高的外来种公牛，对本地母牛进行改良，从而改变本地黄牛体型小、生长缓慢的缺陷，达到优选与提纯复壮之目的；另一方面，又要积极引导农民科学饲养管理，提高肉牛出栏率，增加养牛经济效益。

拟招商引资项目简介

一、项目名称：澄迈县皮革加工厂

建设地址：海南省澄迈县金江镇

建设规模：年加工3000吨盐皮革，制作皮革80万平方米。

投资总额：投资人民币1200万元。

经营方式：采取合资或独资方式

招商单位：澄迈县畜牧服务中心

法人代表：刘青和

联系电话：0898－7622158

二、项目名称：澄迈县集约化肉牛育肥

建设地址：海南省澄迈县大丰场

建设规模：年育肥肉牛2000头，改草2000亩。

投资总额：人民币350万元。

经营方式：合资或独资。

招商单位：澄迈县畜牧服务中心

法人代表：刘青和

联系电话：0898－7622158

兴隆水牛　兴隆水牛是在一定的环境条件和经长期选育而成的优良品种，体型较大，体质健壮，适应性强，繁殖较高，役用性能好，性情温驯。兴隆水牛的主要产地，以兴隆农场、牛漏镇、东和农场为主，该地区自然条件河沟纵横，雨量充沛，水草丰盛，且经当地农民长期选用粗壮的公母牛交配而培育而成，该地区年均气温22.4℃，最高的39.5℃，年平均降雨量2667.7毫米。

一、兴隆水牛特征

兴隆水牛体型较大，角粗长，呈长方形向后上方弯起。颈下有“V”字型的白带。胸部宽阔深广，腹围大，体躯宽长，腰背稍凹，尻稍斜。四肢粗壮，关节显露，前肢开阔，肘关节稍为内靠，腕关节和飞关节以下的毛为灰白色，蹄大圆正，坚实。皮肤及毛主要为灰黑色或黑色，毛疏，显饶红褐色。

二、兴隆水牛分布及数量

兴隆水牛分布主要以兴隆农场、牛漏镇、东和农场为中心，边缘地区，北至三更罗镇的头村、二村上溪一带，东至长丰镇的长丰、福田一带，南至礼纪镇竹林一带，西至南桥的桥北、高龙一带，兴隆水牛总头数5000头左右，成年公牛150头，成年母牛2200头，其中兴隆农场1500头，公牛40头，母牛600头；牛漏镇1500头，公牛50头，母牛600头；东和农场1000头，公牛30头，母牛500头；边缘地区1000头，公牛30头，母牛500头。

三、兴隆水牛生产性能

兴隆水牛是一个役肉兼用型的地方优良牛种，它体形高壮、耐力性能好，成年公牛体重高达130公分左右，成年母牛体重高达120—126公分，成年公牛体重高达450—500公斤，母牛420—450公斤，出肉率高，屠宰率达42—45%，公牛载重量400—500公斤，是目前农村耕作的主要动力和肥料的主要来源。每头每天耕地可达2—3亩，小牛初生体重达25—35公斤，产仔、高产的一年一胎，一般的3年2胎。

四、饲养方式

兴隆水牛发展概况为当地农民和农场职工家庭饲养1—5头，也有饲养专业户饲养20—30头不等，以放牧为主。

五、兴隆水牛的经济价值

兴隆水牛的产销，少部分在市内调济作为役用、种用及各墟镇屠宰作肉食外，约占产销20%，大部分80%运往岛内或广东湛江、广西、福建一带作为种用或屠宰，年出栏量为1200—1500头，多数的牛贩成交运往万城牛坡集贸，价格为肉重10—14元/公斤。

兴隆水牛由于近年市场经济竞争和各政府部门加大重视程度，数量虽有所增加，但质量有所下降，原因如此，有待今后各级政府和科技部门的决策及重视。

联系单位：海南省万宁市畜牧总站

联系电话：0898－2223409

联 系 人：卓志标

重庆市荣昌县（荣昌猪之乡）

〔概况〕 荣昌是重庆市的西大门，幅员面积1079平方公里，地势平坦，气候温和，辖30个乡镇、80万人口。煤炭、天然气储量丰富。仔猪、陶瓷、夏布、折扇为全国闻名的四大特产。横贯全境的成渝公路、铁路、高速公路，使荣昌成为连续四川、重庆的陆路要冲，成渝经济走廊上的重镇。1999年末全县国内生产总值实现29.68亿元，财政税收1.8亿元，社会消费品零售总额实现11.26亿元，农民人均纯收入2398元，外贸进出口总额200万美元。近年来，荣昌先后获得“全国文化先进县”、“全国畜牧兽医科技示范县”等20项全国性荣誉称号；形成有地方特色的畜牧科技、特色农业、机械加蓬、医药食品、建筑建材等产业。经国务院批准，规划为以重庆都市圈为中心的中等城市。

〔荣昌猪〕 荣昌县是重庆市养猪生产第一大县，是全国著名三大地方优良猪种之一——荣昌猪的故乡。多年来，荣昌县因常年向外大量提供优良纯种荣昌猪和商品仔猪支持全国各地养猪生产而闻名全国，被誉之为“中国荣昌猪之乡”。

荣昌猪是该县进行畜牧生产的当家品种，是该县劳动人民经多年辛勤选择、培育而成的地方良种，其培育历史已有400余年，它原产于四川省隆昌县和重庆市荣昌县及其周边区县，荣昌县是主产区。其品种特征为：除头产有大小不等的黑斑外，其余全身皮毛为白色。作为优良的地方猪种，荣昌猪与其他地方猪种相比，它具有生长速度快，适应力强，耐粗饲，肉质好，与外种猪杂交瘦肉率可达56%以上，在所有的地方猪种中是最突出的，因而被视作各地进行杂交生产最好的母本和猪种改良最佳品种之一。由于这些突出的优点和高的利用价值，荣昌猪很早就引起了广大育种工作者和国家的关注和重视。在50年代，荣昌猪就被英国学者MASOW. I. L收入《世界家畜品种及名种辞典》，把它列为世界八大著名地方猪种之一，从而颇受世人关注；1972年，荣昌猪被纳入《全国育种科研合作计划》重点选育猪种之一，列为当时四川省1973—1980年重点科研项目，进一步受到人们的重视；1986年，国家农业部又正式把荣昌猪列为中国三大地方优良猪种之一，重点加以保护、研究和利用推广，从而名扬全国，确立了其在地方猪种中的突出地位。与此同时，国内许多著名专家，教授通过自己系统的研究、对比试验后，也对荣昌猪给予了高度评价：“荣昌猪是国内搞杂交利用最好的母本”；“荣昌猪与太湖猪是我国呼声最高的良种”。建议该县要象保护大熊猫一样保护荣昌猪，并一致认为：“荣昌猪实为我国不可多得的宝贵的猪种资源，我们应在全国大力推广荣昌猪”。

作为优良的地方猪种，荣昌猪一方面在被人们逐渐认识、认可的同时，也渐渐地被全国群众加以引进和利用，在生产中很好地体现和证明了自己的价值。在中国三大优良地方猪种中，荣昌猪是被人们引种最早，利用最广的地方良种。追溯荣昌猪的引种历史，可以上溯至百年以前，那时就有人陆续到荣昌引购荣昌种猪进行纯繁饲养及改良当地土种猪。新中国成立后，尤其是70年代末至90年代初，随着消费市场的需要，商品瘦肉型猪发展迅速，各地为改良当地猪种，提高本地生猪瘦肉率，纷纷选择、引进荣昌猪对当地猪种进行改良，并取得了明显效果，大大提高了引种区生猪的质量，创造了良好的社会经济效益。短短十多年，该县就累计向外提供荣昌种猪60万头，种猪遍及了全国除台湾省外所有的省、市、自治区。并且在全国很多地区，他们还通过引种建立起了自己的荣昌猪纯种扩繁场，直接对荣昌猪进行扩繁利用。尤其是在四川、重庆、湖北、贵州等省的山区，通过引种扩繁荣昌猪已成为他们进行畜牧生产的主要猪种。荣昌猪在被全国各地广泛引种利用的同时，也曾两度出口越南和朝鲜民主主义人民共和国，为荣昌猪赢得了更高声誉。无论从引种情况来看，还是从改良效果来看，荣昌猪真正是中国推广时间最长，推广面最广、改良效果最佳的地方良种，荣昌猪对当时全国各地生猪的改良及生猪质量的提高做出了巨大的贡献。多年来，它凭借其良好的性能，一直深受人民群众的喜爱，种猪外销一直长盛不衰，由荣昌猪为母本生产的商品仔猪（长荣、约荣）也供不应求，目前，荣昌县仍每年向外供种猪10万余头，提供商品仔猪120万头以上，使荣昌成为全国最大的种猪外销大县和仔猪外销基地。

荣昌猪作为优良的地方猪种，为了有效地保持它的优良的特征、特性，并不断的有所提高，保证能向引种区提供高质量种源，促进畜牧生产，党和政府极为重视荣昌猪的保种选育工作，先后在荣昌设立了“四川畜牧兽医学院”、“种猪试验站”（现重庆市养猪科学研究院）、“重庆市种猪场”（国家级）、“荣昌县良种场”等教学科研生产机构，利用其雄厚的科研、技术力量对荣昌猪进行了系统的研究和选育提高，并取得了许多成果，使荣昌猪优良的特征、特性得以进一步巩固和提高。目前，重庆市养猪科学研究院为适应养猪生产发展需要及荣昌猪自身生存发展需要，在荣昌猪的基础上培育成功了性能更优的荣昌猪新Ⅰ系、新Ⅱ系等瘦肉型新品系，在保持了荣昌猪传统的优点的同时，对荣昌猪的质量又有了新的发展和提高，目前已推向市场，深受群众喜爱。在国家专门设立教学、科研、生产机构对荣昌猪进行研究、保种选育的同时，荣昌县本地政府也高度重视荣昌猪的保种选育提高工作，在县委、县政府的关心领导下，荣昌县也专门设立了“保种选育办公室”来具体负责全县的保种选育工作，并在全县划定了七个保种选育区，建立了15个种公猪站，每年拨专款，指派专人负责全县的保种工作。经上上下下共同努力，荣昌猪保种选育工作取得了良好的成绩：荣昌基础母猪规模得到了扩大，种猪质量得以全面提高，现全县常年饲养荣昌基础母猪10万余头，建有大型种猪场两个，不仅能充分满足外地购种数量的需要，而且还能切实保证种猪质量。

荣昌猪作为优良地方猪种，它不仅是荣昌县人民的宝贵财富，更是全国人民宝贵的财富，为了把这一宝贵的猪种资源推向全国，为中国养猪生产做出贡献，荣昌县不仅在提高荣昌猪质量方面下足了功夫，在荣昌猪的对外宣传上也花费了巨大的心思。在对荣昌猪的对外宣传上，荣昌县以开创精神，开创历史之先河，分别于1988年和1998年举办了两届别开生面的“荣昌猪赛猪会”，以“赛猪会”这一独特的形式作为宣传手段，盛邀全国著名育种专家、教授，各省市畜牧局负责人及新闻媒体参会，通过他们的参与、宣传、报道，向全国广为宣传，介绍荣昌猪，造成了轰动效应，起到了良好的宣传作用，极大地促进了荣昌猪的外销。同时，荣昌县充分发挥本县畜牧科技、兽药、饲料加工等优势，组建了中国首家畜牧科技城——中国重庆畜牧科技城，以科技城的品牌效应来加大对外宣传和招商引资力度，诚邀各界朋友来荣共谋荣昌畜牧业及荣昌猪的新发展、新飞跃。

作为重庆市第一养猪大县，作为荣昌猪的故乡，荣昌县畜牧业的发展任重而道远。今后该县将一如既往地加强对荣昌猪的保种工作，努力保证荣昌猪这一宝贵猪种资源基因库的完整，不致于丢失，另一方面还要继续加强对其选育提高，随时向外提供优质种源。同时，该县还要根据当前畜牧业发展形势，适当调整品种结构，适度规模发展洋三元生猪生产，以满足中国不同地区不同消费者的需求，力争把该县建成多品种共存，共同繁荣的新型畜牧业。

四川省

一、四川省名特优新畜禽品种

品种名称	产　地
成华猪	成都市各区、县
内江猪	内江
乌金猪	凉山州
藏　猪	甘孜州
九龙牦牛	甘孜州
麦洼牦牛	阿坝州
德昌水牛	凉山州德昌县
宣汉黄牛	宣汉县
荥经黄牛	荥经县
峨边黄牛	峨边县
南江黄羊	巴中地区
成都麻羊	成都市大邑、双流
建昌黑山羊	凉山州
凉山半细毛羊	凉山州
川南山地乌骨鸡	宜宾、乐山
四川白鹅	四川盆地
建昌鸭	凉山州会理、德昌等县
旧院黑鸡	达州市万源县
四川麻鸭	四川盆地
三江黄牛	阿坝州汶川县
天府肉鸭	培育品种，广泛分布
四川白猪Ⅰ系	培育品种，广泛分布
建昌马	凉山州

二、四川省畜牧食品优秀企业单位

企业名称	地　址	主要产品
四川南江黄羊原种场	四川省南江县	南江黄羊种羊
四川省原种水禽场	四川省雅安市 四川农业大学	天府肉鸭祖代、 父母代
凉山半细毛羊核心育种场	四川省布拖县	凉山半细毛羊种羊
成都市种畜场	四川省成都市	成华猪
内江市种猪场	四川省内江市	内江猪
四川省阳坪种牛场乳品厂	四川省洪雅县	阳坪牌系列奶粉、乳饮料
豪吉集团	普格县	鸡精、味精
云蒙山合作牧场	宣汉县	宣汉黄牛
四川白鹅育种场	南溪县	四川白鹅
省龙日种畜场	红原县	麦洼牦牛

四川通联珍稀动物养殖有限公司

四川通联珍稀动物养殖有限公司是美国通联国际信托投资集团与成都市汽车运输总公司在华建立的首家科农工贸养殖公司。公司位于成都西郊的郫县合作镇，占地350余亩，下辖山鸡场、野鸭场、饲料厂、孵化中心及种植场等。

公司于1992年由美国引进原种山鸡和野鸭，自建场以来一直坚持科技立场、管理治场和效益兴场的方针，以四川农业高校科技力量为依托，根据现代家禽学育种原理对山鸡和野鸭进行科技选育。现在该公司的山鸡和野鸭的生产性能大大提高，遗传性能稳定，商品代生产速度快，抗病力强。

公司专门技术人员长期对山鸡和野鸭进行选育，现建有一定规模的租代山鸡场和租代野鸭场，可年产10万套父母代山鸡（苗）和1.5万套父母代野鸭（苗），并对外销售。

公司生产的父母代山鸡可年产120～150枚蛋，受精率达92%～95%，性成熟：26周龄。生产的父母代野鸭可年产150～180枚蛋，受精率达92%以上，性成熟：21周龄。山鸡和野鸭的生产性能均领先于国内同行水平。

公司拥有较大规模的父母代山鸡场和父母代野鸭场，可年生产商品代山鸡（苗）50万只，商品代野鸭（苗）5万只，并常年对外销售。

公司建有一个与生产配套的大型孵化中心，采用先进的全自动孵化机，由专业人员操作，可年孵80万枚山鸡蛋和10万枚野鸭蛋。

公司有自配饲料厂，可年产3600吨珍禽饲料。

公司采取种养结合方式，充分利用土地资源，开建了种植场，包括苗圃、牧草和花卉。常年对外供应各种名贵花卉及各种苗木。目前，公司的养殖已经形成了山鸡、野鸭→猪→鱼、种植→山鸡、野鸭、猪、鱼的立体型养殖。

公司是集科研、生产、深加工于一体的大型繁育基地。四川省畜牧食品局根据国务院颁布的《种畜禽管理条例》和农业部颁布的《种畜禽管理条例实施细则》对该公司及其生产的种山鸡质量进行了全面检查验收，认定该公司为生产美国七彩山鸡父母代的合格生产公司。国家有关部门已将该公司的珍禽品种列为国家级星火计划推广项目。

公司同时兼养有其它种类的珍禽，如鹧鸪、珍珠鸡、贵妃鸡、孔雀等，并对外销售。

“信誉之上，质量第一”是该公司生存和发展的宗旨，从育雏、育成、产蛋、孵化到出雏，每一个环节公司都有严格的技术规定，并有专人负责质量把关，以保证公司产品质量的稳定。公司常年提供优质的售后服务，由具有多年丰富实践经验的专业技术人员在饲养管理技术、饲料营养及防疫治病等方面对广大客户进行指导。

公司的宗旨是“保护野生动物，发展养殖生产，推广星火科技，满足社会需求”。

公司将竭诚为高效养殖生产业生产服务，提供优质珍禽种蛋、种禽（苗）活禽及深加工产品，提供优质珍禽饲料添加剂和全价配合饲料，提供特种养殖的现代养殖配套技术和优良的售后服务。真诚的欢迎有识之士前来洽谈订货及合作事项！

四川省乐至县食品公司

乐至县是四川省三元杂交瘦肉型猪生产基地之一，全县年出栏生猪70余万头。乐至县食品公司是专门经营生猪、生产“厚理”牌冻肉及其制品的国营企业，座落在县城川鄂路东段，紧傍318国道，交通方便，公司辖有八个食品中心经营站和一个肉联总厂，现有职工千余人。

公司主要经营生猪、鲜、冻猪肉、猪副产品，腌腊制品和禽、兔、牛、羊等，货源丰富，品种繁多，生产设备精良，工艺先进，加工精细，卫检手段完备、产品质量全部符合国家标准。乐至县食品公司肉联总厂经国家有关部门认证、验收，自1996年即已获得了出口注册，并被确定为国家储备肉定点生产厂，现有冻库两座，容量达1500余吨，年经营宰杀生猪25万余头，加工内、外销分割肉2000余吨，新国标白条肉及各类猪副产品，腌腊品5000余吨，出口产品远销港、澳地区和俄罗斯，内销产品遍及北京、上海、广东等20多个省、市、自治区、产品质量和服务质量都赢得了国内外客户的好评。

乐至县食品公司以“质量第一、信誉至上，互利互惠、共同发展”为宗旨。竭诚为国内外客户服务，欢迎参观，欢迎来人来函洽谈业务。

公司法人代表：肖维吉
电　　话：0832－3324338　3322338
联 系 人：冯正显　朱　军　田厚勇
电　　话：0832－3322649　3322459
地　　址：乐至县天池镇川鄂东路35号
邮　　编：641500
电　　挂：7380

陕西省鸵鸟良种示范场

鸵鸟是世界上现存体型最大的鸟类。经陕西省鸵鸟良种示范场两年来的实践证明，鸵鸟的主要特点：一是适应性强。鸵鸟喜干旱、耐高温，在中国各地均可饲养，陕西为最佳饲养区。二是繁殖能力强。鸵鸟寿命长达 70 年，有效生育期 50 多年。幼鸟一年体重可达 200 斤，屠宰后产肉 80—100 斤。两年性成熟后，每年可繁育幼鸟 30—50 只。一只母鸵鸟其繁殖能力相当于 10—15 头母牛。三是耐粗饲。鸵鸟以草食为主，平均每天吃青草 5—10 斤，精料 2 斤，农村多种青草、农作物秸秆均是较好的饲料。四是经济价值高。鸵鸟肉高蛋白、高铁、高钙、高锌、高硒，低脂肪、低胆固醇、低热量，口感鲜嫩，汁多味浓。鸵鸟皮以轻、柔、韧、美观、透气性好而成为世界上最名贵皮革之一，价格高于鳄鱼皮，售价为牛皮的 10—15 倍。另蛋壳、毛骨、脂肪是制作工艺、医药、高级化妆品的珍稀原料，可谓全身都是宝，被誉为“黄金”养殖业，成为中国西部大开发中农村经济增长的新亮点。

陕西省鸵鸟良种示范场是陕西省农垦农工商总公司创办的、集实验、推广、科研、开发于一体的现代化鸵鸟养殖场，是陕西省农业厅、林业厅唯一发放鸵鸟良种生产和野生动物驯养繁殖许可证的鸵鸟良种生产单位；也是目前最大的鸵鸟良种繁育和商品鸵鸟生产基地。

示范场始建于 1997 年，总投资 3600 万元，占地 500 亩，现存栏非洲纯种鸵鸟 120 只。有 480 型孵化机 6 台，已繁育种鸵 5000 只，在全省新建养殖分场 10 个。到 2003 年，示范场将发展到拥有优质产蛋种鸵 4000 只，开产并屠宰商品鸵鸟 10 万只，加工鸵鸟皮 5 万张，销售收入超过 6 亿元的巨型鸵鸟场。

现向社会提供的产品：鸵鸟种苗，商品鸵鸟苗、鸵鸟肉、鸵鸟皮、鸵鸟蛋、蛋壳工艺品、鸵鸟毛制品及鸵鸟专用饲料等。欢迎参观订货。

场　　长：杨浩民
地　　址：西安市北郊草滩现代农业综合开发区
联系地址：西安市习武园 27 号
西安市高新一路 16 号创业大厦 7 楼 B 座 705 室
邮　　编：710003
垂询电话：029－6602001
029－7345943
029－8317979
13909180368
13909298854
13909189516

水　　产

北京市水产总公司

〔概况〕　北京市水产总公司成立于1983年，是以水产业为主，多元化发展的集团型国有独资公司，公司总资产现达9.2亿元，在职职工3000余人，其中各类专业技术人员680人，拥有全资子公司21个，控股及参股公司20多个，子公司年经营额13.6亿元，在首都水产品市场占有率保持在60%以上，是北京水产业的龙头。

北京市水产总公司是以水产品生产经营为主，按多元化的思路发展起来的集团型国有独资公司。本着以渔为主，多元发展的方针，公司积极开发国际国内两个市场。1990年组建了中国第一支内陆城市远洋渔业船队，目前拥有几十艘船只在海外作业。公司兴建的四道口、岳各庄水产批发市场以及其他综合批发市场，年交易额超过25亿元。经有关部门批准建立的“国家淡水渔业工程技术研究中心北京中心”，是渔业高科成果孵化器和产业基地，公司在北京市现代农业观光园内建有“北京市现代渔业高科技园区”，公司目前已初步形成以五大产业为主导的结构布局，即：以高科技、现代化为发展方向的淡水鱼养殖业，小汤山汇瀛良种中心将逐步建成以鲟鱼为代表的现代渔业高科技基地，以北京远洋渔业公司和京鲁公司为代表的远洋捕捞业；以四道口水产品市场，岳各庄副食品市场为代表的干鲜、海产品批发零售业；以友谊饲料公司为代表的产、供、销一体化的鱼用饲料行业；以万泉庄、久大湖项目为代表的物业开发和房地产业。公司拥有进出口权，外经外贸也取得显著成就，吸引外资逾千万元。

〔产品〕

南美白对虾　又称白脚对虾，原产于南美太平洋沿岸水域，是西半球虾类养殖产业的一个重要品种，为目前世界上产量最高的三大虾类之一。中国于1988年从美国引进，自1994年中国南美白对虾人工育苗获得成功后，该品种以其较快的生长速度及广盐性得到了越来越多养殖户的青睐。北京市水产总公司下属水产技术推广站于1999年在昌平、顺义3亩池塘进行该虾的淡化养殖试验，水体盐度从2‰逐渐淡化至淡水，通过60天养殖，虾体长由平均1公分长至10公分，试验取得初步成功。2000年，在海淀、通州、顺义、朝阳设养殖示范点11个，养殖水面319亩，总放虾苗1025万尾，平均规格0.8公分—1.0公分，平均亩放3.36万尾，虾苗于7月上旬放齐，经3个多月的养殖，从9月中旬开始陆续上市，总产成虾39461公斤，平均亩产123.7公斤，成虾出塘平均规格为8.1克/只，成活率44.6%，平均亩产值9896万元，亩效益达3000元以上。这一成果的取得为首都市民餐桌上增添了一个新的虾品种，也为企业和京郊养殖户带来可观的效益。

欧洲鲟鱼　欧洲鲟鱼首次在人工环境下培育亲鱼催产，孵化成功！这一重大科技突破，在中国尚属首次。它的试验成功，将彻底解决欧洲鲟鱼苗种靠进口，成活率低，鱼种成本高的问题。将对鲟鱼养殖业的发展产生了深远的影响。

鲟鱼是生存在地球上两亿多年的生物活化石，属大型经济鱼类，它具有生长快、适应性强等特点，其营养、药用价值高，尤以鱼籽为珍贵，是宴会上的必备佳肴。

北京市水产总公司自1996年引进欧洲鲟鱼以来，在培育苗种、成鱼饲养等方面，不断取得成功，并获得较高经济效益，但是，由于鲟鱼人工培育亲鱼、催产、孵化，在世界尚属尖端技术，在国内正处于攻坚阶段，因此，这一技术成为制约鲟鱼生产形成产业链，实现规模化生产和大面积推广的一道难题。

为了发展鲟鱼生产，北京市水产总公司决定组织科技力量，联合攻关，力争尽快攻克这个技术难题，经过四年的艰苦奋战，北京市水产总公司所属的汇瀛良种开发中心与市水产科学研究所科技人员密切合作，在有关专家的指导下，克服了种种困难，经过反复实验，采用物理包埋、生物诱导、人工控湿、光照水流刺激等生物创新技术手段，终于在2000年3月28日获得催产、孵化成功，喜获鱼苗13万尾。

大连水产集团水产制品厂

大连水产集团成立于1988年，并以产权为主要联结纽带实行母子公司体制，其核心层企业大连水产集团有限公司是经大连市政府批准的国有独资企业，拥有7.3亿元人民币的资产；集团现有员工2000名，其中中高级职称的专业技术人员560名。核心层企业大连水产集团有限公司水产制品厂又是中国最早建立的水产品加工企业之一，是长期对外创汇的生产加工基地，迄今已有70余年历史。

该制品厂主要从事鲜活产品、冷冻水产品、鱼糜制品、水产风味食品等20多种产品的生产加工。拥有一批具有丰富实践经验、技术和业务素质较高的优秀管理队伍。固定资产3000多万元，拥有速冻能力40吨/次，冷藏能力2100吨，厂内引进多条先进水产品加工生产线，下设冷冻加工、虾片制品、鱼糜制品三个生产车间，一个中日合资企业和设施齐全的化验室，年产值达5000万元，创汇400万美元。

水产制品厂质量体系健全，设有质量检查科和化验室，从原料采购、验收、生产到成品出厂，都在严格的质量控制下进行。各车间各班组均设有专兼职质量检查员，负责各工序及产成品的质量检查。自1980年以来，全厂开展了全面质量管理工作和群众性的小组活动，产品质量不断提高，1985年获国家有关部门“全面质量管理奖”；并于1993年虾片车间被大连市评为“质量信得过车间”；1994年被国家有关部门评为“优秀质量小组”。

作为传统产品的“大水”牌对虾片，质量稳定并多次获奖；1982年、1983年获省、部优质产品奖；1988年获中国食品博览会金奖；1989年获银质奖；1992年获首届中国农业博览会金奖；1995年获第二届中国农业博览会金奖；1997年获第三届中国农业博览会金奖；1999年获国际首届农业博览会名牌产品及大连市食品博览会优秀食品奖。

“大水”牌对虾片以优质淀粉和黄、渤海对虾为主要原料，采用科学方法精制而成，是纯天然的绿色食品。该产品在1992年全国最畅销商品展览月中，被评为“天津市场最畅销产品”；同年12月又被“中国质量万里行在辽宁”系列新闻宣传活动评为“优质名称牌产品”。多年来，“大水”牌对虾片以其绝对的优势和顽强的生命力，畅销大江南北，供不应求，并远销西班牙、澳大利亚、英国、美国、俄罗斯、加拿大、德国、比利时、荷兰、香港等国家和地区。据统计，该产品自1974年投入生产至2000年6月共生产虾片33.797吨，其中出口9.452吨，创产值（不变价）人民币2.285亿元，创汇1063万美元。

鱼糜制品生产的鱼香肠、虾味松、虾肉酱、茄汁鲭鱼软罐头、熏鱼、香熏鲑鱼、鱼芯海带卷、美味鱼干、海鲜酱、浓汁鲭鱼等软罐头系列产品，深受儿童和旅游者的喜爱，成为老少皆宜的营养保健品。

为了适应国际、国内市场经济的需要，水产制品厂狠抓企业内部的技术改造，在充分利用、更新、改造原有设备的基础上，装修厂房，完善工艺设备，最早贯彻执行GB/T19000－ISO900系列标准，制定质量手册，全员参加GB/T19000－ISO9000系列标准培训，并根据生产发展需要，又获得HACCP生产标准系列的注册，积极投入办理欧盟证的注册工作为水产制品厂更好地参与市场竞争和国际市场接轨奠定了坚实的基础。

大连水产集团热忱欢迎海内外有识之士投资合作、共同发展。集团公司将以广阔的领域和一流的服务同各界朋友携手合作、共同开辟美好的未来。

江苏省

〔概况〕 江苏滨江临海，兼有海洋渔业及内陆渔业之利，是闻名中外的“鱼米之乡”。海洋渔场面积15.4万平方公里，其中有吕泗、海州湾、大沙、长江口四大著名渔场；内陆水域面积2600多万亩，占全省土地总面积的16.9%。境内水产资源丰富，有淡水鱼类133种，海洋鱼类150种，虾类35种，蟹类44种，软体动物142种，贝类99种，以及海带、紫菜等多种藻类。1999年，全省共出产水产品296.82万吨，其中海洋产品90.26万吨，淡水产品206.56万吨。淡水养殖鱼类除青、草、鲢、鳙等传统大宗品种外，产河蟹84678吨、甲鱼6375吨、鳜鱼2649吨、罗非鱼5229吨、革胡子鲶7761吨、加州鲈1257吨、淡水白鲳2365吨、罗氏沼虾15366吨、青虾36886吨、珍珠702吨、鳗鱼4766吨、牛蛙4101吨；海水养殖鱼类21.94万吨，其中虾蟹类1.1万吨、贝类19.37万吨、藻类0.78万吨。

〔管理机构〕 省级渔业主管部门：江苏省海洋与渔业局，地址：南京新模范马路90号，邮编：210003，传真：025－3429953，局长：李国平，副局长：周粉娣　魏绍芬　唐庆宁。

各省辖市及县级主管部门：

★210008
北京东路43号
南京市多种经营管理局
分管副局长：陶富忠，Fax：025－3362766

211100
东山镇
江宁县林副业局

211300
淳溪镇宝塔路53号

高淳县多种经营管理局

211800
珠江镇北门大街373号
江浦县农副业局

211200
县委大院
溧水县多种经营管理局

211500
县政府大院
六合县多种经营管理局

210012
共青团路2号
南京雨花区多管局

210046
尧化门街15号
南京栖霞区多管局

210031
浦口公园路7号
南京浦口区多管局

210044
大厂区政府大院
南京大厂区农副业局

★214023
曹张新村169号
无锡市多种经营管理局
分管副局长：徐国民，Fax：5012250（0510）

214431
澄江中路9号
江阴市多种经营管理局

214200
县城南门分路口
宜兴市林副业局

214101
东亭镇锡州中路1号
锡山市多种经营管理局

214028
新区珠江路5号
无锡新区农经局

214092
区政府大院内
无锡马山区农经局

214062
郊区河埒口尤巷71号
无锡郊区多管局

★212001
市政府大院内
镇江市多种经营管理局
分管副局长：郭荣贵，Fax：0511－4435026

212001
镇江市大西路68号
丹徒县多种经营管理局

212300
云阳镇复兴路3号
丹阳市多种经营管理局

212400
华阳镇人民路70号
句容市多种经营管理局

212200
文化南路7号
扬中市多种经营管理局

212003
丹徒路39号
镇江京口区农经局

212005
镇江市镇扬路5号
润州区农经委

★215007
吴县新区团结桥巷2号

苏州市多种经营管理局
分管副局长：徐正如，Fax：0512 - 5610787

215128
吴县新区东苑路南口
吴县市水产局

215500
市政府大院农水大楼
常熟市多种经营管理局

215600
市政府大楼内
张家港市多种经营管理局

215300
昆山市跃进路18号
昆山市多种经营管理局

215400
城厢镇太平北路21号
太仓市多种经营管理局

215200
松陵镇流虹桥堍
吴江市水产局

215004
金鸡湖度假区
苏州市工业园区地方发展局

215004
苏福路桐泾路口
苏州市郊区农业局

★226006
外环西路15号
南通市水产局
局长：严君毓，Fax：0513 - 3516229

226100
解放中路39号
海门市农业局

226241
吕四镇环城北路40号
启东市水产局

226400
如东掘港北街383号
如东县水产局

226300
开发区银河路西首
通州市农业局

226500
环城南路
如皋市多种经营管理局

226600
曙光中路35号
海安县多种经营管理局

226001
城山路19号
南通市港闸区农经局

226006
跃龙南路36号
南通市崇川区农经局

★225002
三元路
扬州市多种经营管理局
分管副局长：田野，Fax：0514 - 7347952

225009
县政府大院内
邗江县多种经营管理局

225800
叶挺东路30号
宝应县水产局

225200
大会堂路8号
江都市多种经营管理局

225600

环城南路 9 号
高邮市水产局

211400
真州西路 169 号
仪征市多种经营管理局

225002
双桥路 4 号
扬州市郊区农经委

★224002
文港南路 12 号
盐城市林牧渔业局
分管副局长：陈乃武，Fax：0515－8335972

224300
合德镇朝阳大街 39 号
射阳县水产局

224100
大中镇人民北路 14 号
大丰市水产局

224500
原师部东小楼
滨海县林牧渔业局

224200
新东南路 43 号
东台市水产局

224700
建西南路 140 号
建湖县水产局

224600
双园中路 24 号
响水县林牧渔业局

224400
胜利北路
阜宁县林牧渔业局

224405

盐城市解放北路 260 号
盐都县林牧渔业局

224001
盐城市人民中路 74 号
城区农村工作委员会

★221003
徐州市青年东路 57 号
徐州市水产局
局长：孙建军，Fax：0516－3733775

221112
徐州市南郊铜山新区
铜山县多种经营管理局

221700
县城南郊
丰县畜牧水产局

221600
沛县正阳路 1 号
沛县多种经营管理局

221300
邳州市青年路 53 号
邳州市多种经营管理局

221200
睢宁县人民东街 22 号
睢宁县多种经营管理局

221400
新沂市钟吾路 182 号
新沂市水产局

221011
贾韩北路
徐州贾汪区多管局

221009
彭城路 260 号
徐州云龙区农经委

221005

富庶街 10 号
徐州鼓楼区农经委

221006
苏堤路
徐州泉山区农经委

221140
九里山西路 1 号
徐州九里区农经委

★223001
健康东路 61 号
淮阴市水产局
局长：宋福成，Fax：0517－3926851

223400
涟水县安东路 6 号
涟水县多种经营管理局

223300
县政府大院
淮阴县多种经营管理局

223200
淮安市西长街 101－54
淮安市多种经营管理局

211600
金湖县健康路 7 号
金湖县水产局

223100
洪泽县大庆中路 60 号
洪泽县水产局

211700
盱城淮河南路 144 号
盱眙县水产局

223001
建设路
淮阴清河区农委

223002
淮阴市人民南路 109 号
淮阴清浦区农业局

★222001
新浦朝阳路
连云港市水产局
局长：殷树枫，Fax：0518－5414759

222500
新安镇人民中路 12 号
灌南县多种经营管理局

222100
青口镇青芬路
赣榆县水产局

222300
牛山镇和平东路 173 号
东海县水产局

222200
胜利路
灌云县多种经营管理局

222042
墟沟镇中山路
连云港连云区水产局

222023
朝阳西路 113 号
连云港市海州区农水局

222069
猴嘴镇
连云港云台区多管局

222003
新浦区沈圩路 5 号
连云港市新浦区计委农业科

★213001
工舍路 431 号
常州市多种经营管理局
分管副局长：林建华，Fax：0519－6652621

213200
市政府大院
金坛市多种经营管理局

213159
武进市行政中心五号楼
武进市多种经营管理局

213300
市政府大院
溧阳市多种经营管理局

213001
常锡路116号
常州市郊区农业局

213022
常州市新区
常州市新区农业发展局

213011
戚墅埝区政府大院
常州市戚墅埝区农业局

★225300
新区凤凰路
泰州市农业委员会
分管副主任：张鸣，Fax：0523－6882011

225700
鲁中南路32号
兴化市水产局

214500
江平路274号
靖江市多种经营管理局

225400
国庆东路75号
泰兴市多种经营管理局

225500
府东村14号
姜堰市多种经营管理局

225300
公园北路
泰州市海陵区农经委

225400
高港区
泰州高港区农经委

★223800
徐淮路13号
宿迁市水产局
局长：张允乐，Fax：0527－4225837

223600
河南路17号
沭阳县多种经营管理局

223800
宿城区幸福南路
宿豫县水产局

223700
振兴路
泗阳县水产局

223900
县政府大院
泗洪县水产局

223800
宿城区市府路
宿迁宿城区农经委

注：①标“★”的为省辖市主管部门，其余均为县级主管部门；

②因县级主管部门人事变动较大，只提供市主管部门领导名单和传真号码。

〔淡水土特名产品〕　江苏省淡水特产水产品种有长江鲥鱼、刀鱼、暗纹东方鲀、长吻鮠、鳗鱼，太湖银鱼、翘嘴鲌白虾、珍珠、中华绒螯蟹、中华鳖、日本沼虾、克氏螯虾、鳜鱼等品种，其中珍珠、中华绒螯蟹、日本沼虾的产量均约占全国总产量的50%以上。中华绒螯蟹中产量8.5万吨，主要生产基地为太湖、洪泽湖、阳澄湖、长荡湖、大纵湖、固城湖及其周边地区；建有省级高淳长江系中华绒螯蟹原种场和启东中华绒螯蟹良种场，有一批河蟹育苗场，年产大眼幼体10多万公斤；有阳澄湖大闸蟹、大纵湖河蟹、洪泽湖清水大闸蟹、兴化中庄醉蟹等知名品牌；有泗洪、临淮等河蟹特产乡镇，泗洪金秋螃蟹节、建湖九龙口螃蟹节，阳澄湖、泗洪、固城湖、惠民桥、宜塘桥等一批螃蟹市场的河蟹产加销一条龙。日本沼虾年产量3.7万吨，克氏螯虾6.2万吨，太湖银鱼1500吨，刀鱼近千吨，长吻鮠300吨，鮰鱼12吨，暗纹东方鲀10吨，中华鳖6400吨，鳜鱼2650吨，太湖白虾900吨。

条斑紫菜　条斑紫菜是江苏省海水养殖名特产品之一，也是江苏省出口创汇的拳头产品。全省现有栽培面积约8万亩，产量7000多吨，年加工紫菜成品11亿张左右，其中90%以上出口日本、美国、欧洲以及东南亚国家和地区。它也是中国人民传统的喜食和药用海藻之一。据分析每100克干品含蛋白质24.5克，脂肪0.9克，糖31克，胡萝卜素1.23克，碘7452微克以及各种维生素和无机盐，核黄素、蛋白质、磷和硫胺素的含量远远超过营养价值较高的菠菜。现代医学证明，紫菜确有防治动脉硬化及高血压之功效。特别是近几年新上市的调味紫菜、烤紫菜，作为休闲食品深受人民群众的欢迎。江苏省从80年代开始进行大规模紫菜栽培，并随着生产的发展，建立了条斑紫菜国家级种质资源库，引进和发展了紫菜一次加工机组185台套及二次加工线28条，并建立相关的标准，现已形成了从种苗培育、栽培、加工到出口的产业链。

文蛤　俗称“天下第一鲜”，又称花蛤、黄蛤，是江苏省主要出口创汇的海产品之一，每年出口量1万多吨，约合2亿人民币。由于江苏文蛤肉质鲜美，深受日本市场欢迎，其出口量约占日本文蛤进口量的40%以上。文蛤自然分布在江苏省粉沙淤泥质滩涂上，面积约180万亩，资源量11万吨上下。70年代以来，由于长期酷捕滥采，文蛤资源呈逐年下降趋势。为恢复文蛤资源，提高文蛤产量，近几年通过发展滩涂围栏养殖、虾池混养和人工增殖保护，现在全省文蛤增养殖面积70余万亩，产量达到7万多吨。

文蛤营养价值高，每100克鲜肉中含蛋白质10克，脂肪1.2克，碳水化合物2.5克，还含有丰富的钙、磷、铁等微量元素和多种维生素。蛤肉对高血压、肺结核、小便小痢、肾虚、耳鸣有一定疗效。蛤肉除鲜食外，还可制成冷冻品、干制品、罐头和调味品，如东县的南通天下第一鲜食品工业有限公司开发的调味品“文蛤粉”已开始打开市场。

“江南牌”冻银鱼　常州长江水产有限公司是集银鱼养殖、捕捞、加工、销售为一体的专业性公司，与许多国家和地区保持着良好的业务关系。公司生产的“江南牌”冻银鱼出口创汇居全国同行业首位，产品畅销日本、韩国、台湾、香港等东南亚国家和地区，并远销西班牙、荷兰、美国等欧美国家，产品质量符合并超过SC/T3109－1988的国家标准，1994年获国家有关部门“畅销产品奖”，1997年获国家有关部门“中国名牌”称号，1998年、1999年获市、省“名优产品”称号，1999年又获中国国际农博会“金奖名牌”称号。公司1999年开始实施了ISO9002质量体系管理和HACCP产品质量控制，并通过了该项目的注册认证。

银鱼，昔日的皇家贡品，今朝为百姓的佳肴，公司愿为丰富国际、国内市场提供最佳服务、最佳产品。

欢迎新老顾客垂询！

公司地址：常州市常牛路沈家弄

电　　话：6393566

联 系 人：单根棣

邮　　编：213163

神怡牌“天下第一鲜”文蛤粉　获名牌农产品称号。南通神怡保健品有限公司主要生产经营“天下第一鲜”系列产品。企业拥有净资产280万元，占地面积800m²，建筑面积600m²。现有职工190人，其中专业技术人员48人，在多年的生产实践中，摸索和掌握了贝类深加工完整的工艺流程，在寻求海洋食品的营养保健值方面积累了较为丰富的经验。加工设备配套齐全，检测设备配套完善，实用美国HACCP管理模式，注重市场调研和新产品开发，取得了较好的经济效益、社会效益。

通光牌调味紫菜（美味海苔）　获名牌农产品称号。南通海达水产食品有限公司是1992年6月由如东县水产养殖公司与日本（株）高田屋、日本南光企业（株）合资建办的。投资总额为250万美元，其中注册资本183万美元。现有职工76人，机构设置为“一室、四部、四厂”，即：总经理室、贸易一、二部、财务部、事务部，紫菜育苗加工厂、刘埠紫菜加工厂、海隆紫菜加工厂、紫菜二次加工厂。现有紫菜一次加工机5台，二次加工线二条。

公司的生产规模为：年育苗2500亩，养殖2000亩，一次加工10000箱，二次加工10000箱，经营20000箱，年产值3500万元，出口创汇400万美元。公司成立12年来，年年获得较好的利润，成为全国紫菜行业的龙头企业。

公司成立几年来，以市场为导向，大力发展紫菜加工业，特别是紫菜深度加工。同时发展紫菜海上养殖，推广优质、高产紫菜品种，扶持中小养殖户，带动沿海渔、农民共同致富，促进本地区紫菜养殖业发展。

公司在发展中，不断开拓国际市场。目前，公司紫菜二次加工产品主要销往美国、新加坡、泰国、马来西亚、香港、台湾等国家和地区，在国内，紫菜作为一种绿色即食健康食品，已被越来越多的人所认识。以上海、北京、南京、厦门、宁波等10多个省份20多个城市的宾馆、饭店、超级市场为基地逐渐向全国辐射，正逐步占领国内市场。

正康牌冻河虾、冻银鱼　获名牌农产品称号。新沂市水产冷冻厂是以加工生产速冻蔬菜、水果、脱水蔬菜、水产及肉食、小食品等为主的国有企业。企业占地面积1.8万多平方米，拥有固定资产1600万元，现有干部职工250人，有技术人员20多名，其中食品工艺师3名，经济师2名，会计师2名，助理工程师3名，技术人员100余名，配有现代化生产车间四座，其中熟制品车间一座约1200平方米，水产品车间一座800平方米，果蔬类生产线一条约1200平方米，野味肉食车间一座约800平方米，高温库500吨，低温库650吨各一座，速冻库三座（30吨/日）及单体速冻机一台1000KG/H（主要用于果菜加工），年加工能力为5000吨。

该公司（厂）是国家商检局注册的各种水产品及果蔬产品加工的出口企业，从1994年起通过欧盟卫生组织的注册，银行信用等级达到AAA级，工厂周围无污染。

该公司（厂）视质量为企业生命，建立了全面质量管理办公室及HACCP监控员，对全厂的产品质量实行一票否决权，严格按照客户和外商要求加工，不合格产品决不出口，对产品质量一包到底。该公司（厂）生产的水产品类（冻煮熟龙虾仁、整只龙虾系列产品、冻河虾、冻银鱼、冻煮田螺肉、冻煮蚬子肉及生龙虾仁等）、果菜类（冻板栗肉、银杏、牛蒡、草莓、葡萄、山药、胡萝卜、芦笋、大蒜、芋头（芋籽）、青刀豆、豌豆、蚕豆、荷仁豆、黄洋葱、油炸山芋等产品的速冻、保鲜及脱水系列），野味肉食类（麻雀、鹌鹑、野兔、野鸡、野鸭等）等系列产品出口到日本、韩国、美国、西班牙、比利时、卢森堡等国家及港澳台地区，深受客户好评。

楚水牌冻青虾、冻虾仁　获名牌农产品称号和国家食品展销会“优良产品奖”。兴化市水产冷冻厂是江苏省外贸系统水产品加工出口的定点生产企业，现有冷库一座（200吨）和设备齐全符合出口要求的配套生产车间（800m^2），以及锅炉等其它辅助设施，加工历史已有30多年。担负着全市水产品加工销售等生产任务。现有职工70多人。

常年生产品种有：冻青虾、醉蟹、冻河虾仁、虾籽、蟹油等十多个品种，品质精优、滋味鲜美，深受广大消费者青睐。

三爱牌淡水鱼加工制品　获名牌农产品称号。苏州市水产食品总公司为全民所有制的国营企业，下属水产冷冻厂、水产食品厂及水产品配送中心。现有冷库2000吨，速冻80吨/日，制水80吨/日，从事淡水鱼食品加工、冷冻运销及水产品配送销售业务，固定资产2100万元，职工501人。

自农业部1990年8月确定公司（原水产冷冻厂）为淡水鱼加工中试基地以来，在上级党的领导下，在科研单位协作配合和全体干部职工的努力下，做出了显著成绩。以鲢鱼为主要原料，开发了欧式冻鱼排、鱼圆、去刺熏鱼等12个品种。三年来完成中试生产200余吨，收益30多万元，产品质量合格，市场跟踪，没有发生质量问题。淡水鱼加工制品开发获国家有关部门1993年科技进步三等奖，蒸煮袋去刺熏鱼还获国际银质奖2次，国家有关部门金杯奖1次。优良产品奖1次。近三年来，虽没有资金投入，扩大生产能力，但由于挖掘现有设备能力，年淡水鱼加工维持在一二百吨水平上。配送中心的建立，更丰富了居民菜蓝子鱼品的供应，获得广大消费者的欢迎，经专家评审认为：公司淡水鱼加工制品开发达国内领先水平。

海腾牌龙虾系列食品　获名牌农产品称号。盐城市水产冷冻厂是专业生产内、外贸水产品的加工企业，1981年建厂以来，通过不断加大技改投入，改善生产环境和加工设施，强化市场开发，企业得到了高效快捷的发展，已成为集水产品养殖、加工、冷藏、营销为一体的综合性国有企业，并通过了国家商检局（CCIB）和欧盟的注册，同时通过了美国FDA对工厂HACCP计划的考核验证，并拥有自营进出口经营权。

工厂现有固定资产1800万元，固定员工150人，季节性员工800人，拥有冷藏库800吨，速冻库50吨，无菌恒温加工车间3000平方米。工厂布局合理，设备、设施及产品检测手段齐全，生产的冻生（熟）龙虾仁、冻整只龙虾、冻河虾、冻蚬肉等水产品畅销欧盟、美国、日本、新加坡等国家和香港地区。“海腾”牌龙虾系列水产品在国内市场已形成较大的影响。工厂以优良的产品品质，可靠的商业信誉，赢得了国内外客户的青睐，年生产能力800吨，实现销售总额5000万元，创利税500多万元，职工年人均收入超万元。

主产品冻熟龙虾仁、冻生龙虾仁荣获第二届中国科技精品博览会金奖，第二届中国农业博览会银奖，海腾牌龙虾系列产品获’98盐城名牌产品。企业获盐城农业产业化先进龙头企业，重合同守信用单位、物价计量信得过单位、AAA级资信单位和先进基层党组织等荣誉称号，在国内、国际市场上享有较高的声誉。

一、企业简介

南通双林生物制品有限公司　南通双林生物制品有限公司是专业从事水产品、甲壳素及其衍生产品研究与开发的省级高新技术企业。公司主要产品有甲壳素、壳聚糖、氨基葡萄糖盐酸盐、氨基葡萄糖硫酸盐甸、N－乙酰氨基葡萄糖、稀土甲壳素饲料添加剂系列、第6要素几丁聚糖胶囊、龙虾仁、调味龙虾、虾圆及系列冷冻海产品等。1998年引进加拿大海洋生物研究中心先进技术开发成功

了可与日本救多善媲美的第6要素几丁聚糖保健品。

公司于1997年与加拿大海洋生物发展中心陈子涛教授合作建立了中国第一家甲壳研究中心，专门研究开发甲壳素衍生产品。历年来一直加大科技投入，大力开发新产品，公司已有稀土甲壳素鳗鱼饲料添加剂、氨基葡萄糖盐酸盐、氨基葡萄糖硫酸盐等产品获国家级新产品称号，第6要素几丁聚糖胶囊通过国家有关部门审批，并通过科技成果鉴定，同时公司获得星火科技进步奖和省科技进步奖等。

南通双林生物制品有限公司由南通德吕水产品公司、启东甲壳素厂、第6要素保健品公司、几丁生物研究所组成，联系人如下：

南通德吕水产品公司：　徐冬梅　+86-513-3444208
启东甲壳素厂：　彭秀兰　+86-513-3445378
第6要素保健品公司：　汤春华　+86-513-3446058
几丁生物研究所：　陈子涛　+86-513-3441010
南通双林生物制品有限公司梁双林　+86-513-3444258

南通双林生物制品有限公司位于江苏启东市吕四港镇

邮　编：226245
电　话：+86-513-3444258
传真：+86-513-3445378
http://www.china-shuanglin.com
email：dyf@public.nt.js.cn

公司经理为梁双林

南通双林生物制品有限公司欢迎海内外客商与我们合作，携手共进，共创美好的未来。

江苏省盐城市伍佑食品厂　盐城市伍佑食品厂是解放初伍佑镇上的知名作坊“合成昌”、“房裕开”等百年老店经公私合营组建而成，是伍佑镇上生产各特产醉螺的唯一老字号，建厂已有45年历史。1999年工厂年生产醉螺400吨，年产值1850万元，利税102万元。工厂醉螺产品的销售市场已遍及北京、上海、江苏、浙江、广东、福建、安徽、山东等省的大中城市。

工厂“双龙”牌醉螺于1985年、1990年先后两次被评为省优质食品，1988年获首届中国食品博览会银牌奖，1998年、1999年度获市名牌产品称号。

厂　址：江苏省盐城市伍佑镇南大街29号
电　话：8811284

苏州市水产食品总公司　公司位于著名的太湖之滨，阳澄湖畔，是淡水鱼资源十分丰富的地区之一，淡水鱼产量达22万吨。

公司创建于1965年，水陆铁路交通运输便利。占地面积13000平方米，现代加工厂房4000平方米、冷库2000吨/日、速冻80吨/日，制冰80吨/日，配有电力变压器640KVA，拥有两条一万伏高压线，确保常年供电，并有自来水和深井供水，固定资产2000多万元，下属单位有冷冻厂、食品厂、市场、职工448人（其中工程技术人员26人），开厂以来，以淡水鱼加工、小包装、肉类、禽类、各种海鲜加工，包括素菜、净菜配送及鱼糜深加工，银鱼出口加工的创始地，产品质量受到外商的好评。

1985年公司开始对淡水鱼加工作了探索，有了一定的基础。1990年农业部水产司决定为全国淡水鱼加工中试点厂，并将上海水产大学、上海水产品加工技术开发中心、东海水产研究所、江苏省淡水水产研究所等单位研究成果投放中试生产，产品深受消费者的欢迎，并获五项国际国内金质、银质和优质产品奖。

为了进一步开拓水产品加工流通，争创本企业“三爱”名牌产品，公司欢迎各地客商前来洽谈业务，共同发展。

厂　址：苏州市北园40号
联系人：朱兆虎　陈健康
电　话：7535114　7535475
手　机：13906208543
BP　机：95811-2765035
邮　编：215001

南通海达水产食品有限公司　本公司位于南黄海之滨——江苏省如东经济开发区内。经中日合资各方近十年的努力，已发展成为中国最大的集海苔养殖、加工、营销于一体的专业化公司之一。

拥有世界先进水平的全套日本产海苔一、二次加工生产线6条，年生产经营干海苔、调味海苔、烤海苔3万标准箱。产品远销美国、加拿大、澳大利亚、欧共体和东南亚等20多个国家和地区，深受海内外客户好评被评为名牌农产品。

“通光”牌烤海苔、干海苔、调味海苔为绿色天然海藻食品。高蛋白无脂肪，维生素及有益健康的微量元素丰富，畅销海内外。

丰富的水产资源，先进的生产设备，精湛的加工技术是公司与海内外客户合作的基础。总经理蔡守清率公司全体员工热忱欢迎光临指导。

常州市宣塘桥水产品交易市场　常州市宣塘桥水产品交易市场奠基建造于1996年8月18日，总投资4000多万元，市场占地面积50000平方米，其中建筑面积25000平方米，主要基础设施有：鲜活淡水产品交易房280间，冷冻海产品交易房120间，其它冷冻食品、南北货副食品交易房100间，配套服务业工作用房20间，交易大棚13000平方米（主要供螃蟹、特种水产品、海产品交易用），交易广场6000平方米（主要供鲜活虾、鱼等交易用），110米长的码头建在京杭大运河常宜线航道上（供鲜活鱼类交易用），500立方米大型水池一座（配备深井三口），5000

平方米货物贮藏区，5000吨大型冷库一座（其中4000吨低温贮藏库，1000吨高温贮藏库，50吨/日制冰能力，15吨/日速冻加工车间），400门程控电话连接到户（其中200门为国际国内直拨）。主要配套服务设施有：江南渔村大酒店、银行、医疗中心、货物配送中心、净菜加工配送中心。

市场总体格局分为：海产品交易区、冷冻食品交易区、南北货副食品交易区、螃蟹交易区、特种水产品交易区和鲜活虾鱼类交易广场、码头供船载鱼交易用。

该市场规章制度健全，收费合理，为水产品经营者提供了一个文明经商、公平竞争、合法经营的理想场所。

欢迎更多的新、老客户入场交易。

地　　址：312国道常州段宣塘桥堍

电　　话：0519－3282168　3281797

联 系 人：胡志华

邮　　编：213000

南京水产品中心批发市场　南京水产品中心批发市场是国家菜蓝子工程、农业部定点鲜活农产品中心批发市场、江苏省十强水产市场和南京市重点龙头企业，是融商流、物流、信息流于一体的国家级大型专业水产品集散地之一。

市场建于1996年12月，位于南京水西门外赛虹桥应天路。南连宁芜、宁溧公路和沪宁高速公路，北接长江大桥，紧依南京火车南站和赛虹桥水陆码头，交通十分便利，位置得天独厚。一期工程建成交易大厅15000平方米，140余间经营办公用房，一套信息网络系统和大型显示屏，220吨冷库和供电、给排水等配套服务设施，建立了一支高素质的管理队伍和训练有素的治安队伍，为广大经营者提供了安全可靠的交易秩序和良好的经营环境。

投入运作的市场一期建设以普通水产品交易为主，二期工程特种水产品市场总建筑面积15000平米、先期160余间经营用房已经正式开业。以中高档特种水产品、海产品和特种农副产品批发交易为主体。市场在提供一条龙服务的同时，继续在房租、税费等方面给予优惠和扶持，并常年提供运输、中转、加工、储贮、商住等服务。

市场全体工作人员热忱欢迎各地经营单位、商家、养殖场和个体经营者前来经营交易。

地　　址：南京市建邺区赛虹桥应天路

电　　话：6414158　6418096

联 系 人：潘先生　房小姐

邮　　编：210012

江苏省南通市水产品批发市场　南通市是中国首批对外开放的14个沿海开放城市之一，地处长江和黄海交汇处，是上海东翼、长江北岸的中心城市，素有“扬子第一窗口”之称。

南通市水产品批发市场由南通市工商行政管理局主办，是目前苏北地区最大的水产品交易集散地之一。市场位于市区北部，紧邻城市，占地面积10000平方米。商业位置得天独厚，海陆空交通四通八达，204国道沿场而过，南通机场咫尺毗临，南通港口一箭之隔，通沙汽渡比肩相靠。市场内基础设施齐全、客商云集、交通繁荣，其辐射近及上海和江南诸市、远到浙江、福建、山东、天津等省、市。日均成交量在百吨以上，经营品种有带鱼、黄鱼、鲳鳊鱼、虾、蟹、海鳗、鲩鱼、鲢鱼、鲫鱼、青鱼等20余个品种。

欢迎广大新老客户进场交易，欢迎各界朋友光临。

地　　址：江苏省南通市船闸西路1号

电　　话：0513－5545353、5545563

联 系 人：瞿学成　曹德祥　陈秀荣

邮　　编：226005

江苏吕四港水产品批发市场　市场位于驰名中外的吕四港大洋港港区内，南北长2300米，东西宽570米，占地面积130多万平方米，拥有3700平方米的交易棚、1300米长的高标准码头、10个大中型冷库，冷库的速冻能力达到1000吨/次，冷藏量达2000吨/次。该市场是由启东市人民政府委托吕四镇人民政府筹建，几年来，通过扎实有效的工作，现已形成集泊位、收购、加工、销售、运输、冰冻冷藏、渔需物资供应、金融、信息等服务功能于一体的具有地方特色的面向世界的大型综合性水产品交易市场。水产品销往美国、日本、韩国、东南亚等国家和港台地区及国内20多个省市区。1995年9月被农业部批准为“首批定点鲜活农产品批发市场”；1989年吕四港经省政府批准为二类口岸，并正式对外开放；1990年被批准水产品可通过该口岸直接远销国外及港台地区；1992年又被农业部批准为国家一级群众渔港；1993年省政府批准成立吕四港口开发区。

渔港滨江临海，近海滩涂面积45万余亩，邻近有闻名的吕四渔场及长江渔场、大沙渔场。主要捕捞品种有大小黄鱼、鲳鱼、带鱼等几十个品种，文蛤等贝类、紫菜等藻类、鳗鱼苗、鳗鱼、中华绒螯蟹应有尽有，水产资源十分丰富。

地　　址：启东市吕四镇

电　　话：0513－3431134

联 系 人：高德胜

邮　　编：226241

二、研究机构和专家

江苏省淡水水产研究所　江苏省淡水水产研究所隶属江苏省海洋渔业局，是全省综合性淡水渔业研究中心，始建于1957年。所本部占地面积117.97亩，在江宁禄口镇建有占地136亩的试验示范基地。全所设引种育种中心、

水产病害防治、渔业资源、渔机加工与饲料等业务研究室；办公室、科技事业部、财务部、物业管理服务部等职能部门；以及星火水产科技开发公司、科隆工资公司、水产生物工程公司、天发特种水产饲料公司、都市休闲渔业研究开发中心等实体，拥有一批科学食品设备，馆藏中外文图书25000余册，中外文科技期刊100余种，科技文献资料约6000份，参加主办的全国核心刊物《水产养殖》面向国内外公开发行，并与国内外有关专业机构和团体定期交换资料。至1999年12月，全所职工总人数152名，其中离退休50名，具有高级技术职务的24名；在职职工102名，其中科技人员57名，科技人员中担任高级技术职务的16名，中级15名。享受政府特殊津贴的专家9名，国家级有突出贡献中青年专家1名，省级有突出贡献中青年专家4名，省劳动模范2名，农业部水产技术推广先进个人1名，省先进科技工作者4名。

该所主要从事水产应用技术研究，同时进行相关的基础理论研究和技术开发。1978年以来，获国家、部、省、院局级科技成果奖81项，其中国家级1项，部省级一、二、三等奖60项。这些科技成果大部分已在生产上推广应用，并产生显著的社会效益和经济效益。在解决全省水产生产中带有全局性、方向性、关键性的技术方面，在实现“科教兴省”、“科教兴渔”战略方面以及使科技在水产业中贡献份额的不断提高方面作出了应有的贡献。如《中型草型湖泊渔业综合高产技术研究》，针对中国湖泊渔业生产产量低、效益低、利用率低、问题多的状态，提出充分利用草型湖泊资源，增殖、养殖和资源保护相结合，不仅可使湖泊渔业产量和效益大幅度提高，而且有效地保护了生态环境，获得了国家科技进步二等奖，农业部科技进步二等奖，省水产科技进步一等奖；《成鳗养殖生产工艺及操作规程研究》成果通过推广为生产单位增加产值2亿多元，创汇3000万美元；《罗氏沼虾人工育苗技术的研究》的推广使江苏近几年每年育苗近10亿尾，成虾产量4000多吨，该所目前正在承担国家“九五”科技攻关项目《过水性湖泊规模化养殖技术研究》，省三项更新工程项目《黄颡鱼驯化繁育与推广养殖》和《河蟹颤抖病综合防治技术》等近20项科研项目，且均已取得阶段性成果。该所还是江苏省现代淡水渔业（禄口科技示范园的实施单位之一和技术依托单位，并参与了江苏省现代淡水渔业（西山）科技示范园的建设。

从50年代开始，该所先后接待了来自联合国粮农组织以及前苏联、美国、日本、德国、丹麦、波兰、孟加拉国、泰国、乌干达、利比亚、澳大利亚等10多个国家和地区的专家和代表团来所合作研究、讲学与学术交流，并派出多批专家赴前苏联、美国、英国、法国、日本、埃及、巴西、厄瓜多尔、泰国等访问与深造。

该所热诚欢迎国内外朋友共同进行合作研究和开发。

该所代表专家有：

余　宁　46岁　研究员　主要从事渔业资源及大水面开发利用研究工作，是省级有突出贡献中青年专家和“333工程”培养对象，主要论著有《滆湖渔业高产模式及生态渔业科研论文集》等2本，主要论文有“滆湖底栖动物生态分布及变动趋势的研究”等16篇，获国家级奖励1项，部省级奖励5项，其它奖励2项。

吴光红　44岁　研究员　主要从事水产品加工及渔业机械、饲料研究工作，是江苏省先进科技工作者，主要专著有《烟熏食品》等6本、主要论文有“加热对远东拟沙丁鱼鱼糜制品质量的影响”等30篇，获部省级奖励3项，其它奖励2项。

边文冀　38岁　高工　主要从事水产养殖及种苗繁育技术工作，是江苏省“333工程”培养对象，主要论文有：“欧洲鳗养殖及其发展前景”、“低剂量中子刺激清虾生长的研究”等12篇，获部省级奖励2项，其它奖励2项。

地　　址：南京市茶亭东街79号

邮　　编：210017

电　　话：(025) 6617800

传　　真：(025) 6618250

电子信箱：jsfish@jlonline. com

三、江苏省农业对外招商项目

江苏省海洋渔业总公司

(一)

一、项目名称：年加工2000吨海鲜食品项目

二、建设规模及主要内容：

鱼糜制品、软包装食品、速冻海鲜、速冻蔬菜，年产量2000吨。

三、总投资：

200万美元。

四、项目进展情况及合作形式：

合资。中方提供原材料、厂房、冷库、人员等，其余由外方提供。

(二)

一、项目名称：境外年产1000吨鱼粉加工厂项目

二、建设规模及主要内容：

在境外合作或合资建设鱼粉加工厂一座，年产量1000吨。

三、总投资：

200万美元。

四、项目进展情况及合作形式：

合资或合作，生产技术、管理人员、工人或部分资金由我方提供，销售由外方或双方共同负责。

（三）

一、项目名称：年产1000吨罐头制品项目

二、建设规模及主要内容：

利用长江特产凤尾鱼和海洋上层鲐鱼类以及其它海水鱼、具类加工马口铁罐头制品，年产量1000吨。

三、总投资：

300万美元。

四、项目进展情况及合作形式：

合资或独资。

中方可提供资源、厂房、人员等。

江苏省海洋渔业总公司地处江苏省太仓市浏河渔港，地理位置优越，现有职工4500人，各类专业技术人员1000多人，总资产2.98亿元，是一个集外海、远洋捕捞、渔轮建造、水产食品加工、进出口贸易等为一体的省属国有大型企业，是江苏省最大的水产品加工基地。

联 系 人：匡文秀　沈其明

电　　话：0520－3612807

传　　真：0520－3611449

邮　　编：215432

联系地址：江苏省太仓市浏河渔港

江苏省泰州渔网厂

（一）

一、项目名称：年产1500吨再生绳网材料项目

二、建设规模及主要内容：

进口废旧绳网材料的再生制造设备，年生产绳网材料1500吨，生产营养塑盘500吨。

三、总投资：

200万美元。

四、项目进展情况及合作形式：

合资或合作。其中：中方提供土地、厂房、技术、人员、产品品牌等，对方提供设备及外销渠道。

（二）

一、项目名称：年产2000吨尼龙网、乙纶网项目

二、建设规模及主要内容：

进口织网机及其配套设备约50台套，生产尼龙（PA）网和乙纶（PE）网，年产量2000吨。

三、总投资：

1000万美元。

四、项目进展情况及合作形式：

合资或合作，其中：中方提供土地、厂房、技术、人员、产品品牌等，外方提供设备、流动资金及外销渠道。

江苏省泰州渔网厂是江苏省水产局直属单位，拥有先进的生产检测设备、精湛的加工技术、一流的产品质量，年产各种规格丝、线、绳、网近1000吨，是国内渔具和渔具材料最大的生产销售基地。产品除畅销国内市场外，还出口到中东、东南亚、非洲、欧洲、美洲等地。

联 系 人：钱忠敏

电　　话：0523－6664356

传　　真：0523－6664356

邮　　编：225300

联系地址：江苏省泰州市南通路22号

浙江省诸暨市

〔概况〕　诸暨市地处浙江省中部，北濒杭州市，东依会稽山，毗邻绍兴、东阳、义乌、浦江、桐庐、富阳、萧山等县市，距省会杭州市90公里，距古城绍兴50公里。

诸暨是绝代佳人西施的故里，历史悠久。夏朝中期，夏帝少康庶子无余建立越国，诸暨属越。境内埤中、大部、勾乘曾为越国古都。秦王政二十五年置县，属会稽郡。其后，建置历代未废。1945年5月6日，诸暨解放。初属绍兴专区，1952年为省属县，后曾隶属于金华、宁波、绍兴等专区。1983年起，属绍兴市。1989年9月撤县设市。

全市下辖29个镇、6个乡，1302个行政村，49个居委会，总人口106.13万人。区域面积2318平方公里。

诸暨有众多的名胜古迹和秀丽的自然风景。南郊苎萝山，是西施出生地；城东紫薇山麓的小天竺被列入《中国名胜词典》；城西的五泄景区是国家级森林公园，因一水折成五级瀑布而得名，以瀑奇、寺古、峰险、谷幽、林秀而闻名于世。

诸暨地形以丘陵为主，为三面环山向北开口的通道式盆地，浦阳江由南而北贯穿全境，素有“七山一水二分田”之称。属亚热带季风区，四季分明，气候宜人，年平均气温16.2℃，降水量1346.7毫米，常年无霜期236天。

诸暨资源充足，物产富饶。境内蕴藏金、银、铜、铅、锌及大理石、石灰石、莹石等30余种矿产资源，其中黄金储量居浙江省第二位。传统名、特、优产品美不胜收，是著名的“珍珠之乡”、“香榧之乡”，草莓、板栗、银杏、杨梅、茶叶等驰名海内外。

诸暨是浙江省经济十强县市之一，已连续三届进入全国农村综合实力百强县市行列，是中国明星县市、浙江省首批小康县市。1999年，全市实现国内生产总值150亿元，其中第一产业19亿元，第二产业89.5亿元，第三产业41.5亿元；财政收入4.56亿元；城镇居民人均可支配收入8949元，农民人均纯收入4923元；全社会固定资产投资38.5亿元。

〔珍珠之乡〕　诸暨珍珠业的发展从70年代初起步，

到目前已形成以养殖基地为基础、加工企业为骨干、专业市场为龙头、社会化服务相配套的产加销一条龙、贸工农一体化、内外贸相结合的珍珠产业化经营格局，成为该市的一大特色经济。1996年，诸暨市被国家有关部门命名为“中国珍珠之乡”。

一、珍珠生产销售情况

珍珠，亦名真珠，与宝石、翡翠齐名，它作为珍贵首饰和传统名贵中药、养阴滋补品已有2000年历史。诸暨有山有水，水域多珠蚌，故素产珍珠。诸暨人工养殖珍珠始于1968年，主要分布于浦阳江流域，当地水源丰富，水质清新，无污染，生物性饵料丰富，气候适宜，十分有利于珍珠的养殖。目前，诸暨市珍珠养殖水面达6.5万亩，年产珍珠280吨。1999年，诸暨珍珠市场成交珍珠680吨，成交额达10亿元，创外汇3000万美元。产品主要销往美国、日本等国家和香港地区。

珍珠节概况：中国·诸暨首届珍珠节于1998年10月举行，会期三天。节会由诸暨市人民政府、中国宝石协会珍珠委员会主办，邀请到来自全国各地（包括香港、台湾）以及土耳其、泰国等国家的领导、贵宾、珍珠客商。世界珍珠协会主席何乃华等一批权威人士应邀出席了本次节会。期间举行了珍珠业发展研讨会与商贸签约活动。

二、发展珍珠业的主要做法

（一）组织联合，扶持骨干

1. 充分利用珍珠块状经济原有的数量优势，引导和组织产、加、销之间各种形式的联合。诸暨市水产工作站为主要推广机构，负责播种、养殖方面的技术培训、推广，力争养殖科学化。诸暨市渔政管理站为管理机构，维护珍珠水产的正常秩序。成立诸暨市珍珠协会，下设种养、加工、经营三个分会和一个淡水珍珠研究所，把各自有代表性的大户吸收到协会中来。三个分会按不同性质，分别制定工作目标和年度计划，积极开展活动。诸暨市淡水珍珠研究所为主要科研机构，负责珍珠养殖、加工、经营的研究，为技术服务基地和信息交流中心。

2. 出台政策，扶优扶强。市政府出台“一块一策”，扶持珍珠块状经济；并建立山下湖珍珠工业园区，出台“一园一策”。当地镇政府联合工商、财税、银行等部门，研究制订有关政策，集中力量扶优扶强，大力培育龙头骨干企业。并开展定点联系制度，帮助一批珍珠养殖、加工、经营大户出点子，解决问题，使他们在珍珠块状经济中起领头羊作用。

3. 改善市场设施。在市场董事会统一领导下，在市场内建有一流的大户室，并制定相应的优惠措施，吸引珍珠经营大户进场交易，促进市场繁荣。

（二）狠抓质量，培育品牌

1. 积极引进先进的加工技术和产品开发专业人才，利用新技术、新工艺，不断提高珍珠首饰、工艺品的质量和档次，提高市场占有率。

2. 以竞赛活动为载体，促进珍珠加工企业上规模，珍珠制品上档次。定期组织评比龙头企业、信得过品牌、十佳文明摊位、十佳珍珠供销员、十佳养殖场，并对获奖者进行广泛宣传。

3. 珍珠行业协会成立珍珠工艺品质量管理小组，监管场内工艺品质量，严厉打击各种假、劣产品，确保市场内出售的珍珠工艺品质量。

4. 加大力度引导珍珠制品实施品牌发展战略，争取产品名牌化。结合工商年检，珍珠制品进行商标注册，同时统一印制有市场场徽的包装袋，规定凡在市场内出售的产品，必须使用专用包装袋，以保证质量。通过努力，力争形成“家家产品有商标，户户销售靠品牌”的格局。

5. 在珍珠市场内设立精品展馆，集产品研究开发，优质品牌展示，高档名牌销售等功能于一体，集中向外来客商展示精品，又带动场内名牌精品的培植。

（三）大力宣传，拓展市场

1. 加大对珍珠块状经济的宣传力度，努力提高知名度。利用电视、广播、报纸、图片等形式，积极向国内外介绍情况。每年的宣传费用保证在50万元以上。

2. 充分发挥旅游优势，争取增加客流量，吸引更多的游客参观珍珠市场。目前珍珠市场已成为诸暨富有特色的一条旅游线。

3. 以行业协会名义，在全国各地和国外组织展销、招商等活动，提高珍珠市场知名度，扩大珍珠销路。

三、养殖、加工、销售单位和知名品牌

诸暨市三水珍珠首饰有限公司　创建于1989年，现拥有养殖水面3万亩，在湖南、广东、广西、福建、江苏等省设立分场，建立基地，进行繁种养生产。生产开发淡水无核珍珠、有核珍珠、再生珠、并实行养殖、加工，销售一条龙。产品远销香港、日本、美国及东南亚地区，出口量占总销售量的80%以上。

法人代表：王力苗

电　话：0575－7681530

诸暨市山下湖珍珠有限公司　创建于1988年，现拥有养殖水面上万亩，并在湖北、福建、江苏设立养殖分场，建立繁种养基地，实行养殖、加工、销售一条龙，常年重视淡水珍珠收购、加工、销售业务。加工以原珠筛选、挑选为主，品种规格齐全，公司产品出口量占总销售额的80%以上，远销香港、日本、美国及东南亚地区，销售额逐年上升，是诸暨市规模最大的淡水珍珠原珠菜珠收购加工销售公司之一。

法人代表：何小法

电　话：0575－7682763

诸暨市山下湖镇利洲养殖场 创建于1985年，现拥有养殖水面2000余亩，企业职工15人，其中：中级职称技术人员2名，高级技术人员1名。生产开发淡水无核珍珠和有核珍珠，坚持自繁自育自种之路，是诸暨蚌苗主要繁殖基地之一，并实行养殖、加工、销售一条龙。珍珠产品远销香港、日本、美国及东南亚地区。

法人代表：魏七斤

电　话：0575－7681857

诸暨市富源珍珠首饰有限公司 创建于80年代，是集淡水珍珠养殖、收购、加工于一体的珍珠专业公司。现拥有60万平方米的珍珠养殖水面，经营批发多种档次、规格的珍珠，品种繁多，质量上乘。与香港地区、美国、日本及欧洲许多国家建立了广泛而良好的贸易关系，享有较高的声誉。

法人代表：阮铁军

电　话：0575－7681502

诸暨市佳丽珍珠首饰有限公司 创建于1992年，公司产品品种达300多种，出口量占总销售额的80%以上，远销香港、日本、美国及东南亚地区，销售额逐年上升，是目前诸暨市规模最大的珍珠首饰公司之一。公司已从单一的珍珠经营向养殖、加工、销售一条龙的方向发展。现拥有珠蚌养殖面积1万条亩，小蚌繁殖场几千平方米。

法人代表：詹伟建

电　话：0575－7681558

"东方巨星"速溶珍珠粉、速溶珍珠粉胶囊 采用优质淡水珍珠为原料，经高新生化技术精制而成，并经过大量动物实验及临床应用，功效神速，是当今世界的超级保健品。该产品获国家六项金奖，被确认为"中国公认名牌产品"。

生产企业：浙江诸暨东方巨星珍珠制品有限公司

法人代表：王　寅

电　话：0575－7229111）

"东方巨星"珍珠养颜粉 以中国珍珠之乡优质淡水珍珠为原料，经现代尖端高科技超细微粉碎技术加工成粒径远小于皮肤细胞直径（约5－6微米），小于1微米的超细纯珍珠粉为主体，配以高效紫外线吸收剂，天然细胞修复和抗衰老因子——核酸和核苷酸等高级生物活性添加剂精制而成，养颜美容功效独特，是21世纪的化妆精品。

生产企业：浙江诸暨东方巨星珍珠制品有限公司

法人代表：王　寅

电　话：0575－7229111）

"欢合牌"超细微珍珠粉 采用优质淡水珍珠为原料，应用高科技超音速低温气流粉碎技术精制而成，颗粒细度达到1800目以上，最小粒径0.3微米以下，超细的珍贵特性使珍珠粉能直接透过皮肤和毛细血管被人吸收。因采用纯物理加工技术，本品完整保留了珍珠的天然营养成份，各类蛋白质、氨基酸微量元素。还有其独特的抗衰老因子——卟啉类成份，对嫩白皮肤、防止肌肤衰老、起皱，清除面部色斑、痤疮有独特功效。该产品1991年获江苏中国食品节"美食之花"金奖，1993年获上海中华保健精品博览会金奖，获'93泰国中国科技成果展览会国际金奖，1994年获北京中国国际儿童用品博览会金奖，1998年获浙江省优质农产品称号。

生产企业：浙江诸暨华泰医药保健品有限公司

法人代表：何华根

电　话：0575－7681823

四、珍珠市场情况

诸暨珍珠市场距市中心20公里，创建于1985年6月。市场占地面积11391平方米，有固定摊位921个，营业房79间。市场吸引国内外客商流量每日近万人次，1999年珍珠交易达680余吨，市场成交额达10亿元，创外汇3000万美元，是目前全国最大的珍珠交易集散地。诸暨珍珠市场被国家有关部门命名为"全国文明市场"、"中国五十大农副产品专业市场"、"中国最大的珍珠、珍珠首饰品专业市场"，并入选《中华之最》。1997年被浙江省有关部门评为"三星级文明规范市场"。现正在建设新珍珠市场，建成后的市场成为中国规模最大，设施完备的珍珠、珍珠首饰品、珍珠工艺品、珍珠保健品综合交易专业市场。

五、优秀专业人员选介

何木根，男，65岁，农民技术员职称，在诸暨市个人最早搞河蚌育珠生产，开辟了养蚌育珠致富的道路。

王泽飞，男，37岁，诸暨市农飞珍珠实验场经理，经济师职称，是最近涌现出来的集珍珠养殖、加工、经营、科研于一体的大户。

朱锡凡，男，47岁，诸暨市白塔湖渔场场长，高级技师，是诸暨市珍珠养殖重点基地的当家人，对诸暨市珍珠养殖业规模化发展有重要贡献。

周凤鸣，男，49岁，农技师职称，诸暨市山下湖特种水产养殖场场长兼党支部书记，兼诸暨市淡水珍珠研究所所长。经过20余年淡水珍珠养殖实践，养殖经验丰富，理论知识广博。先后协办省级《淡水珠蚌移地再养技术开发与推广》科研项目一个，市级《淡水珍珠漂白加工工艺技术的研究》、《淡水珍珠蚌群提纯复壮的研究》科研项目二个。

六、珍珠协会、主管部门、产区镇乡

诸暨市珍珠协会

会　长：俞纪苗

电　话：0575－7685377

地　址：浙江省诸暨市山下湖镇

邮　编：311804

传　　真：0575－7685377

主管部门

诸暨市农业局

局　　长：应银桥

电　　话：0575－7012748

邮　　编：311800

传　　真：0575－7012248

产区镇乡

诸暨市山下湖镇人民政府

镇　　长：何南阳

电　　话：0575－7685888

邮　　编：311804

传　　真：0575－7685377

福建省东山县（鲍鱼）

人工鲍鱼育苗技术是东山县于70年代末首创。90年代初从台湾引进资金和鲍鱼陆上工厂化养成技术进入东山，该县开始陆上工厂化鲍鱼养殖的发展历程。在工厂化养成试验获得成功的基础上，政府从规划、用地审批等方面给予养殖企业优惠政策，因此鲍鱼养殖在该县东南海岸一带得以稳步发展。

“九五”期间，县委、县政府提出“鲍鱼岛”建设规划，陆上工厂化鲍鱼养殖成为该县走可持续发展道路的重要产业，政府给予政策性扶持，从而使该产业走入发展快车道，历经四年的建设已形成规模，以冬古鲍鱼养殖区、山东山南鲍鱼养殖区、澳角鲍鱼养殖区三个养殖区为主的养殖格局已形成，成为该县水产养殖支柱产业之一。2000年全县共有大小鲍鱼养殖企业105家，养殖面积达到创纪录的24.7万平方米，全年累计培育鲍鱼苗18000万粒，生产商品鲍1100吨，总产值达15000万元。

福建省（闽东大黄鱼）

大黄鱼俗名黄瓜鱼、黄花鱼，为广温广盐性集群洄游鱼类，食性广，栖息于60米以内的近海中下层。以其肉质细嫩鲜美、含蛋白质高、胆固醇低、治疗贫血、滋补身体而成为渔水鱼类中的极品，深受国内外消费者的青睐，视之为吉祥物，称其为“长命鱼”。大黄鱼原为中国海洋渔业四大主捕对象之一，在中国及太平洋西部海洋渔业中占有相当重要的地位。70年代前后，全国大黄鱼捕获量年均12万吨，由于酷渔滥捕和环境污染，从70年代末起大黄鱼形不成渔汛，80年代初资源严重枯竭，大黄鱼踪影难觅。

宁德地区是昔日大黄鱼的主产区，闽东渔场年均产量3万多吨，三都澳的官井洋更是以具有千年历史的大黄鱼天然产卵场闻名于世。为拯救大黄鱼这一濒临灭绝的物种，1985年起闽东水产科研人员承担了“大黄鱼人工繁殖及育苗技术研究”这一国家“七五”重点项目，经过多年的刻苦攻关，获得了大批量全人工育苗的成功。1996年2月该成果通过了专家的鉴定，技术达到国内外先进水平，获国家科技进步三等奖。随着大黄鱼科技成果的迅速推广，闽东掀起了声势浩大的大黄鱼养殖热潮，形成了独具闽东特色、颇具规模的大黄鱼养殖业，产业化开发方兴未艾。闽东大黄鱼产业开发起点高、进程快，15年来，闽东凭借优越的自然条件和雄厚的技术力量，从产业链的各个环节着手，大力开展大黄鱼产业化开发：一是加大科研力度，开展了大黄鱼产业化关键技术如病害防治、饲料研制、高产高效养殖模式、原种保持、保活运输等科研攻关项目，利用高新技术进行保活运输试验成功，从宁德至上海长途运输成活率达95%，建成了福建省第一家深水区大黄鱼大网箱养殖基地，正在建设全国第一家国家级海水鱼类原种场——官井洋大黄鱼原种场；二是在上海、北京、大连等大中城市建立流通网络，组织成立了“宁德地区上海水产商会”，协调闽东驻上海100多家水产品经销户，拓展上海市场，仅1998年年销售大黄鱼2000多吨；三是健全社会化服务体系，先后筹建了“闽东大黄鱼养殖协会”、“大黄鱼病害防治服务队”、“水产病害防治中心”、“闽东水产病害防治网络”等，先后培训了100多名水产技术人员，开展大量产业化服务工作；并于1997年7月率先组建了全国第一家大黄鱼集团公司，该公司为开拓闽东大黄鱼市场立下了汗马功劳，被省政府定为全省农业龙头企业之一，“官井洋”大黄鱼名列全省四大水产名牌之首，大黄鱼产业化也被列为省重点大、中型项目之一。

目前，闽东做为全国最大的大黄鱼和海水鱼类网箱养殖育苗基地，全区大黄鱼产业累计投入资金45亿元，年创产值16.5亿元，已形成区域化布局、专业化生产、一体化经营、社会化服务的科工贸一条龙产业化雏形。全区拥有育苗场300家，年育苗量2亿尾，苗种供应全国沿海省市，大黄鱼网箱达10万口，土池1万亩，大黄鱼成品现已出口美国、韩国、日本，畅销上海、大连、北京、台湾和港、澳地区，形成覆盖全区沿海四县（市）16个乡镇，69个渔业村，从业人员10万多人，集鱼类育苗、养殖生产，饵料供应、渔需物质生产销售等为一体的龙头产业，不但推动了闽东渔业迅猛发展，还带动了相关产业的快速发展，取得了巨大效益，成为闽东沿海脱贫致富的起跳板。

当前，投资闽东大黄鱼系列开发工程，具有无与伦比的三大优势：一是资源得天独厚。闽东海岸线878公里，浅海面积9.3万公顷，水质优良无污染，饵料生物丰富，港湾多，避风条件好。三都湾、福宁湾、沙埕港均为发展网箱养殖的黄金宝地。二是技术水平领先。闽东水产科技力量雄厚，历经十余年的艰苦探索，在大黄鱼人工育苗、养殖生产、饲料配制、病虫害防治、鲜活鱼运输加工等关键技术上取得重大突破，技术水平居全国领先地位。三是投资政策优惠。经国务院批准，闽东作为“全国农村综合改革试验区”，地委、行署提出了“建设海上闽东”的战略目标，分别颁布了《外商投资优惠政策》和水产支柱产业政策，为国内外客商投资闽东水产业提供了可靠的保障。

山东省

〔综述〕 1999年，全省海洋产业总产值902亿元，增加值447亿元，分别比上年增长10.54%、7.9%；水产业总产值636.7亿元，比上年增长8.7%；水产品总产量695万吨，比上年增长6.8%。全省水产养殖面积722.8万亩，产量353.7万吨，水产品捕捞产量341.4万吨。渔民人均纯收入6050元，比上年增长10%。

一、实施依法兴海战略，为海洋与渔业经济保驾护航。继续推进海洋与渔业立法。争取省政府年内颁发了《山东省海域使用金征收管理暂行办法》，标志着海域管理进入了全面推行许可制度和有偿使用制度的新阶段。进行了《山东省渔业资源繁殖保护管理规定》、《山东省渔船渔港监督管理规定》等法规的立法调研工作，海洋立法迈出了新的一步。奋力加强海洋与渔业执法。加快实施《山东省海域使用管理规定》。全省登记用海、审核发证、确权发证三项指标分别达到87%、52%和30%。建立了山东省海洋环境监测中心，开展了烟台、威海大型养殖区和小清河陆源排污专项监测。依法查处污染渔业事件10余起。认真贯彻农业部近海捕捞实现“零增长”和将黄渤海伏季休渔延长半个月的部署，休渔成效显著，得到农业部的充分肯定。开展了与边防部队的“双拥共建”活动，增强了海上执法合力。严格执法，文明服务，全年海上救助遇险渔船140余艘、渔民600余人，挽回直接经济损失近2000万元。寓管理于服务当中，渔船检验工作为渔业用户和生产企业牵线搭桥，为双方开拓了市场，赢得了好评，树立了良好的执法形象。扎实搞好海洋与渔业普法和执法监督。兴办渔政、船检、海监、海洋管理等各种海洋与渔业法制培训班15期，培训1800多人次；组织职务船员培训班207期，培训船员1.6万人次。认真执行了罚缴分离制度，推行依法行政承诺制，评选出省海洋与水产系统“十佳”执法人员，有重点地进行执法大检查，促进了海洋与水产执法工作沿着正确的轨道开展。

二、实施科技兴渔战略，提高渔业整体运行质量。进一步深化渔业科技体制改革。以制定下发《关于深化科技体制改革的试行意见》为标志，推动全省海洋与渔业科技进入新的发展阶段。实行科研项目招标、择优扶强、首席专家负责制，首次以科技人员名字命名了魏利平研究室，进一步调动了科研人员的积极性；实施名优新示范带动，加快科技成果转化。全省30个名优新示范基地发挥了“点亮一盏灯，照亮一大片”的作用。科技人员以示范基地为依托，开展技术承包和技术指导服务700余人次。省水产顾问团、专家组等深入生产一线会诊、咨询，跟踪服务。据不完全统计，全省转化新技术、新成果达30多项，渔业科技进步贡献率已达50%以上。大力实施水产良种化工程，成立了省水产原、良种审定委员会，加强了水产良种的规范化、标准化管理。在全省确立了4个国家级、省级水产原良种场，确定了十大良种项目。先后从国外引进10余个名优品种；进行对虾无病毒、高健康育苗和栉孔扇贝、鲍鱼等品种的杂交改良和提纯复壮，有力地推进了海水养殖业的健康发展。

三、实施可持续发展战略，提高渔业经济效益。调整优化生产结构，将对虾、扇贝两大海水养殖主导品种作为结构调整的重中之重来抓。对虾养殖实行以中国对虾为主的多品种养殖。完善创新对虾养殖模式，在推广海阳精养模式的基础上，不断总结探索了渗水养虾、井水养虾、卤淡水混合养虾以及两茬养虾等多种健康养虾新模式。扇贝养殖调整压缩栉孔扇贝，扩大增加海湾扇贝、虾夷扇贝。优化扇贝养殖布局结构，降低了养殖密度，加快了水体交换，改善了生态环境。实行换季养殖，改“春分秋收”为“秋分夏收”。1999年全省对虾、扇贝养殖产量将分别达到2.36万吨和54.49万吨，分别比上年增长19%和4.8%；推进海水鱼类养殖的新发展。将海水鱼类养殖作为新的经济增长点，推广典型经验，推进了全省海水鱼类养殖的快速发展。全省海水网箱养鱼已达15000箱，比上年翻了一番；努力拓展远洋捕捞新途径。积极扶持群众渔业开辟远洋新渔场，全省有49艘渔船顺利开赴北太平洋进行鱿钓作业。目前，山东省远洋作业船只已增加到186艘，分布于世界三大洋，20多个国家、地区的海域，产量和产值均有所增长；大力发展生态渔业。营造“海底森林”，实行“耕滩牧贝”，加强资源增殖管理，近海资源增殖品种达6个、数量近4.2亿尾（个），增殖数量比上年增长20%以上，回捕率好于往年；以“上粮下渔”为主的淡水渔业综合开发保持旺盛增长。全省新开发盐碱涝洼地30万亩，其中建成鱼池8万亩。全省淡水渔产量92.74万吨，比上年增长10.4%，已成为全省内陆地区农村经济新的增长点。

四、实施经济国际化战略，提高渔业市场化和产业化水平。抓好龙头带动，推进水产企业的改革与发展。推行跨行业经营和跨区域扩张，搞好资本输出和运营，跳出单一渔业圈子，拓宽渔业经济发展新领域，带动了相关产业，增加了农民收入。面向市场，狠抓水产品精深加工。利用现代技术嫁接改造水产加工业，通过引进关键技术和设备，促使水产品精深加工上档次、上水平。目前水产精深加工产值已占全省加工产值的30%以上。水产名牌不断涌现。在'99中国国际农业博览会上，全省水产品获得42块奖牌。建立了山东省水产品质量监督检验中心，加大水产品质量监管力度，水产品市场流通得到加强，全省水产批发市场已达50多处，其中农业部定点市场3处，水产品上市量达180万吨。全省水产市场繁荣，价格稳中有降。积极扩大国际贸易与合作，通过建立国际鲜销渔业协会，强化鲜销行业管理，增加新品种，开辟新的国际市场，增加了水产品出口创汇。全省水产品对外贸易总量达到80.5万吨，总值11.5亿美元，分别比去年增长20.5%和11.9%。其中，出口创汇突破8亿多美元。

山东省长岛县（鲍鱼、扇贝、海带之乡）

长岛，历称庙岛群岛，又称长山列岛，位于胶东、辽东半岛之间，渤海、黄海交汇处，是山东省唯一的海岛县。全县由32个岛屿组成，岛陆面积56平方公里，海域面积8700平方公里，海岸线长146公里，辖2镇8乡，4.5万人口。

长岛历史悠久，风光秀丽，气候温和，空气清新，素有“海上仙山”之称，是理想的旅游避暑胜地，被列为国家级自然保护区、重点风景名胜区和森林公园。

长岛海域辽阔，水质肥沃，水产资源丰富，盛产30多种经济鱼类和200种贝藻类水产品，特别是鲍鱼、海参、扇贝、海胆等名贵海珍品，以其规模和质量优势，在国内外享有盛誉，被命名为“中国鲍鱼、扇贝、海带之乡”，是中国重要的海珍品出口基地。

中共十一届三中全会以来，长岛县委、县政府带领全县人民，立足实际，解放思想，提出了“耕海牧渔，建设宝岛”的发展战略，打响了“以养兴渔、以渔兴岛”、“旅游兴岛”和“科教兴岛”三大战役，实现了海岛经济快速健康发展和社会全面繁荣进步。1992年，被省委、省政府命名表彰为全省第一个“小康县”。

多元化的海洋产业初具规模。围绕发展“两高一优”渔业，大搞海洋开发，实现了渔业生产由“猎捕型”向“农牧型”的战略转移，初步建起了多元化海洋产业的主体框架。目前全县养殖区域已由近岸浅海扩展到深水大流海区，养殖品种已由传统的海带、扇贝扩大到鲍鱼、海参、虾夷贝、海胆、鱼类等10多个名优特珍系列，养殖形式已由单一的筏养转变为海上筏养、海底播养、潮间圈养和陆上工厂化养殖等一齐上，列岛周围广阔水域初步形成了一个上中下水层综合利用、贝藻参鱼多品种养殖的生态环境和谐的“蓝色牧场”。育苗业适应养殖生产的发展需要，不断加快品种更新优化步伐，育苗总规模达3万多平方米。捕捞业在合理利用近海资源的同时，积极参与国外远洋渔业竞争，先后将作业领域拓展到摩洛哥、贝劳、马绍尔、印尼、泰国等国外渔场。目前，全县拥有机动渔船2000多只。

独具特色的海岛工业迅速崛起。在调整改造水产品加工、船舶修造、塑料、轻纺等传统工业的同时，加快发展人造革、聚氨酯、CP线、防辐射玻璃等新兴产业，积极开发海洋食品、海洋药物等精深加工项目。开发生产的新型钢质渔轮、防辐射玻璃、合成地板革及富碘褐藻饮料、海产调味品、海带粉、“碘王”昆布、生物活性碘等产品在国内外享有较高声誉。

以旅游为龙头的第三产业蓬勃发展。先后开发了月牙湾、九丈崖、望夫礁、烽山、庙岛、万鸟岛等10余处旅游景区，开辟了多条旅游专线。全县各类宾馆、饭店发展到110多家，接待床位6000多张，年接待游客50多万人次。海岛基础设施条件日趋完备。陆岛交通拥有客货滚装渡轮5艘，旅游船艇舶20多只，每天进出岛航班次20余次；城区交通拥有出租车200多辆，密度达到每百人1辆。电力供应通过海底电缆与山东电网相联，目前正在加快开发建设风力发电，装机容量可达到20万kw以上。所有乡镇全部实现了电话程控化和传输微波化，开通了海底通信光缆、无线寻呼和移动电话网，每百人有电话机38部。全县实现了有线电视联网，有线电视入户率达到90%。

水产品出口贸易逐年壮大。岛上设立了商检、海关机构，开辟了至日本、韩国海上直贸航线，并在国外建立了合资企业和销售窗口，产品远销20多个国家和地区，全县合资企业发展到70多家，实际利用外资3000多万美元，年综合出口创汇在4000万美元以上。

海洋科技取得了显著成效。在加快发展海洋渔业的过程中，坚持科技领衔，加大科技攻关和成果转化力度，用现代科学技术改造传统产业，精养高产技术、苗种引进改良、资源保护利用等方面的一系列成果，有力地推进了海洋渔业的快速发展。目前，全县科技成果推广利用率达到80%以上，科技进步对渔业的贡献达到65%，先后被确定为国家级海岛资源综合开发试验区、国家级社会发展综合实验区、全国十大“科技兴海”养殖示范基地，并荣获全国科技工作先进县、全国科技综合实力百强县等荣誉称号。

“十五”期间，长岛县海洋渔业总的发展思路和目标是：坚持因地制宜，发挥优势，加快结构调整，优化品种布局，积极培植新的经济增长点，实现稳产高效、可持续发展。到2005年，全县水产品总产量达到23万吨，总产值19亿元，其中养殖产量达到13万吨，产值16亿元。主要养殖品种中，海带养殖面积达到1.2万亩，栉孔扇贝和海湾扇贝筏养3万亩，虾夷扇贝播养17万亩，海参存养量3亿个，海胆存养量1亿个，鲍鱼存养量3000万个，收获商品鱼500万尾。

烟台东方海洋开发有限公司

〔概况〕　烟台东方海洋开发有限公司是1998年8月由烟台市水产技术推广中心改制而来，位于烟台市莱山区(烟台市高新技术产业开发区)，现辖6个内资企业和4个合资企业，职工240多人，其中科技专业人员68人，拥有存储能力为1000吨冷库一座，配套无菌加工车间1300m^2，贝藻类综合育苗室一处5000m^2，海珍品育苗场两处，水体为1500m^3，海上增养殖面积1500多公顷。主要经济活动有：水产科技服务；海水鱼虾贝藻类育苗、养殖；水产品、食品冷藏加工；鲜活鱼类等水产品加工出口；车船用油供应等业务，年销售额7000多万元。自“八五”以来，先后完成科研推广课题25项，获地市级以上科技进步奖9项，其中“海星复合胶囊”获95中国科技博览会及新产品交易会金奖；“901海带新品种培育”获1998年度农业部科技进步一等奖，获1999年度国家科技进步二等奖，几年来，公司以良好的社会服务和优质的产品赢得一些赞誉，被省、市授予水产工作“先进单位”和“文明单位”，1997年被省授予“农业产业化龙头企业”，1998年加入中国水产原（良）种协作组，并成为山东海洋工程研究院理事成员。同年，被省批准为高新技术企业。1999年6月，经市有关部门批准成立“烟台市海水养殖工程技术中心”、省有关部门批准成立“山东省海藻工程技术研究中心”，11月，通过了国家有关部门的验收，被确认为国家级水产良种场。

公司董事长兼总经理车轼。

〔1999年工作〕　1999年广大员工以邓小平理论为指针，认真贯彻中共十五大精神，全面落实上级党委及董事会的各项决议，始终坚持以发展产业经济为中心，真抓实干，励精图治，不断开拓前进，圆满完成了各项预定任务指标，公司总体产业经济呈现出持续稳定的发展态势，为21世纪公司事业的勃兴奠定了有力的基础。

（一）产业经济、科学试验齐头并进，双文明建设再上新台阶。截止12月底，公司全年完成销售收入773万元，实现利润60万元，分别比上年提高17.1%和20%。在遭受亚洲金融危机冲击的形势下，全年创汇260多万美元，比上年增加30个百分点。在上述各项经济指标中，具备以下三个特点：一是，公司是完全消化了原料价格上涨，员工大幅度上调工资等各种增加成本的因素，克服种种困难而实现的；二是，实现产值的科技和管理含量同时有所增加；三是，公司辖属的7个经济实体大多数完成计划，圆满地完成预定的各项经济指标，确保了公司产业经济的高质量运行。

科技推广方面，年内由于加大了科技投入力度，围绕上级党委确定的“99水产养殖种子年”战略任务，公司在“901”海带新品种培育取得丰硕成果的基础上，在海带克隆技术的运用、遗传育种及其它主要养殖新品种的杂交等方面又有新的进展。主要表现在以下几个方面：

1.“901海带新品种培育”科研项目获国家级科技进步大奖。由公司承担历时长达8个年头的“901海带新品种培育”重大攻关课题，继1998年获农业部“科技进步”一等奖之后，1999年又获国家“科技进步”二等奖。一个由基层科技推广部门承担的水产科研项目连续获省部级以上科技进步奖，这是前所未有的。

2.国家级海带良种场顺利通过验收。11月30日，由国家农业部渔业局牵头组织的遗传育种专家组，按照国家验收标准和程序，对公司于1997年启动的海带良种场建设项目及技术路线进行了严格审查和全面验收，总评分高达92.4分，居目前全国业已通过验收的国家级水产良种场的前三位。12月18日，在昆明举行的全国水产种质工作会议上，海带良种场的工作总结作为先进典型材料进行了宣读。国家级良种场的验收与“901海带新品种培育”攻关项目的获奖，受到上至国家部委、下至地方各级政府的高度重视，中央及地方电视台、各大报刊纷纷予以报道，大大提高了公司的知名度，进一步确立了公司的高新技术企业地位。

3.科研推广职能进一步加强。继6月29日公司经市科委批准成立“烟台市海水养殖工程技术中心”之后，由山东省科委批准的“山东省藻类工程技术研究中心”，年内即将挂牌成立。

4.科研推广技术储备工作全面展开。公司除引进了日本真昆布外，先后共采用克隆技术收集保存了国内外原海带良种10余个及20多个有典型性状的育种素材。自1997年开始以克隆杂交和传统技术相结合研制的“高产早厚成品系”已获方向性组合，1998年通过阶段验收，经选育，预计2000年可投入中试。克隆育苗1999年达2000万株，现已顺利下海，由于克隆育苗生产新模式具有时间短、成本低、遗传稳定，且不易受多种条件制约和外界环境影响等优点，其在生产上运用，将使中国海带以生活史为根据的传统养殖转向以细胞全能性为基础的高新技术养殖方法，从而，从根本上改变了中国沿用50多年的育苗方式，另外，公司对扇贝、鲍鱼及大菱鲆等主要养殖品种进行的杂交组合和引种养成试验亦都在同步加紧进行。

（二）深化体制改革，提高总体运行质量，实施“二次创业”。公司在市直水产系统内率先进行事业单位股份制改造试点。针对内部法人治理结构不够完善和机制转换不到位的问题，公司以产权制度改革为核心，以资产重组为主要手段，从建立完善各项规章制度入手，理顺各种关系，逐步与现代企业管理制度接轨。现公司已出台了有关财务管理、劳动人事、科研推广、生产活动等10多个专项企业管理制度。各经济实体结合自身特点，同时建立起相配套的具体管理规定，把管理意识落实到岗，经济责任细化到人。通过改制，推进了公司内部运行机制改造，逐步理顺了上级行政管理部门与公司、公司党组织与董事会、全体员工与职代会等各种关系，基本实现了投资主体由单一到多元化，经济责任一步到位，资金流转加快，机制运行质量进一步提高。公司被省有关部门授予“重合同守信用企业”和双A信得过企业等荣誉称号。

（三）以市场为导向，加大结构调整力度，构筑经济发展新优势。一年来，面对市场变化，资金化源严重不足等困难，公司一直把经济结构调整作为发展产业经济的主线，把市场作为突破口，向调整要速度、要效益、要后劲。针对市场油料价格迅速上涨的趋势，公司集中资金，对市场好、效益高的石油公司继续加大扶持力度，多渠道捕捉积纳信息，增设销售网点，加强销售队伍，使这一短平快的投资项目，经济效益又有新的提高，全年销售各种油料8500万吨，销售总额突破2100万元，成为公司产业经济发展新的增长点。为迅速占领国际市场，使产品尽快打入欧美市场，年内，冷藏厂加大了基础建设投入，投资300多万元改建了2200多平方米可容纳千人作业具有现代加工能力的无菌车间，新上了单冻机、冻结器、自动温度记录仪等符合国际卫生标准要求的配套设施并积极创造条件顺利通过商检系统“HACCP体系”认证。台富公司根据自身特点，不等不靠，改变传统单一的产品，不失时机主动联系货源，增加花色品种，占领国内外市场，经济效益创历史最好水平。海上试验基地在上年打了经济翻身仗以后，1999年又利用有限的养殖面积积极开展海带、扇贝、牡蛎等多品种养殖，增加收入，圆满完成公司下达的计划。屯德合资公司在连年遭受亚洲金融危机的冲击下，经双方精诚合作，连年取得较高的经济效益，充分发挥了公司龙头企业的窗口作用。由于强化了市场意识，增强了抵御风险的能力，年内，公司根据国际市场变化情况，采取早筹划、早起步、科学管理等行之有效的各种措施，比往年提前一个多月出口商品鱼近500万尾，大大降低了生产成本，实现创汇200多万美元，公司实现利润300多万元。

（四）以科技为依托，发展高科技产品，加大科技创业力度。面对当前低速发展的水产养殖业，公司改制后，依然把发展高科技产品作为实现经济起飞的支柱产业来抓。海带新品种培育研究课题，自90年代初期实施以来，先后培育出“901”海带新品种累计15.3亿株，推广养殖面积近7万亩，增加社会效益2亿元，成为被国家确认的海带优良新品种。1999年，面对全省海带苗种严重过剩的市场形势，苗种场全体员工，克服种种困难，又培育出高质量的优良新品种5.3亿株，于10月中旬苗种销售告罄，产值340万元，成为公司科技含量最高的拳头产品，为发挥科技优势，1999年春季，公司又与莱州地方政府采取联营方式建立了海水综合育苗场，一年来，技术科的领导和科技骨干，克服时间短、任务重、条件差等各种困难，自行设计施工，在不足半年的时间内投产育苗、下池培育稚贝3亿粒，实现产值120多万元，完成利润近60万元。

（五）抓思想、抓学习、抓整顿，培养高素质的职工队伍。一年来，公司党组织、董事会，针对企业改制职工队伍中出现的各种思想动态，充分发挥党组织的战斗堡垒和团、工等基层群众组织作用，以迎接伟大祖国的50华诞和澳门回归两件盛事为契机，配合生产需要，进行集中学习讨论，举行演讲比赛，组织外出旅游，举办文体活动等多种形式，对广大员工进行党的路线教育，国内外形势教育和生产技能教育，通过学习整顿和开展多种形式的活动，广大员工用邓小平理论武装了头脑，明确了当家作主的主人翁地位。激发了爱国主义热情，提高了与以江泽民为首的党中央在政治上保持高度一致的自觉性。充分认识到只有社会主义才能救中国；只有积极投身于改革开放的洪流中，企业才会有出路；只有爱岗敬业勤奋工作才能有前途。由于广大员工政治觉悟提高，一年来，全体员工坚定地与李洪志之流在政治上、思想上划清界限，没有发生任何重大违法乱纪事件，使公司经济在极为稳定的环境中保持了稳步的发展。在工作中，广大员工积极参加各项生产活动，涌现出一批先进集体和先进个人典型。年内，评出成绩突出的石油公司为先进集体，财务科为先进科室；评出基层先进车间、科室各2个，先进班组5个，先进生产（工作）者19名，工会积极分子18名；评出优秀共产党员5名，优秀共青团员6名。由于成绩突出，年内，公司工会在全市工会财会工作暨“双先”表彰会上被授予全市“工会先进财会工作先进集体”和“先进职工之家”荣誉称号，冷藏厂加工车间被授予全市“女职工先进集体”；公司董事长、总经理车轼被评为市级劳模（先进工作者）并获“五一”劳动奖章，刘巧红、梁晓娟分别被评为“先进女职工工作者”和“工会先进财会工作者”。公司内的先进群体和先进个人的突出事迹更是群星璀灿，百花斗艳。其中突出的代表有为发展公司经济做出突出贡献的石油公司经理韩文健；有爱岗敬业，常年放弃节假日休息，忘我工作，无私奉献的曲善村、吴香荣等基层领导，也有终日坚守一线岗位，兢兢业业从事本职工作的赵恒梅、迟春伟等普通员工，这众多先进群体和先进个人的先进事迹和模范行为，不仅在广大员工中产生了积极的影响，而且也有力地促进了公司经济的发展。

〔**2000年工作任务**〕　公司在2000年各项工作的指导思想是：高举邓小平理论伟大旗帜，深入贯彻落实党的十五届四中全会《决定》精神，牢牢把握加快发展这个主题，以提高公司总体经济效益为中心，以科技兴业为动力，深入进行企业体制改革，加大经济结构调整力度，全力推进公司经济持续快速健康发展，以保证双文明建设取得全面进步。

2000年要着力抓好以下几项工作：

1. 继续深化体制改革，建立现代企业管理模式，全力推进产业效益稳步增长。

2. 发挥科技优势，把发展高新技术产业作为主攻方向，实施科技创业再上新台阶。

3. 保质量、创名牌，以优质产品占领国内外市场。

4. 加强思想建设，培养高素质的管理队伍。

公司地址：中国山东省烟台市滨海北路211号

电　　话：0086－535－6888507

传　　真：0086－535－6881756

http：//www．yt－fishery．com

E－mail：yood@public．ytptt．sd．cn

山东省荣成市

荣成市地处胶东半岛最东端，北、东、南三面临海，东和东南与日本、韩国隔海相望，是中国距韩国最近的地区。荣成市1988年撤县设市，是沿海经济和口岸双开放城市、国家环保模范城市和全国8个乡村城市化试点市之一，辖22个镇、4个省级开发区，总面积1392平方公里，总人口68.1万人。荣成市自然景色秀美，物产资源丰富，经济实力雄厚，是全国水产品、水果、花生、水貂、花岗石、大理石、石英砂、橡胶的重要生产基地。1999年，全市完成国民生产总值154.66亿元，工农业总产值466.9亿元，财政收入8亿元，其中地方财政收入5亿元。

荣成市是全国第一渔业大市（县），海岸线1000华里，沿海分布着十大海湾、72个大小岛屿，拥有滩涂15万亩，20米等深线内浅海海域200万亩，临近渤海、黄海渔场，水产资源极为丰富。近年来，荣成市坚持以经济效益为中心，以市场需求为导向，以结构调整和产业升级为主线，推动全市渔业经济由粗放型向集约型、由数量型向质量型、由速度型向效益型转变，实现持续、快速、健康发展。目前，全市22个镇均有渔业生产，渔业企业400多处，总资产100亿元，渔工10万人。1999年，全市水产品产量达到110万吨，渔业总收入150亿元，各项主要经济指标连续19年名列全国县（市）级首位，多次荣获“全国百名农业大县第一名”、“全国渔业工作先进县”、“中国水产品产量第一市”、“山东省海洋与生产工作先进县”等荣誉称号。该市的主要做法和经验是实现“六大转变”：

一是大力发展名优海珍品养殖，实现由以辅为主向以养兴渔转变。根据捕捞资源日趋衰退、近海养殖趋于饱和、名优海珍品市场走俏的新情况，荣成市把名优品种养殖作为优先发展的重点产业之一，发动和引导各渔业企业，集中资金、集中力量发展高产出、高效益的鲍鱼、牙鲆、海参等八大名优品种养殖。目前，全市鲍鱼存养量达到5000万头，牙鲆鱼工厂化养殖场发展到20处、14.5万平方水面、存养量800万尾，海参存养量6300万头。1999年，全市名优海珍品养殖收入5.1亿元，占养殖业总收入的27%。养殖业形成了养殖品种优质化、养殖方式立体化的新型格局，1999年养殖总面积达到30万亩，产量46万吨，收入19亿元，养捕比例达到4:6。

二是积极调整捕捞作业结构，实现由近海捕捞向外海、远洋捕捞转变。近几年，荣成市根据海洋资源、渔场变化趋势，先后淘汰近海小马力渔船2200多艘，增上大马力渔轮300多艘，发展起拥有900多艘渔轮的开发能力强、作业领域广的外海作业船队，开辟了太平洋、印度洋、大西洋及国内主要海域的作业渔场。1999年，全市捕捞产量64万吨，收入26亿元。

三是大搞水产品精深加工，实现由初级加工向多层次利用、重复增值转变。打破传统盐炸卤晒和简单冷冻加工的落后局面，先后投资10多亿元引进国内外先进技术和设备，研制开发出200多种精深加工产品，其中有30多种产品被国家有关部门批准为保健食品、绿色食品、海洋药品或名牌产品，初步形成了即食食品、保健食品、海洋药品、盐渍海带和鱼粉饲料五大精深加工体系，极大地提高了水产品的利用率和增值水平，并且辐射带动了养捕基础产业发展。1999年全市水产品精深加工收入25亿元，占加工业总收入的60%。

四是大办二、三产业，由单一渔业向以渔为主、多元发展转变。在巩固基础产业的同时，充分发挥渔业企业的资金、信誉、人才和管理等优势，积极将经营领域向二、三产业拓展，面向大市场，兴办大产业，努力构筑一、二、三产业协调发展、重点突出的现代渔业格局。先后投资30多亿元，围绕渔业和跳出渔业新上各类二、三产业项目600多个，初步形成了以海洋食品、饲料、船舶渔机具、石材加工、海陆运输、建筑安装、机械电子、纺织服装、海洋化工、旅游观光等十大产业为主体的骨干产业体系，增强了渔业经济的发展活力和发展后劲。1999年全市渔业二、三产业收入达到105亿元，占渔业总收入的比重达到70%。

五是大搞对外经贸，实现由内向型渔业向外向型渔业转变。按照“大开放带动大发展”的思路，把对外经贸作为海洋经济的龙头来抓，充分发挥地理位置、政策环境、开放设施和资源条件等优势，坚持“敞开家门、走出省门、冲出国门”三管齐下，全方位、多层次地开展国际经济技术合作。到目前，已与40多个国家和地区建立了合资合作关系，发展渔业三资企业120多家，引进外资5000多万美元，增上国际鲜销渔船130多艘，申请上级授予16家渔业企业自营进出口权，在海外设立了10个贸易公司、6个办事处，批准石岛港、龙眼港为一类开放港口（龙眼港是目前全国唯一一家村级自办自管的一类开放港口），并获得了对外经济技术合作签约权，全市渔业生产经营逐步与国际市场相接轨。

六是大力实施“科技兴海”战略，实现由粗放型经营向集约型经营转变。把科技作为海洋经济发展的先导，坚持市企联动，完善配套机制，加快科技渗入海洋经济的步伐。以市办的全国重点水产职业中专和三处渔业企业自办的水产职业学校为基地，先后培养、轮训专业技术人员2万多名，使全市海洋产业关键岗位上的人员全部持证上岗；通过提供良好的工作环境和优越的政治、经济、生活待遇，采取聘任与合作相结合的方式，先后引进海洋高科技人才200多名；积极开展经科结合，由企业提供项目、经费和科研条件，借助高等科研院所的设备和人才优势，先后攻克技术难题60多个，其中20多项成果达到国内或国际领先水平；以市、镇、企三级水产技术推广网络为依托，采取政策扶持、典型示范、效益引导等多种有效措施，先后推广应用新技术、新成果近百项，使科技成果在短期内转化为现实生产力。经过多年不懈努力，科技进步对荣成海洋经济增长的贡献率达到60%以上，先后被批准为国家级海洋综合开发示范区、科技兴海示范基地、海洋“863”计划试验基地和省级海洋科技成果推广示范基地。

2000年是荣成渔业全面转轨变型的调整年，是推进结构优化升级的关键年。根据新的形势、新的要求，荣成市决心认真贯彻中共十五届四中全会和各级经济工作会议精神，突出抓好深化改革、结构调整、科技进步、资本运营、市场开发五项关键工作，促进渔业经济在高起点上实现新跨跃，确保水产品产量达到115万吨，渔业总收入168亿元，分别比上年增长5%和12%。

湖北省石首市（笔架鱼肚）

石首，位于九曲回肠的荆江两岸，象一颗璀璨的明珠镶嵌在湘鄂边陲，上承巫山云雨，下引白云黄鹤，凭长江之天堑，扼荆楚之要冲，托江汉之富庶，集湘鄂之大成。石首，山川毓秀，人杰地灵，素有玉石首之美称。这里与山水一脉相连，是“笔架鱼肚”的正宗产地。

笔架鱼肚加工技艺独特，其形似笔架，唯石首境内独有；其品质超群，为世所公认。笔架鱼肚是长江独有的名贵淡水鱼类——长吻鮠腹中的鳔。长吻鮠又叫江团、肥沱，湖北石首一带则称之为鮰鲇，其肉嫩味美，无细刺、被誉为淡水食用鱼中的上品。据分析，长吻鮠肉含高蛋白质18%，脂肪含量仅1%左右，富含人体需要的多种氨基酸；鱼肚含蛋白质高达39%，以笔架鱼肚为主要原料的传统名菜有“白汁银肚”、“什锦鱼肚”、“鸡茸鱼肚”、“虾仁鱼肚”、“海参鱼肚”等，其风味独特，鲜嫩爽口，有强身健脑、补血益气之功效。长吻鮠的鱼鳔比其它鱼类肥厚，喜栖息于长江石首笔架山江段，此处长吻鮠鱼鳔，鳔大肉厚，黄白鲜嫩，外观如佩玉，体形似笔架，对着光源，有山形阴影，故称“笔架鱼肚”。

长吻鮠生活在长江的整个干流，但石首市江滩宽大，芦苇丛生，饵料丰富，江旁有石山，经专家论证，笔架山处于下荆江首段，石首山突兀江中，形成中流砥柱，绣林山，东岳山壁立南岸，激起排空浊浪，再加上河道弯曲，水道湍急，江心主流和岸边回流错综交织，常常形成“江水倒流”的奇观，鮰鲇在这里顶激流，游漩涡，捕鱼食虾，嬉戏于逆水回流之间，经过千百年自然环境严酷的磨炼和进化，才逐渐形成独特肥大的鱼鳔。

笔架鱼肚，是石首驰名中外的土特产，为石首“三宝”之一。相传唐朝尚书刘大夏，曾将鱼肚进贡皇帝。在宋代，笔架鱼肚早已闻名遐迩，“烹制鱼肚，乃筵席佳肴”。朱元璋建立明王朝后，传旨地方官员精选上等鱼肚送应天府（今南京），供皇室享用，此后便成定制，明洪武丁卯年间（公元1387年），将笔架鱼肚列为贡品，岁岁朝贡。《中国渔业文献记载》“名贵鱼肚，尤以湖北石首县所产为佳，产量为大。”中国科普出版社出版的《中国淡水养鱼学》、《养鱼日历》等亦有记载。在封建帝王时代，地方官吏用它来进贡皇帝、皇亲国戚。旧社会是达官显贵的上等佳肴。新中国成立后，笔架鱼肚在中国广州交易会、亚太地区博览会上展出，倍受中外客商青睐。在1985年首届全国水产品加工品展销会上，获优良产品证书；1999年中国国际农业博览会上定为湖北名牌产品。

数百年来，石首渔民在石首江段捕捞鮰鲇，制作笔架鱼肚，形成石首独特的传统渔业门路。解放前，石首江段由于封建官吏把持，河霸盘剥，盗贼作乱，战争频繁，产量极不稳定。解放后，特别是50年代，渔民可以在长江各处自由作业，产量大幅度上升，1954年长吻鮠产量达92020斤，制作笔架鱼肚1673斤，在鱼汛季节，杨波坦、中洲子、三义寺等江面单船日产200多斤，在冬季深水处，用流钓作业一次能捕长吻鮠200至300斤，单船可制作鱼肚20—30斤。60年代，随着长江中洲子开挖人工河，江段裁弯取直，杨波坦，中洲子长吻鮠产量大减，三义寺由于过度捕捞，产量也急剧下降，直到80年代初，江段实行资源保护，取缔有害公司，天然产量才开始回升。

笔架鱼肚，是石首的精品，是石首的骄傲。笔架鱼肚虽然声名显赫，但对广大消费者而言，长期以来，只是徒闻其名，难见其形，难尝其味。为了彻底改变这一现状，石首水产部门作出了不懈的努力。1987年，湖北省科委下达科研任务，石首市特种水产品科学研究所与中国科学院水生生物研究所，共同进行长吻鮠苗种的人工繁育与成鱼养殖技术研究。攻克了长吻鮠驯化、苗种批量繁育、大面积成鱼养殖、病害防治等一系列技术难题。1999年11月，经省水产局批准，成立湖北省长吻鮠良种场，2000年7月，省科技厅主持召开中科院水生生物研究所和湖北省长吻鮠良种场承担的“长吻鮠人工繁殖及规模化养殖技术”项目鉴定会，认定长吻鮠人工繁殖技术居国内领先水平，其中营养与饲料研究达到国际先进水平。目前，石首市已建起万亩长吻鮠养殖基地，把长吻鮠作为市鱼来开发，并对长吻鮠人工繁殖及规模化养殖技术项目进行深入研究，项目进入稳产期，可年产鱼苗1000万尾，成鱼3000吨，制成笔架鱼肚20吨。

到2005年，全市长吻鮠养殖可形成产业化，养殖面积达到2万亩，年产鱼苗1亿尾，鱼种5000万尾，成鱼产量6000吨，制肚5万公斤，产值4亿元，实现利税1亿元。

〔湖北省长吻鮠良种场〕

湖北省长吻鮠良种场于1999年11月25日，经湖北省水产局批准在中湖渔场建立长吻鮠良种场，石首市市委也于2000年2月3日行文批复成立湖北省长吻鮠良种场，与市中湖渔场（企业）实行一门两牌、合署办公。全场现有干部职工78人，养殖水面9770亩，其中湖泊9370亩，精养池400亩。2000年规划水产品产量950吨，其中名特优水产品365吨，产值780万元，利税150万元（不包括海天集团）。

1999年10月23日，省水产局组织14位专家到石首对湖北省长吻鮠良种场进行了现场评审，2000年4月10日，省水产局又组织专家对该项目进行成果鉴定，在听取有关工作汇报后，专家们一致认为该场“对从长江捕获的长吻鮠在池塘内驯化和鱼苗繁殖‘三率’等技术，苗种开口饵料，特别在幼苗阶段采用先进驯食技术，居国内领先水平，该课题整体研究处于国内先进水平。本项目技术路线正确，数据详实，技术新，研究成果完整，具有大规模生产实用性。采用优化环境和健康养殖技术，有效地防治苗种繁育和成鱼养殖过程中的病害发生。研制了饵料新配方，使育种和成鱼养殖成活率高、生长快，该项目研究成果已直接指导养殖生产并取得明显成果。本项目各项科技量化指标已达到国内先进水平。”

石首投资近百万元，新建800m^{3}的压水池、800m^{2}的育苗温室、提水设施一套，硬化了鱼种培育池，购置了增氧机等设备。2000年共催产长吻鮠240组，生产长吻鮠鱼苗50万尾，培育出5厘米以上鱼种26万尾，其中外销11万尾，现存池15万尾；养殖长吻鮠成鱼100亩，投放长吻鮠鱼种4.8万尾，重1.5万斤（平均0.3斤/尾），经抽样检查现已长到0.7斤/尾以上，预计年底可产商品鱼10万斤，生产“笔架鱼肚”500斤，收入可达260万元，利税80万元。现存池长吻鮠亲鱼2000余组，预计明年可生产长吻鮠鱼苗500万尾以上。

四川省

〔综述〕　四川气候温和，水资源丰富，江河纵横，湖泊、水库星罗棋布，具有得天独厚的鱼类生存和发展渔业的良好条件。鱼类资源十分丰富，据调查了解，全省自然分布的鱼类有231种。其中，主要经济鱼类约有50余种，特有珍稀鱼类30多种。属国家一级保护鱼类有中华鲟、白鲟、达氏鲟3种，属国家二级保护的水生野生动物有胭脂鱼、大鲵、川陕哲罗鲑、水獭、小爪水獭、细痣疣螈、大凉疣螈共7种。

全省主要经济鱼类有似鲶高原鳅、硬刺高原鳅、长薄鳅、泥鳅、宽鳍鱲、马口鱼、草鱼、黄尾鲴、宜宾鲴、圆吻鲴、鳙、鲢、鳘、红鳍鲌、蒙古红鲌、拟尖头红鲌、鳊、鲂、唇䱻、似䱻铜鱼、圆口铜鱼、吻鮈、长鳍吻鮈、蛇鮈、瓣结鱼、华鲮墨头鱼、齐口裂腹鱼、重口裂腹鱼、长丝裂腹鱼、四川裂腹鱼、短须裂腹鱼、厚唇裸裂唇鱼、花斑裸鲤、软刺裸裂尻鱼、大渡裸裂尻鱼、黄河裸裂尻鱼、骨唇黄河鱼、扁咽齿鱼、岩原鲤、鲤、鲫、鲶、大口鲶、瓦氏黄颡鱼、光泽黄颡鱼、长吻鮠、粗唇鮠、切尾拟鲶、大鳍鳠、青石爬鮡、黄石爬鮡、黄鳝、大眼鳜、斑鳜、中华倒刺鲃和乌鳢等50多种。

目前全省人工增养殖的水生经济动物品种有50余个，以鲤、鲢、鳙、草、鲫、鲇、鲂、鳜、黄鳝、泥鳅、鳖、虾、罗非鱼、鮰、鲟、鲈等为主。其中有名优水产品20种以上，以中华鳖、大口鲇、中华绒螯蟹、罗氏沼虾、红螯螯虾、红鳟、鳜、长吻鮠、斑点叉尾鮰、日本鳗、珍珠、六须鲇、云斑鮰、银鱼、匙吻鲟、白乌鱼、加州鲈、大口胭脂鱼、湘云鲫、条纹鲈、中华鲟、俄国鲟、史氏鲟、闪光鲟、大鲵等为主。

1999年全省水产品产量达到46.57万吨，其中名优水产品产量8.50万吨。

四川省1999年已形成较大规模的名优水产品品种、产量及其地区分布

地市州＼品种	大口鲇（吨）	中华鳖（吨）	罗氏沼虾（吨）	河蟹（吨）	鳜鱼（吨）	鳗鱼（吨）	珍珠（公斤）
全省合计	7614	709	144.65	34.1	68	26	208
成都	485	142	46	2	19		
自贡	43	2					
攀枝花	52						
泸州	584				6		
德阳	87	128.06	4.5				
绵阳	388	144	55	11	26	14	
广元	23	8.5					
遂宁	83	4.5					
内江	2457	8.6		0.6	1		
乐山	156	16		15			
南充	585	98	6.1	0.25	12	12	
宜宾	127	0.75	1.65				
达州	58	11.1			4		
雅安		0.5					
阿坝							
甘孜							
凉山	56	42		1.1			
广安	543	82		1.05			
巴中	61	7.75		3.1			
眉山	174	10.19					
资阳	1707	41.5					208

〔依附特产资源形成的渔用饲料产业〕 过去，四川水产品供给靠少量的自然捕捞和人工养殖维持，长期供不应求，“吃鱼难”的现象在全省城乡普遍存在，谈到水产品在老百姓的印象中，感觉是奢侈品，名贵高档，只要在餐桌上有水产品，档次自然上升。可见水产品的紧俏而又稀有。随着改革开放的进展，中共中央、国务院决定率先放开水产品市场，为水产业的发展提供了十分有利的条件和宽松的环境，四川省水产业由此得到迅猛发展。其发展速度始终处于大农业的首位，保持至今。

依附于水产业高速发展推波助澜的是渔用饲料的发展，渔用饲料工业从无到有，取得了突破性进展，到1999年，全省渔用配合饲料产量达到50万吨以上，一批以渔用饲料生产为主的民营集团和企业应运而生，其中“通威”、“凤凰”等企业集团正是迎着改革的春风乘势而上，脱颖而出，形成目前国内产量最大的渔用饲料生产基地之一，销售网络密布，产品畅销省内外。

明星乡镇村

河北省保定市小营坊村

小营坊村隶属保定市北市区东关街道办事处，总面积1.6平方公里，全村423户，1100人，位于保定市东部卫生路、红旗路、合作路的三角腹地。西临京广铁路和107国道，东临京深高速公路和津保高速公路，国道纵横交错，交通十分便利。

本村始建于清朝末年，距今已有100多年的历史。此地自古就是兵营要地，著名的保定陆军军官学校与本村仅有一墙之隔。此地住户大都是做生意的留客至此。出外经商经旁人问起，你是何方人士，住户随口答到我是保定东关门外营坊那的人，营坊村由此得名。

十几年前，该村是一个以农业为主，集体固定资产不足20万元，人均年收入不到200元的贫困村。改革开放以来，在中共十一届三中全会精神的鼓舞下，在新一代领导人的带领下，营坊村人风雨兼程，坎坷励志，经过十几年的艰苦奋斗，使该村一跃发展成为今天经济全面快速发展，乡镇工业门类齐全，第三产业繁荣，重科兴教，文、卫、体各项社会事业蓬勃发展的富裕村镇。

“九五”期间，小营坊人经历了经济建设和改革开放的关键时期，在村党总支李长河、姚东升等一班人的领导下，面对复杂的人文、社会环境，群策群力，坚持党的基本理论，锐意进取，战胜重重困难，使小营坊一个以自然村农业为主的经济落后的穷村，跳跃发展成为一个集农、工、商、贸为一体的跨行业的大型经济实体，村现有资产近2亿多元，人均收入4100元，从1986年至今保持着省“文明村”荣誉符号，10多年来先后多次荣获省、市级各项荣誉称号，1998年度还被评为省百强示范村，全村实现了自力更生、艰苦奋斗、班子团结、村民安居乐业、经济稳定发展的村“九五”计划。在这五年里主要经济指标增幅明显，特别是村办幼儿园；村办洗浴中心；村办便民医院；村办老年人活动中心；实行老年人退休金养老制；实行学生奖学金制：修建村民休闲花园；修建村民活动广场；组建老年人协会；开展老年人秧歌队送文明、送温暖活动；完成户户安装有线电视，发放煤气灶具，集体采暖等福利事业；修建村中心街道，植树种草，美化墙体，春目花红柳绿，秋夜灯火通明；改造上下水，村内10步一个垃圾箱，百米一座公厕等这14项为民、爱民工程建设得让村民称心如意。这五年多来通过集资融资建设投资千万元以上项目四个：如三星级的二个大酒店——东方大酒店、东方大都会，省一级幼儿园等全都营运成功，且经济、社会效益双丰收，在这仅仅的五年里村企业成为全村经济的龙头，现拥有各类企业35家，其中6家年产值过百万元的企业：如东方纸箱厂是省、市外贸定点生产厂，几年来多次荣获包装奖。整流变压器厂生产的高技术产品远销国外。东方中药厂生产的“东乐膏”在国家有关部门军转民高科技出口产品展览交易会上，一举成名，荣获银奖，深受用户好评。常言道：谋事在人，成事在天。营坊村党支部、村委会等一班领导人，就是在中共中央富民政策的天时，在依托城乡结合部优势的地利，在“艰苦、团结、学习”的人和中，抓经济以人才带动产业，以科技推动发展，使村办经济取得了来之不易的成就。

伴随着新世纪的脚步，中国就要加入WTO，通过新的形势和新的考验，村党总支时刻教育村民要克服“小富即安”的思想，提出“停止就是到退，拼搏才有希望”的创新意识，为迎接WTO到来所带来的机遇与挑战做好思想观念和经济结构的准备。他们突出抓好企业结构调整、技术进步、转机建制、优化环境、开拓市场等各项工作，以提高村各企业经济的整体运行质量为中心，以经济的持续、稳定、有序的发展为重中之重，使村各企业的经营机制、管理体制、产品创新、标准房制度等方面都取得重大突破，到目前为止90%的企业实施了新的体制改制，85%的企业初步建立了现代化企业制度的框架，村医疗卫生、教育、就业、社会富利等事业更是有了长足的发展。同时小营坊村人也深知WTO所带来的利弊不是静态的，而是动态的，能否抓住机遇完全取决于灵活的头脑，应对的策略，于是以李长河为首的决策层又进行了经济结构的调整，大力发展第三产业，把建设设计水平高，生态环境质量优，服务管理品质高的第三产业为新时期的经济增长点，大力发展旅游及餐饮——三大酒店的兴起；娱乐——有号称“华北第一”的东方大歌舞厅，西部酒城的建成；房地产——有东达，东兴，金象，红光等生活小区的投人市场，既适合城郊农村经济的大力发展，又配套服务城市，提高人民生活水平，特别是近几年来村镇建设与城市建设接轨，"人人是营坊形象，个个是营坊环境"的形象建设为双文明建设创造了良好的外部条件，同时这一系列的经济建设使李长河等第二代村领导人坎坷励志，百炼成钢，使一个名不见经传的小营坊村经济发展得如火如荼，使一个崭新的现代化农村矗立在华北平原的大地上。

昨天风华岁月绸，今天意气风发，斗志昂扬，明天继往开来，任重道远，小营坊村人相信在中共中央的领导下，在全村人同心同德的团结奋斗的努力下，营坊村的经济将在新世纪取得更大的成绩。

黑龙江省肇州县托古乡

肇州县托古乡距县城17公里，属农业大乡，全乡总幅员面积25万亩，其中，耕地面积12.5万亩，草原、水面12.5万亩，全乡共有14个村，25272口人。近年来，在上级党委的正确领导下，托古乡党委、乡政府一班人认真履行工作职责，全面贯彻党在农村的各项方针政策，努力发展全方经济和社会各项事业。均取得了显著的效果。

一、指导思想和奋斗目标

以党的十五届三中全会精神的指针，以市县经济发展目标的动力，大力发展质量效益型农业，实施"四三二一"发展战略，即：形成四大特色（生猪、小米、大鹅、养鱼）；突出三个重点（资源开发、科技应用、劳务输出）；加快两个转变（由传统农业向质量效益农业转变，由单一内向经济向多元外向经济转变）；实现一个突破（调整工作格局，健全完善社会化服务体系），具体实现"213"的发展目标：

2——社会总产值每年增加2000万元；

1——每年科技增收1000万元；

3——每年人均收入增加300元。

二、发展成就

（一）种植业生产持续发展

几年来，按照上级大力发展质量效益农业的有关要求，该乡紧紧依托资源优势，注重挖掘农业内部潜力，重点发展了优势特色农业。一是突出高产作物。充分发挥产粮大乡的优势，把铁杆庄稼玉米放在主体地位突出出来，全乡玉米种植面积一直稳定在8.5万亩以上。二是突出高值作物。根据瓜菜等经济作物销路广、值高的特点。西林等村利用靠近柏油公路的地缘优势，大力发展瓜菜生产，效益十分可观。全乡截止2000年瓜菜种植面积达到3000亩，亩效益达到1000元以上。三是突出高效作物。充分利用瓜菜收获后还可种植秋菜增加产业效益的特点，进行复栽复种，并实行地膜二次利用。全乡2000年复栽复种面积达到2000亩，亩增收达200元以上。总的看，几年来全乡的粮食生产还是占主导地位，粮食单产和总产都是较高的，实现了持续稳定发展，粮食生产年均超过亿斤，农业在粮食价格下调情况下，产值仍达4000万元。

（二）畜牧业生产规模发展

近年来，认真实施了"抓大户、带群体、上规模、增效益"的畜牧业发展战略。针对畜产品销售市场疲软、价格下跌、农民养畜积极性下降的实际，为稳定畜牧业生产，实现过腹增值的良性循环，全乡以生猪和大鹅生产为重点，带动了整个畜牧业的规模推进。一是扩大种猪、种鹅群，降低了生产成本。把搞好自繁自养作为发展养殖业的有效途径。全乡依靠以文凯猪场为主的百头以上养猪场繁育的仔猪，为养猪户提供猪源，同时鼓励养猪户实行自繁自养，满足农户养猪的需求，这样使每头仔猪降低成本50元以上，全乡年可增收60万元以上。二是实行科学饲养，提高了养殖水平。由于养猪大户的传、帮、带，现在全乡广大农户基本上都掌握了生猪直线育肥的新技术，对畜牧业的发展起到了带动作用。尽管生猪价格不断下滑，但农民的养畜积极性还是很高的，畜禽饲养量保证了发展势头。

（三）乡镇企业巩固提高

乡镇企业以古玉企业集团为龙头，加强企业内部管理，生产的红砖、中波石棉瓦标准高、质量好，市场竞争力强，年生产红砖1200万块，石棉瓦10万片，获得了较好的经济效益，在此基础上，通过不断培养各类典型，扩大生产规模，使全乡的个体私营企业在原有的基础上较快的发展，个体工商户达到130户，个体私营企业已发展到10个项目692家，从业人员达到1362人。三年来，乡镇企业产值和各项指标都完成了上级下达的任务。

（四）依法治乡工作取得了明显成效

全乡以普法教育为重点，深入开展了依法治乡工作。乡里组织专人将与农民生活联系紧密的《宪法》、《婚姻法》、《草原法》等法律法规进行统一整理，编印成册，作为全乡法律知识乡土教材，下发到各村和学校开展普法学习，使广大群众增强了法制观念和法律意识，做到知法、懂法、守法。在社会治安综合治理上，坚持"以防为主、打防结合"的指导思想，充分发挥公安、司法部门的职能作用，认真推行了"两所"联合办公制度，有效开展小户联防，清理整顿流动人口、专项严打斗争等工作，全乡治安案件和刑事案件明显减少，治安环境得到了进一步改善。

（五）创办了合作经济组织

自1998年以来，根据农林水畜机等各大站所的工作性质和业务特点，围绕经营、管理、服务的职能，创办了

"373"合作经济组织。即农电管理、医疗卫生、油田服务三个联合社和农技推广、畜牧生产、林业服务、水利示范、农机生产、大沟小米、农房建设七个专业合作社，形成了技术培训、试验示范和互助合作三大基地，为向全乡广大群众提供系化服务，加快推进产业化进程提供了保证。

三、今后发展方向

要实施全乡经济发展战略，大力发展乡域经济。优化产业结构，突出抓好"五调"：

1. 适当种植玉米，向高质高效品种上调。

要根据市场需求和本乡的需要，适量种植特色品种玉米和米质好的中早熟品种玉米，在品质上要效益。

2. 压缩粮食面积，向高值经济作物上调。

玉米种植面积要适当减少，重点向经济作物上调。一要继续推行棚室育苗。地膜覆盖的栽培模式，扩大西瓜、香瓜种植面积；二要实行蔬菜播种，逐步扩大蔬菜种植面积；三要根据本乡"大沟小米"知名度高、市场需求量大、销售快的特点，进一步扩大谷子种植面积。并走深加工的路子，推行绿色食品名牌战略，打击拳头产品。

3. 实行粮食转化，向过腹增值上调。

要根据全乡粮食多、饲料多的特点，搞好粮食就地转化，发展畜禽生产，提高生猪、奶牛、大鹅、鸡的饲养量。

4. 搞好资源开发，向渔业生产上调。

要进一步加大牛毛沟资源开发力度，加强对广大群众的引导和宣传，养配以优惠政策，有效推动渔业发展。

5. 搞好劳动力转移，向加工生产上调。

要以古龙集团为龙头，搞好石棉石、红砖等建筑材料生产，要通过技术改革，加强企业内部管理，提质降耗，生产优质产品，增强企业活力。同时，要通过提供优惠政策、资金扶持等方式，大力发展个体工商业和私营企业，推动乡镇经济发展。

浙江省长兴县夹浦镇父子岭村

浙江省长兴县夹浦镇父子岭村位于浙江省最北端，北连江苏省宜兴市，东临太湖，号称浙北第一村，全村有7个自然村，420户，1570人，1170亩水田，9000亩山林。近几年来，该村物质文明和精神文明建设取得了双丰收，先后被评为"全国先进基层党组织"、"全国模范村委会"、"浙江省先进基层党组织"、"浙江省农村奔小康示范村"、"浙江省新农村建设示范村"等。1999年全村实现工农业总产值3.92亿元，农民人均收入8527元，集体资产达到1.2亿元，村级经济名列全县第一、湖州市第二。

近几年来，该村大力发展现代农业、开发农业、优高农业，实施现代农业园区建设工程，投资140万元建成了550亩的高标准农业园区，投入300多万元改造了低压线路与农用机埠，购置了农业配套机械，目前，全村农业现代化的框架已基本形成。

该村下属的湖州父子岭耐火集团公司是浙江省"五个一批"小型巨人重点骨干企业，公司年生产销售镁碳砖、铝镁碳砖、镁铝尖晶石砖、出纲口等一系列产品6万多吨，列全国十强、全省耐火行业第一。公司连续五年被评为工行、农行（AAA）级信用资信企业，国家中型科技先导和国家级质量监督抽检连续合格产品企业。

依托雄厚的村级经济实力，该村加大了公益事业投入，近年来。全村投入公益事业资金达500多万元，在全面实现通电、通水、通路、通有线电视等目标的基础上，群众的生活水准得到进一步改善，村民文化活动中心、农民别墅新村等基础设施已相继峻工并投入使用，目前，全村拥有私人轿车60多辆。

与此同时，村自然环境和环境质量也得到进一步改善，全村空气环境质量、地面水环境质量、噪声环境质量等一系列指标已达到生态村各项环境指标的标准，为促进可持续发展，该村正积极努力，争取早日进入"全球生态五百佳"行列。

福建省仙游县大济镇

大济镇位于仙游县城西部，木兰溪畔的"西乡平原"，仙（游）永（春）公路穿境而过，辖区面积89.6平方公里，有24个行政村，人口9万多人，1999年全镇工农业总产值7.58亿元，财政总投入1310万元，农民人均纯收入2958元。

大济向以"粮食、甘蔗、食用菌"之乡，"吨粮田"、"吨粮镇"闻名全省，农业综合开发步步深入。近年来，该镇立足镇情，发挥优势，紧紧围绕"农业稳镇、工业富镇、项目兴镇"的发展战略，努力建设一条经济走廊（仙度线大济路段农工水果、建材和工艺），壮大四个生产基地（50万只养鸭基地、万吨食用菌基地、2万亩果树基地和5000亩蔬菜基地）。1999年该镇被市委、市政府评为计生工作和社会治安综合治理工作先进乡镇，被县委、县政府评为农业生产、山地开发、社会治安综合治理和精神文明建设等先进单位。

皮蛋产业化已成为大济镇经济发展一大特色。现有中源食品有限公司、建福食品有限公司和大济蛋品厂等三家皮蛋加工"龙头"企业，在传统工艺基础上，科学地更新配方，生产的无铅无泥松花皮蛋和红心咸蛋，风味别致，品质上乘，营养丰富，产品畅销国内外，创下了“大家发”、“一路发”、“福春”、“爽得霸”、“亚森”、“水仙花”等名优品牌，取得直接出口权。全镇形成年产优质皮蛋6000万粒，红心咸蛋2000万粒，出口供货总值达8000万元的“两蛋”生产出口基地。镇党委、政府还出台了一系列优惠措施，认真做好做大“一粒蛋”和“一只鸭”文章，建立“企业连基地带农户”的发展模式，推进产业化进程，努力实施“一蛋兴镇”战略。目前，全镇皮蛋产业化总产值已达1.2亿元，该产业被列为仙游县2000年12个重点建设项目之一。2000年全镇发展养鸭要达50万只，实现产值6000万元；三家皮蛋和咸蛋加工企业产值将突破1亿元。

跨进新世纪，大济，正在崛起的城郊型新集镇，充满着机遇和挑战，是有识之士投资兴业的理想热土。

山东省平邑县临涧镇

临涧镇位于平邑县境西南，镇驻地距县城30公里，北跨五龙湖，南接黄坡乡、白彦镇，东倚四海山，西邻庞庄乡和邹城市的城前镇。该镇辖四个工作区、五个行政村，56个自然村，人口2.4万人，面积63.6平方公里，可耕地面积1.90万亩。临涧河自东向西流经全镇，上游中二型水库一座，可灌溉万亩良田，备足了农业后劲。境内矿产丰富，是著名的优质“将军红”花岗石生产地，伴有“平色绿”、“沂蒙青”、“白雪公主”、“黑白花”等，总贮量10亿立方米，境内干黄路贯穿南北，地庞路横贯东西。是沂蒙山区与鲁西南交往的重要乡镇。临涧镇可谓物华天宝，人杰地灵。

1999年以来，临涧镇党委、政府按照“创一流班子，带一流的队伍，当一流的干部，树一流的形象”这一总体要求，确定了“唱响主题歌，打好优势仗”的工作思路。做到了稳抓农业，强抓工业方针，发展个体私营经济，实现工业总产值5亿元，财政收入406万元。农民人均纯收入2250元，实现国税、地税、农业税等204.2万元。完成社会固定资产投资3000万元。

临涧镇的农业：在稳定花生、地瓜、小麦三产业的同时，积极地进行产业结构调整，努力在“名、优、特、稀”上做文章。

一是以黄夭板栗园为样板，建成了优质万亩板栗园区，现年可产50万斤。

二是以红校百亩高效农业示范基地为样板，投资220万元，建成了临涧西南岭3000亩雪枣基地。该基地1999年冬整土配水，2000年春栽植雪枣16万株，目前，发展态势良好，两年后，雪枣亩产2000斤，亩收入1万元。总收入4000万元。

三是积极推广高效大棚，现以大棚桃为龙头的大棚园区已初具规模。

四是实施兴牧富民强镇工程。投资100万元，在红受建成了占地20亩规模养殖场，采用集团式管理模式。年饲养獭兔10000只。在此示范带动下，全镇注重科技兴牧，大力提高猪、鸡生产水平，积极发展牛、羊、兔食草动物，适度发展珍禽养殖，一村一特色，一村一园区的格局已逐步形成。

临涧镇的工业：按照“突出优势，提高效益，培植骨干，联动发展”的工作思路，实施工业强镇战略，1999年乡镇企业完成总收入3.446亿元，实现利税为212万元。税收120万元。

主要以开发加工花岗石为支柱产业，现有开采矿点186个，锯石机108台，国内领先的磨光机、切割加工设备28套，精磨流水线2条，年开采荒料1万立方米，年加工板材40万平方米，创产值1694万元，利税596万元，税收120万元。

在立足于石材优势，做好做强主导产业的同时，该镇积极探索上项目，创建了临沂市第一家白色垃圾转能源企业——涧美利民油化厂，现正着手建设榨泊厂和对外合资的花生酱厂。

临涧的城镇建设：依据两路、一河、四区、一广场的规划，加快小城镇建设的步伐，1999年先后在玉石宾馆信用社、中学、医院等8处开发了10000平方米商住楼。现已形成石村二贸园区、金融商贸园区、科技兴农一条街、办公园区、沿地庞路3华里的商住楼、镇驻地真正地形成了政治、经济、文化中心。

近年来，临涧的文教卫生事业发展迅速。实现了物质文明、精神文明双丰收，先后受到了市委、市政府，县委、县政府的表彰。

回顾过去，成绩辉煌，瞻望未来，踌躇满志。以镇党委书记李兴平、镇长彭志军为代表四大班子，按照中共十五大方针和政策。结合临涧实际，提出2000年的工作思路即：农业科技上水平，综合开发上规模，产业经营上档次，农民收入上台阶。按照这一工作思路，全体上下求真务实，开拓进取，顽强搏拼，扎实工作，有信心，有决心，让临涧人民更富有，临涧的业绩更辉煌，让临涧的城镇更美丽灿烂。

地　址：山东省平邑县临涧镇党委政府
电　话：0539－4911001
传　真：0539－4911005

山东省临沂市罗庄镇

罗庄镇位于山东省临沂市城南10公里，座落在罗庄区中部，距区机关驻地1公里。全镇总面积51.16平方公里，耕地1.9万亩，辖32个村居，4.6万人，1972年4月由付庄公社分出，当时称罗庄公社，1984年4月由罗庄公社改为罗庄镇。

罗庄镇地处矿区，境内矿藏丰富，煤炭、石灰石、焦宝石、矸土等储量较大，农作物有小麦、玉米、大豆、水稻等。境内交通便捷，206国道纵贯全境，镇区内已形成五纵十横的交通运输网络。北依兖石铁路、临沂飞机场，西临京沪高速公路，交通十分便利。

罗庄镇是山东省惟一集“国家可持续发展实验区，省级高新技术产业开发区、省级对外开放开发综合实验区、省级外向型农业开发示范区”四区于一体的乡镇。是全国57个小城镇综合改革试点镇之一，并多次被评为“中国乡镇之星”，“全国经济实力百强乡镇”、“全国投资环境百强乡镇”，先后获得“齐鲁乡镇之乡”，“临沂市文明乡镇”等多项荣誉称号。

罗庄镇基础设施健全，建有日供水8万立方米的水厂3处，年发电量3亿千瓦时发电厂1处，有万门程控电话、国际电传、传真、微波通讯、数字通讯等先进通讯系统，有三星级宾馆2处，高中档宾馆6处，公园2处，动物园1处，学校30所，医院2处，诊所40处，花园式住宅小区4处，文化娱乐场所7处，市级重点文物保护单位宝泉寺座落在该镇。

近几年来，镇党委、政府紧紧围绕经济建设为中心，大力弘扬“团结聚力，负重拼搏，智勇开拓，赶超争先”的罗庄镇精神，正确处理改革、发展与稳定的关系，各项工作都取得了较好的成绩。1999年全镇社会总产值完成44亿元，实现利税1.2亿元，农民人均收入2600元。

一、乡镇企业实力雄厚。罗庄镇借助丰富的资源条件，选准了发展乡镇企业的路子。经过20多年的发展壮大，全镇现已发展镇村四级企业4000多家，其中成规模的企业270家，涉外企业14家，罗庄镶工贸小区被国家有关部门列为全国乡镇企业示范区。“九五”以来，以提高科技含量和促进产品档次的升级换代为重点，累计投资10亿元，新上和技改项目180余个，通过行业和产品结构调整，全镶已形成纺织、轻工、建材、能源、陶瓷、机械、医药等十大支柱产业的工业格局。有6家企业跨人全国大型乡镇企业行列，10家企业晋升为国家级大中型乡镇企业，江泉实业股份有限公司1999年7月份在上海证券交易所挂牌交易，成为全省乡镇企业第一家上市公司。“碱锰电池”、“替哨坐”胶囊等一批高科技产品相继问世，全镇已有6家企业通过ISO9000国际质量认证，目前，全镇已形成年产日用瓷8亿件，建筑瓷5000万平方米，毛棉纱1万吨，电池6亿节，水暖管件1万吨，浴盆100万只的生产能力。为不断探索乡镇企业在市场经济下的新机制，近年来，对全镇乡镇企业进行了清产核资、产权界定工作，1997年率先在全市进行了产权制度改革，通过出售、拍卖等形式彻底明晰了企业的产权关系，确保了镇有资产保值增值，改制后镇办企业呈现出良好的发展势头，为全镇乡镇企业的“二次创业”奠定了坚实的基础。1999年，全镇企业实现产值33.7亿元，出口创汇2000万美元，上交税费5000多万元。

二、农业基础地位不断提高。罗庄镇地处矿区，自然灌溉条件较差，在大力发展乡镇企业的同时，确立了“以工补农、以工建农”的思路。近年来，全镇共投资700多万元用于农田水利建设及农业科技的推广工作。依靠科技进步，调整种植结构，依托黄淮海平源综合开发，高标准建设和完善了2处三高农业基地，两个村实现了集约化经营，同时狠抓农副产品深加工，投资8600多万元兴建和完善了华盛养殖厂、江泉肉制品厂、乳品厂、新丰食品厂等一批“农字号”企业，初步形成了产业化格局。

三、民营经济和第三产业发展迅速。全镇本着“积极引导、全民参与”的工作思路，借助城区区位优势，大力发展民营经济和第三产业，先后投资5000多万元，新建和完善了陶瓷批发商城、万泉商城、新型建材市场、废旧物资回收市场等6个商场，其中陶瓷批发商城已成为江北规模最大的专业陶瓷批发市场，罗庄镇已成为重要的陶瓷、建材商品集散地。全镇目前新建民营经济园1处，建材工业园1处，三产和民营从业人员已超过2万人，1999年全镇个体私营税收达到1000万元。

四、镇村建设成效显著。按照“规划高起点、建设高标准，管理高要求”的原则，对镇区和村居进行了详细规划和高标准建设。新区成立后，投资8500万元对镇区道路和村居主要街道进行了硬化和美化，现已形成五纵十横的交通网络，村村通有硬化路，投资1100万元用于自来水工程建设，所有村居都用上了自来水，通过大力推进电话入户工程，现已成为电话镇，全镇已有8个村进行了高标准改造，其中朱张桥西南村电气化改造成为全市的样板工程。

五、社会秩序安定。计划生育工作走在了全区的前列，被评为先进单位，人口自然增长率低于全市平均水平。社会治安状况良好，全镇连续两年未发生重大刑事案件和重大信访案件，万人刑事犯罪率逐年下降，1999年获得全市社会治安综合治理先进乡镇称号。

六、教育事业蓬勃发展。全镇共投资1600万元，对全部村小和镇属学校进行了改造和扩建，并兴建了跨世纪的实验小学，顺利通过了省政府的“两基”达标验收。同时，吸纳社会投资2亿多元兴建了全国一流的高标准寄宿制民办学校——山东双月园学校和山东美澳国际学校。

七、党的建设和精神文明建设得到加强。以“五个好”为标准，以“双争”为切入点，农村支部班子建设得到进一步加强，全镇已基本根除了三类支部村；精神文明创建活动开展的轰轰烈烈，连续两年夺得全区精神文明建设优胜杯。

八、社会福利事业全面发展。投资300多万元建成的高标准老年公寓，先后荣获省、市模范敬老院荣誉称号。在农民负担方面，连续14年代农民上交农业税、农林特产税，并免除了农民应交的三提五统等合理负担；全镇80%的村实行了老年人营养金制度。此外，还为全镇所有公办教师每年每人增发720元的生活补助。

当前，罗庄镇在各级党委、政府的领导下，紧紧围绕区委、区政府“工业兴区、依法治区”的八字方针，在中共十五大精神指导下，坚定不移地按照邓小平建设有中国特色的社会主义理论，不断深化改革，加快发展，满怀豪情地开展“第二次创业”，经济繁荣、科技发达、环境优美、社会文明、生活富裕是罗庄镇的发展目标。在发展进程中，罗庄镇将以优越的环境和优惠的政策，热诚欢迎海内外客商和各界人士携手合作，共展宏图。

山东省金乡县马庙镇

马庙镇位于山东省金乡县的西部，面积96.6平方公里，耕地9.8万亩，人口5.4万人，辖67个行政村，109个自然村。

马庙镇历史悠久，人杰地灵。据传，唐代马姓在此建村，修有庙宇，因此得名马庙。远在新石器时代，就有古代先民在此繁衍生息。夏属缗国，系舜子季禧的封地。1930年马庙正式形成建制——马庙区，1940年属金西办事处，1958年8月为马庙人民公社，1984年建乡，1999年12月撤乡设镇至今。

全镇金谷种植面积已达6000亩，每亩产量均在400公斤以上，产品主要销往美国、加拿大、日本、韩国、新加坡等20多个国家和地区，1996年5月被国家有关部门命名为“中国金谷之乡”。马庙镇种植金谷的历史源于商朝，东汉末年起马庙金谷米成为贡品。马庙金谷米金黄透亮，性粘味香，悬而不浮，油而不腻，含有21种氨基酸，营养价值极高，常用此米有健身溢气、益寿延年之功效。马庙金谷米位居中华四大名米之首载入《辞海》。马庙镇通过走规模经济之路、科技兴企之路、机制创新之路、对外开放之路实现了金谷产品，多营养配方组合，多极化精深加工，打通了国内外销售市场，使马庙金谷通过多年不断的改革创新和机制较为灵活的优势、安定优越的社会环境充满了勃勃生机。

马庙镇地势平坦，土壤肥沃，降水充沛，属暖温带季风型大陆性气候，境内粮食作物主要有玉米、小麦、谷子、地瓜和红小豆、豇豆等小杂粮，主要经济作物有大蒜、花生、芝麻等。

马庙镇是金乡白皮大蒜的发源地，勤劳智慧的马庙人发明推广了大蒜地膜覆盖技术，大蒜产量成倍增长。目前，已形成以马庙为中心，辐射周围4个县区近10个乡镇的百万亩大蒜生产基地。马庙大蒜个大皮白，品质优良，深受国内外客商青睐，远销美国、加拿大、日本、新加坡、香港等20多个国家和地区。马庙人在实践中摸索出了“大蒜－西瓜－玉米”三种三收和“大蒜－西瓜－玉米－豆角”四种四收的种植模式，大大提高了耕地复种指数，经济效益大幅度增长。

马庙镇个体私营企业发展迅速，全镇个体工商户已发展到1200余户，私营企业发展到198家，其中大蒜加工企业148家，恒温库13家。产品远销东南亚各国和国内20多个省市，全镇龙头加工企业－德兴农贸公司已发展成为全国同类产品三强企业；集购销、储藏为一体的宏泰万吨冷藏有限公司是全省唯一一家取得进出口权的私营企业。以机械配件、木器加工、建筑建材为主导的乡镇企业稳步发展。

境内总面积达5000余亩的白洼林场，是山东省最大的平原林场，该场培育的白榆树生长快，木质坚实，是国家重点保护植物之一，联合国白榆研究会曾在该场召开。

畜牧业发展实现了规模饲养，其中瘦肉型猪的改良率已达100%，被北京农业大学和济宁市畜牧局定为畜牧饲养试验基地。

马庙镇交通便利，通讯发达，基础设施日臻完善。省道东丰公路穿境而过，辖区公路纵横，实现了村村通公路，村村通电话，村村通有线电视，境内建有电视差转台，沿东丰线两侧正在兴建的6.7公里高标准农贸市场将成为全镇人民生产、金融、文化、娱乐中心、镇驻地百家企业一条街正在施工建设之中，世行二期高科技农业开发项目正在施工中。马庙镇正以经济强镇的姿态跨入21世纪。

山东省海阳市凤城镇

凤城镇位于海阳市南端，全镇总面积76平方公里，南濒黄海，海岸线长48.78公里。距青岛130公里，距烟台120公里，距威海150公里，处于青岛、威海、烟台三个开放城市的中心地带。

境内地势北高南低，腹地广阔，以丘岭为主；南部向海逐步降低，由长条状缓岗过渡到海拔50米左右的海蚀台地。近海一带为冲积平原。由于境内地势北高南低，东西又低于南北，“形如伏鸟舒翼”，故名凤城。

明洪武31年（1398年），朱元璋在沿海设卫屯军防倭，其中与天津卫、威海卫齐名的大嵩卫就设在凤城。清雍正13年（1735年）裁大嵩卫设海阳县，凤城为古老的海阳县城。1968年设凤城人民公社。1984年5月设立凤城镇至今。

全镇39个行政村，总人口31000人，主要居住民族为汉族，1999年全镇人均收入3052元，财政收入545万元。

境内农作物主要有：小麦、玉米、地瓜；经济作物有：花生、大豆；畜牧业主要饲养鸡、猪、牛、羊；水产养殖品种有：中国对虾、日本车虾、太平洋牡蛎、栉孔扇贝、海湾扇贝、皱纹盘鲍、红螺等海珍品和其它传统淡水养殖鱼类。农业领域内蔬菜、畜牧、水产三大产业区域性布局已具雏形。1999年工农业总产值12亿元。

凤城镇工业经济发达，全镇形成了针织、机械、建筑、建材、水产等产业门类。羊毛衫针织加工业是凤城镇的主导产业。现有羊毛衫加工企业54家，以个体私营为主。个体加工户3600户，从事人员4.2万人，年加工能力2500万件。跨入了“烟台市十大产业乡镇”行列。凤城毛衫园区被评为烟台市“十大私营经济园区”之一，成为华东、华北地区重要的毛衫加工出口的集散地。1999年，全镇毛衫行业完成销售收入3.8亿元，占农村经济总收入的33%；上缴国家税金1532万元，占全镇税收总额的89%。羊毛衫产品全部外销，产品出口亚、欧、美20多个国家和地区，年出口交货值3.6亿元。

冻粉加工是凤城的传统加工项目，产品亦称琼脂，为海藻之王天然石花菜经传统精细工艺加工而成，现有加工企业13家，行业年产值2000万元，年产量80吨，产品富含多种营养成份，享誉大江南北。1999年全镇工业总产值6亿元。

保护地蔬菜栽培是凤城高效农业的支柱产业，现有标准日光温室蔬菜大棚3200个，中小弓棚面积3000亩，主要从事淡季蔬菜生产。主要种植品种有：西红柿、黄瓜、芸豆、韭菜等。从业人数4200多人，1999年生产各类新鲜蔬菜4600多吨，年收入6200多万元。

凤城镇北距蓝（村）烟（台）铁路50公里，凤城商港座其南，现有500吨级的泊位2个，100吨级的泊位1个。凤城港被山东省人民政府定为二类口岸对外开放。青（岛）威（海）一级公路贯其北，烟台至凤城一级公路纵贯腹地，交通十分便利。

1999年凤城镇水产品总产量为3万吨，水产生产总收入3.6亿元，占当年农村经济总收入的36%。全镇现有淡水养殖水面1690亩，虾池养殖面积3000亩，浅海养殖面积3000亩。全镇共有传统渔业村15个，各类渔船418只，总码力2.7万。出海作业渔民总人数1300多人。97年全镇捕捞总产量共1.4万吨，全镇渔业大户年收入平均5万元以上。全镇现有冷藏加工厂10家，年加工能力2000多吨。加工产品销往日本、韩国、东南亚等国家和地区，年出口创汇1200万元。

凤城气候温和，四季如春，属东亚湿润型季风气候区，境内人文、自然景观丰富，是山东省风光旅游区的重要组成部分。为了开发旅游资源，1994年成立凤城旅游度假区的重要组成部分。为了开旅游资源，1994年成立凤城旅游度假区管委，与镇党委、政府合署办公。度假区控制面积30平方公里。自1994年以来投入资金2400万元，配套了旅游设施和城市基础设施。海阳万米海滩浴场是到凤城旅游避暑的胜地，这里沙细、滩平、水清、浪缓，海边沙滩曲折绵延一万米，被海内外人士誉为“黄金海岸”。海阳旭宝高尔夫乡村俱乐部是凤城的高级休闲场所，18洞高尔夫球场已对外开放。“东门海市”、“南海甘泉”、“凤台日出”、“嵩岳山色”、“千里仙岛”等自然景观和“滴翠园”、乾隆御书“志洁行芳”牌匾等人文景观年年吸引着中外游客。

海阳大秧歌誉满全球，它源于凤城。明洪熙元年（1425年）大嵩卫的乐舞生闻绍，始扮秧歌于大嵩卫，与指挥、镇抚赵通欢庆“五世同堂”为海阳大秧歌之始。从此，海阳大秧歌便流传下来，每逢春节，村村都要扮演大秧歌来欢庆节日，形式有：跑旱船、跑毛驴、扇子舞、花鼓、锯大缸、箍炉、王大娘、卖货郎等等。1994年海阳大秧歌在沈阳国际民间艺术节上获得了国际金玫瑰奖。

凤城镇的街道以老城区和旅游度假区新建区组成，街道全部硬化、绿化，城市建成区面积500万平方米，绿化面积110万平方米。建有建筑面积2500平方米的中心小学和1.2万平方米的中心初中各一座；镇卫生院建筑面积2600平方米，医疗设备齐全；输变电能力11万伏，电力供应充足；开通了1000门的程控电话；城镇供水实现自来化。

近年来，凤城镇先后被授予山东省城镇建设新型乡镇、山东省体育先进乡镇、山东省计划生育先进单位、山东省党员电化教育基地镇；烟台市级党的建设、社会文化、社会治安综合治理、计划生育等先进乡镇称号。

近几年凤城镇经济和社会发展的总的思路是：以加快区域经济发展为主题，以小城镇建设为立足点，以培育区域主导产业为突破点，通过基本建设拉动，区域开发推动，区域示范带动，对外开放驱动，促进全镇经济总量扩张，经济素质提高，社会环境优化，实现物质文明和精神文明的同步提高、共同发展。

现任凤城镇党委书记王海仁，男，出生于1959年4月，汉族，大本学历。1975年8月参加工作。历任公社党委交通员、秘书，县政府办公室秘书、科长，县交通局副局长，镇党委副书记、镇长，镇党委书记。

现任凤城镇人民政府镇长张成龙，男，出生于1963年2月，汉族，大学本科学历，1985年9月参加工作。历任乡镇经管站长，乡政府副乡长，党委副书记，镇党委副书记、政府镇长。

山东省招远市玲珑镇

〔**基本情况**〕 玲珑镇位于胶东半岛东北部，属山东省招远市管辖。全镇总面积89.4平方公里，总耕地面积2.5万亩，其中花生面积0.5万亩，粮食总面积1.5万亩，辖区49个行政村，1.16万户，4万人口。该镇是中外驰名的烟台苹果重点产区，目前有果品几十个品种，2万多亩果园。主要农副产品有：小麦、玉米、花生、地瓜、大豆、苹果、板栗、葡萄、大樱桃等，品种多、面积广、品质高、味道美。该镇地下蕴藏丰富的黄金资源，有大大小小2000多条可供开采的金矿脉，且藏量多、品位高、矿体厚，有"尖斗砂平斗金"之说，自1975年以来，该镇累计向国家贡献黄金80余万两，无论在年产量还是在人均贡献，都在全国乡镇中名列第一，被誉为"全国黄金第一镇"。

1999年，全镇实现社会总产值23亿元，地方财政收入1700万元，农村经济总收入达到19亿元，农民人均纯收入4334元。

〔**成绩和经验**〕 近几年来，玲珑镇党委政府在两个文明建设中，坚持以邓小平理论和党的一系列方针、政策为指导，按照"黄金立镇、工商强镇、果牧富民、科技先行、示范带动"的工作思路，进一步解放思想，真抓实干，使全镇的经济得到了持续、快速发展。

一、黄金生产得到稳定发展。玲珑镇黄金资源储量和产量居全国乡镇之首，已形成探、采、选、冶、配套的黄金生产格局，近几年来，该镇克服黄金价格大幅度下降带来的不利影响，狠抓各选厂的内部挖潜和技改投入，提高了各运转选厂的经济效益，1999年全镇18个选厂共实现黄金产量3.6万两，上缴利税320万元。

二、镇村工业发展迅速，工业经济稳步增长。全镇共有国家级企业集团2个，省级企业集团5个，形成了黄金、化工、机械、粉丝加工、建筑建材五大行业，产品主要有40多个系列，300多个品种。其中园锥球磨机、多功能植物增效剂、HA－Si长效复合肥获国家专利，荧光增白剂CXT、烟用香精等填补国内空白。具有300多年生产历史的龙口粉丝，采用最佳科学工艺精制而成，年产量达10000多吨，畅销海内外。金欧集团生产的陶瓷地砖、外墙砖在第二、三届中国农业博览会上获得金奖，产品供不应求。1999年全镇完成镇村工业产值17.5亿元，销售收入16.8亿元，利税2.2亿元。

三、个体私营经济得到蓬勃发展。年几年来，镇党委、政府把发展个体私营经济做为带动全镇经济大发展的突破口，规划建设了玲珑镇个体私营经济园区和工业经济园区，并通过出台一系列优惠政策，优化投资环境，不断加大招商引资力度，推动了个体私营经济扩规模、增数量、上档次。目前，两个园区内共有个体工商户320户，从业人员5300人，形成了以饮食服务、商品批发、针织服装、橡胶化工等几大行业，特别是近几年来初步形成规模的橡胶轮胎配套行业，年产值达3.2亿元。主要产品有和兴集团钢丝厂投资5000万元年产4万吨的轮胎钢丝、拔丝；玲珑镇橡胶助剂总厂生产的炭黑、轮胎内胎、促进剂、补强剂、子口布等产品，其中N系列炭黑和钢丝、拔丝镀铜等项目在省、市都是首屈一指的。

四、果业生产再上新台阶。玲珑镇现有果园面积2万亩，年产各类水果2000万公斤，以红富士苹果、大樱桃为主，其中红富士苹果1.2万亩，近几年通过实施"优质苹果工程"，采取果园种草、果品套袋等先进管理技术，年产优质红富士苹果1500万公斤，新嘎拉200万公斤，大樱桃15万公斤，并销往新加坡、香港等国家和地区。

近几年来，该镇先后被评为"全国小康示范镇"、"山东省经济综合实力百强乡镇"、"全省村镇建设新型乡镇"，"山东省中心乡镇"，"烟台市科技创新先进单位"、"烟台市乡镇企业最佳乡镇"，个体私营经济园区被评为"山东省乡镇企业示范区"、"烟台市十佳经济园区"，红富士、秀水、新红星等果品获第二届全国农产品博览会金牌。

〔**规划和发展**〕 成绩说明过去，目标昭示未来。玲珑镇党委政府在今后的工作中，将以"农业产业化、工业现代化，城乡一体化"为总抓手，全面调整农业产业结构，提高经济运行质量，把一个发达、富裕、文明的新玲珑带入21世纪。具体奋斗目标是：2000年完成农村经济总收入20.2亿元，实现工业总产值19.4亿元，销售收入18.4亿元，利税2.84亿元，实现农民人均收入5000元，财政收入2000万元。当前，全镇人民正围绕这一目标，奋力拼搏，开拓玲珑镇更加美好的未来。

山东省招远市张星镇

素有"银丝之乡"之称的山东省招远市张星镇，地处胶东半岛，位于招远市西北部，东依蓬莱仙阁，西临莱州湾，南靠青岛，北壤龙口港。全镇土地面积56.4平方公里，辖43个行政村（48个自然村），总人口3.2万。境内交通发达，黄水路、烟潍高速公路、张新路、丛马路纵横贯穿全境，拥有6000门程控电话和35千伏的变电站。境内自然资源丰富，产业以食品、机械加工、化工、塑料、印刷、建筑建材等行业为主。

进入90年代，镇党委、政府坚持“立起工业支柱，走向农业高效，拓展第三产业，发展外经外贸，建设最佳乡镇”的总体思路，不断弘扬“团结奋进、真抓实干、艰苦创业、争雄夺魁”的张星精神，全镇两个文明建设取得丰硕成果：成为山东省百强乡镇、山东省小城镇建设明星乡镇、烟台市重点对外开放乡镇、烟台市卫生乡镇，享有“龙口粉丝第一镇”、“银丝之乡”、“乡镇企业强镇”和“吨粮镇”的美誉。1999年，全镇实现工农业总产值22亿元，完成农村经济总收入20亿元，农民人均纯收入4500元，地方财政收入2280万元。

龙口粉丝天下第一镇 张星镇是龙口粉丝发源地和主要产地，早在明末清初，当地人就开始了粉丝生产，因经龙口港出口而称为“龙口粉丝”，至今已有300多年的历史，有“银丝之乡”之称。近年来，按照“集团化、规模化、专业化”的发展要求，不断加大技改投入，研制开发系列产品，搞好粉丝的精深加工，迅速建成了三嘉、金港、珍珠、华龙等10大粉丝集团，全镇粉丝年产量达到7万吨，占全国龙口粉丝总产量的70%，年产值5.5亿元。其中70%的产品出口新加坡、菲律宾、泰国、日本、美国、加拿大、德国、法国等55个国家和香港地区。三嘉、金珠、珍珠、旭珠等12个品牌的龙口粉丝靠质量和信誉多次获部优、省优质产品奖，张星镇也因粉丝生产历史最长、产量最高、质量最佳、出口创汇最多而闻名神州，饮誉全球，堪称“龙口粉丝天下第一镇”。

机械加工强镇 机械加工是张星镇的另一重要经济支柱，90年代后期，镇党委政府坚持“抓改革增活力、抓技改增后劲、抓管理增效益”的指导思想，20多家机械加工企业全部改为股份合作制或个体本私营企业。全镇机械加工产品主要有汽车变速箱、各种农机、汽车齿轮及配件、刹车盘、曲轴、凿岩钎具等5大系列200多个品种。鹰轮牌齿轮、池牌曲轴、一字牌内然机冷却水泵等名牌产品荣获部优称号。镇办的中国山东鹰轮集团、烟台远星集团、招远曲轴集团被誉为镇办企业的“三小龙”，全部通过ISO9000质量体系认证，是省级先进企业和烟台市明星企业。1999年，全镇机械加工总产值达到5.8亿元，占据全镇经济的半壁江山。

对外开放重镇 1992年，张星镇被确定为烟台市重点开放乡镇。坚持“扩大宣传抓引资，拓宽渠道抓创汇”思路，狠抓合同外资，实际外资和出口创汇三项指标的落实，拓宽出口创汇领域，形成了粉丝、机械加工产品、农副产品多品种、宽领域的出口创汇格局。全镇现在合资企业10家，累计实际利用外资1500万美元：拥有自营出口权企业12家，年出口创汇1000多万美元。

果品出口基地 张星镇以出产红富士苹果和长把梨而闻名，是国家红富士苹果出口基地，现有优质果园1万亩，年产优质果品1800万公斤，有省级样板园4处，是招远市三大果品管理模式之一。

精神文明建设结硕果 6所中小学容纳全镇4000多名中小学生，九年制义务教育普及率达到99%。计划生育工作在全市前列，是国家“微机管理”和“IC卡管理”试点乡镇。1999年，涌现出3个烟台市级和14个招远市级文明单位，是烟台市社会文化先进乡镇，全镇十星级文明户达到90%。曾获烟台市党建工作先进单位，烟台市老干部工作模范乡镇荣誉称号。

小城镇建设不断加强 连续以每年1000万元的投入，加大镇区基础设施投入，吸引外来人口，逐步建成了设施齐全、功能配套、环境优美、具有较强辐射力的现代化小城镇：辖区人口达到5000人，1999年，被省政府授予山东省村镇建设新型乡镇，馆前姜家村被评为山东省明星村庄。

回首过去，全镇干群同心同德，两个文明建设硕果累累；展望未来，面临着机遇和挑战，任重而道远。尤其是面临中国即将入世和西部大开发这一难得的发展机遇，镇党委、政府主要领导高瞻远瞩，审时度势，满怀豪情，谋求发展，适时提出了“农业立镇、工业强镇、开放活镇、科教兴镇”的发展思路，立足优势、发挥优势、再造优势，重点做好一白一黑两篇大文章，加快一镇一园建设步伐，实施“双万工程”：即用3年时间，把张星镇建成万人规模小城镇，农民人均收入过万元。

两篇大文章 一白指传统产业粉丝生产。突出抓大放小建集团、系列开发深加工、强化宣传创名牌和有效益四个重点，2年内，全镇粉丝污染治理全面达标；3年内，建成万吨粉丝企业3个，年产6000吨的6家，垄断整个粉丝行业；3年内完成粉丝系列开发，粉丝效益番一翻。一黑：指机械加工，建设成工业城、引进高精尖。利用三年的时间，在工业园区内建成至少10家能够吸纳4000余人的机械加工企业，建成全市首家机械加工城。同时，搞好齿轮变速箱、回转支承、刹车盘、夏利曲轴等高科技含量、高附加值、市场前景好的新产品的开发、尽快形成规模。

一镇一园 一镇：即小城镇建设。在镇区现有5000人的基础上，结合招商引资和个体私营经济的发展，3—5年时间，把张星镇建成10000人规模的省级中心镇。镇区住宅区、商贸区、工业园区、娱乐区均已规划结束，公园绿地、健身场、文体活动中心等配套规划已完成。3年内镇区所有街道要全部硬化、绿化、美化、亮化、净化，城市化水平每年要提高18个百分点。一园：即工业园区。该园区建设作为招商引资的主要载体，实行“外商请进来、手续我来办、证件送到手、服务到家门”一条龙服务，建成全市重点工业园区，镇里负责五通一平，加快进驻园区项目的开工建设速度，园区内投资每年达到4000万元。

山东省招远市宋家镇

招远市宋家镇，位于“金城天府”招远市北15公里，全镇辖48个行政村，总面积100平方公里，总人口3.8万。改革开放以来，宋家镇的各项事业突飞猛进，蓬勃发展，工业生产初步形成了以石材、粉丝为主导，黄金、机械、造纸、食品为支柱，其他行业协调发展的良好布局，共拥有工业企业100多家，主要产品40多种，其中383石材、龙口粉丝、铡草机、排气管等产品多次获国家大奖或专利。对外经贸工作成绩斐然，共引进外资2000多万美元，建成7家外资企业。农业生产突出了地方特色，水利基础建设、林果、畜牧业齐头并进，其中1998年建成的万亩自压喷灌工程被列为国家级节水示范工程，蛋鸡饲养总量达到120万只，成为胶东蛋鸡生产第一镇，果品总产达到1200万公斤，红富士苹果、口后柿子、大杏等名优特果品享誉省内，畅销十几个省市。其他的城镇建设、商贸服务、文教卫生、精神文明各项事业也全面发展，到1999年底，全镇工农业总收入达到12.6亿元，人均纯收入4100元。目前的宋家镇经济繁荣、社会稳定，人民安居乐业，先后多次被市授予全国水土保持先进单位、省民政工作全优乡镇，市模范乡镇、社会文化先进乡镇、教育模范乡镇及计划生育先进单位等荣誉称号，成为烟台及招远市对外开放及经济发展的重点乡镇。

宋家镇注重从本地实际出发，发挥优势，走品牌路，做特色文章。以石材资源优势、蛋鸡养殖传统优势、果品生产品牌优势为依托的特色产业镇建设初见成效。

石材产业镇建设已形成规模。

宋家镇的花岗石资源得天独厚，现已探明储量13亿立方米，且花色美、石质好、开发潜力巨大，近几年，全镇着力实施“点石成金”战略，把石材开发作为一项长期性、战略性工作来抓，打好资源开采的基础，扣紧板材加工的关键，抓好管理与服务的配套，改变了以往开发单一性、经营粗放性、发展盲目性的被动局面，使石材业呈现出多成份并举、内向外向同上、产加销管齐快的良好发展态势，特别是1998年以来，镇里提出了建设石材产业镇的三年规划，即以建设石材工贸园区和“十里石材加工长廊”为抓手，以个体私营经济为主体，以板材加工为重点，抓好荒科有效开采和板材精深加工的有机结合，使石材业向着集约化、规模化、产业化的方向发展。镇里制定出台了相应的优惠政策，投资对园区和长廊内的基础设施条件进行了更新完善，并加大力度搞好服务，目前，以镇驻地为中心的石材工贸园区和以张郑线、龙水线为中心的十里石材加工长廊已初具规模，引进外资1000多万美元，建成台安花岗石开发有限公司等4家外资企业，形成了以宏磊石材集团为龙头的板材加工群体，目前全镇共有采石场57处，板材加工厂上百家，年产荒料5万立方米，加工板材180万平方米，石材业已真正成为全镇的主导和支柱型产业，1999年石材及其相关产业的产值已达到全镇工农业总产值的50%以上，所产荒料及板材产品也畅销全国并出口十几个国家和地区，年出口创汇100多万美元，其中板材产品还获得“中国乡镇企业出口产品博览会优质奖”。

蛋鸡养殖业迅猛发展，“胶东蛋鸡生产第一镇”的美名远播省内外。

宋家镇拥有发展蛋鸡养殖的良好基础和条件，特别是近两年，党委政府将其作为农业结构调整和促进农民增收的一个重要切入点，注重了群体与规模的有机结合，搞好生产与市场的良好对接，抓好管理与服务的配套协调，扶带头大户，建养殖小区，带群体跟进，创出了“小规模大群体”这一独具宋家镇特色的发展模式。1999年，全镇蛋鸡饲养量达到120万只，日产鲜蛋5万公斤，年直接经济效益在250万元以上，所产鲜蛋辐射全省并外销江南十几个省市。宋家镇在发展蛋鸡养殖上方向明、定位准、措施硬，舆论、政策、示范、服务四轮联动，相互促进。通过舆论发动、宣传培训、组织外出参观等使广大农民解放了思想，更新了观念，优惠的政策为农民吃下了定心丸，并创造了良好的发展环境，基地的建立把农民由松散的群体连为紧密整体，仅1999年到2000年全镇就新建起12个年饲养量在5万只以上的养殖小区和基地，带动发展养鸡的农户700多家，优质的服务更是为群众解决了技术、物料供应、市场开发等各种后顾之忧，保证了蛋鸡养殖业的合理有序发展。

特色果品开发异军突起。

由于宋家镇独特的山区地理地质条件，果业生产得以迅猛发展，年果品总产量1200万公斤，红富士苹果、柿子、大杏等品种远近闻名，其中本地选出的“金丰”板栗作为山东优良品种在全国推广，石棚山楂、口后柿子被列入山东省名优土特产品，石棚的红富士、嘎拉等苹果在山东省农产品博览会上连获金奖。近两年，宋家镇在对传统果品进行技术品种更新改造的同时，加大了名优特果品特别是干杂果的开发力度，红富士苹果重在稳定规模，提高质量，推广应用了套袋、铺反光膜、壁蜂授粉等新技术，

2000年全镇果品套袋达到4000万个以上，为红富士增质增效打下了基础，以柿子、大杏为重点的干杂果，重在引进新品种，扩大规模，近两年来，共引进金太阳杏、乌克兰大樱桃、雪枣等优质干杂果品种20多个，1999年全镇柿子总产量达到140万公斤，大杏的产量达到80万公斤。该镇主要采取三条措施，一是发挥品牌效应拓市场，宋家镇的柿子、大杏在省内外有很高的知名度，通过统一包装、统一名称及在大中城市设立专卖店的方式，把宋家镇特产叫得更响、卖得更好。二是建基地，扩规模，结合农业结构调整，该镇统一规划集中连片发展干杂果基地10个，总面积4000多亩。三是搞好技术、销售、信息、市场等各方面的服务，保证了果品生产的迅猛发展。

宋家镇的石材产业镇、蛋鸡养殖专业镇和柿子、大杏等干杂果特产镇的建设已形成了相当的规模，但要使专业更专、特色更特，仍需做出更大的努力。对石材产业镇建设，该镇将继续突出板材加工这一重点，加快石材工贸园区建设，形成沿龙水、张新线的“十”字型产业布局，到2010年使板材加工厂达到300家，年加工能力达到500万平方米。蛋鸡养殖继续突出基地建设，不断增加群体数量，扩大行业规模，计划年增饲养量30万只，到2010年总量达到400万只，同时通过组建合作社等方式，抓好产业配套，实现单一养殖向饲、繁、加、销一体的产业格局的转变。果品生产突出抓好山区综合开发和科技应用的有机结合，计划到2010年再引进新品种20个，建成柿子、杏为主的干杂果基地15000亩。

山东省寿光市孙集镇三元朱村

〔概况〕　三元朱村位于寿光县城西南20华里，这里是一片古老而又文明的土地。该村现有205户，797口人。大棚蔬菜492亩，大田菜155亩，优质果园460亩。1999年实现经济总收入2401万元，人均收入7420元，全村储蓄余额1000多万元。现任村党支部书记是十五大党代表、全国劳动模范王乐义。

1989年，冬暖式大棚蔬菜在这里试验成功，创造了亩收入3万元的经济效益，为寿光市蔬菜发展立下了新的里程碑。

冬暖式大棚蔬菜的试验成功，受到了中央及地方各级领导的充分肯定，全市、全省、全国各地的农民纷纷来到三元朱村参观学习请教技术。为便于推广发挥其更大的社会效益，1990年至今，王乐义亲自培训了200多名技术员，10年时间被派到全国17个省、市、自治区传授大棚蔬菜种植技术，掀起了一场绿色革命，其中有27人被当地聘为科技副乡长、镇长。该地的大棚蔬菜也由单一品种向多品种多样化发展。品种有几十个，而且日、美、韩、以色列等国家的品种也已试验成功。大棚洋香瓜、大棚葡萄、早油桃、杏以及农业部从乌克兰引进的大粒樱桃也在大棚内试验成功，并在该村大面积推广。农业部在该地建立育苗、生产于一体千亩开发基地，被列入国家农业综合开发项目。1992年无公害蔬菜也在这里经过检测达标。现在的三元朱村在王乐义的带领下，抓住机遇迈大步、抢科技、上档次，新上20亩高标准大棚，从机械化作业、微机管理、减轻劳动强度方面上水平、上档次。1997年与香港汇众公司联合成立鲁光绿色食品有限公司，实施公司联基地、基地带农户战略，使该村生产的无公害蔬菜打入国外市场。

〔鲁光绿色食品有限公司〕　鲁光公司与香港汇众公司联合成立于1997年，主要培训冬暖式大棚蔬菜技术员、负责人才输出、技术指导及新农药、新化肥、新蔬菜品种引进、试验、推广、销售和绿色食品蔬菜的国内外销售一体化服务。公司现有无公害蔬菜基地500亩，技术人员200名被邀派到全国各地和国外学习指导。近三年来，引进国外蔬菜、水果、名特优新品种60多个，通过试验种植推广，均取得了可喜的经济效益。1997年至今公司生产基地生产的优良品种蔬菜已打入国外市场，销往俄罗斯、韩国、东南亚等国家和香港地区的蔬菜近千吨。同时在国内占领了北京、天津、济南、青岛等大中城市的超级市场。现在的鲁光公司已经是集生产、保鲜、加工、出口、运输于一体的服务公司，创出了一条公司联基地、基地带农户、产供销蔬菜产业化的路子。

鲁光公司在今后的发展中，继续投资扩大生产基地，面积达到1000亩，发展绿色食品蔬菜和保健蔬菜以满足城乡居民生活水平的不断提高，开发名特稀优国内外品种100个以上，引进第三代水果品种300亩，扩大蔬菜水果的保鲜、加工、储存、出口、创汇等系列化服务。进一步突出鲁光公司的品牌形象。鲁光公司愿与有志之士共同商讨、合作、洽谈业务，并提供良好的投资环境和优惠的政策，使双方的利益都得到发展。

联系地址：山东省寿光市孙集镇三元朱村
邮　　编：262729
电　　话：0536－5489289
传　　真：0536－5489289
联 系 人：王仲华

山东省微山县韩庄镇石庄村（山东省济宁市丰乐集团总公司）

山东省济宁市丰乐集团总公司是微山县韩庄镇石庄村

的村办集团企业，座落在鲁西南的苏鲁交界处，西偎风光秀丽的微山湖，紧傍京杭运河、京沪铁路、104国道，具有良好的区位、交通优势。集团总公司是在微山县碳素厂的基础上，通过滚动发展建立起来的。公司下辖碳素厂、冶金化工厂、变性淀粉厂、养殖场、丰乐宾馆大酒店、浴池、停车场。现有职工146人，其中高中级职称者15人，中专以上文化水平者26人。企业占地总面积22000平方米。其中厂房面积8900平方米，设备总动力250千瓦时，固定资产1370万元。

丰乐集团总公司下属企业碳素厂始建于1986年6月。1987年3月将碳素厂搬迁到村外，投资100多万元建成一座具有科技性强，设备先进，设计年生产能力10000吨，占地13300平方米的新型碳素厂，主要生产“丰乐牌”碳素制品。该厂研制的密闭糊（THD—7.）于1990年通过省级专家鉴定填补省内空白，产品畅销全国各地，部分产品出口东南亚。1992年5月，该厂在山东省农科院的技术指导下，投资60多万元建成了冶金化工厂，生产多元素微肥、硫酸铜，经使用证明可使粮食作物增产15%左右，蔬菜增产20%左右。1994年2月投资80余万元建成了肉种鸡场，形成了饲料加工，饲养蛋鸡，孵化鸡苗等系列化生产。1994年4月，经县政府批准，组建为山东省微山县丰乐集团公司。1995年6月碳素厂又投资60多万元，新建年产500吨石墨电极的生产线，安装了一台500吨压力机，一台捏合机，新安排50名村民就业。1995年12月份经济宁市政府批准，组建为山东省济宁市丰乐集团总公司，晋升为市级集团公司。为加强总公司的思想政治工作，同年建立了丰乐集团党总支。1996年3月碳素厂又从郑州轻工学院引进变性淀粉生产技术，投资80多万元建设变性淀粉生产线，现已建成投产。为加快第三产业的发展该厂抓住紧靠104国道的有利条件，于1997年8月份投资100多万元建成了集停车、住宿、餐饮、理发、洗浴等综合性服务为一体的“丰乐大酒店”。1999年碳素厂又建成了一座50吨熔烧石墨电极的倒焰窑。目前，丰乐集团公司已拥有固定资产1000多万元，年创利税150多万元。企业先后被省有关部门评为“重合同守信用企业”，“AA级信用企业”、“系统级先进企业”，1999年丰乐牌密闭式电极糊——研制科学新配方及模具改型制作项目荣获国家有关部门“乡镇企业科技进步奖”，同年该厂生产的石墨电极在99中国国际农业博览会上被评为名牌产品，获得金奖。在产品质量方面被省质量协会评为“社会推荐产品”，1999年公司被中国质量协会评为“质量无投诉企业”。连续十几年被县有关部门评为“先进企业”、“功勋企业”、“明星企业”，连续十几年被省、市有关部门评为“重合同守信用”企业。

该公司的主要做法是：

一、实行股份制，把企业利益和职工利益联系在一起。成立了董事会、民主选举产生了监事会、建立健全了各项规章制度，由于制度健全、财务公开、充分调动了股东的积极性，企业效益不断提高，几年来股东年均20%返回红利，1999年已分配给股东红利160%。

二、干部职工定岗定位，实行经济责任承包制。实行半年初评，年终总评，对不称职者或工作不负责任造成损失者，由考核小组及时给予免职和必要的处罚。严格经济责任承包制度。经营部按销售、供应数量定额提成发放工资，拉大了工资差距，充分调动了经营部人员的积极性。对生产一线的职工实行定质量、定数量、定工资、定原材料消耗、定工时“五定一奖”责任制，节约有奖，浪费自补。职工工资拉开了距离，提高了工人的质量意识。

三、始终坚持质量第一，用户至上的宗旨和质量一票否决的规定，加强对生产过程中的质量管理。该公司制定了“五严格五不准”：（1）严格控制进厂原材料，不合格不准使用；（2）严格工人技术素质，不经考试或考试不合格者不准上岗；（3）严格管理半成品质量，不合格者不准进入下道工序，（4）严格执行工艺规程，不符合规定不准生产；（5）严格成品管理，达不到国家标准或厂自控标准，不准出厂。完善了检验制度，实行自检、互检、专检相结合的三检制，并做到限额、定点、定向生产，成品插牌立标，按班组分开堆放，按班组发货。进厂的原材料，根据产地、质量、批号定库存放，挂牌定标。质量一票否决，产品质量出现问题时不准生产，谁生产，谁负责赔偿，有效地提高了广大干部职工努力提高产品质量的积极性和自觉性。

四、开展“双增双节”，从节约一度电、一斤煤、一斤原材料做起，千方百计地降低产品成本。

五、建立科技攻关小组，增加产品的科技含量，提高产品的市场占有率。该公司建立了以厂长为组长，以工程师、技术员为主要成员的科技攻关小组，选择密闭产品结构调整和模具改制为主攻课题，通过技术攻关，该公司研制的密闭糊经福建省三明化工总厂电石厂20000KVA电炉使用证明消耗少、电耗低，不易断裂，适用于封闭式、半封闭式电炉使用，1999年荣获农业部科技进步奖。

石庄人始终坚持走共同致富的道路，建设社会主义新农村，通过兴办村办企业，逐步走上了富裕路。1999年，全村工农业总产值达到2500多万元，人均收入2600多元，集体公共积累已达到1370多万元，成为市县闻名的经济强村，并连年被市命名为“文明村”。1997年，村党总支被省有关部门授予“先进基层党总支”光荣称号。近年来，村党总支书记、丰乐集团公司董事长张西冷当选为县人大常委，并荣获多项荣誉称号。1994年被授予“济宁市优秀共产党员”、“农民企业家”光荣称号。1998年又被省政府授予“省劳动模范”光荣称号。

“路漫漫其修远兮，吾将上下而求索”。最近，丰乐集团公司提出了用3年时间赶超过去15年的发展速度的奋斗目标。公司将采取引进先进科学技术，发展高科技产品，招聘优秀科技人才等项措施，力促丰乐集团公司和石庄村各项事业蓬勃发展，开创出更加光辉灿烂的明天。

河南省淅川县九重镇

淅川县九重镇地处两省（河南、湖北）、三县市（淅川、丹江口、邓州）结合部，距淅川县城75公里，辖28个行政村，12000户，5.4万人（其中镇区居民8916人），总面积134.4平方公里（其中耕地13万亩，荒山2万亩），岗坡丘陵地约占50%。

九重历史悠久，相传元代义王避乱至此建九重院卜居而得名，蒙古族占总人口的20%，境内名胜古迹较多，现存有明代唐王桥、呈祥寺，禹王庙、成汤寺遗址分别留迹两山峰颠，汤、禹、杏三山竞秀，国家南水北调中线渠首工程气势恢宏，毗连亚洲最大的人工水库——丹江口水库，山青水秀，风景优美，乘船可达丹江“小三峡”，香严寺、武当山等著名风景区，是休闲度假、旅游、疗养的理想去处。

九重属北亚热带大陆性季风气候，年平均气温15.8℃，适宜南北方多种动、植物生长繁衍。该镇具有得天独厚的农业水利条件，引丹提灌站干支斗渠遍布全镇，设计灌溉80%耕地，目前已产生很大效益。主要粮食作物有优质小麦、玉米、红薯等，经济作物有优质小辣椒、烟叶、芝麻等，盛产二花、辛黄、十足全虫等中药材。九重是河南最大的优质小辣椒生产基地，年种植小辣椒7.5万亩以上，产量12000余吨；九重还是南阳重要的畜牧养殖牧地之一，山绵羊养殖是该镇一大特色，建成一个千只小尾寒羊种羊场和万只山羊养殖基地，南阳黄牛、大白山羊、陶岔大白鹅等品种在全市久负盛名。为培育长效经济产业，九重镇1999年种植大枣9000亩，计划三年内达到3万亩，以灵枣，梨枣、赞皇大枣为主要品种建成大枣生产基地。乡镇企业是镇域一大经济支柱，已初步建成辣椒工贸区、街西工业小区、汤禹建材开发区三大工业区和辣椒制品厂、肉联开发公司、石材开发公司等企业，主要产品有淹渍椒、辣椒酱、肉品、石米等、产品运销全国八个省市。到1999年底，全镇社会总产值达到3.9亿元，财政收入达到497.3万元，农民人均纯收入达到2062元，人均居民储蓄额1600元，被南阳市命名为“小康镇”。

境内矿产资源丰富。现已探明汤禹山系有赤铁矿、黏土、重晶石白云质灰岩、大理石、石膏等，且存储量大，品位高，开发条件好。镇区面积达3.8平方公里，辣椒、蔬菜、布匹、生资、农机、畜牧等各类专业市场繁荣有序。有3.5万伏变电站两座，电力条件特点优越：程控电话遍布镇村组户，有GSM基站、有线电视、电视转站、无线调频广播给本镇群众和驻镇人士的工作、学习、娱乐、信息传递带来很多便利。供水排水设施完善。被命名为河南省“中州名镇”，南阳市“一星级集镇”。

九重小城镇有“小广州”之称。“背靠宛洛伏牛山，举目荆襄武陵源”。位置优越，交通便利。豫54线横贯全境，东去20公里达焦柳铁路邓州站，南越35公里与（武）汉十（堰）公路、襄渝铁路相接。境内乘客（货）轮水路35公里达丹江口市。

九重大有希望，前景广阔，该镇正紧紧围绕“三大产业，四项建设”（辣椒、大枣、畜牧；城镇、公路、水利、园区），艰苦创业，励精图治，致力建设南水北调源头生态农业镇、风景名镇、经济强镇同时竭诚欢迎各界有识之士来九重考察、旅游、投资、投智，居家置业，开发建设，共同创造新九重。

河南淅川县九重镇政府

联 系 人：邓少建　0377－4535225

广西南宁市三塘镇

广西南宁市郊区三塘镇位于南宁市东郊，距离市区仅13公里。南梧二级公路、邕武公路横穿全镇，交通极为便利。境内地形以缓坡、丘陵为主，属典型的亚热带气候、阳光、雨量十分充足，种植生产的无籽西瓜、黑美人西瓜及辣椒等，以其外形美观、品质优良、耐贮运等特点深受各地客商的青睐。现将其情况简要介绍如下：

一、西瓜：三塘镇是郊区有名的无籽西瓜生产基地。以缓坡、丘陵为特色种出的无籽西瓜具有甜度高（13度以上）、个大（5—10公斤），肉色鲜红、不带籽、不空心，清甜爽口而闻名区内外。而近年来迅速发展起来的黑美人西瓜，由于其品质优良而引得各地客商纷纷抢购。全镇西瓜常年稳定面积为7000亩，总产14000吨以上。其中春季种植面积5000亩，总产10000吨以上，上市期为4月至6月份，秋季种植2000亩，总产4000吨以上，上市期为9月至10月份，无籽西瓜主要品种有：广西三号、广西五号、广西新六号。

二、辣椒：湘研系列和福椒品种，分布在那况村、三塘村、围村、那陀村、福禄村等，面积2000亩，总产3500吨。收获期为4月至5月份。辣椒个大肉厚、辣味适中，是家庭烹调的好佐料。

南宁市郊区三塘镇人民政府

联 系 人：莫锡佳
邮　　编：530014
电　　话：0771－5820388　5820364
传　　真：0771－5820414
EmaiL：SanTang@163．net

陕西省榆林市青云乡

陕西省榆林市榆阳区青云乡位于市东郊5公里处，总面积8189.5公顷，辖15个行政村，现有人口1.088万。榆佳二级公路穿境而过，交通便利，风景秀丽，环境怡人。西部位于上郡路与榆佳二级公路的交口处，乡村道路全部实现焦砖硬化。青云乡自然资源丰富，有独特的优质天然矿泉水、粘土、煤炭、硅铁、碳化硅等。座落在镇区的青云寺是陕北惟一一个具有规模的佛、道合一古建筑群，是良好的旅游景点。优越的地理位置，使青云乡在工业、农业、商饮服务业、劳务等各行业均获得了较大的发展。青云乡是榆林地区经济最发达的乡镇之一，各种基础设施齐全，位于南川中心的南郊110千伏变电站，为高耗能企业的发展奠定了坚实的能源基础。

近年来，青云乡党委、政府十分重视企业的发展以及新项目、新产品的开发、研制，先后建立和发展了榆林市铁合金厂、榆林市青电冶炼公司、蓝天公司等三个具有一定规模的企业。

榆林市铁合金厂是1987年由乡政府和市建筑公司联合投资200多万元创建的，企业刚刚投产不久就由于产品销售问题而陷入困境，这种情形一直徘徊达五年之久。1993年7月份，企业进行改制，原乡长刘兴伟（带领5名干部）承包了该厂，经过一年多的苦心经营，当年就获利20多万元，使铁合金厂焕发出勃勃生机。

榆林市青电冶炼公司紧靠210国道，前身是创建于1994年的榆林市供电铁合金厂。1998年，为了适应当地经济发展的需要，榆林供电铁合金厂与青云乡政府共同投资联合创办市青电冶炼公司，拥有固定资产1800万元，流动资产800万元，厂区占地50.4亩，全年实现销售收入4100万元，实现利税220万元。青电冶炼公司以生产硅铁和黑色碳化硅为主，现有硅铁炉三座，变压器容量13500KVA；碳化冶炼炉5座，变压器容量3150KVA。年可生产75#硅铁3500吨，88#以上碳化硅3600吨。硅铁主要用于钢铁工业、铸造工业、以及金属镁的生产等；碳化硅具有耐高温、耐磨、防酸等特点，主要用于耐火材料、磨具、磨料的生产以及高速公路建设、机场跑道等工程建设中。为了便于进一步扩大经营规模，公司专设了一座35KV变电站，并拟建10000KVA硅铁炉一台，进一步完善了水、电、路、料场等基础设施。榆林市青电冶炼公司始终坚持“开拓、进取、求实、创新”的企业精神，广结省内外朋友，共同致力于西部大开发、开创美好未来。

1996年乡政府利用本地的交通、通讯和水等资源优势，与地区轻工局联合投资220多万元，在辖区桃花水发源地钟家沟村创办了蓝天公司。其主要产品“蓝天”牌纯净水，年产量2000吨，年销售收入达500余万元，年利税160万元。“蓝天”牌纯净水采用美国美星集团逆渗透水处理设备，以桃花水为原料，生产的一种无细菌、无病毒、去离子、无异味、无杂质等特性的活性富氧水。该产品渗透力强，溶解度高，可淡化人体有机物质，促进新陈代谢，产品符合国际（GB17323—1998），自投放市场以来，一直供不应求。为了最大限度的满足消费者的利益，蓝天公司将其产品向保险公司投保，成为中国人民保险公司质量保证保险单位。为了满足市场需求，蓝天公司拟投资400万元，增扩新的生产线。并且愿与全国各地、各界朋友携手合作，为西部大开发作出更大的贡献。

在这世纪交替之际，青云乡将继续致力于南川、榆佳两公路沿线高效观光农业的综合开发、青云寺旅游景点的建设，争取早日把青云乡建设成为陕北明星小康乡镇。

陕西省府谷县黄甫镇

“黄甫的工作过的硬，落得实，成绩突出，变化有目共睹，主要原因是有一个责任心强、事业心重的好‘当家人’，我们的工作都要向黄甫那样搞，府谷大变样指日可待。黄甫为我县基层工作树立了一面旗帜。”原县委书记、现任榆林市副市长的白玉仁在全县党建现场会上如是说。

黄甫的发展有目共睹，黄甫的工作取得了骄人成绩，可两年前的黄甫却是干部士气不振、纪律焕散、镇容村貌紊乱不堪、街道“晴天尘扑面，雨天一身泥”，镇上居民苦不堪言，基础设施落后、交通不畅、信息闭塞、人民生活挣扎在温饱线上，与府谷经济强县的要求极不相符。由于该镇纯属农业镇，收入单一，面对改革开放、发展市场经济的今天，昔日“金黄甫、银麻镇”的美誉早已不复存在，财政收入不足30万元，政府发展经济的后劲明显不足，被列入府谷后进乡镇。

黄甫要发展、只有发展才有出路、要求发展、就必须实干，在担任清水乡乡长期间就以敢闯、敢干、敢拼而闻名的杨东方1998年被组织委以重任，出任黄甫镇党委书记。之初，就提出了“实干兴镇”的口号，他首先带领班子成员利用十天时间，昼夜不息，深入村户，调查研究，摸清了镇情。经过4次党委会议反复研究讨论，制订了“塑形象立党为公，创辉煌执政为民”的新时期战略目标，作出了“两步走”的兴黄规划。即：第一步大搞以小城镇建设为突破口，以“五通”为目标的基础设施建设，树立党委、政府在群众中的形象，称“形象工程”；第二步加大科技投入，调整产业结构，狠抓以大明绿豆、玉米制种为龙头的经济作物种植，发展大农业，称“富民工程”。

按照既定目标和战略思路，镇党委书记杨东方带领全体干部昼夜奋战，辗转千里，上内蒙、下榆林、到西安、走府谷，争到上级投资、有识之士捐资、包工队垫付等多种方式筹措兴黄资金近400万元，为黄甫人民办了22件好事，为黄甫发展拓开了一片蓝天。

1998年投资306万元，为群众办了12件实事：1. 架通了7个行政村、31个自然村的农电，彻底甩掉了无电村的帽子。2. 新修了镇卫生院，增加了设备，方便了全镇人寻医治病。3. 新建了镇信用大楼。4. 筹措资金新修镇中心小学教学楼，改善了育人环境。5. 新修了镇中心学校围墙、大门、护坡。6. 维修了政府办公楼。7. 新修了政府会议室、饭堂、计生服务站、大门。8. 新修硬化了全县乡镇最长的街道、集贸市场、学校操场。9. 新修和维修了太家沟、山神堂等19所农村小学。10. 修通了总长为35公里的镇村公路。11. 新建抽水站2处，并开通了32门程控电话。12. 新打淤地坝58座，可淤地1540亩，打套管井32眼，水窖560眼。

1999年共投资62万元，为群众办了10件实事。1. 争取上级投资、新修府墙沿黄公路黄甫段。2. 加盖了镇中心学校教师宿办楼。3. 新修维修古楼洞，新建可容纳300人开会的小礼堂，粉刷装修古戏台。4. 新修了20个行政村计生服务室，新修翻新了3村党员活动室。5. 维修学生宿舍28间，购置架子床80套。6. 翻新了政府大院花坛，增设宣传栏，硬化、绿化了机关、校园，开通了有线电网、传真电话。7. 改造了奉塞、新庄则两村农电网，川口、大桃山以及政府所在地的网正在改造之中。8. 新修了镇所在地人饮工程一处。9. 新修农电管理站。10. 改造拓宽府准公路黄甫段8公里。

在党委书记杨东方的带领下，镇容镇貌发生了彻底的变化，“形象工程”初见成效。杨东方的实干精神赢得了全镇万名父老乡亲的交口称赞。政府工作人员士气大振，为民服务的宗旨深入每位干部心中，政府在人民心中威信空前提高，全镇人均纯收入有了大幅增长。大明绿豆、玉米制种已形成规模效益，仅此两项全镇人均增收800多元。两年过去了，全镇已有9个行政村迈进了“小康村”的行列。“富民工程”也有了可喜的进展。

两年多的努力，黄甫镇已今非昔比，小城镇建设已初具规模，基础设施日益雄厚，街道硬化、房屋新建改造、水、电、通信、交通、运输百废俱兴。接踵而来的是一片称赞和众多的荣誉。1998年以来先后被地委、行署评为扶贫攻坚先进集体、“文明单位”、“治安模范乡镇”等，党委书记杨东方也先后被授予“卓越人物奖”和“跨世纪陕西基层工作者十大杰出新闻人物”、“地级学雷锋先进个人”、“地级优秀党务工作者”、“先进信访工作者”、“农村基层组织整建先进工作者”等荣誉称号。

荣誉代表过去，光荣只在未来。为了黄甫的振兴，为了“金黄甫”再现辉煌，杨书记正领导全镇干部，踏踏实实地走好黄甫发展的每一步，继续为黄甫发展多办实事。2000年预计投资126万元，再办8件实事。1. 完成府墙沿黄公路一期工程。2. 完成古公路改造工程。3. 完成全镇新打套管井40眼，新打生产型水窖300眼，新建抽水站2处、人饮工程3处，解决起旱水地800亩。4. 完成黄甫沿街居民房屋新建、扩建、改造工程。5. 完成全镇新修“四田”1000亩，其中新修水地600亩，打百亩以上淤地坝5座，完成造林4200亩，种草5800亩，新建枣园1000亩。6. 完成流域治理30多平方公里。7. 完成四个村的农网改造工程，开通3个行政村的程控电话。8. 新修、拓宽、沙石硬化全镇58公里的通村公路，年内彻底开通村与村之间的断头路。

正是在党委书记杨东方的领导下，今天的黄甫已找回了昔日的辉煌，焕发了第二青春，“金黄甫”正乘着西部大开发的劲风，踏着改革开放的激越鼓点，阔步迈向新的征程。

优秀地区和企事业单位

北京市延庆县

延庆地处北京西北部，距市区70公里，全县总面积2000平方公里，东北南三面环山，西面傍水，中间为盆地，举世闻名的八达岭长城就位于延庆境内。全县人口27万，方圆680平方公里的妫川盆地是90%以上的人口居住区，也是主要的经济区。改革开放以来，延庆已逐步发展成为北京地区优质的农副产品基地和优美的旅游度假基地。

延庆，古称“妫川”。“妫”是特指延庆境内一条由东向西流的河——妫河。延庆有人类活动历史已6000余载。中国历史上最早的一次战争——黄帝和炎帝的阪泉之战，就发生在延庆县上、下阪泉村一带。

燕、秦、汉、明等历朝修筑的长城都从延庆经过，“居庸之险，不在长城，而在八达岭，”从春秋战国时起，延庆一直是兵家必争之地。延庆是历史上京城联系西北各地驿路商道的必经之处。现在，康庄镇还残存着中国面积最大的古驿站遗址。

延庆地处北京的上风上水，是官厅水库、密云水库的上游水源保护区，是京西北重要的生态屏障和避暑胜地。县域内共有森林面积7.6万公顷，林木覆盖率达55.4%，县城绿地覆盖率达53.9%。

延庆县属温带大陆性气候，四季分明，雨量充沛，适合多种农作物生长。一流的生态环境，独特的气候条件，完备的水利设施，肥沃的土地资源，使得延庆成为北京著名的优质农副产品基地。延庆已建成10万亩玉米、5万亩蔬菜、3万亩苹果的“绿色食品”基地，有四大类18个品种的农副产品获准使用绿色食品标志，并统一注册了“八达岭牌”绿色食品商标。在延庆，中外宾客可以食用到无污染、无公害的纯天然绿色食品和蔬菜。

延庆是北京市政府确定的首都旅游卫星城，不仅具有悠久灿烂的历史文化，更有着充满生机的现代化气息和美好的发展未来。八达岭高速公路大大缩短了北京到延庆的距离，从北京到延庆只需50分钟。八达岭至县城连接线扩建为国家二级公路的工程已经启动，八达岭至大同段的高速公路也正在筹备建设之中。此外，京包铁路、大秦电气化铁路、110国道贯穿延庆全境。县内公路成网，各乡镇、各景区都有柏油公路相通。便捷的交通条件为延庆这座现代化首都旅游卫星城的崛起奠定了坚实的基础。

延庆县旅游业自1979年至今，走过了20年的漫长发展道路，取得了长足进步。近十年来，年均接待游人超过500万人次。1999年，全县共接待游人672.9万人次，获旅游收入4.91亿元，上缴利税5056.3万元，分别比1998年增长7.7%、28.3%、18.3%。

目前，延庆初步形成以县城为中心，均匀向四周辐射的南有八达岭长城、北有龙庆峡，西有康西草原，东有仓米古道，中有妫河漂流，西北有松山、古崖居的格局。全县共有开放的景区、景点23个。其中，八达岭长城作为中国万里长城的精华和代表，是世界著名历史文化遗产，列入联合国遗产名录。在1991年被评为中国旅游胜地40佳之首，1999年被评为全国文明旅游风景示范区，至今已累计接待游人1.2亿人次。有“北国漓江”之称的龙庆峡，既有南国山水的秀媚，又不失北国山水的雄浑，1986年被评为北京16景之一，1996年被评为首都文明景区，2000年3月又被评为北京市首批市级风景名胜区。

延庆人因地制宜，随机应变，经历了发展旅游的“三级跳”：

第一跳：变自然劣势为旅游优势。延庆旅游资源丰富，山区面积占72.8%，年平均气温比北京低4度左右，节气比北京整差半个月。由于历史和地理的原因，山高路远，天寒地冷，经济落后，在很长一段时间里就成了外界对延庆的基本看法，对发展旅游非常不利。怎么办？是向落后的自然环境屈服，还是因地制宜地对它进行开发利用？延庆人选择了后者。1987年，延庆尝试利用县域寒冷的气候，借鉴哈尔滨冰灯冰雕艺术，成功地举办了首届龙庆峡冰灯艺术节。从此，龙庆峡冰灯一发而不可止，至今已举办冰灯展14届，接待中外游人400多万。1996年，延庆确定了“旅游牵动”的经济发展战略后，进一步利用冷凉优势和清新优美的自然环境，推出了一年一度的延庆冰雪艺术节和消夏避暑节，逐步将延庆的六大景区及延庆县城区纳入其中，形成总体优势。延庆因此赢得“冰都”和“夏都”的美誉。

冷凉的气候和优美的自然环境相结合，逐步形成了延庆旅游的一大特色。于是，延庆的旅游开始走下八达岭，各景点随着这个思路逐步开发。1988年，融山水林草于一体蕴涵蒙古风情的康西草原正式开放；1991年，千古之谜古崖居开始接待游人；1993年夏，拥有华北最大原始次生林的松山国家自然保护区正式接待游人；1995年夏，风景如画的野鸭湖度假村开始营业；1998年夏，妫河漂流迎来了第一批游人；1999年春，拥有六个小景区的仓米古道又揭开神秘的面纱开始接待游人。至此，延庆的重要景区围绕春天踏青赏花、夏天避暑漂流、秋天登高采摘、冬季赏雪观灯全部对外开放，形成了一年四季无淡季的大好局面。

第二跳：变单一旅游为立体旅游。为此作了两方面的工作。

（一）加强旅游配套基础设施建设。自80年代末以来，八达岭长城先后建成了登城索道缆车、全周影院、长城博物馆、八达岭大型停车场，以及上档次的食宿设施，极大地方便了游客。素有“小漓江”、“小三峡”之称的龙庆峡，自1995年以来，先后建成了气势宏大的亚洲第一龙梯，恍如仙境的百花洞，风驰电掣的高空双翼滑道，引进了充满刺激令人叫绝的高空杂技、高空速降和悬崖蹦极，使游人在青山绿水之间尽情参与娱乐。

为了增加旅游的内容和情趣，延庆巧妙地将旅游与文化体育相结合。在消夏避暑节和冰灯冰雪节上，延庆连续举办了七大古都民间艺术节，八达岭仿古艺术节、长城文化节、消夏音乐会、民间花会汇演、国际铁人三项赛、全国舞龙大赛、全国沙滩排球赛、全国攀岩邀请赛、元旦万人登长城比赛、跳伞表演赛等，使延庆旅游的内容更加丰富多采，给游人留下了深刻的印象。

（二）首都旅游卫星城初具规模。随着现代生活节奏的加快，城市空气污染严重，再加上双休日的推出，许多城里人不再满足单纯到旅游景点转一圈便打道回府，他们在贪图名胜古迹绿水青山之后，很想在充满田园风光的郊区乡村度周末。延庆人抓住这一旅游消费新趋势，于1996年初大胆提出将延庆建成现代化首都旅游卫星城的发展规划，从此延庆县城建设进入了快车道。1996年以来，延庆中心市场、恒生批发市场、夏都公园、妫川广场、八达岭温泉度假村、延庆贵宾楼、圣世苑、中银酒店和华风温泉大城堡等设施相继在延庆建成投入使用，极大地提高了延庆接待能力，延庆县以崭新的形象成为首都旅游卫星城。近几年每逢避暑节和冰灯冰雪节时，延庆10多个宾馆饭店经常爆满。最火爆时，延庆每天接待游客达五六万人，收入达300万元。1995年，延庆平均接待每位游客收入25元，1999年上升到73元。这是延庆发展立体旅游取得的丰硕成果。

第三跳：变资源优势为资本优势。延庆旅游资源丰富多采，但它又是个人少山多经济总量不多的小县，解决旅游开发资金不足就成了突出问题。

1996年，延庆确定了“旅游牵动”的总体经济发展战略后，决定加大思想解放力度，靠外部力量解决缺少资金的问题。

1997年，延庆八达岭长城以出让75%的股份40年作抵押，加盟北京控股有限公司，在香港上市成功，拿回大笔资金，以延庆县城的地热资源为依托，建起了具有浓郁欧式风格的八达岭温泉度假村。1998年，龙庆峡以同样的方式，拿回资金9000万元，先是用2000万元开发了妫河漂流，两年便收回近700万元。1999年，又开发出人们期待已久的龙庆峡神仙院景区，并且很快成为一处深受游人喜欢的风景区。龙庆峡的龙梯、双翼滑道、空中杂技、速降、蹦极等项目，也多是通过合资形式开发的。延庆旅游由原始的生产经营型进入了现代化的资本经营阶段，将资源优势变成了资本优势，打通了融资渠道，加入国际资本大循环的行列。

对于自己一时无力开发的景点或旅游项目，延庆人出租给外来能人开发。1998年春天在八达岭长城脚下新建的八达岭野生动物世界，工程投资1.2亿元，延庆却没出一分钱，只是以出租地皮的形式和对方合作。1999年初在龙庆峡西侧建成的现代化的石京龙滑雪场，也是由外来客商投资3000万元，通过合作方式建成的。他们的加盟，为延庆旅游注入了新鲜血液，成为一支不可忽视的生力军。

摇龙头（八达岭），强龙身（县城旅游卫星城），摆龙尾（延庆其他景区），夏都延庆这条正在腾飞的京郊旅游巨龙，正以崭新的姿态迎接新世纪的到来！

河北省唐山市

唐山是河北省东北部的一座城市，位于环渤海湾地区的中心地带，北依燕山，南临渤海，东距秦皇岛125公里，西距北京180公里，西南距天津120公里，是联结华北、东北的咽喉要地和交通走廊。现辖3市、7县、5区及2个国有农场。总面积13472平方公里，总人口694.4万。其中市区面积1090平方公里，人口163万，是全国较大城市之一。1988年唐山市5区及南部5县（市）被国务院批准为沿海开放地区。

唐山交通发达，通讯便捷。京沈、通坨、京秦、大秦四条铁路干线穿境而过，京哈、津唐、唐港三条高速公路在境内形成“X”型骨架，是全国铁路、公路、高速公路密度最高的地区之一。海上通道有天津、秦皇岛两港及该市与北京市联合建设的国家一类口岸——京唐港，曹妃甸20万吨级深水码头前期准备工作正在加紧进行，将成为“三北”地区走向世界的新出海口。唐山电话普及率城市达到24.4部/百人，农村达到3.4部/百人，开通了30条国际中继线，可直拨182个国家和地区。

唐山是“中国近代工业的摇篮”。唐山曾诞生过中国第一座现代化煤矿、第一条标准轨距铁路、第一台蒸气机车、第一袋水泥和第一件卫生陶瓷。现已成为全国重要的能源、原材料基地，形成了煤炭、钢铁、电力、建材、机械、陶瓷、化工、纺织、造纸、食品等10大支柱行业。主要工业产品年产量为，原煤2268万吨、铁精粉739万吨，铁366万吨、卫生瓷1000万件、釉面砖320万件、日用瓷2.4亿件、纯碱70万吨、原盐222万吨。

唐山是“中国北方革命的发祥地之一”，具有光荣的革命传统。党的主要创始人之一李大钊的故乡就在唐山市乐亭县。1922年中共唐山地委成立，同年爆发了开滦五矿工人大罢工，毛泽东主席曾称赞开滦工人阶级“特别能战斗”。1938年7月，中国共产党领导了冀东10万人抗日暴动，建立了冀东抗日根据地。在社会主义革命和建设时期，唐山又涌现出了一批全国闻名的先进典型：有被毛泽东主席誉为代表整个国家形象的“穷棒子”社，有被周恩来总理誉为“当代活愚公”的沙石峪人民。特别是在纪念唐山抗震20周年之际，江泽民主席亲笔为唐山题词“弘扬公而忘私、患难与共、百折不挠、勇往直前的抗震精神，把新唐山建设得更繁荣、更美好”。所有这些，都已成为激励唐山人民加快改革开放和现代化建设的巨大精神力量。

唐山1976年发生强烈地震，1986年基本完成恢复建设任务。从1986年开始把工作重点转向经济建设。1988年GDP达到102.24亿元，实现了第一个翻一番；1994年GDP达到386.49亿元，实现了第二个翻一番。1999年，全市GDP达到832.5亿元，比上年增长10.7%，经济总量占全省1/6强，占全国1/100强，人均GDP1.2万元；全部财税收入60.17亿元；城镇居民人均可支配收入6300元；农民人均纯收入3404元。

唐山资源丰富。农业资源方面，南部沿海有海岸线195公里，滩涂面积125万亩，是渤海湾的重要渔场，有亚洲最大的长芦盐场。渔类资源占河北省的56%，原盐产量占全国产量的8.5%。北部山区是干鲜果品生产基地，年产量5亿多公斤。“京东板栗”在国内外市场久负盛名，出口量占全国四分之一。中部平原为“冀东粮仓”，主产玉米、小麦、水稻、花生等，已有6个县（市）成为全国粮食生产基地县，7个县（市）成为全国瘦肉型猪生产基地县，是京津和华北地区重要的副食品基地。矿产资源方面，现已发现并探明储量的矿藏有47种，其中煤炭储量50亿吨，是全国焦煤的主要产区；铁矿储量44亿吨，是全国三大铁矿区之一；石油、天然气、黄金等储量也相当可观。正因如此，唐山富藏各具特色的土特产品，被誉为“京东宝地”。

素有“北方瓷都”之称的唐山，陶瓷产品历史悠久，品种繁多，系列纷呈，主要包括日用陶瓷和建筑陶瓷两大类。日用陶瓷创出被誉为“四朵金花”、具有国内先进水平的骨质瓷、白玉瓷、玉瓷和白兰瓷，多次获得国内外大奖，产品销往五大洲几十个国家，创汇颇丰。骨质瓷产品工艺特殊，胎薄如纸，玲珑剔透，瓷质细腻，釉面光滑，乳白莹润，透光度高，或艳丽多姿，或装饰淡雅，雍容大度，实现了中国传统工艺与世界高科技的结合，被誉为“夏日玫瑰”，已销往英、美、德、加、澳等20多个国家和地区。目前国内约1500家星级宾馆、饭店均使用红玫瑰骨瓷餐具。香港回归前夕，香港特区政府专门向唐山订制“红玫瑰”牌骨质瓷，作为庆宴用品。红玫瑰骨质瓷于1984年获国家银质奖，瓷质乳白透明，光灿莹洁；白玉瓷白中透青，晶莹似玉；玉兰瓷质地透明，典雅庄重；白兰瓷瓷质细腻，釉面光滑。唐山的建筑卫生瓷已形成系列化、高档化、配套化，唐山卫生洁具的色调分别有白色、美丽黄、骨色、海军蓝、玫瑰紫、豆绿、翡翠绿、宝石蓝、玛瑙红、墨黑等数十种，具有瓷化程度高，瓷质坚固细腻，耐酸碱性能好，使用寿命长，冲洗功能好，噪音低，结构合理，尺寸标准，釉面光滑，瓷质洁白，造型新颖美观等特点。白瓷白度高，色泽柔和妩媚，对艺术装饰效果起着重要作用。建筑陶瓷通常分为釉面砖、外墙砖、地板砖三个系列。釉面砖产品具有抗折强度高，使用后不变形、不龟裂、耐急冷急热性能好，尺寸标准，棱角分明、线路整齐、背纹清晰，具有釉面光洁，色泽柔和，纹理新颖，格调高雅，经久耐用的特点。外墙砖产品具有吸水率低、抗折强度高、耐酸碱性能好、抗冻性强、釉面光润平滑、色泽柔和、线路整齐、装饰效果好等特点。地板砖分为普通瓷质砖、普通玻化砖和抛光玻光砖三种。色泽分为斑点型、梦幻型、渗透型多种色调。产品同样具有吸水率低、抗折强度高、耐急冷急热性能好、抗冻性强、耐酸碱性能好、耐腐蚀性强、表层平滑、色泽高雅、线路整齐、装饰效果凝重豪华的特点，受到消费者青睐。

号称“冀东粮仓”的唐山，是河北省的主要产粮区，其柏各庄大米、唐海黑米、芦台农场小站稻、滦县花生、迁安粉条等久负盛名。

绿色食品唐海柏各庄大米以粒粒晶莹剔透、均匀饱满、色润秀美，米质香糯爽口、入口绵软、营养丰富，受到广大消费者的欢迎。除供应国内，还远销日本等国外市场，前景广阔。黑稻是中国古老而名贵的水稻品种。由于黑稻加工出的黑糯米营养成份高而名贵，成为宫廷贡品。

黑米之名贵，在于其颗皮中含有丰富的天然黑色素，有乌发、滋阴补血的药用价值。民间俗称之“补血糯”或“长寿米”。唐海十一农场1984年开始引种黑稻；1993年开始较大面积种植，共300亩，其黑米经检测，获得绿色食品标志权，注册为柏各庄黑糯米。1995年农场又扩大了种植面积，黑米开始向国外出口。唐海县十一农场生产的“柏各庄”牌糯米、香糯米在第四届中国科技新产品名优产品博览会上荣获金奖。黑糯米和香糯米以其独特的米质和营养丰富、芬芳适口的特点赢得了好评。小站稻是芦台农场独具特色的优势作物，其特点是：粒型椭圆，色泽鲜亮晶莹，口感清香，滑润细腻。芦台农场小站米直供中南海和京、津、唐等大中城市的宾馆、饭店，同时也是市场上的抢手货。芦台农场利用本地小站稻名牌优势生产的“冠”牌免淘小站米，1996年12月，经河北省环境监测中心站、河北省产品质量监督检验所、中国北方食品监测中心等有关部门综合全面监测，被认为达到无公害、无污染、安全营养的食品标准，由中国绿色仪器发展中心颁发了绿色食品证书。滦县是河北省最大的花生集中产区，常年播种面积27万亩，占全县总耕地的30%。1995年全县出口花生米占全国出口总额的十分之一。1986年，滦县被定为国家“优质花生生产基地县”和“花生生产建设基地县”。1995年国家计委和农业部确定滦县为“商品油料生产基地建设试点县”。滦县花生不含黄曲霉素，得天独厚，滦县花生酱被列为“安全、营养、无公害”食品。迁安粉条，当地称“白薯粉条”，外地称“地瓜粉条”，可分为做粉条炖肉用的宽粉、做拌凉菜用的细粉、做面汤用的汤粉和涮羊肉用的粉丝等多种规格品种，用迁安粉条既可做出多种可口的宴席佳肴，也可做出大众家常菜肴，还可做成雅俗相宜的饮食。其特点是：粗细均匀，外观光洁，色泽纯正，晶莹剔透；有白色、银白色、米黄色三种颜色；质地干而不易碎，韧性强而无杂质，便于长期贮存和运输；耐煮、耐熟、可煮、可泡、可蒸、可炖、可炒、可熬。迁安粉条素以其风味独特、品种齐全、做工精细、质量上乘而饮誉省内外，百余年来产品远销辽、吉、黑三省，天津、北京两市和内蒙古、山西等地。此外，玉田产大白菜久享盛誉，素有“玉白菜”之称，甚至称为“玉菜”。1974年的全国农业展览会玉田大白菜也展出陈列，被人们誉为菜中之上品。玉田白菜属直筒型，顶生叶旋拧成球，叶球细长成圆筒状，做细致分类，有大包尖、二包尖、天津青、玉青、晋菜等，玉田白菜以叶厚、瓤实、嫩脆、味甜而著称，并具有耐贮藏，不抽苔，不乱汤的特点，而且产量较高。据科学分析，玉田白菜含有丰富的各种维生素、矿物质，以及蛋白质、脂肪、糖类、纤维素等人体所需营养特质，不仅为北方广大人民群众所喜爱，就连南方一些城市居民也以吃到玉田白菜为一种“口福”。“玉菜”还销往香港地区和科威特。

唐山有林地面积448.2万亩，果树经济林187万亩。号称京东板栗的迁西板栗在国内外久享盛誉，成为唐山土特产品的一大名品，年产1.3万吨，年出口量800多万公斤，约占全国板栗出口量的1/4，年创汇1500多万美元。迁西板栗色泽鲜艳、果粒整齐、内皮易剥、肉质细腻、糯性粘软、甘甜芳香、营养丰富，营养含量居全国板栗之首，被美食家们称为“大自然恩赐的佳果珍馐”。迁西板栗还有广泛的医疗保健作用，经常食用，有养胃、健脾、补肝、强身、益气、活血之功效。迁西培育的“燕魁”、“早丰”、“大叶青”3个优系品种均被列为国家科研成果。玉田金丝小枣是唐山的重要特产之一，核小、肉厚、皮薄、颜色朱红，含糖成分高，晒干以后犹如软糖一般，用手掰开抻拉，在阳光下仔细观察，可见缕缕金黄色糖丝，加之枣型一般偏小，故名“金丝小枣”。刚刚下树的金丝小枣，生食甜脆、爽口，沁人肺腑。干枣用于蒸粘糕、包粽子，虽经长时间旺火蒸煮，枣型完整不绽，红色更加鲜艳，而周围糯米却洁白如初，毫不染色。昔日农家还常以酒醉枣，更是醇香清甜，别有风味。小枣入药，具有养肝、补脾和健胃之功能。迁西安梨，当地俗称“酸梨”，是京东地区的名产。全县现有栽培面积2.2万亩，33万株，其中结果树约17万余株，常年产量达500万公斤。安梨收获季节，硕果累累压弯枝头，果皮半黄绿色或金黄色，果型端正匀称，单果在125克上下。果肉洁白，有均匀的细小颗粒，口感酸甜细嫩，香气清新爽人。据北京农业大学食品系测定，安梨富有多种人体所需的营养成分：果肉中含有人体代谢过程中所必需的14种氨基酸；每百克果肉中含糖8.78克，含酸1.27克，含维生素C1.54克，可溶性固形物为梨中之冠，既可鲜食，也可干食、冻食和熟食，甜酸适度微偏酸，是冀东人民深为喜爱的风味特产。安梨还有生津润燥化痰的功能。栗蘑是一种珍贵稀有的食药两用菌，为板栗产区所特有。为了满足国际、国内两个市场需要，迁西县科学技术委员会组织专门科技人员，承担了河北省“八五”重点攻关项目——栗蘑人工栽培技术研究。通过近四年的刻苦攻关，实现了大规模人工栽培，最高生物学效率达到了128.5%。1995年全县产鲜菇100万公斤，除供应国内部分市场外，还实现了小批量出口。栗蘑发展势头迅猛，每年生产递增量达100%。栗蘑人工栽培产品与野生品相同，其外观婀娜多姿，层叠似菊；其颜色灰白若淡墨点缀，似薄雾飘浮；其气味清香四溢，沁人心脾；其蘑肉脆嫩爽口，百吃不厌。栗蘑具备全面平衡的营养，对人体具有很好的保健作用和很高的药用价值，如抗癌防癌，抑制高血压和肥胖症，预防动脉硬化，防治糖尿病，增强机体免疫力，延缓衰老、美容养颜等。栗蘑还可直接泡水作茶饮用。此外，乐亭县地处滦河冲击平原，地势平坦，土地肥沃，气候温和，适宜多种作物生长，尤其有几百年鲜桃生产传统，盛产鲜桃，面积达10万多亩，已成为北方最大的鲜桃基地，被农业部命名为“中国鲜桃之乡”。

唐山的水产资源十分丰富，各类水域面积47.1万亩，水产品颇具特色。唐山对虾多产在滦南、唐海两县。唐山水产名品是指明虾，也称中国对虾，壳薄透明，肉味鲜美，营养丰富，是驰名中外的高蛋白营养水产品，也是中国传统的出口水产品之一。对虾，食用方法很多，鲜食可红焖、油煎、溜虾段、卤煮等，也可制成虾干、虾米。唐山名菜谱上就有红焖大虾、两吃大虾等菜肴。丰南地处唐山市南部，南临渤海，滨海地区适合天然淡水鱼类繁衍生息，历史上有金鳞紫蟹唾手可得与两毛一杂之说。“金鳞”是指体态修长，色金黄，鳍尖鲜红的大鲤鱼；“紫蟹”则指体色暗青，八爪横行的毛螃蟹。这两大名产，遍布丰南所辖水域。“两毛一杂”则是指丰南沿海盛产的毛蚶、毛虾、小杂鱼的简称。此外，还盛产梭子蟹、梭鱼、鲈鱼、泥鳅等。毛蚶属双壳贝类，生长在渤海的泥滩，自丰南沿海向西南至山东交界为毛蚶的主要产区，尤以丰南的毛蚶生产能力最强。每年可供上海、宁波等南方地区蚶干3000吨以上，蚶肉可满足国内市场供应。蚶肉可凉拌，可生开壳热炒，可生开或熟开做馅，可用盐腌成肉，还可做成蚶肉罐头等，是一种深受人们欢迎的高蛋白水产品。毛虾也叫雪虾，虾皮，个体较小，生活在渤海沿岸水域，丰南、滦南沿海是该省的毛虾主要产区，尤以丰南的毛虾味美口感好，没有外地那种油砂口感和轻微垫牙的缺点。梭子蟹是海蟹类中的佳品，含肉率最高，外壳最薄，个体最大，熟蟹味美，鲜香扑鼻，诱人口水，鲜红色的甲壳，让人喜爱。泥鳅，属淡水无鳞鱼，体长一般10—20cm，体高3—5cm左右，最大100克左右，遍布丰南水域。泥鳅含蛋白高，不仅在国内市场畅销，而且还是出口创汇的热门货，尤其是日本每年都有大量收购。其营养价值高，可炸、可炖、可煎，可去骨做鱼片、鱼段、鱼馅等。滦南县沿海位于渤海湾，是海蜇的集中产区。在滦南县沿海生产的主要是青蜇和沙蜇两种，成体海蜇主要分为伞部和口腕部。青蜇伞部直径50—60厘米，最大的可达1米。口腕8条，其成体多为褐红色、乳白色和青兰色。沙海蜇细胞发达，有毒，人体被刺伤后皮肤红肿、疼痛，过去渔民不大喜欢捕捞，但近年来沙海蜇销路很好，因而与青蜇一样，成为沿海渔民的主要捕捞对象。海蜇含有12.3%的蛋白质，18.7%的无机盐和多种维生素，风味独特。凉拌海蜇最为脍炙人口，将海蜇干品充分浸泡，洗净切丝，在开水中浸泡约10秒钟，捞出放入冷水中浸透，沥干水份，放入白醋、葱、蒜、姜丝、香油和少量食盐，其味香鲜无比，松脆可口。此外还可做成番茄海蜇、咖哩海蜇等。除食用外，海蜇还有主治妇人劳损、积血带下、小儿风疾丹素、汤火伤、气管炎、热痰咳嗽、颈部淋巴结肿、哮喘、高血压、胃溃疡等药用价值。用海蜇皮、海带和海藻等炖服，有抵制癌症发展的作用。

紫蟹即河蟹，民间则称之为“大毛爪”。野生紫蟹遍布南部西葛、东西尖坨、尖字沽等一带。紫蟹有离水后继续生活的习性，在50年代至60年代，约产200吨，远销天津、北京市场，获利丰厚，其中“醉蟹”为独特的水产加工食品，系用鲜活紫蟹驱入盐水储缸发酵而成，以秋产紫蟹最佳。

唐山海鱼和河鱼产量占全省的50%以上，全年各种鱼类生产总量接近14万吨。唐山市的鱼类生产，可以分为海洋捕捞、海水养殖、淡水养殖三部分。淡水养殖品种主要有鲤鱼、鳙鱼、鲢鱼、罗非鱼等。鲤鱼产量最高，年产4.6万吨。鲢、鳙年产达2.4万吨。草鱼年产约1万吨。罗非鱼、鲫鱼年产量分别为0.6万吨。白鲲鱼年产约0.2万吨。其它鱼类产量则较少。唐山海水养殖以对虾和滩涂贝类为主，养鱼较少。近年来则推广鱼虾套养，海水养殖鱼类产量有所增加。品种主要是梭鱼、鲈鱼、河豚鱼等，供不应求，年产量在0.4万吨左右。唐山市海区共出现鱼类69种，海洋捕捞的品种主要有“黄鲫、日本鱼、棘头梅单鱼、鲚鱼、售氏蛇鳎、叫姑鱼、青鳞鱼等。其产量以青鳞鱼、虾虎鱼、黄鲫等为最高，年产量近3万吨，梭鱼、鲈鱼产量次之，约0.6万吨。其它品种仅几十吨或不足百吨。唐山所产海鱼、河鱼品种繁多，吃法各有讲究。家常鱼自然是大众化的食用方法。讲究一些的则有酱汁块鱼、干烤平鱼、宫烧目鱼、软酶鲫鱼等名菜佳肴。

河北省滦县

一、基本情况

1. 历史概况

滦县历史悠久，早在20万年前的原始社会已有人类在此生息。唐虞时为冀州、幽州地，商为孤竹，周近山戎，秦汉属右北平郡，隋属卢龙，唐设石城、马城二县地，辽天赞二年设州，历经金、元、明、清代。1935年沦为日伪统治区。抗日战争、解放战争期间，与邻县解放区分别组建过丰滦迁、迁滦卢和滦西、滦北等联合县。1958年撤县治建唐山市滦州区，次年复县。1983年行市辖县制，遂属唐山市至今。

2. 自然地理

滦县位于河北省东北部，地处东经118°14′—118°49′，北纬39°35′—39°58′之间，东西横距45公里，南北纵距40公里，总面积1027平方公里。周边与九县区接壤：东隔滦河与昌黎、卢龙二县相望，西临古冶区、开平区、新区、丰润县，南毗滦南，北接迁西、迁安。县人民政府驻地滦县新城，西距唐山市55公里、天津市165公里、北京市260公里，西南距省会石家庄412公里，东距秦皇岛市85公里。

滦县地形以平原为主，地势西北高东南低，西北部是丘陵山地，中部、东南部地势平坦，西南部低洼。全县地貌类型可分为五种：(1)低山丘陵，总面积141平方公里，占全县面积的13.7%。主要山峰有华山、桃山、达麦峪、城山、首阳山、青龙山、岩山等。其中城山海拔535.7米，为县内最高峰。(2)倾斜岗坡，面积103平方公里，占10%强。(3)洪冲击平原，总面积713平方公里，占69.2%，主要分布在西北部榛子镇、杨柳庄盆地和中南部滦河流域地区。(4)冲击平原，面积25平方公里，占2.5%。(5)河漫滩，共33平方公里，占3.3%，主要分布在滦河河道西侧，为汛期洪水淹没地带。境内有大小河流9条，水域总面积50平方公里。滦河是境内最大河流，境内全长41公里，流域面积55平方公里，最大洪峰曾达34000立方米/秒。

3. 行政区划

滦县现辖9镇11乡，其中9个镇是滦州镇、榛子镇、响堂镇、东安各庄镇、油榨镇、九百户镇、雷庄镇、茨榆坨镇、杨柳庄镇。11个乡是古马乡、兴隆庄乡、郑庄乡、泡石淀乡、西晒甲坨乡、小马庄乡、樊各庄乡、马庄子乡、高城子乡、冯庄乡、龙坨乡。包括504个村委会和22个居委会。人民政府驻地设在滦县新城。

4. 人口资源

全县总人口535959人，人口总量位居全市第六位。全县已婚育龄妇女114674人，到2000年3月底统计全县人口出生率5.45‰，自然增长率1.44‰，综合节育率90.59%。人口性别比为106.47。第四次人口普查结果显示0—14岁少儿人口为142309人，15—64岁人口为342814人，65岁以上老龄人口为31793人，占人口比例分别27.53%、66.32%和6.15%，按照国际通用划分年龄结构标准我县属“成年型”。

在全县6岁及6岁以上人口中，具有小学、初中、高中和大专以上文化程度的人口分别为220732人、143010人、46385人和5356人，所占比重分别为47.28%、30.63%和1.15%。15岁及15岁以上文盲半文盲人口比重为1.04%，文盲半文盲人口与“四普”相比下降7.74%，减少18678人。平均受教育年限由1990年的8年增加到11年。

5. 土地资源

滦县土壤面积1270883亩，占全县总土地面积的82.35%。土壤类型共分5个土类（包括10个亚类、24个土属、51个土种），按面积大小排列：一是褐土，面积1203459亩，占土壤总面积的94.7%，全县各地均有分布。其中草甸褐土是褐土类中面积最大的一个亚类，面积865454亩，占褐土面积的71.9%，为全县主要产粮区和花生产区。二是潮土，面积50094亩，占土壤总面积的3.94%，主要由河流低洼部位发育而来，分布于响堂镇南部李兴庄一带。适宜种植小麦、玉米等粮食作物。此外，还有水稻土，面积7887亩，适宜种植水稻；风砂土，面积8694亩，大部为滦河滩，有待开发利用；沼泽土，面积746亩，生长植物有芦苇及湿生杂草。

滦县土壤资源丰富，榛杨盆地和李兴庄一带土层较厚，质地较好，盛产粮食；东安各庄、雷庄、西晒甲坨一带为沙地，养份贫乏，且漏水漏肥，多为种植花生；山地土层较薄，农作物产量相对较低，主要分布于县城西北及东北部。

6. 矿产资源

滦县境内矿产资源较为丰富。目前发现的矿产资源有铁、石灰岩（制碱灰岩、水泥灰岩、熔剂灰岩）、石英砂岩、钾长石、花岗岩、海泡石、陶粒页岩、粘土矿、砂、矿泉石、地热等重要矿产十一种。其中已探明储量的有3种：铁、石灰岩、石英砂岩。占全县矿种产量的一半以上，是滦县的优势矿产。

铁矿是滦县境内主要矿产之一，现探明储量近24亿吨，主要分布在司家营、常峪一带，其占有储量19亿吨，其它矿山占有储量2.3亿吨。

非金属矿产以石灰岩矿为主，累计探明储量达3.2亿吨，主要分布在泡石淀乡的窟窿山、杨柳庄镇桃山、偏山一带，是上等的水泥原料。此外，石英砂岩矿有3处，累计探明储量达5329万吨，主要分布在雷庄镇甲山、芝麻山、拐子山一带，是目前冀东最大的玻璃原料产地——秦皇岛耀华玻璃厂的原料基地。

其它非金属矿产现有粘土矿42处，主要分布于响堂镇、九百户镇、滦州镇等地。砂场2处，钾长石矿2处，主要用于附近建筑材料等。

尚未充分利用的资源还有陶粒页岩、花岗岩、海泡石等，这些矿产开发前景良好。

7. 水利资源

滦县水资源总量2.101亿立方米，人均占有量为407.2立方米，亩均水资源量为249.2立主米。在唐山地区的排位是按水资源总量，排在第七位；按人均水资源量，排在第六位；按亩均水资源量，排在第五位。滦县多年平均降水量为656毫米，降水分布规律由北向南逐渐减少。多年平均降水总量为65534.4万立方米。多水年份与少水年份降水量相差悬殊。降水量年内分配也很不均匀，全年降水量的80%集中在6—9月份。

滦县多年平均径流深94.6毫米，径流受大气降水影响，径流深度由北向南逐渐变小，多年平均径流总量0.9231亿立方米。

滦县客水入境有滦河、沙河、管河，境外面积44341.3平方公里；多年平均入境水量92500万立方米。滦县地下水资源总量为1.48亿立方米，其中平原区为1.15亿立方米，山区为0.33亿立方米。

随着工农业的迅速发展，地下水得到了大规模的开发利用，由于长时期地过量开采，全县地下水位逐年下降，已经形成雷庄、塔坨两个地下水位下降漏斗，面积约25.8平方公里。

滦县浅层地下水总矿化度未超过1克/升，局部地区的地下水中汞、铁、镉、镐、硒等离子超量，水的硬度10—15度，酸碱度（PH值）为6.5—8.0，只有东部某些地区水的硬度偏大，对工农业生产及人民生活影响较小。

8. 主要特产

花生是滦县的重要物产，常年种植面积25万亩，产量5.1万吨，年加工能力4万吨以上。滦县已被国家定为“优质花生生产基地”，并获得“中国花生之乡”称号。以花生为原料加工而成的食品主要有乳白花生、花生巧克力、神逗豆、花生酥糖等4大类42个品种，并以其香脆可口、味道悠长而畅销国内外。

9. 经济支柱产业

滦县经济发展具有相当潜力和广阔前景。现有年销售收入1000万元以上的企业8家，500万元以上的企业45家，已经形成了以新兴建材、食品加工、商品包装三大行业为主体工业格局。其中广建、特水、南光、天申等企业在省内外产生广泛影响。畜牧业发展迅速，已建规模养殖小区29个，畜牧业占农业总产值的比重达到38%。双向开放不断扩大，目前三资企业已达到18家，并形成了台商、韩商两大投资热点。

10. 名胜古迹

滦县的文物古迹众多。旧时，由于宗教需要，兴建了许多寺庙。据专门目的所建的还有殿、坛、观、堂、院、楼、阁等。旧县志中记载的庙宇、楼阁近300处，至今均已废弃。滦县现有县级文物保护单位6处，另有多处古遗址，出土了许多珍贵文物，如古代钱币、铜器、瓷器等。滦县的名胜众多，有岩山虎踞、滦水龙翔、偏凉虚阁、横井浮烟、围山泉瀑、天渠应侯、金泉渠月、龙溪地桥等八处，故有“滦州八景”之说，另外，还有夷齐庙、雪峰寺、响水桥、滦河老铁桥等。

二、政治概要

1. 领导班子

县四大班子成员27人，其中省管干部2人，市管干部25人。县党政班子成员16人，平均年龄42.5岁，其中大本6人，大专10人。

全县20个镇乡党政领导班子成员232人，平均年龄39.6岁（40名党政正职平均年龄40.1岁）。有本科学历的21人，占9.1%，大专学历的100人，占43.1%。

县直82个部门347名班子成员中，50—55岁111人，占32%，35岁以下11人，占3%。有大本学历的58人，占16.7%，大专学历的152人，占43.8%。

全县各级各类干部共9056人，其中县级干部29人，局级干部713人。

2. 民族分布

滦县属散杂居民族人口较多的县份。全县共有满族、回族、蒙古族、壮族、朝鲜族、黎族、苗族、瑶族、布依族、彝族、羌族、达斡尔族等17个少数民族，总人口7013人，占全县总人口1.3%。分布在全县18个镇乡，171个街村。97%居住在农村。相对聚居区有滦州镇550人，榛子镇442人，东安各庄镇359人，雷庄镇451人，响堂镇3290人，高城子乡853人，有13个民族村，其中满族村12个，回族村1个。

世居滦县的满族5857人，占少数民族人口的83.52%，主要居住在响堂镇、高城子乡、雷庄镇、滦州镇和杨柳庄镇。回族812人，主要居住在滦州镇、东安各庄镇和榛子镇。其他15个少数民族344人，以散居形式居住在该县的其他镇乡和县直有关单位。

滦县各少数民族的民族平等权利受到了充分尊重。全县有少数民族干部119人，占全县干部总数1.2%，其中，县级2名，副局乡级13人，股级10人。县十一届人大少数民族代表7人，占代表总数的3%。县六届政协少数民族委员13人，占委员总数的7.7%，都分别高于人口比例。全县少数民族经济文化事业有了较大发展，人民生活水平显著提高，全县13个民族村已于1998年底前全部实现了小康。民族团结进步事业蒸蒸日上，该县高城子乡鲁新庄村和响堂镇顾怀合作为该县民族团结进步的先进集体和个人，光荣地出席了1998年唐山市政府民族团结进步事业表彰大会。

三、国民经济与社会发展

	单　位	1999年完成	2000年1—6月完成
国内生产总值	万元	436473	218760
第一产业增加值	万元	119882	44358
第二产业增加值	万元	173555	98363
第三产业增加值	万元	143036	76039
农业产值（现价）	万元	220152	84805
农业产值（不变价）	万元	136014	56369
500万元以上工业（现价）	万元	101155	54036
500万元以上工业（不变价）	万元	102160	54713
粮食总产量	吨	272076	116753
社会消费品零售总额	万元	132487	71567
全社会固定资产投资	万元	109034	38527
地方固定资产投资	万元	69874	25923
农民人均纯收入	元/人	3303	1450
职工平均工资	元/人	5140	2551
实际利用外资	万美元	652.15	19

河北省滦南县

1. 历史概况

滦南县于1946年5月18日建置，因位于滦县南部，故名滦南县。当时，县佐公署驻地奔城。1947年4月21日滦南县佐公署改称滦南县政府。

1947年2月，随着国民党军队进攻解放区，国民党在奔城建立滦宁县。1947年12月中旬，在中国人民解放军的打击下，滦宁县政府逃到董各庄。1948年5月16日，国民党军队盘据的董各庄据点被攻克，滦南县全境解放。

1949年1月，平津战役胜利结束，河北省全境解放。3月11日，恢复冀东行政公署，滦南县属冀东行政公署第十二专署。1949年8月1日，恢复河北省，撤销行政公署，建立唐山专署，滦南县属之。

1954年7月，撤销滦南县建制，并入滦县。同年9月实现人民公社化，原滦南县境内共建立跃进（扒齿港）、火箭（奔城）、红光（胡各庄）、渤涛（南堡）、卫星（长凝）、超英（司各庄）、群英（柏各庄）7个人民公社。11月29日，撤销滦县建制，建立滦州区。跃进公社划归滦州区；火箭、红光、渤涛、卫星4个公社划归乐亭县，超英、群英2个公社划归唐山市柏各庄区。1961年公社体制改革，划归滦州区、柏各庄区和乐亭县的7个公社划分为扒齿港、青坨营、大沙窝、川林、程庄、奔城、姜泡、官寨、上坡子、宋道口、侯各庄、胡各庄、方各庄、坨里、高庄子、姚王庄、高各庄（后改为西万坨）、南堡、杨岭、柳赞、长凝、乐营、马城、南套、大马庄、司各庄、徐庄、油盘庄、周各庄、安各庄、柏各庄、东黄坨、喑牛淀33个公社。同年，将唐山市柏各庄区所辖的柏各庄、东黄坨、喑牛淀、司各庄、徐庄、周各庄、油盘庄、安各庄和乐亭县所辖的南堡、柳赞、杨岭11个公社划归丰南县。1962年1月，将油盘庄公社划分为油盘庄、邢洪林2个公社。

1963年1月，恢复滦南县建制，划归乐亭、滦县、丰南三县的34个公社复归滦南县。此时，滦南县隶属于唐山地区专员公署。1968年，唐山地区专员公署改称唐山地区革命委员会。1978年改称唐山地区行政公署，滦南县归其所辖。1983年5月16日，撤销唐山地区行政公署，实行市管县体制，滦南县归唐山市所辖至今。滦南县现辖15个镇、8个管理区，596个自然村，594个行政村。

2. 自然地理

滦南县位于河北省东北部，唐山市东南部，渤海湾北岸。东邻乐亭县，西与丰南县交界，西南同唐海县毗连，南濒临渤海，北界滦县。地处东经118°12′—118°53′，北纬39°12′—39°39′之间，县境属滨海平原，地势平坦，北高南低，全境无山。县人民政府驻地奔城，西北距唐山市区44公里，西南距省会石家庄396公里，西距首都北京250公里，西南距天津市区182公里，东距秦皇岛121公里。

总面积：1270平方公里，占唐山市总面积的10.41%。

南北长度：88公里

东西宽度：66公里

海岸线长度90公里，其中大陆岸线79.8公里，另有岛屿岸线10.2公里。

3. 农业和农业产业结构调整

按照分区域发展特色经济思路，调整农业产业结构，开发沙区、优化壤区、提高稻区、突破沿海，全县农业和农村经济发展取得显著成效。1999年，实现农业总产值18亿元，比上年增长7.2%。

1998年以来，全县累计打机井1459眼，基本实现水利化。同时，分区域调整农业产业结构步伐加快。东部壤区果菜产业带建设初具规模，果菜面积达到7.8万亩，蔬菜产量88万吨，果品产量6万吨。西部沙区大力发展肉鸡、奶牛、良种猪特色畜牧养殖，全县出栏中红肉鸡700万只，奶牛存栏1.07万头，生猪存栏33.6万头。稻区加快产业结构调整，大力发展稻菜双茬、稻田养蟹等复合种养。南部沿海突出养虾、稳定养贝，大力发展设施养殖和混养，全县贝类养殖面积达到4.6万亩，养殖总产量达到5100吨，对虾面积稳定在5万亩，对虾总产量达到2060吨。沿海捕捞造大船出远海，提高了捕捞效益，海水捕捞总产量达到8万多吨。通过调整结构，发展主导产业，全县农牧渔三业比例达到50:33:17。牧、渔两业占农业的比重得到提高，粮经比例达到7:3。

4. 主要物产：(99年底统计)

(1) 农作物情况：

水稻303348亩，总产176596吨；玉米6820亩，总产141447吨；小麦242247亩，总产102278吨；棉花22254亩，总产315吨；油料227616亩，总产33659吨；蔬菜15万亩，总产886281吨；干鲜果品67215亩，总产60190吨。

(2) 动物资源：

肉类总产量66709吨；禽蛋产量23304吨；生猪存栏33.65万头；大牲畜存栏13.15万头；奶牛存栏1.03万头；牛奶产量35885吨。

(3) 水产资源：

全县先后建立贝类养殖公司7个，贝类精养面积4.6万亩，野生和养殖品种有杂色蛤、文蛤、青蛤、牡蛎、毛蚶、缢蛏、四角蛤等，贝类产量13552吨。海水捕捞业全面发展，主要水产品有面条鱼、梭鱼、镜鱼、鲈鱼、海蜇、虾、蟹等。全县拥有机动渔船1538艘。1999年新增350马力铁壳船7对，新增120马力渔船120只，全县水产品产量达115689吨，比上年增长16.9%。其中，海水捕捞产量达84100吨，比上年增长17.9%。

(4) 林业资源：

林地面积14394公顷，四旁植树9814800株，育苗面积240亩，木材采伐量4227立方米。森林覆盖率18.75%，果园面积4481公顷，鲜果产量6万吨。

(5) 著名土特产品：

该县自古有“三米之乡”——大米、海米、花生米，并有中红肉鸡等。

大米。稻谷年产量18万余吨，居河北省首位，稻米质量优良，清香可口，富有粘性，可与天津小站稻米媲美，花生米，产于西北部沙区，年产量2万吨，所产花生米以粒饱、色好、脂肪多、维生素含量高，在国际市场上被称为东路花生。对虾，以个大、皮薄、色正、肉质鲜嫩著称，受到外商的赞誉。稻草，年产量17万吨，是造纸和稻草帘加工的理想原料。

5. 县内骨干企业基本情况：

1998年新一届党政班子组成后，致力于扶优扶强，壮大优势行业，中红肉鸡、熊猫热电、大洋盐业、滦化化工、奔丰电子、乳胶手套、冀腾纸业、庄头北陶瓷等八大支柱企业不断发展壮大。1999年，八大支柱完成利税8200万元，占销售收入500万元以上工业企业完成利税的65%。八大支柱15项扩建、技改工程，总投资2.45亿元，正加紧实施。八大支柱对县域经济的支撑作用进一步明显。

(1) 冀腾纸业公司：

河北冀腾纸业公司组建于1992年，是生产多种机制纸板的专业厂家，国有大型企业，中国100家最大造纸工业企业，河北省优势企业，河北省轻工业排头厂，全国最佳形象企业AAA级，现有职工3347人，其中工程技术人员350人，占地73万平方米，资产总值4.4亿元，其中固定资产2.77亿元。企业技术力量雄厚，设备先进、工艺合理，生产各种规格牛皮箱板纸、高档涂布白板纸、高强瓦楞原纸，年生产能力18万吨。

近几年来，公司大力实施名牌战略，坚持“质量第一、用户至上”的宗旨。99年通过ISO9002质量体系认证。产品以质量上乘、规格齐全深受用户青睐，在市场上享有盛誉，连续5年一直保持销售旺势，被海尔、海信、联想等著名品牌厂家选作包装用纸。先后荣获“中国名牌商品”、“省名牌产品”、全国第四届、第五届“消费者信得过产品”、“最受消费者欢迎的最佳产品”、“全国包装科技成果一等奖”、“河北省免检产品”、“省科技进步特等奖”等称号，“冀腾”商标被省工商局命名为著名商标。企业连续10年被唐山市工商行政管理局命名为“重合同、守信用”企业，连续三年被市农行命名为“AAA”信用企业、“最佳形象企业”等称号。

公司积极推进科技进步，大搞科技兴厂。在注重人才培养、选拔、建设高素质职工队伍的同时，在经营管理、装备档次、技术工艺等各方面瞄准国内先进水平，努力向现代化企业迈进。在企业推行了ISO9002质量体系认证等新的管理办法，并对设备进行更新和改造，使企业的装备水平、技术、工艺水平居国内领先地位。1996年以来，公司按照“厂内加线、线上加机”的思路，不断加大技改扩建力度，经过连续8次技改扩建，规模优势和效益日益显现。99年实现利税7641万元，其中利润5731万元。

为加快企业发展步伐，谋求更大发展，公司决定建设10万吨A级牛皮箱板纸技改项目。项目总投资21911万元，建设投资19955万元，流动资金5928万，其中需用外汇662万美元。项目建成投产后，年可生产牛皮箱板纸10万吨，销售收入42840万元，销售税金1774万元，利润5611万元，投资利润率21.68%，投资利税率28.53%。项目税前内部收益率达27.12%，投资回收期为5.17年。

该项目被国家经贸委列入产业结构调整导向性计划项目、省重点工程，获国家99年财政债券贴息支持。项目征地进行完毕，可研报告、环评均获通过并已批复。项目资金国家开发银行已有贷款正式承诺函，其它工作正在积极进行中。

(2) 唐山市中红肉鸡生产有限公司：

唐山市中红肉鸡生产有限公司是滦南县外贸公司与日本丸红株式会社（居世界十大商社第六位）、中国粮油食品进出口总公司、河北省食品进出口公司合资兴建的。由于经营不善，到1997年亏损1亿多元，致使日本丸红撤股。

1998年二次启动后的唐山中红肉鸡生产有限公司，是由滦南县外贸公司、河北省食品进出口公司、中国粮油食品进出口总公司和加拿大科曼投资有限公司合资兴建的集饲料生产、雏鸡孵化、肉鸡饲养、屠宰加工及销售为一体的大型系列化企业，总投资2766.9万美元，注册资本2060万美元。公司下设20家企业，包括1个饲料厂、2个种鸡场、1个孵化场、1个加工冷冻厂、1个熟食品加工厂、14个肉鸡养殖场。年孵化雏鸡1650万只，出栏肉鸡1200万只，加工1200万只，年产各种肉鸡饲料8万吨，公司规模居河北省前列。公司拥有先进的生产设备和雄厚的技术力量，主要设备从日本、美国等国引进，拥有大中专毕业生和各种专业人才300多名。肉鸡产品以品种多样、规格齐全、质量上乘畅销国际、国内市场，外销产品大部分出口日本，内销产品遍及18个省、市、自治区。

二次启动后的中红公司实施肉鸡产业化发展战略，实行“公司+农户”、“合同+服务”的经营模式，努力发展肉鸡生产，实现了“风险共担、利益共享”，较好地带动了农民致富。

(3) 唐山庄头北建材有限公司：

唐山庄头北建材有限公司是滦南县外贸公司与台湾庄头北工业股份有限公司共同投资兴办的大型合资企业，项目总投资1600万美元，注册资本1600万美元，其中中方占12.28%，外方占87.72%。该项目1996年开工兴建，已建成5万件试制车间和30万件生产线并投入生产。该公司产品优良，主要出口欧美、供应国内星级以上宾馆。

(4) 大洋盐业：

该县拥有三个盐厂，盐田总面积32.33万公亩，职工总数1100人。其中一盐厂，盐田面积9.5万公亩，年设计能力7万吨。二盐厂，盐田面积14.85万公亩，产量10万吨。三盐厂盐田面积7.98万公亩，设计能力10万吨，现有4万吨。1999年，全县原盐产量16万吨，创产值2320万元，利税806万元。

为了盘活三盐场闲置的盐田面积，1999年，由唐山大洋盐业集团、滦南县第二盐场、滦南县恒安工贸中心三方租赁滩涂合资兴办了三联盐业有限公司。项目计划投资800万元，设计盐田面积9.8万公亩，建成后，原盐产量5.5万吨，年产值783万元，年利税474万元。

目前，该工程一、二、三、四场已基本完工，3付结晶单元主体基本完工，一至四场已全部灌水蒸发。该工程已完成投资300万元，十月可完成2000年全部计划工程量。

(5) 唐山滦化集团公司：

唐山滦化集团公司下属化肥厂、生物化工厂等22个成员企业，拥有化肥、L—苹果酸等9大系列产品，是一个集生产、经营、流通、服务为一体，工贸结合的综合性企业集团，组建于1993年2月。1996年底拥有资产总额1.16亿元，干部职工2600人，现有各种技术人才200名，其中高、中级职称的120名。为国家大二型企业。滦华集团所属东方玻璃厂已于99年完成股份制改造，生产经营形势红火。化肥厂由于产品老化、设备陈旧，已陷于停产半停产状态。

(6) 唐山熊猫热电有限公司：

项目总投资11912.5万美元，注册资本4765万美元，其中，中方575.6万美元，已全部到位，美国熊猫能源有限公司4189.4万美元，已在国外融资成功，并按投资计划打入合资项目，该项目于1997年3月中旬动工兴建，工程进展较顺利。经过两年多建设，两台机组分别于1999年5月和1999年12月并网发电，但由于设备安装缺陷较多，试运行中多次发生事故，直到2000年6月，两台机组才正式进入商业运行。预计年发电5.5亿度，可实现利税4000万元。

(7) 汇通电子：

该公司原为县经贸委与香港吉利丰企业公司于1992年建成的合资企业，总投资110万美元，占地2.7万平方米，建筑面积4000平方米，设备50台套，主要生产晶体元器件，生产能力1000万只。由于技术、市场、体制等多种原因，长期亏损。1998年以来，通过内引外联，寻求到两个合资伙伴。经贸委与安士生、郭宏杰共同出资组建了唐山汇通电子有限责任公司，实施先股后租，由汇通公司以年租费80万元，安置原奔丰公司职工的形式租赁奔丰公司的资产，企业起死回升，步入良性发展轨道。

2000年上半年，由经贸委、安士生、郭宏杰和香港宏光集团共同投资500万元又组建了唐山海通电子有限责任公司，注册资金158万元。主要生产49S基座产品，现已开工兴建，预计9月底即可投产，年产量可达800万只。

(8) 唐山三丰饲料有限公司：

该公司是由唐山三丰实业（集团）公司、唐山市粮油食品出口总公司和美国中粮（纽约）有限公司共同投资兴建的合资企业，始建于1989年。注册资本600万美元，其中中方投资395.23万美元，占62.8%，占地80000平方米，为全国50家最大饲料工业企业之一。

公司现生产包括肉鸡、肉猪、淡水鱼、河蟹、肉牛、对虾等六大系列28个品种的饲料，年生产能力20万吨。饲料产品销售遍及京、津、冀、鲁、辽及内蒙古等北方六省区。

6. 政治概况：

(1) 机构设置。全县有15个镇，8个管理区，594个行政村，102个县直单位，其中党群窗口25个。

(2) 干部构成。全县有在职国家干部11851名，其中局级干部157名，副局级干部384名；副局级以上妇女干部39名，非党干部12名；副局级以上干部中有大本学历的52名，大专学历的145名。在职干部中有专业技术职称的5764名。

(3) 组织状况。全县有基层党委38个，总支40个、支部1192个，截止到1999年底党员总数31840名。

7. 经济指标：

各项指标预计完成情况：

1999年，全县完成国内生产总值61亿元，比上年增长10.8%。其中第一产业完成18.8亿元，增长7.7%；第二产业完成26.1亿元，增长11.6%；第三产业完成16.1亿元，增长12.4%。按可比口径完成大口径财政收入14749万元，增长8.9%，其中县级收入10040万元，增长7.3%。全社会固定资产投资完成14.5亿元。实际利用外资2278万美元。农民人均纯收入3248元。

河北省怀来县

一、葡萄之乡

怀来县位于河北省西北部，是沟通京津与西北地区的交通枢纽，四周群山环抱，桑干河、洋河与官厅水库镶嵌其中，形成了独特的“怀来盆地”和区域小气候。经国内专家多次考察认定，该区生态条件十分适宜优质佐餐葡萄酒和香槟葡萄酒原料的生产，特别是主要气候指标，如年有效积温（3532℃）、最热日气温（42.2℃）、葡萄成熟季节气温、水热系数等与世界著名佐餐葡萄酒产区相近，加之怀来葡萄种植区域大部分位于海拔400米—800米、有灌溉条件的河谷丘陵坡地上，土壤多为沙壤和砂砾壤土，这为进行品种选择、生产不同酒种创造了有利的条件。1996年，中国农学会葡萄分会组织12位专家到怀来考察论证，以大量详实资料为依据，作出怀来是全国最佳酿酒葡萄和鲜食葡萄栽培地带的结论，并誉之为“中国的波尔多”。2000年4月，国家有关部门把怀来正式命名为“中国名特优经济林葡萄之乡”，成为继新疆吐鲁番地区鄯善县之后第二个国家命名的葡萄之乡。

怀来县栽培葡萄的历史已近800年，以盛产龙眼、白牛奶葡萄为主，龙眼葡萄表皮呈深红、紫红，皮薄肉嫩、多汁，酸甜适宜，含糖度高达23%，清香四溢。白牛奶葡萄则似琥珀黄里透绿、绿中见橙，果如珠宝，粒大皮薄，爽甜可口，有“刀切成片不流汁”的美誉。清光绪年间，怀来的龙眼葡萄被确定为宫廷贡品。

怀来县葡萄产业的发展大致经历了以下三个阶段：1983年中国长城葡萄酒有限公司成立之前为第一阶段，所产龙眼葡萄和牛奶葡萄主要用于鲜食，面积不大，产量较低，80年代初发展到7000多亩，主要集中在现在的桑园乡暖泉、涞河一带。1993年以长城葡萄酒有限公司成立为标志，怀来县葡萄产业进入第二阶段的快速发展时期，葡萄种植面积和产量呈逐年增长之势。到1992年全县葡萄种植面积达38715亩，总产量达2.3万吨。从1993年到现在为第三阶段，主要标志是县内独立的葡萄原酒和成品酒生产企业相继建成，目前已建成包括长城果品开发公司、龙泉葡萄发酵有限公司、夹河葡萄酒有限公司、马丁葡萄发酵有限公司、燕北葡萄酒有限公司在内的5家葡萄原酒和葡萄酒生产企业。1999年全县葡萄加工能力达到2.5万吨，原酒生产能力达1.72万吨，就地消化葡萄占全县葡萄总产量的50%。

在推进全县葡萄产业由小规模种植向产业化方向发展方面，县委、县政府起到了宏观规划、调控和组织实施的重要作用，主要体现在：一是大力扶持龙头企业发展壮大。通过中外合资、股份制、股份合作制等多种融资方式累计投资1.12亿元，保证了龙头企业上规模，增强了竞争实力。1997年—1998年，配合长城公司“双加”工程的实施，开发专用红酒葡萄种植基地2.5万亩，使其有了自己的干红酿酒葡萄基地。二是重抓引导服务。为增强县内各家龙头企业抵御市场风险的能力，增强总体竞争实力，1999年县委、县政府成立了县葡萄产业集团公司，负责全县葡萄产业的行业管理和组织协调、产品开发、技术培训、信息服务、苗木供应等，公司下设包括各家葡萄原酒企业在内的10个分公司，涉及全县10个乡镇、116个葡萄种植村。由集团公司牵头和扶持的中法合作葡萄种植及酿酒示范农场、农业部全国葡萄苗木检测中心暨苗木繁育中心、千亩优质鲜食葡萄园区、容辰葡萄酒园有限公司等一批建设项目正在组织实施，为进一步扩大全县葡萄产业发展规模打下了坚实的基础。三是注重多元化培育葡萄终端产品。1998年，涞河葡萄酒有限公司生产出第一个县级葡萄酒终端产品——“家和”牌绝干型干白、干红葡萄酒。“家和”牌葡萄酒的最大特点是采用涞河村原产优质葡萄为原料，精酿而成，并标注酿造年份，体现出较强的“原产地”色彩，与国际葡萄生产标准趋向一致。同年，私营企业智成实业有限公司研制出填补国内空白的新产品——“赤霞”牌葡萄醋，该产品是一种集饮用、调味、保健功能于一体的新型饮料，在国内尚属首创。此外，正在动作阶段的相关产品还有浓缩葡萄汁、葡萄籽油等。

目前怀来的葡萄种植面积已达9.2万亩，品种主要分为三大类：(一）酿酒专用葡萄品种。这类葡萄品种有26个，包括干白、干红、白兰地三个系列，种植面积达34039亩，占全县葡萄种植总面积的36.8%。(二）鲜食葡萄品种。不包括龙眼有59个，含早、中、晚熟三个系列。目前全县鲜食葡萄种植面积已达18320亩，占葡萄种植总面积的19.8%。(三）鲜食及酿酒兼用品种，即龙眼葡萄。全县龙眼葡萄种植面积40105亩，占总面积的43.4%。1999年，全县葡萄销售收入达11052万元，葡萄产业所创收入已占到主产区农民人均纯收入的80%以上。

今后10年，该县葡萄产业发展的总体思路为：以市场为导向，以县域资源为依托，以科技为支撑，稳定龙眼葡萄，围绕龙头适时发展专用酿酒葡萄，面向市场积极发展多品种优质鲜食葡萄，瞄准生态旅游，启动观赏葡萄和园艺葡萄。多品种栽培、多系列加工转化增值、多方位开拓市场、多元化组建风险利益共同体，逐步形成葡萄酿酒产加销、葡萄饮品产加销、鲜食葡萄产加销、观赏葡萄游购娱四大质量龙型经济。

按照这一发展规划，从现在起，全县龙眼葡萄种植面积稳定在现有水平，酿酒专用葡萄每年发展5000—7000亩，鲜食葡萄每年发展2500—4000亩，园林葡萄每年发展1000平方米，盆景葡萄每年发展5000—10000盆，到2010年，全县葡萄种植面积将达到20万亩，葡萄产量达到17万吨，葡萄苗木生产达到720万株。届时，怀来将建成全国葡萄第一县，县城沙城将建成为国内著名的葡萄酒城。

二、高棚硅特硬玻璃生产基地——怀来县工业玻璃厂

怀来县工业玻璃厂始建于1992年，在近八年发展历程中，该厂在厂长马林川的领导下，矢志不渝坚持“质量第一、用户至上、以人为本、科技兴企、依法治厂”的方针，一贯奉行“质量稳定可靠、规格品种齐全、价格品稳适中、真诚优质服务”的宗旨，大力弘扬“高起点、高速度、高质量、高效益”的企业精神。从1994年开始，年年迈大步，年年有发展，到目前为止，怀来县工业玻璃厂已发展到四座熔窑，11条生产线，拥有固定资产达6000万元，年生产能力达1万吨，1999年度全厂完成工业产值8935万元，实现利税2262万元，成为河北省日用玻璃行业“经济效益十佳企业”之首。

怀来县工业玻璃厂的主要产品有φ4mm—φ230mm各种规格的玻璃和φ4mm—φ25mm各种规格的棒材以及人工制作的器皿等，产品主要用于太阳能、化验、化工、仪器、灯饰、工艺品和各种高档耐火烧器等领域，经全国玻璃仪器标准化质量检测中心、国家建筑材料检测中心、全国能源标准化检测咨询中心、太阳能热利用设备检测站检测，产品质量达到国内先进水平，部分指标达到国际先进水平，并先后获得河北省轻工业厅“工业产品一等奖”和河北省“新产品二等奖”；被国家玻璃质量监督检测中心推荐为“1997中国市场知名玻璃品牌”，“沙工牌”φ37、φ47真空太阳能集热用管被河北省轻工业厅推荐为“全省百项轻工业名牌产品”，在1998年第三届中国农业博览会和1999年中国国际农业博览会上被认定为名牌产品。1997年度被河北省轻工业厅授予“全国轻工业综合评价五十强企业”，2000年获“第十二届世界生产力大会推荐名牌产品、沿海与中西部首届百家名牌产品”。

怀来县工业玻璃厂具有完善的计算机配料系统、优质的窑炉耐材、领先的控制操作系统、可稳定的成形机械、先进的闭路监视系统和数据采集系统。先进的生产技术设备和“以人为本”的人才激励机制为企业技术创新打下了坚实基础。八年来，怀来县工业玻璃厂产品覆盖国内11个省市的40多个厂家，部分产品冲出国门、打入国际市场，先后销往日本、韩国、泰国、印度、英国、德国和美国等国家。在1997年末，河北省统计局通过对全省100家大中商店（专卖店）500多种主要工业品销售情况抽样调查，并结合全省6万多家工业企业统计年报中主要指标分别排序，综合评定怀来县工业玻璃厂产品为最畅销品

牌，其产量、销售量、销售收入，市场占有率在河北省同行业雄居第一。

在工业玻璃厂的带动下，怀来县以高硼硅玻璃为原料的太阳能精深加工近年来也得到了迅速发展。到目前，全县太阳能真空镀膜焦热管生产线10条，生产能力达成150万支，全县太阳能热水器生产企业达10家，形成了以"红日"、"开源"、"天力"、"国强"等品牌为主的太阳能热水器系列产品，全县太阳能产业初具规模。

为加快全县太阳能产业发展步伐，县委、政府把太阳能产业作为县域经济发展的主导产业之一，制定了《2000——2010年太阳能产业发展规划纲要》（草案）。按照这一规划，今后十年全县太阳能产业发展分三步走：第一步，到2001年底，太阳能真空集热管形成20条生产线，年产量达到360万支，太阳能总产值达到1.5亿元；第二步，从2002年到2005年，太阳能真空集热管产量每年以20%速度递增，达到50条生产线，年生产能力达到890万支。同时，加快太阳能产品零配件开发，建成北方最大的太阳能产品零配件供应基地，到2005年全县太阳能产业所创产值达到5亿元，并初步建立起太阳能产业科技开发体系。第三步，从2006年到2010年，各种太阳能集热器及其配套太阳能热水器产量达到每年300万平方米，占国内市场总量的1/10，全县太阳能产业产值达到30亿元。届时，怀来将建成中国北方最大的太阳能产品生产基地，沙城将发展成为北方的太阳能城。

河北保定龙飞集团

龙飞集团植根于历史文化名城保定，这里自古物华天宝、人杰地灵，自然地势得天独厚，占尽改革开放之天时、京津石"金三角"之地利和广大员工团结奋进之人和。

河北保定龙飞集团有限公司组建于1992年，在各级政府的关怀和支持下，迅速发展壮大为以乳品生产加工为主导产业，集科、农、工、贸于一体，多业并举的现代化企业集团。集团现有员工609人，资产3.2亿。下辖保定妙士、青岛妙士、大庆妙士和顺平奶牛养殖基地等八个分公司。1999年销售收入1.5亿元，实现利税2159万元。

龙飞集团先后被评为保定市农业产业化经营十强龙头企业、全省食品工业科技进步企业和全国食品行业质量效益型先进企业，以其雄厚的实力，跻身保定龙头企业之林，在同行业中名列前茅。龙飞集团的拳头产品"妙士一品乳"先后被评为保定市和河北省名牌产品，并荣获全国绿色食品的桂冠。十年艰辛，铸就了龙飞辉煌，十年拼搏，培养造就了一条适合龙飞发展的成功之路。

为进一步加快农业产业化进程，加速产业链延，使绿色食品尽快形成规模优势经营，集团先后引进了具有国际一流先进水平的奶制品加工技术设备、奶牛养殖技术设备和甜玉米种植加工技术，奶牛养殖和甜玉米种植被确定为河北省重点建设项目。1997年，集团投资建成了占地120亩，可存栏奶牛1700头的现代化奶牛养殖基地，现存栏奶牛近千头，日产鲜奶12吨。

龙飞集团有限公司1995年完成了股份制改造，管理科学化、经营多元化、组织结构现代化的格局已经形成。现在龙飞集团下辖龙宝饮品有限公司、妙士生物工程食品有限公司、妙士经营有限公司、顺平奶牛养殖基地、妙士包装有限公司、青岛妙士生物工程有限公司、大庆妙士乳品有限公司、鸿图企划有限公司等十多个分公司，形成了以农畜牧养殖、乳品加工为主，种植、养殖、加工、销售一条龙集约化经营体系，提高了产业化经营的水平。1999年中央及省、市领导先后集团视察，对龙飞坚持农业产业化经营取得的显著成绩和光明的发展前景给予了高度评价。

过去的十年是龙飞人脚踏实地、锐意进取、夯实基础、腾飞发展的十年，未来将是龙飞人继续秉承"先做人后做事"的原则努力拼搏、加快发展、铸就更大辉煌的时代。

河北省蠡县

为加快蠡县农业结构调整步伐，提高农业生产效益，促进全县农村经济发展，实现农民增收，结合实际，制定1999—2005年调整优化农业结构发展规划。

一、指导思想和发展目标

（一）指导思想：紧紧围绕中共十五大和十五届三中全会精神，强化农业意识，重视农业开发，以《保定市调整优化农业结构发展规划》为依据，以市场为导向，以科技为依托，以增加效益为核心，在保证粮食等基本农产品生产能力的前提下，加快优化农产品的品种、品质结构，大力发展特色农业、质量型农业和创汇农业，创名牌，出精品，增效益。实现农业生产由速度数量型向质量效益型的转变。

（二）发展目标：到2005年，种植业产值由1998年的6.05亿元（现价、下同）增加到8.34亿元，年递增4.7%；粮食总产达到26.64吨，年递增0.51%；油料总产由1998年的0.86万吨增加到2005年的1.00万吨，年递增2%；瓜菜面积为1998年的5.1万亩增加到10万亩，其中高效节能日光温室由1998年的3200亩，发展到1.0万亩；瓜菜总产达到40万吨，年递增12%；农产品注册商标达到10件，创名优产品5个。全县果树面积由1998年的4.7万亩发展到5万亩，果品产量由11020吨增加到18000吨，林果业产值由2100万元增加到3000万元；引进果树新品种5个，改造老品种果园10个；畜牧业产值由1998年的1.89亿元增加到6.39亿元，年递增19%；其中，肉类总产达到2.9万吨、禽蛋总产达到5万吨、奶类总产达到2.7万吨、水产品总产达到70吨；种植业、林果业、牧渔业产值比由1998年的74.2:2.6:23.2，到2005年，调整到55.5:2.0:42.5。农副产品加工业总产值，到2005年达到3.02亿元。出口交货值实现1.5亿元，农民人均纯收入由1998年的3140元，到2005年，达到4418—5042元，增长率为5—7%。

二、产业规划及工作重点

（一）种植业。本着"适度压缩粮食和棉花播种面积，稳定油料面积，扩大瓜菜和经济作物面积，强化科技兴农，大力推广优质专用作物品种，提高农产品质量和效益"的原则，重点抓好四个基地（麻山药基地，蠡玉育、繁、推生产基地，蔬菜生产基地，粮食生产基地），培育两个农业高科技示范园区（蠡县玉米高科技示范园，小陈现代化农业高产示范园区），抓好优质精品果园建设。

麻山药生产基地建设：以曲堤乡为重点，沿潴龙河两岸留史、鲍墟等乡镇，发展2万亩麻山药生产基地，实现产量6万吨，产值达到1.44亿元。

蠡玉育、繁、推基地：育种：2000年2月份蠡玉2号通过河北省审定，年终预计再审定两个品种（蠡玉5号，104号），到2005年，通过国家级和省级审定品种22个。繁种：县外基地由现在4000亩，到2005年面积达到2万亩。县内在搞好试点的基础上，在南庄镇、北埝乡、鲍墟乡、小陈乡建立繁种基地4万亩，繁种产量由今年450万斤，到2005年达到3000万斤。推广：蠡玉品种种植面积由2000年的2万亩，到2005年达到20万亩。

大力发展蔬菜种植：重点搞好"一环两基地"建设。"一环"指环县城的乡村，以蠡吾镇为主，重点增加设施蔬菜生产。"两基地"一是小陈乡大埝村高效节能日光温室蔬菜生产基地；二是以薛庄为主辐射周围村庄的深冬韭菜及春提早瓜菜生产基地。并以两基地为基础向周围辐射，使更多的村庄及菜农发展高效节能日光温室，温室面积由1998年的3200亩，扩大到2005年的10000亩。蔬菜优质品率由48%提高到85%。与此同时，增加一些精细菜种植，开辟无公害蔬菜生产基地。

培育两个农业高科技示范园区：下大力抓好现有蠡县玉米研究高科技示范园和小陈农开项目开发园区的配套设施建设，完善运行机制，以蠡县玉米研究所为龙头，以国营南农场为依托，建成5000亩现代化农业新品种繁育、示范园区；以小陈乡5000亩农业开发区为基础，引进推广适用先进技术和新品种，争取立项进行农业二次开发，将项目区建设成现代化农业高产示范园区。到2005年，再新建太合庄桑葚、北陈村蠡州鸭梨王两个育苗中心。以两个高科技园区和育苗中心为基地，辐射和带动全县高效农业发展。

粮食生产基地：一是建设优质专用小麦基地。1999年落实5万亩，到2005年，优质麦面积达到27万亩，年递增32.4%，年产优质专用小麦达到10.8万吨。二是建设优质小杂粮基地。2000年落实3万亩，到2005年，小杂粮种植面积达到8万亩，年递增31.95%，产量达到1.6万吨。

（二）林果业。林果业生产要本着绿起来、美起来、富起来并重的目标，立足本身优势，大力发展以无籽桑葚和蠡州梨王为主导的优质型林果业。引进优良品种，更新改造老品种，提高林果品质和效益。1. **林业生产**。采用绿化多种经营方式，到2005年，全县建成高标准农田林网防护林体系。(1) 完成"四河一道"绿化建设，使该县森林覆盖率由11.92%提高到15%，(2) 完成县城、辛兴镇、百尺镇、留史镇镇区高标准绿化工作，(3) 大力实施农田林网绿化工程，加快神黄铁路两侧15米范围内的绿化林带建设，抓好蠡县至高阳、温仁至留史及新定河路三条绿化带。使该县绿化工作达到甲级绿化县标准。2. **抓好果品基地建设**。(1) 蠡吾、留史、鲍墟、曲堤等乡镇建设鸭梨基地，面积由1.4万亩发展到2万亩，主栽培品种为蠡州鸭梨王。另外，采用芽接、体细胞培养和高接换头等技术，鸭梨王面积再发展1万亩。(2) 继续扩大太合庄桑葚基地规模，加速现有果园改造，到2005年在太合庄、南齐村一带，桑葚种值面积由现在的800亩发展到3000亩，实现产值2100万元。3. **大力发展优质果品**。引进和发展早熟新品种，改造老品种，使早、中、晚熟果品比例优化到3:2:5。综合运用人工授粉、疏花疏果、果品套袋、铺设反光膜、平衡施肥等技术措施，使果品产量由1998年11020吨增加到18000吨，优质果品率由70%提高到92%。

（三）畜牧业。按照全市2005年建成畜牧强市的总体要求，今后要突出发展瘦肉型猪，稳步发展蛋禽业，大力发展草食型肉牛和奶牛业、梅花鹿养殖业，加快发展节粮型肉鸡业，积极发展市场需求的鱼养殖等水产业，正确引导，大力发展以鹧鸪为主的特种养殖业。**一是大力提高瘦肉型猪的生产质量**。1998年存栏8万头、出栏12万头的基础上，到2005年达到存栏11万头、出栏23万头。重点推广迪卡猪、冀合白猪，使瘦肉型猪比例由目前的85%提高到97%以上，逐步实现商品猪生产和种猪繁育的协调发展：1. 以耿庄徐虎迪卡猪场为龙头发展商品猪基地，到2005年建成年出栏万头商品猪场1个、出栏千头商品猪场25个。2. 以曲堤乡为主，建种猪繁育基地，到2005年达到存栏500头基础母猪繁育场2个，年可繁育仔猪2万头，存栏300头基础母猪繁育场5个，年可繁育仔猪3万头，存栏50头基础母猪繁育场50个，年可繁育仔猪5万头。**二是大力发展奶牛业。**在现有95头基础上，到2005年达到3000头，发展品种以国产和荷兰黑白花奶牛为主，优种率达到100%。到2005年发展200头以上奶牛场3个，5—10头奶牛养殖户360户。重点建设郭丹、万安两个奶牛养殖专业乡、30多个奶牛养殖专业村，使之成为奶牛养殖基地。同时，建年产3万吨乳品制品加工企业一个，创出一个名牌产品，并且向市场需求的多样化、优质化、系列化产品生产发展。**三是大力发展优质牛、羊育肥区。**到2005年，肉牛存栏1万头，出栏1万头，羊存栏10万只，羊出栏10万只。使养羊优质率达到85%以上。同时，依托留史皮毛市场，以市场为导向发展绒山羊。**四是稳定发展养鸡业。**在蛋鸡存栏260万只基础上，到2005年达到蛋鸡存栏450万只，肉鸡出栏150万只。主要品种以939、海兰褐为主，蛋鸡优种率达到96%以上，肉鸡优种率达到100%。蛋鸡重点发展蠡吾镇、北埝乡、南庄镇三个养鸡专业乡（镇）、30个养鸡专业村、1360个养鸡专业户，万只鸡场达到18家、千只鸡场达到820家。同时大力发展肉鸡养殖，建大杨庄百万肉鸡养殖基地，以其为龙头，带动全县肉鸡养殖业发展。**五是引导发展特种养殖业。**依托留史皮毛市场，发展适销对路的特种养殖业。鹧鸪在现存栏2.95万只，出栏20万只基础上，2005年达到存栏种鸪9万只，年可向社会提供商品鸪400万只。在现有獭兔存栏5.2万只、出栏5.9万只基础上，2005年达到存栏8万只、出栏24万只；兰狐、貉在现存栏1.4万只，出栏2.73万只基础上，2005年达到存栏兰狐、貉7万只、出兰狐、貉15万只；鹿在现存栏265头、出栏20头基础上，到2005年，达到存栏1000头。

（四）农副产品加工业。充分利用该县农副产品资源优势，大力发展饲料加工业、农副产品加工业和储藏、保鲜、运销业，重点培育龙头企业和“小规模、大群体”有区域特色的农副产品加工基地，积极推进科技进步，强化企业管理，争创名牌产品，大幅度提高农产品的商品率。**一是加大投入，促进加工企业上规模。**通过企业改制，吸收农民入股等各种形式，确保今后五年农副产品加工企业投资不低于8000万元，营业收入超1000万元农副产品加工企业或集团不少于2家，农副产品深加工增加值占到乡镇企业工业增加值的比重达到7.5%。**二是培育和发展龙头企业。**重点发展该县大洋麻山药深加工、蠡玉玉米繁种、保定凯华食品厂、鹧鸪深加工等龙头企业，积极引导其向集团化方向发展，逐步形成龙头带基地、基地连农户、贸工农农学研一体化的经济格局。到2005年，大洋集团开发麻山药系列产品品种达到10个，产值完成5000万元，实现利税3000万元。农产品深加工龙头企业营业收入达到2.5亿元，力争营业收入500万元以上的企业达到6家。**三是提高加工企业的外向度。**树立全方位对外开放观念，积极开拓国际市场，鼓励企业向境外招商、境外办企，增加出口创汇。到2005年，确保农副产品加工企业出口交货值达到1.5亿元，占全县乡镇企业出口交货值的8%。

三、保证措施

（一）加强组织领导。成立蠡县调整优化农业结构领导小组，领导小组下设办公室，办公室设在政府办公室。结构调整涉及的每个项目都要由专门班子负责落实，并明确牵头单位、协作单位和责任人，建立目标责任制，一抓到底。乡镇要成立相应的组织，结合本地实际，制定完善调整优化农业结构发展规划，搞好区域经济定位，采取有效措施，着力实施。

（二）加强政策引导。一是资金扶持政策。各级各部门要加大调整农业结构的投入力度，县财政在保证现有支农资金的基础上，逐步增加支农资金，主要用于农业结构的调整，乡级财政也要按照县财政支农资金的增长幅度筹措一定数量的支农资金；金融部门要积极支持农业结构调整工作，重点落实好国家有关利用小额贷款发展农村经济的政策措施。二是农产品优质优价政策。对于优质粮食，包括小麦专用品种、优质玉米和小杂粮等，粮食收贮部门按照优质优价的政策进行收购，并组织好专收专贮专门加工。三是龙头企业扶持政策。对于县域内重点农业龙头企业的建设、生产和经营，土地、物价、税务、工商、水务、电力、金融等部门都要出台扶持和保护政策，取消各类乱集资、乱罚款、乱摊派等收费项目。

（三）强化政府服务行为。建立完善农副产品市场信息网络，为农民提供及时、准确的市场、技术等信息服务，增强农民调整结构的主动性和预见性；农技部门要强化“八大服务体系”建设，扩大服务范围，不断提高服务质量和服务水平；加快发展为农业产前、产中和产后服务的各类中介服务组织，加强在生产、科技、销售等各个领域统一服务，促进农民分散生产与大市场的衔接；要切实加强乡镇农技站建设，搞好农技推广和服务培养农村科技带头人。重视“绿色通道”建设，清理各种乱设卡、乱收费、乱罚款，确保农副产品特别是鲜活农产品的运销畅通，降低农副产品的流通成本，增加农民收入。

（四）搞好典型示范。县乡两级党政一把手和主管领导都要抓好自己的示范园区，强化和完善示范园区的产销功能、科技试验示范功能、统一服务功能和带动基地外农户经营的功能，充分发挥园区的示范效应。农林、畜牧、粮食、农开等部门要制定规划，加强指导和技术服务，抓好高科技示范园、粮食新品种的培育和引进、大棚果树种植、果树矮化及扇形化栽培、大棚养殖及龙头企业等一批试点，明确牵头单位和责任人。通过召开现场经验交流会和新闻单位的大力宣传，推广典型的先进经验；组织基层干部群众到先进地区和国外参观学习，解放思想，更新观念，使外地经验本地化。

（五）大力推进农业科技进步。围绕五大领域（动植物品种选育、农业资源高效利用、现代集约化种养技术、农业生物灾害防治、农产品储运加工）求突破：着力实施十项工程（良种换代、旱作和节水农业、设施农业动物保护、沃土、农业精品、农业机械化发展、现代农业试验示范、素质教育和农业信息）；集中力量推广设施蔬菜新品种的引进繁育、小麦优良品种的繁育推广、节水灌溉技术等20项重大关键技术项目。突出抓好五个方面的工作。一是组织科技攻关。科技局、职教中心及县农口有关部门，要对新品种的培育和推广，农业先进技术的研究等课题，成立项目组，负责立项和科技攻关，创出名牌、精品，做到人无我有，人有我优、人优我精。二是继续实施“种子工程”。完善良种繁供体系，进一步提高种子精选加工率、包衣率和标牌销售率，到2005年，玉米种子全部实现统供，小麦统供率达到80%，包衣率达到统供量的60%，主要农作物良种覆盖率达到95%以上；推广普及、冀合白猪、迪卡猪和三元杂交的优质瘦肉型猪等畜禽良种，淘汰劣种畜禽。三是推广先进适用综合配套技术。农业生产要重点抓好配方施肥，抗旱保水剂应用、旱地麦地膜覆盖、小麦吸浆虫防治、滴渗灌等10项技术推广；畜牧水产业重点抓好疫病综合防治、工厂化养猪、秸杆科学利用等10项规模养殖技术；林果业重点推广优质果品生产综合配套技术、高位换头、矮化密植、果品储藏保鲜等成熟科技成果。四是加强高新技术示范园和高新技术农业企业建设。充分发挥示范园在推进农业科技进步方面的重要作用。五是强化对农民的培训。发展农村职业技术教育，办好农业广播电视学校，完善农村科技培训网络。继续把“绿色证书教育”和“绿色电波入户”建设作为重点，组织开展科技下乡，提高农民科技文化素质，每年完成各类技术培训5万人次。

（六）大搞全民植树造林和农田水利基本建设。植树造林工作：按照“放开树种，以法治林，活化经营机制”的思路和2005年跻身全面绿化先进县的目标，以现有路渠、河流和农田林网建设为基础，强化全民绿化意识，加强对绿化工作的领导，开展绿化多种经营，确保优质苗木供应，严厉打击毁林行为，实行严格责任制。大力推进全县“绿化工程”建设。农田水利基本建设：一方面，以节水农业为重点，按照国家、集体、个人分别投一点的融资体制，加大投资力度，确保各种水利设施正常发挥效益。另一方面，加大水费征收力度，狠抓地上水资源管理，提高水的利用率。

（七）大力搞活农产品流通。一是积极推进“定单农业”，以销促产。县有关部门和各乡（镇）都要从实际出发，注重实效，积极举办和参与多种形式的农副产品产销衔接活动，组织大批人员抓合同，抓定单，按定单组织生产；在搞好现货交易的基础上，发展期货贸易，实施以销定产，减少生产的盲目性。二是搞好农产品市场体系建设。重点抓好小陈、薛庄蔬菜批发市场和鲜蛋销售市场的软硬件规范化建设。同时按照“多方兴建、多渠道筹资、统一管理、共同受益”的原则，兴建麻山药等农产品市场，同时，发展建设产地型、集散型为主的“菜篮子”农副产品批发市场，狠抓农产品销售网络建设，重点开拓大中城市市场，突出京津市场。积极采取连锁店和配送制，建设城市菜篮子配送中心和生产供应基地等形式，努力扩大城市农产品的市场占有份额，逐步实现优势农产品占领国内市场，进入国际市场。三是实施名牌销售战略。围绕桑葚、麻山药等深加工产品，由技术监督局牵头，会同工商局及农口部门，制定产品的质量标准，加快商标注册，培育名牌产品，尽早跻入国内外市场。四是鼓励各种成份的经济组织从事农产品流通。支持商业部门发挥优势，积极开展农产品的经销活动；供销合作社要发挥主渠道作用，把搞好农产品流通作为工作重点，形成当地农产品流通的龙头组织，对农产品采取分购联销，拓宽销售渠道，到2005年，供销合作系统的龙头企业发展到3个，带动基地1万亩。积极引导和鼓励广大农民进入市场，成为贩销专业户和经纪人，从事农产品流通，发展太合庄桑葚、蠡州梨王幼苗、蠡玉玉米种子，肉用、种用鹧鸪和麻山药及其加工产品等营销大军，搞好农产品销售。要充分发挥农村各类专业技术协会、研究会、专业合作社在沟通市场信息、组织产品运销等方面的作用，帮助其解决各种困难，扶持其发展壮大。

河北省高阳县

〔纺织之乡〕 高阳，隶属河北省保定市，位于冀中腹地，京、津、石三角中心地带，总面积487平方公里，辖3镇6乡，180个村，总人口30.4万。高阳县纺织业始于明末，兴于晚清，盛于民初，有400多年的历史传统。历史上曾有“桂林山上无杂树，高阳花布四季新”之美誉。在20世纪30年代初的世界经济大危机爆发时，高阳纺织业基本未受影响，仍得以旺盛发展，被称为世界经济史上的一大奇迹。高阳纺织业在抗战时期、“十年动乱”年代受到了严重的摧残和打击，一度停止不前。

改革开放以后，高阳纺织业得以蓬勃发展，尤其是近几年，在县委、政府的正确领导、积极扶持下，纺织业更是呈超高速状态发展。县委、政府连续实施“三动”战略（开放带动、科技推动、市场牵动），加大特色产业优化升级的力度，加大对外开放的力度。目前，全县共有织机2.4万台，年产三巾24亿条（折纱含丝14万吨），占全国总量的1/3左右；毛纺企业26家，年产纯毛手编绒线2万吨；毛呢企业46家，年产毛呢400万米；地毯纱企业42家（其中机织地毯纱企业2家），年产地毯纱1万吨。全县纺织产品有毛线、毛呢、地毯纱、三巾等四大类300多个花色品种，产品销往全国各地并出口东欧、东南亚、俄罗斯、日本、韩国、南非等30多个国家和地区。1999年，全县纺织业产值45亿元，由纺织业提供的财政收入占全县财政收入的65%，达6500万元，纺织业，成为高阳县的特色支柱产业。

从实践看，高阳纺织业的发展，主要是发挥优势和再造优势的结果，也是立足县情，放眼市场，促使市场经济趋势的共性与县域经济发展阶段的个性相互融合的过程。在发展纺织业的过程中，县委、政府注意发挥和挖掘自身优势，主要抓好三点。第一，发挥传统优势，发展特色产业。县域经济的特点，决定了经济结构应不求其多，但求其精，不求其全，但求期优，只有抓住特色，才能有效地发挥优势。1993年，县委、政府组织540名机关干部就全县纺织业的发展进行了一个月的大调查，通过调查发现：高阳县是著名的纺织之乡，纺织业有400多年的悠久历史；全县织机有8000台，群众基础比较雄厚；技术优势明显而且在产品的花色、品种等各方面具有较大潜力，而且当时纺织业产值已占到全县工业产值的60%。县委、政府果断决策，确定了“纺织兴县带百业”、“纺织为主，多业并举”的发展思路，把纺织业作为全县经济的主导产业优先发展，高阳县纺织业逐步形成了毛纺、毛织、棉织三大支柱行业，毛线、毛呢、地毯纱、三巾四大主导产品，纺织、印染等门类齐全的工业体系。第二，依托群体优势，培育龙头企业。为增强抵御市场风浪的能力，县委、政府提出“船大好冲浪”，组织建“联合舰队”，走联舟出海之路，并适时实施“33346”工程，即抓好3个乡镇、30个专业村、300个企业大户，组建集团和行业协会，新建6个工业小区。县委、政府按照“择优扶强”的原则，1995年在全县筛选了32家规模较大，实力较强的企业为重点保护企业，制定政策，实行特殊保护，扶上马，送一程，努力培育自己的“小巨人”企业，按照“轮扶轮送、扶强扶大”的原则，以后每年核定20家企业为重点支持保护企业，通过帮扶和支持，一些重点企业迅速发展壮大，脱颖而出。全县组建了三利毛纺集团、东风毛纺集团、双羊毛纺集团和春燕巾被集团等四个国家级和省级集团，组建了毛纺、毛呢、地毯纱、巾被四个行业协会。第三，再造行业优势，促进其它行业发展，纺织行业的发展壮大，带动了染整、货物托运、纺织配件，棉纱经营等相关产业的发展，同时纺织企业的成功经营，为发展其它行业积累了资金，积累了经验，为开发新兴产业和行业，调整产业结构提供了有力的支持和保障。纺织业作为强县富民的产业能得以快速发展，与有一个良好、和谐的环境是密不可分的。县委、政府在发展特色产业的同时，深刻认识到一个优良的环境是经济发展的重要保证，也是县城经济发展的有效途径。一是优化思想环境。思想解放是经济发展的基础。解放思想是一个持续的、不间断的过程，要根据形势的发展不断赋予其新的内容。1993年以来，高阳县经历了三次思想解放过程，每次思想解放，企业家的观念、整体素质都有一个大的提高和质的飞跃，为企业发展奠定了充分的思想基础，营造了良好氛围。二是优化政策环境。县委、政府制定了《关于加快乡镇企业和个体私营经济发展的若干政策规定》第一系列文件，各乡、村也都出台了各自的优惠政策，在企业占地、用电、税收等多方面给予最大的照顾、优惠，支持个体私营企业打破所有制界限，兼并购买停产半停产、破产国有集体企业，实现资本扩张。宽松的政策环境，刺激了纺织企业的迅速发展。三是优化服务环境，县委、政府制定了特色产业发展规划，要求各级各部门要进一步增强服务意识，为企业提供政策、信息、技术方面的咨询，提供产权转化、组织培训及办理各种手续、维护正常经营秩序等方面的优质服务，并公开承诺。四是优化硬件环境。良好的硬件和配套设施是特色经济发展的必备条件，县委、政府每年都确定与县城经济发展密切相关的10件实事，加大通信、电力、交通、接待等各项事业的发展力度，为企业发展创造良好的外部条件，2000年初开工建设的纺织品商贸城，一期工程投资5000万元，占地220亩，按国家一级市场标准建设，10月底可投入使用，市场建成后将更加有力地促进高阳纺织行业的发展。

〔庞口汽车农机配件市场〕 十几年来，伴随着改革开放的进程，按照高阳县委、县政府抢抓机遇，积极实施“市场牵动、科教推动、外向带动”战略，把培育和发展专业市场，作为牵动县域经济和特色产业腾飞的一项重要工作。庞口汽车农机配件市场正是在这样一个大环境下由一街小市拓展为国内最大的汽车农机配件市场，成为高阳县两大特色产业之一。1995年，被有关部门认定为“中华之最”，命名为“全国文明市场”。1998年2月，被国家有关部门批准为“庞口汽车农机配件中心批发市场”。同年2月，被河北省命名为“发展县域特色产业知名市场”。庞口汽车农机配件城占地33万平方米，建筑面积15万平方米，门店1050余套，摊位2800个，经营汽车、农机、机动三轮车、收割机、旋耕机、农排机机械六大类配件6000余个品种及部分整机，日客流量3—5万人，日交易额达500余万元，1998年交易额16亿元，1999年交易额达20亿元。以市场为依托，周边乡镇形成了一大批汽车农机配件加工群体。规模型企业13家，专业村30个，加工专业户1640家，年产值3.8亿元，营业面辐射全国，部分产品出口东南亚、亚、非洲一些国家和地区。

汽车农机配件市场在既无资源优势，又非交通枢纽情况下，从一偏僻小村发展成为配件行业市场的“中华之最”，并产生了良好的经济效益和社会效益。

一、得益于党的好政策，高阳县委、县政府的科学决策和正确引导。县委、县政府根据高阳县实际制定“市场牵动、科技推动、外向带动”的三动战略，把庞口市场建设的重点放在抢抓机遇、加快发展上，遵循市场发展的客观规律，因势利导改建、扩建庞口市场，通过精心策划，积极培育，加大市场开发建设的力度，并列为1993年全县十件大事之一，并千方百计从渤海石油房地产开发公司引进1800万元资金，用于配件城的开发建设，加快市场建设步伐；加大扶植培育力度，注重市场软硬环境建设，成功的举办了庞口全国第一、第二、第三届汽车农机配件订货会，进一步提高市场知名度；运用经济规律，指导市场发展，依托市场，逐步扩大发展加工企业，实现生产和流通的相互结合，滚动发展，在高阳县委、县政府的大力培育下，现市场周边有规模企业13家。

二、优化的人文环境和良好的治安环境。通过加强市场的规范与管理，采取“三段式”管理模式，促进市场的繁荣与发展。庞口民风淳朴，诚实信用，一贯恪守“外地客商利益至上”的原则，良好的治安秩序和文明守法的氛围给来此经商的商户提供了可靠的保障。同时，通过开展打假保真活动，维护国有大中型企业的名牌产品荣誉，保护客商合法经营，维护了购买者和经营者的合法权益。

三、配件种类齐全，价格低廉，给市场带来极大的吸引力。市场内农机配件品种达6000余种，小到螺丝钉、弹簧，大到整机，包括了国内所有机型的全部配件无论高、中、低、大、中、小都应有尽有，给客户提供了任意选择的余地，形成强大的优势。另外市场商品大都为厂家直接供货，产销直接见面，减少了中间环节，降低了商品价格，尤其是本地产件成本低，经营户经营方式灵活。

四、大中型企业及其产品占领市场给庞口市场注入新的生机与活力，随着市场的发展，知名度的提高，县委、县政府积极部署招商引资，把市场引进国有大中型企业做为一种战略任务来抓，截止目前，以中国农业机械总公司为龙头的400余家国有大中型企业相继在庞安家落户。名牌产品、名优产品占据市场的主导地位。市场商品质量的提高，档次的提高，促进了市场本身质量和信誉的提高，吸引了更为广泛的商家。

五、促进相关行业迅猛发展，提高农民收入。市场的发展与繁荣带动了第三产业的发展，饮食服务、交通运输、房地产、文化娱乐等行业迅速兴起，产生了共生效应。市场周边村镇农民纷纷参与市场经营和各种服务。

市场的繁荣使全县出现了政治稳定，社会安定、经济发展、人民富裕的可喜局面，要紧紧抓住有利于特色产业和其他经济发展的机遇，进一步规范市场，在巩固充实现有农机配件经营状况的基础上，大力发展国产载重汽车、轿车配件的经营，大力引进农用汽车、拖拉机、三马车经营，使庞口市场形成一个整机、主机、配件融为一体的综合性的大型生产资料专业市场，着力发展提高市场的档次和水平，坚持管理规范不停步，规模扩张不停步，开拓市场不停步，加快本地经济的健康发展。

山西省临汾地区

〔**概况**〕　中共十一届三中全会以来，波澜壮阔的农村改革，推动该区农业和农村经济以前所未有的速度向前发展，一批具有区域经济特色的优势产品，像隰县酥梨、永和红枣、古县核桃、吉县苹果、临汾莲菜等占领了市场，同时产加销一条龙的农业产业化企业也随着农副产品深加工，蓬勃发展起来，该区上下处处呈现出生机勃勃，蒸蒸日上的局面。

近年来，紧紧围绕粮、果、菜的发展壮大，以结构调整为手段，基地建设为依托，初步构筑起农业产业经营的基本框架。

在粮食产业上，重点抓了洪洞、临汾、襄汾、曲沃、翼城、安泽、浮山7个商品粮基地县建设；在林果上，突出抓了四个百万亩果品生产基地，即以古县、安泽、浮山、汾西为主的核桃基地，以洪洞、永和、襄汾为主的红枣基地，以蒲县为主的仁用杏基地，以隰县、吉县、乡宁、大宁、襄汾、曲沃为主的水果基地；在蔬菜生产上突出抓了临汾、侯马、霍州、襄汾四县市的大棚蔬菜基地建设。到1999年底，该区以小麦、玉米为主的粮食总产已达15亿公斤，以苹果和黄梨为主的水果和以红枣、核桃为主的干果，总面积发展到350万亩，总产量达到20.5万吨，以汾河沿岸为主体，形成了35万亩的蔬菜种植区，蔬菜总产达到78.9万吨。在确保粮食稳定增长的前提下，林果业、蔬菜业已成为该区农村经济的支柱产业。

龙头企业迅速崛起。在龙头企业建设上，该区坚持统一规划，择优扶强的原则，有重点的培育具有市场开拓能力，能进行农产品深度加工、为农民提供服务和带动农户发展商品生产的企业，对覆盖全区性的支柱产业，地区培育龙头，对突破行政区划和区域连片的支柱产业，培育片区龙头，使各种龙型经济组织蓬勃发展，逐步形成了别样红莲藕汁、吉县壶口干白、隰县金梨汁、古县核桃加工、安泽麦糊精、洪洞古槐奶粉、永和红枣等一批骨干企业。全区1998年加工产值500万元以上的企业已发展到67家，农副产品加工的销售收入占农村经济总收入的比重达到了20.1%。

市场体系建设已经起步。在市场体系建设上，该区坚持以促进产销衔接，全面搞活流通为目标，重点抓了农副产品批发市场和中介服务组织的建设，形成了比较完备的市场网络。

名特优新产品的开发和发展带来了巨大的经济效益，带动了一方经济的发展。当前，随着形势的变化，新一轮的结构调整，为该区名特优农产品的加速发展带来了难得机遇。只要我们全面贯彻落实十五届三中全会精神，深化改革，扩大开放，扎实工作，勇于开拓，临汾地区名特优农产品必将再创辉煌。

〔名特优产品〕

古县核桃　古县核桃，栽培历史悠久，种植面积大，品质优、名扬海内外，古县也素有“核桃之乡”之美称、该产品具有优质丰产、外形美观、果实大、皮薄、出仁率高、果仁色浅、香脆可口、含油率高等优良性状。以古县优质核桃为原料、加工生产出的水洗核桃，质量高、档次高，1996年曾在北京国际果品及技术设备展览会上获金奖。年产核桃3160万公斤。

壶口牌红星苹果　壶口牌红星苹果果型独特，着色浓红，五棱突起，风味独特，品质上乘，果面洁净，没有污染，曾获首届中国农业博览会水果类唯一金奖，第三届中国农业博览会名牌产品。

隰州蜜梨　隰州蜜梨果实个大，油质、肉细、多汁、酥脆爽口，含糖量达14%以上，在1996、1998年山西省首届和第二届名优水果展评会上荣获金奖。

汾西县高锌营养豆　高锌营养豆属纯天然绿色产品，含蛋白质较高，是小麦的三倍，含铁量是小麦、大米等谷类的4—5倍，另外富含有磷、锌、铜、镁、钠、锰等多种微量元素和多种维生素，营养丰富，老少皆宜，尤其是妇女儿童的理想食品。

“蒲县三珍”　香菇被誉为“素中之荤”、“菜中之王”，香味独特，味道鲜美，高蛋白，低脂肪，富含人体必须的多种氨基酸和矿物质，具有防治贫血、肿瘤等多种疾病之功效，木耳产于蒲县五鹿山自然保护区天然森林之中，为天然绿色食品，品质上乘，营养丰富，并具重要的药用价值，黄花菜是蒲县种植业一大特产，香气浓郁，口味独特，经常食用具有平肝、降压等作用。香菇、木耳、黄花菜享有“蒲县三珍”之美称，是招待宾朋、馈赠亲友之佳品。

隰州金梨汁　该产品具有止咳化痰，强心降脂，润肺下火等特殊攻效。曾获“国际食品杂粮暨第三届亚洲食品发展研讨会推荐产品”，畅销省外16个省市地区，和省内80%以上地市县市场。

“别样红”降火冰糖梨汁　“别样红”降火冰糖梨汁是将雪梨原汁、荷叶汁、蜂蜜、冰糖、净化水等科学配方，采用独特工艺加工的果蔬复合型饮品，具有降火生血、生津开胃功能。该产品由中国食品科学技术学会监制，质量可靠、风味独特，开罐清香四溢，入口沁人心肺，无论居家、旅游，还是娱乐、休闲、宴请，随时携带，冷喝热饮、老幼皆宜，实为理想的饮用佳品，年产量8000吨。

永和红枣系列产品　永和红枣具有个大、皮薄、肉厚核小、味甜、无虫等特点。该产品保持了它原有营养价值，富含人体必须的多种微量元素，常食可滋肾暖胃，保肝健脾，预防衰老等食疗功效。

云邱果茶　云邱果茶是山西省乡宁县食品加工有限公司生产的纯天然饮品，该产品以野生山楂、白砂糖、蜂蜜为原料，配以优质矿泉水精制而成，不含任何添加剂和色素、酸甜适度、口感纯正，含多种微生素和人体必需的八种氨基酸，具有消积化瘀、生津止渴、扩张冠状血管、降压、降脂等功效，对促进儿童的生长发育，增进中老年人的身体健康具有良好的作用。1993年荣获“山西省首届农业博览会银质奖”、1994年获“全国新技术、新产品展示交易会金奖”。

壶口苹果酒　壶口干红、干白苹果酒系列，曾荣获国际金奖的吉县优质红富士苹果和红星苹果为原料，利用独特工艺全汁低温发酵，精心酿制而成，具有优雅的酒香和怡悦的果香，干红呈红宝石般色泽，干白色泽金黄，口感醇美。本产品1997年获“香港杯”名酒与饮料品评奖会金奖；1997年在第三届全国农业博览会上获北京市场最受欢迎的产品称号；1998年获山西省优质产品称号；1999年经国家酒专家评委检评，达到同行业同类产品先进水平。

浮山“神山贡米”　米家垣乡的神山贡米，俗称浮山东山米，是当地农民最主要的产业之一，该小米具有本县、本区及其它区域生产的小米所不具备的生长期长、颜色橙黄，富含维生素等独特特点。1999年10月份神山贡米投入生产和进入市场后，就以包装精美，产品优良，价格合理等特点，深受广大消费者的欢迎，产品先后销往北京、太原、广州等地，在临汾市场上也占有一定的份额，到2000年的5月份，共销售小米40万斤，产值达到百万余元，2000年的6月份，该区又与中国农垦出品公司达成了向美国出品的协定，第一次先签订了出口1300斤的合同，以后出口一批签订一次合同，力争达到长期出口的目的。

山西省平顺县

平顺县位于山西省的东南部，是一个典型的石灰岩干石山区，也是个多灾贫困县。全县辖4镇16乡，263个行政村，1370个自然庄，16.7万人，其中农业人口15.5万人。境内山大沟深，石厚土薄，自然条件恶劣。海拔最高1870米，最低380米，平均海拔1100米。全境呈东南高、西北低，南北长约53公里，东西宽约45公里。县土总面积227.75万亩，其中荒山荒坡187万亩，耕地19.38万亩。人均12亩荒山，1.2亩耕地。境内有浊漳河、虹霓河、十字河、井底河四条常年性河流和辛安泉、王曲泉、安乐泉等多处源泉，其中浊漳河流经北部四乡一镇，流程48公里。全县矿产资源丰富，已探明的矿产资源有铁、硅、大理石、石膏、白云石、石英砂等有储量的矿种15种，且品位高，易开采。农副土特产品主要有花椒、核桃、党参、柿子等。1998年被国家有关部门命名为“中国大红袍花椒之乡”。到1999年底，全县粮食产量达到了4508万公斤，农民人均纯收入达到1076元。

平顺县委、县政府为了发挥本地资源优势，加快平顺经济发展。1985年，根据区划调查结果，取消了延习多年一直把全县划分为东南山、五区、漳河、百里滩四大片，作为指导农业生产的依据。试行了新的生产区域化分办法，第一次将全县20个乡（镇）界定为三个不同类型的生产经济区。即：①东南山地林牧薯类矿产区，包括城关、西沟、龙镇、杏城、玉峡关、东寺头、羊老岩、石窑滩、虹梯关9个乡镇，以发展山药蛋、药材和林牧业生产为主，大力开发铁、石英砂等矿产资源；②北部河谷木本粮油水电区，包括北耽车、阳高、石城、王家庄、不兰岩等5个乡镇，以发展小水电站和木本粮油经济林为主，同时，利用水利设施，千方百计扩大水浇地面积，提高单位面积产量；③西部台地粮油采桑区、包括北社、苗庄、东青北、羊井底、中五井、实会6个乡镇，以发展粮食和蚕桑、水果生产为主。这样，就容易使各个区域做到弃其所短、扬其所长，抓准优势，重点发展。

近几年来，县委、县政府根据农业发展新阶段和新特点，结合该县的实际情况，把依托三大经济区域，发挥本地资源优势，作为搞好产业结构调整的龙头，即要抓好北部河谷的绒毛山羊、小水电及大红袍花椒生产基地；东南山区的脱毒马铃薯、党参和养驴基地；西部台地玉米、水果和养猪基地建设。通过十多年的不懈努力，全县基本形成了“市场牵龙头，龙头带基地，基地连农户”的产业化经营格局。

一是在种植业上，通过实施玉米、小麦、马铃薯三大战略，重点建立了东南山地党参为主的中小药材、脱毒马铃薯和北部河谷的万亩两杂玉米制种生产基地，使全县的党参及中小药材种植面积达到了1万亩，两杂玉米制种面积达到2.4万亩，脱毒马铃薯达到了4万亩。

二是在林果业上，充分发挥该县山大坡广，种植大红袍花椒、核桃等名优产品有得天独厚的优势，建成了7个万亩经济林片区、6个5000亩经济林片区、1条百里水果林带、1条百里干果林带和1个用材林基地，使全县经济林面积达到30多万亩，其中大红袍花椒达到了15万亩，核桃11万亩，优质水果1万亩，红枣1万亩。

三是在畜牧业上，突出区域特色，启动了东南山养牛，西部台地养猪、鸡，北部河谷养羊及安哥拉毛山羊、优质商品驴五大基地建设。使全县的大牲畜饲养量达到了2.5万头，羊饲养量达到14万只，猪饲养量达到4.7万头，鸡饲养量达到35万只。

四是在水利水电业上，充分利用浊漳河沿途以侯壁、赤壁为代表的20多个小水电站企业的龙头作用，增加水利经济收入。正常年发电量都在5000万度以上，水经济收入可达4000多万元。同时还充分利用战备渠和西岭四级提水、东部供水之优势，大力发展水浇地，使全县水地和节水面积达到了5万亩，人均0.3亩。

五是在农副产品加工上，依托本地丰富的资源优势，先后建起了“党参精”、“党参脯”、“党参茶”厂，西沟厦普赛尔核桃露有限公司，大红袍花椒开发有限公司，春晖实业有限公司等龙头农副产品加工企业，其中大红袍花椒1995年荣获全国第二届农业博览会花椒唯一金奖，公司生产的产品在第三届全国农业博览会上首次亮相，就被认定为“中国名牌产品”称号，并被评为消费者最受欢迎产品。

山西省陵川县

陵川县地处山西省东南部，雄踞太行山东南之巅，是晋城市的一个山区县，地理上北邻壶关，西邻高平，西北接长治县，西南靠泽州，南与河南修武毗邻，东与河南辉县接壤。全县辖18个乡镇（5镇13乡），410个行政村，总面积1757平方公里，总人口近25万人，耕地39万亩。全县小气候较多，东部山峦重叠，景色秀丽，是主要的林木区；中西部坡缓土厚，是集中的产粮区。农业以玉米为主，多种作物并存；畜牧以牛羊为重点，猪、鸡、兔等有适度发展；全县森林面积7.66万公顷，森林覆盖率46.6%，居全省之首；陵川还盛产黑木耳，大红袍花椒等土特产品，中药材品种也很丰富，尤其是“五花蕊”党参久负盛名。工业方面主要有两大资源，一是煤炭，可采储量2.2亿吨，二是铁矿，储量1亿吨。此外，还有一定数量的大理石、铝钒土等矿产资源。经过近20余年的发展，全县工业逐渐形成了煤炭、冶炼铸造、化工、建材四大支柱产业，涌现出了化工总厂、化肥厂、附城铁厂、万兴实业公司、水暖厂、高新技术公司等有一定规模的工业企业。旅游业是陵川的新兴产业，境内旅游资源十分丰富，不仅拥有太行山水、围棋发源地、金元古建、锡崖沟等颇具特色的旅游景点，而且全县气候凉爽、空气清新、植被丰富，具有很强的吸引力和竞争优势。

近几年来，该县广大干部群众在县委、县政府的坚强领导下，紧紧围绕小康县建设总目标，认真贯彻中共十五大和十五届三中、四中全会精神，以调整经济结构为主线，以提高经济增长质量和效益为中心，艰苦创业，奋力拼搏，县城经济整体保持了稳定健康发展的良好势头，社会各项事业也取得了明显成就。

一、以建设药材基地县为重点，全面推进农业内部结构的战略性调整

农业是该县的传统产业。近年来，该县根据本地实际和市场需求，在广泛调研、科学论证的基础上，提出了两至三年内建成全省中药材基地县的近期目标，在“特色农业”上寻求突破。2000年来，中药材种植规模已增至3.94万亩，占全县耕地总面积的10%，比上年增长83.3%；预计下半年通过玉米套种、麦田夏播将达到5万亩。目前，全县已建成户均1亩以上的药材基地乡11个，百亩以上的基地村130个，2亩以上的重点户1万余户，中药村种植业正在逐步成为农民增加收入的重要途径。与此同时，该县还加大政府投入，规范政府行为，积极引导农民闯市场、学技术，县政府筹集55万元资金启动市场服务体系建设，组建了11个中药材专业合作社，建立了一支素质较高的农民经纪人才队伍。为提高效益，降低市场风险，该县还加大了产业化发展步伐，对阿珍绿色食品集团、渴望饮料公司进行了扶持，投资100万元筹建了活性山楂粉和活性党参粉项目，并将在2000年6月份正式投产运营。与此同时，该县在省里有关部门帮助下，正在积极筹划中药材加工项目——总投资1500万元的黄芩甙、丹参酮项目，年可加工黄芩、丹参2500吨，占全县年产量的80%，将为提高种植效益奠定重要的基础。

二、以壮大化工基地县为重点，大力提高工业经济运行质量

工业是县域经济的支柱，是财政收入的主体。该县按照“整体规划，重点突破，小步快跑，滚动发展”的思路，加大化工基地建设力度，积极培养龙头企业，扶持优势产品，使全县企业重新焕发了勃勃生机和活力。化工企业围绕氰化钠和合成氨已形成系列化生产，合成氨改造和黄血盐钾以及华兰扩改项目，华兰、酞菁兰颜料系列已经投产达效，4万吨合成氨已进入攻坚阶段，年底可完成。氰化钠下游医药及农药中间体产品苯乙腈、苯乙酸项目也进入设备安装，年内即可投产。全县还组建了二硫化碳虚拟联合集团，使生产能力达到了6000吨，PVC装饰板材和铝塑复合管材开发成功，“美中美”牌PVC塑钢异型材生产能力达到1000吨；高新技术开发公司在原电热膜产品基础上，新开发了微电脑热水器，形成了电热膜产品的系列化生产。围绕质量和效益，该县企业严管理，压成本，改机制，增活力，国有小企业和乡镇企业的改革建制正在全面推进，分步展开，这些工作的逐步实施，必将为县域经济增添强大的发展后劲。

三、以培育旅游名牌为重点，拓展县域经济发展新空间

旅游业是该县的新兴产业。近几年来，该县充分发挥雄踞太行之巅山川秀美的优势，按照“合理规划，突出重点，放宽政策，全面发展”的原则，积极开发旅游资源，先后向旅游市场推出了围棋发源地棋子山、太行风光王莽岭、挂壁公路锡崖沟等旅游品牌，同时加大宣传力度和旅游景点建设力度，旅游业在周边省市已小有名气，游客络绎不绝。从1997年开始，该县成功举办了第一届、第二届、第三届“陵川金秋红叶节”，并且入选'98华夏城乡游山西三大节庆活动之一；1999年，该县会同省旅游局等八家单位联合推出了以“太行之春”、“太行之夏”、“太行之秋”、“太行之冬”为内容的“太行山水风情游活动”，全年接待游客3万余名。同时，该县以围棋发源地这一垄断资源为突破口，成功邀请了中国棋院院长陈祖德、“棋圣”聂卫平到棋子山寻根谒祖，为棋子山“天下第一秤”——象天秤揭碑，成功打出了文化旅游这一王牌。2000年7月10日至25日，该县成功承办了“棋源杯”2000年全国围棋段位赛，全国各地近五百名围棋手云集该县，中央电视台等数十家新闻媒体进行了新闻报道。这些大型活动的举办，为陵川旅游走向全国，扩大影响和对外交流创造了千载难逢的机遇。2000年前半年，该县已与省内外60多家旅行社建立了业务联系，接待旅游社采线12家，接待游客人数3万多人，发展形势十分喜人。旅游新兴产业的崛起，必将推动陵川经济和社会在迈向充满机遇与挑战的新世纪征途上昂首前进。

内蒙古自治区临河市

〔**概况**〕 临河市位于内蒙古自治区西部，河套平原腹部。南临黄河，北依阴山山脉，为巴彦淖尔盟盟府所在地。市辖20个乡镇，9个办事处，全市有蒙古、汉、回等14个民族，总人口48.5万人，其中农业人口29.8万人。全市总面积2354平方公里，耕地面积827平方公里，是国家重要的商品粮、油、糖生产基地，史有“黄河百害唯富一套”的称誉。

临河市全境为黄河冲积平原，引黄自流灌溉，土地肥沃，日照充足，昼夜温差大，发展农牧渔业有得天独厚的自然资源优势，盛产大批优质农副产品。全市已形成了苹果梨、蜜瓜、保护地瓜菜、西瓜、葵花籽、黑瓜籽、蔬菜、脱水菜原料、瘦肉型猪、肉羊十大特色产业，其产品以品质优良、风味独特享誉国内外。1996年，临河市被国家有关部门授予“中国苹果梨特产之乡”，“河套牌”蜜瓜在国家工商局注册。1999年全市特色经济种植面积达80万亩，占总耕地面积一半以上，特色养殖规模达105万头(只)，占牧业年度家畜总头数的85%，特色农业已成为发展经济的重要增长点。

临河市工业发展很快，已形成化工、建材、粮食加工、羊绒梳纺、服装、啤酒等系列产品。“河套牌”雪花粉荣获全国“七五”星火计划成果博览会金奖。金川保健啤酒经国家有关部门鉴定批准为保健啤酒。羊绒梳纺业依托资源优势，成为全国第二大绒毛加工集散地。

临河市对外开放和招商引资工作成效显著，投资的软硬环境不断改善，临河市经济技术开发区是自治区级开发区，总面积359万平方米，“六通一平”基础设施齐全，为国内外客商前来合作和投资创造了良好的环境。

临河市交通便利，通讯畅通，包兰铁路、110国道横穿市区，全市拥有主干公路7条、249公里，乡村公路畅通无阻。邮电通讯业务齐全，达到国内先进水平，市区电话装机总容量达到4万门，实现国际国内长途直拨，无线寻呼、移动电话全国联网，电报设备全部实现智能化，进入全国自动转报网。

1999年，全市国内生产总值35.7亿元，其中，第一产业增加值11.4亿元，第二产业增加值8.4亿元，第三产业增加值15.9亿元；财政总收入15430万元，粮食总产42.2万吨，牧业年度家畜存栏116.8万头（只），社会消费品零售总额达到10.8亿元，城乡居民储蓄年末余额28.1亿元。并被自治区评为四星级文明城市。

〔**临河市招商引资优惠政策**〕 临河市热忱欢迎国内外企业和客商来临河搞经济技术协作，兴办各种实体，开发各种资源，并保证投资者、合作者的合法权益，在互惠互利、共同发展的基础上，积极提供优惠政策和优质服务。在项目审批、土地使用、水电通讯、税收、物价管理、权益保障等方面，有关优惠政策如下：

1. 兴办非国家限制性建设项目，不受当地投资规模、行业和经营范围限制。

2. 土地使用权有偿出让：工业70年；商业、旅游、娱乐业50年；教育、科技、医疗卫生、体育100年。在经批准建设期内免交土地使用费；以产品出口为主的企业，前5年免交土地使用费，后5年减半交纳。

3. 凡市政府认定为新的技术项目，土地使用权的出让价可按市价的50%收取。在偏远乡镇兴办企业或成片开发沙丘、荒地，从事农林牧副渔产业的，免收土地转让费，免收土地使用费5年。

4. 外来投资者利用本市企业现有场地办企业，从开业年度起，5年内免征土地使用费。合资、合作办企业，当地企业可以原有土地使用权标定地价作为投资或股份。

5. 外来投资兴办企业，水电通讯方面提供优质服务，满足需要，计价收费执行国家统一收费标准。

6. 凡在本市经济开发区兴办的各类企业均按15%的税率征收企业所得税。经营在10年以上的，前三年免征企业所得税，后五年减半征收。对高新技术企业，在“免三减五”期满后三年内，按10%的税率征收企业所得税。

7. 外来投资者将其从投资企业中所得的利润再投资于本企业或创办其它企业，视其投资项目和年限，享受相应退还所得税政策。

8. 外来投资企业生产的出口创汇产品，其价格一律由企业与用户商定。生产的国家定价的产品在国内销售的，实行国家定价。其它产品价格一律放开。

9. 凡外地来临河市应聘的科技、管理人员，视贡献大小，除领取报酬给予重奖外，在本人及家属农转非户口，子女入学等方面提供优惠。一切优惠条件均可具体商定。

一、名优农副产品

苹果梨 60年代引入临河市，已有30多年的栽培历史。河套地区独特优越的自然地理条件，使临河的苹果梨表现出鲜明的地方特色。1986年苹果梨被评为内蒙古自治区优质水果，临河市被列为自治区苹果梨商品生产基地。1989年在全国第二届优质水果评选会上，河套苹果梨以梨类总分第一被评为优质水果。1996年临河市被国家有关部门授予“中国苹果梨特产之乡”。

苹果梨成熟期在9月下旬，果实扁圆形，皮色为绿黄色，贮后全黄，贮存期6—7个月，平均单果重225克，果大单果重813克。含可溶性固形物13.5%左右，维生素C含量6.16mg/100g，居全国梨类之首。果肉松脆，细白、多汁、味浓甜、微具香气、品质极佳、风味独特。

临河市现在以苹果梨为主（占85%）的果树面积达18.7万亩，产量达7.5万吨。近年来，临河市苹果梨在呼市、包头、京、津、沪、重庆、浙江、东北等国内市场倍受欢迎，而且还远销到独联体各国及东南亚、香港等国家和地区。果业生产已成为临河市的主导产业之一。

西瓜　西瓜在临河市栽培历史较久，70年代产品主要在本地销售。80年代以来，引进推广了适应当地种植的杂交西瓜新品种和地膜覆盖栽培技术，种植面积扩大到1—1.5万亩，品质优良，风味极佳，远销到京、津、沪、唐等地，在区内外享有盛誉。进入90年代，全市西瓜种植面积扩大到3万多亩，西瓜总产12万吨，产品畅销区内外，上市品种有20余种，特别是包装精制的礼品西瓜、无籽西瓜等精品西瓜添补了市场空白。为了拉开上市时间，在西瓜栽培技术上采取了不同栽培方式，不同栽培时间，不同栽培措施以及西瓜嫁接技术等技术措施，使西瓜上市时间从每年的5月一直延续到元旦春节，能够满足市场不同时间的消费需求，全市仅西瓜一项总收入3000多万元。

河套牌蜜瓜　蜜瓜在临河市从50年代开始种植，但面积较少，品种单一，产量较低，商品率很低。80年代，随着地膜覆盖在蜜瓜栽培上的应用和田间管理技术水平的不断提高，通过对河套蜜瓜品种进行品种提纯，培育和引进新品种，种植面积发展到了4000亩左右，1986年河套蜜瓜被国家有关部门确定为优质产品。

进入90年代，临河市立足当地自然资源优势，把发展蜜瓜生产作为调整农村产业结构，发展“两高一优”农业的重要举措来抓，使蜜瓜生产发展较快，1999年蜜瓜种植面积超过4万亩，特别是保护地蜜瓜种植突飞猛进，发展到12650亩，全市蜜瓜总产量达7.5万吨，上市品种有20余种，风味独特，含糖量高，上市时间从4月中旬开始，一直延续到元旦、春节左右，产品销往全国各地。全市仅蜜瓜一项总收入6000多万元，蜜瓜生产已成为临河市主导产业之一。临河市从1998年开始，每年8月8日举办“河套蜜瓜节”，并在国家工商局注册了“河套牌”蜜瓜，为推动蜜瓜产业发展发挥了积极作用。

蔬菜　近年来，临河市蔬菜生产发展很快，全市蔬菜种植面积5.9万亩，年产各类蔬菜12.5万吨，主要品种有青椒、韭菜、豆角、西红柿、甘蓝、大白菜、芹菜等，销往包头、呼市、大同、北京、天津、沈阳、西安、上海等地。全市建成了一批具有当地特色和一定规模的蔬菜生产基地，新华镇是全国三大韭菜生产基地之一，所产的“马莲”牌韭菜获得国家绿色食品认证；乌兰乡的青椒以其个大、色正、肉厚、质优闻名区内外。每年利用各种蔬菜加工生产脱水菜300吨，脱水菜不仅销往国内大中城市，而且远销欧美、中东等十几个国家和地区，蔬菜生产已成为全市发展经济，增加农民收入的又一新兴主导产业。

大宗农产品

1. 小麦：临河市是国家优质小麦生产基地，全市种植面积60万亩，年产小麦23.5万吨，恒丰公司以本市小麦为原料生产的“河套”牌雪花粉，粉质精细，洁白如雪，蛋白质含量12%以上，面筋含量30%以上，灰分含量0.5%以下，是特等优质面粉。

2. 葵花籽：临河市是全国葵花籽主产区，全市种植面积29万亩，年产量3.76万吨，品种以三道眉、星火花葵为主，籽实饱满，外表美观，销往全国各地，是精深加工的理想原料。

3. 籽瓜籽：全市种植面积10.5万亩，年产量7850吨，主要品种有兰州大片、本地中片、新籽1号等，颗粒均匀、饱满，香酥鲜脆，畅销全国各地，深受广大消费者好评。

4. 蕃茄：全市种植面积2.6万亩，年产量9.75万吨，年加工生产蕃茄酱2.13万吨，产品远销日本、韩国、意大利、法国、台湾、香港等国家和地区。

畜禽产品

1. 商品瘦肉型猪：年出栏23万头，瘦肉率达53%以上，父本迪卡、杜洛克、长白、太白、汉普夏，母本为当地杂种母猪，培育二、三元商品仔猪，科学饲养育肥。

2. 肉羊：年出栏商品肉羊36万只，育肥6个月出栏，胴体重达34斤以上，主要品种有德美、罗姆尼、边来。肉质鲜美，无污染，销往全国各地。

3. 肉蛋鸡生产：年饲养肉鸡300万只，蛋鸡180万只，年产蛋1460吨。

4. 绒毛产品：临河市有绒毛加工企业102家，年加工无毛绒2000吨，羊绒衫系列产品200万件，纺纱300吨。所产二狼山白山羊绒，纤维长、光泽好、柔韧性强，被誉为“纤维之王”，在国内外市场上享有盛誉。

二、临河市投资建设项目

秸秆转化肉羊养殖基地项目

一、建设规模：以现有养羊规模为基础，购进和繁育相结合，到2005年，全市年出栏商品羊达到80万头。

二、项目总投资：7940.3万元。

三、资金筹措：申请银行贷款，农户自筹，申请上级投资、中外企业合作、合资、独资。

四、效益分析：项目建成后，年实现销售收入14400万元，税金187万元，实现净利润3236万元。

瘦肉型商品猪生产基地项目

一、项目内容：兴建60万头瘦肉型商品猪生产基地。

二、建设内容、规模：以本市14个基地乡为重点，以育肥专业小区、专业村、社及专业户建设为主要内容，配套建设长白、太白、杜洛克三元杂交商品仔猪繁育体系，从而形成年出栏60万头瘦肉型猪生产基地。

三、项目总投资：12483万元，其中：养猪专业小区建设投资1215万元，养猪专业户投资6768万元，繁育体系建设投资4500万元。

四、合作方式：合资、独资均可。

五、效益分析：项目建成后，年利润可达8392万元，投资回收期为1.49年。

新建3000万只中华绒螯蟹种苗繁育基地项目

中华绒螯蟹又称河蟹，是水产养殖业的珍品，1999年临河市与安徽芜湖现代应用技术研究所合作，试养获得成功，经专家论证，本市的气候、水质、土质等资源条件完全适宜发展河蟹养殖，并取得了良好的效益。

一、建设规模：维修和改造池塘150亩，新建种苗培育生态保温棚150个，年产河蟹种苗3000万只。

二、项目投资：1144.35万元、建设期为二年。

三、合作方式：独资、合资、合作均可。

四、效益分析：年产蟹苗3000万只，每只售价2元，产值6000万元，成本864.75万元，税金360万元，实现净利477.25万元。

建设3000头奶牛基地项目

一、建设规模：在临河市城郊乡镇实施，共建设饲养10头以上的奶牛专业户300户；项目从2000年开始，引进优质高产奶牛2500头，2001年达到3000头的设计规模，并产鲜奶2.25万吨。

二、项目投资：3300万元，其中购母牛需2000万元，固定资产1000万元，流动资金300万元，当地农行可解决1000万元贷款，承担项目的单位、农户自筹600万元，其余1700万元寻求投资合作。

三、效益分析：项目年可实现净利润1140万元，投资利润率为34.5%，投资回收期为2.18年。

瓜籽、果脯、脱水菜生产项目

一、市场前景分析：临河市年产苹果、苹果梨、河套蜜瓜等3亿多斤，青椒、红椒2000多万斤，还可以扩大种植，原料丰富。开发区运输方便，水、电、通讯设施齐全，建厂条件具备。

二、项目内容：拟建设综合饮料、果脯、脱水菜联合集团公司，生产各种饮料10000吨，果脯5000吨，色素脱水菜100吨。

三、投资估算：总投资2500万元。

四、合作方式：补偿贸易、合资经营。

五、经济效益分析：预测生产15500吨，产值1.8亿元，利税1000万元，其中果汁400万元，果脯500万元，色素胶水菜100万元，销售收入1.6亿元。

葵仁食品加工项目

一、项目建设规模：年产4500吨葵仁。

二、投资估算：项目总投资737万元。

三、投资环境：临河市是全国著名的食用葵花生产基地，交通便利，通讯发达，是葵仁食品加工的理想投资环境。

四、投资方式：租赁、合股、转让均可。

五、市场前景：该项目是国家科委“星火计划”项目，目前可加工葵仁巧克力，葵仁酥糖100吨，现已有一定的国内国际市场，市场前景十分广阔。

建设5000吨气调果蔬保鲜库项目

一、建设规模：总贮藏能力为5000吨。其中果类保鲜库1000吨，蔬菜保鲜库为2000吨，瓜类保鲜库为2000吨。总建筑面积8125平方米。

二、建设内容：土建工程，设备购置及流动资金。

三、项目总投资：1505万元，申请上级投资1000万元，地方自筹505万元。

四、投资方式：独资、合资、合作均可。

五、效益分析：项目建成后，每年可实现销售收入1160万元，税金50万元，利润300万元。

植物农药新产品开发项目

一、投资环境：该产品主要基础原料为苦豆籽。巴盟地区资源丰富，生产成本低，经济效益好。3.2%苦参碱、氯氰菊酯（田卫士）乳油属高效、低毒、低碱度的广谱杀虫农药，可用于绿色食品生产过程中的病虫害防治，符合环保要求，现有固定资产300万元。

二、市场预测：产品顺应了世界性“绿色食品”潮流，在国内外倍受欢迎。全国年需农药21万吨，植物农药是开发的方向。

三、生产规模：年产苦参碱500吨，原辅材料均可充足供应。

四、合作方式：合资、合作、入股。

三、涉农部门及企业

瓜果蔬菜服务中心

临河市瓜果蔬菜服务中心，主要负责临河市保护地蔬菜的技术指导服务及试验示范与推广，露地蜜瓜生产技术服务及新品种的引进，果树生产技术服务及精品园建设。

近年来，临河市立足当地自然资源优势，瓜果蔬菜生产发展迅速，蔬菜基地发展到13个乡镇，蜜瓜和果树种植遍布全境，瓜果蔬菜市场情况良好，取得了较好的经济效益和社会效益。

联系电话：（0478）8214951　8214147

农畜产品销售调度中心

临河市农畜产品销售调度中心于1998年6月正式成立，负责全市农畜产品销售工作的组织协调工作，销售中心设有5个销售办、市场信息处、考核监督办和办公室，以及20个包乡销售队，以股份制、中介服务、集资合伙、网上销售、订单农业为营销手段，已形成了以销售中心为龙头，包乡销售队为纽带，乡镇为依托，辐射20多个大大中城市销售网络，为临河农畜产品流通做出重大贡献。

销售中心本着“急农民所急，想农民所想，客户至上，服务第一”的宗旨，为各方客户提供全方位一条龙服务，诚邀区内外各界朋友到临河调运农副产品。

销售中心电话：(0478) 8315839 8315695

临河市种子公司

临河市种子公司是集种子科研、生产、经营、推广于一体的国营种子公司，技术力量雄厚，拥有固定资产528.8万元，具有配套完备的种子检测设备和程控式成套种子精选、包衣、包装加工生产线。年经营各类原良种800多万公斤。公司与10多个省的40多家种子公司建立业务合作关系，提供品种主要有：中单二号、丹玉十三、掖单系列、农大系列、四单19、沈单7号、郑单4号等，年制种面积1万余亩，公司愿与区内外同仁携手并进，共同发展，热忱欢迎用户前来光临指导，洽谈业务。

电话：(0478) 8314649 8313242

临河市农业技术推广中心

临河市农业技术推广中心是负责全市农业技术研究、引进、示范、推广的部门，近几年重点推广了屯粮田栽培技术、小麦千斤田栽培技术、地膜覆盖栽培技术、配方施肥技术、中低产田改选技术、粮糖、果粮套作技术、保护地蔬菜栽培技术、甜菜丰产高糖栽培技术、苹果梨优质高产技术等实用增产技术。对推动全市“两高一优”农业的发展，提高农业生产科技贡献率，推广普及农业适用技术发挥了积极作用。

电话：(0478) 8312927

河市绿色食品发展中心

临河市绿色食品发展中心主要职责是研究制定全市发展绿色食品的方针、政策及规划，负责全市绿色食品生产、开发及基地建设，绿色食品有关知识的宣传、教育、普及工作。

临河市申报批准的绿色食品有：新华镇马莲牌韭菜，临河啤酒厂生产的金川保健啤酒，临河糖厂生产的凯音牌蕃茄酱，老庄家食品生产的知心仁牌葵花籽、籽瓜籽，恒丰面粉厂生产的河套牌雪花粉、挂面等。

电话：(0478) 8242281

得利斯食品有限公司

内蒙古得利斯食品有限公司是中国得利斯集团公司的分公司。公司引进世界先进的肉食品加工设备和技术，采用世界先进的低温蒸煮加工工艺，利用得利斯集团独特配料，生产加工得利斯低温火腿肠系列产品，年生产能力3000吨，共十大类30多个品种。主要有圆火腿、增嫩鸡腿、啤酒肠、香辣肠、烤肠、西式火腿和各类速冻食品、快餐食品等。与国内同类产品相比，得利斯产品具有“高蛋白、低脂肪、口感细嫩鲜美、营养丰富”的优点，是不可多得的食用佳品。该公司还拥有年屠宰30万头生猪，30万只肉羊的生产线各一条，将在年内建成投产。

公司坚持“质量第一、信誉至上”原则，热忱为广大消费者服务。

电话：(0478) 8311448

恒丰食品工业（集团）股份有限公司

公司始建于1958年，总资产为3.2亿元，设备先进，技术力量雄厚，拥有意大利高尔菲公司生产的日处理小麦250吨等级粉生产线，日处理油葵80吨植物油生产线，拥有年产2500吨挂面生产线，班产0.5吨面包生产线，年产350万条编织袋生产线和占地90万平方米的示范养殖场。集团公司有2个全资子公司，1个参股公司和16个驻外销售分公司。全公司职工1200余人，其中专业技术人员300人，为大型二档企业。恒丰集团以河套小麦和油葵为原料，使用先进设备和工艺生产“河套牌”雪花粉、国际高筋二号粉、特制二号粉、标准粉、雪花粉、高筋粉挂面、法式面包、麦胚、葵花油等，产品深受用户欢迎，远销18个省市自治区，并出口日本、蒙古、俄罗斯、朝鲜等国。公司被评为全国500家最佳经济效益企业、全国食品业100强第五名、全国文明经营示范单位、中国河套优质面粉生产基地、自治区“特级信用企业”。1996年12月，“河套牌”雪花粉、挂面、高筋粉荣获国家绿色食品认证标志，是自治区免检产品。公司愿与国内外朋友广泛合作，创造更加辉煌的未来。

联系电话：(0478) 8225533

维信（临河）羊绒实业有限公司

维信（临河）羊绒实业有限公司，是香港维信贸易公司在临河投资创办的港商独资企业，始建于1993年。

维信公司坚持“精诚以维、信誉至上”的质量方针，以及“维新、敬业、守信、奉献”的企业精神。引进具有当代领先水平的山羊绒水洗、分梳、染色、纺纱、织造、针织全套设备和技术。主要生产无毛绒、羊绒纱、羊绒围巾、披肩、面料、绒衫、时装等系列羊绒制品，年生产能力为无毛绒200吨，羊绒纱150吨，羊绒衫60万件，羊绒围巾30万条，羊绒面料10万米。“维信”牌羊绒制品80%以上出口日本，年出口创汇2500美元。1998年维信开始扩大国内市场销售比例，市场占有率不断提高，取得了较好经济效益和社会效益。

电话：(0478) 8216626

内蒙古临河金川保健啤酒总厂

金川保健啤酒总厂下属有啤酒厂、蕃茄酱厂两大企业，主要产品有啤酒、矿泉水、蕃茄酱、饮料等。产品远销欧亚各国和地区。该厂生产的金川保健啤酒是采用优质医、饮两用矿泉水，以世界著名的河套酒花、大麦为原料，采用独特工艺精酿而成。经权威部门验证，金川保健啤酒和矿泉水对保护胃粘膜，改善肠胃功能及心脑血管功能有明显保健功效。金川保健啤酒和矿泉水也因此荣获国际国内两项金奖，获生产技术专利，国家有关部门批准为保健啤酒。并于1997年获得吉尼斯世界之最证书。被国家有关部门批准为“中国天然矿泉保健啤酒开发示范基地”。1998年金川牌天然矿泉水又以首创治愈胃病降低血糖的独特功效再次获得世界吉尼斯之最证书。金川保健啤酒自投产以来，深受广大消费者青睐，一直供不应求。热忱欢迎各国各地有识之士前来考察、投资，以便更好开发利用该厂这一优质矿泉水资源和河套地区的啤酒生产原料资源，扩大生产规模，实现为全国人民保健，为人类健康做贡献的愿望。

电话：（0478）8225522

内蒙古自治区乌兰察布盟

〔**概况**〕　乌兰察布盟位于内蒙古自治区中部，地处中国的正北方，北与蒙古人民共和国交界，有国境线104公里，东北与锡林勒盟相连，东南和南部分别与河北省、山西省接壤，西同巴彦淖尔盟、包头市、呼和浩特市毗邻，全盟东西长378公里，南北宽360公里，全盟辖地面积5.5万平方公里。乌兰察布盟是以蒙古族为主体的多民族杂居地区，总人口272.87万人。全盟辖2市、4旗、5县。盟行署所在地集宁市。

乌盟地区优越，交通便利，京包、集二、集通、丰准铁路和110、208国道纵横全盟，成为连接东北、华北、西北三大经济区的交通枢纽。也是内地通往蒙古、俄罗斯和北欧的重要国际通道。距首都北京380公里，而且通往北京的高速公路正在建设之中。乌盟地上地下资源较为丰富。农产品主要有马铃薯和杂粮豆类，畜产品主要有牛羊肉、皮、毛、绒、骨、动物器脏等。地下矿藏有80余种，探明储量的有40种，已开发利用的有29个矿种，其中金、银、铜、铁、萤石、石英、石灰石、墨玉、石墨、高岭土、膨润土、硅灌土等矿种，品位高、储量大，开发前景广阔。乌盟的能源充足，价格低廉，丰镇火力发电装机容量120万千瓦，灰腾锡勒、商都风力发电已并入输送电网，电力生产已形成发、输、变、配设施齐全的电网系统，并实现了与西北、华北电力的联网。

1994年以来，乌盟盟委、行署认真分析研究自然、经济两大规律，从盟情出发，提出并实施了“进一退二还三（人均达到一亩水浇田、退耕还林还草还牧），大力调整优化产业结构，建设畜牧业大盟”的战略决策，到1999年末，累计退耕1200万亩，种树种草1030万亩，“三荒”种树种草600万亩，人工造林535万亩，林草覆盖率由1994年的20%提高到现在的40%以上，有效地控制了沙进人退的局面，改善了生态环境；全盟在总耕地面积减少一半的情况下，粮食总产稳定在20亿斤以上；畜牧业从1996年以来，牲畜存栏以每年7%的速度增长，年内饲养量以10%的速度递增，2000年饲养量突破1200万头只。全盟基本形成具有地方特色的四大主导产业，即：马铃薯、肉食品、皮制品、杂粮杂豆。四大主导产业的生产总值1999年达49亿元，占全盟生产总值的58%。

〔**名优特产**〕

马铃薯　马铃薯是乌兰察布盟的特色产业，也是立盟产业。全盟播种面积500多万亩，占粮食播种面积的50%，分别占全内蒙古自治区和全国马铃薯种植面积的80%和10%左右，年产鲜薯50亿公斤左右。一大批优良品种费乌瑞特、大西洋、夏波蒂、固尔班克、克新一号等在乌盟大面积推广种植，种薯生产已形成完整的系统体系，从试管脱毒苗、温室扦插网室原种开始，到原种、一、二、三级种薯种植之间相互配套衔接，年可提供种薯5亿公斤，逐步向全国最大的种薯生产基地发展。马铃薯精深加工业正在蓬勃发展，马铃薯全粉、马铃薯变性淀粉、马铃薯精淀粉和初级加工产品粉丝、粉皮、粉条等已初具规模。鲜薯每年销往国内26个省市以及韩国、朝鲜、新加坡、马来西亚等15个国家，销量达15亿公斤。

肉食品　乌盟以建设畜牧业大盟为目标，大力发展肉食品产业。目前，全盟年内牲畜饲养量达1200万头（只），牧业年度牧畜存栏达700多万头（只）。肉食品加工企业得到长足发展，全盟牛羊年屠宰加工能力达500多万头（只），肉食品冷藏库容能量5万吨，肉食品主要加工产品有双汇火腿肠、精选羊肉卷、羊肉串、牛肉卷、兔肉系列制品等。肉食品产业的国内生产总值1999年达到19.8亿元，处于四大主导产业国内生产总值的首位。肉食品加工体系的发展，带动了皮、毛、绒、骨等相关产业的发展，全国第一大骨胶集团青海西宁金牛公司利用乌盟丰富的骨源，在乌盟筹建了高档明胶生产线；北京福美特新技术开发公司利用乌盟丰富的动物脏器开发生产国家级新药“复方鳖甲软肝片”，年生产能力达1亿片，包头鹿王集团在乌盟的分公司年产羊绒衫达50万件；该盟的羊绒絮片服装年产量达500万件，销售全国各地。

皮革工业　全盟年产牛皮10万张、羊皮200万张。驰名全国的名牌产品“熊猫”牌皮制品，年生产能力达到

40万件。同时，依托乌盟皮革资源和名牌产品的优势，在集宁市建设“两街一区”，即皮革制品一条街，皮鞋一条街和制革小区，辐射全盟各地，全盟现有个体私营皮革、皮件加工厂15000户，形成年制革200万张，加工皮件5000万件，制作皮鞋20万双的综合生产能力，年创增加值达1亿多元。

杂粮杂豆　乌盟的杂粮杂豆主要有荞麦、莜麦、红芸豆、大粒蚕豆、白豌豆等几大品种，全盟播种面积280多万亩，年产量达4亿斤左右。在加工方面，已经批量生产荞麦、莜麦方便面，豆面挂面等20多种保健食品。白银集团保健食品公司，是内蒙古西部最大的荞面挂面生产厂家，年产量为3000吨，生产的“梦乔”牌莜面速食面、荞面速食面、荞面挂面等产品，曾多次荣获国家金奖，被评为名牌产品。其它杂粮加工主要以代农加工为主，杂粮加工企业100多个，专业村200多个，年加工杂粮3亿多斤，年创利税360多万元。

今后乌盟在四大主导产业上的发展方向和重点是，大力推进以马铃薯、杂粮杂豆、肉食品、皮制品为基础的农牧业产业化进程，实现区域化布局、专业化生产，一体化经营的农牧业产业化新格局。要继续开拓马铃薯精淀粉、全粉、淀粉、膨化食品、糊化食品等产品的精深加工，到2003年，马铃薯全粉、精淀粉生产能力分别达到10万吨，薯条、薯片、薯丁、薯壳等三维食品生产能力达到6万吨，使全盟马铃薯加工转化能力达到40亿斤以上。杂粮产业，开发有较高营养保健价值的绿色杂粮产品，重点开发荞麦保健啤酒、葫麻胶和黄酒、燕麦、荞麦膨化食品、方便食品。肉食品产业要由精选和分割制品的生产尽快向系列化熟制品、旅游和快餐食品转变。大力发展华北双汇、集宁科威、前旗大东、乌盟肉兔加二和卓资熏鸡制品等5个项目。皮制品产业要逐步完善骨干企业带动，个体私营配合协作，集中和分散加工相结合的皮革工业加工体系，在制革工艺上溶入高新技术，提高皮革档次和花色品种，以中高档产品开发为重点、集中精力扶持集宁熊猫皮业有限公司、华宝皮革有限公司、化德针刺羊绒絮片等三个重点建设项目。

乌兰察布盟境内的资源、产业、市场，除国家有特殊规定的以外，全面对外开放，欢迎国内外国有、集体、私营、“三资”企业和个人，利用有形和无形资产兴办各类企业、社会公益事业或与盟内企业进行多层次、多形式、多要素的经济技术合作。该盟将本着“让利于对方”的原则，除执行国家和自治区有关优惠政策外，创造更加宽松的投资环境，热忱欢迎有识之士借西部大开发的机遇来乌盟投资开发，互利互惠，共同发展。

联 系 人：王继兴
联系电话：(0474) 8224513
传　　真：(0474) 8222926)
邮　　编：012000

内蒙古自治区伊克昭盟

伊克昭盟习惯称作鄂尔多斯，位于内蒙古自治区西南部，西、北、东三面为黄河环绕，与宁夏、山西、陕西三省毗邻。盟辖7旗1市，总面积8.67万平方公里，总人口129.7万，其中蒙古族15.8万，是一个以蒙古族为主体、汉族占多数的地级建制的行政专区。

改革开放以前，伊盟是内蒙古最贫穷落后的地区之一。改革开放以来，特别是进入“八五”以来，伊盟抓住国家能源发展战略西移的机遇，充分发挥资源优势，有效实施资源转换战略，经济取得长足发展，初步构筑起了农畜产品加工、化工、煤炭、电力、建材等五大支柱产业，实现了从农牧业为主导向工业为主导的历史性转变。从1994年开始，国内生产总值年递增20%以上，财政收入年均增长30%以上。1999年，国内生产总值118亿元，财政收入12.6亿元，同比分别是1990年的8倍和10倍；农牧民人均纯收入2371元，城镇居民人均可支配收入5069元，分别是1990年的4倍和5倍。

伊盟地上、地下资源极为丰富。煤炭已探明储量1244亿吨，约占全国已探明储量的1/6，内蒙古自治区的1/2。煤炭具有低灰、低硫、特低磷、高发热量特点，被中外专家公认为世界罕见的“精煤”。天然气已探明储量632亿立方米，远景储量8万亿立方米，是中国目前最大的整装气田之一，极具开发利用价值。天然碱储量6000万吨；食盐1000万吨；芒硝70亿吨，其纯度、结晶度为国内外所罕见；石膏储量35亿吨；石灰石65亿吨；高岭土65亿吨，经化验，在全国硬质高土中质量最优。年产羊毛970万公斤；皮张233万张；被誉为“软黄金”的阿尔巴斯白山羊绒70万公斤，约占全区的1/3，全国的1/6。年产“梁外”甘草4000吨；麻黄草1万吨；还有其它多种野生绿色植物，极具食用、药用、保健价值；开发前景广阔。伊盟又是世界蒙古民族风俗礼仪保存最完整的地区之一，以成吉思汗陵、响沙湾、沙漠绿洲恩格贝为代表，形成了丰富而独特的旅游资源，开发潜力巨大。

围绕优势资源，该盟着力培育了以鄂尔多斯集团、伊盟煤炭集团、伊化集团、亿利集团等四家上市公司为代表的能够带动地方经济发展的一批优势骨干企业。按照“一产调优、二产调高、三产调快”的总体设想，正在全面推进农牧业产业化，引进高新技术改造嫁接传统产业，新上一批高新技术企业，实现产业优化升级，大力度发展水、电、路、讯、城、旅游等基础设施和第三产业。

随着经济的发展，伊盟投资环境明显改善。210国道纵贯南北，109国道横穿东西，省道和旗乡道路四通八达。包神铁路北接京包线、包兰线，南接神延线和西延线，东接神朔线和朔黄线。210国道包头至东胜段高速公路正在建设，并将延伸至蒙陕边界，届时将形成东至北京、南至西安的快速通道。109国道伊盟段将进一步改建为一级公路。鄂尔多斯飞机场正在抓紧做前期工作，东至呼市西至宁夏石嘴山横穿伊盟全境的铁路运输线正在组织实施。全盟已实现市话交换程控化和长途传输数字化，通讯便达，邮电业务齐全，信息网络发展迅速。城镇综合服务功能不断完善，社会治安和法制环境良好，生态环境进一步改善。面对西部大开发的良好机遇，伊盟全力开始第二次创业。着力改善软硬环境，目前已相继出台了有关人才引进等一系列优惠政策。该盟将为参与伊盟开发的国内外各界有识之士提供更加优惠的政策措施，创造更加宽松的投资环境。

根据国家的产业政策和伊盟的实际，一批极具发展优势的重点项目正在积极筹建。一是煤化油项目，总投资247亿元，其下游产品开发前景也极为诱人。二是甘草系列产品深加工项目，总投资1.24亿元；有毒灌草综合开发项目，总投资1.9亿元；纳米级轻质碳酸钙项目，总投资9600万元；煅烧高白超细高岭土项目，总投资1.9亿元；等等。这些项目作为国家西部大开发高科技项目，已经通过国家计委论证，正式批准立项。三是通过高科技手段利用风积沙生产人造花岗岩项目，总投资1.23亿元；伊盟南部长庆天然气田北区至呼和浩特市天然气管输工程，总投资8.7亿元；均已报国家计委审批。四是新建鄂尔多斯飞机场，投资概算3亿元；210国道东胜至陕西边界94公里高速公路，投资19.3亿元；准许格尔至呼市110公里铁路，投资12亿元；东胜至石嘴山296公里铁路，投资26亿元；上述交通项目投资回报高，效益好，现正在做前期工作。五是伊盟水土资源十分丰富，宜开发土地700万亩，黄河流经该盟840公里，年过境水量316亿立方米，适宜于进行大规模的土地开发和生态建设，发展林产业、草产业、绿色食品产业。六是开发建设成吉思汗陵等独具地方、民族特色的旅游项目。

开放的鄂尔多斯热忱欢迎国内外各界朋友以各种方式与我们合作开发，共创美好明天。

辽宁省鞍山市

〔名优特产〕

南果梨　南果梨，是中国秋子梨系统中的优良品种，是鞍山地区特产水果，已有100多年栽培历史。树体健壮，4～5年开始结果，12年进入盛果期。连续结果能力强，每个果台能结3～4个，15年单株产量150公斤左右。

南果梨祖树为自然杂交实生苗，现仍生长在千山区大孤山镇上对桩石村，一侧已腐朽，另一侧生长正常。距母树约两米远处长出一株自然更新的萌蘖的实生南果梨树，树龄有60多年，仍保持原始野生针刺状的枝条。因当时大孤山镇属辽阳管辖，在辽阳南部，故起名南果梨。

南果梨果形近圆形或扁圆，进入成熟期果皮薄而光滑，果肉白色，肉质细，石细胞少，采后即可食用，脆甜汁多。经15～20天充分熟后的南果梨，色泽鲜艳，香气浓郁，肉质细腻，甜酸多汁，易溶于口。

南果梨现在鞍山地区栽植面积8483公顷，株数400万株，年产量4万吨左右。辽宁省朝阳、锦州、抚顺、本溪、营口及吉林、内蒙古等省区有引种，但风味明显不如鞍山地区。随着南果梨知名度的扩大，其销售价格攀升且供不应求。在发展高效农业、调整农业种植结构的今天，这一特产优势已引起了广大果农及各级领导的广泛重视，已被省政府列为辽宁省农业产业化重点综合开发项目，海城市大屯镇已成为优质果基地。

金瓜梨　金瓜梨是岫岩县地方特产，祖树在岫岩县红旗乡，属白梨系统。金瓜梨性状比较特殊，梨果五棱突起，后熟后果面呈金色，金瓜梨也因之得名。

金瓜梨单果重约250克，采收时较青，熟后金黄，果肉浓甜，香气特别，细腻多汁，耐贮运，堪称梨中珍品。

岫岩县现有金瓜梨30余万株，年产量约250吨，生产潜力巨大，岫岩县政府已把此品种列为岫岩果业发展的主导品种。

鞍山君子兰　鞍山君子兰自80年代以来，经多年杂交选育，形成了多种风格特点的君子兰系列，主要有国兰、日本兰、缟兰、省兰和横兰五大系列，高档名优品种已达十几个，如“钢城短叶”、“巨兰”等。

鞍山君子兰具有株型适中、叶片整齐、花色艳丽、圆花亮蜡、青筋大脉、兰质细腻、座型呈元宝型、株型整齐、叶片宽短、叶型美丽，有雄厚大方、殷实庄重之感，脉纹突起明显；花葶挺拔直立，箭杆粗壮，花朵大而多，美而艳，花期长40～60天；株型稳定，具有耐高温，适合长江以南地区生长等特点。

鞍山现有君子兰温室面积30万平方米，800栋花窖，从业人员2万人，年创产值2000万元。

几年来，鞍山君子兰多次在各级花卉博览会上获奖：

1993年，在第三届中国花卉博览会上获金奖。

1994年，在珠海世界兰蕙博览会和首届大连君子兰博览会上荣获金奖。

1995年，在香港国际花卉博览会上荣获优异奖。

1996年，在香港国际花卉博览会上荣获两项特别大奖。

1997年，在上海第四届花卉博览会上，获金奖2块，银奖6块，铜奖3块。

1998年，在辽宁省首届花卉博览会上，获金奖20块，银奖13块，铜奖3块。

1999年，在昆明世界园艺博览会上，鞍山君子兰现象大放异彩，获金牌2枚，银牌9枚，铜牌10枚，为中国、辽宁和鞍山赢得了殊荣。

2000年，在中国君子兰第三届展交会上，鞍山君子兰获特别大奖7枚，金奖61枚，确定了鞍山君子兰的领先地位。

岫岩绒山羊　岫岩绒山羊，品种属于辽宁绒山羊，分布于岫岩县大部分地区。具有体大健壮、被毛洁白、产绒量高、繁殖力强、味道鲜美等特点。经过长期饲养及培育，还具有抗逆性好、对环境适应能力强等特点。

岫岩县1981年被确定为省绒山羊育种基地县；1984年经国家鉴定为地方品种，统称为辽宁绒山羊。

岫岩绒山羊成年公羊产绒533.6克，产绒率达80%；成年母羊产绒478.3克，产绒率71.9%。其羊绒素有“软黄金”之称，具有很高的经济价值。

1999年，岫岩绒山羊存栏13.8万只，产绒41.9吨。

岫岩黑猪　岫岩黑猪系巴克夏和新金猪的后代同当地猪杂交，经40多年的选育、选配和驯化而成，1973年被省确定为地方良种。该品种属肉脂兼用型，具有体大、坚实、采食量大、耐粗食、抗寒抗病、适应性强、繁殖能力高等优点。生长发育较快，生后2个月断奶，仔猪体重可达8.4公斤。母猪性成熟较早，窝产仔9.5~15.5个。仔猪育肥性能较好，平均日增重0.483公斤。

西四大米

产地：海城市西四镇

特点：选用优质水稻品种，生产基地环境纯净，污染程度低，并在生产过程中实现有机无机相结合，化肥和农药使用量少，水稻符合绿色食品标准。生产地土壤肥沃，生产周期长，昼夜温差大，水稻发育充分，蛋白质含量高，适口性好，营养丰富，深受本地和外地市场欢迎。

规模产量：种植面积5万亩，年产优质大米4000万公斤。

银珠大米

产地：鞍山市第五粮库

特点：“银珠”牌大米，是选用辽粳294和454等优质水稻品种，并采用世界一流东洋精米设备经过精密碾白、抛光和严格除石分级以及色选加工而成。

产品表面晶莹如玉，米粒完整，无尘无杂，实现免淘洗。其米饭具有“香、粘、软、滑”的特点，口感好、营养价值高，产品出口日本、美国，具有较高的知名度。

规模产量：年产量10万吨。

耿庄大蒜

产地：耿庄大蒜历史悠久，主要产地在海城市耿庄镇东耿村、北耿村、西耿村和薛家村一带的黑土地。

该品种为蒜瓣食用型品种，每头6瓣，休眠期长，喜平肥壤土栽培，抗霜霉病。海城地区春分前定植，亩产850多公斤，上市时间在7月下旬~10月，年商品量4500吨，包装规格5公斤。

其特点是大蒜紫皮，蒜头肥大（每头6~8钱，重的可达一两），瓣大而均匀（每头5~6瓣），辛辣味浓，蒜汁滴碗成块，为蒜瓣鲜食型品种，大蒜素含量极高。可制作蒜泥，常温下可放置48小时不变味，不变色，所以闻名遐迩，成为进京贡品。

“海禾”牌玉米种子

产地：海城市种子公司

特点：“海禾”牌玉米种子，产量高，一般亩产550~600公斤；抗旱、抗涝性强；抗早衰，活秆成熟；茎秆坚韧，抗倒伏。品种适应性强，种植范围广泛，省内及吉林、河北、山东、内蒙古、四川等地区均可种植。

种子纯度高，质量好，加工精细，达到国家一级标准。

规模产量：制种面积5万亩，年产商品种子2000万公斤。

牛庄大葱　海城牛庄栽培大葱历史很长，品种为当地的雁脖葱等。特点是葱高3尺有余，白（假茎）长，辛辣味强，易保管，单产高。最大的一株近1公斤重。

龙凤台鸭蛋　台安县富家镇的龙凤台，西临柳河，历史上盛产鱼、鸭，尤其是以鸭蛋最为出名。鸭蛋绿皮、个大，蛋黄呈赤红色，营养丰富，味道鲜美，驰名省内外。清代，这里鸭蛋已成为贡品，故被封为龙凤台。

四道河香瓜　台安县城郊四道河，土质沙壤，种植甜香瓜历史悠久。四道河香瓜多为白瓜，皮薄膛大，色泽光滑，甜脆爽口，香味扑鼻，早熟先上市，曾留下“四道河香瓜不用尝”的美誉。

三岔河刀鱼　三岔河刀鱼，俗称小河刀，学名刀鲚，属醍科鱼类。体极扁薄，为四游性鱼类：一般重量为150克，大者长达32厘米，重280克。主要产于三岔河口处，每年5~6月来此生殖繁衍。生产量在2000斤左右。

摩云山山楂　鞍山栽培山楂有百年历史。千山区摩云山村的大金星山里红为鞍山特产。树势开张，呈扁园形，果实近圆球形，光滑、色泽鲜艳。单果重5.6克，最大可达8.8克，每公斤平均45个。果肉深红色，细腻，酸甜可口，抗寒抗病，丰产稳产。每年9月上旬成熟，适于鲜食或加工，加工不用放色素。

哈达碑李子 哈达碑李子系朱砂李子，产于海城市东四镇哈达碑村，李子果实大，味道好，闻名遐迩。

“南台”牌褐壳鸡蛋 海城市南台镇，是该市集约化蛋鸡生产基地，现存栏蛋鸡300万只，生产鸡蛋4万吨。现有鸡蛋交易市场一处，每贸易日交易量达20万公斤。由于品种优良，技术先进，管理水平高，其鸡蛋为褐壳，产量高，品质好，味道鲜美，1998年3月注册为“南台”牌。现销往全国20个省市200多个城市，并远销港、澳、台地区，以及日本、韩国、泰国、新加坡和俄罗斯。

台安“合绿”牌茄子 面积6万亩，产量27万吨，产值4.5亿元。反季节栽培，避旺堵淡，市场竞争力较强，远销吉林、黑龙江等地，效益较高，同时解决了冬季农闲问题，成为广大农民致富的支柱产业，是农民进行种植调整及增产增收的重要途径，具有很好的发展前景。

岫岩温室番茄 面积2万亩，产量8.5万吨，产值1.2亿元。冬季温室生产，且番茄生产属于劳动密集型产业，适合该地区劳动力过剩的实际情况，且该番茄耐贮藏、耐运输，干物质含量高，品质好，曾远销俄罗斯，对地方经济发展具有深远意义，发展前景广阔。

海城生姜 面积3430亩，产量10970吨，产值165万元。生姜属于市场畅销的蔬菜品种，且海城平原镇区具备生姜的土壤气候条件及娴熟的生姜栽培技术，因而在海城地区有较强的发展优势。

千山银杏叶茶 鞍山生利天然提炼厂利用近几年刚刚兴起的银杏资源，采用先进工艺技术，从银杏叶中提取黄铜甙，制成银杏叶茶，具有治疗高血脂、冠心病等老年性疾病和保健功效，产品极为畅销。

鞍山脆枣 鞍山脆枣是鞍山市林科所研究的新品种，具有早熟、宜鲜食、品质好的特性，比同类树种具有更高的经济价值。

天演速生杨 鞍山市林科所新引进培育的品种，为东三省首家。长势好，一年生可长至七米高，叶片大，可作饲料。能创造很高的经济效益和生态效益，目前此品种正在推广中。

杂交大榛子 杂交大榛子是鞍山市新引进品种，具有产量高、适应性强、坚果大、风味佳的特征，其具有的优良特性达到或超过欧洲榛子的优良特性。极具推广价值。

岫岩板栗 岫岩板栗主要分布在岫岩南部乡镇，总面积14万亩，年产量500多万斤，是鞍山市重要的干果经济林。岫岩县具有良好的发展板栗的自然条件，板栗是木本粮食，其营养价值高，风味独特，是食品加工的重要原料，市场需求迫切，具有很高的经济价值和生态价值。

岫岩柞蚕 岫岩柞蚕面积达230余万亩，年均养蚕1.6万把，年均产茧8.4亿粒（6720吨），蚕茧量居全省、全国之首。1989年被批准为国家柞蚕生产基地县，素有“柞蚕之乡”美誉。

柞蚕是岫岩的重要支柱产业，全县养蚕人口达10万余人，占总人口的1/5，年均收入5000万元，占全县农业总收入近20%。近年来，经过品种改良、新技术推广和高产高效示范区建设，岫岩柞蚕再登新台阶，其技术水平已领先于世界同一领域。

辽宁省绥中县

〔概况〕 绥中县始建于清光绪二十八年。该县地处辽西走廊西端，是辽宁的“西大门”，南襟渤海，北枕燕山，东隔六股河与兴城为邻，西与驰名中外的“天下第一关”接壤，素称“关外第一县”。全县总面积2747.2平方公里，人口62万。县内辖30个乡镇，其中市级开发区2个，18个乡，10个镇。境内南部沿海平原广阔，西北山区中部丘陵绵延起伏，整个结构为六山三水一分田。绥中地处东经119°34′至120°31′，北纬39°59′至40°37′。气候宜人，属温带半湿润大陆性季风气候。年降水量平均为600—700mm，年平均气温为9.6℃，冬无严寒，夏无酷暑。

绥中县先后被国家确定为商品粮生产基地县、白梨生产基地县、苹果优质果生产基地县、瘦肉型猪生产基地县、水果标准化生产示范县和水果产业化生产示范县。县委、县政府在抓好粮食生产的同时，狠抓“三水一畜”（水果、水产、水浇地和畜牧业）工程和“五大基地”（水果、水产、粮食、蔬菜、畜牧）工程建设。使农业生产上“两高一优”（高产、高效、优质）的产业化轨道。

〔水果〕 绥中县果树栽培历史悠久，追根溯源可至唐代。果树资源丰富，落叶果树应有尽有，果树栽培面积大，产量多，现有果园面积60余万亩，果树1600万株，1998年全县水果总产37.5万吨（7.5亿斤），位居辽宁省第2位（仅次于盖州），已跨入全国水果生产十强县行列（第10位）。特产“绥中白梨”闻名于世，香飘海外。绥中梨树栽培历史悠久，《新唐书·渤海传》载：“果有九都之李，乐游之梨，”乐游即辽西渤海湾一带。清光绪三十四年（1908）《绥中乡土志》载：“本县产秋白梨、红梨、花梨、安梨。秋白梨居多，并为上品”。民国十八年(1929)《绥中县志》载：“绥中西北特产梨为大宗，获利亟巨，取而食之或鲜或冻或蜜饯，甘酸尤为适口”。“绥中白梨”学名秋白梨。果实中大，单果重150克左右，长圆或椭圆形；果皮黄色，有蜡质光泽，皮较厚，果点小而密；脱萼；果肉白色，质细松脆，汁多，甜味浓无香气，果心很小；可溶性固形物含量12.0—13.8%，糖酸比41.9—57.6；10月初充分成熟，极耐贮藏，可贮至次年

5—6月。经采用果实套袋栽培技术，使之果点变小，果面光亮洁净，果皮更加鲜艳美观，酸度减低，维生素C含量增加，口感更好，曾为“水蜜梨”称号出口。“绥中白梨”久经演化，已分化出不同类型的9个品系。其中有大核桃秋、小核桃秋、大金座、小金座、磨盘5个优良品系。“绥中白梨”营养丰富，含有较多维生素C。食之松脆甜酸可口，具有生津解渴、消痰止咳之功效，实为上等佳品。不仅可以鲜食，而且可以加工成罐头、果脯、果酒、果干、果酱等制品。它深得国人的喜欢，畅销全国20几个省市；同时颇受外国人的青睐。早在1954年就开始向新加坡、泰国等东南亚十几个国家和香港地区出口。1989年开始经边贸向苏联（今俄罗斯）出口。“绥中白梨”曾多次被省、市评为优质果品。于1987—1988年连续两年在北京农业展览馆展销。“绥中白梨”中心产区的大王庙镇设有罐头加工厂，生产出的白梨罐头畅销国内外。1983年出口红梅牌“糖水白梨罐头”获省、部优质产品称号。

绥中白梨各品系经济性状和品系对比表

品系名称	果型	单果重	可食率	品 评	石细胞	树 龄
大核桃秋	卵圆	115.80	74.65	甜脆多汁	+	28
小核桃秋	卵圆	90	71.15	甜脆	+ +	46
大金座	长圆	135	72.25	甜脆	+ +	65
小金座	长圆	96	68.67	甜脆	+ +	32
磨盘	扁圆	123	73.88	微酸不脆	+ + +	60

注：“+”表示石细胞含量很少，“+ +”表示较少，“+ + +”表示较多。

绥中白梨各品系窖贮变化对比表

品系名称	贮 前		贮 后		
	果实硬度	可容固形物	果实硬度	可溶固形物	栓化斑点率
大核桃秋	10.14	13.43	9.99	12.85	5.90
小核桃秋	8.28	14.95			
大金座	9.84	12.21	8.08	13.15	5.40
小金座	10.84	11.44	9.16	13.65	10.70
磨盘	11.84	13.18	8.12	13.75	3.70

注：硬度单位为公斤/平方厘米。

水果生产在全县农村经济中占有重要地位，水果收入占农业总收入30%左右；尤其是占全县面积一半的山区水果收入是主要经济来源，果树栽培成为农民维持基本生计的依赖性产业和发展致富的支柱产业。1999年夏秋季严重干旱导致山坡薄地农作物几乎绝收而果树仍有6成以上的产量，加之水果价格的提高，实现历史最丰年1998年产值的80%以上，充分显示了果树栽培的优势且表明山区离开果树栽培农民将难以生存。20世纪80年代以来果业蓬勃发展，成就极为辉煌。

绥中水果品种繁多，有苹果、梨、桃、李、杏、山楂、葡萄等果树14个树种200多个品种，以苹果和梨两大树种为主。苹果有红富士、王林、国光、黄元帅等50多个品种，梨有白梨、花梨、安梨、面酸梨、大南果、锦丰、秦酥等40多个品种。全县优质果率达到80%以上。全县28个农业乡镇中有22个乡镇果树栽培都在10万株以上，最多的李家乡有果树124万株（1998年）。1985—1987年全县果树空前大发展，仅1987年一年就发展各种果树673万株。果树树种品种构成也得到很大改善。除苹果和梨树得以大量发展外，葡萄、山楂、桃、李、杏全面发展。果树新品种的发展是前所未有的，引进各种果树新品种50余个。1982年绥中县被定为辽宁省“白梨和富士苹果生产基地”；1986年被确定为国家首批“苹果商品化生产基地县”，发展新品种苹果48万株，兴建400吨水果恒温贮藏库一座；1990年被国家有关部门授予“苹果新品种发展先进单位”。1996年被国家有关部门确定为“水果产业示范区”，建设丘陵苹果园水利管灌工程15处。

水果产量逐年增多。由1980年前后的5万吨左右上升到1998年的37.5万吨。1998年上缴水果特产税1607万元（包括两个国营农场，前所农场100万元，大台山农场90万元）。曾于1988年被评为市果树大面积丰收县和1990年省水果大面积丰收县。

果品质量逐年增强。自1985年至1999年共有24个品种101个样品，几次被省、市评为优质果品。其中在1996年全省开展的优质果评选活动中，以4金2银1铜7块奖牌和7优计14个样品荣获全省第1名。1997年，金花梨、绥中白梨、新红星苹果和乔纳金苹果4个品种参加全国第四届农业博览会，被认定为国家优质果品。还被国家确定为水果标准化生产示范县、水果产业化生产示范县。生产高质量出口东南亚富士苹果已初见成效，1988年出口21吨，1999年符合出口标准的富士苹果产出率15%，好的果园（农户）达30%以上。

果树生产的发展解决了几十年靠吃返销粮过活的山区农民温饱问题，并且使相当一部分农民发家致富。以苹果栽培为主的李家乡，自1985年以后，仅水果人均收入达1500—2000元以上，80%的农民过上了富裕生活。果树生产也给原来依靠薄耕地种粮来维持基本生计的丘陵地区带来了致富契机。沙河乡1985—1995年间发展果树90万株，水果产值已接近李家乡的水平。

1980年绥中县设立了“果蚕局暨果树技术推广总站”，开始对果业实行专业化管理。随之果区各乡镇相继建立了“果树技术推广站”，村设果树技术员，组设果树科技示范户，从而形成了县乡村组四级果树技术推广网。在1980年果蚕局成立伊始，便成立了“果树技术服务公司”，率先尝试由生产部门为果树生产提供物资服务。继之，各乡果树技术推广站纷纷开展物资经营服务活动。到80年代末全县有20个乡镇建立了以技术推广和生产物资经营及水果促销等多功能的实体果树站。形成了以果蚕局及所属服务组织为龙头，以各乡镇果树站为主体，以广大果农为对象的产供销一条龙服务体系。全县有民间水果贮藏窖3500座，贮藏能力5万吨；县内有水果恒温贮藏库两座，贮藏能力5400吨，可供优质果品的长期贮藏。1997年成立了“水果保鲜储藏有限责任公司”，从美国引进自动化清洗、涂蜡、烘干、分级水果产后商品化处理生产线。

〔水产〕 绥中县地处辽东湾西部，海岸线长75公里，可开发海水养殖面积265万亩。其中滩涂面积4万亩，浅海岩礁带面积1万亩。“四花刺参”、栉孔扇贝、海胆是该县海区特有的海产品。其他海产品有梭鱼、鲻鱼（白眼）、牙鲆鱼、舌鳎鱼、鲅鱼、鲐鱼、石首鱼（白蜜子）、鲳鱼（镜鱼）、鲆蝶鱼、青鳞鱼、箭头鱼、花腊鱼、铜鲫鱼、鳖子鱼、面条鱼、大头宝鱼、钢条鱼、燕飞鱼、扔巴鱼、海鲇鱼、墨鱼、乌贼、带鱼、对虾、白虾、狗虾、皮虾、红虾、赤贝、扇贝、蚕蚶、杂色蛤、牡蛎、铁脐蟹、红夹蟹、花盖蟹等。淡水产品有鲤鱼、胖头鱼、鲫鱼、鲢子鱼、草鱼、麦穗鱼、白鱼、鳍鱼、鲶鱼、武昌鱼、罗非鱼、河蟹、甲鱼等。

绥中县发展水产业坚持捕养并举方针。1989年水产品产量为645万公斤，其中海洋捕捞601.10万公斤，海水养殖9.30万公斤、淡水养殖34.60万公斤；产值实现2359.10万元。1992年水产品产量1720万公斤，其中海水产品1682.90万公斤，产值6000万元。海蜇获得丰收，捕捞量达600万公斤。在发展海洋捕捞的同时，大力发展浅海、滩涂和淡水养殖。浅海筏式养殖1670台，台单产900公斤。滩涂养殖面积3万公顷，淡水养殖产量37万公斤。1995年全县机动渔船1717艘，海洋捕捞量3101.90万公斤。1997年沿海筏式养殖发展到12000台筏，滩涂养殖面积0.3万公顷；各大中小型水库和池塘都有水产养殖项目。预计2000年，水产品产量达到10.5万吨，其中养殖水产品产量3万吨，水产产值突破5亿元。

岩礁底质是海珍品生存的主要场所，海参、栉孔扇贝以及海胆等都以岩礁底质为栖息地。绥中县止锚湾岩礁海域盛产省内知名度较高的“四花刺参”，平均资源密度曾达到8.2个/m^2，被列为海参繁殖保护区，连片岩礁面积达10000亩，海区水质肥沃，无污染，属国家一类水域，非常适宜海底珍品播增养殖。“八·五”期间，省海洋水产研究所和绥中县共同进行了海参、栉孔扇贝和魁蚶三个品种的试验研究，获初步成功，为大规模养殖生产奠定了基础。几年来，绥中县着力调整海水养殖结构。1997年该县首次引进藻类养殖技术，试验性养殖50台筏海带、裙带菜，为增加养殖品种、改善海域水质环境，摸索出一定经验。1998年，又对部分岩礁海域对外承包，吸收社会资金投入到海珍品开发中来，目前，实现人工投苗增殖面积3000亩，累计投参苗144.8万头（其中种参4.8万头），栉孔扇贝苗1500万粒，吸收社会资金达120万元。1999年在省水产部门的帮助下，试验养殖“三倍体”太平洋牡蛎50台筏，获得台产1吨，出肉率20%的可喜成果。2000年继续进行试验，规模达到400台筏。绥中县港湾水面5000亩，2000年又开发了河豚养殖，目前个体投资150万元，直接从日本进口苗卵，苗孵化已成功，投苗面积200亩，专家分析，利用绥中电厂余热大规模开发河豚鱼养殖，前景十分广阔。全县现在滩涂面积4万亩，主养文蛤、杂色蛤，历年文蛤产量在1000吨，杂色蛤产量达5万吨（包括捕捞产量）。绥中县浅海资源开发条件优越，现已通过有关部门论证，认为非常可行。对养殖方式、品种进行优化调整，岩礁底播增殖海参等海珍品筏式养殖，增加名、特、优品种，为调解海域环境、水质，进行藻类移植，将底播养殖、筏式养殖、藻类开发有机地构成整体，营造一个底、中、上层整体开发，鱼、蟹、贝、藻、参共同发展的海底庄园，充分利用水体动、植物间代谢物交互作用，净化了水质，促进该水域保持良好性循环利用状态。搞特色开发，设想当海域功能调整到最佳状态时，水域环境得到彻底改善，非常适宜海洋动植物的栖息，海珍品、贝类、藻类及观赏性鱼类，将丰富多彩，可开发大规模的海上旅游、重钓、海珍品、潜水、观赏等休闲渔业项目。

〔**粮食、蔬菜**〕 绥中县按照中共中央、国务院《关于做好2000年农业和农村工作的意见》和国家农业部《关于当前调整农业生产结构的若干意见》精神，彻底更新观念，面向市场，因地制宜，下大力气进行种植业结构调整，重点发展经济效益型农业。通过采用高产高效益栽培模式，引进推广高产优质新品种，应用先进的科学技术等手段，在百年不遇的特大旱灾之年取得了明显效果，获得了较高的经济效益，出现了很多高产高效益生产典型和新的栽培形式，为今后全县农业的发展闯出了一条新路。

1997年全县粮食总产5.4亿斤，创历史最高。全县现在种植水稻19万亩，产量9.5万吨，花生4万亩，产量1万吨，大豆6万亩，产量9千吨。

香米水稻、红米水稻是绥中县农业科技人员精心培育出来的水稻中的新品系。香米水稻是从黑香米水稻中分离出来的白香米水稻品系。通过近两年的试验、示范栽培，香米水稻表现中明显的产量优势、抗病优势、米质优势。它的生育期在160—165天，株高90—95厘米，穗长15—20厘米，半散半弯大穗型，单穗粒数120—220，千粒重26—27克，一般亩产550—650公斤，高产的可达700公斤以上。分蘖能力强，茎杆粗壮，抗倒伏、抗稻瘟病、纹枯病、胡麻斑病、中抗稻曲病。该品系的最大优势是米质，在米饭开时香味四溢，食口性非常好，是今后水稻品种结构调整的理想品种之一。本品系为中晚熟，可在盘锦以南地区栽培。红米水稻是从中国农业科学院育种所引入，通过变异后的多年选择于1998年稳定。该品系的生育性状及特点基本同香米水稻是一致的，它的另一个优势是米饭口味优势，米饭有筋道的感觉，如果夏季早上煮的饭，中午加些凉水后食口性更好。

黑霸甜粘玉米也是玉米新品种，是目前国内最好的玉米鲜食品种。目前，该品种在绥中高岭开发区，已试种成功。该玉米经国家有关部门检测高含辣氨酸。青穗食用甜粘清香，口感极好。1999年在北京市场试销，深受好评。每穗批发2元钱。

脱毒地瓜是指地瓜在育种过程中，秧苗中的毒素被消除掉后培育出的一种地瓜。该品种经脱毒后能促进高产、提高抗病性，淀粉含量低，个大，产量是正常品种的2.5倍。平均亩产在1.5—2万斤，亩纯收入3000元，产品大多是以卖鲜地瓜为主，少部分加工成淀粉及粉条。目前，绥中栽种此品种地瓜有1.5万亩，主要分布在宽邦镇、李家乡、黄家乡等。

绥中蔬菜种植面积有24万亩，棚菜10万亩，裸地菜14万亩。年产量70万吨。绥中特色蔬菜主要是土豆、大根萝卜、青椒。

土豆，全县播种面积8万亩，产量12.6万吨。其中覆膜土豆有3.5万亩，主要分布在小庄子乡、王宝乡，覆膜土豆优势在于早熟，能够提前7—10天上市销售，提高商品率在10%以上，每亩增值在50—100元，还能抗旱、增产。

大根萝卜，全县种植面积2.1万亩，年产8万吨，出干品8000吨，产值1600万元，产品95%出口到日本、韩国，部分销往国内南方市场。主要集中在王宝乡。

青椒，全县种植面积1.9万亩，年产6600吨，产值8000万元。主要分布在西平乡、宽邦镇。

锦州市德亨实业有限责任公司

〔**概况**〕 锦州市德亨实业有限责任公司坐落在辽宁省锦州市文新技术产业园区内。交通便利。属亚温带气候。

公司是总经理唐基斌于1995年3月创办的。现有厂房500m²，办公楼400m²，一条流水生产线。固定资产600万元。占地8000m²。现有员工60人，其中科研人员14人。

唐总经理是起步较早的民营企业家之一。先后开办过水泥予制件厂、特种保温材料厂等效益可观的企业。1988年受锦州市政府的委派到另一家中外合资华盛塑料公司并任总经理。历任八年后，创办了本公司并任总经理，从事木质室内装饰门的研究工作。

公司成立初期，只能生产普通实木门和轻体室内装饰门。这些门使用一段时间后，容易变形、开裂。唐总经理就开始琢磨：用什么材料和方法能够开发出一种既可替代、节省木材，又集美观实用，高档经济为一身的节能、环保型的理想之门呢？

唐总经理查阅了大量资料，克服了资金不足、设备有限的困难，绞尽脑汁，夜以继日，带领十几名科研人员历经近四年的时间，进行了400多次试验，投入数百万元研制经费，终于在1998年8月研制成功了以“木质模压实心门”为主导产品的四大系列，百余种款式、不同材质、质量上乘的门中精品。以尖端的技术含量和独特的新型环保材料，推出了具有国际先进水平、国内领先的高技术产品。并获得了国家《实用新型专利证书》，研制的模具获得了国家发明专利。

〔**产品的性能，技术指标**〕 公司的主导产品“本质模压实心门”，经锦州市产品质量监督检验所检验，全部符合或超过GBJ301－88标准。

保护森林资源和人类的生存环境，是公司开发“木质模压实心门”的主要目的。据有关资料介绍：仅国内的楼堂馆所，居民住宅，必不可少的门窗类消耗掉的优质木材，就占木材总耗量的一半。每年还要花大笔外汇进口大量木材。

本产品是采用本地产天然农作物高梁秆制成的高密度复合板做门芯，可比实木门节省3/4的木材。防潮、保温、隔音，适合在各种温差条件下使用，投入水中24小时不开胶；抗冲击力强，可承受50磅压力冲击，七吨载重卡车碾压后，平整度无改变，表面无裂痕，整体形状无改变；采用非甲醛系环保胶合成，无毒无害；产品质量达到AAA级质量检测标准，承诺30年不变形，不走扇。本产品集节能、环保、利废等多种优点，使门的内在质量达到国内领先、国际先进的水平。

本产品以特殊的工艺，使门板面木质纤维在凹凸拉伸过程中无丝毫断裂。门的四边框架与内芯采用法式木钉缀缝连给方法，使“德亨牌木质模压实心门”成为一种集门类产品优势于一身的高新技术产品。

〔近年来取得的成就、荣誉〕 发展高新技术企业是中国经济快速发展的国策。德亨牌室内装饰门系列产品，对保护有限的委办资源和自然环境，具有深远的历史意义。德亨门不但实现了门类的创新和发展，可与欧美产品相媲美，还给近百名下岗职工提供了就业机会。为国家和社会排忧解难，为安定发展做出了应有的贡献。做为高新技术企业，唐总经理受到省市领导的关注和鼓励。1999年3月在辽宁省赴广州、深圳的招商会上，该公司的展销品引起了轰动。受到省领导及中外客商的瞩目。省领导亲自向唐总经理询问企业发展及产品开发情况。并当场做了以“小门闯大门”为题的新闻专访；赞扬德亨公司大胆创新、勇于开拓市场的精神，并表示政府要大力支持民营科技企业。1999年10月，公司为本市高新技术企业的代表，参加了在深圳举行的中国首届高新技术成果交易会，取得了巨大成功。与广东、厦门、西安、北京、内蒙古的客商签定了600多万元的供货合同和3000万元的合作意向。

目前公司在天津、北京、上海、广州、深圳、厦门、山东胜利油田、太原、呼和浩特、秦皇岛等地及本省大中城市均设立了代理商和产品经销处，销售网络逐渐扩大，并已同外商初步达成了合作意向。

公司有完善的管理制度，包括技术管理制度、生产管理制度、财务管理制度、人事工资管理制度、物资供应管理制度、销售管理制度、安全防火、保卫及各工种岗位责任制等。

公司获得了锦州市人民政府颁发的“获产品质量AAA级信誉企业”铜篇；获辽宁省“九九创精品”打假扶优推广介绍产品证书；辽宁省高新技术企业证书”，唐基斌总经理还获得了省科技进步奖、有重大贡献著名企业家称号。

〔市场前景及发展规划〕 自从1998年“木质模压实心门”走向市场以来，深受广大用户的欢迎和专家的肯定。在广州、深圳、北京、天津、呼和浩特、秦皇岛等地及省内各市销售势头良好，供不应求。

“德亨门”以其实用型、装饰型、环保型，高质量、低价位而被众多用户所接受。据测算，以中小城市年均需门5万扇计算，加上旧城改造、城镇建设的需求，公司只要占国内市场纷额的3—5%，就可达到年销量30万扇，效益相当可观，公司新研制开发的木质防火门，木质防盗门也将推向市场。公司的发展前景非常广阔。

公司现生产能力仅年产二万扇，远远满足不了市场的需求。所以公司拟投（融）资1000万元，扩建厂房，再引进两条生产线，更新现有设备，建造烘干车间。可使年产量达到八万扇。

因公司在市场新技术产业园区，享受“免二减三”的优惠政策。公司的产品是一项投资少、见效快、利润高的高新技术产品，市场广阔、发展前景美好。

欢迎国内外的有识之士与公司合作。

辽宁省义县

〔名优特产〕

角瓜　义县地处辽宁西部山区，交通发达，地力肥沃，地下水源充足，春秋冬三季干旱少雨，日照充足，保护地蔬菜生产条件得天独厚，尤其以优质角瓜为拳头产品的保护地蔬菜生产闻名省内外。

该县的保护地瓜生产从1990年至今历经十年已形成了10万亩生产规模，年优质商品瓜生产能力达50万吨，产品远销东北三省及山东、河北、内蒙古等地，年产值可达近8亿元。

现今，该县的角瓜生产基地生产设施完善，栽培技术科学，广大角瓜种植人积累了丰富的种植经验。优质农肥施用，环保型低毒病虫害防治、滴灌等十余项管理措施使该县的产品达到高产，优质，无污染的“绿色食品”标准。另外，该县的角瓜除了经多年种植筛选出的高产，优质的“早青系列”当“白剑”两大主栽品种外还开发出了“飞碟”、“香蕉”等一系列特菜角瓜品种，添补了市场需求多元化的空白。

为了拓宽销售渠道，该县还改建了城关乡蔬菜批发市场，红墙于乡批发市场，高合子镇蔬菜批发市场，三个大型蔬菜果品批发、中转市场，年吞吐量可达300万吨。市场管理科学、完善；招商引资环境优越宽松；加之交通发达，运输便利，该县的角瓜产品供不应求。

如今，该县的角瓜生产已形成了产、供、销一条龙的产业化链条，义县角瓜以其优良的产品品质，公道的价格，热情的服务，深受广大用户欢迎。

银白杏　李恒沟村位于七里河镇西部山区，其所产银白杏驰名于清乾隆年间，为朝廷贡果。若干年来，银白杏饱享盛誉，尤以口味酸甜、口感绵软、色泽艳丽而著称天下。在县农办、县金融等部门的大力支持下，该村多年来致力于银白杏发展，把以果富民、以果强村作为特色农业来抓，认真做好品牌文章，走出了一条优化山区产业结构的新路子。1993年被省评为银白杏专业时，1994年又得到了世界银行的大力支持。该村新增银白杏面积500亩、株数6000株，通过三年科学化管理，现已成活5400株，成活率为90%以上，年产量12万公斤，仅此一项，年可增加人均收入134元。每年七月中旬开始，银白杏陆续上市，东北三省及关内的客商纷纷登门采购，大车小车挤满了山沟沟，成为山区里的一大景观，银白杏的芳香也随之远飘到大中小城市。如今，该村正积极筹措资金，力争到2001年发展银白杏5000亩，实现人均5亩银白杏的奋斗目标，届时，该村人均收入可实现4500元。

辽宁省金城原种场

辽宁省金城原种场始建于1952年，隶属于辽宁省农业厅，事业单位企业化管理，是全省唯一的省级农作物原（良）种生产场。该场位于进关要道辽西走廊锦州凌海市境内大凌河东岸。南邻沈山铁路、京哈公路以及正在建设中的秦沈高速铁路和沈山高速公路，距锦州港50公里，锦州机场35公里，交通运输便利，区位优势明显。该场土地资源丰富，占地面积30000余亩，土地肥沃平整。其中，耕地面积近20000亩，林果占地10000余亩。当地气候条件适宜，年平均气温8.5℃，年平均降雨量620毫米，年无霜期165天，自然条件得天独厚。建场40多年来，该场共生产各类农作物原（良）种5亿多公斤，除满足本省需求外，还销往全国13个省（区）的60多个县（市），为辽宁省乃至全国的农业发展做出了重大贡献。

近年来，该场发生了历史性的变化：形成了以玉米原种、蔬菜杂交种、球根花卉、林果苗木为主的四大主导产业。年产玉米原种、杂交亲本300万公斤，年产玉米杂交种500万公斤，销往国内13个省（区）。1997年被国家农业部立项建设国家级玉米原种场。年产蔬菜杂交种近5万公斤，其中近2万公斤出口，是中国种子公司的蔬菜种子生产基地和出口基地。年产各类球根花卉种球1000多万粒，销往国内23个省、市、自治区，是全国球根花卉生产基地。年产各类无毒果树苗木和优质杨树苗木20万株，是国家农业部果树无毒苗木繁育基地和北方优质杨树苗木繁育基地。培育了一支高素质的制种队伍，全场现有职工1462人其中高、中、初级基础干部85人，工人技师50人，已有约占职工总数一半的熟练掌握各种育种技术工人。该场生产的金原牌、农哈哈牌玉米杂交种子在省内、国内享有较高声誉；强化了基础设施建设，相继建成了国内一流的高标准种子生产田，种子低温储备库，种子加工车间，配套安装从德国引进的种子加工生产设备。改造输、变、供电系统，完善水利排灌设施，极大地提高了综合生产能力；加大了科技投入的力度。相继组建场农业科学研究所、场职工培训中心和场种子质量检测中心。科研工作已见成效，现有十几个玉米杂交组合参加全省区域试验。职工的科技意识不断增强，生产的科技含量不断增加，为全场经济的快速发展注入了强大的动力；改善了生产环境。相继修筑了两条柏油道路和一条水泥道路，村屯路路相通，路面整洁。开通了覆盖全场的有线电视网，电话普及率达到50%以上。公费医疗有所保障，社会治安状况良好，形成了良好的经济发展氛围。目前，全场基本形成了以玉米为主，兼顾小麦、水稻、大豆等；以种业为主，兼顾其它的生产格局，基本形成了繁育、生产、科研、销售、推广、服务于一体的生产经营机制，生产规模、经济效益得到恢复和发展，年产值达到2000万元，年利润100万元，人均收入3000多元。

面对日趋激烈的种子市场，面对即将到来的充满机遇与挑战的21世纪，金城原种场的发展指导思想是：以国家级玉米原种场建设为契机，以市场为导向，以科学技术为动力，以加强管理为手段，以优化结构、强化主导产业和名牌产品为突破口，以增强全场综合实力和职工生活水平为出发点和落脚点，以加强精神文明建设、提高职工素质为思想保障，因地制宜，积极发展产业化经营，努力实现可持续发展和“两个根本性转变”，提高产品质量和经济效益，把金城原种场建设成为集育种、生产、销售、科研、推广于一体的国内一流、国际先进的综合性国家级原种场。具体发展措施是：抓住国家调整农业种植结构的有利时机，建立现代企业管理制度，运用现代科学技术和先进管理经验，紧紧扣住育种和经营两个关键环节，开发与设施农业、精品农业、高效农业、观赏农业相配套的农作物品种和相关技术。具体发展目标是：一流的企业、一流的管理、一流的服务、一流的产品、一流的信誉、一流的效益。

场长、党委书记骆玉奇携全场职工竭诚欢迎各界朋友来我场洽谈合作。

地址：辽宁省凌海市金城镇

电话：0416－8260001

传真：8260015　8260006

邮编：121203

辽宁省岫岩满族自治县

〔名优特产〕

柞蚕　岫岩满族自治县位于辽东半岛北部，隶属于辽宁省鞍山市。全县境内有供柞蚕放养的柞林资源十分丰富。可利用放养柞蚕的就有175万亩，占整个山岭面积的33%。

该县属于北温带湿润地区季风气候，年降水量，日照时数，无霜期，年平均气温等均适合二化性柞蚕生长发育。

该县养蚕历史悠久，自1741年就开始放养柞蚕至今已有250年的历史。

全县年放柞蚕175万亩，年产茧量8000吨。其放养面积，柞茧产量均居全省、全国之首，素有“柞蚕之乡”之称，是全国柞蚕生产基地县。

全县的柞蚕业，年创农民纯收入7000－8000万元，占农业总收入的15－17%，加工增值后年创社会效益1.5亿元，还为县级财政提供增值税800万元，乡镇级财政特产税150万元。还为县级蚕业主管部门提供蚕业改进费280万元的费源。

全县有养蚕户2万多，占全县农户的20%，养蚕户户均收入4000－5000元，该产业还为农村解决近5万余人的劳动就业。可见，柞蚕业是岫岩满族自治县农村经济和增加农民收入的支柱产业。

该产业的主管部门是蚕业管理总站，该单位是县政府的蚕业主管职能部门。它的前身是县农业局的蚕业股（50－60年代）随着柞蚕业的不断发展壮大，80年代初由蚕业股变为蚕业局。90年代初，县委、县政府又决定成立蚕业管理总站，隶属于县委、县政府直接领导。

蚕业管理总站由10人组成，科技人员占60%，其中，中级知识份子占30%，除了负责全县的蚕业行政管理外，还负责指导和管理全县的23个农村乡镇蚕业主管部门——蚕业站的蚕业技术推广工作，是全县的蚕业科技转化的重要载体。

近年来，该单位的工作主要经验是：实施科技兴蚕战略，努力提高蚕业科技成果转化率，实现柞蚕业高产高效，实现了柞蚕的经济、生态、社会三个效益的统一。

主要表现：

一是经济效益可观。全县的柞蚕平均年单产720公斤（90千粒），年总产达7200吨（9亿粒），年总收入6500万元。

二是柞蚕场生态效益明显提高。全县175万亩柞蚕场有50%通过应用综合治理技术，其各项生态指标均达到标准，起到了既是经济林，又是水土保持林的作用，特别是水土保持功能更为明显。

近年来，取得的主要成绩是推广应用科研新成果，提高科技成果转化率，主要是：

一在蚕场改造建设方面：1.应用综合治理技术即树型优化配置；草灌植被复壮；柞树适期轮伐；叶蚕匹配；蚕场补植扩建、扩大树冠体积；柞树与胡枝子相间配置等治理蚕场75万亩，有50万亩达到高产高效，密闭型柞蚕场。

二在柞蚕放养增加科技含量方面：

1.蚕种实行“五统一供种”达到放养面积的40%。

2.应用杂交种投入生产达到放养面积的80%，其增产幅度为10－15%。

3.“病虫害”综合防治技术应用面积达到放养面积的100%。病害控制在3%以内，虫害控制在10%以内。

4.应用“柞蚕优化饲育技术”应用面积达到放养面积的40%，比对照区平均增产30%。

近年来取得的荣誉是：

1994年6月获得国家科技成果证书。1999年8月获辽宁省政府科学技术进步三等奖。1998年获辽宁省农业厅高产高效蚕场建设先进单位。1999年获辽宁省农业厅蚕业工作先进单位荣誉称号。1997年获辽宁省鞍山市政府农业科技推广一等奖。1997－1999年连续三年获辽宁省鞍山市农业局蚕业先进单位称号。2000年3月获得辽宁省岫岩满族自治县县委、县政府技术创新先进集体。

根据柞蚕业生产和生态环境有一定矛盾和当前的生产实际问题，特制定简单的五年规划和发展思路。

发展思路是：实施科技兴蚕战略；增加柞蚕业的整体科技含量，努力提高单产，实现高产高效。实施“退耕还蚕，休蚕轮养”战略，按照促进经济发展，恢复生态环境，增加柞蚕业可持续发展的要求，实现生态型柞蚕业。

简要的规划是：用五年时间在现有的基础上通过加大科技投入，在现在平均单产720公斤增加到900公斤，提高25%。经济效益由现在的4000元增加到6200元，真正达到高产高效。

蚕场改造建设也是用五年时间采用综合治理技术，每年以15万亩的速度改造好现有的二类蚕场75万亩，使之现有的蚕场全部实现标准化高效蚕场。使该县的柞林资源真正成为既是经济林，又是水土保持林。

山野菜　岫岩满族自治县位于辽东半岛北部，有4500平方公里的宽阔空间，境内多山，是由“八山半水一分田，半分道路和庄园”所构成，山林覆盖率高，气候特点四季分明，雨量充沛，年平均气温7.9℃，春季平均气温14.7℃，年平均日照时数为2265.1小时，无霜期150天左右，盛产多种山野菜，据不完全统计，仅常被人们采食的就达30余种，年生长量超过二万吨，其中每年大量出口的品种有厥菜、敕嫩芽、刺加等，年出口量在3000吨以上。

由县蔬菜生产管理局主抓山野菜产业发展，该局成立于1991年，前身为县政府蔬菜办，现有职工13人，其中具有中、高级技术职称5人，于1994年，筹建了蔬菜综合技术服务楼，集信息传递、技术咨询、科技培训、物资供应于一体，下设蔬菜种子公司、蔬菜产销服务站和山珍食品加工厂。

近些年来，县委、县政府为开发利用山区野菜资源，扩大出口创汇，在山野菜人工训化栽培和深加工等方面大作文章，收效显著。1995年，县科委立项进行了“山野菜人工训化栽培技术研究”并取得成功，1996年，在全县保护地中推广，到现在全县山野菜人工训化栽培面积达到1200亩，年产山野菜2400余吨，创产值1800余万元。栽培山野菜品种有苦买菜、刺嫩芽、大味芹等十余种，并获得部分种子，进行种子栽培。同时，为保护和利用山林资源，还在林地中进行山野菜栽培，利用野生自然环境条件，进行人工扩繁、扩栽，既保护了山野菜的野性，又降低了生产成本，减少耕地占用，山地栽培面积发展迅速，将是今后的山野菜人工训化栽培的主要发展方向。1995年“山野菜深加工项目”被列为国家科委星火计划。

1997年，建立以山野菜深加工为主的农业产业化龙头企业——山珍食品加工厂，该企业被定为辽宁省22个农业产业化龙头企业之一。并经国家商检局注册，定为出口产品二级企业，企业现有固定资产850万元，有罐头、速冻和软包装三条生产线，年加工各种山野菜2000吨，创产值200万元，利税1000万元。80%产品出口日本、韩国，其余国内销售，产品供不应求。

今后，岫岩山野菜的发展重点将是进一步扩大山地栽培面积和反季节栽培，到2005年全县人工栽培面积将达到二万亩；在深加工方面，扩大加工规模，在加大出口力度同时，注重发展国内市场，满足消费者需求。

滑子磨　岫岩满族自治县位于辽宁省东部山区，境内多山，山林覆盖率高，栽培滑子蘑历史较长，早在70年代末就开始引进栽培滑子蘑，1998年，滑子蘑年产销量居全国县级之首，被中国食用菌协会授予“中国滑菇第一县”称号。近年来，全县滑子蘑生产发展迅速，到1999年，全县滑子蘑接种量达到1500万盘（袋），产量2000吨，产值1亿元，仅此一项，全县菇农人均增收2000元，财政增收200万元，围绕滑子蘑生产发展的流通环节和深加工行业年实现利税3000万元，安排近千名下岗职工再就业。

多年来，岫岩县委、县政府对滑子蘑生产发展给予高度重视，并把滑子蘑生产作为岫岩山区农民脱贫致富的支柱产业来抓，由县蔬菜生产管理局具体负责生产发展的规划，指导和管理，逐步建立了县设中心各乡镇设的服务推广体系，为广大菇农发展生产提供产前物资供应、菌种引进，产中培训指导，产后组织和协调销售等系列化服务，解除了广大菜农的后顾之忧。先后，建立了四家食用菌深加工企业，主要生产各种食用菌罐头、软包装和速冻食用菌，产品主要出口日本及欧洲各国，以企业为龙头，带动了基地、农户的发展。加大了菌种管理力度，成立了食用菌菌种专门管理机构，对全县食用菌菌种的引进、制种和营销进行了专业化管理，使菇农买到优质放心的菌种。为使岫岩食用菌生产得到长足的发展，县里还始终坚持把开发研究科研项目与生产发展有机结合起来，针对生产中遇到的技术难题，进行科技攻关。先后有多项成果荣获省、市科技奖励，并广泛应用于生产实践，保证了岫岩滑子蘑总体技术水平始终居于全国先进行列。1999年，由岫岩大平食用菌综合开发公司研究的项目，填补了中国北方冬季滑子蘑生产的空白，达到国内领先水平，在北方地区累计推广7500万袋，创产值67500万元。2000年，由岫岩海龙菌种厂研究的“电热无菌器在液体菌种上的应用”项目，正式通过辽宁省科委组织的专家签定，认为达到国内领先水平，该项目的成功，使液体菌种大面积开发成为可能，有利于食用菌工厂化项目建设与实施，为岫岩滑子蘑生产的发展开辟了新的道路。

今后，该县将进一步加大滑子蘑生产发展力度，建立大型菌种厂一个，并以“液体菌种”项目为依托，发展食用菌工厂化菌柱生产，生产出接种完毕、发好菌的菌柱，卖给菇农，关键技术由现代化的企业统一管理，菇农买回去之后进行简单的出菇管理，就能获得较好的经济效益，改变过去千家万户分散生产造成的技术差异，显著提高整体经济效益，将是食用菌生产发展的方向。到2005年，全县滑子蘑接种盘数达到5000万盘，实现产值3亿元，成为全国滑子蘑生产基地县。

大尖把梨　岫岩县位于辽东半岛北部，千山山脉南端。这里山峦起伏，土地肥沃，气候湿润，出产众多的土特产品。尖把梨是生长于岫岩山区的优质越冬梨，栽培历史悠久。其果实外形近葫芦形，成熟后颜色呈黄色，果肉细腻，酸甜味深，香气味浓、皮薄、抗逆性强，是栽培梨中抗寒力最强的品种之一。

大尖把梨源于岫岩的小尖把梨。80年代初期，在辽宁省果树研究所的帮助下，岫岩县三家子乡果树技术干部从众多的小尖把品种中选育出大尖把梨。大尖把梨除保持了小尖把梨的风味特点外，果实比小尖把大一倍，单果重在125克左右，外形美观，丰产性好。该品种树势量盛，易于管理，新植树四年见果，六年生树产量可达10kg。90年代初期完成选育工作，经辽宁省农牧业厅农作物审评委员会审评，命名为岫岩大尖把梨。该梨在辽宁省 1996 年至 1999 年历年优质水果评选中均获一、二等奖。

岫岩大尖把梨是源于岫岩，又经岫岩科技人员选育而成的优质品种，是岫岩独特的水土、气候条件孕育而成的，具有显著的岫岩地方特色，是岫岩生产的水果中最有市场潜力和发展前景的品种，极具推广价值。该品种选育成功后，受到岫岩县政府的高度重视，也得到岫岩县广大农民的认同。县政府从 90 年代初开始，根据岫岩的气候条件、土壤状况，出台了一系列优惠政策，制定了大力发展大尖把梨的发展规划，把发展大尖把梨作为水果发展的主要品种，进行推广栽培，使之成为岫岩的拳头产品，同时也使之成为岫岩农民致富的主要途径。到 1999 年，全县大尖把梨发展到 6 万亩，300 万株，年产量 1000 吨，收入 400 万元。到 2015 年，可发展到 12 万亩，600 万株，产量可达到一万吨，收入逾千万元，成为岫岩县农业的支柱产业。

岫岩县为了加速发展大尖把梨产业，县政府除了制定有利于大尖把梨发展的产业政策外，利用一切可利用的手段，宣传大尖把梨的品种优势和市场潜力，引导农民以市场为导向，树立、增强地方品牌意识，普及科学技术，实行规模化经营，科学化管理，健全服务体系，从政策上、科技手段上保证产业的发展，使大尖把梨的发展速度显著加快，呈现出前所未有的发展势头。主要做法：一是从政策上保证产业的发展，针对果园权属未定，农民求稳怕变的情况，县政府出台了拍卖“四荒”的政策，农民花较少的钱便可购得荒山、荒坡、荒地，为农民栽植铺平道路；二是结合生态环境建设，积极推进退耕还林的速度。岫岩拥有大量的宜果荒山和 25°以上坡耕地，鼓励农民退耕还果，既保证了生态建设，又促使特色产品得以发展；三是建立水果加工的龙头企业，以保证大量水果的消化渠道的畅通；四是健全水果生产的服务体系。县、乡、村设立生产技术服务队伍，运用辽宁省最新的果树管理方法，指导农民进行果树生产，确保建一片果园，绿一处荒山，富一方农民；五是加强果树生产的投入。转移投入主体，多方筹措资金。地不分南北，人不分肤色，凡有意到岫岩开发荒山，栽植果树者，县、乡、村各级政府均给予大力支持，并为其创造良好的社会环境。通过上述措施的实施，岫岩尖把梨的发展速度很快得到了前所未有的发展。可以预见，到 2015 年，大尖把梨种植面积、株数、产量、产值等都将占全县水果的 50%，其收入占农民收入的较大比重。

辽宁省凤城市

凤城市位于辽东半岛东部，黄海北岸，北纬 40°02′00″—41°05′53″，东经 123°32′03″—124°32′03″，辽宁省省属县级市，由丹东市代管。设凤凰城、凤山、草河 3 个办事处，辖叆阳、白旗、宝山、边门、大兴、弟兄山、东汤、红旗、鸡冠山、蓝旗、刘家河、青城子、赛马、沙里寨、石城、四门子、通远堡、玉龙 18 个镇和大堡蒙古族镇 1 个民族镇，269 个村。总面积 5513.2 平方公里，总人口 579140 人，市人民政府驻凤城，距沈阳 217 公里。

柞蚕是凤城市传统特产，板栗是 70 年代以来发展起来的新兴特产。

柞蚕　凤城市现有柞蚕场 1378 公顷，蚕农 1.8 万人，年产柞蚕茧 1 万吨左右，正常年景柞蚕茧产量占全国总产的 1/9，占辽宁省的 1/6，素有“蚕乡”之称。凤城地区盛产蒙古栎、麻栎、辽东栎等优质柞树，为柞蚕生产提供了得天独厚的资源。早在 18 世纪就开始放养柞蚕，19 世纪逐渐形成规模，成为凤城传统特产之一。但是旧中国凤城柞蚕生产没有得到发展，特别是 1931 年“九·一八”事变后，凤城沦为日本帝国主义的殖民地，日本侵略者对柞蚕生产进行垄断，实行掠夺式经营，使柞蚕生产遭到破坏。解放后柞蚕生产得到恢复和发展，1952 年柞蚕茧总产量 7967.9 吨，单产 496 公斤。20 世纪 50 年代，国家在凤城建立丝绸厂，使柞蚕茧的生产、销售、加工形成一条龙，促进柞蚕生产。1979—1994 年 16 年间，柞蚕茧年均总产 8269.5 吨，单产 528 公斤。1998 年柞蚕茧总产量达到 12263 吨，创解放以来最高产量。1999 年由于遭受自然灾害，柞蚕茧总产量仅 7752 吨，产值 5426.4 万元，占农业总产值的 4.1%。

板栗　是凤城市栽培的传统果树品种，进入 20 世纪 50 年代，逐渐形成规模，1978 年全市板栗种植面积达到 5066.7 公顷，213 万株。中共十一届三中全会后，调整林业内部结构，规划林种布局，确定全市板栗发展基地乡镇 10 个、重点乡镇 6 个、基地村 65 个，1982 年辽宁省经济林研究所在凤城设立板栗研究基地，采取引进优质苗木、良种嫁接等措施，扩大优质树、改造低产树。1994 年全市板栗种植面积达到 12144.4 公顷，870 万株，生产板栗 2005 吨。主要栽培品种为两大类：一是日本栗系统的丹东栗，品种有丹泽、金华、辽丹 15 号等；二是中国栗，品种有叶金、红光、处署红、中处 13 等几十个品种。丹东栗以果大、果熟、产量高、味美著称。栗子罐头等栗子制品已经打入国际市场，出口日本、东南亚等国家和地区。1995 年以来板栗种面积逐年扩大，产量逐年递增。1999 年以来板栗产量达到 6200 吨，产值 4340 万元，占农业总产值的 3.3%，是凤城市重要特产之一。

优秀地区和企事业单位

西 藏 旅 游 局

江孜原山抗英遗址

一、主要旅游线路

西藏自治区的旅游线路，包含吃、住、行、游、购、娱诸要素。旅游者一旦购买了某一旅游产品，旅游接待部门便按产品规定组织实施。西藏由于地理环境的原因，造成旅游景点分散，旅游线路长等特点。

札达土林

西藏的旅游格局，是从拉萨向外辐射到日喀则、山南、那曲、阿里、林芝和昌都六个地区，主要旅游线路有拉萨－－日喀则－－拉孜－－樟木线，拉萨－－日喀则－－拉孜－－措勤－－改则－－革吉－－狮泉河－－普兰线等六条。

二、登山、徒步、科考

登山、徒步、科考几种旅游形式是西藏自治区推出的特种旅游项目。

登山、徒步朝圣项目主要在后藏旅游区，科考主要在藏东南旅游区。

登山 西藏素有“地球之巅”、“地球第三级”、“世界屋脊”之称，境内群山连绵，气势磅礴，耸立着5座海拔8000米以上高峰，70多座海拔7000米以上的山峰，海拔6000米以上的山峰则有数千座，这些便是西藏自治区开展登山和科考项目得天独厚的条件，吸引着国内外登山探险家和科学考察人员。1980年以来，经国家批准，西藏自治区对外开放的山峰有44座。

徒步 西藏，徒步旅游有其特定的含义。在有的景点，没有车行道路，只能徒步进行游览；有的景点只有徒步才显出虔诚，行程数千里方算没有白来，那就是徒步朝圣游。在颇受世人瞩目的林芝地区雅鲁藏布大峡谷景区，方圆几十里、乃至上百里，森林密布、道路崎岖，是纯天然的自然生态景观，未经任何修饰，根本没有固定的人行道，更不用说车道，是颇具吸引力的徒步旅游、科学考察热点。

科学考察 以科学考察为目的，到西藏的旅游团组很普遍，有单纯进行科学考察，有的是科学考察与旅游观光并举，后者居多，前者少有国外团组，而多为国内专家。

1983年，中国科学院南迦巴瓦峰科学考察登山队对南迦巴瓦峰进行科学考察，发现了原始人类活动遗址。

1998年10月，由中国科学家、探险家和新闻记者组成的中国天年雅鲁藏布大峡谷科学考察探险队首次徒步穿越大峡谷，并探测出雅鲁藏布大峡谷的各类准确数据，证明雅鲁藏布大峡谷为世界第一峡谷。

中国土产畜产进出口总公司

中国土产畜产进出口总公司总裁 张正明

福建泉州瑞龙茶叶有限公司

瑞龙茶艺馆

中旭三利百货公司外景

浙江三瑞大厦

保定同兴食品有限公司厂房

中国土产畜产进出口总公司CHINA TUHSU，成立于1949年，是中华人民共和国成立最早、规模最大的土产品、畜产品、茶叶及深加工产品的综合性大型国有外贸公司。50年来，公司始终位居中国最大进出口企业前列。

中国，地大物博，物产丰富，CHINA TUHSU开创了新中国的土畜事业，以脚踏实地、坚韧不拔的民族精神为推动和促进中国农、林、牧、副、渔及其相关工商产业的发展，作出了历史性的重要贡献。

CHINA TUHSU以"五十年不变的追求，奉献自然与健康"为理念，向世界出口源于中国肥沃土地、新鲜空气、洁净水源的天然、绿色产品，创造源于自然，还于自然，高于自然的产品境界，以中国特有的文化丰富人类文明。

CHINA TUHSU是中国从事茶叶、木材、松香、饲料、地毯、羊毛、可可豆、皮张等商品进出口贸易的龙头公司，在国内外市场上发挥着重要作用，其中中国绿茶、乌龙茶和羊绒的出口，在世界市场上居于主导地位。

CHINA TUHSU总部设于北京，在国内外投资设立了100余家独资、联营、合营企业，是中国最早在海外设点的企业之一，在世界各主要城市设立了数十家海外分支机构，在全球拥有广泛的营销网络，并以27万吨的远洋运输船队为基础与国内外客商紧密相连。

CHINA TUHSU作为具有50年历史的国有专业外贸公司，已建立起以土畜茶产品为主，贸工、贸农、贸技相结合的企业集团体系，以总公司经营领域多元化和子公司商品经营专业化、系列化、产业化为特色，经营范围涉及农副产品加工、纺织服装、轻工、食品、饮料、养殖、仓储、航运、旅游饭店、房地产、金融、广告等多个经营领域。

CHINA TUHSU还与荷兰万客隆集团合资在北京成立了万客隆仓储式连锁店，独资成立了三利百货商场，为国有外贸企业进军内销市场树立了成功形象。

CHINA TUHSU旗下拥有——土畜、冰川、天鹅、富威格、地球等知名商标和品牌，并以其鲜明的中国特色和优异的天然品质，赢得了世界客商的信赖和消费者的赞誉。

CHINA TUHSU在跨越千年的新世纪，为向国内外消费者提供更高品位的天然、健康产品，将一如既往脚踏实地、默默耕耘。

CHINA TUHSU给你天然，CHINA TUHSU给你健康！

辽宁省农科院稻作研究所

辽宁省农科院稻作研究所是省级北方粳稻研究专业所。地址位于辽宁省沈阳市苏家屯区，占地20公顷。研究所总体知识层次较高，技术力量雄厚，多年来，研究所以水稻优质、高产、多抗育种为核心，以高效、节能、高产栽培技术为重点，进行北方优质粳稻的重组育种、优势育种及相关轻简高效栽培技术的研究，在北方粳型稻作研究上具有领先地位，其成果覆盖辽宁稻区的80%以上。研究所所长邵国军及全体员工愿竭诚与国内外同行交流合作。

1. 研究所自己培育的辽粳454品种获辽宁省科技进步一等奖
2. 辽宁省农业科学院稻作研究所所长 邵国军
3. 研究所研制的“辽龙牌”水稻壮秧剂
4. 研究所办公大楼

山西省农业科学院蔬菜研究所

太原二青大白菜

晋菜三号大白菜

早青一代西葫芦

该所始建于1950年，前身是山西省农科院作物所园艺系，1980年1月正式改建为山西省农科院蔬菜研究所。建所以来，在全所职工的共同努力下，科研与管理水平不断提高，尤其是育种成果层出不穷，创造了巨大的经济效益，于1988年实现了经费自立，成为全国第一个不吃皇粮的国有研究所。

该所现有职工42人，其中技术干部36人，具有高级职称的技术人员18人，研究员4人，副研究员14人。研究所有试验田2.1公顷，其中，设施蔬菜面积2000平方米。1988年自筹资金建造2400平方米科研办公楼一栋、1000平方米试验楼一栋、种子库及包装车间1750平方米，科研设施完善，有较好的研究条件及雄厚的研究力量。1994年自筹资金建造4322平方米职工楼一栋，解决了职工后顾之忧。

研究所下设办公室、财务科、育种研究室、栽培技术研究室、成果推广室、资料室、档案室等科室，主要从事蔬菜新品种选育、蔬菜病虫害防治、测土施肥、组织培养、基因导入及设施蔬菜栽培等高新技术研究工作，共承担科研课题19个，其中农业部研究课题1个，山西省攻关课题2个，山西省重点研究课题1个，山西省基金课题3个。

近年来，该所共获科研成果奖50余项，其中国家发明奖2项，国家科技进步奖1项，省部级成果奖45项，市级奖2项，培育出蔬菜优良品种50余个。研究所注重科研成果的开发应用，将科研成果尽快转化为第一生产力，建立了育种——良种繁育——推广的良性开发生产体系，育成的蔬菜新品种已推广到全国28个省、区的500多个县市，创造了巨大的经济效益和社会效益，为提高中国的蔬菜生产做出了突出贡献，被评为全国百强研究所。

地址：山西省太原市农科北路64号
电话：(0351)7123413　7124166
邮编：030031

致富带头人　冉树林

河北省蠡县北郭丹镇西丹村

蠡县北郭丹镇西丹村位于沿高蠡公路郭丹洼地段，信息灵通，交通便利，公路四通八达，距京、津、保、石几个城市较近，现有人口1058人，面积1780亩，1995年进入“小康达标村”。

随着国家调整农业产业结构的步伐，西丹村党支部、委员会把全面提高农业和农村经济素质和效益，促进农业增产、农民增收、农村稳定，摆在中心任务上。致富带头人冉树林，通过考察自然环境和当前村民奶牛养殖的势头，以及奶牛所获的经济效益，因地制宜，决定重点抓奶牛的养殖规模，并逐步实现区域化、规范化、专业化、主导化、市场化、企业化、社会化，突出行业优势，带动其他行业的发展，掀起了一个养殖奶牛的热潮。

李文跃瓷艺工作室

德镇艺术瓷厂美术研究所副所长、江西省高级工艺美术师　李文跃

李文跃，1959年生于景德镇。高级工艺美术师，陶瓷艺术家。擅长墨彩瓷画与粉彩陶瓷艺术装饰与研究。现为中国书画家协会、中国工艺美术学会会员、景德镇艺术瓷厂美术研究所副所长。他的作品多以历史典故、唐诗、宋词等内容为题，艺术表现融古铸今，自出机杼。作品既有传统的技艺根基，又有现代陶瓷艺术装饰意韵。有“牧歌”、“紫气东来”、“初晴访友”、“十八罗汉”等众多陶瓷艺术精品获奖，并为国内外博物馆和收藏家珍藏。《中国现代美术全集》、台湾《紫玉金砂》、中央电视台、日本NHK电视台均对其瓷艺画作进行重点评介。著有：《景德镇陶瓷艺术》、《瓷国明珠》。

李文跃瓷艺工作室是从事墨彩、粉彩及现代艺术瓷创作与研究的工作室，位于景德镇艺术瓷厂内。这里有配套、批量生产的专业技术人员及设施，这里集中展示了代表景德镇传统墨彩粉彩最高水准和丰富陶瓷文化内涵的数百件陶瓷艺术珍品，并能定制各种规格的艺术瓷。

李文跃瓷艺工作室电话：0798−8229132
8220185

世纪龙缸《清代颐和园》

流霞彩《暮归》陶艺瓶

粉彩《丽人行》瓷板画

江西省景德镇市陶瓷研究

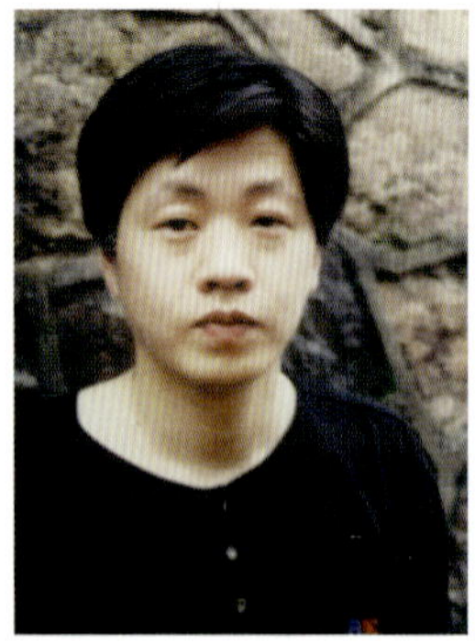

卢伟（高级工艺美术师），字浅根，1967年6月生，江苏宜兴人。1993年毕业于景德镇陶瓷学院美术系。现就职于景德镇市陶瓷研究所高级工艺美术师。中国古陶瓷学会、江西省工艺美术协会会员。1990年举办装饰陶瓷个人展览获好评。作品多次被《参考消息》、《景德镇日报》、《景德镇陶瓷》、《江西日报》专版介绍，在景德镇国际陶瓷艺术节上多次获一、二等奖，在工艺美术大展上获二、三等奖。第六届全国陶瓷创新评比双项《铜奖》。199年为深圳“世界之窗”制作样品，作品在香港《大公报》、《新地周刊》和台湾《壶中天地》、《收藏》、《陶苑拾玉》、《瓷苑新葩》、《中国陶瓷大全》发表。《瓷都新生代》一书重点介绍其作品。作品被收入《景德镇陶瓷名家》激光影碟和《中国青花大典》山水篇中。1996年作品入选“中日陶艺展”。曾为北京人民大会堂江西厅改建制作巨型红地白花博古瓶。合作制作《绿城秋实》大花瓶，为中国现代文学馆制作超万件数千名华人作家签名巨型花瓶，北京新华社曾有报道。作品被美国、新加坡、日本、马来西亚等国及香港、台湾等地收藏。出版有《卢伟陶艺》、《景德镇当代瓷苑集锦》。

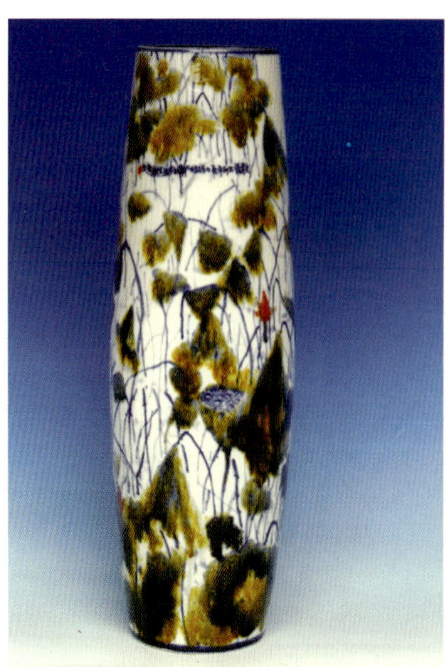

施岚（施岚陶艺工作室），1969年于江西景德镇，毕业于景德镇市职工学，现就职于景德镇市陶瓷研究所，中国工艺美术协会会员，1999年成立岚陶艺工作室。

本人作品细腻、生动、擅长釉上装和釉下综合装饰，作品深受人们的喜和赞赏。

为南昌赣江宾馆三号楼装修创作计一大批国画及瓷板画，1996年制作“迎香港回归”花瓶取了一定的经济效益，1998年为北京师范大学校庆100周年制作品，1993年，釉上《黑天鹅》玉笋瓶在江西省工艺美术大奖赛93果喜杯)荣获二等奖。釉上《花艳鸟鸣》发口玉兰瓶获市第届“巾帼杯”优秀奖。釉上“春迅”玉珠瓶在第四届中国瓷都德镇国际陶瓷节获三等奖。

1994年，釉上“夏韵”在江西省第二届工艺美术大奖赛获选奖。新彩“吹萧迎春”“夏韵”被“世界华人协会景德镇陶艺林评赏”收藏。综合装饰《梦幻之春》天球瓶在国际陶瓷精大赛(景德镇杯)获入选奖。

1997年，釉下综合装饰“泊”在市第五届陶瓷美术百花奖中创作奖。

1998年，在“瓷兴杯”陶瓷新品大赛中，青花釉里红陶艺“林”二等奖。青花釉里红“生命的歌”获三等奖，刻花综合装饰“晨”创作奖。在第六届全国陶瓷艺术设计创新评比中作品“林”和花“晨”分获三等奖。

作品“桃花源思怀”刊登在《纪念刘少奇同志诞辰一百周年瓷艺术作品选》上，作品被刊登在《中国现代陶瓷全集》上，文《日用陶瓷设计谈》刊登在第六十一期《景德镇陶瓷》上，优秀设计能反作用于消费心理》刊登在《景德镇日报》上。

地址：景德镇市陶瓷研究所　邮政编码：333000
电话：13907989307　0798-8202939

江西省景德镇老艺人瓷厂

《吟春》

《秋叶醉美人》

厂长秦晓明，高级工艺美术师。1959年10月出生于江西景德镇，原籍南昌市罗家镇。别名秦然，字号"石"、"泉"。系中国工艺美术学会会员。历任景德镇市新风瓷厂美研所高档陈设瓷设计师，市名瓷商行经销部经理，佳洋陶瓷有限公司陶研所负责人，中国工艺美术大师刘远长陶瓷研究所专业画家，秦御阁老艺人瓷厂厂长。

受父亲秦宪波（原任艺术瓷厂老厂长）影响，学艺之初，年仅13。开始投师魏晓阳（现任艺术瓷厂厂长）学绘人物画。后又拜师余仰贤（现任轻工总会陶瓷研究所所长、省工艺美术大师）习作山水画。并常随中国工艺美术大师王锡良外出写生，炼出了一手过硬的陶瓷美术创作设计基本功。学艺不久，18岁秦晓明就有粉彩《山水》圆盘1978年获景德镇"赴京展瓷"三等奖。粉彩《春景山水皮灯》1979年获市级创作奖。

厂长秦晓明在工作

秦晓明1984年毕业于景德镇陶瓷职工大学美术系。毕业后在陶瓷研究所专业从事陶瓷美术创作设计。主攻山水，擅长人物、花鸟、青花釉里红、陶瓷综合装饰。其绘工笔山水，精致细腻，一丝不苟，尺山寸人，巧布章法。写意山水，则泼辣大度，气势磅礴，令人回味无穷。人物画生动自然，充满生活气息。花鸟画生气奕奕，自然真实，富有生活情趣和艺术魅力。青花釉里红笔到意随，意随情动。陶瓷综合装饰落笔有声，笔意纵逸，具有明快的韵律和独特的装饰效果。1996年作品青花釉里红《金色故乡》获江西省第二届工艺美术大奖赛三等奖。国家、省、市级报刊杂志和市级电视台，均介绍其人其作。作品及从艺录先后入选《景德镇陶瓷美术百家》、《景德镇陶瓷杂志》、《景德镇珠山艺苑》、《中国大文化英才辞典》、《中国专家人名辞典》、《世界美术集》、《世界美术家传》、《收藏杂志》、《陶瓷艺术文化审美》、《科学中国人·中国专家人才库》、《精益斋珍藏陶瓷名作集》、《中国百事通陶瓷美术百家》、《中华人民共和国英模大辞典》。

《暮归》

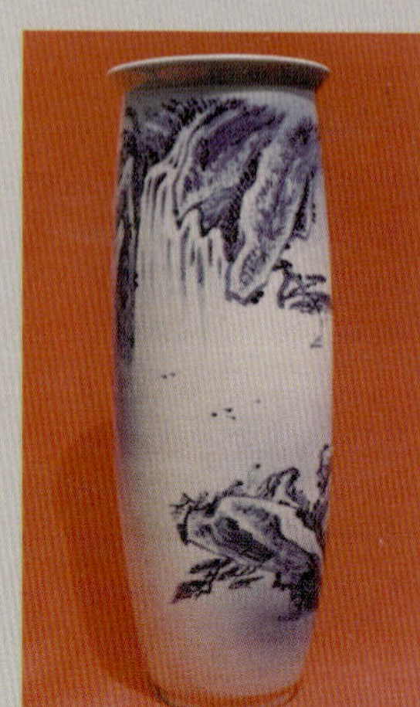

《观瀑图》

秦晓明作品先后在中国美术馆、中国历史博物馆、上海、浙江金华、广州、深圳、香港等处和日本、美国、新加坡、马来西亚等国展出，受到中外客商、收藏家的厚爱，并高价购买收藏。

景德镇陶瓷学院副教授、雕塑教研室主任
——曹春生

1960年生，江西都昌人。982年毕业于景德镇陶瓷学完，现任该院美术系副教授，推塑教研室主任。1993年主扁《景德镇陶瓷美术百家》。乍品入选《中国美术全集》、雕塑》杂志专题评价。1995手创办“曹春生工作室”，998年参加首届中国现代陶艺展（上海），“中韩陶瓷交流展”。1999年赴韩国考察、访问。2000年参加“中国雕刻艺术节．中国石雕大赛”，乍品《汉武帝》参加“中国当代雕塑家作品展”。他既有专业理论修养，又有创作生产实践，还具有编辑生涯形成的敏锐思维。擅长人物雕塑、兼示瓷绘、现代陶艺。所作着力以形写神和细节刻划，并注重远的气势，近的寻味，有静水流深的意境，蓄含着内力张扬的气度。

❶ 读春秋
❷ 景德镇陶瓷学院美术系雕塑教研室主任 曹春生
❸ 雪原
❹ 幸福瓷娃

景德镇市陶瓷研究所艺术宝朱正荣创作、日本恩巴中国近代美术馆收藏品《松鼠》

景德镇市陶瓷研究所艺术室

景德镇市陶瓷研究所艺术室主任、高级工艺美术师　朱正荣

1950年出生，上海人，1979年毕业于景德镇陶瓷学院美术系，现任景德镇市陶瓷研究所艺术室主任、高级工艺美术师。系中国工艺美术学会高级会员、江西省包装装潢设计委员会委员、景德镇市高岭陶艺学会常务理事、景德镇市美术家协会会员。并享有景德镇市专业技术拔尖人才称号。个人传略和作品被载入《中国当代陶瓷美术家辞典》、《中国美术全集（陶瓷卷）》、《中华兴国人物大典》、《中国改革者》、《中国民间名人录》上、下篇、《世界华人书画篆刻家大辞典》、《世界名人录》中国卷、《世界杰出华人书画家》。不少精品选入中国第一部多国语言《中国当代陶艺百家》电子画册及新加坡《瓷都新生代》、人民日报出版社《景德镇陶瓷名家作品赏析》、上海辞书出版社《瓷苑新葩》、上海艺术中心《陶苑拾玉》、中国和平出版社《中国景德镇陶瓷艺术》、96香港《瓷苑瑰宝》、96台湾《壶中天地》、98台湾《紫玉金砂》、中国西安《收藏》52期、《景德镇当代陶瓷艺术作品集》、江西美术出版社《景德镇瓷苑集锦》朱正荣等5人集，不少作品发表在其它省级以上刊物。

作品《松鼠》瓶和瓷板二次被日本恩巴《中国近代美术馆》入选收藏。釉下综合装饰93 × 93（cm）圆形‘松闲’瓷板于1999年1月被中国工艺美术馆（珍珠馆）收藏。釉下装饰90 × 50（cm）瓷板庆祝建国五十周年全国陶瓷名人优秀作品评比获优秀作品奖。有的作品被景德镇陶瓷馆收藏。“雏鸭戏水”作品获景德镇第五届国际陶瓷节一等奖。1994年6月《雏鸭》、《松鼠》作品获世界华人协会优秀奖并被华人协会收藏，刊载于香港《大公报 》。数件作品获全国、省、市各类奖，多次参加美国、日本、意大利、韩国、澳大利亚 、法国等陶瓷联展，并于1996年10月赴韩国进行技术讲座和现场表演。江西日报有专题介绍其陶瓷美术作品和风格。其作品被景德镇电视台《陶瓷名人系列 》、《文化大视野》专题介绍。俗称瓷都陶瓷釉下“松鼠大王”。

朱正荣的作品多以表现大自然中的“松鼠”、“小鸡”、“雏鸭”等走兽为最表现各自审美的享受，同时对山水、花鸟均有研究和特色表现，在景德镇开辟了继承与创新的统一，其作品可谓独辟蹊径，自开新貌，深受人们的青睐。

景德镇市专业技术拔尖人才景德镇陶瓷研究所艺术室主任朱正荣作品－－《雏鸭》

河北省曲阳定瓷有限公司

陈文增，1954年生，大学文化，河北曲阳县人。现为可北省曲阳定瓷有限公司总经理，高级工艺美术师，中国工艺美术家，工艺美术大师，享受政府津贴优秀专家；河北省书法家协会理事，中国太行书画研究院副院长；中华诗词学会会员，中国楹联学会名誉理事，中国工艺美术协会理事；河北大学、河北师范大学兼职教授。1996年世界书画家协会、中国名人艺术研究院等16个国际权威组织联合授予“世界书画艺术名人”称号。书法参加：“国际书画名家邀请展”、“中国当代名家书画展”、“中日书画交流展”等国内外大展。作品曾获“中国工会成立70周年全国书画大展”一等奖，“海峡两岸书画大展”金奖，全国群众书法、绘画大展金奖。第二届“世界华人艺术大奖”——国际金奖。勒碑传世有：“张隐韬烈士碑”、“麻坡净业寺碑”等。仑著有《临池随笔》、《凿壁堂论书》。诗词、楹联作品在《光明日报》、《中国文化报》、《河北日报》、《诗刊》、《中华诗词》等全国30余家报刊杂志上发表800余首，并收入《中国当代诗人代表作》、《当代诗词撷英》、《中华实用对联选》多部诗、联专集。《抗洪救灾》七律二首获“第四届河北文艺振兴奖”，荣立三等功。楹联多次获中国楹联学会征联大奖，获“祖国颂”全国大征联“联坛十佳”称号，并担任“抱犊杯”全国征联大赛评委，《河北楹联集萃》副主编。著有《凿壁堂吟草》。传略编入《中国当代书法界名人辞典》、《中国当代诗人辞典》、《中国当代对联艺术家辞典》等多部辞书。定瓷作品先后参加香港“中国名窑名人作品展”及北京“中国工艺美术名家作品展”；并入选《当代名家特制陶瓷精品集》、《中国现代美术全集》。1994年获国家有关部委金奖。同年获“首届中国瓷文化展”“名人精品”特等奖。1996年获河北省科技进步奖。1997年获“全国自学成才奖。”1999年获“中国工艺美术创作世纪大展”金奖，同年获“中国国家工艺美术大师精品展”银奖，“四海呈祥”雕龙瓶由人民大会堂收藏。

❶ 河北省曲阳定瓷有限公司总经理，河北大学、河北师范大学兼职教授　陈文增

❷ 定白釉雕花台灯座　和　焕 作

❸ 定白釉首净瓶（宋）　陈文增 仿

❹ 定白釉刻花小口瓶　陈文增 作

中法合营王朝葡萄酿酒有限公司

中法合营王朝葡萄酿酒有限公司始建于1980年，是中
最早成立的中外合资企业之一，也是天津市第一家中外合
企业，主要生产王朝牌高档系列葡萄酒。合资经营以来，
业取得了巨大成功，产品的产量从1980年的年产10万瓶
长到1999年的2246万瓶，增长了224倍。产品的品种从
一的半干白葡萄酒发展成三个系列30 种产品，王朝公司
为亚洲地区规模最大的高档葡萄酒生产厂家。合营各方的
资额从137.6万元增加到18008.3万元，1999年实现利税总
2.6亿元。

王朝公司始终重视产品质量，使王朝酒享誉国内外。
家有关部门首批将王朝酒确定为无污染、无公害、无病毒、
养丰富的绿色食品。1989年王朝公司被批准为国家二级
业，1996年通过了ISO9002
量体系认证。目前，王朝酒在
内的干酒市场占有率近50%
产品还远销美国、英国、加
大、日本、法国、澳大利亚、
加坡、马来西亚、丹麦、瑞典
芬兰、香港、澳门等20多个
家和地区。

1. 王朝公司总经理 高孝德
2. 王朝公司厂貌
3. 王朝牌系列葡萄酒
4. 王朝公司万亩绿色葡萄基地

1

2

3

4

5

6

山东金锣集团

山东金锣集团是在短短5年时间里、迅速崛起的全国综合加工能力较强的一家以肉食产品生产为主的大型企业。集团是山东省“农业产业化龙头企业”、“省级计划单列企业”。

· 资产状况：集团现有资产9.2亿元，其中固定资产4亿元。

· 员工队伍：集团共有员工9800名，其中专业技术人员513名。

· 生产经营组织：在全国各地设有生产分厂18家，销售办事处42家；在香港、俄罗斯、美国设有贸易分公司。

· 生产能力：年屠宰加工生猪400万头，肉食鸡1100万只；年产火腿肠20万吨，保鲜肉2万吨、低温肉制品1万吨、肉脯和猪肉灌肠各3000吨、大豆分离蛋白1万吨、纸箱3600万平方米、配合饲料6万吨；年出栏育肥猪和仔猪10万头。

· 产品市场：“金锣”牌系列产品全国知名，其中屠宰加工产品畅销全国120多个大中城市，火腿肠系列产品占国内市场的35%，猪肉脯和猪肉灌肠产品占香港市场的65%。集团产品已全部上网（网址：WWW.JINLUO.COM）可从网上直接配售。

· 企业效益：1999年完成产值32.5亿元，实现利税2亿元；计划2000年产值38亿元，利税3.8亿元。

1. 金锣系列产品之一板品肠

2. 集团行政办公大楼

3. 保鲜肉产品：精细猪肉馅

4. 金锣系列产品之一金锣火腿

5. 金锣系列产品之一保鲜肉：精猪肉块

6. 金锣系列产品之一低温肉制品：台湾风味香肠

山东华冠丝绸有限公司

主导产品白厂丝、简装丝

公司董事长、总经理兼党委书记
王德杰

公司领导班子成员

微机管理控制中心

公司办公大楼

浙江省金华火腿

正在加工中的火腿

小包装火腿系列

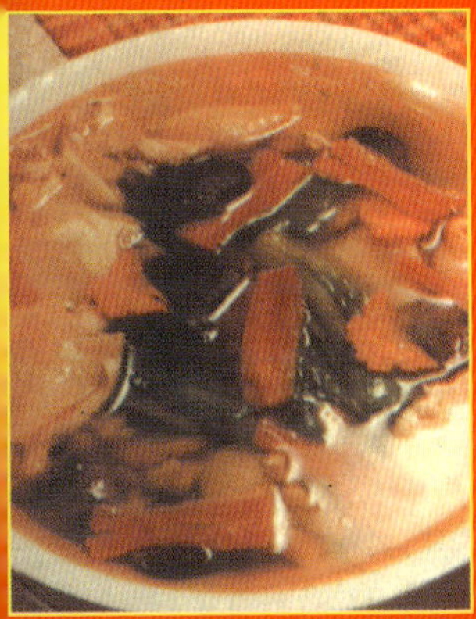

加工的红鱼片、鲱鱼片、虾片等产品在国际市场畅销不衰

大连水产集团总裁、大连水产集团有限公司董事长、总经理
韩仲苇

大连水产集团

大连水产集团成立于1988年，拥有7.3亿元人民币的资产，员工2000名，其中中高级职称的专业技术人员560余名。如今在经济改革和发展中，大连水产集团已形成远洋渔业、水产冻品、熟食品加工、水产制药、鱼需物资、房地产开发、车船修造、进出口贸易、国际经济技术合作、港口装卸仓储等产业结构多元化和资本多元化的大型企业。

大连水产集团热忱欢迎海内外有识之士，前来投资合作、共同开辟美好的未来。

鱿鱼筒

鱿鱼花

蝴蝶虾仁

鱿鱼足干

鲽鱼片

红鱼片

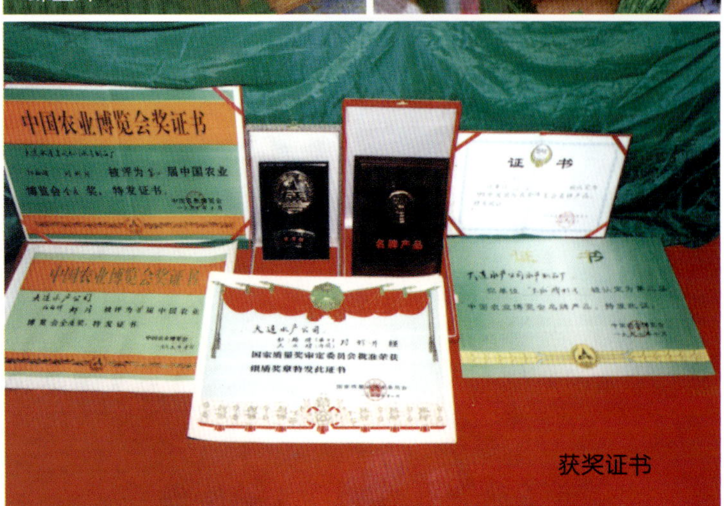

获奖证书

荣获奖牌

丰乐集团总公司

丰乐集团公司董事长 张西冷

石墨电极荣获国际金奖

山东省济宁市丰乐集团总公司是微山县韩庄镇石庄村的村办集体企业，座落在鲁西南的苏鲁交界处，西偎风光秀丽的微山湖，紧傍京杭大运河、京沪铁路、104国道，具有良好的区位、交通优势。集团总公司是在微山县碳素厂的基础上，通过滚动建立起来的。企业占地总面积22000平方米，固定资产1370万元。

公司研制的密闭糊(THD——Z)于1990年通过省级专家鉴定，填补了省内空白，产品畅销全国各地，部分产品出口东南亚，1999年丰乐牌密闭式电极糊——研制科学新配方及模具改型制作项目荣获部“乡镇企业科技进步奖”，同年生产的石墨电极在1999中国国际农业博览会上被评为名牌产品，获得金奖。公司连续十几年被评为省级“重合同守信用”企业，并于1999年被中国质量协会评为“质量无投诉企业”。

石墨电极荣获奖

公司投资兴办的第三产业

陕西省榆林铁路运营有限公

榆林铁路运营有限公司是1998年4月份全市市直首户完成的改制企业。两年多来，虽受到煤炭市场疲软的影响，但在灵活的新机制激励下，公司抓住商机，克服重重困难，努力拼搏，取得了可喜的经济效益和社会效益。

公司在改制后免掉了原来所有管理人员的职务，废止了原来级别工资，更加注重开拓新市场。先后开通了兰州铁路局、济南铁路局、上海铁路局的业务。并在北京昌平沙河镇联办了煤场，进行煤炭分类批零兼营，为公司煤炭在北京销售占领市场奠定了基础。公司在改制后密切了银行、税务等部门的关系，在与银行的交往过程中注重在金融政策的调控下搞好银企关系，被开户行中国银行评为AA级企业。在纳税方面，公司是省、地、县先进企业。被原榆林地区授予“百强企业”称号。

公司总经理焦向明（中）和副总经理周茂林（左）、刘壮考（右）在一起

公司领导班子成员

辽宁盘锦北方农业技术开发总公司

1

公司位于辽宁省盘锦县的鱼米之乡大洼县，以培育和推广优质水、旱稻良种为己任。全国著名水稻育种专家、全国人大代表、研究员、公司总经理许雷选育的水稻系列新品种多次获奖。

2

3

4

5

1.许雷所获荣誉勋章一部分
2.全国著名水、旱稻育种专家许雷
3.许雷和他的助手们在实验室里研究水稻新品种生长发育情况
左起：李影新、郎玉良、许雷、刘玉玲
4.许雷获奖证书和奖牌一部分
5.许雷和他的助手们在水稻育种田里观察水稻新品种生长发育情况
左起：刘艳旭、聂余亨、许雷、何功志、李克仁、孙志强

烟台东方海洋开发有限公司
烟台市水产技术推广中心

烟台东方海洋开发有限公司是1998年8月由烟台市水产技术推广中心改制而来，位于烟台市莱山区（烟台市高新技术产业开发区），现辖6个内资企业和4个合资企业，职工600多人，其中科技专业人员68人，拥有存储能力为1000吨冷库一座，配套无菌加工车间1300m²，贝藻类综合育苗室一处5000m²，海珍品育苗场两处，水体为1500m²，海上增养殖面积1500多公顷。主要经济活动有：水产科技服务；海水鱼虾贝藻类育苗、养殖，水产品、食品冷藏加工，鲜活鱼类等水产品加工出口；车船用油供应等业务，年销售额7000多万元。自“八五”以来，先后完成科研推广课题25项，获地市级以上科技进步奖9项，其中“海星复合胶囊”获95中国科技博览会及新产品交易会金奖；“901海带新品种培育”获1998年度国家有关部门科技进步一等奖，获1999年度国家科技进步二等奖。几年来，公司以良好的社会服务和优质的产品赢得一些赞誉，分别被省、市授予水产工作“先进单位”和“文明单位”，1997年被省授予“农业产业化龙头企业”，1998年加入中国水产原（良）种协作组，并成为山东海洋工程研究院理事成员。同年，被省批准为高新技术企业。1999年6月分别经烟台市有关部门批准成立“烟台市海水养殖工程技术中心”；经山东省有关部门批准成立“山东省海藻工程技术研究中心”。11月，通过了国家有关部门的验收，被确认为国家水产良种场。

公司董事长兼总经理车轼携全体员工，竭诚欢迎国内外客户、企业家前来洽谈贸易与合作业务。

海南诚利集团有限公司

海南诚利集团是一家依托农业、发展工业、农
贸并举的多元化民营企业集团。拥有资产规模达3.
亿元人民币。

公司立足海南资源优势，以发展生态农业和绿
食品为己任，形成了两大品牌和三大支柱产业；集
种鸽场占地700余亩，养殖优良种鸽55万对，绿潮
乳鸽获得国家绿色食品认证，绿潮牌育种基地是亚
最大的乳鸽绿色食品基地；海南诚利生物食品制
有限公司占地90.3亩，厂房2万余平方米，生产绿
牌系列食品，包括椰子鸽、盐水鸽、麻辣鸽等罐头
乳鸽营养精粉，乳鸽口服液和浓缩胶囊等；海南诚
酒业酿造有限公司，以热带水果为原料，运用特殊
艺酿造南派牌系列果酒，其中混合果酒被评定为200
年国家新产品。

海南诚利集团秉承“诚信天下，利国利民”的
业理念，“永远创新”的经营宗旨，和各界广泛合作
创一流品牌，为民族工业争光。

① 海南诚利集团有限公司总裁　潘成立
② 绿潮牌乳鸽深加工系列食品
③ 现代化的海南诚利生物食品制造有限公司厂房
④ 海南诚利集团种鸽场
⑤ 海南诚利集团总部办公楼

地址：海南省琼山市新大洲大道168号　邮编：57110
电话：(0898)5860518　5861208　传真：(0898)586321
E-mail：trendlead @sina.com
http://www. trendlead group.com.cn

内蒙古包头市奶业公司

公司领导班子在研究发展规划

地址：内蒙古包头市九原区麻池镇南
邮编：014013
电话：0472－5980046

产奶牛舍的奶牛

“小丽花”牌绿色食品的部分产品

公司生产的“蒙格勒”牌牛奶

散放在草场上的奶牛群

哈尔滨老鼎丰糕点厂

哈尔滨老鼎丰糕点厂厂长 徐玉铎

原籍山东省招远县，1932年5月31日生。1947年2月参加工作。北京经济管理学院毕业。1946年至今一直在老鼎丰糕点厂工作，1972年至今任该厂厂长、高级工程师，是国务院政府科技特殊津贴获得者。1959年被哈尔滨市委财贸部、国家有关部委命名为国家糕点技师。1987年7—12月应邀去日本北海道札幌市千秋庵制果株式会社大学讲学任讲师。1989年8月被黑龙江省任命为高级工程师。1983年以来，徐玉铎先后被省、市食品工业协会聘为第一、第二、第三、第四届理会理事，常务理事，国家中式糕点优质产品评审委员，国家西式糕点优质产品评审委员，全国优质产品评审委员会名特糕点组组长，1980年起连续当选哈尔滨市七、八、九、十届人大代表。

徐玉铎41年来共获奖励、荣誉证书446件，奖章116枚，金、银、铜标4个，其中有黑龙江省人民政府颁发的，有哈尔滨市人民政府颁发的，还有国家有关部委和省市数十个单位颁发的奖项。徐玉铎著书《糕点与面包制作技术》，所撰写论文《创优质名牌，要练好内功》，被哈尔滨市科协评为一等奖。

工厂现今占地面积4000多平方米，厂房面积2939平方米，各种设备29台套，现有职工90多人（不包括离退休人员），日产量3000公斤，年上缴利税超百万元（1998年为113.4万元，1999年上缴利税123.8万元）。

老鼎丰月饼被评定为国优、部优称号很多。特别是徐玉铎亲自制作的老鼎丰月饼，久负盛名，誉满九洲。川酥月饼、蜜制百果月饼等品牌，被评为国优。蛋糕、酒酥小水果点心、一口酥、开口笑等八种品牌，被评为部优，另有儿童奶油果脯、蛋糕、长白糕、萨其玛等六种品牌评为省优，同时，老鼎丰的全部糕点，上千个花样品种，均获黑龙江省和哈尔滨市的名牌，其中月饼66套，217个品种花样被评为哈尔滨十大名牌。

老鼎丰的月饼名品，不断获得国家银奖、金奖。1994年全国100家月饼精品评比中，老鼎丰月饼获得精品第一名。专家们对其精品月饼称赞不已。老鼎丰月饼已经形成自己的质、型、色、味、香的独特风味。其选料精良、配方科学、工艺独特、皮馅均匀、造型多样、品种繁多、色泽鲜艳、花纹清晰、香甜酥松、清淡爽口、回味绵长、柔软细腻、富有弹性。徐玉铎不断创新，使月饼糕点生产品种不断更新换代，深受黑龙江省人民欢迎。

湖北省浠水县粮食局油厂

湖北省浠水县粮食局油厂厂长赵和国（右二）同厂干部在车间研究改进色拉油生产质量

该厂是浠水县农业产业化发展的龙头企业，现有固定资产原值800万元，现值2100万元，拥有一条日产量50吨浸出油生产线和15吨油脂精炼生产线。年产值3000万元，利税200万元。主要产品有色拉油、高级烹调油、二级菜油、棉油、豆油、麻油、小磨麻油等，产品主要销往鄂东地区及武汉、南昌、九江等大中城市。

成品油

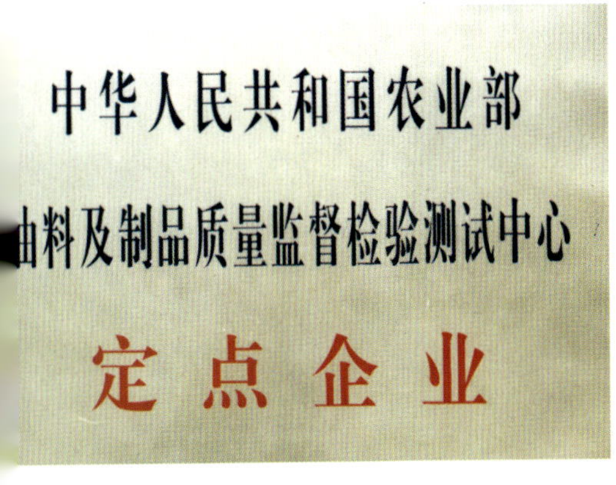

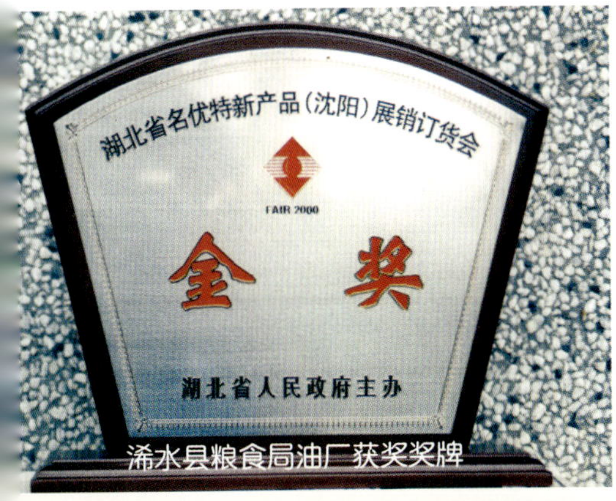

浠水县粮食局油厂获奖奖牌

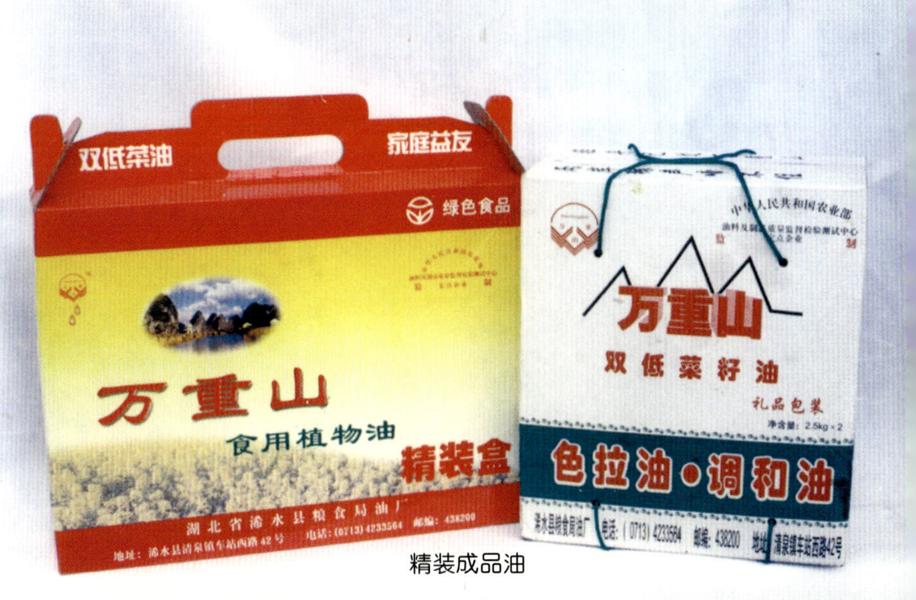

精装成品油

山东省曹县野味食品有限公司

公司董事长 刘杰

曹县野味食品有限公司是江北蛇王刘惠敏夫妇创建的集科研、教学、产供销多种经济成份的集团型开发企业，固定资产达千万元，拥有50位专家教授组成的顾问团做企业发展的后盾。主要从事特种动物的养殖、加工、良种繁育、技术服务等。在全国建有十大特种动物育种基地，100多家分场，建起了特种动物良种批发市场和特种动物专用饲料厂，开办了野餐大王快餐连锁店及鲜活野味大王连锁店。

曹县野味食品有限公司在完成自己迅速扩张和资本积累后，时刻不忘自己所肩负的社会责任，针对特养业产销脱节的现象，适时上马了“红烧鹧鸪”、“清蒸山鸡”系列软包装食品生产线。为了适应市场竞争，根据不同时期市场职能，公司合理地设置了部门机构，大大地提高了部门运作效率。另外公司还极为重视对人才资源的开发利用，定期举办业务会，同时有计划地组织管理人员参加高层次的管理讲座，向成功企业学习先进的科学管理和管理模式，并同许多科研机构建立了经常性的联系。

为加速高科技成果的开发与推广，公司除将业务重点转向高科技开发领域外，还十分注重区域性成片开发，已在河南、江苏、安徽、湖北等全国20多个省市建起了特种动物育种基地和示范场，良好的信誉，先进的管理理念，完善的运作体系和强大的广告支持，使每一家特养加盟企业受益匪浅。

曹县野味食品厂出产的野味食品

共商特养大计

办公大楼一角

咨 询 电 话：0530－3771198
北京总部电话：010－60322158

广东省曲江县马坝油粘米业有限公司

该公司拥有固定资产4100多万元，年加工能力2万吨，销售油粘米1.4万吨，年销售收入1.1亿元，税1200多万元。该公司生产的“白马”牌马坝油粘米已连续荣获第二、第三届全国农业博览会金奖和牌产品奖，成为全国名优大米之一。

公司总经理 黄其意

电话：0751-6645738
传真：0751-6645738
邮编：512100
地址：韶关市曲江县马坝镇沿堤 二路3号

碾米车间

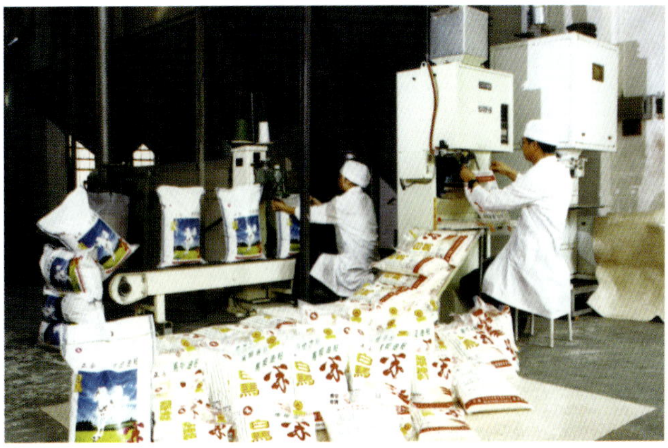

包装车间一角

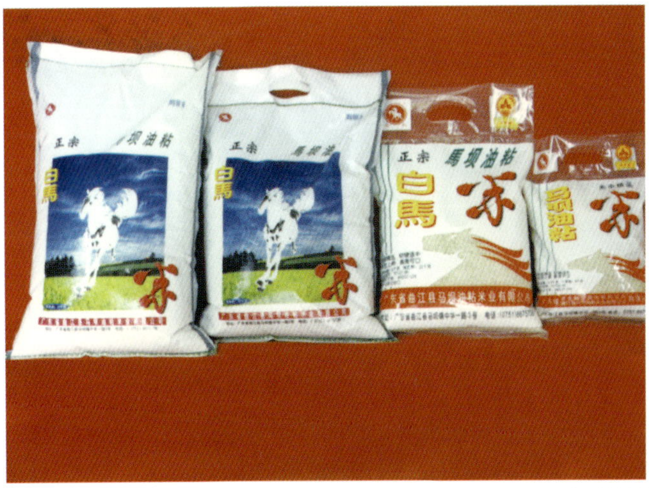

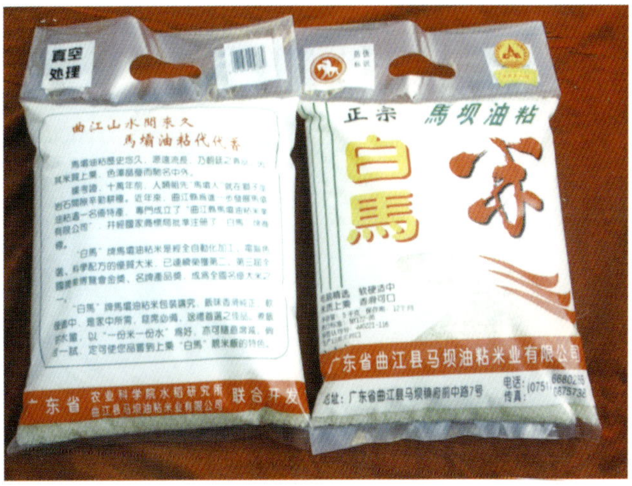

白马牌马坝油粘米包装产品

黑龙江省宁安市渤海江西米业有限公司

村支部书记　吴哲洙

黑龙江省宁安市渤海江西米业有限公司，位于名胜旅游区镜泊湖、火山口地下森林，渤海风情园三角区的渤海镇江西村。该村是绿色优质大米生产基地。从唐代渤海国时期以来，该地大米始终是朝廷贡米，为皇室御用珍品。近几年来，公司聘请多位日本专家来现场指导，传授国外的先进栽培技术，同时引进日本优质米品种，“洋”为“中”用，借鉴创新，建成了一系列适应该地区优质高产栽培模式，大米产量大幅度提高，品质更加优良，自1992年以来连续三年荣获中国农业博览会金奖。镜江石板大米之所以品质优良，得益于其优异的生态环境。其生长的土地为古代火山爆发时，岩浆流淌凝固而成的大面积玄武岩“石板地”，腐殖土积于其上，其水质为镜泊湖流出的水及地下泉水，水质洁净优良，上游无任何污染，由于大面积石板地的反射热量，使地温、水温分别比一般的稻田高出2℃--3℃左右，水稻成熟度高，加之昼夜温差大，引进优良品种，采用先进生产和加工技术，诸多条件珠联璧合，造成了镜江石板大米独特的米质和食用价值。该地所生产的水稻，完全是按国家制定的《绿色食品水稻生产操作规程》来生产的。该基地统一施用“绿工”生物有机肥替代化肥，统一使用优良品种；统一使用高效低毒低残留除草剂。镜江石板大米，在得天独厚的地理条件下有优中选优的水稻品种，没有环境污染，通过精良设备加工，故米质优良。经中国水稻所化验分析，镜江石板大米成份如下：蛋白质>7.5%，碳水化合物>75%，脂肪>0.5%，粗纤维<0.5%，硒0.1-0.3mg/kg，铁20-28mg/kg，钙90-180mg/kg，锌10-28mg/kg。在四大类30种41组检测中，均未检出有害物质残留，经农业环境监测部门测定为无公害、无污染的优质稻米。

地　址：黑龙江省宁安市渤海镇江西村
联系人：吴哲洙　　电话：（0453）7958548
传　真：（0453）7958548
手　机：13604602863　　邮编：157431

宁夏青铜峡西夏贡米厂

宁夏青铜峡西夏贡米厂法福莱公司总经理　张国强

西夏贡米厂生产车间

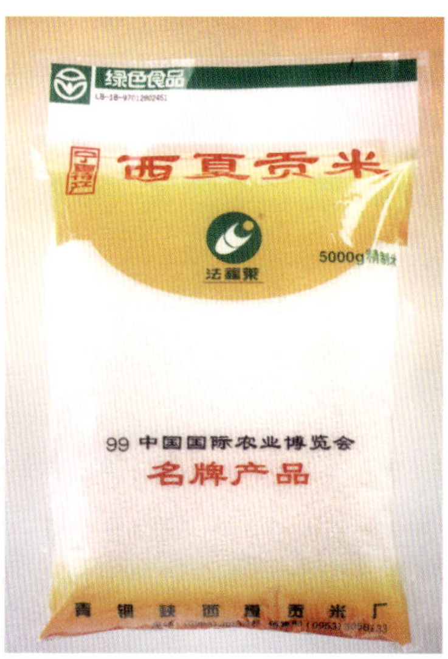

西夏贡米获奖证书

湖北恩施宏业魔芋开发有限公司

湖北恩施宏业魔芋开发有限责任公司是一家以魔芋深加工为主，兼营土特产品的股份制公司，成立于199年7月，是中国首家魔芋超微粉生产厂家，其年生产能力达到1500吨。公司集魔芋产品的生产、科研、营销为一体，是中国魔芋加工行业中迅速升起的一颗明星，同时也是湖北省魔芋产业的龙头企业。公司产品成功克服国内普通精粉多色素、多生物碱、多淀粉等杂质，多纤维分支链不易膨化的弱点，并且在食品、医药、化工等三大领域中发挥着巨大的作用。公司董事长向发业郑重邀请社会各界有识之士加盟魔芋行业，加盟二十一世纪朝阳产业，与宏业公司共谋发展，同创辉煌。

① 魔芋藕片
② 魔芋粉丝和饮料
③ 魔芋蘑菇
④ 魔芋虾
⑤ 董事长向发业（右一）与有关领导畅谈魔芋产业化建设

佳露水萝卜特征特性：

佳露水萝卜又名早春一号春萝卜，属早熟春季栽培品种，生育期30–40天，叶小，板叶形，半直立，柱形根。果约3/4露出地面，上部青绿色，下部白色。肉质甜美，生、熟食口感优于其它品种，亩产3000公斤。是春季较早上市的优良地方品种，适宜全国种植，可创很好经济效益。

安徽省阜阳市裕丰农业有限公司

高抗茄王特征特性：

高抗早茄王F1是在原西安绿茄基础上，经农技人员和生产者三年来选育提纯改良而成的又一新品杂交茄种，株高60–70厘米，分枝明显，有门、对、四门果，6叶结果，极早熟，抗枯萎病，果实为绿油色灯泡形，单果重500克左右，果实大小均匀，丰产潜力大，商品性好，适于春季保护地和露地栽培，也可秋季种植。

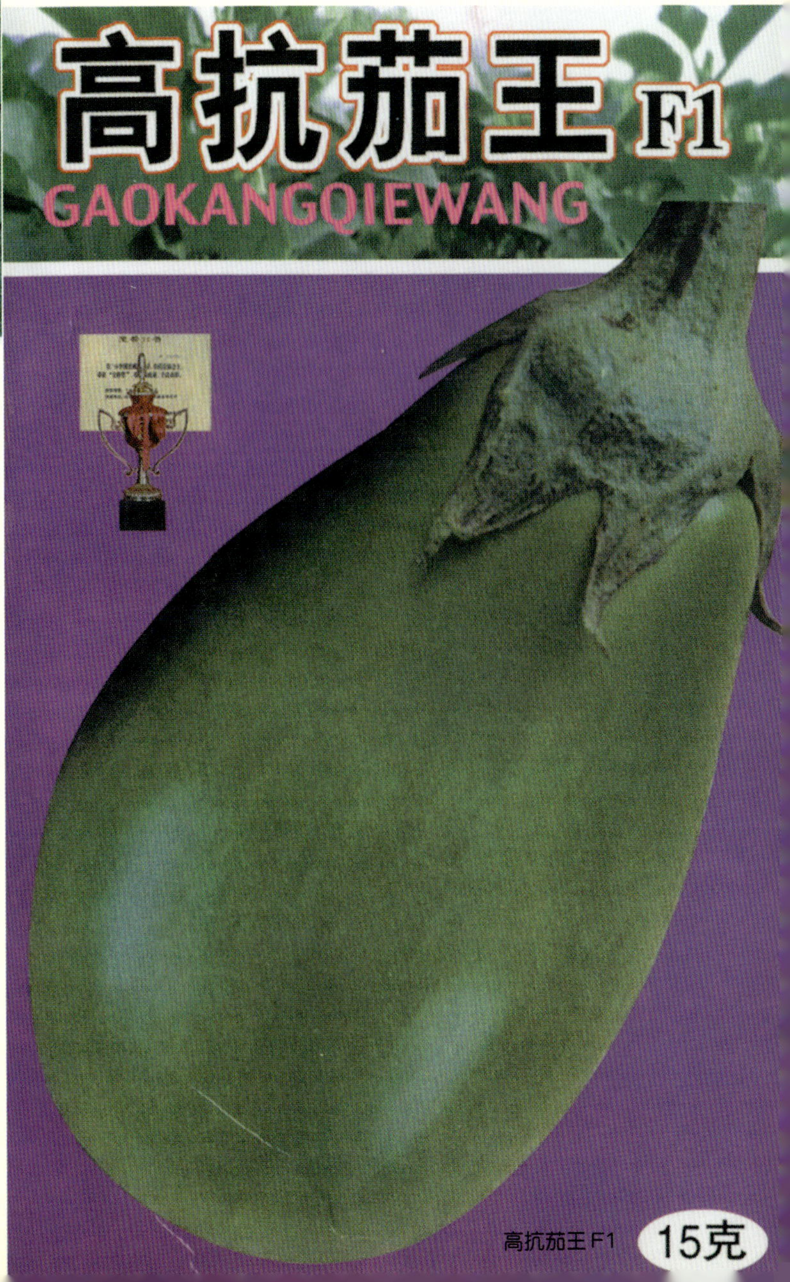

地址：颍河东58号颍汇市场　　邮编：236020
电话：0558–2285236　2313381　2623381
董事长：黄彩灵　　总经理：王永祥

新疆乌鲁木齐红桥商贸有限公司

董事长及董事在看红桥商场未来改建设计图

公司董事长张青华，乌鲁木齐市“三八”红旗手、新疆自治区女企业家、全国优秀女企业家、全国“五一”劳动奖章获得者、全国劳动模范。

公司董事长张青华

董事长和书记在检查蔬菜质量、品种

红桥商贸自选商场

浙江省临海市羊岩茶厂

浙江省临海市羊岩茶厂(场)地处海拔700多公尺的羊岩山区，生态环境得天独厚，交通便捷，有职工28人，总面积3000亩，其中茶园1038亩，茶叶加工厂房3000多平方米，机械化生产。1999年生产名优茶叶50.1吨，产值455.78万元，税利77万元。

1974年建场以来，强化经营管理，开展科技兴茶，以市场为导向，实施品牌战略，成为市优质农产品生产基地。被授予市“农业龙头企业”。茶厂支柱产品羊岩勾青，外形钩曲，香高持久，滋味醇爽，耐冲泡，耐储藏，独具特色。1997年获省一类机制名优茶。1998年获省首批优质农产品金奖。1999年经国家有关部门检测，质量达国际先进水平；被中国国际农博会认定为名牌产品；在第十八届美国国际博览会上获“国际金奖”；“羊岩山”商标被省有关部门认定为浙江省著名商标。同时，朱立华厂长被授予省劳动模范光荣称号。

茶厂主要产品：羊岩勾青、蟠毫、玉峰、岩笋、高绿等，产品销往杭、苏、鲁、沪及韩国、香港等地，深受消费者青睐，供不应求。

茶厂愿与各界同仁携手合作，互惠互利，共同发展。

羊岩茶厂（场）领导班子成员制定发展规划

浙江省著名商标

羊岩茶厂厂长　朱立华

1936年4月生，1971年9月参加工作。农民高级技师。历任河溪公社前山一大队副大队长，大石区试验山——百果园专业队长，河溪公社大罗丘水库指挥部副指挥，河溪公社羊岩山林场场长，临海市羊岩茶场场长，临海市羊岩茶厂厂长；临海市第七届人大代表，中共临海市第六届党代表；台州市第一、二届人大代表。

羊岩勾青茶荣获国际金奖

羊岩山牌茶叶系列小包装

羊岩勾青茶获'99中国国际农博会名牌产品

西藏藏医学院藏药厂

藏医药学是中华民族医药宝库中一颗璀璨的明珠。2000多年前，在西藏这块神奇而广阔的雪域大地上，藏民族凭着自己世代积累的医药经验，用他们的智慧和劳动同恶劣的自然环境进行抗争，并吸取邻近地区的医疗精华，创造了具有本民族特色的藏医药学。经历了千百年临床实践的验证，以及历代藏医大师潜心钻研和经验总结，形成了疗效确切、独立完整的藏医 药学体系。在世界传统医药学中占有重要的地位。

自藏医药学高等学府——西藏藏医药学院创建以来，藏医药学发展的步伐更加迅速，不仅为藏民族的医疗卫生健康和保健做出了重大贡献，而且发挥了为其他兄弟民族防治疾病和医疗健康的重要作用。

西藏高原由于海拔高，空气无污染，日照时间长、强烈，四季明显等特殊的自然环境和生态环境，分布着丰富的动植物、矿物等天然药物资源。这些药物都具有特殊的有效成分，其传奇的功效给无数患者带来新生，现在越来越受到国内外人士的重视和青睐。

西藏藏医学院藏药厂作为继承和发展这一学科的重要基地，现代藏医药大师措如·才朗教授吸取了历代藏医药各派各家经典著作，秘籍中的精粹，结合从医60多年的藏医药实践和祖辈单传的特殊秘方，经藏医学院科技研究所进一步的整理、科学分析和鉴定，并与患者的治疗效果观察所获得重要临床资料相统一，由西藏藏医学院藏药厂精心研制生产，致力于传统藏医药的研究和开发。该厂是西藏藏医药教学、科研、生产规模大的藏药生产企业和藏医药研究开发基地。

西藏藏医学院藏药厂始建于1996年，自生产经营以来，坚持以诚为本，“服务第一、质量第一、信誉第一、患者第一”的办厂宗旨，以科学、创新、诚实的精神不断向社会奉献高效、优质、安全的藏药精品，为人类健康服务，取得了很好的经济和社会效益。目前生产的藏医药主要产品有七味红花殊胜丸、石榴健胃散、二十五味松石丸、二十五味珍珠丸、然纳桑培、仁青常觉、巴桑母酥油丸（西藏补王）等20多种名贵藏药，这些产品均系按藏医药经典药方在西藏高原无污染的特殊环境就地取材精心配制，在原材料的辨别认定、生产加工等过程中都经过专家的亲自监督而成的纯天然药品。

坪上石材厂厂长　陈为亮

山东省莒南县坪上石材厂

莒南县坪上石材厂位于岚济、坪涛公路交汇处，北靠兖石铁路，东连岚山港、日照港、青岛港，地理位置优越，交通便利。

该厂始建于1993年，占地面积90亩，现有干部职工368人，固定资产1000多万元，流动资金380万元，年产值3000 多万元，是一个以生产石雕工艺品、建筑材料为主的专业厂。1999年取得自营进出口权。

该厂生产设备先进、技术力量雄厚、资源丰富，产品精细、工艺考究、花色繁多、风格各异、品种齐全，有庭院用的灯笼、喷泉、洗手设备、石桌石椅，动物形象逼真，人物栩栩如生；建筑装饰用的各种板材、高档墙石、铺路石、路边石、台阶石；还有各种墓碑，室内工艺品，木雕工艺品。产品远销日本、东南亚、意大利、德国、比利时、荷兰、丹麦、美国、加拿大、澳大利亚等十几个国家，国内市场也在不断扩大，深受中外客户的好评。

该厂奉行“质量第一，用户至上”的宗旨，竭诚欢迎中外客商光临。

电话：0539−7553506　7553319

传真：0539−7553318

邮编：276624

地址：莒南县坪上镇驻地

网址：WWW.pingshangstone.com

山东省寿光市文家乡——韭菜之乡

文家乡党委书记 朱寿村

文家乡共有24个村，2.2万人，耕地总面积2.7万亩，蔬菜面积2万亩，素有“万亩韭菜乡”之美誉，年产韭菜7000万斤，收入近亿元。2000年4月荣获“中国韭菜第一乡”称号。

文家乡政府乡长 李金刚

“独根红”韭菜

图为文家乡党委、政府办公大楼

山东省济宁市前海乡

辣椒果面光亮、颜色深红、外型美、风味佳，
富含维生素 A、C 并含有丰富的矿物质

乡党委书记郭宝书（右）和乡长申宝冬（左）在辣椒基地视察

亨宝公司员工在向方便面里加辣味调料

方便面生产车间在加辣味调料

前海乡地处“九省通衡，齐鲁咽喉”之称的兖州西郊，是远近闻名的“辣椒之乡”、山东省红辣椒主产区。全乡辣椒基地3万亩，辐射周围乡镇达到6万亩。乡里成立了辣椒种子提纯繁育基地，新培育的辣椒种子“大羊角”销往全国各地。佳泰调味品有限公司生产的辣椒制品被列为国家农业综合开发项目。1995年，获第三届农业博览会辣椒酱系列最高奖铜奖、农业新产品开发新技术应用金奖。投资300万元兴建的辣椒专业批发市场可容纳万人进场交易，辣椒销售旺季，市场上商贾云集，购销两旺。

前海辣椒有数百年的栽培历史，具有果大、肉厚、油多、香味浓等特点，且在种植方面亦有产量高、抗热耐寒、挂果能力强、抗病性能强等特点，深受消费者和农民朋友的喜爱。目前兖州市已成为全国有名的优质辣椒生产基地，前海乡也于1999年被济宁市命名为农业产业结构调整先进乡镇，乡里先后成立了“辣椒种植协会”、“辣椒研究所”、“辣椒服务总公司”等，为辣椒业的生产和发展起到了积极的推动作用。

辣椒收购点

陕西省榆林市青云乡

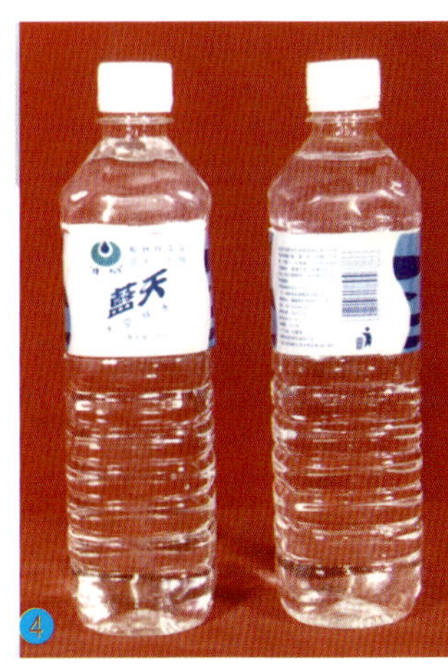

① 乡党委书记 刘兴伟（右）、乡长 郭喜元（左）

② 青电冶炼公司生产的75# 硅铁

③ 青电冶炼公司生产的97# 结晶碳化硅

④ 蓝天公司生产的600ml/瓶太空纯水

⑤ 青电冶炼公司冶炼车间

湖南岳阳市花板桥中药材专业市场

岳阳市花板桥中药材专业市场由岳阳市农办、农业局、农科所于1992年8月联合创办，是国家首批验收颁证的全国八家中药材专业市场之一。市场位于岳阳市区花板桥路、金鹗路、东环路交汇处，距107国道5公里，火车站、汽车站2公里，城陵矶外贸码头8公里，交通十分便利。

市场占地123亩，计划投资1.6亿元，现已投资5800万元，完成建筑面积5.5万平方米，建成封闭式门面、仓库、住宅2000余套（间），并完善了学校、银行、医院、邮电等设施。市场现有来自全国20多个省、市的经营户480多户，年成交额近3亿元。

花板桥中药材专业市场是湖南省重点市场之一。1998年，岳阳市委、市政府把该市场建设列入全市八件大事之一，决定对其进一步扩建和完善。扩建面积8万平方米，主要建设门面、住宅、炊片加工厂等。扩建工程2000年竣工后，市场可容纳客户1500户，年成交额可超8亿元。

市场一角

市纪委纠风办领导与药监部门进行质量检查

地址：岳阳市花板桥路

电话：(0730) 8623313　8626761

邮编：414000

市场全貌

遵义市虾子辣椒市场

遵义小辣椒以其香、辣、肉质厚、外观油亮等特点受到人们好评，是中国出口免检商品。90年代以来，遵义市常年种椒80万亩，产量12万吨，为了便于流通，建立了一个辣椒批发市场。

虾子镇西距遵义市41公里、贵阳198公里，面积3.5平方公里，人口3.5万，交通方便，文化娱乐设施齐全。

虾子辣椒市场于1992年建成，占地7300平方米，主体建筑4600平方米，专用库房140余间。有先进的现代流通技术管理手段，能为椒农、批发商和大宗用户提供仓储、运输、结算、加工等综合配套服务。目前有运输专业户300户，食宿等综合配套服务业200多家。

遵椒一号

遵椒二号

虾子辣椒市场年吞吐量7000万公斤，年交易额4.2亿元，居西南之首，是周边县市产地辣椒交易的主要集散地，产品远销全国20多个省市和缅甸、印度等10多个国家，该市场以日交易量大，交易时间长，带动遵义县及周边县市种植辣椒80万亩。

遵义县辣椒产业办公室

电话：0852−7222248

安徽和县皖江蔬菜副食品批发交易市场

总经理　王申

安徽和县皖江蔬菜副食品批发交易市场，座落在和城南郊城乡结合处，东侧与和沈路联结，直达合芜高速公路、芜湖大桥，西侧同巢宁路联结与南京、巢湖沟通，公路网络四通八达，交通便利。

皖江蔬菜批发市场是国家有关部门、中国蔬菜流通协会定点批发市场，是皖江流域最大的副食品批发交易基地。市场占地面积200亩，总投资8000万元，职工近200人，年交易量逾30万吨，成交额3亿元。市场内设蔬菜、瓜果、生产资料等交易区和高科技示范园，设施先进、功能齐全。

为发展地方经济，走特色农业之路，市场目标是“立足本省、带动沿江、买全国、卖全国。”在“十五”期间将皖江蔬菜批发市场发展成占地面积500亩，年交易额达30亿元的华东地区乃至全国最大的综合性农副产品集散基地。

皖江蔬菜批发市场热忱欢迎全国客商来市场开展交易活动，考察及投资合作，携手并进，共创美好灿烂的明天！

甜香水
白边康乃馨
五福临门
香桃
香神
金孔雀A
玫瑰仙子
女大十八变
金孔雀B
红牡丹
金镶玉嵌
金镶玉嵌R
粉牡丹
榴花球
白绢绣花
翠莲
紫玉

湖熟鸭

HUSHU DUCK INDUSTRY

"南京鸭都美名扬，江宁湖熟是故乡"。

一九七九年金秋，湖熟人为发扬南京名特优鸭产品，成立了鸭厂，经深入民间，多方挖掘，求得马氏祖传工艺及百年老卤。经过十余年的努力拼搏，不断创新，湖熟鸭业发展极快，受人瞩目，被列为江苏省和南京市"贸工农"一体化重点龙头企业。"湖熟"牌十多种鸭系列产品声誉鹊起，畅销全国，为全市争得了荣誉，湖熟鸭以其悠久历史、传统口味和工艺，深受消费者喜好，先后荣获国家食品行业名牌产品、全国星火计划博览会金奖等荣誉。一九九八年在上级政府的关心支持下，湖熟人为更好地发扬鸭文化，以求更大的经济效益和社会效益。和当地知名企业——南京金箔（集团）公司强强联合，组建了南京金箔湖熟鸭业有限公司，使用一流的工艺，一流的生产设备和一流的企业管理，让湖熟鸭以崭新的形象，走进千家万户。一个布局区域化、生产专业化、服务社会化、经营一体化的现代化企业正在古老的鸭业故乡迅速掘起！

公司在各区设有门市部、专卖店，建立了完整广泛的直销、专销网络和产、供、销良性循环系统。

地址：南京市中华门外湖熟镇
邮编：211121
电话:(025)2690592 2690855
传真:(025)2690855
http://www.hushn.duck.com
E-mail:offce@hushu.duck.com

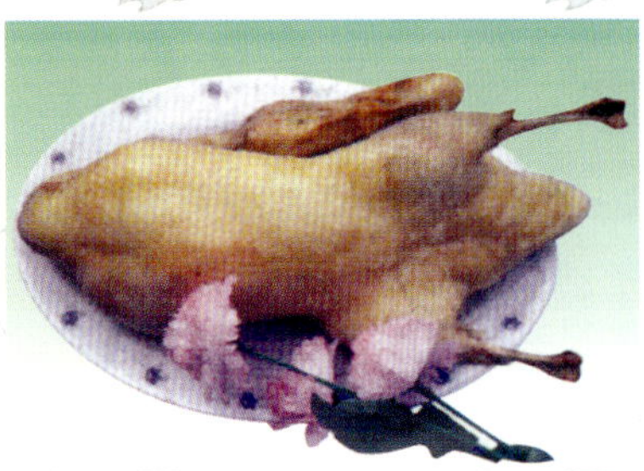
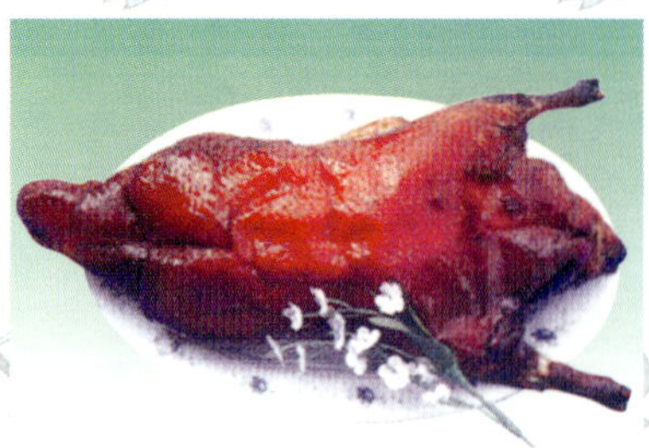
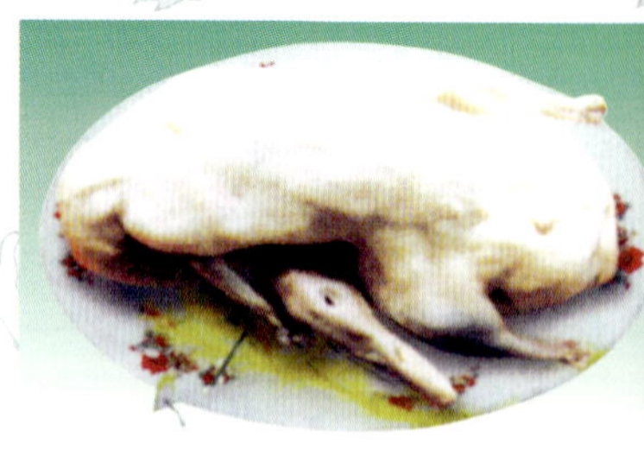

湖熟鸭皮白肉嫩、油而不腻、香酥可口、风味独特，蜚名海内外

图为合资公司在江宁湖熟兴建的现代化厂房

湖北省浠水县中医院

湖北省浠水县中医院大门

湖北省浠水县中医院院长王国奇在庆典会上。

西　藏　旅　游　局

江孜原山抗英遗址

一、主要旅游线路

西藏自治区的旅游线路，包含吃、住、行、游、购、娱诸要素。旅游者一旦购买了某一旅游产品，旅游接待部门便按产品规定组织实施。西藏由于地理环境的原因，造成旅游景点分散，旅游线路长等特点。

札达土林

西藏的旅游格局，是从拉萨向外辐射到日喀则、山南、那曲、阿里、林芝和昌都六个地区，主要旅游线路有拉萨－－日喀则－－拉孜－－樟木线，拉萨－－日喀则－－拉孜－－措勤－－改则－－革吉－－狮泉河－－普兰线等六条。

二、登山、徒步、科考

登山、徒步、科考几种旅游形式是西藏自治区推出的特种旅游项目。

登山、徒步朝圣项目主要在后藏旅游区，科考主要在藏东南旅游区。

登山　西藏素有“地球之巅”、“地球第三级”、“世界屋脊”之称，境内群山连绵，气势磅礴，耸立着5座海拔8000米以上高峰，70多座海拔7000米以上的山峰，海拔6000米以上的山峰则有数千座，这些便是西藏自治区开展登山和科考项目得天独厚的条件，吸引着国内外登山探险家和科学考察人员。1980年以来，经国家批准，西藏自治区对外开放的山峰有44座。

徒步　西藏，徒步旅游有其特定的含义。在有的景点，没有车行道路，只能徒步进行游览；有的景点只有徒步才显出虔诚，行程数千里方算没有白来，那就是徒步朝圣游。在颇受世人瞩目的林芝地区雅鲁藏布大峡谷景区，方圆几十里、乃至上百里，森林密布、道路崎岖，是纯天然的自然生态景观，未经任何修饰，根本没有固定的人行道，更不用说车道，是颇具吸引力的徒步旅游、科学考察热点。

科学考察　以科学考察为目的，到西藏的旅游团组很普遍，有单纯进行科学考察，有的是科学考察与旅游观光并举，后者居多，前者少有国外团组，而多为国内专家。

1983年，中国科学院南迦巴瓦峰科学考察登山队对南迦巴瓦峰进行科学考察，发现了原始人类活动遗址。

1998年10月，由中国科学家、探险家和新闻记者组成的中国天年雅鲁藏布大峡谷科学考察探险队首次徒步穿越大峡谷，并探测出雅鲁藏布大峡谷的各类准确数据，证明雅鲁藏布大峡谷为世界第一峡谷。

辽宁省宽甸满族自治县

〔名优特产〕

板栗　宽甸满族自治县地处辽东边境，全县内陆土地面积61万公顷，辖2乡20镇、252个行政村，人口44.8万。

宽甸是一个山区县，位于长白山山脉与千山山脉的过渡地带，山高沟深，坡多平地少，地貌构成为九山半水半分田，山多耕地少。栗树是宽甸的传统果树，经过几代人的努力，这一产业的优势日益突出，成为宽甸农业经济中的骨干产业，也成为大部分农民的主要经济收入来源。目前，全县栗树资源总面积42.8万亩，其中进入结果期的栗树19万亩，1999年产量8680吨，产值3800万元。成为国家有关部门首批命名的“中国名特优经济林板栗之乡”。

宽甸是中国最北部的栗产区，鸭绿江、浑江等三江六河及水丰、太平湾、太平哨三个发电站水库为当地创造了良好的小气候条件。县内雨量充沛，光照充足，温度适中，秋季温差大，得天独厚的自然条件使这里的栗树栽培具有更大的优势。这里产的栗果因粒大糖分高而名扬国内外，畅销于国内外市场。

栗树在宽甸的22个乡镇都有分布，主要集中在鸭绿江、浑江沿岸乡镇。现已建成超过万亩的生产基地乡15个，有8个乡镇总产量超过500吨。其中6个乡镇已超过1000吨。素有辽宁板栗第一乡之称的古楼子乡，栗树总面积4.4万亩，总产值400万元，户平均栗树14亩，人均4.5亩，户均板栗收入1300元，人均收入405元；大西岔镇板栗面积4.7万亩，人均4亩，年板栗总产值670万元，户平均收入2036元，人均540元；宽甸板栗第一村的砬子沟村，一个村有栗树13000亩，年产量600吨，产值300万元，户均收入9146元，人均2360元。板栗状元红石镇小韭菜沟村徐永清，承包开发荒山栽栗树100亩，经营10年，累计收入25.98万元。现在年收入达8万元，家庭人均收入1.3万元。全县板栗收入超过5000元的农户2030户，其中有382户超过1万元。

在生产发展的同时，板栗市场也逐步发育完善，板栗上市季节在县城及古楼子、大西岔、步达远等主产地已形成了较大的板栗交易中心，成为产品的集散地。全县的板栗产销率达95%以上，除自用、馈赠亲友、留种外，从无滞销和积压现象。宽甸板栗主要是加工出口日本，并销往东北各大中城市，近几年已打入南京、上海、西安等关里的一些大城市。产品供不应求，多年来始终保持较高价位，波动幅度很小，比一般水果相对稳定得多。

宽甸的板栗加工业也在发展，以宽甸板栗联营公司为龙头的板栗加工企业有15家，年加工原栗1800吨。主要产品为速冻栗肉，其次有糖水栗子罐头、栗子羹及栗子馅糖等。

目前，全县良种面积已达12万亩，占总资源的28.6%。同时，县板栗试验站在栽培技术、病虫害防治等方面的研究中也取得了多项科技成果，这些成果在生产上推广，取得了极其显著的经济效益。

为更好的借鉴国内外的先进经验，这个县多次派人到河北、山东、湖北等主要栗产区考察学习。1999年从日本请来了世界著名板栗专家荒木齐博士到宽讲学和现场指导。在生产中通过培养示范户，对栗农的技术培训、组织服务队等形式，提高了栗农的素质，加快了新技术的应用，使栗树的管理由落后的自然生长靠天收成的原林式经营，转向应用良种、修剪、施肥、防治病虫等技术的先进果园式管理，产量效益大幅度提高。

随着板栗产业的发展，为生产服务的各类服务组织也应运兴起，当地的商业、加工业、包装企业、运输业、饮食服务业、旅游业等一批相关行业也生产红火，同时兴旺发达起来。一业兴，带来百业旺，宽甸县委、县政府更加坚定信心和决心，今后要在技术开发、产品加工、市场建设、创优质名牌上狠下功夫，努力构建出功能完善的高效益的板栗产业化体系。

中国林蛙　中国林蛙是中国重要的经济蛙类，满语称“哈什蟆”，医药界又称“田鸡”。在动物学分类中属两栖纲、无尾目、蛙科、蛙属、林蛙群。主要分布辽宁、吉林、黑龙江的部分地区，河北、内蒙古、山东等地也有少量分布。中国林蛙是辽宁省地方重点保护的野生动物之一。

中国林蛙是集食、药、补为一体的珍品，含有大量的多元不饱和脂肪酸PHA和EPA，并含有较多甲状腺素、睾酮、雌二醇、雌醇4种激素，其中以T_4T_a为最多，微量元素含量丰富：其中钾16%，钠4%，钙5%，铁0.4%。同时含有多种维生素。蛙油中蛋白质含量为56.3%，并含有人体必需的18种氨基酸，如蛋氨酸达11.52%，赖氨酸达23.09mg/g。所以林蛙油是男女皆宜的营养保健品，公认的延缓衰老强壮剂，具有明显的润肺养阴、补肾益精、补脑益智等功能。在清朝，林蛙油是满族人用来进贡的贡品，是宫廷中御用及嫔妃们必用的滋补品和美容品。同时，林蛙肉质细嫩，味道鲜美。干蛙肉中含蛋白质79%，又是宴席上的美味佳肴。所以林蛙及其产品在国内外市场一直走俏，每只雌蛙市场价在3—5元，林蛙油500克在1000元左右。

食用菌　宽甸满族自治县以其独特的地理环境和丰富的自然资源，给食用菌产业的发展提供了优越的条件。目前，食用菌产业已成为与林、牧、果、渔并重的一大支柱产业，在农业和农村经济发展中起到了巨大作用。

宽甸县是食用菌产业开发的老区，以香菇、滑菇、黑木耳、平菇为主栽品种的食用菌产业，已有20多年的栽培历史，经过20多年的开发建设，现在已形成规模生产，是全县八大产业中占据优势地位的主导产业，该产业辐射全县22个乡镇、2万多农户，农民收入可观，财政增效明显，经济效益、社会效益和生态效益取得了同步增长。全县食用菌人均收入达450元，占农民人均收入的25%。牛毛坞、八河川、青山沟、大川头等乡镇和一些村已形成了一乡一业、一村一品的产业规模，牛毛坞镇被誉为“全国香菇第一镇”。在多年的栽培实践中，广大菇农掌握了一定的制种技术和栽培技术，科技素质不断提高；新品种的引进、栽培模式的革新，对全县菌业的发展起到了积极的推进作用。由于拥有优越的自然条件和资源优势，县委、县政府采取了一系列的优惠政策，吸引了许多大专院校和科研单位到县内开发菌业。到目前，已有沈阳农业大学、沈阳农科院、浓阳林科院、丹东林科所、熊岳农专、朝阳食用菌研究所等单位与县内有关部门和乡镇，建立了友好合作关系，其中沈阳农业大学在宽甸成立了菌种分场，从而结束了宽甸不能生产一级菌种的历史，结束了全县食用菌靠自然发展的历史。1999年，在全县各级干部和广大菇农艰苦努力下，抵御了多种自然灾害，获得好收成。全县食用菌总产量达到2万吨，实现产值1.4亿元。

宽甸发展食用菌具有优越的自然条件和资源优势，县域内自然气候条件得天独厚，山多、林多、江河多，有著名的“三江六河”，给宽甸农业产业发展提供了充足的水资源。宽甸地区雨量充沛，年降雨量1000—1200mm，相对温度高、温差大，四季分明，年积温在3000℃左右，年平均气温在6.5℃，日照时间长，昼夜温差大，适合各种菌类生长。全县有林面积760万亩，木材蓄积量2200立方米，森林覆盖率达76.4%以上，均居全省之首。年林木采伐量23万立方米蓄积，年产锯沫可达6万立方米，年产枝丫稍头全部加工锯沫可达118万立方米；农作物秸秆总量11.3万吨，可提供栽培原料7万立方米，这些资源为全县发展食用菌提供了宝贵财富。

近几年来，宽甸食用菌的发展，重点在引进和培育新品种、研究栽培技术、改革栽培模式上作文章。到目前已引进各类食用菌菌种30余种，推广栽培模式10余种，重点推广小棚地栽香菇、无床架立体栽培香菇、滑菇反季栽培。这些模式的共同特点是：省工、省时、省力、方便管理、劳动强度小、经济效益高。

宽甸县委、县政府对食用菌产业高度重视，把食用菌产业列为全县农业产业中的第一位，并且明确提出，全县发展食用菌产业要做到“三个接轨”，即与科研院所、大专院校接轨，与国内外市场接轨，与广大菇农接轨。同时加大对食用菌产业科技投入、资金投入力度，做到人、财、物三到位。重视对菇技术培训，从提高产品科技含量抓起，树名牌、创品牌，通过示范基地建设，在全县推广新品种、新模式。县菌办经努力建立了2000平方米、拥有职工40人、各类技术员20人的菌种场。又投入70万元租用100亩地，建立了食用菌多品种、多种栽培模式的立体开发示范基地，现在已取得很好效果。

宽甸发展食用菌总体思路是：坚持以科技为先导，以资源为依托，以市场为导向，以服务为宗旨，以经济效益为中心，以树品牌、创名牌为目标，进一步发动全县干部群众，瞄准市场，参与竞争，努力降低生产成本，提高产品质量，开拓销售市场，创办加工企业、龙头企业，实现一年打基础，三年翻两番，“十五”期末创产值5个亿，在全县形成一个“市场牵龙头，龙头带基地，基地联农户”的食用菌产业链。

石柱子参、辽细辛 宽甸气候温和，雨量充沛，温度适宜，很适合药材生长，据80年代丹东市医药局普查，境内野生药材达1200余种，素有“东北中药材库”之称。

在宽甸野生中药材中，常用中药材有近百种，其中野山参、辽细辛、辽五味淫羊霍、羊乳、穿龙骨、灵仙、苍术等药材每年都大量上市，在国内外药界久负盛名。

野生资源的利用并非取之不竭，用之不尽。宽甸人素有种植药材的习惯。人工栽培中药材的历史可上溯到200年前，且有史可考。早在清王朝时期，宽甸石柱子人参就享誉中外。那时，在东北最大药材交易市场营口港，就有“柱参不到不开盘”之说。石柱子人参的形体和药效都与野山参媲美。国内药界称之为“中国柱参”。“中国柱参”在2000年中国北京农产品博览会上被冠名为“中国名牌”产品。单支柱参在京、沪药材市场上，大药房柜台中售价达2000多元，上等级的柱参售价每公斤可达2000—5000元不等，柱参是中国人参的精品，在亚洲市场也十分畅销，每年都有大批外国客商到宽甸采购。

“中国柱参”的名牌效应带动了宽甸人参生产的发展。从1965年至1985年的20年间，宽甸产的长白山人参的种植面积达万亩以上。每年从大连口岸出口几百吨。曾是该县的主要支柱产业。1990年以后，世界人参市场萧条，开始调整人参生产品种结构，普通园参产品产量被大量削减，野生状态管理的石柱参、移山参、大支头高品质好形体的高档产品得到充分发展，宽甸人参生产迈上新台阶。在生产管理技术上，在防治植物病害方面不使用化肥和农药，纯属绿色食品。目前中国柱参、移山参、园参面积近万亩。

宽甸产辽细辛也是一种名贵地道药材。它以其气味馨香浓烈、叶片肥硕、根须长大、药效显著而著称于世。过去，辽细辛的种植与人参生产同步发展。宽甸人习惯于用人参原茬地种植细辛。随着人参规模产量的萎缩而减少种植面积。到2000年春季终因产需相差悬殊而引发辽细辛价格暴涨，达到每公斤70—80元。每亩细辛产值达2—3万元，比上世纪的90年代翻了2番，从而调动了农民的生产积极性。截止1999底全县留存面积5000亩，年出售1000吨以上。以现在的发展速度，再有3~5年时间，宽甸细辛规模将恢复到上世纪80年代水平，年产2000吨，产值1.5亿元。

宽甸人工栽培中药材品种现有20余种，除人参、细辛以外的20多个品种的种植面积还有1万多亩。其中以天麻、龙胆草、平贝、辽五味为宽甸重点发展品种。这些药材产值高，市场前景好，具有优越的自然生长环境，是县政府重点扶持发展的产业。预计到2005年，全县中药材将发展到5万亩。

吉林省延边朝鲜族自治州

一、农产

水稻。延边朝鲜族自治州是全国朝鲜族聚居的主要地区，是吉林省水稻重要产区，也是全省水稻栽培的主要发源地之一。延边州生产的稻米以硬度强、品质佳、粘性好，晶莹如玉，适柔可口而闻名于全国，曾被选为宫廷御膳米。全州水稻产区主要分布在河谷平原区，土质为冲积土、泥炭土、草甸土等。水稻主产区地势平坦、土质肥沃、气候条件优越、水资源充沛，十分有利于优质稻米生产，现区域内已形成6县18个乡镇的水稻绿色食品生产基地。其生产主要优质水稻品种有通88-7，上育397，珍富10号，延304等。1999年全州种植水稻面积达4.4万公顷，占粮豆面积的23.5%。总产达28.2万吨，占粮豆总产79.4万吨的35.5%，公顷单产达6389公斤，创历史最高。

大、小粒黄豆。延边地处长白山区，森森茂密，属于中温带湿润季风气候，昼夜温差大，这种得天独厚的地理气候优势，极有利于大小粒黄豆的生产。大、小粒黄豆生产因投入少、产量高、质量优、国际名声好、市场畅销而在延边长盛不衰。大小粒黄豆营养价值高，含蛋白质40%左右，蛋白质中含有人体所不能合成的8种必需的氨基酸，有完全蛋白的美称。大小粒黄豆含油量在20%左右，豆油中富含饱和脂肪酸，可以降低人的血清胆固醇，是优质保健的食用油。目前全州推广的大粒黄豆品种有长农5号、长农4号、吉林20号、吉林23号、合丰25号、合丰34号、合丰35号、绥农14号、绥农8号、绥农4号。其蛋白质含量为42.93—40.06%；脂肪含量为21.39—19.71%。小粒黄豆品种有吉林小粒5号、吉林小粒3号。小粒黄豆蛋白质含量为44.57—43.02%；脂肪为18.6—16.57%。全州大豆种植面积一直稳定在7—8万公顷，占全州粮豆面积的39.9%。1999年全州大小粒黄豆种植面积为7.4万公顷，总产14.5万吨，公顷单产达1970公斤，是第三个高产年份。其中小粒黄豆（百粒重7—12克）面积为5500公顷，产量为1.2万吨，全部出口日本和南韩，供不应求。

各级主管部门通讯录

单位名称	领导人姓名	邮编	地址	电话	传真
延边州农垦特产局	傅亚民	133001	吉林省延吉市铁南路52号	0433—2816597	0433—2815463
安图县农垦特产局	山长明	133600	吉林省安图县明月镇	0433—5823563	
敦化市农垦特产局	孙作发	133700	吉林省敦化市	0433—6222549	
和龙市农垦特产局	金官植	133500	吉林省和龙市	0433—4228955	
龙井市农垦特产局	郑德星	133400	吉林省龙井市	0433—3223132	
珲春市农垦特产局	金泰日	133300	吉林省珲春市	0440—7512414	
汪清县特产局	郑步禄	133200	吉林省汪清县汪清镇	0433—8814162	
延吉市农林水利局	周凤才	133000	吉林省延吉市	0433—2512731	
图们市农业局	崔　哲	133100	吉林省图们市	0433—3624780	

二、林产

1. 稀有动植物种类、分布及其养殖、种植与保护和木材产销。

稀有动植物种类、分布及种养情况。延边座落在长白山腹地，总面积4.27万平方公里，山地面积占80%以上，长白山特殊的自然地理环境孕育着大量独特的物种资源，被国家誉为全国三大自然宝库之一。据统计，长白山蕴藏着野生动植物资源1460多种，其中野生动物有东北虎、黑熊、梅花鹿、貂、中国林蛙、麝、狐、猞猁、狍子、红蚂蚁、飞龙、野鸡等550种，其中稀有经济动物250种。稀有经济植物有人参、高山红景天、灵芝、不老草、五味子、天麻、刺嫩芽等上百种；松茸、黑木耳、元蘑等菌类植物10余种，这些稀有动物在全州八个县市均有分布。稀有动物养殖成规模的品种有梅花鹿、黑熊、红蚂蚁、林蛙和狐狸。延边有十一家国营鹿场养殖梅花鹿，规模达到13200头，年产鹿茸6000公斤；有熊场70户，其中集体熊场18户，养殖规模2300头，年产熊胆粉1500公斤；封沟养殖林蛙800条，养殖户近1000户，年捕商品蛙3000万只，稀有经济植物种植成规模的有人参、红景天、灵芝、月苋草、平贝母、黄芪、黑木耳、西洋参、细辛、桔梗等等，其中人参留存面积1000万平方米，红景天50公顷，灵芝200万段，黑木耳1500万根，月苋草2100公顷，人参分布在敦化、安图和汪清县，黑木耳主要分布在汪清县，其它物种八个县市均有不同分布。龙井市设立松茸保护区，敦化、安图和龙井分别设有红松林保护基地，在安图县二道镇设有长白山自然保护局，负责对长白山区动植物资源保护。

木材产销情况。延边林业资源十分丰富，有“长白林源”之称。全州活立木总蓄积量3.5亿立方米，森林蓄积量为3.4亿立方米，覆盖率达76.3%。林业资源以红松、白松、落叶松、杨木、椴木、桦木、曲柳、柞木、色木、榆木、楸木、黄波罗、般材为主，径级18厘米以上原木，年生产量150万立方米，销售量与生产量接近持平，直接使用原木10万立方米。

2. 延边林业企业加工情况。延边林业行政主管单位为延边州林管局，下设黄泥河林业局、敦化林业局、天桥岭林业局、大兴沟林业局、汪清林业局、珲春林业局、和龙林业局、白河林业局、八家子林业局、大石头林业局和安图森林经营局等十一家直属大企业，68家加工企业，八个县市还各设有地方林业局。企业加工产品有锯材、刨光材、胶合板、百叶窗片、家具、地板块、指接地板、复合地板、纤维板、集成材、油画笔、木雕画、卫生筷子、箱板纸、中纤板、木钟、饰面板、牙签、椅子料、儿童床料等等。加工设备先进，大多数从德国、波兰、意大利、日本、韩国等国家和台湾、上海地区引进，产品远销德国、韩国等国家和台湾及国内各省区。

3. 教学、科研情况

延边境内有延边大学农学院、延边林业学校和延边林业研究所等三家教学科研单位，每年可为延边培养200名技术人员。

4. 管理举措

延边林业根据目前状况，实行“开展第二次创业，全面实施延边林业战略转移”策略。推进全州林业企业改革；突出林业工业重要位置；落实天然林保护工程，确保林业资源可持续发展；大力发展林地经济，加大沟系开发力度，加快培育新兴产业；拓宽招商引资领域，加快外向型经济发展步伐；实施名牌战略，大力开拓市场。制定《延边林业管理条例》，认真贯彻执行国家《森林法》、《水土保护法》和《野生动物保护法》，全社会办林业，全民搞保护。落实“远山看护，近山承包”责任制，进一步完善森林防火责任分工、责任追查制度，落实好《森林防火条例》，确保实现20年无重大森林火灾目标。

5. 各级主管部门通讯录

单位名称	领导人姓名	职务	邮编	电话	传真	地址
延边州林管局	柏广新	副局长	133001	2916928	2813416	延吉市站前街4号
图们市林业局	姜德虎	局长	133100	3623942	3622850	图们市瑞水街
敦化市林业局	徐德海	局长	133700	6224365	6222231	敦化市新华东路
龙井市林业局	马绍常	局长	133400	3222510	3222510	龙井市六道河路
珲春市林业局	郎力军	局长	133300	7514225	7513629	珲春市靖和街
汪清县林业局	金炳竹	局长	133200	8814953	8812346	汪清镇东街路
和龙市林业局	郑金汉	局长	133500	4222087	4223309	和龙市人民大街
安图县林业局	徐殿玉	局长	133600	5822528	5822610	安图县明月镇

6. 企业通讯录

单位名称	领导人姓名	职务	邮编	电话	传真	地址
安图森林经营局	夏珂	局长	133600	5892472	5827512	安图县明月镇
黄泥河林业局	谭大维	局长	133704	6558001	6555488	敦化市黄泥河镇
敦化林业局	周金恩	局长	133714	6208201	6208021	敦化市丹江路
大石头林业局	孙士勇	局长	133702	6503868	6502587	敦化市大石头镇
八家子林业局	瞿京发	局长	133505	4860686	4860929	和龙市八家子镇
和龙市林业局	刘建民	局长	133500	4223551	4223524	和龙市文化路
汪清县林业局	王悦山	局长	133200	8812955	8826476	汪清镇东根路
大兴沟林业局	郭建森	局长	133202	8428859	8428319	汪清县大兴沟镇
天桥岭林业局	姚世家	局长	133204	8413166	8412487	汪清县天桥岭镇
白河林业局	李瑞森	局长	133613	5718201	5718452	安图县二道白河镇
珲春市林业局	常维国	局长	133300	7514281	7532246	珲春市靖和街

三、畜产、饲料

1. 畜禽饲养、加工与饲料产销

1999年，延边州肉类总产量为6.1万吨，蛋类总产量为1.7万吨。全州畜牧业产值达到4.6亿元（90年不变价），牧业产值占农业总产值的26.9%。全州黄牛发展数为61.2万头，生猪发展数为69万头，羊发展数为26.7万只，家禽饲养量为39万只，养蜂为3.8万群，养犬发展数为12.9万只。

畜禽饲养，畜产品加工与饲草加工为内容的畜牧四大工程建设，已经构筑起产业化大框架。优质肉牛工程，繁育工程，10万头肉牛屠宰，5000头肉牛育肥场，牛肉冷冻造粒等龙头企业（如敦化泰丰肉业有限公司）已基本建成；肉犬工程，延边种犬场，20万条肉犬屠宰线已建成，肉犬产品加工厂正在建设中；养蜂工程，种蜂场建设基本完成，安图、敦化、和龙三县（市）基地已形成，并与敦化市蜂业公司配合成功，年可生产万吨大桶蜜及蜂乳，花粉巢脾蜜等多种绿色食品；草地改良及饲草加工项目已初具规模。

2. 著名产地选介，名优畜禽、饲料产销单位选介

延边朝鲜族自治州位于吉林省东南部长白山区。总土地面积4.27万平方米，其中耕地占5.5%，林地81.3%，草地占5.4%。年平均气温为4.7℃，年积温2600—2700℃，无霜期140—150天，年降水量500—700mm。全州总人口218万人，其中农业人口84万人。全州有100多万公顷可牧草地，加上该州近海，气候温和，雨水充沛，草质优良，同时还年产80万吨左右的农业秸秆，全州理论载畜量400多万个单位，发展潜力很大。

该州有延边黄牛、延边黑蜂、延边本地犬等优良品种。其畜产品具有品质优良的特点。延边黄牛是中国著名的“五大地方种黄牛”之一，誉满全国。据史料记载，清道光年（1821—1850年）以来，随着朝鲜移民的不断迁入延边，带入的耕牛与延边当地的蒙古牛杂交混血，通过民间的自发选育，逐步形成延边的农用黄牛。1963年到1973年完成了延边股用黄牛的选育。1974年开始第二阶段培育延边役肉兼用黄牛的工作，该州先后引入利木赞种牛，开展配种与扩繁。其外貌特征，粗壮结实，胸深，体长，呈近似长方形，皮厚，被毛较长而密，毛色呈黄色，角质致密，多为一字或倒八字型，蹄圆大坚实。延边黄牛体格健壮，耐寒耐粗饲，抗病力强。公牛平均体高为131cm，平均体重为470kg左右，母牛平均体高为124cm，平均体重为359kg左右。屠宰为60.5%，出肉率为50.8%。

具有“东山白蜜”之称的长白山椴树蜜，驰名东南亚。全州蜜源面积为259万公顷，有丰富的蜜源植物，能放养蜜峰10万群以上，全州有椴树蜜资源37万公顷，其蕴藏量达总量的68%，有很大的发展潜力。蜂蜜加工企业是延边宝利蜂业公司（在“中草药”部分中介绍）。

具有浓厚的朝鲜族饮食文化特点的犬肉加工和风味食品具有开发和打入国内外市场的潜力。延边本地犬多为灰黄色，耐寒耐粗饲，肉质细嫩，味美，香浓，营养丰富。

延边黑蜂具有采集力强，采蜜积极，抗病力强，繁殖力强，越冬率高，性情温顺易管理。

延边畜牧开发公司为延边州牧业局直属企业，公司下设经营多种饲料和添加剂的商店，商品供给各县（市）。1999年饲料销售量为1500吨，销售额为360万元，同时经营售药和器械。

3. 教学、科研

延边大学农学院座落在吉林省延边朝鲜族自治州龙井市，占地面积为160万平方米，建筑面积为72万平方米，

它的前身延边大学农学院部创建于1949年4月1日，1958年从延边大学分离出来成立了独立的学院。延边农学院1996年4月1日与延边其它五所高校合并后成为延边大学农学院。

学院现设有农学、动物科学、动物医学、园艺、林学、农业工程等6个系9个专业。经国务院学位办批准，设有7个硕士学位授权点，有40个教研室，19个实验室，标本室，5个研究所。

目前，学院专任教师264名，包括正副教授80名，讲师111名，在校本科生1250名，研究生49名。50年来，学院不断发展壮大，在教学、科研等方面取得了很大成绩。已培养了农业科技人才万余名。《动物营养与饲料生产科学》已定为省级重点建设学院，学院先后承担了146项国家、省部、州级科研项目，承担了95项省州科教兴农项目，有1266篇论文发表在国内外刊物上，出版专著58部，教材65部，评著57部，学院已连续16年荣获“吉林省科教兴农先进单位”。

改革开放后农学院的国际学术交流与合作相当活跃，与国外15所大学和科研机构建立了学术及人员交流关系。

延边朝鲜族自治州畜牧研究所成立于1980年。内设养猪、养牛、饲草饲料等研究室。现有科研人员20名，为发展现代化牧业提供了保证。

4. 管理举措（含政策法规）

该州的畜牧工作坚持“依法治牧”的道路，确保了该州畜牧业的健康发展。牧业方面的主要法律、法规有《中华人民共和国草原法》、《中华人民共和国动物防疫法》、《兽药管理条例》、《种畜禽管理条例》、《延边朝鲜族自治州牧业用地管理条例》。该州本着一切从有利于畜牧业发展和保护农垦利益出发的原则，依据上述法律、法规，积极制定出台对畜牧业的扶持政策。如宽松的饲料收购政策，积极的财政政策，优惠的税收政策以及产品的加工，流通等多方面的政策，来充分调动农民及社会各界从事畜牧业生产的积极性，加速延边特色畜牧业的整体质量和效益的提高，促进牛、犬、蜂、草四大工程的建设步伐。

各级主管部门通讯录

单位名称	领导人姓名	邮编	地址	电话	传真
延边州牧业局	周志明	133000	吉林省延吉市局子街216—1号	0433—2613698	0433—2610515
延吉市畜牧局	金河	133000	吉林省延吉市解放路91号	0433—2534515	
图们市牧业局	李昌焕	133100	吉林省图们市	0433—3638581	
敦化市牧业局	王永秀	133700	吉林省敦化市	0433—6222750	
龙井市畜牧局	金永	133400	吉林省龙井市	0433—3223409	
和龙市畜牧局	金成杰	133500	吉林省和龙市	0433—4222480	
汪清县畜牧局	刘亨	133200	吉林省汪清县	0433—8812860	
珲春市牧业局	崔哲柱	133300	吉林省珲春市	0440—7513920	
安图县牧业局	金兴日	133600	吉林省安图县	0433—5823536	

企事业单位供求信息

单位名称	领导人	邮编	地址	电话	商品供求信息
延边州家畜繁育改良工作总站	张继川	133000	吉林省延吉市州家畜繁育改良站	0433—2637298	供优质延边黄牛，利木赞牛，夏洛莱牛冻和高纯氮气
延边州养蜂管理站	穆颖	133000	吉林省延吉市养蜂管理站	0433—2614602	供蜂蜜，王浆，蜂腊，花粉等蜂产品系列
延边州种犬场	聂景艳	133000	吉林省延吉市州种犬场	0433—2596263	供藏獒犬品种，求购优良肉犬品种
延边州草原管理站	李南洙	133000	吉林省延吉市州草原站	0433—2815191	代苜蓿草粉，优良牧草，对外加工草皮
延边畜牧开发总公司	吕福玉	133000	吉林省延吉市州畜牧开发总公司	0433—2619931	供延边黄牛优良原皮

5. 合资合作项目

州政府确立发展特色牧业指导思想以来，各级政府从本地实际出发，对发展特色牧业都十分重视。特别是具有资源优势和市场优势的牛、犬、蜂的饲养与其畜产品深加工项目有巨大的市场开发潜力，需要资金与技术投入。

四、中草药

1. 中草药种类及人工种植、加工、产销

长白山中药材资源丰富，种类繁多，是天然草药的宝库，所产的地道药材，销往国内外，久享盛名。

延边野生药材种类 延边位于长白山区，面积占整个山区的56.2%。长白山是中国三大中草药库之一，野生动植物资源非常丰富，现已发现的野生植物有2503种，野生动物有1032种。中草药种类繁多，已经发现的中药材有862种。其中，人参、马兜铃、关木通、细辛、桔梗、淫羊藿等155种是中医临床常用500种传统中药才品种，是该州长白山地道药材。其中132种药材，为药典收载品种。还有已经发现的野生药用动物173种，如梅花鹿、马鹿、熊、麝、林蛙等。

延边中草药栽培（家养）种类及规模 延边人工栽培的中药材有20多种，有人参、西洋参、月苋草、高山红景天、细辛、贝母、黄芪、党参、桔梗、轮叶党参、龙胆草、五味子、牛蒂、独活、苍术、灵芝等等，栽培面积达3500公顷，产值1.5亿元，其中规模较大的有人参留存面积1000公顷，月苋草2100公顷。野生药用动物，如梅花鹿、熊、林蛙等人工养殖已成功，鹿茸、熊胆粉、林蛙油和蜂产品等动物药材也颇具规模，产值达到1.2亿元。鹿存栏1.3万只，鹿茸产量6000公斤；熊存栏2150头，熊胆粉产量1450公斤；林蛙养殖封沟近千条，年捕蛙3000万只，可实现产值7500万元。

中草药加工、产销情况。延边现有23家制药企业，其中，中药工业企业20家；拥有小针剂、口服液、软胶囊、胶囊剂、片剂、丸剂等18种剂型近500多个中成药制剂品种。延边医药工业形成了以中药生产为主，以化学制剂、生化药品、药用包装生产为辅；以敖东药业集团为龙头，以华康、力源为支撑，以长白鹿业、敖东延吉药业、龙井制药等企业为骨干的规模经济体系已形成。1999年，全州医药工业完成产值10.6亿元，占全州工业产值13%，利税居全州工业之首。产值超过1000万元的产品品种有18个，产值超过5000万元的产品品种有4个。产品主要销往国内各省市及东南亚国家。

2. 著名中草药及其产地选介、著名中草药制品及其厂家选介

(1) 著名中草药及其产地选介

人参 长白山特有的自然环境，使长白山人参具有特殊品质，长期以来被公认为东北人参之最。据史料记载，延边地区是进行人参栽培较早的地区，已有300多年的历史，1906年敦化就有官设人参圃并派官史监守。现在，延边是国家确定的人参重点产区之一。延边地区的人参主要分布在敦化、安图和汪清三个县市，有八家国营参场，种参户有四千户，在种参高蜂期达到一万多户。到1999年，人参绿色留存面积1000万平方米，产量达到3300吨。延边参茸总公司是吉林省著名的人参加工企业，加工产品有中华神力参、大力参、保鲜参、红参、生晒参、活性参等30多个品种，年生产成品参300多吨，产品主要销往台湾、香港、日本、新加坡、马来西亚、韩国等地区和国家。

月苋草 月苋草是一种较新的药种，该州开发利用时间短，利用的领域较窄，但月苋草的功能特性表明，它是一种具有十分广阔深加工价值的广用途药用资源，市场开发潜力很大。据此，该州加大开发月苋草力度，月苋草种植，加工已具规模，市场看好。1999年，该州人工种植月苋草2000公顷，产量达2100吨，历史最高峰时期多达4700公顷，以敦化、安图、汪清三县市为主。该州境内有两家专业加工厂和部分药厂加工月苋草，产品有100克月苋草油精包装、农缩高含量月苋草油、月苋草精油、月苋草油胶囊等，可年加工近千吨，能带动2000多公顷基地规模，产品销往澳大利亚、加拿大、德国、美国等国家。

高山红景天 野生高山红景天在该州境内主要分布安国县长白山的高山温泉、高山冰场、高山灌丛、高山冻层和岳桦林下。该州人工栽培时间不长，80年代末期，在长白山区少量采挖做种栽，90年代从白山市引进部分种子种栽。汪清县率先在春阳乡试种，最多时面积达23公顷。1992年，和龙市结合生态县建设引种红景天，到1999年已发展到50公顷规模。该州境内加工企业以长白山特产品经销公司为主，产品有红景天茶、红景天酒、红景天饮料等，主要销往韩国、日本等国家和香港地区。

平贝母 该州野生平贝母主要分布在汪清、安图、和龙、敦化四个县市，野生理论储量20吨，年收购最高时达2吨多。长白山区是野生平贝母的主产区，适于平贝母生长，而平贝母在临床上可以代替名贵川贝母，又具有良好的家植性，产量高，也可套种其它作物。该州是在八十年代初开始试栽平贝母，已有近20年历史，栽培最早的是敦化市江源镇马五店村，到1999年，已发展到25公顷，占该村耕地74%，每亩收入近2万元，仅贝母一项全村收入就达50万元。为带动全村种植平贝母的大发展，该村成立了以村长为会长的平贝母专业技术协会，实行统一技术培训、统一生产、统一经销。产品销往国内各地区。

灵芝 古人称仙草，还阳草。延边野生灵芝资源丰富，主要分布在安图、敦化、和龙等县市。人工栽培是近几年刚开始的，但发展速度很快。技术主要依托延边特产研究所，并以此为龙头，到1999年，人工栽培灵芝发展到210万段，产量近100吨。加工以敦化市长白山制药公司、延边特产研究所为重点，年产值近一个亿。产品以灵芝胶囊，灵芝孢子粉为主，主要销往日本、韩国及国内各

地区。

鹿茸及鹿系列产品 延边养鹿有悠久历史，养殖鹿种以东北梅花鹿为主，主要分布敦化、安图、龙井、和龙、延吉、珲春、汪清、延吉等七个县市，国营鹿场11家，其中吉林敖东药业集团鹿场是吉林省最大的梅花鹿养殖基地。到1999年，梅花鹿已发展到13200头，年产鹿茸6000公斤。境内有2户加工企业，即吉林敖东药业集团股份公司和吉林省长白鹿业股份有限公司，均是“以鹿业为基础，以药业为主体”的鹿系列产品加工的企业，是延边养鹿业的龙头企业。已开发出鹿胎颗粒、鹿鞭回春胶囊、鹿茸血、鹿胎膏、利脑心、益血生、颐和春等近二十种名牌产品，主要销往国内各地及美国等国家和香港地区。

熊胆粉 延边人工养熊有二十多年历史，养殖品种以黑熊为主。延边州是全国四大养熊基地之一，养熊规模已发展到2300头，数量近全国的三分之一，年产熊胆粉1500公斤。该州从1992年开始搞黑熊的人工繁殖，到现在共繁殖仔熊400头，人工繁殖技术在全国处于领先地位。1999年，该州有熊场70户，其中集体熊场18户，私营熊场6户，个体熊场46户。全国52家取得卫生部颁发《新药证书》和《药品生产许可证》的重点养熊场，其中该州占有11家。产品以初产品熊胆粉、熊胆酒、熊胆酒汁、熊胆茶为主，熊胆针剂正处于主研阶段，产品销往韩国、日本等国家和香港地区。

林蛙油 又称田鸡油。延边州位于长白山腹地，八个县市均有林蛙分布，以敦化市大蒲柴河、安图县福满林场、延吉依兰等地生产的林蛙为最佳。为发展林蛙养殖业，延边地区将安图福满林场，延吉依兰乡确定为种蛙繁育基地，已投资近千万元，建设成规范化的养殖场，每年可提供种蛙10万对。养殖林蛙技术先进，以延边大学农学院、延边特产研究所及吉林省农科院长白山生物研究所为技术依托单位，近两年，依靠先进技术，迅速推广普及封沟、围栏养殖林蛙技术。到1999年，全州封沟800条，人工养殖林蛙户近1000户，年捕商品蛙3000万只，可实现产值7000多万元，安图县林蛙油加工厂已正式生产林蛙油胶囊。在延边州各级政府重视下，人工封沟养殖，围栏养蛙逐渐成为该州农村一大支柱产业，并正朝着产业化方向迈进。

(2) 著名中草药制品及厂家选介

吉林敖东药业（集团）股份有限公司 该公司是一个以制药工业、养鹿业为基础产业，集印刷业、商业、房地产业、养殖业于一体的大型现代化股份制企业。国家二级企业，中国500家最大医药工业企业之一。亚洲最大的长白山梅花鹿饲养场及人参场是本公司的资源基地。同时也是吉林省政府确定的全省鹿业发展基地。全封闭式大型现代化生产厂房，从西德、意大利引进的具有世界先进水平的整套制药生产线，使公司立于国内中药制造业最先进行列。公司依靠长白山天然药用资源，可生产八大剂型六十多种中西药品。年产值三亿元人民币，效益居全国同行业前列。公司拥有实力较强的科技队伍和科研机构。现有各类科研人员300多人，占职工总数的15%。内设技术开发部、质检部、信息部和药研所，并与国内十多所大专院校、科研单位建立了科研、开发、生产一体化的科研体系。名牌产品“安神补脑液”、“利脑心”、“益血生”、“颐和春”、“鹿胎颗粒”等畅销全国各地，远销日本、东南亚、东欧等国家和地区。多次获省优、部优产品称号和国际金奖。其中“敖东城”牌“安神补脑液”一九九四年二月被国家卫生部批准为国家首批中药独家保护产品。

吉林省长白鹿业股份有限公司 该公司是1997年8月经吉林省政府批准正式成立的，总股本4024万元，现有职工620人，下设长白鹿业制药厂、长白鹿业大连滨城制药厂、长白鹿业兽药厂、吉林省鹿业百奥医用材料有限公司等四个制药厂，总部设在吉林省敦化市。该公司是一个“以鹿业为基础，以药业为主体”企业，充分利用长白山药用资源优势，积极开发和生产鹿系列药品及相关保健品，主要产品有鹿胎口服液、鹿鞭回春胶囊、中华回春圣药、降糖甲片、月苋草油胶囊、人参蜂王浆、小儿治哮灵片等四十多个品种，其中，鹿胎口服液、鹿鞭回春胶囊、中华回春圣药、降糖甲片、月苋草油胶囊、人参蜂王浆通过了美国FDA认证，获得进入美国市场和其它国家市场的准行证。该公司生产的鹿鞭回春胶囊、鹿胎口服液、降糖甲片被评为全国十佳产品，并获得金奖，“天池牌”降糖甲片获得延边州政府名牌产品，“天池牌”鹿鞭回春胶囊、鹿胎口服液、降糖甲片获吉林省政府颁发的吉林省名牌奖，获中国国际农业博览会名牌产品等多项殊荣。

延边宝利蜂业有限责任公司 该公司是具有30多年历史的以蜂产品加工为主的综合性外向型现代化企业，是吉林省蜂产品出口基地，具有外贸自营进出口权。公司下辖延边蜂业进出口公司、延边蜂产品加工厂等多家企业。公司具有先进的设备、现代化的检测仪器和雄厚的技术力量。主要产品有8个桶装、10个瓶装蜂蜜系列。蜂皇浆、蜂蜡、蜂花粉、果仁和各种塑料包装。“宝利牌”椴树蜂蜜、经国家绿色食品发展中心检测被评为“AA级绿色食品”。礼品蜜、纯正椴树蜜连获省优、部优产品称号，产品远销德国、日本、美国、新加坡和香港等十多个国家和地区，年均出口3000吨，每年创汇250万美元。

延边长白山特产品经销公司 该公司是中国最大的长白山特产品经营企业，是全国十佳特产企业。有固定资产1000多万元，现有职工70人，在广州、深圳、厦门等地设有十二个加工、销售网点，还在韩国设有销售点。公司加工、经营主要产品有野山参、鹿茸、熊胆、熊胆粉、灵芝、不老草、红景天、枸杞子等200多种产品，远销美国、俄罗斯、阿根廷、日本、韩国、加拿大等20多个国家和地区。

安图天野药用植物油有限公司 该公司是由原安图县药用植物油厂转制的股份合作制企业。原厂创建于1986年，主要产品为月苋草油，是国内较早研究药用植物油的专业厂家。1996年企业进行了产权制度改革，改制为股份制企业。现有股东50名，固定资产361万元，厂区占地面积1.3万平方米，建筑面积3200平方米。月苋草油年生产能力500吨，产值可达4500万元，利税达500多万元。产品全部出口澳大利亚、加拿大、德国、美国等国家，现在又开发了月苋草油精包装和浓缩高含量月苋草油。公司发展基地3000公顷，可为种植户带来2000万元的巨大经济效益和社会效益。

延边参茸总公司 该公司总部设在延吉市，下属三个分公司，拥有现代化管理水平，无残毒、无公害栽培的人参生产基地，具有现代化先进设备的人参加工厂与人参精品加工厂。经过十余年的开发建设，现已形成完善配套的产供销、种养加一条龙的经济实体，年均生产成品参300多吨，生产品种30余个，其中“中华神力参”和“大力参”为该公司名牌，在国际市场享有盛誉。年产值八千多万元，其中出口达80%，主要销往台湾、香港及日本、新加坡、马来西亚、韩国等地区和国家。此外，总公司尚经销野山参、鹿茸、灵芝、高山红景天等长白山名贵药材。

3. 管理重大举措

延边各级政府都非常重视中草药开发，开发力度最大的是安图和汪清两个县。1998年，延边州委七届六次全会上，明确提出“培育特色经济，突出抓好六大特色产业”这一主题，其中之一就是依靠科技进步，加快新产品开发，发展壮大医药产业，以建设敖东医药城，发挥敖东、华康、力源等知名品牌的带动作用为手段，以把长白山天然药库的资源优势真正转化为医药产品和市场优势为目标，走集团化经营道路，加大技术改造力度，加快特产品开发，进一步开拓国内外市场，把医药产业的整体水平提高到一个新的层次。实现医药产业经济总量在全省的位次由第四位上升到第二位，计划2005年产值达到40亿元，利税10亿元。安图县抓住自身得天独厚的资源优势，借鉴外地发展农业产业化成功经验，提出把安图建设成为长白山药材大县奋斗目标。为此，安图县成立了药材发展办公室，定编9人，由主管县长亲自抓。制定出全县药材发展十年规划和相应优越政策，已落实药材面积3600公顷，政府为药材户解决资金1700万元，落实种植面积全部实行订单农业，包种包收。汪清县提出，“实施重点突破战略，发展特色经济，加快富县裕民”的总体要求，专题研究如何加快汪清县药业开发问题，围绕全县万亩药材基地建设，分析形势，明确目标，落实任务，研究措施，使之成为全县经济发展的一大支柱产业。为把该产业做大做强，县政府成立了以医药管理局局长、特产局局长等相关单位领导组成的药材发展办公室，具体抓全县药材产业发展，管理等工作，并制定一系列优惠政策，为药材户解决贷款1700万元，实行有计划种植，有组织收购，实行定单药材业。发展目标是，经过三年努力，全县中药材种植面积发展到5000公顷，产值达到1亿元，实现利税2000万元。

4. 科研成果

从事中草药研究的单位有延边大学医学院、药学院、农学院，延边特产研究所等十几家科研单位。主要科研成果如下：延边丽华保健食品工业研究所的“熊胆酒汁及其制备方法”于1994年获吉林省科技进步四等奖；延边长白山参珠酒厂的“芦荟酒及其制备方法”，于1994年获吉林省科技进步四等奖；延边特产研究所的“西洋参种子后熟规律及其催芽处理技术研究”于1996年获联合国发明创新科技二等奖，获吉林省科技进步三等奖；“西洋参出口基地建设综合技术研究”于1995年获吉林省科技进步三等奖；“西洋参标准化栽培技术研究”于1997年获吉林省科技进步二等奖；延边州农科院的“月苋草品种选育及人工栽培技术”于1993年获吉林省科技进步二等奖；敦化市人参制品厂的“长仙牌长白山人参茶”于1992年获吉林省星火奖；延边参茸总公司的大力参和“中华神力参”获1992国际人参学术研讨暨产品博览会金奖；延边宝利蜂业有限责任公司的“宝利牌椴树蜜”经国家绿色食品发展中心检测被评为“AA级绿色食品”；吉林敖东药业(集团)股份公司的“安神补脑液”、“利脑心”、“益血生”、“颐和春”等产品，多次获省优、部优产品称号和国际金奖。

5. 优秀党政部门和优秀企业事业单位选介

延边州农垦特产局。该局是延边州政府直属事业单位承担行政职能，主管全州农垦特产经济工作。主要职责是负责农垦特产工作地规划、协调、管理、服务指导、信息、技术推广、科研工作，承担延边州绿色食品办公室职能、人参办公室职能、州直农垦企业党务工作。全局编制32人，内设农垦、特产、技术推广、参办、绿办、党办、计财、办公室等8个处室，直属企事业单位10个。从1987年开始，全州农垦企业连续12年盈利，连续12年产值、利润名列吉林省农垦企业第一名。经过20多年发展，涌现出一大批先进企业和优秀企业家与先进模范人物，如吉林敖东药业集团股份有限公司，现已发展国家二级企业，是延边首家股票上市公司，企业生产的“安神补脑液”等中成药成为全国名优产品，在全国31个省市畅销，并于1997年开始打入美国市场。企业董事长李秀林是全国、全省劳动模范，获得过全国“五一”劳动奖章。从1987年建局以来，由于工作努力，政绩突出，得到省、州表彰和奖励30多次。曾连续三年被吉林省农业厅评为全省农垦工作一等局，荣获过全省农垦系统扭亏增盈工作先进局、荣获过全省首届农垦竞赛“金杯奖”、荣获过全省“九五”星火计划先进工作奖，基本上年年被评为全省园艺特产工作先进局。在参加全省农业技术推广工作中，苹果梨、人参、林蛙、黑木耳等项目组织推广，荣获省农业技术推广一等奖2次、二等奖5次、三等奖6次。

延边特产研究所 该所是在1951年成立的延边蚕业科学研究所的基础上，于1984年扩建为延边特产研究所。是科研、推广、经营一体化的国营独立科研单位。现下设经济植物、经济动物、真菌、蚕业、生物工程技术、新产品开发等6个研究室与办公室、科研科、财会科三个科研管理部门。拥有长白山野生资源研究开发中心、中外合作延诚西洋参有限公司、国际有机灵芝生产出口基地、特种动物养殖基地、中药材加工基地及380公顷柞蚕基地。现有正高级科研人员2名、副高18名、中级22名、初级11名、技术工49名。建所以来，研究课题共有109项。其中省、州课题48项，自选课题61项。48项课题经省、州级鉴定通过，获国家级奖1项，省级奖15项，州级奖8项。在学术会和杂志上发表的优秀论文57篇。其中，国际学术会发表的论文6篇，国家级7篇，省级22篇，州级22篇。曾被中国食用菌协会授予全国食用菌行业先进科研单位，被延边州政府授予科教兴农优胜单位称号。

吉林敖东药业集团股份公司和吉林省长白鹿业股份有限公司。（两家企业在“著名中草药制品及厂家选介”中已介绍）。

五、果品——苹果梨

1. 果树种类及水果和果品产销

延边苹果梨起源 延边苹果梨是中国优良梨品种之一。原产于吉林省延边朝鲜族自治州，栽培已有70多年的历史。延边苹果梨1921年由原延吉县老头沟镇小箕村崔昌浩之弟崔落斗从朝鲜咸境南道带来六条接穗，嫁接在当地山梨砧木上，经过多年精心培育而形成的特殊梨品种。果实大，单果重250克左右，最大的可达800克。起初人称大梨、黄梨、青梨。1952年果树品种普查时，鉴定认为苹果梨果形扁圆，底色黄绿，阳面有红晕，在树上远看似苹果，故称苹果梨。苹果梨果肉白色，细密无石细胞，含糖量高，味甜、质地脆、有微香，果心小，可食用部分占85.9%，品质上等，耐贮性强，1985年在全国农作物优良品种鉴定会上，被评为优良梨品种，名列梨类榜首。1989、1992年分别被评为农业部部优产品和“绿色食品”。

延边苹果梨基地情况 经过70多年的发展，延边苹果梨已成为延边农业的支柱产业，规模发展到1.3万公顷，年产8万多吨，全国也已发展到7万多公顷。延边朝鲜族自治州为发展苹果梨生产，已先后建立起超万亩的龙井果树农场、延吉园艺农场、和龙果树农场、图们园艺农场和珲春果树农场等五大果树农场。

2. 著名品牌及其产地介绍；名优加工、销售、单位选介

海兰江牌苹果梨。海兰江牌苹果梨是吉林省延边华龙集团公司（原龙井果树农场）的产品，该产品在1989年被国家农业部评为优质农产品，在1992年，又被国家农业部评为绿色食品。延边华龙集团公司，位于吉林省龙井市，占地4000公顷，现有果树48万株，年产苹果梨1500万公斤，是国内最大的苹果梨生产基地。目前，拥有职工4500名，已成为农、工、商、牧、服务业，各业俱全，下属17个企业的集团公司。

苹果梨加工企业 延边苹果梨加工企业有两家，即延吉大艺果品有限公司与延边白头山食品和龙公司。延吉大艺果品有限公司成立于1997年，全部加工设备均从日本进口，总投资6886万元，主要产品为浓缩苹果梨汁，至今已生产了1000吨浓缩苹果梨汁，其中360吨出口日本，其良好品质已被日本及中国有关权威机构认可。延边白头山食品和龙公司，是吉林省著名特产苹果梨产业重要龙头企业，位于长白山生态、绿色食品示范区的吉林省和龙市，通过3年大规模技术改造和建设，投资9900万元，先后引进美国、德国等国先进设备，建成了年生产能力10万吨的果汁生产线。1999年，企业正式投产，当年加工苹果梨1500吨，生产果汁饮料800万罐，实现产值2000万元，可带动延边地区5000多户果农走上致富之路。

3. 科研、教学

延边境内有两所科研、教学单位，即延边农科院果树研究所和延边大学农学院果树系，均位于苹果梨之乡——吉林省龙井市。从事科研教学工作22人，其中高级研究员（或教授）2人，副研究员5人，中级职称5人，初级职称10人，每年可为延边地区提供技术人员30名。延边农科院、延边大学农学院、延边华龙集团、延吉园艺农场共同组织的“苹果梨优质丰产综合技术开发”于1988年荣获国家星火奖；“苹果梨优质高产栽培技术”于1992年、1996年均获吉林省政府科技推广二等奖；“苹果梨优质高产基地建设”项目于1997年获省政府科教兴农三等奖。

4. 管理举措

延边苹果梨是延边州农业重要支柱产业，备受延边各级政府重视。1985年，延边州农科院起草了吉林省地方标准——《苹果梨苗木和苹果梨果实》。1989年，延边州人

民政府［1989］7号文件，提出了“关于完善果树承包妥善解决果树承包纠纷的意见”政策。1989年，延边州农垦特产局等单位制订了吉林省地方标准——《优级苹果梨果实》。1991年，延边州农垦特产局又制订了吉林省农业生产标准规范——《苹果梨综合栽培技术规程》。1996年，延边州政府召开了全州苹果梨发展战略研讨会，组织专家、学者共同商定苹果梨发展战略，提出了“稳定面积，提高质量，加大精深加工力度，争创名牌产品”战略思想。1997年，在延州政发［1999］8号文件中，批转全州苹果梨授粉用花粉管理意见，提出实行凭证管理，统一进行花粉质量检测，统一指导价格等管理措施。1999年，在全州特产业发展情况专题座谈会上，州委王儒林书记根据专家们的意见，提出要下大力气抓好苹果梨果实套袋技术推广，为此，延边州政府专门成立办公室，抽出专人具体负责抓落实工作。州委组织部与州人事局对主抓该项工作的负责人员实行了经济项目责任与职务挂钩的办法，落实了责任制。制订了技术实施方案，确定推广目标，当年完成套袋2500多万个。

5. 优秀党政部门和优秀企事业单位选介

延边州农垦特产局（同中草药部分5）

延边白头山食品和龙公司 公司位于长白山生态、绿色食品示范区的吉林省和龙市，是拥有总资产7.3亿元的延吉市中国白头山实业公司的下设企业之一，是果汁饮料及果汁、中药材浓缩液的生产厂家。公司先后引进了美国、德国等国际先进设备，进行了大规模技术改造，计划总投资3亿元，现已投资9900万元，已建成了年生产能力为10万吨的果汁饮料及浓缩果汁生产线。在引进设备的同时，又配套引进全套生产技术，目前已生产出葡萄汁饮料、苹果梨汁饮料等产品。该产品曾荣获“第三届中国国际食品及加工技术展览会推荐产品”、“中国食品工业协会推荐品牌”、“国家质量合格达标食品”、“省宴食品”、“国家名牌商品”等称号。

各级主管部门通讯录

单位名称	领导人姓名	邮编	地址	电话	传真
延边乡镇企业管理局	候殿文	133000	吉林省延吉市	0433—2712779	0433—2713234
延吉市乡镇企业管理局	金日天	133000	吉林省延吉市	0433—2532091	
延边州农垦特产局	傅亚民	133000	吉林省延吉市	0433—2816597	0433—2815463
中国白头山实业公司	金吉春	133000	吉林省延吉市	0433—2514366	0433—2518877
延吉市农林水利局	周凤才	133000	吉林省延吉市	0433—2512731	
和龙市农垦特产局	金官植	133500	吉林省和龙市	0433—4228955	

六、特产之乡

木耳大县——汪清县 汪清县位于延边州东北部，紧靠东北亚经济贸易区，与中国开放城市珲春、绥芬河相邻，面向绥芬河、长岭子、沙坨子、图们、三合、南坪等八个口岸，距俄罗斯45公里，距朝鲜20公里，地理位置比较优越。全县设有8个镇5个乡，总面积9016平方公里，人口27万，朝鲜族占33%，是一个多民族聚居的地区。汪清县林业资源丰富，林地面积18.7万公顷，占全县总面积89.4%，栽种黑木耳具有得天独厚的优势。1999年，全县木耳增至700万根，袋料木耳1000万袋，产量近千吨，实现产值6000多万元。木耳大县建设工程启动伊始，县委、县政府就高度重视，专门成立了以书记、县长挂帅的产业开发领导小组，同时明确指定了县委一名常委具体负责整个产业开发工作。另外，还专门从县直有关部门抽调人员，及时组建了木耳大县建设办公室，对全县木耳产业开发进行规划、组织和指导。具体设有汪清县食用菌开发中心，从事以黑木耳为主的二十多个食用菌母菌研究生产工作。汪清丹华山珍食品有限责任公司是木耳产业的龙头企业，1999年生产木耳砖100吨、各类散包装木耳200吨，实现产值2000多万元，全县近80%的木耳可通过该公司销售出去。汪清木耳产业规模居吉林省之首，已成为当地农村重要支柱产业。

苹果梨之乡——龙井市 龙井市位于吉林省东南部，地处长白山东麓，与朝鲜咸镜北道会宁市、稳城郡隔图们江相望。全市总面积2591平方公里，辖9个镇，6个乡，总人口27.3万人，其中朝鲜族人口占68.2%，是中国境内朝鲜族人口居住最集中的城市。龙井市的苹果梨生产已有70多年的历史，目前，已辐射到全市13个乡镇，面积已扩大到5180公顷，其中华龙集团果树占有1500公顷，幼树3000公顷。1999年，苹果梨总产量3万吨，实现产值4500万元。该地苹果梨品质优良，优质果占总产量的70%，特等梨占总产量40%。全市从事苹果梨生产的科技人员已发展到364人，其中高级12人，中级38人，组建果树协会12个。龙井市进行的“苹果梨优质丰产综合技术开发”项目研究，获得了国家科委颁发的“星火科技奖”，农业部颁发的“优质农产品证书”和“绿色食品证书”。1988年，在全国30多个梨类品种评比中，龙井市的苹果梨被誉为“梨中之王”的称号，1995年龙井市被国家评为“中国苹果梨之乡”。

药材大县——安图县 安图县位于吉林省东南、延边州西南部，南部与朝鲜相邻。全县辖6个镇7个乡，总面积7438平方公里。境内居住着汉、朝等12个民族，总人口22万人。闻名中外的长白山主峰坐落在安图县境内，素有“长白山下第一县”之称，县内自然资源十分丰富，山多林多，森林覆盖率达79%。安图依托长白山药材宝库和适宜的地理环境，确定开展药材大县建设，目前已具雏形。药材生产遍及全县13个乡镇，规模达到6300公顷，产值达1.25亿元，占农村经济收入25%。种植品种以人参、甘草、党参、黄芪、柴胡、防风、月苋草为主，其中人参面积达到1250公顷，西洋参50公顷，野化人参190公顷，月苋草2000公顷，甘草500公顷，黄芪200公顷，沙参545公顷，防风100公顷，刺五加410公顷，五味子保护扶育面积600公顷，灵芝100吨，天麻1000穴，梅花鹿2500头，林蛙2.3亿只，蜂2.2万箱。安图县的气温、雨量、土质都非常适合长白山珍贵药用动植物的生长，并具备了一定生产力量、生产技术和长白山珍贵药用动植物的生产规模。

苹果梨发祥地——老头沟镇 老头沟镇位于吉林省龙井市西部，总面积180平方公里，耕地1890公亩。镇下辖16个村民委员会，总人口2.47万人，其中农业人口7800人。老头沟镇小箕村农民崔范斗、崔昌浩兄弟从朝鲜咸镜南道带来6条接穗，嫁接在当地山梨砧木上，经过多年精心培育而形成延边苹果梨。目前，苹果梨已成为当地重要支柱产业，规模发展到750公顷，产量2480吨，是该镇农民重要经济来源。吃水不忘挖井人，1987年，龙井市政府、老头沟镇政府，在吉林省农业厅、延边州特产局、延边农科院，延边农学院等部门赞助下，修建一座纪念牌，以此纪念吉林省著名特产苹果梨的杰出发源人物。

人参之乡——小沙河乡 小沙河位于安图县西南部的长白山脚下，地处偏远地区。全乡有14个行政村总人口8060人，农业人口6080人，耕地面积2540公顷。人参生产是全乡的主导产业，也是农民的主要收入来源，1999年人参留存面积385公顷，产量1220吨。小沙河乡人参大部分是在八十年代发展起来的，在1982年到1985年间，乡政府鼓励农民积极种植人参，先后成立乡办参场两个，人参留存面积发展到30万平方米，收入580万元，仅人参一项人均收入达500元。并相续成立了人参皂甙厂和红参加工厂，使小沙河乡这名不见传的偏僻小乡一跃发展成为远近闻名的“人参之乡”。

黑木耳之乡——鸡冠乡新民村 新民村座落在距汪清县城50公里外的一个偏僻小沟里。全村共有127户，424口人，耕地81公顷，自留山120公顷，人工林30公顷。该村发展木耳生产有20多年历史，但真正把木耳生产当作一个致富的产业则是近两年的事。1997年这个村的领导感到光在80多公顷的土地里打转转，没法富起来，于是他们先后组织农民多次到黑龙江省去学习木耳栽培技术，碰到问题相互交流和探讨，边学边干，到1999年，全村种木耳户达110多户，凡是有劳动能力的户都走上了种植木耳这条路。如今这个村的种植户都能生产二、三级菌种，每年仅木耳收入60—80万元，为其它木耳种植户提供40万袋左右的商品菌种，还收入30—50万元，户均收入万元以上。目前，新民村已成了周边地区远近闻名的种植黑木耳的专业村。其表现一是县内其它乡镇的农民愿意购买新民村生产的商品菌种，认为质量好，信得着；二是黑龙江等许多省市的黑木耳经销商纷纷到新民村争购，不需要种植户到外找销路。

贝母之乡——江源镇马五店村 该村位于敦化市南部，属半山区，全村总户数60户，200人，耕地34公顷，山多地少，是个典型的交通落后、信息闭塞的偏远山村。根据当地资源优势特点，该村反复研究，一致认为户均不足半公顷的耕地，搞常规农业，是永远富不起来的，必须超常规思维。村里土地虽少，但土壤肥沃，有机质含量高，适宜种贝母。在村长王求记带领下，村民纷纷种起贝母。为保证贝母的产销，村里成立了贝母药材专业技术协会，村长亲自任协会的会长，村民全部加入了协会。协会充分发挥自身作用，一是组织赊给村民种子进行大面积栽培贝母；二是每月举办学习班，向村民传授贝母新技术；三是组织村民一起联销贝母药材。如今马五店村，贝母种植面积发展到25公顷，占总耕地74%，贝母三年后每亩起货收入1.7万元。地里余下的小贝母可以繁殖2—3亩地，而且地上照样种粮食作物，充分发挥了主体农业的效果，使土地产出率大大提高，一亩地可产玉米1000多斤，大豆500多斤，这样一亩地平均可收入2万元。1999年仅贝母一项全村就收入50万元，以此成为山村经济发展的小康富裕村。

七、饮料

1. 各类饮料产销

延边境内加工的饮料有苹果梨汁、葡萄汁、苹果梨原汁、大枣汁、米粒汁、苹果汁饮料等产品。加工企业以延边白头山食品和龙公司为龙头企业，年加工能力10万多吨，产品主要销往韩国、日本及国内各大省市。原料来源于吉林省延边地区和辽宁省。

2. 著名品牌及名优产地、生产销售单位选介

延边的饮料以苹果梨汁、葡萄粒汁饮料为著名品牌。苹果梨产地是吉林省的龙井市、和龙市、延吉市，位于中、朝、俄三国交界处，基地规模13000公顷，年产近9

万吨。延边华龙集团公司生产的“海兰江”牌苹果梨，曾被国家农业部评为优秀农产品的绿色食品，该公司果树农场占地4000公顷，是国内最大苹果梨生产基地。超万亩规模的苹果梨基地，延边地区有五个。

延边白头山食品和龙公司 该公司位于长白山生态、绿色食品示范区的吉林省和龙市。是拥有7.3亿总资产的延吉市中国白头山实业公司下设企业之一，是吉林省延边地区加工饮料最大的企业。公司先后引进了美国、德国等国先进设备，进行了大规模技术改造，计划总投资3亿元，现已投资9900万元，已建成了年生产能力为10万吨的果汁饮料及浓缩果汁生产线。在引进设备的同时，公司又配套引进全套生产技术，目前已生产出苹果梨汁饮料、葡萄粒汁饮料、大枣汁饮料，米粒汁饮料、苹果汁饮料等产品。该产品一经问世，便得到专家的认可，并连续获得多项荣誉。曾荣获“第三届中国国际食品及加工技术展览会推荐产品”、“中国食品工业协会推荐品牌”、“中国质量合格达标食品”、“省宴食品”等。“白头山”牌饮料具有天然、营养、高档等特点，又被评为中国名牌商品。产品销往韩国及国内各大城市，并已成立销售网络。

3. 优秀党政部门、优秀企事业单位选介

延边白头山食品和龙公司（以上果品已介绍）

各级主管部门通讯录

单位名称	领导人姓名	邮编	地址	电话	传真
延边乡镇企业管理局	候殿文	133000	吉林省延吉市	0433—2712779	0433—2713234
延边农垦特产局	傅亚民	133001	吉林省延吉市	0433—2816597	0433—2815963
延吉市乡镇企业管理局	金日天	133000	吉林省延吉市	0433—2532091	
和龙市农垦特产局	金官植	133500	吉林省和龙市	0433—4228955	
延吉市农林水利局	周凤才	133000	吉林省延吉市	0433—2512731	
延吉市中国白头山实业公司	金吉春	133000	吉林省延吉市	0433—2514366	0433—2518877

辽宁省开原市

辽宁省开原市位于松辽平原中部，地处东经123°42′—124°48′，北纬32°6′—32°53′之间，属温带大陆性气候。这里四季分明，气候宜人，日照充足，雨量充沛，年平均气温6.5℃，年降水675毫米。区域面积2838平方公里。其中，耕地面积76万公顷，山林面积30万公顷。辖11个镇、12个乡，总人口58万人。2000年被辽宁省委、省政府确定为辽宁省县域经济发展示范县（市）。

开原市物产丰富，粮食生产50万吨，是国家重点商品粮基地之一。农副产品、土特产品很多，主要有稻米、大蒜、山楂、南果梨、大豆种、榛子、野生人参等20多种。随着农业产业结构调整，一些产业迅速发展，已成为开原的重点产业，带动了区域经济的发展。

优质稻米 全市地势东高西低，东部山岳，西部平原，北部丘陵，南部属于城镇郊区。平原、丘陵、城镇郊区均处于清河、寇河两大水库下游及马仲河、亮子河、沙河两岸，地势平坦，土质肥沃，加之水利设施工程的配套，旱能灌，涝能排，抗灾能力强，适于水稻的种植，因此，开原市把优质稻米作为全市的主导产业进行开发，现已开发水田28万公顷，年产水稻22500万公斤。在庆云镇建成了万亩水田“双千”示范工程，取得了稻田养鱼。养鸭、养蟹、池埂种豆的成功经验，得到了上级的确定，实现了亩产超千斤，亩纯收入超千元目标，被确定为国家级农业现代化示范区。2000年，以庆云、八宝、三家子三个乡镇为重点，新开发绿色稻米666.7公顷，实行了统一规划、统一品种、统一施肥、统一机械除草、统一销售“五统一”管理。该产品已被国家工商局注册为“开清”牌，并获国家颁发的绿色食品标志。预计到2000年年底，万亩绿色稻米总产量达1000万斤，总产值达1500万元。

山楂 山楂是开原市的主栽品种，1982年在辽宁省农科院果树园艺所的指导下，成立了山楂开发试验协作组。在全县9个乡35个果园进行了开发试验，单株产量增长20.7%，并培育出优良品种“开原红”。该品种个大（90～110个为一公斤），果面光亮，硬度大，耐贮存，抗逆性强，高产、稳产、结果早、寿命长。具有色泽鲜艳、肉厚核小，营养丰富等特点，闻名省内外，1985年获得省优质果品称号。

大蒜 开原紫皮蒜已有300多年的栽培历史，以瓣大、味辣、质佳而闻名全国，已经国家工商局注册“刘二爷”牌商标。开原大蒜含有较高的大蒜素，营养丰富，每100克鲜蒜中含水70克，蛋白质4.4克，脂肪0.2克，糖类23克，热量111千卡，还含有特殊的药用价值。含人参皂甙、硫化丙稀等成份，经常食用能消除人血管中的脂防、降低胆固醇，具有防止心脑血管疾病等保健作用。1985年被评为辽宁省名优农产品。栽培面积达800公顷，年产蒜头800万公斤，蒜苔300多万公斤，年创产值1900多万元。产品远销日本、南韩、东南亚等一些国家。近年又进行了脱毒大蒜的试验，现试验已经成功，填补了东三省大蒜高科技生物工程的空白，2002年将大面积推广。

南果梨　开原市松山堡乡栽植南果梨树已有200多年的历史。这里的土质为黄沙土特别适宜南果梨的生长，所生产的南果梨呈红黄色，肉细皮薄，酸甜可口，芳香浓郁，易容于口，营养丰富。曾是宫庭御宴的佳品，单果平均重10克，采收后贮藏15~20天，果肉变软而细、汁液特多，有浓香，品质极佳。现全市已开发优质南果梨树50万株，年产南果梨200万公斤。主要销往吉林、黑龙江、内蒙古等地。

榛子　开原市盛产榛子，具有个大、皮薄、果仁香脆、含油量高、清热解毒、适口性好等特点。开原市马家寨乡红石村榛子曾是清朝御定贡品，故有“御榛园”之称。近几年，开原市把榛园开发作为一项优势产业来抓，采取了“六统一”的管理方式。即统一管理、统一倒莲、统一除杂、统一打药、统一看护、统一采收。为提高榛园开发的科技含量，聘请有关专家做技术顾问，培养了一批专业技术人才，使榛园开发有了技术上的保证。同时，配备了喷灌设施，现已开发3600公顷，初具规模。年产优质榛子70万公斤，产值1400万元。榛果产品畅销省内及吉林、黑龙江、内蒙古河北、天津、北京等地。

野生人参　开原市东部山岳为长白山余脉，历史上就有天然人参的生产条件，人参是开原市主要的野生资源。开原市东部山区的农民有几十年的采参历史，积累了丰富的经验，对人参的生长条件、生长环境、生长习性有了明确的认识。逐渐探索了一条山上采集种子，林下集中栽植的人工养参新路子。通过科学的管理，现已发展人工参园1000公顷。年产值7000万元。

林蛙养殖　林蛙人工养殖是一项新兴产业，1998年从外地引进林蛙繁殖技术开始进行大面积开发，现已开发面积670多公顷。林蛙不仅有食用价值，而且林蛙油具有美容、保健等药用价值。林蛙养殖是一种投资小，见效快前景广阔的开发项目。目前，开原林蛙养殖正在由山沟养殖向庭院养殖拓展，并向林蛙深加工方向发展。林蛙油等产品主要销往广州、深圳、东南亚等地，目前年创产值350万元，年人均收入达1000多元。

大豆种　开原示范农场大豆种培育已有40多年的历史，所培育的开育系列优良大豆种畅销省内外十余个省市区，在不同年代为社会创造了可观的经济效益和社会效益。其中，开育三号大豆于1997年经辽宁省品种审定委员会审定命名，获辽宁省科技成果奖。累计推广面积为42.9万公顷，创经济效益5637万元。开育八号大豆于1980年经辽宁省品种审定委员会命名，并定为省内先进水平，获辽宁省政府科技进步二等奖。累计推广面积为90.2万公顷，创经济效益2942.8万元。1985年该品种获国家科学技术三等奖。开育九号大豆于1985年经辽宁省品种审定委员会审定命名，获辽宁省政府科技进步二等奖，累计推广面积60.9万公顷，创经济效益1.7亿元。开育十号大豆于1991年经辽宁省品种审定委员会审定命名，获国家星火计划三等奖，全国“八五”计划博览会优秀奖。累计推广面积155.8万公顷，创经济效益9.5亿元。

吉林省德惠市

德惠市座落于吉林省中北部，松辽平原腹地，吉林、长春、哈尔滨三大城市中间，京哈铁路和102国道横贯该市，交通便捷，区位优越，幅员面积3435平方公里，市辖15个镇，8个乡，4个街道办事处；309个村，2855个社，总人口90万人，其中农村人口74万，农村劳动力28万人。该市是典型的内陆农业县份。共有耕地21.4万公顷，地势平坦，土质肥沃，黑土和草甸土占耕地面积的82%；气候适宜，年平均气温4.4度，年平均积温2851度，无霜期135天—140天，年降水量531毫米；水资源充足，境内有一江四河四库，全市可利用地表径流4.5亿立方米，渔用价值水面5万亩。该市先后被国家确定国家商品粮基地县和畜牧业生产大县。

1. 粮食生产情况

德惠市自然资源充足，物产丰富，尤以粮食生产闻名于世。农作物种植种类达6大类20多个品种，粮食作物以生产玉米、水稻、大豆、高粱、谷子为主。其中玉米面积140万亩，产量72万吨；水稻面积85万亩，产量53万吨；大豆52万亩，产量11万吨，高粱面积6.6万亩，产量3.2万吨，谷子面积10.5万亩，产量2.3万吨，每年共产粮食可达130万吨，商品量90万吨。绿色食品基地面积6万亩。大型粮食加工龙头企业吉林省德惠佐竹金穗有限公司，总投资为10000万美元，引进国际一流的碾磨设备，经17道工艺加工，年处理水稻6万吨，产“松花江”牌“锦穗”牌精制米4.2万吨，1998年1月被正式命名为绿色食品，产品出口日本，韩国、利比亚、俄罗斯等国家，并且占领了国内大中城市市场。

2. 瓜菜生产情况。德惠素有瓜菜之乡之美誉，种植的瓜菜50多个品种，其中主要品种有西瓜、香瓜、西红柿、黄瓜、豆角、茄子、辣椒、珠葱、蛇豆等，分布在全市23个乡镇。其中菜园子的西红柿、升阳的瓜菜、布海的棚模瓜、郭家的油豆角在省内外颇有名气，菜园子大棚西红柿已发展到8000栋，面积800公顷，年产量1.5亿斤，产值1.2亿元；布海、升阳的西瓜发展到3000公顷，产量3亿斤，产值1.5亿元。全市瓜菜播种面积52万亩。瓜菜总产量25亿斤。

3. 经济作物种植情况。除瓜菜外，经济作物种植品种有苏子、芝麻、烤烟、花生、葵花籽、扫帚糜子等。其中苏子3000公顷，芝麻500公顷，烤烟380公顷，花生1000公顷，扫帚糜子1000公顷，葵花籽2120公顷。

4. 果品生产情况

德惠市适合于各种果树的栽培，主要栽培品种有葡萄、苹果、梨、李子、山楂、杏等。还有少量的樱桃、酸栗、草莓等小浆果，重点分布在郭家、边岗、和平、构花江、沃皮、同太等乡镇，其中栽培规模较大的有葡萄、李子、苹果。葡萄2000公顷，年产2000万公斤；李子500公顷，年产700万公斤；苹果500公顷，年产1000万公斤。除供应本地市场外，每年都有大量的果品销往黑龙江的哈尔滨、大庆、齐齐哈尔等地。

5. 木材生产情况

该市主要培育的树种有：北京杨、小青黑杨、落叶松、樟松、旱柳、垂柳等，全市活立木总蓄积量260万立方米，林地面积68万亩，覆盖率达14%。

6. 畜牧业生产情况

德惠素有发展畜牧业的传统，有"畜牧业发展大市"之称。全市生猪发展到165万头，年出栏110万头；牛发展到55万头，年出栏18万头，家禽发展到1亿只，其中年出栏肉鸡5000万只，蛋鸡存栏650万只，鹅出栏450万只。除此之外，还养殖了羊、肉狗、肉鸽、梅花鹿、鹌鹑、山鸡等各种经济动物。大型畜产品加工龙头企业吉林德大有限公司，总投资3.4亿元，发展肉鸡代养户4500余户，年出栏加工肉鸡5000万只，生产鸡肉产品40多个系列，300多个品种。产品畅销于国内外。现已有主体企业10个，配套企业5个，其中的肉加工厂，年产36万吨的饲料厂，年加工36万吨的油脂厂在全国同行业中单体生产规模最大。德大公司，年实现工业产值15.5亿元，实现利税1.3亿元，出口创汇6300万美元。

7. 水产情况

该市水产养殖种类共计73种。其中主产有鲤鱼、草鱼、鲢鱼、鳙鱼、鲂鱼、鲶鱼、鲫鱼、武昌鱼等12个品种，主要分布在一江四河四库和2814垂钓小区，全市年产鲜鱼5200吨。

8. 酒类生产销售情况

该市共有生产酒类厂家100余家，其中名扬省内外的酒中系列有：大曲、九保、烧刀子、小村外、长源、德园醇、正通等。其中最享有盛誉的当属德惠大曲酒。德惠大曲酒厂，总投资1600万元，年产成品酒4800吨。

吉林省靖宇县

靖宇县位于吉林省东南部，白山市北部，长白山西麓，松花江上游。地处东经126°30′—127°16′，北纬42°06′—42°48′之间。全县平均海拔775米，年平均气温3.7℃。无霜期107天。具有冷凉湿润、雨量充沛、光照适中、四季分明的气候特点。全县幅员面积3094平方公里，总人口14.1万人。下辖7镇4乡、111个行政村。靖平县原名蒙江县，为纪念在此牺牲的民族英雄、东北抗日联军总司令杨靖宇将军，1946年易名为靖宇县。

靖宇县境内群山滴翠，江河盘绕，蕴藏着丰富的自然资源，素有"森林王国"和"立体宝库"之称。全县林地面积350万亩，森林覆盖率达76%，是吉林省的木材基地之一。森林中生长着1200余种野生经济动植物。其中，野生动物有鹿、紫貂、林蛙等300余种；野生药用植物有山参、五味子、刺五加等700余种；野生食用植物有蕨菜、蘑菇、木耳、猕猴桃等200余种。矿产资源有煤、铁、金、钢、砫生土等40余种。其中，境内已探明的富硒优质矿泉水日流量达8.3万吨，城郊的五龙矿泉水经国家鉴属低矿化重碳酸镁钙型偏硅酸富硒优质矿泉水，硒储量达0.4微克/升，日流量达1500吨。2000年7月，靖宇县被中国矿业联合会矿泉水专业委员会命名为"中国长白山矿泉城"。煤炭远景储量达亿吨，普查储量7800万吨，精岩储量2468万吨，是国家重点采煤县和吉林省的后备煤区，境内水能丰富，水域面积达7600公顷，水能理论蕴藏量75万千瓦，可开发利用量6.7万千瓦。1986年，靖宇县开始引种西洋参，历经15年的发展，目前全县西洋参留存面积达145万平方米，约占吉林省的50%，全国的37.5—40%，居全国首位。1996年，靖宇县被国家有关部门命名为"中国西洋参之乡"、"全国西洋参种源生产基地"；1999年，被国家有关部门定为"全国西洋参种植基地"。

靖宇县依托本地资源，攀高结贵引进外资，着力开发特色产品，培植支撑产业，建设生态经济强县，使县域经济实现了跨越发展。矿泉水、人参、工业硅、活性炭和煤炭等5个支撑产业已初具规模。在'99中国国际农业博览会上，活性西洋参胶囊、西洋参片、皇封参、蜜制鲜人参片被评为名牌产品。杭州娃哈哈集团公司落户靖宇开发矿泉饮品。已于1999年10月投产，年实现产值3亿元。工业硅、活性炭产品已分别达到万吨水平，目前工业硅有普通硅、特级硅、化学硅3个系列8个品种，活性炭有药用炭、塘用炭、食品炭、水处理炭4个系列12个品种，产品畅销国内国际市场。全县现有煤炭矿井设计生产规模达

65万吨。

吉林省舒兰市

〔概况〕 舒兰市位于吉林省的东北部，幅员面积4557平方公里，辖9个镇、12个乡、5个街道、1个管理区，321个行政村。总户数18.8万户，总人口67.03万人，其中农业人口46.04万人，占总人口的68.7%。耕地面积13万公顷，草原面积94000公顷，水域面积19496公顷，林地面积148889公顷。

舒兰市是农业大市。农村经济发展水平决定了该市县域经济突破的程度。大力推进农业产业化是振兴该市农村经济的根本途径。几年来，该市根据“小规模，大群体”的工作思路，以市场为导向，培育发展优势产业。按照市场需求，立足资源优势，实行“三业”并举的发展格局。重点发展了粮食产业化，牧业产业化，多种经营产业化，使该市农业产业化发展初具规模，并呈蓬勃发展之势。

粮食产业化。把工作的着眼点放在了对大豆，水稻和玉米三大作物的深加工转化上。一是大豆加工转化。该市现有年处理4万吨大豆的植物油有限责任公司和年加工3万吨大豆的禾生豆制品有限公司，使本市生产的大豆实现了内部加工转化。二是水稻加工转化。该市与韩国合作建设了“北方精制米有限责任公司”，年加工绿色水稻30万吨，生产的“舒兰贡米”被评为国际食品金奖。三是玉米深加工转化。经过多方考察论证，该市正在积极运作18万吨玉米饲料加工项目，可基本解决该市玉米的转化深加工问题。通过粮食的加工转化，拉长了粮食生产链条，提高了粮食产业的附加值。

牧业产业化。重点抓好了白鹅、黄牛、生猪、肉食鸡等主导产业项目的发展。该市把畜牧业产业做为农业结构调整的重中之重，坚持面向市场的原则，以发展规模基地为基础，稳定发展食粮型畜禽，大力发展食草型畜禽，努力增加总量，全面提高质量，力争把该市建设成为吉林省有影响的畜牧业大县。首先是自建龙头，组建了舒兰市翱翔鹅业有限责任公司，年屠宰加工能力100万只，成为舒兰市白鹅产业发展的龙头企业。现全市白鹅饲养量已达100万只。其次是“借龙出海”，在黄牛、肉食鸡两大产业上，借助吉林德欣公司，德大公司等龙头企业的力量，引导农户与两大公司分别签订优质肉牛、肉食鸡的生产、销售合同，促进了该市的黄牛、生猪、肉食鸡等产业的发展。再次是抓好畜牧产业基地建设，具体是抓好“三优”“三增”。“三优”即优化新品种结构，优化畜种结构，优化饲料结构；“三增”即增加生产总量，增大经营发展规模，增加科技含量。推广以良种、良科、良改为主要内容的优良畜禽饲养配套技术，达到畜禽产品降低成本、提质增效。

多经型产业化。多种经营生产是发展农村经济的主体，是农业结构调整的重要组成部分。几年来，该市在确定发展香菇、白鹅两大主导产业，月苋草、林蛙、绿稻三大特色产业，蔬菜、烤烟两个劳动产业等七大产业项目的基础上，采取“抓大带小”的原则，同时抓好草编织、林果、饲草、中药材等其它多种经营的发展，并且以龙头企业带动基地建设和任务指标的落实。香菇生产以绿野食用菌公司为龙头；月苋草以吉林圣基有限公司为龙头；烤烟以烟叶公司为龙头；蔬菜生产以蔬菜协会为载体。

在重点抓好粮食产业、畜牧产业和多种经营型畜牧业的同时，又强化了四个方面的措施：一是建基地，抓大户。发展农业产业化经营必须走规模发展之路，必须在基地建设和抓大户上下功夫。现在全市已建成各类产业基地235个，规模大户4670个，二是实施名牌战略。几年来，该市注重名牌效应，积极开发舒兰的农产品名牌产品，长白山林蛙在云南昆明世博会上被评为中国金奖，“农喜牌”农机具抢占了吉林省甚至东三省的农机市场；“丰珠牌”舒兰贡米在国际食品展览会上被评为国际名牌产品。该市通过这些名牌产品，不断打开销售市场。在一些产业化项目上，已经和国际、国内市场初步接轨，月苋草产业和美国客商联营，建立了圣基有限公司，月苋草油远销美国、荷兰等国家；香菇与外商签定了销售合同。舒兰市被国家有关部门批准为全国林蛙种苗示范生产基地，2000年被吉林省政府批准为全省唯一的林蛙经济开发区，又与北京泰信达公司组建了吉林省泰信达长白山林蛙科技开发有限责任公司，并与北京同仁堂制药集团签订了共同开发的生产协议。今后，该市要继续加大争创名牌力度，精心设计包装，再开发几项具有舒兰特色的名牌产品，靠品牌优势抢占国内外市场。三是以科技为先导，发展集约型经济。科学技术是农业产业化的动力。几年来该市共组织市、乡两级农业科技培训班2000余场次，培训农民达数十万人次，基本实现了户均掌握一项农业产业化技术。同时，该市还注重农村科技网络的建设，逐步形成市、乡、村、社四级科技服务体系。四是以服务为手段，建立健全服务体系。该市在农业产业化经营过程中，积极组建各类服务组织和发展经纪人队伍，加快市场体系的建设，加强城乡信息网络建设，为农业产业化的健康发展提供了必要的社会服务保障。

〔企事业单位〕

吉林市圣基实业有限公司 中美合资企业，总投资1800万元人民币，厂区占地面积9000平方米，其中建筑面积2500平方米。年生产能力为500吨，生产的主要产品有：月苋草、白瓜籽油、亚麻油、黑加仑油等油脂产品，年吞吐原料5000吨左右，公司所生产的产品95%以上由合资外方销售给美国、日本、澳大利亚、印度、英国、加拿大、德国等十几个国家，仅月苋草油一项的销售量已占国际市场销售份额的25—30%，并建立了一个长期稳定的市场销售网络，公司生产的产品质量已完全达到了出口的质量标准和用户的质量要求。

企业根据目前的国际市场发展前景，现已和美方初步研究共同投资扩建一套浸油生产线，将进一步扩大企业生产规模，增加产量、产值和利税。

舒兰市翱翔鹅业有限责任公司　位于细鳞河畔的吉林省舒兰市翱翔鹅业有限责任公司是舒兰市委、市政府为带动农村经济发展，推进农业产业化进程而组建的鹅业产业化龙头企业，主要从事白鹅屠宰加工生产，年设计生产能力为100万只。

该公司于1998年6月组建，属股份合作制企业，职工总数16人，总投资780万元，其中固定资产投资580万元，流动资金200万元，占地面积8000平方米，机械化生产线流水作业，设备优良，技术力量雄厚。

该项目的建成有效地带动了农村区域经济的发展，促进了农村经济结构调整，加快了农民致富奔小康步伐，推进了农业产业化进程，取得了良好的社会效益。

实现农村经济发展步入集约化、规模化、现代化轨道，为用户提供最优质的产品和服务是本公司的不懈追求和宗旨。该公司将围绕龙头企业发展狠抓基地建设，实现产供销一体化，发挥龙头企业在农业产业化发展中的劳动作用。实施名牌战略、科技兴厂战略，走多元化、集团化发展道路，按照现代企业制度要求，强化管理，优化服务，使企业在市场经济中持续、健康、稳定发展。

舒兰市绿野食用菌开发有限责任公司　具有独立法人资格的股份制企业，注册资金100万元，生产流动资金200万元。公司有员工36人，其中高级技术管理人员3人，专业技术人员25人，设有技术科、企业开发管理科、食用菌研究所、综合财务科，还建有舒兰市中心菌种厂、平安镇、上营石材厂共三处菌种生产、试验、示范基地。

为进一步促进食用菌产业的发展，凡是来舒兰投资开发食用菌的客商，享受以下优惠政策：

一是优先办理工商营业执照，手续从简，收费从低。

二是公安、工商、税务等部门在业务上给予支持，生产上给予方便，人身财产方面保证安全。

三是在税收上给予三年税收返还优惠政策。

四是除享受本市的优惠政策外，外地发展食用菌的优惠政策，在舒兰原则上都适用。

该公司可对外提供优质1、2、3级香菇菌种，对外合作技术开发、培训技术人材，并真诚欢迎国内外有识之士来舒兰合作开发食用菌项目，协商、洽谈食用菌生产、加工、销售、系列产品开发等业务，共谋大计，一展宏图。

吉林市北方精制米有限公司　由舒兰市粮库与韩国文化金属工业社于1995年8月共同投资兴办的，投资总额1089.90万元人民币。

产品“丰珠牌”舒兰贡米，是由吉林省绿色食品办公室监制，中国沈阳应用生态研究所检测，曾在1996年第二届中国国际食品博览会上获国际名牌食品奖，荣获吉林名牌和全国公众推荐的名优品牌称号。产品营养成份高，含维生素B1、维生素B2、维生素E，并且富含锌、蛋白质、铁。产品质量上乘，免淘，不但营养丰富，而且适口性强，产品销往北京、天津、上海、广州、东北各地。年生产规模2万吨，产值可达8295万元，利税774.6万元。

吉林省禾生豆品有限公司　国内率先开发生产高蛋白学生豆奶粉的高科技企业，是国家大豆深加工技术研究与推广中心的实验基地。公司是1999年组建的股份制企业，也是吉林省实施“国家大豆行动计划”的示范企业。

首创推出的“吉禾”牌高蛋白学生豆奶粉其蛋白质含量超过22%以上，比国内同类产品高出6—10个百分点。经有关专家鉴定：“蛋白、总糖两项主要指标，优于国家行业标准，国外未见相近报道，属于国内首创，国际先进水平。吉林省下发文件，把禾生公司列为吉林省落实国家大豆行动计划示范企业。把“吉禾”做为全省统一品牌，在省内中小学生中饮用。“吉禾”牌高蛋白学生豆奶，其特点“两高一低”，即高蛋白，高卫生标准、低价位，普遍受到学生和家长的欢迎。

吉林省泰信达长白山林蛙科技开发有限公司和吉林省泰信达长白山林蛙研究中心　分别成立于1998年和1999年，是北京泰信达科技发展有限公司所属具有独立法人资格的子公司。

公司和研究中心成立运作一年来，先后成功地举办了两次大型学术研讨会，其致力发展林蛙产业，促进市场经济发展的长远战略目标，受到了省、市、县各级政府的赞扬。泰信达长白山林蛙研究中心是吉林省唯一一家省级林蛙科研机构，中心集中了沈阳药科大学、长春中医学院、白求恩医科大学、吉林大学、东北师范大学等科研院校十余位林蛙研究权威专家，专门从事林蛙产品的开发研究。研究中心现已取得多项科研成果。目前在研项目12种中已有4种正筹划上市。已上市的长白山牌高活性林蛙油冲剂因科技含量高、市场前景好，一问世即受到国内外消费者好评。于1999年10月被评为北京国际农业博览会同类产品唯一名牌。公司已与同仁堂集团公司鉴定合作开发协议，共同开发林蛙系列产品。公司将以全新的管理经营模式使企业成为吉林省乃至全国大型现代化民营集团企业，并最终使林蛙这一长白山特产野生动物资源的开发形成规模化、系列化，实现社会效益、经济效益和生态效益的合理统一，为吉林省农业产业化进程的加快、为建设生态环境效益省做出贡献。

吉林省通化市

〔自然概况〕　通化市位于吉林省东南部长白山区，南部与朝鲜民主主义人民共和国隔鸭绿江相望，是中国对朝三大口岸之一。境内以山地、丘陵为主，素有“北国山城”之美誉。市境属北温带大陆性季风气候，四季分明。

通化人文历史悠久，早在旧石器时代境内就有人类繁衍生息，距今已有5000多年历史。1942年开始设市治。1985年，升为地级市。1992年被国务院批准为边境城市。全市辖梅河口、集安两市，辉南、柳河、通化县三县和东昌、二道江两区，总面积15600平方公里，人口226万，有汉、满、朝鲜、蒙古、回、锡伯、壮、达斡尔、布依、苗、侗、傣等12个民族。

通化拥有丰富的地上地下资源，素有“立体宝库”之称。著名的关东三宝——人参、貂皮、鹿茸，就出产在这里。全市林地面积85万公顷，森林覆盖率62.1%，林木蓄积量7213万立方米。野生经济植物1000多种，野生动物100多种。盛产植物药、动物药、矿物药，主要有人参、鹿茸、天麻、红景天、贝母、五味子等，是全国“五大药库”之一。矿产资源种类繁多，已查明的矿藏76种，探明储量的34种，主要有铁、铜、镍、铬、石灰石、大理石、石膏、火山渣等。

旅游资源独具特色。通化是通往长白山天池的中转站。境内有罗通山、五女峰、白鸡腰子、三仙夹、龙湾火山群等5个国家级森林公园。素有“吉林小江南”之称的集安市地处中朝边境，是著名的高句丽历史文化名城，有将军坟、丸都山城、好太王碑等高句丽文物古迹，将军坟被誉为“东方金字塔”。市区有抗日英雄杨靖宇烈士陵园。

公路、铁路交通比较发达。通化地处东北亚经济圈的腹心地带，是长白山区的重要交通枢纽。基本形成了以集锡线、鹤大线、黑大线、营抚线为主的连接东北三省和进关出海的公路网。有直达北京、青岛、徐州、宁波、大连、沈阳、长春等地的客运列车和朝鲜满浦市的铁路客货运输。

〔经济、科技、文化发展概况〕　新中国成立后，特别是改革开放以来，通化市国民经济快速发展，并逐步形成了比较鲜明的区域特色。1999年，全市实现国内生产总值130.5亿元，比上年增长8.6%；完成财政收入11.5亿元，增长10%；实现社会消费品零售总额49.5亿元，增长10.4%；完成全社会固定资产投资21.9亿元，增长41.2%。科技、文化事业发展迅速。全市拥有各类专业技术人员5.7万人，各类科研机构150个。1999年，有10个项目被列入国家和省科技发展计划，氯氧喹、盐酸槐定碱、重组葡激酶进入国家“1035”工程。东宝药业、方大、金马、茂祥、白山制药、玉金、长龙、集安制药、东宝塑钢、通化农药等10户企业被认定为省级高新技术企业。近几年，全市有300多件文艺作品在省以上评比中获奖，1996年被命名为全国边疆文化长廊建设先进市。广播电视进入全国先进行列，广播人口覆盖率达到89%，电视人口覆盖率86.6%，全市所有乡镇和71%的村（屯）建成有线电视网。双拥工作成效显著，荣获全国双拥模范城“四连冠”。1998年，全市社会经济综合实力居全省第3位。

〔“医药城”建设初具规模〕　1995年，通化市委、市政府认真审视市情，根据通化医药的资源优势、产业优势、产品优势和人才优势，确立了建设通化“医药城”的发展战略。经过不到5年时间的开发与建设，医药工业实现了超常规发展，医药产业成为全市经济的支柱产业。1999年，全市医药工业实现总产值20.4亿元，利润4.5亿元，分别占市及市以下工业总产值的43%和117.8%，占全省医药工业的29%和65.3%，连续11年居全省第一位。全市60户医药生产企业中，利税超千万元的达到11户、超3000万元的5户，其中东宝、金马利税超亿元。东宝、金马、白雪山、神源等4户企业成为上市公司。东宝、金马、白雪山、天泰4户企业进入全国中药制药企业50强。全市医药企业拥有获批准文号的剂型21个，常年生产的品种近900个，其中拳头产品31种。单品种销售额超千万元的医药产品近30种。东宝集团的李一奎、全国首批“十大杰出青年”王振国、金马集团的张守斌、玉金药业的张玉才、康威药业的修涞贵、方大药业的鞠洪福等一批企业家懂经营、会管理、敢创新，成为支撑该市医药工业发展的中坚力量。全市医药工业企业资产总额达到60.5亿元，净资产总额35.7亿元，资产负债率由“八五”末期的69.2%下降到41%。此外，医药市场、医药科研、医药教育、医药外贸、医药商业和中药材基地建设等也都取得了长足进展。

〔新世纪全市战略措施〕　面向新世纪，通化将以邓小平理论和党的基本路线为指导，认真贯彻中共十五大精神，以扩大总量、优化结构、提高效益为目标，全面实施“科教兴市、开放带动、县域突破”三大战略，紧紧抓住国有企业改革和发展这个中心环节，突出经济结构调整，推进技术创新，发展高新技术产业，培育壮大支柱产业，高标准建设好“医药城”；着力推进传统农业向现代农业的转变，进一步优化种植业结构，大力发展山区特色农业、畜牧业、特产业和多种经营，推进农业产业化经营；

调整和优化所有制结构，大力发展非公有制经济，培育新的经济增长点；加快基础设施建设，提高城市品位，完善城市功能，把通化市建设成为经济繁荣、社会文明、布局合理、环境优美的现代化山水城市；加强精神文明和民主法制建设，积极发展文化艺术、广播电视等各项社会事业；加快社会保障体系建设，初步建立适应社会主义市场经济体制需要、独立于企业之外、功能比较完善、保障能力较强的社会保障体系；正确处理改革、发展、稳定的关系，在保持经济增长的同时，逐步提高城乡居民特别是中低收入居民的实际收入，不断提高人民生活水平。坚持可持续发展战略，推进国民经济持续、快速、健康发展和社会全面进步。

〔投资环境和项目〕 市委、市政府制定了《通化市关于鼓励外商投资办企业的优惠办法》、《通化市关于鼓励市外投资的若干规定》等一系列优惠政策，努力在制度、机制、管理和服务等方面为外来投资者提供方便。比如，外商投资生产及科技开发型项目，经营期在10年以上的，从获利年度起，企业所得税免征2年，第3至第5年减半征收，第6至第8年按15%征收。投资超过2000万元的生产性项目，优惠政策由市政府一事一议。外商投资企业从用地合同生效时间开始，5年内免交土地租金，5年后按国家规定价格的30%收取，等等。在加强基础设施建设的同时，市委、市政府不断改善和优化投资软环境。一方面，狠抓各项优惠政策的落实，坚持“一站式”审批，“一条龙”服务，实行全程跟踪服务。另一方面，坚决清费治乱，建立有效的监督机制，保护外商投资企业的合法权益。

当前和今后一个时期，该市与国内外开展招商引资，进行经济技术合作的重点是医药、食品、矿产建材三大支柱产业和基础设施建设，围绕长白山区资源开发、实施农业产业化、发展以医药产业为龙头的工业经济、加快基础设施建设等方面，广泛与国内外客商开展各种形式的合资合作。比如，通化至梅河口一级公路工程项目、通化市振国药业有限公司口服液、固体制剂生产线（GMP）技术改造项目、柳河华龙集团公司年产10万吨天然果汁饮料生产线项目、通化市松籽胶囊加工项目、集安新开河人参保健品有限公司人参可乐生产技术改造项目、通化白山水泥总厂年产35万吨特种水泥生产项目，等等，都具有良好的市场前景和丰厚的投资回报。竭诚欢迎国内外客商和各界有识之士到通化投资办厂，开展经贸合作。该市将竭尽全力，提供良好的环境、优惠的政策和全方位的优质服务，保证各位获取丰厚的经济效益。

〔土特名产〕

1. 通化名药。“医药城”战略实施以来，一批高科技含量、高附加值的医药产品相继研制成功并投放市场。“七五”、“八五”期间，研制开发了近百种医药新产品，有71个品种分别获尤里卡奖、国家银质奖、省优质产品奖，天仙丸、镇脑宁、东宝肝泰片、复方益肝丸、参莲胶囊、通淋清热胶囊、斯达舒、康威双效、金妇康、泰克等十几个品种在国内外市场上十分畅销。人胰岛素的研制成功，填补了中国基因工程技术的空白，使中国成为世界上除美国、丹麦外能生产人胰岛素的第三个国家。重组葡激酶、氯氧喹、盐酸槐定碱、胸腺肽、重组人血清白蛋白、胃安素等一批国家一、二类新药的开发投产，标志着该市医药工业正从传统中药制药向现代化中药制药、化学合成制药和生物工程制药转变。

2. 通化葡萄酒。以长白山野生山葡萄为主要原料，采用先进科学技术和独特传统工艺酿制而成的通化葡萄酒，已有60多年的酿造历史，被誉为“世界葡萄酒中的一颗明珠”。1996年，通化市被国家有关部门命名为“中国葡萄酒之乡”。目前，通化葡萄酒股份有限公司拥有亚洲最大的地下贮酒窖和从法国引进的现代化生产线，原酒贮藏能力达到4万吨，年生产能力达到3万吨。

3. 通化人参。通化是中国著名的“人参之乡”，所产人参以其内在质量和药用价值较高而驰名海内外。近年来，全市人参栽培面积稳定在2000公顷左右，年产量3500吨以上，最高年份6000多吨，占全省的40%左右。年产人参5000余吨，占全国产量的40%、全省产量的50%。著名的集安新开河人参及其系列产品畅销全国，先后获得全国第二届新发明博览会金奖、第十六届日内瓦国际新技术与新发明博览会金奖。“新开河”商标被国家有关部门认定为中国驰名商标。

4. 通化中药材。通化是“中国中药之乡”，中药材资源共有252科、596属、1133种，总蕴藏量可达20万吨，占全国总量的1/10左右。有长白山野山参、高山红景天、草苁蓉等多种稀有药材，集安边条参可与“高丽参”媲美。细辛、龙胆草、北芪、北柴胡、月苋草、防风、高山红景天、刺五加等50多种地道野生中药材，在品质和市场占有率方面均居全国前列。人工栽培中药材也已形成一定规模。全市中药材种植面积3000多公顷，茸鹿存栏1万只。

5. 通化绿优米。通化是优质大米之乡。历史上，通化西江大米、梅河大米就有“贡米”之称。多年来，该市采取了各方面的保护和治理措施，使无公害、无污染、营养成份高、米质优良的秋田小町、通育飘香、雪光、粳优一号等绿优水稻种植面积不断扩大，产量逐年提高。目前，全市水稻年产量80多万吨，占粮食总产量的50%以上。西江大米、梅河大米以其米质优良而闻名全国，在北京、上海等大中城市十分畅销。

6. 梅河果仁。梅河果仁市场为吉林省十大专业批发市场之一，是亚洲最大的果仁集散地，以红松籽、山核桃、橡子以及白瓜籽等干果为原料，加工生产无污染、无公害果仁。目前，该市场有加工企业近150户，常年和季节性加工人员8000多人，年加工能力5万吨松籽，正常年份可加工松籽仁7000吨左右，销售收入4亿元以上。梅河果仁深受消费者青睐，享誉国内外，远销美国、日本、韩国等十几个国家和香港地区。

吉林省通化县

〔概况〕　吉林省通化县地处长白山西南边陲，幅员面积3728平方公里，是一个“八山半水分半田”的区县。境内山高林密，水量充沛，土地肥沃，是一个得天独厚的立体资源宝库。中共十一届三中全会以来，全县广大农村干部群众坚持以经济效益为中心，坚持改革开放，艰苦奋斗，奋力拚搏，开拓进取，特产业形势日新月异，得到了蓬勃发展。1999年实现特产业总产值22560万元，人均实现特产收入1253元，占人均总收入的42%，分别比1980年增长了205%、226%和368%。19年间，平均年递增分别为11.4%、12.6%和29.4%。目前特产业已成为通化县兴乡富民的主导产业。

通化县这座天然绿色宝库，凭借得天时、占地利的环境，为人类提供了优越的特产业发展条件。在神奇浩瀚的森林里面，蕴藏着种类繁多的经济动物和植物，野生经济植物有近百余科千余种，经济动物有130多种。其中，有较高价值的植物药材品种535个，动物药材品种104个。为了得到有效开发和利用，县委、县政府做出了“以林业为依托，以特产业为重点，粮、牧、工、商并举，全面发展农村经济”的战略决策，把农村经济发展的基点放在山区资源优势上，全面实施资源转化战略，加大开发力度，使特产业得到了长足发展。特别是随着农村经济体制改革的不断完善，产业、产品结构的进一步调整和社会主义市场经济的进一步确立，就更使得特产业这颗明珠放出了奇光异彩。

2000年，全县经济田种植面积达到112089亩，有110个品种，占旱田总面积的32.02%。其中，中小药材种植面积37312亩，经济作物种植面积74777亩。分别是1980年的9倍和9.2倍。在通化县2000年确定的农村十大产业化项目中，特产业占了6项。现具有较大生产规模的项目有：

〔名优特产〕

生态经济沟　以科学养殖长白山林蛙为重点，着力推广蛤什蚂卵团孵化及蝌蚪饲养技术，不断提高回捕率和产油率。目前开发总量达668条，占可开发总数的89%。其中立体开发综合经营的达到226条，年回捕林蛙300余万只，产蛙油10000多公斤，蛙油产量居吉林省第1位。该县的蛙油主要销往新加坡、马来西亚和香港、广州、上海等地，年销售额达2500多万元。

人参　由于受市场的影响，价格几经沉浮，但不气馁。全面推广了ABT生根粉在人参生产中的应用，实施低农残栽培，不断加大水、肥、光在生产中的调节力度。1999年每平方米单产接近4斤，年产人参260多万斤，年末留存面积300万平方米。为了保护生态环境，人参发展实施了战略转移，实行园参野播，发展面积达到15000亩。到目前为止，人参加工场（点）达到300余家，已成为吉林省最大的人参加工集散地。

平贝母　全面推广优质高产栽培“粉秀宁防锈病”和“半硬底水平畦播、平锹采挖”技术。绿地面积每平方米产量达到3.5斤。2000年全县留存面积达到1万亩，年产鲜贝350万斤。通化县的贝母产量约占东北三省的1/3以上。是全国最大的平贝母生产基地。

细辛　全面推广林下栽植，大田栽植，参后地栽植技术。2000年全县留存面积3000亩，年产鲜细辛500万斤，是吉林省最大的细辛产地和种源基地。已被吉林省科技厅列为全省中药现代化建设无公害规范化栽培示范基地。

酿酒葡萄　通化县东宝葡萄酒公司是全国同类企业的后起之秀。销量居全国第三位，名牌产品进入全国前三名。靠龙头企业拉动，引导农民大力发展酿酒葡萄，不断加强产前、产中服务，实行订单生产。2000年留存面积达到5000亩，亩均产量达到4000斤。

食用菌　重点发展露地栽培香菇，全面推广育种和适时栽培技术，2000年露地栽培香菇达到1000亩，亩产干品达到470斤以上。其产量和质量均排在全省首位。已成为吉林省露地香菇主产区。与此同时，还大力发展了黑木耳、滑子蘑、平菇、榆黄蘑和灵芝，个别品种已初具发展规模。

庭院经济：以市场为导向，选择和引进适销对路品种进行开发和发展。现已初步形成了立体化发展模式。提高了庭院的利用率和产出效益。2000年庭院特产发展品种已达到67个，年收入2000元以上的农户达到35000户，占总农户的78%。此外，一些传统和新开发的生产品种，如：柞蚕、甘草、枸杞、杜仲、黄芪、桔梗、沙参、党参、大缸栽人参、龙胆草、月苋草、高山红景天、大叶芹、刺嫩芽、蒲公英等等正在发展中，部分生产项目具备了一定的发展规模。

特产业的发展推动了加工业的普及，以特产为依托发展起来的精、深加工企业全县已有10多家。这些企业在精深加工上大做文章，拓宽了经营项目，争创名优产品。全县有以延寿参为主的各类人参制品40多个品种，有以山野菜保鲜为主的各类天然营养制品30多个品种，有以细辛、龙胆草等为主的准字号中、西药品120多个品种，他们已经形成具有相当规模的企业群体，为全县特产业的发展打下了坚实的基础。

通化县特产业的发展，无论是速度，还是质量，得到了国家、省、市领导的认可和肯定。全县总结推广的贝母“半硬底水平畦播”技术被列为省重点推广项目。龙胆草、细辛种源基地开发被评为省星火计划二等奖、国家星火计划四等奖。县特产局已连续四年被省、市主管部门评为先进集体。

人心思上，百宝待掘，开发前景广阔的通化县竭诚欢迎国内外各界人士和有识之士，走进开放的通化县，带着您的智慧带着您的理想，在互惠互利的前提下，实行精诚合作，联合开发长白山区的资源，大展宏图，共创未来！

联系地址：吉林省通化县特产局

联 系 人：王秀玉

联系电话：0435—5227990 5222241 (0)13904451323

邮　　编：134100

吉林省露水河林业局长白山特产实业公司

吉林省露水河林业局长白山特产实业公司位于长白山西北麓，森林覆盖率达93%，盛产品种繁多的纯天然绿色食品。该公司是一个以参为主多种经营，立体开发森林资源的外向型企业，拥有人参种植场，特产加工厂、狩猎场等下属分厂，主要经营人参、西洋参，栽培、加工红松果仁及食用菌，药用菌的研究开发。其人参、西洋参、红松果仁、纯天然黑木耳压缩块及九龙泉矿泉水的开发等各类特产品，以质高品精畅销国内外市场，在中外客商中，享有很高的盛誉。

〔产品供销项目〕

中草药类

1. 产品名称：人参

产品特点：人参对人体的八大系统均有调理、治疗、平衡的作用，提高人的视力，可作为暗处工作者的补药，另外在抗疲劳、抗癌、抗高山反应，抗理化疗副作用方面疗效显著。对疑难杂症的患者有治疗、减轻症状的作用。久服促进人体健康，延年益寿，保持青春魅力。

人参主要含人参皂甙，还含有氨基酸、肽、多糖、挥发油、酚性成份、酶类以及锌、猪、锰等矿物质。它可广泛地用于医药、饮食、饮料、化妆品、洗涤用品以及滋补等行业。它的特点是食用方便。

2. 产品名称：西洋参

产品特点：西洋参具有大补元气、强心、生津止渴及安神功效能挽救虚脱之症，可用于气息微细，呼吸短促，脉搏微弱，冷汗自出，手脚冰凉，气虚将脱，病情危急等症状。对于人体的各个系统都有益处，起到缓冲、平和作用。具有抗癌、抗高山反应，抗理化疗副作用，抗晕眩的功能，久服轻身延年。

主要成分为人参皂甙基酸、多糖、肽类、挥发油、多种矿质元素。广泛应用于医药、饮食、饮料、化妆品、洗涤用品、滋补保健品等行业。可根据情况，嚼食、切片泡茶饮用等。

3. 产品名称：食用菌

产品特点：本产品采用长白山天然优质的各类食用菌作原料，用现代科学工艺精制而成。不但营养丰富，味道鲜美，而且具有滋补健身治病抗癌作用，据美国医学研究证明，食用菌有防治动脉硬化，冠心病、清胃、洗肠等作用，同时它还是矿山、化工和纺织工人及癌症患者不可缺少的绿色保健食品。

以上三种产品均有各种系列，可接需方数量要求，到该公司以合同签定方式供求。

〔招商项目〕

食品类：

1. 项目内容：红松果仁

目前该公司红松果仁加工厂现应有国内一流的先进设备，年可加工红松果仁750吨，加工出的红松果仁颜色诱人，香味纯正，口感细腻，是滋补身体，馈赠亲友的上等纯绿色食品。此产品选料精细，包装精美，远销广州、山东、上海、北京等地，给城市的餐桌上增添一份山珍佳肴。因此为扩大经营，依据该公司资金不足的情况目前需要招商引资。预计投资额约1600万元，需对方投资方式为资金，主要产品设计年产量750吨，此项目的合作方式以合资方式，投资回收期：3.3年，投资利润率为30%，此项目属新建项目。

2. 项目内容：矿泉水

1993年6月28日，有关单位、国家有关部门对露水河林业局九龙2号泉（地理座标东经127°59′53″，北纬42°33′26″）进行了评审鉴定，经测试数据等可进行矿泉水开发。

经水质测试数据表明，九龙2号泉含偏硅酸31.2—34.5毫克/升，达到饮用天然矿泉水国家标准（GB537—87）的界限指标，其它指标均符合饮用天然矿泉水国家标准要求，此产品属含偏硅酸重碳酸钙镁钠型矿泉水，可作为瓶装矿泉水。此项产品开发，该公司正在投入生产的运行当中。

为迅速扩大经营，依据该公司在资金不足的情况下需要招商引资。

预计投资额约78.8万元，需对方投资方式为资金。

主要产品产量年为55万加仑，此项目的合作以合资方式。

投资回收期2.7年，投资利润率为37%。

此项目属新建项目。

3.项目内容：山野菜软罐头

该公司现有山野菜加工生产车间，目前由于资金不足，只少量对山野菜进行加工生产。此产品选用东北长白山原始森林中纯天然生长山野菜为原料，无任何污染，经生物科学手段加工而成，内含有V_A、V_D等多种维生素和锌、铁等微量元素，经常食用能促进大脑发育，滋润皮肤，增强人体各器官功能，具有健脑，软化血管，促进新陈代谢之功效。此产品是馈赠亲友的上等纯绿色食品。

为迅速扩大经营产品种类多样化、系列化，依据该公司在资金不足的情况下需招商引资。

预计投资额约50万元，需对方投资方式为资金。

主要产品小包装年产量10万袋（400克/袋）。此项目的合作方式以合资方式。

投资回收期为3.3年，投资利润率为30%，此项目为技改项目。

公司还建有一座食用菌和药用菌研制生产基地。主要生产经营黑木耳、香菇、榆黄蘑等食用菌和天麻、灵芝等各类菌种，同时肩负本地区人员的技术培训和新技术推广工作。

公司拥有一批具有较高实力的科研开发队伍，是一个生机勃勃，实力雄厚的现代化企业，公司一贯奉行招商引资、联营合作、广交朋友、互惠互利的原则，真诚欢迎各界有识之士与公司合作，在市场经济大潮中共图大业。

吉林省露水河林业局长白山特产实业公司
联系电话：0439—6369762　13904499428
传　　真：0439—6369227
地　　址：吉林省抚松县露水河镇
邮　　编：134506
联 系 人：尹德利　崔秀君

黑龙江省佳木斯市

近几年，佳木斯市依据本地的地缘、资源优势，因地制宜，突出特色，积极引导广大农村干部和农民群众进行结构调整，取得了可喜的成绩。

一、依靠科技进步，优化农产品品质结构，全面提高产品质量，大力发展优质农业。

重点是促进品种和品质结构调整，跳出农作物品种低水平、大路货、年年“一贯制”的圈子，搞好种子改良。大豆以抗病、优质、高蛋白品种为重点，推广选用合丰25、合丰35；玉米以硬粒、脱水快品种为重点，推广选用合江19、龙粳8号、系选1号；小麦以硬粒、高面筋为重点；，推广选用克丰6号和垦红14，形成优良种子品系。经济作物和饲料作物也大力引进、繁育、推广优良品种，特别是大力推广闻名全国被称为全国白瓜第一乡的该市桦南县选育的无杈白瓜，努力使这些品种闯出品牌，并成为带动该市经济增长的杠杆。

二、以开发绿色食品为突破口，加快特色农产品基地建设，大力发展特色农业。

近几年该市绿色食品生产从无到有，发展较快，目前有绿色食品基地11个，种植面积74.5万亩，像种植的台湾圣女西红柿、美国大红柿、木耳菜、空心菜、苦瓜、台湾青丰西瓜和宝冠西瓜等特色瓜菜，效益十分可观。2000年该市把发展特色农业作为结构调整的突破口，加快建设特色产品生产基地，绿色食品种植面积达到100万亩，比1999年增加22.8万亩，增长29%；立足于野生植物资源丰富的优势，发展有特色、有需求、有市场的山产品和中药材。如蕨菜、黄花菜、木耳、细辛、龙胆、防风和甘草等。

三、大力发展养殖业，特别是加快畜牧业的发展，使其成为农村经济中的支柱产业和主导产业。

通过加快“一个基地、五大体系”的建设，尽快把畜牧业发展成为该市的一个主导产业。一个基地：把该市建设成省和国家的优质畜禽产品生产供应基地。五个体系是：以畜产品初级加工为基础，精深加工为重点的畜产品加工营销体系；以普养为基础，规模饲养为骨干的畜牧生产基地体系；以牛的统一冻精配种，猪禽集中繁殖、分散自养相结合的良种繁育体系；以市区为中心，辐射周边连接国内外的有形市场和隐形市场相结合的市场体系；以畜牧服务中心、综合站为依托，其它服务组织为补充的畜牧综合服务体系。过去在畜禽品种上该市主要是抓了生猪，通过养殖促加工，2000年该市按照“反弹琵琶”的思路，搞好畜产品精深加工企业的开发和建设，大上高科技、高附加值的产品，“抓市场、上加工、带产业、保养殖”，在稳定猪、鸡生产的基础上，加快西门塔尔肉牛、特克赛尔肉羊、莱茵鹅、皮肉兔等草食畜禽生产，积极发展鲟鳇鱼等特种鱼繁殖。在抓好普养的基础上，以大户、大场、养殖小区为重点，突出发展规模饲养，形成以普养为基础，规模饲养为骨干的畜产品生产基地格局，促进种植业，带加工业，促进农业内部结构合理化和产业间的良性循环，加快粮食转化。

黑龙江省绥化市

绥化市位于黑龙江省中南部，松嫩平原的呼兰河流域。南与哈尔滨市接壤，西与大庆交界，东与伊春相联，北与黑河毗邻。全市总面积34063平方公里，占黑龙江省总面积的8.9%。其中耕地2160万亩，草原1200万亩，林地1200万亩，水面230万亩。境内平原占72%，丘陵山区占19%，江河湖沼占9%，大体上是“三山一水七分田”。全市总人口536万。

绥化市历史悠久。大约在一万年前的旧石器时代，绥化市境内就有古人类繁衍生息。新中国成立后，绥化地区分属黑龙江省和松江省。1954年后属两省合并后的黑龙江省。1956年3月5日，经国务院批准，设绥化地区专员公署，公署驻绥化县。1958年8月，国务院决定撤销绥化专员公署，成立松花江专员公署，专员公署驻哈尔滨市，1965年6月，迁驻绥化县。2000年6月1日，经国务院批准，撤销绥化地区设立地级绥化市。全市现辖3市、6县、1区，67个镇、133个乡、12个城市街道办事处。

改革开放以来，绥化人民以“讲团结、做奉献、争上游、创一流”的绥化精神，用辛勤的努力造就了全国著名的商品粮基地、草食畜牧业基地和农牧产品加工基地。1990年以来，粮食总产量已连续十年超过50亿公斤，粮食总产量和商品量分别占全省的1/5和1/4左右。1999年全区国内生产总值实现332.9亿元，是改革前1978年的8.5倍，在全省13个地市中居第三位。财政收入达到14.2亿元，农村人均收入实现2239元，分别比1978年增长了11.5倍和20倍。作为全市政治、经济、文化中心的北林区，五年左右新的市区将扩大到50平方公里，人口发展到中等城市以上规模，城市建设将逐步实现现代化、风格化、都市化、生态化，并将以生产、贸易、服务为主体，同时发挥区域性中心城市的作用，牵动总体经济发展，进而向周边城市辐射扩散。肇东、安达两市逐步深入开发，沿哈大高速公路形成一条以石化、医药、农牧产品精深加工为骨干的资本、技术密集型产业带，在原有的基础上，庆安绿色食品经济区、绥棱山林矿产品经济区、海伦农产品精深加工经济区、兰西亚麻产品经济区、望奎、青冈、明水特色种养业经济区五个特色经济区将构筑绥化的特色农业生产群体。投资近百亿元的绿色走廊工程，将产生巨大社会效应和经济效应，绿色产业、绿色产品将得到巨大发展，同时，工业、农业、饮食服务业、商贸流通业、建筑运输业等齐头并进，各具特色。

多年来，该市一直十分重视发展土特名产及特产业，培育了一大批有地方特色的土特产品，已经初步形成了一支以农副产品为主体的土特名产体系，对地方经济振兴起到了重要作用。为进一步发展土特名产及特产业，该市制定了发展规划，其主要内容：

一是依托资源优势和巨大发展潜力，推进绿色食品生产、加工、销售一体化进程，加快壮大绿色食品产业。大力发展生物有机肥料、生物农药、生物添加剂和无污染包装物等相关产业，大力推广普及绿色食品作物标准化操作规程，建设高标准的绿色食品玉米、大豆、水稻、杂粮和蔬菜生产基地。在此基础上，积极发展绿色饲料，扩大绿色生猪、肉牛、奶牛、肉羊和大鹅饲养，加快发展肉、奶等绿色食品。到2005年，全市绿色食品种植面积发展到200万亩，其中AA级绿色食品基地50万亩，A级绿色食品基地5万亩，绿色生猪基地120万头，绿色乳肉牛基地30万头，绿色大鹅基地500万只，努力成为全省最大的绿色食品生产、加工销售基地。

二是合理调整种植结构，大力发展多种经营。粮食结构调整要突出特色，发挥优势，重点发展高油工业用玉米、高赖氨酸饲料玉米、优质水稻、双高大豆和小杂粮。到2005年，水稻发展到270万亩，玉米减少到200万亩，大豆、小麦分别稳定在400万亩和40万亩。加强种子繁育基地建设，加快优良品种的培育速度和供给能力。到“十五”期末，全市粮食作物优良品种覆盖率要达到95%以上。全面推广应用农作物高产栽培、保护地栽培模式，推广测土施肥、节水灌溉、大豆标准化栽培、水稻旱育稀植、超稀植等实用增产技术。粮食生产能力要保持在60亿公斤左右。经济作物重点要发展名优特、好少新品种，扩大饲草饲料面积，逐步形成合理的粮经饲结构。到2005年，粮经饲作物比例调整到6:3:1。

三是以发展草食畜禽为重点，加快畜禽基地建设。以发展绿色产品为主攻方向，调整养殖业生产布局。加快主要畜禽品种繁育改良速度，扩大优质种畜群和核心群数量。到“十五”期末，畜禽良种化率达到100%。快速推广低成本养猪，提高奶牛群体单产、肉牛（羊）集中育肥、肉鸡（鹅）快速育肥等综合技术。继续搞好秸秆养畜示范区建设，降低饲养成本，扩大饲养规模，提高综合效益。重点培育以安达、肇东为主的绿色乳牛生产基地，以望奎、青冈为重点的绿色生猪基地，以肇东、望奎为重点的大鹅生产基地，以青冈、绥棱为主的肉羊生产基地。水产养殖业，重点加强种鱼培育基地、特种鱼苗种基地和饲料加工基地建设。要积极引进新品种，发展驯化养鱼、稻田养鱼和其他水资源经济，努力增加水产品种类。到2005年，养殖业占农业增加值的比重达到40%。

四是加快推进农业产业化，建立农村特色经济发展新格局。坚持以市场为导向，以培育和建设龙头企业为重点，以基地建设为基础，依靠科技，提高质量，全面推进农业生产向专业化、商品化、集约化和现代化方向转变。今后5年要围绕玉米、大豆、水稻、奶牛、肉牛、生猪等主导产业，突出抓好龙头企业建设，不断增强辐射带动能力。在对现有龙头企业进行完善和提高的同时，集中力量培育和发展一批实力雄厚、牵动力大、竞争力强的龙头企业集团，带动基地生产的快速发展。加快肇东华润金玉公司等省级龙头企业的改造挖潜和设备更新步伐，加大新产品特别是绿色食品的开发研制力度，带动生产基地建设；扩大绥化、安达、海伦果菜批发市场规模，进一步增强辐射能力，增加保护地栽培和棚室化栽培面积，扩大生产规模。要积极协调利益关系，不断完善农业产业化的运行机制。供需双方要通过签订具有法律效力的经济合同，实现风险共担，利益共享，增强农业产业化的凝聚力和发展动力。

五是加强农业基础设施建设，改善特色农业生产条件。坚持兴利与除害结合，开源与节流并重，防洪与抗旱并举，积极推进灌溉农业。加强骨干水利工程建设与改造，提高抵御自然灾害的能力。“十五”期间在确保绥化红兴水库顺利建成的基础上，加大前期工作力度，争取绥棱阁山水库、双岔河水库和庆安柳河水库早日开工。全面完成西北涝区等20个大中型涝区和绥棱长阁、海伦通肯河灌区的配套工程。搞好东方红、星火、津河、联丰、幸福14个水库的消险工程。要进一步搞好农业机械更新配套，提高农业生产机械化水平，到2005年，全市播种、中耕、整地等主要作业项目的机械化程度要达到85%以上。

六是突出各地特点，加快特色经济区建设。海伦市要利用国家和省实施“大豆振兴计划”的有利契机，抓好优质大豆基地建设，创出大豆系列品牌，力求通过蛋白、磷脂、低聚糖、异磺酮、保鲜豆浆等最终产品研制和龙头企业建设，拉长大豆产业化链条。制糖、啤酒、白酒、肉食加工等行业也要配套跟进。庆安县要继续巩固米、酒、菜等绿色食品优势，强化医药工业对县域经济的支撑作用，以现有优质产品的品牌集中度带动产业规模的发展壮大。绥棱县要围绕建材、化工产业优势，建立具有多元投资、股份合作性质的大型企业联合体，逐步实现由“小明星”向石材、木材、防水卷材的规模推进和化工产品的整体升级转移。建成全省最大公路用石基地、最大的板材加工基地和东北地区最大的石材批发市场。兰西县要以黑兰亚麻纺织公司、亚麻原料总公司为核心，积极构建亚麻产业开发集团，扶持黑兰麻纺公司与哈工大的联合技术改造，面向国际市场调整产品结构，努力开发高级纱亚麻精品，提高亚麻制品的档次和品质，扩大市场的占有率。同时搞好环氧油、亚麻酸等后续产品的深度开发。望奎、青冈和明水要依托区域特色资源优势，着力发展特色畜禽养殖、特色农业和农产品加工业。望奎县要以哈慈望奎绿色实业公司为龙头，延长生猪产业链条，形成绿色玉米、绿色饲料、绿色种猪、绿色猪肉制品从原料到精深加工的绿色生猪产业开发体系。青冈县要突出抓好玉米、生猪和葵花籽、油豆角、万寿菊等特色作物的生产和加工，建成全国最大的迪卡猪生产基地和全省最大的德克肉羊生产基地。明水要突出搞好马铃薯的生产与系列加工，建成全省最大的马铃薯淀粉生产基地。

黑龙江省依安县

位于松嫩平原腹地的黑龙江省依安县，幅员面积3685平方公里，耕地面积307.6万亩。近几年，依安的48万人民在县委县政府“全国基层组织建设优秀县委书记”那庆宽的带领下，充分发挥资源优势，遵循自然和经济规律，稳步推进农业和农村经济战略性调整，初步构筑起以“糖、鹅、瓷、薯、豆和蔬菜”六大特色产业为支柱的特色经济发展新格局，被中国特产协会命名为“中国白鹅之乡”和“中国紫花油豆角之乡”，县域经济已步入了良性循环的发展轨道。

1. 谋思路，找准发展的突破口

90年代初，依安县被国家列为重点扶持的贫困县。面对农业大而不强，工业整体滑坡，财政实力不强，群众生活水平不高的实际，县委、县政府带领全县人民在探索中谋出路，在困境中寻发展。一是着眼于县域经济发展的全局谋思路。跳出了就农业抓农业、就工业抓工业的思维局限，把打破城乡二元格局，实现一体发展作为突破口，通过以农促工把工业搞活了，通过以工带农把农业搞强了，通过工农联动把县域经济搞富了。1999年，全县国民生产总值实现10.5亿元，比1990年增长133%；农民人均收入2461元，是1990年的8.8倍。二是着眼于构筑特色经济格局谋思路。依托县内较丰富的农业资源和矿产资源优势，遵循市场经济规律，按照产业化的工作思路，打优势牌，走特色路。以依安瑞雪糖业集团为龙头，依托10万亩高产高糖甜菜生产基地，发挥雪牌白砂糖为省内著名绿色品牌和连续8年全国行评第一的优势，构筑了实力雄厚的糖经济。以齐齐哈尔天鹅集团为龙头，依托水草资源丰富、白鹅品质优良、养鹅历史悠久、规模大的资源优势，充分发挥依鹤牌鹅制品绿色品牌和“中国白鹅之乡”的品牌优势，扶强育壮了鹅经济。以北方瓷业集团为龙头，发挥境内长江以北储量最大、品位最高的红星高岭土矿的资源优势，以引借联合为突破口，培植起了瓷经济。以全县年产60万吨的优质马铃薯资源为依托，发挥冰山淀粉的品牌优势，发展壮大了薯经济。以黄淮油脂有限责任公司为龙头，以延伸开发层次、提高产品档次为方向，形成了东北地区最大规模的豆经济。依托“中国紫花油豆角之乡”和依欣牌紫花油豆角的绿色品牌优势，以温室、大棚、保护地、裸地配套发展的种植基地为依托，以产业化发展为目标，加速发展了紫花油豆角生产。这六大特色经济思路的形成和有力的实施，既使依安的资源优势变成了经济优势，又使依安贫困的县情发生了巨大的变化，经济快速发展、社会事业全面进步、人民生活由温饱逐渐走近小康。依安县也因此曾多次被省市政府评为工业先进县、农业先进县和个体私营经济先进县。

2. 抓落实，选准落实的切入点

正确的思路确定之后，关键在落实，而制定切实可行的措施是抓好落实的基本前提。为此，县委、县政府坚持分类指导的方针，突出重点，制定了切实可行的措施。

在发展农业上，针对农产品结构性过剩、农民增产不增收的实际，依安县委、县政府依托自身优势，通过政府引导、典型带动、效益吸引、群众自选的方式，积极发展质量效益型农业。一是坚持培育大户，在发展规模上求突破。从抓大户、连中户、促小户入手，引导农村先进生产要素向特色经济汇集，推动了特色经济上规模。在养鹅业上，全县养鹅5000只以上的养鹅小区已发展到5处；千只以上的养鹅场发展到26户；百只以上的养鹅专业户达6260户，进而带动了全县养鹅业向集约化经营、规模化发展的方向发展，养殖总量也由最初的十几万只，发展到目前的400万只。二是坚持科技兴农，在发展水平上求突破。几年来，依安县不断加快科技长入农业进程，对外挂靠大专院校，对内挖掘乡土人才，注重总结提高和推广群众在实践中创造的好经验好做法，积极探索适宜本地发展的生产模式，探索出“玉米大双覆高产高效栽培模式”，使玉米单产由100公斤猛增到800公斤，掀起了北方种植业的“白色革命”，荣获黑龙江省省长特别奖；冷浸盐渍土种稻依安模式开创了在同纬度高寒地带盐碱地种稻的先河；纸筒育苗移栽甜菜高产高效依安模式的试验成功，使甜菜单产达到1000公斤，大幅度降低了制糖业生产成本，为糖经济成为依安最大的支柱行业夯实了基础。温室育苗、大棚移栽的高效蔬菜生产模式，拉直了蔬菜生产的季节曲线，使农民种菜效益成番论倍地增长，使全县用1/10的耕地创造了1/3的农业收入。同时，白鹅快速育肥、肉牛快速育成、生猪直线育肥技术也普遍得到应用推广，白鹅成活率由1995年的80%达到现在的95%以上。全县户均有2—3个科技项目的农户占2/3，科技对农业的贡献率达到48%。三是坚持典型带动，在推进方式上求突破。抓典型、树样板，用典型指导一般，推动全局，是依安县委推进工作思路实施的重要举措。在农业生产中，善于发现典型、培养典型、总结典型、宣传典型和运用典型，各行各业都有先进，项项工作都有典型。太东乡高新技术开发区和农业综合开发区以其标准高、内容新、项目全成为全国农业综合开发和高科技示范的样板，对加快全县农业和农村经济结构战略性调整起到了重要作用。

在发展工业经济上，依安县委从县情实际出发，以改革的思路谋划全局，以创新的胆识研究对策，把工业放在市场经济大环境和县域经济全局中去运作。一是打破产业界限，大胆借助农村生产要素参与国有企业改革。既引导乡村参股工业企业，又引导乡村租赁双停企业；既引导乡村与企业合作上项目，又引导乡村并购闲置资产，共吸纳乡村闲置资本3557万元参与工业企业改革，成功地组建了省级龙头企业齐齐哈尔天鹅集团，新建改造企业29户，盘活资产9816万元，新增产值3.4亿元，利税4500万元。二是打破地域界限，积极吸引外埠生产要素参与国有企业改革。大力开展招商引资、引智、引项目活动，推进以存量换增量、以资源换项目、以产权换资金的经济协作，共吸纳国内外资金2.3亿元，上新项目12个，开发新产品35个，新增产值1.38亿元。三是打破所有制界限，广泛吸引民间生产要素参与国有企业改革。吸引私营企业和职工参与企业产权制度改革，注入资金4535万元，使25户企业重新焕发了生机。到1999年，全县实现工业产值5.54亿元，利润537万元，企业亏损面由1995年的48.6%下降到17%，工业开工率达90%，下岗职工再就业率达85%以上。

在市场开发上，依安县注重“反弹琵琶”，积极实施营销战略。不断完善市场体系建设，建设了上联国内外市场，下联各乡村的信息网络销售系统，积极探索委托经销、设点销售、连锁经营等营销方式，以优厚的激励机制鼓励县内外各界人士参与销售依安的产品，成效十分显著。县内六大特色经济产品供不应求，已销往全国30多个省市。天鹅集团还获得外贸出口权，产品已经销往俄罗斯、东南亚等国家和香港地区。雪牌白糖制品已成为高级进口糖的替代产品，得到国内知名食品加工企业的认可和使用。

3. 宽松环境，奠定经济发展的良好基础

在突出发展特色产业过程中，依安县始终坚持优化经济环境，聚集各种生产要素的整体优势，为县域经济大发展、快发展奠定了基础。一是规范部门行为，清理减轻企业和农民负担。为了给经营主体创造更大的发展空间，在促进企业发展上，制定了14个方面的扶持政策，在税收、用地、规费征缴等方面给予优惠；对合资合作企业，又制定了53条优惠政策；在对企业收费上，采取了一个部门收费、挂牌保护、总量控制的办法，有效地把部门行为纳入政府的监控范围。在农村，探索和实践了并村改革，并掉行政村40个，精简乡村干部4782人，农民人均减负44.9元，并且采取了创收减负、卸债降息减负等措施，有效遏制了农民负担的反弹，调动了农民生产积极性。二是不断加强环境建设。在软环境建设上，主要突出了服务意识。在全县年年都开展“为经济建设服务，树行业新风最佳最差单位评比”活动，加大了对各职能部门服务意识的考核、监督力度，充分发挥了各部门服务经济大局的能动性和实效性。在硬环境建设上，近四年来，共筹集预算外资金近2亿元，兴办社会公益事业，完善了基础设施，美化绿化了城市环境，树立了依安良好的外部形象，为吸引省内外各种生产要素创造了良好的条件。

面向新世纪，已初步构筑起六大特色经济格局的依安县，将继续迎着改革开放的世纪风，以创新为纲，以务实为本，坚持城乡联动、工农互补、内外结合，打好优势牌，走好特色路，努力把依安建设得更加文明、更加繁荣、更加富裕。

黑龙江省鹤岗市

鹤岗市位于中国东北边陲，地理位置在东经129°39′50″至130°41′00″，北纬47°03′30″至48°18′47″。北与俄罗斯隔江相望，西与伊春市毗邻，东至松花江与同江市一水相连，南与佳本斯相邻，区域面积14648平方公里，全市人口111万。独特的地理位置，使其成为三江平原北部的一个重要经济文化区域，素有“三金之城”美誉。下辖萝北、绥滨两个边境县。域内有鹤岗矿务局、宝泉岭农场企业集团、鹤岗电厂、鹤北林业局等省直企事业单位。

区位优势得天独厚。鹤岗地处黑龙江边对俄开放的中心地带，边境线228公里，有萝北、绥滨两上国家类口岸，萝北口岸在全省沿边口岸中距省城哈尔滨最近，可航行千吨级以上船舶，经鞑靼海峡能以较近距离进入日本和韩国，优势的区位和完善的口岸功能使鹤岗成为中国对俄开放的重要口岸城市和经贸通道。

自然资源丰富，开发潜力大。鹤岗市土地肥沃，林区广阔，物产丰富，年平均降雨量608mm，大于等于10℃年积温2450℃左右，无霜期在125天左右。天蓝、水碧、土黑、无污染、是绿色食品开发的宝地。已查明的矿产资源30多种，其中煤炭储量30亿吨，石墨储量6亿吨。盛产水稻、大豆、玉米、小麦、甜菜、马铃薯、烟草等粮食与经济作物。珍贵的淡水鱼种类有：鲟鱼和鳇鱼，近几年每年捕捞量在20吨左右；“三花”（鳊花、鳌花、鲫花），近几年每年捕捞量5-8吨；“五罗”（哲罗、鸭罗、法罗、铜罗、胡罗），近几年每年捕捞量5-10吨。由于该市山林茂密，植被繁多，森林覆盖面积65万公顷，山产品极为丰富，有人参、党参、平贝、黄芪、刺五加、五味子等中草药100余种，年采集量50-100吨；木耳、蘑菇、猴头年采集量150-200吨；蕨菜、薇菜等山野菜年采集量5000余吨。栖身在森林中有马鹿、驼鹿、狍子、獐子、野猪、黑熊、狐狸、黄鼬等20多种野生动物；还有野鸡、山鸡、飞龙等50余种鸟类；沿黑龙江和林区各条河流每年还盛产优质的黑龙江林蛙（红肚蛙）上亿只。

黑龙江省饶河县

美丽富饶的饶河县位于黑龙江省东部，乌苏里江中下游，南依完达山脉，北抵三江平原，与俄罗斯隔江相望，边境线长131公里，县域面积6765平方公里。饶河物产丰富，人民勤劳，著名的《乌苏里江船歌》、《大顶子山高又高》等文化作品，就是取材并创作于此。县辖4镇7乡一个赫哲族乡，境内有5个国营农场，10个森工林场。全县有汉、满、回、蒙古、朝鲜、赫哲等20个民族，共有人口14万。

饶河县地处偏远，人口稀少，开发较晚，所属资源具有数量品种多，无污染，开发潜力大等特点。现有耕地20万公顷，农业人口人均占有耕地1.7公顷。土壤有机质含量为7%左右，团粒结构及基础肥力较好，气候湿热，雨量充沛，日照充足，适宜多种农作物生长。这里是国家级现代农业示范区。县域森林覆盖率51%，活立木总蓄积量为3822万立方米。树种多，木质好，盛产红松、水曲柳、杨、柞、椴、桦等树木几十种，是黑龙江省天然林后备资源较多的林区，有东北虎、马鹿、黑熊等几十种动物，有人参、黄柏、五味子、刺五加等140余种药用植物，有猴头、木耳等20余种野生食用菌；有山葡萄、猕猴桃、松籽、榛子、核桃等20余种山野果；有薇菜、蕨菜、黄瓜香等30余种山野菜。全县草原面积20万公顷，挠力河流域湿地是亚洲最大的湿地保护区，泥炭资源极为丰富，储量为5亿立方米，位居全国之首。境内一江28河是天然的渔场，盛产“三花五罗”和大马哈、甲鱼、鲤鱼等经济鱼类，这些纯天然的“乌苏里江鱼”是远近闻名、价格不菲的名贵佳品。由于自然资源基本处在原始生长状态，堪称野生动植物的王国。

饶河既有一江碧水、平若明镜、洲岛错落的江上美景，也有绿草如茵、百花争妍、牛羊成群的草原风光，还有峰峦起伏、溪流淙淙、松涛阵阵的山林秀色，是消夏避暑、江畔垂钓、旅游观光的胜地。

近年来，全县人民以经济建设为中心，以市场为导向，以资源为依托，不断调整产业结构，大力发展县域特色经济，逐步形成以能源、建材、酿造、浸油、木材加工、蜂产品加工、山野菜加工为主导的工业体系。其产品卫生筷远销东亚各国及港澳台地区。以椴树蜜、王浆蜜为代表的蜂蜜系列产品被欧盟有机食品组织和国家环保局认证为有机食品，曾在第33、34届国际蜂产品博览会上分别荣获金奖和铜奖，产品畅销世界各地，以薇菜干为代表的山野菜系列产品出口日本、韩国。

优势特色农业发展迅速，1993年被国家批准为大豆生产基地，1999年被黑龙江省政府批准为优质专用小麦基地，由于良好的生态环境、大气、土壤、水体未被污染，1998年被国家批准为全国生态示范区建设试点地区，同时被欧盟有机食品组织认定为有机食品生产基地，1997年12月被批准为东北黑峰国家级自然保护区。1999年被国家确立为全国珍稀动物良种繁育基地。

饶河是内地通往俄罗斯远东地区的重要门户，也是对俄哈巴罗夫斯克地区重要的陆运和冬季过货的国家一类口岸。和饶河口岸对应的保克洛夫口岸是俄远东地区规模最大、标准最高、设施最好、功能最全，集铁路、公路、长远于一体的现代化口岸，年过货达100万吨，两国口岸国门仅距760米，双方合作潜力巨大。

在新千年来临之即，饶河人民在县委、县政府的领导下，在继续发扬特别能吃苦、特别能战斗、特别能忍耐、特别讲奉献等优良传统作用的基础上，更有勇气和信心创新图强。坚定经济、社会、环保效益共同发展的理念，创建更美好的新饶河。

黑龙江省铁力市

美丽富饶的铁力市，位于黑龙江省中部，小兴安岭南麓，南接北国名城哈尔滨，东临红松故乡伊春，西靠大庆，北近对俄口岸黑河，全市总面积6.620平方公里，总人口38.9万。其中，农业人口近10万。

铁力市地势东高西低，素有八山一水一分田的怪说。林地面积528，592公顷。其中，有林地面积486，936公顷；全市耕地面积63，009公顷。其中，水稻面积22，324公顷。铁力市属大陆性季风气候，雨量充沛，光照充足，土质肥沃；水利资源丰富，境内有安邦河、呼兰河、依吉密河和“7512”工程等四大水系纵横交错，是松花江支流呼兰河的上游，得天独厚的水土资源优势和本地没有工业污染的客观环境，为生产和加工纯天然绿色食品创造了良好的条件。

近年来，铁力市委、市政府加大了农业产业化结构的调整力度，依托资源优势，提出了以大力发展特色、绿色食品生产，打响绿色品牌，促进效益农业战略加快发展的工作思路，成立了铁力市四宝绿色食品发展有限公司，并确定重点发展呼兰河牌“富硒米、林蛙、林灌本地鸡、粘玉米”等四宝系列产品。

1. 富硒大米。是采用国内外优质水稻品种沙沙尼、珍珠B、948、9788，利用纯天然无任何污染的河水，肥沃的黑土地，科学施用农家肥种植的纯绿色食品，特别是引进了喷施硒肥，在水稻养花期进行富“硒”处理，使有机“硒”通过水稻叶面吸收，培育出的水稻，经过精细加工，生产出的富硒精制大米，米质纯正，晶莹如玉，粒粒光泽，营养丰富，精度符合GB1354—86标准。经黑龙江省大骨节病研究所测试中心检测，米中硒含量达到每公斤199微克（普通大米仅为10至20微克）。而硒是人体不可缺少的微量元素，近年来通过医学证明，癌症、肿瘤、高血压、心脏病、心脑血管、肝病、大骨节、克山病等40余种疾病，与人体缺少硒元素有着密切关系。硒可以促进人体免疫球蛋白的增加、增强人体免疫力。硒是天然解毒剂，具有显著的防辐射损伤，清除砷、汞毒害，并有延缓衰老的功效，被国内外医学专家称为“生命的火种”、“抗癌之王”。黑龙江省是缺硒尤为严重的省份，就全国而言，约有2/3的地区缺硒。中国营养学会将硒的每日供给量标定为50—200微克，富硒米有利于人体吸收，是优质的补硒食品，也是人体补硒的有效途径。铁力市2000年绿色食品水稻种植10万亩。产量5万吨，占全市水稻种植面积的30%，并已获得国家富硒米绿色食品证书。

2. 速冻保鲜粘玉米。是在小兴安岭林区特有气候，松花江支流呼兰河的发源地，土壤有机含量高，无任何工业污染的条件下培育出来的纯天然绿色食品。这个项目已有十余年的开发历史，名扬省内外。产品品质优良，味道鲜美与鲜品无异。鲜嫩、清香、甜美、芳香可口，倍受人们的喜爱。是宾馆、酒店的风味食品，也可做为馈赠亲友的特色礼品，更是家庭餐桌上一道适口的佳肴。粘玉米还有保健功能，含有丰富的蛋白质和氨基酸，营养丰富，补充人体缺少的多种营养成份。同时，粘玉米的青稞中含有较多的核黄素，极容易被人体吸收。铁力市现有冷库两座，占地面积2.6万平方米，冷藏能力为500吨。年可供货300万穗，包装精良、新颖，分为礼品盒式（12穗—24穗—48穗/箱）和普通包装式（30穗—60穗/箱）。

3. 林蛙。铁力市神树镇是野生林蛙盛产区，素有东北林蛙第一镇之称。这个镇人工培养林蛙已有十余年的历史，现已形成自己独特的饲养规模和技术，全镇有林蛙养殖户700多户，年产林蛙1，000余万只。

林蛙作为一种纯天然绿色食品，其营养价值被越来越多的人所认识和了解。林蛙肉质细嫩，味道鲜美，子蛙肉中含蛋白质79%。林蛙油中含蛋白质56.3%，脂肪3.5%，矿物质4.7%，无氮有机物27.5%，并含有人体所必须的18种氨基酸和多种微量元素。林蛙油又是一种高热食物，每百克可释放600千卡的热能，是男女皆宜的保健品。蛙皮可用来制作抗腐剂，蛙脑垂体可提取治疗老年性痴呆的物质，加工林蛙油后的林蛙副产品可做饮料、冲剂和口服液等保健品。

4. 林灌木本地鸡。是充分利用林间空气清新，大气无污染的自然环境，把野草、野果和昆虫做为绿色饲料，在林间散养的无公害、纯绿色的地方良种商品鸡、生长期为120天，鸡肌纤维结构致密，水分含量少于肉鸡。同时，由于本地鸡属地方优良品种，具有适应性强，抗癌力强的优势，不用更多的药物防治疾病，鸡体内无抗菌素、激素、添加剂、控寄生虫等药物残余。同时，由于林地不用药物、化肥，林间散养本地鸡是真正纯绿色食品。目前，全市已建成林灌鸡养殖基地4处，年可提供商品鸡50万只。

5. 人参。铁力市桃山有人参留存面积200万平方米，年产鲜参80万公斤。由于产地位于小兴安岭南麓呼兰河上游，森林茂密，土地肥沃，土质、水质、空气无任何污染，所以，桃山人参以无虫药残毒、无污染闻名于世，为日本、欧洲发达国家和地区专购产品，畅销日本、东南亚、欧洲等地。

6. 北五味子。北五味子是木兰科植物的成熟果实，药食两用植物，性温、味酸。有敛肺、滋肾、生津、收汗、涩精等功效。其木质素在临床上治疗肝炎和作为一种强养化剂，对抗衰老，防治许多危害性大的疾病有较好作用。

铁力市五味子蓄积量200万公斤，年允收量30万公斤。

7. 超人御液。是用纯天然名贵中草药，经过现代科学工艺精制而成，其主要成份为鹿角、人参、蛤蚧、海马、海龙。其特点是：激发内源，标本兼治，扶弱济强，抗疲劳，延缓衰老，增强免疫力和改善性功能，年产量250万瓶。

8. 平贝母。为百合科多年生草本植物，鳞茎干燥后供药用。具有清肺、化痰、止咳功能，治肺热咳嗽、止血、催乳、排浓利尿，镇痛等作用。现留存面积40万平方米，年产贝15万公斤。

9. 阿胶。是利用多种名贵药材采用传统工艺生产的一种高级美容食品，产品有阿胶、鹿角胶和龟板胶，产品远销到马来西亚、新加坡等国，年产100吨。

10. 鹿茸。是国家名贵中草药材，被称为东北老三宝之一，具有极强的药用价值，铁力市年产鲜茸8，000公斤。

11. 山珍。铁力市浅山区密林深处生长着猴头、元蘑、榛蘑、榆黄蘑等山珍，年产量200吨。

12. 山野菜。有猴腿、蕨菜、山露、黄瓜香、刺嫩芽。年产500吨。

黑龙江省海林市

海林市位于黑龙江省东南部，东临牡丹江市，西连哈尔滨市，南与吉林省接壤。全市行政区总面积9970平方公里，辖4乡8镇192个行政村，总人口43.8万人，其中非农业人口占55.4%。1948年9月建县，1992年撤县设市。

改革开放20年来，海林市坚持兴工强农富民政策，团结创业，税意进取，奋力争先，经济和社会事业都得到了长足发展，综合实力位居全省前列。自1998年以来，全市财政收入、工商税收连年双超亿元，1999年国内生产总值完成17.2亿元，农村经济总收入完成12.9亿元，农民人均纯收入实现2637元。海林市1993年获得外贸出口经营权，1997年被国家有关部门批准为全国县级综合改革试点市。近些年，海林市已成为全省经济率先发展的“九小龙”县（市）之一，相继被评为全国科技工作先进市、全国扫盲先进市、全国文化先进市、全国体育先进市和全省计划生育先进标兵、全省文明城市先进标兵和先进市等。

面对海林市农村经济如何发展问题，几年来，市委市政府始终坚持解放思想，求真务实的主基调，把农村工作的着力点放在立足实际，依托资源，面向市场，发展特色农业上，带动了农村经济结构优化和产业升级，取得了一定成效，积累了一定经验。

1. 围绕自然资源开发，牵动农村经济结构优化调整。该市拥有极其丰富的自然资源，境内蜜源植物达几十种；野生中药材200余种，贮量10万余吨；盛产蕨菜、刺嫩芽、松籽、野生食用菌、野果等山产品资源100余种；可养水面13485亩（不含莲花湖）；草原13.14万亩。这些年该市从这些优势出发，因地制宜，突出特色，深度合理搞好资源的开发利用，为农民致富找到一条便捷、有效的途径，促进了农村经济结构优化调整。一是利用可养水面发展渔业生产。按照以承包促开发，以开发促发展的工作思路，自1993年开始对全市宜鱼水面进行了承包改革，通过投标竞争方式将宜鱼水面逐渐承包给养鱼专业大户，促进了渔业产业的快速发展。到1999年底，全市13485亩天然宜鱼水面和20万亩莲花湖人工宜鱼水面全部承包开发完毕。全市水产品年产量达3000吨，其中人工捕捞1000吨，水产品收入达240万元。二是利用宜牧资源，大力发展草食性牲畜。该市年产秸秆21.6万吨，再加上13.14万亩草原，年载畜能力为牛26万头，羊16万只。近些年，该市制定并实施了以牛、羊为牵动的畜牧业发展战略，相继引进了绒山羊、黄牛改良、育肥牛等新品种、新技术。1999年，全市畜牧业产值占农业总产值的28%，牛、羊存栏分别达5万头、5.5万只。三是利用优越的自然条件，大力开发山产5000吨左右，野生中药材400吨，但只占其贮量的30%、0.38%，其主要原因就是采集不到位和破坏性开发。自1996年以来，该市坚持开发与保护相结合，先后到敦化市、虎林县引进了刺嫩芽、薇菜人工移栽、集中保护开发技术，在该市长汀镇、横道镇、柴河林业局建立了推广基地3万亩，有效提高资源利用率60%以上。四是利用丰富的柞林资源和蜜源资源，发展蚕蜂业。该市有适合放蚕柞林资源15万亩，可养柞蚕3000把。近些年，该市紧紧抓住蚕业大发展的有利时机，积极引导，强化服务，促进蚕业生产的发展。到目前，全市柞蚕面积已达100把，还新上一条年生产40吨的缫丝生产线。该市1998年被省列入蜂业基地，蜂业生产已成为山区农民致富的一项重要产业。目前养蜂量已达8500箱，养蜂收入可达450万元。五是推进林蛙规模饲养。该市适宜林蛙养殖的山水资源极为丰富，宜蛙面积达5万公顷。近两年，市委市政府已把林蛙产业作为农民增收、财政增税的新增长点，多次组织专业户到外地考察林蛙养殖技术和销售市场，协调林业部门解决林权承包，为林蛙养殖创造宽松条件。目前，全市林蛙养殖面积达8000公顷，庭院养殖户达30余户。预计两年后可实现产值8000万元，特产税400万元。六是开发林副产品资源，发展食用菌产业。该市是全国六大食用菌基地之一，发展食用菌产业既有产业优势又有技术优势。多年来，该市始终把食用菌产业作为农民致富的主导，最多年份木耳段达3000万段，食用菌总产达1000吨。近两年，随着天然林保护工程的实施，袋食用菌逐渐替代段食用菌。目前，全市年生产袋食用菌已达1000万袋，总产达500吨左右，主要品种有地栽木耳、猴头、香菇、滑子菇等。七是开发“五荒”资源，发展以果树为主的经济林。该市有“五荒”面积5万亩，其中宜果“五荒”面积3万亩，1994年开始对“五荒”进行了拍卖，农民获得了50年土地使用权，极大地调动了农民开发“五荒”的积极性，目前，全市90%以上的宜果“五荒”均栽上了果树。

2. 围绕旅游资源开发，促进产业升级。该市旅游资源富集，世界上公认的三大旅游资源——冰雪、森林和海洋，该市拥有冰雪和森林两项。虽然没有海洋，却拥有东北最大的人工水体莲花湖。林海雪原、东北虎、威虎山、中国第一雪乡、莲花湖等构建了该市“虎、山、雪、水”四大特色旅游资源。近两年，该市通过招商引资，借助外力，使旅游业发展成为农村经济中富有生机的产业。先后引资1.52亿元，开发建设了威虎山城、俄罗斯风情园、林海虎苑、鹰嘴峰渡假村第一批特色旅游项目。1999年全市接待各类游客10万余人，旅游业收入实现1050万元，并成功地举办了首届“中国雪乡”旅游节，进一步提高了海林的知名度。

3. 围绕发展优质高效产业，加速特色农业推进进程。该市耕地面积较少，农民人均不足4亩地。多年的实践使该市认识到在科学技术没有重大突破的前提下，仅靠单一粮食生产进一步挖潜增收潜力不会太大。根据这一实际，该市坚持走特色发展之路，做到以质取胜，以特增效。一是大力发展高效经济作物。自1996年起，该市重点培育了烟（烤晒烟）、菊（万寿菊）、瓜（白瓜籽）、菜（大棚蔬菜、山野菜）四条主导产业及甜葫芦、红小豆、杂粮、豆角、亚麻、黑豆等经济作物。2000年，经济作物总面积达23.5万亩，经粮作物面积比由1998年30:70调整到36:64，经济作物总收入可达1.5亿元，同比粮食增长近2倍。在原有海林烟厂基础上，近几年又新上万寿菊加工厂、白瓜籽炒货清选厂等一批龙头企业，推动了经济作物向产业化方向发展。二是规模推进特种养殖业。该市根据市场需求和独特的养殖环境，重点培育了以獭兔、兰狐、貉、特种鱼等为主的特种养殖业。目前，獭兔年养殖量达3万只，特种鱼养殖面积达1000余亩。

4. 围绕绿色食品开发，打响绿色品牌。该市开发较晚，生态破坏较轻，开发生态产业和绿色农业具有独特优势。自1995年以来，市委市政府确定了绿色食品发展战略，成立了海林市绿色食品开发领导小组和绿色食品办公室，先后制定了海林市绿色食品“九五”、“十五”及2010年发展规划。到1999年，全市已获AA级国家绿色食品标志一个（5000吨张广才岭牌山野菜），占全省的14.2%；获A级国家绿色食品标志5个（威虎山牌啤酒、海浪河牌精洁米、乳制品、面粉及甜菊糖甙），占全省的4.9%。AA级张广才岭牌山野菜驰名中外，运销到日本、韩国及东南亚市场。海浪河牌精洁米已在全国20余个省、市小有名气，年销量在2万吨左右。

该市在利用资源，发展特色农业上取得了一定成效，但与先进地区相比，还有一定差距，该市有决心、有信心在“十五”期间把这项工作做得更好。“十五”期间，该市农业工作总体思路是：紧紧围绕三型农业（市场农业、生态农业、特色农业），以农业三增（农民增收、财政增税、山河增绿）为目标，以调整优化农村经济结构为中心，以农业产业化和绿色食品开发为重点，推进科技进步，加速质量效益农业发展进程。“十五”期间主要发展目标是：到2005年，农村经济总收入实现17.9亿元，年均递增4%；农民人均纯收入实现3460元，年均递增4%；水产品产量达到3600吨；绿色食品基地种植面积25万亩、绿色食品加工产量达到91700吨。

黑龙江省虎林市

虎林市位于黑龙江省东北边陲，以乌苏里江和松阿察河为界，与俄罗斯联邦隔水相望。全市总面积9330平方公里，市辖7镇7乡130个行政村，以及6个省属国营农场和两个森工林业局。总人口29.8万人。

虎林，由横贯全市中部的境内河流——七虎林河而得名，该河系满语“稀忽林”之转音。古为肃慎、赫哲族世居地。清光绪二十年（公元1894年）在呢吗口（今虎头镇）设政，民国二年（公元1913年）设县，1946年5月建立人民民主政权——虎林县民主政府。从1946年至1996年的50年中，虎林经历了14次变更隶属关系及合分县的重大体制改革，1996年10月撤县设市，现归鸡西市管辖。

虎林市是国家级生态示范区，境内天蓝、地净、水清，生态环境十分优越，是世界上少有的几块净土之一。

自然资源丰富，物产丰饶。土地平坦肥沃，块大连片，耕地总面积达438.5万亩，是国家重要的商品粮基地，在全国粮食强县中列第11位；森林茂密，木材资源丰富，是国家重点木材生产基地。林下蕴藏着极为丰富的北药、山野菜、食用菌、蜜源植物、野生浆果、珍稀动物等资源；草场连片，草质优良，宜牧草场面积达100多万亩；江河纵横，水资源丰富，盛产大马哈、“三花五罗”等特产鱼类。矿产资源储量可观，已探明储量的有黄金、铜、花岗岩、泥炭等36种。

旅游资源类型多样，且颇具特色，是北疆著名的旅游胜地。有祖国最早见到日出的神顶峰、闻名于世的珍宝岛、被日军号称为“东方马其诺防线”的虎头军事要塞、堪称北国一绝的荷花湖、乌苏里江国家森林公园、被称为“东方第一庙”的关帝庙、虎口湿地等独具特色的旅游资源。

对外开放的地缘优势得天独厚，设有国家一类陆路客货口岸，并建成了长207米，宽13米的中俄边境上最大的永久性界河大桥，联检查验设施先进，吞吐能力宏大，且对应地区广、辐射面宽，从这里过境可随时前往俄罗斯腹地，并可取道海参崴、前往日本、韩国和东南亚。

中共十一届三中全会以来，特别是1996年撤县设市以来，市委、市政府充分依托生态、资源、口岸三大优势，全面推进绿色食品发展战略的实施，有力地带动了全市经济和各项事业的持续、快速、健康发展，综合经济实力大大增强。1999年，全市国内生产总值实现149223万元，与建市时的1996年相比，年均递增12.1%；社会消费品零售总额达到49979万元，年均递增9.5%；财政总收入实现13738万元，年均递增8.8%；城乡居民储蓄存款余额达到188384万元，年均递增14.6%。先后跻身于“全国农村综合实力百强县”、“中国明星县”、“黑龙江省十强县”的行列。以绿色食品精深加工业为主导的工业经济蒸蒸日上，已形成了门类较为齐全，结构相对合理的工业体系。1997年以来，新上和扩建了绿色食品加工企业30余家，其中集产加销于一体的跨行业、跨所有制大型企业集团——绿都集团已被确定为全省绿色食品产业化经营的龙头企业。先后开发生产出精制米、大豆磷脂、系列蜂产品、山野菜、中成药等11大类、83种具有较高科技含量和较大市场潜力的绿色产品，并有20余种系列产品获准使用绿色标志。其中，“珍宝岛”牌绿色大米、大豆磷脂、王浆冻干粉等产品被省确定为建国五十周年成果展示会参展产品，“虎琳”牌王浆冻干粉胶囊、蜂花粉、椴树蜜在'99中国国际农业博览会上被认定为名牌产品。目前，“珍宝岛”和“虎琳”两大系列品牌产品已远销到上海、北京、大连、广州、西安等30多个国内大中城市和俄罗斯、菲律宾、利比亚、日本、韩国等国际市场。绿色食品基地建设已形成规模，成为全省样板，促进了质量效益型农业的发展。到1999年，全市绿色种植业基地面积达到73万亩，其中，绿色水稻、绿色大豆基地建设项目已被国家有关部门确定为“全国高产优质高效农业标准化示范区”示范项目。绿色畜牧业规模养殖场达到118处，绿色养鱼水面达4.34万亩，绿色养蜂基地发展到1.5万箱，绿色蔬菜、水果、人参、木耳等多种经营生产也有了较大发展，促进了农业增效和农民增收。1999年，全市农业总收入实现59927万元，与建市时的1996年相比，年均递增4.5%；农村人均收入实现3119元，年均递增7.2%。城市建设迅猛发展，基础设施日趋完善，初步塑造了绿色虎林形象。1998、1999两年，城镇建设总投资10亿元，新建楼房102栋，52万平方米，是1988至1997年10年间总和的2.2倍；新修水泥路面8万平方米，达到25万平方米；休闲广场、城区集中供热工程、大型停车场、东山公园、封闭式体育馆等重点工程已全部竣工并投入使用；给排水、供电、通信等设施日趋配套完善。1999年被评为全省“十佳小城市”。旅游业发展迅速。三年累计投资3200万元，开发建设了虎头旅游开发区，开通了中俄边境旅游线，形成了以生态游、文化游、经济游、健康游为主要特征的旅游业新格局。口岸边贸以绿色食品出口为牵动，过货量居全省前列，在全省19个口岸中，排第四位。体育、文化、计划生育、广播电视等各项事业也都跨入全国先进行列。先后被授予全国体育先进市、广播电视建设先进市、农村电气化先进市、计划生育社区服务先进单位、九年义务教育和扫除青壮年文盲先进单位、边疆文化长廊建设先进市等荣誉称号。

“乌苏江山地净九千里，宝岛生态天晴五洲外”。今后一个时期，虎林市将继续贯彻落实省委“二次创业”精神，依托生态、资源、口岸三大优势，以建设全省绿色食品基地样板市为目标，以优化经济结构，改善投资环境，增强创新能力，提高生活质量为重点，突出知识领导，依靠科技进步，加快推进绿色食品发展战略实施步伐，做到一二三产业协调推进，各种经济成份共同发展，实现虎林经济的持续、快速、健康发展和社会的全面进步，使虎林这颗北疆明珠更加璀灿辉煌。

黑龙江省大兴安岭地区

大兴安岭，地处中国黑龙江西北部，全区总面积8.46万平方公里，下辖三县四区10个林业局，人口55万。有林地面积730万公顷，林木总蓄积达5.6亿立方米，占黑龙江省总蓄积的26.6%，占全国总蓄积的7.8%。不仅是全国最大的木材生产基地，也是各种林木产品精深加工基地。全区拥有林木产品精深加工企业186户，年生产锯材78万立方米；生产胶合板、刨花板、纤维板、地板块、卫生筷、集成林等21万立方米，生产机制炭1万吨，产品畅销国内国际市场。

大兴安岭物华天宝，矿产资源丰富。目前已探明的矿藏有金、煤、铜、铁、铝、铅、锌、石墨等30多种，开采和利用的前景十分广阔；野生植物种类繁多，已发现的就有92科371属966种。榔柿、红豆、黄芪、党参、灵芝、五味子、龙胆草等具有重要科研价值、经济价值和观赏价值的天然野生植物正在被开发和利用。以黄芪嫩芽叶为主要原料加工而成的北芪神茶系列产品，用红豆、榔柿制作的系列饮料产品，用野生真菌制作出的山珍产品等，走俏国内国际市场，以其纯天然、纯绿色、无公害、无污染的优势，备受广大消费者的青睐。

大兴安岭具有独特的生态环境。这里天蓝、水清、地净，堪称“天然净土”。全区现有易垦植荒原900万亩，已开垦耕地150万亩。2000年已规划出50万亩无化肥、无农药、无公害耕地，用于生产绿色食品和有机农产品。本区生产的大豆、小麦、玉米、马铃薯及各类蔬菜水果等，由于无化肥、无农药、无公害，在市场上十分畅销。部分绿色农产品已进入美国、俄罗斯、日本、东南亚等国家和香港、台湾地区。发展前景十分广阔。

全区半数以上的地域仍处于良好的自然原始状态，是目前世界上少有的一块全境无污染的净土，开发和生产绿色食品具有得天独厚的生态优势和资源优势。近年来，大力发展生态农业、绿色产业、绿色产品并已取得了可喜的进展。龙头企业——大兴安岭北奇神保健品有限公司、大兴安岭丽雪精淀粉公司等企业已通过国家和国际绿色食品组织认证。北芪神茶和北芪神饮料于1996年就已被国家绿色食品发展中心认证为绿色食品；丽雪系列产品，已经中国绿色食品发展中心批准，允许使用绿色食品标志，欧盟有机食品颁证机构（瑞士IMO）认证为有机食品并通过了ISO9002质量体系认证；北极泉矿泉水，取之于北纬50°以北的原始森林。1996年经中国绿色食品中心认证允许使用AA级绿色食品标志。

大兴安岭地区土地资源辽阔，可利用荒原900万亩，其中宜农地377万亩，宜牧地402万亩。近年来，大兴安岭地区充分利用和发挥独特的生态优势，大力发展特色农业、绿色农业、有机农业。截止到1999年底，全区已开垦耕地150万亩，粮豆薯总产达到了2.06亿公斤，粮食实现了自给。这一优势引起了国内、国际广大客商、客户的高度重视。目前，美国、加拿大、日本等国家和香港、台湾地区及内地的一些省市的企业和客商、客户纷纷与该区签订了绿色食品生产和发展绿色农业的订单。

野生植物上千种，有许多具有较高的经济价值和食用价值，已被列为经济开发的对象。山野果中的越桔（牙格达）、榔柿、刺玫果、山葡萄等，是制作天然饮品、果酒、果酱、果糕的好原料。目前，用山野果制造的各类饮料、果酒、果酱等产品；用各种天然、野生植物制作的各种绿色食品、绿色饮品已批量投放市场，并以其纯天然、无污染的特点，深受广大消费者的欢迎和喜爱；山产品中的蕨菜、黄花菜、金针菜、明叶菜以及食用真菌木耳、蘑菇、猴头和灵芝，以其纯天然、无污染而闻名中外，深受欢迎。塔河樟岭含锶矿泉水治疗高血压有奇效，图强北极泉矿泉水以其纯天然、纯绿色，而赢得消费者的青睐。

近年来，通过大力调整产业、产品结构，以林木产品精深加工为主的林产工业异军突起，主要产品有：实木家俱、高档地板块、人造板、集成材、刨花板、细木工板、卫生筷及各种精制木制品等，品种种类达400多个。产品已销往哈尔滨、沈阳、大连、北京、天津、上海、广东、深圳、香港、台湾等地，并远销到美国、德国、日本、俄罗斯、韩国、荷兰等国家。

精美的桦树皮制品、山特产品、绿色食品、集邮纪念品、瓷刻作品等，深受广大旅游爱好者的喜爱。目前，仅桦树皮旅游产品就已发展到了四大系列、30几个品种。桦树皮旅游产品，在保持鄂族传统制作工艺的同时，通过改进工艺，采用了轧花、刻花、烫花、编织等技术手法，在保留鄂族传统花纹图案和制作技术的基础上，又不断发展创新，使产品既有古朴自然的风格，又具收藏和使用价值。其独特的风格，逼真的形象，给人一种原汁原味、返朴归真、回归自然的感觉。

江苏省南京市

南京市农业和农村经济发展已进入了一个新的阶段，各种农副产品特别是一些大宗产品价格低廉，农民收入增长缓慢，这就要求对农业和农村经济必须进行战略性调整，发展养殖业是结构调整中的重点产业。

一、加快发展养殖业已具备坚实的基础。

1. 养殖业已发展成为农业和农村经济的支柱产业。近年来，该市养殖业在市委、市政府的正确领导下，认真贯彻中央、省市农业和农村工作方针政策，突出把握繁荣农村经济和增加农民收入这两个重点，不断探索增产、增收的新路子，养殖业主要产品产量始终保持持续增长。据统计，1999 年全市地产肉类 23 万吨、禽蛋 8.0 万吨、牛奶 4.2 万吨、水产品 10 万吨，实现产值 20 亿元（90 不变价），在农业总产值中占 40.1%，种养产值比为 54:46，带动农民人均增收 70 元，成为农业和农村经济的支柱产业。

2. 良种基地建设不断巩固和完善。针对该市养殖业生产种苗不足的状况，市和郊县狠抓了以种畜禽、种苗繁育和供应为主的良种基地建设。水产上，国家级罗非鱼良种场进一步巩固和提高，每年生产罗非鱼种 3.2 万公斤；省级固城湖中华绒螯蟹良种场建成挂牌，每年培育和提供蟹 2000 多公斤；市级特种水产繁育中心二期工程建成投产，繁育罗氏沼虾 1 亿尾、河蟹大眼幼体 50 公斤；市级其它四个良种场三个已通过验收挂牌，水产良种建设已基本形成国家级、省、市、县（区）相互配套的体系。畜牧上，着手新建了市级特种畜禽繁育中心，饲养乌嘴鸭 5000 多只；完成市级祖代鸭场建设，4 个父母代樱桃谷父母代种鸭场，饲养父母代鸭 4 万套，提供商品苗鸭 500 万只；建成 8 个种鹅场，饲养种鹅 8 万套；完成两个市级苏太猪场的扩建。良种的建设极大地提高了该市养殖业供种能力和改良水平。

3. 养殖结构不断优化，资源得到进一步合理开发利用。畜牧上，近年来着重抓了提高生猪质量，发展草食畜禽和特种畜禽等工作。全市三元商品猪可出栏 40 万头；全市共放波尔种公羊 25 只，建立波尔羊供精点 14 个，溧水、江宁两个波尔羊种羊场纯繁 300 多只，全市杂交羊可达到 20 万只，杂交羊比例占 20%左右。种草养畜也得到进一步发展，全市种草养奶牛、养羊、养鹅的面积达到 6 万亩。栖霞区种草养奶牛面积超过 8000 亩，平均一头奶牛纯收入达到 6000 元左右，粮田种草比种粮可以亩增收 200 元。水产上，大力发展特种水产。特种水产放养面积 21 万亩，产量达到 1100 万公斤，占水产品总量的 11%左右，产值和效益则占到了 58%；荒滩、荒荡资源开发起步良好，目前已初步开发 5 万亩。同时，大水面开发、河沟养殖以及网箱、网栏养殖也得到进一步发展。

4. 建设了一批规模生产基地，区域化、专业化发展特色更为明显。各地面向市场，立足资源条件，确定优势品种，实行集中布局，规模生产，培植一村一品、一乡一业。高淳县农民因地制宜，运用水产养殖的丰富经验和传统技能，大力发展稻田生态养殖，1999 年养殖面积达到 7 万多亩，产成蟹、青虾、成鱼 245.1 万公斤，无公害稻谷 2700 万公斤，亩创利 1300 元，均比单种水稻同类型田块增收 1000 元，其规模、效益和管理水平多次得到省里肯定。一些传统的养殖乡镇，继续扩大规模，专业化特色更为明显。浦口盘城肉鸭养殖 1999 年已突破 120 万只，年饲养 5 万只以上的农户有 12 户、1 万只以上的有 37 户，全镇养鸭产值超过 2000 万元；溧水县和风权桥村有鸭蛋加工的传统习惯，这个村有一半农户从事皮蛋加工，加工能力 6000 多万只。其中“九妹”皮蛋加工在当地很有名，年加工量 500 万只，年收入近 50 万元。目前，全市区域基地已形成年饲养肉鸭 100 万只的乡镇有 10 个、养鹅 15 万只的有 12 个，水产品总量超百万公斤的乡镇有 35 个；形成 2 个万头猪场、10 个 5 万只的机械化蛋鸡场以及 22 上存栏 100 头以上的奶牛场。生产基地的建设，为稳定畜牧水产总量、提高质量，丰富“菜篮子”供应奠定了基础。

5. 龙头企业建设步伐加快，科技服务得到加强。近年来，各地围绕当地的主导产业，继续加大了对龙头企业的培育力度。全市共投资 1.7 亿元，对 11 个项目重点建设。雨润肉食品有限公司、南京奶业集团、桂花鸭集团、金象集团、南京水产品批发中心以及苏农食品、老山营养食品、溧富蜂业、元亨食品等龙头企业技术改造、生产规模、管理水平以及带动农户生产进一步发展，雨润食品生产十大系列 400 多个品种，1999 年实现销售收入 10.4 亿元，实现利税 8758 万元。雨润食品肉制品市场占有率跃居全国前列，与奶牛集团、桂花鸭集团成为该市在全国颇具影响的畜产品加工龙头企业。南京水产品中心批发市场，不断完善交易设施、交易规则，在促进流通、带动养殖场家上狠下功夫，1999 年交易量实现 10.6 万吨，交易额 10 亿元，并带动了相当一部分场家直接进场交易。龙头企业的建设，对带动养殖业发展，促进农业结构调整起到了重要作用，与此同时，各地还加大了科技推广力度，普遍开展了高产高效竞赛活动，1999 年全市推广 1 项新技术，创产值 11 亿元，新增产值近亿元，投入产出比达到了 1:2.3。同时，加强了新品种规划和引进工作，强化了对乡镇农技人员和农民的技术培训，全面实施“绿色证书”工程。“科教兴渔”、“科教兴牧”已蔚然成风。

二、理清思路，扎实工作，加快发展养殖业。

加快发展养殖业，关键是要进一步解放思想，理清工作思路，落实工作措施，真正把养殖业作为农业和农村经济的重要主导产业来抓。南京市委、市政府对发展养殖业非常重视，并把发展养殖业列入农业、农村经济7个主导产业中。2000年，市里提出了实现种养产值比例1:1，养殖业要新增产值8亿元的目标。要实现上述目标，或者从更远的方面讲，要加快发展壮大南京的养殖业，关键是要解放思想，理清思路，认真落实各项关键措施。

1.解放思想，实现畜牧水产业地位从“副业”到“主业”的转换。

一是及时转变观念，调整工作思路，牢固确立养殖业在农业经济中的主导地位，围绕养殖业发展调整种植业的布局和乡镇企业的结构，并从人、财、物等各个方面支持养殖业的发展。二是进一步做好宣传发动和教育工作，充分调动广大农民发展养殖生产的积极性，在全市郊县快速掀起发展养殖业的热潮。要通过养殖业的快速发展，加快提高养殖业在农业和整个农村经济中的比重，把养殖业做大、做强，从而达到增加农民收入、繁荣农村经济的目的。

2.依靠科技，着力提高养殖业的整体素质。

当前加快发展养殖业，不能仅满足于数量的增长，更要十分注重养殖业质量的提高。科技的支撑是提高养殖业整体素质的根本保证，要通过加快养殖业品种、技术、知识更新工程对传统养殖业进行更新和改造。在三项更新工程中，品种更新则又是处于基础和核心地位。发展养殖业应该坚持以市场为导向，依靠科技进步，逐步形成品种多样化、结构多元化、品质优质化的生产格局。要切实抓好养殖业良种繁育体系的建设，根据市里确定的主导产品，分别建立健全市一级的原种场，区县一级也相应建立良种场。通过这些良种场的不断建成，逐步达到常规优质苗种基本自给，名特优新苗种80%自给的目标，加快提高养殖生产的科技含量和市场竞争力。要进一步加大优良品种的推广力度，畜牧上，重点要加快三元杂交猪、波尔山羊、樱桃谷鸭、隆昌鹅、獭兔等主要畜禽品种的改良步伐，积极开发草食畜食和特种畜禽。水产上，继续抓好罗非鱼良种场、中华绒鳌蟹原种场以及特种水产繁育中心的建设，进一步扩大水产良种的覆盖面。要适应消费者的需求和发展外向型经济的要求，从提高动物食品安全性出发，切实抓好养殖业防疫体系建设，加强对畜禽水产疫病的检测和控制。根据地处丘陵地区的实际，各地要积极创造条件，发展养殖业“无疫病”生产，争取通过几年努力，在郊县建设一批隔离条件较好、有一定规模、生产水平较高的养殖业生产“无疫区”，积极开拓动物食品国际市场，逐步探索发展畜牧水产出口创汇的路子。

3.统筹兼顾，把发展养殖业作为一项系统工程来抓。

发展养殖业涉及到产加销、贸工农的方方面面，需要一、二、三产联动发展，对产前、产中、产后进行整体推进。一是要进一步促进和扶持生产基地的发展。要根据市场需求的变化，围绕龙头加工企业对产品品种、质量、规格等方面的要求，有计划地组织养殖生产，搞好基地建设，尽可能避免和减少生产的盲目性。在千方百计引导郊县广大农民发展生产的同时，要重点扶持养殖大户的发展，鼓励他们从种植业中分离出来，不断提高专业化水平，加快培育一批有规模、上档次的典型，从而带动全市养殖业的蓬勃发展。二是要进一步建立健全畜牧水产加工体系。当前及今后一段时期，要按照起点高、市场潜力大、辐射能力强的原则，继续加大对农业龙头企业的选育和扶持力度，打破部门、行政区域及所有制界限，扶持培育更多的能够开拓市场、引导生产、带动农民致富的龙头加工企业。对现有的雨润公司、奶业集团、金象集团、桂花鸭集团、老山制药等5个市级畜牧水产重点龙头企业，要继续加大扶持力度，促进其进一步积极开拓市场、扩大生产规模，确保两年内培育出年产值达15亿元的大型“龙头”。同时，继续引导和鼓励企业与农户之间的连接，使二者建立利益均沾的收益分配关系，充分发挥龙头企业对基地和农户的“龙头”带动作用。在此基础上，切实加大对后备龙头企业的培育和扶持力度，努力增加全市龙头企业的数量。各区县也要根据自己畜牧水产业和农村经济发展的实际，加快培育当地的龙头加工企业，带动生产基地的发展和农民致富。三是要切实加强农副产品市场体系的建设。除了继续搞好城市农副产品销区市场建设以外，在郊县农村加快建设一批产区市场，帮助广大农民搞活农副产品流通。要认真落实有关政策，大力发展农副产品流通组织，进一步壮大农民运销大户和农村经纪人队伍。四是要积极发展饲料工业，搞好饲料生产和供应，保证我市养殖业快速发展的需要。

4.齐抓共管，形成关心支持养殖业发展的合力。

养殖业是农业和农村经济的重要组成部分，同时也是国民经济中的一个重要产业，需要全市各部门的关心和支持。养殖业的行政主管部门，要根据南京农业和农村的实际，认真研究和制定全市的发展规划，积极采取措施搞好规划的组织实施，及时研究解决工作中出现的矛盾和问题，为市委、市政府当好参谋和助手。市委农工部要切实加强对全市养殖业发展情况特别是在推进养殖业产业化情况的跟踪调查，积极研讨加快养殖业发展的建议和对策。市计委要根据市委、市政府的要求，切实做好全市养殖业龙头企业的培育和外向型经济工作。市科委要结合农业科技“三项更新工程”的实施，切实加大畜牧水产的科技投入，着力提高我市畜牧水产的科技贡献率。市财政局要把养殖业作为农业和农村经济的重要主导产业，在资金投入上予以重要倾斜。市金融、工商、税务、商业、供销、粮食等有关部门也要根据自身职能，切实关心支持养殖业的发展，认真做好相关服务工作。总之，抓好畜牧水产工作，需要运用综合的办法，统筹处理好养殖业和农村其他产业的关系，并从农业和农村经济乃至全市社会经济协调发展的大局出发，相互支持，相互配合，真正形成加快全市养殖业发展的合力。

江苏省扬州市

〔概况〕

扬州，地处长江下游，位于京杭大运河交汇处，古运河穿城而过，全市现辖5县（市）、3区，总面积6638平方公里，总人口440万。扬州是一座具有2480多年历史的古城，国务院首批公布的24座历史文化名城之一。扬州交通发达，旅游便捷，基础设施配套，扬州港为一类开放港口，宁通高级公路、淮江高速公路交叉贯穿扬州，距离沪宁调整公路仅30公里。

扬州工艺品出类拔萃，尤以漆器、玉器、刺绣、剪纸、绒花最为著名，此外，扬州酱菜、牛皮糖、玩具、醉蟹、双黄鸭蛋、银杏等特色商品更是游人青睐的佳品。“烟花三月扬州路，历史名城面貌殊。”古城扬州将以她多姿多彩的特色产品诚迎国内外的嘉宾。

〔名优特产〕

琼花　“维扬一支花，四海无同类。”琼花出生于汉代扬州城东的琼花观。宋仁宗时，有人欲将此花从观中移出，可一出扬州，顿时叶枯花萎，香消玉殒。后来，有个道士以“聚八仙”补种琼花观，后人所称的琼花，实际是“聚八仙”。解放后，扬州园林工人踏山觅野，才在蜀岗上重新发现了一株“聚八仙”，从植物学角度讲，这“聚八仙”属于忍冬科，英迷属、绣球花的天然变异株，因其聚伞花序退化。故丧失了结籽传代的功能。

1985年，扬州市政府立琼花为市花。为了使这“维扬一枝花”能向四海开放，曹王园林场承担了繁殖任务。他们研究出应用秋水仙素刺激根系加快无性繁殖的技术，再经过人工选择，终于培育出现在世人所见的“琼花”，其花大如玉盘，由八朵五瓣小花簇拥着一团伞型花蕊，像是八位仙子围坐聚谈。花树高达丈余，春天绽蕾的时光，玉花缀满枝丫，碧叶柔嫩莹泽，既像瑞雪压满枝头，又似蝴蝶采拮花芯，随风溢出阵阵清和的芬香，虽不强烈，却是沁人肺腑。

芍药　芍药属毛茛科，多年生草木。自古即被称为有情之花，它既是“绰约”的谐音，又是柔美花姿的概括。古人还叫它“将离”，可作恋人离别时的信物。唐宋之后，芍药受到扬州人民普遍喜爱，其品种之多、花形之美，饮誉海外。宋陈师道《后山丛谈》中说：“花之名天下者，洛阳牡丹、广陵芍药耳。”清汪灏的《广群芳谱》载：“扬州芍药名于天下，与洛阳牡丹俱贵。”宋王观《扬州芍药圃》说得更妙：“维扬之芍药，受天地之气以生，故奇容异色，间出于人间，以人血盗天地之功而成之。”

芍药荣于仲春，华于孟夏，在各种名花次第开放后始荣，可谓独得天公爱怜。夏雨过后，曹王园圃中芍药盛开，绿叶扶花，奇荣异色：荷花红，观音面，莲香白，粉金蒂，白玉楼台、人面桃花，金玉资辉，紫雁夺珠，珊瑚映日，银粉洒金鳞、乌龙卧墨池，这些花红如绛缯，白若裹雪，绿似碧绡，黄赛金袍，似乎是瑶池仙女乘着芍药花节冉冉飘落碧翠丛中，徜徉其间，绝无姜夔的“念桥边红药，年年知为谁生”的惆怅，只会引发“扬州帘卷春见里，曾惜名花第一娇”的感慨。

杜鹃　“一声杜宇春见，明朝绯挂千山红。”中国是杜鹃之乡，世界800多种杜鹃中有650余种在中国。清末时，曹王一带就开始培植五宝杜鹃。如今在园中仍可见到一株“镇园之宝”的五宝杜鹃，树龄早逾百年，但枝繁叶茂、茁壮峥嵘。历代的艺工在这棵古树上多次嫁接，开花时，千朵花中，论花型，有重瓣、单瓣、台阁瓣、瓣瓣娇美；数颜色，朱红、粉红、纯白、中黄、绛紫、粉绿，色色怡人；看品种，玛瑙、白玉、龙色串、红龙吐珠，种种奇绝。一株上诸种杜鹃能如此各呈其妙，实在难为了细心的园艺家。

繁殖杜鹃可是曹王人一绝，人称“曹王一把刀”，花匠手中的扦插刀无乎成了魔刀，由他们扦插的杜鹃，20天开始生根，40—50天全部生根，60天开始长新青，成活率在95%以上，年产量高达150万株。尤其是一宝杜鹃，分枝细面密，叶片质薄面有光泽，其色彩、同株异色，一株中同年异色，可谓花多而色艳，仿佛把大千世界一切美色都包揽过去；其花型，金钟、潜心斗、或平、或皱、或如马头披戴的红缨、或似奇容异彩的翔凤，无不娇美；花开时，单瓣、重瓣、十层重迭者有，由外向内逐层开放者有；盛开时，由雌雄蕊完全瓣化的细小花瓣叠合而成的绿珠，更是一幅幅飘动的画，流淌的诗。该园培植的五宝杜鹃“古桩新萼映红霞”等多次在全国花展中获奖。

宝应荷藕　荷藕是宝应传统的农产品。种植历史悠久，经验丰富，特别是人工掏藕技术堪称一绝，目前全县荷藕经营面积达25万亩，年产荷藕30多万吨，种植面积和产量均居全国前列，有“中国荷藕之乡”之美誉。荷藕品种主要有2个：即大紫红、美人红。其品质优良，体形大，色泽鲜、口感好，特别适合加工，深受外商欢迎。

由荷藕加工的"藕粉"一直是宝应的重要特产，它营养丰富，老少皆宜，深受人们喜爱，近年来，宝应人将当地著名的荷藕莱肴制成产品，最具特色的有"藕粉圆"和"蜜饯捶藕"，香甜酥烂，素而不淡，浓而不腻。还有荷藕的深加工产品"盐渍藕系列"，"保鲜藕系列"，"水煮藕系列"，"莲藕汁"等，远销海内外，成为宝应的新特产。

高邮双黄鸭蛋　"不识高邮人，先识高邮蛋"，高邮麻鸭原来就是著名的蛋鸭，农民又形了野生放养的习惯，以充分利用丰富的湖荡草滩资源，喂之于活食，故鸭蛋大如鹅蛋，蛋黄如夕阳，蛋白如洁雪，其双黄蛋化例特别高，有的在蛋中部还凸起一道明显的圆圈，称为"蛋中之王"。

高邮鸭蛋经精制加工后味道鲜美，风味独特，具有松、沙、油、细、鲜、嫩等六大特点，色泽艳丽，营养丰富，既是席上佳肴，也是馈赠上品，主要产品品种有：双黄咸蛋、松花蛋、真空包装熟制咸鸭蛋等。生产企业有中国江苏高邮鸭集团，高邮市蛋品厂等。

高邮鸭　高邮鸭是中国三大名鸭之一，属蛋肉兼用型麻鸭。它具有善潜水，觅食力强，适应性广、生长快、个体大、肉质好、产蛋率高、蛋品质好等特性，并以善产双黄蛋而驰名中外，当年饲养的早春鸭，能产少量六黄和四黄蛋。

高邮鸭体态均衡匀称，呈长方形，种公鸭胸深躯长，头颈上半段毛色为浑孔雀绿色，背腰为紫黑羽，胸部为褐色芦花毛，腹部白羽，尾部黑色并有雄性钩羽，成年公鸭体重3.5公斤左右，种母鸭方头暴眼，细颈长身，紧毛细花，紫嘴紫脚，镜羽为紫蓝色，体重3公斤左右，最大的4公斤以上。

高邮鸭年产蛋220-250枚，高的可达262枚，平均蛋重83克，大的90克以上，年平均产蛋19公斤左右。在春、秋产蛋高峰季节，一般双黄蛋占1%，蛋重106克，大的达到143克，当年饲养早春鸭当年产蛋，其中双黄蛋可达10—14%，并发现少量三黄蛋和四黄蛋。

高邮鸭饲养形式不限，既适应放牧，亦适应圈养，旱养及集约化饲养。生长速度较快，料肉比为2.8-3.0:1。放牧时，70日龄体重2.5公斤，舍饲60日龄体重2.6公斤。全净膛屠宰率73%，胸腿肌占屠体的26%以上，肉品含脂肪少，瘦肉多，熟调后味美爽口，加工成板鸭畅销国内外。

高邮鸭繁殖能力强，母鸭140天左右开产，最早见产100天左右，公母比例1:20-33时，受精率达92-94%，孵化率85%以上，关养仔鸭60日龄育成率95-98%。高邮鸭羽绒丰满，具有天然色彩，并有银灰光泽。羽绒朵大丝长，质地柔软，蓬弹力强，制成被、服，保暖性能好，成为市场紧俏商品。

高邮鸭与白羽肉鸭杂交，杂优率30%左右，与良种蛋鸭杂交后产蛋量提高20-30%，经济效益都明显提高，高邮鸭经过多年选育提高，已先后推广到黑龙江、新疆、四川、广东、湖南、江西、上海、北京等20多个省市区，并出口到日本、美国、菲律宾、坦桑尼亚等国家。

螃蟹　供杯酌的美食——螃蟹。扬州的螃蟹个儿大，肉质嫩、蟹黄酥、蟹油香、味道美、营养丰富，含有较高的蛋白质、有一定的脂肪、糖、无机盐、维生素A、核黄素等，且有泻诸热、散血结、续伤绝的作用。

虾　高邮湖的虾个大，肉多，味道好，是好多酒席必备之佳肴。

高邮珠光米　珠光米产品是采用无污染，无公害的专门基地种植新品种粳稻加工而成，获国家绿色食品标志，其加工工艺技术获国家专利。米质新鲜，颗粒整齐，晶莹似玉、免淘洗、易储藏，蒸煮后，味道香浓诱人、口感滋润爽滑，经国家权威部门检测，确认内含丰富蛋白质、脂肪、糖及人体必需的微量元素，长期食用，具有助长发育、增强活力，补血养颜、消除疲劳之功效，实为米中之精品。

苏州未来农林大世界有限公司

在经济发达的长江三角洲，在农业生产有着深厚基础的中国江南，在美丽的太湖之滨，在一块3000亩的沃土上，由跨国上市公司新加坡维信集团（WBL）、沈阳华新国际集团、苏州吴县浦庄镇农工商总公司共同投资兴建的苏州未来农林大世界有限公司正以科技为导向孕育一座"农业硅谷"，建造一艘驶向未来的"农业科技航空母舰"。

苏州未来农林大世界是一个世界级的农业科技博览园，项目以"汇展农业精华，创造绿色商机"为主题，以农业科技信息为核心，开启世界农林视窗，构筑中国绿色平台，致力于引进世界农林先进科技，促进中国农林产业的开发。项目注册资金1亿元人民币，以南京农业大学为技术总顾问单位，一期开发1000亩。1995年，由公司聘请的农业、科技、规划、投资管理等资深专家组成的策划组历时一年的策划，1996年正式奠基，现已被命名为"中国农学会苏州高新技术试验示范基地"、"南京农业大学教学科研基地"、"苏州市科普教育基地"、"苏州市教育学农基地"、"苏州市中小学生社会教育基地"等，中国农业经济研究会也在此设立咨询工作室，组织全国各行业专家，向中外涉农企业家和投资者提供咨询服务。

公司主要业务是：国际农业及相关行业的新产品、新技术展览展示；农业科技交流及产业项目的开发、孵化与推广；农需品、无污染农产品及加工设备的生产与经营；

新型农居及新建材的开发与销售；农业投资与商贸中介等。经四年多的发展，未来农林大世界已发展成为一个全新的农业服务型龙头企业。开发的一期规模已形成了农业科技博览园、国际农业电子商务网站、国际农商园、农业科技开发等业务窗口，建立起中国农业的“绿色平台”，形成外国农业进入中国最为便捷的通道，创造出无限的绿色商机。

农业科技博览园是未来农林大世界对科技进行运作的载体，亦称国际农林科技广场，是世界罕见的农业科技汇展之地。内有国际农业精华馆、现代种植业展示园、特种养殖业展示园、农机演示场、喷灌演示台和国际农展中心。定期的、阶段性的主题展览、培训、会议和常年的展销、示范相结合，通过多种展览、示范形式，使新技术、新品种和新的农需品得以迅速传播并被人们所接受。

农业科技博览园常年向中外农业企业、科研单位以及相关行业的厂商提供展示柜台，广告牌位，种植示范用大棚、温室、露地和养殖示范用的畜舍、禽舍、草地、水体、农机及其它相关设备的展览演示场所。此外还提供作物种植和畜禽饲养管理等农事服务，让科技在这块土地上有充分的展示空间与推广前景。

国际农业电子商务网站是未来农林大世界具有前瞻意义的一项业务，耗巨资2000万元人民币，将占领未来中国农业电子商务的制高点。除了在网上发布本企业信息和进入农业科技博览园的技术产品信息以外，还为中外客商提供上网服务和新技术、新产品的网上销售代理服务。目前已经开通和即将开通的站点有：

公司主页www. agriworld. net

农商指南www. agri-guide. net

太空种子www. space-speed. com

易农网www-e-AGRoMART. com

www. e-AGRoMART. com. cn

www. e-AGRIoMART. com. sg

www. e-AGRIoMART. com. hk

国际农商园是未来农林大世界一项面向国际的业务，在太湖之东畔形成一个“农林使馆”，利用未来农林大世界的绿色平台与国际接轨的市场运作优势，吸引国外著名农林企业入驻农业科技博览园，在功能上集小型商业展示、办公和生活居住于一体，整体上配套以商务会所、信息大楼及其他服务设施，并与农业科技博览园以及太湖水景相映衬，成为国外农商在中国开展商务活动的便捷通道和人性化的生活空间。

未来农林大世界的生命力在于农业高科技，没有高科技，就没有农林大世界。为此未来农林大世界强调了科技的地位，设立了科技开发部、国际招商部，积极筛选、引进、推广农业高科技。未来农林大世界与南京农业大学、中国农学会、中国农业技术经济研究会等单位携手联合，向中外科技工作者、企业家和投资人提供农业技术的催熟及产业化项目的孵化服务。未来农林大世界与南京农业大学、浦庄镇人民政府合作成立的“农业科技孵化中心”也为农业科技项目的孵化提供了系列的支持。

迄今为止，未来农林大世界已引进国外10多项、国内50多项农业高新科技，已成功地孵化出利用穴盘技术，年产1.5亿株花卉、蔬菜苗，专业化、工厂化育苗的苏州维生种苗公司；利用新西兰胚胎繁殖技术，实施“农村奶”计划的奶牛技术中心；生产中华绒螯蟹的维庆水产；比利时、瑞士的维他麦饲料等企业；日本新近诞生经济作物蕃茄椒生产加工协作网等，在调整农业产业结构上做到了一定的表率作用。

未来农林大世界经过近几年的发展，已形成集高科技农林产业开发、农林科技与信息市场、农林科技博览、国际农业商务、农业休闲旅游于一体的农业高科技综合性示范园区。

苏州未来农林大世界有限公司地址：

中国江苏省苏州吴县市浦庄镇环湖路越湖路交叉口南

苏州未来农林大世界有限公司市区办公地址：

中国江苏省苏州市葑门路10号维用科技大楼5楼

联系电话：0512-6535220

传　　真：0512-6537196

http://www. agriworld. nct

E-mai：office@agriworld. net

杭州张小泉集团公司

杭州张小泉集团公司是国内刀剪行业中规模最大，产量最高，品种最全的国家二级企业。公司前身为杭州张小泉剪刀厂，创立于1953年。企业目前占地面积5.5万多平方米，主要生产民用剪系列、工业用剪系列、园林用剪系列、厨具餐具系列、旅游工艺剪系列、美容美发剪系列等100多个品种，300多个规格的刀剪产品。产品出口到东南亚、欧美等国家和地区。为迎接中国杭州——2000西湖博览会，公司投入100多万元开发成功“西博会世纪彩剪、西子三姐妹、西子秀剪、西湖十景指甲钳、咪咪剪、2000型民用剪、新款民用厨刀等20余个新品、企业被列为轻工主要骨干企业和浙江省“五个一批”企业。

杭州张小泉集团公司的主导产品为具有337年历史的“张小泉”牌剪刀。张小泉剪刀始创于清康熙年间（1663年），成名于清乾隆年间。张小泉剪刀以其用料讲究、制作精良、质量优异而深受人们的欢迎。1915年在巴拿马万国博览会上获奖。1929年，在首届西湖博览会上获特等奖。从60年代到70年代在全国历届剪刀质量评比中连续五次获得第一，1979年获国优银质奖和全国著名商标称号。1993年被评为浙江省首批名牌产品，1997年4月被国家有关部门认定为中国驰名商标。

几十年来，企业坚持走“科技兴厂”道路，先后投资了3000万元技改项目，从德国、瑞士等国引进数控刀剪磨床、热处理设备等具有国际先进水平的剪刀生产专用设备。刀剪研究所每年保持十余只新产品的开发速度，品种门类迅速扩大。企业逐渐步入科技现代化轨道。目前，企业充分发挥现代企业制度的优越性，在集团公司丁成红总经理带领下，全方位实施“张小泉”品牌战略，以“创新、进步、发展”为经营宗旨，以市场为导向，以名牌产品为龙头，以科技进步和管理创新为动力，切实转换经营机制，增强市场竞争力，并大力加强企业文化建设，弘扬“张小泉人”精神，百年老字号重新焕发生机，蒸蒸日上。

公司总经理：丁成红

公司地址：杭州市大关路33号；

邮编：310011

联系电话：(0571) 8073733（总机）；

传真：(0571) 8075605

〔张小泉龙凤金剪〕 杭州张小泉集团公司专为中国杭州——2000西博会特制的剪彩剪。

此剪外形聘请专家设计，工艺设计及制作由杭州张小泉集团公司技术骨干历时1个月，精心完成。

张小泉龙凤金剪在剪刀实用工艺性方面作了新的开拓，将原本简单的剪柄设计成抽象的龙凤造型，并将螺钮设计成“明珠”，在有限的展示面上巧妙的构成“龙凤戏珠”的立体造型，既寓含了西湖是龙凤喜争的明珠这一典故，又赋予了剪彩剪“龙凤呈祥”的中国喜庆文化特色。

张小泉龙凤金剪首次采用装饰性造型，剪柄表面采用24K镀金工艺、头片采用进口设备磨削并激光打标工艺，整体造型典雅高贵，既具实用性又具艺术性，是有纪念和收藏价值的工艺品。

张小泉龙凤金剪已经西博会组委会确认为中国杭州——2000西湖博览会剪彩指定用剪。

浙江省温州市

温州市位于浙江省东南部，东濒东海，南与福建省毗邻，西及西北部与丽水地区相连，北和东北与台州地区接壤。全境介于北纬27°03′～28°36′、东经119°37′～121°18′之间。陆域总面积11784平方公里，海域总面积约10000平方公里。是浙南地区的经济、文化、交通中心，是全国首批14个沿海开放城市之一，全国首批13个农村改革试验区之一，全国城市综合配套改革试点城市之一。1999年总人口721.6万人。

温州属亚热带海洋季风性气候区，四季分明，雨量充沛。年平均气温16.1—18.2摄氏度。年降水量在1500—1900毫米之间。无霜期为260—280天。全年日照数在1700—2000小时之间。

温州古为瓯地，秦时属闽中郡。西汉惠帝三年（前192）为东海王（俗称东瓯王驺摇）都地。唐高宗上元二年（675）置温州，自此历1300余年地名地域无大变。中华人民共和国成立后，设温州区专员公署，后称温州专员公署。1981年9月温州地市合并建立温州市。辖鹿城、龙湾、瓯海3区、瑞安、乐清2市（县级）和永嘉、洞头、平阳、苍南、文成、泰顺6县。

改革开放前，温州市经济社会发展比较落后，人均耕地少，国家投入少，可利用的资源少，交通条件差。1981年以前，温州的国家投入累计只有6.55亿元，全市人民在人均不到半亩的耕地上搞饭吃。

中共十一届三中全会以后，温州社会经济发展开始起飞，从1978年到1999年，全市国内生产总值从13.2亿元增加到732.5亿元，工业总产值从11.1亿元增加到1555亿元。

改革开放初期，从家庭工业起步，大力发展多种经济成分，大力发展商品经济，创造了以“小商品、大市场”为特色的经济格局。80年代中期以后，在家庭工业的基础上，大力发展股份合作经济，大胆进行公有制多种实现形式和途径的探索和企业制度创新，创造了温州经济格局新优势。1992年邓小平南方谈话以后，实施以提高经济整体素质为核心的二次创业发展战略，经济和社会发展上了一个台阶。1998年10月市第八次党代会后，温州市委、市政府根据中共十五大提出的东部有条件的地方要率先实现现代化的要求，组织实施现代化导向战略，提出建设现代化新温州。

70年代末农村实行家庭联产承包责任制后，温州大量农村剩余劳动力从土地中分离出来，向二、三产业转移，发展农村商品经济。形成了以家庭经营为基础，以家庭工业和联户工业为支柱，以专业市场为依托，以购销员为骨干的区域经济格局，被称为“温州模式”；近几年来，在此基础上又有所创新。其特点是：

一是灵活的市场机制成为经济发展的驱动力。温州率先进行市场取向改革，经过20多年的发展实现了从家庭企业到股份合作制企业，股份制企业的制度创新。市场体系建设实现了市场形态和营销方式的创新，全市企业在海内外建立40多万个销售网点和窗口，把市场办到全国，办到世界。率先实行按劳分配和按资分配相结合，出现了生产要素股份化，技术、管理、信息折价入股参加收益分配等新趋向。最早进行社会保障制度改革，1987年实施社会养老保险，1992年开展了一体化保险。灵活的市场机制使温州经济始终保持旺盛的生机和活力。

二是民营经济成为国民经济的骨干。1999年全市个体工商户21万多户，私营企业的8629家，外资企业843家，纯自然人的或自然人控股的股份合作制企业18727家、有限责任公司9568家、股份有限公司36家，非公有制经济成分约占全部工业产值的83%。20多年的发展，温州民营经济呈现出集团化、区域化、集约化的新趋势。

三是社会投入成为建设资金来源的主渠道。温州率先运用级差地租原理，进行土地有偿出让，筹集建设资金，进行旧城改造、新区开发和基础设施建设，把基础设施由公益型转变为经营开发型。并运用“BOT”、“TOT”、“政府特许经营”等融资形式搞建设。通过政府控制土地一级市场，有效地筹措建设资金，实现城市建设滚动发展，市区建成区面积从六年前的27平方公里，发展到现在的80平方公里。

四是小城镇的崛起成为经济增长的重要支撑。全市建制镇已从改革开放前的18个增加到1999年的143个，人口占全市的60%以上，工业总产值占全市的80%以上，社会消费品零售总额占全市的70%以上，财政税收占全市的50%以上。

五是敢闯市场的温州人成为温州发展的独特优势。160多万温州人在全国各地、10多万温州籍港澳台同胞、30多万温州籍海外华侨，在全国、在世界各地建起了众多的温州城、温州街、温州村、温州店。把温州经济与全国经济乃至全球经济联系在一起，促进了温州区域经济的发展。

温州在发展过程中也暴露出不少深层次的问题和矛盾，主要是工业化进程领先而工业现代化相对滞后，农村工业化进程领先而城市化相对滞后，经济发展领先而人的整体素质提高相对滞后等。对此，温州市委、市政府确定今后的发展目标；实施产业升级计划、基础设施优化计划，文化升位计划和跨世纪人才发展计划，提高产业现代化水平，加快城市现代化和城乡一体化进程，大力推进人的现代化，到2010年提前基本实现现代化。两年来已初见成效：

一是经济发展向质的提高迈进。1999年全市国内生产总值同比增长12.2%，人均国内生产总值首次突破万元大关。“中国鞋都”、“中国电器城”、“国际服装名城”、“世界打火机王国”等一批工业园区和专业化产业基地正在筹建，一批名牌产品脱颖而出，“正泰”、“德力西”，“康奈”成为全国驰名商标，温州服装、温州皮鞋、温州电器等作为一种区域品牌，开始以比较高的质量档次和比较高的市场占有率加快发展。全市主要产品质量稳定提高率高于浙江省平均水平，ISO9000质量体系认证企业数占了浙江省的1/4多。温州星火技术密集区被列入“十五”国家星火规划。一批农业龙头企业、农业名牌产品、农业产业基地、农产品市场正在兴起，浙南农副产品批发市场成为华东地区最大的农贸市场。以房地产业、信息产业、金融业和旅游业的蓬勃发展为标志，第三产业已占三次产业比例的35.2%。

二是改革开放走出新路。全市国有企业改制面已达80.9%，可望如期实现三年解困目标，东方集团成为全国国企改革的一面旗帜。民营企业改革取得较大进展，私营企业转向股份有限公司和有限责任公司，上规模、上档次家族企业正向现代企业转变。社会事业改革取得突破，社会力量办学、民营科技事业、多种形式办医、福利事业社会化等蓬勃发展，通过搞好国家级经济技术开发区和6个省级开发区建设，新开辟6.2平方公里的高新技术园区和30平方公里的滨海新区，以及办展、办节，办会和建立遍布全国乃至世界各地的温州商会，使对内对外开放不断扩大。

三是城市化迈出大的步子。总面积达5.2平方公里，集行政办公、金融贸易、文化休闲、商务展览、现代居住等五大功能为一体的现代化中心区，规划已基本完成，正在组织实施。老城区也按照现代化的要求加紧改造和建设。瑞安、乐清两个副中心正按照现代化城市的标准，加紧规划和建设。总投资43多亿元的珊溪水利枢纽工程、总投资80多亿元的沿海高等级公路等一批跨世纪重大工程正在加快建设进度。温州已成为交通部确定的全国45个公路主枢纽城市之一，温州港成为全国20个主枢纽港之一，温州机场旅客吞吐量在全国144个营运机场中排名第20位，温州火车站客货运量名列全国同类火车站前茅。程控交换机容量已达200余万门，综合通信能力位居全国地级市前列。

四是人的现代化着力推进。全市11个县（市、区）已有9个进入全国科技工作先进县行列。占地7平方公里的高教产业园区全面启动，温州大学完成国有民办改制，温州职业技术学院、浙江东方专修学院，求是专修学院、清华大学远程教育金泰教学站等一批高校新建运行。平阳县、乐清市成为全国文化工作先进县。从加强教育、科技、文化、法制建设入手，实施跨世纪人才发展计划，温州人的总体素质将在新世纪得到全面提高。

浙江省海宁县（皮革皮衣之乡）

〔综述〕 海宁山青水秀，土地肥沃，芳草茵茵。早在1000多年前的宋代已有农家养羊产皮的记载，明代把誉为“软宝石”的羔羊毛作为朝廷贡品。1926年有位姓胡的民族资产者率先办起皮厂经商，把经过硝制的洁白、毛纹卷曲雅致的毛皮运销上海、西安等大城市。新中国成立后，皮革皮件业向规模经营挺进。1964年，公私合营海宁制革厂生产蝴蝶牌猪绒服装革荣获国家银质奖。1978年，年产10万件皮衣的长安服装厂是中国当时最大的皮衣出口生产企业。

80年代起，在中共十一届三中全会精神的指引下，皮革皮件业随着乡镇企业的突起而勃兴。以1984年创办的上林制革厂（浙江富邦集团公司前身）和1985年创办的海宁民政皮革制衣厂（雪豹集团公司前身）为代表的200多家皮革皮件生产企业，先人一步抢占了皮革皮件生产制高点，并凭着上乘的质量和新颖的款式，迅速占领国内市场，赢得消费者的认可。1992年邓小平南巡重要讲话发表以后，海宁人解放思想，抓住机遇，国有、集体和个私经济“四个轮子”一起转，皮革皮件企业如雨后春笋般地不断涌现。特别是1994年创办海宁中国皮革服装城以来，市场优势与产业优势相互作用，相互推动，皮革皮件业迅速成为海宁经济的支柱产业。近两年来，在市场疲软，消费不旺的大形式下，海宁皮革业通过转机制、调结构、创名牌，持续发展。到1999年末，全市有皮革皮件企业1800余家，年销售收入500万元以上企业54家，“雪豹”、“象努”双双入选“中国十大真皮衣王”，真皮标志佩挂企业（中国皮革工业协会批准）40家，约占全国1/3。从业人员4.87万人。1999年生产鞣制皮革（折牛皮）432.09万张，裘革（毛皮）15万张，皮革服装1627.85万件，裘皮服装1.03万件，皮手套352.97万双，皮箱包33.5万只，总产值74.97亿元，占全市工业总产值28.6%。产品覆盖全国，远销俄罗斯、美国、加拿大、德国、法国、日本等40多个国家和地区。1999年出口皮革服装466万件，皮革231万张，还有皮沙发套、皮手套、皮票夹等皮制品，外贸出口交货值18.16亿元，占全市外贸出口交货总值的44.8%。

1996年3月，海宁市被命名为“中国皮革皮衣之乡”。海宁皮革工业在全国皮革行业中有着特殊的重要地位。

〔海宁中国皮革服装城〕 海宁中国皮革城原名浙江皮革服装城，始建于1994年，总投资3.5亿元。现有建筑面积16万平方米，设有皮革服装主交易区、分交易区和毛皮、箱包、皮革原辅料交易区，营业用房4200余间，入城经营企业2000余家，是迄今中国规模最大的皮革皮件专业市场。1996年5月被国家有关部门批准为国家级皮革服装中心批发市场。皮革城设管理委员会，工商、公安、技监、金融、税务、邮电等部门亦在此设常驻办事机构，实行全方位服务。

皮革城的经营商品以中高档皮革服装为主（设有精品区），服装款式时尚化，达1000余种。箱包是华东地区规模最大的市场，经营店300多家。毛皮交易区面积7000多平方米，有皮草行30多家，毛领摊位500多个，年销售狐狸皮和水貂皮100多万张，约占世界毛皮产量的1/5，是国外毛皮在国内的集散中心。皮革原辅料交易区经营高、中、低各档革皮。

皮革城营委会树立名牌意识，扶优扶强，实施名牌战略。通过培育，使城内名店名品荟萃。“中国十大真皮衣王”中有三家在城内开直销店，中国皮革工业协会批准的140多家皮革服装真皮标志佩挂企业中有40多家在城内开直销店，约占1/3；世界著名品牌“啄木鸟”和韩国裘革一体装知名品牌“元美”也在城内开设销售窗口。

建城以来，皮革城管委会坚持“质量立市，信誉第一”的经营宗旨，强化市场质量管理。实施《商品准入证》、《商品信誉卡》、《质量保证书、保证金》制度，开展“消费者信得过经营户”“十佳营业员”和“最佳形象经营单位”评选活动，协同有关部门经常进行执法检查，使市场秩序井然，经营者守法经营，营业员文明营业，为消费者营造了良好的购物环境，批发商来自全国各省市区乃至国外。先后获全国文明市场、省三星级文明规范市场荣誉，1999年被定为浙江省重点市场和“百城万店无假货”省级示范市场。

皮革城的市场成交额连年攀升。1994年至1999年的市场成交额分别为5.8亿、13.14亿、22.15亿、27.86亿、32.08亿和36.58亿元。

〔海宁中国皮都科技工业园〕 海宁中国皮都科技工业园是省批特色工业园区，于1999年12月开始筹备建设，是海宁皮革业二次创业的切入点。园区位于海宁市的西北部，规划建设面积为4.72平方公里，北邻沪杭高速公路，紧靠海宁交通主干道海宁大道，具有优越的交通地理位置。园区由上海同济规划院编制总体规划，规划建设现代化的生产区、技术创新科研区、管理服务区三个功能区。园区将通过高起点的规划、高效率的管理、商品质的投资环境，用5年左右的时间，建设成全国一流的特色工业园区。

工业园从筹备启动以来，得到了广大皮革企业的拥护和响应，园建设进展十分顺利。首期启动区块548.296亩的土地征用、房屋拆迁工作顺利完成，基础设施建设也全面铺开。首批入园企业15家，投资2亿元。预计到2000年底，将有10家企业投入生产，形成年产皮革服装50万件的生产规模。

〔历届皮展会〕 1994年，海宁市以皮革城为阵地承办了由中国皮革工业协会主办的首届全国皮革服装展销会。此后每年一届，至1999年已连续承办六届全国皮革服装展销会。并从1997年起，在展销会期间连续举办三届真皮标志杯全国皮革服装设计大奖赛。由于展销会的参展单位来自全国各地乃至国外，展出商品与国际接轨，加上活动内容年年创新，故客观上成了中国皮革服装每年的流行趋势和价格信息的发布盛会，为倡导中国皮革服装走品牌化、精品化、国际化道路作出了贡献。1999年举办的第六届全国皮革服装展销会，参展单位1000多家，展出皮革（裘皮）服装时尚款式1000多种，国内外贵宾1000多位，其中有全国200家著名商场经理和港、澳、台地区的客商，有美国、加拿大、芬兰、丹麦、德国、法国、韩国、土耳其、澳大利亚、希腊等10多个国家的外商，世界五大毛皮拍卖行（北美毛皮拍卖公司、西雅图毛皮拍卖行、德国毛皮拍卖交所、芬兰毛皮销售公司、北欧毛皮拍卖行）的总裁云集海宁，展会期间的客流量10万多人次，成交额4.77亿元，使展销会名副其实地成为国内外皮革界朋友交流的大聚会。

历届展会的情况见下表：

届　别	举行日期	成交额（亿元）
第一届	1994.9.22～9.26	2.63
第二届	1995.9.11～9.15	3.26
第三届	1996.9.28～10.2	4.43
第四届	1997.9.18～9.22	4.35
第五届	1998.10.7～10.10	4.6
第六届	1999.9.25～9.28	4.77

浙江省磐安县

〔概况〕　磐安地处浙江中部，位于台州、丽水、金华、绍兴四地交接地带，是钱塘江、瓯江、曹娥江的主要发源地，有“群山之祖，诸水之源”的美誉。1939年设县，1958年并入东阳县，1983年恢复县建制。县境总面积1196平方公里，辖20个镇乡，20万人口。

县境气候属亚热带季风区，天气温和，雨量充沛。年平均气温16.1摄氏度，无霜期236天，年降水量为1446毫米。由于受不同海拔高度的影响，县内不同地段的气温、降水和日照差别很大，形成了具特色的农业小气候环境，为各类经济特产生长创造了得天独厚的条件。境内物产丰富，野生和家种的中药材开发历史悠久，品种达1055种，是“浙八味”白术、芍药、元胡以及玄参、桔梗的主产区，质量特佳。野生和家种的香菇、木耳、天麻、茯苓等菌类植物，堪称上乘。誉为“药乡”、“菇国”。磐安玉山地区是国家杂交稻制种特约基地，年产优质稻种160万公斤，出口越南等东南亚地区。磐安还有云峰茶、龙井茶、双溪板栗、山环香榧、云山牛心柿以及樱桃、猕猴桃等名产，均以其独特的风味、上等的品质，名闻遐迩。该县并于1999年被国家环保局评选为国家级生态示范区。

〔经济社会发展概要〕　磐安自1983年恢复县建制后，全县社会经济各项事业得到迅速发展，城乡面貌发生了很大变化，1999年全县国内生产总值、工农业总产值、财政收入、农民人均收入分别比分县时增长19.2倍、42.3倍、13.3倍、18.5倍，初步形成了具有山区特色的经济发展格局。农业综合开发成效显著，香菇、中药材、茶叶等三大支柱产业和水稻制种、经济林、蔬菜等“十大基地”已初步形成，并逐步走上了农业产业化的发展道路。工业生产迅速发展，形成了骨干企业、本地资源开发龙头企业、个体私营企业三大块工业经济结构，走出了一条具有磐安特色的工业发展之路。教育布局调整取得明显成效，教育、文化、卫生设施建设得到逐步改善。科技兴县战略得以全面实施，1999年顺利通过验收，成为全国科技工作先进县。信息化建设迈出重要步伐，通过专线上网，实现了与中国公用网、金桥网、教育网、科技网互联。政府网于1999年正式开通，并专门开辟了介绍磐安的信息栏目。旅游、文化成为磐安经济社会发展的新亮点，近年来境内诸如元“大兴国”遗址，榉溪“孔氏家庙”，夹溪寨抗倭古道、古堡以及昌文塔、万工城、千年古刹得以挖掘和开发，花台山森林公园、大盘山自然保护区、夹溪风景区正向越来越多游人撩开神秘的面纱。同时磐安还相继建成文化中心、电视台、图书馆、报业大楼等一批重点工程，95%乡镇实现了省市县三级有线电视光缆联网，所有建制村实现了通广播电视，古老文化与现代文明结合为药乡菇国增添了新的魅力。

〔磐安被命名为“中国香菇之乡”、“中国药材之乡”〕

磐安是典型的山区县，名优特产资源丰富，但由于受传统经营习惯影响，过去磐安特产业一直处于放任自流状态，品种结构单一，比较效益低下，支柱产业发育迟缓。在兴山富民的实践中，县委、县政府认识到，磐安要实现脱贫致富奔小康的目标，很重要的一条就是要依托区域资源优势，大力发展特产经济，带动整个经济发展。并确定香菇、中药材、茶叶为发展特产经济的启动产业，千方百计，大力扶持，走出了一条符合本地实际的产业化发展路子。首先是注重规模质量，开发特产基地。县委、县政府根据“区域布局，连片开发、规模经营、特色发展”的要求，加快了特产基地建设，到目前，磐安香菇生产稳定在5000万袋，年产各类优质香菇3500吨左右，形成了春、夏、秋、冬一年四季产菇不断、均衡供应的格局，成为中国最大的鲜菇出口基地。中药材方面，“浙八味”中的白术、贝母、元有、玄参、白芍五味地道药材以及玉竹、天麻、桔梗、杜仲等种植面积稳定在4.2万亩，总产量达到8600-10000吨，实现产值1.2亿元以上，种植面积覆盖全县所有乡镇，种植户数达4.8万户，从业人员6.3万人。磐安名优茶得到全面开发，年产高山云雾茶1500吨，制种高山蔬菜、干鲜果以及其它方面的特产基地建设，也取得较大成效。其次是注重辐射能力，创办特色市场。根据特产发展的需要，县里同步抓好市场建设，创办各类专业市场，完善配套设施，增强市场的辐射能力。1986年，在中药材生产重点镇——新渥镇，建立了中药材产易专业市场，并成为华东最大的交易市场。1989年又在香菇生产中心镇——冷水镇，创办了冷水香菇市场，并且规划不断扩大，成为全国最大的鲜菇交易市场。为提高农特市场的档次，增强市场的辐射能力，1996、1997年又投资1500万元，兴建了占地19950平方米，建筑面积15260平方米的“中国磐安特产城”。同时在胡宅、尖山、双溪等乡镇创办了名茶、板栗等30多个专业市场，促进了产业发展壮大。三是注重产业化经营，抓好特产加工销售。逐步建立起以加工销售企业为龙头，以社会化服务为纽带，以千家万户种植为基础的产供销、科工贸一体化农业产业体系。全县仅香菇生产一个项目，就培育农业龙头企业30多家。同时大力开展横向联系，全县仅中药材生产一个项目，就与省内的正大青春宝、民生、天目山等十多家大中型中成药企业建立了产销合作关系，并与北京同仁堂、浓阳飞龙等30多家省外大中型中成药企业建立了较为正常的产销关系。四是注重对外宣传，争创特产之乡。在生产和开发优质产品的基础上，做好品牌的设计、包装、宣传，积极申报和争创“中国特产之乡”，努力提高磐安香菇、药材等知名度，促进香菇、中药材等特色产业发展壮大。目前“中国香菇出浙江，浙江香菇数磐安”之说已广为流传，磐安中药材飘洋过海、享誉中外。

鉴于磐安在开发香菇、中药材方面成就突出，1995年磐安被国家有关部门命名为“中国香菇之乡”，1996年又被命名为“中国药材之乡”。到1999年，全县香菇、中药材、茶叶三项产值占农业总产值60%，占农民人均收入的40%以上。特产业的崛起还带动了二、三产业的发展，促进了全县经济社会的快速发展。为磐安推进产业化、工业化、城镇化奠定了基础。

〔新世纪全县发展战略〕 在新的世纪里，磐安将以“加快发展，快奔小康”为主题，以产业结构调整为核心，特色发展一产，合力发展二产，大力发展三产；以城镇化建设为契机，加快城镇产业支撑，基础设施和经济发展环境建设；以开放经济培育为突破口，实现县域经济联动；以科教兴县战略为载体，全面推进科技、教育和人才三大工种建设，在实现产业化、工业化和城镇化三个方面不断取得突破。

在发展特产经济方面，将以推进农业和农村经济结构的战略性调整为契机，以农业增效、农民增收为目标，首先抓好农业结构调整和优化。结合磐安实际，以市场为导向，充分发挥农民的生产经营自主权，大力发展经济作物，逐步形成“一域几品”的发展格局。巩固和发展几大农业支柱产业，香菇生产进一步优化品种，加强技术攻关，提高质量；中药材生产重点在深加工上有突破，提高产品附加值；茶叶生产继续发展良种茶园，进一步扩大优质名茶加工规模；制种生产加强质量管理，优化组合，提高效益；高山蔬菜生产进一步提高契约化程度，不断拓展市场空间。同时利用磐安丰富的山地资源，大力发展野生种植业、特种珍稀养殖业，逐步培植新的支柱产业。其次是抓好产后农业，提高农业产业化经营水平。把开展农产品深加工、搞活农产品流通作为发展效益农业的关键环节来抓，按照积极引导、大力扶持、放手发展、不断提高的方针，鼓励支持多层次、多成分、多形式发展龙头企业。重点做好香菇、中药材、茶叶、高山蔬菜等加工企业的培植，走产加销一条龙，贸工农一体化道路。十分重视农产品质量，实施“一业一品”战略，重视农产品包装，加大农产品创品牌力度，扩大市场占有率。尤其要充分利用“全国生产示范区”这块牌子争取“绿色食品”市场，提高农产品竞争力。再次是要大力实施科技兴农战略，提高科技对特产业的贡献率。全面实施种子工程，促进新品种、新技术、新工艺的示范推广；大力推进农科教一体化，重视农民的实用技术培训，提高农民素质；建立农业信息服务中以，及时向农民发布和传递各种信息，指导农民按市场要求组织生产；进一步加强与科研院校的合作，引进外智，增强后劲，推动特产业发展再上台阶。

〔磐安投资环境、政策及投资项目〕 磐安具有一定的区位优势和良好的投资环境。县城距杭州、宁波、温州等沿海开放城市，大约在220公里左右，距浙赣线义乌火车站和义乌机场仅60余公里。全县在实现乡乡通公路的基础上，对公路干线进行了油路改造。每天均有班车直达上海、南京、杭州、宁波、温州等大中城市。县城开通了10000门程控电话、移动电话、无线寻呼，并与国内国际联网，大部分乡镇实现了传输数字化、交换程控化。磐安电力充足，价格优惠，网络合理。

磐安还具有良好的对外合作软环境。在思想观念上，磐安人具有强烈的对外开放意识，以开放促开发，以开发促开放实行“双开联动”是磐安的既定战略。磐安还制定和完善了一整套鼓励外引内联的政策，以加快外向型经济的发展。内容包括：

一、对国家鼓励和允许的外商投资工业生产型项目，经营期在10年以上的，可享受以下优惠政策：1. 从获利年度起，企业所得税地方所得部分头2年先征后返还，后3年先征后返还50%。满5年后，一般外商投资项目，可返还一部分（比例不超过50%）；是县政府确定的重大外商投资项目，可返还50%。2. 经税务机关批准，允许固定资产加速折旧。折旧率可在财务制度规定的基础上加速30—40%。

二、对外商投资的企业项目（包括农、林、牧、渔及其加工业），经营期在15年以上的，享受以下优惠政策：1. 从有收入年度起，3年内农业税和农业特产税征收后全额返还。2. 从获利年度起，对企业所得税地方所得部分头3年先征后返还，第4到第7年先征后返还50%，第8至第10年可返还一部分（比例不超过50%）。对其中经认定为高新技术企业的现代化农业项目，在以上待遇期满后5年内，需上交的企业所得税地方所得部分返还15－30%。

三、对从事公路、水电、环保等基础设施建设的中外合资企业，可享受以下优惠政策：1. 经权限部门批准，企业所得税按15%的税率征收。2. 经营期在15年以上的，从获利年度起，对企业所得税地方所得部分，头六年全额返还，第七至第十二年减半返还。3. 对外商投资建设和经营的交通基础设施项目，其沿线的土地使用权在同等条件下可优先出让给有关外商投资者。

四、外方投资者从企业中获得的利润直接投资于该企业，增加注册资本，或者作为资本投资开办其他外商投资企业，经营期不少于5年的，再投资部分已缴纳的所得税地方所得部分经税务机关批准可全部返还。

五、外商投资者中外合资经营企业分得的股息、红利，个人所得税先征后返还。

六、外商投资企业缴纳房产税的房屋，经批准，可以自新建或购买之日起，房产税在8年内先征后返还。

七、外资企业经批准可按行政划拨的方式取得土地使用权，也可按有偿出让方式取得土地使用权。其出让金可比当地市场价优惠30%，土地有偿出让的免收城市配套费。

八、外商投资企业的供水、供电、通讯设施给予优先安排。其供电增容费、供水工程贴费、通讯设备初装费优惠40%。

磐安目前确定的招商合作项目主要有：3000亩香菇种植基地开发及产品深加工；600亩香菇种植基地及产品加工出口一体化；中药材饮片加工；万亩杜仲基地开发；蕲蛇粉胶丸等蛇产品综合开发；年产5万吨膨润土系列产品生产线；年产1万吨二次结晶超细白炭黑生产线；年产2000吨造纸用表面施胶剂生产线；年产100万套全棉内衣系列生产线；年产10万台柴油机生产线；年产200万平方米彩色细瓦楞生产线；年产3000吨UPVC塑料建筑管材生产线；全自动空调保温出水管生产线；年产1500万支一次性输液器生产线；花溪生态游景区开发一期工程；40省道东仙线“一洞一路”改造；新建五丈岩三级电站等。

一、优秀农业企事业单位

磐安县食用菌生产办公室

磐安县食用菌生产办公室成立于1987年5月，1992年1月正式确定为正科级事业单位，机构设县府办。现有人员9名，下属单位有县食用菌研究所，全县配备食用菌辅导员16人。办公室负责全县生产计划的制订、督促落实、技术培训、指导、抓流通等工作。

本办先后引进推广高温香菇生产、花菇生产、短菌龄花菇生产、黑木耳生产、覆土栽培香菇、大棚种菇、蒸汽灭菌等一大批新技术，为磐安食用菌产业的发展作出了较大贡献。目前磐安已成为全国最大的鲜香菇集散地之一。全县有鲜菇年销售500万元以上出口企业30多家，冷库32座，香菇专业市场5个。其中磐安特产城、冷水香菇市场年均成交量在1.5万吨以上，成交额超亿元。鲜菇主要出口日本、美国、加拿大等国家。国内销售主要以上海、天津、南京、大连等大中城市为主。1990年磐安香菇被评为部优质产品和浙江省名优特产骏马奖；1998年磐安鲜香菇又被省有关部门评为农业品牌金奖和优质品牌；1995、1997年被国家有关部门评为食用菌行业先进县。

磐安县中药材研究所

磐安县中药材研究所成立于1986年，主要从事中药材高产栽培研究及技术推广、新品种引进、新产品开发等科研活动。现有科研人员7名，职工5名。该所自成立以来，承担了各级政府下达的科研任务，1988年承担了国家计委下达的“七五”重点攻关项目之一——华东药材开发试验基地中的“白术、元胡优质高产模式栽培技术”项目的试验研究。于1993年通过国家级鉴定。该所积极同省级科研单位配合科研，1995年—1996年与浙江省医科院、浙农大共同完成了“延胡索种内分化及应用研究”项目，获浙江省科技进步三等奖。1999年成立了“浙江省中药研究所磐安分所”，在科研活动中得到省中药研究所的大力支持，科研力量进一步加强。2000年该所承担了国家级科研项目—白术的规范化栽培技术研究和产业化开发。

磐安县农业局

磐安县农业局现有干部职工220人，其中局本级85人，具有初级以上职称的技术干部136人，其中高级职称3人，中级职称27人。主要职能是种养业新技术、新品种推广、农村经营管理、农业机械管理、农业行政执法等。局直属单位有二室二科七站一公司一场，20个乡镇均设农技综合服务站。全局共有固定资产212.7万元。

围绕"科技是第一生产力"这一核心，县农业局大力开展科技兴农工作。1983年以来，科技成果硕果累累，全局共获市级以上科技进步奖、农业丰收奖等奖励43项。农业技术推广项目实施面积69万亩次，增产粮食15.6万吨，增加经济效益1.99亿元。开发农业发展迅猛，中药材生产积极推广优质高产栽培技术，深加工开始迈出步伐。茶叶生产名茶加工技术已基本普及，良种茶已成为发展扩要品种。杂交稻制种近年来逐步实行了产业化生产，制种面积近万亩，列全省之首，磐安种子以质优价廉闻名南方各省市。蔬菜生产利用本地山多、海拔高的优势，实行契约化生产，既丰富了城市居民淡季的"菜篮子"，又增加了农民的经济收入，已逐渐成为农业经济新的增长点。

同时，局本级干部在市级以上专业杂志上发表论文168篇，有1人获国务院特殊津贴，1人获浙江省优秀农业科技工作者称号，1人获金华市拔尖人才称号，3人获金华市青年科技奖。1983年以来，集体获县级以上表彰和奖励49次，其中市级12次，省级15次；68人被省、市有关部门授予各种荣誉称号和表彰。

磐安县林业局

磐安县林业局主要从事全县营林生产、林业技术推广、林政管理等森林资源保护和发展工作。下设办公室、林政科、林业科、林业技术推广站、林业派出所等五个科室，下设三个区域林业综合服务站及20个乡镇林业站，下属企事业单位有木材公司、二个国有林场、二个股份合作林场及四个木材检查站。现有林业干部职工218名，其中林业技术人员83人。

近年来，磐安林业部门围绕建立较为完善的生态体系和林业产业体系，锐意改革，艰苦创业，逐步实现了"绿起来、活起来、富起来"的目标。森林蓄积量达到204.9万立方米，森林覆盖率达74.6%，1999年林业产值达1.5亿元。近五年，实施世界银行贷款造林5.8万亩，连续五年被评为省项目造林优秀工程；发展名特优经济林基地6.5万亩，主要品种有板栗、猕猴桃、银杏、笋竹两用林、食用笋、杜仲、厚朴等。近几年，磐安林业局在强化"三农"服务、实施山区综合开发，发展效益林业、为农民增产增收，保护森林资源、促进林业可持续发展等方面做出了重大的贡献。开发的生态猕猴桃、板栗、笋干、香榧等名优特产连获大奖，俏销市场，为特产之乡增添了一道新的风景。

安康土物产有限公司

该公司是一家集生产、加工、销售、开发为一体的县农业龙头企业。1999年度公司创下销售额2760万元，创汇342万美元，上缴国家税收230万元的较好业绩。

公司在成长的过程中，锐意进取，成绩显著，其产品远销日本、新加坡及东南亚各国，并连年被评为省行业最佳效益企业和资信等级AA级，1998年度国家有关部门评为食用菌先进集体、重点农业龙头企业等称号。

陈俊食用菌有限公司

该公司创造于1994年，现拥有建筑面积2599平方米的厂房，其中加工车间面积700平方米，冷冻设备6套，冷藏能力70吨，具备年出口香菇1000吨的生产能力。

从1994年至1999年，共出口鲜香菇2843吨，上缴国家税收279万元。1995年至1997年连续三年被评为企业信用等级AAA级，1996年被评为重点私营企业、食用菌行业先进企业，1996年至1998年连续被评为纳税大户。

通联农产食品有限公司

该公司成立于1994年，拥有固定资产300余万元，占地面积1000平方米，是一家实力雄厚的农产品加工企业，主要经营干鲜香菇，出口年产值1000余万元。1994年至1999年，香菇销售额达8554万元，上缴税收139万元，连续被评为县先进企业、纳税大户、金华市重点私营企业。1998年被省有关部门授予十大农产品购销大户。

康佳食品有限公司

该公司系出口食品定点生产企业，主要经营加工本地的食用菌、玉米笋等罐头食品。公司从1994年至1999年，加工销售鲜菇6300吨，产值4113万元，上缴税收152万元，固定资产435万元。企业生产的"大盘"牌香菇罐头于1998年11月被评为省优质农产品的银奖，1994年、1996年二次被省评为先进农业龙头企业。

浙江省磐安县外贸药业有限公司

公司成立于1986年，位于"中国药材之乡"磐安县城。公司拥有库户4000平方米，精加工车间600平方米，各种药材加工设备齐全。公司拥有外贸要求加工及中药材精加工的能力，实力雄厚，在全国及日本、韩国、东南亚等国外市场上享有声誉，是产、购、销位于一体的实体企业。公司具有各种专业技术人员。主要经营中药材原药，中药材精加工，中药材饮片加工、炮制，各类提取物，各类高山蔬菜，绿色食品以及工艺品。

公司尤以地道药材：元胡、浙贝、半夏、山茱萸、吴芋、三棱、白术、白芍、麦冬、杭白菊、郁金、玄参、天麻、桔梗、僵蚕、银杏叶、葛根、生姜、绞股蓝、厚朴、鹿含草、半枝莲、夏枯球等的精加工及销售为主，并与全国药材主产区都有良好业务联系。

浙江大宇医药有限公司

浙江大宇医药有限公司是省内专业经营药材的企业，现有注册资金820万元，员工百余人，营销人员50多人，都具有相应的专业技术知识和丰富的市场营销经验，素质较高。

公司运用先进的管理模式，结合当地生产药材优势，以高质量和名牌战略参与市场竞争。所经营的中药材和中药饮片曾多次获得省级金奖，在客户中享有较好声誉。1999年公司销售达1.6亿元。目前，公司在指导药农生产和进行大规模药材基地建设外，还积极参与药材新品种的开发和利用，其中名贵药材铁皮石斛等已经试种成功。

大宇公司将秉承“诚信为本”的经营宗旨，一如既往地为客户提供优质的商品和优良的服务。

中国磐安特产城

磐安县城安文镇南侧，坐落于宋代诗人陆游曾结庐读书的陆游坪山麓。占地面积19950平方米，摊位容量600个，可容2万多人进场交易。集“中国香菇之乡”、“中国药材之乡”、“中国天麻之都”精华于一身，是磐安特产香菇、中药材、磐安云峰茶、紫檀香花岗岩等的中心集散地。城内生活设施配套，管理服务功能齐全。1997年10月28日投入试营业，1998年3月正式投入使用，市场辐射面覆盖全国各地。

浙江中药材市场

原名磐安县新渥中药材市场，坐落在中国药材之乡的西南部——磐安县新渥镇，是浙江省最大的中药材集散地之一。该市场占地面积8325平方米，总投资150万元，建有四个玻璃钢棚顶和六幢营业用房，建筑面积4000余平方米。1985年5月开始，为该县第一个农副产品专业市场。客商来自全国30多个省和自治区，产品主要要销往四川、广东、广西、河南、云南、河北、安徽等地，许多药材还直接出口韩国、日本等六个国家和地区。1995年，被浙江省工商局命名为浙江省规范化市场。

磐安香菇市场

座落于磐安县冷水镇，有省道线磐缙公路沿场而过，并与缙云、永康、东阳、仙居等县（市）毗邻，交通便利，环境优越。市场占地总面积9635平方米，建筑面积5421平方米，分干、鲜菇两个交易区，现有营业用房120间，交易棚架面积1400平方米。市场货源除了本地供给之外，还有来自庆元、龙泉、桐庐等县市及湖北、安徽、江西等省的各种规格干鲜菇。市场自1991年11月开业以来，形成了较完整的流通体系，拥用一支近3000人的购销大户，常年住在冷水的外地客商有400多人，产品销往全国各地，并出口日本，美国、东南亚等国家和地区。是国内最大的鲜菇交易市场，也是浙江省设施较为齐全的大型农副产品批发市场之一。

二、农业专家、学者及其作品

△**张真** 高级农艺师，男，1952年10月生，浙江省东阳市人，毕业于浙江省嘉兴农业学校，现任磐安县农业技术推广中心副主任，兼任磐安县科协副主席，系金华市第三届人大代表。

主要业绩：参加工作20多年来，根据山区的生产实际，紧紧抓住农业生产中存在的主要问题，大力推广农业新技术，积极开展技术培训和技术服务。主持和参与了10多个农业推广课题，推广面积累计达29万亩次，增产粮食5.95万吨，增加经济效益7595.6万元，获科技成果奖励14项，其中《山区旱地改制增熟高产高效技术示范推广》项目获1992年度浙江省农业丰收一等奖、1993年全国农业丰收三等奖。1987年以来，先后在市级以上专业学术杂志上发表论文64篇，其中省级27篇，国家级14篇，代表作有《浙中山区旱地春玉米的生产实践与发展途径》、《山区旱地高产高效耕作制研究》、《南方山区旱地作物抗避旱途径研究》等。先后获国务院政府特殊津贴、金华市中青年专业技术拔尖人才、金华市优秀科技工作者、磐安县劳动模范、磐安县优秀专业技术人才称号。

△**楼有林** 男，1946年10月生，浙江东阳人，毕业于浙江农业大学茶学专业，金华市茶叶学会理事，中国茶叶学会会员，高级农艺师。

主要业绩：1984年以来，重点抓名优茶开发，创制了“磐安云峰”名茶，先后获国家、省市名茶评比大奖10余次，1986年被评为“中国名茶”，在'91国际茶文化节中评为“中国文化名茶”，1995年在第二届农业博览会上荣获金奖名茶。1986年获县科技进步一等奖，1988-1989年分别获省科技进步四等奖和三等奖。《论密植茶园经济效益》获金华市优秀论文二等奖，“磐安云峰”工艺介绍分别在《中国名优茶》和《浙江名茶》书中发表，并编入磐安县茶叶地方志和省茶叶志。

△**吕先真** 男，1962年1月生，浙江省磐安县人，毕业于浙江大学农学系。农艺师，为国家及省农学会、生态学会、农业信息学员，省、市作物学会会员，曾任市制种协会理事、县农学会理事，现任县农业技术推广站站长、磐安农业公司经理、县园艺学组组长。

参加工作以来，先后在镇农技站、县种子公司、县蔬菜办、县粮油站、县农技站工作，曾荣获全国农业推广研究征文比赛三等奖、省农业丰收一、三等奖，省生态学会优秀论文一等奖，省自然科学优秀论文三等奖，省叶面肥推广四等奖，市青年科技奖以及其他市、县奖励19项。

主持开发“翠都牌”名牌商标一只，负责制作的“翠都牌”磐安高山四季豆样品1998年荣获省人民政府优质农产品银奖。累计在省级及以上刊物发表论文11篇。

△**华茂禄** 男，1941年10月生，1963年江西农大林学系本科毕业，1989年晋升为林业副研究员，现任磐安县“两林”生产办公室副主任，系县政协委员。

主要业绩：主持全县世界银行贷款造林、名特优经济林开发技术攻关工作，为山区林业建设事业做出重大贡献。倾心科技推广，发展高效林业，共获国家、省地科技成果奖十项，发表论文20多篇。近年来，承担了省市“食用笋高产技术推广”、“笋竹两用林高产技术推广”、“银杏丰产培育及其机理研究”、“若丁茶育苗试验”、“杉木立体经营模式”等课题的研究，并取得阶段性成果。1997年被授予“全国绿化奖章获得者”荣誉称号，1998年、1999年被评为省林业科技先进工作者称号。

三、县各级主管部门通讯录

磐安县食用菌办公室

主任：陈继林

地址：浙江磐安·龙山路1号

邮编：322300

电话：(0579) 4661953

磐安县农业局

局长：李敏荣

地址：浙江磐安·南街7号

邮编：322300

电话：(0579) 4662318

传真：(0579) 4666042

磐安县林业局

地址：浙江磐安·环城北路11号

邮编：322300

电话：4662780

传真：4662780

磐安县医药管理局

局长：陈天民

地址：浙江磐安·环城北路24号

邮编：322300

电话：(0579) 4661772　4662024

传真：4667922

〔企事单位供求信息〕

浙江省磐安县安康土特产有限公司

主营：食用菌　土特产

总经理：陈一中

地址：浙江磐安·昌文街9号

邮编：322300

业务部电话：(0579) 4666167

传真：(0579) 4662008

浙江省磐安通联农特产食品有限公司

主营：鲜干香菇，各类包装

经理：陈天福

地址：浙江磐安·环城南路59号　邮编：322300

电话：(0579) 4661779

浙江省磐安土特产总公司

总经理：吕向东

主营：农副产品、中药材、粮油、干鲜果品、副食品

地址：浙江磐安·环城北路16号

邮编：322300

电话：(0579) 4662673

传真：(0579) 4662673

浙江省磐安特产城有限公司

经理：洪小平

主营：中药材、香菇、其它农副产品、市场开发

地址：浙江磐安·壶厅路

邮编：322300

电话：(0579) 4667178

浙江省磐安振农特产有限公司

经理：陈贞晓

主营：香菇及其它农副产品出口

地址：浙江磐安·壶厅路

邮编：322300

电话：(0579) 4667998

浙江省磐安县外贸药业有限公司

总经理：施深海

主营：中药材原药、中药材精加工、中药材切片加工、炮制，各类提取物，各类高山蔬菜，绿色食品及工艺品

地址：浙江磐安·中街55号

邮编：322300

电话：86－579－4667988

传真：86－579－4662173

浙江省磐安县盘山药材有限公司

联系人：施祥仟

主营：中药材原药

公司网址：http: 11www. panshanmedicine. com

电话：(0579) 4668919

传真：(0579) 4662841

浙江省磐安县中药材研究所

所长：韦超斌

可供中药材：白术、云胡、玄参、浙贝、旱粮、天麻、桔梗、白芍、茯苓、丹参、太子参、玉竹、白芷、西红花、黄肉、金樱子、覆盆子、夏松球、鱼腥草等

地址：浙江磐安·壶厅西路55号

邮编：322300

电话：(0579) 4662436

磐安县群马草制品有限公司

经理：马家驹

电话：0579－4663829

地址：浙江磐安·安文镇壶厅西路47号

邮编：322300

主要产品：席草制品系列

磐安县名茶开发公司

经理：倪顺尧

电话：0579－4663493

地址：浙江磐安·安文镇南街7号

邮编：322300

供应：磐安云峰、磐安龙井中高档名茶

浙江省磐安县农业公司

经理：吕先真

电话：0579－4663473

地址：浙江磐安·安文镇南街7号

供应：化肥、农药、农膜、植物生长调节剂、山区无公害绿色食品产销

磐安县绿海工艺厂

厂长：金国庆

电话：4665688

传真：4663600

邮编：322300

地址：浙江磐安·安文镇环城北路44号

主要产品：木制教学人体横具、各大系列画架、画箱

浙江省青田县

〔**概况**〕　青田县建于唐睿宗景云二年（公元711年），因县城北有青田山（又名太鹤山）而得名，并称县城为鹤城。青田县位于浙江省东南部，瓯江中下游，北与丽水市、缙云县相邻，南跟瑞安市、文成县接壤，西临景宁畲族自治县，东濒温州市、永嘉县。总面积2493平方公里。辖10镇、23乡，622个行政村，总人口48.6万人。

青田属中亚热带季风气候区，温暖湿润、四季分明，气候宜人，年平均气温18.3℃，年均降雨量1747mm，无霜期279天。这里山青水秀，风光绮丽，是国家生态保护示范区，风景旅游资源极为丰富。

青田县是全国著名的侨乡，有15万华侨分布在世界60多个国家和地区；又是“中国石雕之乡”，青田石雕以其独特的艺术风格闻名于世。

青田紧靠沿海开放城市温州，距温州机场仅60km；330国道、金温铁路、金丽温高速公路穿境而过，陆上交通便捷；境内温溪港建有500吨级码头二座，通航沿海各大中城市。

今日青田，政通人和，百业兴旺。这里有良好的投资环境，有最优惠的扶持政策，有回报率较高的投资项目，还有热情善良、勤劳勇敢的青田人民。仅1999年，全县就引进企业56家，投资总额达到3.5亿元。

〔**发展成就**〕　1999年，全县实现国内生产总值15.77亿元，工农业总产值22.39亿元，财政总收入10878万元，其中地方财政收入6835万元，财政总支出18508万元，社会消费品零售总额8.02亿元，农民人均纯收入1560元。

（一）农业和农村经济取得较好发展

1999年农业总产值达到4.94亿元，比上年增长2.11%。粮食总产量达到7.77万吨，畜牧业生产基本保持稳定。农业结构调整步伐加快，效益农业取得明显成效。水果总产量达2.58万吨，比上年增长49.06%，创历史最高水平。全县共发展名特优水干果基地1.14万亩，名优茶基地1000亩，中药材405亩，高山蔬菜1500亩，大棚蔬菜600亩，早春四季豆5000亩，垦复低产油茶3万亩，形成了孙前杨梅、峰山花卉、阜山茭白、方山田鱼、海溪粉干等一批具有区域特色的农产品。开发了山鹤牌系列名优产品，青田御茶被评为省一类名茶。青田万头养猪场、贵岙颖丰食品有限公司和海溪粉干厂等农业龙头企业得到了发展和壮大。全面开展了二轮土地承包工作，全县249个行政村已基本完成任务。开展了农民减负工作，进一步减轻了农民的负担。农业科技推广取得了成效。种子工程、沃土计划得到了实施，开展了“选百项技术，进千家万户”活动，先进适用技术到位率明显提高。以船寮港流域治理和病险水库除险加固为重点的农田水利基本建设取得新进展，共投入水利建设资金5600万元，完成重点水利工程41处，以奖代补工程76处，建成了10个百亩标准灌区。全面开展森林火灾综合治理，完成造林更新1.4万亩。扶贫工作继续加强，实施项目241个，农村生产、生活条件得到较大改善，有36个行政村3160人实现脱贫。

（二）工业生产保持稳步发展的好势头

1999年全县工业总产值17.45亿元，比上年增长16.21%。特色行业和优势企业得到了培育，鞋革、石雕、矿产、机械电器四大重点行业完成产值10.62亿元，占全部工业产值的60.86%。工业发展环境进一步优化。工业政策得到落实，部门服务更加规范，办事效率逐步提高，形成了良好的合力扶工氛围。招商引资取得突破性进展。全年共引进企业56家，总投资3亿多元，招商形式更加灵活多样，招商领域不断拓宽。企业技改投入明显增加。

全县共实施技改项目34项，投入资金7500万元，比上年增长44.45%，完成了意尔康三期扩建、安特电度表扩产等项目。产品质量不断提高，消灭无标生产通过省地验收。三辰公司PGD6型高频开关电源直流屏通过了省级鉴定。安特仪表有限责任公司通过质量体系认证。章村木制品通过制订产品标准和成立行业协会，提高了质量，出现旺销的势头。工业园区建设步伐加快。青田经济开发区建成了8000平方米的标准厂房，5号工业小区得到快速发展。船寮工业小区已有4家企业落户发展。石雕的宣传包装、市场开拓得到加强，在上海、北京等地成功地举办了石雕精品展示会。山口石雕城建设前期工作已经完成。积极做好国石申报工作，“青田石”被列为国石候选石。

（三）改革开放不断深入

企业改革成效显著。1999年该县从实际出发，按照“彻底、细致、灵活”的要求，加大了企业改革的力度，完成企业改制24家，工业企业改革进入扫尾阶段。商业、供销、物资、粮食等流通企业改革全面推进。温溪镇小城镇综合改革取得成效。社会保障体系建设得到加强，再就业工程得到实施。养老保险基金收缴力度加大，企业收缴率达95.4%，事业收缴率达95%。狠抓了社会基本养老保险扩面工作，全年净增1359人。外向型经济继续发展。自营出口2392万美元，完成年计划的119.6%。巩固了东欧市场，拓展了西欧、亚非、南美等市场。支持外贸企业转换经营机制，强化内部管理，走出国门拓展市场。积极参加各类招商会、洽谈会和三胞联谊会，开展招商引资活动，吸引国内外人士到该县创办企业。全县新办“三资”企业5家，实际利用外资76万美元。侨乡外贸工业园区建设开始启动。支持鼓励农民外出务工经商，外出者队伍不断壮大。全年共办理因私护照23395本。

（四）基础设施和城市建设迈出了新步伐

全社会固定资产投资继续保持快速增长的势头。1999年共完成投资额4.71亿元，比上年增长23.39%，其中基本建设完成投资额2.57亿元，比上年增长71.67%，投资结构趋向合理。重点建设进展顺利。太鹤大桥、腊口大桥通过交工验收投入使用。瓯青公路延伸线、祯旺至小连云公路和殡仪馆等已近完工。57省道青岱线青田段一期改建工程、北山至万阜公路、大奕坑电站、35KV北山输变电工程等进展顺利。双坑口电站、金丽温高速公路青田段、温溪大桥前期工作顺利进行。滩坑电站移民方案进一步优化。完成了朱山、祯埠变电站扩容，整改了一批农村输配电线路。加快了通讯光缆到点的建设步伐，完成了仁庄、高湖等15个乡镇电话扩容，替换扩容设备20500门。

集镇建设迈出了新步伐。编制完成了油竹、高岗新区控制性详细规划，旧城改造详规比较方案，鹤城、温溪城市防洪规划，行政村建设规划，国道省道沿线建设控制性规划以及燃气、绿化等专项规划。市政建设有序进行。日产3万吨的县自来水扩建工程进展顺利，完成了东山小区道路网建设。开展青山、蓝天、碧水的生态示范区建设。加大了环保执法力度，依法关停了部分未达标的污染源。

（五）财税金融流通旅游等态势良好

财政收入继续保持稳步增长，实现当年财政收支平衡。税法宣传和税收征管得到加强，认真贯彻收支两条线规定，出台了乡镇预算外资金管理办法，预算外资金管理进一步加强。对乡镇财政实行“三保两挂”政策，乡镇财政赤字增势得到遏制。在行政事业单位购置公务用车、办公用空调、电梯等大宗商品实行政府采购制度，采购总值1530多万元，节约资金140多万元。建立国有资产运营机制，国有资产管理进一步加强。强化财政预执行情况的审计监督，严肃财经纪律。金融形势稳定。全县各项人民币存款余额19.08亿元，比年初减少7038万元。外币存款余额1.83亿美元，比年初增加6715万美元。贷款大幅增长，年末贷款余额10.13亿元，比年初增加1.90亿元，有力地支持了地方经济建设。认真防范和化解金融风险，顺利整顿了17家农村合作基金会，农村金融秩序和社会秩序稳定。保险业务有了新的发展。市场建设取得新成绩。新建了水南石雕工艺品市场、水南农副产品批发市场。继续完善和发展石溪石材雕塑市场、海口副食品市场、腊口小群木制品市场等，市场品位进一步提高。打假维权、商标广告管理、烟草专卖、食盐专营、生猪定点屠宰等工作取得进展。城乡居民生活稳定，人均收入稳步增长，全县职工人均工资收入8871元，比上年增长18.77%，农民人均纯收入1560元，比上年增长5.98%。城乡居民人均储蓄存款2796元，比上年减少6.86%。

旅游业的开发取得了新进展。积极实施旅游总体规划，认真编制石门洞省级风景名胜区总规、详规。加强旅游项目开发，石门洞景区和瓯江漂流、内冯生态旅游等项目建设进展顺利。社会办旅游氛围初步形成，旅游对外促销得到加强，旅游环境进一步改善。青田宾馆、华侨饭店、天鹤宾馆被评为二星级宾馆，旅游接待能力和服务质量得到提高。“一江两石”旅游线路渐趋成熟，全年接待游客29.5万人次，比上年增长42%。

（六）社会事业不断进步

科技工作得到重视和加强。制订了《关于进一步实施科教兴县战略的决定》，出台了扶持民营科技型企业和星火奖励政策。县财政加大了科技投入，科技三项经费大幅度增加，“科技创先”目标基本实现。科技服务体系进一步建立健全，技术引进和科研合作力度加大，科普宣传和科技培训工作进一步加强，促进了科技与经济的紧密结合，取得了明显的经济效益和社会效益。

教育事业稳步发展。“两基”工作水平得到巩固和提高，多项指标达到了“两高”的标准。学校实验教学工作得到重视和加强，达到了省普及实验教学县的标准，通过了省政府的评估验收。重视发展高中教育，在海口中学、求知中等职业技术学校增设了职高部，扩大了高中招生，初中毕业生升高中的比例达到37.92%。民办教育进一步发展，创办了石门中学，重视扶持中山中学等民办学校。积极探索教育内部制度改革，实行教师聘用制和公开招考制，加强了校长和教师队伍建设。学校布局进一步优化，全县撤并小学60所，附设初中2处。

文化、广播电视、卫生等工作蓬勃开展。出台了《关于加快我县文化事业发展若干政策的意见》，增加了对文化的投入，制订了“东海明珠、山花工程”建设规划。成功地举办了建国五十周年和澳门回归系列庆祝活动，青田鱼灯国庆晋京演出获得圆满成功。广播电视事业快速发展。紧紧围绕中心工作提高广播电视宣传质量，北山、仁庄等8个乡镇实现了广播电视联网，基本消灭了“广播电视空白村”。青田县被评为全省广播电视先进县。医疗卫生工作进一步加强。基本完成了乡镇卫生院危房改造，增添了医疗设备。积极开展医疗纠风和医疗市场的整顿，医疗环境有所改善。开展了以乡为单位的初保达标活动，城乡卫生事业有了新的发展。计划生育基础进一步巩固。深入开展了“查漏报、挤水分”的集中清理活动，进一步摸清了底细。加强了村级服务员队伍建设和乡镇服务站管理，完善了计划生育工作责任制。深化了计划生育宣传工作，开展了婚育新风进万家活动试点，新家庭计划活动得到深入实施。体育市场管理得到加强，全民健身活动深入开展。

征兵和国防后备力量建设取得新成绩，民兵预备役调整改革进展顺利。民政、统计、审计、侨务、台务、民族、宗教、老龄、档案、气象、信访等工作取得新的成绩。工会、共青团、妇女、未成年人、残疾人等事业都有了新的发展。

(七) 社会主义精神文明和民主法制建设取得进展

精神文明建设成绩显著。开展十佳公仆、十大先进新闻人物、十大名师的评选活动，推进了社会公德、职业道德、家庭美德教育。加强了文明县城创建工作。加大投入，重点实施了“亮丽工程”、“绿化工程”，在两桥转盘、主要街道和公园等地带实现了绿化亮灯，提高了县城品位。对菜市场、农副产品批发市场、餐饮业进行了整顿，城市环境卫生进一步好转。文明小区、文明单位、文明楼院建设继续得到加强，文明县城创建工作继续名列全区第一。

民主法制建设取得进展。认真执行人大决定和决议，自觉接受人大的监督。重视支持政协的参政议政。认真听取人大、政协的建议、批评和意见，人大建议、政协提案办结率达到100%。坚持“依法治县”，全面推行行政执法责任制，认真实施《行政复议法》，严格依法办理行政复议案件，规范行政行为。认真实施“三五”普法计划，广泛开展法制宣传工作，突出加强领导干部的法律学习，进一步提高全社会的法制观念和干部依法行政能力。社会治安综合治理领导责任制得到落实，“平安社区”创建工作得到加强，各种刑事犯罪和经济犯罪活动受到严厉打击，全年共破获各类案件654起。对学校周边治安环境进行了专项整治，社会治安继续好转。开展了争创人民满意活动，政法队伍建设得到明显加强。

(八) 政府自身建设得到加强

围绕“开拓、务实、高效、廉洁”的目标，切实加强了政府自身建设。继续实行了县政府领导分工抓落实和联系重大项目及联系企业、乡镇制度。县府所属各部门单位实行了工作目标责任制，一站式办公、一条龙服务和一个窗口对外等办事机制进一步推广和深化，两公开、承诺制继续向纵深推进。经济部门开展了“企情日记”活动。为维护政令畅通，加强了效能督查和新闻舆论监督，取得了明显成效。继续坚持周一集中学习制度，全县干部政治业务素质进一步提高。认真执行中共中央、国务院关于党政机关厉行节约、制止奢侈浪费行为的若干规定和党员领导干部廉洁自律的若干准则。加大了对违法违章案件的追究力度，查处多起违法违纪案件。继续抓好通讯话费、公务接待、干部出国和公车使用等方面的管理。通过收支两条线、预算外资金管理、政府采购、建设工程招投标的监督、干部廉政档案的建立和任前公示等一系列制度的落实，促进了干部队伍的廉政建设。

浙江省温岭市

温岭市是一座在改革开放中迅速崛起的海滨城市，位于浙江东南沿海，介于宁波和温州两个开放城市之间，属中国沿海对外开放地带，毗邻中外海内闻名的雁荡山风景区，距省会杭州市360公里。海域面积1.47万平方公里，陆域面积920平方公里，辖34个镇(乡)，总人口113万人，人口密度1231人/平方公里，为全国人口密度最高的县(市)之一。

改革开放以来，温岭经济突飞猛进，社会事业蒸蒸日上，综合实力不断增强。1999年，全市国内生产总值160.59亿元，比上年增长14.2%；工农业总产值448.93亿元，其中农业总产值48.55亿元(居全省第1位)；财政总收入8.55亿元，增长39.4%，其中地方财政收入4.15亿元，增长21.9%；农民人均纯收入5375元，增长6.8%；社会消费品零售总额48.6亿元，增长6.6%；全社会出口交货值28.7亿元，增长4.8%，各项经济指标跃居浙江省第5-7位之间。先后被评为全国农村综合实力百强县（市），全国农业生产百名大县（市），全国农民收入先进市，全国科技先进县市，全国科技实力强县，全国财政收入百强县，中国明星县（市），是浙江省首批小康县（市），被列为浙江省农村现代化建设实验区和浙江省社会发展综合实验区。

一、农业资源优势明显，农村发展实力雄厚

温岭山海兼胜、物产丰饶、资源丰富，农林特渔业全面发展，素有渔米之乡之称，拥有中国高橙之乡、果蔗之乡、西瓜之乡、珍珠之乡、石雕之乡、捕捞之乡、海珍品之乡、水产贸易之乡等称号，老爷牌鱼糜调理食品、锯缘青蟹人工培育苗种、海玲珑牌单冻熟虾仁、海国牌松门白鲞、明圣牌温岭高橙、老爸豆腐干、温联牌果蔗、玉麟牌西瓜、珍珠、石雕等名特优新产品远销海内外，老爸、海玲珑、海国、明圣、温联、玉麟等商标驰名中外。温岭三面濒海，海岸线长达317公里，海域面积1.47万平方公里，有大小岛屿170个，可利用浅海滩涂90万亩，东海塘围垦工程实施完工后，可增加用地5万亩，综合开发前景广阔。近年来，农业生产稳步增长，农业结构不断优化，农业基础设施建设得到加强，农村发展实力不断增强。全市拥有钢质渔轮1715艘，水产养殖基地1252万亩，水产品加工企业175家，1999年，全市水产品总量达51.97万吨，总量和产值已连续多年居浙江省首位，全国第二位，被评为“全国水产品生产先进市”。粮食总产量保持在35-40万吨水平，被省政府评为“粮食生产先进县（市）”。全市有标准海塘43公里，已建成和基本建成的现代农业示范园区21个2万余亩，其中省级园区有4个。

二、农村改革不断深化，机制灵活颇具特色

温岭是股份合作制的发源地，中国第一家经注册的农民股份合作制企业就诞生在温岭。这种经济形式已成为全市经济的主体，日益显示出蓬勃的生机和活力。1998年，又将股份合作制引入第二轮土地承包工作中，在全省率先实行土地股份合作制，为加快土地向规模集聚，发展效益农业，人口向城镇集聚，加快农村城市化进程，提供了宝贵的经验和路子。还建立了粮食风险基金会制度，提高种粮大户抗御自然灾害风险能力。农业生产的主要环节基本上实现了机械化操作。专业市场繁荣活跃，富有特色，达200多个，市场总数和超亿元市场数居全省第一，其中珍珠市场已成为中国江南珍珠及其制品的集散地。松门水产品批发市场年成交额15多亿元，为同类市场的“中国之最”。

三、工业经济快速增长，运行质量明显提高

结构调整取得了初步成效，优势行业、重点企业的带动作用更趋明显，摩托车、汽配、机电、泵业、鞋业、皮塑等支柱行业不断壮大，一批行业龙头进一步形成。全年实现上缴地税50万元以上的企业达90家，100万元以上的企业达39家。上市公司——钱江摩托集团产销量跃居全国同行业第三位，效益居首位，被列入国家520家重点企业之一。工业生产布局不断优化，横峰鞋业园区、大溪泵业园区、新河帽业园区等彼具特色。企业科学管理得到加强，品牌意识进一步提高，1999年新增省级名牌和著名商标各2只，新增通过ISO9000系列质量认证企业31家，钱江摩托集团通过省五星级企业现场考核。

四、旅游资源潜力巨大，第三产业日趋活跃

温岭山青水秀，风光宜人，是一个旅游资源丰富的城市。西北部的方山——南嵩岩省级风景名胜区，山体恢宏，气势磅礴，清幽秀丽；东北部的长屿硐天——省级风景名胜区，人工石硐，其特有的魅力，成为大世界基尼斯之最；东南部的石塘渔港，建筑独特，风光旖旎，“石屋、石路、石镇”闻名于世，被文人墨客誉为“中国的巴黎圣母院”。西南部的江厦省级森林公园，林海万倾，千峰拥翠……。邮政电讯、交通运输、社会服务、房地产等三产迅速发展，旅游业更趋活跃，结合中国千年曙光节活动开展了多种形式的旅游促销活动，全年接待游客增长47.40%。全市有40万劳力遍布全国和世界各地。

五、基础设施建设步伐加快，各项社会事业全面发展

温岭大厦等一批标志性工程拔地而起，旧城改造扎实推进，人民路东延、体育场路、东辉北路、中华路北延主东道已竣工通车，市区自来水二期续建工程和垃圾填埋场建成并投入使用，污水处理工程进展顺利。村镇建设取得较大进展，被评为“全国村镇建设先进县市”。泽国、大溪、松门被台州市列为首批重点扶持的中心镇，五大重镇建设步伐加快，中心村试点工作顺利开展。重点工程建设力度加大，甬台温高速公路温岭段工程全面完工，其中大溪岭隧道被评为优质工程，完成村道硬化55公里，城乡道路更加畅通。温岭中学迁建工程、影视城工程破土动工，体育中心一期工程、市一院综合楼已竣工投入使用。实现了电话市和村村通广播电视任务。深入开展省教育强市创建活动，1999年新增省教育强镇8个，初升高比例达66.25%。人口计划执行情况良好，计划生育工作水平有新的提高，人口自然增长率为4.37%。环保“一控双达标”工作全面开展，环保执法力度加大。

浙江省绍兴市

绍兴市位于浙江中北部，地处杭宁之间，下辖绍兴县、上虞市、诸暨市、嵊州市、新昌县、越城区等2县3

市1区，面积7901平方公里，人口429万人，其中农村人口361万人。该市自然结构称为“七山二水一分田”，既有山区，又有平原；既有丘陵，又有海涂，拥有250.81万亩，其中水田207.98万亩，旱地42.83万亩。

近几年来，全市各地围绕“农业和农村现代化”目标，以提高经济效益，增加农民收入为落脚点，以推进农业产业化为途径，调结构，建基地，扶龙头，拓市场，积极探索出一条适应绍兴实际的效益农业发展新路子，为加快全市农业和农村现代化建设步伐打下了扎实的基础。1998年全市国内生产总值达651.33亿元，增长12.2%；全市农业总产值达108.5亿元，（按不变价比）增长2.9%；农民人均收入4408元，比上年增长7%；其中来自农业产业化收入在农民人均收入中的比重占40%左右。

〔**现状**〕　近几年来，全市各地以改革的精神，在积极发展效益农业，推进农业产业化经营的过程中作了有益的探索，使农业产业化由重点突破进入全面推进阶段，效益农业的发展步伐明显加快。其主要特点有以下四个方面：

1. **区域经济形成特色块状**。因地制宜，规模开发，形成区域特色是推进农业产业化经营的基础。近年来，全市各地立足本地资源，面向市场，加大农业综合开发力度，形成了一批各具特色的产业带、产业群。到目前为止，全市除200万亩粮棉基地外，已建成茶叶、蚕桑、竹笋、板栗、蔬菜、畜禽、水果、特种水产等20大类非粮农产品基地251.5万亩，其中规模经营基地97.85万亩，占总开发面积的39%，涌现出具有区域块状特色的专业之乡34个，占全市136个乡镇的25%，具有较大规模的特色专业村500多个。从整体布局看，已逐步构筑成三大农业区域经济：

一是以优高型、生态型为特征的山区半山区林特产农业区域。全市广大山区农村，坚持改造和开发相结合，积极培育具有山区特色的名优特主导产业，形成了较大的规模。涌现出6个县级“全国特产之乡”（新昌为“中国名茶之乡”，嵊州为“中国茶叶之乡”、“中国竹编之乡”，诸暨为“中国香榧之乡”、“中国珍珠之乡”，上虞盖北为“中国葡萄之乡”），有许多主导产业的总量已经达到全省乃至全国领先水平，在规模和总量上创“七个全省第一”：(1)茶叶总面积达到39.9万亩，总产量达到30609吨，其中，名茶面积27万亩，年产量6424吨，列全省第一；(2)板栗面积达到27.03万亩，年总产量6873吨，列全省第一；(3)香榧面积1.06万亩，总产量677吨，列全省第一；(4)新昌小京生花生面积2.3万亩，年总产量3450吨，列全省第一；(5)绍兴麻鸭，年饲养量780万只，列全省第一；(6)长毛兔年饲养量150万只，列全省第一；(7)供港猪年出口量5.6万头，列全省第一。

二是以规模化、机械化为特征的平原粮产农业区域。规模化经营不断扩大，按照“高起点、高标准”的要求，建成了综合性的各类示范园区156个，面积达14.25万亩。全市已有10亩以上的种粮大户2.16万户，承包粮田规模经营面积达46.28万亩，占总面积的22%，承担国家定购任务的70%。“三新”技术得到大面积推广，全市建成良种繁育基地2.5万亩，推广早稻优质米品种102万亩，优化率达63%，居全省首位；统一供种率达38%；推广“旱、直、抛”等轻型栽培技术92.22万亩，其中抛秧栽培52.44万亩，在全省领先；农机总动力达159万千瓦，农业机械价值达7亿元，翻耕、灌溉、植保、脱粒、运输基本实现机械化。由于“三新”技术的推广，去年全市增产粮食2078万公斤，省工节本9858万元，为农民增加收入12453万元，逐步走出了一条省工节本增效的新路子。

三是以集约型、高效益为特征的城郊农业区域。全市以城郊一带为重点，建成了规模较大的蔬菜和水产两大主导产业，蔬菜基地规模达12.4万亩，淡水鱼、虾、蟹、鳖、珠等水产和特种水产养殖基地33万亩。越城区水产养殖规模达1.6万亩，其中有13个养鳖场，年饲养甲鱼160万只以上，投资市场超100万只，虾、蟹养殖面积3953亩，年产量279吨，并以水产市场为依托，形成了产供销一体化的水产业发展格局。嵊州市城关、浦口一带已建成万亩近郊蔬菜基地，广大农民已走上了“服务城市，种菜增收”的发展之路。

2. **结构调整瞄准优高目标**。近几年来，全市新一轮农业结构调整取得了突破性进展。一是品种调新。从过去的种番薯、玉米到发展小京生花生，从传统的珠茶生产到名优茶开发，从常规蔬菜到反季节蔬菜、高山蔬菜，从大宗化四大家鱼到特种水产养殖，从传统的桃梅李果到名特优新水果，对品种进行了优化调整。据不完全统计，去年新发展名优农产品基地14.8万亩，改造传统农产品基地8.9万亩，引进名优农产品34只，其中名优茶、优质干鲜果、反季节蔬菜、特种水产品等品种发展和改造面积均在1万亩以上。二是结构调优。在种植结构上，主要采取多种形式，走长短结合、粮经结合、粮畜结合、产加销结合的路子，特别是在粮食种植结构调整上，积极探索出“千斤粮万元钱”的“千万”工程，“双优（早晚稻优质米）、双机（机抛、机收）、双抛（早晚两季抛秧）、双千（吨粮千元）”的“四双”等模式，使农村各类资源优势得到有效的开发利用。全市农田种植经济作物和养殖的面积达到42.93万亩，并涌现出一批“千斤粮，万元钱”的先进典型。仅嵊州市实施“千万”工程面积就达万亩，今年可实现万亩亿元的目标。三是效益调高。主要是依靠科技进步，通过“茶叶改名、水果改种、养殖改优，竹笋改法、蔬菜改季”等“五改”途径，调高农业综合效益，使农产品经济价值几倍甚至几十倍的提高。“茶叶改名”，就是改大宗茶为名茶。原来每公斤大宗茶售价不足10元，还大量积压，造成茶园荒芜，现在改为名茶后，每公斤售价提高到60元至100元，最高价超过1000元，经济收入增加了10倍左右，全市名优茶年产值达4亿元，使茶农增收3亿多元。仅名茶一项，新昌县农民年人均创收400多元。“水果改种”，就是改良品种，推广优质水果，名优水果迅速发展，桃形李、杨梅、葡萄、草莓等优质水果都形成了万亩基地，全市名优水果的比重已从30%提高到50%以上。“养殖改优”，主要是渔业改养殖四大家鱼为重点发展名优水产品，去年名优水产品达1.32万吨，尤其是鳖、蟹、虾等特种水产品，已从人工捕捞进入人工繁育养殖的新阶段，产量猛增到3526吨，比人工捕捞时增加20倍，效益比养殖四大家鱼提高十几倍。“竹笋改法”，就是为竹笋山覆盖砻糠等，改变传统的种植方法，提高产出率和经济收入，一亩竹笋山收入高达2万多元。“蔬菜改季”，就是大力发展反季节蔬菜和高山蔬菜，如新昌回山一带利用高山气候特点，发展高山茭白、高山甜椒等，使每亩增收3000元以上。

3.**农业龙头作用日益明显**。*龙头企业带动力不断增强*。目前全市已有各类农业企业1900余家，其中有一定规模的骨干龙头企业330家，1998年产值37亿元。这些龙头企业内联基地，外联市场，直接牵动着农业资源的综合开发，带动着农民致富奔小康。全市各地通过麻鸭加工成陈氏鸭、芋艿加工成芋茭，大米加工成榨面，黄豆加工成豆腐皮、腐乳，竹笋加工成系列笋制品，板栗加工成饮料，鲜菜加工成速冻脱水蔬菜，使初级产品得到了增值。如绍兴县华瀛竹制品有限公司充分利用当地毛竹资源，进行精深加工，开发出竹筷、竹串、竹炭、竹油、铁炮串等30多个品种，远销日本市场，不仅为当地的毛竹资源找到了出路，而且提高了附加值，每公斤0.4元的毛竹，经过深加工之后，效益增加10倍。使周围村1万多竹农增收受益。去年产值利润比1997年翻了一番，产值达到1200万元，出口创汇100万美元。*龙头市场覆盖面不断扩大*。全市各类农产品市场达到200多个，其中具有一定规模的农副产品专业市场60余家，1998年总成交额达75亿元左右，并涌现出诸暨山下湖珍珠市场（年成交额9亿元）、新昌羊毛衫兔毛市场（年成交额14亿元）、上虞水产品市场（年成交额2亿元）、越城农贸综合市场（年成交额2亿元）以及嵊州茭白市场、绍兴花卉市场等一批具有跨地域吞吐作用的专业批发市场。如新昌县浙东名茶市场，直接连接着该县18个乡镇609个村的茶农和100多个名茶加工经销企业以及13个农村产地市场，带动着6.7万亩茶园基地，年交易名茶在2万担以上，成交额近2亿元，逐步从季节性市场向长年性市场转变，从县级市场向全国性市场转变，从名茶产地市场向名茶集散市场转变，从经营单一龙井茶向经营多茶类市场转变，成为全省规模最大的名优茶集散中心。*龙头大户不断壮大*。全市有各类大户66939个，其中专门从事加工销售大户37023个，种养大户26340个，服务大户3576个，这批大户连接着全市136个乡镇4332个村529019户。嵊州市开元镇柑桔贩销大户丁寸苗，年销量500万斤，最高时达800万斤；诸暨市化泉乡竹签贩销大户朱培浪，一年贩销竹签交易额达1000多万元，占该乡竹签总量的80%。这些龙头企业、龙头市场、龙头大户的兴起，有效地促进了传统农业向种养加、产加销、贸工农一体化转变。

4.**外向农业呈现“三多”势头**。近几年来，全市各地以国际市场为导向，出口与引进并重，扩大出口创汇，积极发展开放型创汇农业，出口创汇年递增10%以上。1998年全市农产品出口创汇2.6亿美元，主要表现：一是*出口农产品增多*。目前全市拥有30多类100多个品种的出口创汇农产品。珍珠、茧丝绸、茶叶、蔬菜、水果、水产品、杨桐柃木、供港猪、竹笋、禽蛋、银杏叶、花卉、板栗、竹制品、蜂产品、樱叶等农产品以及以农产品为原料的加工品，都有较大幅度的扩展，出口创汇有较大的增长。诸暨市已形成珍珠、生猪、蔬菜等十大类出口农产品，年出口交货额达7900多万美元，相当于诸暨全市农业总产值的27.9%。诸暨禾利集团公司去年出口供港猪2万头，诸暨全市出口5.6万头，占了香港市场的1/18。新昌线江茶厂、新昌出口茶叶拼配厂等11家精制茶厂去年出口茶叶达45万担以上，占全国珠茶出口量的1/3。新昌丰岛物产有限公司加工杨桐柃木枝条出口日本，全年销量超过2500万束，占国内出口日本总量的50%，已成为当地农民致富增收的新兴产业，涉及该县沙溪、东茗等6个乡镇16个村3000多农户，所出口销量占据日本进口市场的40%。近几年来，累计创汇3000多万美元，其中1998年出口创汇685万美元，从事杨桐柃木采摘的农户仅此一项人均增收1.7万元。二是*合资加工项目增多*。近年来，全市各地注重以特色农产品为原料，积极引进国外资金、技术，兴办合资企业，扩大农产品加工项目，增加出口创汇。据不完全统计，目前落实或正在落实的引进合资项目31个。新昌县农丰种源有限公司，与日本客商合作兴建名优品种园及良种繁育基地，为当地农民培育名优出口农产品良种；诸暨市近年来先后创办农副产品加工“三资”企业22家，总投资1146.8万美元，利用外资417.5万美元。三是*引进品种增多*。到去年底全市共引进农产品50多只，嵊州市通过省农科院引进日本宫内伊予柑新品种，推广高位嫁接新技术，对老桔园进行改造提高，产出的伊予柑收入比无核桔成倍增加。去年该市高位嫁接宫内伊予柑达1500亩，高位嫁接胡柚1000亩。如引进的宫内伊予柑品种，具有“果型大（最大单果重达0.8千克）、产量高（亩产在4000公斤）、耐贮藏、易管护等特点，经济效益较高。据对嵊州市开元镇剡岩村相江火调查，4亩桔园，嫁接改造后，亩产伊予柑最高的达1万斤，比传统桔产量增加1倍，近三年所出售伊予柑价格稳定在2.00元/斤，大大超过了传统桔价格，亩产收入可达1万元以上。上虞市调整种植结构，引进日本甜瓜试种成功，每亩净收入达7800元。除了引进水露、樱叶、高菜、草莓等新品种外，特种养殖品种增多，如新昌县已引进“美国七彩山鸡”、“南非波尔山羊”、“新西兰肉用兔”、“东北梅花鹿”等名优畜禽品种，并作为新的经济增长点来培育。新昌县巧英乡“七彩山鸡”养殖大户张林财，去年出售商品鸡10000羽，种鸡4000羽，每羽售价50—60元，苗鸡6000羽，每羽6.5元，全年净收入15万元，效益十分可观。

一、基本做法

全市各地以大力发展效益农业，全面推行农业产业化经营，主要抓了以下五个方面：

1. 兴龙头，实行“三龙”齐上

各地始终把培育龙头企业作为推进产业化，发展效益农业的关键来抓，着力实施龙头带动战略。在发展方向上，以市场为导向，既坚持大规模、高科技、外向型，又允许多层次经营，由小到大，由少到多，滚动发展。在组织形式上，提倡多种所有制、多种形式并存，谁有能力谁牵头，谁有能力就支持谁。鼓励农民特别是大户组织起来，兴办各种形式的龙头企业；鼓励现有的农副产品加工、流通企业到农村建基地，发展“公司＋农户”的农业龙头企业；鼓励大中型企业进入农业领域，参与产业经营；鼓励国家、企事业单位的干部职工以及城市下岗职工领办、参办龙头企业。在发展策略上，坚持分类指导，做到“三龙”齐上，即扶大龙，育新龙，兴小龙。

——扶大龙，就是各地围绕主导产业，建立“一个产业、一套班子、一个规划、一套实施办法”的领导决策和组织体系，对规模大、牵动面广的大龙头重点扶持，加强管理、协调、指导。全市已形成粮棉油、名优茶、干鲜果、茧丝绸、畜禽蛋、竹制品、竹笋、珍珠、蔬菜、特种水产等十大牵动力较强而产值在亿元以上的龙型经济产业链。如绍兴御茶村茶业有限公司自创办以来，不断扩大生产规模，茶园面积从2040亩扩大到5223亩，全自动流水线从3条增加到6条，产量由300吨增加到1050吨，自营出口由100万美元增加到500万美元，连接茶农3.5万户，积极为茶农解决茶叶青叶销路，使农户增收1558万元。诸暨市以工贸联营出口食品厂为龙头，大力推广种植日本高菜、胡瓜，带动菜农5000多户，规模种植3000余亩。今年实施“双万”工程，目标是带动农户1万户，种植面积达万亩。

——育新龙，主要是培育产品市场覆盖广，出口创汇率高，联接农户紧密的新的龙头。目前正在培育万亩杨桐柃木基地的出口龙头，建设波尔山羊养殖龙头，扩展竹木制品加工龙头，发展供港猪产销龙头，兴建投资2000万元的水果龙头，扩大以芋艿为原料的天然芋饺加工龙头，形成板栗产加销一体的开发龙头。新昌县以波尔羊业有限公司为龙头，自1997年11月起，引良种，抓投入，着力建设省内第一家波尔羊繁育基地，目前基地规模50多亩，有种羊2300多头，其中纯种波尔山羊24头，杂交一代种羊1280头，现开始对外供种，效益日趋明显。该公司还发展了养羊专业户50多户。波尔山羊养殖龙头的形成和市场销路的拓展，为该市山区农民开辟了又一条增收渠道。

——兴小龙，重点是发展具有较大规模的种养、加工、销售的专业大户1000户，以大户带农户，促其上规模上档次。为了进一步发展龙头企业、龙头大户，全市开展“十佳农业龙头企业”、“十佳购销大户”评选活动，对为发展该市农业产业化作出较大贡献的重点龙头企业、龙头大户予以表彰和奖励。

2. 活流通，抓好三个环节

在搞活流通方面，主要从三个环节上进行突破。*一是市场促营销*。主要是围绕当地主导产业，规范提高现有市场，建设培育特色市场，远距离拓展省外市场，进一步扩大外贸出口市场，形成上下联通、内外结合的市场营销网络。嵊州市发展产地市场，培育专业市场，开拓外地市场，组建协会兴市场，组织贩销闯市场，取得明显成效。特别是注重远距离拓展外地市场，在鲁西南开设茶庄20多家，仅山东滕州、济宁两市，嵊州名茶市场占有率在50%以上。*二是农民搞贩销*。各地积极鼓励广大农民参与农产品流通，对农民贩销大户，在政策上优惠、政治上关心、营销上帮助，为他们解决营销中的困难和问题，为他们增强自身营销实力创造条件。*三是政府抓展销*。主要是举办多种形式的农产品展销会，开展贸易洽谈活动，加大引资招商力度，提高本地农产品在国际国内两个市场上的占有率。结合年初召开的全市农村工作会议，开展全市优质农产品展销、展示，让更多的消费者与展销单位直接见面，沟通信息，建立紧密的购销关系。各县（市、区）也充分利用展销、展示的形式，北上北京，南下广州，西往四川，近进上海、杭州，展销产品，引资招商，拓展营销市场。绍兴县去年4月份在上海举办了'98中国十强县——绍兴农产品展示暨项目恳谈会，共签订技术合作和合资项目意向5个，总投资1050万美元，协议利用外资628万美元；签订农产品购销合同15个，金额1.57亿元，其中出口1.21亿元，占合同总额的77%；还直销了一批农产品，使绍兴农产品较多地进入上海大市场。今年上半年，新昌县赴上海举行规模较大的“中国名茶之乡”名特优农产品展销会，嵊州市赴山东举办了嵊州农特产品新闻发布会，都取得了较好的促销效果。

3. 创名牌，做到“三管”齐下

首先依靠科技创名牌。主要是积极开展科技兴农活动，加快“三新”技术推广步伐，多渠道引进名优新特产品，引进高新技术和专利产品。上虞市去年从省农科院、省农大引进转让了榨菜小包装、青梅深加工、年糕保鲜、雷笋开发等生产技术专利，为创名牌打下了一定的基础。二是立足资源创名牌。重点是通过改造老基地，开发新基地，建设名优示范基地，不断培植名优产品，并通过加大加工、包装、宣传等营销力度，使其成为名牌产品，全市在每个主导产业中新创出1－2个名牌产品。三是开展活动创名牌。主要是通过开展宣传、展销、评审等活动，扩大名牌知名度。到目前为止全市已涌现出名茶、香榧、板栗、黑李、桃形李、小京生、长毛兔、珍珠、中华鳖、瘦肉猪等80多种名优农产品，其中新昌的“大佛龙井”名茶、“白雪公主”兔毛，诸暨的“枫桥”香榧、“毛板红”板栗，嵊州的“羲之”牌桃形李、嵊州长毛兔，上虞的“东青”牌青梅、“二都”牌杨梅，绍兴的“山娃子”牌林产品、中华鳖等品牌，在市场上具有较高的信誉，有的产品质量和产量已达到全省乃至全国先进水平。

4. 健机制，探索“三制”运行

着重是探索和健全三个有效机制。一是有偿流转机制。在认真贯彻延长土地承包期30年的政策，做好第二轮土地承包工作的基础上，根据“自愿、依法、有偿”的原则，建立和健全土地流转机制，通过租赁、拍卖、承包、入股等多种形式，依法进行土地使用权有偿流转，使生产要素向效益好的方向聚集。上虞市按照“理顺关系，强村富民”的思路，因地制宜地完善了山林经济责任制，有效地进行了山地有偿流转。该市以各种形式流转的山地达1.57万亩，并建成100个优高农业专业示范村，使大片的“四荒”“四低”的山地资源得到有效的综合开发。二是多种运行机制。主要是本着“利益均沾，风险共担”的原则，合理调节生产、加工、销售之间、生产者与经营者之间、以及城乡之间、条块之间的经济利益关系，以利益为纽带，采取股份联合、专业合作、村户联营、集体经营、反租倒包、个人承包等多种形式，打破地域界限、所有制界限，完善规范合同制，推行股份合作制，建立专业合作社，健全专业性协会，形成企业与农民经济利益共同体。目前，该市至少有以下6种以产业化经营为主体的运行模式，第一种是服务合作型，也就是“中介组织十企业十农户”的经营模式。如新昌兔业合作社实行的是“科研服务＋经营公司＋养兔大户”的经营模式，入社养兔大户已发展到500多户，形成了兔业科养销一条龙，通过为兔农提供信息、技术、物资、储藏、运输、销售等系列服务，把全县3.8万兔农、70多万只兔带动了起来，走上了产业化之路。第二种是专业协作型，主要是成立专业协会，把相关的企业、市场、农户连动起来，实行专业性协作；诸暨市山下湖镇近年来珍珠产业发展迅速，形成了规模，形成了系列。他们成立了珍珠协会，下设珍珠养殖、加工、经营三个分会和一个淡水珍珠研究所，把该镇有代表性的养殖大户、加工企业和经销公司吸收在协会中，强化了珍珠产业链。目前全镇有30%的农户专门从事珍珠生产、经营，养殖面积达到3.5万亩，年产珍珠200吨以上，产值5亿元，出口创汇644万美元，仅珍珠一种产品就为该镇农民人均纯收入增加4000多元。第三种是股份开发型，就是通过股东投资，联合开发，带动农户的经营模式。如嵊州市金庭天合农业合作社，是由该镇农技员和农户组成的股份制合作企业。成立仅一年多，就开发了以桃形李为主体的水果基地1000多亩，并把附近的农户也带动了起来。第四种是合作带动型，主要是通过龙头企业，兴办专业合作社，吸纳大户带动农户的经营模式。工贸联营诸暨市出口食品厂是一家专门从事蔬菜加工出口的农业龙头企业，他们通过成立蔬菜专业合作社的形式，吸纳蔬菜种植大户为合作社社员，由社员把种植计划和各项扶持服务措施通过合同形式落实到菜农，并在该市15个乡镇60多个行政村，建立出口蔬菜种植基地和收购点，把近5000户菜农和3000余亩基地带动起来，为当地农民增加160万元。第五种是产销合同型，主要以签订产销合同的形式把企业和农户联系起来。如上虞市绍兴樟振绿色食品有限公司，与农户建立了产销合同关系，发展小黄瓜为主的蔬菜基地800多亩，带动了大勤、章镇1000多农户，使农户一季瓜菜每亩增收2000元以上。第六种是集团联合型，主要是龙头企业与其他经营企业结成紧密关系，实行集团型经营。绍兴县浙江绿色集团是由9家经营企业组成的农业龙头，直接联接着7156亩蔬菜基地1300多户农户，开发蔬菜速冻、速冻面食等九大系列200多种产品，形成了养殖、生产、加工、包装、冷藏、运输、销售、出口一条龙。三是多元投入机制。主要是坚持投入多元化，逐步形成了以国家投入为导向，农民投入为主体，社会投入为补充的多元投入机制，充分利用各种资源，增强农业产业化发展后劲。据不完全统计，近几年来，全市利用各种形式对农业开发的投入在2亿元左右，其中财政和农发资金无偿投入的占20%左右。与此同时，还采取多种形式，实行多元投入。特别是积极鼓励个体工商户上山参与荒山荒坡的开发。目前共有285户个体工商户上山投资开发，规模超过3万亩，累计投入资金1532万元。上虞市以农户和集体经济为主，政府补贴、部门扶持为辅，多元结合，增加开发投入，两年共投入开发资金5000

万元，其中政府和部门支出专项扶持资金1000万元。新昌县积极鼓励工商企业参与农业开发和产品加工，热电厂搞竹制品加工，煤气公司办波尔山羊养殖场，供销企业开发兔肉制品，轴承厂开发天然芋饺食品等等，给农业产业化发展注入了新的活力。

5. **强服务，提供三大保证。**

全面推进农业产业化，积极发展效益农业，关键的关键在于各级转变作风，真抓实干。近几年来，各地始终把推进农业产业化作为农业和农村经济发展的突破口，强化服务，提供保证。一是强化领导服务。主要是抓专题调研，市委市政府及各县（市、区）主要领导每年至少5次亲自深入农村、基层摸情况，近呼声，专题研究，商量对策，加强全面管理、协调、指导。抓典型示范，根据本市发展效益农业的实际，先后挖掘和总结了“16个专业之乡、10大龙头企业、10个外向型典型、10个农民贩销大户和八种效益农业发展模式”等一大批各具特色的先进典型，在全市重点加以推广，发挥典型的示范作用。新昌县从山区特点出发，以50万亩商品基地为依托，联动8个效益农业示范基地，11家龙头企业和3个农产品特色市场，着力构建山区现代农业示范带，已初具规模，并显示出较大的辐射作用，将带动起全县50%以上的农民走上效益农业的发展之路。抓现场发动，利用多种形式，召开了“农业综合开发现场会、农业产业化经验交流会、农产品流通工作会”等专题会议，实地参观，现场发动，做到层层统一认识，级级明确任务，加大领导和宣传力度，积极营造良好氛围。二是强化政策服务。市里先后制定了《绍兴市场代农业规划》、《绍兴市发展农业产业化规划》、《绍兴市加快实现农业和农村现代化的实施意见》，配套出台了《加快山区经济发展的若干意见》和《发展农业产业化若干意见》，发展农业产业化经营，在财政、信贷、税收、用地和风险保障等方面制订了一系列优惠扶持政策。市里规定对新办的农业龙头企业，经县（市）税务部门批准，三年内减征或免征所得税；鼓励大中型企业兴办农产品加工项目，享受各级对农业产业化的有关优惠政策和扶持措施。各县（市、区）也相应地制订了具体的实施意见和政策措施，加大了政策扶持力度。三是强化社会化服务。主要是鼓励科技人员上山，组织职能部门下村，引导工商企业挂钩，发动社会各界参与，为农业产业化经营提供技术、信息、销售、加工以及设施改善等配套服务。上虞市以培育专业示范村为重点，组织100个建设单位，帮助100个村开发农产品基地，掀起了优高农业开发的热潮。新昌县健全科技服务网络，建立了专家咨询小组和20多个县级农技服务组织，18个乡镇建有科委，并配备了科技助理，建有44个乡镇农技服务组织，99%的行政村配备了科技副职，建有192个村级科技服务组织，从而形成了一个以县级农、林、水等专业技术服务机构为主体，乡村经济合作组织为依托，群众性服务组织为补充的全县农村社会化服务体系。

二、下步打算

该市以推行农业产业化经营为途径，发展效益农业，虽然取得一些成效，但还存在着许多不足，如产加销连接问题，科技兴农问题，利益机制问题，配套服务问题等等都有待于今后继续努力去探索、去实践、去突破。该市要按照省委提出的加快实现农业和农村现代化建设的要求，切实把发展效益农业作为实现农业和农村现代化的突破口来抓，抓实抓好抓出成效。

下一步发展效益农业的总体要求是：以农民增收为目标，以市场为导向，以改革为动力，以科技为手段，加快资源开发，加快科技进步，加快农业产业化进程，加快发展效益农业，逐步形成高效的种植业、发达的养殖业、先进的加工业、活跃的流通业，为加快实现农村和农业现代化打下扎实的基础。

在工作策略上，注重“三个点”，加快“三个转变”：一是注重连接点，加快传统型农业向市场型农业转变，促使生产与市场的有效对接；二是注重切入点，加快数量型农业向质量型农业转变，促使规模扩展与名优开发有机结合；三是注重着力点，加快粗放型农业向效益型农业转变，促使农民收入与生态效益持续增长。

近期重点是狠抓“6个10”：完善和提高10大亿元主导产业，组建和健全10条龙型产业链，建设10个千亩连片示范方，办好10家亿元龙头市场，培育10万贩销大户，争创10只名牌产品，逐步形成具有绍兴特色的市场化、产业化、优质化的效益农业新格局。在具体工作上突出抓好以下几点：

1. 进一步调整优化农业结构，努力建设高效的种植业，发达的养殖业。一是大力推广“四双”模式，优化品质，主攻单产，节本省工，实现稳粮增效。今年建立“四双”高效模式示范方220个，面积3万亩。二是加快实施“千万”工程，调整优化种植结构，实行粮经轮作，农牧结合，立体开发，逐步建立起粮经饲肥多熟制复合型弹性结构。三是积极发展优质畜禽、特种水产品，提高养殖业比重，使畜牧业产值在农业总产值中的比重提高到20%以上，渔业产值提高到10%以上。

2. 进一步推进产业化经营，努力建设先进的加工业、活跃的流通业。主要是实施三大战略，一是龙头带动战略。通过深化改革，加大扶持力度，继续扶大龙、育新龙、兴小龙，提高龙头企业的经营规模和整体素质，增强市场竞争力。今年，全市重点扶持茶叶、蚕丝、珍珠、兔毛、生猪、竹木、蔬菜加工等7条大龙，培育花卉、柃木、特种养殖等一批新龙。二是优质名牌战略。继续普及

“五改”措施，发展具有绍兴特色的精品农业，创立名牌产品，并逐步建立和健全农业标准化体系和质量体系，促进传统粗放型农业向质量效益型农业转变。三是市场营销战略。重点是建设区域性的专业特色市场，拓展外地营销市场，培育龙头贩销大户，扩大出口渠道，并以市或县为单位，赴上海、北京、广州等大中城市举办绍兴市名特优农产品展示展销会，扩大绍兴农产品知名度，进一步提高绍兴农产品在国内外市场的占有率。

3. 进一步加快科技兴农步伐，努力提高科技进步贡献率。主要是全面启动新一轮农业科技革命，应用高新技术改造传统农业，力争把科技进步对农业的贡献率提高到60%以上。一是狠抓“良种工程”，加快高附加值的名特优新农产品良种的选育、开发、引进、推广，良种覆盖率达到95%以上。二是加大“三新”技术推广力度，加强农业科技的研究和开发，高标准建设现代农业科技园区，积极推广高新技术，广泛应用新农机，加快农业机械化步伐。三是不断提高农民的文化素质，在加强乡镇农科队伍的同时，培育一批农民技术员和科技示范户，全市形成一支万人农业科技队伍。

4. 进一步增加农业投入，努力改善农业基础设施条件。主要是建立和健全多元化的投入体系，逐步形成以财政投入为导向，引导鼓励工商企业和农民增加对农业的投入，不断增强农业发展的后劲。切实加强农业基本建设，广泛开展“标准堤塘、标准水库和标准农田”建设。加强生态环境保护，积极探索一条基础设施完备、资源高效利用、生态良性循环的农业可持续发展途径。

5. 进一步转变政府职能，努力健全社会化服务体系。主要是以市县为依托、镇乡村为基础、专业协会合作组织为纽带，农民自办服务为补充，形成多层次、多元化、多功能的服务网络体系。重点强化科技网络、信息中心、合作组织、政府部门等方面的服务功能。一是科技服务。健全市、县、乡、村农业科技网络，着重抓好镇乡“五有”农技服务站建设，把服务实体与基地建设、科技推广结合起来，增强对农民的科技服务能力。二是信息服务。通过建立市县乡三级农业信息中心以及政府有关部门、民间组织和各种中介组织及新闻媒介等，为农民提供国家的有关农业政策、科技知识、市场信息和流通行情等，指导生产、收购、加工、销售等各个环节，以适应日益变化的市场经济形势。三是合作组织服务。主要是坚持“互惠互利、共担风险、群众自愿、重在服务”的原则，积极探索多元化合作型的运行机制，组织引导广大农民大力推行股份合作，建立专业合作社，发展专业协会，规范各方利益关系，强化合作组织的生产服务、技术推广、协调产销、开拓市场、利益调节的综合功能。四是政府部门服务。重点是抓政策配套，一方面继续全面落实党在农村的各项政策，稳定并不断完善家庭承包经营为基础的统分结合的双层经营体制；另一方面要从绍兴实际出发，积极制订和落实发展效益农业的有关政策。抓典型引导，加强调查研究，及时总结广大农民群众在实践中创造的新鲜经验和成功做法，树典型，作示范，指导实践。抓配套服务，进一步健全领导组织、部门责任和检查考核等制度，促使政府部门转变职能，改进方法，找准位子，形成合力，搞好服务，营造良好的社会化服务氛围，扎扎实实推动我市效益农业的发展，进一步加快农业和农村现代化建设步伐。

浙江省鄞县

鄞县地处浙江东部沿海，位于宁绍平原东端。县境西北及西部与余姚市接壤，南部紧邻奉化市，东南临象山港，与象山县隔水相望，东北与北仑区相邻。东西向最大长度74公里，南北最大宽度32.3公里。版图轮廓呈蝴蝶状，从东、南、西三面紧围宁波市区。县界周长269公里，其中有海岸线25.66公里。全县总面积1380.5平方公里，其中山区、平原、水域分别约占50%、40%、10%，故有“五山四地一分水”之称。全县总地形呈马鞍形，东、西高耸而中部低平。西部为四明山脉，属丘陵山地，地势较高；东南部是山区；中间奉化江两岸为海拔2－5米的平原区。

早在五、六千年前，鄞县就有原始人类生产和生活着，至今尚存新石器时期芦家桥遗址。公元前222年，秦王嬴政在统一六国前夕置鄞县。唐时曾改为鄮县。五代初复改为鄞县并沿袭至今。“鄞”系从远古时堇山而得名。堇山周围人口聚居渐多，遂在“堇”旁加“邑”（阝）为“鄞”。自唐至民国，宁波（明代以前称明州）一直是鄞县县城，解放后才从鄞县析出置市。全县现有20个镇，3个乡，1个工业开发区；共有658个行政村，32个居民委员会。县人民政府设在宁波市江东区百丈东路。

鄞县地理条件优越，交通发达。甬临公路纵贯县境，杭甬高速公路起始于县中心西；萧甬铁路和宁波至北仑铁路均经过县内；宁波机场就座落在县境内栎社，航班直达包括香港在内的国内几十个大中城市。凭借着宁波港和北仑港的出海港口，客轮可达上海、舟山等地，货轮则可远涉欧美诸大洲。故鄞县交通被誉为“铁公水一应俱全、海陆空全面发展”，显示了浙东交通枢纽地区得天独厚的优越地位。

鄞县是省内农业大县和重点产粮县，历来是著名的鱼米之乡，农业生产特别是粮食生产是县内传统农边经济。粮食作物以水稻为主，经济作物主要有油菜、茶叶、毛竹、席草、蚕桑、贝母等，特别是樟村贝母、古林草席、邱隘咸菜、姜山草子种为县内传统的名特产品，在历史上都有相当的影响。

十一届三中全会以来，鄞县人民在邓小平建设有中国特色社会主义理论的指引下，坚持改革和发展，紧紧围绕经济建设这一中心，解放思想，勇于创新，抓住历史机遇，奋勇开拓进取，全县经济建设和社会事业都取得了辉煌的成就，物质文明建设和精神文明建设获得了巨大的丰收。

1999年，国民经济稳步发展，农业生产基本稳定，工业生产增速加快，经济效益进一步上升，固定资产投资力度继续加大，房地产市场逐步启动，消费品市场运行平稳，外贸出口情况良好，利用外资在困难情况下保持一定水平，财政收入增长较快，金融形势基本稳定，市场物价继续回落，城乡居民生活有所提高。

1999年，全县实现国内生产总值135.57亿元，按可比价计算，比上年增长11.3%，其中：第一产业增加值12.01亿元，增长0.9%；第二产业增加值92.85亿元，增长13.8%；第三产业增加值30.7亿元，增长6.5%。三类产业增加值占国内生产总值的比重由上年的9.3:66.3:24.4调整为8.9:68.5:22.6。人均国内生产总值为18744元/人，比上年净增1876元/人，预算内财政收入首破10亿元大关，比上年增长17.1%。

各项改革不断推进。农村二轮土地承包工作顺利开展，已有75.5%的村完成了延包任务。小城镇综合改革试点工作取得实质性成效。企业改革不断深化，县属国有、集体企业改革攻坚取得新的进展，工业、二轻系统已基本完成转制任务；商贸流通企业转制工作正在全面推开，87家独立核算商贸企业已有20家完成转制任务；农业、交通等其他企业改革继续稳步推进；以机制创新为主要内容的乡镇企业转制规范和完善工作完成了试点。

社会保障体系进一步完善。养老保险扩面工作逐步推进；再就业工程实施力度加强，全年安置失业职工2098人，下岗职工再就业人数2298人；农村社会养老保险工作稳步推进，养老金的社会化发放进一步规范完善。年末全县参加养老保险的企事业已达6628家，参加养老保险的在职人员12.5万人。

个体私营等非公有制经济发展较快。年末实有个体工商户24056户，比上年增长0.8%，从业人员3.9万人；私营企业5506户，比上年减少1.6%。从业人员8.6万人。

经济运行中存在的主要问题：国内需求不足，市场物价连续下降已达27个月；外贸出口亚洲市场回暖较慢，外资引进工作难度较大，在拓宽国际市场上还待进一步加强；农产品流通不畅，结构调整面临较大压力，农业增效、农民增收工作尚不尽人意；企业创新能力不强，高新技术产业所占比重偏低；第三产业发展相对缓慢；改革难度增大，就业压力加重。

农业　农业和农村经济稳步发展。全年实现农业总产值17.65亿元，比上年增长2.9%；增加值12.01亿元，比上年增长0.9%。

种植业生产结构调整步伐加快。在积极开展效益农业同时，适当调减早稻面积，大力培育优质农产品，适度增加经济作物种植面积。粮食播种面积89.24万亩，比上年减2.9%，粮食单产427公斤，总产量38.14万吨，分别比上年减少0.7%和3.5%。油菜籽种植面积5.96万亩，亩产122公斤，总产7.26万吨，分别比上年增长11.2%、12.5%和25.1%。蔺草种植面积有所压缩，草质有所改善，收购价明显反弹，种植面积8.38万亩，总产量4.88万吨，分别比上年下降8.8%和4.8%，但收购价比上年平均每亩上升1300元。蔬菜及瓜类生产有所上升，产量分别达24.74万吨和6.39万吨，比上年增长14.0%和5.3%。水果生产恢复性增长，但品种质量有待进一步提高，水果总产量达3.33万吨，比上年增长46.8%，其中柑桔2.72万吨，增长59.8%。

林业在完成森林资源清查工作基础上，继续开展“跨世纪保卫绿色行动”。全年完成造林464公顷，封山育林2667公顷，共开发林特基地6070亩。

畜牧业生产经受了激烈的市场竞争考验。肉类总产量2万吨，比上年增长0.5%。生猪饲养量43.91万头，比上年增长2.9%，其中非农户饲养量22.92万头，占全部饲养量的52.5%。全县年出栏万头以上猪场13个。家禽生产有所下降，禽肉总产量2984吨，比上年减少13.6%。

渔业生产稳定发展。水产品总量达15400吨，比上年增长6.8%，海、淡产品分别为7816吨和7584吨，分别比上年增长8.3%和5.3%。

科技兴农步伐加快。全面实施种子种苗工程，提高良种覆盖率。强化以水利为重点的农业基础设施建设，14.688公里标准海塘已基本建成，大嵩标准海塘基本建成，已完成总工程的99.2%，完成河道疏浚322公里，新建标准农田1万亩。农业机械化程度不断提高，年末拥有农业机械总动力34.4万千瓦，比上年增长3.6%，拥有农用拖拉机6768台，综合农机化程度为74.8%，继续名列全省前茅。农业用电量73400万千瓦，比上年增长15.0%，化肥施用量（折纯）24638吨，比上年减少3.6%。

工业　工业经济发展平稳，增速加快。实现工业增加值87.98亿元，按可比价计算比上年增长13.7%，国有及年销售收入500万元以上的非国有工业完成产品销售收入191.66亿元，比上年增长14.3%，实现利税22.59亿元，比上年增长22.1%，其中利润14.20亿元，增长28.9%。

工业经济效益明显改善。经济效益综合得分180.5分，在全市各县（市）继续领先，资本保值增值率117.56%；资产负债率53.8%，比上年降低1.9个百分点，成本费用利润率8.2%，比上年提高1.4个百分点，年全员劳动生产率4.09万元/人年，按可比价比上年提高11.4%，总资产贡献率14.2%，比上年上升0.5个百分点，但产销衔接仍不理想，产销率为95%，同上年持平。

继续巩固树强扶优政策。43家实力工程、朝阳、苗子企业在全县经济发展中继续发挥支撑带动作用，销售、利税分别占全县国有及年销售收入500万元以上工业企业总额的46%和62.4%。继续支持中小企业健康发展，完善了有关扶持政策，发挥了中小企业贷款信用促进会作用。个私经济保持较快发展态势。

企业管理工作进一步加强。又有90家企业通过ISO9000质量体系认证，16家企业获省、市星级企业称号，新增市、县高新科技企业6家，工程技术研究中心5家，开发市级以上新产品92个，新创市级以上名牌7个。

固定资产投资 固定资产投资稳定增加。全社会共完成投资37.09亿元，比上年增长10.4%，其中：基本建设投资2.86亿元，增长17.4%，更新改造和其他投资4.19亿元，减少2.7%，房地产开发投资5.69亿元，增长26.6%，农村集体投资21.99亿元，增长9.9%，私人完成投资2.36亿元，增长0.3%。

在投资中加大了一产、三产的投资力度，一产投资1.03亿元，三产投资15.44亿元，比上年分别增长7.9%和增长21.0%。

加快了重点工程建设速度。鄞县广电中心、华茂培训中心一期按期竣工，东钱湖启新绿色世界度假村和高尔夫球场已投入使用，鄞县大道引水提升泵站及东三路污水管道埋设已全面完成，沿海国道鄞县段已经完成，政府网站开通运行。新建项目邮政枢纽中心和长途电信枢纽楼完成总投资的50%，宁波机场二期工程正在进行前期准备工作。

房地产开发业平稳发展。积极调整投资结构，加大住宅房开发力度。全年共投资房地产开发5.69亿元，增长26.6%，商品房施工面积67.59万平方米，比上年减少15.1%，其中住宅59.07万平方米，比上年增长8.5%；竣工面积28.45万平方米，比上年减少29.1%；实际销售面积30.51万平方米，比上年减少34.7%，其中住宅房销售27.88万平方米，减少18.8%；商品房预售面积23.88万平方米，比上年增长158.6%，其中预售给个人21.76万平方米，比上年增长235.1%；年末商品房空置面积比年初减少26.1%，其中空置一年以下的占27.7%。

交通、邮电 交通基础设施建设取得新的进展。新建改建公路48公里，公路密度达到62.3公里/每百平方公里，年末全县公路总里程861公里。被评为优良工程的鄞县大道全线完工；修建村级公路70公里，行政村公路通车率为95%；道路运输实力增长，完成货运量1539万吨，货物周转量101387万吨公里；客运量2460万人，客运周转量83628万人公里；年末拥有各种客、货运输机动车11238辆，各种机动船193艘。

邮政业发展平稳，电信业高速增长。全年完成邮政业务量522万元，比上年增长2.0%，电信业务量15637万元，比上年增长58.4%，年末农话交换机总容量21.56万门，比上年增长31.6%，农话到达户数12.79万户，比上年增长29.1%，电话普及率达18.9部/百人，比上年提高28.6%。

国内贸易和对外经济、旅游事业 商品市场发展平稳，市场竞争激烈。全年实现社会消费品零售额32.97亿元，比上年增长4.5%，扣除物价因素，实际增长7.4%。在零售额中，市区零售额11.59亿元，比上年增长13.6%，县以下零售额21.38亿元，比上年增长0.2%。从行业分类看，批发零售贸易业29亿元，增长10.3%，餐饮业2.37亿元，增长6.7%，制造业0.45亿元，减少42.4%，其他行业也有所减少。集市贸易成交额63.73亿元，比上年减少4.8%，其中宁波轻纺城成交额52.52亿元，比上年增长3.6%。

限额以上批发零售贸易业经济效益相对改观，商品销售利润率3.87%，比上年上升1.14个百分点，减亏3305.3万元，批发业扭亏为盈，零售业亏损面扩大，亏损额增加，商品销售收入继续下降。

对外贸易加快实施市场多元化战略，出口国家和地区总数达到102个，在力保亚洲市场同时，加快了对欧美国家出口的发展速度；出台扶持政策，调整出口商品结构，机电产品出口势头强劲；深化县级外贸公司的改革，先后组建9家外贸有限公司。全年完成外贸收购总额94.87亿元，比上年增长23.9%，进出口总额37556万美元（宁波市反馈的海关口径），比上年增长24.1%，其中自营出口31034万美元，比上年增长27.4%。利用外资工作在困难中前进。新签项目46个，比上年增加2个，其中外商独资企业20个，实际利用外资3100万美元，比上年减少19.7%；全年新批境外企业5家，累计达到21家，签订劳动合同15份，外派劳务人员225人，期末在外劳务人员502人。

旅游事业有了新发展。加快东钱湖风景名胜区、天童风景名胜区及梁祝文化公园“两区一园”的旅游开发建设；围绕“'99生态环境游”主题活动，组织天童登山活动；开展特色旅游，成功地举办了规模大、影响广的“中国梁祝婚俗节”。全年共接待国内外游客189万人次，其中海外游客5万人次。

优秀地区和企事业单位

财政、金融、保险 财政收入保持快速增长的势头，超额完成了年初计划。完成预算内财政收入100077万元，比上年增长17.1%，其中：地方财政收入49039万元，比上年增长15.0%，预算内财政支出57960万元，比上年增长8.7%。

金融形势基本稳定，降息政策初见成效，存、贷款增长幅度均回落到90年代最低水平。年末金融机构存款余额136.44亿元，比年初增长18.6%，其中储蓄存款88.67亿元，比年初增长15.0%；贷款余额86.7亿元，比年初增长11.4%，其中短期77.57亿元，中长期6.93亿元，分别比年初增长12.6%和0.3%。

保险事业迅速发展，商业保险业务进一步拓展。保险机构承保金额373.7亿元，比上年增长93.6%，保费收入16737万元，比上年增长71.2%，其中财产保费收入8680万元，人身保险费收入8057万元，全年保险赔款金额4350万元。全县有2748家企业参加保险，13637户家庭参加财产保险，有36.3万人次参加人身保险。

科学技术和教育 科技事业不断进步，“科教兴县”战略继续实施。在深化科技改革，改善科技发展环境同时，深入实施“双高”工程，促进了经济结构调整和经济增长方式的根本改变。新建5家工程技术研究中心。全年共有6项列入国家级各类计划，7只产品分别列入宁波市1999年度首批新产品技术成果转化项目和高新技术产品，92项列入单列入市级新产品计划。年末拥有10家市高新技术企业，10家县高新技术企业，在宁波市名列第一；累计有212项获国家专利。高新技术产值、销售、利税分别达到26.9亿元、25.4亿元、3.3亿元，比上年分别增长39%、31%、22%。

科技队伍不断壮大，加大了高素质人才引进力度。共引进各类人才2012人，其中：高级职称的91人，中级职称的215人，博士1名，硕士7名，年末拥有各类专业技术人才22746人。

教育事业有新的突破。有5所高校落户中心区，市县高教产业园区初具雏形。

九年义务教育基础扎实。已通过首批省教育强县评估验收，多元化教育机制逐步形成，社会办学迈出新的步伐。年末有小学在校人数6.36万人，初中在校学生2.03万人，高中在校学生8347人，职高在校生6735人，特殊教育在校生808人；幼儿入园率93.4%，小学适龄儿童入学率达100%，初中段入学率99.4%，初中毕业生升入高中段的比例为84.5%。

文化、卫生和体育 文化事业多姿多彩。举办大型革命历史剧《心中的丰碑》专题纪念演出和纪念建国五十周年大型歌会“祖国颂”以及第一届中国梁祝婚俗节等10余次大中型文化活动。文化下乡活动搞得有声有色。一批文学、音舞、摄影、书画作品在市级以上比赛中获奖，其中金奖5项，一等奖4项。东海明珠镇总数达到16个，占全县镇乡数的70%，保持全省领先地位。文化市场示范镇建设取得显著成绩，邱隘镇成为全市唯一荣获省首批文化市场示范镇。文物保护、开发、利用工作取得新的进展。全县有文化市场662家，县级图书馆藏书13.5万册，《鄞县日报》发行量达到2.8万份，《新闻周刊》4万份。

广播电视事业进一步发展。年末电视、广播综合覆盖率都达到100%。

卫生事业不断发展。城乡医疗卫生条件继续改善，基本完成镇（乡）村医疗机构一体化管理，63%行政村实行了农村合作医疗制度。全县有卫生机构58家，床位1390张，卫生技术人员1958人，其中医生1181人。

体育事业取得了可喜成绩。全民健身活动广泛开展，全年共组织129次健身活动，参与人数达16.5万人，举办健身比赛19次，全县学校全面推行《国家体育锻炼标准施行办法》，实施面保持100%，学生达标率为97%，又一次评为省推行《标准》先进县。成功地举办了“钱湖杯”国际滑水明星公开赛。在参加国家、省、市各项体育比赛中，获金牌50枚，银牌37枚，铜牌27枚。

人口与就业 全县年末人口721253人，比年初净减3987人，在全部人口中，男性360521人，女性360732人，农业人口620283人，非农业人口100970人。出生人口5197人，出生率为7.19‰，比上年下降1.21个千分点；死亡人口4583人，死亡率6.34‰，人口自然增长率为0.85‰，比上年下降1.26个千分点。

劳动就业工作继续加强。年末城镇集体以上单位从业人员5.25万人，比上年下降0.7%，乡镇企业、城乡个体劳动者和私营企业从业人员30.4万人。全年安置下岗、失业人员4396人，年末有失业人员1777人，登记失业率为2.62%。

人民生活和社会福利保障 城乡居民收入增加，生活水平继续提高。城镇职工年人均工资性收入11324元，剔除价格因素，实际比上年增长13.6%，其中企业职工年人均工资性收入9975元，下岗人员年人均生活费3041元，农民年人均纯收入达到5308元，实际增长4.9%，比上年增1.4个百分点；20%最高收入户的年人均纯收入为10509元，比上年增长10.9%，20%最低收入户年人均收入2021元，比上年减少10.5%，反映部分低收入居民家庭生活比较困难。6月10日存贷款利率再次下调后，居民储蓄存款增长势头有所回落，全所城乡居民储蓄存款净增11.56亿元，其中上半年增加10.62亿元，银行利率下调后的下半年仅增加0.94亿元，增幅比上年回落9.4个百分点。年末人均储蓄存款余额12295元，比年初净增1663元。

社会保障事业快速发展。全县县属国有、集体企业参加职工养老保险投保率为100%，农村养老保险全面实施，全县有4910家企业的6.1万名农村职工和543个行政村的11.3万名农民参加社会养老保险，农村社保基金保费收入4507万元。残疾人社会保障工作进一步加强，年内共安置残疾人504人，收缴残疾人就业保障金428万元。

年末县社会福利院收养38人，30家镇（乡）敬老院收养1196人。7687人次得到社会救济，发放救济金425.4万元。

浙江省上虞市

〔概况〕 上虞市位于浙江省东北部，东离宁波67公里，西距杭州78公里。总面积1427.5平方公里，人口77万，辖18镇6乡。属长江三角洲经济区域，是国务院批准的首批沿海开放城市和国家科委确定的杭嘉湖高科技区成员单位。

上虞区位优越，交通便捷。“公、铁、水”齐全，杭甬铁路横贯市境，铁路复线将于年底竣工，104国道、329国道交汇穿越，沪甬高速公路上虞段建成通车，上虞至三门一级汽车专用道上虞段正在路面硬化，5000吨级上虞港建成通航，成为杭州湾南岸唯一的海港。全市实现了电话程控化、传输光缆化，网电、火电、水电三电配套，功能齐全。

上虞经济发达，百业兴旺。1987年以来先后被列为全国百名财政大县、全国科技实力强县（市）、全国科技工作先进县（市）、全国粮食大县、国家商品棉生产基地县（市）和夏油生产先进县（市）。自1992年开始，连年跻身全国农村综合实力百强县（市）行列，且名次逐年提前。1999年，全市实现国内生产总值141亿元，其中一产16.5亿元，二产92.6亿元，三产31.9亿元。实现财政收入4.88亿元，各项存款余额86.9亿元，贷款余额62.1亿元，社会消费品零售总额32.2亿元。职工人均收入9575元，农民人均收入4855元。经济总量和运行质量名列全省前茅。

〔农业〕 上虞农业已初步形成了农、林、牧、副、渔全面发展，粮、棉、茶、茧持续增产的格局。全市耕地面积58万亩，从1969年开始已围海涂25.9万亩。1999年农业产值27亿元。随着农业产业结构的进一步调整，种养结构日趋优化，养殖业比重逐步提高到近40%。各种经济作物迅速发展，葡萄、板栗、杨梅、淡水养殖等10多个农产品生产基地初具规模，其中盖北乡被命名为“中国葡萄之乡”，海涂5万多亩鱼蟹混（专）养基地已成为浙东最大的淡水鱼基地。全市已建办农业龙头企业67家，3家为省级重点企业。上虞农产品知名度不断扩大，上虞魁栗、“范师傅”酱菜和“舜江”牌乳黄瓜被评为省级优质农产品金奖，其中“舜江”牌乳黄瓜成为全国名牌。

当前农业生产情况：

（一）大田种养结构调整情况

全市耕地58万亩，到目前为止全市粮棉调整面积20.5万亩，占耕地总面积35.3%，调整幅度同比1999年增加15.4个百分点。其中，早稻落实种植面积20.6万亩，比1999年的27万亩，减23.7%，比常年的33万亩，减37.6%；棉花落实种植面积4.7万亩，比1999年减35.1%，比常年的12.8万亩，减63.3%。蔬菜3.5万亩（其中大棚2685亩）；旱杂粮7.9万亩；瓜果6.2万亩；围堤水产养殖3.9万亩；花卉苗木0.8万亩；其它经济作物3.1万亩。如沥海镇全镇调减棉花1.5万亩，减幅55.6%；章镇全镇调减早稻面积7500亩，减幅41.7%。全市逐步建成百亩以上大田连片高效农业基地155个，面积10.9万亩。如丰惠镇利用西溪湖低洼田，推广稻田养虾，形成连片2600太湖青虾基地；小越镇发挥交通优势，发展花卉、茭白基地，连片面积达2985亩；江滨农场对九四丘低洼进行全面调整，投资650万元，建成连片高档水产养殖基地2600亩。

（二）大宗农产品生产情况

1. 春花：2000年春粮面积12.17万亩，比上年减2.69万亩，减幅18.1%；油菜面积16.4万亩，与上年持平。预计春粮总产2.71万吨，比上年减0.97万吨，减幅26.4%；油菜总产1.48万吨，减0.09万吨，减幅5.7%。

2. 名茶：茶叶面积3.6万亩，其中名茶采摘面积2万亩；预计名茶产量260吨，比上年增30吨，增幅13%，产值3000万元，增250万元，增幅9%。

3. 竹笋：雷笋面积7000亩，比上年增2000亩，增幅28.6%；产量5600万吨，增600吨，增幅12%；产值1568万元，增318万元，增幅25.4%。毛笋面积10万亩，预计产量14500吨，产值2030万元，产量、产值与上年基本持平。

4. 畜牧：畜牧市场价格稳定，形势转好。至2000年3月止，全市生猪总存栏13.9万头，下降3.5%；生猪价格每公斤7.6元左右，比上年同期每公斤上扬2.9元。家禽存栏138.7万只，下降4.5%。特种养殖由于效益较好，发展迅速。全市已有特种养殖专业户120户，比去年增57户，增加近一倍。

2000年以来，该市围绕农业战略性结构调整，着重抓了以下几方面工作：

1. 出台重农扶农政策。2000年，该市进一步加大对农业投入和扶持力度，市财政安排用于农业的支出为2665

万元，比去年增长15.7%，比2000年财政支出增长11.5%的速度高出4.2个百分点。市委、市政府出台了关于农业产业化经营、新品种引进、花卉专业村培育等方面一系列扶持政策。

①市政府专项拨出400万元用于扶持四个万亩基地建设，其中花卉基地建设安排300万元，协调落实2000万元信贷资金，每个专业村落实1个市级部门挂钩联系，并提供2—3万元的启动资金。

②市政府从科技经费中划出30万元，采取登记制、补助制、跟踪制、奖励制的办法，用于补助新品种的引进。

③安排财政贴息100万元，用于扶持农业龙头企业技改投入。

④市财政专项拨款150万元，筹建市果蔬、特种水产种子种苗繁育中心。

为促进农民调整结构，全市调减定购任务1000万公斤，减幅24.2%，并确定舟优903、96—12两个品种为优质早籼稻品种，实行优质优价，并在现代农业园区实行定点订单种植。

各乡镇在农业结构调整上也加大扶持力度，如盖北乡对优质葡萄（水果）连片20亩以上基地给予每亩100元补助；凡示范基地内水利道路建设，按实际投资额给予1/3的资金补助；对葡萄新品种改良藤稔每亩补100元，其它新品种每亩补150元；每引进1只新品种奖500元；采用大棚栽培的果园每亩补助1000元，避雨栽培的果园每亩补助800元等。

2. 大力实施种子种苗工程。该市加强与大专院校、科研院所的联系合作，积极筹建果蔬、水产、花卉、畜禽4大产业的种子种苗繁育中心。

①果蔬繁育中心规划已通过省级论证，一期工程占地150亩，投资500万元，二期150亩，投资700万元，与浙江大学合作开发。繁育中心为全民事业单位，确定编制10名，实行企业化运作。

②由省种苗服务中心，投资140万元在上虞市苗圃，建办观赏苗木繁育中心。目前资金、土地已基本落实。

③市政府划出300亩海涂土地，投入200万元，在海涂九六丘建办特种水产繁育中心，以蟹苗繁育和名优水产品开发为主，目前建设规划已通过论证，正在着手组织实施。

为加快种子种苗工程建设，2000年3月份，参加浙江大学人才交易会，初选了10名花卉、园林专业大学本科毕业生。5月中旬，将组织30名乡镇和市级农技人员送浙大进行知识更新培训1个月。到目前为止，已从大专院校、科研院所引进新品种300多只。

3. 积极鼓励工商业主、外地人才投资开发农业。该市积极创造条件，出台优惠政策，吸引一大批工商业主和外地人才投资开发农业。全市已有98名原先从事二、三产业的建筑老板、工商业主纷纷改行，投资效益农业，计划投资5446万元，已投入2766万元。仅沥东镇就有14位，如舜杰建筑有限公司李华杰，一期投资300万元，占地100亩的舜杰自然观赏园区正在抓紧实施之中。全市有55位外地人才，涉及三省24个县市，来虞投资开发农业，总投资663万元，开发面积28222亩。如崧厦镇从临海、慈溪等地引进4名人才，承包土地2522亩，投资139万元，开发出口蔬菜、榨菜、花卉等生产；崧厦镇还与美国惠黎公司合作，联合投资418万元，引进以色列设施农业技术，建立120亩高品位、高技术大棚蔬菜基地。又如绍兴的何兴龙、马志清和温岭的李福林等牵头承包，总投资约2430万元，联合开发6000亩河蟹养殖基地。

4. 大力发展"订单农业"。为开拓农产品市场、切实解决卖难问题，该市千方百计为农民牵线搭桥，寻求农产品加工企业，扶持一大批贩销大户，大力发展"订单农业"。据调查统计，全市已建立"订单农业"基地4.6万亩，签订农产品产销协议6.5万吨。如盖北乡近1.5万亩芥菜、榨菜，有1万余亩实行订单农业，仅桐乡胖子榨菜厂就定点收购8000吨榨菜，有效解决了"两菜"销路，提高了市场价格。2000年芥菜、榨菜价格平均每斤3角左右，而去年芥菜仅3分，榨菜1角左右，还出现弃收现象。本市的一些农业龙头企业，也纷纷与当地签订农产品购销合同。如四海食品有限公司、范师傅食品有限公司、源河食品厂等企业已与基地农户签订了小黄瓜、包心菜、鲜玉米、鲜大豆等购销合同达2.1万吨，并实行保护价收购。

5. 积极争创名牌名品。2000年以来，该市制订了"曹娥江"河蟹生产标准，并通过省级认定；研制开发出"觉农"牌舜毫茶，举办了"觉农"舜毫茶茶品暨名茶评选会，邀请浙大和杭州茶叶研究所专家、教授参加评品，获得好评，目前，"觉农"舜毫茶的生产标准通过绍兴市认可。作为浙江省唯一的县市，组织参加上海市第二届国际花卉节，进一步提高上虞花卉知名度，为建立上海花卉后方基地打下基础。发挥盖北"中国葡萄之乡"优势，与法国一葡萄庄园主合作投资50.4万美元，创办了年产20万瓶的"绍兴古堡酒业有限公司"。

浙江省慈溪市

慈溪市的效益农业和农业产业化是从80年代中期起步的，通过十多年特别是近几年的发展，取得了较好的成绩：一是农业综合效益显著提高。全市耕地亩均产出1999

年达到了1897元，比1991年增长133.8%；农民人均年纯收入1999年达到了5200元，比1991年增长265%，均名列全省前茅。二是特色优势初步显现。除粮棉外，形成了蔬菜、瓜类、水果、水产和畜禽等5大主导产业，涌现出黄花梨、丝瓜络、小海鲜、白毛豆等具有地方特色的优质高效农产品20个；农业外向度比较高，外向农业比重1998年已达36.64%。三是发展后劲显著增强。1999年，全市农业总产值19.85亿元，农产品商品率达90%，加工率达31.1%，科技对农业增收的贡献率达45%左右、资金、人才等生产要素向农业集聚的趋势日益明显，出现了竞相投资开发农业的可喜景象。

（一）

回顾这几年，该市的主要做法是以下五个方面：

一、调整结构，夯实农业发展基础

80年代初，在全市65万亩耕地中，棉花占40万亩，水稻占18万亩。80年代中期以来，该市一直把抓结构调整放到十分重要的位置。具体把握了以下三点：

1. 按照市场需求调整产业结构。在对国内外农产品市场进行深入考察研究的基础上，相继提出了“稳定粮食生产，积极发展多种经营”、“挖掘资源潜力，促进农业开发”、“发展城郊型、外向型、集约型农业”的发展思路，出台了一系列工作措施，逐步改变了粮棉一统天下的局面，促进了各业的协调发展。以1998年为例，与1984年相比，种植业比重下降了12.82个百分点，林业基本持平，畜牧业和渔业分别增长了9.13和3.59个百分点。水稻种植面积几年来一直稳定在16.5万亩左右，棉花种植逐年下降，1999年已调减到11.7万亩；果蔬生产得到长足发展，1999年总面积已达43.74万亩。

2. 依托资源优势优化产业布局。在不断深化对市情的认识基础上，根据比较优势原则，提出了农业按五大区域布局和实行分区发展的工作思路。目前，全市从南至北形成了区域化、规模化生产的五大产业带：一是南部丘陵，以发展经济林特为主，主产杨梅、竹笋、茶叶；二是国道以南至沿山一带，以种植水稻为主；三是国道以北至七塘，以种植果蔬为主；四是七塘至迎潮海塘，以种植棉花为主，这一区域还有近3万亩的淡水渔塘；五是迎潮海塘以外的浅海滩涂，是新发展的海水养殖基地。

3. 发展名优产品培育主导产业。着重把握了三条：一是明确方向。该市在农业分区的基础上，提出了各大区域的具体发展项目，如国道至七塘一带，该市提出了发展城郊型和创汇型的果蔬生产，并引进了一大批优新品种进行示范推广。二是总结推广。发现具有开发优势和市场潜力的名特优新产品，加以重点扶持，优先培育。三是培育名牌。对名牌农产品实行激励政策。对获得省级以上农业名牌产品的，奖励2万元；对获得省级以上优质农产品金奖、银奖的，分别奖励1万元和5000元。2000年还将开展评选市级名牌农产品活动，并对获得宁波市和本市农业名牌及优质农产品金、银奖的，也给予一定的奖励。

二、依靠科技，提升农业发展层次

1. 积极实施种子种苗工程。主要抓了三件事。一是依托基地繁良种。这些年建成了蔬菜、瓜果、渔业、畜牧等良繁基地，初步形成了比较完整的繁育体系。该市还与国内外20多家科研院校建立了长期的合作关系，进行种子选育技术攻关，并在新疆、内蒙古等地开展异地繁种，面积达500多亩。2000年该市还加大了投入力度，安排130万元专项资金用于此项工程建设。二是面向市场引良种。每年引进的新品种都在100只以上。目前，全市主要农作物良种覆盖率已达95%以上，新品种年增创产值5000多万元，良种对农业增收的贡献率达40%。市里还安排20万元资金对引种、繁种有突出贡献的人员给予奖励。三是大力推进种子产业化。建立了以市种子公司为龙头，农业龙头企业、专业协会、镇农业服务公司等共同参与的种子引进推广网络。对种植面积比较大、效益比较好的品种，以种子加工为重点，进行精选、包衣，实行统一供种。

2. 大力推广农业实用技术。着重做了促进农科教结合的工作。一是创新机制。鼓励农技人员走与生产经营相结合的路子，规定农技人员创办或参与农业实体，原关系、待遇不变。二是示范辐射。市镇两级已建立了不同区域、不同项目的示范园区56个，面积6.1万亩。三是注重培训。近年来，年培训人数在10万人次以上，累计有4080名农民领到绿色证书。现在全市的规模经营大户和养殖能人，基本经过了相应的知识培训。

3. 组织科技攻关。近几年，年实施农业科技项目在30个以上。目前正在实施的“持续高效农业技术研究与示范”宁波慈溪专题，是国家“九五”重点科技攻关项目的15个子专题之一。

三、突破外向，拓展农业发展空间

重点抓了三个方面：

一是促进“两头在外”。即着力发展种子引进和农产品销售“两头在外”的外向型农业。近年来已从国外引进开发了绿化菜、甘蓝菜、蔺草、甜叶菊等一大批适销对路的创汇新品种，并按照连片种植、规模开发的原则，有计划、有重点地培植区域性出口创汇基地。目前，全市创汇农产品已发展到100多个品种，年种植面积达到30万亩。

二是优化出口结构。把发展农产品加工业作为优化出口农副产品结构、促进农业增效的重要抓手，优先培育和发展了一批出口加工企业，并帮助有条件的农产品加工企业开展自营进出口。目前，全市有自营出口权的农业企业15家，加工型出口创汇农业龙头企业23家，其中年产值

1000万以上的有18家。

三是拓展外向领域。该市历来把农业项目作为该市招商引资工作的重点，建立了农业招商项目库。市里还每年安排20万元专项资金设立了农业项目引进奖，现全市共有外商投资农业企业9家。同时，该市还注重引进智力，经常邀请国内外农业专家来慈讲学，传授先进技术。

四、扶持“龙头”，努力推动农业走向市场

该市把对农业生产经营环节有牵引带动作用的载体，都作为农业产业化的“龙头”予以大力扶持，推动农业加速走向了市场。

1. 培育农业龙头企业。采取了一系列扶持措施：一是贷款和税收倾斜。1993年至1998年，市财政每年拿出30—50万元用于贷款贴息，1999年增至300万元。对自产农产品（包括初级加工品）的销售免征增值税；经批准留于地方的增值税，部分或全部返还给农业龙头企业等等。二是用地优惠。龙头企业征用建设用地的各项费用，按最低标准执行。三是建立风险基金。允许企业按留利的5—10%提取风险基金，在税前进行列支，用于对企业和农户生产风险的补偿。四是开展评选“十龙工程”农业龙头企业活动。计划到2000年底，在全市培植起10家骨干龙头企业，对确认的“十龙企业”，市里一次性补助10万元。1998、1999两年已认定了6家。目前，全市有一定规模的农业企业260余家，下联农户5万余户，年加工转化能力达30万吨。

2. 扩大规模生产基地。按照“围绕龙头建基地、突出特色建基地、连片开发建基地”的方向，把搞好商品生产基地同发展壮大“龙头”有机结合起来。近两年，市财政共投入1400万元用于基地建设，并采取建立农业车间、搞合同种植、进行统一服务等多种形式，引导零星、分散的生产布局向规模化生产、集约化经营发展。现全市由龙头企业带动的基地面积有近20万亩。

3. 推进多种形式的联合与合作。一是强化社区合作经济组织的服务功能。发挥镇村集体经济的力量，把分散经营的农户组织起来，开展销售、信息、技术等社会化服务。目前，全市23个镇和138个村建起了各类服务组织。二是培育专业合作组织。全市已有专业合作组织160余家，涉及农、林、牧、渔等各业。如胜山镇前不久组建的草莓、花菜、莱豆等8个专业合作社，以经济实体的“身份”参与市场竞争，组织分散农户进入市场。目前，8个合作社共有生产基地1.7万亩，入社农户近400户，联合农民3000多户，拥有股金300多万元。三是创办农业协会。已有胜山农协等12个综合性协会，丝瓜络等25个专业协会。另外，该市还积极鼓励农民进入流通领域，每年评选“十佳农民购销员”予以表彰奖励，有10个镇还成立了农民购销员协会。至今，全市农民购销员有4万多名。

4. 健全农产品市场网络。近年来相继创办了观城水产批发市场、胜山农副产品市场、周巷果蔬市场等有一定知名度的农副产品批发市场。1999年5月投资8000万元建设了占地400亩的市农副产品批发市场，目前，市场交易十分兴旺。该市还不断加强与省内外大中城市农产品市场的联系，邀请外地市场的经营者来我市考察并组织货源；在全国19个省市的103个市场中设立了慈溪产品的销售窗口。该市的目标是，把慈溪建设成为浙东地区的农副产品集散中心。

五、开发资源，积聚农业发展后劲

这几年，围绕发展滨海农业，开发经济林特和改善农业基础设施条件这三个方面，实施了围涂造地、滩涂养殖、低产畈改造和低产林开发等“四大工程”。

在发展滨海农业方面，把围涂造地作为发展区域经济的一大战略，专门成立了海涂综合开发管委会。近6年投入2.1亿元，相继实施了半掘浦6000亩围涂、龙山2万亩围涂等一批围涂造地工程，共围垦4万亩。在已围垦的海涂地上，建设了8万亩的优质商品棉基地，建成了7座海涂淡水库，灌溉农田40余万亩。该市还打破了慈溪滩涂不能养殖的禁区，成功开发了泥螺、海瓜子、青蟹、白虾、沙蚕、泥蚶、青蛤等20多个滩涂养殖品种，1999年全市海水养殖达10.9万亩，亩均产出高达3700多元。

在低丘缓坡开发方面，该市在1992年消灭荒山的基础上，提出了“调整林种结构，发展林特经济”的工作思路，制订了发展规划，把原每年安排的荒山绿化经费转向扶持林特经济。近3年，共开发低丘缓坡9500亩，营造经济林特8300亩，全市初步形成了杨梅、雷竹、茶叶、花木等4大高效特色林。

在盐碱地、低产畈开发方面，制订了盐碱地低产畈改造计划和土地开展整理规划，前6年共投入5455万元用于中低产田改造。1999年上半年还完成了国土资源部土地整理示范区——新浦农地整理工程，新增耕地1870亩，为加快土地开发整理开好了头。2000年该市计划再整理土地和开发造地4万亩。

（二）

几年来，该市市委、市政府为促进农业增效农民增收，在农业的领导方式、方法和途径上进行了一些探索，主要在这样四方面进行了强化：**一是强化指导服务。**成立了市农业产业协会，定期研究农产品供需特点，协调产供销关系，规范市场经营行为。投资100万元，建立了市农产品信息中心，实现了农业各部门和全市23个镇的联网，并与全国农产品信息中心、省金农网等建立了信息交换协作关系。1999年4月份开始，该市又在“一报两台”开辟了“三北田野”专题节目，为广大农民提供产销信息服务。针对当前农业结构调整中存在“种什么?”的难题，该市积极引导农村党员种养大户成立“产改议事组”等群众性组织，共同搜索解决产改中碰到的问题。**二是强化农业投入**。从两头着手：一头抓财政投入。从1989年起，市财政对农业投入比例每年提高一个百分点，到1993年达到15%，这几年一直保持这个水平。1999年，该市对农业的投入达1.6亿元。另一头是抓社会和农民增加对农业的投入。1999年，仅市级就筹集农业发展资金7200万元。并对农民落实了“谁投资谁受益，谁受益谁投资”的政策。**三是强化典型引导**。注重对各地成功经验的及时总结，通过树立看得见、摸得着的身边典型，来教育、引导广大农民，让农民在实践比较中自觉接受。**四是强化政策激励**。几年来，市委、市政府每年出台的1号文件，都是有关农业和农村工作的。着重通过政策激励来营造氛围，明确导向。

（三）

总体来看，该市效益农业和农业产业化的起步较早，从中也积累了一些经验。但与先进地区相比，差距还比较明显：一是优质农产品比重不高，尤其是名牌产品很少；二是加工贮藏能力与生产发展不相适应，尤其是精深加工能力薄弱；三是外向型农业的发展还不够快；四是农业基础条件比较薄弱，标准化农田不多。

当前和今后一个时期，该市将把发展效益农业、加快农业产业化进程放在更加突出的位置，在工作举措上重点实施“四大战略”：一是基础先行战略。继续实施好以河道疏浚整治五年规划为重点的农田水利基本建设；加大山水资源的开发力度，开展土地整理、标准农田和示范园区建设，争取通过4年努力，建成“田成方、林成网、渠相通、路相连”的高标准农田20万亩；抓好高标准平原绿化；努力提高农机化水平，经过4年努力，劳均农机动力达3千瓦以上。二是优质名牌战略。加大对科技投入，全力实施种子工程，突出果蔬产品的研究开发；推广先进的栽培技术，多层次引进国内外智力；建立健全农产品品牌创建体系和评价鉴定体系，开展农产品精品、名品评选活动；改变农业考核办法，从考核数量为中心，转移到考核质量和效益为重点。三是龙头带动战略。着重培育区域性农业龙头企业，构建提高农产品比较效益，深加工、精加工的带动辐射体系，实行政策倾斜，尽快形成具有规模优势、有较强辐射力的集约化经营的农业龙头企业集团。四是外向发展战略。加强农产品出口商品基地建设，引导现有农产品外贸企业走联合的道路，组建企业集团，帮助更多农业企业开展自营进出口；进一步改善农业投资环境，加大招商引资力度，力争到2003年外向型农业的比重达35%。

浙江省长兴县

〔概况〕 长兴县地处长江三角洲杭嘉湖平原，位于浙江省西北部，与苏皖二省接壤。东临太湖，西倚天目，南望杭州，北接江苏宜兴。全县面积1427.7平方公里，现有人口62万，1999年全县国内生产总值80亿元，工农业总产值187亿元，其中农业总产值19亿元。是较早的经济开放县，又是对外国人开放地区，是全省“小康县”和全国综合实力“百强县”，并跨入全国科技工作先进县行列。

长兴县是国家批准的“粮棉大县”、“商品粮生产基地县”和浙江省的产油大县。名特优新农副产品丰富，全县有耕地4万公顷，可实施大面积农业项目，适宜从事立体型农业开发。

近几年来，长兴以产业化经营为载体，大力发展效益农业，全县已形成粮油、蔬菜、瓜果、特种水产、畜禽、花木苗木六大主导产业，常年粮食总产为30万吨左右，油菜常年种植23300公顷左右，油菜籽产量位居全省第一，全县蔬菜种植面积8660公顷，其中大棚蔬菜667公顷；西瓜种植面积6670公顷，年产量30万吨；青梅种植2330公顷，总产量3000多吨，列浙江省首位；银杏种植1670公顷，常年产量300吨左右；畜禽养殖：猪30万头、羊12万只、肉禽500万只；水产养殖业形成河蟹、河鳖、青虾、加州鲈鱼、鳜鱼等特种水产基地面积4700多公顷。全县山林面积61330公顷，拥有竹类18000公顷，其中毛竹总立竹量5074万株。长兴农副产品综合批发市场是浙江省区域性重点市场，规划占地33.3公顷，分三期进行，一期占地7.3公顷，投资7000万元，总建筑面积20000平方米，建有2000吨冷冻冷藏库，已投入运营。

〔**名特产品**〕 长兴三宝：紫笋茶、青梅、银杏。

1. 紫笋茶（茶叶）

长兴紫笋茶，产于长兴水口顾渚，因色紫形似笋得名，是中国最早享有盛誉的名茶。紫笋茶在唐代始为宫廷贡茶，自唐至明，连续作贡800余年。唐太宗在顾渚山修建了中国第一座贡茶院，茶圣陆羽曾在顾渚山麓撰写中国第一部茶叶专作《茶经》，至今在顾渚山还有唐宋12位湖州刺史留下的中国第一处茶文化的摩崖石刻。

近几年，长兴县在发展效益农业中，大力弘扬茶文化，充分发挥紫笋名茶的优势，引导农民大力发展紫笋茶，把名茶作为农业的一大支柱产业来加以培育。

县有关部门在收集整理茶文化史料，扩大与国内和日本、韩国学者、专家交流的同时，县里采取了一系列有效的措施，扩大市场知名度，提高名茶质量。1997年制订了紫笋茶地方标准；1998年成立了县茶叶协会；1999年县政府确定扶持27个总面积423公顷的名茶基地建设，实行统一品牌，统一商标，统一基地，统一包装，统一技术标准的“五统一”。经过几年的努力，紫笋历史名茶品牌已逐渐打响，被国家有关部门评为全国名茶，列入全国茶叶商品基地县之一。

1999年，全县茶叶产量2400吨，产值3400余万元。其中实行“五统一”的423公顷基地，紫笋名茶单价每公斤提升40元，农民因此增收140万元。

2. 青梅（果品）

长兴栽培青梅历史悠久，青梅干是长兴的传统特产，在东南亚各国享有盛誉。进入90年代以后，长兴县将青梅作为效益农业的主导产业和绿化造林的重要工程来抓，成立梅农协会，依靠典型示范，大力引导农民种植，形成了产、加、销一体的“青梅产业链”。截止1999年底，全县青梅种植面积已达1670公顷，已投产的梅园青梅年总产量3000余吨，成为浙江省青梅第一县。

该县太傅乡因葬有东晋谥号“太傅”的谢安而得名。到1999年底已种青梅733公顷，其中333公顷已投产，年产青梅1100吨，是浙江青梅第一县中名副其实的“青梅之乡”。

近年来，太傅乡将延伸青梅产业链作为攻坚课题，在培育扩大青梅基地的同时，把提高青梅加工能力和产品附加值作为关键措施来抓，努力营造良好的投资环境，加大招商引资力度，取得了显著成效。杭州酒厂与该乡联合组建了太傅酿酒公司，生产青梅酒，产品出口韩国、日本，每年可加工青梅1000吨；杭州华和食品有限公司在该乡独资创办了长兴梅源食品有限公司，总投资3000万元，投产后，每年可加工青梅4500吨，产品90%出口，目前，已完成投资1500万元，2000年5月可部分投产，产量可达3000余吨。

青梅加工企业的引进，解决了全县青梅销售的后顾之忧，促进了青梅基地的发展，1999年冬，全县新种梅树400公顷，仅太傅乡就种植了167公顷。预计到2003年，全县青梅面积将超过3300公顷，产量近万吨。

3. 银杏（果品）

银杏即白果，是长兴的传统特产之一。长兴是全国10个银杏重点产地和2个银杏大县之一，截止到1999年底，全县银杏种植面积已达2000公顷，常年产量300吨左右。该县小浦镇八都岕的“十里古银杏林”，拥有百年以上古银杏2370株，年产白果200吨，收入600万元左右，其中有不少单株白果年收入超万元，最多的一株达3.6万元。

这几年，长兴县对银杏栽培技术精益求精，加强科学管理，走合理利用土地资源，以短养长，长短结合，立体发展的路子。如该县煤山镇实施的“万亩银杏基地”建设，60%的面积套种栝楼、百合、花生、玉米、油菜等作物，既增加了短期效益，又促进了投产期长、有“公孙树”之称的银杏可提早结果，提前投产，该银杏基地1997年嫁接的大苗1999年已扬花挂果，其中实测1株银杏连壳带果重达70公斤。

4. 水产

长兴县是全国重点淡水鱼基地县之一。1999年，全县水产品养殖面积5533公顷，水产品总产量达到24141吨，水产品总产值2.5亿元，占到全县农业总产值的12.8%。

近年来，长兴县以市场为导向，坚持科技兴渔，积极组织实施各类渔业科研、扩大项目，大力调整渔业结构，特种水产发展迅速。1999年全县特种水产产量达到3509吨，产值1.16亿元，占全县渔业总产值的46.41%，养殖品种已发展到青虾、罗氏沼虾、甲鱼、河蟹等十多个品种。该县还充分利用滨临太湖的优势，大力发展太湖渔业，1999年，太湖渔业总产销量达到1万多吨，其中，太湖银鱼20吨，鲚鱼9000多吨，白壳虾50吨。

5. 食品粮油（油菜籽）

长兴县是浙江省的油菜籽生产大县，常年播种面积23300公顷左右，总产约4万吨，均居全省首位，全县油菜籽一年产量能满足全省1/3的需求。1999年，全县油菜种植面积33.1万亩，油菜籽总产量达4.4万吨。

油菜是长兴县冬种作物的主体，1999年，油菜种植面积占到冬种总面积的2/3。在稳定种植面积的同时，长兴县一是大力推广耐湿、耐寒、出油率高的优质双低油菜，1999年双低油菜种植面积占全部种植面积的50%以上，明显体现了实施种子种苗工程的社会效益。二是大力提高油菜籽加工能力，全县油菜籽得到全部消化，同时也促进了周边地区油菜种植的发展。

浙江省玉环县

〔**概况**〕　玉环县系全国13个海岛县市区之一，地处浙江东南部，中国黄金海岸线中段，与温州隔乐清湾相望。陆域面积378平方公里，海域面积1900多平方公里，辖7镇3乡，305个行政村，境内大麦屿开发区为省级经济开发区。1999年末总人口38.6万人。地形以丘陵为主，海岸线曲折多港湾。属亚热带海洋性季风气候区，温和湿润，四季分明，年平均气温17℃，无霜期约260天，年平均降水量1460毫米。据志书记载，玉环县名源自海岛奇观：晨雾绕岛，形状如环；上有流水，洁白如玉——玉环由此得名。

改革开放以来，玉环人依凭“自强不息，敢为人先，创建一流”的精神，创造出令人瞩目的业绩。1999年，全县实现国内生产总值68.3亿元，人均1.8万元，财政总收入3.82亿元，其中地方财政收入2亿元，城镇职工平均工资11085元，农民人均收入5260元。两度跻身全国农村综合实力百强县行列，被评为全国八五期间农民收入先进县，浙江省首批“小康县”和“新农村县”。浙江已把玉环列为省2005年率先提前基本实现现代化的县市区之一，列为全省城镇规划体系中的23个中等城市之一。近年来，县委、县政府营造环境促经济，抢抓机遇搞建设，经济实力不断增强。工业培育了交通运输设备、机械制造等一批支柱行业和苏泊尔集团等一批骨干企业；农业构筑了水产、水果“两水”为重点的发展格局。耕海牧渔，水产养殖称雄浙江，世界名柚“玉环文旦”八连冠誉满神州。改革开放不断推进，灵活的市场机制成为经济发展的驱动力，股份制和股份合作经济成为国民经济的骨干，外向型经济进一步发展。投资环境不断改善，交通便捷，沿海高速公路贯穿全县，境内公路网形成了半小时交通圈，航空运输方便，西距温州机场32海里，北至台州市黄岩机场76公里。抓住国家推广基础设施投资拉动内需的机遇，漩门围垦蓄淡、大麦屿3万吨级码头、中央直属储备中转粮库、坎门渔港、至乐清汽车轮渡、里墩水库等一批事关玉环长远发展的水、路、电、港等重点工程投入建设并接近尾声。邮电通信领先。城市建设和管理的品位不断提升，功能日臻完善，推进本岛城市化和城乡一体化，按照“不求大、但求精、更求美”的总要求建设城市，“绿的世界，花的海洋”的城市形象已经凸现。社会事业不断进步，被评为全国科技工作先进县、省科技进步先进县，教育通过省“两基”验收，并获省“两基”进步奖，被评为全国体育先进县、省双拥模范县。世纪之交的玉环，经济和社会已进入一个新的发展阶段。新千年伊始，县委、县政府又提出了建设繁荣、优美、文明的现代化港口中等城市的宏伟目标。

曲折的海岸线和宜人的气候孕育了玉环独特的旅游资源，被港报誉为“美术岛”的海上森林公园——大鹿岛，融岛、林、艺术石雕为一体，独具风姿，登海岛、观海澜、浴海水、品海鲜、购海货其乐无穷。峦岩山的奇岩危石，龙潭境的青山碧水，济理寺的梵音钟声，三合潭的古文化遗址，环岛风景线……给人以奇趣和遐想。社区文体活动丰富多彩，坎门鱼灯、楚门马灯戏极具地方特色。

〔特色农业〕 水产、水果“两水”产业是玉环传统农业的亮点，现代农业的增长点，未来农业的“卖点”。1999年产值、增加值分别为24亿元和14亿元，分别占农业总产值和国内生产总值的86%和20%。

一枝独秀玉环柚　玉环水果品类中除了广柑、长柿等颇具特色外，以玉环柚为最。玉环柚，又名楚门文旦，是芸香科柑桔属柚类的一个优良品种，清光绪初年（公元1866年）始植于楚门山外张村。因种苗受供于文氏小旦而得名，迄今已有130多年的栽培历史。玉环柚属亚热带常绿果树，种植受温度、雨量影响较大，其最适宜生长的气温为26℃，生长的最高气温为38℃，发生冻害的临界气温为-3℃；要求的年降雨量为1000—1500毫米。玉环属亚热带海洋性季风气候区，年平均温度16.9—17.6℃，夏季绝对高温为34.7℃，年最低气温不低于-3℃，无霜期长达260天，年均降雨量1300—1500毫米，相对温度为80%，可以说，玉环气候独特，冬无严寒，夏无酷暑，是玉环柚种植的最适宜区。得天独厚的气候条件，加之全程模式化栽培管理手段，形成了品质超群的玉环柚，迄今连续八次在全国柚类评比中折桂，荣获'99北京国际农业博览会名牌产品金奖，被中国国际贸易促进委员会和法国科技质量监督评价委员会评为向欧盟市场推荐产品，有“中华第一柚”、“柚中之王”之誉。其特点：一是营养丰富。果肉含还原糖、有机酸、粗纤维、15种氨基酸和V_c、V_{B1}、V_{B2}、V_A以及C_a、F_e、M_g、K等10多种人体必需的微量元素，二具药理作用。常吃玉环柚可理气化痰、润肺清肠，下恶气、解酒毒，对高血压、糖尿病以及食少、口淡、消化不良等病症有较好疗效。三具防护作用，室内久置溢香可驱逐蟑螂。果皮油泡中富含的香精油作防护剂涂抹，可防蚊子叮咬。果皮可去除冰箱异味。四具观赏价值。玉环柚树为常绿果树，花似玉兰，其香酷烈，为玉环县树。果品形美色艳，香气浓郁，陈列橱窗案儿，清香四溢，别有一番情趣。五具文化内涵。文旦素有“团圆果”之称，是台湾、福建等地时逢中秋佳节的必备之果，寓意家人团聚，生活美满。六耐贮藏。“天然罐头”玉环柚的贮藏保质期长达半年之久（11月至次年4月），春节前后食用，风味尤佳。七具经济开发价值，表皮、花、叶可提取优质香精油，果实皮层可提取优质果胶、果肉可加工成果汁和奶液等时尚饮品。新中国成立初，该县仅有玉环柚树几百棵，零星植种于一些富人庭院中。改革开放后，玉环柚产业开发逐成共识，特别是近十年，玉环县委、县政府坚持以玉环柚产业化建设为目标，以市场为导向，效益为中心，科技为依托，优化产业结构，提升产业素质，区域化布局、专业化生产、企业化管理的生产经营格局渐趋明朗。1999年，全县玉环柚种植面积0.3万公顷，总产量3.5万吨。建立了苔山塘、解放塘、人民塘等7个千亩以上和玉环柚良种繁育苗场等30个百亩以上，水、林、路、电相配套的玉环柚生产基地，涌现出36个以种植玉环柚为主业的水果专业村，从业人员达3.8万人，占全县总人口近10%。立足长远，玉环县委、县政府将以史为鉴，应因形势，着力实施名牌战略，为消费者提供更多货真价实的玉环柚：一是正确认识名牌。通过多种渠道灌输“名牌”意识，提高人们对“名牌战略”重要意义的认识。使实施名牌战略成为人们的自觉行为。二是着力培育名牌，具体做好三方面工作。首先是强化宣传，扩大知名度。突出宣传玉环柚为玉环特产。所谓特产，是指在特定地区、特定气候和土壤条件下的产物，它与其他地区生产的同类产品相比，外观相似，但内在品质却有显著差别，具有同类产品无法比拟的优点。其次是重抓品质，增加附加值。一方面要加强技术培训和推广，另一方面要严格标准化生产管理。再次要拓展市场，提高占有率。接轨国际，实行品牌营销。三是努力保护名牌。运用法律手段，打击不良生产经营行为，旗帜鲜明扶持农业创名牌。四是积极发展名牌。树立危机意识，移植工商企业经营理念，在质量管理上，要实施“精准”工程；在组织体系上，要保证战略实施的连续性；在产业开发上，要充分挖掘玉环柚产业中蕴涵的市场、增产、加工、鲜销、科技五大潜力。

方兴未艾水产业　渔业自古以来就是玉环海岛居民赖以生存的主要产业之一，系全国渔业重点县之一。十一届三中全会，特别是进入90年代以来，玉环县委、县政府以实施“耕海牧渔战略”为载体，以“建设海上玉环”为目标，以“主政养殖，提高捕捞，深化加工”为主线，渔业开发蓬勃兴起。1999年，全县实现水产品总产量33万吨，居全省第5位，其中海水养殖10.8万吨，连续6年保持全省首位。渔业产值19.7亿元，占全县农业总产值近85%，渔民人均收入6803元，水产养殖业是玉环渔业的主攻产业。1999年淡水养殖面积951.9公顷，产量2776吨，品种以鲢鱼、鲫鱼、河蟹、甲鱼、青虾为多。海水围塘养殖面积1098公顷，产量1640吨，品种以对虾、青蟹、底播扇贝为多。滩涂养殖面积8391.7公顷，产量79665吨，品种以缢蛏、蛤类、蚶类、泥螺为多。浅海养殖面积935.4公顷，产量26649吨，其中海水网箱6800个，产量1700吨，品种以鲈鱼、鲷类、大黄鱼、石斑鱼、牡蛎、紫菜、海带、河鳗为多，育苗水体8400立方米，苗种有美国红鱼、黑鱼免鱼、刀额新对虾等。中鹿岛海洋牧场、乐清湾生态养殖示范园区建设开始启动，可望成为浙江省乃至全国水产养殖的新亮点。海洋捕捞是玉环渔业的主体产业。拥有各类捕捞渔船2500余艘，其中钢质渔轮260艘，250马力以上木质渔船500余艘，总动力21.2万千瓦，总吨位11.1万吨，先进的助渔、助航和通信设备一应俱全。因应海洋渔业资源日见衰退、船多鱼少矛盾日益突出的形势，玉环近年在“双控”（控制船只数，控制马力数）的基础上，加大作业结构调整力度，在巩固拖网、围网、深流、母子钓、拖虾等传统作业的基础上，积极发展变水层疏目快拖、灯光敷网、笼捕等作业，达到利用资源合理性与捕捞适应性的统一。后方依托体系逐步健全，全国最大群众渔港工程——1600米坎门渔港防波堤建设接近尾声，冷链、渔用码头等基本配套，渔获结构以大型虾、带鱼、墨鱼、海鳗居多。1999年海洋捕捞产量21.9万吨，位居全省第6。水产加工业是玉环渔业的主导产业。现有水产加工企业73家，冷藏能力8713吨/次，制冰能力1330吨/日，生产流水线40条，其中鱼粉生产线31条。加工工艺包括传统加工、现代加工和综合加工等。传统加工有干制、腌制、糟醉等。现代加工有保鲜加工、冷冻加工、活品加工、罐头加工等。综合加工是对低值水产品或水产食品加工的废弃物，通过综合利用制成产品。1999年实际加工水产品3.8万吨，初级产品主要有冻粒虾仁、条冻带鱼、冻鲳鱼、鳗鱼鲞、虾米、虾皮炊皮、小包装干制紫菜等，精深产品主要有海味膨化食品、中华海珍营养液、甲壳素、聚壳糖、元宝虾、液化蛋白粉、醉泥螺、冷冻鱼糜、烤鳗、鱼奇鱼、鱼粉等。其中甲壳素、醉泥螺、元宝虾等产品在各类博览会上屡获殊荣。鱼粉产量居全国前列，甲壳素加工技术填补国内空白。水产品加工出口注册厂5家，欧盟注册1家，去年出口水产品3658吨，创汇588万美元。总结玉环渔业发展经验，关键是有一个坚强的领导班子——历届党委政府领导高度重视渔业发展；有一个明确的工作思路——耕海牧渔，科技兴渔；有一个良好的经营机制——股份合作制。前瞻未来，玉环县委、县政府正以渔业现代化建设为主线，着眼结构、机制、科技、服务四大创新。经过若干年努力，使玉环渔业再跨一个新台阶，逐步向发达的养殖业、健康的捕捞业、先进的加工业、活跃的流通业、新兴的休闲渔业和良好的渔业生态环境迈进。

一、对外合作

投资方向　开发性农业：农、林、牧、渔优质高产新品种引进、开发、培育、推广，重点开发海水、海涂养殖业和远洋渔业；引进水产品、果品储藏、保鲜、加工新技术，重点发展水产食品与玉环柚果品精深加工和海洋医药、化工生产项目，大麦屿深水良港开发：利用大麦屿得天独厚的深水条件，建设大型货物中转码头；重点发展相应的货物仓储业与交通运输业及其他港口相关产业，如大型船舶修造厂、大型火力发电厂、东海油气田后方基地等。嫁接改造现有工业企业：鼓励兴办技术密集型、资金密集型和出口创汇型工业项目，推动汽摩配、金属制品、机械加工、塑料橡胶、医药化工、环保设备、家俱、工艺美术、食品等产业产品的升级换代。市政建设：鼓励投资城镇道路、供配水工程、三废处理及综合利用等基础设施以及文娱、体育、科研、医疗卫生等社会福利事业。旅游、房地产业：利用海岛特色的自然景观，重点开发集海岛观光、游乐、疗养、度假和海鲜品尝为一体的旅游项目，建设较高档次的度假休闲中心。鼓励进行海岛包岛开发和土地成片开发。

重点项目　农业项目主要包括：1. 玉环柚综合开发。内容：玉环为玉环柚生产最适宜区，果品连续8次荣获全国柚类评比第一名，美味可口，营养丰富，耐贮保鲜，且有降脂、降糖作用。现有种植面积0.3万公顷，年产3.5万吨。宜于开发果品原汁、果胶、精油、医药保健品等深加工产品。投资：1700万元。合作方式：合资、合作。联系单位：玉环县林特局，电话（0576）7222892。2. 乐清湾浅海生态养殖。内容：于乐清湾中心水域新建浑水区抗风浪网箱7500个，贝类养殖400公顷、藻类养殖167公顷、游钓平台30座、水产苗种繁育中心水体1500立方米，预计年产值1.2亿元。投资：1.1亿元。合作方式：合资、合作或分项投资。联系单位：玉环县水产局，电话（0576）7222837。3. 海洋牧场。内容：在中鹿岛水域利用栅围式透空结构物建设海洋牧场，栅围结构物总长2400米，围区面积156公顷，平均水深10米，水体1560万立方米。年产绿色优质鱼9400吨，产值73800万元。投资：1.2亿元。合作方式：合资、合作。联系单位：玉环县水产局，电话（0576）7222231。4. 漩门湾观光农业开发，内容：园址位于本岛北部，园区地势平坦，电力水资源丰富，防风林带已具规模。拟规划面积340公顷，近期规划面积87公顷，平台构筑为传统农业、现代农业、未来农业的一扇视窗。投资：5000万元以上。合作方式：合资、合作或分项投资。联系单位：玉环县林特局，电话（0576）7213046。5. 贝藻类深加工。内容：开发生产紫菜小包装、虾蚓罐装、咸腌泥蚶、牡蛎等食品，年产值2000万元。投资：800万元。合作方式：合资、合作。联系单位：玉环东升海珍品养殖开发公司，电话（0576）7191002。

二、联络讯息

现任领导

县委书记：蒋永志

县长：李剑飞

分管副县长：李茂芳

HTTP：/WWW. Yuhuom. gov. cn

电话：（0576）7221641

传真：（0576）7221091

主管机构

玉环县林业特产局

地址：玉环城关

邮编：317600

局长：颜令飞

电话：（0567）7222751

传真：（0576）7222772

玉环县水产局

地址：玉环城关

邮编：317600

局长：沈宁德

电话：（0576）7222837

传真：（0576）7222231

玉环县投资管理局

地址：玉环陈屿

邮编：317604

负责人：陶海华

电话：（0576）7331880

传真：（0576）7332280

企业组织

玉环县名果中心

地址：玉环城关

邮编：317600

主要产品及经营范围：生产供应优质玉环柚、广柑、长柿

法人代表：薛灵辉

电话：（0576）7213046

传真：（0576）7222772

玉环县远方渔业开发公司

地址：玉环坎门

邮编：317602

主要产品及经营范围：生产供应优质冰鲜海洋鱼类

法人代表：苏望翔

电话：（0576）7552009

传真：（0576）7553591

浙江玉环滩涂联营公司

地址：玉环沙门

邮编：317607

主要产品及经营范围：生产供应海水养殖对虾、泥蚶等

法人代表：施俊源

电话：（0576）7222856

传真：（0576）7161162

玉环县尚富水产养殖研究所

地址：玉环城关

邮编：317600

主要产品及经营范围：生产供应泥螺、泥蚶、蛏子及加工品

法人代表：林如苗

电话：013906763902

玉环县文旦果品批发市场

地址：玉环楚门

邮编：317605

经营范围：批发零售包括玉环柚在内的各类优质水果

法人代表：黄崇德
电话：(0576) 7441409
传真：(0576) 7412001

台州永达渔业有限公司
地址：玉环坎门
邮编：317602
主要产品及经营范围：生产供应海洋经济鱼类
法人代表：郑达仁
电话：(0576) 7515002

玉环山里果品基地
地址：玉环龙溪
邮编：317609
主要产品及经营范围：生产供应优质伊予柑
法人代表：陈义友
电话：(0576) 7492233
传真：(0576) 7493401

玉环龙生水产制品有限公司
地址：玉环坎门
邮编：317602
主要产品及经营范围：生产供应精装冷冻鱼糜
法人代表：李由平
电话：(0576) 7570663
传真：(0576) 7570550

玉环县海洋生物化学有限公司
地址：玉环坎门
邮编：317602
主要产品及经营范围：生产供应金奖甲壳素、壳聚糖
法人代表：林荣业
电话：(0576) 7501888
传真：(0576) 7501275

浙江金浪海珍品开发有限公司
地址：玉环芦浦
邮编：317608
主要产品及经营范围：养殖供应大黄鱼、鲈鱼、鲷类、河鳗等
法人代表：林庆芽
电话：013905867432

台州中环集团有限公司
地址：玉环坎门
邮编：317602
主要产品及经营范围：供应名牌单冻虾仁系列及冷冻鱼
法人代表：陈江贵
电话：(0576) 7568096
传真：(0576) 7552345

浙江省新昌县

〔概况〕 新昌县地处浙江东部，隶属绍兴市，面积1213平方公里，辖11个镇，7个乡，777个行政村，年末总人口43.4万人。1999年，全县实现国内生产总值60.26亿元，增长15.1%；财政总收入2.64亿元，增长20.9%。

农村经济稳步发展。以实现农业和农村现代化建设总揽农村工作，积极调整优化农业产业结构，加快现代农业示范带建设和农业产业化经营，辐射和带动全县效益农业的发展。全年实现农业总产值9.71亿元，按可比价计算增长11.1%，实现农业增加值6.51亿元，增长12.6%。1999年全县粮食播种面积38.14万亩，总产量126536吨，增长0.7%。农村经济总收入134.9亿元，增长26.4%。乡镇企业收入20.8亿元，增长34.8%。波尔羊养殖、兔业产业化等6个项目被列入省部级重点示范项目，花卉、小京生花生综合开发等4个项目被列入省级重点建设项目，大佛玉龙牌大佛龙井茶等3个农产品获得'99中国国际博览会金奖。全年茶叶总产量5146吨，其中名茶产量2300吨，增长6.98%；长毛兔年末存栏51.11万只，兔毛产量327吨；小京生花生面积1.93万亩，产量2705吨；板栗面积8.95万亩，产量达到2538吨。粮经结构、种养结构渐趋合理，龙头企业、龙头市场、龙头贩销大户的带动作用明显增强。

工业效益明显提高。全年实现工业总产值（90价）223.8亿元，增长18%，实现工业增加值36.35亿元，增长16.5%。其中38家大中型骨干企业实现工业总产值77.22亿元，占79.8%，增长29.7%，实现工业增加值12.65亿元，占全县乡及乡以上工业企业增加值的79.6%，增长37.5%；医药化工、轴承、纺机、纺织等支柱产业发展迅速，产值占工业总产值的81.6%。全年技改投入达10.57亿元，增长29.7%。开发省级以上新产品40个，其中国家级7个，新产品产值率达到20.13%。结构调整和技术创新取得可喜进展。省级高新技术产业园区、医药强县、轴承之乡、纺机基地创建全面启动，一批重点技改项目和高新技术产业项目列入国家和省级计划，新增国家级和省级高新技术企业各1家、省级企业技术中心3家。个私经济取得新发展，在经济总量中比重已达到50%以上。外向型经济跨上新台阶。全年外贸出口交货值达到23.8亿元，增长18.2%，其中自营出口首次超过亿美元大关，达到1.08亿美元，增长40%，自营出口额位居全省各县市第13位。全县新增自营出口权企业5家，累计已达21家。新批“三资”企业13家，利用外资开始回升。

第三产业成为新的经济增长点。第三产业增加值13.8

亿元，在经济总量中所占比重已达22.9%，比上年增加0.4个百分点。1999年成功举办了'99新昌旅游节，促进了旅游业的发展。全年共接待游客66.03万人次，其中海外游客2417人次，旅游总收入达4.8亿元。同时，金融、商贸、交通、邮电等产业平衡发展，全县金融存款余额36.52亿元，比年初增长25.3%，金融贷款余额23.34亿元，保险领域不断拓宽，收入稳步增长。

企业改革实现新突破。以建立现代企业制度为方向，产权制度改革为核心，抓重点、攻难点，全面推进国有、城镇集体企业的改革。53家企业完成改制任务，其中新增股份有限公司1家，改组为有限责任公司18家，实现股份合作制2家，对外转让12家，兼并17家，拍卖3家。共盘活资产9.44亿元，转换国有资产3.03亿元。同时，社会保障制度等配套改革进一步深化，养老保险扩面工作进展顺利，企业下岗职工基本生活保障和再就业力度加大，农村大病医疗统筹在8个镇全面推行。

社会事业协调发展。教育质量明显提高，中小学创新教育通过国家级鉴定。教育投入不断加大，教育设施和办学条件得到改善。争创文化、体育先进县进展顺利，县调腔剧团参加省、市第八届戏剧节获多项大奖，竞技体育进入全省“十佳”行列。通信事业发展量质并进，电话普及率达15.51部/百人。实现了农村有线电视联网。基本完成了乡镇卫生院危房改造。档案工作被评为全国先进。计生工作进一步加强，计生符合率达到98.82%，人口自然增长率控制在3.62‰。城乡人民生活水平进一步提高。全社会消费零售总额19.03亿元，增长11.9%。城镇居民可支配收入8342元，增长7.7%，农村居民人均纯收入3912元，增长11.1%。

〔茶叶生产〕 茶叶是新昌的传统产业，已有1500年的栽培历史，为全国三大珠茶出口基地县之一。80年代初，根据人们对茶叶消费需求的变化，着手进行名茶的研制开发，成功研制开发了大佛龙井茶系列名茶，并及时在全县开展龙井茶采制技术培训，大规模开发名茶生产，涌现出了一批规模大、技术力量强、经济效益好的产茶专业村（场），形成了以专业村为基地，辐射带动周围茶农的生产组织形式。同时，十分重视大佛龙井的品牌建设和市场开拓，先后在北京、上海、南京、杭州等大中城市举办了大佛龙井展示会，成功举行了首届国际茶文化节，1999年又承办了第七届国际无我茶会，吸引了来自欧美、日韩、香港、台湾、新加坡等国家和地区的数百名茶人、茶商来新昌考察、交流。通过开发名茶，发展茶经济，弘扬茶文化，极大地提高了大佛龙井的知名度，拓展了大佛龙井的市场空间。在90年代全国茶叶产销形势严峻、效益徘徊不前的大气候下，该县的茶叶生产经济效益却保持了快速健康的增长势头。到1999年，全县茶叶总产量4850吨，实现茶叶总产值2.07亿元，其中名茶产量2300吨，产值达1.87亿元。实现了茶叶生产上的奇迹，形成了颇具影响的“新昌名茶经验”，仅1999年国内就有30多个重点产茶县市来该县考察指导交流，并对该县名茶生产给予了高度评价。

该县名茶开发的成功主要得益于发挥了以下五大优势：一是发挥了资源优势。该县境内山川秀丽，云雾缭绕，气候温润，非常适宜全县近7万亩茶树生长，加上山高、雾多、无污染的自然环境，给高山无公害绿色茶的生产提供了理想条件。二是发挥了规模优势。全县80%的茶园都生产名茶，有12万个劳动力从事名茶生产。名茶产量超300吨的乡镇有2个，超150吨的乡镇有8个，名茶产量占浙江省的1/10，名茶产值占浙江省的1/8。三是发挥了科技优势。早在50年代就推行发展了条栽专业茶园；在60年代推广了制茶机械化；在70年代开展了大规模科学种茶与丰产活动；在80年代普及推广了机剪机采技术；在90年代研制推广了名茶生产综合技术，全县现有40余个茶树良种，已建立无性系良种茶叶繁育基地300亩，可年供优质无性系良种茶苗5000万株。四是发挥了品牌优势。该县科技人员成功研制开发了大佛龙井系列名茶20个，并制订实施了大佛龙井综合标准，狠抓名茶质量管理，先后有3个产品分获全国和省农业名牌产品称号，共获得国际金奖5次，农博会金奖2次，各级名茶奖30余次，注册了“大佛玉龙”、“十九峰”等六个大佛龙井系列商标。通过实施名牌战略，打响大佛龙井品牌，使得大佛龙井深受消费者信赖，市场销量不断增加。五是发挥子市场优势。通过几年的培育，该县已建成了以浙东名茶市场为中心，连接16年乡镇产地市场，辐射全国茶叶市场的交易网络，拥有1.2万人的名茶销售队伍，在全国20多个大中城市设立了100多家窗口，大佛龙井还批量出口到欧洲、日本、香港等地，对推动茶叶产业发展起了十分重要的作用。

为进一步扩大大佛龙井市场份额，提高大佛龙井品牌知名度。该县正重点抓四方面工作：一是不断开拓国内外市场。通过建立网站，开设窗口，名茶展示，新闻发布，茶文化活动等多途径拓展市场空间，打响大佛龙井品牌。该县在济南开展大佛龙井茶文化活动，目的就是进一步开拓山东市场，辐射华北、东北地区，提高大佛龙井茶的市场覆盖率。二是大力弘扬茶文化。每年不定期组织茶文化活动，宣传中华茶德，推出中国名茶之乡茶文化旅游线路。三是开展打假保品牌活动。随着大佛龙井品牌声誉的不断提高，该县成立了大佛龙井品牌管理委员会，贯彻实施大佛龙井综合标准，对经营大佛龙井的茶商进行资格认定，以切实保护消费者权益。四是大力发展无公害良种茶。积极推广茶园生物防治技术，全面推广茶树良种化，实施万亩有机茶工程，保持茶园的良好生态环境，让消费者吃上“放心茶”，让游人和宾客在茶乡游中既饱览天姥风光，又品尝香厚味浓的大佛龙井茶。

〔其他名优特产〕

长毛兔与兔毛衫　新昌是有名的“长毛兔之乡”。1978年引入“德系兔”，经20年纯繁扩群和选育，产毛量不断提高。在历届省、市、县赛兔会上多次创造新的世界记录。世界兔科协会副主席齐默尔曼博士三次来新昌考察，1997年新昌长毛兔——白雪公主应邀晋京，荣登中央电视台，扬名四海。90年代以来，新昌兔业生产形成了从养兔产毛到纺纱织造，市场交易一体化的格局。新昌的兔毛制品轻软温暖、舒适、色白如雪，倍受国内外人士的青睐。

板栗　新昌板栗果大味美，甜糯香脆，含有淀粉、脂肪、蛋白质及多种维生素和无机盐类等营养物质，栗的药用价值在古药籍《名医别录》中列为上品，有“益气”、“补肾气”、“治腰、脚不遂”以及“筋骨断碎”“肿痛瘀血”等效用。“新昌糖炒栗子”历史悠久，在周边县市有较高的声誉。新昌板栗在短短的几年大发展后，一举成为浙江省板栗大县，面积已达十万亩，1999年总产量达600万公斤。板栗已成为新昌农业产业化的一项主导产业。

小京生　相传在明清时被选为贡品，因此得名，俗称“小红毛花生”。1984年，新昌小京生参加全省农副产品展销会，在花生品种中被评为质量最优，被列为“中华名特品种”。小京生花生为新昌的传统特产，是全国稀有的炒食花生良种，粒满壳薄，果仁香而带甜，油而不腻，松脆爽口，色香味俱佳。新昌人有谚：“常吃小京生，胜过滋补品，吃了小京生，天天不想荤”。目前全县小京生花生基地超万亩，年产量达100多万公斤。在省内外享有很高的知名度。

一滴香麻油　新昌黄土壤中生长的芝麻，颗粒饱满、细腻、色白、杂污少，一滴香麻油以纯白芝麻为原料，经过10多道工序精心制作，麻油色泽稳定，质地优良，香味特别浓醇，营养丰富。目前产品已远销杭州、上海、江苏、江西等地，成为馈赠亲友的礼物，餐桌上的佳品。

羊尾笋干　羊尾笋干为新昌的传统名产，生产历史在百年以上，早被列为省“名特优”产品。因其色泽纯白，长15～20厘米，酷似羊尾而得名。羊尾笋干系用刚竹之嫩笋，经精心加工而成。采折鲜笋必须适时，在小满、芒种期间。产地农民早晨上山掘取鲜笋后，选用肥壮无虫蛀，个体整齐的嫩笋去壳加盐、水、经烤煮而成。成品羊尾笋干用竹篓盛装，便于携带，销往外地。

西坑碧石　镜岭镇西坑村一带，产有闻名的青石，古称碧石，碧石开采始于宋代，所产石料质地细腻，色泽光鲜，遇水呈浅绿，经久不褪，并易于开采和雕琢，现所产的石桌、石凳、碑石、栏杆和建筑装饰材料等，深受国内外园林、宾馆和广大客户的欢迎和好评。

竹编　竹编是新昌县的民间传统工艺品，素以编制精巧造型优美、色泽古雅而著称。生产的动物形和盘、篮、台灯座、花瓶、蓝治漆盘、屏风、人物等高、中、低各类具有民族风格的竹制品，很有特色，其中“老寿星”、“孔雀开屏”、“天坛”等传统题材的作品制作精巧、式样美观、形象逼真，在新昌竹编中闪烁着奇异的光彩。其中《孔雀开屏》陈列在北京人民大会堂浙江厅，受到参观者的称颂，而大型竹编《老寿星》则更为精绝，曾荣获1982年中国工艺美术品百花奖创新设计一等奖，是中国目前竹编行业中一件瞩目的珍品。

春饼　春饼，象征一元复始万象更新之吉祥，在新昌食俗中占有一席之地。它是一种面食，即把面粉拌上水和少许盐，揉匀打透，取一小撮粉团，将它均匀地在灼热的平底锅（熬盘）上画一个实圆，稍烘一下，就揭下一张形如满月，薄如蝉翼，白中透黄，酥脆香美的薄饼。一斤面粉可制作60～70张。6张为“一大”。春饼内裹油饺、油豆腐，就独具风味了。以精肉、葱花为馅，可油炸成春卷，就成佳肴。新昌人爱吃春饼，因其味美，也因其有团圆之意。

芋饺　新昌人做芋饺、吃芋饺相传已有几百年历史了。早在清朝乾隆年间，就已成为农民的佐餐食品。芋饺的制作方法是：将芋艿煮熟后去皮，裹以番薯粉一类的淀粉，捻成粉团，然后裹上精肉，形状一般为三角形。然后放沸水中煮熟就可吃了。芋饺吃起来既糯又柔，滑溜可口。

榨面　将干米浸泡在水中使其变软，在石臼中捣碎成粉，放进锅中蒸熟后，压入特制的桶中通过多小孔的铜筛榨出细细长长的粉条，剪下，堆在一起，铺成一个个大小相等的圆饼，将其晒干就算制作完了。一碗热腾的榨面加上二只鸡蛋不失为招待客人的美味。

米海茶　新昌人待客贯用米海茶，兼作饮料和点心。选纯泽、饱满的糯米蒸熟，晾干，压扁晒燥成米扁，炒成米胖，成米海。加上白糖，用开水冲泡，叫米海茶。味香甜，解饥渴。

〔名优特产企业〕

新昌县名茶集团有限公司　是全县名茶产业的龙头企业，浙江省农业“百龙”工程单位。1996年成立以来，在深圳、南京、北京、杭州、青岛、上海、江都等地开设了销售网点。公司生产的“大佛龙井”系列、“新昌雪芽”产品曾获第二届中国科技精品博览会金奖，首届中国国际茶博览交易会金奖及省农产品金奖。

地址：浙江省新昌县城关镇工农路四号

总经理：董陆顺

电话：0575－6023280　6027799　6022920

传真：0575－6022158

邮编：312500

新昌县野源苦丁茶种场　茶种场环境洁净，交通方便，现有基地100亩，集苦丁茶苗繁育、加工和销售为一体，年可提供种苗10万株，苦丁茶3000公斤，在华东地区规模最大。苦丁茶属冬青科植物（大叶冬青），是近年来新开发的茶类新品种，据《中医大辞典》记载，苦丁茶具有清热解毒、生津止渴、凉血止血、健胃消积、减肥降压、明目益思等功效。野源牌苦丁茶据国家有关部门检测，具有国内先进水平，获'99全国茶叶博览会金奖。

联系地址：浙江省新昌县城关镇人民中路193号。

法人代表：俞安财

电话：0575－6046257　6027138

手机：013506750965

邮编：312500

新昌县小京生开发有限公司　是一家集科研、生产、加工、销售于一体的小京生产业化龙头企业，现已建成生产基地2万亩，拥有年加工1000吨的配套设施。公司生产的"京粒"牌小京生，是该县独有品种与它特殊的土壤，昼夜温差大的气候结合，具有果壳薄、果仁饱满、色泽金黄等特征，1998年荣获省优质农产品金奖，'98首届中国国际茶博览会指定茶食，驰名国内及港澳台地区。

地址：浙江省新昌县城关镇鼓山中路56号

总经理：王永嘉

电话：0575－6041511

传真：0575－6022234

手机：013906856056

邮编：312500

新昌县中野土畜产有限公司　是一家专门从事畜禽产品开发、农特产品购销的股份制企业。占地面积5000平方米，技术力量雄厚，年生产能力3800吨以上。主要产品有腐乳、酱油、米醋、元双酱、酱菜等70类50多个品种，特制酱油荣获国家有关部门优质产品及科技金奖，糖醋大蒜、荞头、香辣调味王、富豪米醋、五香腐乳多次获得省、部优质产品称号，其中五香腐乳、玫瑰米醋等产品进入美国、俄罗斯市场。

地址：浙江新昌城关江南南路43号

法人代表：求伯灿

电话：0575－6125448

传真：0575－6122540

邮编：312500

新昌县天然食品有限公司　不用面粉的饺子——"天然芋饺"，以新昌独有黄金芋为主要原料精制而成，自清朝乾隆年间以来，就成为新昌城乡人民的风味小吃。为使全国人民在当地就能品味这一特色小吃，公司以速冻包装方法推出这一佐餐珍品。"天然芋饺"既可作主食，也可作点心或汤料，更是火锅佳食，具有醇厚、鲜嫩、柔滑的独特风味，堪称一道特色佳肴。

地址：浙江省新昌县大市聚镇

法人代表：竺谷清　经理：王成富

电话：0575－6091151－8028

传真：0575－6091188

邮编：312580

浙江昌达营养食品有限公司　是新昌制药厂与香港志达贸易公司合资创办，总投资250万美元，引进外方先进技术工艺，拥有整套全自动流水线设备。所生产调味素选用多种天然原料精制而成，具有一定营养价值，品种齐全，风味独特，使用方便，在调味品家族中脱颖而出，不仅是宾馆、饭店首选调味品，更是家庭美肴的理想伴侣。目前在北京、江西、江苏、湖北均有销售点。

地址：浙江省新昌县环城东路58号

经理：刘雪平

电话：0575－6024966

传真：0575－6025323

邮编：312500

浙江省新昌县健神饮料厂　生产的"六月霜"茶系列产品采用江南珍贵野生植物——"六月霜"，用现代科技方法精制而成，百分之百纯天然成份，营养丰富，无药害，无污染。该产品根据《本草纲目》及众多医药名著详有记载："具有消食益脾、清热解暑、除胀开胃、抗肝损伤、益肝养颜，对冠心病、慢性肠炎及结肠炎有良好的疗效，对大肠杆菌痢疾杆菌、伤寒杆菌等10多种细菌有抗菌作用，是四季皆宜的保健饮品。经浙江省医学科学院和浙江省技术测试中心检测，该产品具有黄硐总含量达3874mg/100g，含有17种人体必需的氨基酸和维生素C、维生素B_1、维生素B_2、维生素E及胡萝卜素和多种微量元素。本品填补了国内外此项空白，并获得了国家发明专利。

地址：浙江省新昌县儒岙镇

厂长：王桂林

电话：0575－6060178

手机：013905854982

邮编：312500

新昌义昌福实业有限公司　位于新昌东部山区，竹笋资源丰富，拥有"雪菜笋丝"系列产品加工生产线一条，可年转化鲜笋800吨。自1995年与浙农大、省农科院共同开发"雪菜笋丝"系列产品以来，又开发生产水煮笋、笋干豆、巧英香笋、茄子王等小包装方便食品。企业不断壮大，产品供不应求。

地址：浙江省新昌县巧英乡梅树畈

法人：俞军林

电话：0575－6081687　013905854587

邮编：312591

新昌县联新食品厂　重点生产稻米香系列产品——玉丝米面、蕨菜，年产分别为780万包（碗）和200吨。玉丝米面是该企业在越乡民族传统风味米面（榨面）的基础上，采用新技术，打破米面不能油炸的禁区研制而成的方便米面，属国内首创。稻米香牌蕨菜，采用天然野生蕨菜为原料加工而成的即食产品，富含多种维生素、钙、铁、锌等矿物质和纤维素。韩国、日本视其为山蔬之珍，是理想的保健食疗佳品。

地址：浙江省新昌县城关镇霞烟新村18号

法人：周联新

电话：0575－6220189

邮编：312500

手机：013506752150

安徽省安庆市

一、名点、名菜

安庆名点、名菜以传统的技艺，精心制作，风格独特。无论荤素菜肴，点心小吃，色香味俱全，纷呈异彩。

胡玉美蚕豆辣酱　安庆百年老店“胡玉美”生产的蚕豆辣酱，色泽绛紫泛红，口味辛香细腻、微辣而甜，具有独特风味。

清光绪三十二年（1906），胡氏酱园采用名扬全国的川中辣酱风味，试制“胡玉美”蚕豆辣酱。宣统二年(1910)，在南洋劝业会上，“胡玉美”蚕豆辣酱获“日月”、“地球”银质奖章各一枚；宣统三年，在巴拿马万国博览会上获金质国际荣誉奖章；民国2年（1913），在上海国货展览会与西湖博览会上又获铜质奖章2枚；民国18年，在上海中华展览会上获“国光”银质奖章。曾被评为安徽省优质产品、国家有关部门优质产品称号。目前，“胡玉美”振风塔牌蚕豆辣酱畅销全国20多个省市，并远销20多个国家和地区。

墨子酥　安庆糕点名坊“麦陇香”的传统名产。清末，安庆糖杂号“李万益”店堂的糕点大师傅创制墨子酥糖，后经技术流传和历代摸索提高，终成名优特产品。制作墨子酥须经9道工序，精心配料。产品形如乌墨，油而不腻，香甜爽口，具有润肺补肾的营养功能。曾获国家有关部门优质产品奖、省优质产品奖，现年产量约5万公斤。

顶雪贡糕　怀宁县传统名产顶雪贡糕，历史悠久。早在清光绪初年，石牌一家糕点坊即从江苏丹阳聘请名师尹维炳，精制“顶雪糕”；光绪三十二年（1906），送京进贡，颇受慈禧太后赞赏，遂称“顶雪贡糕”。产品洁白柔软，酥松可口，具有糕片厚薄均匀，搓推似牌，曲卷如纸，点火即燃的特点。曾荣获省有关部门优质产品、省优产品、部优产品称号。

贡面　怀宁贡面，原名长生面。相传最初由石牌某家为兄弟之间祝寿而制作，后被宋太祖赵匡胤亲口品尝而定为“贡面”。现在制作的“贡面”白如银，细如丝，丝丝成缕。煮食以鲜汤调味，具有不糊不腻、柔软味美之特点，老弱妇孺尤喜食之。曾被评为部、省优质产品。

御膳雪枣　御膳雪枣生产于松凉亭河一带，故又称“凉亭雪枣”。相传为唐初糕点师李传金以仙田红糯等原料配制成形状似枣、质白如雪的产品，地方官用作向朝廷进贡之品。清道光年间，叶赫那拉族少女兰儿（后成为慈禧太后）随父寓居安庆，尝宿松“雪枣”，觉得爽口润喉，有化痰止咳之药效，心生偏爱，即位太后时即封其为贡品，因有“御膳雪枣”之名传世。长期以来，民间多以手工作坊生产，产量很低。80年代扩大生产规模，改进技艺，“雪枣”形、味、色、质日益优化，多次被评为省优产品。

S酥　安庆“麦陇香”传统酥类产品之一，糕点成品以形如“S”得名。原料用富强粉、猪肉、鸡蛋、苏打、醋、白糖等精制成酥，色淡黄，质松软，味香甜。曾获全省糕点评比一等奖和省优产品称号。

麦香酥　“麦陇香”酥类创新产品。用料有富强粉、绵白糖、麻油、麻仁、苏打等，经多道工序打工，并用印横印成腰圆状坯形，然后溅水滚上芝麻，烘干制成松脆香甜、色泽淡黄、麻面均匀的产品。曾获省优质糕点一等奖和省优产品称号。

八珍糕　安庆市清真店“柏兆记”生产的多味花糕，名为“八珍糕”，已有近百年的历史。用糕粉、绵白糖、桃仁、桂花、果脯、黑芝麻等配料，经多道工序制作而成，营养丰富，老少宜食。

江毛水饺　“江毛水饺”的创制人江庆福，于清光绪年间在安庆小南门一带，挑担卖水饺。这种水饺用料选用山区黑猪后腿肉，佐以虾仁、榨菜制馅，用炖鸡汁或骨头汤煮饺，具有皮薄、内嫩、汤鲜的独特风味。因汪庆福颈上长有一撮白毛，绰号“江毛”，故有“江毛水饺”名号。民国3年（1914）开设“江万春”水饺店，子孙承业，经营久盛不衰。

迎江寺素菜　安庆迎江寺素菜，100多年前就驰名长江流域。清末由该寺住持月霞开设素菜茶点供应，沿习至今。迎江寺茶楼素食有近400个品种，以素代荤，以假乱真，造型美观，口味清爽，备受国内外食客的赞誉。已列入中国旅游出版社《中国名餐馆》一书。

烫干丝与煮干丝　烫干丝是清晨佐茶的大众化食品。用迎江寺特制的干丝经沸水烫泡3遍去涩后，配以姜末、去皮炒花生米、鲜酱油、小磨麻油等佐料拌匀食用，味香爽口，别有风味。煮干丝是将干丝下沸锅去涩，捞起后置鲜汤中烧滚慢煨，配以冬菇丝、金针菜丝、木耳、笋丝、鲜姜、麻油等调料煮成；其外观汤汁浓厚、丝丝如缕，入口软而不化、味鲜无比，既可作佐餐的早点，又可上筵席为佳肴，为食中珍品。

肖家桥油酥饼　肖家桥油酥饼以面粉、芝麻、香油、糖、盐等主料制作，讲究做功与烘烤火候，形如蟹壳，色泽金黄，落地成粉，香甜酥脆。清末安庆肖家桥有一家小吃店开始烤制、售卖这种酥饼，历代传习其技艺，成为安庆城内一大传统风味小吃。

毛峰薰鲥鱼　安庆高档筵席中的名菜之一。主料以长江产珍品鲥鱼与谷雨前产毛峰茶叶制作，拌以葱末、姜末、锅巴、麻油、白糖、精盐等各色佐料。成菜香气浓郁，味甘茗饴，金鳞玉脂，油光发亮。观则诱人食欲，食后余味无穷。

五丝驼龙鱼　此菜以形似传名。主料以整条鳜鱼立在盘中，鱼背隆起有如驼龙，鱼身开花刀恰似龙鳞，再在洁白的鱼肉上饰配红、褐、黄、奶黄、绿5色佐料，形神兼备，色彩美观，质地油润，富有鲜嫩香醇之味，被称作安庆筵席的名菜。

菊花蟹　用沿江特产大闸蟹作原料，取“菊花黄，螃蟹肥”的诗情画意，摹仿菊花形色，创制菊花蟹菜道，为秋季宴席上的时令佳肴。其菜形态美观，色泽鲜艳，较有美食价值。

长寿大补汤　取乌龟2只1000克、老母鸡1只1250克主料，两物同炖，两味渗透，具有祛寒滋阴补肾的食疗效果，堪称珍品巧配，大补良方。其汤质乳白浓稠，鸡肉酥烂，龟肉醇香，素为冬令食补的佳品。

丰糕　桐城县特有食品点心之一。逢春节期间制作。丰糕主料用上等籼米淀粉发酵、笼蒸而成。糕体洁白晶莹，香气诱人；糕分荤、素两种，可切片蒸熟热食，也可油炸、油煎食用。食味软绵可口，酥而不腻，是一种年节待客的传统点心。

二、土特产

安庆名、优、土、特产品极为丰富。名药材、名茶、大理石工艺品、竹编工艺品等，品类繁多，地方特色显著，此外，珍稀水产品更具盛名。宋代大诗人苏东坡曾作诗称赞：“芽姜紫醋炙鲥鱼，雪碗擎来二尺余。尚有桃花春气在，此中风味胜鲈莼。”

天柱剑毫　天柱剑毫系特种绿茶，在1985年南京全国名茶展评会上被评定为全国十大新名茶之一，获部优新产品称号。茶叶色翠毫显、挺直似剑，冲泡后汤色清澈，叶底嫩绿匀整，滋味鲜爽醇厚，清香持久；饮之有消食去腻、止渴生津、益思少卧、利尿解毒等药理功能，不愧为茶中精品。远在唐代，今潜山已有名产“天柱茶”。据《玉泉子》记载，宰相李德裕曾向舒州郡守索茶数斤，李受后曰：“此茶可消肉食”，“乃命烹一瓯沃肉食，内以银合，闭之。诘旦开视，其肉已化水矣。众服其广识。”

岳西翠兰　岳西翠兰于1985年试制定型，当年被评为全国十一种名茶之一，获部优质产品奖。此茶选用芽头均匀的一芽二叶、精工焙制而成。茶芽形似兰花初放，色泽鲜绿，细毫显露；饮尝则滋味醇浓爽品，嫩香持久，令人心旷神怡。

桐城小花　桐城小花属皖西兰花品系，主产于桐城龙眠山。茶以条索紧结，芽叶完整，白毫显露，汤色鲜绿，味醇香而誉满江淮。采茶选在谷雨前进行，取细嫩苗尖一芽二、三叶，分生锅、熟锅、初烘、摊凉、复烘5道工序精制成茶。冲泡后芽茶亭亭玉立，有如兰花浮现，溢散花香，沁人心脾。

天华谷尖　天华谷尖，是产于太湖南阳河两岸的一种特级炒青绿茶。谷雨前后，采摘一芽二叶当天制作，分杀青、揉捻、正形、烘坯、烊干等制茶工序。谷尖色泽翠绿光润，条索紧细圆直，叶底匀嫩整齐，芽锋显露，汤色碧绿，味醇鲜爽，香气清新持久，且有止渴生津、清喉润嗓、提精爽气的功用。

板栗　板栗主产于岳西、太湖、潜山山区，鲜果生吃熟食俱佳，香甜可口：“板栗烧仔鸡”为中秋必备的应节佳肴。太湖大红栗，早熟、个大、壳韧，栗实毛少，红棕色外形，光泽鲜艳，味足香甜，含20粒左右即足称500克，为栗中的高产稳产品种。

雪湖贡藕　雪湖位于潜山县东南，盛夏时节，湖面遍开白色莲花，远望如一湖白雪铺盖，因而得名。雪湖贡藕皮色洁白如玉，藕质脆嫩香甜，形具七梭，约3~5公斤，直径达10公分以上。相传元末朱元璋战陈友谅，路过潜山，品尝雪湖鲜藕后，连声称好；明朝开国后即定此藕为贡品，故称“雪湖贡藕”。曾在全省名特蔬菜评比中，以品质特优名列第二位。

鲥鱼　鲥鱼为长江下游一种名贵鱼种，与河豚、刀鱼并称“三鲜”而名列首位。主产于宿松、望江、枞阳等县沿江河湖水域中，其鳞似银，其形如鳊，唇边有朱点，约1.5公斤上下，肉质肥嫩，多脂多刺，卓以食味鲜美著称于世。

鲟鱼　鲟鱼与鲥鱼一样同属江海洄游性鱼类，每年约在5~6月群集长江出海口，秋季则奋力沿江西上逆游。因鲟鱼经常在长江枞阳县地段出没而称“枞阳鲟鱼”，属国家一级保护动物。枞阳鲟鱼分鳇鱼、鲟鱼两种，鳇鱼即中华鲟，又叫玉版鱼、腊子鱼，肤色腊黄，形状似龙，头如青鱼，无鳞有甲，对须二、三寸，头背部骨板光滑，气味甚腥，大者重逾500公斤。鲟鱼即白鲟，亦称象鱼。形体硕大，因有“千斤腊子万斤象”之称；鲟背一二丈，其鼻特长，身长与鼻长同等，性凶猛，善健游，肤色青碧，故又称“碧鱼”。主食虾、蟹，春季在长江上游繁殖后代。

大闸蟹　中华绒螯蟹俗称螃蟹、河蟹、蟹子，属大型淡水蟹类，一般重约100克以上，大者超过250克，主产于长江及其支流水域，尤以枞阳县大闸内外所产为佳，故称“大闸蟹”。

大闸蟹习惯在长江入海口的半咸水中繁殖产苗，溯流而上的江河湖泊淡水中生长。每年深秋季节，大闸蟹肥又大，渔民捕蟹忙。蟹肉细嫩味美，营养丰富，素为人们喜爱的美味佳肴。蟹壳可提取医学和工业所用的珍贵原料，可谓全身是宝。

银鱼　有大银鱼、小银鱼之分。前者又称脍残鱼、王余鱼，属海、淡水兼生鱼类。大银鱼主产于菜子湖，其鱼体细长2至3寸，光滑透明、洁白如银，无鳞或少鳞，骨软若无，肉质细嫩，鲜煮食味最佳。

小银鱼即太湖短吻银鱼，属纯淡水种类。主产于宿松县的黄大湖及泊湖水域。鲜、细、嫩，个条齐，洁白如银。近年自然产量虽略有减少，但人工养殖银鱼出现生机，开发潜力十分可观。

茯苓　名贵中药材茯苓以岳西、潜山两县为大宗产地。潜山产茯苓历史悠久，品质优良，史有“潜茯苓”之说；岳西常年产量大都在100万公斤以上，被列为全国茯苓生产基地县，享有“茯苓之乡”的称誉。

茯苓为寄生菌类植物，果实经加工剥下的外表黑皮称“茯苓皮”，皮下赤色层为“赤苓”，细白紧实的肉仁则称“云苓”，云苓内带木者为“茯神”。茯苓入药，位列“中药八珍”之目，功能具利水渗湿，健脾补中，宁心安神，引利湿热等药理效果，为安徽省四大名药之一。岳西县茯苓有1/4的产品出口免检，运销香港和东南亚广大地区。

望春花　望春花药名辛夷，是一种名贵中药材，又是高级香料。花由木兰科落叶乔木辛夷树生发，花期开放于4~5月，以花蕾入药，有祛风散寒，润肺通窍的功效。主治风寒感冒、头痛鼻塞、牙痛等病症。望春花为怀宁县特产、品质则以县境海螺山最佳，史称“海螺望春花”。产品常年远销香港、澳门及南洋各地。

秋石　秋石为桐城县传统地方药物名产。桐城产咸秋石，状如盆形，故名盆秋石，由人中白（童尿）、食盐等材料加工制成。成品色白质坚，味咸无毒，功用主要滋阴降火，明目清心，清热血、强筋骨，有补虚利尿疗效。主治禁口食盐的肾炎病、高温作业流汗脱水、虚损痰火等症状，效果最佳。

大理石　安庆大理石矿藏十分丰富，怀、潜、岳、太、桐、枞、及市郊各地有矿，储量约10亿立方米，主要品种有53个，其中怀宁矿床有35个，储量4亿立方米，开发效益较高。

怀宁县大理石按自然颜色分为白、黑、灰、红、黄、绿、紫7色，按图案纹样分云彩、波浪、条带、水纹、花卉、乱纹、皮毛8类，珍贵品种如大雪花、汉白玉等与云南大理石相同。特有珍品有秋景、白玉带、黑绒玉、翡翠等。1984年以来，先后引进化学喷沙蚀刻技术、机械雕塑技术和大理石壁画艺术，产品从高级建筑装饰品扩展到工艺美术制品层次，其山水壁画篇幅各异，古朴雅致，民族特色最为引人入胜。

舒席　舒席亦称潜簟，制作历史悠久，主产地潜山县王河镇。隋唐时期属舒州辖境，故以地名称舒席，“明代舒席，名闻江淮。晚清远销南洋群岛”，依潜山县名而称潜簟。清光绪三十二年（1906），潜山舒席获巴拿马国际商品赛会一等篾业奖；宣统二年（1910）又被选入南洋赛会参展，获头等奖章；民国15年（1926）与23年，先后参加在上海和杭州举办的全国商品展览会，分别获金牌和“银盾”奖。曾参加中国首届竹制品展销会，以质量全优荣获“信得过”产品称号。

潜山舒席产品色泽鲜艳，莹洁柔滑，不腐不蚀，有折卷不断，携带方便的优点。品种分枕席、桌席、床席、屏风、壁幛、榻榻米、睡席等数十个规格；编织图案有花卉流云、山水人物、飞禽走兽、几何图形等。

工艺竹编　竹编工艺制品以宿松、岳西、太湖等县生产最优。各以县内所产毛竹、水竹作材料，经过选料、破篾、蒸煮、染色、编织、喷漆等工序制成，主要品种有水果碗、小花篮、圆托，彩色面包篮、旅行箱、花鸟虫鱼小工艺品等40余类。产品款式新颖，造型大方，图案美观，色彩鲜艳，具有防霉防虫、美观实用、精巧如意等优点。

附：

一、安庆市胡玉美酿造食品有限责任公司

地址：安庆市黄土坑东路69#

总经理：程云林

电话：(0556) 5312592　5328975

二、安庆市麦陇香食品厂

厂址：安庆市四牌楼12号

厂长：徐良胜

电话：(0556) 5510843　5545274

邮编：246003

三、安庆市“江万春”水饺店

厂址：安庆市建设路97#

经理：葛贤玉

电话：（0556）5565937

安徽省蚌埠市

蚌埠地处淮河中下游，因古代盛产河蚌而得名，有“珍珠城”之美誉，现辖怀远、固镇、五河三县和东、中西、郊四区。蚌埠处于暖温带与北亚热带的过渡带，四季分明，气候温和，土地以平原为主，境内湖泊众多，土壤类型多样，盛产粮、油、棉、蔬菜和水产品，是中国重要的商品粮油基地和安徽省重点水产品基地之一，出产众多具有地方特色的农产品。

一、1999年农业特产资源的种类及其分布、规模情况

全市农业特产资源共30项，其中农业类10项，林果、花卉类3项，畜产品2项，水产品7项，农产品加工系列8项。其种类、产地、分布及规模见下表。

蚌埠市农业特产资源一览表

类别	品名	产地及分布	年产量	年销售收入（万元）
农业	纯王杂产稻种子	怀远双桥、魏庄	2600万公斤	14400
	白莲坡贡米	怀远找郢、兰桥	450吨	5760
	梅桥大青豆	怀远梅桥、五岔、魏庄	2.5万吨	2000
	沙沟萝卜	怀远沙沟	250万公斤	750
	五河易禾精米	五河沫河口	8000吨	578
	王庄花生	固镇王庄镇主产区的花生市场，产地遍布三县中北部	年交易量1.5亿公斤	交易额6.5亿元
	菊花心菜	郊区长青乡金圩村	1600万斤	240
	胡萝卜	郊区长淮乡	4800万斤	720
	“绿雨”产品	郊区现代农业科技示范园区	600吨	84
	李楼西瓜	郊区李楼乡	2500万斤	1000
林果、花卉	石榴	怀远荆山、涂山	250万斤	625
	酥梨	五河方阉园艺场	60吨	12
	盆花、盆景	郊区黑虎山花卉基地	50万盆	60
畜产品	康达肉鸡	固镇康达集团	370万只鸡、7000吨分割肉	22000
	任桥牛肉	固镇任桥	1760吨	2112
水产品	沱湖大闸蟹	五河沱湖	420吨	3600
	沱湖大青虾	五河沱湖	550吨	2750
	华凫牌野鸭	五河樵子漳水库	660吨	240
	金眼圈银鱼	五河沱湖	量极少	
	淮王鱼	怀远淮河段	量极少	
	珍珠	市龙子湖水产养殖场	1吨	40
	“淮宝牌”中华鳖	市水产研究所	350吨	1000
农产品加工系列	圣泉碑酒	怀远县城	10万吨	2.7亿元
	乳泉牌石榴酒	怀远县双龙石榴酒公司	4200吨	1800
	“淮润”食用油	五河奥凯油脂公司	1199吨	655
	梅里美食品系列	固镇县城关	40万斤	110
	五香花生米	固镇县城关福星糖果厂	50吨	35
	“和平”奶品	市乳品厂	1887吨	799.5
	玉米蛋白饲料	丰原生物化学股份有限公司	54000吨	4.83亿元

二、依附特产资源形成的产业、产品及其产销情况

（一）固镇县分割鸡系列产品。该产品主要依附农业部安徽固镇良种肉鸡示范场的优质肉鸡，对其进行分割冷冻。产品远销北京、上海、港澳台地区和国外，1999年总产量7000吨，销售收入2.2亿元，创汇160万美元。其康达肉鸡集团已成为蚌埠市农业产业化的龙头企业。

（二）怀远石榴酒。安徽双龙石榴酒有限公司是以怀远石榴为原料加工果酒的企业。1999年产量4200吨，销售收入1800万元，创汇50万美元。产品畅销国内大中城市、港澳台地区和国外。其市场占有率达100%，是目前国内唯一一家生产石榴酒的厂家。曾获全国食品行业名牌产品称号。

（三）怀远白莲坡贡米。白莲坡贡米是怀远找郢一带生产的优质特色大米，年产量450吨，年销售收入5660

万元。“白莲坡贡米”曾获安徽省绿色食品称号。多年来，白莲坡米业公司加工的白莲坡大米畅销省内外，供不应求，以米业公司为龙头带动了周边常坟、兰桥等乡镇优质稻生产、加工、销售。

（四）固镇花生加工系列产品。固镇县的优质花生享誉全国，以花生为原料的一批加工企业逐年扩大，花生系列产品也逐年增多。固镇县粮食集团公司年产6万吨花生综合加工项目正在运行，产品有分级花生果、分级花生仁、花生系列食品、花生酱、花生油等。1999年销售额2亿元，利税超过500万元。另外梅里美食品公司生产的花生系列食品，淮花咸酥花生加工厂生产的“王庄”牌花生在国内也很畅销，产品供不应求，企业均获得较好的效益。

（五）五河精米系列。五河县天进米业公司生产的“天进”牌和易禾米厂生产的“苏禾”牌优质大米，均选用当地的优质稻进行精加工而成。产品畅销国内，1999年总产量16000吨、销售收入1300万元。

三、发展特产业的新成就、新特点、新经验

（一）新成就。近年来，随着农业结构调整力度加大，一批具有地方特色，适应市场需求的特色名优农产品迅速发展，其区域化、规模化基地已初步形成。如以怀远找郢、兰桥等乡镇为中心的10万亩优质稻生产基地；以怀远双桥、魏庄为中心年产优质纯王牌稻种2600万公斤的杂交稻制种基地；以蚌埠蔬菜批发市场为中心的呈“米”字型布局的蔬菜生产基地；以固镇王庄花生市场为中心的百万亩花生生产基地；以圣泉养殖场、东海养殖场、固镇良种猪场为主体的生猪商品生产基地等。一些地方特色产品的生产规模也在迅速扩大，怀远石榴已由1985年的1500亩发展到1.5万亩，梅桥大青豆种植面积已发展到近4万亩；五河沱湖螃蟹、大青虾产量也在不断增长；市水产研究所“淮宝牌”中华鳖生产规模达60万只；郊区梅花鹿饲养规模已达3000多头，其中华东鹿业开发有限责任公司的饲养规模达1500头。

（二）新特点。1. 名特优农产品市场占有能力明显增强。随着农产品优质化程度的提高，名特优农产品外销率不断上升。固镇康达肉鸡集团肉鸡分割产品远销中东、东南亚、日本等国家和香港地区。固镇任桥牛肉占南京牛肉市场80%的份额；怀远梅桥大青豆连续多年稳销上海、无锡、南京、南昌等大中城市，被上海曹庵路市场评为名优农产品；五河沱湖螃蟹、大青虾深受上海、苏州、无锡、常州等地市场喜爱；五河草鸡，抢手南京、合肥市场；怀远白莲坡贡米上西北、下东南，深受东南沿海和西北大中城市青睐；王庄花生享誉全国20多个省、市、自治区，并销往日本、韩国等国家；蚌埠水产研究所生产的“淮宝牌”中华鳖市场上也供不应求。2. 获名优农产品称号增多。如“纯正”种子、“淮宝牌”中华鳖、“乳泉”石榴酒等获国家和省名牌称名。3. 名特优农产品科技含量增加。如五河沱湖螃蟹获国家星火奖；郊区黑虎山花卉基地的鲜切花获全国三等奖；丰原集团“玉米粉直接发酵生产柠檬酸”生产工艺国际领先。

（三）新经验。1. 增强了对农业名特优资源的保护意识。对濒临绝迹的物种如“淮王鱼”、金眼圈银鱼等采取了积极的保护措施。2. 建立了一批农业名特优商品生产基地，使之向着规模化、产业化方向发展。3. 增加了对名特优农产品的投人，各级政府对名特优农产品的生产从资金、物资、技术、政策等方面给予了积极扶持。4. 增强了名特优产品的品牌、商标意识。在努力保持现有农产品特色的同时，不断提高产品品质和市场知名度，积极创造品牌，如“任桥”牛肉、“梅桥”大青豆、“绿雨”无公害蔬菜等许多名特优农产品都已有了自己的注册商标和品牌。5. 初步建立的社会化服务体系，从品种的引进、选育、推广到技术培训以及提供信息服务、业务咨询等方面都取得了重大进展。

四、农业名特优产品招商引资项目简介

（一）圣泉集团畜禽开发有限公司扩建年产10万头三元杂交猪基地项目

该公司现有资产1600万元，土地260亩，种猪8000头，年出栏生猪3万头，先后被评为蚌埠市“菜篮子工程”重点基地、省级重点种畜食场、省菜篮子工作先进单位，农行系统“AA”级信用单位。拟扩建种猪场、商品猪饲养场、饲料加工车间，使三元杂交猪年产量扩大到10万头。项目总投资3400万元，其中自筹1537万元。建成后，预计实现年销售收入6250万元，利润1222万元。现对外招商，以合资、合作方式共同生产经营。

（二）固镇县700万只商品鸡养殖项目

该单位是以农业部、原国家计委批准引进外资兴建的集租代、商品鸡饲养、孵化、饲料加工、冷藏出口等为一体的现代化大型养殖场，技术力量雄厚。下属9个分场。产品出口至中东及香港地区，已取得自营出口权、肯德基质量认证及对日本出口免检，被誉为“安徽鸡王”。拟建设年饲养700万只商品鸡养殖基地，总投资2350万元，其中流动资金2000万元。建成后预计年盈利1035万元。希望与有资质能力的大型企业或企业集团进行合资、合作经营，期限15—20年。

（三）固镇县粮食集团公司6万吨/年花生综合加工项目

该公司下辖30个独立核算企业，现有固定资产4000万元，工业产值1.2亿元，年销售额2亿元，利税超过500万元。拟建设花生综合加工工程，年产分级花生果1万吨、分级花生仁1万吨（出口），花生系列食品1万吨

(80%出口)，花生酱 2000 吨（80%出口），花生油 2000 吨。总投资 6630 万元。建成后预计年利税 7590 万元。希望国有外贸公司或有自营出口权的企业前来合资或独资经营。

（四）蚌埠市荆山渔业发展股份有限公司 500 亩的生态淦业科技示范园

拟建立 100 亩名特优水产品苗种培育区、20 亩名特优生态高效养殖示范区、科普展示厅、200 亩标准化稻田养殖示范区、休闲渔业区和 3000 平方米特种鱼苗及成鱼交易市场等，形成年繁育名特优水产苗种 5000 万尾，生产名特优新水产品 10 吨的生产规模。总投资 795 万元，其中自筹 200 万元，不足部分对外引资。

（五）年饲养 3800 头优质种鹿繁育基地及鹿副产品综合开发项目

拟购买 650 头优质种鹿，完善繁育基地的基础设施；建设 2500 平方米厂房，购买安装提取罐、浓缩罐、干燥箱、包装机及供电、供水等设备、设施。总投资 2887.5 万元，其中自筹 847.5 万元，不足部分对外引资。

（六）蚌埠市波尔山羊改良基地项目

引进纯种波尔山羊、建设羊舍、厂房、购买加工设备，形成年存栏纯种波尔山羊 120 只，年出栏商品羊 5000 只的生产规模。总投资 387.5 万元，拟对外引资。

（七）红薯淀粉系列产品生产项目

固镇县粉丝厂，占地 15000 平方米，固定资产 450 万元，拥有年产 1000 吨淀粉、2000 吨粉丝生产能力。扩建淀粉生产线，形成 5000 吨/年生产能力；改造粉丝生产线，形成 1000 吨/年生产能力；新建年产 3000 吨葡萄糖生产线。项目总投资 185 万美元，其中固定资产投资 120 万美元，流动资金投资 65 万美元。建成后，预计年销售收入 4280 万元，年利税 936.9 万元，其中年利润 505.37 万元，投资回收期 2 年。

（八）五河华皂实业有限公司野鸭综合加工及配套项目

该公司现有职工 150 人，其中专业技术人员 78 人，固定资产 243 万美元，公共设施齐全，具有年养殖和加工 100 万只野鸭的生产能力。项目扩建为年产 500 万只野鸭综合加工及配套。初步估算总投资 817 万美元，其中固定资产投资 642 万美元，流动资金 175 万美元。建成后预计年销售收入 2568 万美元，利润 436 万美元，投资回收期 4.5 年，拟对外招商，合资经营，外资比例占总投资的 40%以下，合作年限 10－15 年，产品返销不低于 20%。

（九）固镇县年产 5 万吨油脂加工项目

固镇县油厂现有职工 145 人，其中管理技术人员 34 人，厂区占地面积 30 亩，拥有固定资产 680 万元，年创产值 6400 万元以上，年人库税金 160 万元。本项目主要是在原有设备基础上，采用新技术、新工艺、新设备，扩建或新建处理菜籽、花生油料 200 吨/日的预处理车间、150 吨/日浸出车间、100 吨/日全炼油车间。初步估算，固定资产总投资 122 万美元，流动资金 56 万美元。建成后预计可实现年销售收入 2.24 亿元，利润 524.32 万元，投资回收期 2 年。现对外招商，以多种方式合资合作。

（十）固镇县万亩蔬菜生产基地建设

计划建设总面积 2 万亩，其中塑料大棚和日光温室 1 万亩，冬季蔬菜 5000 亩，早春蔬菜 5000 亩。项目总投资 5850 万元，建成后，可年产各种优质蔬菜 6.5 万吨，产值 10050 万元，年净收入 8700 万元，并能带动其它产业发展。拟由本方提供场地和基础设施，外方独资经营或者双方合资经营，由外方控股。

五、特产企业

蚌埠酒厂 该厂始建于 1949 年，现有职工 889 人，是中国最大的白酒厂家之一。曾被誉为“大众茅台”的蚌埠白酒在天津市场成为家喻户晓的产品。近年来，该厂不断开发新品牌，已形成皖酒、蚌埠、醉鼓香三大系列高中低档齐全的产品格局。其中皖酒被安徽省有关部门命名为名牌产品。48 度新一代皖酒被国家有关部门列为 21 世纪中国白酒示范新产品。1999 年，在国内白酒市场竞争激烈的情况下，蚌埠酒厂仍保持快速增长的态势，全年实现产值 1.86 亿元，比上年增长 33.16%。白酒产量 3.84 万吨，同比增长 41.8%，产品销售率高达 99.25%。当年实现利税 8537 万元，在上年增长 56.85% 的基础上再增长 40.06%。目前皖酒系列产品畅销全国 21 个省、市、自治区的 150 多个地市，企业效益不断上升。

蚌埠市水产研究所 该所位于蚌埠市东郊龙子湖畔，现有职工 120 名，其中工程技术人员占 63%。该所多年来一直是菜篮子工程重点基地，1995 年被评为“安徽省高新技术企业”，1998 年挂牌为“省级水产良种场”。目前资产总额 5766 万元，其中固定资产 4686 万元。现拥有亲鳖池 3 万平方米，幼鳖鱼苗越冬培育池 800 平方米及比较完善的水、电、气等配套设施。该所“甲鱼工厂化快速养殖项目”1996 年获国家优秀星火项目奖，省、市星火科技项目奖；“罗氏沼虾工厂化育苗”1997 年获安徽省星火科技三等奖；“节能高产低耗繁育罗氏沼虾”获第十一届全国发明展览会最高奖银奖；“吉富罗非鱼”项目被部列为全国水产养殖业推广的优良品种；“淮宝牌”中华鳖获“1999 年国际农业博览会名牌产品”称号。1999 年该所生态养殖甲鱼 60 万只，繁育罗氏沼虾苗 1 亿尾，罗非鱼、淡水白鲳等名特优新苗种 4000 万尾。成为全省规模最大、设施最完善的甲鱼生产基地，也是各种名特优种苗的开发供应基地。全年实现销售额 1000 万元，利税 130 万元，产品销售额在全国同行业中位于前 10 名。

六、蚌埠市名特优产品品种及产地

品　名	产 地 及 分 布
纯王杂交稻种子	怀远县双桥镇、魏庄镇
白莲坡贡米	怀远县找郢乡、兰桥乡
梅桥大青豆	怀远县梅桥乡、五岔镇、魏庄镇
沙沟萝卜	怀远县沙沟乡
五河易禾精米	五河县沫河口镇
王庄花生	固镇县王庄镇主产区的花生市场，三县中北部
菊花心菜	郊区长青乡金圩村
胡萝卜	郊区长淮乡
“绿雨”产品	郊区现代农业科技示范园区
李楼西瓜	郊区李楼乡
红玛瑙石榴	怀远县荆山、涂山
酥梨	五河县方阁园艺场
盆花、盆景	郊区黑虎山花卉基地
康达肉鸡	固镇县康达肉鸡集团
任桥牛肉	固镇县任桥镇
沱湖大闸蟹	五河县沱湖
沱湖大青虾	五河县沱湖
华凫牌野鸭	五河县樵子涧水库
金眼圈银鱼	五河县沱湖
淮王鱼	怀远县淮河段
珍珠	蚌埠市龙子湖水产养殖场
“淮宝牌”中华鳖	蚌埠市水产研究所
圣泉牌啤酒	怀远县城关镇
天井牌啤酒	五河县天井啤酒厂
乳泉牌石榴酒	怀远县双龙石榴酒公司
皖牌皖酒	蚌埠酒厂
“淮润”食用油	五河县奥凯油脂公司
梅里美食品系列	固镇县城关镇
五香花生米	固镇县城关福星糖果厂
“和平”奶品	蚌埠乳品厂
玉米蛋白饲料	丰原生物化学股份有限公司
玉雕	蚌埠古玩玉器市场
“花鼓灯牌”棉印染灯芯绒	蚌埠灯芯绒集团有限公司
“明星牌”果糖	蚌埠果糖厂

安徽省宁国市

宁国市位于安徽省东南部，天目山北麓，水阳江上游，东邻杭州，南靠黄山，北望芜湖，为上海经济区、皖江开发区和黄山旅游区的结合部，距离上海310公里，南京229公里，杭州175公里，是华东六省一市公路交通的十字路口。全市总面积2447平方公里，辖13镇16乡，231个行政村，总人口38万人，是全省重点山区县市之一，其中山丘地占85%，素有“八山一水半分田，半分道路和庄园”之称。

宁国建县始于东汉建安13年（公元208年），名取“邦宁国泰、物阜民安”之意。修桥、设亭、尊师、互助、好客是宁国民间五大美德。该市常居民族以汉族为主，其次为畲族，该市畲族人口是安徽省继回、满之后人口较多的第三个少数民族。宁国市名胜古迹众多，“山门洞”、“千秋关”、“仙人塔”等因其独特，被载入《中国名胜词典》。其中“山门洞”与“千顷山天池”并列为宁国两大奇观。

改革开放以来，宁国市牢牢把握经济建设这个中心，坚持并不断完善“突出发展第二产业、加快发展第三产业、反哺强化第一产业”的思路，经济建设蒸蒸日上。特别是“八五”后期，国内生产总值、工农业总产值、乡镇企业总产值、财政收入三年翻两番，人均国内生产总值、财政收入等项指标，连年居全省前列。1995年在全省率先进入全国综合实力百强县市行列。1997年3月11日，经国务院批准撤县设市。

宁国市工业门类齐全，工业化程度已达88%。80年代以来，乡镇企业异军突起，现已在全市国民经济中三分天下有其二。工业经济全面发展，初步形成冶金、机械、电子、化工、建材、服装等支柱产业，涌现出“海螺”牌水泥、“鼎湖”牌密封圈、“凤形”牌耐磨球、“三环”牌农用车、“双津”牌纸塑复合编织袋、“华贝”牌皮衣、“司尔特”复合肥等一大批享誉国内外的名牌产品。工业经济结构较为合理，经济效益始终保持全省较高水平。1998年，综合效益指数为110%，工业品产销率为97.2%。

宁国市农业综合开发成绩斐然，并逐步向商品化、规模化、产业化经营转变。全市已建成各类农特产品基地13.3万公顷，被国家有关部门授予“全国经济林建设示范县”称号，1988年3月被列为全国山区综合开发示范市。宁国市土特名产荟萃，富甲一方，以“三竹一果”（毛竹、元竹、笋用竹和山核桃）为主的经济林每年以2万亩的速度递增，现已建成88万亩的特色经济林基地。其中元竹、核桃、青梅、早笋、银杏等面积和产量均居全省第一。宁国被誉为“中国山核桃之乡”。宁国笋干以其肉厚、色美、脆香爽口而闻名遐迩。宁国元竹品种多，竹材优良，驰名大江南北，被誉为“中国元竹之乡”。

宁国市矿产丰盛，现已探明的矿产资源有8大类30多个矿种，118处矿床、矿点，各类矿产远景储量34亿吨。主要有煤、石灰石、石棉、陶土、大理石、萤石及金属矿藏铜、银、铅、锌、金、钨、锰等。石棉是国内独有的透闪石石棉，纤维长度可达60毫米。陶土泥质优良。

宁国市电力、交通、通讯、能源等基础设施建设日臻完善。投资11.4亿元的港口湾水库建设项目已经国务院批准动工兴建，2001年元月份即将下闸蓄水。水库上游已建成省级板桥自然保护区。该水库建成后可形成一个32.8平方公里的天然湖泊，湖中自然形成38个岛屿和89个库汊，并将逐渐发展成为融水利、发电、养殖、旅游为一体的经济区。

宁国市社会事业全面进步，先后摘取“全国计划生育先进县”、“全国文化先进县”、“全国体育先进县”、“全国教育‘两基’先进县”、“全国科技先进县”等多项桂冠。

“十五”期间，宁国市将高举邓小平理论伟大旗帜，坚持党的基本路线不动摇，以加快发展、富民强市为主题，以经济结构战略性调整为主线，以体制创新和技术创新为动力，大力推进工业化、城镇化和农业产业化，奋力追赶江浙发达地区，不断增强综合竞争力，切实加强社会主义精神文明建设和民主法制建设，努力建成为新型的现代化工业城市。未来五年，宁国市经济社会发展的总体目标是：建立完善适应开放型经济发展的新体制，主动融入长江三角洲经济圈，形成优势支柱产业，使之成为国际、国内大型骨干企业的配套协作基地和林产品供应基地，经济社会发展位居全省领先、全国上游水平。

热情奔放的宁国人民，热忱欢迎海内外各界朋友光临宁国，携手合作、共创辉煌的明天。

安徽省岳西县

岳西县位于皖西南边陲，大别山腹部。因位于古南岳（天柱山）之西而得名。全县总面积2398平方公里，境内群峰逶迤、林壑幽深、四季见景、气候宜人，集丰富的自然景观和人文景观于一体，有著名风景名胜区20处，景点160余个，是一座保存发育完好的天然“大花园”，被列为国家生态保护示范县，是安徽省的旅游资源大县。1999年全县共接待游人23万人次。

一、风景旅游资源综述

岳西为安徽省旅游资源较集中的地区之一。境内有久享盛名的“中国禅宗第一山”；“华东第一塔”；“安徽第一漂”；翠绿清幽、茂密蓊郁的森林公司，大别山第二高峰的“陀尖原始森林”；潺潺不断、温暖宜人的汤池温泉；清澈如镜、风光奇丽的河谷湖泊；层崖叠障、连绵逶迤的险峰峻岭；景色秀美、盛夏如春的避暑胜地；嶙峋奇特、扑朔迷离的怪石异洞；古朴秀雅、历史悠久的楼阁亭台；可歌可泣、流传千古的革命胜地；风格独特、源远流长的岳西民歌与高腔。丰富的人文景观，优美的自然环境，随着信息时代的到来，使岳西县的旅游资源开始为世人所瞩目。

二、主要风景名胜区

中国佛教禅宗第一山司空山

聚天地之灵气，集宇宙之伟观

位于县城西南70以里处的司空山，其渊源于周，开发于汉，盛极于唐；一峰玉立，直指云天。山势雄浑奇秀，景色幽深奇幻；山间云雾缭绕，晨钟暮鼓回旋。汉代，梅福（字子贞）和左慈道长都归隐此山。公元577年佛教禅宗二祖（中华禅宗初祖）慧可大师受达摩心法护经像南下隐居此山，并在此开宗说法，传衣钵于三祖僧璨，是中华佛教禅宗之发祥地，历史地位极高，有缘者还能观到千年难逢的“司空灵瀑”。

天宝三年（公元744年），唐玄宗遣中史杨庭光来此山采长生不老药——长春藤，经司空山住持慧能大师弟子本净禅师指点，方获此药。玄宗大喜，召本净大师入京，阐扬佛理，词辩倾注；得玄宗及四众称善，即赐号“大晓”，拜为国师，赐银敕建“无相禅寺”，造僧房5048间，下设九庵四寺。顿时间司空山名扬海宇；僧尼云集，香客盈门，盛况空前。

唐诗仙李白曾隐居于此，饱览胜景后，写下飘逸放旷、千古传诵的《避地司空原言怀》、《瀑布》等诗篇，并刻于太白书堂故址后的石壁上。历代文人雅士纷纷前来，登高参禅、拜佛祖、访仙踪，遍题诗刻100余处。

司空山上著名的景观有：二祖禅刹、太白书堂、如来安禅、司空佛光、北岭松风、乌牛古石，南崖瀑布、祖师洞、传衣石、讲经台、应子石等。

千佛塔风景区

位于县城以东7公里处。景区内的千佛古塔始建于东晋成帝咸和五年，距今已1600余年，古塔为四方七层楼阁式建筑，高30米，内、外壁上共雕1800余尊神态各异、栩栩如生的佛像，被誉为“华东第一塔”，是全国仅存的十座四方古塔之一。景区内湖光山色，景色优美，钟磬悠悠，塔影横斜。令人流连往返。

天仙河漂流

险似三峡，秀如漓江

位于县城以南35公里处，其蜿蜒20余公里，直达国家级风景名胜区——天柱山脚下。乘上古老的竹排漂流其间，冲激流，过险滩，其乐无穷；观两岸，青山依依，田园阡陌，风光无限。被省内外的风景旅游专家赞誉为“安徽第一漂”。

云峰峡谷

游云峰峡谷，天天观彩虹

云峰峡谷风景区，位于岳西县城以北50公里处，方圆十多平方公里，景区以峡谷、瀑布群、原始次生林构成，森林茂盛，瀑布落差高达240米，气势磅礴，尤如一条长长的风景画廊。主要景点有彩虹瀑、娃娃鱼、休闲池、飞泉浴池、云峰飞瀑、流星瀑、探幽谷、翡翠湾等，令人流连往返，其中彩虹瀑可称天下奇观，遇到晴天，每天8:00—12:00，游人都能见到从瀑布中飞出一道约5米长的彩虹。

妙道山国家级森林公司

游妙道仙境，有缘看佛光

位于县城西南50公里处，主峰海拔1460米。公园内苍松参天，绿云迷壑，森林覆盖率高达95%，是避暑休闲理想的场所。风起松涛吼，搅海翻江，山摇地动；风和日丽时，瀑泉淙淙，鸟音悠悠；林海、云海相互交融，气象万千，令人心旷神怡。著名的景观有：中华一绝——千年紫柳园、石狮啸月、孤塔凌霄、祖师石洞、香妃谷、飞来玉梓、石船扶杯、仙憩遗踪、天生石镜、雨后晶帘、仙人下面等。

鹞落坪国家级自然保护区

位于县城以西60公里处，属大别山主峰区域。保护区内有海拔千米以上的山峰60余座，其中驼尖、多枝尖海拔达1750余米，分别为大别山第二、三高峰。保护区由原始森林和原始次生林构成，拥有娃娃鱼、香果树等众多的珍稀动、植物，生物资源十分丰实，堪称“天然物种基因库”。

石关避暑山庄

位于县城以北20公里处的涓水湾，盛夏白天最高气温不过30℃。依山傍水建筑数十座小楼，或掩映在浓荫间，或亭亭玉立在清溪旁，山庄内的人工湖碧波荡漾，环境极为幽静，景色十分优美，服务设施完善，功能齐全，被赞誉为“安徽的庐山”。是夏季休闲度假、召开会议，冬季观赏冰雪风光之理想场所。

汤池温泉

位于县城以北6公里处。为氟偏硅酸高热矿水，属中国高品位的二类温泉，平均水温54℃，大小泉眼十多处，每个眼日涌水量1500多立方米，具有涌量、水温、化学成份稳定三大优点。康复疗养、美容养颜价值极高，尤其对风湿性疾病和皮肤病有显著疗效，距国家级风景名胜区天柱山仅45公里。

深村红叶

金秋时节沿318、105国道进入岳西境内，漫山遍野的红叶红似火。有五角枫、三角枫、鸡爪枫、野漆树等红的、黄的、紫的撒满山间，恰似山花烂漫，景象万千。田间地头，房前屋后遍植木梓树，间有男耕女织、袅袅炊烟，似一幅重彩风景画，美不胜收。加之当地民风淳朴，乡情浓郁，每年都吸引着大批的画家、摄影家、旅游团队前来创作、观光旅游。

“千岛湖泊”毛尖山水库

与法云寺毗邻的毛尖山水库，宛如一颗璀璨的明珠镶嵌在县城东6公里起伏逶迤、群山环抱的山峦中。这座高山平湖方圆20平方公里，周围丛林叠翠，竹木成荫，茶园成片，环境幽雅，景色丽人；湖水清澈，碧波荡漾，蔚为壮观；湖面有放有敛，曲折多变，多座岛屿或半岛点缀其中；春雨时节，烟雨迷蒙，雾拥云从，宛如画幅；黛色之夜，万盏灯火，恰似繁星。是一处巧借自然的人工水上游览胜景。

三、区域综合旅游资源优势

丰富的人文景观、优美的自然环境，独特的气候条件，英勇的斗争史实，为岳西提供了其它地区所难具备的游览、商务、会议、度假、疗养、探险、教学、科研、访古等旅游的综合优势。

司空山风景名胜区则因佛教禅宗圣地、兵事之地、李白卜居地、千佛塔和司空八景以及众多的奇峰险岭、峥嵘怪石、幽谷古洞，为开辟多种形式的特色旅游线创造了条件。

四、逐步改善的内外交通条件

近年来，岳西县内外交通得到明显改善。县城以南的

105、318两条国道已达到三级公路，使岳西通往合九铁路、沪蓉高速公路（40公里左右）和最近的空港、长江码头（仅110公里）非常方便：105、318国道和209、211省道横穿境内。与司空山相临的天柱山、黄山、九华山、天堂寨、黄梅东山寺的四祖、五祖寺以及庐山等地的游客也可在4小时内到达岳西境内。

各种媒体曾多次介绍过岳西丰富独特的旅游资源。随着社会的发展，城市化、工业化的进程加快，发达地区的人们迫切想回归大自然吸一口新鲜的空气。大别山区的岳西这座自然博物馆，有丰富的风景名胜资源，独特气候和民俗风情，21世纪将是岳西县的旅游世纪。热忱欢迎国内外企业与有识志士前来投资开发旅游。

附：旅游产品——苦丁茶

苦丁茶，中国古书中多称之为“皋卢茶”，为药、饮兼用之名贵保健珍品，已有2000多年的饮用历史，是中国作为世界上最早栽培茶叶的主要证据之一。东汉《桐君录》中载曰：“南方有瓜卢木（即皋卢），亦似茗，至苦涩，取为屑，茶饮，……”。

据史料记载，苦丁茶作为宫廷贡品始于唐代，那时司空山几株千年野生古茶树春天的首批嫩芽精心制做干茶作为贡品进献。此茶先苦后甘，有提神舒心、美容养颜、明目益思、滋肝养肾、健胃消滞，通肠利便、祛痰排石之功效。唐天宝三年（公元744年），唐玄宗得杨贵妃后，诏告天下访长生养颜密方，中使杨光庭，来司空山采长春藤时，得知当地产的“苦丁茶”有养颜美容之功效，将二祖寺住持本净大师赠送的苦丁茶进献杨贵妃饮用，饮后果有此效。玄宗大喜，特命司空山年年进贡。明代史书记载，明太祖朱元璋患“结宫”（即今之结肠炎，便秘等），岭南一中医以苦丁茶进贡，治愈了顽疾，明太祖也将其列为宫廷贡品。

随着该县旅游事业的发展，该县旅游部门将此野生绿色食品开发成旅游特色产品深受国内外广大旅客的欢迎。经现代科学技术测定，苦丁茶含有乌苏酸、一香树脂、维生素、蛋白质、熊果酸、蛇麻脂醇、氨基酸、儿茶素等多种微量元素又不含咖啡碱。常饮能防病、治病、抗癌，促进生理代谢、增强免疫功能，尤其对高血压、高血脂、高血糖、肥胖症、咽喉炎、无名肿病、便秘等症有显著疗效。是当代男女老少皆宜的理想天然保健精品。被国内外誉为“美容茶”“减肥茶”“益寿茶”“绿花黄金”之美称。

饮用方法：每杯放0.3—1.0克，开水冲泡，饮后先苦后甘，津如泉涌，回甘持久，也可与各类名茶同泡饮，胃寒者少饮为宜。

岳西县旅游局

岳西县旅游开发总公司

地　址：安徽省岳西县天堂路46号

联系人：刘彦君

电　话：0556-2173125　邮　编：246600

BP：129-8344768　传　真：0556-2175400

安徽省阜阳市

〔概况〕　阜阳市位于安徽省西北部、黄淮海平原南端，辖界首、太和、临泉、阜南、颍上、颍州、颍泉、颍东8个县市区，农业人口766万人，耕地877万亩，是一个典型的农业大市。主要农产品有小麦、山芋、大豆、玉米、水稻、棉花、芝麻、油菜、生猪、黄牛、山羊、家禽、中药材及各类瓜果蔬菜等。阜阳市是国家外资治理区、黄淮海治理区、全国小麦主产区、全国商品粮生产基地、黄牛生产基地、山羊生产基地、生猪生产基地、白酒生产基地、中国薄荷生产基地、中国柳编之乡。颍上县小张庄生态农业和八里河旅游农业先后被联合国环境保护署命名为“全球500佳”。阜阳市潜力在农业、资源在农业、优势在农业，阜阳的农业具有得天独厚的发展条件。

〔土特名产〕

薄荷　阜阳市种植薄荷有悠久的历史。主产区为太和县，太和县被国家命名为中国薄荷生产基础。当地农民已形成种植生产习惯，一般生产农户都有蒸馏设施，并掌握了蒸馏技术，发展薄荷生产已有相当好的基地。常年种植面积约30万亩，年产薄荷油3000吨左右。薄荷油在医药、食品、化工等方面有着广泛的用途，生产发展前景看好。

黄岗柳编　柳编是用杞柳为原料，经手工编织而成的各种工艺品和日常生产生活用品。杞柳产于沿淮低洼地，粗细均匀，长短适度，细腻柔软，色泽洁白，纯天然生长，无污染，无公害，阜南是闻名遐迩的“柳编之乡”，柳编历史达500年之久，全县现有杞柳面积80000亩，有近10万人从事柳编工艺品的产供销活动。以黄岗为基地。柳编现有1000多个品种和款式，如花篮、洗衣篮、水果盘、面名篮、鸟笼、条椅、书橱、纸篓等，有的典雅精致，有的古朴粗犷，深受众多消费者的青睐，外销出口欧美和东南亚等27个国家和地区。

太和贡椿　香椿别名香椿头、椿芽等。香椿为多年生高档蔬菜，早春萌发的嫩芽鲜香浓郁，营养丰富，为菜中佳品。尤其是太和县的“太邑椿芽”更是闻名古今中外，唐代曾用太和油椿作贡礼，清朝年间也以贡品进献皇上，故得“太和贡椿”之美誉。太和贡椿可分为黑油椿、红油椿、青油椿、水椿、红毛椿、青毛椿等九个品种。其中以黑油椿、红油椿品质最佳。据上海食品研究所化验测定，太和贡椿腌制后含蛋白质9.23%、糖10%，磷酸盐

0.93%，每公斤含铁94毫克、钙1831毫克、钾7412毫克、维C575毫克，实属一种不可多得的高营养蔬菜。另外椿芽煎剂对黄色葡萄球菌、肺炎球药、痢疾杆药、大肠杆药、伤寒杆药都有抑制作用，并能祛痰、健胃、增进食欲，对咳嗽、感冒、坏血病、冠心病、泌尿系统感染、肿瘤治疗等具有一定疗效，具有极高的食用、药用价值。太和县现有香椿片林3200亩，年产鲜椿芽34万公斤，加工后远销北京、上海、武汉、天津、广州等地，并出口东南亚各国，年产值700万元。

姜楼装饰条　姜楼村利用当地盛产桐木、资源丰富的优势，积极发展装饰条生产。目前姜楼村加工户达490户，全村年产值1.2亿元，仅此一项人均收入1.5万元。同时还带动周边6个乡镇29个村6000多户农民从事装饰板条生产，年加工量36万立方、产值5.4亿元。姜楼现在已成为全国最大的装饰材料专业市场，号称“日产千车，装饰全国”，产品有雕花、刻花、烫花、烙花等40多个系列200多个品种，材质由桐木、水曲柳、椴木发展到榉木、印尼白木等，从五星级高档宾馆到一般家庭的装修产品应有尽有。

李兴桔梗　桔梗，别名兰花根、铃铛花、梗草，为多年生草木植物，喜光照、雨量充沛的环境，因抗寒、抗旱性强而见之于全国大部分地区，尤以安徽阜阳更为丰富，质量明显好于其它地区。桔梗系列产品，以食用为主，药用次之。药用已有数千年历史，食用则因是朝鲜族一种传统名菜而逐渐传入中国东北及北方大部分地区，南部较大的城市宾馆、饭店近年来均有消费，目前国内已研制开发出桔梗口服液和桔梗保健饮料桔梗系列产品。无论药用或者食用，均具有清热润肺、平咳、化痰这功效，无任何毒副作用，经常食用有益健康。李兴常年种植桔梗3万亩，产鲜桔梗3000万公斤以上，主要产品为鲜桔梗及其深加工形成的桔梗系统产品，品种有鲜桔梗原材料，桔梗丝、桔梗片、桔梗条等，为纯绿色食品，产品远销美国、东南亚等地，产品供不应求，并拥有独立的农产品对外贸易自营出口权。

管仲贡米　“管子”牌管仲贡米，属天然绿色食品，经特殊工艺精制而成。1985年开始以复式杂交为组合方式，严格把握偏籼方向，将有利基因聚合起来，于1998年育成特种优质香籼稻品质，并于1999年分离出庄红米品系，1999年经国家有关部门检测：香籼米在米质评定12项指标中，有10项达部颁优质食用稻米一级标准，食味评价得分82分超过泰国香米（80分），认定该水稻品种米质综合评价的结果优于国内优质品种舟903（对照）。在1999年中国优质米开发及名牌产品创立交流研讨会上，荣获推荐名牌。管仲贡米已建成特优稻种繁殖基地400亩，绿色食品原料稻谷生产基地1万亩。

会龙辣椒　会龙辣椒的主要品种是微辣型，倍受广大消费者的喜爱。会龙辣椒是延秋农产品，果大肉厚、光泽鲜亮的青红辣椒上市时，全国各大蔬菜市场均处于货源短缺状态，成为各大蔬菜市场的抢手货，会龙辣椒占有天时之利。会龙延秋辣椒种植面积已达3万亩，总产1.2—1.5亿斤，总产值近亿元。在会龙延秋辣椒的带动下，周围十多个乡镇的延秋辣椒种植已达10万亩以上，总产可达4—5亿元。会龙辣椒经过几年的发展，已形成了一个支柱产业，产品远销全国20多个大中城市，成为当地农民致富的一面旗帜，当地人亲切地称赞会龙辣椒为“天下第一椒”。

樱桃　太和、阜阳是中国樱桃主要产区之一，其中品种之多、品质之好、传统加工工艺之高均处全国前列。50年代太和加工的樱桃干（脯）曾销往北京、上海、南京等地，并有部分产品销往美国和香港地区。产地主要集中分布在太和县城郊至阜阳市郊沙河（颍河）沿岸。太和樱桃是中国独有的名、特、稀、优品种，主要品种有：毛樱桃类型的白樱桃（属全国稀有品种），六月樱桃等十多个品种。

黄岭大葱　黄岭大葱生产历史源远流长，以品质优良而闻名。黄岭大葱株型高大，约100cm，假茎长壮，长70cm左右，粗1.5—2cm，单株重可达150—200g。叶为粗管状，翠绿色，假茎肥嫩，洁白多法，肉质脆嫩，纤维少量，味道醇厚，香、辣、甜兼备，生熟食皆宜，且有一定的药用价值，品质优质，为葱类中之佼佼者。主产区在临泉县。全县栽培面积8万亩，总产28万吨。目前大葱的系列加工产品有葱油、葱精等，投放市场后，深受消费者欢迎。

界首马铃薯　界首马铃薯有50多年的栽培历史。在六、七十年代，商品薯曾远销东南亚及香港等地，在国内享有盛誉，曾一度成为中原地带马铃薯的生产基地。界首马铃薯产量高，既可当粮，又可做菜，能满足城乡人民对淡季蔬菜的要求，通过深加工，还可制成果脯食品，以作营养补剂，从马铃薯所含营养物质的综合性来看，它是营养比较均衡的保健食品，受到国内外的广泛关注。常年种植面积8万亩，产量10多万吨。

临泉纯白芝麻　据阜阳志书记载。明朝正德年间，临泉纯白芝麻被列为名贵贡品进上。纯白芝麻果实扁椭圆形，呈白色，含油量高达56%，是榨油工业及食品等工业的重要原料，加工的小磨麻油芳香扑鼻，沁人肺腑，食之爽口，增进食欲。芝麻中含有较多的维生素，有显著的滋补益气，防老抗病等功能。芝麻还是食品工业的原料，有麻片、麻饼、麻酥、麻糖等传统芝麻食品，及芝麻酱、芝麻蛋白粉等新型食品，营养丰富，适口性强。主产区在临泉县，面积30万亩，年产2550万公斤，另外可加工小磨麻油 130 万公斤。

临泉贡柿　贡柿是临泉的传统特产，明朝曾将柿饼作为贡品，故后人将这种柿树称为贡柿，从此贡柿便驰名千里，誉满京师。贡柿果实圆形，成熟后为橙黄色，果梗短而粗，果皮薄而略被白粉，果肉粘质状，含少量细小纤维，味极甜，法液中等。据测定，每 100 克果肉含可溶性糖 14.7 克，维生素 c22.72 毫克。贡柿可生食，可也制饼，出饼率为 34%。果饼甘甜味美，生食如饴，亦宜做饮料，将两个柿饼放入一杯开水中，少顷搅拌，可很快溶解，饮用似蜜汁。贡柿还可加工成柿腊、柿蜜、柿酒、柿粉等。主产地在临泉扬桥沿泉河一带，有柿树 16000 棵，年可收鲜柿 160 万公斤。

临泉虎头姜　虎头姜肥厚多法，色好味醇，是做菜必须的佳品，并具有很高的药用价值，可祛风寒，通经脉。临泉虎头姜一般株高 60—80cm，叶片呈柞形，色深绿，姜皮土黄色，肉质黄白色，纤维少量，质地清脆，叶道醇厚、辛辣。因其根茎肥大，丛状排列，呈虎头状，故得名“虎头姜”，又称狮子头姜。栽培面积 15 万亩，总产约 30 万吨。产品除以鲜姜外销十多个省市区，销量达 10 多万吨外，还加工成姜片、姜粉、姜油等产品，出口创汇。

长毛兔　该市有悠久的发展养兔生产的历史。原县级阜阳市、阜南县、颍上县，因饲养长毛兔数量多，兔毛质量好，交易活跃等特点被荣誉为中国长毛兔“银三角”。生产的兔毛纺织品，远销日本等国家和香港地区，深受消费者欢迎。颍上县谢桥兔毛专业市场，成为远近闻名的兔毛集散地。全市长毛兔存栏 729 万只，年产兔毛 200 万公斤。

阜阳白山羊　该市是全国山羊生产基地之一，阜阳白山羊属黄淮山羊的一个地方类群，食性广，耐粗饲，抗病力强，成活率高。周岁公羊体重 30 公斤，周岁母羊 20 公斤。年存栏山羊 160 万只，出栏 220 万只，产羊肉 2.2 万吨，优质山羊板皮 200 万张。阜阳白山羊是皮肉兼用型品种，板皮属汉口路，是制革工业的上等原料，其板皮因能分割 3 层，很受外商欢迎，产品供不应求。

安徽省黄山市

一、名优特产

腊八豆腐　西递，古名西川，又名西溪，取自溪水西流之意。位于黄山西南麓 40 余公里处，风光秀丽，素以“桃花源里人家”之称。其为唐李后裔因避难改为胡姓老居之地。始建于北宋皇佑年间，距今有千年历史。

西递生产的腊八豆腐系皖南传统名特产之一，因于每年农历腊月初八前后制成，故取名“腊八豆腐”。

本产品选用西递优质黄豆为主要原料，并添加盐、糖等料，采用专用设备，经温晒等一些特殊传统工艺，干法加工精制成一种干型方（圆）块体。块型光滑，色泽黄润如玉，外硬内松嫩，香咸而微甜，味鲜可口。若在制作时加入香菇、虾仁等原汁配料，味道则会更佳。

因主要原料黄豆含多种对人体健康有益的营养成份是长寿食品，长期食用，对改善人们饮食结构，调理营养平衡会起到保健功能，而且易于消化，对儿童的智力发育，强力壮骨，对老年人抗衰老，延年益寿有特效功能。

本产品是新一代方便快餐，不含任何人工色素及防腐剂，纯属天然理想的营养食品，切成薄片食用，可单独品尝，如佐餐则更具特异风味；用刀刻成花卉、动物形状，泼上香喷喷的芝麻油，亦不失为一碟佐酒的好菜。

西递腊八豆腐是居家旅游必备及馈赠亲友的理想佳品。

中国黄山西递旅游食品开发有限公司出品。

主要原料：优质黄豆

贮藏条件：应于凉爽干燥通风处存放。

净 含 量：500g ± 5g

保 质 期：二年

邮 编 号：245501

联 系 人：汪　峰

联系电话：0559 - 5154038　13905597635

地　　址：安徽省黄山市黟县西递镇

泗溪葛粉　黄山市泗溪乡深处高山密林，土地肥沃，云雾缭绕，气候宜人，自然环境独特，资源相当丰富。生长于高山上的野生葛草经科学加工后的葛粉是一种天然保健食品，所加工的野生葛粉呈白条状，无污色，营养价值高，食法简单，是清热解毒、提神醒脑、静心防暑的理想食品，常饮可降血压、降血脂、减肥、美容等特点。

泗溪野生葛粉加工优越，品质高，是理想的馈赠亲友佳品。

安徽省黟县古黟绿色食品开发中心出品。

联系地址：安徽省黄山市黟县泗溪乡

电　　话：0559 - 5549401　13805593056

关麓香干　关麓夹心香干系黄山市关麓下汪氏金荣老人祖传产品，传于清末，迄今已有百余年历史，是该市宝贵的古徽州食品文化遗产。

该香干由黄山市关麓唯一香干豆制品厂生产。配方严谨、制艺精湛。在总结历代生产的基础上，不断进行挖掘开发，采用精选的黟山黄豆，清洌沁人的山泉，数十种珍贵香料，经过浸泡，磨浆、过滤、烧浆、卤化、压模、夹心、成型、酱煮、灭菌、包装等 10 余道工序的精心制造，造就了关麓夹心香干特有的香、脆、爽口感，名声鹊起，深为广大客户所称赞，成为人们迎亲送友的首选土特礼品，誉为茶前饭后的消遣食品。

生 产 商：黄山市关麓唯一香干豆制品厂

法人代表：汪海龙

联 系 人：王志刚

联系电话：0559－5164801

地　　址：黄山市黟县西武乡关麓下

黟县宏潭豆腐乳　黟县宏潭豆腐乳采用优质黄豆、干椒、糯米等原料，经民间传统手艺加工制作而成，味鲜赏口，价廉物美，是各大宾馆，饭店和家庭餐桌上的必备之品，也是馈赠亲友的上等佳品，该产品上市以来，深受广大消费者喜爱。

宏潭豆腐生产厂座落在风景如画的黄山南麓的黟县桃花源境内，县城中央，交通十分便利。

地址：黄山市黟县碧阳镇南门　邮编：245500

电话：0559－5522506　联系人：张建仙

黄山香榧　黄山香榧是中国的珍稀干果，早已驰名中外，黄山市黟县泗溪乡是全国闻名正宗香榧产地。它早就以壳薄，肉满、味美、香脆可口，品质特佳，深受消费者欢迎。早在明朝时期被精选为皇宫"贡榧"。黄山香榧除畅销国内各大中城市外，还远销日本及东南亚各国和港澳地区。泗溪山高林密、土地肥沃、云雾缭绕、气候宜人、自然环境优越，最适宜榧树的生长，栽培香榧树已有千年历史，素有"千年榧树三代果"之称。

香榧仁内有丰实的脂肪、蛋白质、糖份及碳水化合物，并含有多种维生素和不饱和脂肪酸，有极高的营养价值。食用后对化痰、止咳、润肺、通便、驱虫、强身都有奇特的疗效，是不可多得的珍果。

黄山香榧是精选泗溪产地的优质榧仁，配以合理的各种上等辅料，用科学的方法加工而成。色香味俱佳，品质特优。

安徽省黟县古黟绿色食品开发中心出品。

联系地址：安徽省黄山市黟县泗溪乡

电　　话：0559－5549401　13805593056

古黟苦丁茶　安徽黄山泗溪绿色食品开发中心生产的古黟苦丁茶，采用深山天然野生苦丁茶叶精制而成，不喷农药，采摘精细，加工技术精湛，产品外形乌绿，茶汤杏绿，叶底明绿，爽口耐泡，先苦后醇。经科研单位测定，苦丁茶富含黄酮类化合物、皂甙、熊果酸、蛇麻脂醇、蒲公英赛醇及多种无机盐、氨基酸、维生素，营养与药理成份丰富。含有多种生理活性天然物质和人体所需的稀有微量元素。

苦丁茶茶药兼用。《本草纲目》、《中药大辞典》、茶经等均有记载：悠久的民间与现代医学验证，苦丁茶具有消热解毒，生津止渴，减肥降压等功效。苦丁茶有着"绿色保健茶"、"益寿茶"、"减肥美容茶"和"抗衰老茶"的美称。

安徽黄山泗溪绿色食品开发中心出品。

地　址：泗溪乡政府大楼

联系人：卢志伟　秦文辉

电　话：0559－5549412　5549401

手　机：137－05598169

二、企业

黄山华盛丝绸集团　华盛集团现拥有职工1000余人，固定资产总值5000余万元，先进的自动缫丝起200台4000绪，立缫机120台2400绪，捻线加工设备100多台套，拥有瑞士、意大利进口的精络机3台，年产白厂丝300吨，捻线180吨，纯真丝绵被3万余床，蚕茧收烘600吨。建厂近20年来共出口创汇3000万美元，上交国家税金2560万元。

华盛集团热诚欢迎国内外客户惠顾！

黄山华盛丝绸集团

董事长：舒子良

电　话：0559－5522148　5521218

传　真：0559－5522148

邮　编：245500

地　址：黄山市黟县沿河东路32号

黄山市茶业集团　黄山茶业集团有限公司是一家融生产、加工、经营、自营进出口权为一体的专业化集团公司。下属有30余家茶叶加工厂，年生产经营屯绿、祁红及茶制品3万多吨。

中国十大名茶中，安徽的祁红、屯绿、黄山毛峰、太平猴魁占去近半壁江山，享誉中外。"屯绿"是中国绿茶的极品，产地在被联合国列为世界自然遗产的黄山旅游区，属纯天然绿色食品。"祁红"茶以其特有的"祁门香"享誉中外，曾在1915年巴拿马万国博览会获金奖，被英国人喻为"茶中英豪"。

黄山茶业集团作为专业化的集团公司，历来奉行"质量第一，信誉至上"的经商准则，产品远销欧洲、非洲、东南亚、美国等地，占总销量的2/3。公司竭诚欢迎中外客商前来观光，洽谈贸易，力争向更高的目标发展。

黄山市屯溪胡开文墨厂　黄山市屯溪胡开文墨厂位于黄山市中心城区，距著名的屯溪老街仅几十米。其前身系"起首胡开文老店"，是清乾隆四十七年（1782年）胡天柱创建的胡开文老店的正宗传人，至今已有200多年历史。企业现有职工120人，拥有一支工艺水平精湛，操作技术熟练的职工队伍。该厂保留着历代名家创作的雕刻模具近万副，达千余个品种。微墨年生产能力40吨，占安徽省微墨产量一半以上，"胡开文"商标已连续二次被评为安徽省著名商标，产品畅销全国各省市及日本、东南亚，并远销欧美。

企业重视技术创新和新产品开发，科技先导型产品超顶漆烟书画墨荣获部优金质奖，利用技术创新开发的超细油烟书画墨以工艺新、配方优、选料纯，品质达到历代墨品最高水平而著称于国内外书画界，是企业增产增效的支柱产品。

近年来，企业又相继开发了中华九龙宝墨，澳门回归墨等特大组装套墨，特大园型墨等科技含量技高的新产品。并不断创作出超越前人，流传后世的文房四宝工艺精品。其中，《中华九龙宝墨》精心制作了二套，一套送北京参加《国庆50周年成就展》，另一套由上海中外文化艺术交流协会送《第三届世界华人艺术大会香港大型艺术展开幕式暨国际交流会》展出后，赠北京人民大会堂永久保存。

福建省泉州市

泉州地处福建东南沿海，界于东经117°25′—119°25′，北纬24°30′—25°56′之间，地跨中、南亚热带，年日平均温度18—20℃，无霜期310多天，年降雨量1000—1800mm，沿海一带常年无霜，属南亚热带海洋性季风气候。泉州是国务院首批公布的24个历史文化名城之一，是古代“海上丝绸之路”的起点，也是中国著名侨乡和台湾汉族同胞主要祖籍地之一。泉台一水之隔，但人缘相亲，地缘相同，自然条件和农业相关性明显，为该市开展泉台农业交流合作提供了不可多得的条件。现辖12个县（区、市、管委会，不包括金门县），总人口664万，其中农村人口570多万，土地总面积10865平方公里，占全省面积9%，耕地205.8万亩，山地1030万亩，人均耕地0.36亩，人多地少是泉州的市情。

改革开放使泉州这一千年古港迎来了经济发展的黄金时期。1985年国务院把泉州列入闽南厦漳泉沿海经济开放区；1992年省政府将泉州定为改革开放综合试验区和率先建立社会主义市场经济体制试验区；1993年国家体改委批准泉州为全国综合配套改革试点城市。十几年来，泉州从实际出发，发挥优势，走出一条以市场经济调节为主，外向型经济为主，多种所有制成份共同发展的具有侨乡特色的经济建设路子，经济社会面貌发生了巨大的变化。尤其是党的十一届三中全会以来，该市始终坚持以邓小平理论为指导，不断完善和深化农业和农村改革，在稳定和发展粮食生产的同时，大力发展开发性农业，逐步形成了区域化布局、专业化生产、规模化经营、社会化服务的生产格局，努力探索一条具有泉州特色的农业、农村经济发展的路子，取得了令人瞩目的成就。一是经济总量迅速扩大，农村经济实力明显增强。1999年全市农业总产值（按现行价）达133.53亿元，比去年增长5.13%；粮食播种面积371.63万亩，总产115.87万吨；肉蛋奶总产量29.18万吨；水果总产42.59万吨；茶叶1.92万吨；乡镇企业总产值1676亿元，比增13.5%，二是农村经济结构不断优化。非农产业占国民经济的比例从1990年的69.7%上升至1998年的91%以上。三是外向型农业迅速发展。全市农业利用外资项目累计240个，总投资5亿美元，产值超10亿元，出口创汇5亿多美元。四是农民生活水平显著提高。1996年在全省率先实现小康的基础上，正向宽裕型小康推进。1999年全市农民人均纯收入4227元，比上年增长5.6%。主要做法是：

一、积极推行农业适度规模经营

该市自1984年在晋江市陈埭镇率先实行粮食生产规模经营以来，到目前仅晋江市已有种粮专业户402户，承包面积2.45万亩，其中承包100亩以上的大户有62户。陈埭镇承包20亩以上的专业户达325户，承包面积1.6万亩，占该镇耕地面积的50%，其中最大承包户吕芳助承包面积1500亩，西滨镇2010亩的耕地也仅有8个承包大户。目前，全市已有粮食、茶果、水产、畜牧业规模经营实体3.2万多个，其中承包10亩以上的种粮专业户723户，面积5.57万多亩，承包山地茶果规模经营实体4500多个，面积38万多亩，其中最大专业户是肖厝土岭陈永土承包经营龙眼树2150亩。畜牧业专业户4334户，肉蛋奶产量占全市的20%。

二、抓农业生产基地建设，逐步形成区域化布局

粮食生产重点抓惠安走马埭万亩连片现代农业示范园区和晋东平原2万亩优质稻、南安霞美四黄千亩优质稻示范基地、郊区型无公害蔬菜基地建设。在抓好粮食生产的同时，加大山地开发力度，积极发展茶果牧生产。注重因地制宜，发展地方特色农业，区域布局，向开发规模化、品种良种化、种养标准化、管理科学化、产品商品化方向推进。至1999年底，全市水果面积121.17万亩，投资面积63.3万亩，总产42.59万吨，油柿面积11.27万亩，产量1.23万吨。全市按种类分种植上万亩有龙眼、柑桔、香蕉、杨梅、余甘、油柿等10个种类，4个县（区、市）水果面积超10万亩，3个超5万亩，40个超万亩乡镇，190个超千亩的村。水果产量超10万吨2个县、超万吨3个县。茶叶面积上万亩4个县市。龙眼为该市特色拳头商品。面积超50万亩，投产15.7万亩，产量5.17万吨。全市7个县（区、市）种植面积超2万亩，福厦路泉州境内沿线形成初具规模龙眼带。柑桔栽培以芦柑品种为主，全市种植面积25.2万亩，投产22.24万亩，产量25万多吨，出口芦柑3万吨，形成了以永春、安溪、南安为主的商品生产基地。茶叶生产以乌龙茶为主，全市种植32.2万亩，投产23.4万亩，年产乌龙茶1.92万吨，出口近万吨，以安溪、永春县为主要生产基地。其次，南安的杨梅，安溪的芒果、油柿，惠安的余甘等初具规模，逐步形成生产商品基地。畜牧业生产上，抓南安的肉牛、惠安的山羊、晋江的瘦肉型猪及水禽生产基地建设。

三、抓特色农业，增强创品牌意识

为适应国内市场需求多样化、优质化和全球经济一体化的趋势，泉州市积极引导农民生产适销对路农产品，优化产品的品质结构，增强创品牌意识。抓特色拳头商品龙眼的生产，仅南安市种植面积达25万亩，投产7.1万亩，年产2.4万吨，被农业部授予“中国龙眼之乡”称号，注重品种结构布局，挖掘鲜果贮藏保鲜和果品深加工，提高产品效益和经济效益。芦柑是桔中之王，国内外市场最易畅销，最具竞争力的品种，泉州市抓永春县芦柑生产基地建设，该县种植柑桔15万亩，投产14.4万亩，连续四年获全国全省芦柑评比第一名，“如意牌”芦柑获全国名牌产品，该县被农业部授予“中国芦柑之乡”称号，芦柑商品优势、品种、市场和服务体系、加工业等已初具产业化雏形。该市主产乌龙茶，产量占全国四分之一，安溪县被农业部授予“中国乌龙茶之乡”称号，现有茶叶22.53万亩，投产14.46万亩，产量1.37万吨，乌龙茶创品牌意识较强，安溪铁观音、黄金桂、永春的佛手、水仙茶多次获省部优产品称号，目前茶叶产品销售日本、美国及东南亚各国，乌龙茶商品率90%以上。在抓特色、创品牌的同时，我们积极做好农产品绿色食品宣传和开发工作，并有多种产品获绿色食品标志。

四、农业利用外资情况

至1999年底，全市共有农业“三资”企业240家（包括农副产品加工及为农业产前、产中、产后提供支持和服务的企业），总投资5亿美元，协议利用外资3.6亿美元，外资的投人为农业生产创造了比较好的社会效益与经济效益。1999年，农业“三资”企业产值3.2亿元，出口创汇800.86美元，直接提供1万多个农村劳动力就业。

目前，该市利用台资投入农业项目54个，其中种植业15个，种植加工业35个，畜牧业4个。项目中台商独资42个，合资合作12个，仅1998年台商到我市投资农业项目17个，台资投资额620.31万美元，实际到资额551.81万美元，仅安溪县就有14家台商投入茶叶生产、加工业。台湾财团法人农村发展基金会与中国农业交流协会合作的闽台永春芦柑生产技术综合改进项目，自1997年实施20个示范点以来，在永春等县推广10万多亩，取得提高产量30%、提高果品质量30%、降低成本30%的综合效益。

福建省龙海市

〔概况〕　龙海市位于东经117°′，北纬24°11′的福建省九龙江下游，全境总面积1128平方公里，辖12个镇2个乡、6个农林场，总人口76万人，年平均气温20.5—21℃，降水量1379.3mm，属海洋性季风气候。

龙海市素以“鱼、米、花、果之乡”著称。粮食1957年亩产过千斤，1978年跨“双纲”，1989年实现“吨粮”；全市水果品类500多种，以荔枝、柑桔、龙眼、香蕉、杨梅、凤犁为主的水果28种年产量在10万吨以上；市内水域辽阔，盛产鱼、虾、蟹、紫菜等水产品，年总产在14万吨以上；蔬菜年种植面积23万亩，产量21万吨，竹笋8万亩，产笋4.6万吨；花卉产值1亿元。

近年来，龙海市以市场为导向，以科技为动力，以闽台农业合作为重点，因地制宜，大胆实践，跳出趋同，突出特色，改造传统，发展现代，统一规划，规模开发，逐步调整和优化农业产业结构，品种结构和耕作制度，向基本实现农业现代化迈进。

一、名优特产

水仙花　龙海市水仙花栽培面积5900亩，常年产量2235万粒，种植地点以九湖镇为主。主要当家品种为“单瓣水仙”、“复瓣水仙”、“金三角水仙”。年创产值6000万元，出口创汇2000万元。经雕刻的水仙花造型优美，清香馥郁。产品畅销全国各大中城市和香港、台湾地区以及日本等国。

仙人掌类花卉　龙海市仙人掌类花卉栽培面积400亩，常年平均产球800万粒。主要当家品种为金虎、云、锦、山影、草球和多肉植物芦荟等。年创产值4000万元。仙人掌类花卉是该市近期崛起的新兴花卉产业。主产地九湖镇、榜山镇。

盆景　龙海市盆景栽培面积500亩，常年产量50万盆。主要当家品种为榕树、福建茶、三角梅等盆景。年创产值5000万元。榕树盆景是该市盆景栽培的主要特色，主产地为九湖镇、石码镇。

荔枝　龙海市荔枝面积约5万亩，常年产量0.8—1.5万吨。主要当家品种兰竹、乌叶，近年还从广东、福建福清市等地引进“妃子笑”、“蜜丁香”、“东浏一号”等新品种。兰竹品种采收期7月上、中旬，乌叶品种采收期6月底——7月上旬。产品部分出口香港地区和东南亚等地。

龙眼　龙海市现有龙眼面积2.5万亩，常年产量0.3—0.5万吨。主要当家品种福眼品系及本地种，近年从本省莆田等地引进“水南一号”、“水南二号”、“乌龙岭”、“立冬本”等优良新品种及本地优良单株，该市采收期8月上旬—9月底。

菠萝　龙海市菠萝栽培面积2万亩，常年产量0.7—1万吨。主要当家品种台湾有刺种，还有少量沙捞越、剥粒菠萝、本地种等。近年来该市逐步采用反季节栽培，单果重从原有0.5—0.8公斤，增加到0.8—1.2公斤，亩产高者达5000公斤，大大提高了经济效益。反季节菠萝一般4月上旬开始种植，次年2月底—3月份为采收期。

杨梅　龙海市杨梅栽培面积3万亩，常年产量0.6—0.8万吨。主要当家品种安海、安海变种，近年从浙江引进“东魁”新品种，杨梅是该市一大特色杂果，也是省内栽培面积较大的县市。安海变种，安海种果实成熟期5月中—下旬，东魁品种成熟期5月下旬—6月上旬。产品部分出口东南亚。

蘑菇　白色双孢蘑菇（简称蘑菇），在福建省龙海市已有30多年的栽培历史，近年来每个生产季栽培面积达600万平方米，鲜菇产量5万吨左右，常年产值在2.5亿元以上，年出口量4万吨左右，素有“蘑菇之乡”美称。

丰富的原料资源为市内外罐头厂提供了充足的原料，国营、合资、乡镇企业的罐头厂生产的“水仙花”牌蘑菇罐头誉满国际市场，畅销美国、日本、加拿大、欧洲、中东及东南亚地区，创造了大量的外汇收入，年创汇5000万美元。同时，随着中国经济迅猛发展，人民生活水平不断提高，食品结构正在发生变化，对食用菌需求量日益增长，国内市场有不可估量的潜力。

由于蘑菇生产事业的发展，为广大农村农民脱贫致富奔小康，为龙海经济的繁荣立下了汗马功劳。

二、特产乡镇

浮宫镇——杨梅　龙海市浮宫镇地处闽南漳州平原，九龙江出海口，历来素有“三水之乡”的美誉，全镇面积81平方公里，拥有丘陵山地面积5.8万余亩，山地资源丰富，属亚热带海洋季风性气候，年平均温度21.5℃，年降雨量1450毫米，无霜期长达330天，年平均日照2060小时以上。

浮宫镇的地理特征及气候特点适宜杨梅的生产，早在汉代就已种植，到了宋代更盛。杨梅是一种常绿灌木，叶狭长，花褐色，雌雄同株或异株，果实色泽艳丽，粒状突起，风味独特，酸甜适口，平均单果重18克，富含维生素C，且能止咳生津，助消化，对治疗霍乱、心胃气痛、糖尿病、高血压等有一定辅助疗效。盐渍后有祛痰、止吐的功效。杨梅果实具有的营养价值及药用作用，备受海内外市场青睐，具有较好的经济效益。近20年来，浮宫镇党委、政府大力鼓励、扶持杨梅生产，种植面积不断扩大，现在面积已达3.2万亩，其中可采摘面积1.9万亩，年产量1万多吨，面积、产量均居福建首位，成为福建省杨梅第一镇。

在发展杨梅种植业中，浮宫镇主要做了如下工作。

一、统一规划，加强引导。

杨梅是山区红黄壤水土保持的先锋树种，且作为山地的防火林带特佳，种植杨梅以果代林，具有水土保持，绿化荒山的作用。又有较好的经济效益，可达到一树多用的目的。为此，早在改革开放初期，浮宫镇就加强山地开发，统一规划，引导群众上山种植杨梅，并通过建立杨梅标准果园、生态果园，搞好示范，推广良种、良法技术配套，在良种推广方面，通过对本地的杨梅种质资源进行一次较为全面的调查、对比、择优，发现优良品种，确定当地最好的变异品种浮宫硬肉柱杨梅和软肉柱杨梅做为主栽品种。

二、加强服务，推广技术。

在总结历史杨梅栽培经验的基础上，浮宫镇通过科教中心，举办各种培训班。推广了杨梅矮化种植技术、嫁接换种、修剪控梢技术、疏花疏果技术等一套较为完整的杨梅栽培技术。提高果农的科学文化素质，提高杨梅水果的种植水平，并利用信息中心，为农民提供各类农业科技信息，提供农产品销售服务。与此同时，牵头成立了浮宫镇杨梅协会，通过协会的作用，集体民间智慧，为浮宫镇的杨梅生产提供产、加、销服务。

三、保鲜加工，提高价值。

针对杨梅果实不耐运输，加工少，附加值不高等状况，及时与科研部门密切联系，联手探讨杨梅保鲜、加工技术，通过保鲜技术的运用，解决杨梅果实不耐运输的难题，进一步拓宽销售市场，提高市场竞争力。通过杨梅深加工技术开发，延长生产链，开发杨梅系列产品，1998年杨梅汁饮料、杨梅酒通过部级鉴定。

四、面向市场，组织营销。

建立农副产品市场，充分调动各部门和广大农民积极性，主动走出去，请进来，寻找客户，使分散的生产与大市场紧密联系，近年来，全镇组织了一支由143人组成的较为稳定的营销队伍，长期组织营销，“海、陆、空”并进，使杨梅走南闯北，身价倍增，确保农产品的顺利流通。

杨梅种植业为浮宫镇的经济发展带来了勃勃生机，取得良好的社会效益、经济效益和生态效益，既增加农民收入，提高农民生活水平，增加政府的财政收入，又绿化荒山，保持水土。今后，浮宫镇将继续把杨梅种植业作为本镇的一大支柱产业来抓，使浮宫镇的杨梅种植业更上规模，更上档次。

浮宫镇杨梅种植业的规划及发展思路：

1. 进一步扩大杨梅的种植面积，提高杨梅果实的品质，争取全镇的宜果山地全部用来发展杨梅种植，并向周边乡镇辐射，确定一套较为完整的浮宫杨梅标准综合体系，来规范杨梅生产，提高、稳定杨梅果实的品质，有利于产品开拓市场，上规模、上档次。

2. 实施名牌战略。

浮宫杨梅已注册“浮宫”商标，并申报福建省名牌农产品，浮宫镇将继续实施浮宫杨梅名牌战略，进一步打响品牌，充分利用信息中心上互联网，参与电子商务，为浮宫杨梅这一特色产品在互联网上寻求商机。

3. 杨梅产品深加工技术开发。

今后，浮宫镇将进一步与省农科院、省农大等科研部门合作，进一步开发杨梅酒、杨梅汁、杨梅蜜饯等杨梅系列产品加工技术。

程溪镇——菠萝　程溪镇位于福建省龙海市西部山区，地处东经117.5度、北纬24.25度，属南亚热带海洋性气候，年平均气温21℃，有效积温7666.3℃，年降雨量1371.3毫米；土层深厚，土壤肥沃，山地大多是类酸性的红壤土。全镇现有人口3.7万人，拥有土地总面积35万亩。目前种有菠萝、荔枝、柑桔、龙眼、蜜柚等水果8万多亩，1999年水果总产3.56万吨，是一个以农业收入为主的山区乡镇。1999年全镇农业产值2.72亿元，农民人均纯收入达3000元。

菠萝俗称凤梨，该镇早在20世纪30年代就有种植，当时主要栽培品种以沙捞越种为主，品质较差。1960年从广东引进台湾有刺种吸芽苗，首先在下庄、人家、上坪等地进行种植，后逐步推广到全镇各村，全镇现有菠萝种植面积3万多亩，年产3万吨，其中以上坪村的反季菠萝最出名，产量最高。

程溪菠萝的发展可谓一波三折，生产责任制以后，当地政府十分重视果业的发展，大念山地经，把菠萝生产作为群众脱贫致富的一条主要途径来抓，群众开山积极性也很高，大量开垦荒坡地种植菠萝，菠萝生产得到较快发展。1987年达最高峰、全镇总面积有10多万亩。但是由于只注重眼前利益，大多是顺坡种植，致使山地水土流失相当严重。1988年以后上级有关部门和镇领导开始意识到盲目发展带来的严重后果，因此，下大力气对全镇的菠萝种植进行全面整治，改造平整果园，积极引进优质荔枝、龙眼、桃李进行套种，取得了显著的成果，将菠萝面积缩小到4万多亩。

1991—1992年由于出现了历史上少有的霜冻，菠萝果实受冻较为严重，致使菠萝生产曾一度处于停滞状态，针对这一严重的自然灾害，镇领导及时组织科技人员进行技术攻关，不断总结群众种植菠萝的先进管理经验，重点抓好“四改”，一是改小苗栽种为大苗种植，缩短菠萝生长周期，即选已有15片叶左右的台种菠萝大苗进行速生丰产栽培，生产周期由五年三收改为三年二收或一年一收。二是科学调整果实成熟期，提高菠萝果品价格。由于菠萝正造果一般于4—5月自然抽蕾，7—8月果实成熟，此时适逢水果旺季，价格低，同时又因夏季高温果实容易腐烂变质，不宜外运，而通过反季催花，科学调控花期，把菠萝的成熟期安排在每年的3—5月，此时恰逢水果淡季，销路好，价格高。三是改裸衣越冬为覆盖防冻，即于每年农历十月冻江来临之前用旧报纸或稻草等覆盖果粒顶部，然后套上塑料薄膜袋，并用橡皮筋扎紧，平地或水田的菠萝还要用地膜覆盖，俗称“穿衣戴帽盖被子”经过多层保温防冻，利于菠萝安全越冬。四是将菠萝种植搬下山，由原来的山坡地种植改为水田或平坦的园地种植，基本杜绝水土流失。1993年以后，该镇农技部门开始进行菠萝反季速生丰产栽培研究，大量推广应用乙烯利催花，降二〇壮果等壮果催熟技术，因而菠萝产量和品质不断提高。单果重由原来的250—500克提高到1000—1500克以上，亩产也从原来的1000公斤提高到3000公斤以上。1998年8月由林炎文、王清发主持的《菠萝反季速生高产栽培技术》获龙海市94—96年度科技进步三等奖。

反季丰产技术推广应用以后，大大地提高菠萝生产的经济效益和社会效益，其中以上坪村群众推广最为普遍，所取得的成果也最为显著，据统计，该村自1995年以来菠萝总产已连续5年突破0.5万吨，年产值超过600万元，1999年人均生活水平达5000元，成为了远近闻名的科技致富小康村。1999年5月经专家论证后，把该致富技术推荐到中央电视台，通过实地采编、拍摄，反季菠萝丰产技术已作为农村致富新技术于1999年10月在中央二套“金土地”栏目播出，并通过电视辐射到全国各地。

总之，菠萝生产在该镇悠久的历史栽培进程中，当地群众不但积累了一套比较先进的栽培技术。同时在菠萝果品的市场营销过程中，也已逐步形成一条较为完善的销售空间，菠萝果品由原来只销漳州、厦门、晋江等地，发展到目前主销浙江、江苏，远销山东、北京等省市，今后还计划销往日本、新加坡等东南亚国家。经加工的菠萝干也在全国各地非常畅销。

为进一步巩固这一特色产业，迎接入关后可能对中国农业带来的负面影响，该镇党委、政府及时调整战略，计划把菠萝生产作为一种绿色的果品来大力发展，对菠萝生产实行规范化管理，决不使用化学农药，合理使用肥料，确保产品内在质量，并提出以下5项发展思路：

1. 继续扩大反季菠萝栽培面积，充分利用现有的果园空地和水位较高的水田进行扩、套种，把菠萝的面积由现有的3万多亩扩大到5万亩；

2. 加大波萝生产的科技含量，不断提高单产和总产，继续组织科技人员对反季丰产栽培技术进行攻关，改进生产条件和配套设施，力争在3年内把菠萝亩单产再增加1000公斤，年总产提高到6万吨；

3. 从改善菠萝的品质入手，选育优良单株，培育出肉脆味甜，纤维少，可食率高，品质上乘的烘干、制罐、有市场竞争潜力的优良品种；

4. 开展研究一套无污染、无公害的丰产栽培技术，向有关部门申请绿色食品标志，并打出程溪菠萝品牌；

5. 开发菠萝多样化的系列产品，如菠萝干、菠萝罐头、菠萝汁等，增加产品附加值，实现生产、加工、销售一条龙，努力提高社会效益和经济效益。

紫泥镇——金定鸭　金定鸭原产于福建省龙海市紫泥镇金定村，是福建省闽南地区长期饲养的一种麻鸭型蛋用良种、体型中等窄长，经盈结实，耐劳、勤于觅食，适宜海滩、江河、水稻田放牧，应用配合饲料同样适宜舍饲或半舍饲。金定鸭最高年产蛋量达360枚，平均260—300枚，蛋重70克左右，蛋壳青色，壳膜厚而韧，利于长途运输和人工孵化；蛋的品质好，可食部分占全蛋的89%，蛋黄占可食部分的40%，营养丰富。由金定鸭蛋加工的松花蛋在国内外市场享有盛名。

金定鸭公鸭饲养粗放，生长快，一般70天体重达1.75公斤，肉具有清凉滋补之功效，是夏季营养佳品。母鸭肉味道鲜美、有滋阴补虚作用，对久病体弱康复极为有益。金定鸭生物学年度为二年，第二年产蛋高于第一年。以金定鸭为母本，北京鸭为父本的二元杂交鸭，饲养50天体重可达2.4公斤，是典型的肉用鸭。

九湖镇——花果　福建省龙海市九湖镇位于漳州市区南郊，地处闽南金三角黄金地带，国道324线和省道郊柏线贯穿全境，地理区位优势十分突出，现有土地面积87平方公里，人口55601人，下辖23个行政村，一个镇办农场。

九湖镇素有“花果之乡”的美称，物产丰富，历史悠久。水仙花、兰竹荔枝、八卦芦柑是当地著名的传统特产。全镇现有水仙花4000亩，年产量2000万粒；荔枝17000亩，年产20万担；八卦芦柑15000亩，年产量30万担。一年四季花果飘香。以农促工，1999年全镇工农业产值11.41亿元，人均纯收入3566元，达到小康水平。

九湖是水仙花之乡，九湖水仙花被誉为“凌波仙子、南国花王”，在海内外久负盛名。1986年，水仙花被评为中国十大名花，1997年被定为福建省省花，并被漳州市定为市花。九湖水仙花大量种植始于明朝景泰年间，至今有600多年历史。主要集中在九湖境内圆山东南麓一带，其独特的地理位置和温和的气候条件使这里成为中国最负盛名的水仙花产地。九湖镇境内的水仙花属多花水仙类，有两个传统品种：一种单瓣花，名曰“金盏银台”。俗称“酒盏水仙”；另一种复瓣花，雅号“玉翠玲珑”，名曰“百叶朝阳”，她们以其冰清玉洁，花美色香，且能雕刻成瑰丽多姿的艺术造型而享誉海内外，自古众多文人雅士留下了大量的诗、词、歌、赋和书画作品赞誉水仙花。民国21年，商人陈润生、林主达在香港经营水仙花，以“宜春”商标注册，远销海内外，从此水仙花香飘四海，名扬世界。目前，九湖镇专门成立了水仙花研究协会，建立一支121人的镇村科技队伍，同时探索出一套“公司+基地+农户”的发展特色名花模式，镇里成立了九湖花木公司、闽京花卉有限公司、万兴园艺有限公司等10多家专业的花卉龙头企业，并在全国各地设有100多个固定销售网点，组织上千人的销售队伍，带动基地生产规模，提高水仙花产业经营程度。同时还与厦门大学、福建农业大学等高等院校和科研部门挂钩，进行“水仙花良种提纯复壮”、“肥料品种对比”等试验，引进新品种，推广先进栽培技术，使水仙花单位面积产量和产品质量都有了较大提高，1993年在国家商标局注册的“宜春”、“圆山”牌水仙花产品，远销美国、日本、东南亚等国家和港澳台地区，2000年龙海市九湖镇被国家有关部门定为“中国水仙花之乡”。由于花卉发展突出，2000年元月8日在镇举办“第二届海峡两岸花卉博览会”，又带动了水仙花的发展。

九湖是兰竹荔枝之乡，九湖镇荔枝种植始于隋唐，盛于明清，现有荔枝22万株，素有“荔海”之称。其荔枝树龄均在百年以上，常年产量18万担，其中新春村一棵“兰竹”荔枝树，据专家考证，树龄已达500多年，树冠面积400多平方米，最高年产量1.3吨，被誉为“荔枝王”。九湖镇地处闽南丘陵地带，黄土壤，气候温和，雨量充沛，无霜期长，适于荔枝生长。九湖镇主要投产的荔枝品种有：兰竹、乌叶、绿荷包、早红、桂林、乌叶舅等，其中兰竹、乌叶占95%。一般四月扬花、五月结果、七月采摘。兰竹荔枝号称“果中佳品”、“百果之王”，具有较高的营养价值。九湖“兰竹”荔枝果清甜爽口，风味佳美，具有补肾、益智、养血和安神等功效，被视为世界珍贵果品，1996年九湖镇被国家有关部门授予“兰竹荔枝生产基地”荣誉称号。列为南亚热带作物名优产品。兰竹荔枝是九湖镇主要的栽培品种，各村都有大面积种植，占全镇总面积70%以上，年产10—12万担，是一种稳产高产的优良品种。兰竹荔枝植株高大开阔粗壮，树冠成蘑菇型，枝条细嫩，平伸、下，适应性强，耐瘠耐旱，山地平原均可种植。兰竹荔枝在该镇属迟熟品种，小暑到大暑间采收，果实大，粒重一般25—35克，也有达到50多克。果型为心脏形，龟裂深，果肩宽，果顶圆，果皮有责壳和红壳之分。品味好，清甜可口，多汁肉厚，核细，小核率占70%以上，可食部分77%，是鲜食、制干最理想品种，其中凤凰山兰竹味香甜、核小肉嫩而冠于全镇。近年来通过实施合理耕翻，混合施肥，剪枝疏花，根外喷灌，禁药引蜂等科技综合管理，在大气候正常的情况下，确保荔枝稳产高产。九湖“荔枝海”是九湖人民勤劳创业的象征。

九湖是“八卦芦柑”之乡，九湖镇的“八封芦柑”也是一项重要的名优特产。以其色美，果纯，汁多，味甜而闻名，是南方芦柑中的佳品，1988年荣获部金杯奖殊荣。因其果与众不同，果蒂周围分布6至10条放射状沟棱，形似“八卦”而得名。现九湖境内有八卦芦柑1.5万亩，年产30万担，是漳州市大宗的水果出口商品之一。"八卦芦柑"做为著名的绿色保健食品，走俏大江南北，深受人们欢迎。

近年来，九湖镇通过自身不断建设，目前已初步具备较为完善的基础设施条件，初步形成了四通八达的交通枢纽网络，其供水、供电、邮电、通讯设施也日臻完善，新世纪伊始，九湖镇党委、政府决心进一步解放思想，扩大开放，继续巩固万亩水仙花、万亩兰竹荔枝、万亩八卦芦柑基地，同时大力发展以榕树盆景、仙人球为拳头产品的花卉生产，发展以茶树菇为主的食用菌生产。并在产品质量、加工上下功夫，致力于建设花卉与水果市场体系，开展社会化服务，九湖的花果业朝着产业化、现代化方向发展，呈现出勃勃生机，带动九湖经济再上一个新台阶。

福建省晋江市

〔概况〕 晋江市地处福建省东南沿海，辖15个镇，1个国营农场，372个行政村（居）委会，总人口99.9万人，其中非农业人口12.6万人，陆地面积649平方公里，耕地面积35.76万亩，人均0.35亩，粮食自给率仅40%，人多地少，严重缺粮是晋江农业的基本市情。海岸线长110公里，海域面积6345平方公里，10米等深线以内浅海面积18万亩，滩涂面积11万亩，气候属南亚热带海洋性季风气候，常年平均气温20—21℃，年平均日照时数2180.2小时，年平均降水量911.7—1231.0毫米，温光资源丰富，冬无严寒，无霜期长，完全满足于农作物三熟制生长的需求。

改革开放以来，晋江农村经济和社会发生了历史性巨变，为基本实现农业现代化奠定基础和条件：一是农业生产力大幅度提高，农产品供给从短缺转向充裕，开始由传统农业向现代农业转变。全市农业总产值从1978年的1.12亿元增加到1999年的9.1亿元，年递增10.5%，粮食总产稳定在15万吨以上，水产品、水果、肉蛋奶等农产品产量均有较大增长，农业科技贡献率为48%。二是乡镇企业异军突起，农村经济综合实力明显增强。1978年至1999年，全市乡镇企业总产值由3128万元发展到522亿元，年递增42.4%，农民收入的2/3、市镇财政收入的3/4、农村社会总产值的4/5是靠乡镇企业提供和创造的。全市15个镇中，3个镇（陈埭、青阳、安海）乡镇企业总产值超60亿元，1个镇（磁灶）超50亿元；全市382个村级单位，企业总产值超亿元的村有107个，占1/4强。三是农村改革不断深化，初步构筑了适应社会主义市场经济发展的农村经济体制框架，极大地解放和发展了农村生产力。四是农民收入快速增加，农民生活水平实现小康，开始向宽裕型迈进。从1978年到1999年，全市人均国内生产总值由167元增加到27436元，农民人均纯收入由57元增加到5772元，年递增分别为27.5%和24.6%。青阳、陈埭、西滨3个镇和全市219个村基本实现宽裕型小康，占全市总村数57%，泉州市总达标村数58%，20个改旧建新示范村取得阶段性成效。五是农村精神文明建设和民主法制建设进一步加强，农民的思想观念和精神风貌焕然一新，农村政治安定、社会稳定。全市科技、教育、文化、体育、卫生事业进入全省乃至全国先进行列。农村群众性精神文明创建活动不断深入，被命名为"全国创建文明村镇工作先进市"。根据福建省提出的5个子系统18个单项指标测算。1999年晋江市农业现代化综合指数为70.79，总体上处于初步实现农业现代化阶段。

〔名优特产〕

白绒乌骨鸡

（一）产地、分布与数量

主产于晋江和莆田等闽南沿海各县、市。在福建省境内分布颇广，北起沿海的罗源，西至内陆的龙岩均有饲养。据1982年底统计，仅晋江市饲养该鸡就有4.5万只。

（二）品种形成

主产区位于福建省东南部，属南亚热带农业气候区，年平均气温21℃，1－2月最冷，平均气温12℃，最低气温0℃，一般无霜期，最热的7－8月，平均气温28℃，最高气温38℃；年降雨量1000－1500毫米，相对湿度75－78%。

主产区系广阔的沿海冲积平原，河流交错，水源丰富，渔业繁盛，农产品丰富多样，海上交通发达，对外贸易频繁。本地区人口密度极大，农牧业发达，养鸡为一项重要家庭副业。由于白绒乌骨鸡性情温顺，不善飞跃，特别适于城镇居民圈养。且鸡价较高，除作营养补品外，在厦门、泉州市均有收购供本市和省内外制药之用。这对该鸡发展起了一定的促进作用。

据考证，福建饲养该鸡历史甚为悠久。《马可波罗行记》"福州国"中有"……有一异事，足供叙录，其地母鸡无羽而有毛，与猫皮同。鸡黑色，产卵，与吾国之孵无异，宜于食"的记述。并注有："干杂里克行经福州时，亦言有此鸡，谓（其无羽，与吾辈之母鸡异，仅有毛，类羊毛）此种鸡中国各处几尽有之，其名曰丝毛鸡，或乌骨鸡。""后数年，干杂里克至福州时，叙述甚前，及言周围有三十哩，其地公鸡较他处为大，母鸡色白如雪，无羽而有毛，类羊毛。"马可波罗来中国游历及编撰该书，是在十三世纪末元代初期，迄今有700年左右。

此外，《福建通志·物产志》、《福建近代民生地理志》等书，以及晋江、莆田等县、市志也均有该鸡的记载。多谓白绒、绿耳、肉骨俱黑者为良。

（三）品种的特征与特性

1. 体型外貌　白绒乌骨鸡的外貌与普通家鸡有明显不同，具有以下十大特征；

(1) 雪白羽：成鸡不论雌雄，全身羽毛均呈纯白色。

(2) 丝绒毛：除翅羽和尾羽外，全身羽片因羽小枝的尖端没有羽钩而分裂成丝绒状，翅较短，羽片末端常有不完全的分裂，尾羽不发达。公鸡无镰羽。

(3) 乌黑体：笼统而言，从眼、嘴、蹠、趾以至口腔、舌部、皮肤、肌肉、骨骼和内脏都是乌黑色。但实际上乌黑的部位和程度有差异。李时珍《本草纲目》谓乌骨鸡“有骨肉俱黑者，但观鸡舌黑者，则骨肉俱乌，入药更良。”也说明其肉骨的颜色不尽一致。

(4) 荔枝冠：鸡冠为暗紫色的复冠。母鸡冠小，略呈扁圆形，多数在前端或中部有一凹陷的皱褶，皮面有似荔枝形的粒状突起或皱褶，群众称为荔枝冠。公鸡冠与母鸡冠形同而体大，形似木耳突出于额部。配种的公鸡与产卵的母鸡，冠色较鲜红。

(5) 青铜耳：耳垂为暗紫色，并现出青铜样的蓝绿色彩，后备鸡最为明显；公鸡配种及母鸡产卵时，为暗紫色。

(6) 橄榄头：一般头顶有瘤状隆起，群众称之为“橄榄头”或“葫芦头”。雏鸡最明显。触之柔软如肉瘤。有人认为该鸡不好饲养，其中一个重要的原因是公鸡相斗时易啄破肉瘤而破骨伤脑，引起死亡。

(7) 缨毛顶：头顶有一丛缨状冠毛。群众喜欢冠毛长密，蓬盖整个头顶的所谓“凤头”鸡。冠毛大小与额骨隆起程度有一定的关系。

(8) 连毛胡：下颌连同两颊生有如胡须样的细毛，依多少、长短而分为“大胡”、“小胡”。有胡须的一般无肉垂或肉垂很小，无胡须的都有较小肉垂，其颜色与鸡冠同。

(9) 多毛脚：蹠部外侧至第四趾生有浓密的小羽，形如毛扇。

(10) 五六爪：每脚生有五趾。有的从第一趾再生一趾，成为六趾。群众多喜欢六趾的，故称十二爪。白绒乌骨鸡的第一趾与普通家鸡不同，连同其分趾均不着地。

据测定，成年公鸡平均体重 1.81 公斤，最高可达 3 公斤；成年母鸡平均体重 1.66 公斤，最高可达 2.7 公斤。以泉州市的体型最大，尤以公鸡最为突出，其次是厦门市、莆田的体型最小。

2. 生长发育　白绒乌骨鸡的生长速度前期较慢。至 6 月龄时，平均日增重 9—10 克。

3. 繁殖性能　该鸡有较强的就巢性，每窝产蛋历时一个月左右，抱窝 2—3 周。一般每窝产蛋 15—20 枚。冬季至 3 月前产蛋最多，7、8 月间产蛋极少，接着休产换羽，经 1—2 个月后，方恢复产蛋。一般年产蛋 120—150 枚，个别的可达 200 枚。平均蛋重 46.85 克，平均纵径 5.23 厘米，横径 3.89 厘米，蛋形指数为 74.00%，蛋壳为浅褐色。

公鸡 230 日龄性成熟，成年公鸡平均体重为 1.75 公斤（1.55 - 2.25 公斤）。母鸡 205 日龄性成熟，成年母鸡平均体重为 1.40 公斤。

4. 肥育性能　供肉用的多为淘汰鸡。供作制药时不放血，先用白酒灌醉，用热水闷死，拔毛，剥去皮肤和皮下脂肪，开膛取除内脏（包括腹油），最后砍去头脚。用这种方法屠宰处理后，利用率只占活重的 48.18%，其中公鸡为 51.29%，母鸡为 45.27%。

据 9 只 7 月龄未配种的公鸡与未产蛋母鸡的屠宰测定，不去头脚、腹油，其平均屠宰率为 63.46%（公鸡为 67.74%，母鸡为 57.14%）。

5. 药用价值　白绒乌骨不仅肉嫩味鲜，而且具有滋补和特殊的药用价值。中国早就用该鸡入药，配成许多古方药。如青蒿乌鸡丸、小乌鸡丸、大乌鸡丸、金莲子丸、唐氏乌鸡丸等，治血虚不孕诸症。驰名中外的中药成药“乌鸡白凤丸”和中药酒“白凤酒”，就是用该鸡为主要原料制成的。据中国药典记述，乌鸡白凤丸有益气养血，调经止带的功能，主治女人瘦弱，经血不调，崩漏带下。又据《中药志》记载，带骨的鸡肉加适量的黄酒，密封隔水蒸酥，配合其它中药，有补肝肾、益气血、退虚势的功用，主治劳热、消渴、遗精、带下、久痢等症。此外，李时珍《本草纲目》等书均谓乌骨鸡宜用于肝肾血分之病，能补虚劳羸弱，治消渴、心腹痛、贼风痛、遗精白浊、脾虚滑泄，益产妇，治女人崩中带下，一切虚损诸症，以及大人小儿下痢。

（四）评价与展望

福建饲养白绒乌骨鸡的历史甚为悠久，至少有 700 年历史了，其体型与生产性能比过去文献所记载的，有显著提高。但外貌体型尚欠一致，生长发育也嫌缓慢，抱性依然很强，有必要在现有基础上进一步选育提高。

该鸡除有一般家鸡的用途外，还有特殊的药用价值，可制成名贵的乌鸡白凤丸、白凤酒等药，今后应充分发挥这一特殊资源的作用。

闽南黄牛

（一）产地、分布与数量

闽南黄牛中心产区位于闽南的晋江、龙海、同安等县，分布于晋江、龙溪、莆田及福州等四个地区的 20 多个县市。据 1981 年统计，总头数约 25 万头，其中，73% 分布于福州至厦门公路两侧。漳州的市尾、南安的官桥等牛圩规模较大，对闽南黄牛的交流，起了很大作用。

（二）品种形成

闽南黄牛产区位于福建省东南沿海平原和丘陵地区，海拔50—300米，属于南亚热带和中亚热带农业气候区，年平均气温17—20℃，7—8月份气温最高，平均气温为36—38℃，最低温度6—12℃，无霜期长达340—350天，年降雨量1300—1700毫米。产区草场多，山地坡度小，便于放牧牛只；土壤肥沃，盛产水稻、小麦、甘薯、花生、大豆、甘蔗、豌豆等。产区丰富的花生蔓、甘薯蔓、蔗尾等农副产品，为闽南黄牛提供了优厚的物质基础。产区耕地复种指数高，对黄牛犁耕、榨糖、挽运等役力要求高，对于牛种的选育极为重视，这对闽南黄牛的形成和改良起了促进作用。

（三）品种的特征与特性

1. 体型外貌、闽南黄牛体态结构良好，发育匀称，体型紧凑，肌肉丰满，是福建省优良的役肉兼用型（偏向肉用）牛种。成年公牛体重298.36±43.75公斤，体高118.67±4.02厘米，体斜长123.98±6.03厘米，胸围167.27±9.95厘米，管围16.78±0.7厘米，成年母牛体重245.09公斤，体高111.00±4.75厘米，体斜长118.53±6.53厘米，胸围153.20±6.48厘米，管围15.37±0.90厘米，成年阉牛体重318.8±36.1公斤，体高，体斜长、胸围等均比成年公牛大5厘米左右。丘陵地区的黄牛，体高和胸围比平原的略小。

母牛多呈土黄、草黄或红黄色，少数为黑色，公牛为黑色或脊背黑色，其它部位呈红黄或土黄色。除黑色者外，公母牛腹部色浅呈灰白色，尾毛色深。阉牛毛色近似母牛。头稍长，眼微突，面平清秀，角圆锥状，八字分开，向前上方弯曲。公牛颈粗短，肩峰发达，峰高13-18厘米，厚14-16厘米；母牛颈细长，微有皱纹。公母牛皆有垂皮，最宽处达18-20厘米，胸部发达，背腰平直，尻微斜，四肢结产，蹄黑而圆。

2. 生长发育　据福建省农科院牧医所1982年在漳州、南安调查，犊初生重16.25公斤，3月龄犊体重高67.08厘米，体斜长63.75厘米，胸围71.12厘米，1岁时的体重、体高、体斜长，胸围分别比3月龄增长51.22%、72.27%、81.20%、52.10%。周岁后生长速度渐慢。母牛的生长发育情况与公牛相似。

3. 繁殖性能　小母牛8-10月龄、小公牛1岁时性成熟。一般母牛在1岁以后，公牛在1岁半以后开始配种。未妊母牛全年皆可发情，但饲养水平和使役程度不同，对发情有所影响。据153头母牛调查，在6-8月份发情的占45.00%。据统计，母牛发情周期为17-25天，其中19-20天的占71%，发情持续期为1-3天，以1.5-2.5天的居多，占63.46%，妊娠期为280-295天，产后1-2个月再发情，繁殖率为33.14-36.30%。个别的可达83.30%，育成率为86.20%。哺乳期为4-6个月，泌乳期为5-8个月，日挤奶量2.4-3.8公斤，最高可达7.5公斤，泌乳高峰在产犊后第2-3月。

4. 役用性能　闽南黄牛一般从2岁开始使役，4-8岁为役力最强时间，10岁以后逐渐下降。福建省农科院牧医所用数字应变仪测试，用旧式木犁，在土壤较粘重的田中，犁深16-18厘米，犁幅20厘米，速度每秒0.89米的情况下，每百公斤体重的经常挽力为31.72公斤，最大为39.68公斤。犁耕挽力相当于实际体重的37.10-42.10%。用车身重75公斤的轴承气胎货车载重750公斤，以每秒1.08米的速度在沙地公路上运行，每百公斤体重经济挽力为26.99公斤，相当于实际体重的27.20%。

5. 肉用性能　据福建省农科院牧医所1981年测定，18月龄屠宰率为52.93%，净肉率为44.85%，产肉指数为80.34%，胴体后腿径围52.30±17.00厘米，眼肌面积57.00±7.10平方厘米，胴体脂肪率3.17%，肉脂比为14.09:1，肉含水率为71.73%，含蛋白质22.28%，脂肪率4.65%，灰分占1.03%。肉嫩、色艳、味美。体重每增加1公斤需混合精料6.29公斤、粗料11.16公斤、青饲料16.39公斤，每增重1公斤需可消化粗蛋白质1198.95克，净能20178.17千卡。

6. 杂交利用

（1）与乳用牛杂产　福州地区曾于1888年引入黑白花奶牛与黄牛少量杂交，引起群众重视。后来，分别于1928年、1931年、1947年、1949年和1958年以后从国内外各地引进黑白花奶牛进行杂交，经选育形成福建黑白花奶牛。全省现有福建黑白花奶牛二万头左右。据测定，4-5岁成年母牛体尺，与闽南黄牛对比，体高、体斜长、胸围、管围、体重分别提高9.13%、20.42%、22.61%、8.86%、74.07%，泌乳量提高两倍以上，达到2181-2984公斤。据1980年统计，莆田、仙游两县有黑白花奶牛约7000头，占全省总数的39%左右；产奶量为1700-2000公斤，高的可达3000公斤以上。1980年仅莆田县即输出黑白花奶牛700余头，莆、仙两县已成为福建省群众性奶牛繁殖基地。

（2）与役用牛杂产　福建省莆田育种站1974年以来曾多次引进上海荡脚牛，在平潭、莆田、长乐、永泰等四个县与当地黄牛杂产。杂种牛肩峰高、拉力大，持久性好，在沙壤土的田中，一天能犁5-6亩，比当地黄牛多犁2亩左右。杂交后的役用牛的体格亦得到改良，3岁杂种牛的体高、体斜长、胸围、管围、体重分别比闽南黄牛大11.5厘米、7.25厘米、19.0厘米、4.5厘米、88.21公斤，分别提高了10.04%、5.72%、12.30%、32.14%、33.32%。

（3）与肉用牛杂产　1979-1982年福建省农科院牧医所曾以海福特牛、西门塔尔牛、夏洛来牛、辛地红牛等进行杂交，结果以夏洛来牛和西门塔尔牛的杂种优势较高。

夏杂牛平均初生重22.22公斤，西杂牛平均初生重20.78公斤，分别比闽南黄牛提高35.00%、25.94%。1岁时分别比闽南黄个提高73.86%、71.68%。杂种牛腿围显著增大，闽南黄牛18月龄时腿围为76.08厘米，同龄夏杂牛为100.75厘米。夏杂牛还出现双肌臀。肥育期间（390天）夏杂牛与西杂牛平均日增重分别为0.62公斤和0.55公斤，分别比闽南黄牛提高2.1和1.93倍，每增重1公斤所耗混合精料，夏杂牛为4.81公斤，西杂牛为4.67公斤，分别比闽南黄牛低41.34%和25.76%。

18月龄屠宰时，胴体净肉重夏杂牛和西杂牛分别比闽南黄牛高72.52%、52.00%；产肉指数夏杂牛为91.80%，西杂牛为85.75%，分别比闽南黄牛提高11.46%、5.23%；肉脂比夏杂牛为21.94:1，西杂牛为19.08:1，瘦肉率较高，但肉的风味不及闽南黄牛好。

杂种牛的役用性能，从牵引挽力和持久综合分析，西杂牛表现较好，每百公斤体重的犁耕经常挽力为31.82公斤，最大为70.50公斤，经常挽运挽力为27.05公斤；犁耕持久力为22分钟，挽运持久力为19分钟33秒。

据测定，闽南黄牛的抗热系数为85.56±5.97，辛地红杂种牛为85.10±3.14，西杂牛为81.62±5.89，夏杂牛为79.49±4.45，海福特杂种牛为75.86±12.11。辛地红杂种牛和西门塔尔杂种牛的耐热性与闽南黄牛相似，而海杂牛及夏杂牛耐热性较差。

7. 适应性　闽南黄牛对沿海或山区、丘陵较适应，可在坡度为20－30°甚至更高的山坡上正常放牧采食。闽南黄牛耐热性好，当气温为30℃时，阳光直接照射1小时不发生气喘，当气温高达36－38℃时，仍能正常生长和繁殖。闽南黄牛不仅耐热，而且耐寒，冬季在寒霜及降雨情况下，仍可昼夜放牧。

（四）评价与展望

闽南黄牛是福建省东南沿海地方优良品种。其体态结构偏于役肉兼用型，具有发育匀称、结构紧凑、体态优美、适应性强、挽力大、肌肉丰满及肉质好等特点。其主要缺点是体型较小，且不一致，尻部略尖斜。公牛有“草腹”现象。

产区为亚热带气候，农副产品丰富，交通发达，有对外贸易港口，具有发展养牛的优越条件。今后，可在产区区划良种繁殖基地，以本品种选育为主，向役肉方向选育；亦可向乳肉或乳用型发展。非保种区可利用杂种优势，有计划地开展经济杂交。

晋江马

（一）产地、分布与数量

晋江马主产于晋江、南安、同安等县，分布于福清、莆田、仙游、惠安、泉州、龙海、漳浦等县、市的沿海冲积平原地带。仅晋江县就有15个乡饲养马区。全省约有马1000匹。

（二）品种形成

产区位于福建省东南沿海的狭长地带，属南亚热带农业气候区，为暖一、二级半旱湿全年重旱副区，年平均气温19.5－21.3℃，最冷的1月平均气温为10－13℃，霜期0－10天，年降雨量1000－1500毫米，相对温度为77－78%。

产区地少人多，复种指数较高。粮食作物一般采用一年三熟制，如稻、麦（或油菜、豌豆）连作，旱作地区以甘薯为主。经济作物种类多，以花生、大豆、甘蔗等为主。由于产区缺乏大面积草场，马匹只放牧于田边隙地及未开发的海滩地。农副产品及茎秆，如干花生蔓、甘薯蔓等，为马的主要饲料来源。一般在使役期间，每日加喂麸皮1.50－2.50公斤。

福建养马的历史较久，但品种形成的资料难于查考。据安溪县明嘉靖壬子冬十二月志记载“周礼六援之一是谓家畜，其色不一，蹄圆尾卵而散峦其力健八为駥，占人用以驾车牡为隙牝为骀，列子口马口中红白间色者寿，鼻中红色如朱点者寿，眼中赤色为象形者寿，上齿欲钩下齿欲锯上唇欲缓下唇欲急，其善走者有以骑战则驱驰冲突其锐莫当，故国家之用以养马为急。”晋江县施世禄等人于康熙四十五年（公元1707年）五月在龙湖宫立《龙湖祈雨颂电碑记》石碑，上刻有“……茸鞠诸茂草也，爰涂圣两万新马……”诸语。清嘉庆十五年（公元1810年）东石蔡永谦《西山杂志》载有：“相传唐乾符（公元874年）时，东石林灵仙为避黄巢入闽，率家族驱车北走至此，见绿茵铺地，松林苍郁，即搭茅棚憩息牧马，故有马棚之称”（注：此地现为晋江县永和乡马棚村）。据以上记载分析，晋江马有千年以上的历史。

由于长期饲养在南亚热带季风气候的生态条件下，晋江马已成为能抗高温湿的特殊品种。晋江马具有适应农区的多种用途，如骑乘、拉车、水田旱地的耕作及垫栏积肥等。

（三）品种的特征与特性

1. 体型外貌　晋江马是兼用轻型马种，母马平均体高为124.30厘米，公马为125.00厘米，骟马为130.00厘米，体长率为100.38－101.29%，肢长率为56.94－58.40%，尻高率为96.92－101.29%，母马平均体重为284.20公斤，公马为274.10公斤，骟马为295.80公斤。

毛色以枣红为主，青毛次之，尚有少量其他毛色。

2. 生长发育　幼驹阶段生长发育较快，2月齿体高已达成年的71.60%，体长、胸围达成年的61－77%；两岁其体高、体长、胸围已达成年的93.50%以上。

3. 繁殖性能　母马初情期一般在9月龄至周岁，初配年龄在1.5－3岁，产驹平均年龄为3.2岁。产驹的季节性不明显。母马在产驹后 8 - 12 天配种，较易受胎。年产一胎的占 90.90%，三年两胎的占 9.10%。发情周期为 20 天（17 - 24 天），发情持续期为 3 - 5 天，怀孕期为 340（320 - 360）天。

4. 役用性能　一般一岁半开始套车调教，两岁正式使用。成年马用胶轮马车运载 1 吨货物在沙土石国防公路上运行，时速可达 5.7 公里；短途运输每乘可运载 1.5 吨货物。晋江马一般不钉蹄铁，以利于水田耕作。晋江马每天可犁水田 4 亩左右或旱地 6 亩，使役后 30 分钟可恢复正常生理状态。

乘骑速力，快慢步结合，可日行 70 - 80 公里，时速为 8 公里。在沙土石公路上测定，跑完 1000 米，需时 1 分 55 秒，跑完 1600 米，需时 2 分 59 秒。

5. 积肥性能　晋江马适应于垫栏积肥。虽然这个地区雨水多，栏内非常潮湿，甚至积水，但极少发生蹄病，并且积厩肥数量可超过黄牛。

6. 适应性　由于长期生长在闽东南沿海的南亚热带季风气候区，晋江马已完全适应于春夏多雨、秋冬干旱、夏季酷暑的自然环境，以及以放牧为主、极少补充精料的粗放饲养条件。晋江马不仅耐粗饲，而且抗病力强。

（四）评价与展望

晋江马是福建省地方优良马种，它具有适应当地生态条件及用途广的特点，不仅可作挽马，而且可在水田和旱地耕作，还可垫栏积肥。据晋江县 1955 年调查，有马 2339 匹，但随着农业机械化的发展，马匹数量逐年下降，至 1980 年晋江县仅剩 505 匹，1999 年 300 多匹。目前，晋江马的种公马极少，应重视优良公马的培育。

衙口花生

一、生产现状

衙口花生发源于晋江市龙湖镇衙口村，是晋江市传统的土特产品，声名享誉海内外，具有近百年历史，由传统的家庭作坊式加工向工厂化生产迈进，现年加工 300 - 400 吨，以益盛和永兴两家厂家较为著名。

二、产品特征

衙口花生加工以晋江现有的 12 多万亩、种植面积年产量 15 万吨的花生生产为基础，精选沙质地生产的“中硫球”品种为原料，经过盐水煮熟，烘干晒干等工艺流程，具有香酥、润滑、不湿热等特点。

三、评价与展望

衙口花生具有悠久的传统加工历史，且晋江地理优势优越，交通便捷，花生种植面积大，栽培技术丰富，若在品售意识及市场销售网络方面多下功夫，将有可能把这一传统优势转化为经济优势。

福眼

一、生产现状

福眼，别外福圆、虎眼，栽培历史 885 余年，为晋江市主栽品种，泉州市龙眼面积占全省 1/3 强，晋江市龙眼面积占泉州市 1/3 强，福眼占 90% 以上。现全市龙眼种植面积 5 万多亩，最高年产量达 12500 吨，1998 年产量 5000 多吨，1999 年产量达 4403 吨，晋江市农业局是龙眼生产主管局，负责全市龙眼生产、购销等产前、产中、产后服务。1992 年优良品种“福眼”荣获首届中国农业博览会优良产品奖。1999 年又荣获中国国际农业博览会金奖。

二、品种特征

树冠圆头或半圆形，树姿干张。叶绿、长椭圆形，小叶排列疏密中等，先端钝尖。穗重 240.6 - 276.6 克；果实扁圆形，单果重 13.9 - 14.1 克；果皮黄褐色，较薄；果肉淡白，透明，表面稍流法，离核易，肉厚质稍脆、化渣，可溶性固形物 13.5 - 16.0%，味淡甜，品质中等稍差；可食率 64.1% - 73.5%。果实成熟期 8 月下旬至 9 月上旬，中熟种。

该种产量高，果大、皮薄，最适罐藏，亦可焙干（但果壳易凹陷或破裂）。鲜食味偏淡，较抗鬼帚病，抗旱力较强。

三、产品加工

福眼适合于鲜食或制罐。

工艺流程：选果→洗果→去皮去核→漂洗→装罐注糖水→排气、封口→杀菌冷却。

加工糖水罐头的龙眼果实应选果大、皮薄、核小。

剪下果粒，清水冲选后，用口径 11 - 14 毫米去核器的穿心筒，对准果蒂部位插进，向左右旋转、切断果肉，肉核分离，去核剥壳，取出果肉立刻放进 1% 食盐水中，以防果肉褐变，最后用清水漂洗干净。装罐时选择果肉大小均匀，一致的放在同一的罐内，果肉量视不同罐型而异。糖水浓度 18% - 19%，加柠檬酸 0.2%，添加 0.02% - 0.08% 的氧化钙，以增加果肉脆度。用 85℃ 糖水注入罐内，排气，罐中心温度 70 - 75℃，经 7 分钟即可封口，不得漏气。封口后立即投入 100℃ 沸水中杀菌 10 - 15 分钟，冷却至 37℃，擦干水分，送进常温室贮藏 5 天后，检查正常，即可外运出售。

四、评价与展望。

福眼为晋江市主栽品种，历史悠久，但品牌意识及围绕主导产品的加工业相对滞后，有待今后进一步挖掘潜力，将产品优势转化为经济优势。

福建省寿宁县

寿宁花菇　香菇中的精品。它以朵大、菇厚、含水量低、保存期长而占据菇市。花菇生产保持天然纯净的特色，以其味香质纯，冰肌玉洁而饮誉菇坛，又因其外形美观，松脆可口而称为宴上佳珍。

寿宁是福建东北部的一个以林地为主的山区县。全县14个乡镇中，海拔500米以上的就有8个，年平均气温和降水量等气候条件有利于香菇的生长，长期以来这里就是香菇的重要产地。近年来寿宁菇农利用得天独厚的自然条件，科技部门加以引导开发，具有特色的寿宁花菇生产模式已经形成，在1994年菇市上，寿宁花菇被誉为“菇中之王”，1995年10月在中国食用菌技术展示交流会上，寿宁花菇被评为“优质产品”，寿宁县多次被评为“全国食用菌生产先进县”。今年10月又被评为“全国食用菌行业十佳商品基地县”。被誉为“中国花菇之乡”。专家评价：寿宁花菇以质取胜，是“香菇生产从数量型到质量型的一次大转变”。称之为“如果菌丝播种法和袋料栽培在全国推广，使全国取得香菇生产总量上的第二次历史性重大成就的话，寿宁花菇将成为第三次历史性爆发点。”寿宁花菇是世界香菇生产领域里一颗璀璨的明珠。

近几年来，寿宁花菇成为本县的创汇支柱产品在市场上独领风骚，名扬海内外。

随着香菇生产的发展，从而促进了该县第三产业的开发，香菇保鲜加工，运输服务业日趋完善。

寿宁县政府定制定了一系列保护香菇生产和经营的优惠政策，为各地宾客前来开发投资，贸易合作提供有利条件，使寿宁花菇香飘天涯。

寿宁茶叶 寿宁县位于福建东北部、属中亚势带山地气候，日照适度充沛，温和湿润。境内层峦叠翠，山泉甘冽，云蒸雾霭。得天独厚的自然环境，十分适宜茶树生长。史料记载，早在500多年前明景泰年间，这里种植的茶树根粗体壮，所产茶叶具有叶厚、形美、耐泡、清香、味醇、隽永的品质。清咸丰、同治年间，寿这样的“工夫”红茶已远销海外，在国内外声誉鹊起。

茶叶作为支柱产业，是寿宁历任党政领导发展山区经济的一项重要决策。近年来，通过引进优良品种、改造低产茶园，革新制茶工艺，扩大生产规模等，茶叶产量、产值迅速增长，茶园面积和产量均居本省第四位，人均占有量居宁德地区首位。

近年来，该县注重提高茶叶生产的科技含量。茶树几经改良更新，品种齐全，树种优良。现在寿宁种植的福云六号、福云595等早、中、晚、熟良种茶适制性广目前县内加工较多的有茉莉花茶、银针、白毛猴、碧螺春、银毫、春毫、雪龙、白牡丹茶、高绿等高档名优茶，茶类、品种、花色丰富，茶叶加工技术随着科技进步而不断改进。1986年，寿宁生产的“福寿银毫茉莉花茶”和“一级茉莉花”双双荣获“国有优质名茶”称号。1998年凤阳福宁茶厂生产的“玉记牌银毫”荣获“五星钻石奖”；竹管垅生产的“凤凰舌”绿茶荣获’98首届国际“东方茶文化”博览会金奖。1999年，福建梦龙寿宁茶叶有限公司生产的“茶龙茉莉花茶”（雪针、春毫、特级、香毫）获得省花茶鉴评金牌；“梦龙茉莉花茶”（春毫、银毫、特级）获得国际名茶评比金奖。2000年，宝云茶厂生产的“寿山莲心”、“寿山香茗”绿茶分获第二届国际名茶评比银奖、优质奖。

福建省漳浦县

〔**概况**〕 漳浦县位于福建东南沿海，介于厦门、汕头两特区之间，土地总面积1981平方公里，人口80万，山、海、田优势兼备。气候温和，雨量充沛、四季常青，素有“金漳浦”之称，是闽南金三角经济开放区重要县份之一。

漳浦县物产、矿产资源丰富，50万亩的水果，四季飘香，乌石荔枝、万安龙眼、寨内香蕉、长桥八卦芦柑、改良橙、蕉柑最负盛名；近年来，新开发的魁梅、棕包梨、秋芒、甜洋桃、巴乐、青枣颇受欢迎；马口花卉大世界，50公里花卉走廊，海峡两岸花卉博览会，引吸海内外客商和观光者；全县50万亩滩涂，盛产着牡蛎、扇贝、泥蚶、翡翠贻贝、海带、紫菜，还有红蟹、石斑鱼、雕鱼、鳍鱼、鲍鱼等海珍品，其中4万亩对虾养殖面积，产量曾居长江以下各县之首。全县23万亩草地和83万吨秸杆，是发展草食动物的丰富资源，“漳浦黄牛”是全国四大黄牛品种之一。此外，沙西镇榕树盆景，以造型优美，婀娜多姿，走俏海内外。全县已形成50个品种，35个万亩的水果，水产和蔬菜生产基地。

漳浦县交通四通八达，水、电、通讯等基础设施日臻完善。涉外综合服务机构配套完整，可为海内外投资者提供优质、高效的服务。

漳浦县果树栽培历史悠久，素有“水果之乡”的美称，早在南北朝、陈朝光禄卿顺野王的《饯友之绥安》(为到绥安县做事的朋友门宴送行）诗有“贡桔伟含滋”之句，宋代，津浦柑桔良种推广到浙江、廖直所著（柑录）说：“……乳柑为第一，且极甘得名，又名漳柑，其种自漳浦来”。劳动人民在长期的栽培实践中，积累了丰富的经验，他们已能采用扦插，高压繁殖，选择优良品种。到清代已能应用嫁接、修剪、客培土、熏烟等技术。民国时期，果品加工方法得到改进，使用蜜、糖、盐浸渍桃李、杨梅等果品，或用暴晒烙成干果，远销东南亚各国，内销江苏、浙江、上海、北京、天津等地。解放后漳浦水果生产得到恢复与发展。尤其改革开放以来，每年以惊人速度发展，建立标准化果园，形成规模化生产，建成商品化生产基地。坚持适地适栽的原则，加大品种内都结构和区域调整力度。既要选择适合当地栽培良种，又要因地制宜结构和区域调整力度。既要选择适合当地栽培良种，又要因地制宜注意多品种配置，早中迟熟品种和加工，鲜食品种适当搭配，以延长鲜果供应期和增强销售能力，农业服务体系日臻完善，产加销，贸工农格局基本形成。1992年被国务院授予山地开发先进县，1994年，被列入全国水果百强县第25位，1995年水果面积，产量居全省第一位，获得省水果生产先进县，1996年6月以来，先后被国家有关部门命名为“中国龙眼之乡”、“中国荔枝之乡”、“中国芦笋之乡”。2000年被国家有关部门评为中国花木之乡和中国榕树盆景之乡。

〔名优特产〕

1. 乌叶荔枝

乌叶荔枝，又名黑叶，原产广东。漳浦与广东毗邻，唐朝隶属广州岭南道，从海上与广东早已来往频繁，引来荔枝种植，距今已有千年历史。陈鼎《荔枝谱》说：“漳州荔枝极盛而漳浦为最”。漳浦县志记载：“荔枝以旧销鉴湖最盛，乌石一村荔枝味最佳”。可见，广东黑叶荔枝，经千百年漳浦方土驯化，已成为“剥壳不流汁，掉地不沾砂”的特优产品一乌石荔枝。果实里心形成卵圆表，果皮、龟裂片平，灰红色，龟裂鲜红色，核发育完全，较小。单果重18.8－22克，可食率68.7－78.3%，果肉可溶性固形物17.5－20.6%，100克果肉中含维生素C28.3－31.5毫克，含酸0.23－0.25克。果实于6月下旬至7月上旬成熟。乌叶荔枝营养丰富，素有“果中之王”著称。而漳浦乌石荔枝更是名闻遐迩，蜚声海内外。因此，不论鲜果、干果、加工罐头、酿酒等产品，在国内外都很畅销，供不应求。于1995年通过福建省和全国农业品种审定委员会认定。漳浦荔枝面积15万亩，产量5.6万吨，不论是面积，产量均居全省县级首位。荔枝生产在农业科技人员指导下，广大果农已探索出一套科学栽培管理技术，即采取“培、促、控、调、保”五字措施，改变了以往“花多果少”状况，带来荔枝丰收生产蓬勃发展的新局面。

2. 漳浦龙眼

漳浦龙眼种植于唐朝开元年间，距今有1000多年的历史。据统计全县龙眼栽培品种不少于20个，经过组织科技人员论证、调查与鉴定，选出早、中、迟熟中适应性强，品质优、丰产性能好的7个优良单株和3个主栽品种，对其生物学特性和经济性状，建立图片、防腐标本，档案资料保存。主栽品种福眼、乌龙岭、水涨已被省农产品审定为良种，还引进东璧、储良、八一早、水南1号、松风本、立冬本等优良品种进行高接换种正在加紧繁殖推广中。

漳浦龙眼果肉鲜嫩，色泽晶莹，富含糖分，营养价值高，果实及其加工制品，深受消费者喜爱，据分析，每百克的鲜龙眼肉，含碳水化合物16.2克，蛋白质1.2克，脂肪0.1克，热量71千卡，维生素C60毫克，维生素K196.5毫克，钙13毫克，磷26毫克。焙制的龙眼干、龙眼肉，有补心益脾，养血安神之功效，外销东南亚各国，内销华北、华东各地，驰名国内外。制成精水罐头，在国际市场属高档食品。

漳浦大种龙眼始于1989年，至今已发到15万亩，居全省第二位。1999年投产面积8万亩，年产3.5万吨。龙眼栽培从山区到沿海，分布20个乡镇，11个农林果茶场，万亩以上乡镇场3个，5000亩以上乡镇场11个，经营方式主要有个体、联合体、村镇集体办场、国营农林果场、以及溶合外资承办果场等多种经营方式。新建果园普遍依靠科技进步，基本做到山、水、园、林、路统一规划，相互配套，形成良性生态系统。按照“一统”（规划、开发、调苗统一），“二优”（优良品种，优质苗本），“三保”（保土、保肥、保水）“四大”（大平台、挖大穴、下大肥、种大苗），“五配套”（道路、水利、电力、防护林、管理房）的质量要求实施工程开发，保证龙眼上山速生、早结、丰产、取得显著社会、生态、经济效益。

3. 漳浦芦笋

漳浦白石芦笋以嫩茎洁白，质地细腻，纤细柔软可口，有独特芳香风味，是高档营养保健蔬菜，而享誉内外，深受消费者青睐。主要成份水分占92%，蛋白质1.62－3%，其中冬天氨基酸含量最高，占13.5%，具有抗疲劳，增强体力，治疗白血病和抗癌效果。还含有维生素A、B、C以及多种矿质元素。

全县芦笋种植面积4万亩，年产量3.5万吨。白石芦笋以茎粗、体白、嫩香、味美而称著。县委、县政府以信息搭桥，科技铺路，请专家、农科人员培训讲学，大力推广配方施肥，病虫综防，土壤与种苗消毒等一系列新技术，使全县芦笋增产增收的科技含量达到60%以上。其中覆盖厚砂和有机肥施用以及病虫害防治率达100%。

“白石芦笋”之所以生长的好，一个重要因素是这里紧靠沿海，土地为砂质壤土，疏松肥沃，非常适宜芦笋生长。在县委、县政府重视和关怀下，建立乡镇领导负责制，干部带头种芦笋，农技干部深入田间地头指导生产，县领导制定对芦笋倾斜政策，种植户每亩可贷款200元，还规定第一年不征收特产税等优惠政策，鼓励种植芦笋。1998年以来，全县芦笋由原来的2.5万亩，猛增到4万亩，增幅60%，成为全省芦笋生产第一大县。

商品生产基地和品牌的效应，吸引海内外有识之士，纷纷到漳浦投资办厂，提高了芦笋名乡的知名度。据统计，全县有12家罐头食品、速冻加工，年产芦笋制品4万吨，产值4亿多元，有3000人从事芦笋加工和产销，促进全县二、三产业的发展，成为该县荔枝、龙眼之后，又一新的支柱产业。

4. 漳浦花卉：

漳浦人民素有种花栽榕的习惯，民间的榕树盆景、根雕、玫瑰、菊花、芦荟等庭院种植历史悠久。改革开放一开始就有运销户从事收购群众种植的榕树至省内外大、中城市，此后，种花、卖花业随之兴起。为有力推进该县花卉产业的发展，县委、县政府抓住有利时机，加强领导，制定优惠政策、利定产业布局规划，加强科技工作，积极开拓市场，并使该县花卉产业成为支柱产业。据不完全统计，全县共有花卉生产企业637家，花卉生产专业户近3万户，主要分布九个镇二个农场，花卉种植面积3480公顷，占农业种植面积10%以上，年花卉产值5.5亿，占农业总产值18%以上，主要生产榕树盆景、榕洞科植物和各类观叶植物400多种。闽南花卉批发高层设在该县马口，并在各大、中城市设立花卉营销点，形成花卉销售网络，一些营销公司已形成公司+农户的产、供、销一条龙格局，出现“订单花卉”。总之，花卉已成为该县的支柱产业。

5. 漳浦沙西榕树盆景

沙西榕树盆景素以其根部造型奇特、树态优美、自然、婀娜多姿而闻名遐迩。漳浦县委、县政府利用福建省把榕树定为“省树”的有利时机，投资200多万元在省道漳云线两旁建设了一条纵深60米，长8.3公里的花卉走廊，走公司加农户发展的路子。目前已有600户榕树栽培大户在走廊里安了家，另有7000户利用庭院培养榕树盆景，并在沙西现代农业示范围区建立榕树盆景精品示范基地，成立“沙西榕树盆景科研所”，加强科技培训力度，加大优良品种引进力度，缩短生产周期，优化产品质量，提高经济效益。沙西榕树业由农户粗放经营向集约型经营发展，由低层次向高品位发展，使沙西榕树盆景商品化经营市场得到进一步拓展。榕树盆景除国内市场外，已销到荷兰、德国、韩国、日本和东南亚各国，仅韩国一年要榕树盆景100万盆。榕树种植面积由原来的220公顷增加到875公顷，产值由3500万元增长至15660万元。

福建省平和县

〔概况〕　福建省平和县地处闽南金三角漳州市西南部，县境东南、西南部分别与厦门和汕头两经济特区毗邻。全境面积2328.6平方公里，其中山地17.33万公顷，耕地2637万公顷；全县人口53万人，其中农业人口48.2万人；平和属南亚热带季风气候，自然条件优越，农业资源丰富，四季如春，稻菽一年三熟，花果常年飘香，是漳州市粮食和果、茶、菜等经济作物主产区，盛产名优特水果和茶叶，现已培育出闻名全国的琯溪蜜柚、坂仔香蕉、白芽奇兰茶三大名牌产品，其产量、质量分别居全国、全省之首。

改革开放以来，平和县委、县政府立足县情，充分发挥区域优势，狠抓山地开发，大力开发、利用本县的传统特色果茶，从政策、资金、技术、信息、服务等方面重点给予扶持，规模不断扩大，效益显著提高。特别是近十年来，该县立足基础，把握重点，加快发展，着力实施“农业强县”发展战略，依靠科技创新，大胆调整优化种植结构，走出一条高产优质高效，以绿色产业“兴农、富民、强县”之路。至1999年，全县已建成总面积6万公顷“八大绿色产业生产基地”，其中水果面积3.67万公顷，有琯溪蜜柚1.33万公顷，坂仔香蕉0.8万公顷，龙眼0.4万公顷，荔枝0.4万公顷，柑桔0.27万公顷，杂果0.47万公顷。水果总产50万吨。居全省第一位，名列“中国水果强县”第八名；水果、茶叶产业的快速健康发展，为平和经济的腾飞做出了突出贡献；1996年和1997年连续二年平和县被福建省政府授予“福建省经济作物工作先进单位”，1997年和1998年连续二年被评为“福建省经济发展十佳县”。

〔名优特产〕

琯溪蜜柚　是平和县著名的地方名果，原产于平和县琯溪河畔，至今已有500多年的栽培历史。80年代以来，平和县选育出琯溪蜜柚良种，并进行推广种植，该项目获1996年国家农业部“丰收奖”二等奖、1999年部级科技进步三等奖。现有种植面积1.33万公顷，产量25万吨。约占全国柚类总量的25%，1996年荣获“中国经济林——琯溪蜜柚之乡”称号，成为中国最大的柚类商品基地县。产品销往包括香港、澳门在内的全国各地及欧、日、东南亚一带，深受消费者欢迎。1857年，施鸿保在《闽杂记》中写道“闽中诸果，荔枝为美人，福桔为名士，若平和抛（即柚）则侠客也、香味绝胜”。乾隆年间就被列为朝廷贡品，同治皇帝赠赐“四圃信记”印章一枚及青龙旗一面，作为贡品标记和禁令。琯溪蜜柚，色橙黄鲜艳，芳香浓郁，可食率达60%以上。中国著名果树专家、浙江农业大学一级教授吴耕民生前这样评价：“果大皮薄，瓤肉无籽，色洁白如玉，多汁柔软，不留残渣，清甜微酸，味极永隽，可列为柚类之冠”。琯溪蜜柚以它独特的风采，在1989年全国优质水果评选会上被人们誉为“柚王”，被国家有关部门定为全国优质农产品；1995年荣获全国农业博览会金奖，1999年获中国国际农业博览会名牌产品称号，并取得国家“绿色食品”认证和证明商标的使用许可，1994年、1998年和1999年三次荣获全国柚类评比“金杯奖”第一名，1998年平和县在全国柚类生产上率先制定《琯溪蜜柚综合质量标准》，并由福建省技术监督局发布实施。专家们评价：琯溪蜜柚是中国目前唯一获得国家农作物品种审定的柚类良种，其综合性状居全国领先地位。琯溪蜜柚好栽易管，速生丰产，适应性广，抗逆性强，高产稳产，品质优良，种后第三年可投产，第六至八年进入盛产期，每公顷产量可达37.5～60吨。琯溪蜜柚不仅是美食果品，而且是具有令人仰慕的天然保健食品。每100毫升果汁含全糖9.17～9.86克，可滴定酸0.734～1.011克，维生素丙48.93～51.98毫克（最高61.78毫克）。据中国原子能科学研究院化验，果实含10种元素，镁、钙、铜、铁、铝、钛、锰、钒、磷、氯等，尤其是镁、钙、铜优于其它水果的含量，具有调节人体新陈代谢之功用，有降压舒心，祛痰润肺，消食醒酒，降火利尿等作用。对脊柱炎、脓肿症、便秘、糖尿病等患者亦有一定的疗效，还能预防血管硬化、肠癌等疾病的发生。琯溪蜜柚素有“天然水果罐头”之美称，最耐贮藏，可存放四五个月。琯溪蜜柚用途广泛、经济价值高。柚皮是珍贵中药材，入药可治哮喘、咳嗽等症；加工可制柚皮糖、果胶、果冻等。琯溪蜜柚不愧为柚类之珍品，诸柚之王。

坂仔香蕉　平和县栽培香蕉历史悠久，积累了丰富的香蕉栽培经验。坂仔香蕉是该县著名的地方名果，也是该县重要的农业主导产业。常年种植面积0.7万公顷，总产量约22万吨，位居全省第一。该县坂仔镇是香蕉生产大镇，种植面积2330公顷，产量10万吨左右，人均生产香蕉2500公斤，人均香蕉单项收入4500元；1996年荣获“中国香蕉之乡”称号；坂仔香蕉于1995年取得国家“绿色食品”认证，1992年在国家工商局注册板仔牌商标。1998年坂仔商标被漳州市政府认定为知名商标。坂仔香蕉是该县80年代以来通过提纯复壮和选种途径培育出来的具有本县特色的香蕉品种，一年一熟，清明前后种植，翌年元月至4月份收获结束，此时正值香蕉市场淡季时期，价格较高，效益较好。多年来总结了一套成功的栽培经验，即“香蕉‘新植蕉’栽培技术”在全省蕉区推广，该项目获农业部丰收计划二等奖。坂仔香蕉丰稳产，品质优良，以其果大皮薄，香甜可口，风味极佳，肉质软滑，无芯等特色，闻名于海内外，产品在国内各大城市十分畅销，还远销日本、东南亚等国家和地区，是该县农业出口创汇的主要产品之一。坂仔香蕉营养丰富，每100克果肉含碳水化合物20克、蛋白质1克、维生素丙20毫克，还含有其他多种微量元素和维生素；果实除鲜食外，还可以加工制成香蕉酱、香蕉干、香蕉糖、香蕉饮料等，其用途十分广泛。

白牙奇兰茶　白牙奇兰茶是平和县的特产，已被列为国家优质茗品。它系平和县从地方奇兰群体单株中选育成功的福建省级乌龙茶珍稀良种。从1989年以来已十多次蝉联福建省名优茶奖；1996年通过福建省品种审定；1997年获“国家绿色食品证书”和意大利米兰“国际轻工博览会”金奖；1998年获中国澳门首届“国际茶文化博览会”金奖；1999年获“中国99昆明世界博览会福建特色产品展会”金奖；2000年获“北京2000中国茶文化国际研讨会暨展示会”金奖。白牙奇兰茶的采制十分考察，工艺精细，从鲜叶采摘，经过凉青、晒青、摇青、炒青、揉捻、初烘、初包揉、复烘、复包揉、足干等十多道工精制而成。白牙奇兰成品茶外形紧结匀整，色泽翠绿油润；香气清高浓长，兰花清香显露；滋味醇厚，鲜爽回甘；汤色清澈杏黄，叶底肥软明亮。干嗅茶香显，冲泡后之茶汤，以其独特的幽雅浓长的兰花香而著称，入口醇厚回甘，咽后齿颊留香，给人以融兰香与水为一体感。所以产品畅销闽、粤等省，远销港澳台等地和日本、韩国、东南亚等国家，倍受消费者喜爱。白牙奇兰茶已饮誉神州，走向世界。白牙奇兰茶是平和西部山区农村的特色经济，是平和“三大名牌”产品之一。白牙奇兰茶现已形成十二种精制系列产品在网上交易，年产值近亿元。至2005年，平和县规划把白牙奇兰茶实现面积6万亩，年产1万吨，产值4个亿的总体目标，成为平和县的主导产业。

福建省福鼎市

福鼎大白茶　原产于国家级风景区福鼎大姥山。福鼎是东海之滨的新兴小城市，面积1462KM²，地处闽浙交界，东北部与温州地区的苍南、太顺接壤；东南面临东海；西南、西北部与霞浦、枯荣两县毗邻。南雁荡山余脉从东北部延伸插入，太姥山脉蜿蜒盘穿全境，西南、西北部群山连绵、层峦叠嶂，常年云雾飘渺，环绕山腰，闻名于世的沙埕天然良港深入腹地。属中亚热带海洋性季风气候，热量丰富，雨量充沛，四季分明。土壤肥沃，PH值多介于4.5～5.4之间，是福建省和全国的茶叶主产区。

钟灵毓秀地理区位的微域立地条件，润发和造就了福鼎大白茶独特的生物学性状、产品风格与经济效能，赢得并吸引全国各大产茶区纷纷前来引种栽培。

福鼎大白茶原产于太姥山。清咸丰七年（1857年），点头镇柏柳村村民陈焕见茶树嫩芽，遍布茸毫，雪白晶莹，于是移植回家繁殖开来，相继在白琳、翠郊、湖林、黄岗、潘溪及其周边村落迅速扩大栽培。

福鼎大白茶，无性繁殖系，小乔木型、中叶类，早芽种，植株较高大、树姿半开张、分枝部位较高，主干分明，分枝能力强。叶椭圆形、叶色黄绿、侧脉明显、叶肉略厚、尚软，花型较大、花量多，结果率高、茶籽大而饱满，长期较长，生长势旺盛，抗逆性强，耐旱亦耐寒，繁殖力强，压条、扦插发根容易，成活率高，适应地区广、产量高，适于机械采摘作业。

适制性广：制红茶、条索肥壮、毫显、香气高锐，汤红味浓；制绿茶，色泽翠绿，茶毫显露；制白茶，白毫满披，香气新鲜，滋味醇和。采制银针更是以芽肥洁白、茸毛多最具特色。

福鼎大白茶于1965年9月为中国茶叶学会作为地方良种首批向全国推广。1984年11月被农业部全国茶树品种审定委员会认定为首批国家级良种。1990年为《中国茶树优良品种集》列为华农1号。

一、白茶类：

白茶是世界上的茶中珍品，且为福建省外销的特种茶。福鼎制造白茶历史较早，正如中国当代茶叶专家张天福1963年在《福建白茶的调查研究》称：白茶制造历史先由福鼎开始，以后传到水吉，再传到政和。

清同治八年（1869年）卞宝弟《闽峤輶轩录》载：福鼎县物产茶、白琳为茶商聚集处，所产的红茶“白琳工夫”远销重洋，同时还产银针、白牡丹、白毛猴和莲心等，卓有盛名。

1. 福鼎白毫银针：素称北路银针，清嘉庆初年（1796年）即采用当地菜茶产制银针，1885年开始采用福鼎大白茶的肥壮芽头采制银针，1891年出口销往港、澳地区，东南亚和欧洲国家。

福鼎白毫银针特色；外形优美，芽肥壮，茸毛厚，富光泽。汤色碧清，浅杏黄色，味清鲜爽口、香清淡。芽长近寸、覆披银毫、银光闪烁，冲泡杯中，望之有如石钟乳，上下交错，蔚为奇观，分别于1982年、1986、1990年获全国名茶称号。

2. 白牡丹，外形叶张灰绿或暗绿，叶背白毫银亮，故称白牡丹。泡以开水，绿叶托嫩芽，宛若蓓蕾初绽。汤色橙黄清沏，毫香鲜嫩，滋味清香微甜。

白茶性清凉，退热降火，有治病功能，尤以银针为最，功同犀角，为麻疹圣药，海外侨胞视为珍品。

3. 新工艺白茶，简称新白茶，在萎凋和干燥之间增加一道轻揉捻工序，1964年由湖林国营初制厂创制，其外形叶张略有缩摺，呈半卷条形，色泽暗绿带褐，香清味浓，汤色橙红。叶底开展，色泽青灰带黄，筋脉带红。茶汤味似绿茶，但无清香，似红茶而无酵感，浓醇清甘，为其特色。

二、红茶类：

“白琳工夫”兴起于十九世纪五十年代，当时闽、广茶商在白琳、翠郊、黄岗、湖林、潘溪、巽城等一带采制工夫红茶，以白琳为集散地，设号收购、远销重洋，“白琳工夫”因此而闻名于世，驰誉中外，与坦洋工夫、政和工夫合称“闽红工夫”。外形条索紧结纤秀，含有大量橙黄白毫，特具鲜爽愉快的毫香，汤色、叶底艳丽红亮，取名为“桔红”，风格独特，深受国际市场欢迎。

1956年福鼎茶厂产制的“白琳工夫”获全国红茶质量优胜红旗奖。

三、绿茶类：

炒青茶生产有珍眉、大方、旗枪、珠茶等产品。

烘青茶主要与生产花茶提供优质茶坯。

历史传统名优茶生产有莲心、龙须、毛峰等。

莲心茶：采一芽二叶制成，因形似莲子瓣心而得名。外形细紧纤秀，锋苗显露，色泽绿中带黄，有似莲子蕊色，香气清幽，含绿豆清香，味醇鲜爽，汤色橙绿清沏，叶底嫩匀成朵，泡在杯中，两叶相对而开，中间竖一芽心，颇具情趣。

用莲心茶窨制的茉莉娥眉、茉莉秀眉，为茶花中之佼佼者，畅销东南亚。

福州茶厂生产的“茉莉大白毫”就是采用福鼎大白茶“七窨一提”而成，外形毫芽肥壮重实，竖直匀称，色泽嫩黄，满披银毫，香气鲜浓，滋味醉厚，汤色微黄，叶底匀亮。

1986年福鼎茶厂生产的“太姥银毫”获国家轻工部优质奖。

1989年福鼎茶厂生产的“金绒凤眼”获全国中茶杯金奖。

近几年，福鼎大白茶产制的名优产品有了开拓性地进展，诸如；极品金丝蚕、精针王、玉环、金葫芦、毛峰、毛尖、菊花茶、荔枝茶、桂花茶、珍珠茶、扁形茶、太姥碧螺春、太姥绿雪芽、针螺等五、六十个品种花色，争奇斗艳，投放市场，集观尝与品茗于一体，适销全国南、北销区，取得显著的经济、社会、生态效益三丰收。

福鼎大白茶为全国茶园良种化作出积极的贡献。

初步统计从1959~1999年向全国各产茶区输送大白茶种子1.2万吨，无性扦插苗8亿株。种植栽培面积分布于浙、湘、鄂、赣、苏、皖、桂、粤、川、黔、豫、鲁、云、贵等十五个省的绿茶区及茶叶科研部门、良种茶树育苗基地。不负众望地为全国茶树良种普及尽了绵力。

茶业，是福鼎繁荣与发展农村经济，改善提高农民生活质量的传统主导支柱产业。为全市37万农的脱贫致富创奔小康，增加地方财税收入和创收乡、村两级集体经济作出功不可没的重大贡献，全市现有茶园面积14.2万亩，其中可采茶园11.1万亩，1999年毛茶总产达9500T，居福建第三位；毛茶总值1.58亿元；担均价829元/50kg、单产85.5kg/亩，列全省绿茶区首位。

福鼎市茶业管理局，其前身为福鼎县茶叶技术指导站成立于1952年，1957年6月建立福鼎县人民委员会茶业科，主管生产、行政管理工作，1958年组建福鼎县茶业局，1961年12月复称福鼎县人委茶业科，1966年2月并入外贸局，文革期间机构变动频繁，1976年2月仍成立福鼎县茶业局（除市茶业技术推广站编制6人保持国家农业系统编制外），实行自收自支，1984年4月改称福鼎县茶业公司，1985年3月与福鼎茶厂合并仍称福鼎县茶业公司，1988年2月与茶厂分离，独立经营，1989年7月福鼎县人民政府下文，恢复福鼎县茶业管理局建制，为县政府一级机构。列入同级政府编制序列。现任局长林仕凤。在福鼎市委、市政府直接领导下，1997年开始建立无公害茶园建设示范区，1998年和1999年在全市范围内建立起7.25万亩与11万亩的无公害茶园建设任务，全面推行以生物防治和农业防治等综合防治茶树病虫，使一度抬头的茶叶农残量得到有效的控制，茶叶产品经质检部门鉴定，1998年合格率为85.72%，99年为92%，2000年1~6月份抽样211批次，合格202批次，合格率为95.73%，茶叶成品农残基本得到控制，为市场提供优质放心茶。

1995年福鼎县茶业管理局获福建省人民政府授予茶叶生产先进县光荣称号。

1998年福鼎市茶业管理局被宁德地区行署评为茶业工作先进单位。

2000年四月福鼎市茶业管理局再度获省农业厅授予的茶园改造项目三等奖。

福鼎槟榔芋　盛产于闽浙交界的福鼎市贯岭镇，是与世界奇果“四季抽”齐名的两大名优土特产品，风味独特、松香可口、营养丰富、富含淀粉葡萄糖、16种氨基酸、维生素和钾、钙、锌、铁等微量元素，产品深受东南亚各国用户欢迎，远销香港、台湾、新加坡、马来西亚等地和国家。

福鼎芋的品质，产量高于同类产品，除得益于福鼎得天独厚的地理气候环境条件外，与当地农民几十年来的探索并掌握了科学的栽培技术不无关系，产品不但具有独特的风味，同时具有一定的药用价值，可治疗乳腺炎、口疮、颈淋巴结核、烧内伤外伤出血，有开胃润肠、止血之功能，还可防治糖尿病。它以个大松嫩芬香著称，十分独特和珍贵，是名菜“太极芋泥”的上等原料。当地民间以槟榔芋为主要原料，采用炒、煮、蒸、炸等多种方式做成各式菜肴，是逢年过节或招待佳宾中不可缺少的一道地方名菜。

有关科研人员在对市场调研、预测的基础上，确定利用槟榔芋为主要原料，总结往年研制经验，采用科学配方，成功地开发槟榔芋片、芋条、芋粉等系列产品。

1. 油炸条（干制成品）特点是保持本身香度，可用它来制作独特的名菜“高喱”或作为小孩零食、香酥可口、风味独特。

2. 油炸槟榔芋片，该产品质地松香，十分独特，开包即食，香甜可口。

3. 脱水芋片、芋条，此产品是宾馆、家庭备用知名度很高的蔬菜，用它来直接与鸡、鸭、排骨等炖汤，味道十分可口。

4. 芋头沙饮料，此产品是目前市场上流行的独具风味的绿色食品饮料。其特点是清凉爽口，保持槟榔芋所特有的色、香、味，并拥有其他产品所不能及的独有清香。

5. 槟榔芋粉可根据消费者不同的口味调制不同的芋泥，芋粥，还可作为各类米焦点面馅，并可制成各种冰淇淋食品，口感十分爽滑，香甜可口。

福鼎芋　福鼎芋属天南星科魁芋类，清同治年间就开始在福鼎有较大面积种植，至今有100多年的种植历史，福鼎是原产地，福鼎芋是典型的地方各特优农产品，是魁芋类优良品种，经芋农不断地改进耕作技术，已形成一套成熟的高产优质栽培技术。福鼎芋具有体形美，外观为炮弹的圆柱体，松酥香甜，富含淀粉、葡萄糖和各种维生素，据有关专家论证还有一定的预防糖尿病的功能。2000年第一批荣获福建省名牌农业产品称号。用福鼎芋为原料可烹调出“红鲤藏泥”、“太姥唐塔”、“太姥芋泥”“芋虾片”菊花芋等系列名菜。福鼎芋是优质出口创汇蔬菜，近年来加工生产“纯槟榔芋粉”“奶油芋粉”“多味哮干片”“福鼎金元片”，“油炸芋片”等系列加工产品经销海内外。福鼎芋种植条件较严格，要求年气温平均18℃左右，阳光充足，雨量充沛，土壤PH值5.5-6.5偏酸性，有机质含1.5%以上，排灌方便冲积砂质壤土为宜，适当的微量元素铜、镁有利提高品质，外界的光照、降水、温度、土壤养分、矿物含量及栽培技术等可以严重影响福鼎芋的品质，包装、贮存、运输也需一定的技术否则也会影响品质地。

福鼎芋也是福鼎市农业拳头产品，是当地农民收入重要来源之一，当地政府十分重视这一农产品生产，把它当作本地脱贫致富的重要措施来抓，目前全市种植2万多亩，预计2000年产量达2万多吨，产值近亿元。种植面积逐年扩大，发展潜力增大，福鼎市全市可种植面积达10多万亩。近几年来年年外销产值达千万元以上，预计2000年外销量更大，创汇更多。福鼎芋的深加工企业逐年增多，产量增大，深加工品种增多，将对本地经济发展起到越来越重要作用。

前岐镇　是东海之滨集老、少、边为一体的典型乡镇，是世界奇果四季柚之乡，位于福建省福鼎市，地处闽浙交界，距市区15公里，北与浙江苍南县搪壤，与中国矾都——矾山毗邻，东连深水良港——沙埕港，西南与国家级风景名胜区——太姥山隔海相望。全镇辖31个行政村、2个居委会，总人口67535人，其中畲、回族人口

12102人，是宁德地区人口最多、少数民族聚居的乡镇。

前岐镇水陆交通十分便利，省道沙吕线柏油公路横穿东西，姚矾柏油公路纵贯南北，西距104国道12公里，北抵温州机场120公里，东达沙埕港30公里，海岸建有500吨级的姚家屿码头，可停靠千吨货，船只由此可直达全国沿海各口岸，是矾都明矾输出的主要码头。水电资源丰富，全镇建有21座水库，其中有库容790万立方的牛头溪水库，120立方的佳阳水库和5个10立方以上的其他水库；建有牛头溪一级、二级电站、前岐水电站，装机容量1840千瓦，年发电量1000万度，目前正在筹建装机容量600千瓦的三井电站。

前岐镇依山傍海，气候温和，土地肥沃，山海资源丰富，经济上以农业和种植业、养殖业为主，是福建省省定科技示范县，近年来，前岐镇紧紧围绕创建“柚乡菇城水产基地工贸强镇”的发展目标，把开发山海资源，发展优高农业作为发展经济的主要战略来抓，粮食、四季柚、蘑菇、蔬菜、茶叶、水产养殖六大宗生产基地初具产业化规模，并确立了四季柚、蘑菇、水产养殖三大主导产业地位，逐步向规范化、科学化、外向型的方向发展。

四季柚因四季开花、四季结果而得名，是前岐镇名优特产，已有悠久的栽培历史。四季柚一年中分别于清明、夏至、立秋、霜降时节开花、结果，立冬收获。其花白色，馥郁怡人，果实表面金黄，芳香味美、无籽多汁，置之则盈室流馨，食之则满口生津，果实底部有一个铜钱状的印迹，是正宗前岐四季柚的标志，立冬时节采摘后，在地窖或缸瓮中贮存五、六个月而依然鲜嫩。果实营养丰富，具有特殊奇妙的药用价值，近年美国、日本《生物学文摘》、《汉方研究》报告和专家临床证明柚可防癌抗癌，而深受国内外消费者青睐，被誉为“世界奇果”。在1989年、1992年两年全国柚类果品鉴定会上获得部优果品称号，1996年在全国第四次柚类评比荣获金杯奖。2000年，全镇四季柚种植面积达20000多亩，年产2000多吨。并已被国家和福建省列为“两高一优”农业综合开发项目予以推广开发。

四季柚与四季有谐音，四季佑同音，当地人视之为吉祥物，以求富有，求福佑。因而当地姑娘出嫁时，先把嫁衣叠好装进箱里，再把一个个贴着红喜字的金黄色的四季柚压在衣衫上，作压箱之宝。闹洞房时，傧相要拿出两只柚在床上滚动，从床头滚到床尾，又从床尾滚到床头，边滚边唱：“柚子滚床头，生儿有出头；柚子滚床面；生儿有人面……。”一人唱，众人和。生小孩满月时，做父亲的要亲自去采摘柚叶作垫底，做成“红龟”米糕分送亲友，添福添寿。产妇满月后，要用晒干的柚皮，放在沸水里煎汤，然后用汤水洗净身体，以驱秽避邪。与四季柚有关的民俗在前岐乃至福鼎民间都很盛行。

前岐镇从1976年开始种植蘑菇，20多年来蘑菇生产历经数次波折，1997年前岐镇党委、政府再次青睐这项“白色”产业，加大扶持力度，建设了占地面积3000平方米的蘑菇专业市场，成立了前岐镇蘑菇生产专业合作社，蘑菇种植业再度得到发展，全镇种植面积从1996年的150万平方尺发展到2000年达750万平方尺，产值3000多万元，重现菇城雄风。

水产养殖是前岐镇又一新兴产业，前岐镇地处沙埕港内海湾，港道深，且风平浪静，浅海滩涂面积大，是发展海水养殖的优良场所。前岐镇充分利用这种优势，大力发展海洋经济，2000年全镇已发展网箱养鱼20000多口（主要放养大黄鱼、鲈鱼等名贵鱼种），虾塘混养青蟹、对虾3500亩，滩涂育有蚶、蛎、蛏等贝类。水产养殖业的收入占大农业比重40%以上。

经济建设的迅速发展，也促进其它相关产业的发展。市场设施建设得到完善，全镇新建有农贸中心市场、福东小商品商场、蘑菇专业市场、四季柚、茶叶专业市场，年交易额突破亿元；交通运输日益发达，全镇拥有大小车辆380部，其中出租小车15部；文化娱乐业健康发展，全镇有文化中心站和8家宾馆、招待所，2家歌舞厅，16家卡拉OK厅；教育事业发展迅速，全镇设有福鼎二中、慈济中学和三所初中校，27所完小校，其中慈济中学占地124亩，由台湾佛教慈济基金会捐资援建，于2000年8月19日正式启用，目前全镇生均校园面积初中17.33平方米，小学为14.1平方米。农村基础设施大为改善，全镇31个行政村村村通公路，通程控电话，户户用电，电视机普及率85%。前岐镇已发展成为闽浙边界老区文明镇。

福建省松溪县

〔概况〕　位于福建省北部闽浙交界处，地处东经117°33′－118°15′，北纬27°24′－27°51′，三国·吴永安三年（260年）始置东平县，属建安郡；南北朝·宋泰始四年（468年）改为东平乡；后周广顺元年（951年，南唐保大九年），南唐政权升松源镇为松溪县，县城在今旧县乡；北宋开宝八年（975年）改名松溪县。新中国成立后曾两度与政和合并，改名松政县，1975年3月再次分县仍称松溪县，县政府所在地置于松源镇境内。1999年末全县辖3镇6乡99个行政村7个居委会，总人口16万，主要是汉族，少数畲族。土地总面积1043平方公里。境内多山地丘陵，属亚热带海洋性季风气候，年平均气温18.1℃，无霜期269天，降雨量1600多毫米，全县森林覆盖率75.4%，面积114万亩，已探明的矿产资源有：花岗石、大理石、钨、磷、莹石等20多种。经济以农业为主，为福建省粮食生产基地县和生态农业县，耕地16.5万亩，其中水田15.4万亩，农作物以水稻为主，初步形成“烟、菌、竹、茶、果、木、畜牧水产”等农业八大产业，其中青梅2万亩，为全国最大的青梅生产基地。工业以乡镇为主，全县形成以木材采运、食品加工、家具制造等为主体的60个自然行业，28个种类，主要产品有清水笋罐头、仿古家俱、蒸青绿茶、湛卢宝剑等，其中有12种产品获国家和部、省、优称号。该县现有各类学校88所，卫生机构14个，社会福利院1所，乡（镇）敬老院7所，广播电视覆盖率93%，全县“乡乡通油路，村村通公路”，拥有装机容量1.6万门的国际国内程控电话网，境内湛卢山三峰十六景，已辟为省重点风景名胜区。

〔名优特产〕

灵芝　属多也菌科，是中国稀有的传统名贵中药材。《本草纲目》和《神农本草经》记载为上品，性凉、可入药，可加工成保健饮料等产品。松溪从1989年开始仿野生短段木（熟料）栽培，品种有赤芝八号（G-08）等年产量60吨，年产值360万元，主产区在松溪的岭完、溪畔、溪后、山源。由于松溪地理、气候等原因，生产的原木灵芝产量高、肉质优、朵形大、菌盖厚、色泽好而闻名遐迩，产品走俏国内外市场。1993年被福建省食用菌协会授予“灵芝城”城号，1995年被中国食用菌协会授予“全国食用菌行业先进县”称号。

湛卢宝剑　相传春秋时期欧冶子奉越王允常之命在松溪湛卢山所铸。与其所铸的纯钩、胜邪、鱼肠、巨阙并称“五大名剑”。湛卢剑列五名剑之首，号称“天下第一剑”。《越绝书》、《拾遗记》、《辞源》、《辞海》等书均有记载。自春秋以来，历代君王均将其视为权威、瑞兆的象征。1985年，松溪县组织一批工匠研制出新一代湛卢宝剑，该剑刚柔并具，以锋利、精巧、坚韧著称于世，具有剑背挺直，折弯度大，造型美观，佩带方便等特点，剑身剑壳的造型、图案具有传统特色，剑身上还可缕刻姓名、彰显个人风格，是一种集健身、装饰和收藏诸功能于一体的宝剑。1987年获福建省工艺美术百花奖，1992年荣获部优质奖章。目前在国内外市场颇为走俏，成为该县的名优特色产品。

松溪粉（蕨粉）　俗称山粉、芽粉，虽其它地方也有此产品，但色泽，口感与松溪生产的相比大为逊色，是松溪县名贵的土特产，故名松溪粉。新中国成立前曾为出口物资，远销日本和东南亚。松溪粉制作工序简单，将山上挖掘的蕨根洗净舂烂，以清水搅拌，将沉淀的白色淀粉捞出、晒干而成。松溪粉具有清热、降火的功效，更是烹调的上等配料。

福建省南靖县

〔概况〕　南靖县地处福建省漳州西北部、九龙江西溪上游，境内总土地面积1962平方公里，其中山地面积213万亩，耕地面积30万亩，是一个八山一水一分田的山区县。全县有11个乡镇，总人口34万人，其中农业人口30万人。1999年全县国内生产总值30.9亿元，财政收入2.34亿元，其中农业产值13.55亿元，农民人均纯收入3536元。

南靖县位于东经117°30′，北纬24°26′，年平均气温21.3℃，年平均降雨量1705毫米，年平均日照时数2056小时，年均无霜期达356天，属南亚热带雨林气候。特别是西北丘陵，东南平原的特殊地理构造，前可纳来自太平洋的湿暖气流，后有阻挡北方冷空气的屏障，为南亚热带的常绿植物生长提供了得天独厚的生态条件。

南靖山地资源丰富，且土壤肥沃。据农业资源普查，全县海拔较低，坡度较小的宜界丘陵地有20万亩，其中红壤土占73%。属于一、二级肥力占86%，土层深达1.5米以上。且南靖县山头绿化程度高，多数果园山顶“戴帽”，可以涵养水分，减少冲刷，调节生态环境，提高果实品质。

改革开放20多年来，该县历届政府充分发挥资源优势，积极引导农民念好“山经”。逐步调整农业产业结构，使以粮蔗为主变为经作为主。全县现有水果面积40万亩，总产38万吨，其中大宗水果柑桔14万亩、产量13万吨，香蕉12万亩、24万吨，麻竹面积14万亩，年产鲜笋8.5万吨，兰花面积1500亩，2500万苗。共形成四个特色产业，先后被中国特产委员会授予中国芦柑之乡、麻竹之乡、兰花之乡、香蕉之乡的荣誉称号。

〔名优特产〕

芦柑　南靖县是全国柑桔基地县之一、已有400多年的栽培历史。南靖芦柑（即漳州芦柑）久享盛名，以其色、香、味三绝而蜚声国内外，是该县传统的名、优、特主要产品。1986年元月，农牧渔业部在南昌召开的全国优质水果评选会上，荣获同类产品总分第一名；1994年12月，在福建省首届优质柑桔果品评选展示会被评为金奖；1995年10月，被评为第二届中国农业博览会银奖；1998年3月，被中国特产委员会评为中国芦柑之乡。

南靖芦柑之所以为人称道，在于其果形硕大，果质晶莹、化渣好、果汁多、香味浓郁、甜酸适度，果皮易剥，鲜食沁人心脾，味极隽永。其果实直径多为70-80毫米，重200克左右，可溶性固形物含量12%以上，含酸量低于0.58%，百克果汁维生素C含量不低于38.5毫克，高于苹果、梨的15－20倍，可谓水果之冠。全果可食部分占76.8%以上。据中医大辞典记载，生食有生津止渴、醒酒、利尿之效。

1999年南靖芦柑总产量13万吨，销售量12万吨，销售额17600万元，出口创汇1125万美元。柑桔产业已成为该县山区农民脱贫致富奔小康的主业，也是该县的主要创汇农业。

麻竹　南靖县麻竹笋栽培具有数百年的历史，种植麻竹有得天独厚的地理及气候条件，随着麻笋的加工出口，麻笋生产已从传统的零散种植向规模化生产迈进，全县14万亩的麻竹生产基地已成为福建省最大的麻竹生产种植区，1998年被中国特产委员会授予“中国麻竹之乡”称号。

麻竹笋是该县充分利用气候资源又新开辟的一项创汇农业的朝阳产业，不论鲜笋或笋制品，都是人们青睐的上等健美食品，素有“素食第一”的美称。麻笋味道鲜美香甜，又有清凉解暑的作用，营养丰富。据测定，每百克鲜笋含蛋白质1.9克，脂肪0.45克，总糖2.36克，可溶糖1.55克，热量21.33千卡，粗纤维0.63克，灰份0.72克，磷45毫克、铁0.4毫克，钙12.2毫克。目前，世界上基本形成欧美、日本、东南亚三大市场，其主销产品有清水笋罐头、笋干、脆笋和调味笋等13个系列产品，市场潜力大，前景十分广阔。

麻竹全身都是宝，麻笋除鲜笋做为菜用外还可加工成一系列产品；竹叶干也可出口日本做为包米煮饭，成为上乘的竹叶饭；竹竿可做为支撑香蕉的支柱，也可加工成纸浆，为造纸提供原料。是一业带多业，农村短、平、快的致富业。

香蕉　南靖县栽培香蕉历史悠久。根据《漳州府志》记述，元末明初《耕农记》云：“荆蕉最佳靖地产者”。南靖简称“荆”。可见，几百年前南靖盛产香蕉已经闻名遐迩。近年来，随着农业产业结构的调整，市场经济的导向，适宜区的香蕉生产已成规模发展，全县1999年香蕉面积达12万亩，被中国特产委员会授予“中国香蕉之乡”称号。且南靖香蕉皮薄、质甜、味香、无芯四大特点，在99中国国际农业博览会上评为中国名牌产品。

香蕉为世界四大水果之一，而该县生产的香蕉味甜且香气浓郁，市场具有较强的竞争力。据测定，单果重为214克，可食率73.6%，可溶性固形物19.2%，总酸（以苹果酸计）0.518%，固酸比37.1：1，每百克含维生素C5.07mg。常食用香蕉有助消化，降血压，增智力的功效。且不受时令限制而常年供应，因而倍受消费者青睐，南靖香蕉不仅在国内享有较高的声誉，而且在日本、港澳市场占有一席之地，每年出口日本上千吨。

南靖香蕉质量好、产量高。1997年至1999年，中国农业交流协会与台湾农村发展基金会在该县进行香蕉综合栽培技术改进示范。经过三年来的示范、推广、应用、香蕉产量、质量明显提高，蕉园的科学种植、科学施肥、疏果整梳、单支主柱、三步捆绑法、营运销等七个闽台合作成果，已融合在蕉区生产之中，使该县香蕉生产更上新台阶。

推广应用香蕉组培苗种植，进一步纯化优质品种，极大地克服制约香蕉生产束顶病的危害，使发病率控制在5%以下。发挥科技是生产力的作用。

兰花　兰花为县花，为了重视保护与开发兰花资源，使之发展成为一条致富产业。县政府从1999年至2000年，共举办二届兰花节。以优惠的政策鼓励农民发展植兰业，创办了国兰示范场。目前全县已有2200多人创办家庭兰圃，专业户达250多户，植兰面积100多公顷，品种400多个，存圃兰花2500多万苗，年销售量2000多万元，现已成为该县农业生产八大支柱产业之一。1998年10月中国特产委员会授予南靖县“中国兰花之乡”称号，1999年9月中国国际农业博览会上评为中国名牌产品。

兰花是中国十大名花之一，具有植株高洁典雅、花香清幽远逸特点，故有“国香”、“王者香”、“天下第一香”之美誉，有很高的观赏价值和经济价值。南靖地处南亚热带，境内山多林密，竹、木参天，森林覆盖率达58%，气候温和、土壤肥沃，兰花生长自然生态条件优越，野生兰花资源丰富，是中国兰花主产区之一，特别是墨兰中的矮种、水晶、中缟艺、山城绿等名品深受海内外兰界青睐，多次在全国兰博会上获奖、饮誉海内外，产品销售韩国、东南亚国家和台湾地区。

福建省政和县

政和县位于福建省北部，面积1749平方公里，五代十国时期为闽国边陲兵防重镇——关隶镇，宋咸平三年（公元1000年）升为关隶县，政和五年（公元1115年）更名为政和县。总人口21万，地貌属东南沿海丘陵区，全境气候属亚热带季风湿润气候，因地势高低悬殊，全县形成多层次立体气候。东部与西部，山地与谷盆，气候差异都较大。独特的自然环境，蕴育出一批名优土特产。

1. **政和工夫**　福建省三大工夫红茶之一，为闽红之上品，传说清同治十三年（公元1874年），有江西茶商赵某来政和倡制红茶，以手工制茶颇费工夫，故得名。其后，由于政和大白茶的大量繁殖，茶商叶之翔等人于清光绪二十二年（公元1896年）采制大白茶种，改进工夫红茶品质，分红茶为白尾、上工夫、植工夫。畅销俄美等国，极受欢迎。政和工夫以“政大”品种为主体，其外形肥壮重实，色泽黑褐油润、芽毫被披露金黄色，极为美观；浓郁芳香、隐约间带紫罗兰香气，味醇而甘甜，褐色红艳，金黄显目，叶底鲜嫩匀整，肥厚柔软，主红铜色，素有“三泡味不变”之美誉。

2. **白毫银针** 为政和县特有传统名茶。当茶树新春枝梢嫩芽长成，鳞片初展，只摘下肥壮的芽头制作而成。其外形满披茸毛，色白如银，熠熠闪光，芽长寸许，状若银针，故称之“白毫”或“银针”。泡之水中，始于卧浮，而后芽尖向上，挺立杯中，垂直徐徐下降，观赏之下，蔚为奇妙。汤色杏黄，味醇厚回甘，芳香肺腑。白毫银针性凉，有生津解渴、祛湿退热的功用，陈年银针有降血压的作用，是茶叶之精品和珍品。宋代文人蔡襄有“北苑灵芽天下精”之赞誉，灵芽即是银针。政和银针有悠久的历史，传说北宋徽宗政和五年，政和县进贡银针茶而得赐今县名。古代制法为将已蒸熟芽，只取其心一缕，浸入清水中，称之“银线水芽”。作为贡茶后，更名称“御苑玉芽”、“万寿龙茶”、“长寿玉圭”等等。19世纪初，政和已大量生产银针，销往英美等国，后因欧战发生而停制。1926年银针复起，改销德国，年产达50余吨，收购价格每吨亦提高银元达6400元。当时银针主产地铁山、东峰、稻香、林屯一带，几乎家家户户产制银针，号称政和茶叶的“黄金时代”。新中国成立后，特别是党的十一届三中全会以来，改革开放政策给该县茶叶生产注入无限生机。国内销区主要有北京、天津、济南、沈阳等省会及大城市，外销港、澳、美欧等国家。市场普遍看好，银针价格高，效益好（市场单价人民币120元/斤），极大地调动了生产者和经营者的积极性，有力地促进该县白毫银针发展。1999年银针产量达6600担，30元/斤，产值1980万元。

3. **白牡丹** 白牡丹乃白茶中的上品，是政和县的特种名茶。以绿叶夹以银白毫心，开似花朵，冲泡杯中，绿叶托着嫩芽，宛如蓓蕾初开，故而得名。政和出产白牡丹茶历史较晚，二十世纪二十年代由建阳水吉传入。主要产区在东平、西津及长城一带。用良种政和大白茶制成的高级白牡丹，呈深灰绿色，叶背披满银白茸毛，叶大芽肥，毫香鲜嫩，汤色晶莹透彻，味清甜鲜爽，以其性清凉，有退热散火等功效。新中国成立后，政和生产的白牡丹深受港澳同胞喜爱，视为高级礼品。

4. **东平高粱酒** 1973年，政和酿造厂吸取山西汾酒、江西四特酒、祁县曲香酒的工艺配方，根据东平的气候温湿度，采用优质矿泉水，以高梗高粱为主要原料，酿造成清香型优质高粱酒。其品质特征：清亮透明，有曲香味，香气醇正，入品醇和，回味甘美。1975年起，连续被评为建阳地区一级酒、优质酒、名酒；1978至1979年，在全省评酒会上，均获得清香型白酒评比第一名，为省优产品，并列入省旅游食品。东平高粱酒适量饮用，兴神不损脑，促进血液循环，有祛风湿之功效。

5. **“大真王”锥栗** 锥栗属于壳斗科栗属植物，是闽北传统名特优的经济树种，素有闽北瑰宝之美誉。栗果糯性好，比板栗清香、脆甜，含糖量高，可以鲜吃、炒食、清炖，也可磨粉制作糕点、代乳粉，还可以加工成罐头、锥栗糕等副食品，是一种无污染的绿色食品。政和县是锥栗的发源地和主产区之一，栽培历史悠久，东平镇苏地村早在清朝康熙年间就有人工栽培的记载。全县现有锥栗面积7万多亩，位居福建省第二位，2000年总产量达200多万斤。锥栗生产是山区脱贫致富奔小康最有效的“致富之路”，是一项利国、利民，集经济、社会、生态三者兼优的造福工程。政和县把锥栗生产作为调整农村产业结构，增强山区农村经济实力，整治国土、改善生态环境，促进城乡经济和外向型经济的发展，加快老区、高山贫困地区的脱贫致富的重点项目大力发展。预计到2004年全县锥栗面积可达12万亩，产量800万斤。为变资源优势为经济优势，发挥品牌效益，政和县为锥栗产品申请注册了“大真王”商标。锥栗已成为政和县最具地方特色的名优土特产。

福建省周宁县

一、充分利用资源优势调整产业结构

县委、县政府坚持实事求是的原则，从周宁地理位置、自然条件、土地资源、生态环境、经济总量等实际出发，认识到要解决农民增收问题，关键就是解决产业结构。周宁要发展，必须把农业搞上去；而要把周宁农业搞上去，就必须改革传统农业的生产经营方式，培植主导产业，优化产业结构，走特色农业之路，发展特色产业化。

搞好区域布局是调整农业结构的前提，是基础工作。根据周宁县地理和气侯条件，制定了农业区域布局规划目标，确定了“一线三区”。“一线”就是以310省道周宁段为主轴线，形成以农业科技园区、农副产品深加工、农贸市场等的集中布局；“三区”就是芹山库区、南部低海拔农业综合开发区和西部高海拔农业综合开发区。注重技术水平，把提高农产品的科技含量放在首要位置，根据周宁实际，突出抓好黄花菜等无公害绿色农产品开发。芹山库区以开发旅游农业和水产养殖业为重点；南部低海拔区如咸村、玛坑等以发展茶、果、蔬、竹、食用菌等。

选育和推广优良新品种，改良或淘汰劣质品种，加速周宁县品种的更新换代；采用新的栽培方法，努力培育新的经济增长点，发展高价值的特色品种。加强马铃薯品种的更新换代，在全县范围推广脱毒马铃薯，还发展黄花

菜、反季节蔬菜、魔芋、食用菌，以及鲜切花为主的高山花卉和以太子参为主的中药材以及水果业等，不断拓宽生产的新领域。蔬菜生产以提高产品档次为核心，向精细化、反季节化、无公害方向发展，重点在狮城、浦源、七步、纯池发展6000亩。水果生产坚持新植与改造并举，抓好高山特色品种的提纯复壮，主要在咸村发展无核柿、枇杷等2000亩，狮城、浦源发展皇后黑李、大久保水蜜桃500亩，李墩、礼门、纯池、泗桥发展板栗1万亩。中药材生产要切合该县高山气候条件，切合市场需求，重点以太子参、白术为主，在浦源、纯池、礼门、泗桥发展3000亩；食用菌生产以花菇为重点，以稻杆栽培反季节蘑菇为辅，着力引导农民发展姬松茸等珍稀品种；花卉生产注重引进优质玫瑰、百合、唐昌蒲等名贵鲜切花品种以及盆景类等观赏花木，重点在狮城、浦源、咸村发展600亩。另外大力发展魔芋种植2000亩，加快茶园的新植改造，逐步实现茶园无公害。

二、开发传统品牌促发展

发展特色农业必须要有相应的政策保证，该县研究制定了一系列扶持政策，主要有：一是实施结对帮扶。由百个机关企事业单位与百个行政村的帮扶结对工程活动，通过结对帮扶，加快了农业综合开发和特色农业发展进程。二是资金扶持。在财政、信贷两个方面进行重点扶持，特色农业发展资金实行统筹安排，滚动使用，专款专用。在发展食用菌上，该县乡镇领导、干部带头栽培花菇，提供给群众菌种，待花菇收成后，返还菌种费，发动群众发展花菇2000万筒。三是政策配套。对开荒发展特色农业，三年内免交特产税。

为了加快农业产业化进程，及时将新品种向广大农村推广，促进该县农业在最短时间内有所突破，该县紧紧依托省农业厅、农业大学、农科院等科研部门的雄厚技术力量，在狮城坂头洋的县良种场、农科所生产基地，建立280亩的“农业科技示范园区”，在全县起到良好示范带头作用。县政府十分重视农产品开发工作，指定县农业局、科委负责抓这项工作，成立了莱根香农产品有限公司，宣传该县主要土特产黄花菜、马铃薯、茶叶、蘑芋等。七步、李墩等乡（镇）政府与福州晋安“涧田农场”签订了1000多亩蔬菜产销合同，走上了“订单”农业的路子。大力发挥周宁县在外能人多的优势，帮助家乡拓展农产品营销渠道，提供市场信息，政策引导他们回乡投资兴业。同时还通过开发九龙祭、鲤鱼溪等旅游资源，发展高山旅游业，宣传高山特色农产品，以旅游业的发展，带动黄花菜等旅游农产品的发展。

三、“三高”特色产业取得的成就

周宁县围绕特色农业开发，初步形成5户龙头企业，这些企业带动了分散经营的农户，发展特色农业。全县142个行政村开展茶园无公害栽培，发展名优茶生产，茶园面积达到7.3万亩，年创产值4112万元；黄花菜0.2万亩，年创产值256万元；马铃薯4.5万亩，年创产值2340万元；食用菌年产值1800万元。县政府领导与县直有关部门挂钩茶叶生产销售企业，鼓励茶叶生产上规模、上品牌。1999年从浙江引进珠茶生产技术，成立端龙春茶叶有限公司，对原有干茶进行精加工和外包装，产品全部销往非洲。元宵绿有限公司、官思茶开发有限公司已向杭州国际博览会申报“莱茶”、“官思茶”两个品牌，争取获得金牌或银牌。2000年全县茶叶出口量达450吨，占全省茶叶出口量的三分之一以上。2000年6月14日，县里又引进台湾家宏工业股份公司的第五代制茶设备，生产乌龙茶、人参茶等高档茶。县科委成立莱根香公司，通过该公司年售农产品10000公斤，创效益6万多元。种植业和加工业的发展吸纳农村劳动力，农民人均收入由1990年534元提高到1999年2623元。

福建省闽清县

闽清建县于五代后梁乾化元年（911年），立县前属候官地界，位于福建省省会福州市的西部、闽江下游两岸。因闽江与境内主干流梅溪交汇处“江水浊、溪水清”，得名闽清。古时县城梅溪两岸多梅花，故有“梅城”雅称。全县面积1466平方公里，辖10镇8乡271个行政村15个居委会，总人口30万。闽清属亚热带季风性气候，年平均气温15～20℃，年平均降水量1400～2000毫米，年平均无霜期292天，自然条件比较优越。县城距福州市50公里，既承接福州和沿海地区的辐射，又是连接闽北山区的重要门户，地理地位十分独特。境内公路、铁路、水路纵横交错，交通便利。1999年全县国内生产总值32.2亿元，工农业总产值57.3亿元，地方财政收入1.387亿元。

闽清在历史发展的长河中，逐渐形成了占据全县经济“半壁江山”的支柱产业——陶瓷业和独具特色的地方农产品“闽清三宝”——橄榄、糟菜、粉干。

陶瓷

闽清瓷土资源十分丰富，现已探明高岭土储量1600多万吨，叶腊石500万吨，紫砂土6000万吨，为陶瓷业发展提供了得天独厚的资源优势。闽清陶瓷业历史悠久，早在南宋时期，东桥义窑等地就有艺术瓷生产。近年来，闽清县委、县政府大力实施“科技兴瓷、陶瓷富县”战略，加快资源优势向经济优势转变，陶瓷业得到突飞猛进发展。全县现有陶瓷企业500多家，其中年产值3000万元以上的30多家，形成了建筑陶瓷、电瓷、日用瓷、工艺美术瓷和功能陶瓷五大系列近千个品种。全行业从业人员达2.6万人，年产值超过20亿元，且年递增速度都在两位数以上，其总量已占据全县经济的半壁江山，成为全国釉面砖重要的生产基地之一和全省最大的低压电瓷出口基地。

建筑陶瓷。闽清建筑陶瓷生产始于1975年，1996年全县建陶企业发展至200多家，年产152×152mm白色釉面砖5600万平方米，约占全国同类产品产量的十分之一。1997年以来，根据市场的需求变化，闽清建陶业进行重大技改，围绕上规模、上档次、上水平，加快了产业和产品结构的调整，引进喷雾干燥塔、大吨位压力机、辊道窑、自动淋釉线等新设备、新工艺，转产200×300mm、250×400mm、500×500mm等中大规格彩色釉面内墙砖、地板砖、玻化砖及100×100mm、100×200mm外墙砖等系列配套产品，并成功引进推广了一次烧成技术，提升了陶瓷产品的质量和档次。1999年，全县生产各种规格釉面砖1.7亿平方米，产品遍销全国各地，并已有多种产品打入国际市场，年创产值15亿元。闽清建陶产业已走上多元化、系列化、高档化、规模化的发展路子。

电瓷。全县有低压电瓷生产企业200多家，年产低压电瓷2万多吨，产品销往全国各地，并有大量出口。闽清电瓷厂为国家电力部认可的全省高压电瓷唯一生产企业，能生产绝缘子、避雷器等5大类18个规格、58个基本规格、200多个分规格高压电瓷产品。从1980年起即采用国际标准生产，产品质量达到出口要求。闽清电瓷业将抓住全国城乡电网改造的机遇，加快乡镇电瓷企业生产许可证的申领，从依附、分散向独立、集约化生产转变，力争把闽清建成全省最大的电瓷生产和出口基地。

闽清日用瓷、工艺瓷、功能瓷有着悠久的生产历史和传统生产优势，按照县委、县政府“五瓷并茂”发展战略，将不断加快研究开发步伐，使其在该县陶瓷行业中的份额不断加大。

陶瓷业作为闽清县的支柱产业，千方百计加快陶瓷业发展已成为全县上下的共识，县委、县政府相继出台了一系列鼓励扶持陶瓷业发展的优惠政策，从企业用地、电网选择、审批手续、信贷协调、信息提供等方面予以全力扶持。同时，注重加强市场营销工作，在全国各主要营销点成立了陶瓷协会或同乡会，协调规范营销行为，共同开辟市场。目前全县在大中城市和全国各地设立了500多家陶瓷经销点，销售人员近万人。

橄榄

橄榄又名青果，是闽清县最具特色和优势的水果。闽清县具备发展橄榄生产得天独厚的优越条件，种植历史悠久，品种资源丰富，是福建省著名的橄榄产地。

橄榄由于受温度、湿度制约，只适宜在中国东南沿海热带、亚热带薄霜气候区种植，相对种植区域较小。据植物志记载，中国橄榄主要分布于福建、广东、海南、台湾、广西、云南、四川省，但大部分地区仍处野生和半野生状态，且多为零星分布，果实肉薄、核大、粗纤维较多，鲜食口味不佳。只有福建省闽江下游沿岸的闽清与闽侯人工栽培橄榄历史悠久并形成片落规模生产，果实品质较佳。据统计，截止1999年底，闽清全县橄榄种植面积为3.9万亩，投产1.4万亩，总产6000吨。闽清县橄榄种植已初步建成了以梅溪、东桥、梅城等乡镇为主的闽江两岸万亩橄榄生产基地和云龙、白樟、坂东、塔庄、金沙等江南腹地乡镇的多个千亩以上橄榄生产园。

目前，闽清县栽培的丰产稳产且品质较佳橄榄品种有两大类：一是果大肉多的加工型橄榄，其品种来自来圆、长营、惠园等；另一类是质脆味香的鲜食型橄榄——檀香橄榄。经现代医学化验，橄榄富含人体所需的18种氨基酸和钙、铁、抗坏血酸等，种仁含油58.1%，有降血脂、助消化、生津、健胃、解毒、治咽喉肿痛、减肥，促进儿童骨骼发育，醒酒等功效。橄榄果加工成凉果、蜜饯以其风味独特、营养丰富倍受人们欢迎。经深加工后的橄榄冲剂与果汁饮料更使橄榄身价倍增。但闽清县的橄榄深加工还不够发达，现只有上埔、度口、梅埔等小型加工厂十余家，加工初级产品。

糟菜

闽清糟菜酸、甜、香、辣诸味兼备，风味独特，有去腻、开胃、醒酒、荡涤肠道、增进食欲之功效，福建名菜——“上排糟菜”其主料就是闽清糟菜。

闽清县现有糟菜加工厂9家，年生产糟菜2500吨左右。其中由原国有企业闽清县酿酒厂改制而成的县老山精食品有限公司为福州市农业产业化50家龙头企业之一，具备年生产3000吨糟菜的能力。全县现有生菜基地5~6千亩，年可产优质生菜1.3~1.5万吨（按2.5吨/亩单产），年生产原料糟菜4~5千吨，为闽清糟菜的加工提供了可靠的原料来源。

闽清糟菜生产工艺独特，分两个阶段。第一阶段原料采用地产芥菜，经晒成七成干，配以糯米酒糟、食盐，按传统工艺发酵，陈放在酒坛中腌制而成半成品。第二阶段，由原料糟菜清洗、切碎、炒熟、分装、茶菌、真空封口、包装形成产品。县老山精食品有限公司经多年技术攻关，生产的梅塔牌闽清糟菜具有醇香扑鼻、望梅生津之功效，产品质量已达到国家食品卫生标准要求。闽清糟菜含有一定量的糖、蛋白质、氨基酸、乳酸、纤维素、矿物质等营养成份，尤其是当前人们普遍缺少的天然钙、铁含量较高，具有较高的营养价值。

闽清糟菜在北京、石家庄、上海、广州、深圳、昆明等国内大中城市和香港地区均有销售网点，1999年起“梅塔”牌闽清糟菜进军美国、日本等西方发达国家农产品市场，年销售额2000万元以上。

粉干

粉干主要产地塔庄镇茶口村，称为“茶口粉干”。该村山青水秀，地下泉水清纯可口，用以泡茶，茶清味香，故得名“茶口”。早在南宋时期，茶口林氏祖先就以茶口地下泉水生产粉干而闻名遐迩。随着林氏祖祖辈辈的不断摸索发展，工艺日臻完善，手艺日渐娴熟，生产的粉干色泽秀明，质地松韧，久煮不糊，润滑可口，汤清味好，独具风味，是饮食和馈赠的佳品。

茶口村从事粉干加工现有90户180人，年产粉干2500吨，创产值1400万元，加工企业以茶口粉干有限公司为主，年产粉干1000吨，创产值600万元，注册有“茶口”和“石羊公”牌商标，产品先后被福建省、福州市评为“著名商标”、福建省精品展金奖和百项名牌产品等殊荣。产品主要销往福州、厦门等地，也出口美国、新加坡、印尼、泰国等国家和香港地区，产品销售良好，供不应求。企业被福建省列为百家农业产业化龙头企业之一。

目前，茶口粉干有限公司正积极融资加大投入，引进新工艺新设备，不断扩大生产规模，开发即食粉干、速熟粉干等新产品，抢占国内外市场，培植壮大企业实力，带动农户和基地的全面发展，集生产、加工、销售于一体，努力使茶口粉干发展向产业化迈进。

江西省大余县

〔概况〕 大余县古称南安，位于江西省西南端，赣、粤、湘三省交会处，居章水西源、庾岭北麓，土地总面积1367平方公里，总人口近28万。

大余历史悠久，是沟通中原与岭南的要冲。自秦时设关，随开皇10年（590年）置县，北宋淳化元年（990年）设南安军，后改为南安路总管府，一直沿袭至民国初年，是赣南重要的政治、经济、文化中心。中原的优秀文化、名优特产和外域的文明、科技在这里频繁穿越，相互交流，出现了“商贾如云，货物如雨，万足践履，冬无寒土”的繁荣景象，成为海上“丝绸之路”和“香药之路”的主要通道。

大余资源丰沛，是享誉世界的“钨都”。境内有丰富的矿产资源，钨、钼、锡、铜等20多种金属矿遍布全县，稀土、玄武岩、花岗岩、石英石、瓷土等非金属含量非常可观，其中钨矿以其质量好、品位高而著称于世；水利电力资源丰富，理论蕴藏量12.4万千瓦，可供开发的水利资源5.26万千瓦；大余是江西省36个重点产材县之一，现有林地129万亩，活立木蓄积430万立方米，毛竹蓄量2800万根，森林覆盖率为74.4%。

大余名胜众多，是风兴旖旎的旅游胜地。境内有世界名亭——牡丹亭，江南现存最早、最长、最完整的古驿道——梅关古驿道，有“南枝花落，北枝始开”庾岭腊梅，江南名刹——丫山灵岩寺、正东山正觉寺，古木参天、气息纯真的三江口原始森林、丫山龙潭瀑布群等。大余是赣南的旅游大县。

大余工业基础雄厚，是江西省的重点工业县之一。形成了食品、服装、冶金等支柱产业，是全国最大的钨生产加工基地，具备了从钨原料开采到仲钨酸铵、钨酸钠、兰钨、钨粉、钨丝等钨系列产品的成熟工艺，拥有全国首批、江西省第一家获得自营进出口权及江西省首家通过IS09002国际质量体系认证的钨产品加工私营企业。

大余农业产业化发展迅速，是享誉全国的“中国瑞香之乡”、“中国花木之乡”。全县花卉种植面积达4000多亩，产值达1.79亿元；地鸽养殖达200多万只，是全国最大的地鸽集散地；白鸭饲养量达500万只，是江西省最大的肉鸭生产与加工基地；果业生产成效显著，已建成10万亩甜柚、脐橙、蜜梨等生产基地。

大余基础设施建设日臻完善，是投资兴业的风水宝地。交通便利，323国道贯穿全境，距京九铁路赣州站88公里、赣州机场80公里、京广铁路韶关站130公里，全县县乡公路及1/3的乡村公路实现了通水泥（油）路，已形成便利的陆空交通网络；通讯快捷，已实现1.1万门电话交换程控化，传输数字化，建立了无线移动电话和无线传呼覆盖全县60%以上地区；水电充足，现有装机容量1.5万千瓦，年供电可达5700万千瓦时；城市建设独具特色，已初具生态旅游城市的雏型，先后被评为江西省县级卫生城、县城建设文明单位、城镇绿化先进单位，是江西省三个综合整治市容环境示范县之一，全国城市环境综合整治优秀县。完善的基础设施、宽松的投资环境，使大余成为外商投资兴业的热土，全县引进新加坡和香港、台湾等地商人兴办企业23家。

〔名优特产〕

金边瑞香　金边瑞香原名睡香，又名风流树、蓬莱花，是中国名贵花卉、世界园艺“三宝”之一。金边瑞香以姿、色、香、韵俱佳而驰誉花界，具有极高的观赏价值。金边瑞香还具有较高的药用价值，其根、茎、花、叶皆可入药，性甘寒，无毒，能消炎解毒，行血利尿，消肿止痛，尤其对恶性疮疤、无名肿毒有显著疗效；其花和叶还可提炼成瑞香甙、瑞香油，是医药美容化妆品的理想原料。目前，大余的金边瑞香种植面积达到4000多亩，年产量150万盆，成为全国最大的金边瑞香产地，被国家有关部门命名为“中国瑞香之乡”。在香港国际花卉展览会上荣获“最佳展品奖”，在中国99昆明世博会上，荣获“室内盆栽花卉银奖”。

虎舌红　虎舌红，叶片状似老虎舌头而名，又名宝鼎红、红地毯，属紫金牛科小灌木阴生植物，也是受保护的濒危珍稀植物。虎舌红植株矮小婆娑，制作小盆景极具观赏价值。虎舌红是一种象征着喜庆吉祥，既观叶又观果的花卉珍品，盆栽可长期放置室内客厅书房，非常雅致。在中国99昆明世博会上，虎舌红荣获“室内观叶类植物大奖”第一名。

南安板鸭　南安板鸭为大余传统名产，至今已有400余年历史。清光绪三十一年（1905）成为出口商品销往香港，然后转销新加坡、马来西亚等东南亚国家，成为席上佳肴或馈送亲友之珍品。产品具有定型美观，皮色奶白，瘦肉酱色，皮薄肉嫩，骨脆可嚼，味香可口的特色，色、香、味、型俱佳，素有“腊味之王”的美称。荣获“部优产品”奖、国家质量奖，审定委员会颁“银质奖”、全国首届食品博览会金奖。

美味鸡　美味鸡是在吸收同类传统食品之长的基础上，应用生物工程技术创新的特色食品。它精选本地优质土鸡三黄鸡和四十多味天然保健性芳香型中草药，集传统的烧卤炸工艺为一体，依靠乳酸菌重新组合人体所需的18种氨基酸和营养素，具有高蛋白、高钙质、低脂肪、低胆固醇、易消化、易吸收的特点，香脆、鲜嫩、保健的特色，曾获江西省新特优产品一等奖，江西省食品优质新产品、食品质量优胜产品，1998年12月15日通过科技成果鉴定，进入全省民用食品销售网络，成为京九铁路旅行专供产品和江西民航指定产品。

多味花生　“牡丹牌”多味花生是大余县食品厂积多年实践经验生产出的新型花生制品，选用优质花生仁、面粉、白砂糖、植物油、天然油料等精制而成。该产品造型美观、颗粒均匀，色泽金黄，入口香酥，不含任何色素，风味独特，具有解饥润肺之功效，为居家旅游、待客访友、儿童食用之上乘食品。产品制作工艺先进，选料配方严格，口味新颖独特，质量稳定，自1987年投入市场后一直畅销不衰，深受消费者的青睐和好评。荣获第二届北京国际博览会银奖、中国首届轻工产品博览会银奖（食品类最高奖）、中国旅游商品国际博览会银奖、中国食品工业协会十年成就展优秀新产品奖和全国名优特新评选最受消费者欢迎产品奖，“牡丹牌”商标被评为江西省著名商标。年产量6000余吨，产品畅销上海、浙江、广东等20多个省市。

钨产品　大余是全国最大的钨生产加工基地，有四大中央钨矿，有年产千吨以上的地方钨矿两家和年加工能力千吨以上的钨制品加工企业两家。近年来，大余县加大了科研开发力度，先后研制生产了仲钨酸铵、钨酸钠、兰钨、钨粉等新产品。产品达到国际先进水平，出口美国、德国、韩国、日本等10多个国家，其中伟良钨业公司成为江西省首家、全国首批获得自营进出口权和通过ISO9002国际质量认证体系的私营企业。

果业　大余是江西省的果业大县，全县果业总面积达10.5万亩，建立了两个万亩橙柚基地，形成了以323国道为主干的百里十万亩橙柚带，年水果产量2.6万吨。所产奉节72-1华脐，品质优良，风味浓郁，酸甜爽口，营养丰富，色、香、味兼优，为果中珍品，经常食用有健身美容、延年益寿之攻效，曾获江西省优质水果奖，被评为“部优产品”、“优质农产品”奖，行销广州、深圳、上海、香港等地。

地鸽　1998年以来，大余县发展地鸽养殖迅猛，到目前，该县发展地鸽重点乡镇8个，专业村17个，其中100—500对的大户229户，500—1000对的19户，1000对以上的大户6户，总饲养量达300万只，成为全省最大的地鸽饲养基地。2000年，该县又提出建设“中国地鸽之乡”的发展目标，预计到2004年，全县年饲养量可达1000万只，实现产值1亿元。

玉扣纸　是大余县传统土特产品之一，以本地盛产的未开叉嫩毛竹作原料，手工精制而成。具有型薄、拉力强、吸水性能好的特点。畅销广东、香港等地，尤在香港久负盛名。

江西省进贤县

进贤县地处江西省中部，鄱阳湖南岸，属亚热带季风气候，总人口72万，总面积为1971平方公里，其中：耕地、山林、水面各90万亩，概称“三山三水三分田，一分道路和庄园”，素有“鱼米之乡”的美誉，是一个典型的农业大县。粮食生产以水稻为主，是全国重点商品粮基地县之一，旱作大豆、芝麻生产在全国占有重要位置，以河蟹、河蚬为特色的水产品更是远销国内外市场。但是近年来，随着市场农业发展，农产品生产与市场严重脱节，农产品结构性过剩的矛盾日益突出，大宗农产品价格一路下滑，传统农业生产效益低下，调整农业结构，发展特色农业，提高农业效益是广大农业县区所面临的一个共同课题。

2000年是农业和农村经济发展进入新阶段的关键之年，也是农业和农村经济结构全面调整之年。年初，围绕农业增效，结构调整这一农业工作重点，该县按照以市场为导向，以效益为中心，以资源为优势，以科技为先导，以改革为动力，以增收为目标思路，着力从品质调优、结构调活、规模调大、效益调高入手，做大做强特色农业，农业结构调整取得了一定成绩，具体表现在：

一、种植业结构调整取得新的进展。针对国家出台的从2000年起南方早籼稻退出保护价收购这一粮改政策变化，全县及时改变以往单一的水稻生产模式，调减面积，水改旱、种改养；共调减早稻面积13万余亩，用于种植有市场、有效益的其它经济作物，其中瓜菜3.3万亩、槟榔芋1万亩、甘蔗8500亩、花生8200亩、一晚6.6万亩、改养8000亩。

在调减面积同时，该县把良种生产摆在工作重要位置，通过产销联手，农户签约，全面推广五个优质早稻品种（金优402、金优974、金优71、优I66、优I402），三个优质一晚品种（博优752、晚籼923、65002）以及三个优质二晚品种（金优桂99、培两优288、金优77）为全县水稻生产主推品种。优质难优价一直是制约水稻优质品生产的重要因素。2000年，该县把优质优价、订单生产作为水稻生产努力方向，通过农业局、粮食局、乡村共同协调，对优质稻连片面积在1000亩以上村，总面积在3000亩以上乡镇，由县种子公司统一供种，各村委会与粮食收购部门签订生产收购合同，收购价比常规品种高1－2个等级。订单生产优质优价激发了农民生产积极性，全县早稻订单面积达13万亩，晚稻订单面积19万亩，优质稻生产率达80%以上。

在抓好水稻结构调整，订单生产的同时，全县旱地订单生产也呈现好的势头。红薯5000亩、槟榔芋1万亩、韩国萝卜5000亩、药材100亩、烟叶200亩等均与收购商签订收购合同，花生生产各地也与收购商达成意向收购合同，全县有订单产品数量预计达27.5万吨。

二、品牌农业有了一个好的开头。该县是个农业大县，大宗农产品较多，品质也优，在全国都有一定分额和知名度，但长期处于一种有品无牌的状况。2000年，通过有关部门的积极努力，彻底改变了大宗农产品有品无牌的历史，贤湖牌大米、黑芝麻正式被国家工商部门认定为农产品绿色品牌。品牌效应带动销售、引导了生产，促进了农业生产结构调整。目前，在国际国内享有盛誉的军山湖螃蟹的品牌申报工作正在抓紧进行，良好的市场前景使香港、上海等地客商争相要求成为军山湖螃蟹在本地销售代理商，促进了大水面开发和河蟹养殖。

三、特种水产养殖走出了一条新的路子。军山湖水面32万亩，是全国最大县域淡水湖，一直被公认为是进贤聚宝湖，水草资源丰富，水质优良，良好自然生产条件使军山湖水产品特别是河蟹一直质好价高、市场紧俏。但多年来实行的政府投资放苗、管理，渔民购照捕捞的经营机制，效果一直不理想，投入有限，产量难增，特色难以做大。2000年，县委、县政府及时果断决策，按市场经济规律办事，通过公开竞标，将大湖26万亩水面实行承包经营，既搞活了机制，又有效地解决了投入、管理和技术问题。2000年，大湖中心水面苗种投放创历史新高，共投放鱼苗22万斤（去年为12万斤），蟹苗840万只，目前，鱼、蟹生产呈现蟹丰鱼肥良好态势，丰收在望。继军山湖对外承包经营后，该县2.7万亩陈家湖也与上海客商于2000年6月签订承包经营合同，当年就投放蟹苗300万只，至此，该县三大湖全部走上人工高效精养之路。预计全年全县大湖河蟹养殖产量将达30万斤。

积极发展低洼田种改养是调整农业结构的重要内容。2000年该县共发展低洼田养蟹8000亩，投放扣蟹85万只，其中外商汪仁良投资320万元在军山湖边润岸渡发展稻田养蟹4000亩，刘冬得在云桥乡开发稻田养蟹780亩，稻田养蟹壮大了该县螃蟹支柱产业，开辟了避涝农业新路子，增加了农业效益。解决制约该县螃蟹支柱产业壮大制约因素的蟹苗基地建设已完成立项、选址，正进入实质施工阶段。螃蟹产业将完成蟹苗培育、养殖、销售一条龙的生产格局，形成鱼蟹套养、混养的高效养殖模式。

四、发展草食动物成为农业结构调整的一个新亮点。生猪生产历来是该县畜牧业的主导产业，但近年来由于价格波动大，养殖效益下降，发展难度大，在畜牧业生产中，该县在稳定生猪生产，大力推广良种同时，着力发展以牛、羊、鹅、兔为主的草食动物养殖，形成养殖业多元化格局。该县草山、草坡、草洲资源丰富，秋冬闲田多，发展牛、羊、鹅、兔养殖条件得天独厚，过去几年也形成了一些典型专业户，但从全县情况看，规模不大，没有成市，更没有成为农民的主导产业，基本没有走出养头黄牛为耕田，养头猪来为过年传统。近二年，该县先后组织有关人员到一些草食动物发展较快的市、县参观考察、深受启发，并结合本地实际，把牛改冷配，养牛、养兔、养羊等作为畜牧业结构调整的重点，在牛的数量较多的凰岭、白圩、下埠等乡镇推广牛改冷配工程，发展役肉兼用的养牛业，并逐步在全县推开。前途獭兔养殖基地的饲养量达万余只，以架桥樊木荣和军山湖堤管局、金山养羊基地等养羊的存栏量已达3000头。草食动物养殖良好的经济效益起到了巨大辐射、带动作用，致力于开发草山、草坡、草洲，种草养殖的农户呈快速发展局面。

为了更好地推动该县农业结构调整工作快速发展，该县将在以下几方面着手，一是县乡政府和有关部门更新观念加强服务，努力改变工作方式，多指导、多示范、多服务、多协调，搞好市场信息发布，供求预测，在产品介绍上下功夫，引导农民有目的生产。避免重产品结构调整而轻产业结构调整，重短期效益面轻长远效益，重良种而轻良法，重生产而轻市场现象产生。二是发挥本地资源优势，做到结构调整与移民生计、避涝高效农业相结合，实行由低效农业向高效农业，分散经营向规模经营，传统产品向优质品种，常规生产向科技生产四个转变。三是按市场经济规律办事，不搞行政命令，不搞强制干预，坚持市场取向、效益取向、资源取向、发挥市场机制作用，做到订单启动、龙头拉动、科技推动、典型带动。四是大力提高农技员、干部、专业户的技术水平，依靠科技进步，提高农业效益。五是加速发展农产品加工业。该县农产品销售的大多是原始产品，而成品、半成品少，要通过发展一批农产品加工来实现农产品升值，从根本上解决农产品卖难及农业效益下降问题。

江西省婺源县

〔土特名产〕

茶叶　婺源，位于江西省东北边隅，地处赣、浙、皖三省交界，是全国51个生态农业县之一，茶叶是婺源的特产，以其“叶绿、汤清、香浓、味醇”而闻名于世。早在东汉时期就有种茶的记载，唐人《茶经》，宋称“绝品”，明时入贡，清销海外，曾获巴拿马万国和平博览会金牌奖和银牌奖，美国威廉·马克斯著的《茶叶全书》中称赞婺绿为“中国绿茶品质最优者”。在计划经济的年代，“婺绿”由国家外贸包销，成为婺绿经济的支柱。进入90年代，随着市场竞争，陈旧的工艺和单一的品种，使“婺绿”步入困境，婺源县委、县政府根据“大鄣山主峰高1630米，纵横2100平方公里，其海拔600米以上，面积达900平方公里，县终年云遮雾罩，气候湿润，植被丰厚，土地肥沃，生态环境纯净天然”这一特定气候和土壤条件，决定实施名牌战略，开发高品质、高技术含量的新产品——“大鄣山茶”，随后，成立绿色食品开发有限公司，生产的大鄣山茶经国家有关部门检验，并通过国家绿色食品发展中心的三年跟踪监测后，1996年5月被认定为“AA级绿色食品”；1997年始连续通过欧盟有机食品监督认证机构BCS的认证，先后荣获江西名牌产品，中国食品行业名牌产品，’99世博会金奖、省政府特别贡献奖；“大鄣山”商标也获江西省著名商标。1999年12月，婺源绿色食品开发有限公司与婺源茶叶进出口有限公司、天源茶厂进行有效资产重组，形成江西省婺源绿色企业集团，现拥有绿色有机食品基地53个，定点初制厂60座，茶园总面积30000亩，并全部通过欧盟有机食品监督认证机构BCS及ECOCERT的认证。产品有“大鄣山”茗眉、云翠、特级、1-5级、袋泡茶、珠茶、茉莉花茶、蒸青茶、红茶，“天佑”牌茗眉、剑峰、特级、1-3级、袋泡茶等系列品种，远销德国、英国、美国、日本等国。1999年，集团有机茶总产量达650吨，创汇250万美元，实现销售收入2500万元，利税400余万元。目前，集团立足上海、北京、南昌为主的国内市场，不断丰富产品品种，改进产品包装，加大广告宣传力度，形成幅射全国的营销网络，满足国内外消费者的需求，提高大鄣山茶和天佑茶的知名度。同时，大力开发有机香菇、木耳、芝麻、山茶油、山蕨等绿色有机食品，走绿色有机食品产业化发展之路。

荷色红鲤鱼　婺源县荷色红鲤鱼研究所始建于1959年春，前身为县荷色红鲤鱼繁殖场，是全国惟一的荷色红鲤鱼科研机构和原种基地。现有水库1座，面积30亩，容积5万立方米；精养鱼池120亩。荷色红鲤鱼研究所，旨在研究、选育、推广全县的地方性传统养殖品种荷色红鲤鱼，并为全县的水产养殖业提供苗种、技术和起龙头，窗口作用。荷色红鲤鱼良种选育，1978年10月获省人民政府科技成果奖，1980年10月获省人民政府科技成果二等奖，1981年10月获原国家水产总局技术改进一等奖，1983年3月获国家科委、原国家农委科技成果推广奖。1985年1月冷冻荷色红鲤鱼在全国首届水产加工品展销会上被评为优良产品奖。荷色红鲤鱼良种选育成果为水产界提供了质地优良淡水养殖品种，作为原种和杂交亲本现已推广至全国27个省、市、自治区。

荷色红鲤鱼因鱼体背侧呈鲜红色或桔红色，腹部白色，鳞片规则，头小尾短，背高体宽，形似“荷色”而得名。新中国成立后，经县荷色红鲤鱼研究所会同上级有关科研部门对红鲤鱼进行提纯和选育，恢复了原有的优良特性。此鱼具有“口脾养肺、平肝补肾、滋阴养阳之功效，能“平安孕、好颜色、止咳逆、疗脚气、清水肿、止黄疸”。1979年，荷色红鲤鱼销往港澳，深受欢迎。

甲路工艺伞　甲路工艺伞具有悠久的生产历史，早在明代，伴随着徽商的足迹走遍长江流域。甲路工艺伞选用优质木竹、皮纸、桐油、仿丝、真丝布料等材料精制加工而成。工艺承传经之法，画面取层间之彩，风格别致，精巧玲珑，尤受女士青睐。甲路工艺伞，1993年在中国明星县市经济成果博览上荣获银奖，1995年获江西省“三新”博览会奖。甲路工艺伞厂现通过发展壮大，已拥有注册资金60万元，厂房占地面积4800m^2，固定资产50万元，企业职工120人；年产量30万把，年产值300万元，利税30万元，产品达40余种。销往日本等国和香港、台湾地区。目前甲路工艺伞厂将以市场为导向，充分发挥地方资源优势，继续扩大工艺伞生产线，计划2001年投资150万元，建成年生产量50万把的生产规模，形成工艺伞生产“一条街”和“公司+农户”的模式，使甲路工艺伞成为本地支柱产业。

龙尾砚　龙尾砚，又称歙砚，是中国四大名砚之一，迄今已有1000多年的历史，被历代宫廷皇室、文人墨客所握重，具有较高的实用价值、欣赏价值和收藏价值。

龙尾砚因产自江西婺源的龙尾山而得名，又因婺源在历史上曾属安徽歙州之辖地，故有歙砚之称。龙尾砚始制于唐代；至宋代时，采石制砚已成为龙尾山一带村民的主要生产业务；明清虽有产制，生产规模不及唐宋；民国后期到解放初期，砚台生产基本停止。随着市场经济的发展，龙尾砚的生产再次兴起。到目前为止，据初步统计，全县从事龙尾砚生产制作，销售经营者不少于1000人，比计划经济时期增长4倍。

龙尾石纹理紧密，温润油腻，发墨如油，具有“涩不留笔，滑不拒墨，瓜肤而縠里，金声而玉德”的特点，“涩”是指砚石有缝芒，易发墨，但不损毫；“滑”指石质坚细；“瓜肤、縠里”指石质如瓜肤般的柔嫩和纹理像丝绸般的细美，“金声、玉德”指砚石扣之有金属般的声音，其内在质量又如美玉般的温润，从史料记载和现存的实物来看，龙尾石品质可归纳为眉子、罗纹、金晏、金晕、鱼子5类100多个品种。当代从事龙尾砚雕刻的艺人们，在长期的刻砚中不断追求探索，在继承传统的基础上，有所创新，有所发展，一些佳作在展览中频频获奖，有的被选作国家礼品，有的被博物馆和海内外收藏家所珍藏，如“耕云”砚获省工艺美术设计二等奖，“半亩晏云”砚获’96江西省工艺美术大奖赛一等奖；“一团和气”砚获’97世纪杯江西省工艺美术大奖赛特别荣誉奖等。

江西省井冈山市

〔概况〕 井冈山，位于江西省西南部，地处湘赣两省交界的罗霄山脉中段，总面积为670.53平方公里，总人口5.8万余人。井冈山具有辉煌的历史，绮丽的自然风光，革命人文景观与优美的自然景观交相辉映。经过几十年的开发建设，经济和各项社会事业得到了全面发展，现已成为集旅游教育于一身的理想旅游避暑休闲疗养胜地。1982、2000年，被国务院分别批准为第一批国有级重点风景名胜区和国家级自然保护区，1991、1998年又分别被国家旅游局评为“中国旅游胜地四十佳”之一和“中国优秀旅游城市”。

井冈山的自然资源非常丰富，素有“天然动植物园”和“绿色明珠”之称，是多种野生动物生长的地方，有各类动物1108种之多，栖息着20余种国家一、二级保护动物，主要有华南虎、马鹿（即野牛）、黄腹角雉、云豹、短尾猴、大鲵、蟒蛇等；有植物3800余种，其中100多种为中国特有或世界稀有的珍贵树种，主要有井冈山竹柏、罗汉松、水杉、银杏、红豆杉等。据专家考证，井冈山是亚热带植物原生地之一，具有迄今保存最好的原始森林7000公顷。全市森林资源丰富，活立木蓄积量为433.5万立方米，其中阔叶林、杉木、松林分别占55.6%、37.5%4%，毛竹蓄积量1718万余根，森林覆盖率达85.6%。水能资源非常丰富，可开发水能资源3.2万千瓦，占蕴藏量的43.13%。已探明的矿产有金、钨、铁、稀土、花岗岩、石灰石等矿产资源。井冈山自然风光旖旎，山势险峻，有八大景区，60多个景点，320多个景观景物，目前仅开发4个景区，100余个景观景点。

适应的气候条件和丰富的自然资源为我市旅游业和工农业生产的发展提供了得天独厚的条件，产品市场日益繁荣。

一、名优特产

（一）*旅游产品*。 旅游业的兴起带动促进了旅游产品的全面发展。1. 风味菜肴方面：井冈山的菜肴有着极为鲜明、浓郁的地方特色，它以当地的土特产和原料入菜，清淡、鲜美，色、香、味俱佳。主要有干烧冬笋、如意冬笋、黄焖笋刺、兰花春笋等竹笋、小竹笋系列菜，素鳝丝、酿冬菇、冬菇素肥肠等香菇系列菜，三杯石鸡、酱爆石鸡仁、炸铜锤、炒石鸡等石鸡系列菜，以及红烧狗肉、石耳炖武山鸡、莴麻炒鳝鱼、干烹鳅鱼等传统菜。2. 旅游工艺品方面：利用丰富的竹木资源，引进先进工艺，生产竹木玩具、六面画及工艺品等旅游纪念品，主要有根雕、石雕、皮雕、浮雕、花瓶、笔筒、笔架、砚台盒、根艺茶几、根艺几架、板木画、工艺镇书、屏风、工艺扇、工艺筷、曲竹家具、保健竹凉席等。3. 园艺、花卉方面：近年来，该市充分利用丰富的植物物种资源、大力发展盆景、花卉、苗木，既美化了城市，又满足了旅游市场的需要。现相继开发了以下产品。（1）盆景类：映山红古桩盆景、山石盆景、楠天竹丛林式盆景及枫树、雀梅、榔榆、紫薇盆景等；（2）花卉类：井冈山野生杜鹃（有20余种）、春鹃、夏鹃、西洋杜鹃、铁树、黄叶连翘、海芋及各种温室花卉；（3）苗木类：南方红豆杉、白豆杉、竹柏、木莲、桂花、深山含笑、乐昌含笑、紫花含笑、香樟等；（4）藤木类：爬山虎、凌霄、常春藤、络石等。其中在首届中国杜鹃花展览会上，井冈山杜鹃花荣获科研成果最佳奖一个；第二届中国兰花博览会上，井冈山兰花获铜奖1个；第三、第四届中国花卉博览会上，映山红盆景获二等奖2个、三等奖3个；’99年澳门杯全国盆景花卉精品展览会上，井冈山寒兰、楠天竹盆景、映山红盆景分别获得二等奖、三等奖、四等奖。

（二）*农产品*。近年来，该市依托旅游市场和丰富的山地资源，围绕农民增收和农村经济实力增强这个目标，大力调整农村产业结构，着力培育龙头产业化企业，突出发展了一批有井冈山特色的农副产品。一是充分利用优良的生态环境优势，大力发展绿色食品，主要有茶叶、高山蔬菜、野菜、玉米笋、井冈红米、优质大米和优质水量杨梅、金桔、板栗、椪柑、脐橙等；二是充分发掘山地资源优势，大力发展山货土特产品。主要有山茶籽油、箬叶、桐油、棕、漆、生姜、玉兰片、竹笋、石耳、香菇、木耳、茶树菇等；三是充分发挥适宜药物生长的气候条件和生态环境，大力发展中草药生产。主要有厚朴、杜仲、天麻、田七、三七、云木香、白果、当归、黄莲、茯苓、川芎、七叶一枝花、竹节人参等；四是充分依托龙头企业，大力发展畜牧水产业。主要是依托市畜牧场，大力发展三元纯杂瘦肉型猪、肉牛、山鸡、土鸭等畜牧业生产；依托水产场，大力发展娃娃鱼、虹鳟鱼、淡水白鲳、嘉州鲈、美国大口胭脂鱼、罗非鱼、彭泽鲫、青虾等水产业生产。其中井冈山市茶厂的“井冈碧玉”茶荣获第二届中国农业博览会金奖等多项荣誉称号。

（三）工业产品。经过几十年的建设，井冈山的工业现已发展为涵盖食品、造纸、竹木加工、机械、冶金、建材、电子、服装、森工、皮革及毛皮制品、文教体育制品、饲料等21个行业、70余家工业企业的工业体系。主要工业产品一是“三笋”（冬笋、春笋、小竹笋）罐头、荞头罐头及杨梅、桔子等水果罐头，红米酒系列，南瓜酒系列、三鞭保健酒、矿泉水、高潭明姜、豆腐乳等食品系列；二是中高档卷烟纸系列，硅酸盐水泥系列，TPR塑胶粒等化工产品；三是各式程控电话、家庭卫星电视接收器、铜套管、铜管、拉杆天线等电子产品；四是胶合板、竹凉席、竹木拼花地板、消防梯、竹木家具等竹木制品；五是黄金、硅铁、钨砂等冶金产品；六是连杆、齿轮、盆角齿等汽车配件；七是羽绒服装及床上用品、牛仔服装等服装类产品。其中，800g冬笋罐头和375、175连杆分别荣获省优质产品奖。

在经济快速发展的同时，该市的投资环境也不断改善。（一）交通方面：319国道贯穿全境，通过319国道、105国道、省道井遂线可直达南昌、长沙、赣州等大中城市、京九铁路从山下通过，并设有“井冈山站”，即将通航的泰和军民两用机场和在建的赣粤高速公路离城区茨坪分别只有80公里、70公里，规划中的株（州）吉（安）铁路横穿境内，并将在该市厦坪镇设站；（二）邮电通讯方面。全市现有邮电局、所8个，投递邮路16条，邮路总长达360公里，投递点600多个。目前该市程控交换机容量达14500门，话机普及率达17.2线/百人，近期将进一步扩容到22000门和24线/百人，实现了村村通电话。全市建有“大哥大”基站十座，实现了全市无线寻呼、移动通讯信号的无隙覆盖；（三）电力方面。目前已建小水电站总装机容量1.88万千瓦，全市人均拥有电量1000度以上，居全省之首，市电网已与省电网联网。1989年，被评为“全国第一批农村初级电气化达标市”。（四）投资软环境方面。出台了《招商引资优惠办法》，进一步明确了外商外资项目享受的优惠政策；设立了“一门式”办证收费大厅，实行“一门式”股份；成立了“外商投诉服务中心”，专门受理处理外商的投诉；规范了各种收费行为，实行收费明白卡制等。

优越的生态环境，丰富的自然资源，良好的投资环境是该市最大的优势。热忱欢迎社会各界、中外客商到该市观光旅游、投资兴业，届时该市将提供最满意的服务、最优惠的政策、最舒适的环境。

二、主管部门领导和龙头企业名录

一、主管部门领导通讯名录

1. 市风景局局长：邝建凡　办电：6555385
2. 市旅游局局长：叶明智　办电：6555299
3. 市经贸委党委书记（主持工作）：罗建华　办电：6552914
4. 市农办主任：杨锦来　办电：6552204
5. 市农业局局长：刘森严　办电：6556478
6. 市林业局局长：许森林　办电：6552698

二、产业化龙头企业名录

1. 井冈山旅游发展股份有限公司
地　址：井冈山市茨坪　电话（传真）：6556166
董事长：胡品南　办电：6557769
总经理：刘光武　办电：6557756

2. 井冈山纸业有限公司
地　址：井冈山市石市口　电　话：6610048
办　电：6610049
法定代表人：张有晏

3. 井冈山企业集团
地　址：井冈山市罗浮　电话：6631388
法定代表人：金光明　办电：6631337

4. 井冈山市茶厂
地址：井冈山市黄坳
法定代表人：彭建化　办电：6640110

5. 井冈山市畜牧场
地址：井冈山市厦坪
法定代表人：郭永平　办电：6651010

6. 井冈山市水产场
地址：井冈山市厦坪
法定代表人：宁桂秋　办电：6651203

7. 井冈山市食品罐头厂
地　址：井冈山市厦坪
法定代表人：孙　坚　办电：6651154

8. 井冈山市丝瓜络旅游保健品厂
地　址：井冈山市黄坳
法定代表人：汪仁盛　办电：6640006

9. 井冈山市南瓜酒厂
地　址：井冈山市厦坪
法定代表人：刘文华　办电：6651177

（井冈山市邮编：343600，电话区号：0796）

江西省泰和县

被誉为“乌鸡之乡”的泰和县，地处江西中南部、吉泰盆地中心、赣江中上游，27个乡镇（场），50万人口，国土面积2667平方公里，其中山地、丘陵面积1878平方公里，占71%，河谷平源789平方公里，占29%，耕地面积75万亩，人均1.5亩。过去曾经是个“粮猪型”单一结构的传统农业大县，可如今，沿着105、319国道、京九铁路三条交通大动脉，驱车穿行泰和县境内，举目四放，群山叠绿、花果飘香，多业并举。一排排鸡舍，白凤齐鸣；一片片经济作物，碧波荡漾；一座座水库（塘），鸭鹅成群、鱼虾满塘……。

十多年来，该县立足资源优势，突出地方特色，积极调优农业产业结构，大力发展和壮大农业主导产业，提高农业比较效益，增加农民收入，取得了良好成效。目前，该县的泰和乌鸡、杂交猪牛、优质稻、甘蔗、竹篙薯、马铃薯、早花生等一批特色产业已初具规模。1999年全县农业总产值达13.67亿元，农民人均纯收入达2449.1元，分别比上年增长6.5%和2.5%，驰名中外的泰和乌鸡年饲养量达2000万只；优质良种猪、杂交肉牛年饲养量分别达60万头和12万头；适销市场的早晚优质稻种植面积达84.5万亩，年产量20万吨，优质比率达80%；以甜柚等优质水果为重点的果业种植达3万多亩；以车前籽为重点的药材产业，种植规模达2.6万多亩；以早花生、甘蔗(果蔗)、竹篙薯、马铃薯为重点的特色经济作物产业，种植面积达14万亩。此外，生态综合养殖的水产业发展势头强劲，全县5万多亩水面全部得到有效开发利用，水产品总量达1.3万多吨，其中特种水产达1620多吨。同时，该县森林资源丰富，是江西省的主要林区县之一，有林面积达200多万亩，其中人工林50.5万亩，森林覆盖率达48.3%，活立木蓄积量达430万立方米，毛竹蓄积量2240万根。

该县具有山地、丘陵、河谷平原的多重地域特性，资源禀赋具有多样性。经过几十年的发展，逐渐形成六大农业综合生产区域。一是以碧溪、桥头等乡镇为重点的西部竹木生产区。拥有山地面积占88.4%，在确保粮食自给自足种植的同时，主要开发建设杉木林和竹林，是全县主要林区，森林资源占全县60%以上。同时，围绕森林资源的优势，形成了一批初具规模的竹木及林副产品加工的乡镇企业。二是以禾市、螺溪、南溪、石山等乡镇为重点的粮食生产区。该区草山草坡，丘陵岗地面积较大，是泰和县的重要产粮区。生猪、肉牛、乌鸡及特色经济作物也有较好的发展基础。同时，该区地矿资源较丰富，尤以南溪乡的石灰石、石膏矿最具典型，储量大、埋藏浅，乡镇企业大都以石灰石、石膏开采和农副产品加工为主。三是以苏溪、马市、栖龙、塘洲、沿溪、万合等乡镇为重点的特色经济作物种植区。该区河谷平原面积大，地势平坦，土壤肥沃，是全县主要经济作物产区，盛产优质稻、甘蔗、百合、早花生、车前籽、竹篙薯、瓜果等。良种猪、杂交牛、泰和鸡也有较快发展。四是以澄江、上田、文田等乡镇为重点的泰和鸡、商品蔬菜生产区。该区地处城郊，人口稠密，流通活跃，高效种养业发达，基本形成了一乡一业、一村一品格局。泰和鸡饲养量达1500多万只，占全县乌鸡饲养量的80%；商品蔬菜种植面积大，除供应本县外，还销往井冈山、吉安市等县外市场。在县城和文田开发区分别建有占地面积4300平方米的水果蔬菜批发市场和1300多平方米的乌鸡专业市场，年成交额分别在1000万元以上。五是以苑前、灌溪、樟塘等乡镇为重点的肉牛生产区。该区草场面积大，具有饲养肉牛的传统习惯，并已形成吉安地区最大最活跃的肉牛集散与加工市场，年加工运销肉牛达4万多头。六是以中龙、小龙、水槎、老云盘等乡镇为重点的东部油茶林种植区。该区山地、丘陵面积大，人口密度低，气候温凉，雨量丰沛，森林资源较丰富，油茶林面积占全县油茶总面积80%之多，并且竹木蓄积量也在全县占有相当比例。

近几年，随着市场经济的不断发展及中国入世的逼近，该县审时度势，立足大农业，着眼大市场，积极实施农业产业化经营战略。建立了泰和乌鸡、杂交猪牛、果药经作、优质稻、商品蔬菜五大支柱产业，并围绕这五大产业，初步实施了种养加销一体化产业经营模式。特别是泰和乌鸡产业得到较快发展。在饲养上，实施乌鸡基地化生产，区域化布局，全县形成了以国营种鸡场为龙头，以养殖大户为主体，以千家万户饲养为基础的泰和乌鸡发展格局。全县培育了乌鸡生产重点乡镇10个，重点村160个，重点户2500多户，尤其是一批重点养殖大户在文田经济开发区投资兴建了大规模的乌鸡养殖场，养殖场具备了年饲养种鸡万只以上，孵化鸡苗400万只以上、出笼商品鸡100万只以上的养殖规模。1999年全县乌鸡饲养量达2000万只，出笼乌鸡达1600万只。在加工转化上，为发挥泰和乌鸡这一珍贵的特色资源优势，该县以建设食品工业强县为目标，积极联合白凤酒业有限公司、乌鸡保健食品有限公司、乌鸡营养品有限公司、生物食品有限公司、酱食品有限公司、冷冻食品有限公司、泰和鸡育种有限公司等7家骨干企业，组建成江西白凤集团，以“白凤”品牌实行集团化统一经营运作，产生了良好的拉动效应。现已开发出白凤乌鸡酒、白凤春酒、白凤液酒、白凤胖大海、白凤烧鸡、扒鸡、白凤乌鸡口服液等10多个项目37个品种，年消化乌鸡达800多万只，实现产值1.5亿多元。白凤系列产品正在全国大中城市上市销售，其中白凤衍宗酒已在日本、东南亚打开市场；高科技新产品“白凤乌鸡口服液”行销全国；乌鸡烧鸡在’97中国南京食品博览会上荣获“科技之星”奖。

泰和特色农业的发展，推动了泰和由农业大县向农业强县的快速转变。

江西省农村能源环保技术开发中心、江西省节能仪器仪表厂

江西省农村能源环保技术开发中心和江西节能仪器仪表厂技术力量雄厚，生产设备先进，近几年研制出沼气领域多种高新技术产品，形成名优系列沼气产品。获8项国家专利，以及国家、地区、行业奖多项。经验测鉴定，高效节能电子点火沼气灶和高照度电子点火沼气灯，主要技术为国内首创，主要性能国内领先。产品全套供应，行销全国，远销土耳其、埃及、斯里兰卡、加纳等国家。

承接高深度有机废水厌氧消化工程及技术咨询

高效节能电子点火沼气灶　专利产品。根据沼气特性设计，设计压力1600Pa，适应压力范围较宽。热负荷2814W，热效率大于58%，COa = 1小于0.02%，着火率100%。品种全，有脉冲、压电点火单、双灶，沼气、液化气两用双灶。

低压盒式沼气压力表　专利产品。计量单位：kPa，国际通用，不易破损，美观，有利于标准化建设。

高照度电子点火沼气灯　专利产品。带电子点火器，设计压力为1600Pa，热负荷525W，照度901x，设有手动风门调节器，美观，实用，配耐高温玻璃罩。

家用脱硫器　减少硫化氢对沼气用具的腐蚀，提高用具使用效果与寿命；减少污染，有利于身体健康。

PE半硬管，抗老化PVC软管及管件　耐老化，使用寿命长，冬季仍保持良好弹性。利用自然长度安装，接头少，管件接头采用过盈配合，不需胶水，密封性好。

荣誉榜

1993年　华东名优节能产品展销会金杯奖
1994年　国家有关部门的重点新产品
　　　　全国农村能源新技术和产品展销会优秀产品
1995年　江西星火科技三等奖
　　　　省优秀新产品三等奖
1996年　省农村能源先进单位
1997年　第三届中国农业博览会认定名牌产品
1998年　省农业科教突出贡献三等奖
1999年　中国国际农业博览会名牌产品
　　　　中国农村能源行业协会推荐产品

单　　位：江西省农村能源环保技术开发中心
　　　　　江西节能仪器仪表厂
地　　址：南昌市省政府农业厅内
邮　　编：330046
法人代表：徐新明
联 系 人：彭爱华　李江云
电　　话：0791－6221256　6293720
传　　真：0791－6221256
E－mail：nyzx88@163．net
http：//www．21st－cn．com/zgjx/jxncnyjszx．htm

山东省青岛市

一、轻工（家电）类

青岛牌青岛啤酒

由青岛啤酒集团生产，“青岛牌”为全国驰名商标。选用优质大麦、良种啤酒花和纯净的崂山矿泉水为原料，采用经典酿造工艺和独到的后熟技术、优良的酵母菌种和严格的工艺管理精心酿制而成；素以泡沫洁白细腻、持久挂杯、酒液晶莹透彻、口味香醇可口而驰誉海内外；在1963年的第二届全国评酒会上被评为国家名酒并获唯一金奖，之后又多次获国家金奖和美国国际评酒会冠军，并分别在比利时布鲁塞尔和新加坡的评比大赛中获金奖。

青岛啤酒以色泽分类为主，已形成黄、黑、淡、棕四大系列。近年来，在原有优质青岛啤酒、金质青岛啤酒等80多个品种的基础上，又开发出超爽干啤酒、全麦干啤酒、绿色啤酒、菊花啤酒、富硒啤酒、富钙啤酒、养心啤酒、果味啤酒等20多个新品种。其生产能力达到150万吨；1999年，在全国同行业中，其产销量率先突破100万吨，居第一位。

即墨牌即墨黄酒

由山东即墨黄酒厂生产。系选用优质大黄米、小麦，配以崂山泉水，应用传统工艺，经自然发酵压榨而成，素有“斤米酿斤酒”之说；其营养丰富，品质优良，富含18种氨基酸和16种对人体有益的微量元素，是中国北方黄酒的黄型代表，被营养学家喻为“营养酒王”。1955年，在印度举办的世界博览会上获金奖；在第二、三届全国评酒会上被评为优质酒；是“山东名牌”和全国黄酒行业许可使用绿色食品标志的产品。目前，其年生产能力为2万吨，并陆续开发出即墨花雕、清酒、料酒、滋补保健酒等系列产品。

崂山牌崂山矿泉水

由青岛崂山矿泉水有限公司（原青岛汽水厂）生产。产品选用崂山优质天然泉水，水质清纯无污染，富含钙、钠、锶、偏硅酸等丰富的矿物质和人体日常所需的各种微量元素；先后获得“中国名牌创造奖”、“全国最受消费者喜爱奖”等称号。目前，其生产规模为年产10万吨，已形成玻璃瓶及PET瓶装的崂山矿泉水、崂山牌大桶水、崂山牌白花蛇草水、崂山山泉水等系列产品。

华东牌系列葡萄酒

由华东葡萄酿酒有限公司生产。采用从欧洲引进的薏丝琳、莎当妮、佳美、赤霞珠等13个名贵酿酒葡萄品种，引进澳大利亚、德国、意大利等国先进设备，按单品种、产地、年份的AOC标准酿制。是高级营养性佐餐葡萄酒，晶莹剔透，果香浓郁，口味醇厚，含有20多种氨基酸和丹宁等物质，对心血管有保健作用，在适宜温度下饮用可开胃、解乏。主要产品为华东薏丝琳干白、莎当妮干白、佳美干红、赤霞珠干红，被国家有关部门批准使用绿色食品标志。生产规模为年产3000吨。

海信牌系列产品

由海信集团生产，“海信（Hisense）”为全国驰名商标。主要产品有电视、空调、计算机、信息软件、电话、VCD、DVD、组合音响、照相机、光电产品等门类、380余个品种。主导产品是电视、空调、计算机。

电视　主要有“智能王”彩电、“华彩”系列环保电视、“喜迎门”数字化彩电、“音响专家”、“图文先锋”中文图文电视、“调音师”环绕立体声电视、“数码王”数字化彩电、“超梦”彩电以及100HZ逐行扫描的“胶片电视”。产品获“中国消费者协会推荐商品”等荣誉称号。

空调　数字直流变频空调有一拖二壁挂式（柜式）空调、柜式空调、壁挂式空调；定速空调包括有一拖二壁挂式空调、壁挂式空调、豪华柜式空调。在“'97北京国际博览会”上，产品先后被评为“'97无投诉产品”、“'98全国百家大商场空调器十大主导品牌”，“国家级重点新产品”、“1998～1999中国消费者协会推荐品牌”等称号。

电脑　家用电脑有“海景”系列、“海贝”系列（专为学生设计），商用电脑有“商箭”系列、“金箭”系列，以及掌上电脑。产品获国际权威的ZD（中国）实验室对国内处理器的产品评测综合指标第一、中国企业家协会等国内权威部门组织的“'98国内电脑产品首选品牌”调查第3名、中国消费者协会推荐商品（1998～1999年度）、荣获中关村电脑节“十大品牌电脑”称号。

澳柯玛牌系列产品

由青岛澳柯玛集团生产，“澳柯玛”为全国驰名商标。系列产品涉及19大门类、62种产品、183大系列、700多种规格型号，主导产品有电冰柜、空调器、电热水器。

电冰柜　澳柯玛冰柜在超保温、节能、保鲜、超低温、恒温等多项制冷技术中保持了国际领先水平。在医用制冷领域，连续三次在世界卫生组织召集的医用冰柜竞标中中标；在开发出－50℃深温冰柜和药品陈列柜等系列产品的基础上，又成功开发出国内第一台－86℃超低温冰柜，已形成批量生产能力。集食品保鲜冷藏、消毒和饮水三种功能于一体的BCY—35多功能展示柜，被业内专家评为具有“国际首创，国际领先”水平；1999年，在宁波举行的全国新产品发明展览会上获金杯奖。推出的双温整体转换冰柜，消费者可根据需要，利用调节旋钮进行冷藏、冷冻的整体转换。澳柯玛BD—66、BD—99系列绿色抗菌彩板小冰柜，柜口进行内凹式开门设计；在经常用手接触部位采用添加高效抗菌剂板材，抑制多种病菌滋生和繁殖；箱体有白、黄、蓝、绿等多种色彩，满足不同家庭的装饰、审美需要，已经成功走进法国、日本等发达国家市场。

空调器　包括普通定速空调、超级变频空调、彩色空调、健康空调、保健空调、家用小型中央空调、热水空调、机车空调、小型冷水机组、“混拖”一拖多空调等10大系列、100多种型号。澳柯玛“大自然”系列健康空调，凝聚了20多项国家专利，其中有3项技术填补了国内空白，该系列空调采用健康多元光触媒、健康负离子、健康换新风、超静音运行、防霉抗菌、防霉过滤网等六大健康技术，具有无供水加湿功能、准恒温换气功能和结露预防功能。澳柯玛“克感王”保健空调，首次将医学保健概念引入空调器产品，该产品不仅可以有效抑制感冒的发生，同时对花粉病也能有效防治，该技术已通过医学专家和国家权威部门的认证，获国家专利。澳柯玛一拖二热水空调为中国第一台热水空调，采用先进技术，将空调器的热水器有机地进行组合，既节能又增效，综合节约能源2/3以上，该产品获1999年世界发明专利。澳柯玛机车空调是一种专为铁路机车驾驶室和多种汽车而设计的专用空调，具有超强制冷制热、通风功能，还具有高低压力保护，快速启动制冷等优点，是目前国内机车空调中独有的高新技术。

电热水器　澳柯玛FCD系列电热水器采用蜂窝状搪瓷加热体，通过辐射加热技术，于内部设有空气绝缘带，炉膛内外有瓷釉绝缘层，在水电之间共形成四重绝缘保护，使水电彻底分离，从根本上解决了使用安全问题；采用的瓷釉内胆和双面搪瓷炉膛，使用寿命可延长到15年以上；采用整体聚氨酯超厚发泡保温层和国际先进发泡工艺，整体一次发泡成型，保温效果极佳，断开电源后，100小时后仍有热水供应。澳柯玛FCD—50A电热水器先后被评定为“国家级新产品”，被国家有关部门选定为“1999年度新产品试制计划”，1999年荣获青岛市科技进步一等奖。

澳柯玛双陶瓷加热体式FCD—S50A电热水器是国内首创的新产品，安全保护体系由敏感度极高的漏电保护器、泄压阀、过热保护器和阳极镁棒等组成，具有防漏电、防超压、防干烧和防腐蚀等多重保护功能，体现了当今电热水器安全领域的尖端水平。该产品最大的特点是利用底部双陶瓷加热体进行加热，消除一般热水器因加热不均匀存在的死角，出热水量与同类产品相比多1/3，热效率提高40%。

双星牌旅游鞋

由青岛双星集团生产，“双星”为全国驰名商标。产品具有穿着舒适、耐磨、耐冲击等优点，分普通型、专业型和休闲型三大系列，款式变化多样，高中低档齐全，适合运动、休闲、旅游穿着。产品曾连续多年获全国畅销国产商品“金桥奖”；被中国质量管理协会评为“全国用户满意产品”；1995年荣获全国制鞋业唯一“驰名商标”，连续多年被国家名牌发展中心和全国用户委员会评为“质量跟踪用户满意产品”和“市场主导品牌”。

青岛牌贝雕工艺品

是青岛贝雕工艺品厂产品。产品充分运用传统工艺，巧用贝壳的天然色彩、纹理、光泽、形状，精心雕琢而成，构图新颖别致，工艺巧夺天工，色彩晶莹绮丽。曾多次荣获部优、省优产品称号，中国工艺美术最高奖——银杯奖和国家旅游局颁发的天马金奖，部分珍贝精品被国家珍宝馆收藏。

大成牌真丝转印彩绘制品

是青岛印染科学研究所产品。采用新工艺、新材料、新技术与转移印花相结合生产的各种真丝地图，色彩艳丽，花纹清晰，图案逼真，立体感强，体现当代印染技术的新水平，具有较高的使用、欣赏和收藏价值；真丝手绘丝巾，色彩多样，文雅清幽，风格独特，具有较强的中国绘画特色，是馈赠国内外朋友的理想礼品。

天鹅牌机绣花边制品

是青岛机绣花边总厂产品。运用国外先进设备技术与中国传统工艺相结合，精心设计、制造的机绣花边系列装饰用品、径编涤美纶系列用品，以其典雅精致、绚丽多彩、工艺精湛而享誉海内外，产品远销欧美、日本、东南亚等十几个国家和地区，连续多年荣获全国畅销国产商品“金桥奖”。

田园牌草编工艺品

是青岛海萌达草制工艺品厂产品。采用纯天然麦秸草手工精制而成。产品主要有草编壁画、草制品贝雕装饰提篮、变形小动物、各种室内装饰物、挂件、遮阳帽、小挎包、手袋等产品。该产品在传统工艺基础上，将西方现代设计和传统绘画艺术融为一体，风格独特，具有返朴归真、回归自然的特点和田园风格，颇受国内外朋友的喜爱。

二、海产及加工品类

真鲷　又名加吉鱼，属名贵鱼种，成鱼体长50厘米左右。每年5月上旬开始在海州湾产卵后，群体向东北方向索饵回游，青岛近海于5月下旬为盛产期，以后逐渐游向渤海湾，9月开始南移于青岛近海的千里岩、朝连岛东南部海域并形成秋汛。

中国对虾　又称大虾，属名贵海产品。青岛近海春秋两季均产，一般年产100~300吨，因其生长快成熟早，资源较稳定。80年代初开始在胶州湾、丁字湾实行对虾放流增殖，资源量增多，秋季为青岛近海主要资源之一。

鹰爪虾　学名鹰爪糙对虾，俗称立虾，变曲时形如鹰爪，甲壳较厚，略呈红色，青岛近海分布很广。沙子口沿海鹰爪虾加工的海米，名“金钩海米”，颇享盛誉。

蛤仔　又称花蛤、菲律宾蛤，为滤食性软体动物，胶州湾水质肥沃，极有利于其生长繁殖，如无特殊破坏因素，资源量可保持稳定，为青岛近海渔业资源一大优势。

蓝点马鲛　又名鲅鱼。每年4月下旬，鲅鱼群进入海州湾及青岛近海产卵、索饵。灵山岛东南及近海水深20~40米水域广有分布。鲅鱼因适温性强，生长快，近海资源较稳定。

黄姑鱼　又名铜罗鱼，黄色，属暖温性近海中下层鱼类。每年5月上旬，开始进入海州湾和青岛近海，渔期在5~7月，秋季随水温降低逐步游离青岛沿海向深水区转移。

刺参　产于青岛近海，属海参之上乘，沿海分布面很广，但数量较少。青岛前海大黑栏、小黑栏、太平角湾、竹岔岛、斋堂岛等海域资源较集中。

沽鲻　背略黑，腹白色，吻宽而短，形同梭鱼，属近岸浅海半回游鱼类，因产自大沽河口而得名。沽鲻出产不丰，唯“出沽河者佳，烹而食之，其味美不能忘”，成为胶州湾特产。60年代以后因大沽河下游生态环境改变，鲻鱼资源逐渐减少。

三疣梭子蟹　因其甲壳呈梭形，中部有赘庞三块而得名，具有繁殖力强、生长快的特点，一般250克左右，最大个体重750克。青岛近海及胶州湾均有分布，资源量较大，青岛海蟹已成近海的重要资源，汛期以初秋为盛。

海胆　棘皮动物，俗称“刺锅”，崂山湾资源较多，海带养殖区为海胆繁殖的良好水域，沙子口外海和胶州湾资源尚丰，年产约数十吨。青岛在80年代初开始采捕利用其加工海胆浆出口。

横拟蟹肉　青岛海洋渔业公司（山东省远洋渔业公司）生产。以精制鱼糜为主要原料，辅以天然蟹味抽提液，经独特的科学工艺制作而成，以色、香、味俱佳而驰名中外。由于其原料——鱼肉中具有高蛋白、低脂肪、低盐份、低糖份的特点，儿童经常食用可促进大脑和骨骼的生长发育，有助钙的吸收；中老年人经常食用可以预防多种心脑血管疾病，补充体内的含钙量。1995年获西湖国际食品博览会金奖、中国农业博览会银奖，1999年获中国国际农业博览会名牌产品奖。年产量为3000吨。

鱿鱼丝　青岛海洋渔业公司（山东省远洋渔业公司）生产。由新鲜或鲜冻的北太平洋鱿鱼精加工而成，质地纯正，口感独特，回味无穷，产品开袋即可食用，也可成为餐桌上一道凉拌菜，是居家、旅游、馈赠之佳品，该产品可变换不同口味，满足市场要求，现逐渐被欧美市场认可。1999年获中国国际农业博览会名牌产品奖。年产量为35吨。

琼胶　青岛海洋渔业公司（山东省远洋渔业公司）生产。以纯石花菜为原料，采用科学的生产工艺，先进的设备精制而成，已有50多年的生产历史。主要用于科研、医药、食品、加工等行业，可作为细菌培养等用于微生物学研究，或作为增稠剂、稳定剂等食品添加剂用于食品加工，也可直接食用。1990年获部优质产品奖，1999年获中国国际农业博览会名牌产品奖。年产量为20吨。

梅鹤牌海产食品　青岛海产食品厂产品。包括“烤鱼片”、“黄鱼、舌鳔、泥鳅、银鱼小鱼军团”、“美味鱼片”、“鱿鱼丝”、“烤鲜虾”等海产食品。配方独特，味道鲜美，肉质疏松，营养丰富，深受消费者欢迎，体现了青岛旅游食品的特色。其中“烤鱼片”产品于1993年荣获全国旅游产品饮料博览会“受消费者信赖产品奖”、1994年荣获全国水产品加工展示交易会“畅销产品奖”、1996年荣获第二届中国农业博览会铜奖。

红超牌真空包装杂色蛤　是青岛红丰水产品加工有限公司产品。采用胶州湾海域盛产的杂色蛤蜊生产，其肉鲜味美，风味独特，富含蛋白质、铁、钙、维生素等多种营养成分。产品经高温杀菌，真空包装，无任何添加剂，保持天然风味；携带方便，开袋即食，是走亲访友、招待宾朋、旅游的美味海味食品。

“金钩”海米　由产于黄海之滨的沙子口港湾的名为鹰爪虾（俗称立虾）经过传统的手工工艺加工制成。色泽金黄，形状如一把钩子，故得名“金钩”海米；以其历史悠久、营养丰富、蛋白质含量高、含有多种对人体有益的微量元素、味道鲜美、外型美观而得到了国内外客商的青睐。1982年，在山东省国际食品博览会上获金奖。

三、海洋药物类

深海龙胶囊　是青岛国风药业股份有限公司利用祖国传统的中医药理论与现代医药科学技术研制生产的纯天然海洋药物。该药原料中的海龙和海马长期吸收深海中所含的大量微量元素，其自身还含有酶类、高度不饱和脂肪酸、氨基酸等有效成份，对滋补和提高人体免疫力有显著疗效。同时，该药还从“人参、鹿茸”等30多种天然植物药材中提取有效成份，可抑制肿瘤，升白升红，作为癌症患者化疗及辅助治疗药物。被列为国家中药保护品种。1996年通过美国FDA认证，进入美国市场，并得到美国消费者的好评。

深海龙酒　是青岛国风药业股份有限公司深海龙系列产品之一，属天然海洋药物药酒。是在系列产品组方的基础上，充分发挥酒剂的优势，使所含有效成份达到快速吸收，并发挥疗效。酒中含有深海生物——海龙和海马的有效药物成份。对滋补和提高人体免疫力效果显著，同时，产品中还含有“人参、鹿茸”等植物药材中的有效成份，对抑制肿瘤、升白升红疗效显著，可作为癌症患者化疗及辅助治疗药物。由于产品本身的剂型特点，还对关节炎、风湿病有显著的疗效。

海康胶囊　是青岛国风药业股份有限公司与山东省海洋药物科学研究所共同承担“八五”国家科技攻关计划课题，经十年研究开发出的高新技术海洋药物。本品以鲜活海洋生物“海胆”为主要原料，采用独特先进工艺精制而成，以补血安神、滋阴补肾、养颜防衰、强体健魄为特效。经常服用可精力充沛，容光焕发，提高身体素质，祛病延年，改善生命质量和工作效率。海康由100%的天然成份组成，富含甾醇、酶类、高度不饱和脂肪酸、牛磺酸、微量元素和氨基酸等。其主要有以下疗效特点：升高血红蛋白，增加运动耐力，提高机体免疫力，抗衰老等。可用于治疗贫血症及多种慢性消耗性疾病的辅助治疗。

海中王片　由青岛国风东瑞制药有限责任公司独家批量生产。系利用海洋资源的优势，以海龙、海燕、紫海胆黄等海洋生物为原材料，运用海洋生物技术研制开发并参考历代滋补秘籍组方精制而成的纯天然滋补保健药品。富含氨基多糖、皂甙、甾醇、大黄素、牛磺酸、肌醇及16种人体必需的氨基酸和微量元素，能充分补充人体所需，可补肾填精、温肾壮阳、促进机体代谢、增强免疫功能和机体耐力，是强身健体、延年益寿的佳品。

甘露醇烟酸酯片　由青岛国风集团金海制药有限责任公司国内首创并独家生产。系由海带天然成份与维生素合成的海洋药物，具有降血压、降血脂的功效，尤其对降低舒张压疗效甚佳，降各期高血压有效率为85%，降三酸甘油脂有效率为84%，降舒张压有效率为93%。既可用于治疗，又可预防，安全无毒，曾参加过布鲁塞尔尤利卡博览会受到欢迎，是老年人不可多得的常备良药。

四、农、林、牧类

中华寿桃　分布于青岛市所辖的莱西市、平度市等地。果实圆球形，平均单果重300克左右，最大可达900克，色泽艳丽，肉质细嫩，粘核，糖度含量高达16%～19%，耐贮运，丰产性强。

关爷脸杏　又名大红杏、主要分布于青岛市崂山区、城阳区。果实扁卵圆形，果面底色桔黄、微青，有暗红晕，有光泽。单果重36克左右，大果重76克。晚熟后肉质柔软，离核，味甜浓而芳香，品质极上，含可溶性固形物17.6%；鲜食、加工皆为上品，在国内外市场很受欢迎。极耐贮运。1986年被国家有关部门评为名优果品。

北宅樱桃　又称崂山樱桃、中国樱桃，来源于青岛市崂山区北宅一带，具有100年以上的栽培历史，经历代果农的选择栽培，形成了三大类群：即大红樱桃（樱珠）、小红樱桃和樱黄。主要分布于崂山区北宅、沙子口和城阳区的惜福镇、夏庄镇的山区果树种植区。大红樱桃平均单果重2g以上，最大单果重3g，果实全面鲜红色，亮度较大，皮厚而韧，易汁离，剥液多，甜度大微酸，风味佳，品质优。小红樱桃：平均单果重1.8g以下，味甜微酸，品质上，成熟早。

城阳大仙桃　1978年在城阳区夏庄镇安乐村首次发现，经选育研究而成新品系，1996年8月通过省级果树专家鉴定。青岛市各市区均有分布。其树势强健，树姿开张，果实于8月下旬成熟，果个特大，平均单果重325克，最大果达900克重，果实呈不规则扁圆形，果面全面着色，色泽艳丽，离核，肉质细脆，汁多，酸甜适口，耐贮运。

寒露蜜桃　青岛市所辖的平度市、莱西市、胶州市、即墨市和城阳区、崂山区都有大面积栽培。果实圆形或椭圆形，平均单果重225克，最大单果重400克。肉韧质细，浓甜多汁，果实于9月底成熟，较耐贮运，一般自然贮藏可达10天左右。

大泽山葡萄　品种来源并分布于青岛市所辖的平度市大泽山脉一带。共有300多个品种，主要有龙眼、玫瑰香、红鸡心、柳子、白羽、泽玉、大玫瑰等。这些品种除具有粒饱、形色美观、皮薄肉嫩、含糖量高、清香可口的共同特点外，在穗、粒、色、味等方面也各有特色。大泽山葡萄还有药用价值，富含糖、有机酸、蛋白质、矿物质（钾、磷、钙、铁）和多种维生素及抗坏血酸等，并有清热解渴、补五脏、益气和祛诸脾病之功效，常食之可延年益寿，深受国内外消费者的喜爱，远销菲律宾、新加坡、马来西亚等国家和香港地区。其主产地大泽山镇于1995年4月被命名为“中国葡萄之乡”，平度大泽山谭家夼所产品种获第五届全国葡萄学术研讨会优质产品金奖。

莱西大板栗　主要分布在青岛市所辖的莱西市院上镇和马连庄镇。果实大，平均单果重25克，甘甜质糯，品质上等。富含维生素C、可溶性总含糖量、淀粉、粗蛋白质、粗脂肪等。于1998年7月获山东省林业厅科技进步一等奖；其果品在1997年山东省果品展评会上获金奖。

胶州大白菜　原产青岛市所辖胶州市三里河、丁家庄，是当地农民多年培育的一个农家品种，栽培历史悠久，已形成具有鲜明地方特色的优良品系。具有品质柔嫩、汁白、味美，纤维细软，叶帮薄、易炒熟，生食清爽可口、熟食味甘肥美的特点。富含多种维生素和氨基酸，营养丰富。该品销往全国各大省市以及香港市场，还远销日本、韩国、新加坡等国家。

平度大姜　分布在青岛市所辖的平度市蟠桃、大泽山、仁兆、古岘等镇。其品质优良，块茎大而饱满，色泽黄而发亮，且纤维含量低，口味纯正，不论炒吃、腌制、作佐料，还是加工成姜糖、姜汁、姜茶、姜粉、姜酒等均具有香辣适中的独特风味。1993年在泰国曼谷参展获得“中国优质农产品博览会银奖”。其主产地被中国特产之乡命名组织委员会命名为“中国蟠桃大姜之乡”。

青研黄瓜一号　青岛市农科所于1987年测配成功。分布于青岛市所辖的即墨、莱西等地。叶浓绿色。果圆筒型，长23.5厘米，横径3.2厘米，单瓜重167克左右，果皮深绿色，无棱沟，较光滑，瘤小而少，刺褐色。风味品质良好。

崂山茶　1959年由安徽、福建、浙江三省引种，经崂山茶农多年栽培选育而成。主要分布于青岛市崂山区中韩、沙子口、王哥庄、北宅等地。叶片肥厚，耐冲泡，色泽绿润，滋味鲜醇，香气高雅，汤色嫩绿明亮。1998年被评为青岛市十大旅游产品和全国五星级钻石奖，其中的崂池牌崂山云峰茶，是青岛崂山云峰茶场产品。内含大量多酚类、咖啡碱、芳香物质和蛋白质、氨基酸、维生素等多种有益于人体健康的成份，色、香、味、形俱佳，具有较高的营养价值和经济价值。饮此茶有清脑提神、解毒止渴、清心明目、化痰祛瘀的功效，被称为北方茶品中的极品。

海青茶　原属安徽祁门槠叶群体品种之一，1966年引入胶南市海青镇，定名为“海青茶”。分布于青岛市所辖的胶南市海青镇。其系列品种中的高档精品“海青峰”，外观玲珑秀拔，似峰非峰，似剑非剑，碧玉披霜、青峰闪闪。冲泡之黄绿透亮，色泽极佳；品尝之香郁味甘，回味悠长。该品种富含氨基酸、茶多酚和多种维生素及微量元素，常饮之能防病抗病强身健体，益寿延年；1995年获第二届中国农业博览会金奖。

崂春牌杜仲茶　由青岛市城阳区东铁杜仲茶厂研制，1997年获国家卫生部保健食品生产许可。该品以杜仲叶为原料，加入少量的崂山茶，按制茶工艺加工而成。香气清高、滋味醇和、口味协调、汤色渐红，具有延缓衰老、强身健体的作用，对高血压、动脉硬化、腰膝酸痛、阳萎尿频、失眠有特殊疗效。

崂山耐冬　原产地为中国和日本，青岛沿海屿是中国自然分布的北缘，栽培历史悠久，崂山现有树龄达600年以上的大树。在崂山近海的千里岩、长门岩、大管岛、小管岛等岛上均有片状野生分布，是山东省唯一的山茶自然分布区。属常绿阔叶花木，吉革质，卵圆形或椭圆形，暗绿色有光泽，花红色鲜艳，花期在严冬长达3个月之久，是一种城乡绿化的名贵花木，有“国宝”之称，被定为青岛市市花。

崂山奶山羊　19世纪末开始从欧洲引入莎能奶山羊在崂山一带经过多年培育形成的一个产奶性能高，形成特征有别于其它奶山羊的地方良种。具有适应性强，生长发育快，体格粗壮，产奶多，遗传性能稳定等特点，成年母羊体高70厘米、体长75厘米以上、体重25公斤以上，产奶期8~10个月，产奶量高（高者可达1300公斤）。

胶州里岔黑猪　原产于青岛胶州湾一带，是青岛市养殖历史悠久、具有地方特色的优良猪种。其身腰长，体形高大，毛色全黑，瘦肉率50%左右，还具有适应性强、繁殖率高等特点，是目前国内著名的优良地方猪种，已列为国家一类畜种资源重点保护。也是中国唯一、世界第二个有多肋形状的猪种；

琅琊鸡　原产于青岛胶南市南部沿海一带，是一个历史悠久的地方良种。其生长发育较快，平均羽化年龄为50天左右，10月龄成熟，散养条件下，年产蛋150枚左右，少数个体可达200枚以上，蛋重一般为50~60克。

五龙鹅　原产于烟台莱阳、青岛莱西地区的五龙河流域，是我国最高产的蛋、肉、绒兼用的地方良种。其全身羽毛洁白紧贴，体型小而紧凑；颈细长而弓曲；两腿粗短有力。成年公鹅体重3.7~4.5公斤，母鹅3.1~3.8公斤，净肉率为51%。母鹅年平均产蛋137枚，高产个体可达180枚，蛋重120~130克。

五、饮食（名吃）类

青岛十大地方特色小吃

小红楼牛肉灌汤包　小红楼餐饮中心传统特色品牌，具有60多年的历史。该产品精选优质牛肉等原料，严格按照传统的配方和工艺标准精制而成，具有皮软而筋道、馅丸多汤、鲜嫩可口、香而不腻的特点。（小红楼餐饮中心总店地址：青岛市标山路62号乙）

春和楼三鲜蒸饺　春和楼饭店特色品牌，已有30多年历史。该产品制馅选料严格，制作精细，工艺规范，成品具有面质柔韧、皮薄馅大、味鲜汁多、香而不腻等特点。经研制开发、近年来推出了集蒸饺、佐菜、小米粥为一体的蒸饺系列套餐。（地址：青岛市中山路146号）

天府元宵　天府酒家特色小吃品牌。采用自制水磨米粉，以优质芝麻、白糖精心调配，采用滚或包的方式成形，具有皮薄馅大、爽口润滑、香甜可口、水开即熟、食而不腻等特点，有醇香而不失自然食物之本味，质补而具启胃诱人之魅力，深受广大消费者的喜爱。（地址：青岛市中山路208号）

长城海鲜水饺　长城饭店传统特色品牌，该产品馅心随季节变化用料。著名品种有海参虾饺、鲅鱼水饺等。选用新鲜海鲜原料，严格调配而成，成品具有皮薄馅大、味鲜嫩滑、保侍海鲜原汁原味等特点（地址：青岛市胶州路60号）

谷香村排骨面　谷香村饭店传统特色品牌，已有70多年历史。该产品采用自制面条并以面卤分成海鲜、肉类、素菜三大系列，具有口感劲道、久泡不软、汤鲜味醇等特点。（地址：青岛市保定路12号）

青岛大包　青岛饭店特色品牌，由青岛饭店三鲜大肉包发展而来。近几年经过系统开发，形成了海鲜、肉类、时蔬等多个系列品种，成品具有用料考究、口味清香、嫩滑、价值低廉等特点。（地址：青岛市曲阜路10号）

青岛锅贴　沧口锅贴铺特色品牌，已有40多年的历史。以青岛近海所产海鲜为主要原料，具有外焦里嫩、鲜香可口、价格适中的特点，既有名贵高雅的以鱼翅、刺参、鲍鱼为主料的“三珍锅贴”，又有适合工薪阶层的“三鲜锅贴”，其品种达50余个。（青岛锅贴有限公司总部地址：青岛市四流中路82号）

大虾烧麦　四方大酒店特色品牌。具有造型美观、皮糯馅大、口味鲜香、营养丰富等特点。为了满足消费者的需求，近年来开发出了海鲜、肉类、时令蔬菜系列烧麦，品种达十几个，有几元钱的经济烧麦，有几十元的风味烧麦，还有价值不等的烧麦套餐，深受群众的喜爱。（地址：青岛市温州路1号）

海鲜馄饨　馄饨大王快餐店特色品牌。配料标准，制作工艺严格，具有皮薄馅大、滑而不碎、汤鲜量足、香而不腻、价格低廉等特点，深受消费者欢迎。（地址：青岛市泰山路38号）

排骨砂锅米饭　万和春饭店特色品牌，已有15年的经营历史。该产品选料精良，制作严格，排骨具有肉质酥烂、口味独特、香而不腻等特点。（总店地址：青岛市台东八路66号）

青岛海鲜小吃

瀛洲鲅鱼小吃　青岛饭店传统小吃，已有50余年历史。选用青岛近海产优质鲅鱼作原料，采用烹、炸、薰、烧、扒等烹饪技法精制而成，并经过挖掘和创新，形成了一鱼多吃、多种口味相互搭配的瀛洲鲅鱼小吃套餐系列，深受消费者欢迎。（地址：青岛市曲阜路5号）

清蒸红岛海蛎子　青岛小红楼餐饮中心特色海鲜品牌。选用胶州湾红岛产海蛎子入笼急火蒸制而成，原汁原味，质细鲜嫩，成品味道爽口，营养丰富，蘸姜醋汁食用尤佳。（地址：青岛市标山路62号乙）

美格凉粉　青岛新亚美食城特色海鲜品牌。选用正宗本地产石花菜，经过晒凉过油、水煮、精心地过滤精制而成，配以十几种调味小料，具有独特的酸、辣、鲜、嫩、入口即化、启胃诱人、百吃不厌的地方风味特色海鲜小吃。（地址：青岛小大沽路28号）

谷香村大虾面 青岛谷香村面馆特色海鲜品牌，已有多年的经营历史。选用青岛沿海特产大虾，配卤面条精制而成，成品具有色泽鲜艳，味道鲜美，营养丰富的特点。（地址：青岛市保定路12号）

瀛洲蛤蜊套餐 青岛饭店特色海鲜品牌。精选胶州湾红岛产优质蛤蜊肉作主料，采用炸、炒、塌、扒、烧等烹调方法精制而成，并形成由蛤蜊面、蛤蜊合饼、蛤蜊疙瘩汤及各种蛤蜊小菜等组成的蛤蜊系列套餐，具有色泽纯正、味道鲜美、肉肥质细、口感滑嫩的特点，深受消费者的喜爱。（地址：青岛市曲阜路5号）

美达尔烤鱿鱼 美达尔专烤店特色海鲜品牌。选用优质鱿鱼，经过油去腥，腌抹调料，高温烧烤而成。成品色泽白嫩，肉质鲜嫩，味美价廉，令人吃过不忘。（美达尔连锁店总店地址：青岛市德县路47号）

大船光鱼套餐 馄饨大王快餐店特色海鲜品牌。选用胶州湾特产新鲜光鱼，经炖、烧扒等方法制作而成，具有鲜、辣、鱼香等特色，食之回味无穷。（地址：青岛市濮县路2号）

砂锅全鱼 万和春饭店特色海鲜品牌。选用青岛沿海所产黄鱼、鲈鱼等经济鱼类为主料，配以上汤和多种辅料，使用陶土砂锅经慢火煲熟。成品肉质细嫩，汤汁乳白，味道鲜美，有一定的滋补功效，倍受消费者喜爱。（总店地址：青岛市台东八路66号）

鲍岛海鲜翡翠面 鲍岛酒家特色海鲜品牌。选用海藻粉添加在面条中，配以蛤蜊肉、虾仁、扇贝柱、海参等辅料精制而成，成品呈天然绿色，味道鲜美，富含微量元素，长期食用有健身美容之功效。（地址：青岛市桓台路97号）

长城海鲜炉包 长城饭店特色海鲜品牌，由海参、虾仁、蛤蜊肉配以肉丁、蔬菜等精心调制成馅，特级精粉作皮。成品具有馅大皮软、色泽白腻、底部金黄圆润、口感鲜美、造型美观的特点，深受消费者喜爱和好评。（地址：青岛市胶州路60号）

青岛十大海鲜名菜（简表）

菜　名	单　位	制作人
金钱乌鱼蛋	府新大厦	王运豪
黄海紫珠大原鲍	铁路青岛站金海大酒店	刘立国
菊花蟹黄爆虾球	铁路青岛站金海大酒店	马兆泉
岛鲜活海参	铁路青岛站金海大酒店	陈　军
蜇头蟹斗	铁路青岛站金海大酒店	李永生
八宝烤加吉鱼	青岛饭店	张宏海
白扒活海参	铁路青岛站金海大酒店	刘文涛
石老人垂钓	黄金海岸大酒店	邢华明
四海同庆	贵都大饭店	邹金鹏
榉林烤鳗	榉林园大酒店	韩爱东

六、矿产类

绿石 青岛市崂山区仰口湾北部有分布。岩石为变蛇纹化辉橄岩，呈黑绿色、淡黄绿色，蛇纹石化普遍；含水较高者颜色更为雅观，经加工刨光后，极具观赏价值。

花岗岩 青岛市花岗岩资源极为丰富，种类繁多，最著名的为“崂山红”、“中国灰”。饰面用花岗岩岩石结构均匀，色泽协调，理化性能好，块度大，主要分布于平度和崂山两个地区，有5处大中型矿床和6处小型矿床，探明储量5900万立方米，加工形成的石料、饰材等畅销国内外。

石墨 为青岛市优势矿产，产地集中于平度市明村和莱西市南墅两个地区。有大型矿床8处，中型矿床6处，小型矿床12处，矿产储量保有矿物量1299.5万吨。矿石类型主要为石墨变粒岩、石墨透辉变粒岩、石墨片麻岩。石墨片度一般0.5～1.5毫米，片厚0.05～0.1毫米。石墨的储量、产量、出口量均居全国前列。

附：青岛特色旅游商品

青岛牌贝雕工艺品、青岛牌青岛啤酒、崂山牌崂山矿泉水、崂池牌崂山云峰茶、梅鹤牌海产食品、大成牌真丝转印彩绘制品、双星牌旅游鞋、天鹅牌机绣花边制品、田园牌草编工艺品、红超牌真空包装杂色蛤。

（注：有关介绍详见“轻工”、“海产及加工品”、“农林牧”等类）

山东省青岛市崂山区

〔**概况**〕 崂山区总面积388.98平方公里，总人口18.1万人。崂山主峰海拔1132米，其周围山脉纵横，群峰峭立，古树参天，飞瀑挂帘，海山相映，有九宫、八观、七十二庵等名胜古迹，被誉为“海上名山第一”，被称为“道教全真天下第二丛林”。

全区有林地面积31.3万，林业用地占全区总面积的54.8%，林木覆盖率55.39%。位于青岛市各市区首位，在山东省名列前茅，林木蓄积量达57.1125万平方米，有防护林267527亩，经济林45536亩，竹林641亩，固定苗圃111亩，茶叶面积6000亩，年产茶100吨，产值1500万元。1994年被青岛市政府授予“造林绿化先进单位”，顺利通过山东省政府“八王”造林绿化检查验收。1993年被授予“全国森林资源林政管理先进单位”，1997年被授予青岛市护林防火先进单位，2000年被授予青岛市连续3年无森林火灾先进单位。

〔青岛高科技工业园〕

青岛高科技工业园建立于1992年，是青岛这座年轻城市的东部新区。经过8年多风风雨雨的开发建设，她已经成为青岛经济发展和城市建设最亮丽的风景线，作为青岛改革开放的一个集“电子信息、生物工程和海洋科技产业”的高新技术产业聚集区、科技创新、服务、孵化功能完善的知识经济示范区的重要区域而为世人所瞩目。截止目前，高科园引进和建立了帝科精细化工、酶工程中心、国家海洋局一所、中国舰船研究院、七一九研究所等23所科研机构。已认定高新技术企业82家，1999年完成技工贸总收入230亿元，实现净利润6.62亿元，分别比1998年增长45.5%、43.2%和21.02%。大集团、大企业成为园区高新技术产业发展的龙头，主导产业初步形成。1999年收入过亿元高新企业16家，其工业总产值、总收入和利润均占高新技术企业90%。几年来，园区实施科技项目的投入达19亿元，科技进步贡献率达到51%。高新区初步形成“一区多园”布局，高新技术主导产业群体初具规模，成为青岛市经济新的增长点。

青岛高科园60平方公里规划为高科技产业区、生活居住区、旅游度假区、行政中心区、高教区五个功能区。拥有国家高新技术产业开发区和石老人国家旅游度假区。近年来，在青岛市委、市政府的领导下，高科园以其优越的地理位置，明确的产业发展方向，良好的经济发展环境，成为青岛市经济发展格局和东西两翼带动发展战略的核心支撑点和改革开放的前沿阵地，经济、社会和文化发展等各方面取得了显著的成绩，吸引了国内外高层次人才纷至而来。并吸引国家、省、市在此经常性开展国际科技合作交流，截止目前，高科园区域内有院士6人，博士后14人，博士105人，研究生学历1347人，本科生7203人，全区共有专业技术人才近3万人，构筑起素质优良、配置科学的人才高地。这些为发展奠定了良好的人才智力基础。至1999年底，园区固定资产投资达149.7亿元，其中城市基础设施投资达27.7亿元。城市综合服务功能大大完善，青岛市体育中心、东方医院、青岛市文化博览中心、新青岛医学院、省国际会展中心等一大批公益设施部分已投入使用。城区环境建设日新月异共建绿地面积达52万平方米，环保总投入达3.9亿元。青岛世纪广场、会展中心广场、文化艺术广场、前海休闲广场，高标准建设的海尔路、东海路、香港东路都成为青岛市优美亮丽的风景线，充分展示了现代化的城市貌，大大提升了区域形象。高科园正向功能完备的现代化新城区迈进。

高科园优越的投资环境，与国际惯例接轨的管理服务体系，大大提高了招商吸引力。园区累计批准来自美国、日本、法国、韩国等50多个国家和地区的外商投资企业达730个，合同利用外资20亿美元，实际利用外资9.1亿美元，投资过千万美元的项目达70余个，世界排名500强企业的郎讯、惠普、可口可乐、三菱重工等著名跨国公司共有11家落户园区。而且随着园区对外开放领域不断扩大，融资方式走向多样化，入园科研机构，院校明显增多，科技含金量大大提高，使利用外资结构实现重大突破，呈现高科技、宽领域、大项目的特点。

青岛要发展，关键看崂山高科园，这是青岛市委、市政府多次对高科园提出的希望，省委书记吴官正多次到高科技工业园视察，提出必须在更高的起点上规划和运筹高新区的发展。努力并创新环境，选择适合于青岛实际的创新模式，积聚一批大学、科研机构和高新企业，全面提高区域技术创新能力，真正使高科园成为青岛市乃至山东省的新观念、新技术和新产品的源头，成为发挥示范带动作用的“硅谷”。围绕市政府提出把青岛高科园建成高新技术产业基地、高新技术产品出口基地和高新技术企业孵化基地的要求，在引进外资的产业导向上，重点向电子信息业、生物工程、海洋业、医药工业、精细化学及化学工业、新业产业与某些传统产业等八大类倾斜。主要产品体现在计算机、计算机辅助设计、大型集成电路、通讯设计、机电一体化机械设计、电子医疗器械、智能和激光设计、光盘技术、海洋药物、海洋生物材料、食品加工用新新酶制剂系列，植物细胞工程育种、基因工程、新材料、新能源、家电产品、仪器及饮料等。

青岛高科园的成立，是青岛市产业结构调整培育新的经济增长点最好的体现，也是沿海开放城市起前发展最好的验证。相信不久将来，青岛高科园在中国经济现代化、市场化、国际化的发展过程中必将留下浓墨重彩的一笔。

山东省胶州市

胶州市位于山东省东部胶州湾畔，地处青岛近郊，是山东省首批沿海开放城市之一。现辖13镇、4乡、5个街道办事处。全市总面积1210平方公里，城市建成区面积21.6平方公里，总人口75.1万人。

胶州历史悠久，人文荟萃，是华夏文明发祥地之一。4000多年前，即有先民在这里繁衍生息，创造了新石器时代的三里河文化。春秋时为古介国，战国时为齐地，秦到隋时为黔陬县，唐为板桥镇，北宋至元时为胶西县，明清为胶州。1987年撤县改市。因胶州扼海运之咽喉，处陆运之要冲，商业贸易相当发达，唐宋时期曾是全国五大商埠之一，明清时期曾有“金胶州”之美称。胶州人杰地灵，名胜古迹独具一格。有新石器时代集大汶口文化与龙山文化于一体的三里河文化遗址；有著名的艾山风景区。市区内的城隍庙旧址及旧城区的街道、建筑群等，依然保存着古朴典雅的风格。

胶州气候温和怡人，属温带东南亚季风型海洋气候，夏无酷暑，冬无严寒，四季分明，气候温和。年平均气温12度左右，年平均降水700毫米。盛产小麦、玉米、大豆、花生、辣椒、水果、蔬菜等，特别是被称为“胶白”的胶州大白菜，具有“帮嫩薄、汤乳白、味甜鲜、纤维少、营养高”等价值。境内海岸线约长25公里，沿海滩涂5.6万亩。水产品品种繁多，盛产黄花鱼、带鱼、梭鱼、镜蛤等。境内水资源丰富，大沽河等6条河流横贯东西。水利设施发达，地下水资源1.5亿立方米。

改革开放以来，特别是近几年来，胶州市各项社会事业获得蓬勃发展。1987年2月经国务院批准在青岛地区第一个撤县设市，胶州从此进入了全新的发展时期——连续三届跨人全国综合实力百强县（市）行列，1995年被命名为国家卫生城市，1996年被命名为全国环境综合整治优秀城市、全国科技工作先进市，是山东省首批小康县（市）之一。

胶州农业比较发达，基础比较雄厚，基本建成了经国家和山东省确定的花生、辣椒、大豆、果品、商品瘦肉型猪、肉牛、奶山羊、蛋鸡和海、淡水养殖10大种植、养殖基地，并被国家确定为高效创汇农业示范区。建有被誉为国宝的“里岔黑”瘦肉型猪育种中心、全国第一家国家级罗非鱼良种场和胶州大白菜育种、种植基地。

胶州工业基础雄厚，现已初步形成机械、化工、轻工、纺织、食品、建材等32个主要行业和门类的工业生产体系，为全国最大的锅炉辅机生产基地，是全国著名的铁塔生产基地。

胶州第三产业设施日臻完善已建成专业市场10处，商业网点3万多个；拥有东方乐园、宝克大酒店、阳光大厦等多家星级宾馆，餐饮娱乐舒适方便；旅游、信息等新兴第三产业发展迅速；审计、律师、会计等中介组织健全。

胶州文化事业繁荣，群众文化生活丰富。胶州大秧歌是有近300年历史的民间舞蹈艺术，至今保留着浓郁的地方文化特色，胶州茂腔因具有优美的音乐唱腔而独具艺术魅力，被誉为“胶东之花”。市区各类文化设施齐备。群众业余文化生活丰富多彩。

胶州投资环境优越，大开放格局已形成。胶州地处交通要塞，是山东省重要的交通枢纽和货物集散地。境内公路、铁路纵横贯通，构成了四通八达的交通网络。市区至青岛港、黄岛前湾港分别为40和35公里，距青岛流亭国际机场30公里，是山东半岛连接内陆各省市的重要通道。境内邮电、通信、供电、供水等基础设施配套齐全，金融体系完备。

近10年来，胶州市政府解放思想，抓住对外开放的有利时机，以超前的思维、宏大的魅力，不断拓展开放领域，逐步形成了以市经济技术开发区，胶州湾工业园为前沿的开放格局。全市已投产外资企业268家，累计合同利用外资12亿美元，产际利用外资7亿美元，世界500强中的多家国际著名跨国公司已在胶州投资办厂。

胶州对外贸易蓬勃发展。出口产品达180多种，远销美国、日本、德国等44个国家和香港、台湾地区。1999年外贸出口交货值达60多亿元，连续五年名列山东省各县（市）第一。

胶州对外友好合作日益发展。1990年以来，先后与日本、韩国等3个城市结为友好城市或建立了友好合作关系。1999年9月，成功地举办了’99国际友人经贸恳谈会，2000年7月，又成功地举办了2000年中国胶州经济贸易洽谈会，邀请多个国家的驻华使节和商家来胶考察洽谈，让世界了解胶州，让胶州走上世界。

千年跨越，百年转折，胶州既面临新机遇，又经受新挑战。新世纪，胶州市政府将以经济建设为中心，明确目标，抢抓机遇，带领全市人民努力拼搏，克难而进，把胶州建成一座现代化开放城市，让胶州湾畔的这颗明珠更加璀璨！

山东省日照市

〔概况〕 日照因“日出初光先照”而得名，是一座新兴的沿海港口城市。地处山东半岛南翼，北邻青岛市，南接连云港，东临黄海，与日本、韩国隔海相望。1985年3月撤县建市，1989年6月升为地级市，1992年12月设区带县，现辖一区、两县、一个办事处、一个开发区、一个旅游度假区，总面积5310平方公里，总人口275.3万。

1995年7月，国家计委、科委、外经贸部联合批复，正式确认日照为新亚欧大陆桥东方桥头堡。《全国国土规划纲要（草案）》把日照列为沿海15座重点建设的城市之一。1999年，全市实现国内生产总值185.6亿元，地方财政收入7.52亿元；全社会固定资产投资总额57.82亿元，按可比口径，分别比1989年增长2.9倍、7.4倍和9.6倍。

日照是山东乃至中国北方少有的富水区之一，年平均降水量841毫米，天然水资源总量达24.71亿立方米。港口、城市用地平坦开阔，适于发展仓储、中转加工和临海工业。农林牧渔业发达，茶叶、蚕茧产量居全省第1位，水产品总量居第2倍，是长江以北最大的茶叶、蚕茧生产基地。日照依山傍海，山水共拥，冬无严寒，夏无酷暑，拥有青山、绿水、蓝天、碧海、金海岸的环境优势。东部海滨有绵延近百公里的沙质海滩和国家级森林公园。西部有浮来山定林寺和“天下第一银杏树”，有佛教名山五莲山。优美的自然景色，加之众多的文化遗存使日照与泰安、青岛、曲阜构成了齐鲁文化旅游圈，与西安、敦煌、吐鲁蕃等古丝绸之路文化名胜构成了黄河——陆桥旅游带。

一、名优特产

日照绿茶　日照市茶叶生产从60年代开始进行“南茶北引”试验获得成功以来，茶树种植面积逐年增加，到目前，全市茶园总面积已达12万亩，其中投产面积4万亩，年产优质绿茶2000余吨，面积和产量分别占全省的80%和70%以上，已发展成为山东省茶叶主产区，是江北茶区最大的绿茶生产基地。

日照茶是指当地生产的高、中、低档绿茶。由于具备独特的气候、光照、土壤条件，生产的日照茶以“叶片肥、滋味浓、香气高、耐冲泡”著称，氨基酸、儿茶素比南方绿茶高5.3%、13.7%，备受广大消费者的欢迎，在省内、外享有很高的声誉，产品畅销北方各大、中城市，并出口到德国、日本、韩国等国家。全市现已研制开发出20多个名优绿茶新品种，累计荣获省级以上优质产品称号37次，其中东港区的碧绿、莒县的浮来春、五莲县的莲山翠芽、岚山办事处的雪青4个名牌产品分别在第二、三、四届中国农业博览会上荣获金奖。“雪青”茶被国家有关部门授予”绿色食品”称号。

水产　日照市是山东省重点渔业产地之一。到1999年，全市实现海洋产值82.37亿元，其中海洋水产业产值67.13亿元。全市现拥有各类机动渔船4000多艘，渔港码头27座，修、造船厂21处，已形成修造、供应、生产一体化的产业体系，是山东省捕捞能力较强的市地之一。海淡水养殖规模达到20多万亩。先后取得科研成果60多项，其中获国家、省、市奖励的40多项，7项获得国家技术专利，科技对渔业贡献率已达45%以上。水产品加工已成为全市外向型经济的骨干行业。形成鲜活、冷藏、咸干、盐渍、模拟、漂烫6大系列200多个品种。1999年全市水产品出口1.7万吨，出口创汇5806万美元，占全市出口创汇额的38.7%。全市育苗水体12万元立方，育苗品种20多个，年育苗量达到200亿尾（粒、株）以上，是全国最大的苗种基地之一。

“金扇牌”乌鱼蛋：海味八珍之一，系采用雌性金乌贼和曼氏元针乌贼体内的椭圆形缠卵腺和辅缠卵腺为原料，经腌制、发制、定型等工艺加工制成。曾为清廷贡品。营养丰富，味道鲜美，具有冬食御寒，夏食防暑之功效。用该产品制作的乌鱼蛋汤曾获世界食品节金奖。“金扇牌”乌鱼蛋，1985年被评为部优产品；在中国第1、2届农业博览会上分别获得银牌、金牌奖；在第3届农博会和’99北京国际渔业博览会上被认定为中国农业“名牌产品”。

“AAA牌”冻虾仁（凤尾虾会、鹰爪虾会）：是以养殖对虾、鹰虾为原料，经加工冷冻而成。其肉质坚挺，鲜度极佳，营养丰富，在同类产品中独树一帜，深受消费者的青睐。在全国首届农业博览会上荣获金牌奖；在全国第3届农业博览会上被认定为中国农业“名牌产品”。

“金扇牌”冻扇贝柱：是采用洁净、无污染的活扇贝为原料，按照国家标准加工而成。该产品味道鲜美，色泽纯正，贝柱结实，肉质紧密有弹性，规格列全国同类产品之首。食用方便，不仅具有较高的营养价值，而且还有食疗作用，常食能协助治疗头晕腹痛，润肺化痰，并具有抗癌作用。在1994年全国水产品加工展示交易会上获“畅销产品奖”；在全国第3届农业博览会上被认定为中国农业“名牌产品”。

安东卫海货城，座落于日照市岚山开发区，东临黄海和国家一类对外开放口岸——岚山港，西依204国道，北靠坪岚铁路，南与连云港相望。安东卫自明代初期就是与天津、威海卫齐名的重要商埠。安东卫海货城始建于1993年10月，由干海货和鲜海货两个批发区构成。干海货批发规划占地面积18万平方米，计划总投资1.96亿元，现已完成投资1.3亿元，建成单体楼158栋，建筑面积12万平方米。鲜海货批发区由2个鲜活批发市场和86座相对集中的冷库群组成，总投资2.7亿元，总贮存能力为1.8万吨，年加工水产品产值9.8亿元。安东卫海货城上市品种齐全，有鱿鱼、虾米、乌鱼、刀鱼、鲅鱼、扇贝、鲜虾、紫菜、杂鱼等干、鲜、活20多个大类近200个品种，且高、中、低档皆备。干海货批发区日上市人数达2万余人次，上市摊位1500余个，日成交量300吨。日成交额约1600万元；鲜海货批发区日成交量230吨，日成交额219万元。该市场辐射全国30多个省、市、自治区及10多个国家和地区，1996年水产品交易额达12亿元，是全国最大的海产品交易市场之一。

丝绸　日照市现有桑园9.4万亩，其中成龄桑园5万亩，共饲养蚕种14.9万张，生产蚕茧6000吨，收购蚕茧5700吨，平均张产40公斤，蚕茧产量和收购量连续7年位居全省首位。其中莒县是山东省最大的桑蚕生产基地，蚕茧产量、质量连续多年夺得全省县级第一，年产鲜茧330余万公斤，植桑面积4万亩。由山东锦冠丝业有限公司生产的“泰山牌”和“梅花牌”白厂丝，色泽光滑纯正，手感柔软，内在质量稳定可靠，是各种高档真丝布料的首选原料，产品出口欧、日、韩等地，是山东省制丝骨干企业和白厂丝出口专厂。

二、明星乡镇

东港区日照街道　是日照市最大的乡镇，东港区委、区政府所在地，总面积104.26平方公里，辖100个行政村(居)、2个居民生活小区，总人口18万。1999年，工农业总产值21.7亿元，国内生产总值5.28亿元，农民人均纯收入2830元，财政收入1625.8万元。1996年以来，街道先后5次被省、市、区授予“经济强街道”、“小康乡镇”、“工业名星乡镇”、“省级城市体育先进社区”及拥军、社会治安、养老保险先进单位等荣誉称号。

莒县夏庄镇　位于莒县南部，206国道纵贯南北，素有莒县“南大门”之称。全镇下辖66个行政村，6.4万人，耕地面积8.9万亩。1999年实现国内生产总值3.2亿元，农民人均纯收2783元。夏庄镇是省级安全文明乡镇、省级体育先进乡镇、省级文化先进乡镇、省级科普先进乡镇、省级小城镇建设“百新工程”试点乡镇。

莒县东莞镇　地处日照、潍坊、临沂3市4县交界，这里历史文化渊源流长，南北朝时东莞曾为郡，素有“东莞故郡”之称。全镇有52个行政村，1.03万户，4万人，耕地面积5.12万亩。到1999年底，全镇工农业总产值实现6亿元，其中，新口径工业总产值3.9亿元，农业总产值2.1亿元，财政收入642万元，农民人均纯收入2720元。该镇桑园面积13000亩，年产鲜茧130余万斤，年收入1100余万元，连续7年保持了“全省桑蚕生产第一镇”的称号。该镇金奥公司生产的“金奥”牌丝绵荣获国家发明专利，先后荣获全国首届环渤海新技术博览会金奖、全国星火计划实施10周年暨‘八五’农业科技攻关优秀项目。1998年该镇被省政府授予“村镇建设打捞型乡镇”、社会治安综合治理“安全文明镇”和“齐鲁乡镇之星。”

中国西葫芦第一乡——五莲县院西乡　总人口2.4万人，总面积56平方公里，西葫芦在院西乡的栽培史已达百年之久。西葫芦富含大量的蛋白质、钙膳食纤维、碳水化合物和维生素C等，果面平滑，肉质鲜脆，口味纯正。西葫芦种植业是该乡的支柱产业之一，1999年，院西乡西葫芦种植面积达2万亩，总产量8万吨，总收入9800万元。2000年4月，被国家有关部门授予“中国西葫芦第一乡”殊誉。

石材之乡——五莲县街头镇、王世疃乡　街头镇、王世疃乡石材资源丰富，花岗石总储量34亿立方米，主导产品“五莲花”、“五莲红”产品，色泽鲜艳，高雅大方，硬度为摩氏6，吸水率低，抗折抗压、耐酸性能强，色差极小，放射性元素经质量技术监督局抽检为A类产品，是办公、宾馆和居住装修使用的理想装饰材料。1999年，街头镇开采荒料，生产板材企业已达400余家，年产花岗石150万立方米，板材500万平方，总收入达2.5亿元。王世疃乡开发荒料、生产板材企业已达400余家，年产花岗石150万立方米，板材500万平方，总收入达2.5亿元。王世疃乡开发荒料、生产板材企业达300余家，年产花岗石135万立方米，板材400平方米，总收达2亿元。花岗石开采、加工业成为街头、王世疃两乡镇的主导产业，取得了明显的经济效益和社会效益。

山东省安丘市

〔**概况**〕　安丘市共有25镇，2个街道办事处，1440个行政村，总人口110万。市境总面积2010平方公里，其中耕地面积150万亩，地形特征基本上是山区、丘陵、平原各占1/3。1999年全市完成国内生产总值74.5亿元，财政总收入5.37亿元，农民人均纯收入3460元。近几年来，围绕实施农业经济国际化战略，积极面向国际市场，加快发展创汇农业，较好地实现了农业生产与国际市场的有效对接。目前，全市农产品出口品种达50多个，销往30多个国家和地区。1999年全市通过多条渠道出口农产品63万吨，实现收购值21亿元，其中，自营出口、代理出口37万吨，出口创汇1亿多美元。一是调整优化农业结构，积极建设农产品出口创汇基地。坚持“引”头，大力发展“两头在外”的创汇农业，即品种从国外引进，产品再销往国外。全市先后从国外引进了200多个优新品种，使全市的农作物品种不断更新换代。目前，全市出口创汇作物基地面积发展到40万亩，形成了具有区域特色的，以出口为主的大姜、大蒜、大葱、芦笋、圆葱、菠菜、芋头等主导产品和支柱产业。二是大力兴办农产品加工企业，培植出口创汇龙头。目前，全市农产品加工企业发展到1078家，年加工能力185万吨，其中千吨以上的142家，万吨以上的24家，2万吨以上的5家。在潍坊市商检局公布的40家保鲜蔬菜出口商检注册登记企业中，安丘市就有29家。全市拥有农产品进出口权的企业达到37家，获得ISO9000国际质量认证的农产品加工企业5家。同时，注重引进外资兴办农产品加工企业，利用外商的销售渠道把该市农产品直接打入国际市场。目前，已有美国、日本、韩国、以色列、德国、法国、台湾等国家和地区的29家外商到安丘投资兴办了农产品加工企业，年加工出口7万多吨，直接安排基地面积4万多亩。三是广泛推行合同化生产、系列化服务，提高农民进入国际市场的组织化程度。以合作经济服务组织、加工企业、专业批发市场、科技服务实体、供销社综合服务站、种养运销大户等为载体和链条，实行合同化生产、系列化服务。农民拿着订单组织生产，种“合同菜”、“合同果”，养“合同鸡”、“合同兔”，既避免了生产的盲目性，保证了农民的利益，又保证了出口加工货源和稳定供应。全市合同种植面积达到53万亩，占经济作物总面积的60%。

〔中国姜蒜之乡——白芬子镇〕 白芬子镇位于安丘市中部，总面积69平方公里，耕地面积6.2万亩，辖68年行政村，3.8万口人，系“中国姜蒜之乡”。1999年全镇完成国民生产总值16956万元，境内财政收入473万元，农民人均纯收入3723元。近年来，镇党委、政府立足优势，大力实施农业产业化战略，积极调整优化产业结构，发展以姜蒜为主的特色农业，在全镇形成了大姜、大蒜、花生、瓜菜、芋头、大葱等产业。1999年，全镇种植大姜2.5万亩，总产6000万公斤；大蒜6000亩，总产500万公斤，仅此项收入可达1.5亿元。1997年在国家工商总局注册了“白芬子牌”商标，并荣获农业部颁发的“AA”级绿色证书。

为把资源优势变为商品优势、镇党委、政府大力发展农产品加工企业，全镇已建成大型加工企业2处（红日食品有限公司和绿地食品有限公司），建有恒温库1200吨，蔬菜加工流水线3条，年加工能力可达8000吨；沿安沂路、下小路形成了两条农产品加工长廊，有洗姜厂110家，其他经商业户100多家，从业人员8000多人，年产值达1.6亿元。同时自1995年始，累计投资4000万元，建成了安丘市姜蒜批发市场。市场总占地面积200亩，销售面辐射全国和日、美、韩等国家，日交易额300万元左右，年销售额达10亿元，出口创汇1500万美元，是全国最大的姜蒜专业批发市场和加工、出口基地。1999年被国家有关部门确定为“定点市场”。现在，该镇已形成“市场为龙头，龙头带基地，基地联农户，产、供、销一条龙”的产业化格局。(0536—4871001)

〔中国草莓之乡——石埠子镇〕 石埠子镇位于安丘市南部，渠河沿岸，地处安丘、诸城、沂水三县市交界处，辖22个行政村，总人口1.7万人，总面积29平方公里，2.18万亩耕地，属东汉樊王城所在地，物产丰富，地理条件优越，通讯、交通便利，自古就是著名的商埠，素有“安丘粮仓”、“水果之乡”、“中国草莓之乡”等美誉。

1983年，该镇冢头村部分农户种植草莓，当年就获得了很好的经济效益，镇党委、政府及时总结经验，根据新形势下农村经济发展的要求，立足本镇土肥水美，具有传统种植优势这一特点，变资源优势为产业优势，制定一系列优惠政策，积极引导扶持农民调整种植结构，大力发展草莓、果品保护地栽培。现全镇草莓8000亩，年产2200万公斤，年销售收入5600万元，苹果8000亩，套袋4000万个，其中印花苹果300万个，年产2400万公斤，年销售收入4800万元。粮经作物之比达1：3。1996年被中国特产之乡命名委员会命名为“中国草莓之乡”，1997年被中国绿色食品发展中心确定为国家级A级绿色食品生产基地，同年11月，经国家行政管理局审核，注册了“石埠子”牌草莓商标；果品生产先后荣获安丘市级苹果三个特优奖、五个优质奖，山东省安丘蜜桃“金牌奖”。

1999年，全镇国民生产总值达1.27亿元，财政总收入335万元，人均纯收入3623元，被市委、市府授予“农村工作先进乡镇”、“科技兴农先进乡镇”等荣誉称号。

〔中国芦笋之乡——南流镇〕 南流镇以市场为导向，以增加农民收入为目标，围绕发展高效农业，大力调整农业结构，使粮经作物面积之比达到1：1.5。全镇以芦笋、肉鸡生产为主导产业，形成了“西部北部桑烟棉、东南芦笋果菜园，种肉鸡场连成片”的现代农业格局。1999年，全镇芦笋面积发展到1.3万亩，瓜菜1.3万亩，林果5000亩，其它经济作物8000多亩，种鸡场发展到26家，肉鸡养殖户2000多家。在高效农业发展中，注重了名、优、稀、特新产品的开发利用，三年来，先后引进优质青笋苗木、台韭、中华寿桃、红冠蜜桃、潍坊仙桃、日本长茄、黑蜜无籽西瓜和冬暖式大棚花卉园等品种和新技术。芦笋是该镇支柱产业，通过几年的发展，实现了区域化、规模化，全镇青、白笋面积达到1.3万亩，芦笋专业村达26个，从业人员2.1万人，成为山东省大型芦笋生产基地之一。1996年被中国特产之乡命名委员会命名为“中国芦笋之乡”。该镇土质肥沃，生产的芦笋汁液充足，色泽洁白，并有“高蛋白、高纤维、低脂肪”的特点及抗癌之功效而倍受青睐。产品除销往本地大中城市外，还出口日本、美国、加拿大等国家。1999年亩均采鲜笋1500公斤，优质笋占90%以上，平均亩收入6000多元，在本地区国民经济中所占的比重为26%。在调整产业结构，大力发展高效农业的同时，狠抓了养殖业的发展，1999年全镇种鸡发展到34家，养殖户2000多家，年孵化鸡苗1500万只，肉鸡出栏5000万只，年实现收入3000万元，成为潍坊市境内知名度较高的肉鸡、种鸡基地。

中国樱桃之乡——庵上镇 庵上镇位于沂蒙山区东麓潍坊、临沂两地交界处，境内有闻名中外的天下第一坊——清代石坊和春秋公冶长读书院。有50个自然村，8044户，30588口人，总面积75平方公里，耕地4.4万亩，荒山荒滩面积2.1万亩，果园面积达18000多亩，年产干鲜果品800万公斤。其中，樱桃面积10000亩，年产樱桃500万公斤，收入4000万元，占全镇国民经济总收入的20%，是该镇的重要经济来源之一。

该镇境内山峦起伏，西高东低。西部山泉资源丰富，东部平原有下株梧水库灌溉，水利条件优越，土壤肥沃，有得天独厚的自然小气候。特殊环境培育了个大、色艳、味美的庵上樱桃。该镇栽培樱桃历史悠久，名扬四方，自古有“春果第一枝”和“三鲜之一”的说法。近年来，该镇党委、政府组织果农优选品种，科学管理，扩大种植规模，知名度越来越高，成为潍坊地区的畅销果品，并远销东营、淄博、济南、大连、沈阳等地。1994年荣获第十一届潍坊国际风筝会农副产品博览会金奖。

1996年被中国特产之乡命名委员会命名为“中国樱桃之乡”。

樱桃成熟期集中且不贮藏，针对这一特点，镇党委、政府组织果农在品种改良、品种多样化上作文章，并引导果农进行了塑料大棚栽培。大棚栽培樱桃三月下旬成熟，比普通樱桃提前50多天，果体增大，平均单果重2.6—2.8克，较露天栽培增长0.8—1.1克，质量与露天栽培一致，可溶性固形物含量为16.5%。

目前，该镇已形成早有大棚樱桃、中有普通樱桃、晚有大樱桃的三大品系，采果期由原来的15—20天延长到50—60天，被安丘市委、市府列为樱桃生产基地。计划到2005年，发展到20000亩，年创收入7000万元，占全镇国民经济总收入的30%。

〔中国淡水养殖之乡——赵戈镇〕 赵戈镇位于安丘市东部，地处安丘、昌邑、高密三市交界处，东临山东第一大水库——峡山水库，下（营）——小（关）公路横贯东西，景（芝）——黄（旗堡）公路纵穿南北，地理位置十分优越。水库沿线长12.5公里，镇域面积63.1平方公里，总耕地面积4.2万亩，共有人口2.9万人，辖42个行政村。

赵戈镇南部为丘陵区，北部为潍河、史角河形成的冲积平原，多样的地形，温和的气候，充足的光照和雨量，为农业生产提供了良好的自然条件，适于各种经济作物的生长。多年来，该镇下大力气调整种植结构，使全镇粮经作物比例逐步调整为1：1，果品、烟棉、姜蒜、芋头、食用菌、瓜菜等高效经济作物种植面积已达2万多亩，各类蔬菜大棚发展到2300个，高效农业种植专业村发展到12个。1999年全镇农业经济总收入达到4.02亿元。在果品生产中，这个镇注重引进名、优、稀、特品种，先后建成了面积1500亩的全省最大的甜油桃生产基地和占地500亩的潍坊市最大的中华猕猴桃示范基地，中华圣桃、清香蜜桃、大红袍石榴、红、黑提葡萄等水果珍品也在该镇安家落户。目前，全镇优质果品面积已发展到7500亩，年总收入2000多万元。

近几年来，该镇充分发挥紧靠峡山水库的水资源优势，积极实施“水上越戈”发展战略，大力发展淡水养殖。目前，全镇建成了黑鱼、鲶鱼、中华绒毛蟹、鱼苗繁育四大淡水养殖基地，淡水养殖品种已发展到鲤鱼、草鲤、罗非、花白鲢、黑鱼、鲶鱼、淡水白昌、中华绒毛蟹等十几个。1999年全镇养鱼池塘发展到2000亩，年产成鱼290万公斤，总收入达4000万元，仅此一项，库区人均纯收入600多元。96年3月份，该镇被中国特产之乡命名委员会命名为“中国淡水养殖之乡”。

〔安丘市外贸食品有限责任公司〕 安丘市外贸食品有限责任公司是由安丘市外贸冷藏厂改制而成的大型农副产品综合加工出口企业，建于1976年9月，拥有员工2500人，各类食品加工流水线17条，并获得ISO9002质量体系认证和HAOCP认证，是山东省外贸食品行业骨干出口厂家。主要生产经营冻肉食品、罐头食品、调理食品、速冻蔬菜、保鲜蔬菜、冻面食品、罐头食品、冻水果、花生制品、冻水产品等十大系列共60个品种，日速冻能力150吨，冻储能力3500吨，年生产能力3万吨。产品远销日本、韩国、美国、欧洲、澳大利亚等20多个国家，1999年实现销售收入1.8亿元，利税1600万元，出口创汇1500万美元。近几年来，公司一手抓市场开拓，一手抓创汇农业基地建设，形成了以基地为依托，公司为龙头，产、加、销一条龙，农工贸一体化的生产经营格局。到目前，发展并带动种植基地5.4万亩，合同种养户8000多家，带动起运输专业户10000多家，年增加社会效益7000多万元。

〔潍坊大江集团肉鸡食品有限公司〕 大江肉鸡食品有限公司是潍坊市大江企业集团于1997年投资4000万元创办的以加工出口肉鸡产品为主的农副产品加工出口龙头企业，公司现有职工1000余人，占地面积3500平方米，拥有90年代国内先进水平的自动化肉鸡生产加工流水线和容量为1200吨的冷储库，产品以“玉鹤”牌冻肉鸡系列产品为主，年生产加工能力为2万吨。1998年，公司又投资500万元新上肉鸡熟制品加工项目，年生产加工能力5000吨。公司严格按出口标准组织生产，强化生产经营管理，组织开展了ISO9000国际质量体系认证，以可靠的产品质量获得对日出口免检，并争取到了自营进出口权，产品畅销全国各地，并远销日本、中东等国家和地区。1999年，完成销售收入1.2亿元，实现利税680万元，出口创汇近1000万美元。该企业与养殖场户签订了系列化服务合同，建立了与农民利益共享、风险共担的全新合作关系，先后带起了本镇及外地养殖场户1000多个，年增加社会效益2000多万元。

〔安丘市东海食品有限公司〕 安丘市东海食品有限公司始建于1998年11月，是在原村办企业新凌集团公司冷风库的基础上改制成的集生产、加工、储藏、销售于一体的股份制农产品加工出口龙头企业。现拥有固定资产800万元，主要加工出口保鲜大姜、大葱、芋头、蒜薹等无公害蔬菜系列产品，年加工能力1万吨，产品主要出口日本、韩国、菲律宾、新加坡等国家，在国际市场上享有很高的声誉，倍受国外客商的青睐。在生产经营过程中，该公司不仅安排吸纳了600多名农村剩余劳动力就业，而且通过发展合同化种植，先后带起本镇及外地的农副产品生产基地5000多亩，年增加社会效益2500多万元。为加快企业发展步伐，该公司又与韩国南洋商社合资兴办了中韩合资东海食品有限公司，并争取到了自营进出口权。1999年，该公司完成销售收入4000万元，实现利税300万元，出口创汇480万美元。

〔安丘市绿洲兔业有限公司〕 安丘市绿洲兔业有限公司是贾戈镇龙头养殖企业之一，是中国目前最大的布列塔尼亚良种兔（埃尔哥）繁育基地。该公司始建于1996年4月，占地面积3.95万平方米，建筑面积3500平方米，固定资产400多万元。年繁育父母代种兔3万只。

布列塔尼亚兔是法国兔业专家贝蒂经过30年选育出的一种具有世界先进水平的配套系列肉兔品种。该兔具有前期发育快、繁殖力强、出肉率高、抗病力强等优势。一组布列塔尼亚兔（一公四母），可年产仔兔224只，销售收入达4800元，纯收入2400元。1998年，该公司的布列塔尼亚兔系列开发项目被国家有关部门列入“星火计划”，并在原来的基础上扩大了种兔选育、冷藏加工、裘皮制作、兔副产品综合开发利用等生产规模。目前，绿洲兔业有限公司已建成布列塔尼亚种兔繁育场三处，绿洲兔业城，绿洲科技示范园、饲料加工厂、兔肉加工厂各一处，成为集科研、种兔选育、商品兔回收、兔肉深加工、兔副产品综合开发利用、销售、出口一体化的外向型企业。其中，绿洲科技示范园较好地发挥了示范作用，带动全镇1600多农户从事布列塔尼亚兔养殖并发家致富。该公司的商品兔养殖除本省外，还辐射到辽宁、陕西、新疆、河南、内蒙古、云南、四川、重庆、河北、北京、黑龙江等11个省市自治区，带动3万农民和下岗职工成为养殖业专业户。1999年6月8日，该公司与贝蒂签订了投资160万美元的合资经营协议，在年返销4000吨兔肉基础上，再搞兔肉深加工，将产品直接打入欧洲超市；2000年4月，又投资200多万元从法国引进曾祖代种兔600只。该公司生产的5个系列7种兔产品已远销法国、荷兰、日本、乌克兰、香港等国家和地区，其中年出口兔肉产品7000吨，创汇2030万美元。

山东省龙口市

〔名优特产〕

草莓

草莓营养丰富，经济价值较高。果实色泽鲜红，柔嫩多汁，甜酸可口，芳香浓郁，被誉为“水果皇后”。龙口草莓栽培始于20世纪30年代。1999年，种植面积2万亩，总产达2.9万吨，总收入14500万元。主要销往天津和东北地区的20余座大中城市，并通过边贸销往俄罗斯远东地区。

山东梨

山东梨又名黄县梨、天生梨。是龙口市南部低山丘陵区的特产，饮誉海内外。1985年，被山东省和烟台市评为优质产品。龙口市被国家有关部门确定为山东梨出口基地。山东梨果实较大，单果重160~220克，果皮黄绿、薄而细、被腊质，星点细小，果实极为美观。一般在9月下旬成熟。1999年，全市种植面积10.4万亩，总产量13.3万吨，总收入16120万元。年出口2万吨。

葡萄

1999年，栽培面积3.89万亩，总产量5.8万吨，总收入11327.6万元。

渤海对虾

又称龙口对虾。因渤海湾是对虾的重要产地，所以称渤海对虾。又因龙口为渤海对虾的主产地和集散地，故而又称龙口对虾。

刺参

中国20多种食用海参中质量最好的一种。龙口市为刺参的主要产区，多分布在桑岛、屺母岛及龙口湾一带。一般年产3~5吨。

石花菜

可制作琼胶（又名冻粉）。多分布于桑岛和屺母岛浅水礁石上，分布面积1.5万亩，资源量130吨左右。

龙口粉丝

胶东半岛著名特产。清初，龙口市黄山馆一带的部分农民便开设了生产绿豆粉丝的手工作坊，后来逐步在抬远、莱州、蓬莱和莱阳等地发展起来，因龙口为发祥地和集散地，通过龙口港出口，故而得名“龙口粉丝”。龙口粉丝1982年被评为省、部优质产品，1985年获国际金奖和“金桂叶奖”，1988年获全国首届食品博览会金质奖。1999年，粉丝加工总量15000吨，总收入15000万元，出口1万吨，创汇1200万美元。

山东省莱阳市

〔概况〕 近几年来，莱阳市以市场为导向，以经济效益为中心，以农产品的加工企业为依托，大力发展贸工农、产加销于一体的农业产业化经营，加快农业结构调整步伐，促进了全市农业、农村经济的发展。到目前，全市发展以蔬菜为主的各类食品加工企业179个，其中，外商投资企业58个；发展蔬菜生产基地30万亩、优质果品基地40万亩；年加工以蔬菜为主的各类食品40万吨，年出口10余万吨，创汇1亿美元。农业产业化经营的发展促进了传统农业向现代农业的转变，提高了农业的整体素质，加快了农民的致富步伐。

果中之杰——莱阳梨

莱阳梨以其干脆如饴、美味可口的品质而著称于世。种植面积3万亩。前几年，由于莱阳梨具有糖份大、不易储藏的特点，市场只局限于国内。近几年，为适应农产品生产国际化的需要，该市加大了对外开放的步伐，积极引进国外的新技术，加大对莱阳梨的有机肥水和田间管理，加快对包装、贮藏技术的开发、应用，树立莱阳梨的品牌，扩大了莱阳梨的销售半径。积极引进国外的新品种，嫁接改造传统莱阳梨，共嫁接改造莱阳新梨近万亩。嫁接改造后的莱阳新梨既保持了原有莱阳梨的风味，改变了原有莱阳梨的外观，受到了国内外客商的青睐，目前，每年出口莱阳新梨5000多吨。同时，该市通过兴办加工企业，积极开发莱阳梨的深加工产品。目前，已开发出浓缩梨汁、梨汁饮料等多个产品，年加工量达3万吨，产品畅销国内外。

菜粮之王——莱阳芋头

莱阳市以其丰腴的膏壤培育出了又一名牌农产品——莱阳芋头。莱阳芋头，栽培历史悠久，以其皮色美观、肉白质嫩、营养丰富而蜚声国内外，具有“菜粮之王”的称号。莱阳芋头淀粉粒细小，质地软滑，味香适口，有健胃作用，是一种大众化的粮菜。如用其入药，具有较好的消炎、镇痛作用。莱阳芋头，现种植面积达到12万亩。近几年，为提高莱阳芋头的品质和产量，该市加大了科研、繁育、推广力度，先后培育出了莱芋1—6号6个新品种，创亩产量1.2万个的最高记录，大田应用收到了良好的效果。70年代以来，莱阳芋头经过多家企业的加工，以优良的品质、精美的外观而走进日本、南韩等国家和地区。日本市场上的芋仔，60%来自于莱阳。目前，年出口芋籽达到4万多吨。仅此一项，增加农民收入800多元。

山东省蒙阴县

〔概况〕 蒙阴县位于山东省东南部，地处沂蒙山区腹地，是革命老区，总面积1605平方公里，其中山地丘陵占94%，耕地面积51万亩；全县辖9镇6乡、587个行政村、52万人口。境内有山东第二高峰、国家森林公园蒙山、孟良崮战役纪念遗址和云蒙湖旅游区。京沪高速公路、205国道、沂蒙公路、兖石公路从境内穿过；距北京500公里、距上海600公里、离铁路干线30公里，离临沂机场90公里、离济南机场160公里，县内乡乡通柏油路、村村通公路，交通四通八达。改革开放以来，蒙阴县经济和社会事业得到了较快发展。特别是近年来，蒙阴县立足山区资源优势，加快农业结构调整步伐，大力发展名优特稀品种。形成了一批具有浓厚地方特色的土特产品，促进了农业农村经济的发展。1999年，全县实现国内生产总值28.8亿元，完成财政收入2.45亿元，农民人均纯收入达到2282元。

蒙阴县农业和农村经济结构战略性调整的总体方向是：按照“确保粮油安全，建立优质果园，扩大烟菜桑田，发展牧渔生产”的原则和“北果南烟中间菜”的格局，经过3年左右的时间，基本建立起结构优化，布局合理，素质显著提高，活力明显增强，能够较好适应国内外市场需求的高产优质高效农业和农村经济结构新框架。力争到2003年全县种植业和林牧渔业产值之比调整到45:55；林果、畜牧水产、经济作物、粮食产值之比由现在的35.86:33.86:10.28:20调整到38:37:15:10；第一产业增加值与农村二 三产业增加值之比由现在的70:30调整到60:40；农副产品出口产值占农业总产值的比重达到10%；农业科技贡献率达到55%；农村非农劳动力占农村总劳动力的比重达到35%；全县城镇化水平达到35%左右。按照“大众果品上质量，时令果品搞平衡，特色果品搞突破”的发展原则，打好“蒙园”牌无公害果品品牌，进一步提高“果品百强县”知名度，突出发展优质板栗和优质桃、枣，搞好果业结构调整，到2003年，全县果园总面积发展到60万亩，其中苹果20万亩，桃13万亩，板栗15万亩，葡萄2.4万亩，杏2.5万亩，枣3万亩，柿子1万亩，石榴0.7万亩，樱桃0.5万亩，李子0.6万亩，仁用杏0.3万亩。全面发展优质特色品种，优质果率达到85%左右。果品总产量达到4亿公斤。打响“长毛兔”之乡和“沂蒙长毛兔”品牌，大力发展以草食为主的节粮型畜牧业。到2003年，全县长毛兔发展到560万只，并全面实现良种化。牛发展到2.12万头，其中奶牛发展到700头，奶产量2000吨，奶制品1600吨。肉牛改良率达到60%以上。羊发展到37.8万只，绵羊改良率达到30%，山羊改良基本实现杂交一代化。猪发展到27.7万头，家禽发展到260万只，其中蒙山草鸡发展到60万只。畜牧业总产值达到8.6亿元。保持和合理开发利用水面资源，逐步提高水产业在农村经济中的占有份额。到2003年，发展养鱼网箱9500只，水产品产量达到9800吨，大力发展高效经济作物，到2003年，瓜菜面积达到6万亩，黄烟发展到3万亩，桑园和药材分别发展到1万亩。以建设山水生态和旅游观光强县为目标，大力实施旅游带动战略。不断加强旅游基础设施建设，进一步提高孟良崮、蒙山等旅游景点知名度，使旅游业成为新的经济增长点。

〔**果品**〕 蒙阴县土壤适宜，雨量充沛、光照充足，是果品生产的最佳区域，为全国最大的无公害果品生产基地县之一。近年来，蒙阴县始终把果品生产作为农村和农业经济的一个重要产业来抓，大力推广果园管理新技术，积极引进名优特稀新品种，果品生产得到了较快发展。目前，全县果园面积达到45万亩，年产果品4.3亿斤，列全国果品百强县第36位，果业已成为蒙阴县农业和农村经济的支柱产业，果品收入成为县乡财政和农民收入的重要来源之一。蒙阴县果品品种丰富，盛产苹果、桃、板栗、柿子、李子、杏、大石榴、大山楂、大樱桃、猕猴桃等20多个树种。苹果是蒙阴县果品的主要项目，现有面积20万亩，主栽红富士、新红星、藤牧一号、嘎拉等10个品种，其中红富士、新红星苹果，以特有的无公害果品生产技术优势，其产品色泽鲜艳，含糖量高、有益于身体的微量元素含量丰富，倍受广大消费者青睐。1995年被国家有关部门列为无公害果品生产基地县，1996年被列为山东省“三O”工程即良种产业化试验示范工程实施县。在历届省、市果品评选中，蒙阴县果品获省部优金奖20多个，市优金奖150多个。1997年蒙阴县果品被国家工商局注册“蒙园牌”商标，并获准使用“绿色食品”标志。全县建成高标准果品示范园1.2万亩，更新改造老果园8万亩。自1993年以来，实现了苹果出口零的突破，先后出口优质苹果6000万斤。桃是蒙阴县果品的另一优势项目，现有面积8万亩，主栽朝晖、苍方早生、秋风蜜、寒露蜜、中华寿桃等品种，年产优质桃2亿多斤，蒙阴县已成为北方桃集散地之一。板栗是蒙阴出口创汇的优势项目之一，总面积10万亩：主栽金丰、石丰、红光、油栗、燕山红等品种，年产板栗1200万斤。

大雪枣是近几年培育的枣树变异珍稀品种，属沂蒙山区独有的珍贵种质资源，其生态表现稳定，在青石山、砾岩、沙石山区都能正常生长，抗干旱，耐瘠薄，当年嫁接当年挂果，次年形成产量，是建造高效经济林带不可多得的理想树种。大雪枣最大果重123克，平均重50克，是目前鲜食枣中单果最大的品种。大雪枣叶片肥厚、有光泽、枣吊长，可作为园林苗木或盆景苗木观赏。大雪枣果大色艳，果肉丰厚，肉色翠绿、核小，味酥、香、脆、甜，口感好，一般年份霜降后开始成熟，是枣树品种中最晚熟的一个品种，填补了市场空档，是鲜食水果中的珍品。大雪枣富含氨基酸、维生素，微量元素含量高，具有良好的保健功能。大雪枣管理成本低，市场销售好，大雪枣苗木、接穗、鲜果价格较高，一亩大雪枣的综合经济效益可达到20万元，发展潜力较大。近年来，蒙阴县通过示范引导，典型带动，从1995年开始大面积推广种植：目前已发展大雪枣3万多亩。

〔**长毛兔**〕 蒙阴县境内山地丘陵多，可利用草山草场51万亩，年生产各类饲草和农作物秸杆3.4亿公斤，饲料饲草资源十分丰富，发展畜牧业有着得天独厚的条件，在党的富民政策指导下，蒙阴县立足山区实际，充分发挥饲草资源丰富的优势，大力发展以长毛兔为主的节粮型畜牧业，使全县养兔业始终保持了持续稳定发展的势头，为全国养兔最多的县区之一。目前，全县长毛兔存栏量达到245万只，年产兔毛1480吨，长毛兔存养量、产毛量均居全国首位，被全国家兔育种委员会授予“中国长毛兔之乡”。蒙阴县非常重视种兔改良工作，早在1956年就首次引进了安哥拉长毛兔，从1979年起又连续三次批量引进西德原种兔。1991年，蒙阴县与山农大共同实施了《沂蒙长毛兔品系选育技术研究》课题，培育出了整体水平居国内先进，年产毛量和料毛比达到国际先进水平的“沂蒙”长毛兔新品系，1998年在山东省工商局注册了“沂蒙”长毛兔商标。“沂蒙”长毛兔品系具有“三高”、“二强”、“一好”的显著特点，即产毛量高（年平均产毛量1830克）、粗毛率高（平均粗毛含量18.2%）、繁殖力高（平均窝产仔数7.86只），适应性强、抗病力强和经济效益好。1999年成功地举办了'99山东蒙阴首届兔业博览暨沂蒙长毛兔赛兔会和全国兔业研讨展示暨山东省首届赛兔会。在赛兔会上，“沂蒙”长毛兔创造了单体71天产毛545克的最好成绩，受到专家和社会各界的一致好评。在因特网上制作了“蒙阴畜牧”专页，进一步提高了“长毛兔之乡”的知名度。十几年来，全县累计养兔收入12.6亿元以上，财政增收2.8亿元。兔业的发展带动了相关产业和第三产业的兴起。目前，全县拥有兔毛纺妙厂1处，兔毛专业批发市场6处，兔产品、饲养及笼舍加工企业65家，基本上形成了产、加、销一体化经营的产业化格局。

山东省莱州市

〔**概况**〕 莱州市位于山东半岛西北部，是环渤海开放区重要组成部分，全市面积1816平方公里，耕地面积114.1万亩，辖27处镇、1个外向型工业加工区和1个特别工业区、3个街道办事处。近几年来，莱州市积极适应农民增收两大目标，充分发挥传统优势和资源优势，大力调整优化农业产业结构，努力培植主导产业，有力地促进了农村经济持续、快速、健康发展。1999年，全市完成国内生产总值114.1亿元。地方财政收入3.51亿元，莱州市先后被命名为“全国综合经济实力百强县（市）”、“全国科技实力百强县（市）”、“中国良种之乡”、“中国月季之乡”、“中国海湾扇贝之乡”。

一、精心规划，合理布局，努力培植高产优质商高农业支柱产业

莱州市素有“胶东粮仓”之美誉，是山东省粮食重点产区，被命名为“全国商品粮生产基地”，粮食总产稳定在50万吨左右，但近年来，粮食市场发生了较大变化，粮油产品丰年有余，价格下滑，导致农民增收步伐减缓。对此，莱州市委、市政府进行了认真研究后认为，当前莱州市农业和农村经济发展的根本出路是：在稳定发展粮食生产的同时，以发展高产优质高效农业为突破口，大力调整农业产业结构，实现农业生产科学化、规模化、高效化。在产业布局上，本着“突出特色，发挥优势，区域开发”的原则，山区镇以林果开发为重点，形成“绿色产业带”；平原地区以温室开发为重点，形成“白色产业带”；沿海地区以海洋开发为重点，形成“蓝色产业带”，畜牧业面下开花，扩规模，建基地，形成区域性产业与全局性产业相互补充、相互促进的产业群体。按照这一发展思路和总体规划，莱州市坚持走“一镇一业或几镇一业，一村一品或几村一品”的路子，重点围绕瓜菜、林果、良种、花卉、畜牧和水产六大产业，建设一大批特色农业基地。在瓜菜生产方面，狠抓了保护地栽培和高效作物种植，到1999年，全市瓜菜种植面积达到20多万亩，瓜菜总产量达到100多万吨。在林果业方面，自1996年以来，全市大力实施了苹果品种改接工程，3年改接老劣果园10万多亩，基本实现了苹果品种良种化。目前，全市水果总面积达到30万亩，干杂果总面积达到5万亩，涌现出一大批果业生产专业镇、专业村，果品总产32万吨，总收入6.7亿元。在花卉生产方面，全市狠抓了月季鲜切花生产和花卉市场建设，建立了月季、仙客来等观赏花卉、鲜切花基地。到1999年，全市花卉面积达到9000多亩，建成花卉市场20多处，花卉苗木销售总额8500多万元。在良种业方面，努力做到科技领先，市场规范，基地巩固。目前，玉米良种推广面积占全国种植面积的38%以上，大白菜良种推广面积占全国的33%以上。在畜牧养殖方面，坚持走“小群体，大规模”的路子，肉鸡生产基地年出栏肉鸡2000万只以上，占全市饲养总量的70%；奶牛、肉牛养殖基地存栏3500头以上。畜牧业肉蛋奶总产量达16.39万吨，总收入达7亿元。在水产业方面，坚持滩涂管护、近海养殖和远洋捕捞相结合，全市水产品总产量达到28万吨，水产业总产值达25亿元。

二、依托科技，面向市场，促进农业生产向质量效益型转轨

1999年，在支柱产业初步形成，高效农业初具规模的基础上，针对农产品市场竞争日趋激烈的现实，莱州市确定了“面向国际、国内两个市场，发挥区域优势，积极引进推广新技术、新品种，实现农业生产由数量型向质量效益型转轨”的农业结构调整新思路。

*一是加快种植业由二元结构向三元结构转变。*实现种植业粮食作物——经济作物的二元结构向粮食作物——经济作物——饲草作物三元结构调整的必由之路。

*二是畜牧生产由低效粗放型向高效集约型转变。*以发展节粮型食草家畜为重点，大力发展奶牛、肉牛、肉兔和肉羊饲养，稳定猪、鸡生产，调整畜牧业品种结构，实现集约化、产业化经营。重点扶持华丰乳业、巨龙肉鸡、罗亚尔公司等龙头加工企业，促使他们扩大生产规模，增强带动能力。

*三是水产业由近海捕捞向远洋捕捞、由捕捞为主向养殖为主、由池塘荒养向工厂精养转变。*捕劳业，继续推进“减小增大”工程，将小马力渔船改为大马力渔船、木壳船改钢壳船，增强远洋捕捞能力，增强经济收入。

三、配套政策，强化服务，为农业产业结构调整奠定坚实基础

农业产业结构调整是一项复杂的系统工程，涉及到产、加、销各环节，农工贸各领域，为确保农业产业结构调整工作顺利开展，近年来，该市坚持“政策引、服务推、龙头带”，为农业产业结构调整提供全方位保障。

*一是强化政策扶持，引导结构调整。*市镇村各级都把调整产业结构作为振兴农村经济的战略措施来抓，在人、财、物力上进行重点扶持，引导广大农民积极参与。一方面，建立工作班子，加强组织领导。

*二是实施科技兴农，推动结构调整。*在农业科研体系建设上，大力发展市内农业科研推广机构，初步形成了农村牧渔兼收，覆盖全市的农业科技实体网络。

*三是培植龙头企业，拉动结构调整。*龙头企业上连国内外市场，下连农产品基地，是推进产业结构调整、发展产业化经营的关键。采取新建、改造、重组、联合等办法，市、镇、村、户四个层次共同努力，国有、集体、个体、外资等多种经济成份一齐上，发展了一大批基础雄厚，辐射带动能力强的农副产品加工企业。

*四是完善市场体系，带动结构调整。*一方面，有计划、有步骤地在农产品主产区、传统集散地、交通要道建

设了一批具有较大规模的综合批发市场、专业批发市场，逐步形成了以城乡集贸市场为依托、区域性批发市场为骨干，与专业市场、产地市场相配套的农副产品市场体系。

〔名优特产〕

月季花　莱州月季栽培始于明朝洪武二年，距今已有600多年的历史。1990年被确定为莱州市市花，现已形成大花、藤本、丰花、微型、切花五大系列、430多个品种，生产总面积650多公顷，1999年产值达6500多万元。

莱州月季以其优美的造型和上乘的质量曾多次在国家和国际花卉博览会上获得殊荣，在'99昆明世界园艺博览会月季专题展中，夺得大奖2枚、金奖5枚、银奖8枚、铜奖12枚，以奖牌总数27枚的成绩名列前茅。"月月香"牌莱州月季在'99北京中国国际农业博览会上被命名为名牌产品。1995年3月莱州市被国家有关部门确定为"中国月季花之乡"。2000年6月莱州市再次被国家有关部门授予"中国月季花之乡"称号。

莱州仙桃　"莱州仙桃"是莱州市果树站选育的桃树新品种，1998年3月经山东省品种审定委员会审定。其主要特点是：(1)果实个大，肉脆，离核，肉厚核小，可食率高。平均单果重273g，最大果重780g。果实着色好，色泽艳丽；(2)早实丰产。该品种树势强旺，一般定植第二年结果，第三年亩产可达500kg，4年生树亩产达2000kg以上。(3)果实8月下旬成熟，正值中熟品种桃过市、晚熟品种未成熟的空档期，且果实极耐贮运，采后室温下可贮藏10天左右。

"莱州仙桃"是一个很有推广价值的优良中熟新品种，其优良的性状和较高的栽培效益，受到了广大生产者和消费者的欢迎，到目前为止，"莱州仙桃"在本市发展面积已达到2万亩，年产量近万吨。

掖单13号玉米杂交种　"掖单13号"是莱州市农科院育成的中国第一个亩产超1000kg的紧凑型、大穗型玉米杂交种。1992年经山东省品种审定委员会认定。该品种高抗病抗倒，耐高密度种植，有较高的单株生产力，属高肥水、晚熟品种。

"掖单13号"自育成以来，在全国累计推广面积1.5亿亩，增产粮食200亿公斤，创社会效益250亿元，在莱州市内种植面积稳定在15万亩左右。

海湾扇贝　海湾扇贝原产于美国东海岸，具有适应性强、生长快、养殖周期短、产量高等特点，其贝柱是高档水产品。1982年引进中国，1986年起在莱州市开展人工养殖。

目前莱州市扇贝养殖面积1.5万亩，年产扇贝柱6000吨，产品主要销往国内市场及欧美市场。目前，莱州市的海湾扇贝从育苗到养殖已形成一整套成熟的技术和操作规范。1995年，莱州市被确定为"中国海湾扇贝之乡"，莱州市金城镇被确定为"全国海湾扇贝第一镇"。

三疣梭子蟹　三疣梭子蟹以肉多、脂膏肥满、味鲜美、营养丰富而著称。海洋捕捞以9—10月份为旺季，莱州市年捕捞产量约2700吨。

1994年以来，莱州市实行虾池混养和吊养方式，探索三疣梭子蟹人工养殖，取得良好效果。目前人工养殖已初步形成规模，养殖面积3000多亩，产量近百吨，产品供不应求，主要销往济南、青岛、烟台等大中城市。

鲈鱼　鲈鱼一般体长30—40厘米，体重500—1000克，海洋捕捞一般个体在50—60厘米，体重5000克左右，是渤海常见的经济鱼类之一。鲈鱼肉质坚实洁白，不仅营养价值高，而且口味鲜美。

1992年以来莱州市开始人工养殖鲈鱼，目前养殖大棚已达150多个，池养8000多亩，年销售鲈鱼400万尾以上。

山东省莒南县

〔概况〕　莒南县地处鲁东南丘陵地区，位于东经118°23′—119°11′、北纬35°00′—35°23′之间。辖25处乡镇，937个行政村，98万口人，总面积1752平方公里，耕地面积109万亩。属东亚季风区半湿润气候，年平均气温12.7℃，日照时数2458.9小时，无霜期198—207天，平均降雨890毫米。境内河道纵横交错，水库星罗棋布，山区、丘陵、平原优势互补，风光秀丽，环境优美。

中共十一届三中全会以来，特别是"八五"以来，全县人民进一步发扬艰苦奋斗的光荣传统，充分发挥资源优势和地理优势，"万众一心抓经济，富民强县奔小康"，通过构筑市场拉动、工贸带动、集团牵动、基地联动、以支柱产业支撑的县域经济新格局，推动了全县经济和各项社会事业的持续、快速、健康发展。1999年，全县实现国民生产总值43.1亿元，城乡居民储蓄存款20.13亿元，财政收入1.96亿元，农民人均纯收入2319元。区域性经济正向专业化、市场化、现代化快速迈进。工业生产基本形成了轻工、纺织、化工、机械、食品、工艺美术、建材等门类比较齐全的工业体系，有13大类、150多种产品打入国际市场。全县现有各类商业网点1746个，从业人员5.05万人。各类市场102处，年成交额9.8亿元。民营经济已形成地毯加工、磨料磨具、建筑建材、纺织、石雕石刻、条柳编、抽纱绗缝、铸件加工等八大支柱行业。对外开放不断扩大。全县已有三资企业45家，合同利用外资2418万美元。农业由传统农业向现代农业快速迈进。以花生、板栗、茶叶、草莓等十大农产品生产基地和同泰、绿润、玉皇、春园等九大农产品加工企业为龙头的农村经济产业化格局已经形成。全县经济林总面积发展到70万亩，林木覆盖率提高到29.2%。相继被列为全国商品粮大县、花生生产出口基地县、干果高产优质示范基地县、节水增产重点县、农村能源综合建设重点县，跨入了全国油料、果品、肉类百强县行列，是“全国花生之乡”、“全国板栗之乡”和“全国石雕艺术之乡”。

〔名优特产〕

花生　莒南县常年种植花生38万亩左右，占耕地面积的35.5%。花生种植地膜覆盖率达到100%。年产量1.35亿公斤，居全国县级第二位；1998年亩产荚果355公斤，居全国县级第一位。花生不含黄曲霉素，磷脂含量高，含有丰富的脂肪和大量的维生素E、C、B_1、B_2等，籽粒成实饱满，色泽鲜艳，食而不腻，在国内外市场上享有较高的声誉。1979年被山东省政府列为优质大花生出口基地县，1984年被国家有关部门定为商品基地县和优质大花生出口基地县，1996年被中国特产之乡组委会授予“中国花生之乡”，1998年被国家有关部门定为“花生标准化生产示范区”。

自1982年至今共完成国家、省、市开发研究课题23项，其中“莒南县23万亩花生地膜覆盖栽培技术开发”获农牧渔业丰收计划（90）二等奖。自1982年至1999年累计推广花生地膜覆盖382.49万亩，共计增产荚果2.87亿公斤。“经济作物两熟制”获山东省科技进步（91）一等奖；“39万亩花生综合高产技术推广”获临沂市丰收计划（91）一等奖；1998年承担省政府下达的“三〇”工程花生高产示范田项目，经山东省良种产业化委员会测产验收，3万亩花生高产示范田平均亩产504.3公斤；10万亩带动田平均亩产435.1公斤。1999年，为促进花生生产向优质化方向发展，县政府从山东农业大学聘请了专家来莒南任科技副县长，并成立花生生产办公室，具体抓全县花生优质良种的繁育及更新换代等工作。2000年全县引进繁育山东省最先进的优质良种山农516和818，4000亩，每年可向省内外提供优质花生良种近千万斤，成为全国最大的优质花生良种繁育基地。

种植业的发展，为加工业提供了充足的原料。为促进加工业的迅速发展，县委、县政府从1990年起决定将国家征购与议价收购同步进行，并积极为工业创造良好的环境条件，吸引国内外客商联合开展或独资办厂，先后与马来西亚、日本等国和深圳、荣成等地客商合资兴建中小型花生深加工企业十余个，粮食、外贸、商业、供销等部门也根据自己的特点，先后办起了花生米筛选厂、烤果厂、糖果糕点厂等。莒南县同泰花生食品厂1992年与马来西亚合资，生产鲜味花生果、香味花生果、油炸花生米、椰浆花生豆、可可花生豆、花生酱等十几种花生系列产品，远销国内外40余个国家和地区。花生酱产品在1999年中国农业博览会上获得“优质产品”荣誉称号，成为花生深加工增值的龙头企业，年创利税500万元以上。山东玉皇粮油食品有限公司生产的“玉皇”牌花生油凭色、香、味具佳的高质量，获得全国消费者喜爱品牌中油脂类唯一品牌，产品供不应求。路克士集团拟投资1.9亿元兴建山东花生蛋白有限公司，进行花生深加工综合利用，已通过国家有关部门的立项批复。花生产加销一条龙、贸工农一体化的格局初步形成。

板栗　莒南具有悠久的板栗栽培历史，群众具有传统的种植习惯。近几年来，县委、县政府立足优势，突出特色，大力发展板栗生产，实现了科学化管理、规模化生产、集约化经营的格局。到目前，全县栗园面积达到25万亩，总产达2000万斤。先后被列为全国干果高产优质示范基地县、山东省板栗生产基地县。2000年，又被国家有关部门授予“中国名特优经济林板栗之乡”称号。

在板栗生产过程中，从强化领导入手，狠抓了组织、政策和配套设施落实。从县到乡镇、村层层成立了板栗生产组织机构，建立了领导干部优质示范园、示范片，作为考核领导干部政绩的重要内容。采取以工补农、财政扶持、集体投入、农民投劳的政策进行板栗开发。从1996年以来，全县板栗园建设以年增5万亩的速度发展，规模的迅速扩大确立了板栗生产在全省的基地地位。为确保板栗生产健康发展，建立健全县、乡、村、示范户四级科技推广网络，结合在全县范围内实施农业技术推广工程，根据农时季节，不失时机地举办板栗生产技术培训班、现场会，推广了地膜覆盖、树盘压草、穴贮肥水、改接换头、科学修剪、配方施肥等投资少、见效快、效益高的增产新技术、新成果，创出了一年建园，二年嫁接，三年投产，单产104公斤，第四年单产280公斤的生产水平。为加快板栗生产良种化进程，建良种选育圃2个，200亩，良种采穗圃15个，2000亩，大面积推广“烟青”、“烟泉”、“石丰”、“郯城207”等优良品种，使全县板栗良种化率达到100%。不断开展科学试验。“板栗低产园改造技术”、“板栗低产园改造配套技术试验推广”、“河滩板栗高产优质栽培技术”、“耐干旱瘠薄板栗品种选育”、“板栗紧凑型品种选育”等10余项科研项目获省、市科技进步奖，使板栗生产关键技术措施的推广应用率达95%以上，科技在生产效益中的贡献率由80年代初的不足15%上升到36%。为抓好仓储加工，促进转化增值，大力发展板栗仓储加工业。目前全县已建各式贮藏库110个。县里投资1256万元，建成了年加工、储藏能力各1000吨的板栗系列产品加工厂，缓解了板栗销售压力，为实现调节淡旺、稳定市场、增产增收发挥了积极作用。狠抓了林副产品批发市场建设。在板栗产出集中的乡镇建立了功能齐全的板栗批发市场，在青岛、北京、广州等大中城市建立了板栗市场信息机构。同时，不断强化市场管理工作，稳定市场秩序，确保了板栗生产贸工农一体化建设的顺利进行。

石雕石刻 莒南县具有石雕石刻生产的传统。近几年来，按照市场发展需求，以县外贸石刻厂为龙头，组建了石刻制品企业集团。重点培育了以坊前、坪上、柳沟、涝坡等乡镇为主的石雕石刻基地，建立起了168个石雕石刻分厂。按照龙头带分厂、分厂联农户的方式运作，龙头厂负责提供样品、技术，对各分厂进行信息指导、技术培训和产品的出口成交，各分厂负责对农户的技术指导、产品质量把关和收集上交。各厂实行独立核算，自负盈亏。初步建立起贸工农一体、多家经营、一口对外的经营秩序，使产品质量和档次不断提高，花色品种不断翻新，在国内外市场上享有较高声誉。到目前，石刻制品已开发出花岗岩大、小石刻，板材、墓碑、雕塑等八大系列一万多个规格品种，销往54个国家和地区。1999年完成产值9120万元，出口创汇1040万美元，实现利税1059万元。全县从事石雕石刻加工业的农民已发展到3万多人，年产值3亿多元。1996年3月，莒南县被国家有关部门命名为“中国民间石雕艺术之乡”。

山东省烟台市福山区

山东省烟台市福山区早在新石器时代，境内就有人居住，1131年（金天会九年）置福山县，历代沿之，1983年11月撤县设区。福山区地处山东半岛东北部的渤海、黄海之滨，北临烟台经济技术开发区，东、南、西与芝罘区、莱山区、牟平区、栖霞市、蓬莱市接壤。是中国首批开放城市——烟台市辖区。现辖10镇、1个高新技术产业园区，有590平方公里的地域面积、29.3万人口、17.3公里海岸线。距城区20公里的烟台飞机场开辟了国外20多个城市的航线；距城区9公里的烟台港拥有15个万吨以上的泊位，与世界70多个国家和地区的100多个港口通航。境内有4处铁路客货站，烟青、烟潍等4条国家级公路和烟台绕城高速公路横贯境内。公路沿线地势平坦，是摆放大工业项目、发展第三产业的理想区域。福山区素有“银福山”之称。已探明的矿藏有金、钼、铅、锌、铜、大理石和透辉岩等。其中铜储量居山东省之首，钼储量占全国第四位。早有“苹果之乡”之称，盛产优质苹果、大樱桃等名优水果，银杏、板栗等干杂果，海参、鲍鱼、对虾等海产品。蓄水量达1.26亿立方米的门楼水库是烟台市生产生活用水的主要水源地。天然避风深水良港八角港是国家农业部认定的沿海渔港之一。三十里堡汉墓群是中国北方最大的汉墓群；是全国八大菜系之首——鲁菜的发祥地，美食文化享誉海内外，系名副其实的“烹饪之乡”；福山区现有旅居海外华侨及港澳同胞近2万人，台湾同胞1万多人。八角海湾风景区是烟台市旅游建设开发规划中海上旅游带的重要组成部分，夹河世界水景园是市区旅游近期规划建设项目。

福山区是烟台市规划建设的现代化工业城区。近年来，福山区充分发挥区域优势，以建设现代化工业城区为目标，以加大有效投入为重点，加快经济结构调整步伐，突出发展高新技术产业园区、城郊型高效农业、个体私营企业，纵深推进改革开放，加速科技与经济的有效结合，努力再造经济发展新优势，经济和各项社会事业步入了健康、快速发展的轨道。1999年，全区完成国内生产总值39.75亿元，比上年增长10.2%；地方财政收入1.19亿元，增长12%；城乡居民人均储蓄8400元。增长7%；农民人均收入3100元。

重点培植以福山高新技术产业园区为龙头的一批新经济增长点，工业经济展现出较强的发展后劲。1999年，实现销售收入、利税分别比上年增长8.7%和12%。福山高新技术产业园区始建于1992年，规划面积8万平方公里，是烟台高新技术产业开发区的重要组成部分和经国家批准的APEC成员开放的科技工业园区。几年来，福山区充分发挥产业园区的政策优势和毗邻烟台经济技术开发区、紧靠市中心区的区位优势，把高新技术产业园区作为全区经济发展的龙头和对外开放的先导，实行领导精力、政策、服务等多重倾斜，集中全区力量搞基础设施建设，调动全区积极性开展招商引资，聚集全区人才参与开发建设。到目前，园区内基础设施建设投入累计达到4.3亿元，3.8平方公里的起步区实现了“五道一平”4.2平方公里的发展区也具备了良好投资办厂条件。共引进美国、日本、韩国等国和香港、台湾地区以及内地投资项目50多个，总投资14亿元，其中高新技术领域的项目占40%。项目投资大都在1000万元以上，其中过亿元的项目5个。项目建设投入累计达到9亿多元，有40多个项目建成投产，初步形成了以荏原空调、月友冷藏等项目为代表的机电一体化，以高性能钕铁硼磁性材料、佳隆电子涂料和华德建材为代表的新材料，以金蕊药业、新奥特系列药品为代表的生物工程，以飞轮果汁、新大洋食品为代表的高档食品四个新兴产业，产出能力达到20亿元。1999年，园区内企业完成工业产值4.3亿元，实现利税4205万元，成为海内外客商投资兴业的热点区域之一。

立足城郊特色，加快调整优化农业种植业结构，大力发展高效农业，形成了以大樱桃、草莓、葡萄、蔬菜为重点的主导产业规模优势。全区大樱桃面积达到7万亩，草莓面积9000亩，葡萄面积1.5万亩，蔬菜面积3.5万亩，成为烟台市主要农副产品供应基地，其中大樱桃以面积广、产量高、品种全、品质优的显著优势，被中国特产之乡组委会命名为“中国大樱桃之乡”。全区结果园面积2.5万亩，产量786.3万公斤，总产值7740万元，主要品种有大紫、那翁、红丰、意大利早红、红灯、先锋、拉宾斯等。全区发展大樱桃设施栽培65亩，总产3.75万公斤，产值450万元，平均单价120元/公斤。主要销往东北三省、北京、深圳等地。

今后一段时期，全区经济和社会发展总的指导思想是：以邓小平理论为指导，以加快发展为主题，以加大有效投入为重点，进一步深化各项改革，扩大对外开放，纵深推进科技与经济建设的有效结合，加快膨胀发展高新技术产业区、城郊型高效农业和私营企业，调整优化经济结构，促进综合经济实力、市场竞争能力、持续发展能力和人民生活水平的全面提高，尽快建设成为现代化经济强区。争取到2010年，全区国内生产总值达到360亿元。

一是以加大有效投入为重点，加快高新技术产业区的膨胀发展和烟台机场工业园的启动建设，培植新的经济增长点，增强经济发展实力和后劲。突出抓好产业区3.8平方公里起步区的项目引进和建设，全面快速启动4.2平方公里的发展区，膨胀发展规模，努力将其建设成为高新技术密集区、对外开放先导区和现代管理示范区，力争到2010年，产业区内工业增加值达到87亿元，占全区工业的50%。抓住国家在烟台设立出口加工区的有利时机，充分利用烟台机场的地理、政策等优势，加紧启动烟台机场工业园，力争尽快将其建成对外加工贸易的集中区。

二是以加快种植业结构调整，大力发展城郊型高效农业为重点，突出抓好大樱桃、草莓、蔬菜、葡萄等主导产业的规模开发，全力启动建设农业高新技术开发区，加快实现农业由数量型向质量型的转变，促进农业增产、农民增收。争取经过3—5年的努力，把规划总面积为23万平方公里的烟台农业高新区建设成为农业高新技术开发、成果转化的示范区，集种养、贮藏、加工、销售、出口、旅游观光于一体的试验区。

山东省东营市河口区

〔**概况**〕 山东省东营市河口区位于山东省东北部，黄河入海口北侧，北、东两面临渤海，全区辖四乡三镇一个办事处，计有178个行政村，土地总面积2365.13平方公里，总人口18.81万人。

河口区两面临海，海岸线长254.7公里，沿海滩涂面积97万亩，占土地总面积的24.9%，境内地势平缓，土壤母质以黄河沉积泥沙为主，易于喜潮耐旱抗盐碱植物生长；海水生鱼、虾、贝类及陆上野生资源极为丰富，造就了一大批具有鲜明地方特色的种植、养殖、野生特产。

〔**名优特产**〕

三疣子梭子蟹　三疣梭子蟹产于渤海，因其背甲部有三个疣状隆起，体形酷似民间织布用梭子而得名。每年4月上旬，浅水域水温逐渐上升，母蟹即自渤海湾深水处向沿岸回游，并在10米内浅或水区产卵。母蟹产卵前肉肥、籽黄，个大者可达斤余重；盛夏时，则公蟹体重肉多，质量优于母蟹；中秋节后，梭子蟹又渐丰腴，至12月初回游前，均为捕捞佳期。

黄河入海口一带滩缓波稳，水中浮游生物丰富，为三疣梭子蟹提供了理想的生息繁衍场所，故产于此处的蟹个大全肥、脂膏盈甲，味道鲜美。三疣梭子蟹含维生素A、蛋白质、脂肪、钙、磷、铁等多种营养物质、元素，蒸、煮、烹、炸皆宜，是深受广大消费者欢迎的海中珍品。近两年，河口开始发展人工养殖三疣梭子蟹，年海上捕捞量约200吨，养殖产量20吨，大部分外销。

纹蛤　纹蛤俗称花蛤，属贝类，因其竖硬凸鼓外壳上均匀布满红、褐、黑等不同颜色齿状美丽花纹得名。其肉色玉白，生食清淡爽口，爆炒、清炖味道鲜美。纹蛤富含蛋白质、钙、磷、碘等多种营养，属上乘滋养佳品，其贝壳加工后，可作饲料添加剂，用其制成的杯、盏、茶具等工艺品，晶莹剔透，色泽天成，深受欢迎。

纹蛤喜生活在泥沙质滩涂及潮间带。河口沿海多属黄河泥沙淤积，地势平缓，加之诸多河沟入海携带大量有机质，为纹蛤繁殖生长创造了良好条件。根据调查，河口沿海潮间带至5米深水域纹蛤年储量在10000—12000吨左右。

近几年，河口区政府制定贝类资源养护措施，采取滩涂养护方法发展纹蛤生产，使之走上良性循环发展道路，年采捕纹蛤一般在5000吨左右。

东方对虾　渤海产对虾个大肉肥，味道鲜美，在国际上素享盛名，被称为“东方对虾”。河口一带海域，风平浪静，泥沙淤积，大量浮游物衍生其间，为对虾提供了良好的生长环境。

对虾是一年生大型回游虾类，每年三月自黄海南部结队成群游往渤海湾，4月下旬抵达黄河口附近海域，十多天后产卵生子。秋末，对虾体长可达20厘米左右，因气温、水温急降，渤海对虾又沿来路游回黄海南部越冬，此时因虾群密集，是捕捞良机。

对虾肉质细嫩，清香味美，通身是宝，鲜虾烹、煎、炸皆为佳肴，亦可煮熟晾成大虾干，去皮制成虾仁，还可制作虾皮、虾酱、虾油等，食之风味各异，1985年以来，河口开始大面积开发滩涂人工饲养对虾，质量接近天然虾，年产约1200吨，大部分出口。

蚬 蚬，俗名蛤蛏、蛏子。贝类软体动物，形呈扁圆桶状，坚壳分两页，既硬且薄，表面有轮状浅纹；肉体玉白，顶有两椎状角，生活在海滩泥沙中或河沟入海口处沙滩内。蚬肉富含蛋白、磷、钙、多种维生素等。较其他海产另具风味。

蚬喜生活在淡海水混合处，对环境条件要求较为严格，河口独特的地理、地质虽适合其生长繁殖，但年采捕量也仅有10数吨，多外运或出口。

芦苇 芦苇系多年生草本植物，喜水耐盐碱，根部再生力强，蔓延迅速，长势繁茂，河口众多植物资源中，芦苇、柽柳、黄蓿菜并称水土保持、生态平衡“三卫士”，全区覆盖芦苇面积约25万亩，年产近10万吨。

芦苇主要分布在轻盐化潮土地带，河口漫漫退海之地，凡存水低洼潮湿地均遍布连片茂密芦苇丛，无水荒洼地亦有芦苇被覆，但茎株较低矮、稀疏；芦苇根系发达且能从土壤中吸收部分盐分，故可改良盐碱地和净化污水，大面积芦苇对保护黄河三角洲的地容地貌、生态环境起了不可低估的作用。

芦苇全身皆宝。青嫩芦苇是优质饲草；苇叶、秸、花穗可作造纸原料；苇杆光滑，色泽细腻、柔白，可编苇帘等工艺品；近年又用以压制苇板，是农村建房用良材；当地还常有人采苇穗扎制扫帚，填充枕头等。

柽柳 柽柳又名赤柳，观音柳、红柳、红荆条，多年生落叶小乔木。柽柳生命力极强，不畏严寒酷暑，耐旱亦耐涝，抗盐碱，河口遍地可见，主要分布在沿海滩涂，全区被覆面积近60万亩，其中护养及人工封育面积37万亩。柽柳常丛生，针状叶细密苍翠，与松柏酷似，枝株多柔长，亦有多年成树高丈余者，其树干苍劲，根系错纵盘结，以其制作之根艺品，堪称巧夺天工；用柽柳制作盆景更是天然趣成；柽柳花始开在五、六月份，一年三次开放，花色粉红呈穗状，形如蓼花，花盛开时一簇簇一片片，远观若云似雾，芳香四溢，每年均吸引大批放蜂人远道而至。

柽柳可改良荒滩盐碱地，并能防风固沙，抵御海潮侵袭；其枝条可编织筐、篓，皮可提取单宁、炼制烤胶，当地常有人用其根茎治疗小儿痘、痧；近年，柽柳还被用作公路旁绿化，既能美化环境，又可养护路基，可谓一举两得。

黄蓿菜 黄蓿菜，学名翅碱蓬，属一年生藜科草本植物。因其耐旱涝、盐碱，故能在河口沿海及所有盐化潮土被覆地，年年生发，岁岁枯荣。

黄蓿菜初春发芽，叶初紫红，渐碧绿，至七八月份花开时再由深绿变为紫红色，单花米粒状，呈穗状结，花嫩黄色，观若云絮般。每年初春至深秋，河口漫漫盐碱滩因簇簇拥拥或碧绿、或紫红的黄蓿菜而显得一片生机。

黄蓿菜种籽、茎叶含蛋白、脂肪、碘等。茎、叶在黄蓿菜开花前可采食或拌凉菜或作馅包成水饺、蒸包另具风味，近年，因其天然无污染分外走俏，并已打上都市高级宾馆餐桌；种籽加工后是上乘饲料，人亦可食。饥荒时曾是当地人用以果腹的主食，黄蓿菜籽还可制油，油色晶亮透明，爽口不腻，所含油中能提炼出油墨原料，并可替代桐油使用，故具有极大开发价值。

河南省安阳市

安阳市位于河南省最北部，总人口509万人，其中农业人口419万人，全市总土地面积7423平方公里，其中耕地545万亩，农民人均1.3亩。安阳市农业结构调整起步于1994年，大范围、大幅度调整从1995年开始。全市上下按照市场经济要求，适应新形势，采取新措施，支持抓认识，抓特色、抓龙头、抓科技、抓市场、抓领导，不断改进工作方法，促进了农业结构调整的健康发展，一是农业经济结构不断调整优化。1999年全市农林牧渔各业产值比已调整为73.7:3.1:23.1:0.1；2000年粮经面积比已调整为70:30，高效经济面积达285.2万亩，优质专用小麦由原来的基本空白发展到了38万亩。二是特色农业发展迅速。全市突出蔬菜、畜牧、林果、食用菌四大产业，大力发展特色高效农业，在全市开展了争创“特色农业乡镇”竞赛活动，1999年全市有24个乡镇达到了“特色农业乡镇”标准，2000年又有42个乡镇踊跃参加创建活动，三是农业市场化、产业化，现代化水平明显提高。全市已建成各类批发市场和专业市场210多个，年交易量达30多亿元，逐步形成了以大型批发市场为中心，以专业市场为骨干，以遍布城乡的集贸市场为基础的农产品市场体系。以农副产品加工为主的龙头企业发展迅速，年产值1000万元以上的龙头企业已达30多家，全市农林牧各业引进新品种300多个，推广新技术100多项，有效地提高了农业发展质量，促进了农业的现代化发展。四是农业生产力水平不断提高，农业发展步伐明显加快，1999年全市农林牧渔总产值达90.3人元，按可比价格计算，比1993年增长58%，农民人均纯收入达2046元，比1993年增加1263元，增长1.6倍；农业劳动生产率达10392元，土地产出率达1596元，分别比1993年增长1.4倍和1.8倍。

主要做法：

一、据观念转变，提高认识，推动调整。 一是市、县、乡三级每年都组织人员外出考察学习，借鉴外地经验。市里连续两年组织市直有关单位到山东、江西、浙江、江苏等地学习农业结构调整经验。内黄县先后组织县、乡干部52批5200人次到山东、河北等地学习，滑县3000多名农民自发到周边县、乡参观典型，积极投身结构调整。二是市县乡认真总结本地的典型经验，编发了《安阳市农业结构调整实践与探索》及《农业结构调整品种技术指南》两本书发至全市每个村，全市共总结农林牧各类典型107个，在电视台、电台、《安阳日报》上广为宣传，用身边活生生的例子启发引导农民，思调整、议调整、干调整，全市上下形成了浓厚的农业结构调整氛围，三是制定完善农业结构调整规划，市委、市政府1999年制定下发了《关于调整农业经济的意见》的文件，制订了"改善种植业、调整林果业、发展畜牧业"的指导思想，提出了"一抓两带三突破"的工作思路，即抓龙头企业建设、以龙头企业带动生产基地和支柱产业，在创建特色农业乡镇，合作经济组织建设和农业产业化经营方面取得新突破。

二、抓特色农业，创建特色农业乡镇，拉动调整。1999年开始，市委、市政府在全市开展创建"特色农业乡镇"竞赛活动，力争经过3年努力，全市95个乡镇有50%以上达到"特色农业乡镇"发展水平。截至1999年底，全市已有24个乡镇达到特色农业乡镇标准，市政府为此专门拿出资金70多万元进行奖励，支持发展，其中汤阴县白管乡1999年发展日光温室近万栋，蔬菜产值达1.1亿元；滑县万古镇千只以上规模的鸡场670个，鸡存栏221万只，畜牧业产值2.1亿元，占农林牧渔总产值的65%，农民收入的60%来自畜牧业；内黄县豆公乡果树面积2.1万亩，用材林160万株，林木覆盖率达43%，农民收入55%来自林果业，形成了"上有沙兰杨，中间果树行，下边菜和粮"的林、菜、粮立体间作的生态农业模式。2000年内黄县被国家有关部门命名为"中国名优经济林红枣之乡"，林州市被国家有关部门命名为"山区生态建设先进县"，郊区被国家有关部门命名为"中国花木之乡"和"全国首批重点花卉市场"。

三、抓龙头企业，实施产业化经营，推动调整。一是科学确立主导产业和骨干产品。结合全市资源优势和目前农村经济发展水平，确立了粮食、棉花、油料、蔬菜、林果、畜牧、食用菌等七大主导产业，围绕这七大主导产业，选择了市场容量大、产出率高、效益好的小麦、棉花、花生、蔬菜、红枣、苹果、生猪、肉牛、鸡、食用菌等到十大骨干产品，进行重点发展。二是建立生产基地，实现规模经营，努力实现总量扩张。全市建设了内黄县红枣、汤阴县肉鸡、滑县留固镇万亩大葱、郊区龙泉花卉等农林牧渔生产基地130个，扶持带动600多个专业村、11万农民专业户，三是培育发展龙头企业，向大规模、高档次、高科技、外向型、强带动方向发展，全市共培育农业产业化龙头企业50多个，其中省级重点龙头企业3家，市级重点龙头企业15家。内黄县先达康太制品公司1999年出口成品板7350立方米，创汇183万美元，带动农户380家。

四、抓科教兴农，提高广大农民素质，支撑调整。一是抓"种子产业化工程"建设，引进推广良种良法，先后引进优质专用小麦、玉米、大豆、樱桃番茄、三樱桃、中华目葱、以伯利甜椒、玉彩椒、独椒红韭菜，美国8号、藤木一号、摩力士苹果和冬枣、梨枣、酸枣、日本李子和波尔山羊等农林牧优良品种300多个。示范推广地膜覆盖、精少量播种、果实套袋、拉枝开角、人工授精等先进适用技术200多项。二是建设高标准、高起点示范园区，推动农业产业结构升级。全市共建设示范园区114个，其中高效农业38个、林果业45个、畜牧业23个、食用菌8个。郊区东郊乡和市吉星实业公司共同建设的吉昌农艺苑，建成高标准日光温室42栋，注册的"洁莱"牌蔬菜实行净菜包装、礼品上市，平均增值50%左右。1999年实现产值100万元，利润60万元，三是创新间作套种模式。全市积极探索三一式、三二式、四二式麦棉、麦油、麦菜、麦瓜等一年三熟、四熟、五熟等间作套种模式10多种，目前，各类间作套种面积已达150万亩，亩收入达2000元以上。四是与科研单位联姻，加速先进适用技术转化，市政府召开由各县（市）区、市查农口单位和中棉所、市农科所、蔬菜所参加的科技兴农联谊会，以科研单位为依托，搞好技术协作，建立棉花、农物物、蔬菜等品种引进示范推广基地，市蔬菜所与以色列合作建立的"河南省引进国外蔬菜良种繁育基地"，在全省居领先地位。五是开通安阳市农业科技110，2000年7月份市政府筹资在全省首家开通了农业科技110，组织农林牧渔各方面专家和技术人员30人，昼夜24小时值班，为农民解答疑难，提供服务。

五、抓市场销售，产销紧密结合，服务调整。一是统一规划，合理布局，进一步完善农产品市场体系。全市已建成日交易量百万公斤以上的大型农产品批发交易市场5家，常年开放的集贸市场和批发市场210多家，全封闭、临时性、季节性市场上千家。内黄县城关镇卞庄花生市场年交易额上亿元，已成为豫北最大的花生市场。二是努力探索新的农产品销售方式，大力发展"订单农业"，1999年滑县大力发展优质专用小麦生产，主动到广东、福建、云南、广西等四省（区）的大中型面粉厂考察，签订供货合同11万吨，发展优质专用小麦占全市优质专用小麦面积的2/3，三是积极发展农民经纪人队伍，1999年在全市开展了评选青年农民营销带头人活动，极大地带动了全市农民经纪人队伍的发展壮大，截止目前，全市共拥有农民经纪人10万多名，年纯收入均超万元，带动30多万产农民从事高效农业生产，占全市农户总数近30%。

六、抓工作方法转变，促进农业结构调整健康发展。一是在全市建立了“五个一”的农业结构调整领导体制。即一个主导产业、一个规划、一个领导班子、一套政策、一个完善的实施措施。市委、市政府成立了“安阳市农业结构调整领导小组”，具体负责全市农业结构调整工作的调查研究，方案制定，组织实施，协调检查和督促指导。二是适应市场经济发展要求，在指导思想、领导方法和工作方法上做到了“三个转变”，即由主要抓生产向生产流通两手抓转变，由直接微观管理向间接宏观管理转变，由以行政手段为主向以经济和法律手段为主转变。三是把握农业结构调整的关键、狠抓了“三支队伍”建设。“三支队伍”即农业科技人队伍、农产品销售经纪人队伍和结构调整致富带头人队伍。这三支队伍包括从外地引来的和本市涌现的，都在农业结构调整过程中起到了主力军的作用。四是改进工作方法，干部带头搞调整。内黄县各级干部以“领着农民干，做给农民看，带着农民富”为宗旨，实施了1/3工作法，即全县所有党政群机关1/3的人员留守机关，坚持日常工作；1/3人员创办高效特色农业示范园区或招商引资；1/3的人员进驻101个行政村，主要任务就是搞好农业结构调整。汤阴县任固镇副镇长尚红娟创办了金丝垂柳基地，已发展到60亩23万株，经济效益和社会效益明显，带动了广大农民积极参与农业结构调整，促进了农业结构调整健康发展。

河南省漯河市

漯河市位于中原腹地，全市辖三县一区，51个乡镇，1250个行政村，总面积2617平方公里，人口253万，农业人口199万，农村劳动力119万，耕地248万亩。近年来，该市针对农村改革和发展的新形势，依托本地资源优势，坚持市场导向，从发展农村多种经营起步，努力实施农业产业化经营；同时，适应市场对农产品需求优质化和多样化的新形势，积极推进农业结构的战略性调整，不仅使农业产业化的经营水平不断提高，而且农业的集约化、规模化水平在较大的范围内实现了新突破，加快了传统农业向现代农业的发展步伐。

一、推动农业结构调整的主要做法

1. 从发展多种经营起步，全面促进农村产业结构的调整。该市是一个典型的内陆农业市，人均土地不到1.3亩，长期以来，农民主要从事单一的粮食生产，大量剩余劳动力游离在粮食生产之外，形不成现实的生产力。这种经济格局，不仅农民收入的状况难以根本改变，而且还引发干群关系、社会治安等一系列农村社会问题，同时也阻滞着整个农村经济的发展。该市在创办内陆特区的过程中，从1994年起对这个问题有了较为清楚的认识。开始着力于这种局面的改变。主要措施是组织引导广大农民群众围绕市场需求和当地资源优势，大力发展多种经营，包括高效特色种植业，如蔬菜、食用菌、果品；适度规模饲养业，如猪、鸡、兔等；简单的加工业如竹木编织加工、食品加工、肉类皮革加工等；对过剩的农村劳动力有组织地进行劳务输出。为了使这些措施落到实处，该市从党建的角度要求农村基层干部带领农民群众，帮助他们有规划地发展多种经营，并组织开展相关的服务工作，把基层干部带领群众致富奔小康的本领和实际工作成效作为考核使用的重要内容。通过几年的实践，取得明显的经济和社会效益。高效农业和非农产业迅速崛起，按年纯收入2000元一个多种经营项目来衡量，目前，全市农户的上项率已达到70%以上。农户原来只是作为家庭副业的多种经营却逐步发展成为家庭主业，农户本身也发展成了某一产业的专业户；专业户的示范效应和政府的组织引导带动了专业村和专业化生产区域的迅速形成。

随着形势的发展，该市日益感到，广大农户走出“以粮为主”的圈子，转到围绕市场上项目，这是传统农业向市场农业迈进的可喜一步；农户围绕当地的主导产业上项的连片发展和专业村的大批出现，又是一个进步。但是，由于劳动者素质不高、信息不灵，小规模、分散化的家庭经营面临着与大市场的不适应，不仅使已发展起来的产业难以稳定，而且由于配套服务滞后，加工转化比重小，极大地制约着综合效益的提高。在这样的背景下，该市提出走贸工农一体化、产加销一条龙的经营路子，即按产业化的要求去组织农业和农村经济的发展。在实际推进中，该市具体落实了“两手抓”，即一手抓千家万户上项目；一手抓加工、抓市场、抓服务。通过引导千家万户上项目，使农村经济从以粮为主走向了多种经营，从自给为主走向了商品生产，培育了大批专业户、专业村和专业片，农民收入水平、农村原始积累程度明显提高，既为农户的家庭经济注入了新的活力，也为农业产业化经营奠定了坚实的基础。通过抓加工、抓市场、抓服务，使农村经济加快从多种经营向主导产业靠拢，从家庭分散经营向龙头带农户一体化发展方向迈进，不少乡镇涌现出了一批按产业化经营模式发展农业和农村经济的典型，农业和农村经济发展的组织化水平、社会化程度逐步提高，既为农业产业化经营打开了通道，也为农村经济结构调整和优化架起了桥梁。这是该市上下多年来坚持从实际出发、不懈探索经济发展规律的结果，有着十分鲜明的漯河特点。

2. 根据形势变化，及时规划部署，引导农业结构调整向更高层次发展。可以说，该市通过发展多种经营，全面启动了农业和农村产业结构的调整。但是，这种调整是初步的，或者说是低层次的，对于大多数乡镇而言，仅仅是为今后的发展打下了一个好的基础。随着城乡人民生活水平的提高和城市工业的发展，市场对农产品需求多样化和优质化的趋势日益突出，特别是农村经济进入新的发展阶段之后，如何适应市场变化调整农业结构，已成为保持农民稳定增收、促进农村经济持续健康发展的一项根本措施。为此，1999年以来，市委、市政府在认真总结经验的基础上，经过深入的调查论证，先后出台了《漯河市农业结构调整意见》、《关于大力发展畜牧业的意见》等文件，对农业和农村经济发展进入新阶段之后，农业结构如何优化调整进行了全面的规划部署，着力引导广大农民转变观念，适应市场，依靠科技调整结构，走效益型农业的路子。起步较快的临颖县从抓解放思想、统一认识入手，在全县实施以日光温室蔬菜生产为主的“万棚亿元”工程，要求每个乡镇都制定自己的调整方案，年初让乡（镇）领导在电视台公开讲自己的思路，年底讲完成情况，让全县人民群众监督，对调整优化农村产业结构起到了极大促进作用。该县粮经比例已由90年代初期的85:15达到目前的50:50，复种指数由135%提高到目前的240%，发展间作套种面积26万亩，各种经济作物面积68万亩，建造各类温棚2000多座，农民人均收入2457元。

3. 通过抓典型示范，带动大面积结构调整。一是以建设现代农业科技示范园区为载体，带动种植业向高产优质高效方向发展。目前，全市已建成1个国家级科技示范园区，4个省级园区，5个市级园区和26个县级示范园区。临颍县巨陵镇通过农业科技示范园区建设，带动全镇形成了西部5000亩反季节蔬菜种植区，中部18000亩的一年多熟制间作套种种植区，东北部30000亩粮食和瓜菜新品种繁育基地三大生产区域，全镇实现了种植业亩均收入2500元以上的高效益，走出一条用现代科技改造传统农业的新路子。二是总结了部分乡镇一年多熟的间作套种经验，并利用实地观摩、现场会等形式进行宣传推广，扩大了经济作物的种植面积，提高了土地产出率。2000年以来，市委、市政府分别在临颍、郾城召开两次现场会，总结推广了巨陵、老沃、瓦店、三家店等乡镇在发展间作套种、调整农业结构的成功经验，促进了全市大面积的种植业结构调整。三是以抓规模饲养场、户为重点，带动了畜牧业的稳定发展。近两年来，全市畜牧业生产整体上基本稳定，主要品种的总量增长不大，但规模饲养增长较快，集约化水平不断提高，从而促进了效益的好转。2000年上半年，全市肉类总产量、食蛋产量和畜牧业产值分别比上年同期增长14.3%、23.8%和7.1%。以临颍北徐集团、郾城宏泰养殖公司、黑龙潭、王岗、台陈秋花养殖公司为骨干的生猪、肉蛋鸡养殖规模逐步扩大，已成为带动区域养殖业发展的龙头。如黑龙潭和王岗两个乡镇的蛋鸡养殖规模均已突破400万只。

4. 通过抓科技进步，推进结构调整。一是组织开展了以提高农业科技含量和农民科技素质为主要内容的农业科技承包活动。1999年以来，全市科技人员共承包农业项目1072个，集团性承包189个，个人承包783个；承包对象有农业龙头企业、高效农业示范园区和农户等；承包范围包括粮食、高效经济作物、林果、养殖业、食用菌、水产等产业的高产高效开发。参加科技承包的科技人员达到1648人；承包期间共举办各类培训班291期，培训人员18.7万人次，引进新品种17个，推广新技术38项。二是通过建立健全县、乡、村三级培训网络，实施了农业科技培训计划，为农业和农村经济发展培养了一大批科技带头人和合格劳动者；同时利用科技下乡和宣传媒介等手段，向广大农村传送更多的科技知识、致富典型，普遍提高了农民的科技素质。目前，全市有8040位农民获得绿色证书的培训资格。三是各地各有关龙头企业根据发展需要，从大专院校、科研单位高薪聘请了一批高科技人才和从农业发达地区聘请一些实用的乡土拔尖人才。漯河市天翼生物工程公司先后从国内外引进了一批名优特稀优良果蔬新品种，以高薪聘请几位全国知名的农业专家，通过基因转移和组织培养等高科技手段，成功地培育出大批稀有的名优果蔬种苗，创造了高出常规农业十几倍到几十倍的经济效益。绿色庄园通过引进国内外名优品种和技术，使葡萄果实提前百天成熟上市。近年来，全市共引进各类技术人员400多人；在小麦、玉米等主要农作物品种全部实现优良化的同时，还重点引进了美国西芹、以色列蕃茄、球茎茴香、太空辣椒、花卉等名优特新品种40多个，并配套实施了喷灌、滴灌、组织培养等高新技术手段，使科技对农业生产的贡献率一直保持在40%以上。有力促进了该市高效特色农业的迅速发展。

5. 通过抓市场服务，牵动结构调整。农业必须适应市场，按照市场需求安排生产，根据市场变化调整产品结构，才能获得好的效益。为此，该市各级政府通过深化农产品流通体制改革，培养一大批经纪人，组织成强有力的营销队伍，在国内大中城市设立销售网点，建立绿色通道，积极探索产销互托的流通方式，初步形成开放、统一、竞争、有序的农村市场体系，为农民提供良好的市场环境，使农产品产出来、卖出去，保证农民既增产、又增收。目前，全市共建有各类批发市场30多座，在外地设有办事处20多个，有近万名经纪人活跃在田间地头，穿梭于各大城市，为农户与市场起着架设桥梁的作用。临颍县专门成立了经纪人联合总会，每半年对经纪人培训一次，并以优惠价格为全县80%以上的经纪人安装了直拨电话。目前，全县从事农副产品购销的农民经纪人超过5000人，每年带回有价值的市场信息近千条，年经营额500万元以上的有12人，100万元以上的达56人，市场意识、服务意识和经营策略日益成熟的农民经纪人在农业生产和销售中发挥着越来越重要的作用。

6.增加农业投入，强化各种服务，促进结构调整。一是实行重点扶持。市政府协调农行和农村信用联社各新增2000万元贷款，对规模饲养大户和蔬菜种植大户进行重点扶持，市财政拿出200万元用于利息补贴，各县区程度不同都增加了相应的投资。认真落实了省政府关于发展畜牧业的有关政策，对规模饲养大户在饲养用粮和用地方面给予优惠照顾。二是强化水利设施建设。坚持水田林路综合治理，实施园区化工程，为高效农业的发展奠定基础。目前，全市有效灌溉面积209万亩，旱涝保收田面积达到167万亩，节水灌溉面积15.32万亩。三是完善科技服务体系，提高农业内部各产业的科技水平。四是稳定政策，为调整结构创造宽松环境。包括稳定土地承包关系、建立健全土地流转机制、严禁农村“三乱”行为和减轻农民负担等政策。五是各级领导高度重视农业结构调整。2000年以来，市委主要领导亲自主持召开了由县区和市直有关部门主要领导参加的农业结构调整座谈会，专题研究和部署农业结构调整工作；市委、市政府又先后召开了两次现场会，总结推广一些乡镇的成功典型，推动全局工作。有关部门经常深入各地调查研究，协调解决农业结构调整过程中的各种问题，全面推动全市农业结构调整工作。

二、漯河市农业结构调整的主要成效

1.在不削弱粮食产业的情况下，农业产业结构得到了较大的调整。该市粮食产业的比重在下降，但总量稳中有增，而非粮产业（如畜牧、蔬菜、林果等）的比重在上升，且总量增长很快。全市的粮食产量由1994年的89万吨增长到1999年的142万吨。各类经济作物发展到170多万亩，其中瓜果蔬菜达到80多万亩，粮经比例达到65:35，种植业的复种指数为220%。目前，全市畜牧业、林果业和水产业在农业总产值中的比重分别由漯河区划调整时的5.14%、1.56%和0.02%提高到现在的32%、2.39%和0.39%；全市农村社会总产值中一、二、三产业的比重分别为26.3%、50.4%和23.3%，与区划调整时相比，第一产业下降20.8个百分点，第二产业上升了24.7个百分点，第三产业下降了3.9个百分点。

2.农业社会化服务体系得到恢复和发展。这个体系包括龙头型服务组织、技术服务组织和合作社型服务组织（主要指供、销），三个方面形成了一个网络，初步改变了前些年农业社会化服务体系“网破线断点散”局面，而且有了新的发展，个体私营、股份合作型服务组织不断涌现，农村分工分业步伐明显加快，从单一所有制的政府组织开始走向多元所有制的市场经济组织，并逐步向农村经济的各个领域渗透。

3.形成了以食品原料生产为基础、以食品工业生产为主导的第一经济增长点。该市是典型的农产区，产业化的推进，不仅带动了农业结构的调整优化，为全市经济发展提供了丰富的农产品资源，也推动了全市食品工业的快迅发展。目前全市年加工转化粮食168万吨，年加工肉食品40万吨，形成了50个系统、400多个品种、10个“河南著名商标”、2个“全国驰名商标”，产值达160亿元，是农业总产值的近2倍，占全市工业总产值的70%以上，并逐步形成了区域化、规模化发展的局面。如临颍县的南街、龙堂、北徐庄三个强村已形成固定资产规模10亿元的粮食加工集团。年加工转化粮食110万吨，产品多达80余种，年产值达26亿元。漯河市双汇集团公司每年加工生猪1200万头，活牛50万头，鸡肉和鸡蛋3万多吨，生产各种肉制品30万吨，年产值达50亿元。这些加工龙头企业带动了周边30多万农户发展高效种植业和规模养殖业，促进农民增收的同时，也使企业建立了相对稳定的原料基地。

4.深化了农村改革，推动了农村生产力的发展。从家庭分散经营走上规模经营，这是农村的“第二次飞跃”，是中国农业发展的战略转移，但从80年代中期，这条路一直没有走通：靠粮食生产，打不开市场；靠集约化经营，农民不愿离开土地；靠乡镇企业，对农民增收作用不大，且吸纳农村剩余劳力的能力在减弱。但是，该市靠“两手抓”，专业化农户多了，土地利用率高了，剩余劳动力消化了，投入增加了，原来单一集体经济的规模经营模式改变了，出现了群众规模经营和龙型规模经营，形成了新的规模经济。规模上来了，商品化提高了，分工分业加快了，这是农村生产力提高的重要标志。

5.推动了政府职能的转变和合理发展。计划经济时期，农村经济是政府主导型；家庭分散经营后，很大程度上变成了农民自主型。通过调整农业结构和农业产业化经营，政府的引导和服务职能逐步增强，使农民和政府各自的作用得到了比较合理的发挥。有力地促进了农业和农村经济的发展。目前，已有70%的农户发展成为专业户；专业村和区域性生产基地大量涌现；社会化服务组织达到1200多个，出现了200多个较大规模并具有带动相关产业发展的龙头企业；农民人均纯收入从1993年的736元增加到1999年的2375元。

三、几点思考

漯河市农业结构和产业化经营水平尽管近几年有较大提高，出现了一批集约高效农业、规模饲养业和农产品加工业的发展典型。但是，整体来看，推进农业结构和产业化经营的深入发展，仍然存在着基础脆弱、科技水平低、农民积累薄弱、政府投入不足等一系列老问题，同时，又面临着结构性矛盾突出、区域发展不平衡、农业产业链条短、利益机制不完善、农业综合服务滞后特别是流通环节建设滞后等新问题。针对这些问题，该市将在继续强化领导、完善配套有关政策的基础上，着力抓五项工作：一是进一步加大科技创新和组织创新力度，以创新促发展。二是实施重点产业攻关，依托现有的生产基地，集中人力、物力、技术等生产要素努力扩大规模、提高集约化水平和对外辐射推广的能力。三是集中力量研究双汇、南街等大型龙头企业带动全市种养业发展问题，通过政策引导、利益机制的完善，使大面积的种植、养殖区域成为双汇、南街的原料基地，带动农业结构的调整。四是着力解决市场流通问题，使现有农产品和加工产品货畅其流。五是总结典型，抓好宣传。要求各级干部经常深入实际，搞好调查研究，及时发展和总结各类成功典型，做好宣传，引导和推动全市的农业结构调整工作。

河南省西峡县

西峡县地处豫西南边陲，豫、鄂、陕三省边缘结合处，辖10乡8镇，297个行政村，共42万人，区域面积3454平方公里，为河南省第二区域大县。312、311、209国道和豫48线贯穿县境，已动工兴建的宁西铁路在西峡全长近百公里。西峡是全国闻名的“绿色王国”，共有林地面积390万亩，活立木蓄积量701万立方米，年生产量30万立方米，森林覆盖率76.8%，是河南省第一林业资源大县；西峡还是驰名中外的“中草药王国”，其境内盛产中药材1380种，在常用的800多种中药材中，西峡就占680多种，山茱萸、连翘、血参被《中国药典》确认为最佳产地。特别是山萸肉个大色红、肉厚质优、药味浓厚，曾荣获’91仲景杯国际博览会金奖，获’99北京中国国际农业博览会名牌产品称号。西峡又是猕猴桃的最佳适生区之一，其地处亚热带向暖温带过渡带，气候温和，雨量充沛，光照充足，无霜期长，在全国发现的62个猕猴桃品种中，西峡就占34个，所产猕猴桃以纯天然、无污染、清香汁多、质优味醇而享誉中外，1999年被命名为“中国名优特经济林猕猴桃之乡”。另外，西峡还具有明显的矿产资源优势和水资源优势，其中石墨总储量1.6亿吨，为亚洲四大矿库之一；水资源总量12.9亿立方米，居全省县级第二位；1993年在西峡境内发现的大规模恐龙蛋化石群。

近几年，西峡县委、县政府从县情实际出发，围绕建设“菌果大县、工业强县、山区富县”的奋斗目标，依靠丰富的资源优势和地理区位优势，努力营造后发优势，坚持菌、果、药三大主导产业同步发展，膨胀基地规模，强化龙头带动，狠抓市场营销，加大科技投入，强力推动了特色农业。五年攻坚，初步形成了菌果药三大主导产业体系。

以香菇为主的食用菌产业规模和效益同步提高。在基地建设上，建成5000多万袋的生产基地，干菇总产量达930万公斤，产值突破6亿元。计划通过3—5年努力，使食用菌产业产值达到20亿元，成为全国最大的食用菌生产基地。龙头培育上，组建了集生产、加工、服务、营销为一体的神菇集团公司，开发出以香菇多糖饮品为主的系列产品20多个，1997年，公司被授予全国食用菌行业先进企业称号。1999年完成出口贸易量500多吨，贸易额2000多万元。市场销售上，投资3000多万元建立并完善了双龙香菇市场，该市场占地面积1.5平方公里，拥有专业购销门店480多家，加工厂30余家，从事购销和加工人员1.7万人，全国20多家著名的香菇购销公司以及日本、新加坡等国家和台湾、香港地区的客商常年在此从事香菇购销业务。1999年市场交易额达到7.5亿元，成为全国最大的香菇专业交易市场。1997年被中国食用菌协会评为食用菌行业“全国先进市场”。先后成功地举办了’98全国第三次香菇专业会议和’99中国香菇产业高层次开发及市场营销战略研讨会，龙乡牌香菇被评为’99中国国际农业博览会名牌产品。科技服务上，投资500多万元建立了全县食用菌科研中心，配备科研人员20人，聘请国内外知名专家30多名作为技术顾问重点攻关食用菌的育种、高新科技的运用和示范。已培育出60多个适合本地发展的食用菌品种。独创的“春栽、棚架、中袋、适度规模”的香菇生产“西峡模式”在全国大面积推广应用。

以猕猴桃为主的林果业稳步健康发展。目前，全县已改造野生猕猴桃基地15.4万亩，发展人工高标准基地8.5万亩，年产鲜果3000万公斤。生产上，以312国道沿线乡镇为重点，建设百公里猕猴桃长廊，大力培育专业乡、专业村、专业户，全县已发展1万亩以上的专业乡2个，500亩以上的专业村50个，5亩以上的专业户1200户。计划通过3—5年的努力，使全县猕猴桃基地面积累计达到10万亩，产量达到1.17亿公斤，成为全国知名优质猕猴桃生产基地。以猕猴桃研究所为主的科研机构，在国家级专家朱鸿云带领下，已选育出适合本地栽植的“华光”、“华美”等系列优良品种20多个，其中华美1号、2号荣获’99昆明世界园艺博览会金奖。在高新技术应用方面，1997年与中国农业大学合作开发具国内领先水平的SOD猕猴桃鲜果及系列加工产品获得成功。1999年开发的SOD猕猴桃1万亩，产品销往北京、上海、深圳、郑州等十多个大城市。加工销售上，已建成春都集团西峡食品饮料公司、哪吒食品有限公司等加工龙头和5个总库容1800吨以上的冷库，加工产品已达8大类30多个品种，产品远销各大中城市，并出口日本、新加坡等10多个国家和地区。新上猕猴桃果汁无菌包装生产线，年可加工猕猴桃鲜果400万公斤以上，计划建成全国大中城市饮品企业重要的猕猴桃原汁供应基地。

以山茱萸为主的中药材发展迅猛。目前，已建成山茱萸基地18.6万亩，年产量达800万公斤，占全国总产量的1/3。全县发展面积在1万亩以上的专业乡已达9个、人均100株以上的专业村50个、人均200株以上的专业户1000个。计划到2003年全县优质品种山茱萸基地发展到10万亩，累计达到30万亩。相继建成了名贵中药材开发研究所、山茱萸研究所、宛药公司新药开发研究所等3家科研机构，形成了比较完备的科研、技术推广、技术服务体系，先后承担完成了天麻有性繁殖、山茱萸病虫害防治等多项技术的研究推广，研究开发出了金芪降糖颗粒、脑血康口服液、银杏叶片等一大批新药，其中，已推广上市或获批准文号10多个。加工销售方面，宛西制药股份有限公司经过多年的发展，已成为全县中药材加工龙头，年中成药生产能力达到5000吨，产值达2亿元，共生产九个剂型上百个品种，年需求中药材达85个品种，70万公斤。至2004年该公司产值将达10亿元左右，年收购山茱萸将达到350万公斤。已培育的名贵中药材开发总公司、医药公司等龙头企业。年收购各类地产中药材300多个品种150多万公斤，年出口山茱萸10万公斤，远销韩国、日本等国家和香港地区。从事药材购销经营户注册达100余家，年销售地产中药材500万公斤左右。市场上，米坪、丁河等乡镇药材市场已逐步发育，并吸引了大批外来经营户，年交易额达100多万公斤。

特色农业发展战略的实施，有效地推动了全县经济的发展。1999年全县农业总产值完成13.5亿元，增长11.6%；农民人均纯收入达到2110元，增长8.9%；城乡居民储蓄存款余额10.9亿元，人均余额2630元，分别增长10.3%、10.2%，特色农业对农业总产值、乡财政收入和农民人均纯收入的贡献份额分别达65%、40%和70%。今后，按照县委、县政府的既定工作思路，抓住西部大开发机遇，调活调优产业结构，将特色农业推向深入，计划经3－5年努力，把西峡建成豫西南地区最大的集经济效益、生态效益、社会效益为一体的现代特色农业优质商品基地。

湖北省英山县

一、丝绸

（一）丝绸的种类、产销

丝绸的种类有真丝、丝棉复合丝、双宫绸、梭织真丝绸、真丝针织绸、梭织化纤绸、色织织纺绸和缫丝副产品等。丝绸销售到全国各地，运销到美国、日本、德国、澳大利亚、东南亚等十几个国家和地区。

（二）著名蚕茧、丝绸产地和名优品牌选介

孔坊、金铺、杨柳、石镇等乡镇是该县蚕茧生产重点乡镇，重点丝绸企业有湖北桑树丝绸股份有限公司、英山县丝绸厂、湖北绢纺织厂、雍华丝绸制品厂等，主要名优品牌有“雍华”牌丝绵被、“梦丝家”牌系列丝绸产品、真丝针织服装等。

（三）管理重大举措

英山把推进蚕桑产业化作为全县经济开发的重点工程，推行“公司＋基地＋农户”的模式，坚持一手抓蚕桑生产，一手抓深度开发；一手抓千家万户，一手抓龙头企业；一手抓科学应用技术推广，一手抓蚕桑规模的扩大，使产业链条不断地延伸，产业化程度不断地提高。

（四）科研成果

开发出了高级真丝服装，“雍华”丝绵被，“桑菊”保健枕和“梦丝家”系列产品。

（五）主管部门通讯录

英山县茧丝绸总公司，总经理叶乔，邮编：438700，地址：英山县温泉镇莲花路，电话：（0713）7013435，传真：（0713）7012435

（六）企事业单位供求信息

可提供优质蚕种、真丝保健被、桑菊保健枕、高档真丝服装。

（七）合资合作项目及投资政策指南

蚕蛹开发项目、蚕种场改造和扩建。

二、茶叶

（一）茶叶种类、产销

英山茶叶种类有绿茶、红茶、花茶、保健茶等，产品畅销全国各地，出口欧洲、非洲、东南亚等十几个国家和地区。

（二）著名品牌及其生产单位和产业并名茶店，名茶馆选介

1. 天堂云雾茶　英山地处大别山主峰天堂寨南麓，云雾山中出产的茶叶具有香高、味醇、叶绿、汤清、耐冲泡的品质特色，故定名天堂云雾茶，天堂云雾茶是英山名茶的精品，素有“毕昇故里茶最美，天堂云雾味独珍”之盛誉，1994年5月荣获'94中国“陆羽杯”金奖，同年8月获省政府科技进步三等奖，10月荣获国内贸易部优秀科技成果奖，1996年5月又获省第三届“陆羽杯”金杯奖。1999年，“长冲牌”云雾茶荣获全省十大名茶称号。

2. 龙山特级绿茶　“龙山特级绿茶”生产于英山境内300多个定点茶场，该茶采用传统工艺结合科学方法制

作而成，产品具有条索紧秀、汤色嫩绿明亮、香气浓且持久，滋味鲜浓的品质特色，曾荣获全省和全地区同类产品总分第一，并被省内外茶叶专家和广大消费者誉为“货真价实值得信赖”的优质产品。

3. 龙山绿茶　“龙山绿茶”英山境内所有茶场均有生产。该茶具有色泽绿润稍翠，条索紧细略显毫峰，汤色嫩绿明亮，香高味醇等特点，该产品多次被地区、县评为地方名茶，是大众喜爱的价廉物美的上等好茶。

4. 英山生产的“工夫红茶”　具有外形条索紧结有峰苗，色泽乌黑油润，肉质香高味醇，汤色红亮，叶底红匀，柔嫩多芽有金圈的品质特点，是出口和内销的珍品，年产量200万公斤，产品主要销往东北、华北、西北等地，还出口到东欧的10多个国家。

5. 珍眉绿茶　英山生产的“珍眉绿茶”，又叫英炒青，因其条索紧结细长，匀称，如古代仕女纤细的眉，故称之为珍眉，其产品色泽呈灰色，俗称起霜，条索紧细，叶肉厚实，芽叶细嫩，色泽翠绿，茶汤清沏，香气芬芳，香味纯正，滋味浓厚醇和，叶底嫩绿，微带黄色，1979年始制，产品销往摩洛哥、马里等国家，是英山主要出口创汇品种。

6. 康绿保健茶　仙人岩牌康绿保健茶和人体必需的微量元素硒采用科学方法精制而成，长期饮用本茶，能增强机体免疫功能，保护身体健康，提高人体抗病能力。

7. 羊角春　“羊角春”又名“羊角雾毫”，生产于英山八大景点之一的“英山大地羊角尖”一带茶场。此茶具有条索紧细有锋苗，色泽翠绿带披毫，香高持久，汤色嫩绿明亮，滋味鲜爽有回甘，叶底嫩绿匀齐成杂的特点。多次荣登湖北地方名优茶榜首，并荣获国家农牧渔业部优质产品奖，是英山名茶的代表茶品。

8. 英山龙井　“英山龙井”产于英山境内100多个定点茶场，该茶采用传统工艺结合先进的科学制作方法精制而成，具有外形扁平挺秀、光滑匀直、色泽嫩绿稍黄、汤色明亮、滋味醇和、香味持久、叶底匀齐等特点，并具有色翠、香郁、味甘、形美之特色。

9. 乌云山茶馆　位于该县红山镇乌云山村乌云山茶叶公园内，茶馆面积100多平方米，可同时容纳近百人品茶，馆内有茶道表演，卡拉OK。

（三）重大管理举措

茶叶由千家万户栽培，由全县茶叶产业化龙头企业和各地中心茶场统一的制作，统一采摘标准，提高茶叶档次，采用统一包装，扩大英山茶叶知名度，通过壮大龙头企业，下联千家万户，带动茶叶支柱产业的发展。

（四）科研成果

1.1989年，英山雾毫评为省政府优秀产品；

2.1991年，英山研究开发的速生丰产茶园获省政府科技进步三等奖；

3.1992年，英山县茶叶公司开发的天堂云雾茶获国内贸易部优秀科技成果奖；

4.1992年，茶叶包装开发获商业部科技进步三等奖；

5.1999年5月，英山县茶叶公司研制的天堂云雾茶获省农业厅金奖。

（五）各级主管部门通讯录

湖北绿蕊茶业股份有限公司，经理陈汉乔　邮编：438700　电话：（0713）7013369

（六）企事业单位供求信息

年可提供“珍眉绿茶”500万公斤、名优茶200万斤，工夫红茶100万公斤，急需茶叶精、深加工及茶化工、茶色素等高科技技术。

（七）合资合作项目及投资政策指南

开发液态饮料茶，建设液态饮料茶生产线，设计年产2000万罐，配套开发易拉罐包装生产，项目总投资200万美元，其中：固定资产投资150万美元，流动资金50万美元，寻求合资合作。

三、中草药

（一）中草药种类、人工种植、加工、产销

在全国规定的药材普查363个品种中，英山有155种。主要品种有：1. 珍稀名贵药材有：天麻、灵芝、杜仲、麝香、豹骨、三七、贝母等7种；2. 地道药材有：茯苓、天冬、丹参、桔梗、苍术等8种；3. 大宗药材有：细叶胡枝子、野菊花、苦参等50种；4. 引种栽培药材有：玄胡、枣皮、胡枝子、厚朴等11种；5. 野转家生药材有：天冬、射干、半夏等13种；6. 家种家养药材有：白芍、丹皮、板兰根、木瓜等30种。这些药材大部分以经营为主，少部分加以粗加工，出口到日本、东南亚、欧美各国，全县药材面积7.7万亩，年药材产值超过6000万元。

（二）著名中草药及其产地选介，著名中草药制品及其厂家选介

著名中草药主要产于占河乡、草盘镇、石头咀镇、张咀乡等地。

（三）管理重大举措

1. 统一引进优良品种，提供全方位技术指导；

2. 农民以生产为主，白县乡药材公司统一经营销售。

（四）科研成果

“英山桔梗”在1938年巴拿马万国博览会上获得金质奖。“英山桔梗野生转家生优质丰产栽培技术研究课题”已通过专家鉴定，被申报为省科技进步奖。

（五）主管部门通讯录

英山县供销合作社，主任明志伟　邮编：438700　电话：（0713）7013523

（六）企事业单位供求信息

可提供大量药材销售，急需大量高级药材管理人才。

（七）合资合作项目及投资政策指南

茯苓精加工项目，杜仲三级开发项目及一些当地药材粗加工项目。

四、林产、果品

（一）稀有动植物种类，分布及其繁殖，种植与木材竹类产销、各类果树种植及水果和果品产销。

该县有国家二级以上野生保护动物10种（豹、香猪、花面狸、天鹅、鹰、勺鸡、长尾蛙、鹳、虎纹蛙、大鲵）；国家二级以上野生保护植物12种（香果树、连香树、粗榧、梁树、大别山五针松、金钱松等）。全县年商品材采伐量为14625立方米，年产竹材115000根，主要销往江苏、安徽及湖北武汉等省市，林果种植面积5476公顷，主要以板栗、桃、梨、猕猴桃为主，板栗年产量为2457吨，销往全国各地。

（二）名优种植，饲养单位简介，著名果品品牌及产地介绍

林产名优种植主要有板栗、猕猴桃、金银花等。台商在温泉镇坡儿垴村种植的鄂猕1号猕猴桃品质好，产量高，被誉为“水果之王”，五峰山林场引种种植的“蒙花一号”金银花收益较高。

（三）管理举措

1. 全面推行林业“五个一”源头管理模式，针对全县林业资源管理特点，形成林政股抓全面管理，林业站抓源头管理，稽查站抓查验管理，稽查队抓流动管理、公安科抓林业刑事案件管理的资源管理体制，“五个一”是一个底细、一本台帐、一个约束机制、一个情报网络、一个清理。

2. 全面推行依法行政。林业部门适用的主要法律法规有：《森林法》及其实施细则，该法分七章，包括总则，森林经营管理、森林保护、植树造林、森林采伐、法律责任及附则。自1998年7月1日起施行；1989年3月1日起施行的《野生动物保护法》，包括总则、野生动物保护、野生动物管理、法律责任、附则。1983年1月3日国务院发布的《植物检疫条例》规定对林产品应实施产地和运输检疫，并把能随植物传播蔓延的病、虫、杂草确定为检疫对象。

（四）各级主管部门的通讯录

林业局　电话：（0713）7012812　7012696　地址：英山县温泉镇金石路17号

（五）企事业单位供求信息

桃花冲林场实木家具发展十分迅速，木材加工的龙头企业斐富公司租赁经营后，得到快速发展，1999年加工产品7800件套，实现产值510万元，销售收入470万元，利税21万元，创汇7万美元。

斐富公司电话：（0713）7014525

（六）合资合作项目投资政策指南

木材加工，旅游资源开发，食用菌开发，山野菜开发等项目。

湖北省浠水县中医院

浠水县中医院党支部书记　姚园栋

浠水县中医院院长　王国奇

湖北省浠水县中医院座落在山清水秀的浠水河畔，这里中医历史悠久，名医辈出。北宋时期著名医学家庞安时，其医学专著，至今广为流传。为光大祖国中医药事业，1979年3月浠水县政府筹资兴建了浠水县中医院。经过21年的创建发展，该院已成为鄂东南地区独具中医药特色融医疗保健、康复、科研为一体的综合性中医院。亦是湖北中医院培养高级中医人材的教学基地之一。

湖北省浠水县中医院现有医护人员及职工212人，其中医疗技术人员143人，具有高、中级职称的75人，获得医师职称的50人，医院拥有固定资产220万元，住院大楼设有病床110张，现代化的中医医疗设备总值100多万元；医院以科技为先导，逐步实现诊疗现代化，治疗中医化，管理微机化，中药制剂在传统的膏、丹、丸散剂型制作上逐步实现了现代化。近年该院医疗技术人员在国家级学术报刊发表论文60多篇，获国家省、市、县级科研成果多项。

湖北省浠水县中医院设有中医内科、骨伤科、肛肠科、妇产科、儿科、肝胆科、外科、五官科、手术科、同时还开设了癫痫科、颈肩腰腿科、肿瘤科、心脑血管科、胃病专科、放射科、检验科、B超室、心超室、供应室、煎药室。其中肝病专科，中西医结合骨伤专科、鄂东南小儿脑瘫康复治疗中心，肛肠专科、中医药科在鄂东南地区享有良好的声誉，受到专家学者的肯定，特色疗法吸引了省内外慕名而来的患者。

湖北省浠水县中医院，2000年春被国家卫生部评为二级甲等医院。

肝病专科：该科治肝专家积40余年行医经验，博采众长，在150多种中药中筛选出近20种组成治疗肝病协定处方，医院成立了治肝科研小组，开展对各型肝炎的治疗科研活动，尤其治疗乙肝在鄂东南享有盛誉，周边各县市的大量患者慕名求诊。现在，医院加强了与省中医学院肝病研究中心的联系，为该科临床、科研向前迈进，打下了良好的基础。

中西结合骨伤专科：该科配有床边X光机和多功能

电脑牵引床，有别于西医治疗骨折的独特之处，在于采用传统的手法复位，小夹板外固定，患者减少手术之苦，达到治愈骨折的目的，同时，运用手术治疗手法整复骨折及某些疑难骨病，均取得很好疗效，如采用血管植入术，治疗股骨头坏死取得满意效果。该科在发展过程中得到了全国著名骨科专家梁克玉教授的关心和指导，还与省中医学院骨伤科建立了科研协作关系，其科研用药明显缩短骨折愈合时间，为广大患者所赞誉。

鄂东南小儿脑瘫康复治疗中心：是全省独家小儿脑瘫康复治疗中心，采用当今世界流行的鲍巴斯（Bohath）技术和中国的经络促通技术相结合治疗各种原因导致的小儿脑瘫，疗效较为满意。为进一步提高疗效，还与武汉、北京、石家庄、太原、郑州等数家著名的康复中心技术联网，共同攻关。

肛肠专科：配有乙状结肠手术内窥镜，WS－Ⅱ型电脑痔疮治疗仪，经过该科主要负责人近25年的潜心钻研，筛选中药配制独特方剂，如《硝矾洗剂》、《术后冲洗剂》、《术后换药剂》、《结直肠炎及溃疡保留灌肠方》等，大大提高了治疗效果，减轻了患者经济负担。该科在全市有较大的影响力，县外求诊者占21%。

中医眼科：该科主要负责人师承于市第一人民医院、湖医、省中医附院、同济等各大医院的眼科专家教授，运用中西结合的诊疗手段，对眼科各种常见病、多发病及疑难杂症能正确诊断和治疗，对眼科手术如倒睫、胬肉、斜视、上睑下垂、眼外伤、泪囊、青光眼、现代白内障人工晶体植入术等开展得比较好，尤其是白内障复明手术更有独到之处，术后疗效可靠，患者满意。

口腔正畸专科：该科主治医师先后在湖医大、北医大口腔医院进修，率先在该县开展了口腔正畸业务，对各类牙齿的错位、拥挤、反㓢等进行矫正，取得了满意效果，深受广大患者赞誉。并开展补牙、洁牙、镶牙、拔牙等业务，以及唇、腭裂修补术，涎腺肿瘤摘除术等手术。

癫痫专科：由丰富临床经验的转业军医坐诊，引进先进的设备，采用中西医结合的方法，对各型癫痫病的诊断、治疗获得了满意效果。

糖尿病专科：与全国享有盛名的石家庄糖尿病专科医院协作，采用中西医相结合的方法，治疗各种糖尿病，开诊一年来，共接诊患者近700人次。

针灸按摩专科：该科采用传统的针灸按摩方法治疗颈椎病、肩周炎、坐骨神经痛、腰椎间盘突出症以及各种风湿病症，疗效显著。

碎石中心：采用中美合作生产的第六代“TS－153B”型体外震波碎石机，在B超临视下直视碎石，对人体无创伤、无痛苦、不需住院。碎石后可自由活动，不影响工作和生活。

“一切为患者，为一切患者，为患者一切”是该院医务人员的服务宗旨，我院将以一流的服务质量，一流的服务态度，一流的服务环境竭诚为广大患友服务，并热忱欢迎广大患友前来就诊咨询。

湖南省慈利县

在武陵山脉东部边缘，湖南西北部，澧水中游，有一奇冠天下的风景区——张家界，而又在这一名胜的辖区内、核心景区的东面，有一隅水清山秀、生态万象、资源丰腴的沃土，它就是湖南省慈利县。

慈利历史悠久。远在旧石器时代，境内即有人类生息繁衍。春秋楚平王时始设县，秦代因境内盛产慈姑而建慈姑县。“慈利”之名始于隋朝，素有“银澧金慈”之誉；加上“土俗仁慈”、“尚义好文”，隋开皇十八年乃改名为慈利。千余年来，建置多有变迁，惟慈利之名，相沿至今。

现在的慈利，辖31个乡镇，674个村（街），68万人口，版土面积3692平方公里。改革开放以来，县委、县政府带领全县人民励精图治，艰苦奋斗，社会经济又有了长足进步。全县年国内生产总值达到18.6亿元，工农业总产值30亿元，县级财政收入1.1亿元，城镇居民人均可支配收入达到5300元，农民人均纯收入达到1987元。

慈利的农业，已经成为生态的农业，通过产业结构的调整，农业整体结构不断趋于合理，成为全国生态农业试点县、全国优质棉基地县、全国农村能源综合建设县、全国长防林一期工程建设县。长期的建设和繁育，使慈利山水生气勃勃，山上茂林修竹，山里珍禽异兽，山下溪河淙淙，形成了良好的植被生态。植物资源共有2377种，尤以松杉、药木为主，全县森林覆盖率达58.8%，境内溪河纵横，娄澧两水横贯全境，沅水支流遍布县境东南，大部分河流穿越高山峡谷，可开发利用的水资源68.5万千瓦，现已建成小型水电站130多处，装机容量6万千瓦，年发电量1.7亿千瓦时。投资30亿元的国家重点工程——江垭水库已竣工发电，装机容量2.6万千瓦的城关水利水电枢纽工程，引进外资，中美合营。慈利农业资源相当丰富，凭借中亚热带向北亚热带过渡的季风气候，四季分明，雨量充沛，光照充足，自然界给这里的山水赐奉了丰富的物产。农田盛产稻、麦、薯、豆、棉、烟、油、菜；崇山峻岭长满金针、芝麻、油桐、油茶、乌桕山苍；溪流河湖水欢鱼跃。全县已基本建成杜仲、水果、棉花、油料、畜禽水产等十大农产品基地。特别是杜仲，称中药之王，全县已发展到40万亩，目前是全球最大的杜仲基地，是全国的杜仲之乡。每年可采摘干味8万余吨，干皮1万余吨，加上杜仲籽、木材等，年贮量价值达7亿多元，若能将杜仲资源全部进行深加工，工业产值可增40亿元，税收可达2.8亿元。目前，该县已经研制出杜仲酒、杜仲保健茶、杜仲纯粉、杜仲饲料以及杜仲胶等产品，这些产品随着人类进化、社会发展和人民生活改善，呈现出广阔的市场前景。现在，杜仲酒已引资由圣帝集团公司组织精度开发，产品畅销国际、国内市场。

慈利蕴藏着大量矿产，已探明的矿产资源有煤、磷、铝土、雄磺、大理石、石灰石、铜、重晶石等矿种27个，尤以硒砂、陶土、镍钼矿、大理石等储量大、品质好。大理石中云黄玉、虎皮黄、墨玉等品种为全国稀有。

慈利旅游资源丰富，众多的自然和人文景观融为一体，多姿多彩。有唐尉迟敬德修建的梅花殿、“楚南名山推第一”的道教圣地有南武当之称的五雷山，楚白公城遗址，明建军事要都九溪卫古城，清建渔浦书院。娄澧两水，漂流观光，惊而无险，江垭水库，湖光山色，游乐圣地；万福温泉，健身沐浴，意境无限。

慈利交通通信发达。枝柳铁路、长张铁路贯通全境，过境干线有慈张（家界）线、慈桑（植）线、慈武（陵源）线，省道1836、1801线横贯东西。常（德）慈（利）张（家界）高速公路即将开工建设，建成以后，距张家界核心景区仅一小时路程，通往风景名胜张家界的交通枢纽作用更加显著。程控、移动通信全县覆盖，通贯全球，人流、物流、信息流通畅便捷。

凭借这些丰富的资源和与张家界连通的地理条件和地域优势，慈利县委、县政府审时度势，确立了跨世纪的发展思路：围绕旅游带动战略，调整产业结构；面向张家界市场，发展商品生产。就是：敞开张家界东大门，发展过境旅游，激活服务商贸，通过激活服务商贸，开发特色工业，通过开发特色工业，带动农业结构调整，通过调整结构，发展特色产业，提高农产品品质，创立特色品牌，开拓广阔市场。根据这一思路，县委、县政府已经确定了经济发展的九大布局：一是建设以江垭水库为中心包括九溪卫、江垭古镇、龙王洞、茅花界生态农业观光园在内的娄江风景区和万福温泉国际会展中心；二是建设以慈索线沿线乡镇为中心的蔬菜、优质旱粮生产基地，成为整个张家界地区的物资供应的后备基地；三是建设2.5万亩的优质茶叶生产基地；四是建设以县城为中心的旅游产品生产基地和农产品集散地，大力开发旅游食品、旅游生活必须品、旅游工艺纪念品。目前已开发出杜仲保健品、肉类食品、野生淀粉、红薯粉丝、旱粮甜食、酱食小系列、野菜野果罐头、旅游工艺品等，准备进一步进行科研，全方位开发一批新产品；五是建设特种养殖基地；六是建设以50里龙潭为中心的优质名贵鱼养殖基地，目前已引进红鲴、大口胭脂、巴西鲷、叉尾鮰、罗非鱼、湘云鲫、淡水白鲳等10多个名贵品种，开发网箱养殖，计划在2年内发展到300口网箱，开发成集“养鱼、制鱼、销鱼、‘玩鱼’”于一体的综合产业；七是建设以覆盖全县千家万户的瘦肉型生猪养殖基地，实施百万头生猪工程；八是建设以五个高寒山乡为中心的草食牲畜养殖基地，开发集“放牧、休闲、运动”为一体的特色产业；九是建设以省道1801线“百里科技长廊”示范农业经济带，开发46万亩的优质稻米和特色稻米区，成为湘西北地区的优质稻米生产基地，成为旅游市场的首选米食。

要开发这些产业，要建设独具特色的慈利经济，该县将向世界敞开县门，把进一步扩大开放、招商引资作为新世纪的首要战略措施，更进一步改善经济环境，采取“让市场、让股权、让利益；得技术、得资金、得利益”的政策，该县承诺，外商投资在慈办厂兴业，能够得到多方面的优惠，办证、办批文、办税费实行“一个窗口对外，一站式审批”。该县将利用“节”、“会”和“旅游窗口”等形式，积极扩大对外交流与合作，面向世界开启“东大门”，主动参与国际经济大循环。

历史为慈利提供了难得的机遇和发展的广阔舞台，在建设现代化新慈利的伟大历史进程中，慈利人将进一步发扬“重义、守信、勤奋”的传统，实行大开放、大开发、大引进、大发展，可以预见：慈利将以日新月异的建设步伐，昂首阔步，以新的风貌展现在21世纪！

广西壮族自治区贺州市

〔概况〕 贺州市地处广西东部，与广东、湖南两省相邻，处于经济发达的珠江三角洲边缘与大西南之间，是沿海与内陆腹地的结合部。市区至广州310公里，距深圳、珠海500公里，离山水甲天下的桂林200公里。国道207线和323线贯穿境内，为桂西北及大西南通往珠江三角洲和港、澳的便捷出口通道。全市国土面积5147平方公里，居广西各县（市）第二位。行政区域辖18个镇、2个瑶族乡，总人口88万。贺州市历史悠久，是广西最早接受中原文化和楚文化的地区之一。境内自然资源丰富。森林覆盖率69.8%，活立木蓄积量1500万立方米，年产松脂1.5－2万吨。矿产资源有黑色金属、有色金属、稀有金属和非金属四大类32个品种，其中锡、钨、黄金、大理石、花岗岩是优势矿种。初步探明，锡储量约15万吨，钨3万吨，黄金17吨，大理石约6亿立方米，花岗岩10亿立方米；拥有陶瓷、冶金、机械、化工、纺织、造纸、制糖、食品和建材等多种工业门类。全市水资源蕴藏量24.3万千瓦时，可开发装机容量16.73万千瓦时，现已开发12万千瓦时。

优秀地区和企事业单位

贺州市地处岭南丘陵区，地貌类型多种，土地资源丰富。国家森林公园、自治区直属林场大桂山林场从市境中部横贯而过。将全市分成南北两个农业气候小区，北暖南热。全市年平均日照数为1586.6小时，南部比北部多136小时。由于受太平洋季风和上空天气系统的影响，贺州市降雨量比较丰富，各地降雨在1500－1900毫米之间。得天独厚的地理环境、日照时数、气候特点为水稻、甘蔗、蔬菜、水果等农作物生产创造了良好的先天条件。

贺州市是全国粮食生产基地县（市）和全国科学养猪试点县（市），除盛产大米、甘蔗、蔬菜、水果等农副产品和猪、牛、羊、鱼、农禽等畜牧水产品外，还有八步红瓜子、信都三黄鸡、凤凰大肉梅和芳林马蹄等大宗名优土特产品，其中三黄鸡、红瓜子为传统出口产品，远销港澳及东南亚。近几年来，贺州市农业综合开发向立体化、能人化、大户化、产业连动化方向发展，形成了每年数十万吨蔬菜、上百万头生猪、超万只家禽下广东的局面。流通业和深加工业不断发展，初步形成了“公司＋协会＋基地＋农户＋市场”农业、产业经营模式。1999年，全市农、林、牧、副、渔业总产值18.13亿元，年末农民人均纯收入2826元，农业方面先后荣获“全国菜篮子产品生产先进县（市）”、“全区畜牧生产先进县（市）”等13个全国、全区的先进称号。

〔土特产品〕

贺州香芋　贺州香芋是贺州市的传统名牌产品，以其“味美、质粉、酥香”而畅销广西、广东及港澳地区，尤其用贺州香芋与五花猪肉制成的“香芋扣肉”酥香美味，素有“一家蒸扣，四邻皆香”之赞誉。贺州香芋为一年生栽培，球茎纺锤形，单球重一般为1.5－2.5公斤，大的可达4－5公斤，表皮黄褐色，横切面灰白色，具有明显的紫红色槟榔花纹，肉质细酥松，含淀粉59.5%，粗蛋白5.8%，含有多种维生素，营养丰富，香味浓，风味独特，可加工数种系列食品。现贺州市每年种植1.5万亩，年产4200万公斤。产地参考价：2.4元/公斤。联系单位：贺州市莲塘镇人民政府　联系电话：（0774）5111061

八步红瓜子　八步红瓜子亦称“信都红瓜子”、“贺州红瓜子”，在贺州栽培已有400多年历史，是贺州市传统出口产品之一。八步红瓜子粒大、皮红、味醇香、营养丰富，深受广大消费者喜爱，畅销区内外，包括广东、香港在内的各地，远销东南亚。1983年曾被授予部“优质产品”称号，1987年又获部银质奖。现贺州市每年种植约21.1万亩，年产180万公斤。随着人们生活水平的提高，市场对红瓜子的需求量不断增加，欢迎广大客商订购八步红瓜子。产地参考价：21元/公斤（优质品）、19元/公斤（一级品）　联系单位：贺州市信都镇人民政府　联系人：钟永　联系电话：（0774）5081261

鹅塘大肉姜　鹅塘大肉姜是贺州市有名的土特产，其加工产品畅销粤、港、澳、台等地和日本。鹅塘大肉姜为地下根状茎，呈不规划块状，表皮淡黄色，鳞茎稀疏，肉黄色，单株重600－800克，最重可达2000多克，根茎肥大，细嫩，纤维少，营养物质丰富，有特殊的香辣味，除供调味外，还可生食、炒食。加工成姜片、粮姜、酱姜、糖醋姜、提炼姜油，医学上是一种重要的中药材。种植经济效益高，市场前景广阔，开发潜力大，现贺州市种植2.7万亩左右，11月上市，年总量达5.5万吨左右。产地参考价：2.4元/公斤　联系单位：鹅塘镇人民政府联系人：聂信波　联系电话：（0774）5280261

鹅塘油粘米　贺州市种植水稻历史悠久，鹅塘油粘米因主产于贺州市鹅塘镇而得名。鹅塘油粘米是贺州市出口港粤地区的首选优质稻米，因其营养高，食味好而在海外享有盛名。其米粒细长，色泽光润，油性感好，饭味香纯，富于弹性，口感好。一直为贺州市外销的特级优质米。粤港澳地区人们尤为喜欢。现年可供货5000吨。产地参考价：5元/公斤，联系单位：鹅塘镇人民政府　联系人：聂信波联系电话：（0774）5290261

芳林马蹄　芳林马蹄是贺州市的传统名牌产品，以其品质优而驰名中外，畅销包括广东、香港在内的区内外各地，远销新、马、泰。马蹄爽罐头直销美国，成为客商抢手货。芳林马蹄球茎扁圆形，表面光滑，成熟后呈深栗色，或枣红色，个大，单果重大的达55.6克，皮薄细嫩，肉白色，脆甜多汁，富含淀粉，化渣爽口，风味独特，可作蔬菜或代水果生食还可加工淀粉、蜜饯、罐头等系列产品。芳林马蹄一般在春夏间育苗移栽或直播，秋冬采收。亩产量2000－3000公斤左右，贺州市年种植达4万多亩。11月底上市，年可供货10万多吨。欢迎订购。产地参考价：1元/公斤（估计价）联系单位：贺州市水田镇人民政府　联系人：周声林　联系电话：（0774）5321061

芳林果蔗　芳林果蔗是贺州市的优良农家品种，产品畅销全国各地，其特点是：肉脆、节松、味蜜、水分足、糖分高、适宜生食。贺州市芳林果蔗种植历史悠久，茎大，直立，茎高2－3米，紫皮内肉白色，节间圆筒形樽状，单茎重2－3千克，亩产5－6吨，贺州市年种植达近万亩，产量达5万吨。产地参考价：0.6元/公斤　联系单位：贺州市沙田镇人民政府　联系人：周声林　联系电话：（0774）5321061

凤凰大肉梅　青梅是贺州市特产水果，种植面积、产量和质量均居广西首位，年产量9000多吨，4月下旬到5月初采收上市。凤凰大肉梅果大、核小、色美、整齐，酸味足、香气浓、品质上乘，平均果重32克，可食率达93.7%，在1993－1995年广西优质梅果评比获广西优质果品第一名。是加工话梅、梅汁、梅糕及酸梅食品的首选材料。产地参考价：5－8元/公斤　联系单位：贺州市水果开发公司　电话：0774－5282174

贺州油栗　贺州油栗是东南品种群板栗种，10月初采收上市，年产量2000吨。贺州油栗果实美观，果皮有光泽，淀粉质地细腻，有糯性，香味极浓，品质优良，可作菜用和其它食品的配料，同鸡、鸭肉、骨头等煲汤味道极为鲜美。产地参考价：10－15元/公斤　联系单位：贺州市水果开发公司　电话：0774－5282174

鹅塘锥栗　鹅塘锥栗是贺州市群众近年从野生种中选育栽培而成，10月份采收上市，目前年产量1000吨左右。鹅塘锥栗果大，果肉味美、清香，有糯性，品质甚优，营养值高，可作菜用和包粽子、糕点、饼干等食品的配料。产地参考价：10－14元/公斤　联系单位：贺州市水果开发公司　电话：0774－5282174

信都三黄鸡　贺州市信都三黄鸡是农业部1983年认定的优质禽产品。其特征是体型小，脚细短，喙、脚、羽毛均呈黄色，肉质香甜，细腻嫩滑、骨脆、口感好，多年来驰名港澳地区和东南亚各国。目前存栏300万只。产地市场参考价20－26元/公斤。联系单位：贺州市畜牧局　电话：0774－5282664

贺州市迟熟龙眼　贺州市迟熟龙眼果大核小，肉核试验易分离，肉质晶莹爽脆，汁多，味甜如蜜，品质极优。鲜食商品价值高，也适宜加工制干。8月下旬至9月初成熟上市，同一品种比两广龙眼主产区迟熟10－15天，市场价格好，有利于延长收果时间和调节市场供应。生产基地位于广西龙眼适栽区北缘地带的信都小平原。产地参考价：8－10元/公斤。联系单位：贺州市水果开发公司　电话：0774－5282174

广西壮族自治区靖西县

〔概况〕　靖西县地处云贵高原东南缘、广西西南边陲，南与越南接壤，边境线长152.5公里，全县总面积3331平方公里，其中耕地面积54万亩。全县总人口57万人，其中壮族人口占99.4%。县境多为喀斯特地貌，属亚热带季风性气候，环境优美，气候宜人，素有“风景小桂林，气候小昆明”之美誉。境内资源丰富，主要有五大优势资源：一是矿产资源。主要矿产有铝土、锰、硫铁、重晶石等，其中铝土矿藏量达3亿吨以上。二是旅游资源。有通灵大峡谷、“绣球之乡”旧州古镇两个自治区重点景区和渠洋湖、三叠岭瀑布、爱布瀑布群、鹅泉等著名自然景区，有古代边境军事遗址十二道门等。三是特色农业资源。盛产大香糯、大果山楂、大肉姜、田七、白毫茶、大麻鸭、烤烟等名优土特产。四是水利资源。有地表河流47条、中型水库2座，水能蕴藏量为10万千瓦，可开发利用5.76万千瓦。五是沿边资源。有2个边境二类口岸、4个边民互市点、36条出入境通道，是广西通往东南亚各国的重要陆路通道之一。

〔土特名产〕

大果山楂　经国内专家鉴定，靖西大果山楂为全国已发现的18个山楂品种中果实最大的品种，一般果重50－200克，15年树龄单株产果100－300公斤。其果大肉厚，富含碳水化合物、钙、磷、铁、维生素C、果胶、果酸等。其中钙含量比普通山楂品种高出3.1倍，在水果中占第一位；维生素C的含量比苹果高出17.8倍。大果山楂具有较高的药用价值，能降低血清胆固醇和甘油脂，具有降压、利尿、消积、化痰、解毒、补脾、健胃等功效。果实加工率高，可制成山楂果脯、山楂角、山楂糕、果汁、果酒、果酱等。现全县种植3.5万亩，年产2000吨，计划2005年种植面积达10万亩，年产10000吨以上。

大肉姜　靖西大肉姜以茎块肥大、纤维少、肉质细嫩、辣味适中而闻名。产品远销港、澳、台地区及日本和东南亚各国，其中70%销往珠江三角州地区。系列产品有姜丝、姜蓉、姜块等。全县年种植面积5－8万亩，总产量8－12万吨。嫩姜供应盛期为8月份，老熟姜供应盛期为10－11月份。靖西县已把大肉姜生产列为农业主导产业予以重点发展，计划到2003年大肉姜种植面积发展到10万亩，年可供货量15－20万吨。

大香糯　靖西大香糯为全国十大香糯之一，其米质洁白，颗粒圆大，富有光泽。蒸熟的香糯质地松软，香味四溢，素有“一家蒸糯十家香”的美誉。古时曾被列为朝廷贡品。香糯性温热、味甘，是补血壮阳的滋补佳品。近年来，靖西县把大香糯作为重点农业产业项目予以大力发展，年种植面积已发展到5万亩左右，年产量750万公斤，年投放市场量约500万公斤。

绿茶　靖西县县内盛产白毫茶、红碎茶、云大绿茶等名茶，其中白毫茶品种为中国名茶品种之一，具有色泽翠绿、白毫显露、汤色清亮、耐冲耐泡、香味浓郁的特点。红碎茶经国内著名茶叶专家鉴定，具有浓度高、香气好等特点，内质总分达113分。全县现有茶园面积2万亩，年产干茶3000－4000担，已被正式列为全国30个优质茶基地和广西红碎茶出口基地之一，产品深受国内外客户欢迎。

大麻鸭　属国内地方优良鸭种之一，为绿头野鸭和斑嘴野鸭杂交并经长期保种、选育、驯化而成，具有生长周期短、体形大、胸肌厚、皮下脂肪少、肉质嫩滑的特点，属瘦肉型鸭。县食品部门用大麻鸭加工的蝴蝶牌腊鸭、腊鸭肝曾远销港澳地区。现全县大麻鸭年产量约百万只，周年供货，7－8月为上市高峰期。

面对西部大开发的历史机遇，靖西县丰富的土特名产品随时欢迎全国各地客商前来投资开发。

重庆市

〔综述〕 重庆农业资源富集，农村经济开发前景十分广阔。重庆市属于典型的亚热带湿润季风气候，主体性、多样性气候明显，是多种动植物生长的适宜区或最适区，是全国重要的农产品商品生产基地，现有栽培植物近千种，饲养动物40多种。柑桔、烟叶、蚕茧产量分别居全国第5－8位；油桐、生漆、长毛兔、榨菜、黄连产量都位居全国前茅。山、水开发颇具潜力。全市山地5.2万平方公里，山区农林特产种类众多，目前尚处于初开发、待开发阶段；特别是三峡工程建成后库区水域面积将达到1068平方公里，极具开发潜力。重庆市农业和农村经济在国民经济中占有重要地位。1998年，辖40个区县（市）、总人口3060万，其中；农村人口2485万、占总人口的81.2%，粮食生产总量达1155万吨，农林牧渔总产值295.23亿元，全年农民人均纯收入1720元。

（一）土地资源。全市有幅员面积8.2万平方公里，折合为12360万亩，分为8个方面：①耕地面积3861.4万亩，占幅员面积的31.16%。其中：水田面积1727.23万亩，旱地2114.93万亩，菜地19.18万亩。②园地面积235.54万亩，占幅员面积的1.91%。其中，果园地67.91万亩，桑园地27.8万亩，茶园地54.96万亩。③林地面积4502.04万亩，占幅员面积的36.45%。其中，有林地面积2867.43万亩，灌木林1321.16万亩，疏林地201.38万亩，未成林地113.76万亩，采伐迹地1.66万亩，苗圃地1.76万亩，活立木蓄积7146.7万立方米，森林覆盖率20.4%。④草地（天然草场草山草坡）面积301.75万亩，占幅员面积的2.44%。加上疏林草地，全市牧草地面积达1350.8万亩，其中，万亩以上成片草场147片、517万亩。⑤居民点及工矿用地面积638.71万亩，占幅员面积的5.17%。其中城镇建设用地40.64万亩，农村居民点用地549.37万亩，工矿用地30.67万亩，盐田11.1万亩，特殊用地9.62万亩。⑥交通用地110.53万亩，占幅员面积的0.89%。其中，铁路用地2.64万亩，公路用地35.25万亩，农村道路用地72.09万亩，机场用地0.43万亩。⑦水域面积377.49万亩，占幅员面积的3.06%。其中，河流212.21万亩，湖泊0.88万亩，水库38.06万亩，坑塘55.68万亩，滩涂37.99万亩，沟渠30.92万亩，堤坝水工建筑1.68万亩。⑧未利用土地2325.36万亩，占幅员面积18.82%。

（二）水资源。重庆境内河流众多，流域面积大于50平方公里的河流有443条，其中大于500平方公里的河流有41条，均属长江水系。境内平均水资源总量超过5000亿立方米，其中地表水资源占水资源总量的绝大部分。水能理论蕴藏总量为1438.28万千瓦，其中长江占80%以上，嘉陵江占9.9%，其他河流约占10%，可开发水能资源749.82万千瓦，约占理论蕴藏量的52%，可开发系数略低于全国0.56和四川0.61的水平，但全部水能资源发电量在全国城市中名列前茅。

（三）动植物资源。全市动物资源有800多种，其中国家一、二级保护动物30多种，比较名贵的水产有10多种。除野生动物外，饲养动物种类也较多，畜禽类有猪、牛、羊、鸡等40余种。据不完全统计，植物资源有4000多种，其中有维管植物2000多种，自然植被有阔叶林、针叶林、竹林、灌丛、稀树草丛等五种主要植被类型，其中亚热带绿阔叶林是主要植被类型，除野生植物外，还有栽培植物近千种。

（四）气候资源。重庆属亚热带湿润季风气候类型，年平均气温为17.0－18.8℃，平均降水量为1000－1400毫米，年平均日照时数1000－1400小时，平均相对湿度80%左右，无霜期200－350天。冬暖夏热，少霜雪，多雾、寡日照，四季分明，热量丰富，降水充沛，温湿适度，水热同季，具有山地气候的立体性，冬季温暖、夏季高温的特殊性和地形小气候的多样性等三大气候特征，适宜于多种农作物生长。同时灾害性气候亦十分明显。干旱、洪涝、低湿、寒潮、暴风雨、冰雹等灾害，每年均有不同程度发生。

（五）矿产资源。初步探明的矿产资源有40多种，约占世界已知矿种的27%，已探明储量的矿产有25种，主要矿种有煤、天然气、锶、岩盐、铝土、汞、大理石等，特别是天然气、铝土矿、盐矿、锶矿、石灰石等优势明显。多种矿产不仅品位较高、质量稳定，而且分布集中，易于开采：有的矿种在全国有较大影响，探明煤炭储量达33亿吨，开发利用率较高；天然气远景储量达3000多亿立方米，是本区矿产资源的一大特色。燃料资源与丰富的水能资源一起共同构成重庆能源资源的一大优势，金属矿中，铝土、锰、汞、锶、镁、钡矿等具有一定优势。铝土矿储量达7000多万吨，具有良好的开发前景。锰矿储量3700多万吨，汞矿储量1.57万吨，在全国占有重要地位。稀有金属锶矿储量750万吨，居全国第一，金属镁、钡、砂金、铜矿等也有相当储量，开发价值大，非金属矿以岩盐、硫铁矿、大理石、石灰石、重晶石等为主，储量丰富，其中岩盐远景储量达3000亿吨以上，石灰石储量达20亿吨。

（六）旅游资源。重庆旅游资源丰富，开发条件优越，市域范围内巴山绵延，渝水纵横，历史源远流长，文化淀积深厚，构成了集山、水、林、泉、瀑、峡、洞等为一体的奇异壮观的自然景色，独具熔巴渝文化、抗战文化、三峡文化、都市文化和民族文化于一炉的浓郁色彩。现有各类旅游景区20多个，景点300余处，其中国家自然风景名胜和自然保护区4个，国家级文物保护单位达10多个。多姿多彩的自然风光和独特文化内涵，赋予了重庆旅游资源鲜明的个性特色和较高的知名度。

四川省

〔综述〕 四川素有天府之国之称，现辖21个市、地、州，182个县、市、区，幅员48万平方公里，人口众多，特产丰富，农业品种资源繁多，生态类型多样，自然条件优越。东部为盆地，西部为高原，气候差异明显。东部盆地属亚热带湿润气候，适宜于多种作物生长，一年两熟或三熟；西部高原气温较低，宜林宜牧，是全国五大牧区、三大林区之一；经济较发达的成都平原，灌溉条件好，交通方便，土壤肥沃，无霜期长，很适合多种农作物和畜禽的生长，尤其适合发展多种经济作物，涌现了大批和生产了大量各种名特优农产品，是中国重要的名特优农产品生产基地。蔬菜、水果、茶叶、花卉、药材等种植品种在全国名列前茅，被誉为“园艺之母”；蔬菜栽培品种达300余个；果树种植资源1000余个；是发现、栽培、利用茶树最早的地区，具有3000多年历史，享有“蜀土茶称圣”的美誉。

特产业已成为农业新的经济增长点。特产业快速的发展，形成了特色突出、中外驰名的特产经济。四川良好的生态环境，生产出早、中、晚熟和独具特色的名优产品，如龙泉驿水蜜桃、通江银耳、苍溪雪梨、盐源苹果、会理石榴、文宫枇杷、安岳柠檬、攀西早市蔬菜、宜宾早茶、峨眉竹叶青名茶、泸州晚熟龙眼、荔枝、江安夏橙、金堂脐橙、攀枝花芒果等，在全国具有竞争力。在历届国际食品博览会和全国农业博览会及优质农产品评选中，获得果茶金奖产品40余个。花卉在全国异军突出，川派盆景、三圣花乡、西昌花卉等独具风格，闻名遐迩。四川特产资源还具有生产量大、前景广阔的特征。1999年，蔬菜年产量2100万吨，居全国第七位；水果226万吨，居全国第九位，其中柑桔125万吨，居全国第二位；茶叶5.1万吨，居全国第六位。花卉种植面积15万亩，产值12亿元，居全国第一位。实践证明，大搞特色产业，效益显著，附加值高。1997年，全省特产经济作物产值达235亿元，加上加工、贮藏以及综合开发利用的附加值超过300亿元，占农业总产值的29.4%，占种植业产值的31.5%，商品价值达130亿元。

大力发展四川特产业，对调整和优化农村经济结构，加快农业产业化经营步伐，具有划时代意义。近几年来，党和国家倡导、鼓励发展特产业，给发展四川农村经济提供了新机遇。四川省必须适应市场经济发展的新形势，调整优化结构，加快发展前景好的优势产业和名优产品，以满足不同消费的需要，这是尽快增加农民收入的重要途径和手段。要以市场为导向，建立各具特色的菜、果、茶、花、药材等基地；要根据不同生态环境，发挥优势，突出特色，加快生产名、优、特、新产品；要以科技为手段，以市场牵龙头，龙头连基地，基地带农户，大力发展产业化经营；要多形式、多层次、多渠道，加强对名、优、特、新产品和生产、加工技术的宣传，提高农村基层干部和农民的市场意识、科技水平和发展名、优、特、新产品的积极性；还要加强信息、流通服务，处理好各种利益关系，以产促销，以销促产，提高效益，繁荣特色经济。

四川省“特产之乡”名单

通江县——中国银耳之乡

苍溪县——中国雪梨之乡

龙泉驿区——中国水蜜桃之乡

新都县——中国泡菜之乡

眉山县——中国脐橙之乡

青神县——中国椪柑之乡

仁寿县文宫区——中国枇杷之乡

四川省苍溪县

一、基本县情

苍溪县位于四川盆地北缘、陵江中游，幅员面积2330平方公里，耕地面积58万亩，辖9区65个乡（镇）76万人口，其中农业人口70万人，是全国产粮大县。猪羊肉年总产量8万吨，居全国产肉百强大县之列；存栏毛兔230万只，居全省第一位。盛产苍溪雪梨、中华猕猴桃、脆香甜柚等优质水果，总产量1亿公斤，被誉为“中国雪梨之乡”，猕猴桃产量居全省前茅。出产沙参等优质中药材，年产沙参400万公斤。森林覆盖率35%。

二、经济社会发展现状

苍溪始终坚持支柱产业立县、庭园经济富民的思路不动摇，抓关键，求实效，全县社会经济持续快速健康发展。1999年实现国内生产总值15.2亿元，工农业总产值13.6亿元，财政收入1.001亿元，1998年实现越温达标。一是狠抓庭园经济建设，农村经济稳步发展。庭园经济是适应山区实际和现实生产力的特色经济模式。苍溪着眼农户“六个一”标准（一个经济园、一口机压或电提卫生井、一口防旱池、一口沼气池、一个石板或水泥院坝、一条进出住户的硬化路），把庭园经济当作家业来建，当作事业来办，当作企业来管，使分户生产与大流通相结合，千家万户与市场“接轨”。全县90%以上的农户建起了经济园，20%农户达到“六个一”。农民收入的60%、财税收入的50%来源于庭园经济。坚持“市场＋庭园＋支柱产业”的发展思路，推进农业产业化。已定植雪梨700万株12万亩，猕猴桃600万株8万亩，桑树8000万株8万亩，橙桔柚500万株11万亩，药材6万亩，初步形成了“中南部苍溪雪梨、西部猕猴桃、东北部中药材，粮油、生猪、蚕桑覆盖全县”的产业格局。龙山区学习温州经验，以农户为基础，以市场为导向，以运销大户、农民经纪人为纽带，创优质品牌，形成了“市场连基地，基地带农户，流通促发展”的产业发展模式，有“大山里的小温州”之称。全县以发展生态庭园经济促进农民脱贫致富的作法，被誉为“苍溪经验”，多次受到省、市领导充分肯定，广元市委、市政府作出了推广苍溪经验的决定，中央电视台等多家新闻媒体进行了宣传报道。苍溪经验在全省、全市推广。二是狠抓改革开放，城镇经济运行平稳。依托农产品资源，瞄准市场办工业，食品饮料、茧丝绸、建筑建材、医药工业已初具规模。以建立现代企业制度为目标，加大企业改制和招商引资力度，引进项目190个、资金3.5亿元，与娃哈哈、中国杭州青春宝等知名企业集团合作项目取得了良好效益。全县个体工商户和私营企业达3.5万家，年上缴税金3000多万元，私有经济逐步成为县域经济主体。三是狠抓基础建设，经济发展后劲不断增强。坚持治水兴县战略，基本解决了建卡缺水户人畜饮水和庭园林果用水问题，连续8年被评为“全省水利建设先进县”。“两桥三线”（嘉陵江大桥、歧坪大桥，苍巴线、苍剑线、国道212线苍溪段）交通主骨架已经形成，交通状况逐步改善；兰（兰州）渝（重庆）铁路已被川甘渝三省市纳入“十五”计划和西部大开发规划。亭子口水利枢纽工程已列入西部大开发四川重点建设项目，争取尽快开工建设。加快农村电网改造和通信建设，实现了电话程控化、传输光纤化。加大旧城开发力度，县城综合服务功能明显增强，建成了省级卫生城和市场文明城。四是狠抓党建和精神文明建设，经济社会协调发展。按照中央和省、市委部署，高标准、严要求，扎实搞好“三讲”教育，县级班子凝聚力、战斗力进一步增强。不断深化干部制度改革，优化干部整体结构。以“六好”乡（镇）党委、“五好”村党支部为目标，狠抓农村基层组织建设。切实抓好党风廉政建设，促进了党风和社会风气进一步好转。全县实现了“两基”达标，唤马“教师一条街”经验受到国家教育部充分肯定，建成了“全省首批文化先进县”和“全国文化工作先进地区”。

三、今后发展思路

全县将紧紧抓住西部大开发机遇，按照四川省委“作好五篇文章”的总要求，实现经济追赶型、跨越式发展。在充分论证的基础上，提出了“14756”经济发展思路，即努力建成全国庭园经济、庭院文化样板县；建设优质食品、丝毛纺织原料、中药材、良种繁育四个基地；培育优质粮食、畜牧、水果、药材、蚕丝、种子种苗、水产七项骨干产业；形成食品饮料加工、丝绸纺织、医药、建筑建材、水利电力五大工业支柱；夯实农业、交通、水利、能源、市场、信息六个基础。突出提高农业效益，加快工业发展，改善基础条件，加快城镇建设及科教兴县五个重点。全县GDP年增长5%以上，2005年达到20亿元，实现小康；2010年达到30亿元，实现宽裕型小康。

四、主要土特名产：

苍溪雪梨　苍溪雪梨果肉皎洁，汁多味甜，细嫩无渣，入口即化，被誉为“沙梨之王”，历代朝庭珍为贡品。1989年被评为“国优水果”，曾在印度新德里国际水果节上展出。苍溪雪梨在不同气候，不同海拔条件下的多点试验栽培，均表现出良好的适应性、丰产性和优良品质。1972年载入《中国果树栽培学》等大专院校教科书并推荐发展，引种远至俄罗斯、朝鲜、泰国、缅甸等。苍溪全县载培总面积14万亩，年产雪梨6500万公斤。嫁接苗定植后第三年开花结果，亩产3000－3500公斤，按产地2.00元/公斤计算，亩收入6000－7000元，已有经济寿命长达82年的成片果园。鲜果除直接供应市场外，残次果品可加工成浓缩汁，是生产饮料和制罐的重要原料，具有极高的利用价值和广阔的开发前景。

猕猴桃　猕猴桃皮薄肉嫩，香气浓郁，酸甜可口，含有丰富的维生素C、17种氨基酸和其他活性物质，具有很好的医疗保健作用和防癌效果，被誉为“二十一世纪水果”、“美容果”，有“绿色金矿”之称，猕猴桃的果实既可生食，也可加工制作各种食品。其叶片、花、种子、藤蔓均具有一定的药用及工业用等经济价值。目前，猕猴桃已成为一种世界性的产业，茶溪是国内最大的猕猴桃生产基地之一。主要有龙岗红、海沃特、泰美、新观二号及川猕系列等品种，其中龙岗红系该县选育而成，属世界稀有品种，供不应求，售价每公斤达50元以上，一般均在20－30元。猕猴桃的巨大需求使其具有广阔的消费市场。

脆香甜柚　苍溪县所产脆香甜柚，系地方柚芽变选育而出，其果肉脆嫩、香气浓郁、甜味纯正。汁多、少籽或无籽，含有多种维生素，无异味，耐贮运。1973年通过鉴定。1974年栽入《四川省果树良种图谱》，1989年被评为“国优水果”，并获国际粮农组织科技之星金奖。1992年再获全国柚类优质果称号，已推广到全国11个省、市栽培，表现良好。全县共栽培4万亩，年产果300万个。果苗定植后4年开始结果，5年株产35个，成年树一般株产150个，亩产3000个，最高亩产可达6000个。具有较高的经济价值。

川明参　川明参又名沙参、明参，为四川省特产中药材之一，具有养阴润肺、益胃生津，健脾和胃降逆之功效，是中药中的主要滋补品种之一，保健食疗作用显著。苍溪县种植面积达2万亩，每年向外输出大量的种籽和幼苗，为四川省最大的川明参生产基地，最集中的川明参购销市场。近年对绿色植物食品保健医疗作用的开发，川明参用量急增，供不应求，每年川明参产新季节4－5月，各地客商云集产地苍溪县龙山区收购该产品，每年产品均无积压，至1998年，价格已升到20元/公斤，展示了良好的销售势头。

联系地址：四川省苍溪县人民政府
联 系 人：贾邦彦
邮　　编：628400
电　　话：（0839）5222401
传　　真：（0839）5222709

贵州省赫章县

赫章县位于贵州西北部，乌江北源六冲河和南源三岔河上游的滇东高原向黔中山地丘陵过渡的乌蒙山区倾斜地带。东邻毕节、纳雍，西连威宁，南接六盘水，北靠云南省镇雄、彝良。境内峰峦叠嶂，溪流纵横，自然景观千姿百态。全县最高峰小韭菜坪海拔2900.6米，号称“贵州屋脊”，系贵州最高点，全县最低海拔1230米。

全县总面积3245.1平方公里，辖27个乡镇，457个村、2866个村民组，居住着汉、彝、苗、白、回、布依等14个民族，共57万人。赫章属暖温带温凉春干夏湿气候区，水热同季，光照充足，夏无酷暑、冬无严寒，有利于农林牧渔各业的综合发展。

赫章堪称乌蒙山区的聚宝盆，境内蕴藏着丰富的资源，在矿产资源中就有33种金属矿和非金属矿，含量大、品位高的有13种。其中煤的远景储藏量约40亿吨，铁矿石的远景储景40500万吨，占全省已探明储量的40%，铅锌矿金属储量90.08万吨，居贵州之首，并伴有许多贵重金属如锗、镉、铍、镓等，其中锗的储量居亚州地区第一位，铜矿已探明金属储量为8.44万吨，矿层距地表近，开采成本低；硅石储量上亿吨，含二氧化硅98%以上；高钙石灰石遍布全县各地；花岗石、大理石、叶腊石、高岭土、重晶石、莹石等也有一定储量和开采价值。

赫章县畜禽种类繁多，猪、牛、马、羊都有许多优良地方品种，著名的可乐猪（又名乌金猪）为肉脂兼用型猪种，肉质好，是加工火腿、腊肉的优质原料，享有“宣威火腿可乐猪”之美称。林果、牧草、中药材等植物资源丰富，有林地面积131.61万亩，可利用的放牧草山面积为119.78万亩，可供各种牲畜食用的牧草有27科129种，常年产草量在15亿公斤左右，按80%的利用率计算，可饲养牲畜12万个黄牛单位。有中药材上千种，伏苓、何首乌、龙胆草、续断、天麻、柴胡、独脚莲、云木香、厚朴、山楂、乌梅、半夏、黄柏等，是贵州中药材主产区之一，药材常年收购量达170吨左右。县内土特产品繁多，享有较高的声誉。“财神漆”质地优良，在国内外享有盛誉；核桃以壳薄、仁满、味香、出油率高闻名；大蒜以个大、色白、耐储藏广受欢迎；樱桃（全省产量最高）则色泽鲜艳如珠，味道甘美似蜜；芸豆香甜味美，是出口创汇的重要产品。

赫章栽培核桃历史悠久，品种主要有：双季核桃、穗状核桃、大泡核桃等。以上品种具有壳薄、果仁饱满、油质含量高、营养丰富、健脑补肾等特点，1960年参加全国核桃优良品种评比，被列为名特优农副产品，是赫章出口创汇的主要产品之一。现有核桃面积5万多亩，年平均产量900余吨。全县将在国家实施西部大开发战略中，按照可持续发展的原则，以市场为导向，以科技为支撑，以优质、高产为目标，发展名特优产品，培育地方经济支柱，新建20万亩核桃基地正在建设之中。

全县有大小河流19条，水能理论蕴藏量3.5万千瓦，可供开发的有2.88万千瓦。国道326线沿东向西横贯县境87公里，省道216线过境86.4公里，即将改造成二级路。全县27个乡镇都通电和程控电话，县城和部分乡镇已开通移动电话。

赫章具有深厚的民族文化底蕴，位于县城西北部的可乐极有可能就是千古之谜的古夜郎国的都城，这里出土的大量珍贵文物，曾漂洋过海，到许多国家展出。

全县各族人民始终牢记中共中央和国务院的重托，用勤劳的双手，自力更生、艰苦奋斗，使社会经济得到了前所未有的发展，尤其是以锌铁两大系列为主的采掘、洗选、冶炼、加工等工业乡镇企业生产带动了县域经济的全面发展，建成了诚达公司、灯塔铁厂等一批骨干企业，赫章锌产品出口日本、韩国，畅销国内十几个省、市、区，使赫章多次获得全省乡镇企业发展“先进县”、“明星县”称号。畜牧业、林果业和中药材可望成为全县的后续经济支柱。

随着国家西部大开发战略的实施，赫章人将立足自己的资源优势，以优惠的政策、优质的服务创造良好的投资环境，欢迎有识之士前来赫章，共同开发赫章丰富的资源，谋求全县社会经济的更快发展。

云南省文山壮族苗族自治州

文山州位于“动植物王国”、“有色金属王国”——云南省的东南部，国土面积31456平方公里，北回归线横贯全境，属低纬度高原季风气候地区，有北热带、南亚热带、中亚热带、北亚热带、南温带五种气候类型，年均降雨量和日照量十分充足，全年无霜期达270—350天。得天独厚的地理环境和适宜的气候条件孕育了“人无我有，人有我优”的丰富、珍贵而独特的生物资源。该州下辖的8个县中就有5个县先后被中国特产之乡评审委员会命名为“中国特产之乡”，真是物华天宝，特产丰富。现将该州土特名产资源情况简介如下：

一、三七　五加科人参属植物，是中国的一种名贵药材，因其对生长环境的特殊要求及其具有活血化瘀、消肿定痛，抗炎症、肿瘤，滋补强壮、延缓衰老，双向调节血糖、保肝特别是治疗心脑血管疾病等医疗保健奇效而具有“金不换”、“南国神草”等美称。全国三七的85%以上产自文山州，其中文山县和砚山县双双被评为“中国三七之乡”，全国目前有近400家制药企业以三七为原料，产品种类主要有三七药品、食品和保健品、化妆品等系列产品，市场潜力巨大。文山州早在1993年就把三七作为支柱产业加以培育。现在已理清了发展思路，制定了发展规划，力争抓住中央实施“西部大开发”的机遇，通过无公害三七种植和“中国文山三七工业园区”建设，努力实现“三七强州”的宏伟目标。

二、辣椒　文山辣椒种植主要分布在邱北、砚山等县。特别是“中国辣椒之乡”邱北的“云南小椒”（又称“邱北辣”），久负盛名，目前种植面积达15万亩，年产干椒2万余吨。产品因其个小、个体均匀、色泽鲜艳、油脂和维生素含量高、辣香味浓而深受国内外消费者欢迎，主要出口美国、日本、新加坡、韩国、加拿大、期里兰卡等国，州内建有“云南邱北辣椒交易中心”和“云南稼依辣椒城”等交易场所，可进行现货、期货和网上交易。

三、八角　除作为调料品外，还是高级食用香料、化妆品和医疗保健药品的重要原料。该物主产于富宁县，现有八角林34万亩，在全国八角中产量第二、质量第一，被评为“中国八角之乡”。富宁县还成立了八角研究所和富宁八角集团，负责产业开发和产品市场营销，形成了八角生产、加工、销售一体化的格局。

四、阳荷　阳荷是一种典型的绿色食品，是山野蔬菜中的珍品。其活血调经、镇咳祛痰、消肿解毒、消积健胃、治便秘和糖尿病等药用功效早在李时珍的《本草纲目》中就有记载。主要在“中国阳荷之乡”西畴县种植，目前面积3000亩，该县计划在“十五”期末扩大到10000多亩，现有加工企业的生产能力也相应由500吨扩大到2000吨。该县神星蔬菜制品厂生产的产品也深受国内外消费者欢迎，产品曾出口日本等国家和香港地区。

以上四种是该州最具特色和规模的重要土特名产资源。除此之外，还有许多具有特色优势的资源如茶叶、油桐、李子、烤烟、酒类、乌骨鸡、高峰牛、八宝米、草果、灯盏花、黑节草、青蒿、肉桂、杜仲、山苍子等。文山州委、州人民政府热忱欢迎一切有识之士到文山来参与生物资源的开发工作，带动地方经济的快速发展。

云南省富宁县

〔概况〕　富宁县位于云南省东南部，南与越南河江省同文、苗旺两县接壤，国境线长75公里，东部、北部与广西百色、西林、田林、那坡、靖西五县（市）相连，西部与文山州的广南、麻栗坡两县相邻，是两国三省九县结合部。国道323线贯穿县城和县境，是云南通往广西、广东等沿海开放地区的重要门户。县城到广西北海港670公里，防城港596公里，至南昆铁路百色站170公里，至中越边境80公里。田蓬镇于1986年被批准为国家二类省级口岸，有开展边境贸易的广阔前景。1999年全县边境贸易总额达8020万元。

富宁县辖15个乡（镇）144个村民委，总人口37.6万人，境内居住着汉、壮、苗、瑶、彝、仡佬等民族，少数民族占76%。全县国土面积5352平方公里，其中，耕地面积39.2万亩，山区面积占96%，热区面积占65%；最高海拔1850米，最低海拔142米，属亚热带季风气候，年均气温19.3度，年均降雨量1200毫米，年均日照时数1803.3小时，年均积温6800度以上，无霜期327天，相对湿度75%。境内土地肥沃，冬无严寒，夏无酷暑，适宜各种经济林木的生长，是一个典型的土特产品基地县。

〔土特名产〕　目前，全县已建设有八角、油桐、茶叶、热果、柠檬、甘蔗、甜竹、巨尾桉八大财源基地，其中，较具特色的产品有如下几种：

八角　八角又名茴香，因果实多为八瓣而得名。八角富含芳香油，其果实是极具特色的调味品，果实、叶片经蒸馏提取的“茴油”是高级食用香料及制化妆品的重要原料。富宁栽种八角已有700多年的历史，产品远销国内外。医学上，八角常用于配制健胃剂和兴奋剂、有驱风、祛痰功效。全县现有八角林34万亩，年产八角722万公斤，茴油20万公斤，产值8000多万元，全国产量第二，被中国农学会命名为“中国八角之乡”。近几年，县委、政府将八角作为重点财源来培育，走公司加基地连农户的路子，发动群众，引进外资大力推广栽种，成立八角研究所，提高生产科技含量，组建“富宁八角集团”，负责产业开发和产品营销，使八角生产、加工、销售逐步实现了一体化。

油桐　其品种主要有本地桐、对年桐、湖南葡萄桐等。桐油是从油桐籽中提炼出来的，优良速干性植物油，具有干燥快、附着力强、比重小、富光泽、耐热、耐冷、耐酸碱、防水、防腐、防锈、不导电等特性，在工业上应用广泛。常用作防水、防腐、防锈涂料和绝缘涂料，又是制造轮胎、电影胶片、塑料薄膜和油漆、油墨的重要原料，在日用工业上，用于制造油布、人造皮革、漆布等，医学上用于配制呕吐剂、杀虫剂等。全县现有油桐20万亩，正常年产油桐籽240万公斤，产桐油500吨，产值500万元，全县建有桐油加工厂一座，引进现代自动化设备，加工工艺先进，质量好，出油率高（白籽45%，黑籽30.5%），年生产能力2000吨，近年产品一直专供出口。

茶叶　富宁自1987年开始实施茶叶种植。现有面积1.56万亩，建有8个茶叶初制厂和一个精制厂，年产干毛茶300吨，产值1000万元。生产加工有绿茶、茉莉花茶、红茶、鸟王山茶四个品种，14种包装，具有香气鲜灵，浓厚持久、汤色黄绿明亮、滋味鲜爽、口感好等特点，远销山东、江苏、上海、福建、广东、广西等地。1997年富州牌系列茶叶产品荣获第九届中国新技术、新产品博览会金奖，鸟王山茶荣获文山州产品质量金奖。

七醋　七醋产于剥隘，是独具风味的一种米醋，采用优质糯米和当地特定水质，配以草果、八角等香料，经过七道工序，每道工序历时七天，酿造配制而成，故名“七醋”。具有味美纯正、醋香扑鼻、酸而不涩、绵甜爽口等特点，是居家常用调味佳品，具有开胃、解暑，活血化瘀、延缓衰老、消毒灭菌等功效，常食可降低血压，软化血管，美容驻颜，增强皮肤弹性。1987年荣获云南省名特食品奖，产品远销两广地区及省内。年产量100吨，产值30万元。剥隘七醋厂经扩建后，年产量达500吨。现还开发出低酸度养生醋，准备投入市场。

矿产　由于特殊的地质构造，富宁境内矿产资源丰富。目前已发现有金、锑、锰、铁、钛、铅、锌、铜、镍、铝、银、钴、钼、硫、铀、铂、硒、钯、碲、煤、水晶、重晶石、冰洲石、大理石、石灰石、辉绿石等20余种金属和非金属矿种；已勘查探明煤储量9921万吨，金矿有效开发储量15.8吨，普查探明其他矿产储量581万吨。其特点是：储存条件好，埋藏浅，易开发；分布广、种类多；大、中型矿床少、小型矿床多；共生伴生矿多，单矿种矿床少。被云南省定为矿业开发示范县。多年来，该县先后累计引进县外资金7928万元，开发金、锑、锰、铁、钛、铅、煤、水晶、辉绿岩，石灰石等11种矿种，到1999年年末全县有各类矿山企业32个，矿产品加工企业4个，全县矿业实现税利773万元。富宁现在有待开发的还有铜、镍、铅、硫铁矿、冰洲石、重晶石、钼、铀、铅银、钴、铂、钯、硒、碲等10余种矿产资源。

今后，该县将紧紧抓住国家实施西部大开发和云南省建设“绿色经济强省”、“民族文化大省”、“连接南亚、东南亚国际大通道”的历史机遇，继续围绕“以经济建设为中心，打牢农业基础，打好扶贫攻坚战役，培育林、矿、畜、贸四大支柱产业，建设八角、油桐、茶叶、热果、柠檬、甘庶、甜竹、巨尾桉八大财源基地，作好沿323国道线和富田公路建一批新型城镇，发展一批乡镇企业，招一批客商，发展一批个体私营经济四篇文章”的经济工作思路，进一步发挥区位和资源优势，采取切实有效措施，加大招商引资力度，促进全县经济和社会不断向前发展。殷切希望社会各界有识之士前来富宁投资建设，共同开发这块土特名产宝地。

云南省普洱哈尼族彝族自治县

〔概况〕　普洱是一个哈尼族彝族为主体民族的少数民族自治县，总面积3670平方公里，年均气温18.1℃，年均降雨量1400毫米。全县辖9乡2镇，总人口18.5万人，共有哈尼、彝、傣、汉等19种民族，少数民族占人口的49.1%，农业人口15.4万人，占总人口的83.2%。全县土地总面积246.69万亩，宜林、宜农、宜牧荒山灌丛175万亩，耕地37万亩，人均土地面积29.8亩；森林覆盖率为72.8%。1999年末，全县国内生产总值5.8亿元。

普洱地处云贵高原横断山脉南段，无量山南部山脉与西南部中山宽谷的过渡地带，山地占全县总面积的96.77%。北回归线横跨普洱，全县面积的91.6%在该线以南。县境内海拔800米以下的低热河谷区属北热带气候类型，海拔800米至1200米河谷低山地带属准热带气候类型，海拔1200米至2000米地带属亚热带气候类型，海拔2000米以上的地带属温带气候类型。多样的气候和丰富的水、热资源，使普洱具备了发展绿色产业的得天独厚的条件。

〔普洱茶〕　“普洱茶”产自中国云南普洱哈尼族彝族自治县。普洱茶的栽培历史已有1700多年。早在明末清初普洱茶就已大量销往东南亚和南亚地区，清朝鼎盛之时还“岁贡”朝廷，成为宫廷贡品，而风靡全国。《红楼梦》、《战争与和平》等中外名著均谈到了普洱茶。从1993年起，一年一度轮流举办的中国普洱茶叶节和中国普洱茶交易会更是使其名声大震大江南北。

普洱是“普洱茶”原产地和集散地之一。普洱茶生长在北纬21－24度之间的普洱县境内，海拔1320－2500米，属于南亚热带山地季风气候类型，有热带、准热带、亚热带和温带气候，平均气温18.1℃，该地区光照强，雨量丰沛，无霜期长，多雾，气候温和湿润，土质肥沃，林木郁蔽，生物繁茂，适宜于茶树的生长。经勤劳朴实的普洱人精心种植培育，“普洱茶”名茶辈出，名扬海内外。1986年以来，普洱县采取集中连片，种植良种，合理密植、管理科学、品质和产量兼优的发展战略，创建了一批现代化茶园。到目前为止，全县茶叶种植面积发展到50000亩，毛茶产量2000多吨，产品品种多样，有普洱绿茶、滇红、滇绿、沱茶、花茶和特制普洱茶等六大类、40多个品种。除保留和继承传统名优品牌外，该县还创造出部优产品板山毫峰，以及长寿玉针、贵妃玉坠、碧莲、普洱银剑等一大批优质产品。产品曾被列为第三届中国艺术节“标志产品”，产品除销往各省、区、市及港、澳外，还远销欧洲、日本、印尼、越南、缅甸、泰国等国家。

普洱茶质量上乘，外型秀丽，色泽黄明清澈，经久耐泡、清香不绝，滋味鲜醇。每日饮用，有清心明目，利便化痰，鲜渴生津，消食散气，脾益身心的功效，据现代国际著名医学家临床检验，普洱茶含“儿茶素”、“茶多酚”等多种成份，同时具有健美肌肤，健脾开胃、减肥、降低血脂、血压、消炎解毒、抑制肿瘤等保健作用，实为饮料中的佳品。

〔**普洱小粒咖啡**〕 咖啡是普洱近年来发展势头最为强劲的绿色产业，从1989年实施项目到1999年底，项目共投资9229万元，种植咖啡5万余亩。1994年成立的普洱咖啡（集团）有限责任公司，已成为云南省种植咖啡面积最大的企业。公司拥有一条年产2000吨咖啡米脱壳加工生产线，该生产线引进国外先进设备与国产设备组装而成，投资125万元，生产出的咖啡米质量上乘，受到国内外客商的青睐，是云南省唯一的一条咖啡米加工生产线。

普洱县生产的咖啡，系阿拉伯种又称小粒咖啡，主要产品有“S299”、卡蒂姆系列小粒咖啡等，其成份主要为：蛋白质14.59%，粗纤维16.5%，粗脂肪13.09%，淀粉3.05%，蔗糖8.51%，咖啡碱2.16%。生产指标：水分含量≤10.5%，缺陷物含量≤6%，指标严格，不含异味异物，确保杯品质量上乘，满足广大客户的需要。从90年代开始，普洱生产的咖啡，经过雀巢咖啡公司总部长期、反复的化验分析，该咖啡内质成份均达到或超过总部规定指标，确认已达到当今世界一流水平。普洱咖啡不仅加工质量好，且有“浓而不苦，香而不烈，带有一点果味”而享有盛名，深受国内外客户厚爱。曾到过国外很多地方指导过咖啡种植的雀巢公司专家均众口一词地称赞普洱咖啡品质“完全可以与哥伦比亚媲美”；“普洱咖啡品质世界一流，大有可为”，道出了除自然条件优越外普洱咖啡之所以出众的原因。

截至2000年上半年止，全县投产咖啡面积18000亩，累计生产咖啡米3774吨，实现销售收入5962万元，实现利税519万元，产品主要销往广东东莞市（雀巢公司）以及云南省的云南咖啡厂，云岭咖啡厂等。预计到2003年5万多亩咖啡园全部投产后产量可达6000－7000吨，产值可突破亿元，可实现利税1000万元以上。

今后的发展战略是：巩固现有种植面积，加强管理，加大科技含量，提高单产，提高质量，开拓市场，加大副产品开发、利用力度，增加销售收入，实现企业增效，财政增收，农民致富的目的。

云南省马关县

〔**概况**〕 马关县地处云南省东南部，南与越南接壤，国境线长138公里，全县总面积2676平方公里，土地面积401.4万亩，境内最高海拔2579米。最低海拔123米。居住着汉、壮、苗、瑶、彝、傣、布依、蒙古等33万各族人民，属山区农业县。马关县自然环境和气候条件优越，四季如春，具有得天独厚的自然资源优势，常绿叶林辽阔，素有“杉木县”与珍稀动植物“王国”之称，矿藏、中草药材和水等自然资源丰富，成为一方美丽富饶的边陲宝地。

马关县是革命老区，历史文化源远，人民勤劳、有多彩、纯朴的民风民俗，两个文明建设取得丰硕成果。电力充裕，交通便利，通信设施形成网络。马关全县人民热忱欢迎国内外客商到马关进行资源与技术开发，携手合作，开展互惠贸易！

〔土特名产〕

苗族蜡染和刺绣系列产品 苗族的腊染和刺绣技术是具有悠久历史的民族传统工艺，是广大苗族群体智慧的结晶。产品主要以手工制作为主，以精湛的工艺技术和新颖齐全的花色款式在市场上独领风骚，深受群众喜爱，产品70%以上出口到越南、老挝、泰国、日本、美国等国家。产品品种有：大众化苗族服装、珠绣领带、刺绣领带、刺绣民族包、蜡染纯麻布等。全县年产印花布400余万米，各种规格苗族服装60余万件（套）。

壮乡农民版画 仁和阿峨新寨是壮族居住的乡村，有一支几十人的业余绘画队伍，其版画具有炽热的民族乡土气息，色素清新，线条流畅，富有特色，享誉很高，有一定艺术价值。曾有3幅被《民族画报》选登，有5幅入选

全国农民画展，有22幅应邀选送日本国展出。

兰花　马关的气温和土壤条件利于兰花生长，县境内兰花种类繁多，现已发现26种，共中不乏珍品，很多珍品远销国内外。“马关红柱兰”是兰花中佼佼者，其花如蝶，其叶似剑，其香淡雅，曾在第二届中国（厦门）兰花博览会上独领风骚，荣膺金奖。

三七　也称“金不换”，有较高药用价值，含21种皂甙，17种氨基酸，包括世界公认的抗癌元素硒及人体必需的Vb、Ve维生素、脂肪、蛋白质等。具有和血止血、散淤消肿、抗疲劳、抗衰老、降血糖、提高肌体免疫力等功能。马关县是文山州三七原料主产地之一，现“无公害三七”种植面积已达5千余亩。

黄柏　别名檗木，黄波罗，为云香科落叶乔木，木质坚硬，茎可制黄色染料，树皮可入药，能泻火、清热、解毒、除湿热。从黄柏中提炼出的盐酸黄连素是重要的制药原料。三年收获万亩可提取1.25万吨黄连素粉，现马关规划种植5万亩。

草果　县内大部分地区人工种植，属草本林下姜科植物。新鲜果实呈紫红色，干果呈褐色。味辛芳，具有健胃消食之功，同时又是名贵香料和调味佳品，年产50吨。

砂仁　系姜科豆蔻属多年生草本植物，其子粒、果壳为常用中药，具有行气调中、温脾止泻、健胃消食等功效，列人了《文山特产精萃》。

茶叶　马关原有古树茶、普茶、山茶、宝洪茶等茶种，后又引种大叶茶、滇绿茶、白金茶等。现全县共有9个种茶基地，1个母本园，有茶叶10008亩，年产104.5吨。生长于林茂箐密的老君山、古林箐雾岚中之绿茶，经中国云南茶叶进出口公司马关研制厂研制问世，就成为国内外客商青睐的保健饮料。其茶条索紧结、汤色黄绿明亮、香气高长。其古茶树，经中国农科院茶叶研究所和云南茶叶研究所专家考察、鉴定，为世界茶叶新品种，证实了马关县是世界茶树起源中心之一。

棕片　产于县境内各地，多为农户房前屋后种植。棕片用途广泛，可加工成绳索，缝制成床垫，制作毛刷、地毯和扫帚等，马关县是全省有名的棕皮县之一，特别是本县浪桥乡的马尾棕，质量上乘，久负盛名，年收购量200余吨，畅销省内外。

小米辣　多产于亚热带局部地区，分黄、白、乌、红四种，形似花生米，辣味独特，皮厚籽多，营养丰富。鲜食健胃益气，用盐水浸泡久保天然色香味。年产20余吨，市场价格比一般辣子高出4倍，畅销省内外。

无角山羊　俗称马羊，分布于县境部分乡镇，公、母羊均无角，体高49－72厘米，体重58－92公斤，年产两胎，每胎2－5羔。具有四肢结实、性情温和、采食快、采食地点较为固定、食肉用膻味小、营养价值高、味鲜美等特点，已被省州列为保种对象。

光坎优质米　光坎乃地名，壮语水塘脚之意。1995年，引进常规良种“滇屯502”种植成功，后坚持选种繁育和良法栽培，一直保持国家一级优质米的标准。其米色泽美观，颗粒均匀，芳香浓郁，润而不黏，柔和爽口，营养达标。价高于其他优质米10%，驰名县内外。

塘房蜜橘　属宽皮橘类优良晚熟品种，在南捞乡塘房村已有近200年的栽培历史，故名。具有皮薄、光滑、果肉细嫩、清香浓郁、汁多化渣、酸甜爽口、熟期晚等特点，深受县内外消费者青睐。

香蕉　产于县境内低热河谷，其蕉香味浓郁，甜而不腻，色黄纯正，四季丰产，现全县种植有近5万亩，年产15余万吨，畅销省内外，已列入《文山特产精萃》。

亚麻　属一年生草本植物，株高70－120厘米，亩产200－300公斤，是主要的纺织工业原料。马关县主要是原料产供地，2000年布种2万亩。

联系地址：云南省马关县人民政府办公室
邮　　编：663700
区　　号：0876
电　　话：7125224
传　　真：7122032

西藏自治区旅游局

自治区在国际国内客源市场形成以后，注重旅游产品开发工作，在巩固和丰富传统的观光产品上，注重旅游者的参与和旅游体验，丰富观光产品内涵。同时在休闲度假产品和特种旅游产品开发方面加大力度。使旅游产品整体品位不断提高，增强在市场上的竞争力。利用民族节庆多的特点，采取地方经济与旅游相结合，地方政府及有关部门，通过组织或参与旅游节庆招徕国内外客商洽谈贸易，旅游部门通过组织或参与旅游节庆，直接获得旅游接待效益。

一、主要旅游线路

西藏自治区的旅游线路，包含吃、住、行、游、购、娱诸要素。旅游者一旦购买了某一旅游产品，旅游接待部门便按产品规定组织实施。西藏由于地理环境的原因，造成旅游景点分散，旅游线路长等特点。

西藏的旅游格局，是从拉萨向外辐射到日喀则、山南、那曲、阿里、林芝和昌都六个地区，截止1999年底，开发的主要旅游线路有：

拉萨—日喀则—拉孜—樟木线，是传统的黄金线。在这条旅游线上的主要旅游景点有：西藏的第二大城市日喀则和这个城市里的重要著名景点扎什伦布寺辉耀目的金顶与班禅新宫；雅鲁藏布江与年楚河交汇的河谷风光；古朴庄重的萨迦寺中的精美壁画、唐卡和密如蜂房的藏书阁；有世界屋脊珠穆朗玛峰和希夏邦马峰等连绵不断的雪山。

拉萨—日喀则—拉孜—措勤—改则—革吉—狮泉河（噶尔）—普兰线，线路漫长，却充满魅力。沿着这条线路，可经过被称为“世界屋脊的屋脊”的阿里高原，沿途有桑杷提山圆锥形的金黄色的山峰，扎日南木错辽阔的清碧的湖面，达瓦错丰美的水草，巴林冈日群峰上的皑皑白雪，札达一带神秘的古格王朝遗址和荒漠而又奇特的土林地貌，普兰境内被多种教派誉为圣地的神山岗仁波齐和圣湖玛旁雍错。

拉萨—江孜—日喀则—拉萨线，是一条旅游环线，走这条线，要跨越雅鲁藏布江上的曲水大桥，登上冈巴拉山口，一睹碧波映天的羊卓雍湖。抵达古城江孜时，可以观瞻抗英遗址——宗山炮台和白居寺内被誉为西藏独一无二的“万佛塔”。从江孜向北，在日喀则游览古老的夏鲁寺后，再经仁布、尼木县返回拉萨。

拉萨—山南（泽当）线。山南，是藏民族的发祥地，曾拥有古老的雅砻河谷文明。现在已被辟为国家级风景名胜区。沿途有西藏的第一座寺庙—桑耶寺、第一座佛堂—昌珠寺、第一块农田索当、第一座宫殿—雍布拉康，扎塘寺、藏王墓、拉姆纳错圣湖和哲古草原等，这些都仿佛在向游人诉说着藏民族的兴起和沧桑。

拉萨—那曲—格尔木线，是一条沿着青藏公路，以草原雪域风光为主的线路。离开拉萨向西北，首先途经藏于深山之内的楚布寺，再向西北抵达著名的地热区羊八井时，在很远的地方，就可看到地面上一缕缕白色蒸气正袅袅升起。过羊八井折向东北，一路经过连绵的雪峰和无际的草原，如若在当雄向北，穿越草原和念青唐古拉山，可目睹西藏第一大湖——纳木错。藏北重镇那曲，每年8月要举行远近闻名的盛大的羌塘赛马节。

拉萨—林芝—山南（泽当）—拉萨线，也是一条旅游环线。在这条环线上的林芝被称为“西藏的江南”。这里有墨脱国家级自然保护区、巴松错民俗度假村，还有被称为世界第一大峡谷的雅鲁藏布大峡谷，闻名遐迩，是探险旅游、科学考察的好去处。

拉萨之旅一：成都/加德满都—拉萨，参观景点：哲蚌寺、大昭寺、八角街、布达拉宫、色拉寺、罗布林卡；

拉萨之旅二：成都/加德满都—拉萨，参观景点：色拉寺、大昭寺、八角街、布达拉宫、藏医院、地毯厂、哲蚌寺、罗布林卡、尼姑庙；

以后又开发出：昌都—那曲线、巴松湖—雅鲁藏布大峡谷一线、拉萨—定日—昂仁——拉萨环线，另外，还有六条延伸区外的线路：滇藏线、川北—昌都线、昌都—青海玉树、武汉—长江三峡—重庆—拉萨线；西安—拉萨是一条典型的文化史线，敦煌—拉萨是一条宗教文化艺术观光线。

拉萨—林芝—加查—泽当环形线路，具有西藏最美丽的绿色自然风光和贡布的民俗风情，与西藏其他地区旅游产品反差大，可优势互补：

拉萨—日喀则—措勤—狮泉河—扎达—古格王国遗址—普兰—仲巴—萨嘎线，可游览分布在周边的神山、圣湖。

二、登山、徒步、科考

登山、徒步、科考几种旅游形式是西藏自治区推出的特种旅游项目，由于西藏特殊的自然地理环境，吸引了许多世界上登山及各种旅游爱好者，前来这里征服世界第一高峰，及其他“世界屋脊”上的高峰。也正是这些人成为最早的到西藏的旅游者。到西藏徒步旅游，古代有之，近、现代也不乏其人。独特的地质地貌，形成独特的自然景观，独一无二的气候条件，形成独特的动植物及生物景观，丰富的矿产资源、地热资源，自然引来各类科考学家，探察西藏。年复一年，使西藏发展成为登山、徒步、科考的最好去处，国内外游客竞相前来。

登山、徒步朝圣项目主要在后藏旅游区，科考主要在藏东南旅游区。

登山　西藏素有“地球之巅”、“地球第三级”、“世界屋脊”之称，境内群山连绵，气势磅礴，耸立着5座海拔8000米以上高峰，70多座海拔7000米以上的山峰，海拔6000米以上的山峰则有数千座，这些便是西藏自治区开展登山和科考项目得天独厚的条件，吸引着国内外登山探险家和科学考察人员。1980年以来，经国务院批准，西藏自治区对外开放的山峰有44座。

徒步　在西藏，徒步旅游有其特定的含义。在有的景点，没有车行道路，只能徒步进行游览；有的景点只有徒步才显出虔诚，行程数千里方算没有白来，那就是徒步朝圣游。

在颇受世人瞩目的林芝地区雅鲁藏布大峡谷景区，方圆几十里、乃至上百里，森林密布、道路崎岖，是纯天然的自然生态景观，未经任何修饰，根本没有固定的人行道，更不用说车道，是颇具吸引力的徒步旅游、科学考察热点。

徒步朝圣旅游线路有：

第一天　成都/加德满都—拉萨

第二天　哲蚌寺、大昭寺、八角街

第三天　布达拉宫、色拉寺、罗布林卡

第四天　拉萨—羊卓雍湖—江孜、白居寺、万佛塔

第五天　江孜—日喀则、扎什伦布寺

第六天　日喀则—拉孜

第七天　拉孜—萨噶

第八天　萨噶—帕羊
第九天　帕羊—塔青
第十天/十二天　徒步转神山
第十三天　塔青—圣湖
第十四天　圣湖—扎布让
第十五天　托林寺、古格遗址
第十六天　扎布让—霍尔
第十七天　霍尔—帕羊
第十八天　帕羊—萨噶
第十九天　萨噶—佩枯错
第二十天　佩枯错—樟木
第二十一天　樟木出境

珠穆朗玛徒步旅游线路
第一天　成都/加德满都—拉萨
第二天　哲蚌寺、大昭寺、八角街
第三天　布达拉宫、色拉寺、罗布林卡
第四天　拉萨—羊卓雍湖—江孜、白居寺、万佛塔
第五天　江孜—日喀则、扎什伦布寺
第六天　日喀则—萨迦寺—定日
第七天　定日—绒布寺
第八天　绒布寺—珠峰大本营
第九天　徒步
第十天　徒步
第十一天　徒步
第十二天　大本营—定日
第十三天　定日—樟木
第十四天　樟木出境

西藏自治区旅游接待部门每年都要接待不少徒步旅游团组。

科学考察　以科学考察为目的，到西藏的旅游团组很普遍，有的单纯进行科学考察，有的是科学考察与旅游观光并举，后者居多，前者少有国外团组，而多为国内专家。

1983年中国科学院南迦巴瓦峰科学考察登山队对南迦巴瓦峰进行科学考察，发现了原始人类活动遗址。

1998年10月由中国科学家、探险家和新闻记者组成的中国天年雅鲁藏布大峡谷科学考察探险队首次徒步穿越大峡谷，并探测出雅鲁藏布大峡谷的各类准确数据，证明雅鲁藏布大峡谷为世界第一峡谷。

三、其他特殊性质的旅游

除登山、徒步、科考几种特种旅游项目外，还有汽车、自行车拉力赛等旅游产品。随着人们生活的不断提高，某些意识的改变，加之西藏旅游部门注重新的旅游产品开发，特种旅游产品市场看好。1981年，一名大学生单身骑自行车自北京出发沿丝绸之路抵达拉萨；1998年两名残疾人骑自行车沿青藏线抵藏；1998年10月，共青团广州市委主办，广州市青年旅行社承办首届“珠穆朗玛峰世界之巅集体婚礼”在海拔5200多公尺的珠峰登山大本营举行，来自广州市的9对青年参加。

经过几年来的开拓发展，西藏旅游产品已形成以拉萨为中心连贯全区旅游景点，集文化观光、登山徒步、探险考察、康复度假、生态科考、宗教朝圣等多元并举的旅游产品格局。

四、布达拉宫

布达拉，系古代印度南海岸一座山名的音译，按照佛教徒的说法，这座山乃是观音菩萨的居地，简译为“普陀”。“布达”即“普陀”，“拉”是藏语山的意思。

布达拉宫初建于公元7世纪吐蕃王朝松赞干布时期。《新唐书·吐蕃传》记载：“（贞观）十五年，妻以宗女文成公主。……归国，自以未昏帝女者，乃为公主筑一城以夸后世，遂立宫室以居”。又据《卫藏通志》记载：“唐时池王曲吉松赞干布好善信佛，遮拉萨地方山上诵‘旺固尔经’，取名布达拉，……遂修布达拉宫城垣，搭银桥一道，以通往来”。

关于当时布达拉宫的规模，在《松赞干布六字明咒教诫》中作了如下描述：红山上有三道围城，中心是九层楼的九百九十九个房间，加上房顶一间共一千间。每层楼的四周矛、旗林立。南面是文成公主的九层宫殿，围城四面有四道门，各有一门楼，每道门有一门岗。松赞干布与文成公主的宫殿之间架有一道银、铜合制的桥。布达拉宫的东门外是赞普的跑马场，跑马场宽2尺，长18尺。场苳铺砖，砖上又用木板包钉。跑马场两边用宝珠网围绕，两头是涂色的木栏。跑马场上一马奔驰，犹如百马奔腾之声响。17世纪中叶，五世达赖重建布达拉宫时，又将此画面照原样绘于白宫德央厦上面的松格廊廊道的壁画上。

松赞干布时所建的布达拉宫未被完整保存下来，据记载现在的布达拉宫是在公元7世纪的古建筑遗址上修筑起来的。

五世达赖于1642年当政，三年后即着手重建布达拉宫。据藏史记载，木鸡年（1645年）藏历3月25日，五世达赖偕同固始汗等亲往玛布日山（即红山）勘察，并决定由第巴索朗绕登主持修建。经过3年多的时间，于1648年建成白宫。五世达赖便从哲蚌寺的噶丹颇章宫移居白宫顶上之森琼尼沃宫（即日光殿）。1690年（康熙二十九年），此时，五世达赖已逝世8年，在第巴桑杰·嘉措的主持下，布达拉宫又一次大兴土木，修建了红宫及五世达赖灵塔等，于1643年4月竣工（宫殿内部和附属建筑物至1696年才全部建成），藏历4月21日隆重举行了红宫落成典礼，并在宫下立一无字石碑，以此纪念。后经历代达赖的陆续扩建，布达拉宫才具有现在的规模。

布达拉宫不但是藏式建筑的典范，还是艺术精品和珍贵文物的宝库。除藏有明、清两朝帝王封赐的封诏、诏敕、印鉴、金册、玉册、金匾、礼品等外，还藏有众多罕见的藏文典籍、佛像、唐卡、法器、供器等。

西藏自治区藏医院

西藏自治区藏医院的前身是“拉萨藏医星算学院”（即“门孜康”）。1916年在拉萨创建，是西藏最早的民族医疗教学机构，其主要任务是培养藏医和历算人才。1959年民主改革后，自治区筹备委员会将“门孜康”和“药王山医学利众院”合并，成立了拉萨市藏医院。1980年扩建为西藏自治区藏医院。几十年来，医院从小到大，现已发展成为一所以藏医为主，藏西医结合，集医疗、教学、科研，保健为一体的医院。

目前，自治区藏医院已发展为三大部分，即门诊部，住院部和有较大规模的藏药厂。随着医务人员的优质文明服务及医疗技术的不断提高，藏医院在广大群众中的信誉越来越高。医院的建设也得到了党和政府的关怀及兄弟省市的支持。现医院总面积5万多平方米，职工450多人（含药厂），荟萃了一批德高望重的老藏医和新一代的藏医药科研人才，其中高级职称34人（含国家级专家1人，自治区级专家4人），中级职称74人，人称“药师云城”。医院设有心脑血管病专科、胃肠病专科、肝病专科、骨伤病专科等12个临床医疗科室和藏医药研究所、天文星算研究所、藏药厂等。住院部共有床位300张，年门诊量近26万人（次）。医院积极吸收现代科技成果，引进高科技诊疗设备和科研设备，加强专科、专病建设。做到院有专科，科有专病，人有专长，病有专药。在医治常见病，多发病和多种疑难杂症方面，充分运用藏医独特诊疗方法和高原得天独厚的天然药物资源，取得了显著的疗效。尤其对心脑血管病、慢性肝炎、慢性萎缩性胃炎等疾病的防治，达到了国内先进水平。1996年国家中医药管理局批准为“全国百家示范中医院”之一，跨入全国百强中医院行列。1999年度被国家有关部门评为全国卫生系统先进集体，被西藏自治区科协技术协会评为全区科协系统先进集体，2000年被卫生厅评为全区卫生支农先进单位。

医院所属“自治区藏药厂”建于1964年，1995年藏药厂扩建工程列入中央援助自治区成立30周年大庆重点建设项目。现建筑面积2万平方米，有新剂型和传统剂型两条生产线。主要生产丸、散、颗粒、糖浆、冲剂、汤剂等几大系列藏成药，目前，藏药厂生产的“甘露”牌系列产品有350多品种，其中250多种藏药列入国家《药典》和部颁《药品标准》。名贵藏药“七十味珍珠丸”、“仁青常觉”等11个品种列入国家中药保护品种，成为全区具有保护品种最多的生产企业。有15个品种进入了国家基本药物目录，10个品种已列入国家医疗保险目录。

为加快藏医药事业的发展，自治区已把藏医药事业纳入全区经济社会发展的总体规划，并被列入实施西部大开发战略中加以大力发展的重要支柱产业之一，得到了社会各界关注，同时藏医药进入了历史发展最快的时期。西藏自治区藏医院全体职工在院党委领导下抓住西部开发大好机遇深化改革，努力把一个现代化的藏医医院带入21世纪。

西藏自治区山南地区加查县

〔概况〕 加查，藏文意为“汉盐”，相传唐太宗年间文成公主远嫁入藏途中，经由此地向当地藏民施舍盐巴而得名。位于西藏自治区东南部，雅鲁藏布江中游，是世界最大的峡谷“大转弯”的人口，也是山南地区的东大门。境内物产丰富，气候宜人，自然风光独特，具有很大的发展前景。该县的历史可上溯到距今数千年前的原始社会阶段，藏文化的发展与其密切相关，在整个西藏的发展史上占有重要地位。历史悠久，人杰地灵。1951年西藏和平解放后，加查人民同全国人民一道步入了新社会，从而翻开了加查历史新的一页。1959年成立加查县人民政府，在中国共产党的领导下开辟新天地，使全县的社会经济发生了翻天覆地的变化，人民的生活水平日益提高。特别是改革开放以来，有党的正确领导，全国各族人民的大力援助，全县的社会、经济又进入了飞速发展时期，呈现出了经济发展、社会稳定，政通人和的一派生机勃勃景象，经济的相对繁荣引来了无数客商来此开拓发展。

加查县全县区域总面积4492.53平方公里，其中草场面积809200亩，森林覆盖面积144405亩，现有耕地面积23927.27亩；设5个乡2个镇，88个行政村，现有总人口17647人，本年度人均纯收入已达1610元；但全县国内生产总值仍很低，所拥有的资源未得到开发利用，区域优势需充分发挥，热切希望国内外有识之士来加查共同发展。

动植物资源　全县属高原温带半湿润气候，具有日照充足，辐射强烈，热量低，气温年变化相对较小而日温差大，无霜期短，降雨量集中，雨季明显，干湿季分明等特点；同时因境内地形复杂，海拔高低悬殊，又具有水热再分配，呈垂直性差异的特点；形成西藏少有，加查特有的小气候环境，为境内动、植物等生物生殖繁衍提供了良好条件。因此有宝贵的野生动物资源，其中以白唇鹿、棕熊、马熊、麝、藏羚羊、藏野鸡、弥猴、蛤蚧（又名四脚蛇）等最有代表性。而且该县境内蛤蚧数量巨大，药用价值高，为非国家保护动物，开发利用潜力明显；但尚未开发。家养畜禽主要有：牦牛、犏牛、山羊、绵羊、猪、鸡、鸭等。正因为有独特的气候优势，所以境内森林密布，奇花异草繁多。森林主要以松、柏、桦、青钢等乔木的混交林为主，遍野分布苹果、核桃、桃、梨、花椒等经济林木，具有丰厚的林产业资源，不仅有优质的木材产出，而且盛产经济林果品，所产果品品位极佳。本县园艺一、二场生产的苹果曾获西南五省区优质苹果之桂冠；加查镇所产出的核桃，为纯天然食品，其皮薄、肉满，肉质香醇甜润，是历代达赖喇嘛的贡品。更为突出的是本县野生中草药资源极具特色，其中以盛产冬虫夏草最具代表性，年采挖量可达4000多斤，所产冬虫夏草个大、肉实、药用成份含量最多；其次有定量贝母采挖，年产量可达2000斤。但因该县市场经济发展滞后，未形成综合生产经营规模，只限于低价出售原材料，而受益很小。气候优势还造就了本县种植业深远的发展前景。目前，农作物主要以小麦、青稞、油菜、玉米、马铃薯、蚕豆、西瓜、辣椒、甜瓜等为主，种植结构在进一步调整之中。

土地资源　尽管该县农业发展迅速，经过不断开发，不少可利用土地得以开发利用；但目前因人力、物力有限，仍有近50000亩可开发荒地待开发利用。其中主要以16个荒坎最为突出，最有开发利用价值，其地势平坦，就近水源，土壤肥沃，是区内外投资者营造庄园的良好着落地。

水资源　该县属藏南雅鲁藏布江中游河谷地带，境内重岩叠嶂，高峰林立，河流纵横，高山环抱，地势西高东低，雅鲁藏布江自西向东贯穿全县，汇集了北岸藏木朗、索朗、丝波绒、脚不朗，南岸的巴玉绒、叔夏绒等10条雅江一级支流；崇山峻岭中遍布溪流，水质优越，口味甘醇，水资源极为丰富，是饮用水，水电能源开发的最佳基地。为此，该县着手了水电能的开发利用，在国家的扶持下，建起小型发电站一座，总装机容量达到1500千瓦时，目前满足了县域内部各乡（镇）的用电需求，但随着经济的发展，越来越显不足；因此，水资源的开发利用也是该县向外争取合作的内容之一。

矿产资源　该县地域广阔，地质结构多样，形成本地有丰富的矿产资源的优势。经查明的矿产资源有：砂金、铬铁、锑、石墨、水晶、滑石等。其中铬铁矿品位高达55.27%，储量达到几亿吨以上，目前已作少量开采；但其它矿储量还在进一步查证之中，目前已明确砂金、石墨、水晶开采前景看好。

旅游资源　该县境内古刹庙宇众多，山川壮美，藏民族文化独特，人文地理各具特色，旅游开发资源极为丰富。全县寺庙中以现保留的三大佛教寺庙为主，中小寺庙随处可见。其一是公元1121年，由米拉日巴的大弟子索朗仁钦创建的噶举派的母朱达拉岗布寺，距今已有878年的历史，有喇嘛教中白教祖寺之称；其二是二世达赖喇嘛根登嘉措于公元1509年创建的穷果杰寺，距今已有480年的历史，往日的盛状仍依稀可见，叹为观止；其三是公元1300年，由嘎玛土松金巴创建的达布夏珠林寺，其气势宏伟，乃不朽建筑之作。这三大寺庙在藏区乃至国内外都具盛名。风景旅游点有誉满神州的神湖（藏语名为拉姆拉错，意为圣母湖），其海市蜃楼般的美景以及神奇的传说，每每让旅游观光者心动不已；风光旖旎的布丹拉山，满山的杜鹃让游人流连忘返；即将开发的融山、水、瀑为一体雄奇壮美的雅鲁藏布江中段干流的涅尔喀瀑布，会将奇异的自然风光展现给每一位热爱生活，热爱大自然的人们。加查正以崭新的面貌，敞开胸怀，笑迎四方客人。

〔发展方向和政策〕　在党的指引下，经过全县各族人民的努力，使该县的社会、经济得以长足发展，特别是在交通、能源、通讯上取得了突飞猛进的成绩，已形成了文明城镇带动全局的商贸工企业有机结合的运行格局。目前，交通已相对便利，区级公路八邛公路东西向横穿县域，并以此为主干线形成了连通各乡（镇）村庄的公路网络；县城距行署所在地泽当镇150公里，距西藏最大的飞机场贡嘎机场240公里，物资运输通畅。2001年，新修的加查至泽当公路动工，将会将该县至泽当的公路里程缩短90多公里，为将来加查的发展带来更大的便利。该县已具备了先进的通讯条件，光缆的铺设，使程控电话和国内连通并网，无线移动电话已投入使用近两年。电力供应量充足，县输电线网的改造，使该县工矿企业的开拓发展具备了有力保障，所有这一切也为国内外投资者营造了有利的投资环境。因此，该县在今后的发展方向上，明确：今后坚定不移地“大办农业、办大农业”的同时，坚持进一步扩大对外开放，实施“沿江开发、外向带动”战略，利用西部大开发和对口援藏的机遇，以“招商引资、经济合作、扩大贸易”为重点，在全国范围内对外增设“窗口”，吸引利用外部技术力量与资金带动该县经济发展。在落实措施上，本着“你发财、我发展”的准则，为投资客户营造最大宽松的投资环境。今后发展的重点主要放在以下几个方面：其一是以“冬虫夏草”、“贝母”、“蛤蚧”为主的药材综合开发，逐步形成采挖、加工、销售体系；其二是以“苹果”、“核桃”、“花椒”为主的经济林果产品的开发，形成生产、加工、销售体系；其三是着手荒坡、荒坎的开发利用，调整农业种植结构，实施生态农业战略，建设雅江国家商品粮基地，全区优质鲜果基地；其四是充分有效开挖本县矿产资源，以及开发水资源，建立厂矿企业，发展经济，做到利国利民；其五是发展以“神湖”、“布丹拉山”、“坎乡原始森林”、“涅尔喀瀑布”及各大文化遗址为主的旅游业，以促进社会经济全面发展。经过不懈的努力，力争使该县的知名度在全国进一步提高，为更进一步搞活、发展经济打下坚实的基础。

国内外的实业家，加查县欢迎您惠顾，加查以良好的投资环境，宽松的政策，优越的气候条件，丰富的资源优势，以及壮美的山川来欢迎您，淳朴的藏族同胞会以当地特有的歌舞迎接您，希望您来加查参观访问，来加查寻求发展，共展宏图。

联系地址：西藏自治区山南地区加查县安绕镇仲巴街1号

邮政编码：856400

联 系 人：郝高君　洛　桑

联系电话：0893－7322220

传　　真：0893－7322113

西藏自治区堆龙德庆县

〔**概况**〕　堆龙德庆县位于西藏自治区首府拉萨市近郊，距市中心约12公里。地处西藏中南西部、雅鲁藏布江中游、拉萨河南拐弯处及其支流堆龙河两岸。全县面积2704.25平方公里，平均海拔4000米，年日照时数达3000小时左右，年无霜期120天，年均降水量440毫米。堆龙德庆县现设7个乡（镇），辖35个行政村，1999年底，全县总人口39447人，其中藏族人口38199人。

堆龙德庆县有着丰富的资源，土地资源类型齐全，其中耕地总面积95464亩，占全县总面积的4.7%；有效灌溉面积95424亩。林地面积约5.6万亩，占全县总土地面积的2.76%；各类牧草地面积40.35万亩，占全县总土地面积的19.9%；网围栏面积0.16万亩，占牧草地面积的0.4%。还有待开发利用的土地1万余亩。堆龙德庆县矿产资源开发前景广阔，目前已发现的矿产主要有：石灰石、红土、煤、铁、铅、锌，储量较大的有石灰石矿、红土矿等。堆龙德庆县旅游资源比较丰富：著名古迹和旅游点有：楚布寺（自治区级文物保护单位：藏传佛教噶玛噶举派主寺，始建于公元1189年。）、德庆温泉（泉水中主要含有碳、硫、磺、雄黄等矿物质，有助于医治风湿性关节炎、皮肤病、象皮肿、肾炎、胃病及高血压等病症）、雄巴拉曲度假村（村内厅台楼阁错落有致，周围绿树环抱，景色秀美易人，雄巴拉曲神泉中鱼种奇特，色文鲜艳）。

〔**发展成就**〕　近几年来，堆龙德庆县委、县政府在拉萨市委、市政府的正确领导下，围绕“一个中心、两件大事、三个确保”的方针，坚持“合理规划、正确引导、大力扶持、多轮驱动”的方针；坚持“农业立县、科教兴县、开放活县、服务城市、依法治县、富民强县”的发展思路。实现区内与区外结合，发展与城镇结合、抓大与抓小结合、农村与城镇结合。立足特色，优势资源和区内市场，突出特色产业、拳头产品和龙头企业，依托城镇，依靠科技进步，以市场供需为导向，以经济效益为中心，以改革开放为动力，以人力资源为基础，全面促进经济的繁荣发展。

1995年到1999年的五年，全县国内生产总值从8298.05万元增加到14122.92万元，年均增加14.04%；农业生产连续14年获得丰收，粮油总产由2650.79万公斤增加到3470.82万公斤，年均增长6.2%；乡镇企业和多种经营总收入由3699.55万元增加到8848.55万元，年均增长27.84%，财政收入由838万元增加到1624万元，年均增长18.76%。

坚持农业基础地位不动摇，大力调整农业产业结构。在整体不放松粮食生产的前提下，以市场为导向，在局部范围内积极进行农业结构调整，装满米袋子，丰富菜蓝子，围绕服务城市、增产增效、鼓起农牧民群众的钱兜子大做文章，积极探索粮食自给后，农业产业化经营的发展路子。“125”粮种繁育体系，万亩超千斤、八统两分等项目的实施进一步推动种植业向“两高一优”方向发展，实施“一乡一业”、“一村一品”工程，因地制宜，在柳梧乡桑古、普布青两村进行土豆专业化生产。东嘎镇蔬菜基地建设已初具规模、“公司＋农户”、“公司＋基地”的产业化经营已迈出步伐。

乡镇企业稳步发展，招商引资成效显著，重点建设项目推动了全县经济和各项事业发展。准龙德庆县招商引资工作破除了“吃亏论”，树立了服务意识，投资环境进一步改善。近两年招商引资14家企业，协议资金3.5亿元，到位资金7000多万元，9家企业已开始动土建工程，有的企业已开始生产经营。这些企业建成后，将在3—5年内增加县乡财政收入3000—4000万元。五年来，堆龙德庆县通过多渠道、全方位努力，全县共争取国家和区、市重点项目20多个，总投资过亿元。尤其是1998年以来的两年时间里，共争取项目18个，总投资7000多万元，取得了历史性突破。

狠抓农村教育综合改革，为农牧区发展培养跨世纪人才。堆龙德庆县始终把教育放在优先发展的战略地位，普及了六年义务教育，扫除了青壮年文盲，展开了九年义务教育普及工作。近两年，争取国家教育建设项目12个，总投资2100万元，县财政安排教育预算资金800万元。教育投入逐年增加，使全县中小学的校舍校貌焕然一新，县中学硬件设施建设堪称全区一流，创造了优良的育人环境。

县级干部包乡镇、县直部门包村工作成效显著、县级干部和各部门按照“建好一个班子、选准一个带头人、走出一条发展路子、抓好思想政治工作和稳定工作、办好几件实事"的工作要求，立足各村实际，一年来，县直各部门已投入资金50多万元，帮助35个村建立了活动场所，文化室、维修校舍、改水改厕等。部门包村工作的开展得到了农牧民群众的普遍认同和赞扬，进一步密切了党群、干群关系，增强了机关干部为人民服务的自觉性和责任感，加强了党对农村工作的领导。

〔发展规划〕 今后五年，堆龙德庆县发展高原城郊型经济的总体思路是：高举邓小平理论伟大旗帜，努力实践江泽民"三个代表"的重要思想，以"三讲"为动力，以经济建设为中心，抢抓西部大开发历史机遇，狠抓稳定、发展和科教兴县三件大事，组建维护稳定、西部开发、招商引资、科教兴县四套专项工作班子，在2—3年内建成建强菜蓝子和建筑建材两个产业化集团，在21世纪初把堆龙德庆县建设成为全区一流的经济强县和改革开放的窗口。

今后五年的奋斗目标是：从现在起到2005年，全县国内生产总值达3亿元，年递增13.38%，粮油商品率达到40%以上，经济作物的种植面积达到30%以上，二、三产业占国内生产总值的70%以上，县、乡两级财政收入突破5000万元，农牧民人均收入达到3000元，现金收入达到2000元，30%的村和40%的农牧民生活达到小康水平，农牧民科学文化素质达到西部地区当前的平均水平，县城成为基础设施完备，管理和服务功能齐全，环境优美，秩序井然，民族特色浓厚，人口达到1000人以上的首府卫星城。（以1999年统计数据为基础）

以产业代经营为方向，积极稳妥地调整农业结构。在几年内使堆龙德庆县成为服务拉萨，辐射全区，面向全国，冲向世界的经济强县。结构调整的重点是建成建强菜篮子集团。在结构调整中，要紧紧围绕农牧民增牧这个中心，实现"五个转变"，即在领导农牧业的方式上从重计划向重市场，重服务转变；在农牧业结构上由单一结构向农牧结合，发展优质高产高效农牧业转变；在经营方式上从传统农牧业向商品农牧业，现代农牧业转变；在二作安排上从重生产向生产、流通并重转变；在区域经济布局上从自求平衡向发展优势特色产业转变。

发挥县域优势，培育和发展特色经济。在今后工作中，要因地制宜，把市场需求与本地优势结合起来，培育和发展特色经济，以优取胜，以优占领市场；促进农牧民增产增收，如：抓好古荣乡糌粑加工、达氏色拉油、西域食品加工、德庆乡矿泉水等特色产业的运营工作，形成龙头企业+专业合作社+农户的产销联结链条。

狠抓企业发展，为经济腾飞培植后劲。进一步健全企业发展的一系列优惠政策，加快和提高政府职能部门对企业的管理和服务功能，加大招商引资力度，培育市场，改善投资环境。堆龙德庆县现已出台《堆龙德庆县关于发展经济的优惠政策》，明确了指导思想、投资经营方式、产业导向、优惠政策、奖励政策、投资保障与服务等相关内容。这一政策的出台为五年内建成建强建筑建材集团，逐步实现"工业富县"的战略目标奠定了政策基础。在招商引资上灵活、超前运用优惠政策，让利求发展，对高新企业和以产业化经营为模式的农副产品开发企业不断加大优惠力度，为堆龙德庆县的经济腾飞培植后劲。

抓好两个文明建设的典型引路工作，开展百佳评比和崇尚科学、破除愚昧活动。要以区党委宣传部在堆龙德庆县开展的马克思主义唯物论和无神论教育试点为契机，认真总结经验，完善制度，落实措施，充分发挥党组织、宣传部、党校和工青妇的作用，将崇尚科学、破除愚昧活动长期不懈地开展下去。

附：堆龙德庆县经济协作一览表

项目名称	性质	项目地点	投资总额（万元、人民币）	协作形式
乃琼镇综合加工厂	新建	乃琼镇	200	合资、独资
堆龙德庆县农副产品批发市场	新建	东嘎镇	500	合资、独资
堆龙德庆县封闭式养鸡厂	新建	东嘎镇	500	合资、独资
羊达乡饲料加工厂	新建	东嘎镇	500	合资、独资
堆龙德庆县千亩养鱼基地	新建	乃琼镇	400	合资、独资
堆龙德庆县花木公司	新建	乃琼镇	400	合资、独资
堆龙德庆县封闭式养猪厂	新建	东嘎镇	318.75	合资、独资
堆龙德庆县封闭式养牛厂	新建	古荣乡	500	合资、独资
出租汽车公司	新建	拉萨市西郊	2000	合资、独资
堆龙德庆县停车场	新建	东嘎镇	200	合资、独资
堆龙德庆县硼肥厂	新建	乃琼镇	300	合资、独资

项目名称	性质	项目地点	投资总额（万元、人民币）	协作形式
堆龙德庆县医药制剂厂	新建	东嘎镇	1500	合资、独资
堆龙德庆县塑料加工厂	新建	乃琼镇	200	合资、独资
堆龙德庆县酒厂	新建	羊达乡	1000	合资、独资
堆龙德庆县房地产开发公司	新建	东嘎镇	5000	合资、独资
堆龙德庆县多种经营贸易部	新建	拉萨市	50	合资、独资
堆龙德庆县建筑公司	新建	东嘎镇	200	合资、独资
堆龙德庆县拉丝厂	新建	东嘎镇	150	合资、独资
保健饮料厂	新建	羊达乡	120	合资、独资
奶牛及牛羊育肥基地	新建	乃琼镇	1000	合资、独资
柳梧乡养鸭厂	新建	柳梧乡	250	合资、独资
堆龙德庆县建材批发市场	新建	东嘎镇	2000	合资、独资
堆龙德庆县柳梧乡农业综合开发区	扩建	柳梧乡	2000	合资、独资

西藏自治区墨竹工卡县

〔概况〕 被喻为“牦牛之乡”的墨竹工卡县，地处拉萨市东大门，西依米拉山，东接日光城，距拉萨73公里。全县共有7乡1镇，43个行政村，总面积5620平方公里，总人口41131人，农牧民39696人，耕地面积8.6万亩，草场、草坡面积500余万亩。牲畜总数225965头、其中牦牛71910头。

墨行工卡县历史悠久。其境内山川秀美，川藏公路穿境而过，墨竹玛曲、雪城藏、拉萨阿交汇而流，碧绿的草场牦牛成群，千只黑颈鹤相伴而飞，万亩墨竹小油菜一片金黄，丰富的矿产、旅游、药材、水力资源成为全县经济发展的基础，独特的自然景观、人文景观、县城建筑正吸引着越来越多的中外游客。

长期以来，墨竹工卡县由于受交通、能源、信息等因素的制约，人民群众思想保守、观念陈旧，致使一次次的发展机遇与墨竹工卡县失之交臂，生产力依然低下，社会发展依然缓慢。人民生活依然贫困。

中央第三次西藏工作座谈会以来，特别是南京市第二批援藏干部到来以后，墨竹工卡县人进一步解放思想、更新观念，立足县情，抓住机遇，提出了稳定一个基础（农业），抓好两件大事（经济发展与局势稳定），利用三个优势（援藏优势、资源优势、区位优势），实施四大工程（形象工程、基础工程、民心工程、富民工程），推动五个进程（推动经济效益化，推动农业产业化，推动城乡一体化，推动农业科技化，推动援藏社会化），采取六项措施（抓学习转观念，抓法制保稳定，抓调整增效益，抓科技攻单产，抓优势促发展，抓队伍扬正气）的全县工作思路，确立了“一年大发展，两年上台阶，三年大变样”的发展目标。几年来，墨竹工卡县人以勤劳智慧的双手，自力更生，艰苦奋斗，勇于创新，使这片贫穷的土地发生了天翻地覆的变化。1999年，全县国民生产总值达5436.31万元，比1994年增长79.25%，财政收入达116万元，比1994年增长11倍，乡镇企业和多种经营收入2600万元，比1994年增长9倍，农牧民人均纯收入达1095.99万元，比1994年增长73.66%，粮油产量达4468万斤，比1994年增长85.69%，全县肉食产量达620.63万斤，比1994年增长45.52%，建成了帮铺铅锌矿厂，甲鸡建材厂，玛拉沟铅锌矿厂，德仲温泉旅游开发公司等一大批乡镇企业，可实现产值1502.08万元，完成税收87万元，增加县财政收入65.5万元，一幢幢拔地而起的藏汉楼房，洋溢着藏汉结合的独特气息，农贸、购物、餐饮、娱乐日益兴旺，县城一环路、二环路，县城路灯工程以及县城绿化带的形成，为县城增添了一道道风景线。教育性软、硬件设施基本齐全，广大农牧民享受教育、卫生水平迅速提高。

〔投资环境〕 几年来，墨竹工卡县人努力奋斗，加强了交通、能源、城市建设，为投资商创造了良好的投资环境。

首先是资源丰富。墨竹工卡县有矿产、药材、水力、旅游四大资源优势。矿产资源方面，有金、银、铜、锑、铅、锌等十几种矿藏，且蕴藏丰富、品位高、具有很高的开采价值。药材资源方面，主要有虫草、雪莲花、贝母、黄连、红景天、龙胆花、沙棘等名贵药材，全县有沙棘林2万亩。水力资源有墨竹、玛曲等三条河流，流量大，落差大，具有开发价值；旅游资源方面，有34座分别以34个藏文辅音字母命名的寺庙，百教代表直孔塔寺已具有850多年的历史，距县城70公里的德仲温泉，早、中、晚水温各不相同，能有效预防和治疗皮肤病，交通便利，风景誉人，享誉区内外，日多乡温泉，天然湖也具有开发价值。

其次是基础设施健全。2000年墨行工卡县县城固定资产投资规模为900万元，全县交通方便，能源充足，信息灵敏、城市功能完备，共有公路500余公里，黑色的川藏公路穿境而过，乡村公路四通八达，纵横交错，基本达到村村通公路，县城已建成一座装机容量为1500千瓦的恰碣电站，目前，全县用电量200万度，仅为年额定发电量的50%，全县电视覆盖率达85%，基本达到了乡乡通电话，139移动电话以及电脑互联网业务也已经启动，县城农贸、商场、餐饮、娱乐等服务行业日益兴旺，城市功能也日益增强。

再次是政策优惠。墨竹工卡县县委、县政府紧紧围绕“三个有利于”的标准，本着“不求所有，但求所在”和“风险共担，政策优惠”的原则制定了《墨竹宁县商引资实施办法》，对来墨竹工卡县的投资商在注册登记、税收、土地征用户口、住宅、子女入学等方面给予特别的优惠。

最后是法制健全，服务优质。墨竹工卡县始终坚持“依法治县，兴法治县”战略，建立健全各种规章制度，做到了有法可依、有章可循、依法行政。广大干部、执法人员也转变了观念，增强了服务意识，保护外来投资商的合法权益，杜绝“吃、拿、卡、要”和违法执法现象。

〔**发展重点**〕 西部大开发为墨竹工卡县人提供了一个千载难逢的发展机遇。1999年底，县委、县政府成立了墨竹工卡县西部开发领导小组，提出了今后的发展思路，坚持以经济建设为中心，以市场为导向，以科技为先导，强化一个基础，培育两大支柱产业（特色工业、旅游业），抓好三个重点（加强基础设施建设，调整优化经济结构，实施人才工程），实施四大战略（科技兴县、小城镇、可持续发展、生态环境），归纳为“一二三四”发展思路。明确了加强基础设施建设、特色工业开发、旅游资源开发三个发展重点，在基础设施方面，墨竹工卡县将抓住西部大开发的有利时机，拓宽投融资渠道，高质量地超前建设一批农业、交通、能源、水利、环保和城镇、旅游基础设施等大型项目，为实现可持续发展奠定坚实的基础。在特色工业方面，墨竹工卡县将以市场为导向，立足自身资源优势，有重点地发展畜产品、深加工、民用陶瓷、建筑材料、矿产开发、药材开发等特色工业。在旅游业方面，墨竹工卡县将结合本县旅游资源丰富的优势，加强基础设施建设，逐步营造优美舒适的旅游环境，加大招商引资力度，推动旅游产业向规模化、市场化方向发展。

展望未来，墨竹工卡县人任重而道远。墨竹工卡县人将在县委、县政府的正确领导下，吸收一切可利用的资金及先进技术、管理方法，努力奋斗，顽强拼搏，取得墨竹工卡县经济社会发展的更大成绩！

陕西省山阳县

〔**概况**〕 山阳县位于陕西省东南部秦岭南麓，属长江流域汉江水系。全县总面积3514平方公里，辖38个乡镇、472个行政村、6个居民委员会，42.2万人，耕地面积41.2万亩。是国务院重点扶持的贫困县之一。

全县境内属亚热带向暖温带过渡的季风性半湿润山地气候。平均海拔1100米，年均气温13.1℃，年均降水量709毫米，无霜期207天。境内山大沟深，群山纵横，流岭、鹘岭、郧岭横穿东西，金钱河、银花河横卧其间，形成“三山夹两川”的岭谷格局。

山阳自然资源丰富，景色迷人。全县可开发利用的山地面积480多万亩，人均11亩；野生药材500多种；水能蕴藏量19.5万千瓦；已探明的矿产资源49种，探明矿床12处，已经开采的有铜、锑、铅、锌、大理石等，其中钒矿储量达290万吨，是远东地区最大、品位最高的矿带；境内旅游资源开发前景广阔。丰阳图画、九冢星罗、二泉天鉴、道院曲流、天柱摩霄、石峡线天、孤山叠翠、金华相会山阳八景远近闻名；丰阳塔、白龙洞、黑女潭、双锁山充满神秘色彩；新开发的月亮洞以“雄、险、奇、幽、秀”堪称一绝，是迄今为止发现的西北地区最大的天然溶洞。

县内物产富饶，独具特色。粮食作物盛产小麦、玉米、水稻和豆类，经济作物有芝麻、花生、莲菜、蘑芋等，林副特产有油桐、核桃、板栗、茶叶、密桔、商芝、木耳、香菇、弥猴桃等，中药材有薯芋、丹参、五味子、连翘、金银花、天麻、杜仲等。出产的“金力金”牌核桃软糖、“飞康”牌蘑芋精粉、“丰阳”牌薯芋皂素，“秦阳”牌425#R型硅酸盐水泥等产品先后多次获国优、省优名牌产品金奖。

1999年，全县国内生产总值达到6.63亿元，其中第一产业增加值达到2.82亿元，第二产业增加值1.51亿元，第三产业增加值2.3亿元。

服务功能日趋完善。203省道横穿全境，上连312国道，下通湖北郧西。全县公路纵横交错，通村率达88%，已经勘测设计的西安至武汉高速公路即将动工；电力供应充足，实现了村村通电；邮电迅速发展，服务水平明显提高；光缆传输网规模宏大，技术先进，程控交换、移动通信、数据通信联通全国乃至世界各地；城市建设日新月异，新建南新街，贯通环城路，在建的苍龙山森林公园将使山城别具一格，人民广场的建成将为山城再添风采。县城市容俏丽，山城人民好客；宾馆、酒店林立，服务水平一流；金融事业迅速发展，保险业务门类齐全；集贸网点星罗棋布，边贸市场生机勃勃。

科教文卫全面发展。全县有各类科技专业技术人员4376人；有普通中小学964所，职业学校2所，农民文化技术学校38所；有电视差转台13个，卫星地面接收站300多个，电视覆盖率为90%；全县医疗卫生机构健全，医疗水平不断提高；群众体育运动蓬勃开展，市民文化生活丰富多彩。

开发和发展山阳，是山阳人民的迫切愿望，也是多年来密切关注、热情支持山阳发展的各界朋友的宿愿。山阳真诚欢迎各地朋友、各界人士和客商来山阳旅游观光，投资办厂，同谋发展大业，共创美好未来。

〔名优特产〕

薯芋　山阳县为全国盾叶薯芋生产的最适宜区和皂素含量最高区。原为野生资源，1984年，在陕西省农科院等科研单位的协作指导下，推行薯芋野生家栽试验、示范取得成功。1992年，县委、县政府将薯芋列为全县主导产业之一，实施产业开发一条龙生产。目前，全县薯芋人工栽培面积达到8万亩，年产鲜芋2万吨，农民收入4500万元，居优势产业收入之首。特产乡镇有宽坪、漫川、莲花、法官、延坪、户塬、晏马、照川、石佛、色河、板岩、黄龙、杨地、长沟、板庙等，种植面积在万亩以上的乡镇2个，5000亩以上的乡镇5个。

山阳县化工厂为薯芋产业的龙头企业，创建于1984年10月，现有职工158人，固定资产380万元，流动资金400万元。主要产品有薯芋皂素、双烯，是从薯芋植物中提取的高留体化合物，为医药产品广泛应用的重要原料，特别是"双烯"可合成制作50余种激素药物。该厂年产薯芋皂素50吨、双烯30吨，年产值4950万元。薯芋皂素产品曾于1987年获省、地优质产品奖，1991年获第六届全国发明展览会优质产品奖，产品远销天津、山东、湖北、浙江等省（市）。该企业于1999年跨入陕西省乡镇企业200强之列。

丹参　丹参俗称"蜂糖罐"，又名赤参、紫丹参，具有祛瘀止痛，活血调经，清心除烦，凉血消肿之功效。丹参是山阳县大宗中药材品种之一，全县野生分布面积50多万亩，储量20万公斤，主要分布在高坝、中村、十里、色河、小河、板岩等地，其产品品质纯正，有效成份含量高。80年代初，全县开始推广丹参家种，亩产达到250公斤。1998年在天士力商洛植物药业有限公司的指导下，采取"四倍体"和分根繁殖法，提高丹参的产量和质量。全县以城关、色河、伍竹、王庄、十里、高坝、中村7乡镇为重点，建立了7个丹参基地，总面积达到6000亩，其中国家级丹参药源基地3个，总面积达到1000亩。以丹参为主要原料的复方丹参滴丸、复方丹参片、复方丹参针剂已打入国际、国内市场，广泛应用于脑、心血管病的临床治疗。

核桃　举世闻名的木本油料，世界"四大"干果之一，山阳县传统大宗林特产品之一。山阳县的伍竹、高坝、葛条、色河、二峪河、王庄、牛耳川、小河、原子街、城关等乡镇，已形成大面积核桃林带。山阳核桃品种多，质量好，共有12个品种，其中数量较大，品质特优的是露仁、棉仁、麻仁、牛蛋等四个当地良种。山阳核桃营养丰富，经济价值高，核桃油是食用植物油中的上品，核桃仁是中成药的重要辅材，核桃树是建筑、雕刻的优质原料，核桃壳是提取化工原料的重要原料。1997年省政府把山阳核桃列为全省重大科技推广项目重点扶持，日渐形成具有地方特色的核桃产业优势和产品优势，1999年底，全县核桃面积发展到11.5万亩，产量达2182吨。依附丰富的核桃特产资源，山阳县金力金食品有限公司，生产的"金力金"牌核桃软糖，具有软而不粘，甜而不腻，回味悠长等特点，生产技术获国家专利，产品获"中国食品十年新成就优秀产品奖"，"全国星火计划成果金奖"。山阳县林特产品开发公司投资新建的核桃食品加工厂，生产的核桃粉、核桃露等绿色饮品，营养价值高、产品风味独特，年产1500多吨，填补了陕西省核桃深加工项目的空白。

板栗　大自然天生的"木本粮食"，山阳县大宗林特产品之一。山阳板栗个大色润，甜脆适口，品质独特，营养丰富，有"誉满全国，盛名海外"之说。山阳板栗营养价值极高，品味独特，无论生食、炒食、清蒸、火饨，都是独具风味的上餐佳品，板栗制作的各种糕点，滋味甜酥、芳香。1997年，陕西省把山阳板栗作为全省重大科技推广项目重点扶持，规模不断扩大，目前已建立和培育了板庙、高坝、牛耳川、小河、色河、王闫、石佛、板岩、王庄、中村、水草等20个基地乡镇，全县板栗面积累计达到34.5万亩，其中万亩以上连片基地5处，5000亩以上基地38处，年产板栗1102吨，成为全国板栗生产基地大县之一。

油桐　中国著名的木本油料树种，是一种优质干性油。具有干燥快、有光泽、耐碱、防水、防腐、防锈、不导电等特性，是重要的工业用油。山阳油桐品种优良，类型较多，主要有周岁桐、葡萄桐、浙选5号、10号、11号5种。目前形成了宽坪、莲花、延坪、漫川、法官、板岩、户垣等7个主要产区。到1999年底，全县油桐面积达到19.8万亩，年产桐籽2100吨，31个榨油厂年加工桐油700吨。

九眼莲　山阳莲藕的特称。因它多长一两个眼，身为九个眼，故称"九眼莲"。山阳九眼莲具有皮薄、肉厚、色白、质脆、丝长、渣少、香甜可口的特点。莲藕是加工藕粉的佳料，生、熟、荤、素皆可食，制粉则为高级饮料。山阳莲藕是菜肴中的上品，一般吃法有素调藕片、糖醋莲菜、拨丝莲菜以及莲菜肉丝、莲菜丸子等十多种，以凉调最著名。丰阳川40里，银花河50里的城关、中村、银花、漫川、宽坪等10个乡镇广为栽种，每年栽莲800亩，产藕800吨，外销量300吨。

山野菜　山阳县近年开发的纯天然绿色食品之一。以香椿、蕨芽菜、花椒芽菜、伏莲叶、茼蒿、偏头菜、刺春芽为主可供食用的山野菜达60多个品种，遍布全县38个乡镇。现代科学证明，山野菜含有各种氨基酸、维生素以及铁、锰、锌等生理活性微量元素，是活性氨基酸——氨基丁酸富集之冠，营养丰富，有一定的药疗作用。山野菜加工厂1998年建成投产，与北京食品研究所签订了长期技术转让合同，年加工山野菜300吨（拟扩建成600吨），产值50万元，上交利税30万元。色毒还原加工，真空包装加工生产的30多种山野菜全部通过技术鉴定，各项指标均达到食品卫生要求，产品远销北京、上海、合肥等大中城市，市场供不应求。

陕西省勉县

〔概况〕　勉县位于汉中盆地西端，北依秦岭，南垣巴山、居川、陕、甘要冲。境内资源丰富、气候宜人。改革开放以来，全县各级领导紧紧抓住农村经济体制改革的历史机遇，解放思想、开拓创新。农业生产总值，农民人均纯收入成倍增长。历届县委、县政府立足县情，发挥优势，坚持以市场为导向，以科技为先导，大力调整农业结构、积极推进农业产业化。以名贵中药材为主的种植业迅猛发展。

〔**中药材生产**〕　截止1999年底，全县共发展种植业52个品种，总面积24500亩，经济效益达1200万元。特别是在名贵中药材天麻种植上，近3年，共栽培56万窝，年均收获鲜天麻28万公斤，经济收入达900万元，已成为全国天麻生产重点县之一。中药材业现已成为该县农村经济的又一新的亮点。

一、利用自然优势，发展特色药材

县境在秦岭天然屏障的作用下，全县气候温和，四季分明，年平均气温14.2℃，水量充沛，年降水量841.3毫米，属湿温地区；林业资源比较丰富，森林覆盖率达52.2%，为多林县。广大山区、平川土质优良肥沃，具有得天独厚的自然优势。这些年来，该县充分利用优越的自然条件，积极发展党参、大黄、附子等具有地域特色的中药材，取得了显著的经济效益。所栽植的大黄，系唐古特、掌叶、药用三个品种，经延安鉴定会所做的鉴定，属于正品。目前全县共建大黄基地乡镇6个，栽植面积530亩，年产商品3万公斤。栽植的党参，在古曲医药上具有“皮松肉紧菊花心”这样的记载，称西党、凤党，现种植400多亩，年产量达2.5万公斤。附子栽培已具有300多年的历史，现栽培500多亩，收获商品25万公斤，年产值达100多万元，成为全国重要附子生产基地。

二、依靠科技进步，发展名贵品种

该县在积极发展特色药材的同时，坚持以科技为先导，以科技促发展，认真进行了天麻、猪苓等野变家种的科研工作，均取得了重大的科研成果。70年代初，由中国科学院徐锦堂教授同县、地药材公司在该县的张家河、金华庙选点进行野变家种人工栽培试验，经过几年的艰苦工作，一举获得成功，于1978年被国务院授予科技进步奖，并在该县召开了全国天麻生科现场会，随后在全国进行了推广。在搞好无性繁殖的同时，该县又大胆的进行了天麻的有性繁殖、温室培育箭麻、人工授粉、固定菌床栽培、树叶菌床与天座共生萌发菌播种等项试验，都先后获得了成功，从而使天麻得到提纯复壮，提高了产量和质量。1995年，该县栽培天麻42万窝，收获鲜天麻16万公斤，到1999年，全县发展天麻56万窝，收获鲜天麻28万公斤，经济效益成倍增长。根据天麻野变家种的原理，该县又进行了人工栽培猪苓的试验，并获得了成功，于1981年被汉中地区授予科研二等奖，陕西省科研三等功。

三、加大新品种引进推广力度，不断提高经济效益

近十几年来，在省、地有关部门的大力支持下，该县立足市场需求，依托优势，解放思想，开拓创新，采取取长补短，讲进来，送出去的办法，加强技术培训，积极引进名贵、高效的中药材，取得了显著成效。1982年，该县开始引种西洋参，试种成功后随即推广，现已发展到7个乡镇15亩，年收获干商品120多公斤，使西洋参在该县安家落户，填补了该县无西洋参的空白。1986年，该县先后到河南省西峡县、汉中市佛坪县引进36万株山萸芋，分散在秦巴山区12个乡镇进行试栽并获成功，现已挂果收获，年产商品8万公斤。目前，种植中药材在该县山区蔚然成风，已成为广大山区农民脱贫致富增加收人的重要途径。

四、今后发展中药材的目标和设想

该县中药材种植历史悠久，在近年来取得了较快发展，已被列为全县农业产业化主导产业之一。在今后工作中，该县将紧紧抓住国家实现西部大开发的历史机遇，围绕市场需求，立足资源优势，加大科技推广，在新品种引进、鲜药材深加工上狠下功夫，努力使该县中药材生产提高到一个新水平。计划到2005年，全县共发展药材26000亩，经济效益达到1500万元。对天麻、猪苓进一步搞好科学栽培，计划发展天麻65万窝，年收获鲜商品35万公斤，发展猪苓4万窝，年收获商品2万公斤。继续搞好杜仲、厚朴、山萸芋等木本药材的管理和发展，积极引进1—2个新品种，增加经济效益80万元。

〔**茶叶生产**〕 勉县是著名的古战场，也是著名的茶乡。“定军牌”、“武侯牌”系列名茶“定军茗眉”、“定军春”、“定军毛尖”，已走出秦岭，扬名天下。

勉县的茶叶生产是从60年代开始的，80年代在汉江源头海拔800—1380米的古战场定军山域建起了无污染的良种生态茶园。茶区常年雾气缭绕，气候湿润，漫射光、短日照、土壤肥沃，微酸，其独特的气候土壤条件形成了独特的茶叶品质。

为了充分发挥这一优势资源，县委、政府把茶叶产业化列为农业产业化主导项目之一，坚持以科技为先导，以上规模、上档次、增效益为指导思想，积极引进新技术、新品种进行试验、示范，大力研制开发名、特产品、创名品、创名牌，加强基地建设和基础设施建设，兴办龙头企业，初步形成了以“公司＋名牌＋基地”为模式的茶业产业化格局。

针对广大消费者对饮品档次的日益提高和追求无污染的天然、绿色保健饮品的趋势，通过认真考察、分析、论证，充分利用自然资源优势，研制了独具特色的名茶——“定军茗眉”。1990年8月初，在杭州通过中国农业科学院茶叶研究所鉴定，以其“外形匀齐显毫、细秀如眉、色泽嫩绿、嫩香持久、滋味鲜醇、汤色黄绿明亮，叶底嫩绿、芽叶完整”曾多次获奖。荣获中国西部名优茶评比第一“陆羽杯”奖、中国首届农业博览会银质奖、陕西名优茶金奖、汉中市优质产品奖。为实施名牌战略，申报并获准了“定军”牌、“武侯”牌茶叶商标；为推行规范标准化生产，提高商品率，制定并获准了“定军”牌、“武侯”牌系列茶叶标准。定军茗眉茶叶的研制成功，促进了制茶技术的飞跃，相继研制出了“定军春”、“定军毛尖”、“定军特炒”等适销对路的“定军”牌系列名优产品。

“定军”牌、“武侯”牌系统名优茶的研制、开发成功，带动了全县茶叶的迅速发展。目前全县茶园总面积达到2万亩，茶叶总产达200吨，产值800万元；建成茶叶基地乡4个，基地乡茶园面积达1.8万亩，占全县茶园总面积的90%；同时基础设施也初步配套，现已建成茶叶初制加工厂50个，并开辟建立了20个名茶生产场点，装配制茶机械300台（套），年加工能力达250吨，相继组建了科技型产业化龙头企业——勉县名优茶精制厂和勉县茶业发展有限公司，初步形成了茶叶科技开发、初、精制加工、市场营销为一体的产业化发展格局。

通过全县茶业的发展，使茶区100户农民直接脱贫致富，500户农民间接脱贫致富，1000人实现就业。同时，茶叶的发展，对财政增收、绿化荒山、退耕还林（茶园）、保护生态、治理水土流失等，也发挥了非常重要的作用。

西部大开发，茶业不落后。在今后发展中，茶业将舞龙头、闯市场、建基地、兴产业，靠科技增效益，抓管理、上档次、创名牌树典范，紧紧抓住西部大开发这一千载难逢的历史机遇，带动区位优势和农业资源的开发。

1.2000年—2005年新建高标准示范茶园3万亩，使全县茶园总面积达到5万亩；

2.加强基础设施建设，实现茶叶、初、精制加工现代化。

3.扩建科技型龙头企业，使其形成相当大的规模，带动全县茶叶产业化发展。(1)扩建名优茶精制厂，年收购加工精制名茶90吨，精制优质茶200吨；(2)建立茶叶包装生产线一个，年增值1000万元。

附：名优茶产品简介

“定军茗眉”采摘严格，制作考究，工艺独特，不易仿冒。此茶从1990年至1996年生产和销售情况看，市场前景看好，附加值高，经济效益和社会效益显著，开发前景良好，现已被县、市级列为名茶开发项目。

“定军春”茶于1992年研制，1993年通过汉中地区科委组织专家鉴定，该茶清秀显毫，形似兰花，汤色碧绿，清澈明亮；滋味鲜醇，嫩香持久；叶底嫩绿明亮成朵。卫生指标检测合格，1994年获汉中地区名茶评比优质产品奖，1997年获汉中市政府首届名茶评比市优名茶和“中国97年杨陵农博会金奖”。1998年获陕西省茶叶评比金奖。

“定军毛尖”茶，嫩细显毫，汤色翠绿明亮，滋味浓香持久，卫生指标检测合格。

“定军”绿茶：条索紧结、汤色翠绿，滋味浓香持久。

〔**陕西省勉县农副土产对外贸易总公司**〕 陕西省勉县农副土产对外贸易总公司是隶属供销社系统的老牌企业。现有固定资产830万元，厂地62000平方米。公司从事出口核桃仁加工业务至今已有25年历史，具有熟练的技术力量和完善的质量监测管理体系，机械设备配套，年加工出口成品2000吨以上。产品及包装均经省商检局商检出厂，质量完全符合国家出口标准，多年来深受外贸部门及各经营单位的信赖。经省政府批准，于1996年组建成立了“陕西省供销社进出口六部”，取得了直接进出口权。

同时，该公司年经营黑木耳百吨以上，蜂蜜近千吨，天麻、杜仲、枣皮、柴胡、猪苓等名贵药材的质量、数量均引起国内外各经营单位的极大兴趣。

近年来，公司紧紧抓住外贸体制改革的历史机遇，解放思想，开拓创新，经济效益显著提高，在西北地区核桃仁加工行业中独树一帜。为适应市场经济对供销系统企业的新要求，在今后的工作中，公司继续将立足市场需求，发挥自身的优势，坚持“质量第一，信誉至上”的原则。对内不断加快改革、加强管理；对外不断拓展业务、扩大产品市场占有份额，促进企业进一步发展壮大。同时公司愿与各外贸进出口公司及有关经营部门直接挂钩合作，对国内外有意投资、独资、联营办厂的同仁将给予多渠道优惠。热忱欢迎各对口单位来人来函联系，共筑合作之桥。

总 经 理：邵晓琅
副总经理：张 炜
地 址：勉县和平路 147 号
邮 编：724200
电 话：(0916) 3213353 3212020 3212548
电 挂：1120 0960
传 真：(0916) 3213584

榆林市铁路运营有限公司

榆林市铁路运营有限公司座落于陕西省神府东胜煤田腹地，距神木县城北 22 公里的店塔镇。这里东临黄河，靠山西，西通宁夏，北依内蒙古，南接革命圣地延安，是包神铁路、神朔铁路、神延铁路的交汇口和铁路运煤专线的起点，交通运输十分方便。

公司主要业务：转办全市铁路进出线各类物资；经营煤炭、焦粉、木材、钢材、建材、化工产品，购销运输。

公司成立于 1995 年 2 月。当时在一无资金、二无场地、三无专业技术人员、四无办公设施的情况下，仅靠 20 万元在本县大柳塔镇租赁了四间不供水暖的房子而展开工作。当时仅有的 11 名职工经过培训，在实际工作中业务水平不断提高，保证了正常业务工作的开展，当年就实现利税 21.8 万元，上缴利税 7 万元。1996 年实现利税 305 万元，上缴利税 158 万元。公司在主要领导的精心领导下，经过全体职工的辛勤工作，1996 年公司在神木县店塔镇购建筑面积 495 平方米的办公楼一处，于 1997 年 7 月搬迁店塔镇。

1998 年在陕西省委、省政府关于企业改制两个《决定》颁布后，公司是全市市级单位首户完成改制的股份制企业。改制时，在主管局和改制工作组的指导下，全体职工通过反复学习讨论酝酿，确定了“两个买断”（工龄和产权）、“先售后股”的改制形式，即在清产核资、资产评估、产权界定的基础上，用界定的国有资产买断职工身份，用界定的集体产权根据职工在本企业工作时间和贡献量化到职工名下构成职工股权。改制后的公司于 1998 年 5 月 1 日开始运转。

改制后，公司建立了新机制，开辟了新市场，产生了新效益，出现了新面貌。妥善安置职工，建立用人新机制，增强员工责任感，免掉了原来所有管理人员的职务，废止了原来的级别工资。按《章程》规定，经总经理提名，董事会同意聘任了副经理和科级管理人员，参加改制的 32 名职工除两名因到退休年龄和有病退养在家外，其余 30 名职工全部上岗安置，公司员工和法人代表签订了劳动用工合同，建立新型的用人关系，工资全部实行岗位日工资按岗定薪，员工按劳分配获取劳动报酬，股东以资分配获取投资回报；搞好协调，理顺部门间的关系。公司除巩固新老用户的关系，处理好铁路局、站的关系外，还密切了银行、税务等部门的关系，重合同、守信誉，争取各方面的支持。在纳税方面，公司是省、地、县纳税先进企业；抓住商机，开辟新市场，寻找新客户。原来公司业务只限于鞍山、秦宝局，改制后，公司先后抢占了北京、通辽、京塘港等新市场，为公司经营稳定了市场；加强财务管理，降低成本费用，公司领导带头节省一切开支，来客一律在公司大灶就餐，差旅补助严格控制；扶贫帮困注重社会效益。公司改制后丝毫没有忘记扶贫帮困捐资助教和支持地方公益事业活动，历年共支助近 50 多万元；认真搞好精神文明建设和廉政建设，加强内部管理，制定新体制下的管理制度和岗位职责及奖罚措施。

公司从 1995 年到 1999 年底共办理进线物资 6745 车，392120 吨。出线物资 6715 车，409573 吨，实现利润 599.8 万元，上缴税金 521.8 万元，公司 30 名员工平均每年创利税 224.3 万元。五年来每人每年创利税 7.48 万元。1998 年以来虽然受到煤炭市场疲软的影响，可是在灵活的新机制激励下，公司抓住商机，克服重重困难，努力拼搏，取得了可喜的经济效益和社会效益。1996 到 1999 年连续四年成为全市“百强企业”。1998 年被评为全市国有企业改革先进单位。机关支部被评为先进支部。

进入新千年之际，随着国家西部大开发战略的实施，榆林市铁路运营有限公司将在董事长总经理的亲自带领下，全体员工将以崭新的姿态，迎接新形势下市场的挑战。首先转办好进入市区的各类物资，特别是神延线（即将贯通的西包线）线路物资。其次将神府优质环保煤发往全国各地，将本地资源优势变经济优势。公司的口号是：团结一致，开拓创新，抓住商机，再创辉煌。

甘肃省安西县

安西县地处甘肃河西走廊西端，东临嘉峪雄关，西连国际旅游名城敦煌。总面积 24.1 万平方公里，辖十乡三镇，总人口 9.3 万人，是甘肃省有名的粮棉瓜生产基地，俗有“河西粮仓”、“瓜果之乡”的美称。

黄金 全县年产量稳定在 20000 两以上，位列甘肃省产金第二位，全国第六位。全县的金矿主要有花牛山拾金坡金矿、南金滩金矿、小宛南山金矿、南岔乡金矿、寒山金矿等，目前已形成了采、选、冶炼系列加工，金纯度达到99.9%。

花岗石板材　由花牛山石村公司生产，年生产5万平方米。适用于高级宾馆、商厦及其它工、民用建筑所需的高级装饰板。板材最长达2.8米，厚度为10—20毫米，最厚可达40毫米。主要品种有：柳园红、宇宙青、汉白玉、飞天梅花红、芝麻翠、黑雪花等14个品种。

瓜州蜜瓜　瓜州瓜有上千年的历史。早在汉唐时期，安西蜜瓜就已闻名遐迩，西越葱岭，成为西域各国贵族爱物，东人长安，作为稀有贡品奉献帝家。新中国成立，安西县从兰州、新疆等地引进了"白兰瓜"、"黄河蜜"、"哈蜜瓜"等新品种，把外地优良品种同当地优越的土质、气候、光热等条件有机结合起来，种出了含糖量高达14%—19%的名牌品种"安西蜜瓜"。安西蜜瓜名不虚传，具有蔗糖的甘甜、蜂蜜的腻甜，菠萝的香甜，馅糕的浓甜，鸭梨的清甜，荔枝的鲜甜，苹果的脆甜，入口生津，沁人心脾。种瓜卖瓜，自古是安西人民的正宗生意。近年来，安西种瓜万亩以上，总产量稳定在2000万公斤，品种多达20多个，销路越来越广，近至青海、西藏、西安，远至北京、天津、广州、香港。

甘草　安西的甘草资源十分丰富。所产甘草品质优良，具有润肺解毒、补脾、止咳祛痰的功效。每年收购鲜甘草90万公斤，经加工晾干分等后外销。多为野生，近年人工试种甘草获得成功，为稳定提高产量提供了保证。

锁阳　安西名贵中草药材之一，又名"不老药"、属野生肉质寄生物，味甘性温，有补肾、壮阳、润燥、通便之功能。以桥子乡的古城锁阳城为重点产区。民间素有"三九锁阳赛人参"之说。年产量在2万公斤以上。目前，已新建起锁阳系列钦品有限公司，以锁阳为原料运用现代化工艺，生产出"仁贵宝"牌锁阳精，开发出锁阳酒，具有良好的保健强身效果，是馈赠亲友的理想佳品。

棉花　安西地处北亚热带地区、日照时间长，昼夜温差大，优越的土质、气候、光热等条件适合种植棉花，所产棉花绒长、衣分高、纤维品质好、含糖低，是河西走廊重要的产棉区。2000年棉花总产量达到24万担，皮棉畅销陕西、四川、浙江、广东、宁夏等地。

安西牛　属役肉兼用品种，1982年被确定为甘肃地方优良品种，列入《中国牛品种志》。安西牛体型结构匀称，四肢粗壮，具有耐热、耐寒、耐粗饲、抗病等优点，运销河南、山东、陕西、安徽等省。

旅游　安西境内文物旅游景点星罗棋布，全县共有自然人文景观270多处，其中国家级文物保护单位4处，省级文物保护单位19处，是甘肃省旅游资源大县之一。特别是闻名于世的榆林窟，为中国著名的六大石窟之一，堪称其精华的唐二十五窟"观无量寿佛经变"图，作为敦煌艺术的代表作被陈列于北京人民大会堂甘肃厅。东千佛洞也是一座不可多见的典型西夏艺术宝窟，其壁画"水月观音"和玄奘取经图，被著名敦煌学家段文杰誉为"西夏时期罕见的艺术珍品"。稀世珍宝象牙佛，作为中印文化交流的历史见证长期保存于榆林窟。锁阳城这座中国西部保存最为完整的唐代古城，它和周围的古绿洲融为一体，呈现了中国古代完整的军事防御体系和农田水利灌溉体系，具有极高的考古发掘价值。总库容量2.4亿立方米的双塔水库，系甘肃省最大的农用灌溉水库，其水面有6.3万亩，水天一色，蔚为壮观，是旅游渡假的好去处。除此之外，保存完好的汉长城遗址，形态各异的古墓群、鬼斧神工的雅丹地貌等，处处闪烁着丝路艺术的光华，构成了独具特色的旅游"黄金地段"。

甘肃省民勤县

〔概况〕　民勤县地处甘肃省河西走廊东北部，南依武威，西毗镍都金昌，东北和西北面与内蒙古自治区阿拉善左、右旗相接，总面积1.6万平方公里，总人口30万，是镶嵌在古丝绸之路要道上的一颗绿色宝石。

民勤有灿烂的历史文化。早在2800多年前，这里就有人类生息、繁衍，创造了举世闻名的"沙井文化"。西汉武帝元狩二年（公元前121年），大将霍去病率兵西征，安定河西，从此开始，历朝在这里建郡置县，移民开发农业。中华民国17年（1928），以"俗朴风醇，人民勤劳"易名民勤，素有"人居长城之外，文在诸夏之先"的美称，是甘肃有名的"文化之乡"。县域内名胜古迹和文物众多，有较高的历史价值和艺术价值。独特的大漠风光和沙生植物吸引了众多的中外游客，亚洲最大的沙漠水库——红崖山水库，宛如一颗璀璨的明珠镶嵌在瀚海之中。

民勤有雄厚的经济基础。民勤地域辽阔，土沃泽绕，素有"塞上奥区"之誉。改革开放以来，民勤人民以经济建设为中心，艰苦创业，励精图治，经济和社会事业蓬勃发展，综合实力不断增强，人民生活水平显著提高。农业连续10多年获得丰收，已初步建成粮油、棉花、瓜籽、甜瓜、蔬菜、畜禽、红枣、葡萄等八大商品基地，并配套完善与之相应的批发市场和龙头加工企业，形成农工贸一体化的农业产业化经营机制。1999年，全县完成国民生产总值7.26亿元，其中：第一产业为4.56亿元，第二产业为1.06亿元，第三产业为1.64亿元。完成农业总产值4.79亿元，工业总产值2.52亿元，财政收入4595万元，农民人均纯收入达2186元，社会消费品零售额达到2.34亿元，城乡居民存款达到7.29亿元。80%以上的乡村实现了小康目标。工业生产立足资源优势，以深化改革、加强管理为动力，重点发展糖类、轻纺、食品、建材、煤炭、化工、农机、农副产品加工等八大产业体系，开发出了一批具有地方特色的名优新特产品，部分产品已打入国际市场。乡镇企业突飞猛进，速度和效益同步增长，总产值年均递增32%以上。近几年，科技兴县、教育“普九”、邮电通讯、精神文明建设、社会治安综合治理等多项工作先后名列全国和全省的先进。

民勤有丰富的自然资源。日照时间长，光辐射强，昼夜温差大，自然条件得天独厚，非常适宜于农作物尤其是瓜果类的糖份积累。全县粮食生产以优质小麦、玉米和啤酒大麦为主，年总产量1.63亿公斤，是甘肃省重要的商品粮基地县；农副产品遐迩闻名，龙眼大板黑瓜籽、小茴香、黄河蜜瓜、白兰瓜等名优产品远销海外；甘草、锁阳、沙米等名贵野生资源极具挖掘潜力，开发前景看好。工业矿藏已探明的有储量10亿吨的西大窑煤田，还有石墨、水晶石、石油、石膏、芒硝、石灰石、白云母等多种具有较高开发价值的优质资源。

民勤有优越的投资环境。近年来，先后投入数千万元，进行旧城改造和市政公用基础设施建设，拓宽了四大街、整修了环城路，修建了沙漠公园，市容市貌焕然一新，并陆续建成了一批档次较高的宾馆、饭店、歌舞厅，基础设施大为改观；县境内有省道2条，县道11条，通往农业经济区的主干公路全都柏油罩面，重点路段达二级标准，其余路段全部达到三级标准，基本形成了以县城为中心，辐射各乡镇，贯通干支线，与周边县市紧密相连的公路交通网络；全县邮电通讯事业发展迅速，程控电话改制扩容7000门，并进入武威、金昌本地电话网。无线寻呼实现了数汉兼容、自动寻呼、省内联网。建成GSM数字移动通迅系统和900MHZ蜂窝移动通信系统和分组交换系统。开通了数据通信，一点多址通信和电视电话会议系统。县境内光缆干线总长度达108.8公里，部分乡镇实现了数字化传输；县内建有110千伏变电所2座，变电容量95000千伏安。35千伏变电所8座，变电容量71000千伏安。全县年用电量2.2亿千瓦时，人均用电达731千瓦时。县上还出台了一系列优惠政策，鼓励县外客商来民勤投资开发经商办企业。目前，全县外资企业已发展到10多家。

民勤县将认真贯彻中共十五大和十五届五中全会精神，抢抓西部大开发的机遇，进一步解放思想，加快经济体制和经济增长方式的根本转变，生态保农稳粮、科技兴工强县、发展三产活商、调整结构创新、培育优势增效，实现经济、社会、生态协调发展。走向开放的民勤已敞开大门，热忱欢迎海内外各界朋友来此实地考察、洽谈贸易、投资兴业、旅游观光，共创沙乡伟业，再造民勤辉煌！

〔名优特产〕

粮食 民勤是全国商品粮基地县，年产粮食16万吨左右，其中小麦约10万吨，玉米约6万吨。民勤光热资源丰富，昼夜温差大，有效积温高，降雨量稀少，适宜小麦生长发育，生产的小麦品质好，各种营养物质组成比例恰当，各类指数均高于其它春麦区产品，面筋富有弹性和延伸性，可加工制作松软多孔、易于消化、口感好的各种食品。是食品加工的首选原料。

黑瓜籽 板正粒大，片形均匀，壳薄肉厚，油多味醇，出仁率高，品质达到A级特大板标准，在同类产品中质量独占鳌头，曾荣获国际金奖。平均瓜籽横径11－13mm，纵径16－18mm，以其外黑内白，色泽分明，酷似龙眼，外商将其爱称为“龙眼大板”，驰名中外。全县年产量4万吨左右，是全国产量最大的县份，年总产量分别占全国和全省的1/5和1/3。产品主要销往港、澳、台地区及东南亚国家。

黄河蜜瓜 个大瓜圆，皮色金黄，肉嫩汁多，气味芳香，含糖量高，耐贮运，在全省优质瓜类评比会上被评为全省优质农产品，年产量8万吨左右，畅销全国各地。

苹果梨 果实不规，扁圆形，平均重150—250克，果皮绿黄色，阳面有红晕，富蜡质，果肉白色，质细密，石细胞小，脆甜多汁，微清香。品质极上，耐贮存。全县种植面积2万多亩，总产量100万公斤，十月上旬成熟。

小茴香 民勤是中国小茴香重点产区，生产的小茴香呈黄绿色，颗粒均匀饱满，芳香浓郁持久，含有茴香脑、宁稀、茴香醚等20多种成份及2.3—2.4%的挥发油，是优质香精油，年总产量500万公斤左右，部分产品出口国际市场。

红枣 又名民勤小枣，皮薄肉厚，色泽鲜艳，核小味甜，可鲜食，亦可制干，已有数百年栽培历史。每百克含蛋白质1.2—3.3克、糖分24%以上、维生素C 801毫克，还含有山楂酸、环磷酸、腺苷和三萜类化合物等，百公斤热量达600千卡。年产量在50万公斤左右。

此外，县境内农副产品还有粒大饱满的葵花籽，色鲜味甜的白兰瓜，清亮透明的明麻油，汁多味美的西瓜，甘甜清香的蜂蜜，纤维细长的驼毛，营养丰富的驼峰驼掌及被誉为“软黄金”的羊绒等。土特产品还有消暑解热的沙樱桃，利肺平喘的麻黄，被誉为“稀世药宝”的九头锁阳及苁蓉、枸杞、发菜等。

宁夏回族自治区

〔名优特产〕

珍珠米 珍珠米产于宁夏引黄灌区各地。因其粒圆、饱满、光泽晶莹，形似珍珠而得名。明、清时曾进贡朝廷，清乾隆四十五年（公元1780年）《宁夏府志　物产》中将“夏朔之稻”列在“最著物产”之首。夏朔即今宁夏引黄灌区一带。珍珠米具粒园、色洁、油润、味香四大特点。用珍珠米焖蒸的米饭，洁白晶莹，富有糯性，饭粒间若连若散食入口中即刻散开，给人以粘而不腻、滑爽、柔软之感。

珍珠米品质、特性形成与其所生长发育的自然环境、气候、土壤及引黄灌溉，社会历史发展紧密相关，密不可分。宁夏引黄灌区地处宁夏北部，海拔1070——1234米。其特点是干旱少雨，年降雨200毫米，年均气温7.5度；温差大，日温差13度；热量充沛≧10度年均积温3300度；无霜期较长约140—160天；日照充足，年均日照时数3000小时。该区土壤系黄河冲积及贺兰山洪积并经熟化而发育的淤灌浅色草甸土，土层深厚，有一定肥力，有机质0.5—2%，PH值大于8，氮磷钾适中，矿化度较高。水稻在黄河沃水与肥土微碱，光热充足环境中生长旺盛，生理发育条件优越，有利于细胞分裂，代谢及根茎叶果的生长发育。加之昼夜温差大，水稻糖类、淀粉、脂肪、蛋白质等的积累合成损失甚微，子粒中所含营养成分丰富，胶体结构结合良好。经分析测定珍珠米中所含蛋白质为8.2%、脂肪2.5%、碳水化各物7.5%及其它多种维生素，氨基酸，微量元素等均优于普通水稻。在种植方式上，采用早育壮秧，适时合理密植，控制氮肥用量，协调氮磷比例，加强早、中、后期田间管理等科学栽培方法，并逐步推广种植了公交，京引39，杂交稻秀优57和秋光等优良品种。产出的珍珠米粒面沟纹浅，易于加工，净米残皮少，洁白透明度好，粘度高。特别是原产地青铜峡市叶盛地三村所产珍珠米更佳。这里属黄河河沿洼地，土质特异。地下水能渗出地面，水中含氮素60克/升，PH值7.8，土壤常年处于腐植状态，有机质含量极高，所产大米经加工呈椭圆半透，子粒丰盈，色形味均胜它处一筹。珍珠米蒸煮方法独特；蒸煮前将米沟洗、浸泡至乳白色，使米粒中胶体结构充分疏松，而后加入适量开水，并掌握好焖熟，腾发火候，做出的饭才有珍珠米独特风味。稀饭要文火慢炙成粥后才能粘稠清香，回味无穷。珍珠米近年来已远销北京、黑龙江、山西、陕西、甘肃、青海、新疆、内蒙古等省市区，并出口东欧各国。

胡麻油　胡麻油、即亚麻油，系用亚麻（俗称胡麻）籽加工精制的食油。胡麻，原产波斯湾、里海、黑海一带。中国古农书《齐民要术》中曾记有关于胡麻栽培和用途。《本草纲目》中载称：“胡麻一名巨胜，方茎，汉使张骞始自大宛传入其种来，故名胡麻”。胡麻属亚麻（属）科，一年生草本油料植物。株高2尺至5尺，复总状花序，叶披针形或匙形，兰花或白花。果实为蒴果，每一蒴果一般8—10个籽粒。籽粒扁卵园形，深褐、褐黄等色。表面光滑有光泽，千粒重约6克含蛋白质23～27%，粗纤维4—9%；含油率达40%左右，榨出油，色泽金黄或棕色，清彻透亮，香味纯正、芬芳，为宁夏主要油料之一。

宁夏种植胡麻历史较为悠久，据清乾隆四十五年（公元1780）《宁夏府志》物产部记载“谷属之……胡麻……”。《塑方道志》（1926年）记有“胡麻……可出油”。200年前，宁夏已广泛种植。胡麻根据植株性状及用途分为油用、油麻用和纤维用三种类型。该区多为油麻兼用，全区均有种植，主要分布宁南山区各县；以固原、海原、西吉为主要产区。该区海拔1500米～2000米，年均气温6—7℃，降雨350—500毫米，年日照时数2300～2500小时，无霜期110—140天。土壤为黑垆土，有机质0.5—1.8%，土层较深厚20—100厘米。胡麻在光照充足，冷凉气候条件下，生长及生理发育好，营养物质积累丰富，最高出油率可达41.8%。自治区粮食及有关部门测定胡麻油物理常数和主要质量标准为色泽黄——棕色，折光指数（20℃）1.4770—1.4822，比重（20/4℃）0.9226—0.9288，酸价（毫克KOH/克油）不超过4，水分及挥发物0.2%，杂质0.2%、透明，碘价（韦氏法）175，皂化价（毫克KOH/克油）182—195，不皂化物小于1.7%，无异味，具亚麻油固有滋味。加热289℃试验，油色变深，但不变黑，无沉淀或微量析出物。脂肪酸构成，饱和酸9—11%，油酸13—29%，亚油酸15～30%，亚麻酸44～61%。榨制方法以机榨为主，工艺流程为：清选→破碎→蒸炒→压榨→精炼→入罐贮存。

胡麻油日常生活多用于炒、煎、炸制各种菜肴食品，为食用油之上品。用医药上，因含较高亚麻酸，亚油酸，具一定促生长作用，能阻止血液非正常凝血症状，维持良好生理功能。胡麻仁有养血祛风，补肝益肾和治疗慢性肝炎等功效。在轻工方面，因所含碘价高，属干性油，用途很广，为油墨、油漆原料，还可用于制造防水布、防腐油、印刷油等。种皮含6～10%的亚麻胶，是一种良好的粘合剂，被广泛用于制革和国防工业。榨油后的饼粕含较高的蛋白质可作肥料，经高温蒸煮、去毒后，是家畜、鱼类优质饲料。此外，胡麻茎杆中所含韧皮纤维细长、坚韧、耐磨，是很好的纺织工业原料。

胡麻油已远销上海、江苏、江西、湖北、安徽等省。

西吉白豌豆　西吉白豌豆系豆科蝶形花亚科豌豆属一年生草本植物。宁夏西吉县于1947年由甘肃省农业试验场引入，广泛种植。西吉白豌豆粒大、饱满呈园形，子叶肥厚，无胚乳，去皮即胚，富含营养，经济价值较高。籽粒含蛋白质22—34%，与猪肉中所含蛋白质接近。含脂肪0.6—5.5%，碳水化合物46—60%以及维生素A、B、E、B_1、B_2等。西吉白豌豆株高94厘米，生育期115天，百粒重40.1克。主根入土深，侧根发达。荚果壳薄无毛、呈牛角状，成熟后易开裂。每荚内2—8粒种子，白色、表面光滑，种脐黑或褐色。

白豌豆喜凉爽、耐瘠薄，对土壤要求不严，适合在酸性土壤中（PH值5.5—6.7之间）生长，但在微或偏碱性土壤中也能很好生长。西吉县位于西北黄土高原西部，海拔1700—2000米，以丘陵为主，间有川、源、盆、墙地。土壤以浅黑垆土、灰钙土为主。腐殖质层厚30—50厘米，土质属轻壤、疏松，耕作性能好，有利豌豆根系生长。夏季气候凉，雨水较多，平均年降雨量400～500毫米，七月平均温度为18℃—20℃，有利于白豌豆的生长发育。

白豌豆因富含蛋白质等营养物质，可炒、煮、生芽等食用。可与小麦、玉米及其它粮食混合磨成面粉，制成食品、营养齐全、味美适口。还可制酱油、粉丝制罐头，嫩苗、嫩荚及鲜豆可作蔬菜，味道鲜美为广大群众所喜食。此外还可用来制药、止泻、通小便，治疗妇女闭乳等。西吉白豌豆除以上食用，制药外还大量用于饲料及工业加工。产区分布西吉及固原、海原、隆德、彭阳、泾源等县。

目前除满足当地需要外，大部分销往北京、四川、天津、广东、福建、江西等省市地区。近年销往香港、出口日本受到欢迎。

盐池荞麦　盐池荞麦又名“花麦”、“三角麦”、“甜荞麦”等，蓼科，一年生草本植物，属荞麦普通种。茎直立，分枝略带红色，叶互生，三角状心脏形、有长柄、总状花序，花白色或淡粉红色。瘦果三角棱形，表面光滑，皮色呈黑、褐、灰等色，基部留有花柄迹，称花萼圈。盐池荞麦品质好，籽粒含蛋白质11.2%、脂肪2.4%、碳水化合物64—75%。还含有铁、钙、磷、硫胺素、核黄素、尼克酸等。面粉所含维生素B_1和B_2比小麦高两倍；比烟酸高3—4倍。

荞麦系喜温、喜湿、短日照作物，宁夏盐池县地处宁夏回族自治区东部，鄂尔多斯台地向黄土高原过渡地带。海拔1300—1900米气候干旱，平均年降雨300毫米左右。年平均气温7.6℃，年平均≥10℃积温2600～3400℃，降雨多集中于七、八、九三个月。盐池县六、七、八三个月的平均温为20—22℃，而荞麦播种又主要采取夏播（5月下旬至6月上旬）形式，在其生长期间正值七、八、九三月，雨水集中约占全年总降雨的63%以上，故能充分满足荞麦生长发育所需水分。总之长期栽培，经当地风土驯化使盐池荞麦久种而不退化，成为当地主要作物之一。

荞麦经济价值主要在以下几方面，一：荞麦为一种低热食品，可做多种主食及配料佐餐，适口好，可泻火，降血脂，是调节口味和保健之佳品。二、荞麦出口换汇率高，每吨可换2—5吨小麦。三、荞麦茎叶中含5.5%的粗蛋白，35%的碳水化合物是很好的优质饲草，亦可制绿肥。四、荞麦花蜜腺很多，为良好之蜜源植物，每亩可产蜜4—5公斤。五、荞麦中所含盐酸和卢丁可治高血压，特别是经凉晒荞麦的干茎叶中卢丁的含量，比籽粒中高十多倍。荞麦性甘平，中医用于降气泻火、舒胃肠、止痢，外用治丹毒、疮肿等。

盐池荞麦主要分布盐池及宁夏南部山区各县，目前除供应本区外，主要销往日本。

银川羊角辣　银川羊角辣属茄科，辣椒属蔬菜。俗名：尖辣子，其果实长似羊角，故名。中熟品种，株高叶大，性喜水肥，露地栽培时于3月下旬阳畦育苗，5月中旬移栽，结果期为7—9月，7月中旬青椒即可采收上市，8月下旬开始红熟。果实粗长略弯，长约20厘米，果肩径平均3.9厘米，有环叶，果蒂深陷于果肩，果皮光滑，果肉厚2—3毫米，质脆多汁，单果鲜重50克左右。

本品种具有果大、肉厚、多汁、籽少、色红、辣香等特点，鲜椒可单炒或与肉肴混炒，亦可切丝凉拌，秋季可腌泡、制糊和辣油久存，红椒可干制辣面（7—10斤可干制1斤）如用油泼制是最常备的调味佳品。

宁夏栽培已有80余年，主要分布在银川、平罗、中卫等县市，70年代青海（西宁市）、甘肃（武威、酒泉）等地已引种大面积栽培，80年代的辣面、辣豆油产品，均先后销至东南亚国际市场。

蕨菜　蕨菜，俗名如意菜，拳头菜，龙头菜，蕨毛菜。为多年生草木植物，根茎长，羽状复叶，孢子繁殖。蕨菜喜湿润冷凉。主要分布于宁夏固原地区的月亮山、六盘山、南华山、黄峁山等，阴湿区和半阴湿区的阴坡。这里海拔1500—2000米，降雨量400—650毫米，相对湿度59—66%，年平均气温5—7度，日照时数2000—2200小时，很适合蕨菜的生长。采集面积约60万亩，一般每亩可采集300斤。株高50—100厘米，横生地下，茸毛黑色，叶大，多羽状复叶。采集时间在5—6月份（约1个月时间），采集的蕨菜要求鲜嫩，柔软；当天采集当天加工，不能隔夜。采集的方法是一根一根掐下，并将根部在地上轻轻擦一下以防跑水老化。蕨菜的盐渍加工分两次进行。第一次盐渍：将当天采集的蕨菜按把放入洗净的水缸或水泥池内，（菜不洗），先在低层铺一层盐（要用颗粒原盐），然后放一层菜铺一层盐，盐量逐层增多，放盐量为蕨菜重量的35—40%，放满后用无味木板或竹莲盖严，上面压上与蕨菜重量相同的干净石头，放置7—10天。第二次盐渍：将第一次盐渍的蕨菜捞出切掉老化根带，按蕨菜重量的5%层层加放洗涤盐放入水缸或水泥池中，然后用24度的原盐水灌满，压上相当于蕨菜重量20%的石头，经10—20天盐渍即成，盐渍好的蕨菜依次放入软塑料桶内，桶底和上部放一层洗涤盐，再用24度的原盐水灌满，排气封盖，即可出口。

蕨菜是净洁的野菜，味道鲜美，营养丰富，无污染，经济价值很高。做药用有驱风湿、解热、利尿、治脱肛和驱虫等功效。根茎做淀粉可供制作食品或酿造，食用味道鲜美，近年来出口日本等国。

黄河鲤　黄河鲤即产自黄河中之鲤鱼。属鲤形目、鲤科、鲤亚科鱼类。学名为鲤鱼，方名有鲤拐、鲤扁等。《医林纂药》载有："彩而金者，洛鲤为贵"，其中洛鲤即黄河鲤。宁夏河段产黄河鲤：身体修长，脊有厚肉，胸部较长，脑骨扁平，内脏少，口部尖，骨骼较小，可食部多，肉质细嫩，以清香无泥土味而著称于市。其体色鲜丽，背部及背鳍青色略黄，鳞片具金黄色光泽，其它各鳍均为鲜桔红色，尤以尾鳍色浓，腹部乳白。商品鱼长500—850毫米，重1—2公斤；最大个体可达10—15公斤。

黄河鲤在宁夏段黄河均有分布，但以青铜峡库区、吴忠、横城、石咀山等河流中较群集，产量较丰。其所以如此主要由于这一带地处宁夏引黄灌区引水渠道，排水沟多，且多通往湖沼，因之生态条件良好，能满足鲤鱼生长，摄食、繁殖等需要。此外黄河本流流经宁夏平原后，地势开阔，河流平缓，渠道纵横，水草丰盛，为其创造了优越的栖息环境。该鱼对生活环境适应性强，摄食不苛求，既食幼嫩植物，也食水中细小的动物及泥土里的小虫。喜欢在杂草丛中，水流缓慢的水底行动，很少在水面上游动。从外形看它身体肥大，行动笨拙，其实，它对外界反映十分敏感、谨慎而迅速。黄河鲤有生殖洄游习性，产卵时游至河道淹没的水草沿岸产卵，立夏前开始，立夏进入盛期，产卵量大，一般20万粒，多者可达50万粒。

黄河鲤在烹调上烧、煎、蒸、炖、炒均宜，尤以红烧全鱼为佳。在营养价值上能被人吸收利用的蛋白质含量高，人体所需的八种氨基酸含量超其它鱼类。大凡鲤鱼都是食疗或药用的原料。《本草纲目》将鲤鱼列为上味食品，具养肝补肾功效，能治孕妇水肿月经不调，中耳炎等疾病。黄河鲤早在清代已成贡品，每至冬季以冻鱼行销陕甘一带，为宁夏名产之一，是很有发展前途的人工养殖优良鱼种。1983年全国烹饪表演大会上，用宁夏黄河鲤烹制的糖醋鲤鱼，曾做为宁夏四大献艺名菜之一受到与会者好评。

鸽子鱼　鸽子鱼，学名北地铜鱼，属鲫形目，鲤科、鮈亚科、铜鱼属鱼类。土名尖头、沙咀子、尖头密子、黄头鱼等。此属鱼所以称为铜鱼，说法有二：1. 因其体略带青黄色，生殖期体测鳞片具铜金属光泽。2. 因此属鱼最早发现于铜河（即大渡河），故名之。这属鱼类中，唯鸽子鱼（即北地铜鱼）产于宁夏段黄河中，全国其它河流中均无，是宁夏特有的珍稀鱼类，以味美肉肥著称，为宁夏特产之一。鸽子鱼命名，主要因其咀尖头小，触网后，胸鳍较大若鸽翅，远眺似鸽立网上，另据产地渔民讲该鱼食之有鸽肉味。

鸽子鱼体修长，前端呈圆筒状，尾柄侧扁，腹部前宽后窄，背高隆起，横断面略似三角形，头小略扁平，吻尖而前突，口小下位。颌鬚一对较长，眼小侧上位。鳞片中等大小，体色背部青灰略带黄色，游动时具金黄色泽，体侧上部具灰色大斑块。腹部银白略具淡黄，背鳍灰黑，其它各鳍灰黄。成品鱼一般为400—500毫米，体重约470—700克，大个体可超过1200克以上。鸽子鱼由于史前黄河演化发育，及自然分布生活习性，主要分布在中卫段黄河干流中，此段上游河面窄、水流过速，引水渠道少，所食饵料不丰，此段以下青铜峡下游，虽流速、摄食能满足需要，但其河床底质多为沙质，非上游砾石组成，缺少栖息条件，因此过青铜峡铜鱼类（鸽子鱼）数量略少，再过石咀山几绝。鸽子鱼多集中中卫南长滩及青铜峡水库库区一带的中下层水流中，其原因有三：一、该区水流较慢，多砾石，鸽子鱼为底栖鱼类；喜在缓流多砾石处游食，有群集性。二、易于在砾石上产卵繁育后代。三、水中及底泥多水生昆虫、底栖动物幼虫作饵料。秋后水温下降，退至下游寻觅深水处或岩石下潜伏越冬，开春转暖即回游至宁夏中卫黑山峡一带岩石悬崖激流处，该地为其产卵场地，产卵期散游，不群集，不摄食。

鸽子鱼在烹饪方面，可兼鸽鱼二者补性之说。蒸、烧、炖、炒均宜，尤以清蒸富鸽肉味而脍炙人口。鸽子鱼清代已为宁夏地方进贡朝廷之贡品以及仕宦商贾馈赠亲友之珍品。该鱼在京津陕甘一带颇负盛名。

宁夏红瓜子　宁夏红瓜子是宁夏的传统特产，采收红瓜子的西瓜叫籽瓜，俗名打瓜，属一年生草木植物，是以采收种子为目的而栽培的西瓜的一种类型。主要分布在银北各县市，以平罗县最多。籽瓜茎蔓生，与普通西瓜相比分枝较多，每株蔓支有4—10个，雌同株异花，瓜圆型光滑，每株结瓜2—5个，每瓜重0.5—6斤等，一般约4斤。瓤白色、黄色或浅红色，种子红色，百籽重15—17克，每瓜少者数十粒，多者600余粒，籽瓜亩产红瓜籽一般150—200斤。高者达284斤。红瓜子长约1厘米，宽约0.7厘米，鲜时艳红，干后色泽不减，籽瓜喜干怕湿，喜光照。平罗县年平均气温8.2℃，≧10℃的积温3261.7℃，光照3079.8小时，降水量186.9毫米，有黄河水灌溉，很适于籽瓜生长，产区瓜农已形成一套适应本地气候条件的传统栽培技术。

8月中旬红籽瓜开始陆续成熟，收获和晒籽是保证红瓜子的关键。瓜皮熟软后要及时采收，熟一批采一批，收获过迟瓜籽颜色变黑，收获过早瓜籽秕瘦，颜色不红，掏籽是先用竹刀切开瓜将红瓜籽按大、中、小分别掏到盆内浸泡，浸泡不超过一昼夜，泡到瓜瓤浮起时捞去瓜瓤和秕籽，然后把瓜籽捞到筛内控掉瓜水，摊在芦席上晾晒，摊的厚度一般为0.5—1厘米，晾晒时间以上午10时前下午4时后为宜，切忌在中午太阳下曝晒，以防翘、弯、麻、裂和退色。晾晒时要经常翻动，晒到红瓜籽不粘手时再拿到通风的室内明晾。晒干后拣去台籽、黑籽等，然后按大、中、小装入麻袋。

红瓜籽营养丰富，富含蛋白质、脂肪、钙、磷和多种维生素，含油率达55%左右，色泽红艳，加工后籽红酥香，或咸甜或奶油、或五香，均为干货之上乘。在国外和港澳地区，红瓜籽因其红艳，有“福星齐临”之意，籽多有“人丁兴旺”之意，也是馈赠宾友的佳品。红瓜籽一直是京果商品部的热门货，并畅销港澳等地，近年产量虽年年增加，但仍供不应求。

宁夏枸杞　枸杞，棘如枸之刺，茎如杞之条，兼用二树名谓之枸杞。系茄科茄族、枸杞豆族、枸杞属。

宁夏枸杞是中国主要的栽培品种，也称中宁枸杞。主要产品是果实，习称枸杞子，俗称枸杞、杞子、甘桅子、山枸杞、西枸杞、血枸杞、红果子、红耳坠、明目子等。《本草纲目》中又名贡果。宁夏枸杞栽培历史悠久，北宋的《梦溪笔谈》中记载：“枸杞，陕西（当时宁夏辖于陕西）极也生者。高丈余，干可做柱，叶长数寸，无刺，根皮厚朴，甘美异于他处者。”苏轼在《小圃五咏　枸杞》中称，“根茎与花实，收拾无弃物”。明代《弘治宁夏新志》（1501年纂修）不仅在物产项中提到枸杞，而且指出它是宁夏四大贡品之一。乾隆年间编纂的《中卫县志》有“枸杞，宁安（今中宁县城）一带家种杞园各省入药甘枸杞，皆宁产也”的记述。

宁夏枸杞为高0.8—2米的落叶灌木，或因人工栽培整枝而成小乔木。果实为鲜红浆果，长1—2.5厘米，内含种子20—50粒，种子黄白色或黄褐色，扁肾形，每克重约1000—1200粒。

1949年前。宁夏枸杞主要分布在中宁县的清水河下游和七星渠灌区长约50公里，宽约5公里的地带。新中国建立后栽培地区扩大到贺兰山东麓西干渠新灌区。

宁夏枸杞老产区（卫宁灌区），栽培枸杞已有500年历史，产量高，质量好。这里海拔1100余米，大气干燥，日照充足，年日照时数达3000余小时，年日照率70%上下；生长季热量丰富，4—10月平均气温16.33度，活动积温在3200度以上，加之夏秋昼热夜凉，气温日较差大于10度，有利于枸杞的生产发育和营养物质积累。枸杞园多为轻壤、沙壤、中壤的灌淤土，在黄河、清水河水的灌淤下，土灌肥力较高，含有枸杞发育所需的适量盐类和微量元素。再加上茨农采用大麻叶枸杞等优良品种，通过整形修剪培养高产树形，少灌水，深施肥促使根深枝壮，以及加强防虫、挖园、中耕、除草等措施和合理的采收加工方法，保证了枸杞优质高产。

宁夏枸杞新产区（贺兰山东麓新灌区，主要在银川市西郊）的自然条件与卫宁灌区相似，主要差别是这里的土壤为淡灰钙土，土质沙含盐碱。地贫瘠，种粮单产很低，但很适合枸杞生产。枸杞子（宁夏枸杞果实）含有多种有机物质和营养成分。总糖含量26—53%，脂肪8—12%，蛋白质12—20%。每100克果实含钙10%毫克，铁10.1毫克，磷208毫克，维生素C23.8毫克。有十种游离氨基酸，以及有机羧酸、色素、维生素、留醇、生物碱，甙类和胺类。它既是用于治疗多种疾病的贵重中药，又是良好的滋补剂。主要作用是：补贤益精，养肝明目，适用于肝肾阴亏，阳萎遗精，目糊头眩；对慢性肝炎，中心性视网膜炎，视神经萎缩等病有明显疗效，对糖尿病、肺结核等也有一定疗效。

枸杞子尚可酿酒、熬膏，制成各种糖果糕点等。近年生产的枸杞三鞭酒、枸杞水晶软糖、枸杞月饼等产品备受群众欢迎。

枸杞每年的盛果期在6月中旬至8月中旬。当果实有八、九成熟时即须及时采收。过迟过早均影响质量。一般5—7天采收一次。

枸杞鲜果含水量达80%左右，须经干燥方能成为成品枸杞子。老产区过去主要采用日晒干燥。在天晴条件下一般需10天左右。新产区因大量面积种植，晒果工作量大，易造成霉烂变质，因而发展了加热烘干，其中效果最好的是热风炉烘干，只需3—4天，速度快，质量好。果实干燥后还要用布袋或脱把机脱除果柄。

成品枸杞子有一定质量要求，即果柄、果萼等杂质不超过1%，不得有明显泥沙或其它异物，水分不超过13%，水分不超过5.5%，水溶性浸出物含量不少于38%。

宁夏枸杞子按质量标准、规格和价值的分级一般为五等：

一等：每大两（十两制）370粒以内，干货，果实椭圆型或长卵形，色泽鲜红或红色，紫红色，质柔软，多糖质，滋润、味甜，大小均匀，无油粒、破粒、杂质、虫蛀、霉变。

二等：每大两580粒以内，干货，其余同一等。

三等：每大两900粒以内，干货，果实红褐色或淡红色，糖质较少。其余同一等。

四等：每大两1120粒以内，干货。果实红褐色或淡红色。糖质少，无油粒，其余同一等。

五等：大小不分，干货。果实色泽深浅不一，糖质少，味甜，并有油粒，间有干籽，破籽，无杂质、虫蛀、霉变。

分级方法：根据上述等级，用相应规格的果筛进行手工筛选分级或采用机械分级。油粒、霉变、破粒等手工挑出。分级后包装，一般装入塑料袋，再装入纸箱或木箱，每箱装净货50市斤。

宁夏枸杞的根皮称地骨皮，也是重要中药，可用于阴虚劳热，骨蒸盗汗，肺热咳血，为退骨蒸热药。嫩叶称天精草，其成分与果实类似，既可入药，又可供炒食用。

枸杞子是宁夏主要的出口药材，畅销港澳地区和东南亚各国。

宁夏甘草　宁夏甘草，俗称“甜甘草”，为豆科多年生草木植物。因其历史悠久，名振西北，又有“西镇甘草”、“西正草”之称，主产于宁夏盐池、同心、灵武、陶乐等地的荒漠半荒漠地区。根茎呈园柱状，直径0.7—4厘米，甚者有5—6厘米；主根甚长、粗大、不分枝。1—1.5米左右，外皮红棕色至暗棕色。甘草分地上和地下两部分，地上部分为茎叶花果；地下部为直立根茎，横生根茎、根头及根。地上部是干旱沙区中上好的植被和牧草。甘草的主要经济及药用价值在地下部分，宁夏盐池，同心两县所产甘草体沉，质坚实、含粉率高、断面呈纤维状黄白色。外层为栓皮层，形成层环较明显好似菊花心；根茎部见髓，射线自中心辐射出，略带弯曲，常形成裂隙、甘甜；断面中央有下陷小坑者称“胡椒眼”，有“胡椒眼”者为上乘。

甘草喜阳，耐干旱，抗逆力强。最适宜在土层深厚、阳光充足、排水良好、土质疏松、偏碱的沙质土中生长。盐、同地区一般海拔1200—1600米，年均降雨180—350毫米。≧10度积温2600—3400度；无霜期100—150天，土壤含盐量0.35—0.4%；土壤灰钙或沙质，平均风速3米/秒，地下水埋深1.5—10米，甘草扎根很深，一般1米以下，最深可达8—9米，甚至10米，横生根茎纵横交错，分布面积大，可充分利用深层地下水，以补地面降水之欠。充足的光照、积温、悬殊的昼夜日温差为甘草干物质的积累提供了优厚的条件。为了适应低温、严寒根及根茎中还富含可溶性物质。据测定宁夏甘草中甘草酸的含量多在10%左右，优于其它一些产地，还有葡萄糖、甘露醇等，实为甘草之佳品。

宁夏甘草通常每年春、秋季节采挖。采挖时先将根茎挖出，去掉茎叶与须根。然后按照传统工艺加工成长23—50厘米，两端平齐符合商品规格的短截。要条直、身净、两点刀口齐整，根茎分拢，按类归等。然后根据质量优劣，选材部位茎分两草，即白粉草和剥去外皮的大草。根分五节，即大节、中节、小节、毛条、疙瘩头，最后经充分凉晒干透即成。

甘草味甘、性平，有解毒、祛痰、解痉止痛及抗癌等作用。入药已有2000多年历史，历代本草均有着录，被誉为“国老”、“帝师”。《本草纲目》载喻甘草：“治七十二种乳石毒，解一千二百草木毒，调和众药有功，故有‘国老’之号”。在中医上可补脾益气，止咳润肺，和中缓急，调和诸药；临床分“生用”与“密炙”。生用主治咽喉肿痛、痛疽疮疡、消化道溃疡、解药物及食物中毒等。密炙主治脾胃功能减退，便秘、乏力、心悸、咳嗽等。密炙是先将甘草加炼熟之蜂蜜与少许开水拌匀，稍焖，置锅内用之文火炒至深黄，以不粘手为度，取之放凉，即为甘草密炙。甘草稍有利尿作用，甘草叶可治外伤出血。甘草在西医药理上还有抗炎、抗变态反应功能；甘草次酸有去氧皮质酮类作用，对慢性肾上腺皮质功能减退有良好功效；甘草黄酮具有消炎、解痉、抗酸等，除此之外还可用于食品、轻工、石油、化工等方面。

宁夏是中国甘草主要产区之一，甘草之乡盐池、同心所产“西正草”以其优质而蜚声海外，国内除甘草产区外均有销售，甘草饮片销日本、东南亚等国。做为工业原料销日本、美国、西欧各国，为宁夏的“五宝”中之“黄宝”，传统出口中药材。

宁夏回族自治区海原县

〔**概况**〕　海原县位于宁夏回族自治区南部，为固原行署所辖。东连同心、固原，南接西吉、会宁，西邻靖远，北靠中卫。境域辽阔，为全区第三大县，东西宽80公里，南北长95公里。总面积6899平方公里，耕地面积128万亩，其中水浇地18万亩。气候属典型温带大陆性季风气候，春暖迟，夏热短，秋凉早，冬寒长。平均气温7.2℃，降水量388.7毫米，无霜期125天。

截止1999年底，全县辖24个乡镇，共有回、汉、东乡、满、蒙古5个民族，总人口37万多人，其中少数民族占总人口的71%。1999年完成国内生产总值3.92亿元，其中：第一产业1.88亿元；第二产业0.88亿元，其中工业增加值0.32亿元，建筑业增加值0.56亿元；第三产业1.16亿元。地方财政收入完成1051万元，农民人均纯收入987元。

海原县历史文化悠久，风景名胜众多。早在新石器时代海原境内已有先民居住生栖。西夏王李元昊曾在天都山麓建南牟会宫殿。有“奇峰插天，登其巅可望黄河”的西华山，有“四时春不断”的灵光寺，尤其境内有丰富的人文历史景观。

〔**特产**〕　为适应市场经济和农业产业化发展要求，海原县本着“县有区域，乡有特色，村有专业，户有所长”的发展思路，重点建设了一批种养业为主的商品基地。

1. 甜瓜。以该县高崖、兴仁、罗山为中心的甜瓜基地面积不断扩大，尤其是主高崖甜瓜脆甜多汁、清香爽口，远销周边各省区。甜瓜种植面积稳定在2万亩，产值达1900万元。

2. 葱蒜。以李旺李果园村、海城山门村、史店苍湾村为重点的葱蒜种植基地已初具规模，种植面积已达3万亩。

3. "三豆"、油料。以中南部12个乡为重点的"三豆"、油料生产基地稳步发展，其中豆类颗粒饱满圆润，富含多种维生素，营养丰富，种植面积16万亩；油料作物主要有胡麻、元元、麻子、向日葵等品种，色泽鲜亮剔透，醇香无污染，种植面积18万亩。

4. 皮毛、羔肉。畜牧业在该县始终占据着支柱产业的基础地位。名闻四方的海原羊羔肉色泽鲜嫩，口感浓香无膻腥，尤其是海原县香水的二毛裘皮产品具有皮质柔软、丰富、弹性好等特点，集轻、薄、柔、暖于一身，年加工毛皮14万自然张，年可创利税120多万元。

5. 小茴香。小茴香种植历史悠久，主要分布于园河流域和清水河流域。随着农业产业结构不断调整，种植面积逐年增加，目前已发展到1.1万亩，产量达187.2万公斤，是该县中部以西安等乡为主已形成一定规模的经济作物之一。

6. 野生资源主要有蕨菜、杏仁、秦艽、麻黄、柴胡等，驰名中外的海原南华山蕨菜无污染、品质好，出口韩国、日本，年产量2500吨。

7. 矿产资源较为丰富。石膏、白云岩、黄金、铜矿石、耐火粘土、盐、花岗岩等矿产资源储量可观，现已探明石膏储量24亿吨；白去岩详查面积0.4平方公里，普查面积13平方公里，储存量5900万吨；符合釉面砖、陶瓷性能要求的粘土储量43.1万吨；西华山已探明的金矿石储量10万吨，金属储量约700公斤；铜矿石储量300万吨；石灰石、大理石的贮藏量都在1500万吨以上。

〔**发展思路**〕　多年来的实践证明，海原县治穷致富的根本出路在于退耕还林还草，大力发展畜牧业。这不仅在于特定的自然地质地貌和气候条件所决定，也在于通过大面积的退耕还林还草，可有效地恢复生态植被，改善生态环境，控制水土流失。据调查，在海原县农村中，凡是解决温饱的农户大多数是种草养畜户，这已是不争的事实。为此，海原县委、政府在对县域特定的自然、地理、气候条件充分再认识的基础上，经过充分调研论证，已把种草养畜这每家都能搞、人人都能养的短、平快项目确定为县域经济发展的主导产业。

今后总体思路是：以西部大开发为契机，以科技为支撑，以增加农民收入为核心，以种草养畜为突破口，调整优化经济结构，开发特色产业，兴办龙头企业，逐步形成市场牵龙头、龙头带基地、基地连农户的产业链，发展多种形式的贸工农一体化、产加销一条龙的生产、加工、营销体系，走以牧为主，牧、林、农综合发展的路子，促进并实现县域经济的持续、快速、健康发展。

新疆乌鲁木齐红桥商贸有限责任公司

乌鲁木齐红桥商贸有限责任公司是原蔬菜副食品总公司二分公司改制后新成立的公司，公司经历了40年的风雨里程，在计划经济的年代，二分公司承担着片区广大居民的蔬菜副食品、肉、蛋、日用杂货的供应。当时蔬菜品种夏季单调，冬季老三样，山近郊菜农自种，蔬菜公司包销，蔬菜供应比较紧张，顾客购菜每天早上排长队，随着市场不断发生变化，鼓励菜农多种菜。80年代开始，蔬菜由原来供不应求变成到处推销，张青华是在这个时候担任红桥商场主任的。她每天天不亮就收菜，菜车一排几十辆，等把菜收完已11:00点了，她又带上大车菜，到处去推销，最远到南山部队，矿区等地，每天很晚她才拖着疲惫的身躯返回家。这样年复一年，她和职工完成多项任务指标，销售利润从4万元基础上升到20万元。90年代初，张青华被任命为分公司经理，她担子重了，但她不满足现状，在现有的营业面积基础上，扩大近两倍的经营范围，又增加了近上千个品种。

1995年下半年，随着市场的开放，红桥商场旁边增加了两个副食品批发市场，一度对商场的正常经营产生了严重影响，但她没有消极等待，而是迎刃而上，多种经营，薄利多销，并要求职工以优质服务、高质量的商品来赢得回头客。

1998年随着消费观念的转变，许多消费者注重购物环境，她及时掌握消费者心理，对商场进行装修，对顾客进行开放式服务。为了赢得消费者的信任，她严把进货关、质量关，并公开向广大顾客承诺，凡在红桥商场购物，假货一赔十。

红桥商场是很普通的砖混平房营业面积也就600平方米，但商品应有尽有，商品质高价低，附近居民称该商场为老百姓商场。经理张青华多年来荣获无数荣誉，有：市级三八红旗手、自治区优秀女企业家、全国女企业家、开发新疆建设新疆奖章、全国劳模称号。

在企业改制中，她带头响应，在同行业中率先挂牌营业，带领全体职工走股份制道路，个人参股，调动职工积极性，职工参股率100%，企业买断资产，她被选为公司董事长，她心中又有了新的筹划，她要和职工们一起走出一条新的改制路子。

新疆皮山县

皮山县隶属和田地区，东与墨玉县毗邻，西同叶城县相连，北与巴楚、买盖提县接壤，南与印度、巴基斯坦交界。地形呈纺缍形，南北长423公里，东西宽67－144.5公里，总面积4.12万平方公里，其中山区37.5%。全县绿洲被沙漠和山岭分割成大小不等的54块。皮山自然条件恶劣，极度干旱缺水，属典型的大陆性暖温带干燥荒漠气候。气候特点四季分明，光热丰富；昼夜温差大，无霜期长；降雨稀少，蒸发量大，空气干燥；春夏多沙暴，冬季少积雪，全年盛行西北风。

皮山县境辖13个乡两镇两场，198个村民委员会。全县总人口19.42万人，其中维吾尔族占97.7%，其余为汉族，塔吉克族、柯尔克孜等少数民族。是一个典型的以维吾尔族为主体的多民族聚居的县份。同时皮山又是一个国家级贫困的边境县和农业县。全县可用于耕作的土地共46.5万亩，全县总人口中农业总人口15.57万人，人均占有耕地2.9亩。农业在皮山县是各项产业的基础，也是农村经济发展的龙头和支柱，更是发展经济脱贫致富最具生机的产业。早在90年代初，历届县委、政府就明确提出了“依靠大农业脱贫，依靠大农业产业化致富”的方针，重点要大力发展特色产业，全面推进农村经济。

近几年来，皮山结合实际，通过详实的调研分析，又具体制定了“近靠粮棉，远靠畜园”的发展思路，同时出台了一系列相对高效的有力举措。第一，稳粮。粮食是基础的基础，是事关大局的重中之重。几年来，首先严格保证了全县农业人均一亩地的粮食，粮食生产积极推行高成功的高产栽培模式，主攻低产田改造。重点抓好了五点：一是保证了种粮有效面积的落实；二是积极推广普及山区地膜玉米的种植技术，提高了覆盖率；三是扩大屯田的转化提高；五是抓实了“种子工程”。实现了粮食连年的稳产高产，粮食单产由1990年的260.4公斤增到1998年的342公斤，全县目前人均占有粮食达到662公斤，确保了粮食的自给有余。第二，增棉。以市场经济的观点看，棉花是最来钱、最有前途的产业，棉花的市场是全国的市场、国际的市场。当时棉花产业又是皮山农牧民生财增收的主要手段，是脱贫致富不可替代的重要产业，所以近几年来，皮山县一直坚定不移地抓好棉花发展战略，根据水土开发情况，不断适量扩大棉花面积，重点主攻单产，力争每年迈一步，目标为在几年内赶上全疆单产水平。几年来，依靠科技兴棉，进一步加大了科技和物质投人，单产和总产都上了台阶，提高了棉花的生产效益，从而提高了农业的效益，增加了农民的收入。1998年全县棉花单产达78.6公斤，总产达6250吨，较1997年单产增27公斤，总产增2410吨，增加全县农牧民人均纯收入192元，实现了增效又增收。第三，上畜。几年来，皮山坚持将统一和提高对畜牧业的认识作为重点，彻底改变了把畜牧业当作副业不是主业不予重视的错误思想认识，真正把畜牧业摆在与粮棉同等重要的地位，作为农民增收致富的重要产业来对待。由于农区畜牧业潜力很大，饲草饲料的质与量都比山区草原的强，皮山近几年的畜牧业始终坚持农区畜牧业和山区畜牧业结合发展，重点抓住了品种改良这个关键，改变了传统的饲养方式，加强了科学饲养和防疫，增加了适龄母畜，提高了商品率和出栏率。1998年，全县年末牲畜存栏总头数48.48万头（只），人均占有牲畜3.1头（只）。切实地加快了畜牧业发展壮大的步伐。第四，兴园。早在前几年，皮山县就认准了要大力发展林果园艺，尤其是特色林果，使该县的林果业上水平、上档次，把林果业建成21世纪增加农牧民收入的后备产业和新的经济增长点。皮山的薄皮核桃、甜杏和皮亚曼大甜石榴，闻名全国，为了使资源优势转化为商品优势，几年来，皮山县在原有基础上，集中“名、优、特、新”果品，积极扩大面积，尽快向基地化、规模化发展，同时以副林带和农户庭院为主，发展特色林果。还进一步加大了果品初加工和深加工力度，增加了产品附加值，提高了经济效益。为进一步提高经济效益和加快推进产业化进程，加大宣传力度和扩大知名度。1998年，皮山县在国家商标局注册了“皮山曼”牌水果系列商标，还选送“皮亚曼”石榴分别参加了1997年和1999年的北京农业博览会，并于1999年的博览会上荣获银奖，石榴还远销到北京、上海、广州等地，扩大了影响。同时，皮山县的优质“皮亚曼”石榴，在1999年就为和田玫瑰酒业有限公司供应了350吨作为原料生产名牌石榴酒，产品远销内地大中城市，深受青睐和欢迎。另外，皮山的各种特色果品都选送参加了历届的乌洽会，均获得了一致好评。经过几年的辛勤努力，目前，皮山县薄皮核桃2.88万亩，优质杏5.98万亩，皮亚曼石榴3万亩，已发挥出了巨大的经济效益。

当前，中国农业发展进入了一个新的阶段，对农业结构进行战略性调整是这个阶段的重要任务。就在这承前启后世纪交替的历史时期，中共中央又高瞻远瞩，不失时机地提出实施西部大开发，加快中西部地区发展的重大决策。机不可失，失不再来。皮山县充分认识到这是一次难得的机遇，绝不能坐失良机。面对西部大开发的历史机遇，为了顺应全县广大人民群众的致富心愿和社会发展的形势需要，皮山县结合产业结构调整和自身实际，进行了充分的调研和广泛深入的研讨，经过近一年的探索和努力，通过示范试点和认真思考，明确了西部大开发，皮山的定位和结合点以及发展的指导思路。

根据农业结构调整的思路和市场需求，2000年，皮山县对全县大农业明确作出了总体规划：到2005年，即"十五"期间，进一步加强以水利建设为中心的农业基础配套建设，继续抓好电力基础工业建设，县域经济块重点做好稳粮退棉，突出特色林果业的主导地位，大力推进畜牧业发展进度。到2005年，全县粮食整播面积控制在18万亩以内，保证人均一亩口粮田，通过加大科技投入，节本增效，力争平均单产达695公斤左右，总产达1.25亿公斤，人均占有粮食稳定在600公斤以上。棉花减少耕种面积，主攻单产，到2005年，面积控制在4万亩，单产达到100公斤以上。林果业，尤其特色林果要异军突起，到2005年，全县林果面积要达到18.5万亩，其中石榴8万亩，杏6.5万亩，核桃4万亩，力争实现林果收入占到人均收入的1/3，成为全县农村经济的优势主导产业。积极做好退耕还林还草工作，结合种草，不断扩大人工饲草种植面积，到2005年，全县人工饲草面积达到10万亩，年末的牲畜存栏达到50余万头(只)。实现全县农村农牧民收入结构的排序由现在的农、林、牧转变为林、牧、农。

根据农山县国民经济发展的实际，"十五"期间，皮山县要以西部大开发为契机，以调整县域经济结构为先导，立足当前新的起点，加强水利基础建设，以大力发展特色林果业和大力发展畜牧业为主攻方向，以增加农牧民人均收入和县级财政收入为中心，积极改善生态环境，提高劳动者素质和农产品科技含量，增加二、三产业在县域经济中所占的比重，兼顾科、教、文、卫、体等事业的协调发展，使全县的经济建设和社会发展再上新的台阶，再创新的辉煌。

陕西省农垦农工商总公司

陕西省农垦农工商总公司是集农、工、商贸、科研、生产和销售为一体，具有进出口经营权的大型国有企业。总资产5.3亿元，耕地17万亩，直管27个农、工、商企业及科研、教育、卫生事业单位。

总公司以农业为基础，以科研为动力，大力发展种子、鸵鸟、绿色食品、油脂、生物工程等五大产业，现已初具规模。农垦科研中心先后研究培育出了7211"秦油一号"、"秦油二号"，2002，黄杂1号，杂油57、59优质油菜品种和"4286"硬粒小麦、荔垦二号专用小麦、荔丰三号、普通小麦及秦豆二、四、六号绿豆，秦豆五、八号大豆，秦豆九号扁豆等品种，并已大面积推广。1997年创办的陕西省鸵鸟良种示范场，已在全省建起养殖分场10个，栏存种鸵5000余只，是目前全国最大的鸵鸟良种繁育和商品鸵鸟的生产基地。直属农场地处三门峡库区，土质肥沃、水利设施齐全，农作物生长条件优越，是国家商品粮油生产基地。为了适应农业经济的发展，大力调整农业结构和农业产品结构，扩种优质品种，开发绿色食品，在原有5000多亩干鲜瓜果经济作物的基础上，又新增1000多亩从国内外引进的美国红提和"户太8号"葡萄等名优果品。

陕西省农垦农工商总公司竭诚欢迎国内外客商光临指导，洽谈业务，订购产品。

地　　址：西安市习武园27号
总 经 理：杨浩民
联 系 人：邓春侠
电　　话：029-7321944　6264348
传　　真：029-7345943
邮　　编：710003

责任编辑：高　燕
责任印刷：李浩玉

ISBN 7-80082-938-3
9 787800 829383 >